U0591276

中華人民共和國國務院批准的重大文化出版工程

國家文化發展規劃綱要的重點出版工程項目

新聞出版總署列爲『十一五』、『十二五』國家重大工程出版規劃之首

國家出版基金重點支持項目

中華大典

政治典

人民出版社

《中華大典》工作委員會

《中華大典》編纂委員會

《中華大典》前言

《中華大典》是運用我國歷代漢文古籍編纂的一部大型工具書。其目的是為學術界及願意瞭解中國古代珍貴文化典籍的人士提供準確詳實、便於檢索的漢文古籍分類資料。

中國是世界文明古國之一，幾千年來纂寫和聚集的文化典籍浩如烟海。我國歷代都有編纂類書的優良傳統，具有代表性的《永樂大典》等大多已佚失，現存《古今圖書集成》編就距今也已數百年。為了適應今天和以後研究和檢索的需要，一九八八年海内外三百多位專家學者和各古籍出版社同仁倡議，在已有類書的基礎上，用現代科學方法編纂一部新的類書《中華大典》。

國務院在關於編纂《中華大典》問題的批覆中指出，編纂《中華大典》『是我國建國以來最大的一項文化出版工程』。本書所收漢文古籍上起先秦，下迄清末，約三萬種，達七億多字，分為二十二個典，近百個分典，内容廣博，規模宏大，前所未有。

《中華大典》的編纂工作堅持科學態度和百花齊放、百家争鳴方針。儘量採用古精校精刻本，優先採用我國建國後文獻學和考古學的優秀成果。對傳統文化中重要的不同學派的資料，兼收并蓄。運用現代圖書分類的方法，對收集到的資料，精選、精編，力求便於檢索、準確可信。

這項工作從開始起就受到中共中央、國務院和有關部門的重視和支持。國家主席江澤民、國務院總理李鵬分别為《中華大典》題詞。江澤民的題詞是：『同心同德群策群力認真編好中華大典為建設有中國特色的社會主義服務。』李鵬的題詞是：『繼承和弘揚民族優秀傳統文化。』全國政協主席李瑞環、國務委員李鐵映也作了重要指示，要求抓緊辦理。一九九〇年五月，國務院批准

《中華大典》為國家重點古籍整理項目。一九九二年九月，正式成立了《中華大典》工作委員會和《中華大典》編纂委員會，召開了《中華大典》工作、編纂會議。自此，《中華大典》的編纂工作由試點轉入正式啓動，逐步鋪開。

編纂《中華大典》，學術性很强，工作量很大，工程十分艱巨，全頼廣大專家學者和全國各有關高等院校、科研院所、圖書館、出版單位的鼎力支持與積極參與。大家本着弘揚中華民族優秀文化的心願，發揚奉獻精神，克服各種困難，團結協作，給這部巨大類書的出版提供了根本保證。在此謹表示誠摯的謝意。

對本書的批評與建議，我們將十分歡迎。

《中華大典》編纂委員會

一九九七年四月

《中華大典》編纂通則

一、性質：《中華大典》（以下簡稱《大典》）是對漢文古籍（含已翻譯成漢文的少數民族古籍）進行全面的、系統的、科學的分類整理和彙編總结的新型類書，是在繼承歷代類書優良傳統、考慮漢文古籍固有特點的基礎上，借鑒和參照近代編纂百科全書的經驗和方法編纂而成。編纂《大典》的目的，是為學術界及願意瞭解中國古代珍貴文化典籍的人士提供各種分門别類的、準確詳細的古代漢文專題資料。

二、規模和體例：《大典》所收古籍的時限，上自先秦，下迄辛亥革命。全書共收各類漢文古籍三萬餘種，約七億字。全書體例，着重汲取清代《古今圖書集成》所採用的經目和緯目相交織這一統一框架結構的模式，同時參照現代科學的學科、目録分類方法，并根據各類學科内容的實際情况，一般將每一大類學科輯為一典，也有將幾個相關學科共輯為一典的。對各典名稱，均以現代學科命名，對於所收入的各種古籍資料，亦儘可能納入現代科學分類體系之中。

三、經目：大典共分二十四個典，即哲學典、宗教典、政治典、軍事典、經濟典、法律典、教育典、語言文字典、文學典、藝術典、歷史典、歷史地理典、民俗典、數學典、物理化學典、天文典、地學典、生物學典、醫藥衛生典、農業典、林業典、工業典、交通運輸典、文獻目録典。典以下以分典、總部、部、分部分級，分部之下的標目根據各學科特點由各典自行擬定。

四、緯目：共設置九項緯目，用以包容各級經目的具體内容：

①題解：對有關學科的名稱、概念、涵義、特點等作總體介紹的資料。

②論説：有關理論部份的資料。

③綜述：有關學科或事物的系統性資料，凡有關學科或事物的性狀、制度、範疇、特點及學科地位、發展情况等具體内容均編入此緯目中。

④傳記：有關人物的傳記资料。

⑤紀事：有關學科或事物的具體活動或事例的資料。

⑥著録：重要人物或文獻的有關著作資料，如專集介紹、序跋、藏書題記，以及有關著作的成書經過、版本源流等。

⑦藝文：有關屬於文學欣賞性的散文或韵文。

⑧雜録：凡未收入以上各緯目，而又有較高參考價值的資料，均入雜録。

⑨圖表：根據有關經目的內容需要，圖與表附於相關專題之下，或集中彙總於某級經目之後。

《大典》以內容分類安排各級緯目，各級緯目的正文，一般以原書為單位，按時代順序排列。每一條資料前標明出處，包括書名或作者名、篇名或卷次，以利讀者核對原書。

五、書目：每分典後附有該分典所收書之書目，書目包括書名、作者、時（年）代、版本等內容。時代以成書時代為準，成書時代不詳者，以作者主要活動時代為準，并遵從歷史習慣。

六、版本：《大典》在選用版本時儘量採用古人的精校精刻本，亦採用學術界通用的近、現代整理圈點本及現代學者校點整理本。

七、校點：為儘可能保存古籍原貌，《大典》祇對底本中明顯的脫、訛、衍、倒進行勘正。古本中的避諱字一般不作改動，祇對缺筆字補足筆劃。後人刻書時避當朝人諱而改動的字，據古本改回。《大典》採用新式標點法。

一九九六年八月

《中華大典·政治典》編纂委員會

主　編：楊寄林

編　委：（按姓氏筆劃排列）

李炳泉　范紅霞　柏　樺　郝艷華

温玉春　喬鳳岐　楊永康　楊寄林

劉永海　譚景玉　顧乃武

《中華大典·政治典》編輯出版工作委員會

《中華大典·政治典》序

政治是以國家、政府、權力爲基托、爲軸心而存在、運行和發展變化的一種社會歷史現象與活動。國家不同，政治亦異；時代不同，該國政治尤異。中國是世界上一個偉大的統一的多民族國家，是一個地廣人衆、歷史悠久而又富有革命傳統和優秀遺産的國家，是一個經歷過奴隸社會、封建社會、半殖民地半封建社會滄桑巨變的國家。其政治進程之綿長曲折又前途光明，其政治結構之中心突出又複雜多端，其政治運作之弘遠雄深又具體而微，其政治思維之批隙導窾又求真務實，在人類歷史和國際舞臺上都是極具特色且罕有儔匹的。

《政治典》作爲《中華大典》所屬二十四典之一，旨在依照《〈中華大典〉編纂通則》，結合中國古代政治暨近代政治實際而詳定義例，彙輯史料，上起先秦，下至晚清，形成一部規模空前、分類準確、選材精當、編排得體的新型專科大類書，爲此遂凸顯下列主題和主綫：

一、統一的多民族國家創建與發展的總歷程和大趨勢。從傳説時代的部落聯盟——炎黄族屬集團、東夷族屬集團、苗蠻族屬集團到夏商周奴隸制王朝先後崛起，復經春秋大國爭霸，戰國七雄兼併，標志着中國作爲統一的多民族國家在孕育，在肇興；逮至秦漢，則非僅宣告正式建立和形成，并且得到鞏固與壯大；其後隋、唐王朝相繼勃興，遂轉入强盛；歷經元、明、清迭次經營，到康乾時期更空前恢廓，愈益雄盛，穩固定型，巋然屹立於世界的東方。交替出現在其間的由諸侯列國尤其是對峙政權如南北朝、宋遼夏金造成的分裂局面，實質上都在爲最終實現或恢復、重建、再造大一統國家準備條件，積蓄力量，採取行動。儘管歷程艱難曲折，但統一始終構成了中國政治和中國歷史發展的主流，蘊涵并貫注着各族人民長期所形成的强固的親和力、嚮心力與凝聚力，其勢不可逆轉，亦不可阻擋。

二、政區建制的基本輪廓和變動情形。聚焦在：歷代各王朝及對峙政權的國號由來、命名涵義和世界影響；國土在開闢而互有消長，疆域在拓展而迭有盈縮，最終歸於版圖雄闊定型的歷史結局與定勢；與之相隨的京師、國都的矗立地點，選定緣由，獨特風貌，重大作用及遷都事宜；由分封制到郡縣制、州郡制、道路制、行省制而在其鼎盛時期所分別劃定的封國格局、政區層級和單位數量、等第差別與沿革情況；以及恰與轄境、政區緊密相聯的峰值人口的增減情勢，田地總面積的疊加累積狀況。由此表明中國幅員遼闊、領土廣大、主權歸屬明確和自然資源豐富多樣、孳生人口衆多的歷史淵源。

三、國家元首制度的牢固確立和整體特徵。緊扣在：其一，先秦國王制度遞相推移并向皇帝制度轉變，皇帝制度自秦以降不斷强化而達到頂點，終被廢除的全過程。其二，王制、王權和帝制、皇權在極具排他性的外在標志及物化象徵上，徑從名號、輿服、典禮、器物一直輻射到宮殿、宗廟、社稷、陵墓而轉密加詳的情狀，其威懾力和滲透力所達到的令人望即生畏、動輒觸忌的程度。其三，王位、皇位的尊不可及和禁絶窺覬，終身制與世襲制的共立互持及變例施用，建儲制的輔之而行和愈趨完善。其四，王權、皇權的至高無上、不可分割與不容侵犯，徑直或最終對政事決斷權、軍事統領權、法律掌控權、財政支配權的獨攬，獨裁甚至濫用、妄用的具體表現。其五，由帝王專制而衍生的后妃制度、宦官制度的特定形態與變化軌迹，隨之而造成王權或皇權異化的女主干政亂政、宦官弄權專權等諸多形式和諸類現象。其六，專制主義在中國歷史上所產生的客觀積極作用與嚴重消極影響。

四、國家政權組織的漸趨完備和運行機制。大要凡三：一是歷代王朝從中央到地方所設置的各級各類行政機構、軍事機構、監察機構的初始形態和鼎立式格局、寶塔形序列，諸如命名取義、職能劃分、內部組成、官職設立、員額配備、職權限定、責任歸屬，相互間主從或平行關係的確定，以及前後因革損益之迹、調整改造之處、權力制衡之局、蕃漢分治之由，特別是宰相職位和職權的演變鏈條與真諦所在。二是歷代王朝所制定的官吏管理制度的基本框架和組成部分，包括選拔任用，考核獎懲，監察法辦，秩品俸禄，輿服印信，公文程式，休假與致仕，旌表與優恤，行政法規定立頒行，以及各朝迭加修正、釐訂之舉，完善、健全之方，特别是科舉制度的優越性、行政立法的悠久傳統等。三是歷代王朝環繞軍國大政形成中央決策的必要程序，付諸實施的步驟和方法，特別是國王、皇帝在其中所起的決定性作用。從而得見：中央集權同地方分權互有消長而地方分權越往後越受嚴格控制的定勢，皇權同相權互有升降而相權越往後越被大幅削弱的趨向，在制度設計安排上保證國家機器正常運轉、一姓家天下長治久安的明智措置、成熟經驗暨必不可免的流弊痼疾。

五、政治意識形態的掌控方針和灌輸手段。突出顯現在：夏商周學在王官而被春秋私學勃興所衝決，早期天命觀盛行而被後期人事論繼起所淡化，戰國時代允許甚至鼓勵、歡迎百家爭鳴或以法爲教、以吏爲師而遽被漢代罷黜百家、獨尊儒術所取代，儒術遂屢經改造和變換理論形態而始終居於思想主宰地位。舉凡統一經學、御纂專書、敕編羣籍、設館修史、經義取士，又與之整合組配，爲其加重地位，加深影響，加大作用。面對道教、佛教，則基本實行既利用、又限制的政策，但對異端學説則一直抱定力行排斥、多方遏制甚且封殺的態度，而從焚書坑儒到大興文字獄之類的高壓鉗制手段又輪番施用，一脈相承，進而構築起定於一尊的嚴密乃至嚴酷的思想統治網、思想調控鏈和思想禁錮圈。

六、政治變遷的關鍵環節和往復曲綫。重中尤重者爲：歷代圍繞國家統一與分裂而採取的因時而異的平叛、削藩、靖邊等重大舉措，圍繞國家利益和安全而組織的戰績可觀的收復國土、抗擊外侵的軍事行動，圍繞富國强兵、起衰救弊而從事的效果迥别的變法革新運動，圍繞國家最高權力或中樞權力而展開的包括政變在内的殊死較量和激烈角逐。以及開國守成時期的政迹與景觀，盛世大治階段的規模與氣象，中興復振之際的局面與圖景；與此形成鮮明對照的政治危機的窘境困局，末世敗政的危情險態，亡國一幕的淒情慘狀；政治偉人的與時俱進和卓越建樹，政治敗類的倒行逆施和劣迹惡行。既於交織互動、循環往復之中，益明主流所在，愈顯人心所向；又於錯綜複雜、跌宕起伏之下，更見大勢所趨，頗有規律可尋。

七、近代中國以八大事件爲主綫而展開的『兩個過程』及其重大轉折點和藴含其間的未來走向，在此過程中所啓動的與之密不可分、息息相關的後發晚生型近代化進程，特别是其中深受外來影響而出現的政治新要素、新形式、新徵象和新動態。諸如傳統官制向新式官制的初步轉型，正規化海軍的首次組建，新軍的編練，警政的創辦，地方自治的倡行，君主立憲制的提上日程，大清國旗和大清國歌的先後制定。尤須彰明的則是：社團政黨的相繼建立，婦女解放運動的持續高漲，收回利權運動的迅猛發展，清王朝和封建帝制終被推翻，等等。

八、對外關係的構建模式和演進趨向。更多投注在：兩漢以來陸上和海上通道亦即絲綢之路的開闢與延伸，沿綫商港口岸的設置與拓展，各王朝務使朝貢體系得以確立并趨於完備化的主要措施，相繼奉行并一以貫之的以維繫和平爲宗旨的外交政策，遞次同亞洲、歐洲、非洲、美洲諸國結成的政治關係或政治聯繫，與之同步的重大通使活動，官方及民間經濟貿易往來所達到的頻度與强度，物質文化和精神文化交流所臻及的廣度與深度，以及閉關鎖國的弊害，晚清屈辱外交的惡果。從而昭示貫穿其間的由近而遠、由疏而密、由表而及裏的演變總趨向，彰顯中國在清中葉以前所長久贏得的崇高國際威望，佔據的領先地位，起到的主導作用，發揮出的巨大感召力和影響力，宣明中華民族所獨有的熱愛和平、珍視友誼、開放包容的民族特質、禀賦與風采。

九、深邃政治智慧的聚結和優秀政治理論遺産的積澱。歷久而彌珍者爲：駕馭全局的體系化、邏輯化的治國大道，卓見成效的綱目化、部門化的施政要術，對内憂外患確可緩解或化除的真知灼見與方略方策，對國家興衰存亡定律的多方究詰與深切剖判，富有民族思維特性的政治哲學觀點和政治認知成果，頗具普適性、警策性的政治名言和政治格言，世代延續的强烈愛國精神和深沉憂患意識，前所未有的近代民主革命思潮等。

凡此種種，歸結到一點，便是對中國數千年政治實踐活動和政治思想精髓進行集中梳理、系統復原、重點展示和內在揭櫫，使之軒豁呈露在今人面前，形成政治楷式同政治炯鑑的結合體，闡揚中華政治文明獨樹一幟又別開生面的創獲性成就，以供各界精英進一步深究詳探。

基於上列主體內容，《政治典》構建了由六級『經目』同四個『緯目』交織互持的框架結構，用以顯示主題，突出類別，統括和承載起傳世古籍暨出土文獻中與之恰相對應的宏富資料。六級經目除『典』居首外，下設六個『分典』，即：先秦政治分典、秦漢政治分典、魏晉南北朝政治分典、隋唐五代政治分典、宋遼夏金政治分典、元明清政治分典（由古代卷、近代卷兩大部分組成）。每一分典（除元明清政治分典近代卷之外），再設六個總部，即：政區總部、皇帝制度總部（先秦政治分典內爲『國王暨國君制度總部』）、官制總部、政治嬗變總部、對外關係總部（先秦政治分典內爲『邦交總部』）、政治思想總部；元明清政治分典近代卷則爲：政區變更總部、新設官制總部、政治嬗變總部、對外關係總部、社團政黨總部、政治思想總部。在各總部之下，復設若干個『部』、『分部』及『專題』。通過『分典』的斷代厝置和自成單元，旨在凸現各個歷史階段和相應朝代所獨具的最突出、最鮮明的政治特點；藉助各『總部』以迄『專題』的多維涵蓋和層級布列，旨在標揭特定時代的諸多政治根本問題、關鍵問題、重大問題、緊切問題及其深層底蘊；進而通體聚合幷前後銜接起來，即形成格局突兀而立且脈絡清楚、綫索明晰、要點俱在的相對完整的邏輯體系。

本典所設四個『緯目』爲：『綜述』、『論説』、『藝文』、『雜録』，適得其所地依次配置在『部』、『分部』或『專題』之下，組成每級『經目』所包納的具體內容和全部資料的展開區間和宣示點位。其中『綜述』集中收録切合於本經目的最基本、最主要的史實方面的資料，『論説』集中收録切合於本經目的包括針鋒相對之論、孤偏奇特之論在内的各種評議性的精彩文字，『藝文』集中收録切合於本經目的詩、詞、曲、賦和諸體文章，『雜録』則集中收録切合於本經目的具有補充、延伸、拾遺、考證等作用的相關資料。四個『緯目』之間各有側重，彼此映照，互作支撑，融爲一體。

《政治典》依託於相得益彰的既定經緯目框架結構，在資料搜集選定和編排上，大力講求『六强三化』。『六强』謂：『廣博性』和『對應性』雙『强』；『原始性』和『典型性』雙『强』；『完整性』和『獨特性』雙『强』。『三化』指：系統化、條理化、嚴密化。但凡輯録在各級經目之『四緯目』下方的資料各歸其類，密合無間，有倫有脊，渾然一體，是爲系統化。但凡輯録在各級經目之每一『緯目』下方的資料，通常俱按資料産生年代（具體引用典籍的成書年代）依序排列，縱貫而下，紅綫穿珍珠，形成一條龍，是爲條理化。在例行操作和技術層面上符合各項規範要求，恰切進行技術性加工等，是爲嚴密化。

《中華大典·政治典》以四千七百萬字的篇幅，力圖達成政治學原理和中國政治史的有機統一，實現傳統大型類書同現代新型類書的恰切整合，熔鑄成信息密集化的中國古代和近代政治資料庫，發揮出『經世致用』的直接功能，特向國家機關工作人員、社會各界研究者提供一九一一年以前豐富翔實、足資參取、利於統覽、便於查檢的政治專題素材與原始史料，并對總結治國理政的成功經驗和深刻教訓，完善國家治理體系，鞏固民族大團結，促進祖國和平統一大業，擴大中華政治文明的國際影響力，庶幾不失其借鑑意義、啓迪作用和輔助功效。

《中華大典·政治典》由河北師範大學、貴州師範大學、魯東大學、山東大學、山東理工大學、南開大學、天津師範大學、天津市社會科學院、北京外國語大學、河北大學、河北工業大學、山西大學、河南科技大學、湖北大學、華南師範大學、雲南大學、雲南師範大學等全國二十餘所高等院校、科研院所各具專長的學術同仁精誠合作，共同編纂，六易寒暑，始得告竣。期間始終得到《中華大典》工作委員會、《中華大典》編纂委員會、《中華大典》辦公室和國家出版基金規劃管理辦公室高屋建瓴的宏觀指導和强有力支持；人民出版社領導與責任編輯更爲本典確保并持續提升質量提出了許多寶貴意見，付出了大量學術心血和升華性的審訂勞動。謹此深致謝忱。本典有待社會檢驗和時間考驗，倘蒙海內外方家和廣大讀者不吝賜教，則如獲至寶，於此翹首以待。

《中華大典·政治典》編纂委員會

二〇一四年十月十五日

中華大典·政治典

先秦政治分典

主編：楊寄林　劉永海

《先秦政治分典》編纂委員會

《先秦政治分典》編纂説明

《先秦政治分典》是《中華大典·政治典》下設六個分典之一。先秦僅從夏朝算起，至秦統一全國，便時經一千八百餘年（約公元前21世紀至公元前221年），地跨黄河、長江兩大流域，漸由奴隸社會轉入封建社會，形成夏、商、西周、春秋、戰國五個時期。本分典的編纂，旨在如此廣闊的時空間架和歷史演進軌迹上，通過廣輯資料，融會貫通，凸現其所獨具的尤爲顯著的政治特點，亦即：統一多民族國家的雄偉肇興和正式形成；政區建制的創設與重大變革；專制君主制的創立和反復强化；國家機構的略具雛形和漸成規模；思想文化政策的創導及定向調控；政局嬗變的縱深推進和劇烈震蕩；邦交活動的發軔與睿智展開；政治學説的相互駁難和歸於一揆。凡此一言以蔽之，便是：先秦政治由奴隸制國家和封建制國家爲主體而顯現出相嬗遞、總躍升、大變革、新發展幷爲後世奠初基、開先河的特定狀態與大勢。既在當時世界格局中久盛不衰，又在人類政治文明史上別開生面。

爲充分反映上列内容特點，《先秦政治分典》層級式設立『政區』、『國王暨國君制度』、『官制』、『政治嬗變』、『邦交』、『政治思想』六個總部，六十個部，三百六十五個分部，組成環環相扣的經目序列，用以彰顯主題，突出類屬，宣明主線，標揭重心，展現全局，昭示趨向。與這一經目序列相交織，相匹配，依次設立『綜述』、『論説』、『藝文』、『雜録』等緯目，按部就班地置於各部、各分部或專題經目之下，用以包納和羅列與之恰相切合的羣書資料，藉以多視角展現其所藴含的具體内容和底藴所在。如此經緯互持，達成整體結構的有機統一，冀使先秦時期的政治特點和盤托出，軒豁呈露。

本分典在資料搜集、選定和編排上，特以《政治典》『六强三化』的總要求爲懸鵠而略作變通，進一步加以細化，主要體現在：

（一）鑑於先秦典籍情況複雜，歷來對其成書年代、内容真僞衆説紛紜，迄無定論；而務須廣博又爲類書題中應有之義，故於先秦各書涉及同一事類的歧異載述不待詳考明辨之後方定取捨，悉數兼收并蓄，以備羣義諸説。特别是對古史傳説史料，亦從追本溯源、略見史影出發，酌加收録。更在爬梳抉剔，致使先秦異常散漫、淩雜、細碎的專項記述文字各歸其類、適得其所、聚合貫穿上切實多下功夫。

（二）諸如甲骨、金文、簡牘、帛書等出土文獻，固在輯録之列。惟其原文隸定、釋讀不免仁智互見，莫衷一是，故均擇善而從，僅取一説。

（三）對隨同正文而以夾注形式出現的注文，凡屬自注者則視同正文處斷；凡屬他注者則限於《三禮》鄭玄注、《左傳》杜預注、《國語》韋昭注、《孟子》趙岐注、《荀子》楊倞注、《史記》三家注以及孔穎達《五經正義》這類名注。但凡正文中言及先秦典章制度等令人頗爲費解之處，即繫以注文，冀收輔讀之效。無論自注抑或名注，均用字號大小加以區分。

（四）鑑於後世有關先秦政治問題的論説評析文字層出不窮，數量可觀，隨之務求精要，力戒冗濫。其中政論名家頗有見地之作在所必録，而出自宰輔重臣尤其是帝王國主之手的專論及散論，由於彼等久居高位而撫今追昔，根據切身體驗往往會生發出常人殊難領略到的另一番政治感悟或深層理解，較比一般文人學士之説每每别具隻眼，孤詣獨造，甚或出人意表，發聾振聵。對此則給予足够注意，優先採録，適當加大其所占比重。至於空泛膚淺之論，則盡行摒棄。

（五）在盡可能保持所輯原文完整性的前提下，遇有摘引之整段文字中夾帶其他記述或評説内容而與所屬經目無關者，則徑行删節，依《大典》編纂條例進行恰切的『【略】』處理。

（六）爲使主題和類屬愈加明晰，同時便於統括繁多且駁雜的資料并鑲嵌得體，酌情在某些『部』或『分部』、『專題』的『綜述』緯目之下擬設自成一組的小標題，統統藉助字體、字號大小予以凸顯。

（七）在各緯目之下所標示的資料出處，大多包含五要素：時代、作者、書名、卷數、篇目，以利速檢速得。其先後排列順序，一般皆按資料的產生年代依次厝置，但不排除特殊情況特殊處理。僅就《王權君權行使部·軍事統領權分部·統兵》而言，其在『綜述』緯目之下設立『親征』小標題，而從三代國王到春秋戰國列國國君，恰有此類重大行動屢屢見諸記載；然而夏則夏，商則商，兩周則兩周，魯則魯，齊則齊，晉則晉，楚則楚，宋則宋，秦則秦，吴則吴，越則越，趙則趙，非加區分不可，亦即必須另按國別編排資料。資料歸屬既以國別爲轉移，則其排序自然隨而從之，結果乃以數部典籍扣住國別、各成單元的面貌出現，遂與通例有別而不悖。果真仍依通例竟在『親征』小標題下悉按資料產生年代統一排列，則其內容勢必變得雜亂不堪，令人如墜五里霧中。但凡資料排序略如上述者，俱屬特殊處理方式，源自內容決定形式，形式服從內容，莫以自亂其例視之。

（八）另於本分典之末附引用書目。每一書目都開列書名、作者或編者（含佚名在內）、版本，通體則按時代縱貫而下，俾便索驗。

《先秦政治分典》係集體編纂。其中政區總部、國王暨國君制度總部由楊寄林承擔，官制總部由謝輝、郝艷華承擔，政治嬗變總部由李發、劉永海、張敏、楊寄林承擔，邦交總部由郭平興承擔，政治思想總部由張懷通、楊寄林承擔。河北師範大學楊寄林教授和貴州師範大學劉永海教授擔任主編。

《中華大典·政治典·先秦政治分典》編纂委員會

二〇一六年十二月三十日

目録

一

二

政治嬗變總部

三

政區總部

通紀概説部

中國與華夏分部

綜述

中國 **《尚書・梓材》** 皇天既付中國民越厥疆土于先王，肆王惟德用，和懌先後迷民，用懌先王受命。漢孔安國《傳》：大天已付周家治中國民矣，能遠拓其界壤，則於先王之道遂大。唐孔穎達《正義》：今大天已付周家治九州之中國民矣，周家之王若能爲政用明德，以懷萬國，遠拓其疆界土壤，則先王之道遂更光大。

又 **《禹貢》** 咸則三壤，成賦中邦。《傳》：成九州之賦。《正義》：九州即是中邦，故《傳》以九州言之。宋蔡沈《集傳》：中邦，中國也。

又 **《詩經・大雅・民勞》** 惠此中國，以綏四方。漢毛亨《傳》：中國，京師也；四方，諸夏也。唐孔穎達《正義》：「中國」之文與「四方」相對，故知「中國」謂京師，「四方」謂諸夏。若以「中國」對四夷，則諸夏亦爲中國。言各有對，故不同也。

又 **《大雅・蕩》** 文王曰咨，咨女殷商，如蜩如螗，如沸如羹。小大近喪，人尚乎由行，內奰于中國，覃及鬼方。《傳》：鬼方，遠方也。《正義》：王者所行，無小無大，莫不皆近喪亡。以此行居人之上，於是猶欲下民用行此道也。由君欲民行，故天下化之，惡及四遠。王初奰然不醉而怒在於中國，但人皆傚之，此奰然惡行乃延及中國之外，至於鬼方之遠鄉。言其惡化之廣也。

又 **《大雅・桑柔》** 哀恫中國，具贅卒荒。靡有旅力，以念穹蒼。漢鄭玄《箋》：恫，痛也。哀痛乎中國之人皆見繫屬於兵役，家家空虛，朝廷曾無有同力諫諍，念天所爲下此災。

《周禮・秋官・大司寇》 其能改者，反于中國，不齒三年。漢鄭玄注：反于中國，謂舍之，還於故鄉里也。

《左傳・莊公三十一年》 夏六月，齊侯來獻戎捷，非禮也。凡諸侯有四夷之功，則獻于王，王以警于夷；中國則否，諸侯不相遺俘。

又 **《僖公二十五年》** 倉葛呼曰：德以柔中國，刑以威四夷，宜吾不敢服也。

又 **《成公七年》** 春，吳伐郯，郯成。季文子曰：中國不振旅，蠻夷入伐而莫之或恤，無弔者也夫！

又 **《昭公九年》** 王使詹桓伯辭於晉曰：戎有中國，誰之咎也？

《國語》卷六《齊語》 築五鹿、中牟、蓋與、牡丘，三國吳韋昭注：四塞，諸夏之關也。以衛諸夏之地，所以示權於中國也。

《公羊傳・隱公七年》 冬，天王使凡伯來聘。戎伐凡伯于楚丘以歸。《傳》：凡伯者何？天子之大夫也。此聘也，其言伐之何？執之也。執之則其言伐之何？大之也。曷爲大之？不與夷狄之執中國也。《解詁》：中國者，禮義之國也。

又 **《桓公十八年》** 夏，公追戎于濟西。《傳》：此未有言伐者，其言追何？大其爲中國追也。此未有伐中國者，則其言爲中國追何？大其未至而豫禦之也。

又 **《僖公二年》** 秋九月，齊侯、宋公、江人、黃人盟于貫澤。《傳》：江人、黃人者何？遠國之辭也。遠國至矣，則中國曷爲獨言齊宋至爾？大國言齊宋，遠國言江黃，則以其餘爲莫敢不至也。

又 **《僖公四年》** 楚屈完來盟于師，盟于召陵。《傳》：楚有王者則後服，無王者則先叛。夷狄也而亟病中國，南夷與北夷交，中國不絶若綫。桓公救中國而攘夷狄，卒怗荆，以此爲王者之事也。

又 **《宣公十五年》** 六月癸卯，晉師滅赤狄潞氏，以潞子嬰兒歸。《傳》：潞何以稱子？潞子之爲善也，躬足以亡爾。雖然，君子不可不記也。離于夷狄，《解詁》：疾夷狄之俗而去離之，故稱子。而未能合于中國，《解詁》：未能與中國合同禮義，相親比也，故猶繫赤狄。晉師伐之，中國不救，狄人不有，是以亡也。

又 **《襄公七年》** 十有二月，公會晉侯、宋公、陳侯、衛侯、曹伯、莒子、邾婁子于鄬。鄭伯髡原如會，未見諸侯，丙戌，卒于操。《傳》：操者何？鄭之邑也。諸侯卒其封內不地，此何以地？隱之也。

何隱爾？弒也。孰弒之？其大夫弒之。曷爲不言其大夫弒之？爲中國諱也。曷爲爲中國諱？鄭伯將會諸侯于鄬，其大夫諫曰：『中國不足歸也，則不若與楚。』鄭伯曰：『不可。』其大夫曰：『以中國爲義，則伐我喪；以中國爲彊，則不若楚。』於是弒之。《解詁》：禍由中國無義，故深諱，使若自卒。

又《昭公元年》 六月，【略】晉荀吳帥師，敗狄于大原。《傳》：此大鹵也，曷爲謂之大原？地物從中國，漢何休《解詁》：以中國形名言之，所以曉中國、教殊俗也。邑人名從主人。《解詁》：邑人名，自夷狄所名也，不若地物有形，名可得正，故從夷狄辭言之。

又《昭公二十三年》 秋七月，【略】戊辰，吳敗頓、胡、沈、蔡、陳、許之師于雞父。胡子髡，沈子楹滅。獲陳夏齧。《傳》：此偏戰也，曷爲以詐戰之辭言之？不與夷狄之主中國也。然則曷爲不使中國主之？中國亦新夷狄也。《解詁》：中國所以異于夷狄者，以其能尊尊也。王室亂，莫肯救，君臣上下壞敗，亦新有夷狄之行，故不使主之。

《穀梁傳·桓公二年》 夏四月，取郜大鼎于宋。《傳》：孔子曰：名從主人，物從中國。故曰郜大鼎也。《集解》：主人謂作鼎之主人也，故繫之郜。物從中國，謂是大鼎。

又《莊公十年》 秋九月，荊敗蔡師于莘，以蔡侯獻武歸。《傳》：中國不言敗，此其言敗，何也？中國不言敗，蔡侯其見獲乎？其言敗，何也？釋蔡侯之獲也以歸，猶愈乎執也。

又《宣公十一年》 冬十月，【略】丁亥，楚子入陳。《傳》：入者，內弗受也。曰入，惡入者也。何用弗受也？不使夷狄爲中國也。《集解》：楚子入陳，納淫亂之人，執國威柄，制其君臣，傎倒上下，錯亂邪正，是以夷狄爲中國。

又《宣公十五年》 六月癸卯，晉師滅赤狄潞氏，以潞子嬰兒歸。《傳》：滅國有三術：中國謹日，卑國月，夷狄不日。《集解》：卑國謂附庸之屬。襄六年《傳》曰：中國日，卑國月，夷狄時，此謂三術。

又《襄公五年》 夏，【略】仲孫蔑、衛孫林父會吳于善稻。《傳》：吳謂『善』——伊，謂『稻』——緩。號從中國，名從主人。《集解》：夷狄所號地形及物類，當從中國言之，以教殊俗，故不言『伊緩』而言『善稻』，人名當從其本俗言。

又《襄公六年》 秋，【略】莒人滅繒。《傳》：非滅也。中國日，卑國月，夷狄時。繒，中國也而時，非滅也。家有既亡，國有既滅。《集解》：滅猶亡，亡猶滅。家立異姓爲後則亡國，立異姓爲嗣則滅。既，盡也。滅而不自知，由別之而不別也。《集解》：繒不達滅亡之義，故國滅而不知。

又《襄公七年》 十有二月，公會晉侯、宋公、陳侯、衛侯、曹伯、莒子、邾子于鄬。鄭伯髡原如會，未見諸侯，丙戌，卒于操。《傳》：鄭伯將會中國，其臣欲從楚，不勝，其臣弒而死。其不言弒？何也？不使夷狄之民加乎中國之君也。《集解》：邵曰：以其臣欲從楚，故謂夷狄之民。不欲使夷狄之臣得弒中國之君，故去弒而言卒，使若正卒然。

又《襄公十年》 夏五月甲午，遂滅傅陽。《傳》：遂，直遂也。其曰遂，何也？不以中國從夷狄也。《集解》：言時實吳會諸侯滅傅陽，恥以中國之君從夷狄之主，故加『甲午』，使若改日，諸侯自滅傅陽。滅卑國月，此日蓋爲遂耳。

公至自會。《傳》：會夷狄不致，惡事不致。《集解》：夷狄不致，恥與同；惡事不致，恥有惡。此其致，何也？《集解》：會吳，會夷狄也。滅傅陽，惡事也。據不應致。存中國也。《集解》：以中國之君從夷狄之主而滅人之邑也，此卽夷狄爾，是無中國也。故加『甲午』，使若改日，諸侯自滅傅陽爾，不以諸侯從夷狄也。滅中國雖惡事，自諸侯之一眚爾。從夷狄而滅人，則中國不復存矣。中國有善事，則幷焉；無善事，則異之、存之也。

又《襄公三十年》 冬十月，【略】晉人、齊人、宋人、衛人、鄭人、曹人、莒人、邾人、滕人、薛人、杞人、小邾人會于澶淵。《傳》：澶淵之會，中國不侵伐夷狄，夷狄不入中國，無侵伐八年，善之也。

又《昭公十一年》 夏四月丁巳，楚子虔誘蔡侯般，殺之于申。《傳》：何爲名之也？夷狄之君誘中國之君而殺之，故謹而名之也。稱時，稱月，稱日，稱地，謹之也。

又《昭公十二年》 冬十月，【略】晉伐鮮虞。《傳》：其曰晉，狄之也。其狄之，何也？不正。其與夷狄交伐中國，故狄稱之也。《集解》：鮮虞姬姓，白狄也，地居中山，故曰中國。夷狄，謂楚也。何休曰：《春秋》多與夷狄並伐者，何以不狄也？鄭君釋之曰：晉不見因會以綏諸夏而伐同姓，貶之可也，狄之大重。晉爲厥慭之會，實謀救蔡，以八國之師而不能救，楚終滅蔡。今又伐徐，晉不糾合諸侯以遂前志，舍而伐鮮虞，是楚而不如也，故狄稱之焉。厥慭之會，《穀梁》

無傳。鄭君之說，似依《左氏》。寧所未詳是《穀梁》意非。

又 **《昭公二十三年》** 秋七月，【略】戊辰，吴敗頓、胡、沈、蔡、陳、許之師于雞甫。胡子髡、沈子盈滅。《傳》：中國不言敗，此其言敗，何也？中國不敗，胡子髡、沈子盈其滅乎！其言敗，釋其滅也。《集解》：若師不敗，則君無由滅也。賢胡、沈之君死社稷。

又 **《哀公四年》** 春王二月庚戌，盜弑蔡侯申。《傳》：春秋有三盜：微殺大夫，謂之盜；非所取而取之，謂之盜；辟中國之正道以襲利，謂之盜。

又 **《哀公十三年》** 夏，【略】公會晉侯及吴子于黄池。《傳》：吴，東方之大國也。累累致小國，以會諸侯，以合乎中國。吴能爲之，則不臣乎？吴進矣。王，尊稱也；子，卑稱也。辭尊稱而居卑稱，以會乎諸侯，以尊天王。

又 **《哀公十四年》** 春，西狩獲麟。《傳》：其不言來，不外麟於中國也；其不言有，不使麟不恒於中國也。《集解》：雍曰：中國者，蓋禮義之鄉，聖賢之宅，軌儀表於遐荒，道風扇於不朽。麒麟步郊，不爲暫有；鸞鳳栖林，非爲權來。雖時道喪，猶若不喪；雖麟一降，猶若有恒。

《墨子》卷一《親士》 越王句踐遜吴王之仇而尚攝中國之賢君。

又 **卷六《節葬下》** 若中國之君子觀之，則亦猶厚矣。

又 **卷一三《魯問》** 雖中國之俗，亦猶是也。殺其父而賞其子，何以異食其子而賞其父者哉？

鈞之糶，亦於中國耳，何必於越哉？

《吴子·料敵》 三晉者，中國也。

《管子》卷八《小匡》 故東夷、西戎、南蠻、北狄、中諸侯國，莫不賓服。

又 **卷九《霸言》** 以負海攻負海，唐房玄齡注：謂以蠻夷攻蠻夷。蠻夷負海以爲固，故曰負海。中國之形也。

又 **卷一一《小稱》** 嘗試往之中國諸夏、蠻夷之國，以及禽獸昆蟲，皆待此而爲治亂。注：有恭遜敬愛則理，無之則亂也。

又 **卷一二《侈靡》** 夫事左，注：謂人君行事不得正。中國之人觀危國過君而弋其能者，豈不幾於危社主哉！注：中國謂得禮義之中國也。

周鄭之禮移矣，則周律之廢矣，則中國之草木有移於不通之野者。

《尸子》卷上《廣澤》 夫吴越之國，以臣妾爲殉，中國聞而非之。

《孟子·梁惠王上》 欲辟土地，朝秦楚，莅中國而撫四夷也。

又 **《滕文公上》** 禹疏九河，瀹濟、漯而注諸海，决汝、漢，排淮、泗而注之江，然後中國可得而食也。

又 **《滕文公下》** 陳良，楚産也，悦周公、仲尼之道，北學於中國，北方之學者未能或之先也。

又 **《離婁下》** 舜生於諸馮，遷於負夏，卒於鳴條，東夷之人也。文王生於岐周，卒於畢郢，西夷之人也。地之相去也千有餘里，世之相後也千有餘歲，得志行乎中國，宋朱熹《集注》：得志行乎中國，謂舜爲天子，文王爲方伯，得行其道於天下也。若合符節。先聖後聖，其揆一也。

又 **《告子下》** 今居中國，去人倫，無君子，如之何其可也。

《莊子》卷六《秋水》 計中國之在海内，不似稊米之在大倉乎！

又 **卷一〇《天下》** 《詩》以道志，《書》以道事，《禮》以道行，《樂》以道和，《易》以道陰陽，《春秋》以道名分。其數散於天下而設於中國者，百家之學，時或稱而道之。

《鶡冠子》卷中《王鈇》 方若所言，未有離中國之正也。宋陸佃《解》：離，附也。言以上所云，方若疇合四海，以爲一家之言，似違中國之正遠矣。

《戰國策》卷四《秦二》 公孫衍謂義渠君曰：中國無事於秦，則秦且燒焫，獲君之國。中國爲有事於秦，則秦且輕使重幣而事君之國也。

又 **卷五《秦三》** 秦客卿造謂穰侯曰【略】：誠能亡齊，封君於河南爲萬乘，達途於中國，南與陶爲鄰，世世無患。

范睢曰：【略】今韓魏，中國之處而天下之樞也。

又 **卷一〇《齊三》** 國子曰：【略】故秦得齊，則權重於中國；趙魏楚得齊，則足以敵秦。

又 **卷一六《楚三》** 楚王曰：楚，僻陋之國也，未嘗見中國之女如此其美也。

唐且見春申君曰：【略】今君相萬乘之楚，禦中國之難，所欲者不成，所求者不得。

又 **卷一九《趙二》** 公子成再拜曰：【略】臣聞之，中國者，聰明叡知之所居也，萬物財用之所聚也，賢聖之所教也，仁義之所施也，《詩》、《書》、禮、樂之所用也，異敏技藝之所試也，遠方之所觀赴也，蠻夷之所義行也。

王曰：【略】儒者一師而禮異，中國同俗而教離。

又　卷二一《趙四》　蘇代謂齊王曰：【略】天下爭秦，秦王受負海內之國，合負親之交，以據中國，而求利於三晉，是秦之一舉也。

又　卷二八《韓三》　蘇秦爲韓說秦王曰：【略】中國白頭游敖之士，皆積智欲離秦韓之交、伏軾結靷西馳者，未有一人言善韓者也。

又　卷三〇《燕二》　燕王說，奉蘇子車五十乘，南使於齊，謂齊王曰：【略】且夫宋，中國膏腴之地，隣民之所處也。

《荀子》卷五《王制篇》　北海則有走馬吠犬焉，然而中國得而畜使之。唐楊倞注：海謂荒晦絕遠之地，不必至海水也。南海則有羽翮齒革、曾青丹干焉，然而中國得而財之。東海則有紫紶魚鹽焉，然而中國得而衣食之。西海則有皮革文旄焉，然而中國得而用之。

又　卷七《王霸篇》　威動天下，彊殆中國。唐楊倞注：其彊能危中國。

《韓非子》卷一《存韓》　韓居中國，地不能滿千里，而所以得與諸侯班位於天下、君臣相保者，以世世相教，事秦之力也。

又　卷四《孤憤》　夫越雖國富兵彊，中國之主皆知無益於己也。

又　卷一五《難一》　故伊尹以中國爲亂道，爲宰于湯。

又　卷一七《難勢》　夫待越人之善海遊者以救中國之溺人，越人善遊矣而溺者不濟矣。

《呂氏春秋》卷八《簡選》　吳闔廬【略】東征至于庳廬，西伐至於巴蜀，北迫齊晉，令行中國。漢高誘注：中國，諸華。

又　卷一三《聽言》　夫流於海者，行之旬月，見似人者而喜矣。及其朞年也，見其所嘗見物於中國者，而喜矣。

又　卷一九《高義》　義翟，何必越，雖於中國亦可。

《大戴禮記》卷九《千乘》　是故立民之居，必于中國之休地，因寒暑之和，六畜育焉，五穀宜焉。

又　卷一一《用兵》　諸侯力政，不朝于天子，六蠻四夷交伐于中國。

《禮記・檀弓上》　今之大夫，交政於中國。漢鄭玄注：言時君弱臣強，政得大夫專盟會以交接。

又　《王制》　中國戎夷，五方之民，皆有性也，不可推移。《正義》：五方之民者，謂中國與四夷也。【略】中國夷蠻戎狄，皆有安居，和味宜服，利用備器。

又　《樂記》　天子夾振之而駟伐，盛威於中國也。《正義》：盛威於中國也者，象武王之德，盛大威武於中國。

又　《中庸》　是以聲名洋溢乎中國，施及蠻貊，舟車所至，人力所通，天之所覆，地之所載，日月所照，霜露所隊，凡有血氣者莫不尊親，故曰配天。

又　《大學》　唯仁人放流之，迸諸四夷，不與同中國，此謂唯仁人爲能愛人能惡人。

《列子》卷三《周穆王》　四海之齊，謂中央之國，晉張湛注：即今四海之內。跨河南北，越岱東西，萬有餘里。

又　卷五《湯問》　南國之人祝髮而裸，北國之人鞨巾而裘，中國之人冠冕而裳，九土所資，或農或商，或田或漁，如冬裘夏葛，水舟陸車，默而得之，性而成之。

《史記》卷五《秦本紀》　繆公怪之，問曰：中國以《詩》、《書》、禮樂、法度爲政，然尚時亂。

漢・劉向《說苑》卷一四《至公》　莊王曰：子輔寡人，寡人得以長於中國，令行於絕域，遂霸諸侯。

華夏　**《尚書・舜典》**　帝曰：皋陶！蠻夷猾夏。《傳》：猾，亂也。夏，華夏。《正義》：夏訓大也。中國有文章光華，禮義之大。定十年《左傳》云：裔不謀夏，夷不亂華。是中國爲華夏也。宋蔡沈《集傳》：夏，明而大也。曾氏曰：中國文明之地，故曰華夏。四時之夏，疑亦取此義也。

又　《武成》　我文考文王克成厥勳，誕膺天命，以撫方夏。大邦畏其力，小邦懷其德。【略】予小子既獲仁人，敢祗承上帝，以遏亂略。華夏蠻貊，罔不率俾，恭天成命。《傳》：冕服采章曰華，大國曰夏。《正義》：冕服采章對被髮左衽，則爲有光華也。《釋詁》云：夏，大也。故大國曰夏華，夏謂中國也。

又　《微子之命》　庸建爾于上公，尹茲東夏。《傳》：封立汝於上公之位，正此東方華夏之國。宋在京師東。

又《康誥》 惟乃丕顯考文王，【略】肇造我區夏。《傳》：始爲政於我區域諸夏。

又《君奭》 惟文王尚克修和我有夏。《傳》：文王庶幾能修政化，以和我所有諸夏。

又《立政》 帝欽罰之，乃伻我有夏。《傳》：天以紂惡，故敬罰之，乃使我周家王有華夏。

《詩經·大雅·皇矣》 不大聲以色，不長夏以革。《傳》：革，更也。不以長大有所更。《箋》：夏，諸夏也。不長諸夏，以變更王法者。《正義》：謂爲諸侯之長，自以身居尊位，無所畏憚，變亂正法也。崇侯與文王俱爲紂之上公，是長諸侯也。詩意言文王無此行，則崇侯有之矣。

《左傳·閔公元年》 春，【略】狄人伐邢。管敬仲言於齊侯曰：戎狄豺狼，不可厭也；諸夏親暱，不可棄也。晉杜預注：諸夏，中國也。唐孔穎達《正義》：此言諸夏，襄四年《傳》魏絳云諸華必叛。華、夏，皆謂中國也。中國而謂之華、夏者，夏，大也，言有禮儀之大，有文章之華也。

又《僖公十五年》 春，楚人伐徐，徐卽諸夏故也。

又《僖公二十一年》 任、宿、須句、顓臾，風姓也，實司大皞與有濟之祀，以服事諸夏。注：與諸夏同服王事。

又《襄公四年》 魏絳曰：諸侯新服，陳新來和，將觀於我。我德則睦，否則攜貳。勞師於戎而楚伐陳，必弗能救，是棄陳也，諸華必叛。注：諸華，中國。戎，禽獸也；獲戎失華，無乃不可乎？

又《襄公二十四年》 晉主夏盟爲范氏。

又《襄公二十六年》 楚失華夏，則析公之爲也。

又《襄公二十九年》 爲之歌《秦》，曰：此之謂夏聲。夫能夏則大，大之至也，其周之舊乎！注：秦本在西戎汧隴之西，秦仲始有車馬禮樂，去戎狄之音而有諸夏之聲，故謂之夏聲。及襄公佐周平王東遷而受其地，故曰周之舊。

又《昭公元年》 服齊狄，寧東夏。宋林堯叟《句解》：齊狄服，則東方諸侯皆安。

又《昭公十五年》 撫征東夏，非分而何？

又《昭公十九年》 費無極言於楚子曰：晉之伯也，邇於諸夏，而楚辟陋，故弗能與爭。

又《定公十年》 裔不謀夏，夷不亂華。《正義》：夏，大也，中國有禮儀之大，故稱夏，有服章之美，謂之華。華、夏，一也。

又《哀公二十年》 吳犯間上國多矣，聞君親討焉，諸夏之人莫不欣喜。

《國語》卷五《魯語下》 若楚之克魯，諸姬不獲闚焉，而況君乎！彼無亦置其同類以服東夷，而大攘諸夏，將天下是王，而何德於君？

又 卷七《晉語一》 戎夏交捽，交捽是交勝也。三國吳韋昭注：兆有二畫，外象戎，內象諸夏，夏謂晉也。諸夏從戎，非敗而何？

又 卷一七《楚語上》 赫赫楚國而君臨之，撫征南海，訓及諸夏，其寵大矣。注：撫，安也。征，正也。南海，羣蠻也。訓，教也。寵，榮也。教及諸夏，謂主盟會，頒號令也。

靈王城陳、蔡、不羹，使僕夫子晳問於范無宇，曰：吾不服諸夏而獨事晉，注：不服，心不服也。何也？唯晉近我遠也。

又 卷一九《吳語》 申胥諫曰：夫固知君王之蓋威以好勝也，故婉約其辭以從逸王志，使淫樂於諸夏之國以自傷也。

申胥進諫曰：昔楚靈王【略】不脩方城之內，踰諸夏而圖東國。韋昭注：東國：徐、夷、吳、越也。

《公羊傳·成公十五年》 冬十有一月，叔孫僑如會晉士燮、齊高無咎、宋華元、衛孫林父、鄭公子鰌、邾、婁人，會吳于鍾離。《傳》：曷爲殊會吳？外吳也。曷爲外也？《春秋》內其國而外諸夏，內諸夏而外夷狄。《解詁》：內其國者，假魯以爲京師也。諸夏，外土諸侯也。謂之夏者，大，總下土言之辭也。王者欲一乎天下，曷爲以『外』、『內』之辭言之？言自近者始也。《解詁》：明當先正京師，乃正諸夏，諸夏正，乃正夷狄，以漸治之。

《論語·八佾》 子曰：夷狄之有君，不如諸夏之亡也。三國魏何晏《集解》：包曰：諸夏，中國。宋邢昺疏：此及閔元年《左氏傳》皆言諸夏；襄四年《左傳》魏絳云：諸華必叛。華、夏，皆謂中國，而謂之華、夏者，夏，大也，言有禮儀之大，有文章之華也。

《孟子·滕文公上》 吾聞用夏變夷者，未聞變於夷者也。漢趙岐注：當以諸夏之禮義化變蠻夷之人耳，未聞變化於夷蠻之人，同其道也。

《戰國策》卷六《秦四》 魏伐邯鄲，因退爲逢澤之遇，乘夏車，稱夏王，一朝爲天子，天下皆從。

《穆天子傳》卷三　天子答之曰：予歸東土，和治諸夏。萬民平均，吾顧見汝。晉郭璞注：顧，還也。

《荀子》卷四《儒效篇》　居楚而楚，居越而越，居夏而夏。唐楊倞注：謂中夏。是非天性也，積靡使然也。

又　卷一二《正論篇》　以是千官也，令行於諸夏之國，謂之王。唐楊倞注：夏，大也，中原之大國。故諸夏之國，同服同儀。注：儀謂風俗也。諸夏迫近京師，易一以教化，故同服同儀也。

又　卷一六《正名篇》　散名之加於萬物者，則從諸夏之成俗曲期，遠方異俗之鄉則因之而爲通。

《呂氏春秋》卷一四《義賞》　楚勝於諸夏而敗乎柏舉。漢高誘注：莊王服鄭，勝晉於邲，故曰勝乎諸夏也。

又　卷一五《察今》　東夏之命，注：東夏，東方也命令也。古今之法，言異而典殊。

《大戴禮記》卷一《王言》　是以蠻夷諸夏，雖衣冠不同，言語不合，莫不來至，朝覲于王。

論說

漢·孔鮒《孔叢子》卷上《刑論》　中國之教，爲外內以別男女，異器服以殊等類，故其民篤而法，其刑輕而勝，由有禮也。

《史記》卷九七《酈生陸賈列傳》　陸生曰：【略】中國之人以億計，地方萬里，居天下之膏腴，人衆車轝，萬物殷富，政由一家，自天地剖泮未始有也。

漢·司馬相如《司馬文園集·難蜀父老文》　蓋聞中國有至仁焉，德洋恩普，物靡不得其所。

漢·桓寬《鹽鐵論》卷四《輕重》　文學曰：【略】中國，天地之中，陰陽之際也。日月經其南，斗極出其北。含衆和之氣，產育庶物。

又　卷一一《論功》　大夫曰：【略】夫中國，天下腹心，賢士之所總，禮義之所集，財用之所殖也。

漢·揚雄《法言》卷三《問道篇》　或曰：孰爲中國？曰：五政之所加，七賦之所養，中於天地者爲中國。過此而往，人也哉！聖人之治天下也，礙諸以禮樂，無則禽，異則貉。吾見諸子之小禮樂也，不見聖人之小禮樂也。孰有書不由筆，言不由舌？吾見天常爲帝王之筆舌也。智也者，知也。夫智，用不用，益不益，則不贅虧矣。深於器械、舟車、宮室之爲，則禮由己。

漢·鄭玄《駁五經異義補遺·中國里數》　《異義》：《今尚書》歐陽夏侯說中國方五千里，《古尚書》說五服方五千里，相距萬里。謹案，以今漢地考之，自黑水至東海，衡山之陽至於朔方，經略萬里。從《古尚書》說。鄭氏無駁，與許同。

晉·譙周《法訓》　王者居中國，何也？順天之和而同四方之統也。

晉·張華《博物志》卷一《地理略》　中國之域，左濱海，右通流沙，方而言之萬五千里。東至蓬萊，西至隴右，後跨京北，前及衡岳。堯舜時萬里，三代時七千里，亦無常，隨德優劣也。

晉·傅玄《傅子·貴教篇》　中國所以常制四夷者，禮義之教行也。失其所以教，則同乎夷矣；失其所以同，則同乎禽獸矣；不惟同乎禽獸，亂將甚焉。

晉·袁宏《後漢紀》卷九《孝明皇帝紀第九》　袁宏曰：【略】夫中國者，先王之桑梓也。德禮陶鑄，爲日久矣。

南朝宋·何承天《何衡陽集·又答宗居士書》　華戎自有不同，何者？中國之人秉氣清和，含仁抱義，故周、孔明性習之教。外國之徒受性剛弱，貪欲忿戾，故釋氏嚴五戒之科。

隋·王通《中說》卷七《述史篇》　董常曰：大哉中國！五帝三王所自立也，衣冠禮義所自出也，故聖賢景慕焉。中國有一，聖賢明之；中國有並，聖賢除之耶？子曰：噫！非中國，不敢以訓。

唐·釋道宣《廣弘明集》卷一二《〔唐〕釋明槩·決對傅奕廢佛僧事》　槩聞中國者，三千日月、萬二千天地之中央也。故有輪王迭出，聖主繼興，御七寶而王四天，行十善而被萬國。開平等之化，和怨以睦親；扇慈悲之風，勝殘而去殺。故得不威不怒，物以之行，不役不勞，民以之治。

《新唐書》卷三一《天文志》　一行以爲：天下山河之象，存乎兩戒。北戒自三危、積石，負終南，地絡之陰，東及太華逾河，並雷首、底柱、王屋、太行，北抵常山之右，乃東循塞垣，至濊貊、朝鮮，是謂北紀，所以限戎狄也。

南戒自岷山、嶓冢，負地絡之陽，東及太華，連商山、熊耳、外方、桐柏，自上洛南逾江漢，攜武當、荆山，至于衡陽，乃東循嶺徼，達東甌閩中，是謂南紀。所以限蠻夷也。故《星傳》謂北戒爲胡門，南戒爲越門。

河源自北紀之首，循雍州北徼，達華陰，而與地絡相會並行，而東至太行之曲，分而東流，與涇、渭、濟、瀆相爲表裏，謂之北河。江源自南紀之首，循梁州南徼，達華陽，而與地絡相會並行，而東及荆山之陽，分而東流，與漢水、淮瀆相爲表裏，謂之南河。

故於天象，則弘農分陝爲兩河之會，五服諸侯在焉。自陝而西爲秦、涼，北紀山河之曲爲晉、代，南紀山河之曲爲巴、蜀，皆負險用武之國也。自陝而東，三川、中岳爲成周。西距外方、大伾，北至于濟，南至于淮，東達鉅野爲宋、鄭、陳、蔡。河內及濟水之陽爲邶、衛，漢東濱淮水之陰爲申、隨，皆四戰用文之國也。北紀之東至北河之北爲邢、趙，南紀之東至南河之南爲荆、楚。自北河下流，南距岱山爲三齊，夾右、碣石爲北燕。自南河下流，北距岱山爲鄒、魯，南涉江淮爲吴越，皆負海之國，貨殖之所阜也。自河源循塞垣北，東及海爲戎狄。自江源循嶺徼南，東及海爲蠻越。觀兩河之象與雲漢之所始終，而分野可知矣。

唐・韓愈《昌黎文集》卷一一《原道》　孔子之作《春秋》也，諸侯用夷禮則夷之，夷而進于中國則中國之。經曰：夷狄之有君，不如諸夏之亡。《詩》曰：戎狄是膺，荆舒是懲。今也舉夷狄之法而加之先王之教之上，幾何其不胥而爲夷也？

唐・皇甫湜《皇甫持正集》卷二《東晉元魏正閏論》　或曰：元之所據，中國也。對曰：所以爲中國者，以禮義也；所謂夷狄者，無禮義也。豈繫于地哉？杞用夷禮，杞卽夷矣；子居九夷，夷不陋矣。沐紂之化，商士爲頑人矣；因戎之遷，伊川爲陸渾矣。非繫於地也。

宋・姚鉉《唐文粹》卷四九《程晏・内夷檄》　四夷之民，長有重譯而至，慕中華之仁義忠信，雖身出異域，能馳心於華，吾不謂之夷矣。中國之民，長有倔強王化，忘棄仁義忠信，雖身出於華，反竄心於夷，吾不謂之華矣。竄心於夷，非國家之竄，爾也自竄心于惡也。豈止華其名謂之華，夷其名謂之夷邪？華其名有夷其心者，夷其名有華其心者。是知棄仁義忠信於中國者，卽爲中國之夷矣，不待四夷之侵我也。有悖命中國，專倨不王，棄彼仁義忠信，則不可與人倫齒，豈不爲中國之夷乎？四夷內嚮，樂我仁義忠信，願爲人倫齒者，豈不爲四夷之華乎？記吾言者夷其名，尚不爲夷矣；華其名，反不如夷其名者也。

宋・石介《徂徠集》卷一〇《中國論》　夫天處乎上，地處乎下，居天地之中者曰中國，居天地之偏者曰四夷。四夷外也，中國內也，天地爲之乎內外，所以限也。夫中國者，君臣所自立也，禮樂所自作也，衣冠所自出也，冠昏祭祀所自用也，縗麻喪泣所自制也，果蓏菜茹所自殖也，稻麻黍稷所自有也。東方曰夷，被髮文身，有不火食者矣。南方曰蠻，雕題交趾，有不火食者。西方曰戎，被髮衣皮，有不粒食者。北方曰狄，毛衣穴居，有不粒食者。其俗皆自安也，相易則亂。仰觀於天，則二十八舍在焉；俯察於地，則九州分野在焉；中觀於人，則君臣父子、夫婦兄弟、賓客朋友之位在焉。非二十八舍九州分野之內，非君臣父子、夫婦兄弟、賓客朋友之位，皆外裔也。二十八舍之外干乎二十八舍之內，是亂天常也；九州分野之外入乎九州分野之內，是易地理也；非君臣父子、夫婦兄弟、賓客朋友之位，是悖人道也。苟天常亂於上，地理易於下，人道悖於中，國不爲中國矣。【略】

又　卷五《怪説上》　夫中國，聖人之所常治也，四民之所常居也，衣冠之所常聚也，而髡髮左衽、不士不農、不工不商爲夷者半中國，可怪也。夫中國，道德之所治也，禮樂之所施也，五常之所被也，而汗漫不經之教行焉，妖誕幻惑之説滿焉，可怪也。

宋・劉敞《劉氏春秋意林》卷上　楚子使椒來聘，前此者楚不與中國通，其交於中國也，名號僭而無法，故外於中國，得見於《春秋》者，皆必有非常之事焉。今使椒來聘，其號辭順，其禮節中，然後始均之中國矣。故諸侯一也，能自藩飾以禮樂者，則謂之中國；不能自藩飾以禮樂，上慢下暴者，則外之中國。內外之別，不在遠近而在賢不肖。苟賢矣，雖居四海，謂之中國可也；苟不肖矣，雖處河洛，謂非中國可也。楚成王以力爲強，執宋襄公，戰勝天下，威脅諸侯，雖書《春秋》而不得以其爵通。今使椒來聘，常事耳，自卑貶其名，修下人之義，而得編於諸侯，君臣俱榮。以此見德爲貴，力爲下矣。

宋・鄭介夫《西塘集》卷九《附録本傳》 公上疏力言：【略】夫中國者，子女玉帛之所聚，文章禮樂之所出，食稻粱，衣文錦，決無入蠻夷之心也。

清・汪森《粵西文載》卷二二《［宋］李彥弼〈建築隆兊州記〉》 夫中國，太陽也；四夷，衆陰也，陽動而陰趨。中國，腹心也；四夷，手足也，腹心固而手足舉。聖人在上，四夷綏懷，自爲守邊，此蓋衆陰之順太陽，手足之應心腹也。

宋・黄裳《演山集》卷五〇《雜説》 先王之政在中國者，詳于九州；在九州者，詳于四海。夷蠻戎狄、人民財用、六牲九穀之數，知其利害而已，故略于九州。九州之政，各有諸侯制節謹度，同其貫利而已，故略于中國。

宋・陳東《少陽集》卷三《上高宗皇帝第二書》 中國者必據中原，然後乃能經制萬國，號令天下。自古以來，帝王興起，無捨中原能立國者。

宋・歐陽澈《歐陽修撰集》卷一《上皇帝萬言書》 臣又聞天下之大，猶人身。外域者，股肱也；中國者，腹心也。股肱之疾既作於外，腹心之疾復攻於內，則不問人之肥瘠，其亡也可立而待矣。

宋・陸九淵《象山集》卷二三《太學春秋講義》 聖人貴中國，賤夷狄，非私中國也。中國得天地中和之氣，固禮義之所在。貴中國者，非貴中國也，貴禮義也。雖更衰亂，先王之典刑猶存，流風遺俗未盡泯然也。

宋・陳亮《龍川集》卷一《上孝宗皇帝第一書》 臣竊惟中國，天地之正氣也，天命之所鍾也，人心之所會也，衣冠禮樂之所萃也，百代帝王之所以相承也，豈天地之外夷狄邪氣之所可奸哉！

宋・程大昌《禹貢論下・夷夏》 禹之道河，自積石；積石之在後世者，不常爲中國有。黑水之入南海，當在交趾；弱水、流沙，俱在西域絶西。蓋三者必皆受命中邦，禹故敷治焉。苟其不然，其民既不可役，禹惡得力而給諸？由是言之，此時臨制所及，亦廣矣。世傳百越至秦漢，始隸屬中國。舜陟方，至蒼梧葬焉，今湖廣皆是其地；禹之會稽，又正越也，則百越者亦受舜禹臨制也。朝鮮於後世爲高麗，隋唐推混之之鋒不能克服，周人以箕子國焉，夷人不拒也。今合此數者論之，古帝王之所臨制，比後世特廣，其分疆畫野、列在侯服者，豈容有一夫非類也？然《禹貢》九州，有夷者六，更三盛王，相與蒐除不若，歷世滋久而徐有戎，淮有夷，蜀有羌、驪、髳，晉洛皆有戎、狄，荆、吴長甘爲蠻，臨越又多不入版籍。其盛德之遠覆者如彼，而異類之錯近地者顧如此。古語有之：堂上不糞，則郊草不瞻曠芸。今其遠近之宜，乃差殊不可臆度。此何理也？蓋嘗思之：三代而上，君有天下與後世異。《書》曰『奄有四海，爲天下君』者，非富天下也，能勝其大而主制之，其所以爲君已。繇古始以來，受地輸貢而來侯服者，治致其詳，詳則事如律度，其朝貢賦役法則、誅賞繩繩一軌者是也。若其但受羈制而已，則治致其略，略則威懷無犯，如所謂賓服，王享其心歸焉，則既足矣，無復他有責取也。此其爲四海一君者然也。自秦人併六彊國，取亘古侯服而郡縣之，於是始認天下爲己有，而以生齒、貢賦悉籍御府爲富。其羣臣上《帝皇之議》曰：昔者五帝，地方千里，其外侯服夷服，諸侯或朝或否，天子不能制。今陛下平定天下，海內爲郡縣，法令由一統，自古未嘗有，五帝所不能及，宜上秦皇號也。夫惟狹小千里畿甸，而夸大其能郡縣四海，以加高古先，則豈復庇民云哉？富天下而已爾。後世習見秦人之制，謂尺土斗盡在圖籍，乃爲一統，則其於華戎錯居，固應有疑。

宋・葉適《水心集》卷四《外論一》 爲國以義，以名，以權。中國不治外裔，義也；中國爲中國，外裔爲外裔，名也；二者爲我用，故其來寇也，斯與之戰；其來服也，斯與之接，視其所以來而治之者，權也。【略】堯舜之時，南自淮、徐，東被青州之境土，凡海濱廣斥、山谷深袤之地，教治所不及者，大抵皆外裔也。蓋與中國錯居，又非若後世有玁狁、獯鬻乃在長城之外，相去且數千里，而以爲難治也。堯舜之土地至狹，又無利兵危矢，詐謀奇計，而外裔不能侵暴者，名、義與權，皆得也。嗟夫！中國之所以爲中國，以其有是三者而已。苟捨其所以必勝之具而獨以詐力爲用，是既已化爲外裔矣。其至於紛紛，何足怪乎？蓋自戰國並起，三百年之間，秦人最爲雄，小國次第亡滅，廣大其地而爲六國，秦又滅六國，合天下而盡有之，又欲兼取匈奴。秦人之暴，甚於外裔矣。

宋・虞儔《尊白堂集》卷六《上時政闕失劄子》 臣聞中國者，陽也；外敵者，陰也。自古外敵之強弱，常係中國之盛衰。

宋・真德秀《西山文集》卷四《召除禮侍上殿奏劄一》 臣嘗讀《詩》，至《六月》之《序》曰：《小雅》盡廢，則四夷交侵而中國微。夫《小雅》之詩，財二十餘篇，而綱常之義略備。中國之所以爲中國者，賴此而已。而至於盡廢焉，是自爲伐也。四夷交侵之禍，安得不以其時至乎？

宋・錢時《兩漢筆記》卷二《高祖》 夫所貴於中國者，明王在上，立德無頗，政教修明，綱常不紊，此夷狄之所以懷服也。舜曰：柔遠能邇而難壬人，蠻夷率服。益曰：罔違道以干百姓之譽，罔咈百姓以從己之欲。無怠無荒，四夷來王。豈他有所謂御戎之策也哉？中國失所以爲尊，而戾戾然以彊弱較勝負，譬猶學士大夫不自愛重，而與市井無賴角一旦之力，蛇掉頭，虎卷尾，呀然奮矣。愚嘗謂四夷交侵，中國失德之明驗。

宋・金履祥《仁山文集》卷三《中國山水總説》 天地常形，固相爲勾連貫通，然其條理，亦各有脈絡。自崑崙而東北言之，則自積石而北爲湟水、星海、青海，以至浩亹，皆河源也。入匈奴以東爲陰山，又東南自代北、雲朔分而南趨，爲北嶽；以至太行，是爲河北之脊。壺口、雷首、太嶽、析城、王屋，皆其羣峰。河之析而南，汾、晉諸水之所以西入河；涿、易、滱、漳、恆、衛之所以東入海也。分而東趨者，行幽燕之北，爲五關之險，以至營平而爲碣石。此北絡也。自崑崙以東言之，則自西傾而洮水出，其北入河；桓水出其南入江，又東爲朱圉、鳥鼠諸隴，則爲渭之源。自渭源以北，卽夾河源而北以東，若岍、岐，若荆山諸峰，涇水、漆、沮諸源也。自渭以南，卽西傾而下，諸峰亘爲終南，屹爲太華，東北爲殽、陝，東南爲熊耳、外方、嵩高；伊、涪之源，又南爲桐柏淮源，以達於淮西諸山。此中絡也。又自西傾，朱圉而南，分是爲嶓冢、漢源。夾漢而趨者，北卽終南、華熊諸隴，南則蜀東諸峰。説者謂蜀東諸山皆嶓冢，正謂其岡岫綿亘耳。又東南言之，是爲岷山。江源夾江而東者，北支卽西傾以南，嶓冢以西之脈爲恆水、西漢水。如陵江諸源，其南支卽南趨爲蒙、蔡諸山。青衣、大渡、馬湖江諸源，又東包涪、黔，一盤而北爲三峽。其出者，包絡九江之源，中盤中爲衡山，其再盤而北爲廬阜，其嶺之東出者，又爲袁、吉、章、貢、旴、信諸江之源。至分水魚梁嶺，三盤而北趨，過新安，峙天目，盡昇、潤。再盤之間，其水聚洞庭；三盤之間，其水聚爲彭、蠡。三盤以東，則南爲閩、浙，北爲震澤。此南絡也。惟泰山則特起東方，橫亘左右，以障中原。此所以爲異歟！

元・蘇天爵《滋溪文稿》卷三《新樂縣璧里書院記》 夫中國者，聖賢之敎所由興也，禮樂之用所由出也，遠近之人所則敎也。

元・蘇天爵《治世龜鑑》卷首《趙方序》 民有言：所貴於中國者，以有上世帝王以來千數百年之議論也。

元・趙天麟《太平金鏡策》卷六《柔已服》 天道無私，降生庶物，得五行之全、鍾二氣之正者，其惟人乎！彼四遠之外，雖不沾先王之化、聖人之治，然其懷仁慕義，好是懿德之心，則無異焉。中國者，四遠之根抵也；四遠者，中國之枝榦也。自萬殊而言之，分雖不同；以理一而推之，其趣一也。

明・李夢陽《空同集》卷六五《化理下篇》 人皆曰：中國，天地東南隅耳。又曰：萬物齊乎《巽》，故中國文物聲敎獨懿然。燕之土盧，盧龍塞是也。盧，黑也；江之南石之色皆赤。中國之四方不見乎？又星曆驗之，測景臺郭守敬量天尺亦樹嵩、洛間，則中國不有中乎？佛者竊其意，乃曰天地有幾洲，中國者南贍部也。

明・馮復京《六家詩名物疏》卷四七《皇矣篇・夏》 箋云：諸夏。《説文》云：夏，中國之人也。徐鍇曰：象有威儀，文飾備具，行紓遲也。師古《漢書注》曰：夏，大也，言大於四夷。

清・陸隴其《四書講義困勉録》卷一六《子路・居處恭章》 春秋時，夷狄、中國尚閒錯而處，如戎、狄之鄰周，淮、徐之鄰魯，萊、牟之鄰齊，以至秦、楚、吳、越皆夷狄也。有禮義，有天王，則謂之中國；無禮義，無天王，則謂之夷狄。凡出疆越境，未有不往來於中國、夷狄之間者。若夫子之周流轍環，有今日中國、明日夷狄者矣。故曰『夷狄之有君』，『子欲居九夷』，皆實語實事也。雖之夷狄，不可棄亦然。

清・胡渭《大學翼真》卷七　中國乃甸、侯、綏三服之地。《王制》云『四海之內，斷長補短，方三千里，西不盡流沙，南不盡衡山，東不盡東海，北不盡恆山』者是也。沈尹戌曰『天子有道，守在四夷』；仲尼曰『天子失官，學在四夷』；孟子曰『莅中國而撫四夷』，卽此所謂四夷，皆在九州之內者。舜流共工于幽州，放驩兜于崇山，竄三苗于三危，殛鯀于羽山，卽其地也。

清・閻若璩《四書釋地又續》卷上《中國夷狄》　中國夷狄曰：《大學》『唯仁人放流之，迸諸四夷，不與同中國』。《中庸》『聲名洋溢乎中國，施及蠻貊』。《孟子上》『莅中國而撫四夷』，《孟子下》『東夷之人也，西夷之人也，得志行乎中國』。《左氏》成七年：季文子曰：『中國不振旅，蠻夷入伐』。昭十七年，仲尼曰：『天子失官，學在四夷』。昭二十三年，沈尹戌曰：『古者天子，守在四夷；天子卑，守在諸侯』。以上經傳所言，其曰『中國』與『諸侯』者，卽《禹貢》甸、侯、綏方三千里之地；其曰『四夷』及『蠻貊』者，卽要、荒二千里夷蠻之地也。今人言中國，必盡九州之域；言四夷，輒以爲夷、狄、戎、蠻不登版圖之區，失其指矣。誠作是解，則四夷安肯爲天子守？『蠻貊』之下，何以復有『舟車人力』等語？流放竄殛，皆在九州之內，又何以云『投諸四裔』耶？

清・愛新覺羅弘曆《御製文三集》卷九《開國方略序》　夫中國之嬗代，莫非其祖宗本其君之臣子也。

梁啓超《飲冰室文集之十・中國地理大勢論》　美哉中國之山河！美哉中國之山河！

中國者，天然大一統之國也。人種一統，言語一統，文學一統，教義一統，風俗一統，而其根原莫不由於地勢。中國所以遜於泰西者在此，中國所以優於泰西者亦在此。

中國之面積，十五倍於日本，合歐洲列國，如瑞典、那威、丹麥、奧大利、匈加利、德意志、瑞士、伊大利、荷蘭、比利時、法蘭西、西班牙、葡萄牙，其幅員僅足與我頡頏。中國者，名爲一國，實一洲也。當周末四五百年、漢末四百餘年、唐末百餘年間，皆列國幷立，與歐羅巴大陸相類，而卒歸於一統之運，不如歐西之國國抗衡，多歷年所者，蓋彼則山嶺交錯，縱横華離，於其間多開溪谷，爲多數之小平原，其勢自適於分立自治。此則莽莽三大河，萬里磅礴，無邊無涯，其形勢適與之相反也。

中國現今地理，可概分爲兩部。一曰本部，十八行省是也。二曰屬部，滿洲、蒙古、回部、西藏是也。亞洲者，全地球之宗主也。中國者，亞洲之宗主也。本部者，又中國之宗主也。請先論本部。

文明之發生，莫要於河流。中國者，富於河流之名國也。就本部而三分之，復可爲中、南、北三部。北部者，黃河流域也。中部者，揚子江流域也。南部者，西江流域也。三者之發達，先後不同，而其間民族之性質，亦自差異。此亦有原理焉。凡河流之南北向者，則能連寒、溫、熱三帶之地而一貫之，使種種之氣候，種種之物產，種種之人情，互相調和，而利害不至於衝突。河流之向東西者反是。所經之區，同一氣候，同一物產，同一人情，故此河流與彼河流之間，往往各爲風氣。故在美國則東西異尙，（美國之河皆自北而南。）而常能均調。在中國則南北殊趨，（中國之河皆自西而東。）而間起衝突，於一統之中，而精神有不能悉一統者存，皆此之由。

自周以前，以黃河流域爲全國之代表。自漢以後，以黃河、揚子江兩流域爲全國之代表。近百年來，以黃河、揚子江、西江三流域爲全國之代表。穹古之事不可紀，今後之局猶未來，然則過去歷史之大部分，實不外黃河、揚子江兩民族競爭之舞臺也。前者西江未發達，故通稱中部爲南部，數千年南北相競之大勢，卽中國歷史之榮光，亦中國地理之骨相也。今請以政治上、文學上、風俗上、兵事上兩兩比較而論之。

其在政治上，北方視南方，（以下所言南方皆指揚子江流域也，非指極南之西江。）常佔優勢。蓋我黃族之始祖，本自帕米爾高原，迤邐東下。而揚子江上流，崇巒峻嶺，壁立障之，故避難就易，沿河以趨，全國文明，自黃河起點，而傳布於西方。帝王實力，亦起於是，積之者厚，故其勢至今猶昌也。今以歷代帝王都徵之。【略】

由此觀之，歷代王霸定鼎，其在黃河流域者，最佔多數，固由所蘊所受使然，亦由對於北狄，取保守之勢，非據北方而不足以爲拒也。而其據

於此者，爲外界之現象所風動所薰染，其規模常宏遠，其局勢常壯闊，其氣魄常磅礴英鷙，有俊鶻盤雲橫絕朔漠之概。【略】

由此觀之，建都於揚子江流域者，除明太祖外，大率皆創業未就，或敗亡之餘。苟安旦夕者也。爲其外界之現象所風動所薰染。其規模常綺麗，其局勢常清隱，其氣魄常文弱，有月明畫舫緩歌慢舞之觀。

此外不依此兩河流以立國，而其歷史稍有可觀者，則有蜀之成都，今四川成都府也。蜀本據長江之上游，亦可強謂之揚子江流域。後魏之平城，今山西大同府也。其割據年代稍短，或地位稍偏，於政治歷史無甚關係者，漢初則有若南越尉佗之在廣東，凡八十五年。閩越無諸之在福建，凡九十五年。皆不在兩流域內。兩晉則有若漢劉淵之都平陽，黃河流域。趙石勒、燕慕容皝之都鄴，黃河流域。秦苻堅、後秦姚萇之都長安，黃河流域。南燕之在山東，黃河流域。諸涼之在甘肅。不在兩流域內。唐末則有若吳楊行密之在淮南，揚子江流域。凡四十九年。蜀王建、孟知祥之在四川，準揚子江流域。前後凡六十四年。楚馬殷之在湖南，準揚子江流域。凡五十五年。閩王審知之在福建，不入兩流域內。凡四十九年。吳越錢鏐之在兩浙，準揚子江流域。凡八十四年。南漢劉隱之在廣東，不入兩流域內。凡七十年。近世則有若太平洪秀全之在金陵，揚子江流域。凡十一年。合前兩表統之，數千年王霸之國都，其在黃河流域者十六，得姓三十六。其在揚子江流域者二，得姓十。其準黃河流域者一，北京。得姓四。其準揚子江流域者三，成都、臨安、湖南。得姓六。其不在兩流域內者五，得姓七。數千年政治都會，略其於是矣。校其發達之大勢，東周以前，南方未始建國也。春秋戰國以後，而楚、吳、越始強，其力足與北方諸國相埒。及於漢末，而竊據者率起於北。及於唐末，而竊據者多起於南。此亦兩地勢力平均之一消息也。今請將五大都氣運之久暫，列爲一表，以求其原因結果。【略】

北方宅都時代，而南方無他都者，垂二千餘年。其南方宅都時代，而北方無他都者，惟明太祖、建文共三十五年耳。然則雖謂政治之中心點，常在黃河流域可也，至同一黃河流域，而其勢力自西而趨於東者，則亦有故。黃族初發軔於崑崙之墟，次第東下，至黃帝、顓頊，已浸達黃河下流，而爲洪水所苦，不得不復折而邑於山陝之高土。及夏禹成第一次統一之業，文、武、周公成第二次統一之業，秦政成第三次統一之業，而皆起自黃河上游，積千餘年之精英，而黃河上游，遂爲全國之北辰。仁人君子之所經營，梟雄桀黠之所攙奪，莫不在於此土。取精多，用物宏，故至唐而猶極盛焉。東北方之燕，自古以來，不足爲中原之重輕久矣。故自隋以前，其地只能如蜀、閩、南粵，以僻陋在遠，不爲群雄之所爭。當擾攘之世，常自立數十年以待戡定焉耳。試徵其歷史，北燕在春秋時，最稱弱小，能自見於中國者，不過三四。七雄之時，爲齊所取，後賴五國之力，樂毅爲將，然後勝齊。然卒於得七十餘城，不能守也。然則幽燕，非能自立之地也。《戰國策》蘇秦說趙王曰：趙北有燕。燕固弱國，不足畏也。又燕王曰：寡人國小，西迫強秦，南近齊、趙。齊、趙強國也。又曰：天下之戰國七，而燕處弱焉。又奉陽君曰：燕國弱也，東不如齊，西不如趙。云云。此外尚多。洪容齋《隨筆》備引之。及楚漢之交，趙王武臣，爲燕軍所得，趙廝養卒謂其將曰：一趙尚易燕，況以兩賢王，滅燕易矣。其在東漢，彭寵以漁陽叛，卽時夷滅。其在三國，公孫淵據地僭號二十餘年，終不能幷鼎而四。其在十六國，稱燕稱趙者多矣，未嘗有僅據燕薊之地者也。夫在昔之燕不足重輕也如彼，而今則海宇之內，斂袂而往朝者，七百餘年，他地視之，瞠乎其後者，何也？其轉捩之機，皆在於運河。中國南北兩大河流，各爲風氣，不相屬也。自隋煬濬運河以連貫之，而兩河之下游，遂別開交通之路。夫交通之便不便，實一國政治上變遷之最大原因也。自運河既通以後，而南北一統之基礎，遂以大定。此後千餘年間，分裂者不過百年耳。而其結果，能使江河下游，日趨繁盛。北京、南京兩大都，握全國之樞要，而吸其精華。故逮唐中葉，而安祿山、史思明用范陽、盧龍之衆，蹂躪中國，實惟幽燕勢力之嚆矢。至宋而金，源宅京於此，用之以俘二帝，盜中國之強半矣。蒙古紾金臂而奪之，遂以滅金滅宋，混一寰區矣。明祖南人安南，奠都金陵，而燕王棣卒以靖難之師起北方，復宅金、元之故宅，以至於今。非地運使然，實地勢使然也。爾後運河雖淤涸，而燕京之勢力不衰者，一由積之既久，取精用宏，與千年前之鎬、洛相等。一由海道既通，易河運以海運，而燕、齊、吳、浙、閩、越一氣相屬，燕乃建高瓴而注之也。由此觀之，凡一地之或盛或衰，其間必有原因焉，以消息之，凡百皆然，而燕京其一例耳。自今以往，其在陸者，長城之險已夷。其在海者，津沽、威海、旅順重重門戶，亦已盡失。鐵路輪船既通，而運輸交通之形勢，亦大異疇昔。此後有宅中圖治者乎！他日之燕京，或成爲今日之長安、洛陽，未可知也。

中國爲天然一統之地，固也。然以政治地理細校之，其稍具獨立之資格者有二地，一曰蜀，二曰粤。此二地者，其利害常稍異於中原。蜀，揚子江之上游也。其險足以自守，其富足以自保，而其於進取不甚宜。故劉備得之以鼎魏吴，唐玄宗幸之以逃安史，王建、孟知祥據之以傳數世。然蜀與滇，相輔車者也。故孔明欲圖北征，而先入南。四川、雲南，實政治上一獨立區域也。粤，西江流域也。黄河、揚子江開化既久，華實燦爛，而吾粤乃今始萌芽，故數千年來未有大關係於中原。雖然，粤人者，中國民族中最有特性者也。其言語異，其習尚異，其握大江之下流而吸其菁華也。與北部之燕京，中部之金陵，同一形勝，而支流之紛錯過之。其兩面環海，海岸線與幅員比較，其長率爲各省之冠。其與海外各國交通，爲歐羅巴、阿美利加、澳斯大利亞三洲之孔道。五嶺亘其北，以界於中原，故廣東包廣西而以自捍，亦政治上一獨立區域也。他日中國如有聯邦分治之事乎，吾知爲天下倡者，必此兩隅也。

其在文學上，則千餘年南北峙立，其受地理之影響，尤有彰明較著者。試略論之。

（一）哲學：吾國學派，至春秋戰國間而極盛。孔、墨之在北，老、莊之在南，商、韓之在西，管、騶之在東，或重實行，或毗理想，或主峻刻，或崇虚無。其現象與地理一一相應，夫既言之矣。逮於漢初，雖以竇后、文、景之篤好黄老，然北方獨盛儒學。雖以楚元王之崇飾經師，然南方猶喜道家。《春秋繁露》及其餘經説，北學之代表也。《淮南子》及其餘詞賦，南學之代表也。雖然，自漢以後，哲學衰矣。洎及宋明，兹道復振。濂溪、康節，實爲先驅。雖其時學風，大略一致，然濂溪南人，首倡心性，以窮理氣之微。康節北人，好言象數，且多經世之想。伊川之學，雖出濂溪，然北人也，故洛學面目亦稍變而傾於實行焉。關學者，北學之正宗也。横渠言理，頗重考實，於格致藴奥，間有發明。其以理學提倡一世，猶孔、荀之遺也。東萊繼之，以網羅文獻爲講學宗旨，純然北人思想焉。陸、王皆起於南，爲中國千餘年學界闢一新境。其直指本心，知行合一，蹊徑自與北賢别矣。凡此者，皆受地理上特别之影響。雖以人事揉雜之，然其結果殆有不容假借者存也。

（二）經學：兩漢以後，儒學統一，先秦學術之界域，殆銷滅矣。雖然，於經學之中，又自有南北之流别。當六朝時，北人最喜治《三禮》，如徐遵明、劉炫、劉焯、李鉉、劉獻之、沈重、熊安生等，皆以禮學名家。南人最喜治《易》，常以《易》、《老》並稱，如王弼、郭象、向秀之流，史皆稱其邃於《老》、《易》。《晉書》、《南史》及《世説新語》等書，每述時流之學，輒言其深於《易》、《老》。《北史·儒林傳》云：『大抵南北所爲章句，好尚互有不同。江左：《周易》則王輔嗣，《尚書》則孔安國，《左傳》則杜元凱。河洛：《左傳》則服子慎，《尚書》、《周易》則鄭康成，《詩》則並主於毛公，《禮》則同遵於鄭氏。南人簡約，得其英華，北學深蕪，窮其枝葉。』其言可謂居要。由此觀之，同一經學，而南北學風，自有不同，皆地理之影響使然也。

（三）佛學：六朝唐間，佛學掩襲一世。佛學之空，與儒學之實，立於反對之兩極端者也。然佛學之中，流派自異。象教宏興，肇始姚秦，秦北地也。鳩摩、羅什。三叉，實難。首事翻譯。自兹以往，文字盛行。至南方緇徒，學博不及北派，而理解或過之。謝靈運云：諸公生天雖在靈運先，成佛必居靈運後。蓋南人自負之言也。隋唐之際，宗風極盛。天台、智凱、章安等。法相、玄奘、窺基等。華嚴、杜順、賢首、宗密等。三宗，號稱教下三家，皆起於北。陳義閎深，説法博辯，而修證之法，一務實踐，疏釋之書，動輒汗牛。其學統與北朝經生頗相近似。惟禪宗獨起於南，號稱教外别傳。達摩入中國，首爲梁武所皈依。黄梅、禪宗五祖弘忍。大鑒，禪宗六祖慧能。開山吴越，專憑悟證，不依文字，蓋與老、莊、陸、王頗符契焉。同一佛學，而宗派之差别若是，亦未始非地理之影響使然也。

（四）詞章：燕趙多慷慨悲歌之士，吴楚多放誕纖麗之文，自古然矣。自唐以前，於詩於文於賦，皆南北各爲家數。長城飲馬，河梁攜手，北人之氣概也。江南草長，洞庭始波，南人之情懷也。散文之長江大河一瀉千里者，北人爲優。駢文之鏤雲刻月善移我情者，南人爲優。蓋文章根於性靈，其受四圍社會之影響特甚焉。自後世交通益盛，文人墨客，大率足迹走天下，其界亦浸微矣。

（五）美術音樂：吾中國以書法爲一美術，故千餘年來，此學蔚爲大國焉。書派之分，南北尤顯，北以碑著，南以帖名。南帖爲圓筆之宗，北碑爲方筆之祖。遒健雄渾，峻峭方整，北派之所長也，《龍門二十品》、《爨龍顔碑》、《弔比干文》等爲其代表。秀逸摇曳，含蓄瀟灑，南派之所長也，《蘭亭》、《洛神》、《淳化閣帖》等爲其代表。蓋雖雕蟲小技，而與其社會之人物風氣，皆一一相肖有如此者，不亦奇哉！畫學亦然。北派擅工筆，南派擅寫意。李將軍思訓之金碧山水，筆格遒勁，北宗之代表也。王摩詰之破墨水石，意象逼眞，南派之代表也。音樂亦然。《通典》云：『祖孝孫以梁陳舊樂，雜用吳楚之音。周隋舊樂，多涉胡戎之技，於是斟酌南北，考以古音，而作大唐雅樂。』直至今日，而西梆子腔與南崑曲，一則悲壯，一則靡曼，猶截然分南北兩流。由是觀之，大而經濟、心性、倫理之精，小而金石、刻畫、游戲之末，幾無一不與地理有密切之關係。天然力之影響於人事者，不亦偉耶，不亦偉耶！

大抵自唐以前，南北之界最甚，唐後則漸微，蓋『文學地理』常隨『政治地理』爲轉移。自縱流之運河既通，兩流域之形勢，日相接近，天下益日趨於統一，而唐代君臣上下，復努力以聯貫之。貞觀之初，孔穎達、顔師古等奉詔撰《五經正義》，既已有折衷南北之意。祖孝孫之定樂，亦其一端也。文家之韓、柳，詩家之李、杜，皆生江河兩域之間，思起八代之衰，成一家之言。書家如歐、歐陽詢。虞、世南。褚、遂良。李、邕。顔、眞卿。柳、公權。之徒，亦皆包北碑南帖之長，獨開生面。蓋調和南北之功，以唐爲最矣。由此言之，天行之力雖偉，而人治恆足以相勝。今日輪船鐵路之力，且將使東西五洲合一爐而共治之矣，而更何區區南北之足云也。

其在風俗上，則北俊南孅，北肅南舒，北強南秀，北僿南華，其大較也。龔定菴詩云：『黄河女直徙南東，我説神功勝禹功。安用迂儒談故道，犁然天地劃民風。』自注云：『渡河而南，天異色，地異氣，民異情。』蓋南北之差殊，稍有識者皆能見及矣，然猶不止此。

古書中以地理言風俗者，莫善於《史記・貨殖傳》。今節錄其一二：

關中自汧、雍以東至河、華，膏壤沃野千里。自虞夏之貢，以爲上田，而公劉適邠，大王、王季在岐，文王作豐，武王治鎬，故其民猶有先王之風。好稼穡，殖五穀，地重，重爲邪。及秦文、孝、繆居雍，隙隴蜀之貨物而多賈。獻、孝公徙櫟邑，櫟邑北卻戎翟，東通三晉，亦多大賈。武、昭治咸陽，因以漢都長安諸陵，四方輻輳，並至而會。地小人衆，故其民益玩巧而事末也。

夫三河在天下之中，若鼎足，王者所更居也，建國各數百千歲。土地小狹，民人衆，都國諸侯所聚會，故其俗纖儉習事。種、代，石北也。地邊胡，數被寇。人民矜懻忮，好氣，任俠爲奸，不事農商。其民羯羠不均，自全晉之時，固已患其慓悍，而趙武靈王益厲之。其謠俗，猶有趙之風也。

中山，地薄人衆，猶有沙丘紂淫地餘民，民俗懁急，仰機利而食。丈夫相聚游戲，悲歌慷慨，起則相隨椎剽，休則掘冢作巧奸冶。

鄭、衛，俗與趙相類，然近梁魯，微重而矜節。濮上之邑徙野王，野王好氣任俠，衛之風也。

夫燕，亦勃碣之間一都會也。人民希，數被寇，大與趙、代俗相類，而民雕捍少慮。

臨淄，亦海岱之間一都會也。其俗寬緩闊達，而足智好議論，地重難動摇。怯於衆鬭，勇於持刺，故多劫人者，大國之風也。其中具五民。而鄒魯濱洙泗，猶有周公遺風。俗好儒，備於禮。故其民齪齪，儉嗇，畏罪遠邪。及其衰，好賈趨利，甚於周人。

夫自鴻溝以東，芒碭以北，屬巨野，此梁、宋也。其俗猶有先王遺風，重厚多君子。雖無山川之饒，能惡衣食，致其蓄藏。

以上言北方風俗

越、楚，則有三俗。夫自淮北沛、陳、汝南、南郡，此西楚也。其俗剽輕，易發怒。地薄，寡於積聚。陳，在楚夏之交，通魚鹽之貨。其民清刻，矜己諾。

彭城以東，東海、吳、廣陵，此東楚也。其俗類徐、僮。朐、繒以北，俗則齊。浙江南則越。夫吳自闔廬、春申、王濞三人，招致天下之喜游子弟，亦江東一都會也。

衡山、九江、江南、豫章、長沙，是南楚也。其俗大類西楚，與閩中于越雜俗，故南楚好辭，巧説少信。江南卑濕，丈夫早夭。

九疑、蒼梧以南至儋耳者，與江南大同俗，而揚越多焉。番禺亦其一都會也。

潁川、南陽，夏人之居也。夏人政尚忠朴，猶有先王之遺風。潁川敦愿，秦末世遷不軌之民於南陽，其俗雜，好事業，多賈。

總之，楚越之地，地廣人稀，飯稻羹魚，或火耕而水耨，果蓏蠃蛤，不待賈而足。地勢饒食，無饑饉之患。以故呰窳偷生，無積聚而多貧。是故江淮以南，無凍餓之人，亦無千金之家。

以上言南方風俗

此二千年前哲人所觀察之大略也。雖至今物换星移，迥非疇昔，然其以地理、人事兩者合證，以推原其各種特別風俗所由成，可謂目光如炬矣。以今日論之，則大河以北，自漢受匈奴降衆，居之三輔，民夷雜處，及晋而五胡亂華，繼以北魏，中原遺民，不覩漢官威儀者，垂數百年。全唐盛時，一霎此耻。逮於五季，石晋以燕雲十六州賂契丹。終宋之世，遼金交擾，逾元涉清，金甌全缺。故北方之俗，漢胡雜焉。雖然，以數被邊患故，故其民尚有如《史記》所謂『矜懻忮、好氣任俠』者，排外之心稍强。甘凉素蹂躪於回，其俗雜漢回，悍而急，僄而好亂。關中，古帝王都也。然自隋唐之交，喋血六七，水薄其味，土變其質。近加以明季張、李之踐踏，嗚呼耗矣。故其民貧而悴，婾而不揚。山西，古三晋也。夙邊胡，踐掠最數。故其俗堅忍而好蓄藏，至今猶能以商豪於國中。然樸塞固陋，今猶有穴居者。直隸爲帝都者七百餘年，舉天下便辟巧媚之士湊集焉，加以從龍入關之裔，驕侈淫泆，恣慢横暴，雍、乾以後，益挫抑氣節。其士大夫相率以群居終日，言不及義，好行小慧，故京師之俗雜五方而爲首惡之區。其民則土炕毳服，如膻鄉焉。雖然，燕齊之交，其慓悍之風猶存。至今响馬鏢客，猶椎埋俠子之遺。河南自昔四戰之國，而今則寥廓之區也。其民勇不逮北，智不逮南，無足云者。大江左右，自晋南渡後，中原衣冠文物萃焉。故史公所言關中三河之俗，自中世以來，乃見之於江南。中間胡元盜國，百年中稍衰息矣。元人詩云：『玉樹後庭花不見，北人租地種茴香。』蓋傷之也。然南俗既已脆弱，而歷代都此者，率皆偏安偷惰之主，導以驕侈淫泆，故其俗文而少氣，知者多而行者寡。雖然，江浙固今世文明之中心點也。江漢之間，近世之滎陽、成皋也。天下有事，爲必争之區。故洪楊之難，武昌三陷，漢陽四陷，其民數更喪亂，人無自安之心，故俗習於巧黠，好小亂而無遠志。皖南江右，俗在吴鄂之間，可代表南人之特性焉。湖南，古南楚也，北通南域，南接猺獞，故其人進取之氣頗盛，而保守之習亦强。近數十年，自伐其功，囂張大甚。然其尚氣敢任，有足多者。四川、雲貴、兩廣、福建，自昔以來，其利害與中原不甚相切。蜀人饒富，善保守而缺進取，至今其俗與千年前不甚變異。常爲他地之人，入之以嬰守。其土著民族，有活潑氣象者鮮焉。滇黔，三苗南蠻之故墟也。其民之稍優秀者，大率流宦遷賈，來自他鄉。至其原民，則猶有羲皇以上之遺風焉。廣西，瘠土也。民食不相給，而與中原遠，故洪楊用之以發難。近數十年，游勇麕集，椎埋相結，故其人最喜亂，視揭竿之事爲日用飲食。廣東，自秦漢以來，卽號稱一大都會，而其民族與他地絶異，言語異，風習異，性質異，故其人頗有獨立之想，有進取之志。兩面瀕海，爲五洲交通孔道，故稍習於外事。雖然，其以私人資格與外人交涉者太多。其黠劣者，或不免媚外倚賴之性。閩人，蓋亦同病焉。

昔希臘之雅典，其民分三俗，以地勢爲别，一曰山谷之民，二曰平原之民，三曰海濱之民，三民之性質習尚職業各異焉。印度人亦分三俗，以河流爲别，一曰身毒河之民，二曰布拉馬河之民，三曰恒河之民，三民之性質習尚職業亦各異焉。中國則兼兩者而有之，是故以東、西差别之，則有高原之民，有平原之民，有瀕海之民。以南、北差别之，有白河流域之民，有黄河流域之民，有揚子江流域之民，有珠江流域之民。坐此之故，全地政治，雖歸於統一，而民間社會風俗，華離破碎，殆如異國，此亦地勢所不得不然者也。

其在兵事上，則吾中國讀史、地理、兵要之書，作者雖不乏，然苦無條理。其於兵事、地理與民族之關係，能言其故者蓋少焉。中國，干戈之國也，統覽數千年之史乘，其三十載不見兵革者殆希。二十四部之正史，不過一大相斫書。二十一省之土地，不過一大修羅場。然則以兵事言地理，亦治此學之一大法門也。吾欲有所論，吾請舉自漢以來用兵之地，列表而統計之。【略】

以上所列，其革命成功者著之，其雖不成而割據稍久者亦著之，其雖不能久而略地甚廣者亦著之，其雖不成不久不廣，而勢潮甚猛爲天下倡者亦著之。其憑藉朝柄，以篡竊得勢者，無論爲成、爲敗、爲一統、爲割據，皆不著，以其無與於用兵也。其異族起兵外域，入主中夏者不著，以其與境內之地理性質無關也。二千年來兵事、地理之關係於歷史者，略具是矣。試統計其各省主動多寡之數，則

直隸十五　山東十　湖北七　浙江四　湖南三　雲南一

甘肅十三　安徽九　四川七　福建四　廣東三　江西一

江蘇十一　山西八　河南五　陝西三　廣西一　貴州一

其所以能用兵之故，雖有種種特別原因，不能盡以歸諸地理，要之，地理爲其一重要之主因，無可疑也。以此表校之，除直隸、甘肅、山西三處，多由西北異種乘藉竊據，其主動不專由我民族外，自餘則惟山東、江蘇、安徽、河南、湖北，爲最能舉事之地。此其故何也？黄河、揚子江兩流域勢力使然也。而其間成功最鉅者，爲漢之劉邦、光武，唐之李淵，明之朱元璋。其次者爲楚之項羽，魏之曹操，宋之劉裕。李淵、曹操起於黄河流域，劉裕起於揚子江流域，其餘皆起於江河兩流域之交。質而言之，則淮水流域之民族，數千年來，最有大力於中原也。夫淮域所以能獨佔優勝者，何也？其東通海，其北界河，其南控江，其地理之適於開化，蓋天然矣。直隸割據起事雖多，未有能成者，惟明燕王靖難之師，則挾以親藩之力，非可以尋常論也。其次，則安史之亂，雖蹂躪天下之半，而卒以敗亡，直隸者布政之地，非用兵之地也。甘肅興者不讓直隸，然成就之率，更在其下，水利乏而不足以爲通，不足以爲繼也。若夫四川，每天下有亂，則常獨立，而其滅亡最後。一見之於公孫述，再見之於劉備，三見之於李雄，四見之於王建、孟知祥，五見之於明玉珍，六見之於張獻忠，七見之於最近之石達開。不知來，視諸往，他日中國若有事，亦若是則已耳。雖然，蜀利保守而不利進取，地勢實然也。然則幽、并、甘、涼、梁、益之地，用之者雖多，而成之者實寡，其不得不讓淮漢者，非偶然矣。

大抵中國地理開化之次第，自北而南，三代以前，河北極盛，秦漢之間，移於河南，浸移於江北。六朝以後，江南亦駸駸代興焉。而自漢迄今，全史之大部分，皆演於江河間之原野，彼龍拏虎擲，甲興乙仆，殆未有出山東、安徽、江蘇、河南、湖北數省外者也。淮漢民族之在中國，其猶近世條頓民族之在世界也。而點綴其間者，則有幽燕、趙、代、隴、蜀諸族，其猶歐洲之有拉丁與斯拉夫也。此外位其南者，未嘗有能爲一國之重輕者也。其有之，則自近百數十年始也。

疇昔南北交通之運未盛，故江南常足以自守。吳割據垂八十年，晉南渡百年，益以宋齊梁陳百六十餘年，宋南渡一百五十年，蓋地勢統合之力，未大定也。項羽亦不用烏江丈人之言耳，使其用之，則杜牧所謂『江東子弟多才俊，捲土重來未可知』。夫孰敢謂羽之才，反出孫權下也。魏文臨江而嘆，謂天之所以限南北，孫皓謂長江天塹，豈能飛渡？有自來矣。逮於輓近，則南北兩文明，互發達，互和合，而趨於統一，非南混同於北，則北混同於南，事機與昔大殊矣。不見夫福王、魯王畫江之局，不兩年而澌亡乎？不見乎近世洪楊，有三分天下之二，徒以株守金陵，不圖北進，卒以十餘年之建國，消於朝露乎？雖曰人謀之不臧，抑地勢亦有不得不然者也。故古之語兵事者，以滎陽、成皋爲第一要點，以其爲黄河流域之咽喉也。近之語兵事者，以武昌、漢陽爲第一要點，以其爲揚子江流域之眉目也。黄梨洲《明夷待訪錄》主建都金陵之議，謂『秦漢之時，關中風氣會聚，田野開闢，人物殷盛，吳楚方脱蠻夷之號，風氣樸略，故金陵不能與之爭勝。今關中人物，不及吳會久矣。』云云，可謂能知地運變遷之大原。顧亭林足跡遍天下，乃謂『秦地華陰綰轂關河之口，雖足不出戶，而能見天下之人，聞天下之事。一旦有警，入山守險，不過十里之遥。若志在四方，一出關門，亦有建瓴之勢。』云云，自詡身歷，而以此規梨洲，是猶漢唐以上之言也，庸詎知地運之駸駸自北而南者，今固有以異於古所云也。

雖然，歷覽前史，大抵北人南伐者則得志，南人北伐者則不得志。其在北者，如五胡起而晉以東，金源起而宋以南，蒙古起而宋金夷，滿洲起而明社屋，皆外種憑藉異域，姑勿具論。劉、項同爲淮人，而漢踞關中、巴蜀，楚踞江淮，成功卒歸漢氏。三國鼎立，而吳入於晉，六朝並峙，而陳入於隋。自古南渡偏安之局，曾無一焉能北進以恢復者，幸陝幸蜀者有恢復，渡江者無恢復，其故可思也。不可謂非地理上一疑問也。北伐之師，惟項羽以江東八千破秦，孫堅以吳會一旅入洛，最稱名譽，然卒歸於敗衄。爾

後劉裕之滅南燕，滅後秦，號稱南朝第一盛舉，亦不能竟其功。此外南北交戰，南人之有功者，千餘年來，不過三役，一曰周瑜之於赤壁，二曰謝玄之於淝水，三曰虞允文之於采石，然皆防禦而已，於進取則概乎未之有聞也。豈徒南人文弱之爲哉？毋亦地勢地運使然矣。直至明祖用江淮之衆，放逐胡元於漠北，光復舊物，混一海内，南之挫北，蓋自兹役始。明祖雖暴，其爲漢族之名譽，又烏可誣也。而考地理與歷史之進化相關係者，亦可於此思其故矣。

自唐以前，湖南、浙江、福建、兩廣、雲南諸省，曾未嘗一爲輕重於大局。項羽雖起於會稽，其根據地不在此。自宋以後，而大事日出於此間矣。宋之南渡在浙，其亡也在廣東。明之亡也始而江，繼而浙而閩而粤而滇而桂。此亦地運由黃河、揚子江而漸趨於西江之明徵也。湘中，古之南楚，號稱大國，而二千年間，用之者惟一蕭銑，一馬殷，乃咸、同以來，曾、胡驟起，湘軍之聲譽，東至東海，南踰嶺南，西闢回部，西南震苗疆，至今尚炙手可熱。三湘民族之有大影響於全國，實自五十年以來也。兩廣亦然，疇昔惟有尉佗、劉隱等諸羈縻，及洪楊發難，乃裹五嶺之民，淩厲蹴踏，奄半天下者，垂十餘年。兩廣民族之有大影響於全國，亦自五十年以來也。浙人閩人，於明末魯唐監國時代，崎嶇海上，奔走國難者，號稱極盛。浙閩民族之大有影響於全國，亦自二百年以來也。自今以往，而西江流域之發達，日以益進，他日龍拏虎擲之大業，將不在黃河與揚子江間之原野，而在揚子江與西江間之原野，此又以進化自然之運推測之，而可以知其概者也。獨恨蹙蹙卧榻，鼾睡已屬他人，沈沈昆明，妖灰未蘇前刧。舉目有山河之異，誰泣新亭？中原無頗、牧之才，空肥戎馬。對圖搵淚，掩卷驚神，問天意其蒼茫，哀民生其憔悴。嗚呼！予欲無言。嗚呼！予欲無言。

藝文

《全唐詩》卷七一六《曹松〈觀華夷圖〉》 落筆勝縮地，展圖當晏寧。中華屬貴分，遠裔占何星。分寸辨諸岳，斗升觀四溟。長疑未到處，一一似曾經。

又 卷七四四《伍喬〈觀華夷圖〉》 別手應難及此精，須知攢簇自心靈。始於毫末分諸國，漸見圖中列四溟。關路欲伸通楚勢，蜀山俄聳入秦青。筆端盡現寰區事，堪把長懸在戶庭。

宋·馮時行《縉雲文集》卷二《題友人南北江山圖》 地廓秦山壯，天涵海甸寬。十年經眼處，萬里入毫端。戶牖開千嶂，風煙老一竿。已無圭組累，圖畫不空看。

金·趙秉文《滏水集》卷四《東軒老人河山形勝圖》 太虚匠流峙，造化誰胚胎？洪荒萬萬古，至今餘刧灰。黃河發崑崙，匣怒不敢乖。初經龍門天下險，勢如萬頃納一杯。桃花浪激不得上，凡魚幾曝鱗與腮。下趨神脽如地底，終古不到軒轅臺。蒲津沉沉卧虹影，鐵牛駕浪輸黃能。千里一曲復一曲，傾山倒岳不復迴。巨靈運東肘，首華爲崩摧。茅津濟師想勝概，搔首北望令心哀。萬派赴集津，鼓聲如會垓。神斧忽中斷，鑱鑿何年開？崖傾路斷飛鳥絶，輕舟一箭浮天來，篙師絶叫未及瞬，回望已失雲濤堆。但見兩厓蒼蒼半天外，三門斗落如驚雷。擘窠大字誰所銘？高山百丈磨蒼崖。廟前劉公一片石，黿龍剝落生莓苔。東軒先生生長三晉地，回視韓魏空浮埃。想像舊游處，落筆如山頹。胸中原自有河山，寫出勝概何壯哉！餘波到諸郎，直氣淩斗魁。況復文章妙天下，睥睨晁、張顰蘇、梅。竹帛如山不經國，安用江、鮑稱詩材？劉夫子，我有一杯酒，澆汝胸崔嵬。嗚呼聖道久榛塞，孟氏闢路誅蒿萊。諸儒辛苦補罅漏，未見巨手如排淮。後生索塗方擿埴，雖有耳目如嬰孩。祝君頹波作砥柱，驅入聖海無津涯。劉夫子，深藏什襲作龜鏡，先君此圖吁可懷。

金·元好問編《中州集》卷六《雷淵·河山形勝圖》 高峰巨塹與天連，中國關防表裏全。北岸塵氛重回首，不如圖上看風煙。

元·王惲《秋澗集》卷二〇《江山萬里圖》 勝覽何人作此圖，雄誇天險亦區區。經營意匠羣工上，慘淡風烟百戰餘。並轡相夷嗤宋魏，舞干來遠美唐虞。只今一統無南北，正要懷柔謹厥初。

江山列地出新圖，限隔東南見奥區。與校廟謨雖有間，細看邊備則無餘。忌功去玠甘捐蜀，併力亡金笑假虞。千古《美芹》高議在，不應成敗論終初。

元·趙汸《東山存稿》卷一《觀輿圖有感五首》 朝雨茅茨濕，披圖羨禹功。山河一掌上，宇宙九疇中。水性惟趨下，民生本易窮。胼胝豈無事？大智與天通。

四載勤難繼，八年績竟成。功推城濮雋，澤想召陵深。問鼎猶懷惡，投黿肯易心。向無微管歎，孰憶到于今。

轍已環諸夏，居身憶九夷。難求伐木處，尚想饋豚時。夾谷眞成謗，中牟不易知。惟存删述事，赫赫起周畿。

皓首陳王道，時君孰可匡。艱難思稷契，容易託齊梁。越豈資冠冕，秦方用虎狼。空聞歸大老，不復見鷹揚。

雒邑空南渡，東都亦北轅。已符前五閏，空憶後三元。世謂漢唐宋爲後三代。分合巧相似，今昔難等倫。女眞如拓拔，一統位中原。

明·王褘《王忠文集》卷三《題萬里江山圖》 昔年曾作子長游，萬里江山一客舟。攬得瑰奇滿胸臆，怪來開卷思悠悠。

明·曹學佺《石倉歷代詩選》卷三四一《明詩初集·陳秀民〈題江山萬里圖〉》 曹郎胸中墨數斗，筆下煙雲千萬重。崑崙積石泰華接，瀟湘雲夢銀河通。岷峨翠流三峽水，衡岳青蓮五老峰。清溪九曲處士屋，丹霞百丈神仙宮。下有臨淵欲墜之靈石，上有參天不老之長松。嵐光雨氣迷遠近，咫尺萬里將無窮。誰知大地山河境，乃在冰縑意匠中。我今撫卷三歎息，畫史眞能奪化工。

又 卷三五八《明詩初集·陳桭〈江山勝覽卷〉》 維揚有客思飄飄，歷覽山川不憚遙。巫峽秋濤雲夢雨，吳門夜月浙江潮。北瞻燕冀天應近，西渡殽函雪未消。到處幽奇看不盡，更收餘興入詩瓢。

清·愛新覺羅弘曆《御製詩初集》卷三九《王翬江山勝覽圖》 石可跏趺瀑可聽，際天繚白更縈青。江山藉助興不淺，意匠縱橫筆有靈。曲棧人行秋瑟瑟，精藍僧定月惺惺。披吟省識非無李，攬取閒雲席上停。

南朝陳·江總《江令君集·濟黃河》 葱山淪外域，鹽澤隱遐方。兩源分際遠，九道派流長。未殫所聞見，無待驗詞章。留連嗟太史，惆悵踐黎陽。導波縈地節，疏氣耿天潢。憫周沈用寶，嘉晉肇爲梁。

《全唐詩》卷五五八《薛能〈黃河〉》 何處發崑崙，連乾復浸坤。波渾經雁塞，聲振自龍門。岸裂新衝勢，灘餘舊落痕。橫溝通海上，遠色盡山根。勇逗三峰坼，雄摽四瀆尊。灣中秋景樹，闊外夕陽村。沫亂知魚呴，槎來見鳥蹲。飛沙當白日，凝霧接黃昏。潤可資農畝，清能表帝恩。雨吟堪極目，風度想驚魂。顯瑞龜曾出，陰靈伯固存。盤渦寒漸急，淺瀨暑微溫。九曲終柔勝，常流可暗吞。人間無博望，誰復到窮源。

唐·徐寅《徐正字詩賦》卷二《河流》 洪流盤砥柱，淮、濟不同波。莫訝清時少，都緣曲處多。遠能通玉塞，高復接銀河。大禹成門嶮，爲龍始得過。

宋·歐陽修《文忠集》卷五一《鞏縣初見黃河》 河決三門合四水，逕流萬里東輸海。鞏洛之山夾而峙，河來齧山作沙觜。山形迤邐若奔避，河益洶洶怒而詈。舟師弭檝不以帆，頃刻奔過不及視。舞波淵旋投沙渚，聚沫倏忽爲平地。下窺莫測濁且深，癡龍怪魚肆憑恃。我生居南不識河，但見《禹貢》書之記。其言河狀鉅且猛，驗河質書信皆是。昔者帝堯與帝舜，有子朱商不堪嗣。皇天意欲開禹聖，以水病堯民以潰。堯愁下人瘦若腊，衆臣薦鯀帝曰其試之，九載功不成，遂殛羽山慙而斃。禹羞父罪哀且勤，天始以書畀於姒。書曰五行水潤下，禹得其術因而治。鑿山疏流浚畎澮，分擘枝派有條理。萬邦入貢九州宅，生人始免生鱗尾。功深德大夏以家，施及三代蒙其利。江海淮濟洎漢沔，豈不浩渺汪而大，收波卷怒畏威德，萬古不敢肆凶厲。惟茲濁流不可律，歷自秦漢尤爲害。崩堅決壅勢益横，斜跳旁出惟其意。制之以力不以德，驅民就溺財隨弊。蓋聞河源出崑崙，其山上高大無際，自高瀉下若激箭，一直一曲一千里，湍雄衝急乃迸溢，其勢不得不然爾。前歲河怒驚滑民，浸漱洋洋注不止。滑人奔走若鋒駭，河伯視之以爲戲。呀呀怒口缺若門，日啖薪石萬萬計。明堂天子聖且神，悼河不仁嗟曰喟。河伯素頑不可令，至誠一感惶且畏。引流辟易趨故道，閉口不敢煩官吏。遵塗率職直東下，咫尺莫可離其次。爾來歲星行一周，民牛飽芻邦羨費。滑人居河飲河流，耕河之壖浸河漬。嗟河改凶作民福，嗚呼明堂聖天子。

元·楊載《楊仲弘集》卷六《次韻陳子仁黃河》 禹功疏鑿過憂勤，海內山川自此分。元氣渾淪通地脈，孤光追遞貫天文。母金伏礫秋逾盛，陰火藏淵夜不焚。多少魚龍爭變化，總歸西北會風雲。

元·貢師泰《玩齋集》卷二《黃河行》 黃河水，水闊無邊深無底，其來不知幾萬里。或云崑崙之山出西紀，元氣融結自茲始。地維崩兮天柱折，於是橫奔逆激日夜流不已。九功歌成四載止，黃熊化作蒼龍尾。雙谾鑿斷海門開，兩鄂嶄嶄尙中峙。盤渦盪激回湍衝，射懸崕飛沙斷崕。決石瞬息而爭靡，洪濤巨浪相喧豗。怒聲不住從天來，初如兩軍戰方合，飛礮忽下堅壁摧；又如豐隆起行雨，鞭笞鐵騎驅奔雷。半空澎湃落銀屋，勢連渤澥呑淮瀆。天吳九首兮，魍魎獨足。潛潭雨過老蛟吟，明月夜照鮹人哭。扁舟側掛帆一幅，滿耳蕭蕭鳥飛速。徐、邳千里半日程，轉盼青山小如粟。吁嗟雄哉！其水一石，其泥數斗。滔滔汩汩兮，同宇宙之悠久。汎中流以擊楫兮，召羣僊而揮手。好風兮東來，酹河伯兮盃酒。

明・王褘《王忠文集》卷三《黃河水》 黃河水西來，一折一千里，四折東流歸渤海，渾濤濁浪深無底。舊傳一清三千年，聖人乃出天下安。河水之清一何少，吁嗟至治何由還。我願河水年年清，聖人在上聖復生，千齡萬代長太平。

明・汪廣洋《鳳池吟稿》卷八《黃河》 發跡崑崙最上峰，滙流奔突勢舂容。天關直下無留隘，地軸潛回有定蹤。石激浪痕蹲虎豹，船經桑罅走蛟龍。欲求縮地忘驚險，正恐奇人不易逢。

明・任環《山海漫談》卷三《觀河》 昔年聞說黃河險，此日孤篷冒險來。地湧狂瀾風雨驟，天驅驚浪虎龍催。源開星宿當何處，水到滄溟定不迴。日暮潮生迷彩鷁，安流時仗濟川材。

明・胡應麟《少室山房集》卷三三《渡黃河》 九曲黃河水，奔流下夕陽。蘆根漁網集，樹杪客帆張。巨石撐淮浦，高洪壓呂梁。黃姑頻歲約，擊楫上扶桑。

清・吳偉業《梅村集》卷九《黃河》 金龍口決，河從北入海。清江宿遷，水勢稍緩，皆起新沙。白浪日崔嵬，魚龍亦壯哉！河聲天上改，地脈水中來。潮落神鴉廟，沙平戲馬臺。滄桑今古事，戰鼓不須哀。

清・施閏章《學餘堂詩集》卷三三《渡黃河》 彩鷁橫飛緩，神蛟偃息初。沙晴浮漲減，岸遠碧天虛。瓠子嗟民力，龍門憶禹書。中流簫鼓競，把酒試河魚。

清・彭孫遹《松桂堂全集》卷六《渡黃河》 濁流遠挾百川飛，凍合帆檣入望稀。貝闕秋濤降海若，淇園春色走支祈。榜人狎浪鳴榔待，津吏敲冰擊汰歸。世會幸逢如帶日，且須還問釣魚磯。

泱漭中央白日昏，倚舷長望曠無垠。迴瀾縱壑呑淮瀆，急浪歸墟下海門。曾鼓狂波沉瓠子，誰從絕域訪崑崙？何人更作《河渠志》，九曲源流與細論。

清・田雯《古歡堂集》卷六《雲梯關觀黃河注海歌》 章、亥不到天墟遙，崑崙一竇通重霄。漢津初犇坤軸坼，馮夷沃焦紛來朝。雍州積石河之首，龍門下瀉隨神飈。底柱孟津遶大伾，中華沙漠連元枵。滏水沲東大陸北，地平土疏山不搖。一出一伏千萬里，大曲小曲風雨飄。濁黃一斗沙居六，風輪陣馬無停鑣。潁、亳、徐、宿在脣齒，曹、濮、單、鄆排脊腰。雲梯古關尾閭地，榑桑滄嶼誰相招。來自天上歸地底，不知此水從河消。三門四折又九派，錫圭之祖烏能祧。碣石既沒苦泛濫，故道不復悍且驕。白馬沉後無消息，瓠子浪湧橫汎寥。議築議塞日聚訟，治河治漕羣嘵嘵。賈讓賈魯各前席，史冊言在作準標。華容武功印川子，其人羅立如斗杓。關前下馬搜遺蹟，天晴海面拖青瑤。洪濤光駛礮磹電，黑齒旗豎黿鼉橋。始悟萬物有歸宿，浮生馳逐朱顏凋。精衞銜木宅何益，尹公術幻眞無聊。落日西風透白袷，沓連愁聽番禺潮。寄語司空蚤底積，山行乘樺泥行橇。

清・愛新覺羅玄燁《聖祖仁皇帝御製文集》卷三九《渡黃河》 河流九曲迅飛鴻，千里能施潤澤功。疏鑿遠懷神禹蹟，乘虛快覩滿帆風。

又 《聖祖仁皇帝御製文第二集》卷四七《黃河并序》 河源發於塞外，流經萬里餘，始由中土入海。曩曾遣使探流窮源，河之爲利爲害莫不洞悉。近以巡省邊隅，駐蹕湖灘。河朔一水，瀠洄自西北來，流不甚濁而波緩，岸隘而土堅，白草蕭蕭，黃沙彌望。其中環抱約地千二百餘里，草豐水美，便於畜牧。明弘治間，淪於外彝，地逼秦境，時相寇擾，故諸臣每言不宜棄此，衆議紛然，人多不察，恆惜其言之未用。然使當日卽用其言，加兵塞外，揆理度勢，豈遂能驅而遠之？亦必徒勞士馬耳。朕嘗以收復河套之論，謂其心忠於國則可，謂其灼見事機，言之可行，則未然也。國家威德所布，龍荒大漠與河套盡入版圖。諸蒙古歲修賷貢，奉職惟謹。非務德意綏柔，詎兵力之所可致耶？故臨流增思，詩示永久。

洪流遠且長，迢遙逾塞垣。旋繞幾曲折，沙雜波濤渾。漸下漸開拓，建瓴勢迅奔。所經雖緜邈，脈絡自有根。東南藉輓輸，疏瀹頻討論。昔歲省隄防，淮、濟親臨軒。今茲歷大荒，羽衞成雲屯。崚嶒兩岸間，天寒落漲痕。冰澌斷更續，晶晶耀朝暾。此中地沃饒，水草佳且繁。昔人議收復，斯舉誠難言。觀俗撫幽遐，老幼爭攀援。殊方亦蒼赤，咸施沐浴恩。期令歸化意，來者如河源。晝夜入滄海，包括彌乾坤。

清・愛新覺羅弘曆《御製詩二集》卷二一《渡黃河》　一帶黃河經兩度，省方中土記初來。風平穩過柳園渡，雲表迴瞻繁氏臺。學海波濤不舍耳，拍天氣象實雄哉！長隄爲奕金墉固，河自孟津而下，地就夷曠，水勢奔放，始有兩岸隄工。疏導常懷大禹才。

又　卷二二《老黃河》　導河積石至龍門，華陰底柱逮孟津。播爲九河入于海，神禹舊跡堪指論。後世因循漸南徙，誰能障使歸其原。又聞刷黃利深導，義取其合毋取分。一河猶時虞淤壅，析而爲九流難奔。居今志古不盡同，卓哉史遷垂名言。

又　《御製詩三集》卷五〇《渡黃河有述》　侵曉庭柯風勢颺，登舟頓爾靜陽侯。屢蒙天貺昭神貺，自問何脩益勵脩。波浪不生恬水性，隄防惟固盡人謀。南巡狩禮於焉蕆，獨有民情戀倚留。

明・梅鼎祚《宋文紀》卷一四《張暢〈河清頌〉》　渾渾洪河，家國之濱。襟帶晉衛，領袖齊秦。龍門誕溜，積石傳津。乘運能育，經啓天文。化流上帝，時表初星。飛書曝瑞，龍圖照神。協靈既偉，通氣載榮。

晉・夏侯湛《夏侯常侍集・江上泛歌》　悠悠兮遠征，倏倏兮暨南。荆南荆兮臨長江，臨長江兮討不庭。江水兮浩浩，長流兮萬里。洪浪兮雲轉，陽侯兮奔起。驚翼兮垂天，鯨魚兮岳峙。蘼蕪紛兮被皋陸，修竹鬱兮翳崖趾。望江之南兮，遨目桂林；桂枝蓊鬱兮，鵾雞揚音。淩波兮願濟舟檝，不具兮江水深沈。嗟迴盼於北夏，何歸軫之難尋。

唐・杜甫《杜工部詩集》卷一二《長江二首》　衆水會涪萬，瞿唐爭一門。朝宗人共挹，盜賊爾誰尊？孤石隱如馬，高蘿垂飲猿。歸心異波浪，何事卽飛翻？

浩浩終不息，乃知東極臨。衆流歸海意，萬國奉君心。色借瀟湘闊，聲驅灩澦深。未辭添霧雨，接上遇衣襟。

宋・黃大受《露香拾藁・江行萬里圖》　雪山西來接海白，天之所以限南北。誰人胸裏著輿圖，揮斥荆吳入綃墨。濃濃淡淡兩岸山，烟波瀰茫江面寬。水空漠漠鳥飛絕，漸看漸遠天漫漫。客舟泝流先後去，風帆飽腹如飛舞。有時小艇絕波來，不知何處橫江渡。鐘山隱隱開金陵，雨花臺前留玉京。汀洲劣處小孤出，垂楊綠引潯陽城。蘄黃紫翠照卷雪，武昌樓臺半明滅。周郎赤壁杳難憑，洞庭寒烟濛孤月。西江耿耿沙籀清，三十六灣斜照明。黃陵廟深楚山闊，九疑成削黏天青。我來展軸驚快覩，恍然對面水仙府。片時行盡江南天，弔古何勞出門去。南巡眞人忘却歸，軒轅龍去渺難追。《咸池》曲絕誰奏樂，風雨啼痕滿竹枝。六朝虎士工設險，蹴踏滄波當揮劍。血流不惜惜江流，肯放飛埃過天塹。濫觴曾聞蕩雍丘，楫聲若爲空悠悠。江聲至今恨不盡，枉白萬古英雄頭。兩階干羽享波后，八公草木今健否？長安正在碧雲邊，斜日西風重回首。

元・徐瑞《松巢漫稿一・書芳洲題長江萬里圖詩後》　萬里朝宗勢，其源可濫觴。從來不在險，畫裏論興亡。

元・朱晞顔《瓢泉吟稿》卷一《題金總管所藏王宰臨本長江萬里圖》　五日一石十日水，王宰能事稱子美。何因寫此《長江圖》，萬里風煙來眼底。閉門讀書期致身，天下國家幾何理。人生積力久乃知，豈但區區事華麗。九江絕險禹所經，中涵萬古英靈氣。豐功偉績想餘風，霸略雄圖見遺趾。逐臣去國遠於天，遷客投荒半爲鬼。賢愚雖異迹未陳，歷歷江山舊遊憩。展圖一過深起予，嘆息畫師良有意。從險入易蜀道難，積微至著牛溪始。毫端妙刮造化窟，咫尺丹青得玄髓。百年等付桶底間，瀛海蓬山曾可葦。我詩遲拙不堪傳，較似諸君發蒙耳。

明・偶桓編《乾坤清氣》卷五《［元］楊維楨〈題錢選畫江山萬里圖〉》　神禹劃天塹，橫分南北州。祗今天不限南北，一葦航之如丈溝。洪源發從瞿塘口，險峽中擘分黃牛。括漢包湘會沅澧，二妃風浪兼天浮。青山何罪受秦赭，翠黛依然生遠愁。洞庭微波木葉脫，有客起登黃鶴樓。老瞞橫槊處，釃酒澆江流。江東數豪傑，乃是孫與周。東風一信江上發，從此鼎國曹孫劉。吳南晉北後，倏忽開六朝。江南龍虎地，山水清相繆。渡頭龍馬王氣歇，洲邊鸚鵡才名留。新亭風景豈有異，長江不洗諸公羞。宮中金蓮步方曉，後庭玉樹聲已秋。何如一杯酒，錦袍仙人月下舟，解道澄江淨如練，醉呼小謝開青眸。鐵崖散人萬里遍，拙跡今似林中鳩。不如大賈舶，江山足勝游。腰纏只跨揚州鶴，樓船不問蓬萊丘。平生此志苦未酬，眼明萬里移蒼洲。烏乎楚水尾，吳江頭，山河一髮瞻神州。孰使我戶不出兮，囚山囚。

元・陶宗儀《南邨詩集》卷一《題江山萬里圖》 滾滾長江出全蜀，一派波濤瀉寒玉。天設巨塹鴻濛先，厥德靈長紀南服。濫觴岷松略巴梁，分源嶇崍走豫章。吐吞沅澧引沱溠，包括洞庭納鄱陽。玉壘蛾眉兩旁礴，石鏡武擔連劍閣。合江西頭萬里橋，漢使入吳曾駐泊。丈人拔地高青城，翠浪起伏勢東傾。雪山去此知幾許，一覽如隔芙蓉坪。丞相祠前森老柏，支機石在君平宅。浣花溪碧草堂幽，越王宮殿成狼籍。中岩林泉嘉處多，相傳嘗栖諸詎那，慈姥老龍亦共止。岩阿小寺埋薜蘿，渡瀘亭對諸夷路，尚疑果從何處渡。魚復浦中八陣圖，前後縱橫經緯布。灩澦撒髮怒莫嬰，黑石獰惡荼槽并。巫峽之險復愈此，凝眞觀前如震驚。十二峰巒羅翥鳳，船過神鴉管迎送。吒灘直接歸州灘，自昔號爲人鮓瓮。黃牛廟睇黃鶴樓，雲夢澤通鸚鵡洲。赤壁臨皋纔尺咫，琵琶亭下蘆花秋。匡廬雄尊五老立，大孤小孤遙旅揖。彭浪磯前卽馬當，九華采石青戢戢。鍾阜龍蟠奠九州，石頭虎踞當長流。北固紆徐鋏瓮堅，金、焦兩點浮漚猶。春申墓陰鵝鼻嘴，角力狂瀾障匡趾。烟水瀰漫豁海門，亘古朝宗從此始。彼美畫師儒林英，天機所到雙眼明。拂拭素繭掃玄瀋，閉戶不聞風雨聲。老夫平生山水癖，白首卧游還歷歷。客持卷軸請我觀，題詩聊復識疇昔。

元・丁鶴年《鶴年詩集》卷二《長江萬里圖》 右逾越嶲左蓬壺，萬里提封入壯圖。斷石雲屯山擁蜀，驚濤雪立海吞吳。蟠桃有實來青鳥，若木無枝駐赤烏。秦漢經營人盡去，獨留形勝在寰區。

明・李東陽《懷麓堂集》卷九一《長江行》 大江西來是何年，奔流直下岷山巓。長風一萬里，吹破鴻濛天。天開地闢萬物茁，五嶽四瀆皆森然。帝遣長江作南瀆，直與天地相周旋。是時共工怒觸天，柱折遂使后土東南偏。女媧補天不補地，山崩谷罅漏百川。有崇之叟狂而顚，坐看萬國赤子淪深淵。帝赫怒，罰乃罪，神禹來，乘四載，驅大章，走豎亥，黃龍夾舟穩不驚，直送馳波到東海。朝離巴峽暮洞庭，九派却轉潯陽城，縈行南徐萬餘里，更萬餘里通蓬瀛。君不見黃河之水天下上，其大如股空縱橫，長淮清濟出中境，曷敢南向爭權衡。千流萬派瑣瑣不足數，雖有吐納無虧盈。下亘厚地，上摩高空，日月出沒，蛟龍所宮，奇形異態，不可以物象，但見變化無終窮。或如重胎抱混沌，或如灝氣開穹窿，或如織女抛素練，或如天馬馳風騣。空山怒哮飽後虎，巨鳌下飲渴死虹。或如軒轅鑄九鼎，大冶鼓動洪鑪風；或如夸父逐三足，曳杖狂走無西東；或如甲兵宵馳聚嘯滿山谷，或如神鬼晝露萬象出入虛無中。吁嗟乎！長江胡爲若茲雄？人不識，無乃造化之奇功！天開九州，十有二山，南北並峙，江流其間。堯舜都冀方，三苗尙爲頑；魏帝倚天嘆，征吳但空還。吁嗟乎！長江其險不可攀。古來英雄必南鶩，我祖開基自江渡。古來建國惟中原，我京坐制東南藩。始知天險不足恃，惟有聖德可以通乾坤。長江來，自西極，包人寰，環帝宅，我來何爲爲觀國。汎吳濤，航楚澤，笑張騫，悲祖逖，壯神功，歌至德，聖德浩蕩如江波，千秋萬歲同山河。而我無才竟若何，聊爲擊節長江歌。

明・楊愼《升菴集》卷三一《長江萬里圖》 五才坎德迴靈長，萬里岷山始濫觴。流漢天迴經灧澦，盤渦谷轉下柴桑。揚瀾左蠡曾潭府，大壑歸虛廣莫鄉。天遣陽侯分淼淼，帝咨神禹畫茫茫。岑青翠觀鮫人館，水碧金膏龍伯堂。景浴陽烏朝旭早，燄然陰火夜霞光。烟寒星散三洲樹，風致雲飛百尺檣。鶴子鳧雛喧澍雨，紋螺錦蚌映翔陽。籠筒津鼓驚浮客，欸乃漁歌屬赧郎。泗磬石鐘鏘島嶼，輕漣蘋彩媚滄浪。投鞭堪笑苻堅策，淨練難賡謝朓章。彩鷁退飛休借問，白鷗浩蕩信徜徉。

清・愛新覺羅玄燁《聖祖仁皇帝御製文第三集》卷四六《登金山望長江》 煙雲淸處曉霞飛，萬里滔滔暎紫微。靈液淼茫浮淑氣，孤峰峍崒照晴暉。花翻浪湧疑天色，風動帆張共德威。晝夜如斯莫間歇，體乾勉己識璿璣。

又 卷四九《長江靜浪歌》 傳來江勢最兇險，萬里長流湍瀲灩。蔥嶺分派自岷山，江漢黑水界蜀陝。逶迤東注百川歸，縈帶如駛經諸磯。風波雲霧全眇眇，羣峰屹立暝煙微。鐵鎖橫江原氣怯，投鞭斷流借蓋威。未若自然順天意，無怠無荒廣川濟。利涉須憑正剛柔，分理全賴作舟楫。仁者如斯稱水德，治人御事先光霽。最喜長江能容物，更羡長江有寬厲。每度無險浪且平，登臨慷慨古今情。未卜始終概難信，願言永靜勿紛更。

清・愛新覺羅弘曆《御製詩二集》卷二六《長江夕照歌》 借問長江源及委，蓋與朱日爲出入。浮玉崢嶸接東西，寅賓寅餞惟中立。是時萬里無微風，鱗雲暎江江面紅。鯨宮鮫室朗欲徹，楚山蜀塞渺何窮。布帆來往紛紛者，捩柁不較風上下。北人使馬南人船，各有所長語非假。金波浮沉金彈子，將謂曦輪碾其底。璿璣九萬且莫論，明朝試看扶桑始。

又《御製詩三集》卷三〇《馬遠江山萬里圖》 岷峽西來海去東，橫陳南北戒寰中。計之萬里惟斯耳，牛、女遙源固莫窮。

清・陳元龍《歷代賦彙補遺》卷一三《〔明〕洪貫〈萬里江山圖賦有序〉》 客有贈余以前元吳仲圭《江山萬里圖》，余受而藏之久矣，時展卷焉。見夫積之厚者，其勢高而遠；源之深者，其流悠以長。其在於人，德業文章猶是已，於是爲之賦曰：

粵有迂叟，爰渡江浙，望百川而思海若之神，仰高山而笑愚公之拙。縱遠目於蒼茫，暢幽懷於寥廓。願借浮丘之履，欲躡平山之閣，見夫天下之大也。山則泰岱巋乎其東北，恆、華屹乎其南、西，岷、嶓由蜀，龜、蒙自齊，析東陵而大別，過敷淺而南馳。兩姑名謬，澎浪迹迷，過三山而睹夫觀闕之大壯，望九華而挹夫青碧之褵褷。油然而蔥鬱，翹然而瑰奇。蜿蟺磅礴，崒嵂嶢嵲，起者若騰，下者若奔，雄如虎卧，縮若龜存，飛若鳳翥，停若龍蟠。倚爲樓閣之敞，列爲屏障之敧，或聯而斷，或昂而低。鐵城石壁兮，參天而峻；瑤篸玉筍兮，倚空而奇。景明霽兮，濃綠如畫之新就；雲布濩兮，黯澹如墨之淋灕。掩映星月，明滅煙霓。陟箕山之塚兮，仰高乎許子；采首陽之蕨兮，欲起乎夷齊。出雲雨以澤乎天下，生材具以利乎時需。此萬里之山之殊狀，雖不能盡其勝槩，亦得其一二於參差。

若夫江則發源於岷山，東別之而爲潛爲沱，又別之而爲澧爲漢。雲夢兮既乂，彭蠡兮亦衍。九江兮孔殷，三江兮分瀉。鉅則洞庭之漲天，遠則碣石之輸海。緬思粒食，而禹功不必效步於章亥。一汐一潮，今古有信。浩淼泓澄，散漫瀠演，浮焉而雲渺，風焉而波湧。日明兮淨如練鋪，月皎兮平如鏡瑩。溢而爲港，注而爲湖，浸而稼土，淤而泥塗。翔有鳧雁，潛有龜魚，實而菱芡，香焉芙蕖。或泛巴而達楚，或航越而舶吳。或來商賈，或轉漕輸，風帆浪槳，千里須臾。赤壁弔興亡之迹，天塹分南北之區。浮金沈璧，變幻惟時。此萬里長江之大略，雖不能悉其流派，亦姑以表夫天地之尾閭。

若夫山水之鍾靈，爲人世之奧區。其間怪石幽林，深溪長麓，草徑松坡，竹籬茅屋，埋光剷彩之倫，晦迹逃名之屬，或浮槎而釣，或手卷而讀，抱明月以長終，友白雲於空谷。桃源眇人迹之難尋，玉笥乃神仙之托足。雖李白之詩不能該，而豈渭南之文可盡錄邪？雖然，蓬萊隔弱水三萬里，猶可乘羽輪而飛到乎其側，矧塵世之江山，不能藉楮生毛穎而移入於生綃之一幅邪！

晉・成公綏《成公子安集・大河賦》 覽百川之弘壯兮，莫尚美於黃河。潛崑崙之峻極兮，出積石之嵳峩。登龍門而南遊兮，拂華陰與曲阿。淩砥柱而激湍兮，踰汭、洛而揚波。體委虵於后土兮，配雲漢於穹蒼。貫中夏之畿甸兮，經朔秋之遐荒。歷二周之北境兮，流三晉之南鄉。秦自西而啓壤兮，齊據東而畫疆。殷徒涉而永固，衛遷濟而遂強。趙決流而却魏，嬴引溝而滅梁。思先喆之攸歎，何水德之難量。

元・李祁《雲陽集》卷一《黃河賦壬申湖廣鄉試》 乾清坤夷，岳奠川會，覽四海之縈環，見黃河之如帶。下亘寰宇之區，上通銀河之派。折九曲之迂回，瀉千里於一快。想成功於當年，微神禹吾誰賴？觀其肇跡西土，濬源天淵，浩浩湯湯，翩翩綿綿。或奔放而莫禦，或紆徐以夷延。或騰踔奮迅，激強弩以俱發；或喧豗震掉，雷萬鼓而並前。聳銀闕之嵯峨，驅鐵騎之森嚴。忽洪流之浩渺，播餘波於兩壖。諒一葦之難渡，豈容刀之可言？思昔龍門未闢，積石未導，蕩斯民之衡廬，爲魚鼈之閫奧；暨黃河之安流，嘉玄圭之錫告。濟蒼生於艱危，拯沉溺於閑燥。昭乎如日月之乍明，廓乎若乾坤之再造。此後之臨流而歎者，所以深爲魚之憂而羨禹功之妙也。逮從西京，治化昭明，何壯心之未已，復馳騖於遠征。命彼張騫，使于西垠，窮二水之所自，至鹽澤而陸沉。是雖足以知黃河之源委，要未可與神禹而並稱。蓋其甘心遠方，疲弊中國，孰若疏鑿功成，免民魚鱉。靈槎泛泛，使節煌煌，孰若乘彼四載，經營四方。竹杖詭奇，蒟醬甘好，孰若水土既平，稼穡是寶。吾於是知禹之功，如天地之無不持載，無不覆燾者矣。惟我皇元，萬國一統，會百川而東朝，環衆星而北共。不必手胼足胝，而河流無泛溢之虞；不必窮幽極遠，而河源皆版圖之貢。愚生南邦，未獲時用，蓋將振衣袂乎崑崙，豁心胸乎雲夢。挹黃河之餘波，造明堂而獻河清之頌。

明・薛瑄《敬軒文集》卷一《黃河賦》 吾觀黃河之渾渾兮，乃元氣之萃蒸。濬洪源於西極兮，注天脈於滄瀛。貫后土之厖博兮，杳玄溝之晶明。過積石而左轉兮，龍門呀而峻傾；薄太華而東騖兮，撼砥柱之崢嶸；入大陸而北徙兮，迷不辨夫九河之故形。經兩海而紀衆流兮，擅浮沈之濯靈；覽頹波而懷明德兮，又何莫非姒氏所經營？登崑崙而俯視兮，固彷彿其初迹；馭高風而騁望兮，遂周遊其曲直。何末流之混濁兮，始清澂而湜湜；羌澹灩而徐趨兮，勢沄沄而自得；觸險石以鬭暴兮，詫雷轟而轂擊。天宇擴其沆漭兮，渺上下之玄黃；霧雨霪霪而滃集兮，混邃古之洪荒。微風蕩拂而渙散兮，天機組織其文章；頹猋浩而洶湧兮，百怪垂涎而簸揚。腥雲濁浪以盪汨兮，恍忽顛倒夫舟航。靈曜升而赫照兮，乘正色於中央。望舒在御而下臨兮，列宿涵泳其光芒。若乃震秉符以行令兮，百谷淫滛其凍釋。山澤沮洳以上氣兮，增滉瀁之洋溢；魚龍乘濤以變化兮，杳莫測其所極。祝融載節以南屆兮，雷雨奮達以滂沛。潢支流而股合兮，百川奔而來會；木輪囷而漂拔兮，蔽雲日而淘汰。狂瀾洶而嚙岸兮，塊土焉塞夫衝潰；霜戒嚴而木脫兮，少昊執矩以司秋。洲渚緬邈而石出兮，始殺湍而安流。霰雪紛其四集兮，顓頊乘坎以奮神。大塊噫氣而摩軋兮，流澌下而龍鱗。層冰橫絕而山委兮，河伯驅石以梁津。羌險夷而明晦兮，變朝暮與四時。飈風起而衝木兮，蟒怪駭其難推。覩圓方之一氣兮，恆來往而密移。昔尼父之歎逝兮，跨百世而罕知。顧川流之有本兮，與終古以爲期。啓龍圖而翫六一兮，悟主宰之所爲。喟余心之未純兮，感道妙之如斯。聊誦言以自明兮，庶晝夜之靡虧。

清·陳元龍《歷代賦彙》卷二五《〔明〕劉咸〈黃河賦有序〉》

黃河爲四瀆之宗，其源流之遠，蓋不可與尋常溝壑并論，古今博物之士多有賦詠。予承命之河南，覽其勢之浩浩，歎其本之淵淵，因爲之賦，以續於後。賦曰：

究物理於五行，頤神志於羣籍。信水類之浩繁，各流行而不一。或溶漾如天青，或澹濘如雲碧，或泓澄如練光，或緋紅如砂赤；或漪漣如藍，或黝黑如漆，或澄澈如鑑，或沸湧如炙。凡若此之云云，皆可數而歷歷，惟天河之一派，獨殊類於百川。始濫觴於一勺，終潤澤乎八埏。脈連渤澥，名播于闐，不朱不紫，匪綠匪玄。本后土以爲色，假流沙而作權；因九曲以成勢，與三瀆而並肩。漢、汭其腹，灘、沮其咽，濟、漯其涕，溱、洧其涎。羌晨晡之陰霽，偉氣象之萬千。爾其發源崑崙，匯流蔥嶺，涓滴所生，日浸月盛。自剛山北流千里，而西至于蒲山之陽；自蒲山南流千里，而東入乎華陰之境。蓄豪悍之騰威，乃齟齬而未逞，忽摩崖而奔開，恣一瀉於俄頃。洶湧澎湃，跳躍馳騁，飄然若月窟之舞霓裳，燦然若天機之下雲錦，炯然若鑑金之溶範圍，蓊然若蠻煙之出火井。勃然若驟雨方至，而電驚雷震；鏘然若大樂將終，而金聲玉振。突然若萬騎出驅，以奉諸將之令；哮然若羣虎相鬭，以致一時之命。知者遇之，不能不爲之昏；勇者見之，亦不得不爲之凜凜。已而離西域，窺中原，出秦壤，趨禹門，繞潼關之金隄，割厎柱之靈根。通瀍澗兮函谷，匯伊洛兮孟津，接淮泗兮潁上，會江漢兮海濱。牛馬之去來兮莫辨，涇渭之混濁兮不分，魚龍之變化兮莫測，蛟鼉之出沒兮無倫。吐虹霓兮呑日月，噴雲霧兮浮乾坤。蓋至此而大河之勝有不可得而形容於言者。於是奮餘威，厲銛鍔，浩浩蕩蕩，漻漻濄濄，未雨而鬼怪百呈，無風而神瀚自作。歛而爲湍，散而爲沫，瀦而爲淵，注而爲壑。遇溝陂兮委塡，遇丘陵兮開鑿，遇夷壤兮潰流，遇畔崖兮激搏。羣山羅列兮不能留，積石嵯峨兮不能遏，泥沙昏滓兮不能壅，大澤瀰漫兮不能括。盛矣哉，其量之同乎太虛；淵矣哉，其光之涵乎沖漠；雄矣哉，其勢之達乎滄溟；壯矣哉，其聲之動乎寥廓。

意者天地之氣機而造化之脈絡邪？意者其方輿之心腹而河海之郛廓邪？不然，何寬何洪，衆流必容；何去何從，萬折必東。由中潤下而不厭，履險涉難而皆通。流晝夜而不息，亘古今而不窮。吾不知其於世，何物與之爭雄。宜乎魏國美之以爲寶，漢家以之而誓功。思昔洪流滔天，不辯區域，渺九州之一瀦，皆浸淫而洋溢。惟禹聖人，繼天立極，慨兩儀之混茫，念羣生之昏溺，乃刊木而隨山，因順流而疏滌。雖手足之胼胝，三過其門而不入。九載勤勞，厥功始畢，然後地平天成，烝民乃粒。舟楫以之而通，財賦由之而殖，歷世相承，至有今日。然則論河之功，可不知神禹之力！我國家奄有寰區，車書混一，海宇晏如。恩波之所及，德澤之所敷，罔不率俾，來貢來輸。故斯河也，有帶礪之固，無汎濫之虞，迨今寧謐，五十餘年。每澄清兮見底，輒浹旬兮不污。愚也何幸，身逢承平之盛世，而因覩乎禎祥之屢書。慶千載風雲之嘉會，得乘查於斗牛之墟。爰攄誠而獻賦，聊以效夫龍馬之呈圖。

晉·郭璞《郭弘農集》卷一《江賦》　咨五才之並用，寔水德之靈長。惟岷山之導江，初發源乎濫觴。聿經始於洛沫，攏萬川乎巴梁。衝巫峽以迅激，躋江津而起漲。極泓量而海運，狀滔天以淼茫。總括漢泗，兼包淮湘，并吞沅澧，汲引沮漳。源二分於崌崍，流九派乎潯陽。鼓洪濤於赤岸，淪餘波乎柴桑。綱絡羣流，商推涓澮，表神委於江都，混流宗而東會。注五湖以漫漭，灌三江而湍沛。滈汗六州之域，經營炎景之外。所以作限於華夷，壯天地之嶮介。呼吸萬里，吐納靈潮，自然往復，或夕或朝，激逸勢以前驅，乃鼓怒而作濤。峨嵋為泉陽之揭，玉壘作東別之標。衡、霍磊落以連鎮，巫、廬嵬崫而比嶠。協靈通氣，濆薄相陶，流風蒸雷，騰虹揚霄。出信陽而長邁，淙大壑與沃焦。若乃巴東之峽，夏后疏鑿，絕岸萬丈，壁立赮駮。虎牙嵥豎以屹崒，荊門闕竦而磐礴。圓淵九迴以懸騰，湓流雷呴而電激。駭浪暴灑，驚波飛薄，迅澓增澆，湧湍疊躍。砯巖鼓作，漰湱㶁灂，㵸㶀潧漵，潰濩泧漷。潏湟淴泱，㶀潤㵳淪，漩澴滎瀯，渨㵾濆瀑，溭淢濜涓。龍鱗結絡，碧沙遺瀜而往來，巨石硉矹以前却。潛演之所汩淈，奔溜之所磢錯，厓隒為之泐嵃，碕嶺為之喦崿。幽澗積岨，礐硞磐確。若乃曾潭之府，靈湖之淵，澄澹汪洸，瀇滉囦泫，泓汯泂澋，涒鄰圖潾，混瀚灝渙，流映揚焆，溟漭渺湎，汗汗沺沺。察之無象，尋之無邊。氣滃浡以霧杳，時鬱律其如煙，類肧渾之未凝，象太極之構天。長波浹渫，峻湍崔嵬，盤渦谷轉，凌濤山頹。陽侯砐硪以岸起，洪瀾涴演而雲迴。沍淪溛瀤，乍浥乍堆，豃如地裂，豁若天開。觸曲厓以縈繞，駭崩浪而相礧，鼓㕣窟以湍浡，乃溢湧而駕隈。

魚則江豚海狶，叔鮪王鱣，鮹鰊鰺鮋，鯪鰩鯩鰱。或鹿觡象鼻，或虎狀龍顏，鱗甲鑵錯，煥爛錦斑，揚鬐掉尾，噴浪飛唌，排流呼哈，隨波遊延。或爆采以晃淵，或嚇鰓乎巖間。介鯨乘濤以出入，鯼鮆順時而往還。爾其水物怪錯，則有潛鵠魚牛，虎蛟鉤虵，蜦蟳鱟蝐，鱝鼊鼉鼈，王珧海月，土肉石華，三蝬虾江，鸚螺蜁蝸，璅蛣腹蟹，水母目蝦。紫蚢如渠，洪蚶專車，瓊蚌晞曜以瑩珠，石蛙應節而揚葩，蜛蝫森衰以垂翹，玄蠣磈磥而碨砙。或泛瀲於潮波，或混淪乎泥沙。若乃龍鯉一角，奇鶬九頭，有鼈三足，有龜六眸，赬鳖胏躍而吐璣，文魮磬鳴以孕璆，鯈鱅拂翼而掣耀，神蜧蝹蜦以沈遊，騬馬騰波以噓蹀，水兕雷咆乎陽侯。淵客築室於巖底，鮫人構館於懸流。雹布餘糧，星離沙鏡，青綸競糾，縟組爭映。紫菜熒曄以叢被，綠苔鬖髿乎研上。石帆蒙蘢以蓋嶼，萍實時出而漂泳。其下則有金礦丹礫，雲精爥銀，珕珋璿瑰，水碧潛琘，鳴石列於陽渚，浮磬肆乎陰濱。或頩彩輕漣，或焆曜崖鄰，林無不溽，岸無不津。

其羽族也，則有晨鵠天雞，鴝鶩鷗鴃，陽鳥爰翔，于以玄月。千類萬聲，自相喧聒，濯翮疏風，鼓翅䎇翅，揮弄灑珠，拊拂瀑沫，集若霞布，散如雲豁。產毻積羽，往來勃碣，橉杞稹薄於潯涘，栛槤森嶺而羅峰。桃枝篔簹，實繁有叢，葭蒲雲蔓，纕以蘭紅。揚皜毦，擢紫茸，蔭潭隩，被長江。繁蔚芳蘺，隱藹水松。涯灌芊萰，潛薈葱蘢。鯪鯥踦䠀於垠隒，獱獺睒矚乎廠空。迅蜼臨虛以騁巧，孤玃登危而雍容。夔㸲翹踛於夕陽，鴛雛弄翮乎山東。因岐成渚，觸澗開渠，漱壑生浦，區別作湖。磴之以瀿瀷，渫之以尾閭，標之以翠翳，泛之以遊菰。播匪藝之芒種，挺自然之嘉蔬。鱗被菱荷，攢布水蓏，翹莖瀵蘂，濯穎散裹。隨風猗萎，與波潭沲，流光潛映，景炎霞火。

其旁則有雲夢雷池，彭蠡青草，具區洮滆，朱滻丹漅，極望數百，沆瀁皛溔。爰有包山洞庭，巴陵地道，潛逵旁通，幽岫窈窕。金精玉英瑱其裏，瑤珠怪石琗其表。驪虯摎其址，梢雲冠其嶚。海童之所巡遊，琴高之所靈矯。冰夷倚浪以傲睨，江妃含嚬而矊眇。撫淩波而鳧躍，吸翠霞而夭矯。若乃宇宙澄寂，八風不翔，舟子於是搦棹，涉人於是檥榜。漂飛雲，運艅艎，舳艫相屬，萬里連檣。泝洄沿流，或漁或商。赴交益，投幽浪，竭南極，窮東荒。爾乃𩃬雺祲於清旭，覘五兩之動靜。長風颹以增扇，廣莫颱而氣整，徐而不颷，疾而不猛。鼓帆迅越，趠漲截洞，凌波縱柂，電往杳溟。霩如晨霞孤征，眇若雲翼絕嶺。倏忽數百，千里俄頃。飛廉無以睎其蹤，渠黃不能企其景。於是蘆人漁子，擯落江山，衣則羽褐，食惟蔬鱻。洊澱為涔，夾潨羅筌。筩灑連鋒，罾䍡比船。或揮輪於懸碕，或中瀨而橫旋。忽忘夕而宵歸，詠採菱以叩舷。傲自足於一嘔，尋風波以窮年。

爾乃域之以盤巖，豁之以洞壑，疏之以沲汜，鼓之以潮汐。川流之所歸湊，雲霧之所蒸液，珍怪之所化產，傀奇之所窟宅。納隱淪之列眞，挺異人乎精魄。播靈潤於千里，越岱宗之觸石。及其譎變儵怳，符祥非一，動應無方，感事而出，經紀天地，錯綜人術，妙不可盡之於言，事不可窮之於筆。

若乃岷精垂曜於東井，陽侯遯形乎大波。奇相得道而宅神，乃協靈爽於湘娥。駭黃龍之負舟，識伯禹之仰嗟，壯荆飛之擒蛟，終成氣乎太阿。悍要離之圖慶，在中流而推戈。悲靈均之任石。歎漁父之櫂歌。想周穆之濟師，驅八駿於黿鼉。感交甫之喪珮，愍神使之嬰羅。煥大塊之流形，混萬盡於一科。保不虧而永固，稟元氣於靈和。考川瀆之妙觀，實莫著於江河。

宋·李覯《盱江集》卷一《長江賦》　臣聞養萬物者，惟地之大，水居其上，則地不能載，以觸以齧，以斷以掘，深或無底，遠或幾千萬里，則江之爲水，臣不得而計之矣。蜀焉我頂，吳焉我腹，淮我之胈，海我之足。朝谿暮谷，刮骨磨肉，委之塡之而莫飽其欲。萬山崔崔，將裹將束，如兒童之見犇馬，縮頭斂手，避路而躑躅。時清氣和，無濤無波，千丈一席，可眠可歌。變動頃刻，四天怒色，凶煙暴雲，對面漆黑。誰爲風師，誰爲水伯，不軌不法，無別無識。風兮何聲，水兮何形，前雷後霆，冰堆雪層。操舟之老尚不能自保，況乃遠而行客，孰不摧心而太息？出如登山，入如沈泉，退無所止，進不得前。龍螭蛇黿，固執殺生之權；蝦蟹瑣瑣，猶或賈勇而爭先。

嗟乎！生之難，成之難。父母君師之所愛，而託命於其間。幸而免者，蓋有之矣，不幸而死者，何可勝紀！魚腹未消，鱐聲相繼，豈非利欲之牽人，而危亡之不避？揚荆巴蜀，交廣甌閩，地有常產，物有常珍。衣者食者，器者玩者，歌童舞女，詭異妖冶，官所不取，則掠之私舍。孰賢孰才，貪哉鄙哉？重裝疊載，踰江越淮，然則視長鯨之怒東海，不啻如蟣蠓之浮杯。

嗚呼！山川之阻，土地之富，天下有道，則王之外府；天下無道，則姦雄所處。蓋足於財用，而利於守禦。故周之衰也，有吳有楚；漢之亂也，曰策曰權。琅琊因之，以建大號；劉裕得之，以入中原。道成、蕭衍，迄于霸先，自取自守，人誰敢言？赤壁之敗曹操，壽春之走苻堅，雖曆數之有在，亦事勢之使然。及夫孫皓之虐，叔寶之昏，而後能滅焉。勞乎哉！經幾代而幾年？

臣聞《周書》曰：制治于未亂，保邦于未危。陰陽有消長，日月有蔽虧，在乎備之得所，則禍何能爲伏？惟國家重西北而輕東南，臣何以知之？彼之官也特舉，此之官也累資。斂於此則莫知其竭，輸於彼則唯恐不支。官以資則庸人並進，斂之竭則民業多隳。爲貪爲暴，爲寒爲飢，如是而不爲盜賊，臣不知其所歸。諸夏，內也爲腹心；夷狄，外也爲手足。輕重之理，豈神明之所不燭？秦備胡而陳勝起事，唐戍蠻而龐勛肆毒。觀其土崩之由，誠可爲之痛哭。古者有采詩之官，惟賦亦古詩之流。賤臣不獲言于朝，敢賦心之憂愁，安得爲太平之草木，蒙雨露兮千秋。

清·陳元龍《歷代賦彙》卷二五《〔明〕鄭棠〈長江天塹賦〉》　惟淮海之東南，設長江之天塹。王氣肇於閭嬴，都邑作於吳甸。吞若雲夢者九，灌注天下之半。勃興六代之搶攘，淩轢八州之雄戰。遼層城之千雉，環帶甲之百萬。武取威以定霸，文膺圖以傳禪。雖鼎立一隅之專，亦朝集遐拜之獻。美哉乎！其山河，鞏固夫！其藩翰也。觀其用武強兵，遏徐併荆，眇絕驕子，威懾戎秦，舳艫緜亘，旌旆雲屯。風聲之洶湧，波濤之沸騰，赤壁以火炬而捷，公山以明草木爲兵。虜騎飲流而莫渡，胡塵望洋而呑聲。矧縫囊之兒戲，與投鞭之蟻爭；河南之斂戍，劍閣之連營。俟冰合其何有，竟逡巡而無成。彼偏霸之節制，亦地險其丘陵，我朝受命龍興，荆蠻是膺，雷厲而風飛，山摇而海傾。叱咤而五湖浪擊，指顧則魚龍震驚。一僕姑而江漢披靡，一戎衣而四方底寧。陳三策之斯得，嗟五餌之何能？張王綱於海浦，埽穹廬於邊廷。同文軌而王會，舞干羽而修文。因龍蟠而奠服，就虎踞而作京。陋前王之制度，開萬世之泰平。今其風恬浪靜，啇舶漁槳，櫂謳互答，檣帆來往，沿泝洄而絡繹，泛煙波之下上。千艘運夫，艅艎萬斯，溢其庾帑，近賈川、盆，遠市交、廣，莫不倚浪以傲睨，臨流以檥榜。時清俗夷，以遨以嬉，桂楫蘭舟，左圖右書，蕩鏡淨之素練，無烽燧之鼓鼙。彼中流之擊楫，與橫槊之賦詩，皆煙盡而灰滅，形絕而影希。想鐵鎖之截浪，彼狂童其何知？驅黿鼉之八駿，濟師其奚爲？視疇昔之鼎沸，幸今際夫雍熙。覽形勝之如在，慨風景之屢移。豈非得士者善守，恃險者喪謀。金湯之固，廟廊之籌；長城之禦，才略之求。夫何《大風》霸心之存乎？安而不忘危也。

清·方苞編《正嘉四書文》卷四《歸有光·中庸〈是以聲名洋溢乎中國一節〉》　《中庸》贊至德之遠被，而與天爲一焉。蓋德至於聖，則化之溥也同天矣，天亦烏能獨爲其大哉！且夫中和位育之道，可以合天地萬物者，聖人稟其全焉。若是而可以一世之事業論之耶？是故溥博淵泉，吾之德也，敬信而悦民之心也。以是心而觀於天下，則天下無異心。聖人作而萬物覩，光被於禮樂之區，而四海九州近天子之光而誦盛德者何限也，而聖人之德在中國矣。以是心而觀於蠻夷，則蠻夷無異心，中國治而四夷服，混一於華夷之界，而九夷八蠻知中國之有聖人而致賓貢者何限也，而聖人之德在夷狄矣。然此猶可以道里疆界求之也，至於舟車之可以至，人力之可以通，八荒之外明主所以不賓者，則固累譯不能通，而非獨風氣之殊而已。推之又其遠者，至於天地之所覆載，日月霜露之所照墜，六合之內聖人所以不議者，則固人跡所不至，而非特嗜好之異而已。然在含生之類，莫不有血氣心知之性，則德化之充塞，而自極鼓舞感通之速。亶聰明，作元后，其尊之之心同也。元后作民父母，其親之之心同也。蓋德以存神，神無體，固莫知其方；業以致化，化無跡，故莫究其所窮。若是而不謂之配天乎哉？天之廣大，謂其無遺化也，物未有出於天之外者也。聖人之廣大，謂其無遺澤也，物未有出於聖人之外者也。彼德不若聖人，而強世以就我者，十室之邑，教且不行，而可以語是也哉？

雜録

《詩經・周頌・時邁》 肆於時夏，允王保之。《傳》：夏，大也。《箋》：樂歌大者稱夏。

又《周頌・思文》 無此疆爾界，陳常于時夏。《正義》：此與《時邁》皆周公所作，俱云『時夏』，則以此二者爲大功，故於樂爲大歌也。

《周禮・春官・大司樂》 以樂舞教國子，舞《雲門》、《大卷》、《大咸》、《大磬》、《大夏》、《大濩》、《大武》。漢鄭玄注：此周所存六代之樂。【略】《大夏》，禹樂也。禹治水傅土，言其德能大中國也。唐賈公彦疏：案《禹貢》云敷土。敷，布也，布治九州之水土，是敷土之事也。《樂記》云：《夏》，大也。注云：禹樂名，禹能大堯舜之德。『大中國』即是大堯舜之德也。《元命包》云：禹能德竝三聖。『德竝三聖』即是大堯舜之德，亦一也。

《禮記・樂記》 《夏》，大也。注：禹樂名也。言禹能大堯舜之德。《周禮》曰《大夏》。

《穀梁傳・僖公二十八年》 六月，衛侯鄭自楚復歸于衛。《傳》：自楚，楚有奉焉爾。復者，復中國也。《集解》：中國，猶國中也。

《孟子・公孫丑下》 王謂時子曰：我欲中國而授孟子室。宋朱熹《集注》：中國，當國之中也。

《穆天子傳》卷二 壬申，天子西征。甲戌，至于赤烏。【略】曰：□山是唯天下之良山也，寶玉之所在，嘉穀生之，草木碩美。天子於是取嘉禾以歸，樹于中國。

漢・賈誼《新書》卷九《修政語上》 故黄帝職道義，經天地，紀人倫，序萬物，以信與仁爲天下先，然後濟東海，入江內，取綠圖而濟積石，涉流沙，登於崑崙，於是還歸中國，以平天下。天下太平，唯躬道而已。

漢・劉安《淮南子》卷一一《齊俗訓》 故胡人彈骨，越人囓臂，中國歃血也，所由各異，其於信一也。三苗髽首，羌人括領，中國冠笄，越人鬋髮，其於服一也。

《史記》卷二七《天官書》 及秦幷吞三晉燕代，自河山以南者中國。唐張守節《正義》：河，黄河也；山，華山也。從華山及黄河以南爲中國也。中國於四海內，則在東南爲陽。

又 卷三一《吳太伯世家》 太史公曰：余讀《春秋》古文，乃知中國之虞與荆蠻句吳，兄弟也。

漢・應劭《風俗通義》卷一〇《四瀆》 謹按《尚書大傳》、《禮三正記》：江、河、淮、濟爲四瀆。瀆者，通也，所以通中國垢濁，民陵居，殖五穀也。

《南齊書》卷三三《王僧虔傳》 僧虔與兄子儉書曰：古語云：中國失禮，問之四夷。

唐・丘光庭《兼明書》卷五《日遠近》 初出之時，中國在日之西，故涼也。日中之時，中國當日之下，故熱也。《易》曰：天道下濟而光明，地道卑而上行。則孔子知之矣。

明・朱元璋《明太祖文集》卷一五《解夷狄有君章説》 夷狄，禽獸也，故孔子賤之，以爲彼國雖有君長，然不知君臣之禮，上下之分，爭鬭紛然；中國縱亡君長，必不如此。是其有君，曾不如諸夏之亡也。宋儒乃謂中國之人不如夷狄，豈不謬哉？

清·李光地《榕村集》卷二〇《記南懷仁問答》 康熙十一年某月，見西士南懷仁。懷仁深詆天地方圓之說及以九州爲中國之誤。其言曰：『天之包地，如卵裹黄，未有卵圓而黄乃方者。人以所見之近，謂地平坦而方，其可乎？天地既圓，則所謂地中者，乃天中也。此惟赤道之下二分，午中日表無影之處爲然。懷仁與會士來時，身履其處，此所謂地中矣。』愚答之曰：『天地無分於方圓，無分於動靜乎？蓋動者其機必圓，靜者其本必方。如是，則天雖不圓，不害於圓；地雖不方，不害於方也。且所謂中國者，謂其禮樂政教，得天地之正理，豈必以形而中乎？譬心之在人中也，不如臍之中也，而卒必以心爲人之中，豈以形哉？』讀吳草廬『土中』之説，因偶憶及，遂記於此。

九州分部

綜　述

《尚書·禹貢》 《序》：禹別九州，隨山濬川，任土作貢。

禹敷土，隨山刊木，奠高山大川。冀州：既載壺口，治梁及岐。既修太原，至於岳陽；覃懷厎績，至于衡漳。厥土惟白壤，厥賦惟上上錯，厥田惟中中。恆、衛既從，大陸既作。島夷皮服，夾右碣石入于河。

濟、河惟兗州。九河既道，雷夏既澤，灉、沮會同。桑土既蠶，是降丘宅土。厥土黑墳，厥草惟繇，厥木惟條。厥田惟中下，厥賦貞。作十有三載，乃同。厥貢漆、絲，厥篚織文，浮于濟、漯，達于河。

海岱惟青州。嵎夷既略，濰、淄既道。厥土白墳，海濱廣斥。厥田惟上下，厥賦中上。厥貢鹽、絺，海物惟錯。岱畎絲、枲、鉛、松、怪石。萊夷作牧，厥篚、檿絲。浮于汶，達于濟。

海岱及淮惟徐州。淮、沂其乂，蒙、羽其藝。大野既豬，東原厎平。厥土赤埴墳，草木漸包。厥田惟上中，厥賦中中。厥貢惟土五色，羽畎夏翟，嶧陽孤桐，泗濱浮磬，淮夷蠙珠暨魚，厥篚玄纖縞。浮于淮、泗，達于河。

淮海惟揚州。彭蠡既豬，陽鳥攸居。三江既入，震澤厎定。篠簜既敷，厥草惟夭，厥木惟喬。厥土惟塗泥，厥田惟下下，厥賦下上上錯。厥貢惟金三品，瑤琨篠簜，齒革羽毛惟木。島夷卉服，厥篚織貝，厥包橘柚錫貢。沿于江海，達于淮、泗。

荆及衡陽惟荆州。江、漢朝宗于海，九江孔殷，沱、潛既道，雲土夢作乂。厥土惟塗泥，厥田惟下中，厥賦上下。厥貢羽毛齒革惟金三品，杶榦栝柏，礪砥砮丹，惟箘簵楛。三邦厎貢厥名，包匭菁茅，厥篚玄纁璣組，九江納錫大龜。浮于江、沱、潛、漢，逾于洛，至于南河。

荆河惟豫州。伊、洛、瀍、澗，既入于河。滎波既豬，導菏澤，被孟豬。厥土惟壤，下土墳壚。厥田惟中上，厥賦錯上中。厥貢漆、枲、絺、紵，厥篚纖纊，錫貢磬錯。浮于洛，達于河。

華陽黑水惟梁州。岷、嶓既藝，沱、潛既道，蔡、蒙旅平，和夷厎績。厥土青黎，厥田惟下上，厥賦下中三錯，厥貢璆鐵銀鏤砮磬，熊羆狐貍織皮。西傾因桓是來，浮于潛，逾于沔，入于渭，亂于河。

黑水西河惟雍州。弱水既西，涇屬渭汭，漆、沮既從，灃水攸同。荆、岐既旅，終南、惇物，至于鳥鼠。原隰厎績，至于豬野。三危既宅，三苗丕敘。厥土惟黄壤，厥田惟上上，厥賦中下。厥貢惟球琳琅玕。浮于積石，至于龍門西河，會于渭汭。織皮崐崘、析支、渠搜，西戎即叙。

導岍及岐，至于荆山，逾于河。壺口、雷首，至于太岳。厎柱、析城，至于王屋。太行、恆山，至于碣石，入于海。

西傾、朱圉、鳥鼠，至于太華。熊耳、外方、桐柏，至于陪尾。

導嶓冢，至于荆山。內方，至于大別。

岷山之陽，至于衡山，過九江，至于敷淺原。

導弱水，至于合黎，餘波入于流沙。

導黑水，至于三危，入于南海。

導河積石，至于龍門，南至于華陰，東至于厎柱；又東至于孟津，東過洛汭，至于大伾；北過洚水，至于大陸，又北播爲九河，同爲逆河，入于海。

嶓冢導漾，東流爲漢，又東爲滄浪之水，過三澨，至于大別；南入于江，東匯澤爲彭蠡，東爲北江，入于海。

岷山導江，東別爲沱，又東至于澧，過九江，至于東陵，東迤北會于匯；東爲中江，入于海。

導沇水，東流爲濟，入于河，溢爲滎；東出于陶丘北，又東至于菏，又東北會于汶，又北東入于海。

導淮自桐柏，東會于泗、沂，東入于海。

導渭自鳥鼠同穴，東會于澧，又東會于涇；又東過漆、沮，入于河。

導洛自熊耳，東北會于澗、瀍，又東會于伊，又東北入于河。

九州攸同，四隩既宅。九山刊旅，九川滌源，九澤既陂。四海會同，六府孔脩。庶土交正，厎慎財賦，咸則三壤成賦。中邦錫土姓。祗台德先，不距朕行。

又《舜典》 肇十有二州。漢孔安國《傳》：肇，始也。禹治水之後，舜分冀州爲幽州、并州，分青州爲營州，始置十二州。唐陸德明《音義》：十有二州謂冀、兗、青、徐、荆、揚、豫、梁、雍、并、幽、營也。唐孔穎達《正義》：《禹貢》治水之時，猶爲九州，今始爲十二州，知禹治水之後也。禹之治水，通鯀九載，爲作十有三載，則舜攝位元年，九州始畢，當是二年之後，以境界太遠，始別置之。知分冀州爲幽州、并州者，以王者廢置，理必相沿。《周禮・職方氏》九州之名，有幽、并，無徐、梁，周立州名，必因於古，知舜時當有幽、并；《職方》幽、并山川於《禹貢》皆冀州之域，知分冀州之域爲之也。《爾雅・釋地》九州之名，於《禹貢》無梁、青而有幽、營，云燕曰幽州，齊曰營州。孫炎以《爾雅》之文與《職方》、《禹貢》並皆不同，疑是殷制，則營州亦有所因，知舜時亦有營州；齊卽青州之地，知分青州爲之。於此居攝之時，始置十有二州，蓋終舜之世常然。宣三年《左傳》云：昔夏之方有德也，貢金九牧。則禹登王位，還置九州，其名蓋如《禹貢》，其境界不可知也。

《周禮・地官・大司徒》 以天下土地之圖，周知九州之地域廣輪之數，辨其山林、川澤、丘陵、墳衍、原隰之名物，而辨其邦國都鄙之數，制其畿疆而溝封之，設其社稷之壝而樹之。

又《夏官・職方氏》 乃辨九州之國，使同貫利。東南曰揚州。其山鎮曰會稽，其澤藪曰具區，其川三江，其浸五湖，其利金錫竹箭；其民二男五女，其畜宜鳥獸，其穀宜稻。

正南曰荆州。其山鎮曰衡山，其澤藪曰雲夢，其川江、漢，其浸潁、湛，其利丹銀齒革；其民一男二女，其畜宜鳥獸，其穀宜稻。

河南曰豫州。其山鎮曰華山，其澤藪曰圃田，其川滎、雒，其浸波、溠，其利林漆絲枲；其民二男三女，其畜宜六擾，其穀宜五種。

正東曰青州。其山鎮曰沂山，其澤藪曰望諸，其川淮、泗，其浸沂、沭，其利蒲魚；其民二男二女，其畜宜雞狗，其穀宜稻麥。

河東曰兗州。其山鎮曰岱山，其澤藪曰大野，其川河、泲，其浸盧、維，其利蒲魚；其民二男三女，其畜宜六擾，其穀宜四種。

正西曰雍州。其山鎮曰嶽山，其澤藪曰弦蒲，其川涇、汭，其浸渭、洛，其利玉石；其民三男二女，其畜宜牛馬，其穀宜黍稷。

東北曰幽州。其山鎮曰醫無閭，其澤藪曰豯養，其川河、泲，其浸菑、時，其利魚鹽；其民一男三女，其畜宜四擾，其穀宜三種。

河內曰冀州。其山鎮曰霍山，其澤藪曰楊紆，其川漳，其浸汾、潞，其利松柏；其民五男三女，其畜宜牛羊，其穀宜黍稷。

正北曰并州。其山鎮曰恆山，其澤藪曰昭餘祁，其川虖池、嘔夷，其浸淶、易，其利布帛；其民二男三女，其畜宜五擾，其穀宜五種。

《禮記・王制》 凡四海之內九州，州方千里。州建百里之國三十，七十里之國六十，五十里之國百有二十，凡二百一十國。名山大澤不以封，其餘以爲附庸閒田。八州，州二百一十國。

《爾雅》卷六《釋地》 兩河間曰冀州，晉郭璞注：自東河至西河。河南曰豫州，注：自南河至漢。河西曰雝州，注：自西河至黑水。漢南曰荆州，注：自漢南至衡山之陽。江南曰揚州，注：自江南至海。濟、河間曰兗州，注：自河東至濟。濟東曰徐州，注：自濟東至海。燕曰幽州，注：自易水至北狄。齊曰營州。注：自岱東至海。此蓋殷制九州。

《史記》卷七四《孟子荀卿列傳》 其次騶衍，後孟子。騶衍【略】以爲儒者所謂中國者，於天下乃八十一分，居其一分耳。中國名曰赤縣神州，赤縣神州內自有九州，禹之序九州是也，不得爲州數。中國外如赤縣神州者九，乃所謂九州也。於是有裨海環之，人民禽獸莫能相通者。如一區中者，乃爲一州。如此者九，乃有大瀛海環其外，天地之際焉。

《呂氏春秋》卷一三《有始》 何謂九州？河漢之間爲豫州，周也。

漢高誘注：河在北，漢在南，故曰之間。兩河之間爲冀州，晉也。注：東至清河，西至西河。河、濟之間爲兖州，衛也。注：河出其北，濟經其南。東方爲青州，齊也。泗上爲徐州，魯也。注：泗，水名也。東南爲揚州，越也。南方爲荆州，楚也。西方爲雍州，秦也，北方爲幽州，燕也。

漢·劉安《淮南子》卷四《墬形訓》 何謂九州？東南神州，曰農土；正南次州，曰沃土；西南戎州，曰滔土；正西弇州，曰并土；正中冀州，曰中土；西北台州，曰肥土；正北濟州，曰成土；東北薄州，曰隱土；正東陽州，曰申土。

九州之大，純方千里。

漢·劉向《説苑》卷一八《辨物》 八荒之内有四海，四海之内有九州，天子處中州而制八方耳。兩河間曰冀州，河南曰豫州，河西曰雍州，漢南曰荆州，江南曰揚州，濟南間曰兖州，濟東曰徐州，燕曰幽州，齊曰青州。山川汙澤，陵陸丘阜，五土之宜，聖王就其勢，因其便，不失其性。高者黍，中者稷，下者秔。蒲葦菅蒯之用不乏，麻麥黍粱亦不盡。山林禽獸，川澤魚鼈，滋植王者，京師四通而致之。

又《春秋説題辭》 州之言殊也，合同類，異其界也。

又《春秋元命苞》 昴、畢間爲天街，散爲冀州，分爲趙國，立爲常山。牽牛流爲揚州，分爲越國，立爲楊山。軫星散爲荆州，分爲楚國，荆之爲言強也，陽盛物堅，其氣急悍也。虚、危之精流爲青州，分爲齊國，立爲萊山。天弓星流爲徐州，别爲魯國，徐之言舒也，言陰牧内安詳也。五星流爲兖州，兖之言端也，言隄精端，故其氣纖殺。鉤鈐星别爲豫州，豫之爲言序也，言陰陽分布，各得處也。東井、鬼星散爲雍州，分爲秦國，得東井動深之萌，其氣險也。觜、參流爲益州，益之言隘也，謂物類並決，其氣急切決列也。箕星散爲幽州，分爲燕國。營室流爲幷州，分爲衛國，幷之爲言誠也，精舍交幷，其氣勇抗誠信也。

五星流爲兖，鉤鈐星别爲豫，昴、畢散爲冀，箕星散爲幽，營室流爲幷，觜、參流爲益，虚、危流爲青，天氐流爲徐，軫星散爲荆，牽牛流爲揚。

又《春秋文曜鉤》 布度定記，分州繫象，華、岐以西，龍門、積石至三危之野，雍州，屬魁星。大行以東，至碣石、王屋、砥柱，冀州，屬樞星。三河、雷澤東至海岱以北，兖州、青州，屬機星。蒙山以東至江南會稽、震澤，徐、揚之州，屬權星。大别以東至雷澤、九江，荆州，屬衡星。荆山西南至岷山北嶇、鳥鼠，梁州，屬開星。外方、熊耳以至泗水、陪尾，豫州，屬搖星。此九州屬北斗，星有七，州有九，但兖、青，徐、揚，幷屬二州，故七星主九州也。

《河圖始開圖》 九州殊題，水泉剛柔各異。青、徐，角、羽集，寬舒遲，人聲緩，其泉鹹以酸。荆、揚，角、徵會，氣漂輕，人聲急，其泉酸以苦。梁州，商、徵接，剛勇漂，人聲騫，其泉苦以辛。兖、豫，宫、徵合，平静有慮，人聲端，其泉甘以苦。雍、冀，合商羽，端駃烈，人聲捷，其泉辛以酸。

又《河圖括地象》 天有九部八紀，地有九州八柱。 天下九州，内效中域，以盡地化。 地中央曰崑崙，崑崙東南地方萬五千里，名曰神州，中有五岳地圖，帝王居之。 崑崙之墟，下通含右，赤縣之州，是爲中則。東南神州曰晨土，正南印州曰深土，西南戎州曰滔土，正西弇州曰幷土，正中冀州曰白土，西南柱州曰肥土，北方玄州曰成土，東北咸州曰隱土，正東揚州曰信土。 凡天下有九區，别有九州。中國九州，名赤縣神州，卽禹之九州也。上云『九州八柱』，卽大九州也，非《禹貢》赤縣小九州也。

漢·張衡《張河間集·靈應》 崑崙東南有赤縣之州，風雨有時，寒暑有節。苟非此州，南則多暑，北則多寒，東則多陽，西則多陰，故聖王不處焉。

唐·孔穎達《尚書正義·禹貢》 ［東漢］李巡《注爾雅·解州名》云：兩河閒其氣清，性相近，故曰冀；冀，近也。濟、河閒其氣專，質性信謙，故云兖；兖，信也。淮海閒其氣寬舒，稟性安徐，故曰徐；徐，舒也。江南其氣燥勁，厥性輕揚，故曰揚；揚，輕也。荆州其氣燥剛，稟性彊梁，故曰荆；荆，彊也。河南其氣著密，厥性安舒，故曰豫；豫，舒也。河西其氣蔽壅，受性急凶，故云雍；雍，壅也。《爾雅》九州無梁、青，故李巡不釋，所言未必得其本也。

漢·許慎《説文解字·川部》 州。水中可居曰州。周遶其旁，从重川。昔堯遭洪水，民居水中高土，故曰九州。《詩》曰：『在河之州』。

一曰州，疇也，各疇其土而生之。

漢・劉熙《釋名》卷二《釋州國》 青州在東，取物生而青也；州，注也，郡國所注仰也。徐州，徐，舒也，土氣舒緩也。揚州，州界多水，水波揚也。荆州，取名於荆山也；必取荆爲名者，荆，警也；南蠻數爲寇逆，其民有道後服，無道先疆，常警備之也。豫州，地在九州之中，京師東都所在，常安豫也。【略】雍州，在四山之内；雍，翳也。并州，曰土無也；其州或并或設，故因以爲名也。幽州，在北幽昧之地也。冀州，亦取地以爲名也；其地有險有易，帝王所都，亂則冀治，弱在冀強，荒則冀豐也。兖州，取兖水以爲名也。【略】古有營州，齊衛之地，於天文屬營室，取其名也。

《史記》卷二七《天官書》 角、亢、氐，兖州。房、心，豫州。尾、箕，幽州。斗，江、湖。牽牛、婺女，揚州。虚、危，青州。營室至東壁，并州。奎、婁、胃，徐州。昴、畢，冀州。觜觿、參，益州。東井、輿鬼，雍州。柳七星、張三河、翼、軫，荆州。

《漢書》卷二八上《地理志上》 堯遭洪水，褱山襄陵，天下分絶爲十二州，使禹治之。水土既平，更制九州，列五服，任土作貢。【略】後受禪於虞，爲夏后氏，殷因於夏，亡所變改。周既克殷，監於二代而損益之，定官分職，改禹徐、梁二州，合之於雍、青；分冀州之地，以爲幽、并。故《周官》有職方氏，掌天下之地，辯九州之國。

《晉書》卷一四《地理志上・總叙》 帝堯時，禹平水土，以爲九州。虞舜登庸，厥功彌劭，表提類而分區宇，判山河而考疆域，冀北創并部之名，燕齊起幽、營之號，則《書》所謂『肇十有二州，封十有二山』者也。

夏功則于唐堯，殷因無所損益。周武克商，自豐徂鎬，至成王時改作禹貢，徐、梁入於青、雍，冀野析於幽、并。職方掌天下之土，以周厥利；保章辨九州之野，皆有分星。東南曰揚州，正南曰荆州，河南曰豫州，正東曰青州，河東曰兖州，正西曰雍州，東北曰幽州，河内曰冀州，正北曰并州。

又《兖州》 兖，瑞也，信也；又云蓋取兖水以名焉。

又《豫州》 豫者，舒也，言稟中和之氣，性理安舒也。

又《冀州》 其地有險有易，帝王所都，亂則冀安，弱則冀彊，荒則冀豐。

又《幽州》 言北方太陰，故以幽冥爲號。

又《并州》 州不以衛水爲號，又不以恆山爲稱，而云并者，蓋以其在兩谷之間也。

又《雍州》 以其四山之地，故以雍名焉；亦謂西北之位，陽所不及，陰陽氣雍閼也。

又《梁州》 梁者，言西方金剛之氣彊梁，故因名焉。

又 卷一五《地理志下・青州》 蓋取土居少陽，其色爲青，故以名也。

又《徐州》 蓋取舒緩之義，或云因徐丘以立名。

又《荆州》 荆，強也，言其氣躁強；亦曰警也，言南蠻數爲寇逆，其人有道後服，無道先強，當警備也；又云取名於荆山。

又《揚州》 以爲江南之氣躁勁，厥性輕揚；亦曰州界多水，水波揚也。

唐・陸德明《經典釋文》卷二九《爾雅音義上・釋地》 雍者，擁也，東崤西漢，南商於，北居庸，四山之内擁翳也。

又 引《晉太康地記》 雍州兼得梁州之地，西北之位，陽所不及，陰氣壅閼，故取名焉。

梁州者，言西方金剛之氣彊梁，故因以爲名。

以揚州漸太陽位，天氣奮揚，履正含文明，故取名焉。

（徐州）取徐丘爲名云。

（幽州）因於幽都爲名。

（青州）東方少陽，其色青，其氣清，歲之首，事之始，故以青爲名焉。

《宋書》卷三五《州郡志一》 唐堯之世，置十有二牧。及禹平水土，更制九州。冀州堯都，土界廣遠；濟、河爲兖州，海岱爲青州，海岱及淮爲徐州，淮海爲揚州，荆及衡陽爲荆州，荆河爲豫州，華陽黑水爲梁州，黑水西河爲雍州。自虞至殷，無所改變。周氏既有天下，以徐并青，以梁并雝，分冀州之地以爲幽、并。

唐・杜佑《通典》卷一七二《州郡二・序目下》 九州之區域，在昔顓頊，及於陶唐，分而爲九，其制最大。顓頊置九州，堯時洪水分絶，使禹理水，還爲九州；舜分爲十二州，夏殷周並爲九州，則不同《禹貢》。按周之本制，起於顓頊；辨其疆界，始於《禹貢》。今分別地理，故以爲首。

雍州：西據黑水，東距西河。黑水出今張掖郡，西河則龍門之河。今京兆、華陰、馮翊、扶風、汧陽、新平、安定、彭原、安化、平凉、靈武、五原、寧朔、洛交中部，延安、咸寧、上郡、銀川、新秦、朔方、九原、榆林、安北、天水、隴西、金城、會寧、安鄉、臨洮、和政、寧塞、西平、武威、張掖、酒泉、晉昌、燉煌等郡地。

荆河州：西南至荆山，北距河。荆山在今襄陽郡南，其北境至於河。今河南府陝郡之南境，弘農、臨汝、滎陽、陳留、睢陽、濟陰、譙郡、潁川、淮陽、汝陰、汝南、淮安、襄陽、武當、漢東等郡地。

冀州：唐虞之都，以餘州所至，則是其境。西境雍州，南境荆河州，東境兖州，皆以河爲界。河自今文城、絳郡西龍門南流，至華陰，東過今汲郡黎陽縣東大岯山，又東入於海。今河内、汲郡、鄴郡、廣平、鉅鹿、信都、趙郡、常山、博陵、河間、文安、饒陽、上谷、范陽、順義、歸化、歸德、嬀川、漁陽、密雲、北平、柳城、河東、絳郡、陝郡之北境，平陽、高平、上黨、樂平、陽城、大寧、文城、西河、太原、昌化、樓煩、雁門、定襄、安邊、馬邑、雲中、單于等郡地。

兖州：舊爲濟、河之間。孔安國云：東南據濟，西北距河。《禹貢》云：導沇水東流爲濟，入於河，溢爲滎，東出於陶丘，北又東至於菏，又東北會於汶，又北東入於海。顔師古云：導沇流而爲濟，截河又爲滎澤。陶丘在濟陰、定陶西南，菏卽菏澤。過菏澤又與汶水會，北折而東入海也。按沇水出今河南府王屋縣山，東流濟源縣，而名濟水。滎澤在今滎陽郡滎澤縣也。定陶，今濟陰郡也。菏澤在今魯郡縣，汶水今魯郡萊蕪縣。然濟水因王莽末旱，渠涸不復截河，過今東平、濟南、淄川、北海界中，有水流入於海，謂之清河，實菏澤、汶水合流，亦曰濟河，蓋因舊名，非本濟水也。諸家所説地理者，皆云今清河郡，《禹貢》冀州之域。又按《禹貢》云：洛、汭自大伾，北過洚水，至于大陸，北播爲九河，而入海。河自周定王五年徙流，禹之所道，漸以湮塞。至秦始皇二十二年攻魏，決河灌其郡，決處遂大，不可復補。魏都則今陳留郡。漢武元封三年春，河又徙，從頓丘東南，流入渤海。頓丘卽今縣也，渤海郡卽今景城郡地。其下決於瓠子，東南通於淮、泗。瓠子在今濮陽縣西界，時丞相田蚡食邑鄃，鄃在河北，河決而南則鄃無水災，邑收入多。【略】

青州：東北據海，西距岱。岱，泰山也，在今魯郡界。自泰山之東，至於海，今北海、濟南、淄川、東萊、東牟、高密，安東等郡，卽其地。

徐州：東據海，北至岱，南及淮。自泰山之南，淮之北，海之西也。今彭城、臨淮、魯郡、東海、琅琊等郡地是。

梁州：東據華山之陽，西距黑水。華山之南，今華陰之西南；黑水出張掖郡，南流入海，卽巴蜀之地皆是也。今上洛、漢中、洋川、安康、房陵、通川、潾山、南平、涪陵、南川、瀘川、清化、始寧、咸安、符陽、巴川、南賓、南浦、閬中、南充、安岳、盛山、雲安、犍爲、陽安、仁壽、通義、和義、資陽、南溪、河池、武都、同谷、順政、懷道、同昌、陰平、江油、交川、合川、益昌、普安、巴西、梓潼、遂寧、蜀郡、德陽、濛陽、唐安、臨卭、盧山、通化、越嶲、雲南、洪源等郡地。

揚州：北據淮，東南距海。此自淮之東南，距於海，閩中以來地。今廣陵、淮陰、鍾離、壽春、永陽、歷陽、廬江、同安、蘄春、弋陽、宣城、丹陽、晉陵、吴郡、吴興、餘杭、新定、新安、會稽、餘姚、臨海、縉雲、永嘉、東陽、信安、鄱陽、潯陽之東境，章郡、臨川、廬陵、宜春、南康、建安、長樂、清源、漳浦、臨汀、潮陽等郡地。自晉以後，歷代史皆云五嶺之南至於海，並是《禹貢》揚州之地。按《禹貢》物產、貢賦，《職方》山藪、川浸，皆不及五嶺之外。又按荆州南境至衡山之陽，若五嶺之南在九州封域，則以隣接，宜屬荆州，豈有舍荆而屬揚？斯不然矣。此則近史之誤也，則嶺南之地，非九州之境。

荆州：北據荆山，南及衡山之陽。荆山在今襄陽郡界，南至今衡陽郡桂嶺之北，皆是也。今江陵、夷陵、巴東、竟陵、富水、安陸、齊安、漢陽、江夏、義陽、潯陽之西境，長沙、巴陵、衡陽、零陵、江華、桂陽、連山、邵陽、武陵、澧陽、黔中、寧夷、涪川、盧溪、盧陽、靈溪、潭陽、清江、播川、義泉、夜郎、龍溪、溱溪等郡地。

其雍州西境流沙之西，荆州南境五嶺之南所置郡縣，並非九州封域之内也。

宋・王應麟《通鑑地理通釋》卷一《歷代州域總叙上・神農九州》 《春秋命歷序》云：人皇氏分九州，神農始立地形，甄度四海，東西九十萬里，南北八十一萬里。《周禮》疏云：自神農已上有大九州、柱州、迎州、神州之等，至黄帝以來，德不及遠，惟於神州之内分爲九州。騶衍云：中國名曰赤縣神州，赤縣神州内自有九州，禹之序九州是也。中國外，如赤縣神州者九，乃所謂九州也。有裨海環之，一區中爲一州，如此者九，有大瀛海環其外。《淮南・墜形訓》云：天地之間九州，東南神州曰農土，正南次州曰沃土，西南戎州曰滔土，正西弇州曰幷土，正中冀州曰中土，西北台州曰肥土，正北濟州曰成土，東北薄州曰隱土，正東陽州曰申土。《帝王世紀》云：諸子稱神農王天下，地東西九十萬里，南北八十五萬里。愚謂《河圖》言崑崙者地之中，釋氏言日月照四大洲，卽騶衍之説，此莊子所謂『存而不論』者也。

又《黄帝九州》　《禹貢》釋文：《周公職錄》云：黄帝受命，風后受圖，割地布九州。《漢地理志》云：黄帝旁行天下，方制萬里，畫壄分州，得百里之國萬區。《晉地理志》云：黄帝令豎亥步，自東極至于西極，五億十萬九千八百八步。《帝王世紀》云：黄帝推分星次，以定律度。自斗十一度至婺女七度，曰星紀之次，今吳越分野。自婺女八度至危十六度，曰玄枵之次，今齊分野，自危十七度至奎四度，曰豕韋之次，今衛分野。自奎五度至胃六度，曰降婁之次，今魯分野。自胃七度至畢十一度，曰大梁之次，今趙分野。自畢十二度至東井十五度，曰實沈之次，今晉魏分野。自井十六度至柳八度，曰鶉首之次，今秦分野。自柳九度至張十七度，曰鶉火之次，今周分野。自張十八度至軫十一度，曰鶉尾之次，今楚分野。自軫十二度至氐四度，曰壽星之次，今韓分野。自氐五度至尾九度，曰大火之次，今宋分野。自尾十度至斗十度百三十五分而終，曰析木之次，今燕分野。凡天有十二次，日月之所躔也；地有十二分，王侯之所國也。愚謂《通典》云：國之分野，上配天象，始於周季。《世紀》所云，蓋以星官之書自黄帝始也。

又《顓帝九州》　冀、兖、青、徐、揚、荆、豫、梁、雍。《帝王世紀》云：顓帝所建，帝嚳受之。孔子稱其地北至幽陵，南暨交趾，西蹈流沙，東極蟠木，是以建萬國而制九州。《通典》亦謂顓帝置九州。葉氏云：《祭法》共工氏之霸九州也，其子曰后土，能平九州。則九州之名，舊矣。幽陵，幽州；交趾，交州。流沙在沙州西。蟠木，東海度索山上有屈盤桃木。

又《舜十二州》　冀、兖、青、徐、揚、荆、豫、梁、雍、幽、幷、營。孔氏云：禹治水之後，舜分冀爲幽、幷，分青爲營。馬氏云：禹平水土，置九州，舜以冀州之北廣大，分置幷州；燕、齊遼遠，分燕爲幽，齊爲營。《漢地理志》云：堯遭洪水，天下分絶爲十二州。禹平水土，更制九州，列五服。與孔、馬之説異。愚謂《舜典》言肇十有二州，咨十有二牧，而後命禹平水土，當以《漢志》爲正。鄭氏謂分衛爲幷，燕以北爲幽，分齊爲營，朱氏謂分冀東恆山之地爲幷，又東北醫無閭之地爲幽，又青之東北遼東等處爲營，而冀止有河内之地，今河東一路是也。劉氏云：冀州之域，大於九州，於是分爲幽、幷，以此二州北扞夷狄，使不得接於王畿。《書大傳・虞夏傳》云：兆十有二州。注：兆，域也，爲營域以祭十二州之分星也。

又《禹九州》　冀、兖、青、徐、揚、荆、豫、梁、雍。《通典》云：雍州西境流沙之西，荆州南境五嶺之南所置郡縣，並非九州封域之内。《帝王世紀》云：堯遭洪水，分爲十二州，今《虞書》是也；及禹平水土，還爲九州，今《禹貢》是也。是以其時九州之地，凡二千四百三十萬八千二十四頃，定墾者九百一十萬八千二十四頃，不墾者千五百萬二千頃；民口千三百五十五萬三千九百二十三人。至於塗山之會，諸侯承唐虞之盛，執玉帛亦有萬國，是以《山海經》稱：禹使大章步，自東極至于西垂二億三萬三千五百里七十一步；又使豎亥步，南極盡於北垂二億三萬三千五百里七十五步。四海之内則東西二萬八千里，南北二萬六千里；出水者八千里，受水者八千里；名山五千三百五十，經六萬四千五十六里；出銅之山四百六十七，出鐵之山三千六百九，以供財用。蘇氏云：堯水，河爲患最甚，江次之，淮次之。河行冀、兖爲多，而青、徐其下流，被害亦甚。堯都於冀，故禹行自冀始，次于兖，次于青，次于徐，四州治而河患衰矣。雍、豫雖近河，以下流既治，可以少緩也，故次于揚，次于荆，以治江淮。江淮治而水患平，故次于豫，次于梁，次于雍，以治江河上流之餘患，而雍最高，故終焉。朱氏云：冀州極闊，河東、河北皆屬焉；雍州亦闊，陝西五路皆屬焉；若青、兖、徐、豫，則疆界有不足者矣。鄭氏云：州縣之設，有時而更；山川之形，千古不易。所以《禹貢》分州，必以山川定經界。使兖州可移，而濟、河之兖不能移；使梁州可遷，而華陽、黑水之梁不能遷；是故《禹貢》爲萬世不易之書。薛氏云：至夏，復爲《禹貢》之九州。

又《商九有》　《爾雅・九州》：兩河間曰冀，河南曰豫，河西曰雝，漢南曰荆，江南曰揚，濟、河間曰兖，濟東曰徐，燕曰幽，齊曰營。孫炎云：此蓋殷制。孔氏云《禹貢》有梁、青，無幽、營，《周禮》有幽、并，無徐、營。孫炎以《爾雅》之文與《禹貢》不同，於《周禮》又異，故疑爲殷制耳，亦無明文言殷改夏也。《地理志》云：殷因於夏，無所變改。陸氏曰：《禹貢》有青、徐、梁而無并、幽、營，《爾雅》有徐、幽、營而無青、梁、并，《職方》有青、幽、并而無徐、梁、營，三代不同故也。陳氏云：《商書》言九有之師，《商頌》言奄有九有，式于九圍；《王制》於商亦言九州千七百七十三國，則商之九州，蓋亦襲夏而已。《通典》云：塗山之會萬國，四百年間遞相兼并，殷湯受命，其能存者三千餘國，亦爲九州。冀州在兩河之閒，西則龍門之河，東則洚水、大陸之河。洚水、大陸，今冀、貝二州界。《論語》三分天下有其二，注：天下歸文王者六州，荆、梁、雍、豫、徐、揚也，惟兗、青、冀尚屬紂。

又《周九州》 揚、荆、豫、青、兗、雍、幽、冀、并。鄭氏注：揚、荆、豫、兗、雍、冀與《禹貢》略同，青州則徐州地也，幽、并則青、冀之北也，無徐、梁。《晉地理志》云：成王時改作禹貢，徐、梁入於青、雍，冀野析於幽、并。王氏云：九州之序，《禹貢》始於冀，次以兗而終於雍，《職方氏》則始於揚，次以荆而終於并者，蓋《禹貢》言治水之序也，《職方》言遠近之序也。治水則自帝都而始，然後順水性所便，自下而上，故由兗至雍而止也。以遠近言之，則周之化自北而南爲遠，故《關雎》、《鵲巢》之詩分爲二《南》，《漢廣》亦言文王之道被於南國，德化之所及，以遠爲至也。始於揚，則以揚在東南；次以荆，則以荆在正南，終於并州，以并在正北，先遠而後近也。《左傳》王使詹桓伯辭於晉曰：我自夏以后稷，魏、駘、芮、岐、畢，吾西土也；及武王克商，蒲姑、商奄，吾東土也；巴、濮、楚、鄧，吾南土也；肅慎、燕、亳，吾北土也。漢賈捐之曰：武丁、成王，殷、周之大仁也，然地東不過江黄，西不過氐羌，南不過蠻荆，北不過朔方。鄭氏鍔曰：周無徐州，蓋其地爲淮夷、徐、奄所有。李氏曰：周都雍，不可不廣，故合梁、雍爲一；徐地狹隘，故青兼之。

元・王惲《玉堂嘉話》卷七《九州釋義》 兗州，兗，信也，五行星流而爲兗。豫州，豫，舒也；又序也，言陰陽分布，各得其序。荆州，荆，彊也，陽盛物堅其氣急。冀州，冀，近也；《爾雅》云：『河兩間曰冀』。青州，《元命苞》曰：『虛、危星精，流而爲青』。雍州，雍，壅也；《唐地紀》曰：『雍兼得梁之地，西北位，陽所不及，陰氣壅遏，故取名焉。』益州，益謂溢也。徐州，徐，舒也。揚州，揚，輕也。

明・徐應秋《玉芝堂談薈》卷二二《歷代方輿》 黄帝之時，百里之國萬區。堯分冀、兗、青、徐、揚、荆、豫、梁、雍爲九州，舜以冀、青地廣，分冀爲幽州、并州，青爲營州，是爲十二州。《爾雅》九州則兩河間曰冀，河南曰豫，河西曰雍，漢南曰荆，江南曰揚，濟、河間曰兗，濟東曰徐，燕曰幽，齊曰營，而無青、梁、并，此殷九州也。史稱夏禹所治四海，其地東西二萬八千里，南北二萬六千里。周以徐州入于青州，以梁州入于雍州，分冀州之地以爲幽州、并州。《周禮・職方》東南曰揚，正南曰荆，河南曰豫，正東曰青，正西曰雍，河東曰兗，東北曰幽，河内曰冀，正北曰并，而無徐、梁、營，此周九州也。

清・顧炎武《日知録》卷二二《九州》 九州之名，始見於《禹貢》。《祭法》：共工氏之霸九有也，其子曰后土，能平九州。此前乎禹而有九州之名。《周禮・職方氏》疏曰：自神農以上，有大九州、桂州、迎州、神州之等；至黄帝以來，德不及遠，惟於神州之内，分爲九州。《史記・孟子荀卿傳》騶衍言中國名曰赤縣神州，赤縣神州内自有九州，禹之序九州是也，不得爲州數。中國外如赤縣神州者九，乃所謂九州也。蓋天下有九州，古之帝者皆治之，後世德薄，止治神州。神州者，東南一州也。《河圖括地象》：東南神州，正南卬州，西南戎州，正西弇州，正中冀州，西北柱州，北方玄州，東北咸州，正東陽州。《淮南子・地形訓》同，而以西北爲台州，正北爲濟州，東北爲薄州，正東爲陽州。《隋書》北郊之制有神州、迎州、冀州、戎州、拾州、柱州、營州、咸州、陽州。唐初房玄齡《與禮官議》以爲神州者，國之所託，餘八州則義不相及，遂除迎州等八座，惟祭皇地祇及神州。此荒誕之説，固無足采。然中國之大，亦未有窮其涯域者。尹耕《兩鎮志》引《漢書・地理志》，言黄帝方制萬里，畫埜分州，得百里之國萬區，而疑不盡於禹九州之内；且曰以今觀之，涿鹿，今保安州。東北之極陬也，而黄帝以之建都；釜山，在懷來城北。塞上之小山也，而黄帝以之合符。則當時藩國之在其西北者，可知也。《晉・載記》：慕容廆以大棘城卽帝顓頊之墟也，乃移居之。《通典》：棘城在營州柳城東南一百七十里。秦漢以來，匈奴他部如爾朱、宇文之類，往往祖黄帝，禰昌意後，亦一證也。按《魏》、《周》諸書惟云魏之先出自黄帝軒轅氏，黄帝子曰昌意，昌意之少子受封北國，而爾朱氏無聞；宇文氏則云其先出自炎帝神農氏。今舍拓跋而言爾朱、宇文，誤也。《遼史》言耶律嚴稱遼爲軒轅後。厥後昌意降居，帝摯遜位，至於洪水之災，天下分絶，而諸侯之不朝者有矣。以《書》考之，禹別九州而舜又肇十二州，其分爲幽、幷、營者，皆在冀之東北，《書》：肇十有二州。《傳》云：肇，始也。禹治水之後，舜分冀州爲幽州，幷州，分青州爲營州，始置十二州。高誘註《淮南子》云：古之幽都，在雁門以北。必其前閉而後通、前距而後服者也。而此三州以外，則舜不得而有之矣。此後世幅員所以止於禹迹九州之內，而天地之氣亦自西北而趨於東南，日荒日闢，而今猶未已也。蔡仲默《書傳》亦謂當舜之時，冀北之地未必荒落如後世。騶子之言雖不盡然，亦豈可謂其無所自哉？

幽、幷、營三州在《禹貢》九州之外，先儒謂以冀、青二州地廣而分之，殆非也。孔安國、馬融竝云；《疏》謂堯時青州當越海而有遼東，益無據。幽則今涿、易以北，至塞外之地。《書》：流共工于幽洲；《孟子》作『州』。《括地志》云：在檀州燕樂縣界。今順天有密雲縣。幷則今忻、代以北，至塞外之地。營則今遼東大寧之地。其山川皆不載之《禹貢》，故靡得而詳。凡漢之上谷、漁陽、右北平、遼西、遼東山川，皆不載之《禹貢》，惟碣石爲右北平驪城縣山，然此但島夷之貢道爾。然而《益稷》之書謂『弼成五服，至于五千』，則冀方之北，不應僅數百里而止。《遼史・地理志》言幽州在渤、碣之間，幷州北有代、朔，營州東暨遼海。《營衛志》言冀州以南歷洪水之變，夏后始制城郭，其人土著而居。幷、營以北，勁風多寒，隨陽遷徙，歲無寧居，曠土萬里。或其說之有所本也。劉三吾《書傳》謂孔氏以遼東屬青州，隔越巨海，道里殊遠，非所謂因高山大川以爲限之意，蓋幽、幷、營三州，皆分冀州之地。又引歐陽忞《輿地廣記》，以遼東營州屬冀州。今亦未有所考。

禹畫九州在前，舜肇十二州在後。肇，始也。昔但有九州，今有十二州，自舜始也。《漢書・地理志》：堯遭洪水，天下分絶爲十二州，使禹治之，更制九州。與《書》『肇十有二州』之文不同，蓋漢人之說如此，故王莽據之爲奏。陳氏經曰：《禹貢》之作乃在堯時，至舜時乃分九州爲十二州，至夏之世又幷爲九州，故《傳》言『貢金九牧』。《竹書紀年》：帝舜三十三年，夏后受命于神宗，遂復九州。亦未可信。然則謂《禹貢》九州爲盡虞、夏之疆域者，疏矣。夏商以後，沿上世九州之名，各就其疆里所及而分之，故每代小有不同。《周書》、《爾雅》各與《禹貢》不同。

《周禮》量人掌建國之法以分國，爲九州。曰『分』則不循於其舊，可知矣。《周禮・職方》：東北曰幽州，其山曰醫無閭，藪曰貕養，山川曰河、泲，浸曰菑、時。醫無閭在今遼東廣寧衛，貕養澤註云在長廣。今山陽萊陽縣，已無迹可考；而青之菑、時，兖之河、泲，襍出於一條之中，殆不可據。

州有二名。《舜典》肇十有二州，《禹貢》九州，大名也。《周禮・大司徒》五黨爲州，州長註二千五百家爲州。《左傳》僖十五年：晉作州兵；宣十一年：楚子入陳鄉，取一人焉以歸，謂之夏州。昭二十二年：晉籍談、荀躒帥九州之戎。註：州，鄉屬也。五州爲鄉。哀四年：士蔑乃致九州之戎。十七年：衛侯登城以望，見戎州。《國語》：謝西之九州何如。註：謝西有九州，二千五百家爲州。竝小名也。陳祥道《禮書》：二百一十國謂之州，五黨亦謂之州；萬二千五百家謂之遂，一夫之間亦謂之遂；王畿謂之縣，五鄙亦謂之縣。江、淮、河、濟謂之四瀆，而《易・坎》爲水，爲溝瀆。大小之極，不嫌同名。

清・蔣廷錫《尚書地理今釋・禹貢九州》 冀州。今山西之太原、平陽、汾州、潞安、大同五府，澤、遼、沁三州；直隸之順天、永平、保定、廣平、順德、宣化六府及眞定、河間二府西北境，大名府濬縣西境；盛京之錦州府，河南之懷慶、衛輝、彰德三府。其北直抵塞外陰山下，西起東受降城，今蒙古名薩爾几村之北，東訖於大遼水也。

兖州。今山東之東昌府及兖州府曹州陽穀、壽張、鄆城三縣，濟南、青州二府西北境；直隸之大名府及眞定、河間二府東南境；河南之衛輝府胙城縣也。

青州。今山東之登州、萊州二府，青州府益都、臨淄、樂昌、安丘、壽光、臨朐六縣及諸城、高苑、博興、樂安四縣南境，濟南府肥城、長清、歷城、章丘、鄒平、長山、新城、淄川八縣，及泰安州、萊蕪縣北境，兖州府東阿、平陰二縣北境。其東北跨海，爲盛京之奉天府訖於朝鮮國也。按孔《傳》云：東北據海，實據有遼東之地。孔氏之言是也，蔡氏謂東北至海者非。

徐州。今江南之徐州及鳳陽府懷遠、五河、虹、靈壁四縣，泗、宿二州，淮安府桃源、清河、安東、宿遷、睢寧、贛榆六縣，邳海二州；山東之兗州府滋陽、曲阜、寧陽、泗水、金鄉、魚臺、嘉祥、鉅野、汶上、郯城、鄒、滕、嶧、費十四縣及平陰縣南境，濟寧、東平、沂三州，濟南府新泰縣及萊蕪縣泰安州南境，青州府莒州，蒙陰、沂水、日照三縣及諸城縣南境也。

揚州。今江南之江寧、揚州、廬州、安慶、池州、太平、寧國、徽州、鎮江、常州、蘇州、松江十二府，滁、和、廣德三州，鳳陽府鳳陽、臨淮、定遠、霍丘、盱眙、天長六縣，壽州，淮安府山陽、鹽城二縣；河南之汝寧府光山、固始二縣，光州；湖廣之黄州府羅田、蘄水、廣濟、黄梅四縣，蘄州，廣東之潮州府及浙江、江西、福建，皆是也。

荆州。今湖廣之武昌、漢陽、安陸、荆州、岳州、長沙、衡州、常德、辰州、寶慶、永州十一府，郴、靖二州，施州衛及襄陽府南漳縣，德安府安陸、雲夢、孝感、應城、應山五縣，隨州南境，黄州府黄岡、麻城、黄陂、黄安四縣；四川之夔州府建始縣，廣西之桂林府全州及興安縣越城嶺北境也。

豫州。今河南之河南、開封、歸德、南陽、汝寧五府，汝州；直隸之大名府東明、長垣二縣；山東之兗州府定陶、城武、曹、單四縣；江南之鳳陽府潁、亳二州，潁上、太和、蒙城三縣；湖廣之襄陽府襄陽、光化、宜城、棗陽、穀城五縣，均州，鄖陽府鄖、保康二縣及鄖西縣東境，德安府隨州北境也。

梁州。今陝西之漢中府興安州及西安府商州雒南、山陽、鎮安、商南四縣，鞏昌府兩當、鳳、文、成四縣，徽、階二州；湖廣之鄖陽府房、竹山、竹溪三縣及鄖西縣西境；四川之成都、保寧、順慶、龍安、馬湖五府，潼川、嘉定、邛、眉、雅五州及叙州、重慶、夔州三府，瀘州江北諸州縣，松潘、建昌二衛，疊溪營，黎大所、天全六番招討司是也。

雍州。今陝西之臨洮、平凉、慶陽、延安、鳳翔五府，西安府長安、咸寧、咸陽、興平、臨潼、高陵、鄠、藍田、涇陽、三原、盩厔、渭南、富平、醴泉、朝邑、郃陽、澄城、白水、韓城、華陰、蒲城、同官、武功、永壽、三水、淳化、長武二十七縣，同、華、耀、乾、邠五州，鞏昌府隴西、安定、會寧、通渭、寧遠、伏羌、西和、秦安、清水、漳、禮十一縣，秦州及楡林、寧夏，寧夏中靖遠、岷州、洮州、甘州、莊浪諸衛所。其在化外者，南至西傾、積石，西踰三危，北抵沙漠，皆是也。

論説

漢·陸賈《新語》卷下《明誠》 聖人承天之明，正日月之行，録星辰之度，因天地之利，等高下之宜，設山川之便，平四海，分九州，同好惡，一風俗。

漢·桓寬《鹽鐵論》卷四《未通》 文學曰：禹平水土，定九州，四方各以土地所生貢獻，足以充宫室，供人主之欲。膏壤萬里，山川之利，足以富百姓，不待蠻貊之地，遠方之物而用足。

又 卷一一《論鄒》 大夫曰：鄒子疾晚世之儒、墨不知天地之弘，昭曠之道，將一曲而欲道九折，守一隅而欲知萬方，猶無準平而欲知高下，無規矩而欲知方圓也。於是推大聖終始之運，以喻王公列士：中國名山通谷以至海外，所謂中國者，天下八十分之一，名曰赤縣神州，而分爲九州，谷阻絶陵陸不通，乃爲一州，有八瀛海，圜其外，此所謂八極而天下際焉。《禹貢》亦著山川高下原隰，而不知大道之遥，故秦欲達九州而方瀛海，牧胡而朝萬國。諸生守畦畝之慮，閭巷之固，未知天下之義也。

文學曰：堯使禹爲司空，平水土，隨山刊木，定高下而序九州。鄒衍非聖人，作怪誤惑六國之君，以納其説。此《春秋》所謂『匹夫熒惑諸侯』者也。孔子曰：『未能事人，焉能事鬼神？』近者不達焉，能知瀛海，故無補於用者，君子不爲；無益於治者，君子不由。三王信經道而德光於四海，戰國信嘉言破亡而泥山。昔秦始皇已吞天下，欲并萬國，亡其三十六郡；欲達瀛海，而失其州縣。知大義如斯，不如守小計也。

漢·揚雄《法言·問道篇》 鄒衍有取乎？曰：自持，至周罔君臣之義。衍無知於天地之間，雖隣不覿也。

《漢書》卷九九中《王莽傳中》 莽至明堂，授諸侯茅土，下書曰：予以不德，襲于聖祖，爲萬國主。思安黎元，在于建侯分［九］州，正域以美風俗。追監前代，爰綱爰紀。惟在《堯典》，十有二州，衛有五服，《詩》國十五，抪徧九州，《殷頌》有『奄有九有』之言。《禹貢》之九州，無幷、幽，《周禮》司馬，則無徐、梁。帝王相改，各有云爲。

或昭其事，或大其本，厥義著明，其務一矣。

漢・王充《論衡》卷一一《談天篇》　鄒衍之書言天下有九州，《禹貢》之上，所謂九州也；《禹貢》九州，所謂一州也。若《禹貢》以上者，九焉；《禹貢》九州，方今天下九州也，在東南隅，名曰赤縣神州；復更有八州，每一州者，四海環之，名曰裨海；九州之外，更有瀛海。此言詭異，聞者驚駭，然亦不能實然否，相隨觀讀，諷述以談，故虛實之事並傳世間，眞僞不別也，世人惑焉，是以難論。案鄒子之知不過禹，禹之治洪水，以益爲佐，禹主治水，益之記物，極天之廣，窮地之長，辨四海之外，竟四山之表，三十五國之地鳥獸草木、金石水土，莫不畢載，不言復有九州。淮南王劉安召術士伍被、左吳之輩，充滿宫殿，作道術之書，論天下之事。《地形》之篇道異類之物，外國之怪，列三十五國之異，不言更有九州。鄒子行地不若禹、益，聞見不過被、吳，才非聖人，事非天授，安得此言？

案禹之《山經》、淮南之《地形》以察鄒子之書，虛妄之言也。太史公曰：『《禹本紀》言河出崑崙，其高三千五百餘里，日月所於辟隱，爲光明也，其上有玉泉、華池。今自張騫使大夏之後，窮河源，惡睹《本紀》所謂崑崙者乎？故言九州山川，《尚書》近之矣。至《禹本紀》、《山海經》所有怪物，余不敢言也。』夫弗敢言者，謂之虛也。崑崙之高，玉泉、華池，世所共聞，張騫親行，無其實。案《禹貢》，九州山川怪奇之物，金玉之珍，莫不悉載，不言崑崙山上有玉泉、華池。案太史公之言，《山經》、《禹紀》，虛妄之言。

凡事難知，是非難測。極爲天中，方今天下，在禹極之南，則天極北必高多民。《禹貢》東漸于海，西被于流沙，此則天地之極際也。日刺徑十里，今從東海之上會稽鄞鄮，則察日之初出，徑二尺，尚遠之驗也。遠則東方之地尚多，東方之地尚多則天極之北，天地廣長不復訾矣。夫如是，鄒衍之言未可非，《禹紀》、《山海》、《淮南・地形》未可信也。鄒衍曰：方今天下在地東南，名赤縣神州。天極爲天中，如方今天下在地東南，視極當在西北，今正在北；方今天下在極南也，以極言之，不在東南。鄒衍之言非也。如在東南，近日所出，日如出時，其光宜大。今從東海上察日及從流沙之地視日，小大同也，相去萬里，小大不變，方今天下得地之廣，少矣。雒陽，九州之中也。從雒陽北顧極，正在北。東海之上去雒陽三千里，視極亦在北。推此以度從流沙之地視極，亦必復在北焉。東海、流沙，九州東西之際也，相去萬里，視極猶在北者，地小居狹，未能辟離極也。日南之郡去雒且萬里，徙民還者問之，言日中之時，所居之地未能在日南也，度之復南萬里，日在日之南，是則去雒陽二萬里，乃爲日南也。今從雒地察日之去遠近，非與極同也，極爲遠也。今欲北行三萬里，未能至極下也。假令之至，是則名爲距極下也，以至日南五萬里，極北亦五萬里也，極北亦五萬里，極東西亦皆五萬里焉。東西十萬，南北十萬，相承百萬里。鄒衍之言天地之間有若天下者九，案周時九州，東西五千里，南北亦五千里，五五二十五，一州者二萬五千里。天下若此九，之乘二萬五千里，二十二萬五千里。如鄒衍之書，若謂之多，計度驗實，反爲少焉。

《南齊書》卷一五《州郡志下》　贊曰：郡國既建，因州而剖，離過十三，合不踰九。分城列邑，名號殷阜，遷徙叛逆，代亡代有。

唐・陸德明《經典釋文》卷二九《爾雅音義上・釋地第九・九州》

案禹平水土，畫爲九州，《禹貢》所言是也。其後舜分置十二州。鄭玄云：舜以青州越海，而分齊爲營州；冀州南北太遠，分衛爲幷州，燕以北爲幽州；新置三州，幷舊爲十二州也。夏家依《禹貢》九州，《爾雅》所言，李、郭以爲殷制。《周禮・職方氏》之叙列，是周制也。《禹貢》無幽、幷、營，《爾雅》有徐、幽、營而無青、梁、幷，《職方》有青、幽、幷而無徐、梁、營，三代不同之故也。

唐・賈公彦《周禮・夏官・職方氏》疏　自古以來，皆有九州，惟舜時暫置十二州，至夏還爲九州，故《春秋》云『夏之方有德也，貢金九牧』是也。但自神農已上，有大九州，柱州、迎州、神州之等；至黄帝以來，德不及遠，惟於神州之內分爲九州，故《括地象》云『崑崙東南萬五千里，名曰神州』是也。

唐・杜佑《通典》卷一七二《州郡二・序目下》　議曰：堯使鯀理水，功不成，復使禹理之，又舉舜歷試；禹因理水，遂別九州。故《尚書》云：『東漸于海，西被流沙，朔南曁聲教，訖于四海。禹錫玄圭，告厥成功。』孔安國注云：堯錫玄圭以明之。又舜自登庸二十年，始居攝位，『肇十有二州。』注云：肇，始也。禹理水之後，舜始置十二州，分冀州爲幷州、幽州，分青州爲營州。其後八年，堯崩，舜咨四岳曰：『有能奮庸熙帝之載，使宅百揆，亮采惠疇。』僉舉禹爲司空。舜曰：『汝平水土，惟時懋哉！』注云：四岳同辭曰禹理洪水有成功，言可用，故舜然其所舉，稱其前功以命之。懋，勉也。惟居是，百揆勉行之。則禹之績，本在堯代，舜未居攝以前也。而《史記》云：堯崩後，舜以禹爲司空，命平水土，以開九州。又按自鯀理水，績用不成，後至堯崩，凡二十八載。洪水爲害，下民昏墊，豈有年踰二紀，方使伯禹理之？《漢書》亦云：堯遭洪水，天下分絶爲十二州；禹理水，更制九州。則九州在十二州之後，乃與《舜典》乖互不同。馬季長云：禹平水土，置九州；舜以冀州之北廣大，分置幷州，分燕置幽州，分齊爲營州。則十二州在九州之後也，與孔注符矣。若稽其證據，乃子長、孟堅之誤矣。

唐・李吉甫《元和郡縣志》卷首《序》　臣聞王者建州域，物土疆，觀次于星躔，察法于地理，考中國山河之象，求二儀險阻之情，天漢明而兩界分，南宮正而五均叙。自黄帝之方制萬國，夏禹之分别九州，辨方經野，因人緯俗，其揆一矣。

唐・丘光庭《兼明書》卷三《春秋・荆敗蔡師于莘》　按禹四海之内，都置九州，而執玉帛萬國，則是州大而國小也。

宋・夏竦《文莊集》卷二〇《定四時别九州聖功孰大論》　先王之有天下也，仰觀乎天，俯察乎地，天以四時爲佐，故曆候不得不正也，地以九州爲紀，故疆理不得不别也。昔在帝堯，稽法天象，申命羲和，期三百有六旬有六日，以閏月定四時成歲。暨禹乘四載，分别九州，隨山刋木，洪水無害。然皆上古帝王之聖功，而有區别焉。夫聖人經始萬邦，勞心百度，皆欲先天時而後地道也。三皇之季，盛德廣大，陶唐氏慮天時之不順，正朔之不叙，節候之失度，日星之失次，曆算之失數，人民之失所，乃命四岳欽若上天，曆象日月星辰，敬授人時，所以明天道也。洪水襄陵，羣生昏墊，夏后氏疏鑿山川，流導四瀆，分田壤之等降，定貢賦之隆殺，桑土既蠶，生民粒食，所以正地道也。

夫天時正，則霜雪風雨於是乎可信，上下經紀於是乎可象，芒甲羽毛於是乎茂育，政令教化於是乎可期，故辰弗集其房，而夏君征其畔官；火猶西流，而仲尼罪其司曆。蓋百王之大典，上古之彝訓也。然則定四時成歲，何先乎閏餘？說者曰：周天三百六十有五度四分度之一，以三百六十日爲一歲，餘六日三十日爲月月行疾，又歲餘小盡六日，故五年再閏，以定四時之氣也。夫地道别，則播種耘藝於是乎有常，賦役職貢於是乎有典，原隰墳衍於是乎定位，昆蟲魚鼈於是乎有宅。然則平水土，何先乎九州？說者曰：州者，疇也，言疇其土而分别之也。蓋閏餘不正則曆象不叙，曆象不叙則天紀擾矣；田疇不分則貢賦不至，貢賦不至則人事廢矣。《傳》曰：『太上立德，其次立功。』堯之道，定四時而修天紀，立德者也；禹之道，别地利而正人事，立功者也。功、德之際，固不同矣。

宋・王安石《周官新義》卷一三《夏官二・職方氏》　九州之序，《禹貢》始於冀，次以兖，而終於雍；《職方》始於揚，次以荆，而終於幷者，蓋《禹貢》言治水之序，《職方》言遠近之序。治水自帝都而始，然後順水性所便，自下而上，故自兖至雍而止。以遠近言之，則周之化自北而南，以南爲遠，故《關雎》、《鵲巢》之詩分爲二《南》，《漢廣》亦言文王之道被于南國，德化所及，以遠爲至故也。始於揚州，則以揚在東南；次以荆，則以荆在正南；終於幷，則以幷在正北，先遠而後近也。

宋・陳祥道《禮書》卷三四《九州》　《禮》言共工霸九州，《黄帝書》言地有九州，則堯以前九州耳。至舜之時，洪水泛濫，通道阻塞，乃釐下土，方設居方，肇十有二州，分冀爲幽、幷，分青爲營州，封十有二山，建十有二牧，然後政教之所加，貢賦之所出，有所統焉。及水土既平，禹又卽舊域而辨之，以爲九州，故《書》言禹别九州，《傳》言貢金九牧，則肇十有二州，不在治水之後矣。孔安國言禹治水之後，始制十有二州，誤也。《禹貢》先冀次兖，以治水始於近也。《周官》先揚次荆，以治地先於遠也。《商書》言『九有之師』，《商頌》言『奄有九有，式于九圍』，《王制》於商亦言九州千七百七十三國，則商之九州，蓋亦襲夏而已。先儒以《爾雅》之九州爲商制，於義或然。然《禹貢》有徐、梁而無幽、幷，《爾雅》有幽、營、徐而無梁、幷、青，《周禮》有幽、幷而無徐、梁，則周之時，徐、梁入於青、兖而析冀於幽、幷矣。至漢武帝南置交趾，北置四方之州，兼徐、梁、幽、幷夏周之制，改雍曰梁，改梁曰益，凡十三部，則地域之判合因革，固不常也。

班固曰：冀州民多懻忮。李巡曰：兗，信也；徐，舒也；揚，輕也；荆，強也；豫，舒也；雍，壅也；冀，近也，謂兩河之間情性相近。其論俗方之情性，大槩或然。然以冀爲近，則與班異矣。蓋民生天地之間，其剛柔緩急，繫水土之風，謂之風；好惡取舍，隨君上之情欲，謂之俗。故太平之人仁，丹穴之人智，太蒙之人信，空侗之人武。秦人上氣力，先獵射；燕人少思慮，多輕薄。凡此皆地使之然也。陳、楚之信巫重祀，衛之亟會流淫，魏之薄恩生分，周之高富下仕，韓之椎剽跕躧，燕之輕色急人，齊之侈詐不悁，吳、粵之好劍輕死，朝鮮貴正信而尙禮，嚴重廉恥而尙禮義，宋多君子而好稼穡，凡此皆俗使之然也。班固以鄭俗流淫，繫於陿險之所居；以揚州多士，本於淮南王之所化。是不和《鄭風》所刺之由，職方氏所辨之異也。

宋・孔武仲《宗伯集》卷一四《禹貢論》 九州之分，曰冀，曰兗，曰青，曰徐，曰揚，曰荆，曰豫，曰梁，曰雍。其間言田賦者九，言篚者三，言色者二，言匭者一，言貢者八。其言田賦而不言貢者，冀州是也。冀州者，北方之衝會，天下之奧宅，千里之區域。豈土地之生，皆無足以貢於王乎？何其言之不及也！蒙以謂内外之勢異爾。冀州者，天子所都之地也；餘八州者，諸侯所封之國也。諸侯之君各以歲時，奉其國之所有，以獻於王，然後設之貢。貢者，四海之所有，而圻内之所無也。故兗之漆絲，青之鑑絺，徐之五色土，揚之瑤琨篠簜，荆之羽毛齒革，豫之漆絺枲紵，梁之銀鏤砮磬，雍之球琳琅玕，萃四海之珍而致之天子，謂之貢焉。至於冀州之域，千里之內，專屬於王。一木材，則虞衡掌之矣；一蒲葦，則澤虞掌之矣；一金錫，則牧人掌之矣；一禽魚，則罟人獻人掌之矣。是皆其所自有之物，何貢之云哉！故夫冀州不稱貢者，其勢異於餘州也。試質之經乎，《王制》嘗言縣内諸侯之法矣，曰甸服者，未嘗言貢也。《周官》者，所以致太平之大典也。其在行人之職曰，王畿之外五百里曰甸服，始貢器物，其次貢祀物，以至於要服，各貢其所出焉。王畿之内，則太宰掌其九職、九賦而已，未嘗言貢也。推而跡之，其亦與《禹貢》合乎！

宋・陸佃《陶山集》卷一二《答周之才書》 古之言九州，《禹貢》始于冀，終于雍者，此禹之治洚水先後之序也。《周官》始于揚，終于并者，此周之列率土大小之序也。蓋以古考之，言海岱及淮惟徐州，而後言淮海惟揚州；言荆及衡陽惟荆州，而後言荆河惟豫州，則所謂始于冀、終于雍者，禹之治洚水先後之序決矣。以今推之，揚之地在青之下，徐之地在并之下，則所謂始于揚、終于并者，周之列率土大小之序似矣。《爾雅》九州之序，則以夏周考之，皆不合；郭璞以爲『蓋殷制也』，言『蓋』者，璞亦疑之，則其眞不可得而考矣，闕之可也。蓋君子于其所不知，雖不敢忘闕，亦不可強通也。

宋・程頤《程氏經說》卷二《書解》 肇十有二州。上古九州，治水之後，禹別正其九州之封界，舜始分爲十二州，在洪水既平之後。此歷叙舜事，故肇十二州在四罪之前言殛鯀，在說用刑之中，非是先分十二州而後殛鯀也。《禹貢》云别九州者，洪水治平而定九州之域在後，始分十二州。

宋・晁以道《儒言・鹿馬》 因一鹿指以爲一馬者，一時跋扈之言也。如因先王之格言而顚倒破壞者，以天下爲鹿而縱指之也，不亦甚乎！九州之中，各志其行道，或以徐州之浮于淮、泗，達于河爲揚州之首，盡變亂九州之疆里，他尙有不誣者邪？

宋・鄭樵《六經奧論》卷二《書經・禹貢職方九州同異辨・冀州》 《禹貢》冀州，不言分域，先儒以兗、豫、雍推之，雍之河在冀之西，豫之河在冀之南，兗之河在冀之東；豫曰南河，雍曰西河，則兗當曰東河矣。冀之不言分域者，以八州之既辨，分域可知，謂其在東河之西，南河之北，西河之東，故周《職方》曰：河内曰冀州。《爾雅》、《呂氏春秋》皆云河間曰冀州，言其在西河、東河之間爾。

又《兗州》 《禹貢》兗州之域，東南至濟，西北至河，故曰濟、河惟兗州。《爾雅》、《呂氏春秋》皆云濟、河之間曰兗州，言『間』則特泥起東、西之間耳。周《職方》曰河東曰兗州者，蓋周無徐州，若徐州之岳，周以爲兗州之鎭；徐州之大野，周以爲兗州之藪，則周之兗州，出於濟之東南矣。故獨於『河』言之，其文不得不異也。

又《青州》 《禹貢》青州之域，東北至海，南與徐以岱爲界，西與兗以濟爲界，故曰海岱惟青州。不言濟者，以兗州見之也。《爾雅》曰濟東曰徐州者，《爾雅》不言青州，先儒以爲商制，商無青州，并青於徐故也。《周禮》云正東曰青州者，周無徐州，則青州之南境，當至於淮。

又《徐州》　《禹貢》徐州之域，東至於海，北境之接於青州，則以岱；南境之接於揚州，則以淮，故曰海岱及淮惟徐州。徐州之西，以濟爲界，故《爾雅》云濟東曰徐州，而經之不言『濟』者，《爾雅》無青州，青兼於徐故也。青兼於徐，則凡濟之東，皆徐州也。《禹貢》兼有青、徐，則岱山之陽、濟東爲徐；岱山以北、濟東爲青，則言『濟』不足以辨，故略之也。《呂氏春秋》曰泗上曰徐州者，泗水出陪尾山，至下邳，入於淮。《地理志》謂其源有四，因以爲名焉。泗之源委，皆在徐州，非若淮之與揚共，濟之與兗共也，故不韋亦得以爲説焉。

又《揚州》　《禹貢》揚州之域，北至淮東，南至海，於方爲東南，故曰淮海惟揚州，禹制其域矣。周《職方》曰東南曰揚州，周辨其方矣。其實一也。《爾雅》曰江南曰揚州，則揚州之域，北不至淮，與《禹貢》異矣。殆商因於夏而致損益者，於此與？

又《荆州》　《禹貢》荆州之域，北至南荆，南郡臨淮之東北。南及衡山之陽，於方爲南，故經曰荆及衡陽惟荆州。《職方》云正南曰荆州，《呂氏春秋》曰南方曰荆，《爾雅》漢南曰荆州，則荆州之域，出於荆山之北矣。

又《豫州》　《禹貢》豫州之域，在南河之南，南荆之北，故曰荆、河惟豫州；而《爾雅》曰河南曰豫州，誌豫州之北境而已。《呂氏春秋》曰河、漢之間曰豫州，則豫之東南止乎漢，東而不及荆山矣。

又《梁州》　《禹貢》梁州之域，東據華山之南，西距黑水，故曰華陽黑水惟梁州。《爾雅》、《職方》皆無梁州，并梁於雍故也。

又《雍州》　《禹貢》雍州之域，西至黑水，東至於西河，於中國爲西方，故曰黑水西河惟雍州。周《職方》曰正西曰雍州，《呂氏春秋》曰西方曰雍州，辭雖少異，其實一也。周都豐、鎬，王畿不隸九州，故雍州道適當正西，若都河南、都亳，則雍州於方爲西北，不得爲正西。秦都咸陽，亦西周故畿也，故《周官》曰正西。《呂覽》以西方爲雍州，亦因其都之所在也，有堯之九州，舜之十有二州，何以起之？曰：冀北割幷部之名，燕、齊起幽、營之號。有《禹貢》之九州，有《職方》之九州，何以起之？曰：徐、梁入於青、雍，冀野析於幽、幷。此其要訣也。

宋·莊綽《雞肋編》卷上　浙西諺曰：『蘇杭兩浙，春寒秋熱。對面厮啜，背地厮説。』言其反覆如此。又云：『雨下便寒晴便熱，不論春夏與秋冬。』言其無常也。此言亦通東西爲然。九州以揚名地，本其水波輕揚爲目。漢《三王策》亦有『五湖輕心』之戒。大抵人性類其土風，西北多山，故其人重厚樸魯；荆、揚多水，其人亦明慧文巧而患在輕淺。

宋·林之奇《尚書全解》卷七《禹貢》　自兗州而下八州，皆以其高山大川定逐州之疆界，《序》所謂『別九州』而篇首所謂『奠高山大川』也。鄭漁仲曰：《禹貢》之書所以爲萬代地理家成憲者，以其地命州，不以州命地也。如兗州者，當時所命之名，後世安知其在南在北？故曰『濟、河惟兗州』，以濟水、河水之間爲兗州也。以荆山、衡山之間爲荆州，故曰『荆及衡陽惟荆州』。濟、衡者，萬代不泯之山川也。使荆、兗之名得附此山川，雖後世更改移易，爲不沒矣。觀漁仲此言，所謂得《禹貢》之意，蓋由萬世而下求《禹貢》九州之分域，皆可得而考者，由其以山川之高大者定逐州之界故也。【略】古者疆理天下，以爲九州，九州之疆理，不可以無別也，故州爲一名以別之。其命名之意，蓋出於一時之偶然，其要欲辨九州之名耳，不可必求其義也；而李巡注《爾雅》，皆從而爲説，以謂兩河間其氣清，厥性相近，故曰冀；冀，近也。濟、河間其氣專質，體性信讓，故曰兗；兗，信也。餘州皆如此。其説之是非，蓋未可知。然而荆州之爲荆，原其意，惟在於荆山爲界故耳。蓋自荆山之外，則豫州也；而《爾雅》亦謂荆，強也，其氣燥剛，稟性強梁。以是觀之，其爲曲説，蓋可見矣。要之，學者之於經，其義理之是非眞僞有以惑世者，則雖豪釐錙銖之差，不可不辨。

宋·王觀國《學林》卷六《九州》　舜有十二州，冀、兗、青、徐、荆、揚、豫、梁、雍、幽、幷、營也。《禹貢》九州，冀、兗、青、徐、揚、荆、豫、梁、雍也。《周禮·職方氏》九州，揚、荆、豫、青、兗、雍、幽、冀、幷也。《爾雅》九州，冀、豫、雍、荆、揚、兗、徐、幽、營也。《前漢地理志》曰：堯遭洪水，懷山襄陵，天下分絕爲十二州，使禹治之，水土既平，更制九州。觀國案：堯遭洪水，鯀治九載，績用弗成，禹纘其事，治水成功。《禹貢》所言，乃治水成功之實，故《禹貢》惟列九州。方禹治水成功之時，堯尚在位，則當堯之時，天下惟九州耳。

及堯禪舜，舜卽位，始分九州爲十有二州，則是禹别九州於前，而舜肇十有二州於後也。以《書》考之，《禹貢》曰：『禹别九州，隨山濬川，任土作貢。九州攸同，四隩既宅，九山刊旅，九川滌源，九澤既陂，四海會同，六府孔修。東漸於海，西被於流沙，朔南暨聲教，訖於四海。禹錫玄圭，告厥成功。』此蓋堯在位之日，禹功已成，故錫元圭，以告成功。及堯禪舜，舜卽位，咨四岳曰：『有能奮庸熙帝之載，使宅百揆，亮采惠疇。』僉曰：『伯禹作司空。』帝曰：『俞咨，禹汝平水土，惟時懋哉！』此蓋舜卽位，首咨四岳，以禹前有治水之大功，故用禹爲司空，乃宰相之任也。《舜典》曰：『肇十有二州。』孔安國《傳》曰：『肇，始也。禹治水之後，舜分冀州爲幽州、并州，分青州爲營州，始置十有二州。』以此觀之，則當堯之時，禹别九州；及舜卽位，始分十有二州，固可知矣。班固於《漢書・地理志》以爲堯遭洪水，天下分絶爲十二州，使禹治之，水土既平，更制九州。班固誤也。

夏商周皆循九州之制。《周禮・職方氏》九州無徐、梁而有幽、并者，蓋徐、梁入於青、雍，而析冀部以爲幽、并也。《爾雅》九州無青、梁而有幽、營，郭璞注謂商制也。世傳《爾雅》周公所作，而其列九州則用商制，何耶？至漢武帝南置交趾，北置朔方，兼徐、梁、幽、并之制，改雍曰凉，改梁曰益，凡十三部置刺史，斥地遠矣。《詩》曰：『薄伐玁狁，至於太原。』又曰：『淮夷攸服，淮夷卒獲。』蓋今之河東，在古爲北狄；今之淮甸，在古爲東夷。周之時所經理者，中原之地而已。中原之地平而山澤少，故井田之法以比、閭、族、黨、州、鄉，鄰、里、酇、鄙、縣、遂，寓之於井、邑、丘、甸、縣、都之制。自九夫爲井，積而至於百里爲一同。王畿千里，積百同，九百萬夫之地也。其制軍也，有伍、兩、卒、旅、師、軍之法，而寓之於農。萬有二千五百人爲軍，以當一鄉之軍；六鄉七萬五千人，以當六鄉之軍；六鄉之軍出則無不勝，此中原之定制也。其外則有侯服、甸服、男服、采服、衛服、蠻服、夷服、鎮服、藩服，山林川澤多而可耕之地少，與中原之地不同，然則後世無封建之法，而欲井田、肉刑以致太平，斯亦難矣。昔夏少康在虞思，有田一成，有衆一旅，則井牧之制，先古已有之；周能損益變通，至於大備故也。

《山海經》不知何人作，其言皆九州之外，耳目之所不及者，頗怪而不可信。古之聖人作書如六經者，所以信於天下，後世以爲常經法；如耳目之所不及者，聖人固略而不論也。然則《山海經》者，非聖人之所作，可知矣。《史記・孟軻傳》曰：騶衍作《終始》、《大聖》之篇，所謂中國者，於天下乃八十一分居其一分耳。中國名曰赤縣神州，赤縣神州內自有九州，禹之序九州是也，不得爲州數。中國外如赤縣神州者九，乃所謂九州也。其言謬悠不經，殆未能籠陋民宜，後世君子鄙其學，蓋與田駢、慎到之徒一體，皆聖人之罪人也。

宋・唐仲友《帝王經世圖譜》卷七　昔在黄帝作舟車，以濟不通，旁行天下，方制萬里，此計山川曲折。畫埜分州。《舊圖》云：帝嚳創制九州，經既無文，名號疆境，難以考據。堯遭洪水，懷山襄陵，天下分絶爲十二州，使禹治之。水土既平，更制九州，列五服，任土作貢，《禹貢》之書是也。商因於夏，無所變改。《書》云：纘禹舊服。《詩》云：宅殷土芒芒，禹敷下土方。皆因夏也。周既克殷，監於二代而損益之，改禹徐、梁二州，合之於雍、青；分冀州之地，以爲幽、并。按山川，幽得青地，青得豫地，兖得徐地。今之疆界，存其大略耳。禹之五服，周自鎮服而内方五千里。此三代九州疆界道里之大略也。《舜典》注謂：治水之後，分爲十二州，《舊圖》謂：舜以冀州闊大，爲分十二州。皆恐不然。蓋舜攝位之初，乃歷試之三年，禹方治水之初耳。以是知《漢志》之説可用。至禹治水功成，《禹貢》之書止於九州，不應以十二州分疆而以九州作貢。先儒所疑，不過舜格文祖，後咨十二牧，猶以爲十二州耳。曾不知初以土壤斷絶分十二州，因置十有二牧；後雖别九州，而以十二牧總諸侯，理無相悖。蓋以已命爲牧者，無可廢之理。至禹，貢金九牧，則復九州之故矣。况舜都與堯同在冀州，無以其闊大分州之理。周之併梁於雍，則以廣王畿；而析冀爲幽、并，則以都在雍、豫。《舊圖》説乃後儒以周制度舜，非事實，當從班固《漢志》爲是。《爾雅》九州與《禹貢》、《職方》不合，説者以爲殷制，然終無考，亦難據用，姑存之，以傳疑。凡《禹貢》、十二州、《職方》疆境與其山川之屬，悉具圖譜。

宋・羅泌《路史》卷三七《發揮六・論治水先後》　若夫九州之次，則特沉洪既平之後，分别疆界，陂其餘浸，作其平陸平土定賦之叙爾。以故自北而東之轉乎南，然後折乎西以復於王所，而九州之叙，則又貢賦已定，而銓次功績之輕重短長，先難後易之次爾。

又　卷四六《餘論九・奠高山大川》　《王制》曰：廣谷大川異制，民生其間者異俗。先王修其教，不異其俗；齊其政，不易其宜。夫風俗之所以異，由廣谷大川之異制也。是故鴻水平，九州之地失疆理，伯禹定之，必以高山大川爲之凖者，本風俗之異也。濟、河爲兖州，則專以大川爲之界。荆、衡爲荆州，則專以高山爲之界。荆、河爲豫，華、黑爲梁，則兼以高山大川爲之界也。兖州東南据濟，西北距河；青州東北据海，西南距岱；豫州西南荆山，北距河水；雝州西距黑水，東据西河；荆州北据荆山，南及衡山之陽；梁州西距黑水，東据華山之陽；維揚東海而北淮，徐東海而北岱，南及于淮。此所謂奠高山大川也。蓋以其地命州，而不以其州分地，有如兖、濟，皆當時所命之名，後世安知其在北與在南哉？云濟、河爲兖州，荆及衡陽爲荆州，則以濟水、河水之間爲兖，而荆山、衡山之陽爲荆矣。蓋荆、衡者，萬古不徙之山；而河、濟者，萬古不泯之水也。以故荆、兖之名得附河、濟、荆、衡而不滅。萬世而下求《禹貢》九州之分域者，皆可得而考矣。九州惟冀無所至者，舉八州而界自見，亦所以別帝都而大一統也。九界別，山川定，于以及夫治水之曲折，與夫田賦高下，貢篚多寡，以詔來世。蓋前目而後凡者，體如是也。雖然，言某山某水者，非必止乎此；而言及者，亦未必至乎此。揚不言南，青、雝之不言北，則以其境接蠻、狄，提封有所不常故也。

宋・孫奕《示兒編》卷二《經説・冀州不言山川》　《禹貢》皆言山川，示其域民以封疆之界也，如濟河惟兖、海岱惟青之類，八州莫不皆然。獨冀州不言山川之界，何耶？禹之意若曰：天子以四海爲家，以中國爲室，一民莫非其臣也，尺地莫非其有也，且祭則天下名山大川咸與焉，饗則四海九州之美味咸有焉。無此疆爾界之限，無內夏外夷之辯，豈容以一山一川局之如餘州者哉？禹之意，微妙如此。

宋・黎靖德編《朱子語類》卷二《天地下》　又問：雍州是九州，那裏高。曰：那裏無甚水。又曰：《禹貢》亦不可考。其次第却如經量門簿，所謂門簿者，載此一都有田若干，有山若干。

又　卷七八《舜典》　肇十有二州。冀州，堯所都，北去地已狹，若又分而爲幽、并二州，則三州疆界，極不多了？青州分爲營州亦然。仲默集注《尚書》，至『肇十有二州』，因云禹即位後，又并作九州。曰：也見不得。但後面皆只説帝命式于九圍，以有九有之師，不知是甚時又復并作九州。

宋・傅寅《禹貢説斷》卷一《禹貢》　陳氏曰：九州之爲州，久矣。然州之義，學者不論也。在堯之時，洪水之害浩浩蕩蕩，封疆之界不可得而別也。禹從其巨鎮之在水中者而別之，曰此冀也，此兖也，此青、徐也，此荆、揚也，此豫、梁、雍也。是巨鎮之宛然出於水之中，故曰九州也。『州』與『洲』同。

又　卷二《黑水西河惟雍州》　凡釋九州之名者，皆因字生義云耳。未必得古人命名之實，不足信也。

又　卷四《九州辨》　林氏曰：此篇既言九州、九川分域，又及夫五服疆理內外之辨，末乃九州境界之所抵，先後彼此，互相發明，至纖至悉，可謂無餘藴矣。某嘗以斯言，考其疆理天下之制，而參以《王制》之所載，則誠有可疑于其間。

《王制》曰：自恆山至于南河，千里而近；冀州。自南河至于江，千里而近；豫州。自江至于衡山，千里而遙；荆州。自東河至于西河，千里而近；亦冀州。自東河至于東海，千里而遙；徐州。自西河至于流沙，千里而遙。雍州。西不盡流沙，南不盡衡山，東不盡東海，北不盡恆山，凡四海之內，斷長補短，方三千里，則是九州之地，方三千里也。五服之制，王城之外，每面五百里爲甸服，又其外五百里爲侯服，又其外五百里爲綏服。自甸服至綏服，每面一千五百里，四面相距，爲方三千里，此九州之地也。以天下之輿地分爲五服，則是自甸服至綏服，九州之內也；要、荒二服，則在九州之外。此五服之制也。然以九州四面之所距而考之，則不能無疑焉。自恆山至于南河千里，東河至于西河千里，此蓋畿內之千里，即甸服也。自東河至于東海千里，自西河至于流沙千里，此千里之地，建五百里之侯服，又建五百里之綏服，而東海流沙之外，則爲要、荒服。今夫經之所載，至于南北，則有盈縮焉。以北考之，冀州之北，距于恆山，則已接于邊陲矣，其何以容五百里之侯服，又何以容五百里之綏服，又何以容五百里之甸服耶？以南考之，自南河至于江千里，則已建侯服、綏服矣；自江至于衡山千里，則要、荒二服蓋已在九州之內，而自衡山至于南海，蓋又有千里之地。五服之制至衡山則已盡矣，而揚州之境，南距于海者，猶未之盡也。以南言之則大贏，以北言之則大縮，此實某之所深考而未知其說也。夫禹之功，萬世永賴，與天地同垂於不朽；其書之傳，所以爲法於萬世，則其制度不容如是之差。意其必有所乘除相補，以爲彊理天下之定制。某淺陋，未足以知此，請闕之。

呂氏曰：禹別四海爲九州，宜若有均一之制，而較其道理廣狹，全不相侔。濟、河，兖。海、岱及淮，徐。相去不能千里；荆、河，豫。千里而羸，海、岱，青。千有五百里而縮；荆山、衡陽，荆。二千里而遙，東海、西河，冀。三千里而近。壽春之淮，潮陽之海，揚。相去且六千里；龍門之黄河，燉煌之黑水，雍。相去以四千里；以至華陽、黑水，梁。窮數千里，而未知所經。是何廣狹之殊也？或者九州之別品殊墳壤，因土宜而別之也，故其道里無得而均；然而荆、河、淮、濟之間，徐、兖、豫三州之境也。截長補短，不能當淮海一州之半。借使三州土壤既殊，不可得而并，揚州之大，獨不可得而釐耶？古今名儒訓釋《禹貢》多矣，而未始及此，蓋難言之也。

竊嘗計之，九州之別，蓋倣井田之法。井田之法始於黄帝。方里而井，井九百畝，中爲公田，八家皆私百畝，同養公田；而九州之制爲王畿，八州建國，以國以蕃王室，是同養公田之義也。故其區別境壤，不因土宇之小大，不限山川之間阻，唯據民田多寡而均之耳。然而四海之內，夷險不齊，如荆、河、淮、濟之間，百舍坦夷，萬頃一瞬，而又當中原要區，民力脩地利盡，良疇既闢，曠土實稀，故三州徐、兖、豫。境土最爲狹也。至淮、漢以南，揚州淮南，荆州荆漢。函、劍以西，雍州在函谷之西，梁州在劍閣之西。江湖泛濫，關山重復，而又僻在遐陬，闊疏稼政，年土益寡，墾田是艱，故四州境土最爲闊也。嘗考西漢之時，去古未遠，方其極盛，九有民戶總計千二百餘萬，而徐、兖、豫三州當五百五十餘萬戶，青、冀二州當三百五十萬戶，而荆、揚、豫、梁四州僅當二百萬戶。夫民非穀不生，穀非民不殖，推其戶口之多寡，足以見田疇之廣狹。據今驗古，大略可知，則九州之別，惟民田是均，斷可考矣。

宋·時瀾《增修東萊書説》卷五《禹貢》 他州皆舉山川以爲界，獨冀不言者，帝都不必言，觀餘州所至可知，亦以示王者無外之意也。

宋·袁燮《絜齋家塾書鈔》卷四《夏書》 餘州皆言封疆而此獨言冀州者，冀州帝堯所都，天子以四海爲家，王者無外，舉天下皆在吾封域之內，而安可自限其疆界哉？

宋·葉時《禮經會元》卷四下《地理》 古者言九州者三：《禹貢》之冀、兖、青、徐、揚、荆、豫、梁、雍，夏制也；《爾雅》之冀、幽、營、兖、徐、揚、荆、豫、雍，商制也；《職方》之揚、荆、豫、青、兖、雍、幽、冀、并，周制也。商有幽、營而無《禹貢》之青、梁，周有幽、并而無《禹貢》之徐、梁，此三代九州之不同也。

《爾雅》何以知其爲商制？以郭璞《詩》云也，賈氏乃謂之夏制。蓋以《詩譜》所謂梁、雍、荆、豫、徐、揚之民，被文王之化。文王當商之末，有雍、梁之名，《爾雅》無梁州，則不可爲商制，不如鄭《譜》但言文王三分天下有其二，州名不足憑也。若以《爾雅》爲夏制，則《禹貢》當爲何制乎？然《爾雅》有九州之名，無九州之界，而《禹貢》、《職方》之界有相侵者，請得而言之。

且《職方》冀州，視《禹貢》爲小，以分冀爲幽、并，如舜時制，是一分而爲三也。雖無徐州，而青、兖之閒是已；雖無梁州，而雍、豫之間是已。《禹貢》曰：海岱及淮惟徐州。又曰：大野既豬。今《職方》青州之川淮、泗，兖州之澤大野，是以徐而入青、兖，可知矣。《禹貢》曰：華陽黑水惟梁州。又曰：厥貢璆鐵銀鏤砮磬。今《職方》豫州之山華山，雍州之利玉石，是以梁而入於雍、豫，可知矣。《職方》既以青、兖而包徐，故青州多入《禹貢》之豫，兖州多入《禹貢》之青。《禹貢》豫州曰被孟豬，而《職方》青州曰其澤望諸，豈非青之入豫乎？《禹貢》青州曰鹽絺海物，而《職方》兖州曰其利蒲魚，豈非兖之入青乎？《職方》既分冀而爲幽、并，故幽州多入《禹貢》之青、徐，冀州多入《禹貢》之雍。《職方》曰幽州其山醫無閭。醫無閭在遼東，漢光以遼東屬青州，後又屬幽州，兹非幽之入青乎？《職方》曰幽州其澤貕養，其浸菑、時。貕養在長廣，菑出萊蕪，《地里志》以長廣屬徐州琅邪，自萊山，兹非幽之入徐乎？《職方》曰冀州其澤楊紆，《爾雅》謂秦有楊紆，李淳以爲在扶風，兹非冀之入雍乎？

大抵周以禹之一冀州分而爲三，以禹之八州合而爲六，其勢必不能如禹之舊。杜氏與二鄭不本此說，不改《職方》之字，則改《職方》之意。後鄭以潁宜屬豫，溠宜屬荆，不知幽、青、雍、梁、兖、豫尚多侵入，況荆、豫相距之州乎！改其意而釋者，此也。先鄭以青之「淮」字當爲「睢」，「沭」當爲「洙」，直謂宋有次睢，魯有洙泗，曾不謂青之包徐也。先鄭謂雍之「弦」當爲「汧」，「蒲」當爲「浦」，直謂雍有汧水，曾不謂吴山在汧而有弦蒲之藪。杜氏以荆之「湛」當爲「淮」，後鄭以兖之「盧維」爲「雷雍」，直以「湛」與「盧維」無所經見，曾不謂地名變易不一，不可一一知也。改其字而釋者，此也。

宋・王與之《周禮訂義》卷五六《職方氏・總論分州之異》 李嘉會曰：周之九州與《禹貢》不同者，周時都雍，不可不廣，梁山多險阻，故合梁、雍爲一州。徐地狹隘，故青兼之。堯舜都冀，地壤最闊，今之北境，多在其內，且帝都所寓，人民阜繁，至周亦然，故冀州分爲幽、并。

宋・程珌《洺水集》卷六《禹貢》 至于九州，禹初别之，所以畫其封圻而察其土俗者，極爲詳備。釋《爾雅》者以爲兩河間，其民氣習情性大抵相近，故曰冀；冀者，近也。濟、河之間其氣專質，體性信謙，故曰兖；兖者，信也。淮海間其氣寬舒，其性安徐，故曰徐；徐者，舒也。江南之民其氣躁勁，其性輕揚，故曰揚；揚者，輕也。荆州之民，其氣剛悍，厥性彊梁，故曰梁；梁者，彊也。河南之民，其氣安舒，厥性寬豫，故曰豫；豫者，舒也。河西之民，其氣蔽壅，受性多急，故曰雍；雍者，壅也。然冀之北與邊境接，儻不正其封疆，則將有猾夏之患，舜於是分冀之東北爲營州，正北爲幽州，西北爲并州。方禹治水，冀之北境，未有定域，故獨於冀不言封界者，其以此歟？至於商之時，則無青，并青於徐也；周之時，則無徐，并徐於青也。名號更革，雖若不同，要皆不出於九州之域而已。水患既平，土性復故，人得稼穡，於是始作貢賦之法。考之於《書》，九州之田，雍、徐、青爲上，豫、冀、兖爲中，梁、荆、揚爲下；九州之賦，則冀、豫、荆當其上，青、徐、雍當其中，揚、梁、兖當其下。何田與賦參差如此哉？蓋賦出於田，而又參以土焉。曰咸則三壤，成賦中邦，此賦之出於田也；曰庶土交正，底慎財賦，此賦之出於土也。賦出於田，參之以土，而又以其灌溉之利否與人力之勤惰，而加審焉。此其所以錯雜不同，而一歸於當也。雖然，賦非天子所有也，諸侯用之，以守邦國，以承王命，以討不庭，聖人特爲之差别爾。至於貢，則四方之入于王者。賦有常經，貢無定制，必曰錫命而後貢。後世舉天下之賦，悉輸於大農，而所謂歲貢，亦有一定之法矣。

宋・羅璧《識遺》卷二《十二州》 黄帝畫野分州，封域不經見，《漢書・地理志》統言得百里之國萬區。《史記》黄帝土地，東至海，西至空桐，南至江，北逐熏鬻，封域皆九州內。舜肇十二州，孔安國傳《書》，謂析青爲營，析冀爲幽、并；鄭氏因疑析青析冀之說，謂《王制》言四海之內九州，州方千里，州建百里之國三十，七十里之國六十五，十里之國百有二十。此時井地法行，州有定域，國有定制，不可得而增減者也。今曰析青爲營，析冀爲幽、并，則二州地削於七州，古制紊矣。況冀爲天子之都，豈可削哉？先儒謂《王制》言國與五經背馳，難盡憑；但冀爲王畿，乃制度所當先定者，不應泛然在可增可削之列。或者九州外，别建營、并、幽三州，且流共工於幽州，正以罪人屏之荒服外之窮處。若析冀爲幽，則近在王畿，何取爲流竄哉？今按《書》正文幽州之「州」從「洲」，《左傳》叙四凶，投之四裔。裔，遠也，遠則非近冀之幽矣。況流四凶在治水前，時未析營、并、幽，無幽州之名。孔氏《書》疏著鄒衍說曰：中國於天下八十一分，居其一爾。中國名赤縣，內有九州，禹所叙是也。中國外如赤縣者亦有九。《漢書》顔師古注亦謂九州外别有營、并、幽三州。余謂天下之傳久矣，竟莫究三州所在，故疑二說荒誕。但《地鏡書》、《括地》著地中脊曰崑崙，其東南方曰神州。賈氏《禮》疏曰：崑崙在西北，别統九州。其神州，東南一州，至禹分爲九。又曰：神農上有大九州，曰桂州、神州之類，今惟有神州分爲九。《後漢書》注：崑崙在肅州酒泉縣西南地之中也。《博物志》：崑崙赤水出其東南陬，河水出其東北陬，黑水出其西北陬，刺水出其西南陬，河水入東海，三水入南海。《山海經》曰：崑崙有五水環其墟，其東南流，爲中國河。朱文公曰：地形猶饅頭，崑崙山猶揚尖處。其水四分，合以山勢求之，黄河始崑崙，瀉入中國，不應偏居一隅，三隅亦有水焉。據《禹貢》導山、導河、導江皆始於西，則中國特崑崙一面，九州外之州，必有無限，不特營、并、幽之名也。

傳記言人皇兄弟九人，掌九州；共工氏霸九州，帝嚳制九州。則九州古地益爲十二，則始舜；禹平水，復仍爲九。故商以來，但言九圍、九有，《周禮·職方氏》亦只列九州。鄒衍言水中可居曰洲。堯遭洪水，地之高可居者有九，故州以洲名。古州惟十有二，秦分天下爲三十六郡，名遂次於洲。十二州非古制，明矣。但析九爲十二，不無紊井制之疑。意黃帝肇封地之廣，容有封制未盡者；舜因其隙，復創三州，故三州與九州並列，不盡九州析也。鄭疑蓋拘孔《傳》，若《王制》難憑，亦謂以今九州幅員計之百里七十里五十里之國須數十倍建置可也豈三十六十百二十國之所能限哉？《王制》蓋又拘地方千里之論。若流共工於幽州，蓋爲北裔水居之洲，近冀之幽非也。

元·何異孫《十一經問對》卷三《尚書》 問：《夏書》首《禹貢》是已，九州始冀州者何？對曰：堯都冀州，京師之地，先冀以統八州也。

問：八州皆言四至疆界，何獨冀州不言？對曰：堯都冀州，天子京畿，不言山川四至者，示王者無外也。東漸于海，西被于流沙，朔南暨聲教，此是一大四至疆界也。

問：禹別九州，舜肇十有二州者何？對曰：蔡《傳》曰：古者中國之地，但爲九州。禹治水作貢，亦因其舊。大河以北爲冀州，帝都在焉；及帝即位，以冀爲青地太廣，始分冀東恆山之地爲并州，又分東北醫無閭之地爲幽州，又分青之東北遼東等處爲營州，故舜之世，所謂肇十有二州也。

問：後來夏商周又只九州者何？對曰：舜既分爲十二州，遂建有十二牧；至禹又只九州作貢，商時九圍九有，周亦止辨九州之域，不知何時復合爲九。

元·王禎《農書》卷一《地利篇》 《周禮》遂人以歲時稽其人民而授之田野，教之稼穡。凡治野，以土宜教甿。今去古已遠，田野散闊，在上者可不稽諸古而驗於今，而以教之民哉！夫封畛之別，地勢遼絕，其間物產所宜者，亦往往而異焉。何則？風行地上，各有方位。東方谷風，東南方清明風，南方凱風，西南方涼風，西方閶闔風，西北方不周風，北方廣莫風，東北方融風。土性所宜，因隨氣化，所以遠近彼此之間，風土各有別也。自黃帝畫野分州，得百里之國萬區；至帝嚳創制九州，統領萬國；堯遭洪水，天下分絕，使禹治之，水土既平，舜分爲十二州，尋復爲九州。禹既平水，可事種藝，乃命棄曰：黎民阻飢，汝后稷播時百穀。是水平之後，始播百穀者，稷也。孟子謂『后稷教民稼穡，樹藝五穀。』謂之教民，意者不止教以耕耘播種而已，其亦因九州之別，土性之異，視其土宜而教之歟？

今按《禹貢》：冀州厥土惟白壤，厥田惟中中。兗州厥土黑墳，厥田惟中下。青州厥土白墳，厥田惟上下。徐州厥土赤埴墳，厥田惟上中。揚州厥土惟塗泥，厥田惟下下。荆州厥土惟塗泥，厥田惟下中。豫州厥土惟壤，下土墳壚，厥田惟中上。梁州厥土青黎，厥田惟下上。雍州厥土黃壤，厥田惟上上。由是觀之，九州之內，田各有等，土各有產；山川阻隔，風氣不同，凡物之種，各有所宜。故宜於冀、兗者，不可以青、徐論；宜於荆、揚者，不可以雍、豫擬。此聖人所謂分地之利者也。

明·朱右《白雲稿》卷二《九州説》 或問黃帝分九州，《夏書》序九貢，虞舜肇十有二州，封十有二山，至商周又止列於九，果何時而復合與？曰：亦因地勢之使然，非有意於其間也。《地理志》云：昔黃帝畫壄分州，堯遭洪水，天下分絕爲十二州，使禹治之。水土既平，更制九州，列五服。《左傳》宣公三年亦云：夏之方有德也，貢金九牧。愚謂九州之別，天文地理，區域各定，風氣不通，民生異俗，固有截然而不可易者。禹治水作貢，錫玄圭而告成功，舜安得無所自而遽分之乎？恐唐虞時洪水爲患，道里隔絕，有不通者。舜初即位，始分冀東恆山之地爲并州，其東北醫無閭之地爲幽州，又分青之東北、遼東等處爲營州，亦因其地勢然爾。禹功既成，復仍舊制，舜貴無爲，故終虞世而十二牧固自若也。夏有天下，以《禹貢》爲一代大典，孔子定爲《夏書》首，得無意乎？殷因於夏，有曰『帝命式于九圍』，曰『以有九有之師』，即九州也。周克殷，監二代而損益之，改禹徐、梁，合之雍、青；分冀地以爲幽、并，而無徐、梁、營；《爾雅》又有幽、營而無青、梁，皆一時少損益之，而亦止列於九也。蓋地里有古今，或廣狹不齊，亦因其勢而爲之耳。雖然，又烏知禹別九州，不在肇有十有二州之後乎？因取《左氏》、《漢志》之言爲之説。

明·胡廣等《書經大全》卷三《禹貢》 冀州帝都之地，三面距河，兖河之西，雍河之東，豫河之北，《周禮・職方》「河内曰冀州」是也。八州皆言疆界而冀不言者，以餘州所至可見。晁氏曰：亦所以尊京師，示王者無外之意。

明・楊慎《丹鉛總録》卷二《崑崙九州》　鄒衍言九州之外復有九州，載於《史記》。按其説曰：東南神州曰且土，「且」音與「晨」同。正南卬州《隋書》作「迎」。曰深土，西南戎州曰滔土，正西弇州《隋書》作「拾州」。曰開土，正中冀州曰白土，西南柱州曰肥土，西北玄州《隋書》作「營州」。曰成土，東北咸州曰隱土，《尸子》作「急土」。正東陽州曰信土。其言本荒唐，漢人作《河圖括地象》，全祖其説。隋代郊天，遂以其名入從祀之位。史炤《通鑑釋文》曰：此九州，其崑崙統四方之九州乎？或曰神農地過日月之表，蓋神農之九州也。「柱州」一本作「桂州」，「營州」一本作「宫州」，近是。「宫」與「玄」相近，未知孰正。

明・楊慎《升菴集》卷四二《肇十有二州》　《春秋緯》云：神農地過日月之表，《淮南子》曰「神農大九州、桂州、迎州、神州等州」是也。至黄帝以來，德不及遠，惟於神州之内分爲九州，《括地象》曰「崑崙東南萬五千里名曰神州」是也。黄帝以後，少昊、高辛皆仍九州，惟舜時暫置十二州，故《書》曰「肇十有二州」。「肇」之爲言始也，前此九州而今始爲十二州也；不然，則「肇」字無所屬。至夏還爲九州，《左傳》云「夏之方有德也，貢金九牧」可證。

明・楊慎《譚苑醍醐》卷六《禹九州》　《禹貢》奠高山大川，其九州之名以地名州而不以州分地，蓋荆、衡萬古不徙之山，而河、濟者萬古不泯之水也。以故荆、兖之名得附河、濟、荆、衡而不滅，萬世而下求《禹貢》九州之域者，皆可得而考也。九州惟冀無所至者，舉八州而界自見，亦所以别帝都而大一統也。九疇之皇極，貢法之公田，見於此矣。揚不言南，青、雍不言北，則以其境接蠻狄提封，叛服不常乎？

明・張萱《疑耀》卷七《九州考》　《禹貢》九州：雍、梁、荆、豫、徐、揚、冀、青、兖。《周禮・夏官・職方氏》之九州，則無徐、梁而加幽、幷。《漢地理志》謂監二代，改徐、梁二州合于雍、青，分冀爲幽、幷。《爾雅》亦以幷爲營。故先儒謂《禹貢》之九州乃唐制，而禹因之也。余按《眞源賦》：伏羲别九宫，因置九州。《法語》亦曰：伏羲作八卦，分九州。《周公職録》又曰：黄帝受命，風后受圖，割地布九州。則九州又非始於唐，而先儒誤矣。余意九州斷非始于夏商，特九州之名，至禹而始定耳。第未知伏羲、黄帝時，九州之名與夏周同否。

清・馬驌《繹史》卷一五五《地理志・地理圖》　《志》稱黄帝作舟車，以濟不通，方制萬里。土域之廣，爰自兹始。或言神農以上有大九州，黄帝德不及遠，乃於神州之内，釐而爲九。是妄説也。唐虞十有二牧，水土既平，復爲九州，唯是雍、梁、徐、兖，廣狹不侔，豈任土作貢，田賦是計，不限道里之修短乎？殷周因革異制，然合梁於雍，寥廓尤甚，意西南一隅，或不在成周體國經野内也。東遷牧伯廢矣，五霸迭興，七國力政，暴秦罷侯置守，近邁湯亶，遠追禹跡，二世而殄。《傳》曰：以不仁得之，以不仁失之。斯之謂與？域以世殊，名以時易，河渠變移，疆索離合，今昔之不同者，勢也。

清・胡渭《禹貢錐指》卷二《冀州》　林少穎云：九州命名之義，蓋出於一時之偶然，不可必求其義。傅同叔云：凡釋九州之名者，皆因字生義云爾，未必得古人命名之實，不足信也。此眞通人之見。今一槩不録，以其言盡屬傅會，且非要義所關也。

又　卷一八《九州攸同》　古字「州」與「洲」通。《爾雅》：水中可居者曰洲。《説文》：堯遭洪水，民居水中，爲高土，故曰九州。今按《禮記・祭法》曰：共工氏之伯九州也，其子曰后土，能平九州，故祀以爲社。韋昭云：共工氏伯者，在戲、農之間。《管子》曰：神農作殖五穀，九州之民乃知穀食。《地理志》曰：黄帝畫野分州，得百里之國萬區。陸氏《釋文》引《周公職録》曰：黄帝受命，風后授圖，割地布九州。《帝王世紀》曰：顓帝、帝嚳建萬國而制九州。杜氏《通典》曰：顓帝置九州，帝嚳受之。州之爲州也，尙矣。誠如許氏所言，豈羲、農之時亦嘗有洪水乎？《舜典》疏云：天地之勢，四邊有水。鄒衍《書》説九州之外，有瀛海環之。是九州居水内，故以州爲名，共在一州之上，分之爲九耳。此説近是。蓋自羲、農以迄帝堯，竝爲九州，但其州名與疆域容有不同，故黄帝、顓頊亦稱建置。《日知録》云：夏商之後，沿上世九州之名，各就其疆理所及而分之，故每代小有不同。《周禮》量人掌建國之法，以分國爲九州。曰「分」則不循於其舊，可知矣。

清・李光地《榕村集》卷二三《鼇峰講義・舜典》　「肇州」節，疑卽使禹治水之事。「肇」非獨訓「始」，如所謂「肇修人紀」，「肇造區夏」，皆有整而理之之意，卽所謂「九州攸同」也。「封山」卽所謂「九山刊旅」也，「濬川」卽所謂「九川滌源」也。其州數與《禹貢》不同者，疑舜之前，原有諸州之名，舜始定爲十二；至禹治水，又幷爲九，未必舜之肇州在禹治水之後也。殛鯀興禹是一時事，如此，則無嫌于在四罪之前矣。

清・徐文靖《禹貢會箋》卷首《圖目・九州同異考》　以今之地理考之，冀州古爲幽、燕、三晉，今則太行以西，卽山西太原等處；太行以東，卽京師、奉天等處。兖州古爲鄒、魯，卽今之山東兖州、東昌等處，西至河東，距濟南，接徐、豫之境，其地當河之下流，平衍無高山。青州古爲齊，卽今之山東濟南、青州、登、萊等處，地雖近海，然不當衆流之衝，故禹治之，比他州用力爲省。徐州古爲魯，爲彭城，卽今之徐州、豐、沛，隸江南，爲南北咽喉。揚州古爲吳越，今之江南及兩淮、江浙等處。古時江、淮不通，今一自儀徵至揚子橋，一自瓜州至揚子橋，二河合而北行，自高郵、寶應至淸江浦入淮，爲今糧道咽喉重地；其江以南濱海，爲廣東、福建。荆州古爲楚，卽今之湖廣、荆襄等處，其荆、梁之界則爲貴州，其衡山之南則爲廣西。豫州古爲鄭、衛、東周、大梁，今之河南開封、洛陽等處；其地北距河，南抵荆山，東抵徐，西抵雍、梁，居天下之中。梁州古爲西蜀、益州，今之四川成都等處，其西南夷壤爲今之雲南。雍州古爲周秦、關隴，卽今之陝西西安。《左傳》「芒芒禹迹，畫爲九州」；蕭子顯《南齊書・郡國志讚》「郡國既建，因州而剖，離過十三，合不踰九。九州之變，易遷改斯」數語者，足以盡之矣。

清・儲大文《存研樓文集》卷一六《禹貢》　古今言大禹治水，未有如《正義》之朗達者。《正義》曰：禹通九州，蓋自堯所都冀州而起，遂從東南通於兖州；兖州既達，又東南通於青州；青州既達，又從南通於徐州；徐州既達，又南通於揚州；揚州既達，又西通於荆州；荆州既達，又從荆而北通於豫州；豫州既達，又從豫而西通於梁州；梁州既達，又從梁而北通於雍州；雍州既達，於是又通乎冀州，冀州乃帝都也。觀此則九州地勢、水勢高下先後之宜，暨經文之次第，胥瞭然矣。而揚西通荆，荆北通豫，豫西通梁，梁北通雍，尤足以該河渠諸書之經畫而破古今之疑，乃知經義本明且確，而後世爲水學者自失之也。惟兖州既達，宜言東達於青，不宜言東南達，蓋緣冀州爲文，講經者其善觀之。

清・吳浩《十三經義疑》卷二《書經・禹貢九州》　宋陳用之以九州之名爲大禹所立，竊疑禹治水時尚爲虞臣，安得擅改十二州之制乎？當從蔡《傳》。《書序》「禹別九州」，以洪水泛濫，區域莫辨而別之，非禹始建之也。卽曰「貢金九牧」，亦必在卽位之後矣。

清・李鍇《尚史》卷九四《天文志二》　九州地勢，高下不同，而兩極出入，亦隨之增損。幽、冀，北極出地四十度；揚州，三十二度半；青、徐，三十七度；幷州，三十八度；雍州，三十六度；豫州，三十五度；荆州，三十一度；梁州，二十九度；吳越，三十度。《漢志》所謂三十六度者，周、漢皆都雍州，專指秦雍而言，不可以天下槩也。南極入地之度，如北極出地之度。

清・崔述《唐虞考信録》卷二《舜相堯》　蔡氏《書傳》云：「古但爲九州；禹治水作《貢》，亦因其舊。及舜卽位，當是『攝政』耳，文誤。以冀、青地廣，始分冀東當是『北』，文誤。恆山之地爲幷州，其東北醫無閭之地爲幽州，又分青之東北遼東等處爲營州。」余按：「濬川」之文既在「肇十二州」之後，則治水之事必不在「肇十二州」之前，此其誤固不待言矣。詳見後篇。然卽古之九州，亦初無是事也。何者？「肇」之爲言「始」也，前此未有而始設之之謂肇；若前此固有九州而但增之，非肇也。且析九以爲十二，細事耳，非舜代堯致治之大政也。特書之，何居焉？然則古固未嘗有州，自舜巡狩以後，始分爲十二州，以屬之十二牧，故史臣特記之曰「肇十有二州」，以誌州所自始。「州」之爲文，本取兩川相抱而象形者，故《說文》云：「水中可居曰州。」徐鉉曰：「今別作洲，非是。」是時洪水滔天，其域在中若州渚然，是以名之爲州。故舜攝政之初，但曰「日覲四岳羣牧」，不曰「九牧」，牧未有定數也；及舜卽位，則曰「咨十有二牧」，不曰「咨於羣牧」，牧已有常額也。其後禹別九州，亦曰「九牧」，不曰「羣牧」，州之肇於舜而非增於舜，明矣。

至十二州之名，《經》、《傳》皆無之。幽、幷、營之爲州雖見於《周官》、《爾雅》，然彼自記九州之名，與舜之十二州初無涉也。冀，帝畿也，地雖少廣，尚不逮雍、荆、揚、梁；若分裂之以爲幽、幷，則冀之所餘者幾何？畿內不應若是小也。漢以後，河南徙，兗地大半入於河北，又東滅朝鮮，置樂浪，乃幷建冀、幽、幷三州；然幷猶跨河而侵入雍州之界。當舜時，河猶在大伾、洚水，若又以遼東爲營，其間安得容三州乎？《書》云：『海岱惟青州。』東際海，西界岱，則遼東之不在青州域內，明矣。《爾雅》云：『齊曰營州。』齊，今之青州府，則《爾雅》之營州卽青州而非遼東，明矣。又安得以遼東爲營、爲青之故境也哉！《周官》一書本非先王之制，封國之不合，章章可見矣。《傳》曰：『冀之北土，馬之所生，無興國焉。』正指今忻、代以北而言，則是周人亦以爲冀，未嘗以爲幷也。至於《爾雅》，乃漢儒釋《經》之書，其於九州亦初不言爲商制。孫炎以其非夏非周，不得已故疑爲商制。作《爾雅》者非商人也，何爲不述周制而述商制？果商制邪，又何不明書爲商而乃以周之國名冠之乎？蓋自戰國以來，古書散軼，卽有之，而簡策繁重，得見者少，見之亦或不能記憶，非若後世印本之書輕便而有之者多之，便於檢覈也。故秦、漢間書多與《經傳》異者，公羊子所謂『所傳聞異詞』者是也。是以《周官》有幽、幷而無徐、梁，《爾雅》有幽、營而無青、徐，乃事理之常，不足爲怪。而後儒必欲曲爲之解，使之並行不悖，過矣！況欲以此補舜十二州之缺乎！大抵儒者之患皆好強，不知以爲知。古書既缺，十二州名無可考證，則亦已矣；適見《周官》、《爾雅》有幽、幷、營三州名爲《禹貢》所無，遂附會之，以補舜十二州之數。巧則巧矣，而不知其誤且誣也！或者又謂陶唐都冀，聲名文教自冀四達，冀之北土所及固廣，則又從而爲之辭者。使北之所及果廣，則其山川亦當有一二見於《禹貢》，何以太原、碣石而北寂然一無所記載乎？故今概無所採，而以『肇十二州』之文列於九州未定之前。說並見後《舜命禹》及《禹別九州條》下。

又　卷四《舜體國經野下》　唐宋學者承《僞孔傳》之說，皆謂禹別九州之後，舜復改爲十有二州。而稽之《經》、《傳》，夏稱『九牧』，商詠『九圍』、『九有』，其數皆不符；則又曲爲之解，以爲禹卽位後復改之爲九州。《綱目前編》因之，遂以堯之八十載爲禹治水告成，定九州貢賦之年；八十一載爲舜『肇十有二州，封山濬川』之歲；舜之三十三載，禹既攝政，乃復九州。余按：禹之治水，大事也，唐、虞之政未有大於此者。果在「肇十二州」之前，史臣不應不書；九州既平無事矣，明年肇十有二州乃忽書曰『濬川』，然則其所濬者何川邪？呂氏知其不合，乃以『水平復濬，安不忘危』之言曲爲之解。夫既平之濬與未平之濬孰爲輕重？何爲於其輕者反記之，而於其重者反略之乎？聖人立一代之制，未有苟然者。既定爲九州矣，舜無故分之爲十二，未數十年，禹又合之爲九，是苟然而已。合爲是，則舜不當分；分爲是，則禹不當合。聖人立法不如是之輕易也。且田賦之制，九等之差，竭十數年之經營，始成此畫一之法，謂宜萬世由之而不改也；行之甫踰年，而卽取而易置之以爲十二，其紛更孰甚焉！蓋凡論唐、虞之事者，皆誤以禹之治水爲在堯世，是以其說顛倒舛謬而不能合。今但以《經》爲據，則禹之平水土自舜卽位後事，舜攝政之初固無有所謂州者，自舜肇設之。而是時洪水方橫流，疆宇分裂，道路不通，故舜因其地勢之宜分之以爲十二。故《漢書》云：『堯遭洪水，懷山襄陵，天下分絕爲十二州。』及水患既平，則向之澤藪或爲平陸，向之險阻或爲坦塗，故舜復併其三而爲九。故《漢書》云：『水上既平，更制九州，列五服，任土作貢。』唐、虞之事，先後之次，本自了然分明；但唐人拘於功令，咸遵《僞孔傳》之說以爲取科第計，而不求之經，不求之史；自宋以後遂相沿爲固然，以致聖人經世之苦心大略盡爲其所掩耳。至於《禹貢》之作，尤在最後，不但不在堯世，亦幷非水土初平時書也。何以言之？《兗州章》云：『作十有三載乃同。』則是九州成賦之後又歷十三年以外乃著此書矣。《雍州章》云：『三危既宅，三苗丕敘。』則是三苗分北之後又數年或十數年乃著此書矣。況三壤之則，九等之賦，必歷數年而後高下可較；珠玉金貝貢篚之屬，亦非巢窟甫離之急務也。然則此書乃舜治定功成之後所作。故其末章云：『東漸於海，西被於流沙，朔南暨，聲教訖於四海。』蓋舜之命禹雖重於平水土，實兼夫宅百揆，故禹於水土既平之日，遂相舜以定貢賦，布聲教；待夫經制大定，治化大行，而後可以告成功也。故今於『九州』、『五服』之文悉載之『熙績』、『分苗』以後。說並見前《肇十二州》及《舜命禹》條下。

清·秦瀛《小峴山人續文集》卷一《九州說》　九州之名，肇自上古。《春秋命曆序》謂：人皇氏分九州，神農始立地形，甄度四海。《祭法》亦謂：共工氏霸九州。然其詳則不可考矣。《淮南・地形訓》迺謂：東南神州，正南次州，西南戎州，正西弇州，正中冀州，西南台州，正北濟州，東北薄州，正東陽州。《河圖括地象》及《隋書》北郊之制，大同小異。《周禮》賈《疏》曰：自神農以上有大九州，至黃帝，德不及遠，惟於神州之內分爲九州。此與《史記》所載騶衍之說，同爲荒唐不可信。《莊子》云：六合之外，聖人存而不論。以愚論之，自黃帝受命，風后受圖，割地爲九州。九州之名，其來已久。而古書之存者少，後儒之論日多，愈以不決。禹平水土，作《禹貢》，距舜居攝未久，而舜乃分爲十二州，至夏而稱九牧，商稱九圍，則又幷爲九矣。禹畫之而舜分之，舜分之而禹又合之，何也？《爾雅》九州有幽、雍而無青、梁，《職方》九州有幽、幷而無徐、梁、雍。《舜典》肇十有二州，不載州名。孔安國以《爾雅》齊曰營州，而謂舜時亦有營州。以《職方》幽、幷山川在禹冀州之域，而謂舜時分置幽、幷。無他證據。封十有二山，不載山名，孔安國但言封每州之名山殊大者以爲鎭。孔《疏》蔡《傳》皆引《職方》爲解，則舜時以何爲徐、梁、營之山鎭耶？

幽州，孔《疏》云：舜流共工在治水前，于時未作十二州，則無幽州之名，而云幽州，書史據後定言之。閻璩《四書・舜地》非之，謂當流共工時，此地已名幽州，卽今密雲縣是。《括地志》：故龔城在檀州燕樂縣，故老傳云，舜流共工於幽州，居此城。其地狹，及後肇十有二州，取顓頊北，至於幽陵，帝堯北方曰幽都之幽，以名所分冀州東北地，卽今順天府、遼東廣寧衛以西地是。幽州其地廣，大抵帝王廢置，名必相沿，舜立州名，合因於古。璩言甚夥。今山海關外廣寧府醫無閭山，卽舜封十有二山之一，是爲北鎭。余嘗過之，謁北鎭廟，廟中多古碑碣。

藝文

《楚辭》卷三《屈原〈天問〉》　九州安錯，川谷何洿？漢王逸《章句》：錯，廁也；洿，深也。言九州錯廁，禹何所分別之？川谷於地，何以獨洿深乎？

唐・柳宗元《柳河東集》卷一四《天對》　州錯富媼，爰定于趾。躁川靜谷，形有高庳。

唐・陳子昂《陳拾遺集》卷二《鄒子》　大運淪三代，天人罕有窺。鄒子何寥廓，謾說九瀛垂。興亡已千載，今也則無推。

宋・劉敞《公是集》卷二六《題幽州圖》　代北屯兵盛，漁陽突騎精。棄捐看異域，感激問蒼生。尙識楡關路，仍存漢郡名。可憐成反拒，未見請橫行。先帝曾親伐，斯人昔徯征。大功危一跌，遺恨似平城。往者干戈役，因之玉帛盟。權宜緩中國，苟且就升平。名號于今錯，恩威自此輕。奈何卑聖主，豈不負宗祊？事有違經合，功難與俗評。復讎宜百世，刷恥望諸卿。封畛唐虞舊，氛祲渤碣清。遺黎出塗炭，故老見簪纓。寒谷青陽及，幽都日月明。此懷如萬一，高揖謝縱橫。

宋・劉攽《彭城集》卷七《幽州圖》　鄙夫平居常歎息，薊門幽都皆絕域。安得猛士守北方，力排敵人復禹績。田生手攜朔漠圖，丹書萬里之強胡。掛圖高堂素壁上，壯或陰山來坐隅。長城迢迢屬滄海，古塞歷歷生黃楡。縱橫指顧皆舊物，撫事忼慨時驚呼。太平壯士多虛死，念君避胡來萬里。九關深沉虎豹惡，布衣何由說天子。卷圖還君意黯然，咄嗟世事非余恥。

宋・釋文珦《潛山集》卷一〇《觀禹貢九州歷代帝王國都地理圖》　萬里江山幾廢興，覽圖眞合拊吾膺。三王二帝皆難問，兩漢六朝何所稱。此日中原全拱北，異時深谷或爲陵。看來今古皆如夢，夢境虛無豈足憑。

清・葉方藹《讀書齋偶存稿》卷二《橫雲山房八絕句・高視亭》　冥坐觀心萬象幽，迴看六合盡蜉蝣。還憐騶衍談天陋，海外寧惟一九州？

清・愛新覺羅弘曆《御製詩初集》卷二二《圓明園四十景詩・九州清晏》　『正大光明』直北爲幾餘遊息之所，棼橑紛接，鱗瓦參差，前臨巨湖，渟泓演漾，周圍支叉，縱橫旁達，諸勝彷彿，潯陽九派。騶衍謂裨海周環爲九州者九，大瀛海環其外。茲境信若，造物施設耶？

昔我皇考，宅是廣居。旰食宵衣，左圖右書。園林游觀，以適幾餘。豈繫廊廟，泉石是娛！所志維何？煌煌御書：『九州清晏』，皇心乃舒。肯構孰責，繼序在余。業業兢兢，奉此遺模。一念之間，敬肆攸殊。

作狂作聖，繫彼斯須。謂天可畏，屋漏與俱。謂民可畏，敢欺其愚？六膳八珍，牣乎御廚。念彼溝壑，曷其飽諸？水榭山亭，天然畫圖。瞻彼茅簷，痌瘝切膚。愼終如始，前聖之謨。嗚呼小子，毋渝厥初。

清·崔啓晦《禹輿詩》卷一《冀州》　雲中佳氣萃神京，第一州開險塞平。山擁堯封分泰華，地循禹蹟拓幽幷。八方星拱空桐正，三面河通積石清。形勝自堪超海宇，詎容疆域畫縱橫。

又　卷二《兗州》　天臨東郡挹奎婁，遙映星精瑞彩浮。風俗舊傳齊魯地，秀靈分帶濟河流。春城草木連平野，古戍西南析二州。自識土宜誇渥衍，青徐歷歷望中收。

又　卷三《青州》　百二山河重鎭居，正東先紀職方書。少陽影接虛危合，白墳占宜稻麥疏。郡據公孫橫海日，城收石氏渡江初。營州肇建提封遠，不獨幽幷拓地輿。

又　卷四《徐州》　東方形勝舊推徐，淮海遙聯勢自舒。名紀商周分域際，國通魯宋剖符初。芒碭巖石覘王氣，曲阜絃歌近聖居。欲識秀靈鍾獨異，土凝五色耀坤輿。

又　卷五《揚州》　職紀方與第一州，吴山越水秀靈收。東南地闢通荒服，淮海風清表上游。六代笙歌芳草碧，九江煙樹故宮秋。流連舊蹟增懷古，不獨名材竹箭搜。

又　卷六《荆州》　荆州一望楚天參，萬井提封遠色含。鄂渚煙浮雲夢北，長沙星入洞庭南。地分嶺徼名知合，郡立巫黔跡可探。自識召棠遺韻在，不徒江漢澤遐覃。

又　卷七《豫州》　荆南河北地遙瞻，置郡寧徒薛潁兼。水繞三川含藻玉，峰崇二室煥鉤鈐。中州域正神畿宅，大邑圖成吉卜占。欲識洛陽興廢蹟，名園亭榭記重添。

又　卷八《梁州》　蠶叢漫紀闢金牛，禹廟巴臺蹟尚留。峒接烏蠻開益部，域通秦隴合梁州。江聲迸入荆門迥，峽影遙聯劍閣幽。自識地形天下險，浣花有句細堪求。

又　卷九《雍州》　雍西自古帝王州，隩宅神明擁上游。三輔平臨豐鎬地，兩關中帶渭涇流。棧雲隴樹遙天合，龍勒驪軒絕塞收。試聽小戎歌板屋，蒼涼眞覺夏聲留。

清·李衛等［雍正］《畿輔通志》卷一一五《賦·［漢］班彪〈冀州賦〉》　夫何事於冀州，聊託公以遊居。歷九州而觀風，亦哲人之所娱。望常山之峩峩，登北嶽而高遊。建封壇於岱宗，瘞玄玉於此丘。徧五嶽與四瀆，觀滄海以周流。

清·彭孫遹《松桂堂全集》卷一《禹貢山水圖賦》　原夫禪通疏仡，炎帝軒皇，迭主五候，區畫四方，啓中天之景爍，闢邃古之鴻荒，濯文明於昏墊，奏府事於懷襄，德無間於夏后，功尤高於姒王。按山川之故牒，考《禹貢》之舊章，熙鴻號於萬禩，耿徽音於不忘。彼其千岩霧列，萬壑星屯，歸墟海若，衍脈崑侖。四瀆者，百川之長；五嶽者，衆阜之尊。遠近崇卑，有道里之可考；決排疏瀹，有脈絡之可論。合之則四載之績以著，分之則九州之跡斯存。若乃陶唐舊都，冀州名境，河爲之川，汾爲之浸，大陸爲之藪，恆、霍爲之鎭。析城則岧岧百雉，底柱則亭亭千仞，王屋則訬若翬飛，太行則邈然雲峻。有呂梁孤岐、壺口雷首之崚嶒，有衡漳恆衛、滱浲涞淇之縈映。遼濡滹易，夾碣石而南來；孟津大伾，歷覃懷而東定。寔三面以距河，臨三州而標勝。

西爲奧府，是曰雍州。擘金天之高掌，鑿黄河之迅流，溯積石以經始，歷龍門之阻脩。岍山者，吴嶽之表；終南者，地肺之邱。荆岐則兩山咸秩，鳥鼠則二物同遊，惇物則連綿列岫，豬野則苞衍平疇。亦有漆沮灃漫，灃汭沈浮，同濁涇之湜湜，入清渭之悠悠。內控隴右兮，西傾朱圉；外接朔方兮，析支渠搜。

南則荆河，厥惟豫域。風雨所和，陰陽所集。滎由濟騰，波從洛溢，被以孟諸，承之荷澤。澗出澠池之南，瀍出替亭之北。熊耳孕於伊源，陪尾枕於桐栢。惟洛川之生，冢嶺呈神貺於九疇；兼外方之號，嵩高集靈符於二室。

東則兗區，濟河所歷。濟以沮分，河以灉出。伏見者三，在汶上陶邱之界；播疏爲九，有馬頰鬲津之跡。鼓雷於澤，所以無橫流之虞；汎舟於漯，所以有織文之入。

他若專以山稱者，惟荆惟衡，荆州是名；專以水稱者，惟淮惟海，揚州是徵。兼以山水稱者，華陽、黑水之梁，海岱及淮之徐，據海距岱之青。青則淄出萊蕪，濰出箕屋，海濱廣斥，瑯琊曠邈，汶水浮航，萊山作牧。賓日馭兮嵎夷，聳天門兮岱麓。徐則沂因艾谷，淮自胎簪，東原高壤，大野卑涔，彩翬羽畎，嘉穀蒙陰。孤桐生兮嶧阪，浮石產兮泗潯。揚則三江爲襟，五湖爲帶，震澤扼婁松之吭，彭蠡承岷嶓之匯，羽毛齒革之所生，篠簜瑤琨之所萃。攬竹箭兮如林，棲陽禽兮斯在。荆則江沱潛漢，大別內方，東陵坦迤，三澨微茫，原名敷淺，水號滄浪。跨七澤兮雲夢，括九江兮澧湘，供菁茅兮上國，納箘簵兮三邦。梁則江漢上游，濫觴之地，爲源爲流，乃道乃藝。徑褒斜而桓是來，旅蔡蒙而沬可治。合黎流沙，弱水之所循；南海三危，黑水之所至。有銀璆磬錯之奇珍，有熊羆狐狸之文罽。

觀底績於和人，知成功之匪易。於是曠觀九野，溥覽八紘，廣輪異數，流峙並呈。融者爲川瀆，結者爲邱陵。東西者其緯，南北者其經。有北境、南境之別，有北條、南條之形。北則河濟爲之宗，而伊洛淮渭爲之次；南則江漢居其重，而沱潛漾沔居其輕。靡不通委輸於巨海，走筦籥於神京。然後知聖人之功德，有以補天地之危傾。故其心非不順物土之性而灑沈澹災，一代之治功斯備；非不公天下之有而以下奉上，萬古之分義攸明。所以櫛沐而胼胝，勞神而殫精，以隨刊爲疏導之竅會，以封濬爲賦式之權衡。迄今規撫囊烈，軌則前型，披皇圖之式廓，荷天衢之載亨，察朝宗之大勢，審會同之凡情。見夫同規而積氣兮，乾樞何以永平？振維而舉絡兮，坤軸何以永成？厚生而利用兮，歌頌何以洽於風聲？則壤而弼服兮，梯航何以達於寰瀛？益畇畇禹甸之疆理，亦芒芒禹迹之方行。探岣嶁之瓊字兮，扶宛委之瑤扃；緬塗山之玉帛兮，覩河洛之澄清。能無景企兮，玄圭之聲教？遐慕兮，明德之登閎！

宋・王應麟《四明文獻集》卷一《周山川圖記詞科第一場二月十二日》

相古先民，有周德隆澤洽，用造區夏，章、亥所步，莫不砥礪；建櫜戢武，斧藻王度，四嶽河海，咸秩無文，名頌曰《般》，哀時之對。鄭玄釋『允猶翕河』之語，謂按山川圖次序祭之，孔氏《正義》謂共爲一圖。雖纖籍方志，湮軼亡傳，謹裒繹舊聞，而爲記曰：

太極肇分，有浮而清，有治而奧。卷石之積，結爲巍巍，雲蒸雨霈，萬物育焉。勺水之積，融爲浩浩，源迤流衍，萬物潤焉。聖人有作，迺封迺濬，迺刊迺滌，肇稱明祀，爲民祈褫。若封禪于黃，望秩于虞，旅祭于禹，維見可觀；然風后受圖，九則始布，山海有經，爲篇十三，圖牒猶未詳也。蒼姬開統，憲章稽古，以地圖知山川之數，職于司書；以地圖辨山川之名物，職于大司徒；以九州圖知山川之阻，職于司險。天下之圖，職方逌掌。其山鎮曰會稽、衡、華，曰沂、岱嶽及醫無閭、霍、常；其大川曰三江、江、漢，曰滎、雒、淮、泗，曰河、泲、涇、汭及漳、虖池、嘔夷。又有山師、川師掌其名，山虞、川衡掌其守。艮兼兌麗，目擊掌運，抑猶以爲略也。

卑高小大，則其位殊；次生屏攝，則其數異我。是以有秩祭之圖，河先海後，辨源委也；九河合一，同等列也。嶽視三公，瀆視諸侯，禮文別也；天子四望，諸侯三望，名分嚴也。按圖定序，因序蒇事。於是宗伯爲壇，典瑞奉璋；牧人毛牲，校人飾駒，乃奏蕤賓，歌函鐘，舞《大夏》，服毳冕而祀焉。上下有章，無越望之僭；祝史薦信，無矯舉之愧。山澤通氣，歆馨降嘏，百嘉鬯楙，四極艾寧，盛哉鑠乎！

遹觀《詩序》，祀於巡守，時邁其邦，爰及柴望。意者土訓夾車，道圖詔事，其在斯時與？考之傳記，天下名山五千三百七十，名川三百，支川三千。周國其在雍州，而立華嶽爲西嶽；三代居河洛，而四瀆咸在山東。《公羊春秋》謂天子有方望之事，何休以爲望祭凡三十六所。若義之修而禮之蒇，獨於《般》詩見之。夙夜毖祀，作周恭先，丕天之大律也。下逮穆王，大朝黃山，披圖視典。《殷武》疏述鄭玄之言，亦參周漢之域，驗山川之圖。孔安國爲漢博士，具見圖籍，山川所在，學者尙有稽焉。春官掌三辰之法，猶神示之居，注亦訓『猶』爲『圖』；仰觀俯察，兩盡其摯矣。

雖然，德懋而山川寧，道公而百川理。懷柔河嶽，厥有本元。無設官爲極之意，則經野之圖不足以致治；無敬德祈天之忱，則卜洛之圖不足以永年。是圖之陳左右也，顧岐陽、豐水而念王業之孔艱，瞻洞庭、孟門而監地險之難恃。《江漢》想廣及之德，《南山》思疆理之功。清明在躬，與山川出雲同一運化，然後能靈承于旅，惟典神天，鞏袞濛鴻，洋洋如在，玉帛云乎哉！茲圖外之眇指，敢正列其義，以詔萬世。謹記。

元・王充耘《書義矜式》卷二《冀州既載壺口、治梁及岐、既修太原、至于岳陽、覃懷底績、至于衡漳》表紀州而不言域，以示京畿之尊，論治水而先導河，又詳其施功之序。此禹之受命治水必始於帝都也，而況河水之患在所當先治者乎！則因其勢而順治之者，亦各有其序矣。冀州三面距河而此不言疆界者，所以尊京師也，所以示王者之無外也。禹之受命治水，固必始於此矣。既載壺口，以疏河勢，治梁及岐，以開河道，則導河之功，是所當先也。太原則既修矣，而至于岳陽焉；覃懷則底績矣，而至於衡漳焉，則汾、漳皆入于河也。是非因其勢而順治之乎！然則表京畿之域，不得不異於餘州；紀治水所當先，因有以明施功之序。觀史臣序述之法，而可見禹之功矣。云云。嘗謂禹之別州，若兖之濟、河，則以二水別之也；青之海岱，則以山水別之也；若荊及衡陽爲荊州，則又專以山別之矣。餘州所至，或以山，或以水，太抵皆有所限也。至於冀州獨不以限言者，豈京畿之地非他州所可例乎？禹之治水也，當其懷山襄陵，浩浩滔天，下民其咨，非止冀州而已也；而受命治水之始於此，豈不以三面距河而當在所先乎？然人徒知其不以限言者，帝都之無外，而不知自餘州所至而觀之，則帝都之疆境以明；人徒知先於帝都者受命之始，而不知九州之水莫甚於河患；則其施功固有序。

讀《禹貢》之書，求《禹貢》之序，宜亦詳於冀州之域矣，而禹別冀州，乃獨不以疆域言也。若《周禮·職方》河內曰冀州，亦可矣。禹別九州乃以疆域論也，亦豈無其故哉？蓋曰八州之域，皆以疆界言矣，則冀州之不言者，豈不可以餘州所至而見乎！況京師爲四海之朝宗，則又豈可以疆域言，而同於他州也哉？王者以天下爲一家，則又豈可必以疆域限，而外於他州哉？禹之受命治水，必於是焉始，而河之爲患，蓋在於是焉。壺口爲冀州之山，而當河水之下流也；梁、岐亦冀州之山，而亦河水之所經也。謂之既載，則經始治之，而有以疏殺河勢也。曰治曰及，又以見其既事壺口，乃卽治梁及岐也。昔也河流激盪，震動天地，今則治之及之，而有以開其河道矣。河勢既殺，河道既開，則導河之功非所當先者乎！太原乃廣平之地，而岳陽又冀州之山鎮一，則曰既修，非因鯀之功而修之乎！汾水出於太原者，必經於太岳，乃東入於海，則必至於岳陽，而後汾水得以入河也。覃乃河內之平地，衡、漳又清濁之異流一，則曰底績，非以平地致功爲尤難乎！然漳水東北至於阜城，乃入於北河，則必至於衡、漳，而後漳水入於河也。然則導汾漳以入河者，又何莫非因其勢而順治之哉？於是而冀州之域始定，冀州之水皆治，施之天下，皆以爲準矣。故自冀而東，兖則疏河之下流也，青則疏濟之下流也；徐則淮之下流也，揚又江、漢之下流也。由冀而西，則雍爲河之上流，梁爲江、漢之上流，下流則殺其汗漫之勢，上流鑿其齟齬之衝，豈非皆視冀州以爲之準，而天下之水無不可治者矣。

嗟夫！帝王之京畿，雖不皆在冀州之境，而後之建都，無不賴禹之功。故洪水茫茫而敷下土方者，商人之頌其先王也；灃水東注，維禹之績，周人之詠其先王也。夫追稱其先王而必述夫禹，則天下之可爲京畿者，孰不賴禹之功哉？則當時東漸西被，固可以見王者無外之意，而四海會同之後，則小水之入河，河流之入海，而天下寧有不治之水哉？嗚呼盛矣！

又《九州攸同、四隩既宅、九山刊旅、九川滌源、九澤既陂、四海會同》

觀天下之水土無不平，則知聖人之成功爲甚大。蓋當水土平治之初，正聖人治定功成之日也。苟一土之未平，一水之未治，又何足以爲聖人之功哉？昔者禹之治水也，行其所無事也。普天之下，莫非王土，豈私意小智之可爲哉？其施功於九州雖有次第，而及其成功則一。其所謂攸同者，蓋言其所同如此也。四海之隩，水涯之地已可奠居，而既無彼此之間矣。九州之山，拔木通道已可祭告，而亦無遠近之殊焉。九州之川，濬滌泉源而俱無壅遏之害，九州之澤已有陂障而悉無決潰之患，四海之水無不會同而各有所歸，此所以爲聖人之極功也歟？《禹貢》之書曰：云云。其意以爲，當堯之時水逆行，汎濫於中國，浩浩滔天，下民昏墊，無所安息。鯀湮洪水而五行因之以汨亂，及禹嗣興，惟能順水之性而盡力乎溝洫，水由地中行，然後人得平土而居。是以帝舜惟美其功，曰洚水儆予，成允成功，惟汝賢。又曰地平天成，六府三事允治，萬世永賴，時乃功。由是觀之，禹平水土之功，蓋與天地相爲無窮者也，豈特九州之攸同而見於一時之盛哉？禹無吾間然矣。夫以冀、兖、青、徐、荊、揚、豫、梁、雍九州之所謂攸同者，禹之功蓋可見也。

天下之山水，載於《禹貢》者多矣，而九水爲大，九山爲高，大者既道則小者無不順矣，高者既治則卑者無不平矣。《傳》曰芒芒禹跡，奄爲九州，經啓九道，民有寢廟，此之謂也。是故以言其四海之隩，則水涯之地悉爲耕食之場矣，塗泥之鄉已爲奠居之所矣，以言夫九州之山，隨山刊木，而險阻既可踰矣；禱爾神祇，而道路既可通矣。以言其九州之川，則決九川而距海，濬畎澮以距川，導滌之功既至，而壅遏之患悉平矣。以言九州之澤，則既豬而有陂障以爲之防，底定而無決潰以爲之害矣。夫水於天地間爲物最大，而況於海之尤大者乎！四海之水至於無不會同，而各得其所歸之順，則際天所覆，極地所載，水土之無不平治，蓋可知矣。

始言九州之攸同，終言四海之會同者，豈有他哉？蓋言此以總結上文之意耳。考之上文，各州惟舉一隅，至此總結之，以見九州之所同也。如宅土既宅，惟見於兗、雍，故此以隩既宅總之；既旅旅平，惟見於梁、雍，故此以九山刊旅總之。各州所載川澤雖多，然九州川澤不止是也，故以九川九澤之滌陂總之。上文雖各載達河之道，而四方水之所趨不止是也，故以四海會同總之。然下文之言六府孔修，則非特水土之治而已。聖人成功之大，又孰有加於此哉？然此亦其迹之粗者耳，至其祇台德先，不距朕行之語，史臣方謹以繼之，則禹之精神心術，終始以保其成功，儼然常在人耳目之間者，初不可以今昔異觀也。噫！《禹貢》一書，地理貨殖之書耳，而其紀載之法乃如此；後世之山經水志、貨殖之書有矣，而於致治之紀要，曾謂有是哉！是雖史臣一時之言，實萬世不刊之聖經也。

雜録

《國語》卷四《魯語上》 展禽曰：共工氏之伯九有也，三國吴韋昭注：有，域也。其子曰后土，能平九土，注：九土，九州之土也。故祀以爲社。

《禮記》卷四六《祭法》 共工氏之霸九州也，其子曰后土，能平九州，故祀以爲社。

漢・王符《潛夫論》卷八《五德志》 共工氏有子曰勾龍，能平九土，故號后土，死而爲社，天下祀之。

《墨子》卷二《尚賢上》 禹舉益於陰方之中，授之政，九州成。

《管子》卷一九《地員》 九州之土，爲九十物，每州有常而物有次。

又 卷二四《輕重戊》 夏人之王，外鑿二十，䖸韘十七，湛疏三江，鑿五湖，道四涇之水，以敵九州之高，以治九藪，民乃知城郭、門閭、室屋之築，而天下化之。

《尸子》卷下 赤縣州者，實爲崑崙之墟。其東則滷水島山，左右蓬萊，文有脱誤。玉紅之草生焉。食其一實，而醉卧三百歲而後寤。

《莊子》卷一〇《天下》 墨子稱道曰：昔者禹之湮洪水，決江河，而通四夷九州也，名川三百，支川三千，小者無數。

又 卷四《在宥》 出入六合，遊乎九州，獨往獨來，是謂獨有。

《文子》卷上《上德》 欲觀九州之地，足無千里之行，無政教之原，而欲爲萬民上者，難矣。

《鶡冠子》卷中《泰録》 天有九鴻，地有九州。宋陸佃解：此卽鄒子所謂九州，蓋非禹別者也。泰一之道，九皇之傳請成於泰始之末。

《易緯通卦驗》 伏羲立九部而民易理，蓋九州之始也。

宋・張君房《雲笈七籤》卷一〇《老君太上虛無自然本起經》 譬若學經書之人，但聞天下九州共一天子云，言四邊但有外國，以謂天地界際極盡於此，安能知其外復何等有乎？

南朝梁・任昉《述異記》卷下 魯班刻石，爲《禹九州圖》。今在洛城石室山。

《隋書》卷六《禮儀志一》 （隋）高祖受命，欲新制度，乃命國子祭酒辛彦之議定祀典。【略】爲方丘於宫城之北十四里。其邱再成，成高五丈，下成方十丈，上成方五丈。夏至之日，祭皇地祇於其上，以太祖配。神州、迎州、冀州、戎州、拾州、柱州、營州、咸州、陽州九州山海川林澤、丘陵墳衍原隰，並皆從祀地祇及配帝，在壇上用黄犢二。神州九州神座於第二等，八陛之間，神州東南方，迎州南方，冀州、戎州西南方，拾州西方，柱州西北方，營州北方，咸州東北方，陽州東方，各用方色犢一。九州山海已下，各依方面，八陛之間，其冀州山林川澤、邱陵墳衍於壇之南少西，加羊豕各九。

宋・程大昌《禹貢山川地理圖》卷上《九州貢道序》 《禹貢》書法甚簡，而事理無不該具。若不知其以簡爲該，則九州貢道不可明矣。經于貢道，蓋有兩州相因，共爲一語，又有越數州之遠而互文以見者。臣初得此理，亦未敢自主，徐而察之，彼此交會如犬牙參錯，無闕無贅，乃敢信其與經不戾。惟徐州貢道，所書與他州特殊。臣究求積年，乃始得之，今著之圖，則可見矣。州惟冀爲帝都，于後世爲河東之平陽也。故八州貢道，皆以冀爲向，必先主冀，而後他州貢道可得而言矣。

宋·劉跂《暇日記》 始冀爲水，水生木，則青、徐次之；木生火，則荆、揚次之；火生土，則兗、豫次之；土生金，梁、雍終焉。此九州五行之序。

宋·史繩祖《學齋佔畢》卷四《乾元用九天下治》 夏禹之治水也，雖曰天錫九疇，而别九州，疏九江，播九河，迄至於九川滌源，九澤既陂，而六府三事允治，以叙九功而作《九歌》；不寧惟是，而又收九牧之貢金，以鑄九鼎。【略】以至田賦有上、中、下三等，三而三之爲九等，而九州攸同，四海會同。是禹之用九而天下治也。

宋·王應麟《詩地理考》卷五《商頌·九有九圍》 毛氏曰：九州也。孔氏曰：九分天下，各爲九處規圍然，故謂之九圍。【略】韓詩：奄有九域。薛君曰：九州也。

明·楊慎《丹鉛總録》卷二《九有》 《左傳》九丘八索。九丘卽九州也，八索卽八澤也，見《淮南子》。或以八索爲八卦，謬矣。《通鑑外紀》云：人皇氏依山川土地之勢，財度爲九州，謂之九囿，各居其一而爲之長。人皇居中州，以制八輔。此引《春秋命曆叙》文也。九囿取育草木爲義，卽後世所謂九州也。中州則人皇之都，《石鼓文》所謂寓逢中囿也；八輔則餘八囿也。「囿」亦作「有」，古字省文書。《書》以有九有之師，《詩》九有有截，又奄有九有，作九囿解之，義尤明暢。《左傳》謂之九藪，陽紆、雲夢之屬。總而言之，九有也，九囿也，九州也，九藪也，一也。「有」與「囿」以字相近，「藪」、「州」以音相近，其實一義耳。

清·惠棟《九經古義》卷六《毛詩古義》 《商頌·玄鳥》云：奄有九有。《傳》云：九有，九州。《韓詩》作「九域」，訓與毛《傳》同。棟案：「域」當作「或」。《説文》曰：或，邦也。从口从戈，以守一。一，地也。古「或」字作「有」，「有」字作「又」，亦作「或」。詳《尚書考》。《商書》云「九有以亡」，又云「以有九有之師」，皆九州也。上云「正域彼四方」，《傳》云：域，有也。案「域」亦當作「或」。

畿服分部

綜　述

《尚書·禹貢》 五百里甸服。清胡渭《禹貢錐指》：《傳》曰：規方千里之内，謂之甸服，爲天子服治田，去王城四面五百里。《正義》曰：既言九州同風，法壤成賦，而四海之内，路有遠近，更叙弼成五服之事。甸、侯、綏、要、荒，五服之名，堯之舊制。洪水既平之後，禹乃爲之節文，使賦役有恒，職掌分定。先王規方千里，以爲甸服。《周語》文王制亦云千里之内曰甸。鄭玄云：服治田，出穀稅也。言甸者，主治田，故服名甸也。林氏曰：《王制》天子之田方千里，公侯方百里，伯七十里，子男五十里。此服之内，主爲天子治田而輸之於上，故以甸服爲名。蔡氏曰：甸，田；服，事也。以皆田賦之事，故謂之甸服。渭按，五千里之内皆供王事，故通謂之服；而甸服，則主爲天子治田出穀者也。王氏云：甸者，井牧其地之謂，王所自治也。吕氏云：四井爲邑，四邑爲丘，四丘爲甸。「甸」之一字，見得井牧之法，至此已成。渭按，《詩·小雅·信彼南山》：維禹甸之。《大雅》：奕奕梁山，維禹甸之。毛《傳》云：甸，治也。鄭《箋》云：禹治而丘甸之。王、吕之説本此。然井牧偏于中邦，而甸服則惟千里，當以安國解爲正。陳氏云：禹之甸法，達於天下，而王畿獨以甸名，蓋農事，國之本也；京師，聲明文物之所萃，四方百貨之所聚。其民易以棄本逐末，制名必曰甸服，所以示務本之義；制賦必以稼穡，所以責務本之實。此亦是推説，却無礙。百里賦納總，二百里納銍，三百里納秸服，四百里粟，五百里米。

五百里侯服。《錐指》：蘇氏曰：此五百里始有諸侯，故曰侯服。林氏曰：建侯服以封親賢，欲各守其民人社稷，以爲天子之蕃衛也。蔡氏曰：侯服者，侯國之服，甸服外四面又各五百里也。渭按，五等邦君，皆謂之侯。《易》曰「利建侯」，《詩》曰「謹爾侯度」是也。《傳》云：侯，候也，斥候而服事。《正義》云：「侯」聲近「候」，故爲「候」也。襄十八年《左傳》稱：晉人伐齊，使司馬斥山澤之險。斥謂檢行之也，斥候謂檢行險阻，伺候盜賊。此五百里主爲斥候而服事天子，故名侯服，因見諸言「服」者，皆是服事也。渭按經意，惟以千里之内皆天子所自治，至此始分其地以建國，故謂之侯服。《爾雅·釋詁》云：后、辟、公、侯，君也。侯與后、辟、公同義，是爲古訓；斥候乃賤臣之役，君人者之號豈獨取義於此？漢儒附會，不可從。下《傳》云：男，任也，任王者事。《正義》云：『男』聲近『任』，故訓爲『任』。較『斥候』義少通，然經意亦不過謂此百里之中皆男爵小國，不必更求其字義。凡此類，今皆不取。百里采，漢孔安國《傳》：侯服內之百里，供王事而已，不主一。唐孔穎達《正義》：事謂役也。有役則供，不主於一，故但言采。二百里男邦，孔《傳》：男，任也，任王者事。《正義》：『男』聲近『任』，故訓爲『任』。任王者事，任受其役。此任有常，殊於不主一也。言『邦』者，見上下皆是諸侯之國也。三百里諸侯。孔《傳》：三百里同爲王者斥候，故合三爲一名。《正義》：經言『諸侯』者，三百里內同爲王者斥候，在此內所主事同，故合三百、四百、五百共爲一名，言『諸侯』以示義耳。

五百里綏服。《錐指》：《傳》曰：綏，安也，侯服外之五百里。張氏曰：此亦諸侯耳。以其稍遠，故變名爲綏，欲其知此五百里內所以建諸侯者，爲安王室也。林氏曰：王畿之外既封建諸侯之國，使之小大相維，強弱相比，以爲王室之輔矣；而其外五百里則接於要、荒，故於此設爲綏服，以爲內外之辨。所立之制，凡欲撫安邊境，衛中國而已，故其名曰綏服。渭按，諸侯所以安王室者，卽下文二事是也。三百里揆文教，二百里奮武衛。

五百里要服。《錐指》：《傳》曰：綏服外之五百里，要束以文教。《正義》曰：要者，約束之義。上言揆文教，知要者，要束以文教也。王氏曰：於此不可用中國之政爲之要約而已。金氏曰：要，約也。其地遠於畿甸，雜於夷狄，雖州牧、侯伯爲之綱領控制，而其文法則略於中國矣。渭按，奮武衛者，所以防其猾夏也；苟欲其嚮風而慕義，則亦唯揆文教以約束之耳。三百里夷，孔《傳》：守平常之教，事王者而已。二百里蔡。孔《傳》：蔡，法也。法三百里而差簡。《正義》：蔡之爲法，無正訓也。上言三百里夷，夷訓平也，守平常教耳；此名爲蔡，教簡於夷，故訓『蔡』爲『法』。法則三百里者去京師彌遠，差復簡易，言其不能守平常也。

五百里荒服。《錐指》：《傳》曰：要服外之五百里，言荒，又簡略。《正義》曰：王肅云：政教荒忽，因其故俗而治之。金氏曰：四遠蠻夷之地，田野不井，人民不多。故謂之荒；所以經略之者，又簡於要服矣。渭按，先儒皆疑禹服之狹而周、漢地廣，或以周服里數皆以方言，或以古今尺有長短，或以禹直方計而後世以人迹屈曲取之。要之皆非的論。蓋禹聲教所及，則地盡四海，而其疆理，則止以五服爲制；至荒服之外，又別爲區畫，如所謂『咸建五長』是已。荒服在九州之內，去帝都裁二千里，雖云簡略，亦有政教。王氏以荒爲不治，非也。三百里蠻，孔《傳》：以文德蠻來之，不制以法。《正義》：鄭云：蠻者聽從其俗，羈縻其人耳，故云蠻，蠻之言緡也。其意言蠻是緡也，緡是繩也，言蠻者以繩束物之名，揆度文教。《論語》稱：遠人不服，則修文德以來之。故《傳》言以文德蠻來之，不制以國內之法強逼之。王肅云：蠻，慢也，禮儀簡慢。與孔異。二百里流。孔《傳》：流，移也，言政教隨其俗。凡五服，相距爲方五千里。《正義》：流如水流，故云移也。其俗流移無常，故政教隨其俗，任其去來，不復蠻來之也。凡五服之別，各五百里，是王城四面，面別二千五百里，四面相距，爲方五千里也。賈逵、馬融以爲甸服之外，百里至五百里米，特有此數，去王城千里。其侯、綏、要、荒服各五百里，是面三千里，相距爲方六千里。鄭玄以爲五服，服別五百里，是堯之舊制；及禹弼之，每服之間更增五百里，面別至于五千里，相距爲方萬里。司馬遷與孔意同，王肅亦以爲然，故肅注此云：賈、馬既失其實，鄭玄尤不然矣。禹之功在平治山川，不在拓境廣土，土地之廣，三倍於堯，而《書》、《傳》無稱也，則鄭玄創造，難可據信。漢之孝武疲弊中國，甘心夷狄，天下戶口至減大半，然後僅開緣邊之郡而已。禹方憂洪水，三過其門不入，未暇以征伐爲事，且其所以爲服之名，輕重顛倒，遠近失所，難得而通矣。先王規方千里，以爲甸服，其餘均分之公、侯、伯、子、男，使各有寰宇而吏，甸服之外，諸侯入禾稾，非其義也。史遷之旨，蓋得之矣，是同於孔也。若然，《周禮》王畿之外，別有九服，服別五百里，是爲方萬里，復以何故三倍於堯？又《地理志》言漢之土境，東西九千三百三里，南北萬三千三百六十八里。驗其所言山川，不出《禹貢》之域。山川載地，古今必同，而得里數異者，堯與周、漢，其地一也。《尚書》所言，據其虛空鳥路方直而計之；《漢書》所言，乃謂著地人跡屈曲而量之，所以數不同也。故王肅上篇注云：方五千里者，直方之數；若其迴邪委曲，動有倍加之較。是言經指直方之數，漢據迴邪之道，有九服、五服，其地雖同，王者革易，自相變改其法，不改其地也。鄭玄不言禹變堯法，乃云地倍於堯，故王肅所以難之。《王制》云『西不盡流沙，東不盡東海，南不盡衡山，北不盡恆山，凡四海之內斷長補短，方三千里』者，彼自言『不盡』，明未至遠界，且《王制》漢世爲之，不可與經合也。

東漸于海，西被于流沙，朔南暨聲教，訖于四海。禹錫玄圭，告厥成功。

又《益稷》 禹曰：惟荒度土功，弼成五服，至于五千；漢孔安國《傳》：五服，侯、甸、綏、要、荒服也。服五百里，四方相距，爲方五千里。州十有二師，外薄四海，咸建五長，《傳》：薄，迫也。言至海諸侯五國立賢者一人爲方伯，謂之五長，以相統治，以獎帝室。各迪有功。

又《仲虺之誥》 天乃錫王勇智，表正萬邦，纘禹舊服。《傳》：（商湯）繼禹之功，統其故服。宋蘇軾《書傳》：纘，繼也。服，五服也。

又《康誥》 惟三月哉生魄，周公初基作新大邑于東國洛，四方民大和會。侯、甸、男邦，采、衛百工，播民和見，士于周。《傳》：此五服諸侯，服五百里。侯服去王城千里，甸服千五百里，男服去王城二千里，采服二千五百里，衛服三千里，與《禹貢》異制。唐孔穎達《正義》：『男』下獨有『邦』，以五服男居其中，故舉中則五服皆有『邦』可知。言邦見其國君焉。以大司馬職大行人，故知五服，服五百里。《禹貢》五服通王畿，此在畿外，去王城五百里，故每畿計之，至衛服三千里，言與《禹貢》異制也。通王畿與不通爲異。

又《周官》 惟周王撫萬邦，巡侯、甸，四征弗庭，綏厥兆民；六服羣辟，罔不承德。《正義》：《周禮》九服，此惟言『六』者，夷、鎮、蕃三服在九州之外，夷狄之地，王者之於夷狄，羈縻而已，不可同於華夏，故惟舉六服。宋蔡沈《集傳》：六服，侯、甸、男、采、衛并畿內爲六服也。《禹貢》五服通畿內，周制五服在王畿外也。《周禮》又有九服：侯、甸、男、采、衛、蠻、夷、鎮，蕃，與此不同。

六年，五服一朝。《傳》：五服，侯、甸、男、采、衛。

《逸周書》卷七《王會解》 成周之會，【略】內臺西面者，正北方應侯曹叔、伯舅中舅，比服次之，要服次之，荒服次之。西方東面，正北方伯父，中子次之。晉孔晁注：此要服，於比服轉遠殊，故殊其名，非夷狄之四荒也。方千里之內爲比服，方二千里之內爲要服，方三千里之內爲荒服，是皆朝於內者。注：此服名因於殷，非周制也。

《國語》卷一《周語上》 夫先王之制，邦內甸服，三國吳韋昭注：邦內謂天子畿內千里之地。《商頌》曰：邦畿千里，惟民所止。《王制》曰：千里之內曰甸。京邑在其中央，故《夏書》曰五百里甸服，則古今同矣。甸，王田也；服，服其職業也。自商以前，并畿內爲五服；武王克殷，周公致太平，因禹所弼，除畿內，更制天下爲九服。千里之內謂之王畿，王畿之外曰侯服，侯服之外曰甸服。今謀父諫穆王，稱『先王之制』，猶以王畿爲甸服者，甸古名，世俗所習也。故周襄王謂晉文公曰『昔我先王之有天下也，規方千里以爲甸服』是也。《周禮》亦以蠻服爲要服，足以相況矣。邦外侯服，注：邦外，邦畿之外方五百里之地，謂之侯服。侯服，侯圻也，言諸侯之近者，歲一來見。侯衛賓服，注：此總言之也。侯，侯圻也；衛，衛圻也。言自侯圻至衛圻，其間凡五圻，圻五百里，五五二千五百里，中國之界也。謂之賓服，常以服貢，賓見于王。五圻者，侯圻之外曰甸圻，甸圻之外曰男圻，男圻之外曰采圻，采圻之外曰衛圻，《周書·康誥》曰『侯甸男采衛』是也。凡此服數，諸家之說皆紛錯不同，惟賈君近之。蠻夷要服，注：蠻，蠻圻也；夷，夷圻也。《周禮》衛圻之外曰蠻圻，去王城三千五百里，九州之界也。夷圻去王城四千里。《周禮》行人職：衛圻之外，謂之要服。此言『蠻夷要服』，則夷圻朝貢，或與蠻圻同也。要者，要結好信而服從之。戎翟荒服。注：戎翟去王城四千五百里至五千里也。四千五百里爲鎮圻，五千里爲蕃圻，在九州之外。荒裔之地與戎翟同俗，故謂之荒，荒忽無常之言也。甸服者祭，侯服者祀，賓服者享，要服者貢，荒服者王。日祭，月祀，時享，歲貢，終王，先王之訓也。有不祭則修意，有不祀則修言，有不享則修文，有不貢則修名，有不王則修德，序成而有不至，則修刑。于是乎有刑不祭，伐不祀，征不享，讓不貢，告不王；于是乎有刑罰之辟，有攻伐之兵，有征討之備，有威讓之令，有文告之辭，布令陳辭而又不至，則增修于德而無勤民于遠，是以近無不聽，遠無不服。

《周禮·夏官·大司馬》 乃以九畿之籍，施邦國之政職。方千里曰國畿，其外方五百里曰侯畿，又其外方五百里曰甸畿，又其外方五百里曰男畿，又其外方五百里曰采畿，又其外方五百里曰衛畿，又其外方五百里曰蠻畿，又其外方五百里曰夷畿，又其外方五百里曰鎮畿，又其外方五百里曰蕃畿。注：畿猶限也。自王城以外五千里爲界，有分限者九。疏：云方千里曰國畿者，此據王畿內千里而言，非九畿之畿，但九畿以此國畿爲本，向外每五百里加爲一畿也。云侯者，侯也，爲天子伺候非常也；云甸者，爲天子治田以出賦貢；云男者，任也，任王者之職事；云采者，采取美物，以共天子；云衛者，爲天子衛守；云蠻者，縻也，以近夷狄，縻繫之以政教。自此以上六服，是中國之九州；自此已外，是夷狄之諸侯。此蠻服與《大司徒》云要服，亦一也。言要者，亦見要束以文教也；云夷者，以夷狄而得夷稱也；云鎮者，蓋中國稍遠，理須鎮守；云蕃者，以其最遠，故得蕃屏之稱。此三服總號蕃服，故《大行人》云：九州之外，謂之蕃國，世一見。指此三服也。此九者，衛服之內各舉一邊而言，其實通稱；唯蠻服以外，直據彼爲號，不通中國之言也。《注》釋曰：云王城以外五千里爲界者，兩面相距，則方萬里，此則易之一君二民之地。若然，堯舜之時固應萬里，而五服面二千五百里，兩面相距止有五千里、無萬里者，此據未治洪水時服各五百里，至禹治洪水之後，弼成五服，服加五百，則亦萬里。若孔君義，則不然；若據鳥飛直路，此周之九服，亦止五千；若隨山川屈曲，則《禹貢》亦萬里。彼此不異也。

又《夏官·職方氏》 乃辨九服之邦國。方千里曰王畿，其外方五百里曰侯服，又其外方五百里曰甸服，又其外方五百里曰男服，又其外方五百里曰采服，又其外方五百里曰衛服，又其外方五百里曰蠻服，又其外方五百里曰夷服，又其外方五百里曰鎮服，又其外方五百里曰藩服。

注：服，服事天子也。《詩》云：侯服于周。疏：此言九服，仍除王畿爲數，故從其外已下爲九也。此九服之名，言侯者，侯之言候，爲王斥候；言甸者，甸之言田，爲王治田出稅；言男者，男之言任也，爲王任其職理；采者，事也，爲王事民以供上；言衛者，爲王衛禦；言蠻者，近夷狄，蠻之言縻以政教，縻來之。自此已下，皆夷狄。言藩者，以其最在外，爲藩籬，故以藩爲稱。蠻服，《大司馬》謂之要服，言要，亦是要束爲義。自侯服已下，各舉一邊爲號，皆互而通也；其夷狄三服，亦自互而相通，是以《大行人》總謂之藩國，世一見也。《注》釋曰：此總解『服』之意，引《詩》云『侯服于周』者，見諸侯皆服事于周之義，故稱服也。

又《秋官·大行人》 邦畿方千里。其外方五百里，謂之侯服，歲壹見，其貢祀物。又其外方五百里，謂之甸服，二歲壹見，其貢嬪物。又其外方五百里，謂之男服，三歲壹見，其貢器物。又其外方五百里，謂之采服，四歲壹見，其貢服物。又其外方五百里，謂之衛服，五歲壹見，其貢材物。又其外方五百里，謂之要服，六歲壹見，其貢貨物。注：要服，蠻服也。此六服去王城三千五百里，相距方七千里，公、侯、伯、子、男封焉。其朝貢之歲，四方各四分，趨四時而來，或朝春，或宗夏，或覲秋，或遇冬。祀貢者，犧牲之屬。故書『嬪』作『頻』。鄭司農云：嬪物，婦人所爲物也。《爾雅》曰：嬪，婦也。玄謂嬪物，絲枲也；器物，尊彝之屬；服物，玄纁絺纊也；材物，八材也，貨物龜貝也。疏：此一經，見九州諸侯依服數來朝天子，因朝卽有貢物。此因朝而貢與《大宰》九貢及下《小行人》春入貢者別，彼二者是歲之常貢也。《注》釋曰：云要服、蠻服也者，《職方》云蠻服，要、蠻，義一也。鄭計七千里者，欲見土廣萬里，中國七千里爲九州，有此貢法；下云『九州之外，謂之蕃國』，以其所貴寶爲摯，無此貢法也。云公侯伯子男封焉者，對彼蕃國，惟有子男，無五等也。按馬氏之義，六服當面各四分之。假令侯服四分之，東方朝春，南方宗夏，西方覲秋，北方遇冬，南方侯服亦然，西方、北方皆然，甸服已外皆然。是以韓侯是北方諸侯，而言入覲，以其在北方，當方分之在西畔，故云覲。《鄭答志》云：朝覲，四時通稱，故《覲禮》亦云朝。若然，鄭不與馬同。觀此注，似用馬氏之義者。鄭既不與馬同，今所解云四方各四分者，謂四方諸侯六服，服各四分，趨四時而來，或朝春，據王城東方；或宗夏，據王城南方；或覲秋，據王城西方；或遇冬，據王城北方。《大宰》四曰幣貢，此中無幣貢者，因朝而貢，三享中已有幣，故不別貢幣也。《大宰》歲歲常貢，此依服數來朝，因朝而貢，數既有異，時又不同，故彼此物數不類也。玄謂器物，尊彝之屬者，按《大宰》云器貢，先鄭以爲宗廟之器，後鄭易之，以爲器貢銀鐵石磬丹漆，不從先鄭；此云器物，後鄭以爲尊彝之屬，與彼先鄭同者，彼是歲之常貢，不合有成器，故破之。此乃因朝而貢，得貢成器，故爲尊彝解之，知因朝得貢成器者。見昭十五年六月，大子壽卒。秋八月，穆后崩。十二月，晉荀躒如周，葬穆后，籍談爲介，以文伯宴，尊以魯壺，王責之分器。籍談歸，以告叔向。叔向曰：王其不終乎！王一歲而有三年之喪，二焉於是乎！以喪賓宴，又求彝器。以此知因朝得貢成器。云材物，八材也者，據《次宰》云飭化八材也。云貨物，龜貝也者，貨是自然之物，故知龜貝，謂若《禹貢》揚州納錫大龜，厥篚織貝。此注所貢絲枲，若青州鹽絺、岱畎絲枲、荆州厥篚玄纁之類。九州之外，謂之蕃國，世壹見，各以其所貴寶爲摯。漢鄭玄注：九州之外，夷服、鎮服、蕃服也。《曲禮》曰：其在東夷、北狄、西戎、南蠻，雖大曰子。《春秋傳》曰：杞，伯也，以夷禮，故曰子。然則九州之外，其君皆子、男也，無朝貢之歲；父死子立，及嗣王卽位，乃一來耳。各以其所貴寶爲贄，則蕃國之君無執玉瑞者，是以謂其君爲小賓臣，爲小客。所貴寶見《傳》者，若犬戎獻白狼、白鹿是也，其餘則《周書·王會》備焉。唐賈公彦疏：云九州之外，夷服、鎮服、蕃服也者，此經總而言之皆曰蕃，分爲三服，據《職方》而言也。云《曲禮》曰在東夷、北狄、西戎、南蠻，雖大曰子，幷引《春秋》者，欲見蕃國之內唯有子、男，無五等也。按僖二十七年，杞桓公來朝，用夷禮。故曰子用夷禮，猶曰子況本在彼者也。按《書序》武王既勝殷，巢伯來朝。注云：巢伯，南方之國，世一見者。夷狄得稱伯者，彼殷之諸侯，與周異也。云父死子立，及嗣王卽位，乃一來耳者，此經『世』中含二：父死子立，須得受王命，故須來；新王卽位，亦須來。故《明堂位》：周公朝諸侯于明堂，四夷皆在四門之外。周公攝位，與新王同，況成王新卽位也。云各以其所貴寶爲摯，則蕃國之君無執玉瑞者，既以貴寶爲摯，何得有別摯乎？是以禹會諸侯，執玉帛者萬國，唯謂中國耳。九州爲大賓大客，夷狄爲小賓小客。按《周語》穆王初伐犬戎，祭公謀父諫，不聽，遂往征之，得四白鹿以歸。引之者，見是夷狄貴寶，此穆王征之而得，非自來者，亦以此爲贄也。云《周書·王會》備焉者，《王會》，是書之篇名，謂王會諸侯；因有獻物多矣，故云備也。

《禮記·王制》 千里之內曰甸，漢鄭玄注：服治田，出穀稅。千里之外曰采，注：九州之內地，取其美物，以當穀稅。曰流。注：謂九州之外也。夷狄流移，或貢或不。《禹貢》：荒服之外，三百里蠻，二百里流。

《詩經·大雅·文王》 上帝既命，侯于周服。漢鄭玄《箋》：至天已命文王之後，乃爲君於周之九服之中。唐孔穎達《正義》：九服者，《大司馬》、《大行人》『千里之畿』外，每云『又其外五百里』，卽侯、甸、男、采、衛、要、夷、鎮、蕃是也。此亦據在後言之。天命文王之時，服名未定也。其服名自古而有，故《禹貢》有甸、侯、綏、要、荒五服，《皋陶謨》所謂『弼成五服』是也，但不知夏、殷服名耳。

又《商頌・玄鳥》　邦畿千里，維民所止。漢毛亨《傳》：畿，疆也。《正義》：畿者，爲之畿限疆畔，故爲疆也。

《左傳・襄公二十五年》　（子産）對曰：且夫天子之地一圻，晉杜預注：方千里。列國一同，注：方百里。自是以衰。注：衰，差降。

《國語》卷二《周語中》　晉文公既定襄王于郟，王勞之，以地請隧焉。王弗許，曰：昔我先王之有天下也，規方千里，以爲甸服，以供上帝山川百神之祀，以備百姓兆民之用，以待不庭不虞之患。其餘以均分公侯伯子男，使各有寧宇，以順及天地，無逢其甾害。

《周禮・地官・大司徒》　日至之景，尺有五寸，謂之地中。天地之所合也，四時之所交也，風雨之所會也，陰陽之所和也，然則百物阜安，乃建王國焉。制其畿，方千里而封樹之。疏：乃建王國焉者，建，立也，於此盛安之處，乃立王之國城焉。制其畿方千里者，王畿千里，以象日月之大中，置國城，面各五百里制畿界，而封樹之者，於畿疆之上而作深溝，土在溝上，謂之爲封，封上樹木，以爲阻固，故云而封樹之。

《孟子・告子下》　吾明告子：天子之地，方千里。不千里，不足以待諸侯。諸侯之地，方百里。不百里，不足以守宗廟之典籍。

《管子》卷一六《小問》　昔者天子中立，地方千里。

漢・董仲舒《春秋繁露》卷八《爵國》　天子邦圻千里。

《漢書》卷二八下《地理志下》　初，雒邑與宗周通封畿，東西長而南北短，短長相覆爲千里。

論　說

《荀子》卷一二《正論篇》　世俗之爲説者曰：湯、武不能禁令，是何也？曰：楚、越不受制，是不然。湯武者，至天下之善禁令者也。湯居亳，武王居鄗，皆百里之地也，天下爲一，諸侯爲臣，通達之屬莫不振動從服，以化順之，曷爲楚、越獨不受制也？彼王者之制也，視形勢而制械用，稱遠邇而等貢獻，豈必齊哉？故魯人以糖，衛人用柯，齊人用一革，土地形制不同者，械用備飾不可不異也。故諸夏之國，同服同儀；唐楊倞注：儀謂風俗也。諸夏迫近京師，易一以教化，故同服同儀也。蠻夷戎狄之國，同服不同制。注：夷狄遐遠，又各在一方，雖同爲要、荒之服，其制度不同也。封內甸服，注：王畿之內也。封外侯服，注：畿外也。侯衛賓服，蠻夷要服，戎狄荒服。甸服者祭，侯服者祀，賓服者享，要服者貢，荒服者終王。日祭、月祀、時享、歲貢、終王，夫是之謂視形勢而制械用，稱遠近而等貢獻，是王者之至也。彼楚、越者，且時享、歲貢、終王之屬也，必齊之日祭、月祀之屬，然後曰受制耶？是規磨之説也，溝中之瘠也，則未足與及王者之制也。語曰：淺不足與測深，愚不足以謀知，坎井之鼃不可與語東海之樂，此之謂也。

《呂氏春秋》卷一七《慎勢》　凡冠帶之國，舟車之所通，不用象譯狄鞮，方三千里。古之王者，擇天下之中而立國，擇國之中而立宮，擇宮之中而立廟。天下之地，方千里以爲國，所以極治任也。非不能大也，其大不若小，其多不若少。

漢・伏勝《尚書大傳》卷一《禹貢傳》　圻者，天子之境也。

漢・桓寬《鹽鐵論》卷四《地廣》　文學曰：古者天子之立於天下之中，縣內方不過千里，諸侯列國不及不食之地。《禹貢》至於五千里，民各供其君，諸侯各保其國，是以百姓均調，而繇役不勞也。

《漢書》卷九四下《匈奴傳下》　贊曰：故先王度土中，立封畿，分九州，列五服，物土貢，制外內，或脩刑政，或昭文德，遠近之執異也。

漢・許慎《説文解字・田部》　畿。天子千里地，清段玉裁注：卽天子五百里內田也。五百里自其一面言，千里自其四面言，爲方百里者百也。《商頌》：『邦畿千里。』《傳》曰：『畿，疆也。』《大司馬》『九畿』注曰：畿猶限也。以逮近言之，則言畿。注：逮字依小徐本。逮者，及也。『九畿』注曰：『故書畿爲近』。鄭司農云：『近當言畿。』按故書作近，猶他書叚圻作畿耳。許言以逮近言之則曰畿者，謂畿最近天子，故稱畿。畿與近，合音最切。古惟王畿偁畿，甸服外無偁畿者。至周而侯、甸、男、采、衛、蠻、夷、鎮、藩皆曰畿，直以其遞相傳近轉移叚借名之，非古也。故許以近釋畿。畿之言垠也，故亦作『圻』。

宋・聶崇義《三禮圖集注》卷四《九服》　周之王畿與九服，共方萬里，故此九服，除王畿之外，每服而言又方以別之。畿者，限也，樹之封疆而限千里，故曰王畿。其外方五百里曰侯服，侯者，候也，爲王斥候；服者，服事於王。又其外方五百里曰甸服，甸，田也，爲王治田出稅。又其外方五百里曰男服，男者，任也，爲王任其職理。又其外方五百里曰采服，采，事也，爲王事民，以供其上。又其外方五百里曰蠻服，蠻者，縻也，以政教縻之。又蠻服，《大司馬》謂之要服，要者，以政要束爲義。於四要之內，方七千里，故《王制》註云：周公復唐虞舊域，分其五服爲九。其要服之內七千里，又其外方五百里曰夷服，謂此一服在夷狄之中，故以夷言之；又其外方五百里曰鎮服，此一服入夷狄又深，故須鎮守之；又其外方五百里曰藩服，以其最在外，爲藩籬也。

宋·劉敞《公是七經小傳》卷上《尚書》 凡唐虞九州，州方千里，適三千里矣。要荒則在九州之外，三百里夷者，稍以夷禮通之，若春秋杞、鄫、莒也；三百里蠻者，亦言雜以蠻俗待之，若春秋楚、越也。二百里蔡者，蔡讀如『蔡蔡叔』之『蔡』；二百里流，『流』讀如『流共工』之『流』。輕罪則蔡於要服，重罪則流於荒服，所謂『投之四裔，屛之遠方』者也。此則五宅三居之二矣，然則其一在綏服九州之內也。凡夷性近於人，蠻性遠於人，故近者稱夷，遠者稱蠻也。

又 卷中《周禮》 大司馬以九畿之籍，施邦國之政職，九畿相距萬里，過禹迹多矣。又《周書》稱侯、甸、男、采、衛而止，則蠻夷鎮蕃者，未取之乎？疑本但云又其外五百里曰蠻圻，謂直王畿之南者；五百里曰夷圻，直王畿之東者；五百里曰鎮圻，直王畿之北者；五百里曰蕃圻，直王畿之西者。此九畿相距爲七千里，近合事理，通於《禹貢》而約於《周書》矣。所以分蠻、夷之名者，在南方曰蠻，在東方曰夷，狄或謂之鎮，戎或謂之蕃與？疑寫《周禮》者習言『又其外』，故遂誤增之耳。說者以謂不然，胡不試以天下地形正之？洛邑爲中，其東出者不三千里，至海矣。其南出者至朱崖、交趾，五千餘里耳，是乃古所謂日下北戶者矣，越裳九譯，不甚此矣。周公所辭也，豈大司馬能施政職哉？又此以人步爲里，而里以投足爲計，步九畿之法，考以日景而筭於土圭，比之人步，迂直懸矣。大約三分去二，則五千里之折，必萬五千里乃能足矣。

宋·王安石《周官新義》卷一二《夏官一》 方千里曰畿，則《禹貢》所謂甸服也。甸服面五百里，則爲方千里矣。其外侯畿、甸畿，《禹貢》所謂侯服也；又其外男畿、采畿，《禹貢》所謂綏服也；又其外衛畿、蠻畿，《禹貢》所謂要服也；又其外夷畿、鎮畿，《禹貢》所謂荒服也；又其外蕃畿，在《禹貢》五服之外。

宋·陳祥道《禮書》卷三二《周九服》 自甸至荒，凡五服；服五百里，則面二千五百里矣；面二千五百里，則爲方五千里矣。《書》曰弼成五服，至于五千。周之服，侯、甸、男、采、衛、蠻、夷、鎮、蕃。自侯至蕃，凡九服，服五百里，則面二千七百五十里矣；面二千七百五十里，則爲方五千五百里矣。蓋夏服先甸後侯，而甸卽畿也；周服先侯後甸，而畿非侯也。夏之侯以當周之侯、甸，而綏以當周之男、采，周之衛、蠻以當夏之要，而夷、鎮以當夏之荒，特蕃服在《禹貢》之外，然則周之斥大中國，不過增夏五百里而已。《書》曰：『弼成五服，至于五千』，此夏五服之域也；『東漸于海，西被于流沙，朔南暨聲教』，此夏五服之外也。孔安國、司馬遷、王肅之徒，其說皆然，特鄭康成謂堯之舊制，服五百里，及禹輔而成之，服加五百里，則面相距，爲方萬里，故禹會諸侯於塗山，執玉帛者萬國。是不知《經》、《傳》凡言萬國者，舉盈數也。孔穎達謂《地理志》言漢之土境，東西九千三百二里，南北萬三千三百六十八里，其言山川，不出《禹貢》之域而數不同者，直而計之以鳥迹，曲而量之以人迹異耳。此說是也。《王制》曰：『西不盡流沙，東不盡東海，南不盡衡山，北不盡常山。凡四海之內斷長補短，方三千里。』此蓋漢儒記六國之時地域然也。【略】

或曰：古今天下，廣狹一也。《禹貢》五服，四距五千里，而周制九服，自王畿以外，每方自爲五千里，何也？或謂尺有長短，則周尺不應半禹之尺；或謂禹五服之外，外薄四海，不在其數，周則盡外薄所至而經畫之，此說爲近，然亦不應外薄之地與五服之地相半。考之經文，甸服方千里，而曰五百里，則凡所謂五百里者，舉一面計之也。若《周官》則曰規方千里曰王畿，又其外方五百里曰某服，則舉兩面通計之也。是則《禹貢》所謂五百里甸服者乃千里，而周官所謂外方五百里者乃二百五十里也。至《漢地志》又言東西九千餘里，南北一萬三千餘里，則漢東西視《禹貢》幾一倍，南北視《禹貢》幾二倍，然考其所載山川，又不盡出禹跡，何也？古者聖人，制數周密。其制方田之數，以御田疇廣狹；制勾股之數，以御遠近高深。方田之制行，則自井畝；徑遂之直積，而爲道路川澮，截然直方，無有迂曲，故中邦之地雖廣而里數則徑。自秦漢開阡陌，於是道里始遷遠矣。此古今里數多少之不同一也。《周髀》之經曰：數之法，始出於圓，圓出於方，方出於矩，矩出於九九，故折矩以爲勾，勾廣三，股修四，徑隅五。禹之所以治天下者，此矩之所由生也。是則勾股算法，自禹制之。蓋積矩以爲方田，而勾股以測高下淺深遠近，此禹之所以疆理天下而弼成五服者也。勾股之數密，則於山川迂回之處與道里曲折之間，以勾股之多，計弦之直，而得遠近之實。大率勾三、股四、弦直五，以正五斜七取之。自秦漢以來，誇多務廣，固盡外薄之遠，其計道里，又但以人迹爲數，不復論勾股弦直，故漢之九千里，大約準古六千五百里；漢三千里，準古一千九百七十一里；而尺步長短之異制，又不在此數。此古今里數多少之不同二。也至於《禹貢》外薄之地，在五服之外，而後世斥堠所到，盡在里數之內，此其多少之不同，又不在言者。

或者又曰：冀在九州爲北，堯都冀州，則自甸服之外，北短南長，五服之地北無所展而南有所展，則如之何？曰：隆古都冀，政教四達，則冀北之野生聚敎訓，必不如後世之爲窮漠，所以冀賦爲九州第一，而水平之後，分爲幽、并，其廣可知兼。堯都平陽，雖曰在冀，自平陽以南渡河至陝，於今地里三百七十五里，正五斜七，於古蓋二百六十餘里耳，則是甸服之地，自跨冀、豫。冀山而豫平，緬想當時甸服之地，當亦如周室王畿之制。蓋成周之制，雖規方千里以爲王畿，然西自邠、岐、豐、鎬，爲方八百里，東則洛陽四達，方六百里，總爲千里爾。五服之制，其間絕長補短，計亦如此。何則？周都豐、鎬，西至犬戎約餘千里，而犬戎之地自爲荒服。先王之制，賓服者享，荒服者王。自穆王以犬戎地近，責其從賓服之享，自是荒服者不至。則是五服之制，計古亦有因地而爲長短者。蓋因諸侯之分情，以爲朝貢之限制，亦有在近而視遠，雖遠而視近者。大率地有廣狹，俗有夷夏，未必四面截然，如此正方。聖人立爲限制之經，固必有通變之義。讀書者不可拘於一說，而不知聖人體用之大也。

據《禹貢》五服之制，九州之內，止方五千里，而先儒較以有漢廣輪之制，全不相侔，以謂西漢盛時，東西九千三百里，南北萬五千里，而山川所屆，不出《禹貢》之域，何道里之殊絕也？遂至孔穎達之徒，有鳥道之說，謂《禹貢》之制，據虛空鳥飛徑過而言；兩漢之制，以人跡所通，逶迤曲屈，動有倍加。此先儒一定之論，切以爲不然。夫鳥道信爲徑通，而人跡安能有及？抑嘗考之，《王制》古者百里，當今百有二十一里。『今』謂漢也，是《禹貢》五千里之制，卽漢之六千里也。況五服之制，據萬里而言，合以東西四正爲據。當時堯都平陽，正東至東萊之海，方二千八百里；正西至張掖之流沙，方三千三百里，是僅可以滿五服之制也。兩漢九千里之制，則以遼東之海與燉煌之流沙而言也，而遼東在東北隅，燉煌在西南隅，非其正也。夫正方一尺者，袤之而度，其兩隅則爲尺有四寸而贏，則五服之制舉其隅而度之，宜其九千里也。漢制南北萬五千里者，舉朔方、日南而言也，而《禹貢》所屆，正南止及衡山之陽，而日南又在衡山之南八千餘里，非禹迹所及也。至平陽不盈千里，已爲沙漠之地。是五服之制，唯東西南三方爲然，北方僅滿二服而已，尙何鳥道之云乎？則先儒巧傅之說，失其據矣。嗟乎！昔先哲王爲天下後世之慮，何其審也！夫九州之地，四正雖近，四隅實遙，非不知舉其四隅計其道里之遠，足爲大也。五服之制乃舉其近而略其遠，何哉？蓋不欲以一時廣大之名，起後世無厭之欲，所以貽孫謀以正也。惜乎秦漢以還，好大之君以廣斥土宇爲功，而記錄之臣又從而恢張之。是豈知堯禹之用心乎？嗚呼戒哉！

又 卷二四《王畿》

《詩》曰：邦畿千里。《春秋傳》曰：天子一圻。《周語》曰：規方千里，以爲甸服。《王制》曰：千里之內曰甸。則天子寰內，面五百里，中爲王域。百里爲郊，二百里爲邦甸，三百里爲邦削，四百里爲邦縣，五百里爲邦都。郊之內，置六鄉，七萬五千家；而宅田、士田、賈田，近郊。官田、牛田、牧田，遠郊。任其餘地。謂之郊，以其與邑交故也。邦甸之內，置六遂，七萬五千家，而公邑任其餘地。謂之甸，以甸法在是故也。家削之地，所以封大夫與王子弟之尤疏者。謂之削，以其削於縣、都故也。邦縣之地，所以封卿與王子弟之疏者。謂之縣，以其係於上故也。邦都之地，所以封三公與子弟之親者。謂之都，以其有邑都故也。邦甸浸廣矣，又無九等之地，故餘地爲公邑；邦削至都又廣矣，而三等采地之外，其餘亦爲公邑。公邑有四而《載師》特曰『公邑之田任甸地』者，言公邑始於此也。蓋公邑，閒田也，天子使大夫治之，遂人與縣師預焉。遂人掌野，自百里外至五百里皆曰野；縣師掌邦國都鄙，謂甸郊里之地域。鄭康成謂二百里、三百里，其大夫如州長；四百里、五百里，其大夫如縣正，義或然也。然邦甸亦謂之州。《司馬法》『二百里曰州』是也。邦縣亦謂之都，《載師》所謂『小都』是也。邦都亦謂之畺，《載師》所謂『畺地』是也。此周制也。周九服，侯在畿外，夏則五服，甸在畿內。

宋・王昭禹《周禮詳解》卷二五《司馬》 天地之大而裂爲四方，四方之遠而裂爲九畿。其內外有制，其遠近有辨，其封域雖不同，而所以服王之事，則一而已。故九畿又謂之九服，畿言其有界畫，服言其服王事也。九畿之籍，則以其界畫，書而載于籍也。經界既定，然後政官所以推而行之者，其職可施，于是乎有以服邦國矣。九畿之籍，以正其封疆爲主。《書》之圻父薄違，《詩》之祈父刺宣王，皆指司馬而言之也。凡言國者，皆諸侯之國也；所謂施邦國之政職者，諸侯之國也；所謂千里曰國畿者，則王國而已。天子之畿千里，以天事言之，則所以象日月之晷也；以人事言之，則不千里不足以待諸侯也。自國畿之外，以封諸侯者，皆以五百里爲限，而命名皆有義焉。侯畿者，以言扞外而蔽內者也；甸畿者，以言井牧其地，什伍其民也；男畿者，以言致力而事上也；采畿者，以言服事以奉王也；衛畿者，以言奮力而衛內也。自侯畿謂之中國，所謂疆以周索也。蠻以言其慢，夷以言其易，鎮則如四鎮之鎮，以安鎮中國爲主也。蕃則如藩屏之藩，以屏蔽中國爲主也。自蠻畿至蕃畿，謂之四夷，所謂疆以戎索也。以《禹貢》考之，方千里曰國畿，則《禹貢》所謂甸服也；甸服面五百里，則爲方千里矣。蓋面，畿徑言之而方以折計之故也。其外方五百里曰甸畿，則《禹貢》所謂侯服也。以下蓋皆見《新經》，蓋時異事異，故其制名與其多寡之數，亦不同矣。且《禹貢》自甸服至荒服，凡五千里而已，故《書》曰『弼成五服，至于五千』。以《周官》考之，而五服之外又有蕃畿，則周公之時，廣斥其地，復增五百里。蓋周盛時，物蕃人庶，過于堯舜夏商之世，不得不然。其制聖人豈好異哉？時焉而已。

又 卷二九《職方氏》 大司馬謂之九畿者，以施邦國之政職，正其地之大小爲主故也。《職方氏》謂之九服者，以制職貢賦之服王事爲主故也。惟其施政職，正其地之大小，故謂之國畿，以別於邦國之畿也；惟其制職貢使之服王事，故謂之王畿，以言其小大相維，莫不屬於王也。凡邦國千里，封公以方五百里則四公，至方百里則百男者，蓋邦國有正封之地，有廣封之地。公侯方百里，伯七十里，子男五十里，此正封也。諸公之封疆方五百里，侯四百里，伯三百里，子二百里，男方百里，此廣封也。職方氏兼廣封之地而計之，故與大司徒以土圭土其地而制其域同也。夫禹之治水，弼成五服，至于五千，而《禹貢》自甸服至荒服五服，各面五百里，則凡方五千里矣。《周官》之制，自王畿千里之外，由侯服以至藩服，皆方五百里而已。以邦國千里之地而以開方言之，則方千里者爲方百里者百，故封公以方五百里則四公，蓋方五百里則面二百五十里，而四公之地凡面一千里也。方四百里則六侯，而六侯之地凡面一千二百里；方三百里則七伯，而七伯之地凡面千五十里；方二百里則二十五子，而二十五子之地凡面二千五百里；方百里則百男，而百男之地凡面三千五百里矣。合五等之國，其地方面方有七百五十里，則千里之地開方，爲方百里者百，然後足以容之也。然《王制》言百里之國三十，七十里之國六十，五十里之國百有二十，凡二百一十國，而與《周官》之制不同者，蓋《王制》所言者，夏商之制也。以周知天下者以一千里度之，則天下之地可以周知矣。凡邦國小大相維者，使小事大，大比小，則相維屬而不散也。王設其牧，則凡州之牧，所謂『建牧立監，以維邦國』者，謂此也。制其職各以其所能，則不強其所不能也；制其貢各以其所有，則不責其所不有也。

又 卷三三《大行人》 自侯服歲一見，至于要服六歲一見，以遠近爲之疏數之節也。自要服以上，所貢有常物，而蕃國則各以其所貴寶爲摯者，詳于治內而略于治外也。《郊特牲》曰旅幣無方，所以別土地之宜而節遠邇之期也。土地之宜在物，而遠邇之期在人，然則六服之法其見有六歲之差，其貢有六物之異。六物之異，所謂別土地之宜也；六歲之差，所謂節遠邇之期也。然則《書》之《周官》言王撫萬邦，巡侯甸，四征弗庭，綏厥兆民，則曰六服羣辟，莫不承德；至于訓迪厥官，則曰六年，五服一朝。蓋六年，五服一朝者，以侯、甸、男邦、采、衛言也；六服羣辟，罔不承德者，兼要服而言之也。先王之制中國五服而《周官》言六者，蓋近中國之夷狄承德，則國家間暇，可以明政刑之時也。方是時也，四征弗庭，其治未若制禮之際爲已備矣，故其限朝，止于五服而已。《周官·行人》于六服之見則及于要服者，則其治爲尤詳于四征弗庭之時也。近中國之夷狄，非特承德而又能入貢以來見焉，則制禮以致太平者，此其極也。然周制每歲則一服入見，故更六年而五服各一朝也。此《行人》所以言衛服五歲一見，而《書》之《周官》所以言五服一朝之意焉。

宋·鄭樵《六經奥論》卷六《周禮經·五服九服辨》　《禹貢》有五服，各五百里，是禹之時，地方五千里。《職方》有九服，亦各五百里，并王畿千里，則周之時，地方萬里矣。五服、九服之制雖若不同，詳考制度，無不相合。禹之五服各五百里，自其一面而數之；《職方》九服各五百里，自其兩面而數之也。周之王畿，卽禹之甸服，各方千里。《禹貢》之甸服五百里，據一面而數之；周畿千里不在九服之內，王畿之外定制爲九服，各五百里，以兩面相方而數之。大抵周之王畿卽禹之甸服，周之侯、甸卽禹之侯服，周之男、采卽禹之綏服，周之衛、蠻卽禹之要服，周之鎮、夷卽禹之荒服。大率二畿當一服，而周人鎮服之外，又有五百里藩服，去王城二千五百里，乃九州之外，地增於《禹貢》五百里而已。故《行人》之職其言九州之外，謂之藩服；則九州之外，又有五百里之藩服，明矣。且《禹貢》五服而止，周人必加以五百里藩服，何也？求之《禹貢》，亦莫不然。《禹貢》既叙五服，又曰『東漸于海，西被于流沙，朔南暨聲教，訖于四海』，是九州之外地也。又如《益稷》曰：『弼成五服，至于五千，州十有二師，外薄四海，咸建五長』，謂四海之外，各建諸侯爲之長，豈非周之藩服乎？詳考制度，無不相合；求之里數，未始不同。

先儒有禹加弼百里之説，周斥大封疆之説，後人又爲圖以實之，皆考古未精耳。然《尚書》之《周官》，《周禮》之《行人》，又有『六服承辟』、『六服一朝』之文，何也？蓋王巡守及於六服，六服之外夷服、鎮服，卽禹之荒服；言六服則不及夷、鎮，言九州之內則不及藩服，明矣。如此，不特見二畿當一服，藩服當四海之外；今制而爲圖，則周之王畿有鄉、遂、稍、縣、都，卽禹之甸服納總、銍、秸、粟、米之地也；周之侯服，卽禹采、男之地；周之甸服，卽禹諸侯之地；周之男服，卽禹揆文教之地；周之采服，卽禹奮武衛之地；周之衛服，卽禹三百里夷之地；周之要服，卽禹二百里蔡之地；周之夷服，卽禹三百里蠻之地；周之鎮服，卽禹二百里流之地；周之藩服，卽禹九州之外地。此係《周禮》第一疑，難考之。《禹貢》分毫，皆合見圖。

又《六服朝禮》　元年侯，二年侯、甸，三年侯、男，四年侯、甸、采，五年侯、衛，六年侯、甸、男、要，七年侯，八年侯、甸、采，九年侯、男，十年侯、甸、衛，十一年侯，十二年王巡守。自甸服以下計之，元年、七年、十一年惟侯服朝，五典並無朝禮。鄭氏謂：於此年諸侯各使其大夫來殷頫也。案《尚書》、《王制》云：六年，六服一朝，乃朝於京師；又六年，王乃巡守，諸侯各朝於方岳，是朝於巡守之所；然《周禮》有春朝、夏宗、秋覲、冬遇之名，何也？蓋來以春則曰朝，來以夏則曰宗，來以秋則曰覲，冬亦然，猶漢法春曰朝，秋曰請，吳王春不朝，使人爲秋請之禮是也。

宋·林之奇《尚書全解》卷一一《禹貢·五百里甸服》　若以虛空鳥路方直而計里數，則古無此理。以某觀之，山川不出《禹貢》分域而得有里數倍加者，古今之尺不同耳。《王制》曰：古者以周尺八尺爲步，今以周尺六尺四寸爲步。古者百畝，當今東田百四十六畝三十步；古者百里，當今百二十一里六十步四尺二寸二分。蓋古今步尺長短盈縮，隨世不同，故其里數廣狹亦異。此《王制》所載，但是自周初至於戰國數百年間，而其所差已如此。竊謂《職方氏》之九服所謂五千里者，卽《禹貢》五服所謂五千里。漢之山川，除武帝開闢四夷所載武威、酒泉、南海、蒼梧數十郡之外，其他州郡皆《禹貢》五服之地。禹之聲教，東漸于海，西被于流沙，朔南暨聲教，訖于四海，是其要荒之所暨，則皆已至於極邊之地。縱使後世人君能於《禹貢》五服之外開拓邊境，其所得者，不過磽确不毛之地，得之無所益，失之無所損者。周公曰：『其克詰爾戎兵，以陟禹之迹，方行天下，至於海表，罔有不服』。所貴乎詰戎兵者，不過陟禹之迹而已。其或甘心於禹迹之外，以開拓邊境，增廣分域者，是皆出於好大喜功而爲之也。故王者之疆理天下，將欲制爲京師、諸夏、夷狄之辨者，當以《禹貢》之書爲正。

宋·呂祖謙《左氏傳續説》卷二《桓公》　古者所謂甸，亦有兩般：有畿甸之甸，有侯甸之甸。《禹貢》曰『五百里甸服』，此是畿甸之甸。《周禮・職方氏》曰『乃辨九服之邦國，方千里曰王畿，其外方五百里曰侯服，又其外方五百里曰甸服』，此是侯甸之甸。如周襄王謂『規方千里，以爲甸服』，鄭子產謂『列卑而貢重者，甸服也』，此皆是以王畿爲甸。世俗習熟，多呼畿爲甸，正合《禹貢》之制。如師服謂『今晉，甸侯也』，子產謂『曹爲伯甸』，此謂是晉以諸侯而在甸服，曹以伯爵而居甸服，正合成周之制。今晉師服曰：『晉，甸侯也，本既弱矣』。師服指甸地以爲本弱，則此甸在侯服之外可知。蓋去王畿既遠，故其地小。古者大率地近畿者，土廣而貢重；地遠畿者，土狹而貢輕。何故？舊時海島之地，亦有十里之國，以此見愈遠處愈小。侯服近畿，想侯服之地必多於甸地也。子產曰：『鄭伯，男也，而使從公侯之貢。』公侯伯子男，古者分土爲三，只有此三等：公侯一等，伯一等，子男一等。公侯一等，其貢重；伯一等，其貢稍輕；子男一等，其貢又輕。今鄭伯男也，使之從伯本等之貢，已爲重矣，又使之出公侯之貢，則豈不甚重？觀此兩句，最見得古者『分土爲三』一句分明。

宋・唐仲友《帝王經世圖譜》卷八《司馬九畿之圖》 堯命禹治水，弼成五服，自王畿而至荒服，面各二千五百里。九州之境，方五千里，爲方千里者二十五；九州之外，東漸西被、朔南曁聲教者，不在五服之內，則與九州之法實同，無毫釐差矣。學者惑于五百里之說，謂周公斥大封域，九州之界方七千里，非也。又謂夷、鎮皆在九州之外，亦非也。或謂周之境廣於《禹貢》五百里，雖稍異於鄭氏，亦未盡知《禹貢》也。若如二說，則不惟不與《禹貢》合，《周官》既言六服，又言五服；祭公謀父，周人也，不言五服，何哉？蓋九服、五服，一也。自《禹貢》一面言之，率五百里限；《周禮》以二面言之，率以二百五十里爲限，則自鎮畿而內，二畿而當一服，與『弼成五服，至于五千』無纖毫牴牾者，周公祭公之說亦不待釋而明矣。惟蕃畿在九州之外，卽所謂『東漸西被、朔南曁聲教』者也。《周官》以二百五十里率之，亦非地域止于此也。夷、鎮尙在九州之內，以其荒服，使之終王各摯所寶，同于蕃國，《行人》之言與《周官》六服合矣，不謂夷、鎮卽在九州之外也。

然則商制如何？曰：《詩・頌》曰『邦畿千里，惟民所止，肇域彼四海。』自邦畿至四海，知其與《禹貢》、《周禮》同制也。又曰『自彼氐羌，莫敢不來享，莫敢不來王。』中舉來享，外舉來王，知其與祭公之言合也。況作《康誥》之初，《周禮》未制，已言侯、甸、男、邦、采、衛，則周因商禮，其可知矣。然則《王制》言四海之內九州，州方千里，四海之內斷長補短，方三千里，說者謂商之制，有諸乎？曰：《王制》，漢文帝博士所作。自春秋而降，四夷交侵，中國之境土褊矣。《王制》采六經而作，欲行諸當時，此乃據所見境土言之，豈商制哉？方五千里，爲方千里者二十五，由堯迄周，無異制也。況《禹貢》五服，自侯服而外，已有百里、二百里、三百里之別，與周九畿何異哉？今具圖以見《禹貢》、《周禮》、祭公所言皆同制，并畿內郊、甸、稍、縣、都納總、銍、秸、粟、米之制，具著焉。

又 卷八《司徒建王國之圖》 王畿方千里，面五百里。王城之內謂之國中，廛、里任焉，六鄉之民所居也，其賦曰邦中之賦。五十里爲近郊，鄉田之外，場圃、宅田、士田、賈田任焉；百里爲遠郊，鄉田之外，官田、牛田、賞田、牧田任焉。其賦曰四郊之賦，其獄則鄉士治之。二百里爲甸，六遂在焉，餘爲公邑。其賦曰邦甸之賦，遂獄在四郊，遂士治之。鄉、遂皆出軍，乘馬之法，始于公邑。以甸法在焉，故曰邦甸。公邑之獄，縣士治之。三百里爲稍，家邑任焉，大夫與王子弟之尤疏者所食采地也，其賦曰家稍之賦。稍、削，皆小之稱，言采地之小者也。四百里爲縣，小都任焉，卿與王子弟之疏者所食采地也，其賦曰邦縣之賦。五百里爲畺，大都任焉，公與王子弟之親者所食采地也。其賦曰邦都之賦，都家之獄，方士治之。三等采地之餘，皆爲公邑。《孟子》言天子三公受地視侯，卿受地視伯，大夫受地視子、男，此家削、小都、大都之等差也。受地不得視司徒邦國之封疆，視其百里、七十里、五十里之田而已。都鄙制以室數，而出賦以邱乘，則采地之大者，其民不過六萬夫，其兵不過百乘，較之外諸侯，其勢相什；自稍至都，近者愈小，遠者愈大，防微杜漸之意深矣。《禹貢》百里納總，二百里納銍，三百里納秸服，四百里粟，五百里米，率以百里爲差，此王畿出賦輕重之法也。郊有遠近，以別任地之征；都有小大，以明采地之等。曰四郊以見四面相似，曰家削以別公邑，小都曰縣，合縣而成都，大都曰畺，在國之境也。自公邑至于大都，通謂之都鄙，兼君子、野人所居而言之也。

宋・羅泌《路史》卷二九《國名紀六・三皇之世》 孟子曰：『海內之地，方千里者九。』古之天下，方三千里止矣。五千里者，古今盛衰、山川萊藪之通數也。周世九服，號七千里，而《職方》藩畿，爲方萬里。斯亦末記之敝。王畿所止，亦曷嘗千里哉？宗周八百，成周六百，此以百同度計言之，故子思曰：天子封畿千里，公、侯百里，伯七十里，子、男五十里，虞夏商周之常制也。畿，門域也，非所謂王圻者也。《周官》、班固蓋因《玄鳥》之詩而失之，不知《玄鳥》所云，正以謂門畿內，而其所謂千里者，特徑度三十一里半而強耳。公、侯之畿，徑度十里，伯畿八里半而弱，子、男七里而強，又奚以宗周八八、成周六六而合於百里者百哉□？

古者九州，特亦以概率者。《王制》之言四海之內斷長補短，方三千里。此概率約也。五服之制，王城之外甸、侯、綏服，面千五百，已盡九州三千里地。要、荒二服，綴九州外，其數然也。而況九州面距不齊，自恆山距南河，東河抵西河，爲各千里，此則圻內甸服所建；然自東河至東海，西河至流沙，南河至江，亦各千里。南、西二方，侯、綏所建，外爲要荒，可矣；而東距海，要荒已無容繫。北距恆山已接邊陲，雖侯、綏，有不得而立。惟南自江至於衡山，更越千里，則要、荒二服亦並在九州內；而自衡山南盡揚域，且復千里，未汔南海，悉爲荒外。南爲太贏，北爲太朒，則知先王之制必有圓法，豈至説者之拘哉？

周之西都，今之關中，而東都則洛陽也。二都地踞南山之陰、北山之陽，東西長，南北短，短長相補，猶不能以千里今古不變；而《禮》：王畿四方相距，爲方千里。遠郊近郊，甸地稍地，小都大都，率相距爲百里。豈千里之方所能容哉？固知畿服諸説，有匪圓通，上世必有除補相乘之道爲疆理之定制者。方隋盛時，東南並海西、且末、北五原，東西九千三百，南北萬四千八百一十五。唐文皇時，東極洋海而抵焉耆，九千五百一十；南盡林州，北延陀，萬六千九百一十八。茲亦人迹逐曲所計，而步畿之法取之虛空鳥道，揆以日景而參之乎圭表，其於人跡迂直，大約三而去一，萬五千之折，正亦五千而已。《王制》之言，惟其大約也。

又《夏世侯伯》 堯禪舜，禹爲司空，平水土，弼成五服，至於五千，方以爲國，五國有長，長有師，十長而一師，師五十國，州十有二師，州有牧，牧稟命於上京，外薄四海，咸建五長。五百里以爲甸，甸之外率五百，以爲侯、綏、要、荒。侯服之內，采、男、諸侯之所隸也。綏服之內，以揆文教，以奮武衛。要服之內，夷、蔡屬焉；荒服之內，蠻、流屬焉。侯、綏之內，八州所布，州六百國；要、荒之內，惟不悉建，隨地而區。甸服親事，時時而見；侯服歲朝，綏服再歲而朝；要三荒四，四歲而天下諸侯畢一朝。一朝則天子時巡，東漸于海，西被于流沙，朔南暨聲敎。小大之國，內外之侯，三正所用，蓋七十有餘國。嗟乎！塗山之會，贄玉帛者萬國。其君長世及，不知其幾侯伯也。其可見于《國名紀》者，如此而已。令名醜行，均寂滅而無餘矣，況流風善政之欲知乎？

宋・黎靖德編《朱子語類》卷八六《周禮・秋官》 問：《周禮》五服之貢，限以定名，不問其地之有無，與《禹貢》不合，何故？曰：一代自有一代之制。他大槩是近處貢重底物事，遠處貢輕底物事，恰如《禹貢》所謂納銍、納秸之類。

宋・程公説《春秋分記》卷二五《疆理書第一・王畿總説》 武王克殷，都于酆鎬而定鼎於郟鄏。至成王在豐，使召公先相宅，卜澗水東，瀍水西，而營洛邑，是爲王城。郟鄏，陌名。漢孔安國云：王城，今河南城。周靈王時，穀、洛鬬，毁王宫，則《左傳》齊莊公遣師城郟是也，在今城之西。周公往營成周，卜瀍水東，亦惟洛食，遷殷頑民居之。孔安國云：將定下都，遷殷頑民，故併卜之。蓋雍州、豫州地也。《禹貢》：『黑水西河惟雍州。弱水既西，涇屬渭汭，漆、沮既從，灃水攸同。荊、岐既旅，終南、惇物，至於鳥鼠。厥土黃壤。浮於積石，至于龍門西河，會于渭汭。』『荊、河惟豫州。伊、洛、瀍、澗，既入于河。滎波既豬，厥土惟壤，下土墳壚。浮于洛，達于河。』《周禮・職方》：正西曰雍州，河南曰豫州。在天文，雍則鶉首之次，東井、鬼之分，辰居未宫，曰巨蟹；豫則鶉火之次，柳七星、張之分，辰居午宫，曰師子。初，酆鎬與洛邑通封畿，酆鎬地方八百里，八八六十四，爲方百里者六十四；雒邑地方六百里，六六三十六，爲方百里者三十六。二都得方百里者百，而得方千里者十。東西長，南北短，長短相覆爲千里。及幽王時，犬戎作亂，西周方八百里之地盡失而屬于秦，平王因此自豐鎬遷居雒邑，則東周之始王也。其後敬王與子朝爭立，出奔晉。定公使魏舒率諸侯之大夫會於翟泉，城成周而居敬王。今在洛陽城東三十餘里故城，則周下都也。然成周是王城下都之總號，故《左氏傳》曰：萇弘云：西王天棄之，東王必大克。時子朝居王城，故曰西王；敬王居翟泉，在王城東，故曰東王。孝王封其弟桓公於河南，以續周公之官職，至孫惠公，乃封少子於鞏，號東周惠公。王赧立，東西周分治，又徙都西都，則王城也。其俗雍州之地，厥田上上，鄠、杜之饒，號稱陸海，民義而健。荆、河之間，四方輻輳，故周人善賈，趨利而纖嗇。李巡云：豫者，舒也，言稟中和之氣，性理安舒。大抵宗周被山帶河，四塞爲固，可守可攻；雒邑土中，風雨所交，四通八達，不恃險害。然皆非有德不王。

宋・曹彦約《昌谷集》卷一四《井田分畫序》 建國之法，取其方而易制，故鄭康成以『井』字爲解，而王荆公亦以『國』字爲説，惟取其方也。是故每以方而周其外，今且疊而言之。王城方九里，其外凡二節，每節五十里。自王城直度近郊，凡五十里，近郊凡百里；自近郊直度遠郊，五十里，遠郊方二百里，以行六鄉之法。其外凡四節，每節百里。自遠郊直度甸，百里，甸有三，非『四丘爲甸』與『甸服』之謂也，以行五遂之法，甸方四百里。自甸直度稍地，百里，稍方六百里，始雜以井田助法。自稍直度縣，百里，縣有二，非《遂人》『五鄙爲縣』之謂也，縣方八百里。自縣直度都，百里，都方千里，亦謂之畺。自是以上，謂之王畿。縣之外直度百里，凡三十有八同，總謂之都，亦謂之畺。畺者，所以爲王畿千里之限也。畺之內，每以小都者四，加至方百里，爲大都。天子之三公與親王子母弟，各食其一焉，亦在九十三國數中。以百里四分之，以一小都之稅入於王而食其三。大都之外有公邑，用貢法；貢法之外，亦有口出泉，所謂邦都之賦者。此則直度五百里之內，方千里之地也。

宋・陳埴《木鍾集》卷五《書》 《禹貢》既分天下爲九州，又分爲五服，莫是分州爲貢賦設，建服爲諸侯朝見設。古以封建治天下，分州以爲經，分服以爲緯。每州爲二百一十國，有方伯連帥以統之，此其經也；至其朝也，則不論州而論服，若各隨道里遠近爲疏數之限，因四方而分四時，此其緯也。經緯之分錯，所以相持而法難壞。

夏五服，周六服，《周官》九服，見於經者如此漸開漸廣，更復何説？觀《禹貢》説『朔南暨聲教』一句，可見止及其所可及耳。然聲教則無遠不被，雖蠻貊之邦行矣，故云『訖于四海』。

宋・傅寅《禹貢説斷》卷四《五服辨》 按周制，王畿地方千里；而班固《地理志》言雒邑與宗周通封畿，地東西長而南北短，短長相覆爲千里。顔師古釋之曰：宗周，鎬京也，方八百里，八八六十四，爲方百里者六十四。雒邑，成周也，方六百里，六六三十六，爲方百里三十六。二都得百里者百，方千里也。余以周公營雒之制考之，王城爲東都，雒陽爲下都，皆畿內地也。平王東遷，卽東都也，豈侵諸侯之域哉？由是觀之，見班氏、顔氏之言不誣也。或曰邦畿千里，謂方千里也；今而曰短長爲千里，則開方之法非邪？曰：凡古之制畿封國，皆以開方言者，直圖籍記畫之體然耳。要其度地部封，大抵皆因地勢所宜而制其境，不必皆正方也。堯都平陽，雖在南河之北，而其畿所通，當越河而南者多矣。如其必以冀州千里正方爲畿，則林氏之所疑者當不可釋，而先王疆理之政，竟爲不可通耶？此學所繫非小，正儒者所宜用心，宜相與共推之，不可畏其難而以爲不必論也。予請試言之：鎬京與雒邑通封疆，周畿之制也；南亳與西亳通封疆，商畿之制也。豈二代創爲此哉？宅中而正，從古然也。故堯都平陽，而甸、侯、綏三服四面各千有五百里，非其畿內越河以洛爲朝會之地，則何由而得方三千里之中乎？林氏之致疑于此，好學莫加焉。請試釋以予之説，則是非之定否，當必有決之者矣。

林氏曰：先王疆理天下，以綏服二百里爲奮武衛之地，謹華夏之辨，此眞萬代不易之法也。林氏此論當矣，而余觀其論《舜典》所謂蠻夷猾夏，則曰此非境外之蠻夷，舜之世，九州之內蓋有蠻夷，與吾民錯居境內。冀、揚州之島夷，青州之萊夷，徐州之淮夷，梁州之和夷是也。惟其與吾民雜居之境內，而能肆爲侵暴，以爲吾民之害，于是使皋陶辨華夷內外之分，以法繩治，而特取其尤桀黠者而誅之耳。夫先王謹華夷之辨，見於綏服奮武衛之制，截然不可侵紊，如此顧何從而有境內之夷乎？林氏之説自相矛盾如此，蓋見春秋以來中國有戎，故雜疑信之心而或爲是説焉耳。程氏之論，大抵牽強支離，與經不合，則由其五服之制，講之未明故也。學者知林氏之失，則知程氏之失。

《王制》言四海之內，方三千里，正與《孟子》所謂『海內之地，方千里者九』同也。較之《禹貢》止得爲三服，而要、荒實爲九州之外，甚明也。觀《禹貢》所叙九州之境，自亦可見。海岱惟徐州，東至海也。導弱水至流沙而止，導黑水逕三危而南，三危流沙，地嚮正爲相比，今而曰黑水西河惟雍州，則是西至流沙無疑也。荆及衡陽惟荆州，南至衡山也。冀州雖不言所至，而治水極於恆、衛。恆水出恆山，衛水又出其南耳，則是北至恆山無疑也。以此細考，則九州之内止三服，而要、荒實在九州之外，所以别其爲夷、蠻也。吴氏以九州之内方五千里，誤矣。漢以來道理殊絶，非惟尺步不同，而屈曲方直所量亦異；又要荒之外有所增闢，宜其不與《禹貢》、《孟子》、《王制》合也。吴氏之説，大抵支離未當，余故一爲決之。

宋·蔡沈《書經集傳》卷二《禹貢》 今按每服五百里，五服則二千五百里，南北東西相距五千里，故《益稷篇》言『弼成五服，至于五千』。然堯都冀州，冀之北境幷雲中、涿、易，亦恐無二千五百里；藉使有之，亦皆沙漠不毛之地，而東南財賦所出，則反棄于要、荒，以地勢考之，殊未可曉。但意古今土地，盛衰不同。當舜之時，冀北之地未必荒落如後世耳，亦猶閩、浙之閒舊爲蠻夷淵藪，而今富庶繁衍，遂爲上國。土地興廢，不可以一時槩也。周制九畿，曰侯、甸、男、采、衛、蠻、夷、鎮、藩，每畿亦五百里，而王畿又不在其中，併之則一方五千里，四方相距爲萬里，蓋倍禹服之數也。《漢地志》亦言東西九千里，南北一萬三千里，先儒皆疑禹服之狹而周漢地廣。或以周服里數，皆以方言；或以古今尺有長短；或以禹直方計，而後世以人迹屈曲取之。要之皆非的論。蓋禹聲教所及，則地盡四海，而其疆理，則止以五服爲制；至荒服之外，又别爲區畫，如所謂『咸建五長』是已。若周、漢，則盡其地之所至而疆畫之也。

宋·葉時《禮經會元》卷二下《封建》 《大司馬》曰：以九畿之籍，施邦國之政職。王畿千里，自其外方五百里曰侯畿，自其外方五百里曰蕃畿。畿者，以限制畿疆言之也。《職方氏》曰：辨九服之邦國，王畿千里，自其外方五百里曰侯服，至其外方五百里曰蕃服。服者，以服事天子而言也。王畿千里之外，九畿有四千五百里，似與《尚書》五服五千之制不同。然細考之，堯之五服，本二千五百里，一服各弼以五百里，凡二千五百里，故曰弼成五服，至於五千。至周人分爲九服，堯之百里男邦，今爲男服；百里采，今爲采服；二百里武衛，今爲衛服；百里蠻，今爲蠻服；百里夷，今爲夷服。其名雖存，其制則異。故九服合王畿而言之，與《尚書》特差五百里爾。以此見地域廣狹，自唐虞以來未有大異。漢儒謂周公斥大土宇之言，不足信矣。夫四海之内，方千里者九。州方千里，一州二百一十國；八州八千里，凡千六百八十國。合王畿千里之内九十三國而言，共一千七百七十三國，而附庸之國不與焉。《大行人》則曰邦畿千里，自其外五百里侯服至要服，乃在九州之内；變『蠻曰『要』，是此一服，特要束之耳。夷、鎮、蕃三服，謂之蕃國，乃在九州之外。若是則九州之内，只容六服，通王畿僅四千里，《尚書》之五服何以謂之五千？《王制》之九州何以謂之九千？蓋《尚書》比《周禮》，以直計之。案安國釋五千之説，以爲兩面相距，此乃漢儒之説。《王制》漢儒所作，以一州之地言之，九州之地合九千里；若以相距言之，則四千五百里爾。以王畿九服直計之，凡五千五百里，則六服在内，三服在外矣。三服在外，非是純不屬九州，以其在外地，故曰九州之外，不可以中國之法繩之。《書》曰六服羣辟，罔不承德。又曰六年，五服一朝。言五服，則要服亦不常，是以《武成》叙諸侯之助祭，《洛誥》稱諸侯之和會，《康王之誥》陳諸侯之聽命，正言五服爾。

宋·陳大猷《書集傳或問》卷下《周官》 或問：『六年，五服一朝』，與《周禮》不同？何也？《周禮·行人》：侯服歲一見，甸服二歲一見，男服三歲一見，采服四歲一見，衛服五歲一見。曰：《周禮》所謂侯服歲一見，謂第一歲一見也；甸服二歲一見，謂第二歲一見也；男服三歲一見，謂第三歲一見也；采服四歲一見，謂第四歲一見也；至第五歲而衛服一見，至第六歲則皆休息，正是『六年，五服一朝』也。諸儒疑之，過耳。

《左傳》所載，又與《周禮》不同，何也？昭十三年：晉人將尋盟，齊人不可。叔向告於齊曰：明王之制，使諸侯歲聘以志業，間朝以講禮，再朝而會以示威，再會而盟以顯昭明。曰：叔向所言，乃諸侯自相會盟之禮，猶《小行人》所謂凡諸侯之邦交，歲相問，殷相聘，世相朝云耳，非諸侯朝王之禮也。

宋·羅璧《識遺》卷七《服食爲本》 禹别九州，冀爲王都，獨不言貢篚；近王畿曰甸服，甸爲天子治田賦，專出穀。蓋王畿地大人衆，四方根本所在，急在衣食，故畿内百里納總，禾本全也。二百里納銍，刈禾曰銍。三百里納秸服，半藁去皮。四百里粟，五百里米：凡以食爲重也。兖、豫、青近王畿，兖貢蠶絲，豫貢絺紵纖纊，青貢鹽絺絲枲：凡以衣爲重也。餘州之貢寶玉玩好而已。《洪範》八政，先食、貨。《豳·七月》，周公陳先公風化；《公劉》，召康公戒成王以民事，皆諄諄農務。以此見王者富有天下，亦不可一日忘情於衣食。

宋·王應麟《通鑑地理通釋》卷一《歷代州域總叙上·五服》 甸、侯、綏、要、荒。葉氏云：禹制五服，每服率五百里，而王畿甸服在其内，則一方爲二千五百里，東西南北相距各五千里，此所謂『弼成五服，至于五千』者也。至周而益爲九畿，每畿亦五百里，而王畿又不在内，則一方爲五千里，南北東西各萬里。周之地，果如是廣乎？學者求其説而不得，故鄭氏以堯舊服五千里，至禹治水之後又增其倍，謂《禹貢》所記爲舊服所增之數，以與周制合。又謂周公攝政，斥大九州之境，故五等諸侯之封，大者增其五之四，小者增其十之五。此皆矯妄不經，無所取信。以《周官大司馬》九畿之籍考之，方千里曰國畿，其外亦皆以方言，方者謂四方也，四方環之爲千里，徑數之，每方當止爲二百五十里，則周之畿爲儉於禹矣。

林氏云：以《王制》考之，堯都冀州，自恆山至南河千里，自東河至西河千里，此畿内千里，卽甸服也。自東河至東海千里，自西河至流沙千里，此千里建五百里侯服，五百里綏服，而東海流沙之外，則爲要、荒，誠合經之所載。至於南北，則有盈縮焉。以北考之，冀之北距恆山已接於邊陲，其間何以容二千五百里之侯、綏、要、荒哉？以南考之，自南河至江千里，已建侯服、綏服矣；自江至衡山千里，則要、荒二服又在九州之内矣。然自衡山至南海又千里，揚州之境且南距海，則九州且包乎要、荒之外。是以南考之則太盈，以北考之則太縮，實疑而未知其説，意其必有乘除相補於其間也。

應氏云：自秦而上，西北袤而東南蹙；自秦而下，東南展而西北縮；古今之疆理，天地之大運，中國夷狄之消長，大略可見。當先王盛時，東西南北各有不盡之地，蓋聽四夷居之，不勞中國以事外也。若《禹貢》之東漸西被，而朔南咸暨，特其聲教之所及，非必貢賦之所限也。故外薄四海、弼成五服、至于五千者，此區域之大數而疆理之略者也。四海之内斷長補短、方三千里者，此民田之大數而疆理之詳者也。觀於曰『内』曰『外』二字，而治之詳略可知矣。

王氏曰：舜之五服，侯、甸、綏三服在九州之内；要服有夷，荒服有蠻，在九州之外。成周九服，侯、甸、男、采、衛、要六服在九州之内，夷、鎮、蕃三服在九州之外。

又《九畿九服六服五服》 大司馬九畿，方千里曰國畿，其外侯、甸、男、采、衛、蠻、夷、鎮、蕃。職方氏九服，方千里曰王畿，其外侯、甸、男、采、衛、蠻、夷、鎮、藩。大行人邦畿方千里，其外侯、甸、男、采、衛、要服，九州之外謂之蕃國。周官六服，羣辟罔不承德。六年，五服一朝。《周語》祭公謀父曰：先王之制，邦内甸服，邦外侯服，侯衛賓服，蠻夷要服，戎翟荒服。甸服者祭，侯服者祀，賓服者享，要服者貢，荒服者王。日祭，月祀，時享，歲貢，終王，先王之訓也。

葉氏曰：禹别九州，制天下爲五服，王畿在其内。周公分天下爲九畿，而王畿不與，以侯、甸、男、采、衛之在中國者爲五服。言罔不承德則舉六服，合王畿言也，言六年一朝則舉五服，别諸侯言也。鄭氏以殷之大界方三千里，以開方計之，方千里者九，其一爲縣内，餘八各立一州，合内外總爲千七百七十三國。周公復唐虞之地，分五服爲九，其要服之内，方七千里，意以夏末既衰，中國之地爲四夷所侵，至周方能復之。今考於《禹貢》，所謂五服皆五百里爲别，則是要服之内通於四面，距中國之地乃方三千里，達於荒服止於五千里。康成既以殷之大界方三千里矣，固合於《禹貢》中國之地，而謂四夷所侵者，果何地也？周公雖斥大九州之界，而地加於《禹貢》者纔五百里。今《職方氏》分九州之邦國，方千里爲王畿，自侯、甸、男至于采、衛，皆方五百里，是五服之地，方二千五百里，合王畿計之，方三千五百里；由三千五百里分之，合四面相距，方七千里，迺康成所謂要服之内也。蓋《禹貢》所謂要、荒，卽《周官》所謂蠻、夷、鎮、蕃。通要、荒而合於《禹貢》中國之地，則唐虞、夏殷之時，中外凡方一萬里；通蠻、夷、鎮、蕃而合於《周官》，則周公之時，中外凡萬一千里。以其一千里之多，是以周公斥大封疆纔五百里。康成不知異同在此，而唯見要服之内方七千里，乃牽左氏『執玉帛者萬國』之説，而謂唐虞之時，非七千里不能容之；且《仲虺之誥》言『表正萬邦，纘禹舊服』，則是湯之時，固有萬國矣。所謂大界三千里者，何以能容之也？然則九州之内千七百七十三國，未必殷制。

王氏曰：『畿』言其有界畫，『服』言其服王事。六年五服一朝者，以侯、甸、男邦、采、衛言也；六服羣辟罔不承德者，兼要服而言之也。先王之制中國五服，而《周官》言六者，蓋近中國之夷狄承德，則國家閒暇，可以明政刑之時也。方是時也，四征弗庭，其治未若制禮之際爲已備矣，故其限朝，止於五服而已。《周官·行人》於六服之見則及於要服者，則其治爲尤詳於四征弗庭之時也。近中國之夷狄非特承德，而又能入貢以來見焉，則制禮以致太平者，此其極也。

鄭氏曰：要服，蠻服也。九州之外，夷、鎮、蕃服也。陳氏曰：衛服之外，聖人雖制之服，而不必其來，故《武成》、《洛誥》、《康王之誥》止言五服。

易氏曰：禹之五服，則計其一面之數；周之九服，則計其兩面之數。禹之甸服，千里而止言五百里，是計其一面者也；周之王畿與禹之甸服同，不言五百里而兼言千里，是計其兩面之相距者也。蓋禹之五服，王畿在内，王畿千里而兩面各五百里，數其一面，故曰五百里甸服。自甸服至荒服，皆數其一面，每面各五百里，總爲二千五百里；兩面相距，則凡五千里。《職方氏》所載，則王畿不在九服之内，自方五百里之侯服至於方五百里之蕃服，其名凡九，九服每面各二百五十里，通爲二千二百五十里，兩面相距則通爲四千五百里，并王畿千里，則通爲五千五百里，其增於禹者，五百里之蕃服耳。然周之蕃服雖不列於《禹貢》九州之外，而《禹貢》九州之外咸建五長，東漸西被，卽成周蕃服之域。是周之蕃服，其名雖增於禹，而其地未嘗增也。周之邦畿，卽《禹貢》之甸服；周之侯、甸，卽《禹貢》之侯服；周之男、采，卽《禹貢》之綏服；周之衛、蠻，卽《禹貢》之要服；周之夷、鎮，卽《禹貢》之荒服。呂氏曰：在商之時，古公以皮幣、犬馬、珠玉事獯鬻，而商王不知；在周之時，晉國拜戎不暇而周室不與，然則三代禦邊之略，蓋可知矣。

元·陳櫟《書集傳纂疏》卷二《禹貢》 張氏曰：此因水土平而言弼成五服之事。服，服其事也。内而甸、侯、綏，外而要、荒，莫不各服其事於天子，故皆謂之服。

元·黄鎮成《尚書通考》卷八《禹貢五服之圖》 馬氏曰：甸、侯、綏爲中國，要、荒已爲夷狄。聖人之治，詳内略外，觀五服名義可見。治中國則法度宜詳，治以必治也；治蠻夷則法度宜略，治以不治也。觀『至於五千』，見德化之遠及；觀要、荒二服，見法度之不泛及。聖人不務廣地而勤遠略，可見矣。

元·王充耘《讀書管見》卷上《五服》 五服五千，但大約立法如此耳，非四面截然正方，眞如棊局也。堯都冀州，冀之北境郵，得二千五百里邪？古今天下止有許闊，其土地所產大略相同。如舜封象於有庳，羲仲測日於嵎夷，禹南巡於會稽，導弱水至于流沙，四裔之地皆古人足跡所及者。謂周人九服，增地一倍者，妄説也。荆、揚土貢多於餘州，今亦未見有加於古；貢象齒則地盡南海，可知冀北土貢止皮服，古亦未見有勝於今。謂古今土地有盛衰不同者，臆説也。譬之夏后授田五十畝，至周人增爲百畝，夷畎澮溝洫，破涂路遂徑，不大煩擾邪？其所井之田，安得皆平原廣野，高下如一邪？要亦因其可井而井之，其不可爲井者則亦品搭多寡以授之，使如井田之數耳。五服之制，亦由是也。

明·丘濬《大學衍義補》卷一四三《治國平天下之要·馭外蕃·内外之限》 臣按《禹貢》五服之制曰甸服，曰侯服，曰綏服，曰要服，曰荒服。内而甸、侯二服，外而要、荒二服，而綏服居乎其中，則介乎華夷之間也。就此一服而言，其地凡五百里，内三百里以揆文教，由此而至於王城千里之内，聲明文物之所萃，故於此揆其文之敎，必燦然明備，度之而皆同也。由此而極于荒服千里之外，障塞險阻之所限，故于此奮其武之衛，必居然振作，修之而不弛也。

臣按先儒謂《禹貢》五服，甸、侯、綏爲中國，要、荒已爲外國。聖人之治，詳内略外，觀五服名義可見。治中國則法度宜詳，治以必治也；治外國則法度宜略，治以不治也。觀『至于五千』，見德化之遠及；觀要、荒二服，見法度之不泛及。聖人不務廣地而勤遠略也如此。後世爲治者，往往昧於輕重緩急之辨，固有詳於内而忽於外者，亦有專事外而不恤其内者，又有内與外皆不加之意者，胥失之矣。雖然，此非特世主處事之偏，亦由其祖宗立法之失也。載觀虞夏之世，立爲五服之制，内二服以治乎内，外二服以治乎外，中一服則兼治乎内與外焉。既有以爲内治之具，又有以爲外侮之防。文教之外以兵衛，兵衛之外以蔡、流。其法一定而不可易，其規一定而可長守，所以爲子孫生民計也遠矣。

臣按禹服周畿要、荒、蠻、夷，邈然處於侯、甸、采、衛之外。其爲當世制也嚴矣，其爲後世慮也遠矣。又考賈公彥謂『蕃』之義，以其最在外，爲藩籬，故以『蕃』爲稱。後世通謂外國爲蕃，蓋本諸此。

又　卷八五《都邑之建上》　臣按先儒謂王畿自東自西，自南自北，皆千里也。千里之內爲畿，是皆聲明文物之所萃，衣冠禮樂之所會，爲鈞天帝居之尊，非復陋邦僻壤之比。農願耕於其野，商願出於其塗，賈願藏於其市，咸得吾所當止之地也，豈不猶《大學》之『止於至善』乎！故曾子傳《大學》，首引此詩語，以釋『在止於至善』之義，有由然也。

明·馬明衡《尚書疑義》卷二《禹貢》　禹之五服只五千里，周倍之，爲萬里，而漢亦約以萬里。先儒皆疑禹服之狹而周、漢地廣。愚竊以爲，周之九畿自蠻服而下，已是五服之外。周朝覲之制，止於五服，所謂『六年，五服一朝』是也。九州之制，止於蠻服，而文教之行，亦止於蠻服，所謂『六服羣辟，罔不承德』是也。若夷、鎮、藩三服，總號蕃國，《大行人》所謂『九州之外，謂之藩國，世壹見』是也。大段周之制，以五服爲正。所謂蠻者，縻也，亦是縻之而已。又《王制》『西不盡流沙，南不盡衡山，東不盡東海，北不盡恆山』，是周之九畿雖遠，而其疆理之地亦與禹服相同；禹之五服雖近，而其東漸西被，聲教所及，亦與周不異。蓋聖人君理天下，務在安民，不在廣土。聖人之心，未嘗以天下爲己私有而欲富天下也。兢兢業業，惟恐不足以稱作民父母之責，而天下之民不得其所，故已之所治者既安，而其聲教之覃敷遠者，亦自然向化，如天之賦物，各止其所，斯已矣，曷嘗欲使荒遠之地皆爲吾有而富天下哉？堯舜三王，皆是心也。後世秦皇漢武，始以拓土開疆爲事，而其心與聖人公私頓異，蓋不可同年而語也。卒使兵革不休，疲民以逞，所得不足補其所失，秦遂以亡，漢亦虛耗，亦何益哉？而蔡氏以周與漢皆盡其地之所至而疆畫之，竊恐未然。我朝近歲用言者欲征交趾，郡縣其他。好事者奮勇爭先，而殊無折衝之具；止之者宴安自便，又不聞其有安民之圖。愚以此說示諸人，皆笑以爲迂闊。此無他，學廢不明，皆不能得聖人之心故也。嗚乎！心之公私，毫釐千里，今人誰復辨之？卒而耗費一番，竟亦無補。然則謀國者舍堯舜其君之心，亦何以事君而治天下哉？

明·王應電《周禮圖說》卷上《虞周九服合一圖說》　虞周五服、九服之制，或謂堯之五服，本二千五百里，禹于五服，各弼以五百里，故曰『弼成五服，至于五千』。又謂堯之五服五千里，周制九畿每畿五百里，而王畿又不在其中，四方相距爲萬里，蓋倍禹服之數也。愚獨以爲一耳。堯制，通王畿爲五服，曰甸、侯、綏、要、荒，各服內各分三百里、二百里，是一面五百里，四面相距爲一千里，故爲五千里。周制除王畿千里之外，曰其外方五百里曰甸服，則是兩面相距五百里，九服皆然。是止四千五百里，通王畿爲五千五百里。《大行人》夷、鎮、蕃三服，通謂之九州之外，但以貴寶爲贄；禹于九州之外，謂之外薄四海而咸建五長，則其治之詳略，又無不同也。讀者自殊之，而謂周公斥大土宇，不亦謬哉？

明·周祈《名義考》卷三《地部·五服》　《禹貢》五服之制，九州方五千里。西漢盛時，東西九千三百里，南北萬五千里，而山川所屆，猶不出《禹貢》之域，何也？《禹貢》『東漸於海』，東萊之海也，漢則遼東之海。『西被流沙』，張掖之流沙也，漢則敦煌之流沙。《禹貢》朔止平陽，漢則盡朔方；南止衡陽，漢則盡日南。名雖襲而實則不同。孔穎達鳥道之說，非也。此自武帝開拓時如此，高、惠、文、景之時，南北纔五千里，東西猶不及；且禹之五服，惟東、西、南爲然，平陽之北不盈千里，僅一服而已。

明·章潢《圖書編》卷八六《九畿九服論二》　王者效天法地，以建民極。王畿千里，其天之紫微垣乎！斗樞握衡于其中，近而太微天市，遠而二十八宿旋繞于其外。自天言之，經星凡星，莫非天也。自斗極言之，其于垣、宿，若有內外遠近之分，而三百六十五度何一不拱向于天樞乎？故曰北辰居其所，而衆星共之。知天則知王畿九服之制矣。夫四海之內，方千里者九，統言萬里者，亦大略計九州之廣輪焉耳。邦畿千里，維民所止，亦大略計王畿之廣輪焉耳。後人遂謂古人尺步長短異制，古今里數多寡不齊，勾股算法，鳥道徑通，紛紛沓起，皆執一之論也。《禹貢》謂東漸于海，西被于流沙，朔南暨聲教，訖于四海。《王制》謂西不盡流沙，東不盡東海，南不盡衡山，北不盡恆山。今古地輿，截南補北，其勢不甚遼絕，而漢制萬里，亦自日南以及漠北言之耳。周制王畿千里，今考其地，西自邠、岐、豐、鎬，爲方八百里，東則洛陽四達，爲方六百里，亦總以千里言耳。果可執方以求之四隅，相距整齊無參錯耶？《詩》云『商邑翼翼，四方之極』，言京邑居中，而九畿九服莫不朝宗于京師；而究其實焉，周都豐、鎬西去犬戎不過千里云耳，果可截然謂四面各二千五百里耶？司徒建國，必求地中，謂以土圭測日景而揆中焉。鄭氏遂謂陽城，天地之中，故周公營洛。然洛去陽城，亦甚遠矣，曷不遂都陽城而都洛耶？《周禮》體國經野，辨方正位，故圖因其文，畫王畿千里，王宮、鄉、遂、都、鄙、甸、稍、縣，畺爲九畿之制。諸侯分封，大小侯、甸、邦、采、衛、蠻、夷、鎮、蕃九服，遠近亦不同，即《大司馬》以九畿之籍，施邦國之政，《職方氏》服之邦國是也。《易・比》之《象》曰：『地上有水，比。先王以建萬國，親諸侯。』萬國亦舉成數言耳。王者疆理天下，封建邦國，以藩衛王室，親諸侯，所以比天下也。惟封建所以親比天下，故九服遠近既殊，則朝貢疏數亦因以異，豈以其遠而絕之哉？觀穆王責犬戎以賓服之享，自是荒服者不至，則犬戎距周都止千里而即爲荒服，可見五服又不專以遠近論也。苟拘泥一說，不特夷、鎮、蕃服在《行人》，總謂蕃國在九州之外，而淮、徐距洛、汴幾何，亦謂之徐夷、淮夷耶？內華外夷，大防必峻，而夷、夏參錯，封疆何能以必齊乎？

封建之制，孟子謂公侯地方百里，伯七十里，子男五十里。《武成》亦曰分土維三。想夏、殷之制同，而成周因之，乃謂周公相成王，斥大九州，增封有功諸公之地方五百里，諸侯之地方四百里，諸伯之地方三百里，諸子之地方二百里，諸男之地一百里，不能百里而附於諸侯者爲附庸。《王制》云二百一十國，八州千六百八十國。故後儒因《周禮》、《王制》皆與孟子異，而諸說牽合繆甚。獨葉氏謂《王制》言王者之制爵祿，故以分田制祿言；孟子言周室之班爵祿，故以分地制祿言。《周禮》所謂公五百里以及四百里、三百里、二百里、百里，皆以封疆言。如公之封疆言五百里，受田食祿則百里而已，侯、伯、子、男皆以是爲差。似乎近之，然亦附會之說也。孟子言：周公、大公封於齊、魯，非地不足，而儉於百里。又云：今魯方百里者五。豈魯本四百里，今五百里，在所損耶？滕，侯國也，至文公時絕長補短，將五十里。其所以壤地褊小，必爲齊、楚所侵奪矣。果于原封侵其三百五十里，故謂之爲小國耶？孔子亦謂：安見六七十如五六十，而非邦也者？與孟子同。即如天子地方千里耳，卿受地視侯，大夫受地視伯，元士受地視子、男，王畿都鄙盡爲卿大夫士之采邑，公五百里，其國已半乎王畿，天子六卿采邑之地，已當乎六侯，而又嘉以大夫士焉。是富有四海，反不足敵一國耶？名山大川，每周迴數百里；九畿九服，諒難畫一。姑即徐、雍二州，其廣狹相懸，在九州可知，謂九州州二百一十國也，果地無廣狹，封國無多寡，其整齊有如是哉？且曰使小國事大國，大國比小國，此謂春秋戰國時可也；若天王大一統，使小國事天子矣，又事大國焉，在小國恐不勝其事也。抑豈比大國，比小國，而天子封建獨比大國如此，而象乎水地之比歟？想諸侯惡其害己，故去其籍，今所傳《周禮》必戰國時制典籍而漢儒增損之者。是故論三代以前，當一依五經、孔孟之言以爲準，庶衆言不得以淆之；況王者之制，莫大乎封建，乃執膠固己見，以齊乎各國之封疆，是論天文必欲各垣各宿之星多寡不爽也，有是理哉？

明・王樵《尚書日記》卷五《禹貢》 按《詩》曰：『赫赫梁山，維禹甸之。』禹之甸法，達于天下，而王畿獨以甸名服，蓋農，國之本也。史稱秦地五方厝雜，富人則商賈爲利，豪傑則游俠通姦。又云郡國輻輳，浮食者多，民去本就末。夫秦地爲漢之京師，而其俗如此，故禹當時制名甸服，示天下以務本重穀也。後世轉輸外郡而京師習于坐食，元人爲歲漕不至，始經營京東海田城，門一不開，貴人無所得食，抱珠玉而死，可爲明鑒也。

甸服之外，四面各五百里，爲侯國之服，故名侯服；而于其中又分爲三等：百里則采也，二百里男也，三百里則諸侯也。采，按孔氏曰：供王事。《正義》曰：事謂役也。有役則供，不主于一，故但言采。今蔡氏以采爲卿大夫采地，然周制家削邦縣，俱在畿內，夏制雖不可考，要之采地恐不及畿外也。男邦小國，言男以兼子也；諸侯大國，言侯以兼公與伯也。內小國，則弱有所依；外大國，則足以爲屏翰。

侯服外四面各五百里爲綏服。謂之綏者，漸遠王畿而取綏安之義。內取王畿，外取荒服，各千里，而綏服介于其中，故以內三百里揆文教，所以接華夏之教，以撫要、荒；以外二百里奮武衛，所以禦要、荒之變，以安華夏。文以治內，武以治外，獨綏服言之，以見由此而內其文教之揆，由此而外其武備之奮，皆準之也。又見內非無武，而以文敎爲主；外非無文，而以武衛爲主。居羌胡于塞內，自廢其防，與快心狼望之北，務逞其武者，皆非王者奮武衛之意也。

綏服之外，四面各五百里，爲要服。要取要約之義，其文法略于中國羈縻之而已。一説如裳之有要，所以綱統四裔也。于其中分三百里爲夷，二百里爲蔡。夷，易也，無中國禮法；蔡，放也，如『殺管叔而蔡蔡叔』之『蔡』。

要服之外，四面各五百里，爲荒服。此爲四遠蠻夷之地，田野不井，人民不多，故謂之荒服。所以經略之者，又簡于要服矣。其中三百里謂之蠻，因其俗也；二百里謂之流，則有罪者流徙于此，如流共工于幽州是也。蔡、流皆放逐罪人之地，罪有輕重，故地有遠近云。

按《周禮・大行人》邦畿方千里，其外侯服、甸服、男服、采服、衛服、要服各方五百里。要服，蠻服也。此以上爲九州之內。又有夷服、鎮服、蕃服，在九州之外。內六服去王城三千五百里，相距七千里，與禹服不同。考周地幅圓蓋不廣于禹，《立政》言『方行天下，陟禹之迹』，則亦以禹迹爲極爾。蓋禹時四方有不盡之地，聽四夷居之，故五服止于五千；周則盡禹迹所至而疆畫之，是以不同爾。

明・王樵《方麓集》卷一五《戊申筆記》 周盛時，洛邑與宗周通封畿。宗周，鎬京也，爲方百里者六十四；洛邑，成周也，爲方百里者三十六。東西長而南北短，短長相覆爲千里。是周之王畿千里，兼有關、洛之地，蓋以關中爲根本，據形勢以臨天下；以洛邑爲陪輔，宅土中以朝諸侯。後世兩都並建，蓋始于此。然周人鎬京與洛，實一封畿，此則非漢人以下所能知也。前此則周、召分陝而治，已有此意；後此則周公、君陳、畢公相繼分正東郊，蓋非止爲殷民，亦以庭戶鎖鑰之寄，非重臣不足以任之爾。故《畢命》曰：申畫郊畿，愼固封守，以康四海。此非通封畿之明驗乎！《康王之誥》云：太保帥西方諸侯入應門左，畢公帥東方諸侯入應門右。此非分陝之微意及二伯之明驗乎！周太史儋見秦獻公曰：周故與秦國合而別，別五百歲復合，合七十七歲而霸王出。當時人固有窺見此意者矣。

清・閻若璩《尚書古文疏證》卷四《第六十二》 又按《禹貢》五服曰甸，曰侯，曰綏，曰要，曰荒，通帝畿在內。《周禮》六服不數王畿，曰侯，曰甸，曰男，曰采，曰衛，曰要，又有九服，與九畿同，皆不數王畿，則侯、甸、男、采衛、蠻、夷、鎮、藩，並無『五服』字面。作《周官》者於本《序》曰『六服』，合周制矣，後文却曰『六年，五服一朝』。將以此五服爲同《禹貢》乎？不應內諸侯與外諸侯同一朝期。以五服爲仍周制而除去要服乎？又不應周家初盛，大一統之時，而卽有荒服者不至之事。反覆皆不可通，于是蔡氏爲之辭曰：周五服在王畿外，與禹異；六服則並畿內數之。似目曾不覩《周禮》之書，其妄尤甚于作古文者矣。

清・胡渭《禹貢錐指》卷一九 渭按：五服之文，率以前包後。甸服舉天子以見諸侯，非謂其外無田賦也；侯服謂有諸侯自此始，非謂其外無諸侯也；綏服三百里揆文敎，二百里奮武衛，謂揆之奮之自此始，非謂其外無文敎武衛也；要服三百里夷，二百里蔡，荒服三百里蠻，二百里流，謂要、荒之邊鄙爲流放罪人之地，非謂此二百里者非蠻夷也。學者求其意，勿泥其辭，則善矣。

清・惠士奇《禮説》卷一三《秋官二》 大司馬九畿，大行人六服，畿，限也，以平邦國，故曰畿；服，事也，以親邦國，故曰服。《周語》分之爲九，合之爲五。方千里曰甸服，亦曰邦畿，是爲邦內甸服，則知邦外亦有甸服矣。邦外侯服，謂邦畿外方五百里之侯服也。侯服外曰甸曰男曰采曰衛，各方五百里，《康誥》所謂侯、甸、男邦、采、衛者，皆賓服也，是爲侯衛賓服；大行人掌大賓之禮，自侯及衛，各以遠近來賓，故曰賓服。衛服外曰蠻曰夷，各方五百里，皆要服也，是爲蠻夷要服。要服外曰鎮曰蕃，各方五百里，皆荒服也，是爲戎翟荒服。《詩》曰『因是百蠻，其追其貊，奄受北國』。《箋》云：韓外接蠻服，因使時節百蠻貢獻之往來，賜之蠻服追貊之國而總領之。然則九州之外，皆百蠻之地也。《書》曰『外薄四海，咸建五長』，亦選其賢者以爲之主。其來貢也，則請於州牧，故曰因時。謂之時者，亦謂時叛時服，荒忽無常。《易》之《比》也有建萬國、親諸侯之象，然『九五：顯比』，而後夫在上，前禽在初，一舍之，一失之，絕域殊俗先王之所不能親也，故不列於賓服焉。

爵之伯猶服之男，故鄭，伯也，而當男服。《詩・無衣》七章晉，次國也，爲甸侯；鄒、莒、郳、鄫、路、偪陽，小國也，皆爲采衛，則似以國之大小爲服遠近之差。齊，元舅；衛，孟侯；魯，宗國，皆大邦也，蓋皆侯服歟？吳，伯也，而《春秋》書『子』，凡在要服雖大，子也。鄭與曹皆伯爵，而曹伯甸，鄭伯男，則又以封之先後爲叙矣。故曰彌近彌大，彌遠彌小。海上有十里之諸侯，以大使小，以重使輕，以衆使寡，王者治天下若一家也。

大司徒之建邦國，制其域而定其貢，諸公貢其地之半，侯伯貢參之一，子男貢四之一。大國貢重，小國貢輕。齊、魯、衛，侯也，皆食諸公之地，故公、侯之貢重於伯，而大司徒侯、伯貢同，是以春秋盟主，遂使伯從公、侯之貢。子產曰：『天子班貢，輕重以列，列尊貢重，周之制也。卑而貢重者，甸服也。』如其說，則貢之輕重，非徒以列之尊卑，兼視其服之遠近。然曹以甸而重，鄭以男而輕，爵列同而貢之輕重頓異，則未免於偏，當時主盟者必以爲不可。平邱之會，子產爭承，至日中而未決者，蓋以此《禹貢》冀州帝都，故無貢，《周官》亦然。而邦畿之賦總、銍、秸、粟、米五者，自百里至五百里，近則賦粗而多，遠則賦精而少，要以五百里爲斷。故賈誼曰：『古者天子之地，方千里，中之而爲都輸將繇使，其遠者不過五百里而至。諸侯之地，方百里，中之而爲都輸將繇使，遠者不過五十里而至。輸者不苦其繇，繇者不傷其費，故遠人安。』此之謂也。六服之貢，惟祀惟嬪惟服，皆爲包爲匭爲篚，約而易舉，輕而易致；惟器惟財惟貨，或多而難舉，重而難致，則從水運。《禹貢》曰浮曰沿，曰達曰逾，曰至曰入，曰亂曰會，皆水運之道，所運者皆八州貢篚，而粟、米無聞焉。《說文》水轉穀曰漕，《春秋》秦晉泛舟，其漕運之法乎！自雍及絳，路經千里，而從渭入河，從河入汾，舳艫相銜，坦無險阻而不以爲勞，且歲飢偶一行之，如乞糴於齊，歸粟於蔡，急病而救災也。若夫數千里飛芻輓粟，率三十鍾而致一石，則起於秦而漢因之。漕轉山東粟以給中都，而更底柱之險，敗亡無算，所謂得一錢之賦而喪數十錢，其煩費若此，隋唐亦如之。艱難之狀，百倍於春秋矣。雍州厥田上上，沃野廣衍而力耕農，通灌溉，其食自足，本無藉於他州，故邦國九貢無粟、米，而九賦斂財賄則粟、米居多，自郊至都，亦如《禹貢》以五百里爲斷，可知也。

清・江永《羣經補義》卷一《尚書補義》

《周官》云：『六年，五服一朝。』言六年而五服皆朝徧，正與《周禮・大行人》合。謂王巡狩之後，一年侯服朝，二年甸服朝，三年男服朝，四年采服朝，五年衛服朝，至六年當要服朝，是爲六年，六服一朝。而惟言五服者，蠻夷道遠略之，故空其文耳。孔《傳》失經意，謂五服六年一朝會京師，是五年諸侯皆無事，至六年而皆聚京師。計當時五服有數百國，王之接見，亦不勝其勞；羣臣日以待賓客爲事，皆不遑他務矣。聖王制禮，何爲必逸於五歲而併勞於一歲乎？此僞孔《傳》不達事理之言，蔡《傳》亦誤從之也。

清・董豐垣《識小編》卷上《唐虞五服成周九服考》

案《王制》九州，州方千里。是方三千里之地，積之爲方千里者九也，與《禹貢》五服、《職方氏》九服皆不合。鄭康成謂禹承堯舜要服之內，地方七千里；殷承夏末，更制中國方三千里之界，分爲九州而建千七百七十三國；周公復唐虞之舊域，分其五服爲九，其要服之內亦方七千里，廣其土，增其爵。此以《王制》爲殷制，而《職方氏》爲周制也。不知《禹貢》言面與《周禮》言方不同，言面則兩面相距爲千里，言方則每面各二百五十里，非一面五百里也。《禹貢》五服，帝畿在內，各數其一面，五服總二千五百里，兩面相距爲五千里。《職方》九服，王畿不在內，通舉其兩面，九服總四千五百里，并王畿爲五千五百里，增于禹者特五百里之藩服。《益稷》『外薄四海，咸建五長』，卽是其地，其名雖增而地未嘗增也。陸氏佃、易氏祓、金氏吉甫之說，足以破千載之疑矣。許慎以《漢地理志》考之，自黑水至東海，衡山之陽至朔方，經略萬里。蓋計其延袤而言，非開方也。又賈公彥云：若據鳥飛直路，此周之九服，亦止五千；若隨山川屈曲，則《禹貢》亦萬里，彼此不異也。是禹服、周服，實皆五千；但《書》據鳥飛直路，《禮》計山川屈曲，故多寡不同耳。案二經里數，皆以開方言之，無計人跡屈曲之理。《禹貢錐指》已辨之矣。由斯言之，《禹貢》五服共五千里；《王制》千里之內曰甸，千里之外曰采，曰流；采卽百里采，流卽二百里流，舉首尾以該中。《國語》邦內甸服，邦外侯服，侯衛賓服，衛所謂奮武衛，卽綏服也。蠻夷要服，戎狄荒服，皆虞夏之制也。《職方》王畿并九服，《大司馬》作『九畿』。共五千五百里。《周官》稱『六服羣辟』者，孔《疏》謂夷、鎭、藩在九州之外，王者羈縻而已，不可同華夏也。又稱『五服一朝』者，孔《疏》謂要服路遠，不能常及期，故不數也。若《王制》之方三千里，所謂東不盡東海，西不盡流沙，南不盡衡山，北不盡恆山，專指井田之實數言之也。《周官》之五千五百里，所謂東漸于海，西被于流沙，朔南暨，兼邑居道路、山川林麓言之也。不然，如鄭康成之說方三千里者，是方千里者九也；方七千里者，是方千里者四十九也。周之於殷，五倍其地而有奇，而周公斥大九州之界，經無明文，何由三千里而拓至七千里耶？

案《大戴禮·朝事篇》云：千里之內，歲一見；千里之外、千五百里之內，二歲一見；千五百里之外、二千里之內，三歲一見；二千里之外、二千五百里之內，四歲一見；二千五百里之外、三千里之內，五歲一見；三千里之外、三千五百里之內，六歲一見。與《職方》里數不同，蓋《職方》九服，王畿不在數內，《大戴禮》則幷王畿，數之耳。

清·程大中《四書逸箋》卷一《論語上·服事》 《叢說》云：《禹貢》五服之內所封諸侯，朝貢皆有時，各依服數以事天子，故曰：服，事。

清·愛新覺羅弘曆《欽定禮記義疏》卷一五《王制》 彭氏絲曰：方千里者，橫千里，直千里，共一百萬里也。案：一百萬里者，謂方一里者百萬也。

清·崔述《唐虞考信録》卷四《舜體國經野下》 《蔡傳》云：『每服五百里，五服則二千五百里。』然堯都冀州，冀之北境幷雲中、涿、易亦恐無二千五百里。藉使有之，亦皆沙漠不毛之地；而東南財賦所出則反棄於要荒。以地勢考之，殊未可曉。但意古今土地盛衰不同，當舜之時，冀北之地未必荒落如後世耳。』余按：《禹貢》山川，以今地圖考之，具在也。『淮海惟揚州』，『荆及衡陽惟荆州』，東南之地未嘗棄也。恆山、碣石而北，別無山川見於《經》者，沙漠之地未嘗不荒落也。孟子曰：『今滕，絕長補短，將五十里也。』說者亦謂周之王畿，豐、鎬八百里，郟、鄏六百里，共爲百同以成千里。然則古之所謂千里百里皆絕長補短而計之，非必四面八方截然不可增損於其間也。蓋九州之地約方三千餘里，故孟子云：『海內之地方千里者九』，《記》云『四海之內九州，州方千里。』內除甸服千里，故侯服、綏服共二千里。然則侯、綏二服乃九州以內地，所謂『州十有二師』者也。其外羈縻之國則附於九州而謂之要服。又外則來去不常，聖人聽其自然，不勤於遠，不受其貢，謂之荒服。其遠近略與內地等，故亦以二千里計之。然則要、荒二服乃九州以外地，所謂「外薄四海，咸建五長」者也。由是言之，五服之地蓋南有餘而北不足，綜計之爲五千里耳，非拘拘焉必四面皆二千五百里，無少欹斜，無少有餘不足而後可也。《蔡傳》又稱《周官》九畿，四方相距萬里，《漢地理志》東西南北亦彌萬里，禹服狹而周、漢地廣，疑荒服之外別爲區畫，如所謂『咸建五長』者。余按：冀、揚有島夷，青有嵎夷、萊夷，徐有淮夷，梁有和夷。夷也者，要服也。要服僅附見於九州，若荒服則又在外矣。荒也者，遠也，略也。荒服已屬區畫之餘，不在九州之內，安得荒服之外復別有區畫，別有所謂『五長』者乎？《周官》一書，本非周公所撰，所載封國之制乃至方數百里。春秋以後吞併之餘，魯、衛、陳、蔡尚僅二三百里，況建國之初安所得此地而封之乎？至《漢志》所言乃驛道之遠近，非經界之廣狹，先儒所謂『以人跡屈曲取之』者是也。大名之距京師，南北不踰八百里，而驛道則千有一百餘里。至隔大山洪川，所差尤不止此。若之何據驛道之里數疑經界之定制哉！余恐聖人體國經野之制不明白於後世，是用剖析其故如右。

藝　文

宋·宋祁《景文集》卷三《王畿千里賦畿制千里尊大王國》 王有一統，人無異歸，中四方而正位，畫千里以爲畿。總大衆之奠居，式昭民極；據方來而處要，以重皇威。二代而還，維周有制，擘庶績以圖大，廓多方而爲衛。作我上國，垂諸永世。以爲地非中夏，無以示天子之常尊；土不一圻，無以待諸侯之入計爾。乃測圭於地，考極于天，風雨之所交者，道里之必均焉。郊野錯而回合，鄉遂亘而蟬聯。溝封斯萬，疆埸且千。差籍九畿，定夫家于都鄙；出車萬乘，括賦入于原田。是謂辨方，且非期侈廓焉。天府之國，巍乎王者之里。爵祿命賜之供億，朝覲會同之底止，不偪陋以取侮，不誇矜而役美。侔江海之重潤，乃據上游；法日月之徑圍，用張天紀。且其蠻夷面內，玉帛駿奔。內則百官承式，外則四國于蕃。化之遠者禮益廣，居之衆者務愈繁。必在制廣輪于有截，示極摯于羣元。倍十子男，大有由而御小；任包甸稍，卑不得以侔尊。亦猶天之高燾，物而無外，地之厚廣，生而咸賴。使高而可度，則寥廓何仰？厚而易知，則沈潛有害。是用控天下以咸乂，極宸居而稱大。《詩》美四方之是則，理乃同歸；史稱後世之無加，事誠胥會。美夫周原膴膴，禹畫芒芒，或處瘠爲教，或建瓴是防，然皆按成事于神甸，跡前謀于令王。所以漢相論都，首識金城之廣；召公相宅，前知墨食之祥。洪惟我朝，奄有方國，託洪基于天地，亘長藩于道德，所以申畫邦畿是用，守之無極。

元・王充耘《書義矜式》卷二《五百里綏服、三百里揆文教、二百里奮武衛》 地介乎內外之間，故治亦有內外之異。夫聖人豈不欲內外之治如一，弛其武衛而專尚乎文教哉？顧其勢有所不可也。勢之所爲，雖聖人亦無如之何也。昔在大禹，謂綏服五百里之廣，內而侯伯，中國之地；外而要服，漸非中國之地矣。於是乎揆度文教於內，三百焉；奮張武衛於外，二百焉。文以治內，武以治外，豈非地介乎內外之間，而治亦有內外之異乎？云云。嘗謂一視同仁，舉天下之大而納之吾教化之中，此固聖人之心也。而有曰文以治內，武以治外，其所以不同者何哉？嗚呼！聖人之心未嘗有內外之異也，其勢則然耳。譬猶天無不覆幬也，地無不持載也，然而溫厚之氣常盛於東南，嚴凝之氣常盛於西北，豈天地覆載生成之有偏哉？亦天下之地勢然也。聖人之治，亦由是已。

夫綏服者，漸遠王畿之地，侯服外四面又各五百里也。謂之綏者，不過撫安之而已。內取王城千里，外取方服千里，非其地之介於內外之間者乎！純以甸侯之法治之，固不可也；純以要、荒之法治之，又不可也。純以甸、侯之法治之，則一乎文教而無事乎武衛矣，得無意外之患乎？純以要、荒之法治之，則不惟略乎文教而併亦不復致詳於武衛矣。彼獨非吾民乎？聖人嚴華夏之辨，於是定爲治內治外之制焉。內三百里則爲之揆文教，《詩》、《書》、禮、樂，冠帶俎豆之風，未嘗一日而不舉也；外二百里則爲之奮武衛，旌旗車馬，弓矢戈兵之備，未嘗一日而不張也。文教以善其生，武衛以護其生，民斯安也。

雖然，聖人豈不欲三百里之外亦揆之以文教，而無事乎武衛哉？地近要、荒，其勢不容於不然也。吾故曰勢之所爲，雖聖人亦無如之何者，此也。然嘗論之，二百里之武衛雖不能如三百里之文教，然武衛而曰奮，亦不過激振厲，使之無致於廢弛矣。聖人不忘武焉，未嘗黷武也。東漸西被，朔南暨聲教，訖于四海，豈以綏服三百里之外而文教遽不及乎？特地勢之所爲，有不容不以武衛爲之主耳。然乎否乎？

雜録

《管子》卷二四《輕重乙》 管子對曰：請與之立壤列天下之旁。天子中立，地方千里；兼霸之壤，三百有餘里；佌諸侯，度百里；負海子、男者，度七十里。若此，則如胸之使臂，臂之使指也。

《史記》卷六《秦始皇本紀》 廷尉斯等皆曰：昔者五帝，地方千里，其外侯服夷服，諸侯或朝或否，天子不能制。

《穀梁傳・隱公元年》 冬十有二月，祭伯來。《傳》：來者，來朝也。其弗謂朝，何也？寰內諸侯非有天子之命，不得出會諸侯，不正其外交，故弗與朝也。晉范甯《集解》：天子畿內，大夫有采地，謂之寰內諸侯。唐陸德明《音義》：寰音縣，古『縣』字。一音環，又音患。寰內，圻內也。『畿』，本或作『圻』，音祈。唐楊士勛《疏》：寰內者，王都在中，諸侯四面遶之，故曰寰內也。

清・余蕭客《古經解鉤沈》卷二三《春秋穀梁傳・寰內諸侯》 天子以千里爲寰。尹更始《章句》。

《禮記・王制》 天子之田，方千里；注：此謂縣內，以祿公卿、大夫、元士。公、侯田，方百里；伯七十里；子、男五十里；不能五十里者，不合於天子，附於諸侯，曰附庸。

天子之縣內，方百里之國九，七十里之國二十有一，五十里之國六十有三，凡九十三國。名山大澤不以朌，其餘以祿士，以爲閒田。注：縣內，夏時天子所居州界名也。殷曰畿。《詩・殷頌》曰：邦畿千里，惟民所止。周亦曰畿。《正義》：案殷之與周稱畿，唐虞稱服，無云縣者。今此特云縣內，故鄭云夏時天子所居州界名也。

宋・孫奭《孟子・梁惠王上》疏引《司馬法》 六尺爲步，步百爲畝，畝百爲夫，夫三爲屋，屋三爲井，井十爲通，通十爲成，成方十里，成十爲終，終十爲同，同方百里，同十爲封，封十爲畿，畿方千里。有稅有賦，稅以足食，賦以足兵。

《漢書》卷二三《刑法志》　天子畿方千里，提封百萬

宋・陳傅良《歷代兵制》卷一《周》　周制，王畿千里。近郊五十里，宅田、士田、賈田。遠郊百里，官田、賞田、牧田、牛田。郊爲鄉六鄉。百里通十爲同，爲百里者十，提封九萬井，九十萬夫之地；除山川沉斥、城池邑居、園囿經路三萬六千井，爲六萬四千井，六十四萬夫之地；除公田九分之一，爲五十萬二千夫，又以一易、再易、三易通之，三分去一，爲三十五萬四百夫。率三百五十家，賦一乘，四丘爲乘，故曰丘乘。積六鄉爲千乘，而餘率七家賦一兵，積六鄉爲七萬五千人。此六軍之制也。《周禮》所謂『甸』，即《司馬法》所謂『成』也。四甸爲縣，四縣爲都，則『成十爲終』，即《周禮》二縣；加之半，『終十爲同』，即《周禮》四都；凡六鄉十同，蓋四十都也，特異名耳。二百里曰州，州爲六遂，遂如鄉之法。鄭氏云：異其名，示相變耳。遂之軍法如六鄉。三百里曰野，野爲削。『削』一作『稍』。家邑之田，大夫采地。四百里曰縣，亦曰邦縣。縣爲小都。小都之田，卿采地。五百里曰疆，疆爲大都。大都之田，公采地。都通爲鄙，所謂都鄙。爲寰內諸侯，治之皆如遂之法。鄭氏曰：自遠郊以達於畿中六遂之地，有公邑、家邑、小都、大都。畿方千里，爲千里者十，如鄉之除爲三百五十萬四千夫，賦車萬乘，卒七十五萬人，爲軍者十。此通畿之師也。

四海分部

綜　述

《尚書・舜典》　二十有八載，帝乃殂落，百姓如喪考妣。三載，四海遏密八音。漢孔安國《傳》：四夷絕音三年，則華夏可知。言盛德恩化所及者遠。宋蔡沈《集傳》：言堯聖德廣大，恩澤隆厚，故四海之民思慕之深，至於如此也。

又《大禹謨》　大禹曰：文命敷于四海，祇承于帝。【略】益曰：都帝德廣運，乃聖乃神，乃武乃文。皇天眷命，奄有四海，爲天下君。

又《益稷》　禹曰：【略】予決九川，距四海，濬畎澮距川。【略】州十有二師，外薄四海，咸建五長，各迪有功。

又《禹貢》　四海會同，六府孔脩。

又《胤征》　惟仲康肇位四海，胤侯命掌六師。

又《伊訓》　始于家邦，終于四海。

又《說命下》　王曰：嗚呼說！四海之內，咸仰朕德，時乃風。

又《泰誓上》　爾尚弼予一人，永清四海。時哉弗可失。

又《泰誓下》　作威殺戮，毒痡四海。

又《武成》　大賚于四海而萬姓悅服。

又《周官》　冢宰掌邦治，統百官，均四海。

又《畢命》　愼固封守，以康四海。

《逸周書》卷二《允文解》　民之望兵，若待父母，是故天下一旦而定有四海。

又卷四《武寤解》　王克配天，合于四海，惟乃永寧。

又卷六《明堂解》　四海兆民，欣戴文、武。

又卷九《太子晉解》　善至于四海，曰天子。

《詩經・商頌・玄鳥》　邦畿千里，維民所止，肇域彼四海。唐孔穎達《正義》：兆域彼四海，謂正天下之經界，爲營兆境域，以至於彼四海也。　四海來假，來假祁祁。

又《小雅・蓼蕭序》　《蓼蕭》，澤及四海也。漢鄭玄《箋》：九夷、八狄、七戎、六蠻，謂之四海。國在九州之外，雖有大者，爵不過子。

《周禮・夏官・校人》　凡將事于四海山川，則飾黃駒。漢鄭玄注：四海，猶四方也。唐賈公彥疏：云四海猶四方也者，王巡守，唯至方岳，不至四海夷狄，故以四海爲四方。

又《秋官・布憲》　掌憲邦之刑禁。正月之吉，執旌節，以宣布于四方，而憲邦之刑禁，以詰四方邦國，及其都鄙，達于四海。

《穀梁傳・僖公九年》　夏，公會宰周公、齊侯、宋子、衛侯、鄭伯、許男、曹伯于葵邱。《傳》：天子之宰，通于四海。晉范寧《集解》：宰，天官冢宰，兼爲三公者。三公，論道之官，無事于會盟。冢宰掌建邦之六典，以佐王

治邦國，故曰通于四海。

《論語·顏淵》 四海之內，皆兄弟也。三國魏何晏《集解》：包曰：君子疏惡而友賢，九州之人皆可以禮親。宋邢昺《疏》：疏惡而友賢，則東夷、西戎、南蠻、北狄，四海之內，九州之人，皆可以禮親之爲兄弟也。

又 《堯曰》 四海困窮，天祿永終。

《墨子》卷一《辭過》 凡周於天地之間，包於四海之內，天壤之情，陰陽之和，莫不有也。

又 卷五《非攻下》 一天下之和，總四海之內焉。

又 卷七《天志上》 四海之內，粒食之民，莫不犓牛羊，豢犬彘，潔爲粢盛酒醴，以祭祀於上帝鬼神。

《管子》卷四《宙合》 宙合之意，上通於天之上，下泉於地之下，外出於四海之外，合絡天地，以爲一裹。

又 卷九《霸言》 霸王之形，象天則地，化人易代，創制天下，等列諸侯，賓屬四海，時匡天下。【略】知蓋天下，繼最一世，材振四海，王之佐也。【略】夫欲臣伐君、正四海者，唐房玄齡注：以臣伐君，若湯、武之於桀、紂也。不可以兵獨攻而取也。

又 卷一〇《君臣上》 信以繼信，善以傳善，是以四海之內，可得而治。

又 卷一三《心術上》 不出於口，不見於色，四海之人，又孰知其則？

又 卷一六《內業》 泉之不竭，九竅遂通，唐房玄齡注：藏精之泉不竭，故九竅通也。乃能窮天地，被四海。注：體固竅通，故能壽畢天地，德被四海。

又 卷一六《小問》 周公旦輔成王而治天下，僅能制於四海之內矣。

《晏子春秋》卷三《內篇·問上》 景公問晏子曰：古之盛君，其行如何？晏子對曰：【略】四海之內，社稷之中，粒食之民，一意同欲，若夫私家之政，生有遺教。

《尉繚子》卷一《兵談》 患在四海之內，不起一歲之師。

《孟子·梁惠王上》 故推恩足以保四海，不推恩無以保妻子。

又 《滕文公下》 （湯）爲其殺是童子而征之，四海之內皆曰：非富天下也，爲匹夫匹婦復讎也。

苟行王政，四海之內皆舉首而望之，欲以爲君。

又 《離婁上》 天子不仁，不保四海。

巨室之所慕，一國慕之；一國之所慕，天下慕之。故沛然德教，溢乎四海。

又 《離婁下》 徐子曰：仲尼亟稱於水，曰水哉，水哉！何取於水也？孟子曰：原泉混混，不舍晝夜，盈科而後進，放乎四海。有本者如是，是之取爾。漢趙岐注：放，至也。至於四海者，有原本也。以況於事有本者，皆如是，是之取也。

又 《告子下》 夫苟好善，則四海之內皆將輕千里而來，告之以善。

又 《盡心上》 中天下而立，定四海之民，君子樂之。

《莊子》卷五《天地》 德人者，居無思，行無慮，不藏是非美惡，四海之內共利之之謂。

又 卷六《秋水》 計四海之在天地之間也，不似礨空之在大澤乎？

《文子》卷上《道原》 道者一立而萬物生矣。故一之理施於四海，一之嘏察於天地。

又 卷上《精誠》 不下堂而行四海，變易習俗。

又 卷下《上仁》 四海之內，哀樂不能遍。

又 卷下《上義》 上視下如子，必王四海。

又 卷下《上禮》 上唱下和，四海之內，一心同歸。

《鶡冠子》卷中《王鈇》 故能疇合四海，以爲一家。【略】若能正一，萬國同極，德至四海，又奚足闔也？

《鬼谷子·忤合》 古之善背向者，乃協四海，包諸侯。

《戰國策》卷三《秦一》 故拔一國而天下不以爲暴，利盡四海，諸侯不以爲貪。

《山海經》卷六《海外南經》 地之所載，六合之間。四海之內，照之以日月，經之以星辰，紀之以四時，要之以太歲。神靈所生，其物異形，或夭或壽，唯聖人能通其道。

《荀子》卷四《儒效篇》 通於四海，則天下應之如讙。唐楊倞注：以君義通於四海，故應之如讙。讙，喧也，言聲齊應之也。【略】四海之內若一家，通達之屬莫不從服，夫是之謂人師。

又 卷七《王霸篇》 以是縣天下，一四海，何故必自爲之？注：以是一人之寡，縣天下之重，一四海之大，何故必自爲之，言力不任之也。

又 卷八《君道篇》 四海之民，不待令而一。

又 卷一〇《議兵篇》 用千里之國，則將有四海之聽。

又 卷一二《正論篇》 故至賢疇四海，湯、武是也。注：疇四海，謂以四海爲疇域。或曰『疇』與『籌』同，計度也。

又 卷一三《禮論篇》 天子之喪，動四海，屬諸侯。

又 卷一五《解蔽篇》 坐於室而見四海。

又 卷一七《君子篇》 四海之內無客禮，告無適也。注：『適』讀爲『敵』。

又 卷一八《成相篇》 明德慎罰，國家既治四海平。

又 卷一八《賦篇》 周流四海，曾不崇日。注：崇，充也。言智周流四海，曾不充滿，一日而遍也。

又 卷二〇《宥坐篇》 富有四海，守之以謙。

又 卷二〇《堯問篇》 忠誠盛於內，賁於外，形於四海。

《韓非子》卷二《有度》 故法省而不侵，獨制四海之內。

又 卷二《揚權》 四海既藏，道陰見陽。元何犿注：四海則四方也。藏謂不見也。其能如此，則君當導臣之陰，以見君之陽。陰陽接，則君臣通也。

又 卷四《姦劫弑臣》 故身在深宮之中，而明照四海之內，而天下弗能蔽，弗能欺者，何也？闇亂之道廢而聰明之勢興也。

又 卷一八《六反》 故桀貴在天子，而不足於尊；富有四海之內，而不足於寶。

《呂氏春秋》卷一三《有始》 凡四海之內，東西二萬八千里，南北二萬六千里。漢高誘注：子午爲經，卯酉爲緯。四海之內，緯長經短。水道八千里，受水者亦八千里。通谷六，名川六百，陸注三千，小水萬數。

又 卷一三《謹聽》 故當今之世，求有道之士，則於四海之內，山谷之中，僻遠幽閒之所。

又 卷一四《孝行》 愛敬盡於事親，光耀加於百姓，究於四海，此天子之孝也。

又 卷一九《上德》 以德以義，則四海之大，江河之水，不能亢矣。【略】故古之王者，德迴乎天地，澹乎四海，東西南北，極日月之所燭。

《大戴禮記》卷一《王言》 此七者修，則四海之內無刑民矣。【略】修此三者，則四海之內拱而俟。

又 卷四《曾子立事》 昔者天子日旦思其四海之內，戰戰惟恐不能乂。

又 卷七《五帝德》 孔子曰：顓頊【略】乘龍而至四海，北至于幽陵，南至于交趾，西濟于流沙，南至于蟠木。

宰我曰：請問帝堯。孔子曰：【略】其言不貳，其德不回，四海之內，舟輿所至，莫不說夷。

宰我曰：請問禹。孔子曰：【略】履四時，據四海，平九州，戴九天，明耳目，治天下。【略】四海之內，舟車所至，莫不賓服。

又 卷一一《小辨》 治政之樂，皇于四海。【略】忠滿于中而發于外，刑于民而放于四海，天下其孰能患之？

又 卷一一《少閒》 民明教，通于四海之外，肅慎、北發、渠搜、氐羌來服。

《禮記·王制》 凡四海之內九州，州方千里。【略】凡四海之內斷長補短，方三千里。

又 《禮器》 三牲魚腊，四海九州之美味也；籩豆之薦，四時之和氣也。

又 《樂記》 合父子之親，明長幼之序，以敬四海之內。

又 《祭義》 曾子曰：夫孝，置之而塞乎天地，溥之而橫乎四海，唐孔穎達《正義》：溥之而橫乎四海者，溥，布也，布此孝道而橫被於四海，言孝道廣遠也。施諸後世而無朝夕，推而放諸東海而準，推而放諸西海而準，推而放諸南海而準，推而放諸北海而準。

又 《孔子閒居》 無體之禮，施及四海。【略】故天子四海之內無客禮，莫敢爲主焉。

又《中庸》 子曰：舜其大孝也與！德爲聖人，尊爲天子，富有四海之内，宗廟饗之，子孫保之。

《孝經·天子章》 愛敬盡於事親，然後德教加於百姓，刑於四海，蓋天子之孝也。唐玄宗注：刑，法也。君行博愛廣敬之道，使人皆不慢惡其親，則德教加被天下，當爲四夷之所法則也。宋邢昺疏：此經『德教加於百姓』，則謂天下百姓，爲與『刑於四海』相對，四海既是四夷，則此百姓自然是天下兆庶也。經典通謂四夷爲四海。案《周禮記》、《爾雅》皆言東夷、西戎、南蠻、北狄謂之四夷，或云四海，故注以四夷釋四海也。

又《聖治章》 是以四海之内，各以其職來祭。

又《感應章》 孝悌之至，通於神明，光于四海，無所不通。

《鬻子》 禹之治天下也，以五聲聽，門懸鐘鼓鐸磬而置鞀，以得四海之士。

《列子》卷五《湯問》 湯又問曰：四海之外奚有？革曰：猶齊州也。晋張湛注：齊，中也。

《黄帝内經素問》卷二三《徵四失論》 道之大者，擬於天地，配於四海。

《靈樞經》卷六《海論》 海有東西南北，命曰四海。

《爾雅》卷六《釋地·四極》 九夷、八狄、七戎、六蠻，謂之四海。晋郭璞注：九夷在東，八狄在北，七戎在西，六蠻在南，次四荒者。宋邢昺疏：云九夷、八狄、七戎、六蠻，謂之四海者，孫炎云：海之言晦，晦闇於禮義也。云知在東西南北者，以《曲禮》云：其在東夷、北狄、西戎、南蠻，雖大曰子故也。案《風俗通》云：東方，人好生，萬物觝觸地而出。夷者，觝也。其類有九。依《東夷傳》，夷有九種，曰畎夷、于夷、方夷、黄夷、白夷、赤夷、玄夷、風夷、陽夷；又一曰玄菟，二曰樂浪，三曰高驪，四曰滿飾，五曰鳧叟，六曰索家，七曰東屠，八曰倭人，九曰天鄙。蠻者，《風俗通》云：君臣同川而浴，極爲簡慢。蠻者，慢也。其類有八。李巡曰：一曰天竺，二曰咳首，三曰焦僥，四曰跂踵，五曰穿胸，六曰儋耳，七曰狗軹，八曰旁脊。戎者，《風俗通》云：斬伐殺生，不得其中。戎者，兇也。其類有六。李巡云：一曰僥夷，二曰戎夷，三曰老白，四曰耆羌，五曰鼻息，六曰天剛。狄者，《風俗通》云：父子嫂叔，同穴無別。狄者，辟也，其行邪辟。其類有五。李巡云：一曰月支，二曰穢貊，三曰匈奴，四曰單于，五曰白屋。案李巡所注，《爾雅》本謂之四海，下更三句，云八蠻在南方，六戎在西方，五狄在北方，故得此解。宋鄭樵《爾雅注》：此四夷皆際海，故謂之四海。

漢·韓嬰《韓詩外傳》卷四 管仲曰：【略】四海之内，闔若一家。

又 卷六 先王之所以拱揖指麾而四海來賓者，誠德之至也，色以形于外也。

漢·劉安《淮南子》卷四《墜形訓》 闔四海之内，東西二萬八千里，南北二萬六千里。水道八千里，通谷。其名川六百，陸徑三千里。漢高誘注：陸徑，邪徑也，陸地也。

漢·劉向《説苑》卷五《貴德》 孔子曰：【略】大仁者，恩及四海。

又 卷七《政理》 （尹逸）對曰：天地之間，四海之内，善之則畜也，不善則讐也。

又 卷一八《辨物》 八荒之内有四海，四海之内有九州。

又 卷一九《修文》 禹陂九澤，通九道，定九州，各以其職來貢，不失厥宜。方五千里，至于荒服。南撫交趾、大發，西析支、渠搜、氐羌，北至山戎、肅慎，東至長夷、島夷，四海之内，皆戴帝舜之功。

漢·袁康《越絶書》卷一三《外傳枕中》 范子曰：夫陰陽進退，前後幽冥，未見未形，此特殺生之柄而王制于四海，此邦之重寶也。

漢·趙煜《吴越春秋》卷三《夫差内傳》 羣臣賀曰：大王【略】名號顯著，威震四海。

又 卷四《越王無余外傳》 長保吴國，四海咸承，諸侯賓服。

論説

《尚書考靈曜》 七戎、六蠻、九夷、八狄，據形而言之，謂之四海。言皆近海，海之言昏晦無所睹也。

漢·劉熙《釋名》卷一《釋水》 海，晦也。主承穢濁，其水黑如晦也。

又 卷二《釋州國》 北海，海在其北也；西海，海在其西也；南海，在海南也，宜言海南，欲同四海名，故言南海；東海，海在其東也。

晋·張華《博物志》卷一《地理略》 讚曰：地理廣大，四海八方，遐遠別域，略以難詳。侯王設險，守國保疆，遠遮川塞，近備城隍。司察姦非，禁禦不良，勿恃危阨，恣其淫荒。無德則敗，有德則昌，安屋猶懼，乃可不亡。進用忠良，社稷永康，教民以孝，舜化以彰。

宋・祝穆《古今事文類聚前集》卷一五《地理部・海》引晉張華《博物志》　天地四方，皆海水相通，地在其中，蓋無幾也。四海之外，皆復有海。東海共稱渤海，又謂之滄海；南海之別有漲海；西海之別有青海，北海之別有翰海。

明・彭大翼《山堂肆考》卷二〇《地理・海》引晉張華《博物志》　天地四方，皆與海水相通。地在其中，蓋無幾也。四海之外，皆復有海。東海之別有渤海、溟海、員海，通謂之滄海；南海之別有漲海；西海之別有蒲昌海、蒲類海、青海、鹿渾海、陽池海；北海之別有瀚海，瀚海之南有渤鞮海、伊連海。凡四海，通謂之裨海；裨海外，復有大瀛海環之。

隋・王通《中説》卷一〇《杜淹・文中子世家》　通聞古之爲邦，有長久之策，故夏殷以下數百年，四海常一統也。後之爲邦，行苟且之政，故魏晉以下數百年，九州無定主也。

宋・洪邁《容齋隨筆》卷三《四海一也》　海一而已。地之勢，西北高而東南下，所謂東、北、南三海，其實一也。北至於青、滄，則云北海；南至於交、廣，則云南海；東漸吴越，則曰東海；無由有所謂西海者。《詩》、《書》、《禮經》所載四海，蓋引類而言之。《漢西域傳》所云蒲昌海，疑亦渟居一澤爾。班超遣甘英往條支，臨大海，蓋卽南海之西云。

宋・孫奕《示兒編》卷一二《正誤・四海》　《祭義》云：曾子曰：夫孝，置之而塞乎天地，溥之而横乎四海。繼而曰推而放之東海、西海、南海、北海而準，卽四海也。《校人》注曰：四海，猶四方也；及《調人》曰：父之讎，辟諸海外。《注》引《爾雅》曰：九夷、八蠻、六戎、五狄，謂之四海。夫經云『海外』而注指四夷爲言，非也。所謂『海外』，卽《堯典》『光于四表』是也。以四方爲海外，可也；以四夷爲海外，不可也。

宋・程大昌《北邊備對・四海》　四海之邊中國者，在山東則爲東海，在廣南則爲南海，人人得而聞見，不待證説矣。若夫禹迹所及西境，流沙而極，不言西海；東北嘗至碣石，而北海之名不著于經；則謂『外薄四海』、『訖于四海』者，如之何而四也？漢武帝事遠，有效使命，方行四表，故西、北二海遂有身歷而目擊之者矣，非道聽塗説之比也。於是條支之西有海焉，先漢使命固嘗見之而入諸史矣，後漢班超又嘗遣甘、華輩親至其地也。至於西海之西，又有大秦者焉。卽波斯也。夷人之與海商，皆嘗往來。若夫北海，則又其甚遠者矣。而霍去病之封狼居胥山也，其山實臨瀚海者，北海也。蘇武、郭吉皆爲匈奴所幽，寘諸北海之上。而唐史所載，又曰突厥部北海之北更有所謂骨利榦之國焉，在海北岸也。然則《詩》、《書》所稱四海者，實皆環夷夏而四之，非寓言矣。若夫西北二方有西海、栢海、青海、蒲類海、蒲菖海、居延海、白亭海、鮮水海，皆嘗竝海立稱矣；然要其實致，則衆水鍾爲大澤，如洞庭、彭蠡之類，故借海以名之，非眞海也。李吉甫辨白亭海而曰『河北得水，便名爲河；塞外有水，便名爲海』。其説確也。班固叙張掖之水曰：羌水出羌中，東北至居延入海，則眞以居延爲海矣。

宋・黎靖德編《朱子語類》卷二《天地下》　自古無人窮至北海，想北海只挨著天殼邊過，緣北邊地長其勢，北海不甚闊，地之下與地之四邊皆海水周流，地浮水上與天接，天包水與地。

元・方回《續古今考》卷三三《附小雅二十二篇饗燕考・蓼蕭澤及四海》　紫陽方氏曰：《蓼蕭》四章，章六句。《序》曰：澤及四海也。『蓼』音『六』，以長大之蕭蒿受天之露興也。臣得君之恩意也，『既見君子』四歌之，諸侯來朝，而成王燕之之歌也。周公作此詩，『我心寫兮』指此詩也。

明・楊愼《升菴集》卷七六《四海》　東海之別有渤海，南海之別有漲海，西海之別有青海，北海之別有瀚海，猶五岳之外有五鎭也。

明・李贄《焚書》卷四《四海》　丘文莊謂自南越入中國始有南海，而西海竟不知所在。余謂《禹貢》言『聲教訖於四海』者，亦只是據見在經歷統理之地而紀其四至耳。所云四海，卽四方也。故又曰『四方風動』，則可見矣，豈眞有東西南北之海，如今南越之海的然可覩者哉！

今據見在四方論之：四川天下之正西也，雲南則天下之西南，陝西則天下之西北。一正西，一正北，一西南，皆不見有海也。由陝西而山西，據大勢則山西似直正北之域矣，而正北亦無海也，唯今薊、遼鄰山東，始有海。從此則山東爲東方之海，山東抵淮，揚、蘇、松以至錢塘、寧、紹等處，始爲正東之海。東甌至福建，則古閩越地也，稍可稱東南海矣。廣東卽南越地，今其治爲南海郡，盡以爲正南之海矣，不知閩、廣壤接，亦僅可謂之東南海耳。由此觀之，正西無海也，正北無海也，正南無海也，西北、西南以至東北皆無海，則僅僅正東與東南角一帶海耳，又豈但不知西海所在耶？

且今天下之水皆從西出，西水莫大於江、漢。江有四：有從岷來者，有從沱來者，有從黑、白二水來者。漢有二：有從嶓冢來者，有從西和徼外來者。此皆川中之水，今之所指以謂正西是也。水又莫大於黄河，黄河經過崑崙。崑崙乃西蕃地，是亦西也。雖雲南之地今皆指以爲西南，然雲南之水盡流從川中出，則地高於川中可知矣。高者水之所瀉，流之所始，而東南一海咸受之，則海決在下流之處，雲南、四川、山、陝等去海甚遠，皆可知也。雲南、川、陝之外，其地更高，又可知也。不然，何以不順流而西，往彼西海，而乃迢遞逶迤盡向東南行耶？則知以四川爲正西者，亦就四方之勢概言之耳。今雲南三宣府之外，有過洋闊機大布，道自海上來者，此布我閩中常得之，則雲南旋遶而東，又與福建同海。則雲南只可謂之東南，而不得謂之西南，又可知矣。

吾以是觀之，正南之地尚未載之輿圖，況西南耶？故余謂據今人所歷之地勢而論之，尚少正南與西南、正西與西北、正北與北東諸處者，以不見有海，故卜之也。以天下三大水皆從川中出卜之，而知其難以復尋西海於今之世也。西海既不可尋，則又何名何從而祀海也？然則丘文莊欲祀北海於京之東北，楊升庵欲祀西海於滇之西南，皆無義矣，其誰享之？嗚呼！觀於四海之説，而後知世人之所見者小也，況四海之外哉！

明·徐應秋《玉芝堂談薈》卷二二《西海北海》　今中國之勢，惟河與海環而抱之。河源出崑崙，星宿海蓋極西南之方。其流北行，經洮州；又東北，過寧夏；出塞外，始折而南，入中國之砥柱；折而東，經中州，至呂梁，奔而入淮，直抵海口。海則從遼東北界，迤迤而南，經三吳甌閩，折而西，直抵安南、暹羅、滇洱之界。蓋西南盡處，去星宿海亦不遠矣。西北想亦有大海環于地外，但中國之人耳目所不到耳。

清·顧炎武《日知録》卷二二《四海》　《書·正義》言：天地之勢，四邊有水。鄒衍書言：九州之外，有大瀛海環之。是九州居水內，故以州爲名。州，古「洲」字。然五經無「西海」、「北海」之文，而所謂「四海」者，亦概萬國而言之爾。《禮記·祭義》推而放諸西海而準，推而放諸北海而準。亦是概言之海至。《左傳》齊桓公言「寡人處北海」，則直指齊地；而《孟子》言伯夷辟紂，居北海之濱。唐時以濰州爲北海郡，而樂昌縣遂有伯夷廟。《爾雅》九夷、八蠻、六戎、五狄，謂之四海。《周禮·校人》凡將有事於四海山川，註：四海，猶四方也。則海非眞水之名。《易》卦兌爲澤，而不言海。《禮記·鄉飲酒義》曰：祖天地之左海也。則又以見右之無海矣。《史記·日者傳》：地不滿東南，以海爲池。《虞書》禹言：予決九川，距四海。據《禹貢》，但有一海，而南海之名猶之西河，卽此河爾。《禹貢》之言海有二：「東漸于海」，實言之海也。「聲教訖于四海」，概言之海也。

宋洪邁謂：海一而已。地勢西北高，東南下，所謂東、北、南三海，其實一也。北至於青、滄，則曰北海；南至於交、廣，則曰南海；東漸吳越，則曰東海，無繇有所謂西海者。《詩》、《書》、《禮經》之稱四海，蓋引類而言之。至如《莊子》所謂窮髮之北有冥海，及屈原所謂「指西海以爲期」，皆寓言爾。程大昌謂條支之西有海，先漢使固嘗見之，而載諸史。《史記·大宛傳》：于窴之西，則水皆西流，注西海。又曰：奄蔡在康居西北，可二千里，臨大澤無崖，蓋乃北海云。《漢書·西域傳》：條支國，臨西海。後漢班超又遣甘英輩親至其地，而西海之西又有大秦，夷人與海商皆常往來。霍去病封狼居胥山，其山實臨瀚海。蘇武、郭吉皆爲匈奴所幽，寘諸北海之上；而唐史又言突厥部北海之北有骨利幹國，在海北岸。然則《詩》《書》所稱四海，實環華裔而四之，非寓言也。然今甘州有居延海，西寧有青海，雲南有滇海，安知漢唐人所見之海，非此類邪？

清·胡渭《禹貢錐指》卷一八《四海會同》　《爾雅·釋地》云：九夷、八狄、七戎、六蠻，謂之四海。郭璞曰：九夷在東，八狄在北，七戎在西，六蠻在南，次四荒者。渭按古書所稱四海，皆以地言，不以水言。《爾雅》四海繫《釋地》不繫《釋水》，《禹貢》九州之外，卽是四海，不以海水之遠近爲限，劉向《説苑》云『八荒之内有四海，四海之内有九州』是也。自宋人撥棄古訓，直以海爲海水，故蔡《傳》釋『四海會同』云：四海之水，無不會同而各有所歸。不知此意包括在『九州攸同』句中，何用贅辭？且《禹貢》諸水皆入東海，唯黑水入南海，其歸西海、北海者，又何水邪？西海、北海，不見于《詩》、《書》。《禮記·祭義》始云西海、北海，注家不詳其地。《左傳》、《孟子》所謂北海，不離乎東海。《離騷》曰：路不周以左轉兮，指西海以爲期。《史記》曰：于窴之西水，皆西流，注西海。又曰：奄蔡在康居西北，可二千里，臨大澤無厓。蓋乃北海云。《漢書》蘇武、郭吉使匈奴，皆幽于北海之上。又條支國，臨西海。《後漢書》云：班超遣甘英輩，親至其地。西海之西又有大秦，夷人與海商皆常往來。《唐書》言突厥部北海之北有骨利幹國，在海北岸；又流鬼國去京師萬五千里，濱於北海。其鑿鑿言之如此。然西海距玉門陽關四萬餘里，由漢以來，西域常通中國，人得見其海，而極北之地，罕有使命。流鬼去長安僅萬五千里，而北海終不得見。故朱子云：自古無人，窮至北海也。據《王制》，西河至東海不過二千餘里。今以堯時甸服計之，其距南海近者可四千里，遠者亦無過七八千里，而西海、北海乃若此之遠，聲教所訖，何其相去之懸絶邪？四海之義，定當從《爾雅》。然傳記所稱西海、北海，則實有其處，非寓言也。洪景盧云：海一而已。地東北高，東南下，所謂東、北、南三海，其實一也。北至于青、滄，則曰北海；南至于交、廣，則曰南海；東漸吳越，則曰東海；無由有所謂西海者。《詩》、《書》、《禮經》之稱四海，蓋引類而言之。審爾，則《禹貢》之文，但言海足矣，何以又有所謂南海乎？蓋南海附近交、廣，黑水入焉；而西海、北海，遠在數萬里之外，與中國之水無涉，故不言耳。灉、沮會同，以水言；四海會同，以人言。説者當隨文立義，不可牽合。時見曰會，殷見曰同，自是周禮，堯時未必有此名也。會同只是望走之意，不必引諸侯朝天子事。四海會同，舉遠以該近。言夷狄戎蠻，則華夏可知。《傳》四海之内，『内』字有病，而《疏》曲爲之説云：天子之於夷狄，不與華夏同風，故知四海謂四海之内，卽是九州之中。順《傳》違經，吾無取焉。

清·閻若璩《四書釋地又續》卷上《四海》 胡朏明執《爾雅·四海》解以解凡云四海者，曰九夷、八狄、七戎、六蠻，謂之四海。郭璞註：九夷在東，八狄在北，七戎在西，六蠻在南，次四荒者。某按古書所稱四海，皆以地言，不以水言，故《爾雅》此條繫《釋地》不繫《釋水》。《禹貢》九州之外；《益稷》州十有二外，皆卽是四海不以水之遠近爲限，《説苑·辨物篇》『八荒之内有四海，四海之内有九州』是也。自宋人撥棄舊詁，直以海爲海水，而古書所稱『四海』之義，始有不可得通者矣。余曾以書往質：《孟子》『放乎四海』，禹以四海爲壑，此得謂不以水言耶？朏明不覺欣然。大抵『四海』之義有二：有宜從《爾雅》解者，『四海遏密八音』是，却少。有宜從康成《周禮註》『四海猶四方也』解者，最多。如上云『天下慕之』，下云『溢乎四海』；上云『中天下而立』，下云『定四海之民』。蓋『四海』卽『天下』字面也。猶古書『百姓』有二義，『六藝』亦有二義，當如朱子所云：此就此説，彼就彼説，不得執此以礙彼者，斯得之。

清·江永《羣經補義》卷一《尚書補義》 中國不見北海、西海，而經書動稱四海。《爾雅》以九夷、八狄、七戎、六蠻，謂之四海。解之終有未安。既謂之海，當有其水，豈可以四裔所處當之？直沽外之渤海，猶是九河下之逆河，而稱爲北海者，假借也。北海可假借，則青海亦可借作西海，以充四海之數矣。蓋西海之地，歷代爲戎、羌、渾、蕃所居，雖漢唐之盛，亦未嘗爲郡縣；惟王莽時，誘羌人獻地，設西海郡，立五縣，不久卽廢。後有立西海郡者，遂取西海爲名而非其地。隋之西海郡，惟居延一縣，居延實不在西海也。然則青海亦可謂極邊，西戎所處，舉此爲西界，以合三方之海，亦可謂四海之内矣。否則，無其海而稱四海，不有類於夸張乎？

西北之地，水豬而廣大者，卽謂之海，蒲昌海、牢蘭海之類是也。而艾儒略《職方外紀》：西域有地中海、太平海，則海不必大海也。蒲昌海方三百里，已稱爲海；若西寧之西海，按今地圖，爲呼呼鄂模，方廣殆七八百里，豈不可稱海乎？或疑西海之稱，起王莽時始立西海郡，古時未必然。然愚考之《山海經》云：西海之南，流沙之濱，赤水之後，黑水之前，此赤水是金沙江，黑水是怒江。有昆侖之邱。此西海，正是今之青海。

蓋今江源河源諸山，方八百里，皆曰昆侖之邱。在西海之西南，而流沙之磧尾在其西北，故曰西海之南，流沙之濱。觀此，則西海之名，由來久矣，安知禹時，不卽有此名乎？

清·徐文靖《管城碩記》卷七《詩二》 《蓼蕭序》云：澤及四海也。朱子曰：《序》不知此爲燕諸侯之詩，但見『零露』之云，卽以爲澤及四海。按鄭《箋》云：九夷、八狄、七戎、六蠻，謂之四海。孔氏曰：經所陳，是四海均蒙其澤，而《序》漫言『四海』者，以四海諸侯朝王而得燕慶，故本其在國蒙澤，說其朝見光寵也。豈但見『零露』之云，以爲『澤及四海』哉？

藝文

宋·呂祖謙《宋文鑑》卷一一《孔武仲〈四海以職來祭賦天下之職能助王祭〉》 上聖孝至，諸侯職揚，當一人之奉祭，罄四海以來王。肅爾駿奔，各述修方之舊；翼如顯相，用嚴肆祀之常。夫惟承祖宗積累之休，處廉陛崇高之勢。尊其親也，既重假廟；大其禮也，又當配帝。化首正宁，敎流當世。本至誠之恭愛，可以感人；極四海之欣歡，入而助祭。時也，六服面內，五侯至前。同姓異姓兮，各奉玉帛；大賓大客兮，迭承豆籩。並來享以悅懌，咸侍祠而吉蠲。造此闕庭，鎗八鑾於外屏；盛其饌貢，洽百禮於中天。擇於大射，則賓自得賢；誓以常刑，則臣無廢職。辨其吉禮之掌，同厥驩心之得。儼若將事，欣然獻力。分行遞見，居多振鷺之容；承命勤修，皆有和羹之德。誠以報本反始者，神聖之美敎；尊祖嚴父者，朝家之上儀。在盛王之顒若，格縣宇以承之。故爾各備上服，並承約軧，所以周廟陳常，美羣公之肅肅；湯孫致饗，詠列辟之祁祁。衆莫衆於侯方，尊孰尊於君者？大邦小國兮，至自畿外；美味和氣兮，實於堂下。共承上化，參德遜於前書；各盡臣恭，協祼將於大雅。夫盡九州之力，致五福之膺，殊免爵於西漢，異責茅於召陵。以極精禋之意，用全孝饗之能。薦牡惟時，推至誠而茂對；執膰有序，贊大事以靈承。噫！德敎所加，惠心益著，外易俗於海隅，下感心於黎庶。矧乎茅土分寵，親賢同慮，幸丁萃享之時，孰不驩虞而來助！

元·王充耘《書義矜式》卷一《帝德廣運、乃聖乃神、乃武乃文、皇天眷命、奄有四海、爲天下君》 聖人萃盛德於一身，故有爲於三才之主宰。蓋大德者必受命，聖人所以富有四海而貴爲天子也。吾於古之帝堯見之。帝堯之德，廣大而無外，運行而不息。大而能運，則變化不測，故其妙於無迹，則爲聖爲神，顯於可見，則爲武爲文，皆此德之充周，殆非言語形容所能盡也。夫以是，天鑒厥德，用集大命，俾之悉有四海而君臨天下焉。其付畀之重，爲何如哉？云云。

皇天無親，惟德是輔。天難忱斯，命不易哉！未有盛德，不足以格天；亦未有天命，不佑於有德者也。故用集大命而撫綏萬方，必齊聖廣淵之成湯也；誕膺天命以撫方夏，必徽柔懿恭之文王也。湯也文王也，初無心於得天下，而天自不能不命之，天豈私厚於聖人哉？蓋天之於物，栽者培之，傾者覆之，因其材而篤焉，則眷命之隆，付托之重，自不容舍盛德之聖人而他適矣。天於成湯、文王如此，則其於帝堯可知矣。且堯之德何如哉？自其大而無外者言之，則如天之無不覆幬也，如地之無不持載也。自其運行不息者言之，則如四時之錯行，如日月之代明也。以言其聖，則大而能化，非方體之可拘；以言其神，則聖不可知，非推測之所能及。弘強剛毅，足以勘定其禍亂，此固赫然可畏之武；賁飾禮樂，足以經緯天地，又所以爲煥然成章之文。蓋聖、神、武、文，以粲然有倫者言之，其小德之川流。廣運以渾然本體者言之，其大德之敦化。

聖人之德如此，天於聖人當何如哉？眷而顧之，所以使之有四海也；顧而命之，所以使之君天下也。四海至廣，而聖人有之，則尺地莫非其有矣。天下至大，而聖人君之，則一民莫非其臣矣。至富之無敵，至貴之無倫如此。聖人果何以得此於天哉？無他，有大力量，則有大負荷。夫以四海之廣，羣生之衆，皆受制於一人，非聰明睿智足以有臨，其孰能與於此？帝堯自唐侯特起爲帝，凡其綏來動和，而措天下如太山之安；除殘去暴，而躋羣生於仁壽之域。使雍熙之治，獨高於五帝而冠絶乎百王，皆神、聖、武、文之功用也，而豈徒然哉？或者以爲益之此言，非以美堯且以規舜。是未知頌美之辭異乎規戒之體者也，又烏足以知聖人也哉？雖然，舜紹堯以致治者也，濬哲文明，溫恭允塞，舜之大德，亦堯之大德也。曆數在躬，故自耕稼陶漁，以至於帝，舜之得位，亦堯之得位也。先聖後聖，其揆一也，而何以優劣疑之哉？抑又論之，大德爲必受命者，其常也。若吾夫子，溫、良、恭、儉、讓之德，止聞侯國之政，終不能朝諸侯、有天下者，是又其變。然而堯舜能以其道治天下，孔子又推其道以教萬世，其功又有大於堯舜者焉。善乎宰我之言曰：以予觀於夫子，賢於堯舜遠矣。

雜　録

《國語》卷一六《鄭語》　夫黎爲高辛氏火正，以淳燿惇大，天明地德，光昭四海，故命之曰祝融，其功大矣。

《尚書璇璣鈐》　神農始立地形，甄度四海。東西九十萬里，南北八十一萬里。

《河圖括地象》　夏禹所治四海內，地東西二萬八千里，南北二萬六千里。

《春秋演孔圖》　孔子作法五經，運之天地，稽之圖象，質於三王，施之四海。

《樂緯叶圖徵》　鼓琴以知四海。琴音調，足以及四海也。

唐·杜佑《通典》卷四六《禮六·吉五·山川》　（天寶）十載正月，以東海爲廣德王，南海爲廣利王，西海爲廣潤王，北海爲廣澤王。

《舊唐書》卷二四《禮儀志四》　（天寶）十載正月，四海並封爲王。【略】太子中允李隨祭東海廣德王，義王府長史張九章祭南海廣利王，太子中允柳奕祭西海廣潤王，太子洗馬李齊榮祭北海廣澤王。取三月十七日一時禮冊。

宋·洪遵《翰苑羣書》卷五《〔唐〕楊鉅〈翰林學士院舊規·恩賜近例〉》　東海廣德王在萊州界，西海廣潤王在河中界，南海寧邦王在廣州界，北海廣澤王在孟州界。

明·丘濬《大學衍義補》卷六一《治國平天下之要·秩祭祀·國家常祀之禮下》　臣按鄭司農解《周禮》『四望』，以爲日、月、星、海。鄭玄謂：《禮》無祭海之文。考《周頌·般序》及觀《學記》，謂三王祭川，先河後海。則是海之祭，三代已有矣，烏可謂無祭海之禮乎？中國之地，在三代不出九州之外，惟揚、徐、青、冀四州濱海而已，四海惟東海濱中國，而南海、北海則越在荒服之外。自漢以後，南越始入中國而有南海，然西海竟不知所在。故今祀東海於登州，祀南海於廣州，二祀皆臨海而祭；西海則望祀於蒲州，北海則望祀於懷慶。夫宋都汴梁，而懷慶在其北，是時失幽燕而以白溝河爲界，無緣至遼薊之域，出國門而北望以祭之，可也。國初都金陵，因之以祭，亦不爲過。若夫今日建都于燕，往南而祭北海，豈天子宅中以臨四海之義哉？且古謂青州爲北海郡，青去登不遠，猶以是名。今京師東北，乃古碣石淪海之處。於此立祠，就海而祭，於勢爲順，於理爲宜。況今北鎮醫無閭山在於遼海，山既可以爲北鎮，川獨不可以爲北海乎？若夫中國之正西在於秦隴，西南則蜀，稍南則滇也，滇之極西，百夷之外，聞有大海通西南島夷。此地在前代，未入中國，今既爲羈縻之地，則王化之所及也，宜於雲南望祀之。如此，則四海之祀，皆在吾域中矣。議禮之事，非臣下所敢專者，謹錄愚見，以俟采擇。

唐·鄭氏《女孝經·后妃章》　而德教加于百姓，刑于四海，蓋后妃之孝也。《詩》云：鼓鐘于宮，聲聞于外。

宋·周密《浩然齋視聽抄》　對偶之佳者曰：九州四海，聖主忠臣；億載萬年，乾父坤母。

天下分部

綜　述

《周易·乾·文言》　乾元『用九』，天下治也。

『見龍在田』，天下文明。

乾始能以美利利天下。

『雲行雨施』，天下平也。

又《否·象》　上下不交，而天下無邦也。

又**《同人・彖》** 唯君子爲能通天下之志。

又**《隨・彖》** 『大亨貞无咎』，而天下隨時，隨時之義大矣哉。

又**《蠱・彖》** 《蠱》『元亨』，而天下治也。

又**《觀・彖》** 大觀在上，順而巽，中正以觀天下。【略】聖人以神道設教而天下服矣。

又**《賁・彖》** 觀乎人文，以化成天下。

又**《无妄・彖》** 天下雷行，物與，《无妄》。

又**《離・彖》** 重明以麗乎正，乃化成天下。

又**《咸・彖》** 聖人感人心而天下和平。

又**《恒・彖》** 聖人久於其道而天下化成。

又**《家人・彖》** 正家而天下定矣。

又**《姤・彖》** 剛遇中正，天下大行也。

又**《豐・彖》** 『勿憂宜日中』，宜照天下也。

又**《繫辭上》** 舉而措之天下之民，謂之事業。

又**《繫辭下》** 天下何思何慮？天下同歸而殊塗，一致而百慮。

又**《説卦》** 《離》也者，明也，萬物皆相見，南方之卦也。聖人南面而聽天下，嚮明而治，蓋取諸此也。

《尚書・舜典》 流共工于幽洲，放驩兜于崇山，竄三苗于三危，殛鯀于羽山，四罪而天下咸服。

又**《大禹謨》** 帝曰：【略】汝惟不矜，天下莫與汝爭能；汝惟不伐，天下莫與汝爭功。

又**《益稷》** 禹曰：俞哉！帝光天之下，至于海隅蒼生，萬邦黎獻，共惟帝臣。 漢孔安國《傳》：光天之下，至于海隅，蒼蒼然生草木，言所及廣遠。唐孔穎達《正義》：《堯典》之《序》訓『光』爲『充』，卽此亦爲充。言充滿大天之下也。據其方面，卽四隅爲遠，至于海隅，舉極遠之處，言帝境所及廣遠，其内多賢人也。

又**《五子之歌》** 予視天下，愚夫愚婦一能勝予。

又**《説命上》** 乃審厥象，俾以形，旁求于天下。

又**《武成》** 今商王受，【略】爲天下逋逃主，萃淵藪。一戎衣，天下大定。

又**《召誥》** 其惟王位在德元，小民乃惟刑用于天下，越王顯。

又**《立政》** 其克詰爾戎兵，以陟禹之迹，方行天下，至于海表，罔有不服。

又**《顧命》** 率循大卞，燮和天下。

又**《呂刑》** 天罰不極，庶民罔有令政在于天下。

《逸周書》卷二《武稱解》 四方畏服，奄有天下，武之定也。

又 **卷三《酆保解》** 嗚呼！王孫其尊天下。

又 **卷三《文傳解》** 不明開塞禁舍者，其如天下何？

又 **卷三《柔武解》** 故曰柔武，四方無拂，奄有天下。

又 **卷五《商誓解》** 凡在天下之庶民，罔不維后稷之元穀用烝享。

又 **卷五《作雒解》** 予畏同室克追，俾中天下。

又 **卷六《明堂解》** 制禮作樂頒度量，而天下大服，萬國各致其方賄。

又 **卷九《芮良夫解》** 以予小臣良夫觀天下有土之君，厥德不遠。

又 **卷九《太子晉解》** 天下施關，道路無限。

又 **卷九《周祝解》** 爲天下者，用大略。

《詩經・大雅・皇矣》 爰整其旅，以按徂旅，以篤周祜，以對于天下。

又**《周頌・般》** 敷天之下，裒時之對，時周之命。

又**《小雅・北山》** 溥天之下，莫非王土。率土之濱，莫非王臣。 漢毛亨《傳》：溥，大；率，循；濱，涯也。漢鄭玄《箋》：此言王之土地廣矣，王之臣又衆矣，何求而不得，何使而不行？唐孔穎達《正義》：濱是四畔近水之處，言率土之濱，舉其四方所至之內，見其廣也。

《儀禮・士冠禮》 天下無生而貴者也。

《周禮・地官・大司徒》 以天下土地之圖，周知九州之地域廣輪之數。【略】制天下之地征，以作民職，以令地貢，以斂財賦，以均齊天下之政。

又**《地官・掌節》** 凡通達於天下者必有節，以傳輔之。

又**《夏官・量人》** 邦國之地與天下之涂數，皆書而藏之。

又**《夏官・職方氏》** 掌天下之圖，以掌天下之地。

又《夏官·合方氏》 掌達天下之道路。

又《夏官·撢人》 掌誦王志，道國之政事，以巡天下之邦國而語之。

又《秋官·大行人》 春朝諸侯而圖天下之事，【略】夏宗以陳天下之謨，【略】殷同以施天下之政。

又《秋官·小行人》 達天下之六節，【略】以周知天下之故。

又《考工記·梓人》 天下之大獸五：脂者、膏者、臝者、羽者、鱗者。

又《考工記·匠人》 凡天下之地埶，兩山之間，必有川焉，大川之上，必有涂焉。

《左傳·莊公十二年》 石祁子曰：不可。天下之惡，一也。

又《僖公二十四年》 富辰諫曰：其懷柔天下也，猶懼有外侮。

又《文公十八年》 昔高陽氏有才子八人：蒼舒、隤敳、檮戭、大臨、尨降、庭堅、仲容、叔達，齊聖廣淵，明允篤誠，天下之民謂之八愷。高辛氏有才子八人：伯奮、仲堪、叔獻、季仲、伯虎、仲熊、叔豹、季貍，忠肅共懿，宣慈惠和，天下之民謂之八元。【略】昔帝鴻氏有不才子，掩義隱賊，好行凶德，醜類惡物，頑嚚不友，是與比周，天下之民謂之渾敦。少皞氏有不才子，毁信廢忠，崇飾惡言，靖譖庸回，服讒蒐慝，以誣盛德，天下之民謂之窮奇。顓頊氏有不才子，不可教訓，不知話言，告之則頑，舍之則嚚，傲狠明德，以亂天常，天下之民謂之檮杌。【略】是以堯崩，而天下如一，同心戴舜，以爲天子，以其舉十六相、去四凶也。

又《成公二年》 先王疆理天下物土之宜，而布其利。晉杜預注：疆，界也；理，正也。

又《成公十二年》 天下有道，則公侯能爲民干城而制其腹心，亂則反之。

又《襄公十九年》 季武子興，再拜稽首，曰：『小國之仰大國也，如百穀之仰膏雨焉。若常膏之，其天下輯睦，豈唯敝邑？』賦《六月》。

又《襄公二十六年》 右宰穀曰：不可。獲罪於兩君，天下誰畜之？

又《襄公三十一年》 文王之功，天下誦而歌舞之，可謂則之。

又《昭公七年》 天子經略，諸侯正封，古之制也。注：經營天下，略有四海，故曰經略。唐孔穎達《正義》：經營天下，以四海爲界，界内皆爲己有，故言略有四海，謂有四海之内也。天子界内，天子自經營之，故言經略也。封略之内，何非君土？食土之毛，誰非君臣？故《詩》曰：普天之下，莫非王土。率土之濱，莫非王臣。

又《昭公八年》 子大叔曰。若何弔也？其非唯我賀，將天下實賀。注：言諸侯畏晉，非獨鄭。

又《昭公九年》 后稷封殖天下，今戎制之，不亦難乎！

又《昭公十二年》 昔穆王欲肆其心，周行天下，將皆必有車轍馬跡焉。

又《昭公十三年》 初，（楚）靈王卜曰：余尚得天下。不吉，投龜詬天而呼曰：是區區者而不余畀，注：區區，小天下。余必自取之。

又《昭公十九年》 費無極言於楚子曰：【略】若大城城父，而寘大子焉，以通北方，王收南方，是得天下也。

又《昭公二十六年》 子西怒曰：敗親速讎，亂嗣不祥，我受其名，賂我以天下，吾滋不從也。

今王室亂，單旗、劉狄剝亂天下，壹行不若。

又《昭公二十八年》 昔武王克商，光有天下。

又《定公四年》 故周公相王室，以尹天下，於周爲睦。

又《定公十年》 夫不令之臣，天下之所惡也。

《國語》卷二《周語中》 叔父若能光裕大德，更姓改物，以創制天下，自顯庸也。

又 卷三《周語下》 文王質文，故天祚之以天下。

唯有嘉功，以命姓受祀，迄于天下。

又 卷六《齊語》 夫管子，天下之才也。三國吴韋昭注：才冠天下。所在之國，則必得志於天下。

昔者聖王之治天下也，參其國而伍其鄙。

又 卷二〇《越語上》 夫差對曰：【略】余何面目以視於天

下乎？

《公羊傳・桓公八年》 冬十月，【略】祭公來，遂逆王后于紀。《傳》：女在其國稱女，此其稱王后何？王者無外，其辭成矣。

又《莊公四年》 紀侯大去其國。《傳》：然則齊、紀無説焉，不可以並立乎天下。漢何休《解詁》：無説，無悦懌也。

又《莊公十三年》 冬，公會齊侯，盟于柯。《傳》：桓公之信，著乎天下，自柯之盟始焉。

又《莊公三十二年》 秋七月癸巳，公子牙卒。《傳》季子和藥而飲之，曰：公子從吾言而飲此，則必可以無爲天下戮笑，必有後乎魯國。不從吾言而不飲此，則必爲天下戮笑，必無後乎魯國。

又《僖公元年》 齊師、宋師、曹師次于聶北，救邢。《傳》：上無天子，下無方伯，天下諸侯有相滅亡者，力能救之則救之，可也。

又《僖公十四年》 秋八月辛卯，沙鹿崩。《傳》：外異不書，此何以書？爲天下記異也。

又《文公十三年》 世室屋壞。《傳》：然則周公曷爲不之魯？欲天下之一乎周也。

又《宣公十二年》 夏六月乙卯，晉荀林父帥師及楚子戰于邲，晉師敗績。《傳》：莊王曰：弱者吾威之，彊者吾辟之，是以使寡人無以立乎天下。

又《宣公十五年》 初税畝。《傳》：古者曷爲什一而藉？什一者，天下之中正也。

又《襄公十六年》 戊寅，大夫盟。《傳》：何言乎信在大夫？偏刺天下之大夫也。曷爲偏刺天下之大夫？君若贅旒然。

《穀梁傳・莊公三年》 五月，葬桓王。《傳》：崩不志崩，失天下也。

又《僖公二十四年》 冬，天王出居于鄭。《傳》：天子無出，出，失天下也。居者，居其所也。雖失天下，莫敢有也。

又《文公九年》 二月，【略】辛丑，葬襄王。《傳》：天子志崩不志葬，舉天下而葬一人，其道不疑也。

《孫子兵法・九地》 是故不爭天下之交，不養天下之權。

《老子・二章》 天下皆知美之爲美，斯惡已；皆知善之爲善，斯不善已。

又《二十二章》 是以聖人抱一，爲天下式。

又《二十六章》 奈何萬乘之王而以身輕天下，輕則失本，躁則失君。

又《三十二章》 譬道之在天下，猶川谷之於江海。

又《三十五章》 執大象，天下往。

又《四十章》 天下萬物生於有，有生於無。

又《四十三章》 天下之至柔，馳騁天下之至堅。

又《四十六章》 天下有道，卻走馬以糞；天下無道，戎馬生於郊。

又《四十七章》 不出戶，知天下。

又《四十九章》 聖人在天下，歙歙爲天下渾其心。

又《五十二章》 天下有始，以爲天下母。

又《五十四章》 故以身觀身，以家觀家，以鄉觀鄉，以國觀國，以天下觀天下。吾何以知天下然哉？以此。

又《五十七章》 天下多忌諱，而民彌貧。

又《六十章》 以道莅天下，其鬼不神。

又《六十一章》 大國者下流，天下之交，天下之牝。

又《六十三章》 天下難事，必作於易；天下大事，必作於細。

又《六十六章》 以其不爭，故天下莫能與之爭。

又《六十七章》 天下皆謂我道大，似不肖。夫唯大，故似不肖。不敢爲天下先，故能成器長。

《論語・八佾》 天下之無道也，久矣。

又《里仁》 君子之於天下也，無適也，無莫也，義之與比。

又《泰伯》 泰伯其可謂至德也已矣。三以天下讓，民無得而稱焉。

天下有道則見，無道則隱。

巍巍乎！舜禹之有天下也，而不與焉。

三分天下有其二，以服事殷。周之德，其可謂至德也已矣。

又《顏淵》 舜有天下，選於衆，舉皋陶，不仁者遠矣。湯有天下，選於衆，舉伊尹，不仁者遠矣。

又《憲問》 禹、稷躬稼而有天下。

管仲相桓公，霸諸侯，一匡天下，民到于今受其賜。

又《季氏》 天下有道，則禮樂征伐自天子出；天下無道，則禮樂征伐自諸侯出。

天下有道，則政不在大夫；天下有道，則庶人不議。

又《子張》 是以君子惡居下流，天下之惡皆歸焉。

《墨子》卷一《親士》 三子之能達名，成功於天下也，皆於其國抑而大醜也。

又 卷一《修身》 是故先王之治天下也，必察邇來遠。

又 卷一《所染》 舉天下之仁義顯人，必稱此四王者。【略】舉天下不義辱人，必稱此四王者。【略】舉天下之貪暴苛擾者，必稱此六君也。

又 卷一《法儀》 今天下無小大國，皆天之邑也。

又 卷一《辭過》 故霸王之業，可行於天下矣。

又 卷一《三辯》 湯放桀於大水，環天下自立。【略】武王勝殷殺紂，環天下自立。

又 卷二《尚賢中》 天下皆得其列，【略】與接天下之政，治天下之民。

又 卷二《尚賢下》 天下之王公大人，皆欲其國家之富也。

今天下之士君子，皆欲富貴而惡貧賤。

又 卷三《尚同上》 察天下之所以治者，何也？天子唯能壹同天下之義，是以天下以治也。

又 卷四《兼愛上》 故天下兼相愛則治，相惡則亂。

又 卷五《非攻下》 今天下之所同義者，聖王之法也。今天下之諸侯將猶多皆勉攻伐并兼，則是有譽義之名而不察其實也。

是故古之仁人有天下者，必反大國之說，一天下之和，總四海之內焉。

今若有能以義名立於天下，以德來諸侯者，天下之服，可立而待也。

又 卷六《節用中》 古者堯治天下，南撫交阯，北降幽都，東西至日所出入，莫不賓服。

又 卷六《節葬下》 是故昔者聖王既沒，天下失義，諸侯力征。

又 卷七《天志中》 且夫天子之有天下也，辟之無以異乎國君諸侯之有四境之內也。

今夫天兼天下而愛之，撽遂萬物以利之。

又 《天志下》 今人皆處天下，而事天。

又 卷九《非命中》 然今天下之情僞，未可得而識也。

又 卷一一《耕柱》 天下之所以生者，以先王之道教也。

天下無道，仁士不處厚焉。

天下莫不欲與其所好，奪其所惡。

又 卷一三《魯問》 夫天之兼有天下也，亦猶君之有四境之內也。

《吳子·圖國》 天下戰國，五勝者禍，四勝者弊，三勝者霸，二勝者王，一勝者帝。是以數勝得天下者稀，以亡者衆。

《管子》卷一《權修》 天下者，國之本也。

又 卷一《乘馬》 天下乘馬服牛而任之，輕重有制。

又 卷五《八觀》 天下之所生，生於用力。唐房玄齡注：天下所以存其生，各由用力也。

又 卷六《法法》 黃帝唐虞，帝之隆也。資有天下，制在一人。

又 卷九《霸言》 夫爭天下者，以威易危，暴王之常也。

又 卷一〇《制分》 勝國有理，制天下有分。

又 卷一一《君臣下》 天下道，其道則至；注：君得名道，則天下至。不道，其道則不至也。

卷一一《小稱》 天下者，無常亂，無常治。

卷一三《心術下》 昔者明王之愛天下，故天下可附；暴王之惡天下，故天下可離。

卷一三《白心》 名滿於天下，不若其已也。

卷一六《封禪》 九合諸侯，一匡天下。

卷一六《小問》 天下得之則安，不得則危，故命之曰禾。注：以其和調人之性命。

又　卷一七《七臣七主》　天下得失，道一人出。注：道，從也。一人爲主也，明主得，闇主失。

又　卷二一《明法解》　富貴尊顯、久有天下，人主莫不欲也；爲【略】失天下，滅宗廟，人主莫不惡也。

《商君書》卷三《修權》　故堯舜之位天下也，非私天下之利也，爲天下位天下也。

又　卷四《賞刑》　故天下知用刀鋸於周庭，而海内治。

又　卷四《畫策》　恃天下者，天下去之。自恃者，得天下；得天下者，先自得者也。

《司馬法·仁本》　天下雖安，忘戰必危；天下既平，天子大愷。

《尉繚子》卷二《武議》　夫提天下之節制，而無百貨之官，無謂其能戰也。

《慎子·威德》　聖人之有天下也，愛之也，非敢取之也。

又　《君人》　與天下於人，大事也，煦煦者以爲惠，而堯舜無德色；取天下於人，大嫌也，潔潔者以爲污，而湯武無愧容：惟其義也。

《孟子·梁惠王上》　孟子見梁襄王，【略】卒然問曰：「天下惡乎定？」吾對曰：「定于一。」「孰能一之？」對曰：「不嗜殺人者，能一之。」「孰能與之？」對曰：「天下莫不與也。」

又　《梁惠王下》　文王一怒而安天下之民。

老而無妻曰鰥，老而無夫曰寡，老而無子曰獨，幼而無父曰孤。此四者，天下之窮民而無告者。

又　《公孫丑上》　由湯至於武丁，賢聖之君六、七作，天下歸殷久矣，久則難變也。武丁朝諸侯，有天下，猶運之掌也。

又　《公孫丑下》　今天下地醜德齊，莫能相尚。

夫天未欲平治天下也，如欲平治天下，當今之世，舍我其誰也？

又　《滕文公上》　勞心者治人，勞力者治於人，治於人者食人，治人者食於人，天下之通義也。

又　《滕文公下》　景春曰：公孫衍、張儀，豈不誠大丈夫哉！一怒而諸侯懼，安居而天下熄。

居天下之廣居，立天下之正位，行天下之大道。

如其道，則舜受堯之天下，不以爲泰。

天下之生，久矣，一治一亂。

楊朱、墨翟之言盈天下，天下之言不歸楊，則歸墨。

又　《離婁上》　人有恆言，皆曰天下國家。

天下有道，小德役大德，小賢役大賢。天下無道，小役大，弱役強。

今天下之君有好仁者，則諸侯皆爲之敺矣。

又　《離婁下》　禹思天下有溺者，由己溺之也；稷思天下有飢者，由己飢之也。

天下不心服而王者，未之有也。

又　《萬章上》　百里奚，虞人也。【略】相秦而顯其君於天下，可傳於後世。

又　《萬章下》　伊尹【略】思天下之民，匹夫匹婦有不與被堯舜之澤者，若己推而内之溝中。其自任以天下之重也。

天下之善士，斯友天下之善士。

又　《盡心上》　窮則獨善其身，達則兼善天下。

得天下英才而教育之。

孔子登東山而小魯，登太山而小天下。

楊子取爲我，拔一毛而利天下，不爲也。墨子兼愛，摩頂放踵，利天下爲之。

舜視棄天下猶棄敝蹝也，竊負而逃，遵海濱而處，終身訢然，樂而忘天下。

天下有道，以道殉身；天下無道，以身殉道。

又　《盡心下》　仁人無敵於天下。

不仁而得天下，未之有也。

《莊子》卷二《人間世》　天下有道，聖人成焉；天下無道，聖人生焉。

又　卷四《駢拇》　自三代以下者，天下何其囂囂也！

又　卷四《在宥》　聞在宥天下，不聞治天下也。在之也者，恐天下之淫其性也；宥之也者，恐天下之遷其德也。

又　卷四《馬蹄》　及至聖人屈折禮樂以匡天下之形，縣跂仁義以慰天下之心，而民乃始踶跂好知，爭歸於利，不可止也。

又 卷四《胠篋》 天下之善人少而不善人多，則聖人之利天下也少而害天下也多。

又 卷五《天地》 古之畜天下者，無欲而天下足，無爲而萬物化，淵靜而百姓定。

天下有道，則與物皆昌；天下無道，則脩德就閒。

雖以天下譽之，得其所謂，謷然不顧；以天下非之，失其所謂，儻然不受。天下之非譽，無益損焉。

又 卷五《天道》 可用於天下，不足以用天下，此之謂辯士，一曲之人也。

又 卷六《秋水》 當堯舜而天下無窮，人非知得也；當桀紂而天下無通，人非知失也。時勢適然。

又 卷六《至樂》 夫天下之所尊者，富貴壽善也。

天下是非，果未可定也。

又 卷八《徐無鬼》 夫堯知賢人之利天下也，而不知其賊天下也。

又 卷九《盜跖》 盜跖從卒九千人，橫行天下，侵暴諸侯。

是以貴爲天子，富有天下，而不免於患也。

又 卷一〇《天下》 天下之治方術者多矣，皆以其有爲不可加矣。

《詩》以道志，《書》以道事，《禮》以道行，《樂》以道和，《易》以道陰陽，《春秋》以道名分。其數散於天下而設於中國者，百家之學時或稱而道之。

道術將爲天下裂。

《文子》卷上《精誠》 天下一俗，莫懷奸心。

天下聽令，如草從風。

又 卷上《九守》 夫無以天下爲者，學之建鼓也。

故治天下者，必達性命之情而後可也。

又 卷上《符言》 天下雖大，好用兵者亡國。

又 卷上《道德》 天子有道，則天下服，長有社稷。

天下時有亡國破家，無道德之故也。

誠使天下之民皆懷仁愛之心，禍災何由生乎？

故以道莅天下，天下之德也；無道莅天下，天下之賊也。

又 卷下《上仁》 與民同苦樂，卽天下無哀民。

立在天下推己，勝在天下自服，得在天下與之，不在於自取。

又 卷下《上禮》 天下混而爲一，子孫相代輔佐。

五帝異道而德覆天下。

《鶡冠子》卷上《道端》 天下之事，非一人之所能獨知也。

又 卷上《近迭》 兵強者，先得意於天下。

又 卷中《度萬》 文則寢天下之兵，武則天下之兵莫能當。

又 卷下《備知》 是故天下寒心而人主孤立。

又 卷下《天權》 要領天下而無疏，則遠乎敵國之制。

《鬼谷子・捭闔》 故聖人之在天下也，自古至今，其道一也。

又 《抵巇》 天下分錯，上無明主。

又 《揣篇》 古之善用天下者，必量天下之權而揣諸侯之情。

《戰國策》卷三《秦一》 以大王之賢，士民之衆，車騎之用，兵法之教，可以幷諸侯，吞天下，稱帝而治。

今欲幷天下，凌萬乘，詘敵國，制海內，子元元，臣諸侯，非兵不可。

據九鼎，按圖籍，挾天子以令天下，天下莫敢不聽，此王業也。

又 卷五《秦三》 主聖臣賢，天下之福也。

又 卷六《秦四》 天下有有其實而無其名者，有無其實而有其名者，有無其名又無其實者。

韓，天下之咽喉；魏，天下之胷腹。

又 卷一二《齊五》 夫罷士露國而多與天下爲仇，則明君不居也。

故夫善爲王業者，在勞天下而自佚，亂天下而自安。

又 卷一三《齊六》 矯國革俗於天下，功名可立也。

又 卷一四《楚一》 夫以一詐僞反覆之蘇秦，而欲經營天下，混一諸侯，其不可成也，亦明矣。

又 卷二〇《趙三》 方今唯秦雄天下。

所貴於天下之士者，爲人排患、釋難、解紛亂而無所取也。

又 卷二一《趙四》 臣故欲王之偏劫天下，而皆私甘之也。

又 卷二二《魏一》 重欲無厭，天下必懼。

又 卷二五《魏四》 慮久以天下爲可一者，是不知天下者也。

又 卷二九《燕一》 凡天下之戰國七，而燕處弱焉。

又 卷三一《燕三》 今秦有貪饕之心而欲不可足也，非盡天下之地，臣海内之王者，其意不饜。

《荀子》卷一《脩身篇》 橫行天下，雖困四夷，人莫不貴。

又 卷二《榮辱篇》 夫貴爲天子，富有天下，是人情之所同欲也。

又 卷三《非相篇》 彼後王者，天下之君也。

又 卷三《非十二子篇》 一天下，財萬物，唐楊倞註：「財」與「裁」同。養長生民，兼利天下，通達之屬莫不服從。

又 卷四《儒效篇》 周公【略】鄉有天下，今無天下，非擅也；唐楊倞註：「擅」與「禪」同。成王鄉無天下，今有天下，非奪也。合天下，立聲樂。註：合天下謂合會天下諸侯，歸一統也。

又 卷五《王制篇》 天下無王，霸主則常勝矣。

又 卷六《富國篇》 天下之公患，亂傷之也。

又 卷七《王霸篇》 大有天下，小有一國。

又 卷八《君道篇》 天下之變，境内之事，有弛易齵差者矣。

又 卷一二《正論篇》 有擅國，無擅天下，古今一也。註：讓者，勢位敵之名。一國事輕，則有請於天子而讓賢，天下則不也。天下有道，盜其先變乎！註：衣食足，知榮辱。天下之大隆也，是非之封界，分職名象之所起，王制是也。註：名謂指名，象謂法象，王制謂王者舊制。

又 卷一五《解蔽篇》 天下無二道，聖人無兩心。生則天下歌，死則四海哭，夫是之謂至盛。《傳》曰：天下有二，非察是，是察非，謂合王制與不合王制也。

又 卷一七《性惡篇》 凡古今天下之所謂善者，正理平治也；所謂惡者，偏險悖亂也。

又 卷一八《成相篇》 天下爲一海内賓。

又 卷一八《賦篇》 天下不治，請陳佹詩。天下幽險，恐失世英。

《韓非子》卷一《初見秦》 此與天下，天下可兼有也。

又 卷四《和氏》 天下之刖者，多矣。

又 卷五《飾邪》 強匡天下，威行四鄰。

又 卷一三《外儲説右上》 夫禮：天子愛天下，諸侯愛境内。

《呂氏春秋》卷一《去私》 誅暴而不私以封天下之賢者，故可以爲王伯。

又 卷二《當染》 孔墨之後學，顯榮於天下者衆矣。

又 卷三《先己》 爲天下者，不於天下，於身。

又 卷四《用衆》 天下無粹白之狐，而有粹白之裘，取之衆白也。

又 卷五《大樂》 天下太平，萬物安寧。

又 卷七《蕩兵》 天下無誅伐，則諸侯之相暴也立見。

又 卷七《禁塞》 故大亂天下者，在於不論其義而疾取救守。漢高誘注：疾猶爭也。

又 卷一三《聽言》 今天下彌衰，聖王之道廢絶。

又 卷一三《諭大》 天下大亂，無有安國。

又 卷一七《慎勢》 故治天下及國，在乎定分而已矣。漢高誘注：分土畫界，各守其封，故定分也。

又 卷一九《離俗》 其視天下若六合之外，人之所不能察。

又 卷一九《爲欲》 天下，至富也。

又 卷一九《用民》 古者多有天下而亡者矣，其民不爲用也。

又 卷二一《求人》 身定國安天下治，必賢人。古之有天下也者，七十一聖。

又 卷二一《愛類》 公輸般，天下之巧工也。

又 卷二四《不苟》 天下有不勝千乘者。注：天下，海内也；千乘，一國也。

《大戴禮記》卷一《王言》 昔者舜左禹而右皋陶，不下席而天下治。

又 卷三《保傅》 無養乳虎，將傷天下。北周盧辯注：謂古有斯言。朝諸侯而一天下。

又 卷五《曾子制言下》 天下有道，則君子訢然以交同；天下無道，則衡言不革。

又　卷八《盛德》　是故君子考德，而天下之治亂得失，可坐廟堂之上而知也。

又　卷八《四代》　天下之有道也，有天子存。

又　卷一一《用兵》　殀傷厥身，失墜天下，夫天之報殃于無德者也。

又　卷一一《少閒》　雖古之治天下者，豈生于異州哉？

《禮記・檀弓上》　天下豈有無父之國哉？

明王不興，而天下其孰能宗予？

又　《王制》　分天下以爲左右，曰二伯。

天子祭天下名山大川。

又　《月令》　季春之月，【略】凡在天下九州之民者，無不咸獻其力，以共皇天上帝、社稷寢廟、山林名川之祀。

又　《文王世子》　有父之親，有君之尊，然後兼天下而有之。

又　《禮運》　大道之行也，天下爲公。【略】今大道既隱，天下爲家。

故聖人耐以天下爲一家，以中國爲一人者，非意之也。

又　《禮器》　是故聖人南面而立，而天下大治。

又　《明堂位》　百官廢職，服大刑，而天下大服。

又　《大傳》　聖人南面而治天下，必自人道始矣。

又　《樂記》　移風易俗，天下皆寧。

紀綱既正，天下大定。

又　《祭法》　天下有王，分地建國，置都立邑。

又　《祭義》　先王之教，因而弗改，所以領天下國家也。

虞夏殷周，天下之盛王也。

又　《中庸》　天下國家，可均也。

故君子語大，天下莫能載焉；語小，天下莫能破焉。

是故君子動而世爲天下道，行而世爲天下法，言而世爲天下則。

今天下車同軌，書同文，行同倫。

又　《表記》　后稷，天下之爲烈也，豈一手一足哉？

故天下有道，則行有枝葉；天下無道，則辭有枝葉。

又　《大學》　古之欲明明德於天下者，先治其國；【略】國治而后天下平。

又　《鄉飲酒義》　彼國安，而天下安。

《六韜》卷一《文韜・文師》　以國取天下，天下可畢。

又　《文韜・盈虛》　天下熙熙，一盈一虛，一治一亂。

又　《文韜・守國》　天下有民，聖人牧之。

故天下治，仁聖藏；天下亂，仁聖昌。

又　卷二《武韜・文啓》　古之聖人，聚人而爲家，聚家而爲國，聚國而爲天下。

天下之人如流水，障之則止，啓之則行，靜之則清。

《鄧析子・轉辭篇》　家給人足，天下太平。

《尹文子・大道上》　天下萬事，不可備能。

凡天下萬里，皆有是非。

《公孫龍子・跡府》　欲推是辨以正名實，而化天下焉。

又　《指物論》　以天下之所有，爲天下之所無，未可。

又　《堅白論》　離也者天下，故獨而正。

《列子》卷二《黄帝》　天下有常勝之道，有不常勝之道。常勝之道曰柔，常不勝之道曰彊。

又　卷三《周穆王》　一國之迷，不足傾天下，天下盡迷，孰傾之哉？

又　卷七《楊朱》　楊朱曰：古之人損一毫利天下，不與也；悉天下奉一身，不取也。人人不損一毫，人人不利天下，天下治矣。

又　卷八《説符》　湯武愛天下故王，桀紂惡天下故亡。

且天下，理無常是，事無常非。

《關尹子・一宇篇》　方術之在天下，多矣。

溥天之下，道無不在。

又　《三極篇》　天下之理，夫者倡，婦者隨；牡者馳，牝者逐；雄者鳴，雌者應。

又　《五鑑篇》　天下之理，小不制而制於大，大不制而至於不可制。

又《七諫篇》　天下之理，輕者易化，重者難化。

又《九藥篇》　困天下之智者，不在智而在愚；窮天下之辯者，不在辯而在訥；伏天下之勇者，不在勇而在怯。

《孝經·卿大夫章》　言滿天下無口過，行滿天下無怨惡。

又《孝治章》　昔者明王之以孝治天下也，不敢遺小國之臣，而況於公侯伯子男乎！

又《廣至德章》　教以孝，所以敬天下之爲人父者也；教以悌，所以敬天下之爲人兄者也；教以臣，所以敬天下之爲人君者也。

又《諫爭章》　昔者天子有爭臣七人，雖無道，不失其天下。

漢·孔鮒《孔叢子》卷上《抗志》　齊王謂子思曰：今天下擾擾，諸侯無伯。

漢·劉向《説苑》卷一四《至公》　秦始皇帝既吞天下，乃召羣臣而議曰：「古者五帝禪賢，三王世繼，孰是將爲之？」博士七十人未對，鮑白令之對曰：「天下官，則讓賢是也；天下家，則世繼是也。故五帝以天下爲官，三王以天下爲家。」

《漢書》卷七七《蓋寬饒傳》　奏封事，【略】又引《韓氏易傳》言：五帝官天下，三王家天下，家以傳子，官以傳賢。若四時之運，功成者去，不得其人則不居其位。

論　説

《逸周書》卷九《太子晉解》　自太昊以下至于堯舜禹，未有一姓而再有天下者。

又　卷九《殷祝解》　湯曰：【略】故天下者，唯有道者理之，唯有道者紀之，唯有道者宜久處之。

《老子·十三章》　故貴以身爲天下，若可寄天下；愛以身爲天下，若可託天下。

又《二十九章》　天下神器，三國魏王弼注：神無形無方也，器合成也，無形以合，故謂之神器也。不可爲也。爲者敗之，執者失之。

《管子》卷一〇《君臣上》　王天下者，其道王之也。

又　卷二四《輕重乙》　桓公曰：「天下之朝夕可定乎？」管子對曰：「終身不定。」桓公曰：「其不定之説，可得聞乎？」管子對曰：「地之東西二萬八千里，南北二萬六千里，天子中而立，國之四面，面萬有餘里，民之入正籍者，亦萬有餘里。故有百倍之力而不至者，有十倍之力而不至者，有倪而是者，則遠者疏，疾怨上。邊竟諸侯受君之怨民，與之爲善，缺然不朝。是天子塞其涂，熟穀者去，天下之可得而霸。」

《慎子·威德》　古者立天子而貴者，非以利一人也。曰：天下無一貴，則理無由通，通理以爲天下也。故立天子以爲天下，非立天下以爲天子也。

《孟子·萬章上》　天子能薦人於天，不能使天與之天下。

天與之，人與之，故曰天子不能以天下與人。

匹夫而有天下者，德必若舜禹，而又有天子薦之者，故仲尼不有天下。繼世以有天下，天之所廢，必若桀紂者也，故益、伊尹、周公不有天下。

《莊子》卷七《田子方》　夫天下也者，萬物之所一也。

又　卷九《讓王》　夫天下，至重也，而不以害其生，又況他物乎！唯無以天下爲者，可以託天下也。

故天下，大器也，而不以易生，此有道者之所以異乎俗者也。

宋·王雱《南華真經新傳》卷一六《讓王篇》　夫帝王者，道外之虛稱；天下者，度外之一物。至人達觀而無心於二者，莊子因而作《讓王篇》。

《文子》卷上《道德》　天下，大器也，不可執也，不可爲也。爲者敗之，執者失之。執者見小也，見小故不能成其大也。

又　卷下《下德》　所謂得天下者，非謂其履勢位，稱尊號，言其運天下心，得天下力也。有南面之名，無一人之譽，此失天下也。

《荀子》卷一二《正論篇》　天下者，至重也，非至彊莫之能任；至大也，非至辯莫之能分；至衆也，非至明莫之能知。

天下者，大具也，不可以小人有也，不可以小道得也，不可以小力持也。

天下者，至大也，非聖人莫之能有也。

《韓非子》卷九《内儲説上》 故今有於此，曰予汝天下而殺汝身，庸人不爲也。夫有天下，大利也，猶不爲者，知必死，故不必得也。

《呂氏春秋》卷一《貴公》 天下非一人之天下也，天下之天下也。注：《書》曰：皇天無親，惟德是輔。故曰天下之天下也。

又 卷二《貴生》 天下，重物也，注：重大物事。而不以害其生，又況於他物乎！惟不以天下害其生者也，可以託天下。

《大戴禮記》卷二《禮察》 問：爲天下如何？曰：天下，器也。今人之置器，置諸安處則安，置諸危處則危，而天下之情，與器無以異，在天子所置爾。湯、武置天下于仁義禮樂，而德澤洽禽獸，草木廣育，被蠻貊四夷，累子孫十餘世，歷年久，五六百歲，此天下之所共聞也。秦王置天下于法令刑罰，德澤無一有，而怨毒盈世，民憎惡如仇讎，禍幾及身，子孫誅絶，此天下之所共見也。夫用仁義禮樂爲天下者，行五六百歲猶存，用法令爲天下者，十餘年卽亡，是非明斆大驗乎？

《六韜》卷一《文韜·文師》 天下非一人之天下，乃天下之天下也。同天下之利者，則得天下；擅天下之利者，則失天下。

又 卷二《武韜·順啓》 大蓋天下，然後能容天下；信蓋天下，然後能約天下；仁蓋天下，然後能懷天下；恩蓋天下，然後能保天下；權蓋天下，然後能不失天下。事而不疑，則天運不能移，時變不能遷。此六者備，然後可以爲天下政。故利天下者，天下啓之；害天下者，天下閉之；生天下者，天下德之；殺天下者，天下賊之；徹天下者，天下通之；窮天下者，天下仇之；安天下者，天下恃之；危天下者，天下災之。天下者非一人之天下，惟有道者處之。

《子夏易傳》卷五《鼎》 天下者，神器也。

《黄石公三略》卷下 夫能扶天下之危者，則據天下之安；能除天下之憂者，則享天下之樂；能救天下之禍者，則獲天下之福。

漢·嚴遵《道德指歸論》卷三《善建篇》 人主者，天下之腹心也；天下者，人主之身形也。故天下者與人主俱利俱病，俱邪俱正。

漢·劉安《淮南子》卷一《原道訓》 故天下神器，不可爲也，爲者敗之，執者失之。夫許由，小天下而不以己易堯者志，遺於天下也。所以然者，何也？因天下而爲天下也。天下之要，不在於彼而在於我，不在於人而在於身，我身得，則萬物備矣。徹於心術之論，則嗜欲好憎外矣。是故無所喜而無所怒，無所樂而無所苦，萬物玄同也，無非無是，化育玄燿，生而如死。夫天下者，亦吾有也，吾亦天下之有也。天下之與我，豈有間哉？夫有天下者，豈必攝權持勢，操殺生之柄，而以行其號令邪？吾所謂有天下者，非謂此也，自得而已。自得則天下亦得我矣。吾與天下相得，則常相有，己又焉有不得容其間者乎？

漢·桓寬《鹽鐵論》卷三《憂邊》 故王者之於天下，猶一室之中也，有一人不得其所，則謂之不樂。

漢·劉向《説苑》卷五《貴德》 故聖人之於天下也，譬猶一堂之上也。今有滿堂飲酒者，有一人獨索然向隅而泣，則一堂之人皆不樂矣。聖人之於天下也，譬猶一堂之上也，有一人不得其所者，則孝子不敢以其物薦進。

漢·劉歆《西京雜記》卷三 陸賈曰：【略】況天下大寶，人君重位，非天命何以得之哉？

漢·班固《白虎通義》卷八《三正》 王者所以存二王之後，何也？所以尊先王，通天下之三統也，明天下非一家之有，謹敬謙讓之至也。

漢·蔡邕《蔡中郎集》卷二《答詔問災異八事》 《易》曰：得臣無家。言有天下者，何私家之有？

漢·荀悦《申鑒》卷一《政體》 或曰：聖王以天下爲樂。曰：否。聖王以天下爲憂，天下以聖王爲樂；凡主以天下爲樂，天下以凡主爲憂。聖王屈己以申天下之樂，凡主申己以屈天下之憂。申天下之樂，故樂亦報之；屈天下之憂，故憂亦及之。天下之道也。

三國魏·曹丕《魏文帝集·答劉廙等令》 天下重器，王者正統，以聖德當之，猶有懼心。

晉·葛洪《抱朴子外篇》卷二《逸民》 仕人又曰：隱遁之士則爲不臣，亦豈宜居君之地，食君之穀乎？逸民曰：何謂其然乎！昔顔回死，魯定公將躬弔焉，使人訪仲尼，仲尼曰：『凡在邦內，皆臣也。』定公乃升自東階，行君禮焉。由此論之，率土之濱，莫匪王臣，可知也。在朝者陳力，以秉庶事；山林者脩德，以厲貪濁。殊塗同歸，俱人臣也。王者無外，天下爲家，日月所照，雨露所及，皆其境也，安得懸虛空，飡咀流霞，而使之不居乎地，不食乎穀哉？夫山之金玉，水之珠貝，雖不在府庫之中，不給朝夕之用，然皆君之財也。退士不居肉食之列，亦猶山水之物也，豈非國有乎？許由不竄於四海之外，四皓不走於八荒之表也，故曰萬邦黎獻，共惟帝臣。

南朝宋・劉義慶《世説新語》卷上之上《言語》 榮跪對曰：臣聞王者以天下爲家，是以耿、亳無定處，九鼎遷洛邑。

南朝梁・蕭綱《梁簡文集・改元詔》 蓋天下者，至公之神器。在昔三五，不獲已而臨莅之。故帝王之功，聖人之餘事；軒冕之華，儻來之一物。

隋・楊廣《隋煬帝集・舉賢詔》 天下之重，非獨治所安；帝王之功，豈一士之略？

隋・李德林《李懷州集・天命論》 若夫天下之重，不可妄據。故唐之許由，夏之伯益，懷道立事，人授而弗可也；軒初四帝，周餘六王，藉世因基，自取而不得也。孟軻稱仲尼之德過於堯舜，著述成帝者之事，弟子稱王佐之才，黑不代蒼，泣麟歎鳳，栖栖汲汲，雖聖達而莫許也。蚩尤則黃帝抗衡，共工則黑帝勍敵，項羽誅秦摧漢，宰割神州，角逐爭驅，盡威力而無就也。其餘欻起妖妄，曾何足數？

唐・趙蕤《長短經》卷一《品目》 夫天下重器，王者大統，莫不勞聰明於品材，獲安逸於任使。

又 卷五《七雄略》 臣聞天下，大器也；羣生，重蓄也。器大不可以獨理，蓄重不可以自守。

唐・陸贄《翰苑集》卷一七《論淮西管内水損處請同諸道遣宣慰使狀》 臣聞聖王之於天下也，人有不得其所者，若己納之於隍。故夏禹泣辜，殷湯引罪，蓋以率土之内，莫非王臣，或有昏迷不龔，是由敎化未至，常以善救，則無棄人。

唐・李商隱《李義山文集》卷一〇《讓非賢人事》 世以爲能讓其國、能讓其天下者爲賢，此絶不知賢人事者。能讓其國，能讓其天下，是不苟取者耳。

唐・羅隱《兩同書》卷上《敬慢》 明主之於天下也，設壇授將，側席求賢，賁束帛於丘園，降安車於途巷，故得眞龍就位，振鷺來庭，天下榮之，願從其化也。昧主之於天下也，披裳接士，露髮朝人，視賢良若草芥，比黎庶爲豕畜，是以白駒投谷，飛鴻逝雲，天下惡之，願逃其恥也。

宋・劉敞《公是集》卷四六《師三年解》 且夫聖人之于天下也，非私其有天下之名也，哀夫民之不被其澤而亂政之罔民也。

宋・呂陶《淨德集》卷一五《唐虞論》 聖人之于天下，其視之則至輕，其待之則至重。視之至輕，故其心亦不易以天下動；待之至重，故其心亦不易乎天下，然則四海之大不足爲容，而萬事不足爲治矣。

宋・呂祖謙《宋文鑑》卷九四《廖偁〈封建論〉》 聖賢之於天下，必主之者，愍世之亂然也，固不以得天下爲利也。

宋・周南《山房集》卷七《庚戌廷對策》 夫天下國家，大物也。非上得天意，下得民心，不能以有之；非衆建賢才，興起法度，不能以守之。其來久矣。

宋・魏天應《論學繩尺》卷二《陳合〈堯舜一天下如何〉》 風俗之不齊，雖聖人不能爲也。聖人豈忘天下者哉？不能忘乎天下，則其所以綱維世變，總攝羣動，必欲事事物物一統吾條理之中，而其心始得以自慰，然天下之事則有所甚難者焉。民物如彼其衆也，風俗如彼其異也，吾以一身出而任綱維總攝之責，異者使之同，衆者使之合，亦惟曰吾與斯世相安於無事而已。至於合之而不能以盡齊，同之而不能以皆一，則聖人且奈何哉？吁，此非聖人之意也，勢也。昔者堯舜之治天下，蓋未始不竭其意之所欲就，而常病於其勢之所不能。荀卿子處世變之窮，思古治之不復見，方以爲聖人能一天下，而天下威權之重、聲名之美皆歸焉。

夫聖人誠欲天下之定于一，而風俗之不齊，往往不能以直遂，其所爲者，則雖聖人，亦未如之何耳。天下事固可易言哉！堯舜一天下如何，孰能一之？堯舜其猶病諸？風俗之不一也，久矣，將遂聽其自爲紛紛乎？天生蒸民，不自統理，於是生聖人而宗主之。聖人而無意於天下，則已苟有意焉，則夫舟車所至，日月所照，微有一民一物之不就吾條理者，聖人莫不欲畢力爲之。雖然，勢則有所不可也。天之於物也，小大之不齊，高下之不等，往往不得曲遂其齊一之功。聖人之於天下，又豈能一一皆遂其意之所欲爲者？

思昔生民之初，俗淳事簡，至易一也。羲農氏作，僅能少變其爪剛力強之習，而黄帝繼之，世變已詳矣。畫州野，理風土，彼其所以綱維世道、總攝羣動者，用心何如也。當是時，其不可一者，且有梗化之蚩尤焉。阪泉、涿鹿之戰，卒未能與天下相從於無事之域。吁，此豈聖人之本意哉？勢則有所不可也。蓋嘗即《易》言之：《乾》上《坤》下，天地開闢之時也；《屯》難《蒙》童，太古洪荒之世也。蓋至於《需》而食，《師》而征，則黄帝堯舜世運之會，而天下紛紛總總者，至是而不容於不一也。故聖人於《易》之《師》而繼之以《比》比者，合異爲一之象也。天下之俗既不容於不一，惟其勢之所難復，不容以強一，堯舜於此，將何如哉？

今觀堯舜之治，其所以一天下者至矣。敷五品以爲敎，而天下之分一；定九州以立賦，而天下之制一。遜耕遜畔，天下之定于一也；不識不知，天下之忘其爲一也。雖然如是而遂可也，天下之大而人道之無終窮也，博施濟衆，夫子猶以爲病焉。則夫風俗之未齊，固聖人之所憂。其事勢之甚難，雖聖人有所不能強。堯嘗問於舜曰：我欲致天下，爲之奈何？彼固自知其一天下之難也。萬國之驩心得矣，而吾有苗頑焉；萬邦之黎民協矣，而吾有宗膾胥敖焉。近而朝廷皆相遜矣，而吾復有不才之族，雜處之共、鯀焉。凡此者，皆所以爲帝治之梗，而堯舜之所未能一者。徂征之誓，不釋之問，四罪之舉，往往不能以直遂其所期，而常有慊然不足之意。天下事可易言哉？且夫物之不齊，物之情也。天且不能一萬物，聖人亦豈能一天下哉？聖人之於天下，亦惟使之各得其所而已。如必曰人人而齊之，物物而一之，則非惟聖人之所不能，亦理勢之所不可。

彼荀卿子謂堯舜之一天下，不能加毫末於此，而復謂權兵之重，聲名之美，皆歸於聖人之身。是若以堯舜之事而望戰國者。吁，天下事正未可以易言也。朱之不肖，象之弗率，堯舜之化且不能加焉，則夫天下之大，民物之衆，風俗之不齊而理勢之所不可者，聖人亦未如之何也。故嘗謂天下之事，合者離之，同者異之，有心於天下者乃所以忘天下也。聖人出而任天下之責，已非聖人之得已，況欲合天下之大，無一而不出於吾區畫之中，則甚非聖人之意也。嗚呼，聖人而有意於一天下，則朱象久矣，其堯舜也吁！

又 卷八《陳傅良〈舜禹有天下而不與〉》 論曰：不見天下之爲大者，其自視小者也。夫自一介而上，皆人之所役役焉求之而弗遇者，況夫天下，而有無故之獲哉！天下不可以無故得也，而儻然得之，則若必有以大過人者。嗚呼！吾視吾身，誠有以大過於人而能得天下，則夫得天下者，始可挾之以爲喜，固之以爲私。何者？其自視哆然大也，則視其所有，皆蓋世服人之具，則亦甚貴重愛惜也。知此，始可與論舜禹有天下而不與之說焉。

且夫堯授舜，舜授禹，誠非敢輕也，誠擇之試之、詢之卜之之悉而後與也。夫擇於斯，試於斯，詢且卜於斯，必無以易我者焉。而後上之人退然而遜之，下之人偃然而戴之，則夫所以崇高富貴我者，皆其善後之深計，而其所以奔走服役我者，亦其圖安之覬心也。反而觀我焉，彼皆利賴我者也，皆屬望我者也，則凡致乎此者，誠吾能而居乎此者，誠吾宜亦可以拱受而無愧，敢當而不懾。舜禹也，一則曰吾不堪也，二則曰吾不堪也，吾無以異於人，而胡於我乎遜，而胡於我乎戴也？非望之福，有道之憂也；無窮之求，性分之累也。是故君固與之而固辭之，民固歸之而固逃之。嗚呼！夫其致之者，可以爲吾能也，而顧曰吾憂其居之者；可以爲吾宜也，而顧曰吾累河南陽城之避，悶然而不就。禹、益之薦，汎乎而不啻。彼其視天下，何眇乎其小也？其心固常常而曰：我何以有天下云爾也。勑天以爲戒，非以患失也；叙功以爲歌，非以干譽也；賞罰以勸沮，非以立權也；禮樂以藩設，非以飾治也。吾職之不共，吾責之不塞，吾懼焉而已矣。故曰其自視小者，不見天下之大爲大。其無係於物者，無我也。凡天下之人簞食豆羹，抱關擊柝，皆可以驗匹夫匹婦之心，何也？惟我之爲快也。是故遭意外之幸者，多盛氣；會適成之功者，每德色。以舜禹之得天下，而始之以欿然，終之以欿然，是其胷中之藏，天地同量，盈之而益虛，過矣而已化，巍巍之道，亦可想也。而好事者猶曰：舜臣瞽瞍而禹德衰於傳子。嗟乎！吾觀《書》、《傳》，至舜之傳禹，懇懇如釋負，皇皇如有求；而禹也雖衣服飲食之微，曾不少適吾之意。夫過卑以下其臣，而顧以施諸其親；不以便其身，而顧以利諸其子孫。雖微孔孟，吾不惑之矣，而況孔孟之説昭如也。謹論。

元・許謙《讀四書叢説》卷三《讀孟子叢説上・梁襄王章》 「一」謂統天下爲一家，正如秦漢之制，非謂如三代之王天下而封建也。此孟子見天下之勢，而知其必至於此，非以術數讖緯而知之也。蓋自太古立爲君長，則封建之法行。黄帝置大監，監於萬國；夏會諸侯於塗山，執玉帛者亦萬國；迨湯受命，其能存者三千餘國，時云千八百國。至孟子時，相雄長者止七國爾，餘小國蓋不足道也。自萬國以至於七國，吞并之積，豈一朝一夕之故？今世既合，不可復分，終必又并而爲一，舉天下而郡縣之而後已。至於秦漢，孟子之言卽驗；但秦猶嗜殺人，故雖一而不能定，至漢然後定也。

明・邵寶《簡端録》卷四《書》 《禹貢》九州皆有疆界，天下獨無疆界乎？東漸西被，朔南暨，此天下之疆界也。

明・孫緒《沙溪集》卷一六《無用閒談》 夫子身爲周民，而曰『其或繼周者，雖百世可知也』，明白直致，略無避忌之嫌。誠以天下者，天下之天下，非一家一人之所得專而私有者也。雖文、武盛時，亦不敢認爲己物，而況衰周之際乎！

明・羅欽順《困知記》卷上 天下，大器也，必以天下爲度者，始能運之，才不足恃也。雖有過人之才，而未聞君子之道，其器固易盈也；弗盈則大，以大運大，不其裕乎！

清・黄宗羲《明文海》卷一一二《王漸逵〈泰伯三以天下讓辨〉》 自古聖賢皆得天地生物之心以爲心，所謂以天地萬物爲一體者也。堯舜但知天下之不可托于匪人也，故不傳于子而傳于賢；禹之不傳于益而傳啓，知其子可托天下也；太王之欲傳于季歷，知其孫之可托天下也。泰伯知而逃之，知其猶子之可托天下也；文王之舍伯邑考而立武王，知其次子之可托天下也。古之聖賢以天地之心爲心，故于其可托者而托之，所謂以天下爲一家，惟盡吾萬物一體之念，蓋有天下，非之後世，非之而不顧者矣。且夫古公不忍以土地之故而殺人，則必不以匪人而殺天下，可知矣。《集註》又謂泰伯之心卽夷齊叩馬之心，益不然也。太王當商之盛，未嘗有翦商之心，胡爲而有以臣簒君之嫌哉？後儒不知聖賢以天地萬物一體之心，求其説而不得，又從而爲之辭，使太王之心不得白于天下，而泰伯之心亦不得白于天下，而文王之心亦不得白于天下矣。是故聖賢之心，皆爲天下也；泰伯三讓之心，亦爲天下讓，爲斯民讓也。至商周之間，文、武之道大被于天下，天下陰受其賜而人莫知之，故曰三以天下讓，民無得而稱焉，此所謂至德也。予又讀二程子之言，益信之不疑。明道曰：泰伯知季歷之賢，必能開基王業，故爲天下而讓之，言其公也。伊川云：泰伯三以天下讓，立文王，則道被天下，故泰伯以天下之故而讓之，不必爲革命之説。乃知聖賢先得我心之所同然者。

清・黄生《義府》卷上《光天之下》 《書益稷》：『光天之下』，言凡爲天光所覆之處。蔡《傳》連『帝』字讀下，謂帝德光輝，非是。

清・張英《書經衷論》卷四《畢命》 天下，大器也。上古聖人，造此器者也。後世聖人，整理此器者也；子孫，用此器者也。自三代以來，一聖人出而整理于前，經子孫用之數百年，未有不窳且敗者。唐虞以數聖人繼世在位，故其器完整，而又當大禹憂勤胼胝之後，所謂有典有則，貽厥子孫，關石和鈞，王府則有者，何其器之固哉！殆經數百年，至于桀而大壞矣。成湯爲智勇之大匠，以不競不絿，不剛不柔爲鑪冶而陶鑄之，暨乎太甲以後，賢聖之君六七作，前者磨礲，後者保護，越數百年而其器不墜，至紂而又大壞極矣。蓋積漸既久，扑者日灕，厚者日薄，拙者日巧，誠者日僞，蕩檢踰閑，至于怙侈滅義，驕淫矜誇者，種種而然。武王爲敬勝之大匠，以燮伐爲鑪冶，加之以周、召之輔弼，成、康之惠和，陶染薰蒸，所謂既歷三紀，世變風移，僅得以四方無虞，予一人以寧，心力亦幾乎瘁矣，然後其器始完整而可用，至周末而又壞極矣。秦始皇亦知其壞也，而以鹵莽滅裂治之，是故始經手而破。自漢以後，整理之術亦漸疏矣，然猶陶鑄于高祖，磨礲于文、景；陶鑄于光武，磨礲于明、章。至六朝之君，不知陶冶，惟事補苴，故用之數十年而輙壞。唐之器，陶鑄于太宗而磨礲于開元之間；宋之器，陶鑄于太祖而磨礲于眞、仁之代。

當其敝壞之時，氣化衰，人心灕，風俗偸，水旱爲其斧斤，盜賊爲其螟螣。有一大匠者出，合天下爲銅液而融化之，一呼一吸，一張一弛，或嚴或寬，或濡或烈，天下人蚩蚩然入其陶冶中而不自覺，久之而灕者還朴，薄者返厚，巧者復拙，僞者歸誠，人心變于下，氣化盛于上，歲豐而穀登，俗淳而盜止，天下爲之一變。殆其子孫，日剥月削，而又大壞矣。大抵陶鑄之，磨礱之，則其器完整一新，而可以數百年下而補葺之，則其器粗完，而亦可以百年數十年未有承前人之積敝，又益加剥削，而可以貽之子孫不壞者。大治之則大安，小治之則小安，不治之則不安。此今古天下因革得失一定之理然也。三味《畢命》之篇，可以知古人之用心矣。

清·愛新覺羅玄燁《聖祖仁皇帝御製文集》卷一八《王道論》 嗚呼！天下，重器也；有天下，大業也。彼挈缾之智，猶必唐之於至安，況夫居重器而履大業者哉！盍亦知所擇矣。

藝文

宋·范仲淹《范文正别集》卷二《王者無外賦王者天下何外之有》 穆穆皇皇，爲天下王。宅六合而化，何有外？育兆民而道，本無疆。廣若乾坤，曷有能踰之者？明借日月，曾無不照之方。當其保安宗社，混同夷夏，運德車而無不至焉，闢義路而何其遠也！普天率土，盡闢宵旰之憂；九夷八蠻，無非臣妾之者。其仁蕩蕩，其道平平，視之不見，尋之無邊，誠厚載之象地，亦洪覆之配天。令出惟行，寧分乎遠者近者？德廣所及，但見乎無黨無偏。若然則包括八紘，牢籠九野，惟善守於域内，乃化成于天下。萬邦同式，孰謂乎限蠻隔夷？四海爲家，莫聞其彼衆我寡。故得五兵不試，四國是訛，于以見上下交泰，于以見遠近咸和。九霄之皇澤下施，無遠弗屆；萬國之黔黎受賜，其樂如何！故知覃及鬼方，守在海外，書同文而車同軌，地爲輿而天爲蓋。如春之德，廣育而萬物咸亨，若海之容，處下而百川交會。大矣哉！自南自北，覆之育之，見兆民咸賴，信一人不遺。五霸何知，據山河而一戰；三王有道，流聲教於四夷。今我后寅奉三無，光宅九有，播皇風於無際，守鴻圖而可久。夫如是，四海九州，咸獻無疆之壽。

宋·呂祖謙《宋文鑑》卷九《呂大鈞〈天下爲一家賦〉》 古之所謂天下爲一家者，盡日月所照以度地，極舟車所至以畫疆，以八荒之際爲蕃衛，以九州之限爲垣牆。列國則羣子之舍，王畿則主人之堂。凡民之賢而不可遠者，皆我之父兄；保傅愚而不可棄者，皆我之幼稚。獲臧理其財，乃上所以養下之道；分責之事，乃下所以事上之常。渾渾然一尊百長，以斟酌其敎令，萬卑千幼，以奉承其紀綱。貿遷有無，而不知彼我之實；損益上下，而不辨公私之藏。大矣哉！外無異人，旁無四隣，無寇賊可禦，無閭里可親。一人之生，喜如似續之慶；一人之死，哀若功緦之倫。一人作非，不可不愧，亦我族之醜；一人失所，不可不閔，亦我家之貧。尊賢下不肖，則父敎之義；嘉善矜不能，則母鞠之仁。朝覲會同，則幼者之定省承稟；巡狩聘問，則長者之敎督撫存。

嗚呼！周德既衰，斯道斯屈，析爲十二，并爲六七，勢不相統，亂從而出。忘祖考之訓，則劫奪其屢盟之時；輕骨肉之命，則戰死於爭城之日。曲防遏糴，以幸其災；縱諜用間，以乘其失。乖睽有甚於鬩牆，闘狠不離於同室。迨至秦政，以強自吞，推所不愛，以殘自昏。斧斤親刃其九族，塗炭自隳其一門。興阡陌而廢井田，則委貨財於盜賊之手；置郡縣而罷封建，則託婦子於羈旅之屯。貧富不均，幾臣僕其昆弟；苟簡不省，皆土苴其子孫。自漢以來，終亦不復能。雖有王侯，而不得輒預其政；雖有守令，而不得久安其祿。譬之錦衣玉食，縱無所用之子；雕車良馬，委不善御之僕。門庭雖存，亦何足以統制？閨門無法，則何緣而雍睦！豪彊日横，而略無鞭扑之制；單弱日困，而不識襁褓之鞠。豈天理之固然，寔人謀之不足。嘗聞之治亂有數，廢興有主。昔既有離，則今必有合；彼既可廢，則我亦可舉。惟盛德之難偶，故曠時而未覩。豈有待於我君，將一還於治古。

元·王充耘《書義矜式》卷一《益稷·帝光天之下、至於海隅蒼生、萬邦黎獻、共惟帝臣、惟帝時舉》 聖人囿天下而有不可掩之德，故能化天下而無不可用之賢。蓋君德著於上，賢才興於下，感應之機爲甚速也。古之大臣所以啓其君之聽而告之，以爲使帝德光輝達於天下，至於海隅蒼生之地，莫不昭灼，德之遠著如此，則萬邦之廣，黎民之賢，孰不感慕興起而皆有帝臣之願，惟帝時舉而用之耳。蓋當君德大明之時，正羣賢嚮用之日，彼庶頑讒説之未化，豈足慮哉？聖人化天下之德者，其機爲至神；天下化於聖人之德者，其效爲甚速也。蓋陽和市氣，則枯株朽甲無不爲之敷榮；皎日麗空，則層冰積雪無不爲之消蝕。夫物則亦有然者矣，而況於人乎！

故成湯有日新之德，則耕莘之伊尹歸之，而不仁者遠矣。文王有光于四方之德，則釣渭之太公歸之，而天下皆義民矣。夫以湯、文之德尚能作興天下之賢俊，況大舜膺大德而出，日月照而四時行，固舉一世而薰陶之，其所以鼓舞多士而風動，特其餘事耳，而何憂於庶頑讒說哉？禹所以不敢輕易其言，必呼舜而後告之，欲使審於聽信者爲何如也。且夫天地爲至大，故有生之類無不覆載也，而聖人之德殆與天地同其大；日月爲至明，故容光之地靡不照臨也，而聖人之德殆與日月並其明。彼薄海之隅，地之至遠者也，而帝德無遠而弗屆；蒼蒼而生，物之至微者也，而帝德無微而弗燭。舉天下之大，民物之多，無一而不囿於其間。天涵地育之中，日輝月霍之下，均此生而均此性，而均此德者也。懽感動盪之餘，鼓舞作興之際，將見懷材抱藝者，孰忍自棄於明時？耕莘釣渭者，孰不欲致身於廊廟？由是翕而受之，敷而施之，或以事舉，或以言揚，而無非可舉之賢矣。

德之所以感人者如此，推是以往，雖金石可化，豚魚可孚，於庶頑讒說也何有？昔者有虞之時，以重華叶帝之君而致比屋可封之俗，顧乃猶有頑不卽工、讒說殄行者焉。明之以射侯而不能掩，書之以簡冊而不知愧，刑以威之，屏而不齒，固未爲過。而大禹之心，乃有不盡然者與？其加之以威，不若明之以德。惟知求諸己，不必求諸人，徐以待其自化。惟德動天，無遠弗屆；至誠感神，矧茲有苗之意！禹之告舜與益之贊禹者，同一揆也。聖人之心，天地生物之心歟？厥後有苗逆命，不格於大禹徂征之時，而格於文德誕敷之後。於此見德之足以感人，而威刑之果不足恃如此。唐虞聖人，純任德敎，其有以致雍熙之治也，宜哉！

雜　録

《尸子》卷下　天地四方曰宇，往古來今曰宙。

《文子》卷下《自然》　往古來今謂之宙，四方上下謂之宇。

《鶡冠子》卷下《天權》　連萬物，領天地，合膊同根，命曰宇宙。知宇故無不容也，知宙故無不足也。

漢・揚雄《太玄經》卷七《攡》　闔天謂之宇，闢宇謂之宙。

明・朱元璋《明太祖文集》卷一三《駁韓愈頌伯夷文》　嘗聞上下四方曰宇，往古來今曰宙。二儀立極，虛其中，人物居焉曰宇，如殿庭是也。以天地初分爲垠，來今無已曰宙，如江流是也。

《管子》卷二三《地數》　桓公曰：地數可得聞乎？管子對曰：地之東西二萬八千里，南北二萬六千里。其出水者八千里，受水者八千里；出銅之山四百六十七山，出鐵之山三千六百九山。此之所以分壤樹穀也，戈矛之所發，刀幣之所起也。能者有餘，拙者不足。封於泰山，禪於梁父，封禪之王七十二家，得失之數皆在此內，是謂國用。

《尸子》卷下　八極之內有君長者，東西二萬八千里，南北二萬六千里。故曰天左舒而起牽牛，地右闢而起畢昴。

《山海經》卷五《中山經》　大凡天下名山五千三百七十，居地大凡六萬四千五十六里。

又　卷九《海外東經》　帝命豎亥步，自東極至於西極，五億十選九千八百步。晉郭璞注：豎亥，健行人。選，萬也。豎亥右手把算，左手指青丘北。一曰禹令豎亥；一曰五億十萬九千八百步。

《穆天子傳》卷四　庚辰，天子大朝于宗周之廟，乃里西土之數。晉郭璞注：里謂計其道里也。曰：自宗周瀍水以西，至于河宗之邦，陽紆之山，三千有四百里。自陽紆西，至于西夏氏，二千又五百里。自西夏至于珠余氏，及河首，千又五百里。自河首，襄山以西，南至于春山珠澤，昆侖之丘，七百里。自春山以西，至于赤烏氏春山，三百里。東北還，至于羣玉之山，截春山以北，自羣玉之山以西，至于西王母之邦，三千里。自西王母之邦，北至于曠原之野，飛鳥之所解其羽，千有九百里。□宗周至于西北大曠原，萬四千里，乃還。東南復至于陽紆，七千里，還歸于周。三千里各行，兼數三萬有五千里。

《呂氏春秋》卷一三《有始》　凡四極之內，東西五億有九萬七千里，南北亦五億有九萬七千里。極星與天俱遊而天樞不移。冬至，日行遠道，周行四極，命爲玄明。夏至，日行近道，乃參于上，當樞之下，無晝夜。白民之南，建木之下，日中無影，呼而無響，蓋天地之中也。

又　卷一二《求人》　禹東至搏木之地，日出、九津、青羌之野，攢樹之所，捪天之山，鳥谷、青丘之鄉，黑齒之國；南至交阯、孫樸、續樠之國，丹粟、漆樹、沸水、漂漂、九陽之山，羽人、裸民之處，不死之鄉；西至三危之國，巫山之下，飲露吸氣之民，積金之山，共肱、一臂、三面之鄉；北至人正之國，夏海之窮，衡山之上，犬戎之國，夸父之野，禺彊之所，積水、積石之山，不有懈墮。

《周髀算經》卷上之二　四極徑八十一萬里，周二百四十三萬里。從周至南日照處，三十萬二千里。周北至日照處，五十萬八千里。東西各三十九萬一千六百八十三里半。

《爾雅》卷六《釋地》　東至於泰遠，西至於邠國，南至於濮鈆，北至於祝栗，謂之四極。晉郭璞注：皆四方極遠之國。觚竹、北戶、西王母、日下，謂之四荒。注：觚竹在北，北戶在南，西王母在西，日下在東，皆四方昏荒之國。

漢・劉安《淮南子》卷三《天文訓》　日出于暘谷，浴于咸池，拂于扶桑，是謂晨明。登于扶桑，爰始將行，是謂朏明。至于曲阿，是謂旦明。至于曾泉，是謂蚤食。至于桑野，是謂晏食。至于衡陽，是謂隅中。至于昆吾，是謂正中。至于鳥次，是謂小還。至于悲谷，是謂餔時。至于女紀，是謂大還。至于淵虞，是謂高春。至于連石，是謂下春。至于悲泉，爰止其女，爰息其馬，是謂縣車。至于虞淵，是謂黃昏。至于蒙谷，是謂定昏。日入于虞淵之汜，曙於蒙谷之浦，行九州七舍，有五億萬七千三百九里。注：自暘谷至虞淵凡十六，所爲九州七舍也。

又　卷四《墬形訓》　禹乃使太章步，自東極至于西極二億三萬三千五百里七十五步；使豎亥步，自北極至于南極二億三萬三千五百里七十五步。注：太章、豎亥，善行人，皆禹臣也。海內東西短，南北長，極內等也。【略】

九州之外，乃有八殥，注：殥猶遠也。亦方千里。自東北方曰大澤，曰無通；東方曰大渚，曰少海；東南方曰具區，曰元澤；南方曰大夢，曰浩澤；西南方曰渚資，曰丹澤；西方曰九區，曰泉澤；西北方曰大夏，曰海澤；北方曰大冥，曰寒澤。凡八殥八澤之雲，是雨九州。

八殥之外，而有八紘，注：紘，維也。維落天地而爲之表，故曰紘也。亦方千里。自東北方曰和丘，曰荒土；東方曰棘林，曰桑野；東南方曰大窮，曰衆女；南方曰都廣，曰反戶；西南方曰焦僥，曰炎土；西方曰金丘，曰沃野；西北方曰一目，曰沙所；北方曰積冰，曰委羽。凡八紘之氣，是出寒暑，以合八正，必以風雨。

八紘之外，乃有八極。自東北方曰方土之山，曰蒼門；東方曰東極之山，曰開明之門；東南方曰波母之山，曰陽門；南方曰南極之山，曰暑門；西南方曰編駒之山，曰白門；西方曰西極之山，曰閶闔之門；西北方曰不周之山，曰幽都之門；北方曰北極之山，曰寒門。凡八極之雲，是雨天下；八門之風，是節寒暑。八紘、八殥、八澤之雲，以雨九州而和中土。【略】

土地各以其類生，是故山氣多男，澤氣多女，障氣多喑，風氣多聾，林氣多癃，木氣多傴，岸下氣多腫，石氣多力，險阻氣多癭，暑氣多夭，寒氣多壽，谷氣多痺，丘氣多狂，衍氣多仁，陵氣多貪。輕土多利，重土多遲。清水音小，濁水音大，湍水人輕，遲水人重。中土多聖人。皆象其氣，皆應其類。【略】

是故堅土人剛，弱土人肥，壚土人大，沙土人細，息土人美，耗土人醜。食水者善游能寒，食土者無心而慧，食木者多力而奰，食草者善走而愚，食葉者有絲而蛾，食肉者勇敢而悍，食氣者神明而壽，食穀者知慧而夭，不食者不死而神。【略】

東方川谷之所注，日月之所出，其人兌形小頭，隆鼻大口，鳶肩企行，竅通於目，筋氣屬焉，蒼色主肝，長大早知而不壽；其地宜麥，多虎豹。南方陽氣之所積，暑濕居之，其人脩形兌上，大口決眦，竅通於耳，血脈屬焉，赤色主心，早壯而夭；其地宜稻，多兕象。西方高土，川谷出焉，日月入焉，其人面末僂，脩頸卬行，竅通於鼻，皮革屬焉，白色主肺，勇敢不仁；其地宜黍，多旄犀。北方幽晦不明，天之所閉也，寒冰之所積也，蟄蟲之所伏也，其人翕形短頸，大肩下尻，竅通於陰，骨幹屬焉，黑色主腎，其人惷愚，禽獸而壽；其地宜菽，多犬馬。中央四達，風氣之所通，雨露之所會也，其人大面短頤，美鬚惡肥，竅

通於口，膚肉屬焉，黃色主胃，慧聖而好治；其地宜禾，多牛羊及六畜。【略】

凡海外三十六國。自西北至西南方，有脩股民、天民、肅慎民、白民、沃民、女子民、丈夫民、奇股民、一臂民、三身民。自西南至東南方，結胷民、羽民、讙頭國民、裸國民、三苗民、交股民、不死民、穿胷民、反舌民、豕喙民、鑿齒民、三頭民、脩臂民。自東南至東北方，有大人國、君子國、黑齒民、玄股民、毛民、勞民。自東北至西北方，有跂踵民、句嬰民、深目民、無腸民、柔利民、一目民、無繼民。

又　卷五《時則訓》　五位：東方之極，自碣石山過朝鮮，貫大人之國，東至日出之次，榑木之地，青土樹木之野，太皥、句芒之所司者，萬二千里。其令曰：挺羣禁，開閉闔，通窮窒，達障塞，行優游，棄怨惡，解役罪，免憂患，休罰刑，開關梁，宣出財，和外怨，撫四方，行柔惠，止剛強。

南方之極，自北戸孫之外，貫顓頊之國，南至委火炎風之野，赤帝、祝融之所司者，萬二千里。其令曰：爵有德，賞有功，惠賢良，救饑渴，舉力農，賑貧窮，惠孤寡，憂罷疾，出大祿，行大賞，起毀宗，立無後，封建侯，立賢輔。

中央之極，自崑崙東絕兩恆山，日月之所道，江、漢之所出，衆民之野，五穀之所宜，龍門、河、濟相貫，以息壤堙洪水之州，東至於碣石，黃帝、后土之所司者，萬二千里。其令曰：平而不阿，明而不苛，包裹覆露，無不囊懷，溥氾無私，正靜以和，行稃鬻，養老衰，弔死問疾，以送萬物之歸。

西方之極，自崑崙絕流沙、沈羽，西至三危之國，石城金室，飲氣之民，不死之野，少皥、蓐收之所司者，萬二千里。其令曰：審用法，誅必辜，備盜賊，禁姦邪，飾羣牧，謹著聚，修城郭，補決竇，塞蹊徑，遏溝瀆，止流水，雝谿谷，守門閭，陳兵甲，選百官，誅不法。

北方之極，自九澤窮夏晦之極，北至令正之谷，有凍寒積冰、雪雹霜霰、漂潤羣水之野，顓頊、玄冥之所司者，萬二千里。其令曰：申羣禁，固閉藏，脩障塞，繕關梁，禁外徙，斷罰刑，殺當罪，閉關閭，大搜客，止交游，禁夜樂，蚤閉晏開，以塞姦人，已德，執之必固。天節已幾，刑殺無赦。雖有盛尊之親，斷以法度。毋行水，毋發藏，毋釋罪。

《河圖括地象》　地廣東西二萬八千里，南北二萬六千里，有君長之。八極之廣，東西二億三萬三千里，南北二億三萬一千五百里。

《詩緯含神霧》　天地東西二億三萬三千里，南北二億三萬一千五百里。天地相去億五萬里。

漢・張衡《靈憲》　八極之維，徑二億三萬二千三百里，南北則短減千里，東西則廣增千里。自地至天，半於八極，則地之深亦如之。通而度之，則是渾已將覆其數，用重鉤股，懸天之景，薄地之義，皆移千里而差一寸得之。過此而往者，未之或知也。未之或知者，宇宙之謂也。宇之表無極，宙之端無窮。

漢・趙煜《吳越春秋》卷四《越王無余外傳》　（禹）於是周行寓內，東造絕迹，西延積石，南踰赤岸，北過寒谷，徊崑崙，察六扈，脈地理，名金石。寫流沙於西隅，決弱水於北漢。青泉赤淵，分入洞穴，通江東流，至於碣石。疏九河於潛淵，開五水於東北。鑿龍門，闢伊闕，平易相土，觀地分州，殊方各進，有所納貢。民去崎嶇，歸於中國。

《晉書》卷一四《地理志上・總敘》　昔大禹觀於濁河而受綠字，寰瀛之內可得而言也。天有七星，地有七表，天有四維，地有四瀆，八紘之外名爲八極。地不足東南，天不足西北，八極之廣東西二億三萬一千三百里，南北二億三萬一千三百里。自地至天，半八極之數，自下亦如之。昔黃帝令豎亥步，自東極至于西極，五億十萬九千八百八步。史臣按凡周天積百七萬九百一十三里，徑三十五萬六千九百七十里，所謂南北爲經，東西爲緯。天有十二次，日月之所躔；地有十二辰，王侯之所國也。

宋・羅泌《路史》卷四《因提紀・蜀山氏》　予嘗言之：溟渤漲洋，此天地之所以限東徼也；惡溪沸海，此天地之所以限南徼也。陷河、懸度之設乎西，瀚海、沙子之設乎北，此天地之所以遮西而制北者也。激障霧于東維，界黑水于南極，泄流沙于西陲，決弱水于北濊，此天地之所以界四維也。八荒之內，奚有奚無？八荒之外，何窮何止？古之聖人一視同仁，爲吾臣與爲狄人臣，奚以異？是故人得其君則已矣。

三代暨列國國號部

通紀概説分部

綜述

《史記》卷一《五帝本紀》 自黄帝至舜禹，皆同姓而異其國號，以章明德，故黄帝為有熊，帝顓頊為高陽，帝嚳為高辛，帝堯為陶唐，帝舜為有虞，帝禹為夏后而别氏，姓姒氏，契為商，姓子氏，棄為周，姓姬氏。

漢·劉向《説苑》卷一九《修文》 商者，常也，常者質，質主天。夏者大也，大者文也，文主地。故王者一商一夏，再而復者也。

漢·劉熙《釋名》卷二《釋州國》 燕，宛也。北方沙漠平廣，此地在涿鹿山南，宛宛然，以為國都也。

宋，送也。地接淮泗而東南傾，以為殷後，若云滓穢所在，送使隨流，東入海也。

鄭，町也。其地多平，町町然也。

楚，辛也。其地蠻多而人性急，數有戰争，相争相害，辛楚之禍也。

周，地在岐山之南，其山四周也。

秦，津也。其地沃衍，有津潤也。

晉，進也。其土在北，有事於中國，則進而南也。又取晉水以為名，其水迅進也。

趙，朝也。本小邑，朝事於大國也。

魯，魯鈍也。國多山水，民性樸魯也。

衛，衛也。既滅殷，立武庚為殷後，三監以守衛之也。

齊，齊也。地在勃海之南，勃齊之中也。

吳，虞也。太伯讓位而不就歸，封之於此，虞其志也。

越，夷蠻之國也，度越禮義，無所拘也。

此十三國，上應列宿，各以其地，及於事宜，制此名也。至秦改諸侯，置郡縣，隨其所在山川土形而立其名，漢就而因之也。

唐·陸德明《經典釋文》卷三《尚書音義上·尚書序》 夏。禹天下號也。以金德王，三王之最先。商。湯天下號也，亦號殷。以水德王，三王之二也。周。文王、武王有天下號也。以木德王，三王之三也。

宋·羅璧《識遺》卷八《陶唐殷商荆楚》 陶，地名，國始顓頊。堯先居陶，後封唐，故陶唐並稱。湯初興商丘，後盤庚遷殷，故名殷。荆、楚，共一木名。熊繹初國於荆，號楚。春秋初例稱荆公，後始稱王。至楚襄王母名楚，諱復稱荆。

論説

漢·班固《白虎通義》卷上《號》 三王者，何謂也？夏、殷、周也。故《禮·士冠經》曰『周弁，殷冔，夏收，三王共皮弁』也。所以有夏、殷、周號何？以為王者受命，必立天下之美號，以表功自克，明易姓，為子孫制也。夏、殷、周者，有天下之大號也。百王同天下，無以相别，改制天下之大禮，號以自别于前，所以表著己之功業也。必改號者，所以明天命已著，欲顯揚己于天下也。己復襲先王之號，與繼體守文之君無以異也。不顯不明，非天意也。故受命王者，必擇天下美號，表著己之功業，明當致施是也，所以預自表克于前也。

不以姓為號何？姓者，一字之稱也，尊卑所同也。諸侯各稱一國之號，而有百姓矣。天子至尊，即備有天下之號而兼萬國矣。夏者，大也，明當守持大道。殷者，中也，明當為中和之道也。聞也，見也，謂當道著見中和之為也。周者，至也，密也，道德周密，無所不至也。何以知即政立號也？《詩》云『命此文王，于周于京』，此改號為周，易邑為京也。《春秋傳》曰『王者受命而王，必擇天下之美號以自號』也。

漢·王充《論衡》卷一八《正説篇》 唐、虞、夏、殷、周者，土地之名。堯以唐侯嗣位，舜從虞地得達，禹由夏而起，湯因殷而興，武王階周而伐，皆本所興昌之地，重本不忘始，故以為號，若人之有姓矣。説《尚書》謂之有天下之代號。唐、虞、夏、殷、周者，功德之名，盛隆之意也。故唐之為言蕩蕩也，虞者樂也，夏者大也，殷者中也，周者至也。堯則蕩蕩，民無能名；舜則天下虞樂；禹承二帝之業，使道尚蕩蕩，民無能名；殷則道得中；周武則功德無不至。其立義美也，其褒五家大矣，然而違其正實，失其初意。唐、虞、夏、殷、周，猶秦之為秦，漢之為漢，秦起於秦，漢興於漢中，故曰猶秦、漢。猶王莽從新都侯起，故曰亡新。使秦、漢在《經》、《傳》之上，說者將復為秦、漢作道德之說矣。

《魏書》卷二四《崔玄伯傳》 詔有司博議國號。玄伯議曰：「三皇五帝之立號也，或因所生之土，或即封國之名，故虞、夏、商、周，始皆諸侯；及聖德既隆，萬國宗戴，稱號隨本，不復更立。唯商人屢徙，改號曰殷，然猶兼行，不廢始基之稱。故《詩》云「殷商之旅」，又云「天命玄鳥，降而生商，宅殷土茫茫。」此其義也。」

宋·張方平《樂全集》卷一七《三代建國論》 天子建天下之大號，所以表萬國；諸侯立一國之名，所以長百姓。故王者受命，改正朔，易服器，與民更始，玆為大制。說者以為顓頊而上，象德以立君號；高辛而下，因地以為國名；至于三代，則天下之稱章章矣。惟五帝之道，大公天下而無私，生之號不浮于實，死之謚不溢其美，百姓日用，無得而稱焉。三王之國，世繼如家，不為之名，子孫何述？

或曰：夏、商、周者，因故封邑者耶！既受命，而為之名也。曰：禹之興也，無民無地而享天祿，則是夏之名，非素有也。自契至湯，其國八遷，湯始居亳，從先王居，師趨鳴條，桀奔南巢，遂順天人，纘禹舊服，則是商之名，非初封也。稷初封邰，公劉居邠，太王徙岐，文王基命為西伯，言其所都猶曰鎬，《牧誓》猶曰「逖矣，西土之人。」武王克紂，誕成厥勳，爰集大統，以撫方夏，作《武成》之篇，始曰「祀于周廟」，曰「庶邦冢君暨百工，受命于周」，曰「惟有道曾孫周王發。」則是周之名，蓋克商後建之爾。是知此三代之號者，皆取光顯之名，以著久大之業，以建大統，以垂無窮者爾。夏之言大也，莫與為大也；商之言中也，用中於民也；周之言備也，盛德大備也。項羽之裂天下而封諸侯也，高祖得漢，失職西去，心懷恨望，而良、平等曰：「漢，美名也，人之言曰天漢。」故高祖既即大位，竟以名國。迺自魏晉以來，創業之主咸因受命之地，而為建國之稱，襲以為常，無或更易。

夫王者以天下為體，國君以國為體，世其位，子其民。君之善惡也不常，而國之體也不可改。飾身之美，私也；美國之名，公也。愚故曰：王者受命，改正朔，易服器，貽謀之大者也。覩先代諸儒，多執三代之名，皆以為因故封而不易，且以為先君封國之名不可變，以疑後世者，故論以明之。謹論。

宋·鄭樵《通志》卷二五《氏族略序》 五帝之前無帝號，有國者不稱國，惟以名為氏，所謂無懷氏、葛天氏、伏羲氏、燧人氏者也。至神農氏、軒轅氏雖曰炎帝、黃帝，而猶以名為氏，然不稱國。至二帝而後，國號唐、虞也，夏、商因之。雖有國號而天子世世稱名，至周而後，諱名用謚，由是氏族之道生焉。

元·蘇天爵《元文類》卷九《圖克坦公履〈建國號詔〉》 且唐之為言蕩也，堯以之而著稱；虞之為言樂也，舜因之而作號。馴至禹興而湯造，亙名夏大以殷中。

元·方回《桐江續集》卷三〇《王一初名字說》 號者何？三皇號皇，五帝號帝，三王號王。唐、虞、夏、商、周、秦、漢，由有國之號為有天下之號。古之封國，其號有萬，至戰國而七王僭號。

元·劉壎《水雲村稾》卷一三《策問》 唐虞夏周，國號主一，未見其有二也。繼夏者殷，宜直曰殷而已，然《詩》既曰「殷士膚敏」，曰「殷鑒不遠」矣，乃有時而又曰「商之孫子」，曰「肆伐大商」。《書》既曰「殪戎殷」，曰「勝殷殺受」矣，乃有時而又曰「商郊牧野」，曰「商王受」。是一國而二號。當時之人，不知何從？梁本魏也，《孟子》之書易「魏」曰「梁」，而齊、晉則異乎是。何於魏獨然？無乃稱謂之差殊歟！三者雖淺近，其疑則一。敢問。

明·何喬新《椒邱文集》卷七《史論·蒙古建國號曰元》 古先哲王，建國立號，或以氏，或以都，或用始封之邑，凡以易天下之視聽而已，非有所取義也。蒙古氏起自北裔，雄據中原，已歷四君，而猶以部落之號，稱於四方，一何陋哉！世祖用儒臣之言，取「乾元」之義，為建國之鴻名，推體仁之要道，示為治之大本，一洗累世之陋，亦可謂賢矣。然謂唐、虞、夏、殷之號，皆有所取義，則未必然也。堯初封唐侯，故號曰唐。虞，舜氏，故以為有天下之號。夏則禹之所都，殷則盤庚所遷，曷嘗有所取義哉？今其詔乃曰：「唐之為言蕩也，堯以之而著稱；虞之為言樂也，舜以之而作號。馴至禹興而湯造，亙名夏大以殷中。」其詞雖美，其實則非，此代言者之鑿也。

明·蔡清《易經蒙引》卷一上《周易》 自古得天下者，其代名率用故號。如唐堯本唐侯也，虞則舜之氏也，舜封伯禹於有夏，湯之先世居商丘，是皆其故號也。後世如秦幷天下，亦只稱秦，漢則項羽王之漢中，曰漢王。又如曹魏，司馬晉，至宋齊梁陳，歷代皆以本封為一代之號。李唐則起自唐公，趙宋則因所領歸德軍為宋地。惟元別取《易經》『乾元』之義，不踵前代故事。至我朝用大明，實用元人之意也。看來元人之意，亦是蓋不以偏方之名名天下也，不可以為與古制異而非之；但其改號詔詞，多出文人曲筆，有曰『唐之為言蕩也，堯以之而著稱；虞之為言樂也，舜以之而作號；馴至禹興而湯造，互名大夏以殷中』，則全非其實矣。此文人之所以不足貴也。

明·張志淳《南園漫録》卷六《因革義》 又唐、虞、夏、商、周、秦、漢、晉、隋、唐、宋，皆以封國之名，建有天下之號。元有天下，其初仍舊號蒙古，後其臣始倣拓拔改姓之意，而為有天下之號曰元，且徵引唐虞之字，以就其以義立號之說。至皇朝繼之，因亦以義立號，而萬世不可易。《易》大『隨時』之義，《書》垂『善無常主』之訓，《大學》『憎而知其善』，其此之謂也。不然，《春秋》書天王，而石勒之僭王為是；有虞以氏號，而霸先之號陳為得矣。此豈易言也哉？此豈易識也哉？

清·許伯政《全史日至源流》卷首下《壬子運提要》 且上古無國號，天子諸侯皆以氏稱，如禹有天下曰夏后氏，其列侯曰防風氏、有窮氏、有扈氏、斟灌氏、斟鄩氏、有仍氏、有鬲氏，良由其時近古，故相沿耳。然則十五氏，皆國君有土者，其為上相、下相之類，則以諸侯入為王朝卿士者耳。商周以後，始有國號，然周之時，列侯並紀，各有傳國世次，見于《春秋》。此封建之世皆然，上古何獨不然乎？

夏國號分部

綜　述

《尚書·伊訓》 伊尹乃明言烈祖之成德，以訓于王，曰：『嗚呼！古有夏先后，方懋厥德，罔有天災，山川鬼神亦莫不寧，暨鳥獸魚鼈咸若。于其子孫弗率，皇天降災，假手于我有命，造攻自鳴條，朕哉自亳。』

又《太甲上》 惟嗣王不惠于阿衡，伊尹作書，曰：【略】『惟尹躬先見于西邑夏，自周有終，相亦惟終。其後嗣王，罔克有終，相亦罔終。嗣王戒哉！』

又《召誥》 相古先民有夏，天迪從子保，面稽天若，今時既墜厥命。漢孔安國《傳》：夏禹能敬德，天道從而子安之，禹亦面考天心而順之。今是桀棄禹之道，天已墜其王命。

又《立政》 周公曰：【略】古之人迪惟有夏，乃有室大競，籲俊，尊上帝。

《國語》卷三《周語下》 帥象禹之功，度之于軌儀，莫非嘉績，克厭帝心，皇天嘉之，祚以天下，賜姓曰姒氏，曰有夏，謂其能以嘉祉，殷富生物也。三國吴韋昭注：賜姓曰姒氏，曰有夏者，以其能以善福殷富天下，生育萬物。姒猶祉也。夏，大也，以善福殷富天下為大也。

《孟子·滕文公上》 夏后氏五十而貢。漢趙岐注：夏禹之世，號夏后氏。后，君也。禹受禪於君，故夏稱后。

《今本竹書紀年》卷上《帝舜有虞氏》 十五年，帝命夏后。

《史記》卷二《夏本紀》 帝舜薦禹於天為嗣。十七年而帝舜崩，三年喪畢，禹辭，避舜之子商均於陽城，天下諸侯皆去商均而朝禹，禹於是遂即天子位，南面朝天下，國號曰夏后，姓姒氏。唐張守節《正義》：夏者，帝禹封國號也。

《漢書》卷二一下《律曆志下·世經》 伯禹。《帝系》曰：顓頊五世而生鯀，鯀生禹，虞舜嬗以天下，土生金，故爲金德，天下號曰夏后氏。

漢·趙煜《吴越春秋》卷四《越王無余外傳》 （禹）因傳國政，休養萬民，國號曰夏后。

漢·王符《潛夫論》卷八《五德志》 舜乃禪位，命如堯詔，禹乃即位，作樂《大夏》，世號夏后。傳嗣子啓。

晉·皇甫謐《帝王世紀·夏》 伯禹夏后氏，【略】繼鯀治水，乃勞身勤苦。【略】堯美其績，乃賜姓姒氏，封為夏伯，故謂之伯禹。天下宗之，謂大禹。

禹受封為夏伯，在《禹貢》豫州外方之南，角氏之分，壽星之次，於秦漢屬潁川，本衞地，今河南陽翟是也。

北魏·酈道元《水經注》卷二二《潁水》 東逕三封山東，東南歷大陵西連山，亦曰啓筮亭，啓享神於大陵之上，即鈞臺也。《春秋左傳》曰『夏啓有鈞臺之饗』是也。杜預曰：河南陽翟縣南有鈞臺。其水又東南流，水積為陂，陂方十里，俗謂之鈞臺陂，蓋陂指臺取名也。又西南流，逕夏亭城西，又屈而東南，為郟之靡陂。潁水自堨東逕陽翟縣故城北，夏禹始封於此，為夏國，故武王至周曰：『吾其有夏之居乎！』遂營洛邑。徐廣曰：河南陽城陽翟，則夏地也。

宋·羅泌《路史》卷二二《疏仡紀·夏后紀》 禹錫玄圭，告厥成功。夏后氏尚黑，職由此始。封之高密，以處于櫟，是為有夏，曰夏伯。【略】帝崩，禹即真，王以金成，都陽城、太原、安邑，革正朔，奠服色。【略】帝崩而啓立。

論說

唐·司馬貞《史記索隱·夏本紀述贊》 堯遭洪水，黎人阻饑，禹勤溝洫，手足胼胝，言乘四載，動履四時，娶妻有日，過門不私，九土既理，玄圭錫茲。帝啓嗣立，有扈違命。五子作歌，太康失政，羿浞斯侮，夏室不競。降于孔甲，擾龍乖性。嗟彼鳴條，其終不令。

宋·蔡沈《書經集傳》卷二《夏書》 夏，禹有天下之號也。

明·歸有光《震川集》卷二八《夏氏世譜》 禹之先，出於黃帝而別氏，姓姒氏。其後分封，以國為姓，有夏后氏。夏，今陝州夏縣，禹所都，因以為有天下之號。

清·徐文靖《管城碩記》卷三《書一》 《夏書·禹貢序》云：禹別九州，隨山濬川，任土作貢。孔《傳》曰：此堯時事，而在《夏書》之首，禹之王，以是功。蔡《傳》曰：夏，禹有天下之號也。《禹貢》作於虞時而繫之《夏書》者，禹之王，以是功也。按《竹書》帝舜三十三年，夏后受命于神宗，遂復九州。禹制九州貢法，作于虞時。孔《傳》云堯時，非也。《帝王世紀》曰：禹受封為夏伯，在豫州外方之南。《水經注》曰：河南陽翟縣有夏亭城，夏禹始封於此，為夏國。蓋《禹貢》作於虞時，時禹為夏伯，故曰《夏書》，何得謂夏為禹有天下之號？

商國號分部

綜述

《甲骨文合集釋文·36482》 告於大邑商。

又《36530》 不……亡……在大邑商。

又《34541》 天邑商公宫衣，茲夕無畎。

《殷周金文集成釋文》卷三《利𣪘》 珷征商。

又 卷四《何尊》 唯武王既克大邑商。

又 卷一《瘨鐘》 雩武王既𢦏殷。

《尚書·仲虺之誥》 式商受命，用爽厥師。簡賢附勢，寔繁有徒。肇我邦于有夏，若苗之有莠，若粟之有秕，小大戰戰，罔不懼于非辜。【略】民之戴商，厥惟舊哉！

又《太甲中》 皇天眷佑有商，俾嗣王克終厥德，實萬世無疆之休。

又《盤庚上》 盤庚遷於殷。宋蔡沈《集傳》：殷在河南偃師。【略】周氏曰：商人稱殷自盤庚始。自此以前惟稱商，自盤庚遷都之後，於是殷商兼稱，或只稱殷也。

又《西伯戡黎》 西伯既戡黎，祖伊恐，奔告于王，曰：『天子！天既訖我殷命。』

又《微子》 微子若曰：『今殷其淪喪，若涉大水，其無津涯，殷遂喪，越至于今。』【略】父師若曰：【略】『商今其有災，我興受其敗；商其淪喪，我罔為臣僕。』

又《召誥》 嗚呼！皇天上帝，改厥元子。茲大國殷之命，惟王受命。【略】天既遐終大邦殷之命，茲殷多先哲王在天。

又《多士》 惟殷先人，有冊有典，殷革夏命。【略】肆予敢求爾于天邑商。

《詩經·商頌·玄鳥》 天命玄鳥，降而生商，宅殷土芒芒。漢鄭玄

《箋》：謂鳦遺卵，娀氏之女簡狄吞之而生契，為堯司徒，有功封商。堯知其後將興，又錫其姓焉。自契至湯八遷，始居亳之殷地而受命，國日以廣大芒芒然。【略】商之先后，受命不殆。【略】殷受命咸宜，百祿是何。

又《大雅·大明》 殷商之旅，其會如林。

《左傳·襄公九年》 陶唐氏之火正閼伯居商邱，祀大火，而火紀時焉。相土因之，故商主大火。晉杜預注：相土，契孫，商之祖也。始代閼伯之後，居商邱，祀大火。唐孔穎達《正義》：《殷本紀》：契生昭明，昭明生相土。相土是契孫也。《本紀》云帝舜封契於商，鄭玄云商國在大華之陽，皇甫謐云今上洛商縣是也。如鄭玄意，契居上洛之商，至相土而遷於宋之商，及湯有天下，遠取契所封商，以為一代大號。服虔云：相土居商邱，故湯以為天下號。王肅《書序》注云：契孫相土居商邱，故湯以為國號。案《詩》述后稷云『即有邰家室』，述契云『天命玄鳥，降而生商』，即稷封邰而契封商也。若契之居商即是商邱，則契已居之，不得云相土因閼伯也，若別有商地，則湯之為商，不是因相土矣。且《經》、《傳》言商，未有稱商邱者。

又《昭公元年》 子産曰：后帝不臧，遷閼伯于商丘，主辰。商人是因，故辰為商星。注：商丘，宋地。主祀辰星，辰，大火也。商人湯先相土，封商丘，因閼伯故國，祀辰星。《正義》：商謂宋也。宋，商後，故稱商人也。

《墨子》卷九《非命上》 墨子曰：古者湯封於亳，絶長繼短，方地百里，與其百姓兼相愛，交相利，移則分。率其百姓，以上尊天事鬼，是以天、鬼富之，諸侯與之，百姓親之，賢士歸之，未歿其世而王天下，政諸侯。

《楚辭》卷三《天問》 授殷天下，其位安施？漢王逸《章句》：言天始授殷家以天下，其王位安所施用乎？善施若湯也。

《荀子》卷一八《成相篇》 契玄王，生昭明，居於砥石遷于商。十有四世，乃有天乙是成湯。

《史記》卷三《殷本紀》 殷契【略】封於商，賜姓子氏。唐司馬貞《索隱》：契始封商，其後裔盤庚遷殷，殷在鄴南，遂為天下號。契是殷家始祖，故言殷契。

又 卷一三《三代世表》 褚先生曰：【略】契生而賢，堯立為司徒，姓之曰子氏。子者，兹；兹，益大也。詩人美而頌之，曰『殷社芒芒，天命玄鳥，降而生商』。商者質，殷號也。

《漢書》卷二一下《律曆志下·世經》 成湯。《書經·湯誓》：湯伐夏桀。金生水，故爲水德，天下號曰商，後曰殷。唐顏師古注：孟康曰：初，契封商，湯居殷而受命，故二號。

漢·王符《潛夫論》卷八《五德志》 娀簡吞燕卵，生子契。為堯司徒，職親百姓，順五品。扶都見白氣貫月，意感生黑帝子履，其相四肘，身號湯，世號殷，致太平。

漢·鄭玄《毛詩譜·商頌譜》 商者，契所封之地。有娀氏之女名簡狄者，吞鳦卵而生契。堯之末年，舜舉為司徒，有五教之功，乃賜姓而封之。世有官守，十四世至湯，則受命伐夏桀，定天下。

三國吳·韋昭《國語》卷一《周語上》注 商，殷之本號。

晉·皇甫謐《帝王世紀·殷商》 商契始封於商，在《禹貢》太華之陽，上洛商是也。帝盤庚徙都殷，始改商曰殷。

北魏·酈道元《水經注》卷二〇《丹水》 又東南，過商縣南。【略】契始封商。《魯連子》曰：在太華之陽。皇甫謐、闞駰竝以為上洛商縣也。殷商之名，起于此矣。

又 卷一六《穀水》 陽渠水又東逕亳殷南，昔盤庚所遷，改商曰殷，此始也。

宋·邵雍《皇極經世書》卷五上《觀物篇二十五》 乙未，伊尹相成湯伐桀，升自陑，遂與桀戰于鳴條之野，桀敗走三朡，遂伐三朡，俘厥寶玉，放桀于南巢。還至大坰，仲虺作《誥》，歸至亳，乃大誥萬方，南面朝諸侯，建國曰商。以丑月為歲始，曰祀，與民更始。

己亥，商王陽甲崩，弟盤庚立，復歸于亳，改號曰殷。

宋·羅泌《路史》卷一九《疏仡紀·高辛紀下》 契也聰明而仁，堯命司徒，使布五教而民輯，及虞不廢，是以受商，賜姓子氏，商人謂之玄王。子昭明居砥石，生相土，克承商業，始居商丘，出長諸侯，威武烈烈，至孫冥，為司空，世事虞夏。十有二世而湯遂興，傳二十有八王，國幾亡者五，而紂遂失天下，姬武王居之。

清·劉於義等〔雍正〕《陜西通志》卷一二《山川五·商州》 商山，一名楚山，形如『商』字。湯以為國號，郡以為名。《雍勝略》。

論　説

唐·孔穎達《尚書·盤庚上》正義 此序先亳後殷，亳是大名，殷是亳內之別名。鄭玄云：商家自徙此，而號曰殷。鄭以此前，未有殷名也。中篇云『殷降大虐』，將遷於殷，先正其號名，知於此，號為殷也。雖兼號爲殷，而商名不改，或稱殷，又有兼稱殷商。《商頌》云『商邑翼翼』，『撻彼殷武』，是單稱之也。又《大雅》云『殷商之旅』，『咨汝殷商』，是兼稱之也。

唐·孔穎達《毛詩譜·商頌譜》正義　《本紀》稱帝舜封契於商者，《長發》箋云：『堯封之於商，為小國。舜之末年，益其土地，為大國。是舜亦封之，故歸之舜也。商者，成湯一代之大號，而此云商者，契所封之地。』則鄭以湯取契之所封，以為代號也。服虔、王肅則不然。襄九年《左傳》曰：閼伯居商丘，相土因之。服虔云：商丘，地名；相土，契之孫；因之者，代閼伯之後居商丘，湯以為號。又《書序》王肅注云：契孫相土居商丘，故湯因以為國號，而鄭玄以為由契封商者，契之封商，見於《書傳》、《史記》、《中候》，其文甚明。經典之言商者，皆單謂之商，未有稱為商丘者。又相土居商丘，以後不恒厥邑，相土之於殷室，雖是先公俊者，譬之於周，則公劉之儔耳。既非湯功所起，又非王迹所因，何當取其所居，以為代號也？商之有契，猶周之有稷，成湯以商為代號，文王不以邰為代號者，自契至湯，雖則八遷，而國號不改，商名未易，成湯以商受命，故當以商為號。周即處邰處豳，國名變易，大王來周居地，其國始名曰周。文王以周受命，當以周為號，不得遠取邰也。若然，湯在亳地受命，不以亳為代號，而《禮記·郊特牲》云：亳社北牖。襄三十年《左傳》云：鳥鳴于亳社。皆謂殷亡國之社也。謂之亳社者，禮存亡國之社，以為戒。亳實湯所居地，故指地而言。以殷紂無道，喪滅湯之所居，欲使諸侯觀之，思自保固，故不舉代號而指亳社也。亳是湯之所居耳，及紂滅之時，則在朝歌，非復亳地也。成湯之初，以商為號，及盤庚遷於殷，以後或呼為殷。故《書序》云：『盤庚五遷，將治亳殷。』注云：商家改號曰殷。《玄鳥》云『殷受命咸宜』，《殷武》云『撻彼殷武』，是其兼稱殷也。雖或稱殷，不是全改商號，故《大明》云『殷商之旅』，《蕩》云『咨汝殷商』，皆取前後二號而雙言之，是其不全改也。

唐·司馬貞《史記索隱·殷本紀述贊》　簡狄吞乙，是為殷祖。玄王啓商，伊尹負俎，上開三面，下獻九主，旋師泰卷，繼相臣扈。遷囂圮耿，不常厥土。武乙無道，禍因射天。帝辛淫亂，拒諫賊賢，九侯見醢，炮烙興焉。黄鉞斯仗，白旗是懸，哀哉瓊室，殷祀用遷。

宋·林之奇《尚書全解》卷一八《盤庚上》　周希聖曰：商人稱殷，自盤庚始。此言是也。蓋自此以前，惟稱商而已。自盤庚既都亳之後，於是殷商兼稱，或單稱殷也。

宋·范處義《詩補傳》卷二九《釋十五國二雅三頌名·三頌》　契始封商於之地，今商州商洛縣是也。地有商山，因是得名。【略】且殷以溵水得名，溵、？同音，古溵水縣乃今陳州之商水縣是也。【略】然則《詩》所謂『自彼殷商』，『咨汝殷商』，則兼商山、溵水而言之。《書》曰《商書》，《頌》曰《商頌》，蓋本契之始封而稱之也。

宋·蔡沈《書經集傳》卷三《商書》　契始封商，湯因以為有天下之號。

宋·林岊《毛詩講義》卷一〇《玄鳥》　契之生也，佐禹治水而敷教，堯封之商，而賜姓曰子。其宅居，殷土芒芒而廣大。商而曰商丘者，商，丘，別地名。閼伯居商丘，相土代之。自契至湯八遷，而國號不改其實。商者，商人之國號。湯以商受命，猶周人以周受命耳。商而曰殷者，盤庚遷殷，改號曰殷。兼取二號而言之，曰殷商，不全改也。

宋·衛湜《禮記集説》卷九九　嚴陵方氏曰：殷者，湯之所遷，故後世以為有天下之號，若曰殷邦、殷命是也。商者，契之所封，故後世以為所都之號，若曰商邑、商郊是也。然湯止稱曰商王，《書》止曰《商書》，《頌》止曰《商頌》，特不忘本耳。

宋·嚴粲《詩緝》卷三六《商頌》　契封於商，其後因之，以為一代有天下之號。

宋·王應麟《詩地理考》卷四《殷商》　曹氏曰：盤庚復治亳之殷地，湯之故居，故兼稱殷商。朱氏曰：商言其國，殷言其地。

明·季本《詩説解頤正釋》卷三〇《商頌》　商者，契所封之地。【略】湯之受命，始於北亳，故所至以亳名都，而其有天下之號，則仍商之舊封，無所改也。凡七傳而仲丁遷囂，【略】又九傳至盤庚而遷相，相在戰國時鄴地，即今河南彰德府安陽縣也。《索隱》謂契始封商，其後裔盤庚遷殷。殷在鄴南，遂為天下號。《括地志》謂相州安陽縣，本盤庚所都，即北塚殷墟。據此，則《書》所謂盤庚遷於殷者，本相之殷墟而言矣。盤庚以前，未有殷號，而改商為殷，實自此始。其後稱之者，則或曰殷，或曰商，或曰殷商，常兼及之，亦不因改殷而廢商之舊也。然殷、商之別，則固有由矣。

清・王夫之《尚書稗疏》卷三《盤庚・遷於殷》　殷在盤庚以前稱商，而不稱殷。殷者，盤庚以所遷之邑為號也。

清・朱鶴齡《讀左日鈔補》卷下《襄公》　相土因之，故商主大火。注：相土，契孫，始代閼伯之後，居商丘，祀大火。疏：《本紀》契生昭明，昭明生相土，相土是契孫也。舜始封契於商。鄭玄云：商國在太華之陽。皇甫謐云：今上洛商縣是也。如鄭玄意，契居上洛之商，至相土而遷於宋之商丘，及湯有天下，遠取契所封商，以為一代大號。服虔、王肅俱云：相土居商丘，故湯以為國號。按《詩》云：「天命玄鳥，降而生商」，不言居商丘也。若契之居商，即是商丘，則契已居之，《傳》不得云相土因閼伯也。《釋例》同鄭説。

清・閻若璩《尚書古文疏證》卷四《第六十》　湯有天下，厥號曰商，盤庚徙都，改號曰殷，盤庚以前不得有殷稱也。然《史記・殷本紀》首稱「殷契」，《呂氏春秋・仲夏紀》稱「殷湯」。蓋作文字者，以後代子孫所建之號通稱其先人，豈得執契與湯之時已有此號？豈惟此二？《書・無逸篇》云「昔在殷王中宗」，又云「自殷王中宗」。中宗太戊遠在盤庚前，周公已不妨以「殷」加之，則《玄鳥》之詩作者出武丁後，又何妨以武丁所都之地名，上歸其先人乎！且上既云「降而生商」，下自不得云「宅商土芒芒」，易「商」為「殷」，文字宜然。凡讀書固須論世而觀文字，尤不可不會其意也。

清・毛奇齡《經問》卷九　（或問）曰：盤庚遷殷，其為河患，無疑矣。第契舊封商，定為國號，而盤庚以遷殷而改商為殷，則此一遷都，致易國號。觀《商書・盤庚》以前，皆稱商；《盤庚》以後，皆稱殷，可驗也。此豈盤庚故易之耶？抑亦盤庚遷後不再遷，而即以其地為號耶？

曰：盤庚無易國號之理，且國號何可易也？若遷殷之後，則《本紀》武乙徙河北，或云即《漢・項羽傳》所云「洹水南有殷墟」是也，又或云帝辛徙朝歌，故《世家》紂廣宮室，至沙邱苑臺，而《竹書紀年》又云：自盤庚遷殷後，更不徙都。當是恢大其邑，據邯鄲沙邱，以為離宮。是遷殷之後，或不再遷，而一遷河北則有之，以殷亳在河南，沙邱朝歌在河北也。至于商之名殷，則全不因此。蓋殷即商也，同在亳都，故商名商亳，殷名殷亳，皆在河南是以。《盤庚・書序》亦云：「盤庚五遷，將治亳殷」，即商亳也。而《盤庚》本文亦云：「紹復先王之大業」，正謂此殷地即契所封而湯所都，皆先王大業耳。蓋盤庚避河患，而此時河患不在商亳，則仍遷于商。鄭玄云復湯舊都，事所固然。晉束皙不曉地理，又不審《本紀》，妄疑朝歌即殷地，在河北，而商亳在河南，殷、商不合，遂造云《書序》「盤庚五遷，將治亳殷」，其「治亳」二字是「始宅」二字字形之誤，盤庚「始宅殷」，非「治亳殷」，殷與商亳，河南、河北，彼此迥別。而唐儒如司馬貞作《索隱》，遂云契始封商，其後裔盤庚遷殷，殷在鄴南，遂為天下號。殊不知「始」形近「治」，「亳」形近「宅」，此楷書之形；若壁中古文，則「治」字即「亂」字，與「始」字之形全不相類。此在孔氏《正義》中，即已辨之。束皙造事，自是妄言，况盤庚以前，早有殷名，盤庚已後，仍稱商號，皆前後互稱。如《本紀》以《殷》立號，首曰「殷契」，又雍己時稱「殷道衰」，太戊時稱「殷復興」，河亶甲時「殷復衰」，帝祖乙時「殷復興」，皆在盤庚以前。而盤庚以後，則《微子》曰「商今其有災」，「商其淪喪」，《泰誓》亦云「觀政于商」，「今商王受」，悉在遷殷後者。是以《詩・大雅》曰「殷商之旅」，又曰「咨汝殷商」。兩字並稱，不必遷前只稱商，遷後始稱殷也，且其號有斷在遷殷前，斷非盤庚所得易者。盤庚自云殷降大虐，先王不懷，此時身未至殷而即云殷降大虐，則明以殷為商亳一代之舊號矣。若云欲遷于殷，故先正其號名，則衛侯元未葬諡，而蒯聵稱昭考靈公；仲雍孫未封虞，而《論語》注稱仲雍為虞仲。此皆書史間可笑之事，而以此誣古經，可乎？

清・徐文靖《竹書統箋》卷六《盤庚》　周希聖曰：商人稱殷，自盤庚始。據《竹書》夏后帝杼十三年，商侯冥死于河。帝芒三十三年，商侯遷于殷。帝泄十二年，殷侯子亥賓于有易。《世本》冥往河治水，子亥遷殷。是商之稱殷，始自夏世。「殷土芒芒」，豈謂盤庚已後乎？

清・王之樞《歷代紀事年表》卷四《表例説》　臣之樞謹按：《史記・殷本紀》首稱殷契，至祖乙時稱殷復興，但契始封曰商，成湯國號亦曰商，至盤庚遷都於殷，始改國號曰殷。今自成湯至陽甲，凡十六世，俱稱商王；至下卷盤庚以後，俱稱殷王云。

羅振玉《殷虛書契考釋序》　又史稱盤庚以後，商改稱殷，而徧搜卜辭，既不見「殷」字，又屢言「入商」，田游所至，曰往曰出。「商」獨言「入」，可知文丁、帝乙之世，國尚號商；《商書》曰「戎殷」，乃稱邑而非稱國。

王國維《觀堂集林》卷一二《説商》　商之國號，本於地名。《史記・殷本紀》云：契封於商。鄭玄、皇甫謐以為上雒之商，蓋非也。古之宋國，實名商邱。邱者，虚也。《説文解字》：虚，大丘也。昆侖丘謂之昆侖虚。又云：丘謂之虚。虚從丘，虍聲。宋之稱商邱，猶洹水南之稱殷虚，是商在宋地。《左傳》昭元年：后帝不臧，遷閼伯于商邱，主辰。商人是因，故辰為商星。又襄九年《傳》：陶唐氏之火正閼伯居商邱，祀大火，而火紀時焉。相土因之，故商主大火。又昭十七年《傳》：宋，大辰之虚也。大火謂之大辰，則宋之國都，確為昭明相土故地。杜預《春秋釋地》以商邱為梁國睢陽。今河南歸德府商邱縣。又云『宋、商、商邱，三名一地』。其説是也。始以地名為國號，繼以為有天下之號。其後雖不常厥居，而王都所在，仍稱大邑商，訖於失天下而不改。羅參事《殷虚書契考釋序》云：『史稱盤庚以後，商改稱殷。而徧搜卜辭，既不見殷字，又屢言入商。田游所至，曰往曰出，商獨言入，可知文丁、帝乙之世，雖居河北，國尚號商。』其説是也。且《周書·多士》云：『肆予敢求爾於天邑商』，是帝辛、武庚之居，猶稱商也。至微子之封，國號未改，且處之商邱，又復其先世之地，故國謂之宋，亦謂之商。顧氏《日知録》引《左氏傳》：『孝惠娶於商』；哀二十四年。『天之棄商久矣』；僖二十二年。『利以伐姜，不利子商』，哀九年。以證宋之得為商。閻百詩《潛邱劄記》駁之，其説甚辨，然不悟周時多謂宋為商。左氏襄九年《傳》：士弱曰：『商人閲其禍敗之釁，必始於火。』此答晉侯宋知天道之問，商人謂宋人也。昭八年《傳》：『大蒐于紅，自根牟至于商衛，革車千乘。』商衛謂宋衛也。《吳語》『闕為深溝，通于商魯之間』，謂宋魯之間也。《樂記》師乙謂子貢：『商者，五帝之遺聲也，商人識之，故謂之商。齊者，三代之遺聲也，齊人識之，故謂之齊。』子貢之時，有齊人，無商人，商人即宋人也。吾疑『宋』與『商』聲相近，初本名商，後人欲以別於有天下之商，故謂之宋耳。然則商之名起於昭明，訖於宋國，蓋於宋地終始矣。

又《説殷》 殷之為洹水南之殷虚，蓋不待言。然自《史記》以降，皆以殷為亳，其誤始於《今文尚書·書序》訛字，而太史公仍之。《書序》：『盤庚五遷，將治亳殷。』馬鄭本古文同。束晳謂孔子壁中《尚書》作『將始宅殷』。孔《疏》謂『亳』字摩滅，『容』或為『宅』。壁內之書，安國先得，『治』皆作『亂』，其字與『始』不類，無緣誤作『始』字。段氏《古文尚書撰異》謂『治』之作『亂』，乃僞古文。束廣微當晉初，未經永嘉之亂，或孔壁原文尚存秘府，所説殆不虛。按《隨書·經籍志》，晉世秘府所存，有《古文尚書》經文。束晳所見，自當不誣。且『亳殷』二字，未見古籍。《商頌》言『宅殷土茫茫』，《周書·召誥》言『宅新邑』。『宅殷』連言，於義為長。且殷之於亳，截然二地。《書疏》引《汲冢古文》云：盤庚自奄遷於殷，在鄴南三十里。《史記索隱》引《汲郡古文》『盤庚自奄遷於北冢，曰殷虚，去鄴三十里。』《今本紀年》作『自奄遷於北蒙，曰殷』，無『在鄴南三十里』六字。束晳以《漢書·項羽傳》之『洹水南殷虚』釋之。見《書》孔《疏》。今龜甲獸骨出土，皆在此地，蓋即盤庚以來殷之舊都。《楚語》白公子張曰：『昔殷武丁，能聳其德，至于神明，以入于河，自河徂亳。』蓋用《逸書·説命》之文。今僞《古文説命》襲其語。《書·無逸》稱高宗舊勞於外，當指此事。然則小乙之時，必都河北之殷，故武丁徂亳，必先入河。此其證也。《史記》既以盤庚所遷為亳殷，在河南，而受辛之亡，又都河北，乃不得不以去亳徙河北，歸之武乙。《今本紀年》襲之。然《史記正義》引《古本竹書紀年》云：『自盤庚徙殷，至紂之亡，七百七十三年，更不遷都。』雖不似《竹書》原文，必檃括本書為之，較得事實。乃《今本紀年》於武乙三年書『自殷遷于河北』，又於十五年書『自河北遷于沫』，則又剿《史記》及《帝王世紀》之説，必非《汲冢》本文也。要之，盤庚遷殷，經無『亳』字；武丁徂亳，先入於河；洹水之虚，存於秦世。此三事，已足正《書序》及《史記》之誤；而殷虚卜辭中所祀帝王，訖於康祖丁、武祖乙、文祖丁，羅參事以康祖丁為庚丁，武祖乙為武乙，文祖丁為文丁，其説至不可易。見《殷虚書契考釋》。則帝乙之世，尚宅殷虚，《史記正義》所引《竹書》獨得其實。如是，則商居殷最久，故亦稱殷。《詩》、《書》之文，皆『殷商』互言，或兼稱『殷商』，然其名起於地名之『殷』，而殷地之在河北，不在河南，則可斷也。

周國號分部

綜　述

《甲骨文合集釋文·04882》 ……令周……［汰］……叔……。

又《04885》 壬戌卜，［貞］令周佡若。

《殷周金文集成釋文》卷三《録伯𢦏𣪘蓋》　王若曰：彔伯𢦏，繇自乃祖考有爵于周邦，祐闢四方。

又　卷三《詢𣪘》　王若曰：詢，丕顯文、武受令，則乃且奠周邦。

又　卷二《大克鼎》　丕顯天子，天子其萬年無疆，保嬖周邦，畯尹四方。

《尚書・武成》　天休震動，用附我大邑周。

又　《大誥》　天休于寧王，興我小邦周。

又　《顧命》　命汝嗣訓，臨君周邦。

《孟子・滕文公下》　《書》曰：『紹我周王見休，惟臣附于大邑周。』

《逸周書》卷八《祭公解》　（穆）王曰：嗚呼公！朕皇祖文王，烈祖武王，度下國，作陳周。維皇皇上帝，度其心，寘之明德，付俾於四方，用應受天命，敷文在下。

《詩經・大雅・文王》　周雖舊邦，其命維新。漢毛亨《傳》：乃新在文王也。《箋》：大王聿來胥宇而國於周，王迹起矣而未有天命，至文王而受命。言新者，美之也。唐孔穎達《正義》：周自太王已来居此地，周雖是舊邦，其得天命，維為新國矣。

《墨子》卷九《非命上》　墨子曰：昔者文王封於岐周，絶長繼短，方地百里，與其百姓兼相愛，交相利，則是以近者安其政，遠者歸其德，聞文王者皆起而趨之，罷不肖，股肱不利者處而願之，曰：奈何乎！使文王之地及我吾，則吾利。豈不亦猶文王之民也哉？是以天、鬼富之，諸侯與之，百姓親之，賢士歸之，未殁其世而王天下，政諸侯。

《楚辭》卷三《天問》　何親揆發足，周之命以咨嗟？《章句》：言周公於孟津揆度天命，發足還師而歸。當此之時，周之命令已行天下，百姓咨嗟，嘆而美之也。

《呂氏春秋》卷二一《審為》　太王亶父居邠，狄人攻之，事以皮帛而不受，事以珠玉而不肯，狄人之所求者，地也。太王亶父曰：『與人之兄居而殺其弟，與人之父處而殺其子，吾不忍為也。皆勉處矣！為吾臣與狄人臣，奚以異？且吾聞之：不以所以養害所養。』杖策而去，民相連而從之，遂成國於岐山之下。漢高誘注：岐山在右扶風美陽之北，其下有周地。周家因之，以為天下號也。

漢・劉安《淮南子》卷一二《道應訓》　大王亶父【略】杖策而去，民相連而從之，遂成國於岐山之下。漢高誘注：岐山，今之美陽山，其下有周地，因以為天下號。

《史記》卷四《周本紀》　周后稷名棄。【略】古公亶父復修后稷、公劉之業，【略】踰梁山，止於岐下。《正義》：因太王所居周原，因號曰周。

又　卷一一〇《匈奴列傳》　夏道衰而公劉失其稷官，變于西戎，邑于豳。其後三百有餘歲，戎狄攻大王亶父，亶父亡走岐下，而豳人悉從。亶父而邑焉，作周。《索隱》：按，謂始作周國也。

《漢書》卷二一下《律曆志下・世經》　武王。《書經・牧誓》：武王伐商紂。水生木，故爲木德，天下號曰周室。

漢・鄭玄《毛詩譜・周南召南譜》　周、召者，《禹貢》雍州岐山之陽地名，今屬右扶風美陽縣，地形險阻而原田肥美。周之先公曰大王者，避狄難自豳始遷焉，而脩德建王業。商王帝乙之初，命其子王季為西伯，至紂又命文王典治南國江、漢、汝旁之諸侯。於時三分天下有其二，以服事殷，故雍、梁、荆、豫、徐、揚之人咸被其德而從之。

晉・皇甫謐《帝王世紀・周》　古公亶父，是為大王，以修德為百姓所附。狄人攻之，以皮幣事之，不得免焉；又事之以玉帛，不得免焉；又事之以犬馬，不得免焉；遂策杖而去，止於岐山之陽，邑於周地，故始改國曰周。豳人聞之，曰仁人不可失也，東循而奔從之者如歸市焉。一年而成三千戶之邑，二年而都成，三年五倍其初。王於是改戎俗，築城郭，立宗廟，設官司，即《詩》所謂『乃召司空，乃召司徒，俾立室家，其繩則直』是也。周道之隆，蓋自此始。

至太王避狄，循漆水，踰梁山，徙邑於岐山之陽，西北岐城舊址是也。故《詩》稱『率西水滸，至於岐下』。南有周原，故始改號曰周。

北魏・酈道元《水經注》卷一八《渭水》　（岐水）逕岐山西，又屈逕周城南。城在岐山之陽而近西，所謂『居岐之陽』也，非直因山致名，亦指水取稱矣。又歷周原下，北則中水鄉成周聚，故曰有周也。水北即岐山矣。

宋・鄭樵《通志》卷三下《三王紀・周》　（古公）率其私屬去豳，渡漆沮，踰梁山，邑于岐山之下，今鳳翔府岐山是也。始改國號曰周。或言后稷始封于邰，即號曰周。

臣謹按：自武王元年己卯至厲王四十年己未二百八十一年；自共和元年庚申至幽王十一年庚午七十一年，共三百五十二年，為西周。

論説

唐·孔穎達《左傳·昭公二十九年》正義　棄為周之始祖，能播殖百穀，《經》、《傳》備有其事，以其後世有天下，號國曰周，故以周冠棄，棄時未稱周也。

唐·司馬貞《史記索隱·周本紀述贊》　后稷居邰，太王作周。丹開雀録，火降烏流，三分既有，八百不謀，蒼兕誓衆，白魚入舟，太師抱樂，箕子拘囚。成康之日，政簡刑措，南巡不還，西服莫附。共和之後，王室多故，檿弧興謠，龍漦作釁，頽帶挂禍，實傾周祚。

宋·蔡沈《書經集傳》卷四《周書》　周，文王國號，後武王因以為有天下之號。

元·吴澄《書纂言》卷四上《周書》　周自后稷封邰，其後公劉居邠，大王始遷于岐山之下曰周，武王因以爲有天下之號。

元·梁益《詩傳旁通》卷一《周南·周國名》　周祖后稷，【略】堯舉以為農師，舜封之於邰，號曰后稷，別姓姬氏。后者，有爵土之稱；稷者，田正之官。帝嚳高辛氏，故后稷別其姓為姬氏也。至孫古公亶甫，居周原，因號曰周。周原者，岐山下小地名。杜元凱《春秋》傳云：扶風雝東北有周城。徐廣《史記》注云：岐山在扶風美陽西北，其南有周原。雝在唐為天興縣，周城即周原也。昔者黄帝之臣有周昌，商之太史有周任，則周之為姓，古蓋有之，非始於后稷。稷所封之邰，在永興之武功。稷子不窋自竄於戎狄之間，謂之尉季，慶州安化有尉季城，亦謂之不窋城。公劉居邠，邠本山谷之名，字與『豳』同，在扶風之栒邑。古公避狄，遷岐之陽，岐陽即美陽，今鳳翔府岐山縣。桓譚《琴操》：文王初為岐侯。然則后稷自唐虞時受封，歷夏商千有餘年，至其十三世孫古公亶甫始有周號，文王為國號，武王克商，遂以為天下之號也。

元·胡一桂《史纂通要》卷四《周下》　迹周自武王至幽王十二世都鎬，是為西周。自平王至赧王二十三世都洛，是為東周。東周至考王子以後，又自有東、西二周之分。平王以後，春秋時也。威烈王後，戰國時也。蓋嘗論之：西都自涇舟膠楚澤，下堂見諸侯，綱常陵遲，已為春秋之漸。東都自春秋已來，弱不可支，猶幸五霸挾天子以令諸侯，尚寄空名於天下。然繻葛倒懸，已為戰國之漸。戰國首命韓、趙、魏為諸侯，綱常道盡矣。

明·蔡清《易經蒙引》卷一上《周易》　周，代名也，本國名，在雍州境内岐山之陽。蓋周始祖后稷封於邰，曾孫公劉遷邠，至十三世孫太王乃遷於岐，所謂岐周。太王傳子王季，孫文王，至曾孫武王，遂克商而有天下，因用其國之故名，以為一代之名。

明·王樵《尚書日記》卷九《周書》　周在今鳳翔府岐山縣。岐山，一名箭括嶺，山南有周原，周舊國也。后稷十三世孫古公亶父，始居其地，傳子季歷，至孫文王昌，三分天下有其二，曾孫武王發勝商誅紂，因以為有天下之號也。

清·馬驌《繹史》卷一八《周室始興》　周室以仁厚始基，開國承家，世有令德，歷夏商千有餘載，王業始成，祚年八百。【略】方獯鬻之來侵也，太王曰：『狄人之所求者，土地也。吾不忍以所用養害所養』，遂杖策而去之。夫國之所以為國者，以有土；土之所以為土者，以有人也。棄人與土，寧必其有以立吾國者。惟太王弗欲以土地之故，殘民於鋒鏑，國之存亡，不計焉，於是豳人相帥負老攜幼而從之，遂居於岐山之下，一年成邑，二年成都，旁國亦多歸之，其民五倍，《詩》所謂『爰契我龜，憎其式廓』者也。

清·王夫之《尚書稗疏》卷四上《武成》　蓋周本以岐之周原為國號，都屢遷而號仍故，亦猶商之十三遷而仍商雒之名，則岐本周也，豐亦周也，鎬亦周也，乃至東遷郟鄏，而猶然周也。

清·高士奇《春秋地名考略》卷一《周·又遷岐號曰周》　《詩·緜》之篇曰：『民之初生，自土沮漆』。又曰：『古公亶父，來朝走馬，率西水滸，至于岐下。』毛《傳》：公劉遷於豳，至沮漆之地。古公，豳公也。古公居豳，狄人侵之，去豳，踰梁山，邑于岐山之下。《天作》篇云：『天作高山，大王荒之。』毛《傳》：荒，大也。鄭《箋》：高山，岐山也。太王自豳徙焉，則能尊大之。此太王遷岐之説也。《左傳》昭四年，椒舉曰：『成有岐陽之蒐。』杜注：成王歸自奄，大蒐于岐山之陽。岐山在扶風美陽西北。昭九年：『魏、駘、芮、岐、畢』，注亦同前。《漢志》：『美陽縣，岐山在西北中水鄉，大王所居也。』此杜所本矣。漢美陽縣，在今武功縣境，今岐山縣，正在武功之西北。彼時未有縣，故岐山在其境内也。後周置岐山縣于今長武境，歷隋唐四遷而後，定于今治，乃始有岐山縣矣。今岐山在縣東北十里，山有兩岐，故名。《禹貢》『導岍及岐，又荆岐既旅。』《國語》：『周之興也，鸑鷟鳴于岐山。』《呂氏春秋》：『岐山，九山之一也。』《河圖》：『岐山在崑崙東南，為地乳。』《地志》：『岐山亦名天柱山，其峰高峻若柱。』然《唐六典》關内名山曰：『岐山，俗名鳳凰堆，山之南有周原。《詩》曰：「周原膴膴，堇荼如飴。」鄭《箋》：廣平曰原。地在岐山之南，膴膴然肥美。其所生菜，雖性苦者，亦甘如飴也。周之國號，蓋因乎此。』皇甫謐曰『邑于周地，故改國號曰周』是也。原又東北，則太王之都在焉，所謂岐陽也，《閟宮》篇曰『后稷之孫，實惟太王。居岐之陽，實始翦商』是也。鄭氏曰：文王始謀遷居，定天下，亦即在此。《皇矣》篇曰『度其鮮原，居岐之陽，在渭之將，萬邦之方，下民之王』是也。其後成王為岐陽之蒐，宣王亦大獵岐陽，蓋亦因省視宗國，遂會衆以講武耳。

清·范家相《詩瀋》卷三《二南説》 竊以周為周室發祥之地，太王始遷周原，因為國號。

魯國國號分部

綜　述

《詩經·魯頌·閟宮》 王曰：『叔父！建爾元子，俾侯于魯，大啓爾宇，為周室輔。』乃命魯公，俾侯于東，錫之山川，土田附庸。

《左傳·定公四年》 昔武王克商，成王定之，【略】分魯公以大路大旂。【略】是使之職事于魯，以昭周公之明德。

《史記》卷三三《魯周公世家》 （武王）徧封功臣同姓戚者，封周公旦於少昊之虚曲阜，是為魯公。周公不就封，留佐武王。【略】周公卒，子伯禽固已前受封，是為魯公。魯公伯禽之初受封，之魯。

《漢書》卷二八下《地理志下》 周興，以少昊之墟曲阜，封周公子伯禽為魯侯，以為周公主。其民有聖人之教化，故孔子曰：『齊一變至于魯，魯一變至于道。』言近正也。

漢·鄭玄《毛詩譜·魯頌譜》 魯者，少昊摯之墟也。國中有大庭氏之庫，則大庭氏亦居茲乎！在周公歸政，成王封其元子伯禽於魯。其封域在《禹貢》徐州大野，蒙羽之野。

晉·皇甫謐《帝王世紀·周》 成王【略】八年春正月朔，王始躬政事，以周公為太師，封伯禽于魯。父子並命，周公拜於前，魯公拜於後。

北魏·酈道元《水經注》卷二五《沂水》 沂水北對稷門。【略】周成王封姬旦于曲阜，曰魯。

宋·羅泌《路史》卷一九《疏仡紀·高辛紀下》 文公采于周。成王封其子伯禽于魯，三十有四世而楚滅之。

論　説

唐·司馬貞《史記索隱·魯周公世家述贊》 武王既沒，成王幼孤，周公攝政，負扆據圖。及還臣列，北面匔如，元子封魯，少昊之墟。夾輔王室，世職不渝。降及孝公，穆仲致譽。隱能讓國，《春秋》之初。邱明執簡，褒貶備書。

唐·陸淳《春秋集傳纂例》卷一〇《國名譜·魯國》 姬姓，侯爵，文王子周公旦之後也。周公股肱周室，成王封其子伯禽於曲阜，為魯侯，今魯國是也。

宋·楊甲《六經圖》卷一〇《魯世次》 姬姓，文王子公旦之後。伯禽封於曲阜，為魯侯。

宋·朱熹《詩集傳》卷八《魯頌》 魯，少皞之墟，在《禹貢》徐州蒙羽之野。成王以封周公長子伯禽，今襲慶東平府沂、密、海等州，即其地也。

宋·范處義《詩補傳》卷二九《釋十五國二雅三頌名·三頌》 成王封周公元子伯禽於少昊之墟，本名魯，故曰魯公。曲阜者，魯之隴阜，委曲長七八里，遂以為邑號，即今之仙源縣，隸兖州。其封域在徐州之北，大羽之野。國中有大庭庫，豈大庭氏亦居此乎？

明·陳士元《論語類考》卷二《封國考·魯》 元按：魯國姬姓，侯爵。出自文王第三子周公旦。有大功於王室，成王封之於魯。其地本古奄侯之故國，即今山東兖州府曲阜縣。

清・王掞等《春秋傳説彙纂》卷首下《列國興廢説・魯》　姬姓，侯爵。周文王第四子周文公旦所封也。周公有大勳勞於天下，位冢宰，留相天子，乃封其長子伯禽為魯侯，都於曲阜，今山東兗州府曲阜縣是也。

清・蔣廷錫《尚書地理今釋・魯》　《史記》武王封弟周公旦於曲阜，曰魯。《括地志》云：兗州曲阜縣外城，即周公旦子伯禽所築古魯城也。曲阜縣今屬山東兗州府。

晉國國號分部

綜述

《左傳・昭公元年》　子産曰：遷實沈于大夏，主參，唐人是因，以服事夏商。其季世，曰唐叔虞。當武王邑姜方震大叔，夢帝謂己：『余命而子曰虞，將與之唐，屬諸參，而蕃育其子孫。』及生，有文在其手曰『虞』，遂以命之。及成王滅唐，而封大叔焉，故參為晉星。注：叔虞封唐，是為晉侯。《正義》：《晉世家》云：唐叔子燮，是為晉侯。杜《譜》亦云：燮父改為晉侯。則叔虞之身，不稱晉也叔。虞為晉之祖，故言為晉侯也。

《國語》卷一〇《晉語四》　姜曰：吾聞晉之始封也，歲在大火，閼伯之星也，實紀商人。商之饗國，三十一王。瞽史之《記》曰：『唐叔之世，將如商數。』

又　卷一四《晉語八》　叔向曰：『**【略】**昔吾先君唐叔，射兕於徒林，殪，以為大甲，以封于晉。』

《殷周金文集成釋文》卷六《晉公盆》　我皇祖唐公，□受大命，佐佑武王，□□百蠻，廣嗣四方，至于大廷，莫不來〔王〕。

《竹書紀年》卷下《成王》　十年，王命唐叔虞為侯。

《呂氏春秋》卷一八《重言》　成王與唐叔虞燕居，援梧葉以為珪，而授唐叔虞曰：『余以此封女。』叔虞喜，以告周公。周公以請曰：『天子其封虞耶？』成王曰：『余一人與虞戲也。』周公對曰：『臣聞之：天子無戲言。天子言則史書之，工誦之，士稱之。』於是遂封叔虞于晉。周公旦可謂善説矣。一稱而令成王益重言，明愛弟之義，有輔王室之固。

《史記》卷三九《晉世家》　唐叔虞者，周武王子而成王弟。**【略】**武王崩，成王立，唐有亂，周公誅滅唐。成王與叔虞戲，削桐葉為珪，以與叔虞曰：『以此封若。』史佚因請擇日立叔虞。成王曰：『吾與之戲爾。』史佚曰：『天子無戲言。言則史書之，禮成之，樂歌之。』於是遂封叔虞於唐。唐在河汾之東，方百里，故曰唐叔虞，姓姬氏，字子于。唐叔子燮，是為晉侯。《正義》：宗《國都城記》：唐叔虞之子燮父，徙居晉水傍，今并理故唐城。唐者，即燮父初徙之處也。

《漢書》卷二八下《地理志下》　河東土地平易，有鹽鐵之饒，本唐堯所居，《詩・風》唐、魏之國也。周武王子唐叔，在母未生，武王夢帝謂己曰：『余名而子曰虞，將與之唐，屬之參。』及生，名之曰虞。至成王滅唐，而封叔虞。唐有晉水，及叔虞子燮為晉侯云，故參為晉星。

漢・鄭玄《毛詩譜・唐譜》　唐者，帝堯舊都之地，今曰太原、晉陽。是堯始居此，後乃遷河東平陽。成王封母弟叔虞於堯之故墟，曰唐侯。南有晉水，至子燮改為晉侯。其封域在《禹貢》冀州太行恒山之西，太原太岳之野。至曾孫成侯，南徙居曲沃，近平陽焉。昔堯之末，洪水九年，下民其咨，萬國不粒，於時殺禮，以救艱厄，其流乃被於今。

北魏・酈道元《水經注》卷六《晉水》　晉水出晉陽縣西懸甕山。縣故唐國也。《春秋左傳》稱唐叔未生，其母邑姜夢帝謂己曰：『余名而子曰虞，將與之唐，屬之參。』及生，名之曰虞。《呂氏春秋》曰：叔虞與成王居，王援桐葉為珪以授之，曰：『吾以此封汝。』虞以告周公，周公請曰：『天子封虞乎？』王曰：『余戲耳。』公曰：『天子無戲言。』時唐滅，乃封之于唐縣。有晉水，後改名為晉。故子夏叙《詩》稱：此晉也而謂之唐，儉而用禮，有堯之遺風也。

宋・羅泌《路史》卷一九《疏仡紀・高辛紀下》　唐有禍，成王以封子干，子燮父而謂晉。

論説

唐・司馬貞《史記索隱・晉世家述贊》　天命叔虞，卒封於唐，桐圭既削，河汾是荒。文侯雖嗣，曲沃日彊。未知本末，祚傾桓莊。獻公昏惑，太子羅殃。重耳致霸，朝周河陽。靈既喪德，厲亦無防。四卿侵侮，晉祚遽亡。

唐・柳宗元《柳河東集》卷四《桐葉封弟辨》 古之傳者，有言成王以桐葉與小弱弟戲，曰以封汝。周公入賀，王曰戲也。周公曰：「天子不可戲。」乃封小弱弟於唐。吾意不然。王之弟當封耶？周公宜以時言於王，不待其戲而賀以成之也。不當封耶？周公乃成其不中之戲，以地以人與小弱者，為之主，其得為聖乎？且周公以王之言，不可苟焉而已，必從而成之耶？設有不幸，王以桐葉戲婦寺，亦將舉而從之乎？凡王者之德，在行之何若。設未得其當，雖十易之，不為病，要於其當，不可使易也，而況以其戲乎！若戲而必行之，是周公教王遂過也。吾意周公輔成王宜以道，從容優樂，要歸之大中而已，必不逢其失而為之辭，又不當束縛之，馳驟之，使若牛馬然，急則敗矣。且家人父子，尚不能以此自克，况號為君臣者耶？是直小丈夫者之事，非周公所宜用，故不可信。或曰封唐叔，史佚成之。

唐・陸淳《春秋集傳纂例》卷一〇《國名譜・晉》 姬姓，侯爵，武王子唐叔虞之後也。成王滅唐而封之，今太原晉陽是也。燮父改唐為晉。燮父孫成侯徙都曲沃，今河東聞喜縣是也。穆侯徙都絳。

宋・楊甲《六經圖》卷一〇《晉世次》 唐叔虞之後。武王滅唐而封之，至燮父改為晉。

宋・胡宏《五峰集》卷四《皇王大紀論・封唐叔虞》 人非聖人，出言安得盡善？言而是，則踐言可也；言而非是，改之可也。史佚戒成王慎言，可矣；使之有言必踐，則非矣。然當時諸公不以為過者，豈非唐叔適可以封故歟？

宋・朱熹《詩集傳》卷三《唐》 唐，國名。本帝堯舊都，在《禹貢》冀州之域，大行、恒山之西，大原、大岳之野。周成王以封弟叔虞為唐侯。南有晉水，至子燮乃改國號曰晉。後徙曲沃，又徙居絳。其地土瘠民貧，勤儉質朴，憂深思遠，有堯之遺風焉。其詩不謂之《晉》而謂之《唐》，蓋仍其始封之舊號耳。唐叔所都，在今大原府。曲沃及絳，皆在今絳州。

宋・范處義《詩補傳》卷二九《釋十五國二雅三頌名・唐》 唐本作鄗，帝嚳封堯為鄗侯，在并州平陽；至周成王封母弟叔虞於堯故墟，曰唐侯。南有晉水，故謂之晉陽。至子燮，遂改為晉，今晉州是也。《左氏傳》曰：「成王分唐叔以大路、密須之鼓，封於夏墟，啓以夏政，疆以戎索」。夏墟，今晉陽是也，在《禹貢》太行、常山之西，太原、大岳之野。

宋・李琪《春秋王霸列國世紀編》卷二《序晉世紀》 晉之為國舊矣，入春秋逾六十年，昉見於經，僖二年「晉滅下陽」是也。晉以武穆之近親，受陶唐之奥都，冠冕乎侯伯之列，而書法之詳，乃不得與鄭、衛同目。

元・梁益《詩傳旁通》卷四《晉》 唐本堯封，在夏虚晉陽。《世本》云：叔虞居鄂。鄂爲大夏，即夏虚也。後曰晉，以水名，今并州之陽曲故平晉西南十六里有叔虞祠墓。嚴坦叔曰：成王封叔虞於堯都晉陽之故墟，曰唐侯。其子燮以晉水所出，改爲晉侯。晉陽實晉水所出，唐以堯得名，晉以水得名，其地一也。

明・陳士元《論語類考》卷二《封國考・晉》 元按：晉國姬姓，侯爵。唐叔虞者，周武王子，成王弟也。武王崩，成王立，唐有亂，周公滅唐，成王以封叔虞，是為唐叔虞。叔虞子燮，是為晉侯。晉都于翼，自晉昭侯封文侯之弟成師于曲沃，翼與曲沃，始為二矣。曲沃强於翼，其後曲沃武公滅晉侯緡，始併晉地，是為晉武公，又再傳而為文公。翼即今山西平陽府翼城縣，曲沃即今平陽府曲沃縣地。

清・王掞等《春秋傳説彙纂》卷首下《列國興廢説・晉》 姬姓，侯爵。周武王少子唐叔虞之後也。成王封叔虞於唐，始都於翼，今平陽府翼城縣是也。唐叔子燮父為晉侯，傳十世至昭侯，昭侯封其父文侯之弟成師於曲沃，是為桓叔。曲沃者，今之聞喜縣也。昭侯傳至哀侯，為桓叔之孫武公所滅。武公徙居絳，在今絳州之北。景公又自絳徙新田，今在曲沃縣南。

衛國國號分部

綜述

《左傳・隱公元年》 衛侯來會葬。注：衛國在汲郡朝歌縣。

《尚書・康誥序》 成王既伐管叔、蔡叔，以殷餘民封康叔，作《康誥》、

《酒誥》、《梓材》。《傳》：以三監之民，國康叔為衛侯。

《史記》卷三七《衛康叔世家》 周公旦【略】以武庚殷餘民，封康叔為衛君，居河淇間，故商墟。

《漢書》卷二八下《地理志下》 河内，本殷之舊都。周既滅殷，分其畿内為三國，《詩·風》邶、庸、衛國是也。鄁，𠭴封紂子武庚；庸，管叔尹之；衛，蔡叔尹之，以監殷民，謂之三監，故《書序》曰：武王崩，三監畔，周公誅之，盡以其地封弟康叔，號曰孟侯，以夾輔周室。遷邶、庸之民于雒邑，故邶、庸、衛三國之詩，相與同風。

漢·鄭玄《毛詩譜·邶鄘衛譜》 邶、鄘、衛者，商紂變風，方千里之地。其封域在《禹貢》冀州大行之東，是北踰衡漳，東及兖州桑土之野。周武王伐紂，以其京師封紂子武庚，為殷後，庶殷頑民被紂化日久，未可以建諸侯，乃三分其地，置三監，使管叔、蔡叔、霍叔尹而教之。自紂城而北，謂之邶，南謂之鄘，東謂之衛。武王既喪，管叔及其群弟見周公將攝政，乃流言於國，曰公將不利於孺子。周公避之，居東都。二年秋大熟，未穫，有雷電疾風之異，乃後成王悦而迎之反，而遂居攝。三監導武庚叛，成王既黜殷命，殺武庚，復伐三監，更於此三國建諸侯，以殷餘民封康叔於衛，使為之長。後世子孫稍并彼二國，混而名之。

北魏·酈道元《水經注》卷九《淇水》 自元甫城東南逕朝歌縣北。《竹書紀年》晉定公十八年，淇絶于舊衛，即此也。【略】武王以殷之遺民，封紂子武庚于兹邑，分其地為三，曰邶、鄘、衛，使管叔、蔡叔、霍叔輔之，為三監。叛周討平，以封康叔，為衛。

宋·羅泌《路史》卷一九《疏仡紀·高辛紀下》 叔封司寇，采康。及成王降霍，以商餘地封之，統三監，為孟侯，曰衛伯。

論　說

唐·司馬貞《史記索隱·衛康叔世家述贊》 司寇受封，梓材有作。成錫厥器，夷加其爵。暨武能修，從文始約。《詩》美歸燕，《傳》矜石碏。皮冠射鴻，乘軒使鶴。宣縱淫嬖，矍生伋朔。蒯聵得罪，出公行惡。衛祚日衰，失於君角。

唐·陸淳《春秋集傳纂例》卷一〇《國名譜·衛》 姬姓，侯爵，文王子康叔封之後也。周公既誅禄父，殺管蔡，以其地封康叔，為衛侯，居殷墟，今朝歌縣是也。

宋·楊甲《六經圖》卷一〇《衛世次》 康叔封之後。武王之弟封于衛。至桓公十三年，春秋始焉。

宋·朱熹《詩集傳》卷二《邶》 邶、鄘、衛，三國名。在《禹貢》冀州，西阻太行，北逾衡漳，東南跨河，以及兖州桑土之野。及商之季，而紂都焉。武王克商，分自紂城朝歌而北謂之邶，南謂之鄘，東謂之衛，以封諸侯。邶、鄘不詳其始封，衛則武王弟康叔之國也。衛本都河北朝歌之東，淇水之北，百泉之南，其後不知何時并得邶、鄘之地。

宋·范處義《詩補傳》卷二九《釋十五國二雅三頌名·邶鄘衛》 邶，本又作鄁，《晉書》作䣙，如石勒初名䣙及胡部大張䣙督是也。鄘本庸姓之國，漢有庸光及膠東庸生，是其後也。衛本姬姓之國，武王伐紂，以其地封武庚，成王時管、蔡挾武庚以叛，遂以餘民封康叔於衛。意邶、鄘亦同時與衛分，守商之遺民，其後皆為衛所有。邶，古作鄁，邶即省文也。鄘，古或作庸，庸即省文也。邶、鄘、衛皆以水得名。邶水在泰山之阜，鄘水出宜蘇山。衛水在靈壽，《禹貢》恒衛既從。鄭氏《詩譜》云：北曰邶，南曰鄘，東曰衛。今以地理考之，多不合。未知孰是。

宋·程公説《春秋分記》卷二八《疆理書第四·衛地釋名》 衛。隱三年。故商都牧野之邑，亦曰殷虚。成王滅三監，中分其地，以立康叔，曰衛。今衛州黎陽縣衛鎮。

宋·李琪《春秋王霸列國世紀編》卷二《序衛世紀》 吾觀魯以周班而後鄭於衛，晉人載書踐土而先衛於蔡，衛為同姓之尊，可知也。受三監之舊竟，分七族之餘民，封畛土疆，始於武父之南，至於圃田之北，實方伯連帥之地。

元·梁益《詩傳旁通》卷三《國風·衛》 衛者，衛護。曰曹曰衛，以其在畿域之内，而分曹遮衛，左馮翊、右扶風之義也。三國以淇為分：《鄘》云『送我乎淇』，《衛》云『送子涉淇』，《邶》云『亦流于淇』，此以淇為分界也。衛本古觀國，夏后啓之庶子，太康之弟兄弟五人，俱封于衛，是為五觀，夏衰滅焉。

明·陳士元《論語類考》卷二《封國考·衛》　元按：衛國姬姓，伯爵。武王封其同母少弟康叔之國也。其初封在河北朝歌之東，淇水之北，百泉之南，至成王誅武庚，而朝歌故墟併入於衛，其後不知何時，盡有三監之地。《史記·世家》云：武王崩，康叔少，未得封。周公承王命，誅武庚，殺管叔而放蔡叔，分殷餘民為二，其一封微子啓于宋，其一封康叔為衛君。馬端臨《封建通考》亦云：武王克商，立武庚。武王崩，三監挾武庚叛，周公討平之，乃封康叔於殷故墟。蓋不知康之封衛，已在武王時。朱子嘗有辯矣。然則衛之初封，未嘗即得朝歌地也。金履祥云：紂都朝歌，在衛州衛縣之西二十二里衛縣。即今河南衛輝府淇縣也。

清·王掞等《春秋傳説彙纂》卷首下《列國興廢説·衛》　姬姓，侯爵。武王同母少弟康叔封之後也。武王封康叔於衛，今衛輝府淇縣東北朝歌城是也。

宋國國號分部

綜述

《尚書·微子之命》　《序》：成王既黜殷命，殺武庚，命微子啓代殷後，作《微子之命》。

王若曰：猷！殷王元子，惟稽古崇德象賢，統承先王，修其禮物，作賓于王家。與國咸休，永世無窮。嗚呼！乃祖成湯，克齊聖廣淵，皇天眷佑，誕受厥命。撫民以寬，除其邪虐，功加于時，德垂後裔。爾惟踐修厥猷，舊有令聞，恪慎克孝，肅恭神人。予嘉乃德曰篤，不忘上帝，時歆下民，祇協庸，建爾于上公，尹茲東夏。欽哉！往敷乃訓，慎乃服命，率由典常，以蕃王室，弘乃烈祖，律乃有民，永綏厥位。毗予一人，世世享德，萬邦作式，俾我有周無斁。嗚呼往哉！惟休，無替朕命。

《呂氏春秋》卷一五《慎大》　武王勝殷，【略】立成湯之後於宋，以奉桑林。注：桑山之林，湯所禱也，故使奉之。

《史記》卷三八《宋微子世家》　周武王伐紂克殷，【略】乃釋微子，復其位如故。周公既承成王命，誅武庚，殺管叔，放蔡叔，乃命微子開代殷後，奉其先祀，作《微子之命》以申之，國于宋。

《漢書》卷二八下《地理志下》　周封微子於宋，今之睢陽是也，本陶唐氏火正閼伯之墟也。

漢·王符《潛夫論》卷九《志氏姓》　帝乙元子微子開，紂之庶兄也。武王封之於宋，今之睢陽是也。

漢·鄭玄《毛詩譜·商頌譜》　商德之壞，武王伐紂，乃以陶唐氏火正閼伯之墟，封紂兄微子啓為宋公，代武庚為商後。其封域在《禹貢》徐州泗濱，西及豫州盟豬之野。自從政衰，散亡商之禮樂。

北魏·酈道元《水經注》卷二四《睢水》　睢水又東逕睢陽縣故城南，周成王封微子啓于宋，以嗣殷後，為宋都也。

宋·羅泌《路史》卷一九《疏仡紀·高辛紀下》　紂遂失天下，姬武王居之。乃封其子武庚于邶，邶叛，周公攝，伐殺之。更求帝乙之元子魏子啓，邦之宋，戶東夏，為周客。

論説

唐·司馬貞《史記索隱·宋微子世家述贊》　殷有三仁，微箕紂親，一囚一去，不顧其身。《頌》美有客，《書》稱作賓，卒傳家嗣，或叙彝倫。微仲之後，世載忠勤。穆亦能讓，實為知人。傷泓之役，有君無臣。偃號桀宋，天之棄殷。

唐·陸淳《春秋集傳纂例》卷一〇《國名譜·宋》　子姓，公爵。其先契佐唐虞為司徒，封於商。成湯受命，王有天下。及紂為無道，周武王伐紂，而封其子武庚，以紹殷後。武庚作亂，更封紂兄帝乙之元子微子啓為宋公，今梁國睢陽縣是也。

宋·楊甲《六經圖》卷一〇《宋世次》　其先契封于商，武王伏商，封武庚後，武庚亂，更封微子。自微子至穆公十四世。

宋·朱熹《詩集傳》卷八《商頌》　契為舜司徒而封於商，傳十四世而湯有天下。其後三宗迭興，及紂無道，為武王所滅，封其庶兄微子啓於宋，脩其禮樂，以奉商後。其地在《禹貢》徐州泗濱，西及豫州盟豬之野。其後政衰，商之禮樂日以放失。【略】商都亳，宋都商丘，皆在今應天府亳州界。

宋・程公説《春秋分記》卷二七《疆理書第三・宋地釋名》 宋，閔元年。高辛氏子閼伯所居古商丘也。武王封微子啓，是爲宋國，今南京應天府宋城縣。

明・陳士元《論語類考》卷二《封國考・宋》 元按：宋國子姓，公爵。武王時，封微子於商丘之墟，以奉湯祀。其地漢為梁國睢陽縣，即開封府歸德州，今改為歸德府。

清・王夫之《尚書稗疏》卷四下《多方》 武庚受封，必有國號。承殷之祀，自當號殷。爵列五等，自當云侯。其後改封微子於宋，位為上公，周公之制乃然耳。

清・顧炎武《日知録》卷二《武王伐紂》 平王以下，去微子之世遠矣，而曰『孝惠娶於商』；《左氏》哀二十四年《傳》。曰『天之棄商久矣』；僖二十二年《傳》。曰『利以伐姜，不利子商』。哀九年《傳》。吾是以知宋之得為商也。《國語》：吳王夫差闕為深溝，通於商魯之間。《莊子》：商太宰蕩問仁於莊子。《韓非子》：子圉見孔子於商太宰，商太宰使少庶子之市。《逸周書・王會篇》：堂下之左，商公、夏公立焉。《樂記》：商者，五帝之遺聲也。商人識之，故謂之商。鄭氏注曰：商，宋詩也。

清・王掞等《春秋傳説彙纂》卷首下《列國興廢説・宋》 子姓，公爵。出自商王帝乙之長庶子啓，食采於微，謂之微子。周武王誅紂，立其子武庚，武庚以三監畔，成王誅之，乃更封微子為宋公，以奉湯祀，禮樂車服悉如商舊，作賓王家。《漢・地志》云：梁國睢陽縣，故宋國微子所封，今歸德府商丘縣是也。

鄭國國號分部

綜述

《國語》卷一六《鄭語》 桓公為司徒，甚得周衆與東土之人。問於史伯曰：『王室多故，余懼及焉。其何所可以逃死？』史伯對曰：『【略】其濟、洛、河、潁之間乎！是其子男之國，虢、鄶為大。虢叔恃勢，鄶仲恃險，是皆有驕侈怠慢之心，而加之以貪冒。君若以周難之故，寄孥與賄焉，不敢不許。周亂而弊，是驕而貪，必將背君。君若以成周之衆，奉辭伐罪，無不克矣。若克二邑，鄔、蔽、補、丹、依、𥈟、歷、莘，君之土也。若前莘後河，右洛左濟，主芣騩而食溱洧，脩典刑以守之，唯是可以少固。』【略】公説，乃東寄孥與賄，虢、鄶受之，十邑皆有寄地。注：十邑謂虢、鄶、鄔、蔽、補、丹、依、𥈟、歷、莘也。後桓公之子武公，竟取十邑之地而居之。今河南新鄭是也。

《公羊傳・桓公十一年》 九月，宋人執鄭祭仲。《傳》：祭仲者何？鄭相也。【略】古者鄭國，處于留。先鄭伯有善于鄶公者，通乎夫人，以取其國而遷鄭焉，漢何休《解詁》：遷鄭都於鄶也。而野留。

《古本竹書紀年・晉紀》 晉文侯二年，周宣王子多父伐鄶，克之。乃居鄭父之丘，名之曰鄭，是曰桓公。

《今本竹書紀年》卷下《周幽王》 二年，晉文侯同王子多父伐鄶，克之。乃居鄭父之丘，是為鄭桓公。

又 《周平王》 六年，鄭遷于溱洧。

《韓非子》卷一〇《内儲説下》 鄭桓公將欲襲鄶，先問鄶之豪傑良臣、辯智果敢之士，盡與姓名，擇鄶之良田賂之，為官爵之名而書之。因為設壇場郭門之外而埋之，釁之以雞豭，若盟狀。鄶君以為内難也，而盡殺其良臣，桓公襲鄶，遂取之。

《史記》卷四二《鄭世家》 鄭桓公友者，周厲王少子而宣王庶弟也。宣王立二十二年，友初封于鄭。封三十三歲，百姓皆便愛之。幽王以為司徒，和集周民。周民皆説河雒之間，人便思之。【略】於是卒言王，東徙其民雒東，而虢、鄶果獻十邑，竟國之。

《漢書》卷二八下《地理志下》 本周宣王弟友為周司徒，食采於宗周畿内，是為鄭。鄭桓公問於史伯曰：『王室多故，何所可以逃死？』史伯曰：『四方之國，非王母弟甥舅，則夷狄，不可入也。其濟、洛、河、潁之間乎！』【略】桓公從其言，乃東寄帑與賄，虢、鄶受之。後三年，幽王敗，桓公死。其子武公與平王東遷，卒定虢、鄶之地，右雒左泲，食溱洧焉。

漢・鄭玄《毛詩譜・鄭譜》 初，宣王封母弟友於宗周畿内咸林之地，是為鄭桓公，今京兆鄭縣是其都也。又云為幽王大司徒，甚得周衆與東土之人。問於史伯曰：『王室多故，余懼及焉。其何所可以逃死？』史伯曰：『其濟、洛、河、潁之間乎！』【略】桓公從之言，然之。後三年，幽王為犬戎所殺，桓公死之。其子武公與晉文侯定平王於東都王城，卒取史伯所云十邑之地，右洛左濟，前華後河，食溱洧焉。今河南新鄭是也。

北魏・酈道元《水經注》卷一九《渭水》　渭水又東逕鄭縣故城北。《史記》：秦武公十年縣之，鄭桓公友之故邑也。《漢書》薛瓚注言：周自穆王已下，都于西鄭，不得以封桓公也。幽王既敗，虢、儈又滅，遷居其地，國于鄭父之丘，是為鄭桓公。無封京兆之文。余按遷《史記》，考《春秋》、《國語》、《世本》，言周宣王二十二年，封庶弟友于鄭。又《春秋》、《國語》竝言，桓公為周司徒，以王室將亂，謀于史伯，而寄帑與賄于虢、儈之間。幽王霣于戲，鄭桓公死之。平王東遷，鄭武公輔王室，滅虢、儈而兼其土，故周桓公言于王曰：『我周之東遷，晉鄭是依。』乃遷封于彼。《左傳》隱公十一年，鄭伯謂公孫獲曰：『吾先君新邑于此，其能與許爭乎？』是指新鄭為言矣。然班固、應劭、鄭玄、皇甫謐、裴頠、王隱、闞駰及諸述作者，咸以西鄭為友之始封，賢于薛瓚之單説也。無宜違正經而從逸録矣。

宋・羅泌《路史》卷一九《疏仡紀・高辛紀下》　宣王封庶弟友于咸林，曰鄭。為司徒，死戎難。子武公以夾俌，賜虢、鄶十邑，徙拾，爵伯。

論説

漢・鄭玄《發墨守》　古者鄭國，處于留。發曰：鄭始封君曰桓公者，周宣王之母弟，國在宗周畿内，今京兆鄭縣是也。桓公生武公，武公生莊公，遷易東周畿内，國在虢、鄶之間，今河南新鄭是也。武公生莊公，因其國焉。留乃在陳、宋之東。鄭受封至此，適三世，安得古者鄭國處于留，祭仲將往省留之事乎？

唐・司馬貞《史記索隱・鄭世家述贊》　厲王之子，得封於鄭，代職司徒，《緇衣》在詠。虢、鄶獻邑，祭足專命。莊既犯王，厲亦奔命。居櫟克入，夢蘭疏慶。伯服生囚，叔詹尸聘。蠻、簡之後，公室不競。負黍雖還，韓哀日盛。

唐・陸淳《春秋集傳纂例》卷一〇《國名譜・鄭》　姬姓，伯爵，周厲王子宣王母弟桓公友之後也。宣王封友於鄭，今京兆鄭縣是也。及幽王無道，友徙其人於虢、鄶，滅虢、鄶之君，分其地，遂國焉，今河南新鄭縣是也。

宋・楊甲《六經圖》卷一〇《鄭世次》　鄭桓公友，厲王少子、宣王庶弟。宣王封于鄭。犬戎殺桓公，鄭人立其子武公，武公子莊公。

宋・朱熹《詩集傳》卷三《鄭》　鄭，邑名。本在西都畿内咸休之地，宣王以封其弟友為采地。後為幽王司徒，而死於犬戎之難，是為桓公。其子武公掘突，定平王於東都，亦為司徒，又得虢、檜之地，乃徙其封而施舊號於新邑，是為新鄭。咸林在今華州鄭縣，新鄭即今之鄭州是也。

宋・范處義《詩補傳》卷二九《釋十五國二雅三頌名・鄭》　周宣王封母弟鄭桓公友於宗周咸林之地，今永興軍鄭縣是也。及幽王敗於犬戎，桓公死之。其子武公與晉文侯定平王於東都，卒取虢、鄶、鄢、蔽、補、丹、依、疇、歷、華十邑，今河南新鄭是也。又為開封之故地，此鄭與新鄭之別也。

宋・程公説《春秋分記》卷二九《疆理書第五・鄭地釋名》　鄭。隱元年。下同。古有熊國，黄帝所都，亦為高辛氏火正祝融之墟，其後世為鄶國。鄭桓公始封在華州之鄭，其子武公與平王東遷，乃取鄶，徙居焉，是為新鄭。今鄭州新鄭縣得名以此。

元・梁益《詩傳旁通》卷七《車攻》　宣王時，未有鄭。周宣王母弟桓公友封於鄭，其地在京兆鄭縣。桓公之子武公滑突隨平王東遷，遂居河南之新鄭。其地在滎陽宛陵西南。宣王時未有河南之鄭也。

元・齊履謙《春秋諸國統紀》卷首《目録・鄭國春秋統紀第九》　鄭在春秋列國，最為後封，於諸姬為近。

明・陳士元《論語類考》卷二《封國考・鄭》　元按：鄭國姬姓伯爵，周厲王子宣王母弟桓公友之所封也。宣王封友於鄭，即今陝西西安府華州城北古鄭城。自幽王無道，友為司徒，遷其民於虢、鄶之間，死犬戎難。其子武公，定平王於東都，亦為司徒，因分其地，遂國於鄶，都在濟西、洛東、河南、潁北四水間。今為河南開封府鈞州新鄭縣。

清・馬驌《繹史》卷二九《鄭取虢鄶》　厲王之少子友，宣王封之食采於咸林，是為鄭桓公。《紀年》謂王子多父者也。幽王八年，為周司徒，以王室將亂，謀於史伯，寄孥賄虢、鄶之間。驪山之敗，桓公死之。其子武公掘突從平王東遷，遂滅虢、鄶，以為己國，史伯之謀驗矣。夫史伯知周室之必弊，虢石父、褒姒之必亂周也，又知滅周者必西戎與申繒，而秦、楚、齊、晉必且代興，其於天道人事，察之審矣。有臣如此，而幽王不用，安得不亡？顧其所以為鄭謀虢、鄶者，始寄賄以誘之，終構隙以取之。以詐術得人國，何愛於鄭而憎於二國哉？

清・王掞等《春秋傳説彙纂》卷首下《列國興廢説・鄭》　姬姓，伯爵。周厲王少子友之後也。宣王二十二年，封友於鄭，在西都畿内棫林之地，漢屬京兆，曰鄭縣，今華州是也。幽王之難，友寄帑於虢、鄶之間，因取二國之地，在濟西、洛東、河南、潁北四水間，謂之新鄭，今開封府新鄭縣是也。

吳國國號分部

綜述

《左傳・宣公八年》　楚子【略】及滑汭，盟吳、越而還。注：吳國，今吳郡。《正義》：《譜》云：吳，姬姓，周大王之子大伯、仲雍之後。大伯、仲雍讓其弟季歷而去之荆蠻，自號句吳。句或為工，夷言發聲也。大伯無子而卒，仲雍嗣之。當武王克殷，而因封其曾孫周章於吳，為吳子，又别封章弟虞仲於虞。自大伯五世而得封，十二世而晉滅虞，虞滅而吳始大，至壽夢而稱王。壽夢以上世數可知，而不紀其年。壽夢元年，魯成公之六年也。夫差十五年，獲麟之歲也。二十三年，魯哀公之二十二年，而越滅吳。

又**《昭公三十年》**　子西諫曰：【略】吳，周之胄裔也，而棄在海濱，不與姬通，今而始大，比于諸華。

《楚辭》卷三《天問》　吳獲迄古，南嶽是止。孰期去斯，得兩男子？《章句》：昔古公有少子曰王季而生聖子文王，古公欲立王季，令天命至文王。長子泰伯及弟仲雍去而之吳，吳立以為君。誰與期會而得兩男子？兩男子者，謂太伯、仲雍二人也。

《史記》卷三一《吳太伯世家》　太伯之犇荆蠻，自號句吳。荆蠻義之，從而歸之千餘家，立爲吳太伯。南朝宋裴駰《集解》：宋忠曰：句吳，太伯始所居地名。《索隱》：荆者，楚之舊號，以州言之。曰荆蠻者，閩也。南夷之名蠻，亦稱越。此言自號句吳，吳名起於太伯，明以前未有吳號，地在楚越之界，故稱荆蠻。顏師古注《漢書》，以吳言句者，夷之發聲，猶言於越耳。此言號句吳，當如顏解，而注引宋忠以為地名者，《系本・居篇》云：孰哉居藩籬，孰姑徙句吳。宋氏見《史記》有太伯自號句吳之文，遂彌縫，解彼云是太伯始所居地名。裴氏引之，恐非其義。藩籬既有其地，句吳何總不知真實？吳人不聞别有城邑謂名句吳，則《系本》之文，或難依信。《正義》：吳，國號也。太伯居梅里，在常州無錫縣東南六十里。至十九世孫壽夢居之，號句吳。壽夢卒，諸樊南徙吳。至二十一代孫光，使子胥築闔閭城，都之，今蘇州也。

《漢書》卷二八下《地理志下》　殷道既衰，周太王亶父興岐梁之地。長子太伯，次曰仲雍，少曰公季。公季有聖子昌，太王欲傳國焉，太伯、仲雍辭行采藥，遂奔荆蠻。公季嗣位，至昌為西伯，受命而王。故孔子美而稱曰：『太伯可謂至德也已矣。三以天下讓，民無得而稱焉。』『謂虞仲、夷逸：隱居放言，身中清，廢中權。』太伯初奔荆蠻，荆蠻歸之，號曰句吳。注：句音鉤，夷俗語之發聲也，亦猶越為於越也。太伯卒，仲雍立，至曾孫周章而武王克殷，因而封之。又封周章弟中於河北，是為北吳，後世謂之虞，十二世為晉所滅。後二世，而荆蠻之吳子壽夢盛大稱王。

漢・趙煜《吳越春秋》卷一《吳太伯傳》　古公卒，太伯、仲雍歸赴喪畢，還荆蠻國，民君而事之，自號為勾吳。吳人或問：何像而為勾吳？太伯曰：『吾以伯長居國，絶嗣者也。其當有封者，吳仲也。故自號勾吳，非其方乎？』荆蠻義之，從而歸之者千有餘家，共立以為勾吳。數年之間，民人殷富。

漢・王符《潛夫論》卷九《志氏姓》　太伯君吳，端垂衣裳，以治周禮。仲雍嗣立，斷髮文身，倮以為飾。武王克殷，分封其後於吳。令大賜北吳。

宋・朱長文《吳郡圖經續記》卷下《事志》　吳，舊號句吳，蓋方俗之辭，猶越之為於越也。又説者曰：吳者，虞也。泰伯於此，以虞為志也。

宋・羅泌《路史》卷一八《疏仡紀・高辛氏》　季歷居程，古公屬焉。泰伯闕知，及弟仲雝竄于荆曼，居梅里，荆人義而君之，號勾吳。古公薨，訃于近郊而還于番離。伯卒仲繼，剪髮文身，贏以為俗，是謂孰哉虞仲。武王封其曾孫仲于夏虚，為西吳，亦曰虞仲，十二世而晉滅之。

論説

《史記》卷三一《吳太伯世家》　太史公曰：孔子言太伯，可謂至德矣。

三以天下讓，民無得而稱焉。余讀《春秋》古文，乃知中國之虞與荆蠻、句吳，兄弟也。

唐・司馬貞《史記索隱・吳太伯世家述贊》 太伯作吳，高讓雄圖。周章受國，別封於虞。壽夢初霸，始用兵車。三子遞立，延陵不居。光既篡位，是稱闔閭。王僚見殺，賊由專諸。夫差輕越，取敗姑蘇，甬東之耻，空慚伍胥。

唐・陸淳《春秋集傳纂例》卷一〇《國名譜・吳》 姬姓，子爵，周大王之子大伯、仲雍之後也。武王克殷，而封其曾孫周章於吳為子，至壽夢而稱王。

宋・楊甲《六經圖》卷一〇《吳世次》 吳太伯奔荆蠻，自號句吳。武王封其後于吳。自太伯至壽夢十九世，始稱王。

宋・李琪《春秋王霸列國世紀編》卷三《序吳世紀》 吳，姬姓之長，《春秋》夷之，何邪？吳僻在海濱，不與姬通，有年數矣。至其極盛，亦不過以『子』録之，蓋假竊名號，不有宗周，《春秋》不得不深絶焉者。

明・陳士元《論語類考》卷二《封國考・吳》 元按：吳太伯卒，無子，弟仲雍立，是為吳仲雍。吳本仲雍之後，武王封其曾孫周章於吳，今蘇州城是已。其爵則子也。《國語》云：吳本稱伯，故曰吳太伯。蓋因太伯之稱，而遂附會其爵為伯耳。殊不知武王求周章之弟虞仲，封於虞，為大伯嗣，乃公爵也。然《史記》亦以太伯為吳太伯，而曰從太伯至壽夢十九世。是以虞仲之封於虞者，為嗣仲雍也。竊謂不然。虞爵為公而吳爵為子，太伯至德，非仲雍可倫。先王建邦，所尚在德，豈有仲雍得封為公，而太伯反居子爵之列哉？

清・王掞等《春秋傳説彙纂》卷首下《列國興廢説・吳》 姬姓，子爵。周太王長子太伯奔荆蠻，以避季歷，居於梅里，今無錫縣也。太伯卒，仲雍嗣立。後十七世，至壽夢，始稱王。其後闔閭築大城而都之，即今蘇州府治也。

越國國號分部

綜述

《左傳・宣公八年》 楚子【略】及滑汭，盟吳越而還。注：越國，今會稽山陰縣也。《正義》：《譜》云：越，妣姓。其先夏后少康之庶子也。封於會稽，自號於越。於者，夷言發聲也。濱在南海，不與中國通。後二十餘世，至於允常。魯定公五年，始伐吳。允常卒，子句踐，立是為越王。越王元年，魯定公之十四年也。魯哀公二十二年，句踐滅吳，霸中國卒。春秋後七世，大為楚所破，遂微弱矣。《外傳》曰：芈姓歸越。是越本楚之別封也，或非夏后之後也。

《公羊傳・定公五年》 夏，【略】於越入吳。《傳》：於越者何？越者何？於越者，未能以其名通也。越者，能以其名通也。《解詁》：越人自名於越，君子名之曰越。治國有狀，能與中國通者，以中國之辭言之，曰越。治國無狀，不能與中國通者，以其俗辭言之，因其俗可以見善惡，故云爾。清高宗敕撰《考證》：臣召南按：春秋於國之名號，大率從其本稱。稱越，稱於越，猶楚之稱荆，稱楚，小邾之稱郳，稱小邾耳。

《史記》卷四一《越王勾踐世家》 越王勾踐，其先禹之苗裔而夏后帝少康之庶子也。封於會稽，以奉守禹之祀，文身斷髮，披草萊而邑焉。後二十餘世，至於允常。允常之時，與吳王闔廬戰而相怨伐。允常卒，子勾踐立，是為越王。《正義》：賀循《會稽記》云：少康其少子，號曰於越，越國之稱始此。《輿地志》云：越侯傳國三十餘葉，歷殷至周敬王時，有越侯夫譚子曰允常，拓土始大，稱王，《春秋》貶為子，號為於越。杜注云：於，語發聲也。

《漢書》卷二八下《地理志下》 其君禹後，帝少康之庶子云。封於會稽，文身斷髮，以避蛟龍之害。後二十世至句踐，稱王。

漢・袁康《越絶書》卷八《外傳記地傳》 昔者越之先君無餘，乃禹之世別封於越，以守禹冢。

漢・趙煜《吳越春秋》卷四《越王無余外傳》 禹以下六世而得帝少康，少康恐禹祭之絶祀，乃封其庶子於越，號曰無余。

唐・李吉甫《元和郡縣志》卷二七《越州》 《禹貢》揚州之域，春秋時為越。《周禮》：吳、越，星紀之分。夏少康封少子無餘，以奉禹祀，號曰於越。越國之稱，始於兹矣。後代句踐稱王。

宋・施宿等《嘉泰會稽志》卷二《王》 越之為國，始於夏后帝少康之時，封庶子於會稽，以奉守禹之祀。至春秋定公時，越始見於經。

論説

唐・顏師古《漢書》卷九一《貨殖傳》注 孟康曰：于越，南方越名也。

師古曰：于，發語聲也。戎蠻之語則然，于越猶句吳耳。

唐・司馬貞《史記索隱・越王勾踐世家述贊》 越祖少康，至于允常。其子始霸，與吳爭彊。檇李之役，闔閭見傷。會稽之恥，勾踐欲當，種誘以利，蠡悉其良。折節下士，致膽思嘗，卒復讎寇，遂殄吳疆。後不量力，滅於無彊。

唐・陸淳《春秋集傳纂例》卷一〇《國名譜・越》 姒姓。其先夏后氏少康之庶子也，封於會稽，自號於越。於越者，夷言發聲也。濱在南海，不與中國通。後二十餘世，至允常，魯定公五年始伐吳。允常卒，子勾踐立，是為越王。

宋・張淏《寶慶會稽續志》卷一《越》 《史記・越世家》云：夏少康之庶子，無餘也。封於會稽，以奉禹祠。賀循《會稽記》云：少康其少子號曰於越，越國之稱始於此。按《越絶書》：禹到大越，上茅山會計，爵有德，封有功，更茅山曰會稽。是越之稱，已見於三代之前，非始於無餘之封也。賀循蓋未之考爾。言越而冠之以大，則越自昔為大國，可知矣。

宋・程公説《春秋分記》卷三一《疆理書第七・次國・越地釋名》 越。昭三十二年。禹會諸侯江南，計功而崩，因葬焉，命曰會稽。會稽者，會計也。其後帝少康封庶子杼于會稽，以奉禹祀，號爲越。今紹興府會稽縣南有會稽山，即哀元年越子保于會稽之地。紹興，越州。

宋・李琪《春秋王霸列國世紀編》卷三《序越世紀》 越事之書，可一二數矣。雖然，君子有觀焉。夫越以伯禹之苗裔，受會稽之別封，其來久矣。入春秋百九十餘年，越始見經。以吳楚之僭，《春秋》夷之，其極盛也，猶得書子。越於春秋之世，常不過以國稱，豈非僻陋之甚乎？

清・方苞《春秋通論》卷二《吳楚徐越》 越之見經也，或稱越，或稱於越。稱越者，從吳、楚之告也；稱於越者，從越告也。一國而兩稱，舊史從告，《春秋》不革，而謂稱人、稱爵、稱號，紛紛然易史文以為褒貶乎？

清・傅恒等《春秋直解》卷一一《定公五年》 於越入吳。於越即越也。稱越者三，昭公時也；稱於越者三，定哀時也。蓋越處荒遠，先代苗裔，周有天下，就其地而封之，其國號因其自稱而已。春秋前稱越，其舊號乎？後稱於越，其改號乎？亦因其自稱而已。

齊國國號分部

綜述

《左傳・襄公十四年》 王使劉定公賜齊侯命，曰：『昔伯舅太公，右我先王，股肱周室，師保萬民，世胙大師，以表東海。』注：表，顯也，謂顯封東海，以報大師之功。

又《莊公二十二年》 春，陳人殺其大子御寇。陳公子完與顓孫奔齊。【略】齊侯使敬仲爲卿，注：敬仲，陳公子完。辭曰：『羈旅之臣，幸若獲宥，及於寬政，赦其不閑於教訓而免於罪戾，弛於負擔，君之惠也。所獲多矣，敢辱高位，以速官謗？請以死告。注：以死自誓。《詩》云：「翹翹車乘，招我以弓。豈不欲往？畏我友朋。」』使爲工正。注：掌百工之官。【略】初，懿氏卜妻敬仲，注：懿氏，陳大夫。其妻占之，注：懿氏妻。曰：『吉。是謂鳳皇于飛，和鳴鏘鏘。有嬀之後，將育于姜。注：嬀，陳姓。姜，齊姓。五世其昌，並于正卿。八世之後，莫之與京。』注：京，大也。

《史記》卷三二《齊太公世家》 武王已平商而王天下，封師尚父於齊營邱。

又 卷二八《封禪書》 八神將，自古而有之。或曰太公以来，作之齊，所以為齊，以天齊也。其祀絶，莫知起時。八神一曰天主，祠天齊。天齊，淵水居臨菑南郊山下者。《集解》：蘇林曰：當天中央齊。《索隱》：顧氏案，解道彪《齊記》云：臨菑城南有天齊泉，五泉並出，有異於常，言如天之腹臍也。

又 卷四六《田敬仲完世家》 敬仲之如齊，以陳字為田氏。【略】康公之十九年，田和立為齊侯，列於周室，紀元年。

《漢書》卷二八下《地理志下》 少昊之世有爽鳩氏，虞夏時有季崱，湯時有逢公柏陵，殷末有薄姑氏，皆為諸侯，國此地。至周成王時，薄姑氏與四國共作亂，成王滅之，以封師尚父，是為太公。《詩・風》齊國是也。【略】昔太公始封，周公問何以治齊。太公曰：『舉賢而上功。』周公曰：『後世必有篡殺之臣。』其後二十九世，為彊臣田和所滅。而和自立為齊侯。初，和之先陳公子完，有罪來奔齊，齊桓公以為大夫，更稱田氏。九世至和而篡齊，至孫威王稱王，五世為秦所滅。

漢·王符《潛夫論》卷九《志氏姓》 炎帝苗胄，四嶽伯夷，為堯典禮，折民惟刑，以封申、呂。裔生尚，為文王師，克殷而封之齊。【略】厲公孺子完奔齊，桓公説之，以為工正。其子孫大得民心，遂奪君而自立，是為威王。五世而亡，齊人謂陳田矣。

漢·應劭《風俗通義》卷一《六國》 六世，田成殺簡公。其三世曰和，遷康公於海上，食一城，以祠太公以下。後魏文侯乃使使言周天子及諸侯，列爵於周室。其孫曰威王。

漢·鄭玄《毛詩譜·齊譜》 齊者，古少皞之世爽鳩氏之墟。周武王伐紂，封太師呂望於齊，是謂齊太公。地方百里，都營丘。周公致大平，敷定九畿，復夏禹之舊制，成王用周公之灋制，廣大邦國之境，而齊受上公之地，更方五百里。其封域東至于海，西至于河，南至于穆陵，北至于無棣。在《禹貢》青州岱山之陰，濰淄之野。

北魏·酈道元《水經注》卷二六《淄水》 淄水自山東北流，逕牛山，西又東逕臨淄縣故城南，東得天齊水口，水出南郊山下，謂之天齊淵，五泉竝出，南北三百步，廣十步。山即牛山也，左思《齊都賦》曰『牛嶺鎮其南』者也。水在齊八祠中，齊之為名，起于此矣。《地理風俗記》曰：齊所以為齊者，即天齊淵名也。其水北流，注于淄水，淄水又東逕四豪冢北，水南山下有四冢，方基圓墳，咸高七尺，東西直列，是田氏四王冢也。

宋·羅泌《路史》卷一三《禪通紀·炎帝紀下》 商周之際有呂渭，字子牙，敏而內智而動偶諸闕，游諸侯而不用，退居東海之濱，及棄于室，伏于茲泉，四友與居。文王見之，呂遯，陳以釣道，遂成周業，是為太公望，師尚父。成王封之營陵，曰齊。十五世小白，伯于諸侯。又若世，而陳和移齊鍾鼎寶玉。

論　説

《史記》卷三二《齊太公世家》 太史公曰：以太公之聖，建國本；桓公之盛，修善政，以為諸侯會盟稱伯，不亦宜乎！洋洋哉，固大國之風也。

又　卷四六《田敬仲完世家》 太史公曰：蓋孔子晚而喜《易》。《易》之為術，幽明遠矣，非通人達才，孰能注意焉？故周太史之卦田敬仲完，占至十世之後。及完犇齊，懿仲卜之，亦云田乞及常，所以比犯二君，專齊國之政。非必事勢之漸然也，蓋若遵厭兆祥云。

唐·司馬貞《史記索隱·齊太公世家述贊》 太公佐周，實秉陰謀，既表東海，乃居營丘。小白致霸，九合諸侯，及溺內寵，釁鍾蟲流。莊公失德，崔杼作仇。陳氏傳政，厚貨輕收。悼簡遘禍，田闞非儔。渢渢餘烈，一變何由！

又　《田敬仲完世家述贊》 田完避難，犇于大姜，始辭羈旅，終焉鳳皇。物莫兩盛，代五其昌。二君比犯，三晉爭强。和始擅命，威遂稱王。濟急燕趙，弟列康莊。秦假東帝，莒立法章。王建失國，松柏蒼蒼。

唐·陸淳《春秋集傳纂例》卷一〇《國名譜·齊》 姜姓，侯爵，太公望之後也。其先四岳，佐禹有功，或封於呂，故太公曰呂望也。太公股肱周室，成王封之於營丘，今臨淄是也。【略】後田氏奪齊，太公之後遂滅矣。

宋·朱熹《詩集傳》卷三《齊》 齊，國名。本少昊時爽鳩氏所居之地，在《禹貢》為青州之域。周武王以封太公望，東至于海，西至于河，南至于穆陵，北至于無棣。太公姜姓，本四岳之後。既封於齊，通工商之業，便魚鹽之利，民多歸之，故為大國。今青、齊、淄、濰、德、棣等州，是其地也。

宋·范處義《詩補傳》卷二九《釋十五國二雅三頌名·齊》 武王克商，封太公呂望於營丘，太皞之後爽鳩氏之墟。因其地有天齊山，遂以為國名。至成王時，周公廣其地，東至于海，西至于南河，南至于穆陵，北至于無棣，為五百里之國。今泰山之陰，淄濰之野，在封域之內。

宋·程公説《春秋分記》卷二七《疆理書·齊地釋名》 齊。隱三年。少昊之世有爽鳩氏，虞夏時有季萴，湯末有逄公伯陵，殷末有蒲姑氏，與四國作亂，成王滅之，以封大公，國於臨淄。《廣記》云：南郊山下有天齊淵。齊之爲齊，義本此。

宋·李琪《春秋王霸列國世紀編》卷三《序齊世紀》 齊，大師之後，受地于王，方百里者五，東方之國莫大焉。

元·方回《續古今考》卷四《齊復立王九》 齊自太公呂望佐周武王，平天下，封于齊。其先姜姓，為禹四岳，佐平水土，封于呂者也。青州之臨菑縣，故為營丘，太公始所封也。自太公至康公二十九世，為田氏所滅。周安王十六年，初命齊大夫田和為諸侯，歲在乙未，去三晉初侯十八年，去獲麟九十六年。【略】初，陳公子完奔齊，食采于田，春秋後改姓田氏，完曰田敬仲，至陳恒，亦曰田常。六世田常至大夫和三世，田和至齊王建七世，以秦始皇二十六年為王賁蒙恬所滅。自威王至王建，稱王者五世。湣王與秦昭王嘗一為帝，尋去帝號。齊地東濱海，北至燕，南界魯，西限趙魏，不與五國從親，循至于亡。篡弑以興，無足道者，故諸田于劉、項間，為驅除云。

元・于欽《齊乘》卷二《天齊淵》 按此淵在臨淄東南八里，淄水之東，女水之西。平地出泉，廣可半畝，土人名曰龍池。西南流入淄水，牛山在淄水南，遥以為志耳。蘇林注曰：當天中央齊也。顔監曰：謂其衆神異，如天之腹齊。《齊記補》引晏子曰：吾聞江深五里，海深十里，此淵與天齊。

明・陳士元《論語類考》卷二《封國考・齊》 元按：齊國姜姓，侯爵，出自四岳。其初本為呂侯後裔，呂望佐武王，號師尚父，定天下，封於營丘，為齊侯。營丘邊萊，萊人爭營丘，師尚父伐之，遂定國焉。其地即今山東青州府昌樂縣東五十里。六傳而至獻公，徙治臨淄，即今青州府臨淄縣北古齊城是也。

清・王掞等《春秋傳説彙纂》卷首下《列國興廢説・齊》 姜姓，侯爵。太公望之後也。其先四岳，佐禹平水土有功，虞、夏間封於呂。商末，太公起漁釣，為文、武師，封營丘，曰齊侯。《漢・地志》云：臨淄，師尚父所封。臣瓚謂臨淄即營丘也。案齊曾徙薄姑，後復都臨淄。《詩》所云『王命仲山甫，城彼東方』，即其事也。今臨淄縣屬青州府，薄姑即博興縣也。【略】康公貸卒，田氏遂并齊。

楚國國號分部

綜　述

《詩經・商頌・殷武》 撻彼殷武，奮伐荆楚，罙入其阻。裒荆之旅，有截其所，湯孫之緒。《傳》：荆楚，荆州之楚國也。《正義》：荆是州名，楚是國名，故云荆州之楚也。周有天下，始封熊繹為楚子；於武丁之世，不知楚君何人也。維女荆楚，居國南鄉。《箋》：維女楚國，近在荆州之域，居中國之南方，而背叛乎？

《殷周金文集成釋文》卷三《過伯段》 過伯從王伐反荊，俘金。用作宗室寶尊彝。

《左傳・莊公十年》 秋九月，荆敗蔡師于莘。注：荆，楚本號，後改為楚。楚辟陋在夷，於此始通中國。《正義》曰：荆、楚，一木二名，故以為國號，亦得二名。終莊公之世，《經》皆書『荆』，僖之元年，乃書『楚人伐鄭』。蓋於爾時，始改爲楚，以後常稱楚也。

又《宣公十二年》 欒武子曰：『楚自克庸以來，其君無日不討國人，而訓之于民生之不易，禍至之無日，戒懼之不可以怠。在軍無日不討軍實，而申儆之于勝之不可保，紂之百克而卒無後。訓之以若敖、蚡冒篳路藍縷，以啓山林，箴之曰民生在勤，勤則不匱，不可謂驕。』

又《昭公十二年》 楚子次于乾谿，【略】右尹子革夕。王見之，去冠被，舍鞭，與之語，曰：『昔我先王熊繹，與呂伋、王孫牟、燮父、禽父並事康王，四國皆有分，我獨無有。今吾使人於周，求鼎以為分，王其與我乎？』對曰：『與君王哉！昔我先王熊繹，辟在荆山，篳路藍縷，以處草莽，跋涉山林，以事天子，唯是桃弧棘矢，以共禦王事。齊，王舅也；晉及魯、衛，王母弟也。楚是以無分，而彼皆有。今周與四國，服事君王，將唯命是從，豈其愛鼎？』

《公羊傳・莊公十年》 秋九月，荆敗蔡師于莘。《傳》：荆者何？州名也。州不若國，國不若氏，氏不若人，人不若名，名不若字，字不若子。《解詁》：文備七等，以進退之。

《穀梁傳・莊公十年》 秋九月，荆敗蔡師于莘。《傳》：荆者，楚也。何為謂之荆？狄之也。何為狄之？聖人立，必後至；天子弱，必先叛，故曰：荆，狄之也。

《史記》卷四〇《楚世家》 楚之先祖，出自帝顓頊高陽。【略】陸終生子六人，【略】六曰季連，羋姓，楚其後也。【略】季連生附沮，附沮生穴熊，其後中微，或在中國，或在蠻夷，弗能紀其世。周文王之時，季連之苗裔曰鬻熊，鬻熊子事文王，蚤卒。【略】當周成王之時，舉文武勤勞之後嗣，而封熊繹於楚蠻，封以子男之田，姓芈氏，居丹陽。

《漢書》卷二八下《地理志下》　周成王時，封文、武先師鬻熊之曾孫熊繹於荆蠻，為楚子，居丹陽。後十餘世至熊達，是為武王，寖以彊大。後五世至嚴王，總帥諸侯，觀兵周室，并吞江漢之閒，内滅陳、魯之國。

漢·王符《潛夫論》卷九《志氏姓》　芈姓之裔熊嚴，成王封之於楚，是謂粥熊，又號粥子。

漢·應劭《風俗通義》卷一《六國》　楚之先，出自帝顓頊。其裔孫曰陸終，娶于鬼方氏，是謂女嬇。蓋孕而三年不育，啓其左脅，三人出焉，啓其右脅，三人又出焉。其六曰季連，是為芈。其後有鬻熊子，為文王師。成王舉文、武懃勞而封熊繹於楚，食子男之采。其十世稱王。

宋·羅泌《路史》卷一七《疏仡紀·高陽》　伯禹定荆州，季芈實居其地，生附叙，始封于熊，故其子為穴熊。荆、楚，名也。夏有楚狐父，厥後鬻熊子者，師臣西伯。成王時，熊氏畔，乃復封子繹于荆，居丹陽，是為楚。

又　卷二六《國名紀三·高陽氏後·荆楚》　芈姓，子爵。季連封漫，其處周初復之。荆、楚一本，故《春秋》初猶書『荆』。宋羅苹注：僖公后始書『楚』。或謂孔子狄之，非也。秦莊襄以母諱，復曰荆。

論說

晉·杜預《春秋釋例》卷一《會盟朝聘例》　楚之熊繹，始封于楚，僻在荆山，篳路藍縷，以處草莽。及武王熊達，始居江漢之間，然猶未能自同于列國，故經稱『荆敗蔡師』，『荆人來聘』，『楚人使宜申來獻捷』，從其所居之稱而總其君臣，至于魯僖，始稱楚人，而班次在于蔡下。僖二十一年，當楚成王之世，能遂其業，同公侯會于盂，楚之君爵，始與中國列。

唐·司馬貞《史記索隱·楚世家述贊》　鬻熊之嗣，周封於楚，僻在荆蠻，篳路藍縷。及通而霸，僭號曰武。文既伐申，成亦赦許。子圍篡嫡，商臣殺父。天禍未悔，憑姦自怙。昭困奔亡，懷迫囚虜。頃襄考烈，祚衰南土。

唐·陸淳《春秋集傳纂例》卷一〇《國名譜·楚》　芈姓，子爵，顓頊之後也。其後有鬻熊子事周文王，早卒。成王封其曾孫熊繹於楚，以子男之田，居丹陽，今南郡枝江縣是也。熊通始稱武王。

宋·范處義《詩補傳》卷二八《商頌》　或者乃謂周成王始封熊繹於荆，至周惠王時，魯僖公之元年，始有楚號，遂疑商時未有荆楚，乃欲假此以實韓氏宋襄公之説。殊不知荆自帝嚳九州，已有荆州之名。至《禹貢》分別山川，則荆及衡陽為荆州，乃在南，即荆楚也。荆岐既旅，至于荆山，乃在西。蓋雍州之荆，非荆州之荆也。詩人以有二荆，故以荆楚別荆岐耳。既自古有荆，孰謂周封熊繹始有荆哉？然則以荆為荆楚，自《商頌》始，孰謂周惠王時始有楚哉？《商頌》聖人存之，為一經之終，與《書·秦誓》同。信傳而不信經，非所敢聞也。

宋·葉適《習學記言》卷九《春秋·隱至莊》　楚始以『荆』見，《左氏》無辭，疑若始狄而後國之，《公》、《穀》或可以立義也。《商頌》曰：『撻彼殷武，奮伐荆楚。』《鄭語》：荆子熊嚴，楚蚡冒。蓋荆、楚兼稱，在春秋之前矣。

宋·李琪《春秋王霸列國世紀編》卷三《序楚世紀》　楚為外域，前乎《春秋》，已慮之矣，《詩》云『撻彼荆楚』是也。然《春秋》書外域之法，未有嚴於楚者。始曰荆，繼曰楚，始曰人，繼曰子，何其進之漸而與之不亟邪？春秋之世，外域為中國患者，曰秦、楚、吳、越、戎、狄。戎盛於春秋之始，狄微於春秋之中，吳始大於春秋之季，秦直為晉仇，越僅與吳抗，其患皆未有若楚之暴且久者，是故《春秋》書楚之法特嚴歟？

元·劉瑾《詩傳通釋》卷二〇《閟宮》　愚按：荆者，楚之本號，蓋以荆山而得名。《春秋》莊公十年始書『荆』，以正其夷狄之號；至僖公元年，乃改稱『楚』。

元·梁益《詩傳旁通》卷一四《殷武·荆楚》　楚芈姓，子爵。芈音弭。顓頊之子卷章，卷章之子吳回，吳回之子陸終，陸終之第六子曰季連，季連姓芈氏，曰季芈，居荆州，生子曰附叙，伯禹定荆州，即季芈所居之地，而封之於熊，故其子為穴熊。夏有楚狐父，其後鬻熊子者，師臣周西伯，成王時復封其子熊繹于荆，居丹陽，是為楚。荆、楚本一木名，曰荆楚者，言荆州之楚也，荆州蓋以荆楚之木為其州之名云。

明·陳士元《論語類考》卷二《封國考·楚》　元按：楚國芈姓，子爵，出自顓頊之後。吳回代重黎為祝融，生六子，少子季連為芈姓，後裔曰鬻熊，其曾孫熊繹，始受成王封，居丹陽，今荆州府歸州東七里丹陽城是也。徙都枝江，故枝江亦名丹陽。八傳至熊渠，分立三子為王，此僭王之始也。長子康為句亶王，中子洪為鄂王，少子執疵為越章王。句亶即今荊州府江陵縣，鄂即今武昌府，越章即今德安府雲夢縣地也。自熊渠七傳至熊儀，是為若敖；又二傳至熊眴，是為蚡冒；蚡冒生熊通，是為楚武王。武王始都郢，《史記·世家》則以武王子文王熊貲始都郢。杜元凱云：郢即南郡江陵縣北紀南城是也。按《一統志》，南郡即今荊州府，而紀南城在府城北一十里，即楚徙都之郢也。是時楚尚號荊，故《春秋》終莊公之世，皆書「荊」。文王之子，熊囏之弟熊惲為成王，改號為楚，故《春秋》僖公元年始書「楚人」。

明·卓爾康《春秋辯義》卷首七《楚夷》 郝仲輿曰：説者曰：春秋夷楚，不與其為國，故州之。夫《禹貢》九州，而朝者萬國。周一州為二百一十國，州非小于國也。楚居荊，荊以卑之；吳亦夷，居揚，而何不揚之？祗可笑矣。襄、鄧、汝、漢，近在侯綏。《商頌》曰：「維女荊楚，居國南鄉。」言至近也。揚越之地，會稽之山，具笠之澤，皆職方內，九貢入焉，正朔加焉，巡狩至焉，朝會同焉。帝王盛時，以封賢哲為藩輔，仲尼一切割為夷狄，僅僅守一規之中原，曰此王民、王土也，不亦觸蠻之天下也與哉？而禹、湯、文、武，不亦棘端之王也與哉？

清·馬驌《左傳事緯前集》卷六《覽左隨筆》 楚本號荊，國有二名，猶之晉曰唐，殷曰商也。楚都丹陽，武王遷郢，至昭王爲吳所滅，又遷于鄀。其始號荊，至成王始改號楚也。

清·王掞等《春秋傳説彙纂卷》首下列國興廢説·楚》 芈姓，子爵。出自顓頊。孫重黎為高辛氏火正，能光融天下，命曰祝融。其弟吳回，嗣為祝融，生陸終。陸終生六子，最少者季連。季連之苗裔鬻熊，為周文、武師。成王時，封鬻熊曾孫熊繹於荊蠻，胙以子男之田，其地居丹陽。徐廣、宋忠皆曰在南郡枝江縣，今屬荊州府。其後都郢，今江陵縣是也。昭王徙鄀，《水經注》謂之鄢郢，今在宜城縣西南。秦拔鄢郢，楚保陳城，即故陳國也。其最後徙壽春，即今壽州是也。

清·徐文靖《管城碩記》卷八《詩三》 《殷武》云：「奮伐荊楚。」孔《疏》曰：周有天下，始封熊繹為楚子。於武丁之世，不知楚君何人也。按方城范氏所藏《曾侯鐘銘》曰：「惟王五十有六祀，徙自西陽，楚王酓章。」商曰祀，周曰年，銘稱祀者，蓋商之楚也。《竹書》殷武丁三十二年，伐鬼方，次于荊。三十四年，王師克鬼方，氐羌來賓。《尚書·無逸》高宗享國五十有九年。則此銘言五十六祀者，正高宗時楚君也。

清·程廷祚《春秋識小録》卷五《二地一名》 荊：國名，莊十年，「荊敗蔡師于莘。」楚山，昭十三年，「楚之滅蔡也，靈王遷許、胡、沈、道、房、申于荊焉。」

清·俞樾《賓萌集》卷三《釋荊楚》 楚之見於《春秋》也，始於莊公之十年，其稱曰「荊」。至僖公之元年，乃始以「楚」稱。公羊子曰：「州名也，州不若國。」樾謂其説非也。夫荊與楚，一而已。《説文》曰：「荊，楚木也。」又曰：「楚，叢木。一曰荊也。」然則荊、楚本無異義。孔穎達《左傳正義》曰：「荊、楚，一木二名，故以為國號，亦得二名。」斯得其義矣。《春秋》先書「荊」，後書「楚」，蓋本國史原文，猶齊之陳氏，在《左傳》則為陳，在《戰國策》則為田。後人明知陳、田為一姓，而凡所稱引，本之《左傳》者，從而謂之陳；本之《國策》者，從而謂之田。以非義理所繫，不必易其文也。陳與田，其音近；荊與楚，其義同；楚之為荊，猶田之為陳耳。

孔子因國史修《春秋》，在僖公以前，國史之文皆曰「荊」，無曰「楚」者，則孔子亦「荊」之而已矣。在僖公以後，國史之文皆曰「楚」，無曰「荊」者，則孔子亦「楚」之而已矣。故以或書「荊」，或書「荊人」，或書「楚子」，謂孔子有進退予奪之微意，可也。若以書「荊」、書「楚」為有異義，則鑿矣。且推公羊之意，將謂魯史原文皆曰「楚」，而孔子改之曰「荊」乎？然則以「楚」為「荊」，乃吾夫子之特筆，宜止見於《春秋》，而在他書必無曰「荊」者矣。乃《國語》者，當時列國紀載之書也。《晉語》曰：「晉伐鄭，荊救之。」又曰：「畢陽實送州犂於荊。」《鄭語》曰：「夫荊子熊嚴。」是荊、楚為當時之通稱，而非夫子之特筆，明矣。

《詩》曰：「奮伐荊楚。」蓋「荊楚」之名猶「殷商」也。合言之曰「荊楚」，而分言之則或為「荊」，或為「楚」。猶合言之曰「殷商」，而分言之則或為「殷」，或為「商」也。孔子定四代之書，自《帝告》至於《微子》，謂之《商書》，而《書序》所稱，則皆曰「殷」。今以書「荊」書「楚」之異文，而説《春秋》者即以為孔子之特筆，然則孔子為《商書》作序，何以言「殷」乎？夫商者，殷之本號也。自殷之號盛行，而人之恒言，或言殷而不言商。孔子曰：「予，殷人也。」又曰：「殷因於夏禮。」又曰：「殷禮，吾能言之。」是故定四代之書而謂之《商書》者，所以存其本號也。至於作序，則遂謂之「殷」矣。

荆者，楚之本號也。自楚之號盛行，而人之恒言，亦或言楚而不言荆。其見於僖公以前者，猶其本號也。自僖以後，則天下稱之皆曰楚矣，國史書之亦皆曰楚矣，夫子何必不謂之楚乎？是故荆之與楚，乃古今之異言，因其荆而『荆』之，因其楚而『楚』之，乃臨文之常例。後人因『荆』、『楚』異文，典為之説，斯亦儒者之蔽也。顧氏炎武曰：五經中文字不同。有一經之中而自不同者，如『桑葚』見於《衛詩》，而魯則為『黮』；『弨弓』見於《鄭詩》，而秦則為『韔』。《左氏》一書，其録楚也，『薳氏』或為『蔿氏』，『箴尹』或為『鍼尹』。然則『荆』、『楚』異文，亦若是而已矣。

燕國國號分部

綜述

《近出殷周金文集録·942克盉》 王曰：太保，唯乃明，乃鬯享于乃辟。余大封。乃享，令克侯于匽。𢦚羌豸，祖于御微。克來匽，入土眔有嗣，用作寶尊彝。

《左傳·莊公三十年》 冬，遇于魯濟，謀山戎也，以其病燕故也。注：齊桓行霸，故欲為燕謀難。燕國，今薊縣。

《穀梁傳·莊公三十年》 （冬）齊人伐山戎。《傳》：【略】北伐山戎，危之也，則非之乎？善之也。何善乎爾？燕，周之分子也。晉范甯《集解》：燕，周大保召康公之後，成王所封。分子，謂周之別子孫也。

又 《襄公二十九年》 秋七月，【略】齊高止出奔北燕。《傳》：其曰北燕，從史文也。《集解》：南燕姞姓，在鄭、衛之間。北燕姬姓，在晉之北。史曰北燕，據時然，故不改也。

《史記》卷四《周本紀》 （武王）封召公奭於燕。《正義》：《都城記》云：周武王封召公奭於燕，地在燕山之野，故國取名焉。按周封以五等之爵，薊、燕二國，俱武王立，因燕山、薊丘為名。其地足自立國，薊微燕盛，乃并薊居之，薊名遂絶焉。今幽州薊縣，古燕國也。

又 卷三四《燕召公世家》 召公奭與周同姓，姓姬氏。周武王之滅紂，封召公於北燕。其在成王時，召公為三公。自陝以西，召公主之；自陝以東，周公主之。《索隱》：召者，畿内采地。奭始食於召，故曰召公。【略】後武王封之北燕，在今幽州薊縣故城是也。亦以元子就封，而次子留周室，代為召公。至宣王時，召穆公虎其後也。

《漢書》卷二八下《地理志下》 武王定殷，封召公於燕。其後三十六世，與六國俱稱王。

漢·應劭《風俗通義》卷一《六國》 燕召公奭，與周同姓。武王滅紂，封召公於燕。成王時，入據三公，出為二伯，自陝以西，召公主之。【略】九世稱侯，八世稱公，十世稱王。

漢·鄭玄《毛詩譜·周南召南譜》 召公封燕，死謚曰康公。元子世之。

晉·皇甫謐《帝王世紀》 召公奭，文王庶子，勝殷後封于北燕，留周佐政，食邑于召。卒謚曰康，長子繼燕，支子繼召。

宋·羅泌《路史》卷一九《疏仡紀·高辛紀下》 召康公願封燕，康王復為太保，年百有八十。其長居燕而支襲召，召世為伯。【略】其分于唐者為陽伯，齊滅之。北燕歸國，不達于革，凡四十有三世，秦滅之。

又 卷二八《國名紀五·周氏·燕》 召公初封，春秋之燕亳。以其僻遠，有寢丘留侯之意。地逼山戎，六國時寖大，置漁陽、上谷、右北平、遼東、遼西郡地。秦滅之，為上谷郡。

論説

《史記》卷三四《燕召公世家》 太史公曰：召公奭可謂仁矣，甘棠且思之，況其人乎！燕北迫蠻貉，内措齊晉，崎嶇彊國之間，最為弱小，幾滅者數矣。然社稷血食者八九百歲，於姬姓獨後亡，豈非召公之烈耶？

唐·司馬貞《史記索隱·燕召公世家述贊》 召伯作相，分陝而治，人惠其德，甘棠是思。莊送霸主，惠羅寵姬。文公約趙，蘇秦騁辭。易王初立，齊宣我欺。燕噲無道，禪位子之。昭王待士，思報臨菑。督亢不就，卒見芟夷。

唐・陸淳《春秋集傳纂例》卷一〇《國名譜・北燕》 姬姓，伯爵，召公奭之後也。周武王封之於燕，居鹿陽薊縣。其國僻小，不通諸夏。自召公至簡公欵二十九世，始見《春秋》。簡公子獻公十二年，獲麟之歲也。獻公已下七世，始大稱王。十三世二百四十年，而秦滅之。

宋・楊甲《六經圖》卷一〇《燕世次》 燕有南有北，南燕姞姓，北燕姬姓。武王封召公奭于北燕，其國僻小，不通諸夏，至簡公二十九世，始見《春秋》。

宋・鄭樵《通志》卷二六《氏族略第二・以國為氏・周同姓國・燕氏》 北燕也，舊幽州薊縣是也。南燕，今滑州胙城是也。召康公奭，周之支族，食邑於召。武王滅紂，封召公於北燕，成王以為三公，與周公分陝而治，決獄於甘棠之下，後世思之，不忍伐焉。然其國僻小，不能通諸夏盟會。自召公以下九世，至惠侯，始見載籍。又惠侯九世莊公之時，齊桓公始伯，北伐山戎，為燕開路，燕君送齊君出境，齊君割燕君所至地，以予燕，使職貢于天子，修召公之政，於是乎莊公始稱公。自莊公十三世簡公，始見《春秋》。簡公卒，獻公立，始有年次。自獻公至易王八世，始稱王。

宋・葉夢得《春秋考》卷八《桓公》 杜預以燕仲父為南燕，而太史公《燕世家》云武王封召公于北燕。夫有北燕，則固有南燕矣。而執仲父事乃通載之《世家》，蓋考之不精也。譙周知其失，則謂南燕為姞姓，而莫見其始封。昭公三年始見北燕伯款出奔齊，六年齊侯伐燕，以款故也。十二年齊遂以高偃帥師納北燕伯于陽，即款矣。自是終《春秋》，亦不復見。以地考之，南燕常與宋、衛俱見，而北燕一奔齊而齊納之，則南燕近宋、衛在南，北燕近齊在北，所以為別也。北燕雖召公之後，然國與狄鄰，去中國遠，能自守其國，不與諸侯會盟。齊桓公北伐山戎，反燕之侵地，使修召公之政，蓋以圖霸，亦非燕人所欲，故惟款三見于經而止；而南燕蓋小國，或用夷禮，其後無聞，無足怪也。

元・方回《續古今考》卷四《燕復立王三》 燕者，姬姓。周武王封召公于北燕，地在幽州燕山之野。當是時，自有一燕國，姞姓，黃帝之後，在今所謂滑州者。召公受封，以元子就國，而次子留周室，代為召公，與周公旦之次子代為周公，為二伯分陝者是也。二公又皆以師傅，行六卿之事。燕自召公至王喜，為秦王賁所滅，秦始皇二十五年也。凡四十四世。

清・王掞等《春秋傳説彙纂》卷首下《列國興廢説・燕》 姬姓，伯爵。周同姓召公奭之後也。武王封召公於薊，號為北燕，今順天府大興縣是也。【略】後六世，易王立，傳王號者六世。至燕王喜，為秦所滅。

清・朱彝尊《曝書亭集》卷三三《報徐敬可處士書》 至足下謂燕初封，未得薊。以僕考之，燕之始封，本都於薊，故班固曰：薊，故燕國，召公所封。逸齋《詩補傳》云：薊後改為燕，猶唐之為晉，荆之為楚。惟因記有封黃帝後于薊之文，而《史記》既封帝堯之後于薊，又封召公奭于燕。燕之于薊，若分二國，於是張守節則云：召公始封，在北平無終縣，以燕山為名，後漸強盛，乃并薊，徙居之。王伯厚則疑黃帝之後封于薊者已絶，成王乃更封召公于薊。之二説者，僕益疑之。惟陸德明有云：黃帝姓姬，君奭其後。觀於是，而僕之疑始釋也。蓋公既為周同姓，則稱分子也可，稱支族也可。軒轅二十五宗，堯之後亦黃帝之後。於褒封先聖王之後，則稱薊；於封功臣謀士，則稱燕；以采邑言，則稱召。薊與北燕，本一而已。

清・張尚瑗《左傳折諸》卷三《王使召伯廖賜齊侯命》 《毛詩》鄭箋《召南》篇，引皇甫謐曰：召公，文王庶子，勝殷後，封于北燕，留周佐政，食邑于召，卒謚曰康。長子繼燕，支子繼召。此與伯禽封魯而周公留周佐王相同，故其後厲王居汾而共和佐太子，實周公、召公也。但富辰言文之昭十六國，不及召，則庶子之説，殆未可定。《史記・燕世家》與周同姓，則無疑矣。

又《穀梁折諸》卷二《燕周之分子也》 《白虎通》言召公為文王庶子，而富辰述文之昭十六國，獨不及燕。《穀梁》以為周之分子，殆與班氏同指。范武子注《穀梁》之時，《左氏》之書盛行，故曰成王所封分子者，周之別子孫也。愚以為召康公留輔王室，《顧命》、《康王之誥》可考。後裔穆公虎，歷相厲、宣。《左傳》戴公、莊公，皆稱召公名，無替厥職，與周公黑肩、周公忌父，皆世為周卿士。其居北燕者，乃康公之分子。《史記・世家》康公九世至燕惠侯，當厲王奔彘之時。惠侯卒，子釐侯立，共和之政，不預燕侯，則召公之各為分子，彰明較著矣。歷頃侯、哀侯、繆侯、宣侯、桓侯、莊公，莊公之時，齊桓始霸，然則所謂貢職不至而桓公越千里伐山戎，以紓燕之病者，正當莊公之身也。

清・程廷祚《春秋識小録》卷五《二地一名》 燕：國名，隱五年『衛人以燕師伐鄭。』杜曰：南燕國，今東郡。燕縣在今河南胙城縣。又：國名，莊三十年『齊人伐山戎，以其病燕故也。』襄二十八年『北燕伯與諸侯同朝于晉。』杜曰：燕國，今薊縣。即今順天府之薊城也。

韓國國號分部

綜述

《左傳·桓公三年》 春，曲沃武公伐翼，次于陘庭。韓萬御戎，梁弘為右，逐翼侯于汾隰，驂絓而止，夜獲之。注：韓萬，莊伯弟也。

又《襄公二十六年》 晉韓宣子聘于周，王使請事，對曰：『晉士起將歸時事於宰旅，無他事矣』王聞之曰：『韓氏其昌阜於晉乎！辭不失舊。』

《國語》卷一四《晉語八》 宣子拜稽首焉，曰：『起也將亡，賴子存之。非起也敢專承之。其自桓叔以下，嘉吾子之賜。』注：桓叔，韓氏之祖，曲沃桓叔也。桓叔生子萬，受韓以為大夫，是為韓萬。

《史記》卷四五《韓世家》 韓之先，與周同姓，姓姬氏。其後苗裔事晉，得封於韓原，曰韓武子。武子後三世，有韓厥，從封姓為韓氏。【略】晉平公十四年，吳季札使晉，曰：晉國之政，卒歸於韓、魏、趙矣。【略】景侯虔誠六年，與趙、魏俱得列為諸侯。【略】哀侯元年，與趙、魏分晉國。二年滅鄭，因徙都鄭。《索隱》：《紀年》：魏武侯二十一年，韓滅鄭，哀侯入于鄭。二十二年，晉桓公邑哀侯於鄭。是韓既徙都，因改號曰鄭，故《戰國策》謂韓惠王曰鄭惠王，猶魏徙大梁稱梁王然也。

《漢書》卷二八下《地理志下》 韓自武子後七世稱侯，六世稱王，五世而為秦所滅。

漢·王符《潛夫論》卷九《志氏姓》 晉穆侯生桓叔，桓叔生韓萬，傅晉大夫。十世而為韓武侯，五世為韓惠王，五世而亡國。

漢·應劭《風俗通義》卷一《六國》 韓之先，與周同姓。武子事晉獻公，封於韓原，因以為姓。韓厥因卜者之繇，陳成季之功，紹趙氏之孤，建程嬰之義，為晉名卿，寔天所相。其四代，始與趙、魏俱得列為諸侯矣。五世稱王，到王安，為秦所滅。

宋·羅泌《路史》卷一九《疏仡紀·高辛紀下》 曲沃幷晉，有韓萬為戎御，復采韓原。至景侯始命，凡二十有四世，秦滅之。

論說

《史記》卷四五《韓世家》 太史公曰：韓厥之感晉景公，紹趙孤之子武，以成程嬰、公孫杵臼之義，此天下之陰德也。韓氏之功，於晉未覩其大者也，然與趙、魏終為諸侯十餘世，宜乎哉！

唐·司馬貞《史記索隱·韓世家述贊》 韓氏之先，實宗周武，事微國小，《春秋》無語。後裔事晉，韓原是處。趙孤克立，智伯可取。既徙平陽，又侵負黍。景趙據侯，惠文僭主。秦敗脩魚，魏會區鼠。韓非雖使，不禁狼虎。

宋·蘇轍《古史》卷二二《韓世家》 蘇子曰：韓之先，獻子厥最賢，然春秋之際，諸侯之賢大夫如獻子者多矣，而子孫莫興。太史公以獻子存趙氏之孤，為天下之陰德，故宜有後。予以謂不然。韓之先，與晉同祖，皆周武王之後也。史伯謂鄭桓公：武實昭文之功，文之祚盡，武其嗣乎！武王之子，應、韓不在，其在晉乎！晉自文公伯諸侯，至乎八世，猶未足以究武之烈，而繼之以韓，此天意也。獻子何足以當之？然周衰，姬姓復興者三國，燕與韓、魏皆據地千里。后稷播種百穀，以濟飢饉，其報固當然哉。

宋·鄭樵《通志》卷二六《氏族略·以國為氏·周同姓國·韓氏》 姬姓之別族。出晉穆侯之少子曲沃成師，是為桓叔。生萬，是為武子，食采韓原。一云成王封叔虞於唐，賜畢萬韓原之地。其地今同州韓城縣南十八里故城是。武子生厥，是為獻子。晉景公之時，晉作六卿，獻子在一卿之位，從其始封，遂為韓氏，世為晉卿。厥生起，是為宣子。起聘于周，天子嘉其有禮，曰韓氏其昌阜於晉。宣子徙居州，今懷州武德是也。生貞子，徙居平陽，今晉州也。貞子五世景侯，與趙、魏俱得為列侯。景侯四世哀侯，與趙、魏分晉國，滅鄭而徙都焉。哀侯四世宣惠王，始稱王。

元·方回《續古今考》卷四《韓復立王四》 韓，姬姓。晉封于韓原，曰韓武子萬。後三世，韓獻子厥，晉作六卿而厥在一卿之位。范中行氏、知氏滅，曰三晉，遂與趙、魏俱得列為諸侯。自謹侯虔始封，至王安，凡十一世，稱王者五世而滅，秦始皇十七年也。李斯以韓為秦腹心之疾，故首伐滅韓。

清·劉於義等[雍正]《陝西通志》卷九四《藝文十·(明)張士佩〈雍韓考〉》 韓何昉乎？昉於周。《左氏傳》曰：『邘、晉、應、韓，武之穆也。』而史伯亦云：應、韓，武王之子，宣王時賢其裔而禮之。故尹吉甫有《韓奕》之詩焉。其一章曰：『奕奕梁山，維禹甸之。有倬其道，韓侯受命，王親命之，纘戎祖考，無廢朕命，夙夜匪懈，虔共爾位，朕命不易，榦不庭方，以佐戎辟。』其二章曰：『四牡奕奕，孔脩且張。韓侯入覲，以其介圭，入覲于王。王錫韓侯，淑旂綏章，簟笰錯衡，元袞赤舄，鉤膺鏤鍚，鞹鞃淺幭，鞗革金厄。』其三章曰：『韓侯出祖，出宿于屠。顯父餞之，清酒百壺。其殽維何，炰鼈鮮魚。其蔌維何，維筍及蒲。其贈維何，乘馬路車。籩豆有且，侯氏燕胥。』其四章曰：『韓侯取妻，汾王之甥，蹶父之子，韓侯迎止，于蹶之里。百兩彭彭，八鸞鏘鏘，不顯其光。諸娣從之，祁祁如雲，韓侯顧之，爛其盈門。』其五章曰：『蹶父孔武，靡國不到，為韓姞相，攸莫如韓。樂孔樂韓土，川澤訏訏，魴鱮甫甫，麀鹿噳噳，有熊有羆，有貓有虎。慶既令居，韓姞燕譽。』其六章曰：『溥彼韓城，燕師所完。以先祖受命，因時百蠻，王錫韓侯，其追其貊，奄受北國。因以其伯，實墉實壑，實畝實籍，獻其貔皮，赤豹黃羆。』

繹斯詩也，韓蓋侯伯之國也。及大夫韓武子萬食采于韓原，乃為邑。武子後獻子厥，從封姓為韓氏，是為韓厥。獻子後宣子徙居州，州，蘇忿生之州邑也。宣子後貞子徙居平陽，貞子後康子與趙襄子、魏桓子共敗知伯，分其地，地益大，大於諸侯。康子後景侯立六年，與趙、魏俱得列為諸侯。列侯後哀侯立元年，與趙、魏分晉國，二年滅鄭，因徙都鄭。韓分晉得南陽郡及潁州之父城、定陵、襄城、潁陽、潁陰、長社、陽翟、郟，東接汝南，西接弘農，得新安，宜陽及陳、鄭之國，而初所食采之邑曰韓原者，乃為魏分焉。魏之分也，界自高陵以東，盡河東河內，南有陳留、汝南及開封，而開封中原地，號大梁，而韓原時曰少梁，蓋以界秦，戍守重之也。韓原有龍門，龍門，雍州之域也，直鄭則豫州之域也。豫之韓，大國也，人多知之。雍之韓，始則國而終則邑也，人鮮察焉。故余稽諸經傳，悉為著之，俾地各昭昭，免夫混淆之用也。

明·董説《七國考》卷五《韓國名·韓·鄭》 《戰國策》：襄王時，周最使鄭，立韓擾而廢公叔。周最患之，曰：『公叔之與周君交也，令我使鄭立韓擾而廢公叔，語曰：「怒于室者，色于市。」今公叔怨齊，無奈何也，必絶周君而深怨我矣。』史舍曰：『公行矣，請令公叔，必重公。』周最行至鄭。注云：鄭，韓也。又：釐王時，或謂鄭王曰：『昭釐侯，一世之明君也。』注云：鄭王，韓王也。按《竹書紀年》：周安王二十一年，魏武侯六年，韓滅鄭，哀侯入于鄭。烈王二年，晉桓公邑哀侯于鄭。曰：韓山堅賊其君哀侯。曰：韓共侯、趙成侯遷晉桓公于屯留。是猶稱韓不稱鄭也。顯王元年，鄭城邢丘。自是已後，變韓為鄭。三年曰：公子景賈帥師伐鄭。七年曰：王會鄭釐侯于巫沙。九年曰：秦師伐鄭，次于懷。十年曰：鄭取屯留、尚子。十一年曰：鄭釐侯使許息來致地平丘、戶牖、首垣諸邑，及鄭馳地；我取枳道，與鄭鹿。王及鄭釐侯盟于巫沙，以釋它陽之圍，歸釐于鄭。十二年曰：鄭釐侯來朝。十四年曰：秦公孫壯伐鄭。十五年曰：東周與鄭高都。十六年曰：王以韓師。二十四年曰：魏敗韓馬陵。二十六年曰：穰疵帥師，及鄭孔夜戰于梁赫，鄭師敗逋。三十一年曰：秦蘇胡伐鄭。三十三年曰：鄭威侯與邯鄲圍襄陵。三十八年曰：王會鄭威侯于巫沙。慎靚王六年曰：鄭侯使韓辰歸晉陽及向。隱王元年曰：鄭宣王來朝梁。七年曰：翟章救鄭。數十年間，稱韓者二，稱鄭者十四矣。

清·馬驌《左傳事緯前集》卷六《覽左隨筆·韓氏》 其先與周同姓，或曰韓萬，曲沃莊伯之弟也。晉獻封萬于韓原，以爲韓氏。宣十二年，景公以韓厥爲司馬。成三年，晉作六軍，使厥將新中軍，賞鞍之功也。十三年，將下軍。十八年，繼欒書爲政，將中軍。襄七年，告老。長子無忌有廢疾，不得立，讓于弟韓起，使無忌掌公族大夫。起佐上軍，知罃稟厥以爲政，而悼公復霸。昭二年，起將中軍，聘于魯，觀書于大史氏，曰：『周禮盡在魯矣。』十三年，會于平丘。二十八年，卒。定十三年，韓不信同逐范、中行氏。不信之孫滅知伯，再傳而侯，侯六世而王，王四世而秦滅之。

清·高士奇《春秋地名考略》卷四《韓》 僖十年，帝許我罰有罪矣，敝于韓。杜注：韓，晉地。十五年，晉侯及秦伯戰于韓。《傳》：戰于韓原。《括地志》：韓原在同州韓城縣西南八里，又縣南十八里為古韓國。《竹書》：平王十四年，晉文侯二十四年，晉人滅韓。《史記》：韓之先，與周同姓。其後苗裔事晉，得封于韓原，曰韓武子。按《世本》：武子之先韓萬，曲沃桓叔之子也。《國語》叔向謂韓宣子能修武子之德，宣子拜曰：『自桓叔以下，嘉吾子之賜。』是晉之公族，非但周同姓矣。今韓原在韓城縣東南二十里。

趙國國號分部

綜述

《今本竹書紀年》卷下《穆王》 十六年，王命造父，封于趙。

《史記》卷五《秦本紀》 造父以善御幸於周繆王。【略】繆王以趙城封造父，造父族由此為趙氏。自蜚廉生季勝已下五世，至造父，別居趙。趙衰，其後也。

又 卷四三《趙世家》 趙氏之先，與秦共祖。【略】造父幸於周繆王，【略】乃賜造父以趙城，由此為趙氏。【略】叔帶之時，周幽王無道，去周如晉，事晉文侯，始建趙氏于晉國。自叔帶以下，趙宗益興。【略】烈侯六年，魏、韓、趙皆相立為諸侯。

《漢書》卷二八下《地理志下》 自趙夙後九世稱侯，四世敬侯徙都邯鄲。至曾孫武靈王稱王，五世為秦所滅。

漢·王符《潛夫論》卷九《志氏姓》 季勝之後有造父，以善御，事周穆王。穆王游西海忘歸，於是徐偃作亂，造父御，一日千里以征之。王封造父於趙城，因以為氏。其後失守，至於趙夙，仕晉卿大夫。十一世而為列侯，五世而為武靈王，五世亡趙。

漢·應劭《風俗通義》卷一《六國》 趙之先，與秦同祖。其裔孫曰造父，事周穆王，為御驊騮、騄耳之乘，西謁西王母，東滅徐偃王，日馳千里，帝念其功，賜以趙城，因以為姓。子叔帶，始去周事晉。其後簡子，地過於諸侯，權重於晉君。【略】簡子卒，無恤立，是為襄子。【略】韓、魏反與合謀而滅智氏，共分其地。於是趙北有代，并知山。【略】至武靈王，竟胡服騎射，辟地千里。到王遷，信秦反間之言，殺其良將李牧而任趙括，遂為所滅。此童謠曰：『趙為號，秦為笑。以為不信，視地上生毛。』

北魏·酈道元《水經注》卷六《汾水》 汾水又逕趙城西南，穆王以封造父，趙氏自此始也。

論說

宋·羅泌《路史》卷一六《疏仡紀·小昊》 處父健步，是為蜚廉，生革暨季勝，勝三世，造父封趙。復七世，叔帶乃隸晉，九世而武立，又六世籍始命，復再世而析晉，三世主父益大，又五世邯鄲没秦。

唐·司馬貞《史記索隱·趙世家述贊》 趙氏之世，與秦同祖。周穆平徐，乃封造父。帶始事晉，夙初有土。岸賈矯誅，韓厥立武。寶符臨代，卒居伯魯。簡夢翟犬，靈歌處女。胡服雖彊，建立非所。頗、牧不用，王遷囚虜。

宋·鄭樵《通志》卷二六《氏族略·以國為氏·周異姓國·趙氏》 嬴姓，與秦同祖，少皞之後，皆祖皐陶。皐陶十世曰蜚廉。蜚廉二子：一曰惡來，惡來之後為秦；二曰季勝，季勝生孟增，得幸於周成王，是為宅皐狼。皐狼生衡父，衡父生造父，為周穆王御，穆王賜以趙城，為趙氏。趙城，今晉州縣。造父六世曰奄父，為周宣王御。奄父生叔帶，幽王無道，去周如晉，為晉文侯御，始建趙氏于晉。【略】衰生盾，為晉正卿。【略】文子之孫曰簡子鞅。簡子卒，子襄子毋恤立。毋恤傳位於其兄伯魯之孫浣，為獻侯。獻侯居中牟，其地在漯水之北。獻侯卒，子烈侯籍立，周命籍與韓、魏並為諸侯。【略】自襄子已下，六侯四王，凡十一世。

元·方回《續古今考》卷四《趙復立王六》 趙之先為商紂臣惡來，惡來弟季勝。季勝曾孫造父，周穆王賜之趙城。其後去周事晉，獻公賜趙夙耿。夙生共孟，共孟生趙衰，趙衰事晉公子重耳，得晉國。衰及子盾，世專晉政，是為六卿，曰欒氏，曰中行氏，曰知氏，曰趙氏，曰魏氏，曰韓氏。欒氏先滅，春秋後趙簡子破走中行氏于邯鄲柏人，與知、魏、韓四分其地。簡子卒，子趙襄子立，襄子又與韓、魏三分智伯罃之地，而後三晉益强。周威烈王二十三年，初命晉大夫魏斯、趙籍、韓虔為諸侯，去春秋獲麟七十八年，歲在戊寅，為《通鑑》之始。周烈王六年，三國滅晉。【略】周顯王十六年，魏稱王，齊稱王。周顯王三十五年，齊、魏會諸侯徐州相王，于是韓、燕、趙皆繼稱王。

明・陳士元《論語類考》卷二《邑名考・趙魏》 元按：趙氏之先，與秦同祖。造父有寵於周穆王，賜以趙城，因為趙氏，是趙城乃造父之采邑也。自造父七傳為叔帶，周幽王無道，去周如晉，事晉文侯，始建趙氏於晉國。又五傳而為趙夙，與畢萬事晉獻公，食邑於耿。又九傳而為趙籍，周威烈王始命為諸侯，謂之趙烈侯。

清・馬驌《左傳事緯前集》卷六《覽左隨筆・趙氏》 其先與秦同祖，至造父爲周穆王御，賜以趙城，因以爲姓。七世孫叔帶，去周事晉。【略】（昭）二十五年，趙鞅合諸侯於黃父；明年，納敬王；定十三年，范、中行攻鞅，奔晉陽，於是知、韓、魏氏共逐范、中行氏，而反鞅。哀二十年，子無恤嗣，無恤與韓、魏滅知伯。其後侯者六世，王者六世，而秦卒滅之。

清・何焯《義門讀書記》卷四九《文選》 曹子建《求自試表》：絕纓盜馬之臣赦，楚趙以濟其難。注引《呂氏春秋》云云，此秦而謂之趙者。《史記》曰：趙氏之先，與秦共祖，然則以其同祖，故曰趙焉。按《秦本紀》，蜚廉子季勝之後造父，以善御幸于周穆王，穆王以趙城封造父，造父由此為趙氏。蜚廉子惡来之後非子，以造父之寵，皆蒙趙城姓趙氏。周孝王以其柏翳後，邑之秦，使續嬴氏祀，號曰秦嬴。然則秦固嘗為趙矣，不特為其同祖也。

魏國國號分部

綜述

《左傳・閔公元年》 晉侯作二軍，公將上軍，大子申生將下軍，趙夙御戎，畢萬為右，以滅耿，滅霍，滅魏。還，為大子城曲沃，賜趙夙耿，賜畢萬魏，以為大夫。【略】卜偃曰：『畢萬之後必大。萬，盈數也；魏，大名也。以是始賞，天啓之矣。天子曰兆民，諸侯曰萬民。今名之大，以從盈數，其必有衆。』

《史記》卷四四《魏世家》 魏之先，畢公高之後也。【略】其苗裔曰畢萬，事晉獻公。【略】以魏封畢萬，為大夫。【略】畢萬封十一年，晉獻公卒。四子爭更立，晉亂，而畢萬之世彌大，從其國名為魏氏。【略】魏文侯二十二年，魏、趙、韓列為諸侯。

《漢書》卷二八下《地理志下》 自畢萬後十世稱侯，至孫稱王，徙都大梁，故魏一號為梁。七世為秦所滅。

漢・王符《潛夫論》卷九《志氏姓》 畢公高與周同姓，封於畢，因為氏。周公之薨也，高繼職焉。其後子孫失守，為庶世。及畢萬佐晉獻公，十六年使趙夙御戎，畢萬為右，以滅耿滅魏封萬，今之河北縣是也。魏顆又氏令狐。自萬後九世為魏文侯。文侯孫罃為魏惠王，五世而亡。

漢・應劭《風俗通義》卷一《六國》 魏之先，畢公高之後也。畢公與周同姓，武王滅紂，封高於畢，因以為姓。其裔孫曰畢萬，事晉獻公，獻公伐魏，滅之，以封萬。卜偃曰：『畢萬之後必大。萬，盈數；魏，大名也。天子曰兆民，諸侯曰萬民。今名之大，以從盈數，以是有衆，不亦宜乎！』其六世稱侯，侯之孫稱王，到王假，為秦所滅。

漢・鄭玄《毛詩譜・魏譜》 魏者，虞、舜、夏禹所都之地，在《禹貢》冀州雷首之北，析城之西，周以封同姓焉。其封域南枕河曲，北涉汾水。【略】至春秋魯閔公元年，晉獻公竟滅之，以其地賜大夫畢萬。自爾而後，晉有魏氏。

北魏・酈道元《水經注》卷四《河水》 河水又東，永樂澗水注之。水北出于薄山，南流逕河北縣故城西，故魏國也。晉獻公滅魏，以封畢萬。卜偃曰：『魏，大名也。萬後其昌乎！』後乃縣之，在河之北，故曰河北縣也。今城南西二面，並去大河可二十餘里，北去首山十許里，處河山之間，土地迫隘，故《魏風》著《十畝》之詩也。

宋・羅泌《路史》卷一九《疏仡紀・高辛紀下》 文公薨，畢公高入職焉。子季孫邑潘，既復分龐。裔孫畢萬事晉獻公，滅魏而封之。十世而斯始命文侯。惠徙大梁，又八世虜于秦。

又 卷二八《國名紀五・周氏・大梁》 魏惠六年，自安邑徙大梁，遂曰梁。今開封祥符，昔之浚儀，而汴城西有故魏城，魏惠所築，張儀所謂『四平無名山大川之阻』者。

論説

唐・司馬貞《史記索隱・魏世家述贊》 畢公之苗，因國為姓。大名始賞，盈數自正。胤裔繁昌，世載忠正。揚干就戮，智氏奔命。文始建侯，武實彊盛。大梁東徙，長安北偵。卯既無功，卬亦外聘。王假削弱，虜於秦政。

宋・鄭樵《通志》卷二六《氏族略・以國為氏・周同姓國・魏氏》 始祖畢公高封於畢，為畢氏。杜預曰：畢在長安西北，今長安縣西有杜山，又曰畢陌。至畢萬事晉，封於魏。杜預曰：魏在河東河北縣。河北今為平陸縣，陝州治有魏城，後雖遷徙不常，自封魏之後，皆號魏。惟徙梁之後，亦謂之梁。【略】自莊子七世文侯始稱侯，受經於子夏，過段干木之閭，未嘗不式也。其子武侯之十年，與韓、趙滅晉而分其地。武侯之子稱王，徙治大梁，今開封治也，是為梁惠王。自文侯而下，二侯七王。

宋・范處義《詩補傳》卷二九《釋十五國二雅三頌名・魏》 魏為晉所滅，今陝州平陸有魏城，是其故地。後以封畢萬，《左氏》以為：『魏，大名也。』蓋取象魏之義，然象魏，古或讀為巍，《莊子》所謂魏然而已，即『巍』之省文也。《方言》：自關以西，秦晉之間，凡細而有容者謂之魏。則是魏者，取其細也。然則讀為巍，則訓大，讀為魏，則訓細，後人相承，以魏為大，固未嘗考此也。

元・方回《續古今考》卷四《魏復立王三》 魏，姬姓，畢公高之後。畢萬仕晉獻公，趙夙為御，畢萬為右，帥師伐耿、魏，滅之，以耿賜夙，以魏賜萬，從其國名為魏氏。魏絳大得志于晉悼公之時，遂為六卿之一； 六而三之，遂為三晉之一。至魏文侯斯，列為諸侯。文侯卒，子武侯擊立。武侯卒，魏惠王罃立，亦曰梁惠王，戰國中始稱王者，立三十六年。其三十一年，自安邑徙都大梁，今浚儀開封之地。封魏十六世，而為諸侯； 為諸侯九世而滅，稱王者七世。

元・梁益《詩傳旁通》卷四《國風・魏》 姬姓國。《郡國志》陝州魏城。今陝治平陸，有古魏城。晉獻公滅之，以賜畢萬。或云魏在安邑，與芮國相近。芮城北五里魏城，萬所封也。

明・陳士元《論語類考》卷二《邑名考・趙魏》 魏氏之先，畢公高之後也，與周同姓。周武王封高於畢，為畢姓。其苗裔畢萬事晉獻公，與趙夙伐霍之耿、魏，滅之，獻公以耿封夙，以魏封萬。是魏乃畢萬之采邑也，其後因為魏氏，五傳而為魏斯，與趙籍同為諸侯，是為魏文侯。

清・馬驌《左傳事緯前集》卷六《覽左隨筆・魏氏》 其先，畢公高之後也。武王封弟高于畢，以畢爲姓。其裔孫畢萬事晉，晉獻公滅魏，以封之。卜偃曰：『其後必大。萬，盈數也；魏，大名也。』【略】（定）十三年，曼多同逐范、中行氏。後其子豹與韓、趙共滅知伯，傳斯而爲列侯。侯之孫稱王，王六世而秦滅之。

清・林春溥《開卷偶得》卷七 魏與韓、趙共分晉地，號曰三晉。然韓、趙未聞自稱晉國，而魏獨立『晉』稱者，蓋晉興於曲沃，都於絳，幽君之時，晉地皆入三晉，惟絳、曲沃尚存，實以國都之故。後三晉共廢其君，而絳、曲沃俱屬魏，其稱晉國，蓋仍其國都稱之，亦猶韓既滅鄭，因徙都之，以後遂改稱『鄭』也。《史記》秦孝公二十三年，『與晉戰於岸門』。《索隱》引《紀年》作『與魏戰岸門』。周安王十三年，『秦侵晉』，《魏世家》作『秦侵魏陰晉』。此晉、魏通稱之明證。

秦國國號分部

綜述

《公羊傳・僖公三十三年》 夏四月辛巳，晉人及姜戎敗秦師于殽。《傳》：其謂之秦何？夷狄之也。

《穀梁傳・僖公三十三年》 夏四月辛巳，晉人及姜戎敗秦師于殽。《傳》：不言戰而言敗，何也？狄秦也。其狄之何也？秦越千里之險，入虛國，進不能守，退敗其師徒，亂人子女之教，無男女之別。秦之為狄，自殽之戰始也。《集解》：明秦本非夷狄。

《戰國策》卷一四《楚一》 蘇秦為趙合從，說楚威王曰：『夫秦，虎狼之國也，有吞天下之心。秦，天下之仇讎也。』

又　卷二〇《趙三》　魯連曰：【略】『彼秦者，棄禮義而上首功之國也。』

《呂氏春秋》卷一六《悔過》　夫秦非他，周室之建國也。注：周家所封立也。

《史記》卷五《秦本紀》　秦之先，帝顓頊之苗裔。【略】舜賜姓嬴氏。【略】非子居犬丘，好馬及畜，善養息之。犬丘人言之周孝王，孝王召使主馬于汧渭之間，馬大蕃息。【略】孝王曰：『昔柏翳為舜主畜，畜多息，故有土，賜姓嬴。今其後世，亦為朕息馬。朕其分土為附庸。』邑之秦。使復續嬴氏祀，號曰秦嬴。

又　卷四《周本紀》　烈王二年，周太史儋見秦獻公，曰：『始周與秦國合而別，別五百載復合，合十七歲，而霸王者出焉。』

《漢書》卷二八下《地理志下》　秦之先曰柏益，出自帝顓頊。堯時助禹治水，為舜朕虞，養育草木鳥獸，賜姓嬴氏。歷夏殷，為諸侯。至周，有造父，善馭習馬，得華騮、綠耳之乘，幸于穆王，封于趙城，故更為趙氏。後有非子，為周孝王養馬汧渭之間。孝王曰：『昔伯益知禽獸，子孫不絕。』迺封為附庸，邑之于秦，今隴西秦亭、秦谷是也。至元孫氏為莊公，破西戎，有其地。子襄公時，幽王為犬戎所敗，平王東遷雒邑，襄公將兵救周有功，賜受郊酆之地，列為諸侯。

漢・王符《潛夫論》卷九《志氏姓》　惡來後有非子，以善畜，周孝封之於秦，世地理以為西陲大夫，汧秦亭是也。其後列於諸侯，五世而稱王，六世而始皇生於邯鄲，故曰趙政。

漢・鄭玄《毛詩譜・秦譜》　秦者，隴西谷名，於《禹貢》近雍州鳥鼠之山。堯時有伯翳者，實皋陶之子，佐禹治水，水土既平，舜命作虞官，掌上下草木鳥獸，賜姓曰嬴。歷夏商興衰，亦世有人焉。周孝王使其末孫非子養馬於汧渭之間，孝王為伯翳能知禽獸之言，子孫不絕，故封非子為附庸，邑之於秦谷。至曾孫秦仲，宣王又命作大夫，始有車馬、禮樂、侍御之好，國人美之，秦之變風始作。秦仲之孫襄公，平王之初，興兵討西戎，以救周。平王東遷王城，乃以岐豐之地賜之，始列為諸侯，遂橫有周西都宗周畿內八百里之地。其封域東至迆山，在荊岐、終南惇物之野。

北魏・酈道元《水經注》卷一七《渭水》　又逕清水城南，又西與秦水合，水出東北大隴山秦谷，二源雙導，歷三泉合成一水，而歷秦川，川有故秦亭，秦仲所封也。秦之為號，始自是矣。

論說

《史記》卷六《秦始皇本紀》　太史公曰：秦之先伯翳，嘗有勳於唐虞之際，受土賜姓；及殷夏之間，微散；至周之衰，秦興，邑于西垂。自繆公以來，稍蠶食諸侯，竟成始皇。始皇自以為功過五帝，地廣三王，而羞與之侔。善哉乎！賈生推言之也。

唐・司馬貞《史記索隱・秦本紀述贊》　柏翳佐舜，皂游是旌。蜚廉事紂，石椁斯營。造父善馭，封之趙城。非子息馬，厥號秦嬴。禮樂射御，西垂有聲。襄公救周，始命列國。金祠白帝，龍祚水德。祥應陳寶，妖除豐特。里奚致霸，衛鞅任刻。厥后吞幷，卒成凶慝。

唐・陸淳《春秋集傳纂例》卷一〇《國名譜・秦》　嬴姓，伯爵。隴西山谷之名也，於漢則隴西郡秦亭、秦谷是也。堯時有伯益，佐禹治水有功，帝舜賜其姓曰嬴氏。其後世之孫曰非子，事周孝王，使之養馬於汧渭之間，封之為附庸，邑之於秦谷。非子曾孫秦仲，周宣王又命為大夫，始有車馬、禮樂、侍御之好。秦仲之孫襄公，平王之初，興兵討西戎以救周。平王既東遷，以岐豐之地賜之，始列為諸侯。九世穆公，始見《春秋》。

宋・歐陽修《文忠集》卷五九《秦論》　謂秦為閏者，誰乎？是不原本末之論也，此漢儒之私說也。其說有三，不過曰滅棄禮樂，用法嚴苛，與其興也不當五德之運而已。五德之說，非聖人之言，曰昧者之論，詳之矣。其二者，特始皇帝之事爾，然未原秦之本末也。昔者堯、舜、夏、商、周、秦，皆出於黃帝之苗裔，其子孫相代而王。堯傳於舜，舜傳於禹。夏之衰也，湯代之王；商之衰也，周代之王；周之衰也，秦代之王。其興也或以德，或以功，大抵皆乘其弊而代之。初，夏世衰而桀為昏暴，湯救其亂而起，稍治諸侯而誅之，其《書》曰『湯征自葛』是也，其後卒以放桀而滅夏。及商世衰而紂為昏暴，周之文、武救其亂而起，亦治諸侯而誅之，其《詩》所謂『昆、崇、共、密』是也，其後卒攻紂而滅商。推秦之興，其德固有優劣，而其迹豈有異乎？秦之《紀》曰：其先大業，出於顓頊之苗裔，至孫伯翳，佐禹治水有功，唐虞之間，賜姓嬴氏；及非子，為周養馬有功，秦仲始為命大夫，而襄公與立平王，遂受岐豐之賜。當是之時，周衰固已久矣，亂始於穆王而繼以厲、幽之禍，平王東遷，遂同列國，而齊、晉大侯，魯、衛同姓，擅相攻伐，共起而弱周，非獨秦之暴也。秦於是時，既平犬夷，因取周所賜岐豐之地，而繆公以來，始東侵晉地至于河，盡滅諸戎，拓國千里。其後關東諸侯强僭者日益多，周之國地日益蹙，至無復天子之制，特其號在爾。秦昭襄五十三年，周之君臣稽首自歸於秦，至其後世，遂滅諸侯而一天下。此本末之迹也。其德雖不足，而其功力尚不優於魏晉乎？始秦之興，務以力勝，至於始皇，遂悖棄先王之典禮，又自推水德，益任法而少恩。其制度文為，皆非古而自是，此其所以見黜也。夫始皇之不德，不過如桀紂。桀紂不能廢夏商之統，則始皇未可廢秦也。

宋・楊甲《六經圖》卷一〇《秦世次》 伯益末孫曰非子，周孝王邑之秦，號曰秦嬴。至襄公，為周平王平犬戎，封為侯。自秦嬴至秦仲三世，至襄公五世，至穆公十三世。

宋・鄭樵《通志》卷四《秦紀》 臣謹按：秦起於皋陶。皋陶生伯益，父子俱佐舜有功，分土賜姓，然後子孫蕃庶，或於許，或於英，或於六，至春秋而國祀猶存者，德之所逮也。由伯益至非子，始號秦邑；由非子至襄公，始建國為諸侯。

宋・朱熹《詩集傳》卷三《秦》 秦，國名。其地在《禹貢》雍州之域，近鳥鼠山。初，伯益佐禹治水有功，賜姓嬴氏。其後中潏居西戎，以保西垂。六世孫大駱生成及非子，非子事周孝王，養馬於汧渭之閒，馬大繁息，孝王封為附庸，而邑之秦。至宣王時，犬戎滅成之族，宣王遂命非子曾孫秦仲為大夫，誅西戎，不克見殺。及幽王為西戎、犬戎所殺，平王東遷，秦仲孫襄公以兵送之，王封襄公為諸侯，曰：『能逐犬戎，即有岐豐之地。』襄公遂有周西都畿內八百里之地。

宋・范處義《詩補傳》卷二九《釋十五國二雅三頌名・秦》 秦，伯翳之後。周孝王封其裔孫非子於秦邑，即隴西秦谷是也。今隴州汧原，乃秦之故城。至五世孫襄公，救犬戎之難，平王錫以岐豐之地，西周之故都也。

宋・王應麟《詩地理考》卷六《秦》 秦者，隴西谷名，近雍州鳥鼠之山。

明・陳士元《論語類考》卷二《封國考・秦》 元按：秦國嬴姓，伯爵。周孝王封伯翳十九世孫非子於西戎地，為秦。徐廣云：天水郡隴西縣有秦亭，即今陝西鞏昌府秦州地。三傳而為秦仲，又十傳而為穆公。穆公十五年，始見於《春秋》。蓋秦之始封，但得隴西近戎之地，其後寖强，則盡有岐豐，亦乘周弱，而請乞併兼耳。周之本意，豈肯以故都與秦耶？《史記・本紀》乃謂周平王以秦救犬戎難，送王東遷有功，賜之岐西之地。其亦誤信秦人自文之辭矣。

清・王掞等《春秋傳説彙纂》卷首下《列國興廢説・秦》 嬴姓，伯爵。出自顓頊裔孫女修。子大業，生大費，與禹平水土，佐舜調馴鳥獸，賜姓嬴，是為柏翳。柏翳十九世非子，為周孝王主馬汧渭間，馬大蕃息，孝王分為附庸，而邑之秦。今秦州清水縣故秦城是也。非子之曾孫曰秦仲，死於西戎。其孫襄公討西戎有功，平王東遷，賜以岐豐之地，列為諸侯。

清・蔣廷錫《尚書地理今釋・秦》 周孝王封非子於秦，因為國號。今陝西鞏昌府。

清・江永《春秋地理考實》卷一《隱公・秦》 《傳》：秦師侵芮。《彙纂》：《詩譜》曰：秦，隴西谷名。徐廣曰：天水隴西縣有秦亭。今鞏昌府秦州清水縣故秦城是也。《史記》：秦之先伯翳佐禹平水土，賜姓嬴氏。後有大駱生非子，為周孝王主馬汧渭間，分土為附庸，邑之秦。今按秦州，今為直隸州，清水屬之。又按《一統志》：鳳翔府隴州南三里亦有秦城，非子所封。此地漢之汧源縣，豈非子始食邑於此，後復封之清水與？

三代暨列國疆域部

通紀概説分部

綜　述

《周禮・春官・保章氏》 以星土辨九州之地。所封封域皆有分星，以觀妖祥。漢鄭玄注：星土，星所主土也。封猶界也。【略】今其存可言者，十二次之分也。星紀，吳越也；　玄枵，齊也；　娵訾，衛也；　降婁，魯也；　大梁，趙也；　實沈，晉也；　鶉首，秦也；　鶉火，周也；　鶉尾，楚也；　壽星，鄭也；　大火，宋也；　析木，燕也。

唐・張守節《史記・天官書》正義引《星經》　角、亢，鄭之分野，兗州。氐、房、心，宋之分野，豫州。尾、箕，燕之分野，幽州。南斗、牽牛，吳越之分野，揚州。須女、虛，齊之分野，青州。危、室、壁，衛之分野，并州。奎、婁，魯之分野，徐州。胃、昴，趙之分野，冀州。畢、觜參，魏之分野，益州。東井、輿鬼，秦之分野，雍州。柳、星、張，周之分野，三河。翼、軫，楚之分野，荊州也。

《淮南子》卷三《天文訓》　星部地名：　角、亢，鄭；　氐、房、心，宋；　尾、箕，燕；　斗、牽牛，越；　須女，吳；　虛、危，齊；　營室、東壁，衛；　奎、婁，魯；　胃、昴、畢，魏；　觜巂、參，趙；　東井、輿鬼，秦；　柳、七星、張，周；　翼、軫，楚。

甲，齊；　乙，東夷；　丙，楚；　丁，南夷；　戊，魏；　己，韓；　庚，秦；　辛，西夷；　壬，衛；　癸，越；　子，周；　丑，翟；　寅，楚；　卯，鄭；　辰，晉；　巳，衛；　午，秦；　未，宋；　申，齊；　酉，魯；　戌，趙；　亥，燕。

《漢書》卷二八下《地理志下》　秦地，於天官東井、輿鬼之分壄也。【略】魏地，觜觿、參之分野也。【略】自井十度至柳三度，謂之鶉首之次，秦之分也。【略】周地，柳、七星、張之分壄也。【略】自柳三度至張十二度，謂之鶉火之次，周之分也。韓地，角、亢、氐之分野也。【略】自東井六度至亢六度，謂之壽星之次。鄭之分野，與韓同分。趙地，昴、畢之分壄。【略】燕地，尾、箕分壄也。【略】自危四度至斗六度，謂之析木之次，燕之分也。齊地，虛、危之分壄也。【略】魯地，奎、婁之分壄也。【略】宋地，房、心之分壄也。【略】衛地，營室、東壁之分壄也。【略】楚地，翼、軫之分壄也。【略】吳地，斗分壄也。【略】粵地，牽牛、婺女之分壄也。

又　卷六四下《賈捐之傳》　臣聞堯舜，聖之盛也，禹入聖域而不優，故孔子稱堯曰『大哉』，《韶》曰『盡善』，禹曰『無間』。以三聖之德，地方不過數千里，西被流沙，東漸于海，朔南暨聲教，迄于四海。【略】武丁、成王，殷周之大仁也。然地東不過江、黃，西不過氐羌，南不過蠻荊，北不過朔方。是以《頌》聲並作，視聽之類咸樂其生。

南朝梁・劉昭《續漢書郡國志補注》引蔡邕《月令章句》　周天三百六十五度四分度之一，分為十二次，日月之所躔也。地有十二分，王侯之所國也。每次三十二度三十二分之十四。日至其初為節，至其中為中氣。自危十度至壁八度，謂之豕韋之次，立春、驚蟄居之，衛之分野。自壁八度至胃一度，謂之降婁之次，雨水、春分居之，魯之分野。自胃一度至畢六度，謂之大梁之次，清明、穀雨居之，趙之分野。自畢六度至井十度，謂之實沈之次，立夏、小滿居之，晉之分野。自井十度至柳三度，謂之鶉首之次，芒種、夏至居之，秦之分野。自柳三度至張十二度，謂之鶉火之次，小暑、大暑居之，周之分野。自張十二度至軫六度，謂之鶉尾之次，立秋、處暑居之，楚之分野。自軫六度至亢八度，謂之壽星之次，白露、秋分居之，鄭之分野。自亢八度至尾四度，謂之大火之次，寒露、霜降居之，宋之分野。自尾四度至斗六度，謂之析木之次，立冬、小雪居之，燕之分野。自斗六度至須女二度，謂之星紀之次，大雪、冬至居之，越之分野。自須女二度至危十度，謂之玄枵之次，小寒、大寒居之，齊之分野。

晉・皇甫謐《帝王世紀・星野》　自斗十一度至婺女七度，一名須女，曰星紀之次，於辰在丑，謂之赤奮若，於律為黄鍾，斗建在子，今吳越分野。自婺女八度至危十六度，曰玄枵之次，一名天黿，於辰在子，謂之困敦，於律為大呂，斗建在丑，今齊分野。自危十七度至奎四度，曰豕韋之次，一名娵訾，於辰在亥，謂之大淵獻，於律為太蔟，斗建在寅，今衛分野。自奎五度至胃六度，曰降婁之次，於辰在戌，謂之閹茂，於律為夾鍾，斗建在卯，今魯分野。自胃七度至畢十一度，曰大梁之次，於辰在酉，謂之作噩，於律為姑洗，斗建在辰，今趙分野。自畢十二度至東井十五度，曰實沈之次，於辰在申，謂之涒灘，於律為中呂，斗建在巳，今晉、魏分野。自井十六度至柳八度，曰鶉首之次，於辰在未，謂之協洽，於律為蕤賓，斗建在午，今秦分野。自柳九度至張十七度，曰鶉火之次，於辰在午，謂之敦牂，一名大律，於律為林鍾，斗建在未，今周分野。自張十八度至軫十一度，曰鶉尾之次，於辰在巳，謂之大荒落，於律為夷則，斗建在申，今楚分野。自軫十二度至氐四度，曰壽星之次，於辰在辰，謂之執徐，於律為南呂，斗建在酉，今韓分野。自氐五度至尾九度，曰大火之次，於辰在卯，謂之單閼，於律為無射，斗建在戌，今宋分野。自尾十度至斗七度百三十五分而終，曰析木之次，於辰在寅，謂之攝提格，於律為應鍾，斗建在亥，今燕分野。凡天有十二次，日月之所躔也。地有十二分，王侯之所國也。

《晉書》卷一一《天文志上·十二次度數》　十二次，班固取《三統曆》，十二次配十二野，其言最詳。又有費直説《周易》，蔡邕《月令章句》所言頗有先後。魏太史令陳卓更言郡國所入宿度，今附而次之。自軫十二度至氐四度，為壽星，於辰在辰，鄭之分野，屬兗州。自氐五度至尾九度為大火，於辰在卯，宋之分野，屬豫州。自尾十度至南斗十一度為析木，於辰在寅，燕之分野，屬幽州。自南斗十二度至須女七度爲星紀，於辰在丑，吴、越之分野，屬揚州。自須女八度至危十五度爲玄枵，於辰在子，齊之分野，屬青州。自危十六度至奎四度為諏訾，於辰在亥，衛之分野，屬并州。自奎五度至胃六度爲降婁，於辰在戌，魯之分野，屬徐州。自胃七度至畢十一度爲大梁，於辰在酉，趙之分野，屬冀州。自畢十二度至東井十五度爲實沈，於辰在申，魏之分野，屬益州。自東井十六度至柳八度爲鶉首，於辰在未，秦之分野，屬雍州。自柳九度至張十六度爲鶉火，於辰在午，周之分野，屬三河。自張十七度至軫十一度為鶉尾，於辰在巳，楚之分野，屬荆州。

宋·歐陽忞《輿地廣記》卷一《七國》　京兆、商、華、同、耀、邠、鳳翔、麟、延安、丹、坊、鄜、銀、夏、寧、慶、環、原、涇、渭、宥、靈、鹽、鳳、秦、民山。會、鞏、蘭、河、熙、虢、隴、綏德、保安、西安、鎮戎、德順。右秦地。

開封、大名、河中、興仁、晉、絳、慈、隰、解、衛、深、祁。右魏地。

鄭、潁昌、唐、鄧、均、汝、陝。右韓地。

澤、潞、遼、代、沂、憲、汾、嵐、石、勝、府、豊、太原、洺、相、邢、磁、滄、清、冀、恩、真定、中山、莫、河間、趙、豊、平定、威勝、寧化、岢嵐、火山、保德、晉寧、永静、順安、永寧、雲、蔚、朔、勝、單于大都護。右趙地。

幽、涿、霸、雄、嬀、易、檀、薊、平、營、保順、信安、保定、安肅、廣信、安東、右燕地。

登、萊、沂、密、濰、青、淄、濱、滄、棣、齊、德、博。右齊地。

房、金、漢、興元、雲、夔、鼎、澧、辰、黔、安、岳、黄、鄂、復、郢、襄、峽、歸、施、江陵、沅、楚、通、泰、楊、奚、滁、濠、和、壽、廬、舒、光、蘄、江、筠、吉、潤、湖、江寧、秀、池、歙、宣、睦、棠、平、江、杭、越、明、台、婺、温、處、衢、隋、潁、海、黄、饒、信、洪、虔、支、撫、潭、衡、道、永、邵、全、郴、漣、陳、漢陽、無為、南康、興國、臨江、南安、太平、廣德、光化、信陽、建昌、桂陽、武岡、荆門、溪、錦。右楚地。

西京、孟。右周地。赧王五十九年，九鼎入秦，周遂亡，實秦昭襄王五十一年。

元·梁益《詩傳旁通》卷一五《敘》　謹按周南、召南、邶、鄘、衛、王、鄭、齊、魏、唐、秦、陳、鄶、曹、豳十五國地，周南則河南洛陽之境，其地屬汴梁，河南省，周天子之王城。陳、鄭、檜之三國，皆河南省地。召南則上接京兆陝西省境，江漢則河南及武昌，湖廣省境也。其邶、鄘、衛、曹，皆在河北。唐在河東，則上隸中書都省。齊、魯山東之地，亦隸都省。豳、秦則陝西省之地也。玁狁之境，則和林城，嶺北省之地；西戎則甘州，甘肅省之地；東海則高麗鎮東省之地；醫無閭山則懿州遼陽省之地；江之發源則成都，四川省之地；荆楚群舒則湖廣、河南及隆興，江西省之地；太伯適吴，則杭州，浙江省之地也。中慶雲南省，漢以前不與中國通，其地蓋西南夷耳。

以九州言之，直隸都省河北、東魯，皆冀州、兗州之地，齊為青州之地。河南省之地為徐，為荆，為豫。湖廣、江西、江浙之地為揚。陝西之地為梁，為雍。河東則并州之地，遼陽則營州之地，開平、大興、和林省則幽州之地。甘肅、雲南，時皆荒遠。高麗箕子朝鮮之域，與遼陽壤地相接。然此亦概言之，地形如犬牙相入，故不截然整齊也。

以星土言之，大梁之次，州曰冀。壽星之次，州曰兗。玄枵之次，州曰青。降婁之次，州曰徐。星紀之次，州曰揚。鶉尾之次，州曰荆。大火之次，州曰豫。實沈之次，州曰益。益州與梁州同分野，沈音審，或云與沉同。鶉首之次，州曰雍。析木之次，州曰幽。娵訾之次，州曰并。以分野之星言九州者如此。《詩》之《十五國風》之地，古九州内之地也，而其地形皆陿隘，今自都省，行省所轄各道各路郡縣處所，有古所未有之幅員，不可與十五國同論。然以輿地形勢觀之，今天下即古天下，今山川即古山川，但有通未通，闢未闢之分，初無古今之異。愚因以贅兹説。

清·顧棟高《春秋大事表》卷四《列國疆域表》　昔武王大封列侯，各有分地。至春秋時，猶存百二十四國。稅安禮為作《春秋指掌圖》以明之，余謂是不可圖也。若從其始封，則與春秋時之疆境不合。若從春秋當日，則二百四十年中强兼弱削，月異而歲不同。當以何年為準而圖之？即以周與晉、楚論，晉之始封太原，百里之地耳。其後獻公滅耿，滅霍，滅魏，拓地漸廣，而最得便利者，莫如伐虢之役。自澠池迄靈寶以東崤、函四百餘里，盡虢略之地。晉之得以西向制秦，秦人抑首而不敢出者，以先得虢，扼其咽喉也。至文公啓南陽，奄有覃、懷，後經營中原，迫逐戎狄，凡衛河以北、殷墟之境之沒于狄及邢之滅于衛，滑之滅于秦者，晉盡取之。于是東及朝歌，北盡邯鄲，自河南之彰德、衛輝，至直隸之大名、廣平、順德，悉為晉有，而謂晉猶昔日之晉乎？ 楚封丹陽，蓋在今歸州東南七里，至文王滅鄧，縣申、息，封畛于汝，此時已涉河南南汝之境。以後蠶食諸夏，鄧及唐、葉，皆南陽府地也。江、黄、道、柏、蓼、胡、沈，皆汝寧府地也。最後城州來、居巢、鍾離，則更侵入鳳陽、廬、壽之境，而謂楚猶昔日之楚乎？ 至周之東都，鄭氏《詩譜》云封域在《禹貢》豫州太華外方之間，北得河陽，漸冀州之南，畿内方六百里。逮後南陽入于晉，祭地入于鄭，伊川入于陸渾，日朘月削，故襄王以前猶能興師伐鄭伐翼，襄王以後如病痿，躄不能起。王畿已非復東遷之舊，况在小國乎！

夫弱小之日就微滅，與大國之漸肆吞併，非一朝一夕之故也，故曰是不可圖也。夫不原其始封，則不明先王星羅棋置、犬牙相錯之至意，而不極吞併所至，則又無以識春秋當日之大勢。故自王畿以下，凡晉楚諸大國，先區明其本境，以漸及其拓地之疆域，終春秋之世而止。而小國亦還其始封，末云後入某國，為某邑，庶前後之疆索瞭如，而廢興之故亦從可概睹矣。

又 卷六上《列國地形犬牙相錯表》 先王建國，各有分地，紛若列棋，界如分畛。其後列侯爭相侵奪，務據勢勝，而春秋列國之疆域，繁然亂矣。如山東濮州范縣，為晉士會邑。楚之子西為商公，為今陝西商州之雒南縣。學者多所不曉。以此讀《傳》，譬若矮人觀場，余竊病之。今詳考輿圖，各據今之州府，而列春秋當日之地形犬牙錯互處，以《左氏經傳》附注其下。

其在大國者無論，即如鄭、衛、魯、宋，以一國而錯列幾府，邾、滕、郳、薛，以四國而並處一縣。今兗州府滕縣。他如吳、楚、徐、越，界在蠻夷，未收版籍，今日而欲知其交兵苦戰者在何地，使命通接者在何方。晉之通吳，以制楚也，滅偪陽，以與宋通吳晉往來之道，而今之沛縣，實當南北之衝。偪陽在今沛縣。楚之通越，以制吳也，越大夫胥犴勞王于豫章之汭，歸王乘舟，且帥師從王，而今之饒州，實居楚越之界。饒之鄱陽為楚，饒之餘干為越。以至山東不當有晉地。觀隨武子之稱范，在宣十五年滅潞之後，而知其皆赤狄遺疆，另有考。晉之封域，彌大于景公之世。陝西不當有楚地。觀子西之為商公，在文十年商臣之世，而知少習、武關，早為楚有。商城在武關西北百二十里。楚之問鼎，幾成于踐土之前，楚之順大江而直下也。吳不能勝楚，而盛兵以瞰東北，多在廬、壽、潁、亳之間。晉之據桃林，以西拒也，秦不敢抗晉而竊出，以窺東南，多出上雒、析城之界。觀笠澤為吳越接戰之區，則知苕霅為兩國莫居之地。觀黄池為吳晉會盟之地，則知運河早已合江淮沂濟之流。黄池在今河南封邱縣。吳既溝通江淮，復闕為深溝于商魯之間，北屬之沂，西屬之濟，以會晉于黄池。沂水入泗濟，在封邱縣南。蓋其水道自江入淮，自淮入泗，自泗入沂，復穿魯宋之境連屬，水道有不通者鑿而通之，以達于封邱之濟，起揚州，至封邱，千有餘里，即今日運河之故迹。庶茫茫千載，歷歷可見，如審星以識度，撫掌而指螺，而凡行師道里之迂直遠近，盟會徵調之疏數繁簡，靡不曉然，確知其故。斯亦學《春秋》者之所必講也。

清·秦蕙田《五禮通考》卷二一〇《嘉禮八三·體國經野·戰國七雄》

地志： 秦右隴蜀，左關坂，北有甘泉、谷口，南帶涇渭。韓北有鞏、洛、成皋之固，西有宜陽、商阪之塞，東有宛、穰、洧水，南有陘山。魏東有淮潁，西有長城，南有鴻溝，北有河外。趙西有常山，南有河漳，東有清河，北有燕國。燕東有朝鮮、遼東，北有林胡、樓煩，西有雲中、九原，南有滹沱、易水。齊南有泰山，東有琅邪，西有清河，北有渤海。楚西有黔中、巫郡，東有夏州、海陽，南有洞庭、蒼梧，北有陘塞、郇陽。

梁啓超《戰國載記·紀列國疆域形勢章第一》 春秋史域，惟在山西、河南、山東、湖北四省，及江蘇北部、陝西東部之一小分。逮其晚年，則安徽、江西、浙江漸見史蹟。戰國之世，除兩廣、福建、云貴外，今各行省，悉編版籍矣。其陝西省則曾分隸秦、魏、楚、趙四國； 山西則曾分隸魏、趙、韓三國； 直隸則曾分隸燕、趙、齊、衛、中山五國； 山東則曾分隸齊、宋、衛三國，其間尤有泗上諸小侯國； 河南則曾分隸周、韓、魏、楚、宋、衛六國； 甘肅曾分隸秦、趙二國； 四川曾分隸秦、楚二國； 江蘇曾分隸宋、楚、越三國； 安徽曾分隸楚、魏、宋三國； 兩湖、江西曾全隸楚國； 浙江曾全隸越國。後乃次第輾轉入於秦。此其大較也。其先後離合既不常，故難以確指，僅就周及七雄，示其初期領域之梗概。其諸要地之攻取，則分見於次章。

周： 周疆域在各國中為最狹，而三百年間，變遷較少，蓋其地既不足貪，亦憚於犯共主也。《漢志》《漢書·地理志》省稱，下同。稱河南、洛陽、穀城、平陰、偃師、鞏、緱氏，皆周故地。蓋在今河南河洛道之東北偏，有洛陽、偃師、鞏、孟津四縣，沿隴海鐵路，東盡鞏縣，西盡洛陽，北距河，南帶伊闕、即龍門。轘轅，今偃師縣治南七十里。至宜陽、登封兩縣界而止。然且分為二周：西周治洛，東周治鞏，時復侵鬩，愈用局促。至季年，蓋少分，先入韓，一六六年即秦莊襄王元年，韓獻成皋、鞏，見《秦本紀》。是鞏先已入韓也。既乃盡入於秦云。

魏： 戰國之初，魏最強，蓋分地得晉中權，形勢雄要，故亦襲晉名。魏惠王語孟子所謂『晉國，天下莫強也。』《史記》、《戰國策》凡稱『晉』者，皆指魏。其都凡四遷： 春秋晉獻公時，封畢萬於魏，即晉所滅之故魏國也。今山西河東道芮城縣。悼子徙霍，故霍國也。今河東道霍縣。昭子徙安邑，故夏都也。今河東道夏縣。惠王徙大梁，即汴梁，後此五代、宋、金之建都也。今河南省城。其地分四部： 曰河東、河西、河內、河外。河西地在今陝西境，西距河，東距洛，今陝西關中道內舊同、華、商等州所屬諸縣，榆林道舊延安府綏德州所屬諸縣，及鄜州所屬北東境諸縣是也。其在今榆林道內者，亦稱上郡。河西上郡之西邊，與秦為界，有長城。南自今華縣、鄭縣西北過渭水，濱洛水南岸向北，經鄜縣極北，達榆林，蜿蜒千餘里，而上郡東鄙則界趙焉。河東地在今山西境，西距河，東據汾。今河東道境內舊蒲、絳、解、吉、隰等州所屬諸縣，舊平陽府所屬之汾城縣，及冀寧道內舊澤州所屬之晉城、陽城等縣是也，其故都安邑在焉。自汾城以北，與趙為界。河東、河內皆在大河之北，地勢本相屬，而有韓之上黨縱斷其間，故析為二部，上黨西稱河東，上黨東稱河內。河內跨今河南、直隸兩省，其在河南者即故殷墟，有今河北道境內舊衛輝、懷慶二府所屬諸縣，及舊彰德府所屬南境諸縣； 其在直隸者，有今大名道境內舊大名府所屬諸縣。北與趙為界，東與齊為界，而衛實弱於其間。衛雖褊小，然終戰國之世不亡，其地惟東界齊，北、西、南皆界魏，衛實在魏之封域中也。衛地跨今直隸、山東、河南三省。河外在今河南境西，錯入安徽、山東之邊，亦分為兩部，不相聯屬。西部有今河洛道境內陝、靈寶、閿鄉、盧氏諸縣，汝陽境內之舞陽縣，西界秦，南界楚； 東部有今開封道境內舊開封府及許州所屬諸縣，中與宋、衛、韓錯壤。今汝陽道境內舊汝南府所屬諸縣。中與楚錯境。其極東乃至今山東濟寧道之菏澤、曹縣，其極南乃至今安徽淮泗道之阜陽縣。蘇秦說魏惠王云： 王之地，南有新郪。新郪故城在今阜陽西北。蓋東界齊、宋，南界楚，新都大梁在焉。東西兩部之間，有韓、周橫梗。以隴海鐵路所經明之： 商丘驛本為宋地，自是而西，歷甯陵、睢縣、杞縣、陳留、開封、中牟、鄭縣以東皆魏地，由鄭縣歷滎陽至鞏縣皆韓地，自鞏縣歷偃師至洛陽皆周地，西則新安、澠池又為韓地，更西則陝縣、靈寶、閿鄉又為魏地。此魏形勢之大凡也。范雎曰： 『魏，天下之胸腹。』司馬遷亦曰： 『昔唐人都河東，殷人都河內，周人都河南。夫三河在天下之中，若鼎足，王者所更居也。』三河之樞，魏實綰之，魏之為重於天下宜矣。然亦以處天下之中，環周皆強國，末由斥境以自廣。終戰國之世，魏地有蹙而無辟。文侯嘗一克中山，前七三年。（謂《戰國前紀》之第七十三年也。後仿此，參觀《年表》）不能有也，而卒歸於趙。不寧惟是，其國川原平曠，乏險可守，故張儀說惠王曰： 『魏地四平，諸侯四通輻輳，無名山大川之限。梁之地勢，固戰場也。齊攻其東，趙攻其北，韓攻其西，楚攻其南，四分五裂之道也』。言雖恫喝，於勢實審。當其盛時，守在河西，足以自強； 及與秦遇而不克支，失少梁，五十年。（謂《戰國本紀》第五十年也，後仿此）失雕陰，七十一年。盡納河西地，七十四年。並及上郡，七十六年。大河之勢全失。蓋自去安邑、徙大梁以後，六十四年。魏之命運定矣。

韓： 韓都五遷： 晉封韓武子於韓原； 今陝西關中道韓城縣。宣子徙居州； 今河南河北道沁陽縣。貞子徙平陽，故堯都也； 今山西河東道臨汾縣。景侯徙陽翟； 今河南開封道禹縣。哀侯徙鄭，故鄭都也。今開封道鄭縣。其地分二部： 本部在今河南境； 別部曰上黨，在今山西境。其本部當初分晉時，西境極今河洛道之西徼，逼近潼關，與秦、魏為界，澠池、殽函皆在境內。澠池即今澠池縣，二殽在陝縣境。史稱秦攻商君，殺之於鄭澠池。鄭即韓也，其時澠池猶為韓地。賈誼稱秦孝公據殽函之固，蓋指潼關一隅耳，説詳下。東亦極今河洛道之東徼登封、臨汝縣境，與鄭為界。北則與周、魏為界。南有舊河南府之南部，舊河南府除前條周四縣外，皆韓地。沿汝水與楚為界。西南至今汝陽道之內鄉縣北境，商城縣東境，各與楚、秦為界。其別部上党則在大河以北，有今山西河東道境內舊平陽府之一部及冀寧道境內舊潞安府澤州之全部，斗入魏境數百里而縱斷之。此戰國初之韓疆也。初，三家分智伯地，段規謂韓康子曰： 『必取成皋。』康子曰： 『石溜之地，安所用之？』規曰： 『不然。一里之厚而動千里之權者，地利也。用臣言，則鄭為韓有矣。』及入戰國，而韓卒滅鄭，二十九年。兼有春秋鄭、許二國地，跨今開封道之半，而東與魏為界，自是韓亦稱鄭焉。《史記》、《戰國策》凡稱『鄭』者皆指韓。西扼桃林之塞，東據虎牢之險，號略十邑，其八在韓，故頓子曰：『韓，天下之咽喉也。』然其周遭見脅列強，不克展拓，乃甚於魏；加以地處四衝，自春秋來，久為爭的，故其人儇巧，善趨避而不武。戰國之世，七雄無歲不戰，各有武功可紀，惟韓獨無，而常首鼠於縱、橫兩派之間。韓襲『鄭』名，信哉其肖鄭也。自宜陽、武遂入秦，九十七年、一百○一年。所謂天險者，已資敵為制我之資。蘇秦說趙王曰：『秦攻韓魏，無名山大川之限，稍蠶食之，傅國都而止。』又說楚王曰：『韓魏所以重畏秦者，為與秦接境，兵不出十日，而戰勝存亡之機決矣。』張儀說韓王曰：『大王不事秦，秦下甲據宜陽，斷韓之上地，指上党。塞成皋，則王之國分矣。』其後秦之滅韓，果先取南陽，此春秋之南陽，非今之南陽，説詳下。絕太行道，一百五十一年。上黨遂不能守，轉以予越，一百五十三年。卒乃獻滎陽、成皋，一百六十五年。秦亦拔上黨，一百七十六年。而韓遂為秦藩矣。

趙：終戰國之世，能倔強與秦亢者，莫如趙。雖曰國有人焉，亦形勢然矣。趙始封於耿，今山西河東道河津縣。成子居原，故原國也；今河南河北道濟源縣。簡子居晉陽；今山西省治。獻侯治中牟，今河南河北道湯陰縣。後復居晉陽；肅侯徙都邯鄲。今直隸大名道邯鄲縣。其地跨今山西、直隸兩省，錯入河南、山東，後拓境越陝西之西北。其在山西者，自今冀寧道之遼縣、泗縣、趙城、石樓以北，北抵長城，而南與魏為界，西阻河，界魏之上郡。其在直隸者，有今保定道之全境，保定道內定、曲陽、深澤三縣，本中山地，武靈王滅中山，地盡入趙。大名道之大半，大名道除舊大名府屬與山東、河南錯壤之數縣屬魏外，其餘皆屬趙。津海道西偏舊河間府屬之諸縣，而東與燕、齊為界。其在河南者，有今河北道北偏諸縣，臨漳、內黃、武安、涉等縣。南與魏為界。以京漢鐵路所經明之，則涿縣、定興間，燕、趙界也；湯陰、淇縣間，趙、魏界也。此戰國初趙疆域之大凡也。及武靈王廓境，九十八年至一百○四年。置雁門、代郡，則北盡山西之北境，今雁門道全境。入察哈爾、綏遠邊界。東北有直隸口北道西偏諸縣，懷安、陽原、蔚縣等。西北至云中、九原，則有陝西榆林道以北，包河套，抵甘肅境矣。蘇秦說趙肅侯曰：『當今山東之國，莫如趙強，地方二千餘里。』其時之趙，固已若是。事在七十一年，距武靈王廓境前三十年。武靈所廓，又不下千餘里，其強大可想。蘇秦又曰：『秦所害於天下者，莫如趙。然而不敢舉兵伐趙者，畏韓、魏之議其後也。』故韓之南蔽也，雖韓、魏翦滅後，秦猶無如趙何。先後間廉頗、李牧，去之然後始能以得志。趙亦一世之雄哉！

燕：燕自周初建國，歷數百年未嘗為重於天下。入戰國，乃為七雄之一。始都易，今直隸津海道易縣。後并薊地，遷焉，即今京師也。全境在今直隸，並跨奉天、熱河。戰國初，有今京兆及津海道境內舊天津府及遵化州所屬各縣。昭王時，百十四、十五年間。其將秦開破東胡、樓煩，拓地千餘里，置上谷、漁陽、右北平、遼東、遼西諸郡，於是東北有津海道舊永平府所屬諸縣，更奄包遼東半島，逼距朝鮮，環今京奉鐵路、安東鐵路以內，率皆燕地也。西北更有今口北道之泰半，今口北道全境，皆燕之上谷郡。初全屬燕，其後趙伐燕，取三十六城，故有數縣屬趙，如前條所述。熱河屬之舊承德府各縣，亦在焉。此燕境最恢之時矣。蘇秦說趙王曰：『燕固弱國，不足畏也。』其說燕王曰：『秦之攻燕也，踰云中、九原，過代、上谷，彌地踵道數千里。雖得燕城，不能守。秦之不能害燕，亦明矣。』故終戰國之世，燕常與齊、趙相攻取，齊常墟燕，九十年。燕亦常墟齊；百三十年。與趙從親則安，否則恒有趙患；而齊、趙亦恒視燕向背為安危。故蘇代曰：『天下戰國七，而燕處弱焉。獨戰不能，有所附則無不重也。』然二百余年間，秦兵未始一加於燕；及趙亡，則秦師不再舉而燕下矣。蘇秦又曰：『秦之攻燕，戰於千里之外；趙之攻燕，戰於百里之內。』夫始皇滅燕時，則固戰於百里之內也。

齊：齊表東海，在春秋即稱雄國。自獻公周厲王時。居臨淄，今膠東道臨淄縣。歷春秋戰國六百餘年不徙，諸國宅都之久，未若齊臨淄者也。戰國齊全盛時，奄有今山東省什之九，濟南、東臨、膠東三道皆隸焉。東三面襟海，北則跨直隸津海道內舊天津府滄州、景州所屬各縣。北界燕，西界趙。今津浦鐵路北段所經，則滄縣以北為燕，其南為齊也。今山東濟寧道境，其舊沂州府全屬及舊兗州府屬之寧陽、汶上、鄒、滕四縣皆齊境，餘則宋及泗上十二小諸侯地。十二小侯不能悉舉其名，魯、鄒、滕、薛、郳等，其可考者也，皆在舊兗州府屬。宋於七雄外，最為強大。其地有山東濟寧道之菏澤、曹、定陶、單、武城、鉅野、金鄉、魚臺等縣，有河南開封道之商邱、虞城、夏邑、永城等縣，有江蘇徐海道舊徐州府屬之全境，安徽淮泗道之宿、亳二縣。及齊、楚、魏分宋，一二八年。山東境內宋地盡入齊，齊於是奄有全省；其未入版圖者，舊兗州府泰安府屬一小分而已。泗上小侯次第為宋所滅，分宋後地入齊。齊前此南與宋為界，至是則與楚為界。今津浦鐵路所經滕縣與徐州之間，則齊、楚界也。田肯曰：『齊有琅邪、即墨之饒，南有泰山之固，西有濁河之限，北有渤海之利，地方二千餘里，持戟百萬，懸隔千里之外，此東秦也。』秦之無如齊何，猶齊之無如秦何。故終戰國之世，秦加兵於齊者僅二度，一二九年、一四四年。而皆不能為齊病。齊之亡，則大勢既去，望風降服而已。

楚：楚當春秋之季，嘗一度大創於吳，然吳未能略楚寸地也。及越滅吳而不能正江淮以北，楚取之地益廣，其後滅越分宋，又益廣矣。自七十一年至九十一年之時，楚版圖稱全盛。七十一年滅越，九十二年取秦取我漢中地。北有今河南汝陽道什之八九，與韓、魏為界。京漢鐵路所經郾城、西平間，則魏、楚界也。汝陽道舞陽縣以北屬魏，內鄉縣以北屬韓。其中權則全有湖北、安徽、江蘇三省。時安徽、江蘇尚有一部分屬宋，見前條。南則有江西之潯陽、廬陵、豫章三道，贛南未闢。湖南全省。東則有浙江之錢塘、金華、會稽三道，甌海為百越所散居。西則有陝西漢中道及四川東川道之半。其時漢中道南鄭以西屬秦，其東屬楚。當是時，楚地蓋半天下。自懷王喪師，西境陝西、四川之地去矣。九十二至一〇六年。然旋復滅宋，分其地；一二八年。從燕伐齊，取淮北，一三〇年。於是盡有江蘇、安徽餘境，且及山東舊濟寧道之舊泰安、兗州二府地。此楚疆沿革之大凡也。《淮南子》曰：『楚地南卷沅湘，北繞潁泗，西包巴蜀，東裹郯淮。潁汝以為洫，江漢以為池，垣之以鄧林，今鄧縣。綿之以方城。今裕縣。』全楚盛時之形勢，略具是矣。及漢中、巴蜀既失，秦控上游以臨楚，楚始不競；韓、魏臣服於秦，楚遂不可復守。蘇秦説楚曰：『秦之所害於天下莫如楚，王不縱親以孤秦，秦必起兩軍，一軍出武關，一軍下黔中，則鄢郢動矣。』張儀説楚曰：『秦下甲，據宜陽，韓之上地不通；下河東，取成皋，韓必入臣於秦。韓入臣，魏則從風而動。秦攻楚之西，韓、魏攻其北，社稷豈得無危哉？』蘇代約燕王秦正告楚曰：『蜀地之中，輕舟出於汶，汶山，即岷山。乘夏水而下江，五日而至郢；漢中之甲，輕舟出於巴，乘夏水下漢，四日而至五渚。在宛、鄧間。寡人積甲宛，宛城，今河南汝陽道南陽縣。東下隨，今湖北江漢道隨縣。智者不及謀，勇者不及怒。』凡此雖當時策士恫愒之言乎，而後此秦之并楚，實遵斯道。地勢形便所系之重，如是夫！

秦：六國皆并於秦，然秦當戰國初，境壤實視諸國最狹。其國界約自西經七度至十度，北緯三十三度半至三十五度耳。其地皆在今陝西，惟故都跨甘肅之東偏，而陝西亦與楚、魏共之，秦所得僅三之一也。蓋東距洛水，自今關中道東境白水、郃陽間，蒲城、朝邑間，高陵、華縣間，藍田、商縣間，與魏之河西地為界。北自榆林道鄜縣、甘泉間，與魏之上郡為界。南則有漢中道內舊興安府屬北境諸縣，而西南與楚為界。西則盡甘肅渭川道而止。其時秦地之廣，乃僅與韓、宋、燕比肩。獻、孝、惠、武、昭五世，自二十年至百六十四年。銳意攻克，東侵韓、魏、趙、楚，北滅義渠，南并巴蜀。始皇初立，則既有今山西河東道全境及冀寧道之泰半，舊太原汾澤潞所屬諸縣。河南舊懷慶、衛輝，河北道。開封，開封道。南陽汝南道。四府所屬諸縣，湖北荊南道全境及襄陽道內舊鄖、襄兩府所屬諸縣。西南奄舉全蜀，北及榆林，盡陝西北鄙。西北有甘肅之涇原道。天下形勢，盡在秦矣。越二十餘年，遂并天下。荀卿曰：『秦國塞險形勢便，山林川谷美，天府之利多，此形勝也。』田肯曰：『秦帶河阻山，隔絕千里，地勢便利，其以下兵於諸侯，譬猶居高屋之上建瓴水也。』嗚呼！先乎秦者有周，後乎秦者有漢，三代之興，皆以關中，關中誠重於天下哉！

論說

《墨子》卷五《非攻中》 飾攻戰者言曰：南則荆吴之王，北則齊晉之君，始封於天下之時，其土地之方，未有至數百里也；人徒之衆，未有至數十萬人也。以攻戰之故，土地之博至有數千里，人徒之衆至有數百萬人，故當攻戰而不可已也。

又《非攻下》 好攻伐之君又飾其説，以非子墨子曰：『子以攻伐為不義，非利物與！昔者楚熊麗始討此睢山之間，越王緊虧出自有遽，始邦於越，唐叔與呂尚邦齊晉。此皆地方數百里，今以并國之故，四分天下而有之。是何故也？』子墨子曰：『子未察吾言之類，未明其故者也。古者天子之始封諸侯也，萬有餘。今以并國之國，萬國有餘皆滅而四國獨立。此譬猶醫之藥萬有餘人，而四人愈也，則不可謂良醫矣。』

《戰國策》卷一九《趙二》 蘇秦從燕之趙，始合從，説趙王曰：【略】『臣竊以天下地圖案之，諸侯之地，五倍於秦。』

《史記》卷一四《十二諸侯年表序》 齊、晉、秦、楚，其在成周微甚，封或百里，或五十里。晉阻三河，齊負東海，楚介江淮，秦因雍州之固，四國迭興，更為伯主，文、武所褒大封，皆威而服焉。

漢・桓寬《鹽鐵論》卷一〇《險固》　文學曰：吳有三江、五湖之難而兼於越，楚有汝淵、滿堂之固而滅於秦，秦有隴阺、崤塞而亡於諸侯，晉有河華、九河而奪於六卿，齊有泰山、巨海而負於田常，桀紂有天下兼於濟、亳，秦王以六合困於陳涉。非地利不固，無術以守之也。

大夫曰：楚自巫山起方城，屬巫、黔中，設扞關以距秦。秦包商洛、崤、函，以禦諸侯。韓阻宜陽、伊闕，要成皋、太行，以安周、鄭。魏濱洛築城，阻山帶河，以保晉國。趙結飛狐、句注、孟門，以存荆代。燕塞碣石，絶邪谷，繞援遼。齊撫阿、甄，關榮、歷，倚太山，負海河。關梁者，邦國之固，而山川，社稷之寶也。

又　卷九《誅秦》　大夫曰：秦、楚、燕、齊，周之封國也。三晉之君，齊之田氏，諸侯家臣也。內守其國，外伐不義，地廣壤進，故立號萬乘而為諸侯。

文學曰：【略】秦、楚、三晉號萬乘，不務積德而負相侵，搆兵爭强，而卒俱亡。雖以進壤廣地，如食萴之充腸也。欲其安存，何可得也？

唐・孔穎達《左傳・襄公九年》正義　天有十二次，地有九州，以此九州當彼十二次，《周禮》雖云皆有分星，不知其分誰，分之也何？必所分能當天地，星紀在於東北，吳越實在東南；魯衛東方諸侯，遙屬戌亥之次；又三家分晉，方始有趙，而韓魏無分，趙獨有之。《漢書・地理志》分群國以配諸次，其地分或多或少，鶉首極多，鶉火甚狹，徒以相傳為説，其源不可得而聞之。

《新唐書》卷三一《天文志》　一行以為：【略】近代諸儒言星土者，或以州，或以國。虞、夏、秦、漢，郡國廢置不同。周之興也，王畿千里；及其衰也，僅得河南七縣。今又天下一統，而直以鶉火為周分，則疆埸舛矣。七國之初，天下地形雌韓而雄魏。魏地西距高陵，盡河東、河內，北固漳、鄴，東分梁、宋，至於汝南。韓據全鄭之地，南盡潁川南陽，西達虢略，距函谷，固宜陽，北連上地。皆綿亘數州，相錯如繡。考雲漢、山河之象，多者或至十餘宿。其後魏徙大梁，則西河合於東井；秦拔宜陽，而上黨入於輿鬼。方戰國未滅時，星家之言屢有明效，今則同在畿甸之中矣，而或者猶據《漢書・地理志》推之，是守甘石遺術而不知變通之數也。又古之辰次，與節氣相係，各據當時曆數，與歲差遷徙不同。今更以七宿之中分四象中位，自上元之首，以度數紀之，而著其分野，其州縣雖改隸不同，但據山河以分爾。

唐・杜佑《通典》卷一七二《州郡二・序目下》　議曰：按《左傳》周敬王魯哀公之時，吳爲越所滅。其後六十九年，至威烈王，始命韓、趙、魏爲諸侯。後十七年，安王之時，三國共滅晉而分其地。後五十六年，顯王之時，而越爲楚所滅。又按所列諸國分野，具於班固《漢書》及皇甫謐《帝王代紀》。下分區域，上配星躔，固合同時，不應前後。當吳之未亡，天下列國尚有數十。其時韓、趙、魏三卿又未爲諸侯，晉國猶在，豈分其土地？自吳滅至分晉，凡八十六年，時既不同，若爲分配？又按諸國地分，略考所在封疆，詳辨隸屬，甚爲乖互。不審二子依據。

《漢書》又云：今之蒼梧、鬱林、合浦、交阯、九真、南海、日南，皆越分野。夏少康庶子封於會稽，後二十餘代，至勾踐，滅吳稱伯，後六代而亡，後十代至閩君搖，漢復立爲越王，都東甌，則今永嘉郡也。是時秦南海尉趙佗亦稱王，五嶺之南皆佗所有也。又按越之本封，在於會稽，至勾踐强盛，有江淮之地，天子致胙，號稱霸王，正當戰國之時，凡得百四十二歲。後至秦漢，方有閩搖。雖虚引其歷代興亡，而地分星躔，皆不相涉。及趙佗奄有，時代全乖，未知取舍，何所準的？凡爲著述，誠要審詳者也。但編舊文，不加考覈，遞相因襲，是誤後學。祇恐本將諸國上配天文，既多舛謬，或無憑據，然已載前史，歷代所傳，今且依其本書，别其境土，蓋備一家之學，示無闕也。

宋・羅泌《路史》卷二九《國名紀六・古之亡國》　荆莊併國二十六，開地三千，猶荆莊之氓、社稷，而荆已亡。齊桓併國三十，開地三千，猶齊桓之氓、社稷，而齊已滅。燕襄以河為境，以薊為國，殘齊而平中山，有燕者重，無燕者輕。魏安釐攻趙破荆，利都平陸，攻韓拔管，兵四布於天下，而尋皆亡者，群臣官吏務其所以亂，而不務其所以治也。

又　卷四三《餘論六・星次説》　費直書十二篇，以《易》卦配地域；蔡邕《月令章句》，以節氣當國分；及皇甫謐作《帝王紀》，復以月律配入辰次，言之而事益支矣。按蔡邕之説，豕韋之次，立春、驚蟄居之，衛之分野；以至元枵，小寒、大寒居之，為齊之分。若謐之説，星紀之次於辰為申，謂之赤奮若，於律黄鍾，斗建在子，吳越分野；以至析木，於辰為寅，謂之攝提格，於律應鍾，斗建在亥，燕之分野。此班、鄭之説也。鄭氏律説黄鍾子之氣，十一月建而辰在星紀。應鍾亥之氣，十月所建而辰在析木。班固《曆志》娵訾之初危十六度，為立春。中營室十四度，為驚蟄。元枵之初婺女八度，小寒。中而危初，為大寒。二子蓋原乎此。

夫星紀東北而吳越實東南。降婁、娵訾，戌亥之位，而魯位實在東北。齊表東海而星且北，秦處西垂而次乃南，故或以古受封之日歲星所在為説。武王克商，歲在鶉火。伶州鳩云：歲之所在，我周之分野，則周屬鶉火，故自柳九度至張十二度，鶉火之次，為周之分。晉文即位，歲受實沈，董因所云實沈之虚，晉人是君，則晉屬實沈，故自畢十二度至井十五度，實沈之次，當晉之分。自張十七至軫十一，鶉尾楚分，故魯襄二十八年，歲淫元枵，裨竈知楚子之死，謂歲棄其次，以害鳥帑，周楚惡之，則鳥尾為楚矣。自氐五至虚九大火宋分，故魯昭十七年星見火辰，梓慎知宋、鄭之火，謂宋大辰之虚，皆火、房也，則大火為宋矣。然春秋戰國，地每遷變，三晉未分，晉果何分？秦拔西河，魏當何屬？周既東西，何都而直鶉火？陳滅於楚，何自而入韓分？前封後據，又豈得如康成之所謂同時而當星次哉？況乃中邦幾何，三千以去，夷蠻戎狄，外更綿邈。詳觀諸書，蓋亦支離而未嘗究也。

按《甄曜書》次三十度，度三千里，以古九州方三千里。果如所説，九州纔當天分一度之廣，九夷八蠻、五戎六狄豈日星不臨哉？古之國邑，不過百里，何常而得專次？況古萬國，周千八百，又豈皆無受封之日，而獨此十二國得當之乎？七國之初，天下雌燕雄魏，韓魏趙地，動亘數郡。厥後魏徙大梁，則西河合於東井；秦拔宜陽，而上黨入於輿、鬼，豈趙、魏之地歸秦而遂屬秦之星乎？秦乃周也，不曰周而以東洛為周，唐都、京兆二郡既入畿内，而説者尚謂秦分，則是國易而地不易也。吳楚齊晉，春秋之末廣土所至，一時配入，而不知疆域雜亂之不可要也。

夫風俗之所以異，以廣谷大川之異制也。州郡雖改，山川不移。閩浙五嶺，本自兩越；荆揚徐梁，正爾三楚，亦何得以是制哉？此一行所以惟取七宿之中分，四象之中位，自上元之首以度為紀，據山河以分其野，然亦未之盡也。茍以封日，則有絶而復續者，或以姬而繼子，封日既異前人，又非而前星，且不變邪？《禹貢》無言，《保章》之説惟不得而執也。雖然，豕韋禍蔡，大梁凶楚，元枵見飢乎宋、鄭，星紀定占于吳越。【略】歲之所在為福，所衝為災，故師曠、梓慎、裨竈有得而言。天道在西北，而晉不害越而吳不利，皆以歲言之也。龍，宋、鄭之星，宋，大辰之次；陳，太昊之虚，鄭，祝融之虚，皆火屬也，然衛顓頊之居，則水屬矣。吳越同分，而史墨以為越得歲，吳不應伐，是又不可曉者。昭公七年四月日食，説者以為魯、衛之惡，春分之日在魯、衛也。十年，歲在顓頊之虚，姜氏、任氏實守其地，則齊、薛之分矣。前哲之言，蓋亦自有所見，要不必牽乎此。餘如未然，要以九州之分為正。

宋・洪邁《容齋隨筆》卷五《周世中國地》 成周之世，中國之地最狹。以今地里考之，吳、越、楚、蜀、閩皆為蠻，淮南為群舒，秦為戎，河北真定、中山之境乃鮮虞、肥、鼓國，河東之境有赤狄、里氏、留吁、鐸辰、潞國。洛陽為王城，而有楊、拒、泉、皐、蠻氏、陸渾、伊雒之戎，京東有萊、牟、介、莒，皆夷也。杞雍丘，今汴之屬邑，亦用夷禮。邾近於魯，亦曰夷。其中國者，獨晉、衛、齊、魯、宋、鄭、陳、許而已，通不過數十州，蓋於天下特五分之一耳。

宋・戴侗《六書故》卷五《地理二・略》 按『略』，啓土而經畫，疆理之也。天子制天下，制畿分域，經略九州，各為之封畛。諸侯受地於天子，則各正其封而已。虢略、武公之略、康叔之略，皆王室所制也。嵎夷之略，魯隱公之略地，晉侯之略狄土，茍吳之略東陽，皆謂初有其地，經畫其土田也。

宋・鮑雲龍《天原發微》卷三上《少陽》 《周禮》星土辨九州封域，皆有分星。分星禮經所載，不可磨也。其説有三：伶州鳩曰『歲星所在，則我之分野』。古堪輿書亡，後郡國所入，非古歲星，或北或西，與古受封所在不同，一也。唐、虞及夏萬國，殷周千七百七十三國，並依附十二邦，以係十二次之星，法先王命親之意，以主祀為重。如封閼伯商丘，主辰為商星，商人是因；封實沈大夏，主參為夏星，唐人是因，唐後為晉，參為晉星，二也。今以分野次舍考之：青州在東，玄枵在北；雍在西，鶉首在南；以至揚東南，星紀北；冀東北，大梁西；徐東，降婁西；豫與三河居中，大火在正東。此躔次之最差者，三也。三説不同，識者當自擇之。

元・李翀《日聞録》 《傳》曰：天有十二次，日月右行，每晦日共會於一次之中，名之會朔，次者，位也。日月所會，謂之辰，即十二辰之次也，蓋以九州之地、十二國之分野繫焉。正月會於亥，娵訾之次，衛國分野。二月會於戌，降婁之次，魯之分野。三月會於酉，大梁之次，趙之分野。四月會於申，實沈之次，晉之分野。五月會於未，鶉首之次，秦之分野。六月會於午，鶉火之次，周之分野。七月會於巳，鶉尾之次，楚之分野。八月會於辰，壽星之次，鄭之分野。九月會於卯，大火之次，宋之分野。十月會於寅，析木之次，燕之分野。十一月會於丑，星紀之次，吳越分野。十二月會於子，玄枵之次，齊國分野。

明·王禕《王忠文集》卷四《分野論》 分野之說，其傳也遠，而《周禮》、《春秋傳》始詳焉。春官『保章氏』以星土辨九州之地，所封封域，皆有分星，以觀妖祥。《左氏內傳》曰：『參為晉星，商主大火。』《外傳》曰：『歲星所在，則我有周之分野也。』此分野之說，見於《周禮》、《春秋傳》然也。至《漢地理志》，乃言分野為始密。謂秦為東井、輿鬼之分野，魏為觜觿、參之分野，周為柳、七星、張，韓為角、亢、氐，趙為昴、畢，燕為尾、箕，齊為虛、危，魯為奎、婁，宋為房、心，衛為營室、東壁，楚為翼、軫，吳為斗，粵為牽牛、婺女。而鄭康成則謂堪輿雖有郡國所入度，非古數也。今其存可言者，十二次之分也。星紀，吳越也；玄枵，齊也；娵訾，衛也；降婁，魯也；大梁，趙也；實沈，晉也；鶉首，秦也；鶉火，周也；鶉尾，楚也；壽星，鄭也；大火，宋也；析木，燕也。

觀乎《左氏》謂熒惑守心，宋景禳其咎；實沈為祟，晉侯受其殃。鄭氏謂分野之妖祥，主用客星彗孛之氣以為象，則驗菑祥於星土，其法蓋古有之，不可誣也。然而吳越之地南，而星紀則在丑；齊之地東，而玄枵則在子；魯之亦東，而降婁則在戌。東西南北，往往相反而不相配，是則誠為有可疑者。杜預等注，既莫能詳，而鄭氏則謂諸國中之封域，於星亦有分焉。其書亡矣，夫有其書而既亡，此後之人所以求其說而不得。

自漢以下，星官史家參之以度數，分毫析縷，各極其至，而十二次之分野相配之理，卒莫有明言之者。嗟乎！夫豈以不足言而弗言之歟？《唐天文志》浮圖一行，皆以河漢為言，固以疏遠；及賈公彥輩，乃援古者受封之日，歲星所在之辰，其國屬焉以為證。若然，則三代之分野，皆當不同，而列所屬，亦必有同焉者矣。

嘗試論之：分野視分星，古不謂地也。地有彼此之不齊，而分野在天，則一定而不易。以彼此不齊之地，必欲求配於在天十二次整然之分野，其說之難通也固宜。蓋天有三垣，紫微、太微、天市是也，紫微、太微皆將相輔佐之位，而天市下垣則列國星宿之所在。其星東西二十二，宋南海，燕東海，徐、吳、越、齊、中山九河，趙、魏、韓、楚、梁、巴蜀、秦、周、鄭、晉河間河中。曰分野者，指列星所屬之分而言也，鄭氏所謂星土，星所主土是也。其國在此而星則在彼，彼此若不相配，而其為象，未嘗不相屬，非地之在北者，其分野在天亦居北，地之在南者，分野在天亦居南也。列國之在天下，彼此縱橫之不齊，猶犬牙然，而欲以其地之不齊者，求合乎在天分野之整然，彼此之不相配，無足怪者。甚者至於天之北極為天之首，其體反背，故有吳北、魯東之差，其惑甚矣。

《易》不云乎！『在天成象，在地成形。』水火金木土，其形在地者也，而天有其星焉，所謂象也。豈惟五星哉？凡物莫不皆然矣。故夫齊、吳、燕、宋、韓、楚、周、秦、魏、趙諸國之地，地之形也，而其星在天，象之謂也。地有是形，則天有是星；有是星，則有是名。曰齊、吳、燕、宋、韓、楚、周、秦、魏、趙列國者，非後世有是名而舉以為分野之名也。何以知其然也？徵諸東海、南海、九河、河間、河中、巴蜀、中山，有以知之也。東海、南海、九河、河間、河中非國，中山、巴蜀，非若諸國之顯也。故曰地有是形，則天有是星，而分野者，指列星所屬之分而言也。

或曰：若然，則十二次之說將無所徵歟？曰：十二次，所以驗天運之度數，日躔之次舍。此蓋古法而歷家之所取驗者也。因其度數次舍之所在，而妖祥見焉，則其所屬之地，從亦可徵矣。抑分野之說，固豈專係於是哉？

清·閻若璩《四書釋地·地方》 蘇秦說齊宣王曰『齊地方二千里』，趙肅侯曰『趙地方三千里』，楚威王曰『地方五千里』，魏襄王曰『地方千里』，韓昭侯曰『地方千里』，燕文侯曰『地方二千里』。雖未言秦，然當惠王時，地方自二三千里，加以范雎曰『中山之地方五百里』，秦昭王曰『孟嘗君之地方百里』，墨子曰『宋方五百里』，共一萬八千里，尚有二周、魯、衛、鄒、滕等未數。中國之地，不應如許其大，則所謂方者，非真方也。若《論語》『方六七十』，孟子『地方百里而可以王』，『海內之地，方千里者九』，『文王猶方百里起』，『天子之制，地方千里，公侯皆方百里，大國地方百里，次國地方七十里，小國地方五十里』，『周公封於魯，為方百里』，『太公封於齊，亦為方百里』，『今魯方百里者五』，則所謂方者，乃真方。雖然，亦不必其形方。以周初雒邑與鎬京通封畿，東西長而南北短，短長相覆為千里，第取實有此方數耳。

清·毛奇齡《經問》卷一五 李庚星字白山，仁和人。問：輿地所載，必列分野于其首，且又有名分星者。敢問分野與分星，在諸經何所據乎？分野即是分星，第『分野』二字，出自《周語》『歲在鶉火，我有周之分野』語；

『分星』二字，出自《周禮・保章氏》『以星土辨九州之地，所封封域皆有分星』語。雖『分星』、『分野』兩有其名，而皆不得其所分之法。大抵古人封國，上應天象。在天有十二辰，在地有十二州，上下相應，各有分屬，則在天名『分星』，在地名『分野』，其實一也。特其說則自古有之，而其書不傳。惟鄭玄注《周禮》則云：諸國封域，所分甚煩。今已亡其書，堪輿雖載郡國星度，皆非古法，惟十二次大界所分，則其存可言。然《春秋正義》又謂即其存可言者，亦不知出自誰說。則舊經所據，皆已滅沫，無可考矣。

然則存可言者，如之何？存可言者，鄭氏云：星紀，吳越也；玄枵，齊也；娵訾，衛也；降婁，魯也；大梁，趙也；實沈，晉也；鶉首，秦也；鶉火，周也；鶉尾，楚也；壽星，鄭也；大火，宋也；析木，燕也。此存可言者也，然而疑之。星紀為子，次在正北，《春秋正義》謂星紀為丑，在東北，非是。而吳越地在東南，上下不合。且《春秋》以前，未有趙也，此有趙，則非古書可知矣。且既有趙，即不得有晉，有趙又有晉，亦不可解。

今所傳者，又如何？若今所傳者，則漢成時劉向實造為分野之說，而班氏取之入《地理志》中，遂為千秋不易之科律。即《晉》、《唐》諸《志》及僧一行輩，皆各為增飾，以成其說，雖與鄭氏所云相表裏，而各有不同。【略】揆其大較，則劉氏所傳，純襲鄭氏之所存而故作變更，以二十八星所分屬之次，竟改作二十八星，以為不用次而用星，正可以合于《周禮》分星之說。其意未嘗不巧，然此十二次中，諸星每牽連相屬，有數星屬一次者，有一星屬兩次者，其星度贏縮，彼此各見，即欲改次為星，亦當一準之十二辰分星之次，而乃任意增減，將星度之牽連者而盡去之，則與古法大謬戾矣。

清・俞樾《詁經精舍續選・汪行恭〈十二分野古說異同考〉》　羅長源疑三晉未分，晉果何分？秦拔西河，魏當何屬？周既東西，何都而直鶉火？陳滅於楚，何自而入韓分？見《路史・餘論》。不知據各國分裂之後言之，方輿移易，其數自不相合；以當日始建之域測之，而又隱推歲差、星差之度，則古天周之數與古地徑之數，毫無參差。郭守敬謂天周三百六十五度四分之一強，此兼歲差言之。而西域九執法定為天周三百六十度，蓋古度狹，今度闊耳。平分之半周，各一百八十度。四分之為象限，各九十度。六分之為紀限，各六十度。十二分之即為宮、為時，各三十度。每度分六十分，每分分六十秒，合周天之度，而各以秒計之，共得百二十九萬六千秒。在天一度，在地二百里。以周天三百六十乘之，即知地球周匝七萬二千里。是天上度數，俱與地方寬大相吻合。繪輿圖者，依照天文；測星象者，即依照地域。天體極圓，每與地勢相循環，天轉則地亦轉，故上下皆相值，山川河岳悉與星辰相應。但古之地名，今多更易，故辨之為難。其實以古之方域測之，分野之界，自無不得矣。

夏朝疆域分部

綜述

《詩經・商頌・長發》　洪水芒芒，禹敷下土方。外大國是疆，幅隕既長。唐孔穎達《正義》：往者唐堯之末，有大水芒芒然。有大禹者，敷廣下土，以正四方京師之外大國，於是畫其疆境，令使中國廣大均平，既見長遠矣。宋范處義《詩補傳》：方洪水之未平也，芒芒然無有疆域。禹敷治下土，而四方之外諸大國始有疆域。由京師言之，故以四方為外也。幅，邊也，猶布帛之有幅也。隕，周也。謂諸大國周於天下，各有邊幅，亦既長遠矣。

《尚書・禹貢》　東漸于海，西被于流沙，朔南暨聲教，訖于四海。禹錫玄圭，告厥成功。

《逸周書》卷五《度邑解》　王曰：【略】自洛汭延于伊汭，居陽無固，其有夏之居。

《左傳・宣公三年》　昔夏之方有德也，遠方圖物，貢金九牧。晉杜預注：使九州之牧貢金。

又　《襄公四年》　昔周辛甲之為太史也，命百官箴王闕，於《虞人之箴》曰：『芒芒禹跡，畫為九州，經啓九道，民有寢廟，獸有茂草，各有攸處，德用不擾。』

《國語》卷一《周語上》（內史過）對曰：【略】夏之興也，融降于崇山；其亡也，回祿信於聆隧。三國吳韋昭注：崇，崇高山也。夏居陽城，崇高所近。聆隧，地名。

《墨子》卷四《兼愛中》　古者禹治天下，西為西河漁竇，以泄渠孫皇之水；北為防原泒，注后之邸，嘑池之竇，洒為底柱，鑿為龍門，以利燕代胡貉與西河之民。東為漏之陸，防孟諸之澤，灑為九澮，以楗東土之水，以利冀州之民。南為江、漢、淮、汝東流之注五湖之處，以利荆楚、干越與南夷之民。

《呂氏春秋》卷二二《求人》　禹東至搏木之地，日出、九津、青羌之野，攢樹之所，捪天之山，鳥谷、青丘之鄉，黑齒之國。南至交阯、孫樸、續樠之國，丹粟、漆樹、沸水、漂漂、九陽之山，羽人、裸民之處，不死之鄉。西至三危之國，巫山之下，飲露、吸氣之民，積金之山，共肱、一臂、三面之鄉。北至人正之國，夏海之窮，衡山之上，犬戎之國，夸父之野，禺彊之所，積水、積石之山。不有懈墮，憂其黔首，顔色黎黑，竅藏不通，步不相過，以求賢人，欲盡地利至勞也。得陶、化益、真窺、横革、之交五人佐禹，故功績銘乎金石，著於盤盂。

《今本竹書紀年》卷上《帝舜有虞氏》　三十三年春正月，夏后受命于神宗，遂復九州。

漢・佚名《河圖括地象》　夏禹所治四海内地，東西二萬八千里，南北二萬六千里。

《晉書》卷一四《地理志上・總叙》　夏后氏東漸于海，西被于流沙，南浮于江，而朔南暨聲教，窮豎亥所步，莫不率俾。

宋・羅泌《路史》卷二二《疏仡紀・夏后氏》　東漸于海，西被于流沙，北逾碣石，南越衡山，咸暨聲教，汔于四海。禹錫玄圭，告厥成功。

論　説

宋・魏了翁《尚書要義》卷二《舜典》　舜二年後分九州為十二，禹還為九。【略】于此居攝之時，始置十有二州，蓋終舜之世常然。宣三年《左傳》云：『昔夏之方有德也，貢金九牧』，則禹登王位，還置九州。其名蓋如《禹貢》，其境界不可知。

元・陳師凱《書蔡氏傳旁通》卷一中《舜典》　愚案十二州，至禹即位時，必復為九州，而其州名，必合《爾雅》而不合《禹貢》。《爾雅》又云從《釋地》以下至九河，皆禹所名。既為禹所名，乃有幽、營而無青、梁，是不用《禹貢》舊名也。謂禹時未復九州歟？則既有十二州，何為貢金九牧，而所鑄者九鼎邪？何為《五子之歌》以所都為冀方邪？可以知省十二為九者，必禹時無疑也。

清・胡渭《禹貢錐指》卷一八《九州攸同》　《左傳》王孫滿曰：『昔夏之方有德也，貢金九牧。』杜預以為在禹之世，孔穎達亦云禹登王位，還置九州，近是。《竹書紀年》曰：帝舜三十三年，夏后受命于神宗，遂復九州，殆未可信。

商朝疆域分部

綜　述

《尚書・湯誥序》　王歸自克夏，至于亳，誕告萬方。唐孔穎達《正義》：湯之伐桀，當有諸侯從之，不從行者必應多矣。既已克夏，改正名號，還至于亳，海内盡來，猶如《武成篇》所云『庶邦冢君暨百工受命于周也』。湯於此時，大誥諸侯以伐桀之義，故云『誕告萬方』。

又《伊訓》　嗚呼！先王肇修人紀，【略】檢身若不及，以至于有萬邦，茲惟艱哉！

又《咸有一德》　惟尹躬暨湯，【略】以有九有之師，爰革夏正。宋林之奇《全解》：九有即九州也。夏、商、周皆是用《禹貢》疆理之法，分天下以爲九域。夏之九州，即《禹貢》所載是也。商之九州，先儒以爲即文觀之，即成周之九州，《職方氏》之所載者也。

又《盤庚上》　天其永我命于茲新邑，紹復先王之大業，厎綏四方。

《甲骨文合集釋文・08721》　……自四方……

又《09735》　貞東土受年。

又《09738》　貞南土受年。

又《09741正》　貞西土受年。

又《09745》　貞北土受年。

又《3244》 癸卯，貞東受禾。北方受禾。西方受禾。

又《33246》 南禾[受]。

又《36975》 乙巳王卜，貞[今]歲商受[年]。王固曰：吉。東土受年。南土受年。吉。西土受年。吉。北土受年。吉。

《殷周金文集成釋文》卷一《叔尸鐘》 虩虩成唐（湯），有嚴在帝所，尃受天命，翦伐夏后，敗厥靈師。伊少臣唯補，咸有九州，處禹之堵。

《詩經・商頌・玄鳥》 古帝命武湯，正域彼四方。方命厥后，奄有九有。漢毛亨《傳》：九有，九州也。漢鄭玄《箋》：天帝命有威武之德者成湯，使之長有邦域，為政於天下。方命其君，謂徧告諸侯也。湯有是德，故覆有九州，為之王也。【略】邦畿千里，維民所止，肇域彼四海。《正義》：言高宗為政，先安畿內之民，後安四海之國，以為己有，由此能有彼四海，故四海諸侯莫不來至。【略】兆域彼四海，謂正天下之經界，為營兆境域，以至於彼四海也。宋朱熹《集傳》：言王畿之內，民之所止不過千里，而其封域，則極乎四海之廣也。四海來假，來假祁祁。景員維河，殷受命咸宜，百祿是何。

又《長發》 帝命不違，至于湯齊。湯降不遲，聖敬日躋，昭假遲遲，上帝是祗，帝命式于九圍。《傳》：九圍，九州也。《正義》：謂九州為九圍者，蓋以九分天下，各為九處規圍然，故謂之九圍也。宋范處義《詩補傳》：九圍，九州也，圍言其疆域也。九有，言有九州也。猶言皆為己有也。

武王載旆，有虔秉鉞，如火烈烈，則莫我敢曷。苞有三蘖，莫遂莫達。九有有截，韋顧既伐，昆吾夏桀。《正義》：天下諸國，無所歸依，故九州諸侯，截然齊整，一而歸湯也。九州諸國既盡歸湯，雖有韋顧、昆吾黨桀為惡，成湯於是恭行天罰。韋顧二國既已伐之，又伐昆吾之桀。群惡既盡，天下廓清，成湯於是乃即真，為天子。

又《殷武》 昔有成湯，自彼氐羌，莫敢不來享，莫敢不來王，曰商是常。《箋》：成湯之時，乃氐羌遠夷之國來獻來見，曰商王是吾常君也。

《論語・堯曰》 （湯）曰：【略】『朕躬有罪，無以萬方；萬方有罪，罪在朕躬。』

《墨子》卷四《兼愛下》 湯曰：『惟予小子履，【略】萬方有罪，即當朕身；朕身有罪，無及萬方。』即此言湯貴為天子，富有天下，然且不憚以身為犧牲以祠，說于上帝鬼神，即此湯兼也。

《荀子》一五《解蔽篇》 成湯鑒於夏桀，故主其心而慎治之，是以能長用伊尹而身不失道。此其所以代夏王而受九有也。唐楊倞注：九有、九牧，皆九州也。撫有其地，則謂之九有；養其民，則謂之九牧。

漢・劉安《淮南子》卷二〇《泰族訓》 紂之地，左東海，右流沙，前交阯，後幽都。師起容關，至浦水。

漢・鄭玄《禮記・王制》注 夏末既衰，夷狄內侵，諸侯相并，土地減，國數少。殷湯承之，更制中國方三千里之界，亦分為九州。

論說

漢・鄭玄《禮記・孔子閒居》注 九圍，九州之界也。

唐・孔穎達《毛詩譜・周南召南譜》正義 《爾雅・釋地》九州之名有冀、豫、雍、荆、揚、兗、徐、幽、營。孫炎曰：此蓋殷制。《禹貢》有梁、青，無幽、營。《周禮》有幽、并，無徐、營。然則此說不同，不言殷周九州，而遠指禹世者。孫炎以《爾雅》之文與《禹貢》不同，於《周禮》又異，故疑為殷制耳，亦無明文言殷改夏也。《地理志》云：殷因於夏，無所變改。班固不以《爾雅》為世法。

宋・衛湜《禮記集說》卷二五《王制》 長樂劉氏曰：《殷頌》曰『古帝命武湯，正域彼四方。方命厥后，奄有九有。』又曰『邦畿千里，維民所止，肇域彼四海。四海來格，來格祈祈，景員維河，殷受命咸宜。』又曰『上帝是祗，帝命式于九圍。』則湯之有天下，亦以四海為鄰，與夏后氏無以異矣。

宋・王應麟《詩地理考》卷五《九有九圍》 易氏云：殷人九州之制，不見於《經》、《傳》，是以後世莫詳焉。【略】由今考之，有舜之幽、營、徐而無舜之青、梁、并，是青入於徐，梁入於雍，并入於冀也。既分《禹貢》冀州之境，而復舜之幽州，又併青於徐，而復舜之營州，殷之九州，粲然可考，而其山川道里，亦以類舉。至周人則又分冀為并，而併營於幽，復禹之青州，而省徐以入於青。

宋・王應麟《通鑑地理通釋》卷一《歷代州域總敘上・商九有》 陳氏云：《商書》言『九有之師』，《商頌》言『奄有九有，式于九圍』，《王制》於商亦言九州，千七百七十三國。則商之九州，蓋亦襲夏而已。

兩周疆域分部

綜　述

《尚書·康誥》　王若曰：『惟乃丕顯考文王，【略】用肇造我區夏，越我一二邦，以修我西土，【略】殪戎殷，誕受厥命，越厥邦厥民惟時敘。』漢孔安國《傳》：始為政於我區域諸夏。宋楊簡《解》：岐周在西方，文王施德政，諸夏咸服之，三分天下有其二。區，區域也，廣及諸夏，故曰區夏。

又《立政》　其克詰爾戎兵，以陟禹之迹，方行天下，至于海表，罔有不服，以覲文王之耿光，以揚武王之大烈。

又《顧命》　王再拜興，答曰：『眇眇予末小子，其能而亂四方，以敬忌天威？』

《逸周書》卷八《祭公解》　公曰：天子！自三公上下，辟于文、武，文、武之子孫，大開方封于下土。晉孔晁注：辟，法也。言我王法文、武，方大開國，旁布於下土。天之所錫武王時疆土，丕維周之基，丕維后稷之受命，是永宅之。注：錫，與。言天予武王是疆，所受是大維周之開基，大維后稷所受命，是長居此也。

《殷周金文集成釋文》卷二《大盂鼎》　夙夕紹我一人烝四方。

又　卷一《㾓鐘》　曰古文王，初盭龢于政，上帝降懿德大甹，匍有四方，迨受萬邦。

又　卷一《宗周鐘》　唯利猷，其萬年畯保四國。

又　卷二《禹鼎》　丕顯趄趄皇祖穆公，克夾紹先王奠四方。

《詩經·小雅·北山》　溥天之下，莫非王土。率土之濱，莫非王臣。

又《文王有聲》　王公伊濯，維豐之垣，四方攸同，王后維翰，王后烝哉！

豐水東注，維禹之績，四方攸同，皇王維辟，皇王烝哉！

鎬京辟廱，自西自東，自南自北，無思不服，皇王烝哉！

又《周頌·執競》　執競武王，無競維烈。不顯成康，上帝是皇。自彼成康，奄有四方。

又《大雅·棫樸》　勉勉我王，綱紀四方。

又《大雅·崧高》　維申及甫，維周之翰。四國于蕃，四方于宣。申伯之德，柔惠且直。揉此萬邦，聞于四國。

又《大雅·江漢》　江漢湯湯，武夫洸洸。經營四方，告成于王。四方既平，王國庶定。時靡有爭，王心載寧。

江漢之滸，王命召虎，式辟四方，徹我疆土。匪疚匪棘，王國來極，于疆于理，至于南海。

明明天子，令聞不已。矢其文德，洽此四國。

又《大雅·召旻》　昔先王受命，有如召公，日辟國百里。今也日蹙國百里，於乎哀哉！

《左傳·昭公七年》　王將飲酒，無宇辭曰：『天子經略，諸侯正封，古之制也。封略之內，何非君土？食土之毛，誰非君臣？故《詩》曰：「普天之下，莫非王土。率土之濱，莫非王臣。」』注：經營天下，略有四海，故曰經略。唐孔穎達《正義》：經營天下，以四海為界，界内皆為己有，故言略有四海，謂有四海之内也。天子界内，天子自經營之，故言經略也。諸侯封内，受之天子，非己自營，故言正封，謂不侵人，不與人，正之使有定分。

又《昭公九年》　王使詹桓伯辭於晉曰：『我自夏以后稷，魏、駘、芮、岐、畢，吾西土也。及武王克商，蒲姑、商奄，吾東土也。巴、濮、楚、鄧，吾南土也。肅慎、燕、亳，吾北土也。吾何邇封之有？』

《韓非子》卷一九《五蠹》　古者文王處豐、鎬之間，地方百里，行仁義而懷西戎，遂王天下。

《史記》卷四〇《楚世家》　周王赧使武公謂楚相昭子曰：【略】『西周之地，絶長補短，不過百里，名為天下共主。』

《漢書》卷二八下《地理志下》　周地，柳、七星、張之分壄也。今之河南、雒陽、穀城、平陰、偃師、鞏、緱氏，是其分也。【略】昔周公營雒邑，以為在于土中，諸侯蕃屏四方，故立京師。【略】初，雒邑與宗周通，封畿東西長而南北短，短長相覆為千里。至襄王，以河内賜晉文公，又為諸侯所侵，故其分墜小。

又 卷二五下《郊祀志下》 張敞好古文字，按鼎銘勒而上議曰：『臣聞周祖始乎后稷，后稷封于斄，公劉發迹於豳，大王建國於郊梁，文、武興於酆、鎬。由此言之，則郊梁、酆鎬之間，周舊居也。』

晉・張華《博物志》卷一《地理略》 周在中區，西阻崤谷，東望荆山，南面少室，北背太嶽，三河之分，雷風所起，四險之國也。

南朝宋・裴駰《史記・周本紀》集解 徐廣曰：周比亡之時，凡七縣：河南、洛陽、穀城、平陰、偃師、鞏、緱氏。

清・顧棟高《春秋大事表》卷四《列國疆域表・周》 案東遷後，王畿疆域尚有今河南懷、慶二府之地，兼得汝州，跨河南，北有虢國、桃林之隘，以呼吸西京，有申、呂、南陽之地，以控扼南服。又名山大澤不以封，虎牢、崤函俱在王略。襟山帶河，晉鄭夾輔，光武創業之規模，不是過也。平、桓、莊、惠，相繼百年，號令不行，諸侯攘竊。王不能張皇六師，更復披析其地，以為賞功。酒泉賜虢，虎牢賜鄭。至允姓之戎入居伊川，異類逼處，莫可誰何。晉滅虢而鎬京之消息中斷，楚滅申而南國之窺伺方張。至溫，原蘇忿生之田與鄭，復以賜晉，則舉大河以北，委而棄之。由是懷、慶所屬七縣，原武屬鄭，濟源、修武、孟縣、溫縣屬晉。王所有者，河內、武陟二縣，及河南府之洛陽、偃師、鞏縣、嵩、登封、新安、宜陽、孟津八縣，汝州之伊陽、魯山，許州府之臨潁縣，與鄭接壤而已。

論説

《史記》卷一七《漢興以來諸侯年表序》 太史公曰：殷以前尚矣。周封五等：公、侯、伯、子、男。然封伯禽、康叔於魯、衛地，各四百里，親親之義，褒有德也。太公於齊，兼五侯地，尊勤勞也。武王、成康所封數百，而同姓五十五，地上不過百里，下三十里，以輔衛王室。管、蔡、康叔、曹、鄭，或過或損。幽厲之後，王室缺，侯伯彊國興焉，天子微，弗能正。非德不純，形勢弱也。

宋・黎靖德《朱子語類》卷九〇《禮七・祭》 安卿曰：或言夏、商只有三千里，周時乃是七千里。曰：便是亂説。且當時在在是國，自王畿至要荒皆然。今若要封得較大似夏商時，便著每國皆添地，却於何處頓放？此須是武王有縮地脉法始得。恁地時便煞改徙，著許多國元在這裏底，今又著徙去那裏，宗廟社稷皆著改易，如此天下騷然。他人各有定分土地，便肯舍著從別處去討？

宋・王與之《周禮訂義》卷五六《職方氏》 黄氏（度）曰：荆、宛、并、韓，其國都皆近京師。宛衛武關以制楚，韓扞臨晉以制狄，皆天下形勝，故宣王中興，特著二詩焉。大抵周人幽據全燕，制狄。齊據海岱，制徐淮。兖、冀翼蔽洛陽，并、荆控扼咸、雍。此天下全勢也。觀九州山川險要之處與其建牧規模，而經略大體可見矣。

宋・程公説《春秋分記》卷二五《疆理書第一・王畿總説》 武王克殷，都于酆鎬，而定鼎於郟鄏。至成王在豐，使召公先相宅，卜澗水東、瀍水西而營洛邑，是爲王城。郟鄏，陌名。漢孔安國云：王城今河南城。周靈王時，穀、洛鬭毀王宮，則《左傳》齊莊公遣師城郟是也。在今城之西。周公往營成周，卜瀍水東，亦惟洛食，遷殷頑民居之。孔安國云：將定下都，遷殷頑民，故併卜之。蓋雍州、豫州地也。《禹貢》：黑水西河惟雍州。弱水既西，涇屬渭汭，漆沮既從，灃水攸同。荆岐既旅，終南惇物。至於鳥鼠，厥土黄壤。浮於積石，至于龍門西河，會于渭汭。荆河惟豫州。伊洛瀍澗，既入于河。滎波既豬，厥土惟壤下，土墳壚，浮于洛，達于河。《周禮・職方》：正西曰雍州，河南曰豫州。在天文雍則鶉首之次，東井、鬼之分，辰居未，宮曰巨蟹。豫則鶉火之次，柳、七星、張之分，辰居午，宮曰師子。初，酆鎬與洛邑通封畿，酆鎬地方八百里，八八六十四，為方百里者六十四。雒邑地方六百里，六六三十六，為方百里者三十六。二都得方百里者百，而得方千里者十，東西長，南北短，長短相覆為千里。及幽王時，犬戎作亂，西周方八百里之地盡失，而屬于秦。平王因此自豐鎬遷居雒邑，則東周之始王也。其後敬王與子朝争立出奔，晉定公使魏舒率諸侯之大夫會於翟泉，城成周，而居敬王。今在洛陽城東三十餘里故城，則周下都也。然成周是王城下都之總號，故《左氏傳》曰：萇弘云：『西王天棄之，東王必大克。』時子朝居王城，故曰西王；敬王居翟泉，在王城東，故曰東王。孝王封其弟桓公於河南，以續周公之官職，至孫惠公，乃封少子於鞏，號東周惠公。王赧立，東西周分治。又徙都西都，則王城也。其俗雍州之地，厥田上上，鄠、杜之饒，號稱陸海，民義而健。荆河之間，四方輻輳，故周人善賈，趨利而纖嗇。李巡云：豫者，舒也，言稟中和之氣，性理安舒。大抵宗周被山帶河，四塞爲固，可守可攻。雒邑土中，風雨所交，四通八達，不恃隘害，然皆非有德不王。

明·王樵《方麓集》卷一五《戊申筆記》 周盛時，洛邑與宗周通封畿。宗周，鎬京也，為方百里者六十四。洛邑，成周也，為方百里者三十六。東西長而南北短，短長相覆為千里，是周之王畿千里，兼有關洛之地。蓋以關中為根本，據形勢以臨天下；以洛邑為陪輔，宅土中以朝諸侯。後世兩都並建，蓋始于此。然周人鎬京與洛，實一封畿，此則非漢人以下所能知也。前此則周、召分陝而治，已有此意：後此則周公、君陳、畢公相繼分正東郊，蓋非止為殷民，亦以庭戶鎖鑰之寄，非重臣不足以任之爾。故《畢命》曰：『申畫郊畿，慎固封守，以康四海。』此非通封畿之明驗乎！《康王之誥》云：『太保帥西方諸侯入應門左，畢公帥東方諸侯入應門右。』此非分陝之微意及二伯之明驗乎！周太史儋見秦獻公曰：『周故與秦國合而別，別五百歲復合，合七十七歲而霸王出。』當時人固有窺見此意者矣。

清·顧棟高《春秋大事表》卷四《列國疆域表·周疆域論》 論曰：嘗讀《詩》，至《召旻》之卒章曰：『昔先王受命，有如召公，日闢國百里，今也日蹙國百里。』喟然歎曰：此其故，《春秋》盡之矣。周自平王東遷，尚有太華外方之間方六百里之地。其時西有虢，據桃林之險，通西京之道；南有申、呂，扼天下之膂，屏東南之固；而南陽肩背澤潞，富甲天下；轘轅、伊闕，披山帶河。地方雖小，亦足王也。故桓王之世，猶能興師，以號召諸侯；虎牢屬鄭，仍復收之。至惠王，始與鄭，以武公之略，張弛自如，皇綱未盡絶于天下也，而孱弱不振，日朘月削，楚滅申而東南之蔽失，晉滅虢而西歸之道斷。至襄王以溫、原畀晉，而東都之事去矣。

然論者謂襄王之失計，此又非也。在桓王時，已嘗以十二邑易鄔、邘之田于鄭，鄭不能有而復歸諸周，周復不能有而强以與晉，如豪奴悍僕，主人微弱不能制，而擇巨室之能者使治之。至襄王時，已視為棄地，固不甚愛惜也。晉得之而日以强，周日以削，至祭入于鄭，晉遷陸渾之戎于伊川，楚伐陸渾而遂觀兵周疆矣。然則詩人所歎息，痛恨于『日蹙國百里』者，其此之謂歟？謹志其疆域，而歷叙其朘削之所由，使後之論周事者有考焉。

魯國疆域分部

綜　述

《詩經·魯頌·閟宮》 泰山巖巖，魯邦所詹，奄有龜蒙，遂荒大東，至于海邦，淮夷來同，莫不率從，魯侯之功。

保有鳧繹，遂荒徐宅，至于海邦，淮夷蠻貊，及彼南夷，莫不率從，莫敢不諾，魯侯是若。

天錫公純嘏，眉壽保魯，居常與許，復周公之宇。

《左傳·定公四年》 分之土田陪敦。《正義》：陪是加增之義。敦，厚。《釋詁》文也。言既封為大國，地方五百里，又分以土田，更增彼寬厚，為七百里也。《明堂位》云：封周公于曲阜，地方七百里。鄭玄云：公之地，方五百里，加魯以四等之附庸方百里者二十四，幷五五二十五，積四十九，開方之，得七百里。鄭玄《周禮·大司徒》注云：凡諸侯為牧正帥長及有德者，乃有附庸，公無附庸。侯附庸九同，伯附庸七同，子附庸五同，男附庸三同。進則取焉，退則歸焉。魯於周法，不得有附庸，故言錫之也。地方七百里者，包附庸以大言之。附庸二十四，言得兼此四等矣。是增厚魯國之事也。

《禮記·明堂位》 成王以周公為有勳勞於天下，是以封周公於曲阜，地方七百里，革車千乘。命魯公世世祀周公，以天子之禮樂。

《漢書》卷二八下《地理志下》 魯地，奎、婁之分壄也。東至東海，南有泗水，至淮，得臨淮之下相、睢陵、僮、取慮，皆魯分也。

晉·皇甫謐《帝王世紀·周》 （成）王以周公有勳勞於天下，故加魯以四等之上，兼二十四附庸，地方七百里。

晉·張華《博物志》卷一《地理略》 魯前有淮水，後有岱嶽，蒙羽之向，洙泗之流，大埜廣土，曲阜尼丘。

清·顧棟高《春秋大事表》卷四《列國疆域表·魯》 案魯在春秋，實兼有九國之地。極、項、鄟、邿、根牟，魯所取也；向、須句、鄫、鄅，則邾、莒滅之而魯從而有之者也。其疆域，全有兗州府之曲阜、寧陽、泗水、金鄉、魚臺、汶上、濟寧州、嘉祥八州縣之地，後兼涉滕縣、鄒縣、嶧縣，與邾接境。又泰安府之泰安縣，與齊接境。兼有新泰縣，萊蕪縣，沂州府治及費縣、沂水縣。曹州府之鄆城縣為魯西鄆，鉅野縣為獲麟處，城父縣、單縣為高魚邑。涉范縣界，又兼涉青州府之安丘、諸城二縣，與莒接境。又河南陳州府項城縣為魯所滅項國地，又涉江南之海州。跨三省，共二十六州縣。

論說

《孟子·告子下》 周公之封於魯，為方百里也，地非不足而儉於百里。**【略】**今魯方百里者五，子以為有王者作，則魯在所損乎？在所益乎？

（淳于髡）曰：魯繆公之時，公儀子為政，子柳、子思為臣，魯之削也滋甚。若是乎，賢者之無益於國也。宋朱熹《集注》：削，地見侵奪也。

《呂氏春秋》卷二〇《長利》 辛寬見魯繆公曰：**【略】**吾先君周公封於魯，無山林谿谷之險，諸侯四面以達，是故地日削，子孫彌殺。

宋·李覯《盱江集》卷三四《常語下》 或曰地方七百里，有諸？曰：信也。然則《孟子》何言乎儉於百里也？曰：《閟宮》頌僖公復周公之宇，而曰「公車千乘，朱英綠縢。」千乘之地，方三百一十六里有畸，山陵林麓，川澤溝瀆，城郭、宮室、塗巷不與焉，其何儉於百里也？世俗疑《周官》五百里，以其大也，是亦不思耳矣。諸侯之於天子，非若敵國然也，大國貢半，次國三之一，小國四之一。諸侯有其地，天子食其稅，譬之一郡而已矣。魯七百里，開方之而四十九，殆半王畿也。今之大郡，不有半京畿者乎？

宋·黎靖德《朱子語類》卷五五《孟子五·滕文公上》 又周封齊魯之地，是誅紂伐奄，滅國者五十，所以封齊魯之地極廣。如魯地方千里，如齊東至海，西至河，南至穆陵，北至無棣，是多少廣闊！

宋·程公說《春秋分記》卷二六《疆理書第二·魯地總說》 周公旦佐武王得天下，至成王留之相焉，封公長子伯禽於曲阜，地方七百里，蓋古徐州地也。《禹貢》：海岱及淮，惟徐州。淮沂其乂，蒙羽其藝，大野既豬，東原底平。厥土赤埴墳，草木漸包，浮于淮泗，達于河。《周禮·職方》：幷徐州屬青州。在天文降婁之次，奎婁之分，辰居戌，宮曰白羊。其封域西自大野東薄海，北至岱，南及淮。其俗有聖人之教化。故子曰：「齊一變，至於魯；魯一變，至於道。」言近正也。

清·閻若璩《四書釋地又續》卷下《魯地七百里》 《孟子》一則公侯皆方百里，再則大國地方百里，證以周公、太公，其封齊、魯，不過各方百里耳。而孟子時，魯地且五倍之，以為有王者作，魯必在所損，安得有成王封周公於曲阜地方七百里之說哉？為此說者，乃《明堂位》篇中多誣，不可勝舉。余嘗上稽《周易》：「雷聞百里」，公侯國制，厥象取此。下徵《魯頌》：「革車千乘」，惟百里國，數適相應。子産曰：「昔天子之地一圻，列國一同。同，方百里也，今晉地多數圻矣，皆侵小。」故管仲曰：「昔賜我先君履：南至於穆陵，北至於無棣。」穆陵，山名，今在沂水縣；無棣，溝名，今為海豐慶雲。兩縣南北相距七百里，亦應是後來侵小所至。管仲尚不難自誣其先君以夸楚，而作《明堂位》者，彼何人哉？宜其白撰出惜也。採入《集注》，顯與《孟子》悖。

清·焦袁熹《此木軒四書說》卷九《孟子二》 《左傳》「封之土田陪敦」，《明堂位》「魯地方七百里」是也。《孟子》「魯繆公時削已滋甚」，至戰國，魯猶方百里者五，而曰封齊魯，「儉于百里。」孟子之言，未必實也。蓋孟子自以欲行封建，大國當限以百里，亦賈生衆建少力之意耳。

清·顧棟高《春秋大事表》卷四《列國疆域表·魯疆域論》 論曰：余讀《春秋》，至隱五年公矢魚于棠，《傳》曰「非禮也，且言遠地也。」哀十四年西狩獲麟，歐陽子曰：西狩，言遠也。嗚呼！魯之東西境，盡之矣。余嘗往來京師，親至兗州魚臺縣訪隱公觀魚處，詢之土人，云距曲阜不二百里。又北至汶上，為齊魯接界。俱計日可到。其地平衍，無高山大川為之限隔，無魚鹽之利為之饒沃，故終春秋之世，常畏齊而附晉。又其西南，則宋、鄭、衛及邾、莒、杞、鄫諸國地，犬牙相錯，時吞滅弱小，以自附益。祊易之鄭，防取之宋，須句取之邾，向、鄫取之莒，而邾則空其國都，致邾衆退保嶧山，與莒爭鄆無寧日。逮晉文分曹地，則有東昌府濮州西南，而越既滅吳，與魯泗東方百里，地界稍稍擴矣，然終不能抗衡齊晉。豈特其君臣之孱弱，亦其地當走集，以守則不足以固，以攻則不足以取勝也。徒以周公之後世為望國，為晉楚所重。故楚靈為章華之臺，而薳啓疆特致魯侯以落之，好以大屈。至戰國時，猶存于諸姬，最為後亡。豈非周公之明德遠哉？

清·江永《春秋地理考實》卷一《隱公元年·魯》 今按曲阜，本奄國都，成王滅奄，乃封魯。又按《明堂位》言：「封周公於曲阜，地方七百里。」

《魯頌》言：『奄有龜蒙，遂荒大東。保有鳧繹，遂荒徐宅。』則魯之封域，蓋廣矣。約略計之：北與齊分泰山，西與曹分濟水，南近邾、滕而西南至金鄉、魚臺、單縣，鄰於宋；東跨蒙陰，抵諸城濱海；東南與莒為鄰，則七百里有過之無不及也。雖其間不無後世增損，然亦止能侵小，豈能并大？其附庸之國，則任、宿、須句、顓臾、根牟、鄫、邿、牟、極、鄟、邾所占地固多，然謂魯之實封，儉於百里，則魯豈止曲阜一縣乎？孟子蓋為當時諸侯土地過制者狹小言之，非實録也。齊百里，意亦同。

清・皮錫瑞《經訓書院自課文》卷二《齊魯二國封地考》　《周禮》古文說，《王制》今文說，其說多不可通，惟鄭康成能疏通證明之。其注《王制》曰：『周武王初定天下，猶因殷之地，以九州之界尚狹也。周公攝政致太平，斥大九州之界，制禮成武王之意，封王者之後為公，及有功之諸侯，大者地方五百里，其次侯四百里』云云。能兼疏今古文，皆不背其說。鄭所云加封公侯，即指齊、魯二國言之。二國始封在武王時。《史記・周本紀》曰：『武王封功臣謀士，而師尚父為首。封尚父於營丘，曰齊。封弟周公旦於曲阜，曰魯。』當時封地蓋仍殷制，《孟子》所謂『方百里』是也。魯至成王時益封。《明堂位》曰『地方七百里』，鄭君《詩譜》引《明堂位》以證曰：大啓爾宇，魯之封疆於是始定。或疑七百里，半天子之制，不應如是其大。案：魯地即無七百里，亦必不止百里。若仍百里舊封，何謂大啓爾宇？《史記・漢興以來諸侯王表》曰：『封伯禽、康叔于魯、衛，地各四百里』。與《周禮》『侯四百里』合，為得其實。七百里，或兼山川附庸言之耳。

魯所益地，奄國在內。《左氏傳》曰：『因商奄之民，命以《伯禽》。』《說文》曰：『周公所誅奄國，在魯。』顧棟高《大事表》謂後益封奄國，其說有據。齊之益封，當與魯益封同時。《史記・漢興以來諸侯王表》曰：『太公於齊，兼五侯地』。鄭君《詩譜》曰：『周武王伐紂，封太師呂望于齊，地方百里，都營丘。後成王因周公之法制，廣大邦國之境，而齊受上公之地，更方五百里。』案：周初公侯皆方百里，五百里正與兼五侯地合。齊所益地，蒲姑在內。《左氏傳》曰：『蒲姑氏因之』。《漢書・地理志》曰：『成王時，蒲姑與四國作亂，成王滅之，以封師尚父』。顧棟高《大事表》謂後益以蒲姑，說亦有據。周所以益封齊、魯者，雖曰崇德報功，亦以為控制東方之計。周立都偏西，無以控制東方。武王崩，而東諸侯皆叛，故大封齊、魯以鎮撫之。周初封國，如齊、魯、宋、衛必不止百里。明乎二國有益封之事，則《周禮》、《王制》皆不誤，《孟子》與《戴記》、《史記》、鄭《詩譜》義皆可通。後人不能證明，或以《孟子》、《王制》疑《周禮》，謂古無五百里、四百里之國。案：鄭君謂《孟子》在赧王時，《王制》之作復在其後，是《王制》即本於《孟子》。《周禮》雖未必周公手定，亦當出於周末，與《孟子》、《王制》相後先。若周無五百里、四百里之國，何能鑿空立論？若周無益封諸侯之事，鄭亦何能附會其說？且齊、魯故地，今猶可考，實有數百里之地。即云侵小所致，豈能數倍其初？古之里數更小於今。《左傳》黃人曰：『自郢及我九百里』。今自江陵至光州僅七百里。以《谷梁傳》所云，計今之六十二里當古之百里，若齊、魯地止百里，僅有今之六十二里，何云大國？江永《地理考實》謂《孟子》狹小言之，非實録，則亦不然。使二國初封即有數百里，《孟子》假言狹小，豈不為慎子所譏哉？或又為調停之辭，謂大司徒言諸侯之地方四百里，其食者四之一，正是百里。或又謂兼附庸言之。不知古無實封、虛封之分，附庸亦不能大於本國，此皆不得其說而強為之辭。

晉國疆域分部

綜述

《史記》卷三九《晉世家》　（獻公）二十五年，晉伐翟。【略】當此時，晉彊，西有河西，與秦接境，北邊翟，東至河內。

唐・柳宗元《柳河東集》卷一五《晉問》　晉之故封，太行掎之，首陽起之，黃河迤之，大陸靡之。

清・顧炎武《日知録》卷三一《晉國》　晉自武公滅翼，今翼城縣。而王命曲沃伯以一軍為晉侯，其時疆土未廣。至獻公始大，考之於《傳》，滅楊，今洪洞縣。滅霍，今霍州。滅耿，在今河津縣。滅魏，在今蒲州。滅虞。在今平陸縣。重耳居蒲，在今隰州。夷吾居屈，在今吉州。太子居曲沃，在今聞喜縣。而公都絳，在今太平縣。不過今平陽一府之境。《國語》宰孔謂晉侯『景霍以為城，而汾河涑澮以為淵』是也。滅虢，在今陜州。滅焦，今陜州。則跨大河之南。《史記·晉世家》言獻公時晉彊，西有河西與秦接境，北邊翟，東至河內。《索隱》曰：河內，河曲也。內音汭，蓋即今平陸芮城之地。至惠公敗韓之後，秦征河東，則內及解梁，在今臨晉縣。狄取狐厨，在今鄉寧縣。涉汾而晉境稍蹙。文公始啓南陽，得今之懷慶。襄公敗秦于殽，自此惠公賂秦之地，復為晉有，而以河西為境。若霍太山以北，大都皆狄地，不屬於晉。文公作三行以禦狄，襄公敗狄于箕，而其患始稀。悼公用魏絳和戎之謀，以貨易土。在文公後六十年。平公用荀吳，敗狄于太原。於是晉之北境，至於洞渦雒陰之間，而鄔、祁、並今祁縣。平陵、梗陽、今清源縣。涂水、在今榆次縣。馬首盂，今盂縣。為祁氏之邑，晉陽今太原縣。為趙氏之邑矣。若成公滅赤狄、潞氏，而得今之潞安。頃公滅肥滅鼓，而得今之真定，皆一一可考。

清·顧棟高《春秋大事表》卷四《列國疆域表·晉》 案晉所滅十八國，又衛滅之邢，秦滅之滑，皆歸于晉。景公時翦滅衆狄，盡收其前日蹂躪中國之地，又東得衛之殷墟，鄭之虎牢，自西及東，延袤二千餘里。有山西全省，又有直隸大名府之元城縣，為沙鹿山，晉所取之五鹿地。廣平府之邯鄲、成安、清河、永年四縣，順德府治與邢臺、任、唐山三縣，俱與衛接境。真定府之晉州、趙州、冀州，及藁城、欒城、柏鄉、臨城四縣，山東東昌府之恩縣，冠縣，曹州府之范縣，與齊魯二國接境。又河南懷慶府之濟源、修武、孟、温四縣，衛輝府之汲縣、淇縣、輝縣、濬縣、新鄉縣，南自解州平陸縣渡河，有河南府之陜州、閿鄉、靈寶，桃林之塞在焉。永寧、澠池、偃師三縣，後又得嵩縣、陸渾，地與周接境。其西自蒲州、永濟縣渡河，有陜西同州府之朝邑、韓城、澄城、白水四縣，及華州華陰縣，又延安府為晉河西上郡，西安府之臨潼縣為所滅驪戎地，商州為晉上雒，及菟和倉野之地，俱與秦接境。後驪戎地入秦，為侯麗。地跨五省，共二十二府五州。

論説

宋·程公説《春秋分記》卷二六《疆理書第二·晉地總説》 晉故曰唐，唐者，帝堯舊都，堯始居此，復遷河東平陽。周成王既滅唐，以封母弟叔虞於堯之故墟，曰唐侯，子燮改唐為晉，穆侯自晉陽徙都絳，孝侯改絳為翼，至武公自曲沃徙都，復謂之絳，成六年景公又遷於新田，蓋古幷，冀州地也。《禹貢》：冀州既載，壺口雷首，至於大岳。既修太原，至於岳陽，覃懷厎績，至於衡漳。厥土惟白壤。舜以冀州南北闊大，分衛水為幷州。《周禮·職方》正北曰幷州。高辛氏子實沈及金天氏子臺駘所居焉。在天文實沈之次，觜參之分，辰居申，宫曰陰陽。其封域東控齊魯，南瞰汴滑，西接秦雍，北負燕代，大行犄之，首陽起之，黄河迤之，大陸靡之。扼懷衛浦絳之阻，脅天下之肩；兼相魏瀛德之廣，折天下之脊；包祁、定、深、冀之强，拊天下之背。故自晉獻公以下，累世主盟中夏，稱霸諸侯。非有他也，山河之險，地勢便利。晉無出則已，出則可以横行於中原。其俗剛强，多豪傑，矜功名。

清·覺羅石麟等[雍正]《山西通志》卷二一一《藝文三十·明郭子章〈晉論〉》 古之帝王，更都山河，而平陽、蒲坂、夏邑，堯、舜、禹所宅也。讀園桃園棘，故其民至於今憂國而忠於主。有樞有榆，故其民至於今喜樂而偷。瞿瞿休休，故其民至於今長慮而却顧。陟岵陟屺，故其民至於今孝。閑閑坎坎，故其民至於今力穡。且葛屨見隘陋焉，彼汾見貧儉焉。平遠馬邑之外，西鄰延綏；雁門寧武之北，咫尺河套。屯卒既夥，則邊儲宜實。晉之分封者二十有二，代之分封者二十有四，瀋之分封者二十。汾蒲絳澤之區，公室彌蕃，則宗禄宜講。煉石有補於天，斷鼇著績於地，姚姒之隆，五官賡起，重耳之霸，多士焱赴，而品操古今，則人材宜甄。

清·顧棟高《春秋大事表》卷四《列國疆域表·晉疆域論》 論曰：晉當春秋之初，翼侯中衰，曲沃内亂，不與東諸侯之會盟，疑于荒遠之地，然其地實近王畿。是時周新東遷，列侯未甚兼併，沈、姒、蓐、黄，處在太原，虞、虢、焦、滑、霍、楊、韓、魏，列于四境。晉于其中，特彈丸黑子之地，勢微甚。而桓、莊之時，猶能命諸侯以討有罪。曲沃之叛也，王命虢公伐曲沃，至翼侯滅矣，而虢仲、芮伯、荀侯、賈伯同日興師，庶幾方伯連帥之義，安在《江漢》、《常武》不可再睹哉？而釐王貪其寶賂，列為諸侯，肆其狂猘，吞滅小國。自武、獻之世，兼國多矣，以不赴告，故經不書，不復可考見。

蓋天下之無王，自晉始。及勢既强大，乃復勤王，以求諸侯，周室之不亡，復于晉重有賴焉。自滅虢據崤函之固，啓南陽扼孟門、太行之險，南據虎牢，北據邯鄲，擅河内之殷墟，連肥、鼓之勁地，西入秦域，東軼齊境，天下扼塞鞏固之區，無不為晉有，然後以守則固，以攻則勝，擁衛天子，鞭笞列國，周室藉以綿延者二百年。是猶倒持太阿之柄以與人，而復假之以自衛也。然使晉不兼併諸國，周亦無能聯絡形勢以自强。何則？周行封建，其勢散，而晉併列國為郡邑，其勢聚。封建之不如郡縣，自春秋之世，不已較然哉？

衛國疆域分部

綜述

《左傳·定公四年》 分康叔以大輅，【略】封畛土略，自武父以南，及圃田之北竟。取於有閻之土，以共王職；取於相土之東都，以會王之東蒐。

漢·孔鮒《孔叢子》卷上《論書》 孔子荅曰：「昔康叔封衛，統三監之地，命為孟侯。」

《史記》卷三七《衛康叔世家》 平侯八年卒，子嗣君立。唐司馬貞《索隱》：樂資據《紀年》，以嗣君即孝襄侯。獨有濮陽。

《漢書》卷二八下《地理志下》 衛地，營室、東壁之分壄也。今之東郡及魏郡黎陽，河内之野王、朝歌，皆衛分也。

晉·張華《博物志》卷一《地理略》 衛南跨于河，北得洪水，南過漢上，左通魯澤，右指黎山。

清·顧棟高《春秋大事表》卷四《列國疆域表·衛》 案衛之始封，兼三監之地，封域本大，後再遷至帝丘，而其舊封多入于晉，稍迫狹矣。春秋之初，霸令未興，諸侯多務兼併以自益，而衛以介在齊、晉、宋、魯，四面皆大國，無所朘削，又屢經狄難，崎嶇遷徙，其地有今之直隸大名府開州及府治元城縣、魏縣、長垣縣，廣平府之邯鄲縣為邯鄲邑，旋入晉。河南衛輝府之淇縣為始封之朝歌，汲縣為河内，輝縣為百泉，後俱入晉，僅有滑縣之楚邱及漕地耳。又兼涉懷慶府修武縣界，有彰德府之安陽縣、内黄縣、林縣，歸德府之睢州為襄牛地，又錯入開封府之封邱縣，山東曹州府之濮州為城濮地，曹縣為南楚邱地，又錯入兖州府之陽穀縣，泰安府之東阿縣。其地多奇零，與諸國交錯，共跨三省十府三州十二縣之地，其入晉之地不在内。

論說

《墨子》卷一二《貴義》 子墨子謂公良桓子曰：「衛，小國也，處於齊、晉之間，猶貧家之處於富家之間也。貧家而學富家之衣食多用，則速亡必矣。」

宋·呂祖謙《大事記解題》卷四《周慎靚王定》 元年，衛更貶號曰君，獨有濮陽。《解題》曰：降侯而稱君也。濮陽即《左傳》所謂帝丘，衛成公自楚丘徙都之。《史記正義》曰：濮陽在濮州西，濮縣也。

宋·程公説《春秋分記》卷二八《疆理書第四·衛地總説》 成王既黜殷命，殺武庚，復伐三監，以殷餘民封康叔於衛，居河淇間。封畛土略，自武父以南，及圃田之北竟。取於有閻之土，以共王職；取於相土之東都，以會王蒐。其後文公徙居楚丘，成公復居帝丘，蓋古兖州，亦冀州南境之交也。《禹貢》：濟河惟兖州，浮于濟漯，達于河，浮于汶，達于濟。又冀州既載，壺口覃懷，底績至于衡漳。厥土惟白壤，恒衛既從，大陸既作。《周禮·職方》：河東曰兖州，河内曰冀州。在天文陬訾之次，營室東壁之分，辰居亥，宫曰雙魚。其封疆界于河濟，厠居晉、齊、魯、曹、陳、鄭之間，故衛不能以抗大國者，封疆狹小，地非險固故也。其俗雜數國，尚儒學，端而信，然朝歌俗淫，猶有紂之餘風存焉。

清·陳啓源《毛詩稽古編》卷三《邶鄘衛》 謂康叔初封，即兼有邶、鄘、衛，此《漢書·地里志》之説，而服虔從之者也。《漢書》云：周既滅殷，分其畿内為三國，邶、鄘、衛是也，謂之三監。三監叛，周公誅之，盡以其地封康叔，號曰孟侯。謂康叔止有衛，子孫併彼二國，此鄭氏《詩譜》之説而孔氏《正義》述之者也。孔謂殷畿千里，衛盡有之，是反過於周公，大非制，故以鄭《譜》為長，似矣。然殷自帝甲以後，國勢寖弱，大抵如東周之世，畿封之廣必非武丁宅殷之舊，又重以帝辛之虐，土荒民散，境壤益削，即如黎為畿内國，周得戡之，至紂滅時，豈猶是邦畿千里乎？又三亳皆商之故都，而去朝歌稍遠，商未亡時，所謂邦畿千里者，定應併數之，如東西周通畿之制。武王立三監，固未嘗以與之也。西亳偃師在孟津之南，武王觀兵於孟津，又大會諸侯於此，然後北行伐紂，則偃師已非商有。南亳穀孰及北亳蒙，即宋地也。武王克殷，初下車，即以封微子，亦不在三監域内，况殷之畿内諸侯，非大無道者，不應概從誅滅，改建他侯，則三監所統，不過近郊、遠郊及邦畿以内地耳。康叔兼而有之，安得方千里乎？

且非直此也，古人建國，原計戶口為定。成王作洛之後，殷頑民盡徙下都；封伯禽，又以殷民六族賜之。留處故都者，殆無幾。《書序》云：成王既伐管叔，以殷餘民封康叔於衛。《地里志》又云：遷邶、鄘之民於洛邑。故邶、鄘、衛三國，相與同風。合《序》、《志》之言觀之，可見封康叔時，民得留者多在衛，其邶、鄘兩國，已成曠土。縱欲建他侯，勢亦不能，因併以畀康叔耳。厥後生齒漸蕃，稍稍移居彼地，邶、鄘舊壤，漸致殷庶。《漢書·功臣表》言：初定封，戶口什才二三。大侯不過萬家，小侯不過五六百戶。逮文、景四五世間，流民既歸，戶口亦息，列侯大者至三四萬戶，小國自倍。事正與此相類。雖其地比於他國為大，然受之先王，不容無故裁削，則二國之終為衛有，宜也。采《風》之時，仍各存舊名，以記風土之異，理或當然，未必以此寓褒貶也。

孔子謂齊景公曰：『昔康叔封衛，統三監之地，命為衛侯。』見《孔叢子》。夫統三監，則邶、鄘、衛兼有之矣。孔氏《書傳》亦云：以三監之民，國康叔，為衛侯。意皆與《地里志》同也。又季札聞歌《邶》、《鄘》、《衛》，而知康叔、武公之德。若康叔無邶、鄘，則其德化，何由徧及三國乎？鄭《譜》謂紂城北為邶，南為鄘，東為衛。楚丘與漕二地，皆見《鄘風》，在河南，足徵衛地在河南者，故鄘地也。祝鮀論武王之封康叔曰：『自武父以南，及圃田之北境。』見《左傳》定四年。武父不可考，桓十二年：與鄭伯盟于武父。是鄭地，非此武父。圃田則豫州之澤藪也，後為鄭有，鄭在衛西南，圃田之北，當與鄘接壤，而康叔初封，以此為境，則以鮀之言，合之鄭《譜·鄘風》，不又康叔兼有三國之明證乎？

清·張尚瑗《左傳折諸》卷首下《宋衛地形》 宋衛在春秋，皆為上國星野，載《戰國策》，因《漢書·地志》，以從其類。顧二國之在春秋，又有可論者。衛自康叔受封，仍殷朝歌舊都，復并邶、鄘之地，《商頌》所謂『邦畿千里』，疆宇甚大，又皆在河北。懿公為狄所滅，戴公廬曹，渡河而南，文公城楚丘，皆河南之域。《左傳》滎澤之戰，杜注滎澤當在河北，孔疏以為《禹貢》滎波既瀦，本在河南。蓋自北徙南，故曹、楚丘，皆屬河南地。此後河北共、汲諸壤，皆為晉有，而國以削。此衛之可言者也。

清·顧棟高《春秋大事表》卷四《列國疆域表·衛疆域論》 論曰：衛地西鄰晉，東接齊，北走燕，南拒鄭。宋楚之與晉争伯也，争鄭宋而衛不受兵，以鄭宋南面為之蔽也。晉文城濮之戰，楚始得曹而新昏于衛，蓋欲為遠交近攻之計，結衛以折晉之左臂，使晉不得東向争鄭也。故晉文當日汲汲焉首事曹衛，豈惟報怨之私，亦事勢有不得不爾。晉欲救宋，則不得不先伐衛；晉欲服鄭，則不得不先服衛，衛服而鄭、魯諸國從風而靡矣。蓋衛踞大河南北，當齊、晉、鄭、楚之孔道。晉不欲東則已，晉欲東則衛首當其衝，曹衛以北方諸侯而為楚之役，天下幾不復知有中夏，此晉之用兵，所以不獲已也。自是以後，衛幾同晉之鄙邑。其曹濮之地，與齊犬牙錯互，宣、成之世，衛屢受齊師。每有齊師，則乞援于晉。至春秋之季年，晉、鄭之大夫擅權，孫林父以戚如晉，晉取衛懿氏六十與孫氏。戚近帝邱，衛都肘腋之地，世為孫氏邑。自是衛非復衛有，并不為晉有，而為晉、鄭大夫所營狡兔之三窟也。失其地利，首受强鄰之見侵，繼受叛臣之桀驁，衛之為衛，亦可哀矣哉！

宋國疆域分部

綜述

《漢書》卷二八下《地理志下》 宋地，房、心之分壄也。今之沛、梁、楚、山陽、濟陰、東平及東郡之須昌、壽張，皆宋分也。

晉·張華《博物志》卷一《地理略》 宋北有泗水，南迄睢過，有孟瀦之澤，碭山之塞也。

清·顧棟高《春秋大事表》卷四《列國疆域表·宋》 案宋在春秋，兼有六國之地。宿、偪陽、曹三國，其見于經者也。杞、戴及彭城，則經傳俱不詳其入宋之年，而地實兼併于宋。其封域全有河南歸德府一州八縣之地，開封府之杞縣、封邱縣有宋之長邱，蘭陽縣有宋之戶牖，衛輝府之滑縣有宋之城鉏，陳州府治之睢寧縣有宋樫地，西華縣有宋鬼閻地。又江南徐州府之銅山縣、沛縣、蕭縣，潁州府之太和縣，山東兗州府之金鄉縣、單縣，泰安府之東平州。後滅曹，又得曹州府之曹縣、菏澤縣、定陶縣。共跨三省九府二州二十三縣之地。

論説

宋·程公説《春秋分記》卷二七《疆理書第三·宋地總説》 周成王誅武庚，分其地，封微子於宋，蓋與東周並古荆河豫州地也。《禹貢》：伊洛瀍澗，既入于河，滎波既豬，導菏澤，被孟豬。厥土惟壤下，土墳壚。《周禮·職方》：河南曰豫州。在天文大火之次，氐房心之分，辰居卯，宫曰天蝎。其封域西自蔡潁，東薄沂泗，北極河濟，南拒長淮。其中廣衍平坦，四通八達，然形勢所控，無名山大川之限，無鴻溝巨塹之阻，而魯伺其右，晉鄭掉其左，衛拊其背，吳楚拒其胸，陳鄭伺其翼，故襄公用之，不能以抗諸侯。

清·張尚瑗《左傳折諸》卷首下《宋衛地形》 宋因成湯亳，都睢陽，在梁、沛之間，與楚接壤，其被楚患，與鄭同。而晉悼復霸之後，汲汲爭鄭，鄭之犧牲玉帛，待于境上，去就不常。宋則華元善于令尹子重，兼善欒武子；向戌復善于令尹子木，兼善趙文子。合兩國之成，皆盟于宋西門之外，國勢使然，此又宋之可言者也。

清·顧棟高《春秋大事表》卷四《列國疆域表·宋疆域論》 論曰：余嘗適汴梁，取道鳳陽，由歸德以西，歷春秋吳楚戰爭地及杞、宋、衛之郊，慨然思曰：周室棋布，列侯各有分地，豈無意哉？蓋自三監作孽，武庚反叛，周公誅武庚而封微子于宋，豈非懲創當日武庚國于紂都，有孟門、大行之險，其民易煽，其地易震，而商邱為四望平坦之地，又近東都，日後雖子孫自作不靖，無能據險為患哉？故殷之遺民，屬之懿親康叔，而杞、宋接壤，俱在開歸。匪特制馭，亦善全先代之後，宜爾也。入春秋時，宋乃有彭城，彭城俗勁悍，又當南北之衝，故終春秋之世，宋最喜事。齊興則首附齊，晉興則首附晉。悼公之再伯也，用吳以犄楚，先用宋以通吳，實于彭城取道。楚之拔彭城以封魚石也，非以助亂，實欲塞夷庚，使吳、晉隔不得通也。晉之滅偪陽，以杞宋也，非以德宋，欲宋為地主，通吳晉往來之道也。蓋彭城為宋有，而柤為楚地，偪陽為楚與國，皆在今沛縣境，如喉噎中之有物。宋有偪陽，而吳、晉相援如左右手矣。故當日楚最仇宋，常合鄭以齮宋，亦最力。迨悼公已服鄭，不復恃吳。吳闔閭之世，力足以制楚，不復專賴晉，而宋于是晏然無事，是彭城之係于南北之故者非小，而宋常為天下輕重者，以其有彭城也。自後吳日强横，齊魯俱被其毒害，而宋始終不受兵，亦以前日為東道主之故，而黄池之役吳歸，道自商魯，王欲伐宋，太宰嚭曰：可勝也而弗能居。蓋杞宋舊封，其非險阨之地久矣。

鄭國疆域分部

綜述

《漢書》卷二八下《地理志下》 鄭國，今河南之新鄭，本高辛氏火正祝融之虚也。及成臯、滎陽，潁川之崇高、陽城，皆鄭分也。

清·顧棟高《春秋大事表》卷四《列國疆域表·鄭》 案鄭桓公、武公當幽、平之世，以詐取虢、檜之地。其地當中國要害，四面皆强國，故雖以鄭莊之奸雄，無能為狡焉。啓疆之計，終春秋二百四十年，僅再滅許，肆其吞噬而已。而虎牢入晉犨，櫟郟入楚，鄭之封疆，亦蝕于晉楚焉。其地有開封府之祥符、蘭陽、中牟、陽武、鄢陵、洧川、尉氏、鄭州、河陰、汜水、滎陽、滎澤，凡一州十一縣。亦兼涉杞縣，與楚接界，陳留與陳接界，封丘與衛接界。許州府為所奪許國之地，禹州為櫟都，汝州之魯山郟縣，本楚以餌鄭，旋復為楚奪。又闌入衛輝府之延津縣，河南府之登封縣、鞏縣、偃師縣，陳州府之扶溝縣，懷慶府之武陟縣，歸德府之睢州。其地俱在今河南一省。其闌入直隸大名府之長垣縣者，為祭仲邑。東明縣有武父地，僅彈丸黑子而已。

論説

宋·程公説《春秋分記》卷二九《疆理書第五·鄭地總説》 周宣王初封其母弟友於宗周畿内，是為鄭桓公，今華州鄭縣也，號曰先鄭。為幽王大司徒，甚得周衆與東北之人。問於史伯曰：『王室多故，余安逃死？』史伯曰：『其濟、洛、河、潁之間乎！地近虢、鄶，君若以周難之故，寄帑與賄，則君之土也。』桓公從之。後三年，幽王為犬戎所殺，桓公死之。子武公立，竟取十邑之地而國之，實高辛氏火正祝融之墟，號曰新鄭，蓋與東周，並古豫州地也。其國前華後河，右洛左濟，食溱洧焉。土陿而險，山居谷汲，其俗淫。在天文壽星之次，角亢之分，辰居辰，宫曰天秤。其封域西聯王畿，北抗晉東，北並衛，東近宋，東南倚陳，南境並楚邊邑。春秋時，晉楚交兵，鄭無歲不被其害。北從晉，則楚伐之于南；南從楚，則晉伐之於北。至子産為相，以禮治國，晉楚之暴，莫能加焉。嘗考地勢，雖曰荆河通達，而嵩山、虎牢之形勢，亦有險要。故《傳》言晉悼公城虎牢而鄭服者，此也。虎牢本王畿，其後賜鄭，倚以為國，蓋在河濟之南，伊洛之東。居此，則晉兵之來，可以禦之云。

清・顧棟高《春秋大事表》卷四《列國疆域表・鄭疆域論》 論曰：鄭當幽王之世，王室未遷，遽興寄帑之謀，攘取虢、檜之國而有其地，首亂天朝之疆索，鄭誠周室之罪人矣。入春秋後，莊公以狙詐之資，倔强東諸侯間。是時楚僻處南服，而晉方内亂，莊公與齊魯共執牛耳。其子昭公、厲公，俱梟雄絶人。使其兄弟輯睦，三世相繼，鄭之圖伯，未可知也。乃三公子争立，卒歸厲公，與虢弭定王室，庶幾桓、文勤王之義，然自是而楚患興矣。齊晉迭伯，與楚争鄭者二百餘年。是時鄭西有虎牢之險，北有延津之固，南據汝潁之地，恃其險阻，左支右吾。蓋滎陽、成皋，自古戰争地，南北有事，鄭先被兵，地勢然也。至子産之世，而虎牢已先屬晉犨，櫟郟已先屬楚，鄭之地險盡失，徒善其區區之辭命，以大義折服晉楚。雖以楚靈王之暴横，莫敢凌侮，蓋亦人謀之臧，匪關地勢矣。然自後三家分晉，而韓得成皋，卒以滅鄭，則鄭之虎牢，豈非得之以興，失之以亡者哉？

吴國疆域分部

綜　述

《墨子》卷一三《魯問》 子墨子游公尚過於越，公尚過説越王，越王大説，謂公尚過曰：『先生苟能使子墨子於越而教寡人，請裂故吴之地方五百里，以封子墨子。』

《漢書》卷二八下《地理志下》 吴地，斗分壄也。今之會稽、九江、丹陽、豫章、廬江、廣陵、六安、臨淮郡，盡吴分也。

晉・張華《博物志》卷一《地理略》 吴左洞庭，右彭蠡，後濱長江，南至豫章，水戒險阻之國也。

唐・陸廣微《吴地記》 按《史記》及《吴越春秋》，自禹治水已後，分定九州，《禹貢》揚州之域。吴國四至：東亘滄溟，西連荆郢，南括越表，北臨大江，蓋吴國之本界也。

清・顧棟高《春秋大事表》卷四《列國疆域表・吴》 案武王定天下，此時泰伯之子孫已自立于勾吴，武王因而封之。時大江以南，尚屬蠻夷之地，分茅胙土之所不及，非若中原齊魯星羅棋置也，故其地最廣遠。春秋初，尚服屬于楚，自後寖强，遂為勍敵，而其所并吞之國，亦歷歷可紀焉。大抵北出則擾廬壽，東出則向番陽，其地略有江南全省，而徐州屬宋，廬鳳屬楚，安慶屬群舒，最後廬鳳亦入于吴，而入郢之禍，自此始。太平府則與楚之和州為昭關。對岸，江寧府則與楚之六合為棠邑。接境。其自浙之嘉興，以及湖州、杭州，則與越日相角逐之區也。其自浙之嚴州，以及江南之徽州，江西之饒州，則與楚日相窺伺之地也。方輿家以江西全省，亦俱為吴地，然于經傳無所見，第存其説如此云。

論　説

宋・程公説《春秋分記》卷三〇《疆理書第六・吴地總説》 大伯遜國，去之荆蠻，號曰勾吴。荆蠻義之歸者千餘家，爲吴大伯。仲雍嗣之，斷髮文身，羸以為飾，不與中國通，蓋古揚州地也。《禹貢》：淮海惟揚州。彭蠡既豬，陽鳥攸居，三江既入，震澤底定。厥土惟塗泥。沿于江海，達于淮泗。《周禮・職方》：東南曰揚州。在天文星紀之次，斗牛之分，辰居丑，宫曰磨蝎。其境襟三江，帶五湖，阻大海，達長淮。自壽夢而下，吴國愈大，通於上國。杜佑曰：揚州人性輕揚，地非形勢，然長淮大江，皆可拒守。

宋・潛説友《咸淳臨安志》卷一六《疆域一・吴越考》 杭地本屬吴屬越，諸家為説不同。以為屬吴者，晏元獻公《類要》、《皇朝郡縣志》及《乾道舊志》皆然，而不著其説。惟《淳祐志》引《吴越春秋》所載：越王勾踐入臣於吴，群臣送至浙江，臨水祖道；又載吴王夫差為越所敗，而走止秦餘杭山。又《史記》楚威王伐越，盡取吴地，至浙江。遂謂吴、越必以浙江為分界。以為屬越者，杜佑《通典》、歐陽忞《輿地廣記》皆云春秋時屬越，越敗屬吴。東陽王象之本其説，謂錢塘舊為越有，夫差敗越，地始入吴。雖皆知為越地，而未知分界所在。惟《太平寰宇記》引《吴地記》云：越國西北界至禦兒。即檇李，今嘉興府崇德縣有禦兒鄉，有水名語水，『語』與『禦』通。則是吴越以禦兒為分界。二説各有所據，今精考之，當以後説為是。

《春秋》魯定公十四年五月，於越敗吴于檇李。杜預注云：嘉興縣南檇李城。又《史記世家》：闔閭十九年伐越，勾踐迎擊之檇李。賈逵注云：檇李，越地。據此，則檇李以南皆為越境，杭在其中矣，此杭為越地一也。《吴越春秋》：勾踐既臣於吴，夫差賜之書，增其封，東至句甬，西至檇李，南至姑末，北至平原，《越絶書》作武原，云今海鹽。縱横八百餘里；且謂越本興國千里，吾雖封之，未盡其國。則是所封之地，皆越故疆。又《越絶書·越地記》云：語兒鄉，故越界，本名就李，即檇李。吴疆越地，以為戰地，至柴辟亭。《吴地記》云：柴辟亭到語兒就李，吴侵以為戰地。則吴越疆界，尤極明白，此杭為越地二也。

若《淳祐志》所引三説，皆有可辨論者。其一謂越群臣祖勾踐於浙江，則是吴越以浙江為界，殊不知是時勾踐方保棲會稽之山，浙江以西皆為吴有，宜其祖道，止於江濱，况又未嘗曰『送之境上』耶？其一謂夫差走餘杭山，則餘杭在吴之境内，殊不知吴自有秦餘杭山。《姑蘇志》云：陽山又名秦餘杭山，在長洲西北三十里。夫差棲於此，死因葬焉，至今號夫差墓。又《越絶書·吴地傳》云：秦餘杭山去毗陵縣五十里，有湖水，近太湖。今餘杭去長洲太湖甚遠，豈可以名之，偶同强合為一？且越在東南，吴在西北，吴王不西北走蘇常，而反東南走餘杭，必無此理。其一謂楚伐越，盡取故吴地，至浙江，則浙江之西，乃吴地，殊不知此句自是兩義：所謂故吴地者，言越故取於吴者也；至浙江者，言併越元有之地而盡取之也，豈可概以為故吴地乎？《皇極經世》以其辭不别白，故於『楚滅越，盡取其地』之下，書曰『東開地至浙江』，則是浙西以西，本非本境，乃楚因越地而開者也。合是三説，則《前志》之誤，可以涣然無疑矣。

清·顧棟高《春秋大事表》卷四《列國疆域表·吴疆域論》 論曰：余考春秋吴疆域，而竊有感于明祖之事也。當明祖與張、陳相持，而劉誠意謂陳氏勢居上游，宜先定陳。當日之分界，與春秋時吴、楚略相似，而明祖之地，較吴尤迫狹，日汲汲于池州、太平、徽、寧、廬、鳳之地，逮得南昌而守之，一戰遂覆陳氏。嗚呼！此春秋闔閭入郢之勢也。

夫長江之險，吴、楚所共，而楚居上游，故長岸之戰，司馬子魚曰：『我得上游，何故不吉？』卒得其乘舟餘皇，故吴楚交兵數百戰，從水則楚常勝，而從陸則吴常勝。楚以水師臨吴，而吴常從東北以出楚之不意。當其始叛楚也，即伐巢，伐徐，伐州來，争鬭于廬州、鳳陽之間，蓋欲自上而瞰下。子重之克鳩茲也，為今太平之蕪湖，此用水也，而吴報之，伐楚取駕，則在廬之無為矣。楚靈之克朱方也，為今鎮江之丹徒，此用水也，而吴報之，取棘、櫟、麻，則出碭山與汝寧矣。至昭二十三年，州來入吴，州來為今之壽春，以淮為固，撤楚之籓籬而據其要害，而入郢之禍兆矣。當日舍舟于淮汭，自豫章與楚夾漢，淮汭即州來，豫章今南昌。舍舟為沈船破釜之舉，陸路出南昌為出奇擣險之謀，欲避所短而用所長，懸師深入，千里襲人，蓋亦逆知楚瓦不仁，而後敢出此。使當日但斂兵持重，勿與交鋒，絶其餉道，吴人輕鋭，師老欲歸，正不必為毁舟與塞城口之計；正欲徐行驅之，吴人遇險則必争舟以濟，争則必亂，半渡擊之，可使隻輪不返。故當日楚之失計在速戰，而吴亦第僥倖而一得也。使第固守鍾離、居巢、州來三城，屹然不動，而多方以撓吴，隳其亟肆之算，吴既不得志于東北，必不能由水道以窺楚，而吴且坐困矣。故明方事廬、鳳而旋得南昌，則為折其左臂。吴先有豫章而兼得州來，則為扼其喉吭。申公、子胥之謀略，與明祖君臣前後一揆矣。夫地勢何常？人能用之則勝。厥後越兼吴之地，而卒覆于楚，豈非楚常得地勢之便哉？

清·范本禮《吴疆域圖説》卷下《附案一則·辨〈漢志〉吴分》 按《班志》曰：『今之會稽、九江、丹陽、豫章、廬江、廣陵、六安、臨淮，盡吴分也。』以今考之，殊不盡然。廬江之舒，班氏自注『故國』；會稽之山陰，班氏自注『越王勾踐本國』；六安之蓼，班氏自注『故國，為楚所滅』；而廬江之龍舒為群舒邑，則見於應劭注。臨淮之堂邑為楚之堂，會稽之治為閩越地，則見於司馬彪《郡國志》本注。六安之安豐為楚雉父，則見於《郡國志》劉昭《補注》。又廬江之雩婁，即楚雩婁邑；豫章之餘汗，為越西界，亦班班可考者。

若廬江之樅陽，在今桐城東南，則當為桐國地。晥在今安慶府北，湖陵為今太湖縣，松兹在今霍邱縣東，丹陽之石城在今池州府西，陵陽在今青陽縣南，蕪湖在今蕪湖縣東，六安之安風在今霍邱縣東南，陽泉在今固始縣南，則皆當為楚境。會稽之餘暨在今蕭山，則越封百里之內者。回浦在今台州府東，乃秦閩中之地，吳地亦未能至此也。

他如吳有艾邑，為今義甯，取楚之番，為今鄱陽。大抵江西一省，南昌以北及九江、南康、饒州四府之境，當有吳地。其餘在春秋時風氣未開，當為吳、楚、越界外之地，則豫章之廬陵，今泰和縣北。彭澤，今都昌縣北。柴桑，今九江府治南。贛，即今贛州府治。新淦，今臨江府治東。南城，今建昌府治。建成，今瑞州府治。宜春，今袁州府治。雩都，即今雩都。南埜，今南康縣西南。安平，今安福縣。數縣之地，亦未見其為吳分也。而丹陽在今太平府東，實為吳地。班氏反以當楚之丹陽，抑何謬哉！至於楚徐之地後入於吳，於越之境曾為吳有，謂為吳分，或無不可耳。

又《論一篇》 論曰：吳立國最先，又僻在蠻夷，封域於諸姬為廣。大抵南濱浙江，北限淮瀆，東薄大海，西壤荊舒。其始封之地，於今江蘇則有蘇、松、常、鎮、江、淮、揚、通七府一州，而江甯之六合楚地，斗入其閒。於今浙江則有嘉興全府，南暨杭之海甯，西迄湖之長興。於今安徽則有泗、廣二州，甯國之宣城、南陵、涇縣、甯國，而太平之當塗、蕪湖，則與楚犬牙相錯。大率東西狹，南北長，縱横蓋四五百里。

春秋之初，吳人僻陋自甘，不與於諸侯會盟，而諸侯亦無有顧之者。楚人得馴而役之，垂百十年。自巫臣怨楚，狐庸相吳，於是北通上國，西誘群舒，駸駸乎與楚為難矣。當是時，長江天險楚得上游鍾離、巢州漆匜邑，鼎時江淮間，為楚重鎮，吳固未得逞志於楚也。會楚靈、平繼世，內難迭起，王僚乘間以攘三城，楚之藩籬撤，於是吳之堂奧恢矣。及至闔廬，胥、嚭報兄父之仇，蔡、唐泄珮馬之忿，長驅千里，入楚之都。夫差繼之，棲越會稽，薦食上國，於是踰淮而北，接於商魯，渡淛而南，封越百里以外，皆號令所及。而西封楚境，則北抵棘櫟，南暨番艾。蓋其全盛之時，幾有今江蘇全省，又西跨安徽，北跨山東、河南，南跨浙江、江西五省之地。疆域之廣，倍其朔矣。

當此之時，夫差之心，自以為破楚臣越，制齊威晉，五霸之盛不是過也。然而黄池未長，姑蘇已焚，不及十年，吳遂為沼。曩時以區區之吳，當上游之彊楚，不過五戰，直入郢都。迨以全吳之彊，一為越困，遂即熸夷者，何哉？闔廬棄舟用陸，奪楚所恃，夫差棄全浙地以畀勾踐，三江五湖之險還與越共，好勤遠略而忘肘腋之患也。地利無常，顧用之者如何耳。

清·俞樾輯《詁經精舍四集》卷七《馮一梅〈春秋吳越疆域考〉》 吳自泰伯奔荊蠻，自號句吳，十九世至壽夢而見於《春秋》。越自夏少康封庶子無餘，號曰於越，二十餘世至允常而見於《春秋》。允常以來，越與吳屢相戰伐，時而吳侵越境，時而越奪吳壤，故當時兩國疆域，説者久無定論。唐杜佑《通典》以杭州為春秋越國之西境，而謂蘇州南百四十里吳與越分境，據昔吳伐越，越子禦之于檇李，在今嘉興縣之地。杜佑自注云：檇李城在今嘉興縣南三十七里。宋樂史《太平寰宇記》謂杭州春秋時為吳越二國之境，據《吳地記》云：越國西北界至禦兒，在今吳郡嘉興縣南，即與吳分界處。樂史又於秀州嘉興縣下引《國語》曰：吾用禦兒臨之。今俗語作『語』字。杜、樂兩書，一以檇李為吳越分界，一以禦兒為吳越分界，而皆不出嘉興縣內，是并謂越地逾浙江之西而至於嘉興矣。及讀明嘉靖間薛應旂所修《浙江通志》，則謂杭州吳山在府治東南，故老云：春秋時為吳南界以別於越，故號吳。據吳山既因吳得名，則杭州必為吳地，而與越當以浙江分界。薛《志》雖又載一説，云吳人憐子胥以諫死，立祠其上，訛『伍』為『吳』，故名山也。然子胥吳臣，而立祠于杭，是名山雖有吳義，何薛意仍以杭州為吳地也。且唐釋處默詩云『到江吳地盡，隔岸越山多』，亦正與薛説相合，則越地又似不能及於浙西矣。元潛説友所撰《臨安志》則兩通其説，謂周敬王四十六年吳伐越，勾踐保於會稽，杭地屬吳。勾踐臣吳歸越，夫差封以地，西至檇李，杭地復屬於越。近時顧氏棟高作《春秋列國疆域表》及《列國地形犬牙相錯表》，其説亦與潛《志》略同。而乾隆間嵇制軍所修《浙江通志》亦即此説略伸之，謂浙西地吳越錯居，闔閭時與越爭檇李，至勾踐保於會稽，而浙江以西始屬吳。後勾踐入越，盡復吳所侵地，則江浙以西地仍屬越。

觀此數説，似較諸偏執所見者為長。然梅竊嘗遍考《左傳》、《國語》、《史記》及《吳越春秋》、《越絕書》所載吳越事實，以證浙江各府縣舊志所載吳越古跡，而知吳越疆域之變遷反復迭經數次，一一可究其詳。彼杜佑《通典》、樂史《寰宇記》、薛應旂《通志》諸說，固皆僅就一時言之，而未為通論。即潛説友《臨安志》、顧棟高《大事表》及嵇制軍所修《通志》，皆不免多所疏漏也。

謹案春秋以前，少康封無餘之時，浙西本皆越地。《吳越春秋》『無余』，《史記》張守節《正義》引作『無餘』。潛《志》謂越王城在於潛縣東十五里阿頂山，夏后少康之後封於越，其支庶或居此，今城址猶在，可知越之始封本已兼有浙西，此無餘時之疆域固有越而無吳也。及泰伯奔荊蠻時，適無餘後裔衰弱，不能兼轄浙江以西，遂歸入吳。薛《志》載新城縣有百丈山，在縣南五里，謂其左有太公澤，古傳泰伯采藥南來，飲泉而甘，因名。明萬曆間陳善所修《杭州府志》亦載此說，惟『太公澤』陳《志》作『太公潭』，未知孰誤。又百丈山，陳《志》謂在昌化縣西三十里，亦恐有誤。可知泰伯略地已由姑蘇而至杭郡，薛《志》謂杭之吳山因吳得名，殆亦始於此時。吳之新疆實即越之故土，故允常復振，深與吳仇。《史記》『允常』，《吳越春秋》作『元常』。又潛《志》載吳慶忌宅，故老云：豐儲倉即其故基，前有池，為慶忌磨劍處。嵇《志》謂豐儲倉在宋仁和縣署側，即今會城內仁和倉橋之東。明郎瑛《七修類稿》又載褚家塘土地祠掘得石碑，云瓊花園即慶忌舊宅基，以證明慶忌宅基礎在會城之內。兩說雖小異，而一述故老舊聞，一據古碑遺字，幷謂慶忌宅在會城，固鑿鑿可信。考慶忌為吳王僚之子，而其故宅在杭，可知王僚之時，浙江以西尚皆屬吳而不屬越。薛《志》又載慶忌塔在昭慶寺北，昭慶寺在錢塘門外，薛《志》又謂其地為豐儲倉，而誤讀潛《志》而混宅、塔為一處。則專諸既刺王僚而闔閭使要離刺慶忌于江中，仍葬之于杭地，要離刺慶忌事詳見《吳越春秋》。可知闔閭始即位時杭地亦尚屬吳，此自泰伯而至王僚、闔閭，浙西固盡為吳有，而越不得而逾也。

及闔閭即位五年，以越不從伐楚，南伐越，反為允常所敗，破檇里，而越兵遂逾江而西。此即《左傳》昭公三十二年之『吳伐越』也。據《吳越春秋》在闔閭五年允常伐破檇里，此為越得侵有浙西之始，而要離刺慶忌事在闔閭二年，故慶忌猶葬於杭。檇里，《左傳》作『檇李』，《公羊傳》作『醉里』，《越絕書》作『就李』。宋張堯同《嘉禾百詠詩》注云：檇李却郡城西南四十五里。明弘治間柳琰所修《嘉興府志》謂檇李即桐鄉縣之濮院，蓋濮院在宋屬郡治，至明而析入桐鄉。兩說非有異義，可知越自允常既破檇里而嘉興之濮院以北尚屬於吳，濮院以南盡為越有矣。厥後，闔閭十九年聞允常死，復興師伐越，復為勾踐所敗，闔閭傷其將指，去檇李七里，還卒於陘，而檇李以南遂竟為越所踞。事見《史記》，互詳《左傳》定公十四年。惟《左傳》謂靈姑浮以戈擊闔閭，而《史記·越世家》謂射傷吳王闔閭；《左傳》謂擊之檇李，而《史記·吳世家》又謂敗之姑蘇。文有小異。蓋自越逾浙西，而吳人於嘉、湖之間遂汲汲以防越為務，戍兵遺跡多有存者。《越絕書》云：辟塞者，吳備候塞也。康熙間范正輅所撰《秀水縣志》謂辟塞在拱辰門外一里。張堯同《嘉禾百詠詩》注云：射襄城，吳王禦越之所，在郡城東北三十里。萬曆間沈堯中所撰《嘉州府志》謂射城即秀水東北麟瑞鄉之舊管里。元至元間徐碩所撰《嘉禾志》云：有管城、何城、晏城、萱城，吳王築四城以禦越。明薛應旂《浙江通志》謂何城在崇德縣西二里，晏城在崇德縣東北二十里，萱城在崇德縣東南二十里，其一管城屬海寧。考明之崇德縣，即今之石門縣，康熙元年改名。蓋管城在海寧，而何、晏、萱三城皆在石門境。薛《志》又謂石門在崇德縣北二十里，吳拒越，疊石為門，以為限隔之所。唐有石門驛，嵇《志》謂即今石門縣北二十里之玉溪鎮，然則康熙間改名，蓋亦取此舊義。薛《志》又謂嘉興有東顧城、西新城、南于城、北主城，四城幷吳越爭鬬時所築，後俱廢。考徐碩《嘉禾志》有云：古城在海鹽縣東南五十步。康熙間吳永芳所撰《嘉興府志》謂海鹽縣東南有古城。古、顧音近，即東顧城。明弘治柳琰《嘉興府志》謂新城在秀水縣西二十七里，顧棟高《大事表》謂土人呼曰新市，即西新城之遺跡。萬曆沈堯中《嘉興府志》謂主城在秀水縣治北，于城在海鹽縣治西北十八里。吳永芳《嘉興府志》謂海鹽縣西開濟鄉有璵城里，今止有璵城橋。璵、于音近，即南于城。又明徐獻忠《吳興掌故》云：三城、三圻在長興，東臨太湖，吳王屯戍之地。考萬曆間唐樞所撰《湖州府志》謂城與圻接畛，吳城聯斯圻，彭城聯石圻，邱城聯蘆圻，惟石圻沒入太湖，斯圻、蘆圻尚存。彭城在長興縣東北二十五里，宋鑒《西吳里語》謂吳城在長興縣南，吳王使夫概于吳西鄙築城，即此。邱城在烏程縣北十八里，近太湖。明弘治間江翁儀所撰《湖州府志》又謂黃城在長興縣東北，與郭轉堆皆句吳所築。薛應旂《浙江通志》又謂吳王城即長興縣，夫概所築，晉因其城狹而長，故取以名縣曰長城。案：今名長興，吳越當梁時避梁諱所改。觀此防戍諸城，可知當時嘉興之海寧、石門、桐鄉及湖州之長興，皆為吳越分界之處，而不徒檇李、禦兒可以指證。長興既須築戍，則湖州之德清、武康亦非吳有，而不特杭州一郡全歸於越。薛應旂《浙江通志》載武康縣石山在縣北二十里。又二里曰莫干山，舊傳闔閭于北鑄莫邪、干將之劍。考《吳越春秋》鑄劍在闔閭元年，蓋檇李未敗之前武康尚屬於吳。且據《史記·吳世家》及《吳越春秋》，夫概乃闔閭之弟，可知所築諸城必在闔閭戰敗時。此皆闔閭、允常時，吳越在嘉湖分界只明證也。

及夫差敗越於夫椒，勾踐以餘兵五千人保棲於會稽，則浙江以西復歸入吳，而越僅有浙東地。《左傳》敗夫椒事在哀公五年，《史記》為夫差二年。《越絕書》載馬嘷城，吳伐越，道逢大風，匹馬啼嘷，因名。明天啓間胡震亨所著《海鹽縣圖經》云：吳禦越，城亦名馬嘷城。《九州志》云：谷水之右有馬嘷城。即此。薛應旂《浙江通志》又載長水塘在嘉興府城南六里，長五十餘里，春秋時稱嘉興之地為長水，世傳吳王練兵之所。又載胥山在嘉興縣東二十七里，本名張山，高十五丈，周二里，多怪石。吳伍子胥伐越，經營與此，因改今名。又載洛山在德清縣南二十九里，西南為吳憾山，又名城山，昔吳王夫差憾越王之傷其父，進軍征之，築壘於此。觀此數處遺跡，則當日夫差由嘉興海鹽進兵克復德清，長驅至杭，而勾踐退保浙東情形，瞭若指掌。《吳越春秋·勾踐入臣外傳》載越王勾踐五年五月，與大夫種、范蠡入臣于吳，群臣皆送至浙江之上，臨水祖道，軍陣固陵。據酈道元《水經注》：浙江又徑固陵城北，昔范蠡築城於浙江之濱，言可以固守，謂之固陵，今之西陵也。即今西興地，可知西岸以為吳地，故群臣送勾踐至西興，不能逾江而西。《勾踐歸國外傳》又載吳封地百里於越，東至炭瀆，西止周宗，南造於山，北薄於海。據《越舊經》，炭瀆在會稽縣東六十里。《越絕書》作『炭聚』，嘉泰間施宿所撰《會稽志》作『炭浦』。周宗蓋在蕭山縣境。可知勾踐歸國受封，亦僅能保有浙東而已。此勾踐事吳時，吳越之疆域固仍以浙江分界也，及夫差又增封越地，東至於句甬，西至於檇李，南至於姑末，北至於平原，而越之疆界復至於嘉湖。亦見《吳越春秋·勾踐歸國外傳》。《國語》云：勾踐之地，南至於句無，北至於禦兒，東至於鄞，西至於姑篾。蓋即此時。句無即句甬，韋昭注謂諸暨縣有句無亭，顧棟高《大事表》以為即寧波之甬東，今定海縣東北有舟山，故海中洲即其地。禦兒，《越絕書》作『語兒』，謂語兒鄉，故越界，名曰就李，至於柴辟亭。《漢書·地理志》會稽郡由拳縣，班固自注云：柴辟，故就李鄉。應劭謂古之檇李也。是就李、檇李、語兒、禦兒數名而實一地。即今桐鄉縣之濮院，說已詳前。鄞即《漢志》會稽郡之鄞縣，班固自注云：有鎮亭，有鮚琦亭。今猶仍舊名，屬寧波府。姑篾，《越絕書》作『姑末』，即《漢志》會稽郡之大末縣。《左傳》哀公十三年：王孫彌庸見姑篾之旗。杜預注以姑篾為東陽大末縣，是其證。顧棟高《大事表》謂錢氏改名龍游，今龍游縣谷溪之南有姑篾故城，即越姑篾地。平原，《越絕書》作『武原』，《漢志》會稽郡之海鹽縣，班固自注云：有武原鄉。則今之海鹽，即古武原地。考海鹽縣治，即夫差伐越時之馬嘷城，而今竟增封越地至此，是檇李之北，越又多地數十里于允常矣。可知吳於此時信越已深，而昔日在嘉興境之東顧、西新、南于、北主四城，在石門、海鹽境之管、何、晏、萱四城，在長興境之吳、彭、邱三城，斯、石、蘆三圻，亦皆廢不設備。故異日勾踐滅吳，直抵姑蘇，易於探囊取物。此夫差增封勾踐，而吳越疆域仍在嘉湖分界之明證也。

夫差自泰伯建邦，兼得浙西形勝，歷十數傳，而越人不敢覬覦。及允常猖獗，逾江而西，嘉湖一帶吳人賴為屏蔽。允常志在必爭，而闔閭與夫概、子胥諸臣猶知築戍列兵，百計固守而不之失，故檇李雖敗，而夫差之世終能復仇。夫差不知兵法，惑於勾踐之媚，輕棄其地利以資敵國，至於一蹶不振。讀史至夫差以武原、檇李增封越境，安得不廢書三歎也。《國語》及《吳越春秋·勾踐伐吳外傳》幷載吳兵屯於江北，越軍於江南，越王中分其師以為左右軍，以其私卒君子六千人為中軍，明日將舟戰於江。及昏，乃令左軍銜枚溯江五里以須，亦令左軍銜枚逾江五里以須。夜中乃令左軍、右軍涉江，鳴鼓中水以須，令其中軍銜枚潛涉，不鼓不噪以襲攻之。吳師入北，越之左軍、右軍乃遂涉而從之，又大敗之於沒，《吳越春秋》作大敗之於囿。又郊敗之，三戰三北，乃至於吳。韋昭以此江為松江。據《左傳》哀公十七年，越子伐吳，吳子禦之笠澤。所載事與《國語》、《吳越春秋》略同。張守節《史記正義》、范成大《吳地記》皆以笠澤為松江之別名，亦與韋注合。或又謂笠澤為太湖，而《吳越春秋》所載大敗之于囿，韋注以囿為太湖，亦未嘗不合于《左傳》。可知嘉湖一帶夫差久不設備，故越軍一至，即能由太湖、松江而達姑蘇。向使吳越以浙江分界，何至若是之易乎？即使浙西已為越踞，而東顧、西新、南于、北主諸城猶以重兵嚴守而不棄武原以予越，越兵亦安能遽至於松江、太湖乎？由此觀之，太伯立國之始，略地至杭而不使越人逾江，上策也。闔閭時，檇李以南已為允常所踞，而猶知百計設守於嘉湖間，中策也。夫差既逐勾踐，退棲會稽，不知復先君之故疆，而增封越境，反使至於禦兒、武原而盡弛其昔日之備，此不得謂之下策，而實無策之甚者也。觀吳越疆域之屢遷而兩國存亡強弱之由，均可恍然悟矣。讀《史記・越世家》至楚威王興兵伐越，大敗之，殺王無疆，盡取故吳地至浙江，益信泰伯時浙江以西杭、嘉、湖諸郡盡屬吳地之為甚確。想見當日詒謀至深且遠，若預知越人之狡焉思啓者；而夫差既得之而自棄之，深可惜也。若夫淮、徐之間，吳與宋、魯諸國界；舒巢、六安之間，吳又與楚界。而《漢書》言越人欲為變，必先由餘汗界中，則越之疆域又至江西廣信府之弋陽、貴溪二縣境，而亦與楚界。先儒辨論紛紛，尤非一說，茲為專考吳越之界，故餘皆不贅。

越國疆域分部

綜述

《國語》卷二〇《越語上》 勾踐之地，南至于勾無，北至于禦兒，東至于鄞，西至于姑蔑，廣運百里。注：言取境内近者，百里之中耳。東西為廣，南北為運。

漢・趙煜《吳越春秋》卷五《勾踐歸國外傳》 吳封地百里於越，東至炭瀆，西止周宗，南造於山，北薄於海。【略】吳王聞越王盡心自守，食不重味，衣不重綵，雖有五臺之游，未嘗一日登翫，吾欲因而賜之以書，增之以封，東至於勾甬，西至於檇李，南至於姑末，北至於平原，縱橫八百餘里。【略】夫越，本興國千里，吾雖封之，未盡其國。

漢・劉向《說苑》卷一《君道》 越王勾踐與吳人戰，大敗之，兼有九夷。

《漢書》卷二八下《地理志下》 粵地，牽牛、婺女之分壄也。今之蒼梧、鬱林、合浦、交阯、九真、南海、日南，皆粵分也。

晉・張華《博物志》卷一《地理略》 東越通海，處南北尾閭之間，三江流入南海，通東甌，山高海深，險絕之國也。南越之國，與楚為鄰，五嶺已前，至于南海，負海之邦，交趾之土，謂之南裔。

清・顧棟高《春秋大事表》卷四《列國疆域表・越》 案越自少康初封，歷商至周初，千有餘歲。武王因其舊而不改。延及春秋之季，又五六百年，至允常始與吳相戰，伐見于經傳，然封域極隘，《國語》與《越絕書》所載不同。其北向所至曰禦兒，曰平原，皆在今嘉興一府之地。其西南至于姑蔑，《越絕書》作姑末。則在今衢州府龍游縣。然昔人稱餘汗為越地，淮南王安謂越人欲為變，必先田餘汗界中，則自江西廣信至饒州，皆越之西界。《國語》所云姑蔑，蓋未盡矣。余嘗歷淮揚，至餘杭，盡吳之境，又親至左蠡，而知越大夫胥犴勞王于豫章之汭，實在今鄱陽湖。蓋鄱陽為楚，餘干為越，分峙湖之兩岸，楚越相結，歸王乘舟，應在于此。若北出，則千餘里，皆吳地。越方仇吳，豈能以孤軍徑行其地，而與楚會耶？其地全有浙之紹興、寧波、金華、衢、溫、台、處七府之地。其嘉、杭、湖三府，則與吳分界。由衢歷江西廣信府，至饒之餘干縣，與楚分界。

論說

清・汪森編《粵西文載》卷五七《宋蔡戡〈分野論〉》 分野之說，肇自黃帝，星文之學，源于甘石，其所從來遠矣。遷、固、范曄之說，以斗、女為吳越分而翼、軫為荆楚分。凡欲知星文之所係，先考郡國之所屬可也。方少康庶子之始封而為越國也，都於會稽，其後句踐又以會稽而伯。閩王搖、趙佗尉之王也，一都東甌，一都番禺，其地皆北接吳之境土，故前代多以吳越並稱，而史或謂之揚粵，以越亦揚州之分也。凡遷、固以來，謂斗牛、女為吳越之分野並屬揚州者，皆指越之東界，以累世立國之地言之。至於兩漢《地理志》，遂併以鬱林、蒼梧所屬之郡在越之西界者，盡為牛、女之分野，則差之毫釐，而謬以千里矣。所以杜佑之作《通典》，歐陽文忠公之志《唐書》，東坡先生之圖《指掌》，皆以為前史之誤也。且《史記》趙佗帝制之時，東西萬餘里，而一行《山河兩戒圖》之說，則以為自江源循嶺嶠南，東及海，皆蠻越之地，蓋越之疆場最廣，自古謂之百粵，雖東極於會稽，而西則抵西南之界，其東界北雖接吳，而其西北實抵楚，列宿在天所主之分野，隨方所向，皆當逾海際天而後止。《周禮》東南為揚州，正南為荆州。其接吴者為揚州，則星紀之分，並在東南方也。固不應罄折而西轉，以抵正南之方，荆楚之界而并為星紀之分野也。且翼、軫所向，正南之方，亦不應至始安而終止，而始安以南遽屬斗、牛之分也。《通典》之説曰：按荆州南境至衡山之陽，若五嶺之南在九州封域，則以隣接，宜屬荆州，豈有舍荆而屬揚，斯不然矣，此則近史之誤也。其大概以為嶺南之地分野所屬，其西界當屬荆州翼、軫之次耳。《唐書·天文志》曰：後世之言星分者，據《漢書·地理》推之，是守甘石之遺術而不知變通之數。東坡《指掌圖》中，其《天象分野圖》亦援《唐志》之説以為證，而《唐書·地理志》則以韶、廣、康、端、封、梧、藤、羅、雷、崖以東為星紀分，桂、欝、林、富、昭、蒙、龔、繡、容、白、羅以西為鶉尾分。又一行禪師用李淳風之説為《分野圖》云：自韶、廣、康、封、梧、藤、羅、雷州南及珠崖自北以東為星紀，其西北屬鶉尾之次。以此參訂，則越之東界、其北接吴者屬星紀，實斗牛、女之分野，而越之西界、其北抵楚者屬鶉尾，實翼、軫之分野。前史之差謬，至是而後較然明甚。雖然，靖江在唐為桂州，屬嶺南道，在漢為始安，屬零陵郡。今支邑之荔浦，漢屬蒼梧郡桂林，新、舊《志》不盡考諸家之説，遂以始安屬荆州，為翼、軫之分，荔浦以南屬越，遽以為牛、女分，蓋承前史之誤爾。按《史記》，句踐滅吴，併有其地，與中國會盟，逮王無疆時，北伐齊，西伐楚，與中國争彊，其境土之廣，可知矣。又按《史記·楚世家》，當夷王時，楚王熊渠伐庸、揚粤，至於鄂。揚粤即《趙佗傳》中所謂揚越也。《西漢》亦如《史記》之通用粤、越两字而互見之也。又云封其子為越章王，皆在江上楚蠻之地，則楚越之舊疆，不復可以西漢郡縣所分為正矣。故翰林承旨宋公白等七人之《續通典》，亦以桂州為《禹貢》荆州之域，春秋時越地，七國時復為楚，戰國時為楚國及越之交境。此蓋歷考前載而其説進退可據者。

又 卷五八《明章潢〈桂林非有粤辨〉》 今之桂林，春秋戰國屬楚，自楚滅越時，越人散去海濱，各為君長。今桂林在嶺之北，去海二千里，與越不相涉。東越都會稽，閩越都甌冶，南越都番禺，駱越都交趾，蓋百粤之統名，在岐海中者是也。秦桂林為西越地者，以其為南越之屬，後趙佗所擊併蒼梧，寔不與焉，即非秦之桂林，可知矣。五代時劉日晟盡有嶺南西地者二十年，時亦僭稱南漢，地非越王也，終始無越之名，何得以百粤名之？ 楚越雖皆有南蠻之名，而其種類自別。今越西蠻與武陵、九疑多同者，同一疆界故也。

清·張尚瑗《左傳折諸》卷首下《吴越地形》 按《春秋内外傳》皆稱越，經亦書於越入吴，而班書獨名粤，蓋兼蒼梧、鬱林、合浦、交阯、九真、南海、百粤為言。臣瓚曰：百粤雜處，各有種姓，不得盡云少康之後。《世本》越為芈姓，與楚同祖，故《國語》曰芈姓夔越，然則越非獨禹後，明矣。

清·顧棟高《春秋大事表》卷四《列國疆域表·越疆域論》 論曰：越自允常，始見《春秋》，再世至句踐，遂成伯業，天子致胙，五傳而至無疆，而卒為楚所滅。竊怪句踐以廣運百里之地，而能覆二千里之吴； 其後世地兼吴越，而楚滅之如反掌之易，其故何也？曰：其故仍句踐自貽之也。當其滅吴，而不能正江淮以北，使楚東侵，廣地至泗上，是為畫江自守之計，棄其地利以與人，其得延至五世，幸矣。昔人有言：守江不如守淮，守淮必宿重兵于廬、鳳、徐、泗，而後進可以戰，退可以守。當吴之與楚角也，争鍾離、州來、居巢三邑七十餘年，而後取之。迨既得州來，而入郢之勢已兆。故孫氏之保江東也，守濡須，與魏争合肥。東晉之有江左也，覆苻堅之兵八十萬于淝水。蕭梁之都建業也，敗拓跋之衆二十萬于鍾離。至汴宋，稍稍不振矣，而劉、楊諸將猶力争于壽春藕塘間，而後劉豫不敢南渡。夫非昔日吴楚之已事乎？

越既有吴，不能守吴故轍，北扼州來，西阻豫章，而戀戀于三江五湖之利，志意驕滿，號稱伯王。此猶項氏之棄關中而都彭城，同一沐猴之見耳。楚人既得上游，而復兼有廣陵、徐、泗之地，長江帶水，策馬可渡。句踐當日，豈為子孫計長久者哉？曰：勾踐本為報怨，值吴之荒怠而幸勝之。以范蠡之謀略，而不為一言，何也？曰：吴壽夢之争州來也，是申公教之也。闔閭之舍舟淮汭，自豫章與楚夾漢也，是子胥教之也。皆當創業之始，志意明鋭，故其言易入； 至諫夫差與越行成，子胥且以屬鏤死耳。使少伯復進説于志得意滿之餘夫，安知不從文種之誅乎？宜其卷舌高蹈以去也。曰項氏棄關中，及身而亡，而越延至五世，何也？曰：項氏實有雄據天下之志，故漢高并力而取之，而楚既得廣陵、徐、泗，知越無争雄之心，視為掌中物而不之忌，而越兵力尚强，故且相與遷延，待其自發兵端而後取之也。噫！古來披堅執鋭如項氏，卧薪嘗膽如句踐，而皆坐失天下之大計。人皆知為項氏惜，而不知為句踐惜也，其猶有目睫之見也夫！

清·全祖望《鮚埼亭集外編》卷四九《百越分地録》 百粤之于越，蓋自無餘裂土以來，傳國逾千年，字姓繁衍，分辟天南之土，凡職方不録者，皆為所據，芋區瓜疇，各以成部。其在允常、勾踐之先已有然者，正如白狄、赤狄之同出於狄，舒庸、舒鳩之同出於舒。太史公乃謂越亡之後，宗支分散，或為君，或為長，以臣于楚，非也。閩越、揚越、甌越、駱越之名甚古，不自七國後始也。《周禮・夏官》有七閩，則閩越之自為一種，舊矣。《史記》當周夷王之時，楚熊渠興兵伐揚越，則揚越之自為一種，舊矣。永嘉為東甌，郁林為西甌，故《輿地志》曰東南有二越，則甌越之種不同，又可知矣。《呂覽》越駱之箘，則駱越又一種矣。安得如太史公之言，以為越亡之後所分乎？況以羈侯置守之界言之，百粵之地，所謂閩中、南海、桂林、象郡四守，不在三十六郡之數者也。

《國語》：勾踐之盛，西至於太末，東至於鄞。此僅僅秦會稽郡界，而於閩中以下四郡無預也。將謂其時四郡未有屬乎？則沃野六七千里，陸與楚之長沙、豫章、黔中三面壤地相接，水可由海道以通齊之膠萊，不特三江五湖之利也。以勾踐之生聚教訓，肯虚此而置之乎？將謂勾踐滅吴後所并據，則淮泗之地，卒棄之而不終守，況四郡之隔以險阻，且廣袤而不及控馭乎？然則百粵之舊有君有長，可知也。百粵之種，本出於無餘之後，故當越之強，則臣於越，越亡，則臣于楚。蓋自楚衰而吴盛，吴亡而越盛，江湖以南，漸通于上國。而百粵介在荒服以外，尚仍僻陋之區，風氣未開，故庇民於強者耳。《漢書》注則謂自交趾以至會稽，綿亘南東，道里絶遠，各為種族，未必皆夏少康之裔。斯固未可定，然據其所云，是百粵與越初非一姓，而《史記》以越為楚滅，宗支散處，而後有百粵之稱者，益不足信也已。

齊國疆域分部

綜　述

《左傳・僖公四年》 管仲對曰：「昔召康公命我先君大公曰：五侯九伯，女實征之，以夾輔周室。賜我先君履：東至于海，西至于河，南至于穆陵，北至于無棣。」

《管子》卷八《小匡》 管子對曰：「四鄰大親，既反其侵地，正其封疆，地南至於岱陰，西至於濟，北至於海，東至於紀隨，地方三百六十里。」

又　卷二四《輕重丁》 管子問於桓公：「敢問齊方于幾何里？」桓公曰：「方五百里。」

《晏子春秋》卷六《内篇・雜下》 晏子對曰：「昔吾先君太公，受之營丘，為地五百里，為世國長。」

《孟子・告子下》 太公之封於齊也，亦為方百里也，地非不足也而儉於百里。

《韓非子》卷二《有度》 齊桓公并國三十，啓地三千里。

《史記》卷三二《齊太公世家》 太史公曰：吾適齊，自泰山屬之琅邪，北被于海，膏壤二千里。

清・顧棟高《春秋大事表》卷四《列國疆域表・齊》 案齊在春秋，兼併十國之地，紀、郕、譚、遂、鄣、陽、萊七國之滅，見於經。如莒之故封介根，及牟、介二國，俱不詳其滅之何年。其疆域全有青州、濟南、武定、登州、萊州五府之地，獨青州府之安丘、諸城二縣，闌入莒地，後入魯。又東昌府之聊城為聊聶，堂邑縣為棠邑，茌平縣為重邱，泰安府治與魯接境；又兼有東阿、肥城、平陰，及東平州斗入兖州府之陽穀一縣，沂州府之蒙陰一縣，與魯衛錯壤；又曹州府之范縣，為齊廩邱；及顧地，則齊、晉、宋、魯、衛五國交錯處也。直隸天津府之慶雲縣，為齊無棣地。

《戰國策》卷八《齊一》（鄒忌）於是入朝，見威王曰：【略】今齊地方千里，百二十城。

蘇秦為趙合從，説齊宣王曰：「齊南有太山，東有琅邪，西有清河，北有渤海，此所謂四塞之國也。齊地方二千里，帶甲數十萬，粟如丘山。齊車之良，五家之兵，疾如錐矢，戰如雷電，解如風雨，即有軍役，未嘗倍太山，絶清河，涉渤海也。」

又　卷五《秦三》（冷向）謂魏冉曰：「齊有東國之地，方千里。」

又　卷六《秦四》（黄歇）説昭王曰：「齊南以泗為境，東負海，北倚河，而無後患。天下之國，莫強於齊。」

《孟子・梁惠王上》 海内之地，方千里者九，齊集有其一。

又《公孫丑上》 夏后殷周之盛，地未有過千里者也，而齊有其地矣。

《荀子》卷一一《彊國》 今巨楚縣吾前，大燕鰌吾後，勁魏鉤吾右，西壤之不絶若繩，楚人則乃有襄賁、開陽以臨吾左。是一國作謀，三國必起而乘我，如是則齊必斷而為四，三國若假城耳。注：在齊南，故曰前縣，縣，聯繫之也。燕在齊北，故曰後鰌，鰌，蹴也，如蹴沓於後。《莊子》風謂蛇曰：鰌我亦作，蹲吾後也。魏在齊西，故曰右鉤，謂鉤取物也。襄賁、開陽，楚二邑，在齊之東者也。《漢書・地理志》：二縣皆屬東海郡。

《韓非子》卷一《初見秦》 往者齊南破荆，東破宋，西服秦，北破燕，中使韓魏，土地廣而兵强，戰剋攻取，詔令天下。齊之清濟濁河，足以為限；長城巨防，足以為塞。齊，五戰之國也。一戰不剋而不齊。元何犿注：為樂毅破齊於濟西。

《史記》卷一二九《貨殖列傳》 齊帶山海，膏壤千里。

又 卷八《高祖本紀》 田肯賀因説高祖曰：『夫齊，東有琅邪、即墨之饒，南有泰山之固，西有濁河之限，北有勃海之利。地方二千里，持戟百萬，縣隔千里之外，齊得十二焉，故此東(西)秦也。』

《漢書》卷二八下《地理志下》 齊地，虚、危之分壄也。東有甾川、東萊、琅邪、高密、膠東，南有泰山、城陽，北有千乘、清河以南，勃海之高樂、高城、重合、陽信，西有濟南、平原，皆齊分也。

晉・張華《博物志》卷一《地理略》 齊南有長城巨防，陽關之險，北有河濟，足以為固，越海而東通于九夷，西界岱嶽，配林之坂，險固之國也。

《魏書》卷九五《徒河慕容德傳》 其尚書潘聰曰：『青齊沃壤，號曰東秦。土方二千里，戶餘十萬，四塞之固，負海之饒，可謂用武之國。』

論説

《呂氏春秋》卷二〇《長利》 辛寬見魯繆公曰：【略】『昔者太公望封於營丘之渚，海阻山高，險固之地也。是故地日廣，子孫彌隆。』

《史記》卷一七《漢興以來諸侯年表》 太公於齊，兼五侯地，尊勤勞也。

唐・司馬貞《齊太公世家》索隱 舊説云穆陵在會稽，非也。按今淮南有故穆陵門，是楚之境。無棣在遼西孤竹。服虔以為太公受封境界所至，不然也。蓋言其征伐所至之域。

宋・黎靖德《朱子語類》卷九〇《禮七・祭》 義剛問：先生向時説齊魯始封時，皆七百里，然孟子却説只是百里。曰：便是不如此。今只據齊地，是東至於海，西至於河，南至於穆陵，北至于無棣。魯地是跨許、宋之境，是有五七百里濶。時勢也是著恁地。且禹會諸侯于塗山，執玉帛者萬國，到周只有千八百國，便是相并吞後，那國都大了，你却要只將百里地封他，教他入那大國罅中去。武王不奈何，只得就封他，當時也自無那閒地。緣是滅了許多國，如孟子説『驅飛廉於海隅而戮之，滅國者五十』，便是許多空地，來封許多功臣同姓之屬。孟子謂一不朝，則貶其爵，再不朝，則削其地。如齊，先是爽鳩氏居之，後又是某氏居之，如《書》所謂某氏徙于齊。這便見得當時諸侯有過，便削其地，方始得那地來，封後來底。若不恁地時，那太公、周公也自無安頓處。你若不恁地，後要去取斂那地來，封我功臣與同姓時，他便敢起兵，如漢晁錯時樣子。

且如孟子，當時也自理會那古制不甚得，如曰諸侯之禮，吾未之學，然而軻也嘗聞其略也。恁地便是不曾知得子細。他當時説諸國許多事，也只是大概説如此。雖説湯以七十里，文王以百里，然及滕文公，恁地時又却只説有王者起，必來取法，是為王者師也，元不曾説道便可王。以齊王猶反手也，便是也要那國大底，方做得，小底也奈何不得。而今且説道，將百里地與你，教你行王政，看你做，從何處起便是？某道：古時聖賢易做，後世聖賢難做。古時只是順那自然做將去，而今大，故費手。

宋・程公説《春秋分記》卷二十七《彊理書第三・齊地總説》 太公望佐文、武定天下，以功封於營丘，號曰齊，蓋古青州地也。《禹貢》：海岱惟青州。嵎夷既略，濰淄其道。厥土白墳，海濱廣斥，萊夷作牧，浮于汶，達于濟。舜分青州為營州，周以徐州合青州，其土益大。《周禮・職方》：正東曰青州。在天文玄枵之次，女虚危之分，辰居子，宫曰寶瓶。其封域東至于海，西至于河，南至于穆陵，北至于無棣，阻渤澥之險，憑河濟之固，後據千乘，前倚兗濮，擅利魚鹽，形勢十二。故太公用之而富，桓公資之以霸。自桓公後，雖不復霸矣，然憑藉地利，猶得以雄彊於諸侯。太公治齊，修道術，尊賢智，賞有功，至於今其土多好經術，矜功名，舒緩闊達而足智，其失則夸奢朋黨。季札觀《風》，聞齊音曰：『泱泱乎，大風也哉！表東海者，其太公乎！」杜佑曰：青州人情變詐，皆因管仲輕重而為弊。

明·楊慎《升菴集》卷七八《秦得百二齊得十二》 《漢書》田肯曰：「秦，形勝之國也。帶河阻山，縣隔千里，持戟百萬，秦得百二焉。夫齊，東有瑯琊、即墨之饒，南有泰山之固西有濁河之限，北有勃海之利，地方二千里，持戟百萬，縣隔千里之外，齊得十二焉。此東西秦也。」應劭曰：言河山之險，與諸侯相縣，隔絶千里也。所以能禽諸侯者，得天下之利百二也。蘇林曰：百二，得百中之二，二萬人也。秦地險固，二萬人足當諸侯百萬人也。顔師古曰：縣隔千里，應説得之。秦得百二，蘇説是也。又曰秦得百二，二萬人當諸侯百萬人也；齊得十二，二十萬人當諸侯十萬人也。所以言懸隔千里之外者，除去秦地，而齊乃與諸侯計利便也。

右舊説如此。近日程秦之云：田肯之語簡隱，故諸家之説紛然。肯謂百二也者，言地據險而人力倍，苟得百矣，則其力可二，是得百人，則其力倍之，如二百人也。齊得十二，理亦猶是也。若定其讀，當以「得百」為一句，而「二焉」自為一句也。「十二」亦然。皆言人力半而必可倍，正一理矣。而必更易其語如此詰屈者，別有理也。秦險之出國境遠矣，自函谷以及潼關，近八百里，其右阻河，其左傍山，兩面河山夾險，敵來犯關也，常在千里之外，故能得百而二之，以為二百其力可常也。若夫齊，亦有險矣，然而地遠力分，若未能踰其所恃之險，則十萬人之力，亦可倍之，以為二十萬矣。若敵人來犯，已在千里之内，則險阻已自不全，故雖得十，亦不能遽為二十之用也。故秦中得百，而二常在定險之内。齊之得十，而二則在敵未犯險之前。此其分別險要而剖白言之，不一律也。此正古文之出奇者，不可以易言也。慎按百二、十二之語，後世亦多此例。如云軍士奮勇，無不一當百；如云一夫當關，萬夫莫開。又當百錢，亦曰百一錢，言一可當百也。當十錢，曰百十錢，言十可當百也。程語自明，不必破前説耳。

清·顧祖禹《讀史方輿紀要》卷三〇《山東一》 按：山東界南北之間，北走景、滄，南達徐、邳，東出遼海，西馳梁、宋，為輻輳之道。春秋以及戰國，大抵皆齊地也。

清·顧棟高《春秋大事表》卷四《列國疆域表·齊疆域論》 論曰：齊於春秋，號為大國，然以山東全省計之，兖州强半屬魯，泰安與魯參半，東昌晉衛錯處，他如青州、濟南，魯地犬牙其間，齊所全有者，武定、登、萊三府及曹、沂所屬數縣而已。其形勢要害不如晉，幅員廣遠不如吴楚，徒以東至海，饒魚鹽之利；西至河，憑襟帶之固；南至穆陵，有大峴之險；北至無棣，收廣莫之地。用管子之計，官山府海，遂成富强，為五伯首。豈惟地利，抑亦人謀之善也。然管子以圖伯者，陳氏亦用以竊國。山木如市，弗加于山，魚鹽蜃蛤，弗加于海，以國為餌，卒成篡奪。器一也，而操之者則異，豈非得其人則用以興，失其人則遂以亡者歟？

又 卷六下《齊穆陵辨》 僖四年《傳》管仲對楚使曰：「南至於穆陵。」杜注以為齊封境。今山東青州府臨朐縣東南一百五里有穆陵關，在大峴山上，歷千百年無異辭。華子師茂獨據《史記索隱》之説以闢之，曰：此楚地也，以為齊地者殊謬。此不過言太公征伐所至，與上「五侯九伯，女實征之」相應。楚使言汝何故至吾地，管仲言先王有命征伐，南可以至穆陵，如此纔與楚使鍼鋒相對。若只鋪張齊境，仍與楚地風馬牛不相及，烏能折楚使之口？考《元和志》，穆陵關在淮南道黄州麻城縣西北八十八里穆陵山上，一名木陵關。南北朝為戍守重鎮，梁、陳間夏侯夔、周炅屢出兵苦戰。唐元和中，鄂岳帥李道古出木陵關，討吴元濟。其地在召陵與陘之南，與當日語意尤脗合。況當日齊之疆界，實不止此。莊九年《傳》：管仲及堂阜而税之。杜注：齊地，在東莞蒙陰縣西北。閔二年：齊人遷陽。今沂水縣南有陽都城。蒙陰、沂水二縣，今俱屬沂州府，在臨朐之穆陵西南百數十里。是時齊疆已擴而管仲反稱舊封之界，何耶？《索隱》明言「今淮南有故穆陵門，是楚之境。無棣在遼西孤竹。服虔以為太公受封之境，不然也。」蓋言其征伐所至之域耳。」可見穆陵、無棣，在唐時猶有可考者，特以小司馬晚出，未為人所尊信，不能勝服、杜兩家之言。後人習以相傳，遂至譌謬千載，不可復辨。晉之受封，不過夏墟；楚之受封，不過丹陽；而齊始封在營邱，後各拓地數千里，決無始封之地終春秋世為疆界。是杜解固失，而後人所傳，併失杜解之意。循而按之，暸然大白矣。杜於地理最精審，其《春秋地名》皆核以晉之郡縣，其未確知者，則但云某地以闕疑。杜於穆陵、無棣，第云皆齊地，未嘗指實今某郡某縣。以是知杜注《左》之時，尚未有穆陵關，無棣溝之名。乃後人設關浚溝之時，因注《左》之誤而命名耳。劉裕伐南燕，更在杜後百餘年。燕臣或謂宜守大峴，或謂宜出峴逆戰，裕部下亦慮燕人塞大峴之險，裕過大峴，喜形於色，可見此時尚無穆陵之稱，亦並未設關，而後人乃指為齊之南界，引杜注為援據，不亦誤乎！近世《禹貢錐指》引《元和志》謂穆陵關在麻城縣穆陵山上，齊之四履，南至穆陵即此。定四年戰于柏舉，亦在麻城縣界，為楚腹心要地。管仲借以懾楚使，意當在此。

師茂初作此論示余，凡千餘言。余初不以為然，尋繹久之，實是有見。此從《傳》文上下語氣推究，非故立異翻新者。況木陵關為楚地，在今湖廣麻城縣，一見於《史記索隱》，再見於《元和志》，三見於林堯叟注，四見於《禹貢錐指》。諸人皆精熟地理，遞相祖述，非師茂一人創見。因為刪其繁艿，并略參鄙見，存此論以俟後之君子。乾隆十三年三月中浣四日復初氏識。

清·王舟瑤《默庵集》卷二《考穆陵》 《左》僖四年《傳》：管仲對楚使曰：『賜我先君履，南至於穆陵。』服氏虔說：是太公始受封土地疆境所至。杜注亦以為齊境。案今山東青州府臨朐縣東南一百五里有穆陵關，在大峴山上，此齊穆陵故地，後人於此置關，故名穆陵關。管仲所言即此，蓋齊之南境至此，過此則為莒、魯二國境。其說本無可疑，而小司馬《史記索隱》以為今淮南有穆陵關，是楚之境，謂此征伐所至之域，而以舊說為非。於是宋林氏堯叟、近胡氏渭，華氏師茂、顧氏棟高皆翕然從之，以穆陵為楚地，而以言齊地者為非。竊謂穆陵確是齊地，小司馬之言非也。主楚地之說者，以為此不過言太公征伐所至，與『五侯九伯，女實征之』相應。楚使言汝何故至吾地，管仲言先王有命征伐，南可至穆陵，此才與楚使針鋒相對。案《史記·齊世家》言成王使召康公命太公云云，與左氏此《傳》略同。又於『五侯九伯，實得征之』下云：『齊由此得征伐。』據此，則未命以前，齊不得征伐也。今命曰『南至穆陵』，則非太公昔日征伐所至之地可知。若以為成王命太公征伐之地南可至穆陵，則又與『五侯九伯』句相背。蓋九伯，九州之伯也。九州之地，東不盡於海，西不盡於河，南不盡於穆陵，北不盡於無棣。既云『五侯九伯，實得征之』，安得止云『東至海』云云也？則以為太公征伐所至之地，非也。

《元和郡縣志》：穆陵關在淮南道黃州麻城縣西北八十里穆陵山上，與《索隱》之言合。案《通典》：黃州，春秋時邾國之地，後為黃國之境，戰國是屬楚，唐為黃州，屬淮南道。領縣三：黃岡、黃陂、麻城。則淮南穆陵在春秋時本為邾地，無論太公時不屬楚，即管仲時亦未屬楚。說者以為管仲言太公征伐曾入楚地，舉此以懾楚使，是夢夢之譚也。況淮南之關，本作『木陵』，非穆陵也。或又疑楚方問涉其地之故，不應歷言受封境界以自狹。案管仲言『五侯九伯，實得征之』，是答其涉地之故；『東至海』云云，是誇齊國之大也。東至海，饒魚鹽之利；西至河，憑襟帶之固；南至穆陵，有大峴之險；北至無棣，收廣莫之地。富強之國，形勝之區也，何謂自狹？管仲自誇其國，故楚使言楚國『方城以為城，漢水以為池』，亦自誇其國，語語相對也。則穆陵為齊地，非楚地，舊說自當，後之說者毋庸置喙也。

清·張琦《戰國策釋地》卷上《齊》 釋曰：齊之盛時，自今山東濟南、泰安、東昌以東，北有直隸之天津、滄、景，南有沂州，兼得兗州之寧陽、汶上、陽穀、壽張，及鄒、滕二縣之南境。《漢志》云：分宋得濟陰、東平。則今曹州府及濟寧州也。

楚國疆域分部

綜述

《韓非子》卷二《有度》 荊莊王并國二十六，開地三千里。

清·顧棟高《春秋大事表》卷四《列國疆域表·楚》 案楚在春秋，吞并諸國凡四十有二。其西北至武關，在今陝西商州東少習山下。文十年《傳》：子西為商公，即商州之雒南縣也，與秦分界。其東南至昭關，在今江南和州含山縣北二十里。昭十七年，吳楚戰于長岸，即和州南七十里之東梁山與太平府夾江相對是也，與吳分界。其北至河南之汝寧府、南陽府、汝州，與周分界。其南不越洞庭湖。全有今湖北十府八州六十縣之地，惟隨州為隨國僅存。又全有河南之汝寧、南陽二府，光州一州，又闌入汝州之郟縣、魯山縣，河南府之嵩縣，開封府之尉氏縣，許州府之郾城縣，及禹州，與鄭接境。四川夔州府之奉節縣，與巴接境。江西之南昌、南康、九江、饒州，與吳、越錯壤。又全有江南之廬州，鳳陽，潁州三府，及壽州、和州之地。江寧府之六合，太平府之蕪湖，徐州府之碭山，則與吳日交兵處也。後廬、壽之地，多入于吳。

《墨子》卷一三《公輸》 子墨子曰：荊之地方五千里，宋方五百里，此猶文軒之與敝轝也。荆有雲夢，犀兕麋鹿滿之，江漢之魚鼈黿鼉，為天下富，宋所為無雉兎狐狸者也，此猶粱肉之與糠糟也。荆有長松文梓、楩柟豫章，宋無長木，此猶錦繡之與裋褐也。臣以三事之攻宋也，為與此同類。

《戰國策》卷一四《楚一》 蘇秦為趙合從，説楚威王曰：『楚，天下之强國也。大王，天下之賢王也。楚地西有黔中巫郡，東有夏州海陽，南有洞庭蒼梧，北有汾陘之塞郇陽。地方五千里，帶甲百萬，車千乘，騎萬匹，粟支十年。此霸王之資也。』

江乙對曰：『今王之地，方五千里，帶甲百萬，而專屬之昭奚恤。故北方之畏奚恤也，其實畏王之甲兵也，猶百獸之畏虎也。』

又 卷一七《楚四》 莊辛對曰：『今楚國雖小，絶長續短，猶以數千里，豈特百里哉？』

又 卷五《秦三》 （冷向）謂魏冉曰：『楚苞九夷，又方千里。南有符離之塞，北有甘魚之口。權縣宋、衛，宋、衛乃當阿甄耳。』

《殷周金文集成釋文》卷六《噩君啓車節》 自鄂市，庚陽丘，庚方城，庚象禾，庚柳棼，庚繁陽，庚高丘，庚下蔡，庚居巢，庚郢。見其金節則毋徵，毋捨桴飤。

又 卷六《噩君啓舟節》 自鄂市，逾淯，上漢，庚膚，庚溳陽；逾漢，庚邽，逾夏，入溳；逾江，庚彭澤，庚樅陽；入瀘江，庚爰陵；上江，入湘，庚䁋，庚洮陽，入耒，庚郴；入資、沅、澧、油。上江，庚木關，庚郢。見其金節則毋徵，毋捨桴飤。

《荀子》卷一〇《議兵》 汝潁以為險，江漢以為池，限之以鄧林，緣之以方城，然而秦師至而鄢郢舉，若振槁然。是豈無固塞隘阻也哉？其所以統之者，非其道故也。

《淮南子》卷一五《兵略訓》 昔者楚人地南卷沅湘，北繞潁泗，西包巴蜀，東裹郯淮，潁汝以為洫，江漢以為池，垣之以鄧林，緜之以方城。山高尋雲，谿肆無景，地利形便，卒民勇敢。蛟革犀兕，以為甲冑，修鎩短鏦，齊為前行，積弩陪後，錯車衛旁，疾如錐矢，合如雷電，解如風雨。然而兵殆於垂沙，衆破於柏舉。楚國之强，大地計衆，中分天下，然懷王北畏孟嘗君，背社稷之守而委身强秦，兵挫地削，身死不還。

《史記》卷四〇《楚世家》 楚人有好以弱弓微繳加歸雁之上者，【略】襄王因召與語，遂言曰：『今楚之地，方五千里，帶甲百萬，猶足以踊躍中野也，而坐受困。臣竊為大王弗取也。』

漢·劉向《新序》卷二《雜事第二》 （楚襄王）乃封莊辛為成陵君，而用計焉，與舉淮北之地十二諸侯。

《漢書》卷二八下《地理志下》 楚地，翼、軫之分壄也。今之南郡、江夏、零陵、桂陽、武陵、長沙及漢中、汝南郡，盡楚分也。

江陵，故郢都，西通巫巴，東有雲夢之饒，亦一都會也。壽春合肥，受南北湖皮革鮑木之輸，亦一都會也。

晉·張華《博物志》卷一《地理略》 楚後背方城，前及衡嶽，左則彭蠡，右則九疑，有江漢之流，實險阻之國也。

北魏·酈道元《水經注》卷二一《汝水》 唐勒奏《土論》曰：『我是楚也，世霸南土。自越以至葉、垂，弘境萬里，故號曰萬城也。』

唐·李泰等《括地志》卷四《歸州·秭歸縣》 歸州秭歸縣丹陽城，熊繹之始國。其後彊大，封畛於汝南幷吴越地，方五千里。

論説

《戰國策》卷二二《魏一》 張儀為秦連横，説魏王曰：『且夫秦之所欲弱，莫如楚；而能弱楚者，莫若魏。楚雖有富大之名，其實空虛。其卒雖衆多，然而輕走易北，不敢堅戰。魏之兵南面而伐，勝楚必矣。』

《荀子》卷三《仲尼》 故善用之，則百里之國足以獨立矣；不善用之，則楚六千里而爲讎人役。故人主不務得道而廣有其勢，是其所以危也。

宋·趙彥衛《雲麓漫抄》卷一〇 楚世為强國，以齊威公之霸，與之為敵，謂之齊楚。晉文公之霸，亦與之為敵，謂之晉楚。秦雄曰秦楚，吴强曰吴楚。自三代以来，有國歷年，可謂久矣。其國方城以為城，漢水以為池。方城在唐、汝之間，則是鄧、唐、汝皆其北境。鍾離、居巢為東界；及滅越，至以徐、沂為東疆，地亦可謂廣矣。

宋·程公説《春秋分記》卷三〇《疆理書第六·楚地總説》 周成王封鬻熊曾孫熊繹於荆蠻，胙以子男之田，居丹陽。今歸州有丹陽故城在焉。後徙枝江，亦曰丹陽。文王熊貲立，始都郢。初曰荆，後改號楚。蓋古荆州地也。《禹貢》：荆及衡陽惟荆州。江漢朝宗于海，九江孔殷，沱潛既道，雲土夢作乂，浮于江沱潛漢，逾于洛，至于南河。《周禮・職方》：正南曰荆州。在天文鶉尾之次，翼軫之分，辰居巳，宫曰雙女。其境北自汝潁，南接衡湘，西連巴，東並吴，方城帶其内，長江阻其後，而漢水、淮水或迤其上，或接其下。漢東江南之境，小國鱗次，介于其間，楚皆夷滅之。其勢雄峙於南方，出而北則與晉抗焉。荆之為言彊也，陽盛物堅，其俗急悍。

清・張尚瑗《左傳折諸》卷首下《江》 楚之疆宇，跨江南北，吴則保據江東，其兵爭不離江介。楚之侵吴，曰羅汭，今之廬、汝，皆有羅；曰潛，今之廬、皖，皆有潛；曰潁，今之潁也；曰舒，今之舒也；曰豫章，今德安也；曰乾谿，今滁也；曰鵲尾，今六安也。吴侵楚壤，曰鍾離，今鳳陽也；曰鳩兹，今蕪湖也；曰巢，今之巢也；曰大别，今之霍丘也；至于入郢之役，曰鄖阨，則在信陽；曰睢，則在枝江；曰息，即今之息；曰鄖，即今之鄖地，或不盡濱江。後之論要害者，皆以為江之門戶藩籬，由楚都于郢，吴都于姑蘇，而建業反居邊界，未為重地爾。

清・顧棟高《春秋大事表》卷四《列國疆域表・楚疆域論》 論曰：余讀《春秋》，至莊六年楚文王滅申，未嘗不廢書而歎也。曰：天下之勢，盡在楚矣。申為南陽，天下之膂，光武所發迹處是。時齊桓未興，楚横行南服，由丹陽遷郢，取荆州以立根基。武王旋取羅鄀，為鄢郢之地，定襄陽以為門戶。至滅申，遂北向以抗衡中夏。然其始，要非一朝一夕之故也。平王東遷，即切切焉戍申與甫許，豈獨内德申侯，為之遣戍，亦防維固圉之計有不獲已。逮桓王、莊王六七十年之久，楚之侵擾日甚，卒為所滅。自後滅吕，滅息，滅鄧，南陽汝寧之地悉為楚有，如河決魚爛，不可底止，遂平步以窺周疆矣。故楚出師，則申、息為之先驅，守禦則申、吕為之藩蔽。城濮之敗而子玉羞見申、息之老，楚莊初立而申、息之北門不啓，子重欲取申、吕以為賞田，而巫臣謂晉鄭必至于漢。申之係于楚，豈細故哉？故論當日楚之形勢，東拒齊則召陵之陘為咽喉之塞，西拒晉則少習武關通往來之道，南面扞吴則鍾離、居巢、州來屹為重鎮。迨州來失，而入郢之禍始兆。楚之植基固而形勢便，使周歷猶緜延四百年，不遂併于楚者，桓、文之力也。

又 卷四《列國疆域表・春秋時楚地不到湖南論》 考春秋之世，楚之經營中國，先北向而後東圖。其始封在丹陽，在今歸州東南七里，為最南境。武、文遷都于郢，為荆州府治江陵縣。昭王徙郢于鄀，為襄陽府宜城縣。頃襄王二十八年，秦白起拔郢，楚東北保于陳，今河南陳州府治。明年，又遷壽春，為江南壽州。歷世自南而北，其所吞滅諸國，未嘗越洞庭湖以南一步。蓋其時湖南與閩廣，均為荒遠之地，如今交趾、日南相似。計惟群蠻百濮居之，無係于中國之利害，故楚亦有所不爭也。

竊嘗偏考《詩》、《書》及《春秋三傳》與《職方》、《爾雅》之文，無有及洞庭兩字者。至屈原放廢江濱，彷徨山澤，作為《九歌》，抒其憤懣，乃始曰：『嫋嫋兮秋風，洞庭波兮木葉下。』蓋楚俗好歌舞淫祠，原為作迎享送神之曲，為《湘君》、《湘夫人》，以實之道之，使歸于正，以寄其忠君愛國之意。至始皇侈心，浮江至湘山，問湘君何神，博士所對，蓋即祖屈原之辭，而漢儒為《戴記》，遂有舜崩于蒼梧之説。其因襲傳會，蓋有自來。其實唐虞三代之世，湘山洞庭，何嘗入職方？況舜既禪禹，而必親歷荒遠之地？舜崩，而二妃以天子之后，離其宫闕，遠歷萬里，藁葬絶域之野，此皆必無之事，儒者可以理斷者也。用是而知《尚書》蔡《傳》謂九江即洞庭之誤，而臨川師謂九江即彭蠡之源，而以彭蠡為九江，漢為北江，幷岷江為中江，合為三江者，其説為斷斷不可易也。蔡《傳》之説，祖朱子而實出于晁氏説之。蓋以經文『過九江，至于東陵』，曾氏以為湖廣岳州府之巴陵縣，在洞庭湖之東，不知程氏大昌已駁之，謂其絶無根據；而『過九江，至于敷淺原』，則為今德安之敷揚山，而朱子以廬阜當之。廬阜在今江西九江府之德化縣，與彭蠡尤近。況《水經注》又云：邦水出廬江郡之東林鄉，西南注江水，《尚書》『過九江，至于東陵』者是也。東陵在廬江，則九江為尋陽之九江，益可信不誣。且劉歆、班固、應劭皆謂江至尋陽，分為九派。晉郭璞《江賦》亦曰：『源二分于崌崍，流九派于尋陽，隨取之以名郡。』至張僧監《尋陽地記》，復列其名為九，唐孔穎達引之以釋《禹貢》，賈公逵以釋《周禮・職方》。宋樂史《寰宇記》、李宗諤《九江圖》並宗其説。今舍漢晉隋唐宋數千年博雅之説不用，而獨取一晁氏説之，其立論可謂偏枯矣。

愚更嘗尋繹經文曰『九江孔殷』，殷者，歸往趨向之辭。《周禮》諸侯見于天子曰殷見，與『朝宗』二字略同。是川之取象，若洞庭為大澤，不宜立此名義。《禹貢》于大野、彭蠡、滎波、雷夏俱云『既瀦』、『既澤』，可証也。明是九江為彭蠡之上源，彭蠡為九江之下委，殷者歸往之，得其正，瀦者容蓄之，得所歸。荆揚二州，正是首尾相應，則荆州之川為江漢，為九江，其澤為雲夢，揚州之川為三江，其澤為彭蠡、震澤，不既直截了當矣乎！ 況江、漢、九江，合之恰為揚州之三江，尤自一綫不爽也。或謂江至揚州，更何從分而為三？ 曰五湖，只一太湖也； 三江，只一大江也； 九河分為九，至入海之處，合為一矣，而仍曰九河既道。三江其源，岐為三，至入海之處，合為一，而仍曰三江既入，有何不可乎？ 往嘗取歸氏有光之論，以三江為揚子江、錢塘江、吳淞江，而取証于《國語》『三江環之』，自以為得之矣，今乃知其猶未也。越在錢塘江之外，三江只可云環吳，不可云環越，孰若大江横截南區，吳越俱在襟帶之内，如兩鼠鬭于穴中，所云『民無所移』者益信。況吳淞與錢塘，《禹貢》並無其水，尤不可取以為據。若如《尚書》蔡《傳》之説，則洞庭至春秋之世，當益灼然顯著矣。

乃嘗反覆《左傳》，而知楚之疆域，斷斷無此。何也？ 楚靈王淫侈周行，無所不至，嘗召諸侯以田于江南之夢矣，不聞其田洞庭也，証一也。入郢之役，吳兵東北自光、黄來，楚宜南走洞庭之野，反更西北涉睢，以奔隨國，証二也。昭王論命祀，而曰江漢睢漳，楚之望，不聞其及洞庭湘水之神，証三也。意其時，非特不隸版圖，且洞庭亦尚微渺。如屈原所云『洞庭波兮木葉下』，亦是微波淺瀨，可供愛玩，無今日浩渺之觀。蓋當時雲夢方八九百里，跨江南北，故文人學士多侈言之。至雲夢涸，而水悉歸入洞庭湖，乃始包山絡澤，而洞庭山浸其内，因以山得名。古今來盈虚之數，如濟水絶而為大清河，鉅野涸而為南旺湖之類，川澤之改易多矣，豈特疆域之變遷無常所哉？

清·張琦《戰國策釋地》卷下《楚》 釋曰：【略】陳為楚都，豈容不數？又滅越滅魯，分宋之沛，自今河南陳州、汝寧二府，光州，信陽，陝西之漢中、興安，山東之泰安、兗州府，兩湖兩江，浙閩兩廣皆是。

燕國疆域分部

綜　述

《戰國策》卷二九《燕一》 蘇秦將為從，北説燕文侯曰：『燕東有朝鮮、遼東，北有林胡、樓煩，西有雲中、九原，南有呼沱、易水。地方二千餘里，帶甲數十萬，車七百乘，騎六千匹，粟支十年。南有碣石、雁門之饒，北有棗栗之利，民雖不由田作，棗栗之實，足食於民矣。此所謂天府也。』

《韓非子》卷二《有度》 燕襄王以河為境，以薊為國，襲涿方，城殘齊，平中山。有燕者重，無燕者輕。

《史記》卷一二九《貨殖列傳》 夫燕，亦勃碣之間一都會也。南通齊趙，東北邊胡，上谷至遼東，地踔遠，人民希，數被寇，大與趙代俗相類，而民雕捍少慮，有魚鹽棗栗之饒。北鄰烏桓、夫餘，東綰穢貉、朝鮮、真番之利。

《漢書》卷二八下《地理志下》 燕地，尾、箕分壄也。武王定殷，封召公於燕。其後三十六世，與六國俱稱王。東有漁陽、右北平、遼西、遼東，西有上谷、代郡、雁門，南得涿郡之易、容城、范陽、北新城、故安、涿縣、良鄉、新昌，及勃海之安次，皆燕分也。樂浪、玄菟，亦宜屬焉。

晋·張華《博物志》卷一《地理略》 燕却背沙漠，進臨易水，西至軍都，東至於遼，長蛇帶塞，險陸相乘也。

論　說

《戰國策》卷二九《燕一》 （蘇代）對曰：『凡天下之戰國七，而燕處弱焉。獨戰則不能，有所附則無不重。南附楚則楚重，西附秦則秦重，中附韓魏則韓魏重，且苟所附之國重，此必使王重矣。』

《韓非子》卷五《飾邪》 當燕之方明奉法、審官斷之時，東縣齊國，南盡中山之地； 及奉法已亡，官斷不用，左右交争，論從其下，則兵弱而地削，國制於鄰敵矣。

宋·洪邁《容齋四筆》卷三《燕非强國》 北燕在春秋時，最為僻小。能自見於中國者，不過三四，大率制命於齊。七雄之際，為齊所取，後賴五國之力，樂毅為將，然後勝齊，然卒於得七十城，不能守也。故蘇秦説趙王曰：『趙北有燕，燕固弱國，不足畏也。』燕王曰： 寡人國小，西迫強秦，南近齊趙。齊趙，彊國也。』又曰：『天下之戰國七，而燕處弱焉。獨戰則不能，有所附，則無不重。』昭王謂郭隗曰：『孤極知燕弱小，不足以報齊。』蘇代曰：『一齊之彊，燕猶不能支。』奉陽君曰：『燕，弱國也。東不如齊，西不如趙。趙長平之敗，壯者皆死，燕以二千乘攻之，為趙所敗。』太子丹謂荊軻曰：『燕小弱，數困於兵，何足以當秦？』【略】若以謂幽燕為用武之地，則不然也。

宋·程公說《春秋分記》卷二九《疆理書第五·燕地總說》 召公奭佐文、武定天下，至成王留之相焉，封其子為北燕伯，蓋古冀州北境也。舜以冀州南北闊大，分衛水爲并州，燕以北為幽州，北方幽昧，故曰幽。顓頊都帝丘，其地北至幽陵，即此。殷復省幽州入冀州。《周禮·職方》：東北曰幽州。在天文析木之次，尾箕之分，辰居寅，宮曰人馬。其境居天下北門，鎖夷夏關戶。右拒遼水，左控忻代，跨據常山之尾，襟憑負海之險，然國僻且遠，不通中國。其俗剛强而好勇，慷慨而尚氣。《春秋說題辭》云：箕尾為燕，陰氣生，俗貪利。

清·張琦《戰國策釋地》卷《燕》 釋曰：燕地自今直隸保定、霸州以北，宣化以東，至朝鮮，北有塞外故開平、大寧等地。

清·程恩澤等《國策地名考》卷首《燕地圖》 燕地橫長而從不足。自雲中至朝鮮，不下五千里。若自呼沱、易水至林胡、樓煩，則千里而已。疑當時所謂屬役，不過遙相統制，非真有其國土也。

韓國疆域分部

綜述

《戰國策》卷二六《韓一》 蘇秦為趙合從，說韓王曰：『韓北有鞏、洛、成皋之固，西有宜陽、常阪之塞，東有宛、穰、洧水，南有陘山。地方千里，帶甲數十萬。天下之强弓勁弩，皆自韓出。』

《漢書》卷二八下《地理志下》 韓地，角、亢、氐之分野也。韓分晉，得南陽郡及潁川之父城、定陵、襄城、潁陽、潁陰、長社、陽翟、郟，東接汝南，西接弘農，得新安、宜陽，皆韓分也。

宛，西通武關，東受江淮，一都之會也。

論說

《戰國策》卷五《秦三》 范雎曰：『今韓、魏，中國之處而天下之樞也。』

又 卷六《秦四》 頓子曰：『韓，天下之咽喉；魏，天下之胸腹。』

宋·王應麟《困學紀聞》卷六《左氏》 齊、晉、楚之霸，皆先服鄭；范雎、李斯之謀，皆先攻韓。蓋虎牢之險，天下之樞也。在虢曰制，在鄭曰虎牢，在韓曰成皋。虢叔恃險而鄭取之，鄭不能守而韓滅之，韓又不監而秦并之，秦之亡也，漢楚爭之。在德不在險，佳兵者好還，信夫！

元·方回《續古今考》卷四《韓復立王四》 韓哀侯二年，滅鄭而都之，即潁川郡，郡名皆依漢或秦。併有滎陽、成皋之險。成皋者，即春秋之虎牢，鄭叔段之制。秦先滅周而得三川，又滅鄭而據滎陽、成皋，則趙、魏中斷，東向以臨齊、魯山東，而天下之勢可知矣。

清·張琦《戰國策釋地》卷下《韓》 釋曰：尚有河東平陽、上黨、澤、潞。自今河南南陽府，鄭、汝、裕、禹、鄧五州，開封之新鄭、密、滎陽、汜水，河南府之宜陽、新安、永寧、登封、嵩縣，山西之平陽、澤、潞三府。

趙國疆域分部

綜述

《戰國策》卷一九《趙二》 蘇秦從燕之趙，始合從，說趙王曰：『當今之時，山東之建國，莫如趙强。趙地方二千里，帶甲數十萬，車千乘，騎萬匹，粟支十年。西有常山，南有河漳，東有清河，北有燕國。燕固弱國，不足畏也。且秦之所畏害於天下者，莫如趙。然而秦不敢舉兵甲而伐趙者，何也？畏韓、魏之議其後也。然則韓、魏，趙之南蔽也。』

又 卷二〇《趙三》 說張相國曰：『今趙，萬乘之强國也。前漳滏，右常山，左河間，北有代。帶甲百萬，嘗抑强齊四十餘年，而秦不能得所欲。由是觀之，趙之於天下也不輕。』

又　卷五《秦三》　范雎曰：『且昔者中山之地，方五百里，趙獨擅之，功成名立，利附則天下莫能害。』

《史記》卷一一〇《匈奴列傳》　後百有餘年，趙襄子踰句注，而破幷代，以臨胡貉。其後既與韓、魏共滅智伯，分晉地而有之，則趙有代、句注之北，魏有河西、上郡，以與戎界邊。

又　卷四三《趙世家》　（武靈王）北略中山之地，至於房子，遂之代。北至無窮，西至河，登黄華之上，召樓緩謀曰：『我先王因世之變，以長南藩之地屬，阻漳滏之險，立長城，又取藺、郭狼，敗林人於荏，而功未遂。今中山，在我腹心。北有燕，東有胡，西有林胡、樓煩。秦、韓之邊而無彊兵之救，是亡社稷，奈何？』【略】二十六年，復攻中山，攘地北至燕、代，西至雲中、九原。【略】（惠文王）三年，滅中山，遷其王於膚施，起靈壽，北地方從，代道大通。

《漢書》卷二八下《地理志下》　趙地，昴、畢之分壄。趙分晉，得趙國，北有信都、真定、常山、中山，又得涿郡之高陽、鄚、州鄉。東有廣平、鉅鹿、清河、河間，又得勃海郡之東平舒、中邑、文安、束州、成平、章武，河以北也。南至浮水、繁陽、内黄、斥丘。西有太原、定襄、雲中、五原、上黨。上黨本韓之別郡也，遠韓近趙，後卒降趙，皆趙分也。

晉·張華《博物志》卷一《地理略》　趙東臨九州，西瞻恒嶽，有沃瀑之流，飛狐、井陘之險，至于穎陽、涿鹿之野。

論　說

《戰國策》卷一八《趙一》　蘇秦為齊上書説趙王曰：『今燕盡韓之河南，距沙丘而至鉅鹿之界三百里，距於扞關，至於榆中千五百里。秦盡韓魏之上黨，則地與國都邦屬而壤挈者七百里。秦以三軍强弩，坐羊腸之上，即地去邯鄲二十里。且秦以三軍攻王之上黨而危其北，則句注之西，非王之有也。今踰句注，禁常山而守，三百里通於燕之唐曲吾，此代馬胡駒不東，而崑山之玉不出也。此三寶者，又非王之有也。』

又　卷一九《趙二》　蘇秦從燕之趙，始合從，説趙王曰：『夫秦下軹道，則南陽動，劫韓包周，則趙自銷鑠，據衛取淇，則齊必入朝。秦欲已得行於山東，則必舉甲而向趙。秦甲涉河踰漳，據番吾，則兵必戰於邯鄲之下矣。此臣之所以為大王患也。』

張儀為秦連横，説趙王曰：『今楚與秦為昆弟之國，而韓魏稱為東蕃之臣，齊獻魚鹽之地，此斷趙之右臂也。夫斷右臂而求與人鬭，失其黨而孤居，求欲無危，豈可得哉？今秦發三將軍：一軍塞午道，告齊，使興師度清河，軍於邯鄲之東；一軍軍於成皋，敺韓魏而軍於河外；一軍軍於澠池。約曰四國為一，以攻趙，破趙而四分其地。是故不敢匿意隱情，先以聞於左右。臣切為大王計，莫如與秦遇於澠池，面相見而身相結也。』

《韓非子》卷一《初見秦》　趙氏，中央之國也，雜民所居也。元何犿注：趙居邯鄲，燕之南，齊之西，魏之北，韓之東，故曰中央。兼四國人，故曰雜。

又　卷五《飾邪》　當趙之方明國律，從大軍之時，人衆兵强，辟地齊燕；及國律慢用者弱，而國日削矣。

清·張琦《戰國策釋地》卷下《趙》　釋曰：代，雁門二郡，亦屬趙。自今直隸廣平、順德、正定、河間、保定、深、冀、祁、定、晉、蔚等府州，及大名之磁州、南樂，山東之臨清、恩縣，河南之臨漳、内黄、武安、涉縣，山西之遼、沁、趙城、石樓以北，兼有陝西之榆林府，河套等地。

魏國疆域分部

綜　述

《戰國策》卷二二《魏一》　蘇子為趙合從，説魏王曰：『大王之埊，南有鴻溝、陳、汝、許、鄢、昆陽、邵陵、舞陽、新郪，東有淮、潁、沂、黄、煮棗、海鹽、無踈，西有長城之界，北有河外、卷、衍、燕、酸棗。埊方千里，埊名雖小，然而廬田廡舍，曾無所芻牧牛馬之地。人民之衆，車馬之多，日夜行不休已，無以異於三軍之衆。臣竊料之，大王之國，不下於楚。』

又　卷一二《齊五》　蘇秦説齊閔王曰：『昔者魏王擁土千里，帶甲三十六萬，恃其强而拔邯鄲，西圍定陽，又從十二諸侯朝天子，以西謀秦。」

《戰國縱横家書》二六《見田併於梁南章》 田併曰：「為自恃計奈何？」曰：「梁（梁）之東地，尚方五百餘里，而與梁（梁），千丈之城，萬家之邑，大縣十七，小縣有市者卅有餘。將軍皆令縣急急為守備，譔（選）擇賢者，令之堅守，將以救亡。」

《孟子・梁惠王上》 梁惠王曰：「晉國，天下莫强焉，叟之所知也。及寡人之身，東敗於齊，長子死焉；西喪地於秦七百里，南辱於楚。寡人恥之。」

《韓非子》卷二《有度》 魏安釐王攻趙救燕，取地河東，攻盡陶魏之地；加兵於齊，私平陸之都；攻韓拔管，勝於淇下。

《史記》卷六八《商君列傳》 魏居嶺阸之西，都安邑，與秦界河，而獨擅山東之利。

又 卷七〇《張儀列傳》 張儀復説魏王曰：「魏地方不至千里，卒不過三十萬。地四平，諸侯四通輻湊，無名山大川之限。從鄭至梁二百餘里，車馳人走，不待力而至。梁南與楚境，西與韓境，北與趙境，東與齊境，卒戍四方，守亭鄣者不下十萬。梁之地勢，固戰場也。」

《漢書》卷二八下《地理志下》 魏地，觜觿、參之分野也。其界自高陵以東，盡河東、河内。南有陳留及汝南之召陵、㶏彊、新汲、西華、長平，潁川之舞陽、郾、許、傿陵，河南之開封、中牟、陽武、酸棗、卷，皆魏分也。

晉・張華《博物志》卷一《地理略》 魏前枕黄河，背漳水，瞻王屋，望梁山，有藍田之寶，浮池之淵也。

論説

《戰國策》卷二四《魏三》 朱己謂魏王曰：「異日者，秦乃在河西，晉國之去梁也千里有餘，河山以闌之，有周韓而閒之，從林軍以至於今，秦十攻魏，五入國中，邊城盡拔，文臺墮，垂都焚，林木伐，麋鹿盡，而國繼以圍，又長驅梁北，東至陶衛之郊，北至平闞，所亡乎秦者，山北、河外、河内大縣數百，名都數十。秦乃在河西，晉國之去大梁也尚千里，而禍若是矣。又況於使秦無韓而有鄭地，無河山以闌之，無周韓以閒之，去大梁百里，禍必百此矣。」

明・楊慎《升菴集》卷四五《梁惠王遺事》 梁惠王謂孟子曰：「晉國，天下莫强焉，叟之所知也。及寡人之身，東敗于齊，長子死焉。」注疏及朱子注皆不詳。按《戰國策》甘茂謂秦王曰：「《詩》云『靡不有初，鮮克有終』。梁君伐楚勝齊，制韓趙之兵，驅十二諸侯朝天子於孟津。後子死，身布衣而拘於秦。」又蘇秦説齊閔王曰：「魏王擁土千里，帶甲三十六萬，恃其强而拔邯鄲，又從十二諸侯朝天子，以西謀秦。秦用商鞅計，以言佯尊而驕之，魏王乃廣公宫，制丹衣，柱建九斿，從七星之旟，此天子之位也。於是齊楚怒伐魏，殺其太子，覆其十萬之軍。魏王大恐，跣行而東，次于齊，然後天下乃捨之。當是時，秦王垂拱而受西河之外，不以德魏。則所謂天下莫强者，伐楚勝齊拔邯鄲也。所謂西喪地於秦七百里，即所謂秦王垂拱而受西河之外也。惟徒跣而次于齊，布衣而拘於秦。」《史記》及司馬公《通鑑》皆不載，無以見其實事，關係亦大，且可合《孟子》之書，宜書之。

明・陳士元《孟子雜記》卷二《徵事》 元按《史記・魏世家》云：惠王三十年，魏伐趙，趙告急於齊，齊宣王用孫子計，救趙擊魏，魏遂大興師，使龐涓將，而令太子申為上將軍，與齊人戰，敗於馬陵，齊虜太子申，殺將軍涓，軍遂大敗。此所謂東敗於齊，長子死焉。驅其所愛子弟，以狥之也。《史記・年表》云：周顯王十五年，惠王十七年。秦與魏戰元里，斬首七千，取少梁。又《商君傳》云：秦孝公使衛鞅將兵伐魏，魏使公子卬將而擊之。軍既相距，衛鞅遺魏公子卬書曰：「吾始與公子驩，今俱為兩國將，不忍相攻，可與公子面相見盟，樂飲而罷兵，以安秦魏。」魏公子卬以為然，會盟已飲，而衛鞅伏甲士襲虜公子卬，因攻其軍，盡破之以歸秦。魏惠王恐，使使割河西之地，獻於秦以和，而魏遂去安邑，徙都大梁。此所謂西喪地於秦七百里也。《史記・楚世家》云：懷王六年，楚使柱國昭陽將兵而攻魏，破之於襄陵，得邑八。朱注作七邑，誤。此所謂南辱於楚也。

元又按：楊慎《巵言》云：所謂天下莫强者，伐楚勝齊拔邯鄲也。此説亦非。夫伐楚勝齊拔邯鄲，皆惠王事。觀惠王曰及寡人之身云云，則所稱晉國之强，蓋指曲沃之晉至文公有霸業，世為盟主焉耳。

清・閻若璩《四書釋地又續》卷上《河東河内》 梁河東，今之安邑等縣。梁亦有河西，《六國表》『魏入河西地於秦』是也。梁河内，今之河内、濟源等縣。梁亦有河外，《蘇秦傳》『大王之地，北有河外』，注云『謂河南地』是也。河東西，亦謂之河內外。《左傳》僖十五年：賂秦伯以河外列城五，內及解梁城，《魏世家》無忌曰『所亡於秦者，河外河內』是也。至河內外，則梁之河北，河南地，蘇代曰『秦正告魏，我陸攻則擊河內，水攻則滅大梁』是。然則梁之地，自河西迤而至河南，幾二千里，何以蘇秦曰『魏地方千里』？蓋從長而橫不足，絕長補短算耳。然已比韓猶大，比趙實小。是以文侯、武侯用之，則為天下彊；惠王、襄王用之，則弱於天下。國勢固在於主德哉！

又《東齊西秦南楚》 梁惠王自言東敗於齊，西喪地於秦，南辱於楚，皆及戰爭事。張儀說其孫哀王言：『梁南與楚境，西與韓境，北與趙境，東與齊境，梁之地勢，固戰場也。梁南與楚而不與齊，則齊攻其東；東與齊而不與趙，則趙攻其北。不合於韓，則韓攻其西；不親於楚，則楚攻其南。此所謂四分五裂之道也。』則謂地在所必爭，正可參觀。宋楊蟠《金山詩》：『天末樓臺橫北固，夜深燈火見揚州。』王平甫譏之曰：『莊宅牙人語。解量四至？』竊謂談地理者，能量四至得確，斯亦足矣。即如隋煬帝《汎龍舟曲》：『借問揚州在何處，淮南江北海西頭』，此豈詞人所易幾及？

清·張琦《戰國策釋地》卷下《魏》 釋曰：魏地自今陝西華州以北，同州、延安、鄜州以北，山西蒲州府，解、絳、吉、隰等州，平陽之太平，澤州府之鳳臺、陽城，河南之陝州、懷慶、衛輝、開封、歸德、許州，及彰德府南境，裕州之舞陽，北有直隸大名，山東濮州、菏澤皆是。

清·程恩澤等《國策地名考》卷首《魏地圖》 魏之初境，不但大於韓，抑且雄於趙，故惠王自謂天下莫強。其後趙頗自振，而魏日削弱，故眾寡不敵，按圖可知也。

秦國疆域分部

綜　述

清·顧棟高《春秋大事表》卷四《列國疆域表·秦》 案秦以西陲小國，乘衰周之亂，逐戎有岐山之地，是時兵力未盛，西周故物未敢覬覦也。值平、桓懦弱，延及寧公、武公、德公，以次蠶食，盡收虢、鄭遺地之在西畿者。垂及百年，至穆公，遂滅芮，築壘為王城，以塞西來之路，而晉亦滅虢，東西京隔絕，由是據豐鎬故都，判然為敵國，與中夏抗衡矣。然滅滑而滑為晉有，不能越崤函以東一步；滅鄀而鄀為楚有，不能越武關以南一步。其地有鳳翔府、延安府、平涼府、秦州、西安府、商州、同州府、乾州，不越陝西一省。其同州府與商州之地，猶與晉楚錯壤。

《商君書》卷四《來民》 今秦之地，方千里者五。

《戰國策》卷三《秦一》 蘇秦始將連橫，說秦惠王曰：『大王之國，西有巴蜀、漢中之利，北有胡貉、代馬之用，南有巫山、黔中之限，東有肴函之固。田肥美，民殷富，戰車萬乘，奮擊百萬，沃野千里，蓄積饒多，地勢形便，此所謂天府，天下之雄國也。以大王之賢，士民之衆，車騎之用，兵法之教，可以幷諸侯，吞天下，稱帝而治。』

又　卷四《秦二》 甘茂至，（秦武）王問其故。對曰：『臣聞張儀西幷巴蜀之地，北取西河之外，南取上庸，天下不以為多張儀而賢先王。』漢高誘注：先王謂惠王也。

又　卷六《秦四》 （黃歇）說昭王曰：『王又舉甲兵而攻魏，杜大梁之門，舉河內，拔燕酸棗、虛、桃人，楚燕之兵云翔不敢校，王之功亦多矣。王申息衆二年，然後復之。又取蒲、衍、首垣，以臨仁、平兵。小黃、濟陽嬰城，而魏氏服矣。王又割濮、磨之北，屬之燕，斷齊秦之要，絕楚魏之脊，天下五合六聚而不敢救也。王之威，亦憚矣。』

《荀子》卷一一《彊國》 今秦，南乃有沙羨與俱，是乃江南。北與胡貉為隣，西有巴戎。東在楚者，乃界於齊。在韓者，踰常山乃在臨慮。在魏者乃據圉津，即去大梁，百有二十里耳。其在趙者，剡然有苓而據松柏之塞，負西海而固常山。是地徧天下也，威動海內，彊殆中國。

《韓非子》卷一《初見秦》 今秦地折長補短，方數千里，名師數十百萬。秦之號令賞罰，地形利害，天下莫若也。以此與天下，天下不足兼而有也。

《史記》卷七〇《張儀列傳》 （張儀）乃說楚王曰：『秦地半天下，兵敵四國，被險帶河，四塞以為固。虎賁之士百餘萬，車千乘，騎萬匹，積粟如丘山。法令既明，士卒安難樂死。主明以嚴，將智以武，雖無出甲，席卷常山之險，必折天下之脊，天下有後服者先亡。』

又　卷七九《范睢蔡澤列傳》　范睢曰：『大王之國，四塞以為固。北有甘泉、谷口，南帶涇渭，右隴蜀，左關阪，奮擊百萬，戰車千乘。利則出攻，不利則入守，此王者之地也。』

又　卷八《高祖本紀》　田肯賀因說高祖曰：『秦，形勝之國。帶河山之險，縣隔千里，持戟百萬，秦得百二焉。地勢便利，其以下兵於諸侯，譬猶居高屋之上建瓴水也。』

《漢書》卷二八下《地理志下》　秦地，於天官東井、輿鬼之分壄也。其界自弘農故關以西，京兆、扶風、馮翊、北地、上郡、西河、安定、天水、隴西；南有巴、蜀、廣漢、犍為、武都；　西有金城、武威、張掖、酒泉、敦煌；　又西南有牂柯、越巂、益州，皆宜屬焉。

漢·桓寬《鹽鐵論》卷一〇《險固》　文學曰：『秦地左肴函，右隴阺，前蜀漢，後山河，四塞以為固，金城千里。良將勇士，設利器而守陘隧。』

晉·張華《博物志》卷一《地理略》　秦前有藍田之鎮，後有胡苑之塞，左崤函，右隴蜀，西通流沙，險阻之國也。

蜀漢之士，與秦同域。南跨邛笮，北阻褒斜，西即隈礙，隔以劍閣，窮險極峻，獨守之國也。

論說

《史記》卷七九《范睢蔡澤列傳》　客卿范睢復說昭王曰：『秦韓之地形，相錯如繡。秦之有韓也，譬如木之有蠹也，人之有心腹之病也。天下無變則已，天下有變，其為秦患者，孰大於韓乎？　王不如收韓。』昭王曰：『吾固欲收韓，韓不聽，為之奈何？』對曰：『韓安得無聽乎？　王下兵而攻滎陽，則鞏、成皋之道不通；　北守太行之道，則上黨之師不下；　王一興兵而攻滎陽，則其國斷而為三。　夫韓見必亡，安得不聽乎？　若韓聽，而霸事因可慮矣。』

宋·程公說《春秋分記》卷二九《疆理書第五·秦地總說》　周孝王命非子養馬汧渭間，孝王分為附庸而邑之秦，號曰嬴秦。今秦州有秦谷亭，即秦國始封之邑。至襄公討西戎救周，平王東遷王城，乃以岐豐之地賜之，遂有宗周八百里之地。秦德公既立，卜居雍曰：『後世子孫，將飲馬于河』，以為秦都。更春秋至戰國，孝公乃自秦徙雍，鳳翔府。後又自雍徙都宗周。蓋古雍州，秦、雍俱屬焉。《禹貢》：黑水西河惟雍州。弱水既西，涇屬渭汭，漆沮既從，酆水攸同。厥土黃壤。浮于積石，至于龍門西河，會于渭汭。《周禮·職方》：正西曰雍州。在天文鶉首之次，東井輿鬼之分，辰居未，宮曰巨蟹。其封域東阻崤函之險，桃林之塞，表以大河；西有隴坻之隘，岐梁之地，繞以汧渭；南則終南、大一，連岡乎嶓冢；北則高陵平原，踞倚乎涇洛。考其初，撫封遠且僻，未嘗與中國接。自入春秋，因得西周王畿之地，勢力强大，遂與中國會盟，往來交贄，及戰攻相及者，晉為多。蓋晉國河東境土，相接且近焉故也。其土曠而腴，其民義而健。

明·周復俊《全蜀藝文志》卷四八《宋王象之〈蜀國考〉》　按《世本》、《山海經》、揚雄《蜀王本紀》、《華陽國志》諸書，皆言蜀之先，肇於人皇之際，至黃帝子意娶蜀山氏女，生帝嚳，後封其支庶於蜀。歷夏商周，始稱王者縱目，名蠶叢，次曰柏灌，次曰魚鳧。其後有王曰杜宇，杜宇稱帝，號望帝。時有荆人鼈令死，其屍隨水上，荆人求之不得，鼈令至汶山下，忽復生，見望帝，帝立以為相。時巫山、壅江，蜀地洪水，望帝使鼈令鑿巫山，蜀得陸處。望帝因禪位于鼈令，號開明，遂自亡去，化為鵑鳥，故蜀人謂子鵑為望帝。自開明而上，至蠶叢，凡四千歲。自開明而下五葉，有開明尚治，立宗廟，《尚書·牧誓》所謂庸、蜀者，即此也。《通鑑》慎靚王五年，巴、蜀相攻擊，俱告急於秦，秦使張儀、司馬錯伐蜀，滅之，貶蜀王，更號為侯。後以其地為蜀郡。《華陽國志》云：開明氏，凡王蜀十二世。

又　卷四八《宋王象之〈巴國考〉》　《山海經》云：西南有巴國。又云：昔太皞生咸鳥，咸鳥生乘釐，乘釐生后昭，是為巴人。郭璞注云：巴之始祖事。《寰宇記》：周武王伐紂，巴蜀之蜀、髳、微預焉。《尚書·牧誓》云：及庸、蜀、羌、髳、微、盧、彭、濮人。注云：髳、微在巴蜀。巴之名，已見於此。《巴志》云：武王克殷，封其宗姬於巴，爵之以子。《春秋》魯桓公九年，巴子請與鄧為好。莊公十八年，伐楚。文公十六年，巴與秦、楚共滅庸。哀公十八年，巴人伐楚，敗於鄾。又曰：庸蠻叛楚，楚莊王伐之，七遇皆北，唯裨、儵、魚人實逐之。杜曰：裨、儵、魚，三巴，今魚復縣也。《巴志》云：戰國時蜀既稱王，巴亦稱王。《巴志》亦云：周慎靚王五年，蜀王伐苴侯，奔巴，巴為求救於秦，秦惠王遣張儀、司馬錯救苴巴，遂伐蜀，滅之。儀貪巴道之富，因取巴，執巴王以歸，置巴、蜀及漢中郡。

清・顧棟高《春秋大事表》卷四《列國疆域表・秦疆域論》 論曰：秦與晉以河為界，河以東為晉，河以西為秦。然秦當春秋時，疆域褊小，非特隔于函關之外，為晉所限閡，而不得出也。考《史記》繆公立五年，而晉獻滅虞、虢。是時新立，初起岐雍，基業未固，而晉武、獻已絶盛，滅虢而桃林已舉，秦之門户在晉肘腋中矣。後晉文公初伯，攘白翟，開西河，魏得之為西河上郡，白翟之地為今陝西延安府，東去山西黄河界四百五十里。至戰國惠王六年，魏始納陰晉，八年納河西地，十年納上郡十五縣。陰晉，今華陰縣。河西，孔氏曰同、丹二州。丹州今延安府宜川縣，上郡為延安以北。又惠公之世韓之戰，曰『寇深矣，若之何？』可見晉之幅員廣遠，斗入陝西内地，不始于文公時。此亦可為秦晉疆域之一証也。

故終穆公之世，未嘗一日忘東向。其援立惠公也，實貪河外列城之賂，蓋欲圖虢之故地，以為東出之謀；既而韓之戰，秦始征晉河東，未幾復屬于晉。秦之不得志于晉，可知也。迨初立文公，秦欲納王而晉辭，秦師獨下。文公梟雄，賴秦之力而實陰忌之，必不使勤王之舉得分其功。晉之抑秦，又可知也。至其季年，日暮途遠，背晉與鄭盟，已復襲鄭，懸師深入，年老智昏，而穆公之始終不忘東向，其情蓋汲汲矣。其後絶晉，日尋干戈，少梁北徵，彭衙刳首，迭有勝負，然終不能越河以東一步，蓋有桃林以塞秦之門户，而河西之地復犬牙于秦之境内，秦之聲息，晉無不知。二百年來秦人屏息而不敢出氣者，以此故也。至孝公發憤，東地渡洛，魏人納地恐後，而河西始悉為秦有。吳起去西河而泣，豈無故哉？

又 卷七之四《列國都邑表・秦自穆公始東境至河宜從史記不宜從鄭詩譜論》 鄭康成《詩譜》：『秦襄公當平王初，興兵討西戎救周，平王東遷，以岐豐之地賜之，遂横有周西都畿内八百里之地。』《史記・秦本紀》云：『平王封襄公為諸侯，賜之岐以西之地，與誓曰：「戎侵奪我岐豐，秦能攻逐戎，即有其地。」襄公十二年伐戎，至岐卒。至襄公之子文公，以兵伐戎，戎敗走，遂收周餘民有之，地至岐，岐以東，獻之周。』岐為今陝西鳳翔府岐山縣，是秦至文公，未嘗越岐以西一步，豐鎬故物，依然尚在也。是時周之號令，猶行西土，虢、鄭懿親，雖從王東遷，而其故封無恙，呼吸可通。魯莊之二十一年，惠王與虢酒泉，酒泉在今同州府澄城縣。計東遷至此，已歷平、桓、莊、僖四世九十四年矣，而金甌尚無缺也。直至魯僖之二年，而秦穆公滅芮，即其地築王城以臨晉，濱河而守；晉亦于僖五年滅虢，守桃林之塞，秦晉遂以河為界。豐鎬故都淪入于秦，而不可反矣。計至此距初遷，已及百有二十年，此豈一朝一夕之故哉？

藉令如鄭氏之説，則西都久已在秦封内，天朝宫殿當已脩葺，王使至秦，當有設館迎侯之禮，何至有黍離之痛，滿目悲涼，破瓦頹垣，依然故物哉？孔氏穎達曲護鄭説，引《終南》之詩為證，謂襄公時已得岐東，非唯自岐以西。案終南山凡八百里，亘鳳翔、岐山、郿三縣及西安一府之境，是岐西亦有終南，不得援以為據。况此詩原係興體，言山之高大，必有美材，以稱其穹窿；人君尊崇，必有令德，以稱其顯服，未嘗指終南為當日之實境也。惟朱《傳》謂『至止』為至終南之下，似指為本國之境，而鄭《箋》則謂受命服于天子而來，為下句作起耳，于當日之封域無與也。孔氏又謂如《本紀》説，文公獻岐東于周，而春秋時秦境東至河，計襄公以後，更有何功德之君得之？噫！此又不思之甚也。

據《史記》，秦武公十年伐邽冀戎，初縣之，十一年初縣杜。鄭滅小虢。而《汲冢周書》穆公二年滅芮，《春秋傳》所載僖十九年，秦取新里，遂滅梁。是其累世蠶食，非一日之故，而謂東遷之初，一舉手而横有西都八百里之地，此理勢所必無者。余反覆《左傳》、《史記》及《詩・秦風》，而斷謂《詩譜》之不足信如此。後之尚論者，尚其有取于余言。乾隆十年七月中浣九日復初氏識。

清・顧棟高《毛詩類釋》卷二《秦》 臣謹案：《史記》秦文公收地至岐，岐以東獻之周。岐為今陝西鳳翔府岐山縣，則豐鎬故京，在岐之東，秦未嘗有也，可見平桓之世，晉未滅虢，東西周猶通封畿，號令猶行於西土，虢、鄭遺地之在畿内者，尚無恙，《黍離》詩人過故宗廟宫室，盡為禾黍，破瓦頹垣，依然故物。使秦有其地，當更營建，無復此景象矣。所以莊二十一年莊王與虢酒泉，猶在同州府澄城縣，而虢公敗犬戎於渭汭，猶在西周之封内也。自晉滅虢，斷桃林之隘，而秦穆亦東竟至河，築壘為王城，以塞其路，而故京遂判若異域。僖十五年獲晉侯，舍諸靈臺，靈臺在西安府鄠縣豐鎬之側，自是周之遺地，盡入於秦。西歸之好音絶矣，自晉獻、秦繆始也。乃知鄭《詩譜》

謂秦襄公逐戎，橫有西都八百里之地者，其説誠疏謬，當以《史記》為正。

清·張琦《戰國策釋地》卷上《秦》 釋曰：【略】七國初，秦地自今河南內鄉、淅川、盧氏以西，商州、西安，西至秦隴，北有平涼、涇陽及同州府西境。後東侵韓魏趙楚，北滅義渠，南幷巴蜀。始皇初立，已有今山西太原、澤、潞，河南之懷慶、衛輝、開封、南陽，湖北之襄、鄖、荊州，以至全蜀。北有慶陽、榆林。

三代暨列國首都部

通紀概説分部

綜述

三代京都《世本·居篇·夏》 禹都咸陽，正當亳西也。及後乃徙安邑。禹都陽城，在大梁之南。

又《殷》 契居蕃。昭明居砥石，復還商。相徙商邱，本顓頊之虚。宋衷曰：相土就契封於商。太甲從上司馬，在鄴西南。

又《周》 武王在酆鄗。懿王徙於犬邱。宋衷云：懿王自鎬，徙都犬邱。一曰廢邱，今槐里是也。平王即位，徙居洛。敬王東居成周。赧王又徙居西周。西周桓公名揭，居河南。東周惠公名班，居洛陽。

《史記》卷一二九《貨殖列傳》 昔唐人都河東，殷人都河內，周人都河南。夫三河在天下之中，若鼎足，王者所更居也，建國各數百千歲。唐張守節《正義》：盤庚都殷墟，地屬河內也。周自平王已下，都洛陽。

《漢書》卷二五上《郊祀志上》 昔三代之居，皆河洛之間。唐顏師古注：謂夏都安邑，殷都朝歌，周都洛陽。

唐·李吉甫《元和郡縣志》卷六《河南道一·河南府》 《禹貢》豫州之域在天地之中，故三代皆為都邑。陽翟夏城，禹都也。偃師西亳，湯都也。周成王定鼎于郟鄏，使召公先相宅，乃卜澗水東，瀍水西，是為東都，今苑內故王城是也。又卜瀍水東，召公往營之，是為成周，今河南府東故洛城是也。

宋·鄭樵《通志》卷四一《都邑略·夏都》 禹封於夏，受禪之後，都平陽，又徙安邑。夏，今陝州夏縣。安邑，今隸蒲州。平陽，即堯都也。禹在陽城者，避商均之地，而非都也。按《五子之歌》曰：惟彼陶唐，有此冀方。言堯、舜及禹皆在冀州界。少康中興，復還舊都，故《左傳》曰：復禹之迹，不失舊物。

又《商都》 契封於商，後世遷于亳，即西亳也。成湯受命，始遷于南亳，故命以殷。至仲丁遷于囂，河亶甲居于相，祖乙居于耿，及盤庚五遷，復都南亳，至紂居朝歌。商即上雒，今為商州。亳，故京兆杜縣有亳亭是也。杜城今在長安南，故司馬遷云：禹興西羌，湯起亳也。及湯有天下，始居宋地，復命以亳，今南京穀熟是也。或云河南偃師，是蓋有溵水出陽城，東至西華、汝陽，入于潁，與潁水合流。古人幷謂潁為溵，故命以溵焉，此謂之南亳。囂亦作『敖』，即河南之敖倉也。相，今為相州。耿，河中府龍門縣南十二里故耿城是。朝歌，隋改為衛縣。衛州朝歌故城在縣西二十二里。衛縣，熙寧中省為鎮，入黎陽。

又《周都》 周本扶風郡之地名。后稷始封於此，其所居之地謂之邰。公劉遷於豳，豳亦作邠。大王避狄，去豳居岐。及文王德業光大，作邑於豐而典治南國。武王有天下，乃居鎬京。豐在豐水之西，鎬在豐水之東。周地西迫戎俗，自岐之豐，自豐之鎬，是西遠戎而東即華也。武王克商，乃遷九鼎于郟鄏，至成王，始定鼎于此而城之，以為東都，謂之王城。及三監導紂子武庚叛，成王乃命周公營洛邑，遷商之頑民於此，謂之成周。自武王十一世至幽王為犬戎所滅，太子宜臼徙居王城，謂之東周，是為平王。東徙之後，則以王城為周而以鎬京為宗周。自平王十三世至敬王，有王子朝之難，王城隳廢，又還成周。成周在東，河南在西，又以王城為西周，成周為東周。故《公羊》曰：『王城者，西周也。』由春秋後，至赧王時，周分為二，而赧王復居王城，為西周，考王弟桓公之孫惠公居成周，為東周。邰，今武功縣斄城是也。豳，班固云：栒邑有豳鄉。按栒邑故城在今邠州三水縣東北，或云三水西南三十里有古豳城是也。岐，今鳳翔岐山是也。豐、鎬皆水名，豐在今永興鄠縣東南，鎬去豐二十里。王城今河南縣，成周今洛陽縣。

明·徐應秋《玉芝堂談薈》卷二二《帝王建都》 夏都安邑，今平陽府夏縣。《汲冢書》曰：禹都陽城。商亦都亳。周都豐鎬，即今西安府長安縣。東遷都洛陽，今洛陽縣。秦都咸陽，今陝西咸陽縣。

明·方以智《通雅》卷一七《地輿·九州建都考略·古都》 禹生石紐，都安邑，陝州夏縣，漢為安邑，屬河東，後魏改夏縣。此時安邑屬平陽府之解州，隋為虞州。禹受封夏伯，今河南陽翟也。《輿地志》言宿州虹縣本夏丘，恐非。

又《商都八遷》 封商在上洛商是也。昭明居砥石，遷于商。湯始居亳，有三亳，一在梁國，一在河洛之間。穀熟為南亳，即湯都也。蒙為北亳，即景亳，湯所受命也。偃師為西亳，即盤庚所徙也。宋州穀熟縣，即此時歸德府之考城縣。考城今有亳城，有大蒙、小蒙。蒙與穀之亳，尚有分邪？本清曰：湯遷南亳，即歸德府。亳一作薄。《荀子》：湯以薄。《管子》曰：湯以七十里之亳。《地理志》：山陽郡有薄縣。注：湯都亳。《說文》：亳，京兆杜陵亭名。則又一亳也。《呂覽》所言之郼，其始封邑也。升菴以郼即殷字，非是。詳見《襍論》。仲丁遷于囂，敖倉是也。今之開封府鄭州滎陽縣。秦置敖倉於此。河陰縣有敖山。河亶甲居相，去鄴四十里，殷墟南，今《輿地記》以為大名内黄。祖乙遷于耿，河東皮氏縣，在今為平陽蒲州之河津縣。遷邢，即襄國，今順德府邢臺縣，所謂龍岡也。音耿為邢者，《索隱》之説也。盤庚遷亳殷，偃師也。《通志》：溵水出陽城東，至西華、汝陽入于潁。古人幷謂潁為溵。《詩補傳》曰：溵、濦同音，今陳州之商水縣也。武乙徙河北，居朝歌，即漢野王，今懷慶府河内縣也。或曰《竹書紀年》南庚三年遷奄，在淮夷北。則商凡八都矣。

又《周建都》 后稷，岐山縣人，封邰，扶風斄城是也，即今鳳翔府。公劉徙豳，今西安府邠州也。鳳翔府郿縣，云是古邰國，有邰城。一作斄城、釐城、駘城，見《左傳》注。此古人字形相通，台、怡之音亦通也。太王邑岐，今有岐山縣，古岐周地，云在櫟陽，是武功縣，非今之扶風縣也。王季宅程，《周書》作郢。文王徙酆，在京兆鄠縣東南。武王都鎬，漢鑿昆明池是也。周公營洛，即今河南府。懿王徙伏丘，秦曰廢丘，京兆槐里是也，今之興平縣。厲王居彘，《通典》晉州霍邑，漢彘縣，今霍州。平王徙洛。兩周，《正義》曰王城及鞏，非也。桓居河南，惠居洛陽。

清·顧炎武《歷代帝王宅京記》卷一《總序上》 禹都安邑。今山西平陽府解州安邑縣。《郡國志》：夏縣東北十五里安邑故城，禹所都也。皇甫謐曰：都平陽，或在安邑，或在晉陽。湯居亳，仲丁遷於囂，河亶甲居相，祖乙圯於耿，盤庚遷於殷，武乙徙朝歌。

周太王遷於岐山，今陝西鳳翔府岐山縣。文王居豐，武王宅鎬。既克商，遷九鼎於洛邑。成王使召公相宅。平王東遷，居雒邑。

列國國都

《世本·居篇·吴》 吴孰哉始居藩籬。宋衷曰：孰哉，仲雍字。藩籬，今吴之餘暨也。孰姑徙句吴。宋衷曰：句吴，太伯始所居地名。諸樊徙吴。

又《魯》 煬公徙魯。宋衷曰：今魯國。

又《燕》 召公居北燕。宋衷曰：有南燕，故云北燕。桓侯徙臨易。宋衷曰：今河間易縣是也。

又《蔡》 蔡叔居上蔡。上蔡也，九江有下蔡，故稱上。胡徙居新蔡。宋衷曰：胡徙居新蔡，以奉叔度祀，故名其地為新蔡。平侯徙下蔡。

又《晉》 唐叔虞居鄂。宋衷曰：鄂地，今在大夏。

又《衛》 成公徙濮陽。宋衷曰：濮陽，帝邱別名。

又《鄭》 鄭桓公封棫林。桓公居棫林，徙拾。宋衷曰：棫林與拾，皆舊地名。封桓公，乃名為鄭。厲公居櫟。宋衷曰：櫟，今潁川陽翟縣。文公徙鄭。宋衷曰：即新鄭。

又《宋》 宋更曰睢陽。

又《楚》 楚鬻熊居丹陽。宋仲子曰：丹陽在南郡枝江縣。武王徙郢。宋仲子曰：今南郡江陵縣北有郢城。

又《秦》 秦非子始封於秦。莊公徙廢丘。文公徙汧。寧公又都平陽。獻公徙治櫟陽。孝公自櫟陽徙咸陽。

又《邾》 邾顔居邾，肥徙郳。宋仲子曰：邾顔別封小子肥於郳，為小邾子。

又《莒》 輿期始都計斤，兹丕歸莒。

又《韓》 景子居平陽，平陽在山西。宋衷曰：今河東平陽縣。

又《趙》 成季徙原。宋衷曰：今雁門平原縣。

又《魏》 畢萬居魏。魏武子居魏。悼子徙霍。宋衷曰：霍，地名，今河東彘縣也。昭子徙安邑，文侯亦居之。

又《中山》 中山武公居顧。桓公徙靈壽。

《戰國策》卷一〇《齊三》 安邑者，魏之柱國也；晉陽者，趙之柱國也；鄢郢者，楚之柱國也。漢高誘注：柱國，都也。

宋·鄭樵《通志》卷四一《周諸侯都》 魯都曲阜。魯本少昊摯居之，謂之少昊之墟，又大庭氏居之。魯於其上作庫，故謂大庭氏之庫。至周成王，以周公之功而封伯禽於此。其地本名魯，乃作都於曲阜。宋祥符中，改曲阜為仙源，今隸兖州。

齊都薄姑，遷于營邱。齊本顓帝之墟。營邱，今臨淄縣。薄姑亦謂之蒲姑，在其西北。或云營邱故城在濰州昌樂，而青州博興有蒲姑故城。

宋都商邱。杜預云：梁國睢陽縣。按睢陽，隋改為宋城，今南京治。本陶唐氏之火正小伯之墟，以其主火，故為大辰之墟，相土因之。武王伐紂，封紂子武庚於邶。武庚叛，成王殺之，更封紂兄子微子啓於宋，以為商後，故謂之商邱。

衛都朝歌，及懿公為狄所滅，宋桓公迎衛之餘民渡河，立戴公，以廬於曹，後齊桓公城楚邱而居文公焉，至成公又遷於帝邱。朝歌故城在衛縣西二十二里。衛縣，宋熙寧省為鎮，入黎陽。本紂都，故謂之商墟。曹亦作漕，今滑州白馬是也。楚邱，今單州成武。帝邱，本顓帝之墟，故曰帝邱。夏王之世，昆吾氏居之，故亦謂之昆吾之墟，今澶州濮陽縣。

鄭都本西周畿內之地，周宣王以封母弟桓公友。及幽王有犬戎之變，鄭武公遂遷于濟、洛、河、潁之間，謂之新鄭。鄭之始都，謂之故鄭，今華州鄭縣是也。有鄭故城，在縣北。新鄭，今之滎陽。

晉都唐，謂之夏墟，大名也。本堯所都，謂之平陽。成王封母弟叔虞於此，初謂之唐。其子燮立，始改為晉，以有晉水出焉。其地正名翼，亦名絳，而平陽者，是其總名。及昭侯立，封叔父桓叔於曲沃，後曲沃盛彊，桓叔之孫武公滅翼，遂有晉都。至景公，遷於新田，又謂新田為絳，而謂平陽為故絳。唐，今定州唐縣猶有唐城，或云唐城在絳州翼城西二里。平陽今為絳州縣。翼，晉之舊都，今絳州翼城是也，尚有故城，在縣東南。曲沃，今為絳州縣，晉先君祖廟並在此。新田一名絳，今絳州絳縣是也。或云絳故城在曲沃南一里，景公以後並都是。

楚都丹陽。周成王封熊繹以子男之田，蓋居於此。至熊達，始盛彊，僭稱王，是為楚武王，遷都于郢。昭王為吳所滅，又遷於鄀。楚本名荆，至成王頵始改號楚。丹陽，今江陵枝江縣。郢，江陵縣北十餘里有汜南城，城東有小城，名郢，在江之南，非今郢州。鄀，本鄀國，楚幷之，在襄陽宜城縣東。按今襄州南二百二十里廢樂鄉縣，是其地。今有鄀鄉，在鄀水傍。又云宜城西南有鄀亭山。至考烈王，徙都壽春，復命曰郢。今楚州者，懷王孫心所都。

秦，周孝王封非子居於秦谷。至襄公赴幽王之難，以兵助送平王，故平王與之以岐豐之地，列為諸侯。莊公居犬邱，文公居汧渭，德公遷于雍。自德公以下十八世，居雍。獻公遷櫟陽，孝公乃遷咸陽。秦谷，故隴西縣秦亭是也。隴西唐末為寨，宋熙寧廢為鎮，入汧原，今隸隴州，故秦城尚在。犬邱，漢槐里縣，今永興軍興平縣。雍，故扶風雍縣，唐改曰天興，今鳳翔治。櫟陽、咸陽，今皆為縣，隸永興軍。

吳都吳。今蘇州城是。【略】

曹都曹。今廣濟軍治定陶是。許都許，後遷于葉，又遷于城父，又遷于白羽，又遷于容城。許，今許州。白羽，一名析，鄧州淅川是，或云內鄉是。容城，華容縣是。

蔡本畿內之地，以為蔡叔之采邑。及蔡叔逆命國除，至蔡仲始改封于汝南，故以汝南為蔡。及遷州來，則以州來為下蔡，汝南為上蔡。今蔡州上蔡縣西南十里故蔡城，即蔡國也。州來即下蔡縣，今壽州治。【略】

越都會稽。今會稽城，亦謂之勾踐城、越州城也。陳都宛邱。宛邱，今陳州治，本太昊之墟。【略】

北燕都薊。幽州治。韓都韓城。故城在今同州韓城縣南十八里。魏都魏城，遷于大梁。今陝州平陸有魏城。大梁即開封。趙都趙城，遷于平棘。趙城今隸晉州縣。平棘隸趙州。

又《周夷國都》 戎都戎城。杜預云：陳留濟陽縣東南有戎城。又有戎州，是其別邑。夷都夷安。杜預云：在城陽(莊)[壯]武縣。所治夷安縣是也。介都黔陬。介，東邑國。今密州諸城縣東北一百一十里有黔陬故城。根牟都安邱。今密州安邱。萊都黄。登州黄縣東南二十五里有故黄城，即萊子國。右東夷。

百濮都濮。今江陵建寧縣是。舒都舒。今廬舒城。群舒都龍舒。今廬江西有龍舒。允姓之戎。本居瓜州，秦晉誘而致之伊川。瓜州，今在極西瓜沙之地。伊川，故陸渾縣。其地在河南伊陽縣南。(伊)[揚]、拒、泉、皐、伊洛之戎。杜預云：伊闕縣北有泉亭。蠻氏都麻解。杜預云：河南新城縣東南有蠻氏城，俗以為麻解城，蠻、麻聲近。按麻解縣亦謂之蠻王城，今在汝州西南，近伊闕。庸都上庸。房州竹山縣西二百五十里有上庸城。盧戎都盧。今襄州中盧。巴都江州。江州，故縣名。隋改為江津，隸渝州。右南蠻。

狄都狄，亦謂之翟。其別都有箕。狄在慈州。箕城在遼州榆社東南三十里。白狄都西河。白狄與秦同州。今坊鄜、延綏間，皆古白狄之地。鮮虞都鮮虞。白狄之別種。今定州安喜舊鮮虞縣。肥都昔陽。肥即白狄，遷于昔陽。故城在今平定軍樂平縣東五十里。鼓都鼓城。白狄別種。今祁州鼓城縣。驪戎都臨潼。今永興臨潼縣東二十四里有驪戎故城。右西戎。

赤狄都洛。今洺州之地。潞都潞。今潞州是。東山臯落氏都臯落。今絳州垣縣西北六十里有臯落城。服虔云：世謂之哥亳城，蓋聲相近。山戎都薊。北狄也，號無終子。今薊州治漁陽，所以蔽北燕之路。廧咎如、甲氏、留吁、鐸辰皆赤狄別種，散居河北。鄋瞞在夏為防風氏，商為汪芒氏，皆長狄國也。右北狄。

宋·王應麟《通鑑地理通釋》卷四《歷代都邑考·秦都》 《秦紀》：非子居犬丘。周孝王分土為附庸，邑之秦。莊公居其故西犬丘。平王封襄公為諸侯，賜之岐以西之地，於是始國。文公居西垂宮，東獵至汧渭之會，乃卜居之，占曰吉，即營邑之。寧公徙居平陽。德公初居雍城大鄭宮。獻公城櫟陽，徙都之。孝公作為咸陽，築冀闕，徙都之。

又《五伯》 夏伯昆吾。杜氏云：東郡濮陽縣。唐武德四年，析濮州、濮陽，置昆吾縣，八年，省濮陽縣，今屬開德府。《括地志》：昆吾故城在縣西三十里。商伯大彭。今徐州彭城縣。豕韋。或謂之韋。杜氏云：東郡白馬縣東南有韋城，今滑州韋城縣。周伯齊桓。《世家》：太公都營丘。《括地志》：營丘在青州臨淄北百步外城中。《水經注》：臨淄城中有丘，淄水出其前，經其左，故有營丘之名。胡公徙都薄姑。《括地志》：薄姑城在青州博昌縣，今博興縣東北六十里。薄姑氏本殷諸侯國。《地理志》：琅邪姑幕縣。應劭曰：薄姑氏之國。《後漢》注：姑幕故城在密州莒縣東北。獻公徙薄姑都，治臨菑。《輿地廣記》：青州臨淄縣。城臨淄水，即營丘也。晉文。叔虞封唐。《括地志》：故唐城在絳州翼城縣西二十里，即堯裔子所封。子燮為晉侯，徙居晉水傍，在并州晉陽縣北二里。《詩譜》云：燮父以堯墟南有晉水，改曰晉侯。穆侯自晉陽徙都絳，孝侯改絳為翼，一名故絳，在絳州翼城東南十五里，後為曲沃武公所并。自曲沃徙都之，獻公又命曰絳。後魏為北絳縣，隋改曰翼城。景公遷新田，又謂新田為絳。《括地志》：絳邑故城，漢絳縣，本晉都新田，在絳州曲沃縣南二里，因絳山為名。《通志》：新田，今絳州絳縣。

又《十二諸侯》 魯都曲阜。《括地志》：兗州曲阜縣外城，即魯公伯禽所築。祥符中，改曲阜為仙源。齊、晉、秦。見前。楚。見後。宋都商丘。《世本》：宋更名曰睢陽。《正義》：今宋州宋城縣。衛都朝歌，故城在衛州衛縣西二十二里。衛縣，今省入濬州黎陽。戴公廬于曹，亦作漕，今滑州白馬是也。齊桓城楚丘而居文公焉，《括地志》：楚丘，滑州衛南縣。今屬開德府。成公遷帝丘，濮陽。元君徙野王。《正義》：懷州城，古野王邑也。陳都宛丘。今陳州治。蔡本畿內之地，為蔡叔之采邑，孔安國云，叔封圻內。《世本》：叔居上蔡。《書正義》：圻內蔡地，不知所在。蔡仲改封汝南，宋仲子云，胡徙居新蔡。杜預云，武王封叔度于汝南上蔡。《括地志》：蔡州上蔡縣，在州北七十里，古蔡國外城，叔度所都城也。有蔡岡，在縣東十里，因名。平侯徙都新蔡。蔡州新蔡縣。昭侯徙州來。以州來為下蔡，汝南為上蔡。州來即下蔡縣，今壽春府治。曹都曹。今廣濟軍治定陶是。鄭桓公友初封於鄭，《括地志》：故城在華州鄭縣西北三里。武公取虢、鄶十邑之地居之，今河南新鄭是也。今鄭州新鄭縣。燕。見後。吳都吳。《世本》：吳孰哉始居蕃離。宋忠注：孰哉，仲雍也。蕃離，今吳餘暨縣。《正義》：太伯居梅里，在常州無錫，去東南六十里。至十九世孫壽夢居之，號句吳。諸樊南徙吳，至光使子胥築闔閭城，都之，今蘇州也。《世本》：孰移丹徒句吳，家楚徙吳。宋忠注：句吳，太伯所居，地名。《索隱》云：表言十二，實敘十三者，賤夷狄不數吳。《吳越春秋》：太伯起城，周三里二百步，外郭三百餘里，在西北隅，名曰故城。闔閭元年，造大城，周回二十七里；築小城，周十里。《寰宇記》：太伯初適吳，築城在平門外。太伯至王僚二十三王，都之。今常州無錫縣東南四十里有吳太伯城是也。蘇州注：闔閭始築吳郡城，都之。今蘇州城是。《通典》：常州無錫注：太伯始居此地。蘇州注：闔閭以後，都于此。越都會稽。今會稽城，亦謂句踐城。句踐徙都琅邪，在密州諸城縣東。越見《春秋》凡六，其三稱越，皆在昭公之時；其三稱於越，一在定公，一在哀公之時。蘇氏曰：十二諸侯首魯訖吳，實十三國，而越不與焉，不知中國禮樂，絕而棄之。《通典》：吳之都，其南百四十里與越分境。

又《六國》 趙之先造父封趙城。今晉州趙城縣。晉獻公賜趙夙耿。今河中府龍門縣東南。趙襄居原。《括地志》：故原城在懷州濟源縣西北二里，今屬孟州。簡子居晉陽。今太原府。獻侯治中牟。《索隱》曰：在河北，非鄭之中牟。敬侯元年，始都邯鄲。今磁州縣。

魏。晉獻公以魏封畢萬。魏城在陝州芮城縣北五里，漢河北縣。《輿地廣記》：河中府永樂縣，古魏國，唐分芮城置。《水經注》：永樂澗水，北出于薄山，南流逕河北縣故城西，故魏國也，晉以封畢萬。悼子徙治霍。晉州霍邑縣。魏絳徙治安邑。在陝州夏縣，又解州縣。武侯二年，城安邑。惠王三十一年，徙治大梁。今開封府祥符縣。稱梁王。

韓武子封於韓原。今同州韓城縣。宣子徙居州。漢河內州縣。《括地志》：懷州武德縣，本周司寇蘇忿生之州邑也。熙寧六年，省武德為鎮，入河內縣。貞子徙居平陽。晉州臨汾縣。《世本》云：景子徙平陽。哀侯二年滅鄭，因徙都鄭，改號曰鄭。今鄭州新鄭縣。《戰國策》謂韓惠王曰鄭惠王。

齊田和立為齊侯，都臨菑。《地理志》：臨菑名營丘，故《齊詩》曰：子之營兮。

楚熊繹當周成王時，封於楚蠻，居丹陽。徐廣曰：在南郡枝江縣，今江陵府。《括地志》：歸州巴東縣東南四里歸故城，楚子熊繹之始國也。輿地志秭歸縣東有丹陽城，周迴八里，熊繹始封也。文王始都郢。《括地志》：紀南故城在荆州江陵縣北五十里。杜氏云：郢，今南郡江陵縣北紀南城是。《括地志》：平王城郢，在江陵縣東北六里，故郢城是也。昭王去郢，北徙都鄀。《括地志》：楚昭王故城在襄州樂鄉縣東北三十三里。《輿地廣記》：鄀縣，故鄀國。春秋時自商密遷此，為楚附庸，楚滅之。昭王畏吳，自郢遷焉，後復還郢。唐改為樂鄉，周省入宜成縣，今襄陽府。襄王二十三年，秦拔郢，東北保於陳城。今陳州。考烈王二十二年，東徙都壽春，命曰郢。今安豐軍壽春縣。項梁立楚懷王孫心為楚懷王，都盱台。今招信軍。項羽尊懷王為義帝，徙長沙郴縣。今郴州。荆自文王，始見於《春秋》，僖元年始稱楚。

燕。武王封召公於北燕，都薊。幽州薊縣。司馬公曰：春秋時北燕至微，逼介蠻貊，不與中國之會盟。太史公《世家》以姑姓之燕仲父伐周惠王者為北燕，誤矣。《括地志》：燕山在幽州漁陽縣東南六十里。《國都城記》：地在燕山之野，故國取名焉。《輿地廣記》：武王封帝堯之後於薊，又封召公於北燕，其後燕國都薊。《詩補傳》曰：薊後改為燕，猶唐之為晉，荆之為楚。或曰黃帝之後封於薊者已絶，成王更封召公奭于薊為燕。

明・方以智《通雅》卷一七《地輿・九州建都考略・五霸》　夏伯昆吾，東郡濮陽縣。唐武德四年，析濮州、濮陽，置昆吾縣，今屬開德府。智按：濮州在東昌府，大名府滑縣與開州又屬古濮陽地，地相近也。今開州境有濮陽城。商伯大彭，今徐州。豕韋，東郡白馬縣東南有韋城，今滑州韋城縣。智按：亦是滑縣地。滑縣有白馬山，所謂黎陽津，即白馬之津也。韋津一作圍津。周伯齊桓。初，太公都營丘，即臨淄。胡公徙居薄姑。智按：今青州博興縣也。其應劭所云瑯邪姑幕為古薄姑，非是。今博興縣有薄姑城，莒州有姑幕城，可以較矣。獻公復都臨淄。晉文。叔虞封唐，在絳州翼城縣西，子燮徙晉水傍。穆侯自晉陽徙都絳，孝侯改絳為翼，一名故絳，後為曲沃武公所幷，又命曰絳。景公遷新田，又稱新田為絳。郝氏曰：隱公初年，周室東遷，鄭莊公始射天子，專征伐，是伯之始也。閔、僖之間，齊繼之，晉文繼之。成、襄以來，楚繼之。昭、定以來，吳繼之。此説是。

又《十二諸侯》　魯都曲阜。祥符改為仙源。齊、晉、秦。俱見前。楚。見後段。宋都商丘，宋更名曰睢陽。《正義》曰：今宋州宋城縣也。今為歸德府。衛都朝歌，即汲郡，今衛輝府淇縣。伯厚云：朝歌故城在衛州衛縣西二十二里。衛縣今省入濬州黎陽。戴公廬於曹，即滑州白馬是也。齊桓城楚丘而居文公焉，今開州境。成公遷濮陽，元君徙野王，今懷慶府河内縣。陳都宛丘，今陳州治，漢潁川地也。蔡本畿内地采邑，蔡仲改封汝南，平侯徙新蔡，昭侯徙州來，以州來為下蔡，汝南為上蔡，今壽春縣。智按：潁州潁上縣，梁名下蔡，壽州之鄉有下蔡，乃漢縣也。今有下蔡鎮。曹都曹，今定陶縣。鄭桓公友初封鄭，故城在華州鄭縣西北三里。武公取虢、鄶十邑之地居之，即鄭州新鄭縣，今時為開封府禹州新鄭縣。禹州，秦陽翟地。新鄭，故鄶國。鄭州滎陽，古東虢國，即秦置敖倉之滎陽也。燕。見後。吳都吳。《正義》曰：太伯居梅里，今無錫。至十九世壽夢居之，都勾吳。諸樊徙吳，至光使子胥築闔閭城，今蘇州也。越都會稽，今紹興。

又《六國》　趙自晉獻賜趙夙耿，注：今河中龍門縣東南，後名為蒲州。趙襄居原，今屬孟縣。簡子居晉陽。獻侯治中牟，《索隱》曰：在河北，非鄭之中牟。敬侯元年，始都邯鄲，即磁州縣。智按：磁州今屬彰德府，而廣平府邯鄲縣，正古趙都，蓋地近，今分屬兩省耳。

魏自晉獻封畢萬魏城，在陝州芮城縣五里，漢河北縣。《輿地廣記》：河中府永樂縣，古魏國。智按：平陽府平陸縣是漢河北縣地，而芮城縣正與平陸接壤，河中即蒲州，古今分屬異耳。悼子徙治霍，今平陽府霍州。魏絳徙安邑，即禹都。惠王三十一年，徙大梁，今開封。

韓武子封於韓原，今韓城縣。宣子徙居懷州武德縣，今為河内縣。貞子徙平陽。哀侯滅鄭，徙都鄭，今新鄭縣。《戰國策》謂韓惠王曰鄭惠。

齊田和都臨淄，即太公之營丘。《齊詩》曰：子之營兮。

楚熊繹當周成王時封，居丹陽。徐廣曰：在南郡枝江。《括地志》：歸州巴東縣東南四里南郡，今荆州府也。文王都郢，今荆州。《括地志》：在江陵縣東北六里。昭王徙鄀。即襄州樂鄉縣。後省入宜城，今襄陽府。楚復還郢。襄王時秦拔郢，保於陳城，今陳州。考烈王徙壽春，命曰郢。

燕。武王封召公於燕，都薊。太史公《世家》以姑姓之燕，仲父伐周惠王者為北燕，誤矣。《括地志》：燕山在幽州漁陽縣東南六十里，今薊州也。即此時京城。

清・馬驌《左傳事緯前集》卷六《覽左隨筆》 魯都曲阜，本少昊之墟也；又大庭氏居之，故《傳》有大庭氏之庫，又曰大庫之庭。晉都唐，謂之夏墟，大名也，本堯所都；謂之平陽，晉水出焉，故名曰晉；正名翼，亦名絳，而平陽是其總名；曲沃繼統，遂居晉都，至景公遷于新田，復命新田爲絳，而以故都爲故絳。齊都薄姑，遷于營丘，本顓頊之墟也。秦非子始居秦谷，襄公赴幽王之難，故平王與以岐豐之地；莊公居犬丘，文公居汧渭，德公遷于雍；自德公以下十八世，居雍；至獻公遷櫟陽，孝公遷咸陽，皆在春秋後也。楚都丹陽，武王遷郢，至昭王爲吳所滅，又遷于鄀，其始號荆，至成王始改號楚也。宋都商丘，本陶唐氏火正閼伯之墟也，謂之火辰之墟，相土因之。衛都朝歌，本紂都，謂之商墟；及懿公爲狄所滅，宋桓公立戴公，以廬于曹；齊桓公城楚丘而遷之；後文公又遷于帝丘，顓帝之墟也，故曰帝丘；夏世昆吾氏居之，故曰昆吾之墟。鄭本封西周畿内之地，至武公而遷濟、洛、河、潁之間，謂之新鄭。陳都宛丘，太皞之墟。蔡都汝南，昭侯服役于楚，徙州來。許國小近，鄭再滅之，以爲俘邑；悼公附楚遷葉，又遷于城父，又遷于白羽，又遷于容城。曹都定陶。莒都密州，遷鹽官，謂之南莒。邾都邾，文公遷于繹，其後魯伐邾取繹，當別有繹。吳都姑蘇。越都會稽。滕遷都于公丘，其故地爲小邾。薛故都本在魯地，築臺于薛是也，奚仲遷于邳。杞都雍丘，遷于緣陵，又遷淳于。小邾都，故滕也。【略】諸小國都，名見《左傳》者：虢都上陽，州都淳于，鄅都開陽，肥都昔陽，鄀都商密。

清・顧棟高《春秋大事表》卷七之一《列國都邑表・魯・都》 曲阜。今為山東兗州府曲阜縣治。應劭曰：曲阜在魯城中，委曲長七八里。自春秋至戰國，魯世世都之。

又《齊・都》 臨淄。故齊城，今在山東青州府臨淄縣城北。班固曰：臨淄名營邱，師尚父所封。以地臨淄水而名，齊世世都此。城周三十里，有十三門。

又　卷七之二《列國都邑表・鄭・都》 新鄭。今為河南許州府之新鄭縣。初，宣王封弟桓公友于鄭，居咸林，為今陝西同州府之華州。幽王時，桓公寄帑于虢、檜，子武公與平王東遷，卒定其地，號曰新鄭，以別于初封之鄭。故城在今縣治西北。

櫟為鄭別都。桓十五年，鄭伯突入于櫟。杜注：鄭別都，河南陽翟縣。今為許州府禹州。李氏曰：《春秋》書突入櫟而不書其入鄭，所以著彊都之害，如書晉滅下陽之義。櫟後屬楚。

又《宋・都》 商丘。陶唐氏遷閼伯於商丘，即此。今為河南歸德府之商丘縣。初，成王既殺武庚，命微子啓代殷後，國號宋，亦曰商。昭八年，魯蒐於紅革，車千乘，自根牟至于商衛。《釋例》曰「商、宋一地」是也。按商丘漢為睢陽縣，劉宋為壽春縣，隋改曰宋城，明置曰商丘縣。今城西南有商丘，周三百步，世稱閼臺。

又《衛・都》 朝歌。在今河南衛輝府之淇縣。《漢書・地理志》曰：河内本殷舊都，周既滅殷，分其畿内為三：邶，以封紂子武庚；鄘，管叔尹之；衛，蔡叔尹之，以監殷民，謂之三監。武王崩，三監畔，周公誅之，盡以其地封康叔，遷邶、鄘之民于洛邑。今淇縣東北有朝歌城。張洽《集傳》以為在淇縣北關西社是也。邶城在府治汲縣東北，鄘城在新鄉縣西南三十二里。自衛遷楚邱，河内殷虚更屬于晉。

遷楚邱。今為河南衛輝府之滑縣。閔二年，衛懿公為狄所滅，遺民渡河，立戴公，以廬于漕。至僖二年，齊桓公封衛于楚邱。漕近楚邱，俱在滑縣。

又遷帝邱。今為北直大名府之開州。僖三十一年，狄圍衛，衛成公遷于帝邱。杜注：今東郡濮陽縣，故帝顓頊之虚，故曰帝邱。又曰濮陽，以地在濮水北也。故城在今開州治西南三十里。

又《曹・都》 陶丘。今為山東曹州府曹縣。鄭氏曰：曹在濟陰定陶，去王城八百里，在畿外，故稱甸服。《詩譜》云：在雷夏菏澤之野，夾于魯衛。《通釋》云：濟陰曹北三十七里，即定陶故城，曹所都。宋濟陰縣，在今曹縣西南六十里。

又《邾・都》 邾。今為山東兗州府鄒縣，後改國號曰鄒，因山為名。鄒山周四十里，在縣東南。今鄒治為宋時所徙，古邾城在縣東南二十六里。

遷於繹。文十三年，邾文公遷于繹。杜注：鄒縣北有繹山，徙都于彼山旁，山旁尚有舊邑也。邾既遷都于此，境内應別有繹邑。宣十年，公孫歸父帥師伐邾，取繹。必非取其國都，當是取其別邑。至哀七年，魯師入邾，處其公宮，邾衆保于繹，則棄城而棲山矣。《疏》稱繹山在鄒縣北，而今之繹山，在縣東南二十五里。蓋古時縣治在山南，而今則徙于山北也。文公徙都，不過稍北數里。

又《莒・都》 莒。今為山東沂州府莒州，接江南界。武王初封茲輿期于計，不知何年徙都此。戰國時楚簡王滅莒，地入于齊為莒邑，齊湣王走莒即此。

初封介根。今為山東萊州府高密縣，即計也。春秋初徙于莒，而介根為莒邑。襄二十四年，齊侯伐莒取介根，即此。漢置計斤縣。師古曰：計斤即介根。今縣東南四十里有計斤城。

又《杞・都》 淳于在今山東青州府之安邱縣。案淳于本州國地。桓五年冬，經書『州公如曹』。《傳》曰淳于公度其國危遂不復。淳于本州國之都，而杞居之，是亡州者杞也。然隱三年州未亡，莒人所取之牟婁已在東土，與淳于為鄰。杞本弱小，不應立國雍邱，而遥屬小邑于千數百里之外，則知春秋之前，杞早居于東土矣。女叔齊曰：杞，夏餘也，而即東夷。邾、莒以東皆為東夷，特未詳其何地耳。今青州府安邱縣東北三十里有淳于故城。

遷於緣陵。在今青州府之昌樂縣，亦曰營陵，路通登、萊。僖十四年，諸侯城緣陵。蓋是時淮夷病杞，齊桓遷之稍北以自近，如楚遷許於葉，吳遷蔡於州來，然杜注杞地，則仍為杞地之錯入於齊者耳。至襄二十七年，杞復遷淳于。案：是年晉合諸侯之大夫城杞，祁午數趙文子之功曰城淳于。蓋城杞即城淳于，是杞復遷淳于之証也。今縣東南三十里有營陵故城。

又《紀・都》 紀。在今山東青州府壽光縣。莊四年，紀侯大去其國，自是紀亡於齊矣。杜注：紀國在東莞劇縣。今縣東南三十里有劇城，又紀城亦在縣東南。

後以鄑入齊。在今青州府臨淄縣。莊二年，紀季以鄑入于齊，紀于是乎始判。杜注：齊欲滅紀，故季以鄑入齊，為附庸也。《國語》齊桓公初立，正封域，東至于紀鄑，蓋特存之。案：齊都臨淄，而鄑即在臨淄之境，則知桓公初年，齊之東向地甚狹。管仲云東至于海，特夸詞耳。迨滅紀、滅郕後，復稍併莒、紀之地以自益。至襄六年，晏弱滅萊、棠，則盡有登、萊之地，東至于海矣。杜注：鄑，紀邑，在齊國東安平縣。今臨淄東十九里有安平城，又鄑亭亦在縣東。

又《徐・都》 下邳。在今江南泗州。自兩漢迄南北朝，皆曰徐縣。《左傳》杜注：徐國在下邳僮縣東南。《漢書・志》：臨淮郡徐縣，春秋時徐國。昭三十年，徐子章禹為吳所滅。今泗州北八十里有古城，相傳為徐偃王築，地與虹縣接。

又 卷七之三《列國都邑表・晉・都》 絳。今為山西平陽府之翼城縣。成王封叔虞于唐，在河汾之東，方百里，今太原府之太原縣。四世至成侯，南徙曲沃。又五世至穆侯，復遷于絳，亦曰翼。自桓叔封曲沃，其子莊伯浸强。時謂晉侯為翼侯。桓八年，武公遂滅翼，自曲沃徙都之，王命為晉侯。至莊二十六年，武公子獻公命士蔿城絳，以深其宮。翼即絳也。鄭氏《詩譜》言穆侯遷都于絳，孝侯改絳曰翼，獻公又北廣其城，方二里，命之曰絳。則翼、絳之為一地，明矣。僖十三年，秦輸粟于晉，自雍及絳。成六年，遷新田，後謂之故絳，皆指此古翼城，在今縣治東南十五里。

曲沃為晉別都。今為山西絳州之聞喜縣。曲沃自穆侯徙絳後，為晉大邑。昭侯封桓叔于曲沃。師服曰：晉，甸服也，而建國。言大邑不當以封也。自桓叔初封曲沃，至武公并晉，歷三世，凡六十七歲。武公既徙絳，曲沃復為大邑。驪姬使言于公：曲沃，君之宗也，不可以無主。於是獻公城曲沃，使太子申生居之，亦謂之新城，亦謂之下國。新城以城曲沃而名，下國以桓叔至武公國之三世為晉之舊國也。僖二十四年，晉公子入于曲沃，朝于武宮。蓋武公廟所在，後為欒氏食邑。襄二十三年，晉欒盈入于曲沃以叛，即此。晉亡入魏，秦謂之左邑。《水經注》左邑故曲沃，《詩》所謂『從子于鵠』者也。漢武帝分置聞喜縣。今左邑故城在今聞喜縣治東。

遷于新田。今為山西平陽府之曲沃縣。成六年，晉人謀去故絳，韓獻子曰：新田土厚水深，居之不疾，有汾、澮以流其惡。公從之，遷于新田。自此以後，命新田為絳，以舊都為故絳。自襄二十三年欒盈晝入絳，至定十三年趙鞅歸晉入于絳，皆指新田之絳矣。

大夏為晉陽，為晉舊都。今為山西太原府之太原縣，古唐國叔虞始封時所都也。昭元年，子産曰：昔高辛氏有二子，伯曰閼伯，季曰實沈，不相能，日尋干戈。帝遷實沈于大夏，主參，唐人是因。及成王滅唐而封太叔，故參為晉星。杜注：大夏，晉陽也。曰大夏，曰太原，曰大鹵，曰夏墟，曰唐，曰晉，曰鄂，《左傳》所稱凡七名，皆指晉陽一地。後為趙氏食邑。定十三年，趙鞅入于晉陽以叛，即此。古唐國在今縣治北，古晉陽城在縣治東北。

又《虞·都》 夏墟。今為山西解州之平陸縣，在河之北。《譜》云武王封虞仲之庶孫為虞仲後，處中國為西吳。《史記》武王封周章弟虞仲于周之北故夏墟，與荆蠻、勾吳為兄弟。杜注：虞在河東大陽縣。唐改曰平陸。今縣東北四十里有古虞城。

又《虢·都》 上陽。在今河南陝州東南。周文王弟虢叔始封，在陝西鳳翔府寶雞縣東六十里。東遷後為秦之雍地。漢置虢縣，《志》云『雍為西虢』是也。隱元年，鄭人以王師、虢師伐衛。杜注：弘農陝縣東南有虢城。則從平王東徙後所封矣。

又《秦·都》 雍。今為陝西鳳翔府治鳳翔縣。《史記》德公元年，初居雍城大鄭宮，時魯莊公十七年也。至僖十三年，輸粟于晉，自雍及絳。杜注：雍，秦國都。始見于《春秋》。孔穎達曰：周初為召穆公采邑，有召亭。東遷時地陷于戎。平王賜襄公岐以西之地，曰能攻逐戎即有之。至文公十六年伐戎，戎敗走，遂收周餘民，地至岐，岐以東獻之周。鄭氏《詩譜》云：秦襄公横有周西都畿内八百里之地，非是。今縣南七里有古雍城，秦德公所居大鄭宫城也。

平陽為秦舊都。今為陝西鳳翔府之郿縣。《史記》秦寧公二年徙居平陽，是為魯隱公之元年。至桓四年，秦師圍魏，執芮伯萬以歸，秦始見經，則寧公徙平陽後之七年矣。

又 卷七之四《列國都邑表·楚·都》 郢。今為湖廣荆州府治江陵縣。《史記》文王熊貲始都郢。孔穎達曰：《世本》及《譜》皆云武王都郢；又《左傳》沈尹戌曰若敖、蚡冒至于武、文，土不過圻，猶不城郢，則楚之都郢，並不始于武王。蓋經營之數世，至武、文而始定耳。初時未有城郭，文十四年公子燮、子儀因城郢作亂，事未得訖。襄十四年子囊將死，遺言謂子庚必城郢，楚于是始城之。至昭二十三年囊瓦畏吳，復增修以自固，即杜預所云江陵縣北紀南城也。今紀南城在荆州府治北十里。

遷于鄀。今為湖廣襄陽府之宜城縣，所謂鄢郢也。以江陵為紀郢，故謂此為鄢郢。《史記》昭王十二年，吳伐楚，取鄱，楚恐，北去徙都鄀。實當春秋定公之六年，吳入郢後之二年矣。因仍謂之郢，故《左傳》曰『遷郢于鄀』也。今縣西南九十里有故鄀城。又《史記》頃襄王二十一年，秦白起拔郢，燒夷陵，楚王東北保陳城，即故陳國，今為河南陳州府治，號曰郢陳。考烈王二十二年，又遷壽春，仍謂之郢，即今江南鳳陽府之壽州。又三世，至負芻而亡。

丹陽為楚故都。在今湖廣歸州東南七里，北枕大江，亦曰秭歸。《史記》周成王封熊繹于楚，居丹陽。章懷太子曰：丹陽在秭歸東南。袁山松謂屈原有賢姊，聞原放逐，亦來歸，因名秭歸。又枝江亦名丹陽者，不知楚何時所遷。杜佑《通典》曰：楚初都丹陽，為今秭歸；後徙枝江，亦曰丹陽。蓋諸侯遷都，常仍舊名，故有兩丹陽，後世猶因之。晉王濬伐吳破丹陽，遂克西陵，此歸州之丹陽也。西魏伐江陵，曰為蕭氏計，席捲渡江，直據丹陽，此枝江之丹陽也。枝江漢縣，今屬荆州府。《水經注》云：北據大江，江汜枝分，東入大江，縣治洲上，故名。所謂江陵有九十九洲是也。班固《地理志》謂楚封在丹陽郡丹陽縣者，大謬。丹陽郡為今江南鎮江府。

鄢為楚別都。今襄陽府宜城縣西南九里有古鄢國。桓十三年，楚屈瑕伐羅及鄢，亂次以濟。杜注：鄢水在襄陽宜城，入漢。昭十三年，靈王沿夏將欲入鄢，夏即漢之别名。杜注云：順漢水入鄢也。本為楚別都，故靈王欲入。後昭王徙郢于鄀，兼稱鄢郢，以鄢與鄀俱在宜城縣，地相近，故稱鄢，以別于江陵之紀郢也。楚又嘗自鄀徙鄢，踰年而復。《史記·六國表》頃襄王二十年，秦白起拔郢；二十一年，拔郢，王亡走陳。高誘曰：秦兵出武關，則臨鄢；下黔中，則臨郢。【略】

鄂為楚熊渠時別都。今為湖廣武昌府武昌縣，在府東北百八十里。《史記》熊渠當周夷王時，興兵伐庸、揚粵，至于鄂。立其長子康為句亶王，中子紅為鄂王。句亶即今江陵，鄂即武昌也。熊渠卒，長子康蚤死，子熊摯紅立，即鄂王紅也。其弟弑而代立，曰熊延。又《鄭語》孔晁注云：熊繹玄孫曰熊摯，有疾，楚人廢之，立其弟熊延。熊摯自棄于夔，子孫有功，王命為夔子。與《史記》云弑少異。案夔即歸，即楚始封之丹陽。熊摯自竄，不過遜居國都之側。蓋熊渠當日仍都丹陽，分立兩子，各啓土宇。逮武王定都江陵，夔乃獨為一國，世守宗祀為附庸，而武昌亦世為別都耳。

又《陳·都》 宛丘。今為河南陳州府治。孔穎達曰：《樂記》武王克殷，未及下車，封黄帝之後于薊，帝堯之後于祝，帝舜之後于陳，《左傳》所謂『以備三恪』者也。鄭玄以薊、祝、陳為三恪，杞、宋為二王之後，杜氏以陳、杞、宋為三恪，鄭説為優。虞閼父為周陶正，其子曰胡公滿，武王配以元女大姬而封諸陳。今府城南三里有宛丘，高二丈；又城内東北隅有池，即《詩》所謂『東門之池』也。

夏封舜後曰虞。今為河南歸德府虞城縣。杜注：梁國有虞縣。案《堯典》嬪于虞，虞在河東大陽縣西，山上有虞城，今為山西解州平陸縣，舜因以為有天下之號。周興，封仲雍之後為虞國，正是其地；而禹受舜禪，封商均于虞，卻在梁國虞縣。虞思妻少康以二姚，而邑諸綸，是其後也。今縣西二十五里有綸城，即夏時綸邑。周武王封陳時，虞絶封已久。

殷封舜後曰遂。今山東兖州府寧陽縣西北十里有遂鄉，杜氏以為殷所封。昭八年《傳》：舜重之以明德，寘德于遂，遂世守之。及胡公不淫，故周賜之姓，使祀虞帝。杜注：殷之興，存舜之後而封遂。胡公滿，遂之後，武王賜姓曰媯，封諸陳。蓋胡公自以選建明德，而封遂本國，能世守，至周時尚存，特微不克振耳。莊十三年，為齊桓公所滅，《春秋》『齊人殲于遂』是也。

又《蔡·都》 上蔡。今為河南汝寧府上蔡縣。《左傳》蔡仲封淮、汝之間。今縣西南十里有古蔡國城。

遷新蔡。為今汝寧府新蔡縣。昭十一年，楚滅蔡，使公子棄疾為蔡公。十二年，平王立，復蔡封，于是隱太子之子廬歸于蔡，是為平侯。《漢·地理志》新蔡縣，蔡平侯徙此。當在此時也。其事不見經傳，惟杜氏《釋例》嘗言之。

又遷州來。今為江南鳳陽府壽州。哀元年，楚子圍蔡，使蔡疆于江、汝之間而還，蔡請遷于吳，後中悔。二年，吳洩庸如蔡聘，因襲之，蔡侯哭而遷墓。冬，蔡遷于州來，謂之下蔡。在淮水之北，與壽春夾淮為固。今州北三十里有下蔡城。

又《許·都》 許。今為河南許州府治石梁縣。隱十一年，公及齊侯、鄭伯入許，鄭莊公使許叔居許西偏。莊公卒，鄭亂，許叔乃復入于許。後屢受兵于鄭，遂遷楚境，鄭因有其地，謂之舊許。今府治東三十里有故許城。

遷于葉。今為河南南陽府葉縣。成十五年，許畏鄭，請遷于楚，楚遷許于葉。襄二十六年，許靈公如楚，請伐鄭，既而卒于楚，楚為之伐鄭，而後葬許靈公。蓋許雖遷，猶在方城之外，鄭患未已。昭四年，楚欲遷許于賴，卒不行。至昭九年，遷許于夷，葉仍入楚。十一年，靈王滅蔡，遷六小國于荆山，許亦與焉。十三年，平王復封陳、蔡，許亦復居于葉。十八年，楚王子勝曰：『葉在楚，方城外之蔽也，土不可易。』楚子乃遷許于析，葉復入楚，以封葉公。今縣治東有古葉城

又遷于夷。今為江南潁州府亳州。昭九年，楚公子棄疾遷許于夷，實城父。今州東南七十里有城父城。

又遷于白羽。今為河南南陽府内鄉縣。昭十八年，楚使王子勝遷于析，實白羽。杜注：自葉遷也。

又遷于容城。在今南陽府葉縣西。應劭以漢華容縣為許所遷之容城，非也。定四年，許遷于容城，後二年，鄭即滅許，《傳》云因楚敗也。漢華容為今荆州府監利縣，在郢都之側，鄭豈能至此？又哀元年，許復從楚圍蔡，似未嘗滅。或云楚復封之，則不可考其何地矣。

又《庸·都》 上庸。今為湖廣鄖陽府竹山縣。文十六年，楚大饑，戎伐其西南，庸人率群蠻以叛楚，麇人率百濮聚于選。楚使廬戢梨侵庸，及庸方城。又與之遇，七遇皆北，惟裨、鯈、魚人逐之，庸人遂不設備。楚人、秦人、巴人滅庸，楚自此益彊。今縣東四十里有上庸故城。

又《麇·都》 錫穴。今為湖廣鄖陽府治鄖縣。文十一年，潘崇伐麇，至錫穴。杜注：麇地。蓋即麇之國都，錫音陽。至十六年，楚伐庸，麇人率百濮聚于選，則麇猶存。蓋庸在上庸，為今竹山縣，麇有錫穴及防渚，為今之鄖縣、房縣，俱屬鄖陽府，為接壤。庸滅而麇亦不復存矣。今與陝西、四川俱接界。

又《吳·都》 梅里。今為江南常州府無錫縣。《吳地記》：泰伯築城於梅李平墟，周三里二百步，外郭周三十餘里。其地漢為無錫縣地。劉昭曰：無錫縣東皇山有太伯冢，去墓十里即舊宅，井猶存。杜氏《通典》：無錫縣東南三十里有泰伯城，地曰梅李鄉，亦曰梅里村。城東五里有皇山，一名鴻山，自泰伯至闔閭，二十三君俱都此。

遷於姑蘇。今為江南蘇州府治。《城邑考》：周敬王六年，闔閭築大城，周四十二里三十步，小城八里二百六十步。開陸門八，水門八，名皆子胥所制。東曰婁曰匠，西曰閶曰胥，南曰盤曰蛇，北曰平曰齊。以地有姑蘇山，因曰姑蘇。山在府城西三十里。案敬王六年，為吳闔閭元年，魯昭公之二十八年也。韋昭《國語》注曰姑蘇，臺名，非也。姑蘇為吳國都之地名。越伐

吳，吳王率其賢士重祿以上姑蘇，猶夫越棲會稽耳。安有棄其國都而走保一臺乎？觀後范蠡入姑蘇之宮遂滅吳，則姑蘇為吳都無疑矣。

又《越・都》 會稽。今為浙江紹興府山陰縣。《史記》帝少康之庶子封於會稽，以奉禹祀。至周初，受封為不成子。韋昭曰：《周禮》諸子之國封疆方二百里，越不能成子，言其國小也。昭五年，會楚伐吳，事始見于經。是時越地，南至于勾無，北至于禦兒，東至于鄞，西至于姑蔑，蓋跨有錢塘之東西。至勾踐歸吳，吳又增其封：東至于勾甬，西至于檇李，南至于姑末，北至于平原，縱橫八百餘里。禦兒在今嘉興府石門縣東二十里。會稽越王城在紹興府南十二里。

建都制度 **《尚書・説命中》** 惟説命總百官，乃進于王曰：『嗚呼！明王奉若天道，建邦設都。』漢孔安國《傳》：天有日月、北斗、五星、二十八宿，皆有尊卑相正之法。言明王奉順此道，以立國設都。唐孔穎達《正義》：《晉語》云：大者天地，其次君臣。《易・繫辭》云：天垂象，見吉凶，聖人象之。皆言人君法天以設官，順天以致治也。天有日月，照臨晝夜，猶王官之伯率領諸侯也。北斗環繞北極，猶卿士之周衛天子也。五星行於列宿，猶州牧之省察諸侯也。二十八宿布於四方，猶諸侯為天子守土也。天象皆有尊卑相正之法，言明王奉順天道，以立國設都也。立國謂立王國及邦國，設都謂設帝都及諸侯國都，總言建國立家之事。

《詩經・商頌・殷武》 天命多辟，設都于禹之績。漢鄭玄《箋》：天命乃令天下衆君諸侯，立都於禹所治之功。【略】禹平水土，弼成五服，而諸侯之國定，是以云然。宋朱熹《集傳》：言天命諸侯各建都邑於禹所治之地。

《周禮・天官序》 惟王建國，辨方正位，體國經野，漢鄭玄注：體猶分也。經謂為之里數。設官分職，以為民極。

又《考工記・匠人》 匠人建國，水地以縣，置槷以縣，眡以景為規，識日出之景與日入之景。晝參諸日中之景，夜考之極星，以正朝夕。【略】

匠人營國，方九里，旁三門。注：營謂丈尺其大小。天子十二門，通十二子。國中九經九緯，經涂九軌。注：國中，城內也。經緯謂涂也。經緯之涂，皆容方九軌。軌謂轍廣。乘車六尺六寸，旁加七寸，凡八尺，是謂轍廣。九軌積七十二尺，則此涂十二步也。旁加七寸者，輻內二寸半，輻廣三寸半，綆三分寸之二，金轄之間三分寸之一。左祖右社，面朝後市，注：王宮所居也。祖，宗廟。面猶鄉也。王宮當中經之涂也。市朝一夫。注：方各百步。【略】

王宮門阿之制五雉，宮隅之制七雉，城隅之制九雉。注：阿，棟也。宮隅、城隅，謂角浮思也。雉長三丈，高一丈。度高以高，度廣以廣。唐賈公彦疏：云王宮門阿之制五雉者，五雉謂高五丈。云宮隅之制七雉者，七雉亦謂高七丈，不言宮牆，宮牆亦高五丈也。云城隅之制九雉者，九雉亦謂高九丈，不言城身，城身宜七丈也。【略】鄭以浮思釋隅者，按漢時云東闕浮思災，言災則浮思者，小樓也。經涂九軌，環涂七軌，野涂五軌。注：廣狹之差也。【略】環涂，謂環城之道。門阿之制，以為都城之制。注：都，四百里外，距五百里，王子弟所封。其城隅高五丈，宮隅、門阿皆三丈。宮隅之制，以為諸侯之城制。注：諸侯，畿以外也。其城隅制高七丈，宮隅、門阿皆五丈。環涂以為諸侯經涂，野涂以為都經涂。注：經亦謂城中道。諸侯環涂五軌，其野涂及都環涂、野涂皆三軌。

又《天官・内宰》 凡建國，佐后立市。注：市、朝者，君所以建國也。建國者必面朝後市，王立朝而后立市，陰陽相成之義。設其次，置其叙，正其肆，陳其貨賄，出其度量淳制，祭之以陰禮。

又《夏官・量人》 掌建國之灋，以分國為九州。營國城郭，營后宮，量市朝、道巷、門渠。造都邑亦如之。注：建，立也。立國有舊灋式，若《匠人職》云『分國』，定天下之國分也。后，君也。言君，容王與諸侯。疏：云掌建國之灋者，以其建國，當先知遠近廣長之數故也。云以分國為九州者，分國謂分諸侯之國為九州，假令土廣萬里，中國七千，七七四十九方千里者，四十九其一為畿內，其餘四十八，八州各得方千里者六，是為九州也。至於中平，通夷狄七千，中國五千；衰世，通夷狄五千，中國三千。計皆可知。故分國為九州，州各有疆界。故《詩》云『帝命式於九圍』，是州各有圍限也。云營國城郭者，即《匠人》云『營國，方九里』之類也。云營后宮者，謂若《典命》注：公之宮方九百步，天子千二百步之類也。云量市朝道巷者，謂若《匠人》云『市朝一夫』，『經塗九軌』；巷及門渠亦有尺數，謂若『門容二轍、三个』之等。云造都邑亦如之者，謂造三等采地，亦有城郭、宮室、市朝之等，故云如之。但與之制度大小，未必身往耳。

又《春官・典命》 上公九命為伯，其國家、宮室、車旗、衣服、禮儀皆以九為節。侯伯七命，其國家、宮室、車旗、衣服、禮儀皆以七為節。子男五命，其國家、宮室、車旗、衣服、禮儀皆以五為節。注：國家，國之所居，謂城方也。公之城，蓋方九里，宮方九百步。侯伯之城，蓋方七里，宮方七百步。子男之城，蓋方五里，宮方五百步。

《禮記・祭法》 天下有王，分地建國，置都立邑。漢鄭玄注：建國，封諸侯也。置都立邑，為卿大夫之采地及賜士有功者之地。

又《坊記》 《詩》云：『民之貪亂，寧為荼毒。』故制國不過千乘，都城不過百雉，家富不過百乘，以此坊民，諸侯猶有畔者。注：雉，度名也。高一丈，長三丈為雉。百雉為長三百丈，方五百步。子男之城方五里百雉者，此謂大都三國之一。

又《月令》 仲秋之月，【略】可以築城郭，建都邑。

《左傳·隱公元年》 祭仲曰：『都城過百雉，國之害也。晉杜預注：方丈曰堵，三堵曰雉。一雉之牆，長三丈，高一丈。侯伯之城，方五里，徑三百雉，故其大都不得過百雉。先王之制，大都不過參國之一，注：三分國城之一。中五之一，小九之一。今京不度，非制也。』

又《莊公二十八年》 凡邑有宗廟先君之主曰都，無曰邑。注：《周禮》：四縣為都，四井為邑。然宗廟所在，則雖邑曰都，尊之也。

《公羊傳·桓公九年》 春，紀季姜歸于京師。《傳》：【略】京師者何？天子之居也。京者何？大也。師者何？衆也。天子之居，必以衆大之辭言之。漢何休《解詁》：地方千里，周城千雉，宮室、官府制度廣大，四方各以其職來貢，莫不備具。所以必自有地者，治自近始，故據土與諸侯分職而聽其政焉，即《春秋》所謂內治其國也。

又《定公十二年》 季孫斯、仲孫何忌帥師墮費。《傳》：【略】邑無百雉之城。【略】雉者何？五板而堵，《解詁》：八尺曰板，堵凡四十尺。五堵而雉，《解詁》：二百尺。百雉而城。《解詁》：二萬尺，凡周十一里三十三步二尺，公侯之制也。禮，天子千雉，蓋受百雉之城十。伯七十雉，子男五十雉。天子周城，諸侯軒城。軒城者，缺南面以受過也。唐徐彥疏：公侯方百雉，《春秋說》文也。古者六尺為步，三百步為里，計一里有千八百尺，十里即有萬八千尺。更以一里三十三步二尺為二千尺，通前為二萬尺也。故云二萬尺，凡周十一里三十三步二尺也。云禮，天子千雉者，《春秋說》文也。云蓋受百雉之城十者，謂公侯於天子十取一之義，似若《孟子》與《司馬法》云：天子囿方百里，公侯十里。是十取一之文也。云伯七十雉，子男五十雉者，《春秋說》文。天子周城，諸侯軒城者，《春秋說》文。云缺其南面以受過也者，正以諸侯軒縣闕南方，則知軒城亦宜然。案舊古城，無如此者。蓋但孔子設法如是，後代之人不能盡用故也。或者但不設射垣以備守，故曰缺其南面以受過，不妨仍有城。

《穀梁傳·文公九年》 二月，叔孫得臣如京師。《傳》：京，大也。師，衆也。言周，必以衆與大言之也。

《墨子》卷八《明鬼下》 且惟昔者，虞夏商周三代之聖王，其始建國營都日，必擇國之正壇，置以為宗廟；必擇木之修茂者，立以為菆位；必擇國之父兄慈孝貞良者，以為祝宗；必擇六畜之勝，腯肥倅毛，以為犧牲，珪璧琮璜，稱財為度。必擇五穀之芳黃，以為酒醴粢盛，故酒醴粢盛，與歲上下也。故古聖王治天下也，故必先鬼神而後人者，此也。

《管子》卷一《乘馬·立國》 凡立國都，非於大山之下，必於廣川之上。高毋近旱而水用足，下毋近水而溝防省，因天材，就地利，故城郭不必中規矩，道路不必中準繩。

又 卷一八《度地》 昔者桓公問管仲曰：『寡人請問度地形而為國者，其何如而可？』管仲對曰：『夷吾之所聞：能為霸王者，蓋天子聖人也。故聖人之處國者，必於不傾之地，唐房玄齡注：言其處深厚、岡原複壯者，謂之不傾。而擇地形之肥饒者，鄉山左右，經水若澤。注：其國都或在山左，或向山右，及緣水澤然後建。內為落渠之寫，因大川而注焉。注：謂於都內更為落水之渠，以注於大川。乃以其天材，地之所生，利養其人，以育六畜。注：天材謂五穀之屬，因天時而植者也。天下之人皆歸其德而惠其義，乃別制斷之。』注：惠，順，乃分別其地制而斷之。【略】天子中而處，此謂因天之固，自然不傾，故曰因之。歸地之利。內為之城，城外為之郭，郭外為之土閬，所處之地，注：閬謂隍。地高則溝之，下則隄之，命之曰金城。樹以荊棘上相穡著者，所以為固也。注：穡，鈎也，謂荊棘刺條相鈎連也。歲修增而毋已，時修增而毋已，福及孫子，此謂人命萬世無窮之利，人君之葆守也。注：謹置國都，繕修城郭，此人君所保全而守。臣服之以盡忠於君，君體有之以臨天下，故能為天下之民先也，此宰之任，則臣之義也。注：宰謂執君之政者也。

《銀雀山漢墓竹簡(壹)·守法守令等十三篇·守法》 戰國應敵……□固守。戰國者，外脩(修)城郭，內脩(修)甲戟矢弩。萬乘之國，郭方七里，城方九768【里，城高】九仁(仞)，池□百步。國城郭……【郭】方十五里，城方五里，城高七仁(仞)，池廣八十步。769

《荀子》卷一九《大略篇》 大略：君人者隆禮尊賢而王，重法愛民而霸，好利多詐而危。欲近四旁，莫如中央，故王者必居天下之中，禮也。唐楊倞注：此明都邑居土中之意，不近偏旁居中央，取其朝貢道里均。禮也，言其禮制如此。

《呂氏春秋》卷一七《慎勢》 湯其無郼，武其無岐，賢雖十全，不能成功。漢高誘注：郼、岐，湯、武之本國。假令無之，賢雖十倍，不能以成功業。湯、武之賢而猶藉知乎勢，又況不及湯、武者乎？故以大畜小，吉；以小畜大，滅。注：滅，亡也。以重使輕，從；注：從，順。以輕使重，凶。注：凶，逆也。

漢・伏勝《尚書大傳》卷三《無逸傳》 古者百里之國，三十里之遂，二十里之郊，九里之城，三里之宮。七十里之國，二十里之遂，九里之郊，五里之城，一里之宮。五十里之國，九里之遂，三里之郊，一里之城，以城為宮。

清・余蕭客《古經解鈎沈》卷五《召誥》 （漢劉向）《五經要義》：王者受命創始，建國立都，必居中土，所以總天地之和，据陰陽之正，均統四方，以制萬國者也。

漢・鄭玄《駁五經異義・百雉》 《異義》、《戴禮》及《韓詩》說：八尺為板，五板為堵，五堵為雉。板廣二尺，積高五板為一丈。五堵為雉，雉長四丈。《古周禮》及《古春秋左氏》說：一丈為板，板廣二尺。五板為堵，一堵之堵長丈高丈。三堵為雉，一雉之墻長三丈，高一丈。以度其長者，用其高也。百雉為長三百丈，方五百步。諸說不同。

鄭辨之云：《左氏傳》說鄭莊公弟段居京城，祭仲曰：『都城過百雉，國之害也。先王之制，大都不過三國之一，中五之一，小九之一。今京不度，非制也。』古之雉制，書傳各不得其詳。今以左氏說，鄭伯之城方五里，積千五百步也。大都三國之一，則五百步也。五百步為百雉，則知雉五步，五步於度長三丈，則雉長三丈也。雉之度量，於是定可知矣。

又《附録》 天子城九里，公城七里，侯伯之城五里，子男之城三里。

北魏・酈道元《水經注》卷八《濟水》 圈稱曰：『昔天子建國名都，或以令名，或以山林，故豫章以樹氏郡，酸棗以棘名邦。』

宋・聶崇義《三禮圖集注》卷四《王城》 匠人營國，方九里，旁三門。國中九經九緯，經塗九軌。左祖右社，面朝後市。賈釋注云：營謂丈尺其大小。天子十二門，通十二子，謂以甲乙丙丁等十日為母，子丑寅卯等十二辰為子。國中，地中也。城內經緯之塗，皆容方九軌，軌謂轍廣也。乘車六尺六寸，傍加七寸，凡八尺，九軌七十二尺，則此塗十二步矣。王城面有三門，門有三塗，男子由右，女子由左，車從中央。南北之道為經，東西之道為緯，王宮當中經。

宋・陳祥道《禮書》卷二四《王及諸侯城郭之制》 量人掌建國之法，以分國為九州，營國城郭。掌固掌脩城郭、溝池、樹渠之固。匠人營國，方九里，旁三門。營謂丈尺其大小。天子十二門，通十二子。國中九經九緯，經涂九軌。王宮門阿之制五雉，宮隅之制七雉，城隅之制九雉。阿，棟也。宮隅、城隅，謂角浮思也。雉長三丈，高一丈，度高以高，度廣以廣。經涂九軌，環涂七軌，野涂五軌。門阿之制以為都城之制，宮隅之制以為諸侯之城制，環涂以為諸侯經涂，野涂以為都經涂。《詩・文王有聲》曰：築城伊淢，作豐伊匹。淢，淢溝也。匹，配也。《箋》云：方十里曰成，淢其溝也，廣深各八尺。文王受命而猶不自足，築豐邑之城，大小適與成偶，大於諸侯，小於天子之制。《左傳》祭仲曰：都城過百雉，國之害也。方丈曰堵，三堵曰雉。一雉之牆長三丈，高一丈。侯伯之城方五里，徑三百雉，故其大都不得過百雉。先王之制，大都不過三國之一，中五之一，小九之一。今京不度，非制也。《春秋》隱七年、宣九年、定六年，皆書『城中城』。《孟子》曰三里之城，七里之郭。《尚書大傳》：古者百里之國，三十里之遂，二十里之郊，九里之城，三里之宮。七十里之國，二十里之遂，九里之郊，三里之城，一里之宮。五十里之國，九里之遂，三里之郊，一里之城，以城為宮。玄或疑焉。《周禮》匠人營國，方九里，謂天子城也。今大國九里，則與天子同。《春秋傳》曰：中五之一，小九之一。以推此說，小國大都之城三十三步三分之一，非也。然則大國七里之城，小國三里之城，焉為近可也。或者天子實十二里城，諸侯大國九里，次城七里，小國五里。

又 卷二四《王城》 蓋國家之禮，宮室、車旗、衣服之制，必眡其命，而城則不然。觀公侯受城地百里，而不以九、以七為節，則城豈以命數制哉？《考工記》匠人營國，方九里。王城九里，則公七里，侯伯五里，子男三里矣。祭仲曰：都城不過百雉。雉袤三丈，百雉五百步。大都不過三國之一，鄭伯爵也，城千五百步，則五里而已。然則《孟子》所謂三里之城，七里之郭，子男國也。鄭康成嘗謂周城九里，公七里，《異議駁》云。又謂王城十二里，公城九里，宮方九百步，是自戾也。《詩》曰築城伊淢，蓋言為之城以捍患，為之洫以利水而已。鄭氏以城方十里言之，是不知《考工記》所謂成間有洫者，非謂成包以洫也。井田之制，城中之宅，率家二畝半，而納稼之後，上入執宮功，則至冬皆入保城矣。六鄉之民七萬五千家，又士工商在焉，則九里之城，固不能容。然則《考工記》所言，乃王之中城也。《春秋》書城中城，說者以為內城，內城之外，又有郭矣。《孟子》曰三里之城，七里之郭，而郭數加多於城，則王城之郭，其廣不特又九里也。《說文》曰：郛，郭也。蓋郭有重口之義，而郛猶乎甲之於物歟？《書傳》曰：古者百里之國，三十里之遂，二十里之郊，九里之城，三里之宮。七十里之國，二十里之遂，九里之郊，三里之城，一里之宮。五十里之國，九里之遂，三里之郊，一里之城。鄭氏釋《聘禮》謂周制：天子畿内千里，遠郊百里。以此差之，遠郊上公五十里，侯伯三十里，子男十里，近郊各半之。其説又與《書傳》不同，皆不可考。

明·劉績《三禮圖》卷一 《左傳》都城過百雉，國之害也。雉長三丈，高一丈。【略】孔氏曰：王城方九里，長五百四十雉。其大都方三里，長一百八十雉。中都方一里又二百四十步，長一百八雉也。小都方一里，長六十雉也。公城方七里，長四百二十雉。其大都方二里又一百步，長一百四十雉也。中都方一里又一百二十步，長八十四雉也。小都方二百三十三步二尺，長四十六雉又二丈也。侯伯城方五里，長三百雉。其大都方一里又二百步，長百雉也。中都比王之小都，小都方一里六十六步四尺，長三十三雉又一丈也。子男城比王之大都，其大都比侯伯之中都，其中都方一百八十步，長三十六雉也。小都方百步，長二十雉。按公九章，同王之冕，則公城九里，侯伯七里，子男五里。《孟子》言三里之城，七里之郭，自附庸極小言也。《左傳》雉自廣言，匠人五雉、九雉自高言。

明·孫承澤《春明夢餘録》卷六《宮闕後市》 古國都如井田法，畫為九區，面朝背市，左祖右社。中一區，君之宮室。宮室前一區為外朝，朝會藏庫之屬皆在焉。後一區為市，市四面有門，每日市門開，則商賈百物皆入，惟民得入，公卿大夫士皆不得入，入則有罰。市官之法，如《周禮》司市平物價，治争訟，譏察異服異言之類。此國君都邑規模之大概也。

清·愛新覺羅弘曆《欽定禮記義疏》卷七八《朝市廛里圖》 案建國之法，前朝後市，左右三廛。朝有三：一曰外朝，二曰治朝，三曰内朝。《周禮》宰夫掌治朝之法，以正王及三公六卿。大夫群吏之位，司士掌之，辨其貴賤之等。小司寇掌外朝之政，以致萬民而詢國危、國遷與立君焉。大僕，王眡燕朝則正位，掌擯相，王不眡朝，則辭於三公及孤卿。天子外朝在庫門之外，治朝在路門之外，燕朝在路門之内。諸侯亦有路寢，有外朝，則《文王世子》所謂内朝，《玉藻》所謂路寢也。市以應天市之象。内宰佐后立市，設其次，置其叙，正其肆，陳其貨賄，出其度量淳制。大市日昃而市，百族為主。朝市朝時而市，商賈為主。夕市夕時而市，販夫販婦為主。其中有肆，有思次，有介次。物有不中度者，市不得鬻，法至嚴也。廛有市廛，有民廛。市廛者，即貨物所聚之地。四面有門，每日市門開，則商賈皆集，退則閉之，非民廛也。民廛則在王宮之左右，各有三所。《周官》載師所謂以廛里任國中之地是也。何休、范甯、趙岐皆云在邑廬舍二畝半，合在野之二畝半為五畝也。《詩》云上入執宮功者，此也。蓋古人立國都，亦用井田之法，畫為九區。中間一區為王宮。前一區為朝，而左宗廟右社稷在焉。後一區為市，而商賈百物聚焉。左右各三區，皆民所居，為民廛。君立朝而后立市，固以寓先義後利之權。君主中而市廛皆居外，又以見居重馭輕之勢也。

遷都事宜

《周易·益》 六四：中行告公，從，利用為依遷國。唐孔穎達《正義》：遷國，國之大事，明以中行，雖有大事而无不利，如周之東遷，晉鄭焉依之義也。

《周禮·秋官·小司寇》 掌外朝之政，以致萬民而詢焉。一曰詢國危，二曰詢國遷，三曰詢立君。注：國遷謂徙都改邑也。疏：云國遷謂徙都改邑也者，謂王國遷徙，若殷之盤庚遷殷之類。若遷卿大夫都邑，不在詢限。

又《春官·大卜》 國大遷，大師則貞龜。注：正龜於卜位也。

又《春官·天府》 若遷寶，則奉之。注：奉猶送也。疏：此遷寶謂王者遷都，若平王東遷，則寶亦遷，天府奉送之，於彼新廟之天府藏之如故也。

又《春官·大史》 大遷國抱瀍以前。注：瀍，司空營國之瀍也。抱之以前，當先王至，知諸位處。

《左傳·文公十三年》 邾文公卜遷于繹。史曰：『利於民而不利於君。』邾子曰：『苟利於民，孤之利也。天生民而樹之君，以利之也。民既利矣，孤必與焉。』左右曰：『命可長也，君何弗為？』邾子曰：『命在養民。死之短長，時也。民苟利矣，遷也，吉莫如之。』遂遷于繹。五月，邾文公卒。君子曰：知命。

漢·毛亨《詩經·大雅·烝民》傳 古者諸侯之居逼隘，則王者遷其邑而定其居。

晉·袁宏《後漢紀》卷二六《孝獻皇帝紀》 司徒楊彪曰：『遷都改制，天下大事，皆當因民之心，隨時之宜。昔盤庚五遷，殷民胥怨，故作三篇以曉諭之。』

宋·王質《雪山集》卷二《論廟謀疏》 古之遷都有三：或以兵火殘敝而遷，或以鄰敵窺伺而遷，或以形勢迫隘而遷。

宋・程頤《伊川易傳》卷三《益》　為依，依附於上也；　遷國，順下而動也。上依剛中之君而致其益，下順剛陽之才以行其事，利用如是也。自古國邑，民不安其居則遷。遷國者，順下而動也。

宋・耿南仲《周易新講義》卷五《益》　古之遷國，必依大國以為之援。『六四』上比乎剛中之君，則可依之以遷國，故曰利用為依遷國。凡益之道，與時偕行而不得已也，故雖遷國重事，亦或為之，況其小小者也。

宋・李光《讀易詳説》卷七《益》　《象》言告公從，以益志者。九五之君實為益主，志在益下，大臣知遷國之事，必有以利社稷，安百姓，故告公必從，以成其益下之志也。

宋・李衡《周易義海撮要》卷四《益》　『六四』得位，是行得中正也。告於公家，安得不從？上應至尊之君，下應『初九』之民。民事之大，莫大遷移其國邑。若盤庚民怨，是小人重遷。今居《巽》始，是能順民之志，故利為民所依附也。以益志亦其志務益下也。石。

宋・朱熹《周易本義》卷二《益》　『三』、『四』皆不得中，故皆以中行為戒。此言以益下為心而合於中行，則告公而見從矣。《傳》曰：『周之東遷，晉鄭焉依。』蓋古者遷國以益下，必有所依，然後能立。此爻又為遷國之吉占也。

宋・王與之《周禮訂義》卷四四《大史》　鄭鍔曰：國或大遷，如盤庚遷亳，成王宅洛之類。抱遷國之法以前，蓋相其陰陽而定宗廟社稷之位，不可無故常之法。

元・趙采《周易程朱傳義折衷》卷二二《益》　愚曰：若夫遷國，大事也，非人臣所宜擅行者，故先告諸公，公從而後遷之，則利於用民力矣。夫用民力，莫大於遷國，遷國亦民所為依賴者，其用之，固所以利之也。

元・趙汸《周易文詮》卷二《益》　益下之事不一，必參酌合宜，乃為中也。『四』不得中，非中行矣。誠能以益下為心，勉于中行，則動中機宜，所行皆合于君，以此入告，言无不從。既能如是，即以遷國勞民傷財，亦依衆心之所欲，如太王遷岐，不以養人害人。盤庚遷殷，曰視民利用遷。人心樂從，无有不利，況君寧有不從中行者乎？

明・蔡清《易經蒙引》卷六上《益》　遷國爻辭，純是占言。能以益下為心而合於中行，則以告於公，無不見從矣。雖為依以遷國，亦利也，何也？蓋國者，宗廟社稷之所在，百官萬姓之所居，宜乎不可遷矣，而至於遷者，要在於益下耳。如太王遷岐，曰君子不以其所養者害人。盤庚遷亳，曰視民利用遷。可見天下事，如果有益，雖國亦可遷。今『六四』以益下為心，則可為依以遷國矣。古者遷國以益下，必有所依，然後能立。『六四』，大臣之位，蓋主張欲遷者。此句乍讀，似於爻義無所關，細味之，乃知其有深意在。遷國若有益，則實益下之至大者。如盤庚之遷亳，則有以免萬民蕩析之患，而躋之康寧之域。太王之遷岐，則有以全其民於狄人鋒鏑之下，而再造其有生之樂。【略】以此觀之，則遷國益下之説，益信矣。

明・林希元《易經存疑》卷六《益》　古者遷國，必有所依，如周秦漢依山河之險，遷都關中是也。亦有依大國者，如晉鄭之依周、邢之依晉是也。

明・吳桂森《周易像象述》卷六《益》　凡善之所在，即稱公，即可依，不必真有可依之國也。盤庚遷殷，文王遷豐，武王遷鎬，无非為益下計也。總之從善而已。

明・柯尚遷《周禮全經釋原》卷八《春官下・大史》　大遷都，營建都城，太史掌營國之灋，即五禮軍禮之中大封大役之事也。抱灋以前，先至其所營度也。

明・王應電《周禮傳》卷三下《春官下・大史》　若商之五遷，周遷東都也，大史守國典灋，抱之先往，恐有散亡，且以為立國之基也。

明・丘濬《大學衍義補》卷八五《治國平天下之要・備規制・都邑之建上》　竊嘗論之：遷都之舉，惟可於方盛之時；至於衰微而遷者，未有能復興者也。觀諸東周、東晉、南宋，可見矣。惟光武遷洛，則是中興，非衰微也。

明・季本《詩説解頤正釋》卷三〇《商頌》　夫遷國，大事也，非可輕舉者。或以親諸侯，或以控夷狄，或以避水患，蓋欲利民，不得已耳。

清・顧炎武《日知録》卷一《利用為依遷國》　在無事之國而遷，晉從韓獻子之言而遷於新田是也。在有事之國而遷，楚從子西之言而遷於鄀是也。皆中行告公之益也。

清・方苞《春秋通論》卷三《遷國》　遷國見經者七，皆瀕于滅亡者也。邢、衛之遷，迫于狄也。許之遷，迫于楚、鄭也。蔡之遷，迫于吳、楚也。其宗廟社稷，幾不守矣，幸而能定，故以告，而舊史書之。若擇地而居，則有國者之恒事也，《傳》所載晉遷于新田、楚遷于都、邾遷于繹是也。或其國不告，或告而舊史不書，或書而孔子削之，皆未可知也。

清・愛新覺羅弘曆《周易述義》卷三《益》　國之事，莫大於遷。然苟得所依，可以利民，則亦未嘗無益焉。盤庚遷而商定，太王遷而周興，邢遷夷儀而再存，衛遷楚丘而復大，其明徵也。

論説

漢・毛亨《詩經・小雅・沔水》傳　京師者，諸侯之父母也。

漢・班固《白虎通義》卷上《京師》　王者京師必擇土中者何？所以均教道，平往來，使善易以聞，為惡易以聞，明當懼慎，損於善惡。《尚書》曰：『王來紹上帝，自服於土中。』聖人承天而制作。《尚書》曰：『公不敢不敬天之休，來相宅。』

京師者，何謂也？千里之邑號也。京，大也。師，衆也。天子所居，故以大、衆言之，明什倍諸侯，法日月之經千里。《春秋傳》曰：『京師，天子之居也。』《王制》曰：『天子之田，方千里。』

或曰：夏曰夏邑，殷曰商邑，周曰京師。《尚書》曰：『率割夏邑』，謂桀也。『在商邑』，謂殷也。

漢・蔡邕《獨斷》卷上　天子所都曰京師。京，水也。地下之衆者，莫過於水；地上之衆者，莫過於人。京，大；師，衆也，故曰京師也。

漢・鄭玄《詩經・大雅・民勞》注　京師者，諸夏之根本。

漢・劉熙《釋名》卷二《釋州國》　國城曰都者，國君所居，人所都會也。

晉・皇甫謐《帝王世紀・自開闢至三皇》　天子畿方千里曰甸服，甸服之内曰京師。天子所宮曰都。

宋・王欽若等《册府元龜》卷一三《帝王部・都邑》　《周禮》曰：『惟王建國，辨方正位，體國經野，以為民極。』《春秋傳》曰：『有宗廟先君之主曰都。』巢穴已往，棟宇未備，順民遷徙，不常厥居，伏羲而下，可得而紀。或基乎始興，就為之制；或測景地中，用安九鼎；或相其形勝，以從便利。故王畿千里，法日月之經；天府四塞，保河山之固。提封萬井，旁流百川，内則闕庭神麗，宮室暈飛，倣太紫之圜方，順陰陽而開闔，于以嚮明布政，懸法示人，訪道棲神，登降有序，繇是景靈翔集，佳氣鬱葱。善哉！鄭侯之言：天子以四海為家，非令壯麗，無以重威者也。乃至通門十二，經涂九軌，順流為沼，造舟為梁，厥初經營，咸存軌制。《詩》不云乎！『京邑翼翼，四方是則。』于以見化民成俗，里仁處義，維桑維梓，雞犬相聞，熙熙之衆，咸躋壽域者矣。且夫端拱清穆，王者之大德；樂生懷土，庶物之常情。故商民屢遷，民用胥怨，自耿至亳，弗堪其勞。班固所以賦《兩都》者，蓋明安土重遷之深旨也。

宋・鄭獬《鄖溪集》卷一七《險説》　古之為天下者，皆推擇其雄山大川之形勝者，而為之國。故唐虞都蒲，或都平陽，夏都安邑，或在太原，商遷於汲，又遷相，文、武在豐、鎬，秦漢固關中，據上游以制天下。

宋・華鎮《雲溪居士集》卷二七《問宅都》　問：蓋聞堯有冀方，舜都蒲阪，禹宅安邑，成湯居亳，咸因起兵之地，體國經野，以統諸夏。至於周公相成王，成文武之業，然後占星測景，考天地之中，作洛邑，以會諸侯，俾朝覲貢賦，四方遠近，道里均一。當風雨之所會，得陰陽之所和，極制作之美，以盡帝王之能事。考之前世，未之有聞；施之方來，無以或加。何則集累聖而大成，監二代以損益，人文帝制於是乎備故也？

宋・鄭樵《通志》卷四一《都邑略序》　建邦設都，皆憑險阻。山川者，天之險阻也；城池者，人之險阻也。城池必依山川以為固。大河自天地之西，而極天地之東。大江自中國之西，而極中國之東。天地所以設險之大者，莫如大河，其次莫如大江。故中原依大河以為固，吳越依大江以為固。中原無事，則居河之南；中原多事，則居江之南。自開闢以來，皆河南建都。雖黄帝之都，堯舜禹之都，於今皆為河北，在昔皆為河南。大河故道，自碣石入海。碣石，今平州也。所以幽薊之邦，冀都之壤，皆為河南地。周定王五年以後，河道堙塞，漸移南流，至漢元光三年，徙從頓邱入渤海，今濱滄間也。自成周以來，河南之都惟長安與洛陽，或逾河而居鄴者，非長久計也。自漢晉以來，江南之都惟有建業，或據上流而居江陵、武昌者，亦非長久計也。是故定都之君，惟此三都是定；議都之臣，亦惟此三都是議。

宋・呂祖謙《歷代制度詳説》卷四《漕運詳説》　古者天子中千里而為

都，公侯中百里而為都。天子之都漕運，東西南北所貢入者不過五百里；諸侯之都漕運，所貢不過五十里。

宋·薛季宣《浪語集》卷三一《未央宫記》 自古帝王興建都邑，未嘗不為子孫久長經遠之度，是故詒遠莫若儉。禹都安邑，湯作亳，從先王居，周文、武作都豐、鎬，周公營洛邑，其始未嘗不卑宫室，謹法度。降及後世，瑶臺瓊室興焉，且富不期驕，人情好泰侈大，生于安逸，此理勢然也。

宋·李樗 黄櫄《毛詩集解》卷七《定之方中》 古今之營宫室，建都邑，必恃其山川土地之宜，非直以為觀美，蓋將以便民。

宋·時瀾《增修東萊書説》卷二二《召誥》 先王仁恩浹洽，經之營之，庶民攻之，不日成之，樂事赴功，故其功速。亦見古之建都邑，不窮奢侈，上棟下雨，以待風雨，非若後人規摹廣大，經年而不成也。

宋·羅大經《鶴林玉露》卷六 古人建都邑，立室家，未有不擇地者。如《書》所謂達觀于新邑，營卜瀍、澗之東西；《詩》所謂升虚望楚，降觀于桑，度其隰原，觀其流泉。蓋自三代時已然矣。

宋·金履祥《資治通鑑綱目前編》卷首《三皇紀·太昊伏羲氏》「作都于陳」音釋 都猶總也，天子居於天下總會之所，故曰都也。

明·朱元璋《明太祖文集》卷一四《閲江樓記》 朕聞三皇五帝，下及唐宋，皆華夏之君，建都中土。【略】且如帝堯之居平陽，人傑地靈。堯大哉聖人，考終之後，舜都蒲坂，禹遷安邑。自禹之後，凡新興之君，各因事而制宜，察形勢以居之，故有伊洛陝右之京，雖所在之不同，亦不出乎中原。乃時君生長之鄉，事成於彼，就而都焉。故所以美稱中原者，為此也。

明·丘濬《大學衍義補》卷八五《治國平天下之要·備規制·都邑之建上》 臣按京都為四方之極，亦猶紫宫為周天之極也。有京師以為四方之極，有帝王以建惟皇之極，則其為所以「赫赫厥聲，濯濯厥靈」者，有以聳萬國之觀瞻，為萬民之儀表，傳之於千萬世而無窮矣。

又 卷八六《治國平天下之要·備規制·都邑之建下》 臣按天生民而立之君，而君之為君，必有所止，而示法則於上，而施政教於下，使天下四方咸面内環拱之，如衆星之於北極焉。君建皇極於上，所以為民極於下也。所以為民極者，其本在於一人之身，然一人之身，必有所居止之所。其所居止，必於地大人衆之處，四方道里適均之中而建其國都焉。國都之建，不徒建也，必辨其方，東西南北，前後左右，於此而取正也。必正其位，左祖右社，前朝後市，於此而定制也。國焉而體之，何者為内朝，何者為外朝之類。野焉而經之，九夫為井，四井為邑之類。所設之官，自六卿至於百執事；所分之職，自掌邦治至於掌邦土。凡若此者，雖若以奉君，實則為民而為之立極也。極者何？先儒謂極猶北極之義，標準之名，中立而四方之所取正焉者也。極立於此，是以近而鄉遂，遠而侯國，又遠而荒服之外來朝覲者，於焉而合瑞；封爵士者，於焉而受命；有才能者，於焉而獻藝；為政教者，於焉而質正；有訟獄者，於焉而取決。所以然者，極建於此也。

臣按秦分天下為三十六郡，有三川、河東，漢分三川為河南、河内，與河東號為三河。是三郡者，皆濱河之地，故帝堯都平陽，商都亳，成王營洛邑，皆以河為運道，達於河即達於京師也。後世都汴、洛者，皆由汴水入河。都長安者，雖不濱河，然亦由河入於渭。是古今建都，無有不資於河道者也。

清·顧炎武《日知録》卷二二《都》 《詩》毛氏《傳》：下邑曰都。後人以爲人君所居，非也。《帝王世紀》：天子所宫曰都。《釋名》：都者，國君所居。考之經，則《書》之云「大都小伯」，《詩》之云「在浚之都」、「作都于向」者，皆下邑也。《左傳》曰：「先王之制，大都不過參國之一；中，五之一；小，九之一。」隱公元年。又曰：「邑有宗廟先君之主曰都，無曰邑。」莊公二十八年。故晉二五言于獻公曰：「狄之廣莫，於晉爲都」，謂蒲也，屈也。士伯謂叔孫昭子曰：「將館子於都」，謂箕也。公孫朝謂季平子曰：「有都以衛國也」，謂成也。仲由爲季氏宰，將墮三都，謂郈也，費也，成也。萊章曰：「往歲克敵，今又勝都」，謂廩邱也。《孟子》「王之爲都者，臣知五人焉」，謂平陸也。《韓子》「衛嗣君以一都買一胥靡」，謂左氏也。《史記》趙良勸商君歸十五都，灌園於鄙；秦封鞅商十五邑。秦王請藺相如召有司，案圖指從此以往十五都予趙；齊王令章子將五都之兵，因北地之衆以伐燕；張儀説楚王請效萬家之都，以爲湯沐之邑；而陳恢見沛公，亦曰「宛，大郡之都也」。其名始於《周禮·小司徒》：「九夫爲井，四井爲邑，四邑爲丘，四丘爲甸，四甸爲縣，四縣爲都」。注：四縣爲都，方四十里。而王之子弟所封及公卿之采邑在焉，於是乎有都宗人、都司馬。其後乃爲大邑之稱耳。《縣士》注：距王城四百里以外至五百里曰都。故《詩》云「彼都人士』，《禮記・月令》『命農勉作，毋休于都』，而宰夫掌郡都縣鄙之治。注：群都，諸采邑也。《商子》言『百都之尊爵厚祿』，《史記》信陵君之諫魏王，謂『所亡於秦者大縣數十，名都數百』，則皆小邑之稱也。三代以上，若湯居亳，太王居邠，竝言『居』，不言『都』。至秦始皇始言『吾聞周文王都豐，武王都鎬，豐、鎬之間，帝王之都也。』而項羽分立諸侯王，遂各以其所居之地爲都。王莽下書言周有東都、西都之居，而以雒陽爲新室東都，常安爲新室西都。莽改長安曰常安。後世因之，遂以古者下邑之名爲今代京師之號，蓋習而不察矣。

《史記・商君傳》：『築冀闕、宮庭於咸陽，秦自雍徙都之。而集小都鄉邑，聚爲縣，置令丞，凡三十一縣。』上『都』，國都之都；下『都』，都鄙之都，史文兼古今語。

又 卷一《自邑告命》 人主所居，謂之邑。《詩》曰：商邑翼翼，四方之極。《書》曰：惟尹躬，先見於西邑夏。曰：惟臣附於大邑周。曰：作新大邑於東國洛。曰：肆予敢求爾於天邑商。武王之妃，謂之邑姜。《白虎通》曰『夏曰夏邑，商曰商邑，周曰京師』是也。《周官》始以四井為邑。《泰》之上六：政教陵夷之後，一人僅亦守府，而號令不出於國門。於是焉而用師。則不可。君子處此，當守正以俟時而已。桓王不知此也，故一用師而祝聃之矢遂中王肩；唐昭宗不知此也，故一用師而邠、岐之兵直犯闕下。然則保泰者，可不豫為之計哉？

雜録

《史記》卷一二一《儒林列傳》 馬謹與太常臧、博士平等議曰：『聞三代之道，鄉里有教，夏曰校，殷曰序，周曰庠。其勸善也，顯之朝廷；其懲惡也，加之刑罰。故教化之行也，建首善，自京師始，由内及外。』

宋・王溥《唐會要》卷二二《前代帝王》 （天寶）七載五月十五日詔：【略】『歷代帝王肇跡之處，未有祠宇者，所由郡置一廟享祭，仍取當時將相德業可稱者二人配享。夏禹王都安邑。今夏縣。以虞伯益、秩宗伯夷配。殷王湯都亳。今穀縣。以阿衡伊尹、左相仲虺配。周文王都酆。今咸陽縣，見有廟。以師鬻熊、齊太公望配之。周武王都鎬，請入文王廟同享。太師周公、太保召公配。秦始皇帝都咸陽。丞相李斯、將軍王翦配。』

宋・朱熹《資治通鑑綱目凡例・即位・建都》 凡始建都曰都，自他所來徙曰徙都，屢徙而後定曰定都。事之微者曰某遷于某，國之微者曰某徙居某。

宋・洪邁《容齋續筆》卷八《列國城門名》 春秋時列國門名，見於《左氏傳》者，鄭最多，曰渠門、純門、時門、將門、閨門、皇門、鄟門、墓門，又有師之梁、桔秩之門。周曰圉門，魯曰雩門、雉門、稷門、萊門、鹿門，又有子駒之門；《公羊傳》有爭門、吏門。宋曰耏門、桐門、盧門、曹門、澤門、揚門、桑林之門。邾曰魚門、范門。衛曰閲門、蓋獲之門。齊曰雍門，亦有揚門、鹿門、稷門。吳曰胥門。宋垤澤之門，見《孟子》。

明・楊慎《升菴集》卷七八《都鄙》 都何以訓美？都者，鄙之對也。《左傳》曰：『都鄙有章。』《淮南子》云：『始乎都者，常卒乎鄙。』蓋天子所居，輦轂之下，聲名文物之所聚，故其士女，雍容閒雅之態生。今諺云『京樣』，即古之所謂『都』，《相如傳》『車從甚都』是也。邊氓所居，蕞爾之邑，狐狸豺狼之所嘷，故其閭閻，吝嗇村陋之狀出，今諺云『野樣』，即古之所謂『鄙』，《老子》云『衆人皆有以，而我獨頑似鄙』是也。

清・馬驌《左傳事緯前集》卷六《覽左隨筆》 道六達謂之莊，齊城外有之。九達謂之逵，鄭城内有之，或名逵市，或名逵路，或名大逵。吳晉往來之道曰夷庚。魯東南有五父之衢，鄭有周氏之衢，衛有馬路之衢。

清・高士奇《春秋地名考略》卷首《自序》 至于地名之同異，往往毫釐千里。讀其書，如冠帶之國，不知其都邑何在。王地、洛邑，相近而殊名；故絳、新田，屢遷而非昔。楚丘之紛紛聚訟，郊郢之譌為郢中。歷代之沿革變遷，所繫非細，豈可以聖人之大經，漫曰不求甚解耶？

又 卷首《凡例》 一、王都及各國之都，必列于首，曰都于某地。遷國又列一條，曰遷于某地。其都但據《春秋》時現在，如周之王城、成周，晉之絳、新田是也。至如春秋以前始封建都之地，有見于經傳者，如周之邰、豳、岐、豐，晉之唐、曲沃，亦相次以揭於前，而殊其標目以別之。有不見于經傳者，如齊之營丘，鄭之咸林，杞之雍丘，則冠於小注中而已。其遷徙在春秋後，如楚之郢、陳、壽春，衛之野王，則附于小注之尾，而後以所屬之地按年綴附，庶乎振裘得領，披覽之餘，曉然于當日之形勢。

夏朝首都分部

綜述

《孟子·萬章上》 孟子曰：【略】『昔者舜薦禹於天，十有七年舜崩，三年之喪畢，禹避舜之子於陽城，天下之民從之，若堯崩之後不從堯之子而從舜也。』漢趙岐注：陽城，箕山之陰，皆嵩山下深谷之中以藏處也。

《古本竹書紀年·夏紀》 禹都陽城。大康居斟尋。帝相即位，處商丘。相居斟灌。帝杼居原，自遷于老丘。胤甲即位，居西河。桀又居之（斟尋）。

《今本竹書紀年》卷上《帝禹夏后氏》 元年壬子，帝即位，居冀。清徐文靖《統箋》：按《郡縣志》：安邑故城在陝州夏縣東北十五里，禹所都也。《世紀》曰：堯都平陽，舜都蒲坂，禹都安邑，相去不盈二百里，皆在冀州。故《竹書》總曰居冀。

又 卷上《帝啓》 元年癸亥，帝即位于夏邑，大饗諸侯于鈞臺，諸侯從帝，歸于冀都。《統箋》：按《郡國志》：潁川陽翟，禹所都。蓋禹始封于此為夏伯，啓即位居此，故曰夏邑。

又 卷上《帝太康》 元年癸未，帝即位，居斟鄩。《統箋》：按《前漢書》薛瓚注曰：斟尋在河南汲郡。《古文》：太康居斟鄩。

又 卷上《帝相》 元年戊戌，帝即位，居商。《統箋》：按杜預曰：宋、商、商丘，三名一地。《括地志》曰：古商丘，又羿所封之地。是羿居斟尋而立仲康，又就封于商而立相，故仲康及相，皆依之以為居也。九年，相居于斟灌。《統箋》：按薛瓚曰：相居斟灌，東郡灌是也。少康自綸，歸于夏邑。乙巳年。

又 卷上《帝少康》 十八年，遷于原。《統箋》：按《郡國志》，河内軹縣有原鄉。《左傳》杜注：沁水西北有原城。蓋少康自夏邑遷原也。

又 卷上《帝杼》 五年，自原遷于老丘。《統箋》：按定十五年，鄭罕達敗宋師于老丘。杜注：宋地。《一統志》：老丘在開封府陳留。縣北四十里有老丘城。《地名考略》曰：縣有老丘城，見《陳留風俗傳》。

又 卷上《帝廑》 元年己未，帝即位，居西河。《統箋》：按河在冀州之西，曰西河。

又 卷上《帝癸》 元年壬辰，帝即位，居斟鄩。十三年，遷于河南。《統箋》：按《周書·度邑篇》武王曰：吾將因有夏之居，南望過于三塗，北詹有河。是在大河之南也。

《漢書》卷二八上《地理志上·潁川郡》 陽翟。夏禹國。周末韓景侯自新鄭徙此。【略】莽曰潁川。唐顔師古注：應劭曰：夏禹都也。臣瓚曰：《世本》禹都陽城，《汲郡古文》亦云居之，不居陽翟也。師古曰：陽翟，本禹所受封耳。應、瓚之説皆非。

晉·皇甫謐《帝王世紀·夏》 夏鯀封崇伯，故《春秋傳》曰，謂之『有崇伯鯀』。國在秦、晉之間，《左氏傳》曰『趙穿侵崇』是也。禹受封為夏伯，在《禹貢》豫州外方之南，角氏之分，壽星之次，於秦漢屬潁川，本衛地，今河南陽翟是也。受禪都平陽，或在安邑，或在晉陽。於漢平陽、安邑皆屬河東，晉陽屬太原，在冀州太行、恒山之西。太原，太嶽之野，參代之分，實沈之次，於周為晉，今司隸并州之域也。

相徙商丘，於周為衛。成公夢康叔曰『相奪予享』是也。少康中興，復還舊都，故《春秋傳》曰『復禹之迹，不失舊物』是也。《世本》又言夏后居陽城，本在大梁之南，於戰國大梁魏都，今陳留浚儀是也。按經傳曰，夏與堯舜同在河北冀州之域，不在河南也，故五子歌曰：『惟彼陶唐，有此冀方，今失厥道，亂其紀綱，乃底滅亡。』言自禹至太康，與唐、虞不易都域也。然則居陽城者，自為禹避商均時，非都也。故《戰國策》稱桀之居，左天門之險，右天谿之陽，成皋在其北，伊洛在其南。吳起對魏武侯亦言：『桀之居，左河濟右太華，伊闕在其南，羊腸在其北。』按《地理志》，至上黨，商都有天井關，即天門也，有羊腸坂，在太原晉陽西北九十里，為通西上郡關，即吳起之所云也。

禹自安邑都晉陽，至桀徙都安邑。

晉·張華《博物志·佚文》 潁川陽翟，禹所都。

北魏·酈道元《水經注》卷二二《潁水》 潁水自堨東逕陽翟縣故城北，夏禹始封於此，爲夏國，故武王至周，曰：『吾其有夏之居乎！』遂營洛邑。徐廣曰：河南陽城、陽翟，則夏地也。

又 卷六《涑水》 又西南過安邑縣西。安邑，禹都也。禹娶塗山氏女，思戀本國，築臺以望之，今城南門臺基猶存。余按禮，天子諸侯臺門隅阿，相降而已，未必一如《書傳》也。

宋・劉恕《資治通鑑外紀》卷二《夏商紀・夏》　夏后氏禹元年，戊戌。都安邑。或云平陽，亦云晉陽及韓。【略】相為羿所逐，失國，居商丘，依夏同姓諸侯斟灌、斟鄩。

宋・胡宏《皇王大紀》卷五《三王紀・夏大禹》　元載，禹踐天子位，都于安邑。

宋・羅泌《路史》卷二二《疏仡紀・夏后氏》　帝崩，禹即真，王以金成，都陽城、太原、安邑。

論　說

《戰國策》卷二二《魏一》　吴起對曰：「夫夏桀之國，左天門之陰而右天谿之陽，廬睪在其北，伊洛出其南。有此險也，然為政不善，而湯伐之。」

《史記》卷六五《吴起列傳》　起對曰：「夏桀之居，左河濟右泰華，伊闕在其南，羊腸在其北。脩政不仁，湯放之。」

唐・李泰等《括地志》卷三《洛州・陽城縣》　自禹至太康與唐、虞，皆不易都城，然則居陽城，為禹避商均時，非都之也。

又　卷三《許州・陽翟縣》　《地理志》云陽翟縣是。屬潁川郡，夏禹之國。

陽翟縣又是禹所封，為夏伯。

又　卷三《洛州・鞏縣》　故鄩城，在洛州鞏縣西南五十八里，蓋桀所居也。

又　卷三《青州・北海縣》　斟尋故城，今青州北海縣是也。

唐・李吉甫《元和郡縣志》卷六《河南道一・河南府・陽翟縣》　本夏禹所都，春秋時鄭之櫟邑，韓自宜陽移都于此，秦為潁川郡。

鈞臺，在縣南十五里。《左氏傳》曰「夏啓有鈞臺之饗」也。

又　卷七《河南道二・陜州・夏縣》　安邑故城，在縣東北一十五里，夏禹所都也。

又　卷八《河南道三・宋州・虞城縣》　故綸城，縣東南三十五里。《左傳》少康逃奔有虞，虞妻以二姚，而邑諸綸。

又　卷一五《河東道二・晉州》　《禹貢》冀州之域，即堯、舜、禹所都平陽也。

宋・樂史《太平寰宇記》卷一七《河南道十七・宿州》　虹縣。東南一百五十六里，舊十鄉，今三鄉。漢縣，屬沛郡。按《輿地志》云：堯封夏禹為夏伯，邑於此。即天子位，徙都陽翟。

宋・程公説《春秋分記》卷二八《疆理書第四・衛地釋名》　相土之東都。《釋例》闕。按帝丘，即夏后相所都，於衛為東。成公自楚丘徙，夢康叔曰「相奪予享」，公命祀相。帝丘為相土之東都，明矣。

宋・金履祥《資治通鑑前編》卷三《夏后氏大禹》　履祥按：自唐虞以來，都于冀州，而冀自有牧，非天子自治，則甸服之地跨河南北也。羿距太康于河，不得復反舊都，故《五子之歌》惟哀冀都之亡，痛故府舊章之喪。當時自河以南，尚無恙也。《汲郡古文》稱太康居斟尋，酈道元謂河南有尋地，薛氏謂今拱州太康縣，漢之陽夏，即太康故城，而《傳》亦稱相居帝丘，大抵皆兖豫之境，大河東南之地耳。然則太康為羿所拒，不能濟河而更都南夏，以傳仲康，迄于后相，皆在兖豫之境，古大河之東南。羿據冀方之都，因夏民以代夏政，稱帝夷羿，寒浞代之，皆在冀州之境，大河之北。至浞滅相而夏始中斷，後四十餘年，少康遂復舊物云。

清・顧炎武《日知録》卷二《惟彼陶唐有此冀方》　堯舜禹皆都河北，故曰冀方。至太康始失河北，而五子御其母以從之，於是僑國河南，再傳至相，卒為浞所滅。古之天子失其故都，未有能國者也。周失豐鎬而平王以東，晉失雒陽，宋失開封，而元帝、高宗遷於江左，遂以不振。惟殷之五遷，圮於河而非敵人之窺伺，則勢不同爾。唐自玄宗以後，天子屢嘗出狩，乃未幾而復國者，以不棄長安也。故子儀《回鑾》之《表》，代宗垂泣；宗澤《還京》之《奏》，忠義歸心。嗚呼！幸而澆之縱欲，不為民心所附，少康乃得以一旅之衆而誅之爾。後之人主，不幸失其都邑而為興復之計者，其念之哉！

夏之都，本在安邑。太康畋於洛表而羿距於河，則冀方之地，入於羿矣。惟河之東與南，為夏所有。至后相失國，依於二斟，於是使澆用師，殺斟灌，在今壽光縣。以伐斟鄩，在今濰縣。而相遂滅。《左傳》哀元年。乃處澆於過，今掖縣。以制東方；處豷於戈，杜氏解在宋鄭之間。以控南國。襄四年。其時靡奔有鬲，今在德平縣。在河之東，少康奔有虞，今虞城縣。在河之南，而自河以內，無不安於亂賊者矣。合魏絳、伍員二人之言，可以觀當日之形勢，而少康之所以布德兆謀者，亦難乎其為力矣。《竹書》謂太康元年即居斟鄩，非也。

清·洪頤煊《筠軒文鈔》卷一《禹都陽城考》　《孟子》云：「禹避舜之子於陽城。」趙岐《章句》云：「陽城在嵩山下。」《史記集解》引劉熙注云：「今潁川陽城是也。」《史記·夏本紀》云：「禹辭，避舜之子商均於陽城，天下諸侯皆去商均而朝禹，禹於是遂即天子位。」蓋是時舜子居河北平陽，禹避至河南陽城，因諸侯之朝，遂定都焉。古文之説如此。皇甫謐作《帝王世紀》，妄謂禹都安邑，漢屬河東郡，其地在河北。《史記正義》引《括地志》云：「禹居洛州陽城者，避商均時，非久居也。」案《漢書·地理志》云：「潁川郡陽翟，夏禹國。」注：「臣瓚曰：《世本》禹都陽城，《汲郡古文》亦云居之，不居陽翟也。」考《漢志》陽城亦屬潁川郡，與陽翟相近，或當日禹所都陽城本在陽翟，《漢志》因注禹國於陽翟下。班史去古未遠，其言自是不謬。

《尚書·序》云：「伊尹相湯，伐桀，升自陑，遂與桀戰於鳴條之野。」《正義》引「或云陳留平丘縣，今有鳴條亭是也。」孔安國《傳》云：「桀都安邑，陑在河曲之南，鳴條在安邑之西。」《書·序》又云：「夏師敗績，湯遂從之，遂伐三朡，俘厥寶玉。」孔安國《傳》云：「三朡，國名。桀走保之，今定陶也。桀自安邑東入山，出太行東南涉河，湯緩追之不迫，遂奔南巢。」孔沖遠不知其謬，從而為之疏云：「今安邑見有鳴條陌、昆吾亭。《左氏》以為昆吾與桀同以乙卯日亡，韋顧亦爾，故《詩》曰『韋顧既伐，昆吾夏桀』。」於《左氏》昆吾在衛，乃在濮陽，不得與桀異處。同日而亡，明昆吾亦來安邑，欲以衛桀，故同日而亡，而安邑有其亭也。」不知《漢書·地理志》北海郡平壽注：「應劭曰：古斟尋。」《史記正義》引《括地志》云：「斟尋故城，今青州北海縣是也。」《汲郡古文》云：「太康居斟尋，羿亦居之，桀又居之。」是桀都斟尋，不都安邑。今本《竹書紀年》云：「帝癸元年即位，居斟尋。」「十三年，遷於河南。」河南疑即禹陽城故都。「三十一年，商自陑征夏邑，克昆吾。大雷雨，戰於鳴條，夏師敗績。桀出奔三朡，商師征三朡，戰於郕，獲桀於焦門，放之於南巢。」是桀先都斟尋，次都河南。及鳴條戰敗，出奔三朡，仍欲退保斟尋故城，蹤跡甚明。是終夏之世，未嘗都安邑也，豈復有東南涉河之迂道，如《書傳》所説者哉？故自皇甫謐謂禹都安邑，古文陽城之跡反晦，而《書傳》反與之合，亦足為偽《古文尚書》出於皇甫謐之一證。《竹書紀年》「帝禹元年居陽城」，今本反改作「居冀」，以就謐説。今人往往信偽《古文尚書》，而反以《孟子》、《史記》、《汲郡古文》為疑，吾不敢以為然也。

清·金鶚《求古録禮説》卷四《禹都考》　世言禹都安邑，其誤始於皇甫謐《帝王世紀》，酈道元《水經注》因之。近洪氏頤煊謂禹都陽城，不都安邑，足以正其謬矣。然其所考，猶不詳也。鶚竊疑禹都有二：其始都在陽城，而其後乃都於晉陽。案《漢書·地理志》潁川郡陽翟，夏禹國。應劭曰：夏禹都也。臣瓚曰：《世本》言禹都陽城，《汲郡古文》亦云居之，不居陽翟也。師古曰：陽翟本禹所受封耳，應、瓚之説皆非。諸説不同。洪氏頤煊謂陽城亦屬潁川郡，與陽翟之地相近，或當日禹所都陽城，本在陽翟，故《漢志》云云。鶚考《史記·夏本紀》：禹避舜子於陽城，諸侯皆去商均朝禹，於是即天子位。知其遂都陽城，蓋即所避之處以為都也。趙岐《孟子注》：陽城在嵩山下。《括地志》：嵩山在陽城縣西北二十三里。則陽城在嵩山之南，今河南府登封縣是也。若陽翟，今在開封府禹州，其地各異。

《漢書·地理志》於偃師曰：殷湯所都；於朝歌曰：紂所都；於故侯國皆曰國。今陽翟不曰夏禹所都，而曰夏禹國，可知禹不都陽翟矣。陽翟為禹所封之國，而陽城則為禹之都，此確解也。然《左傳》定公四年，祝佗謂唐叔封於夏虛，啓以夏政。例以上文「康叔封於殷虛，啓以商政」，則禹之都即唐國也。唐國在晉陽。《漢書·地理志》太原郡晉陽，故《詩》唐國。周成王滅唐，封弟叔虞。杜預注《左傳》云：夏虛，大夏，今太原晉陽是也。本於《漢志》，其説自確。《水經》云：晉水出晉陽縣西懸甕山。酈道元注：縣故唐國也。亦本《漢志》。乃臣瓚以唐為河東永安，張守節以為在平陽，不知唐國有晉水，故燮父改唐曰晉。若永安去晉四百里，平陽去晉七百里，何以改唐曰晉乎？唐定在晉陽，今山西太原府是也。又鄭康成《詩譜》云：魏國，唐虞、夏禹所都之地。魏與唐相近，同在河北冀州。故哀公六年《左傳》引《夏書》云：「惟彼陶唐，帥彼天常，有此冀方。今失其行，亂其紀綱，乃滅而亡。」服虔以為堯居冀州，虞、夏因之。此皆禹都在河北之證也。但在晉陽，不在安邑。皇甫謐、酈道元以安邑為禹都，此為謬耳。

陽城、晉陽為禹都，皆有確證，可知禹都有二。蓋其始都於陽城，即所避之處以為都，而其後遷都於晉陽，乃從堯舜所居之方也。若謂禹止都晉陽，固無解於《世本》、《汲郡古文》及《史》、《漢》諸書之說；而謂禹止都陽城，亦何以解《左氏》及服、鄭之説乎？《汲郡古文》：帝舜即位，居冀。四十九年，帝居於鳴條。是舜亦有二都也。帝禹元年，書『帝即位，居冀。』此文有脱誤。當云『帝即位，居陽城』。至『遷都晉陽』，乃書『居冀』也。又考鳴條在陳留，其地屬河南。舜自河北而遷於河南，禹自河南而遷於河北，其事相反而相類。此皆未經人道者也。

藝文

明·楊巍《存家詩稿》卷二《寓安邑》 回首同安路，忽驚歲序徂。腐儒慚飯糜，多病夢江湖。涑水寒雲合，條山夕照孤。荒涼城郭裏，惆悵禹王都。

商朝首都分部

綜述

《尚書·盤庚上》 （盤庚）曰：【略】『先王有服，恪謹天命，茲猶不常寧，不常厥邑，于今五邦。』《傳》：湯遷亳，仲丁遷囂，河亶甲居相，祖乙居耿，我往居亳，凡五徙國都。

又 《胤征》附《書序》 自契至于成湯八遷，湯始居亳，從先王居，《傳》：契父帝嚳都亳，湯自商丘遷焉，故曰從先王居。作《帝告》、《釐沃》。《傳》：告來居治沃土。二篇皆亡。《正義》：契至成湯十四世，凡八遷國都者。《商頌》云：帝立子生商。是契居商也。《世本》云：昭明居砥石。《左傳》稱相土居商丘，及今湯居亳。事見經傳者有此四遷，其餘四遷，未詳聞也。

又 《咸有一德》附《書序》 仲丁遷于囂，《傳》：太戊子，去亳。囂，地名。作《仲丁》。《傳》：陳遷都之義。亡。《正義》：此三篇皆是遷都之事，俱以君名名篇，竝陳遷都之義，如《盤庚》之誥民也。發其舊都謂之遷，到彼新邑謂之居。遷于囂與居相，亦事同也。【略】圮于耿者，孔意以為毀于相地，乃遷于耿地，其篇蓋言毀意，故序特言圮也。李顒云：囂在陳留浚儀縣。皇甫謐云：仲丁自亳徙囂，在河北也；或曰今河南敖倉。二説未知孰是也。相地，孔云在河北，蓋有文而知也。謐又以耿在河東皮氏縣耿鄉是也。

河亶甲居相，《傳》：仲丁弟。相，地名，在河北。作《河亶甲》。《傳》：亡。祖乙圮于耿，《傳》：亶甲子。圮于相，遷於耿。河水所毀曰圮。作《祖乙》。《傳》：亡。

《逸周書》卷九《殷祝解》 湯將放桀于中野，【略】士民復致於桀曰：『以薄之居，濟民之賤，何必君更。』晉孔晁注：薄，湯所居也。

《甲骨文合集釋文·7859》 其乍兹邑囚。四月。洹弗乍兹邑囚。

又 《09661》 癸卯卜，爭，貞今歲商受[年]。

又 《09662》 癸卯[卜]，爭，貞今歲商受年。

又 《20650》 戊寅卜，王，貞受中商年。十月。

又 《33242》 [貞]大邑受禾。

又 《33243》 癸酉卜，貞大邑[受禾]。

《詩經·商頌·殷武》 商邑翼翼，四方之極。漢毛亨《傳》：商邑，京師也。《箋》：極，中也。商邑之禮俗，翼翼然可則傚，乃四方之中正也。

《左傳·襄公九年》 陶唐氏之火正閼伯，居商丘，祀大火而火紀時焉。相土因之，故商主大火。注：商邱在宋地。唐孔穎達《正義》：《釋例》云：宋、商、商邱，三名一地，梁國睢陽縣也。【略】或以為漳水之南故殷虛為商邱，非也。是由商邱所在不明，故《釋例》與此注俱以閼伯明之。

《國語》卷一七《楚語上》 昔殷武丁能聳其德，至于神明，以入于河，自河徂亳。三國吳韋昭注：從河内往都亳也。

《墨子》卷五《非攻下》 湯奉桀衆，以克有屬諸侯於薄。

《孟子·滕文公下》 孟子曰：『湯居亳，與葛為鄰。』

《古本竹書紀年·殷紀》 外丙勝居亳。仲丁即位，元年，自亳遷于囂。河亶甲整即位，自囂遷于相。祖乙滕即位，是為中宗，居庇。南庚更自庇遷于奄。盤庚即位，自奄遷于北蒙，曰殷。盤庚遷於北冢，曰殷虛，南去鄴三十里。盤庚遷於此汲冢，曰殷墟，南去鄴三十里。盤庚自奄遷于殷，殷在鄴南三十里。自盤庚徙殷，至紂之滅，七百七十三年更不徙都。紂時稍大其邑，南距朝歌，北據邯鄲及沙丘，皆為離宮別館。帝辛受居殷。

《今本竹書紀年》卷上《夏帝芒》 三十三年，商侯遷于殷。《統箋》：按《商頌》：宅殷土芒芒。鄭《箋》曰：自契至湯八遷，始居亳之殷地。據《竹書》帝芒三十三年，商侯遷于殷上，距商侯冥死于河八十有二年。此遷殷，蓋玄冥之子子亥也。

又 卷上《夏帝廑》 九年，殷侯復歸于商丘。

又 卷上《夏帝癸》 十五年，商侯履遷于亳。南朝梁沈約注：成湯元年。《統箋》：按孔甲九年，殷侯復歸于商丘，至此又自商丘而遷亳，湯居亳，與葛為鄰者也。

又 卷上《殷商成湯》 十八年癸亥，王即位居亳。

又 卷上《仲丁》 元年辛丑，王即位，自亳遷于囂于河上。《統箋》：按《殷本紀》仲丁遷于隞。《索隱》曰：隞亦作囂。《水經注》：濟水東逕敖山北，《詩》所謂『薄狩于敖』者也。其山上有城，即殷帝仲丁之所遷也。

又 卷上《河亶甲》 元年庚申，王即位，自囂遷于相。

又 卷上《祖乙》 元年己巳，王即位，自相遷于耿。二年，圮于耿，自耿遷于庇。八年，城庇。

又 卷上《南庚》 三年，遷于奄。《統箋》：按南庚遷奄，舊未有言奄地所在者。《郡國志》：魯國即奄國。定四年《傳》祝鮀曰：因商奄之民，命以伯禽。其曰商奄者，或以商嘗遷此，故遂謂商奄乎。

又 卷上《盤庚》 十四年，自奄遷于北蒙，曰殷。《統箋》：其他又有譌『北蒙』為『北冢』，譌『北蒙』為『此遂』者。十五年，營殷邑。

又 卷上《武乙》 三年，自殷遷于河北。十五年，自河北遷于沬。

又 卷上《文丁》 元年丁丑，王即位，居殷。

又 卷上《帝乙》 元年庚寅，王即位，居殷。

又 卷上《帝辛》 元年己亥，王即位，居殷。

《呂氏春秋》卷一八《具備》 湯嘗約於郼薄矣。注：『薄』或作『亳』。

又 卷六《音初》 殷整甲徙宅西河，猶思故處，實始作為西音。

漢・伏勝《尚書大傳》卷二《湯誓傳》 夏人飲酒，醉者持不醉者，不醉者持醉者，相和而歌曰：『盍歸於亳？亳亦大矣！』

《史記》卷三《殷本紀》 成湯自契至湯八遷，湯始居亳，從先王居。【略】帝仲丁遷于隞，河亶甲居相，祖乙遷于邢。【略】帝盤庚之時，殷已都河北。盤庚渡河南，復居成湯之故居，迺五遷，無定處，殷民咨胥皆怨，不欲徙。盤庚乃告諭諸侯大臣曰：『昔高后成湯與爾之先祖，俱定天下，法則可修，舍而弗勉，何以成德？』乃遂涉河南治亳，行湯之政。【略】帝武乙立，殷復去亳，徙河北。

《漢書》卷二八上《地理志上・山陽郡》 薄。唐顏師古注：臣瓚曰：湯所都。

又 《河南郡》 偃師。尸鄉，殷湯所都。莽曰師成。唐顏師古注：臣瓚曰：湯居亳，今濟陰縣是也。今亳有湯冢，己氏有伊尹冢，皆相近也。師古曰：瓚說非也。又如皇甫謐所云湯都在穀熟，事並不經。劉向云：殷湯無葬處，安得湯冢乎？

又 《河内郡》 朝歌。紂所都。周武王弟康叔所封，更名衛。莽曰雅歌。

晉・皇甫謐《帝王世紀・殷商》 商契始封於商，在《禹貢》太華之陽，上洛商是也。《世本》：契大居畨，相徙商丘。本顓頊之墟，故陶唐氏之火正閼伯之所居也。故《春秋傳》曰：閼伯居商丘，祀大火，相因之，故商主大火，謂之辰，故辰為商星。今濮陽是也。然則契之所封商丘，商洛是也。商土於周為衛，商是也，而學者以商丘為契封，謬矣。湯始居亳，學者咸以亳本帝嚳之墟，在《禹貢》豫州洛河之間，今河南偃師西二十里尸陽之陽亭是也。以為考之事實，甚失其正。《孟子》稱湯居亳，與葛為鄰。按《地里志》，今梁國寧陵之葛鄉是也。湯地七十里，葛又伯耳，封域有制。葛伯不祀，湯使亳衆為之耕。有童子餉食，葛伯奪而殺之。計寧陵至偃師八百里，而使亳衆為耕，童子餉食，非其理也。今梁自有二亳：南亳在穀熟，北亳在蒙，非偃師也。故古文《仲虺之誥》曰：乃葛伯仇餉，初征自葛。即《孟子》之言是也。湯又盟諸侯於景亳，然則二亳皆在梁矣，《春秋》會于亳是也。

太甲既立不明，伊尹放諸桐。《世本》又言太甲從上司馬在鄴西南。按《詩》、《書》，太甲無遷都之文，桐宮其在斯乎。仲丁徙囂，或曰今河南敖倉是也，故《書序》曰仲丁徙于囂。河亶甲徙相，在河北，故《書序》曰河亶甲居相是也。祖乙徙耿，為河所毀，故《書序》曰祖乙圮于耿，今河東有耿鄉是也。及盤庚立，復南居亳之殷地，故《書序》曰將治亳殷，今偃師也。然則殷有三亳，一亳在梁國，一亳在河南。南亳偃師，即湯都也。蒙為北亳，即景亳，湯所盟地。偃師為西亳，即盤庚所徙者也。故《立政篇》曰『三亳阪尹』是也。武丁徙朝歌，於周為衛，今河内縣也。紂自朝歌，北築沙丘臺。沙丘，《地理志》在鉅鹿東北七十里邯鄲國，屬趙，於《禹貢》在冀州大陸之野，昴畢之分，大梁之次。至今民俗歌謠，男女淫縱，猶有紂之餘風，世稱趙女之美是也。

殷湯都亳，在梁，又都偃師。至盤庚徙河北，又徙偃師也。盤庚以耿在河北，迫近山川，自祖辛以來，奢淫不絶，乃度河，將徙都亳之殷地。人咨嗟相怨，不欲徙。盤庚乃作《書》三篇，以告喻之，今《尚書·盤庚》三篇是也。亳在偃師。

晉·張華《博物志·佚文》 河南偃師尸鄉，湯所都。

北魏·酈道元《水經注》卷一九《渭水》 渭水又東逕巒都城北故蕃邑，殷契之所居。《世本》曰『契居蕃』，闞駰曰『蕃在鄭西』，然則今巒城是矣。俗名之赤城，水曰赤水，非也。

又 卷二三《汳水》 汳水又東逕大蒙城北，自古不聞有二蒙，疑即蒙亳也，所謂景薄為北亳矣，椒舉云『商湯有景亳之命』者也。闞駰曰：湯都也。亳本帝嚳之墟，在《禹貢》豫州河洛之間，今河南偃師城西二十里尸鄉亭是也。皇甫謐以為考之事實，學者失之。

又 卷二四《睢水》 睢水又東逕高鄉亭北，又東逕亳城北，南亳也，即湯所都矣。

又 卷三〇《淮水》 渙水又逕亳城北，《帝王世記》曰：穀熟為南亳，即湯都也。

又 卷七《濟水》 濟水又東逕敖山北，《詩》所謂『薄狩于敖』者也。其山上有城，即殷帝仲丁之所遷也，皇甫謐《帝王世紀》曰『仲丁自亳徙囂于河上』者也，或曰敖矣。

又 卷六《汾水》 汾水又西逕耿鄉城北，故殷都也。帝祖乙自相徙此，為河所毁，故《書叙》曰：『祖乙圮于耿。』杜預曰：平陽皮氏縣東南耿鄉是也。盤庚以耿在河北，迫近山川，乃自耿遷亳。

又 卷一六《穀水》 陽渠水又東逕亳殷南，昔盤庚所遷，改商曰殷，此始也。班固曰『尸鄉，故殷湯所都』者也，故亦曰湯亭。薛瓚《漢書》注、皇甫謐《帝王世紀》竝以為非，以為帝嚳都矣。

又 卷九《淇水》 其水南流東屈，逕朝歌城南。晉書《地道記》曰：本沬邑也。《詩》云：『爰采唐矣，沬之鄉矣。』殷王武丁始遷居之，為殷都也。紂都在《禹貢》冀州大陸之野，即此矣。有糟丘酒池之事焉，有新聲靡樂，號邑朝歌。晉灼曰：《史記·樂書》紂作朝歌之音，朝歌者，歌不時也。

宋·羅泌《路史》卷二六《國名紀三·高辛氏後·商蕃》 契封，在華陰之鄭。鄭縣有欒都城及故藩邑，故《世本》謂契居蕃。闞駰云：蕃，鄭西，今之巒城是矣。地有商山。《魯連子》云在太華之陽。《世紀》謂在商洛，故世謂上洛漢商縣，非也。宋羅苹注：《括地象》云商州，闞云商州上洛，《九域志》、《輿地記》云契始封，《通典》云商之商洛。古商邑，乃商君封。檢地志，蓋南陽界古商于漢之商縣。

又《砥石》 昭明居。

又《鄴》 上甲微居，即桐也。《世紀》云：鄴西南有上司馬，太甲之居。今湯陰有司馬泊、司馬村。或云太甲，蓋以鄴西桐有離宮、商之墓地，而繆以上甲為太甲爾。

又《相》 虹之西北有故相城。《寰宇記》云：即相土居。

又 卷二七《國名紀四·商氏後·亳五》 湯都南亳，今南京穀熟，高辛之都，與葛鄰。注：葛，今寧陵葛鄉。亳有五：一在杜南，先世之居。注：長安杜南有亳亭，有激水。一偃師，西亳，注：屬西京。或以此為湯都，蓋以《詩》言商邑『四方之極』誤之。偃師去葛八百，亳衆安能往耕而童子餽食哉？《水注》梁國二亳是矣。而考城為北亳，屬開封，後隸拱。景亳，薄是，注：漢薄縣，隸山陽。有景山亳城、湯亭，注：宋宗廟墓所。《九域志》：景山在澶。湯受命都之。注：古亳城在考城東北五十三，有陽葬，亦有瀫水，盤庚徙治。一鄭地，注：襄十一盟處。而譙弗豫。注：亳縣本濟陰故亳，今亳州譙郡近南亳。南北亳亦皆曰商，注：後代襲威名。或以實三亳阪尹者，妄。注：謂南西北亳，或以考城為南亳，安陽為北亳，穎達不能辨，杜謂景亳乃周地，故今鞏縣西南湯亭，亭而降之垣，有景原，《記》為湯誓師處。按三阪則東成臯、南轘轅、西降谷，分亳民于此三所爾。

又《郼》 殷也，讀如衣。注：見《呂春秋》。蓋本杜亳，契都，故不韋曰：『湯嘗約于郼薄。』注：十八。然考城穀熟、安陽俱有殷名。穀熟，湯都，古之商丘，昭相土之居。注：所謂從先王居。殷者，亳之內地。注：鄭云始于亳之殷地。劉恕以為盤庚始號，非也。注：云始號曰殷，已前皆追號。

又《囂敖》 仲丁居敖也，在陳留浚儀，秦之敖倉。今鄭之滎澤西十五有敖土，有敖城。《穆傳》『囂氏之隧』，即《詩》『薄狩于敖』者。《字書》：隞，猥。

又《相二》 《元和志》：內黄東南十三故殷城，亶甲居。注：《寰宇》同。今相州有畿城商亭。亶甲故城在安陽西北五里。注：《寰宇》：安陽為紂都。亶甲冢在城外西北隅洹水南岸。注：元豐七年水毀，民夷之，有銅器，冶之。又有黄堆者，后墓。魏始名州，注：《後魏書》：道武幸鄴，訪立州名，崔先取亶甲居，名之。非鄭相。昭元年相鄭也。

又《庇》 祖乙勝即居之，注：《紀年》。沃甲、祖丁因居之。

又《奄二》 南庚更自庇遷奄，注：《紀年》。後陽甲居之，商奄也。注：《晉志》：奄，商奄，二國。奄君附祿父，周公踐伐之。注：《伏書》：周公三年踐奄，奄君勸祿父叛也。世皆以為魯奄，然與祿父封相遠，或此是。

又《耿邢》 今河中龍門故皮氏東有耿鄉城，為河所毀，晉滅耿，賜趙夙者。開皇之耿州，注：十六年改定陽為耿州，以州南祖乙城，今慈州若隰之吉鄉。即為邢。故《通典》云：祖乙遷邢。注：佳韻，邢音，耿通。《史記》云先耿後邢，《正義》從之，失之。

又《蒙》 《紀年》：盤庚旬自奄遷于北冢，曰殷虚。北冢，蒙字爾，即景亳，湯都。今亳之蒙城，漢之山桑，注：屬沛。後漢屬汝南。天寶二改。縣北八十有南北二蒙城。注：魏孝文築，相拒四十步。光武幸處，今宋城南十五小蒙故城，六國之蒙縣。復有大蒙城，縣北四十一里。或云河北，非也。注：《地形志》：北梁有北蒙城。《索隱》：殷虚南去鄴三十，是殷虚南地，舊曰北冢。夫亶甲、祖乙居河北不利，盤庚涉河，以民遷矣，豈復在河北邪？

又《沫》 武丁遷之，在朝歌故城南，《詩》『沫之鄉』者，近紂都。注：《水經》：紂都在冀州大陸之野。

又《北殷》 庚丁徙河北，號北殷，地即殷虚，在相之安陽西，有激水，北去朝歌百三十里。注：南去鄴三十。《史項羽傳》：洹水南殷虚，是河北地。有殷城。注：《述征記》：河内懷有殷城。《元和志》：在武涉東南十里，司馬卬都。按《紀年》秦伐鄭，次于懷，城殷。殷城久矣。晉之殷州，劉聰以郭嘿為殷州刺史。建中復為溵州。注：二年以陳之溵水置，真元二廢，元和十二復立。故史商後有北殷氏，或云北冢。

又《朝歌》 武乙徙之。注：《世紀》。今衛之黎陽衛鎮西二十二有朝歌城，注：唐衛縣，今通利軍黎陽故東離城，紂蒐處。有鹿臺，注：衛西二十，大三里，高千仞，七年城。沙丘臺。注：紂自朝歌北築之，今沙丘在鉅鹿東七十，故衛北四十。《寰宇記》：平鄉東北二十，稱妲己臺。莽曰雅歌。注：《寰宇》：酒池糟丘，斮涉處並在衛縣。《冀圖經》：丘池，故朝歌南一里。巨橋倉在洛之曲周，即邸閣城。

論說

《荀子》卷一〇《議兵》 古者湯以薄，武王以滈，皆百里之地，天下為一，諸侯為臣，無他故焉，能凝之也。

《戰國策》卷二二《魏一》 吴起對曰：『殷紂之國，左孟門而右漳釜，前帶河，後被山。有此險也，然為政不善，而武王伐之。』

《史記》卷六五《吴起列傳》 起對曰：『殷紂之國，左孟門，右太行，常山在其北，大河經其南。脩政不德，武王殺之。』

唐・孔穎達《尚書・盤庚序》正義 經言『不常厥邑，于今五邦』，故序言『盤庚五遷』。《傳》嫌一身五遷，故辨之云：自湯至盤庚，凡五遷都也。上文言自契至於成湯八遷，并數湯為八，此言盤庚五遷，又并數湯為五，湯一人再數，故班固云『殷人屢遷，前八後五』，其實止十二也。此序云盤庚將治亳殷，下《傳》云：殷，亳之别名，則亳殷即是一都，湯遷，還從先王居也。《汲冢古文》云：盤庚自奄遷於殷，殷在鄴南三十里。束晳云：《尚書序》『盤庚五遷，將治亳殷』，舊説以為居亳，亳殷在河南。孔子壁中《尚書》云：『將始宅殷』，是與古文不同也。《漢書・項羽傳》云：洹水南殷墟上。今安陽西有殷，束晳以殷在河北，與亳異也。然孔子壁内之書，安國先得其本，此『將治亳殷』，不可作『將始宅殷』，『亳』字磨滅，容或為『宅』。壁内之書，安國先得，始皆作『亂』，其字與『治』不類，無緣誤作『始』字。知束晳不見壁内之書，妄為説耳。若洹水南有殷墟，或當餘王居之，非盤庚也。盤庚治於亳殷，紂滅在於朝歌，則盤庚以後，遷於河北。蓋盤庚後王，有從河自亳地遷於洹水之南，後又遷於朝歌。

唐・李泰等《括地志》卷四《商州・商洛縣》 商州東八十里商洛縣，本商邑，古之商國，帝嚳之子卨所封也。

又 卷三《洛州・偃師縣》 亳邑故城，在洛州偃師縣西十四里。本帝嚳之墟，商湯之都也。

河南偃師為西亳，帝嚳及湯所都，盤庚亦徙都之。

又 卷三《宋州・穀熟縣》 宋州穀熟縣西南三十五里(南)亳故城，即南亳，湯都也。

又　卷三《宋州・宋城縣》　宋州北五十里大蒙城為景亳，湯所盟地，因景山為名。

又　卷二《黎州・内黄縣》　故殷城，在(相)［黎］州内黄縣東南十三里，即河亶甲所築，都之，故名殷城也。

又　卷二《相州・安陽縣》　相州安陽［縣］，本盤庚所都，即北蒙殷墟，南去朝歌城百四十六里。《竹書紀年》云：『盤庚自奄遷于北蒙，曰殷墟，南去鄴四十里。』是舊都城。西南三十里有洹水，南岸三里有安陽城，西有城名殷墟，所謂北蒙也。

又　卷二《衛州・汲縣》　紂都朝歌，在衛州東北七十三里，朝歌故城是也。本妹邑，殷王武丁始都之。《帝王世紀》云：帝乙復濟河北，徙朝歌。其子紂，仍都焉。

又　卷二《衛州・衛縣》　朝歌故城，在衛縣西二十三里，衛州東北七十二里，謂之殷墟。

唐・李吉甫《元和郡縣志》卷六《河南道一・河南府・偃師縣》　本漢舊縣。帝嚳及湯、盤庚並都之。商有二亳，成湯居西亳，即此是也。至盤庚，又自河北徙理于亳，商家從此而改號曰殷。武王伐紂，于此築城，息偃戎師，因以名焉。

又　卷八《河南道三・宋州・穀熟縣》　本漢薄縣地，置于古穀城。春秋時為穀丘。亦殷之所都，謂之南亳。漢于此置薄縣，屬山陽郡。薄與亳，義同字異。

又　卷二〇《河北道一・相州》　《禹貢》冀州之域，又為殷盤庚所都，曰殷墟，項羽與章邯盟于洹水南殷墟是也。

又　《相州・内黄縣》　故殷城，在縣東南十里。殷王河亶甲居相，因築此城。

又　《河北道一・衛州》　衛州。《禹貢》冀州之域，後為殷都，在今州東北七十三里，衛縣北界朝歌故城是也。今州理，即殷牧野之地。

又　《衛州・衛縣》　朝歌故城，在縣西二十一里，殷之故都也。

宋・李如篪《東園叢説》卷上《湯始居亳將治亳殷》　成湯所居之亳，與盤庚所治亳殷，實是兩地。成湯所居之亳，帝嚳嘗居之，帝嚳，有商之祖也，故曰從先王居。盤庚所治之亳，乃亳殷之地，故曰新邑。成湯之亳，在今應天府穀孰之地。盤庚所治之亳，在今河南府偃師縣之地。諸儒多以為一地，其實兩地也。契始封商縣，故國號為商。至盤庚都亳殷，於是始有殷之稱。至高宗，又遷居河北之朝歌。

宋・史浩《尚書講義》卷九　亳之地，介於河。河既屢決，亳不能居，則桑穀之祥至是應矣。仲丁，太戊之子，遷于囂。河亶甲，仲丁之子，復遷于相。祖乙，河亶甲之子，既遷于耿，耿復圮焉。《史記》謂復遷于邢，未之詳也。然囂也，相也，耿也，邢也，或在河之南，或在河之北。雖河水屢決而屢遷，終不敢遠亳而居，有以見商之子孫，重先王之故都，戀其宗廟社稷，不忍遠去也。《傳》曰商人明鬼。明鬼，尊祖之義也。此三篇者，皆以遷都之意告其民，卒之盤庚，復歸於亳。於此可見商之子孫，不得已而去故都也。

宋・鄭樵《通志》卷三上《三王紀・商》　臣謹按：皇甫謐曰：《孟子》稱湯居亳，與葛為鄰。亳即梁國穀熟縣也，實湯之所都，是為南亳。又湯有景亳之命，梁國蒙縣北有亳城，實湯所受命、朝諸侯處，是為北亳。盤庚所治亳，在河南偃師，是為西亳。三地皆名亳，《立政》所謂三亳也。然亳之名，本在西。商人初作邑于商，實上洛也，後遷于亳，故京兆杜縣有亳亭是也。三亳之名，皆自此亳始。

宋・范處義《詩補傳》卷二九《釋十五國二雅三頌名・三亳辯》　自契至湯八遷，湯居亳。而為亳者三：北亳，即今之拱州考城是也，古謂之蒙，莊周，蒙人也。漢謂之薄，蓋《漢書》多借同音字通用，故以亳為薄也。南亳，即今之南京之穀熟是也。南京，古商丘，豈湯以商丘之名同於始封，故遷之歟？西亳，即今之西京偃師是也。説者以為湯居西亳，至盤庚自河北徙於北亳，而孔氏《詩正義》取皇甫謐之説，乃謂殷有三亳，二在梁國，一在河洛之間。穀熟為南亳，即湯都也；蒙為北亳，即景亳，是湯所受命地；偃師為西亳，即盤庚所徙者也。

今以經傳考之：《書》曰湯始居亳，從先王居。湯實帝嚳之後，帝嚳之都在今偃師，則湯始居西亳，從先王之舊也。《孟子》曰：湯居亳，與葛為鄰。葛伯故國在今拱州之寧陵考城，乃其鄰邑，則湯次居北亳，故使亳衆為之耕也。《左氏傳》曰：湯有景亳之命。今景山在拱州楚丘，舊屬南京，則湯最後居南亳，受命而有天下也。然則三亳皆為湯所居，謚論南北二亳是矣；謂西亳為盤庚所徙，誠考之未精也。且殷以溵水得名，溵、瀷同音，古溵水縣乃今陳州之商水縣是也，亦近南京。《書》言盤庚將治亳殷，又言盤庚遷于殷，則盤庚所遷，亦南亳或北亳耳。況《書》言作惟涉河以民遷，説者謂南渡河，則非偃師明矣。《立政》曰三亳阪尹，説者謂湯舊都之民來歸，文王分為三邑以處之，其長居險，故曰阪尹。蓋東成臯、南轘轅、西降谷也，非謂三處皆有亳名也。古之帝王，惟商不常厥邑。自契至湯既八遷，三亳之外，他不可考。仲丁遷于囂，今河南敖倉也。河亶甲居相，今相州也。祖乙居耿，今河東皮氏也。盤庚五遷，乃治亳殷，餘亦無可考據。然則《詩》所謂自彼殷商，咨汝殷商，則兼商山溵水而言之。《書》曰《商書》，《頌》曰《商頌》，蓋本契之始封而稱之也。

宋·林之奇《尚書全解》卷一八《盤庚上》 契者商之始祖，受封於唐虞之世，始有爵土，傳之後世，自契至于成湯，凡十四世，而八遷其國。蓋古者邑居無常，擇利而後動。其宗廟、社稷、朝市之制，簡而不夥，約而不費，故不以屢遷為勞也。如周之先世后稷封於邰，公劉徙邠，太王徙岐，文王徙酆，武王徙鎬，亦屢遷也。商之八遷，歷世久遠，其書雖已亡逸，不見其所遷之地，亦如文、武而上遷徙無常，而不出於其所封之國也。

湯遷居於亳，從先王居，先儒以先王為帝嚳，非也。《武成》曰：惟先王建邦啓土。公劉克篤前烈，至于太王，肇基王迹，王季其勤王家，其曰先王，蓋指后稷也，則先王居，蓋是契之舊邑也。《商頌》曰：玄王桓撥。《周語》曰：玄王勤商，十有四世而興。先王為契，何所不可？而必以為帝嚳也。亳蓋契之所居，實王業所基之地，湯從而居之，遂克夏而有天下。湯之後，傳八世，至于太戊，皆居于亳，《咸乂》之《序》曰『亳有祥桑穀，共生于朝』是也。太戊崩，子仲丁立，始自亳遷于囂。仲丁崩，弟外壬立，外壬崩，弟河亶甲立，後自囂遷于相。河亶甲子祖乙立，復自相遷于耿。既遷于耿，則其地水泉瀉，爲水所圮，欲改遷于他所，而重勞民，故遂留于耿。自祖乙以来，凡歷五世，竟不克還。及盤庚即位，而民之被於墊溺已甚，遂謀遷于亳殷。此其遷徙之始末，見於《書》之《序》者然也。

是以張平子《東都賦》曰：『商人屢遷，前八後五。』蓋自契至于成湯八遷，此所謂前八也。自湯至于祖乙五遷，此所謂後五也。湯一人而再數之，是以前八後五，共爲十三遷也。故《序》曰：盤庚五遷，將治亳殷。其文蓋與自《帝告》、《釐沃》至于《祖乙》五篇之《序》，文勢首尾相貫。蓋自契至成湯八遷，而自湯至祖乙又五遷也。盤庚既承祖乙圮于耿之後，將欲遷于殷之舊都，故治亳殷而將居焉。

宋·羅泌《路史》卷二七《國名紀四·商氏後·亳五》 商之王蓋屢遷矣。《書》自契至成湯八遷，湯始居亳。盤庚五遷。八遷自湯之前，而五遷在盤庚之前，故班固曰：『商今屢遷，前八後五』，蓋十三也。自盤庚至紂，蓋復五遷，世不知矣。八遷之可考者六：契居番，昭明居砥石，復遷于商，相土處商丘，上甲居鄴而湯居亳。此世所謂不可得而知者。至于五遷，則囂、相、庇、奄、耿也。庇、奄，《書》所不載，而世儒輒以湯、盤庚之兩都足之，已失之矣。而或者更以五遷俱出盤庚，尤為妄亂。夫盤庚之遷，本于洪水，都國墊溺為之，是豈得已而不已者哉？《益》六四曰：『中行告公，從，利用為依遷國。』勢或不利，固有不得而不然者。盤庚之告民曰：『先王不恒厥邑，于今五邦。』是則所謂五遷者，非指盤庚，而今之遷，為有所不得已矣。且其遷也，涉河南渡，而説者猶以為盤庚之遷，在于河北。儒學荒疏之惑世也如此。予記國名而商氏之都不一，學者不之能悉，庸復著之。

烏呼！商之屢遷，亦可謂不幸矣。貧氓月徙闕窶，十日更名，其與庸王之嫚為政而歲遷都、年改號者何異？自湯至于盤庚，將二十世，都始五遷，而民胥怨不安，方且誥諭大臣諸侯，惟恐或怫，豈將以其勢毆哉？鄉非北都圮廢，則劫之以愛子，吾知盤庚之不遷矣。太室、三塗，洞庭、盟門，天下之險，而國之者不一姓，是地利固不足恃也。然則為國者，必有道矣，奚至朝河而莫隴哉？《春秋》之書以國遷者凡七，邢、衛、蔡各居一，而許處其四，悉譏其輕動而不能自反也。然則為國者，亦必有道矣。

宋·衛湜《禮記集説》卷九九 嚴陵方氏曰：又有言湯居亳、紂都朝歌者，殷乃亳之地名，《書》言『將治亳殷』是也。朝歌之城，特紂所名耳。

元·梁益《詩傳旁通》卷二《殷墟》 朝歌北冢皆殷墟。朝歌在衛之黎陽，黎陽唐為衛縣，宋為通利軍，今為濬州衛。縣西二十二里有朝歌故城。《史記·項羽傳》：洹水南殷墟有殷城，亦曰北殷。

明·歸有光《震川集》卷五《跋商中宗廟碑開寶七年》 按商自成湯至太戊，皆居西亳，今河南偃師也。太戊子仲丁始遷隞，而河亶甲乃居相，故相有殷城，即今内黄也。而子祖乙又遷於邢，則殷諸帝，獨河亶甲在内黄，疑崩而葬此，而中宗自居偃師，後世特誤以河亶甲為太戊耳。

明・馮復京《六家詩名物疏》卷四六《文王篇・殷》　按《一統志》：河南開封府歸德州，古之商丘，相土所居也。穀熟縣省入本州之夏邑，州城東南四十五里有亳城，即南亳也。睢州考城縣，宋屬拱州，景山在其境内，商之北亳也。河南府偃師縣，契父嚳所都，湯自商丘遷焉。後仲丁遷囂，河亶甲居相，祖乙居耿，又遷于邢，《書》所謂『不常厥邑，于今五邦』者也。盤庚復涉河南，治亳，改國號曰殷，即西亳也。古今言殷地，皇甫謐、張守節、蔡沈之徒，皆以為即偃師。王伯厚《地里考》引《括地志》云：相州安陽縣，本盤庚所都，即北冢殷墟，南去朝歌城百四十里。《竹書紀年》盤庚自奄遷北冢，曰殷墟，南去鄴四十里。則又以今彰德府安陽縣為西亳，未詳孰是。

明・季本《詩説解頤正釋》卷三〇《商頌》　商者，契所封之地。【略】商本伯爵，其國七十里。契之孫相土，在夏為王官之伯，出長諸侯，即古之方伯也，故遷商邱，因堯時火正閼伯之墟。其地唐為宋州，宋為睢陽郡，今河南歸德府商邱縣也。商邱之稱，其亦因契本封而以名邱歟？【略】而湯世纘其功，因之為亳，此皆諸侯時事，而王命之所得為也。若西亳、南亳之遷，則湯既為天子，而所計在天下矣。仲丁之遷囂，豈無故而去祖都哉？蓋湯五傳至於雍己，商道衰微，諸侯不至。太戊代之，嚴恭寅畏，不敢荒寧，在位七十五年，宜其有經略矣。蓋囂當四方道里之中，朝覲會同最為便利，又滎陽在成皋巖險之地，依山避水，故於此圖遷焉，誠遠計也。仲丁為之子，才不足以有為，又國内多夷寇，而享國日淺，度不能勝遷國之任，其必太戊之所經始而仲丁享其成功者歟？

直至盤庚之世，囂有河決之患，則又不得不遷，而其遷則北至於相，豈非以相為可居哉！蓋自禹功既施，河流就下，黎陽、大伾以北，水得所歸，故從西山東注，不復南行，况商時去禹不遠，冀兗之間，絶無水患，惟豫州瀕河之地，濟水絶河，滙為滎澤，河濟分流，所争咫尺，偶溢滎隄，豈無一决？則河將引濟東南流，而囂不免於受害矣。【略】殷亦尚有賢聖之君，度當不久而塞，但未塞之前，其勢不止及囂而已。其下流必合浚儀睢水而趨商邱，以入淮泗，則亳之故都，不可復也。而相當冀野，地勢稍高，故遷於此耳。【略】

《書序》謂治亳殷，説者皆指殷為西亳，則不在相而在偃師矣。迄於商亡，乃在朝歌。朝歌者，今衛輝府淇縣也，在相南一百四十六里，意必為離宫於此而居之，蓋亂世之君所為耳。不然，則與相同一河北密邇之地，何必别立一都哉？《史記》又云武乙去亳，徙河北。亳指北亳，蓋謂盤庚所遷在此，而不以其為遷相也。今日河北，明日河南，今日河南，明日河北，倏移遠地，忽就故都，若奕者舉棊不定然，未見其為謀之審而永終之圖也。故商之遷國，當以盤庚為正。【略】自盤庚遷相，而商祚終於河北矣。故《索隱》、《括地志》謂盤庚所遷在相者，不為無見也。而諸説之附會，豈不判然易明哉？

明・陳第《尚書疏衍》卷三　遲任有言曰：『人惟求舊，器非求舊惟新』。人求舊而器不求舊，何也？人舊則益習於事，器舊則不全於用故也。今國都，亦器也，既蕩析而敝壞矣，安得不舍舊以圖新乎？故盤庚用舊人遷新邑，於遲任之旨而有合矣，引之宜哉！愚於是獨有感於遷都之事也。

夫國家莫重於卜宅，人情莫憚於轉徙。今考《書序》與《史記》，湯自商邱遷亳矣，七傳而仲丁遷囂居河南，再傳而河亶甲遷相居河北，一傳而祖乙遷耿居河東，六傳而盤庚渡河而南，復居成湯之故都，何其遷徙之亟也！夫置器不定，徙而之他，猶以為擾，况湯至盤庚十六代而五遷國，是屢挈鼎器而屢徙移之，民何以堪？盤庚適遭其窮，幸而賢君也，故不以斧鑕齊之，而以文誥格之，是以勞來安集，商道復興。噫！亦難矣。竊意仲丁及河亶甲及祖乙，其必有不當遷而遷者也。不然，何湯之故都而盤庚終不忍棄乎？《詩》云：『邦畿千里，惟民所止。』

明・方以智《通雅》卷一六《地輿・邢即耿》　《史殷紀》：祖乙遷于邢。《索隱》曰：邢音耿，今河東皮氏有耿鄉。《正義》：絳州龍門縣耿城是。則此邢，非邢洺之邢。《詩地理考》引《通典》：邢州，治龍岡縣。祖乙遷邢，即此。則杜佑與王應麟，皆失考邪？邢州，今北直順德府。

清・王夫之《尚書稗疏》卷三《湯誥・商亳》　自契至湯號商而八遷，都亳。其名實淆亂，傳注不能有畫一之説。乃所謂商者有二：一曰商，今陝西之商州，舜封契之地也。故《詩》曰『帝立子生商』，而鄭康成云『商在太華之陽』是已。一曰商邱，則今為縣，隸歸德府。堯遷閼伯於此，至武王克殷，乃以其地封微子。故鄭氏《詩譜》云：武王伐紂，乃以陶唐氏火正閼伯之墟封紂兄微子，為宋公。而子産所言『商人是因，故辰為商星』，猶言『唐人是因，故參為晉星』。商，宋也；唐，晉也。此皆自周室分封而言，非謂殷周以前也。【略】

以實求之：契封於商州，八遷而湯居偃師。迨後仲丁遷囂，囂，敖也，河陰之敖倉也，皆在河南。河亶甲渡河以北而居相，相，彰德也。祖乙遷耿，耿，河津之耿鄉也。祖辛遷庇，庇，邶也，汲縣之邶城也。皆在河北。南庚渡河以南而遷奄，奄，曲阜也。當殷之世，黄河循禹故道，自大伾北流，則曲阜固在河南，而或自東平南決，則奄亦被水害，故盤庚復渡河以北而遷殷。殷，淇縣也。河在大伾以西，合濟東流，則亦與今河大同，而淇殷固在河北，故《盤庚》云『惟涉河以民遷』。南涉而北，非北涉而南也。自盤庚以後至於紂，而未嘗復遷於河南。至殷之亡，宋始受封於商邱。此自契至紂，商邑所都之大略。

又 卷三《盤庚・遷於殷》 殷墟之在淇縣，見於經史者班班可攻。雖以姚馥老羌，亦知朝歌之為殷。而朱子曰：殷者，亳之别名；蔡氏曰：殷在河南偃師。何其疏而不察耶？殷之為字，本或作郼，音於機反。古者因衣聲近，轉借為殷。其地之在河北沬水之濱，羅長源考之已確。朱、蔡不審『涉河以民遷』之文，誤以涉河而北為涉河而南，蓋惑於《書序》『祖乙圮於耿』連屬『盤庚五遷』之上，乃不知有祖辛遷庇、南庚遷奄之事。而《盤庚》所云『我王來者』，謂南庚來奄而非謂祖乙來耿也。大河在商，至大伾而北流，奄在河南，使盤庚遷亳，無事涉河矣。《序》云『盤庚五遷』，倘無奄、庇二都，不足五遷之數。孔氏以『湯居亳』、『我往居亳』，當五遷之二，則湯固居亳，不得云遷。而盤庚誓衆之日，尚未遷之於新邑，亦不得云『於今五邦』。緣祖辛、南庚雖遷，而無誥衆之書，故《書序》略而不紀。孔氏泥於《序》而屈經『五邦』之明文以從之，其亦陋矣。

蔡氏亦疑盤庚之前，當有五遷，而以《史記》『祖乙遷邢』當之。乃其以湯所舊居之亳為一遷，則弊與孔同。若《書序》謂之『亳殷』者，或亦承譌。而自盤庚遷殷之後，既未嘗有再遷沬都之事，直至於紂，終始稱殷，則紂所居，武王所克之殷，即盤庚所遷之殷，可知已。且經之稱述先王以警臣民者，不一而足，使返居湯之故都，則當昌言此為興王之地，烈祖締造之艱難宜在先，復以為飭正浮言之大義。何乃幽質鬼神，而不一述舊德先疇也哉？況湯居亳而號商，盤庚反亳而踐湯之蹟，固不宜革故號，以作民疑。惟殷本為郼，而地在沬邑，故可就新邑以立新名，而示更始，則殷在河南之説，其誤明矣。

清・靳輔《治河奏績書》卷一《河決考・商》 成湯遷亳，仲丁遷囂，亦曰敖，今鄭州滎陽縣。河亶甲遷相，今大名府内黄縣。又彰德府西北五里洹水南岸有豐田城，云是古相都，未知孰是。祖乙遷邢遷耿，邢，今順德府邢臺縣。耿，今平陽府河津縣。盤庚遷殷，殷即西亳。此河決之始也。夫成湯至盤庚，不過三百餘年，而六遷其國都，則當時大河南北決已屢矣。況古昔土曠人稀，又文字簡略，苟害不及於都邑，方策弗載，則此外必更有不及紀者。世謂自大禹隨刊以來，凡千七百年無水患，殆亦未之考也。

清・閻若璩《四書釋地・邦畿千里》 余嘗讀《貨殖列傳》，至『唐人都河東，殷人都河内，周人都河南。夫三河在天下之中，若鼎足，王者所更居也。』不覺歎曰：異哉！三河皆不出殷家邦畿之内，而世或未知。蓋自湯居南亳以後，紂居朝歌以前，凡六百四十五年，都河南者三焉，都河北者四焉。

三者何？一、《括地志》云：南亳故城在宋州穀熟縣西南三十五里，即湯所都是。一、滎陽故城在鄭州滎澤縣西南十七里，殷時敖地也，即仲丁所遷是。一、亳邑故城在洛州偃師縣西十四里，即盤庚所遷是。

四者何？一、故殷城在相州内黄縣東南十三里，即河亶甲所築而都者是。一、耿城故耿國，在絳州龍門縣東南十二里，祖乙時圮，是自祖乙前已為都矣。一、邢國故城在邢州外城内西南角，即祖乙所遷是。一、朝歌故城在衞州東北七十三里，本妹邑，或曰武乙遷焉，或曰武丁始都者是。計南亳在極東，耿城在極西，相距雖未二千里，要實不止千餘里，則殷家之邦畿若是其遼廓乎？余曰：以周家鎬京方八百里，顔師古云八八六十四，為方百里者六十四也。雒邑方六百里，顔師古云六六三十六，為方百里者三十六也。二都共得方百里者百，故《詩》云『邦畿千里』。然則周所謂千里，乃指國言，豈如今路程之里數乎？竊以周既然，殷何獨不爾？

清・蔣廷錫《尚書地理今釋・湯誥・亳》 按《漢志》河南郡偃師縣注云：尸鄉，殷湯所都。又山陽郡薄縣注云：湯所都。皇甫謐曰：孟子稱湯居亳，與葛為隣。葛伯不祀，湯使亳衆為之耕。葛即今梁國寧陵之葛鄉也。若湯居偃師，去寧陵八百餘里，豈當使民為之耕乎？亳，今梁國穀熟縣也。後漢改山陽郡亳縣為穀熟，屬梁國。亳與薄，義同字異。皇甫謐主穀熟為湯都良是，不知偃師亦湯都也。張守節《史記正義》曰：湯即位，都南亳。《元和志》云：宋州穀熟縣，殷之所都，謂之南亳。後徙西亳。《通典》云：河南偃師縣，亦古亳邑。商有三亳，成湯居西亳，此即一也。至盤庚，又自河北徙理於此。蓋湯未伐桀，居南亳，後自南亳遷西亳。與葛伯為鄰，迺居南亳時事。皇甫謐據此以獻疑，固矣。穀熟故城在今河南歸德府商邱縣東南四十里，尸鄉在今開封府偃師縣四十里。

又《盤庚上・五邦》 五邦：亳、囂、相、耿、殷也。亳見《湯誥》。囂，《史記》作隞，並音敖字。《水經注》云：敖山上有城，即殷仲丁之所遷。秦置倉於其中，亦曰敖倉城。敖山在今河南開封府滎澤縣西北。相亦名故殷城。《括地志》云：故殷城在相州内黄縣今屬直隸大名府。東南十三里，即河亶甲所築都之是也。耿城在今山西平陽府吉州南，隋置耿州於此，以祖乙遷耿為名。《史記索隱》云：祖乙遷於邢。邢音耿。近代本亦作耿。今河東皮氏縣有耿鄉。《蔡傳》以祖乙兩遷，分耿、邢為二，非也。殷即西亳，亦詳見《湯誥》。

清・覺羅石麟等〔雍正〕《山西通志》卷一七九《辨證四・〔清〕張象蒲〈亳都辨〉》 唐虞夏殷故都，皆在平陽境，而《舊志》志殷遷耿不及亳者，未知亳之在垣曲也。垣曲面景山，瀕大河，近接葛伯寨，在五代周時名亳城縣。《漢書音義》稱濟陰亳縣者，濟水出濟源山，而山在縣東也。桐鄉在其北，即伊尹放太甲處，今聞喜是也。湯陵在其西，歷載祀典，今滎河是也。皆距垣不二百里，而湯妃墓廟俱在垣境，其為亳地明矣。

《孟子》曰：湯居亳，與葛為鄰。世傳亳州為亳，長葛為葛，固妄謬，不足與辨。傳記所載，稱亳者三：謂亳在穀熟者，皇甫謐也；謂亳在蒙縣者，杜預也；謂亳在偃師者，鄭康成也。稱葛者二：一云寧陵有葛伯國，一云鄢城有葛伯城。嘻，何亳與葛之多也！蓋嘗考之：穀熟，今夏邑也，然考城，亦名穀熟。蒙大小二，大者在商丘北，小者在商丘南。于彼于此，茫無確指，果可信乎？《歸德志》稱帝嚳都商丘之亳城，湯自商丘遷焉。《河南志》又稱偃師縣，帝嚳所都也。成湯居西亳，即此。其在《左傳》：帝嚳封其子閼伯于商丘，以主大火，是以有閼伯之臺之墓之廟。既封其子，又作之都。于理非宜。且既都商丘，何為又都偃師？是二都矣。偃師最西，去景山不遠。說者引『景員維河』以實之。按黃河自潼關而下，入閿鄉縣界，經靈寶、陝州神池、新安、孟津諸縣，以達于開封，不聞經偃師也。所謂『員河』者安在？偃師近景山而不名景亳，蒙城無景山而名景亳，所不解也。

若其謂寧陵有葛國者，所以實亳在商丘之說也，然寧陵實甯城，非葛鄉，蓋說者妄也。鄢城去三亳甚遠，安得有葛？蓋起于好事者，欲以葛城在偃師，証成偃師之為亳。而偃、鄢音近，譌以傳譌，遂蔓及之耳。《括地志》曰：湯冢在北亳。《皇覽》曰：在濟陰亳縣。而劉向直謂湯無葬處。是皆不可信，則偃師之墓，亦偽也。孔安國以桐為湯葬地，鄭康成謂桐地有王離宮，皆不得其實。而《晉太康地記》云：尸鄉有亳坂，東有城，為太甲所放處。信斯言也，若之何其不名桐？而自秦以來所謂桐鄉者，乃在偪近垣曲之聞喜耶？垣曲地僻而道險，名公鉅儒罕有至者，故其遺蹟不見于論述，而守斯土、生斯地者，承訛襲舛，不復考覈。如斯類者，蓋比比也，可勝道哉！

清・孫星衍《孫淵如外集》卷一《湯都考》 漢人言湯都有二，俱見《地理志》。一河南偃師，注云『尸鄉，殷湯所都。』是在今偃師。一云：宋地，房、心之分野也。今之沛、梁、楚、山陽、濟陰、東平及東郡之須昌、壽張，皆宋分野也。昔堯作游成陽，舜魚雷澤，湯止於亳。又山陽有薄縣，是又在今曹縣、考城之界。據此，則班固已言湯都在山陽薄縣矣。臣瓚於『偃師』下注云：湯居亳，今濟陰是也。今亳有湯冢，己氏有伊尹冢，皆相近也。於『薄』下注云：湯所都。司馬彪《郡國志》亦云：梁國薄，故屬山陽，湯所都。是魏晉已來，俱從班固『宋地、湯止於亳』之説。皇甫謐赴分三亳，以穀熟為南亳，蒙為北亳，偃師為西亳，附會『三亳阪尹』，非經義也。

班固『湯止於薄』，以為在宋，與經典最合，勝於偃師之亳。凡有五證：《山海經》稱狄山，帝堯葬於陽，帝嚳葬於陰。今帝嚳葬在開州，而堯葬於濮州，與曹縣接境。帝丘亦在濮陽，《地理志》云：東郡濮陽，衛成公自楚丘徙此，故帝丘顓頊墟是也。按之《書序》，云湯始居亳，從先王居，作《帝告》、《釐沃》。先王居，謂顓頊墟及帝嚳葬也。證一。葛國，今寧陵，去偃師絶遠，誠如皇甫謐所説，八百里不能使亳眾往耕，惟曹縣南接寧陵，合於『與葛為鄰』之説。證二。《周書・殷祝解》云：以薄之居。又云：湯放桀而復薄。《呂氏春秋》多稱郼薄，『郼』即『衛』字，亦言衛地近濮陽也。高誘誤讀『郼』為『殷』。《墨子》諸古書稱湯都皆作『薄』字，山陰薄縣由此而名。故《水經注》『汳水又東徑貫城南，俗謂之薄城。在蒙西北。』酈道元以為是貫非亳，未必然也。《太平寰宇記》云：「考城縣北亳城，在縣東北五十三里，俱即曹南薄縣城也。偃師『三亳阪尹』及『湯亭』之説，又在其後。證三。《書序》稱自契至於成湯八遷，今止五處：商丘、亳、囂、相、耿。按曹縣即商丘北境，《尸子》稱湯丘或商丘，以湯葬得名。且偃師近洛邑，宜號亳殷，故鄭注『盤庚治亳殷』，云商家自徙此而改號曰殷，今偃師是也。證四。《書序》云：湯歸自夏。又云：湯既黜夏命，復歸於亳，至於大坰。按大坰在定陶，核其道里，明歸於山陽之薄。又《書序》稱伊尹去亳適夏，復歸於亳。按伊尹耕於有莘之野，亦在曹陽，俱非偃師。證五。

竊意湯始居薄，是曹南漢故薄縣，後遷偃師。《詩》云『邦畿千里』，自曹南至偃師，皆在王畿，故亦言亳，卒則反葬於發跡之地，近先王居，固其宜也。《呂覽》云『湯約於郼薄』，班固云『湯止於亳』。是曹南之薄，湯始都。《傳》云『湯有景亳之盟』，杜預《釋例》云：『景亳，河南鞏縣西南有湯亭，或言亳即偃師也。』是偃師之亳，湯盟會之地，故班固兩亳並舉，而言『湯止』者，發跡之地；言『湯都』者，盟會之地。古者會諸侯必於山丘，湯至偃師，蓋就景山會之。謂兩亳皆畿內可也，其不知曹南之薄為湯都，則考古之疏也。

清·俞正燮《癸巳類稿》卷一《湯從先王居義》 《書序》云：『自契至於成湯八遷，湯始居亳，從先王居，作《帝告》、《釐沃》。』《正義》引鄭云：『契本封商國，在太華之陽。』鄭意契封太華之陽，為始封國，不得承帝嚳統，不得云遷，後乃自遷蕃，至湯居亳，復在太華之陽，則所謂先王者契也，從契居太華之陽也。《詩商頌正義》引《維予命》維、雒各從原引文。云：『天乙在亳，東觀於洛。』《曲禮下正義》引《雒即洛字予命》云：『湯東觀於洛，曰寡人慎機。』《藝文類聚》引《尚書中侯》云：『天乙在亳，諸鄰國繦負歸德，東觀於洛，降三分沈璧。』《宋書·符瑞志》云：『湯東至於洛，觀帝堯之壇，沈璧退立。』據《水經》，洛水出京兆上洛縣讙舉山，倉帝得書處，今商州地。湯自亳東觀洛，亳在洛西明矣。《史記·六國表序》云：『禹興於西戎，湯起於亳，周以豐鎬，秦用雍州，漢自蜀漢』，皆在西方，謂湯始居之亳在西。司馬遷從孔安國問《尚書》古文，又合『觀洛』《緯》義也。《湯誓序》云：『伊尹相湯伐桀，升自陑，遂與桀戰於鳴條之野。』《典寶序》云：『夏師敗績，湯遂從之，遂伐三朡。』《竹書》云：『桀居斟鄩。』昭公二十二年《左傳》：『周有鄩邑在河南。』《戰國策》吳起云『桀居左河濟，右太華，伊闕在其前，羊腸在其後』，為今河北懷慶。《史記·貨殖列傳》云：『南陽潁川，夏人之居也。』夏王圻當今懷慶、河南、南陽三府地，湯亳在其西，兵自西而東，升陑伐三朡，於勢順也。

先王契，亦遷者。《水經·渭水注》云：『鄨都城北故蕃邑，殷契之所居』，引《世本》云『契居蕃』，闞駰云『在鄭西』，即鄨城，今華州也。契封商地大，得至藍關北，聽其遷。湯伐桀時，亦盡得西方。湯特以七十里起，非以七十里伐桀。又莘、商世姻，《周頌》言莘在『洽陽渭涘』，亦陝西地也。《孟子》『伊尹耕莘野』，趙注云『在郃陽』。湯得天下，復於中土創立亳。《商頌》云：『古帝命武湯，正域彼四方。』言湯既受命，始以『商邑翼翼』，為『四方之極』，明伐桀以前不然矣。《禮·緇衣篇》引尹告云：『惟尹躬先見于西邑夏』，時已正域居中土亳，就所見言夏邑在西。

湯所居皆曰『亳』者，字亦作『薄』，有今商州、偃師、商丘、曹縣之別。殷末之『亳』分為三，則成皋、軒轅、降谷。周東遷，其人又遷今咸寧，桓王時始滅。《史記·秦本紀》云：『寧公二年，遣兵伐湯社，與亳戰，亳王奔戎，遂滅湯。』《正義》云：『《括地志》：雍州三原縣有湯陵，又有湯臺，在始平縣西北八里』，其國蓋在三原始平之界。《説文》云：『亳，京兆杜陵亭是也。』《史記·封禪書》云：雍西『社亳有三杜主之祠』，即今咸寧之亳。《秦紀集解》引皇甫謐云：『亳王號湯，西夷之國。』《封禪書》云『於亳社』，《索隱》引謐云：『周桓王時自有亳王號湯，非殷也。』案《史記》言『亳王奔戎』，則亳非戎。言『滅湯』而三原有湯陵，此陵非奔戎者所能有，則其人葬三原者曰亳王湯，奔戎者亦曰亳王湯，其君皆曰亳王湯，如重黎子孫皆曰重黎。亳之最後者在此，而《六國表集解》引徐廣云：『京兆杜陵亭，湯始居之亳』，却又非此也。

《殷本紀》『從先王居』，《集解》引皇甫謐云：『梁國穀孰為南亳，即湯都。』穀孰誠是亳，特非從先王居之亳。尋此事惑亂經義，俱由於謐。謐既屢爭亳王湯，誣之為戎。《水經·汳水注》、《書正義》俱引謐云：『葛在寧陵，則亳理不得遠』，不悟《盤庚》明云：『先王有服，不常厥邑』，豈得責湯始終皆繞葛居？又今山西垣曲西北有亳城，即後周亳城縣；西南有葛城，即《史記》趙成王十七年與魏惠王遇葛孽者。亳、葛豈得必近寧陵？巢元方《諸病源候·寒食散發候》引謐云：『凡有寒食散藥者，雖素聰穎，發即頑劣。救寒食者，要當逆常理，反正性。」又云：「當違人理，反常性。」又云：「務違常理，是無疑也。」則謐散發時，輒著書以輔王肅，冀用救死。《呂氏春秋·慎大覽》：「未嬉言天子夢兩日鬪，西方日勝，湯令師從東方出於國西以進。」肅、謐作《孔傳》，解「先王」為帝嚳，則亳在東；其解「升陑」，則云繞出桀西，乘桀不備，立義險謬若此。《書序正義》：鄭云「亳，今河南偃師縣有湯亭。」不知何書注文，謾引於此。《史記·封禪書》雍西「社亳」《集解》引臣瓚亦云「濟陰薄縣是。」謐後儒者，引古俱謬。

經注言亳者，均在《商頌》、《周雅》、《書序》、《雒予命》、《尚書中候》、《史記》後，又其言及地里書，皆就湯得天下後言之。周、虢、莘、鄭，皆東西有之，何疑於亳？以中土亳，説「從先王居」，則華陽之封，莘野之聘，升陑之師，事理皆悖。鄭樵《通志·都邑略》云：「太史公言禹興於西羌，湯起於亳，在今長安南；及湯有天下，始居宋地。」漢後説亳者，惟此最通。今知亳在西而謂先王定是契者，《周語》云：「元王勤商，十四世而興。」《史記》自契至湯，正十四世。《荀子·成相篇》云：「契元王，生昭明，居於砥石遷于商」，是契為元王。《商頌》云：「天命元鳥，降而生商」，又云「帝立子生商」，又云「元王桓撥」，是商止祖契稱元王，無緣以帝嚳為先王。《書序正義》言「契以下皆諸侯，不得稱先王」，不知契稱王，《詩》有明徵。若帝嚳，則不應降稱王也。《史記》「帝告」作「帝誥」，古義可知。唐人《索隱》謂「誥」一作「告」，其亦王肅、皇甫謐之文歟？

清·陳壽祺《左海經辨》卷上《三亳辨》 壽祺按：《漢書·地理志》河南郡偃師縣有尸鄉，殷湯所都；而于梁、泲陰、山陽諸郡國，皆不言湯都。《續漢志》屬河南尹，劉昭注引《皇覽》曰：有湯亭，有湯祠。鄭君《書注》曰：河南偃師縣有湯亭，主《班志》説。孔《疏》引《尚書中候·格予命》云：天乙在亳，東觀在洛。是指偃師在洛西也。《續漢志》河南尹鞏縣，劉《注》又引《左氏傳》「商湯有景亳之命」，杜預曰鞏縣西南有湯亭。按今河南府偃師、鞏二縣鄰接，鞏縣之湯都，即偃師之亳也。湯之創業，始于景亳，故曰「朕哉自亳。」後遷居嚳墟，亦名為亳。亳本帝嚳之墟，在《禹貢》豫州河、洛之間，即偃師尸鄉也。《書》有《帝告》、《釐沃》，「告」即「嚳」省文。《書序》言「從先王居」，是湯有天下，實遷居偃師。而皇甫謐則云：《孟子》稱「湯居亳，與葛為鄰。」按《地理志》，葛今梁國寧陵之葛鄉是也。寧陵去偃師八百里，而使亳眾為耕，童子餉食，非其理也。皇甫謐説見《水經》二十三《汳水注》，又見《尚書疏》。今梁國有二亳，南亳在穀熟，北亳在蒙，非偃師也。盤庚治亳殷，偃師是也。然則殷有三亳，二在梁國，一在河、洛之間。穀熟為南亳，即湯都也。蒙為北亳，即景亳，是湯所受命也。偃師為西亳，即盤庚所徙也，《立政》曰「三亳阪尹」是也。以上見《續漢郡國志》注。案：謐言三亳，小顔《漢書注》、羅苹《路史注》已糾之。考湯及盤庚所都，唯有偃師與蒙；若穀熟，獨自謐言之，不足信也。據《紀年》「盤庚遷於北蒙，曰殷」，則明在北亳而非西亳，謐言誤矣。

又《續漢志》云：梁國薄縣，湯所都。劉《注》引杜預曰：梁國蒙縣西北有薄城，城中有湯冢，其西又有微子冢。《左氏傳》莊十二年「蒙澤」注作「亳城」，《續志》注引杜語作「薄」。亳、薄二字通。「微子」杜注作「箕子」。臣瓚於《前漢志》「山陽薄縣」下云：湯所都。又曰：湯居亳，今泲陰亳縣是也。《水經汳水注》引闞駰語以為湯都。今薄有湯冢，已氏有伊尹冢，皆相近。孔沖遠歷引諸説，疑不能辨。今按：蒙、穀熟，古但名高丘，不名亳。薄縣者，漢本居山陽郡，後漢又分其地置蒙，穀熟與薄并改屬梁國。漢薄、蒙、穀熟故城在今夏邑、永城二縣。晉又改薄為亳，且改屬泲陰。皇甫謐、杜預、臣瓚、司馬彪皆晉人，諸家所云，本一説也。但謐言穀熟為南亳，失之不經，言湯與盤庚所都，又失其實。《水經注·汳水·睢水》二篇言北亳、南亳，亦沿謐説。

《班志》云：「宋地，今之沛、梁、楚、山陽、濟陰、東平及東郡之須昌、壽張，皆宋分也。」又云：「昔堯作游成陽，舜漁雷澤，湯止於亳。」是以此為湯遊息之處也，然則湯實都偃師。其蒙縣，劉昭云：「湯所盟處。」蓋湯為諸侯時居之，盤庚亦徙居之。謐以湯都南亳，不都西亳，又謬矣。師古於「偃師」下注引劉向云「殷湯無葬處」，以折臣瓚湯冢之説，而于「山陽薄縣」下復采瓚注。按《元和志》云：亳、薄字異義同。案《管子·輕重篇》：「湯以七十里之勇，兼桀之天下。」《墨子·非攻下》：「湯奉桀眾以克有屬諸侯于薄。」《周書·殷祝解》：「湯放桀而復薄。」《荀子·議兵篇》：「古者湯以薄，武王以鎬。」《尚書大傳》「亳」皆為「薄」。《呂氏春秋》卷十八《慎大篇》曰：「湯嘗約于郼薄。」案《廣韻》：郼，殷國名。《呂覽》高誘注：讀如「衣」。今兗州人謂殷氏皆曰衣。《慎勢篇》同。又《禮記·中庸》鄭注：殷讀如衣。今姓有衣者，殷之胄與？《路史》謂郼即殷，非也。《水經注》二十三《汳水》引《皇覽》曰：「湯冢在濟陰亳縣北東郭，去縣三里。冢四方，方各十步，高七尺，上平也。漢哀帝建平元年，大司空史郤長卿按行水災，因行湯冢。』然則諸家之言，以湯嘗止於亳，指實其處，而穀熟與蒙不得分為二亳也。杜預亦兼存偃師，其意止有東、西二亳，故以《商頌》景亳為用地也。

三亳當如鄭君《書》注謂：遷亳之民而分為三，東成皋，南轘轅，西降谷。是酈道元《水經·汳水注》、張守節《史記正義》、樂史《太平寰宇記》、嚴粲《詩緝》幷謂湯自南亳遷西亳。李吉甫《元和郡縣志》、歐陽忞《輿地廣記》幷謂穀熟為湯都，皆本之皇甫謐，謐之前無為是言者。《路史》雖糾謐妄，猶不免為謐所欺也。按隋、唐之宋州，宋之應天府，即今河南歸德府。《水經注》大蒙城，《水經·汳水注》：汳水又東徑蒙縣故城北，俗謂之小蒙城。汳水又東徑大蒙城北，自古不聞有二蒙，疑即蒙亳也，所謂景亳為北亳矣。在今歸德府高丘縣北四十里，穀熟故城在今高丘縣東南四十里。若如謐言，商丘、偃師相去七八百里，蒙、穀熟相去止數十里，奈何強充分以充二亳之數乎？

《史記·高祖本紀正義》曰：盤庚國殷中之地，改商為殷，在商州安陽縣，即北蒙殷虛。王伯厚《地理通釋》據之，非也。河亶甲始居相，祖乙始自相遷耿，故世以朝歌北為殷墟。盤庚所徙北蒙，在蒙縣也。《紀年》云：武乙三年，自殷遷于河北。案此與《史記·殷本紀》合。十五年，自河北遷於沬。案此《路史》繫之武丁，從《水經》卷九《淇水注》酈道元説。《路史·國名紀》云：在朝歌故城南，《詩》『沬之鄉』者，近紂都。《水經注》紂都在冀州大陸之野，即此。《紀年》又云：文丁元年，王即位，居殷。附注『自沬歸殷邑。』《紀年》又于帝辛、帝乙皆云居殷。《路史》引《帝王世紀》曰：帝乙復濟河，北徙朝歌。《路史》引以為武乙。則自帝乙而後，遂名朝歌為殷矣。《帝王世紀》曰：紂自朝歌北築沙丘臺。《史記正義》曰：『《紀年》自盤庚徙殷二百五十二年，更不徙都。紂時稍大其邑，南距朝歌，北距邯鄲及沙丘，皆為離宮別館。』然紂所居殷，乃帝乙徙朝歌地也，以為盤庚之殷，殊誤。

朝歌，兩《漢志》幷屬河內郡，云紂所都。按今衛輝府淇縣是。《漢志》云：南有牧野。《水經注》引應氏《地理風俗記》曰：河內殷國也，周名曰南陽。《路史》注引《相州圖經》云：安陽，紂都也，在淇、洹之間，所謂北蒙，《戰國策》所謂『紂兵左飲淇，右飲洹』者。又云：庚丁徙河北，號北殷，地即殷墟，在相之安陽西，有溵水，北去朝歌百三十里。《路史》注：南去鄴三十里。《史記·項羽傳》『洹水南殷墟』，是河北也。有殷城。案：《水經》卷九《沁水注》引《述征記》：河內懷有殷城。《元和志》：在武陟東南十里，殷王印治之。考《紀年》，秦伐鄭，次於懷，城殷。殷之為名久矣。晉之殷州，《水經》九《沁水注》：劉聰以郭默為殷州刺史。建中復為溵州。《路史》注：建中二年，以陳之溵水置，貞元二年廢，元和十二年復立。案：此陳州商水縣。秦置溵強縣，漢改曰殷強，隋改為溵水，唐名溵州，末改商水，唐又置殷州。今衛輝府獲嘉縣地。《路史》云：自盤庚至紂復五遷，盤庚蒙，武丁沬，自沬徂亳，庚丁徙河北，武丁徙朝歌。世不知矣。然所數庚丁一徙，與《史記》、《紀年》皆不合，未詳何據。韋昭《楚語》注又謂武丁遷於河內，從河內往亳都，此盤庚以後遷都之事也。

清·金鶚《求古録禮説》卷一〇《湯都考》

湯都説者不一。《漢書·地理志》於『偃師』注云：湯都。《書·帝告序》：湯始居亳。鄭康成注云：亳，今河南偃師縣有湯亭。杜預云：梁國蒙縣北有亳城，城中有成湯冢，其西有伊尹冢。皇甫謐云：亳，今梁國穀熟縣。閻百詩據《後漢志》梁國虞縣有桐地，有桐亭，謂太甲所放應在於此。虞縣距湯都南亳僅七十里，方可伊尹既涉國政，復時時往桐訓太甲。若偃師去虞縣八百餘里，則不能矣。湯都仍屬穀熟鎮為是。穀熟即南亳，今河南歸德府商丘縣。

鶚案：《孟子》『湯居亳，與葛為鄰，葛伯不祀，湯使亳眾往為之耕』，則其地甚近可知。考葛國即今寧陵，在商丘西六十里，固甚近也。若湯居偃師，相去甚遠，豈有使其民往為葛耕之事？皇甫謐《帝王世紀》力辨偃師之非，最為詳明，然則湯始居亳，在偃師者誤也。且桀都實在今河南府洛陽。詳《桀都安邑辨》。偃師在洛陽東北七十里，湯都必無與桀都同處之理，況桀與湯戰於鳴條，見《汲郡古文》。鳴條在今開封府陳留西北。亦詳《桀都辨》。陳留在偃師之東，桀豈越湯國而與之戰乎？是湯始都必不在偃師，而在穀熟明矣。

又案：《書》言盤庚遷於殷，而有『復我高祖』之言。高祖謂成湯，是成湯曾居殷也。《書序》云：盤庚治亳殷。孔《傳》：殷，亳之別名。《史記·殷本紀》云：盤庚自河北渡河南，居西亳。《立政》三亳，皇甫謐以為三處之地皆名為亳，蒙為北亳，穀熟為南亳，偃師為西亳。其説是也。南亳、北亳皆在今彰德府商丘縣，是二亳可通為一，皆為湯之國都，□亳殷對此而稱西亳，則此可稱東亳也。康成謂西亳即偃師，張守節《史記正義》亦謂偃師湯所都，盤庚亦從居之。然則湯都又在偃師，明矣。夫惟西亳偃師別有殷名，若南亳穀熟未聞有名為殷者。商自盤庚遷殷以後，國號始改稱殷，而周人稱湯亦多言殷湯，蓋以湯嘗居殷故，亦可稱殷。不然，但當稱商湯，不應以後代之號加於先世也。是謂湯終居穀熟而不都偃師者，亦誤也。蓋湯未滅桀之先，始居穀熟，及滅桀之後，乃遷居偃師。然居穀熟之時尚為諸侯，其國非帝王之都，迨即天子之位而居偃師，則惟偃師可為湯都。故班固不以湯都注於『穀熟』，而特注於『偃師』也。

夫洛陽為天下之中，嵩嶽在焉。王道貴於建中，宜中天下而立，故禹初都陽城，詳《禹都考》。周成王亦營洛邑為東都。湯之都偃師，其以此乎！堯、舜皆都冀州，禹亦終都冀州，以冀州居東西之中而近北，居高御下，象北辰之在北也。且堯時洪水氾濫，舜、禹水患初平，皆宜居高地也。又帝王之都，皆近於其所自興。堯初為唐侯，唐與平陽皆在冀州，故都平陽。舜初居虞，蓋即今虞鄉，與蒲阪近，故都蒲阪。禹始封陽翟，與陽城近，故都陽城。然禹之生當在冀州，今山西有夏縣，晉陽亦有大夏之名，或禹生於此，後因以為國號，故又遷都晉陽，既不忘其所由生，又以受禪於堯、舜，宜從堯、舜之所居也。湯以先世居南亳，偃師亦有亳名，又同在豫州，且居天下之中，故都偃師。穀熟地偏於東，又不得嵩高以為中嶽，故不終都於此。然當夏桀未滅之先，偃師方為桀所據，安得為都？迨既滅夏，斯可遷居之也。其不即居桀都而別為都者，王者更姓，易物必易其所都之地，以示更新，故歷代帝都皆不相沿也。

鄭君解盤庚五邦，謂湯始居商丘，其後遷亳，仲丁遷囂，河亶甲居相，祖乙遷耿，是為五邦。馬融、王肅說并同。商丘即指南亳，亳則指西亳，其釋五邦固非；五邦必皆言王都，又皆必遷居，謂五遷其邦也。湯居商丘非王都，又沿上世之舊，不得謂之遷。偽孔《傳》不數商丘而數盤庚遷殷，明與『先王』二字剌繆。案《汲郡古文》：祖乙自耿遷於庇，南庚遷奄。則囂、相、耿、庇、奄為五邦。《路史》主此說，此五遷在成湯之後，盤庚之前，其說自確。孔沖遠謂《竹書》不可依，非也。而謂湯自商丘遷於西亳，則得之矣。第解《書・帝告序》湯始居亳，以亳為西亳，亦為未當。此始居亳，當是南亳穀熟，今為商丘縣。商丘蓋因上古之稱，《左傳》言『閼伯居商丘，主大火。』大火為宋分野，今之商丘，宋地也。又言相土居商丘，相土，契之孫，是契封於商，即商丘也。《書序》『帝告』即帝嚳。謂『湯始居亳，從先王居』，先王指帝嚳，是帝嚳本居亳也。亳即商丘，商丘其本名，後改稱亳也。蓋帝嚳始都商丘，及堯即位都平陽，商丘遂虛。帝嚳之子閼伯，與弟實沈不相能，堯乃遷閼伯於商丘。見左昭元年《傳》。遷之者，封之也，即以先王之地封之也。閼伯長子，故封以先王之地；實沈季子，故別封於大夏。其後舜封契於商，即因閼伯之地。《左傳》云：商人是因。商丘地名，商則國號也。至相土猶居於此，厥後屢遷。班固云：『商人屢遷，前八後五。』自契至湯，凡八遷也，然未知何據。《世本》謂昭明居砥石，《路史》謂上甲微居鄴，其餘不可考。迨成湯始復居商丘，從帝嚳之舊，爰作《帝告》之書，此時商丘別名亳矣。亳即商丘，其非偃師甚明。鄭以湯始居亳為偃師，是帝嚳之都、契之封，皆在偃師矣。豈其然乎？

張守節謂帝嚳及湯皆都偃師，因鄭說而誤也。至於太甲放於桐，鄭君但注桐為地名，有王離宮焉。未知確在何處。《晉太康地記》云：尸鄉南有亳阪，東有城，太甲所放處也。尸鄉在洛州偃師縣西南五里，若然，則太甲放處密邇王都，伊尹自可時時往訓太甲矣。閻氏何必專據虞縣桐亭，而移湯都於穀熟以就之乎？或據偽孔《傳》以桐為湯墓之地，引杜預梁國亳城中有湯冢，謂湯都當在穀熟。然劉向言殷湯無葬處，是漢時已不可知。《括地志》云：偃師縣東六里有湯冢。其說近是。杜氏之說，不可信也。漢哀帝時，大司空御史長卿按行水災，得湯冢於汾陰亳縣北東部，歷代著諸祀典，其地在今蒲州府榮河縣。案：古人葬必近其居。榮河去偃師稍遠，湯冢未必在是。即使可信，亦足為湯都偃師之證。若都商丘，與榮河相去千餘里，豈遠葬於是乎？

藝　文

唐・胡曾《咏史詩》卷上《朝歌》　長嗟墨翟少風流，急管繁絃似寇讎。若解聞韶知肉味，朝歌欲到肯迴頭。

宋・許綸《涉齋集》卷一七《朝歌城》　魯墻絲竹千年在，寂寞朝歌莽一丘。突有浮屠延望眼，何因駐得墨家流。

金・元好問《遺山集》卷一二《北歸經朝歌感寓三首》　南来山勢漸坡陀，蕩蕩川塗接大河。馬上哦詩無好語，聊從白塔記朝歌。　黄屋何曾土作階，禍基休指九層臺。書生不見千年後，枉為君王泣玉杯。　墨翟區區不近情，迴車曾此避虛名。采薇唯有西山老，不逐時人信《武成》。

元・馬祖常《石田文集》卷四《朝歌》　霧黯山沉樹，風號路起塵。朝歌醉王死，周室又歸秦。

明・楊士奇《東里續集》卷五七《題宋知州瞻彼南山圖詩》 内黄舊是故殷城，臨水觀山足公暇。此邦名與山齊高，古來為政多賢勞。高山景仰攀逸駕，毋負青年志氣豪。

明・孫承恩《文簡集》卷二五《殷墟》 風木蕭蕭落葉多，牛羊日晚下平坡。狡童千載神遊處，來聽當年麥秀歌。

兩周首都分部

綜述

《詩經・大雅・公劉》 篤公劉，逝彼百泉，瞻彼溥原，迺陟南岡，乃覯于京。京師之野，于時處處，于時廬旅，于時言言，于時語語。《集傳》：公劉之營京邑也審矣。自下觀之，則往百泉而望廣原；自上觀之，則陟南岡而覯京師。審其可處矣，則經畫以定之，曰此可以居居民，此可以廬賓旅，此可以施教令，此可以議政事。蓋自遷豳，至此而始有朝廷邑居之正焉。

又《緜》 緜緜瓜瓞，民之初生。自土沮漆，古公亶父。陶復陶穴，未有家室。

古公亶父，來朝走馬。率西水滸，至于岐下。爰及姜女，聿來胥宇。周原膴膴，堇荼如飴。爰始爰謀，爰契我龜。曰止曰時，築室于茲。迺慰迺止，迺左迺右。迺疆迺理，迺宣迺畝。自西徂東，周爰執事。乃召司空，乃召司徒，俾立室家。其繩則直，縮版以載，作廟翼翼。度之薨薨，築之登登，削屢馮馮。百堵皆興，鼛鼓弗勝。迺立皐門，皐門有伉。迺立應門，應門將將。迺立冢土，戎醜攸行。《集傳》：一章言在豳，二章言至岐，三章言定宅，四章言授田居民，五章言作宗廟，六章言治宫室，七章言作門社。

又《大雅・文王有聲》 文王受命，有此武功，既伐于崇，作邑于豐，文王烝哉！

築城伊減，作豐伊匹，匪棘其欲，遹追來孝，王后烝哉！

王公伊濯，維豐之垣，四方攸同，王后維翰，王后烝哉！

考卜維王，宅是鎬京，維龜正之，武王成之，武王烝哉！

《殷周金文集成釋文》卷二《獻侯鼎》 唯成王大𠦪（祓），在宗周。

又 卷四《何尊》 唯王初遷宅于成周，【略】在四月丙戌，【略】曰：余其宅茲中國，自之乂民。【略】隹王五祀。

《尚書・召誥》 《序》：成王在豐，欲宅洛邑，使召公先相宅，作《召誥》。

惟二月既望，越六日乙未，王朝，步自周，則至于豐。惟太保先周公相宅，越若來三月，惟丙午朏。越三日戊申，太保朝至于洛，卜宅。厥既得卜，則經營。越三日庚戌，太保乃以庶殷攻位于洛汭。越五日甲寅，位成。若翼日乙卯，周公朝至于洛，則達觀于新邑營。越三日丁巳，用牲于郊，牛二。越翼日戊午，乃社于新邑，牛一，羊一，豕一。越七日甲子，周公乃朝用書。命庶殷，侯、甸、男、邦伯。厥既命殷庶，庶殷丕作。

太保乃以庶邦冢君出取幣，乃復入錫周公，曰：『拜手稽首，旅王若公。』誥告庶殷越自乃御事：『嗚呼！皇天上帝，改厥元子茲大國殷之命，惟王受命，無疆惟休，亦無疆惟恤。嗚呼！曷其奈何弗敬。天既遐終大邦殷之命，茲殷多先哲王在天。越厥後王後民，茲服厥命。厥終，智藏瘝在。夫知保抱攜持厥婦子，以哀籲天，徂厥亡，出執。嗚呼！天亦哀于四方民，其眷命用懋，王其疾敬德。

相古先民有夏，天迪從子保，面稽天若，今時既墜厥命，今相有殷，天迪格保，面稽天若，今時既墜厥命。今沖子嗣，則無遺壽耇，曰其稽我古人之德，矧曰其有能稽謀自天。嗚呼！有王雖小，元子哉，其丕能諴于小民。今休，王不敢後。用顧畏于民碞，王來紹上帝，自服于土中。旦曰「其作大邑，其自時配皇天，毖祀于上下，其自時中乂。王厥有成命，治民今休。」王先服殷御事，比介于我有周御事，節性，惟日其邁。王敬作所，不可不敬德。

我不可不監于有夏，亦不可不監于有殷。我不敢知曰，有夏服天命，惟有歷年。我不敢知曰，不其延。惟不敬厥德，乃早墜厥命。我不敢知曰，有殷受天命，惟有歷年。我不敢知曰，不其延。惟不敬厥德，乃早墜厥命。今王嗣受厥命，我亦惟茲二國命，嗣若功。

王乃初服。嗚呼！若生子，罔不在厥初生，自貽哲命。今天其命哲，命吉凶，命歷年。知今我初服，宅新邑，肆惟王其疾敬德。王其德之用，祈天永命。其惟王勿以小民淫用非彝，亦敢殄戮用乂民，若有功。其惟王位在德元，小民乃惟刑用于天下，越王顯。上下勤恤，其曰我受天命，丕若有夏歷年，式勿替有殷歷年。欲王以小民，受天永命。』

拜手稽首曰：『予小臣敢以王之讎民百君子越友民，保受王威命明德。王末有成命，王亦顯。我非敢勤，惟恭奉幣，用供王能祈天永命。』

又《洛誥》《序》：召公既相宅，周公往營成周，使來告卜，作《洛誥》。

周公拜手稽首曰：『朕復子明辟，王如弗敢及天基命定命，予乃胤保大相東土，其基作民明辟。予惟乙卯，朝至于洛師。我卜河朔黎水。我乃卜澗水東，瀍水西，惟洛食。我又卜瀍水東，亦惟洛食。伻來，以圖及獻卜。』

《傳》：我使人卜河北黎水上，不吉，又卜澗、瀍之間，南近洛，吉。今河南城也。【略】今洛陽也。將定下都，遷殷頑民，故并卜之。遣使以所卜地圖及獻所卜吉兆，來告成王。

王拜手稽首曰：『公不敢不敬天之休，來相宅，其作周匹休。公既定宅，伻來，來視予卜，休，恒吉。我二人共貞。公其以予萬億年敬天之休。拜手稽首誨言。』

周公曰：『王，肇稱殷禮，祀于新邑，咸秩無文。予齊百工，伻從王于周。予惟曰庶有事。今王即命曰：「記功，宗以功作元祀。」惟命曰：「汝受命篤弼，丕視功載，乃汝其悉自教工。」孺子其朋，孺子其朋，其往。無若火始燄燄，厥攸灼敘弗其絶厥若。彝及撫事如予，惟以在周工往新邑，伻嚮即有僚，明作有功，惇大成裕，汝永有辭。』

公曰：『已！汝惟沖子惟終。汝其敬識百辟享，亦識其有不享。享多儀，儀不及物，惟曰不享。惟不役志于享。凡民惟曰不享，惟事其爽侮。乃惟孺子頒，朕不暇聽。朕教汝于棐民，彝汝乃是不蘉，乃時惟不永哉。篤敘乃正父，罔不若予，不敢廢乃命。汝往敬哉！茲予其明農哉。彼裕我民，無遠用戾。』

王若曰：『公，明保予沖子。公稱丕顯德，以予小子揚文、武烈，奉答天命，和恒四方民，居師，惇宗將禮，稱秩元祀，咸秩無文。惟公德明光于上下，勤施于四方，旁作穆穆，迓衡不迷，文武勤教。予沖子夙夜毖祀。』王曰：『公功棐迪篤，罔不若時。』王曰：『公，予小子其退，即辟于周，命公後。四方迪亂未定，于宗禮亦未克敉，公功，迪將其後，監我士師工，誕保文武受民，亂爲四輔。』王曰：『公定，予往已。公功肅將祗歡，公無困哉。我惟無斁其康事，公勿替刑，四方其世享。』

周公拜手稽首曰：『王命予來承保乃文祖受命民，越乃光烈考武王弘朕恭。孺子來相宅，其大惇典殷獻民，亂爲四方新辟，作周恭先。曰其自時中乂，萬邦咸休，惟王有成績。予旦以多子越御事，篤前人成烈，答其師，作周孚先。考朕昭子刑，乃單文祖德。伻來毖殷，乃命寧予以秬鬯二卣，曰明禋，拜手稽首休享。予不敢宿，則禋于文王武王。惠篤敘，無有遘自疾，萬年厭于乃德，殷乃引考。王伻殷，乃承敘萬年，其永觀朕子懷德。』

戊辰，王在新邑烝祭，歲。文王騂牛一，武王騂牛一。王命作冊逸祝冊，惟告周公其後。王賓殺禋咸格，王入太室祼。王命周公後，作冊逸誥。在十有二月。惟周公誕保文武受命，惟七年。

《逸周書》卷五《度邑解》　維王尅殷國，君諸侯，乃厥獻民徵主九牧之師，見王于殷郊。王乃升汾之阜，以望商邑，永歎曰：『嗚呼！不淑兑天對，遂命一日，維顯畏弗忘。』王至于周，自鹿至于丘中，具明不寢。王小子御告叔旦，叔旦亟奔即王，曰：『久憂勞。』問周不寢。曰：『安，予告汝。』

王曰：『嗚呼！旦，惟天不享于殷，發之未生，至于今六十年。夷羊在牧，飛鴻過野。天自幽，不享于殷，乃今有成。維天建殷，厥徵天民名三百六十夫，弗顧，亦不賓成，用戾于今。嗚呼！于憂茲難，近飽于卹，辰是不室。我來所定天保，何寢能欲？』

王曰：『旦，予克致天之明命，定天保，依天室。志我共惡，俾從殷王紂。四方赤宜未定我于西土。我維顯服及德之方明。』叔旦泣涕于常，悲不能對。王□□傳于後。

王曰：『旦，汝維朕達弟，予有使汝。汝播食不遑暇食，矧其有乃室。今維天使予，惟二神授朕靈期，于未致予休，于近懷予朕室。汝維幼子，大有知。昔皇祖底于今，勗厥遺得顯義，告期付于朕身。肆若農服田，饑以望穫。予有不顯，朕卑皇祖不得高位于上帝。汝幼子庚厥心，庶乃來班朕大環，茲于有虞意。乃懷厥妻子，德不可追于上，民亦不可答于朕。下不賓在高祖，維天不嘉，于降來省。汝其可瘳于茲。乃今我兄弟相後，我筮龜其何所即？今用建庶建。』叔旦恐，泣涕共手。

王曰：『嗚呼！旦，我圖夷茲殷，其惟依天。其有憲命，求茲無遠。天有求繹，相我不難。自洛汭延于伊汭，居陽無固，其有夏之居。我南望過于三塗，我北望過于有嶽，丕願瞻過于河，宛瞻于伊洛，無遠天室。其曰茲曰度邑。』

又 卷五《作雒解》 武王克殷，乃立王子祿父，俾守商祀。建管叔于東，建蔡叔、霍叔于殷，俾監殷臣。武王既歸，成歲十二月崩鎬，肂于岐周。周公立，相天子，三叔及殷東徐奄及熊盈以略。周公、召公內弭父兄，外撫諸侯。九年夏六月，葬武王於畢。二年，又作師旅，臨衛政殷，殷大震潰，降辟三叔，王子祿父北奔，管叔經而卒，乃囚蔡叔于郭淩。凡所征熊盈簇十有七國，俘維九邑，俘殷獻民，遷于九畢。俾康叔宇于殷，俾中旄父宇于東。周公敬念于後，曰：『予畏同室克追，俾中天下。』

及將致政，乃作大邑成周于土中。城方千七百二十丈，郛方七百里，南繫于洛水，地因于郟山，以為天下之大湊。制郊甸方六百里，國西土為方千里。分以百縣，縣有四郡，郡有四鄙。大縣城，方王城三之一。小縣立城，方王城九之一。都鄙不過百室，以便野事。農居鄙，得以庶士，士居國家，得以諸公、大夫。凡工賈胥市臣僕，州里俾無交為。乃設丘兆于南郊，以祀上帝，配以后稷，日月星辰，先王皆與食。諸受命於周，乃建大社於周中。其壝，東青土，南赤土，西白土，北驪土，中央釁以黃土。將建諸侯，鑿取其方一面之土，苞以黃土，苴以白茅，以為土封，故曰授則土於周室。乃位五宮：大廟、宗宮、考宮、路寢、明堂。咸有四阿、反坫。重亢，重郎，常累，復格，藻棁，設移，旅楹，惷常，畫旅。內階、玄階，堤唐，山廧，應門、庫臺玄閫。

《左傳·桓公二年》 武王克商，遷九鼎于雒邑。注：九鼎，殷所受夏九鼎也。武王克商，乃營雒邑而後去之，又遷九鼎焉。時但營洛邑，未有都城。至周公乃卒營雒邑，謂之王城，即今河南城也。

又《宣公三年》 成王定鼎於郟鄏，世三十，卜年七百，天所命也。注：郟鄏，今河南也。武王遷之，成王定之。

又《襄公二十四年》 齊人城郟。注：郟，王城也。於是穀、雒鬬，毀王宮。齊叛晉，欲求媚於天子，故為王城之。《正義》：《傳》稱成王定鼎于郟鄏，周公就而營之，謂之洛邑，亦名王城。其地舊名為郟，故以郟為城名。《周語》云：靈王二十二年，穀洛鬬，毀王宮。計靈王以二年即位，往年為二十二年，往年毀壞其城，故齊人今歲為王城之也。

《春秋·昭公三十二年》 冬，仲孫何忌會晉韓不信、齊高張、宋仲幾、衛世叔申、鄭國參、曹人、莒人、薛人、杞人、小邾人城成周。漢何休《解詁》：書者起時，善其脩廢職，有尊卑之意也。孔子曰：謹權量，審法度，脩廢官，四方之政行焉。言成周者，起正居，實外之，宋胡安國《傳》：天子有道，守在四夷。今至於城王都，可以不書乎？不曰城京師而曰城成周者，京師，衆大之稱，成周，地名也，與列國等矣。

《左傳·昭公三十二年》 秋八月，王使富辛與石張如晉，請城成周。天子曰：『天降禍于周，俾我兄弟並有亂心，以為伯父憂。我一二親昵甥舅不遑啓處，於今十年。勤戍五年。余一人無日忘之，閔閔焉如農夫之望歲，懼以待時。伯父若肆大惠，復二文之業，弛周室之憂，徼文、武之福，以固盟主，宣昭令名，則余一人有大願矣。昔成王合諸侯城成周，以為東都，崇文德焉。今我欲徼福假靈于成王，修成周之城，俾戍人無勤，諸侯用寧，蝥賊遠屏，晉之力也。其委諸伯父，使伯父實重圖之，俾我一人無徵怨于百姓，而伯父有榮施，先王庸之。』

范獻子謂魏獻子曰：『與其戍周，不如城之。天子實云，雖有後事，晉勿與知，可也。從王命以紓諸侯，晉國無憂，是之不務，而又焉從事？』魏獻子曰『善。』使伯音對曰：『天子有命，敢不奉承以奔告于諸侯，遲速衰序，於是焉在。』

冬十一月，晉魏舒、韓不信如京師，合諸侯之大夫于狄泉，尋盟，且令城成周。魏子南面。衛彪傒曰：『魏子必有大咎。干位以令大事，非其任也。《詩》曰「敬天之怒，不敢戲豫；敬天之渝，不敢馳驅」，況敢干位以作大事乎？』己丑，士彌牟營成周，計丈數，揣高卑，度厚薄，仞溝洫，物土方，議遠邇，量事期，計徒庸，慮材用，書餱糧，以令役於諸侯。屬役賦丈，書以授帥，而效諸劉子。韓簡子臨之，以為成命。

又《定公元年》 春王正月辛巳，晉魏舒合諸侯之大夫于狄泉，將以城成周。魏子涖政。衛彪傒曰：『將建天子，而易位以令，非義也。大事奸義，必有大咎。晉不失諸侯，魏子其不免乎？』是行也，魏獻子屬役於韓簡子及原壽過，而田於大陸，焚焉，還，卒於甯。范獻子去其柏椁，以其未復命而田也。孟懿子會城成周，庚寅，栽。宋仲幾不受功，曰：『滕、薛、郳，吾役也。』薛宰曰：『宋為無道，絶我小國於周，以我適楚，故我常從宋。晉文公為踐土之盟，曰「凡我同盟，各復舊職」，若從踐土，若從宋，亦唯命。」仲幾曰：「踐土固然。」薛宰曰：「薛之皇祖奚仲居薛，以為夏車正。奚仲遷于邳，仲虺居薛，以為湯左相。若復舊職，將承王官，何故以役諸侯？」仲幾曰：「三代各異物，薛焉得有舊？為宋役，亦其職也。」士彌牟曰：「晉之從政者新，子姑受功，歸，吾視諸故府。」仲幾曰：「縱子忘之，山川鬼神其忘諸乎？」士伯怒，謂韓簡子曰：「薛徵於人，宋徵於鬼。宋罪大矣。且己無辭，而抑我以神，誣我也。『啓寵納侮』，其此之謂矣。必以仲幾為戮。」乃執仲幾以歸。三月，歸諸京師。城三旬而畢，乃歸諸侯之戍。

《國語》卷三《周語下》 敬王十年，劉文公與萇弘欲城成周，為之告晉。魏獻子為政，說萇弘而與之，將合諸侯。衛彪傒適周，聞之，見單穆公曰：「萇、劉其不沒乎？周詩有之曰：『天之所支，不可壞也。其所壞，亦不可支也。』昔武王克殷，而作此詩也，以為飫歌，名之曰《支》，以遺後之人，使永監焉。夫禮之立成者為飫，昭明大節而已，少典與焉。是以為之日惕，其欲教民戒也。然則夫《支》之所道者，必盡知天地之為也。不然，不足以遺後之人。今萇、劉欲支天之所壞，不亦難乎？自幽王而天奪之明，使迷亂棄德，而即慆淫，以亡其百姓。其壞之也久矣，而又將補之，殆不可矣。水火之所犯，猶不可救，而況天乎！」【略】

單子曰：「其咎孰多？」曰：「萇叔必速及，將天以道補者也。夫天道導可而省否，萇叔反是，以誑劉子，必有三殃：違天，一也；反道，二也；誑人，三也。周若無咎，萇叔必為戮。雖晉魏子，亦將及焉。若得天福，其當身乎？若劉氏，則必子孫實有禍。夫子而棄常法，以從其私欲，用巧變以崇天災，勤百姓以為己名，其殃大矣。」是歲也，魏獻子合諸侯之大夫於狄泉，遂田于大陸，焚而死。及范、中行之難，萇弘與之，晉人以為討，二十八年，殺萇弘。及定王，劉氏亡。

《公羊傳·宣公十六年》 夏，成周宣謝災。《傳》：成周者何？東周也。《解詁》：後周分為二，天下所名為東周、名為成周者，本成王所定名，天下初號之云爾。

又《昭公二十二年》 秋，劉子、單子以王猛入于王城。《傳》：王城者何？西周也。《解詁》：時居王城邑，自號西周。

又《昭公二十六年》 冬十月，天王入于成周。《傳》：成周者何？東周也。《解詁》：是時王猛自號爲西周，天下因謂成周爲東周。

《穀梁傳·昭公三十二年》 冬，仲孫何忌會晉韓不信、齊高張、宋仲幾、衛世叔申、鄭國參、曹人、莒人、薛人、杞人、小邾人城成周。《傳》：天子微，諸侯不享覲。天子之在者，惟祭與號。晉范寧《集解》：祭謂郊上帝，號謂稱王。故諸侯之大夫相帥以城之。此變之正也。

《古本竹書紀年·周紀》 周自穆王以下，都于西鄭。

《今本竹書紀年》卷上《武乙》 元年壬寅，頒遷于岐周。三年命周公亶父賜以岐邑。

又 卷上《文丁》 五年，周作程邑。

又 卷上《帝辛》 三十三年，密人降于周師。遂遷于程。

三十五年，周大饑，西伯自程遷于豐。

又 卷下《周武王》 十五年【略】冬，遷九鼎于洛。

又 卷下《成王》 七年春二月，王如豐。三月，召康公如洛度邑。甲子，周文公誥多士于成周，遂城東都。王如東都，諸侯来朝。冬，王歸自東都。十一年，王命周平公治東都。十四年【略】冬，洛邑告成。十八年春正月，王如洛邑，定鼎。

又 卷下《穆王》 元年己未冬十月，築祇宫于南鄭。注：穆王以下，都于西鄭。清徐文靖《統箋》：顔師古謂穆王下無都西鄭之事，殊不知西鄭、南鄭一也。自鎬京視之，則鄭在南；自新鄭視之，則鄭在西。

又 卷下《懿王》 十五年，王自宗周遷于槐里。

《呂氏春秋》卷一八《具備》 武王嘗窮於畢裎矣。注：畢裎，畢豐。

又 卷二〇《長利》 南宫括對曰：「君獨不聞成王之定成周之説乎！其辭曰：『惟余一人，營居于成周。惟余一人，有善易得而見也，有不善易得而誅也。』」

《史記》卷四《周本紀》 公劉雖在戎狄之間，復修后稷之業，務耕種，行地宜，自漆、沮渡渭，取材用。行者有資，居者有畜積，民賴其慶。百姓懷之，多徙而保歸焉。周道之興，自此始，故詩人歌樂，思其德。公劉卒，子慶節立，國於豳。【略】古公亶父復修后稷、公劉之業，積德行義，國人皆戴之。薰育，戎狄攻之，欲得財物，予之；已復攻，欲得地與民。民皆怒欲戰，古公曰：「有民立君，將以利之。今戎狄所為攻戰，以吾地與民。民之在我與其在彼，何異？民欲以我故戰，殺人父子而君之，予不忍為。』乃與私屬，遂去豳，度漆、沮，踰梁山，止於岐下。豳人舉國扶老攜弱，盡復歸古公於岐下。及他旁國，聞古公仁，亦多歸之。於是古公乃貶戎狄之俗，而營築城郭室屋，而邑別居之，作五官有司。民皆歌樂之，頌其德。【略】（西伯）明年，伐崇侯虎，自岐下而徙都豐。【略】平王立，東遷於雒邑，辟戎寇。【略】

慎靚王立六年，崩，子赧王延立。王赧時，東西周分治，王赧徙都西周。【略】四十二年，秦破華陽約。馬犯謂周君曰：『請令梁城周。』乃謂梁王曰：『周王病若死，則犯必死矣。犯請以九鼎自入於王，王受九鼎而圖犯。』梁王曰：『善。』遂與之卒，言成周。因謂秦王曰：『梁非戍周也，將伐周也。王試出兵，境以觀之。』秦果出兵。又謂梁王曰：『周王病甚矣，犯請後可而復之。今王使卒之周，諸侯皆生心。後舉事且不信，不若令卒為周城，以匿事端。』梁王曰：『善。』遂使城周。

漢・劉向《說苑》卷一四《至公》　昔周成王之卜居成周也，其命龜曰：『予一人兼有天下，辟就百姓，敢無中土乎？使予有罪，則四方伐之，無難得也。』

《漢書》卷二八上《地理志上・右扶風》　斄。周后稷所封。美陽。《禹貢》岐山，在西北。中水鄉，周太王所邑。栒邑。有豳鄉，《詩》豳國，公劉所都。

又　《右扶風》　槐里。周曰犬丘，懿王都之。秦更名廢丘。

又　《河南郡》　雒陽。周公遷殷民，是為成周。《春秋》昭公二十二年，晉合諸侯于狄泉，以其地，大成周之城，居敬王。莽曰宜陽。

又　《河南郡》　河南。故郟鄏地。周武王遷九鼎，周公致太平，營以為都，是為王城，至平王居之。

又　《河南郡》　鞏。東周所居。

又　卷二八下《地理志下》　昔周公營雒邑，以為在于土中，諸侯蕃屏四方，故立京師。至幽王淫褒姒，以滅宗周，子平王東居雒邑。

晉・皇甫謐《帝王世紀・周》　周后稷始封邰，今扶風是也。及公劉徙居，邑於豳，今新平漆之東北有豳亭是也。故《詩》稱『篤公劉，于豳斯館』。至太王避狄，循漆水，踰梁山，徙邑於岐山之陽，西北岐城舊址是也。故《詩》稱『率西水滸，至於岐下』，南有周原，故始改號曰周。王季徙郢，故《書序》曰『維周王季宅郢』是也，故《孟子》稱『文王生於畢郢，西夷人也』。暨文王受命，徙都於豐，在今京兆之西是也。故《詩》有云：『既伐於崇，作邑於豐。』

及武王伐紂，營洛邑而定鼎焉。今洛陽西南洛水之北有鼎中觀是也。周公相成王，以豐偏處西方，貢道不均，乃使召公卜居洛水之陽，以即土中，故《援神契》曰：『八方之廣，周洛為中。』於是遂築新邑，營定九鼎，以洛邑為王之東都。故《周書》有曰：『我乃卜澗水東，瀍水西，唯洛食。』是為王城，名曰東周。故《公羊傳》曰：『王城者何？東周也。』《地理志》：『王城，本郟鄏之地。』是以或謂之郟鄏，故《春秋傳》曰『成王定鼎于郟鄏』是也。今河南郟鄏東門名鼎門，蓋九鼎所從入也。成王既卜營洛邑，建明堂，朝諸侯，復還豐鎬，故《書序》曰：『成王既黜殷命，還歸在豐。』至懿王徙太丘，秦謂之廢丘，今京兆槐里是也。

《世本》曰：『懿王居太丘。厲王淫亂，出居于彘。』今河東永安是也。

平王即位，徙居洛邑，《洛誥》所謂新邑也。《國語》曰：『幽王滅，周乃東遷。本殷之畿內有《禹貢》豫州之域，河、洛、瀍、澗之間，周於南柳、七星、張之分，鶉火之次也。及敬王避子朝之亂，東居成周，故《春秋經》曰『天王入于成周』是也。後六年，王室定，遂徙都成周。是後晉又率諸侯之徒，修繕其城。以成周城小，不受王都，故壞翟泉而廣焉。翟泉地在成周東北，今洛陽城中有周王塚是也。至赧王，又徙居西周而失位。

（成周）城東西六里十一步，南北九里一百步。

《春秋》『成王定鼎于郟鄏』，其南門名定鼎門，蓋九鼎所從入也。

晉・張華《博物志》卷六《地理考》　周自后稷至于文、武，皆都關中，號為宗周。

又　《佚文》　河南洛陽，周公遷殷民曰成周。河南，武王遷九鼎，周公營之，以為王城，平王所都。王城方七百二十丈，郛方一十里，南望雒水，北至陝山。河南鞏，東周所都。扶風郇邑豳鄉，公劉所都。扶風槐里，周懿王所都。

晉・司馬彪《續漢書・郡國志一・河南尹》　雒陽。周時號成周。有狄泉在城中。有唐聚，有上程聚，有士鄉聚，有褚氏聚，有滎錡澗，有前亭，有圉鄉，有大解城。河南。周公時所城雒邑也，春秋時謂之王城。東城門名鼎門，北城門名乾祭。又有甘城，有蒯鄉。

晉・陸機《洛陽記》 洛陽城，周公所制。東西十里，南北十三里。城上百步有一樓櫓，外有溝渠。

北魏・酈道元《水經注》卷一九《渭水》 渭水又東北與鄗水合。水上承鄗池于昆明池北，周武王之所都也。故《詩》云：考卜維王，宅是鄗京。維龜正之，武王成之。自漢武帝穿昆明池于是地，基搆淪褫，今無可究。

渭水又東逕槐里縣故城南。縣，古犬丘邑也。周懿王都之，秦以為廢丘，亦曰舒丘。

又 卷一六《穀水》 穀水又逕河南王城西北，所謂成周矣。《公羊》曰：成周者何？東周也。何休曰：名為成周者，周道始成，王所都也。《地理志》曰：河南河南縣，故郟鄏地也。京相璠曰：郟山名鄏地，邑也。卜年定鼎，為王之東都，謂之新邑，是為王城。其城東南名曰鼎門，蓋九鼎所從入也，故謂是地為鼎中。楚子伐陸渾之戎，問鼎于此。【略】考王封周桓公，于是為西周；及其孫惠公封少子于鞏為東周，故有東西之名矣。【略】穀水又東流，逕乾祭門北，子朝之亂，晉所開也。

宋・羅泌《路史》卷二六《國名紀三・高辛氏後・漦斄漦台郃》 稷封。作斄、斄、漦、庲，亦作台、駘、郃。今永興武功西南二十二有故漦城，有后稷、姜嫄祠。隋為稷州。注：恭帝武德三分武功、好畤四縣，置稷州。蓋唐再置。本曰周，注：《漢志》：漦屬右扶風。本曰周，故後曰周。與姜台異。注：見《炎後國》。許云郃，姜姓，炎帝稷。《后稷廟記》云：武功本名郃，後改曰漦城，失之。

又《豳邠》 邠也。注：諸記：開元十三年以豳似幽，改邠。按魏大和十四已為邠，二十年乃為豳。豳先一年為班州。本谷名。班云：扶風栒邑豳鄉。注：公劉邑。《詩》云：于豳斯語。邠之三水西南三十有故豳城。注：徐廣云：新漆縣東北有故豳亭。《九域志》：太王都。今豳亭、栒故城，皆在三水東北。龐川水西有姜嫄、公劉廟。注：按渭水南一里故郇城，武德三為郇州，三年廢故城。今在郿。

又《尉季》 不窋居。今慶之安化有尉季城，在州東三里。作『尉(季)[李]』誤。

又《不窋》 今安化有不窋城、不窋墓。注：州東三里，故順化也。《周地圖》之郁郅城，在白馬、馬嶺兩川交水口。注：《水經》：尉季一曰不窋。疑郁郅之訛。《周語》：不窋竄戎狄間。韋昭以為居豳，故《詩正義》謂生來于豳郃。

又《亶父》 古公亶父，或云亶地。呂氏云：宓子治亶父。然宓子治乃單父也。

又《岐》 古有岐伯，至古公避狄，遷岐之陽。今鳳翔岐山縣西北有岐城故址，後魏為岐州，以山之岐而名。注：即箭筈嶺。文王初為岐侯，注：《琴操》。在郃西北，不百里而豳，又在郊西北四百南有周原，而乾之永壽，亦為豳地，故《傳》謂自稷至武五遷，不出所封以此。一作郊嶅。注：《地志》：文王徙郊。非。《縣道記》：隴州吴山縣東四十五即岐山，縣西南界有一故城，彼人謂之文王城。《寰宇記》：考文王都酆，不合于此有城，疑是漢杜陽縣。又岐山縣東十九有杜陽，為內亦有杜陽故城。二縣俱屬扶風。據《十三州志》郡縣道里數，即隴州杜陽故城，近之。据《漢志》注：杜水南入渭。即普潤界文王城，近之。

又《周》 黄帝臣有周昌，商有周任，注：《千姓編》云商太史。周國久矣。預謂扶風雝東北有周城，注：雝，唐為天興。蓋即周原，岐之小地名。泰王遷之，在美陽南。故《說文》謂文王封岐，在美陽中水鄉，而《漢志》謂美陽西北中水鄉，周泰王邑。注：或謂太公徙岐下之周原，號國曰周，非。

又《程》 王季之居。注：《周書》王季宅程。《世紀》云：王季徙于程。在今咸陽。故安陵亦在岐南，與畢陌接，所謂畢程。注：《呂十八》：武王嘗窮于畢程。《長安志》：孟子言文王卒于畢郢。今作郢。

又《豐》 文王作豐，武王作鎬。豐，豐宮；鎬，鎬宮。豐在豐水之西，鎬在豐水之東，皆宗周地。本小男國，武王伐紂，乃收虞師、芮師、豐師、鎬師者，亦作酆。《寰宇記》：文王酆宮在鄠。《盟會圖》云：豐、鎬相去二十五里。

又《鎬鄗》 在長安之靈臺鄉。鎬京，宗周。注：《元和志》：鎬京在長安，有武王宮。漢穿昆明，鎬之遺址淪焉。注：今永興昆明北之鎬陂。即京周。昭元。或作鄗，非是。注：《世本》、《荀子》皆作鄗。《六韜》酆師鄗師。《史》鄗池君，亦見《春秋後傳》。然本只高字。光武起鄗邑者，若常山鄗邑，在河北。自音郝，一作隔。《集》亦音鎬，非。

又《王城洛二東西》 武王遷鼎郟鄏，成王定之，作東都洛，曰王城。注：周。今河南縣皇城也。注：澗水東，瀍水西。亦曰郟，注：今縣西有郟鄏陌，有郟山。至平王遂居之，曰東周，而以豐鎬為西周。子朝復居之，二周分理，此為東周，赧王遷之，而此為西周矣。注：《公羊》云：咸陽，東周。王城，西周。與秦之王城異。注：杜云：臨晉東有古王城。今名武鄉城。秦城之王城，乃昭十五陰飴生會秦伯處，即大荔城，在今同州。

又《東周三》 西桓公孫惠公封少子于鞏，號東周。

又《宗周三》 周公既營洛，又卜瀍水東，作下都，遷商頑焉，曰成周，今河南洛陽故城是。注：洛陽，熙寧省入河南。城中有翟泉，翟泉詳樵周地水。及子朝入王城，敬王居成周，曰東周。周衰為二，而此為西周。桓公居，考王封。自武以鎬為西豐，為宗周，後更鎬為宗周。注：《正月》注：《雨無正》曰周宗。忞云：宗周，京兆。宗周、成周、王城、東西周不一，學者宜詳。

論說

《史記》卷四《周本紀》 太史公曰：學者皆稱周伐紂，居洛邑，綜其實不然。武王、成王使召公卜居，居九鼎焉，而周復都豐鎬。至犬戎敗幽王，周乃東徙于洛邑。所謂周公葬我畢，畢在鎬東南杜中。

又 卷九九《劉敬叔孫通列傳》 婁敬曰：『陛下取天下與周室異。周之先，自后稷堯封之邰，積德累善十有餘世，公劉避桀居豳，大王以狄伐故去豳，杖馬箠居岐，國人爭隨之。及文王為西伯，斷虞芮之訟，始受命，呂望、伯夷自海濱來歸之。武王伐紂，不期而會孟津之上八百諸侯，皆曰紂可伐矣，遂滅殷。成王即位，周公之屬傅相焉，迺營成周洛邑，以此為天下之中也，諸侯四方納貢職，道里均矣。有德則易以王，無德則易以亡。凡居此者，欲令周務以德致人，不欲依阻險，令後世驕奢以虐民也。及周之盛時，天下和洽，四夷鄉風慕義，懷德附離，而並事天子。不屯一卒，不戰一士，八夷大國之民莫不賓服，效其貢職。及周之衰也，分而為兩，天下莫朝，周不能制也。非其德薄也，而形勢弱也。』

漢·班固《白虎通義》卷上《京師》 周家始封于何？后稷封于邰，公劉去邰之邠。《詩》曰：『即有邰家室。』又曰：『篤公劉，于邠斯觀。』周家五遷，其意一也，皆欲成其道也。時寧先白王者，不以諸侯移，必先請從，然後行。

唐·孔穎達《尚書·周官》正義 周為天下所宗，王都所在，皆得稱之，故豐、鎬與洛邑皆名宗周。

唐·李泰等《括地志》卷一《雍州·武功縣》 故斄城，一名武功城，在雍州武功縣西南二十二里。古邰國，后稷所封也。有后稷及姜原祠。

又 卷一《慶州·弘化縣》 不窋故城，在慶州（安）〔弘〕化縣南三里，即不窋在戎狄所居之城也。

又 卷一《豳州·三水縣》 豳州三水縣西〔三〕十里有豳原，周先公劉所都之地也。豳城在此原上，因公〔劉〕為名。

又 卷一《雍州·武功縣》 故周城，一名美陽城，在雍州武功縣西北二十五里，即太王城也。

又 卷一《雍州·長安縣》 周武王宮即鎬京也。皇甫謐《帝王世紀》曰：『武王自酆居鎬，諸侯宗之，是為宗周。』今灃水之東長安之南三十里，去酆二十五里鎬池，即其故都也。

又 卷一《雍州·始平縣》 犬丘故城，一名槐里，亦曰廢丘，在雍州始平縣東南十里。《地理志》云：扶風槐里縣，周曰犬丘，懿王都之。秦更名廢丘，高祖三年更名槐里也。

又 卷三《洛州·河南縣》 故王城，一名河南城，本郟鄏，周公新築，在洛州河南縣北九里苑內東北隅。自平王以下十二王皆都此城，至敬王乃遷都成周，至赧王又居王城也。《帝王世紀》云：王城西有郟鄏陌。《左傳》云：成王定鼎於郟鄏。京相璠《地名》云：郟，山名；鄏，邑名。

又 卷三《洛州·河南縣》 洛陽故城，在洛州洛陽縣東北二十六里，周公所築，即成周也。《輿地志》云：以周地在王城東，故曰東周。敬王避子朝之亂，自洛邑東居此。以其迫阨不受王都，故壞翟泉而廣之。

洛陽故城，在洛州洛陽縣東北二十六里，周公所築，即成周城也。《輿地志》云：成周之地，秦莊襄王以為洛陽縣，三川守理之。後漢都洛陽，改為『雒』。漢以火德，忌水，故去洛旁『水』而加『隹』。魏於行次為土，土，水之忌也，水得土而流，土得水而柔，故除『隹』而加『水』。

洛陽故城在洛州洛陽（城）〔縣〕東〔北〕二十六里，周公所築，即成周城也。《尚書》〔序〕曰成周既成，遷殷頑民。《帝王世紀》云居邶鄘〔衛〕之衆。

又 卷三《洛州·鞏縣》 《史記》周顯王二年，西周惠公封少子班於鞏為東周，其子武公為秦所滅。郭緣生《述征記》云：鞏縣，本周鞏伯邑。

唐·李吉甫《元和郡縣志》卷二《關内道二·京兆府·武功縣》 漢舊縣，古有邰國，堯封后稷之地。周平王東遷，以賜秦襄公。孝公作四十一縣，漦、美陽、武功各其一也。漦與邰音同字異。武功蓋在渭水南，今郿縣地是也。

故漦城，一名武功城，在縣西南二十三里，古邰國也。

又 卷三《關内道三·邠州·三水縣》 古豳城，在縣西三十里，公劉始都之處。

又 卷二《關内道二·京兆府·鄠縣》 周酆宮，文王宮也，在縣東三十五里，《詩》云『既伐于崇，作邑于豐』是也。崇侯無道，文王伐之，命無殺人無壞室，崇人聞之，如歸父母，遂虜崇侯，作豐邑。崇國在秦、晉之間。

又 卷一《關内道一·京兆府·長安縣》 周武王宮，即鎬京也，在縣西北十八里。自漢武帝穿昆明池于此，鎬京遺址淪陷焉。

又 卷二《關内道二·京兆府·興平縣》 槐里城，周曰犬丘，秦改名廢丘，周懿王所都。項羽封章邯為雍王，都廢丘，亦此城也。

又 卷六《河南道一·河南府·洛陽縣》 故洛陽城，在縣東二十里。按華延儁云：洛陽城東西七里，南北九里。

宋·歐陽修《文忠集》卷七五《南省試策》 問：粵若姬氏，肇自邰封，佐堯而為農師，居豳成於王業。綿綿之瓞，本仁積功，膴膴之原，聿來胥宇。逮文、武之景化，被岐、鎬之故區。繼聖嗣興，定命攸厚，相茲河洛之宅，求乎天地之中，澗、瀍之間，風雨所會。在《禮》也，載土圭之法；於《書》也，兆龜墨之祥。逖觀獻卜之文，顯著徙都之事，何乃丘明作《傳》，康王有酆宮之朝；杜預垂言，平王為東周之始。豈先後之殊致，將方策之失傳？矧又奉春始謀，極談秦地之固；孟堅能賦，頗折西賓之問。建邦之利，析理奚長？諒茲俊髦，精于經傳，敷言條對，尚勿猥棄。

對：肇祖乎后稷，以至乎赧王，流德而深厚者，莫大乎西周。始封乎邰土，卒終於洛都，因世而相宅者，逮歷乎七百。方策之所並載，《詩》、《頌》之所歌舞，可略而談也。若乃武王在鎬，繼文而有聲；周公踐祚，相成而負扆。即神皋以開壤，據澗、瀍之上游，是為洛都以徙周邑。然而丘明作《傳》，康王有酆宮之朝；杜預垂言，平王為東周之始。此策所以疑而問者，得非洛之初營，周都既定，但遷九鼎，以居其中；及周德之下衰，始平王之東徙，迹先後之可見，非方策之失傳也。夫守金城之府，據繞霤之固，扼關中之形勢者，彊秦之興也，此奉春以是建策而為高皇說也。因土圭之景，迹宗周之舊，當天下而宅中者，東漢之盛也，此孟堅之所以因賦而陳光武之業也。夫圯耿徙亳，成湯非一邦而理；在岐居鎬，姬氏不共邑而興。世之盛衰，顧德薄厚而已，又烏稱建邦之利哉？故東西二都，皆兩漢由之而興廢也。謹對。

宋·蘇軾《志林·論古》 蘇子曰：周之失計，未有如東遷之繆者也。自平王至於亡，非有大無道者也。頿頿音兹，即靈王。王之神聖，諸侯服享，然終以不振，則東遷之過也。昔武王克商，遷九鼎于洛邑，成王、周公復增營之，周公既沒，蓋君陳、畢公更居焉，以重王室而已，非有意於遷也。周公欲葬成周而成王葬之畢，此豈有意於遷哉？今夫富民之家，所以遺其子孫者，田宅而已，不幸而有敗，至於乞假以生可也，然終不可議田宅。今平王舉文、武、成、康之業而大棄之，此一敗而鬻田宅者也。夏、商之王，皆五六百年。其先王之德無以過周，而後王之敗亦不滅幽、厲，然至於桀紂而後亡。其未亡也，天下宗之，不如東周之名存而實亡也。是何也？則不鬻田宅之效也。盤庚之遷也，復殷之舊也。古公遷于岐，方是時，周人如狄人也，逐水草而居，豈所難哉？衛文公東徙渡河，恃齊而存耳。齊遷臨菑，晉遷于絳于新田，皆其盛時，非有所畏也。其餘避寇而遷都，未有不亡，雖不即亡，未有能復振者也。

春秋時，楚大饑，群蠻叛之，申、息之北門不啓，楚人謀徙於阪高，蔿賈曰：『不可。我能往，寇亦能往。』於是乎以秦人、巴人滅庸，而楚始大。蘇峻之亂，晉幾亡矣，宗廟宮室盡為灰燼，溫嶠欲遷都豫章，三吳之豪欲遷會稽，將從之矣，獨王導不可，曰：『金陵，王者之都也。王者不以豐儉移都，若弘衛文大帛之冠，何適而不可？不然，雖樂土為墟矣。且北寇方强，一旦示弱，竄於蠻越，望實皆喪矣。』乃不果遷，而晉復安。賢哉導也！可謂能定大事矣。

嗟夫！平王之初，周雖不如楚之强，顧不愈於東晉之微乎？使平王有一王導，定不遷之計，收豐、鎬之遺民，修文、武、成、康之政，以形勢臨東諸侯，齊、晉雖强，未敢貳也，而秦何自霸哉？魏惠王畏秦遷于大梁，楚昭王畏吳遷于都，頃襄王畏秦遷于陳，考烈王畏秦遷于壽春，皆不復振，有亡徵焉。

東漢之末，董卓劫帝，遷于長安，漢遂以亡。近世李景，遷于豫章亦亡。故曰：周之失計，未有如東遷之繆者也。

宋·張大亨《春秋通訓》卷六《昭公》 或曰京師，或曰王室，或曰王城，或曰成周，何也？京師者，別下國之稱也。王室者，別外朝之稱也。王城者，別郊甸之稱也。成周者，臨天下之稱也。由下國而指王都，則以衆大言之。由弟兄爭鬩，則以王室言之；由郊甸而歸，則以王城言之；由入據正統而遂臨天下，則以成周言之。王室亂者，亂不及外也；入於王城者，得其國而未正其位也；至入於成周，則遂正其位矣。成周猶宗周也，以天下之法，宗於武王，則謂之宗周；以天下之法，成於成王，則謂之成周。

宋·程大昌《雍録》卷一《豐畢郢》 文王都豐，在鄠縣，縣在府西南六十五里。《長安志》曰：豐水出終南山豐谷，自鄠縣東行，至咸陽而向北，以入于渭。《禹貢》謂導渭而東會于豐者，其水派然也。《史記》曰：文王伐崇侯虎而作豐邑。崇國在秦、晉之間，蓋龍門河之西也。伐崇之後，自岐遷都于豐，故豐水之西有豐宮也。【略】武王繼文，雖改邑于鎬，而豐宮元不移徙。每遇大事，如伐商、作洛之類，皆步自宗周而往，以其事告于豐廟，不敢專也。鄗在豐東二十五里，故既可步往，又可朝發而即至也。徐廣《三輔決録》。《左傳》曰：康有酆宮之朝。則康王雖仍都鎬，而其受朝，仍在豐地，是亦循武王宗豐之意也。

《元和志》、《長安志》皆謂王季遷都櫟陽，此其說本出《周書》也，曰：『惟王季宅于程。』程在安陵北，安陵，惠帝陵，在咸陽縣東。或者以程為郢，又近櫟陽，故有王季改都之說。然《孟子》明曰：『文王生於岐周，卒於畢郢。』若王季既已去郢，則文王之生，安得而在岐周也？其曰『卒於畢郢』，却恐文王之沒，適在畢郢，則不可知也。周公在豐，將沒，欲葬成周。公薨，成王葬於畢。孔安國曰：成王不敢臣周公，故使近文、武之墓，墓在畢也。以事揣之，文王之卒在畢，故葬亦在畢也。畢郢連稱，必是同在一地。或者因以郢為文都，恐未然也。

又《鎬》 《長安志》曰：鎬水出鎬池，在長安縣西北十八里。《水經注》曰：鎬水上承鎬池於昆明池北。武王自豐徙都于鎬，相去二十五里。《詩》曰：『考卜維王，宅是鎬京。惟龜正之，武王成之。』又曰：武王能廣文王之聲，卒其伐功，周之大統，至鎬而集，天下宗之，故鎬京又名宗周也。

諸家皆言自漢武帝穿昆明後，鎬京故基，淪入於池，無復可究。獨梁載言《十道志》曰：鎬池一名元阯，在昆明池北，始皇毀之。

宋·呂祖謙《左氏博議》卷一四《晉文請隧》 言周秦之强弱者，必歸之形勢。其說蓋始於婁敬。敬之言曰：『周公營成周都雒，以為有德易以興，無德易以亡，不欲阻險，令後世驕奢以虐民也。及周之衰，天下莫朝，周不能制。非德薄，形勢弱也。秦地被山帶河，四塞以為固，此所謂天府。』見《高帝紀》。論周秦之形勢者，皆宗於敬。吾獨謂敬所見者，特平王之周耳，曷嘗見文、武、成、康之周哉？敬以周之形勢為弱，秦之形勢為强，抑不知敬之所謂秦，乃文、武、成、康之周也。文、武、成、康之世，岐豐乃周之都。如敬之言，被山帶河，四塞以為固者，蓋皆周之形勢。當是時，安得有所謂秦者耶？迨至平王東遷，輕捐岐豐之地以封秦，遂成秦之强。是秦非能自强也，得周之形勢而强也。秦得周之形勢，以無道行之，猶足以雄視諸侯，并吞天下，况文、武、成、康本之以盛德，輔之以形勢，其孰能禦之耶？是天下形勢之强者，莫周若也。敬何所見而遽以弱名周耶？吾故曰：敬所見者，平王之周而未見文、武、成、康之周也。敬論周之形勢既謬，其論周之德益謬。形勢與德，夫豈二物？形勢猶身也，德猶氣也。人未有恃氣之充而置身於易死之地者，亦未有恃德之盛而置國於易亡之地者。王者之興，其德必有以先天下，其形勢亦必有以先天下。文、武、成、康之德，天下莫如也；岐豐、伊雒之形勢，天下亦莫如也。兩盡其極而未嘗有所隆殺也。君子無所不用其極者，隆其德，而殺其形勢，是有時而不用其極矣，烏得為王者之道耶？陋矣哉！敬之論也。

宋·呂祖謙《大事記解題》卷一《周貞定王》 二十八年，考王封其弟揭於河南，是為河南桓公。《解題》曰：河南即郟鄏，周武王遷九鼎，周公營以為都，是為王城，《洛誥》所謂我乃卜澗水東，瀍水西，惟洛食者也。洛陽，周公營下都，以遷殷頑民，是為成周。《洛誥》所謂我又卜瀍水東，亦惟洛食者也。平王東遷，定都于王城。王子朝之亂，其餘黨多在王城，敬王畏之，徙都成周，至是考王以王城故地封其弟桓公焉。《稽古録》謂桓公為東周桓公，非也。平王東遷之後，所謂西周者，豐、鎬也；所謂東周者，東都也。威烈王之後，所謂西周者，河南也；所謂東周者，洛陽也。河南，桓公之時雖未有東西周之名，推本而言之，謂之西周桓公，則可矣。何以稱河南為西周？自洛陽下都而視王城，則在西也。何以稱洛陽為東周？自河南王城視下都，則在東也。《君陳》畢公尹殷民，蓋在下都之地，命書皆謂之東郊，則下都在王城之東，明矣。

又　**卷二《周顯王》**　二年，趙與韓分周為二。《解題》曰：初，西周惠公封少子以奉王，東周惠公。雖獨擅河南之地，然禮樂征伐之大者，王猶與聞也。至是趙與韓攻周，分而為二，則東西周各為列國，不復相關。顯王雖在東周，特建空名於其上耳。自是而後，凡史傳所載致伯、賜胙之類，周王也；征伐謀策稱東西周君者，皆謂二周君也。趙、韓攻周，其興師之繇雖不可考，意者為西周而舉歟？《周本紀》云：王赧時東西周分治。非也。赧王特徙都西周耳，當以《趙世家》為正。

又　**卷五《周赧王》**　四十二年，魏城西周。《解題》曰：【略】所謂周者，西周也；周君者，西周武公也；周王者，赧王也。太丘社之亡，九鼎已毀，特以虛名紿魏耳。使九鼎是時尚存，則後十餘歲，秦遂滅周，鼎必入於秦，始皇何為索之於泗水哉？《周紀》書周亡，秦取九鼎寶器，亦非也。

宋·章如愚《群書考索續集》卷五〇《輿地門·歷代》　觀姬周以前帝王之作，莫不更都三河之間，未始有宅西土者也。爰自后稷居邰，太王居岐，文王都豐，武王都鎬，而關東浸以休息。自後雍土常為王霸之都，則以后稷之稼穡，太王之如豳，文王之子來，武王之求定，有以臻此之盛也。

宋·楊簡《慈湖遺書》卷八《家記二》　先儒謂王城與成周為二地，簡竊疑其不然。紛紛于今，蓋本乎孔安國一人之説。夫《召誥序》言成王在豐，欲宅洛邑，使召公先相宅。《洛誥序》言召公既相宅，周公往營成周，使來告卜。則所謂成周即洛邑王城，明矣。而安國乃析為二者，蓋以周公曰：『我卜澗水東，瀍水西，惟洛食。我又卜瀍水東，亦惟洛食。』安國疑此卜二地，遂謂瀍水之東為下都，為成周，與洛邑王城異。自此説一立，而後世諸儒不復審考，遂祖述不已。而簡所以疑其不然者，其情狀大體，已著于前矣。若夫『卜瀍水東，亦惟洛食』者，見龜所食墨，亦依洛邑之吉爾。『亦』之一言，明非二事。王於是拜手稽首以謝，周公曰：『公不敢不敬天之休，來相宅，其作周匹休』，未嘗及別為下都以遷殷頑民之意。《多士序》曰：『成周既成，遷殷頑民。』《多士》亦言『于新邑洛』，又曰『今朕作大邑于茲洛。』《畢命》亦曰：『周公毖殷頑民，遷于洛邑。』則洛邑即成周，豈不益明？合《召誥》、《洛誥》、《多士》、《君陳》、《畢命》五篇之《序》讀之，情狀昭昭。又《春秋左氏傳》言王子朝入于王城，沉周之寶珪于河。益驗王城即成周。昭二十六年冬十一月，王子朝奔楚，敬王入於成周。甲戌，盟于襄宮。十二月，王入於莊宮。按昭二十三年，王子朝入于王城。秋七月，鄩羅納諸莊宮。則莊宮在王城中，則成周即王城，又明矣。宗廟宜在王城，事理益著，又況敬王微弱，既告于晉，合諸侯以修所居之城矣，又豈能營宗廟、宮室、郊社、百司庶府、賓館耶？則益驗成周即王城，非獨指瀍水之東益明。《左氏》率好更辭，既曰『王城』，又曰『成周』，乃其屬辭常法。又孔穎達《正義》於王城言今基址可驗，而瀍水之東不言有基址可驗。節節可審，知成周與王城非異也。

宋·衛湜《禮記集説》卷一一六　嚴陵方氏（慤）曰：宗周，西周也，其地則豐、鎬也，宗廟所在，故謂之宗周。成周，東周也，其地則洛邑也，以王道成於此，故謂之成周。然文王作豐，武王作鎬，豐、鎬皆西周爾。豐謂之宗周，以文王廟在焉故也；鎬謂之宗周，以武王廟在焉故也。召公所卜者，洛之上都；周公所卜者，洛之下都，皆東周爾。謂之成周者，特下都也，前則頑民之所遷，後則敬王之所遷者是矣。而上都則謂之王城焉，前則九鼎之所遷，後則平王所遷者是矣。自敬王遷都之後，止以成周為東周，而西周為成周，蓋成周在瀍水東，王城在瀍水西故也。

宋·程公説《春秋分記》卷二五《疆理書第一·宗周成周辨》　成王之世，以豐為宗周。文王宮廟對武王為尊，《周官》以還歸在豐而作。其《序》曰：『歸於宗周，董正治官』，是豐爲宗周也。康王之世，以鎬為宗周，以世降殺，則鎬爲尊，故《畢命》言『王步自宗周，至于豐』，是鎬為宗周也。平王以後，總豐、鎬為宗周。《黍離》之詩閔宗周，又曰『赫赫宗周，褒姒滅之』，是西土總為宗周也。洛邑之下都，號為成周。《洛誥》曰『周公營成周』，《畢命》曰『以成周之衆命畢公，保釐東郊』；又曰『毖殷頑民，密邇王室』。康王在鎬而曰『密邇』者，邇王城也。晉魏舒城成周，亦以敬王自王城居成周也。

又　**《洛邑成周辨》**　武王克殷，遷九鼎于洛邑。成王命召公先相宅，在澗水東，瀍水西，而作《召誥》。以洛邑天地之中，四方朝貢，道里均焉，亦曰王城。周公往營成周，卜瀍水東，亦惟洛食，遷殷頑民而作《洛誥》。平王東遷，居洛邑王城之地。更十三王，敬王與子朝爭立，子朝據王城，於是晉魏舒合諸侯之大夫城成周，以居敬王。其後孝王仍封弟桓公於王城，號西周。故今之河南縣爲雒邑，則爲定都而作也；洛陽縣為成周，則爲遷頑民而作也。統而言之，皆屬河南郡，分而言之則有異。

又　卷二五《疆理書第一・王畿地釋名》　酆。昭四年。文王伐崇作豐，今京兆府鄠縣是也。《傳》言康有酆宮之朝，即此酆宮，在鄠縣之東，長安縣之西北靈臺鄉豐水上。

鎬。昭元年。宗周。《傳》言宗周亦曰京周。武王居鎬京，在長安縣上林昆明池北鎬陂。酆、鎬二邑，相去二十五里。

雒邑。隱元年。周。古郟鄏地。成王命召公相宅，是為王城。《公羊傳》曰：王城者何？西周也。《水經注》：其城方七百二十丈，南繫於洛水，北因於郟山，以為天下之湊。平王東遷居之，後為西周君所封，今西京河南府河南縣。

成周。隱三年。周之下都。周公營之，遷殷頑民，是為成周。《公羊傳》曰：成周者何？東周也。至敬王居成周，晉合諸侯大夫城之，今河南府洛陽縣。

又　卷三三《疆理書第九・山》　郟鄏。宣三年。成王定鼎于郟鄏。在洛陽西，郟、鄏二山相屬。

宋・趙與旹《賓退録》卷五　周之先后稷始封於邰，不窋自竄於戎狄，公劉徙居於豳，至於太王徙居岐周，文王降崇，乃作豐邑，自岐而徙都焉，武王之時，復營鎬京而居之。《詩》、《書》稱宗周者，指鎬京也，迄東遷之前，無所遷徙。然《武成》云：『王來自商，至于豐』。《召誥序》云：『成王在豐』。《周官序》云：『還歸在豐』。《左傳》亦曰：『康有酆宮之朝』。則雖改邑于鎬，而豐宮元不廢，蓋豐在京兆鄠縣，鎬在長安縣西北十八里，相距纔二十五里，往來不為勞也。武王克商之後，嘗曰：『我南望三塗，北望嶽鄙，顧瞻有河，粤瞻伊洛，毋遠天室』，營周居于洛邑。蓋洛邑居土地之中，宜作天邑。武王既得天下，有都洛之意矣，而未暇及也，先於其地遷九鼎焉。武王崩，周公相成王，成武王之志，營以為都，是為王城。其地實郟鄏，亦名河南，《洛誥》所謂『我乃卜澗水東，瀍水西，惟洛食』者也。洛陽者，周公營下都，以遷殷頑民，是為成周，其地又在王城之東，《洛誥》所謂『我又卜瀍水東，亦惟洛食』者也。《洛誥序》云：周公往營成周。則成周乃東都總名，河南，成周之王城也；洛陽，成周之下都也。王城非天子時會諸侯，則虛之：下都則保釐大臣所居，治事之地。周人朝夕受事，習見既久，遂獨指以為成周矣。

按《洛誥》『王祀于新邑』，《召誥》『王來紹上帝，自服于土中。』則成王固嘗居之，然卒駕而西也。宣王中興，嘗一會諸侯於東都，下至幽王，為犬戎所滅，宗周迫近戎狄，平王之立，不得已而東遷都於王城，始奠居焉。自是始有東西周之名，謂之東者，以別於鎬京之為西耳，河南、洛陽，未分畫也。王子朝之亂，其餘黨多在王城，敬王畏之，徙都成周。後九十餘年，考王弑兄而自立，懼弟揭之議己，遂以王城封之，以續周公之官職，是為西周桓公。此時未有東周，公而稱西周者，後人推本而言之也。桓公傳威公，威公傳惠公，考王十五年西周惠公封其少子班於鞏，以奉王，是為東周惠公；父子同謚。而西周惠公長子自為西周武公。自是周公之國始東西城分，周為東、西，王城復為西周矣。蓋自河南桓公續周公之職而秉政，三世一專，所以別封少子使奉王者，殆欲獨擅河南之地，不復奉王。且王城、成周，皆為東西周君所有，天子直寄焉耳。東周者，指周王所居之洛陽也；鞏，班之采邑也。《世本》曰：東周惠公名班，居洛陽。是班秉政於洛陽而采邑則在鞏。《前漢・地理志》曰：鞏，東周所居。姚令威用其說，非也。赧王時，東西周分治，王復徙都西周。至五十九年，秦昭王使將軍摎攻西周，西周君奔秦，頓首受罪，盡獻其邑三十六，秦受其獻，歸其君於周。蓋權移於下其極，乃至於盡獻其邑於他人，亦不出於天子之命矣。是年赧王卒，其國先絶；西周武公亦卒，秦遷西周公於𢠸狐，實武公子公子咎者；而東周惠公之後，亦尚能一傳。後七歲，秦莊襄王盡滅東西周，始不祀。大略如此。《戰國策》之西周，即揭之西周；《戰國策》之東周，即班之東周。西周建國在東周之前，而舊書躋東周於西周之上，為失其次，鮑氏正之是矣。

宋・金履祥《資治通鑑前編》卷五《紂辛》　履祥按：《逸周書》稱周王宅程，三年遭天之大荒。此文王所以都豐也與？

元・朱倬《詩經疑問》卷四《大雅》　文王伐密，遷都程邑，伐崇，遷都于豐。今據史傳所載，但言文王遷豐，不言遷程，何歟？孔《疏》曰：太王初遷，已在岐山之陽，是去舊都不遠。《周書》稱文王在程，作《程寤》、《程典》。皇甫謐曰：文王徙宅於程，蓋謂此。鄭《箋》嫌此是豐，故云後竟徙都於豐，知此作豐者以此。居岐之陽，豐則岐之東南三百里耳。今《周書》無『文王在程』之文，亦無《程寤》等逸書，此必是僞書。而文王之兩遷，止有『居岐之陽』一句可證，此外無所據矣。朱子信之，其亦有所考歟？

元・董鼎《書傳輯録纂注》卷五《召誥》　陳氏大猷曰：成王實都鎬京，特往來朝諸侯、祀清廟於洛，故鎬京謂之宗周，以其爲天下所宗也；洛邑謂之東都，又謂之成周，以周道成於此也。洛邑天下之至中，豐、鎬天下之至險。成王於洛邑定鼎，以朝諸侯，所以承天地沖和之氣，宅土中以莅四海，其示天下也公；於鎬京定都，以壯基本，所以據天下形勝，處上游以制六合，其慮天下也遠。漢唐竝建兩京，蓋亦深識形勢之所在，而有得於周公、成王之遺意歟？

元・吴澄《吴文正集》卷一《東西周辯》　東西周有二：一以前後建都之殊而名，一以二公封邑之殊而名。昔武王西都鎬京，而東定鼎于郟鄏，周公相成王宅洛邑，營澗水東，瀍水西，以朝諸侯，謂之王城，又謂之東都，實郟鄏，於今爲河南。又營瀍水東，以處殷頑民，謂之成周，又謂之下都，於今爲洛陽。自武至幽，皆都鎬京。幽王娶于申，生太子宜臼，又嬖褒姒，生伯服，欲立之，黜宜臼。申侯以鄫及犬戎入寇弑王，諸侯逐犬戎與申侯，共立宜臼，是爲平王。畏戎之逼，去鎬而遷于東都。平以下都王城曰東周，幽以上都鎬京曰西周，此以前後建都之殊而名也。

自平東遷，傳世十二，而景王之庶長子朝與王猛爭國，猛東居于皇，晉師納之，入于王城。入之次月，猛終丐，及踰半朞，而子朝又入，王辟之東，居于狄泉。子朝據王城曰西王，敬王在狄泉曰東王。越四年，子朝奔楚，敬王雖得返國，然以子朝餘黨多在王城，乃徙都成周，而王城之都廢。至考王封其弟揭於王城，以續周公之官職，是爲周桓公。自此以後，東有王，西有公，而東西周之名未立也。桓公生威公，威公生惠公，惠公之少子班又别封於鞏以奉王，是爲東周惠公，父子同謚。以鞏與成周皆在王城之東，故班之兄則仍襲父爵，居于王城，是爲西周武公。以王城在成周之西，故自此以後，西有公，東亦有公，二公各有所食，而周尚爲一也。顯王二年，趙、韓分周地爲二，二周公治之，王寄焉而已矣。周之分東西，自此始。九年，東周惠公卒，子傑嗣。愼靚以上，皆在東周；赧王立，始遷于西周，即王城舊都也。《史記》云：王赧時，東西周分治。今按顯王二年已分爲二，不待此時矣。其後西周武公卒，子文君嗣。王五十九年，秦滅西周，西周公入秦，獻其邑而歸。是年赧王崩，次年周民東亡，秦遷西周公於𢠸狐聚。又六年，秦滅東周，遷東周公於陽人聚。此以二公封邑之殊而名也。

前後建都之殊者，以鎬京爲西周，對洛邑爲東周而言也。二公封邑之殊者，又於洛邑二城之中，以王城爲西周，對成周爲東周而言也。大概周三十六王，前十有二王都鎬京；中十有三王都王城，王城對鎬京，則鎬京在西而王城在東，其東西之相望也遠。季十王都成周，赧一王都王城，王城對成周，則成周在東而王城在西，其東西之相距也近。一王城也，昔以東周稱，後以西周稱。夫周未東西之分，因武、惠二公各居一都而名王，則或東或西，東西之名繫乎公，不繫乎王也。邵子《經世書》紀赧王爲西周君，與東周惠公並，而西周公無聞焉，則直以西爲王，東爲公矣。知東之有公，而不知西之亦有公也；知王之在西，而不知赧以前之王固在東也。

《戰國策》編題首《東周》，次《西周》，豈無意哉？二周分治以來，顯王、愼靚王二代五十餘年，王于東；赧一代五十餘年，王于西。先東後西，順其序也。近有縉雲鮑彪注，謂西周正統，不應後於東周，升之爲首卷，於西著王世次，於東著公世次，蓋因邵子而誤者。既不知有西周公，且承宋忠之繆，以西周武公爲赧王别謚，反以徐廣爲疏，是未嘗考於司馬貞《索隱》之説。鮑又云：赧徙都西周，西周鎬京也。嗚呼！鎬京去王城成周八百餘里，自平王東遷之後不能有，而以命秦仲曰：『能逐犬戎，即有其地』。鎬之爲秦已四百年于兹，其地在長安上林昆明之北，虎狼所穴，而王得往都于彼哉？高誘注曰：西周王城，今河南；東周成周，故洛陽。辭旨明甚。鮑注出高誘後，何乃以西周爲鎬京也乎？鮑又云：郟鄏屬河南，爲東周。殊不思此昔時所謂東周也，於斯時則名西周矣。斯時之西周，與鎬京、郟鄏對稱西、東者不同，顧乃一之，何與？蓋有不知而作之者，我無是也。夫鮑氏之於《國策》，其用心甚勤，而開卷之端不免謬誤如此，讀者亦或未之察也。與夾谷士常、程鉅夫偶論及此，二公命筆之，遂爲之作《東西周辯》。

元・吴師道《戰國策・西周》補正　《漢志》：河南、洛陽、穀城、平陰、偃師、鞏、緱氏，皆周地也。正曰：按《大事記》：周貞定王二十八年，考王初立封其弟揭於河南，是爲河南桓公。河南即郟鄏，武王遷九鼎，周公營以爲都，是爲王城。洛陽，周公所營下都，以遷頑民，是爲成周。平王東遷，定都王城，王子朝之亂，敬王徙都成周。至是考王以王城故地封桓公焉。平王東遷之後，所謂西周者，豐鎬也；東周者，東都也。威烈王以後，所謂西周者，河南也；東周者，洛陽也。何以稱河南為西周？自洛陽下都視王城，則在西也。何以稱洛陽為東周，自河南王城視下都，則在東也。河南桓公卒，子威公立；威公卒，子惠公立。考王十五年，河南惠公復自封其少子班於鞏，以奉王，號東周，没亦謚惠。是時東西周雖未分治，河南惠公既號奉王者為東周，亦必自號西周矣。顯王二年，趙與韓分周為二，於是東西各為列國。顯王雖在東周，特建空名。是後史傳所載致伯賜胙之類，周王也。征伐謀策稱東西周君者，皆謂二周也。《周本紀》云：赧王時，東西周分治，非也。赧王特徙都西周耳，當以《趙世家》為正。

按高誘注：西周王城，今河南；東周成周，今洛陽。《世本》云：西周桓公名揭，居河南；東周惠公名班，居洛陽。及《索隱》、《正義》所載甚詳。獨邵子《經世書》紀赧王為西周君，與東周惠公並，而不紀西周公，仍舊誤也。鮑考之不精，即以西周為王，謂之正統，謂東不得先於西，亂易舊次，此開卷第一繆。近時陳振孫《書録》特舉其首西周為美，亦失考，所當改正從舊。又考《春秋》書『王城成周』，《公羊傳》曰：王城者何？西周也。成周者何？東周也。説亦甚明。昭二十六年，天王入于成周。《左傳》以十二月入王城。三十二年，城成周。蓋敬王定遷在既城之後，而孫莘老、胡康侯皆以成周即京師，亦未考王城、成周之實，而誤合為一也。要之，此文古今説者多以迷瞀致誤，故《大事記》辨之甚詳，且實因鮑氏而發。近有著《東西周辨》者，其説亦然，而不引吕子，豈未之見耶？徐廣云：周比亡，凡七縣，河南止緱氏。此是合東西周地言之。今總注，蓋因正統之説而誤者。

明·楊慎《丹鉛總録》卷二《地理類·東西二周》　《戰國策注》辨證東西二周，詳矣。近閲劉忠定《元城語録》及今邵文莊《簡端録》二條，可以補入，今載於此。劉之説曰：東西二周通封畿。宗周，鎬京也，地方八百里，八八六十四，為方百里者六十四也。洛邑，成周也，方六百里，六六三十六，為方百里者三十六也。二都得方百里者百，為方千里也，故《詩》曰『邦畿千里』。東西長而南北短，短長相覆為千里，此周武王時也。至幽王時，宗周滅，所謂方八百里，失之矣。及平王東遷洛邑，則方六百里爾。邵之説曰：昭公二十六年，天王入於成周。成周，下都也。王既入成周矣，曷不遂入王城也？子朝之餘黨在焉故也。故萇弘之建議城成周也，謂之遷都，蓋其任怨也大矣。非忠之至者，其孰能如此？或者不知王城、成周為二，遂以入成周為入于京師，使遷都之説卒無所歸而弘之忠不白於後世。《洛誥》曰：『我卜澗水東，瀍水西』，是謂王城。又曰：『我又卜瀍水東』，是謂成周。嗚呼！地之不考，乃害於義如此哉。

明·丘濬《大學衍義補》卷八六《都邑之建下》　臣按《洛誥》所謂自服於土中，蓋以洛邑在周時為中國之中，四方道里適均，故於此宅中圖治，以定四海之民也。作《周禮》者見其中於中國，故為天地所合、四時所交、風雨所會、陰陽所和之説。蓋盛稱華夏之地，居地勢之中，得天氣之正，時序正而寒暑不過甚，風雨時而收穫有定期，非若偏方僻壤，節候不正而時氣之大寒大暑，物生不常而收穫之或早或晚也。中國皆然，而洛邑乃其要會焉，故為此説耳。

明·周琦《東溪日談録》卷一三《史系談上·周》　洛為天下之中，均四方貢賦之道里。成王承武王之志而營之，故以鎬為西都，洛為東都。王居則在西都，而朝會諸侯則東都焉。【略】西周都鎬，歷武、成、康、昭、穆、共、懿、孝、夷、厲、宣、幽，共十二主。東周都洛，歷平、桓、莊、釐、惠、襄、頃、匡、定、簡、靈、景、悼、敬、元、貞、定、哀、思、考、威烈、安烈、顯、慎靚、赧，共二十五主。

清·馬驌《左傳事緯前集》卷六《覽左隨筆》　天子建邦設都，故諸侯分土而置。周自后稷封邰，公劉遷豳，大王居岐，文王作豐，則猶夏商之侯國也。武王宅鎬，成王營洛以定鼎，則爲天子矣。及周室凌夷而平王東遷，遂入春秋。其曰王城，即成王定鼎之郟鄏也；其敬王之遷成周，即成王所營之下都也。

清·顧祖禹《讀史方輿紀要》卷五三《陝西二·西安府》　《禹貢》雍州地，周為王畿，東遷後屬秦，始皇置内史郡。【略】府名山聳峙，大川環流，憑高據深，雄於天下。

又　卷四八《河南三·河南府》　《禹貢》豫州之域，周舊都也。【略】府河山控帶，形勝甲於天下。武王謂周公：『南望三塗，三塗山，見嵩縣。一云三險塗也，謂虎牢、轘轅、崤澠。北望岳鄙，孔穎達曰：太行、恒山之迹，鄙都邑也。又平陽府霍山，一名太嶽。顧瞻有河，粤瞻洛、伊。』此言洛陽形勝之祖也。

清・高士奇《春秋地名考略》卷一《周遷於成周》　再按：杜氏曰：敬王居成周，後考王封其弟揭于河南，以續周公之官職，是為河南桓公。威烈王時，桓公孫惠公又封少子班于鞏，以奉王于洛陽，是為東周惠公，蓋父子同謚也。顯王二年，韓、魏即其所封，分周為二，于是東西周同于列國，顯王特寄居于東周而已，赧王又遷西周，而周乃亡。蓋東西周之名，前後凡三變：初言東西周者，以鎬京對洛邑而言；中間言東西周者，以王城對成周而言；最後言東西周，則以河南對鞏而言也。

清・汪越《讀史記十表》卷三《六國表・存疑》　周赧王五十九年，西周君奔秦，盡獻其邑。秦受獻，歸其君于周。周君王赧卒。《索隱》、《正義》皆謂西周君即西周武公也。《通鑑綱目》則書『王入秦，盡獻其地，歸而卒。』是西周君即周赧王，非西周武公。按周自敬王遷都成周，號東周；至考王封弟揭於河南，都王城，是為河南桓公，實西周之始。時則東有王，西有公，而東西之名未立，至桓公孫惠公別封其少子班于鞏，以奉王，號東周惠公，没亦謚惠。是則有東西二周公。二公雖各有食邑，而周尚為一。顯王二年，趙成侯與韓攻周，分周以為兩，事載《趙世家》。《周本紀》云：王赧時，東西周分治。王赧徙都西周，則為西周王，或以其微弱，亦稱西周君。而《索隱》釋《本紀》『周君王赧卒』云：周君指武公，此時與王赧皆卒，故連言之，于文義未安。秦昭王五十二年《表》書『取西周王』，明指赧王。莊襄元年《表》書『取東西周』，明指二周公。又《周本紀》云：王赧卒，周民東亡，秦遷西周公于𢁛狐。後七歲，秦莊襄王滅東西周，東西周皆入于秦。《秦本紀》則云：東周君與諸侯謀秦，秦使呂不韋誅之，盡入其國，不絶其祀，以陽人地賜周君。是時西周公已遷𢁛狐，見於《周本紀》，故《秦本紀》略之也。且《本紀》載王赧徙都西周，既云徙都，必有國邑，《索隱》寄居西周之説，亦未當也。

清・張尚瑗《左傳折諸》卷一六《襄公・齊人城郟》　成王定鼎于郟鄏，郟即洛邑之别名。《周語》：穀、洛鬭，毁王宫，齊于是為王城之。昭三十二年：城成周。下都自周公遷殷頑所構，規制未備，且閱世久遠，故晉合諸侯以大城之。此靈王之時，王宫偶為水毁，故齊莊公獨任其勤。《詩》『溥彼韓城，燕師所完』；『王命召伯，定申伯之宅』。分封營建，皆列國承王命以從事，齊莊亦猶行古之道也。

又　卷二四《昭公・昔成王合諸侯城成周以為東都》　洛水經洛陽，周公所營洛邑城，方七百二十丈，南繫於洛水，北繫於郟，以為天下之大湊，方六百里，因西為千里。《洛誥》我乃卜澗水東，瀍水西，是為王城，後名河南。我又卜瀍水西，是為下都，後名雒陽。王城非天子時會，則虚之；下都乃保釐大臣所莅。宣王《車攻》之詩，朝會諸侯於王城下都，則周公留雒而薨焉。《君陳》、《畢公之命》遞載於《書》。共和之周、召，閲春秋二百餘年，世世相仍。平王東遷，實都王城，至是敬王厭子朝之亂，改營下都，而合諸侯以城之，復名成周。曰成王城成周，統括王城、下都而言。此《春秋》所書城成周，則止於下都矣。《公羊傳》曰：王城者何？西周也。成周者何？東周也。今之刻本闕此文，因考《國策》東西周原委，從吳正傳《補注》得之。近世習《春秋》家，宗胡安國，不識《三傳》為何物，雕鐫散亂，盡失古本全文矣。

清・程廷祚《春秋識小録》卷四《春秋地名辨異上・一地七名》　成周、雒邑、郟、京師、王城、郟鄏、王室。隱三年：鄭人取成周之禾。宣十六年：成周宣榭火。昭二十六年：天王入于成周。三十二年：晉及諸侯城成周。桓二年：武王克商，遷九鼎于雒邑。桓七年：王遷盟，向之民于郟。襄二十四年：齊人城郟。桓九年：紀季姜歸于京師。莊二十一年：虢、鄭以子頹之亂，同伐王城。昭二十二年：劉子、單子以王猛入于王城。按班孟堅、鄭康成皆以漢之河南為王城，雒陽為成周，蓋本《公羊氏》王城為西周，成周為東周之誤。《詩地理考》引呂氏云：成周乃東都總名。河南，成周之王城也；雒陽，成周之下都也。此以成周、王城為一地，其説甚是，余别有辨。宣三年：成王定鼎于郟鄏。昭二十六年：周建王嗣，遷于郟鄏。京相璠曰：郟，山名；鄏，地名也。昭二十二年：王室亂。

又　卷五《二地一名》　郟，周地，桓七年：王遷盟、向之民于郟。楚地，昭元年：楚使公子黑肱、伯州犁城郟。十九年：令尹子瑕城郟。

王城，周地，莊二十一年：虢、鄭同伐王城。秦地，僖十五年：晉陰飴甥會秦伯，盟于王城。二十四年：晉侯潛會秦伯于王城。成十一年：秦晉為令狐之盟，秦伯不肯涉河，次于王城。《括地志》：王城即大荔戎城。《史記》秦厲公伐大荔，取其王城是也。

清・顧棟高《春秋大事表》卷七之一《列國都邑表・周・都》　洛邑王城。今河南府洛陽縣城内西偏，即王城故址。周公營洛邑澗水東，瀍水西，南繫乎洛水，北因乎郟山。自平王東遷至景王十一世，皆居此。敬王遷成周，王城廢，至赧王復居之。郟鄏。即郟山北邙山也，在洛陽縣城北二里，亦謂之郟。桓七年，遷盟、向之民于郟。杜注：郟，王城。知郟鄏即王城之別名矣。【略】遷於成周。在今河南府洛陽縣城東二十里。周公營王城，并營下都處殷頑民，在瀍水之東，與王城相去十八里，亦謂之成周。昭二十六年，子朝奔楚，其餘黨多在王城，敬王畏之，徙都成周。成周狹小，乃請諸侯城之。自是迄春秋之末，凡書京師者，皆指成周。

清·程恩澤等《國策地名考》卷一《周·鞏》 鞏為周地，策無明文，以其為東周都城，姑補列于此。見《韓策》。原注：屬河南。恩澤案：《漢志》河南郡有鞏縣，東周所居。《周本紀》：河南惠公封其少子於鞏，以奉王號。東周惠公子武公，為秦所滅。《秦本紀》：莊襄王元年，使蒙驁伐韓，韓獻成皋、鞏。蓋周亡其地，入韓，韓又獻之于秦也。然蘇秦説韓，在顯王三十六年，正當東周既封未滅之際，已云韓北有鞏、洛、成皋，則不待周亡而後入韓也。蓋戰國大縣，如上黨、南陽之類，皆為數國所分據，意者鞏亦猶是歟？今河南府鞏縣西南三十里有鞏城，本周鞏伯邑，又名鞏王城，相傳為赧王所築。《爾雅》：鞏，固也，四面有河山之固也。然周、韓俱以不振，雖險，豈可恃哉？

清·汪之昌《青學齋集》卷一三《東西周世系都邑考》 《史記·周紀》：考王封其弟於河南，是為桓公，以續周公之官職。桓公卒，子威公代立。威公卒，子惠公代立，乃封其少子於鞏，以奉王，號東周惠公。《正義》：『《帝王世紀》考哲王封弟揭於河南，是為西周桓公。』據此，是西周為考王所封，東周又西周桓公孫之少子分封，先後判然，初非同時并封。史公因記西周之封，而類敘東周與下，繫東西周分治於王赧時。案分封當即分治，《志疑》言王赧時分治，追言之，義正相近。《紀》末秦昭王使將軍摎攻西周，西周君奔秦。又曰：秦遷西周公於𢠸狐。後七歲，秦莊襄王滅東西周，東西周皆入於秦。據此，西周雖出奔秦，西周公又為秦遷，其亡實在七歲後，而與東周同時。嘗就《周紀》考之，敍述東西周未免同一簡略，而東周尤甚於西周。

以世系言，西周自桓公至惠公三世，謚號可稽。據《紀》，王赧時有西周武公。《集解》徐廣曰：惠公之長子。遷𢠸狐之西周公，《索隱》：蓋武公之太子文公。是西周先後五君，具見《紀》中。東周自惠公後為君者，名謚均未箸見。《志疑》：《國策》有文君，即《呂氏春秋》、《淮南子》、《人表》所稱昭文君，《紀》曾未一見。以都邑言，《紀》但云封於河南者西周，封於鞏者東周。是河南乃西周所都，鞏乃東周所都。西周君之奔秦也，盡獻其邑三十六，東周之邑則無聞。案辨東西二周，《大事記》説最明。謂考王初立，封其弟揭於河南，是為河南桓公。河南即郟鄏，武王遷九鼎，周公以為都，是為王城洛陽。周公所營下都，以遷頑民，是為成周。平王東遷，定都王城。王子朝之亂，敬王徙都成周。至考王，以王城故地封桓公。平王東遷之後，所謂西周者，豐、鎬也；東周者，東都也。威烈王以後，所謂西周者，河南也；東周者，洛陽也。考王十五年，河南惠公復自封其少子班於鞏。顯王二年，趙與韓分周為二，於是東、西各為列國。是二周都所瞭如。

考《晉書·地理志》『河南郡鞏』注：戰國時有東西周，芒山、首陽其界也。則東西二周分界，《晉志》固嘗確指其處。《周紀集解》徐廣曰：周比亡之時，凡七縣：河南、洛陽、穀城、平陰、偃師、鞏、緱氏。殆謂周亡時僅此七邑，非謂分此七邑以為二周。《國策》鮑彪注：河南止緱氏。案西周雖微，儼然與於列國，當不獨緱氏一縣。西周之亡，《紀》言『獻其邑三十六』，此尤明證。考杜佑《通典》：洛陽、平陰、偃師、鞏四邑屬東周，河南、緱氏、穀城三邑屬西周。亦就七邑，約其概考之。《周紀》：王赧謂成君。案《急就篇》注：成者，周之采地，卿士所食，成肅公、簡公、桓公是也。則成固當時周邑。蘇代説韓與周高都，徐廣曰：今河南新城縣高都城也。與《續漢·郡國》河南尹新城縣有高都城正合。考《竹書紀年》：梁惠成王三十七年，東周與鄭高都。是高都本屬東周。秦客謂周最以應為太后養地，徐廣謂《地理志》應，今潁川父城縣應鄉，即《水經注》所稱應侯之國。《索隱》：《戰國策》作原。原，周地，即本《國策》高誘注。案《左傳》注，應國在襄陽城父縣西南，戰國時似非周地。據《郡國志》，河内軹縣有原鄉。《括地志》：故原城在懷州濟源西北。揆之西周地形差近。西周與諸侯約從，出伊闕攻秦。考《左傳》昭二十六年：使女寬守闕塞。注：洛陽西南伊闕口也。其地阻阨可恃，抑亦西周巖邑矣。

其散見《國策》者，《西周策》：『楚兵在山南。』高誘注：在周之山南。案當時周境之山，在今洛陽縣南有伊闕、太谷諸山，在今偃師縣南者有轘轅諸山，在今鞏縣南者有外方、少室諸山，皆與楚相望，朝發而夕至不難。《楚請道章》：『除道屬之於河。』考《水經注》：河水自大陽縣南，東過砥柱，又東過平陰縣北，又東過平縣北，又東徑河陽縣故城南，又東徑洛陽縣北，又東徑平縣故城北，又東過鞏縣北。此戰國時大河經行之道，而周邑率皆濱河。《犀武敗於伊闕章》：『魏王因使孟卯致溫囿於周君。』高注：溫囿，今在河內。據《策》則地嘗屬周。《秦策》『張儀請伐周云：「塞轘轅、緱氏之險。」』案《郡國志》緱氏縣有轘轅關。《左傳》襄二十一年：使侯出諸轘轅。孔《疏》：轘轅山，在緱氏縣東南三十里。與《續漢志》亦合，是周舊於斯設關。『秦武王欲車通三川，以闚周室。』高注：三川，義陽川。周室洛邑王城，今河南縣。案義陽即宜陽，張儀謂秦攻新城、宜陽，以臨二周之郊，可見與周逼處。《謂秦王章》：『朝天子於孟津。』鮑注：在河內河陽縣南。考《書疏》：孟是地名，津是渡處，在孟地置津，謂之孟津。與孟津縣同名異地。孟津縣在河南，漢為河陰，今屬河南府。孟津在河北，漢為河陽縣，今為孟縣，屬懷慶府。中隔大河，孟津與河陽又非一地。河陽故城在今孟縣西三十五里，孟津在今孟縣南十八里，然則當日周地自是孟津矣。

其有注家不云周地而實為周地者：《韓策·公仲使韓珝之秦章》：『韓侈在唐。』考《左傳》昭二十三年，尹辛敗劉師於唐。注：周邑。是唐為周邑。《郡國志》河南尹雒陽有唐聚，大抵為自韓之秦所必經，故韓移處之。是東西周地可考者如斯，恐亦不必止斯。正猶東西周世系見於紀載者，西周統五傳，東周乃再傳。據《趙世家》，與韓分周為兩，當顯王二年。即《周紀》西周惠公封其少子為東周惠公，而西周惠公之長子武公與王赧同卒，東周惠公傳其子文君而滅於秦，計顯王二年迄王赧後之七歲，幾一百二十年。二周各以父子兩代延之，不無可疑。《索隱》：周室衰微，略無記録。此則尤有俟於考定者爾。

清·王舟瑤《默庵集》卷二《釋鎬》　《小雅·六月》：『侵鎬及方，至於涇陽。』毛無《傳》，鄭《箋》則以鎬、方皆為北方地名，涇陽為涇水之北。孔《疏》以毛雖不解『鎬、方』之文，而《出車傳》曰：朔方近玁狁之國，鎬、方文連，則《傳》意鎬亦北方也。王肅以鎬為鎬京，而為王基、孫毓所駁，孔《疏》亦以為非。竊意肅以鎬為『豐、鎬』之『鎬』，其説不誤，而諸家駁之非也。請徵之於《竹書紀年》。《竹書》：懿王七年，西戎侵鎬。厲王十四年，玁狁侵宗周西鄙。則玁狁之侵周京，非一日矣。何獨怪於《詩》之『侵鎬』乎？雖《詩》之侵鎬及《竹書》之侵鎬或可強謂非侵鎬京，而宗周亦可謂非鎬京乎？知鎬為鎬京，無疑也。

請更徵之於本詩。詩上云：『玁狁匪茹，整居焦穫。』《爾雅·釋地》：周有焦穫。郭注：今扶風池陽縣瓠中是也。邢《疏》引孫炎説云：周，岐周也。《詩·六月》云『玁狁匪茹，整居焦穫』是也，時人謂之瓠中。又酈注《水經·沮水篇》：沮水東注鄭渠，渠首上承涇水于中山西邸瓠口，所謂瓠中也。《爾雅》以周焦穫矣。案穫、瓠聲相通，古曰焦穫，漢曰瓠中，亦曰瓠口，在今陝西西安府三原、涇陽之間，此即詩之焦穫也。蓋周之世，鎬京以北、涇渭之間，每為戎狄所擾。《史記》：犬戎殺幽王於酈山之下，遂取周之焦穫，而居於涇渭之間，侵暴中國。則幽王以後，焦穫直入為戎地矣。焦穫在鎬京之北，逼近鎬京，故戎欲侵鎬，必先整兵焦穫也。知焦穫之近鎬京，益知鎬為鎬京矣。若以為非鎬京，則《詩》所以先言焦穫，後言侵鎬，求諸經文，考諸地理，無不顛倒。于是或謂鎬、方雖在焦穫之下，不必先焦穫乃侵鎬、方。《正義》。或謂《詩》數玁狁之惡，故先言焦穫，見其縱兵深入，迫處内地，繼又推本其始，自遠而來。陳氏《稽古編説》。或謂近在焦穫，居心腹之内；遠在鎬京，居肘腋之間。陳氏《毛詩傳疏》。使一氣相貫之經文，割為兩截，種種曲説，俱不可從。則鎬為鎬京，確不可易。而諸家所以不從者，狃於下『來歸自鎬』之文。劉向《疏》引此詩，謂千里之鎬，猶以為遠。而後人從之，遂不以鎬為鎬京也。不知此子政之誤解，實則詩云『來歸自鎬』，謂由鎬京歸於尹邑也。上言『吉甫燕喜，既多受祉』，乃王之公燕，《左傳》所謂飲至策勳也。下言『飲御諸友，炰鱉膾鯉』，乃吉甫之私燕，《周禮》所謂從賓射之禮親故舊朋友是也。凡射必先以燕禮。知『來歸自鎬』之鎬為鎬京，則上文『侵鎬』之鎬無可疑矣。

藝文

唐·許渾《丁卯詩集》卷上《登故洛陽城》　禾黍離離半野蒿，昔人城此豈知勞。水聲東去市朝變，山勢北來宮殿高。鴉噪暮雲歸古堞，雁迷寒雨下空壕。可憐緱嶺登仙子，猶自吹笙醉碧桃。

清·彭定求等編《全唐詩》卷五九五《于武陵〈過洛陽城〉》　古來利與

名，俱在洛陽城。九陌鼓初起，萬車輪已行。周秦時幾變，伊洛水猶清。二月中橋路，鳥啼春草生。

又　卷六五四《羅鄴〈經故洛城〉》　一片危牆勢恐人，牆邊日日走蹄輪。築時驅盡千夫力，崩處空餘數里塵。長恨往來經此地，每嗟興廢欲霑巾。那堪又向荒城過，錦雉驚飛麥隴春。

又　卷七〇一《王貞白〈經故洛城〉》　卜世何久遠，由來仰聖明。山河徒自壯，周召不長生。幾主任姦諂，諸侯各戰爭。但餘崩壘在，今古共傷情。

宋・劉敞《公是集》卷九《煌煌京洛行》　紫極開天門，慶雲麗皇居。卜郟定九鼎，懸闕觀寶書。德澤浸無疆，風俗返華胥。冠蓋百萬家，車馬十二衢。輕肥耀朝日，富庶極中區。游俠信陵後，節義大梁餘。顧盼生光輝，吹拂動萎枯。貴賤且貿遷，高陵忽為墟。變化若有神，升沉豈嘗拘。咄嗟鄒魯士，何用空躊躇。

宋・司馬光《傳家集》卷六《過故洛陽城二首》　四合連山繚繞青，三川滉漾素波明。春風不識興亡意，草色年年滿故城。

煙愁雨嘯奈華生，宮闕簪蕖舊帝京。若問古今興廢事，請君只看洛陽城。

清・田文鏡等［雍正］《河南通志》卷七四《藝文三・［明］劉鳳〈京洛行〉》宅中形勝澗瀍深，作洛千年王氣沈。關控河流當地軸，嶽分嵩少壓天心。西來驛路通雍時，北枕秦城接華陰。禹跡茫茫敷九土，獨令磐石誦虞箴。

《戴名世集》附録《古史詩鍼・定鼎洛邑》　鼎定難教祚不移，早知何必費心思。若真天下成恆產，一姓終昌萬姓夷。

清・顧棟高《春秋大事表》卷九《列國地名口號》　周齊苦戰北邙餘，鄭魏群雄角鬬初。本自成周襟帶地，洛陽遙挹孟津裾。

宋・呂祖謙編《宋文鑑》卷五《邵雍〈洛陽懷古賦〉》　洛陽之為都，地居天地之中，有終天之王氣在焉。予家此。治平歲會秋，乘雨霽，與殿院劉君玉登天宮寺三寶閣，洛之風景，因得周覽。惜其百代興廢以来，天子雖都之，而多不得其久居也。故有懷古之感，以通諷諭。君玉好賦，以賦言。

秋雨霽，日色清，景方出，秋益明。何幽懷之能快？唯高閣之可憑。天之空廓，風之輕冷，覽三川之形勝，感千古之廢興。乃眷西北，物華之妍，雲情物態，一氣茫然。擁樓閣以高下，煥金碧之光鮮，當地勢之拱處，有王居之在焉。惜乎天子居東都，此邦若諸夏，不會要于方来，不號令于天下，聲明文物不此而出，道德仁義不此而化。宮殿森列，鞠而為茂草；園囿棊布，荒而為平野。鑾輿曾不到者，三十餘年。使人依然而歎曰：虚有都之名也。噫！夏王之治水也，四海之内，列壤惟九，而居中者，實曰豫州。荆河之北，此為上流。周公之卜宅也，率土之濱，建國為萬，而居中者，實曰洛陽。瀍澗之側，此唯舊邦。迄于今日，二千年之有餘，因興替之不定，故靡常其厥居。我所以作賦者，閱古今變易之時，述興亡異同之迹，追既失之君王，存後来之國家也。

噫！太昊始法，二帝成之，三王全法，參用適宜，伊六聖之經理，實萬世之宗師。我乃謂治民之道，於是乎大盡矣。逮夫五霸抗軌，七雄駕威，漢之興乘秦之弊，曹之擅幸漢之衰，如鼎立而治，終豆分而隳。晉中原之失守，宋江左之畫畿，或走齊而驛魏，或道陳而經隋。自元魏廓河南之土，植六朝之風物，李唐蟠關中之腹，孕五代之亂離，其間或道勝而得民，或兵彊而慴下，或虎吞而龍噬，或鴟狂而犬詐，或創業於艱難，或守成於逸暇，或覆餗而終焉，或苞桑而振者。故得陳其六事，雖善惡不同，其成敗一也。其一曰：大哉！德之為大也。能潤天下，必先行之於身，然後化之於人。化也者，效之也，自人而效我者也，所以不嚴而治，不為而成，不言而信，不令而行，順天下之性命，育天下之生靈，其帝者之所為乎！其二曰：至哉！政之為大也。能公天下，必先行之於身，然後教之於人。教也者，正之也，自我而正之者也，所以有嚴而治，有為而成，有言而信，有令而行，拔天下之疾苦，遂天下之生靈，其王者之所為乎！其三曰：壯哉！力之為大也。能教天下，必先豐府庫，峙倉箱，鋭鋒鏑，峻金湯，嚴法令于烈火，肅兵刑于秋霜，竦民聽于上下，慴夷心于外荒，其霸者之所為乎！其四曰：時若傷之于隨，失之于寬，始則廢事，久則生姦，既利不能勝害，故狂得以疾賢。是必薄其賦斂，欲民不困而民愈困，省其刑罰，欲民不殘而民愈殘。所致之之道，失其本矣。其五曰：時若任之以明，專之以察，始則烈烈，終焉缺缺，既上下以交虚，乃恩信之見奪。是必峻其刑罰，欲民不犯而民愈犯，厚其賦斂，欲國不竭而國愈竭。蓋致之之道，失其末矣。其六曰：水旱為沴，年歲豐虚，此天地之常理。雖聖人不能無，蓋有備而無患。不得中者，加以寬猛失政，重輕逸權，不有水旱而民已困，而況有水旱兵革焉。所謂本末交失，不亡何待？天下有成敗六焉，此之謂也。君天下者，得不用聖帝之《典》、《謨》，行明王之教化？

士可殺，不可辱。民可近，不可下。上能撫如子焉，下必戴其后也。仲尼所以陳革命，則抑為人之匪君；明遜國，則杜為人之不臣。定禮樂而一天下之政教，修《春秋》而罪諸侯之亂倫。刪《詩》以揚文、武之美，序《書》以尊堯、舜之仁。贊《大易》以都括，與六經而並存。意者不可以地之重，易民之教；不可以民之教，悖天之時。必時教之各備，則居地而得宜，是故知地不可固有之也。君上必欲上為帝事，則請執天道焉；中為王事，則請執人道焉；下為霸事，則請執地道焉。三道之間，能舉其一，千古之上，猶反掌焉。則是洛之興也，又何計乎都與不都也？如欲用我，吾從其中。

元·楊維楨《麗則遺音》卷二《鎬京》　有西都賓問於北都主人曰：昔宗周之經邑也，眷我西土，實惟作京。烝哉武王！遹觀厥成。主人亦嘗聞其説乎？主人曰：未也。願賓攄土懷之素，發古思之幽，博我以王道，弘我以宗周。賓曰：唯唯。夫姬德之興也，始於后稷，封自邰土；長於公劉，克篤前祜，去邰即豳，躬服勞苦；太王肇迹，艱難岐下，國人懷歸，從之如雨；文王述業，有此武功，既伐於崇，遂邑於豐；武集大統，奄有四方，遷都卜宅，於昔有光。肇造區夏，世有哲王，受此丕基，王配於京。大哉！王之受命而都之也。俯協白鱗之符，仰寤赤烏之禎，承以天命之眷，正以寶龜之靈。越豐水之東，而宅是鎬京，實以繼十六王而始居，開八百年之太平。考其地勢，為古雍州，為今京兆。函崤、二華之踞其左，褒斜、隴坻之界其右，終南、太一之表其前，洪河、涇渭之帶其後。天邑亢爽，惟神臯之所託；上腴廣衍，乃奧區之所受。於是辨方位，建國鄙，經歷九軌，城隅九雉，左祖右社，面朝後市，翼翼巍巍，四方所視。若其五十封族，八百分邦，壯我屏翰，守我井疆，維城磐石，根深本強，使天下輪運而輻輳，宜其綿世歴於久長。想夫蹌蹌之僚，鴛趍篚羽，肅肅之后，駿奔踵武，執珪執纁，貢球貢紵。九夷之長，八蠻之主，賫贄聯絡，膜拜傴僂，楛矢來於肅慎，獒獸獻於西旅。紛重舌而九譯，僉來王而順序。于時開明堂，臨辟雍，旒冕密勿，衣冠會同。盛禮興樂，於論鼓鐘，庭實千品，旨酒萬鍾，舞掉八佾，歌洋九功，漏澤霈甘雨，仁聲逐祥風。此鎬京之盛概，而非曩日岐豐之可以比隆矣。迨夫成王五遷，卜維洛食，土中是據，土圭攸測，風雨交會，貢賦均適，協周、召之經營，朝萬方之玉帛。遷殷頑兮是處，務密邇乎王室，何酆鄗之復還，固未忘於故邑。嘅歷世之十二，念萬物之失生，觀《魚藻》之興刺，將不樂乎鎬京！日變色以自縱，乃遂焉而逢殃。吾已知宗周之不競，而轍一東于王城矣。

賓之言未已，而主人喟然歎息曰：客誠好古之流歟？惜乎信耳而遺目也。子能知古昔之西京，而未知今日之北京也。皇矣上帝，求民之莫，大哉至哉！乾坤元德，作我父母，天開地闢，乃眷北顧，此維與宅。蓋自帝堯啓都，召公拓迹，慕容不能稱此土，完顔不能據茲域。惟聖人之應符，環衆星而拱極。累疊聖之洪基，貽萬葉之燕翼。若其前滹沱，後居庸，雪山峙其西，太行屹其東，拊上谷為脊膂，控中夏為腹胸。曾不恃乎巖險與？襟帶未足擬諸其形容。蓋其光宅四表，仁深草木，歷開八百，狹周基之興龍；形得百二，悼秦關之失鹿。八方士女，同后妃節儉之風；萬里衣裳，比公子信厚之族。故城郭之大，在無外之寰寓；宮室之美，在可封之比屋。使漢京之賦，賦之而未盡；雖周鎬之歌，歌之而不足。賓幸生乎元世，夫何信耳而遺目？賓乃憮墨不言，惵然下意，逡巡辟席，謝罪而退。

魯國國都分部

綜述

《左傳·定公四年》　昔武王克商，成王定之，【略】命以《伯禽》而封於少皞之虛。注：少皞虛，曲阜也，在魯城內。《正義》：此注少皞之虛即曲阜是也。曲阜在魯城內，則魯之所都，正在少皞虛矣。昭二十九年注：窮桑，少皞之號。窮桑地在魯北。與此異者。賈逵云：少皞居窮桑，登為帝。蓋未為帝居魯北，既為帝，乃居魯也。

《史記》卷四《周本紀》　（武王）封弟周公旦於曲阜，曰魯。南朝宋裴駰《集解》：應劭曰：曲阜在魯城中，委曲長七八里。

《漢書》卷二八下《地理志下·魯國》　魯。伯禽所封。戶五萬二千。有鐵官。

漢・劉向《説苑》卷一四《至公》　周公卜居曲阜，其命龜曰：『作邑乎山之陽，賢則茂昌，不賢則速亡。』

北魏・酈道元《水經注》卷二五《泗水》　泗水自城北，南逕魯城西南，合沂水，沂水出魯城東南尼丘山。【略】春秋僖公二十年經書『春，新作南門』。《左傳》曰：書不時也。杜預曰：本名稷門，僖公更高大之，今猶不與諸門同，改名高門也。其遺基猶在地，八丈餘矣，亦曰雩門。【略】縣即曲阜之地，少昊之墟，有大庭氏之庫，《春秋》豎牛之所攻也。故劉公幹《魯都賦》曰：戢武器于有炎之庫，放戎馬于巨野之坰。周成王封姬旦于曲阜，曰魯。秦始皇二十三年，以為薛郡。漢高后元年，為魯國。

宋・羅泌《路史》卷二八《國名紀五・周氏・魯》　魯，鹵也，曲阜少昊之虚。注：曲阜，小地名，在魯城中，委虵七八里。古城十二門。注：《魯國記》：七門，有鹿菜、石稷、上東、子駒等。大中祥符間曰仙源，隸兗。

論　說

漢・應劭《風俗通義》卷一〇《阜》　謹按《詩》云：『如山如阜。』《春秋左氏傳》：『魯公伯禽宅曲阜之地。』阜者，茂也，言平地隆踊，不屬於山陵也。今曲阜在魯城中，委曲長七八里。

唐・李泰等《括地志》卷三《兗州・曲阜縣》　兗州曲阜縣外城，即周公旦子伯禽所築，古魯城也。

唐・李吉甫《元和郡縣志》卷一一《河南道六・兗州・曲阜縣》　本漢魯縣，即春秋時魯國伯禽所都，其地即古炎帝之墟也。自後或為魯國，或為魯郡，而縣屬焉。

曲阜在縣理魯城中，委曲長七八里。今按季子臺及大庭氏庫及縣理城，並在其上。

宋・程公説《春秋分記》卷二六《疆理書第二・魯地釋名》　魯，隱元年。本壽丘，黄帝所生之地，亦為少昊氏之虚，有大庭氏之庫。周封伯禽爲魯侯，宅曲阜，在城中，委曲長七八里。其後楚滅魯，以為縣。漢為魯國，今襲慶府仙源縣。襲慶，兗州。

清・顧祖禹《讀史方輿紀要》卷三二《山東三・兗州府》　府據河、濟之會，控淮、泗之交，北阻泰岱，東帶琅邪，地大物繁，民殷土沃，用以根柢三楚，囊括三齊，直走宋、衛，長驅陳、許，足以方行於中夏矣。然自春秋以來，不能抗衡于齊、楚，而紛紜之際，豪傑競起，未見能以兗州集事者。何歟？蓋必懸權而動，所向無前，然後可以拊敵之項背，絕敵之嗉喉。若坐擁數城，欲以俟敵之衰敝，未有得免於覆亡者也。

清・程廷祚《春秋識小録》卷四《春秋地名辨異上・一地四名》　魯、窮桑、商奄、少皞之虚。隱元年：入《春秋》。昭二十九年：世不失職，遂濟窮桑。杜曰：窮桑，少皞之號。《郡國志》注：窮桑，地在魯北。定四年：因商奄之民，命以伯禽。昭九年《疏》曰：商奄，魯也。《説文》亦謂郁國，在魯。又云：封于少皞之虚。

清・龔景瀚《澹靜齋文鈔》卷一《魯都考上》　先儒皆謂魯都曲阜，自伯禽始封至春秋戰國，子孫世世居之。余歷翻史志，而後知魯都有二城，魯公蓋迭居之，其相距不過三、四里，閭閻相接，後又聯而一之。漢以後或為國，或為郡，所治之縣亦迭居之，故魯縣亦有二。惜乎諸地志皆考之未詳也。魯都一為曲阜，少皞之虚，伯禽所封，《漢書・地理志》『周興，以少昊之虚曲阜封周公子伯禽為魯侯』者是也。應劭《風俗通》曰：『阜者，茂也。言平地隆踊，不屬於山陵也。今曲阜在城中，委曲長七、八里。』此以阜而名者也。一為奄城，古奄國都也。成王時以益魯，《書・大敘》云『成王東伐淮夷，遂踐奄，因以封周公』是也。《後漢書・郡國志》注引《皇覽》曰：『奄里伯公冢在城內。』此以國而名者也。二城相距僅三里，曲阜在東而少北，今曲阜縣北三里之古城村也。奄城在西而少南，今曲阜縣治也。伯禽及子考公皆都曲阜，考公之弟煬公始遷都於奄城，傳十數世，入春秋後復遷曲阜，蓋在僖公時。《史記》煬公所築之闕在奄城。僖公既遷，宮室已毀，而闕僅存，民庶得環而居之，故孔子所居，謂之闕里，而蠟賓之後，得與其徒游於觀之上。閻氏百詩疑夫子士庶，不當居雉門之外者，考之未詳也。漢魯共王靈光南闕即因此闕為之，故欲壞孔子之居以廣其宮。王延壽《靈光殿賦敘》云：因魯僖舊址而營焉。僖公既遷曲阜，則奄城之居至僖公而止，故曰僖公。若子孫世世居之，則不當獨言僖公矣。

《春秋》所書之雉門、兩觀在曲阜，僖公以後始僭為之。《元和志》云：兩觀在曲阜縣東南五十步。是唐時猶有遺跡可見。又云：闕里在曲阜縣西南三里魯城中。是各在一城，明為兩地。亭林顧氏以兩觀與煬公闕門合而一之，誤矣。僖公所作泮宮，未遷以前也，在奄城。《閟宮》之詩言『路寢』、『新廟』，既遷以後也，在曲阜。五父之衢在奄城。《左傳》定九年，陽虎竊寶玉大弓，舍於五父之衢，曰『魯人聞余出，喜於征死，何暇追余？』江氏《鄉黨圖考》以為外城是也，而又引《括地志》曰『五父衢在曲阜縣西南二里魯城內』，以是為疑。不知《括地志》所言魯城，正指奄城，在定公時正為城外西郛，江氏蓋未知魯城之有二也。衢在闕里東一里，近孔子居，故孔子母死，殯於是焉。矍相圃亦在奄城。惟大庭氏庫據《郡國志》則在奄城，據《元和志》則在曲阜。然《左傳》杜注云：魯城內有大庭氏之墟，於其上作庫。大庭氏，神農之別號也。神農、少昊跡相因，似宜在曲阜，《後漢志》或誤也。

秦、項之亂，曲阜蓋已殘毀，故漢之魯國，都於奄城，後漢因之，漢末魯縣又遷于曲阜。晉時魯縣則在奄城，元魏因之，故酈氏《水經注》以奄城為魯城，以曲阜為魯縣故城。隋始改縣名曰曲阜，其治又遷于曲阜，唐因之，宋初亦因之。大中祥符間，改縣曰仙源，遷治於今曲阜縣東十里，別為一地，非二城也。金、元因之。至明正德七年，流賊陷曲阜，乃徙還魯城故址，至今因之。闕里、矍相圃俱在城內，是古奄城也。二城皆魯國故都，漢、晉至今迭為縣治，相去不遠，有時或聯為一，故前人俱不甚分辨。惟《水經注》敘次最明晰，其敘沂水由東而西曰：『徑魯縣故城南』，而申之曰：縣即曲阜之地，少昊之虛。此言曲阜也。又曰阜上有季氏宅，宅有武子臺，臺西北二里有周公臺，臺南四里則孔廟，即夫子之宅也。孔廟東南五百步為靈光殿南闕，闕之東南為泮宮。相其形勢及里數，孔廟正在魯縣故城西南三、四里，此言奄城也，即酈氏當時之魯縣也。而不明言之者，以上云泗水徑魯城西南，合沂水，則沂、泗合流之處，即為魯城。此敘沂水將終，故知其為魯縣也。《元和志》亦明晰曰：曲阜在曲阜縣理魯城中。又曰：闕里在曲阜縣西南三里魯城中。矍相圃在曲阜縣西三里魯城中。縣理既曰魯城，而西南三里又有魯城，是有兩魯城矣。縣理魯城即酈《注》之魯縣故城，古之曲阜也；西南三里之魯城，即酈《注》之魯城，古之奄城也。知此，而經史及地志所載，皆可考矣。

又《魯都考中》 何以知煬公之遷奄城也？《史記・魯世家》：煬公築茅闕門。裴氏《集解》引《世本》曰：『煬公徙魯』，宋忠曰：『今魯國。』夫曰『徙』，則別有其地，非曲阜矣；曰『今魯國』，則非周之魯國矣。《後漢・郡國志》：魯國，古奄國。亦謂漢之魯國也。言煬公徙今之魯國，是煬公遷於奄城也，蓋因遷都而築闕也。何以知僖公之復遷曲阜也？《水經注》云：沂水徑魯縣故城南。又云：縣即曲阜之地，少昊之墟。周武王封姬旦于曲阜，曰魯。所謂魯縣故城者，正古之曲阜也。而又曰沂水北對稷門，是指魯縣故城之門也。《春秋》僖二十年『新作南門。』《穀梁傳》曰：南門者，法門也。杜預曰：本名稷門，僖公更高大之。今猶不與諸門同，故名高門也。其遺基猶在地，八丈餘矣。則當時之宮室、寢廟，必直此門。可知是僖公復遷於曲阜也。一征之《閟宮》之詩曰：『徂來之松，新甫之柏。是斷是度，是尋是尺。松桷有舄，路寢孔碩。新廟奕奕，奚斯所作。』使非遷徙，何為寢也、廟也、門也紛然並作？再征之《公羊傳》閔二年：桓公使高子將南陽之甲，立僖公而城魯。或曰自鹿門至於爭門者也，或曰自爭門至於吏門者也。鹿門為魯東門，爭門為魯北門，今奄城在西而少南，曲阜在東而少北，東、北兩門，正曲阜地也。當日慶父作難，魯亂數世，齊桓欲舍其舊而新是圖，為魯國長久之計，而大亂之後，重用民力，故但修其城而已。至二十年，然後遷焉。《魯頌》所謂『復周公之宇』者，亦兼此而言之，非但得常、許之地也。

何以知兩漢之魯都皆在奄城也？《漢書・景十三王傳》：魯共王好治宮室，壞孔子宅，欲以廣其居。《水經注》：孔廟東南五百步為靈光殿南闕。《後漢志》魯國：有闕里，孔子所居。闕里在奄城，則魯都亦在奄城矣。何以知後漢之末復遷曲阜也？應劭《風俗通》曰：今曲阜在城中，委曲長七、八里。曰『今』，明前此之不然；曰『在城中』，是當應氏之時，故在曲阜也。且自漢及晉，魯縣皆在奄城；若漢、魏之間，縣未遷於曲阜，則曲阜歷來未嘗為縣。酈氏《水經注》其於曲阜當云『魯國故城』，不得曰『魯縣故城』矣。何以知晉時魯縣又在奄城也？王隱《地道記》云：五父衢在魯城東。杜預《左傳注》云：五父衢在魯縣東南。考五父衢與闕里相近，俱在奄城。若當日魯縣在曲阜，當云西，不得云東矣。何以知元魏之因晉也？酈《注》以曲阜為魯縣故城，是其所謂魯城者，謂當時魯縣之城必奄城也。何以知唐及宋初曲阜縣之在曲阜也？《元和志》有二魯城，而云曲阜在縣理魯城中，季武子臺及大庭氏庫及縣理城并在其上。是唐縣治，曲阜也，隋之改名，蓋以此也。《太平寰宇記》與《元和志》同，知宋初因之也。若大中祥符之遷於他所，明正德七年之仍遷魯城舊治，則《一統志》載之矣。何以知明及今之曲阜縣治，非古曲阜也？今之孔廟為孔子故宅，即闕里也；　今之縣學即矍相圃也，皆在城中。是知為奄城，非古曲阜也。

又《魯都考下》　或曰《春秋》於僖公二十年，獨書『新作南門』耳，路寢、新廟何以知其一時并作？曰：以《詩》知之。《閟宮》之詩曰：『遂荒徐宅，至於海邦，淮夷蠻貊，及彼南夷，莫不率從。』今考《春秋》僖十五年牡丘之會，以救徐也。十六年淮之會，不言徐人者，淮即徐地也。於是齊人伐英氏，滅項。《彙纂》謂齊桓以淮夷之事委公統率，故經略之久，至九月而始歸。詩人之言，不無誇大，然未有絕無影響鑿空為頌者。其即指此役可知，則作廟、作寢，皆在十七年以後可知也。然而先作泮宮，《泮宮》之詩亦言『淮夷攸服。』而《水經注》云：孔廟東南五百步為靈光殿，殿東南即泮宮。是泮宮在奄城，猶在未遷以前也，而《詩》亦在《閟宮》之先。然則經度寢、廟又在作泮宮之後，其與作南門不過上下一兩年之間耳。或曰南門及稷門，亦即雩門也。莊十年，公子偃竊從雩門蒙皋比而出；莊三十二年，圉人犖有力，能投蓋於稷門。是僖公以前，早有此門。

何以知前此之都，非在曲阜？曰：煬公之遷，遷其宗廟、宮室而已，曲阜之城未嘗廢也，故自鹿門至爭門，齊桓得因其舊而城之。鹿、爭二門亦曲阜之舊門也，何獨南門？或曰隱元年《左傳》：新作南門。不書，非公命也。則隱公亦作南門矣。何以見僖公之為遷？曰：南門一也，隱公之時為舊都，故可以不書；僖公之時，則宮室、宗廟之所在也，故書之。即此而益知其為遷矣。曰：然則《春秋》何以不書遷都？曰：煬公之遷，在春秋前，《春秋》不得而書之也。煬公之後歷十餘世，生齒日繁，民居益稠，蓋聯兩城而一之矣。其遷者，不過宗廟、宮室而已，閭閻猶昔也。非若邢之夷儀，衛之楚丘，相距數十百里也，不可謂之遷都，故不書。且僖公既遷曲阜，而奄城亦未嘗廢也。成九年、定六年皆書『城中城。』中城者，國都之內城，此言曲阜也。襄十九年『城西郛』，此奄城也。奄城在曲阜之西，時已合二為一，故曰西郛也。《左傳》以為備齊，非也。齊在魯之北，莊九年『浚洙』，乃畏齊耳。西非齊伐魯之道也，城之者，自僖至襄歷五君，數十年舊都之城，或已殘壞，故修之耳。書史缺有間矣，然合群書而參考之，繪圖以明之，相其形勢，核其里數，其得失皆可見。魯都有二，此前人所未及知者。因讀《史記集解》所引《世本》之言，參之《水經注》、《元和志》而得之。證之經史，無一不合，故詳論之於此。繁冗之譏，非所恤也。

藝文

唐・胡曾《咏史詩》卷上《魯城》　魯公城闕已丘墟，荒草無由認玉除。因笑臧孫才智少，東門鍾鼓祀鶢鶋。

明・薛瑄《敬軒文集》卷九《兗州道中》　數士名傳舊兗州，山川遺跡快追遊。泗沂湅解波猶淺，鳧嶧春回翠欲流。野火碑餘秦相國，閟宮詩頌魯諸侯。懸知尼父當年志，夢寐長思見盛周。

明・汪廣洋《鳳池吟稿》卷八《曲阜縣》　狐兔縱橫走夕陽，斷籬荒徑入牛羊。可憐東魯成焦土，曾是西周奠故疆。汶泗尚餘春寂寂，龜蒙遥對晚蒼蒼。偶披荆棘懷前古，獨有絃歌思激揚。

漢・劉楨《劉公幹集・魯都賦》　昔大廷氏，肇建厥居，少昊受命，亦都兹焉。山則連岡屬嶺，嵦魁峽北，紫金揚暉於鴻崖，水精潛光乎雲穴。岱宗邈其層秀，于氣霧以高越。其木則赤棟青松，文莖蕙棠，洪幹百圍，高徑穹皇。竹則填彼山陔，根彌阪域，蒙雪含霜，不渝其色。夏簜攢包，勁篠並殖，翠實離離，鳳皇攸食。水產衆夥，各有彝倫，頒首華尾，豐顱重斷，戴兵挾刃，盤甲曲鱗。且觀其時謝節移，和族綏宗，招歡合好，肅戒友朋。蛾眉清眸，顏若雪霜，插曜日之珍笄，珥明月之珠璫。舞人就列，整飾容華，和顏揚眸，眄風長歌，飄乎猋發，身如轉波，尋虛騁迹，顧與節和，縱修袖以終曲，若奔星之赴河。及其素秋二七，天漢指隅，民胥祓禊，國於水遊，緹帷彌津，丹帳覆洲，蓋如飛鶴，馬如遊魚。應門巖巖，朱扉含光，路殿巋其隆崇，文陛巘其高驤。聽迅雷於長除，若有聞而復亡。其園囿苑沼，駢田接連，渌池分浪，以帶石垠，文隅瓊岸，華玉依津。邦乃大狩，振揚炎威，教民即戎，講習興師。絡幕包括，連結營圍，毛群隕殪，羽族殲剥，填崎塞畎，不可勝録。

晉國國都分部

綜　述

《左傳·定公四年》 昔武王克商，成王定之，【略】命以《唐誥》而封於夏虛。注：夏虛，大夏，今大原晉陽也。

又 《莊公二十六年》 夏，晉士蔿城絳，以深其宮。注：絳，晉所都也，今平陽絳邑縣。

又 《成公六年》 三月，【略】晉人謀去故絳，諸大夫皆曰必居郇瑕氏之地，沃饒而近盬，國利君樂，不可失也。韓獻子將新中軍，且為僕大夫。公揖而入，獻子從公，立於寢庭，謂獻子曰：『何如？』對曰：『不可。郇瑕氏土薄水淺，其惡易覯，易覯則民愁，民愁則墊隘，於是乎有沈溺重膇之疾；不如新田，土厚水深，居之不疾，有汾、澮以流其惡，且民從教，十世之利也。夫山澤林盬，國之寶也。國饒則民驕佚，近寶公室乃貧，不可謂樂。』公說，從之。夏四月丁丑，晉遷于新田。

《今本竹書紀年》卷下《康王》 九年，唐遷于晉。

又 卷下《宣王》 十六年，晉遷于絳。

又 卷下《惠王》 九年，晉城絳。《統箋》：按《左傳》莊二十六年夏，晉士蔿城絳，以深其宮。杜曰：絳，晉所都也，今平陽絳邑縣。《晉世家》謂獻公八年，城聚都之，命曰絳，晉始都絳。未足据也。

《史記》卷三九《晉世家》 （周成王）於是遂封叔虞於唐。唐在河汾之東，方百里，故曰唐叔虞。【略】昭侯元年，封文侯弟成師于曲沃。曲沃，邑大於翼。翼，晉君都邑也。【略】（獻公）八年，【略】而城聚都之，命曰絳，始都絳。

又 卷一四《十二諸侯年表》 晉獻公詭諸九年，始城絳，都之。

《漢書》卷二八上《地理志上·太原郡》 晉陽。故《詩》唐國。周成王滅唐，封弟叔虞。龍山在西北，有鹽官，晉水所出，東入汾。唐顏師古注：臣瓚曰：所謂唐，今河東永安是也，去晉四百里。師古曰：瓚說是也。

又 《河東郡》 聞喜。故曲沃。晉武公自晉陽徙此。武帝元鼎六年行過更名。應劭曰：今曲沃也。秦改為左邑。武帝於此聞南越破，改曰聞喜。

又 《河東郡》 絳。晉武公自曲沃徙此。有鐵官。唐顏師古注：應劭曰：絳水出西南。

北魏·酈道元《水經注》卷六《澮水》 澮水東出絳高山，亦曰河南山；又曰澮山，西逕翼城南。按《詩譜》言晉穆侯遷都于絳，暨孫孝侯，改絳為翼。翼為晉之舊都也，後獻公北廣其城，方二里，又命之為絳。故司馬遷《史記·年表》稱獻公九年，始城絳都。《左傳》莊公二十六年『晉士蔿城絳，以深其宮』是也。

《春秋》成公六年，晉景公謀去故絳，欲居郇瑕。韓獻子曰：土薄水淺，不如新田有汾澮，以流其惡。遂居新田，又謂之絳，即絳陽也，蓋在絳、澮之陽。

又 卷六《涑水》 涑水又西南逕左邑縣故城南，故曲沃也。晉武公自晉陽徙此，秦改為左邑縣，《詩》所謂『從子于鵠』者也。《春秋傳》曰下國，有宗廟謂之國，在絳曰下國矣，即新城也，王莽之洮亭也。

又 卷六《晉水》 逕晉陽城南，城在晉水之陽，故曰晉陽矣。經書『晉荀吳帥師敗狄于大鹵。』杜預曰：大鹵，晉陽縣也。為晉之舊都，《春秋》定公十三年，趙鞅以晉陽叛，後乃為趙矣。

宋·羅泌《路史》卷二八《國名紀五·周氏·晉唐》 故唐都鄂，夏虛也。注：《世本》云：叔虞居鄂。鄂，今大夏，故云。唐本堯封，在夏虛晉陽。後曰晉，以水名。今幷之陽曲故平晉西南十六有叔虞祠墓，故《詩》止曰《唐》。

又 《曲沃》 成侯之居，以封桓叔。故地有晉先君之廟。獻公城之，居申生，曰新城。漢為曲沃，今隸絳。潘岳云：陝之曲沃是也。

又 《絳》 穆侯居。注：見《詩譜》。莊公二十六年，士蔿城之。二漢為縣，今隸絳，有絳山、絳水，有故絳城，在翼城東南，曲沃南二里。注：《元和志》：周勃邑，今號絳邑故城。景公遷新田，又曰絳，乃以翼為故絳。二。注：後魏北絳縣在翼城，南絳在絳。

又 《翼》 孝侯居，因曰翼侯。蓋與絳近。今翼城東十五有翼故城。絳邑之東八十，注：隱五年伐翼者。《集韻》云：國名。云即絳改，非。

又《鄂》　翼九宗嘉父逆晉侯于隨，納之鄂，曰鄂侯。晉地。注：隱六。

論説

唐·孔穎達《毛詩譜·唐譜》正義　案《晉世家》云『僖侯生獻侯籍，籍生穆侯費王』是也。知徙於絳者，以成侯徙居曲沃，則曲沃為晉都矣，至昭公之時，分曲沃以封桓叔，則正都不在曲沃，明昭公已前，已徙絳矣。知穆侯徙者，蓋相傳為然。《地理志》云『河東絳縣，晉武公自曲沃徙此』者，以桓叔別封曲沃，武公既并晉國，徙就晉都，故云自曲沃徙此耳，非謂武公始都絳也。然則穆侯以後，晉恒都絳，而隱五年《左傳》云：曲沃莊伯伐翼，翼侯奔隨。又謂之為翼者，杜預云：翼，晉舊都，在平陽絳邑縣。東穆侯，徙絳。昭侯以下，又徙於翼，及武公并晉，又都絳也。莊二十六年《左傳》稱晉獻公命士蔿城絳，以深其宮，明是武公徙絳也。《晉世家》云：獻公使士蔿盡殺諸公子，而城聚都之，命曰絳。案《左傳》云：晉士蔿使群公子盡殺游氏之族，乃城聚而處之。冬，晉侯圍聚，盡殺群公子。則城聚以處群公子，非晉都也。《世家》言命聚曰絳，非也。

唐·李泰等《括地志》卷二《并州·晉陽縣》　故唐城，在并州晉陽縣北二里。《城記》云：堯築也。《國都城記》云：唐叔虞之子燮父徙居晉水傍，今并(理)［州］故唐城。唐者，即燮父初徙之處。其城南半入州城，中削為坊，城墻北半見在。

又　卷二《絳州·翼城縣》　故翼城一名故絳，在絳州翼城縣東南十五里。《諸侯譜》云：晉穆侯遷都於絳，曾孫孝侯改絳為翼，至獻公又命曰絳。

又　卷二《絳州·曲沃縣》　絳邑故城，漢絳縣，本晉都新田，在絳州曲沃縣南二里，因絳山為名。

絳州曲沃縣有曲沃故城，土人以為晉曲沃新城。

唐·李吉甫《元和郡縣志》卷一六《河南道三·太原府·晉陽縣》　故唐城，在縣北二里。堯所築，唐叔虞之子燮父徙都之所也。

又　卷一四《河東道一·絳州》　《禹貢》冀州之域，春秋時屬晉。《左傳》曰：晉人謀去故絳，欲居郇瑕氏之地。韓獻子曰：『郇瑕氏土薄水淺，不如新田。』遂遷新田。注曰：新田，今平陽絳邑縣是也。三卿滅晉，其地屬魏，戰國時亦為魏地。秦為河東郡地，今州即漢河東郡之臨汾縣地也。

又　《絳州·曲沃縣》　本晉舊都絳縣地也。漢以為絳縣，屬河東郡。

又　《絳州·翼城縣》　故翼城，在縣東南十五里，晉故絳都也。

宋·程公説《春秋分記》卷二六《疆理書第二·晉地釋名》　晉。隱六年。故唐國，堯舊都地，南有晉水。叔虞子燮，改爲晉，亦曰晉陽，漢因置晉陽縣。皇朝建隆四年，以為平晉軍；太平興國四年，廢為平晉縣；熙寧三年，省入太原府，治陽曲縣。

曲沃。五年，下同。文侯封弟成師於此。今絳州曲沃縣在州東四十五里，解州聞喜縣在曲沃西南，亦其地云。

翼。本曰絳。穆侯自晉陽徙都于此，孝侯改絳為翼，後為曲沃武公所并，自曲沃徙都，復曰絳，獻公九年，又北廣其城，方二里。今絳州翼城縣。

絳。莊二十六年。即翼城之西絳邑城。成六年，謀去故絳，即此。

新田。成六年。絳州絳縣。魏獻子曰：新田土厚水深，居之不疾，謂此。

明·周嬰《巵林》卷一《絳陽》　《水經注》曰：晉悼公謀去故絳，遂居新田，又謂之絳，即絳陽也，蓋在絳、澮之陽。漢高帝封越騎將軍華無害為侯國。析曰：故絳猶言故都、故宅。杜元凱成六年『故絳』注曰：晉復命新田為絳，故謂此故絳，蓋以新田為新絳也。酈氏遂用其説。然莊二十六年『士蔿城絳』，杜注曰：絳，晉所都，今平陽絳邑縣；而『新田』注又曰：今平陽絳邑縣是。夫故絳既今絳邑，而新田又復同墟，杜之釋地，殆自相伐。且殷人五遷，不稱新亳；周京屢徙，不帶舊豳。齊都臨淄，便去薄姑之號；楚移湫都，豈仍故郢之思？矧絳本非嘉名，不過以水氏縣，晉人何取而三以命都哉？又《史記》越將絳陽侯無害，司馬貞考《地理志》無絳陽，而《漢表》作『終陵』，則史之絳陽，未足以證新田也。

清·覺羅石麟等［雍正］《山西通志》卷一七六《辨證一·［明］李廷寶〈曲沃辨〉》　今沃南十里有安鵠村，即古之鵠也。《詩》云：從子于鵠。注：鵠，曲沃邑也。《疏》：曲沃非獨一邑而已，其都在曲沃，其旁更有邑，故云鵠。曲沃，邑也。《一統志》：曲沃，秦改為左邑，今桐鄉在沃西南四十五里，則漢之聞喜，當在今沃境，而後始遷涑水之南，為今聞喜耳。晉成侯自晉陽徙曲沃，又五世至穆侯徙絳，又二世至昭侯徙翼，昭侯封成師於曲沃。又二世至武公滅翼，又一世至獻公徙絳，又六世至景公徙新田也。

又　卷一七九《辨證四·［明］李汝寬〈聞喜曲沃辨〉》　今之聞喜，古曲沃也；今之曲沃，古新田也。何以知之？按《史記》晉昭侯封文侯弟成師于曲沃注：《索隱》曰：河東之縣名。漢武帝改曰聞喜也。故曲沃改桐鄉，桐鄉改聞喜，此不及桐鄉，省文耳。晉驪姬請使申生處曲沃以速縣，韋昭《解》曰：曲沃，晉宗邑，今河東聞喜是也。《春秋》魯襄公二十二年，晉欒盈入于曲沃。林堯叟注曰：曲沃在河東聞喜縣。《前漢·地理志》河東郡，縣二十四，有聞喜。注曰：故曲沃。《後漢·郡國志》曰：聞喜邑，本曲沃。《晉地理志》曰：聞喜，故曲沃。《文選》潘岳《笙賦》曰：河汾之寶，有曲沃之懸匏焉。注引《漢書》曰：河東聞喜縣，故曲沃也。《綱目集覽》曰：聞喜本絳州曲沃縣，漢武帝改聞喜。此非聞喜古曲沃之證乎？魯成公六年，晉遷于新田，曰有汾澮以流其惡。至後魏，始置曲沃縣，亦猶武帝改修武為獲嘉，其後又別置一修武也。今曲沃人識其邑里，皆曰新田郡，而汾、澮二水見在其境內。曲沃《志》亦曰即春秋晉新田地。此非今曲沃古新田之證乎？或曰《詩傳》既曰唐侯封子燮，改國號曰晉，後徙曲沃，則曲沃即晉都矣。又曰昭侯封成師于曲沃，豈其以都邑而封成師乎？曰：史不云乎！『曲沃，邑大於翼。翼，晉君都邑也。』蓋是時，晉自曲沃遷都于翼，而以其故都曲沃封成師，是為桓叔也。其後桓叔之孫武公卒滅晉，而代為諸侯，仍都曲沃，至其子獻公始都絳，即今絳州也。至景公復自絳遷于新田，復命新田為絳，而以故都之絳為故絳。《山西通志》于曲沃、絳縣皆曰春秋晉都新田地，誠是也。至漢，始以絳為絳縣，未有曲沃也。至後魏，始置曲沃縣，即析絳縣地而置之也。知此，則三縣之沿革甚明，而曲沃之《新志》多誤矣。

沃人李廷賓氏撰《志》曰：魯成公六年，晉人謀去故絳，韓獻子曰：不如新田土厚水深，居之不疾，有汾、澮以流其惡。今澮水在沃南二里，汾水在沃西一十八里，故《通考》以曲沃為晉所都新田之地。若今之聞喜，則去澮遠矣。賓之此證，謂今曲沃即古新田則是矣，以證今之沃為桓叔所封之沃則非也。何者？桓叔所封之沃，乃古曲沃也。既以今之沃為新田，又以為古沃，豈以新田、古沃為一地乎？如其一地也，則晉人謀去故絳，當云復都曲沃，何以言遷于新田也？況故都之水土，晉人豈不知之，而必待獻子熟計之乎？賓以《通考》之沃為古沃，不惟失馬氏之意，且自為矛盾甚矣。他證多類此，要不俟乎予之贅也。

清·顧炎武《日知録》卷三一《唐》　《左傳》昭公元年，遷實沈于大夏。定公四年，命以《唐誥》而封于夏虛。服虔曰：大夏在汾、澮之間；杜氏則以為太原晉陽縣，按晉之始見《春秋》其都在翼。《括地志》：故唐城在絳州翼城縣西二十里，堯裔子所封。成王滅之而封太叔也。北距晉陽七百餘里，即後世遷都，亦遠不相及。《竹書紀年》康王九年，唐遷于晉。宣王十六年，晉遷于絳。況霍山以北，自悼公以後始開縣邑，而前此不見於《傳》。又《史記·晉世家》曰：成王封叔虞于唐。唐在河汾之東，方百里；翼城正在二水之東，而晉陽在汾水之西，又不相合。竊疑唐叔之封，以至侯緡之滅，並在於翼。《史記》屢言禹鑿龍門，通大夏。《呂氏春秋》言龍門未闢，呂梁未鑿，河出孟門之上。則所謂大夏者，正今晉絳、吉隰之間，《書》所云『維彼陶唐，有此冀方』，而舜之命皐陶曰『蠻夷猾夏』者也，當以服氏之說為信。又齊桓公伐晉之師，僅及高梁，在今臨汾縣。而《封禪書》述桓公之言，以為西伐大夏，大夏之在平陽明矣。《漢書·地理志》注：臣瓚曰：所謂唐，今河東永安是也。師古以瓚說為是。按永安乃今之霍州，亦非也。

又　卷三一《晉都》　春秋時晉國本都翼，在今之翼城縣；及昭侯封文侯之弟桓叔于曲沃，桓叔之孫武公滅翼而代為晉侯，都曲沃，在今聞喜縣。《漢志》：聞喜，故曲沃。其子獻公城絳居之，在今太平縣之南絳州之北。今太平縣南二十五里城址尚存。歷惠、懷、文、襄、靈、成六公，至景公遷于新田，在今曲沃縣。杜氏曰：新田，今平陽絳邑縣是。後魏始名曲沃。當汾、澮二水之間，於是命新田為絳，而以其故都之絳為故絳。此晉國前後四都之故蹟也。

晉自都絳之後，遂以曲沃為下國，僖公十年：狐突適下國。然其宗廟在焉。考悼公之立，成公十八年。大夫逆于清原。杜氏曰：河東聞喜縣北有清原。是次郊外。庚午盟而入，辛巳朝于武宮。是入曲沃而朝于廟。二月乙酉朔，即位于朝。是至絳都。而平公之立，襄公十六年。亦云改服修官，烝于曲沃。但不知其後何以遂為欒氏之邑，而欒盈之入絳，范宣子執魏獻子之手，賂之以曲沃。襄公二十三年。夫以宗邑而與之其臣，聽其所自為，端氏之封，屯留之徒，其所由來者漸矣。

清・顧祖禹《讀史方輿紀要》卷四〇《山西二・太原府》 府控帶山河，踞天下之肩背，為河東之根本，誠古今必争之地也。周封叔虞于此，其國日以盛強，狎主齊盟，藩屏周室者，幾二百年。迨後趙有晉陽，猶足拒塞秦人，為七國雄。秦莊襄王二年，蒙驁擊趙，定太原，此趙亡之始矣。

清・覺羅石麟等［雍正］《山西通志》卷一七六《辨證一・太原縣》 《禹貢》既修太原；《小雅》至於太原；《左傳》臺駘能業其官，以處太原。《春秋》昭公元年，晉荀吳帥師，敗狄于大鹵；《三傳》皆作太原。《左傳》遷實沈於大夏；《史記》禹鑿龍門，通大夏；齊桓公西伐大夏。《左傳》命唐叔以《唐誥》而封於夏虛。《春秋》定公十三年，晉趙鞅入於晉陽以叛。杜注：大夏，太原晉陽縣也。《通典》大鹵即太原晉陽縣也。晉、大鹵、太原、大夏、夏虛。晉陽，六名其實一也。

又《辨證一・翼絳聞喜曲沃等地通辨》 聞喜邑，本曲沃，即《漢書》二語可斷。二縣沿革，至景公由絳遷新田，抑宜覈故絳、新絳、南北絳之分，暨新田之地之胥為絳也。春秋以前，晉都翼，自武侯、成侯至昭侯，皆在舊都。後封成師桓叔于曲沃，一傳而莊伯，再傳而武公，其間潘父迎立，晉人拒之，平王、桓王使虢公、虢仲以兵伐曲沃，反覆馳突，皆在今聞喜、翼城境地。及釐王命曲沃武公為晉君，列為諸侯，盡併晉地，始都翼。獻公八年，從士蔿說，城聚都之，命曰絳，今絳縣縣治南車廂城也。九年，始都絳，今太平縣南晉城也。《通典》：晉武公徙于此。杜注：絳，晉國都。《正義》又曰：晉都絳，絳，臨汾。汎舟之役，自雍及絳相繼，當在今太平、絳州、稷山間。太平又有古晉城遺址。此翼與太平所以胥名絳也。顧翼名絳，新田亦名絳。今翼城南有北絳村，即故絳城，此翼絳也。《水經注》應劭曰：絳水出絳縣西南。蓋以故絳言，此即指車廂城也。後自絳遷新田，復謂絳都為故絳。至曲沃東南二里絳邑城，乃新絳，非故絳也。自後魏分絳縣地置曲沃縣，與聞喜同隸正平郡，又於今翼城置北絳郡，領小鄉、北絳二縣，又於今絳縣置南絳郡并縣。後周改絳州，隋唐宋以後置絳州、絳郡，然後統南北絳而胥轄之。杜注：汾水出太原，經絳北西南入河。澮水出平陽絳縣南，西入汾而注絳與新田，皆曰今平陽絳邑縣是，則今絳州、曲沃等地胥為絳，胥為新田也。漢絳邑地頗廣，范《志》絳邑有翼城，今絳縣東西，胥在其中，不可拘車廂城為孤証。舊《通志》于曲沃、絳縣皆曰春秋晉都新田地，李在澗據以立辨，甚為朗徹，尚有未盡晰者，因疏通，以廣其說。

《春秋傳》曰：下國有宗廟，謂之國。在絳，曰下國矣。此說宜覈。今絳州、絳縣，《舊志》皆引城聚為証。太平縣南二十五里有古晉城，亦稱士蔿所築。試以地形里數揆之：晉城南二十五里即今絳州，州距絳縣百里，絳縣距翼城七十里，距曲沃五十里，距太平七十里。聞喜距絳縣八十五里，距太平亦僅百里。曲沃漢晉未立縣，後魏太和十一年始置，後周復置。其始皆統于絳邑，治于太平縣之晉城。觀《通典》『晉自曲沃徙此，漢聞喜縣地』二語，則知聞喜即絳，非兩地也。太平與鄉寧，皆古臨汾，然臨汾界止于晉城，其南則皆聞喜、絳邑地。故漢晉以後之絳邑，較今絳縣為廣；隋唐後之絳州、絳郡，較北魏之絳郡亦復擴衍。至于新田，則確在曲沃，以汾、澮交流，汾水在城西一十八里，澮水在城南二里，顯然可據。太平、絳州以南，亦為汾流所經而寖與河近，曲沃尤二水交滙地也。古曲沃在聞喜，決無可疑，而城聚在絳。杜注：新田，今平陽絳邑縣。蓋曲沃未設縣以前，地多隸絳邑也。亦不得以今日州縣之分疆，遂畫為二。

又《辨證一・［清］王世家〈唐晉辨〉》 翼，古夏墟也，高辛氏以封堯，曰唐堯，立為畿輔地。及舜受禪，使丹朱續堯後，復封唐，夏商仍焉。周成王時，唐有亂，周公滅之，成王以封太叔虞，是為唐侯。虞卒，子燮立，更曰晉。夫唐、晉者，國之名，而其地則合翼、曲、絳為一，而都於翼者也。翼之為唐叔遺封，所從来矣。乃昔之志太原者曰：叔虞封太原，後以晉水更名晉，懸甕山蓋有晉王塚云；而翼之先，又代少聞人，無從置辨也。亦曰叔虞始封翼，至子燮乃遷晉水旁焉。於是以譌傳譌，郡志因之，通志因之，而《都城記》、《括地志》及《通鑑》、《字彙》、《一統》、《廣輿》諸書勦襲故說，百口同聲，皆以太原為唐。嗚呼！其亦弗思甚矣。

夫天下惟理之可通者為不易，書之近古者為足據。舍此而言，皆誣也。嘗取而論之：太原，古大鹵地也，其為叔虞所封，經史迄無所見。揣其意，不過據《毛詩譜》唐在太原、太岳之野耳。然其下即曰：在今太原府。曲沃及絳，皆在今絳州，信斯言也，將謂曲沃、絳州皆太原耶？又不過泥《春秋胡傳・譜》謂之太原，亦曰晉陽耳，且微論下文明言翼也。就所謂河汾東北者言之，將毋太原縣，亦在河汾東北乎？竊謂古者地分而名別，降及後世，每以省會統郡邑。兩書在趙宋時，想太原、晉陽已為省會矣，彼又未身至其地，特據今釋古，舉大該小，言翼而以太原、晉陽冠之耳，猶今以山西統平陽，以平陽統翼城也，寧得謂山西即平陽，而平陽即翼城哉？

抑或者謂：《括地志》云：故唐城在并州晉陽北二里，此不足徵乎？然考《括地志》曰：定州唐縣，為唐侯丹朱所封。又曰故唐城，在絳州翼城縣西二十里，即堯裔子所封。合之前説，不且一口三舌乎？不知唐縣之説，周公滅唐後遷之，彼自為杜唐氏而非其始也。他如史遷《舜本紀》以為丹朱封於薊，而《晉世家》又曰唐在河汾之東，方百里。《通鑑》注以唐為在唐縣，而其後又數大書翼，晉景公遷新田，本絳州也，而乃以為翼城；故絳，本翼城也，而乃為絳縣。種種舛謬，更僕難數，所謂自相牴牾者也，豈顧辨哉？今執太原人而問之曰：子謂太原為唐矣，然周夷王三年，虢公嘗伐太原之戎；宣王元年，尹吉甫亦伐玁狁於太原。是夷、宣時太原，尚荒服也，寧有叔虞已封而尚為荒服者耶？矧其後靈王封太子晉於太原，名王子晉，亦曰晉王。若太原已有君，子晉其何處焉？世固有一國二君者乎？即曰太原不一地，虢、尹所伐，子晉所封，或他地耳。然稽晉陽郡邑，古皆無太原名，獨太原縣有之，可曰彼則是而此則非歟？且晉昭侯嘗封成師於曲沃矣，夫太原至曲沃七百餘里，不審分封時，此七百里皆為晉有耶否耶？以為皆晉有，然《王制》無七百里之侯封，而是時晉未大也，則不有可知矣。不則曲沃必有所主，晉雖强，能以他人之疆索，封其叔父哉？況曲沃伐晉，不一其舉，逼近豈無？虞、虢、耿、魏可伐而假道楊、霍，正復不易，顧乃越國鄙，遠以取此區區無用之太原也，有是情乎？凡此皆理之必無者也。

論者猶曰：南有晉水，一見於《毛詩譜》，一見於《都城記》。今太原有晉祠水矣，可若何？余曰：是大不然。《左》、《史》無其説也。抑予聞之：子晉封太原，歿而人祠之，故曰晉祠。其地有水，因名晉水。祠與水，皆以子晉得名者也。蘇祐之説，真瞽目之談丹黄耳，至懸甕之墓，不名唐侯而名晉王，則亦子晉之陵耳。緱山笙鶴，此異端矯誣之言，烏可信也？今以晉墳冒虞名，兩人有知，不且啞然失笑哉？若翼之為地，左行山而望恒岳，非所謂太行、恒山之西乎！隸晉陽而負霍鎮，非所謂太原、太岳之野乎！西邇汾水，僅百里耳，非所謂汾河之東百里乎！先名翼而後名絳，曲沃為其屬邑，非所謂曲沃及絳乎！邑西有故唐城，距邑二十里，非所謂縣西二十里為堯裔子所封者乎！且城之西北曰唐城，是丹朱、叔虞之舊號也。東南曰翦桐，是成王所由封也。東北曰同穎，是嘉禾所由獻也。為問太原，亦曾有此否耶？況《左》、《國》諸書，去古未遠，又讙讙可據也。

按《左傳》魯隱公五年，曲沃莊伯以鄭人、邢人伐翼，王使尹氏、武氏助之，翼侯奔隨。六月，曲沃叛王。秋，虢公伐曲沃，而立哀侯於翼。六年，翼九宗五正頃父之子嘉父逆晉侯於隨。惠之四十五年，曲沃莊伯伐翼，弒孝侯，翼人立其弟鄂侯。鄂侯生哀侯，哀侯侵陘庭之田，陘庭南鄙啓曲沃伐翼。桓公三年春，曲沃武公伐翼，次於陘庭。韓萬御戎，梁弘為右，逐翼侯於汾隰。杜注云：翼，晉舊都，唐叔始封也。按《國語》武公伐翼，殺哀侯。又驪姬曰：惟無親，故能兼翼。按《史記》唐在河汾之東，方百里。又曲沃，邑大於翼。翼，晉君都邑也。孝侯十五年，曲沃莊伯殺其君晉孝侯於翼。按《春秋胡傳》：唐在河汾之東北，地方百里，而都於翼，平陽絳邑縣東翼城是也。又曲沃伐翼，翼侯奔隨，立鄂侯之子光於翼。晉迎翼侯於隨，伐翼，獲哀侯，曲沃滅翼。翼侯緡之二十七年，曲沃武公伐晉滅之。而前所引《括地志》亦曰在翼城，《索隱》亦云翼本晉都。自孝侯以下，一號翼侯，平陽絳邑縣東翼城是也。此歷歷可考於古者也，不識太原亦曾有翼名乎？吾知他即可假，翼必不可假，翼不可假而唐、晉庸可假耶？甚矣，其誣也。至《括地志》又曰平陽河水，一名晉水。而郡之西南，亦有晉水。予以謂翼之灤水，即晉水也。何言之？灤水所經，今有晉、峽二村焉。晉，古音『箭』。今土人讀為『箭峽』而譌寫『澗下』耳。其曰灤者，疑當時以死難賜欒共子，因人名地，去晉為灤，猶唐之晉，翼之絳，後人誤以為欒也，而不知者猶曰欒氏食邑於曲沃。夫欒賓為傅，食邑曲沃，則有之；若共子死哀侯之難，顯與武公為敵。庸有食人食而背恩反噬者？此與土人欒巴之説，皆妄也。今縱謂灤非晉水，要亦平陽之晉水耳，豈太原所可托哉？若翼之孝義村，確有叔虞塚在，鼎足而列，林木甚古。彼太原烏得而冒諸？以太原若彼，以翼若此，孰是孰非，甚瞭然矣。乃今猶曰太原為叔虞所封，翼為春秋絳邑，後改為翼。噫，何其陋也！君子謂此輩坐不讀書耳。

余竊怪世之學者，涉見寡聞，輒敢自逞其臆説，而一二稍知學者，又迂迂論理不求其通，考事不詳其實，讀書不觀其備，而因陋就簡，以為害於天下後世。若此類，不可勝數，皆見笑於有道者也。余生於翼，知翼事稔悉，故據實辨之，以俟考古者采擇焉。後有通儒，當不以予言為誣已。

清·程廷祚《春秋識小録》卷四《春秋地名辨異上·一地二名》 新田、絳。成六年：晉遷于新田。其後仍稱絳。

又《一地三名》 翼、絳、故絳。隱五年：曲沃莊伯以鄭人、邢人伐翼。莊二十六年：士蔿城絳，以深其宮。《詩譜》：晉孝侯改絳為翼，獻公復命為絳。又成十八年：晉人弒厲公，葬之于翼東門之外。時以新田為絳，故復稱故絳為翼也。成六年：晉人謀去故絳。杜曰：著復命新田為絳，故謂此故絳。

曲沃、新城、下國。隱五年：見前。曲沃，晉別封成師之邑。僖四年：太子奔新城。杜曰：新城，曲沃。僖十年：狐突適下國。杜曰：下國，曲沃新城。

又《一地七名》 晉、大鹵、大夏、大原、參虚、夏虚、晉陽。隱六年：見傳。昭元年：晉荀吳帥師，敗狄于大鹵。杜曰：大鹵，大原晉陽縣。昭元年：后帝遷實沈于大夏，唐人是因。又云：臺駘能業其官，以處大原。昭十五年：唐叔受之，以處參虚。杜曰：參虚，實沈之次，晉之分野。定四年：命以《唐誥》而封于夏虚。杜曰：夏虚，大夏，今太原晉陽也。定十三年：晉趙鞅入于晉陽以叛。按顧亭林謂唐叔之封及所謂大夏者，俱不在晉陽而在平陽，以霍山以北自悼公後始開縣邑，而前此不見于《傳》也。其説最為有據。

清·施彦士《求己堂文集》卷一《晉都考辨上》 春秋以來，陵谷變遷，郡縣沿革不可究詰，要未有如晉都之尤者也。《左氏》昭公元年《傳》：遷實沈於大夏。定公四年《傳》：命以《唐誥》而封於夏墟。杜注以大夏為晉陽，在今太原府西南四十里太原縣。而《水經注》、《路史》、《通鑑地理通釋》及先進顧震滄、趙誠夫、洪稚存并從之，蒙竊惑焉。夫自晉陽至絳且七百里，又間以趙、霍諸國，春秋以來地少華裔，晉安得遷都至此？且既遷以後，又何以棄其故都，獻之世絕不過而問哉？惟顧氏亭林曰：服虔云大夏在汾、澮之間。按晉之始見《春秋》，其都在翼。《括地志》：故唐城，在絳州翼城縣西二十里。堯裔子所封，成王滅之而封太叔，北距晉陽七百餘里。即後世遷都，亦遠不相及，況霍山以北，悼公始開縣邑，而前此不見於《傳》。又《史記》：唐在河、汾之東，方百里。翼城正在二水之東，而晉陽則在汾水之西，又不相合，疑唐叔至侯緡之滅并在於翼。《史記》屢言禹鑿龍門，通大夏，正在今晉、絳、吉、隰之間，《書》所云『維彼陶唐，有此冀方』，而舜之命皋陶曰『蠻夷猾夏』者也。又齊桓公伐晉，及高梁，在今平陽府治東北三十七里。而《封禪書》以為西伐大夏，大夏之在平陽明矣。噫！亭林之説精確若此，洵足破千古之疑案已。顧猶有未盡者。

叔虞始封既非晉陽，則太原當日果何所屬？且平陽無晉水，燮父又何以改號曰晉？及考《竹書紀年》與歷代地志，更有渙然冰釋者矣。《紀年》：成王十年，命唐叔虞為侯。康王九年，唐遷於晉。宣王十六年，晉遷於絳。敘次甚明，而穆王十七年，遷戎於太原。夷王七年，伐太原之戎。宣王五年，尹吉甫伐玁狁，至於太原。當是時，使晉都太原，穆王安得遷戎於此，使與晉同壤？又何以夷、宣之世用兵者再，而晉且超然事外乎哉？然則遷絳以前，太原方為戎有，晉固不得而都之也。又按魏收《地形志》：平陽縣有晉水。歐陽修《地理志》：晉州臨汾縣堰壤乃西引晉水。陸伯升《廣輿記》：平陽府西南有晉水，達襄陵界。即酈道元亦非不知平陽有晉水，其《汾水》條下云：『平水出平陽西壺口山，東徑平陽城，東入汾，俗以為晉水，非也。』然平水之舊稱為晉水，亦可知已。又況平陽府太平縣南有晉城，晉不遷此，何以有是城？平陽無晉水，又何以改號曰晉？且《山海經》平山，平水出其上，潛於其下。不云東入汾也，則東流為晉，正如漾之為漢，沇之為濟，豈得武斷為非哉？然則叔虞始封，在今翼城西二十里之唐城；子燮遷晉，在今太平縣南二十五里之晉城；而穆侯遷絳，則在翼城東南十五里之故晉城也。《水經注》：澮水東出絳高山，亦曰澮山。洪氏《府廳州縣志》：山在翼城東南十五里。則絳之為絳，夫亦義取乎絳高也。鄭氏《詩譜》：孝侯改絳為翼。獻公又北廣其城，方二里，命之曰絳，莊公二十六年《傳》『命士蔿城絳，以深其宮』是也。

顧震滄曰：翼即絳也，遷新田後謂之故絳。顧亭林、閻百詩反以燮父所遷太平縣南之晉城在絳州之北，指為故絳。不知今之絳州故賈伯邑，漢臨汾縣，見《郡國志》。宇文周武成二年始改今名，春秋時無絳之稱也。即《水經注》絳水本出絳山東南，西北流至澮，澮水又西至絳州南七里入汾，亦與州北二十里之晉城絕不相接，何自被以『絳』名哉？至新田之在今平陽府南一百二十里之曲沃縣，桓叔之曲沃在今絳州南七十里聞喜縣，先儒無異詞，有不待辨者，而晉之前後五都，昭然可考已。又按平山，《山海經》云『平水出其下。』吳任臣曰：平山在平陽，一名壺口，今名姑射山。《一統志》：平山在平陽府西南二十五里，姑射山之支也。洪稚存《乾隆府廳州縣志》：

在今府治西南三十里襄陵縣，縣西南三十五里有姑射山。又南二十五里太平縣，又二十五里即晉城。自晉城北至姑射山五十里，而所出之平水東流為晉水，蓋在晉城之北云。

又《晉都考辨下》　唐遷於晉，既以太平縣故晉城當之矣，惟故絳、新田，杜氏猶有剩義。《左傳》莊公二十六年：「士蔿城絳。」杜注：絳，晉所都，今平陽絳邑縣。成公六年：「晉人謀去故絳。」杜注：晉復命新田為絳，故謂此為故絳。及注「新田」，又曰：今平陽絳邑縣。其地異，其注同，余嘗疑之。《水經注》：「《春秋》成公元年，晉悼公謀去故絳，遂居新田，又謂之絳，蓋在絳、澮之陽。」周氏嬰《卮林》曰：「故絳猶故都、故宅耳。杜以新田為絳，酈氏遂用其説，然故絳既絳邑，而新田又復同墟，杜之釋地，殆自相伐。且殷人五遷，不稱新亳；周京屢徙，非帶舊豳。齊都臨淄，便棄蒲姑之號；楚移湫郢，豈仍故郢之思？矧絳非嘉名，不過以水氏縣，晉人何所而三以命都哉？」噫！《卮林》之辨雄已，而終不能確指兩都所在。玉卮無當，雖寶非用，亦奚以為？

及觀《地理志》河東絳縣，班固曰：晉武公自曲沃徙此。《郡國志》：河東絳邑有翼城。劉昭曰：縣西有絳邑。《左傳》隱公五年：曲沃伐翼。杜注：翼城在縣東八十里。然則顧震滄《春秋都邑表》所謂新田之絳在曲沃縣西南二里，即劉昭所謂縣西絳邑也。洪稚存《乾隆府廳州縣志》所謂故晉城在翼城縣東南十五里，即杜氏所謂故絳也。夫今之翼城在平陽府東南一百二十里，今之曲沃在平陽南一百二十里，而在兩漢則并屬河東絳邑。至《晉書·地理志》，絳邑又改屬平陽。杜預晉人，則故絳、新田并注平陽絳邑縣，未為失也。惟新田之絳尚在故絳西八十二里，未經分析，遂以啓《卮林》之譏耳。

至新田之復命為絳，其明證有三：襄公二十三年，欒盈晝入絳。定公十三年，趙鞅歸晉人於絳。當是時，晉都遷新田久矣，一則入絳而至固宮之走，一則歸絳而要公宮之盟，豈復指翼城之故絳哉？又《竹書紀年》：魏惠成王二十五年，絳中地坼，西絕於汾。則指汾、澮間新田之絳可知。若翼城之絳，去汾且百餘矣，地坼雖大變，何至西絕於汾哉？且周去周原，不改舊邦於豐、鎬；商遷轂熟，猶帶故亳於蒙城。咸林已棄，虢檜鄭新；鄢水肇遷，紀南郢故。他如三秦、三楚、三晉、三吴，類皆異地而同名，甚且屢遷而不變，況新田、故絳均在絳、澮之陽，同為絳邑之地哉？吾於此惜杜氏之太簡，而又以嗤《卮林》之無稽也，是不容以不辨。至酈元以成公六年誤為元年，晉景公遷新田誤為悼公，其失不待辨。漢、晉《地理志》并以聞喜縣之故曲沃為晉武公自晉陽徙此，其失并不足辨云。

清·汪之昌《青學齋集》卷九《晉絳辨》　杜征南注《左傳》，論者謂於地理較長，然亦不無有失檢處。莊二十六年：「士蔿城絳，以深其宮。」注：絳，晉所都，今平陽絳邑縣。成六年：「晉遷於新田。」注：平陽絳邑縣是。案杜謂晉遷新田，復命新田為絳，據此則絳之名雖同，而晉景所遷之絳，非復士蔿所城之絳，地既異處，不得概以平陽絳邑縣當之。《春秋地理考實》於新田引閻若璩曰：余親往其地，土人呼王官城，距故晉城五十里。杜氏於莊二十六城絳及此年新田皆注云「平陽絳邑」，豈竟為一地乎？果為一地，不應將遷新田之時，名獻公所居曰故絳。此説是。

今考晉之絳縣，其故城在今曲沃縣南。昭八年杜注：虒祁宮在絳西四十里，臨汾水。今虒祁在曲沃縣西，則新田在晉時之絳邑。此年注本不誤，誤在莊二十六年之注。然則平陽絳邑縣，自是新田改名之絳。所謂故絳之絳，杜尚未審所在。案《漢書·地理志》「河東郡絳縣」注：縣西有絳邑城，即翼也。《水經·澮水注》：案《詩譜》言，晉穆侯遷都於絳，暨孫孝侯，改絳為翼，翼為晉之舊都也。後獻公北廣其城，方二里，又命之為絳。故司馬遷《史記年表》稱獻公九年，始城絳都。《左傳》莊二十六年云云，據《水經注》引《詩譜》文，則晉舊都之絳，孝侯嘗改名翼，而獻公復命為絳，其稱故者或以斯，且可斷其在翼城，當今在山西平陽翼城縣東南十五里。《括地志》、《元和郡縣志》所云在曲沃縣南者，即新田邑，當今絳州之北、平陽府太平縣之南二十五里，皆其地。是《左傳》士蔿所城之絳，與晉景所遷之絳，實異地而同名。就諸家之説而證以今地，杜注之誤不較然辨哉！

藝文

清·彭定求等編《全唐詩》卷一四五《杜頠〈故絳行〉》　君不見銅鞮觀數里，城池已蕪漫。君不見虒祁宮幾重，臺榭亦微濛。介馬兵車全盛時，歌童舞女妖艷姿。一代繁華皆共絕，九原唯望冢纍纍。

宋·司馬光《傳家集》卷七《故絳城》 文公恢霸略，征討輔周衰。奕世為盟主，諸侯聽會期。山河表裏在，朝市古今移。欲訪虒祁處，鄉人亦不知。

金·元好問《中州集》卷一〇《先大夫詩·薄游同郝漕子玉賦》 全晉山河百戰場，登臨歷歷見興亡。夷居猇雜尤堪歎，霸氣沈雄亦未量。石甕烟霞詩秀潤，駘祠風月酒淋浪。書生不是功名具，慙媿山翁問葛彊。

清·覺羅石麟等［雍正］《山西通志》卷二二二《藝文四十·［元］宋止齋〈絳縣吟〉》 絳山青青絳水流，老人元不知春秋。都邑之遷由晉侯，新絳故絳皆增修。東來已觀澮水洲，潞公庭下曾遲留。西還直抵荀息邱，爰攜詩友同追遊。姜嫄庭下松陰幽，車箱故城烟草洲。高人自是夷齊儔，采薇一歌聲傲周。

明·薛瑄《敬軒文集》卷七《曲沃道中二首》 孟秋雨霽過新田，緑樹人家斷復連。汾澮波光晴泛日，絳喬山色曉參天。申生大孝留天地，里克遺名載簡編。何事齊姜墳上草，忍將芳意度流年。

四圍山抱一川平，新晉猶傳舊日名。汾隰漲消秋色淡，虒祁宮老夕陽明。歌傳烏鳥空遺恨，詩賦《椒聊》謾有情。往事無端何足問，且聽父老説秋成。

衛國國都分部

綜　述

《左傳·定公四年》 昔武王克商，成王定之，【略】命以《康誥》而封於殷虛。注：殷虚，朝歌也。

又《閔公二年》 僖之元年，齊桓公遷邢于夷儀。二年，封衛于楚丘。邢遷如歸，衛國忘亡。

又《僖公二年》 春，諸侯城楚丘而封衛焉。不書所會，後也。注：諸侯既罷，而魯後至，諱不及期，故以獨城為文。

又《僖公三十一年》 冬，狄圍衛。衛遷于帝丘，卜曰三百年。衛成公夢康叔曰：『相奪予享。』公命祀相。甯武子不可，曰：『鬼神非其族類，不歆其祀。杞鄫何事？相之不享於此久矣，非衛之罪也。不可以間成王周公之命祀。請改祀命。』

《國語》卷六《齊語》 翟人攻衛，衛人出廬於曹，桓公城楚丘以封之。

《詩經·鄘風·定之方中》 序：《定之方中》，美衛文公也。衛為狄所滅，東徙渡河，野處漕邑。齊桓公攘戎狄而封之，文公徙居楚丘，始建城市而營宮室，得其時制。百姓説之，國家殷富焉。

定之方中，作于楚宮。揆之以日，作于楚室。樹之榛栗，椅桐梓漆。爰伐琴瑟。

升彼虛矣，以望楚矣。望楚與堂，景山與京。降觀于桑，卜云其吉，終焉允臧。

靈雨既零，命彼倌人。星言夙駕，説于桑田。匪直也人，秉心塞淵，騋牝三千。

《公羊傳·僖公二年》 春，王正月，城楚邱。《傳》：孰城？城衛也。曷爲不言城衛？滅也。孰滅之？蓋狄滅之。曷爲不言狄滅之？爲桓公諱也。曷爲爲桓公諱？上無天子，下無方伯，天下諸侯有相滅亡者，桓公不能救，則桓公恥之也。然則孰城之？桓公城之。曷爲不言桓公城之？不與諸侯專封也。曷爲不與？實與而文不與。文曷爲不與？諸侯之義，不得專封。諸侯之義，不得專封，則其曰實與之何？上無天子，下無方伯，天下諸侯有相滅亡者，力能救之則救之，可也。

《穀梁傳·僖公二年》 春，王正月，城楚丘。《傳》：楚丘者何？衛邑也。國而曰城，此邑也，其曰城，何也？封衛也。則其不言城衛，何也？衛未遷也。其不言衛之遷焉，何也？不與齊侯專封也。其言城之者，專辭也。故非天子，不得專封諸侯；諸侯不得專封諸侯，雖通其仁以義，而不與也。故曰仁不勝道。

《史記》卷三七《衛康叔世家》 周公旦【略】以武庚殷餘民，封康叔為衛君，居河淇間，故商墟。【略】齊桓公以衛數亂，乃率諸侯伐翟，為衛築楚邱，立戴公弟燬為衛君，是為文公。

《漢書》卷二八上《地理志上·山陽郡》 成武。有楚丘亭，齊桓公所城，遷衛文公於此，子成公徙濮陽，莽曰成安。

又《東郡》 濮陽。衛成公自楚丘徙此，故帝丘，顓頊虛。莽曰治亭。

北魏・酈道元《水經注》卷九《淇水》 其水南流東屈，逕朝歌城南。【略】武王以殷之遺民封紂子武庚于兹邑，分其地為三，曰邶、鄘、衛，使管叔、蔡叔、霍叔輔之，為三監。叛周討平，以封康叔為衛。【略】地居河、淇之間。

又 卷八《濟水》 又北逕楚丘城西。《郡國志》曰：成武縣有楚丘亭。杜預云：楚丘在成武縣西南。衛懿公為狄所滅，衛文公東徙渡河，野處曹邑，齊桓公城楚丘以遷之，故《春秋》稱邢遷如歸，衛國忘亡，即《詩》所謂『升彼虚矣，以望楚矣。望楚與堂，景山與京』，故鄭玄言觀其旁邑及山川也。

又 卷二四《瓠子河》 河水舊東流，逕濮陽城東北故衛地，帝顓頊之墟。昔顓頊自窮桑徙此，號曰商丘，或謂之帝丘，本陶唐氏火正閼伯之所居，亦夏伯昆吾之都，殷之相土又都之，故《春秋傳》曰『閼伯居商丘，相土因之』是也。衛成公自楚丘遷此。秦始皇徙衛君角於野王，置東郡，治濮陽縣，濮水逕其南，故曰濮陽也。

宋・羅泌《路史》卷二八《國名紀五・周氏・衛》 侯爵。故朝歌。本衛州衛縣，注：周為州，隋為縣。熙寧六年，省為鎮，入黎陽。注：天聖四年，以衛隸通利軍。熙寧三年廢，復隸衛州，六年省為鎮。

又 《楚丘》 《郡國志》：成武有楚丘亭。注：《城冢記》：齊桓公築，衛文公居，僖二年所城。杜云：在成武西南。今澶之衛南西北四里楚丘城也，非拱之楚丘。注：今楚丘縣戎州之邑，即戎伐凡伯處。酈氏以為文公徙此。《九域志》：南京有楚丘，晉文公作。

論 説

唐・李吉甫《元和郡縣志》卷九《河南道四・滑州》 《禹貢》兖州之域，春秋時為衛國。《左傳》曰：狄滅衛，衛立戴公，以廬于曹。今州城東北五里白馬故城，即衛之曹邑也。衛文公自曹邑遷于楚丘，今衛南縣也。衛成公又遷于帝丘。今濮州濮陽縣是也。

又 卷一二《河南道七・濮州・濮陽縣》 本漢舊縣也。古昆吾國，即帝丘顓頊之墟也。昆吾即夏諸侯，為五伯之首。《左傳》曰：狄滅衛，遷于帝丘，衛侯自楚丘徙濮陽縣。秦置東郡，理此。

宋・程公説《春秋分記》卷二八《疆理書第四・衛地釋名》 楚丘。僖二年。開德府衛南縣西南有楚丘城。開德，澶州。帝丘。三十一年。古顓帝之墟，故曰帝丘。夏后相居此，夏伯、昆吾亦都之，故曰昆吾之墟。成公自楚丘徙焉。

元・梁益《詩傳旁通》卷二《定之方中・楚丘》 孔氏《詩正義》曰：楚丘在濟河間，疑在今東都界。衛本河北，至懿公為狄所滅，乃東徙渡河，野處漕邑，則在河南矣。楚丘與漕不甚相遠，亦河南明矣。杜預云：楚丘，濟陰成武縣西南。羅氏《路史》曰：《郡國志》成武有楚丘亭。《城冢記》齊桓公築，衛文公居。僖二年所城，今澶之衛南西北四里楚丘城也。戎伐凡伯于楚丘，執之以歸。今楚丘，即戎州之邑。漕在今之滑，楚丘在今之澶，不出衛之邦内，非拱州之楚丘。拱州楚丘，乃張守節《史記正義》所謂楚丘故城，在宋州者。然今楚丘縣有景山、京山，殆後人附會也。

清・顧炎武《日知録》卷三一《楚丘》 《春秋》隱公七年：戎伐凡伯于楚丘以歸。杜氏曰：楚丘，衛地，在濟陰成武縣西南。夫濟陰之成武，此曹地也，而言衛，非也。蓋為僖公二年『城楚丘』同名而誤。按衛國之封，本在汲郡朝歌。隱公元年。解云：衛國在汲郡朝歌縣，今衛輝府淇縣。懿公為狄所滅，渡河而東，立戴公，以廬于曹。杜氏曰：曹，衛下邑。《詩》所謂『思須與漕』，廬者無城郭之稱，而非曹國之曹也。僖公二年：城楚丘。杜氏曰：楚丘，衛邑。《詩》所謂『作于楚宫』而非戎伐凡伯之楚丘也。但曰衛邑，而不詳其地，然必在今滑縣開州之間。滑在河東，故唐人有魏、滑分河之録矣。《水經注》乃曰楚丘在成武西南，即衛文公所徙，誤矣。彼曹國之地，齊桓安得取之而封衛乎？以曹名同，楚丘之名又同，遂附為一地爾。

清・顧祖禹《讀史方輿紀要》卷一六《直隸七・大名府・開州》 州肘腋大梁，襟帶東郡。謂山東東昌府境。春秋時衛都於此，與齊、魯相雄長。

又 卷四九《衛輝府》 府南濱大河，西控上黨，稱為衝要。《戰國策》：吴起謂魏武侯：『殷紂之國，左孟門，孟門山，見前太行山，右漳、釜，漳、釜，二水也。《史記》作右太行。前帶河，後被山。』《史記》作『常山在其北，大河經其南』。張儀説楚曰：『秦下甲攻衛陽晉，陽晉，見山東曹縣，府境即衛地。必大關天下之胸』。蘇秦説趙曰：『據衛取淇，則齊必入朝秦。』蓋其地在天下中矣。

清・顧棟高《春秋大事表》卷七之四《列國都邑表・春秋兩楚丘辨》

春秋時有兩楚丘。隱七年，戎伐凡伯于楚丘，在山東曹縣東南四十里，本戎州己氏之邑，凡伯過其地，因劫略之，杜注所謂濟陰成武縣西南者是也，地界曹、宋間。襄十年，宋享晉侯于楚丘，即此。其一為僖四年，衛遷于楚丘，在滑縣東六十里，于漢為白馬縣。杜注《春秋》無明文，而《毛詩傳》、鄭《箋》、孔《疏》及《水經注》言之甚晰。毛《定之方中傳》云：虚，漕虚也，楚丘有堂邑。鄭《箋》云：自河以東，夾于濟水，文公登漕之虚，以望楚丘。孔《疏》則云：楚丘西有河，東有濟，故曰夾于濟水。《水經注》曰：白馬濟有白馬城，衛文公東徙渡河，都之。其不得混于成武，彰彰明矣。

又隋開皇十六年，同時置兩楚丘縣。一在漢己氏縣，以戎伐凡伯之楚丘為名，為南楚丘。一在漢白馬縣，即桓公封衛者，為北楚丘。後以曹縣有楚丘，因改名衛南縣。杜佑《通典》：白馬，春秋衛國漕邑，衛南衛國楚丘也。《元和郡縣志》及《舊唐書》所載並同，而朱子《詩集注》亦云：漕、楚丘，皆在滑州。尤顯然較著。乃班固《地理志》于成武下則云，齊桓公所城，遷衛文公于此。既混滑縣之楚丘于成武，而文定説《春秋》，于凡伯《傳》又云：罪衛不救王臣之難。又混成武之楚丘于滑縣，蓋兩失之。至熊過謂楚丘為魯地，言城楚丘，猶夫城向、城郎耳，因力辨桓公無封衛之事，引僞《子貢詩傳》謂楚丘為《魯風》，不惟與《公羊》之本文相悖，并舉《詩》所稱楚宮、楚室，而一概抹殺之，豈非尤荒經蔑古之甚乎！高江村辨楚丘甚明晰，獨以宋享晉侯于楚丘，謂即衛地，此又不然。宋都在歸德府睢州，與滑縣之楚丘中間尚隔一開封府，相去五六百里，雖宋之邊，不宜至是，且宋享晉侯，亦無于衛國都之理。又臆度之云，衛北遷帝丘，隔遠南鄙，由是地緼于宋，亦無明文，不可強為之説。不如景范所説戎州己氏地，界曹、宋間。宋之楚丘與戎伐凡伯之楚丘為一，差為近是也。

清・程廷祚《春秋識小録》卷四《春秋地名辨異上・一地三名》 衛、朝歌、殷虚。隱二年，見經。此文公以前之衛。襄二十三年，齊伐晉，取朝歌。朝歌，故衛都，後為晉邑，《竹書紀年》謂之舊衛。定四年，命以《康誥》而封于殷虚。杜曰：殷虚，朝歌也。

又《一地四名》 衛、帝邱、顓頊之虚、昆吾之虚。僖三十一年：見經。此成公以後之衛。僖三十一年：衛遷于帝丘。昭十七年：衛，顓頊之虚也，故為帝丘。哀十七年：登此昆吾之虚。《釋例》曰：顓頊之虚，昆吾氏因之，故曰昆吾之虚。

藝文

唐・高適《高常侍集》卷八《和崔二少府登楚丘城作》 故人亦不遇，異縣久棲託。辛勤失路意，感歎登樓作。清晨眺原野，獨立窮寥廓，雲散芒碭山，水還睢陽郭。遶梁即襟帶，封衛多漂泊。事古悲城池，年豐愛墟落。相逢俱未展，攜手空蕭索。何意千里心，仍求百金諾。公侯皆我輩，動用在謀略。聖心思賢材，朅来刈葵藿。

清・顧棟高《春秋大事表》卷九《列國地名口號》 衛邑原來兩楚丘，開皇並置本《春秋》。班書謬列從成武，滑縣漫同己氏州。

清・愛新覺羅弘曆《御製詩二集》卷二一《淇縣覽古》 燕去雁來初，閶闔氣象舒。古来猶沬土，此際已良墟。社祀衛公武，村傳君子蘧。千秋彰癉在，何必便迴車。用朝歌墨子事。

宋國國都分部

綜述

《史記》卷四《周本紀》 周公奉成王命，【略】以微子開代殷後，國於宋。《正義》：今宋州也。

《漢書》卷二八下《地理志下・梁國》 睢陽。故宋國微子所封。《禹貢》盟諸澤在東北。

北魏・酈道元《水經注》卷二四《睢水》 睢水又東逕睢陽縣故城南，周成王封微子啓于宋，以嗣殷後，為宋都也。

睢水又東逕相縣故城南，宋共公之所都也。國府園中猶有伯姬黄堂基。堂夜被火，左右曰：夫人少避。伯姬曰：婦人之義，保傅不具，夜不下堂。遂遇火而死。斯堂即伯姬燌死處也。城西有伯姬冢。

宋・羅泌《路史》卷二六《國名紀三・高辛氏後・商隱元》 商丘，閼伯封，相土因之，宋是。今南京理宋城，漢之睢陽。或以為漳水之南商虚，失之。

論説

《史記》卷一二九《貨殖列傳》 睢陽，亦一都會也。

唐・李泰等《括地志》卷三《宋州・宋城縣》 宋州城，古閼伯之墟，即商丘也。

宋州外城，本漢睢陽縣也。《地理志》云：睢陽縣，故宋國也。

唐・李吉甫《元和郡縣志》卷八《河南道三・宋州》 《禹貢》豫州之域，即高辛氏之子閼伯所居商丘，今州理是也。周為青州之域，武王封微子于宋。自微子至君偃三十三世，為齊、魏、楚所滅，三分其地。魏得其梁、陳留，齊得濟陰、東平，楚得沛。按梁即今州地。秦并天下，改為碭郡。

又《宋州・宋城縣》 州城，古閼伯之墟，契孫相土亦都于此，春秋為宋國都。

宋・程公説《春秋分記》卷二七《疆理書第三・宋地釋名》 宋。閔元年。高辛氏子閼伯所居，古商丘也。武王封微子啓，是爲宋國。今南京應天府宋城縣。

明・季本《詩説解頤正釋》卷三〇《商頌》 紂亡，而周武王以朝歌封紂子武庚為殷侯，及武庚以叛誅，而求微子為殷後，爵以上公，其國在宋，即商邱也。

明・馮復京《六家詩名物疏》卷一〇《宋》 按：古之商丘，漢之梁國、睢陽，皆今之河南開封府歸德州也。

清・顧祖禹《讀史方輿紀要》卷五〇《河南五・歸德府》 府據江、淮之上游，為汴、洛之後勁。春秋時，宋以亡國之餘，争長於山東諸侯者數百年。【略】蓋睢陽襟帶河、濟，屏蔽淮、徐，舟車之所會。自古争在中原，未有不以睢陽為腰膂之地者。

清・高士奇《春秋地名考略》卷一〇《宋・國於商丘》 再按：服虔云：相土居商丘，故湯以為國號，皆誤也。《商頌》『天命玄鳥，降而生商。』鄭康成曰：商國在太華之陽。皇甫謐曰：今上洛商縣是也。孔穎達曰：若契之居商，即是商丘，則契已居之，不得云相土因閼伯；若别有商地，則湯之為商，不是因相土矣。《傳》言商主大火，商即宋也。昭八年，魯蒐于紅，革車千乘，自根牟至于商衛。哀二十四年，釁夏對公曰：『周公、武公娶于薛，孝惠娶于商』。此謂宋為商之明驗。故《釋例》曰：商、宋，一地是也。商丘之名，偶與初封同，不必牽混，可耳。

清・程廷祚《春秋識小録》卷四《春秋地名辨異上・一地四名》 宋、商丘、商、大辰之虚。隱元年：見經。襄九年：陶唐氏之火正閼伯，居商丘。杜曰：商丘，宋地。又見昭元年。昭八年：自根牟至于商衛。哀二十四年：孝惠娶于商。《國語》：夫差闕溝于商、魯之間。昭十七年：宋，大辰之虚也。

藝文

唐・駱賓王《駱丞集》卷二《過故宋》 舊國千年盡，荒城四望通。雲浮非隱帝，日舉類遊童。綺琴朝化洽，祥石夜論空。馬去遥奔鄭，蛇分近帶豐。池文斂束水，竹影漏寒叢。園兔承行月，川烏避斷風。故宋城難定，從梁事未工。唯當過周客，獨愧吳臺空。

《儲光羲詩集》卷三《登商丘》 河水日夜流，客心多殷憂。維梢歷宋國，結纜登商丘。漢皇封子弟，周室命諸侯。摇摇世祀怨，傷古復兼秋。鳴鴻念極浦，征旅慕前儔。太息梁王苑，時非牧馬遊。

明・高叔嗣《蘇門集》卷二《九日登城樓宋故都門》 佳節倚秋城，朋曹晚相逐。竊憐坎廩心，蹔寓登臨目。日落故鄉杯，霜寒遊子服。百里覽山河，千年看陵谷。生欣盛時康，追歎亡王促。帝功頽九五，霸氣消百六。猶能識宮觀，但見登樵牧。縱酒在高樓，悲歌對喬木。身同司馬病，懷異步兵哭。舉頭望長天，萬里來鴻鵠。默尋階除降，獨去歸茅屋。

鄭國都分部

綜　述

《左傳・隱公十一年》（鄭伯）乃使公孫獲處許西偏，曰：【略】『吾先君新邑於此。』注：此今河南新鄭，舊鄭在京兆。

《漢書》卷二八上《地理志上・京兆尹》 鄭。周宣王弟鄭桓公邑。有鐵官。

又《河南郡》 新鄭。《詩》鄭國。鄭桓公之子武公所國，後為韓所滅，韓自平陽徙都之。

北魏・酈道元《水經注》卷二二《洧水》 洧水又東逕新鄭縣故城中，《左傳》襄公元年『晉韓厥、荀偃帥諸侯伐鄭，入其郛，敗其徒兵於洧上』是也。《竹書紀年》晉文侯二年，周惠王子多父伐鄶，克之，乃居鄭父之丘，名之曰鄭，是曰桓公。皇甫士安《帝王世紀》云：或言縣故有熊氏之墟，黄帝之所都也。鄭氏徙居之，故曰新鄭矣。城內有遺祠，名曰章乘是也。【略】水南有鄭莊公望母臺。莊姜惡公寤生，與段京居，段不弟，姜氏無訓，莊公居夫人於城潁，誓曰：不及黄泉，無相見也。故成臺以望母，用伸在心之思，感考叔之言，忻大隧之賦，洩洩之慈有嘉，融融之孝得常矣。

宋・羅泌《路史》卷二八《國名紀五・周氏・鄭》 伯爵，厲王子。初采咸林，注：《載言》作棫林，《國語》、《元和志》、《通典》、《寰宇記》皆作咸。襄六年：棫林，許地。今華陰鄭縣西北三里古鄭城。注：《縣道記》云：古城連接今州城。天保中官路，其中、東、西連三小城。宇文朝移于西南九里故鄭城。開皇三，又移里州北故鄭城，屬京兆。蓋未為國，注：《國語》：桓公采地咸林。乃初縣在鄭者。注：秦武公十一年。《班志》：宣王弟桓公封。劭云：母弟友所封，子與平王東遷，更稱新鄭。瓚云：穆王以下都西鄭，不得以封桓公。公為周司徒，王室將亂，謀于史伯，寄孥賄于虢、鄶間。幽王敗，一年滅鄶，四年滅虢，居于鄭父之丘。是以為鄭桓公無封京兆之文。師古亦非之。蓋是采于彼，今因其名以來此，非至此始有鄭名。京兆畿內，自不妨于王都。晉鄭焉依，謂武公、文侯爾，固不為新鄭。

又《新鄭》 幽王敗，武公徙河南，併虢、鄶十邑居之，曰新鄭。故莊公曰『吾先君新邑於此』，若新豐者。今鄭之新鄭，祝庸之虛。

論　說

唐・李泰等《括地志》卷一《華州・鄭縣》 鄭故城，在華州鄭縣西北三里，桓公友之邑，秦縣之。

又 卷三《許州・陽翟縣》 陽翟，（洛）［許］州縣也。《左傳》云：鄭伯突入于櫟。杜預云：櫟，鄭別都，今河南陽翟縣是也。

唐・李吉甫《元和郡縣志》卷二《關內道二・華州》 《禹貢》雍州之域，周為畿內之國，鄭桓公始封之邑。其地一名咸林，春秋時為秦、晉界邑。長城在州東七十二里。或説秦、晉分境，祠華岳，故築此城。戰國時屬秦、魏。

又 卷九《河南道四・鄭州》 新鄭縣。緊。東北至州九十里。本有熊氏之墟，又為祝融之墟，于周為鄭武公之國都。韓哀侯滅鄭，自平陽徙都之。秦幷天下，其地為潁川郡。

宋・王觀國《學林》卷六《鄭》 《前漢・地理志》京兆尹有鄭縣。班固曰：周宣王弟鄭桓公邑。應劭曰：周宣王母弟友所封。其子與平王東遷，更稱新鄭。臣瓚曰：周自穆王以下，都於西鄭，不得以封桓公也。初，桓公為周司徒，王室將亂，故謀於史伯，而寄帑與賄於虢、檜之間。幽王既敗，二年而滅檜，四年而滅虢，居於鄭父之丘，是以為鄭桓公無封京兆之文也。顔師古曰：《春秋外傳》云：幽王既敗，鄭桓公死之。其子武公與平王東遷，故《左氏傳》云：我周之東遷，晉鄭焉依。又鄭莊公云：『吾先君新邑於此。』蓋道新鄭也。穆王以下無都西鄭之事，瓚説非也。又《地理志》河南郡有新鄭縣。班固曰：《詩》鄭國，鄭桓公之子武公所國。應劭曰：《國語》云：鄭桓公為周司徒，王室將亂，寄帑與賄於虢、檜之間。幽王敗，桓公死之。其子武公與平王東遷洛邑，遂伐虢、檜而幷其地，而邑於此。《後漢・郡國志》京兆尹有鄭縣。劉昭注曰：鄭桓公封於此。又《郡國志》河南郡有新鄭縣，《詩》鄭。《世家》曰：桓公友初封於鄭，為周司徒。幽王以褒后故，諸侯叛之。公問周太史曰：『王室多故，予安逃死乎？』對曰：『洛東虢、檜之君，貪而好利，百姓不附。今民皆愛公，公居之，虢、檜之民皆公之民也。』卒徙洛東，而虢、檜果獻十邑。

觀國案：《詩》鄭國，《風・緇衣》美武公也。父子並為周司徒，善於其職，國人宜之。蓋《詩》之鄭，乃河南之新鄭，武公之始邑也。京兆之鄭，乃桓公之封。至於平王東遷洛邑，武公始邑於新鄭，故鄭莊公曰：『吾先君新邑於此。』先君謂武公也。由此觀之，則京兆之鄭，實桓公所封，而河南新鄭，即武公所徙之邑，明矣。

宋・程公説《春秋分記》卷三五《疆理書第十一・地理釋異上》　鄭有二：先鄭，今華州鄭縣；新鄭，今鄭州新鄭縣。

清・顧祖禹《讀史方輿紀要》卷五四《陝西三・華州》　周畿内地，鄭始封邑也。地名咸林。《毛詩譜》：『宣王封其弟於咸林之地，是為鄭。』《周語》：『鄭桓公為周司徒，采地咸林。』【略】州前據華嶽，後臨涇、渭，左控桃林之塞，右阻藍田之關，自昔為關中喉舌，用兵制勝者必出之地也。《地志》：『華州内扼秦、雍之口，外拊河、洛之背。戰國秦惠王六年，魏納陰晉，而三晉之亡自此始。』爭衡河、洛間者，可勿加之意哉？

又　卷四七《河南二・鄭州》　州在上古為高辛氏火正祝融之墟，周初封管叔於此。又為虢、鄶之地，鄭武公從平王東遷，滅兩國而有其地。韓滅鄭又徙都之。秦屬三川郡。【略】州雄峙中樞，控禦險要。

清・張尚瑗《左傳折諸》卷一《隱公・吾先君新邑于此》　《正義》：《地里志》河南郡新鄭縣，鄭桓公之子武公所國。是知新邑，謂河南新鄭也。《志》又云京兆鄭縣，周宣王弟鄭桓公邑。是知舊鄭在京兆。《史記世家》虢，鄶自分十邑，獻于桓公，桓公竟國之。案《鄭語》桓公始謀，未取之也。武公始國，非桓公也。全滅虢、鄶，非獻邑也。馬遷之書皆謬。

又　桓公始封滎陽，歷武及莊，纔三世耳，故曰新邑。後世稱新鄭，由此得名。

清・顧棟高《毛詩類釋》卷二《鄭》　鄭，今為河南許州府之新鄭縣。初，宣王封弟友於鄭，居咸林，為今陝西同州府之華州。幽王時，桓公寄帑於虢、檜。子武公與平王東遷，卒定其地，號曰新鄭，以別於初封之鄭也。故城在今縣治西北。

藝　文

明・薛瑄《敬軒文集》卷八《新鄭詠古》　經行鄭國舊山川，禾黍秋風駐馬看。烟樹幾灣流水在，荒城千載暮雲閒。時門雨歇無龍鬭，大隗山高只鳥還。借問當時賢相國，幾多遺愛在人間。

明・何景明《大復集》卷二一《新鄭道中》　客路臨新鄭，雲沙轉望平。夕烟生斷塹，野水入荒城。下馬看碑誌，逢人問地名。千秋陵谷在，懷古亦多情。

明・羅欽順《整菴存稿》卷二〇《次鄭州》　已有輿梁属要津，應無芍藥媚芳春。萑蒲澤畔安然過，始信孫僑是愛人。

清・田文鏡等［雍正］《河南通志》卷七四《藝文三・［明］李及秀〈過鄭有感〉》　薄暮黃埃盡，蕭條見旅城。荒林藏雨氣，古道瀉泉聲。鑄鼎懷前事，摹碑感昔英。誰稱遺愛者，中澤有哀鳴。

清・蔣士銓《忠雅堂詩集》卷一《新鄭》　不孝不弟復不忠，春秋以前無此公。尚以仁義蟲列辟，罄控豎子矜英雄。無母遺羹弟餬口，靦顏引愧誠何衷？先君新邑固可念，獲也佐子欺愚蒙。政刑已失禮樂變，消息本與聲音通。天心微渺不可測，考終每每寬奸凶。三男出入等蛇鬭，傅瑕祭仲難為功。太宮之椽不可保，八子其四皆無終。可憐後世箋《詩》者，辜負風人詠《狡童》。

清・洪亮吉《卷施閣詩》卷一二《早發鄭州》　此地通河洛，車聲徹旦昏。適逢秦歲首，來過鄭時門。百戰荒原在，三椽遺愛存。謂子產祠。土垣青不斷，一綫上朝墩。

吳國國都分部

綜　述

《史記》卷三一《吳太伯世家》　吳太伯、太伯弟仲雍，皆周太王之子而王季歷之兄也。【略】乃犇荆蠻，文身斷髮。《正義》：吳，國號也。太伯居梅里，在常州無錫縣東南六十里。至十九世孫壽夢居之，號句吳。壽夢卒，諸樊南徙吳。至二十一代孫光，使子胥築闔閭城，都之，今蘇州也。

《漢書》卷二八上《地理志上・會稽郡》　吳。故國，周大伯所邑。具區澤在西，揚州藪，古文以為震澤。南江在南，東入海，揚州川。莽曰泰德。

漢・袁康《越絶書》卷二《外傳記吳地傳》 昔者吳之先君太伯，周之世武王封太伯於吳，到夫差計二十六世，且千歲。闔廬之時大霸，築吳越城。城中有小城二，徙治胥山。後二世而至夫差立，二十三年越王句踐滅之。

吳大城，周四十七里二百一十步二尺。陸門八，其二有樓。水門八。南面十里四十二步五尺，西面七里百一十二步三尺，北面八里二百二十六步三尺，東面十一里七十九步一尺。闔廬所造也。吳郭周六十八里六十步。吳小城周十二里，其下廣二丈七尺，高四丈七尺。門三，皆有樓。其二增水門二，其一有樓，一增柴路。

漢・趙煜《吳越春秋》卷一《吳太伯傳》 遭殷之末世衰，中國侯王數用兵，恐及以荆蠻，故太伯起城，周三里二百步，外郭三百餘里，在西北隅，名曰故吳。人民皆耕田其中。元徐天祐注：太伯所都，謂之吳城，在梅里平墟，今無錫縣境。

又 卷二《闔閭内傳》 闔閭曰：『安君治民，其術奈何？』子胥曰：『凡欲安君治民，興霸成王，從近制遠者，必先立城郭，設守備，實倉廩，治兵庫。斯則其術也。』闔閭曰：『善。夫築城郭，立倉庫，因地制宜，豈有天氣之數以威鄰國者乎？』子胥曰：『有。』闔閭曰：『寡人委計於子。』子胥乃使相土嘗水，象天法地，造築大城。周迴四十七里。陸門八，以象天八風；水門八，以法地八聰。築小城，周十里。陸門三，不開東面者，欲以絶越明也。立閶門者，以象天門，通閶闔風也。立蛇門者，以象地戶也。闔閭欲西破楚，楚在西北，故立閶門，以通天氣，因復名之破楚門。欲東并大越，越在東南，故立蛇門，以制敵國。吳在辰，其位龍也，故小城南門上反羽為兩鯢鱙，以象龍角。越在巳地，其位蛇也，故南大門上有木蛇，北向首内，示越屬於吳也。

唐・陸廣微《吳地記》 闔閭城，周敬王六年伍子胥築。大城周迴四十二里三十步，小城八里二百六十步。陸門八，以象天之八風；水門八，以象地之八卦。《吳都賦》云『通門二八，水道六衢』是也。西閶、胥二門，南盤、蛇二門，東婁、匠二門，北齊、平二門。不開東門者，為絶越之故也。

宋・羅泌《路史》卷二六《國名紀三・高辛氏後・互吳》 伯爵。注：《外傳》云：命圭有命，固曰吳伯。吳，大也，即泰伯居句吳也。句吳故城在無錫梅里平虛，注：城在無錫東三十，梅里在蓋閭城北五十。《寰宇》：太伯城西去縣四十，平地數丈。《輿地志》：吳築城梅里平虛，即此。城内有泰伯宅及泰伯之墓。注：墓在無錫縣東三十九里。《冢墓記》在會稽吳縣北梅里。《輿地記》：宅東五里，乃泰伯葬梅山也。姑蘇、吳興、丹陽為三吳。注：《句踐》：即今蘇治吳縣。哀公十三，越滅之。

論說

《史記》卷一二九《貨殖列傳》 夫吳，【略】東有海鹽之饒，章山之銅，三江五湖之利，亦江東一都會也。

唐・李泰等《括地志》卷四《常州・無錫縣》 梅里在常州無錫縣東南六十里。

又 卷四《蘇州・吳縣》 太伯奔吳所居城，在蘇州北五十里常州無錫縣界梅里村，其城及冢見存。

唐・李吉甫《元和郡縣志》卷二六《江南道一・蘇州》 《禹貢》揚州之地，周時為吳國。太伯初置城，在今吳縣西北五十里。至闔閭，遷都於此，後為越所并。【略】因姑蘇山為名。山在州西四十里，其上闔閭起臺。外郭城云是伍胥所築，周迴四十七里。

又 《蘇州・吳縣》 本吳國闔閭所都，秦置縣。

宋・朱長文《吳郡圖經續記》卷上《封域》 蘇州在《禹貢》為揚州之域。【略】吳自泰伯以來所都，謂之吳城，在梅里平墟，乃今無錫縣境。及闔閭立，乃徙都，即今之州城是也。於是西破楚入郢，北威齊晉。

又 卷下《往蹟・闔閭城》 即今郡城也。舊説子胥伐楚，還師取丹陽及黃，瀆土以築，蓋利其堅也。郡城之狀如『亞』字，唐乾符三年刺史張傳嘗修完此城。梁龍德中，錢氏又加以陶甓。

宋・范成大《吳郡志》卷四八《考證》 太伯舊城，《史記正義》云：太伯居梅里。屬今常州無錫，去此東南六十里，十九世孫壽夢居之。二十一代孫光使子胥築闔閭城，都之，今蘇州是也。《世本》又云：諸樊徙吳安。即今蘇州。二説不同。大抵泰伯之後，吳自梅里凡三徙，而定居於今之郡城，中間遷徙，不出數十里之內也。梅里屬吳縣，《史記正義》唐張守節所撰，是時或屬無錫爾。

宋·程公説《春秋分記》卷三〇《疆理書第六·吴地釋名》　吴。成七年。吴故國，周大伯之邑，今平江府吴縣。按闔廬城周迴三十里，水陸十有二門。平江蘇州。

明·高攀龍《高子遺書》卷一〇《泰伯廟碑》　吾邑之鴻山，古所稱皇山。皇山有泰伯墓，《南徐記》及《聖賢冢墓記》同。其為泰伯墓，審矣。蓋梅里平墟為泰伯端委之地，皇山為歸藏之地，兩地並重。

明·王世貞《弇州四部稿》卷一六〇《説部·宛委餘編五》　王順伯、高德基謂姑蘇乃姑胥也，凡山與臺，皆以伍胥得名。吴人鄉語，以「鬚」為「蘇」，故誤曰姑蘇，後遂為蘇州。按《續圖經記》云：姑蘇臺一名姑餘。《史記正義》云：在吴縣西南三十里姑蘇山上。《山水記》：闔閭作春夏游焉。又云夫差作。《越絶書》云：闔閭造九曲路，以遊姑胥之臺。然則姑蘇之或謂姑胥，或謂姑餘，不可知，而始於闔閭，成於夫差，豈得云因伍胥而誤也？姑蘇自是故名，第古以名臺，今名驛，而正德中纂志書者，冠以「姑蘇」，却大可笑。

清·高士奇《春秋地名考略》卷一一《吴》　臣謹按：申胥謂夫差疲民于姑蘇。韋昭曰：姑蘇，臺名。非也。姑蘇臺，闔閭所起，不始于夫差也。蓋姑蘇為吴國都之地名，于其境内多所營築，所謂「高高下下」也。後越伐吴，吴王率其賢士重祿以上姑蘇，猶夫越棲會稽耳。安有棄其國都而走保一臺乎？觀後范蠡入姑蘇之宫遂滅吴，則可以知矣。

清·顧祖禹《讀史方輿紀要》卷二四《南直六·蘇州府》　府枕江而倚湖，食海王之饒，擁土膏之利，民殷物繁。田賦所出，吴郡常書上上。説者曰：吴郡之於天下，如家之有府庫，人之有胸腹也。門戶多虞，而府庫無恙，不可謂之窮；四肢多病，而胸腹猶充，未可謂之困。蓋三代以後，東南之財力，西北之甲兵，並能爭雄於天下。謂江淮以南，必無與於天下之形勝者，非通論也。春秋之末，吴始都於此，以齊、楚、晉三國之強，而吴足以入楚、禍齊、脅晉。越既并吴，山東諸侯亦且惕惕焉。

清·閻若璩《四書釋地續·荆蠻吴》　《集注》：仲雍與泰伯同竄荆蠻，又云仲雍居吴。不達者遂以吴與荆蠻為二地，實則一地。《寰宇記》：今常州無錫縣東南四十里有吴太伯城，高忠憲所謂梅里平墟為泰伯端委之地是也。下逮吴王僚二十三君，並都此。惟闔閭元年，始築吴郡城，徙都之，今蘇州城。

藝文

晉·陸機《陸平原集·吴趨行》　楚妃且勿歎，齊娥且勿謳，四坐並清聽，聽我歌吴趨。吴趨自有始，請從閶門起。閶門何峨峨，飛閣跨通波。重欒承游極，回軒啓曲阿。藹藹慶雲被，泠泠祥風過。山澤多藏育，土風清且嘉。泰伯導仁風，仲雍揚其波。穆穆延陵子，灼灼光諸華。王迹隤陽九，帝功興四遐。大皇自富春，矯手頓世羅。邦彦應運興，粲若春林葩。屬城咸有士，吴邑最為多。八族未足侈，四姓實名家。文德熙淳懿，武功侔山河。禮讓何濟濟，流化自滂沱。淑美難窮紀，商榷為此歌。

唐·駱賓王《駱丞集》卷二《夕次舊吴》　維舟背楚服，振策下吴畿。盛德宏三讓，雄圖枕九圍。黄池通霸業，赤壁暢戎威。文物俄遷謝，英靈有盛衰。行歎鴟夷沒，遽惜湛盧飛。地古烟塵暗，年深館宇稀。山川四望是，人事一朝非。懸劍空留信，亡珠尚識機。鄭風遥可託，關月眇難依。西北雲逾滯，東南氣轉微。徒懷伯通隱，多謝買臣歸。唯有荒臺露，薄暮濕征衣。

唐·劉長卿《劉隨州集》卷一〇《登吴古城歌》　登古城兮思古人，感賢達兮同埃塵。望平原兮寄遠目，歎姑蘇兮聚麋鹿。黄池高會事未終，滄海横流人蕩覆。伍員殺身誰不冤，竟看墓樹如所言。越王嘗膽安可敵，遠取石田何所益。一朝空謝會稽人，萬古猶傷甬東客。黍離離兮城坡陁，牛羊踐兮牧豎歌。野無人兮秋草綠，園為墟兮古木多。白楊蕭蕭悲故柯，黄雀啾啾争晚禾。荒阡斷兮誰重過，孤舟逝兮悲若何。天寒日暮江楓落，葉去辭風水自波。

宋·洪邁編《萬首唐人絶句》卷三一《武元衡〈登闔閭古城〉》　登高遠望自傷情，柳發花開映古城。全盛已隨流水去，黄鸝空囀舊春聲。

明·高棅《唐詩品彙》卷五二《陳羽〈吴城覽古〉》　吴王舊國水煙空，香逕無人蘭葉紅。春色似憐歌舞地，年年先發館娃宫。

唐·白居易《白氏長慶集》卷二四《登閶門閒望》　閶門四望鬱蒼蒼，始覺州雄土俗强。十萬夫家供課税，五千子弟守封疆。闔閭城碧鋪秋草，烏鵲橋紅帶夕陽。處處樓前飄管吹，家家門外泊舟航。雲埋虎寺山藏色，月耀娃宫水放光。曾賞錢塘兼茂苑，今來未敢苦誇張。

唐·許渾《丁卯詩集》卷上《姑蘇懷古》 宫館餘基輟棹過，黍苗無限獨悲歌。荒臺麋鹿爭新草，空苑鳧鷖占淺莎。吴岫雨來虚檻冷，楚江風急遠帆多。可憐國破忠臣死，日日東流生白波。

又 卷下《重經姑蘇懷古二首》 越兵驅綺羅，越女唱吴歌。宫盡燕聲少，臺荒麋跡多。茱萸垂晚露，菡萏落秋波。無復君王醉，滿城顰翠娥。

香徑繞吴宫，千帆落照中。鶴鳴山欲雨，魚躍海多風。城帶晚莎緑，池連秋蓼紅。當年國門外，誰識伍員忠。

元·張之翰《西巖集》卷七《過蘇州》 一從鳧燕葬閶閭，幾見麋鹿遊姑蘇。山城不逐往事改，風景豈與當時殊。官旗直送糧入海，私舟盡載鹽歸湖。鄧侯不來謝不去，臨風弔古獨躊躇。

元·張翥《蛻菴集》卷三《憶姑蘇》 讓王城外暮雲黄，忍使行人哭戰場。臺上麋遊香徑冷，陵頭虎去劍池荒。竹枝夜月歌仍怨，蓴菜秋風興漫長。不是不歸歸未得，五湖烟水正茫茫。

明·佚名輯《元音遺響》卷六《胡布〈吴城即事〉》 浮槎隱隱逐飛蓬，一脈潮来萬水通。暫止行雲將霧雨，欲憑孤雁駕天風。千秋王氣麋臺冷，百里邊聲雉堞空。今古興亡固如此，青山何似愧英雄。

元·楊維楨《復古詩集》卷二《城門曲》 諜報越王兵，城門夜不扃。孤臣睛不死，門月照人青。

明·謝肅《密庵集》卷四《次韻姑蘇紀事》 柳橋槐市俯江波，萬騎長從秉鉞過。樓倚五雲簾幙杳，地連三楚甲兵多。玳筵畫省誰陳醴，絳燭牙舡有舞魔。不道太湖全失險，闔閭城外已吴歌。

明·劉炳《劉彦昺集》卷六《姑蘇懷古》 城枕姑蘇笠澤西，垂虹橋接草烟迷。闔閭老墓騰金虎，西子殘池失水犀。抉目樹荒群鹿走，捧心臺廢亂鴉啼。館娃香徑歌游處，響屧廊空落燕泥。

明·王恭《白雲樵唱集》卷三《吴城懷古》 姑蘇城下刺蘭橈，却憶吴王古市朝。香葦路邊春寂寂，館娃宫外草蕭蕭。千年往事空啼鳥，半夜疏鐘自落潮。明發不堪回首處，暝烟秋雨過楓橋。

明·顧璘《息園存稿詩》卷一一《吴門懷古》 南眺荒原思惘然，闔閭城古濬蒼烟。吴宫已没彈絲處，胥渚猶傷賜劍年。渺渺晴湖浮遠岫，萋萋春草下平田。長洲廢苑那堪問，落日衹餘麋鹿眠。

明·錢穀《吴都文粹續集》卷二《[明]蔡羽〈閶門城樓〉》 吴苑已多樹，高臺聞急砧。千門開國意，落日一登臨。南去帆檣亂，西來秀色新。不須孤角起，把酒思難禁。

又 卷二《[明]王寵〈月夜登閶門城樓〉》 列雉森海甸，麗譙屹中天。山川振襟帶，方位周幅員。華月鏡千里，覽見東南偏。蒼蒼實玉氣，靄靄都虚烟。霸跡幾興伏，徂運悲逝川。惜哉萬夫雄，隨彼往化遷。唯有烏棲曲，哀怨至今傳。

又 卷五〇《[明]盧大雅〈姑蘇懷古〉》 胥目懸門烏喙過，至今哀怨入吴歌。山河不為興亡改，城郭其如感慨何。廢苑春深芳草滿，荒臺秋盡夕陽多。醉來一覺扁舟夢，也勝豪華逐逝波。

又 卷五二《[明]徐禎卿〈登吴城晚眺〉》 墟市依依半夕陽，憑君指點説興亡。河山滿眼孤臣恨，天地愁人傀儡場。野鹿繞臺烟没草，城烏啼夜月含霜。繁華揔識豐年樂，猶自臨風涕兩行。

明·王世貞《弇州四部稿》卷五《詩部·吴趨行》 上客且緩驂，請聽吴趨行。太伯讓周王，剪髮竄蠻荆。季子守遺節，屈體臣後生。要離捐肢體，伍員抉目睛。豈若被裘子，兼復韜其名。言游佩端委，文學啓休明。賃舂無凡客，門卒亦偃卿。震澤含變化，大海發精靈。焉類十室邑，步趨恒自矜。

明·徐熥《幔亭集》卷七《吴城覽古》 白雲猶繞舊王居，獨對西風恨有餘。百戰山河歸草莽，千年陵寢總丘墟。月明茂苑遊麋鹿，花暗荒城弔闔廬。况是異鄉多病客，豈堪唫眺暫躊躇。

清·王士禎《精華録》卷五《姑蘇懷古三首》 爭長黄池未濟師，餘皇舟已徙熊夷。山川終古迷商魯，花草千年怨種蠡。故國魂銷吴苑水，行人腸斷越溪絲。竹枝聲裏春將盡，破楚門東暮雨時。

斜日停橈唤奈何，横塘聲散采蓮歌。青山古道通閶闔，緑黛春風憶苧蘿，廢苑愔愔花欲暮，長洲淼淼水空波。千金枉鑄鴟夷像，烏自高飛避網羅。

山徑何時葬玉鳧，興亡轉瞬日西徂。越人已自籌三策，秋祭當年竟五湖。雨過麋城空碧草，春深鶴市半青蕪。傷心更有南陽宰，不獨寒潮泣子胥。文種歎曰：南陽之宰而為越王之禽。

清・顧棟高《春秋大事表》卷九《列國地名口號》 梅李遺墟泰伯城，于今脆弱可憐生。闔閭以上俱都此，破楚爭齊蓋世横。

清・蔣士詮《忠雅堂詩集》卷一九《蘇州》 勾踐何為者，能亡泰伯家？雄封歸德讓，習俗到繁華。子女供游戲，笙歌醉狹斜。誰知霸圖烈，虎氣作鶯花。

《汪中詩集》卷二《吴趨行》 東南入吴趨，通門廣且修。車舟萬方會，夜行晝未休。青槐夾大道，白日麗朱樓。列肆陳曼衍，美女揚清謳。横波醉流轉，巧笑心和柔。長裾隨風舒，翩翩身若浮。娱樂未云已，心悲不可留。策馬上西山，高擧望八幽。浮雲翳城闕，俯見江海流。讓國感延陵，習禮思言游。斯人不同代，望古徒殷憂。

清・吴綺《林蕙堂全集》卷二三《浪淘沙 姑蘇弔古**》** 麋鹿只尋常，臺草全荒，館娃何處説興亡。一片藕花紅不了，日日斜陽。往事漫成傷，蝶怨横塘，吴宫脂粉尚流香。試看越弓藏盡後，更自淒涼。

清・彭孫遹《松桂堂全集》卷三九《臨江仙 姑蘇懷古**》** 千載霸圖銷歇也，西風廢苑長洲。吴東門外一江秋，賸將亡國恨，不盡古今流。臺上鷓鴣臺下鹿，興亡轉盼都休。烟波空羡五湖遊，青山和緑水，還换幾漁舟。

南朝梁・吴均《吴朝請集・吴城賦》 古樹荒煙，幾千百年，云是吴王所築，越王所遷。東有鑄劍殘水，西有舞鶴故壥。縈具區之廣澤，帶姑蘇之遠山。僕本蓄怨，千悲億恨，況復荆棘蕭森，叢蘿彌蔓。亭梧百尺，皆歷地而生枝；階筠萬丈，或至杪而無葉。不見春荷夏槿，唯聞秋蟬冬蝶。木魅晨走，山鬼夜驚。不知九州四海，乃復有此吴城。

明・王鏊《震澤集》卷一《吴子城賦》 予每過吴故墟，未嘗不慨想其盛而悼其衰也。故為之賦。

泰伯遺墟，干將故里，臺閣翬飛，冠蓋鱗次。喟彼荒郊，羌何為乎？城之裏，但見愁煙鬱而四積，悲風慘而時起。頽墉突阜，剩水殘濠，野雉朝雊，鵂鶹夜號。沉矛折戟，墮珥遺翹，漸漸惟麥之秀，離離彼稷之苗。父老告予曰：此吴王之遺宫也。方吴盛時，志大功高，入楚柏擧，敗越夫椒，城規方於八卦，門僭擬於三朝。跨長洲之茂苑，館苧羅之豔妖。帶以錦帆之涇，壓以金母之橋。爰有凉臺温室，鏤楣繡栭，風亭月榭，碝壁椒塗，飾以璆琳琅玕，間以木難珊瑚。鳴珮皃篴，高冠鵠趨。自謂百世君之，豈意至於是耶？吴祿既更，歷代崇飾，春申夏桃，秦皇刻石，危亭岌夷，雕欄紆直。齊雲之樓，凝香之室，木蘭之堂，交映翕赫。疊石則巀嶪嶕嶢，鑿沼則困瀁澄碧，蘭芷羅生乎其間，竹松駢列於其側。羅綺争春而妖冶，歌鐘入夜而嘈雜。韋白耽於唫玩，皮陸侈於酬答。迨宋迄元，更為治所。雙蓮四照，池光春雨，歲時觀游，罔無踰者，而何至於是耶？蓋自元政瘝，群雄鶩，白駒鼪酉，乘間竊據，挾嘉、湖、杭以自雄，擢黄、蔡、葉而為輔。盛稷下之文儒，忽太湖之飛渡。煬戀迷樓，卓矜郿塢，倏天兵四面以重圍，金城百雉而莫固。技殫九攻，蒼黄一炬，歷代繁華，可憐焦土。遂使燕巢再燬，麋鹿重游。竭南國之脂膏，坐受其困；激東溟之波浪，莫洗其羞。且夫傾宫阿房，非不麗也；鉅橋瓊林，非不富也；崤函鞏洛，非不固也。自古如斯，曷之故也？豈仁義不脩，燕安之可畏耶！將氣運靡常，盈虚之有數耶！惟是吴墟，殷鑒斯在，前既顛隮，後仍荒殆。登兹城以裵徊，寄千古之一慨。

越國國都分部

綜述

《山海經》卷一三《海内東經》 琅琊臺在渤海間琅琊之東。晉郭璞注：今琅琊在海邊，有山嶕嶢特起，狀如高臺，此即琅琊臺也。琅琊者，越王勾踐入霸中國之所都。

《古本竹書紀年・魏紀》 翳三十三年，遷於吴。

《今本竹書紀年》卷下《貞定王》 元年癸酉，於越徙都瑯琊。

又 卷下《安王》 二十三年，於越遷于吴。

《史記》卷四一《越王勾踐世家》 越王勾踐，其先禹之苗裔而夏后帝少康之庶子也，封於會稽，以奉守禹之祀，文身斷髮，披草萊而邑焉。

《漢書》卷二八上《地理志上・會稽郡》 山陰。會稽山在南，上有禹冢、禹井，揚州山。越王句踐本國。

又 《琅邪郡》 琅邪。越王句踐嘗治此，起館臺，有四時祠。唐顔師古注：

《山海經》云：琅邪臺在琅邪之東。

漢·袁康《越絕書》卷八《外傳記地傳》 無餘初封大越，都秦餘望南，千有餘歲而至句踐。句踐徙治山北，引屬東海內外，越別封削焉。句踐伐吳，霸關東，從瑯琊起觀臺，臺周七里，以望東海。

句踐小城，山陰城也。周二里二百二十三步，陸門四，水門一。今倉庫是其宮臺處也，周六百二十步，柱長三丈五尺三寸，霤高丈六尺。宮有百戶，高丈二尺五寸。大城周二十里七十二步，不築北面而滅吳，徙治姑胥臺。

山陰大城者，范蠡所築治也，今傳謂之蠡城。陸門三，水門三，決西北，亦有事。到始建國時，蠡城盡。

漢·趙煜《吳越春秋》卷五《勾踐歸國外傳》 范蠡曰：『昔公劉去邰而德彰於夏，亶父讓地而名發於岐。今大王欲國樹都，并敵國之境，不處平易之都，據四達之地，將焉立霸王之業？』越王曰：『寡人之計，未有決定。欲築城立郭，分設里閭，欲委屬於相國。』於是范蠡乃觀天文，擬法於紫宮，築作小城，周千一百二十一步。一圓三方，西北立龍飛翼之樓，以象天門。東南伏漏石竇，以象地戶。陵門四達，以象八風。外郭築城而缺西北，示服事吳也，不敢壅塞，內以取吳，故缺西北，而吳不知也。北向稱臣，委命吳國，左右易處，不得其位，明臣屬也。

城既成，而怪山自生者，琅琊東武海中山也，一夕自來，故名怪山。范蠡曰：『臣之築城也，其應天矣，崑崙之象存焉。』越王曰：『寡人聞崑崙之山，乃地之柱，上承皇天，氣吐宇內，下處后土，稟受無外，滋聖生神，嘔養帝會，故帝處其陽陸三，王居其正地。吾之國也扁，天地之壤，乘東南之維，斗去極北，非糞土之城，何能與王者比隆盛哉？』范蠡曰：『君徒見外，未見於內。臣乃承天門制城，合氣於后土嶽象，已設崑崙，故出越之霸也。』越王曰：『苟如相國之言，孤之命也。』范蠡曰：『天地卒號，以著其實。名東武，起游臺其上，東南為司馬門，立增樓，冠其山巔，以為靈臺。起離宮於淮陽，中宿臺在於高平，駕臺在於成丘。立苑於樂野，燕臺在於石室，齋臺在於襟山。』

又 卷六《勾踐伐吳外傳》 越王既已誅忠臣，霸於關東，從瑯邪起觀臺，周七里，以望東海。

北魏·酈道元《水經注》卷四〇《漸江水》 又有秦望山，在州城正南，為眾峰之傑。【略】山南有嶕峴，峴裏有大城，越王無餘之舊都也。故《吳越春秋》云：句踐語范蠡曰：『先君無餘國在南山之陽，社稷宗廟在湖之南。【略】太史公曰：禹會諸侯計于此，命曰會稽。會稽者，會計也。始以山名，因為地號。夏后少康封少子杼，以奉禹祠，為越。世歷殷周，至于允常，列于《春秋》。允常卒，句踐稱王，都于會稽。《吳越春秋》所謂越王都埤中，在諸暨北界。【略】句踐霸世，徙都瑯邪，後為楚伐，始還浙東。

又 卷二六《濰水》 琅邪，山名也，越王句踐之故國也。句踐并吳，欲霸中國，徙都琅邪。

宋·羅泌《路史》卷二七《國名紀四·夏后氏後·越》 季扞國，姒姓罕也，一曰於越，注：杜云：發語聲。《王會解》有於越。《墨子》：游公尚過於越。蘇軾云：於，嘆聲。繆矣。處埤中，號無餘。今會稽越州治，謂之句踐城，與南越異。注：《越絕書》云句踐小城山陰是。爵不過子。

論說

《史記》卷二《夏本紀》 太史公曰：或言禹會諸侯江南，計功而崩，因葬焉，命曰會稽。會稽者，會計也。

唐·李泰等《括地志》卷三《密州·諸城縣》 密州諸城縣東南百七十里有琅邪臺，越王勾踐觀臺也。臺西北十里有琅邪故城。《吳越春秋》云：越王勾踐二十五年，徙都琅邪，立觀臺，以望東海。遂號令秦、晉、齊、楚，以尊輔周室，歃血盟。即勾踐起臺處。

唐·李吉甫《元和郡縣志》卷二七《江南道二·越州·諸暨縣》 秦舊縣也。界有暨、浦諸山，因以為名。越王允常所居。

宋·張淏《會稽續志》卷一《會稽》 蓋其地襟海帶江，方制千里，實東南一大都會；又物產之饒，魚鹽之富，實為浙右之奧區也。

宋·程公說《春秋分記》卷三一《疆理書第七·次國·越地釋名》 越。昭三十二年。禹會諸侯江南，計功而崩，因葬焉，命曰會稽。會稽者，會計也。其後帝少康封庶子杼于會稽，以奉禹祀，號爲越。今紹興府會稽縣南有會稽山，即哀元年越子保于會稽之地。紹興越州。

明·胡應麟《少室山房筆叢》卷一七《三墳補逸上》 貞定王元年癸酉，

於越徙都瑯琊。按《吳越春秋》文頗與此合，然非齊之瑯琊，或吳越間地名有偶仝者。

清·顧祖禹《讀史方輿紀要》卷九二《浙江四·紹興府》 府襟海帶江，為東南都會。勾踐生聚教訓於此，遂以滅吳。

清·徐文靖《管城碩記》卷一九《史類二》 《筆叢》曰：《竹書》貞定王元年，于越徙都瑯邪。《吳越春秋》文頗與此合，然非齊之瑯邪，或吳越間地名有偶同者。按《山海經》瑯邪臺在渤海間瑯邪之東。郭璞曰：瑯邪者，越王句踐入霸中國之所都。《越絶書》曰：句踐徙瑯邪，起觀臺，臺周七里，以望東海。何謂非齊之瑯邪？

清·顧棟高《春秋大事表》卷四《列國疆域表·史記越句踐世家與吳越春秋越絶書竹書紀年所書越事各不同論》 《史記》越滅吳，而不能正江淮以北，故楚得東侵，廣地至泗上與魯泗東之地，方百里。張守節《正義》曰：泗上謂廣陵、徐、泗等州。則今揚淮以及徐州、泗州之地，皆棄與楚。余嘗著論，謂越棄地利不守，得延至五世為楚所滅，幸矣。後閱《吳越春秋》有云：『越既平吳，北渡淮，會齊、晉諸侯，徙都于琅琊。』《竹書紀年》云：『晉出公七年，越徙都琅琊。』《水經注》亦云：『琅琊，越句踐之故都也。』《越絶書》：『句踐平吳，霸關東，從琅琊起觀臺，周七里，以望東海。』諸書所載，較若畫一。案春秋時，琅琊為今山東沂州府，其所屬日照縣，向係海曲，為沿海要地。疑所謂觀臺望東海，即于此。又《吳越春秋》：句踐聽范蠡謀，築會稽小城，城成而怪山自生，本琅琊東武海中山也，一夕自來，後因徙都琅琊。

余考越徙都琅琊事，不見于《左傳》，《國語》亦無之。《吳越春秋》與《越絶》所書，皆怪誕不足信。然《史記》云越滅吳，棄江淮以北，徵之《左傳》他事，多不合。據《傳》文，哀公二十二年，越滅吳。二十七年，越使后庸來正邾魯之界，公與之盟于平陽。後哀公嘗欲以越伐魯，而去季氏。公又嘗如越。曾子居武城，有越寇見于孟子。武城在今沂州府費縣西南九十里，季氏之私邑亦在費，與琅琊之説相合。夫越既滅吳，與齊、晉諸侯會于徐州，徐州本薛地，今為兗州府滕縣，非江南之徐州也。天子致胙。方欲正邾魯山東諸侯之侵界，豈其棄江淮不事？且既棄之，以予楚矣，如后庸使命之往來及出兵侵魯，豈反假道于楚耶？又范蠡既雪會稽之恥，變姓名，寓于陶。陶為今曹州府曹縣，蓋先時吳屢伐齊魯沂曹之邊地，吳蓋略而有之。哀八年，吳嘗伐魯，入武城，武城人或有田于吳，竟拘鄫人之漚菅者，曰何故使吾水滋？及吳師至，拘者遂道之以伐武城。觀此，則沂州之地，久已為吳之錯壤。越滅吳，因有其地，則其遷都琅琊，蓋盡吳之境，與北方諸侯爭衡，豈有反棄江淮之地，以資勍敵之楚耶？且即如《史記》所云：越自句踐以後，五世至無疆，中間嘗欲伐齊。齊舊與吳接境，與越之故土遠隔江淮。若句踐棄江淮以北，則其後世必不能復拓有吳境，與齊遠不相及，無緣有伐齊之事。則史記之自相矛盾，更較然矣。蘇子由謂史遷淺陋而不學，疏略而輕信，而于地里尤疏舛。余既据其説，作《越封疆論》，復附識他書所見于此，以俟後之博學者考焉。

藝文

唐·李白《李太白集》卷二二《越中覽古》 越王句踐破吳歸，義士還家盡錦衣。宮女如花滿春殿，只今惟有鷓鴣飛。

宋·孔延之《會稽掇英總集》卷一五《［唐］趙諮〈過越〉》 地有千巖與萬津，霸圖無計老青春。抱冰謾刷棲山恥，争奈傾吳是婦人。

宋·周弼《端平詩雋》卷三《會稽山》 衣冠從昔化文身，峻嶽當天自有神。秦帝刻碑三十載，越王棲甲五千人。江連雲氣分南紀，海接星河近北辰。畢竟興亡誰可料，但聞陵谷變飛塵。

元·黃鎮成《秋聲集》卷四《於越》 沃土連雲富稻粱，十年生聚信能彊。扁舟不見鴟夷面，獨上高臺弔越王。

元·柳貫《待制集》卷六《會稽懷古》 湖波皎鏡浸青蘋，潮落西陵渡口春。地下珠襦誰拾塊，人間玉盌久成塵。夾舟蛟劍神先化，掊鼎龍文字既泯。留得冬青啼杜宇，幷分淚血染湘筠。

清·施閏章《學餘堂詩集》卷二五《登會稽郡閣》 郡閣倚崔嵬，千重黛色開。山留神禹穴，地擁越王臺。挂海孤虹遠，橫雲列岫來。坐看生羽翼，飛夢到天臺。

清·顧棟高《春秋大事表》卷九《列國地名口號》 會計山頭苦聚兵，風高獵獵越王城。滅吳固守江淮險，七國争雄比大鯨。

宋·張淏《會稽續志》卷八《［宋］孫因〈越問·封疆〉》 九州皆有山鎮

兮，職方氏獨先會稽。《周禮・職方氏》：東南曰揚州，其山鎮曰會稽，居九州之先。射祥光於斗分兮，占星紀于天倪。牽牛炳其初躔兮，屆須女之七度。少陽當其正位兮，為萬物之潔齊。《保章氏》九州分星注：星紀，吳越也。《晉・天文志》：自南斗十二度至女七度，為星紀，會稽入牛一度。《漢・地理志》曰：粵地，牽牛、婺女之分。越虞翻對曰：會稽上應牽牛之宿，下當少陽之位。《易・繫辭》：巽，東南也，言萬物之潔齊也。南控引乎閩粵兮，北連亘乎鉅海。《會稽志》：會稽自漢順帝時所領十四縣。其地南踰閩越，西限浙江，東北入海。日出扶桑之東兮，風行浙河之西。詳見虞翻對。八山蜿其中蟠兮，羅千巖以為障。府城内有八山。顧愷之云：千巖競秀，萬壑爭流。三江匯而旁注兮，渺萬壑以為谿。《國語》子胥曰：吳之與越，三江環之。韋氏解：吳江、錢塘江、浦陽江。洞天峆岈以連雲兮，俯九垠其如芥。宛委山，陽明洞天。洪濤沸渭以拍天兮，轟三軍之鼓鼙。宅卧龍之岧嶢兮，蠡城屹其環繚。帶平湖之浩淼兮，雲鏡鑄而天低。闢陵門而四達兮，八風颯其遞至。飛翼樓而舞空兮，天門沈其可梯。提封萬數千里兮，運甌吳于掌上。七郡四十餘縣兮，歸中權之總提。玆古今之大都會兮，為九牧之冠冕。諒天地之設險兮，他郡寧得而攀躋？客曰：偉哉山川兮，信美矣，其無慊然。吾聞故國兮，不以山谿之險。

齊國國都分部

綜　述

《晏子春秋》卷六《内篇・雜下》　晏子朝公，公曰：『先君太公以營丘之封立城，曷為夕？』晏子對曰：『古之立國者，南望南斗，北戴樞星，彼安有朝夕哉？然而以今之夕者，周之建國，國之西方，以尊周也。』

《戰國策》卷八《齊一》　蘇秦為趙合從，說齊宣王曰：『臨淄甚富而實，其民無不吹竽鼓瑟，擊筑彈琴，鬭雞走犬，六博蹹踘者。臨淄之途，車轂擊，人肩摩，連衽成帷，舉袂成幕，揮汗成雨。家敦而富，志高而揚。』

《呂氏春秋》卷二〇《長利》　昔者太公望封於營丘之渚，海阻山高，險固之地也。

《史記》卷四《周本紀》　（武王）於是封功臣謀士，而師尚父為首封，封尚父於營丘，曰齊。

又　卷三二《齊太公世家》　哀公時，紀侯譖之周，周烹哀公而立其弟静，是為胡公。胡公徙都薄姑，而當周夷王之時，哀公之同母少弟山怨胡公，乃與其黨率營丘人襲攻殺胡公而自立，是為獻公。獻公元年，盡逐胡公子，因徙薄姑，都治臨菑。

《漢書》卷二八上《地理志上・齊郡》　臨淄。師尚父所封。如水西北至梁、鄒入泲。有服官、鐵官。莽曰齊陵。唐顏師古注：應劭曰：齊獻公自營丘徙此。臣瓚曰：臨淄即營丘也，故晏子曰：始爽鳩氏居之，逢伯陵居之，太公居之。又曰：先君太公築營之丘，今齊之城中有丘，即營丘也。師古曰：瓚說是也。築營之丘，言於營丘地築城邑。

又　《琅邪郡》　姑幕。都尉治。或曰薄姑。莽曰季睦。唐顏師古注：應劭曰：《左氏傳》曰：薄姑氏因之，而後太公因之。

北魏・酈道元《水經注》卷二六《淄水》　淄水又北逕其城東，城臨淄水，故曰臨淄，王莽之齊陵縣也。《爾雅》曰：水出其前，左，為營丘。武王以其地封太公望，賜之以四履，都營丘，為齊。或以為都營陵。《史記》：周成王封師尚父于營丘，東就國，道宿行遲，萊侯與之爭營丘。逆旅之人曰：『吾聞時難得而易失。客寢安，殆非就封者也。』太公聞之，夜衣而行，至營丘。陵亦丘也。獻公自營丘徙臨淄。

余按營陵城南無水，惟城北有一水，世謂之白狼水，西出丹山，俗謂凡山也，東北流。由《爾雅》出前左之文，不得以為營丘矣。營丘者，山名也。《詩》所謂『子之營兮，遭我乎猺之間兮。』作者多以丘、陵號同，緣陵又去萊差近，咸言太公所封。考之《春秋經》書『諸侯城緣陵』，《左傳》曰：遷杞也。《毛詩》、鄭注竝無『營』字，瓚以為非，近之。今臨淄城中有丘，在小城内，周迴三百步，高九丈，北降丈五，淄水出其前，故有營丘之名，與《爾雅》相符。城對天齊淵，故城有齊城之稱。是以晏子言始爽鳩氏居之，逢伯陵居之，太公居之。又曰先君太公築營之丘。季札觀《風》，聞齊音曰：『泱泱乎，大風也哉！表東海者，其太公乎！』田巴入齊，過淄自鏡。郭景純言：齊之營丘，淄水逕其南，及東也。非營陵明矣。獻公之徙，其猶晉氏深翼名絳，非謂自營陵而之也。其外郭，即獻公所徙臨淄城也。世謂之虜城，言齊湣王伐燕，燕王噲死，虜其民，實諸郭，因以名之。秦始皇三十四年滅齊為郡，治臨淄。

又　卷八《濟水》　濟水又經薄姑城北。《後漢・郡國志》曰：博昌縣有薄姑城。《地理書》曰：呂尚封于齊郡薄姑。薄姑故城在臨淄縣西北五十里，近濟水。史遷曰：獻公徙薄姑，城内有高臺。《春秋》昭公二十年，齊景公飲于臺上，曰：『古而不死，何樂如之！』晏平仲對曰：昔爽鳩氏始居之，季萴因之，有逢伯陵又因之，薄姑氏又因之，而後太公因之。臣以為古若不死，爽鳩氏之樂，非君之樂。』即于是臺也。

宋・羅泌《路史》卷二四《國名紀・炎帝後姜姓國・齊》　侯爵。伯陵氏之故國，以天齊淵名。呂尚復封，都營丘，今青之臨淄也。然營丘故城乃在濰之昌樂，故萊侯與太公爭營丘。《齊地記》：丘下周三百步，高九丈，北廂下隆一丈五尺。

又　卷二九《國名紀六・商世侯伯・薄姑》　商諸侯，即薄丘，一曰蒲姑，在青之博興。地志有薄姑城，在臨淄西北五十。注：杜云：蒲姑城在樂安。隨博昌北，唐博興也。《青圖經》云：與四國作亂，成王滅之，以封太公。按《史記》則胡公徙之。注：按晏子『爽鳩氏始居之，季萴因之，伯陵又因之，薄姑氏又因之，然後太公因之。』爽鳩，太昊時；季萴，夏季；而伯陵、薄姑，商末也。然太公實居營丘，非此。

論　説

《爾雅・釋丘》　水出其左，營丘。晉郭璞注：今齊之營丘。淄水過其南，及東。宋邢昺疏：左右猶言東西也。《地理志》云：齊郡臨淄，城中有丘，即營丘也。《志》又云：泰山萊蕪縣，淄水所出，東至博昌入泲。然則淄水出萊蕪，經臨淄，過營丘，南折而北，至博昌入泲。言此以證水出其左者名營丘。

《史記》卷一二九《貨殖列傳》　臨淄，亦海、岱之間一都會也。

《漢書》卷二八下《地理志下》　臨甾，海、岱之間一都會也，其中具五民云。

漢・劉向《説苑》卷一四《至公》　辛櫟見魯穆公曰：『周公不如太公之賢也。』穆公曰：『子何以言之？』辛櫟對曰：『周公擇地而封曲阜，太公擇地而封營丘。爵土等，其地不若營丘之美，人民不如營丘之衆。不徒若是，營丘又有天固。』穆公心慙，不能應也。

唐・孔穎達《毛詩譜・齊譜》正義　水所營繞，故曰營丘。《釋丘》云：水出其左，營丘。孫炎曰：今齊之營丘，淄水過其南，及東是也。以丘臨水，謂之臨淄，與營丘一地也。故《漢書・地理志》云：齊郡臨淄縣，師尚父所封也。應劭曰：齊獻公自營丘徙此。臣瓚案：臨淄即營丘也。今齊之城内有丘，即營丘也。如瓚之言，臨淄、營丘，即是一地。應劭言：獻公自營丘徙臨淄。是劭之謬也。當云自薄姑徙臨淄耳。《齊世家》云：哀公之弟胡公始徙都薄姑，而周夷王之時，哀公之同母少弟山殺胡公而立，是為獻公，因徙薄姑都，治臨淄。據此，則齊唯胡公一世居薄姑耳，以後復都臨淄也。《烝民》云：仲山甫徂齊。《傳》曰：古者諸侯逼隘，則王者遷其邑而定其居。蓋去薄姑，遷於臨淄。以為宣王之時始遷臨淄，與《世家》異者。《史記》之文，事多疏略。夷王之時，哀公弟山殺胡公而自立，後九年而卒，自武王九年厲王之奔止，自胡公之所殺為十八年，而《本紀》云：厲王三十七年出奔，計，十九年。不及夷王之末。則遷説自違也如此，則所言獻公之遷臨淄，未可信也。毛公在馬遷之前，其言當有準據，故不與馬遷同也。

唐・李泰等《括地志》卷三《青州・臨淄縣》　青州臨淄縣（也），即古臨淄地也。一名齊城。古營邱之地，［呂望］所封齊之都也。少昊時有爽鳩氏，虞夏時有季萴，殷時有逢伯陵，殷末有薄姑氏，為諸侯，國此地。後太公封，方五百里。

營丘在青州臨淄縣北百步外城中。

又　卷三《青州・博昌縣》　薄姑故城，在青州博昌縣東北六十里。薄姑氏，殷諸侯，封於此，周滅之也。

唐・李吉甫《元和郡縣志》卷一一《河南道六・青州・臨淄縣》　古營丘之地，呂望所封齊之都也。太公後二十九代康公，為田和所滅。和立為齊侯，後稱王，五代至王建，為秦所滅。秦立為縣。城臨淄水，故曰臨淄。

營丘在縣北百步外城中。《爾雅》曰：水出其前，經其左，曰營丘。今臨淄城中百丘，淄水出其前，經其左，故曰營丘。

縣理即古臨淄城也，漢齊郡亦理于此。蘇秦説齊王曰：臨淄城中七萬戶，戶不下三人，即二十一萬人。

又《青州·博昌縣》 薄姑故城，在縣東北六十里，齊舊都也。

元·于欽《齊乘》卷四《古蹟·城郭》 臨淄古城。臨淄縣北，雉堞猶存。《齊記補》謂齊古城周五十里，高四丈，十三門。其西雍門，韓娥鬻歌之地。又有稷門，下立學舍，所謂稷下學。齊宣王聚文學游説之士鄒衍、淳于髡、田駢、騶奭、接子、慎到、環淵之徒，皆賜列第，為上大夫。縣北有大夫店，由此取名。不治而議，號稷下學士。荀卿嘗為稷下祭酒。又鄭康成云：齊田氏時，學舍所會，號棘下。棘、稷音相近，即稷下也。亦城内地名。《左傳》陽虎劫公，伐孟氏，入自東門，戰于棘下。西南有申門，門外申池，左太冲《賦》謂之照華池，《郡國志》謂之左右池，即系水原也。北曰章華門，《史記》蘇代自燕入齊，見於章華門者是也。城東北五里餘，有雪宮遺址。見《寰宇記》。又西北系水之側，有梧臺。《水經注》楚使聘齊，齊王饗之梧宮臺。臺甚層秀，東西百步，亦宋愚人得燕石之處。有漢熹平五年碑題云梧臺里。又南歇馬臺，土人以為晏子作歌之臺，或又以為簡公之檀臺，皆不可考。齊城在戰國時，蘇秦謂城中七萬戶。漢高又溺愛外婦子，以齊言者皆封之故齊地。惟此城獨大，意其全盛之時，車轂擊，人肩摩，連衽成帷，舉袂成幕，揮汗成雨者，信不誣矣。

薄姑城。《元和志》：在博昌東北六十里，即殷末薄姑氏舊都。今博興東北，俗呼為嫌城者是。又《書序》：成王伐奄，遷奄君於薄姑。奄在魯，不知薄姑又是何地。

元·梁益《詩傳旁通》卷三《齊》 太公之齊，侯爵，居爽鳩氏之故墟。太公都營丘，今青州之臨淄。然營丘故城，乃在濰州之昌樂，故萊侯與太公爭營丘，後胡公徙薄姑。《齊地記》云：丘高九丈，下周三百步。丘臨淄水，故曰臨淄。

清·馬驌《左傳事緯前集》卷六《覽左隨筆》 齊都薄姑，遷于營丘，本顓頊之墟也。

清·高士奇《春秋地名考略》卷三《齊》 臣謹按：營丘世有二説。班固曰：臨淄名營丘，師尚父所封，故《齊詩》「子之營兮，遭吾乎嶩之間兮。」師古曰：《毛詩》作「還」，《齊詩》作「營」。之，往也。嶩，山名，或作「峱」。臣瓚曰：臨淄即營丘，故晏子曰：「太公居之。」又曰：「先君太公築營之丘。」今齊之城中有丘，即營丘。此一説也。又《漢志》北海郡治營陵縣。應劭曰：師尚父封于營丘，陵亦丘也。臣瓚非之，謂營陵即《春秋之》緣陵。或曰《史記》言師尚父封營丘，未就國，東萊與之爭。太公聞之，夜衣而行，至營丘，國遂定。蓋營丘，邊萊邑也。《呂氏春秋》：太公封營丘之渚，海阻山高，險固之地。其後五世胡公徙薄姑，六世獻公徙臨淄，蓋自東而西也。此又一説也。是二説者，諸家平之，多左祖班氏。酈道元曰：《爾雅》水出前左，為營丘。營陵城南無水，唯城北有一水，世謂白狼水，西出丹山，俗謂之凡山。其水東北流。異于《爾雅》前左之文，不得為營丘矣。今臨淄城中有丘，在小城内，周迴三百步，高九丈，北降丈五，淄水出其前，故有營丘之名，與《爾雅》相符。城對天齊淵，故有齊城之名。郭景純言齊之營丘，淄水逕其南及東，非營陵明矣。孔穎達曰：營丘臨淄水上，故曰臨淄。獻公之徙，猶晉氏之深翼居絳，其實一城也。由此言之，臨淄即營丘，其説定矣。惟營陵，為今之昌樂縣，地在臨淄東，而萊國為今之黄縣，又在其東。營丘邊萊之説，似亦近理，然均之相去甚遠也，安知當日之臨淄不邊萊乎？至于海阻山高，二邑皆不然，未宜執此以立論也。

再按：《史記》原云獻公率營丘人以攻胡公，是獻公據舊都已久。又云徙薄姑，都治臨淄，是不過遷齊國之廟社以就己，復新其名曰臨淄耳，非自薄姑徙臨淄也。若緣陵為封杞之地，而臣瓚曰即營陵。哀十四年，宋向魋請以牽易薄，公曰「宗邑也，不可。」夫以宗邑封公族，且不可，况于異姓乎！有以知其必不然矣。《皇覽》曰：呂尚冢在臨淄城南十里。此亦可為一證。

清·顧祖禹《讀史方輿紀要》卷三五《山東六·青州府》 府憑負山海，利擅魚鹽。班固曰：「臨淄，海、岱間一都會也。」蓋自太公建國以來，齊往往稱雄於天下，歷漢及晉，未始不以臨淄為三齊根本。【略】宋樂史曰：「營丘東道之雄，號稱富衍，物産尤盛。」蓋太公由之以興，管仲用之而霸。山東之國，齊為最強，地利然矣。

清·蔣廷錫《尚書地理今釋·顧命·齊》 《史記》：武王封師尚父於齊，都營丘。《正義》云：營丘在青州臨淄北百步外城中。今山東青州府臨淄縣西北三里有營邱城是也。

清·程恩澤等《國策地名考》卷四《齊上·臨淄》 本策《蘇秦為趙合從

說齊宣王曰章》：臨淄之中七萬戶。原注：屬齊郡。《補》曰：青州臨淄縣，古營邱地，城臨淄水，故云。恩澤案：《地理志》齊郡有臨淄縣。《郡國志》屬齊國，注云：今青州縣。《水經注》：城對天齊淵，故有齊城之稱。《元和志》：今縣理即古臨淄城也。《齊記》：城周五十里，《方輿紀要》作四十里。有十三門。今臨淄縣城北有齊城，亦曰齊國城，即故城也。自獻公以下，皆都此。惟謂臨淄即古營邱，雖本《地理志》及《水經注》，而未可信其必然。按《志》既以臨淄為師尚父所封，而於『北海郡營陵縣』今昌樂縣。下，又云或曰營邱。則在班氏，本兩存其說。《一統志》謂昌樂縣營邱社，即太公受封之地。又於『臨淄縣』下注云：本齊營邱地。蓋營邱地廣，今臨淄縣亦在其界內。二縣本相近。故曰臨淄即營邱，非太公實封於此也。不得以城中有小邱，偶與《爾雅》合，遂斷為一地。說見下。

又《營邱》 《燕策・人有惡蘇秦於燕王者章》：則齊不益於營邱。原注：即北海營陵，太公所封。恩澤案：《史記》：營邱邊萊。此營邱非臨淄之切證。《晏子春秋》：先君太公，築營之邱。《呂氏春秋》：太公封營邱之渚，海阻山高，險固之地。其後五世胡公，徙薄姑。《地志》謂太公封薄姑，非是。六世獻公，或曰獻公，胡公弟。徙臨淄。蓋自東而西也。《地理志》北海郡營陵縣，或曰營邱。應劭曰：師尚父封於營邱，陵亦邱也。《路史・國名紀》：營邱故城在濰之昌樂，故萊侯與太公爭營邱。說見《史記》。皆足證營邱非臨淄之說。《齊地記》：邱下周三百步，高九丈，北廂下隆《水經注》作『降』，非。一丈五尺。《路史注》於『營邱』下引此，則并以臨淄小邱在營邱城中矣。

藝文

晉・陸機《陸平原集・齊謳行》 營丘負海曲，沃野爽且平。洪川控河濟，崇山入高冥。東被姑尤側，南界聊攝城。海物錯萬類，陸產尚千名。孟諸吞楚夢，百二侔秦京。惟師恢東表，桓后定周傾。天道有迭代，人道無久盈。鄙哉牛山歎，未及至人情。爽鳩苟已徂，吾子安得停。行行將復去，長存非所營。

南朝梁・沈約《沈隱侯集・齊謳行》 東秦稱右地，川隰固夷衪。層峰駕蒼雲，濁河流素壤。青丘良杳鬱，雪宮信疏敞。王佐改殷命，霸功繆周綱。

宋・張方平《樂全集》卷二《臨淄同劉仲方作》 迴合空山萬疊蒼，磻溪投釣此開疆。儒家俎豆連洙泗，戰國戈鋋接楚梁。四嶽子孫終海嶼，諸田意氣盡尸鄉。不惟仲父能輕重，形勝由來自霸強。

清・厲鶚《宋詩紀事》卷二七《李格非〈過臨淄〉》 擊鼓吹竽七百年，臨淄城闕尚依然。如今只有耕耘者，曾得當時九府錢。

元・郝經《陵川集》卷一三《過臨淄》 區宇沉雄海岱間，漢家曾著此秦關。風煙老樹千年國，金碧斜陽一片山。管仲霸圖無謂小，魯連高義孰能攀。半生失意仍漂泊，嘆舊懷賢益厚顏。

明・謝肅《密庵集》卷四《臨淄感興》 古人已盡王霸略，策馬還過營丘城。風低麥壠見羊虎，燒斷棗林經甲兵。田疆塚帶牛山碧，王蠋家臨澅水清。世事浮雲忠義在，悠悠行路也關情。

明・薛瑄《敬軒文集》卷三《齊都歌》 偶把漁竿來渭水，諸侯八百從如蟻。洗兵一雨天下清，興王事業應難比。茅土之封東土侯，奄有青濟都營丘。千乘龍旗照滄海，百層雉堞臨淄流。淄流拂曙歌鐘起，人物喧闐隘都市。黃金白璧酬君公，文馬雕軒覲天子。前朝後市何輝光，歌臺舞榭遙相望。長劍危冠盛皋虎，珠簾繡幕圍姬姜。伯業相傳僅千載，寧知時去繁華改。盜賊公然竊寶弓，坐令青社無光彩。是非得失俱悠哉，空餘廢址連荒臺。往事淒凉不可問，淄流嗚咽悲風來。

明・石存禮等《海岱會集》卷二《劉澄甫〈齊謳行〉》 齊國善諷謠，齊女能謳歌。臨淄佳麗地，貴富侯王多。營丘據形勝，十二當山河。迤邐瑯琊饒，膏腴即墨奢。漁鹽並秔稻，海錯紛交加。浮磬有遺音，孤桐挺陽坡。檿桑中琴瑟，綌絺勝綺羅。桓公敬仲父，威王烹東阿。田單走燕騎，魯連卻秦戈。天道豈常泰，人事或坎軻。君相胥汩沒，霸業終蹉跎。達士解止足，去去將如何。

又 卷二《黃卿齊〈齊謳行〉》 齊瑟調素越，簫管自伶倫。舜胄傳韶樂，師摯正雅音。季札精賞鑒，綿駒何足云。爽鳩肇茅土，尚父治維新。青陽條風起，萬化先受春。產殖兼海陸，充牣腴且珍。瀣渤深無際，岱宗崇入雲。洪河界右址，肅慎直東隣。疆域何膴膴，形勝當西秦。輔周表列國，一匡濟生民。稷下萃文史，俎豆饗耆賓。高風魯連倡，義烈王蠋敦。俗尚輕千駟，風韻流千春。

明·曹學佺《石倉歷代詩選》卷一三八《〔明〕王寵〈臨淄行〉》 虚危下流精，萊沂廼東峙。樂謝爽鳩墟，勛崇太公履。山河控十二，海岱錯表裏。亡人忽龍翔，纍囚遂鵲起。名垂天壤居，世往陵谷徙。談餘鄒衍風，節慕魯連恥。市藏陶朱俠，路曜姬姜子。喧闐鬬雞道，舄奕鳴鐘里。雄豪八方湊，聲利三川擬。竇瑟發東謳，流黄織文綺。大澤饒萑蒲，濁河足鱣鮪。欲歌泱泱風，請自臨淄始。

明·李攀龍《滄溟集》卷二《廣齊謳行》 不勞歌楚艷，請為罷吳趨。上客但安坐，聽我奏齊謳。鷹揚表東土，賜履維青州。沃壤既如膏，絲枲韌且柔。魚鹽無儉歲，海王自春秋。百二敵彊秦，八九吞徒州。美哉一匡力，天下咸宗周。朝服西濟河，鞭箠使諸侯。至今臨淄途，誦義慕前修。枹鼓立軍門，意氣縱横浮。舉袂成幃幙，攘臂赴仇讎。先君務養士，奕世恢鴻猷。晏嬰以當路，結交魯孔丘。其人聘列國，終日無停輈。及聞箾韶音，若與唐虞遊。三月忘寢食，栖栖此淹留。季札本荆蠻，華夏多夷猶。泱泱歎大風，觀采不能休。五伯桓稱首，四豪文其尤。擁篲為賓師，鐵籠存主憂。闊達有遺俗，功利非所謀。馳騁一何雄，冠劍常相求。蠋辭萬家邑，連謝千金酬。即論二布衣，豈復商賈流。

明·王世貞《弇州四部稿》卷五《詩部·齊謳行》 莫以敖辟譏，聽我奏齊謳。右顧枕岱宗，左負滄海流。維昔師尚父，建册表營丘。四履征不庭，一鉞奠成周。烈哉桓公筴，首政舉其讎。九合匪兵車，衣食東諸侯。妖呂蕩氛波，炎燼幾不收。哀王倡大義，絳灌始協謀。九有提一隅，三勳古無儔。亂民矜炙輠，養客悲蒯緱。小惠薄陳常，非和誚梁丘。憤誂殺士桃，刺促媚姬裘。鄙矣牛山宴，泣涕言爽鳩。

清·趙執信《因園集》卷三《臨淄道中懷古》 秋騎羸馬營邱道，千里齊風入舊聞。雞狗有雄還自許，淄澠無味底須分。原頭寒意離離草，海上朝光疊疊雲。幾度爽鳩增太息，牛山長傍景公墳。

清·朱彝尊《曝書亭集》卷二五《青玉案臨淄道上》 清秋滿目臨淄水，一半是牛山淚。此地從來多古意，王侯無數，殘碑破冢，禾黍西風裏。青州從事須沉醉，稷下雄談且休矣。回首吳關二千里，分明記得，先生彈鋏，也説歸來是。

楚國國都分部

綜述

《左傳·襄公十四年》 楚子囊還自伐吳，卒。將死遺言，謂子庚必城郢。君子謂：子囊忠君，薨不忘增其名，將死不忘衛社稷，可不謂忠乎？忠，民之望也。《詩》曰：『行歸于周，萬民所望。』忠也。

又《昭公二十三年》 楚囊瓦為令尹，城郢。沈尹戌曰：『子常必亡。郢苟不能衛，城無益也。古者天子守在四夷，天子卑，守在諸侯。諸侯守在四鄰，諸侯卑，守在四竟。慎其四竟，結其四援，民狎其野，三務成功。民無内憂而又無外懼，國焉用城？今吳是懼而城於郢，守已小矣。卑之不獲，能無亡乎？昔梁伯溝其公宫，而民潰。民棄其上，不亡何待？夫正其疆埸，修其土田，險其走集，親其民人，明其伍候，信其鄰國，慎其官守，守其交禮，不僭不貪，不懦不耆，完其守備，以待不虞，又何畏矣。《詩》曰：「無念爾祖，聿修厥德。」無亦監乎！若敖、蚡冒，至于武、文，土不過同，慎其四竟，猶不城郢。今土數圻而郢是城，不亦難乎？』

又《定公六年》 四月己丑，吳大子終纍敗楚舟師，獲潘子臣小惟子及大夫七人，楚國大惕懼亡。子期又以陵師敗于繁揚。令尹子西喜曰：『乃今可為矣。』於是乎遷郢於都，而改紀其政，以定楚國。

《清華大學藏戰國竹簡（壹）·楚居》 季䜌（連）初降於𨛜山，氐（抵）于空（穴）竆（窮）。𨑓（前）出于喬山，乇（宅）尻（處）爰波。逆上汌水，见盤庚之子，尻（處）于方山，女曰比（妣）隹，秉兹𧗿（率）相，詈曺四方。季䜌（連）𦖞（聞）亓（其）又（有）㖹（聘），從，及之盤（泮），爰生絟白（伯）、遠中（仲）。毓（游）裳（徜）羊（徉），先尻（處）于京宗。穴酓遅（遲）𨖮（徙）於京宗，爰旻（得）【二】妣𨙶，逆流哉（載）水，氒（厥）𤖸（狀）𦕝（聶）耳，乃妻之，生侸吊（叔）、麗季。麗不從行，渭（潰）自𦢺（脅）出，妣𨙶賓于天，巫（巫）𢦏（并）賅（该）亓（其）𦢺（脅）以楚，氐（抵）【三】今曰楚人。至酓𢝓（狂）亦居京宗。

至酓𦉜與屈約(紃)，思(使)若(鄀)禁(嗌)卜遷(徙)於𡍥宅，爲柭室=(室，室)既成，無以内之，乃𥡢(竊)若(鄀)人之犝(犝)以【四】祭。思(懼)亓(其)宔(主)，夜而内𡱝(尸)，氏(抵)今曰栾=(栾，栾)朼(必)夜。至酓只、酓𦙶、酓樊(樊)及酓賜、酓追，𦘔(盡)居𡍥宅。酓追遷(徙)居發漸。至酓朔、酓【五】𢫬(摯)居發漸。酓𢫬(摯)遷(徙)居旁圻。至酓縉(延)自旁圻遷(徙)居喬多。至酓甬(勇)及酓嚴、酓相(霜)及酓𩆨(雪)及酓訓(徇)、酓咢及若嚻(敖)酓義(儀)，皆居喬多。若嚻(敖)酓【六】義(儀)遷(徙)居箬(鄀)。至焚冒酓帥(率)自箬(鄀)遷(徙)居焚。至宵嚻(敖)酓鹿自焚遷(徙)居宵。至武王酓𩡷自宵遷(徙)居免，女(焉)㠯(始)□□□□【七】福。衆不容於免，乃渭(潰)疆浧之波(陂)而宇人女(焉)，氏(抵)今曰郢。至文王自疆浧遷(徙)居湫=郢=(湫郢，湫郢)遷(徙)居樊=郢=(樊郢，樊郢)遷(徙)居爲=郢=(爲郢，爲郢)復(復)【八】遷(徙)居免郢，女(焉)改名之曰福丘。至𡌴(堵)嚻(敖)自福丘遷(徙)衮(襲)箬(鄀)郢。至成王自箬(鄀)郢遷(徙)衮(襲)湫=浧=(湫浧，湫浧)遷(徙)□□□□【九】居睽(睽)郢。至穆王自睽(睽)郢遷(徙)衮(襲)爲郢。至臧(莊)王遷(徙)衮(襲)樊=郢=(樊郢，樊郢)遷(徙)居同宮之北。若嚻(敖)记(起)禍，女(焉)遷(徙)居承=之=埜=(蒸之野，蒸之野)□□□，□【一〇】衮(襲)爲郢。至龏(共)王、康王、孠=(嗣子)王皆居爲郢。至需(靈)王自爲郢遷(徙)居秦(乾)溪之上，以为凥(處)於章[華之臺]。【一一】競(景)坪(平)王即立(位)，猷居秦(乾)溪之上。至卲(昭)王自秦(乾)溪之上遷(徙)居娧=郢=(媺郢，媺郢)遷(徙)居鶚=郢=(鄂郢，鄂郢)遷(徙)衮(襲)爲郢。盍(闔)虜(廬)内(入)郢，女(焉)復(復)【一二】遷(徙)居秦=溪=之=上=(乾溪之上，乾溪之上)復(復)遷(徙)衮(襲)娧(媺)郢。至獻惠王自娧(媺)郢遷(徙)衮(襲)爲郢。白公记(起)禍，女(焉)遷(徙)衮(襲)湫郢，改爲之，女(焉)曰肥【一三】遺，以爲凥(處)於囟=澫=(囟澫，囟澫)遷(徙)居鄩=郢=(鄩郢，鄩郢)遷(徙)居鄩吁。王大(太)子以邦復(復)於湫郢，王自鄩吁遷(徙)鄗(蔡)，王大(太)子自湫郢【一四】遷(徙)居疆郢。王自鄗(蔡)復(復)鄩(鄢)。柬大王自疆郢遷(徙)居藍=郢=(藍郢，藍郢)遷(徙)居䣓=郢=(䣓郢，䣓郢)復(復)於䣓(䣓)王大(太)子以邦居䣓(䣓)郢，以爲凥(處)於【一五】䣓郢。至悼(悼)折(哲)王猷居䣓(䣓)郢。审(中)醫(謝)记(起)禍，女(焉)遷(徙)衮(襲)肥遺。邦大瘠(瘠)，女(焉)遷(徙)居鄩郢。【一六】

《史記》卷四〇《楚世家》 熊繹當周成王之時，【略】居丹陽。【略】(楚武王五十一年)子文王熊貲立，始都郢。【略】(平王)十年，楚太子建母在居巢，開吳。吳使公子光伐楚，遂敗陳、蔡，取太子建母而去。楚恐，城郢。【略】(昭王)十二年，吳復伐楚，取番。楚恐，去郢，北徙都鄀。【略】(頃襄王)二十一年，秦將白起遂拔我郢，燒先王墓夷陵，楚襄王兵散，遂不復戰，東北保於陳城。【略】(考烈王)二十二年，與諸侯共伐秦，不利而去，楚東徙都壽春，命曰郢。

又 卷一五《六國年表》 楚頃襄王二十一年，秦拔我郢，燒夷陵，王亡走陳。

楚考烈王十年，徙於鉅陽。二十二年，王東徙壽春，命曰郢。

又 卷七八《春申君列傳》 當是之時，秦已前使白起攻楚，取巫、黔中之郡，拔鄢郢，東至竟陵，楚頃襄王東徙治於陳縣。

漢·桓譚《新論》卷一一《雜事篇》 楚之郢都，車轂擊，民肩摩，市路相排突，號為朝衣鮮而暮衣弊也。

《漢書》卷二八上《地理志上·丹陽郡》 丹陽。楚之先熊繹所封，十八世文王徙郢。

又 《南郡》 江陵。故楚郢都，楚文王自丹陽徙此。後九世，平王城之。後十世，秦拔我郢，徙東。莽曰江陸。

又 《南郡》 郢。楚別邑故郢。莽曰郢亭。

又 《九江郡》 壽春邑。楚考烈王自陳徙此。

又 卷二八下《地理志下·淮陽國》 陳。故國，舜後胡公所封，為楚所滅，楚頃襄王自郢徙此。莽曰陳陵。

北魏·酈道元《水經注》卷三四《江水》 江水又東逕一城北，其城憑嶺作固，二百一十步，夾溪臨谷，據山枕江，北對丹陽城，城據山跨阜，周八里二百八十步，東北兩面悉臨絕澗，西帶亭下溪，南枕大江，險峭壁立，信天固也，楚子熊繹始封丹陽之所都也。《地理志》以為吳之丹陽，論者云：尋吳楚悠隔，繿縷荊山，無容遠在吳境，是為非也。又楚之先王陵墓在其間，蓋為徵矣。【略】

江水又東逕江陵縣故城南。《禹貢》荊及衡陽惟荊州。蓋即荊山之稱

而制州名矣，故楚也。子革曰：我先君僻處荊山，以供王事，遂遷紀郢。今城楚船官地也，春秋之渚宮矣。【略】

江水又東逕郢城南，子囊遺言所築城也，《地理志》曰『楚別邑故郢』矣。

又　卷二八《沔水》　《地説》曰：水出荊山東南流，為滄浪之水。是近楚都，故漁父歌曰：『滄浪之水清兮，可以濯我纓。滄浪之水濁兮，可以濯我足。』余按《尚書·禹貢》言：導漾水東流為漢，又東為滄浪之水。不言過而言為者，明非他水決入也。蓋漢、沔水自下有滄浪，通稱耳。纏絡鄢郢，地連紀鄀，咸楚都矣。漁父歌之，不違水地，考按經傳，宜以《尚書》為正耳。【略】

江陵西北有紀南城，楚文王自丹陽徙此，平王城之，班固言楚之郢都也。沔水又逕鄀縣故城南，【略】縣北有大城，楚昭王為吴所迫，自紀郢徙都之，即所謂鄢鄀、盧羅之地也。秦以為縣。

宋·羅泌《路史》卷二六《國名紀三·高陽氏後·楚》　子爵，羋姓後。熊繹初封，居丹陽，今之秭縣，本曰西楚。注：縣東南有故丹陽城。璞云：今秭歸縣南。成王以封熊摯，今熊姓猶百家。故《晉志》云：秭歸，故楚子國。武徙枝江，亦曰丹陽。注：丹山之陽。佑云：楚自丹陽徙枝江，亦曰丹陽。記多徙丹陽，非。是為南楚。注：枝江，隸荆南。《漢志》丹陽郡丹陽縣，為繹所封。秦之鄣郡，元封二年為丹陽郡，而丹陽縣乃潤州境，蕪湖縣東二十有石城山，志為楚始封地。陳宣詔云：楚繹南城。

又《郢》　楚文庛是徙，在江之南，為南郢。注：孫奇父雜題：予知古渚宮故事，楚文王都郢，後九世，昭王避敵遷鄀。惠王因亂遷鄢，玩立復歸，而舊史闕見。按惠王末，墨翟重壐趨郢，班子析謀。宣王之時，王宫遇盗，郢軍見黜。懷王入秦，齊人使郢中立王，因與王弟，皆昭、惠後，莫不于焉根本，則知鄢、鄀之遷權週，非久都者。襄王末，郢為白起所拔，北遷陳城，其地遂入邑于秦。自文王、襄大，夫凡十九世以遷云。郢居八世，為吳。今江陵北十二有召軫紀南城，東一小城名曰南郢，非郢州。徙鄀，今宜城，為北郢。注：云今郢州為北郢。昔楚莊使公子燮、子儀守群舒，二子作亂，城郢。襄十四年，子囊遺言必城郢。太史公云：楚都郢，至平王更城郢。杜以為州北紀南城。盛氏《記》：昭王十年，吳通鄣水，灌紀南城，入赤湖，進灌都城，遂破楚。則前破紀南，後破郢也，郢破乃徙鄀尒。惠遷鄢。注：桓十三，在宣城。頃襄徙陳。注：號西楚。《寰宇》：及陳州城，楚惠所築。考烈爰徙壽春，亦曰郢。注：今壽之羅城。尖滔《正淮論》云：考烈所築。字一作邔，皆緣先代威名冠之也。

《史記》卷一二九《貨殖列傳》　江陵，故郢都，西通巫巴，東有雲夢之饒。【略】郢之後，徙壽春，亦一都會也。

唐·李泰等《括地志》卷四《歸州·秭歸縣》　熊繹墓在歸州秭歸縣。《輿地志》云：秭歸縣東有丹陽城，周迴八里，熊繹始封也。

又　卷四《歸州·巴東縣》　歸州巴東縣東南四里歸故城，楚子熊繹之始國也。

又　卷四《荊州·江陵縣》　郢城，在荊州江陵縣東北六里，即吳公子光伐楚，楚平王恐，城郢者也。又楚武王始都郢，紀南故城是也，在江陵縣北十五里也。

紀南故城，在荊州江陵縣北(五)十[五]里。杜預云：『國都於郢，今南郡江陵縣北紀南城是。』又至平王，更城郢，在江陵縣東北六里，故郢城是也。

又　卷四《襄州·樂鄉縣》　楚昭王故城，在襄州樂鄉縣東北三十二里，在故(都)[鄀]城東五里，即楚(國故)昭王徙都鄀城也。

唐·李吉甫《元和郡縣志》卷九《河南道四·陳州·宛丘縣》　州理城，楚襄王所築，即古陳國城也。包羲氏、神農氏並都于此。及楚頃襄王為秦所伐，失鄢郢，徙都于陳，卒為秦所滅。

宋·劉敞《公是集》卷三九《城郢論》　子囊為令尹城郢，君子稱之，曰忠矣，能衛社稷。囊瓦為令尹城郢，君子譏，曰卑矣，必亡楚國。夫楚，一也；子囊、囊瓦，令尹等也；城郢，均也。子囊以取褒，囊瓦不免于貶，何哉？君子者固譽成而譏敗乎？論之曰：否。昔子囊之為令尹也，修法制，舉賢才，附百姓，親鄰國，所以守其四封者已遂矣，惟郢之未城，于是城郢，則豫患而已矣，安得不謂之忠？囊瓦之為令尹也，則不然。遠忠直，比讒諂，貪愎無厭，遂過不更，百姓怨之，諸侯怒之，所以守其四封者已小矣，惟郢之可城，于是城郢，則外民而已矣，安得不謂之卑？夫外民，民亦外之，此囊瓦所以亡楚也。事固有同功而異情，同迹而異論者，此之謂也。《易》曰『王公設險，以守其國。』夫設險之與恃險，豈得同哉？設險者彊，恃險者亡。故先王制城郭溝池，所以立固，而非固之本也；制鄉遂都鄙，所以便守，而非守之本也；制師旅卒乘，所以建威，而非威之本也。本之所在，在德義，在知人，在安民。必有其本，然後城郭溝池可得而固也，鄉遂都鄙可得而守也，軍旅卒乘可得而威也。故政有本末，事有先後，無後其所先而先其所後，則天下可治，百官可任，萬民可附，四夷可服。惟明者而後及之，非囊瓦之所能見矣。

宋·沈括《夢溪筆談》卷五《樂律一》 世稱善歌者皆曰郢人，郢州至今有白雪樓。此乃因《宋玉問》曰：客有歌於郢中者，其始曰《下里巴人》，次為《陽阿薤露》，又為《陽春白雪》，引商刻羽，雜以流徵。遂謂郢人善歌，殊不考其義。其曰客有歌于郢中者，則歌者非郢人也。其曰《下里巴人》，國中屬而和者數千人；《陽阿薤露》，和者數百人；《陽春白雪》，和者不過數十人；引商刻羽，雜以流徵，則和者不過數人而已。以楚之故都，人物猥盛而和者止於數人，則為不知歌甚矣，故玉以此自況。《陽春白雪》郢人所不能也，以其所不能者名其俗，豈非大誤也。《襄陽耆舊傳》雖云楚有善歌者歌《陽菱白露》、《朝日魚麗》，和之者不過數人，復無《陽春白雪》之名。又今郢州，本謂之北郢，亦非古之楚都。或曰楚都在今宜城界中，有故墟尚在，亦不然也。此鄢也，非郢也。據《左傳》楚成王使鬬宜申為商公，沿漢泝江，將入郢，王在渚宮下見之。沿漢至於夏口，然後泝江，則郢當在江上，不在漢上也。又在渚宮下見之，則渚宮蓋在郢也。楚始都丹陽，在今枝江，文王遷郢，昭王遷鄀，皆在今江陵境中。杜預注《左傳》，云楚國，今南郡江陵縣北紀南城也。謝靈運《鄴中集詩》云：南登宛郢城。今江陵北十二里有紀南城，即古之郢都也，又謂之南郢。

明·楊士奇《歷代名臣奏議》卷四七《治道》 宋高宗時，中書舍人胡安國上《時政論》。【略】其《設險》曰：凡立國建都，必設險以守而後國可保。【略】夫荊渚，江左上流也，北據漢沔，西通巴蜀，東連吳會，真用武之國。故楚子初自秭歸，徙都荊渚，因其地利，日以富强，近并穀、鄧，次及漢東，下收江、黄，横行淮泗，遂兼吳越之地，傳六七百年而後止。此雖人謀，亦地勢使然也。

宋·李如箎《東園叢説》卷下《秦楚皆三遷國都》 楚熊繹始封丹陽，其地在今荊南之枝江縣。至楚文王自丹陽徙都江陵，平王城之，是為郢都。襄王二十一年秦拔鄢郢，徙都於陳。考烈王二十二年，又徙壽春。歷三世二十年而為秦所幷，自丹陽又三徙國都。

宋·王觀國《學林》卷六《丹陽》 《前漢·地理志》丹陽郡有丹陽縣。注曰楚之先熊繹所封，十八世文王徙郢。觀國案：《史記》周成王封文、武先師鬻熊之曾孫熊繹於荊蠻，為楚子，居丹陽。《後漢·郡國志》南郡枝江侯國有丹陽聚，此楚之所封也。《史記》曰秦齊破楚屈匄，遂取丹陽，乃此地也。後楚文王徙郢，即今之江陵也。若丹陽郡者，本秦之鄣郡，漢武帝元封二年更鄣郡為丹陽郡，屬揚州，而丹陽縣乃其支縣，今潤州之境是已，非楚之丹陽也。注以為楚熊繹所封者，誤矣。

又 卷六《郢》 《史記》周成王封熊繹於荊蠻，為楚子，居丹陽。楚文王自丹陽徙郢，楚頃襄王自郢徙陳，楚考烈王自陳徙壽春，命曰郢。觀國案：《前漢·地理志》曰：江陵，故楚郢都。楚既屢徙，至壽春，則去郢遠矣。地既非郢，而猶命曰郢者，蓋楚嘗居郢而霸，則先世之威名已著於郢矣。後雖東徙，猶以先世威名自稱，覬楚之復大也。故雖東徙，而猶命曰郢，亦猶南朝蕭氏出於蘭陵，而其後又刱南蘭陵，各貴其所自出故也。今之郢州，乃楚之別邑，號郢亭，非楚都之郢。

宋·吳曾《能改齋漫録》卷九《紀南城》 予按杜佑《通典》云：壽春郡羅城，即考烈王所築。秦滅楚，虜王負芻，其地為九江郡。又云：江陵，故楚之郢地，秦分郢，置江陵縣。今縣界有故郢城，有枝回洲，有夏水口，《左傳》所云沈尹戌奔命於夏汭也。有荒谷，即莫敖所縊。荒谷西北有野父城，又有紀南城、楚渚宮，漢津鄉故城，在今縣東也。又按酈元《水經注》曰：楚之先，僻處荆山，後遷紀郢，即紀南城也。《十道志》曰：昭王十年，吳通漳水，灌紀南城，入赤湖，郢城遂破。杜預《左傳》注曰：今南郡江陵縣北紀南城，故楚國也。然則王觀國雖知今之郢州非楚都之郢，而尚未知定處也。今以諸書參考，即江陵之紀南城是也。《筆談》亦止謂楚都南郢。

宋·呂祖謙《左氏傳説》卷一五《昭公·楚囊瓦為令尹城郢沈尹戌曰子常必亡郢》 二十三年 楚囊瓦為令尹，城郢，沈尹戌言曰：『子常必亡郢。』謂苟不能衞，城無益也。囊瓦，子囊之孫也。當時子囊為令尹，襄十五年卒，遺言令必城郢，君子謂子囊忠。以城郢論之，子囊既有遺言，今囊瓦果城之，可謂能承乃祖之志而終其業。何故當時深識遠慮之士便指以為危亡之證？

蓋當時子囊建城郢之議時，正是楚國之勢尊安閑暇時，能為預備之計。此正是制治于未亂，保邦于未危。到得囊瓦為令尹時，內有弱勢，外逼強吳，則其城郢，蓋不能與人校，要得畏避退守為自固之地，自郢之外，有不暇及。故城郢雖同事，勢大異。天下之事固有事迹同而心甚異者，不可不察也。當尊安之時城郢，乃所以見其有備；當畏縮之時城郢，豈非危亡之證？正如仁宗朝西夏內陵，范文正公建築都城之議，當時斷國論者以不可示弱諍之，亦沈尹戍城郢之意也。

宋・呂祖謙《大事記解題》卷五《周赧王》 三十七年，【略】白起攻楚取郢，楚頃襄王徙都陳。《解題》曰：按《戰國策》應侯謂武安君曰：『楚地方五千里，持戟百萬，君前率數萬之衆入楚拔鄢郢，焚其廟，東至竟陵，楚人震恐，東徙而不敢西向。』武安君曰：『是時楚王恃其國大，不恤其政，而群臣相妬以功，諂諛用事，良臣斥疏，百姓心離，城池不修，既無良臣，又無守備，故起所以得引兵深入，多倍城邑，發梁焚舟以專民心，掠於郊野以足軍食。當此之時，秦中士卒以軍中為家，將帥為父母，不約而親，不謀而信，一心同功，死不旋踵。楚人自戰其地，咸顧其家，各有散心，莫有鬬志，是以能有功也。』楚所以敗，秦所以勝，略見於此矣。

又 卷六《秦昭王》 五十四年，楚徙都鉅陽。《解題》曰：事見《年表》。按楚頃襄王徙都陳，而始皇六年春申君用朱英策，去陳徙壽春，不云自鉅陽徙壽春也。《年表》所載未可知，今姑存之。

又 卷六《秦始皇帝》 六年，【略】楚徙都壽春，命曰郢。《解題》曰：楚都所至，命曰郢，猶晉都所至，命曰絳也。壽春，今壽州壽春縣。

宋・王楙《野客叢書》卷二六《丹陽有數處》 丹陽凡有數處，不可不知。楚鬻熊始封丹陽，則在今歸州秭歸縣，後楚文王徙都江陵府枝江縣，亦曰丹陽。漢於宛陵置丹陽郡，隋於丹州置丹陽郡，唐於京口置丹陽郡，其地不一，而《西漢志》乃以曲阿之丹陽為楚所封，誤矣。

宋・趙彥衞《雲麓漫抄》卷一〇 初，熊繹都丹陽，即今枝江。康為勾亶王，今江陵；紅為鄂王，今武昌；執疵為越章王，皆在江上。文王熊呰始都郢，今之郢州，古號鄢郢。昭王畏吳去郢，北徙鄀，東西蓋屢遷矣。

宋・程公説《春秋分記》卷三〇《疆理書第六・楚地釋名》 楚。桓二年。文王自丹陽都此。今江陵府江陵縣北紀南城城東有小城名郢。鄢。十三年。楚別都，襄陽府宜城縣。

宋・王應麟《通鑑答問》卷二《秦拔郢楚徙都陳》 或問楚文王始都郢，今之江陵也，白起一戰而拔之，郢不可守歟？曰：《荀子》云：『楚汝、潁以為險，江、漢以為池，限之以鄧林，緣之以方城，然而秦師至，而鄢郢舉若振槁然。是豈無固塞隘阻也哉？其所以統之者，非其道故也。』嘗考《左氏傳》，莊王時，庸人帥群蠻叛楚，麇人率百濮將伐楚，楚人謀徙於阪高。蔿賈曰：『不可。若我出師，必懼而歸。』遂滅庸。晉欒武子曰：楚自克庸以來，其君無日不討國人而訓之，在軍無日不討軍實而申儆之，箴之曰：『民生在勤，勤則不匱。』為君克勤，以修其德，故能霸中華。昭王時，吳入郢，王奔隨，既反國，舟師、陵師皆敗，令尹子西曰：『乃今可為矣。』於是遷郢於鄀，改紀其政，以定楚國。為臣克忠，以修其政，故能復舊都。蓋謀徙阪高，郢將危矣；吳之入郢，郢已亡矣。轉危為安，運亡為存，君臣交修之有道也。頃襄忘讎覯敵，莊辛謂左州侯，右夏侯，從鄢陵君與壽陵君，馳騁乎雲夢之中，不以國家為事。白起謂恃其國大，不恤其政，群臣相妬，諂諛用事，良臣斥疏，百姓心離，城池不修。既無良臣，又無守備，頃襄之怠荒，君臣之駢惡，於斯可見。其失國逋竄，宜哉！屈平《哀郢》曰：『忠湛湛而願進兮，妬被離而鄣之。』此所謂諂諛用事，良臣斥疏也。聲有隱而相感，意其可以寤君心也。物有純而不可為，則其心已一於彼而不可變矣。此《悲回風》之所以作，千載之下，讀者猶太息流涕也。頃襄之十九年，獻漢北上庸地。二十年，秦拔鄢鄧西陵。上庸，房陵也；鄢、鄧，襄之宜城、鄧城也；西陵，安之雲夢也。二十一年，遂拔郢。藩籬已壞，堂奧其能守乎？都邑，國之根本。本既先撥，一徙陳，再徙鉅陽，三徙壽春，既失郢而投黽塞之外，其三徙都，如蒙鳩之巢，繫於葦苕，待亡而已。國必自伐而後人伐之，其頃襄之謂歟？

元・梁益《詩傳旁通》卷一四《殷武荆楚》 益按：周成王封熊繹于楚，居丹陽，今之秭歸縣也，本曰西楚。楚武王僭稱王，徙枝江，亦曰丹陽。枝江縣隸荆南，是為南楚，秦之郢郡，漢元封二年為丹陽郡西丹陽縣，乃潤州之境。蕪湖縣東二十里有石城山，或以為楚始封之地。楚文王徙郢，在江之南，是為南郢。昭王徙鄀，今宜城也，是為北郢。惠王遷鄢，頃襄王遷陳，號曰西楚，蓋惠王滅陳，頃襄王自郢徙都之。今灄水西三里有章華臺。考烈王徙壽春，亦曰郢。懷王都于彭城，其後以海州為東楚，廣陵為南楚，陳及彭城為西楚。因併紀之。

明・傅遜《春秋左傳屬事》卷二〇《昭王復國》　竊謂臨難遷都，智謀所忌。楚雖遭吳患，國猶未虧也，何用遷都以自弱乎？子西諸臣皆忠勇，有謀籌之，豈其略耶？緣楚郢本今江陵，吳自江而至，頗為便易；襄陽稍北，吳既難犯，尤居國上流，其勢易以制吳。斯見謀國營慮萬端，不可以一律拘也。至今襄陽，控制南北，天下之形勝實稱焉。子西其審矣哉！

明・方以智《通雅》卷一三《地輿・方域》　壽春有荆山，因遷郢而名也。楚自昭王之後，又歷十一傳，至考烈王，始徙都壽春。《韓非子》所載卞和獻玉事，乃在厲、武、文三王之際。昭王上接武王，已越十世。當三王時，鍾離何嘗屬楚，而彊謂卞和至此山邪？《新序》又謂抱玉而泣，在共王時。《雜記》又謂在懷王及其子平王時。平王乃昭王父，下距懷王九世，共王上至武王六世，差矣。陳霆尚以懷遠荆山為卞和獲璧處，更誤。

清・朱鶴齡《讀左日鈔》卷一〇《沈尹戌曰子常必亡郢》　穆文熙曰：子囊城郢，君子謂之忠，囊瓦城郢，沈尹戌以為必亡者，共王之季，楚方强而思城其國都，是為防患于豫。子常城郢，特畏吳之偪，則智略無措，自保不遑，其勢異故也。況無極在國，伍員在吳，雖城百郢，何益乎？

清・顧祖禹《讀史方輿紀要》卷七八《湖廣四・荆州府》　《禹貢》荆州地。春秋時為楚郢都。秦拔郢，置南郡。【略】府控巴、夔之要路，接襄、漢之上游，襟帶江、湖，指臂吳、粵，亦一都會也。

清・張尚瑗《左傳折諸》卷二三《楚囊瓦城郢》　蔡京城汴，金人入汴；囊瓦城郢，吳人入郢。然城郢實子囊遺命，君子稱其忠者也，瓦成父志而反以敗國。渠丘恃陋而亡，三苗恃險而亡。王公設險，衆心成城，固各有道哉。

清・儲大文《存研樓文集》卷三《荆州論》　《楚志》曰：郢城在府城東北三里，即楚舊都。楚文王自丹陽丹陽城在歸州東七里，北枕大江，即屈沱楚王城也。遷此，未有城，後令尹子囊將卒，遺言子庚必城郢，及平王時遂城之。又曰紀南城在府城北一十里。《史記》注：楚都於郢，今江陵縣北紀南城是。至平王更城郢，在江陵東北故郢城是。《荆州記》昭王十年，吳通漳水灌紀南，入赤湖，進灌郢城，遂破楚。是郢與紀南為二城也。又曰沙市城在府城東南一十五里，楚故城，元末增築址存，而書渚宮，曰在江陵故城東南，楚建，梁元帝即位楚宮，即此。書章華臺，曰臺有二：一在府城外沙市，一在監利縣東北，皆楚靈王築。在監利者名三休臺，《賈子》所謂翟王使使之楚，楚王誇之，饗於章華之臺，三休乃至者也。又《元志》曰：郢城在安陸州。蓋安陸乃楚之郊郢，鬬廉謂屈瑕曰『君次於郊郢，以禦四邑』是也。而襄陽宜城縣故城在縣南九里，楚故鄢縣，漢改宜城，隸南郡，所謂鄢郢是也。又荆州府城即古江陵城，漢壽亭侯築，晉桓溫增修之。古稱江陵以水為險，吳陸抗築大堰，在今府城東北，高保融名為北海。宋孝宗時，知江陵府吳獵、劉甲皆修築之。開禧初，孟珙再築，引沮漳及諸湖水注之，三海綿亘數百里，遂為江陵天險，又為八櫃，蓄泄水勢。金人嘗犯荆門州，距江陵裁百里而去，以有三海之險也。夫吳且通漳水，以灌紀南，又灌郢城，而謂三海八櫃，遂限戎馬，是克禦北兵而不克禦南寇也。然紀南城在今府城北一十里，則掩襲較難，是故楚文王之智遠越於平王。

清・顧棟高《春秋大事表》卷二三《楚令尹表楚子囊城郢論》　《左傳》：楚子囊將死，遺言謂子庚必城郢。君子謂子囊忠，將死不忘衛社稷。後四十年，而子囊之孫囊瓦秉政，首成其志。沈尹戌曰：『子常必亡郢。苟不能衛，城無益也。』古者諸侯，守在四境，後世以沈尹戌為名言，而以子囊為詬厲。宋仁宗朝，契丹有警，時范文正公為諫官，請大脩京城。呂公夷簡笑曰：『此子囊城郢計也。』命宿重兵於北京大名府，卒以無事。當時以呂公為持重，而以范公為少不更事。嗚呼！世儒徒以成敗論人，徒見囊瓦城郢而昭王卒至於出奔，呂公絀范公之計而宋室卒保於無事，遂以此為定論。其實子囊之城郢，未必非即孟子鑿斯池、築斯城之計也。呂公之絀范公未必是，後世成靖康之禍者，未必不自呂公啓之也。蓋嘗綜其大勢而論之：當吳兵之長驅而向楚也，孤軍深入，轉戰千里，昭王正宜固守國都，厲兵登陴，堅壁清野，不出十日，救援必至。為吳者頓兵堅城之下，師老財匱，楚之屬邑截其歸路，四面夾攻，此時如虎入陷阱，闔閭之君臣可坐縛，則子囊之城郢，正是社稷之至計。失在囊瓦信讒不仁，人心離叛，而昭王輕棄國本，狼狽出走，自取滅亡。此孟子所謂『高城深池，委而去之』者，奈何併其城郢而重訾之哉？

世傳宋祖之營京城也，命趙韓王以圖上，怒擲諸地，徐取幅紙，以筆塗之，曰：依此營造。城衢街巷如蚯蚓屈曲，乘輿出，多阻礙，子孫莫敢違其制。後蔡京務侈大，改其式，從方廣正直。尼瑪哈來攻，命植砲四隅，一砲所擊，隨手摧壞，始識太祖之遠慮。夫當仁宗之朝，未經蔡京之改制，使常用范文正公之策，高城浚隍，嚴設守備，則當靖康之世，亦可堅守，以待四方之援，不至有青城之辱矣。徒以子囊城郢為嗤笑，而不知城郢未始非社稷之至計，此又可與楚昭之事連類而並觀之也。後宋百年，而金復都汴，珠格、高琪築京城，縻費累巨萬。元蘇布特以百萬之師，盡鋭來攻不克，卒講和而退。唐德宗幸奉天，朱泚圍困京城踰年，卒能殲厥巨魁，光復舊物，此尤深根固本之關於長算，可為明效大驗者也。

然則沈尹之言非歟？曰：此又不可偏廢也。當疆埸告警而遽為嬰城自守之計，勢必人心驚惶，訛言四起，外為敵人所窺，而內解將士之志，此為不戰而自敗。為國家者，平日凛勇夫重閉之戒，而臨事持從容鎮定之度。故子囊言之于四十年之前，則為老成之忠謀；而囊瓦為之於四十年之後，則為怯懦以誤國。論者當總前後之時勢而觀之，未可泛然為執一之論也。

清・徐文靖《管城碩記》卷一七《楚辭集注四》 《哀郢》曰：『發郢都而去閭兮，怊荒忽其焉極。』《集注》曰：郢都在漢南郡江陵縣。按《春秋》桓二年，蔡侯、鄭伯會于鄧。《傳》曰始懼楚也。杜注：楚國，今南郡江陵縣北紀南城也。《楚世家》文王熊貲始都郢。《水經注》曰：江陵西北有紀南城，楚文王自丹陽徙此，楚人謂之郢都。《地理志》江陵，故楚郢都。孔仲達曰：世謂之南郢也，亦曰紀郢。楚雖都郢，未有城郭。文公十四年，楚莊王立，鬬克，公子燮因城郢為亂，事未得訖。襄公十四年，楚子囊還自伐吳，將死遺言，謂子庚必城郢。昭公二十三年，楚囊瓦城郢，事在楚平王十一年也。定四年，吳人入郢，昭王奔隨。明年，吳師歸，楚復入郢。又明年，吳復伐楚，取番。楚恐，去郢，北徙都鄀。《左傳》令尹子西遷郢于鄀。林氏曰：改鄀為郢，故曰遷郢于鄀，世謂之北郢，亦曰若郢。子惠王徙鄢，命曰鄢郢。《水經注》：滄浪之水纏絡鄢郢，地連紀郢，咸楚都矣。《哀郢》之所謂郢都，不知其何所指。《楚記》曰：楚郢都南面舊有二門，一曰修門，一曰龍門。東面亦有二門。其下曰『顧龍門而不見』，『孰兩東門之可蕪』，『哀故都之日遠』。此《集注》據以為紀郢也。

清・程恩澤等《國策地名考》卷六《楚上・郢》 《秦策・頃襄王二十年章》：奏秦白起拔楚西陵，或拔鄢郢、夷陵。高注：郢，楚都也。恩澤案：《左傳》：子囊將死，遺言謂子庚必城郢。及子常，城之。即故郢也，並無別遷之文。《地理志》南郡江陵縣，故楚郢都。楚武王自丹陽徙此，後九世，平王城之。後十世，秦拔我郢，徙陳。是平王所城，即武王所徙也。又云：郢，楚別邑故郢。錢坫曰：疑即《左傳》所云『郊郢』，今安陸府鐘祥縣地。《水經注》云：今江陵紀郢城，楚船官地，《春秋》之渚宮。郢城即子囊遺言所城者，《地理志》曰『楚別邑故郢』矣。見《江上篇》。是蓋誤以《漢志》別邑之郢為故都之郢，然其地固未嘗易也。後又云：江陵西北有紀南城，楚文王自丹陽徙此，平王城之，班固言『楚之郢都』也。見《沔水篇》。則酈注與《班志》並無異義。杜注、孔《疏》並主此説，《地理通釋》亦然。自《郡國志注》引《荆州記》，分紀南城、郢城為二，《括地志》、《通典》諸書並宗之，似與古不合，姑兩存之。

又《鄢》 見上。原注：南郡宜城。注：故鄢。恩澤案：鄢本水名，《括地志》：鄢水源出襄州義清縣西界託伏山，即蠻水也，又名夷水。《左傳》『及鄢，亂次以濟，王沿夏將欲入鄢』是也。古鄢子，國於此，楚滅之，以為別都。《括地志》：故偃城在襄州安養縣今襄陽樊城。北三里，古郾子之國也，南去荆州二百五十里，在襄州北五里。《正義》：鄢在襄州率道縣今宜城縣。南九里。據此，則鄢與偃，亦非一地，當以《正義》為是。楚嘗自鄀徙此，踰年而復。高誘曰：秦兵出武關則臨鄢，下黔中則臨郢。《荆州記》：襄陽，舊楚之北津。從襄陽渡江，經南陽，出方城關，是通周、鄭、晉、衛之道。其東津經江夏，出平澤關，是通陳、蔡、齊、魯之道。此條據春秋時言，而戰國形勢亦可概見。《地理通釋》：林氏曰：江陵，郢也；襄陽，鄢也。自江陵圖北方，必經襄陽，襄陽，楚之北津也。

清・汪之昌《青學齋集》卷九《楚郢辨》 郢為楚都，具見《春秋傳》。《説文》：郢，故楚都，在南郡江陵北十里。杜注：楚國，今南郡江陵縣北紀南城也，與《説文》合。案《漢書・地理志》：江陵，故楚郢都。楚武王自丹陽徙此，後九世，平王城之。後十世，秦拔我郢，徙陳。又郢，楚別邑故郢。似楚都之外，自有郢邑。然《志》明言平王所城，即武王所徙，則故楚郢都，自在漢之江陵，杜注所謂紀南城者。別邑之郢，段玉裁、錢坫謂即十一年《傳》之郊郢無疑。《續漢・郡國志》注引《荆州記》：縣北十余里有紀南城，楚王所都。東南有郢城，子囊所城。考《左傳》子囊城郢在平王時，《班志》故屬之平王。據此，則所云郢者非楚都，楚都當為紀南城。《通典》：江陵縣界有故郢城，又有紀南城。《括地志》：紀南城在江陵縣北五十里，郢城在江陵縣東北六里。亦以紀南與郢異地，揆諸班、許故楚都之文不合。或謂《水經·江水篇》：又東徑江陵縣故城南。注：故楚也。子革曰：『我先君僻處荊山，以供王事，遂遷紀郢。』今城，楚船官地也，《春秋》之渚宮矣。江水又東徑郢城南。注：子囊遺言所築城也。《地理志》曰：楚別邑，故郢矣。似亦謂子囊所築為楚別邑。

吾謂酈氏此文，殆誤以《漢志》別邑之郢，為故都之郢耳，固未嘗變易其地也。觀於《沔水篇》：江陵西北有紀城南，楚文王自丹陽徙此，平王城之，班固言楚之郢都也。可證酈《注》與班《注》幷無異義，然則楚都本單稱郢。《大事表》：今為湖廣荊州府治江陵縣，亦稱紀郢者。《方輿紀要》：紀山在今江陵城北四十里，則以紀山而名紀南之稱，殆亦由此。《班志》所云故郢為郊郢，《大事表》今安陸府治鐘祥縣地。其為兩地劃然，正不得以郊郢之非郢，而幷分紀南與郢為二地已。

藝文

宋·李昉等《文苑英華》卷三〇八〔唐〕李百藥《郢城懷古》 客心悲暮序，登墉瞰平陸。林澤窅芊眠，山川鬱重複。霸功資設險，名都距江澳。方城次北門，溟海窮南服。長策挫吳豕，雄圖競周鹿。萬乘重沮漳，九鼎輕伊穀。大蒐雲夢掩，壯觀章華築。人世更盛衰，吉凶良倚伏。遽見隣交斷，仍覩賢臣逐。南風忽不競，西師日侵蹙。運圯屬驅除，時屯恣敲朴。莫救夷陵火，無復秦庭哭。鄢郢遂邱墟，風塵俄慘黷。狐兔竟遊踐，霜露日沾沐。釣渚曲池平，神臺層宇覆。陣雲埋夏首，窮陰慘荒谷。悵矣舟壑遷，悲哉年代倏。雖異三春望，終傷千里目。

唐·劉禹錫《劉賓客文集》卷二六《紀南歌》 風烟紀南城，塵土荊門路。天寒多獵騎，走上樊姬墓。

宋·陸游《劍南詩稾》卷二《哀郢》 遠接商周祚最長，北盟齊晉勢爭強。章華歌舞終蕭瑟，雲夢風煙舊莽蒼。草合故宮惟雁起，盜穿荒冢有狐藏。《離騷》未盡靈均恨，志士千秋淚滿裳。

元·楊維楨《鐵崖古樂府》卷四《吳城怨》 吳兵夜入郢，小弟驕父兄。彎弓射天日，韓土築長城。長城築未竟，客主老蠻荊。

清·顧棟高《春秋大事表》卷九《列國地名口號》 楚王掃境與吳爭，紀郢空存百雉城。不固國都圖保聚，倉皇燧象却吳兵。

秦人滅郡志南圖，楚却移都好避吳。白起功成置南郡，百年未竟舊遺模。

《劉大櫆集》卷一六《郢中》 漢水奔流急，荊蠻壤地存。章臺初起日，意氣小中原。故苑成官道，荒城缺女垣。空餘雙石獸，藉草寂無言。

又《陽春臺懷古次韻》 故郢高臺雪後來，楚蠻形勝此遲回。舉勞壤接荊山僻，觀政風兼濮地開。最恨不從陳軫計，祇今誰是屈平才？興亡萬古皆陳跡，漢水葡萄自醱醅。

《楚辭》卷四《九章·哀郢》 皇天之不純命兮，何百姓之震愆！民離散而相失兮，方仲春而東遷。去故鄉而就遠兮，尊江夏以流亡。出國門而軫懷兮，甲之鼂吾以行。發郢都而去閭兮，怊荒忽其焉極。楫齊揚以容與兮，哀見君而不再得。望長楸而太息兮，涕淫淫其若霰。過夏首而西浮兮，顧龍門而不見。心嬋媛而傷懷兮，眇不知其所蹠。順風波而流從兮，焉洋洋而為客。凌陽侯之氾濫兮，忽翺翔之焉薄。心絓結而不解兮，思蹇產而不釋。將運舟而下浮兮，上洞庭而下江。去終古之所居兮，今逍遙而來東。羌靈魂之欲歸兮，何須臾而忘反。背夏浦而西思兮，哀故都之日遠。登大墳以遠望兮，聊以舒吾憂心。哀州土之平樂兮，悲江界之遺風。當陵陽之焉至兮，淼南渡之焉如。

曾不知夏之為邱兮，孰兩東門之可蕪？心不怡之長久兮，憂與憂其相接。惟郢路之遼遠兮，江與夏之可涉。忽若去不信兮，至今九年而不復。慘鬱鬱而不通兮，蹇侘傺而含慼。外承歡之汋約兮，諶荏弱而難持。忠湛湛而願進兮，妬被離而鄣之。彼堯舜之抗行兮，瞭杳杳其薄天。衆讒人之嫉妬兮，被以不慈之偽名。憎愠惀之修美兮，好夫人之忼慨。衆踥蹀而日進兮，美超遠而踰邁。亂曰：曼余目以流觀兮，冀壹反之何時？鳥飛返故鄉兮，狐死必首邱。信非吾罪而棄逐兮，何日夜而忘之！

明·李夢陽《空同集》卷二《哀郢賦》 崔嶔崎以旁靡兮，困京顏之崒嶄。隍壘□而莽没，夕颷勃興，沓兮闔靸，水鳴叫而巖嶄。覩敖墳之嶕嶢兮，躔莊王之登檢。泊石城以盱睞兮，望江陵而涕流。壯洞庭之淼皛兮，概江漢之玄洲。掩陳、蔡之弱郛兮，控荆揚而上游。俯灘瀨之淺淺兮，傷楚平之破郢。伍員奔吳兮，屈生浮湘。懷行罔返兮，厥民用喪。蘭臺肆侈兮，玉差進淫。陽春消歇兮，黄鳥沾襟。陵井塌而狐穴，俾人哀而迄今。

燕國國都分部

綜述

《史記》卷八〇《樂毅列傳》 樂毅報遺燕惠王書曰：【略】『薊丘之植，植於汶篁。』唐司馬貞《索隱》：薊丘，燕所都之地也。

《漢書》卷二八下《地理志下・廣陽國》 薊。故燕國，召公所封。莽曰伐戎。

北魏・酈道元《水經注》卷一三《灅水》 灅水又東北逕薊縣故城南。《魏土地記》曰：『薊城南七里，有清泉河，而不逕其北。』蓋經誤證矣。昔周武王封堯後于薊，今城内西北隅有薊丘，因丘以名邑也，猶魯之曲阜，齊之營丘矣。武王封召公之故國也。秦始皇二十三年滅燕，以為廣陽郡。

又 卷一一《易水》 易水又東逕武陽城南。蓋易自寬中，歷武夫關東出，是兼武水之稱，故燕之下都，擅武陽之名。【略】

訪諸耆舊，咸言昭王禮賓廣延方士，至如郭隗、樂毅之徒，鄒衍、劇辛之儔，宦遊歷説之民，自遠而屆者多矣，不欲令諸侯之客伺隙燕邦，故脩連下都，館之南垂，言燕昭創之于前，子丹踵之于後，故雕牆敗館，尚傳鐫刻之石。雖無經記可憑，察其古跡，似符宿傳矣。【略】

易水又東逕易縣故城南，昔燕文公徙易，即此城也。

宋・劉恕《資治通鑑外紀》卷四《周紀二・桓王》 二十二年，【略】燕宣侯薨，桓侯立，徙都臨易。

宋・羅泌《路史》卷二六《國名紀三・高陽氏後・易》 所謂朔易，古有易之地。注：商上甲微伐有易者。今之易州，北終東始，有代易，意故邇于代。注：世不知有易，朔易之地。或謂冬收藏交易，為言東作西成，南為朔易，皆以民事言，非也。謂歲改易者，亦非。有易水出固安，故固安為北易。注：即安國河，出故安閭鄉西川故安國。《經》云故安謂之北易，作『故』，通。復有南易。注：《燕趙記》有三易：漳為南易。班固、闞駰以呼沱為南易。史云燕與趙易，以龍亢分門與燕者。而臨洺為漢易陽，昔燕文公徙易，則漢之易縣也，有故城在城西五里。

論説

《漢書》卷二八下《地理志下》 薊，南通齊趙，勃、碣之間一都會也。

唐・李泰等《括地志》卷二《幽州・歸義縣》 易縣故城，在幽州歸義縣東南十五里，燕桓侯所徙都臨易是也。

唐・李吉甫《元和郡縣志》卷二二《河北道三・易州・易縣》 武陽故城，縣東南七里，故燕之下都。

宋・樂史《太平寰宇記》卷七〇《涿州》 歸義縣。南一百二十里，十二鄉。本漢之易縣城，屬涿郡。按今縣東南十五里有大故城，是燕桓侯之别都。

宋・程公説《春秋分記》卷二九《疆理書第五・燕地釋名》 燕。莊三十年。武王封帝堯之後於薊，又封召公於北燕。今河北化外幽州薊縣。

明・丘濬《大學衍義補》卷八五《都邑之建上》 《詩》不云乎！『殷鑒不遠，在夏后之世。』自昔都燕者，始于召公而極于金、元，皆上不足以當天心，下不足以乘地利，而其事勢，則有可以為鑒戒者焉。是必固邊圉，選將帥，强兵馬，豐貨食，使國勢壯而外地不敢興窺伺之心；謹法度，用賢才，省刑罰，薄税斂，使朝綱正而生靈不敢萌背畔之念。如此則國家如泰山之安，與天地相為悠久矣。

清・顧炎武《日知録》卷三一《薊》 《漢書》：薊，故燕國，召公所封。《後漢書》：薊本燕國刺史治。自七國時，燕都於此。項羽立臧荼為燕王，都薊。高帝因之，為燕國。元鳳元年，燕刺王旦自殺國除，為廣陽郡。本始元年，為廣陽國。建武十三年省，屬上谷。永平八年，一作永元六年。復為廣陽郡。晉復為燕國，魏為燕郡。隋開皇初廢，大業初置涿郡。唐天寶元年，更名范陽，郡竝治薊。《水經》：濕水過廣陽薊縣北，又東至漁陽雍奴縣。

注：今城内西北隅有薊丘，因丘以名邑也。《後漢書·彭寵傳》：寵反漁陽，自將二萬餘人攻朱浮於薊。《晉書·載記》：魏圍燕中山，清河王會自龍城遣兵赴救，建威將軍餘崇為前鋒，至漁陽，遇魏千餘騎，鼓譟直進，殺十餘人。魏騎潰去，崇亦引還，會乃上道徐進，始達薊城。即此三事，可見薊在漁陽之西。《唐書·地理志》幽州范陽，郡治薊。開元十八年，析置薊州、漁陽，郡治漁陽。及遼，改薊為析津縣。因此薊之名，遂没於此而存於彼。今人乃以漁陽為薊，而忘其本矣。《史記》樂毅《書》『薊丘之植，植於汶篁』，此即《水經注》所言薊丘。《禮記·樂記》：武王克殷反商，未及下車，而封黃帝之後於薊。《史記》及《水經注》竝云堯後。《疏》云今涿郡薊縣是也，即燕國之都。孔安國、司馬遷及鄭皆云燕祖召公，與周同姓。按黃帝姓姬，召公蓋其後也。《穀梁傳》曰：燕，周之分子也。皇甫謐因謂召公為文王之庶子，而范甯注又以為成王所封，然考《左傳》富辰之言，不叙及燕。按此以薊、燕為一國，而召公即黃帝之後。《史記·周本紀》：武王封帝堯之後於薊，封召公奭於北燕。《正義》曰：按周封以五等之爵，薊、燕二國俱武王立，因燕山、薊丘為名。其地足自立國，後薊微燕盛，乃并薊居之。其説為長。

清·高士奇《春秋地名考略》卷一二《北燕·國於薊》 再按《寰宇記》云：燕召公封燕，即今淶水縣，後徙于薊，故以武陽為下都。蓋易為燕之下都，信矣，遂以為召公之故封，則未可信。《水經注》云：燕昭王廣延方士，不欲令諸侯之客伺隙燕邦，故别營下都，館之南陲。昭王創之于前，子丹踵之于後。彫牆敗館，尚傳鐫刻之名。依此，則下都營于昭王矣。又昭王所築黃金臺，任昉引《述異記》曰：在幽州燕王故城中，土人呼為賢士臺。李善引《上谷圖經》曰：在易水東南十八里，為説不同。而傅逮《述征賦》云：出北薊，歷良鄉，登金臺，觀武陽。則武陽下都之説，洵非妄也。又《記》曰：易者，燕桓侯之别都；又曰燕文公遷易，二君皆在春秋時，是燕之有易，猶夫晉之曲沃，齊之高唐，以先君所常居而謂之下都。理尤明也。

清·顧祖禹《讀史方輿紀要》卷一一《直隸二·順天府》 府關山險峻，川澤流通，據天下之脊，控華夏之防，鉅勢強形，號稱天府。召公初封於此，享祚八百年，闢國千餘里。

清·李衛等〔雍正〕《畿輔通志》卷五三《古蹟·保定府》 大易故城。在雄縣治西北十五里。漢置易縣，晉曰易城。《寰宇記》歸義縣東南之十五里有大易故城，燕桓侯别都。後魏移理故城西北十五里故易城，即今縣理。又有小易城，在大易城北二里。

清·顧棟高《春秋大事表》卷六中《易州》 今易州為燕之下都。《記》曰：易者，燕桓侯之别都。又曰：燕文公遷易。二君皆在春秋時，是燕之有易，猶夫晉之曲沃，齊之高唐，以先君所常居而謂之下都。

清·程恩澤等《國策地名考》卷一五《燕·薊丘》 本策《昌國君樂毅章》：薊邱之植，植於汶篁。原注：薊，幽州國。《正》曰：索隱云：薊邱，燕所都。恩澤案：《水經注》：昔武王封堯後於薊。此説蓋本《史記·周本紀》，與《樂記》言黃帝後者互異。今城内西北隅有薊邱，因邱以名邑。《日知録》：薊在漁陽之西。《唐書·地理志》幽州范陽郡，治薊。開元十八年，析置漁陽郡，治漁陽，屬薊州。及遼改薊為析津縣，因此薊之名遂没於此而存於彼。今人乃以漁陽為薊，而忘其本矣。樂毅所云薊邱，即《水經注》所指也。《正義》：幽州薊地西北隅有薊邱。《明一統志》：在舊燕城西北隅，古薊門也。舊有樓館，並廢。今有二土阜，林木蓊鬱。洪亮吉曰：今都城德勝門外有土城關，相傳即薊邱也。

藝文

元·劉因《静修集》卷一三《燕歌行》 薊門来悲風，易水生寒波。雲物何改色，游子唱燕歌。燕歌在何處，盤鬱西山阿。武陽燕下都，歲晚獨經過。青邱遥相連，風雨堕嵯峨。七十齊郡邑，百二秦山河。學術有管樂，道義無丘軻。蚩蚩魚肉民，誰與休干戈。往事已如此，後来復如何。割地更石郎，曲中哀思多。

清·魏裔介《兼濟堂文集》卷二〇《薊州懷古》 漁陽雄鎮帝京東，堞雉摧殘戰士空。何代荒碑依野水，幾年畫角動秋風。室家南徙安巢少，鞬櫜東來貢路通。尤喜青蓮存勝蹟，薊州美釀醉春紅。

形勢當年百戰收，南塘事業固金甌。薊門鎖鑰重關險，遼海雲帆粳稻留。豈盡兜牟無義士，祇因帷幄乏良籌。春原匹馬空憑弔，喬木寒鴉噪古丘。

清·王士禛《精華録》卷二《登石景山浮圖絶頂眺望》 聖代亭障空，丸泥罷函殽。關門開落日，士馬無矜驕。迴身望漁陽，城闕何寮寮。薊邱植汶篁，遺烈思燕昭。望諸與騎劫，智勇皆蓬蒿，朔吹揚驚沙，屯雲盤怒鵰。慷慨一傷懷，覽古心鬱陶。逝將御泠風，揮手辭塵囂。

清·愛新覺羅弘曆《御製詩二集》卷二〇《燕昭王故城》　雉堞荒頹存土郭，便千年樹亦新林。郎山只有清秋月，曾照當時圖霸心。

韓國國都分部

綜　述

《古本竹書紀年·晉紀》　晉烈公元年，韓武子都平陽。

《今本竹書紀年》卷下《威烈王》　七年，韓武子都平陽。

又　卷下《安王》　二十一年，韓滅鄭，哀侯入于鄭。

《史記》卷四五《韓世家》　韓之先與周同姓，姓姬氏。其後苗裔事晉，得封於韓原，曰韓武子。【略】宣子徙居州。【略】貞子徙居平陽。【略】哀侯元年，與趙、魏分晉國。二年，滅鄭，因徙都鄭。

《漢書》卷二八上《地理志上·河東郡》　平陽。韓武子玄孫貞子居此。有鐵官。莽曰香平。

又　《潁川郡》　陽翟。夏禹國。周末韓景侯自新鄭徙此。

北魏·酈道元《水經注》卷九《沁水》　又東過州縣北。縣，故州也。《春秋左傳》隱公十有一年，周以賜鄭公孫段。六國時，韓宣子徙居之。

又　卷六《汾水》　汾水又南逕平陽縣故城東，晉大夫趙鼂之故邑也。應劭曰：縣在平河之陽，堯、舜並都之也。《竹書紀年》：晉烈公元年，韓武子都平陽。

又　卷二二《潁水》　《春秋經》書『秋，鄭伯突入於櫟。』《左傳》桓公十五年，突殺檀伯而居之。服虔曰：檀伯，鄭守櫟大夫；櫟，鄭之大都。宋忠曰：今陽翟也。周末，韓景侯自新鄭徙都之。

宋·劉恕《資治通鑑外紀》卷一〇《周紀八·威烈王》　五年，晉韓武子都平陽。

宋·羅泌《路史》卷二八《國名紀五·周氏·韓》　同之韓城南十八有故韓城，韓原也。注：秦晉戰處。《古今地名》曰：韓武子食采韓原。一曰宗丘，與臨晉近，謂之少梁。

論　説

唐·李泰等《括地志》卷一《同州·韓城縣》　韓城在同州韓城縣南十八里，（故）古韓國也。《古今地名》云韓武子食菜于韓原故城也。

又　卷二《晉州·臨汾縣》　平陽故城即晉州城西面，今平陽故城東面也。《城記》云：堯築也。

唐·李吉甫《元和郡縣志》卷九《河南道四·滑州·酸棗縣》　酸棗故城，在縣西南十五里。六國時韓王所理處，舊址猶存。

宋·樂史《太平寰宇記》卷二《河南道二·開封府二·酸棗縣》　古酸棗城，在縣西南十九里。按《韓世家》，哀侯即位，滅鄭，遂都酸棗。舊宮餘址猶存。又《城冢記》：韓襄子所築。

宋·呂祖謙《大事記解題》卷一《周威烈王》　七年，【略】晉韓武子都平陽。《解題》曰：按《水經注》：《竹書紀年》『晉烈公元年，韓武子都平陽』。《外紀》在威烈王五年。

清·顧炎武《日知録》卷三《韓城》　按《毛傳》，梁山、韓城皆不言其地。鄭氏《箋》乃云：梁山今在馮翊夏陽西北。韓，姬姓之國也，後為晉所滅，故大夫韓氏以為邑名焉。《左傳》富辰言邗、晉、應、韓，武之穆也。《竹書紀年》平王十四年，晉人滅韓。按《左傳》僖公十五年，晉侯及秦伯戰于韓。上言涉河，下言及韓，又曰寇深矣，是韓在河東，亦非今之韓城也。故杜氏解但云：韓，晉地。文公十年，晉人伐秦，取少梁。始得今韓城之地，益明戰于韓，非此也。至『溥彼韓城，燕師所完』，則鄭已自知其説之不通，故訓燕為安，而曰大矣！彼韓國之城，乃古平安時衆民之所築完。惟王肅以梁山為涿郡方城縣之山，而以燕為燕國。孫毓亦云。今於梁山，則用鄭説，於燕，則用王説，二者不可兼通，而又巧立召公為司空之説，可謂甚難而實非矣。

清·顧祖禹《讀史方輿紀要》卷四七《河南二·禹州》　夏禹初封此。《汲冢周書》：『禹都陽城，後居陽翟。』春秋時鄭櫟邑也，戰國屬韓，自新鄭徙都此。秦置潁川郡。《戰國策》：游滕謂向壽：『公何不以秦為韓，求潁川于楚？此韓之寄地也。』潁川之名，蓋不始于秦。【略】州控汴、洛之郊，通汝、潁之道，潁謂許州。山川盤紆，形勢險固。一旦有警，此腹心之患也。若其根抵淮、泗，憑依襄、鄧，縱横北向，鴻溝不能限，成皋不足恃矣。戰國時韓都陽翟，以角群雄。

清·覺羅石麟等《山西通志》卷一七九《辨證四·韓原辨》 韓國與韓原，多混為一，皆緣未詳封建始末之故。周始封之韓，《左傳》『邗、晉、應、韓，皆武之穆』是也。國都在并州，於周職方為正北，故《詩》曰：『溥彼韓城，燕師所完。』當時錫命奄受，追貊北國，後宣王因韓侯始立來朝，使復其祖封，而詩人美之。此春秋以前之韓也。平王時，晉滅韓，以賜桓叔之子萬為韓武子，其食采在韓原。後三世，韓厥獻子居卿位，宣子徙居州，貞子徙平陽，此春秋之韓也。越數傳，而景侯虔與趙、魏同列諸侯，分晉地。十餘世至王安，乃盡入地于秦，為潁川。此春秋以後之韓也。

考《韓奕詩》鄭《箋》，謂在左馮翊夏陽西北；《括地志》謂在同州韓城縣西南，朱注因以梁山為韓鎮，而杜氏注第云韓，晉地，不言所在。王肅又言涿郡方城縣有韓侯城。《魏·地形志》亦云范陽郡方城縣有韓侯城。《日知録》據《水經注》『聖水逕方城縣故城北，又東南逕韓城東』二語，以為韓國近燕，非同州之韓城，可備一說。夫賜地與食采之邑，必不甚遠。今按《左傳》韓原戰地，未知即武子采邑與否，而《傳》云『涉河，侯車敗』，後又云『三敗及韓』，則韓原應在河東無疑。不然，杜注何以云晉地耶？且史伯對鄭桓公曰：『武王之子，應、韓皆不在。』杜注云：韓在河東郡界。此與王肅、《魏·地形志》諸説雖不盡合，而河東之有韓原，則可考矣。《通志》：安邑即韓國。《通鑑前編》：夏后禹踐位于韓。《[後]漢書》：河北，《詩》魏國，有韓亭。今襄垣縣有韓城，傳為趙襄子築，後周置韓州于此。凡此又因時地而變名，但距河已遠，未必即戰于韓原之韓也。

清·江永《群經補義》卷一《詩補義》 武王之子封於韓。《括地志》同州韓城縣南十八里為古韓國。然《韓奕》之詩言韓城燕師所完，奄受追貊北國，則韓當不在關中。王肅謂涿郡方城縣有韓侯城，王符《潛夫論》曰：『周宣王時有韓侯，其國近燕。故《詩》云「溥彼韓城燕師所完。」』考《水經注》云：聖水逕方城縣故城北，又東逕韓侯城東。方城今為順天府之固安縣，在府西南百二十里，與《詩》之『王錫韓侯，其追其貊，奄受北國』者正相符。或又以梁山在韓城為可疑，然而燕地亦自有梁山。《水經注》鮑邱水過潞縣西，高梁水注之。水東逕梁山南。潞縣，今之通州，其西有梁山，正當固安縣之東北也。禹治冀州水，恒、衛既從，則燕地之梁山，固其所奠定者。韓城之梁山，名偶同耳。然則韓始封在韓城，至宣王時徙封於燕之方城與？

清·程廷祚《春秋識小録》卷五《二地一名》 韓：晉地，僖十五年：晉侯及秦伯戰于韓。陝西韓城縣有韓原。舊説以韓國與戰于韓之韓，俱在此地。顧亭林曰：按僖十五年《傳》上言涉河，下言及韓，又曰寇深矣，是韓在河東，非今之韓城也。故杜氏解但曰：韓，晉地。余按《郡國志》：河北縣有韓亭，正河東之地，此蓋秦晉戰處也。國名，僖二十四年；邗、晉、應、韓。

清·程恩澤等《國策地名考》卷一三《韓上·平陽》 《秦策·秦昭王謂左右曰章》：汾水利以灌安邑，絳水利以灌平陽。高注：平陽，韓康子。鮑注：屬河東。恩澤案：《漢志》河東郡有平陽縣。應劭曰：縣在平河之陽，故名。《元和志》：平水出平山，一名壺口山，在臨汾縣西八里。《括地志》：平陽，今晉州即今平陽府。城也。故城在今臨汾縣西南。韓有兩平陽。蘇代云：我起乎宜陽而觸平陽，二日而莫不繇我。昭睢曰：韓服事秦者，以先王墓在平陽，而秦之武遂去之七十里故也。《索隱》云：此平陽，非堯都。以上文審之，當與宜陽、武遂相近，但其地不知端的之處。

又《陽翟》 《東周策·昭獻在陽翟章》。原注：屬潁川。恩澤案：《漢志》潁川郡有陽翟縣，夏禹國。徐廣曰：夏居河南，初在陽城，後居陽翟。師古曰：禹所受封也。應劭、臣瓚以為禹都，非是。縣西有鈞臺陂，所謂鈞臺之亭也。後為鄭櫟邑。西南有高氏亭，見《左傳》。戰國時并於韓，韓景侯自平陽徙都此。按《地理志》作韓景侯自新鄭徙此。於『新鄭』下云：韓自平陽徙都之。《韓世家》貞子徙平陽，哀侯徙新鄭，獨不言景侯徙陽翟，疑景侯時本未都陽翟。《地理志》所云『自新鄭徙此』者，蓋是實録，但景侯當是懿侯之誤耳。張氏琦曰：《韓世家》哀侯二年滅鄭，因徙都鄭。若徙新鄭，在景侯之前，時鄭尚在，無由都之。『新鄭』下當云『自陽翟』，『陽翟』下當云『自平陽』，孟堅蓋誤次耳。説亦可存。

又《鄭》 《燕策·秦召燕王章》：我起乎少曲，一日而斷太行；我起乎宜陽而觸平陽，二日而莫不盡繇我；離兩周而觸鄭，五日而國舉。原注：見《秦策》。鄭屬長安。《正》曰：滎陽新鄭。恩澤案：《竹書紀年》：晉文侯二年，周惠疑誤。王子多父伐鄶，克之，乃居鄭父之邱，名之曰鄭，是曰桓公。《帝王世紀》：或言縣故有熊氏之墟，黄帝之所都也。鄭氏徙居之，故曰新鄭。並據《水經注》。《地理志》河南郡新鄭縣，《詩》鄭國，後為韓所滅，韓自平陽徙都之。説見上。《列國興廢説》： 鄭在濟西、洛東、河南、潁北四水間。高士奇曰：《國語》前莘，後河，右洛，左濟，惟今鄭州形勢，足以當之。《郡國志》： 州東有莘城。此前莘之説也，若新鄭在鄭州南四十里，莘在後矣。或曰初遷時嘗居此，殆即《竹書》所云「鄭父之邱」歟？《竹書》本云居鄭父之邱，後遷於溱洧，則新鄭非鄭初都也。

清·汪之昌《青學齋集》卷五《詩韓城考》 《詩》：「溥彼韓城。」毛《傳》：「韓侯之先祖，武王之子也。」於韓城所在無文。鄭《箋》：「即晉大夫韓氏邑。」據《傳》，則韓為《内外傳》「應、韓」之「韓」。韋昭《國語注》：「宣王命韓侯為侯伯，其後為晉所滅，以為邑，以賜桓叔之子萬。」《箋》：「韓氏食邑正謂此。」杜預《左傳注》：「韓國在河東郡界。」《漢書·地理志》：「韓武子食於韓原。」《續漢·郡國志》河東郡河北縣：「有韓城。」諸書於晉韓邑考實頗詳。而《詩》一則曰「燕師所完」，再則曰「奄受北國」，《釋文》：「王肅、孔毓以燕為北燕國。」《漢志》廣陽國薊：「故燕國，召公以封。」《方輿紀要》北直順天府：「府治東有薊城，古燕都。」則燕與北國本同壤，而晉之韓邑去燕不止二千里，則完韓城而役燕師，錫韓侯而受北國，於事不無可疑。

考《潛夫論·志氏姓篇》：「昔周宣王時有韓侯，其國近燕。故《詩》云：『普彼韓城，燕師所完。』」顧亭林謂漢時去古未遠，王符之説當有傳授，似古有兩韓國。考《水經·聖水注》聖水又東南徑韓城東，引《詩》「溥彼韓城」云：「鄭玄曰：『周封韓侯居韓城，為侯伯，言為獫夷所逼，稍稍東遷。』王肅曰：『今涿郡方城縣有韓侯城，世謂之寒號城，非也。』」據酈引鄭説，雖不以韓為兩國，而云東遷，則受封時韓城，東遷後自別有一韓城，王肅所云涿郡方城縣之韓侯城，案《日知録》：「今順天府固安縣有方城村，即漢之方城縣。」可正為其國近燕之證。江慎修《詩經補義》引《括地志》：「同州韓城縣南十八里為古韓國。」然《詩》言韓城燕師所完，奄受追貊北國，韓當不在關中。并引《潛夫論》、《水經注》，謂方城今為順天府固安縣，與詩「奄受北國」相符。方城亦有梁山，《水經注》： 鮑邱水過潞縣西，高梁水注之，水東徑梁山南。潞縣今通州，其西有梁山，正當固安縣東北。然則韓始封在同州韓城，至宣王時徙封於燕之方城歟？ 江説不足引申鄭、王舊義，其謂方城亦有梁山，則《詩》言梁山，特就韓國之山為發端，不必如陳奂《傳疏》以禹治梁山況宣王之命諸侯矣。且詩家引召伯營謝、仲山甫城齊以證燕師之完韓城，抑知鄭封咸林，至武公而遷溱洧； 楚封丹陽，迨武王而又遷郢。是西周時侯國，率不常厥居。例之韓侯，避患東遷正同。然則韓非有兩國也，以徙封而遂有兩韓城耳，不亦班班可考哉！

藝　文

宋·邵雍《擊壤集》卷五《過宜陽城二首》 六國區區共事秦，疲於奔命尚難親。如何殺盡半天下，豈是關東没一人。

當日宜陽號別都，奈何韓國特區區。子房不得宣遺恨，博浪沙中中副車。

宋·張耒《柯山集》卷一二《過韓城》 周京無人弔禾黍，七雄按劍分周土。秦人匹馬出函關，六王割地愁為虜。宜陽古堞故韓都，地接强秦争戰苦。謀窮運去竟亡國，從長蘇秦亦何補。諸侯已盡秦巍巍，嬴氏已亡秦不知。始皇自是吕家子，宗廟薦享真何為。山河百戰移陵谷，宫殿成塵埋寶玉。秋風壞塚長荆榛，落日空城散樵牧。今古悠悠共一丘，争强蝸角欲何求。誰似令威仙骨健，千年重向故鄉遊。

唐·王勃《王子安集》卷五《夏日登韓城門樓寓望序》 下官狂走不調東西南北之人也，流離歲月，羈旅山川，輟仙駕於殊鄉，遇良朋於異縣。面勝地，陟危樓，放曠懷抱，驅馳耳目。韓原奥壤，昔時開戰鬭之塲； 秦塞雄都，今日列山河之郡。池臺左右，覺風雲之助人； 林麓周廻，觀巖泉之入興。則有驚花亂下，戲鳥平飛，荷葉滋而曉霧繁，竹院静而炎氛息。賞歡文酒，思挽雲霄，人賦一言，庶旌六韻云爾。

趙國國都分部

綜　述

《史記》卷四三《趙世家》 晉獻公賜趙夙耿。【略】重耳為晉文公，趙衰為原大夫，居原，任國政。【略】晉定公二十一年，簡子拔邯鄲。【略】趙竟有邯鄲。【略】趙襄子懼，乃奔保晉陽。【略】獻侯少，即位在中牟。襄子弟桓子逐獻侯，自立于代。【略】敬侯元年，武公子朝作亂，不克，出奔魏，趙始都邯鄲。

《漢書》卷二八上《地理志上·河東郡》 皮氏。耿鄉，故耿國。晉獻公滅之，以賜大夫趙夙。後十世，獻侯徙中牟。有鐵官。莽曰延平。

又《河南郡》 中牟。圃田澤在西，豫州藪。有筦叔邑。趙獻侯自耿徙此。

又 卷二八下《地理志下·趙國》 邯鄲。堵山，牛首水所出，東入白渠。趙敬侯自中牟徙此。唐顏師古注：張晏曰：邯鄲山在東城下。單，盡也；城郭從邑，故加邑云。

北魏·酈道元《水經注》卷六《汾水》 汾水又西逕耿鄉城北。【略】晉獻公滅耿，以封趙夙。後襄子與韓、魏分晉，韓康子居平陽，魏桓子都安邑，號為三晉，此其一也。

又 卷二二《渠水》 （沬水）東北流，逕中牟縣故城西。昔趙獻侯自耿都此。班固云：趙自邯鄲徙焉。趙襄子時，佛肸以中牟叛，置鼎於庭，不與己者烹之，田英將褰裳赴鼎處也。薛瓚注《漢書》云：中牟在春秋之時為鄭之堰也，及三卿分晉，則在魏之邦土，趙自漳北，不及此也。《春秋傳》曰『衛侯如晉，過中牟』，非衛適晉之次也。《汲郡古文》曰：『齊師伐趙東鄙，圍中牟』，此中牟不在趙之東也。按中牟，當在漯水之上矣。按《春秋》，齊伐晉夷儀，晉車千乘在中牟。衛侯過中牟，中牟人欲伐之。衛褚師固亡在中牟，曰：『衛雖小，其君在，未可勝也。齊師克城而驕，遇之必敗。』乃敗齊師。服虔不列中牟所在。杜預曰：今滎陽有中牟迴遠，疑為非也。然地理參差，土無常域，隨其強弱，自相吞并，疆里流移，寧可一也？兵車所指，逕紆難知。自魏徙大梁，趙以中牟易魏，故趙之南界，極於浮水，匪直專漳也。趙自西取，後止中牟，齊師伐其東鄙，於宜無嫌。而瓚徑指漯水，空言中牟所在，非論證也。

又 卷一〇《濁漳水》 拘澗水又東，又有牛首水入焉。【略】其水東入邯鄲城，逕溫明殿南，漢世祖擒王郎、幸邯鄲晝卧處也。其水又東逕叢臺南，六國時趙王之臺也。《郡國志》曰邯鄲有叢臺，故劉劭《趙都賦》曰『結雲閣于南宇，立叢臺于少陽』者也。今遺基舊墉尚在。其水又東，歷邯鄲阜，張晏所謂邯山在東城下者也。曰單，盡也；城郭從邑，故加邑。邯鄲之名，蓋指此以立稱矣。

宋·羅泌《路史》卷二五《國名紀二·少昊後嬴姓國·趙》 晉之趙城南三十五故趙城，造父封。注：史注趙城在河東永安，隋義寧二，置趙城。《寰宇記》：今趙州其地也。注：趙郡北齊為州。

又《耿》 伯爵。河中龍門縣十二故耿城，晉獻公滅以賜趙夙，遂曰趙，今晉之趙城。注：閔二年。《都城記》：耿，嬴氏國。《辨誤》以為皮氏東南耿鄉。

論說

《史記》卷一二九《貨殖列傳》 然邯鄲，亦漳河之間一都會也，北通燕涿，南有鄭衛。

唐·李泰等《括地志》卷二《呂州·趙城縣》 趙城，今（晉）［呂］州趙城縣是。本彘縣地，後改曰永安，即造父之邑。

唐·李吉甫《元和郡縣志》卷一五《河東道二·晉州·趙城縣》 本漢彘縣地，即造父之邑也。

又 卷一四《河東道一·絳州·龍門縣》 古耿國，殷王祖乙所都。晉獻公滅之，以封趙夙。秦置為皮氏縣，漢屬河東郡。

又 卷一九《河東道六·磁州·邯鄲縣》 本衛地也，後屬晉，七國時為趙都。趙敬侯自立晉陽，始都邯鄲，至幽王遷降秦，遂滅趙，以為邯鄲郡。邯，山名也；單，盡也。城郭從邑，故單字加邑。

宋·樂史《太平寰宇記》卷二《河南道二·開封府二》 中牟縣。西五十里，依舊五鄉。春秋時鄭邑，又屬趙。《史記》趙獻侯自耿徙此。又襄子時，佛肸以中牟叛，置鼎于庭下，不與己者烹之，田英將褰裳赴鼎，是此也。

宋·程公說《春秋分記》卷二六《疆理書第二·晉地釋名·地名疑者一》 中牟。定九年。晉車在中牟。《釋例》：滎陽中牟縣回遠，疑非也。按中牟在河南，計非晉境所及。至三家分晉，中牟屬魏，而《趙世家》曰：獻侯即位，治中牟。則河南之中牟，非趙所得都，明矣。杜之疑，於義為當。臣瓚云：中牟當在漯水之上。

元·胡三省《資治通鑑·周紀一》『邯鄲之倉庫實』注 趙敬侯自晉陽

始都邯鄲。余按：《史記·六國年表》周安王之十六年，趙敬侯之元年；烈王之二年，趙成侯之元年。成侯二十二年，魏克邯鄲。是年顯王之十六年也。二十四年，魏歸邯鄲。若敬侯已都邯鄲，魏克其國都而趙不亡，何也？至顯王二十二年，公子范襲邯鄲，不勝而死。是年，肅侯之三年也。意此時趙方都邯鄲，蓋肅侯徙都，非敬侯也。

清·高士奇《春秋地名考略》卷五《晉下·邯鄲》 臣謹按：邯鄲，故衛邑，後屬晉。定十三年：趙鞅殺邯鄲午，午子趙稷以邯鄲叛，上軍司馬籍秦圍之，齊侯、衛侯伐晉救之。哀四年：趙鞅圍邯鄲，邯鄲降。《竹書》：周安王十六年，趙敬侯始都邯鄲。《史記》：趙成侯二十一年，魏圍我邯鄲。二十二年，魏惠王拔我邯鄲。二十四年，魏歸我邯鄲，與盟漳水上。説者曰：是時趙未都邯鄲也。至肅侯時，始都之。《竹書》誤改為敬侯也。秦昭襄王四十八年，五大夫陵攻趙邯鄲，五十年，王齕攻邯鄲，不拔。始皇十八年，端和伐趙，圍邯鄲城，盡取趙地。秦王之邯鄲，置邯鄲郡。【略】古邯鄲城，在今縣西南二十里。

清·顧祖禹《讀史方輿紀要》卷一五《直隸六·廣平府》 《地險説》曰：邯鄲包絡漳滏，倚阻太行，趙人都此。秦魏戰其西南，燕齊戰其東北，而趙之力，常足以却秦勝魏，脅齊弱燕，蘇秦謂『山東之國，莫強于趙』者，豈非擁據河山，控帶雄勝，邯鄲之地實為河北之心膂而河南之肩脊哉！

清·覺羅石麟等〔雍正〕《山西通志》卷一七八《辨證三·原辨》 趙衰守原，在王屋山北；温與陽樊，在王屋山南。然三日內聞風皆降，不必壞相接也。《古史考》趙衰居原，在原平縣，即今代州崞縣。按周穆王封造父於趙城，晉獻公賜趙夙耿，夙生衰世，為晉卿原守，去耿遠而去趙城甚近。後襄子無卹北滅代而并智氏，強於韓、魏，列為諸侯。武靈王拓地至燕代，西併雲中九原。崞縣之原平，或襄子以後，追祀其祖，非文公故封也。且霍太山以北，文公時尚屬狄地，未為晉有。至平公敗狄於太原，晉陽乃為趙氏邑，則原城在沁水為核。

清·顧棟高《春秋大事表》卷四《列國疆域表·春秋時晉中牟論》 河南今日之中牟縣，即鄭之圃田。春秋定、哀時屬晉，三卿分晉時屬魏。《前漢·地理志》謂趙獻侯自耿徙此，非也。《志》既言河南之開封、中牟、陽武、酸棗，卷皆魏分，地既係魏地，趙安得而都之？自相矛盾矣。至《春秋》定九年齊侯伐晉夷儀，晉車千乘在中牟，則與今日之中牟，絕不相涉。據本注云：救夷儀也。夷儀前本邢地，《傳》云邢遷于夷儀，在今順德府邢臺縣，西去河南之中牟六百餘里，道里遠不相及，一也。衛侯如晉，過中牟。衛本在河北，適晉安用更過河南之中牟？非途次所經，二也。孔子適趙，聞趙簡子殺竇鳴犢、舜華，臨河而返。此時趙界，明在大河以北，中牟不得更在河南境，三也。《國語》晉侯問趙武曰：中牟，邯鄲之肩髀。吾欲其令良，誰可？武曰：邢伯可。是中牟與邯鄲接近，且後獻侯自耿徙中牟，敬侯又自中牟徙邯鄲，相去本不甚遠。今河南中牟距邯鄲里數，與所云肩髀者不合，四也。趙鞅與范、中行相攻，哀四年九月圍邯鄲，荀寅奔鮮虞，鮮虞納荀寅于柏人，五年春克柏人，遂圍中牟。《史記》亦云趙簡子攻范、中行，伐中牟，佛肸叛。是中牟為范、中行氏邑，與柏人俱當在直隸順德府界，去大河之南絕遠，五也。

蓋河南之中牟，在春秋止稱圃田，無中牟之名，至漢初，始置中牟縣，屬河南郡，而《左傳》、《史記》所載之中牟，在杜元凱時已不復知其處，第云當在河北。後人但當存疑，不必强為之説。臣瓚謂此中牟，當在温水之上。張守節《史記正義》又以相州湯陰縣西有牟山，謂中牟當在其側。俱係臆説，無明據。且《春秋傳》衛師過中牟，中牟人欲伐之，褚師圃曰：衛未可勝，齊師克城而驕，不如從齊，遂伐齊師，敗之。克城謂克夷儀，則中牟與夷儀當朝發夕至，疑當在邢臺、邯鄲之間。溫水、湯陰二處，離此尚遠，亦非也。

清·洪亮吉《卷施閣文甲集》卷七《與孔檢討廣森論中牟書》 承詢『中牟』所在，昨客次口陳，恐尚未悉，敢略布之。閻百詩徵君著《四書釋地》，於春秋戰國地理發明者甚多，獨於『中牟』以為真不可考，余竊謂不然。《管子》云『築五鹿、中牟、鄴者』，三者相接也。五鹿今直隸大名府元城縣，鄴即今河南彰德府安陽縣，是中牟在當時與五鹿、鄴相接矣。《韓非子·外儲説》：晉平公問趙武曰：『中牟，三國之股肱，邯鄲之肩髀。』邯鄲即今直隸廣平府邯鄲縣，是中牟在當時又與邯鄲咫尺矣。臣瓚引《汲郡古文》云：『齊師伐趙東鄙，圍中牟。』趙時已都邯鄲，是中牟又在趙邯鄲之東矣。《戰國·齊策》：『昔者趙氏襲衛，魏王身披甲底劍，挑趙索戰，邯鄲之中鶩，河山之見亂。衛得是籍也，亦收餘甲而北面殘剛平，墮中牟之郭。』是中牟又在衛之北境矣。

暇日閱《太平寰宇記》： 湯水在湯陰縣治北，源出縣西牟山，去縣三十五里。《元豐九域志》亦云： 湯陰縣有牟山。即疑中牟當在湯陰縣左近，或以牟山得名。及見《戰國策》舊注云： 中牟在相州湯陰縣。《史記·孔子世家》： 佛肸為中牟宰。司馬貞《索隱》云： 此河北之中牟，蓋在漢陽西。漢陽蓋濮陽之誤，今湯陰縣正在濮州西也。張守節《史記正義》亦云： 湯陰縣西五十八里有牟山。蓋中牟邑在此山側，益信古今人所見如出一轍，則中牟在今湯陰縣境內無疑也。今湯陰去安陽不五十里，去邯鄲元城五鹿城在今元城縣。亦不出一二百里，益信《管子》、《韓非子》所云『相接』，云『肩髀』，無一字妄設也。《春秋》定九年《左傳》： 晉軍千乘在中牟，及衛侯過中牟，中牟人欲伐之。哀五年： 趙鞅伐衛，圍中牟。亦同。杜預以滎陽中牟為注，而疑其回遠。裴駰《史記集解》又以中牟非自衛適晉之次。不知《春秋傳》之中牟，即今蕩陰之中牟也。《淮南子·道應訓》： 趙簡子死，未葬，中牟入齊。晉在衛之西北，今蕩陰縣正在滑縣等西北二百餘里，為衛入晉必由之道矣。蓋河南之中牟，漢雖立為縣，而其名實未嘗見於經傳，其見於經傳者，皆湯陰境之中牟也。

吾又獨怪班固著《漢書·地理志》最為精審，獨於『河南郡中牟縣』下原注云： 『趙獻侯自耿徙此。』則以鄭之中牟為趙之中牟。雖偶有未檢，然殊非小失矣。唐孔穎達《左傳正義》以為中牟在河北，不復知其處，而又引臣瓚云中牟當在溫水之上。《史記集解》引瓚說，溫水又作漯水。則又未知何據，敢幷以質之足下。

清·程恩澤等《國策地名考》卷八《趙上·晉陽》 《秦策·張儀說秦王曰章》： 智伯帥三國之眾。以攻趙襄主於晉陽。高注： 晉陽，趙氏邑。《補》曰： 晉陽，漢太原郡所治。龍山在西北，晉水所出。恩澤案：《漢志》太原郡晉陽縣，故《詩》唐國。周成王滅唐，封弟叔虞。《水經注》： 叔虞封于唐縣。有晉水，故改名曰晉。《括地志》： 故唐城在晉陽縣北，《志》又云： 故唐城在絳州翼城縣西二十里，即唐裔子所封。蓋二說並存。堯所築，叔虞始封此。此相沿舊說也，而實不然。

皇甫謐曰： 堯始封于唐，今中山唐縣是也。後徙晉陽，及為天子，都平陽。于《詩》為唐國。則唐國在平陽也。《詩譜》所云故夏墟。原指平陽說，故曰其封域在太岳之野。若在晉陽。則與太岳無涉矣。《水經注》又云： 汾水南過永安縣西，歷唐城東。臣瓚曰： 堯所都也。東去彘即太岳所在。十里。應劭曰： 順帝改彘曰永安。今汾西縣，屬平陽府。則瓚以唐國為永安也。顏師古主此。《世本·居篇》： 唐叔虞居鄂。宋忠曰： 鄂在大夏。張守節曰： 故鄂城在慈州昌寧縣東二里，與絳州夏縣相近。禹都安邑，故城在縣東北十五里，故云在大夏。今為鄉寧縣，屬平陽府。《列國興廢說》： 成王封叔虞于唐，始都翼。杜預曰： 晉舊都，在平陽絳邑縣東。鄭樵曰： 唐城在絳州翼城西二十里，以有晉水出焉，改為晉。《水經注》： 平水俗稱晉水。《括地志》： 平陽河水，一名晉水。其地正名翼，亦名絳，而平陽者，是其總名。今為平陽府翼城縣。顧炎武曰： 翼北距晉陽七百餘里，《潛邱劄記》作六百五十里。即後世遷國，亦遠不相及。全祖望《經史問答》謂初封晉陽，後轉徙于翼。《晉世家》： 唐在河汾之東，方百里。今翼城正在二水之東，而晉陽在汾水之西，又不相合。竊疑自唐叔以至侯緡，並在翼。洪亮吉曰： 今翼城縣西有唐城，東有晉城，則《詩》之唐國，不在晉陽，歷有證驗。若其為趙簡邑，則固無疑耳。縣西北二十里有三角城，其城三面，一名徙人城，又曰捍胡城，相傳為趙簡子所築。

藝文

唐·李白《李太白文集》卷一九《自廣平乘醉走馬六十里至邯鄲登城樓覽古書懷》 醉騎白花駱，西走邯鄲城。揚鞭動柳色，寫鞚春風生。入郭登高樓，山川與雲平。深宮翳緑草，萬事傷人情。相如章華巔，猛氣折秦嬴。兩虎不可鬬，廉公終負荊。提攜袴中兒，杵臼及程嬰。空孤獻白刃，必死耀丹誠。平原三千客，談笑盡豪英。毛君能穎脫，二國且同盟。皆為黃泉土，使我涕縱橫。磊磊石子岡，蕭蕭白楊聲。諸賢沒此地，碑版有殘銘。太古共今時，由來互衰榮。傷哉何足道，感激仰空名。趙俗愛長劍，文儒少逢迎。閑從博陵遊，帳飲雪朝酲。歌酣易水動，鼓震叢臺傾。日落把燭歸，凌晨向燕京。方陳五餌策，一使胡塵清。

清·彭定求等編《全唐詩》卷五五五《馬戴〈邯鄲驛樓作〉》 燕沒叢臺久，清漳廢御溝。蟬鳴河外樹，人在驛西樓。雲燒天中赤，山當日落秋。近郊經戰後，處處骨成丘。

唐·胡曾《咏史詩》卷上《邯鄲》 曉入邯鄲十里春，東風吹下玉樓塵。

青娥莫怪頻含笑，記得當年失步人。

宋・曹勛《松隱集》卷七《過邯鄲》 恭持天子節，再經邯鄲城。斷垣四頹缺，草樹皆欹傾。慨念全趙時，英雄疲戰爭。殆及五季末，瓜分無定盟。慨念藺君高，璧亦安所盛。翩翩魏公子，有德勝所稱。殆今已千年，廢臺漫崢嶸。趙民尚自若，歌舞娛春榮。金石絲簧奏，彷彿餘新聲。興廢乃爾爾，人事徒營營。望城只歎息，盡付西山青。

宋・范成大《石湖詩集》卷一二《趙故城在邯鄲縣南延袤數十里**》** 金石笙篁絶代無，鼪鼯藜藿正乘除。園翁但愛城泥煖，侵早鋤霜種晚蔬。

宋・許及之《涉齋集》卷一七《趙故城》 叢臺意氣俄銷歇，故壘歌鐘幾劫塵。只有藺卿生氣在，墳前衰草鎮如新。

金・元好問《遺山集》卷一二《過邯鄲四絶》 富貴榮華一嘆嗟，依然夢裏説苕華。千年幾度山河改，空指遺臺是趙家。

人事存亡不易知，及時娛樂恨君遲。後人共指叢臺笑，三尺堯堦竟屬誰。

川原落落曙光開，四顧河山亦壯哉。前日少年今白髮，只應孤塔記曾来。

死去生来不一身，定知誰妄復誰真。邯鄲今日題詩客，猶是黄粱夢裏人。

元・王惲《秋澗集》卷二四《過邯鄲》 層臺高與暮雲齊，全趙河山入望低。貪和野花雙塔句，夕陽又下故城西。

我自驅車下九門，眼中襄國動吟魂。從教兩鬢渾如雪，猶喜歸來故步存。

黄粱夢短不須驚，滿馬紅塵過趙城。獨上荒臺重惆悵，野烟無處認温明。

元・陳孚《陳剛中詩集》卷二《邯鄲懷古》 數點寒峰擁翠嵐，叢臺落日見漳南。火枯襄子殘銅斗，土蝕平原舊玉簪。宮閉沙丘空有雀，兵吞函谷已如蠶。回仙逆旅今存否，世上黄粱夢正酣。

元・傅若金《傅與礪詩集》卷三《邯鄲行》 邯鄲城頭下白日，邯鄲市上風蕭瑟。故壘空餘鳥雀悲，荒垣只見狐狸出。何王墳墓對山阿，尚憶諸侯爭戰多。趙客歸来重毛遂，秦軍老去畏廉頗。黄塵白草宮前道，鬼火如燈夜相照。公子秋来不見歌，美人月下那聞笑。當時冠蓋激浮雲，撾鐘考鼓宴青春。只今惟有郵亭樹，還送年年行路人。

明・劉炳《劉彦昺集》卷三《邯鄲行》 白日下蓬臺，野曠秋風早。不聞歌吹聲，空遺往来道。傷心却憶平原君，墓上牛羊踏荒草。

明・陸深《儼山集》卷八《宿邯鄲》 兼程趨百里，虚館宿邯鄲。世事渾如夢，春宵尚帶寒。古臺平雉堞，殘月隔雕闌。無端是興廢，人共璧俱完。

明・盧柟《蠛蠓集》卷五《過邯鄲作》 趙庭虚廟略，雄長竟誰名。國破竄秦帝，城亡插漢旌。山河猶壯麗，豪俠失縱横。回首傷心地，春林囀暮鶯。

明・皇甫汸《皇甫司勳集》卷二〇《邯鄲道》 邯鄲臨古道，車馬此通津。錦瑟空埋恨，緇衣易染塵。王昌非蕩子，趙女是才人。併逐漳流盡，荒臺蔓草春。

明・温純《温恭毅集》卷二一《過邯鄲》 驅車出北平，暮向邯鄲行。秋在風前樹，波連雨後萍。三千矜趙客，十二傲秦城。此日哀陳迹，平原草木生。

清・朱彝尊《明詩綜》卷六三《賀燦然〈邯鄲懷古〉》 雲迷襄國雨霏微，舊日叢臺過客稀。三晉河山仍不改，六王宮殿已全非。照眉池冷荒臺合，講武臺空野雀飛。猶有邯鄲樓上月，餘光常照洒人歸。

清・顧炎武《亭林詩集》卷四《邯鄲》 趙國地生毛，叢臺野火燒。平原與馬服，纍纍葬枯蒿。飢烏啄冬雪，獨雁號寒郊。有策無所用，拂拭千金刀。豈聞蕭王來，北發漁陽豪。書臥温明殿，蒼生正嗸嗸。太息復何言，此身隨所遺。

清・沈季友《檇李詩繫》卷二五《〔國朝〕魏學渠〈邯鄲懷古〉》 黄花白雪悲風埽，我來驅馬邯鄲道。城中遊俠不聞名，樓上女兒為誰好。君不見趙王全盛時，太行為城漳為池，叢臺歌吹青雲聳，平原車騎白日馳。白日青雲交結是，廉藺意氣相為死。挾彈鳴鞭出國門，殺人報讎在都市。賓客慕義來山東，慷慨却敵不言功。李牧椎牛守代谷，主父變服入雲中。滄桑世事須臾改，舞館歌梁竟何在。英雄白骨歸荒丘，少婦紅顏失精彩。把酒臨風且放歌，年年秋水漲滹沱。古來憑弔邯鄲者，亦逐茫茫東逝波。

清・李衛等〔雍正〕《畿輔通志》卷一一七《〔本朝〕申涵光〈邯鄲行〉》 西風吹落葉，颯颯邯鄲道。邯鄲流火後，人家生白草。我聞邯鄲全盛時，朱樓銀燭光琉璃。趙女臨窗調寶瑟，樓前走馬黄金羈。即今富貴皆安在，惟有西山青不改。不見遊俠子，白日報讎飲都市，亦不見壚邊娼，華袿鳳髻明月璫。舊城寥落荆榛裏，樓臺粉黛皆茫茫。城邊過客飛黄土，城上憑臨日正午。照眉池畔落寒鴉，不信此地曾歌舞。探轂沙邱去不迴，霸圖消歇更堪哀。邯鄲之人思舊德，至今猶上武靈臺。

清·宋琬《安雅堂詩》卷一《邯鄲》　趙王宫北古叢臺，歌舞當年翠輦來。白馬大梁公子過，黄金東海魯連回。三千珠履人何往，十五銀箏歌自哀。寂寞平原抔土在，麒麟荒缺卧蒼苔。

清·查慎行《敬業堂詩集》卷二〇《邯鄲懷古》　口舌相如位上卿，從教趙括喜談兵。璧歸間道雖難奪，師出長平已被坑。唇齒連衡如有約，虎狼縱暴本無名。凄涼蔓草荒烟地，民命無如戰國輕。

美人一笑原無罪，不殺難邀好士名。趙勝何曾識毛遂，信陵差解重侯嬴。符來袖裏圍方解，錐脱囊中事竟成。碌碌因人嗤若輩，也如跛客强隨行。

清·愛新覺羅弘曆《御製詩二集》卷二〇《邯鄲行》　初過邯鄲城，因作邯鄲行。邯鄲古來佳麗地，徵歌選舞擫銀箏。邯鄲城中富蠶作，蠶月條桑緑陰弱。羅敷不顧五馬廻，倭墮畏風春帔薄。邯鄲復多遊俠子，鳴鏑離弓雙兔死。歸來意氣猶未已，擊鞠呼盧侍羅綺。美酒十千醉不辭，炰鼈臇鰕膾鮮鯉。于今城市尚依然，村民但知勤種田。叢臺下，渭橋邊，豪華瞥眼二千年，返樸還淳此或賢。

清·鄭燮《鄭板橋全集·詩鈔·邯鄲道上》　銅臺西北又叢台，泱漭塵沙泜水迴。笑武靈王無末路，愛廝養卒有英才。青山易老人常在，白髮無權志不灰。最是耳餘堪借鑒，千秋吻頸有疑猜。

清·姚鼐《惜抱軒詩集》卷七《邯鄲口號》　邯鄲妙伎繡襦衣，屧屣無雙鼓瑟希。止作低頭廝養婦，不如匍匐壽陵歸。錐囊有意來成市，玉貌無端亦被圍。秋色滿空吾徑醉，西山當面掛斜暉。

清·舒位《瓶水齋詩集》卷一五《邯鄲》　寂寂叢台下，滔滔洺水濱。才人嫁廝養，名士列仙真。學步嗤餘子，居奇得異人。竟無絲可買，難繡此君身。

《張之洞詩文集》卷一《邯鄲行》　寶瑟塵封青娥老，宫車不走邯鄲道。大道祇過無情人，香泥灑酒霑芳草。當日叢臺高際天，平原公子能好賢。履上明珠不足貴，三千貧賤皆比肩。美人不犯上客怒，河北一趙安如磐。廉、藺為公卿，毛生最有名。羅網三千收不盡，賣漿博徒自向市中行。信陵一見恨不早，尚有魯連在天表。一國多賢真可羨，不羨荆山多異寶。强秦噬人勝虎狼，匹夫視之如鼠小。姊夫婦弟雙琅玕，至今生氣吐邯鄲。邯鄲城低一丈五，今望平原已千古，公子如雲士如土。交游知名不知心，後房袞袞充歌舞。窈窕賢才兩不知，求官惟禱唐仙祠。青駒短褐日來往，笑煞城南牧馬兒。大道旁有呂仙祠，記盧生借枕故事。

清·陳元龍等《歷代賦彙》卷三七《〔魏〕劉卲〈趙都賦〉》　且敝邑者，固靈州之敞宇而天下之雄國。南則有洪川巨瀆，黄水濁河，發源積石，經拂太華，灑為九流，入於玄波。其東則有天浪水府，百川是鍾，包絡坤維，連薄太濛。其北則有陶林玄壇，增水沍寒。其西則有靈丘平圃，斜接崑崙。其近則有天井句注，飛狐太行，璀錯磥硌，屬阜連岡，龍首嵯峨以茀鬱，羊坂嵚巇以峵嵣。清漳發源，濁滏汩越，湯泉涫沸，洪波漂厲。爾乃都城，萬雉百里，周廻九衢，交錯三門，旁開層樓，竦閣連棟，結階峙華，爵以表甍，若翔鳳之將飛。正殿儼其造天，朱櫺赫以舒光。盤虯螭之蜿蜒，承雄虹之飛梁，結雲閣於南宇，立叢臺於少陽。及至暮秋陟冬，朔風烈寒，猛豺鷙攫，鷹隼奮翰，國乃講武，狩於清源，駕鶩冥之駿駮，抗沖天之旌旃。北連昭餘，南屬呼池，西眄太陵，東結繚河，然後嵠子放機，戈矛亂發，决斑髻，破文頞，當手斃僵，應弦倒越。爾乃進夫中山名倡，襄國妖女，狄鞮妙音，邯鄲才舞，六八騈羅，遞奏迭舉，體凌浮雲，聲哀激楚。其珍玩服物，則崑山美玉，玄珠曲環，輕綃啓繒，纖纊綈紈。其器用良馬，則六弓四弩，緑沉黄間，堂嵠魚腸，丁零角端，飛兔奚斯，常驪紫燕，豐鬛确顱，龍身鵠頸，目如黄金，蘭筋參精，迅躡飛浮，軼響追聲。若乃至季春元巳，辰火熾光，挺新贈往，祓於水陽，朱幕蔽野，綵帷連岡，妖冶呈飾，顔如春英。

魏國國都分部

綜　述

《古本竹書紀年·魏紀》　（武侯）十一年，城洛陽及安邑、王垣。

梁惠成王六年四月甲寅，徙都於大梁。

《今本竹書紀年》卷下《安王》　二十六年，魏城洛陽及安邑、王垣。《統箋》：按洛陽疑當作汾陽。《地理志》河南洛陽，是為成周。《春秋》昭二十一年，晉合諸侯大成周之城，以居敬王。此豈待魏武侯始城者？太原有汾陽，當是其所城耳。

又　卷下《顯王》　四年夏四月甲寅，徙邦于大梁。《統箋》：按《地理志》：陳留浚儀，故大梁。《魏世家》：惠王三十一年，秦用商君，東地至河，而齊、趙數破我。安邑近秦，於是徙治大梁。《水經注》：大梁，本春秋之陽武高陽鄉也，於戰國為大梁，周梁伯之居。《竹書》：梁惠成王九年四月甲寅，徙邦于大梁。孫奭《孟子疏》亦引《竹書紀年》『梁惠成王九年，徙都大梁。』《漢·高祖紀》注，臣瓚引《汲郡古文》『魏惠王六年，自安邑遷於大梁。』與今本合。

《史記》卷四四《魏世家》　武侯二年，城安邑、王垣。【略】(惠王)三十一年，【略】秦用商君，東地至河，而齊、趙數破我，安邑近秦，於是徙治大梁。《正義》：《陳留風俗傳》云：魏之都也。畢萬十葉，徙大梁。按今汴州浚儀也。

又　卷六八《商君列傳》　魏惠王兵數破於齊秦，國內空，日以削，恐，乃使使割河西之地獻於秦以和，而魏遂去安邑，徙都大梁。

《漢書》卷二八上《地理志上·河東郡》　河北。《詩》魏國。晉獻公滅之，以封大夫畢萬，曾孫絳徙安邑也。【略】

安邑。巫咸山在南，鹽池在西南。魏絳自魏徙此，至惠王徙大梁。有鐵官、鹽官。莽曰河東。

又　《魏郡》　魏。都尉治。莽曰魏城亭。唐顏師古注：應劭曰：魏武侯別都。

又　《陳留郡》　浚儀。故大梁，魏惠王自安邑徙此。睢水首受狼湯水，東至取慮，入泗，過郡四行，千三百六十里。唐顏師古注：應劭曰：魏惠王自安邑徙此，號曰梁。師古曰：取慮，縣名也。

北魏·酈道元《水經注》卷四《河水》　河水又東，永樂澗水注之。水北出于薄山，南流逕河北縣故城西，故魏國也。晉獻公滅魏，以封畢萬。卜偃曰：『魏，大名也。萬後其昌乎！』後乃縣之，在河之北，故曰河北縣也。今城南、西二面並去大河可二十餘里，北去首山十許里，處河、山之間，土地迫隘，故《魏風》著《十畝》之詩也。

又　卷六《涑水》　又西南過安邑縣西。【略】故晉邑矣，春秋時魏絳自魏徙此。昔文侯懸師經之琴于其門，以為言戒也。武侯二年，又城安邑，蓋增廣之。秦始皇使左更白起取安邑，置河東郡。

又　卷二二《渠水》　又東逕大梁城南，本春秋之陽武高陽鄉也，於戰國為大梁，周梁伯之故居矣。梁伯好土功，大其城，號曰新里，民疲而潰，秦遂取焉。後魏惠王自安邑徙都之，故曰梁耳。《竹書紀年》『梁惠成王六年四月甲寅，徙都於大梁』是也。秦滅魏，以為縣。

宋·羅泌《路史》卷二八《國名紀五·周氏·魏》　在安邑，芮近。注：《寰宇記》：芮城北五有魏城，即萬所封，周八里。樵云：河中河西縣。河西，熙寧三，省入河東縣。

又　《大梁》　魏惠六年，自安邑徙大梁，遂曰梁。注：孟子見梁惠者。今開封祥符，昔之浚儀，而汴城西有故魏城，魏惠所築。注：《九域志》：古梁城，畢公高築。謬。張儀所謂四平無名山大川之阻者。東魏為梁州。

論　說

唐·李吉甫《元和郡縣志》卷七《河南道二·陝州·芮城縣》　故魏城，春秋晉滅之，賜畢萬是也。在縣北五里。

又　卷八《河南道三·汴州》　《禹貢》豫州之域，春秋鄭地，戰國魏都。《史記》魏惠王自安邑徙理大梁，即今浚儀縣。秦為三川郡地，漢陳留郡之浚儀縣也。

又　《汴州·浚儀縣》　本漢舊縣，屬陳留郡，故大梁也。魏惠王自安邑徙此。因浚水為名。

宋·呂祖謙《大事記解題》卷二《周安王》　十七年，【略】魏城安邑。《解題》曰：魏都也。按《前漢·地理志》：魏絳自魏徙安邑。鹽池在西南。《後漢志》：鹽池猗氏，長六十四里。猗氏蓋安邑之屬邑也。

又　卷三《周顯王》　二十九年，【略】魏徙都大梁。《解題》曰：安邑與秦界河，既獻河西地，則迫秦不可都，故徙都大梁。《商君傳》曰：魏居嶺阨之西，獨擅山東之利，魏不支秦必東徙。《索隱》曰：嶺阨蓋即安邑之東山嶺險阨之地，即今蒲州之中條以東，連汾晉之嶮嶝也。《正義》曰：大梁，汴州浚儀縣，今開封府祥符縣。《汲冢紀年》曰：梁惠成王九年四月甲寅，徙都大梁，所謂惠成王即惠王也，年與《史記》所載不同，當考。

元·方回《續古今考》卷一二《縣令丞尉》　魏所以徙都大梁者，以舊都安邑無障蔽，故去之。

明・王鏊《震澤長語》卷上《國猷》　自古無有都汴者，張儀謂其地四通輻輳，固戰場也。魏本都安邑，爲秦侵蝕，不得已東徙大梁。其後秦使王賁引河灌城，王假就虜，一國爲魚。

清・顧炎武《日知録》卷三一《水經注大梁靈丘之誤》　《左傳》桓九年，梁伯伐曲沃。注：梁國在馮翊夏陽縣。郤芮曰「梁近秦而幸焉」是也。《漢書・地理志》云：馮翊夏陽縣，故少梁也。《水經注》乃曰：大梁，周梁伯之居也。梁伯好土功，大其城，號曰新里，民疲而潰，秦遂取焉。後魏惠王自安邑徙都之，《竹書紀年》「梁惠成王六年四月甲寅，徙都於大梁」是也。是誤以少梁為大梁，而不知大梁不近秦也。《後漢志》河南尹，梁故國伯翳後，注引《博物記》曰：梁伯好土功，今梁多有城，亦誤。

清・顧祖禹《讀史方輿紀要》卷四一《山西三・平陽府》　府東連上黨，西略黄河，南通汴、洛，北阻晉陽。辛孔所云「景、霍以為城，景，太也，謂霍山。汾、河、涑、澮以為淵」，而子犯所謂「表裏河山」者也。戰國時魏有其地。秦商鞅言於孝公曰：「秦之與魏，譬若人有腹心之疾，非魏幷秦，秦即幷魏。何者？魏居嶺阨之西，都安邑，而獨擅山東之利。利則西侵秦，病則東收地。魏必東徙，然後秦據河山之固，東鄉以制諸侯矣。」

又　卷四七《河南二・開封府》　《禹貢》豫州之域，春秋時為鄭地，戰國時為魏都。魏惠王自安邑徙都大梁，即此。秦屬三川郡。【略】府川原平曠，水陸都會。戰國時張儀説魏哀王曰：「魏地四平，諸侯四通，條達輻輳，無有名山大川之限。」魏之地勢，故戰場也。

清・閻若璩《四書釋地又續》卷下《都大梁》　蘇子曰：周之失計，未有如東遷之甚者也。余亦曰：魏之失計，未有如都大梁之甚者也。去河山之險而就平衍四達之地，棄文侯、武侯兩代之霸迹而為新造之邦。當是時，使蚤聘孟子，必為王定不遷之計，有如後世所謂天子守邊者。君誠守於邊，則一國之人心繫於此，一國之甲兵財賦聚於此，秦雖强，烏能以一口氣而吞安邑哉？惟安邑既去，後四十五年遂獻安邑於秦，未幾而秦兵至大梁矣，又未幾而秦伐我，圍大梁矣。蔫賈曰「我能往，寇亦能往」者，不信然乎！蓋始也不過偷旦夕之安，卒不振，以底於亡我。故於魏號為梁之日，即謂畢萬之後已滅，不待徵諸河水灌、王假降之日矣。

清・程恩澤等《國策地名考》卷一〇《魏上・安邑》　《秦策・冷向謂秦王曰章》：宋破晉國危，安邑王之有也。高注：安邑在河東，近秦。鮑同。恩澤案：《漢志》河東郡有安邑縣。《括地志》：安邑故城在絳州夏縣東北十五里，《正義》及《元和志》並同。本夏之都。洪亮吉曰：今解州夏縣，戰國魏都也。故城在縣北，周三十里，西南遺址尚存。今安邑縣乃古安邑地。錢坫曰：今安邑在夏縣西南，蓋兼有其地。後魏太和十一年，始于此置南安邑縣。時夏縣置安邑郡，十八年改為北安邑縣，故此稱「南」。隋開皇初，遂改漢安邑縣為夏縣。魏自魏絳徙此，武侯二年《竹書》作十一年。城之。惠王去安邑，徙大梁。至昭王十年，遂以與秦。並見《史記》。

又　《大梁》　《秦策・頃襄王二十年章》：王又舉甲兵而攻魏，杜大梁之門，舉河内，拔燕酸棗，虚桃人。原注：大梁，魏惠王所都也，今陳留浚儀西大梁城是也。恩澤案：《地理志》陳留郡浚儀縣，故大梁。《郡國志》、《水經注》以此即《左傳》梁伯國，非是。魏惠王自安邑徙此。《竹書》在惠王六年，徐廣引《竹書》作九年，《史記》在三十一年。以時事考之，似以《史記》為是。《水經注》：大梁城本春秋之陽武高陽鄉也，於戰國為大梁。《通典》：汴州城西古城，戰國時魏惠王所築，戴延之謂西北有大梁亭，即此。即今祥符縣也。陳無己曰：開封無山川之險，為四戰之地。胡三省曰：大梁控引河汴，南通淮泗，北接滑衛，舟車之所湊集。

藝　文

晉・阮籍《阮步兵集・詠懷其三十一》　駕言發魏都，南向望吹臺。簫管有遺音，梁王安在哉？戰士食糟糠，賢者處蒿萊。歌舞曲未終，秦兵已復來。夾林非吾有，朱宮生塵埃。軍敗華陽下，身竟為土灰。

唐・高適《高常侍集》卷三《古大梁行》　古城莽蒼饒荆榛，驅馬荒城愁殺人。魏王宮觀盡禾黍，信陵賓客隨灰塵。憶昨雄都舊朝市，軒車照耀歌鍾起。軍容帶甲三十萬，國步連營一千里。全盛須臾那可論，高臺曲池無復存。遺墟但見狐狸跡，古地空餘草木根。暮天摇落傷懷抱，撫劍悲歌對秋草。俠客猶傳朱亥名，行人尚識夷門道。白璧黄金萬戶侯，寶刀駿馬填山丘。年代凄涼不可問，往來惟見水東流。

宋・劉攽《彭城集》卷四《詠史》　秦兵謀大梁，決河灌夷門。百萬皆為魚，閭里無一存。不用無忌謀，人人皆有言。天方縱秦毒，蕩滌乾與坤。雖得阿衡佐，誰能救崩奔。政先趣嬴禍，指鹿遂亡秦。翟義為漢謀，攝省因即真。為忠豈不難，殺身亦已仁。天道良悠悠，成敗難重陳。不見商山翁，采芝樂全真。羽翼安儲皇，天子不得臣。

清·覺羅石麟等[雍正]《山西通志》卷二二三《藝文四十·[宋]袁藏雲〈魏侯故城〉》 獨向條陽翠靄行，杖藜徐步愴吟情。長河漫有懷山迹，故國空傳讓畔名。遠樹半遮干木廟，斷雲猶鎖魏侯城。可憐列土繁華地，祇是寥寥作釣耕。

元·侯克中《艮齋詩集》卷一〇《汴梁郊行》 大梁城下草連雲，千古河山對夕曛。一掬賈生憂國淚，西風吹上信陵墳。

明·劉炳《劉彥昺集》卷五《大梁行》 大梁繁華全盛日，宫闕浮天耀桃李。魏國山河十萬兵，信陵賓客三千履。上苑春晴花覆闌，鬬雞走馬事金鞍。銀燭填街美人過，紫蓋凌雲公子還。五侯七貴行人避，吐膽傾肝論意氣。朱亥能移晉鄙兵，侯嬴自執夷門轡。回首英雄非昔昨，輦路人稀秋草迷。舊游歌舞今何處，落日狐狸當樹啼。

明·高啓《大全集》卷二《大梁行》 大梁四面平如砥，西去咸陽一千里。魏王此地昔為都，宫闕中天碧雲起。車聲輷輷夜未休，帶甲十萬名蒼頭。撞鐘列鼎宴上客，奔金走幣連諸侯。信陵真是賢公子，富貴不驕天下士。已訪侯嬴到里門，復迎朱亥經屠市。傾身折節世莫同，緩急竟賴斯人功。邯鄲秦軍一椎破，七國震動聞英風。古城重過為搔首，幾度秋風落楊柳。沼上應無鴻雁來，苑中只有狐狸走。立馬塵沙日欲昏，悲歌感慨向夷門。豪華多少同銷歇，獨有高名今尚存。

明·李夢陽《空同集》卷一三《登大梁故城》 登高與處卑，由來慮多端。登高尚寡悰，處卑為能懽。以兹歷荆榛，褰衣躡巑岏。土壕帶陰風，樓櫓危急湍。巖岸苦崩奔，葭葦何漫漫。周望鮮故物，俯察多憂歎。潛魚葺其鱗，驚鳥無停翰。雲浮誠不任，淵沉諒何難。終附巖穴棲，斯地非我安。

明·何景明《大復集》卷一一《大梁行》 朝登古城口，夕藉古城草。日落獨見長河流，塵起遥觀大梁道。大梁自古號名區，富貴繁華代不殊。高樓歌舞三千戶，夾道烟花十二衢。合沓輪騶交紫陌，鳴鐘暮入王侯宅。紅粧不讓掌中人，珠履皆為門下客。片言立賜萬黄金，一笑還酬雙白璧。帶甲連營殺氣寒，君王推轂將登壇。彎弧自信成功易，拔劍那知報怨難。已見分符連楚越，更聞飛檄救邯鄲。一朝運去同衰賤，意氣雄豪似驚電。楊花飛入侯嬴館，草色凄迷魏王殿。萬騎千乘空雲屯，綺構朱甍不復存。夜雨人歸朱亥里，秋風客散信陵門。川原百代重回首，宋寢隋宫亦何有。遊鹿時銜内苑花，行人尚折繁臺柳。繁臺下接古城西，春深桃李自成蹊。朝來忽見東風起，薄暮飛花滿故堤。

明·宋登春《宋布衣集》卷二《送句吴豪士重遊大梁》 魏王臺上草紛紛，落日中原低暮雲。匹馬浪遊孤劍在，酬恩誰説信陵君。

清·毛奇齡《西河集》卷一四九《登汴城即事》 不作名王客，徒深公子情。烟花三月暮，一上大梁城。舊苑樽盤合，繁臺歌吹縈。春隄紛繫馬，午樹敞啼鶯。世鮮捐虞相，時無救趙兵。賓師淹孟子，關吏困侯生。亭戍層烟晚，河沙壅地平。九門新浩蕩，四術故縱横。士女看都雅，金錢在市嬴。繁華追往事，重與説東京。堯曰。譙周云：虞卿食邑于虞，非氏也。

清·王士禎《精華録》卷六《猗氏往蒲州道中有感》 令狐城畔雨霏霏，遥指中條積翠稀。西接新秦三輔迥，東鄰故絳兩川圍。空聞魏國山河美，久識唐家節度非。愁絶無心更懷古，清秋風景亦沾衣。

秦國國都分部

綜　述

《史記》卷五《秦本紀》 莊公居其故西犬丘。【略】文公元年，居西垂宫。三年，文公以兵七百人東獵。四年，至汧渭之會，曰：「昔周邑我先秦嬴於此，後卒獲為諸侯」，乃卜居之，占曰「吉」，即營邑之。【略】寧公二年，公徙居平陽。【略】德公元年，初居雍城大鄭宫。【略】獻公即位，鎮撫邊境，徙治櫟陽。【略】（孝公）十二年，作為咸陽，築冀闕，秦徙都之。

《漢書》卷二八上《地理志上·右扶風》 渭城。故咸陽。高帝元年更名新城，七年罷，屬長安。武帝元鼎三年，更名渭城，有蘭池宫。莽曰京城。【略】雍。秦惠公都之。有五畤，太昊、黄帝以下祠三百三所。橐泉宫，孝公起。祈年宮，惠公起；棫陽宮，昭王起。有鐵官。唐顏師古注：應劭曰：四面積高曰雍。

又《左馮翊》櫟陽。秦獻公自雍徙。莽曰師亭。

晉·皇甫謐《帝王世紀·秦》秦非子始封於秦，故《秦本紀》稱周孝王曰：朕其分土為附庸，邑之秦，今隴西秦亭是也。玄孫莊公徙廢丘，周懿王之所都，今槐里是也。及襄公始受豐之地，列為諸侯。文公徙汧，《秦本紀》曰：文公東獵至汧，乃卜居之，今扶風郿縣是也。寧公又都平陽，故《秦本紀》曰：寧公二年，徙居平陽，今扶風郿之平陽亭是也。《秦本紀》又有曰：德公元年，初居雍，今扶風雍是也。至獻公即位，徙治櫟陽，今馮翊萬年是也。孝公自櫟陽徙咸陽，《秦本紀》曰：作為咸陽，築冀闕，徙都之。漢元年，更名新城。元鼎三年，復別謂渭城，今長安西北渭水陽有故城，故《西京賦》曰『秦里其朔，實為咸陽』是也。

晉·張華《博物志·佚文》扶風馮翊櫟陽，秦獻公所都。扶風雍，秦惠王所都。

北魏·酈道元《水經注》卷二〇《漾水》西漢水又西南合楊廉川水，水出西谷，衆川瀉流，合成一川，東南流逕西縣故城北。秦莊公伐西戎，破之，周宣王與其先大駱犬丘之地，為西垂大夫，亦西垂宮也。王莽之西治矣。

又 卷一七《渭水》汧水東南歷慈山東南，逕郁夷縣平陽故城南。《史記》秦寧公二年，徙平陽。徐廣曰：故郿之平陽亭也。

又 卷一八《渭水》（鄧公泉）數源俱發于雍縣故城南。縣，故秦德公所居也。【略】雍有五畤祠，以上祠祀五帝。

又 卷一九《渭水》（白渠）又東逕櫟陽城北。《史記》秦獻公二年，城櫟陽，自雍徙居之。十八年，雨金于是處也。

渭水又東北逕渭城南，文穎以為故咸陽矣，秦孝公之所居離宮也。獻公都櫟陽，天雨金，周太史儋見獻公曰：『周故與秦國合而別，別五百歲復合，合七十歲而霸王出。』至孝公，作咸陽，築冀闕，而徙都之。故《西京賦》曰：秦里其朔，實為咸陽。太史公曰：長安，故咸陽也。漢高帝更名新城。武帝元鼎三年，別為渭城，在長安西北，渭水之陽，王莽之京城也。始隸扶風，後并長安。

六朝·佚名《三輔黃圖》卷一《三輔沿革》咸陽在九嵕山、渭水北，山水俱在南，故名咸陽。秦并天下，置內史以領關中。項籍滅秦，分其地為三：以章邯為雍王，都廢丘；今興平縣地。司馬忻為塞王，都櫟陽；董翳為翟王，都高奴，今延川金明縣。謂之三秦。

又 卷一《咸陽故城》在今咸陽東二十里。自秦孝公至始皇帝、胡亥，並都此城。案孝公十二年，作咸陽，築冀闕，徙都之。始皇二十六年，徙天下高貲富豪於咸陽十二萬戶。諸廟及臺苑皆在渭南。秦每破諸侯，徹其宮室，作之咸陽北坂上，南臨渭。自雍門以東至涇渭，殿屋複道，周閣相屬，所得諸侯美人、鐘鼓以充之。二十七年，作信宮渭南，已而更命信宮為極廟，象天極，自極廟道通驪山，作甘泉前殿，築甬道，自咸陽屬之。始皇窮極奢侈，築咸陽宮，因北陵營殿，端門四達，以制紫宮，象帝居。引渭水灌都，以象天漢。橫橋南渡，以法牽牛。橋廣六丈，南北二百八十步，六十八間，八百五十柱，二百一十二梁。橋之南北隄，激立石柱。咸陽北至九嵕、甘泉，南至鄠、杜，東至河西，至汧渭之交，東西八百里，南北四百里。離宮別館，相望聯屬，木衣綈綉，土被朱紫，宮人不移，樂不改懸，窮年忘歸，猶不能徧。

宋·羅泌《路史》卷二五《國名紀二·少昊後嬴姓國·森》籛，禾名，隸省為秦。非子初封秦亭，今隴之汧原隴西鎮有秦亭秦城。注：《元和郡縣志》：城在州東南二十五。《世本》云附庸。然非子初封，實秦谷，在今秦州隴城漢隴縣。襄公始侯，有岐豐地。莊居犬丘，注：今永興興平，漢槐里。文復汧渭，德遷雝，注：今鳳翔大興。獻遷櫟陽，孝徙咸陽，注：並隸永興。遂世處之。伯爵。

論說

唐·李泰等《括地志》卷四《秦州·清水縣》秦州清水縣本名秦，嬴姓邑，《十三州志》云『秦亭、秦谷』是也。周太史澹云：『始周與秦國合而別』，故天子邑之秦。

又 卷一《隴州·汧源縣》故汧城在隴州汧源縣東南三里。《帝王世紀》云『秦襄公二年徙都汧』，即此城。

又 卷一《岐州·郿縣》郿縣故城，在岐州郿縣東北十五里。《秦紀》云：『秦文公東獵汧、渭之會，卜居之，乃營邑焉。』即此城也。

又 卷一《岐州·岐山縣》平陽故城，在岐州岐山縣西四十六里，秦寧公徙都之處。

又　卷一《岐州・雍縣》　岐州雍縣南七里故雍城，秦德公大鄭宫城也。

又　卷一《雍州・櫟陽縣》　櫟陽故城，一名萬年城，在雍州櫟陽縣東北二十五里。秦獻公之城櫟陽，即此也。

又　卷一《咸陽縣》　咸陽故城亦名渭城，在雍州北五里，今咸陽縣東十五里，京城北四十五里，秦孝公已下並都此城。始皇鑄金人十二於咸陽，即此也。

唐・李吉甫《元和郡縣志》卷二《關内道二・隴州・汧源縣》　秦城，在州東南二十五里。秦非子養馬汧渭之間有功，周孝王命為大夫。

又《關内道二・隴州》　《禹貢》雍州之域，秦文公所都。漢為汧縣，屬右扶風。

又《關内道二・鳳翔府》　《禹貢》雍州之域，春秋及戰國時為秦都。德公初居雍，即今天興縣也。至獻公始徙櫟陽，始皇幷天下，屬内史。項羽封章邯為雍王，亦此地也。

又《鳳翔府・天興縣》　本秦雍縣，秦國都也。漢縣屬右扶風。四面高曰雍。又四望不見四方，故謂之雍。秦回中宫在縣西。

又《關内道二・京兆府・櫟陽縣》　本秦舊縣，獻公自雍徙居焉，屬左馮翊。項羽立司馬欣為塞王，亦都之。

又《京兆府・咸陽縣》　本秦舊縣也。孝公十二年于渭北，城咸陽，自汧隴徙都焉。秦自孝公、惠文、悼武、昭襄、莊襄王、始皇、胡亥並都之。

【略】山南曰陽，水北曰陽，縣在北山之南，渭水之北，故曰咸陽。

宋・李如篪《東園叢説》卷下《秦楚皆三遷國都》　周孝王封非子為附庸，邑之秦。按秦水出隴山秦谷，歷秦川，川有故秦亭，秦仲所封，今秦州之地也。至德公始都雍，至獻公徙居櫟陽，孝公立，方治咸陽。自秦亭，又凡三徙國都。

宋・程大昌《雍録》卷一《五代都雍總説》　漢、隋、唐皆都渭南，雖位置稍有遷改，而相去不踰二三十里，尚易考矣。若夫周、秦兩世，自初興以至遷滅，屢東屢西，不常厥邑，若但循世次、地望泛而言之，則先後紛紜，亦與散在史册無異。予於是立渭為經，而取兩代都地，隨列渭旁，人能並渭以推其方，而關雍地望，如指諸掌矣。

渭之源，出隴西鳥鼠同穴山，稍東則受秦水，秦水者，天水郡水也，秦始封在此也，故曰西垂也；　又東則大散關水入之，又東為陳倉縣，秦文公於此得寶雞，故又為寶雞縣也；　及至武功縣，則受斜水矣。褒、斜二水，介衙嶺而分南北，此之斜水，即二水之北派也，斜逕武功而東入于渭也；　又東為斄縣，即后稷始封之斄，斄即邰也，所謂『有邰家室』者是也；　又東逕雍縣，鳳翔府天興縣。秦惠公之故居祈年、橐泉皆在是也；　又東為雍縣城南，則秦德公居焉，秦漢五時，皆在其地也；　五時詳在後。又東合漆水為岐水，太王立都渭北而兼跨周原，故合兩地而稱岐周也；　詳見周都岐周下。又東逕槐里縣南，即周懿王所都也，古名犬丘，則為畜牧之地耳，至秦改名廢丘，以示周世不復興也。項羽所立三秦，此為雍王章邯之國也；　廢丘對東，則澇水自此入渭矣，而秦之上林包澇水而對廢丘，故《水經》謂為上林故地也，其曰故者，秦舊也，以別於漢武之所廣也。

渭又東則受豐水，豐旁即周文王所都也；　又東北行，則漢便門橋横亘其上，此時渭方自西南来，未全折東，故便門橋得以横絶，而徑達興平也；武帝造茂陵於興平，興平即廢丘槐里也，此橋趨茂陵為便也。又東則為鄗水，鎬即周武王之都，蓋與豐都東西對立也；　又東逕磁石門者，阿房之西門也。見《水經》。又自此門東行，始與阿房南北相對，故知此門當在阿房之北也；　又東逕漢渭城之南，即秦咸陽矣。唐咸陽縣在秦都西三十餘里。秦之咸陽，孝公所都也，在漢長安西北角，故《漢書》紀高帝、項羽自霸上而入秦都，皆曰『西上咸陽』也。惟《元和志》則曰正東維南，是為雍州，則東多南少也，《志》蓋審言其詳也。並用《水經》，参以它證。

又《咸陽》　秦都咸陽，在府西微北四十里，本杜縣地也。至唐咸陽縣，則在秦都之西二十二里，名雖襲秦地，非故處矣。古語山南曰陽，水北曰陽，陽，日也，日出天東，躔景斜射，凡山之南面，水之北厓，皆先受照，故山以南為陽，水以北為陽。秦之所都，若概舉其凡，則在九嵕諸山之南，渭水之北，名為咸陽，其不爽矣。若細細推求，則秦之朝宫苑殿，固在渭北，而秦都實跨渭水，跨渭則兼據渭南，不得名為咸陽矣。《史記》、《黄圖》、《元和志》皆曰始皇都咸陽，引渭水貫都，以象天漢，横橋南度，以法牽牛，此既可見渭之兼在都南矣；　而猶謂山水皆陽者，本秦之朝市宫苑，多在渭北，而總命名以此也。於是《史記》、《水經》凡序長樂，悉以其地繫之咸陽，而於甘泉、阿房，亦自明命以為咸陽之前殿也，則咸陽之名，又嘗兼踰渭南也。此又不可不知也。

宋·呂祖謙《大事記解題》卷二《周安王》 十九年，秦城櫟陽，徙都之。《解題》曰：漢之萬年也，屬左馮翊。按孝公《令》：往者厲、躁、簡公、出子之不寧，國家内憂，未遑外事，三晉攻奪我河西地。獻公即位，鎮撫邊境，徙治櫟陽，且欲東伐，復穆公之故地，修穆公之政令。《史記正義》曰：《括地志》云：櫟陽故城，一名萬年城，今京兆府櫟陽縣。

又 卷三《周顯王》 十九年，秦徙都咸陽。《解題》曰：商君築冀闕、宫庭於咸陽，秦自櫟陽徙都之。商君語趙良治秦之功曰：大築冀闕，宫如魯衛。則秦昔未有此制，至是始築之也。《索隱》曰：冀闕，即魏闕也。冀，記也，記列教令於此門闕。咸陽在今為京兆府咸陽縣，秦故城在縣東十五里。漢高帝元年更名新城，七年罷，屬長安。武帝元鼎三年，别為渭城縣，屬右扶風，後漢省之。唐武德元年，析涇陽、始平，置咸陽縣，屬京兆府。《索隱》曰：《關中記》云：孝公都咸陽，今渭城是也，在渭北。始皇都咸陽，今城南大城是也。名咸陽者，山南曰陽，水北亦曰陽，其地在渭水之北，又在九嵕諸山之南，故曰咸陽也。

宋·程公説《春秋分記》卷二九《疆理書第五·秦地釋名》 秦。桓四年。秦谷，非子始封，今秦州隴成縣。雍。僖十三年。本王畿，德公卜居雍，孝公徙焉。説者謂四面積高曰雍，宜為神明之隩，故有五畤，以祠上帝。今鳳翔府天興縣。

清·劉於義等[雍正]《陝西通志》卷九四《藝文十·[明]劉紹周〈平陽封域辨〉》 按《魏書·地形志》：太平真君六年，分雍置周城，隸平秦，改郿曰平陽，隸武都。武都者，虢也，與郿、平陽同域者也。《史記》秦寧公徙平陽，《世紀》曰郿之平陽亭，徐廣曰郿有平陽鄉，故《通鑑前編》本《經世書》直作寧公徙郿是也。乃《括地志》云：平陽故城在岐山西四十六里，為寧公徙都處，有平陽鄉，有平陽聚。胡氏注岐山縣，亦云武德七年，移治龍尾，城在平陽故城東北，凡兩見，則何也？按《都雍圖説》，瀕渭水南，自西而東，由郃及平陽，始及漢郿縣地，直北則為雍與岐周。又按秦都世次，自周東遷，始有岐西，或官邑在郿，或徙居平陽，或居封宫，卒葬平陽，皆此一地也。至德公復徙居雍，則平陽在今縣境西濱渭，當岐西南，此與或言武公葬宣陽聚東南者合，而雍又越渭，在平陽周城西北矣。胡氏注《通鑑》，於元載請割郿虢，稱後魏於郿置平陽、周城二縣，西魏復改平陽為郿城，後周廢郿入周城。蓋周城界雍、郿間，可以言分雍置周城，亦可言於郿置周城、平陽也。則《括地志》以平陽在岐山西，蓋魏王泰正就武德七年後言之，與《魏志》、胡注未始相悖。獨《雍録》收秦雜宫，以平陽封宫屬華山下，則隔越六七百里，斯為不審的耳。大昌新安人，其所述《雍録》，如以郃在平陽西北，類多不可據。

明·方以智《通雅》卷一七《地輿·九州建都考略·秦都咸陽》 孝公作咸陽，自櫟陽徙居之。關中四塞，舊説引及居庸，誤矣。櫟陽即萬年縣，近朝為臨潼縣。漢都初居櫟陽馮翊萬年縣，今西安府之咸寧臨潼縣也。七年都長安，即秦咸陽，京兆所治縣也。光武棗陽人，入雒陽，幸南宫卻非殿，遂定都焉。

清·顧炎武《歷代帝王宅京記》卷一《總序上》 秦孝公都咸陽。在陝西西安府咸陽縣東二十里。《史記》曰：秦之先中潏保西垂，非子居犬丘，封邑於秦。莊公復居犬丘。文公元年，居西垂宫，四年，居汧渭之會。寧公徙居平陽，德公居雍，獻公居櫟陽。孝公十二年，作為咸陽，築冀闕，徙都之。秦凡八徙。

清·顧祖禹《讀史方輿紀要》卷五五《陝西四·鳳翔府》 《禹貢》雍州地，周曰岐周，春秋時為秦地。秦德公元年初居雍，雍蓋秦都也，至獻公始移居櫟陽。始皇幷天下，為内史地。【略】府居四山之中，《志》云：府境四圍皆有高山，而中實坦平。春秋時謂之故雍，四面積高為雍也。五水之會，五水，汧、渭、漆、岐、雍也。《志》云：府境自大散關以北，達於岐、雍，夾渭川南北岸，沃野千里，所謂秦川也。隴關西阻，益門南扼，當關中之心膂，為長安之右輔。周太王遷岐而肇基王跡，秦德公居雍而寖以盛強。

清·顧棟高《毛詩類釋》卷二《秦》 孝王封非子於秦，今陝西秦州清水縣。莊公徙西故犬邱，秦州西南百二十里西縣故城是。寧公遷平陽，在今鳳翔府郿縣西四十六里。德公遷雍，今為鳳翔府治。自《車鄰》美秦仲，《駟驖》、《小戎》、《蒹葭》、《終南》，皆襄公時詩，此時居秦州。穆公為德公子，以下則居鳳翔矣。

清·程恩澤等《國策地名考》卷二《秦上·咸陽》 本策《三國攻秦章》：咸陽必危。高注：咸陽，秦都也，今長安都渭橋西北咸陽城是也。鮑注：咸陽，秦都，扶風渭城也。《補》曰：山南曰陽，水北亦曰陽，地在渭水之北、九嵕諸山之南，故曰咸陽。恩澤案：《地理志》右扶風渭城，故咸陽。《括地志》：咸陽故城，亦名渭城，在雍州北五里。今咸陽縣東十五里，《通典》作『東北』，《元和志》作『東二十二里』。京城北四十五里，即秦孝公徙都之者。今咸陽縣，古之杜郵，白起死處。《太平御覽》：咸陽縣，本周王季所都，按王季宅程，程爲安陵，在今咸陽縣東。秦又都之。顧祖禹曰：在今西安府咸陽縣東三十里。錢坫曰：在縣東北二十里。江永曰：在府北五十里，即今咸陽縣。似誤。

藝文

清・彭定求等編《全唐詩》卷九六《沈佺期〈咸陽覽古〉》　咸陽秦帝居，千載坐盈虛。版築林光盡，壇場雷聽疏。野橋疑望日，山火類焚書。惟有驪峰在，空聞厚葬餘。

《全唐詩補逸》卷九《張祜二・經咸陽城》　阿房宮盡客誰來，可惜連雲萬戶開。秦地起為千載業，楚兵焚作一場灰。應知長者名終在，祇是生人意不迴。何事暴成還暴廢，祖龍須死項須摧。

唐・李商隱《李義山詩集》卷上《咸陽》　咸陽宮闕鬱嵯峨，六國樓臺艷綺羅。自是當時天帝醉，不關秦地有山河。

宋・王安石《唐百家詩選》卷一九《劉滄〈咸陽懷古〉》　經過此地無窮事，一望悽然感廢興。渭水故都秦二世，咸原秋草漢諸陵。天空絶塞聞邊鴈，葉盡孤村見夜燈。風景蒼蒼多少恨，寒山半出白雲層。

宋・李昉等《文苑英華》卷三〇八《唐・周朴〈春日秦國懷古〉》　荒郊一望欲消魂，涇水縈紆傍遠村。牛馬放多春草盡，原田耕破古碑存。雲和積雪蒼山晚，烟伴殘陽綠樹昏。數里黃沙行客路，不堪回首思秦原。

唐・胡曾《咏史詩》卷下《咸陽》　一朝閻樂統群凶，二世朝廷掃地空。唯有渭川流不盡，至今猶遶望夷宮。

唐・韋莊《浣花集補遺・咸陽懷古》　城邊人倚夕陽樓，城上雲凝萬古愁。山色不知秦苑廢，水聲空伴漢宮流。李斯不向倉中悟，徐福應無物外遊。莫怪楚吟偏斷骨，野烟踪跡似東周。

清・厲鶚《宋詩紀事》卷二《劉兼〈咸陽懷古〉》　高秋咸鎬起霜風，秦漢荒陵樹葉紅。七國鬬雞方賈勇，中原逐鹿更爭雄。南山漠漠雲常在，渭水悠悠事旋空。立馬舉鞭遙望處，阿房遺址夕陽東。

元・盛如梓《庶齋老學叢談》卷中下　安西府諮議寓庵李顯卿庭《咸陽懷古詩》：『連雞勢盡霸圖新，兀兀宮牆壓渭濱。指鹿只能欺二世，沐猴那解定三秦。倚天樓觀餘焦土，落日河山幾戰塵。今古悠悠同一轍，不須作賦弔前人。』語意格律俱妙，有唐體。

元・劉紹《元音遺響》卷一〇《送錢仲宜入陝》　仗劍事西遊，雞鳴度函谷。黃河駭奔浪，三華時在目。雲霞爛仙掌，旭日照高陸。停策望咸陽，平蕪際天綠。悲涼《過秦》賦，惆悵清渭曲。百二壯山河，興亡成轉燭。我歌歎行邁，秋氣紛落木。遺玦寄遥思，懷人美如玉。

明・劉炳《劉彥昺集》卷六《咸陽懷古》　勢踞崤函百二雄，阿房樓閣鎮當中。坑儒硎谷灰纔黑，繫頸咸陽火已紅。蛇斷血腥空大澤，龍成寶氣紀新豐。秦功漢業今何處，落日沉西渭水東。

清・劉於義等［雍正］《陝西通志》卷九六《藝文十二・［明］熊鼎〈咸陽懷古〉》　立馬平原望故宮，關河百二古今雄。南山雙闕阿房近，北斗連城渭水通。龍去野雲收王氣，鶴巢陵樹起秋風。英雄事業昭前哲，看取秦皇漢武功。

又　《藝文十二・［明］徐震〈咸陽懷古〉》　阿房宮殿對南山，閣道縈迴霄漢間。霸業終隨烽火盡，遊魂俄載屬車還。三千童女空浮海，十萬貔貅已入關。留得當年遺恨在，長城血淚土猶斑。

又　卷九五《藝文十一・［明］謝貞〈咸陽懷古〉》　咸陽古帝宅，雉堞何崔嵬。積石隱雪色，金闕雲中開。咸陽昔日稱百二，函谷雞鳴客如鶩。秦王按劍叱風雷，天下諸侯盡西顧。三戶蕭條易水空，齊歌趙舞入秦宮。龍旗五丈金樓下，鳳吹千門馳道中。璇霄閣道通天極，仙掌芙蓉正相值。月過文窗寶扇移，星臨繡戶粧奩密。繡戶文窗拂采霞，黃山翠影繞宮斜。王孫挾彈雕臺樹，遊女回舟綠岸花。岸花蹙繡連千陌，十里朱門色相射。玉檢登封覲岳靈，金罏鑄冶銷鋒鏑。風馳萬國奉威聲，四方惕息敢橫行。金湯千里扶王業，猶遣將軍北築城。可惜繁華不知極，三十六年如一日。樓船童女望蓬萊，玉琢軒窗五雲色。童女成仙去不歸，咸陽古堞空崔嵬。黃雲捲雪城頭路，城下行人嘆落暉。

明・袁表《閩中十子詩》卷九《陳徵君集四・擬咸陽懷古》　群山迢遞走咸陽，王業當年此地昌。天府首開秦社稷，金城已作漢封疆。滮池北入河流去，軹道西連草樹荒。故苑離宮何處是，空令詞客弔興亡。

明・曹學佺《石倉歷代詩選》卷三〇一《［明］高棅〈古咸陽行〉》　長安古城盡禾黍，故國荒涼變今古。秦帝山河滿夕陽，漢家宮闕隨塵土。咸陽昔時何壯哉！離宮複道飛空迴。五陵白日歌鐘起，三輔紅塵車騎來。一朝坐見繁華歇，冠蓋散爲烟霧滅。草木猶纏戰血腥，丘墟尚帶行輪轍。年代悠悠經幾秋，空餘渭水向東流。回中古道無遊輦，關内何門尋故侯。傷心此地不能道，惆悵雄圖成蔓草。惟有終南萬仞青，年年看盡行人老。

又 卷四四四《［明］李叔玉〈咸陽懷古〉》 六王圖像舊山河，萬里經營政自苛。牧馬健兒南下少，聞雞秦卒北行多。蒙恬事業知何在，賈誼文章信不磨。撚指光陰纔二世，沛人中唱《大風歌》。

明·鄭岳《山齋文集》卷六《咸陽爲秦所都》 潼關西下望咸陽，四塞山河古帝鄉。沃野桑麻環陸海，沿邊川徼護金湯。周陵古廟人猶拜，秦殿遺墟草已荒。千古是非終自定，西風立馬幾徜徉。

明·趙完璧《海壑吟稿》卷三《咸陽懷古》 悲風淅淅古咸陽，百代遺蹤自可傷。王氣有歸弓劍沒，寢園無祀野雲涼。蒿萊滿眼英雄去，翁仲含情歲月長。索寞秋原那可問，碧峰斜日向蒼蒼。

清·姚鼐《惜抱軒詩集》卷六《效西崑體·咸陽》 蘄年宫外八川流，輦道環通徧雍州。萬里黿鼉横碧海，六王鐘鼓在朱樓。地中闕表終南胏，天上城開太華旒。獨令上林辭賦客，曲江蕭瑟不勝愁。

封國部

通紀概説分部

综　述

《周易·乾·彖》 首出庶物，萬國咸寧。三國魏王弼注：萬國所以寧，各以有君也。唐孔穎達《正義》：此二句論聖人上法乾德，生養萬物，言聖人爲君，在衆物之上最尊，高於物，似頭首出於衆物之上。各置君長，以領萬國，故萬國皆得寧也。

又《師·象》 王三錫命，懷萬邦也。《正義》：王三錫命者，以其有功，故王三加錫命。【略】懷萬邦也者，以其有功，能招懷萬邦，故被王三錫命也。唐李鼎祚《集解》：《周禮》云：一命受職，再命受服，三命受位，是其義也。

《尚書·堯典》 協和萬邦，黎民於變時雍。

又《大禹謨》 野無遺賢，萬邦咸寧。

又《益稷》 烝民乃粒，萬邦作乂。【略】萬邦黎獻，共惟帝臣。漢孔安國《傳》：獻，賢也。萬國衆賢，共爲帝臣。

又《五子之歌》 明明我祖，萬邦之君。有典有則，貽厥子孫。

又《仲虺之誥》 有夏昏德，民墜塗炭，天乃錫王勇智，表正萬邦，纘禹舊服。【略】德日新，萬邦惟懷。

又《湯誥》 王歸自克夏，至于亳，誕告萬方。王曰：『嗟！爾萬方有衆，明聽予一人誥。』《傳》：誕，大也。以天命大義，告萬方之衆人。唐孔穎達《正義》：湯於此時，大誥諸侯以伐桀之義，故云誕告萬方。誕，大，《釋詁》文。萬者，舉盈數，下云『凡我造邦』，是告諸侯也。宋林之奇《尚書全解》：誕告萬方者，誕告萬方諸侯也。經惟言誕告萬方，所以知爲諸侯也。蓋萬方之民，非可以皆至於天子之庭，而以《武成》『庶邦冢君暨百工，受命於周』之文而考之，則知其爲萬方之諸侯也必矣。

又《伊訓》 以至于有萬邦，兹惟艱哉！【略】爾惟德罔小，萬邦惟慶。

又《太甲上》 天監厥德，用集大命，撫綏萬方。

又《太甲下》 一人元良，萬邦以貞。

又《咸有一德》 監于萬方，啓迪有命。

又《説命上》 天子惟君萬邦，百官承式。

又《泰誓下》 惟我有周，誕受多方。《傳》：言文王德大，故受衆方之國，三分天下而有其二。

又《武成》 庶邦冢君暨百工，受命于周。

又《大誥》 王若曰：『猷！大誥爾多邦，越爾御事。【略】予惟以爾庶邦，于伐殷逋播臣。爾庶邦君越庶士御事，罔不反，曰艱大。』【略】王曰：『嗚呼！肆哉，爾庶邦君越爾御事。』

又《微子之命》 世世享德，萬邦作式，俾我有周無斁。

又《酒誥》 厥誥毖庶邦庶士越少正、御事朝夕曰：祀兹酒。【略】越庶國，飲惟祀。《傳》：於所治衆國，飲酒惟當因祭祀。

又《梓材》 后式典集，庶邦丕享。《傳》：君天下能用常法，則和集衆國，大來朝享。

又《召誥》 太保乃以庶邦冢君出取幣，乃復入錫周公。

又《洛誥》 其自時中乂，萬邦咸休。

又《無逸》 文王不敢盤于遊田，以庶邦惟正之供。

又《多方》 《序》：成王歸自奄，在宗周，誥庶邦，作《多方》。《傳》：衆方，天下諸侯。

又《周官》 庶政惟和，萬國咸寧。【略】永康兆民，萬邦惟無斁。

又《顧命》 柔遠能邇，安勸小大庶邦。

又《康王之誥》 王若曰：「庶邦侯甸男衛，惟予一人釗報誥。」

又《冏命》 下民祗若，萬邦咸休。

《逸周書》卷八《祭公解》 尚皆以時中乂萬國。晉孔晁注：言當盡用是中道，治天下也。

《詩經·小雅·六月》 文武吉甫，萬邦爲憲。

又《小雅·節南山》 式訛爾心，以畜萬邦。

又《小雅·桑扈》 君子樂胥，萬邦之屏。之屏之翰，百辟爲憲。

又《大雅·文王》 儀刑文王，萬邦作孚。

又《大雅·皇矣》 萬邦之方，下民之王。

又《大雅·崧高》 揉此萬邦，聞于四國。漢鄭玄《箋》：四國猶言四方也。

又《周頌·桓》 綏萬邦，屢豐年。

《左傳·昭公元年》 虞有三苗，夏有觀、扈，商有姺、邳，周有徐、奄。

《論語·堯曰》 朕躬有罪，無以萬方；萬方有罪，罪在朕躬。

《墨子》卷四《兼愛下》 湯曰：【略】「今天大旱，即當朕身履。未知得罪于上下，有善不敢蔽，有罪不敢赦，簡在帝心。萬方有罪，即當朕身；朕身有罪，無及萬方。」

《管子》卷一八《度地》 故百家爲里，里十爲術，術十爲州，州十爲都，都十爲霸國，不如霸國者，國也，唐房玄齡注：不成於霸國者，諸侯之國也。以奉天子。注：霸國率諸侯以奉天子也。天子有萬諸侯也，其中有公、侯、伯、子、男焉，天子中而處，此謂因天之固，歸地之利。

《文子》卷下《微明》 志欲大者，兼包萬國，一齊殊俗。

又 卷下《上仁》 如此而欲安海内，存萬方。

《鶡冠子》卷中《王鈇》 丘第之業，域不出著，居不連垝，而曰成鳩氏周闔四海爲一家，夷貉萬國，莫不來朝。其果情乎？

《戰國策》卷二〇《趙三》 且古者四海之内，分爲萬國。城雖大，無過三百丈者；人雖衆，無過三千家者。

《禮記·孔子閒居》 無服之喪，以畜萬邦。

《孝經·孝治章》 故得萬國之懽心，以事其先王。唐玄宗注：萬國，舉其多也。言行孝道以理天下，皆得懽心，則各以其職來助祭也。

《史記》卷一《五帝本紀》 （黄帝）置左右大監，監于萬國，萬國和，而鬼神山川封禪與爲多焉。

《漢書》卷二五上《郊祀志上》 黄帝萬諸侯而神靈之封君七千。唐顔師古注：應劭曰：黄帝時，諸侯會封禪者七千人也。李奇曰：説僊道得封者七千國也。張晏曰：神靈之封，謂山川之守也。師古曰：張説是也。山川之守，謂尊山川之神，令主祭祀也，即《國語》所云汪芒氏之君，守封嵎之山也。

又 卷二八上《地理志上》 昔在黄帝，作舟車以濟不通，旁行天下，方制萬里，畫壄分州，得百里之國萬區，是故《易》稱「先王以建萬國，親諸侯」，《書》云「協和萬國」，此之謂也。【略】周爵五等而土三等，公侯百里，伯七十里，子男五十里，不滿爲附庸，蓋千八百國，而太昊、黄帝之後，唐虞侯伯猶存，帝王圖籍相踵而可知。周室既衰，禮樂征伐自諸侯出，轉相吞滅，數百年間列國耗盡，至春秋時尚有數十國。五伯迭興，總其盟會，陵夷至於戰國，天下分而爲七，合從連衡，經數十年，秦遂并兼四海，以爲周制微弱，終爲諸侯所喪，故不立尺土之封，分天下爲郡縣，盪滅前聖之苗裔，靡有孑遺者矣。

晉·皇甫謐《帝王世紀·星野及歷代墾田户口數》 洎顓頊之所建，帝嚳受定，則孔子稱其地北至幽陵，南暨交趾，西蹈流沙，東極蟠木，日月所照，莫不底焉，是以建萬國而制九州。至堯遭洪水，分爲十二州，今《虞書》是也。及禹平水土，還爲九州，今《禹貢》是也。【略】至於塗山之會，諸侯承唐虞之盛，執玉帛亦有萬國。【略】孔甲之至桀行暴，諸侯相兼。逮湯受命，其能存者三千餘國，方於塗山，十損其七。【略】至周克商，制五等之封，凡千七百七十三國，又減湯時千三百矣。【略】其後諸侯相并，當春秋時，尚有千二百國。二百四十二年之中，殺君三十六，亡國五十二，諸侯奔走，不得保社稷者，不可勝數。至于戰國，存者十餘。【略】周之列國，唯有燕、衛、秦、楚而已。齊及三晉，皆以篡亂，南面稱王，衛雖得存，不絶若綫。

《晉書》卷一四《地理志上·總叙》 昔黃帝旁行天下，方制萬里，得百里之國萬區，則《周易》所謂『首出庶物，萬國咸寧』者也。昔在帝堯，叶和萬邦。【略】夏后氏東漸于海，西被于流沙，南浮于江，而朔南暨聲教，窮豎亥所步，莫不率俾，會羣臣於塗山，執玉帛者萬國，於是九州之内，作爲五服。【略】夏德中微，遇有窮之亂，少康中興，不失舊物，自孔甲之後，以至於桀，諸侯相兼，其能存者，三千餘國，方於塗山，十損其七矣。成湯敗桀於焦，遷鼎于亳，伊摯、仲虺之徒，大明憲典。【略】凡四海之内九州，州方千里，州建百里之國三十七，七十里之國六十，五十里之國百有二十，凡二百一十國。【略】天子之縣内，百里之國九，七十里之國二十有一，五十里之國六十有三，凡九十三國。【略】凡九州，千七百七十三國，天子之元士，諸侯之附庸不與。【略】天子之縣内諸侯，祿也；外諸侯，嗣也。武王歸豐，監於二代，設爵惟五，分土惟三，封同姓五十餘國。周公、康叔建于魯、衛，各數百里；太公封於齊，表東海者也。凡一千八百國，布列於五千里内，而太昊、黃帝之後，唐虞侯伯猶存。【略】其衰也，則禮樂征伐出自諸侯，彊吞弱而衆暴寡，春秋之初，尚有千二百國，迄獲麟之末，二百四十二年弑君三十六，亡國五十二，諸侯奔走不得保其社稷者，不可勝數，而見於《春秋》經傳者，百有七十國焉。百三十九知其所居，魯、邾、鄭、宋、紀、衛、西虢、莒、齊、陳、杞、蔡、邢、郕、晉、薛、許、鄧、秦、曹、楚、隨、黃、梁、虞、鄖、小邾、徐、燕、鄀、麇、舒、庸、郯、萊、吳越、有窮、三苗、瓜州、有虞、東虢、共、宿、申、夷、向、南燕、滕、凡、戴、息、郜、芮、魏、淳于、穀、巴、州、蓼、羅、賴、牟、葛、譚、蕭、遂、滑、權、鄣、霍、耿、江、冀、弦、道、柏、微、鄫、厲、項、密、任、須句、顓臾、頓、管、雍、畢、豐、邘、應、蔣、茅、胙、夔、介、焦、沈、六、巢、根牟、唐、黎、郇瑕、寒、有鬲、斟灌、斟尋、過、有過、戈、偪陽、郜、鑄、豕韋、唐杜、楊、豳、鄶、觀、扈、邳、胡、黎、大庭、駘、岐、邶、鍾吾、蒲姑、昆吾、房、密須、甲父、鄅、桐、亳、韓、趙。三十一國盡亡其處。祭、極、荀、賈、貳、軫、絞、於餘丘、陽、箕、英氏、毛、聃、莘、偪、封父、仍、有仍、崇、鄟、庸、姺、奄、商奄、褒姒、蓐、有緡、闞鞏、飂、鬷、窮桑。蠻夷戎狄，不在其間。五伯迭興，總其盟會。陵夷至于戰國，遂有七王。韓、魏、趙、燕、齊、秦、楚。又有宋、衛、中山，不斷如綫，如三晉篡奪，亦稱孤也。【略】秦始皇既得志於天下，訪周之敗，以爲處士横議，諸侯尋戈，四夷交侵，以弱見奪，於是削去五等焉。

《隋書》卷二九《地理志上》 自古聖王之受命也，莫不體國經野，以爲人極。上應躔次，下裂山河，分疆畫界，建都錫社，是以放勛御曆，修職貢者九州；文命會同，執玉帛者萬國。洎乎殷遷夏鼎，周黜殷命，雖質文之用不同，損益之途或革，而封建之制率由舊章，於是分土惟三，列爵惟五，千里以制畿甸，九服以别要荒。十國爲連，連有帥；倍連爲卒，卒有正。皆所以式固鴻基，蕃屏王室，興邦致化，康俗庇人者歟？周德既衰，諸侯力政，干戈日用，戎馬生郊，彊陵弱，衆暴寡，魯滅於楚，鄭滅於韓，田氏篡齊，六卿分晉，其餘弑君亡國不得守其社稷者，不可勝數。逮于七雄，競逐二帝，争疆埸之事，一彼一此。秦始皇據百二之巖險，奮六世之餘烈，力争天下，蠶食諸侯，在位二十餘年，遂乃削平寓内。懲周氏之微弱，恃狙詐以爲彊，蔑棄經典，罷侯置守，子弟無立錐之地，功臣無尺土之賞，身没而區宇幅裂，及子而社稷淪胥。

唐·杜佑《通典》卷一七一《州郡一·序目上》 昔黃帝方制天下，立爲萬國，《易》稱『首出庶物，萬國咸寧』。蓋舉其大數。及少皞氏之衰，其後制度無聞矣。若顓頊之所建，帝嚳受之，創制九州，統領萬國。雍、荆、豫、梁、徐、冀、青、兖、揚。堯遭洪水而天下分絶，使禹平水土，還爲九州，如舊制也。舜攝帝位，分爲十二州，雍、荆、豫、梁、冀、幽、并、青、營、徐、兖、揚。故《虞書》云『肇有十二州』也。夏氏革命，又爲九州，塗山之會，亦云萬國。四百年間，遞相兼并，殷湯受命，其能存者三千餘國，亦爲九州，分統天下。冀、荆、豫、雍、揚、兖、徐、幽、營，營則《禹貢》青州也。載祀六百，及乎周初，尚有千八百國，而分天下爲九畿，方千里曰王畿，其外曰侯畿，亦曰服。又外曰甸畿，又外曰男畿，又外曰采畿，又外曰衛畿，又外曰蠻畿，又外曰夷畿，要服也。又外曰鎮畿，又外曰藩畿。荒服也。自侯、甸、男、采、衛、蠻、夷、鎮、藩，即九畿也，各相去五百里爲限也。至成王時，亦曰九州，屬職方氏。揚、荆、豫、青、兖、雍、幽、冀、并。其後諸侯相并，有千二百國。及平王東遷，迄獲麟之末，二百四十二年間，諸侯征伐，更相吞滅，不可勝數，而見於《春秋》經傳者，百有七十國焉。百三十九國知土地所在，三十一國不知其處也。蠻夷戎狄，不在其數。逮乎下分地理，上配天象，所定躔次，總標十三，及周之末，唯有七國。秦昭王時，西周盡獻其地，邑三十六，口三萬，受獻而歸其人。至莊襄王，滅東西周，王國七城而已。

宋·王欽若等《册府元龜》卷二三五《列國君部總序》 《易》之《比·象》曰：先王以建萬國，親諸侯。自黃帝制域畫野，得百里之國萬區。帝堯在位，協和萬邦，禹會塗山，執玉萬國。以至於桀，存者三千。商氏之起，大明憲法，立公、侯、伯、子、男，凡五等之爵。其分土則公侯地方百里，伯七十里，子男五十里，爲三等之制。其不能五十里者，附於諸侯，曰附庸。九州之地，各方千里，州建二百一十國，天子之縣内，建九十三國，而附庸不與焉。千里之外設方伯，五國以爲屬，屬有長；十國以爲連，連有帥；三十國以爲卒，卒有正；二百一十國以爲州，州有伯。八州八伯、五十六正、百六十八帥、三百三十六長。八伯各以其屬，屬於天子之老二人，分天下以爲左右，曰二伯。其縣内諸侯，選賢以置於位，食其國禄而不得世；外諸侯以功而封，象賢繼立。周承商制，所封凡八百國，同姓五十有餘，所以親親賢賢，褒美功德，播於《雅》、《頌》，關諸盛衰，深根固本，爲不可拔者也。幽平之後，日以陵替，分爲二周，天下謂之共主。諸侯雖强大，猶不敢窺周鼎，蓋枝葉相持，藩垣外固，繇制法於在昔，得長世之善經，而使之然也。故仲尼之删定典籍，約史記以脩《春秋》，丘明受經，垂諸傳，述其槩。見之大國者，周公之子伯禽封曲阜，爲魯侯；武王之子唐叔虞封太原，爲晉侯；文王之子四人，康叔封朝歌，爲衛侯，度封上蔡，爲蔡侯，又振鐸之後封陶丘，爲曹伯，繡之後封滕，爲滕侯；宣王母弟友封鄭，爲鄭伯；召公奭之後封薊，爲北燕伯；仲雍之孫周章封吳，爲吳子；太公望之後封營丘，爲齊侯；有熊之曾孫熊繹封丹陽，爲楚子；非子之後封岐之地，爲秦伯；紂兄微子封商丘，爲宋公；胡公封陳，爲陳侯；伯夷之後封許，爲許男；少昊之後封莒，爲莒子；顓頊之後封邾，爲邾子；又别封邾俠之後居郳，爲小邾子；夏禹之後封杞，爲杞伯；少康之後封會稽，爲越子。凡大國二十。其薛伯、虞公、虢公、紀侯、邢侯、息侯、郕伯、鄧侯、賈伯、隨侯、梁伯、徐子、鄫子、沈子、邛子、唐侯、胡子、鄅子、南燕伯、宿男、夔子、巴子、州公、宗子、郜子、穀伯、荀侯、賴子、譚子、滑伯、舒子、弦子、須句子、頓子、麇子、郯子、黎侯、偪陽子、鍾吾子，凡三十九國。又紀、芮、東虢、蕭、萊、羅、夷、管凡八國亡其爵，其小國凡四十七焉。又有申、共、向、極、戴、魏、遂、鄣、黄、貳、軫、州、絞、六、葛、於餘丘、蓼、牟、權、霍、耿、陽、江、冀、舒、蓼、巢、道、柏、厲、微、項、箕、崇、英、顓臾、甯、雍、任、鄟、聃、邗、畢、黎、昆吾、茅、應、都、寒、鄁、蔣、根牟、胙、郇瑕、有莘、闞鞏、介、斟灌、偪、過、庸、邿、爽鳩、焦、鄟、邶、有鬲、庸、斟尋、豳、戈、韓、鑄、楊、邳、觀、褒、姺、緡、豕韋、岐、仍、商奄、駘、房、大庭、亳、桐、密須、窮桑、封父、甲父，凡九十四國，但存爵號而無世次。其間亦有虞夏商周之所封，皆《春秋》之攸著者也。當其各受分土，保有疆域，歲時述職，率遵王命。洎周德微弱，國綱寖弛，而猶五伯更起，迭主夏盟，尊獎徵討，存亡繼絶，政令有所禀，小陋賴其庇。既而霸道交喪，庶邦力攻，上有虛位之恥，下無方伯之勢，强弱相吞，莫知能救。春秋之後，其存者魯、衛、齊、楚、宋、鄭、燕、秦、趙、魏、韓、中山，凡十二國焉。其後楚考烈王滅魯頃公，遷於卞，遂爲家人而魯絶祀；秦徙衛元君於野王，而幷其地爲東郡，不得列於諸侯；齊湣王與楚伐宋，殺王偃滅宋，而三分其地；韓哀侯滅鄭而併其國；魏文侯使樂羊拔中山，凡亡五國。其存者，秦、楚、燕、魏、韓、齊、趙七國而已，終爲秦所併焉。

又　卷二六二《宗室部總序》　古者糾合宗族，所以展親；建立子孫，用爲夾輔，故能庇於本根，謂之藩屏。分以寶玉，禮之脤膰，故孝悌之道達，骨肉之恩厚焉。雖復商周已往，典籍靡全，然其大抵，亦可槩見。昔者黄帝二十五子，凡一十四姓，故其裔緒，後世尤盛。高陽氏生一子，後世有才子八人，是曰八凱。高辛氏生四子，皆有天下，後世有才子八人，是曰八元。又黄帝之後有驩兜，少昊之後有共工，顓頊之後有鯀，雖帝者之胄，而其德不類焉。堯有庶子九人，舜亦有庶子，其嫡子不立，故庶子之封爵無聞焉。然自黄帝以迄舜禹，皆同姓而異號，則其宗枝盛矣。禹之後，以國爲氏者凡十有三人，蓋夏后氏、有扈氏、有男氏、斟尋氏、彤城氏、褒氏、費氏、杞氏、鄫氏、辛氏、冥氏、斟氏、戈氏焉。其孫太康，有弟五人，號曰五觀，卽《夏書》所謂『五子之歌』者也。湯之後，以國爲氏者凡七，蓋商氏、來氏、宋氏、空桐氏、穉氏、北殷氏、目夷氏焉。其後帝乙正妃生三子，微子、微仲、紂也；庶妃生一子，箕子也。紂生一子，武庚也。紂雖失國，武庚雖不祀，而微子、箕子皆聞於周焉。周初封國八百，而同姓者五十有餘國。《詩》謂周文王『則百斯男』，經史所載，正妃大姒之子十人，餘莫可知，其國存者十六而已。文、武、周公之胄，分封而受國者，卽《左氏》所謂『管、蔡、郕、霍、魯、衛、毛、聃、郜、雍、曹、滕、畢、原、酆、郇，文之昭也；邘、晉、應、韓，武之穆也；凡、蔣、邢、茅、胙、祭，周公之裔也』。秦氏分封，以國爲姓，有徐氏、郯氏、莒氏、終黎氏、運奄氏、菟裘氏、將梁氏、黄氏、江氏、修魚氏、白冥氏、蜚廉氏。始皇幷有天下，而子弟不得封建，長子扶蘇及諸公子將閭昆弟，皆爲胡亥所殺，故其祚殲焉。

元·郝經《續後漢書》卷八五《録第三·疆理》　固陰融結，地勢崛阜，夷險相形，呀互限帶，自爲區宇。先王因物制宜，分土畫埜，始得百里之國萬區。堯遭水厄，使禹治之，別爲九州，以則井制。舜分爲十二州，以當辰分。逮禹傳世，復爲九州，仍建萬國。商人因之，國漸幷省而有三千。周有天下，合徐於青，合梁於雍，分冀爲幽、幷，亦爲九州，建千八百國焉。周衰，列國兼幷，爲百二十國，又爲十二國，又爲七國，卒皆折入于秦。先王之國盡而州廢爲郡矣。

元·馬端臨《文獻通考》卷二六〇《封建考一·上古至周封建之制》 禹承唐虞之盛，塗山之會，諸侯執玉帛者萬國。及其衰也，有二窮、孔甲之亂，遭桀行暴，諸侯相兼，逮湯受命，其能存者三千餘國，方於塗山，十損其七。其後紂作淫虐，周武王致商之罪，一戎衣而天下治，定五等之封，凡千七百七十三國，又減湯時千三百國。

論說

《周易·屯》 元亨，利貞。勿用有攸往。利建侯。注：得主則定。《正義》：利建侯者，以其屯難之世，世道初創，其物未寧，故宜利建侯，以寧之。唐李鼎祚《集解》：虞翻曰：震爲侯初，剛難拔，故利以建侯。老子曰『善建者不拔』也。

《象》曰：【略】雷雨之動滿盈，天造草昧，宜『建侯』而不寧。注：《屯》體不寧，故利建侯也。《屯》者，天地造始之時也，造物之始，始於冥昧，故曰『草昧』也。處造始之時，所宜之善，莫善建侯也。《正義》：于此草昧之時，王者當法此《屯卦》，宜建立諸侯，以撫恤萬方之物，而不得安居無事。唐李鼎祚《集解》：荀爽曰：天地初開，世尚屯難，震位承乾，故宜建侯；動而遇險，故不寧也。干寶曰：水運將終，木德將始，殷周際也。百姓盈盈，匪君子不寧。天下既遭屯險之難，後王宜蕩之以雷雨之政，故封諸侯以寧之也。

初九：磐桓。利居貞。利建侯。注：處屯之初，動則難生，不可以進，故磐桓也。處此時也，其利安在？不唯居貞建侯乎！夫息亂以靜，守靜以侯，安民在正，弘正在謙。屯難之世，陰求於陽，弱求於强，民思其主之時也。初處其首而又下焉，爻備斯義，宜其得民也。

又《豫》 利建侯行師。《正義》：動而衆説，故可利建侯也。以順而動，不加無罪，故可以行師也。唐李鼎祚《集解》：鄭玄曰：【略】《震》又謂雷，諸侯之象；《坤》又爲衆，師役之象，故利建侯行師矣。

又《比·象》 地上有水，《比》。先王以建萬國，親諸侯。注：萬國以比建，諸侯以比親。《正義》：建萬國，謂割土而封建之。親諸侯，謂爵賞恩澤而親友之。萬國據其境域，故曰建也。諸侯謂其君身，故云親也。

《子夏易傳》卷一《比》 地載水而澤也，水得地而安也，下得上而寧也，上得下而位也。故先王建萬國，和親諸侯，然後天下安也。

宋·歐陽修《易童子問第一》 童子問曰：地上有水，《比》。先王以建萬國，親諸侯。何謂也？曰：王氏之《傳》曰：萬國以比建，諸侯以比親，得之矣。蓋王者之於天下，不可以獨比也，故建爲萬國。君以諸侯使其民，各比其君，而萬國之君共比於王，則視天下如身之使臂，臂之使指矣。

宋·程頤《伊川易傳》卷一《比》 先王觀《比》之象，以建萬國，親諸侯。建立萬國，所以比民也；親撫諸侯，所以比天下也。

宋·朱震《漢上易傳》卷一《比》 建萬國者，衆建也。建萬國則民比其國君，親諸侯則國君比于天子。封建自上古聖人，至於三代不廢，享國久長；秦罷侯置守，二世而亡。此封建不可廢之驗也，患封建不得其道耳。得其道者，建萬國是已。夏承唐虞，執玉帛者萬國；成湯之時，七千七百七十三國；成周，千八百國。而夫子必曰建萬國者，衆建諸侯而少其力也。衆建則多助，少其力則易制。觀此則《周官》諸侯之制，疑若非周公之意也。

宋·李光《讀易詳説》卷二《比》 聖人觀此象，故建萬國，親諸侯，小大强弱不相陵犯，或以德懷，或以力制，咸親比于我矣。自堯舜三代，不敢廢也。至秦幷吞諸侯而郡縣之。一夫叫號，天下響應，孰有親比于我者？

宋·郭雍《郭氏傳家易説》卷一《比》 先人曰：民之有君，諸侯之有王，非先王創治而有之，皆出于自然之勢，此先王封建之本也。梁襄王曰：天下惡乎定？孟子曰：定于一。一者，王也。方地上有水，非澤之所鍾，散而相親，則各有所比，先王以是建萬國，親諸侯，王道之本也。觀禹會諸侯于塗山，執玉帛者萬國；周成王時，助祭者千八百國；春秋之時，見于經者止百二十四國；其後離爲十二，合爲六七，卒幷于秦。數百年間，吞噬屠滅殆盡，凡以天下無王故也。故《易》之有《比》，《春秋》之書王，其義一也。

宋·林栗《周易經傳集解》卷四《比》 民聚則爲師，及其散也，或爲方伯之國，或爲子男之邦，而莫不比於王，此先王所以建萬國，親諸侯也。

宋·王宗傳《童溪易傳》卷六《比》 嗚呼！吾觀《比》之象，而知君民相須之勢，不容髮也。夫萬物之所以比者，地也，然求其勢之相比，而無間然者，則莫水若也，子夏《傳》曰『地得水而柔，水得地而流』是也。君民之勢亦然。先王於是建萬國，親諸侯，使上下遠近，脈絡相通，則君民之勢，交相比矣。蓋國者，所以域民也；侯者，所以君國也。建萬國，則君之所親者諸侯，而諸侯之所親者民，四方萬里之遠，不患其不相比也。或曰後世罷諸侯而置守令，其與先王之勢同乎異乎？曰：後世之心，患諸侯之難制也，故守且令焉，而分茅胙土之恩薄矣。守令有過，則賜之一札，奔命而服罪之不暇，得保終，更則亦指日以求去。此易制之法也，然更易紛紛，官吏民情，愈不相親矣。

宋・趙以夫《易通》卷一《比》　地上之水，支流必入於江河，江河必朝宗于海。諸侯者，萬國之君也。率土之濱，莫非王臣，以厥臣達王，惟邦君建萬國，親諸侯，所以合比之勢也。

元・胡震《周易衍義》卷三《比》　《易》之有《比》，《春秋》之書王，其義一也。治莫先於親比，比莫大於封建。聖人選建明德，褒表親賢，分之以土，胙之以國，使之各守其疆宇，各撫其人民。以脤膰之禮，親兄弟之國；以慶賀之禮，親異姓之國。朝宗覲遇，會同而問，視内外相比，小大相維。自上比下之道既盡，自下比上之道亦不容外也。建諸侯以比民，而天子所親者諸侯，這便是他比天下之道。

元・陳應潤《周易爻變易緼》卷二《比》　水比于地，如民之依比于君也，夫四海之廣，兆民之衆，人君豈能獨治？所以建萬國，親諸侯，爲比之主也。

元・趙汸《周易文詮》卷一《比》　水比于地，不容有間，《比》象也。先王以爲得天下易，保天下難；以一人親天下難，以天下親天下易，于是衆建萬國而設巡狩朝聘之典以親諸侯，令其承宣德意，各親其民，則下情不阻于上達，君恩不壅于下流，有以比天下而無間矣。

明・吴桂森《周易像象述》卷二《比》　地五方異氣、高下、燥濕之不同，血脉則流貫而通于一，水是也。故地上有水，《比》象。萬國之民氣稟、習俗之不同，其血脉亦流貫而通于一，心是也。故建萬國，親諸侯，欲使上下之心常得流通如地上之水也。天子得諸侯心，與民通，《坎》象；民得諸侯心，與天子通，《坤》象。

清・牛鈕等《日講易經解義》卷三《比》　此《象》傳是言先王體《比》象，而能盡比天下之道也。孔子釋《比・象》曰：地上有水。水比於地，不容有間，有《比》之象，先王觀《比》之象而得比天下之道焉。謂天下可以一人統之，而不可以一人治之。乃列爵分土，而建爲公、侯、伯、子、男之國，又恐遠近不同化，幽隱不得達，制爲巡狩、述職之典，以親諸侯，令其承宣德意，恩澤下流。天子以親天下者，而親諸侯；諸侯以親天下者，而報天子。如此則有以比天下而無間矣。按人君以一身居九重之上，萬國之廣，人民之衆，安得一一而親比之？故建國親侯，乃比天下之大權，實比天下之要道也。漢賈誼論衆建諸侯，令海内之勢如身之使臂，臂之使指，莫不制從。其得比天下之道者哉！

清・魏荔彤《大易通解》卷三《比》　先王何以處此地、此水乎？然則建國親侯，不能免矣。至於萬國不能統者，分田制禄，所比者寧有幾所不來？比者廣矣衆矣，於是既頒以公侯伯子男之爵，復定王畿、綏甸、要荒之界，爲方伯連帥以紀綱之，伯叔甥舅以聯絡之，先親其本支，以及百世，次親其夾輔，以及屏藩。巡狩則有慶罰，述職則有黜陟，親有功有德者數侯，而諸侯無不親矣。是親諸侯，乃建萬國之要，而建萬國，乃萬邦協和、黎民於變時雍之極致也。

清・惠棟《九經古義》卷一《周易古義》　比，輔也，輔成五服，此建萬國之象。比，比也，有孚盈缶，此親諸侯之象。所謂先王者，其夏后氏乎！

《周易・震・象》　『震驚百里』，驚遠而懼邇也。『不喪匕鬯』，出可以守宗廟社稷，以爲祭主也。唐李鼎祚《集解》：干寶曰：周木德，《震》之正象也，爲殷諸侯。殷諸侯之制，其地百里，是以文王小心翼翼，昭事上帝，聿懷多福，厥德不回，以受方國，故以百里而臣諸侯也。爲諸侯故主社稷，爲長子而爲祭主也。

《孝經援神契》　王者之後稱公，大國稱侯，皆千乘，象雷震百里。

《論語讖考》　雷震百里，聲相附。宋均注：雷動百里，故因以制國也。雷聲謂諸侯之政教，所至相附也。

明・梅鼎祚《東漢文紀》卷一《博士丁恭議》　古帝王封諸侯，不過百里，故利以建侯，取法於雷，强榦弱枝，所以爲治也。

《古文苑》卷一一《〔漢〕酈炎〈對事〉》　問者因又謂炎曰：『古者聖人封建諸侯，皆云百里取象於雷，雷何取也？』炎曰：『《易・震》爲雷，亦爲諸侯，雷震驚百里。」曰：「何以知之？」炎曰「以其數知之。夫陽動爲九，其數卅六；陰静爲八，其數卅二。震一陽動，二陰静，故曰百里。」問者稱善。

宋・王應麟編《周易鄭康成注・震》 雷發聲，聞於百里，古者諸侯之象。諸侯之出教令，能警戒其國疆之内，則守其宗廟社稷，爲之祭主，不亡其匕與鬯也。

清・余蕭客《古經解鉤沉》卷二下《周易下・震》 王肅注：在有靈而尊者莫若於天，有靈而貴者莫若於王，有聲而威者莫若於雷，有政而嚴者莫若於侯。是以天子當《乾》，諸侯用《震》。地不過一同，雷不過百里，政行百里，則匕鬯亦不喪祭祀，國家大事不喪，宗廟安矣。處則諸侯執其政，出則長子掌其祀。

《春秋穀梁傳・襄公二十九年》 仲孫羯會晉荀盈、齊高止、宋華定、衛世叔儀、鄭公孫段、曹人、莒人、邾人、滕人、薛人、小邾人城杞。《傳》：古者天子封諸侯，其地足以容其民，其民足以滿城以自守也。

《墨子》卷三《尚同上》 子墨子言曰：【略】天子、三公既以立，以天下爲博大，遠國異土之民，是非利害之辯不可一二而明知，故畫分萬國，立諸侯國君。

又 卷三《尚同中》 天子三公既已立矣，以爲天下博大，山林遠土之民不可得而一也，是故靡分天下，設以爲萬諸侯國君，使從事乎一同其國之義。

又 卷三《尚同下》 三公又以其知力爲未足獨左右天子也，是以分國建諸侯。

又 卷五《非攻下》 則夫好攻伐之君又飾其説以非子墨子曰：「子以攻伐爲不義，非利物與？昔者楚熊麗始討此睢山之間，越王緊虧，出自有遽，始邦於越。唐叔與呂尚，邦齊晉。此皆地方數百里，今以并國之故，四分天下而有之。是何故也？」子墨子曰：「子未察吾言之類，未明其故者也。古者天子之始封諸侯也，萬有餘。今以并國之故，萬國有餘皆滅，而四國獨立。此譬猶醫之藥萬有餘人，而四人愈也，則不可謂良醫矣。」

《戰國策》卷一一《齊四》 觸聞古大禹之時，諸侯萬國。何則？德厚之道，得貴士之力也。故舜起農畝，出於野鄙，而爲天子；及湯之時，諸侯三千。當今之世，南面稱寡者乃二十四。由此觀之，非得失之策與？稍稍誅滅，滅亡無族之時，欲爲監門閭里，安可得而有乎？

《荀子》卷一一《彊國篇》 古者百王之一天下，臣諸侯，未有過封内千里者也。

又 卷六《富國篇》 古有萬國，今有十數焉。是無他故焉，其所以失之，一也。唐楊倞注：皆以貪失之也。

又 卷一九《大略篇》 天之生民，非爲君也；天之立君，以爲民也。故古者列地建國，非以貴諸侯而已；列官職，差爵禄，非以尊大夫而已。

《呂氏春秋》卷一七《慎勢》 衆封建，非以私賢也，所以便勢全威，所以博義。義博利則無敵，無敵者安。故觀於上世，封建衆者，其福長，其名彰。神農十七世有天下，與天下同之也。王者之封建也，彌近彌大，彌遠彌小，海上有十里之諸侯。以大使小，以重使輕，以衆使寡，此王者之所以家以完也。故曰：以滕、費則勞，以鄒、魯則逸，以宋、鄭則猶倍日而馳也，以齊、楚則舉而加綱旃而已矣。所用彌大，所欲彌易。

《六韜》卷二《武韜・文啓》 古之聖人，聚人而爲家，聚家而爲國，聚國而爲天下。分封賢人，以爲萬國，命之曰大紀。陳其政教，順其民俗，羣曲化直，變于形容，萬國不通，各樂其所，人愛其上，命之曰大定。

漢・董仲舒《春秋繁露》卷一〇《諸侯》 生育養長，成而更生，終而復始，其事所以利活民者無已。天雖不言，其欲贍足之意可見也。古之聖人見天意之厚於人也，故南面而君天下，必以兼利之爲。其遠者目不能見，其隱者耳不能聞，於是千里之外，割地分民而建國立君，使爲天子視所不見，聽所不聞，朝者召而問之也。諸侯之爲言，猶諸侯也。

又 卷八《爵國》 然則其地列奈何？曰：天子邦圻千里，公侯百里，伯七十里，子男五十里，附庸字者方三十里，名者方二十里，人氏者方五十里。

《史記》卷一八《高祖功臣侯者年表》 太史公曰：【略】《書》曰「協和萬國」，遷于夏商，或數千歲。蓋周封八百，幽、厲之後，見於《春秋》。《尚書》有唐虞之侯伯，歷三代千有餘載，自全以蕃衛天子，豈非篤於仁義，奉上法哉！

《春秋元命包》 王者封國，上應列宿之位。宋均注：若角、亢爲鄭，房、心爲宋之比。其餘小國不中星辰者，以爲附庸。注：象星辰大小也。

《孝經緯》 古之所謂氏者，國也。

《漢書》卷一六《高惠高后文功臣表》 自古帝王之興，曷嘗不建輔弼之臣，所與共成天功者乎！【略】善乎杜業之納説也，曰：昔唐以萬國，致時雍之政。虞夏以之多羣后，饗共己之治。湯法三聖，殷氏太平，周封八百，重譯來賀。是以内恕之君，樂繼絶世，隆名之主，安立亡國，至於不及下車，德念深矣！成王察牧野之克，顧羣后之勤，知其恩結於民心，功光於王府也，故追述先父之志，録遺老之策，高其位，大其寓，愛敬飭盡，命賜備厚，大孝之隆，於是爲至，至其没也，世主歎其功無民而不思。所息之樹，且猶不伐，況其廟乎！是以燕齊之祀，與周並傳，子繼弟及，歷載不墮。豈無刑辟？繇祖之竭力，故支庶賴焉。

又 卷九九上《王莽傳上》 莽乃上奏曰：明聖之世，國多賢人，故唐虞之時可比屋而封，至功成事就，則加賞焉。至于夏后塗山之會，執玉帛者萬國，諸侯執玉，附庸執帛。周武王孟津之上，尚有八百諸侯。周公居攝，郊祀后稷，以配天宗，祀文王於明堂，以配上帝，是以四海之内各以其職來祭，蓋諸侯千八百矣。《禮記·王制》千七百餘國，是以孔子著《孝經》曰：不敢遺小國之臣，而況於公侯伯子男乎！故得萬國之歡心，以事先王，此天子之孝也。

漢·班固《白虎通義》卷四《封公侯》 王者立三公、九卿、二十七大夫，足以教道照幽隱，必復封諸侯何？重民之至也，善惡比而易知，故擇賢而封之，以著其德，極其才。上以尊天子，備蕃輔，下以子養百姓，施行其道。開賢者之路，讓不自專，故列土封賢，因而象之，象賢重民也。【略】

諸侯封不過百里，象雷震百里所潤雲雨同也。雷者，陰中之陽也，諸侯象焉。諸侯比王者爲陰，南面賞罰爲陽，法雷也。七十里、五十里，差德功也。【略】

王者卽位，先封賢者，憂民之急也。故列土爲疆，非爲諸侯；張官設府，非爲卿大夫，皆爲民也。《易》曰『利建侯』，此言因所利，故立之。《樂記》曰：『武王克殷反商，下車封夏后氏之後於杞，投殷人之後於宋，封王子比干之墓，釋箕子之囚。』天下太平，乃封親屬者，示不私也。卽不私，封之何？『普天之下，莫非王土。率土之濱，莫非王臣。』海内之衆已盡得使之，不忍使親屬無短足之居，一人使封之，親親之義也。以《尚書》封康叔，據平安也。王者始起，封諸父昆弟，示與己共財之義，故可與共土地。

漢·王充《論衡》卷八《藝增篇》 《尚書》『協和萬國』，是美堯德致太平之化，化諸夏并及夷狄也。言協和方外，可也；言萬國，增之也。夫唐之與周，俱治五千里内。周時諸侯千七百九十三國，荒服、戎服、要服及四海之外不粒食之民，若穿胸、儋耳、焦僥、跂踵之輩，并合其數，不能三千。天之所覆，地之所載，盡於三千之中矣。而《尚書》云萬國，褒增過實，以美堯也。欲言堯之德大，所化者衆，諸夏、夷狄莫不雍和，故曰萬國，猶《詩》言『子孫千億』矣。

漢·許慎《説文解字·口部》 國。邦也。清段玉裁注：邑部曰：『邦，國也。』按邦、國互訓，渾言之也。《周禮》注曰：『大曰邦，小曰國。邦之所居，亦曰國。』析言之也。

漢·劉熙《釋名》卷二《釋州國》 大曰邦。邦，封也，封有功於是也。

漢·鄭玄《周禮·天官·大宰》『邦國』注 大曰邦，小曰國。邦之所居亦曰國。唐·陸德明《音義》：于云：國，天子諸侯所理也；邦，疆國之境。唐賈公彦疏：《周禮》凡言邦國者，皆是諸侯之國。此言大曰邦，小曰國者，止據此文『邦』在上，『國』在下，故爲此解。案《儀禮·覲禮》云『同姓大國，異姓小邦』，則邦、國大小通也。又云『邦之所居亦曰國』，卽據王國而言，故上云惟王建國，匠人營國，方九里，與《典命》國家，皆是邦之所居，亦曰國也。

漢·鄭玄《駁五經異義·萬國》 《異義》：《公羊》説殷三千諸侯，周八百諸侯。古《春秋左氏傳》説禹會諸侯于塗山，執玉帛者萬國。唐虞之地萬里，容百里地萬國。其侯伯七十里，子男五十里，餘爲天子閒田。謹案《易》曰：萬國咸寧。《書》云：協和萬邦。從《左氏説》。

駁曰：諸侯多少，異世不同。萬國者，謂唐虞之制也。武王伐紂，三分有二千八百諸侯，則殷末諸侯千八百也。至周公制禮之後，準《王制》千七百七十三國而言，周千八百者，舉其全數。

三國魏·鄭小同《鄭志》卷上 陶謨注云：堯初制五服，更五百里；禹所弼，每服五百里，故始有百里之封焉，猶用要服之内爲九州，州立十二人爲諸侯師，蓋百國一師，則州十有二師，則每州千二百國也。八州，九千六百國，其餘四百國在畿内。趙商問云：以《王制》論之，畿内之國有百里，有七十里，有五十里，今率以下等計之，又有王城、關遂、郊野、卿大夫之采地，數不在中。今就四百，似頗不合。答云：三代異物，《王制》之法，唐虞或不盡然。堯舜之德，守在四疆，鄉遂有無，無以言也。公卿大夫有舊禄者，其四百國，非采地爲何？王城之大，郊關之處幾何，而子責急也。

南朝梁・蕭統《文選》卷五二《［魏］曹冏〈六代論〉》 夫與人共其樂者，人必憂其憂；與人同其安者，人必拯其危。先王知獨治之不能久也，故與人共治之；知獨守之不能固也，故與人共守之。兼親疏而兩用，參同異而並進，是以輕重足以相襲，親疏足以相衛，并兼路塞，逆節不生。及其衰也，桓、文帥禮，苞茅不貢，齊師伐楚，宋不城周，晉戮其宰，王綱弛而復張，諸侯傲而復肅。二霸之後，寖以陵遲，吳、楚憑江，負固方城，雖心希九鼎而畏迫宗姬，姦情散於胸懷，逆謀消於脣吻。斯豈非信重親戚，任用賢能，枝葉碩茂，本根賴之與？自此之後，轉相攻伐，吳并於越，晉分爲三，魯滅於楚，鄭兼於韓。暨乎戰國，諸姬微矣，唯燕、衛獨存，然皆弱小，西迫彊秦，南畏齊楚，救於滅亡，匪遑相卹。至於王赧，降爲庶人，猶枝榦相持，得居虛位，海内無主四十餘年。秦據埶勝之地，騁譎詐之術，征伐關東，蠶食九國，至於始皇，乃定天位。曠日若彼，用力若此，豈非深根固蔕，不拔之道乎？《易》曰『其亡其亡，繫于苞桑』，周德其可謂當之矣。

晉・陸機《陸士衡文集》卷一〇《五等諸侯論》 夫先王知帝業至重，天下至曠，曠不可以偏制，重不可以獨任，任重必於借力，制曠終乎因人。故設官分職，所以輕其任也；並建五長，所以弘其制也。於是乎立其封疆之典，裁其親疏之宜，使萬國相維，以成磐石之固；宗庶雜居，而定維城之業。又有以見綏世之長御，識人情之大方，知其爲人不如厚己，利物不如圖身，安上在於悦下，爲己在乎利人。故《易》曰：『悦以使民，民忘其勞。』孫卿曰：『不利而利之，不如利而後利之之利也。』是以分天下以厚樂，而己得與之同憂；饗天下以豐利，而我得與之共害。利博則恩篤，樂遠則憂深，故諸侯享食土之實，萬國受世及之祚矣。夫然，則南面之君各務其治，九服之民知有定主，上之子愛於是乎生，下之體信於是乎結。世治足以敦風，道衰足以禦暴，故强毅之國不能擅一時之勢，雄俊之士無所寄霸國之志，然後國安由萬邦之思治，主尊賴羣后之圖身，譬猶衆目營方，則天網自昶；四體辭難，而心膂獲乂。三代所以直道，四王所以隆業也。夫盛衰隆敝，理所固有。教之廢興，繫乎其人。願法期於必涼，明道有時而闇。故世及之制敝於强禦，厚下之典漏於末折，侵弱之釁遘自三季，陵夷之禍終於七雄。

《晉書》卷三八《宣五王・齊獻王攸傳》 攸奏議曰：昔聖王封建萬國，以親諸侯，軌跡相承，莫之能改，誠以君不世居，則人心偷幸；人無常主，則風俗僞薄。

唐・孔穎達《禮記・王制》正義 案《元命包》云：『王者封國，上應列宿之位。』注云：若角、亢爲鄭，房、心爲宋之比。』又云：『其餘小國不中星辰者，以爲附庸。』是象星辰大小也。非但象星辰，其百里者又象雷。故《援神契》云：『王者之後稱公，大國稱侯，皆千乘，象雷震百里。』是取法於雷也。其七十里者，倍減於百里；五十里者，倍減於七十里。故《孝經》云：『德不倍者，不異其爵，功不倍者，不異其土。』故轉相半，别優劣云。

宋・姚鉉《唐文粹》卷三四《朱敬則〈五等論〉》 聖人知俗之漸化也，王道之已行也，於是體國經野，庸功勳親，分山裂河，設盤石之固，内守外禦，有維城之基，連結徧於城中，膠葛盡於封内。雖道昏時喪，澤竭政塞，鄭伯逐王，申侯殺主，魯不供物，宋不城周，吳徵百牢，楚問九鼎，小白之一匡天下，重耳之一戰諸侯，無君之迹顯然，篡奪之謀中寢者，直以周禮尚存，簡書不隕，故曰『不敢失墜，天威在顔。』自春秋之後，禮義漸頽，風俗塵昏，愧恥心盡，疾走先得者爲上，奪攘知命者爲能；加以八世專齊，三家分晉，子貢之亂五國，蘇秦之鬭七雄，苛刻薄興，經籍道息，莫不長詐術，貴攻戰，萬姓皆戴爪牙，無人不屬犄距，所以商鞅欺故友，李斯囚舊交，孫臏喪足于龐涓，張儀得志於陳軫。一旅之衆，便欲稱王；再戰之雄，争來奉帝。先王會盟之禮，昔時樽俎之容，三代之風掃地盡矣。

宋・王溥《唐會要》卷四七《封建雜録下》 劉秩《政典》曰：【略】故建侯者，所以正家嫡，安父子之分，使不相猜貳，豈藩屏王室而已哉？夫先王之尚封建也，非止貴於永久，貴其從化而省刑。

唐・柳宗元《柳河東集》卷三《封建論》 天地果無初乎？吾不得而知之也。生人果有初乎？吾不得而知之也。然則孰爲近？曰：有初爲近。孰明之？由封建而明之也。彼封建者，更古聖王堯、舜、禹、湯、文、武而莫能去之，蓋非不欲去之也，勢不可也。勢之來，則其生人之初乎？不初，無以有封建。封建，非聖人之意也。彼其初，與萬物皆生。草木榛榛，鹿豕狉狉，人不能搏噬，而且無毛羽，莫克自奉自衛。荀卿有言：『必將假物，以爲用者也。』夫假物者必爭，爭而不已，必就其能斷曲直者而聽命焉。其智而明者，所伏必衆，告之以直而不改，必痛之而後畏，由是君長刑政生焉。故近者聚而爲羣，羣之分，其爭必大，大而後有兵。有德又有大者，衆羣之長又就而聽命焉，以安其屬，於是有諸侯之列。則其爭又有大者焉，德又有大者，諸侯之列又就而聽命焉，以安其封，於是有方伯、連帥之類。則其爭又有大者焉，德又有大者，方伯、連帥之類又就而聽命焉，以安其人，然後天下會於一。是故有里胥而後有縣大夫，有縣大夫而後有諸侯，有諸侯而後有方伯、連帥，有方伯、連帥而後有天子。自天子至於里胥，其德在人者死，必求其嗣而奉之，故封建，非聖人意也，勢也。

夫堯、舜、禹、湯之事遠矣，及有周而甚詳。周有天下，列土田而瓜分之，設五等，邦羣后，布履星羅，四周於天下，輪運而輻集。合爲朝覲會同，離爲守臣扞城。然而降於夷王，害禮傷尊，下堂而迎覲者；歷於宣王，挾中興復古之德，雄南征北伐之威，卒不能定魯侯之嗣；陵夷迄於幽、厲，王室東徙而自列爲諸侯矣。厥後問鼎之輕重者有之，射王中肩者有之，伐凡伯、誅萇弘者有之。天下乖盭，無君君之心。余以爲周之喪久矣，徒建空名於公侯之上耳。得非諸侯之盛强，末大不掉之咎歟？遂判爲十二，合爲七國，威分於陪臣之邦，國殄於後封之秦，則周之敗端，其在乎此矣。【略】

或者又以爲殷周，聖王也，而不革其制，固不當復議也。是大不然。夫殷周之不革者，是不得已也。蓋以諸侯歸殷者三千焉，資以黜夏，湯不得而廢；歸周者八百焉，資以勝殷，武王不得而易。徇之以爲安，仍之以爲俗，湯武之所不得已也。夫不得已，非公之大者也，私其力於己也，私其衛於子孫也。

宋·蘇轍《古史》卷七《秦始皇本紀》 蘇子曰：諸侯之興，自生民始矣。至始皇滅六國，而五帝三代之諸侯，埽地無復遺者。非秦能滅諸侯，而勢之隆汙，極於此矣。昔禹會諸侯於塗山，執玉帛者萬國，傳商及周文、武之間，止千七百餘國。夫人之必爭，强弱之必相吞滅，此勢之必至者也。彼非諸侯，獨能自存，聖賢之君，時出而齊之，是以强者不敢肆，弱者有以自立。蓋自禹五世而得少康，自少康十二世而得湯，自湯六世而得大戊，自大戊十三世而得武丁，自武丁八世而得周文、武。當是時，雖有强暴，諸侯不得以力加小弱，然虞夏諸侯，亡者已十八九矣。自文武、成康以來三十有三世，獨一宣王能紀綱諸夏。幽平以後，諸侯放恣，春秋之際，存者百七十餘國而已。雖齊桓、晉文迭興，以會盟征伐持之，而道德不足，其身所攻滅，蓋已多矣。陵遲至於六國，獨有宋、衛、中山、泗上諸侯在耳。地大兵强，皆務以詐力相傾，雖使桓文復生，號令將有所不行，非有盛德之君不足以懷之矣，是以至於蕩滅無餘而後止。

宋·胡宏《知言》卷六 『利建侯』者，文王之所以著於《屯》之《彖》也，所以著於《豫》之《彖》也。『宜建侯』者，孔子所以著於《屯》之《象》也。『利建侯』者，周公之所以著於《屯》之《爻》也。『先王以建萬國，親諸侯』，孔子所以著於《比》之《大象》也。

封建之法，本於鴻荒之世，羣雄之所以自立者也。法始於黄帝，成於堯舜，夏禹因之，至桀而亂，成湯興而修之，天下以安。至紂而又亂，文王、武王興而修之，天下亦以安。至幽王而又亂，齊桓、晉文不能修而益壞之，故天下紛紛不能定。及秦始皇而掃滅之，故天下大亂，争起而亡秦，猶反覆手於須臾間也。

黄帝堯舜安天下，非封建一事也，然封建其大法也；夏禹成湯安天下，亦非封建一事也，然封建其大法也；文王武王安天下，亦非封建一事也，然封建其大法也；齊桓晉文之不王，非一事也，然不能封建，其大失也；秦二世而亡，非一事也，然掃滅封建，其大繆也。故封建也者，帝王之所以順天理，承天心，公天下之大端大本也。不封建也者，霸世暴主之所以縱人欲，悖天道，私一身之大孽大賊也。今人聞黄帝、堯舜、禹湯、文王、武王則尊之貴之，以爲聖人；聞齊桓、晉文則訾之笑之，以爲霸者；聞始皇、胡亥則鄙之賤之，以爲小人之雄爾。及聖人所行則不從，而霸者暴人之所行則從之，歷代不能改，是何也？弗思之甚也。

宋·羅泌《路史》卷二九《國名紀六·三皇之世》 萬，盈數也。《易》之《比》曰：『先王以建萬國』。堯協萬邦，以其號數之多也。而塗山之會，贄玉帛且萬數，則古嘗萬國矣。粵自黄帝畫埜分壇，方割萬里，得百里之國萬區，而劉恕遽摘其非，謂百里者萬，非方十萬里有不能容，是殆尺分之也。國界之分，直依枰罫，枰罫之勢，百里者萬，特方一萬里爾。是故方十里者，爲方一里者百；方百里者，爲方十里者百；方千里者，爲方百里者百；方萬里者，爲方千里者百；方百里者，萬矣。雖然，虞夏之前，四正疆理，東止郎邪之海，西積石之河，五千而縮；南至衡山，北泊單于府，五千而贏。使皆封建百里之國，惟堪二千五百。縱並遼東、勃海、長城，外盡契丹、高句驪，積石塞，黑水靺鞨流沙之地，亦不能五千國。況古百里，當今百二十一里六十步，烏得所謂萬區百里國哉？蓋古嘗有萬國之制，而非皆百里也。故《呂覽》言神農封建，彌近彌大，彌遠彌小，海上乃有十里之邦，以大運小，要如臂使指者。而孔子亦曰：安見方六七十，如五六十而非邦者？是衰周時，列國雖足强大，猶有不五十者。然則古之萬國，從可知矣。執玉者不皆百里，則執帛者安能皆五十哉？伯七十里，則百里可二；子、男五十，則百里可四矣。

宋・黎靖德《朱子語類》卷八七《禮四・小戴禮・王制》 《王制》四海之内九州，州方千里，及論建國之數，恐只是諸儒做箇如此筭法，其實不然。建國必因其山川形勢，無截然可方之理。又冀州最闊，今河東、河北數路，都屬冀州。雍州亦闊，陝西、秦鳳皆是。至青、徐、兗、豫四州，皆相近，做一處，其疆界又自窄小，其間山川險夷又自不同，難槩以三分去一言之。如三代封建其間，若前代諸侯先所有之國土，亦難爲無故去滅削他。所以周公之封魯，太公之封齊，去周室皆遠，是近處難得空地，偶有此處空隙，故取以封二公。不然，何不只留封近地，以夾輔王室？《左氏》載齊本爽鳩氏之地，其後蒲姑氏因之，而後太公因之；又《史記》載太公就封，萊人與之争國。當時若不得蒲姑之地，太公亦未有安頓處。

又　卷九〇《禮七・祭》 如封建，夏商以前只是百里，到周方是諸公方五百里，諸侯方四百里，諸伯方三百里，諸子方二百里，諸男方百里。恁地却取四國地來，方添成一國，那四國又要恁地，却何處討那地來？

宋・曾丰《緣督集》卷一六《策問》 黄帝畫野分州，得百里之國萬區，歷高陽、高辛、堯、舜，凡三百八十九年，始至禹。其間經兵戹水患多矣，而塗山之會，萬國如初，豈兵與水偶無廢壞，幸猶全邪？抑隨廢隨置，隨壞隨補，不令損邪？禹之初萬國，自禹訖桀四百七十一年耳，僅二千餘國猶存，蓋十損七矣。商之初，凡制爲一千七百七十三國，自湯迄紂五百九十六年耳，僅八百國猶存，蓋十損六矣。周之初，凡制爲一千八百國，自武王至春秋三百六十餘年，僅千二百國猶存，蓋三損一矣。自春秋至赧王五百餘年耳，所謂千二百國，僅百有七十猶存，蓋七損六矣。通周而計之，自初迄終，十損九矣。夫三代之主，大率賢聖，雖不能無兵戹而未嘗有水患，顧封國之損，或十六，或十七，或十九，豈祖宗固結之德，厚薄有差邪？抑子孫維持之政，或善或否邪？

又　卷一七《李季牖輿地新書序》 疆理之制，始乎伏羲，成乎黄帝，至周而大備，至於東周寖壞矣。凡物之壞，未有不變者也。故周而上封建，秦而下郡縣，秦而下未久可放也。周而上則或可放，或不可放矣。春秋之初，周之列國猶有千二百存焉，訖獲麟，則千二百國見於經傳者百有七十，百三十九知其所，三十一亡其處。嗚呼！春秋二百四十二年耳，千二百之中，地若名俱可放者，纔百三十九，而俱不可放者，至於一千三十，蓋十無二矣。等而上之，比周之初千八百國，十無一矣。又等而上，之比商之初三千國，百無三四矣。又等而上之，比塗山之會，黄帝畫野分州凡萬國，百無一二矣。合五帝三王二千年間，率百無一二可考，況自黄帝等而上之，又有無窮之往，古率千萬，猶恐無一二也。秦而下疆理之制，具於史，互見於百家傳記，十猶八九可考。雖然，更代爲一書，而百家傳記則人立一説者焉。夫代爲一書，則先後散；人立一説，則是非雜。十猶八九可考，顧第未久耳；等而下之，又有無窮之來今，散與雜不止也，則安保其終之不與黄帝等而上者類耶？余竊病之久矣。

宋・程公説《春秋分記》卷二五《疆理書第一・序》 昔在黄帝，旁行天下，方制萬里，畫野分州，得百里之國萬區。唐虞稽古，協和萬邦，至於夏殷，亡所變更。周既克殷，監於二代，損益莫詳焉。大司徒掌建邦之土地之圖，以天下土地之圖周知九州之地域，廣輪之數；職方氏掌天下之圖，以掌天下之地。蓋以土地至廣，大司徒特以圖而知天下土地之數，則要在於上也。職方氏掌圖而又按其圖以掌天下之地，則詳在於下也。方國各自圖之，以入於大司徒。職方氏則謂之天下之圖，大司徒合而圖之，則謂之建邦土地之圖。蓋規爲千里，以爲甸服，供祀制用，以待不庭不虞之患。其餘以均分，公、侯、伯、子、男使各有寧宇，小大相維，以蕃王室，相與至於無窮。宗周滅於幽王，岐豐方八百里盡失之。平王東遷洛邑，纔方六百里。禮樂征伐自諸侯出，職貢不入於王府，命令不行於中國。孔子懼，作《春秋》，斷自隱公始，傷王者之迹熄而雅道亡，變風作，刑政不出於河洛間也。自時厥後，惠王割虎牢以畀鄭，割酒泉以畀虢；襄王舉河内陽樊、温、原、欑茅之田，以與晉文公，王畿日以朘削。諸侯彊者幷，弱者滅，幷則益以大，滅則不復見。《春秋》書侵、伐、戰、圍、入、取，甚者莫極於滅。仇黨盛，戰争興，古制泯没，愈不足證，職此其由。抑嘗考受地之制矣。《書・武城》曰：列爵惟五，分土惟三。《王制》、《孟子》皆曰天子之田方千里，公侯田方百里，伯七十里，子男五十里，不能五十里不達於天子，附於諸侯，曰附庸。而質之《周官》公五百里，侯四百里，伯三百里，子二百里，男百里，地制太廣，與《書》、《王制》、《孟子》之言不合。鄭氏以爲包附庸而言，深求其故，理或有之。夫公侯百里，伯七十里，子男五十里，此唐虞三代通制，非特周爲然。故湯以七十里，文王以百里，則未有過於百里者也。禹會諸侯于塗山，執玉帛者萬國，而商湯之興，有三千餘國，是四百年間，其相吞滅者衆矣。逮武王之興，成王、周公繼之，封建有加，止千七百餘國。是六百年間，其相吞滅者又幾半矣，而謂無損益變通，則固哉之説也。大抵周初諸侯封域稍廣者，武王、成王、周公不能奪其地，而新封之國又不欲更變古制，雖曰百里而附庸之國居多，其自黄帝、堯舜以來，世變至此故歟？《孟子》曰：周公之封於魯，爲方百里也，地非不足也，而儉於百里。大公之封於齊也，亦爲方百里也，地非不足也，而儉於百里。然管仲曰：賜我先君履，東至於海，西至於河，南至於穆陵，北至於無棣，則非百里之封疆也。《詩》曰：錫之山川，土田附庸。奄有龜蒙，遂荒大東。則亦非百里之封疆也。古謂天子之地象日月，諸侯之地象雷震，則《周官》五百里以至百里，爲兼附庸，明矣。鄭氏之説不爲無據，然於釋《王制》也，謂周公斥大九州之界而益其地，以求合《職方氏》之説，君子無取焉。《傳》載子産言於晉：昔者天子之地一圻，諸侯一同。較之《書》、《王制》、《孟子》俱合。至論春秋之變，謂今大國多數圻矣，若非侵小，將焉所取？夫以始焉所受一同之地而極於數圻之多，視王畿千里或相倍蓰，於《周官》兼附庸之數，又相什百也。大國如晉、楚境延袤，而封疆之削，何國蔑有？欲其合受地之制，誠亦難矣。用考春秋地理，【略】由五十里之國以達於千里之畿，皆如《王制》，則春秋之變不極，而西周之美可尋矣。

宋・葉適《習學記言》卷四〇《唐書》　方堯舜三代時所爲建置其國家者，皆天下之聖賢，故臧文仲聞六、蓼滅，謂皋陶、庭堅不祀，忽諸德之不建，民之無援。豈如漢唐以腥臊劍挺之臣、膏粱乳臭之子加諸億兆人之上哉？

宋・楊簡《慈湖遺書》卷八《家記二論書詩》　《堯典》『協和萬邦』；《春秋傳》『禹會諸侯於塗山，執玉帛者萬國』。此皆言其大略爾。使不滿萬，亦可以言萬；其不止於萬或倍萬，亦可以言萬。猶言萬物，物奚止於萬耶；萬民，民奚止於萬耶？皆舉其大略而言爾。先儒故必欲整整其所謂萬數釋。鄭康成謂《尚書》『州十有二師』者，州立十二人，爲諸侯師。蓋百國一師，州十二師，則州千二百國也；八州，九千六百國；餘四百國，在畿内。則整整恰恰爲萬國，不少一，不多一。吁，可哂哉！其陋至此。《公羊》説殷三千諸侯，周千八百諸侯，《孝經》説亦云周千八百諸侯，此或據古志而言。漢博士求其説而不獲，遂爲之説曰：四海之内九州，州方千里，建百里之國三十，七十里之國六十五，十里之國百有二十，凡二百一十國。八州，千六百八十國；又天子之國内，方百里之國九，七十里之國二十有一，五十里之國六十有三，凡九十三國，合爲千七百七十三國，以應周千八百諸侯之成數。武王之興，不期而會孟津者八百諸侯。康成又遂爲謂三有二，則殷末千二百諸侯。牽合可笑之狀若此類，奚可殫舉？凡是皆起於不達道義，無所用心，故溺情於名數之末。寖愚而不自知，又以愚後世，使學者弊精神於愚陋之説中，則先儒於是爲有罪，而予諄諄之辯爲不得已。

彼獨不思夫諸侯之建，不知其所自始。人羣生於天地之間，皆有血氣生知，不能以無欲，欲則争，争則鬬，則傷則殺。其天性之美、稍公且正者，則足以服其比鄰，比鄰歸之，凡百取平焉，則五有長，十有長，百有長，千有長。其德愈大，所服愈廣，是故有小國之君，有大國之君。其爲君爲長者，地醜德齊，莫能相尚，其間有聖人出焉，舉天下咸歸服之，是爲帝爲王。夫所謂爲君爲長者，皆諸侯也，大小之數，多少之數，豈得而預定？既弗克預定矣，則又豈能新立法，更易之，增損之，以合《王制》所言之數耶？雖有更易世代，武王克商，滅國五十爾，餘率因其舊，則周所封建，亦不多矣，詎能盡更而易之？雖有德則加地，有罪則削地，其有功德者固不數見，有罪者亦不數見，則加地削地，亦不數見，姑因其舊，乃勢之常。而漢儒乃爲是等等差差不可小有增損之制，亦不思甚矣。康成爲漢儒宗，餘可觀矣。此本不足辯，習俗虚文爲日久，固不得已，少驅井蛙之惑。

宋・陳郁《藏一話腴外編》卷下　地上有水，《比》。先王以建萬國，親諸侯。蓋天下之至，相比而無間可入者，莫如水之與地。先王之民所以親其上，死其長，歷數百年不可亂者，其上下之相比，蓋如此其至也。然其所以能如是者，亦豈徒善而已哉？必有法焉，封建是也。夫建萬國，則萬國之民各比於其君；親諸侯，則萬國合爲一，以比於天子。此其所以相維相附，若網在綱，深根固蔕，不可動摇，而後此道成也。後世之郡縣，異於是矣。聖人於《比》之象，特發其義，而傳者多以封建爲聖人不得已，且自附於柳宗元之説，夫豈未之思乎？

宋・羅璧《識遺》卷四《封建限百里》

封建，古以褒有功、崇有德者，犬牙相制，朝覲而上下之分明，聘問而與國之情通，且人主無私土地之心。周衰壞於兼幷，遂至君弱臣強，侵陵不已。秦變以郡縣，李斯輩因謂同姓屬踈，攻擊如仇，不如守令，時其賢否而進退之。其後漢裂七國，晉封八王，皆肇兵爭，或者遂謂古法不可用於今，不知漢晉之弊與地踰制也。按黄帝畫埜分州，古言得百里之國萬區。史言封建肇黄帝，而神農伐補、遂，攻夙沙，伏羲時有紀侯、陽侯，則封建肇黄帝前，明矣。《禮記・王制》、《子思》、《孟子》、《史記》、《漢地理志》皆只言公侯方百里，《論語》『千乘之國』，釋者計以井賦，方百里國。《左傳》鄭子産對晉曰：昔天子之地一圻，列國一同，自是以衰。白公子張言齊桓、晉文之始入，四封之内，不備一同。勾踐之地，東西南北纔廣百里。商周肇封，皆在唐虞，傳至湯、文，亦已久矣，而湯七十里，文王以百里，未之或改。後漢丁恭曰：古封建限百里，取法於雷，雷震驚百里，故《屯》卦震下坎上，曰利建侯。百里下伯，七十里子，男五十里，故唐虞稱萬國。《益稷》州十有二師，鄭玄注：一師領百國，州十有二師，則每州千二百國；除王畿外，八州總九千六百國，餘四百國在畿内，國各五十里，謂之采地。采者，采取賦税自供，不得有其土地人民及不得世封。但《書大傳》言采地之異，百里國以三十里爲采，其七十里國以二十里，五十里國以十五里。其後子孫雖有陟黜，而采地不與，使子孫賢者世守之，以祀其始受封之人。豈畿内與畿外采地，各制乎哉？蓋萬國並建侯，多則勢分，勢分則易制，乃古防閑維持之深意。按神農封制，欲強本弱枝，海山至有十國。唐虞慮強國迫近，凡設國遠大近小也。獨二《禮》言侯制，異諸書。《周禮》曰：公地方五百里，侯地方四百里，伯地方三百里，子地方二百里，男地方一百里。《禮記・明堂位》曰：魯封七百里。然《孟子》言周公封魯，太公封齊，皆儉於百里。故魯七百里之説，或者疑爲戰國諸侯分謗之書，漢儒妄采之。《周禮》之制，釋者亦謂周公設此，以待有功。封建制行，三年一行修封之法，視諸侯功罪，益削之。如《詩》『錫之山川，土田附庸』，錫山川土田，于周受命，皆是益封。又或謂《周禮》各國皆大其數者，實包附庸在其中。《王制》曰：五國爲屬，屬有長；十國爲連，連有帥；二百二十國以爲州，州有伯。故附庸小國，皆總屬大國，其大，比一國之大夫也。然則弊漢晉，非封建也。文公謂古侯國初封，只言百里，後來漸大，皆是幷吞。若百里國增至五百，須幷四國，方做得一國，宗廟社稷，豈不勞動？況小國例古功臣之後，移小增大，封制既行，地有分限，又何緣有餘地，別爲小國乎？余按文王由方百里起，其後克須密、遂國於岐渭之間，克崇遂涉渭，改都豐，三分有二，何往非幷？文王且然，春秋以來可知矣。故二《禮》説難據信，朱説爲是。古制既亡，後之所以統天下者，勢而已。而勢之強弱，古今一惟其人。苟上有明辟，封建而治，郡縣亦治；上失其道，封建者亡，郡縣亦亡。故言封建者，息焉。

元・郝經《續後漢書》卷二九下《列傳第二十六下・曹丕諸子》

議曰：【略】天生烝民，惟德是從，德大則從之者衆，德小則從之者寡，故土有廣狹，國有小大，其君長則有尊有卑，於是乎有諸侯。其德極大，其國極廣，其位極尊，於是乎有王。王者，往也，言天下從其德而歸往之也。此生民之初，列國之原也，於是乎有王有侯，有天下，有列國，不待封建而自成封建。上古茫昧，其制不可考。唐虞之世，禹平水土，井地授民，別爲九州，制爲五服，爵爲五等，内有百揆四岳，外有州牧侯伯，相爲綱維。封建之制，始見于是。及禹會諸侯于塗山，執玉帛者萬國，則其德之大，歸往者衆；至于萬國，則其土不能大，其民不能衆，不能叛，而不王爲禍于天下也。殷周之始歸者三千，會者八百，其國漸大，其民漸衆，王德有盛衰而諸侯有叛有服，於是乎有昆吾，有大彭，有豕韋，始違夫先王之制矣。周公相成王，制禮作樂，大明六代之制而折諸中，幅員萬里，列爲千八百國，大者不過百里，小者止五十里，至于附庸，又不能五十里，則國不能大，民不能衆，亦不能叛，而不王爲禍於天下也。故古之封建之弊，禹能革之；夏后氏封建之弊，而商能革之；商人封建之弊，而周能革之。故其制得而不弊，夏商享國五六百年，而周至七八百年。周德下衰，王綱不振，齊、楚、秦、晉始大，彊淩弱，衆暴寡，以力不以德，始有兼幷之國，大者至數圻，小者亦數百里。五伯迭興，更爲長雄，自千八百國幷而爲百二十國，見於《春秋》者七十餘國。與會盟，行霸令，要結行私，相與肱髀，彊大者十二焉。厥後周分爲二，國析爲七，秦人遂廢井田，開阡陌，始有兼幷之家。白圭輩以鄰國爲壑，畎澮不復距川，毁車崇卒，而戎馬横騖于天下，各築長城以爲藩籬。先王疆理，於是大壞。楚滅諸侯謂之縣，秦幷諸侯謂之郡。始皇兼六國，幷天下，置三十六郡，不復封建。故封建之制始于古之自然，而備于周之法制，馴致而然也；其壞始於諸侯之吞滅，極于秦人之兼幷，無所救其弊者，卒爲郡縣而不復封建，亦馴致而然也。

元·馬端臨《文獻通考》卷首《封建考序》　封建莫知其所從始也。禹塗山之會，號稱萬國。湯受命時，凡三千國。周定五等之封，凡千七百七十三國。至春秋之時，見於經傳者僅一百六十五國，而蠻夷戎狄亦在其中。蓋古之國至多，後之國日寡，國多則土宜促，國少則地宜曠，而夷考其故，則不然。試以殷周上世言之：殷契至成湯八遷，史以爲自商而砥石，自砥石而復居商，又自商而亳。周棄至文王亦屢遷，史以爲自邰而豳，自豳而岐，自岐而豐。夫湯七十里之國也，文王百里之國也，然以所遷之地考之，蓋有出於七十里、百里之外者矣。又如泰伯之爲吳，鬻繹之爲楚，箕子之爲朝鮮，其初不過自屏於荒裔之地，而其後因以有國傳世。竊意古之諸侯者，雖曰受封於天子，然亦由其行義德化，足以孚信於一方，人心翕然歸之，故其子孫因之，遂君其地。或有災否，則轉徙他之，而人心歸之，不能釋去，故隨其所居，皆成都邑。蓋古之帝王，未嘗以天下爲己私，而古之諸侯，亦未嘗視封内爲己物，上下之際，均一至公，非如後世分疆畫土，争城争地，必若是其截然也。

元·吳萊《淵穎集》卷七《古職方録序》　鄉予嘗治《春秋左氏傳》及太史公書，稍觀黄帝以來王者都邑及春秋諸國交争時分地、山川、城邑，較之《禹貢》已多乖盭，不可徵。自孔子作《春秋》，魯君子左丘明爲之《傳》，丘明魯人也，尤識周魯典，故莊、僖以前特言齊、鄭，襄、昭之後特舉晉、楚，餘大國頗及宋、衛、陳、蔡，若燕、秦又以絶遠無赴告，甚略。太史公采《世本》、《戰國策》，作三代《本紀》，十二諸侯《世家》，其云舜、稷、契、皋陶、伯夷、栢翳之裔詳矣，垂、益、夔、龍則曰其後不知所封，又曰滕、薛、騶小，不足齒。武王時侯邑尚千餘，江、黄、胡、沈之屬不可勝計，故弗采著。然則周制害己，諸侯悉去其籍，雖曰頒爵與禄，孟子猶不能詳，況他人乎！

方堯遭洪水，使禹平治，州分爲九；及舜攝位，冀分爲三，青分爲二，至禹而後，合堯之舊。班固云：黄帝方制萬里，畫野分州，得百里之國萬區。然以《禹貢》九州計之，五服相距方五千里，僅得黄帝之半，説者且疑九州之外，黄帝亦嘗畫野分州。舜之十有二州，亦猶此也。【略】若謂周之斥大土疆，又皆不出於蒼梧、碣石之外，不然，夏后塗山之會，執玉帛者萬國，至周僅千八百國，毋乃夏后之盛猶愈於成周之盛乎？將此萬國者，特舉成數而言，非實至萬也。然鄉所言黄帝方制萬里而得百里之國萬區者，夫苟一國而方百里矣，至於萬區，則不止方制萬里，以爲方制萬里，則萬區之國每國以開方之法計，是亦不過每國四里而已，何有百里哉？且國猶邑也，鄭取十邑河南，卽虢、檜等小國；楚敗四邑郊郢，卽隨、絞等小國。方里而井，井四爲邑，故小曰邑，大曰都。萬區猶萬邑也，舉不及百里之數者，凡以一邑四里也。

齊、魯之初封也，孟子亦稱儉於百里。儉者，不足也，不足於百里也。戰國時乃方百里者五，必曰當在所損，以復於先王之舊。若《明堂位》言魯七百里出於成王之特賜，是徒漢儒習見戰國之魯，非成周之魯也。漢儒所以言此者，由《周禮》公地方五百里之説誤之也。然周之西都僅四百里，東得洛陽六百里，乃合千里。三公，公爵也，采地將不方五百里乎！苟方五百里，則天子亦無地以自容。魯一侯爵耳，藉令成王未賜，亦當得四百里，以一州千里計，僅封侯國，二而有餘，三而不足，將以何地而給千八百國之君乎？是豈魯之侯爵百里而止，非七百里也！《周禮》又討論於漢儒之手，故以其封國之誤者攙入之，遂變而爲斥大土疆、廣爲封建之説，殊不知禹服猶周服也，黄帝之萬國、舜之十有二州，亦猶周服也。若謂盡其地之所及而疆畫之者，恐不可以論周，止可以論漢。漢之盛時，東置玄菟、樂浪，北度陰山，西盡西域，南窮交、廣、儋耳，且有非古九州之域者。故予每謂封國當從《王制》，百里之國不加多也；州域當從《禹貢》，五服之地不加廣也。如是而已耳。

又《後序》　自古者帝王公侯、都邑名氏興滅之故，紛乎夥矣。【略】夏后氏承唐虞之盛，塗山之會執玉帛者萬國；殷湯革命，存者三千；武王克殷，大封同姓，餘蓋一千八百。是果何以驗其然耶？又曰湯資三千諸侯以絀夏，武王資八百諸侯以伐殷。何不思之甚也！湯始征自葛，十一征而無敵於天下，及有事於桀，雖亳衆尚憚於征役，且諭之以弔伐之不得已，又況其他。文王三分天下有其二，猶率殷之叛國以事紂，武王豈得因六州之衆以往脅於君哉？及大會盟津，陳牧野，率用西人，不曰西土有衆，必曰我西土君子，下及庸、蜀八小國耳，他無見也。要之是説，又因《王制》、《周禮》之異，妄言之耳。【略】

《王制》九州千七百七十三國，亦總數也，意若曰：州方千里，建國若干；九州之内，則以之建若干國也。不然，天子之寰内公卿大夫與王之子弟咸食采，其中所餘之地亦幾何哉？春秋之初，王政廢壞，侯度放紛，非西周比也。公侯列國猶可見者一百一十七國，求其大者纔十一二，附庸小邑、夷狄雜種，悉充其數。齊負東海，楚據方城之南，晉雄其北，而秦又崛起於西，獨未至流沙之極。大抵自號曰霸，朝聘、盟會、侵伐之所及者，比之千八百國之數，十八分之一也，何大相遼絶如此耶！然則九州所建，未必實有千八百國，或封或未封，封則實有是國，未封則虚是國以待可封之人。如宣王之封申伯，封則曰申國，未封則猶曰謝邑。或卽以其虚國爲諸國之加地，如宋、鄭之間有六邑，不屬諸侯，則自掌於天子之吏。是故公爵自百里而加至五百里，男爵自五十里而加至百里，非盡然也，特以是而爲建國之率，不得過也。

明・周祈《名義考》卷三《地部・國》 禹會諸侯於塗山，執玉帛者萬國，商則三千餘國，周則千八百國。說者以是爲夏商之衰，諸侯轉相吞滅固然，然禹五服才五千里，以萬國分之，每服得國二千，每國得半里，不應如是之小也。曰萬國，槩言之耳。商建國無考，周地方千里，爲縣百，爲郡四百，是得國五百，五服得國二千五百，曰千八百者，或先後盈縮不同也。三代以來之國，則秦以後之縣。

清・馬驌《左傳事緯前集》卷五《地輿圖》 稽古黄虞，代崇封建，禹列九土，爰有侯服。塗山之會，執玉帛者萬國；迨夏之衰，諸侯相兼，至桀之世，其存者三千餘國而已。成湯革命，始列五爵，周室分封，厥土惟三，兄弟之國者十五，同姓之國者四十。虞、夏及殷之後，謂之三恪。太皞、炎、黄之胤，唐虞以來之國猶存，蓋千有八百國。幽、厲以還，王紀不振，彊淩弱，衆暴寡，浸淫至于春秋，二百四十二年之間，滅國者五十餘。或以不從霸令滅，譚、遂之類。或以密邇夷狄滅，江、黄、邢、黎之類。或以仇讎滅，齊滅紀之類。或以土地滅。虞、虢之類。其滅者，未滅爲國，滅則邑之，仍以國載。向、鄫、申、息之類。尚論者不載。斟灌、斟尋、過、戈、觀、扈之類甚多，皆春秋時尚論之也。其國已亡，舊圖猶混入，殊謬。地失考者不載。貳、軫之類。會盟戰次之地，可考者載，不然則闕。蠻夷戎狄，雜處中國，可考者載，不然則闕。閩粵滇町，略而不録。觀于兹圖，而廢興存亡之故，昭然見矣。

清・方中履《古今釋疑》卷一四《三代封建國數》 《春秋傳》曰：禹會諸侯於塗山，執玉帛者萬國。臨川王氏曰：此《左氏》之妄也。禹之會塗山在東方，不過見東方諸侯耳，豈使四海之内，會於一山之下哉？以禹之時有萬國，則不當指塗山而言也。《書》曰萬國，總四海之内，大略而言。且九州之地，今可以見，若皆以爲國，則山川沮澤不可以居民，獨立一君，孰爲之民乎？慈湖楊氏曰：堯舜協和萬邦，禹會諸侯萬國，此言其大數耳。使不滿亦可言萬，或倍萬，亦可言萬。如言萬物萬民，奚止於萬耶？皆舉其大略言之耳。先儒顧必欲整整釋所謂萬數。鄭康成謂州十有二師者，州立十二人爲諸侯，每一師領百國，每州千二百國。畿外八州，總九千六百國。餘四百國，在畿内。則整整爲萬國，不多一，不少一。吁，可哂哉！

《公羊》說殷三千諸侯，周千八百諸侯。《孝經》說亦云周千八百諸侯。此或據古志而云。漢博士求其說而不可得，遂爲之說曰：四海之内九州，州方千里，州建百里之國三十，七十里之國六十，五十里之國百有二十，凡二百一十國。八州千六百八十國。又天子之縣内，方百里之國九，七十里之國二十有一，五十里之國六十有三，凡九十三國。以應周千八百之數。按《王制》千七百七十三國，鄭註謂湯制。周因殷諸侯之數，廣其土，實其爵耳。《晉地理志》云：春秋之初，尚有千二百國。迄獲麟之末，二百四十二年，弒君三十六，亡國五十二，諸侯奔走不得保其社稷者，不可勝數。而見于《春秋》經傳者，百有七十國焉。百三十九知其所居，三十一國盡亡其處。武王之興，不期而會盟津者八百諸侯。康成遂又謂三分有二，則殷末千二百諸侯。牽合可笑之甚！獨不思諸侯之建，不知其所始。其爲君爲長者，地醜德齊，莫能相尚。其間聖人出焉，舉天下咸歸服之，是爲帝爲王。夫所謂爲君爲長者，皆諸侯也。太多太少之數，豈得而預定？則又豈能新立法更易之，增損之，以合《王制》所言之數耶？武王克商，滅國者五十爾，餘率因其舊，則周所封建，亦不多矣。詎能盡更而易之？雖有功德則加地，有罪則削地，其有功有罪者，亦不見數。姑仍其舊，乃勢之常。而漢儒爲是等等差差，不可少有增損之制，則亦不思之甚矣。朱子《語録》曰：封國之制，漢儒之説，只是立下一個算法。非惟施之當今不可行，求之昔時，亦有雜曉處。且如九州之地，冀州極闊，雍州亦闊，若青、兖、徐、豫，則疆界有不足者矣。石梁王氏曰：天子縣内以封者，或三分之一，或半之。又除山川城郭，塗巷溝渠，則奉上者幾何耶？

清・王夫之《讀通鑑論》卷四《漢宣帝一七》 三代封建之天下，諸侯各有其國，其地狹，其民寡，其事簡。

又 卷一九《隋文帝一二》 三代之國，幅員之狹，直今一縣耳。

清·張尚瑗《左傳折諸》卷二七《哀公·執玉帛者萬國》 塗山執玉帛者萬國，孔《疏》證之《尚書》『州十有二師』之註，所謂州千二百國，八州九千六百國，其餘四百國在圻内者也。漢賈山《至言》周蓋千八百國，則祖《王制》九州千七百七十三國之文。《戰國策》顔斶又有湯時諸侯三千之説。《帝王世紀》曰：諸侯相兼，逮湯受命，能存者三千餘國。《晉書·地理志》融會數家之説，而統之云：昔黄帝旁行天下，方制萬里，得百里之國萬區。《周易》曰：首出庶物，萬國咸寧。帝堯協和萬邦，夏后氏東漸于海，西被流沙，南浮于江，而朔南暨聲教。窮豎亥所步，莫不率俾，會羣臣于塗山，執玉帛者萬國。九州之内作爲五服，至于五千。自孔甲之後，以至于桀，諸侯相兼，其能存者三千餘國，方諸塗山，十損其七矣。成湯敗桀于焦，還鼎于亳，制爵禄公侯伯子男。武王監于二代，列爵惟五，分土惟三，封同姓五十餘國。周公、康叔建于魯、衛，各數百里。太公封于齊，表東海。凡一千八百國，布列于五千里内，而太昊、黄帝之後，唐、虞侯伯猶存。其衰也，諸侯强吞弱，衆暴寡，春秋之初尚有千二百國，而見于經傳者百有七十國焉，百三十九知其所居，三十一國盡亡其處，蠻夷戎狄不在其間。東坡《列國圖》則稱一百二十四國。蓋《晉書》所引，以夏商時斟尋、過、戈、豕韋之屬並列其間。蘇乃就現存者論耳。税與權爲《春秋指掌圖》，得國一百有七，其數又不及。

清·劉統勳等彙録《評鑑闡要》卷一《黄帝軒轅氏·畫野分州得百里之國萬區目》 百里之國萬區，依開方法應得積滿一萬萬里。然考軒轅方行所至，以今輿地按之，則西不過肅州，北不過宣化、保安，而東至海，南至江，幅員具在，安得有萬區百里之國哉？可見史家紀載，率多恢張失實。如禹會諸侯于塗山，乃稱執玉帛者萬國，亦此類也。

雜録

《孟子·萬章上》 萬章問曰：『象日以殺舜爲事，立爲天子則放之，何也？』孟子曰：『封之也，或曰放焉。』萬章曰：『舜流共工于幽州，放驩兜于崇山，殺三苗于三危，殛鯀于羽山。四罪而天下咸服，誅不仁也。象至不仁，封之有庳，有庳之人奚罪焉？仁人固如是乎？在他人則誅之，在弟則封之。』曰：『仁人之於弟也，不藏怒焉，不宿怨焉，親愛之而已矣。親之欲其貴也，愛之欲其富也。封之有庳，富貴之也。身爲天子，弟爲匹夫，可謂親愛之乎？』『敢問或曰放者，何謂也？』曰：『象不得有爲於其國，天子使吏治其國，而納其貢税焉，故謂之放。豈得暴彼民哉？雖然，欲常常而見之，故源源而來，不及貢，以政接于有庳。此之謂也。』

《逸周書》卷八《史記解》 信不行，義不立，則哲士淩君政，禁而生亂，皮氏以亡。晉孔晁注：皮氏，古諸侯也。諂諛日近，方正日遠，則邪人專國政，禁而生亂，華氏以亡。注：華，聚也，亦古諸侯也。好貨財珍怪，則邪人進；邪人進，則賢良日蔽而遠。賞罰無位，隨財而行，夏后氏以亡。嚴兵而不□者，其臣懾；其臣懾，而不敢忠；不敢忠，則民不親其吏。刑始於親，遠者寒心，殷商以亡。樂專於君者，權專於臣；權專於臣，則刑專於民；娱於樂，臣爭於權，民盡於刑，有虞氏以亡。注：有虞，商均之後。奉孤以專命者，謀主必畏其威而疑其前事，注：謀主謂孤長大也。前事，謂專命。挾德而責數日疏，位均而爭，平林以亡。

大臣有錮職譁誅者危。昔者質沙三卿，朝而無禮，君怒而久拘之，譁而弗加，譁卿謀變，質沙以亡。注：有三卿，諸侯可知也。外内相間，下撓其民，民無所附，三苗以亡。弱小在彊大之間，存亡將由之，則無天命矣，不知命者死。有夏之方興也，扈氏弱而不恭，身死國亡。嬖子兩重者亡。昔者義渠氏有兩子，異母，皆重，君疾，大臣分黨而爭，義渠以亡。功大不賞者危。昔平州之功大而不賞，諂臣日賞貴，功日怒而生變，平州之君以走出。召遠不親者危。昔有林氏召離戎之君而朝之，注：林氏，諸侯。至而不禮，留而弗親，離戎逃而去之，林氏誅之，天下叛林氏。昔者曲集之君伐智而專事，彊力而不賤，其臣忠良皆伏。愉州氏伐之，君孤而無使，曲集以亡。注：曲集、愉州，皆古諸侯。昔者有巢氏有亂臣而貴，任之以國，假之以權，擅國而主斷，君已而奪之，臣怒而生變，有巢以亡。斧小不勝柯者亡。昔有鄶君嗇儉，滅爵損禄，群臣卑讓，上下不臨，後□小弱，禁罰不行。重氏伐之，鄶君以亡。

久空重位者危。昔有共工自賢，自以無臣，久空大官，下官交亂，民無所附。唐氏伐之，共工以亡。犯難爭權，疑者死。昔有林氏、上衡氏爭權，林氏再戰弗勝，上衡氏僞義弗克，俱身死國亡。知能均而不親，並重事君者危。昔有南氏有二臣貴寵，力鈞勢敵，竟進爭權，下爭朋黨，君弗禁，南氏以分。昔有果氏好以新易故，故者疾怨，新故不和，注：有果，亦國名也。內爭朋黨，陰事外權，有果氏以亡。注：外權謂外大國。爵重祿輕，比□不成者亡。昔有畢程氏損祿增爵，群臣貌匱，比而戾民，畢程氏以亡。好變故易常者亡。昔陽氏之君自伐而好變，事無故業，官無定位，民運於下，陽氏以亡。業形而愎者危。昔谷平之君愎類無親，破國弗克，業形相國，外內相援，谷平以亡。

武不止者亡。昔阪泉氏用兵無已，誅戰不休，并兼無親，文無所立，智士寒心，徙居至于獨鹿，諸侯畔之，阪泉以亡。佷而無親者亡。昔者縣宗之君佷而無聽，執事不從，宗職者疑，發大事，群臣解體，國無立功，縣宗以亡。昔者玄都賢鬼道，廢人事天，謀臣不用，龜策是從，神巫用國，哲士在外，玄都以亡。文武不行者亡。昔者西夏性仁非兵，城郭不脩，武士無位，惠而好賞，屈而無以賞。唐氏伐之，城郭不守，武士不用，西夏以亡。

美女破國。昔者績陽彊力四征，重丘遺之美女，注：重丘之君畏其并己，惑之以女。績陽之君悅之，熒惑不治，大臣爭權，遠近不相聽，國分爲二。注：君昏於上，權分於下，所爲二也。宮室破國。昔者有洛氏宮室無常，池囿廣大，工功日進，以後更前，民不得休，農失其時，飢饉無食，成商伐之，有洛以亡。

宋・羅泌《路史》卷二九《國名紀六・上世妃后之國》 華胥 伏戲母國，在閬中。《列子》云：華胥氏之國，在弇州之西，台州之北。

娀陵 女媧氏之臣有娀陵氏。

少典 黄帝父大叢少典氏，則其後襲封者有典氏。

有喬 『僑』也一作『橋』。少典取有僑氏。《傳》作有嬌，賈云諸侯。後有喬氏、橋氏、蟜氏。

承桑 神農取承桑氏。一曰桑水陂之霝寳有桑里亭。

西陵 黄帝元妃嫘姓國。作『儽』同。今江夏安陸間故吳以安陵爲西陵，有嫘氏，西陵氏。

方纍 黄帝次妃方儽氏。一曰方靁。靁，纍聲。《注》有靁氏，纍氏儽。

彤魚 黄帝三妃彤魚氏國。固《表》作彤，非。

千類 青陽取千類氏，生少昊，後有類氏。

蜀山 昌意取蜀山氏益土也。今濟有蜀山，或其分也。

鄒屠 高陽取鄒屠氏者。昔黄帝戮蚩尤，遷民善者于鄒屠。

勝濆 勝奔也。高陽允妃勝奔氏國。或作騰隍，誤。

根水 卷章取根水氏。今土軍縣有根水是。史多作邸水，非。

鬼方 陸終取鬼方氏，殷高宗伐鬼方，或此。

陳豐 一作鋒，酆也。僑極取陳豐氏，生帝嚳。嚳復取陳氏，生帝堯。齊之豐丘，陳氏邑也。

有娀 帝嚳次妃國。訛作嵩。桀敗有娀之虛，蓋陝、虢間有娀氏，嵩氏。

有陬 帝嚳三妃之國，音輒。史作訾陬，或作陬訾，俱非。

富宜 帝堯取富宜氏。《史記》、班《表》作散宜，散宜爲二。

登北 帝舜之三妃。傳多作癸北。經云：國在鉅燕之南，倭之北，屬燕。

有㜪 鯀納有㜪氏，生伯禹。《唐韻》云：國名。《帝繫》作有莘。今陳留有莘城，《國語》之莘虛。

土敬 鯀妻土敬氏。見《山海經》。

塗山 《太康地記》：塗山，故當塗國。固云：九江當塗。今壽春東北塗山也。當塗故城州西九十六有禹廟，塗山神祠山頂。漢魏不害、劉聖公爲當塗侯國。

酈山 戎胥軒取酈山氏。蓋卽驪侯。

契和 老子祖理徵取契和氏，後有契氏。

純狐 后羿妻純狐氏，浞納之。

有仍 見《商世國》。

州山 南岳取州山氏，曰女庋。

清・顧炎武《日知録》卷六《因國》 有勝國，有因國。《周禮・媒氏》：凡男女之陰訟，聽之於勝國之社。喪祝掌勝國邑之社稷之祝，號士師。若祭勝國之社稷，則爲之尸。《書序》言湯既勝夏，欲遷其社；又言武王勝殷。《左傳》『凡勝國曰滅之』文公十五年是也。《左傳》哀公十三年：今吳王有墨，國勝乎？注：國爲敵所勝。《王制》：天子諸侯祭因國之在其地而無主後者。《左傳》子産對叔向曰：『遷閼伯於商丘，主辰，商人是因；遷實沈於大夏，主參，唐人是因。』昭公元年。齊晏子對景公曰：『昔爽鳩氏始居此地，季萴因之，有逢伯陵因之，蒲姑氏因之，而後太公因之』昭公二十年是也。《都宗人》注：都或有山川及因國無主，九皇六十四民之祀。

夏商封國分部

綜　述

《左傳・哀公七年》　禹合諸侯於塗山，執玉帛者萬國。今其存者，無數十焉。唯大不字小，小不事大也。

《莊子》卷一〇《天下》　（禹）沐甚風，櫛疾雨，置萬國。

《呂氏春秋》卷二一《愛類》　禹於是疏河決江，爲彭蠡之障，乾東土，所活者千八百國。漢高誘注：禹致羣臣於會稽，執玉帛者萬國。此曰千八百者，但謂被水災之國耳。

又　卷一九《用民》　當禹之時，天下萬國，至於湯而三千餘國，今無存者矣。

《逸周書》卷六《嘗麥解》　其在（殷）〔啓〕之五子，忘伯禹之命，假國無正，用胥興作亂，遂凶厥國。

《古本竹書紀年・夏紀》　后泄二十一年，命畎夷、白夷、赤夷、玄夷、風夷、陽夷。

帝泄二十一年，加畎夷等爵命。

《今本竹書紀年》卷上《帝禹夏后氏》　五年，巡狩，會諸侯于塗山。八年春，會諸侯于會稽，殺防風氏。

又　卷上《帝泄》　二十一年，命畎夷、白夷、玄夷、風夷、□□、黄夷。

《孟子・滕文公下》　湯始征自葛載，十一征而無敵於天下。東面而征西夷怨，南面而征北狄怨，曰『奚爲後我？』民之望之若大旱之望雨也。歸市者弗止，芸者不變，誅其君，弔其民，如時雨降，民大悅。《書》曰：『徯我后？后來，其無罰。』漢趙岐注。載，始也，言湯初征自葛始也。十一征而服天下。一説『載』當作『再』字。『再十一征』而言湯再征十一國。再十一，凡征二十二國也。

晉・皇甫謐《帝王世紀・殷商》　成湯一名帝乙，【略】有聖德。諸侯有不義者，湯從而征之，誅其君，弔其民，天下咸服。【略】凡二十七征，而德施於諸侯。及夏桀無道，湯使人哭之，桀囚湯於夏臺，而後釋之，諸侯由是咸叛桀附湯，同日貢職者五百國。

《逸周書》卷九《殷祝解》　湯放桀而復薄，三千諸侯大會。晉孔晁注：大會於薄。

又　卷四《世俘解》　武王遂征四方，凡憝國九十有九國，【略】凡服國六百五十有二。

《孟子・滕文公下》　周公相武王誅紂伐奄，三年，討其君，驅飛廉於海隅而戮之，滅國者五十。

《今本竹書紀年》卷上《殷商成湯》　湯有七名而九征，放桀于南巢而還，諸侯八譯而來者千八百國。

《禮記・王制》　凡四海之内九州，州方千里。州建百里之國三十，七十里之國六十，五十里之國百有二十，凡二百一十國。名山大澤不以封，其餘以爲附庸閒田。八州，州二百一十國。漢鄭玄注：此殷制也。

天子之縣内，方百里之國九，七十里之國二十有一，五十里之國六十有三，凡九十三國。名山大澤不以朌，其餘以禄士，以爲閒田。凡九州千七百七十三國，天子之元士、諸侯之附庸不與。注：夏末既衰，夷狄内侵，諸侯相并，土地減，國數少，殷湯承之，更制中國方三千里之界，亦分爲九州，而建此千七百七十三國焉。

《春秋元命包》　陽成於三，列於七，三七二十一，故每州二百一十國也。

《甲骨文合集・5760正》　（攸侯）甲戌卜，穷貞：攸侯令其𠀠舌，曰：冓若之。五月。

又　《13890》　（杞侯）丁酉卜，㱿貞：杞侯熱弗其𡆥凡㞢疾。

又　《32804》　（除侯）庚申，不來除侯。

又　《6083》　（倉侯）貞曰：倉侯出步。

又　《6943》　（垂侯）己酉卜，㱿貞：乎垂侯。

又　《6657正》　（周侯）丙辰卜，穷貞：王叀周方征。貞：王勿隹周方征。

又　《6834》　（先侯）丙寅卜，争貞：乎龍先侯專祟不。

又　《32811》　（旋侯）丙寅貞：王其奠旋侯告祖乙。

又《**36416**》（㠱侯）……貞：翌日乙酉，【略】又考㠱侯。

又《**27982**》（侯商）叀商方步。

又《**32807**》（亞侯）己未貞：王其告其從亞侯。

又《**3324**》（竹侯）竹侯。

又《**32187**》（侯屯）壬戌卜，乙丑用侯屯。

又《**3345**》（侯告）□巳卜，争貞：侯告爯……

又《**3397**》（兒伯）……束，妻告曰兒伯……

又《**3399**》貞：令兒［來］。

又《**13925正**》（雇伯）貞：乎取雇伯。

又《**5945正**》（伯戜）□□卜，貞：伯戜……典執，四月。

又《**7381正**》丁酉卜，殼貞：沚戜稱册，王从。

又《**6987正**》（微伯）貞：乎取微伯。貞：勿取微伯。

又《**33070**》（歸伯）……［伐］歸伯……［受］又。

又《**33380**》（伯木）辛□［卜］，貞：有獲在伯木峚。

又《**20075**》（宋伯）己卯卜，王貞：鼓其取宋伯歪。

又《**3421**》（伯𠕁）丁酉卜，曰伯𠕁［凡］妣［其］眉。

又《**3380**》（昜伯）辛巳卜，殼貞：王𩰫伯𡚖。

又《**9334**》（亞弜）弜入二百二十五。

又《**33979**》（亞啓）癸丑，貞卜啓至

又《**22393**》□辰卜，貞：……啓亡疾。

又《**27938**》（亞般）□□卜，亞般歲……

又《**9419反**》（亞橐）□亥，氣自橐十。

又《**7424**》（亞牧）丁亥卜，□貞：牧□爯册𠀠……

又《**9812**》（亞萬）□寅卜，萬受年。

又《**9277**》（亞𠧴）𠧴入三。

又《**31983**》（亞𢀛）丁酉卜，亞𢀛以衆涉于□若。

又《**3226正**》戊辰卜，韋貞：爵子𢀛。

又《**3195甲**》（子奠）庚寅卜，争［貞］：子奠隹令。

又《**637**》（子商）丁丑卜，争貞：亦［氏］子商臣于𡆥。

又《**32779**》（子戈）壬子，貞：子戈亡囚。

又《**2982**》（子漁）貞：勿□子漁㞢……

又《**3122**》（子雍）［丙］辰［卜］，貞：子雍不作艱不死。

又《**13931**》（婦姘）癸未卜，殼貞：婦姘㞢子。二月。貞：婦姘毋其㞢子。

又《**13936正**》（婦娘）壬辰卜，殼貞：婦良［其］㞢子。

又《**94正**》（婦好）辛丑卜，殼貞：婦好㞢子。二月。

又《**2354臼**》（婦息）戊申，婦息示二屯，永。

《**尚書・微子**》　微子若曰：漢孔安國《傳》：微，圻内國名。子，爵，爲紂卿士。唐孔穎達《正義》：微國在圻内，先儒相傳為然。鄭玄以為微與箕俱在圻内，孔雖不言箕，亦當在圻内也。王肅雲：『微，國名。子，爵。入為王卿士。』肅意蓋以微為圻外，故言『入』也。微子名啓，《世家》作『開』，避漢景帝諱也。啓與其弟仲衍，皆是紂之同母庶兄，《史記》稱『微仲衍』。衍亦稱『微』者，微子封微，以微為氏，故弟亦稱『微』，猶如春秋之世虞公之弟稱虞叔，祭公之弟稱祭叔。『父師少師。』《傳》：父師，太師，三公，箕子也。少師，孤卿，比干。

漢・董仲舒《春秋繁露》卷四《王道》　周發兵，不期會於孟津之上者八百諸侯，共誅紂。

漢・焦贛《焦氏易林》卷一《遯》　八百諸侯，不期同時，慕西文德，興我宗族，家門雍睦。

漢・袁康《越絶書》卷三《吴内傳》　九年，天下八百諸侯皆一旦會於孟津之上，不言同辭，不呼自來，盡知武王忠信，欲從武王，與之代紂。

《史記》卷二《夏本紀》　太史公曰：禹爲姒姓，其後分封，用國爲姓，故有夏后氏、有扈氏、有男氏、斟尋氏、彤城氏、褒氏、費氏、杞氏、繒氏、辛氏、冥氏、斟戈氏。

又　卷三《殷本紀》　太史公曰：余以《頌》次契之事，自成湯以來，采於《書》、《詩》。契爲子姓，其後分封，以國爲姓，有殷氏、來氏、宋氏、空桐氏、稚氏、北殷氏、目夷氏。

周武王之東伐，至盟津，諸侯叛殷，會周者八百諸侯，皆曰：『紂可伐矣。』武王曰：『爾未知天命。』乃復歸。

又　卷四《周本紀》　九年，武王上祭于畢，東觀兵，至于盟津。【略】是時諸侯不期而會盟津者八百諸侯，諸侯皆曰：『紂可伐矣。』武王曰：『女未

知天命，未可也。』乃還師歸居。

又　卷五《秦本紀》　太史公曰：秦之先爲嬴姓，其後分封，以國爲姓，有徐氏、郯氏、莒氏、終黎氏、運奄氏、菟裘氏、將梁氏、黄氏、江氏、修魚氏、白冥氏、蜚廉氏、秦氏。

宋·鄭樵《通志》卷二六《氏族略·以國爲氏·夏商以前國》　程氏。伯爵，風姓重黎之後也。重爲火正，裔孫封於程，洛陽上有程聚，卽其地也。至周宣王時，程伯休父失其官守，以諸侯入爲王司馬。【略】

崇氏。商時侯國也。其地在今永興鄠縣東。崇侯虎不道，周文王滅之，子孫以國爲氏。【略】

扈氏。姒姓，夏時諸侯也。夏爲扈，商爲崇，扈，秦改爲鄠。今永興鄠縣北二十里有故扈城。【略】

房氏。祁姓，舜封堯子丹朱於房，今蔡州遂平故吳房縣是也。以楚後封吳王夫槩於此，故謂之吳房。丹朱生陵，後世國絶，子孫以國爲氏。陵三十五世孫鐘，周昭王時食采於靈壽。【略】

杜氏。亦曰唐杜氏。祁姓，帝堯之後，建國于劉，爲陶唐氏裔孫。劉累以能擾龍，事孔甲，故在夏爲御龍氏，在商爲豕韋氏，在周爲唐杜氏。成王滅唐而封叔虞，乃遷唐氏於杜，是爲杜伯，今永興長安縣南十里有下杜猶有杜伯冢在。至宣王，滅其國，以爲大夫。【略】

箕氏。子姓，箕子之國，商畿内諸侯。杜預云：太原陽邑縣南有箕陽邑。【略】

密須氏。《世本》：商時姞姓之國。今涇州靈臺有密康公墓，或云涇州保定有陰密城是也。【略】

寒氏。夏時諸侯，寒浞之後。或言周武王子寒侯之後，且寒浞爲夏諸侯矣，周無寒國。今濰州東二十三里寒亭是也。【略】

過氏。夏時諸侯澆之國也，亦曰有過氏，少康滅之。今萊州掖縣北有過鄉。【略】

庸氏。商時侯國。周武王時，來助伐紂。今房州西二百五十里故上庸城是。文十六年，楚滅之。【略】

戈氏。夏時諸侯殪之國也，少康滅之。其地在宋、鄭之間。【略】

邶氏。亦作『鄁』，亦作『背』，卽商都也。武王伐紂，分其地爲三監，自紂城而東謂之邶。漕，邶地也，封紂子武庚於此，以霍叔尹之。及三監叛，周公伐之，而幷其地爲衛，邶國往往自此亡矣。【略】

鄘氏。卽商都之地。武王伐紂，分其地爲三監，自紂城而南謂之鄘。楚邱，鄘地也，管叔尹之。及三監叛，周公伐之，而幷其地爲衛，鄘國往往自此絶矣。【略】

鑄氏。《風俗通》：鑄國，堯後。《公子譜》云：姬姓。杜預云：濟北蛇邱縣。按蛇邱後爲乘邱，唐省入鉅野，今濟州治。《左傳》：臧宣叔娶於鑄氏。

邳氏。符悲切。《風俗通》云：奚仲爲夏車正，自薛封邳。今泗州故下邳郡，卽其地也。《公子譜》云：邳國，商諸侯。按奚仲本封薛，既遷于邳，則以邳爲薛，而舊名不廢，故子孫亦以爲氏。【略】

觀氏。去聲，又平聲。姒姓，侯爵。《左傳》云：夏有觀扈。皆同姓之國，至商失國，子孫以國爲氏。今澶州有觀城，是其地也。楚有觀氏。

褒氏。姒姓之國，禹之後也。今興元府褒城是其地。【略】

緡氏。夏時諸侯，子孫以國爲氏。今濟州金鄉有古緡城。【略】

岐氏。周故都也，今鳳翔岐山是也。太王居之，至文王始遷于豐，其支庶留岐，故爲岐氏。又古有岐伯，爲黄帝師。【略】

仍氏。卽有仍氏，夏之諸侯。后相娶有仍氏，生少康，以國爲氏。

奄氏。《風俗通》云：奄，國號，卽商奄也，魯地。衛祝佗曰：因商奄之民，以命伯禽。今兖州有奄城。《尚書》成王既踐奄，《左傳》秦大夫奄息，其後也。【略】

雙氏。顓帝之後，封於雙蒙城。其後因以命氏焉。【略】

武羅氏。夏時侯國之後。

吾氏。己姓，夏之諸侯昆吾氏之後也。昆吾爲夏伯，其地卽濮陽縣。唐武德四年析置昆吾縣，是其地也，八年，復省入濮陽。【略】

昆氏。己姓，夏之諸侯昆吾氏之後也。【略】

昆吾氏。《世本》：古己姓之國，夏時諸侯伯，祝融氏之後。

梅氏。商紂時有梅伯，以國爲氏。【略】

癸北氏。國名，女爲舜妃。

雷氏。方雷氏之後，女爲黄帝妃，生元枵，蓋古諸侯之國。【略】

元氏。《風俗通》云：元都，古諸侯國也。子孫以國爲氏。

冥氏《史記》云：姒姓之國。子孫以國爲氏。【略】

斟氏。曹姓。亦作斟尋氏，亦作斟灌氏，亦作斟戈氏，亦作介斟氏，並夏諸侯，以國爲氏，皆祝融之裔。《國語》注曰：曹姓之別也。《姓纂》云：斟尋、斟灌，並姒姓。斟戈，禹後，亦姒姓。介斟，杜預云：夏同姓。

[illegible]氏。普肯切。《穆天子傳》：[illegible]，伯綮之後。國在虞、芮之間。

用氏。《風俗通》：古有用國。【略】

摯氏。《風俗通》：摯疇，古諸侯國也。見《毛詩》。周有摯荒，或言帝嚳子摯之後。

【略】

允氏。《風俗通》云：夏時侯國，子孫氏焉。

灌氏。亦作斟灌氏。《風俗通》：斟灌氏，夏諸侯也。子孫氏焉。【略】

廖氏。亦作『飂』，並力救切，今呼爲『料』。《風俗通》：古有廖叔安，《左傳》作『飂』，蓋其後也。【略】或言周文王子伯廖之後。

竹氏。姜姓，孤竹君，成湯封之遼西，至伯夷、叔齊有讓國之賢。子孫以竹爲氏。

【略】

郅氏。音『質』。《風俗通》：郅，商時侯國也，見《毛詩》。【略】

習氏。《風俗通》云：習，國名。【略】

西陵氏。古侯國也。黄帝娶西陵氏女爲妃，名纍祖。春秋時有西陵高，爲大夫。

安陵氏。《戰國策》：安陵，小國侯也。其後氏之。安陵纏，楚王妃。

甲父氏。古諸侯，以國爲氏。【略】

有窮氏。古諸侯國也。至后羿，簒夏后相。

有扈氏。夏諸侯國。夏爲扈，商爲崇。其地在今永興鄠縣北二十里。【略】

蒲姑氏。商諸侯，居齊地。

西王氏。《新序》：子夏曰：禹學于西王國。

孤竹氏。商之諸侯也。夷、齊讓國，其後遂以國氏。

封父氏。夏商國名。鄭有封父真，爲大夫。

終利氏。嬴姓，與秦同姓。

夙沙氏。《英賢傳》曰：炎帝時侯國。《左傳》宦者夙沙衛。

秣氏。秣陽國也。以國爲氏。

末氏。本秣氏，避難去『禾』，今秣陵是其後也。

栢成氏。《風俗通》：栢成子高，堯時諸侯也。

顧氏。己姓，伯爵，夏商之諸侯。今濮州范縣東南二十八里有故顧城，是其地也。

【略】

阮氏。商之諸侯國，在岐、渭之間。周文王『侵阮徂共』，見於《詩》。【略】

共氏。亦作『恭』。商末侯國，今河内共城，卽其地也。文王『侵阮徂共』，其子孫以國爲氏。晉有左行共華。或言共氏，共叔段之後也。【略】

洪氏。本共氏，因避仇改爲洪。

苑氏。亦作『宛』。《狀》云：商武丁子先受封於苑，因以爲氏。或音『怨』，非也。

【略】

逄氏。音『龐』。商諸侯，封於齊土，至商、周之間，有蒲姑氏代之。至武王伐商而後，封太公焉。其地在今臨淄。【略】

彭氏。卽大彭之國，在商時爲諸侯伯，古祝融氏之後，有陸終氏六子，第三子彭祖，建國于彭，子孫以國爲氏。又『彭』亦爲姓。《國語》云：祝融之後八姓：己、董、彭、秃、妘、斟、曹、芈。周滅之。【略】

韋氏。亦曰豕韋氏，風姓。杜預云：彭，商之伯國，今滑州韋城卽其地。能豢龍，故韋城古城内有豢龍井尚存。按《唐表》云：顓帝孫大彭爲夏諸侯，少康之世封其别孫元哲于豕韋，大彭、豕韋迭爲商伯，周赧王時始失國，徙居彭城，以國爲氏。然元哲之名無所經見，春秋時自無韋國，何得至赧王也？【略】

宋・羅泌《路史》卷二九《國名紀六・夏世侯伯》　西王　夏后師西王惘。

童　童律。一作僮，卽鄘也。故下邳鄘縣。後有童、僮、鄘氏，《姓纂》出，非。

狂　夏后臣章律狂章。按經有狂水，逕綸氏城。在今陽城，有狂氏。

繇余　錢□《記》作由。

晁氏　今弘農有地名晁。一作邱鄿。

盧氏　今之盧氏縣有盧氏山。

章商氏

犂婁氏

鴻蒙氏　右五神，夏后所囚者。

烏　烏陀陶臣，或云烏陀猶鴻蒙。又烏木田。《太康地志》梁國烏縣。今穀孰西南二十烏城。

郭　郭哀，夏后御。博之聊城有郭水，出東南郭。商有郭崇子。

范　今幽之范陽。漢縣有故城，在易東南，有范水。

扶登　扶登氏，典樂之臣。

豎　豎陔國。或作豎亥。

杜　鳳翔普潤。漢杜陽地有杜水。

既　七大夫杜子墨，既子黥。

孟　孟涂國。隱十一年向盟，卽孟。今河南孟津偃師西三十一里。

《穆傳》至于孟氏。近河南。

丹　涂後封。今建平郡有丹陽城。《括地象》云：丹陽故國。歸州巴東縣也。

甘　鄠西五里甘亭。《水經》在甘水之東。啓、扈戰其野。

屈北屈　隰之吉鄉北二十一里有古屈城，北屈也。

鶩　夏后伐屈鶩。《呂覽》云啓。

曹　《潛夫論》曹有姜姓者。

魏　夏后攻曹、魏。《呂覽》亦以爲啓。詹伯曰：祖自夏以稷、魏、駘爲吾西土。《盟會圖》云：嬴姓。

西河　后啓征之。見《紀年》。

有洛　洛也。

上洛　商周上洛，郡治上洛，晉地。《紀年》：晉烈公三年，楚人伐我南鄙，至于上洛。漢屬弘農，唐洛州。

胤　侯爵。《風俗通》云：夏諸侯國。今利之胤山。乾德三年平蜀，天寶元曰：胤山出舞衣。有胤氏、嗣氏。

粗　羿邑。澶之衛南縣東十五有故粗城，一曰外里。襄十一年城粗者，邑界宋、魯。

窮　有窮羿邑。楚地。今壽之安豐有窮谷、窮水，卽窮石。故記皆謂删丹，蓋以《淮南子》弱出窮石，窮石山在删丹。今在張掖，似太遼隔。楚人救潛，沈尹戍與吳師遇于窮潛。今之舒，與寒、過皆相邇。因夏民代夏政，則此爲近，故得及羿子也。《説文》作竆。

寒　浞國邑。樂史云：伯明氏所立本國。《世本》云：邳姓。今濰之北海東二十三有寒亭，非晉寒。

過　夏之國，卽有過。《括地象》云：猗姓國。今萊之掖西北二十有過鄉、過亭，有過氏。

戈仍　別見。

鬲　有鬲氏，夏諸侯，近鬲津。後有鬲氏。今德之安德西北有故鬲城，卽有隔，漢之鬲縣。應氏以爲偃姓臯後，酈氏以爲有窮后國，俱非。

武武罗　《世本》云：夏武羅國，冀都之武邑。一云衛北境武父。陳留有武父城。

厖　厖圉國。莒邑有大厖，宜出厖降。

猗　河東猗氏縣南二十有猗氏故城。魯人因陶朱興富于猗氏，因曰猗頓。

棲　猗姓。

疏　猗姓。《潛夫論》棲疏猗姓。

女　女艾國，汝也。商有女鳩，今之臨汝。一云晉之汝濱，本陸渾地，晉取之。《集韻》如音如僞。

東海　后抒征東海，伐王壽。

王壽　宜是平壽，衛之下邑，在濰州西南三十里。

有易　經云：王亥託于有易河伯僕牛，有易煞女，王亥取僕牛。《竹書》云：殷王子亥，賓于有易。淫焉，有易之君綿臣殺而施之。是故殷上甲微假師于河伯，伐有易，威之，弑綿臣。

原　后抒居原者。預云：泌水西北有原城，今河内軹，桀以原侯夸師者。

干　桀臣干辛邦也。《説文》邗國，屬臨淮。一作邘，吳地。昔吳城邗溝。今揚州故廣陵，開皇曰邗江，武德邗州。今作韓江，繆。

蒙山岷山　桀伐蒙山氏，卽岷山氏。今蒙州蒙山郡。

有施

扈

趙　桀世趙梁。

伊　摯所尹六渾伊川。許氏所云伊維侯國。

萊　湯佐命萊朱國。

登　湯御登恒有登氏。

慶　湯臣慶誧。

湟里　七大夫誧湟里沮。

潁　樵云鄭地。

卞　卞隨，蓋晉下。

漆　鄰國乾之永壽，漢之漆縣。今鳳翔之普潤有漆水。昔隗囂攻略陽，上至漆漢之漆，今邠治也。《寰宇記》邠之新平，漢漆縣有漆水，屬扶風，非寃句長垣之漆。

南巢

又 卷二九《國名紀六・商世侯伯》

馮 馮夷國。詳文招中。

應 《汲古文》云商時國。《寰宇》云故城郟城東南四十故殷之應國。杜云：襄。

隗 史伯云：南有應、鄧，西有晉、隗。

侁 姺也。一作侁、邥，先典切。《説文》云：商諸侯爲亂者。或以爲莘，非。

妚 《傳》云商有姺、妚，云妚也。定元年有邳，薛地。今淮陽治下邳。《集》同胚。《姓纂纂要》方凡切。《姓苑》始音鄙，一音丕。

弊

⿰黑柔

终葵 商時侯國。後有終葵氏。

高丘 商有高丘子，見《三一經》。

薄姑 商諸侯，卽薄丘，一曰蒲姑，在青之博興。地志有薄姑城，在臨淄西北五十。《青圖經》云：與四國作亂，成王滅之，以封太公。按《史記》則胡公徙之。

落姑 按《春秋傳》，落姑，齊地。《姓書》落姑氏。

蒲侯 襄公與莒子遇蒲侯氏。預云：邑名。

蒲如 商侯國。齊地有蒲如氏。預云：下邳取慮東南有蒲如城。《春秋》蒲隧，或云卽薄姑，蓋其分也。

姑幕 商侯國。今密之莒東北百六十有姑幕故城。故晉琅邪姑幕縣，後齊併入東莞。《晉志》、《通典》、《十道記》等俱謂卽蒲姑，蓋非。又史以爲薄姑氏國與四國亂，周公滅之，以封太公。又云青之博昌界有薄姑城，是亦一之。按《書大傳》謂奄君薄姑語録父舉事，以薄姑非名，誤矣。《傳》所謂薄姑商奄，吾西土者，豈惟《晏子》之言哉？

鄘 鄘山是。後爲鄘氏、食其氏、侍其氏。

黄洛 《寰宇記》盧龍有黄洛城，黄洛水，殷諸侯國。

貸 成湯時有貸子相。

邊 商國，周有邊伯。

膠 膠革國。今沛之公丘。《續》云本膠國，《通典》則以萊之膠水爲古膠東國。《括地象》云在膠東南六十里卽墨城也。

錫錫疇 商末錫疇子斯，一云錫疇國。鄭六邑有戈・錫。錫，宋、鄭之間。鄭人滅之，以處宋元公之孫。

瞿 商瞿有瞿父鼎，有商瞿氏，宜爲瞿上。

陖 《玉篇》國名，宜卽嵏，三嵏也，湯伐之。字書、書傳作艐，從舟。故《雅》訓至。《史》夌、《通典》嵏，一也。漢廣川子則封三嵏侯，屬東海。

甘 甘盤，小乙臣，高宗學焉。後受遺，有大功。

九鬼 紂三公，卽鬼侯。彪云：鄴西，鬼侯國也。《隋圖經》臨水縣九侯城。今相之隆陽有九侯城。誕生音仇，故或謂卽阬，非。

羑 羑里，地在相。音九，或卽九。字書音牖，失之。

鄂 《史記》九侯、鄂侯爲紂三公。紂、虞所封南陽，所謂大夏，有鄂氏。或作邘，非。

邢邦 邢侯，亦紂三公。或云卽鄂。卽云邘侯，俱非。按《世紀》邢侯事紂，以忠諫死，而邘爲文王所伐，文王豈伐賢哉？

崇二 崇侯虎，紂佞臣，文王虜之。今崇有崇城、崇侯墳。《九域志》云：虎也。《寰宇記》彭城北三十垞城，臨泗水。《秦地志》云：垞城，古崇國。兖人謂實中城曰垞城，西南有崇侯廟。與秦崇異。

虞芮別見 文王質虞、芮之訟暨，師武伐紂，乃收虞師、芮師。《春秋》虞公，虞仲之後。今陝州。

密 文王伐之，《詩》云『密人不恭』者。事見《周書》。蓋與紂有謀周之意。

黎 夏諸侯九黎。預云：東夷國。晉侯略狄土，立黎侯，非文王所戡矣，故晉志二黎國。

飢阢耆 昔文王伐飢。本作阢，音祈，卽耆黎也。《周書傳》五年伐耆，而《大傳》作戡耆，故説以爲黎也。字書帆，訛。

酆 豐也。事周，紂惡之。《韓子》云：文王侵盂、克莒、舉酆，三舉。《春秋》徐之豐縣，又楚地。

閎 有閎夭爲閎氏。

散宜 散宜生，後有散氏。

於陵 《書大傳》散宜生之於陵氏。今淄之長山。

長子　周史辛甲封。今潞之長子，晉執衛石買處。

商蓋　周公勝殷，將攻商蓋。辛甲曰：『難攻，請先九夷。』攻九夷而商蓋服。

庸　庸氏，伯爵，助武伐紂。今房之竹山，漢之上庸。説《襄十二》。蜀地文鄘南夷國。《寰宇記》金州，周庸國地。戰國時爲楚附庸，後威之。有裨、修、魚三邑。

髳　庸、蜀、羌、髳、微、盧、彭、濮，皆西南夷助伐紂者。

微

瀘　盧戎也。古文作纑。齊之長清南五十有盧城，齊、鄭尋盧之盟者，然非此。記每爲廬，今襄之中廬。

彭　黔之彭水縣。又有彭溪，在忠之臨江，即巴賨彭濮者，非濛陽矣。

僰　僰侯國，今戎之僰道。音撲，一作僰。《集》音棘，云縣名。又音拍、慢。

靡　《周書·世俘》云：『武王伐靡及陳』者。

戲　武王克商，命呂佗伐戲方。云紂畿内。按襄九年，戲，鄭地。

艾　侯爵。《穆鼎》有艾侯，作㕜。王俅以爲共誤。幷之廣陽，漢之上艾，後漢石艾也。又吳有艾縣，隋入建昌，有艾城，今在武寧。

佚　武王俘艾侯、佚侯、小臣四百六是也。皆商國。

恭　《姓纂》云：商末侯國。

歷

華　國莘。

思　康成云：商有思侯、梅伯。

霍　侯爵。武王禽之。汝之梁縣西南七十有故霍。《世本》云：霍國，真姓。知非晉霍。

臧　文王觀於臧，遇臧丈人釣者。近渭。

遲　商有遲任，賢者。《集韻》引《書》遲任。

鄘　《呂春秋》揚鄘，《世本》又君新鄘。字從邑，借也。當邑國。

宋·程公説《春秋分記》卷三二《疆理書第八·古諸國釋名》　微。僖六年。東平府壽張縣西北有微鄉、微子冢。

莘。二十八年。東京陳留縣地有莘國故城，謂之莘墟。

郇瑕氏。成六年。古國名。猗氏縣有郇城，亦在解州西南。

呂。七年。古呂國。見楚地。

寒。襄四年，下同。《釋例》：寒國，北海平壽東有寒亭。今濰州北海縣。

有鬲。安德府安德縣西北有鬲故城。

斟灌。夏同姓，青州壽光縣東南有灌亭。

斟尋。《地理志》北海有斟縣。京相璠曰：故斟尋國，禹後。西北去灌亭九十里，今濰州北海縣。

過。澆國名。萊州掖縣北有過鄉。

戈。豷國名。宋鄭之間有戈邑，在今陳留雍丘。

豕韋。二十四年，下同。滑州韋城縣。

唐。太原府。

杜。《釋例》：京兆杜縣。今京兆府萬年縣。

邶。襄二十九年，下同。鄘。邶、鄘、衛者，紂畿内地。周武王伐紂，三分其地，置三監，封管、蔡、霍三叔。自紂城而北謂之邶，南謂之鄘，東謂之衛。《竹書紀年》曰：武王封武庚於朝歌，分其地爲邶、鄘、衛。武王既喪，三監導武庚叛。成王既黜殷命，殺武庚，復伐三監，又於此三國建諸侯，以殷餘民封康叔於衛，使爲之長。後世子孫，稍幷二國，混而名之。

豳。邠州三水縣有漢栒邑，故豳國，周之先公公劉所居。《釋例》：在新平平漆縣東北。新平今屬邠州，豳地則分屬三水。

鄶。鄶城故鄶國，鄭州密縣東北。或云新鄭縣是，《詩》所謂《鄶·羔裘》者也。杜佑《通典》新鄭縣在唐屬鄭州。注曰：本鄶國地。密縣在唐屬河南。注曰：亦古鄶國。按二縣俱在鄭旁，近新鄭，又在密東北，則均爲鄶地矣。

觀。昭元年，下同。開德府觀城縣。《傳》曰：虞有三苗，夏有觀、扈，商有姺、邳，周有徐、奄。

扈。京兆府鄠縣扈鄉。

姺。邳。淮陽軍下邳縣。

奄。《傳》曰：成王因商奄之人，命以伯禽，而封於少皞之虚。《史記》曰：出魯奄中。張華曰：即魯奄里。今襲慶府仙源縣古曲阜也。

褒。興元府褒城縣。

有緡。四年。《釋例》：金鄉城，緡國。今濟州金鄉縣。

大庭氏。昭五年。在仙源縣城中。

駘。九年，下同。《釋例》：始平武功縣治鳌城。今京兆府武功縣。

岐。扶風縣岐陽鎮。詳見《王畿》。

蒲姑。《地理志》曰：琅邪姑幕，或曰薄姑。今在密州莒縣。又青州千乘縣亦有蒲姑城，蓋古薄姑氏地，跨有青徐密州之境。

亳。南京有古亳城。

昆吾。十二年。開德府濮陽縣。

密須。十五年。《釋例》：姞姓。安定陰密縣。今涇州靈臺縣。

闞鞏。十五年。

甲父。十六年。《釋例》：高平昌邑縣東南有甲父亭。今濟州金鄉縣。

飂。二十九年，下同。古國名。

鬷川。舜帝封飂之後於鬷川。

窮桑。少皞之號，地在魯北。

封父。定四年。開封府封丘縣。

仍。哀元年。

元·馬端臨《文獻通考》卷二六一《封建考二·三皇以來至殷末周初諸侯之見於經傳者》 英、六。禹即天子位，舉皋陶薦之，且授政焉，而皋陶卒，乃封皋陶之後於英、六。至春秋魯文公之時，六人叛楚，即東夷，楚成大心帥師滅六，子燮滅蓼。六，安國六縣，咎陶後，偃姓所封國。英即蓼也，在光州固始縣。

按：六、蓼雖滅於春秋之時，然《史記》以爲禹封皋陶之後於英、六，則是禹時所建之國也。

防風氏。汪芒氏之君。禹會諸侯於塗山，防風氏後至，禹殺而戮之，其骨專車。其後在春秋時爲長狄。長狄首尾見狄事跡。

有扈氏。夏禹崩，啓立，有扈氏不服，啓伐而滅之，天下咸朝。有扈國在雍州南鄠縣。

后羿。有窮氏之君。太康盤游失德，羿距之於河，遂廢之而立仲康，自鉏遷於窮石，因夏人代夏政，信用寒浞，爲浞所殺。

羲和。二氏世掌天地之官，至仲康時湎淫，胤侯征之。

胤侯。仲康時掌六師，征羲和。

寒浞。伯明氏之讒子弟，羿信之，以爲己相。浞行媚於内而施賂於外，樹之詐慝，以取其國家，内外咸服，乃殺羿而代之。夏遺臣有鬲氏收斟灌、斟尋餘燼，滅浞，立少康。

有仍氏。寒浞子夏殺帝相，妃仍氏女，曰后緡，歸有仍，生少康。

有鬲氏。夏爲羿浞所代，夏之遺臣靡奔有鬲氏，自有鬲氏率遺民滅浞，立少康。有鬲，今平原鬲縣。

斟灌、斟尋氏。二國夏同姓諸侯仲康之子，后相所依。羿命其子澆用師滅之。斟灌故城在青州壽光縣東，斟尋故城在青州北海縣。

過、戈。寒浞處其子澆於過，豷於戈。靡既滅浞，立少康，少康乃滅澆於過，后杼少康子。滅豷於戈，有窮因是遂亡。過在東萊掖縣，戈在宋、鄭之間。

葛。葛伯與湯爲鄰，不祀，湯征之。葛，梁國寧陵有葛鄉。

韋、顧、昆吾。三國名韋冢。韋，彭姓也；顧、昆吾，皆己姓也。三國黨桀爲惡，湯先伐韋、顧，克之。昆吾、桀則同時誅。

三朡。湯伐夏，夏師敗績，桀走保三朡，湯從而伐之，俘其寶玉，桀乃奔南巢。三朡，今定陶也。

氐、羌。西戎國。湯時來享來王。

荆楚。殷道衰，楚國叛，高宗伐之，罙入其阻。

鬼方。北夷。高宗伐鬼方，三年克之。

九侯。爲紂三公。有好女入之紂，女不喜淫，紂怒殺之而醢九侯。鄴縣有九侯城。

鄂侯。爲紂三公。紂醢九侯，鄂侯爭之强，辯之疾，紂并脯鄂侯。「鄂」一作「邘」。野王縣有邘城。

崇侯虎。紂殺九侯、鄂侯，西伯昌聞之竊歎，崇侯虎以告紂，紂囚西伯羑里。西伯之臣閎夭之徒求美女奇物獻紂，紂赦西伯，賜弓矢斧鉞，使專伐征，西伯遂伐崇。崇在京兆鄠縣。

黎。殷近王畿之諸侯。西伯伐而勝之，紂之臣祖伊奔告於紂，作《西伯戡黎》。黎在上黨東北。

密。密須氏不共，距周侵阮及共，文王伐之。密地在寧州。

庸、蜀、羌、髳、微、盧、彭、濮。八國皆蠻夷戎狄屬文王者。武王伐商，俱以師至牧野。羌在西蜀，髳、微在巴蜀，盧、彭在西北，庸、濮在江漢之間。巢。殷之臣巢伯，南方遠國。武王克商，乃來朝，芮伯作《旅巢命》。奄。東方淮夷之種。武王崩，與三監、武庚叛周，周公討之。成王卽政，又叛，成王滅之，遷其君於蒲姑。奄在兗州曲阜縣。蒲姑，齊地。

清・馬驌《左傳事緯前集》卷七《春秋名氏譜・夏商侯國》 昆吾。仍。亦曰有仍。有緡。過。戈。有窮后羿。亦曰夷羿。武羅。伯因。熊髡。尨圉。羿四臣。寒伯明。寒浞。亦號有窮。澆。亦號有過。豷。亦號戈。二人浞子。椒。澆臣。斟灌。斟鄩。有鬲氏。鬷夷氏。觀。扈。駘。岐。御龍氏劉累。豕韋氏。劉累之後，代彭姓者。姺。邳。黎。東夷。逢伯陵。奄。密須。鬫鞏。甲父。封父。蒲姑氏。商奄。燕。肅慎。崇。亳。唐叔虞。杜。

論說

漢・班固《白虎通義》卷一《爵》 殷家所以令公居百里，侯居七十里，何也？封賢極於百里，其改也，不可空退人，示優賢之義，欲褒尊而上之。何以知殷家侯不過七十里？曰：土有三等，有百里，有七十里，有五十里。其地半者其數倍，制地之理體也，多少不相配。

三國魏・鄭小同《鄭志》卷上 陶謨注云：禹朝羣臣于會稽，執玉帛者萬國。張逸問云：按《左傳》禹會諸侯于塗山，執玉帛者萬國；《外傳》云禹朝羣臣于會稽，防風氏後至，不與注相應何？答云：欲明諸侯守土之祀，故兼用《外傳》、《内傳》語。

宋・陳祥道《禮書》卷三二《周九服》 康成以八州，州二百一十國爲商禮，以天子之縣内九十三國爲夏禮，惑矣。天子之地或曰甸，或曰畿曰圻，或曰縣曰寰，而後世猶有縣官之稱。孰謂『畿』獨施於商周，而『縣』獨施於夏乎？康成溺於禹會萬國之説，嘗曰夏縣内四百國，又曰夏縣内九十三國，是自戾也。

宋・衛湜《禮記集説》卷二五《王制》 臨川王氏曰：《王制》千七百國，乃周事也。若執玉帛者萬國，以爲禹會塗山之時，此《左氏》之妄也。禹之會塗山東方，不過會東方諸侯爾，豈使四海之内會于一山之下哉？以禹之時有萬國，則不當指塗山而言也。《書》曰萬邦者，總四海之内大略而言也。鄭以畿内五百里國，爲設法而言也。爲設法言之，則萬國又未可以爲實數也。且九州之地，今可以見，若皆以爲國，則山川沮澤不可以居民，獨立一君，孰爲之民乎？此蓋去古久遠，書籍散亡，自孟子時已不得周家班爵禄之詳，況于焚《詩》、《書》之後，漢文之世乎？

宋・項安世《項氏家説》卷六《説經篇六・王制》 蓋文帝合漢初今文博士之傳，斟酌增損，共爲一書，將以興王制、致太平者，其説自應與古文諸書不合。鄭康成無策以通之，强爲之説曰：『此殷制也』。自是凡不可通者，皆以此語斷之，豈非遁辭也哉？

宋・羅泌《路史》卷二九《國名紀六・周世侯伯》 事之弘遠，固有不得盡計於其始而有俟於後之人者。封建之事，非一世之利，固非一旦之可爲；非一朝之事，亦非一日之可計。要必因其平時，漸而爲之，則何事而不立？是故古先哲王擇明賢，比勳德，年增而歲益之，所以成爪牙之勢者，固非一旦而衆建之也。脩禮法，謀連帥，朝厲而夕勉之，所以爲長久之計者，固非一日而驟爲之也。規模者，本之前；善善者，存乎後。是故羲炎以來歷載千百，而封建之設猶有遺利，則凡事之立，固不在乎始謀之善不善者。漢封諸侯，初本率意，事微周度，是以土宇過制，歲未幾何而叛九起，則其始謀者既不善矣。誠使惠、文、景、武而徠克，原其故，脩方伯，謀連帥，明君臣父子之恩，正疏戚尊卑之分，漸而維之，使安其樂，絀貪殘，寵賢德，崇惠而涵養之，則三代之緒，將復見矣。奈何吹齏過計，一饐廢膳，遂使成功頓毁，美惡俱盡，而不可以復起，豈不惜諸？是故成久長之業者，必非一旦之可爲也。周有天下，商之諸侯存者猶千八百，因而崇之，故爲勢易。而説者謂周之興也，八百之侯同會伐紂，故不得而不封，且以爲一旦封之。此皆書生啤嘐嘗試疏闊譚也。

宋・洪邁《容齋續筆》卷七《薛國久長》 《左傳》載魯哀公大夫云：禹合諸侯于塗山，執玉帛者萬國。今其存者，無數十焉。漢公孫卿語武帝云：黄帝萬諸侯而神靈之封君七千。按《王制》所紀九州凡千七百七十有三國，多寡殊不侔。以環移之一君會朝，所將吏卒姑以百人計之，則萬國之衆當爲百萬，塗山之下將安所歸宿乎？其爲衋言，無可疑者。所謂存者數十，考諸經傳，可見者唯薛耳。薛之祖奚仲爲夏禹掌車服大夫，自此受封，歷商及周末，始爲宋偃王所滅，其享國千九百餘年，傳六十四代。三代諸侯，莫之與比。薛壤地褊小，以《詩》則不列於《國風》，以《世家》則不列於《史記》，而春秋二百四十二年之間，視同儕郳、杞、滕、鄫，獨未嘗受大國侵伐，則其爲邦，亦自有持守之道矣。

宋・黎靖德《朱子語類》卷五五《孟子五・滕文公問爲國章》 禹塗山之會，執玉帛者萬國。當時所謂國者，如今溪洞之類，如五六十家，或百十家，各立箇長，自爲一處，都來朝王，想得禮數大段藞苴。後來到夏商衰時，皆相吞併，漸漸大了，至周時，只有千八百國，便是萬國吞併爲千八百國，不及五分之一矣，可見其又大了。周畢竟是因而封之，豈有移去許多小國，却封爲大國。然聖人立法，亦自有低昂，不如此截然。

宋・葉適《習學記言》卷二九《晉書・志》 《典》、《謨》首言萬邦，其後《詩》、《書》循而稱之甚衆。至禹弼成五服，則曰『至於五千』，是所謂萬者，舉數而云爾。孔子繫《易》，亦曰『地上有水，比。先王以建萬國，親諸侯。』此直以象立義，可也。若禹會塗山，既言執玉帛而至，則宜有其實，而猶曰萬國，何也？使果傾竭天下，雜還並集，禮文煩瑣，交錯道塗，殆不勝其亂矣。傳者因此遂言黄帝方制萬里，得百里之國萬區，夏末止三千餘國，以漸削損，至於商周，或言千八百國，或言八百諸侯，春秋時方稱無數十焉。此可據乎？封建雖上世明制，不知聖人要以何法爲準，將國國齊整？抑姑示大綱。已滅者有無復興，始封者於何取地，其禁令纖悉，蓋不得而詳也。後世徒見《周官》所立度數，便以爲封建成規，然當時既無空天下以待建諸侯之理，則此書已不可信，而況夏商以前乎！然則所謂萬邦者，蓋區聚之衆名，無地里之實制，不可以周人封國言也。

宋・金履祥《資治通鑑前編》卷三《夏后氏大禹》 履祥按：玉帛萬國之説，本魯諸君子而雜見於傳記，朱子《王制篇》亦取焉。夫塗山，今濠壽，蓋淮、江之間，非中土也，禹何以會萬國於此？意者東南之諸侯與古者萬國，畢朝于都，天子巡狩，則其方之諸侯各朝于方岳。惟東南諸侯西至衡岳，北至泰岳，道里爲遠，故禹總爲塗山之會，其後又東南而爲會稽之會也。塗山萬國之傳，或者史傳之侈辭與？

元・馬端臨《文獻通考》卷二六〇《封建考一・上古至周封建之制》 先公曰：愚按禹會塗山，執玉帛者萬國，傳夏商及周文、武之間，止千七百餘國。盟津之會，雖曰八百諸侯，然未嘗有以名字自見者，曾不如庸、蜀、羌、髳、微、盧、彭、濮之猶以其號自見者，何也？異時周家所資以藩屏王室者，皆周所自封之諸侯，而古諸侯無所存者。如奚仲之後爲薛，皋陶之後爲六、蓼，僅見於春秋時，此所謂古諸侯也。然皆小國寡民，凜不自保於强大之間，而終以見滅耳。

明・陳士元《論語類考》卷四《田則考・萬方》 元按：萬，盈數也，萬方猶言萬國。《外紀》謂黄帝畫野分疆，得百里之國萬區，劉恕疑百里者萬，非方十萬里不能容，是殆縱尺度之而不及於横也。縱横合度，則百里者萬，特方一萬里耳。《書》之稱堯，則曰協和萬邦；稱禹，則曰萬邦之君；稱湯，則曰誕告萬方；稱武王，則曰撫萬邦。是蓋極言其治化之遠，以萬爲成數，謂遠近大小之國不止於千而已。鄭玄氏云：州十有二師，每一師領百國，每州千二百國，畿外八州總九千六百國，其餘四百國在畿内。《王制》云：天子之縣内，方百里之國九，七十里之國二十有一，五十里之國六十有三，凡九十三國。又云：天子之縣内方千里者，爲方百里者百，封方百里者九，其餘方百里者九十一，又封方七十里者二十一，爲方百里者十，方十里者二十九，其餘方百里者八十，方十里者七十一，又封方五十里者六十三，爲方百里者十五，方十里者七十五，其餘方百里者六十四，方十里者九十六。又云：凡九州千七百七十三國，天子之元士，諸侯之附庸不與。孔穎達註云：此殷制也。蓋以《洛誥》謂天下諸侯受命於周者千七百七十三國，與數同，故知《王制》所言爲殷時諸侯之數。若然，則湯之所謂萬方者，豈真合乎萬數哉？或者以爲三代地域，惟殷爲狹，是拘於殷方三千里、夏周皆方七千里之説，而不知三代疆理天下，皆地盡四海，故禹之外薄四海，湯之肇域四海，武王則富有四海之内，豈有三千里、七千里廣狹不同之若是乎？【略】夫大之，則爲百里之國七百六十一，次之則爲七十里之國一千五百二十二，又次之則爲五十里之國三千四十四，而不盡之田可析爲附庸者，不與焉。幅員相依，大小交錯，其形固不能如棊局之方，而其數亦不止於《王制》所謂千七百七十三國。執玉者不皆百里，執帛者不皆五十里，隸以連帥，繫以州伯而統於天王，數雖未必合乎萬，而自千以上，皆可以萬稱，又況聖人聲名洋溢，蠻貊尊親，安可以侯封定數，而謂殷湯地狹？萬方之言，爲虚哉！

明・王世貞《弇州四部稿》卷一三九《説部・劄記内篇》 禹會諸侯於塗山，執玉帛者萬國，兹言謬矣。塗山，蕞爾地耳。諸侯之乘，具官以從，大者二十，小者十之，幾十五萬乘矣，疇能容之？荒服之地，驅馳萬里，疇能達之？聖人之省方，會其方之諸侯也。

清・顧炎武《日知録》卷二《厥弟五人》 夏商之世，天子之子其封國而爲公侯者,不見於經。以太康之戸位而有厥弟五人,使其並建茅土,爲國屏翰,羿何至篡夏哉?富辰言周公弔二叔之不咸,故封建親戚,以蕃屏周。杜氏《解》曰:弔,傷也;咸,同也。周公傷夏殷之叔世疏其親戚,以至滅亡,故廣封其兄弟。而少康封其庶子於會稽,以奉守禹祀,二十餘世至於越之句踐,卒霸諸侯,有禹之遺烈,夫亦監於太康孤立之禍而然與?若乃孔子所謂『大道既隱,天下爲家,各親其親,各子其子』者,亦從此而可知之矣。

清·錢大昕《潛研堂文集》卷七《答問四》 問:昭元年《傳》:『夏有觀、扈,商有姺、邳。』杜注引《書序》啓與有扈戰於甘,而不及觀事。何也?曰:按《楚語》士亹雲:『啓有五觀,文王有管、蔡。皆元德也,而有姦子。』韋昭注:五觀,啓子太康昆弟也。觀,洛汭之地。《周書·嘗麥篇》:『其在殷之五子,『殷』當作『夏』。忘伯禹之命,假國無正,用胥興作亂,遂凶厥國。皇天哀禹,賜以彭壽,思正夏略。』《竹書紀年》:帝啓十一年,放王季子武觀於西河。十五年,武觀以西河叛,彭伯壽帥師征西河,武觀來歸。注雲:武觀,卽五觀也。《離騷》雲:『啓《九辨》與《九歌》兮,夏康娛以自縱。不顧難以圖後兮,五子用失於家巷。』《漢書·古今人表》:啓子兄弟五人,號五觀。列下中。《地理志》:東郡有畔觀縣。《史記·夏本紀》:『太康失國,兄弟五人須於洛汭。』《索隱》引皇甫謐雲:號五觀也。蓋自《古文尚書》未出以前,儒者皆知五子之爲五觀,而杜於此經之觀,獨闕其文。杜好與漢儒立異,此亦其一證也。酈道元,北方之學者。其撰《水經注》雲:『淇水又北逕頓邱縣故城西。《古文尚書》以爲觀地矣,蓋太康弟五君之名號曰五觀者也。』六朝時,梅氏古文盛行於江左,而河北猶守鄭義,故酈道元稱《古文尚書》,仍取五觀説。

雜録

《尚書·胤征》 羲和廢厥職,酒荒于厥邑,胤后承王命徂征。唐陸德明《音義》:胤,國名。宋蔡沈《集傳》:曰『胤后』者,諸侯入爲王朝公卿,如禹、稷、伯夷謂之后也。

《國語》卷五《魯語下》 仲尼曰:丘聞之:昔禹致羣神於會稽之山,防風氏後至,禹殺而戮之。

又 卷一六《鄭語》 祝融亦能昭顯天地之光明,以生柔嘉材者也。其後八姓,於周未有侯伯。三國吴韋昭注:八姓,祝融之後。八姓:己、董、彭、秃、妘、曹、斟、芈也。侯伯,諸侯之伯。佐制物於前代者,注:佐,助也。物,事也。前代,夏、殷也。昆吾爲夏伯矣,注:昆吾,祝融之孫、陸終第一子,名樊,爲己姓,封于昆吾,昆吾衛是也。其後夏衰,昆吾爲夏伯,遷于舊許。《傳》曰:楚之皇祖伯父昆吾,舊許是宅。大彭、豕韋爲商伯矣,注:大彭,陸終第三子,曰籛,爲彭姓,封于大彭,謂之彭祖,彭城是也。豕韋,彭姓之别封于豕韋者。殷衰,二國相繼爲商伯。當周未有。注:未有侯伯。己姓昆吾、蘇、顧、溫、董,注:五國皆昆吾之後别封者,莒其後。董姓鬷夷、豢龍,則夏滅之矣。注:董姓,己姓之别受氏爲國者也。有飂叔安之裔子曰董父,以擾龍服事帝舜,賜姓曰董,氏曰豢龍,封之鬷川。當夏之興,别封鬷夷,于孔甲前而滅矣。《傳》曰:孔甲不能食龍而未獲豢龍氏,劉累學擾龍於豢龍氏,以事孔甲。彭姓彭祖、豕韋、諸稽,則商滅之矣。注:彭祖,大彭也。豕韋、諸稽,其後别封也。大彭、豕韋爲商伯,其後世失道,殷復興而滅之。秃姓舟人,則周滅之矣。注:秃姓,彭祖之别。舟人,國名。妘姓鄔、鄶、路、偪陽,注:陸終第四子曰求言,爲妘姓,封于鄶。鄶,今新鄭也。鄔、路、偪陽,其後别封也。曹姓鄒、莒,注:陸終第五子曰安,爲曹姓,封於鄒。皆爲采衛。注:皆,妘、曹也。采,采服,去王城二千五百里。衛,衛服,去王城三千里。或在王室,或在夷翟,莫之數也。注:或,或六姓之後。在王室,蘇子、溫子也。在夷翟,莒、偪陽也。而又無令聞,必不興矣。斟姓無後。注:斟姓,曹姓之别。或云夏少康滅之,非也。《傳》有斟灌、斟尋,澆所滅,非少康,又皆夏同姓,非此也。融之興者,其在芈姓乎!

《史記》卷四一《越王勾踐世家》 越王勾踐,其先禹之苗裔而夏后帝少康之庶子也,封於會稽,以奉守禹之祀。文身斷髮,披草萊而邑焉。

漢·趙煜《吴越春秋》卷四《越王無余外傳》 禹以下六世而得帝少康,少康恐禹祭之絶祀,乃封其庶子於越,號曰無余。

周代封國分部

綜 述

《尚書·康王之誥》 昔君文、武丕平富,【略】乃命建侯樹屏,在我後之人。

又《蔡仲之命》 蔡仲克庸祇德，周公以爲卿士。叔卒，乃命諸王邦之蔡。

《詩經·大雅·板》 价人維藩，大師維垣。大邦維屏，大宗維翰。懷德維寧，宗子維城。無俾城壞，無獨斯畏。宋朱熹《集傳》：价，大也，大德之人也。藩，籬；師，衆；垣，牆也。大邦，强國也。屏，樹也，所以爲蔽也。大宗，强族也。翰，榦也。宗子，同姓也。言是六者，皆君之所恃以安，而德其本也。有德則得是五者之助，不然則親戚叛之而城壞，城壞則藩垣屏翰皆壞而獨居，獨居而所可畏者至矣。

《左傳·僖公二十四年》 大上以德撫民，其次親親以相及也。昔周公弔二叔之不咸，故封建親戚，以蕃屏周。管、蔡、郕、霍、魯、衛、毛、聃、郜、雍、曹、滕、畢、原、酆、郇，文之昭也；邘、晉、應、韓，武之穆也；凡、蔣、邢、茅、胙、祭，周公之胤也。

周之有懿德也，猶曰莫如兄弟，故封建之。其懷柔天下也，猶懼有外侮，扞禦侮者，莫如親親，故以親屏周。

又《襄公二十九年》 叔侯曰：『虞、虢、焦、滑、霍、揚、韓、魏，皆姬姓也。』

又《昭公九年》 文、武、成、康之建母弟，以蕃屏周，亦其廢隊是爲，豈如弁髦而因以敝之？

又《昭公二十六年》 昔武王克殷，成王靖四方，康王息民，並建母弟，以藩屏周。亦曰吾無專享文、武之功，且爲後人之迷敗傾覆而溺入于難，則振救之。

又《昭公二十八年》 昔武王克商，光有天下，兄弟之國者十有五人，姬姓之國者四十人，皆舉親也。夫舉無他，惟善所在，親疏一也。

又《定公四年》 昔武王克商，成王定之，選建明德，以藩屏周。

《國語》卷一六《鄭語》 史伯對曰：【略】『當成周者，南有荆蠻、申、呂、應、鄧、陳、蔡、隨、唐，三國吳韋昭注：荆蠻，芈姓之蠻，鬻熊之後也。申、呂，姜姓。應、蔡、隨、唐，皆姬姓也。應，武王子所封。鄧，曼姓。陳，嬀姓也。北有衛、燕、翟、鮮虞、路、洛、泉、徐、蒲，注：衛，康叔之封；燕，邵公之封，皆姬姓也。翟，北翟也。鮮虞，姬姓在翟者。路、洛、泉、徐、蒲，皆赤翟隗姓也。西有虞、虢、晉、隗、霍、楊、魏、芮，注：八國，姬姓也。虞，虞仲之後；虢，虢叔之後西虢也。東有齊、魯、曹、宋、滕、薛、鄒、莒。注：齊，姜姓。魯、曹、滕，皆姬姓。宋，子姓。薛，任姓；鄒，曹姓；莒，己姓，東夷之國也。是非王之支子母弟甥舅也，則皆蠻荆戎翟之人也。』注：王支子母弟，姬姓是也。甥舅，異姓是也。蠻荆，楚也。戎翟，北翟路、洛、泉、徐、蒲是也。『戎』或爲『夷』。

《周禮·地官·大司徒》 凡建邦國，以土圭土其地而制其域。諸公之地，封疆方五百里，其食者半；諸侯之地，封疆方四百里，其食者參之一；諸伯之地，封疆方三百里，其食者參之一。諸子之地，封疆方二百里，其食者四之一；諸男之地，封疆方百里，其食者四之一。

又《夏官·職方氏》 凡邦國千里，封公以方五百里，則四公；方四百里，則六侯；方三百里，則七伯；方二百里，則二十五子；方百里，則百男，以周知天下。漢鄭玄注：以此率，徧知四海九州邦國多少之數也。方千里者，爲方百里者百，以方三百里之積，以九約之，得十一有奇，云七伯者，字之誤也。周九州之界，方七千里。七七四十九，方千里者四十九，其一爲畿內，餘四十八，八州各有方千里者六。周公變殷湯之制，雖小國，地皆方百里。是每事言『則』者，設法也。設法者，以待有功而大其封。一州之中，以其千里封公，則可四；又以其千里封侯，則可六；又以其千里封伯，則可十一；又以其千里封子，則可二十五；又以其千里封男，則可百。公、侯、伯、子、男，亦不是過也。州二百一十國，以男備其數焉，其餘以爲附庸。四海之封，黜陟之功，亦如之。雖有大國，爵稱子而已。唐賈公彦疏：云『州二百一十國』者，此據《王制》文；彼下又云『天子縣內九十三國』。凡九州，千七百七十三國』，是通畿內外爲數，並是殷周國數也。凡邦國，小大相維。王設其牧，制其職，各以其所能；制其貢，各以其所有。

又《夏官·形方氏》 掌制邦國之地域而正其封疆，無有華離之地，使小國事大國，大國比小國。注：比猶親也。

《論語·先進》 子曰：【略】『安見方六、七十，如五、六十，而非邦也者？』

《孟子·萬章下》 孟子曰：天子之制，地方千里，公侯皆方百里，伯七十里，子男五十里，凡四等。不能五十里，不達於天子，附於諸侯，曰附庸。

又《滕文公上》 今滕，絶長補短，將五十里也，猶可以爲善國。

《荀子》卷四《儒效篇》 （周公）兼制天下，立七十一國，姬姓獨居五十三人，而天下不稱偏焉。

兼制天下，立七十一國，姬姓獨居五十三人焉。周之子孫，苟不狂惑者，莫不爲天下之顯諸侯，孰謂周公儉哉？

《呂氏春秋》卷八《君道》 夫文王欲立貴道，欲白貴名，以惠天下，而不可以獨也。【略】兼制天下，立七十一國，姬姓獨居五十三人。周之子孫，苟不狂惑者，莫不爲天下之顯諸侯。如是者，能愛人也。

又 卷一五《慎大》 武王勝殷，入殷未下轝，命封黄帝之後於鑄，封帝堯之後於黎，封帝舜之後於陳；下轝，命封夏后之後於杞，立成湯之後於宋，以奉桑林。漢高誘注：桑山之林，湯所禱也，故使奉之。

又 卷一六《觀世》 此周之所封四百餘，服國八百餘，今無存者矣。雖存，皆嘗亡矣。

《禮記・樂記》 武王克殷反商，未及下車，而封黄帝之後於薊，封帝堯之後於祝，封帝舜之後於陳，下車而封夏后氏之後於杞，投殷之後於宋。【略】將帥之士，使爲諸侯，名之曰建橐。

漢・伏勝《尚書大傳》卷三《洛誥傳》 天下諸侯之悉來進，受命於周公而退見文、武之尸者千七百七十三諸侯，皆莫不磬折玉音，金聲玉色。

漢・韓嬰《韓詩外傳》卷四 （文王）貴道果立，貴名果白，兼制天下，立國七十二，姬姓獨居五十二。

《史記》卷四《周本紀》 武王追思先聖王，乃褒封神農之後於焦，黄帝之後於祝，帝堯之後於薊，帝舜之後於陳，大禹之後於杞。於是封功臣謀士，而師尚父爲首封，封尚父於營丘，曰齊。封弟周公旦於曲阜，曰魯。封召公奭於燕，封弟叔鮮於管，弟叔度於蔡，餘各以次受封。

考王封其弟于河南，是爲桓公，以續周公之官職。桓公卒，子威公代立，威公卒，子惠公代立，乃封其少子於鞏，以奉王，號東周惠公。

又 卷六《秦始皇本紀》 博士齊人淳于越進曰：『臣聞殷周之王千餘歲，封子弟功臣，自爲枝輔。』

又 卷三五《管蔡世家》 武王已克殷紂，平天下，封功臣昆弟，於是封叔鮮於管，封叔度於蔡，二人相紂子武庚祿父，治殷遺民。封叔旦於魯而相周爲周公，封叔振鐸於曹，封叔武於成，封叔處於霍，康叔封、冉季載皆少，未得封。【略】周公旦承成王命，伐誅武庚，殺管叔而放蔡叔，遷之，與車十乘，徒七十人，從而分殷餘民爲二：其一封微子啓於宋，以續殷祀；其一封康叔爲衛君，是爲衛康叔。封季載於冉。【略】蔡叔度既遷而死，其子曰胡，胡乃改行，率德馴善，【略】周公言於成王，復封胡於蔡，以奉蔡叔之祀，是爲蔡仲。餘五叔，皆就國，無爲天子吏者。

又 卷三一《吴太伯世家》 是時周武王克殷，求太伯、仲雍之後，得周章。周章已君吴，因而封之。乃封周章弟虞仲於周之北故夏虚，是爲虞仲。

又 卷三六《陳杞世家》 舜之後，周武王封之陳，至楚惠王滅之，有《世家》言。禹之後，周武王封之杞，楚惠王滅之，有《世家》言。契之後爲殷，殷有《本紀》言；殷破，周封其後於宋，齊湣王滅之，有《世家》言。后稷之後爲周，秦昭王滅之，有《本紀》言。皋陶之後，或封英、六，楚穆王滅之，無譜。伯夷之後，至周武王復封於齊，曰太公望，陳氏滅之，有《世家》言。伯翳之後，至周平王封爲秦，項羽滅之，有《本紀》言。垂、益、夔、龍，其後不知，所封不見也。右十一人者，皆唐虞之際名有功德臣也。其五人之後，皆至帝王，餘乃爲顯諸侯。滕、薛、騶，夏殷周之閒封也，小不足齒列，弗論也。周武王時，侯伯尚千餘人。及幽厲之後，諸侯力攻相幷，江、黄、胡、沈之屬，不可勝數，故弗采著于《傳》上。

又 卷四〇《楚世家》 當周成王之時，舉文武勤勞之後嗣，而封熊繹於楚蠻，封以子男之田，姓芈氏，居丹陽。

又 卷四二《鄭世家》 鄭桓公友者，周厲王少子而宣王庶弟也。宣王立二十二年，友初封于鄭。

又 卷五《秦本紀》 （襄公）七年春，周幽王用褒姒，廢太子，立褒姒子爲適。數欺諸侯，諸侯叛之。西戎、犬戎與申侯伐周，殺幽王酈山下，而秦襄公將兵救周，戰甚力，有功。周避犬戎難，東徙雒邑，襄公以兵送周平王。平王封襄公爲諸侯，賜之岐以西之地，曰：『戎無道，侵奪我岐、豐之地。秦能攻逐戎，卽有其地』與誓，封爵之。襄公於是始國，與諸侯通使。

《孝經援神契》 周千八百諸侯，布列五千里内。

漢・王充《論衡》卷四《書虚篇》 若孔子當時，諸侯千人以上。

晉・皇甫謐《帝王世紀・周》 武王伐紂之年夏四月乙卯，祀於周廟。將率之士皆封諸侯國四百人，兄弟之國十五人，同姓之國四十人。

宋・劉恕《資治通鑑外紀》卷三《周紀一・武王》 王罷兵西歸，四月至豐，薦俘馘于太室。封神農之後於焦，黄帝之後於薊，堯之後於祝。舜之後，自夏時或失或續，虞閼父爲周陶正，事王，王賴其利器用與其神明之後，以元女太姬配其子胡公滿，封於太皞之墟，都宛丘之側，是曰陳，與黄帝、堯後備三恪。以舜爲庶人，時居嬀水，乃賜胡公姓嬀。夏禹之後，殷時或絶或封，得其苗裔東樓公，封之於杞。封功臣謀士，以師尚父爲首封，封於營丘，曰齊。周公于少皞之墟曲阜，曰魯。召公奭於北燕，畢公高於畢，弟叔鮮於管，叔度於蔡，叔振鐸於曹，叔武於郕，叔處於霍，康叔封聃，季載皆少，未封。兼制天下，立七十一國，封兄弟之國十五人，姬姓之國四百人，周之子孫不狂惑者，皆爲諸侯。皇甫謐曰：武王伐紂之年夏四月乙卯，祀于周廟，將帥之士皆封諸侯，國四百人。

王親虚己問箕子殷所以亡，曰：吾殺紂，是與非與？箕子不忍言殷惡而殺之，是王亦醜之，問以天道，作《洪範》，封箕子於朝鮮而不臣也。餘各以次受封，班賜宗彝，分殷之器物于諸侯。惟周公留周佐王。畢公之後，以國爲氏，久之絶封，爲庶人，在中國或夷狄。【略】初，吳太伯卒，無子，弟仲雍立，斷髮文身，嬴以爲飾。仲雍卒，子季簡立；卒，子叔達立；卒，子周章立。王求太伯、仲雍之後，得周章，已君吳，因而封之。別封周章弟仲雍之庶孫虞仲於周之北，故夏虚，爲西吳，後世謂之虞。

宋・胡宏《皇王大紀》卷一二《三王紀・武王》 大建公侯於天下。封黄帝之後於祝，唐帝之後於薊，虞帝之後胡公嬀滿於陳，以胡公之父虞閼父嘗爲周陶正，王賴其利器用也，妻之以元女大姬，分之以肅慎氏之楛矢，以備三恪。復封夏后氏之後東婁公於杞，封紂子武庚於殷，用其禮樂，作賓于王家，皆爲上公，是爲二王之後。得神農之後，封之於焦。封尚父於齊，都營丘爽鳩氏之墟；封周公於魯，都曲阜少昊大庭之墟；封召公於燕；庶叔高於畢，皆留相周。封叔鮮於管，叔度於蔡，叔處於霍，以監殷，是爲三監。以殷餘民封康叔於朝歌，國號衛。封叔振鐸於曹，叔武于叔，季載于郙；封庶弟叔繡于滕，叔鄭于毛；又封諸叔于郜，于雍，于原，于郇，于酆。虢仲、虢叔，爲文王卿士，勳在王室，藏於盟府。仲封於西虢，實故夏墟；叔封於東虢，都制。初，泰伯、仲雍奔荆楚，採藥於衡山之下，荆人義之，從者日衆，東至海上，得千餘家，遂爲國，自號句吳。泰伯薨，無子，仲雍嗣爲吳君。天子使求其後，得周章，仲雍曾孫也，世君吳矣，因封之曰吳伯；復封章弟於故夏墟，是爲虞仲。封少昊之裔兹輿於莒，封祝融安期之裔挾於邾，封四岳姜姓文叔於許，封仲虺弟雍渭之後於薛。新受封者八百國，兄弟之君十有五人，同姓者四十餘人。班宗彝，作分器。

唐・陸淳《春秋集傳纂例》卷一〇《國名譜》 春秋時國大數，總一百二十四國，正國一百一十五，附庸國九。姓爵具者四十六國：魯。姬姓，侯爵。晉。姬姓，侯爵。楚。芈姓，子爵。齊。姜姓，侯爵。秦。嬴姓，伯爵。吳。姬姓，子爵。越。姒姓，子爵。宋。子姓，公爵。衛。姬姓，侯爵。鄭。姬姓，伯爵。陳。嬀姓，侯爵。蔡。姬姓，侯爵。邾。曹姓，子爵。曹。姬姓，伯爵。許。姜姓，男爵。莒。己姓，子爵。杞。姒姓，公爵。滕。姬姓，侯爵。薛。任姓，侯爵。小邾。曹姓，子爵。息。姬姓，侯爵。隋。姬姓，侯爵。虞。姬姓，侯爵。紀。姜姓，侯爵。北燕。姬姓，伯爵。巴。姬姓，子爵。鄧。曼姓，侯爵。郕。姬姓，伯爵。徐。嬴姓，伯爵。鄫。姒姓，子爵。芮。姬姓，伯爵。胡。姬姓，子爵。南燕。姞姓，伯爵。州。姜姓，公爵。梁。姬姓，伯爵。荀。姬姓，侯爵。賈。姬姓，伯爵。凡。姬姓，伯爵。祭。姬姓，公爵。宿。風姓，男爵。郳。妘姓，子爵。原。姬姓，伯爵。夔。芈姓，子爵。舒鳩。偃姓，子爵。滑。姬姓，伯爵。郯。己姓，子爵。

有姓無爵者一十八國：黄。嬴姓。羅。熊姓。邢。姬姓。魏。姬姓。霍。姬姓。郜。姬姓。鄋瞞。隗姓。向。姜姓。偪陽。妘姓。韓。姬姓。舒庸。偃姓。焦。姬姓。楊。姬姓。夷。妘姓。申。姜姓。密。姬姓。耿。姬姓。

有爵無姓者一十七國：麇。子爵。萊。子爵。頓。子爵。沈。子爵。穀。伯爵。譚。子爵。舒。子爵。宗。子爵。邘。子爵。白狄。子爵。賴。子爵。肥。子爵。鼓。子爵。戎蠻。子爵。唐。侯爵。潞。子爵。弦。子爵。

姓爵俱無者三十三國：江、鄖、權、道、栢、貳、軫、絞、蓼、六、遂、崇、戴、冀、温、厲、項、英氏、介、巢、庸、根牟、無終、邿、姒、蓐、狄、房、鮮虞、陸渾、桐、鄀、於餘丘。

附庸國九。一國姓爵具：須句。風姓，子爵。三國有姓無爵：顓臾。風姓。任。風姓。葛。嬴姓。五國姓爵俱無：蕭、牟、郪、極、鄣。

四夷國共四十三。夷、狄、蠻、戎，皆氏羌之別種，周衰交侵，雜居中國。自隱三年潛之會，見於《春秋》，桓、莊、僖世頗盛，爲中國患，其後種族遂分。大戎。唐叔子孫別在夷狄者，亦見前爵姓門，莊二十八。小戎。居瓜州者。驪戎。西戎之別。犬戎。西戎之在中國者。揚、拒、泉、皐、伊、洛之戎。揚，拒，泉，皐皆戎邑，及諸雜戎，居伊水、洛水之間。陸渾之戎。入居陸渾者。茅戎。戎之別。徐吾氏。茅戎之別。戎子駒支。即姜戎氏。陰戎。陸渾之別。九州之戎。亦陸渾之別，在晉陰也。狄戎。戎之屬楚者。戎州。戎邑之在衛者。北戎。山戎也。山戎。北狄也。狄。氐羌別種，在北白狄。東山皋落氏。赤狄別種，皋落其氏族。廧咎如。赤狄別種。白狄。狄別種，河西郡有白部胡。鄋瞞。長狄國名，防風氏之後。赤狄。唐叔子孫之在狄者。潞氏。赤狄別種。甲氏。留吁。二國皆赤狄別種。鐸辰。同上。無終。山戎國名。肅慎。北狄也。鮮虞。白狄別種，在中山。肥。白狄別種，在鉅鹿。鼓。同上。東夷。郯、莒、徐夷之類。羣舒。舒庸、舒鳩之類，皆東夷國。根牟。夷虎。蠻之叛楚者。淮夷。魯東夷。三夷。從越之戎。盧戎。南蠻國。山夷。今之溪洞。蠻氏。戎別種。戎蠻。蠻之居中國者。濮。南夷。黎。並東戎國。

宋·楊甲《六經圖》卷一〇《春秋一百二十四國爵姓》 爵姓具者四十九國：魯。姬，侯。秦。嬴，伯。衛。姬，侯。杞。姒，公。曹。姬，伯。息。姬，侯。鄧。曼，侯。北燕。姬，伯。晉。姬，侯。吳。姬，子。鄭。姬，伯。邾。曹，子。滕。姬，侯。虞。姬，侯。紀。姜，侯。楚。羋，子。徐。嬴，子。越。姒，子。蔡。姬，侯。許。姜，男。薛。任，侯。隨。姬，侯。巴。姬，子。鄫。姒，子。齊。姜，侯。宋。子，公。陳。嬀，侯。小邾。曹，子。莒。己，子。虢。姬，公。郕。姬，子。芮。姬，伯。胡。嬀，子。州。姜，公。南燕。姞，伯。梁。嬴，伯。荀。姬，侯。賈。姬，侯。凡。姬，伯。宿。風，男。祭。姬，伯。鄅。妘，子。原。姬，伯。夔。羋，子。滑。姬，伯。郯。嬴，子。舒鳩。偃，子。偪陽。妘，子。邢。姬，侯。

有爵無姓者一十七國：萊。子。弦。子，或子姓。潞。子，或隗姓。頓。子。沈。子，或嬴姓。譚。子，或子姓。宗。子。邧。子。白狄。子。賴。子。肥。子。戎蠻。子。麇。子，或祈姓。鼓。子，或祈姓。穀。伯，或嬴姓。唐。侯。舒。子。

有姓無爵者一十六國：黃。嬴。羅。能，或偃姓。魏。姬。耿。姬。霍。姬。郜。姬。韓。姬，或侯爵。焦。姬。楊。姬。夷。妘。淮。姬。申。姜。密。姬。向。姜。鄋瞞。漆。舒庸。偃。

爵姓皆亡者三十三國：江。或嬴姓。鄍。權。或偃姓。道。栢。貳。軫。絞。六。或偃姓。遂。崇。戴。或子姓。無終。蓐收。冀。温。於餘丘。厲。項。或姞姓。英氏。蓼。或偃姓。巢。庸。根牟。鮮虞。姒。介。陸渾。邿。房。桐。或偃姓。鄀。狄。

附庸九國：顓臾。風姓。須句。風姓。葛。嬴姓。任。風姓。牟。極。蕭。或子姓。郳。章。

晉·杜預《春秋釋例》卷七《土地名第四十四之三·戎地》 隱二年，戎。陳留濟陽縣東南有戎城。

九年，北戎、山戎、無終。三名。北平有無終縣。

桓十三年，盧戎。闕。

莊二十八年，驪戎。京兆新豐縣。

閔二年，犬戎。西戎別在中國者。闕。

僖十一年，揚。闕。拒。闕。泉。河南洛陽縣西南有泉亭。皐、闕、伊、洛之戎，雜居洛水、伊水之間者。河南洛陽縣西南有戎城。

二十二年，陸渾之戎。九州之戎。河南陸渾縣。

三十三年，姜戎。晉南鄙。

成元年，茅戎。河東大陽縣西有茅亭。徐吾氏。茅戎之別種。

昭九年，陰戎。晉陰地。

哀四年，狄戎。闕。

十七年，戎州。戎邑近衛者。闕。

又《狄地》 【略】閔二年，東山皋落氏狄。一名，赤狄別種，在晉東。

僖二十三年，廧咎如。赤狄別種。闕。

三十三年，白狄。故西河郡地有白部胡。

文十一年，長狄鄋瞞。鄋瞞，長狄國。闕。潞、赤狄潞氏。一名，在上黨。

又云潞城縣東有古城，赤狄潞氏國也。

宣三年，赤狄。故上黨郡地有赤沙城。

十一年，【略】衆狄。闕。

十六年，赤狄甲氏、留吁、鐸辰。三名，赤狄別種。闕。

昭十二年，鮮虞。白狄別種。中山新市縣也。【略】肥，白狄別種。鉅鹿下曲陽縣西有肥累城。【略】

十五年，鼓。白狄別種。鉅鹿下曲陽縣有鼓聚。

定四年，中山。鮮虞地。中山國治盧奴縣。

又《夷地》 僖十三年，淮夷東夷。東夷居淮水者。闕。

文十六年，百濮。建寧郡南有濮夷，濮夷無君長總統，各以邑落自聚，故稱百濮也。

哀四年，夷虎。闕。

十九年，三夷。闕。【略】

又《蠻地》 文十六年，羣蠻。闕。

成十六年，陸渾蠻氏，戎蠻蠻氏。二名。河南新城縣東南有蠻城。

右四夷四十，其二十一闕也。

宋·程公説《春秋分記》卷三二《疆理書第八·四夷地釋名·戎地》

戎。隱二年。《釋例》：陳留濟陽縣東南有戎城。今東京東明縣濟陽鎮。

【略】

戎州。哀十七年。杜預曰：近衛者。按杜誤以楚丘爲衛地，故曰近衛，非矣。

又《諸戎》 驪戎。莊二十八年。京兆府臨潼縣，驪山在南。

姜戎。僖三十三年。晉之南鄙。

陸渾戎。僖二十二年。西京伊陽縣，故陸渾縣。

陰戎。昭九年。晉陰地，自商州至西京伊陽縣。

楊，僖十一年，下同。拒、泉。《釋例》：河南洛陽縣西南有泉亭。今西京洛陽縣。

皐、伊、雒戎。雜戎，居洛水、伊水間。洛陽縣西南有戎城。

戎蠻子。昭十六年。《釋例》：河南新城縣東南有蠻城。今鄭州密縣。

盧戎。桓十三年。南蠻在中國者。今襄陽府中廬縣。

狄戎。襄四年。狄在中國者。

犬戎。閔二年。戎在中國者。

茅戎。成元年。《釋例》：河東大陽縣西有茅亭。今陝州平陸縣。

北戎。隱九年。山戎無終。薊州玉田縣。

山戎。莊三十年。平州盧龍縣。

又《北狄》【略】衆狄。（宣十一年）

又《長狄》 長狄鄋瞞。文十一年傳。

又《赤狄》 赤狄。宣三年。《釋例》：上黨郡地有赤沙城。今隆德府地。隆德，潞州。

東山皐落。閔二年。赤狄別種，在晉東，今隆德府左右。

潞氏。文十一年。隆德府潞城縣東有古城，赤狄潞氏國。

甲氏。留吁。鐸辰。宣十六年。赤狄別種。

廧咎如。僖二十三年。赤狄別種。

又《白狄》 白狄。僖三十三年。延安府膚施縣，本白狄。鄜、丹、銀、綏、德等州，皆春秋白狄地。

肥。昭十二年。白狄別種。《釋例》：鉅鹿下曲陽縣西南有肥累城。今祁州鼓城縣。【略】

鼓。昭十五年。白狄別種。今祁州鼓城縣。

鮮虞。昭十二年。白狄別種。今中山府新樂縣。【略】

中山。定四年。鮮虞地。今中山府安喜縣。

又《夷蠻地》 介。僖二十九年。密州膠西縣。

淮夷。僖十三年。東夷居淮水上者。淮夷獻琛，言於《詩》，尚矣。【略】

三夷。（哀十九年）

苦越。定八年。

山夷。文十六年。下同此。

濮夷。建寧縣南有濮夷，無君長，故稱百濮。《傳》曰：巴、濮、楚、鄧，吾南土也。

夷虎。哀四年。

羣蠻。文十六年。

肅慎。昭九年。洪皓《松漠記聞》曰：古肅慎城，四面約五里餘，遺堞尚在，在渤海國都三十里，以石累城脚。【略】

元·馬端臨《文獻通考》卷二六一《封建考二·周成王以後春秋以前諸侯之見於經傳者》 畢。畢公高，文王子。成王時爲司馬，又爲太師。成王將崩，與召太保等同受顧命，立康王。康王既立，率東方諸侯以見，王以成周之衆，命畢公保釐東郊，作《畢命》。畢在長安縣西北，其後爲畢萬。

彤。彤伯，姒姓，成王時爲宗伯。王將崩，與召太保等同受顧命，立康王。時六卿召太保、芮伯、彤伯、畢公、衛侯、毛公，惟彤伯非同姓。

密。密康公，姬姓。共王游於涇上，康公從，有三女犇之，康公不獻於王。一年，王滅密。

邶。武王克商，三分其地。自紂而北謂之邶，南謂之鄘，東謂之衛，初以處三監。三監既叛，討平之，乃封康叔於衛，而以邶、鄘封同姓之國。其後衛子孫稍幷邶、鄘二國，故《邶》、《鄘》之詩，皆言衛事。

鄘。説見前。

檜。妘姓，高辛火正祝融之後。武王封之爲檜子，國在《禹貢》豫州外方之北，滎波之南，居溱、洧之間。夷王、厲王之時，檜公不務政事而好潔衣服，大夫去之，於是檜之變風始作。幽王時，爲鄭桓公所滅。

榮。厲王時，榮夷公爲卿士，好專利，王説之。諸侯不享，王流於彘。

甫。甫侯，亦姜姓，與申皆太岳之後。穆王時，甫侯作《呂刑》。《崧高》言『惟申及甫，維周之翰』，即穆王時甫侯子孫。

樊。樊侯仲山甫，宣王時爲卿士，兼師保之官。

韓。姬姓。《左傳》：邘、晉、應、韓，武之穆。宣王錫命韓侯，後爲晉所滅。幽王九年，史伯對鄭桓公曰：『武王之子，應、韓不在』。韓地在同州。

黎。黎姓，未詳，侯爵國。在上黨壺關縣。後黎侯爲狄人所逐，棄其國而寄於衛，衛處以中露、泥中二邑。黎之臣子作《式微》、《旄邱》二詩，以責衛不能救黎。右以上皆周以來諸侯之國而亡於春秋以前者。

又《經傳始見諸國圖》 姬姓爵姓具：魯。侯。隱元經。鄭。伯。隱元經。祭。伯。隱元經。衛。侯。隱二經。西虢。公。隱元《傳》註。隨。侯。隱五《傳》。郕。伯。隱五經。晉。侯。隱六經。凡。伯。隱七經。滕。侯。隱十經。郜。子。桓二經。芮。伯。桓二《傳》。荀。侯。桓九《傳》。賈。伯。桓九《傳》。曹。伯。桓十四經。單。伯。莊元經。蔡。侯。莊十經。息。侯。莊十四《傳》。滑。伯。莊十六經。邢。侯。莊三十二經。虞。公。僖二經。周。公。僖九經。畢。公。僖二十四《傳》。原。伯。僖二十四《傳》。酆。侯。僖二十四《傳》。應。侯。僖二十四《傳》。韓。侯。僖二十四《傳》。甘。公。僖二十四《傳》。頓。子。僖二十五《傳》。毛。伯。文元經。巴。子。文十六經。唐。侯。宣十二《傳》。吳。子。成六經。召。伯。成八經。尹。子。成十六經。北燕。伯。昭三經。胡。子。昭四經。劉。子。昭十三經。

異姓爵姓具：宋。子，公。隱元經。邾。曹，子。隱元經。宿。風，男。隱元經。莒。己，子。隱二經。紀。姜，侯。隱二經。齊。姜，侯。隱三經。陳。嬀，侯。隱三《傳》。杞。姒，伯。隱四經。南燕。姞，伯。隱五《傳》。薛。任，侯。隱十一經。許。姜，男。隱十一經。州。姜，公。桓五經。穀。嬴，伯。桓七經。鄧。曼，侯。桓七經。葛。嬴，伯。桓十五經。郳。曹，子。莊五經，僖七稱小邾。荆。芈，子。莊十經，僖元稱楚。徐。嬴，子。莊二十六經。舒。偃，子。僖三經。鄫。姒，子。僖十四經。梁。嬴，伯。僖十八經。須句。風，子。僖二十二經。夔。芈，子。僖二十六經。秦。嬴，伯。僖三十經。沈。姒，子。文三《傳》。麇。嬴，子。文十一經。郯。嬴，子。宣四經。䢵。嬴，子。宣四《傳》。箕。子，子。成十三《傳》。偪陽。妘，子。襄十經。舒鳩。偃，子。襄二十五經。鄅。䢵，子。昭十八經。

姓具爵不具：申。姜。隱元《傳》。東虢。姬。隱元《傳》。羅。熊。桓十二《傳》。夷。䢵。莊十六《傳》。霍。姬。閔元《傳》。耿。姬。閔元《傳》。魏。姬。閔元《傳》。黄。嬴。僖二《傳》。温。姬。僖十經。任。風。僖二十一《傳》。顓臾。風。僖二十一《傳》。焦。姬。僖二十三《傳》。管、雍、邘、胙、茅、蔣、聃。以上七國並姬。見僖二十四《傳》。鄀。元。文五經。蓼。偃。文五經。六。偃。文五《傳》。闞揚。姬。襄二十九《傳》。

爵具姓不具：譚。子。莊十經。弦。子。僖五經。宗。子。文十二《傳》。萊。子。襄六經。杜。伯。襄二十四《傳》。賴。子。昭四經。鍾吾。子。昭二十七《傳》。蘇。子。宣一《傳》。

姓爵俱失：戴。隱十經。郞。貳。軫。絞。以上並桓十一《傳》。牟。桓十五經。遂。莊十三經。權。莊十八《傳》。陽。閔二經。共。閔二《傳》。冀。僖二《傳》。道。僖五《傳》。柏。僖五《傳》。厲。僖十五經。項。僖十七經。英氏。同上。江。僖二經。巢。文十二經。庸。文十六《傳》。崇。宣元《傳》。舒庸。成十七經。邿。襄十三經。鑄。襄二十三《傳》。亳。昭九《傳》。房。昭十六《傳》。桐。定二《傳》。

附庸：極。隱二經。向。隱二經。於餘邱。莊二經。蕭。莊二十二經。鄣。莊十五經。鄟。成六經。

夷狄諸種：盧。桓十三《傳》。驪戎。莊二十八《傳》。山戎。莊三十經。北戎。僖十《傳》。揚。拒。泉。臯。伊。雒。並僖十《傳》。介。僖二十九經。姜戎。僖三十三經。長狄。文十一經。百濮。文十六《傳》。羣蠻。文十六《傳》。陸渾。宣三經。赤狄。宣四經。白狄。宣八經。根牟。宣九經。潞。宣十五經。甲氏。留吁。並宣十六經。鐸辰。宣十六經。茅戎。成元經。廧咎如。成三經。無終。襄四《傳》。濮。奄。並昭元《傳》。淮夷。昭四經。肅慎。昭九《傳》。鮮虞。昭十二經。肥。昭十二《傳》。鼓。昭十五《傳》。戎蠻。哀四經。

清·顧棟高《春秋大事表》卷一一《春秋列國姓氏表》 姬姓 魯、蔡、曹、衛、滕、晉、鄭、吳、虞、虢。《國語》虢文公，賈侍中以爲虢仲之後，韋昭《注》以爲虢叔之後。按：僖五年《正義》引賈云：「仲封東虢，制是也；叔封西虢，虢公是也。」東虢爲鄭所滅，則文公應爲虢叔之後。而《經》、《傳》所書虢，皆西虢也。北燕。《史記·燕世家》召公，周之同姓。皇甫謐以爲文王庶子。按：僖二十四年《傳》富辰言文之昭一十六國，召公不與焉。然其下云召穆公糾合宗族于成周，似爲周之近族。《穀梁傳》亦謂「燕，周之分子」。則皇甫之言未爲無據也。朱竹垞以爲堯後，引《史記》封帝堯之後于薊，謂燕之始封本都于薊，故班固曰：「薊，故燕國，召公所封。」蓋堯祖黄帝，故《記》又云「封黄帝之後也」。陸德明亦云「黄帝姓姬，君奭其後」。二者未知孰是。祭、極。隱二年無駭帥師人極。《穀梁》曰：「滅同姓，貶也。」邢、郕、凡、息。隱十一年《傳》鄭、息有違言。《正義》曰：「《世本》息國姬姓。」郜、芮、魏。桓三年《傳》芮伯出居于魏。《正義》曰：「《世本》芮、魏皆姬姓。」隨。桓六年《傳》楚武王侵隨。《正義》曰：「《世本》隨國姬姓。」巴。昭十三年《傳》楚共王與巴姬埋璧，則巴國姬姓也。荀、賈。桓九年《傳》荀侯、賈伯伐曲沃。《正義》曰：「《世本》荀、賈皆姬姓。」滑、耿。閔元年《傳》晉滅耿，杜《註》「姬姓」。霍、密。僖十七年《傳》齊密姬生懿公，是密姬姓。頓。應劭云頓姬姓。管、毛、聃、雍、畢、原、酆、郇、邘、應、韓、蔣、茅、胙。僖二十四年《傳》富辰曰：「管、蔡、郕、霍、魯、衛、毛、聃、郜、雍、曹、滕、畢、原、酆、郇，文之昭也。邘、晉、應、韓，武之穆也。凡、蔣、邢、茅、胙、祭，周公之胤也。」沈、《史記·索隱》引《世本》沈姬姓。按：此沈國在汝南，與沈、姒、蓐、黄之沈在汾川者有別。彼爲少昊後。焦。襄二十九年《傳》虞、虢、焦、滑、霍、揚、韓、魏，皆姬姓也。《史記·周本紀》褒封神農之後于焦，此姜姓，別一焦國，不見《春秋》。揚、大戎、莊二十八年《傳》大戎狐姬生重耳。杜《註》：「唐叔子孫別在戎狄者。」驪戎、鮮虞。

姜姓　齊、許、申。《正義》曰：「《外傳》說伯夷之後曰『申、呂雖衰，齊、許猶在』。又曰『齊、許、申、呂由太姜』。則四國同出伯夷，俱由太姜得封也。《周語》帝嘉禹德，賜姓曰姒，氏曰有夏；胙四岳國，賜姓曰姜，氏曰有呂。伯夷，炎帝之後，姜自是其本姓。而云賜姓姜者，炎帝後別姓非一。自以姜姓賜伯夷，更使爲一姓之祖，非復因舊姓也。猶后稷別姓姬，不是因黄帝姓也。」紀、桓九年紀季姜歸于京師，杜《註》：「姜，紀姓。」向、隱二年《傳》向姜不安莒而歸，是向姜姓也。州、桓五年州公如曹，《傳》作淳于，杜《註》：「淳于，州國所都，城陽淳于縣。」《疏》引《世本》姜姓。桓十一年《傳》鄖人將與隨、絞、州、蓼伐楚師，杜《註》：「州國在南郡華容縣。」蓋別一州國。萊。襄二年《傳》齊侯使諸姜宗婦來送葬，召萊子，萊子不會。是萊亦齊同姓國也。姜戎。襄十四年《傳》謂我諸戎是四岳之裔胄也。

子姓　宋、蕭、莊二十三年蕭叔朝公，杜《註》：「蕭，附庸。」成二年《傳》有蕭同叔子，賈逵云子姓。權。按：《歷代紀事年表》權偃姓。韓文公《權德輿墓碑》云其本出自殷帝武丁，武丁之子降封于權。權，江、漢閒國也，周衰入楚，爲權氏。是子姓也。

姒姓　杞、鄫、僖三十一年《傳》衛成公夢康叔曰「相奪予享」，公命祀相。甯武子不可，曰：「鬼神非其族類，不歆其祀。杞、鄫何事？相之不享于此久矣。」杜《註》：「言杞、鄫夏後，自當祀相。」越。《史記·越世家》其先禹之苗裔，夏后少康之庶子也。《鄭語》作芈姓。

風姓　宿、任、須、句、顓臾。僖二十一年《傳》任、宿、須句、顓臾，風姓也，實司太皞與有濟之祀。

祁姓　唐、杜。襄二十四年《傳》士匄曰：「匄之祖自虞以上爲陶唐氏，在周爲唐、杜氏。」杜《註》：「唐、杜，二國名。」今按文六年《傳》有杜祁。

嬀姓　陳、遂。昭八年《傳》舜重之以明德，寘德于遂，遂世守之。及胡公不淫，故周賜之姓，使祀虞帝。《正義》曰「舜姓姚氏。哀元年《傳》稱夏后少康奔虞，虞思妻之以二姚。虞思猶姓姚也，至胡公乃賜姓爲嬀耳。《史記》謂胡公之前已姓嬀，非也。」據此則陳始姓嬀，遂仍姚姓。然《史記》既云得嬀滿封之于陳，其下復云武王賜之嬀姓。此或如伯夷賜姓姜，后稷賜姓姬，即因其故姓賜之，未可便謂《史記》之妄也。《彙纂》遂無姓。

姞姓　南燕、宣三年《傳》初鄭文公有賤妾曰燕姞，杜《註》：「姞，南燕姓。」偪。文六年《傳》杜祁以君故讓偪姞而上之。《正義》曰：「偪，國名。」《晉語》黄帝之子得姓者十四人，爲十二姓，姬、西、祁、己、滕、葴、任、荀、僖、姞、儇、依是也。

任姓　薛。奚仲後。隱十一年《傳》寡人若朝于薛，不敢與諸任齒。《正義》引《世本·氏姓篇》，謝、章、薛、舒、呂、祝、終、泉、畢、過十國皆任姓。

嬴姓　秦、黄、梁、葛、江、徐。《歷代紀事年表》嬴、己、偃、允四姓，俱少昊後。按：《史記》伯翳賜姓嬴氏，徐、秦俱出伯翳，而偃姓出自皋陶，似皆爲顓頊之後。又按：《史記》秦之先爲嬴姓，其後分封，以國爲姓，有黄氏、江氏。《索隱》引《世本》江、黄皆嬴姓國。又《僖》十七年《傳》有梁嬴、葛嬴。

己姓　莒、《史記》莒嬴姓，《鄭語》作曹姓，《世本》己姓。今按：文七年《傳》穆伯娶于莒，曰戴己，生文伯，其娣聲己，生惠叔。則莒爲己姓明矣。郯。《史記》郯亦嬴姓。按：昭十七年《傳》郯子稱少皞氏曰吾祖也。杜《註》：「少皞，金天氏，己姓之祖。」則郯當爲己姓。溫。僖十年《傳》狄滅溫，蘇子無信也。蘇、溫互稱，實則一國。據《鄭語》爲祝融之後。蓋莒、郯、溫三國同己姓，而所出則有少昊、高陽之不同。

偃姓　舒英氏、《史記》皋陶之後或封英、六。疑英即英氏。六、蓼、舒蓼、文五年《傳》臧文仲聞六與蓼滅，曰：「皋陶、庭堅，不祀忽諸。」杜《註》：「蓼國今安豐蓼縣。」

桓十一年《傳》鄖人軍于蒲騷，將與隨、絞、州、蓼伐楚師。杜《註》：『蓼國，今義陽棘陽縣東南湖陽城。』自是兩國。宣八年楚人滅舒、蓼，《正義》以爲蓼滅後更復，故楚今更滅之，非也。又《世本》羣舒中有舒蓼。《傳》云楚爲衆舒叛故伐舒蓼，滅之。似舒蓼連二字爲國名。杜云舒、蓼二國，亦非。舒庸、舒鳩。杜《註》：『羣舒偃姓。』按皇甫謐《帝王世紀》帝賜皋陶姓曰偃，則諸國皆皋陶後。

妘姓　鄅、昭十八年《傳》鄅人藉稻，杜《註》：『鄅，妘姓國。』夷隱元年《傳》紀人伐夷，《正義》曰：『《世本》夷妘姓國。』偪陽。襄十年滅偪陽《傳》，偪陽，妘姓也。使周內史選其族嗣，納諸霍人，禮也。《鄭語》祝融後八姓，己姓昆吾、蘇、顧、温、董，董姓鬷夷、豢龍，彭姓彭祖、豕韋、諸稽，秃姓舟人，妘姓鄔、鄶、路、偪陽，曹姓鄒、莒，斟姓無後，芈姓夔越。韋《注》：『董姓，己姓之別受氏爲國者。秃姓，彭祖之別也。斟姓，曹姓之別也。』

曹姓　邾、小邾。即郳。襄十一年《傳》七姓十二國之祖，杜《註》：『邾、小邾，曹姓。』

芈姓　楚、夔。僖二十六年《傳》夔子不祀祝融與鬻熊，楚人讓之，對曰：『我先王熊摯有疾，鬼神弗赦，而自竄于夔。』杜《註》：『熊摯，楚嫡子，有疾不得嗣位，故別封爲夔子。』

熊姓　羅桓十二年《傳》羅人欲伐之。杜《註》：『羅，熊姓國。』《日知録》作芈姓。按：楚諸君皆以熊爲號，疑熊姓亦楚所分也。宣八年葬我小君敬嬴，《公》、《穀》二《傳》俱作頃熊，何休《註》楚女是也。

曼姓　鄧。桓十年《傳》鄭祭足有寵于莊公，爲公娶鄧曼。杜《註》：『曼，鄧姓。』《歷代紀事年表》曼姓出自商。

歸姓　胡。襄三十一年《傳》立胡女敬歸之子子野。杜《註》：『胡，歸姓國。』

隗姓　狄、白狄、赤狄。僖二十四年《傳》有狄后隗氏，二十三年《傳》狄人伐廧咎如，獲其二女叔隗、季隗。杜《註》：『赤狄之別種。』

允姓　小戎、莊二十八年《傳》小戎子生夷吾。杜《註》：『允姓之戎。』《日知録》以爲子姓。陸渾。即陰戎。昭九年《傳》先王居檮杌于四裔以禦螭魅，故允姓之奸居于瓜州。據襄十四年杜《註》：『姜姓之戎，別爲允姓。』

漆姓　鄋瞞。即長狄。防風氏之後。《魯語》仲尼曰：『汪芒氏之君，守封、隅之山者也，爲漆姓，于周爲長狄氏。』《史記》作釐姓。

右國姓。以上諸國得姓所祖，皆見《傳》文及《注》、《疏》，章章可考者。別有鄶妘姓，奄嬴姓，褒、斟灌、斟鄩姒姓，逢姜姓，密須姞姓，豕韋彭姓，昆吾己姓，鬷夷董姓，皆古國，春秋時無存。《國語》鄢妘姓，廬嬀姓，未見《經》、《傳》。《歷代紀事年表》冀、項、唐、陽、州來姬姓，厲、鄣、駘姜姓，穀、譚、沈嬴姓，貳、軫、絞、桐、無終偃姓，鄀允姓，鄖、牟妘姓，根牟曹姓，介斟姓，宗、麇芈姓，房祁姓，崇、巢姒姓，共、黎、邶、鄘、戴子姓，鄾曼姓，皆未詳所據。然《年表》中亦有不可憑者，如胡本歸姓，蓼本偃姓，肥、鼓狄類而皆以爲姬姓，息、密本姬姓，而以密爲風姓，息爲嬀姓；《傳》云江、黃、道、柏皆弦姻也，而謂弦與江、黃同爲嬴姓，皆誤也。《彙纂》淮姬姓，譚子姓，項姞姓，麇、鼓祁姓，弦隗姓。《日知録》權芈姓，麇嬴姓。又無姓之國十三：於餘丘、郭、道、柏、庸、鄟、邿、鑄、不羹及昭元年《傳》之沈、姒、蓐、黃。

又　卷三九《四裔表·戎》　四裔之中，戎種最雜亂難稽，或三名而爲一族，或一種而隨地立名，隨時易號，至五、六而未已。其中盛衰之故略可見，綜而計之，其別有七。如文十六年戎伐楚西南，則爲楚山間之民，非有名號，不列于戎之數。

戎，即戎州己氏之戎。北戎，山戎，無終。允姓之戎。揚、拒、泉、皋、伊、洛之戎。蠻氏，一名茅戎，一名戎蠻子。犬戎。驪戎。

又　《狄》　《史記》：晉文公攘戎翟，居于河西、圁洛之間，號曰赤翟、白翟。杜註亦云：白狄在晉西。此因《左傳》白狄與秦同州，而爲是説耳。以愚考之，狄之見于《傳》不一而足，均在晉之東，與西無預。潞氏在今山西潞安府，皋落氏則在今平陽府垣曲縣，鮮虞在直隸真定府，肥在藁城縣西南，鼓在今晉州。晉之滅潞也，荀林父敗赤狄于曲梁。曲梁爲今廣平府永年縣，蓋反出其東而轉攻之，則即一潞氏，而疆域之廣亘千有餘里；且閔、僖之世，狄滅邢滅衛滅温，伐齊伐魯，伐鄭伐晉，幷蹂躪王室。藉非境壤相接，何以能爲患至此？則自山西以迄直隸、河南，直接山東之境，皆其所出沒，特其俗不城郭，就山野廬帳而居，莫能指名其何處耳。且又遷徙無常，《傳》曰：狄之廣莫，於晉爲都。蓋指蒲與屈言。蒲、屈爲今山西之隰州、吉州，以後漸東徙。晉重耳之適諸國也，先奔狄而後適衛適齊，境道顯然，狄在晉東可知矣。征南得無爲《史記》所誤乎？

赤狄。其別有六，曰東山皋落氏，曰廧咎如，曰潞氏，曰甲氏，曰留吁，鐸辰。白狄。其別有三，曰鮮虞，曰肥，曰鼓。長狄。曰鄋瞞。

《東夷》　僖十九年《傳》：宋襄公用鄫子于次睢之社，欲以屬東夷。又《論語》：子欲居九夷。註云：東方之夷有九種，若畎夷、黃夷、白夷之屬。今考《春秋》、《左傳》，杜氏所稱東夷國絶少，如萊、介諸國，以其僻小，不通于中夏，故遠外之。若吳、楚、越，儼然與中國會盟，且吞併諸夏，不復列于蠻夷之數矣。

淮夷。介。萊。根牟。

又《南蠻》 春秋之世，楚境不能越洞庭而南。楚使對桓公言曰：『寡人處南海』，特誇辭耳。故其時蠻夷之在今湖南境者，皆係徼外，世服屬于楚，無由自通于中國，往往不能舉其號，第稱蠻曰羣蠻，濮曰百濮以概之。蓋其種類實繁，其地爲今某州縣，亦難可深考。獨盧戎以敗屈瑕軍，楚滅之爲廬邑。文十六年，楚戢黎爲廬大夫，侵庸，其地在今江、漢間，略可紀焉。

盧戎。羣蠻。百濮。巴。

清·姚彦渠《春秋會要》卷一《世系·諸小國》 宿，風姓，男爵，太皞後。隱元年見。後入齊爲邑。

祭，姬姓，伯爵，周公後。隱元年祭伯來，《正義》曰：『祭之初封，畿外之國，蓋本封絶滅，食采於王畿也。』

申，姜姓，侯爵，伯夷後。隱元年見《傳》。後入楚爲申邑。

東虢，姬姓，文王弟虢仲始封。隱元年見《傳》。春秋前已爲鄭滅。

共，伯爵。隱元年見《傳》。後地入于衛。

紀，姜姓，侯爵。隱元年見。莊四年滅于齊。

夷，妘姓，隱元年見《傳》。

西虢，姬姓，公爵，文王弟虢叔始封。舊都在西周，嗣隨平王東遷，更封于上陽。隱元年見《傳》。僖五年滅于晉。其支庶留于故都者爲小虢。莊七年爲秦所滅。

向，姜姓，隱二年見。

極，姬姓，附庸，隱二年見。

邢，姬姓，侯爵，周公子始封。隱四年見《傳》。僖二十五年滅于衛。

郕，姬姓，伯爵，文王子叔武始封。隱五年見。

南燕，姞姓，伯爵，黄帝後。隱五年見《傳》。

凡，姬姓，伯爵，周公子始封。隱七年見《傳》。

戴，子姓，隱十年見。後滅于宋。

息，姬姓，侯爵，隱十一年見《傳》。莊十四年滅于楚，以其地爲息邑。

鄧，曼姓，侯爵，桓二年見。莊十六年滅于楚。

郜，姬姓，子爵，文王子始封。桓二年見《傳》，爲北郜。僖二十年見，來朝，爲南郜。

芮，姬姓，伯爵，桓三年見《傳》。僖二十年滅于秦。

魏，姬姓，桓三年見《傳》。閔元年滅于晉，以賜畢萬爲邑。

州，姜姓，公爵。桓五年，州公如曹。左氏云：『度其國危，遂不復。』後地入于杞，爲杞都。

隨，姬姓，侯爵。桓六年見《傳》。終春秋世猶存。

穀，嬴姓，伯爵。桓七年見。後地入于楚。

黄，嬴姓。桓八年見《傳》。僖十二年滅于楚。

巴，姬姓，子爵。桓九年見《傳》。後滅于秦。

鄾，子爵。桓九年見《傳》。後滅于楚。

梁，嬴姓，伯爵。桓九年見《傳》。僖十九年滅于秦。

荀，（即郇國。）姬姓，侯爵，文王子始封。桓九年見《傳》。僖二十四年畢、原、酆、郇，郇即此。後爲晉所滅，以賜大夫原黯爲邑。

賈，姬姓，伯爵。桓九年見《傳》。後滅于晉，以賜狐射姑爲邑。

虞，姬姓，公爵，虞仲始封。桓十年見《傳》。僖五年滅于晉。

貳，以下六國並桓十一年見《傳》。後俱滅于楚。

軫，見上。

鄖，（即䢵國。）子爵，見上。宣四年，若敖娶于䢵，即此。

絞，見上。

州，見上。（另是一州，與桓五年州公如曹之州別。）

蓼，（力救切。）見上。

羅，桓十二年見《傳》。後滅于楚。

賴，（即厲國。）姜姓，厲山氏後。桓十三年見《傳》。僖十五年，齊師伐厲，即此。昭四年滅于楚。（《公》、《穀》作厲。）

牟，附庸，桓十五年見。

葛，嬴姓，伯爵，桓十五年見。

於餘邱，莊二年見。杜《注》：國名。《正義》曰：『《公》、《穀》以爲邾之別邑。』

譚，子姓，子爵。莊十年爲齊所滅。

蕭，子姓，附庸，蕭叔大心始封。莊十二年見《傳》。宣十二年滅于楚。後仍入宋爲邑。

遂，嬀姓。莊十三年爲齊所滅。

滑，姬姓，伯爵。莊十六年見。僖三十三年滅于秦，地旋入晉，後又屬周。

原，姬姓，伯爵，文王子始封。莊十八年見《傳》。僖二十五年，王以其地賜晉。晉遷原伯貫于冀。

權，子姓。一作芈姓。莊十八年見《傳》。後滅于楚。

郭，莊二十四年郭公，胡《傳》以爲郭亡也。按「郭公」、「夏五」俱闕文。

徐，嬴姓，子爵，伯益後。莊二十六年見。昭三十年滅于吳。徐子章禹奔楚，楚城夷以處之。後仍爲楚所滅。

樊，侯爵，仲山甫始封。莊二十九年見《傳》。僖二十五年，王以其地賜晉。

鄣，姜姓，附庸。莊三十年齊人降鄣。杜《註》：「齊遥以兵威，脅使降附。」

北燕，姬姓，伯爵，《史記》作侯。召公奭始封。莊三十年見《傳》。

耿，姬姓。閔元年爲晉所滅，以賜趙夙爲邑。

霍，姬姓，侯爵，文王子叔處始封。閔元年爲晉所滅，以賜先且居爲邑。

陽，姬姓，侯爵。閔二年齊人遷陽。杜《註》：「蓋齊人偪徙之。」

江，嬴姓，僖二年見。文四年滅于楚。

冀，僖二年見《傳》。後地入于晉，爲郤氏食邑。

舒，偃姓，子爵。僖三年見。文十二年《傳》：「楚子孔執舒子平。」自後遂滅于楚。

弦，隗姓，子爵。僖五年爲楚所滅。昭三十一年《傳》：「吳師圍弦。」蓋楚復其國也。

道，僖五年見《傳》。昭十三年《傳》：「楚靈王遷之于荆，平王復之。」後楚仍滅以爲邑。

柏，僖五年見《傳》。

温，己姓，子爵，司寇蘇公始封。僖十年爲狄所滅。二十五年，王以其地賜晉。

鄅，妘姓，子爵，禹後。僖十四年見。襄六年滅于莒。昭四年，魯取其地。

英氏，偃姓，皋陶後。僖十七年見。後滅于楚。或云：「英卽六、蓼之蓼。」

項，僖十七年，魯滅之。後爲楚地。《公》、《穀》以爲齊滅。

密，姬姓，僖十七年見《傳》。

任，風姓，太皞後。僖二十一年見《傳》。終春秋世猶存。

須句，風姓，子爵，太皞後。僖二十一年爲邾所滅。二十二年魯伐邾，復其封。後復滅于邾。文七年，魯再伐邾，取之，卒爲魯地。

顓臾，風姓，附庸，太皞後。僖二十一年見《傳》。

頓，姬姓，子爵。僖二十三年見《傳》。定十四年滅于楚。

管，姬姓，文王子叔鮮始封。僖二十四年見《傳》。春秋前已絶封，其地屬檜。檜滅，屬鄭。

毛，姬姓，伯爵，文王子叔鄭始封。僖二十四年見《傳》。周大夫有毛伯。《正義》曰：「蓋本封絶滅，食邑畿内。」

聃，姬姓，文王子季載始封。僖二十四年見《傳》。滅于楚。

雍，姬姓，文王子始封。僖二十四年見《傳》。

畢，姬姓，文王子始封。僖二十四年見《傳》。春秋前已滅，畢萬其後也。

酆，姬姓，侯爵，文王子始封。僖二十四年見《傳》。春秋前已絶封。

邘，姬姓，武王子始封。僖二十四年見《傳》。

應，姬姓，侯爵，武王子始封。僖二十四年見《傳》。

韓，姬姓，侯爵，武王子始封。僖二十四年見《傳》。春秋前爲晉所滅，以賜桓叔之子萬爲邑。

蔣，姬姓，周公子始封。僖二十四年見《傳》。後滅于楚爲期思地。

茅，姬姓，周公子始封。僖二十四年見《傳》。後爲邾邑。

胙，姬姓，周公子始封。僖二十四年見《傳》。

鄀，僖二十五年見《傳》。文五年，秦人入鄀。自是南徙爲楚附庸。定六年《傳》，遷郢于鄀，則楚已滅之爲邑也。

夔，芈姓，子爵，熊摯始封。僖二十六年爲楚所滅。

沈，姬姓，子爵，文三年見《傳》。定四年爲蔡所滅。後屬楚爲平輿邑。

六，偃姓，皋陶後。文五年爲楚所滅。

蓼，音了。偃姓，皋陶後。文五年爲楚所滅。另是一蓼，與桓十一年州蓼之蓼别。

杜，祁姓，伯爵，堯後。文六年見《傳》。

偪，姞姓。文六年見《傳》。

麇，子爵。文十年見《傳》。滅于楚。

巢，伯爵。文十二年見。昭二十四年滅于吳。

宗，子爵。文十二年見《傳》。

舒蓼，偃姓，皋陶後。文十四年見《傳》。宣八年滅于楚。

廬，文十四年見《傳》。

庸，文十六年爲楚所滅。

崇，宣元年見。

郯，己姓，子爵，少昊後。宣四年見《傳》。終春秋世猶存。

萊，姜姓，子爵。宣七年見《傳》。襄六年爲齊所滅。

唐，祁姓，侯爵，堯後。宣十二年見《傳》。定五年滅于楚。

黎，侯爵。宣十五年見。

鄟，附庸。成六年爲魯所取。

州來，成七年見。昭十三年爲吳所滅。

呂，姜姓，侯爵。成七年見《傳》，楚已并之以爲呂邑。

檀，伯爵。成十一年見《傳》。

舒庸，偃姓。成十七年爲楚所滅。

偪陽，妘姓，子爵。襄十年爲晉所滅。

邿，襄十三年爲魯所取。

鑄，祁姓，堯後。襄二十三年見《傳》。

舒鳩，偃姓，子爵。襄二十四年見《傳》。二十五年爲楚所滅。定二年復見《傳》，蓋楚復之。

胡，歸姓，子爵。襄二十八年見《傳》。定十五年爲楚所滅。

焦，姬姓。襄二十九年見《傳》。爲晉所滅。

揚，姬姓，侯爵。襄二十九年見《傳》。爲晉所滅，以賜羊舌肸爲邑。

沈，金天氏裔，臺駘後。以下四國並昭元年見《傳》。俱滅于晉。另是一沈國，一黄國，與文三年伐沈之沈，桓八年黄、隨之黄別。

姒，見上。

蓐，見上。

黄，見上。

不羹，昭十一年見《傳》。滅于楚。不羹有二：昭十二年《傳》：『是四國者。』杜《註》：『四國：陳、蔡、二不羹。』

房，昭十三年見《傳》。楚靈王遷之于荆。平王復之。卒并于楚。

鄅，妘姓，子爵。昭十八年見。後地入于魯。

鍾吾，子爵。昭二十七年見。三十年《傳》：『吴子執鍾吾子。』遂亡。

桐，偃姓，定二年見《傳》。

又 卷一《世系·四裔》 戎，隱二年見。後地入于衛，所謂戎州也。

北戎，即山戎。隱九年見《傳》。莊三十年齊伐北戎，即此。

盧戎，子爵，南蠻。桓十三年見《傳》。後滅于楚，爲廬邑。

大戎，姬姓，唐叔後。莊二十八年見《傳》。

小戎，允姓，四岳後。莊二十八年見《傳》。

驪戎，姬姓，男爵。莊二十八年見《傳》。滅于晉，後入秦爲侯麗地。

狄，莊三十二年見。

犬戎，西戎之別在中國者。閔二年見《傳》。

東山皋落氏，赤狄別種。閔二年見《傳》。後滅于晉。

揚、拒、泉、皋、伊、雒之戎，僖十一年見《傳》。

淮夷，僖十三年見《傳》。

陸渾之戎，即陸戎。僖二十二年見《傳》。昭十七年爲晉所滅。昭九年《傳》：『晉率陰戎伐潁』，即此。其餘服屬于晉者曰九州戎。

廧咎氏，隗姓，赤狄別種。僖二十三年見《傳》。

介，東夷國。僖二十九年見。

姜戎，姜姓，子爵。四岳後，陸渾之別部。僖三十三年見《傳》。

白狄，僖三十三年見《傳》。

鄋瞞，漆姓，防風氏後。文十一年見《傳》。宣十五年晉滅潞後，鄋瞞由是遂亡。

羣蠻，文十六年見《傳》。

百濮，西南夷。文十六年見《傳》。

赤狄，宣三年見。

根牟，東夷國。宣九年爲魯所取。

潞氏，子爵，赤狄別種。宣十五年爲晉所滅。

甲氏，以下三種，並赤狄別種。宣十六年俱爲晉所滅。

留吁，見上。

鐸辰，見上。

茅戎，戎別種。成元年見。

蠻氏，即戎蠻。子爵，戎別種。成六年見《傳》。哀四年，晉人執戎蠻子赤歸于楚，即此。

無終，子爵，山戎國，襄四年見《傳》。

肅慎，東北夷。昭九年見《傳》。

亳，西夷。昭九年見《傳》。

鮮虞，一名中山。姬姓，白狄別種。昭十二年見。

肥，子爵，白狄別種。昭十二年爲晉所滅。

鼓，祁姓，子爵，白狄別種。昭十五年見《傳》。二十二年滅于晉。

《戰國策》卷七《秦五》 （甘茂）謂秦王曰：『梁君伐楚勝齊，制趙韓之兵，驅十二諸侯以朝天子於孟津。』漢高誘注：梁君，梁惠王也。伐楚、齊勝之，制御趙、韓之兵，驅使十二諸侯魯、衛、曹、宋、鄭、陳、許之君，朝天子於孟津。

又 卷一二《齊五》 衛鞅見魏王曰：『今大王之所從十二諸侯，非宋、衛也，則鄒、魯、陳、蔡。此固大王之所以鞭箠使也，不足以王天下。』

《史記》卷五《秦本紀》 孝公元年，【略】淮泗之間，小國十餘。

又 卷七〇《張儀列傳》 張儀既出，未去，聞蘇秦死，乃説楚王曰：『秦下甲攻衛陽，晉必大關天下之匈。大王悉起兵以攻宋，不至數月，而宋可舉，舉宋而東指，則泗上十二諸侯，盡王之有也。』唐司馬貞《索隱》：邊近泗水之側，當戰國之時有十二諸侯，宋、魯、邾、莒之比也。

宋・司馬光《資治通鑑》卷二《周紀二・顯王》 孝公生二十一年矣。是時河山以東彊國六，淮泗之間，小國十餘。元胡三省註：泗水出魯國卞縣，西南至方與入沛，宋、魯、鄒、滕、薛、郳等國，國於其間，齊威王所謂泗上十二諸侯。

論説

《春秋公羊傳・隱公五年》 九月，【略】初獻六羽。《傳》：諸公者何？諸侯者何？天子三公稱公，王者之後稱公，其餘大國稱侯，小國稱伯、子、男。

漢・《淮南子》卷九《主術訓》 《春秋》二百四十二年，亡國五十二，弑君三十六，采善鉏醜，以成王道，論亦博矣。

漢・董仲舒《春秋繁露》卷五《滅國上》 失國之君三十一，亡國之君五十二，小國德薄，不朝聘大國，不與諸侯會聚，孤特不相守，獨居不同羣，遭難莫之救，所以亡也。

又 卷五《盟會要》 患乃至於弑君三十一，亡國五十二，細惡不絶之所致也。

《史記》卷一七《漢興以來諸侯年表》 太史公曰：殷以前尚矣。周封五等，公、侯、伯、子、男，然封伯禽、康叔於魯、衛，地各四百里，親親之義，褒有德也。太公於齊，兼五侯地，尊勤勞也。武王、成、康所封數百而同姓五十五，地上不過百里，下三十里，以輔衛王室。管、蔡、康叔、曹、鄭，或過或損。幽、厲之後，王室缺，侯伯彊國興焉，天子微，弗能正，非德不純，形勢弱也。

又 卷一三〇《太史公自序》 《春秋》之中，弑君三十六，亡國五十二，諸侯奔走不得保其社稷者，不可勝數。察其所以，皆失其本已。

《漢書》卷一四《諸侯王表》 昔周監於二代，三聖制法，立爵五等，封國八百，同姓五十有餘。周公、康叔建於魯、衛，各數百里，太公於齊，亦五侯九伯之地。《詩》載其制曰：介人惟藩，大師惟垣，大邦惟屏，大宗惟翰。懷德惟寧，宗子惟城，毋俾城壞，毋獨斯畏。所以親親賢賢，褒表功德，關諸盛衰，深根固本，爲不可拔者也。故盛則周、邵相其治，致刑錯；衰則五伯扶其弱，與共守。自幽、平之後，日以陵夷，至虖阸陿河洛之間，分爲二周，有逃責之臺，被竊鈇之言，然天下謂之共主，彊大弗之敢傾，歷載八百餘年，數極德盡，既於王赧，降爲庶人，用天年終。號位已絶於天下，尚猶枝葉相持，莫得居其虚位，海内無主三十餘年。秦據埶勝之地，騁狙詐之兵，蠶食山東，壹切取勝，因矜其所習，自任私知，姍笑三代，盪滅古法，竊自號爲皇帝，而子弟爲匹夫，内亡骨肉本根之輔，外亡尺土藩翼之衛。

又 卷一八《外戚恩澤侯表》 自古受命及中興之君，必興滅繼絶，脩廢舉逸，然後天下歸仁，四方之政行焉。《傳》稱武王克殷，追存賢聖，至乎不及下車。世代雖殊，其揆一也。

晉·杜預《春秋釋例》卷二《滅取入例》 《釋例》曰：先王之命，天子之地一圻，列國一同，自是以衰。故九服之内有萬國焉。聞諸前史，周之興也，姬姓之國五十有五，興廢繼絶，仍有舊封者千有八百。其後禮樂征伐自諸侯出，大侵小，衆暴寡，漢陽諸姬，楚實盡之，霍、陽、虞、虢，滅而入晉。故春秋見于經傳，通及古國、附庸、蠻夷無爵而爲國者，凡百四十五而已。定、哀之末，又存者大半。

《晉書》卷三七《宗室·閔王承傳》 （元帝）於是詔曰：夫王者體天理物，非羣才不足濟其務。外建賢哲，以樹風聲；内睦親親，以廣藩屏。是以太公封齊，伯禽居魯，此先王之令典，古今之通義也。

《宋書》卷六〇《荀伯子傳》 又上表曰：昔武王剋殷，封神農之後於焦，黄帝之後於祝，帝堯之後於薊，帝舜之後於陳，夏後於杞，殷後於宋。杞、陳並爲列國，而薊、祝、焦無聞焉。斯則褒崇所承，優於遠代之顯驗也。是以《春秋》次序諸侯，宋居杞、陳之上。

唐·趙蕤《長短經》卷五《七雄略》 昔周監二代，立爵五等，封國八百，同姓五十五，深根固本，爲不可拔者也。故盛則周、召相其治，衰則五霸扶其弱，所以夾輔王室，左右厥世，此三聖制法之意。然厚下之典，弊於尾大。自幽、平之後，日以陵夷，爵禄多出於陪臣，征伐不由於天子，吴幷於越，晉分爲三，鄭兼於韓，魯滅於楚，海内無主四十餘年而爲戰國矣。

宋·王欽若等《册府元龜》卷二三五《列國君部·建國》 古者並建諸侯，以承天子，所以尊宗廟、重社稷也。自黄帝之畫野分州，得百里之國萬區，蓋封建之舊制矣。然而史氏闕紀，莫得而詳。爰及姬氏周，監於二代，乃設五等之爵，爲九服之辨，列樹勳戚，作深根固本之計；重之以分器，祚之以世族，大者著乎賜履，小亦僅乎一同，藩屏輔衛，於是乎在。至於建侯裂壤，以申畫郊圻；燾土立疆，而肇建宗祀。《職方》之志斯著，輿地之圖足徵。故始封遷卜之諸侯，以詳述之矣。

又 卷二六二《宗室部·封建》 太史公稱封建之制，商氏以前尚矣。周監二代，列爵五等，三聖之法，厥用垂世。《詩》云『懷德惟寧，宗子維城』，豈徒敦叙宗黨，推廣仁愛？蓋欲其枝葉相持，臂指易使，犬牙交錯，磐石彌固者爾。然而俗有淳灕，道或消長，泥於古者，未爲通變。故秦據勝勢，專宰疆理，矯枉過正，蕩滅禮義。炎漢建業，大啓藩垣，既失厥中，流濫致溢。先儒之論，蓋亦多矣。自兹已降，或沿或革，究其始終，隨時彊弱。天之視聽，在民耳目，深根忠附，匪特於兹。若夫展親睦族，典章優渥，雖或不以德舉，亦彊幹作翰之旨也。

宋·胡宏《五峰集》卷四《皇王大紀論·千八百國》 甚哉！秦始皇、李斯之不仁也。除封建，蔑帝王明德之裔，絶公侯名臣之世，郡縣天下，欲自專其利也。夫諸侯之興，自伏羲、黄帝之際，有未始制者，則不可知。然天運方泰，及禹平水土，同九州，分五服，齊之以長，道之以師，公侯伯子男各有定制，無得踰越者矣。夏商之季，天下紛亂，湯、武起而治之，聞無一物不獲其所矣，未聞縱釋强大之諸侯而不裁正之也。謹以天下之圖按之，四海之内九州，州方千里，先王之制，州建一百一十國，則九州千八百國之君，乃自古諸侯之本數也；而塗山之會稱萬國者，猶周有八百國之君而云撫萬邦也。聖人有不忍人之心，斯有不忍人之政矣。封建諸侯，仁政之大者也。秦人專利，削除封建，郡縣天下，天運方否。自是而後，聖人之道不行，人君莫不蓄獨擅天下之心，故襲用郡縣之制而不革也。吁！一蓄獨擅天下之心，已亡王道之本。修德用賢，力行善政，差可不大亂而已，豈有三王之至治乎？天下之大，不與天下共；一人不好善，則天下之賢才盡廢，寇盜紛起，彊敵憑陵，所至如隄潰河决，殺人盈天下，郡守縣令莫之能禦也，而國隨以亡。譬如人之死於鋒刃，壓於嵓石，溺於風濤，非天命之正者，忠臣痛焉。故周之建國，自后稷也；商之傳世，建桀宋也；夏杞有後，致楚悼王而後息也。是三代者經歷變故，而宗廟血食咸二千餘年，豈若秦隋卒暴，漢唐亡則絶世乎？有天下者，盍監泰否而凛諸！

宋·羅泌《路史》卷二八《國名紀五·周氏》 烏乎！姬周之國棥矣。方其晟時，述職朝覲，會于明堂，日省月考，時享歲貢，來有《湛露》之燕，去有《彤弓》之送，怡怡偲偲，以藩屏周。及其衰也，召穆公思周德之不類，故糾合宗族于成周，而作《文王》之詩曰：『棠棣之華，蕚不煒煒。凡今之人，莫如兄弟。』周之有懿德也，猶曰莫如兄弟，故封建之。其懷柔天下也，猶懼有外侮，故以親屏周。是以楚子彊梁，心張問鼎，而猶畏迫宗周，不敢竊發。不幸後世，上失其道，宗國恣横，諸侯相併，王官不討，陵夷至于三四，然後枝葉相扶，赧降爲庶，尚四十年而後，秦得而挹之。宣王以降，世乏令王，然如齊晉勤王，世有能者，故猶五百歷年，數極德盡而後位去，則磐石之宗可賴也。一自東遷，宗國恣横，謾相侵伐，以至于滅。禽父一國，當春秋伐侵國者十，入國者六，圍者十三，取者十四，而伐人之國者四十九，會伐十九及伐者三，而公之伐者又十，伐若以某師伐者，咸一大夫，伐九而會伐者又六。公之伐十而邾居其六，大夫伐九而邾居其七，公會伐十有五而鄭居十二。人之侵我五，伐我者二十一，而齊居十五。追戰敗滅，不與存焉。其諸爲可知矣。鄉使宗國循良，不闒外姓，以穆諸姬，則周室至今存，可也。《詩》云：騂騂角弓，翩其反矣。兄弟婚姻，無胥遠矣。爾之遠矣，民胥然矣。魯棄同姓，從而伐之，其爲反也，不已甚乎？齊之見伐，其爲然也，不已洵乎？或曰諸侯之吞，威勢之必至，楚莊滅陳而以爲縣，樂毅下城七十，皆郡縣之。是破滅諸侯，不可復封建矣。曰：不然。楚之不縣陳，當時之論亦已明矣，而燕之郡齊城，亦孰見其安且利哉？伊昔先王，所以立之九伐之法者，凡以禁其相吞。景風至而利建，建德策勛，存亡繼絶者，所以爲不滅之道。而今諸姬，恃親强恣，陵蔑外姓，循至尋鈇。此秦楚所以自爲計，不然，則亦俱杞、宋而弊矣。嗟乎！王法不行，使秦得志，盡絶先王之世，豈惟秦之罪哉？蓋由諸姬自賊之所致也。

宋·呂祖謙《大事記解題》卷二《周威烈王二十三年》 九鼎震。

解題曰：九鼎，大禹所鑄，三代所傳，王室之大寶鎮也。是歲大夫篡盜受王命者三國，蓋天下之大變也，九鼎安得不震乎？天下之戰國七，秦變於戎者也，楚變於蠻者也，燕變於狄者也，魏、趙、韓、齊皆大夫竊國者也。今一旦而頓命其三焉，三代之禮樂刑政自是而廢，古先聖賢之後，周室所褒封者自是而盡，戎狄盜賊自是而横行。

宋·洪邁《容齋隨筆》卷一二《周漢存國》 周之初，諸侯千八百國，至赧王之亡，所存者才八國耳，七戰國與衛也。然趙、韓、魏分晉而立，齊田氏代姜而興，其有土各不及二百年，俱非舊邦。秦始皇乃呂氏子，楚幽王乃黄氏子，所謂嬴、芈之先，當不歆非類，然則惟燕、衛二姬姓存，而衛至胡亥世乃絶。若以爲召公、康叔之德，則周公豈不及乎？

宋·黎靖德《朱子語類》卷八四《禮一·論考禮綱領》 領問封建：《周禮》説公五百里，《孟子》説百里，如何不同？曰：看漢儒注書，於不通處，卽説道這是夏商之制，大抵且要賴將去。若將這説來看，二項却怕孟子説是。夏商之制，孟子不詳考，亦只説嘗聞其略也。若夏商時，諸處廣闊，人各自聚爲一國，其大者止百里，故禹合諸侯，執玉帛者萬國。到周時，漸漸吞幷，地里只管添，國數只管少，到周時只千八百國，較之萬國，五分已滅了四分已上。此時諸國已自大了，到得封諸公，非五百里不得。如周公封魯七百里，蓋欲優於其他諸公。如《左氏》説云：大國多兼數圻。也是如此。後來只管併來併去，到周衰，便制他不得，也是尾大了。到孟子時，只有七國。這是時勢必到這裏，雖有大聖大智，亦不能遏其衝。

又 卷九〇《禮七·祭》 義剛問：先生向時説齊、魯始封時皆七百里，然孟子却説只是百里。曰：便是不如此，今只據齊地，是東至於海，西至於河，南至於穆陵，北至于無棣。魯地是跨許、宋之境，是有五七百里闊。時勢也，是著恁地。且禹會諸侯于塗山，執玉帛者萬國，到周只有千八百國，便是相幷吞後，那國都大了。你却要只將百里地封他，教他入那大國罅中去？武王不奈何，只得就封他。當時也自無那閒地，緣是滅了許多國，如孟子説『驅飛廉於海隅而戮之，滅國者五十』，便是許多空地來封許多功臣同姓之屬。孟子謂『一不朝則貶其爵，再不朝則削其地』。如齊先是爽鳩氏居之，後又是某氏居之，如書所謂某氏徙于齊，這便見得當時諸侯有過，便削其地方，始得那地來封後來底。若不恁地時，那太公、周公也自無安頓處。你若不恁地後，要去取斂那地來封我功臣與同姓時，他便敢起兵，如漢晁錯時樣子。

宋·陳傅良《止齋集》卷三六《手書·答黄文叔》 【略】且《周官》封建，自鄭氏汨亂之，而其書迄不見信於世。古者建國，率小大相維。其邊國，皆大國也。故寰内則以家邑、小都、大都爲中外之差，寰外則以諸男、諸子、諸伯、諸侯、諸公爲中外之差。《禹貢》亦云五百里侯服，百里采，二百里男邦，三百里諸侯，以一服爲率，正此説也。鄭氏考之不詳，輒以《大司徒》測地制域，以建邦國，諸公之地封疆方五百里，是爲分地推之，他書不能合，則有夏商三等、周更置五等之説，則有周公斥大九州之説，則有其半皆附庸之説，又有爵尊而國小、爵卑而國大之説。至於改定經文，以『七伯』爲『十一伯』之類，臆決彌甚。數説不暇盡論。

宋·魏天應《論學繩尺》卷二《丘大發〈三聖褒表功德〉》 三聖褒表功德，請申之。《易》之爲卦六十有四，皆所以明開物成務之道也。聖人於『利建侯』一事，不寓之他卦，而獨繫之《豫》，是不難知矣。蓋能謹選用之法於初，則謂之豫；嚴勸獎之術於始，則謂之豫；審其謀於未然，弭其變於將然，則謂之豫。自昔以來，固有以封建而啓數百載不可拔之基者矣，是必選建明德，茂啓崇勳，有以旌別淑慝於立法之初者然也。亦固有以封建而啓數十年不及慮之變者矣，是必否德而爵，罔功而祿，無以大明黜陟於垂法之始者然也。古今同此天下也，亦同此封建也，而成敗得失如是之相遠者，亦在乎卽其初意豫圖之而已矣。不然，先王疆理天下，畿方千里以爲甸服，內官不過九御，外官不過九品，舉天下之大而無敢專享其功，亦惟我一二兄弟甥舅，是攝是贊，同獎王室，無相害也。苟於建置之初雜焉，無所別白於其間，則三代之保天下，果何若是之久哉？且人孰不知八百年之基業，周家封建之功也，而不知其爲造端之謀者誰歟？亦孰不知周家封建，三聖之法也，而不知其示尊顯之意者誰歟？自文王重《易》而得『建侯』之旨於《豫》，武王、周公率而行之，不敢加焉，故大功莫若齊，則身兼五侯之地；明德莫如魯，則國侈百里之封。曹，文之昭而爲伯甸，德薄者不以居尊位；晉，武之穆而列侯藩，功大者不以殿小邦也。以至武王之母弟八人，而五叔無官。蓋文、武、周公封建之初心，爲褒表功德而設，非徒曰大封同姓，以明親親而已也。

宋·章如愚《羣書考索別集》卷九《周禮·封國之制》 大國不過百里，次七十里，次五十里，周制然也。今考《周官》建國之法，則以公五百里，侯四百里，伯三百里，子二百里，男百里，與當時之制似若相戾，何也？

《周禮》封國之制，先儒固有能言其非者，俗學又爲之委曲求通，以誤後世，亦不能無辨焉。夫子以大國爲千乘之國，又曰安見方六、七十而非邦也者。至孟子答北宮錡及慎子之言，與《武成》列爵分土之制，無少差異，則大國不過百里，次七十里，次五十里，周法固然也。又曰『今滕絶長補短，將五十里也』，則孔、孟非特聞武王、周公之制，蓋親見當時之諸侯則然。漢儒作《王制》亦同，獨爲《周官》書者以公五百里，侯四百里，伯三百里，子二百里，男百里，與《書》、《論語》、《孟子》、《禮記》之言並戾，無疑其爲非也。陋儒鄭氏釋《王制》，乃曰武王初定天下，更以五等之爵，增以子、男，而猶因殷之地，以九州之界尚狹也，周公致太平，斥九州之界，封有功，諸侯大者五百里，最小者百里。蓋據《大司徒》之文。夫堯、舜、夏、商、周之地，不過九州。考周職方掌天下之圖，無以過於《禹貢》之域。禹之疆域，東漸於海，西被於流沙，朔南暨聲教。夫既已窮於海，至於流沙，將何所斥廣哉？借能斥大邊境，取夷狄之地，亦不可增封於內，此甚不然也。

或曰諸侯之地，當如《孟子》之言，至開方之，則如《司徒》所記。故其言封疆皆言『方』者，開方之法也。《王制》云：方千里者，爲方百里者百。若據實千里而言，則不得有方百里者百，亦開方法也。此百里之國，開方得百里之國者四，公當爲四百里，此言五百里者，錫之以附庸故也。伯七十里，開方得七十里之國者四，則爲二百八十里，舉成數可爲三百里。子五十里，開方得五十里之國者四，故爲二百。據此說，亦非也。以公侯之地開方之，已不得五百里之數，又益之以附庸。若公、侯有附庸，則自伯而下，亦當有附庸，合於公、侯，則又不合於伯、子矣。況子、男同五十里，今以子五十里，開方得二百里，而男開方之，止於百里，何哉？說者又强通，以爲男實有二十五里，何所據而云然？《王制》有曰：古者以周尺八尺爲步，今以周尺六尺四寸爲步；古者百里，當今百二十一里六十步四尺二寸二分。然則《孟子》、《周官》里數之不同而尺之有短長耶？夫借謂尺有短長，其百里當後之百二十一里有奇，《周官》但當云諸公之地封疆方百二十里，何至相去數倍，遼遠之甚乎？是又不可也不知。

爲此異說者，蓋漢儒見周之衰，諸侯相侵，吞滅小國，開疆拓地，至於數百里之廣，乃以爲周制耳。子産曰：『古者列國一同，今大國數圻。若無侵小，何以至焉？』《孟子》曰：『周公之封於魯，爲方百里，今魯方百里者五。』又曰：『今海內之地，方千里者九，齊集有其一。』觀此，則春秋之大國，非復一同也。戰國時，魯乃五百里，齊乃千里。此作《周官》書，故以爲據也。又《職方氏》曰千里，封公方五百里，則四公；方四百里，則六侯；方三百里，則七伯；方二百里，則二十五子；方百里，則百男。皆非古之制，不可信也。故曰舉衰世之典而爲盛時之制，此類是也。艮齋文。

宋·李琪《春秋王霸列國世紀編》卷二《序同姓微國紀》 周家封國八百，同姓五十，逮乎春秋之始，纔三百四十年耳，而周之子孫，抑何其甚微邪？小國弱兵，介乎强侯之間，僅若黑子之著面，而地大民衆，以臨蕞爾之國，奚啻瘠牛之僨豕？故郜畏魯衆，齊迫燕弱，漢陽諸姬，楚實盡之。虞、虢、焦、滑、霍、楊、韓、魏，皆姬姓也，晉皆兼之。然則周之子孫，安得不日失其序乎？嗚呼！齊、楚之人狡焉，思啓封疆，至於芟夷併吞，固無足怪，而同姓大國，恃其强力，亦往往自尋斧於本支，何邪？吾觀先王之時，大比小，强比弱，同姓無甚强大之國也，宜若不足恃而脉絡聯附，垂五六百年而未亡。春秋以後，小并於大，弱并於强，同姓無甚弱小之國矣，宜可以久立而卒之肱髀分披，不能一二百年而天下無復周之子孫。論至於此，則先王大封同姓之意，大小相維之制，所以爲保民長世之道，豈可誣哉？豈可廢哉？

又　卷三《序庶爵微國紀》　臧文仲言：德之不建，民之無援。昔文、武之有天下也，選建親賢，大國數十，亦既足以統屬人心，緜固國勢矣，其人非周之子孫，其地不足以爲周之屏翰，先王皆爵而列之。此其公天下之心，豈特以私王室哉？存先代之後，表仁賢之人，皆所謂建德以爲民援，非惟不可廢，亦有所不敢廢也。春秋諸侯，不復知崇明祀、保小寡之義，弱强相併，而爲盟主者，亦不復能與其疆埸之事。故自隱、桓以來，魯入極矣，鄭取戴矣，鄧畏楚衆，齊迫陽遷，向蒙莒師，邾踐鄅境，終春秋之世，微國困於兵革寇攘之禍，殆不勝數，而得周旋於幣玉牲畝，以從諸侯之後者，其無幾焉耳。吁！亦足以見周禮之衰矣。德之不建，民之無援，是以生民不復見德。干戈之禍，極於戰國而後已，悲夫！木之茂也，羣動息焉；水之涸也，雖蛙黿不能以自存。方春秋之中世，魯雖無腆，猶存須句，見王澤之未殄也；至其末也，顓臾在邦域之中，猶且不免，見王澤之竭也。君子於此，亦可以考論世變云。

宋·葉時《禮經會元》卷二下《封建》　然此特言九州九服之制，而成周封國之制，可得聞歟？案《王制》、《孟子》皆言公、侯百里，伯七十里，子、男五十里，與《武成》列爵惟五、分土惟三之制同。今考之《周禮·大司徒》曰：公五百里，侯四百里，伯三百里，子二百里，男百里。《職方氏》曰：封公以方五百里則四公，方四百里則六侯，三百里則七伯，二百里則二十五子，百里則百男，凡五等也。與《王制》、《孟子》、《武成》不同，漢儒紛紛，或以爲附庸，或以爲斥大土宇，或以爲開方里數，或以爲夏商周異制，儒者常辨之矣。然此在《王制》、《孟子》、《武成》、《周禮》自有明文，第説者不察爾。《王制》曰：公、侯皆方百里。《孟子》曰：公、侯地方百里，伯、子、男皆以是差等。蓋《王制》言王者之制祿爵，故以分田制祿言；《孟子》言周室之班爵祿，故以分地制祿言；《武成》以分土對列爵言之，是亦以分土制祿言之也。《周禮》則不然。諸公之地以封疆言，則五百里；至諸男之地以封疆言，則百里。是以封疆所至之地言之，故有五等也。公之封疆雖五百里，而受田食祿，則百里而已。侯、伯封疆雖四百里、三百里，而受田食祿，則七十里而已。子、男封疆雖二百里、百里，而受田食祿，則五十里而已。如今之郡縣大小各有差，而俸秩乃其祿也；又如今之食邑多寡各有數，而實封乃其所食之祿也。以封疆言則五等，以食祿言則三等，此其所以不同歟？曰封疆者，合山林川澤、宮室涂巷所占之地言之也；曰食者，此合封疆所出之稅而王食其貢，如九貢致邦國之用，山師、川師致山林川澤珍異之物是也。公之地，王與公各食其半；侯、伯之地，自食其二，王食其一。子、男之地，自食其三，王食其一。鄭氏曰：大國貢重，正之也；小國貢輕，字之也。如司勳凡頒賞地三之一食，鄭氏謂王食其一，二入於臣，亦此例也。以其食者觀之，曰食者半，曰食者三之一，曰食者四之一，是則合封疆之所食者，亦有三等也。且如《大司馬》曰大國三軍，次國二軍，小國一軍，則是制軍亦三等。《典命》曰上公九命，侯、伯七命，子、男五命，則受命亦三等。《司服》有公之服，侯、伯之服，子、男之服，則作服亦三等。《司儀》擯相之禮亦曰：公居上等，侯、伯中等，子、男下等，豈於食以之制不然乎？但《王制》、《孟子》以公侯爲一等，《周禮》以侯伯爲一等，用各不同爾。《王制》、《孟子》在《周禮》，後當以《周禮》爲正。然《職方氏》所謂四公、六侯、七伯、二十五子、百男之封，凡百四十二國，復與《王制》二百一十國之制不同。小鄭氏「附庸」之説，以百同爲圖，百里封男，則百里百同足矣。如公二十五同，則與封公五百里之數不合；侯四百里，伯三百里，子二百里，與同數亦差，何必改「七」字爲「十一」字？案此百四十二國，計二萬一千五百里。總言邦國千里者，謂千里之地提而封之，可以封此五等侯國。言千里者以直計之，言五百里、四百里至百里者，以四面封疆言之。百四十二國以二千里之地封之，若以千里合四面提封而計之，豈止二萬一千五百里哉？《王制》言封二百一十國，是以一州千里而言；《周禮》言封百四十二國，是以邦國千里而言，非謂一州僅百四十二國也。若謂邦國千里之地不足以封五等侯國，則《王制》一州千里之地，又安得二百一十國也？故下文曰：「以周知天下」。言以此數推之，可以徧知天下封疆之數矣。

然此亦言五等、三等之制，而成周封國之意，可得聞歟？案《王制》曰：五國以爲屬，屬有長；十國以爲連，連有帥；三十國以爲卒，卒有正；二百一十國以爲州，州有伯。此與《尚書》「州十有二師，外薄四海，咸建五長」之意同。考之《周禮·司職》曰：建牧立長，以維邦國；比小事大，以和邦國。《職方氏》曰：凡邦國小大相維，王設其牧。《形方氏》曰：使小國事大國，大國比小國。先王建國，必爲是相維相比之制。蓋有以維之，則小大相統，可以潛消其姦宄之謀；有以比之，則小大相承，可以陰弭其憑陵之患。惜乎先王建國之意，至春秋掃地矣，而彊陵弱，衆暴寡，比比有焉。後世不考其制，不原其意，而徒曰封建，私也；郡縣，公也。豈不繆哉？

宋·魏了翁《春秋左傳要義》卷一六《富辰以封國屬周公其實歷武成康》 伯、仲、叔、季，長幼之次也，故通謂國衰爲叔世，將亡爲季世。昔周公傷彼夏、殷二國叔世踈其親戚，令使宗族之不同心以相匡輔，至於滅亡，故封立親戚爲諸侯之君，以爲蕃籬，屏蔽周室，言封此以下文、武、周公之子孫爲二十六國也。此二十六國，武王克商之後，下及成、康之世，乃可封建畢矣，非是一時封建，非盡周公所爲。富辰盡以其事屬周公者，以武王克殷，周公爲輔，又攝政制禮，成一代大法，雖非悉周公所爲，皆是周公之法，故歸之於周公耳。昭二十八年《傳》曰：昔武王克商，光有天下，兄弟之國十有五人，姬姓之國四十人。彼言由其克商，乃得封建兄弟，歸功於武王耳，亦非武王之時已建五十五國，其後不復封人也。昭二十六年《傳》曰：昔武王克殷，成王靖四方，康王息民，并建母弟，以蕃屏周。昭九年《傳》曰：文、武、成、康之建母弟，以屏蕃周。則康王之世，尚有封國，非獨周公時也，且見於經傳者，管叔、蔡叔、霍叔，周公攝政之初以流言見黜，則三叔之國，已是武王封矣。《尚書·康誥》之篇，周公營洛之時始封康叔于衛；《洛誥》之篇，周公致政之月始封伯禽于魯。書傳稱成王削桐葉爲珪，以封唐叔。如此之類，不得爲武王封也。凡蔣、邢、茅、胙、祭，周公之胤也，豈周公自封哉？固當成王卽政之後，或至康王之時，始封之耳。

宋·呂南公《灌園集》卷一五《與饒元禮論史書》 蓋十二諸侯，有因上世得封者，有因中世亂而盜國者。方其稱公亦書公，稱王亦書王，稱帝亦書帝，所以不沒其實，與《春秋》所書諸侯皆稱公同意。

宋·馬廷鸞《碧梧玩芳集》卷二一《春秋十二諸侯譜》 嗚呼！ 威烈之二十三年，《通鑑》之初，有天下之大變焉。蓋十二諸侯出於共和之初，下逮春秋，變而爲七國，則《通鑑》之初年也。何則？當春秋之末，魯雖爲三家，而悼公猶魯也。齊雖爲田氏，而平公猶齊也。晉雖爲四家，而定公猶晉也。獨曹亡於春秋之末終，陳亡於孔子卒之年。蓋小國寡民，是以先亡，君子無譏焉。閱六十餘年，至《通鑑》之初，天下之大國七，秦、楚、燕爲舊國，而三晉裂爲魏、趙、韓，呂氏之齊篡爲田氏之齊。此四國者，皆非聖賢之裔矣。太史公《六國表》拳拳於秦之興，而不暇諄復於十二諸侯之亡。後之覽史者，宜有考焉。

元·陳師凱《書蔡氏傳旁通》卷六上《周官》 周制無萬國，大言之耳。《周禮》王畿千里，外有九服，每服五百里，則每方五九四千五百，合之爲九千里，通王畿爲方萬里，以開方法計之，方千里者爲方百里者百，則方萬里者爲方百里者萬矣。以百里爲諸侯之國率之，是九服之內可容萬國，然周初會於牧野者八百諸侯，《王制》所計亦止千七百七十三國。故孔氏以此爲大言之，非實數也。然史官例以萬邦、萬國言一統之廣，其來久矣。

元·吳萊《淵穎集》卷八《胡氏〈管見〉唐柳宗元〈封建論〉後題》 抑又考之，堯舜禹湯遠矣，及周而始詳。商紂之亂，天下之歸周者三分之二。武王既以是而勝商，商之頑民雖遷于洛，猶且弗率，則又告之以商之自絕於天與周之受有天命，勞來安集，無所不用其心，然猶不能已夫商奄四國之禍也。當是時，周幸不至於犇潰動搖者，豈無其故哉？蓋周都豐鎬，而文王之德化，南被於汝墳、漢廣之域；自洛以東，冀、青、兗三州昔本屬紂，且大封同姓與異姓功臣以鎮之。魯，周公之國也，齊，太公之國也，表在東海，淮夷、徐莒之屬有所畏焉而不敢動。燕，召公之國也；成王滅唐而唐又以之封唐叔，介在北邊，北戎追貊之類有所懼焉而不敢越。成王在豐，周公又自居洛以統之。商奄既滅，康叔以之國於衛，微子以之國於宋，雖曰治之以德，亦以示天下形勢也。

明·邵寶《簡端録》卷一二《孟子》 昔者周蓋千八百國，入春秋以來，何其少也？使告不及於魯，魯史不書者，仲尼固不得而益也。

明·周琦《東溪日談録》卷一三《史系談上·春秋列國》 夫春秋列國，其大者，則今之府；其小者，今之州；又小者，今之縣耳。附庸之國，則宣慰州縣附省之下者也。皆自平王以後始也。齊桓、晉文、宋襄、秦穆、楚莊五國，又霸乎當時者也，故謂之五霸，視他國爲尤强焉。

又 卷一三《史系談上·戰國》 世自晉大夫魏斯、趙籍、韓虔，借周威烈王之命，共分晉地，立爲諸侯，是後七雄並起而各兵爭。所謂七雄者，秦、楚、燕、齊、趙、魏、韓是也。於是善戰者孫臏、龐涓之徒出焉，善説者蘇秦、張儀之徒出焉，開阡陌者商鞅之徒出焉，縱横於七國之間，豈不爲兵戎之世乎？ 然孔、孟者，春秋戰國之大儒，懼亂臣賊子壞萬世之王綱，富國强兵滅當時之王道，故《春秋》之筆不得以不作，仁義之説不得以不辯也，豈得已哉？

明・袁袠《世緯》卷上《官宗》　昔在周室，並建諸侯，同姓封者什七，異姓封者什三，各治其國，以蕃王室。入爲公孤，出爲牧伯，親疎相制，外内聯絡，卒賴其力，享祚長久。秦壞周法，疎忌骨肉，闕翦枝葉，二世陵遲，蕩然亡衛。

明・楊于庭《春秋質疑》卷一〇《昭公附録》　封周公支子，有諸乎？曰：昔者成王以周公有大勳勞，留相王室，故封其冢子伯禽于魯，而别封其支子于凡、蔣、邢、茅、胙、祭，此報功之特典，非諸兄弟所敢望者也。太公亦元功也，有支封乎？ 曰：其詳不可考矣。然嘗考之，襄二年齊姜薨，齊侯使諸姜宗婦來會葬，召萊子，萊子不會，伐而滅之。繇是而觀，萊亦太公之後，以支子封者矣。

繼體守文之主，可封建乎？ 曰：否。成王雖嘗封康叔于衛，封唐叔于晉，封微子于宋，封熊繹于楚，然皆舉先王之勤勞或先王之少子也。康王不可考，即有之，亦成武王、成王之遺意云爾。昭王、穆王而後，絶不聞有封建者。《傳》曰周之始封千八百國，兄弟之國十有四人，姬姓四十餘人，則業已布滿天下矣。所餘者，止方千里之王畿耳。若繼體守文之主而皆分封其子弟，一如開國之初，則不數傳而王畿之土地已盡，天子將安所奉宗廟、待諸侯乎？ 故余斷以爲封建必始王者乃行之也。或曰：越，少康之後；鄭及申，宣王所封也。何歟？ 曰：少康、宣王，撥亂世，反之正，與尋常繼體守文者不同，故少康復國而别封其支子于會稽，宣王中興而封其舅申伯于申，封其弟友于鄭，此又不可以一律論者。

清・馬驌《左傳事緯前集》卷六《覽左隨筆》　周室封建，自武王及成康皆有之，故昭九年《傳》曰：『武王成康之建母弟』，二十六年《傳》曰：『武王克殷，成王靖四方，康王息民，並建母弟，以蕃屏周』是也。按周公營洛，始封康叔，成王翦桐，以封唐叔。如此之類，明非武王所封也。其昭二十八年《傳》曰：『武王克商，光有天下，兄弟之國十有五人，姬姓之國四十人』。蓋言克商乃得封建，歸功於武王耳。又僖二十四年《傳》曰：『周公弔二叔之不咸，故封建親戚，以蕃屏周』。然所數二十六國，亦非盡周公一時所建也。

清・馬驌《繹史》卷二二《周建諸侯》　封建肇於三皇，至五帝而制備，歷夏洎商，爰周郅隆，其法尤密矣。武王之有天下也，大封公侯於天下，班彝分器，作之屏翰，以衛王室。同姓兄弟之國五十有五，而異姓勤勞以次畢封，褒録前帝苗裔，立有虞夏商之後，以備三恪。其制則列爵惟五，分土惟三；其宗盟則同姓爲先，異姓爲後；强幹弱枝，犬牙交錯，至矣哉！周詳長慮，誠久安之模已。春秋之君子，猶習於周之故，其言太王之昭有太伯、虞仲，王季之穆有虢仲、虢叔，文王之昭有管、蔡、郕、霍、魯、衛、毛、聃、郜、雍、曹、滕、畢、原、酆、郇，武王之穆有邘、晉、應、韓，周公之胤有凡、蔣、邢、茅、胙、祭，惟管叔有罪無後。諸皆分茅食土，在外爲國，在内爲采，内爲公卿，外爲牧伯，見於《詩》、《書》、傳記者，歷可考也。《傳》稱武王克殷有天下，分建諸侯；又言文、武、成、康竝建母弟，以蕃屏周。蓋周之列國，雖歷世分封，而原其創業始基，則歸功武王焉。以文、武之締造經營，周公之撥亂反正，馴及成、康，重熙累洽，列侯羣辟星羅碁布於九州之中，扞衛牧圉，内外奠安，可不謂至善邪？ 迨後上失其制，諸侯僭於天子，大夫僭於諸侯，禮樂征伐侵尋四潰，而王官方伯黷貨，莫能征討，浸淫不振，以至於亡。故人皆曰周以弱亡。論者徒見周之弱亡以封建故，而不知其所以長世者，正以封建故也。驪山之禍，賴秦伯以復存；東遷，晉鄭是依；春秋盟會，以尊王室；迨至七國紛爭，周弱極矣，猶以爲共主而不敢取。嚮使周不建國，夷、厲已失之矣，何必赧哉！

秦幷天下，謂已之以侯得也，又忿六國之難取也，於是罷侯置守，功臣子孫尺地蔑有，自以爲得矣。未幾，劉季起於匹夫，奚必有土乃王哉？漢懲秦敝，亦欲法三代之封建，高帝面牆，擇立失宜，割地罔制，大國連數郡，三庶孽瓜分天下之半，尾大抗衡，後世又從而削之，以致叛逆誅絶，三代之法蕩然無餘矣。如以諸侯爲難制，不若郡縣之易安也，何三代建國，不聞匹夫横行之禍；秦漢置守，羣盜竝起，州郡莫有制者？東周雖萎然，猶侯伯相維，未至遽亡。莽、卓盜漢，天下之牧守無敢議者。戍卒亡命，呼號草澤之間；斗筲穿窬，移國梐枑之際，甚矣。郡縣不足恃，而封建爲可久也。語云：馬蚿至死不僵，以輔之者衆也。此言雖小，可以喻大矣。

清・顧炎武《日知録》卷二二《秦始皇未滅二國》　古封建之國，其未盡滅於秦始皇者，《衛世家》言二世元年，廢衛君角爲庶人。是始皇時，衛未嘗亡也。《漢書·地理志》：始皇既并天下，猶獨置衛君。二世時，乃廢爲庶人。凡四十世九百年，最後絶。《越世家》言越以此散，諸族子争立，或爲王，或爲君，濱于江南海上，服朝于楚。《秦始皇本紀》言二十五年，王翦遂定荆江南地，降越君。漢興，有東海王摇，閩越王無諸之屬。如今世之土司。是越未嘗亡也。《西南夷傳》又言秦滅諸侯，惟楚苗裔，尚有滇王。然則謂秦滅五等而立郡縣，亦舉其大勢然耳。

清·汪越《讀史記十表》卷三《讀六國表》 《六國》附見之小國凡十：《秦表》之有蜀、義渠也；《魏表》之有衛也；《韓表》之有鄭也；《趙表》之有代也，有中山也；《楚表》之有魯也，有蔡也，莒也；《齊表》之有宋也。太史公紀其君，多爲書元年，何也？蜀、義渠僻在庸、髳，邊鄙小邑，莒、代亦微，而魯、宋、鄭、衛，春秋時爲上國，蔡爲周親，中山又周公之孫，西周桓公之子，皆枝梧延息于諸雄之側。至秦滅蜀、義渠，韓滅鄭，趙與齊、燕共滅中山，楚滅魯滅莒滅蔡，齊滅宋，惟魏屢加兵於衛，而衛君角至秦二世乃廢爲庶人，故《表》於此皆不没其年而附著之，猶之皋陶、庭堅不祀，忽諸之慨嘆也。昔周之封君，蓋八百矣，而强侵弱，衆淩寡，遂至爲六國，一折而胥入秦。此戰國二百九十年之大勢也。

清·張尚瑗《左傳折諸》卷二四《昭公·其兄弟之國者十有五人姬姓之國者四十人》 富辰所舉文之昭十六，武之穆四，兄弟之國已二十人矣，凡、蔣、邢、茅、胙、祭，周公之胤猶未在内。或言召公封燕，與昭公爲兄弟，而鱄止云十有五，元凱注亦未駁正。《荀子·儒效篇》：周公屏成王，兼制天下，立七十一國，姬姓獨居三十五人。與此《傳》亦不符，楊倞注亦引成鱄之言，言《傳》之四十人，蓋舉成數。《鄭語》史伯對桓公，謂當成周之南十國，北九國，西、東各八國，皆指近周之諸侯爲言，所謂非親則頑，故不可與此處《傳》文推考。

清·江永《羣經補義》卷二《春秋補義》 昭二十八年，晋成鱄曰：『武王克商，光有天下，其兄弟之國者十有五人，姬姓之國者四十人，皆舉親也。』杜無註，《疏》謂僖二十四年《傳》數文之昭有十六國，此言武王兄弟之國十五人者，人異故説異。此説誤矣。文之昭十六國，亦在姬姓四十國之中。此别言『兄弟之國』者，謂婚姻之國，如齊姜、陳嬀之類耳。古人通以婚姻爲兄弟。

清·方苞《春秋通論》卷二《滅國》 見于經者，齊滅國二，晋滅國五，楚滅國十有四，吴滅國三，衛、莒、蔡、鄭滅國各一，虞晋滅國一，楚秦巴滅國一。自周之衰，諸侯相兼并者多矣，而自莊以前，無一見經者，楚則與魯未通也，列國則不敢告滅也。晋武、獻兼國甚多，而下陽以外皆不書。隱二年莒人入向，宣四年魯伐莒取向，而向亡，不見于經，則知滅國而不告者多矣。然其事多在桓、文未霸之前，何以知其然也？霸者以存亡字小爲義，故桓、文、襄、悼之盛，諸侯鮮私争焉，况滅國乎！齊桓滅譚、遂，在未霸之前；二幽以後，則惟以救患分災爲務矣。晋主霸近百年，未嘗滅先王之建國，潞氏、甲氏、留吁、陸渾而外，惟會吴于柤，合諸侯以滅偪陽，必假公義以討告也。衛之滅邢，則齊桓既殁、晋文未興之前也。齊之滅萊，莒之滅鄫，則楚勢甚張，悼公圖霸而未成，方藉其力以服楚、鄭，故乘是以自封，而不能詰也。蔡之滅沈，鄭之滅許，則霸統既散之後也。《左氏傳》曰：雖及滅國，滅不告敗，勝不告克，不書于策。吴、楚之告滅，以威中夏也。萊之滅，齊告之也。潞氏、甲氏、留吁、陸渾之滅，晋告之也。衛之滅邢，則邢告也。莒之滅鄫，則鄫告也。蓋邢，周公之裔，而鄫，魯之屬也。衛、莒滅之，不宜以告于魯。沈、許則陷于楚，而與夏不通久矣，其滅必蔡、鄭告之也。偪陽之滅，則魯人同役，歸而志之也。惟下陽，虞晋同役；而譚、遂之滅，齊方仇魯，告者何國，不可得而推矣。

清·顧棟高《春秋大事表》卷四《列國疆域表後叙》 或曰：周室封建，在德不在險，信乎？曰：此爲後王守成者言之也。武王既勝殷有天下，大封功臣宗室，凡山川糾紛、形勢禁格之地，悉周懿親及親子弟以鎮撫不靖，翼戴王室。自三監監殷而外，封東虢于滎陽，據虎牢之險，西虢于弘農陜縣，阻崤、函之固，太公于齊，召公于燕；成王又封叔虞于晋，四面環峙。而王畿則東西長，南北短，短長相覆，方千里。無事則都洛陽，宅土中以號令天下；有事則居關内，阻四塞以守，曷嘗不據形勝以臨制天下哉！褒姒煽虐，禍由内作，播遷東周，而西虢實爲東、西都出入往來之地。周有西歸之志，不得不問途于虢，故平之末年，卽欲以虢公爲卿士；迨乎惠王，鄭、虢卒定王室。當晋之圖虢也，王曷不赫然震怒，命方伯以討罪于晋，晋必不敢動，乃談笑置之。虢入晋，而晋日强，周日削矣。洎惠公之入，賂秦以虢略，秦若得之，則可東向，以抗衡于晉，雖有文公，不能以圖伯，而晉之諸臣固不與也。雖戰韓見獲，秦于此時幾可分晉之半，而卒征繕以輔孺子，閉關謝秦，秦知空名爲質之無用，卒歸惠公，呂、郤諸人可謂智勇絶人者矣。秦立文公以後，知文公梟雄，決不能覬覦桃林以東一步，乃偕晉師滅鄀。鄀近武關，穆公之意以爲不得于東，猶可經營商雒，圖武關，以爲南出之門户，而亦終不能有。由是二百餘年，秦屏伏西陲不敢出，以秦地形四塞，而函關、武關之門户，俱爲他人有也。至三晉瓜分，秦得其地置關，函關入秦而三晉之亡自此始矣。嗚呼！晉自獻公滅虢以後，固守桃林之塞，主伯天下者二百年；迨三晉之分而後失之，而周室東遷不三世而虢已爲晉有。捐國之利器以與人而不悟，豈非恃德不恃險之説有以悮之也哉！

又 卷三九《四裔表·戎狄書子論》 昔先王建國，胙土命爵，分爲公、侯、伯、子、男，春秋時班班猶存，然亦有出于時王之所賜，如王命曲沃武公以一軍爲晉侯，郳犂來，進爵爲小邾子是也，而于戎狄，則無聞。乃吾觀宣、昭之間，赤狄之别有潞子嬰兒，白狄之别有肥子緜皋、鼓子鳶鞮者，聖人皆書之于經而《左氏》不著其封爵之所自，杜預亦弗深考，余嘗疑之。其爵非先王之所賜，亦非時王别命以土，直以戎狄各居一方，桀驁難制，大國請于王而命之，如唐世外彝有叛者，就加節度使之類耳。而其先之不見于經，何也？閔、僖之世，狄最强盛，聖人止書『狄』，其時實未賜爵也。僖之末年而狄有亂，赤狄、白狄始分。宣三年而赤狄始見經，八年白狄始見經，自後凡書『赤狄』者七，書『白狄』者三。其時賜爵與否，未可知，而聖人略之不書者，《春秋》于外彝多從其故號，如楚之武、文，改爲楚已久，而終莊公之世，止書『荆人』是也。逮晉滅諸國，則其君臣自詫武功，獻俘于王，必詳列其國號與其君之爵與名，如後世之露布，自京師昭示遠近，《春秋》安得而不書其爵乎？至如甲氏、留吁、鐸辰，則實未有國號，未賜爵命，聖人亦第從其實書之也。經于潞氏及甲氏、留吁，明書『赤狄』而曰肥曰鼓，不著狄號，而杜氏知爲白狄之種者，此或别有考據。至其國名，則各從其地，潞氏以潞縣得名，鼓以鼓聚，肥以肥累城得名，此各因廬帳所在，從而立稱，知出于春秋之季之濫加名器，而不得比于徐、楚、吳、越之列明矣。推而計之，如所稱『戎子駒支』、『無終子嘉父』、『戎蠻子嘉』及『陸渾子』者，例皆書『子』。無終乃山戎之别種，陸渾係秦晉之所遷，其非文、武之舊封，尤最易明者。他如楚之别爲夔，宋之别爲蕭，聖人皆書之于經而未詳其封于何年。《正義》云：宋桓公之立蕭叔大心有功，宋人封之爲附庸。孔晁註：《鄭語》謂熊摯有疾而自棄于夔，子孫有功，王命爲夔子。此皆隱、桓以後之别封者。余悲夫春秋之國，日就微滅，而亦有别爲建置。如鮮虞亦曰中山，至戰國時僭號稱王，與燕、趙爲列國，均非周初之舊封。余因得而備論之，庶春秋當日之興廢，較然可睹焉。

清·永瑢等《歷代職官表》卷六四《宗室封爵表·歷代建置·三代》

謹案：周同姓之封最廣。《左氏》云：姬姓四十人。《荀子·儒效篇》稱：周公立七十一國，姬姓獨五十三人焉。《史記》謂：同姓五十五國。殆武王克商，其始受國者止四十人，而周公、成康俱有所增益歟？三代之時，天子之號爲王，而子弟之封者爲侯。秦漢以後，天子之號爲帝，而子弟之封者爲王。杜佑《通典》云：漢爵二等，曰王，曰侯。王子而封爲王者，實古之諸侯也，故謂之諸侯王。然則三代之諸侯與今之王，雖爵名不同而實則一也。故表於三代，首列諸侯，以當今之親王云。【略】

謹案：周初分封同姓，以爲諸侯，至後王子弟，不得封于畿外，而于畿内予之采地。其制雖不可詳考，而見于先儒之説者如此。蓋周初諸侯，皆佐文、武定天下者，故封爲列國，使之傳世相襲，此即今日由軍功王者世襲罔替之義。後王子弟授采邑於畿内，而以三等爲隆殺之差，此即今日由恩封王者以次遞殺之義也。

藝　文

宋·呂祖謙《宋文鑑》卷一一《沈初〈周以宗强賦〉》周以同姓彊固王室

古之建國，制莫如周，盛宗室而作庇，强王室以承休。治尚以文，重恩親於同姓；世緜其祚，大形勢於諸侯。自昔后稷開基，公劉經始，盛德物被，豐功世美。文武大其業，成康繼其軌。奚永永以能然？蓋親親而得以。任先宗子，協圖夾輔之勳；本固王家，益植太平之趾。天亦中奠，侯封外崇。大邦小邦兮，我所錫壤；伯父叔父兮，汝其懋功。鞏國勢於寖盛，粹民風於大同。膺木德以當天，王圖以永；法轄星而建屏，邦本其隆。有衮服以華其躬，有金路以優其命。寶玉分賜，脹膰均慶。所以等異諸臣，恩先庶姓。史稱乃德，盛陳過歷之期；《詩》大其功，茂著維城之詠。豈無異姓與之翊昌，豈無列辟與之贊襄！推本而治，尚親則強，故蒼籙之興起，始諸姬而阜康。忠厚一時，重本枝而相輔；儀刑百世，壯基緒於重光。至如魯衛之所分，邢茅之所附，衆列邦壤，一寧國祚。巋然盤石之安，屹然寶鼎之措。無煩兵革，坐收禦侮之功；不假山河，自得爲藩之固。譬夫本之殖枝茂者，幹必大；水之委源深者，流必長。緊爾列辟，輔予一王。秦室寖微，蓋削五侯之壤；漢邦未善，徒恢七國之彊。盛哉本本之扶持，承承之操術。國五十兮，比如犬牙之制；年七百兮，緜如瓜瓞之實。方今宗也盛而國也強，跨基圖於周室。

清·方苞《本朝四書文》卷九《熊伯龍〈中庸·懷諸侯則天下畏之〉》

知所以畏天下，則建侯非失矣。甚矣，天下相服以德也。懷諸侯者，不期畏而畏至，豈非盛世之事乎！對哀公曰：先王散天下之大柄，卽先王威天下之至計。臣於經所云懷諸侯者知之。文、武之興，由藩侯不制天下之命，則我之爲天下與爲國家也何以異？天下之勢在封建，不獲友邦之心，則天下之視共主與視列辟也何以異？是故懷諸侯，非施德於不報也。天下所以畏之者，恃此道也。明德懿親，天下皆知其有家人之義，而又不惜布惠推心，大發其天地生成之感。爾日之諸侯，其繡壤相錯者，一如伯叔甥舅之聚族處也，而磐石之宗，不可動搖矣。建賢作輔，天下皆知其有君臣之情，而重之以寬仁大度，深動其子孫臣庶之思。爾日之諸侯，其徂維求定者，一如百官庶尹之指臂使也，而羣扶之主，倍有神靈矣。如是則王臣王土，諸侯所得而治者，天子皆得而治之。修身立政之朝，天下已不敢菲薄綱紀，而況謹度求程章，有以塞違心於未兆也哉！如是則來享來王，諸侯所不得而及者，天子亦得而及之。柔遠能邇之世，天下已不敢輕量朝廷，而況彤弓玈矢，有以揚淑問於疆外也哉！蓋法立知恩，原非以忠厚開末大之漸，故德威惟畏，亦不假刻深爲震疊之謀。古天子諸侯相與之際，仁至義盡有如此者。

又　卷九《曾王孫〈中庸·懷諸侯則天下畏之〉》　效著於天下者有實，致其懷者也。蓋天下不易言畏也，而懷諸侯者有以致之，其效不可觀乎！且先王以一人撫四海之內，而天下向風，兢兢懼無以奉一人之法者，豈有他哉？相天下勢之所在，而急圖之，而天下遂不得不合其勢，以歸我。乃後世不見政之强，而見勢之弱，遂以弱勢議先王而忘其强政，是未明於懷諸侯之效也。夫諸侯，亦唯是伯叔甥舅，奉天子令，以守天下耳。懷與不懷，似無異數也。然天下有時不服天子之令，而服諸侯之令，則諸侯何可不重慮也。諸侯亦唯是禮樂征伐，稟天子威，以致天下耳。懷與不懷，似無他適也。然天下有時不凜侯國之威，而卽不凜天朝之威，則諸侯何可不重念也。故諸侯當懷也，懷諸侯則天下畏之矣。天下之大勢在民，先王慮民之不得其所也，立諸侯以撫之。迨其後也，各私其民而民亦各暱其君。見一惠焉，曰吾君之德也；見一刑焉，曰吾君之威也，而諸侯之勢成矣。懷之而諸侯肅然稟其政教焉，民將曰吾君如此，其何敢不共民之所往。威莫大焉，而非懷之不至此。天下之大勢又在小侯，先王慮小侯之或侵陵也，建方伯以衛之。迨其後也，漸劫以威而小侯亦服於其令。或有患焉，曰彼能庇我也；或有違焉，曰彼能制我也，而諸侯之志攜矣。懷之而諸侯皇然進於軌物焉，小侯亦將曰彼尚如此，又何有貳心小侯之所歸。勢莫隆焉，而非懷之不至此。

或謂此在有天下者行之而效，未有天下而行之而未必效者，非也。盟主之德威日著，卽遠裔無不求成。此在假力猶然，而況乎王道之作乎也！昔我先王，虞、芮質成，而有二之勢，已集於歧右。降至周、召分治，而成夾輔之勳。桓、文迭霸，而奏匡合之烈。孰非懷畏之明驗也哉！或謂開創之天下得之而效，守府之天下得之而未必效者，亦非也。朝廷之舉措得宜，卽强藩無不聽命。此在衰亂猶然，而況乎周禮之盡在也！昔我武王，封建未集，而負扆之朝，大定於沖人。降至車攻奮興，復著會同之盛。東都侵弱，不失晉鄭之依。又孰非懷畏之遺模也哉！而其事乃可得而言矣。

又　卷九《熊伯龍〈中庸·尊其位三句〉》　敦本之事三，舉之而備也。蓋非位與祿，豈能安其外？非好惡與同，豈能安其內？近古之事，亦聞此乎！昔周之封君，蓋八百矣，而同姓之國，且至五十。先王於本支之間，何嘗不衆建而少其力哉？雖然，衆建而未嘗以衆人遇之，少力而未嘗以少恩處之，所由與後世異也：一曰尊其位，一曰重其祿，一曰同其好惡。

問先王之世，有家君失南面之尊，支子列齊民之數者乎？曰無有也。弱弟之戲，遂封桐也，夏與商，未之聞也。介弟之貴，且分陝也，夏與商，未之聞也。他若滕子末微，援宗盟而長外侯；蔡、胡世辟，釋嚴罰而復舊土。亦惟天家爲永念焉。公今日者，雖還龍旂於故府，謝河海於鄰封，而鶩冕信圭，居高無恙，誰之賜哉？問先王之世，有覲頫鮮朝宿之授，峙粻靳湯沐之頒者乎？曰無有也。錫田曰大啓，宗邦之報功不敢不過也。分土曰惟三，庶邦之展愛亦不敢不及也。若夫晉之有陽樊也，王甸可以錫康侯；鄭之有祊田也，懿親莫重乎母弟。其在中主，罔敢愛上錯焉。考之周禮，雖山澤所及，掌於王人，侯國祿餘，待用天子，而提封采甸，口不言貧，豈不優哉！問先王之世，有流言而相鬩於墻，呼伯而靡所與同者乎？曰無有也。正則爲肥牡，爲釃酒，我可爲諸父昆弟，談笑而道之也。變則爲斧斨，爲零雨，我可爲諸父昆弟，垂涕泣而道之也。是以王有愾則賜之弓矢，此推而同之之義；國有故則上告天子，此引而同之之義。亦祈大宗小宗，咸有一德焉。嗟乎！六衣之請也，私室好之，公室惡之；諸姬之盡也，異姓好之，同姓惡之。有王者作，除異族之逼處，布方伯以腹心，召好去惡，翼戴天室，豈有此患哉？

雜録

《左傳・昭公元年》 當武王邑姜方震大叔，夢帝謂己：「余命而子曰虞，將與之唐，屬諸參，而蕃育其子孫。」及生，有文在其手，曰「虞」，遂以命之。及成王滅唐而封大叔焉。故參爲晉星。

《呂氏春秋》卷一八《重言》 成王與唐叔虞燕居，援梧葉以爲珪而授唐叔虞曰：「余以此封女。」叔虞喜，以告周公。周公以請曰：「天子其封虞耶？」成王曰：「余一人與虞戲也。」周公對曰：「臣聞之：天子無戲言。天子言，則史書之，工誦之，士稱之。」於是遂封叔虞于晉。

《史記》卷三九《晉世家》 周公誅滅唐。成王與叔虞戲，削桐葉爲珪，以與叔虞曰：「以此封若。」史佚因請擇日立叔虞，成王曰：「吾與之戲爾。」史佚曰：「天子無戲言，言則史書之，禮成之，樂歌之。」於是遂封叔虞於唐。唐在河汾之東方百里，故曰唐叔虞。

《禮記・明堂位》 成王以周公爲有勳勞於天下，是以封周公於曲阜，地方七百里。漢鄭玄注：上公之封，地方五百里，加魯以四等之附庸。方百里者二十四井，五五二十五，積四十九，開方之，得七百里。

漢・伏勝《尚書大傳》卷二《洪範五行傳》 武王釋箕子之囚，箕子不忍周之釋，走之朝鮮，武王聞之，因以朝鮮封之。

《史記》卷三八《宋微子世家》 於是武王乃封箕子於朝鮮而不臣也。

《逸周書》卷五《作雒解》 周公立，相天子，三叔及殷東徐奄及熊盈以略。【略】二年，又作師旅，臨衛政殷。【略】凡所征熊盈族十有七國，俘維九邑。

《左傳・成公八年》 （申公巫臣）對曰：「夫狡焉思啓封疆以利社稷者，何國蔑有？唯然，故多大國矣。」

又 《襄公二十九年》 叔侯曰：「虞、虢、焦、滑、霍、揚、韓、魏，皆姬姓也，晉是以大。若非侵小，將何所取？武、獻以下，兼國多矣，誰得治之？」

《韓非子》卷一五《難二》 行人燭過免胄而對曰：【略】「昔者吾先君獻公，并國十七，服國三十八。」

《呂氏春秋》卷二三《貴直》 （燭過）對曰：「昔吾先君獻公，即位五年，兼國十九，用此士也。」

《論語・季氏》 季氏將伐顓臾，冉有、季路見於孔子曰：「季氏將有事於顓臾。」孔子曰：「求！無乃爾是過與？夫顓臾，昔者先王以爲東蒙主，且在邦域之中矣。是社稷之臣也，何以伐爲？」冉有曰：「夫子欲之，吾二臣者，皆不欲也。」孔子曰：「求！周任有言曰：陳力就列，不能者止。危而不持，顛而不扶，則將焉用彼相矣。且爾言過矣。虎兕出於柙，龜玉毁於櫝中，是誰之過與？」冉有曰：「今夫顓臾固而近於費，今不取，後世必爲子孫憂。」孔子曰：「求！君子疾夫舍曰欲之而必爲之辭。丘也聞有國有家者，不患寡而患不均，不患貧而患不安。蓋均無貧，和無寡，安無傾。夫如是，故遠人不服，則脩文德以來之；既來之，則安之。今由與求也相夫子，遠人不服而不能來也，邦分崩離析而不能守也，而謀動干戈於邦內。吾恐季孫之憂，不在顓臾而在蕭牆之內也。」

《荀子》卷三《仲尼篇》 齊桓，五伯之盛者也。【略】并國三十五。唐楊倞注：并國三十五，謂滅譚、滅遂、滅項之類，其餘所未盡聞也。

《韓非子》卷二《有度》 齊桓公并國三十，啓地三千里。

漢・劉向《説苑》卷九《正諫》 荆文王【略】兼國三十，令荆國廣大至於此者，保申敢極言之功也。

《韓非子》卷三《十過》 由余歸，因諫戎王，戎王弗聽，由余遂去之秦。秦穆公迎而拜之上卿。【略】舉兵而伐之，兼國十二，開地千里。

《史記》卷八七《李斯列傳》 斯乃上書曰：【略】「此五子者，不産於秦而繆公用之，并國二十，遂霸西戎。』

《韓非子》卷五《飾邪》　故恃鬼神者慢於法，恃諸侯者危其國。曹恃齊而不聽宋，齊攻荆而宋滅曹。荆恃吳而不聽齊，越伐吳而齊滅荆。許恃荆而不聽魏，荆攻宋而魏滅許。鄭恃魏而不聽韓，魏攻荆而韓滅鄭。

《漢書》卷三六《楚元王傳附劉向傳》　乃上封事諫曰：【略】二百四十二年之間，【略】弑君三十六，亡國五十二。唐顔師古注：謂桓五年州公如曹，莊四年紀侯大去其國，十年齊師滅譚，十三年齊人滅遂，十四年楚子滅息，十六年楚滅鄧，閔元年晉滅耿滅霍滅魏，僖五年楚滅弦，晉滅虢滅虞，十二年楚人滅黄，十七年楚滅項，十九年秦人取梁，二十五年衛侯燬滅邢，二十六年楚人滅夔，三十三年秦滅滑，文四年楚滅江，五年楚人滅六滅蓼，十六年楚人秦人巴人滅庸，宣八年楚人滅舒蓼，九年取根牟，十二年楚子滅蕭，十五年晉師滅赤狄潞氏，成六年取鄟，十七年楚滅舒庸，襄六年莒人滅鄫，齊侯滅萊，十年諸侯滅偪陽，十三年取邿，二十五年楚滅舒鳩，昭四年楚子滅賴，十二年晉滅肥，十六年楚子取戎蠻氏，十七年晉滅陸渾戎，二十一年晉滅鼓，三十年吳滅徐，定四年蔡滅沈，五年楚滅唐，六年鄭滅許，十四年楚人滅頓，十五年楚子滅胡，哀八年宋公滅曹，又邾滅須句，楚滅權，晉滅焦，楊，楚滅道，房，申，凡五十二。　諸侯奔走不得保其社稷者，不可勝數也。

宋·楊甲《六經圖》卷一〇《諸侯興廢》　魯滅一國：項。晉滅十四國：耿、霍、魏、虢、赤狄潞氏。虞、焦、楊、韓、赤狄甲氏。偪陽、肥、鼓、陸渾。衛滅一國：邢。宋滅一國：曹。蔡滅一國：沈。楚滅二十三國：息、弦、黄、夔、鄧、權、江、蓼、文五年。六、邶、庸、舒庸、陳、蔡、賴、舒鳩、唐、頓、胡、舒、隨、申、蓼。宣八年。杜云：二國名。秦滅二國：梁、滑。齊滅六國：譚、遂、蔡、紀、鄣、陽。邾滅一國：須句。莒滅一國：鄫。狄滅一國：温。鄭滅一國：許。吳滅一國：徐。越滅一國：吳。

清·馬驌《左傳事緯前集》卷六《覽左隨筆·諸侯興廢與原本異》　魯滅四國：項、根牟、鄟、邿。晉滅十三國：耿、霍、魏、虢、虞、潞氏、甲氏、留吁、鐸辰、偪陽、肥、陸渾、鼓。齊滅五國：紀、譚、遂、鄣、萊。秦滅二國：梁、滑。楚滅二十國：權、申、鄧、息、弦、黄、夔、江、六、蓼、庸、蕭、舒蓼、舒庸、舒鳩、賴、唐、頓、胡、陳。宋滅一國：曹。衛滅一國：邢。鄭滅一國：許。蔡滅一國：沈。莒滅一國：鄫。邾滅一國：須句。吳滅二國：徐、巢。越滅一國：吳。狄滅一國：温。

《古本竹書紀年·魏紀》　魏武侯二十一年，韓滅鄭，哀侯入于鄭。

《今本竹書紀年》卷下《安王》　二十一年，韓滅鄭，哀侯入于鄭。

《史記》卷四二《鄭世家》（鄭君乙）二十一年，韓哀侯滅鄭，并其國。

又　卷四五《韓世家》　哀侯元年，與趙、魏分晉國。二年，滅鄭，因徙都鄭。

又　卷四三《趙世家》（惠文王）三年，滅中山，遷其王於膚施。

又　卷四六《田敬仲完世家》（齊湣王）二十九年，趙殺其主父，齊佐趙滅中山。

又　卷三八《宋微子世家》　王偃立四十七年，齊湣王與魏、楚伐宋，殺王偃，遂滅宋而三分其地。南朝宋裴駰《集解》：駰案，《年表》云：偃立四十三年。

又　卷四四《魏世家》（魏昭王）十年，齊滅宋，宋王死我温。

又　卷四六《田敬仲完世家》（齊湣王）三十八年，伐宋。【略】宋王出亡，死於温。

又　卷四一《越王勾踐世家》　於是越遂釋齊而伐楚，楚威王興兵而伐之，大敗越，殺王無彊，盡取故吳地，至浙江。北破齊於徐州，《集解》：徐廣曰：周顯王之四十六年。而越以此散。諸族子爭立，或爲王，或爲君，濱於江南海上，服朝於楚。後七世至閩君搖，佐諸侯平秦。

又　卷三三《魯周公世家》（頃公）二十四年，楚考烈王伐滅魯，頃公亡遷於下邑，爲家人，魯絶祀。頃公卒于柯。

又　卷七八《春申君列傳》　春申君相楚。八年，爲楚北伐，滅魯。唐司馬貞《索隱》：《年表》云：八年取魯，封魯君於莒，十四年滅也。

戰國封君分部

綜　述

齊封君·成侯　**《戰國策》卷八《齊一》**　成侯鄒忌爲齊相。漢高誘注：成，邑，侯，爵也，鄒忌封也。

《史記》卷四六《田敬仲完世家》　騶忌子以鼓琴見威王，【略】見三月，而受相印。【略】居朞年，封以下邳，號曰成侯。

又 **卷一五《六國年表・齊表》**（威王）二十二年，封騶忌爲成侯。

靖郭君 **《戰國策》卷八《齊一》** 靖郭君將城薛，客多以諫。

《呂氏春秋》卷九《知士》 靜郭君善劑貌辨。漢高誘注：靜郭君，田嬰也，孟嘗君田文之父也。爲薛君，號曰靜郭君。

《史記》卷七五《孟嘗君列傳》 田嬰者，齊威王少子而齊宣王庶弟也。【略】（湣王）即位三年，而封田嬰於薛。唐司馬貞《索隱》：《紀年》以爲梁惠王後元十三年四月，齊威王封田嬰于薛。十月，齊城薛。十四年，薛子嬰來朝。十五年，齊威王薨。嬰初封彭城。皆與此文異。唐張守節《正義》：薛故城在今徐州滕縣南四十四里也。【略】嬰卒，謚爲靖郭君。南朝宋裴駰《集解》：駰案：《皇覽》曰：靖郭君冢在魯國薛城中東南陬。唐司馬貞《索隱》：謚爲靖郭君者，謂死後別號之曰靖郭耳，則靖郭或封邑號。

孟嘗君 **《戰國策》卷八《齊一》** 孟嘗君又竊以諫，靖郭君大怒，曰：『剗而類，破吾家。』漢高誘注：孟嘗君，田嬰子田文也，號孟嘗君。剗，滅也；而，汝也。言汝破吾家。

又 **卷一一《齊四》** 公孫弘見，昭王曰：『薛公之地，大小幾何？』公孫弘對曰：『百里。』昭王笑，而曰：『寡人地數千里，猶未敢以有難也。今孟嘗君之地，方百里，而因欲難寡人，猶可乎？』

《史記》卷七五《孟嘗君列傳》 孟嘗君名文，姓田氏。文之父，曰靖郭君田嬰。【略】薛公文卒，謚爲孟嘗君。《集解》：駰案：《皇覽》曰：孟嘗君冢在魯國薛城中向門，東向門出北邊門也。《詩》云：居常與許。鄭玄曰：『常』或作『嘗』，在薛之南，孟嘗邑于薛城。《索隱》：孟嘗襲父封薛，而號曰孟嘗君。此云謚，非也。孟，字；嘗，邑名。嘗邑在薛之旁。《正義》：《括地志》云：孟嘗君墓在徐州滕縣五十二里，卒在齊襄王之時也。

安平君 **《戰國策》卷一三《齊六》** 王乃殺九子而逐其家，益封安平君以夜邑萬户。

《史記》卷四六《田敬仲完世家》 襄王在莒五年，田單以即墨攻破燕軍，迎襄王於莒，入臨菑，齊故地盡復屬齊。齊封田單爲安平君。《正義》：安平城在青州臨淄縣東十九里，古紀之酅邑也。

又 **卷八二《田單列傳》** 田單者，齊諸田疏屬也。【略】襄王封田單，號曰安平君。《索隱》：以單初起安平，故以爲號。

都平君 **《戰國策》卷二〇《趙三》** 趙惠文王三十年，相都平君田單。宋鮑彪注：按《史》，單無『都平』之稱。《魏策》三言『平都』，今從之。又按孝成元年，單將趙師攻燕，二年爲相。蓋相平都而將之，實自惠文，至孝成乃攻燕復相也。元吳師道《校注》：正曰：《史・趙世家》：惠文王三十三年卒。孝成王元年，田單將趙師攻燕及韓，二年，田單爲相。此稱都平君，是仍齊相之稱。都平即安平也，故《大事記》俱作『安平君』。《魏策》長平之役平都君云云，不言是田單也。

無鹽君 **漢・劉向《古列女傳》卷六《齊鍾離春》** 鍾離春者，齊無鹽邑之女。【略】於是宣王喟然而嘆曰：『痛乎，無鹽君之言！乃今一聞。』【略】卜擇吉日，立太子，進慈母，拜無鹽君爲后，而齊國大安者，醜女之力也。頌曰：無鹽之女，干説齊宣，分別四殆，稱國亂煩。宣王從之，四辟公門，遂立太子，拜無鹽君。

楚封君・魯陽文君 **《墨子》卷一一《耕柱》** 子墨子謂魯陽文君曰：『大國之攻小國，譬猶童子之爲馬也。』

又 **卷一三《魯問》** 魯陽文君將攻鄭，子墨子聞而止之，謂陽文君曰：『今使魯四境之内，大都攻其小都，大家伐其小家，殺其民人，取其牛馬狗豕、布帛米粟貨財，則何若？』魯陽文君曰：『魯四境之内，皆寡人之臣也。今大都攻其小都，大家伐其小家，奪之貨財，則寡人必將厚罰之。』

陽城君 **《呂氏春秋》卷一九《上德》** 荆王薨，羣臣攻吴起，兵於喪所，陽城君與焉。荆罪之，陽城君走，荆收其國。

唐・余知古《渚宫舊事》卷二《周代中》 及悼王薨，魯陽公騏期及陽城君殺王母闕姬而攻起。

江君 **《戰國縱横家書・二七・麛皮對邯鄲君章》** 工（江）君奚洫曰：『子之來也，其將請師耶？』

彭城君 **《戰國策》卷一四《楚一》** 昭奚恤與彭城君議於王前。宋鮑彪注：彭城屬楚，知爲楚人。

安陵君 **《戰國策》卷一四《楚一》** 江乙説於安陵君，宋鮑彪注：名壇，失其姓，楚之幸臣。按《魏記》注：召陵有安陵，應屬楚；而《魏策》亦有同號者，别一人也。曰：『君無咫尺之功，骨肉之親，處尊位，受厚祿。一國之衆見君，莫不斂衽而拜，撫委而服。何以也？』曰：『王過舉而已。不然，無㠯至此。』

漢・劉向《説苑》卷一三《權謀》 安陵纏以顔色美壯，得幸於楚共王。【略】其年，共王獵江渚之野。【略】顧謂安陵纏曰：『吾萬歲之後，子將誰與斯樂乎？』安陵纏乃逡巡而却，泣下沾衿，抱王曰：『萬歲之後，臣將從爲殉，安知樂此者誰？』於是共王乃封安陵纏於車下三百户。

鄂君（啓）　《殷周金文集成釋文》卷六《噩君啓車節》　大司馬昭陽敗晉師於襄陵之歲，夏𡰝之月，乙亥之日，王居於蔵郢之遊宮。【略】爲鄂君啓之府，賸鑄金節。

鄂君（子晳）　漢・劉向《説苑》卷一一《善説》　鄂君子晳，親楚王母弟也。官爲令尹，爵爲執珪。

襄成君　漢・劉向《説苑》卷一一《善説》　襄成君始封之日，衣翠衣，帶玉劍，履縞舄，立於遊水之上。大夫擁鍾錘縣，令執桴號令，呼誰能渡王者於是也。

北魏・酈道元《水經注》卷二一《汝水》　汝水又東南，逕襄城縣故城南。【略】劉向《説苑》曰：襄城君始封之日，服翠衣，帶玉佩，徙倚於流水之上。即是水也，楚大夫莊辛所説處，後乃縣之。

州侯　夏侯　《戰國策》卷一七《楚四》　莊辛謂楚襄王曰：『君王左州侯，右夏侯。』

又　卷一四《楚一》　江乙曰：『州侯相楚，貴甚矣而主斷，左右俱曰無有，如出一口矣。』

《韓非子》卷一〇《内儲説下・六微》　州侯相荆，貴而主斷。荆王疑之，因問左右，左右對曰無有，如出一口也。

北魏・酈道元《水經注》卷三五《江水三》　又東北逕石子岡，岡上有故城，即州陵縣之故城也，莊辛所言左州侯國矣。

鄢陵君　壽陵君　《戰國策》卷一七《楚四》　莊辛謂楚襄王曰：『君王【略】輦從鄢陵君與壽陵君。』

新安君　漢・劉向《新序》卷二《雜事第二》　莊辛諫楚襄王曰：『君王【略】從新安君與壽陵君，同軒淫衍侈靡而忘國政，郢其危矣。』

陽陵君　成陵君　《戰國策》卷一七《楚四》　莊辛謂楚襄王【略】襄王聞之，顔色變作，身體戰慄，於是乃以執珪而授之，爲陽陵君，與淮北之地。

漢・劉向《新序》卷二《雜事第二》　莊辛諫楚襄王，【略】襄王大懼，形體掉栗，曰：『謹受令。』乃封莊辛爲成陵君，而用計焉，與舉淮北之地十二諸侯。

陽文君　《史記》卷七八《春申君列傳》　楚頃襄王病，太子不得歸。【略】黄歇爲楚太子計曰：『秦之留太子也，欲以求利也。今太子力未能有以利秦也，歇憂之甚。而陽文君子二人在中，王若卒大命，太子不在，陽文君子必立爲後，太子不得奉宗廟矣。不如亡秦。』

春申君　《戰國策》卷一七《楚四》　虞卿謂春申君曰：『臣聞之《春秋》：「於安思危，危則慮安。」今楚王之春秋高矣，而君之封地，不可不早定也。爲主君慮封者，莫如遠楚。』

《史記》卷四〇《楚世家》　考烈王以左徒爲令尹，封以吳，號春申君。

又　卷七八《春申君列傳》　春申君者，楚人也。名歇，姓黄氏。【略】考烈王元年，以黄歇爲相，封爲春申君，《正義》：然四君封邑，檢皆不獲，唯平原有地，又非趙境，並蓋號謚，而孟嘗是謚。賜淮北地十二縣。後十五歲，黄歇言之楚王曰：『淮北地邊齊，其事急，請以爲郡便。』因并獻淮北十二縣，請封於江東，考烈王許之。春申君因城故吳墟，《正義》：闔閭，今蘇州也。於城内小城西北別築城居之，今圮毁也。又大内北瀆四從五横，至今猶存。又改破楚門爲閶門。以自爲都邑。

太史公曰：吾適楚，觀春申君故城，宫室盛矣哉！

漢・袁康《越絶書》卷二《外傳記吳地傳》　春申君，楚考烈王相也。烈王死，幽王立，封春申君於吳。三年，幽王徵春申爲楚令尹，春申君自使其子爲假君治吳。十一年，幽王徵假君與春申君，并殺之。二君治吳，凡十四年。

臨武君　《戰國策》卷一七《楚四》　天下合從，趙使魏加見楚春申君曰：『君有將乎？』曰：『有矣。僕欲將臨武君。』魏加曰：【略】『今臨武君，嘗爲秦孽，宋鮑彪注：嘗敗於秦，未詳。不可爲拒秦之將也。』

《荀子》卷一〇《議兵篇》　臨武君與孫卿子議兵於趙孝成王前。唐楊倞注：臨武君，蓋楚將，未知姓名。

武貞君　《戰國策》卷一〇《齊三》　楚王曰：『謹受命。』因封蘇秦爲武貞君。漢高誘注：武貞，楚邑。宋鮑彪注：封以美名，非邑。

郪陵君　《殷周金文集成釋文》卷三《郪陵君豆》　郪陵君王子申，攸[illegible]（載）散（造）鈇盍，攸立（涖）歲祟（嘗）。以祀皇祖，以會父倪（兄）。祥（永）甬（用）之，官攸無疆。

燕封君・襄安君　《戰國策》卷二一《趙四》　臣又願足下有地，効於襄安君，以資臣也。

《戰國縱橫家書・四・蘇秦自齊獻書於燕王章》 王使襄安君東，以便事也。

昌國君（樂毅） 《戰國策》卷一三《齊六》 以故燕舉兵，使昌國君將而擊之。

又 卷三〇《燕二》 昌國君樂毅爲燕昭王合五國之兵而攻齊。

《史記》卷八〇《樂毅列傳》 燕昭王大説，親至濟上勞軍，行賞饗士，封樂毅於昌國，《集解》：徐廣曰：屬齊。《索隱》：《地理志》：縣名，屬齊郡。《正義》：故昌城在淄州淄川縣東北四十里也。 號爲昌國君。

北魏・酈道元《水經注》卷二四《瓠子河》 （時水）西北流逕昌國縣故城南。昔樂毅攻齊有功，燕昭王以是縣封之爲昌國君。

昌國君（樂間） 《戰國策》卷三一《燕三》 王乃召昌國君樂間而問曰：『何如？』對曰：『趙，四達之國也。其民皆習於兵，不可與戰。』

《史記》卷八〇《樂毅列傳》 於是燕王復以樂毅子樂閒爲昌國君。

成安君 《史記》卷四三《趙世家》 （惠文王）二十八年，【略】燕將成安君公孫操弒其王。《集解》：徐廣曰：《年表》云是燕武成王元年。《索隱》：樂資云：其王即惠王。

高陽君 《戰國策》卷二一《趙四》 燕封宋人榮蚠爲高陽君，使將而攻趙。

韓封君・安成君 《戰國策》卷二八《韓三》 安成君東重於魏而西貴於秦。宋鮑彪注：韓人。

公子長 《史記》卷五《秦本紀》 魏公子勁、韓公子長，爲諸侯。

山陽君 《戰國策》卷一八《趙一》 秦、韓圍梁，燕、趙救之，謂山陽君曰：『秦戰而勝三國，秦必過周、韓而有梁。』

又 卷二八《韓三》 或謂山陽君曰：『秦封君以山陽，齊封君以莒。齊、秦非重韓，則賢君之行也。』

《韓非子》卷九《内儲説上・七術》 陽山君相衛，聞王之疑己也，乃僞謗樛豎以知之。

成陽君 《戰國策》卷二五《魏四》 成陽君欲以韓、魏聽秦，魏王弗利。

又 卷二八《韓三》 成陽君爲秦去韓。

《戰國縱橫家書・八・蘇秦謂齊王章》 身率梁（梁）王與成陽君北面而朝奉陽君於邯鄲，而勺（趙）氏不得。

市丘君 《戰國策》卷二六《韓一》 魏順謂市丘君曰：『五國罷，必攻市丘，以償兵費。』

陽城君 《戰國策》卷一八《趙一》 韓恐，使陽城君入謝於秦。

狐君 《殷周金文集成釋文》卷五《令狐君嗣子壺》 唯十年四月吉日，命（令）瓜（狐）君嗣子乍（作）鑄尊壺。【略】祈無疆至於萬意年，子之子，孫之孫，其永用之。

横陽君 《史記》卷五五《留侯世家》 良乃説項梁曰：『君已立楚後，而韓諸公子横陽君成賢，可立爲王，益樹黨。』

趙封君・番吾君 《史記》卷四三《趙世家》 番吾君自代來。《集解》：徐廣曰：『番』音『盤』。常山有番吾縣。《正義》：《括地志》云：番吾故城在恒州房山縣東二十里。『番蒲』，古今音異耳。

陽文君 《史記》卷四三《趙世家》 武靈王元年，陽文君趙豹相。

代安陽君 《史記》卷四三《趙世家》 （惠文王三年）封長子章爲代安陽君。《正義》：《括地志》云：東安陽故城在朔州定襄縣界。《地理志》云：東安陽縣，屬代郡。

北魏・酈道元《水經注》卷一三《灅水》 灅水又東，安陽水注之。【略】又東逕東安陽縣故城北。趙惠文王三年，主父封長子章爲代安陽君，此即章封邑。

安平君 《史記》卷四三《趙世家》 （惠文王四年）公子成爲相，號安平君。

奉陽君 《戰國策》卷一九《趙二》 蘇秦從燕之趙，始合從，説趙王曰：【略】『奉陽君妬，宋鮑彪注：《秦傳》言肅侯令其弟成爲相，號奉陽君。妬，嫉賢也。大王不得任事，是以外賓客，遊談之士無敢盡忠於前者。』

趙王曰：『先王之時，奉陽君相。專權擅勢，蔽晦先王，獨制官事。』

又 卷二一《趙四》 『臣爲足下，使公孫衍説奉陽君，宋鮑彪注：蘇秦從時，已言奉陽死矣，豈或襲稱如馬服者乎！元吳師道《校注》：補曰：按《史・蘇秦傳》：趙肅侯令其弟成爲相，號奉陽君。弗説秦，秦去之燕。奉陽君死，秦復説肅侯，稱奉陽君捐館舍；而張儀之説武靈王，亦謂先王時，奉陽君相，專權擅勢，蔽晦先王。然武靈胡服，請於公叔成，而成與李兑弑主父，則是肅侯之世，成未亡，何其前後相戾邪？故《大事記》從《古史》，定以奉陽君爲公子成，而削去捐館之語。考之《策》，屢言奉陽君而《趙策》尤著。見於李兑約五國伐秦後，謀取宋之時。蘇秦説趙，當肅侯十六年，而五國伐秦，在惠文十三年，相去五十年。公子成執國柄，何久也？《史》、《策》明言捐館舍，豈得皆誤？武靈易服之請，猶惓惓敬事，其答張儀，豈得公言其罪而無所諱哉？《荀子》以奉陽君爲闞臣，而楊倞注亦疑非公子成，蘇秦所值者，必别一奉陽君，非公子成明矣。然則奉陽君果公子成乎？曰：謂奉陽君爲公子成，亦史遷之言而《策》無明文也。五國攻秦時，成、兑方並用，以成爲奉陽君，其時則可矣，愚嘗反覆《策》文而有疑焉。《趙策》言李兑約伐秦無功，陰講於秦，欲與秦攻魏以解怨，取陰以定封。又云齊令公孫衍説李兑，以攻宋定封。又云公孫衍説奉陽君，封地莫善於宋，莫如於陰。又蘇代謂齊王：臣爲足下説奉陽君，天下散而爭秦，陰必不可得。既言李兑取陰，又言奉陽君取陰，不應爲二人事。竊以爲李兑即奉陽君也。何以明之？《趙策》説魏之辭曰：李兑留天下之甲於成皋，令秦攻魏，以成其私。王嘗身朝邯鄲，抱陰成，負葛孽，爲趙蔽。今又以河陽姑密封其子。《魏策》則曰：葉陽君約魏，魏王將封其子，謂魏王曰云云，正與前同。則知「葉陽」者，「奉陽」之訛，奉陽君之爲李兑，其徵一也。《趙策》蘇代説奉陽之辭曰：五國願得趙與韓氏大吏，東勉齊王，必無召。元作「名」，有説，見本條「民」。《燕策》代舉奉陽君之辭曰：齊王使公王曰命説，曰必不反韓氏，今召之矣。其事亦同，奉陽自稱「説」，「説」者「兑」之訛，奉陽君之爲李兑，其徵二也。《燕策》又有奉陽君李兑甚不取蘇秦之言。「奉陽君李兑」者，並舉其封邑、姓名言之也。其下誤以蘇代爲蘇秦，則亦因蘇秦所云而然，説見本傳。奉陽君之爲李兑，其徵三也。按《趙世家》：公子成、李兑既殺公子章、田不禮而定王室，公子成爲相，號安平君。則安平乃成之封。《史・表》安平屬上郡。吾志深州，有安平縣，元屬定州，皆趙地也。奉陽則未有考，而非奉陽矣。史遷不明奉陽君爲二人，又誤以爲公子成，是以紛紜殽舛，論者莫知所從。今以《策》文考之，而得其説如此。曰：「君之身老矣，封不可不早定也。爲君慮封，莫若於宋，他國莫可。」』

又 **卷二四《魏三》** 葉陽君約魏，宋鮑彪注：趙人。魏王將封其子。

又 **卷二九《燕一》** 奉陽君李兑，甚不取於蘇秦。

又 **卷三〇《燕二》** 蘇代爲奉陽君説燕於趙，宋鮑彪注：此亦其後襲稱。以伐齊。奉陽君不聽。

《戰國縱橫家書・十二・蘇秦自趙獻書於齊王章》 奉陽君甚兑（悦），曰：『王有（又）周濕、長驅重令（命）挩（兑），挩（兑）也敬受令（命）。』

《史記》卷六九《蘇秦列傳》 趙肅侯令其弟成爲相，號奉陽君。

平原君 **《戰國策》卷五《秦三》** 應侯曰：【略】『今平原君，宋鮑彪注：趙公子勝，惠文王弟，後相孝成。見《魏無忌傳》。自以賢，顯名於天下。』

又 **卷二〇《趙三》** 魏使人因平原君，請從於趙。

《史記》卷七六《平原君虞卿列傳》 平原君趙勝者，趙之諸公子也。《集解》：徐廣曰：《魏公子傳》曰：趙惠文王弟。【略】相趙惠文王及孝成王，三去相，三復位，封於東武城。《集解》：徐廣曰：屬清河。《正義》：今貝州武城縣也。

武安君 **《戰國策》卷三《秦一》** （蘇秦）於是乃摩燕烏集闕，見説趙王於華屋之下，抵掌而談，趙王大悦，封爲武安君。漢高誘注：武安，趙邑，今屬廣平。

《史記》卷六九《蘇秦列傳》 蘇秦既約六國從親，歸趙，趙肅侯封爲武安君。

望諸君 **《戰國策》卷三〇《燕二》** 樂毅奔趙，趙封以爲望諸君。

《史記》卷八〇《樂毅列傳》 趙封樂毅於觀津，號曰望諸君。尊寵樂毅，以警動於燕齊。《索隱》：望諸，澤名，在齊，蓋趙有之，故號焉。

北魏・酈道元《水經注》卷一〇《清漳水》 觀津城北，方二十里盡爲澤藪，蓋水所鍾也。其瀆逕觀津縣故城北。樂毅自燕降趙，封之于此邑，號望諸君。

平陽君 **《戰國策》卷二〇《趙三》** 趙王不聽，與平陽君爲媾，發鄭朱入秦，秦内之。

《韓非子》卷一四《外儲説右下》 趙王遊於圃中，左右以菟與虎而輟觀之，盼然環其眼。王曰：『可惡哉！虎目也。』左右曰：『平陽君之目，可惡過此。見此未有害也，見平陽君之目如此者，則必死矣。』其明日，平陽君聞之，使人殺言者，而王不誅也。

《史記》卷四三《趙世家》 （惠文王）二十七年，【略】封趙豹爲平陽君。《集解》：駰案：《戰國策》曰：趙豹，平陽君，惠文王母弟。

馬服君（趙奢） **《戰國策》卷二一《趙四》** 馬服君謂平原君曰：『國奚無人甚哉！』

《史記》卷四三《趙世家》 （惠文王）二十九年，秦韓相攻而圍閼與。趙使趙奢將擊秦，大破秦軍閼與下，賜號爲馬服君。唐張守節《正義》：因馬服山爲號也。虞喜《志林》云：馬兵之首也。號曰馬服者，言能服馬也。《括地志》云：馬服山，邯鄲縣西北十里也。

又 卷八一《廉頗藺相如列傳》 趙惠文王賜奢號爲馬服君。

馬服君（趙括） 《戰國策》卷五《秦三》 謂應侯曰：『君禽馬服君乎？』宋鮑彪注：趙括也。襲其父稱。

長安君 《戰國策》卷二一《趙四》 趙太后新用事，秦急攻之。趙氏求救於齊，齊曰：『必以長安君爲質，宋鮑彪注：長安，孝成母弟。兵乃出。』

《史記》卷四三《趙世家》 孝成王元年，【略】秦急攻之。趙氏求救於齊，齊曰：『必以長安君爲質，兵乃出。』《索隱》：孔衍云：長安君，惠文后之少子也。趙亦有長安，今其地闕。《正義》：長安君者，以長安善，故名也。

盧陵君 《戰國策》卷二一《趙四》 馮忌爲廬陵君宋鮑彪注：孝成母弟，見《趙記》。元吳師道《校注》：補曰：《趙記》未見。謂趙王曰：『王之逐廬陵君，爲燕也。【略】行逐愛弟，又兼無燕秦，臣竊爲大王不取也。』

華陽君 《史記》卷七三《白起王翦列傳》 （秦昭王）四十五年，伐韓之野王。野王降秦，上黨道絶。其守馮亭與民謀曰：【略】『不如以上黨歸趙。』【略】趙受之，因封馮亭爲華陽君。《正義》：常山一名華陽。

李侯 《史記》卷七六《平原君虞卿列傳》 邯鄲復存，李同戰死，封其父爲李侯。《集解》：徐廣曰：河内成皋有李城。《正義》：懷州溫縣，本李城也，李同父所封。

武陽君 《史記》卷四三《趙世家》 （孝成王）十一年，【略】武陽君鄭安平死，收其地。《集解》：徐廣曰：故秦將，降趙也。

信平君 《史記》卷四三《趙世家》 （孝成王）十五年，以尉文封相國廉頗爲信平君。《索隱》：尉文，蓋地名，或曰尉，官，文，名。謂以尉文所食之地以封廉頗也。古文質略，文省耳。《正義》：尉文，蓋蔚州地也。信平，廉頗號也。

建信君 《戰國策》卷一八《趙一》 謂皮相國曰：『以趙之弱而據之建信君，宋鮑彪注：據猶任。建信，趙幸臣。涉孟之讎然者，何也？以從爲有功也。』

又 卷二〇《趙三》 建信君貴於趙。【略】或謂建信君：『君之所以事王者，色也。』

武襄君 《史記》卷四三《趙世家》 （孝成王）十六年，廉頗圍燕，以樂乘爲武襄君。十七年，假相大將武襄君攻燕，圍其國。

又 卷八〇《樂毅列傳》 樂閒、樂乘怨燕不聽其計，二人卒留趙。趙封樂乘爲武襄君。《索隱》：樂乘，樂毅之宗人也。

春平侯 《戰國策》卷二一《趙四》 秦召春平侯，因留之。泄鈞爲之謂文信侯曰：『春平侯者，趙王之所甚愛也，而郎中甚妬之。』

《史記》卷四三《趙世家》 秦召春平君，因而留之。

平都侯 《戰國策》卷二一《趙四》 泄鈞爲之謂文信侯曰：【略】『故君不如遣春平侯而留平都侯。』

《史記》卷四三《趙世家》 泄鈞爲之謂文信侯曰：『君不如遣春平君而留平都。』《正義》：《括地志》云：平都縣在新興郡，與陽周縣相近。

長安君 《史記》卷四三《趙世家》 （悼襄王）六年，封長安君以饒。《正義》：即饒陽也。瀛州饒陽縣東二十里饒陽故城，漢縣也。明長安君是號也。

武安君 《史記》卷四三《趙世家》 （幽繆王遷）三年，秦攻赤麗、宜安，李牧率師與戰肥下，却之，封牧爲武安君。

魏封君・中山君（擊） 漢・韓嬰《韓詩外傳》卷八 魏文侯有子曰擊，次曰訴。訴少而立以嗣，封擊中山。【略】文侯曰：『擊無恙乎？』蒼唐唯唯而不對，三問而三不對。文侯曰：『不對何也？』蒼唐曰：『臣聞諸侯不名。君既已賜弊邑，使得小國侯。君問以名，不敢對也。』

中山君（摯） 漢・劉向《說苑》卷一二《奉使》 文侯大喜，乃置酒而稱曰：『夫遠賢而近所愛，非社稷之長策也。』乃出少子摯，封中山，而復太子擊。

公子緩 《古本竹書紀年・魏紀》 武侯元年，封公子緩。

《今本竹書紀年》卷下《安王》 十六年，封公子緩。

中山君 《史記》卷四四《魏世家》 （惠王）二十八年，【略】中山君相魏。《索隱》：魏文侯滅中山，使子擊守之。後尋復國，至是始令相魏。其中山後又爲趙所滅。

又 卷一五《六國年表・魏表》 （惠王）二十九年，中山君爲相。

中山君（牟） 《莊子》卷九《讓王》 中山公子牟謂瞻子曰：『身在江海之上，心居乎魏闕之下，奈何？』晉郭象注：公子牟，魏之公子。封中山，名牟。

《呂氏春秋》卷二一《審爲》 中山公子牟謂詹子曰：『身在江海之上，心居乎魏闕之下，奈何？』漢高誘注：子牟，魏公子也，作書四篇。魏伐得中山，公以邑子牟，因曰中山公子牟也。

《列子》卷四《仲尼》　中山公子牟者，魏國之賢公子也。

碧陽君　《古本竹書紀年·魏紀》　今王四年，碧陽君之諸御，産二龍。

成陵君　《史記》卷四四《魏世家》　（哀王）八年，伐衛，拔列城二。衛君患之。如耳見衛君，曰：『請罷魏兵，免成陵君，可乎？』

公子勁　《戰國策》卷一五《楚二》　甘茂謂楚王曰：『魏之幾相者，公子勁也。』宋鮑彪注：秦人。

《史記》卷五《秦本紀》　魏公子勁、韓公子長，爲諸侯。《索隱》：别封之邑，比之諸侯，猶商君、趙長安君然。

成侯　《戰國策》卷二五《魏四》　信陵君大怒，遣大使之安陵，曰：『安陵之地，亦猶魏也。』【略】安陵君曰：『吾先君成侯，受詔襄王，以守此地也。』

安陵君　鄢陵君　《戰國策》卷二五《魏四》　安陵君曰：『安陵，小國也，不能必使其民。』

《大戴禮記》卷三《保傅》　安陵任周瞻而國人獨立。北周盧辯注：諸記多爲唐雎，又《賈子·胎教》與此同。『安』或爲『鄢』。或云秦破韓滅魏，而鄢陵君獨以五十里國存者，周瞻、唐雎之力也。

漢·劉向《説苑》卷一二《奉使》　秦王以五百里地易鄢陵，鄢陵君辭而不受，使唐且謝秦王。秦王曰：『秦破韓滅魏，鄢陵君獨以五十里地存者，吾豈畏其威哉？吾多其義耳。』

山陽君　《戰國策》卷一四《楚一》　江尹欲惡昭奚恤於楚王而力不能，故爲梁山陽君請封於楚。宋鮑彪注：山陽屬魏，知爲魏人。

信陵君　《戰國策》卷二一《趙四》　范痤獻書魏王，【略】又遺其後相信陵君書曰：【略】『今能守魏者，莫如君矣。』

《史記》卷七七《信陵君列傳》　魏公子無忌者，魏昭王少子而魏安釐王異母弟也。昭王薨，安釐王即位，封公子爲信陵君。《索隱》：《地理志》無信陵，或曰是鄉邑名。

北魏·酈道元《水經注》卷二三《汳水》　葛于六國屬魏，魏安釐王以封公子無忌，號信陵君。其地葛鄉，即是城也，在寧陵縣西十里。

長信侯　《戰國策》卷二四《魏三》　長信侯入見王，王曰：『病甚奈何？吾始已諾於應侯矣。意雖道死，行乎？』長信侯曰：『王毋行矣。臣能得之於應侯，願王無憂。』

宜信君　《戰國縱横家書·二六·見田併於梁南章》　田併曰：『請使宜信君載先生見□□□□□□□□□□□不責於臣，不自處危。』

平都君　《戰國策》卷二五《魏四》　長平之役，平都君説魏王曰：『王胡不爲從？』

信安君　《戰國策》卷二三《魏二》　秦召魏相信安君。

濟陽君　《韓非子》卷一〇《内儲説下·六微》　魏王臣二人，不善濟陽君。

魏有老儒，不善濟陽君。

龍陽君　《戰國策》卷二五《魏四》　魏王與龍陽君共船而釣。宋鮑彪注：魏之幸臣。元吴師道《校注》：正曰：幸姬也。《策》言美人，又云拂枕席，此非楚安陵君、鄢陵君、壽陵君、趙建信君之比。

寧陵君　《史記》卷九〇《魏豹彭越列傳》　魏豹者，故魏諸公子也。其兄魏咎，故魏時封爲寧陵君。《索隱》：晉灼云：寧陵，梁國縣也，即今寧陵是。

秦封君·藍田君　《古本竹書紀年·魏紀》　梁惠成王三年，秦子向命爲藍君。

《今本竹書紀年》卷下《周顯王》　元年，【略】秦子向命爲藍君。

北魏·酈道元《水經注》卷一九《渭水下》　霸水又北歷藍田川，逕藍田縣東。《竹書紀年》：『梁惠成王三年，秦子向命爲藍君。』蓋子向之故邑也。

商君　《戰國策》卷三《秦一》　衛鞅亡魏入秦，孝公以爲相，封之於商，號曰商君。

《史記》卷五《秦本紀》　（孝公）二十二年，衛鞅擊魏，虜魏公子卬，封鞅爲列侯，號商君。《正義》：商州商洛縣，在州東八十九里，鞅所封也。契所封地。

嚴君　《史記》卷五《秦本紀》　昭襄王元年，嚴君疾爲相。《正義》：蓋封蜀郡嚴道縣，因號嚴君。疾，名也。

又　卷七一《樗里子甘茂列傳》　樗里子者，名疾，秦惠王之弟也。【略】（惠王二十六年），秦封樗里子，號爲嚴君。《索隱》：按嚴君是爵邑之號，當是封之嚴道也。

横門君　《戰國策》卷三《秦一》　楚智横君之善用兵。漢高誘注：一本有『門』字。横門君，秦將。

武信君 《史記》卷七〇《張儀列傳》 張儀歸報秦，惠王封儀五邑，號曰武信君。

蜀侯 晉·常璩《華陽國志》卷三《蜀志》 周赧王元年，秦惠王封子通國爲蜀侯。【略】七年，封子惲爲蜀侯。【略】十五年，王封其子綰爲蜀侯。

穰侯 《史記》卷七二《穰侯列傳》 穰侯魏冉者，秦昭王母宣太后弟也。《索隱》：《地理志》：穰縣在南陽。（昭王十六年）乃封魏冉於穰，復益封陶，《索隱》：陶卽定陶也。號曰穰侯。

華陽君 《史記》卷七二《穰侯列傳》 宣太后二弟：【略】同父弟曰羋戎，爲華陽君。《索隱》：華陽，韓地，後屬秦。羋戎後又號新城君。《正義》：司馬彪云：華陽，亭名，在洛州密縣。又故華城在鄭州管城縣南三十里，卽此。

新城君 《戰國策》卷二七《韓二》 謂新城君曰：【略】『公挾秦、楚之重，以積德於韓，則公叔、伯嬰必以國事公矣。』

《史記》卷四五《韓世家》 蘇代又謂秦太后弟羋戎曰：《集解》：徐廣曰：號新城君。《索隱》：羋姓戎名，秦宣太后弟，號新城君。『公叔、伯嬰，恐秦楚之内蟣虱也。』

涇陽君 《戰國策》卷二二《魏一》 齊使蘇厲爲之，謂魏王曰：『齊請以宋地封涇陽君，而秦不受也。』

《史記》卷五《秦本紀》 （昭襄王）十六年，封公子市宛，【略】爲諸侯。【略】二十一年，【略】涇陽君封宛。清德齡《考證》：十六年已封公子市宛矣，此復封涇陽君，疑有一誤。

又 卷六九《蘇秦列傳》 齊使人謂魏王曰：『齊請以宋地封涇陽君，《正義》：涇陽君，秦王弟，名悝也。涇陽，雍州縣也。秦必不受。』

高陵君 《戰國策》卷二九《燕一》 蘇代乃遺燕昭王書曰：【略】『今涇陽君若高陵君，先於燕趙，秦有變，因以爲質，則燕、趙信秦矣。』

《史記》卷五《秦本紀》 （昭襄王）十六年，封【略】公子悝鄧，《索隱》：悝號高陵君，初封於彭，昭襄王弟也。清德齡《考證》：《穰侯傳》：昭王同母弟曰高陵君、涇陽君。《索隱》曰：高陵名顯，涇陽名悝。兩注自相牴牾。【略】爲諸侯。

又 卷六九《蘇秦列傳》 蘇代乃遺燕昭王書曰：【略】『令涇陽君、高陵君，《集解》：徐廣曰：馮翊高陵縣。《索隱》：二人秦王母弟也。高陵君名顯，涇陽君名悝。先於燕、趙。秦有變，因以爲質，則燕趙信秦。』

葉陽君 《戰國策》卷二一《趙四》 諒毅曰：『趙豹、平原君，親寡君之母弟也，猶大王之有葉陽、涇陽君也。』宋鮑彪注：史注『葉陽』一作『華陽』。華陽，羋戎也。此言葉陽爲王之母弟，則非戎矣。『葉』不可作『華』。元吳師道《校注》：補曰：葉陽公子悝，涇陽公子市。《大事記》謂范雎論四貴，王弟二人，曰高陵，曰涇陽，獨無所謂『葉陽』者，高陵或其別名。

《史記》卷五《秦本紀》 （昭襄王）四十五年，葉陽君悝出之國，《集解》：一云華陽。未至而死。

武安君 《戰國策》卷七《秦五》 甘羅見張唐曰：『卿之功，孰與武安君？』漢高誘注：武安君，秦將白起。

《史記》卷五《秦本紀》 （昭襄王）二十九年，【略】白起爲武安君。《正義》：言能撫養軍士，戰必剋，得百姓安集，故號武安。故城在潞州武安縣西南五十里，七國時趙邑，卽趙奢救閼與處也。

又 卷七三《白起王翦列傳》 楚王亡去郢，東走徙陳，秦以郢爲南郡。白起遷爲武安君。

應侯 《戰國策》卷五《秦三》 應侯失韓之汝南。宋鮑彪注：豫州郡，近應國，應侯嘗取得之。秦昭王謂應侯曰：『君亡國，其憂乎？』

《史記》卷七九《范雎蔡澤列傳》 秦封范雎以應，號爲應侯。《索隱》：劉氏云：河東臨晉有應亭，則秦地有應也。又按《本紀》以應爲太后養地。解者云：在潁川之應鄉。未知孰是。《正義》：《括地志》云：故應城，古應鄉，在汝州魯山縣東四十里也。當是時，秦昭王四十一年也。

安國君 《史記》卷五《秦本紀》 （昭襄王）四十二年，安國君爲太子。

又 卷八五《呂不韋列傳》 秦昭王四十年，太子死。其四十二年，以其次子安國君爲太子。《索隱》：名柱。後立，是爲孝文王也。

剛成君 《戰國策》卷五《秦三》 蔡澤相秦王數月，人或惡之，懼誅，乃謝病，歸相印，號爲剛成君。【略】事始皇帝，爲秦使於燕三年，而燕使太子丹入質於秦。

《史記》卷七九《范雎蔡澤列傳》 蔡澤相秦數月，人或惡之，懼誅，乃謝病，歸相印。號爲綱成君。

北魏·酈道元《水經注》卷一三《灅水》 于延水又東逕岡城南。按《史記》，蔡澤，燕人也。謝病歸相，秦號岡成君。疑卽澤所邑也。世名武岡城。

陽泉君 《戰國策》卷七《秦五》 （呂不韋）乃説秦王后弟陽泉君曰：

『君之罪至死，君知之乎？』漢高誘注：秦王后，孝文皇帝華陽夫人也。時昭王時也，或言后耳。不韋云君有不遠圖之罪，知不？

文信侯 《戰國策》卷七《秦五》 子楚立，以不韋爲相，號曰文信侯。食藍田十二縣。漢高誘注：官祿。

《史記》卷八五《呂不韋列傳》 莊襄王元年，以呂不韋爲丞相，封爲文信侯。食河南洛陽十萬户。《索隱》：《戰國策》曰：食藍田十二縣；而《秦本紀》莊襄王元年，初置三川郡。《地理志》：高祖更名河南。此秦代而曰河南者，《史記》後作，據漢郡而言之耳。 莊襄王卽位三年，薨，太子政立爲王，尊呂不韋爲相國，號稱仲父。

又 卷六《秦始皇本紀》 年十三歲，莊襄王死，政代立，爲秦王。【略】呂不韋爲相，封十萬户，號曰文信侯。

又 卷七八《春申君列傳》 秦莊襄王立，以呂不韋爲相，封爲文信侯。

長安君 《史記》卷六《秦始皇本紀》 八年，王弟長安君成蟜將軍擊趙，反，死屯留。《正義》：成蟜者，長安君名也，號爲長安君。

長信侯 《史記》卷六《秦始皇本紀》 （八年）嫪毐封爲長信侯，予之山陽地，《正義》：《括地志》云：山陽故城在懷州修武縣西北，大行山東南。 令毐居之。【略】又以河西大原郡，更爲毐國。

昌平君 昌文君 《史記》卷六《秦始皇本紀》 九年，【略】長信侯毐作亂，【略】王知之，令相國昌平君、昌文君發卒攻毐。《索隱》：昌平君，楚之公子，立以爲相，後徙於郢，項燕立爲荆王，史失其名。昌文君，名亦不知也。

二十一年，【略】新鄭反，昌平君徙於郢。

《睡虎地秦墓竹簡・編年記》 （今）廿一年，韓王死，昌平君居其處，有死□屬。

廿三年，【略】四月，昌文君死。

武城侯 通武侯 《史記》卷六《秦始皇本紀》 維秦王兼有天下，立名爲皇帝，乃撫東土，至于琅邪。 列侯武城侯王離、列侯通武侯王賁【略】從，與議於海上。

坪安君 《殷周金文集成釋文》卷二《坪安君鼎》 卅二年，坪安邦斪客，容四分齍，五鎰六釿半釿四分釿之重。 卅三年，單父上官嗣憙所受坪安君者也。 上官。

論說

《戰國策》卷五《秦三》 范睢曰：『臣居山東，聞齊之内有田單，不聞其王；聞秦之有太后、穰侯、涇陽、華陽，不聞其有王。夫擅國之謂王，能專利害之謂王，制殺生之威之謂王。今太后擅行不顧，穰侯出使不報，涇陽、華陽擊斷無諱。四貴備而國不危者，未之有也。爲此四者下，乃所謂無王已。然則權焉得不傾而令焉得從王出乎？臣聞善爲國者，内固其威而外重其權。穰侯使者操王之重，決裂諸侯，剖符於天下，征敵伐國，莫敢不聽。戰勝攻取，則利歸於陶，國弊御於諸侯；戰敗則怨結於百姓，而禍歸社稷。詩曰：「木實繁者披其枝，披其枝者傷其心，大其都者危其國，尊其臣者卑其主。」淖齒管齊之權，縮閔王之筋，縣之廟梁，宿昔而死。李兑用趙減食，主父百日而餓死。今秦，太后、穰侯用事，高陵、涇陽佐之，卒無秦王，此亦淖齒、李兑之類已。臣今見王獨立於廟朝矣，且臣將恐後世之有秦國者，非王之子孫也。』

應侯謂昭王曰：【略】『今太后使者分裂諸侯而符布天下，操大國之勢強徵，兵伐諸侯，戰勝攻取，利盡歸於陶。國之幣帛竭，入太后之家。竟内之利，分移華陽。古之所謂危主滅國之道，必從此起。三貴竭國以自安，然則令何得從王出？權何得毋分？是我王果處三分之一也。』

又 卷二一《趙四》 左師公曰：『今三世以前，至於趙之爲趙，趙王之子孫侯者，其繼有在者乎？』曰：『無有。』曰：『微獨趙，諸侯有在者乎？』曰：『老婦不聞也。』『此其近者禍及身，遠者及其子孫，豈人主之子孫則必不善哉？位尊而無功，奉厚而無勞，而挾重器多也。』

《荀子》卷九《臣道篇》 故齊之蘇秦，楚之州侯，秦之張儀，可謂態臣者也。韓之張去疾，趙之奉陽，齊之孟嘗，可謂篡臣也。

《韓非子》卷四《和氏》 昔者吴起教楚悼王以楚國之俗曰：大臣太重，封君太衆，若此則上偪主而下虐民，此貧國弱兵之道也。

又 卷一七《定法》 及孝公、商君死，惠王卽位，秦法未敗也，而張儀以秦殉韓。魏惠王死，武王卽位，甘茂以秦殉周。武王死，昭襄王卽位，穰侯越韓、魏而東攻齊五年，而秦不益尺土之地，乃城其陶邑之封。應侯攻韓八年，城其汝南之封。自是以來，諸用秦者，皆應、穰之類也。故戰勝則大臣尊，益地則私封立，主無術以知姦也。

《漢書》卷三六《楚元王傳附劉向傳》 向遂上封事極諫曰：【略】故《書》曰：『臣之有作威作福，害于而家，凶于而國。』孔子曰：『禄去公室，政逮大夫，危亡之兆。』秦昭王舅穰侯及涇陽、葉陽君，專國擅執，上假太后之威，三人者權重於昭王，家富於秦國，國甚危殆。賴寤范雎之言，而秦復存。

宋・呂祖謙《大事記解題》卷三《周顯王十二年》 齊封鄒忌爲成侯。

《解題》曰：諸侯擅封同姓見於書傳者，自晉昭侯封成師始；諸侯擅封異姓見於書傳者，自齊威王封鄒忌始。

元・馬端臨《文獻通考》卷二六五《封建考六・秦制侯以下二十等爵罷封建》 按古之所謂爵者，皆與之以土地，如公、侯、伯、子、男，以至附庸及孤卿大夫，亦俱有世食禄邑。若秦法，則惟徹侯有地，關内侯則虚名而已，庶長以下，不論也。始皇遣王翦擊楚，翦請美田宅甚衆，曰：『爲大王將，有功終不得封侯。』然則秦雖有徹侯之爵，而受封者蓋少。考之於史，惟商鞅封商於，魏冉封穰侯，范雎封應侯，呂不韋封文信侯，嫪毐封長信侯。及始皇既稱皇帝，東游海上，至瑯琊，羣臣議頌功德，惟列侯武成侯王離，通武侯王賁，倫侯《索隱》曰：爵卑於列侯，無封邑者，倫類也，亦列侯之類。建成侯趙亥，倫侯昌武侯成，倫侯武信侯馮無擇，如是者，不數人而已。然鞅、冉、不韋、毐皆身坐誅廢，雎雖幸善終，而亦未聞傳世。王離以下，俱無聞焉。蓋秦之法，未嘗以土地予人，不待李斯建議而後始罷封建也。

元・方回《續古今考》卷四《沛公爲碭郡長封武安侯》 周顯王十二年，齊威王封其相騶忌爲成侯。呂東萊曰：諸侯擅封同姓見于書傳者，自晉昭侯封成師始；諸侯擅封異姓見于書傳者，自齊威王封騶忌始。自是而後，秦魏冉封穰侯，范雎封應侯，即漢武帝宰相封侯之例也。又有所謂封君者，或在侯之上，或在侯之下，與封侯者或以地名，或以秩名，孟嘗、平原、春申、信陵四公子尤顯。樂毅之昌國，白起之武安，秦之華陽君、涇陽君、安國君、商君，皆封君也。趙武靈王初不自王而稱君，則此其所貴，君之貴在侯之上。秦爵二十等，一曰徹侯而無曰君者，秦有天下定制也。漢以酈食其爲廣野君，婁敬爲奉春君，則君似在侯之下。故世之相尊者曰君侯，曰君公，曰公侯，皆有爵號封邑之稱，而其僭則起于戰國。

明・陳士元《名疑》卷二 戰國有封邑者，即以邑稱君，如四豪之類是也。魏安釐王有幸姬，號龍陽君，蓋以龍陽爲幸姬食邑。或云猶秦稱華陽夫人云爾。他國幸姬稱邑君者鮮。

明・董説《七國考》卷一《秦職官・剛成君》 余按戰國封君有二：一以封地爲號，如秦之華陽、涇陽、新城、陽泉，齊之安平，楚之彭城、襄城，魏之平都、中山之類是也。一特立名號，如秦之剛成、武信，齊之孟嘗，楚之春申，《春申傳》注云：四君封邑，檢皆不獲，唯平原有地，又非趙境，並蓋號謚，而孟嘗是謚然。余按孟嘗，亦非謚，乃號耳。趙之馬服、信平、武襄、長安之類是也。

清・顧炎武《日知録》卷二二《封君》 七國雖稱王，而其臣不過稱君，孟嘗君、平原君、信陵君、春申君是也。秦則有稱侯者，如穰侯、應侯、文信侯，而蔡澤但爲剛成君。漢興，列侯曰侯，關内侯曰君。孔霸以師賜爵關内侯，號褒成君。其薨也，謚曰烈君。《孔光傳》。

又　卷二二《六國獨燕無後》 嘗考夫七國之時，人主多任其貴戚，如孟嘗、平原、信陵三公子毋論，楚之昭陽、昭奚恤、昭雎，韓之公仲、公叔，趙之公子成、趙豹、趙奢，齊之田嬰、田忌、田單。單之功至於復齊國，至秦則不用矣，而涇陽、高陵之輩，猶以擅國聞。

又　卷二七《史記注》 《孟嘗君傳》：嬰卒，謚爲靖郭君。以號爲謚，猶之以氏爲姓，皆漢初時人語也。《呂不韋傳》：謚爲帝太后。與此同。王褒《賦》『幸得謚爲洞簫兮』，亦是作號字用。

《史記》卷一二四《游俠列傳》 近世延陵、孟嘗、春申、平原、信陵之徒，皆因王者親屬，藉於有土、卿相之富厚，招天下賢者，顯名諸侯，不可謂不賢者矣。此如順風而呼，聲非加疾，其勢激也。

漢・揚雄《法言》卷八《淵騫篇》 或問：信陵、平原、孟嘗、春申，益乎？曰：上失其政，姦臣竊國命，何其益乎？宋吳祕注：問有益於國乎？

漢・王充《論衡》卷八《儒增篇》 書稱齊之孟嘗、魏之信陵、趙之平原、楚之春申君待士下客，招會四方，各三千人。欲言下士之至趨之者衆也。夫言士多，可也；言其三千，增之也。四君雖好士，士至雖衆，不過各千餘人，書則言三千矣。夫言衆必言千數，言少則言無一，世俗之情，言事之失也。

《漢書》卷九二《游俠傳》 古者天子建國，諸侯立家，自卿大夫以至于庶人，各有等差，是以民服事其上而下無覬覦。孔子曰：天下有道，政不在大夫。百官有司奉法承令，以脩所職，失職有誅，侵官有罰。夫然，故上下相順而庶事理焉。周室既微，禮樂征伐自諸侯出；桓、文之後，大夫世權，陪臣執命，陵夷至於戰國，合從連衡，力政爭彊，繇是列國公子魏有信陵，趙有平原，齊有孟嘗，楚有春申，皆藉王公之埶，競爲游俠，雞鳴狗盜無不賓禮。而趙相虞卿棄國捐君，以周窮交魏齊之厄；信陵、無忌竊符矯命，戮將專師，以赴平原之急，皆以取重諸侯，顯名天下。搤掔而游談者，以四豪爲稱首，於是背公死黨之議成，守職奉上之義廢矣。及至漢興，禁網疏闊，未之匡改也。【略】古之正法：五伯，三王之辠人也；而六國，五伯之辠人也。夫四豪者，又六國之辠人也。

宋・司馬光《傳家集》卷六五《四豪論慶曆二年作》 戰國之時，天下禮義消亡，下陵上替，諸侯僭天子，大夫僭諸侯，陪臣之間有能約身抑志，尊賢養士，不愛煩費，以樹聲名者，齊有孟嘗，魏有信陵，趙有平原，楚有春申。雖不能以禮義佐其君，以政教和其民，合於至公，槩於大道，然自奮於濁世，天下談士異口同舌，咸謂之賢。銓於四人臧否優劣，亦可聞歟？

論者曰：夫人臣者，上以事君，中以利國，下以養民。釋此三者，非人臣也。臣而不臣，聖王當世，必爲誅首。孟嘗君養士，賴匿亡命，廢公法，樹私恩，媮采名譽，以竊國相之任。迹其行事，皆爲身耳，非能爲國與民謀也；至其晚節，遂挾仇敵以覆宗國，保薛中立，自比諸侯。臣而不臣，孰甚於此？

春申君進書春宮，解楚國社稷之憂，縱楚太子而自以身當不測之誅，智勇忠信，有足稱者。至其柱石楚國，權寵無貳，割江東之封，窮僭奢之樂，十餘年間，楚國益弱；又納邪人之言，造姦僞之謀，亂其國嗣，洿敗王家。方諸田文，罪又甚焉。終爲李園所襲，身首屠裂，則其智勇忠信，果安在也？

平原君行事，大傚孟嘗，至於貪上黨之田，致邯鄲之禍，遂至國家大敗，社稷幾亡，于以知其智謀，尤出數子之下也。然趙奢戮平原君之客，奢諭釋以公義，而平原君薦奢於朝，卒著功名；且平原君臣人之節，終始無虧，此其賢於孟嘗春申遠矣。

信陵君以母弟之親，卿相之尊，抱關鼓刀之人親執馭而事之，詘而不耻，勞而不倦，非有高世之材，孰能如此？且向使侯生、朱亥皆實庸人，公子雖事之如是，不足稱也；然公子所以降身詘志者，審知二子之賢耳。以區區之魏，懾懼之衆，當秦乘勝十倍之兵，一戰却之，邯鄲全，六國安，信陵君之功也。秦乘公子之去魏，急攻大梁，公子一悟毛、薛之言，翻然易慮，歸救宗國，復破秦軍，閉諸函谷，可謂能矣。魏王信讒，猜阻公子，公子遂滅迹酣飮，全身遠害，以其壽終，可謂智矣。智、能如此而又守之以仁，行之以恭，必若采善於亂世，論賢於俠游，則彼三人者，蔑以加其上矣。故校其臧否，當以信陵爲首，平原次之，孟嘗又次之，春申爲其下矣。

或曰：無忌盜國兵符，矯殺晉鄙，以赴平原君之私交，雖有功於魏，非忠臣也，何以賢於三子？對曰：趙、魏脣齒之國，以虎狼之秦攻危亡之趙，趙亡則魏斃，理勢然矣。魏王不達事宜，徒畏强秦之空言，坐擁盛兵，以觀成敗，計之大失，無過於此。故無忌矯奪其軍以救趙，非獨赴趙之難，亦爲魏謀也，奚其不忠哉？漢高祖過大梁，輒祠信陵君，爲置守冢者，彼三子則皆無旌異。高祖，英主也，蓋有以知之矣。

宋・呂祖謙《大事記解題》卷四《周赧王二年》 【略】齊田嬰卒，子文立，實孟嘗君。招諸侯游士及亡人有罪者爲食客，凡數千人。是後魏公子無忌、趙公子勝、楚黄歇，皆效之。

《解題》曰：自周衰，王制頽廢，四民無常居，而游士姦俠散於天下，此四公子之客所以盛也。彼四公子者，皆身爲輔相，不爲其君甄别賢不肖，使上下各得其職，乃植私黨以相夸，其流敝數百年，至魏其、武安之後，始稍衰止，可勝歎哉！

宋・王楙《野客叢書》卷二六《孟嘗非謚》 《史記・孟嘗君傳》云：嬰卒，謚爲靖郭君。文卒，謚爲孟嘗君。僕謂苟如是，則是田嬰、田文在時，未爲靖郭、孟嘗君，死後乃稱耳。嬰不必考也。按馮驩告秦王曰：『亦知齊之廢孟嘗君乎？』又曰：『使齊重於天下者，孟嘗君也。』似此稱孟嘗君者甚多。考之當時，孟嘗君正在，安得謂之謚乎？

元・劉壎《隱居通議》卷二五《經史二・戰國四君》 戰國四君者，齊有孟嘗，趙有平原，魏有信陵，楚有春申。孟嘗君田文則齊之公子，宣王之姪也。平原君趙勝則趙之公子也。信陵君則魏昭王少子無忌也。春申君則非楚族，姓黄名歇，楚國人。世指此四人俱爲公子，非也。太史公以孟嘗爲謚，《索隱》辨其不然，謂孟，字也，嘗，邑名也，嘗邑在薛之傍。孟嘗生前封於薛，時稱曰薛公，則孟嘗，乃死後之稱耳。平原不知何時所封，而信陵則魏安釐王卽位後，封公子爲信陵君也。春申乃楚考烈王元年爲楚相，封爲春申君，今浙郡有申港，卽其地也。

明・高啓《凫藻集》卷四《評史・四公子》　余嘗怪四公子好客，而所養皆縱横游俠之流，故其功烈之卑如此；使得天下之賢而禮之，則其所就，何如哉！及觀其書門招諫、執轡屠市與比食謝躄之事，雖不皆中於道，然其屈己下人之意，可稱矣。又觀其客，汙隱困阨，以待知己，一遇稍薄則相率而去之。雖不皆合于義，然其忘人重己之意，可尚矣。後之時君與士大夫，固皆恥之，相與言曰：我所求者，道德之士也；曰：我所學者，聖賢之徒也。然而下人者未甚至，重己者弗甚篤，則是名過而實不及也。可勝歎哉！

明・孫作《滄螺集》卷四《上盧御史書》　昔者戰國有四公子，齊曰孟嘗，趙曰平原，魏曰信陵，楚曰春申。此四君者，天下皆稱其賢，然知好名而不知好德，故後世汙穢不潔之士，掉鞅頓足想聞其風，而良篤修激之士，或恥言其事。蓋忠信廉潔者，士之船乘也。舍忠信廉潔而欲求士，無異棄舟楫、釋車乘而期遠到也。四公子自謂忠信廉潔不足以取人，必沉舟破車而後有以得衡波絶塵之士。故天下之賢如魯連、虞卿，皆蹈東海，著書以泯其跡；彼屠賈嗜利之夫，雞鳴狗盜之客，得以竊跡於門，而卒無益於齊、楚、趙、魏之滅亡也。

明・張寧《方洲集》卷二七《讀史録・周》　顯王四十八年，齊號薛公田文爲孟嘗君。文招致遊士及有罪亡人，食客嘗數千人，名重天下。

夫士者，天下之公器。士之去就用舍，而天下之安危興廢係焉。方周盛時，士嘗在朝廷；及其衰也，散在六國。在朝廷則天下大治，在六國則王室空虛，而國猶得以自固。自田文以招致爲名，世將無士，而六國之雞鳴狗盜，狂悖詐諼，覆邦傾國，皆襲名於士而歸之私門。繼以春申、信陵、平原，四公子接蹟相尚，黨植益廣，諸侯幾無可爲謀者矣。當是時，以强秦爵賞爲羅，四公子以服食爲餌，天下游士之流，力達者歸彼，力詘者歸此。六國雖欲不亡，得乎？然向無四公子，則游士皆入秦，而六國之亡也尤速。

明・胡應麟《少室山房筆叢》卷六《史書佔畢二・外篇》　戰國四君，孰不藐平原乎？然秦人挾豺虎之勢，握之乎掌股之上，以索窮厄無歸之魏齊，而卒弗予者，則疇其人也。長平之役，在任趙括，不在受馮亭。令廉頗相拒武安，空國而出，諸侯乘乘以入，視函谷猶大竅也。春申是辯士，非俠士；孟嘗是俠士，非義士；信陵是義士，非曲士。秦前後出兵，惟長平最爲竭力。蓋攻趙之衆不下六十餘萬，關中鋭士盡矣。若王翦攻楚，秦已得天下半，不足言空國也。

明・黄淳耀《陶菴全集》卷四《史記評論・孟嘗君平原君信陵君春申君列傳》　四公子之徒，信陵君尚矣，不可及已。其次則平原君，而孟嘗、春申，吾無取焉。信陵之用舍去就，魏之存亡係焉。侯嬴畫竊符之謀，毛、薛陳歸魏之義。此三人者，皆天下奇士，信陵能用之，所以爲賢也。平原才識遠不逮信陵，其納韓上黨，至使邯鄲受圍，流血千里，趙幾再亡國矣。然而區區之心，固存於趙也。其從李同也，有紓國之忠；其釋趙奢也，有改過之勇；至於陷身虎口，終匿魏齊不肯出，壯哉烈士之風也。春申納女以篡楚，孟嘗助敵以傾齊，一則身死李園，一則子孫滅絶，皆天道也。世多馮煖收責及復孟嘗相位事，然愚謂孟嘗與五國破齊時，煖曾不能進一正言，如毛、薛之於信陵者。其孜孜三窟，小人之謀耳，何遽出雞鳴狗盜上乎？

四豪中，相士之眼，獨信陵爲最。平原不能知毛遂，孟嘗不能知馮驩，春申不能知朱英，雖取效不同，其不知人一也。信陵得一老監門，尊爲上客；於他國得一賣漿人，一博徒，步往見之，卒用其力，顯名諸侯。而此三人者，皆當世狎侮戲笑之餘也，不知以何道得之。相士若此，雖取天下可也。

清・魏裔介《兼濟堂文集》卷一四《戰國四公子論》　古帝王盛時，所以養士之典甚備，故國有學，家有塾，黨有庠，術有序，教之以窮理盡性、脩己治人之道。是以七年小成，九年大成。其畿甸之士，天子自用之，而列國之諸侯，亦莫不貢士於天子，天子以此爲賞罰進退，法至善也。其時之號爲士者，亦豈有奔走四方、遊説列國之事哉？自春秋戰國以來，養士之法壞，而魁碩奇偉、星眸河口之士，乃躡蹻擔簦，抵掌於華屋、文石之間，或片言致富貴、立談取卿相者有之。若四公子之徒，養士各二、三千人。計其飲食衣服、廬舍芻秣之資，日費千金，卽有湯沐封邑，食有魚，出有車，又焉能人人遍給也？噫！剝民膏脂，以養虛名無益之人，蓋有之矣。

揚子《法言》曰：『或問信陵、平原、孟嘗、春申，益乎？上失其政，姦臣竊國命，何其益乎？』司馬温公《通鑑》載雄此言，不爲無見。愚則以爲，四公子之人品不同，心術各異，而忠邪功罪亦自瞭然，未可以一言槩毁之也。孟嘗君門下，鷄鳴狗盜僅脱函關之難，王安石之論得矣。其與閔王有隙，坐視齊國淪亡而不之卹，殆不仁之人也，覆滅良宜。春申君始與太子同質於秦，畫策歸楚，以身待命，何其忠也！其後聽李園奸謀，效呂不韋穿窬盜國，殺身爲世姍笑，又何疑也？平原君寛厚明敏，愛人下士，邯鄲之圍微公子，則趙亡不待王遷殺李牧之日矣。司馬遷以平原君受上黨之地，利令智昏，此亦成敗論人耳。使趙受上黨而以廉頗守之，雖十白起，何能爲？若信陵君鋭意合從，惓念宗國，走王齕於邯鄲，敗蒙驁於河外，强秦震動，六國吐氣。自五霸以來，功未有及公子者也。使魏王用之，則魏日以霸，秦日以削，何至社稷爲墟哉？乃聽秦反間，疑之不用，公子不忍坐視淪亡，酒色自娱而死，亦可悲已。今讀其《上魏王書》，猶令人慷慨泣下。漢高祖過大梁，每令人奉祀不絶，此誠百代殊絶人物，可謂知人能得士，而豈孟嘗、春申、平原之可擬哉？揚子雲，曲士也，槩曰『姦臣竊命』，司馬温公不察而取其説，是使安國輔世之奇英，埋没于腐儒三寸之舌也，何以爲千古定論哉？余故不可不别其是非，以見公子之賢，與春申、孟嘗、平原三子者未可同日而語焉。

藝文

晉·張華《張茂先集·遊俠篇》 翩翩四公子，濁世稱賢名。龍虎相交爭，七國並抗衡。食客三千餘，門下多豪英。遊説朝夕至，辯士自縱横。孟嘗東出關，濟身由鷄鳴。信陵西反魏，秦人不窺兵。趙勝南詛楚，乃與毛遂行。黄歇北適秦，太子還入荆。美哉遊俠士，何以尚四卿。我則異於是，好古師老彭。

宋·邵雍《擊壤集》卷一三《四公子吟》 時去三王，事歸五霸。七雄既爭，四子乃詫。孟嘗居先，信陵居亞。平原居中，春申居下。

明·張元凱《伐檀齋集》卷一一《四公子詩·孟嘗》 脱秦過趙世稱雄，食客何心負迺公。魏子馮驩猶未老，忍教薛縣黍離中。

又《信陵》 六國縱横事若麻，少年公子玉無瑕。單車一出秦兵却，計畫侯生定不差。

又《平原》 夫人弟却五城封，存得邯鄲罷折衝。門下毛生猶未識，如何肯過賣漿傭？

又《春申》 三千珠履曳長裾，權略當年盡不如。裂土江東城郭在，夕陽秋草故吳墟。

清·愛新覺羅弘曆《御製詩二集》卷二二《詠史》 范叔因王稽，奔秦號張祿。使舍食草具，歲餘未見録。言外觀俯仰，稍以中其欲。既信乃言深，言行穰侯逐。拜相受土封，顯榮快衷曲。微服給須賈，莝豆明示辱。一飯德既報，睚眦怨亦復。鄭安平云叛，河東守乃戮。臨朝歎昭王，辯計兩窘束。蔡澤聞之來，志匪同庸禄。持粱刺齒肥，四十三年足。雄談悟應侯，知止全身福。罷相遂代之，數月退何速。二子蹟略同，因時互傾覆。鄙哉勢利徒，明鑒昭往牘。

宋·姚鉉《唐文粹》卷二四《潘存實〈四公子贊并序〉》 四君當齊、楚、趙、魏之盛，門客三千人。聞者孰不慕之？有未達，則孰不曰一朝富且貴必然！嗚呼，自四君歿，千載之間，豈無貴於四君者？豈無富於四君者？而然者其誰？既富貴，則曰彼四子，徒沽名爾。三千之人何爲哉？悲夫！人之貴也爲身，四君之貴也爲人。富貴皆知可及也，而富貴之心與貧賤之心不相負者，愚則未見其及也。贊曰：

四人爲身，萬二千人爲耳目。四人爲梁，萬二千人爲榱桷。有危可平，有死可生，豈彼威憑？實惟義爭。嗟乎！人之家或財不自與，心不自是，妻不睦夫，父不慈子，而況乎萬二千士。懿哉！恨目不覩此。

雜録

《孟子·滕文公下》 仲子，齊之世家也。兄戴，蓋禄萬鍾。以兄之禄爲不義之禄而不食也，以兄之室爲不義之室而不居也，避兄離母，處於於陵。漢趙岐注：兄名戴，爲齊卿，食采於蓋，禄萬鍾。

《史記》卷七《項羽本紀》 其季父項梁，梁父即楚將項燕，爲秦將王翦所戮者也。項氏世世爲楚將，封於項，《索隱》：《地理志》：項城縣屬汝南。《正義》：《括地志》云：今陳州項城縣城，即古項子國。故姓項氏。

《戰國策》卷一八《趙一》 趙王封孟嘗君以武城，孟嘗君擇舍人以爲武城吏而遣之，曰：『鄙語豈不曰「借車者馳之，借衣者被之」哉！』皆對曰：『有之。』孟嘗君曰：『文甚不取也。夫所借衣、車者，非親友則兄弟也。夫馳親友之車，被兄弟之衣，文以爲不可。今趙王不知文不肖而封之以武城，願大夫之往也，毋伐樹木，毋發屋室，訾然使趙王悟，而知文也謹使可全而歸之。』

又　卷四三《趙世家》　趙以靈邱封楚相春申君。《正義》：《括地志》云：靈邱，蔚州理縣也。

又　卷七七《信陵君列傳》　公子竟留趙，趙王以鄗爲公子湯沐邑。《索隱》：鄗音霍，趙邑名，屬常山。魏亦復以信陵奉公子。

又　卷八〇《樂毅列傳》　樂羊爲魏文侯將，伐取中山，魏文侯封樂羊以靈壽。《索隱》：《地理志》：常山有靈壽縣。《正義》：今鎮州靈壽。樂羊死，葬於靈壽，其後子孫因家焉。

又　卷六三《老莊申韓列傳》　老子之子名宗，宗爲魏將，封於段干。《集解》：駰案：此云封於段干，段干應是魏邑名也。

《古本竹書紀年·魏紀》　勁朝于魏，後惠成王如衛，命子南爲侯。

《今本竹書紀年》卷下《顯王》　十九年，王如衛，命公子南爲侯。

北魏·酈道元《水經注》卷二一《汝水》　汝水又東，黄水注之。水出梁山東南，逕周承休縣故城東，爲承休水。縣，故子南國也。【略】按《汲冢古文》謂衛將軍文子爲子南彌牟，其後有子南勁。《紀年》：勁朝於魏，後惠成王如衛，命子南爲侯。

《戰國策》卷二〇《趙三》　平原君謂平陽君曰：『公子牟游於秦，且東而辭應侯。應侯曰：「公子將行矣，獨無以教之乎？」曰：「且微君之命命之也，臣固且有效於君。夫貴不與富期，而富至；富不與粱肉期，而粱肉至；粱肉不與驕奢期，而驕奢至；驕奢不與死亡期，而死亡至。累世以前，坐此者多矣。」應侯曰：「公子之所以教之者厚矣，僕得聞此，不忘於心。」願君之亦勿忘也。』平陽君曰：『敬諾。』【略】

秦攻趙，平原君使人請救於魏信陵君，發兵至邯鄲城下，秦兵罷。虞卿爲平原君請益地，謂趙王曰：『夫不鬬一卒，不頓一戟而解二國患者，平原君之力也。用人之力而忘人之功，不可。』趙王曰：『善。』將益之地。公孫龍聞之，見平原君曰：『君無覆軍殺將之功，而封以東武城，趙國豪傑之士多在君之右，而君爲相國者，以親故。夫君封以東武城，不讓無功；佩趙國相印，不辭無能；一解國患，欲求益地，是親戚受封而國人計功也。爲君計者，不如勿受便。』平原君曰：『謹受令。』乃不受封。

《史記》卷七六《平原君虞卿列傳》　虞卿欲以信陵君之存邯鄲，爲平原君請封。公孫龍聞之，夜駕見平原君曰：『龍聞虞卿欲以信陵君之存邯鄲，爲君請封，有之乎？』平原君曰：『然。』龍曰：『此甚不可。且王舉君而相趙者，非以君之智能爲趙國無有也；割東武城而封君者，非以君爲有功也，而以國人無勳，乃以君爲親戚故也。君受相印不辭無能，割地不言無功者，亦自以爲親戚故也。今信陵君存邯鄲而請封，是親戚受城而國人計功也，此甚不可。且虞卿操其兩權，事成操右券以責，事不成以虚名德君，君必勿聽也。』平原君遂不聽虞卿。平原君以趙孝成王十五年卒，子孫代後，竟與趙俱亡。

《戰國策》卷五《秦三》　秦客卿造謂穰侯曰：『秦封君以陶，藉君天下數年矣。攻齊之事成，陶爲萬乘，長小國，率以朝天子，天下必聽，五伯之事也。攻齊不成，陶爲鄰恤而莫之據也。』

《史記》卷七二《穰侯列傳》　宣太后專制，穰侯擅權於諸侯，涇陽君、高陵君之屬太侈，富於王室。於是秦昭王悟，乃免相國，令涇陽之屬皆出關就封邑。穰侯出關，輜車千乘有餘。穰侯卒於陶而因葬焉，秦復收陶爲郡。

又　卷七三《白起王翦列傳》　於是王翦將兵六十萬人，始皇自送至灞上。王翦行，請美田、宅園池甚衆。始皇曰：『將軍行矣，何憂貧乎？』王翦曰：『爲大王將，有功終不得封侯，故及大王之嚮臣，臣亦及時以請園池，爲子孫業耳。』始皇大笑。

置縣設郡部

綜　述

周縣周郡　《逸周書》卷五《作雒解》　國西土爲方千里。晉孔晁注：西土岐周，通爲圻內。分以百縣，縣有四郡，郡有□鄙。大縣城，方王城三之一。小縣立城，方王城九之一。注：三三九分，居其一。郡鄙不過百室，以便野事。注：耕桑之事。

又 卷四《大聚解》 乃令縣鄙商旅曰：『能來三室者，與之一室之祿。』

又 卷六《嘗麥解》 野宰乃命家邑縣都，祠于太祠，乃風雨也。

《周禮·地官·小司徒》 乃經土地而井牧其田野。漢鄭玄注：此謂造都鄙也。采地制井田，異於鄉、遂。重立國，小司徒爲經之，立其五溝、五涂之界。其制似『井』之字，因取名焉。孟子曰：夫仁政必自經界始。經界不正，井地不均，貢祿不平，是故暴君姦吏必慢其經界。經界既正，分田制祿，可坐而定也。鄭司農云：井牧者，《春秋傳》所謂『井衍沃、牧隰皋』者也；玄謂隰皋之地。九夫爲牧，二牧而當一井。今造都鄙，授民田，有不易，有一易，有再易，通率二而當一，是之謂井牧。九夫爲井，四井爲邑，四邑爲丘，四丘爲甸，四甸爲縣，四縣爲都，以任地事而令貢賦。注：九夫爲井者，方一里，九夫所治之田也。此制小司徒經之，匠人爲之溝洫，相包乃成耳。邑、丘之屬相連比，以出田稅，溝洫爲除水害。四井爲邑，方二里；四邑爲丘，方四里；四丘爲甸，甸之言乘也，讀如衷甸之甸。甸方八里，旁加一里，則方十里爲一成，積百井九百夫，其中六十四井五百七十六夫出田稅，三十六井三百二十四夫治洫。四甸爲縣，方二十里；四縣爲都，方四十里。四都方八十里，旁加十里，乃得方百里，爲一同也。積萬井九萬夫，其四千九十六井三萬六千八百六十四夫出田稅，二千三百四井二萬七百三十六夫治洫，三千六百井三萬二千四百夫治澮。井田之法，備於一同，今止於都者，采地食者皆四之一，其制三等：百里之國凡四都，一都之田，稅入於王；五十里之國凡四縣，一縣之田，稅入於王；二十五里之國凡四甸，一甸之田，稅入於王。地事謂農牧衡虞也，貢謂九穀山澤之材也，賦謂出車徒、給繇役也。

又《地官·遂人》 掌邦之野。注：郊外曰野，此野謂甸稍縣都。唐賈公彥疏：遂在遠郊百里之外，卽遂人所掌之野。在郊外曰野之中，故鄭云『郊外曰野』。鄭又知『此野謂甸稍縣都』者，從二百里至五百里，皆名野。此遂人不言掌遂，又見下文云『以達于畿』，明遂人掌野，通至畿疆也。但遂人雖專掌二百里之中，乃兼掌三百里以外。其有溝洫井田之法，皆知之也。以土地之圖，經田野，造縣鄙形體之灋。五家爲鄰，五鄰爲里，四里爲酇，五酇爲鄙，五鄙爲縣，五縣爲遂。皆有地域，溝樹之，使各掌其政令刑禁。注：經、形體，皆謂制分界也。鄰、里、酇、鄙、縣、遂猶郊內比、閭、族、黨、州、鄉也。鄭司農云：田野之居，其比伍之名與國中異制，故五家爲鄰。玄謂異其名者，示相變耳。宋王昭禹《周禮詳解》：兩家相比，謂之隣。五家爲隣，猶五家爲比也。出同耕，入同居，謂之里。五鄰爲里，猶五比爲閭也。四里爲酇，則其人衆矣，有相贊助之意，猶四閭之爲族也。五酇爲鄙，則如邊鄙之鄙，害則同禦之意，猶五族之爲黨也。若五鄙爲縣，則縣而首下，所以首於遂，猶五黨爲州，聚而內比於鄉也。五縣爲遂，則其地遠於王朝，而有遂於外之意，猶五州爲鄉，則向于內也。鄉、遂之制，其立名不同如此，乃所以爲內外遠近之別矣。然《大司徒》於比、閭、族、黨、州、鄉言相保相受，相葬相救，相賙相賓，而《遂人》不言以鄉主教，遂主耕，遂人所主，不在是也。雖然，由鄉之所言，則遂之不言，亦可知。

又《天官·大宰》 以九賦斂財賄：【略】五曰邦縣之賦。

又《天官·宰夫》 掌治法，以考百官府、群都縣鄙之治。

又《天官·大府》 邦縣之賦，以待幣帛。

又《天官·司會》 掌國之官府、郊野、縣都之百物財用。

又《地官·載師》 掌任土之法。以公邑之田任甸地，以家邑之田任稍地，以小都之田任縣地，以大都之田任畺地。

又《地官·縣師》 掌邦國、都鄙、稍甸、郊里之地域，而辨其夫家人民、田萊之數，及其六畜、車輦之稽。

又《地官·縣正》 各掌其縣之政令、征、比。以頒田里，以分職事，掌其治訟，趨其稼事而賞罰之。

又《春官·司常》 師都建旗，州里建旟，縣鄙建旐。

又《夏官·大司馬》 辨號名之用，帥以門名，縣鄙各以其名，家以號名，鄉以州名，野以邑名。

又《夏官·司士》 周知邦國、都家、縣鄙之數。

又《秋官·縣士》 掌野，各掌其縣之民數，糾其戒令而聽其獄訟。

《左傳·昭公四年》 （申豐）對曰：『火出而畢賦，自命夫命婦至于老疾，無不受冰。山人取之，縣人傳之。』晉杜預注：山人，虞官；縣人，遂屬。唐孔穎達《正義》：《周禮》山虞掌山林之政令，知山人虞官也。《周禮》五縣爲遂，是縣爲遂之屬也。

《國語》卷二《周語中》 定王使單襄公聘于宋，遂假道於陳。【略】國無寄寓，縣無施舍。三國吳韋昭注：四甸爲縣，縣方十六里。施舍，賓客負任之處。【略】周制有之，曰：【略】『國有班事，縣有序民。』注：國，城邑也。班，次也，執事有次。縣有序民。』注：縣鄙之民，從事有序。

《荀子》卷六《富國篇》 故田野縣鄙者，財之本也。

《呂氏春秋》卷四《四月紀》　是月也，【略】命司徒循行縣鄙，漢高誘注：縣，畿内之縣。縣，二千五百家也；鄙，五百家也。司徒主民，故使循行。命農勉作，無伏于都。注：都，國。

又　卷五《五月紀》　乃命百縣雩祭祀百辟卿士有益于民者，以祈穀實。注：百縣，畿内之百縣大夫也。

又　卷六《六月紀》　是月也，令四監大夫合百縣之秩芻，以養犧牲。注：周制，天子畿内方千里，分爲百縣，縣有四郡，郡有鄙。故《春秋傳》曰：『上大夫受縣，下大夫受郡。』周時縣大郡小，至秦始皇兼天下，初置三十六郡，以監縣耳。此云『百縣』，説周制畿内之縣也。四監，監四郡大夫也。

又　卷九《九月紀》　合諸侯，制百縣。注：合，會。諸侯之制度，車服之級，各如其命數。百縣，畿内之縣也。五家爲鄰，五鄰爲里，四里爲酇，五酇爲鄙，四鄙爲縣，然則謂縣者二千五百家也。

《禮記·月令》　孟夏之月，【略】命司徒巡行縣鄙，漢鄭玄注：縣鄙，鄉遂之屬，主民者也。命農勉作，毋休于都。

仲夏之月，【略】乃命百縣雩祀百辟卿士有益於民者，以祈穀實。唐孔穎達《正義》：百縣，謂諸侯也。

季夏之月，【略】命四監大合百縣之秩芻，以養犧牲，令民無不咸出其力。注：四監，主山林川澤之官。百縣，鄉遂之屬，地有山林川澤者也。《正義》：云百縣鄉遂之屬，地有山林川澤者，知百縣非諸侯，而云鄉遂之屬，以其取芻養牲，不可大遠，故知是畿内鄉遂。仲夏云：乃命百縣雩祀百辟卿士者，兼外内諸侯也。此云鄉遂之屬者，不兼公卿大夫之采邑。

季秋之月【略】合諸侯，制百縣。《正義》：諸侯謂畿外國，百縣謂鄉遂。

南朝宋·裴駰《史記·周本紀》集解　徐廣曰：周比亡之時，凡七縣：河南、洛陽、穀城、平陰、偃師、鞏、緱氏。

《新唐書》卷三一《天文志》　一行以爲：【略】周之興也，王畿千里；及其衰也，僅得河南七縣。

魯縣·卞　**《左傳·文公十五年》**　卞人以告。注：卞人，魯卞邑大夫。《正義》：治邑大夫，例呼爲『人』。孔子父爲鄹邑大夫，謂之鄹人，知此卞人是卞邑大夫。其邑近堂阜，故見之而告魯君。

郰　**《左傳·襄公十年》**　偪陽人啓門，諸侯之士門焉。縣門發，郰人紇抉之，注：紇，郰邑大夫，仲尼父叔梁紇也。郰邑，魯縣東南莝城是也。《正義》：紇爲郰邑大夫。公邑大夫皆以邑名冠之，呼爲某『人』。以出門者。

武城　**《論語·公冶長》**　子游爲武城宰。三國魏何晏《集解》：苞氏曰：武城，魯下邑也。

《史記》卷六七《仲尼弟子列傳》　子游既已受業，爲武城宰。孔子過，聞弦歌之聲。孔子莞爾而笑曰：『割雞焉用牛刀？』

莒父　**《論語·子路》**　子夏爲莒父宰，問政。三國魏何晏《集解》：鄭玄曰：舊説曰：莒父，魯下邑也。

中都　**《孔子家語》卷一《相魯》**　孔子初仕爲中都宰，三國魏王肅注：中都，魯邑。制爲養生送死之節，【略】行之一年，而西方之諸侯則焉。注：魯國在東，故西方諸侯皆法則。

單父　**《孔子家語》卷八《屈節解》**　孔子弟子有宓子賤者，仕於魯，爲單父宰。

漢·韓嬰《韓詩外傳》卷二　子賤治單父，彈鳴琴，身不下堂而單父治。巫馬期以星出，以星入，日夜不處，以身親之，而單父亦治。

《史記》卷六七《仲尼弟子列傳》　子賤爲單父宰，反命於孔子。

漢·劉向《新序》卷二《雜事第二》　魯君使宓子賤爲單父宰。

晉縣晉郡·原　温　**《左傳·僖公二十五年》**　冬，晉侯圍原。【略】趙衰爲原大夫，狐溱爲温大夫。【略】晉侯問原守於寺人勃鞮，對曰：『昔趙衰以壺飧從，徑餒而弗食。』故使處原。

先茅之縣　**《左傳·僖公三十三年》**　襄公【略】以再命命先茅之縣賞胥臣。注：先茅絶後，故取其縣以賞胥臣。

瓜衍之縣　**《左傳·宣公十五年》**　晉侯【略】亦賞士伯以瓜衍之縣。

邢　**《左傳·成公二年》**　（巫臣）遂奔晉，而因郤至，以臣於晉，晉人使爲邢大夫。注：邢，晉邑。

《史記》卷三九《晉世家》　楚申公巫臣盜夏姬以奔晉，晉以巫臣爲邢大夫。南朝宋裴駰《集解》：賈逵曰：邢，晉邑。

又　卷一四《十二諸侯年表·楚表》　楚共王二年。秋，申公巫臣竊徵舒母奔晉，以爲邢大夫。

河縣　**《左傳·成公十三年》**　夏四月戊午，晉侯使呂相絶秦，曰：【略】『君亦不惠稱盟，利吾有狄難，入我河縣，焚我箕、郜。』

木門 《左傳·襄公二十七年》 （衛子鮮）遂出奔晉，託於木門，注：木門，晉邑。不鄉衛國而坐。木門大夫勸之仕，不可。

絳縣 《左傳·襄公三十年》 三月癸未，晉悼夫人食輿人之城杞者。絳縣人或年長矣，無子而往與於食。【略】趙孟問其縣大夫，則其屬也。注：屬趙武。《正義》：諸是守邑之長，公邑稱大夫，私邑則稱宰。此言問其縣大夫，問絳縣之大夫也。絳非趙武私邑，而云則其屬者，蓋諸是公邑，國卿分掌之，而此邑屬趙武也。【略】以爲絳縣師。注：縣師掌地域，辨其夫家人民。

中牟 《論語·陽貨》 佛肸召，子欲往。子路曰：『【略】佛肸以中牟叛，子之往也，如之何？』

《史記》卷四七《孔子世家》 佛肸爲中牟宰。南朝宋裴駰《集解》：孔安國曰：晉大夫趙簡子之邑宰。唐司馬貞《索隱》：此河北之中牟，蓋在漢陽西。趙簡子攻范、中行，伐中牟。佛肸畔，使人召孔子，孔子欲往。

漢·劉向《説苑》卷四《立節》 佛肸用中牟之縣畔，設祿邑，炊鼎，曰：『與我者受邑，不與我者其烹！』

《韓非子》卷一二《外儲説左下》 中牟無令，晉平公問趙武曰：『中牟，三國之股肱，元何犿注：趙、齊、燕也。邯鄲之肩髀，寡人欲得其良令也，誰使而可？』武曰：『刑伯子可。』

又 卷一一《外儲説左上》 王登爲中牟令，上言於襄主。

州縣 溫縣 《左傳·昭公三年》 初，州縣，欒豹之邑也。及欒氏亡，范宣子、趙文子、韓宣子皆欲之。文子曰：『溫，吾縣也。』注：州本屬溫。溫，趙氏邑。二宣子曰：『自郤稱以別，三傳矣。注：郤稱，晉大夫，始受州。自是州與溫別，至今傳三家。晉之別縣，不唯州。誰獲治之？』注：言縣邑既別，甚多，無有得追而治取之？

原縣 《左傳·昭公五年》 子產爲豐施歸州田於韓宣子，【略】宣子受之，以告晉侯，晉侯以與宣子。宣子爲初言，注：初言謂與趙文子爭州田。病有之，以易原縣於樂大心。注：樂大心，宋大夫。原，晉邑，以賜樂大心也。

鼓 《左傳·昭公二十二年》 六月，荀吳略東陽，使師僞糴者，負甲以息於昔陽之門外，遂襲鼓，滅之，以鼓子鳶鞮歸，使涉佗守之。

十家九縣 四十縣 《左傳·昭公五年》 薳啓彊曰：【略】『韓賦七邑，皆成縣也。注：成縣，賦百乘也。羊舌四族，皆彊家也。晉人若喪韓起、楊肸，五卿八大夫輔韓須、楊石，因其十家九縣，注：韓氏七，羊舌氏四，而言十家，舉大數也。羊舌四家共二縣，故但言彊家。《正義》：杜以家縣爲一，故幷韓賦七邑與羊舌四族乃爲十一，而言十家，舉大數也。羊舌四族，族有一縣，則又太多，故以爲四家共二縣也。長轂九百，其餘四十縣，遺守四千，注：計遺守國者，尚有四千乘。奮其武怒，以報其大恥。伯華謀之，中行伯、魏舒帥之，其蔑不濟矣。』

十縣 《左傳·昭公二十八年》 秋，晉韓宣子卒。魏獻子爲政，分祁氏之田以爲七縣，分羊舌氏之田以爲三縣。司馬彌牟爲鄔大夫，賈辛爲祁大夫，司馬烏爲平陵大夫，魏戊爲梗陽大夫，知徐吾爲塗水大夫，韓固爲馬首大夫，孟丙爲盂大夫，樂霄爲銅鞮大夫，趙朝爲平陽大夫，僚安爲楊氏大夫。謂賈辛、司馬烏爲有力於王室，故舉之。謂知徐吾、趙朝、韓固、魏戊，餘子之不失職、能守業者也。其四人者，皆受縣而後見於魏子，以賢舉也。魏子謂成鱄：『吾與戊也，縣人其以我爲黨乎？』對曰：『何也？戊之爲人也，遠不忘君，近不偪同，居利思義，在約思純，有守心而無淫行。雖與之縣，不亦可乎！』

七十二縣 《説苑》卷一一《善説》 釁蚠黄生於楚，走之晉，治七十二縣，道不拾遺，民不妄得，城郭不閉，國無盜賊。

受縣受郡 《左傳·哀公二年》 秋八月，【略】簡子誓曰：『范氏、中行氏反易天明，斬艾百姓，欲擅晉國而滅其君，寡君恃鄭而保焉。今鄭爲不道，棄君助臣。二三子順天明，從君命，經德義，除詬恥，在此行也。克敵者，上大夫受縣，下大夫受郡，注：《周書·作雒篇》：千里百縣，縣有四郡。《正義》：或曰《周書》者，孔子刪《尚書》之餘。今案其存者，其文非《尚書》之類，其《作雒篇》有此言。方千里者，爲方百里者百，十里百縣，則縣方百里。計成方十里，出車一乘，縣方百里，則出車百乘也。昭五年《傳》云：晉有四十縣，遺守四千乘。是縣別有百乘，與《作雒》之言合也。上大夫受縣，縣則爲百乘之家，言得進爲卿也。縣有四郡，則郡方五十里，下大夫得此方五十里之采邑。士田十萬，庶人工商遂，人臣隸圉免。』

萬家之縣 《戰國策》卷一八《趙一》 知過曰：『魏宣子之謀臣曰趙葭，韓康子之謀臣曰段規，是皆能移其君之計。君其與二君約破趙，則封二子者各萬家之縣一。如是，則二主之心可不變，而君得其所欲矣。』知伯曰：『破趙而三分其地，又封二子者各萬家之縣一，則吾所得者少，不可。』

《韓非子》卷三《十過》 昔者智伯瑤率趙、韓、魏而伐范、中行，滅之，反歸，休兵數年，因令人請地於韓。韓康子【略】因令使者，致萬家之縣一於知伯。知伯説，又令人請地於魏。宣子【略】因令人致萬家之縣一於知伯。

吴縣吴郡・朱方之縣 《史記》卷三一《吴太伯世家》 王餘祭三年，齊相慶封有罪，自齊來犇吴。吴予慶封朱方之縣，以爲奉邑，以女妻之，富於在齊。《集解》：駰案，《吴地記》曰：朱方，秦改曰丹徒。

九郡 《史記》卷六七《仲尼弟子列傳》 於是吴王乃遂發九郡兵，伐齊。

漢・袁康《越絶書》卷七《越絶内傳陳成恒》 吴王果興九郡之兵，而與齊大戰於艾陵，大敗齊師。

漢・趙曄《吴越春秋》卷五《夫差内傳》 子貢返魯，吴王果興九郡之兵，將與齊戰。

齊縣齊都 《左傳・昭公二十年》 （晏子）對曰：『縣鄙之人，入從其政。』

《國語》卷六《齊語》 桓公曰：『定民之居若何？』管子對曰：『制鄙，三十家爲邑，邑有司；十邑爲卒，卒有卒帥；十卒爲鄉，鄉有鄉帥；三鄉爲縣，縣有縣帥；十縣爲屬，屬有大夫。五屬，故立五大夫，各使治一屬焉；立五正，注：正，長也。各使聽一屬焉。是故正之政聽屬，注：正，五正也，聽大夫之治也。牧政聽縣，注：牧，五屬大夫也，聽縣帥之治。下政聽鄉。注：下政，縣帥也，聽鄉帥之治。

《管子》卷七《大匡》 大侯近者，以其縣分之，不踐其國。唐房玄齡注：近齊之大侯，則以齊縣分之，終不踐其國以侵之。

凡縣吏進諸侯士而有善，觀其能之大小，以爲之賞。

三大夫既已選舉，使縣行之。注：三大夫謂鮑叔、晏子、高子。

又 卷一五《九變》 不然，則州縣鄉黨與宗族足懷樂也。

又 卷二一《臣乘馬》 謂遠近之縣里邑百官，皆當奉器械備。

又 卷二一《乘馬數》 郡縣上臾之壤，守之若干。

又 卷二二《山國軌》 縣有軌，國有軌。

某縣之人若干？田若干？幣若干？而中用穀重若干？而中幣終歲度人食，其餘若干？

謂鄰縣曰：有實者皆勿左右。

百都百縣軌據，穀坐長十倍。

又 卷二二《山至數》 某縣之壤廣若干，某縣之壤狹若干，則必積委幣，於是縣州里受公錢。

君下令，謂郡縣屬大夫里邑，皆籍粟入若干。

君失大夫爲無伍，失民爲失下。故守大夫以縣之筴，守一縣以一鄉之筴，守一鄉以一家之筴，守家以一人之筴。

幣準之數，一縣必有一縣中田之筴，一鄉必有一鄉中田之筴，一家必有一家直人之用。故不以時守郡爲無與，不以時守鄉爲無伍。

馮市門一吏書贅直事，若其事唐圉牧食之人養視不失扞殂者，去其都秩，與其縣秩。

《韓非子》卷一二《外儲説左下》 陽虎去齊走趙，簡主問曰：『吾聞子善樹人。』虎曰：【略】『臣居齊，薦三人，一人得近王，一人爲縣令，一人爲候吏。及臣得罪，近王者不見臣，縣令者迎臣執縛，候吏者追臣至境上，不及而止。虎不善樹人。』

狐穀十七縣 《晏子春秋》卷八《外篇下》 景公謂晏子曰：『昔吾先君桓公，予管仲狐與穀，其縣十七，著之于帛，申之以策，通之諸侯，以爲其子孫賞邑。』

千家之縣 漢・劉向《説苑》卷二《臣術》 景公【略】令吏致千家之縣一於晏子，晏子再拜而辭。

釐（萊）都三百縣 《殷周金文集成釋文》卷一《叔尸鎛》 余賜女釐（萊）都、密、膠，其縣三百。

棠 《左傳・襄公二十五年》 齊棠公之妻，注：棠公，齊棠邑大夫。東郭偃之姊也。

七十二縣 《史記》卷一二六《滑稽列傳》 齊威王之時喜隱，【略】淳于髡説之以隱曰：『國中有大鳥，止王之庭，三年不蜚又不鳴，不知此鳥何也？』王曰：『此鳥不飛則已，一飛沖天；不鳴則已，一鳴驚人。』於是乃朝諸縣令長七十二人，賞一人，誅一人，奮兵而出。諸侯振驚，皆還齊侵地。威行三十六年。

卽墨 阿 《史記》卷四六《田敬仲完世家》 於是威王召卽墨大夫而語之曰：『自子之居卽墨也，毁言日至。然吾使人視卽墨，田野闢，民人給，官無留事，東方以寧。是子不事吾左右以求譽也。』封之萬家。召阿大夫，語曰：『自子之守阿，譽言日聞，然使使視阿，田野不闢，民貧苦。昔日趙攻甄，子弗能救；衛取薛陵，子弗知。是子以幣厚吾左右以求譽也。』是日，烹阿大夫。

無鹽 **《淮南子》卷一三《氾論訓》** 齊威王設大鼎於庭中，而數無鹽令曰：『子之譽日聞吾耳，察子之事，田野蕪，倉廩虛，囹圄實，子以姦事我者也。』乃烹之。

五都 **《戰國策》卷二九《燕一》** 孟軻謂齊宣王曰：『今伐燕，此文、武之時，不可失也。』王因令章子將五都之兵，宋鮑彪注：都，大邑。元吳師道《校注》：補曰：《索隱》云：五都卽齊也，臨淄是五都之一。以因北地之衆，以伐燕。

又 **卷八《齊一》** 蘇秦爲趙合從，說齊宣王曰：【略】『不待發於遠縣，而臨淄之卒，固以二十一萬矣。』

平陸 **《孟子・公孫丑下》** 孟子之平陸，謂其大夫曰：『子之持戟之士，一日而三失伍，則去之否乎？』漢趙岐注：平陸，齊下邑也。大夫，治邑大夫也。【略】他日，見於王曰：『王之爲都者，臣知五人焉。知其罪者，惟孔距心。』注：孔，姓也。爲都，治都也。邑有先君之宗廟曰都。

蓋 **《孟子・公孫丑下》** 孟子爲卿於齊，出弔於滕，王使蓋大夫王驩爲輔行。注：蓋，齊下邑也。王以治蓋之大夫王驩爲輔行，輔，副使也。

楚縣楚郡・九縣 **《左傳・宣公十二年》** 春，楚子圍鄭。【略】三月克之。入自皇門，至於逵路，鄭伯肉袒牽羊以逆，曰：【略】『使改事君，夷於九縣，注：楚滅九國以爲縣，願得比之。唐陸德明《音義》：九縣，莊六年滅鄧，十四年滅息，僖五年滅弦，十二年滅黃，二十六年滅夔，文四年滅江，五年滅六滅蓼，十六年滅庸。《傳》稱楚武王克權，使鬭緡尹之；又稱文王縣申、息。此十一國，不知何以言九。《正義》：楚滅諸國，見於《傳》者，哀十七年稱文王縣申、息，莊六年稱楚滅鄧，十八年稱武王克權，僖五年滅弦，十二年滅黃，二十六年滅夔，文四年滅江，五年滅六又滅蓼，十六年滅庸，凡十一國見於《傳》。僖二十八年《傳》曰：漢陽諸姬，楚實盡之。則楚之滅國，多矣。言九縣者，申、息定是其二，餘不知所謂。蘇氏、沈氏以權是小國，庸先屬楚，自外爲九也。』君之惠也，孤之願也。

權　那處 **《左傳・莊公十八年》** 初，楚武王克權，使鬭緡尹之。注：權，國名，南郡當陽縣東南有權城。鬭緡，楚大夫。《正義》：尹訓正也。楚官多以尹爲名，此滅權爲邑，使緡爲長，故曰尹也。以叛，注：緡以權叛。圍而殺之，遷權於那處，注：那處，楚地。南郡編縣東南有那口城。使閻敖尹之。注：閻敖，楚大夫。

北魏・酈道元《水經注》卷二八《沔水》 沔水又東，右會權口，水出章山，東南流，逕權城北，古之權國也。春秋魯莊公十八年，楚武王克權，權叛，圍而殺之，遷權于那處是也。東南有那口城。

隨 **《左傳・僖公二十年》** 隨以漢東諸侯叛楚。冬，楚鬭穀於菟帥師伐隨，取成而還。

《國語》卷一八《楚語下》 期年，乃有柏舉之戰。子常奔鄭，昭王奔隨。【略】鄖公以王奔隨。

北魏・酈道元《水經注》卷三一《溳水》 東南過隨縣西。縣，故隨國矣。《春秋左傳》所謂『漢東之國，隨爲大』者也。楚滅之，以爲縣。

申　息 **《左傳・僖公二十五年》** 秋，秦、晉伐鄀。楚鬭克、屈禦寇以申、息之師戍商密。注：鬭克，申公子儀。屈禦寇，息公子邊。【略】秦師囚申公子儀、息公子邊以歸。

又 **《成公六年》** 楚師還，晉師遂侵蔡。楚公子申、公子成以申、息之師救蔡，注：申、息，楚二縣。禦諸桑隧。【略】知莊子、范文子、韓獻子諫曰：【略】『成師以出，而敗楚之二縣，何榮之有焉？』

又 **《哀公十七年》** 子穀曰：『觀丁父，鄀俘也，武王以爲軍率，是以克州、蓼，服隨、唐，大啓羣蠻。彭仲爽，申俘也，文王以爲令尹，實縣申、息。』注：楚文王滅申、息，以爲縣。

商 **《左傳・文公十年》** 子西縊而縣絶，王使適至，遂止之，使爲商公。注：商，楚邑，今上雒商縣。

期思 **《左傳・文公十年》** 宋華御事【略】乃逆楚子，勞且聽命，遂道以田孟諸。宋公爲右盂，鄭伯爲左盂，期思公復遂爲右司馬，注：復遂，楚期思邑公。今弋陽期思縣。子朱及文之無畏爲左司馬。

北魏・酈道元《水經注》卷三〇《淮水》 又東過期思縣北。縣，故蔣國，周公之後也。春秋文公十年，楚王田于孟諸，期思公復遂爲右司馬。楚滅之，以爲縣。

庸 **北魏・酈道元《水經注》卷二八《沔水》** 堵水又東北逕上庸郡，故庸國也。春秋文公十六年，楚人、秦人、巴人滅庸。庸，小國，附楚。楚有災，不救，舉羣蠻以叛，故滅之，以爲縣，屬漢中郡。

陳 《左傳・宣公十一年》 冬，楚子【略】遂入陳，殺夏徵舒，轘諸栗門，因縣陳。注：滅陳以爲楚縣。

又 《昭公八年》 冬十一月壬午，滅陳。【略】使穿封戌爲陳公。注：戌，楚大夫。滅陳爲縣，使戌爲縣公。

《史記》卷四〇《楚世家》 是歲也，《集解》：徐廣曰：惠王之十年。滅陳而縣之。

沈 《左傳・宣公十二年》 楚子北師，次於郔。沈尹將中軍。注：『沈』或作『寢』。寢，縣也。今汝陰固始縣。《正義》：楚官多名爲尹。沈者，或是邑名，而其字或作寢。哀十八年有寢尹吳由于，因解寢爲縣名，不言『寢』是而『沈』非也。

又 《襄公二十四年》 舒鳩人叛楚，楚子師于荒浦，使沈尹壽與師祁犂讓之。

又 《昭公四年》 冬，【略】楚沈尹射奔命於夏汭。

又 《昭公五年》 楚師濟於羅汭，沈尹赤會楚子，次於萊山。

又 《昭公十九年》 楚人城州來，沈尹戌曰：『楚人必敗。』注：戌，莊王曾孫，葉公諸梁父也。

又 《哀公十七年》 王與葉公枚卜子良以爲令尹。沈尹朱曰：『吉，過于其志。』

《墨子》卷一《所染》 楚莊染於孫叔、沈尹。

《呂氏春秋》卷二《當染》 荆莊王染於孫叔敖、沈尹蒸。

又 卷一六《去宥》 荆威王學書於沈尹華。

又 卷二二《慎行》 沈尹戌謂令尹曰：『夫無極，荆之讒人也。』注：沈尹戌，莊王之孫，沈諸梁葉公子高之父也。

又 卷二四《贊能》 沈尹莖遊於郢，五年，荆王欲以爲令尹。沈尹莖辭曰：『期思之鄙人有孫叔敖者，聖人也。王必用之，臣不若也。』

北魏・酈道元《水經注》卷二一《汝水》 又東逕平輿縣故城南，爲澺水。縣，舊沈國也，有沈亭。春秋定公四年，蔡滅沈，以沈子嘉歸。後楚以爲縣。

鄖 《左傳・成公七年》 秋，楚子重伐鄭。【略】鄭共仲、侯羽軍楚師，囚鄖公鍾儀，宋林堯叟《句解》：鍾儀是鄖縣大夫。獻諸晉。

《國語》卷一八《楚語下》 吳人之入楚，楚昭王奔鄖。注：鄖，楚邑也。鄖公之弟懷將殺王，鄖公辛止之。

鍾離 《春秋・成公十五年》 冬十有一月，叔孫僑如會晉士燮、齊高無咎、宋華元、衛孫林父、鄭公子鰌、邾人，會吳于鍾離。注：鍾離，楚邑，淮南縣。

《左傳・昭公四年》 箴尹宜咎城鍾離。

北魏・酈道元《水經注》卷三〇《淮水》 又東過鍾離縣北。《世本》曰：鍾離，嬴姓也。應劭曰：縣，故鍾離子國也。楚滅之，以爲縣。《春秋左傳》所謂『吳公子光伐楚，拔鍾離』者也。

揚豚 《左傳・襄公十八年》 楚子聞之，使揚豚尹宜告子庚。宋林堯叟《句解》：揚豚邑大夫，名宜。

析 《左傳・襄公二十六年》 子儀之亂，析公奔晉。【略】鄭於是不敢南面，楚失華夏，則析公之爲也。

《國語》卷一七《楚語上》 或譖析公臣於王，王弗是析公，注：析公臣，楚大夫也。奔晉，晉人用之。實讒敗楚，使不規東夏，則析公之爲也。

方城外之縣 《左傳・襄公二十六年》 伯州犂【略】『上其手曰：「夫子爲王子圍，寡君之貴介弟也。」下其手曰：「此子爲穿封戌，方城外之縣尹也。」』

蔡 《左傳・昭公十一年》 冬十一月，楚子滅蔡。【略】楚子城陳、蔡、不羹，使棄疾爲蔡公。

囂 陵 《左傳・昭公十二年》 楚子狩于州來，次于潁尾。使蕩侯、潘子、司馬督、囂尹午、陵尹喜帥師圍徐，以懼吳。清康熙《日講春秋解義》：囂、陵，二縣名。

棠 《左傳・昭公二十年》 棠君尚謂其弟員注：棠君，奢之長子尚也，爲棠邑大夫。曰：『爾適吳，我將歸死。』

葉 《左傳・定公五年》 葉公諸梁之弟后臧，從其母於吳，不待而歸。注：諸梁，司馬沈尹戌之子，葉公子高也。

又 《哀公十七年》 楚既寧，將取陳麥。楚子問帥于大師子穀與葉公諸梁。

《論語・述而》 葉公問孔子於子路，子路不對。《集解》：孔曰：葉公名諸梁，楚大夫。食采於葉，僭稱公。

北魏・酈道元《水經注》卷二一《汝水》　醴水又屈而東南流，逕葉縣故城北。春秋昭公十五年，許遷於葉者也。【略】余按《春秋》屈完之在召陵對齊侯曰：『楚國方城以爲城。』杜預曰：方城，山名也，在葉南。未詳孰是。楚惠王以封諸梁子高，號曰葉公城，即子高之故邑也。【略】醴水又東逕葉公廟北，廟前有沈子高諸梁碑。

白　**《左傳・哀公十六年》**　（子木）其子曰勝，在吳。子西【略】召之，使處吳竟，爲白公。注：白，楚邑也。汝陰褒信縣西南有白亭。

《國語》卷一七《楚語上》　靈王虐，白公子張驟諫。注：子張，楚大夫白公也。

又　卷一八《楚語下》　子西使人召王孫勝。注：王孫勝，故平王大子建之子白公勝也。沈諸梁聞之，見子西曰：【略】『安用勝也？其能幾何！』【略】不從，遂使爲白公。

武城　**《左傳・哀公十七年》**　王卜之，武城尹吉，使帥師取陳麥。注：武城尹，子西子公孫朝。

寢　**《左傳・哀公十八年》**　王曰：『寢尹、工尹，勤先君者也。』注：柏舉之役，寢尹吳由于以背受戈，工尹固執燧象奔吳師，皆爲先君勤勞。

宛　**《戰國策》卷一五《楚二》**　蘇厲謂宛公昭鼠曰：宋鮑彪注：鼠爲宛尹。『王欲昭睢之乘秦也，必分公之兵以益之。』

《越絶書》卷六《越絶外傳紀策考》　范蠡其始居楚也，生於宛橐或伍戶之虛。【略】大夫種入其縣，知有賢者，未覩所在，求邑中不得。

卑梁　**《呂氏春秋》卷一六《察微》**　楚之邊邑曰卑梁。【略】卑梁公怒，注：公，卑梁大夫也。楚僭稱王，守邑大夫皆稱公，若周之單襄公、成肅公、劉文公也。曰：『吳人焉敢攻吾邑？』舉兵反攻之，老弱盡殺之矣。

魯陽　**《淮南子》卷六《覽冥訓》**　魯陽公與韓搆難，漢高誘注：魯陽，楚之縣公也。楚僭號稱王，其守縣大夫皆稱公。戰酣，日暮，援戈而撝之，日爲之反三舍。

沛縣　**北魏・酈道元《水經注》卷二五《泗水》**　又東過沛縣東。昔許由隱于沛澤，即是縣也。縣蓋取澤爲名。宋滅屬楚，在泗水之濱。于秦爲泗水郡治。

邾縣　**北魏・酈道元《水經注》卷三五《江水》**　江水又東逕邾縣故城南。楚宣王滅邾，徙居于此，故曰邾也。

宛郡　**漢・劉向《説苑》卷一五《指武》**　（楚悼王時）吳起爲宛守，行縣適息。

漢中郡　**《史記》卷四〇《楚世家》**　（懷王）十七年春，與秦戰丹陽。秦大敗我軍，【略】遂取漢中之郡。

新城郡　**《戰國策》卷一四《楚一》**　城渾説其令曰：【略】『今邊邑之所恃者，非江南泗上也。故楚王何不以新城爲主郡也？邊邑甚利之。』新城公大説，乃爲具駟馬乘車五百金之楚。城渾得之，遂南交於楚，楚王果以新城爲主郡。

江東郡　**《史記》卷七一《樗里子甘茂列傳》**　越國亂，故楚南塞厲門，而郡江東。唐張守節《正義》：吳越之城，皆爲楚之都邑。

黔中郡　巫郡　**《戰國策》卷一四《楚一》**　蘇秦爲趙合從，説楚威王曰：『楚地西有黔中、巫郡。』

《史記》卷六九《蘇秦列傳》　乃西南説楚威王曰：『楚，天下之彊國也；王，天下之賢王也。西有黔中、《集解》：徐廣曰：今之武陵地。《正義》：今朗州，楚黔中郡。其故城在辰州西二十里，皆盤瓠後也。巫郡。』《集解》：徐廣曰：巫郡者，南郡之西界。《正義》：巫郡，夔州巫山縣是。

北魏・酈道元《水經注》卷三七《沅水》　沅水又東逕臨沅縣南。【略】太元中，車武子立縣治武陵郡下，本楚之黔中郡矣。

又　卷三四《江水》　江水又東逕巫縣故城南。縣，故楚之巫郡也。秦省郡立縣，以隸南郡。

江旁十五邑以爲郡　**《史記》卷四〇《楚世家》**　二十三年，襄王乃收東地兵，得十餘萬，復西取秦所拔我江旁十五邑，以爲郡，距秦。

燕縣燕郡・樓煩數縣　**《戰國策》卷一二《齊五》**　蘇秦説齊閔王曰：【略】『胡人襲燕樓煩數縣，宋鮑彪注：樓煩屬雁門。取其牛馬。』注：此蓋之噲敗時。

遼東郡　**《戰國策》卷二九《燕一》**　蘇秦將爲從，北説燕文侯曰：『燕【略】東有朝鮮、遼東。』

又　卷三一《燕三》　燕王喜、太子丹等皆率其精兵，東保於遼東。

上谷郡　**《戰國策》卷七《秦五》**　（甘羅）謂趙王：【略】『趙攻燕，得上谷三十六縣，與秦什一。」

又　卷二一《趙四》　（趙）奢嘗抵罪居燕，燕以奢爲上谷守。

《史記》卷七一《樗里子甘茂列傳》　甘羅説趙王：【略】「趙攻燕，得上谷三十城，《索隱》：《戰國策》云得三十六縣。《正義》：上谷，今嬀州也，在幽州西北。令秦有十一。」《索隱》：謂以十一城與秦也。

雲中郡　九原郡　《戰國策》卷二九《燕一》　蘇秦將爲從，北説燕文侯曰：「燕【略】西有雲中、九原。」

又　卷一九《趙二》　蘇秦從燕之趙，始合從，説趙王曰：【略】「趙涉河漳，燕守雲中。」

《史記》卷六九《蘇秦列傳》　游燕，歲餘而後得見，説燕文侯曰：「燕【略】西有雲中、九原。」《索隱》：《地理志》：雲中、九原，二郡名。《正義》：二郡並在勝州也。雲中郡城在榆林縣東北四十里，九原郡在榆林縣西界。【略】即因説趙肅侯曰：「趙涉河漳，燕守雲中。」

漁陽郡　右北平郡　遼西郡　《史記》卷一一〇《匈奴列傳》　燕亦築長城，自造陽至襄平，置上谷、漁陽、右北平、遼西、遼東郡，以拒胡。

韓縣韓郡·宜陽縣　《戰國策》卷四《秦二》　甘茂至，王問其故。對曰：「宜陽，大縣也，上黨、南陽積之久矣。名爲縣，其實郡也。」

北魏·酈道元《水經注》卷一五《洛水》　洛水又東逕宜陽縣故城南。秦武王以甘茂爲左丞相，曰：「寡人欲通三川，窺周室，死不朽矣。」茂請約魏以攻韓，斬首六萬，遂拔宜陽城。故韓地也，後乃縣之。

上黨十七縣（七十縣）　《戰國策》卷三《秦一》　張儀説秦王曰：【略】「趙氏，中央之國也。【略】悉其士民，軍於長平之下，以爭韓之上黨。大王以詐破之，【略】拔邯鄲，完河間，引軍而去，西攻修武，踰羊腸，降代、上黨。代三十六縣，上黨十七縣，漢高誘注：代，屬趙。上黨，屬韓。不用一領甲，不苦一民，皆秦之有也。」

《韓非子》卷一《初見秦》　拔邯鄲，筦山東河間，引軍而去，西攻修武，踰華絳上黨，代四十六縣，上黨七十縣，不用一領甲，不苦一士民，此皆秦有也。

《戰國策》卷一八《趙一》　馮亭守三十日，陰使人請趙王曰：「韓不能守上黨，且以與秦，其民皆不欲爲秦，而願爲趙。今有城市之邑七十，願拜內之於王。唯王才之。」

《史記》卷四三《趙世家》　（孝成王四年）韓氏上黨守馮亭使者至，曰：「韓不能守上黨，入之於秦，其吏民皆安爲趙，不欲爲秦有。城市邑十七，願再拜入之趙。聽王所以賜吏民。」

安邑　《戰國策》卷二八《韓三》　安邑之御史死，其次恐不得也。輸人爲之謂安令曰：「公孫綦爲人請御史於王，王曰『彼固有次，吾難敗之。』」因遽置之。

鄭縣　《韓非子》卷一一《外儲説左上》　鄭縣人有得車軛者，而不知其名。【略】鄭縣人有屈公者，聞敵，恐，因死，恐已，因生。

上黨（上地）郡　《戰國策》卷一四《楚一》　張儀爲秦破從連横，説楚王曰：【略】「秦下甲兵，據宜陽，韓之上地不通。」

《戰國縱横家書·十三·韓夤獻書於齊章》　秦取乾（韓）之上地。

《荀子》卷一〇《議兵篇》　韓之上地，方數百里，完全富具。唐楊倞注：上地，上黨之地。完全，言城邑也；富具，言府庫也。

《史記》卷四五《韓世家》　（桓惠王）十年，秦擊我於太行，我上黨郡守以上黨郡降趙。十四年，秦拔趙上黨。《正義》：韓上黨也，從太行山西北澤、潞等州是也。【略】二十六年，秦悉拔我上黨。

三川郡　《戰國策》卷二八《韓三》　請令公子牟謂韓王曰：「費緤，西周讎之，東周寶之。此其家萬金，王何不召之，以爲三川之守？」

上蔡郡　《史記》卷四〇《楚世家》　十八年，楚人有好以弱弓微繳加歸鴈之上者，頃襄王聞，召而問之。對曰：「【略】王朝張弓而射魏之大梁之南，加其右臂而徑屬之於韓，則中國之路絶而上蔡之郡壞矣。」

趙縣趙郡·代三十六縣（四十六縣）　《戰國策》卷三《秦一》　張儀説秦王曰：【略】「趙氏，中央之國也。【略】代三十六縣，上黨十七縣，注：代，屬趙。上黨，屬韓。【略】皆秦之有也。」

《韓非子》卷一《初見秦》　代四十六縣，上黨七十縣，【略】此皆秦有也。

河間十二縣　《戰國策》卷七《秦五》　趙王曰：「前日秦下甲攻趙，趙賂以河間十二縣。」

番吾　《戰國策》卷一九《趙二》　王立周紹爲傅，曰：「寡人始行縣，過番吾。當子爲子之時，踐石以上者皆道子之孝。」

狐氏 《戰國策》卷一八《趙一》 甘茂爲秦約魏以攻韓宜陽，又北之趙。冷向謂強國曰：【略】『齊王欲求救宜陽，必效縣狐氏。』

上原 《史記》卷四三《趙世家》（孝成王）十一年，城元氏，縣上原。

上黨（上地）郡 《戰國策》卷九《齊二》 秦攻趙，趙令樓緩以五城求講於秦，而與之伐齊。齊王恐，因使人以十城求講於秦。樓子恐，因以上黨二十四縣許秦王。

《韓非子》卷九《內儲説上·七術》 董閼于爲趙上地守。

雲中郡　雁門郡　代郡 《史記》卷一一〇《匈奴列傳》 趙武靈王【略】築長城，自代並陰山下，至高闕爲塞，而置雲中、鴈門、代郡。

魏縣魏郡·上郡十五縣 《史記》卷五《秦本紀》（惠文君）十年，【略】魏納上郡十五縣。《正義》：今鄜、綏等州也。魏前納陰晉，次納同、丹二州，今納上郡，而盡河西濱洛之地矣。

百縣 《戰國策》卷二四《魏三》 秦敗魏於華，走芒卯而圍大梁。須賈爲魏謂穰侯曰：【略】『臣聞魏氏悉其百縣勝兵，以止戍大梁。』

大縣十七 《戰國縱橫家書·二六·見田併於梁南章》 梁（梁）之東地。尚方五百餘里，而與梁（梁），千丈之城，萬家之邑，大縣十七，小縣有市者卅有餘。將軍皆令縣急急爲守備，譔（選）擇賢者，令之堅守，將以救亡。

大縣數十（數百） 《戰國策》卷二四《魏三》 魏將與秦攻韓，朱己謂魏王曰：【略】『以至於今，秦十攻魏，五入國中，【略】所亡乎秦者，山北、河外、河內，大縣數百，名都數十。』

《史記》卷四四《魏世家》 無忌謂魏王曰：【略】『所亡於秦者，山南山北，河外河內，大縣數十，名都數百。』

苦陘 《韓非子》卷一五《難二》 李兑治中山，苦陘令上計而入多。

鄴 《戰國策》卷二二《魏一》 西門豹爲鄴令，宋鮑彪注：鄴，屬魏郡。而辭乎魏文侯。文侯曰：『子往矣，必就子之功而成子之名！』

《韓非子》卷一二《外儲説左下》 西門豹爲鄴令，清尅潔慤，秋毫之端無私利也，而甚簡左右。

《史記》卷四四《魏世家》（魏文侯）任西門豹守鄴，而河內稱治。

又　卷一二六《滑稽列傳》 魏文侯時，西門豹爲鄴令。《正義》：今相州縣也。

北魏·酈道元《水經注》卷一〇《濁漳水》 其水又東北入于漳。昔魏文侯以西門豹爲鄴令也，引漳以溉鄴，民賴其用。其後至魏襄王，以史起爲鄴令，又堰漳水，以灌鄴田，咸成沃壤，百姓歌之。

平陵 《孫臏兵法·擒龐涓》 平陵，其城小而縣大，人衆甲兵勝。

河西（西河）郡 《韓非子》卷九《內儲説上·七術》 吳起爲魏武侯西河之守。

《史記》卷六五《孫子吳起列傳》 武侯曰：『善。』即封吳起爲西河守。

又　卷一五《六國年表·秦表》 秦惠文王八年，魏入河西地于秦。

又　卷一五《六國年表·魏表》 魏襄王五年，与秦河西地少梁。

又　卷一一〇《匈奴列傳》 魏有河西、上郡，以與戎界邊。【略】惠王擊魏，魏盡入西河及上郡于秦。

上黨（上地）郡 《戰國縱橫家書·十三·韓夤獻書於齊章》 秦取梁（梁）之上黨。

《韓非子》卷九《內儲説上·七術》 李悝爲魏文侯上地之守。

上郡 《史記》卷七〇《張儀列傳》 秦惠王十年，【略】魏因入上郡、少梁，謝秦惠王。

河東郡 《史記》卷四四《魏世家》（魏昭王）六年，予秦河東地，方四百里。

又　卷一五《六國年表·秦表》 秦昭襄王十七年，魏入河東四百里。

又　卷七二《穰侯列傳》 穰侯封四歲，爲秦將，攻魏，魏獻河東，方四百里。

大宋郡　方與郡 《史記》卷四〇《楚世家》 還射圉之東，解魏左肘而外擊定陶，則魏之東外棄，而大宋、方與二郡者舉矣，且魏斷二臂，顛越矣。

太原郡 《戰國策》卷一《東周》 或爲周最謂金投曰：【略】『秦盡韓、魏之上黨、太原，西止秦之有已。』

秦縣秦郡 《國語》卷八《晉語二》 公子夷吾出見使者，再拜稽首，起而不哭，退而私於（秦）公子縶曰：【略】『君實有郡縣，注：言君亦自有郡縣，非謂之無也。』且入河外列城五。注：河外，河東也。列城五，東盡虢略，南及華山，內及解梁城。豈謂君無有？亦爲君之東游津梁之上，無有難急也。注：津，水也；梁，橋也。非謂君無有若此地者，欲使君東游津梁之上，無有難急，故進之耳。

邽　冀　《史記》卷五《秦本紀》　（武公）十年，伐邽、冀戎，初縣之。《集解》：駰案：《地理志》隴西有上邽縣。應劭曰：即邽戎邑。冀縣屬天水郡。

杜　鄭　《史記》卷五《秦本紀》　（武公）十一年，初縣杜、鄭。《集解》：駰案：《地理志》京兆有鄭縣、杜縣。《正義》：《括地志》云：下杜故城在雍州長安縣東南九里，古杜伯國。華州鄭縣也。《毛詩譜》云：鄭國者，周畿內之地。宣王封其弟於咸林之地，是爲鄭桓公。按，秦得皆縣之。

頻陽　《史記》卷五《秦本紀》　（厲共公）二十一年，初縣頻陽。《集解》：駰案：《地理志》馮翊有頻陽縣。《正義》：《括地志》云：頻陽故城在雍州同官縣界，古頻陽縣城也。

蒲　藍田　善明氏　《史記》卷一五《六國年表·秦表》　（獻公）六年，初縣蒲、藍田、善明氏。

《戰國策》卷七《秦五》　子楚立，以不韋爲相，號曰文信侯，食藍田十二縣。漢高誘注：官祿。

櫟陽　《史記》卷一五《六國年表·秦表》　（獻公）十一年，縣櫟陽。

又　卷四四《魏世家》　（武侯）十三年，秦獻公縣櫟陽。

四十一縣　《史記》卷五《秦本紀》　（孝公）十二年，作爲咸陽，築冀闕，秦徙都之。并諸小鄉聚，《正義》：萬二千五百家爲鄉，聚猶村落之類也。集爲大縣，縣一令。四十一縣。

又　卷一五《六國年表·秦表》　孝公十二年，初聚小邑爲三十一縣，令。

十三年，初爲縣，有秩史。

又　卷六八《商君列傳》　秦自雍徙都之，【略】而集小都、鄉、邑、聚爲縣，置令、丞。凡三十一縣。

義渠　《史記》卷五《秦本紀》　（惠文君）十一年，縣義渠。《正義》：《地理志》云：北地郡義渠道，秦縣也。《括地志》云：寧、原、慶三州，秦北地郡。戰國及春秋時爲義渠，戎國之地，周先公劉、不窋居之，古西戎也。

上庸之地六縣　《戰國策》卷一五《楚二》　（靳尚）又謂王之幸夫人鄭袖曰：【略】『張儀者，秦王之忠信有功臣也。今楚拘之，秦王欲出之，秦王有愛女而美，又簡擇宮中佳麗好翫習音者以懽從之，資之金玉寶器，奉以上庸六縣爲湯沐邑。』

《史記》卷四〇《楚世家》　（靳尚）又謂夫人鄭袖曰：『秦王甚愛張儀，而王欲殺之。今將以上庸之地六縣賂楚。』

又　卷七〇《張儀列傳》　今將以上庸之地六縣賂楚。《正義》：今房州也。

河東九縣　《史記》卷五《秦本紀》　（昭襄王）二十一年，蒙武伐齊，河東爲九縣。

大梁　北魏·酈道元《水經注》卷二《渠水》　又東逕大梁城南。本春秋之陽武高陽鄉也，於戰國爲大梁。【略】秦滅魏，以爲縣。

膚施縣　北魏·酈道元《水經注》卷三《河水》　奢延水又東，逕膚施縣南。秦昭王三年，置上郡治。

左邑縣　北魏·酈道元《水經注》卷六《涑水》　涑水又西南逕左邑縣故城南，故曲沃也。晉武公自晉陽徙此，秦改爲左邑縣。

茲氏縣　北魏·酈道元《水經注》卷六《原公水》　原公水出茲氏縣西，羊頭山東，過其縣北。縣，故秦置也。

上曲陽　北魏·酈道元《水經注》卷一一《滱水》　其水又東逕上曲陽縣故城北，本岳牧朝宿之邑也。【略】秦罷井田，因以立縣。城在山曲之陽，是曰曲陽。有下，故此爲上矣。

令支縣　北魏·酈道元《水經注》卷一四《濡水》　濡水又東南流，逕令支縣故城東，王莽之令氏亭也。秦始皇二十二年，分燕置遼西郡，令支隸焉。

雍丘　北魏·酈道元《水經注》卷二四《睢水》　睢水又東逕雍丘縣故城北。縣，舊杞國也。殷湯周武以封夏后，繼禹之嗣。楚滅杞，秦以爲縣。圈稱曰：縣有五陵之名，故以氏縣矣。

滕縣　北魏·酈道元《水經注》卷二五《泗水》　其水又溉于丘焉。縣故城在滕西北，城周二十里，內有子城。按《地理志》，即滕也。周懿王子錯叔繡文公所封也。齊滅之，秦以爲縣。

莒縣　北魏·酈道元《水經注》卷二六《沭水》　又東南過莒縣東。【略】《尸子》曰：莒君好鬼巫而國亡。無知之難，小白奔焉。樂毅攻齊，守險全國。秦始皇縣之。

南鄭　北魏·酈道元《水經注》卷二七《沔水》　東過南鄭縣南。縣，故褒之附庸也。周顯王之世，蜀有褒漢之地；至六國，楚人兼之；懷王衰弱，秦略取焉。周赧王二年，秦惠王置漢中郡，因水名也。《耆舊傳》云：南鄭之號，始于鄭桓公。桓公死於犬戎，其民南奔，故以南鄭爲稱，即漢中郡治也。

築陽 北魏・酈道元《水經注》卷二八《沔水》 筑水又東逕筑陽縣故城南。縣，故楚附庸也。秦平鄢郢，立以爲縣。

山都 北魏・酈道元《水經注》卷二八《沔水》 沔南有固城。城側沔川，即新野山都縣治也，舊南陽之赤鄉矣。秦以爲縣。

騎城 北魏・酈道元《水經注》卷二八《沔水》 沔水之左有騎城，周迴二里餘，高一丈六尺，即騎亭也。縣，故楚邑也，秦以爲縣。

鄢縣 北魏・酈道元《水經注》卷二八《沔水》 其水自新陂東入城。城，故鄢郢之舊都。秦以爲縣。

鄀縣 北魏・酈道元《水經注》卷二八《沔水》 沔水又逕鄀縣故城南，古鄀子之國也。秦、楚之間自商密遷此，爲楚附庸，楚滅之，以爲邑。縣南臨沔津，津南有石山，上有古烽火臺。縣北有大城，楚昭王爲吴所迫，自紀郢徙都之，即所謂鄀郢，盧羅之地也。秦以爲縣。

竟陵 北魏・酈道元《水經注》卷二八《沔水》 巾水又西逕竟陵縣北，西注揚水，謂之巾口水。西有古竟陵大城，古鄖國也，鄖公辛所治，所謂鄖鄉矣。昔白起拔郢，東至竟陵，即此也。秦以爲縣。

海鹽縣 北魏・酈道元《水經注》卷二九《沔水》 谷水之右有馬皐城，故司鹽都尉城。【略】東出五十里，有武原鄉，故越地也。秦于其地置海鹽縣。《地理志》曰：縣，故武原鄉也。

襄邑 北魏・酈道元《水經注》卷三〇《淮水》 渙水又東南流，逕雍丘縣故城南，又東逕承匡城，又東逕襄邑縣故城南，故宋之承匡、襄牛之地，宋襄公之所葬，故號襄陵矣。【略】西有承匡城，春秋會于承匡者也。秦始皇以承匡卑溼，徙縣于襄陵，更爲襄邑。

穰縣 北魏・酈道元《水經注》卷三一《淯水》 又東南逕穰縣故城南，楚別邑也。秦拔鄢郢，即以爲縣。秦昭王封相魏冉爲侯邑。

鄧縣 北魏・酈道元《水經注》卷三一《淯水》 南過鄧縣東。縣，故鄧侯吾離之國也。楚文王滅之，秦以爲縣。

氐道 北魏・酈道元《水經注》卷三三《江水》 江水自天彭闕東，逕汶關而歷氐道縣北。【略】縣本秦始皇置，後爲昇遷縣也。

江州縣 北魏・酈道元《水經注》卷三三《江水》 （巴水）西南流，歷巴中，逕巴郡故城南。【略】江州縣，故巴子之都也，春秋桓公九年巴子使韓服告楚，請與鄧好是也。及七國稱王，巴亦王焉。秦惠王遣張儀等救苴侯于巴，儀貪巴、苴之富，因執其王以歸，而置巴郡焉，治江州。

巫縣 北魏・酈道元《水經注》卷三四《江水》 江水又東，逕巫縣故城南。縣，故楚之巫郡也。秦省郡立縣，以隸南郡。

羅縣 北魏・酈道元《水經注》卷三八《湘水》 汨水又西逕羅縣北，本羅子國也。故在襄陽宜城縣西，楚文王移之于此。秦立長沙郡，因以爲縣。

十二郡 《睡虎地秦墓竹簡・秦律・置吏律》 縣、都官、十二郡免除吏及佐、群官屬，以十二月朔日免除。

漢中郡 《史記》卷五《秦本紀》 （惠文王更元）十三年，庶長章擊楚於丹陽，虜其將屈匄，斬首八萬，又攻楚漢中，取地六百里，置漢中郡。

晋・常璩《華陽國志》卷二《漢中志》 漢中郡。本附庸國屬。周赧王二年，秦惠文王置郡，因水名也。

北魏・酈道元《水經注》卷二七《沔水》 東過南鄭縣南。縣，故褒之附庸也。周顯王之世，蜀有褒、漢之地。至六國，楚人兼之。懷王衰弱，秦略取焉。周赧王二年，秦惠王置漢中郡，因水名也。

巴郡 《漢書》卷二八上《地理志上》 巴郡。秦置。屬益州。應劭曰：《左氏》：巴子使韓服告楚。

晋・常璩《華陽國志》卷三《蜀志》 周赧王元年，秦惠王封子通國爲蜀侯，以陳壯爲相，置巴郡。

北魏・酈道元《水經注》卷三三《江水》 江州縣，故巴子之都也。春秋桓公九年，巴子使韓服告楚，請與鄧好是也。及七國稱王，巴亦王焉。秦惠王遣張儀等救苴侯于巴，儀貪巴、苴之富，因執其王以歸，而置巴郡焉。

蜀郡 《漢書》卷二八上《地理志上》 蜀郡。秦置。

北魏・酈道元《水經注》卷三三《江水》 秦惠王二十七年，遣張儀與司馬錯等滅蜀，遂置蜀郡焉。

上郡 《史記》卷四四《魏世家》 （襄王）七年（秦惠文王更元十三年），魏盡入上郡于秦。《正義》：《括地志》云：上郡故城在綏州上縣東南五十里，秦、魏之上郡地也。按丹、鄜、延、綏等州，北至固陽，並上郡地。魏築長城界秦，自華州鄭縣已北濱洛，至慶州洛源縣白於山，卽東北至勝州固陽縣，東至河西上郡之地，盡入于秦。

又 卷一一〇《匈奴列傳》（秦）惠王擊魏，魏盡入西河及上郡于秦。

《漢書》卷二八下《地理志下》 上郡。秦置。

北魏・酈道元《水經注》卷三《河水》 奢延水又東，逕膚施縣南。秦昭王三年置，上郡治。

隴西郡 《史記》卷五《秦本紀》 秦昭王時，【略】遂起兵伐殘義渠，於是秦有隴西、北地、上郡，築長城以拒胡。

《漢書》卷二八下《地理志下》 隴西郡。秦置。【略】唐顔師古注：應劭曰：有隴坻在其西也。師古曰：隴坻謂隴阪，卽今之隴山也。此郡在隴之西，故曰隴西。

北魏・酈道元《水經注》卷二《河水》 又西北逕狄道故城東。【略】漢隴西郡治，秦昭王二十八年置。應劭曰：有隴坻在其東，故曰隴西也。

北地郡 《漢書》卷二八下《地理志下》 北地郡。秦置。

《後漢書》卷一一七《西羌傳》 及昭王立，義渠王朝秦。【略】至赧王四十三年，宣太后誘殺義渠王於甘泉宮，因起兵滅之，始置隴西、北地、上郡焉。

南郡 《史記》卷五《秦本紀》（昭襄王）二十九年，大良造白起攻楚，取郢，爲南郡。《正義》：《括地志》云：郢城在荆州江陵縣東北六里，楚平王築都之地也。

又 卷一五《六國年表・秦表》 昭襄王二十九年，白起擊楚，拔郢，更東至竟陵，以爲南郡。

《漢書》卷二八上《地理志上》 南郡。秦置。

北魏・酈道元《水經注》卷三四《江水》 秦昭襄王二十九年，使白起拔鄢郢，以漢南地而置南郡焉。《周書》曰：南，國名也。南氏有二臣，力鈞勢敵，競進爭權，君弗能制，南氏用分爲二南國也。按韓嬰叙《詩》云：其地在南郡、南陽之間。《呂氏春秋》所謂禹自塗山巡省南土者也。是郡取名焉。

南陽郡 《史記》卷五《秦本紀》（昭襄王）三十五年，佐韓、魏、楚伐燕，初置南陽郡。《正義》：今鄧州也。前已屬秦，秦置南陽郡，在漢水之北。《釋名》云：在中國之南，舊名陽地，故以爲名焉。張衡《南都賦》云：陪京之南，居漢之陽。

《漢書》卷二八上《地理志上》 南陽郡。秦置。

北魏・酈道元《水經注》卷三一《淯水》 又南逕宛城東。其城，故申伯之都，楚文王滅申以爲縣也。秦昭襄王使白起爲將，伐楚取郢，卽以此地爲南陽郡，改縣曰宛。【略】劉善曰：『在中國之南而居陽地，故以爲名。』大城西南隅，卽古宛城也。

黔中郡 《史記》卷五《秦本紀》（昭襄王）三十年，蜀守若伐取巫郡及江南，爲黔中郡。《正義》：《括地志》云：黔中故城在辰州沅陵縣西二十里。江南，今黔府，亦其地也。

晉・常璩《華陽國志》卷一《巴志》 周慎王五年，【略】司馬錯自巴涪水取楚商於之地，爲黔中郡。

北魏・酈道元《水經注》卷三七《沅水》 秦昭襄王二十七年，使司馬錯以隴蜀軍攻楚，楚割漢北與秦。至三十年，秦又取楚巫黔及江南地，以爲黔中郡。

河東郡 《史記》卷七九《范睢蔡澤列傳》（四十一年）昭王召王稽，拜爲河東守。【略】後二歲，《集解》：徐廣曰：五十二年。王稽爲河東守，與諸侯通，坐法誅。

又 卷六《秦始皇本紀》 莊襄王死，政代立爲秦王。【略】北收上郡以東，有河東、太原、上黨郡。

《漢書》卷二八下《地理志下》 河東郡。秦置。

上黨郡 《史記》卷七三《白起王翦列傳》（秦昭襄王）四十八年十月，秦復定上黨郡。《索隱》：秦前攻趙，已破上黨。今迴兵，復定其郡。其餘城，猶屬趙。

《漢書》卷二八上《地理志上》 上黨郡。秦置。

北魏・酈道元《水經注》卷一〇《濁漳水》（堯水）又東逕長子縣故城南，周史辛甲所封邑也。春秋襄公十八年，晉人執衛行人石買于長子，卽是縣也。秦置上黨郡，治此。

《魏書》卷一〇六上《地形志上・幷州》 上黨郡。秦置，治壺關城。前漢治長子城。

陶郡 《史記》卷七二《穰侯列傳》 穰侯卒於陶而因葬焉，秦復收陶爲郡。

三川郡 《史記》卷五《秦本紀》（莊襄王）元年，秦界至大梁，初置三川郡。《集解》：韋昭曰：有河、洛、伊，故曰三川。

又 卷一五《六國年表・秦表》 秦莊襄王楚元年，蒙驁取成皋、滎陽，初置三川郡。

又　卷八八《蒙恬列傳》　秦莊襄王元年，蒙驁爲秦將，伐韓，取成皋、滎陽，作置三川郡。

又　卷三四《燕召公世家》　（今王喜）六年，秦滅東、西周，置三川郡。

北魏・酈道元《水經注》卷一六《穀水》　秦滅周，以爲三川郡。

太原郡　《史記》卷五《秦本紀》　（莊襄王）四年，王齕攻上黨。初置太原郡。《正義》：上黨以北，皆太原地，卽上三十七城也。

又　卷一五《六國年表・秦表》　秦莊襄王楚三年，王齮擊上黨。初置太原郡。

《漢書》卷二八上《地理志上》　太原郡。秦置。

北魏・酈道元《水經注》卷六《汾水》　東南過晉陽縣東，晉水從縣南東流注之。太原郡治晉陽城，秦莊襄王三年立，《尚書》所謂『既脩太原』者也。《春秋説題辭》曰：高平曰太原。原，端也，平而有度。《廣雅》曰：大鹵，太原也。《釋名》曰：地不生物曰鹵。鹵，罏也。《穀梁傳》曰：中國曰太原，夷狄曰大鹵。《尚書大傳》曰：東原底平大而高平者，謂之太原。郡取稱焉。

東郡　《史記》卷六《秦始皇本紀》　五年，將軍驁攻魏，定酸棗、燕、虚、長平、雍丘、山陽城皆拔之，取二十城。初置東郡。

又　卷八八《蒙恬列傳》　（始皇）五年，蒙驁攻魏，取二十城，作置東郡。

又　卷三四《燕召公世家》　秦拔魏二十城，置東郡。

又　卷三七《衛康叔世家》　元君十四年，秦拔魏東地，秦初置東郡，更徙衛野王縣，而并濮陽爲東郡。《索隱》：魏都大梁，濮陽、黎陽並是魏之東地，故立郡，名東郡也。

《漢書》卷二八上《地理志上》　東郡。秦置。

北魏・酈道元《水經注》卷九《沁水》　沁水東逕野王縣故城北。秦昭王四十四年，白起攻太行道絶，而韓之野王降。始皇拔魏東地，置東郡，衛元君自濮陽徙野王，卽此縣也。

雁門郡　《漢書》卷二八下《地理志下》　鴈門郡。秦置。

北魏・酈道元《水經注》卷三《河水》　中陵水又西北流，逕善無縣故城西。【略】《地理志》：鴈門郡治。

雲中郡　《漢書》卷二八下《地理志下》　雲中郡。秦置。

北魏・酈道元《水經注》卷三《河水》　白渠水又西南逕雲中故城南故趙地。虞氏《記》云：趙武侯自五原河曲築長城，東至陰山；又於河西造大城，一箱崩，不就，乃改卜陰山河曲而禱焉。晝見羣鵠遊於雲中，徘徊經日，見大光在其下。武侯曰：『此爲我乎！』乃卽於其處築城，今雲中城是也。秦始皇十三年，立雲中郡。

潁川郡　《史記》卷六《秦始皇本紀》　十七年，内史騰攻韓，得韓王安，盡納其地，以其地爲郡，命曰潁川。

《漢書》卷二八上《地理志上》　潁川郡。秦置。

北魏・酈道元《水經注》卷二二《潁水》　秦始皇十七年滅韓，以其地爲潁川郡。蓋因水以著稱者也。

邯鄲郡　《史記》卷七三《白起王翦列傳》　（始皇）十八年，翦將攻趙。歲餘，遂拔趙，趙王降，盡定趙地爲郡。

《漢書》卷二八下《地理志下》　趙國。故秦邯鄲郡。

鉅鹿郡　《漢書》卷二八上《地理志上》　鉅鹿郡。秦置。

北魏・酈道元《水經注》卷一〇《濁漳水》　衡水又北逕鉅鹿縣故城東。應劭曰：鹿者，林之大者也。《尚書》曰：堯將禪舜，納之大麓之野，烈風雷雨不迷，致之以昭華之玉。而縣取目焉。【略】鉅鹿郡治。秦始皇二十五年滅趙，以爲鉅鹿郡。

代郡　《漢書》卷二八下《地理志下》　代郡。秦置。

北魏・酈道元《水經注》卷一三《㶟水》　（鴈門水）其水東南流，逕高柳縣故城北，舊代郡治。秦始皇二十三年，虜趙王遷，以國爲郡。

遼東郡　《漢書》卷二八下《地理志下》　遼東郡。秦置。

北魏・酈道元《水經注》卷一四《大遼水》　屈而西南流，逕襄平縣故城西。秦始皇二十二年滅燕，置遼東郡，治此。

遼西郡　《漢書》卷二八下《地理志下》　遼西郡。秦置。

北魏・酈道元《水經注》卷一四《濡水》　濡水又東南流，逕令支縣故城東。【略】秦始皇二十二年，分燕，置遼西郡，令支隸焉。【略】（大沮水）又南，左合陽樂水。水出東北陽樂縣溪。《地理風俗記》曰：陽樂，故燕地，遼西郡治。秦始皇二十二年置。

右北平郡 《漢書》卷二八下《地理志下》 右北平郡。秦置。

北魏・酈道元《水經注》卷一四《鮑丘水》 （藍水）東流，屈而南，逕無終縣故城東。故城，無終子國也。春秋襄公四年，無終子嘉父使孟樂如晉，因魏絳納虎豹之皮，請和諸戎是也。故燕地矣。秦始皇二十二年滅燕，置右北平郡，治此。

漁陽郡 《漢書》卷二八下《地理志下》 漁陽郡。秦置。

北魏・酈道元《水經注》卷一四《鮑丘水》 鮑丘水又東南逕漁陽縣故城南，漁陽郡治也，秦始皇二十二年置。

上谷郡 《漢書》卷二八下《地理志下》 上谷郡。秦置。

北魏・酈道元《水經注》卷一二《聖水》 故燕地。秦始皇二十三年，置上谷郡。王隱《晉書・地道志》曰：郡在谷之頭，故因以上谷名焉。

廣陽郡 北魏・酈道元《水經注》卷一三《漯水》 漯水又東逕廣陽縣故城北。【略】秦始皇二十三年滅燕，以爲廣陽郡。

碭郡 《漢書》卷二八下《地理志下》 梁國。故秦碭郡。唐顔師古注：以有碭山，故名碭郡。

北魏・酈道元《水經注》卷二三《獲水》 獲水又東逕碭縣故城北。應劭曰：縣有碭山，山在東，出文石。秦立碭郡，蓋取山之名也。

又 卷二四《睢水》 睢水又東逕睢陽縣故城南，周成王封微子啓于宋以嗣殷，後爲宋都也。【略】秦始皇二十二年，以爲碭郡。

泗水郡 《漢書》卷二八上《地理志上》 沛郡。故秦泗水郡。

北魏・酈道元《水經注》卷二四《睢水》 又東過相縣南，【略】相縣，故宋地也。秦始皇二十三年，以爲泗水郡。

薛郡 《漢書》卷二八下《地理志下》 魯國。故秦薛郡。

北魏・酈道元《水經注》卷二五《泗水》 周成王封姬旦于曲阜，曰魯。秦始皇二十三年，以爲薛郡。

楚郡 《史記》卷四〇《楚世家》 （王負芻）五年（秦始皇二十四年），秦將王翦蒙武遂破楚國，虜楚王負芻，滅楚，名爲楚郡云。《集解》：集解孫檢曰：秦虜楚王負芻，滅去楚名，以楚地爲三郡。

九江郡 《漢書》卷二八上《地理志上》 九江郡。秦置。

北魏・酈道元《水經注》卷三〇《淮水》 又東北流逕壽春縣故城西。縣即楚考烈王自陳徙此。秦始皇立九江郡，治此。兼得廬江、豫章之地，故以九江名郡。

長沙郡 《漢書》卷二八下《地理志下》 長沙國。秦郡。

北魏・酈道元《水經注》卷三八《湘水》 又右逕臨湘縣故城西縣治，湘水濱臨川側，故即名焉。【略】秦滅楚，立長沙郡，即青陽之地也。秦始皇二十六年《令》曰：荆王獻青陽以西。

會稽郡 《史記》卷六《秦始皇本紀》 二十五年【略】王翦遂定荆江南地，降越君，置會稽郡。

《漢書》卷二八上《地理志上》 會稽郡。秦置。

齊郡 《漢書》卷二八上《地理志上》 齊郡。秦置。

北魏・酈道元《水經注》卷二六《淄水》 淄水又北逕其城東。城臨淄水，故曰臨淄。【略】秦始皇二十四年，滅齊爲郡，治臨淄。

琅邪郡 《漢書》卷二八上《地理志上》 琅邪郡。秦置。

北魏・酈道元《水經注》卷二六《濰水》 濰水出琅邪箕縣濰山。琅邪，山名也，越王句踐之故國也。句踐并吴，欲霸中國，徙都琅邪。秦始皇二十六年，滅齊以爲郡。城即秦皇之所築也。

九原郡 《漢書》卷二八下《地理志下》 五原郡。秦九原郡。

北魏・酈道元《水經注》卷三《河水》 又東逕九原縣故城南。秦始皇置九原郡，治此。

鄣郡 《史記》卷六《秦始皇本紀》 三十七年十月癸丑，始皇出遊。【略】十一月行至雲夢【略】過丹陽。《正義》：《括地志》云：丹陽郡故在潤州江寧縣東南五里。秦兼并天下，以爲鄣郡也。

《漢書》卷二八上《地理志上》 丹陽郡。故鄣郡。劉敞曰：秦分三十六郡，無鄣郡。鄣郡之置，又不知何帝。

郯郡 北魏・酈道元《水經注》卷二五《沂水》 又屈南過郯縣西【略】郯，故國也，少昊之後。【略】縣，故舊魯也，東海郡治。秦始皇以爲郯郡。

三十六郡 《史記》卷六《秦始皇本紀》 分天下以爲三十六郡，《集解》：三十六郡者，三川、河東、南陽、南郡、九江、鄣郡、會稽、潁川、碭郡、泗水、薛郡、東郡、琅邪、齊郡、上谷、漁陽、右北平、遼西、遼東、代郡、鉅鹿、邯鄲、上黨、太原、雲中、九原、鴈門、上郡、隴西、北地、漢中、巴郡、蜀郡、黔中、長沙凡三十五，與內史爲三十六郡。 郡置守、尉、監。

論　說

《史記》卷六《秦始皇本紀》　丞相綰等言：「諸侯初破，燕、齊、荆地遠，不爲置王，毋以填之，請立諸子，唯上幸許。」始皇下其議於羣臣，羣臣皆以爲便。廷尉李斯議曰：「周文、武所封子弟同姓甚衆，然後屬疏遠，相攻擊如仇讎。諸侯更相誅伐，周天子弗能禁止。今海內賴陛下神靈一統，皆爲郡縣，諸子、功臣以公賦稅重賞賜之，甚足易制。天下無異意，則安寧之術也。置諸侯不便。」始皇曰：「天下共苦戰鬭不休，以有侯王。賴宗廟天下初定，又復立國，是樹兵也，而求其寧息，豈不難哉？廷尉議是。」

漢·許慎《説文解字·邑部》　周制，天子地方千里，分爲百縣，縣有四郡。故《春秋傳》曰「上大夫受縣，下大夫受郡」是也。至秦初，天下置三十六郡以監縣。從邑，君聲。

漢·劉熙《釋名》卷二《釋州國》　縣，懸也，懸係於郡也。郡，羣也，人所羣聚也。

漢·應劭《風俗通義》卷末《佚文》　《周禮》百里曰同。所以奬王室，協風俗，總名爲縣。縣，玄也，首也，從系倒首，舉首易偏矣，言當玄靜，平徭役也。

北魏·酈道元《水經注》卷二《河水》　黄義仲《十三州記》曰：郡之言君也。改公侯之封而言君者，至尊也。郡守專權，君臣之禮彌崇。今「郡」字，「君」在其左，「邑」在其右，君爲元首，邑以載民，故取名于君，謂之郡。《漢官》曰：秦用李斯議，分天下爲三十六郡。凡郡，或以列國，陳、魯、齊、吴是也；或以舊邑，長沙、丹陽是也。或以山陵，太山、山陽是也；或以川原，西河、河東是也；或以所出，金城城下得金，酒泉泉味如酒，豫章樟樹生庭，鴈門鴈之所育是也；或以號令，禹合諸侯，大計東冶之山，因名會稽是也。【略】

黄義仲《十三州記》曰：縣，弦也，弦以貞直，言下體之居，鄰民之位，不輕其誓，施繩用法，不曲如弦。弦聲近縣，故以取名，今系字在半也。

唐·陸德明《經典釋文》卷二〇《春秋左氏音義·哀上·經二年》　千里百縣。縣方百里。縣有四郡。郡方五十里。

唐·杜佑《通典》卷三三《職官十五·州郡下·縣令》　《周官》有縣正，四百里爲縣。各掌其縣之政令而賞罰之。春秋時，列國相滅，多以其地爲縣，則縣大而郡小。故《傳》云：上大夫受縣，下大夫受郡。《周書·作雒篇》曰：千里百縣，縣有四郡。縣邑之長曰宰，曰尹，曰公，曰大夫。晉謂之大夫，魯、衛謂之宰，楚謂之公、尹。其職一也。孔子爲中都宰，一年，四方皆則之；由中都宰爲司空。又齊威王卽位，召卽墨大夫，語之曰：『子居卽墨，毀日至，然吾使人視卽墨，田野闢，民人給，官無留事，東方以寧。是子不事吾左右，以求名也。』封之萬家。召阿大夫，語曰：『自子之守阿，名日聞，然使視阿，田野不闢，民人貧苦。是子以幣厚吾左右，以求名也。』乃烹阿大夫。左右常稱者，皆并烹之。遂起兵擊諸侯，諸侯震懼。人人不敢飾非，務盡其誠，齊國大治。又子產理鄭，人不能欺；宓子賤理單父，人不忍欺；西門豹理鄴，人不敢欺。至於戰國，則郡大而縣小矣。故甘茂謂秦武王曰：『宜陽大縣，名曰縣，其實郡也。』

宋·王欽若等《册府元龜》卷七〇一《令長部總序》　古者列爵惟五，分土惟三，文軌所通，諸侯而已，縣道之制，蓋未聞焉。周初，小司徒之職，都鄙之制，四甸爲縣，方一十里。《周書》千里百縣。其名雖肇，其地尚小。東周之末，諸侯強大，封內之縣，制始盛矣。掌其政者，魯謂之宰，仲尼爲中都宰是也。齊謂之大夫，齊威王封卽墨大夫、烹阿大夫是也。楚謂之尹，沈尹戌爲方城之外縣尹是也；亦謂之公，葉公諸梁是也。秦氏罷侯置守，以郡統縣。其制萬户已上置令，秩千石至六百石；減萬户置長，秩五百石至三百石。

宋·王觀國《學林》卷九《寰》　寰字音環，又音眩。《廣韻·平聲》曰：『寰，戶關切。王者封畿內縣也。又音黄練切。』《廣韻·去聲》：『縣，黄練切。古文作寰，郡縣也。楚莊王滅陳爲縣，縣名自此始也。』觀國案：文士多用寰宇字，寰雖亦音環，而究其義，則當爲『縣』字。蓋王者封畿內縣，則讀『寰』字爲『縣』字，宜矣。其曰楚莊王滅陳爲縣，縣名自此始者，案《史記·楚世家》曰：楚莊王至洛，觀兵於周郊。周定王使王孫滿勞楚王，楚王問鼎小大輕重。則楚莊王與周定王同時也。然《史記·秦本紀》秦武公十年，伐邽、冀戎，初縣之。十一年，初縣杜、鄭。蓋秦武公十年當周莊王之八年，自周莊王又歷六世，始爲周定王，則縣名非始於楚莊王也。秦武公初縣邽、冀戎，初縣杜、鄭者，乃伐而取之，初以其地爲縣，亦非縣名之始也。《周禮》有井、邑、丘、甸、縣、鄙之法，故許慎《説文》曰：『周制，天子地方千里，分爲百縣』。然則縣之名久矣，非楚莊王所創也。

宋·葉夢得《春秋考》卷一〇《莊公》　鄭伯降楚之辭云：『使改事君，夷於九縣。』楚莊王滅陳，因縣陳，曰：『諸侯縣公，皆慶寡人。』蓋楚滅小國，皆以爲縣。其縣大夫皆僭而稱公，如白公、葉公之類；而晉侯賞士伯以瓜衍之縣，則諸侯亦通有縣也。

宋·呂祖謙《大事記解題》卷三《周顯王四十一年》【略】魏納上郡。

《解題》曰：張儀既取蒲陽而復歸之，故魏以上郡爲謝也。《魏世家》書『盡入上郡于秦』，豈上郡所統不止十五縣，前此有爲秦所取者與？春秋之時，郡屬於縣，趙簡子誓衆所謂『上大夫受縣，下大夫受郡』是也。杜預注曰：《周書·作雒篇》千里百縣，縣有四郡。戰國之時，縣屬於郡，此所謂『上郡十五縣』是也。方孝公、商鞅時，并小鄉爲大縣，縣一令，尚未有郡及守稱。及魏納上郡之後十餘年，《秦紀》始書『置漢中郡』，或者山東諸侯先變古制而秦效之歟？按《戰國策》：城渾南游於楚，至於新城，説其令曰：『鄭、魏者，楚之耎國，而秦者，楚之強敵也。鄭、魏之弱，而楚以上梁應之。宜陽之大也，楚以弱新城圍之。蒲坂、平陽相去百里，秦人一夜而襲之，安邑不知。新城、上梁相去五百里，秦人一夜而襲之，上梁亦不知也。夫邊邑之所恃者，非江南泗上也，故王何以不新城爲主郡也？邊邑甚利之。』新城公大説，乃使城渾之楚，楚王果以新城爲主郡。以此考之，則郡之所治，必居形勢控扼之地也。郡者，縣之主，故謂之主郡。

宋·趙彥衛《雲麓漫抄》卷三　百里之長，周曰縣正。春秋時，魯、衛謂之宰，楚謂之公、尹，晉謂之大夫，秦謂之令。漢因之，大曰令，次曰長。

宋·魏了翁《古今考》卷一《豐沛邑中陽里人》　鶴山先生曰：【略】蓋自秦滅古制，郡縣、邑里之別，茫不可考，今姑言之。古者大而別之，曰九州；細而別之，則自天子、諸侯所治，皆曰國，國之外曰野，則六鄉六遂與三等采地在焉。其得名縣者有三：總王畿之內曰縣，則天子之寰內是也。寰即縣也。六遂之内有縣，凡二千五百家，則四鄙爲縣，四遂爲縣是也。三伯里至四伯里爲縣，則甸、稍、縣、都是也。至春秋末，趙簡子誓師，則謂上大夫受縣，下大夫受郡。杜預引《周書·作雒篇》謂千里一縣，縣有四郡。魯昭五年《左氏傳》亦云：晉有四十縣，遺守四千乘。縣有百乘，合乎《周書》而背《周禮》，未知孰爲可信，大抵皆未是。後世之所謂縣，至秦孝公併邑聚爲縣，而縣之制始此。郡之名，不見於經，亦始見於趙鞅之言，乃是縣統郡而不以郡統縣也。自秦始皇併天下，分爲三十六郡，然後以郡統縣，其時縣猶有邑在焉。

宋·戴侗《六書故》卷一〇《人三》　縣。胡涓切。懸而系之，縣之義也。別作懸。借爲縣鄙之縣，去聲。《周官》小司徒井牧田埜，四井爲邑，四邑爲丘，四丘爲甸，四甸爲縣。遂人掌埜，造縣鄙形體之法。五家爲鄰，五鄰爲里，四里爲酇，五酇爲鄙，五鄙爲縣。小司徒之法，井地法也。遂人之法，居民之法也。六遂之民，分耕邦甸，然亦必有聚落居邑，故以人制數，與六鄉同，遂之縣，眂鄉之州。周衰，王制始紊。楚滅諸國，皆以爲縣。晉之縣亦大。楚有縣公，晉有縣大夫。趙鞅誓師，曰『上大夫受縣，下大夫受郡』，縣大於郡也。杜氏曰：《周書·作雒篇》千里百縣，縣有四郡。秦人始以郡統縣。

宋·羅璧《識遺》卷五《縣邑》　縣、邑二字，古不通稱不同制。《周禮》曰：四井爲邑，四甸爲縣。鄭玄注：縣方二十里。縣自王城三百里外至四百里曰縣。《周書·作雒篇》曰：千里百縣。謂縣方十里。《禮記》、《左傳》注邑，皆四井，但《傳》言邑，多不同。如叔段請制，曰巖邑也。凡以地著，皆稱邑。鄖人以隨、絞、州、蓼伐楚，鬬廉曰『日虞四邑之至也』與夫『敝邑』之類。國例稱邑。又曰『凡邑，有宗廟先君之主曰都，無曰邑。』則初無四井限也。若溫，欒豹之邑，范文子欲之，曰『溫，吾縣也。』昭五年《傳》曰：『韓賦七邑，皆成縣也。』《史記》言晉六卿欲弱公室，遂以法盡滅其族而分其邑，爲十縣，各令其子爲大夫。則縣、邑在春秋已相混。戰國秦封衛鞅商於十六邑，按商於爲弘農縣名，則鞅封邑，特弘農縣六十四井地爾。周亡，赧王獻邑三十六于秦武公，嘗謂楚令尹子昭曰：『西周之地，絕長補短，不過百里。』竊疑亦四井之邑。班固《漢史》剖析尤明。《漢書》高帝曰沛豐邑中陽里人。應劭注曰：沛，縣也；豐，其鄉也。師古注：沛者，秦泗水屬縣；豐者，沛之聚邑。又沛公入關，使人與秦吏行縣鄉邑，告諭之。故知邑繫於縣。六年，令天下縣邑城。師古注：縣之與邑，皆令築城。十二年，上擊黥布，還過沛；及去，父老空縣，皆之邑西獻。縣、邑在漢初，實爲二意。其時井邑之制，猶有存者。按商鞅變秦，並諸小鄉、都、邑爲縣，縣置一令，而古制盡亡。

《詩》、《書》言夏邑、商邑、豐邑，《易》曰改邑；黄帝邑涿鹿，舜所居成邑；《論語》十室之邑、千室之邑。師古訓聚邑，是已指人衆聚居處言之。《韻釋》郡者，群聚也；縣者，懸也。懸於郡之謂縣。縣繫於郡，秦制明矣。《左傳》哀二年，趙簡子誓衆，曰：克敵者，上大夫受縣，下大夫受郡。則古縣大於郡，而郡名亦不始秦。

元・方回《續古今考》卷一二《縣三老》 周制，天子之畿内稱縣内，大司寇之屬有縣士、掌野，各掌其縣之民數。鄭注：地距王城三百里外以至四百里曰縣，二百里至三百里曰野，四百里至五百里曰都。都、縣、野，非王子弟、公卿大夫之采地，則皆公邑，有三縣。趙、晉、韓、魏爲公侯大夫，置郡縣。小司徒造都鄙之井田，九夫爲井，四井爲邑，四邑爲丘，四丘爲甸，四甸爲縣，四縣爲都。鄭注：四甸爲縣，方二十里；四縣爲都，方四十里；四都方八十里，旁加十里，乃得方百里，爲一同也。積萬井九萬夫，井田之備於一同。今止於都者，采地食者皆四之一。其制三等：百里之國凡四都，一都之田税入於王；三十里之國凡四縣，一縣之田税入於王；二十五里之國凡四甸，一甸之田税入於王。此天下之縣，卿士之縣，井田之縣，非後世之縣也。

《史記・趙世家》：晉頃公之十二年，六卿以法誅祁氏、羊舌氏，分其邑爲十縣，六卿各令其族爲之大夫。《韓》、《魏世家》皆書六卿十縣事。此乃後郡縣之縣。《左傳》書曰：晉韓宣子卒，魏獻子爲政，分祁氏。羊舌氏之田，命司馬彌牟爲十大夫，以賢舉也。《左傳》曲筆，不如司馬遷之公，以法誅祁氏、羊舌氏直筆也；六卿各令其族爲十縣大夫，直筆也。此縣大夫之始也，秦之縣之謂也。春秋之末，晉頃公最昏弱，六卿分晉，自此始；十縣大夫不爲公室田，自此始；孔子未相魯之十四年前也。《魏世家》魏武侯擊十三年，書秦獻公縣櫟陽。《秦紀》獻公二年，城櫟陽，徐廣注：徙都之。司馬遷於《魏世家》書曰：縣謂都之也，僭也。周安王十九年也。趙孝成王四年，韓上黨守馮亭。《趙世家》：入城市邑十七於趙上黨郡也。城市邑十七，縣也。孝成王使趙勝受地，告馮亭以萬戶都三，封太守；千戶都三，封縣令，皆世世爲侯。吏民皆益爵三級。馮亭不説。此又可見郡太守、縣令之始也，又可知戰國之有爵級，亦不專於秦也。趙以兵取上黨，遂有長平之禍。《秦紀》厲共公二十一年，初縣顏陽，又在獻公未縣櫟陽之前七世，三晉殺智伯之前，孔子卒之二十三年間，秦之縣久矣。周顯王十九年，歲在辛未。《史記・秦紀》孝公之十二年，大良造商鞅作爲咸陽，築冀闕，徙都之。並諸小鄉聚，集爲大縣，縣一令，四十一縣，爲田開阡陌。東萊《大事記》書秦聚小都鄉邑爲三十一縣，置令丞。『三十一』字與『四十一』字差。《解題》曰：此廢都邑爲郡縣之始也。

明・陸容《菽園雜記》卷七 韻書云：楚莊王滅陳爲縣，縣之名自此始。此説非也。《周禮・小司徒》有云：九夫爲井，四井爲邑，四邑爲丘，四丘爲甸，四甸爲縣。又《遂人》云：五家爲鄰，五鄰爲里，四里爲酇，五酇爲鄙，五鄙爲縣。則縣之名，先已有之，但與今縣，制不同耳。或謂郡縣自秦漢始，亦非也。周制地方千里，分爲百縣，縣有四郡。上大夫受縣，下大夫受郡。秦廢封建之制，置三十六郡，以監天下之縣。漢因而增置郡國六十七。郡之名，亦先有之。特古今制度不同，大小𡗝異耳。

清・汪森《粤西文載》卷一〇《〔明〕黄佐〈廣西歷代州郡府縣沿革表〉》 周制，天子方千里，分爲百縣，縣有四郡。凡縣百里，郡二十五里。故《左氏傳》曰：『上大夫受縣，下大夫受郡』，較諸《周禮》所謂『四甸爲縣，五鄙爲縣』者又不同。按大司徒經土地而井牧其田野，自方里而井，積至四甸，則方二十里。遂人掌邦之野，以土地之圖，經四野，造縣鄙形體之法，自五家爲鄰，積至五鄙，則二千五百家。蓋周制所謂縣，因地設官也；《周禮》所謂縣，因田授民也。楚子嘗縣陳矣，以國爲縣，其大可知也。孔、孟所稱葉公、費惠公之屬，特一縣尹爾，下王一等；至僭稱公，則其大又可知也。秦兼天下，初置三十六郡，以監縣，於是郡始大而縣反小。

明・周祈《名義考》卷四《地部・州郡府縣》 周制，天子地方千里，分爲百縣，縣有四郡。郡縣之名始見。【略】周制千里百縣，百里之國也；縣有四郡，不能五十里之國也；七十里、五十里之國，又損益於其中。秦以後，其制盡廢。

明・王世貞《弇州四部稿》卷一六四《説部・宛委餘編九》 《左傳》趙簡子代衛誓師，曰『克敵者，上大夫受縣，下大夫受郡』。杜氏註曰：千里百縣，縣有四郡。當是時，縣蓋統郡也。按堯分天下爲九州，舜益以十二州，禹復爲九州。其所統者，五等之國耳。自諸侯兼并，地日益以大，而始有郡縣之名。秦孝公命商鞅分秦地爲四十一縣，後并天下，罷侯置守，凡三十六郡，而郡始改而統縣矣。

明·方以智《通雅》卷一七《地輿·九州建都考略》 郡縣大小不一，春秋郡屬于縣，戰國後縣屬于郡。《周書·作雒篇》曰：千里百縣，縣有四郡。《説文》引之。智按，《周官》有在鄉之縣，有在遂之縣，有采邑之縣，有閒田之縣，故王畿謂之縣。其名不一，有以一村爲一縣者矣。【略】

清·馬驌《左傳事緯前集》卷六《覽左隨筆》 古者以縣統郡，與後世不同。故楚人滅國，以爲九縣。

清·顧炎武《日知録》卷二二《郡縣》 《漢書·地理志》言秦并兼四海，以爲周制微弱，終爲諸侯所喪，故不立尺土之封，分天下爲郡縣，盪滅前聖之苗裔，靡有孑遺。後之文人祖述其説，以爲廢封建，立郡縣，皆始皇之所爲也。以余觀之，殆不然。《左傳》僖公三十三年，晉襄公以再命，命先茅之縣賞胥臣。宣公十一年，楚子縣陳。十二年，鄭伯逆楚子之辭曰：使改事君，夷于九縣。註：楚滅諸小國爲九縣。十五年，晉侯賞士伯以瓜衍之縣。成公六年，韓獻子曰：成師以出，而敗楚之二縣。襄公二十六年，蔡聲子曰：晉人將與之縣，以比叔向。三十年，絳縣人或年長矣。昭公三年，二宣子曰：晉之別，縣不惟州。五年，薳啓彊曰：韓賦七邑，皆成縣也。註：成縣，賦百乘也。又曰：因其十家九縣，其餘四十縣。十年，叔向曰：陳人聽命，而遂縣之。二十八年，晉分祁氏之田，以爲七縣；分羊舌氏之田，以爲三縣。哀公十七年，子穀曰：彭仲爽，申俘也，文王以爲令尹，實縣申、息。《晏子春秋》：昔我先君桓公，予管仲狐與穀，其縣十七。《説苑》：景公令吏，致千家之縣一於晏子。《戰國策》：智過言於智伯曰：破趙，則封二子者各萬家之縣一。《史記·秦本紀》：武公十年，伐邽、冀戎，初縣之。十一年，初縣杜、鄭。《吳世家》王餘祭三年，予慶封朱方之縣。則當春秋之世，滅人之國者，固已爲縣矣。按昭二十九年《傳》：蔡墨言劉累遷于魯縣，則夏后氏已有縣之名。《周禮·小司徒》：四甸爲縣。《遂人》：五鄙爲縣。《縣士》註：距王城二百里以外至四百里曰縣，亦作寰。《國語》：管子制齊，三鄉爲寰，寰有寰帥；十寰爲屬，屬有大夫。顔師古曰：古書縣邑，字皆作『寰』，以『縣』爲縣掛字。後人轉用爲州縣字，其縣掛之『縣』，又加『心』以別之也。

《史記》：吳王發九郡兵伐齊。范蜎對楚王曰：楚南塞厲門而郡江東。甘茂謂秦王曰：宜陽大縣，名曰縣，其實郡也。春申君言於楚王曰：淮北地邊齊，其事急，請以爲郡便。《匈奴傳》言趙武靈王置雲中、鴈門、代郡，燕置上谷、漁陽、右北平、遼西、遼東郡，以屯守。又言魏有河西、上郡，以與戎界邊。則當七國之世，而固已有郡矣。哀公二年《傳》：趙簡子誓曰：克敵者，上大夫受縣，下大夫受郡。杜氏註引《周書·作雒篇》：千里百縣，縣有四郡。古時縣大而郡小。《説文》：周制，天子地方千里，分爲百縣，縣有四郡。至秦，初置三十六郡，以監其縣。今按《史記》吳王及春申君之事，則郡之統縣，固不始於秦也。

吳起爲西河守，馮亭爲上黨守，李伯爲代郡守，西門豹爲鄴令，荀況爲蘭陵令，城渾説楚新城令，衛有蒲守，韓有南陽假守，魏有安邑令。蘇代曰：請以三萬戶之都封太守，千戶封縣令。趙封馮亭亦云。而齊威王朝諸縣令長七十二人。則六國之未入於秦，而固已先爲守令長矣。故史言樂毅下齊七十餘城，皆爲郡縣；而齊湣王遺楚懷王書曰：四國爭事秦，則楚爲郡縣矣。張儀説燕昭王曰：今時趙之於秦，猶郡縣也。安得謂至始皇而始罷侯置守邪？《傳》稱禹會諸侯，執玉帛者萬國。至周武王，僅千八百國。春秋時見於經傳者，百四十餘國；又并而爲十二諸侯，又并而爲七國。此固其勢之所必至。秦雖欲復古之制，一一而封之，亦有所不能，而謂罷侯置守之始於秦，則儒生不通古今之見也。

秦分天下爲三十六郡，其中西河、上郡則因魏之故；雲中、鴈門、代郡則趙武靈王所置，上谷、漁陽、右北平、遼西、遼東郡則燕所置。《史記》不志地理，而見之於《匈奴》之傳；孟堅《志》皆謂之秦置者，以漢之所承者秦，不言魏、趙、燕爾。

又 卷二〇《非三公不得稱公》 《左傳》自王卿而外，無書『公』者，惟楚有之。其君已僭爲王，則臣亦僭爲公。宣十一年所謂『諸侯縣公，皆慶寡人』者也。《漢書》『沛公』注：孟康曰：楚舊僭稱王，其縣宰爲公。《淮南子》『魯陽公』注：楚之縣公也。楚僭號稱王，其守縣大夫皆稱公。《傳》中如葉公、析公、申公、鄖公、蔡公、息公、商公、期思公，並邊中國，白公邊吳，蓋尊其名以重邊邑。《呂氏春秋》楚又有卑梁公，《戰國策》楚人有宛公、新城公。而秦有庶公。《索隱》曰：蓋庶邑公，史失其姓名。楚漢之際，有滕公、戚公、柘公、薛公、郯公、蕭公、陳公、魏公、留公、方與公；高祖初稱沛公，太上皇父稱豐公，皆楚之遺名。《左傳》齊亦有邢公、棠公。此縣公之公也。御史監郡者亦稱監公，見《曹相國世家》。

清・朱鶴齡《讀左日鈔》卷一二《哀公》　克敵者，上大夫受縣，下大夫受郡。注：《周書・作雒篇》：千里百縣，縣有四郡。《疏》：昭五年《傳》晉有四十縣，遺守四千乘。是縣別有百乘，與《作雒》之言合也。上大夫受縣，縣則爲百乘之家，言得進爲卿也。縣有四郡，則郡方五十里，下大夫得此五十里之采邑。

又　卷五《夷于九縣》　《疏》九縣：莊十四年滅息，十六年滅鄧，僖五年滅弦，十二年滅黄，二十六年滅夔，文四年滅江，五年滅六滅蓼，十六年滅庸。《傳》稱楚武王克權，使鬬緡尹之；又稱文王縣申息。凡十一國，不知何以言九。按春秋時，多有滅其國而後復封之，如陳、蔡之類。此十一國中，或有先滅後封者，故止言九耳。

又　卷五《以申息之師救蔡》　林之奇曰：楚以申、息爲經營中國之本，故三軍、二廣不常出，大抵用申、息之師。僖二十五年，以申、息之師戍商密。二十八年，敗城濮，曰『其若申、息之老何！』成六年，以申、息之師救蔡，其後囊瓦敗申、息之師于桑隧。昔宣王之世，申伯實以王舅爲南國之屏翰，所以扞城王室。秦漢之時，南陽爲要地。故楚有圖北方之志，其君恒居于申。大合諸侯，亦在焉。

清・王夫之《讀通鑒論》卷一《秦始皇一》　兩端爭勝，而徒爲無益之論者，辨封建者是也。郡縣之制，垂二千年而弗能改矣，合古今上下皆安之，勢之所趨，豈非理而能然哉？天之使人必有君也，莫之爲而爲之。故其始也，各推其德之長人、功之及人者而奉之，因而尤有所推以爲天子。人非不欲自貴，而必有奉以爲尊，人之公也。安於其位者習於其道，因而有世及之理，雖愚且暴，猶賢於草野之罔據者。如是者數千年而安之矣。強弱相噬而盡失其故，至於戰國，僅存者無幾，豈能役九州而聽命於此數諸侯王哉？於是分國而爲郡縣，擇人以尹之。郡縣之法，已在秦先。秦之所滅者六國耳，非盡滅三代之所封也。則分之爲郡，分之爲縣，俾才可長民者皆居民上以盡其才，而治民之紀，亦何爲而非天下之公乎？

清・張尚瑗《左傳折諸》卷二七《哀公》　上大夫受縣，下大夫受郡。《周書・作雒篇》：千里百縣，縣有四郡。縣之廣，止十里，而四分十里以爲郡，若後世小村耳。下云『士田十萬』，十萬畝之田，亦幾于一二里，與郡相匹。蓋周之畝，狹于後世也。《秦紀》惠文王十五年，魏納上郡十五縣。則縣統于郡矣。

清・程廷祚《春秋識小録》卷二《縣邑之官》　春秋縣邑之長，皆大夫也。其别有公邑，有私邑。公邑屬於公朝，如趙衰之于原、狐溱之于溫是也。私邑則國卿采地，如費、成、郈之于魯三家是也。公邑、私邑雖分治于諸大夫，而皆以國卿聽其成。襄三十年，趙武問絳縣大夫，則其屬也。孔氏謂絳非趙武私邑而武分掌之。又昭二十八年，魏戊不能斷梗陽之獄，上之獻子是也。其時雖無監司、守令之名，而大概與後世亦復相似。縣邑之官，列國稱名不一。

清・惠士奇《禮説》卷四《地官二》　《周書》西土方千里，分爲百縣。《左傳》九縣長轂九百，四十縣遺守四千，則每縣百乘，百縣萬乘，此國畿千里出車之大數也。《地官》有縣師，《秋官》有縣士。凡縣之衆庶，縣士聚之，縣師作之。若將有會同、師田、行役之事，則縣師受灋於司馬，甸、稍、都、鄙受灋於縣師，是爲縣師之灋，名曰縣法；而縣士則各掌其縣之禁令焉。《風俗通》曰：百里爲同，總名曰縣。縣，玄也，首也，從系倒首，言當玄靜徭役也。然則縣法者，徭役之法歟？鄭司農以三百里至四百里爲縣，康成則分爲五等，百里曰郊，二百里曰甸，三百里曰稍，四百里曰縣，五百里曰都。《司馬法》二百里爲州，三百里爲野，餘同。不知甸地、稍地、畺地，皆縣地也。稍人掌丘乘，方士掌都家，所掌者卽甸地、稍地、畺地，而稍人則以縣師之法爲丘乘之政令，方士亦以時修其縣法而爲都家之治。其都邑，則又縣師造之，量其地，辨其物，而制其域。故曰縣，弦也。縣聲近弦，施繩用法，不曲如紘也。縣師掌師田，作衆庶，造都邑，故以取名。周曰師，楚曰尹，漢曰令，其職兼文武，幷掌兵器。

清・顧棟高《春秋大事表》卷五《列國爵姓及存滅表叙》　余既輯春秋疆域，自成周以迄齊、楚、秦、晉，凡十一國，而當日之形勢，如鱗次櫛比，犬牙相錯。凡行軍用師，出入往來之迂直遠近，及築城戍守之輕重疎密，莫不瞭然具見。繼爲原其封爵之所由及其姓氏，與小國之入于某國爲某邑，而春秋之列侯始而星羅棊布。繼而彊兼弱削，究其源流，指掌可數。作而歎曰：封建之裂爲郡縣，蓋不自秦始也。自莊公之世，而楚文王已縣申、息，封畛于汝。逮後而晉有四十縣。哀二年趙鞅爲銕之師，誓曰：『克敵者，上大夫受縣，下大夫受郡。』終春秋之世，而國之滅爲縣邑者，強半天下，而諸國卒以強盛。則當日之勢，較之周初，已稍稍異矣。雖聖王復起，不得不變其制也。且入春秋以來，周室得以綿延數百年者，賴齊與晉耳，而齊、晉之兼國，爲不少也。假令齊、晉謹守侯度，猶然臨淄、太原百里之封，而周天子能統虞、虢、譚、遂諸國，以鞭笞荆楚，披攘戎狄乎？不能也。其不能者，何也？其勢散，且有土之諸侯未必皆賢，即使因其不賢而易置之，而其政令不能盡出于王朝，其民之視聽不能盡屬于天子，故常散而不能聚，弱而不能強。其易而縣邑也，則不然。度才而使之，程能而任之，朝不道則夕斥之矣，夕不道則朝罷之矣。晉文難守原之大夫，而得趙衰。鄭子皮欲使尹何爲邑，而子産曰：『少未知可否。』其操縱由一己，其呼吸若一氣，其簡練教訓如親父兄之于子弟也，故能抗方張之敵而成翼戴之勢。嗚呼！世變之所趨，如天地之化陰陽，積而成寒暑，豈一朝一夕之故哉？雖聖人復起，無如之何也。西漢之興，侯國與郡縣參半，未幾而反者四起，其存者皆淫侈不軌。逮國除爲郡，而黎民乂安，垂數百年。漢之國除爲郡，而地入于天子；春秋之國滅爲邑，而地歸于強侯。漢以淫侈不軌而除，春秋以弱小不能自立而滅。其事不同，而世變之所趍，則一也。天下之勢，合則治而分則亂。自三代以來，莫之有易矣。

清·惠棟《春秋左傳補註》卷二《因縣陳》 《廣韻》：縣，郡縣也。《釋名》曰：縣，懸也，懸于郡也。古作『寰』。楚莊王滅陳爲縣，縣名自此始也。家君曰：縣不見《周官》，似非自楚莊王始，然古文作『寰』，亦非無本。而《説文》無『寰』字，似『縣』即『寰』也。《集韻》云：寰，通作『縣』。

清·永瑢等《歷代職官表》卷五三《知府直隸州知州等官表·歷代建置·秦》 謹案：秦罷諸侯，分置郡縣，爲後世府州縣之所自始，然郡之爲名，實不始于秦時。考《釋名》云：郡，聚也，人所羣聚也。《説文》云：周制，天子地方千里，分爲四縣，縣有四郡。《周書·作雒篇》：千里百縣，縣有四郡。郡小縣大，故《春秋傳》曰：『上大夫受縣，下大夫受郡』。秦并天下，置三十六郡，以監天下之縣，則郡大縣小，《秦紀》『魏納上郡十五縣』是也。是則自古即有列郡之名，特秦改置之，在諸縣之上，而魏納上郡又在秦未置郡之前。蓋秦亦第因列國遷移之舊，而爲之制耳。《史記·秦本紀》惠王十三年，置漢中郡。此爲秦置郡之始。其後分爲三十六郡。而《史記》、《漢書》所紀，又有楚郡、郯郡、東陽、河間等郡。蓋天下既定制爲三十六郡，而其初暫置及後所增設，當亦不爲定制也。

清·趙翼《陔餘叢考》卷一六《郡縣》 田汝成謂郡縣不始於秦，而引《左傳》晉分祁氏之田爲七縣，羊舌氏之田爲三縣，事在周敬王八年，以爲秦未置郡縣以前之明證。此蓋據秦孝公用商鞅變法，集小鄉邑聚爲縣，及秦并天下，置三十六郡，以爲秦置郡縣之始，故在敬王後也。不知四甸爲縣、四縣爲都及五鄙爲縣之制，見於《周禮》，則置縣本自周始。蓋係王畿千里内之制，而未及於侯國。若侯國之置縣，則實自秦始，而非列國先有此制也。《史記》秦武公十年伐邽、冀戎，初縣之。十一年，初縣杜、鄭。蓋因周制王畿内有縣，故仿之。每得一地，即置縣，以爲畿内地。按秦武公十年乃周莊王九年、魯莊公六年，其事在敬王前一百七十八年。則列國之置縣，莫先于此，安得以百七十餘年以後晉人置縣之事，以爲先於秦耶？惟《國語》管仲對齊桓有十鄉爲縣之説，齊桓與秦武同時，則齊與秦之置縣，未知孰先孰後。然考之《管子》書，但有軌、里、連、鄉、邑、率之類，無所謂縣者，則《國語》所云十鄉爲縣之説，或後人追記之訛，而齊桓時尚無縣制。《管子·山國篇》有某縣之田若干之語。則置縣之自秦武始，更不待辨也。《國語》晉惠公許賂秦穆公以河外列城五，曰『君實有郡縣』。其時列國俱未有此名，而秦先有之，尤爲明證。自後列國之有縣，蓋皆因秦制而仿之。秦、楚相近，故楚之設縣亦最早。莊王伐鄭，鄭伯肉袒牽羊以逆，有『夷于九縣』之語。注謂魯莊十四年楚滅息、十六年滅鄧之類。又莊王滅陳，殺夏徵舒，因縣陳。則秦武公置縣後不久，楚亦設縣也。秦、晉相近，故晉之設縣亦較先，如分祁氏、羊舌氏之田爲縣是也。然皆在秦武公後，則不得謂設縣不自秦始也。

惟設郡之始，秦不經見。惠文君十三年，秦取漢中地，始置漢中郡。而惠文十年，魏已納上郡，是魏有郡在前，秦有郡在後。故吳師道謂：或者山東諸侯先變古制，而秦效之。然據晉惠公所云『君自有郡縣』之語在魯僖九年，則有郡亦莫先於秦，不得謂設郡不自秦始也。惟古時縣大而郡小，戰國以後則郡大而縣小。《左傳》趙鞅與鄭戰，誓于衆曰：『克敵者，上大夫受縣，下大夫受郡。』注引《周書·作雒篇》曰：千里百縣，縣有郡。此縣大于郡之證也。據此則郡亦周制。《國策》甘茂曰：宜陽大縣，名爲縣，其實郡也。尉繚曰：秦之強諸侯，譬如郡縣之君。《史記》魏納上郡十五縣。此郡大於縣之證也。呂氏《大事記》亦云：春秋時，郡屬于縣，戰國時，縣屬于郡。此又郡縣大小不同之源流也。

清・洪亮吉《更生齋文甲集》卷二《春秋時以大邑爲縣始于楚論》 春秋時，楚始以大邑爲縣。按《秦本紀》：『孝公十二年，幷諸小鄉聚，集爲大縣，縣一令，凡四十一縣。』《商鞅傳》作三十一縣。《漢書・百官表》：『縣令、長，皆秦官。萬户以上爲令，秩千石至六百石。減萬户爲長，秩五百石至三百石。皆有丞、尉。』按《商鞅傳》止言置令、丞。然其制實自楚創始之。《左傳》宣十一年，楚子入陳，殺夏徵舒，因縣陳。十二年，鄭伯對楚莊王曰：『使改事君，夷于九縣。』杜預注：『楚滅九國以爲縣，願得比之。』《正義》言：楚滅諸國見于經傳者，哀十七年稱文王『縣申、息』，莊六年稱『楚滅鄧』，十八年『克權』，僖五年『滅弦』，十二年『滅黄』，二十六年『滅夔』，文四年『滅江』，五年『滅六』，又『滅蓼』，十六年『滅庸』，凡十一國。蘇氏、沈氏以『權』爲小國，『庸』先屬楚，除二國外，爲九也。襄公二十六年，伯州犁言：『穿封戌，方城外之縣尹。』此見于《左傳》者也。其見于《史記・楚世家》者，則子革對靈王曰：『且入大縣而乞師于諸侯』，又惠王之十年，『是歲也，滅陳而縣之』是也。

此外，則晉自文、襄以後，大邑亦名縣。《左傳》僖公三十三年，晉襄公『以再命命先茅之縣賞胥臣』。宣十五年，晉人『賞士伯以瓜衍之縣』。襄公二十六年，楚聲子欲復椒舉，謂令尹子木曰：『晉人將與之縣，以比叔向』。昭公五年，薳啓疆謂楚子曰：『韓賦七邑，皆成縣也』；又云『因其十家九縣，其餘四十縣』云云。二十八年，晉殺祁盈及楊食我，『分祁氏之田以爲七縣，分羊舌氏之田以爲三縣』是也。蓋春秋時，已有改封建爲郡縣之勢，創始于楚，而秦與晉繼之。至戰國，而大邑無不爲縣矣。

又考楚文王縣申，在魯莊公六年。《史記・秦本紀》言：武公『十年，伐邽、冀戎，初縣之。十一年，初縣杜、鄭』。《晉語》公子夷吾對秦使公子縶曰：『君實有郡縣。』皆當在楚文王縣申之後。《廣韻》又言：『楚莊王縣陳，縣所自起。』亦非。當云自楚文王縣申、息始。

後世置小州，其制亦始于楚。《左傳》宣公十一年，莊王『復封陳。鄉取一人焉歸，謂之夏州。』《史記・蘇秦傳》：楚『東有夏州、海陽。』《集解》引徐廣云：『楚考烈元年，秦取夏州。』今按《楚世家》又云：『納州于秦』，徐廣又註云：『州，楚州陵縣。』彼此不同，未知誰是。又引車允撰《桓温集》云：『夏口城上數里有州，名夏州。』張守節云：『州在大江中。』

清・姚鼐《惜抱軒文集》卷二《郡縣考》 周之制：王所居曰國中，分命大夫所居曰都鄙。自國而外，有曰家稍者矣，曰邦縣者矣，曰邦都者矣，而統名之，皆都鄙也。鄭君云『都之所居曰鄙』，殆非是，宜曰鄙之所居曰都。《詩》曰：『作都於向。』《月令》曰：『毋休於都。』然則都者，鄙所居城之謂也。見於《詩》、《書》、傳記，凡齊、魯、衛、鄭之國，率同王朝都鄙之稱。蓋周法：中原侯服，疆以周索；國近蠻夷者，乃疆以戎索。故齊、魯、衛、鄭名同於周，而晉、秦、楚乃不同於周，不曰都鄙而曰縣。

然始者有縣而已，尚無郡名。吾意郡之稱，蓋始於秦、晉，以所得戎、翟地遠，使人守之，爲戎、翟民君長，故名曰郡。如所云『陰地之命大夫』，蓋卽郡守之謂也。趙簡子之誓曰：『上大夫受縣，下大夫受郡。』郡遠而縣近，縣成聚富庶而郡荒陋，故以美惡異等，而非郡與縣相統屬也。《晉語》：『夷吾謂公子縶曰：「君實有郡縣。」』言晉地屬秦，異於秦之近縣，則謂之曰郡縣，亦非云郡與縣相統屬也。及三卿分范、中行、知氏之縣，其縣與己故縣隔絶，分人以守，略同昔者使人守遠地之體，故率以郡名。然而郡乃大矣，所統有屬縣矣。

其後秦、楚亦皆以得諸侯地名郡，惟齊無郡，齊用周制故也。都鄙者，王朝本名。故晉、秦、楚雖爲縣，而未嘗不可因周之稱，而周必無郡之稱，以郡者遠地之稱也。秦之内史，漢之三輔，終不可名之郡，況周畿内乎？《周書・作雒篇》乃有『縣有四郡』之語，此非真西周之書，周末誣僭之士爲之也。

清・錢大昕《潛研堂文集》卷一六《秦三十六郡考》 秦三十六郡之名，當以《漢書・地理志》爲據。自裴駰誤解《史記》，别南海、桂林、象郡於三十六之外，而《晉志》因有四十郡之説，紛紛補湊，似是實非。今依《漢志》，列其名目如左：

《漢志》稱『秦置』者二十有七：河東郡、太原郡、上黨郡、東郡、潁川郡、南陽郡、南郡、九江郡、鉅鹿郡、齊郡、琅邪郡、會稽郡、漢中郡、蜀郡、巴郡、隴西郡、北地郡、上郡、雲中郡、鴈門郡、代郡、上谷郡、漁陽郡、右北平郡、遼西郡、遼東郡、南海郡。

稱『秦郡』者一：長沙郡。漢爲國。稱『故秦某郡』者八：三川郡、漢更名河南郡。泗水郡，漢更名沛郡。九原郡，漢更名五原郡。桂林郡，漢更名鬱林郡。象郡，漢更名日南郡。邯鄲郡，漢爲趙國。碭郡，漢爲梁國。薛郡。漢爲魯國。

以上共三十六郡。《志》云『秦置』者，謂因其名不改者也。云『秦郡』者，因其郡名而立爲國者也。云『故秦某郡』者，因其地而改其名者也。此外無稱『秦』者。讀古人書，須識其義例。此《志》首云：『漢興，承秦制度，故述郡名，斷自秦始。』如雲中、代、上谷、漁陽、右北平、遼西、遼東諸郡，以《匈奴傳》考之，乃戰國燕、趙所置也，而《志》皆云『秦置』。蓋以秦之三十六郡爲斷，非與彼《傳》相矛盾也。

又　卷三五《答談階平書》　僕試卽以《史記》質之，則三十六郡之分，本非一年中事。如東郡則始皇五年置矣，潁川則十七年置矣，會稽則二十五年置矣，豈皆在二十六年乎？不特此也，巴、蜀置於惠文，南郡、南陽、隴西、北地置於昭襄，三川、太原置於莊襄，則幷非始皇時矣。上郡，魏所置；雲中、鴈門、代郡，趙所置；上谷、漁陽、右北平、遼東、遼西，燕所置；漢中，楚所置，則幷非秦置矣。而史皆繫之二十六年者，以是歲爲兼幷天下之始，封建變爲郡縣，至是遂一成而不可易，故特記之。前所置之二十餘郡與後所增之三郡，總以三十六該之，而前後復隨文別見。古人叙事參差，不若後人之泥也。

又　卷三五《答洪稚存書》　《史記》秦始皇二十六年，秦始幷天下，分天下爲三十六郡。謂廢封建，立郡縣，始於此，非謂三十六郡皆是年所分也。若紬考之，則是年平齊，所置祇齊與琅邪兩郡耳。幷前置之三十一郡，後置之三郡，總計之，故云三十六也。史公但言分三十六郡，而不列其目；孟堅則明言某郡秦置，某爲秦某郡，合之正得三十六。

雜録

《左傳・定公二十九年》（蔡墨）對曰：【略】『其後有劉累，學擾龍于豢龍氏，以事孔甲。能飲食之，夏后嘉之，賜氏曰御龍，以更豕韋之後。龍一雌死，潛醢以食夏后，夏后饗之。既而使求之，懼而遷于魯縣。』注：魯縣，今魯陽也。

《墨子》卷一五《迎敵祠》　凡守城之法，縣師受事，出葆，循溝防，築薦通塗，脩城。

又　卷一五《號令》　邊縣邑視其樹木惡，則少用。

若行縣，必使信人先戒舍，室乃出迎，門守，乃入舍。

邑人知識、昆弟有罪，雖不在縣中而欲爲贖，若以粟米、錢金、布帛、他財物免出者，令許之。

縣各上其縣中豪傑若謀士、居大夫重厚，口數多少。

符傳疑若無符，皆詣縣廷言，請問其所使。

門有吏，主諸門、里，筦閉必須太守之節。

望氣者舍必近太守。

某縣某里某子家食口二人，積粟六百石。

又　卷一五《雜守》　先舉縣官室居、官府不急者，材之大小、長短及凡數，卽急先發。

城守，【略】署都司空、大城四人，候二人，縣候，面一，亭尉、次司空、亭一人。

常令邊縣豫種畜芫、芒、烏喙、袾葉。

《銀雀山漢墓竹簡（壹）・守法守令等十三篇・守法》　……大縣二萬家。中縣、小縣以民戶之數制之。

又　《庫法》　……【大縣】百里，【中】縣七十里，小縣五十里。大縣二萬家，中縣萬五千家，小縣萬【家】。

《商君書》卷一《墾令》　聲服無通於百縣，則民行作不顧，休居不聽。

百縣之治一形，則從迂者不敢更其制，過而廢者不能匿其舉。

商勞則去來賫送之禮無通於百縣，則農民不饑，行不飾。

又　卷五《境內》　夫勞爵，其縣過三日有不致士大夫勞爵能。

又　卷五《定分》　諸侯郡縣皆各爲置一法官及吏，皆此秦一法官。郡縣諸侯一受寶來之法令，學問幷所謂。

《鶡冠子》卷中《王鈇》　鶡冠子曰：其制邑理都，使矔習者五家爲伍，伍爲之長；十伍爲里，里置有司；四里爲扁，宋陸佃《解》：扁當爲『甸』，後皆放此。扁爲之長；十扁爲鄉，鄉置師；五鄉爲縣，縣有嗇夫治焉；十縣爲郡，有大夫守焉。命曰官屬。郡大夫退，脩《解》：或皆作『循』。其屬縣；嗇夫退，脩其鄉；鄉師退，脩其扁；扁長退，脩其里；里有司退，脩其伍；伍長退，脩其家，事相斥正，居處相察，出入相司。《解》：司猶伺也。

《戰國策》卷二《西周》 韓、魏易地，西周弗利。樊餘謂楚王曰：『周必亡矣。韓、魏之易地，韓得二縣，魏亡二縣，所以爲之者，盡包二周，多於二縣，九鼎存焉。』

又 卷六《秦四》 齊、秦合而立負芻，負芻立，其母在秦，則魏，秦之縣也。漢高誘注：負芻即魏公子，其母即魏所出齊女也。欲令秦王取之，故曰其母在秦，故云魏，秦之縣也。

又 卷一二《齊五》 蘇秦説齊閔王曰：【略】『中人禱祝，君翳釀，通都小縣置社，有市之邑，莫不正事而奉王，則此虚中之計也。』

又 卷一四《楚一》 有人謂昭過曰：『甚矣，楚王不察於爭名者也。韓求相工陳籍而周不聽，魏求相綦毋恢而周不聽，何以也？周是列縣畜我也。』

又 卷一八《趙一》 乃使趙勝往受地。趙勝至，曰：『敝邑之王使使者臣勝告太守，有詔使臣勝謂曰：「請以三萬戶之都封太守，千戶封縣令，諸吏皆益爵三級，民能相集者賜家六金。」』馮亭垂涕而免。

又 卷二〇《趙三》 虞卿曰：『此飾説也。秦既解邯鄲之圍，而趙王入朝，使趙郝約事於秦，割六縣而講。』

又 卷二二《魏一》 （張儀）謂魏王曰：【略】『王之所得者，新觀也。而道塗宋、衛爲制，事敗爲趙驅，事成功縣宋、衛。』

又 卷二四《魏三》 須賈爲魏謂穰侯曰：『夫秦，貪戾之國而無親。蠶食魏，盡晉國，戰勝睾子，割八縣地未畢入而兵復出矣。』

魏將與秦攻韓，朱己謂魏王曰：『韓必德魏、愛魏、重魏、畏魏，韓必不敢反魏，韓是魏之縣也。魏得韓以爲縣，則衛大梁，河外必安矣。』

又 卷二六《韓一》 張儀爲秦連横説韓王曰：【略】『夫攻楚而私其地，轉禍而説秦，計無便於此者也。是故秦王使使臣獻書大王御史，須以決事。』韓王曰：『客幸而教之，請比郡縣，築帝宮，祠春秋，稱東藩，効宜陽。』

又 卷二七《韓二》 韓王遣張翠，張翠稱病，日行一縣。

韓得武遂以恨秦，毋秦患而得楚。韓，楚之縣而已。

又 卷二九《燕一》 張儀爲秦破從連横，謂燕王曰：【略】『且今時趙之於秦，猶郡縣也，不敢妄興師以征伐。』

又 卷三〇《燕二》 樂毅爲燕昭王合五國之兵而攻齊，下七十餘城，盡郡縣之，以屬燕。

又 卷三一《燕三》 （蒙嘉）爲先言於秦王曰：『燕王誠振畏，慕大王之威，不敢興兵以拒大王。願舉國爲内臣，比諸侯之列，給貢職如郡縣，而得奉守先王之宗廟。』

又 卷三二《宋衛》 秦攻衛之蒲，【略】胡衍曰：『公釋蒲勿攻。臣請爲公入戒蒲守，以德衛君。』

《孔子家語》卷二《致思》 子路爲蒲宰，爲水備，與其民修溝瀆。

漢・韓嬰《韓詩外傳》卷六 子路治蒲三年，孔子過之，入境而善之，曰：『由恭敬以信矣。』入邑，曰：『善哉！由忠信以寬矣。』至庭，曰：『善哉！由明察以斷矣。』

漢・劉向《説苑》卷七《政理》 子路治蒲，見於孔子，曰：『由願受教。』孔子曰：『蒲多壯士，又難治也。』

北魏・酈道元《水經注》卷八《濟水》 濮渠又東逕蒲城北，故衛之蒲邑。孔子將之衛，子路出于蒲者也。《韓子》曰：魯以仲夏起長溝，子路爲蒲宰以私粟饋衆，孔子使子貢毀其器焉。

《山海經》卷一《南山經》 《南次二經》之首曰柜山。【略】有獸焉，【略】見則其縣多土功。有鳥焉，【略】見則其縣多放士。

東南四百五十里，曰長右之山。【略】有獸焉，【略】見則郡縣大水。

又東三百四十里，曰堯光之山。【略】有獸焉，【略】見則縣有大繇。晉郭璞注：謂作役也。或曰其縣是亂。

又 卷一三《海内東經》 鉅燕在東北陬。國在流沙中者埻端、璽㬇，在崑崙墟東南。一曰海内之郡，不爲郡縣，在流沙中。

《韓非子》卷一《存韓》 且夫韓入貢，暗與郡縣無異也。

又 卷五《飾邪》 當燕之方明奉法，審官斷之時，東縣齊國，南盡中山之地。

又 卷九《内儲説上・七術》 龐敬，縣令也，遣市者行，而召公大夫而還之。

韓昭使騎於縣，使者報。

卜皮爲縣令。其御史汙濊而有愛妾，卜皮乃使少庶子佯愛之，以知御史陰情。

又　卷一〇《內儲説下・六微》　衛嗣君之時，有人於令之左右。縣令有發蓐而席弊甚。嗣公還令人遺之席，曰：『吾聞汝今者發蓐而席弊甚，賜汝席。』縣令大驚，以君爲神也。

又　卷一八《八經》　伍官連縣而鄰，謁過賞，失過誅。相室約其廷臣，廷臣約其官屬，兵士約其軍吏，遣使約其行介，縣令約其辟吏，郎中約其左右，后姬約其宮媛，此之謂條達之道。

又　卷一九《五蠹》　今之縣令，一日身死，子孫累世絜駕，故人重之。

《呂氏春秋》卷二一《開春》　韓氏城新城，期十五日而成。注：韓氏本都弘農宜陽，其後都潁川陽翟新城，今河南新城是也，故戎蠻子之國也。段喬爲司空，有一縣後二日，段喬執其吏而囚之。

漢・劉安《淮南子》卷一三《氾論訓》　夏桀、殷紂之盛也，人跡所至，舟車所通，莫不爲郡縣。然而身死人手而爲天下笑者，有亡形也。

又　卷一五《兵略訓》　以家聽者祿以家，以里聽者賞以里，以鄉聽者封以鄉，以縣聽者侯以縣。【略】此湯、武之所以致王而齊桓、晉文之所以成霸也。

又　卷二〇《泰族訓》　故舉天下之高，以爲三公；一國之高，以爲九卿；一縣之高，以爲二十七大夫；一鄉之高，以爲八十一元士。

《史記》卷八七《李斯列傳》　李斯因以得説，説秦王曰：【略】『自秦孝公以來，周室卑微，諸侯相兼，關東爲六國，秦之乘勝役諸侯，蓋六世矣。今諸侯服秦，譬若郡縣。』

漢・劉向《新序》卷四《雜事第四》　梁大夫有宋就者，嘗爲邊縣令，與楚鄰界。

又　卷七《節士》　縣名爲勝母，曾子不入。

漢・袁康《越絕書》卷七《越絕內傳陳成恒》　子貢東見越王，越王聞之，除道郊迎至縣，身御子貢。【略】越使果至，曰：『東海役臣孤句踐使使臣種敢修下吏，問於左右。昔孤不幸，少失先人，內不自量，抵罪於縣，軍敗身辱，遯逃出走，棲于會稽。』

戶口田土部

戶口分部

綜述

夏　《尚書・五子之歌》　予臨兆民，懍乎若朽索之馭六馬。漢孔安國《傳》：十萬曰億，十億曰兆。言多。

《左傳・哀公元年》　（少康）逃奔有虞，爲之庖正，以除其害。虞思於是妻之以二姚，而邑諸綸，晉杜預注：綸，虞邑。有田一成，有衆一旅。注：方十里爲成，五百人爲旅。

《荀子》卷一九《大略篇》　禹見耕者耦，立而式，過十室之邑必下。

《大戴禮記》卷五《曾子制言下》　生耕稼，以老十室之邑。是故昔者禹見耕者五耦而式，過十室之邑則下，為秉德之士存焉。

晉・皇甫謐《帝王世紀・星野及歷代墾田戶口數》　及禹平水土，還為九州，今《禹貢》是也。是以其時，【略】民口千三百五十五萬三千九百二十三人。至於塗山之會諸侯，承唐虞之盛，執玉帛亦有萬國。

唐・杜佑《通典》卷七《食貨七・歷代盛衰戶口》　三皇以前尚矣，靡可得而詳也。孔子稱堯曰『大哉』，舜曰『盡善』，禹曰『無間』。以三聖之德，地方不過數千里，故君臣歌德，含氣之類，各得其宜。禹平水土為九州，人口千三百五十五萬三千九百二十三。塗山之會，諸侯承唐虞之盛，執玉帛者萬國。

商　《甲骨文合集》6175　……〔登〕人四千乎氏……

又　《合集》7328　……人三千乎伐……

又　《合集》21651　子卜□貞……萬人歸。

又　《合集》31997　在馭允□八千人□。

又 《合集》39902 辛巳卜，□貞：登婦好三千异旅萬，乎伐□［方］

又《尚書・仲虺之誥》 克寬克仁，彰信兆民。

又《湯誥》 天命弗僭，賁若草木，兆民允殖。

又《伊訓》 惟我商王，布昭聖武，代虐以寬，兆民允懷。

又《說命上》 俾率先王，廸我高后，以康兆民。

《呂氏春秋》卷八《簡選》 殷湯良車七十乘，必死六千人，以戊子戰於郕，遂禽移大犧。漢高誘注：桀多力，能推大犧，因以為號，而禽克之。

又 卷九《順民》 昔者湯克夏而正天下，天大旱，五年不收。湯乃以身禱於桑林，曰：『余一人有罪，無及萬夫；萬夫有罪，在余一人。』

《尚書・泰誓中》 受有億兆夷人，離心離德。《傳》：平人，凡人也。雖多而執心用德不同。唐孔穎達《正義》：昭二十四年《左傳》此文，服虔、杜預以夷人為夷狄之人。即如彼言，惟云億兆夷人，則受率其旅若林，即曾無華夏人矣。故《傳》訓『夷』為『平』，平人為凡人，言其智慮齊識見同，人數雖多，執心用德不同。心謂謀慮，德為用行，智識既齊，各欲申意，故心、德不同也。

《逸周書》卷四《世俘解》 武王遂征四方，【略】馘魔億有十萬七千七百七十有九，俘人三億萬有二百三十。

《詩經・大雅・大明》 殷商之旅，其會如林。漢毛亨《傳》：旅，衆也。如林，言衆而不為用也。漢鄭玄《箋》：殷盛合其兵衆，陳于商郊之牧野。

《左傳・桓公十一年》（鬭廉）對曰：【略】『傳曰：「武王有亂臣十人，紂有億兆夷人。」』

又 《昭公二十四年》 《大誓》曰：『紂有億兆夷人，亦有離德。』注：言紂衆億兆，兼有四夷，不能同德，終敗亡。

《管子》卷五《法禁》 《泰誓》曰：『紂有臣億萬人，亦有億萬之心。武王有臣三千而一心。』故紂以億萬之心亡，武王以一心存。

《尉繚子》卷一《天官》 武王伐紂，背濟水，向山阪，而陳以二萬二千五百人擊紂之億萬，而滅商。

又 卷二《武議》 武王伐紂，師渡盟津，右旄左鉞，死士三百，戰士三萬。紂之臣億萬。

《荀子》卷一一《彊國篇》 夫桀紂【略】土地之大，封内千里，人之衆，數以億萬。

《韓非子》卷一《初見秦》 昔者紂為天子，將率天下甲兵百萬，左飲於淇溪，右飲於洹谿，淇水竭而洹水不流，以與周武王為難。

晉・皇甫謐《帝王世紀・殷商》 紂有億兆夷人，起師自容閭至浦水，與同惡諸侯五十國，凡七十萬人，拒周于商郊之牧野。

又 《星野及歷代墾田戶口數》 逮湯受命，其能存者三千餘國，方於塗山，十損其七，民離毒政，將亦如之。殷因於夏，六百餘載，其間損益，書策不存，無以考之。又遭紂亂，至周尅商，制五等之封，凡千七百七十三國，又減湯時千三百矣。民衆之損，將亦如之。

唐・杜佑《通典》卷七《食貨七・歷代盛衰戶口》 逮湯受命，其能存者三千餘國，方於塗山，十損其七。其後紂作淫虐，厚賦以實鹿臺，大斂以積鉅橋，人庶苦而無憀，天下去之。周武王致商之罪，罔有敵於我師，一戎衣天下大定，垂拱而天下治，定五等之封，凡千七百七十三國，又減湯時千三百國，人衆之損亦如之。

兩周 《周易・訟》 九二：不克訟，歸而逋。其邑人三百戶，无眚。漢鄭玄注：小國之下大夫采地，方一成。其定稅三百家，故三百戶也。

漢・趙煜《吳越春秋》卷一《吳太伯傳》 邠人父子兄弟相帥負老携幼，揭釜甑而歸古公。居三月成城郭，一年成邑，二年成都，而民五倍其初。

《尚書帝命驗》 赤爵啣丹書，止於昌戶。民踰山穿穴，老幼相扶，歸者八十萬戶。

《中候雒師謀》 唯王既誅崇侯虎，文王在豐，豐人一朝扶老至者八十萬戶。

《孟子・盡心下》 武王之伐殷也，革車三百兩，虎賁三千人。

《呂氏春秋》卷八《簡選》 武王虎賁三千人，簡車三百乘，以要甲子之事於牧野，而紂為禽。

《淮南子》卷二〇《泰族訓》 湯、武革車三百乘，甲卒三千人，討暴亂，制夏商，因民之欲也。

《史記》卷四《周本紀》 （武王）遂率戎車三百乘，虎賁三千人，甲士四萬五千人，以東伐紂。【略】誓已，諸侯兵會者，車四千乘，陳師牧野。帝紂聞武王來，亦發兵七十萬人，距武王。

《戰國策》卷一《東周》 顏率曰：【略】『昔周之伐殷，得九鼎，凡一鼎而九萬人輓之，九九八十一萬人。士卒師徒、器械被具所以備者，稱此。』

《尚書·周官》 惟周王撫萬邦，巡侯甸，四征弗庭，綏厥兆民。《傳》：十億曰兆。言多。

六卿分職，各率其屬，以倡九牧，阜成兆民。

永康兆民，萬邦惟無斁。

又 《呂刑》 一人有慶，兆民賴之，其寧惟永。

《逸周書》卷五《皇門解》 百姓兆民，用罔不茂在王庭。

《殷周金文集成釋文》卷二《大盂鼎》 賜女邦嗣四伯，人鬲自御至於庶人六百又五十又九夫。賜夷嗣王臣十又三伯，人鬲千又五十夫。

又 卷二《小盂鼎》 王令盂以□□伐鬼方，【略】獲馘四千八百又二馘，俘人萬三千八十一人。

《詩經·大雅·假樂》 假樂君子，顯顯令德。宜民宜人，受祿于天。保右命之，自天申之。

干祿百福，子孫千億。《箋》：十萬曰億。穆穆皇皇，宜君宜王。不愆不忘，率由舊章。

《國語》卷三《周語下》 叔向告之曰：【略】『《詩》曰：「其類維何？室家之壼。君子萬年，永錫祚胤。」類也者，不忝前哲之謂也。壼也者，廣裕民人之謂也。萬年也者，令聞不忘之謂也。祚胤也者，子孫蕃育之謂也。』

《周禮·地官·大司徒》 令五家為比，使之相保；五比為閭，使之相受；四閭為族，使之相葬；五族為黨，使之相救；五黨為州，使之相賙；五州為鄉，使之相賓。漢鄭玄注：閭，二十五家；族，百家；黨，五百家；州，二千五百家；鄉，萬二千五百家。唐賈公彥疏：云『閭二十五家』云云知之者，案此經五家為比，五州為鄉，轉相增，故其家數可知。

又 《地官·遂人》 五家爲鄰，五鄰爲里，四里爲酇，五酇爲鄙，五鄙爲縣，五縣爲遂。注：鄰、里、酇、鄙、縣、遂猶郊內比、閭、族、黨、州、鄉也。鄭司農云：田野之居，其比伍之名與國中異制，故五家為鄰。玄謂異其名者，示相變耳。遂之軍法、追胥、起徒役如六鄉。

《漢書》卷二四上《食貨志上》 在壄曰廬，在邑曰里。唐顏師古注：廬各在其田中，而里聚居也。五家為鄰，五鄰為里，四里為族，五族為黨，五黨為州，五州為鄉，鄉萬二千五百戶也。

漢·何休《公羊傳·宣公十五年》解詁 在田曰廬，在邑曰里。一里八十戶，八家共一巷中。

晉·皇甫謐《帝王世紀·星野及歷代墾田戶口數》 及周公相成王，致治刑錯，民口千三百七十一萬四千九百二十三人，多禹十六萬一千人，周之極盛也。其後七十餘歲，天下無事，民彌以息。及昭王南征不反，穆王失荒，加以幽厲之亂，平王東遷，三十餘載，至齊桓公二年，周莊王之十三年，五千里內，非天王九嬪之御，自世子公侯以下，至於庶民，凡千百八十四萬七千人。除有土老疾，定受田者九百萬四千人。

《晉書》卷一四《地理志上·總叙》 于時治致太平，政稱刑措，民口千三百七十一萬四千九百二十三，蓋周之盛者也。

唐·杜佑《通典》卷七《食貨七·歷代盛衰戶口》 周公相成王，致理刑措，人口千三百七十萬四千九百二十三，此周之極盛也。及昭王南征不還，穆王荒耄，加以幽、厲之亂，平王東遷，三十餘年，莊王十三年，齊桓公二年，五千里外非天子之御，自太子公侯以下至於庶人，凡千一百八十四萬一千九百二十三人。

清·沈彤《周官祿田考》卷上《官爵數》 王畿百同，私田當五百一十二萬夫。通不易、一易、再易三等之率，而家受二夫，當二百五十六萬家，則一同當二萬五千六百家。詳中卷。郊地四同，當十萬二千四百家。以七萬五千家為六鄉，餘二萬七千四百家。以二萬五千家為十縣，中含鄙五十，酇二百五十，餘二千四百家。以二千家為四鄙，中含酇二十，餘四百家。以為四酇，四酇當亦為一鄙，并四鄙當亦為一縣，則為縣十一，鄙五十五，酇二百七十四也。野有甸、稍、縣、畺四等地。甸十二同，當三十萬七千二百家。以七萬五千家為六遂，餘當二十三萬二千二百家。稍二十同，當五十一萬二千家。縣二十八同，當七十一萬六千八百家。畺三十六同，當九十二萬一千六百家。《漢書·地理志》云：初，雒邑與宗周通封畿，東西長而南北短，短長相覆為千里。則分郊、甸、稍、縣、畺為大小五周，雖算法歸於整齊，要亦隨地勢短長相覆也。去六遂家數，存二百三十八萬二千六百家，則為縣九百五十三，中含四千七百六十五鄙也。若其家而各有增減，則縣鄙亦從而增減焉。此所列者，皆經傳舉中法也。

《詩經·大雅·棫樸》 周王于邁，六師及之。《傳》：天子六軍。《箋》：二千五百人為師。今王興師行者，殷末之制未有師。《禮》：五師為軍，軍萬二千五百人。

又《小雅·采芑》 方叔涖止，其車三千，師干之試。《箋》：方叔臨視此戎車三千乘，其士卒皆有佐師扞敵之用爾。《司馬法》：兵車一乘，甲士三人，步卒七十二人。宣王承亂，羨卒盡起。宋朱熹《集傳》：其車三千，法當用三十萬衆。蓋兵車一乘，甲士三人，步卒七十二人，又二十五人將重車在後，凡百人也。然此亦極其盛而言，未必實有此數也。

又《小雅·黍苗》 我徒我御，我師我旅。《箋》：五百人為旅，五旅為師。《春秋傳》曰：諸侯之制，君行師從，卿行旅從。

《左傳·定公四年》（衛靈公）乃使子魚，子魚辭曰：【略】『若嘉好之事，注：謂朝會。君行師從，注：二千五百人。卿行旅從。注：五百人。臣無事焉。』

《周禮·夏官·司馬序》 凡制軍，萬有二千五百人為軍。王六軍，大國三軍，次國二軍，小國一軍。軍將皆命卿。二千有五百人為師，師帥皆中大夫。五百人為旅，旅帥皆下大夫。百人為卒，卒長皆上士。二十五人為兩，兩司馬皆中士。五人爲伍，伍皆有長。疏：此經言『軍』而《詩》云『師』者，此皆軍也。故鄭答林碩云：軍者，兵之大名。軍禮重言軍，為其大悉。故春秋之兵雖有累萬之衆，皆稱師，《詩》云『六師』，即六軍也。

又《地官·小司徒》 乃會萬民之卒伍而用之。五人爲伍，五伍爲兩，四兩爲卒，五卒爲旅，五旅爲師，五師爲軍，以起軍旅，以作田役，以比追胥，以令貢賦。注：伍、兩、卒、旅、師、軍，皆衆之名。兩，二十五人；卒，百人；旅，五百人；師，二千五百人；軍，萬二千五百人。此皆先王所因農事而定軍令者也。疏：小司徒佐大司徒以掌六鄉。六軍之士出自六鄉，故預配卒伍，百人爲卒，五人爲伍也；而用之者，即軍旅，田役是也。五人爲伍者，下文云『凡起徒役，無過家一人』。六鄉之內，有比、閭、族、黨、州、鄉。一鄉出一軍，六鄉還出六軍。今言五人爲伍者，五家爲比，家出一人，則是一比也；在家爲比，在軍爲伍，伍者聚也。五伍爲兩者，在鄉五比爲閭，閭二十五家也；在軍五伍爲兩，兩，二十五人也。四兩爲卒者，在鄉四閭爲族，族百家也；在軍四兩爲卒，卒百人也。五卒爲旅者，在鄉五族爲黨，黨五百家；在軍五卒爲旅，旅五百人也。五旅爲師者，在鄉五黨爲州，州二千五百家；在軍亦五旅爲師，師亦二千五百人也。五師爲軍者，在鄉五州爲鄉，鄉萬二千五百家；在軍五師爲軍，軍亦萬二千五百人也。

《黃石公三略》卷中 故聖王御世，觀盛衰，度得失，而爲之制。故諸侯二師，方伯三師，天子六師。明劉寅《直解》：故諸侯之國二師，二師，二軍也。方伯之國三師，三師，三軍也。天子之國六師，六師，六軍也。此『師』字與『六師移之』之義同，非五旅爲師，萬二千五百人耳。

《史記》卷五《秦本紀》 周宣王乃召莊公昆弟五人，與兵七千人，使伐西戎，破之。

漢·董仲舒《春秋繁露》卷八《爵國》 凡口軍三者何？清蘇輿《義證》：計口立軍，謂之口軍。曰：大國十六萬口而立口軍三。何以言之？曰：以井田准數之。方里而一井，一井而九百畝而立口。方里八家，一家百畝，以食五口。上農夫耕百畝，食九口，次八人，次七人，次六人，次五人。多寡相補，率百畝而三口，方里而二十四口。方里者十，得二百四十口；方十里為方里者百，得二千四百口；方百里為方里者千，得二萬四千口；方千里為方里者萬，得二十四萬口。法三分而除其一，城池、郭邑、屋室、閭巷、街路市，官府、園囿、萎圈、臺沼、椽采，得良田方十里者六十六，與方里六十六，定率得十六萬口。三分之，則各五萬三千三百三十三口，為大口軍三，此公侯也。天子地方千里，為方百里者百，亦三分除其一，定得田方百里者六十六，與方十里者六十六，定率得千六百萬口。九分之，各得百七十七萬七千七百七十七口，為京口軍九。三京口軍，以奉王家。

《漢書》卷二三《刑法志》 殷、周以兵定天下矣。天下既定，戢臧干戈，教以文德，而猶立司馬之官，設六軍之衆，注：萬二千五百人為軍，王則六軍也。因井田而制軍賦。地方一里為井，井十為通，通十為成，成方十里，成十為終，終十為同，同方百里，同十為封，封十為畿，畿方千里。有稅有賦，稅以足食，賦以足兵。故四井為邑，四邑為丘，丘十六井也，有戎馬一匹，牛三頭。四丘為甸，甸六十四井也，有戎馬四匹，兵車一乘，牛十二頭，甲士三人，卒七十二人，干戈備具，是謂乘馬之法。一同百里，提封萬井，除山川、沈斥、城池、邑居、園囿、術路三千六百井，定出賦六千四百井，戎馬四百匹，兵車百乘，此卿大夫采地之大者也，是謂百乘之家。一封三百一十六里，提封十萬井，定出賦六萬四千井，戎馬四千匹，兵車千乘，此諸侯之大者也，是謂千乘之國。天子畿方千里，提封百萬井，定出賦六十四萬井，戎馬四萬匹，兵車萬乘，故稱萬乘之主。

元·馬端臨《文獻通考》卷一四九《兵考一·兵制·成周兵制圖》

王：六鄉六遂，六軍；七萬五千人。大國上公：三鄉三遂，三軍；三萬七千五百人。次國侯、伯：二鄉二遂，二軍；二萬五千人。小國子、男：一鄉一遂，一軍。一萬二千五百人。

《國語》卷一八《楚語下》 王曰：「所謂百姓、千品、萬官、億醜、兆民經入畡數者，何也？」（觀射父）對曰：「民之徹官百，三國吳韋昭注：徹，達也。自以名達於上者，有百官也。王公之子弟之質能言能聽徹其官者，注：質，有賢質也。能言，能言其官職也。而物賜之姓，以監其官，是為百姓。注：物，事也。以功事，賜之姓。官有世功，則有官族，若司馬、太史之屬是也。姓有徹品，十於王，謂之千品。注：謂一官之職，其寮屬徹於王者有十品；百官，故有千品也。五物之官，陪屬萬，為萬官。注：五物，謂天、地、神、民、類物之官也。臣之臣，為陪屬。謂有寮屬轉陪貳，相佐助，復有十等；千品，故萬官也。官有十醜，為億醜。注：醜，類也。以十醜承萬，為十萬。十萬曰億，古數也。今以萬萬為億。天子之田九畡，以食兆民。注：九畡，九州之內有畡數也。食兆民，民稱耕而食其中也。天子曰兆民。王取經入焉，以食萬官。」經，常也。常入，征稅也。

唐・杜佑《通典》卷一九《職官一・歷代官制要略・官數》 唐，六十員。《尚書》云：建官惟百。鄭玄云：虞官六十，唐官未聞。堯、舜同道，或皆六十，并屬官而言，則皆有百。夏，百二十員。《尚書》云：「夏、商官倍」，則當二百。鄭玄曰：百二十。殷，二百四十員。《明堂位》二百。鄭玄曰：二百四。周，六萬三千六百七十五員。內二千六百四十三人，外諸侯國官六萬一千三十二人。按《禮記・王制》計之，殷制同。

宋・孫逢吉《職官分紀》卷五〇《官數》 周官六萬三千六百七十五員。內二千六百四十三人，外侯國官六萬一千三十二人。按《王制》云：殷時天下諸侯國千七百七十三，當時殷氏政衰，諸侯相幷，季末之時所存之國耳。大國二百四十九，次國五百一，小國一千二十三，凡列國卿大夫士有六萬一千二十二人。及周初有千八百國，列國卿大夫士大約與殷不異。

元・馬端臨《文獻通考》卷四七《職官考一・官數》 右杜氏《通典》所載唐虞、夏商之官員數，往往以傳聞異辭，故於注兩存之。至周之官數，則以為出於《禮記・王制》。今考之，其所謂外諸侯官六萬一千三十二人者，以《王制》云：殷時天下諸侯國千七百七十三；內大國二百四十九，次國五百一，小國一千二十三。大國、次國則皆三卿、五下大夫、二十七上士，唯小國二卿，其大夫與士如大國、次國之數。大凡列國卿、大夫、士有六萬一千三十二人。其數是矣。獨所謂內官二千六百四十三人者，未知何據。謹按周家之官數，莫詳於《周禮》。今以《周禮》太宰以下及其屬稽其員數之可考者，除《冬官》一篇已亡、無所稽據外，而五官所掌其有命官而難考員數者，如山虞，每大山中士二人，中山下士六人，小山二人；川衡每大川下士十二人之類是也。又有元無命官者，如酒人、漿人之為奄，女御、女祝之為女，方相氏之為狂夫，蠻隸、罪隸之為徒隸是也。若此之外，則其數未嘗不昭然可考。大槩為公者三人，為卿者二十四人；六官六、六卿六、世婦六宮十二。中大夫共六十八人，下大夫共二百九十三人；上士共一千一百三十三人，中士共四千五百三十六人，下士共一萬九千二百零九人。自公而至下士，總計二萬五千二百六十六人。此則《周禮》所載內官可考之數也，與前數殊不脗合。今姑具載其目於後，以俟考訂之精詳者共評之。

清・沈彤《周官祿田考》卷上《官爵數》 然以五官爵數之可周知者，去其婦官，去其公孤及鄉遂郊野官，鄉遂官二萬二千八百七十二人，郊野官六千有五十八人。存二千六百二十九人；而五分取一，以例冬官之有爵者，約五百二十餘人。以五官在官庶人數之可周知者，而五分取一，以例其在冬官者，約四千三百四十人。并五官所可周知之數，凡五萬九千四百餘人。此天子外內官爵及凡在官者大總數之略也。

若內諸侯之官之爵，由經注及他傳記所見推之，【略】通計爵數之可知者，在公四十七人，在孤卿十七人，在大夫九人。其王子弟之官之爵，在親者如公，在次疏者如孤卿，在更疏者如大夫。若外諸侯之官之爵，【略】通計爵數之可知者，在上公三千八百二十八人，在侯二千五百二十二人，在伯二千有九十二人，在子四百有八人，在男二百二十三人。其他有爵官及婦官及在官庶人、女給事之在內外侯者，數皆無考。

《史記》卷四《周本紀》 秦昭王怒，使將軍摎攻西周。西周君犇秦，頓首受罪，盡獻其邑三十六，口三萬。秦受其獻，歸其君於周。

春秋戰國 《孫子兵法・作戰》 孫子曰：凡用兵之法，馳車千駟，革車千乘，帶甲十萬，千里饋糧，內外之費，賓客之用，膠漆之材，車甲之奉，日費千金，然後十萬之師舉矣。

又 《謀攻》 孫子曰：夫用兵之法，【略】全軍為上，破軍次之；曹操、杜牧曰：《司馬法》曰：一萬二千五百人為軍。全旅為上，破旅次之；曹操曰：五百人為旅。全卒為上，破卒次之；曹操曰：一校已下至一百人也。全伍為上，破伍次之。曹操曰：百人已下至五人。李筌曰：百人已下為伍。杜牧曰：五人為伍。

又《**用間**》孫子曰：凡興師十萬，出征千里，百姓之費，公家之奉，日費千金，內外騷動，怠於道路，不得操事者七十萬家。

《**墨子**》**卷五**《**非攻中**》飾攻戰者言曰：南則荊、吳之王，北則齊、晉之君，始封於天下之時，其土地之方，未有至數百里也；人徒之衆，未有至數十萬人也。以攻戰之故，土地之博至有數千里，人徒之衆至有數百萬人，故當攻戰而不可已也。

又　卷六《**節葬下**》天子殺殉，衆者數百，寡者數十；將軍、大夫殺殉，衆者數十，寡者數人。

又　卷一四《**備城門**》廣五百步之隊，丈夫千人，丁女子二千人，老小千人。凡千人而足以應之，此守術之數也。

《**吳子·圖國**》昔齊桓募士五萬，以霸諸侯；晉文召為前行四萬，以獲其志；秦穆置陷陣三萬，以服鄰敵。

《**管子**》**卷二二**《**國蓄**》使萬室之都，必有萬鍾之藏，藏繦千萬；使千室之都，必有千鍾之藏，藏繦百萬。

又　卷二三《**輕重甲**》管子曰：萬乘之國必有萬金之賈，千乘之國必有千金之賈，百乘之國必有百金之賈，非君之所賴也。

又　卷七《**大匡**》天下之國，帶甲十萬者，不鮮矣。

《**莊子**》**卷九**《**盜跖**》孔子與柳下季為友，柳下季之弟名曰盜跖。盜跖從卒九千人，橫行天下，侵暴諸侯。

孔子曰：『名曰盜跖，丘竊為將軍恥不取焉。將軍有意聽臣，臣請南使吳越，北使齊魯，東使宋衛，西使晉楚，使將軍造大城數百里，立數十萬戶之邑，尊將軍為諸侯。』

《**呂氏春秋**》**卷八**《**簡選**》齊桓公良車三百乘，教卒萬人，以為兵首，橫行海內，天下莫之能禁。

晉文公造五兩之士五乘，注：兩，技也，五技之人。兵車五乘，七十五人也。銳卒千人，先以接敵，諸侯莫之能難。

吳闔廬選多力者五百人，利趾者三千人，以為前陣，與荆戰，五戰五勝，遂有郢。

又　卷一九《**用民**》闔廬之用兵也，不過三萬；吳起之用兵也，不過五萬。萬乘之國，其為三萬、五萬尚多。

《**銀雀山漢墓竹簡［壹］·守法守令等十三篇·守法**》……大縣二萬家。中縣，小縣以民戶之數制之。七七一

守城之法，【略】丈夫千人。七七九……

……者萬人，老不事者五千人，嬰兒五千人，女子負嬰。七八〇……

又《**守法守令等十三篇·庫法**》大縣二萬家，中縣萬五千家，小縣萬［家］。八三二【略】車可用者，大縣七十乘，小縣五十乘。八三四

又《**守法守令等十三篇·田法**》……□□法之大術也。食口七人，上家之數也。食口六人，中家之九三〇數也。食口五人，下［家之數也］。□□□以上，年十三歲以下，皆食於上。年六十［以上］與年十六以至十四，皆九三一為半作。什八人作者王，什七人作者朝（霸），什五人作者存，什四人作者亡。九三二【略】

五十家而为里，十九三七里而为州，十鄉〈州〉而為州〈鄉〉。九三八

《**尉繚子**》**卷一**《**制談**》今天下諸國，士所率無不及二十萬之衆。

《**商君書**》**卷四**《**畫策**》雖民至億萬之數，縣重賞而民不敢爭。

《**孟子·告子下**》萬室之國，一人陶則可乎？

《**關尹子·二柱篇**》天下之人，蓋不可以億兆計。

《**鶡冠子**》**卷下**《**武靈王**》今或僵尸百萬，流血千里而勝未決也，以為功計之，每已不若。

《**荀子**》**卷四**《**儒效篇**》平正和民之善，億萬之衆而博若一人。如是則可謂聖人矣。唐楊倞注：雖博雜衆多，如理一人之少。

《**戰國策**》**卷三**《**秦一**》張儀説秦王曰：『今天下之府庫不盈，囷倉空虛，悉其士民，張軍數千百萬。』

又　卷二〇《**趙三**》馬服曰：【略】『且古者四海之內，分為萬國。城雖大，無過三百丈者；人雖衆，無過三千家者。而以集兵三萬，距此奚難哉？今取古之為萬國者，分以為戰國七，能具數十萬之兵，曠日持久數歲，即君之齊已。齊以二十萬之衆攻荆，五年乃罷。趙以二十萬之衆攻中山，五年乃歸。今者齊、韓相方而國圍攻焉，豈有敢曰我其以三萬救是者乎哉？

今千丈之城，萬家之邑相望也，而索以三萬之衆，圍千丈之城，不存其一角，而野戰不足用也。君將以此何之？』

又 卷三〇《燕二》 龍賈之戰，岸門之戰，封陵之戰，高商之戰，趙莊之戰，秦之所殺三晉之民數百萬。今其生者，皆死秦之孤也。

漢・賈誼《新書》卷一《過秦上》 （六國）嘗以十倍之地，百萬之衆，仰關而攻秦。【略】秦有餘力而制其弊，追亡逐北，伏屍百萬，流血漂櫓。

晉・皇甫謐《帝王世紀・星野及歷代墾田戶口數》 其後諸侯相幷，當春秋時，尚有千二百國。二百四十二年之中，殺君三十六，亡國五十二，諸侯奔走不得保社稷者不可勝數。至於戰國，存者十餘，於是縱橫短長之説相奪於時，殘民詐力之兵動以萬計，故崤有匹馬之禍，宋有易子之急，晉陽之圍，縣釜而炊，長平之戰，血流漂鹵。周之列國，唯有燕、衛、秦、楚而已。齊及三晉，皆以篡亂，南面稱王。衛雖得存，不絶若綫。然考蘇、張之説，計秦及山東六國，戎卒尚存五百餘萬。推民口數，尚當千餘萬。

唐・杜佑《通典》卷七《食貨七・歷代盛衰戶口》 其後諸侯相幷，尚有千二百國。春秋二百四十二年之中，弑君三十六，亡國五十二，諸侯更相征伐，奔走不保社稷者不可勝數。齊桓救其難，孔子定其文。至於戰國，存者十餘。於是縱横短長之説相奪於時，殘人詐力之兵動以萬計。伊闕之敗，斬首二十四萬。長平之戰，血流漂鹵。周之列國，唯秦、楚、燕而已。齊及三晉，皆以篡亂。衛雖得存，不絶如綫。然考蘇、張之説，計及山東六國，戎卒尚踰五百餘萬，推人口數，尚當千餘萬。

宋・鄭樵《通志》卷六一《食貨略第一・歷代戶口》 迹秦自獻公石門之戰至赧王入秦之年，斬首首虜、阬殺沈死之數一百九十八萬八千。迄始皇兼幷之日，兵禍又不知其幾。

宋・王應麟《通鑑答問》卷一《周顯王・秦敗三晉之師于石門斬首六萬》 殺人之多，莫慘於秦。自石門之戰至赧王之末，史策所書用兵斬首之數，凡百四十餘萬。無辜籲天，發聞惟腥。

魯 **《詩經・魯頌・閟宮》** 公車千乘，朱英綠縢，二矛重弓。公徒三萬，《箋》：萬二千五百人爲軍，大國三軍合三萬七千五百人。言三萬者，舉成數也。具冑朱綅，烝徒增增。

《左傳・襄公十八年》 魯人、莒人皆請以車千乘，自其鄉入。

又 **《昭公八年》** 秋，大蒐于紅。自根牟至于商衛，革車千乘。注：言千乘，明大蒐，且見魯衆之大數也。

又 **《哀公十一年》** 求曰：【略】『魯之羣室，衆於齊之兵車。注：羣室，都邑居家。一室敵車，優矣。』【略】季氏之甲七千，冉有以武城人三百為己徒卒，注：步卒精兵。老幼守宮，次于雩門之外。

《穀梁傳・莊公九年》 九月，齊人取子糾，殺之。《傳》：千室之邑，可以逃難；百室之邑，可以隱死。以千乘之魯而不能存子糾，以公為病矣。

《論語・公冶長》 孟武伯問：『子路仁乎？』子曰：『不知也。』又問，子曰：『由也，千乘之國，可使治其賦也。不知其仁也。』『求也何如？』子曰：『求也，千室之邑、百乘之家，可使爲之宰也。三國魏何晏《集解》：孔曰：千室之邑，卿大夫之邑。卿大夫稱家，諸侯千乘，大夫百乘。不知其仁也。』宋邢昺疏：云千室之邑，卿大夫之邑者，《大學》云：百乘之家，不畜聚斂之臣。鄭注云：百乘之家，有采地者也。又鄭注云：此采地，一同之廣輪也。然則此云千室之邑、百乘之家者，謂卿大夫采邑，地有一同，民有千家者也。《左傳》曰：唯卿備百邑。《司馬法》：成方十里，出革車一乘，故知百乘之家，地一同也。

子曰：『十室之邑，必有忠信如丘者焉。』疏：十室之邑，邑之小者也。

晉 **《左傳・僖公二十八年》** 晉車七百乘，韅靷鞅靽。注：五萬二千五百人。在背曰韅，在胷曰靷，在腹曰鞅，在後曰靽。言駕乘修備。

又 **《文公十四年》** 晉趙盾以諸侯之師八百乘，納捷菑于邾。注：八百乘，六萬人。

又 **《宣公十五年》** 晉侯賞桓子狄臣千室。注：千家。

又 **《成公二年》** 孫桓子還於新築，不入，遂如晉乞師。臧宣叔亦如晉乞師，皆主郤獻子，晉侯許之七百乘。注：五萬二千五百人。郤子曰：『此城濮之賦也。有先君之明與先大夫之肅，故捷。克於先大夫，無能為役。』請八百乘，許之。

又 **《成公十七年》** 施氏之宰，有百室之邑。

又 **《昭公十三年》** 七月丙寅，（晉侯）治兵于邾南，甲車四千乘。注：三十萬人。

又 **《定公九年》** 晉車千乘在中牟。

又 **《定公十三年》** 趙鞅謂邯鄲午曰：『歸我衛貢五百家，吾舍諸晉陽。』午許諸。

《韓非子》卷七《說林上》（魏宣子）曰：『善。』乃與之萬戶之邑。

宋 《左傳・宣公二年》 春，鄭公子歸生受命于楚，伐宋。宋華元、樂呂禦之。二月壬子，戰于大棘。宋師敗績，囚華元，獲樂呂，及甲車四百六十乘，俘二百五十人，馘百人。【略】宋人以兵車百乘，文馬百駟，以贖華元于鄭。

又 《哀公二十六年》 大尹興空澤之士千甲，注：甲士千人。奉公自空桐，入如沃宮。

衛 《左傳・閔公二年》 狄入衛，遂從之，又敗諸河。【略】宋桓公逆諸河，宵濟衛之遺民男女七百有三十人，益之以共、滕之民為五千人，立戴公，以廬于曹。

衛文公大布之衣，大帛之冠，務材訓農，通商惠工，敬教勸學，授方任能，元年，革車三十乘，季年，乃三百乘。

《論語・子路》 子適衛，冉有僕。子曰：『庶矣哉！』《集解》：孔曰：庶，衆也。言衛人衆多。

鄭 《左傳・隱公元年》 （莊公）命子封帥車二百乘，以伐京。注：古者兵車一乘，甲士三人，步卒七十二人。

又 《襄公二十五年》 六月，鄭子展、子產帥車七百乘伐陳。

陳 《左傳・襄公二十五年》 陳侯免擁社，使其衆男女別而纍，以待於朝。

蔡 《左傳・哀公元年》 春，楚子圍蔡。【略】蔡人男女以辨，注：辨，別也。男女各別係纍而出降。使疆于江、汝之間而還。

邾 《左傳・哀公七年》 邾茅夷鴻以束帛乘韋自請救於吳，曰：【略】『且魯賦八百乘，君之貳也；注：貳，敵也。魯以八百乘之賦貢於吳，言其國大。邾賦六百乘，君之私也。注：為私屬。以私奉貳，唯君圖之。』

東夷 《左傳・哀公十九年》 秋，楚沈諸梁伐東夷。三夷男女及楚師盟于敖。注：從越之夷三種。

鄒 《孟子・梁惠王下》 鄒與魯鬨。穆公問曰：『吾有司死者三十三人，而民莫之死也。誅之則不可勝誅，不誅則疾視其長上之死而不救。如之何則可也？』孟子對曰：『凶年饑歲，君之民老弱轉乎溝壑，壯者散而之四方者，幾千人矣。而君之倉廩實，府庫充，有司莫以告，是上慢而殘下也。』

吳 《左傳・昭公二十三年》 （七月）戊辰晦，戰于雞父。吳子以罪人三千，先犯胡沈與陳。

又 《定公四年》 十一月庚午，二師陳于柏舉。注：二師，吳、楚師。闔廬之弟夫槩王【略】以其屬五千，先擊子常之卒。

又 《哀公十三年》 彌庸不可，屬徒五千。注：屬，會也。

《國語》卷一九《吳語》 （吳王）陳士卒百人以為徹行百行。注：以百人通為一行，百行為萬人，謂之方陳。【略】為帶甲三萬，以勢攻，雞鳴乃定。

又 卷二〇《越語上》 勾踐既許之，乃致其衆而誓之，曰：【略】『今夫差，衣水犀之甲者億有三千。』注：言多也。【略】億有三千，所謂賢良也，若今備衛士。

又 卷二一《越語下》 吳王帥其賢良與其重祿，以上姑蘇。注：昭謂賢良，親近之士，猶越言君子，齊言士也。《吳語》曰：越王以其私卒君子六千人為中軍。

漢・劉安《淮南子》卷一五《兵畧訓》 吳王夫差，地方二千里，帶甲七十萬。

越 《左傳・哀公元年》 越子以甲楯五千，保于會稽。

《國語》卷一九《吳語》 越王乃中分其師，以為左右軍，以其私卒君子六千人為中軍。注：私卒君子，王所親近有志行者，猶吳所謂賢良，齊所謂士也。

《史記》卷四一《越王勾踐世家》 （勾踐）乃發習流二千，教士四萬人，君子六千人，諸御千人伐吳，吳師敗。

《呂氏春秋》卷一九《高義》 子墨子游公上過於越，注：公上過，子墨子弟子也。公上過語墨子之義，越王說之，謂公上過曰：『子之師苟肯過我，請以故吳之地，陰江之浦，書社三百以封夫子。』注：社，二十五家也。三百社，七千五百家。

齊 《左傳・閔公二年》 齊侯使公子無虧帥車三百乘，甲士三千人以戍曹。

又 《襄公二十五年》 齊人以莊公說，使隰鉏請成，慶封如師，男女以班。宋林堯叟《句解》：班，辨也。齊之男女，各以其辨。

又 《昭公二十年》 （晏子）對曰：『聊、攝以東，注：聊、攝，齊西界也。平原聊城縣東北有攝城。姑尤以西，注：姑、尤，齊東界也。姑水、尤水皆在城陽郡。

東南入海。《正義》：聊、攝、姑、尤，皆是邑也。管仲夸楚，言其竟界所至，故遠舉河海也。晏子言其人多，故唯舉屬邑言之也。其為人也多矣。雖其善祝，豈能勝億兆人之詛？」注：萬萬曰億，萬億曰兆。

又《昭公二十五年》 齊侯曰：「自莒疆以西，請致千社。注：二十五家為社。千社，二萬五千家。以待君命。」

又《哀公十一年》（五月）公會吳子伐齊。【略】大敗齊師，獲國書、公孫夏、閭丘明、陳書、東郭書，革車八百乘，甲首三千，以獻于公。

又《哀公十五年》 昔晉人伐衛，齊為衛故，伐晉冠氏，喪車五百，因與衛地，自濟以西，禚、媚、杏以南，書社五百。注：二十五家為一社，籍書而致之。

《國語》卷六《齊語》 五家為軌，故五人為伍，軌長帥之。十軌為里，故五十人為小戎，里有司帥之。四里為連，故二百人為卒，連長帥之。十連為鄉，故二千人為旅，鄉良人帥之。五鄉一帥，故萬人為一軍，五鄉之帥帥之。注：五鄉，每一軍有五鄉也。鄉帥，卿也。萬人為軍，齊也，周則萬二千五百人為軍。帥，長也。【略】君有此士也三萬人，以方行於天下，以誅無道，以屏周室，天下大國之君莫之能禦也。

《管子》卷一《乘馬》 方六里命之曰暴，五暴命之曰部，五部命之曰聚。聚者有市，無市則民乏。五聚命之曰某鄉，四鄉命之曰方。官制也。官成而立邑：五家而伍，十家而連，五連而暴，五暴而長，命之曰某鄉；四鄉命之曰都。邑制也。邑成而制事：四聚為一離，五離為一制，五制為一田，二田為一夫，三夫為一家。事制也。事成而制器：方六里為一乘之地也。一乘者，四馬也。一馬其甲七，其蔽五；四乘其甲二十有八，其蔽二十，白徒三十人奉車兩。器制也。

上地方八十里，萬室之國一，千室之都四。中地方百里，萬室之國一，千室之都四。下地方百二十里，萬室之國一，千室之都四。以上地方八十里與下地方百二十里，通於中地方百里。

又卷八《小匡》 桓公曰：「參國奈何？」管子對曰：「制國以為二十一鄉，商、工之鄉六，士、農之鄉十五。【略】制五家為軌，軌有長；十軌為里，里有司；四里為連，連有長；十連為鄉，鄉有良人，三鄉一帥。」桓公曰：「五鄙奈何？」管子對曰：「制五家為軌，軌有長；六軌為邑，邑有司；十邑為率，率有長；十率為鄉，鄉有良人；三鄉為屬，屬有帥。五屬一大夫。武政聽屬，文政聽鄉，各保而聽，毋有淫佚者。」

又卷二三《揆度》 百乘為耕田萬頃，為戶萬戶，為開口十萬人，為分者萬人，為輕車百乘，為馬四百匹。【略】千乘為耕田十萬頃，為戶十萬戶，為開口百萬人，為當分者十萬人，為輕車千乘，為馬四千匹。【略】萬乘為耕田百萬頃，為戶百萬戶，為開口千萬人，為當分者百萬人，為輕車萬乘，為馬四萬匹。

又卷二三《地數》 十口之家，十人咶鹽；百口之家，百人咶鹽。

又卷二三《輕重甲》 管子有扶身之士五萬人，以待戰於曲菑，大敗越人。

又卷八《小匡》 又游士八千人，奉之以車馬衣裘，多其資糧，財幣足之，使出周游於四方，以號召收求天下之賢士。飾玩好，使出周游於四方，鬻之諸侯，以觀其上下之所貴好，擇其沈亂者而先政之。

又卷九《霸形》 於是桓公曰：「諾。」因命以車百乘、卒千人以緣陵封杞，車百乘、卒千人以夷儀封邢，車五百乘、卒五千人以楚丘封衛。

又卷一一《小稱》 公子開方以書社七百下衛矣，唐房玄齡注：古者羣居二十五家則共置社，謂以社數書於策。謂用此七百之書社，降下于衛也。食將不得矣。注：作亂，欲公之死，故不給之食。

《呂氏春秋》卷一六《知接》 衛公子啓方以書社四十下衛。注：下，降也。社，二十五家也。四十社，凡千家，以降歸于衛。

《荀子》卷三《仲尼篇》（齊桓公）見管仲之能足以託國也，【略】遂立以為仲父。【略】與之書社三百，而富人莫之敢距也。注：書社謂以社之戶口書於版圖。《周禮》二十五家為社。

《晏子春秋》卷六《内篇·雜下》 景公謂晏子曰：「昔吾先君桓公，以書社五百封管仲，不辭而受。」

景公祿晏子以平陰與棠邑反市者十一社。

又卷五《内篇·雜上》 景公予魯君地山陰數百社，使晏子致之。

《孟子·公孫丑上》 夏后殷周之盛，地未有過千里者也，而齊有其地矣；雞鳴狗吠相聞而達乎四境，而齊有其民矣。漢趙岐注：雞鳴狗吠相聞，言民室屋相望而衆多也。宋朱熹《集注》：又雞犬之聲相聞，自國都以至於四境，言民居稠密也。

又《公孫丑下》孟子之平陸，謂其大夫曰：【略】『子之民老羸轉於溝壑，壯者散而之四方者，幾千人矣。』

《戰國策》卷八《齊一》蘇秦為趙合從，説齊宣王曰：【略】『齊地方二千里，帶甲數十萬。【略】臨淄之中七萬戶，臣竊度之，下戶三男子，三七二十一萬，不待發於遠縣，而臨淄之卒，固以二十一萬矣。』

又 卷一三《齊六》（即墨大夫）即入見齊王曰：『齊地方數千里，帶甲數百萬。』

《呂氏春秋》卷一五《不廣》齊攻廩丘，趙使孔青將死士而救之，與齊人戰，大敗之。齊將死，得車二千，得尸三萬，以為二京。注：古者軍伐克敵，於其所獲尸，合土葬之，以為京觀。故孔青欲以齊尸為二京也。

《史記》卷七五《孟嘗君列傳》孟嘗君招致天下任俠姦人入薛中，蓋六萬餘家矣。

楚《左傳・莊公二十八年》秋，子元以車六百乘伐鄭。

又《僖公二十八年》（五月）丁未，獻楚俘于王，駟介百乘，徒兵千。注：駟介，四馬被甲。徒兵，步卒。

又《襄公三年》春，楚子重伐吳，為簡之師，克鳩茲，至于衡山，使鄧廖帥組甲三百，被練三千，以侵吳。吳人要而擊之，獲鄧廖，其能免者，組甲八十、被練三百而已。

又《襄公二十五年》楚蔿掩為司馬，子木使庀賦，數甲兵。甲午，蔿掩書土田，度山林，鳩藪澤，辨京陵，表淳鹵，數疆潦，規偃豬，町原防，牧隰皋，井衍沃，量入修賦，賦車籍馬，賦車兵、徒卒、甲楯之數。既成，以授子木，禮也。

又《昭公十二年》（靈）王曰：【略】『今我大城陳、蔡、不羹，賦皆千乘。』

《國語》卷一七《楚語上》今吾城三國，賦皆千乘，亦當晉矣。注：禮，地方十里為成，出長轂一乘，馬四匹，牛十二頭，步卒七十二人，甲士三人。三國各千乘，其地三千成也。

漢・賈誼《新書》卷七《耳痺》（伍子胥）提邦以伐楚。五戰而五勝，伏尸數十萬。

《史記》卷一二六《滑稽列傳》於是莊王謝優孟，乃召孫叔敖子，封之寢丘四百戶，以奉其祀。後十世不絕。南朝宋裴駰《集解》：楚功臣封二世而收，唯寢邱不奪也。

又 卷四七《孔子世家》楚昭王興師迎孔子，然後得免。昭王將以書社地七百里封孔子。《集解》：服虔曰：書，籍也。唐司馬貞《索隱》：古者二十五家為里，里則各立社，則書社者，書其社之人名於籍，蓋以七百里書社之人封孔子也，故下冉求云『雖累千社而夫子不利』是也。

漢・劉向《説苑》卷一七《雜言》楚昭王召孔子，將使執政，而封以書社七百。

《戰國策》卷一四《楚一》江乙對曰：【略】『今王之地方五千里，帶甲百萬。』

蘇秦為趙合從，説楚威王曰：『楚，天下之强國也。【略】地方五千里，帶甲百萬，車千乘，騎萬匹。』

又 卷一五《楚二》昭常應齊使曰：『我典主東地，且與死生，悉五尺至六十，三十餘萬弊甲鈍兵，願承下塵。』

又 卷三三《中山》楚地方五千里，持戟百萬。

燕《戰國策》卷二九《燕一》蘇秦將為從，北説燕文侯曰：『燕【略】地方二千餘里，帶甲數十萬，車七百乘，騎六千匹。』

又 卷三一《燕三》燕王喜【略】遽起六十萬以攻趙，令栗腹以四十萬攻鄗，使慶秦以二十萬攻代。

《韓非子》卷一七《説疑》燕君子噲，召公奭之後也。地方數千里，持戟數千萬。

韓《戰國策》卷三《秦一》韓嘗以二十萬之衆，辱于晉之城下，鋭士死，中士傷而晉不拔。

又 卷二六《韓一》蘇秦為趙合從，説韓王曰：『韓【略】地方千里，帶甲數十萬。』

張儀為秦連横，説韓王曰：『料大王之卒，悉之不過三十萬，而斷徒負養在其中矣。為除守徼亭鄣塞，見卒不過二十萬而已矣。』

趙《戰國策》卷一九《趙二》趙地方二千里，帶甲數十萬，車千乘，騎萬匹。

又　**卷二〇《趙三》**　今趙，萬乘之强國也。前漳滏，右常山，左河間，北有代，帶甲百萬。

《莊子》卷一〇《説劍》　昔趙文王喜劍，劍士夾門而客三千餘人。日夜相擊於前，死傷者歲百餘人，好之不厭。如是三年國衰，諸侯謀之。晉郭象注：趙文王，惠文王也。名何，武靈王子。

《史記》卷七三《白起王翦列傳》　括軍敗，卒四十萬人降武安君。【略】乃挾詐而盡坑殺之，遺其小者二百四十人歸趙。前後斬首虜四十五萬人。

又　**卷八一《廉頗藺相如列傳》**　（李牧）於是乃具選車得千三百乘，選騎得萬三千匹，百金之士五萬人，彀者十萬人，悉勒習戰。

中山　**《戰國策》卷一二《齊五》**　日者中山悉起而迎燕、趙，南戰於長子，敗趙氏；北戰於中山，克燕軍，殺其將。夫中山，千乘之國也，而敵萬乘之國二。

魏　**《戰國策》卷一二《齊五》**　昔者魏王擁土千里，帶甲三十六萬。

又　**卷二二《魏一》**　蘇子為趙合從，説魏王曰：「大王【略】人民之衆，車馬之多，日夜行不休已，無以異於三軍之衆。【略】今竊聞大王之卒，武力二十餘萬，蒼頭二十萬，奮擊二十萬，厮徒十萬，車六百乘，騎五千疋。」

又　**卷二四《魏三》**　須賈為魏謂穰侯曰：【略】「臣聞魏氏悉其百縣勝兵，以止戍大梁。臣以爲不下三十萬。以三十萬之衆，守十仞之城，臣以爲雖湯、武復生，弗易攻也。」

《呂氏春秋》卷一八《不屈》　當惠王之時，五十戰而二十敗，所殺者不可勝數。

秦　**《左傳·僖公二十四年》**　三月，晉侯潛會秦伯于王城。【略】晉侯逆夫人嬴氏以歸，秦伯送衛於晉三千人，實紀綱之僕。注：新有呂、郤之難，國未輯睦，故以兵衛文公。諸門戶僕隸之事，皆秦卒共之，為之紀綱。《正義》：《説文》云：綱，維紘繩也；紀，絲別也。則綱是維之大繩，紀者，別理絲縷。諸門戶僕隸之事，皆使秦卒共之，與晉人為紀綱，謂為之首領主帥也。

《國語》卷一〇《晉語四》　元年春，（文）公及夫人嬴氏至自王城。秦伯納衛三千人，實紀綱之僕。注：所以設國紀綱也，為之備衛僕使。

《韓非子》卷三《十過》　（秦穆）公因起卒，革車五百乘，疇騎二千，元何犿注：疇，等也。言馬齊等，皆精妙也。步卒五萬，輔重耳入之于晉，立為晉君。

《左傳·僖公三十三年》　春，秦師過周北門，左右免胄而下，超乘者三百乘。

《國語》卷二《周語中》　二十四年，秦師將襲鄭，過周北門，左右皆免胄而下拜超乘者三百乘。注：左，車左也。右，車右也。言免胄則不解甲而拜矣。超乘，跳躍上車，無威儀，所以敗也。

《左傳·定公五年》　秦子蒲、子虎帥車五百乘，以救楚。注：五百乘，三萬七千五百人。

《吴子·勵士》　於是（魏）武侯從之，兼車五百，乘騎三千匹，而破秦五十萬衆。

《商君書》卷三《兵守》　三軍：壯男爲一軍，壯女爲一軍，男女之老弱者爲一軍，此之謂三軍也。壯男之軍，使盛食厲兵，陳而待敵。壯女之軍，使盛食負壘，陳而待令。客至而作土以爲險阻及耕格阱。發梁撤屋，給從從之，不洽而熯之，使客無得以助攻備。老弱之軍，使牧牛馬羊彘，草木之可食者收而食之，以獲其壯男女之食。而慎使三軍無相過。壯男過壯女之軍，則男貴女而姦民有從謀而國亡。喜與其恐有蚤聞，勇民不戰。壯男、壯女過老弱之軍，則老使壯悲，弱使强憐，悲憐在心，則使勇民更慮而怯民不戰，故曰慎使三軍無相過，此盛力之道。

《戰國策》卷三《秦一》　蘇秦始將連横，説秦惠王曰：大王之國，【略】田肥美，民殷富，戰車萬乘，奮擊百萬。

又　**卷一四《楚一》**　張儀為秦破從連横，説楚王曰：「秦地半天下，【略】虎賁之士百餘萬，車千乘，騎萬匹。」

又　**卷二六《韓一》**　張儀為秦連横，説韓王曰：「【略】秦帶甲百餘萬，車千乘，騎萬匹，虎摯之士跿跔科頭、貫頤奮戟者，至不可勝計也。」

《韓非子》卷一《初見秦》　今秦地折長補短，方數千里，名師數十百萬。

《史記》卷八五《呂不韋列傳》　莊襄王元年，以呂不韋為丞相，封為文信侯，食河南洛陽十萬戶。【略】不韋家僮萬人。

又　**卷七三《白起王翦列傳》**　於是始皇問李信：「吾欲攻取荆，於將軍度用幾何人而足？」李信曰：「不過用二十萬人。」始皇問王翦，王翦曰：「非六十萬人不可。」

論　説

《國語》卷二《周語中》（富辰）對曰：【略】『百姓兆民，注：百姓，百官也。官有世功，受氏姓也。十億曰兆。夫人奉利而歸諸上，是利之内也。』注：夫人，猶人人也。

召公以告單襄公曰：【略】『《書》曰：「民可近也，而不可上也。」注：《書》，逸書。民可近，可以恩意近也。不可上，不可高上。上，陵也。《詩》曰：「愷悌君子，求福不回。」注：回，邪也。求福以禮不以邪也。在禮，敵必三讓。注：敵，體敵也。是則聖人知民之不可加也，注：加，猶上也。故王天下者，必先諸民，然後庇焉，則能長利。』注：先諸民，先求民志也。庇猶廕也。言王君先安民，然後自庇廕也。長利，長有福利也。

《老子·八十章》小国寡民。【略】鄰國相望，雞犬之音相聞，民至老死不相往來。

《墨子》卷一《辭過》凡回於天地之間，包於四海之内，天壤之情，陰陽之和，莫不有也。雖至聖，不能更也。何以知其然？聖人有傳：天地也，則曰上下；四時也，則曰陰陽；人情也，則曰男女；禽獸也，則曰牝牡雄雌也。真天壤之情，雖有先王，不能更也。雖上世至聖，必蓄私不以傷行，故民無怨。宮無拘女，故天下無寡夫。内無拘女，外無寡夫，故天下之民衆。當今之君，其蓄私也，大國拘女累千，小國累百，是以天下之男多寡無妻，女多拘無夫。男女失時，故民少。君實欲民之衆而惡其寡，當蓄私不可不節。

又　卷五《非攻中》今攻三里之城，七里之郭，攻此不用鋭，且無殺而徒得，此然也。殺人多必數於萬，寡必數於千，然後三里之城、七里之郭且可得也。今萬乘之國，虚數于千，不勝而入，廣衍數於萬，不勝而辟。然則土地者，所有餘也；王民者，所不足也。今盡王民之死，嚴下上之患，以争虚城，則是棄所不足而重所有餘也。為政若此，非國之務者也。

又　卷六《節用上》故孰為難倍？惟人為難倍。然人有可倍也。昔者聖王為法曰：『丈夫年二十，毋敢不處家；女子年十五，毋敢不事人。』此聖王之法也。聖王既沒，於民次也，其欲蚤處家者，有所二十年處家；其欲晚處家者，有所四十年處家。以其蚤與其晚相踐，後聖王之法十年。若純三年而字，子生可以二三年矣。此不惟使民蚤處家而可以倍與？且不然已。今天下為政者，其所以寡人之道多。其使民勞，其籍斂厚，民財不足，凍餓死者不可勝數也。且大人唯毋興師以攻伐鄰國，久者終年，速者數月，男女久不相見，此所以寡人之道也。與居處不安，飲食不時，作疾病死者，有與侵就偅橐、攻城野戰死者，不可勝數。此不令為政者所以寡人之道數術而起與？聖人為政，特無此。此不聖人為政，其所以衆人之道亦數術而起與？

又　卷六《節葬下》上士持喪也，必扶而能起，杖而能行，以此共三年。若法若言，行若道，苟其飢約，又若此矣。是故百姓冬不仞寒，夏不仞暑，作疾病死者不可勝計也。此其為敗男女之交多矣。以此求衆，譬猶使人負劍而求其壽也，衆之説無可得焉。是故求以衆人民而既以不可矣。

《管子》卷九《霸言》夫爭天下者，必先爭人。注：人惟邦本。明大數者得人，審小計者失人。得天下之衆者王，得其半者霸。

地大而不為，命曰土滿；注：謂土廣而功狹也。人衆而不理，命曰人滿；注：謂人多而政少。兵威而不止，命曰武滿。注：所謂亢之為言也，知進而不知退也。三滿而不止，國非其國也。注：三滿不止，敗亡立至。

又　卷八《小匡》放舊罪，修舊宗，立無後，則民殖矣。注：放舊罪則全人命，修舊宗則收散親，立無後則繼絶世，故人殖。殖，生也。

《尉繚子》卷一《兵談》夫土廣而任，則國富；民衆而制，則國治。

《商君書》卷一《去彊》彊國知十三數：境内倉口之數，壯男壯女之數，老弱之數，官士之數，以言説取食者之數，利民之數，馬牛芻藁之數。欲彊國，不知國十三數，地雖利，民雖衆，國愈弱至削。

《孟子·盡心下》孟子曰：諸侯之寶三：土地、人民、政事。注：諸侯正其封疆，不侵鄰國，鄰國不犯，寶土地也；使民以時，居不離散，寶人民也；脩其德教，布其惠政，寶政事也。

又　《離婁上》爭地以戰，殺人盈野；爭城以戰，殺人盈城。此所謂率土地而食人肉，罪不容於死。

《韓非子》卷一八《六反》今上下之接，無父子之澤，而欲以行義禁下，則交必有郄矣。且父母之於子也，産男則相賀，産女則殺之。此俱出父母之懷衽，然男子受賀、女子殺之者，慮其後便，計之長利也。故父母之於子也，猶用計算之心以相待也，而况無父子之澤乎！

又　卷一九《五蠹》　今人有五子不為多，子又有五子，大父未死而有二十五孫。是以人民衆而貨財寡，事力勞而供養薄，故民爭，雖倍賞累罰而不免於亂。

《呂氏春秋》卷四《用衆》　凡君之所以立，出乎衆也。立已定而舍其衆，是得其末而失其本；得其末而失其本，不聞安居。故以衆勇，無畏乎孟賁矣；以衆力，無畏乎烏獲矣；以衆視，無畏乎離婁矣；以衆知，無畏乎堯舜矣。夫以衆者，此君人之大寶也。

《禮記・大學》　《詩》云：『殷之未喪師，克配上帝。儀監于殷，峻命不易。』道得衆則得國，失衆則失國。是故君子先慎乎德，有德此有人，有人此有土，有土此有財，有財此有用。

漢・劉安《淮南子》卷一三《氾論訓》　古之伐國，不殺黃口，不獲二毛。注：黃口，幼也。二毛，有白髮者。於古為義，於今為笑。古之所以為榮者，今之所以為辱也；古之所以為治者，今之所以為亂也。

漢・班固《白虎通義》卷五《三軍》　三軍者何法？天、地、人也。以為五人為伍，五伍為兩，四兩為卒，五卒為旅，五旅為師，五師為軍。萬二千五百人為一軍。三軍三萬七千五百人也。《傳》曰：一人必死，十人不能當；百人必死，千人不能當；千人必死，萬人不能當；萬人必死，横行天下。雖有萬人，猶謙讓，自以為不足，故復加二千人，因法月數。月者，羣陰之長也。十二月足以窮盡陰陽，備物成功，萬二千人亦足以征伐不義，致天下太平也。《穀梁傳》曰：『天子有六軍，諸侯上國三軍，次國二軍，下國一軍。』諸侯所以一軍者何？諸侯，蕃屏之臣也。任兵革之重，距一方之難，故得有一軍也。

三國魏・鄭小同《鄭志》卷上　趙商問：《棫樸箋》引《常武》『整我六師』，宣王之時；又此征伐之事，不稱六軍而稱六師。不達其意。答曰：師者，衆之通名，故人多云焉。欲著其大數，乃言軍耳。

晉・杜預《春秋釋例》卷四《書叛例第二十八》　《釋例》曰：古之大夫，或錫之田邑，或分之都城，故有千室之邑，百乘之家。

宋・陳祥道《禮書》卷九二《大夫社》　大夫以下，其社之大者則二千五百家為之，《周禮》所謂州社是也。其小則二十五家亦為之，《左傳》所謂書社千社是也。《左傳》昭二十五年，齊侯致千社於魯。哀十五年，齊人與衛地，自濟以西，禚、媚、杏以南書社五百。杜氏：二十五家為一社。鄭氏謂百家以上，共立一社，若今時里社。此以漢制明古也。

宋・葉夢得《春秋考》卷八《桓公》　周官『軍』與『師』，其制雖不同，然如師有功，則左執律，右秉鉞，以先愷樂獻于社之類，則軍亦謂之師。蓋師以人爲主，軍以車爲主。方別于軍，則名不得不異，合之則通，爲衆而已。故或謂之大師，或謂之六師，而《易》之名卦亦言《師》，不言軍。春秋諸國，帥師者多以卿，然晉文公城濮之戰，七百乘則三師，共當五萬二千五百人。鞌之戰，郤克請八百乘，又多于此。豈二千五百人之謂乎？則凡言帥師者，亦軍也。

宋・呂祖謙《左氏傳續説》卷七《宣公・晉侯賞荀林父狄臣千室十五年》　千室正是百乘之家，蓋十家出一乘。公孫免餘曰：『唯卿備百邑。』百邑共一千家，此亦十室之邑，非成周四井之邑。如《論語》千室之邑、百乘之家及十室之邑，如鄭賜子展八邑及公孫免餘辭邑六十皆同。邑是小聚，春夏出廬舍之邑。若《周禮》四井之邑，則其地制皆大，與此不同。

宋・呂祖謙《大事記解題》卷二《周顯王五年》　秦章蟜伐魏。

《解題》曰：獻公之遺章蟜伐魏，意在於復河西之地也，自是秦之勢浸強矣。《左氏》紀諸侯侵伐，雖大戰，猶未嘗書斬首幾萬也。以『萬』計級，自石門之戰始。《史記正義》曰：《括地志》云：堯門山俗名石門，在雍州三原縣西北。上有路，其狀若門，故老云堯鑿山為門，因名之。

宋・陳叔方《潁川語小》卷下　『萬』字，自古用之。《書》之『惟億萬心』；《詩》之『千斯倉，萬斯箱』；《左氏傳》之『萬，盈數』。《漢書》之『賀錢萬』。是眞指為十千之萬矣。未知始於誰也。

元・朱倬《詩經疑問》卷三《小雅》　《瞻彼洛矣》言『以作六師』，謂天子六軍也。六軍為車七百五十乘，而《采芑》詩言方叔南征，則曰『其車三千』，故《正義》曰：『天子六軍，千乘。』今三千乘，則十八軍矣。然則謂天子六軍，非歟？諸侯大國三軍，為車三百七十五乘，而《閟宮》詩言魯僖從齊桓伐楚，則曰『公車千乘』。然則大國三軍，非歟？敢問。

天子六軍，諸侯三軍，不易之制也。以王師代楚而曰『其車三千』，《集傳》明曰：『此亦極其盛而言，未必實有此數也。』魯僖從齊桓伐楚，詩人亦極稱美之辭，未必舉國盡行也。楚雖蠻荆大國，亦何至勞王師如此之衆哉！

明・陳士元《論語類考》卷二《邑名考・駢邑》　孔融氏曰：駢邑，地名。伯氏食邑三百家。朱子曰：荀卿所謂『與之書社三百』即此事也。元按《山東通志》青州府臨朐縣，即齊伯氏駢邑。桓公與夷吾地，是指駢邑為地名。然《韻書》：駢，並駕也。有相聯之義。周制三十二家為邑，二十五家為社，而小邑不滿三十二家者，如十室之邑是也。楚以書社地七百里封孔子，《索隱》云：古者二十五家為里，里各立社，則書社者，書其社之人名於籍。蓋以七百里書社之人封孔子也。饒魯氏云：卿大夫所當得之地，謂之采地。君所特與，謂之書社地，言以此養其徒也。吳程氏云：書社七百里，是七百社，蓋萬七千五百家，非謂方七百里也。若然，管仲書社三百者，謂以社之戶口書於版圖，三百社共七千五百家耳。社即里也，里亦謂之邑。古者九夫為井，四井為邑，二畝半之宅在田，二畝半之宅在邑。《孟子》所謂收其田里，是里即邑也。書其邑之人名，使相駢聯，易於稽察，故謂之駢邑，又謂之書社。先儒以駢邑為地名，豈齊大夫之采地真有所謂駢邑之名云哉？

又　卷四《田則考・鄰里鄉黨》　元按：周制有鄉、遂二法，王畿六鄉六遂，大國三鄉三遂，次國二鄉二遂，小國一鄉一遂。鄉以治國中，遂以治四郊。其鄉制則掌於大司徒，五家為比，五比為閭，四閭為族，五族為黨，五黨為州，五州為鄉；而遂法則掌於遂人，五家為鄰，五鄰為里，四里為酇，五酇為鄙，五鄙為縣，五縣為遂。比、鄰皆五家，閭、里皆二十五家，族、酇皆百家，黨、鄙皆五百家，州、縣皆二千五百家，鄉、遂皆萬二千五百家。

又　卷四《田則考・千室十室》　元按：周制九夫為井，四井為邑，四邑為丘，四丘為甸，四甸為縣，四縣為都。每井八家，家亦謂之室，又謂之宅。五畝之宅，半在田，半在邑。四井為邑，每邑凡三十二室。十室之邑，邑之至小者；千室之邑，則有一百二十五井，是邑之至大者。曰十曰千，舉成數耳。千室之邑，乃大夫之采地也。載師以家邑之田任稍地，治其邑者，大夫之家宰也。

明・王應電《周禮翼傳》卷一《公田二十畝為廬舍》　其所聚居，或止八家，或倍八家以上，各隨便宜，合為一邑，置堡設城，以相守望。故舉成數言，則有十室之邑、千室之邑。丁男之有妻者為室，室亦家也，所主在於同井，無出鄉而已，非必都邑然後為邑，而都邑，亦豈可以寓農民哉？

又　卷一《井邑丘甸圖》　《小司徒》云：九夫為井。以步百為畝、畝百為夫計之，故曰九夫。地有上、中、下，大約一夫耕二夫之地，每井實則四家。四井為邑，十六家，《論語》曰『十室之邑』是也。四邑為丘，十六井，六十四家。丘之為言聚也，『舜所居二年成聚』是也。《司馬法》有戎馬一匹、牛三頭畢賦之法，期于甸，而魯成公作丘甲，《春秋》所以譏其重賦也。四丘為甸，六十四井，二百五十六家。《司馬法》有戎馬四匹，兵車一乘，步卒七十五人；又重車一乘，將之者二十五人，二車共百人。甸之為言，用以佃獸之名也。一甸出車一乘，可以軍旅田役，故名。

明・彭大翼《山堂肆考》卷八七《政事・戶口》　三代以上，天運主于西北，故戶口莫盛于西北。舜、禹分天下為十二州，淮、漢以北居其九，淮、漢以南居其三。周公分天下為九州，淮、漢以北居其七，淮、漢以南居其二。三代以下，天運主于東南，故戶口莫盛于東南。

明・徐光啓《農政全書》卷四《田制・玄扈先生〈井田考〉》　玄扈先生曰：按三代制産，多寡不同，諸家之説互異，劉氏一首疑之。夫謂古民多，後世之民少，必不然也。生人之率，大抵三十年而加一倍，自非有大兵革，則不得減。唐虞至周，養民幾二千年，雖其間兼并者歲有，度不能減生人之半。二代革命，所殺甚少；春秋時所殺亦少；直至戰國，乃殺人以數十萬計。此皆唐虞之代所留也。度殷時人當數十倍於夏，周時數十倍於殷耳。安得謂古時人多而後世少乎？且禹驅蛇龍以居人，謂人多而田少，欲多授而不足，無是理也。

清・谷應泰《明史紀事本末》卷二八《仁宣致治》　八月，上御文華殿，與侍臣論歷代戶口盛衰。上曰：『戶口之盛衰，足以見國家之治忽。其盛也，本于休養生息；其衰也，必有土木兵戈。』

清・葉方藹等《孝經衍義》卷三五《天子之孝・薄稅斂・戶口附》　臣按古今戶口之數，雜見傳記。蓋成周極盛之時，與唐虞略相當也。宋蘇軾以為，古者以民之多寡為國之貧富。臣以為，非直貧富也，其國之廢興可知矣。有部家室，周人之始，其後失官竄徙，蓋雖一旅之衆，不可得矣。而公劉遷豳，其丁夫適滿三軍之數，則三萬七千五百家，必有餘夫及婦女老弱。詩人歌之曰：止基乃理，爰衆爰有。鄭《箋》以為疆理其田野，校其夫家人數，日益多矣。及古公遷岐，而漆、沮之衆歸之如市。契龜周原，百堵同時皆作，立家土而用大衆，蓋棄土地，得人民，所以肇基王迹也。至於文王，而四方之衆來就有德，地隘人多，其灌翳之地，競刊除之，以為居。武王卒其功伐，故作邑於豐，則四方攸同，徙都於鎬，則無思不服。蓋先公先王之所生聚長育之者久矣。周公之輔成王，恒舉祖宗之事及商家百億之子孫，以為法戒。成王故能常念孝思，保愛其民，漸摩之以仁義，涵濡之以禮樂，其戶口之盛，雖十七王之所致，而持盈守成之美，歸於成焉。宣王承厲王之亂，能勞來還定，安集其人民，故《斯干》之詩于其安寢，即祝其夢熊羆蛇虺，為生男女之祥，而民間亦以旐旟聚衆，徵男女衆多之象。宜乎知重民數而固邦本。亡何而有我行其野，依其昏姻而不見收恤者，民之離散，豈待姜氏之役，戰於千畝，王師敗績于姜氏之戎哉？其賢臣仲山甫，尚在料民之舉，雖諫之而不從，計此時周官之法度廢弛，司民之版其死生不可問，而鄉遂之吏其衆寡不可稽矣。然則自始基而層累之，至於極盛，其難如此；以宣之初政而弗克有終，其凋耗如彼；戶口之聚散不常，豈不可畏哉！【略】昔孔子式負版者，《大學傳》『有德此有人』。誠重之，必思所以聚之，則雖不料其多少，而天地之間熙熙皞皞、耕鑿飲食之民，誰非吾之赤子哉！夫當其盛，則有持盈守成之戒；際其衰，則有勞來安集之方，則唐虞、成康之世，未嘗不可復也。

清·閻若璩《尚書古文疏證》卷五上《第七十一》 或問：紂有億兆夷人，亦有離德。余有亂臣十人，同心同德。見《左氏》。紂有臣億萬人，亦有億萬之心。武王有臣三千而一心。見《管子》。其為古《泰誓》辭無疑。但有臣三千，注疏及蔡《傳》俱未注明，得毋即《孟子》所稱虎賁之數乎？余曰：然。此古天子親兵也。當武王初克商，數至三千；及搢笏説劍之後，定其數八百，故《周禮》虎賁氏屬有虎士八百人是也。《康王之誥》曰：昔君文、武，則亦有熊羆之士，不二心之臣。熊羆言其武，不二心言其忠，武且忠，其亦不離。向之所謂『虎賁三千人』，人惟一心者與！

清·閻若璩《四書釋地·駢邑三百》 《集注》引《荀子》『與之書社三百而富人莫之敢距』，以證駢邑三百，而『三百』字為數未明。蓋《孔子世家》索隱曰：古者二十五家為里，里各立社。書社者，書其社之人名於籍。楚以七百里書社之人封孔子也，則書社三百乃七千五百家。駢邑，今臨朐縣，是管仲所食之邑不止於此，此特其一爾。余因悟昭王將以書社地七百里封孔子。朱子疑七百里恐無此理，不知里也、社也，一也，二十五家耳。七百二十五家乃萬七千五百家，非如古者路程以三百步為里之里。然孔子得之，即足以王，故子西以為不可。今《論語序説》節其文，為以書社地封孔子去『七百』字，書社將何所著？然則哀十五年，齊與衞把書社五百，《晏子》昔先君桓公以書社五百封管仲。《呂氏春秋》越以書社三百封墨子。苟去却『五百』、『三百』字，其可得通乎？讀史不熟，雖大儒亦不能無遺誤矣。

清·張尚瑗《左傳折諸》卷二三《自莒疆以西請置千社》 《史記·孔子世家》：昭王將以書社地七百里封孔子。《索隱》曰：古者二十五家為里，里各立社。書社者，書其社之人名於籍。蓋以七百里書社之人封孔子，從此推算，書社三百乃七千五百家。今景公欲以千社待昭公，則三萬家矣。

清·江永《羣經補義》卷二《春秋補義》 《司馬法》：一車甲士三人，步卒七十二人。杜牧注《孫子》，又有將重車者二十五人，炊家子十人，固守衣裝五人，廄養五人，樵汲五人，合之一車凡百人。此言車徒人數，大法如此。意惟大蒐講武，如法具備。若用之軍旅會同，一車必無此數。觀《左傳》諸言戰處，雖云車馳卒奔，而車上甲士被傷，未聞車下七十二人為之力救；遇險猶待御者下而推車，似車徒各自為戰，而徒亦不甚多。《魯頌》極言車徒之盛：『公車千乘』，『公徒三萬』。是一車，徒三十人也。齊管仲軍制，五十人為小戎，其數少於《司馬法》，多於《魯頌》，然《齊語》云有革車八百乘，又云有此士三萬人，以方行於天下，則八百乘，亦止用三萬人耳。其為兵車之會，如昭十三年會于平邱，晉甲車四千乘。倘如《司馬法》，并重車百人之數，則晉已有四十萬人。其餘大小十二國，一國又當有數百乘，通計不下百萬人，又有數千乘，平邱之地豈能容？鄭注《小司徒》引《司馬法》，成百井，三百家，革車一乘，士十人，徒二十人；同方百里萬井，三萬家，士千人，徒二千人。此言出車調發之實數。蓋革車一乘，戰士徒卒三十人，千乘則士徒三萬人，正合《魯頌》之數。平邱之會雖有車萬乘，亦止三十萬人耳。又晉文公獻楚俘于王，駟介百乘，徒兵千，雖獻俘不如出軍，而一車十人，亦合《司馬法》十人之數。又閔二年，齊侯使公子無虧帥車三百乘，甲士三千人以成曹，亦是一車用甲士十人。

清·蔣溥等編《經史講義》卷二一《蔡新〈禮記〉》 臣謹按《王制》：方百里者為方十里者百，為田九十億畝，山陵林麓、川澤溝瀆、城郭、宮室、塗巷三分去一，其餘六十億畝。是大國地方百里，為田萬井，去三之一，為六千三百井，實五萬四百戶；次國半之，為二萬五千餘戶；小國又半之，為一萬二千餘戶。成周盛時，千七百餘國，戶不下三四千萬。雖有上地、中地、下地之殊，一易、不易、再易之分，未必地各為井，井各八家。然概從減數，大率亦不下三千萬，此其可考者也。兩漢極盛，民數不過千六百七萬餘戶。唐天寶十三載，亦僅九百六萬九千餘戶。即使隱匿逃亡，詭寄脱漏，概從增數，亦不及二千萬。由此觀之，西周之世民數，固不減於漢唐，而自漢武拓地開疆以來，土田又實浮於古也，亦何人滿之足患哉？

清·乾隆帝《欽定禮記義疏》卷一七《王制第五之三》 案『量地制邑，度地居民』二語，曲盡居民之道。蓋邑即今之村落，必因地勢之環曲、高平、寬廣者為之。地勢小則邑小而民居少，地勢大則邑大而民居多。故《論語》『十室之邑』、『千室之邑』，一舉其至小，一舉其至大，而或數十室，或數百室，無定可知矣。

清·嵇璜等《皇朝文獻通考》卷一九《戶口考一》 臣等謹按：古者夫家之數，稽於司徒；生齒之版，登於天府。蓋有德而後有人，即戶口之登耗，可以徵治理焉。而夫布口算之則，亦國家惟正之供，與田賦並列者也。

臣等謹按：古今戶口之數，三代以前杳遠莫考。《通典》載夏后、成康之盛，口數僅千三百餘萬，要亦後儒以意揣之，未足深信。

清·王鳴盛《十七史商榷》卷三二《後漢書四·〈世紀〉荒誕》 《郡國志》劉昭注所引皇甫謐《帝王世紀》：『禹九州之地二千四百三十萬八千二十四頃，定墾者九百二十萬八千二十四頃，不墾者千五百萬二千頃。』又言：『民口一千三百五十五萬三千九百二十三人。周公相成王，致治刑錯，民口一千三百七十一萬四千九百二十三人，多禹十六萬一千人。』又言：『齊桓公二年，周莊王之十三年，五千里內，非天王九賓之御，自世子公侯以下至於庶民，凡千一百八十四萬七千人，除有土老疾，定受田者九百萬四千人。』此等實數，皇甫謐從何處得來，乃言之鑿鑿如是？試思虞夏及周武王年數尚且不可知，乃詳述其地之頃數、民之口數，豈不可笑？謐之謬妄乃爾，而劉昭信之，可謂愚矣。

梁啓超《飲冰室文集之十·中國史上人口之統計·周末人口略算》 蘇秦説六國，於燕、趙、韓、齊皆言帶甲數十萬，於楚則言帶甲百萬，於魏則言武士、蒼頭、奮擊各二十萬。張儀言秦虎賁之士百餘萬。又蘇秦言齊、楚、趙皆車千乘，騎萬匹，言燕車六百，騎六千，言魏車六百，騎五千。張儀言秦車千乘，騎萬匹。以秦、楚兩國推例之，大抵當時兵制，有車一乘、騎十匹者，則配卒一千人。故秦、楚千乘而卒百萬，趙六百乘而卒六十萬。然則蘇秦雖不確言齊、趙、燕、韓之卒數，然亦可比例以得其概。大約齊、趙皆當百萬，燕、韓皆當六十萬。蓋當時秦、齊、楚工力悉敵，而蘇秦亦言山東之國莫强於趙。故合縱連衡時，秦、趙、齊、楚皆一等國，而魏、韓、燕二等國也。以此計之，七雄所養兵，當合七百萬内外也。

由兵數以算戶數，據蘇秦説齊王云：臨淄七萬戶，戶三男子，則臨淄之卒，可得二十一萬。是當時之制，大率每一戶出卒三人，則七國之衆，當合二百五十餘萬戶也。由戶數以算人數。據《孟子》屢言八口之家，是每戶以八人爲中數，則二百五十餘萬戶，應得二千餘萬人也。此專以七雄推算者。當時尚有宋、衛、中山、東西周、泗上小侯及蜀、閩、粵等，不在此數。以此約之，當周末時，人口應不下三千萬。

雜録

漢·伏勝《尚書大傳》卷三《洛誥傳》 古之處師，八家而為隣，三隣而為朋，三朋而為里，五里而為邑，十邑而為都，十都而為師，州十有二師焉。家不盈三口者不朋，由命士以上者不朋。

鄭玄曰：州凡四十三萬二千家，蓋虞夏之數也。

宋·吴枋《宜齋野乘·畫野分州》 黄帝時畫野分州。八家為井，井一為鄰，鄰三為朋，朋三為里，里五為邑，邑十為都，都十為師，師十為州。一州是百五十三萬家。

《逸周書》卷二《大武解》 侵有四聚、三斂。【略】三斂：一、男女比；二、工次；三、祇人死。晉孔晁注：祇，敬。此七者，侵之酌也。注：言酌此法以成侵也。

《國語》卷二〇《越語上》 勾踐之地，南至于勾無，北至于禦兒，東至于鄞，西至于姑蔑，廣運百里。乃致其父兄昆弟而誓之曰：寡人聞古之賢君，四方之民歸之，若水之歸下也。今寡人不能，將帥二三子夫婦以蕃。命壯者無取老婦，令老者無取壯妻。女子十七不嫁，其父母有罪；丈夫二十不取，其父母有罪。將免者以告公，令醫守之。生丈夫，二壺酒，一犬；生女子，二壺酒，一豚。生三人，公與之母；生二人，公與之餼。當室者死，三年釋其政；支子死，三月釋其政，必哭泣葬埋之如其子。令孤子寡婦、疾疹貧病者，納宦其子。

《周禮・地官・媒氏》 令男三十而娶，女二十而嫁。凡娶判妻入子者，皆書之。中春之月，令會男女。於是時也，奔者不禁。若無故而不用令者，罰之。司男女之無夫家者而會之。

又《夏官・職方氏》 東南曰揚州。【略】其民二男五女。

正南曰荆州。【略】其民一男二女。

河南曰豫州。【略】其民二男三女。

正東曰青州。【略】其民二男二女。注：二男二女，數等似誤也。蓋當與兗州同，二男三女。疏：云二男二女、數等似誤也者，若本有此數等，當言一男一女，明不作二男二女。青州西北與兗州相接，宜與兗州同，二男三女也。

河東曰兗州。【略】其民二男三女。

正西曰雍州。【略】其民三男二女。

東北曰幽州。【略】其民一男三女。

河内曰冀州。【略】其民五男三女。

正北曰并州。【略】其民二男三女。

《管子》卷一八《入國》 所謂合獨者，凡國都皆有掌媒。丈夫無妻曰鰥，婦人無夫曰寡，取鰥、寡而合和之，予田宅而家室之，三年然後事之。注：事謂供國之職役也。此之謂合獨。

《韓非子》卷一四《外儲説右下》 齊桓公微服以巡民家，人有年老而自養者。桓公問其故，對曰：「臣有子三人，家貧，無以妻之，傭未及反。」桓公歸以告管仲，管仲曰：「畜積有腐棄之財，則人饑餓；宮中有怨女，則民無妻。」桓公曰：「善。」乃論宮中有婦人而嫁之，下令於民也，丈夫二十而室，婦人十五而嫁。

一曰：桓公微服而行於民間，有鹿門稷者，行年七十而無妻。桓公問管仲曰：「有民老而無妻者乎？」管仲曰：「有鹿門稷者，行年七十矣，而無妻。」桓公曰：「何以令之有妻？」管仲曰：「臣聞之，上有積財，則民臣必匱乏於下；宮中有怨女，則有老而無妻者。」桓公曰：「善。」令於宮中女子未嘗御，出嫁之。乃令男子年二十而室，女年十五而嫁，則内無怨女，外無曠夫。

唐・杜佑《通典》卷五九《禮十九・嘉四・男女婚嫁年紀議》 議曰：

鄭玄據《周禮》、《春秋穀梁》、《逸禮・本命篇》等，男必三十而娶，女必十五乃嫁。王肅據《孔子家語》、《服經》等以為男十六可娶，女十四可以嫁，三十、二十言其極耳。又按《家語》，魯哀公問於孔子曰：「男子十六而精通，女子十四而化育，是則可生人矣。而禮必三十而室，女必二十而嫁，豈不晚哉？」孔子曰：「夫禮言其極耳，不是過也。男二十而冠，有為人父之端；女十五許嫁，有適人之道。」又曰：孔子年十九而娶於宋之幵官氏。又曰：孔子七十三而終，伯魚年五十，先孔子而卒。而《服經》有為夫姊之長殤。據此，王、鄭之説，義並未明。今按三十、二十而嫁娶者，《周官》云：掌萬民之判，即衆庶之禮也。故下云「於是時也，奔者不禁」。《服經》為夫姊之長殤，士大夫之禮也。《左傳》「十五而生子，國君之禮也」，且官有貴賤之異而婚得無尊卑之殊乎？則卿士大夫之子，十五六之後，皆可嫁娶矣。

《左傳・襄公九年》 晉君類能而使之。【略】其士競於教，其庶人力於農穡，商工皁隸，不知遷業。注：四民不雜。《正義》：《齊語》：四民者，士、農、工、商。此《傳》言其士競於教，是説士也；庶人力於農稼，是説農也。士、農已訖，唯有工、商在耳。故以「皁隸」賤官，足成其句。杜言「四民不雜」，通上士、庶為四，非以「皁隸工商」為四也。

《國語》卷六《齊語》 桓公曰：「成民之事若何？」管子對曰：「四民者，勿使雜處。注：四民，謂士、農、工、商也。雜處則其言哤，注：哤，亂貌。其事易。」注：易，變易也。公曰：「處士、農、工、商若何？」管子對曰：「昔聖王之處士也，使就閒燕。注：士，講學道藝者也，閒燕猶清淨也。處工就官府，處商就市井，處農就田野。」

《周禮・考工記》 國有六職，百工與居一焉。或坐而論道，或作而行之，或審曲面執，以飭五材，以辨民器，或通四方之珍異以資之，或飭力以長地財，或治絲麻以成之。坐而論道，謂之王公；作而行之，謂之士大夫；審曲面執，以飭五材，以辨民器，謂之百工；通四方之珍異以資之，謂之商旅；飭力以長地財，謂之農夫；治絲麻以成之，謂之婦功。

《公羊傳・成公元年》 三月，作丘甲。《傳》：何以書？譏。何譏爾？譏始丘使也。漢何休《解詁》：古者有四民：一曰德能居位，曰士；二曰辟土殖穀，曰農；三曰巧心勞手，以成器物，曰工；四曰通財粥貨，曰商。四民不相兼，然後財用足。

《穀梁傳·成公元年》 三月，作丘甲。《傳》：古者有四民，有士民，晉范寧《集解》：學習道藝者。有商民，《集解》：通四方之貨者。有農民，《集解》：播殖耕稼者。有工民。《集解》：巧心勞手，以成器物者。

《管子》卷一《乘馬》 非夫人能之也，不可以為大功。是故非誠賈不得食于賈，非誠工不得食于工，非誠農不得食于農，非信士不得立于朝。

又 卷八《小匡》 桓公曰：『定民之居，成民之事奈何？』管子對曰：『士、農、工、商四民者，國之石民也。注：四者，國之本，猶柱之石也，故曰石也。不可使雜處。雜處則其言哤，其事亂。是故聖王之處士必於閒燕，注：處士閒燕，則謀議審。處農必就田墅，處工必就官府，處商必就市。』注：井市，井必四方，若造井之制，故曰市井。

又 卷一五《治國》 故先王使農、士、商、工四民交能易作。注：交能易作，謂雖士亦善於農、工，雖農亦通於士業也。終歲之利，無道相過也。注：道，從也。四人均能，故其利，無從相過之也。是以民作一而得均，注：四人交能易作，故曰一也。民作一則田墾，姦巧不生，田墾則粟多，粟多則國富。

《文子》卷下《下德》 士農工商，鄉別州異。故農與農言藏，士與士言行，工與工言巧，商與商言數。是以士無遺行，工無苦事，農無廢功，商無折貨，各安其性，異形殊類，易事而不悖。

《荀子》卷五《王制篇》 農農、士士、工工、商商，一也。注：使人一於職業。

《呂氏春秋》卷二六《上農》 凡民自七尺以上，屬諸三官。注：三官，農、工、賈也。農攻粟，注：攻，治也。工攻器，賈攻貨。時事不共，是謂大凶。

漢·劉向《說苑》卷七《政理》 《春秋》曰：四民均，則王道興而百姓寧。所謂四民者，士、農、工、商也。

《史記》卷一二九《貨殖列傳》 《周書》曰：農不出則乏其食，工不出則乏其事，商不出則三寶絕，虞不出則財匱少，財匱少而山澤不辟矣。此四者，民所衣食之原也。

《漢書》卷二四上《食貨志上》 是以聖王域民，築城郭以居之，制廬井以均之，開市肆以通之，設庠序以教之。士、農、工、商，四民有業。學以居位曰士，闢土殖穀曰農，作巧成器曰工，通財鬻貨曰商。聖王量能授事，四民陳力受職，故朝亡廢官，邑亡敖民，地亡曠土。

元·王禎《農書》卷一《孝弟力田篇》 蓋自民受天地之中以生，【略】特其氣稟有清濁之異，其清者為士，而濁者為農為工為商。士以明其仁義，農以贍其衣食，工以制其器用，商以通其貨賄。此四民者，皆天之所設以相資焉者。聖人樹其法度，制其品節，以教而養之，使天下之人莫不衣其衣而食其食，親其親而長其長，然其教之者，莫先於士，養之者，莫重於農。士之本在學，農之本在耕，是故士為上，農次之，工、商為下。本末輕重，昭然可見。

田土分部

綜述

夏 《尚書·禹貢》 冀州：【略】厥田惟中中。漢孔安國《傳》：田之高下肥瘠，九州之中爲第五。

濟、河惟兗州。【略】厥田惟中下。《傳》：田第六。

海岱惟青州。【略】厥田惟上下。《傳》：田第三。

海岱及淮惟徐州。【略】厥田惟上中。《傳》：田第二。

淮海惟揚州。【略】厥田惟下下。《傳》：田第九。

荊及衡陽惟荊州。【略】厥田惟下中。《傳》：田第八。

荊河惟豫州。【略】厥田惟中上。《傳》：田第四。

華陽黑水惟梁州。【略】厥田惟下上。《傳》：田第七。

黑水西河惟雍州。【略】厥田惟上上。《傳》：田第一。

《論語》卷八《泰伯》 子曰：禹，吾無間然矣。【略】卑宮室而盡力乎溝洫。三國魏何晏《集解》：包曰：方里爲井，井間有溝，溝廣深四尺。十里為成，成間有洫，洫廣深八尺。宋朱熹《集注》：溝洫，田間水道，以正疆界、備旱潦者也。

《大戴禮記》卷二《夏小正》 農及雪澤，初服于公田。古有公田焉者，古者先服公田而後服其田也。

《楚辭》卷三《天問》 咸播秬黍，莆雚是營。漢王逸《章句》：咸，皆也。秬黍，黑黍也。萑，草名也。營，為也。言禹平治水土，萬民皆得耕種黑黍於萑蒲之地，盡為良田也。

晉·皇甫謐《帝王世紀·星野及歷代墾田戶口數》 及禹平水土，還為九州，今《禹貢》是也。是以其時九州之地，凡二千四百三十萬八千二十四頃，定墾者九百二十萬八千二十四頃，不墾者千五百萬二千頃。

唐·杜佑《通典》卷一《食貨一·田制上》 九州之地，定墾者九百一十萬八千二十頃。虞夏殷三代凡千餘載，其間定墾書冊不存，無以詳焉。

商 **《甲骨文合集》9476** 戊辰卜，𡧊貞：令永𡉚田于盖。

又 **《合集》9473** 癸卯［卜］，𡧊貞：［令］𡥆𡉚田于京。

又 **《合集》33209** 癸亥，貞：王令多尹𡉚田于西受禾。

又 **《合集》33211** 甲子，貞：于下人刖𡉚田。

又 **《合集》33212** 王令……𡉚田［于］龍。

《尚書·多方》 今爾尚宅爾宅，畋爾田，爾曷不惠王熙天之命？漢孔安國《傳》：今汝殷之諸侯，皆尚得居汝常居，臣民皆尚得畋汝故田，汝何不順從王政，廣天之命而自懷疑乎？

爾乃自時洛邑，尚永力畋爾田。《傳》：汝能使我閲具于汝邑，而以汝所謀爲大，則汝乃用是洛邑，庶幾長力畋汝田矣。言雖遷徙，而以修善得反邑里。

漢·伏勝《尚書大傳》卷三《多士傳》 武王入殷，周公曰：「各安其宅，各田其田，無故無新，唯仁之新。」

《氾勝之書·區田法》 湯有旱災，伊尹作為區田，教民糞種，負水澆稼。

兩周 **《詩經·小雅·白華》** 滮池北流，浸彼稻田。

又 **《小雅·采芑》** 薄言采芑，于彼新田，于此菑畝。漢毛亨《傳》：芑，菜也。田一歲曰菑，二歲曰新田，三歲曰畬。

又 **《小雅·信南山》** 信彼南山，維禹甸之。畇畇原隰，曾孫田之。我疆我理，南東其畝。

又 **《小雅·甫田》** 倬彼甫田，歲取十千。我取其陳，食我農人。自古有年，今適南畝。或耘或耔，黍稷薿薿。攸介攸止，烝我髦士。

又 **《小雅·大田》** 大田多稼，既種既戒。既備乃事，以我覃耜。俶載南畝，播厥百穀。既庭且碩，曾孫是若。

又 **《小雅·大田》** 有渰萋萋，興雨祁祁。雨我公田，遂及我私。彼有不穫穉，此有不斂穧。彼有遺秉，此有滯穗，伊寡婦之利。

又 **《大雅·緜》** 周原膴膴，堇荼如飴。【略】迺疆迺理，迺宣迺畝，自西徂東，周爰執事。

又 **《大雅·公劉》** 篤公劉，既溥既長，既景迺岡，相其陰陽，觀其流泉。其軍三單，度其隰原，徹田為糧。度其夕陽，豳居允荒。

又 **《大雅·瞻卬》** 人有土田，女反有之。人有民人，女覆奪之。

又 **《周頌·臣工》** 嗟嗟保介，維莫之春。亦又何求，如何新畬。於皇來牟，將受厥明。明昭上帝，迄用康年。命我衆人，庤乃錢鎛，奄觀銍艾。

又 **《周頌·噫嘻》** 噫嘻成王，既昭假爾。率時農夫，播厥百穀。駿發爾私，終三十里。亦服爾耕，十千維耦。

又 **《周頌·載芟》** 載芟載柞，其耕澤澤。千耦其耘，徂隰徂畛。侯主侯伯，侯亞侯旅，侯彊侯以。有嗿其饁，思媚其婦。有依其士，有略其耜。俶載南畝，播厥百穀，寔函斯活。

又 **《周頌·良耜》** 畟畟良耜，俶載南畝。播厥百穀，寔函斯活。或來瞻女，載筐及筥。其饟伊黍，其笠伊糾。其鎛斯趙，以薅荼蓼。荼蓼朽止，黍稷茂止。

《國語》卷一六《鄭語》 計億事，材兆物，收經入，行姟極。三國吳韋昭注：賈、唐説皆以萬萬為億。後鄭司農云：十萬曰億，十億曰兆，從古數也。經，常也。姟，備也。數極於姟，萬萬兆曰姟。故王者居九畡之田，注：九畡，九州之極數也。收經入以食兆民。

又 **卷一八《楚語下》** 天子之田九畡，以食兆民。注：九畡，九州之内有畡數也。食兆民，民稱耕而食其中也。天子曰兆民。

《殷周金文集成釋文》卷二《大克鼎》 王若曰：【略】賜女田于野，賜女田于渒，賜女邢寓𢽾，田于峻，以厥臣妾，賜女田于康，賜女田于匽，賜女田於陴原，賜女田于寒山。

又 **卷三《敔卽》** 賜田于敜五十田，于早五十田。

《周禮·地官·大司徒》 凡造都鄙，制其地域而封溝之，以其室數制之。不易之地家百晦，一易之地家二百晦，再易之地家三百晦。

又 **《地官·小司徒》** 乃經土地而井牧其田野。九夫為井，四井為邑，四邑為丘，四丘為甸，四甸為縣，四縣為都，以任地事而令貢賦。

又《地官·遂人》 辨其野之土，上地、中地、下地，以頒田里。上地夫一廛，田百晦，萊五十晦，餘夫亦如之。中地夫一廛，田百晦，萊百晦，餘夫亦如之。下地夫一廛，田百晦，萊二百晦，餘夫亦如之。

又《地官·載師》 以廛里任國中之地，以場圃任園地，以宅田、士田、賈田任近郊之地，以官田、牛田、賞田、牧田任遠郊之地，以公邑之田任甸地，以家邑之田任稍地，以小都之田任縣地，以大都之田任畺地。

《孟子·滕文公上》 夏后氏五十而貢，殷人七十而助，周人百畝而徹，其實皆什一也。徹者，徹也；助者，藉也。漢趙岐注：民耕五十畝，貢上五畝；耕七十畝者，以七畝助公家；耕百畝者，徹取十畝以爲賦。雖異名，而多少同，故曰皆什一也。徹，猶人徹取物也。藉者，借也，猶人相借力助之也。宋朱熹《集注》：夏時一夫受田五十畝，而每夫計其五畝之入以為貢。商人始為井田之制，以六百三十畝之地，畫為九區，區七十畝。中為公田，其外八家各授一區，但借其力以助耕公田，而不復稅其私田。周時一夫授田百畝，鄉遂用貢法，十夫有溝，都鄙用助法，八家同井，耕則通力而作，收則計畝而分，故謂之徹。其實皆什一者，貢法固以十分之一為常數，惟助法乃是九一，而商制不可考。周制則公田百畝，中以二十畝為廬舍，一夫所耕公田，實計十畝，通私田百畝為十一分而取其一，蓋又輕於什一矣。竊料商制，亦當似此，而以十四畝為廬舍，一夫實耕公田七畝，是亦不過什一也。徹，通也，均也。藉，借也。龍子曰：治地莫善於助，莫不善於貢。貢者，校數歲之中以爲常，注：龍子，古賢人也。言治土地之賦，無善於助者也。貢者，校數歲以爲常，類而上之，民供奉之有易有不易，故謂之莫不善於貢也。樂歲粒米狼戾，多取之而不爲虐，則寡取之。凶年糞其田而不足，則必取盈焉。注：樂歲，豐年。狼戾猶狼藉也。粒米，粟米之粒也。饒多狼藉，棄捐於地，是時多取於民，不爲暴虐也，而反以常數，少取之。至於凶年饑歲，民人糞其田，尚無所得，不足以食，而公家取其稅，必滿其常數焉。不若從歲饑穰，以爲多少，與民同之也。【略】《詩》云：『雨我公田，遂及我私。』惟助為有公田。由此觀之，雖周亦助也。

請野九一而助，國中什一使自賦。注：九一者，井田以九頃爲數，而供什一郊野之賦也。助者，殷家稅名也，周亦用之，龍子所謂莫善於助也。時諸侯不行助法。國中什一者，《周禮》：園廛二十而稅一。時行重法，賦責之什一也，而如也自從也。孟子欲請使野人如助法，什一而稅之。國中從其本賦，二十而稅一，以寬之也。卿以下必有圭田，圭田五十畝。餘夫二十五畝。注：古者卿以下至於士，皆受圭田五十畝，所以供祭祀也。圭，潔也。上田，故謂之圭田。所謂惟士無田，則亦不祭。言絀士無潔田也。井田之民，養公田者受百畝，圭田半之，故五十畝。餘夫者，一家一人受田，其餘老少尚有餘力者，受二十五畝，半於圭田，謂之餘夫也。受田者田萊多少，有上、中、下。《周禮》曰：餘夫亦如之。亦如上、中、下之等也。《王制》曰：夫圭田無征。謂餘夫圭田皆不出征賦也。時無圭田、餘夫，孟子欲令復古，所以重祭祀，利民之道也。死徙無出鄉，鄉田同井，出入相友，守望相助，疾病相扶持，則百姓親睦。方里而井，井九百畝，其中爲公田，八家皆私百畝，同養公田。公事畢，然後敢治私事，所以別野人也。此其大略也。注：方一里者，九百畝之地也。地爲一井，八家各私得百畝，同共養其公田之苗稼。公田八十畝，其餘二十畝，以爲廬井宅園圃，家二畝半也。先公後私，『遂及我私』之義也。則是野人之事，所以別於士伍者也。

又《梁惠王上》 百畝之田，勿奪其時，八口之家可以無飢矣。

又《梁惠王下》 昔者文王之治岐也，耕者九一。注：言往者文王為西伯時，始行王政，使岐民修井田，八家耕八百畝，其百畝者以為公田及廬井，故曰九一也。宋朱熹《集注》：九一者，井田之制也。方一里為一井，其田九百畝，中畫井字，界為九區。一區之中，為田百畝，中百畝為公田，外八百畝為私田。八家各受私田百畝，而同養公田，是九分而稅其一也。

又《萬章下》 耕者之所獲，一夫百畝。百畝之糞，上農夫食九人，上次食八人，中食七人，中次食六人，下食五人。注：獲，得也。一夫一婦佃田百畝，百畝之田加之以糞，是為上農夫。其所得穀，足以食九口。

《穀梁傳·宣公十五年》 初稅畝。《傳》：古者三百步為里，名曰井田。井田者九百畝，公田居一。私田稼不善，則非吏；公田稼不善，則非民。

《禮記·王制》 方一里者，為田九百畝。方十里者，為方一里者百，為田九萬畝；方百里者，為方十里者百，為田九十億畝；漢鄭玄注：億，今十萬。方千里者，為方百里者百，為田九萬億畝。注：萬億，今萬萬也。唐孔穎達《正義》：方十里，為田九萬畝；方百里者，為方十里者百。一箇十里之方，既為田九萬畝，則十箇十里之方，為田九十萬畝；一百箇十里之方，為田九百萬畝。今云九十億畝，是一億有十萬，十億有一百萬，九十億為九百萬畝，故云『億，今十萬』。《尹文子》云：百姓千品，萬官億醜。皆以數相十，此謂小億也，此鄭氏所用。《毛詩傳》云：數萬至萬曰億。是大億也，非鄭義。『萬億，今萬萬也』者，計千里之方，為方百里者百，一箇百里之方，既為九十億畝，則十箇百里，方為九百億畝；百箇百里，方為九千億畝。今乃云九萬億畝，與數不同者，若以億言之，當云九千億畝；若以萬言之，當云九萬萬畝。但書經戰國，及秦之世，經籍錯亂，此經上下或『億』或『萬』，字相交涉，遂誤為『萬億』。鄭未注之前，書本既爾，鄭更不顯言其錯，因此錯本『萬億』之言，即云此經『萬億』者，即『今之萬萬』。皇氏以為億數不定，或以十萬為億，或以萬萬為億，或以一萬為億。此云『萬億』者，秖是萬萬也。六國時或將『萬』為『億』，故云『萬億』。但古事難悉，未知孰是，故備存焉。

【略】凡四海之内，斷長補短，方三千里，為田八十萬億一萬億畝。方百里者，為田九十億畝，山陵林麓、川澤溝瀆、城郭、宮室、塗巷三分去一，其餘六十億畝。《正義》：為田八十萬億一萬億畝，以一州方千里，九州方三千里，三三如九，為方千里者有九。一箇千里有九萬億畝，九箇千里，九九八十一，故有八十一萬億畝。但《記》文詳具於八十整數之下，云萬億是八十箇萬億，又云一萬億，言是詳也。以前文誤為萬億，此則因前文之誤，更以萬億言之。

制農田百畝。百畝之分，上農夫食九人，上次食八人，其次食七人，其次食六人，下農夫食五人。

《漢書》卷二四上《食貨志上》 理民之道，地著為本。故必建步立晦，正其經界。六尺為步，步百為晦，晦百為夫，夫三為屋，屋三為井，井方一里，是為九夫。八家共之，各受私田百晦，公田十晦，是為八百八十晦；餘二十晦，以為廬舍，出入相友，守望相助，疾病相救。民是以和睦而教化齊同，力役生產可得而平也。民受田，上田夫百晦，中田夫二百晦，下田夫三百晦。歲耕種者，為不易上田；休一歲者，為一易中田；休二歲者，為再易下田。三歲更耕之，自爰其處。農民户人已受田，其家衆男為餘夫，亦以口受田如比。士、工、商家受田，五口乃當農夫一人。此謂平土可以為法者也。若山林藪澤、原陵淳鹵之地，各以肥磽多少為差。【略】民年二十受田，六十歸田。七十以上，上所養也；十歲以下，上所長也；十一以上，上所彊也。

《左傳·隱公十一年》 王取鄔、劉、蔿、邘之田于鄭，而與鄭人蘇忿生之田：温、原、絺、樊、隰郕、欑茅、向、盟、州、陘、隤、懷。君子是以知桓王之失鄭也。恕而行之，德之則也，禮之經也。己弗能有而以與人，人之不至，不亦宜乎！晉杜預注：蘇氏叛王，十二邑王所不能有。

又 《僖公二十五年》 （夏四月）戊午，晉侯朝王。王【略】與之陽、樊、温、原、欑茅之田，晉於是始啓南陽。注：在晉山南河北，故曰南陽。

《國語》卷二《周語中》 王至自鄭，三國吳韋昭注：襄王從鄭至王城，魯僖公二十五年也。以陽、樊賜晉文公。注：陽、樊，二邑，在畿内也。

又 卷一〇《晉語四》 冬，襄王避昭叔之難，居于鄭地氾。【略】賜公南陽陽、樊、温、原、州、陘、絺鉏、欑茅之田。注：八邑，周之南陽地。

《左傳·昭公九年》 周甘人與晉閻嘉爭閻田。注：甘人，甘大夫襄也。閻嘉，晉閻縣大夫。【略】宣子説，王有姻喪，使趙成如周弔，且致閻田與襚，反潁俘。王亦使賓滑執甘大夫襄以説於晉，晉人禮而歸之。

《管子》卷二二《山國軌》 周岐山至於崢丘之西塞丘者，山邑之田也。【略】周壽陵而東至少沙者，中田也。

《史記》卷六九《蘇秦列傳》 蘇秦喟然歎曰：【略】『且使我有雒陽負郭田二頃，唐司馬貞《索隱》：負，背也，枕也。近城之地沃潤流澤，最為膏腴，故曰負郭。吾豈能佩六國相印乎？』

春秋戰國 **《左傳·哀公十二年》** 宋、鄭之間有隙地焉，注：隙地，間田。曰彌作、頃丘、玉暢、嵒、戈、鍚。注：凡六邑。

《管子》卷一九《地員》 夫管仲之匡天下也，其施七尺，唐房玄齡注：施者，大尺之名也，其長十尺。瀆田悉徙，注：瀆田謂穿溝瀆而溉田，悉徙謂其地每年皆須更易也。五種無不宜，其立后而手實。注：謂立君以主之，手常握此地之實數也。

九州之土為九十物，每州有常而物有次。【略】凡上土三十物，種十二物。【略】凡中土三十物，種十二物。【略】凡下土三十物，其種十二物。凡土物九十，其種三十六。

又 卷二二《山權數》 桓公問於管子曰：『請問國制。』管子對曰：『國無制，地有量。』桓公曰：『何謂國無制，地有量？』管子對曰：『高田十石，閒田五石，庸田三石，其餘皆屬諸荒田。地量百畝，一夫之力也。粟賈一，粟賈十，粟賈三十，粟賈百。其在流筴者，百畝從中千畝之筴也。然則百乘從千乘也，千乘從萬乘也。故地無量，國無筴。』

《銀雀山漢墓竹簡〔壹〕·守法守令等十三篇·田法》 一人而田大畝廿〔四者王，一人而〕田十九九三二畝者朝（霸），〔一人而田十四〕畝者存，一人而田九畝者亡。九三三州、鄉以地次受（授）田於野，百人為區，千人為或（域）。人不舉或（域）中之田，以地次相。九三八。

《漢書》卷二四上《食貨志上》 陵夷至於戰國，貴詐力而賤仁誼，先富有而後禮讓。是時李悝為魏文侯作盡地力之教，以為地方百里，提封九萬頃，除山澤、邑居參分去一，為田六百萬晦。治田勤謹則晦益三升，不勤則損亦如之。地方百里之增減，輒為粟百八十萬石矣。

魯 **《春秋·隱公八年》** 三月，鄭伯使宛來歸祊。晉杜預注：祊，鄭祀泰山之邑，在琅邪費縣東南。

庚寅，我入祊。注：桓元年乃卒易祊田，知此入祊，未肯受而有之。

《公羊傳·隱公八年》 三月，鄭伯使宛來歸邴。《傳》：宛者何？鄭之微者也。邴者何？鄭湯沐之邑也。天子有事于泰山，諸侯皆從泰山之下，諸侯皆有湯沐之邑焉。漢何休《解詁》：有事者，巡守祭天告至之禮也。當沐浴潔齊，以致其敬，故謂之湯沐邑也，所以尊待諸侯而共其費也。禮，四井為邑，邑方二里，東方二州四百二十國，凡為邑廣四十里，袤四十二里，取足舍止共槀穀而已。歸邴書者，甚惡鄭伯無尊事天子之心，專以湯沐邑歸魯，背叛當誅也。録使者，重尊湯沐邑也。

庚寅，我入邴。《傳》：其言入何？《解詁》：据上書歸，取邑已明，無事復書入也。難也。《解詁》：入者，非已至之文，難辭也。此魯受邴，與鄭同罪當誅，故書入，欲為魯見重難辭。其日何？難也。《解詁》：以歸後乃日也。言時重難，不可即入，至此日乃入。其言我何？言我者，非獨我也，《解詁》：自入邑不得言我，有他人在其中乃得言我，故能起其非獨我。齊亦欲之。《解詁》：時齊與鄭、魯比聘會者，亦欲得之，故以非獨我，起齊惡。齊惡起，則魯蒙欲邑，見於惡愈矣。

《穀梁傳·隱公八年》 三月，鄭伯使宛來歸邴。《傳》：名宛，所以貶鄭伯，惡與地也。晉范寧《集解》：去其族，惡擅易天子邑。

庚寅，我入邴。《傳》：入者，内弗受也。日入，惡入者也。邴者，鄭伯所受命於天子而祭泰山之邑。《集解》：王室微弱，無復方岳之會，諸侯驕慢，亦廢朝覲之事，故鄭以湯沐之邑易魯朝宿之田也。諸侯有大功盛德於王室者，京師有朝宿之邑，泰山有沐浴之邑，所以供祭祀也，魯，周公之後。鄭，宣王母弟。若此有賜邑，其餘則否。許慎曰：若令諸侯京師之地皆有朝宿之邑，周有千八百諸侯，盡京師之地不足以容，不合事理。

《左傳·閔公二年》 初，公傅奪卜齮田，公不禁。注：卜齮，魯大夫也。

又 **《僖公元年》** 冬，【略】公賜季友汶陽之田及費。注：汶陽田，汶水北地。汶水出泰山萊蕪縣，西入濟。

又 **《宣公十年》** 春，公如齊，齊侯以我服故，歸濟西之田。

又 **《成公二年》** 秋七月，晉師及齊國佐盟于爰婁，使齊人歸我汶陽之田。

又 **《定公十年》** 齊人來歸鄆、讙、龜陰之田。

《莊子》卷九《讓王》 孔子謂顔回曰：『回，來！家貧居卑，胡不仕乎？』顔回對曰：『不願仕。回有郭外之田五十畝，足以給飦粥；郭内之田十畝，足以為絲麻。鼓琴足以自娱，所學夫子之道者足以自樂也。回不願仕。』

晉 **《左傳·桓公二年》** 哀侯侵陘庭之田。注：陘庭，翼南鄙邑。陘庭，南鄙，啓曲沃伐翼。

《國語》卷八《晉語二》 公子夷吾出見使者，再拜稽首，起而不哭，退而私於公子縶曰：『中大夫里克與我矣，吾命之以汾陽之田百萬。注：賈侍中云：汾，水名；汾陽，晉地。百萬，百萬畝也。丕鄭與我矣，吾命之以負葵之田七十萬。』注：負葵，晉地名。

《左傳·僖公二十四年》 晉侯求之不獲，以緜上為之田，宋林堯叟《句解》：以綿上之地為介推私田，以供祭祀。曰：『以志吾過，且旌善人。』

《呂氏春秋》卷一二《介立》 （晉文公）令士庶人曰：『有能得介子推者，爵上卿，田百萬。』漢高誘注：百萬畝也。

漢·劉向《新序》卷七《節士》 晉文公反國，酌士大夫酒，召咎犯而將之，召艾陵而相之，授田百萬。

《左傳·文公八年》 先克奪蒯得田于堇陰。注：七年，晉禦秦師於堇陰，以軍事奪其田也。

又 **《襄公十四年》** 將執戎子駒支，范宣子親數諸朝，曰：【略】『我先君惠公有不腆之田，與女剖分而食之。』【略】對曰：【略】『賜我南鄙之田，狐狸所居，豺狼所嗥。我諸戎除翦其荆棘，驅其狐狸豺狼，以為先君不侵不叛之臣，至于今不貳。』

又 **《昭公元年》** 子干奔晉，從車五乘，叔向使與秦公子同食，注：食禄同。皆百人之餼。注：百人，一卒也。其禄足百人。《正義》：禄足百人，謂與之田，取税以共食，足為百人餼也。

《國語》卷一四《晉語八》 （叔向）對曰：『大國之卿，一旅之田。注：公之孤四命。五百人為旅，為田五百頃。上大夫，一卒之田。』注：上大夫一命。百人為卒，為田百頃。

又 **卷一四《晉語八》** 范宣子與龢大夫争田，久而無成。注：成，平也。龢，晉邑之大夫也。争田之疆界，久而不平。【略】宣子説，乃益龢田而與之和。

注：以所争田益之，與之平和。

《左傳·昭公十四年》 晉邢侯與雍子爭鄐田，久而無成。《正義》：巫臣、雍子，皆故楚人也。襄二十六年《傳》稱，巫臣奔晉，晉人與之邢。雍奔晉，晉人與之鄐。則鄐是雍子之田也。邢侯，巫臣之子，而得與之爭鄐者，孔晁注《晉語》云：邢與鄐比，爭疆界。

又《哀公二年》 （秋八月）簡子誓曰：**【略】**『克敵者，**【略】**士田十萬。』注：十萬畝也。《正義》：《王制》云：方一里者，為田九百畝。士田十萬，為方百里有餘。

《銀雀山漢墓竹簡（壹）·孫子兵法·吳問》 吳王問孫子曰：『六將軍分守晉國之地，孰先亡？孰固成？』孫子曰：『范、中行是（氏）先亡。』『孰為之次？』『智是（氏）為次。』『孰為之一五四正次？』『韓、巍（魏）為次。趙毋失其故法，晉國歸焉。』吳王曰：『其說可得聞乎？』孫子曰：『可。范、中行是（氏）制田，以八十步為一五五婉（畹），以百六十步為畛，而伍稅之。其□田陜（狹），置士多，伍稅之，公家富。公家富，置士多，主喬（驕）臣奢，冀功數戰，故曰先一五六[亡]。……公家富，置士多，主喬（驕）臣奢一五七，冀功數戰，故為范、中行是（氏）次。韓、巍（魏）制田，以百步為婉（畹），以二百步為畛，而伍稅[之]。其□田陜（狹），其置士多，伍一五八稅之，公家富。公家富，置士多，主喬（驕）臣奢，冀功數戰，故為智是（氏）次。趙是（氏）制田，以百廿步為婉（畹），以二百卌步為畛，公一五九稅焉。公家貧，其置士少，主僉臣收，以御富民，故曰固國。晉國歸焉。』吳王曰：『善。王者之道，□□厚一六〇愛其民者也。』二百八十四一六一

《尸子》卷上《貴言》 范獻子游於河，大夫皆在。**【略】**明日朝，令賜舟人清涓田萬畝。清涓辭，君曰：『以此田也，易彼言也。』

《史記》卷四三《趙世家》 董安于受言而書藏之，以扁鵲言告簡子，簡子賜扁鵲田四萬畝。

清·覺羅石麟等[雍正]《山西通志》卷二五《山川九·平定州》 鵲山在州西北五里，有扁鵲廟。山下有平地泉，趙簡子賜扁鵲田四萬畝在山下。

衛

《左傳·僖公二十八年》 公說，執曹伯，分曹、衛之田以畀宋人。

又《文公八年》 春，晉侯使解揚歸匡、戚之田于衛。

《韓非子》卷一三《外儲說右上》 衛嗣君謂薄疑曰：『子小寡人之國，以為不足仕，則寡人力能仕子，請進爵，以子為上卿。』乃進田萬頃。

曹

《左傳·僖公三十一年》 春，取濟西田，分曹地也。注：二十八年，晉文討曹，分其地，竟界未定，至是乃以賜諸侯。**【略】**自洮以南，東傅于濟，盡曹地也。**【略】**襄仲如晉，拜曹田也。

許

《左傳·成公四年》 冬十一月，鄭公孫申帥師疆許田。許人敗諸展陂。鄭伯伐許，取鉏任、泠敦之田。

邾

《左傳·襄公十九年》 春，**【略】**取邾田，自漷水歸之于我。注：邾田在漷水北，今更以漷為界，故曰取邾田。

《春秋·哀公二年》 春王二月，季孫斯、叔孫州仇、仲孫何忌帥師伐邾，取漷東田及沂西田。

《左傳·哀公二年》 春，伐邾。將伐絞，邾人愛其土，故賂以漷、沂之田而受盟。

杞

《左傳·襄公二十九年》 晉侯使司馬女叔侯來治杞田，注：使魯歸前侵杞田。弗盡歸也。

鄭

《左傳·隱公八年》 鄭伯請釋泰山之祀而祀周公，以泰山之祊易許田，三月，鄭伯使宛來歸祊，不祀泰山也。注：成王營王城，有遷都之志，故賜周公許田，以為魯國朝宿之邑，後世因而立周公別廟焉。鄭桓公，周宣王之母弟，封鄭，有助祭泰山湯沐之邑，在祊。鄭以天子不能復巡守，故欲以祊易許田，各從本國所近之宜。恐魯以周公別廟為疑，故云已廢泰山之祀，而欲為魯祀周公。孫辭以有求也。許田，近許之田。

又《桓公元年》 鄭人請復祀周公，卒易祊田。公許之。三月，鄭伯以璧假許田，為周公、祊故也。注：魯不宜聽鄭祀周公，又不宜易取祊田。犯二不宜以動，故隱其實，不言祊稱璧。假言若進璧以假田，非久易也。

《公羊傳·桓公元年》 鄭伯以璧假許田。《傳》：其言以璧假之何？易之也。易之則其言假之何？為恭也。《解詁》：為恭孫之辭，使若暫假借之辭。曷爲為恭？有天子存，則諸侯不得專地也。許田者何？魯朝宿之邑也。諸侯時朝乎天子，天子之郊，諸侯皆有朝宿之邑焉。此魯朝宿之邑也，則曷為謂之許田？諱取周田也。諱取周田，則曷為謂之許田？繫之許也。曷為繫之許？近許也。此邑也，其稱田何？田多邑少稱田，邑多田少稱邑。唐徐彦疏：田多邑少稱田者，謂邑外之田多，邑內家數少。如此之時則稱田，即此是也。言邑多田少稱邑者，謂邑內家數多，而邑外之田頃畝少。如此之時則稱邑。即哀

八年『齊人取讙及闡』是也。

《左傳·襄公三十年》 子產使都鄙有章，上下有服，田有封洫，注：封，疆也；洫，溝也。廬井有伍。注：廬，舍也。九夫為井，使五家相保。【略】從政一年，輿人誦之曰：『取我衣冠而褚之，取我田疇而伍之。孰殺子產，吾其與之！』及三年，又誦之曰：『我有子弟，子產誨之。我有田疇，子產殖之。子產而死，誰其嗣之？』

又《昭公十三年》 使枝如子躬聘于鄭，且致犨櫟之田。注：犨櫟本鄭邑，楚中取之。平王新立，故還以賂鄭。

又《昭公十六年》 子產對曰：『昔我先君桓公與商人皆出自周，庸次比耦，注：庸，用也。用次更相從耦耕。以艾殺此地，斬之蓬蒿藜藋而共處之。』

《韓非子》卷一九《顯學》 子產開畝樹桑，鄭人謗訾。

越 《國語》卷二一《越語下》 環會稽三百里者，以為范蠡地。曰：後世子孫有敢侵蠡之地者，使無終沒於越國。皇天后土，四鄉地主正之！

齊 《左傳·文公十八年》 齊懿公之為公子也，與邴歜之父爭田，弗勝。及即位，乃掘而則之。注：斷其尸足。

又《成公二年》 （晉人）使齊之封內，盡東其畝。注：使壟畝東西行。對曰：【略】『先王疆理天下，物土之宜而布其利。注：疆，界也。理，正也。物土之宜，播殖之物各從土宜。故《詩》曰：「我疆我理，南東其畝。」今吾子疆理諸侯，而曰盡東其畝而已，唯吾子戎車是利。注：晉之伐齊，循壟東行易。無顧土宜。其無乃非先王之命也乎！』

《管子》卷一《乘馬》 距國門以外，窮四竟之内，丈夫二犂，童五尺一犂，以為三日之功。正月，令農始作，服于公田農耕。及雪釋，耕始焉，芸卒焉。

《晏子春秋》卷八《外篇·田無宇非晏子有老妻晏子對以去老謂之亂第十》 無宇曰：『位爲中卿，田七十萬。』

楚 《左傳·成公十六年》 春，楚子自武城使公子成以汝陰之田求成于鄭。注：汝水之南，近鄭地。

又《昭公九年》 二月庚申，楚公子棄疾遷許于夷，實城父，取州來淮北之田以益之。注：益許田。《正義》：《釋例》云：州來，淮南下蔡縣汝水之南地。淮北之田，淮水北田。則州來邑在淮南，邑民有田在淮北也。許國盡遷于夷，夷田少，故取以益之。伍舉授許男田，然丹遷城父人於陳，以夷濮西田益之。注：以夷田在濮水西者，與城父人。

又《定公四年》 鬬辛與其弟巢以王奔隨，吳人從之，謂隨人曰：【略】『漢陽之田，君實有之。』

《墨子》卷一一《耕柱》 子墨子曰：楚四竟之田，曠蕪而不可勝辟，評虛數千，不可勝入。

《包山楚簡·文書·客發笇》 【啻】苴之田，南與郙君弡（距）疆，東與蔆君弡（距）疆，北與鄝昜（陽）弡（距）疆，西與鄱君弡（距）疆。其邑：笑一邑，郯一邑，並一邑，郚一邑，余爲一邑，鄭一邑，凡之六邑。

王所舍新大廄以啻苴之田，南與郙君執疆，東與蔆君執疆，北與鄝昜（陽）執疆，西與鄱君執疆。

《戰國策》卷一四《楚一》 葉公子高，食田六百畛。宋鮑彪注：畛，井田間陌。元吳師道《校注》：補曰：《周禮》十夫有溝，溝上有畛。朱子曰：溝間千畝，畛為阡。故彼崇其爵，豐其祿，以憂社稷者，葉公子高是也。

昭王反郢，五官失法，百姓昏亂，蒙穀獻典，五官得法而百姓大治。此蒙穀之功多，與存國相若。封之執圭，田六百畛。

《呂氏春秋》卷二一《貴卒》 吳起謂荆王曰：『荆所有餘者，地也；所不足者，民也。今君王以所不足，益所有餘，臣不得而為也。』於是令貴人往實廣虛之地，皆甚苦之。注：貴人，貴臣也。皆不欲往實廣虛之地，苦病之也。

《古文苑》卷二《宋玉〈小言賦〉》 楚襄王既登陽雲之臺，令諸大夫景差、唐勒、宋玉等並造《大言賦》。賦畢，而宋玉受賞。王曰：【略】『有能為《小言賦》者，賜之雲夢之田。』宋玉曰：【略】『離朱為之歎悶，神明不能察其情。二子之言磊磊皆不小，何如此之為精！』王曰：『善。』賜以雲夢之田。

漢·劉安《淮南子》卷一二《道應訓》 子發攻蔡，踰之。漢高誘注：子發，楚宣王之將軍。踰，越，勝之也。宣王郊迎，列田百頃而封之執圭。

又 卷一八《人間訓》 孫叔敖決期思之水而灌雩婁之野，注：雩婁，今廬江是也。莊王知其可以為令尹也。

漢·劉向《說苑》卷一四《至公》 莊王從之，賜虞子采地三百，號曰國老。

《後漢書》卷一百六《王景傳》　郡界有楚相孫叔敖所起芍陂稻田。唐李賢注：陂在今壽州安豐縣東。陂徑百里，灌田萬頃。

宋・洪适《隸釋》卷三《楚相孫叔敖碑》　及其爲相，【略】宣導川谷，波障源泉，溉灌坡澤，堤防湖浦，以爲池沼，鍾天地之美，收九罩之利，以殷潤國家，家富人喜。

趙　**《史記》卷四三《趙世家》**　烈侯好音。【略】曰：「夫鄭歌者，槍、石二人，吾賜之田，人萬畝。」

又　卷八一《廉頗藺相如列傳》　及括將行，其母上書，言於王曰：「括不可使將。」王曰：「何以？」對曰：【略】「今括一旦為將，東向而朝，軍吏無敢仰視之者。王所賜金帛，歸藏於家，而日視便利田宅可買者買之。」

魏　**《戰國策》卷二二《魏一》**　魏公叔痤為魏將，而與韓、趙戰澮北，禽樂祚。魏王說，迎郊以賞田百萬祿之。公叔痤反走，再拜辭曰：【略】「若以臣之有功，臣何力之有乎？」王曰：「善」。於是索吳起之後，賜之田二十萬；巴寧、爨襄田各十萬。王曰：「公叔豈非長者哉！既為寡人勝强敵矣，又不遺賢者之後，不揜能士之迹，公叔何可無益乎？」故入，與田四十萬，加之百萬之上，使百四十萬。

《呂氏春秋》卷一六《樂成》　魏襄王【略】曰：「皆如西門豹之為人臣也。」史起對曰：「魏氏之行田也以百畝，鄴獨二百畝，是田惡也。漳水在其旁，而西門豹弗知用，是其愚也；知而弗言，是不忠也。愚與不忠，不可效也。」魏王【略】使之為鄴令，史起因往為之。鄴民大怨，欲藉史起，史起不敢出而避之，王乃使他人遂為之。水已行，民大得其利，相與歌之曰：「鄴有聖令，時為史公。決漳水，灌鄴旁。終古斥鹵，生之稻粱。」

《史記》卷一二六《滑稽列傳》　魏文侯時，西門豹爲鄴令。【略】西門豹卽發民鑿十二渠，引河水灌民田，田皆溉。

漢・王充《論衡》卷二《率性篇》　魏之行田百畝，鄴獨二百。西門豹灌以漳水，成為膏腴，則畝收一鍾。

《漢書》卷二九《溝洫志》　至文侯曾孫襄王時，【略】以史起為鄴令，遂引漳水溉鄴，以富魏之河內。民歌之曰：「鄴有賢令兮為史公，決漳水兮灌鄴旁，終古舄鹵兮生稻粱。」

秦　**《商君書》卷四《徠民》**　今秦之地，方千里者五，而穀土不能處二，田數不滿百萬；其藪澤谿谷、名山大川之材物貨寶，又不盡爲用，此人不稱土也。

又　卷五《境内》　能得甲首一者，賞爵一級，益田一頃，益宅九畝。

《散見簡牘合輯・四川青川縣郝家坪50號秦墓木牘》　二年十一月己酉朔朔日，王命丞相戊(茂)、內史匽，民臂更修為田律：田廣一步，袤八，則為畛。畝二畛，一百(陌)道。百畝為頃，一千(阡)道。道廣三步，封高四尺，大稱其高。捋(埒)高尺，下厚二尺。以秋八月修封捋(埒)，正彊畔，及發(發)千(阡)百(陌)之大草。九月大除道及阪險。十月為橋，修波(陂)隄，利津梁。鮮草離。非除道之時，而有陷敗不可行，輒為之。

漢・董仲舒《董膠西集・乞種麥限田章》　至秦用商鞅之法，改帝王之制，除井田，民得賣買，富者田連阡陌，貧者無立錐之地。

《史記》卷五《秦本紀》　（孝公）十二年，為田開阡陌，東地渡洛。

又　卷六《秦始皇本紀》　昭襄王生十九年而立，立四年，初為田，開阡陌。

又　卷二九《河渠書》　於蜀，蜀守冰鑿離碓，辟沫水之害，穿二江成都之中。此渠皆可行舟，有餘則用溉浸，百姓饗其利。至于所過，往往引其水益用溉田疇之渠，以萬億計，然莫足數也。

西門豹引漳水溉鄴，以富魏之河內。而韓聞秦之好興事，欲罷之，毋令東伐，乃使水工鄭國間說秦，令鑿涇水，自中山西邸瓠口為渠，並北山東注洛三百餘里，欲以溉田。中作而覺，秦欲殺鄭國。鄭國曰：「始臣為間，然渠成，亦秦之利也。」秦以為然，卒使就渠。渠就，用注填閼之水，溉澤鹵之地四萬餘頃，收皆畝一鍾。於是關中為沃野，無凶年。秦以富彊，卒并諸侯，因命曰鄭國渠。

又　卷七三《白起王翦列傳》　王翦既至關，使使還請善田者五輩。《索隱》：謂使者五度請也。

晉・常璩《華陽國志》卷三《蜀志》　周滅後，秦孝文王以李冰為蜀守。【略】冰乃壅江作堋，穿郫江、撿江，別支流，雙過郡下，以行舟船。岷山多梓柏大竹，頹隨水流，坐致材木，功省用饒。又溉灌三郡，開稻田，於是蜀沃野千里，號為陸海。旱則引水浸潤，雨則杜塞水門。故記曰：水旱從人，不知饑饉，時無荒年，天下謂之天府也。

又有綿水出紫巖山，經綿竹入洛，東流過資中，會江陽，皆溉灌稻田，膏潤稼穡，是以蜀川人稱郫、繁曰膏腴，綿、洛為浸沃也。

北魏·酈道元《水經注》卷三三《江水》 江水又東逕成都縣。【略】《風俗通》曰：秦昭王使李冰為蜀守，開成都兩江，溉田萬頃。

論說

《周易·无妄》 六二：不耕穫，不菑畬，漢鄭玄注：一歲曰菑，二歲曰新田，三歲曰畬。則利有攸往。《象》曰：不耕穫，未富也。

《國語》卷三《周語下》 若夫山林匱竭，林鹿散亡，藪澤肆既，民力彫盡，田疇荒蕪，注：穀地為田，麻地為疇。荒，虛也；蕪，穢也。資用乏匱，君子將險哀之不暇，而何易樂之有焉？

《管子》卷一《乘馬》 地者，政之本也，是故地可以正政也。地不平均和調，則政不可正也；政不正，則事不可理也。春秋冬夏，陰陽之推移也；時之短長，陰陽之利用也；日夜之易，陰陽之化也。然則陰陽正矣，雖不正，有餘不可損，不足不可益也。天地莫之能損益也。然則可以正政者，地也，故不可不正也。正地者，其實必正。長亦正，短亦正，小亦正，大亦正。長短小大盡正。正不正則官不理，官不理則事不治，事不治則貨不多。

又 卷三《五輔》 辟田疇，利壇宅，注：壇，堂基。修樹蓺，勸士民，勉稼穡，修墻屋，此謂厚其生。注：上六者，可以厚養其生也。

又 卷五《八觀》 行其田野，視其耕芸，計其農事，而飢飽之國可以知也。其耕之不深，芸之不謹，地宜不任，草田多穢，耕者不必肥，荒者不必墝，以人猥計其野，注：猥，衆也。以人衆之多少，計其野之廣狹也。草田多而辟田少者，雖不水旱，飢國之野也。若是而民寡，則不足以守其地；若是而民衆，則國貧民飢以此遇水旱，則衆散而不收。彼民不足以守者，其城不固；民飢者不可以使戰，衆散而不收，則國為丘墟。故曰：有地君國而不務耕芸，寄生之君也。故曰行其田野，視其耕芸，計其農事，而飢飽之國可知也。

凡田野萬家之衆，可食之地，方五十里，可以為足矣。萬家以下則就山澤，可矣；注：萬家以下，其人少，可以就山澤，逐便利。萬家以上則去山澤，可矣。注：萬家以上，其人多，則去山澤就原陸，而山澤有禁也。彼野悉辟而民無積者，國地小而食地淺也。田半墾而民有餘食而粟米多者，國地大而食地博也。國地大而野不辟者，君好貨而臣好利者也。注：君臣好貨利，則妨農功，故其野不辟。辟地廣而民不足者，上賦重，流其藏者也。注：上賦重，則人藏流散也。

故曰：良田不在戰士，三年而兵弱。注：良田所以賞戰士，不賞則士無戰志，故兵弱也。

又 卷九《問》 《制地君》曰：理國之道，地德為首。君臣之禮，注：地有高下，君臣之禮也。父子之親，注：高地下覆，下地上承，父子之親也。覆育萬人，注：百貨出於地，人得以生焉，故曰覆育萬人。官府之藏，彊兵保國，城郭之險，外應四極，注：四極謂國之四鄙也。自官府已下，非地則無所容居。具取之地。注：凡此皆因地而成，故曰具取之地。

又 卷一五《治國》 民事農則田墾，田墾則粟多，粟多則國富。先王者，善為民除害興利，故天下之民歸之。所謂興利者，利農事也；所謂除害者，禁害農事也。農事勝則入粟多，入粟多則國富，國富則安鄉重家，安鄉重家則雖變俗易習，敺衆移民，至於殺之，而民不惡也。此務粟之功也。

又 卷一七《禁藏》 故善者必先知其田，乃知其人。注：田多則人多，田少則人少。田備，然後民可足也。

《商君書》卷二《算地》 凡世主之患，用兵者不量力，治草萊者不度地。故有地狹而民衆者，民勝其地；地廣而民少者，地勝其民。民勝其地，務開；地勝其民者，事徠。開則行倍。民過地則國功寡而兵力少，地過民則山澤財物不為用。夫棄天物遂民淫者，世主之務過也。而上下事之，故民衆而兵弱，地大而力小。故爲國任地者，山林居什一，藪澤居什一，谿谷流水居什一，都邑蹊道居什四。此先王之正律也。故爲國分田數小。畝五百足待一役，此地不任也。方土百里，出戰卒萬人者，數小也。此其墾田足以食其民，都邑遂路足以處其民，山林藪澤谿谷足以供其利，藪澤隄防足以畜。故兵出糧給而財有餘，兵休民作而畜長足。此所謂任地待役之律也。今世主有地方數千里，食不足以待役實倉，而兵爲鄰敵，臣故爲世主患之。夫地大而不墾者，與無地者同；民衆而不用者，與無民者同。故爲國之數，務在墾草；用兵之道，務在一賞。

《孟子·滕文公上》 夫仁政必自經界始。經界不正，井地不均，穀祿不平，是故暴君汙吏必慢其經界。經界既正，分田制祿可坐而定也。宋朱熹《集注》：井地即井田也。經界謂治地分田，經畫其溝塗封植之界也。

《爾雅》卷六《釋地·野》 田一歲曰菑，晉郭璞注：今江東呼初耕地反草爲菑。二歲曰新田，注：《詩》曰『于彼新田』。三歲曰畬。注：《易》曰『不菑畬』。宋邢昺疏：云田一歲曰菑，二歲曰新田，三歲曰畬，此釋耕田年歲遠近名義不同之事也。菑者，災也。畬，和柔之意也。孫炎云：菑，始災殺其草本也。新田，新成柔田也。畬，和也，田舒緩也。郭云今江東呼初耕地反草爲菑，注《詩》曰『于彼新田』，此《小雅·采芑篇》文也。案彼云：『薄言采芑，于彼新田，于此菑畝』。《毛傳》取此文爲說，故引證也。云《易》曰『不菑畬』，此《無妄·六二》爻辭也。鄭注亦取此文，故引以爲證也。

漢·劉向《說苑》卷一七《雜言》 農夫樹田。田者，擇種而種之，豐年必得粟。

漢·許慎《說文解字·田部》 田，敶也。清段玉裁注：各本作「陳」，今正。敶者，列也。田與敶古皆音陳，故以疊韵爲訓，取其敶列之整齊謂之田。凡言田田者，即陳陳相因也。陳陳，當作敶敶。陳敬仲之後爲田氏，田即陳字，叚田爲陳也。樹穀曰田。注：樹菜曰圃，樹果曰園。見□部。象形。注：各本作『象四』，今依《韵會》正。今人謂爲從□从十，非許意也。此象甫田之形，毛公曰：『甫田，謂天下田也。』待年切，古音如陳，十二部。□十，千百之制也。注：此說象形之恉，謂□與十合之，所以象阡陌之一縱一橫也。各本作阡陌，阜部無此二字，今正。《周禮·遂人》曰：『凡治野，夫間有遂，遂上有徑。十夫有溝，溝上有畛。百夫有洫，洫上有涂。千夫有澮，澮上有道。萬夫有川，川上有路，以達于畿。』百夫之塗謂之爲百，千夫之道謂之爲千，言千百以包徑畛路也。南畝則甽縱遂橫，溝縱洫橫，澮縱川橫，遂、徑、畛、涂、道、路，縱橫同之。東畝則甽橫遂縱，溝橫川縱，徑、畛、涂、道、路之橫縱同之。故十與□，皆象其縱橫也。阡陌則俗字也。

漢·劉熙《釋名》卷一《釋地》 土，吐也，吐生萬物也。已耕者曰田。田，填也，五稼填滿其中也。壤，瀼也，肥濡意也。

漢·何休《公羊傳》『什一行而頌聲作矣』解詁 至此獨言頌聲作者，民以食爲本也，夫饑寒竝至，雖堯舜躬化，不能使野無寇盜；貧富兼并，雖皋陶制法，不能使彊不陵弱。是故聖人制井田之法而口分之。一夫一婦，受田百畝，以養父母妻子。五口爲一家，公田十畝，即所謂什一而稅也。廬舍二畝半，凡爲田一頃十二畝半，八家而九頃，共爲一井，故曰井田。廬舍在內，貴人也；公田次之，重公也；私田在外，賤私也。井田之義，一曰無泄地氣，二曰無費一家，三曰同風俗，四曰合巧拙，五曰通財貨。因井田以爲市，故俗語曰市井。種穀不得種一穀，以備災害；田中不得有樹，以妨五穀。還廬舍，種桑荻雜菜，畜五母雞、兩母豕，瓜果種疆畔；女工蠶織；老者得衣帛焉，得食肉焉，死者得葬焉。多於五口，名曰餘夫。餘夫以率受田二十五畝。十井共出兵車一乘。司空謹別田之高下善惡，分爲三品：上田一歲一墾，中田二歲一墾，下田三歲一墾。肥饒不得獨樂，墝埆不得獨苦，故三年一換主易居，財均力平，兵車素定，是謂均民力，彊國家。

北魏·賈思勰《齊民要術》卷一《耕田》 凡開荒山澤田，皆七月芟艾之，草乾即放火，至春而開墾。其林木大者劙殺之，葉死不扇，便任耕種。三歲後根枯莖朽，以火燒之。耕荒畢，以鐵齒鍽楱再偏杷之，漫擲黍穄。勞亦再偏，明年乃中爲穀田。

唐·白居易《白氏長慶集》卷六四《策林三·議井田阡陌》 問：三代之牧人也，立井田之制，別都鄙之名。其爲名制，可得而知乎？其爲功利，可得而聞乎？

又問：自秦壞井田，漢修阡陌，兼并大啓，游惰實繁。雖歷代因循，誠恐弊深而害甚。如一朝改作，或慮失業而擾人。既廢之甚難，又復之非便。斟酌其道，何者得中？

臣聞王者之貴，生於人焉；王者之富，生於地焉。故不知地之數，則生業無從而定，財征無從而平也。不知人之數，則食力無從而計，軍役無從而均也。不均不平，則地雖廣，人雖多，徒有貴之名而無富之實。是以先王度土田之廣狹，畫爲夫井；量人戶之衆寡，分爲邑居，使地利足以食人，人力足以闢土，邑居足以處衆，人力足以安家。野無餘田以啓專利，邑無餘室以容游人。逃刑避役者往無所之，敗業遷居者來無所處。於是生業相因，食力相濟。其出財征也，不待徵書而已平矣；其起軍役也，不待料人而已均矣。然後天子可以稱萬乘之貴，四海之富也。洎三代之後，厥制崩壞。故井田廢則游惰之路啓，阡陌作則兼并之門開。至使貧苦者無容足立錐之居，富强者

專籠山給野之利。【略】

故臣請斟酌時宜，參詳古制，大抵人稀土廣者且修其阡陌，户繁鄉狹者則復以井田，使都鄙漸有名，家夫漸有數。夫然，則井邑兵田之地衆寡相維，門閭族黨之居有亡相保。相維則兼幷者何所取？相保則游惰者何所容？如此，則庶乎人無浮心，地無遺力，財産豐足，賦役平均，市利歸於農，生業著於地者矣。

宋·田錫《咸平集》卷一〇《復井田論》 井田之法，聖王所以維持萬民而牢籠甲兵也。何謂維持萬民？一則比閭設而人無流亡，二則審知生齒之衆寡，三則賦役均而勞逸等，四則里有序而鄉有庠，庠以勸學，故謂之維持萬民也。何謂牢籠甲兵？蓋大夫謂之百乘之家，諸侯謂之千乘之國，天子謂之萬乘之主，各以提封，賦出兵革，故謂之牢籠甲兵也。洎秦革周制，阡陌驟興，雖富國强兵，一時雄盛，及其弊也，後人不勝其害。蓋兼幷者衆而賦役不均也，豈徒然哉？自春秋時，井田之法亦已弊矣。當魯成公始作丘甲，孔子書之，譏其重斂；又季氏三分公室，各征其一，皆井田之法，已紊於周末矣。逮至於秦商鞅，革其弊而利於時者也，然富者連阡陌而貧者困流亡，流亡之患，由不復地著故也。

宋·陳祥道《禮書》卷二五《禮書圖·鄉遂都鄙三等之地》 《大司徒》凡造都鄙不易之地，家百畮；一易之地，家二百畮；再易之地，家三百畮。《小司徒》均六鄉之土地，上地家七人，中地家六人，下地家五人。《遂人》辨野之土地。上地，夫一廛，田百畮，萊五十畮，餘夫亦如之。中地，夫一廛，田百畮，萊百畮，餘夫亦如之。下地，夫一廛，田百畮，萊二百畮，餘夫亦如之。《大司馬》凡令賦，以地與民制之。上地食者三之二，中地食者半，下地食者三之一。《禮記·王制》：上農夫食九人，其次食八人，其次食七人，其次食六人，下農夫食五人。庶人在官者，其祿以是為差。《孟子》曰：上農夫食九人，上次食八人，中食七人，中次食六人，下食五人。《爾雅》曰：田一歲曰葘，二歲曰新田，三歲曰畬。班固曰：歲耕種者為不易上田，休一歲者為一易中田，休二歲者為再易下田，士工商家受田五口，乃當農夫一人。此平土可以為法者也。若山林藪澤、原陵淳鹵之地，各以肥磽多少為差。然則《周禮》於都鄙言易、不易者，地事也；於鄉所食者，地利也；於遂言田、萊者，地力也。都鄙以政為主，故以地事言之；鄉以人為主，故以地利言之；遂以地為主，故以地力言之。司馬之令賦，則欲知其地之厚薄，食之多寡，故亦以地利言之。其實一也。惟《遂人》上地有萊五十畮，為異於鄉與都鄙，以鄉之地狹於遂而都鄙之地又輕於遂故也。然《周禮》上地家七人，而《王制》、《孟子》則上食九人，其次八人；中地家六人，而《王制》、《孟子》則中食七人，其次六人；下地家五人，而《王制》、《孟子》下食亦五人者，蓋先王之於民，養之欲其富，保之欲其庶，故家七人者必授以九人之上地，家六人者授以七人之中地，下地則以地稱人而已。凡欲下地之民生齒之蕃以及中上者而後慊，此富而庶之術也。《小司徒》井牧其田野。春秋之時，楚蔿掩書土田之事，井衍沃，牧隰皋，大率二牧而當一井，則三家受六夫之地，與不易、一易、再易之法同也。漢趙過教民治田，一畮三甽，歲易其處，謂之代田，與一易、再易之意同也。觀《禹貢》之田上上以至下下，凡九等；蔿掩別楚地，自土田以至衍沃，亦九等。書土田，度山林，鳩藪澤，辨京陵，表淳鹵，數疆潦，規偃豬，町原防，牧隰皋，井衍沃，以授子木。而《周禮》所言上、中、下地，三等而已，蓋總其大致然也。鄭氏謂自二人以至於十為九等，七、六、五者為其中。如此，則是二人、三人、四人下地之三等也，五人、六人、七人中地之三等也，八人、九人、十人上地之三等也。《孟子》、《王制》舉上、中地而不及下，《周禮》舉中地而不及上、下，然《周禮》言上地、中地、下地，而《孟子》、《王制》或言上次、下次，或言上、中、下，是九等之地在其中矣。孰謂各舉其偏哉？《遂人》三等之田、萊，《大司馬》三等之軍賦，其言上、中、下地與《司徒》三等之地同。

又 卷二八《禮書圖·夏貢商助周徹》 校數歲之中以為常者，夏后氏之貢也；借民力以治公田者，商人之助也；兼貢、助而通行之者，周人之徹也。【略】

夏、商、周之授田，其畝數不同，何也？《禹貢》於九州之地，或言『土』，或言『作』，或言『乂』，蓋禹平水土之後，有土焉而未作，有作焉而未乂，則於是時，人功未足以盡地力，故家五十畝而已。洎歷商、周，則田浸闢而法備矣。故商七十而助，周百畝而徹。《詩》曰：『信彼南山，維禹甸之。畇畇原隰，曾孫田之。我疆我理，南東其畝。』則法略於夏，備於周可知。劉氏、皇氏謂夏之民多，家五十畝而貢；商之民稀，家七十畝而助；周之民尤稀，家百畝而徹。熊氏謂夏政寬簡，一夫之地稅五十畝；商政稍急，一夫之地税七十畝；周政極煩，一夫之地盡税焉，而所税皆什一。賈公彦謂夏五十而貢，據一易之地家二百畝而税百畝也；商七十而助，據六遂上地百畝、萊五十畝而税七十五畝也；周百畝而徹，據不易之地百畝全税之。如四子之言，則古之民常多而後世之民愈少，古之税常輕而後世之税愈重，古之地皆一易而後世之地皆不易。其果然哉？

宋・李如箎《東園叢説》卷中《語孟・説耕者九一》 井田之制，什一而徹，孟子言耕者九一，何也？蓋一井之地為九百畝，其中為公田，八家皆私百畝，同養公田，則是九一，安得為什一也？蓋八家於公田百畝之中，又得二畝半為廬舍。八家共占二十畝，只為公家耕八十畝。八家皆私百畝，為公家耕八十畝，每家十畝，是什一也。孟子言五畝之宅者，此外保城之中又占二畝半，冬月居之。是為五畝之宅。

宋・鄭樵《六經奥論》卷六《溝洫辨》 《遂人》云：十夫有溝，百夫有洫，千夫有澮，萬夫有川。若案文讀，則一同之地有九萬夫，當得九川，而川澮溝洫不幾太多歟？《匠人》云：井間有溝，成間有洫，同間有澮。若案文讀，則一同之地，惟有一澮，不幾太少歟？鄭氏求其説而不得，注《遂人》則曰此鄉遂法，以千夫、萬夫為制。注《匠人》則曰：此畿内之采地，制井田異於鄉遂及公邑。考尋鄭意，以二處不同，故謂鄉遂制田不用井畫，惟以夫地為溝洫法。采地制田，則以田畫，而為井田法。是以《遂人》、《匠人》制田之法分而為二矣。求之於經，則無明文。詳考《匠人》、《遂人》所載溝洫制度，無不相合。何用立為異説，分制田而為二？但講求《周禮》者未精耳。今畫為圖以示之。《匠人》之制，舉大槩而言；《遂人》之制，舉一端而言，無不合者。一成之地九百夫，一孔一井，井中有一溝，直一列，凡九井，計九箇溝，横通一洫，直是十夫之地有一溝，百夫之地有一洫，九百夫之地有九洫，而為一成之地。若一同之地有百成九萬夫，一孔為一成，中有九洫，直。横一列，凡有十成，計九十洫，直通一大澮，横。横九澮而兩川周其外，是謂九萬夫之地。合而言之，成間有洫，是一成有九洫；同間有澮，是一同有九澮。《匠人》、《遂人》之制無不相合。周家井田之法，通行於天下，未嘗有鄉遂、采地之異。但《遂人》以一直言之，故曰以達於畿；《匠人》以四方言之，故止一同耳。而溝洫井田之制，未嘗有異也。

《周禮》得此段，打破采地制井田異於鄉遂及公邑之疑，然後《周禮》得為全書。至出賦法，又當以貢、助、徹為正。

宋・黎靖德《朱子語類》卷九〇《禮七》 且如《孟子》説夏后氏五十而貢，殷人七十而助，周人百畝而徹。某自不敢十分信了。且如一家有五十畝田，忽然説我要添與你作七十畝，則要多少心力。蓋人家各為定業，東阡西陌，已自定了。這五十畝中有溝洫，有廬舍，而今忽然變更，又著分疆界，制溝洫，毁廬舍，東邊住底移過西邊，這裏住底遷過那裏。一家添得二十畝田，却勞動多少。語至此，大聲云：恁地，天下騷然不寧，把幾多心力去做？據某看來，自古皆是百畝。不解得恁地要，而今解時只得就他下面説，放那裏。淳録云：向解《孟子》，且隨文如此解。若理會著實行時，大不如此。

義剛問：井田今使一家得百畝，而民生生無已，後來者當如何給之？先生笑曰：今且據見在人數給。如封建，夏、商以前只是百里，到周方是諸公方五百里，諸侯方四百里，諸伯方三百里，諸子方二百里，諸男方百里。恁地却取四國地來，方添成一國。那四國，又要恁地，却何處討那地來？

宋・袁燮《絜齋集》卷六《策問・田制》 問：古者井田之法，莫備于周。蓋岐山則有平土之法，而《小司徒》之職則有井牧之法。其平土也，則屋三為井，積而為通，為成，為終，為同。其井牧也，則九夫為井，積而為邑，為丘，為甸，為縣，為都。名與數俱不類，抑隨時損益，不能盡同歟？抑旁加之説，果有之歟？井田之法備于同，而司徒之職止于都。都果足以盡井田之制歟？宅田、士田、賈田，曷為而任近郊？官田、牛田、賞田、牧田，曷為而任遠郊？若此類者，必皆有説。可言其詳歟？

百畝之田，所食不過八口，餘衆男為餘夫，亦以口授田如此夫。當授田之初，量地制邑，度地居民，固已無曠土矣。不知餘夫所受，于何取之？取之近則無餘地，取之遠則父子異居，非先王厚人倫之道也。周之受田，以不易、一易、再易為差，而又有所謂萊地者。田卒汙萊，詩人所刺也。周之盛時，宜無遺利，而田猶有萊，豈肯廢而不治歟？杜佑《通典》謂九州之地，定墾者九百萬餘頃。夫九州封疆，可謂至廣，誠如佑説，則一州之内纔百餘萬頃爾。其可信歟？《禹貢》荆、揚之田，蓋最下者，而唐以江淮為財賦之淵。古今地利，何遼絶若此歟？秦人廢井田，開阡陌，天下之人宜不勝其害，而不出數年，乃有國富兵强之大利，遂使先王之制一廢而不可復。秦豈能過于古歟？

宋・葉時《禮經會元》卷二下《井田》 《周禮》，致太平之書；井田，太平之紀綱也。不井田，則不可以行周公之道。用《周禮》者，可不先明井田之制乎？然制度明，則井田可以行；議論定，則井田可以復。今考鄭注，分畫殆有異同。是豈先王制度或有不同歟？何先儒議論自為不一也！

《大司徒》曰：不易之地，家百畮；一易之地，家二百畮；再易之地，家三百畮。此言都鄙之田制也。《小司徒》曰：九夫為井，四井為邑，四邑為丘，四丘為甸，四甸為縣，四縣為都。此泛言經土地而井牧田野爾。鄭氏則曰：此謂造都鄙也。采地制井田，異於鄉遂。《遂人》曰：上地夫一廛，田百畮，萊五十畮，餘夫亦如之。中地夫一廛，田百畮，萊百畮，餘夫亦如之。下地夫一廛，田百畮，萊二百畮，餘夫亦如之。此言辨野之土，以頒田里也。《大司馬》曰：上地食者三之二，中地食者半，下地食者三之一。此泛言凡令賦以地與民之制爾。鄭氏則曰：令邦國之賦，亦以地之美惡、民之多寡為制，如六遂矣。至於《匠人》為溝洫，九夫為井，十里為成，百里為同。此言溝遂洫澮之制也，鄭氏亦曰：此畿內采地之制。采地制井田，異於鄉遂。夫井牧之制，通夫天下可也。如鄭氏之說，則邦國之田制尚如六鄉，而都鄙之田制獨與六遂異乎？

田謂之井，則通天下皆井矣。井邑丘乘縣都之制，無往不同。井方一里，凡九夫受田九百畮；邑方四里，三十六夫受田三千六百畝；丘方十六里，百四十四夫受田萬四千四百畝；甸方六十四里，五百七十六夫受田五萬七千六百畝；縣方二百五十六里，二千三百有四夫受田二十三萬四百畝；都方一千二十有四里，九千二百十六夫受田九十二萬一千六百畝。中為公田之數在內，自井而邑，至縣而都，欲其聯，不可稽也。經野不殊乎九夫，度地不離乎三等，受田不過乎百畝，此井田之定制也。《大司徒》曰造都鄙，則舉外以見內也；《小司徒》曰經土地，則舉內以見外也。《遂人》曰辨野之土，則舉遂以見鄉也；《司馬》曰令賦，則舉鄉以見遂也；《匠人》曰溝洫，則舉內外並言也。鄭氏何見而分都鄙鄉遂之異乎？況《小司徒》明言以稽國中、四郊、都鄙之夫家九比之數，先鄭謂九夫為井是也。國中、四郊、都鄙同。是夫家九比之數，則是鄉遂采邑通行矣。

合而觀之，都鄙不易之地，即上地；一易之地，即中地；再易之地，即下地。特《遂人》於采邑加萊五十畝，一遂之上地，有不如采地爾。雖曰百畝、二百畝、三百畝，數有不同，而《大司馬》言其所食上地百五十畝而食者二之二，則百畝爾；中地二百畝而食者半，則百畝爾；下地三百畝而食者三之一，則亦百畝爾；而實則一夫百畝爾。此一夫受田之制然也。然一夫受田百畝，《遂人》言餘夫亦如之，則受田之數，不已多乎！蓋古者用民之力，則必授之以田。《小司徒》言上地家七人，可任者家三人；中地家六人，可任者二家五人；下地家五人，可任者家二人。《大司馬》言可用者，亦如之。凡一夫一婦則為夫，家登五人以上則為家，其餘夫則上家三人，中家合五人，下家一人，可任用者故必授之以田，不可任用則不受田矣。《遂人》曰：以彊予任甿。謂餘夫彊有力者，則予之田而任其力是也。《孟子》所謂餘夫二十五畝，此乃言自卿以下圭田五十畝，餘夫則二十五畝，與《遂人》餘夫受田百畝之制不同。此餘夫受田之制然也。

說者謂《小司徒》之所井牧者，六鄉之田；《遂人》之所辨治者，六遂之田。自鄉、遂之外，則為都邑之田，如《載師》所謂公邑、家邑、小都、大都之田，任甸、稍、縣、畺之地是也。考之《載師》，又有宅田、士田、賈田，任近郊之地；官田、牛田、賞田、牧田，任遠郊之地。近郊遠郊，皆六鄉之民，民皆計夫而受田矣。則此七等之田，果何所授乎？蓋自國中而至遠郊，皆為鄉遂之地，鄉遂止有十五萬家，自十五萬夫及餘夫受田之外，其餘則為七等之田，亦奚有不足者？是以致仕者，其家所受田則曰宅田；仕有祿者，受田如圭田，則曰士田；賈人在市，其家所受田則曰賈田；庶人在官者，其家所受田則曰官田；田賦所出以飼牛者，曰牛田；田賦所出以飼馬者，曰牧田；公卿大夫有功而受賞者，曰賞田。此《載師》七等受田之制然也。

《孟子》曰：仁政自經界始。經界既正，分田制祿，可坐而定。是故《大司徒》之造都鄙，而繼曰分地職，制地貢。《小司徒》之經土地，而繼曰任地事，令貢賦。《遂人》之頒田里，而繼曰頒職作事，以令貢賦。《載師》之物地事，授地職，亦必辨任土之征。蓋經野以分田，則必足賦以制祿也。然夏后氏五十而貢，殷人七十而助，周人百畝而徹。徹之為言通也，蓋與貢、助之法通行也。鄭氏於《匠人》之注則曰：周制畿內用貢法，邦國用助法。夫貢者，使耕其田而自輸其稅，如《孟子》所謂什一使自賦也。助者，借民力以耕公田而公取其稅，如《孟子》所謂九一而助也。鄭氏以畿內為用貢法，以邦國為用助法，乃與《孟子》不合，不知成周鄉遂都鄙、邦國井牧之制本同，惟貢、助之法少異爾。

案《孟子》曰：請野九一而助，國中什一使自賦。國中言鄉，野言遂也。分而言之，是鄉用貢法，遂用助法矣。蓋六鄉於王畿為近而皆君子，故使之什一自賦，其粟則藏於『倉人』。六遂於王畿為遠而皆野人，故使之九一而助，其粟則聚於『旅師』。貢與助法通行，故曰百畝而徹，貢、助並行，鄉、遂異制，烏可以畿內獨用貢法乎？方里而井，井九百畝。其中為公田，八家皆私百畝，同養公田。此言助有公田也。《周詩》云：雨我公田，遂及我私。又曰：駿發爾私，終三十里。田有公私之别，則其為助可知矣。故《遂人》曰：以興助利甿。謂興起衆民，共治公田也，《里宰》曰：以歲時合耦于耡。謂合衆力，耦耕公田也。《旅師》曰：掌聚野之耡粟。謂公田所收之粟也。田野者，是《遂人》所掌邦之野也。『助』之一字，惟見於六遂之官，是六遂為助法，明矣。鄭氏既以鋤粟為民相助作，一井之中所出九夫之粟稅。則是惟助為有公田，而行於六遂矣，何為而曰邦國獨用助法乎？

愚案《載師》所入八等之地，《閭師》、《縣師》所任之賦，則是用貢法矣。蓋園廛二十稅一，近郊十一，遠郊二十而三，甸、稍、縣、都無過十二，漆林二十而五。鄭氏以為輕近而重遠，非也。國宅無征，以其無地可耕也。近郊十一者，宅田以優致仕，士田以當世祿，賈田以有市征，所以輕也。遠郊二十而三者，官田、賞田以有人在官者已食祿，牛田、牧田以共畜牧者之食，故比近郊差重也。甸、稍、縣、都十二者，以其公卿大夫與王子弟食邑、采邑之所貢，故視遠郊為重也。輕園廛者，以其無田穀也；重漆林者，以其非田穀也。稅有遠近輕重之不同，故《載師》立為定額，使之自貢，而《閭師》《縣師》征之爾。鄭氏注《匠人》，謂以《載師》論之，周制畿內用夏之貢法，是特有見於此也。故《地官·司稼》掌巡邦野之稼，以年之上下出斂法。則是於邦野貢法，亦必隨歲而為輕重。豈若後世所謂貢者，校數歲之中以為常，而於凶年取盈乎？孟子請野九一而助，國中什一使自賦者，意者貢法至戰國而壞，助法亦不復存。故龍子曰：治地莫善於助，莫不善於貢。當時惟以貢法專行，而人思助法之善，此孟子所以為救時之論而欲貢、助通行也，故有國中、野外之别。

蓋自春秋以來，宣公初稅畝而公田之法壞矣。《左氏》曰：穀出不過籍。《公羊》曰：古者什一而籍。《穀梁》曰：古者公田。則是井田皆為公田，亦明矣。宣公既取公田之稅，又取私畝而稅之，則是什而二之也。《春秋》譏之。至哀公問有若以年饑，用不足，而有若對以『盍徹乎？』哀公則曰『二，吾猶不足。如之何其徹也！』是自宣公以來，周之徹法已不復行，況戰國暴君污吏乎！故孟子謂貢法未可盡廢而助法不可不行，請野九一而助，所以寬野人；國中什一使自賦，所以待國中之君子。此孟子救時之論，亦周公受田之制也。鄭氏不明此意，反謂周人畿內用貢法，邦國用助法。是豈助法可行於邦國而不可行於畿內乎？然則欲行周公之道者，必先破鄭氏之說，而後可以行貢助之法；必先原孟子之意，而後可以行井牧之制。否則議論不定，制度不明，其何以行之哉？

案鄭氏以井、邑、丘、甸、縣、都之制為造都鄙，其說已非；又云邑方二里，丘方四里，甸方八里，旁加一里，則方十里為一成。案《孟子》方里而井。井方一里則四井為邑，邑當四里，丘當十六里，甸當六十四里，縣都皆以是推之。鄭氏旁加之說，則求合《司馬法》爾。然天下地形，南北東西多寡不同，高下亦異，豈能一一方平如棋局然？今畫此圖，亦姑以存其大槩耳。

元·李冶《敬齋古今黈》卷一　《國語》楚觀射父為昭王言祭祀云：『祀加於舉』。且曰：『百姓、千品、萬官、億醜，兆民經入畡數以奉之。』又鄭史伯為桓公說『和實生物，同則不繼』云：『合十數以訓百體，出千品，具萬方，計億事，材兆物，收經入，行姟極。』韋昭注云：計，算也。材，裁也。賈、唐說皆以萬萬為億。鄭後司農云：十萬曰億，十億曰兆，從古數也。經，常也。姟，備也。數極于姟。萬萬兆曰姟。自十等至千品、萬方轉相生，故有億事、兆物。王收其常入，舉九垓之數也。

李子曰：以定名論數，宜從古率；以考數論數，宜從今率。蓋億萬之數，今率必盈萬萬，而古率秪以十之而已。【略】韋昭注，前已著賈、唐之說；後雖復引鄭司農古數之語，而卒言萬萬兆曰姟，則昭之意，實用賈、唐說耳。史伯論數，云十、百、千、萬、億、兆、經、姟。觀射父論數，云百、千、萬、億、兆、經、畡。姟、畡，古字通用。今作垓，亦作陔，皆同。經，亦數也，今算術大數曰億、兆、經、垓。邵堯夫《皇極》數於億兆之後，即繼之為『京』。求之音義，『經』正為『京』耳。而韋昭注云：經，常也。經固訓常，而非史伯、觀射父之意也。詳《國語》本旨，自十、百而上，皆進一位以命數。昭不及此而遺『經』，誤解已為背戾；乃復云萬萬兆曰姟，則是於古今之數，兩俱不得其説也。為韋注者，奚自而宜？宜云：萬萬兆曰經，萬萬經曰姟，則得其正矣。

元・馬端臨《文獻通考》卷一《田賦考一・歷代田賦之制》 右按周家授田之制，但如《大司徒》、《遂人》之説，則是田肥者少授之，田瘠者多授之。如《小司徒》之説，則口衆者授之肥田，口少者授之瘠田。如《王制》、《孟子》之説，則一夫定以百畝為率，而良農食多，惰農食少。三者不同。

按自秦廢井田之後，後之君子每慨歎世主不能復三代之法，以利其民，而使豪强坐擅兼幷之利。其説固正矣。至於斟酌古今，究竟利病，則莫如老泉、水心二公之論，最為確實。愚又因水心之論而廣之曰：井田未易言也。周制，凡授田，不易之地家百畝，一易之地二百畝，再易之地三百畝。則田土之肥瘠，所當周知也。上地家七人，中地家六人，下地家五人。則民口之衆寡，所當周知也。上農夫食九人，其次食八人，其次食七人。則其民務農之勤怠，又所當周知也。農民每戶授田百畝，其家衆男為餘夫，年十六則別受二十五畝。士工商受田，五口乃當農夫一人，每口受二十畝。則其民之或長或少，或為士，或為商，或為工，又所當周知也。為人上者必能備知閭里之利病詳悉如此，然後授受之際可以無弊。蓋古之帝王分土而治，外而公侯伯子男，内而孤卿大夫，所治不過百里之地，皆世其土，子其人。於是取其田疇而伍之，經界正，井地均，穀祿平，貪夫豪民不能肆力以違法制，汙吏黠胥不能舞文以亂簿書。至春秋之世，諸侯用兵爭强，以相侵奪，列國不過數十，土地寖廣，然又皆為世卿强大夫所裂。如魯則季氏之費、孟氏之成，晉則欒氏之曲沃、趙氏之晉陽，亦皆世有其地。又如邾、莒、滕、薛之類，亦皆數百年之國，而土地不過五七十里。小國寡民，法制易立。竊意當時有國者，授其民以百畝之田，壯而畀，老而歸，不過如後世大富之家，以其祖父所世有之田授之佃客，程其勤惰，以為予奪，較其豐凶，以為收貸。其東阡西陌之能悉，知其土地民俗之所宜，如周人授田之法乎！則不過受成於吏手，安保其無弊？後世蓋有爭田之訟，歷數十年而不決者矣。況官授人以田，而欲其均平乎！

元・王禎《農書》卷二《農桑通訣二・墾耕篇》 墾耕者，其農功之第一義歟？墾，除荒也；耕，犁也。古文『耕』作『畊』，蓋古井田之制。今從耒，井聲，故作『耕』。前漢趙過為搜粟都尉，田多墾闢，即今俗謂開荒也。凡墾闢荒地，春曰燎荒，（如平原草萊深者，至春燒荒，趂地氣通潤，草芽欲發，根荄柔脆，易為開墾。）夏曰掩青，（夏月草茂時開，謂之掩青，可當草糞。但根鬚壯密，須藉强牛乃可蓋，莫若春為上。）秋曰芟夷。（其次秋暮，草木叢密時，先用鏺刀，偏地芟倒，暴乾放火，至春而開，根朽省功。）

耕地之法，未耕曰生，已耕曰熟；初耕曰塌，再耕曰轉。生者欲深而猛，熟者欲淺而廉，此其略也。

又 卷二《井田》 按古制井田，九夫所治之田也。鄉田同井，井九百畝。井十為通，通十為成，成十為終，終十為同，積為萬井，九萬夫之田也。井間有溝，成間有洫，同間有澮，所以通水于川也。遂人盡主其地，歲出田税，各有等差，以治溝洫也。竊謂井田溝洫，去古已遠，不可復覩。今按圖考譜，猶得想像髣髴，但後世沿革，不能復古，故因為賦之云：

井九百畝，在方里中。八家百畝，其中為公。公田共畢，私事方從。積而言之，井十為通，通十為成，成十為終，終十井萬，總名曰同。遂人掌役，田水何容。溝洫畎澮，距川而東。盡力於此，嘗稱禹功。經界既正，遂底時雍。秦人一變，阡陌横縱。兼幷以力，侵奪相雄。先王舊制，一掃無蹤。斯民失所，仁政曷逢？迨漢而降，王伯兼崇。曩固今壤，今非古農。戶有增耗，世有汚隆。治因是異，法不再窮。各授永業，彼疆此封。穿引萬水，足救災凶。使民奠居，賦簡時豐。田雖不井，綽有遺風。

元・黃鎮成《尚書通考》卷一〇《田制賦乘圖》 愚按：融按《司馬法》言千乘之賦其地千成者，以私田而計夫家之所出也。成方十里，為田百井，私田八萬畝，為夫八百家。所謂成出革車一乘者，去公田而獨計私田也。《孟子》、《王制》言大國地方百里者，以公田而計分土之所入也。百井之地，公田八千畝，亦為夫八十家，當私田十井之地，所謂十井為乘者，亦百井八百家之所具也。故以私田計之，一乘百井，方十里，千乘則十萬井，方三百一十六里有畸。以公田計之，一乘八千畝，千乘則八百萬畝，當萬井私田之數，為方百里。二者皆紐計大數如此，非謂十萬井者必方三百一十六里有畸，為百里者必為田萬井也。何氏設兩存之疑，使學者無據。蓋不知有公侯受地與夫家賦乘之異也。

明・葉子奇《草木子》卷三《雜制篇》 井田之法，非獨為均田制祿而已，蓋所以陰寓設險守國之意。故中原平衍，設立許多溝澮，許多阡陌，使車不得方其軌，騎不得騁其足故也。豈非寓至險於大順之中者乎？觀晉郤克欲使齊人盡東其畝，以便戎車。吳玠在蜀，於天水軍作地綱以阻金兵之騎，於此可以驗之也。

明·陳士元《論語類考》卷四《田則考·萬方》 三代田里，雖無考徵，而漢制則可例見。漢時天下之地，東西九千三百二里，南北一萬三千三百六十八里，提封田一萬萬四千五百一十三萬六千四百五頃。除邑居、道路、山川、林麓計一萬萬二百五十二萬八千八百八十九頃，其可墾田計三千二百二十九萬九百四十七頃，其已墾田計八百二十七萬五百三十六頃。雖夏后殷周之盛，豈有過於漢時哉？然漢以二百四十步為畝，當周步百之畝二畝四分，每頃當周二百四十畝。可墾之田三千二百二十九萬九百四十七頃，當周七千七百四十九萬八千二百七十二頃八十畝。成周時，畿內提封百萬井，井九頃，為田九百萬頃，除外尚餘六千八百四十九萬八千二百七十二頃八十畝。以方百里之國，提封萬井，為田九萬頃者，約之當得百里之國七百六十一。其九萬頃之田，中分之，則四萬五十頃，而為七十里之國，四分之則二萬二千五百頃，而為五十里之國，不盡八千二百七十二頃八十畝。若止以七十里之國提封田四萬五千頃約之，當得七十里之國一千五百二十二，亦不盡八千二百七十二頃八十畝。又止以五十里之國提封田二萬二千五百頃約之，當得五十里之國三千四十四，亦不盡八千二百七十二頃八十畝。

明·王應電《周禮翼傳》卷一《井田夫家總論》 《孟子》曰：方里而井，井九百畝，中為公田，八家皆私田百畝。然周初時，闢土分田不盡然者。《大司徒》：不易之地家百畝，一易之地家二百畝，再易之地家三百畝。《遂人》：上地夫一廛，田百畝，萊五十畝，餘夫亦如之。中地夫一廛，田百畝，萊百畝，餘夫亦如之。下地夫一廛，田百畝，萊二百畝，餘夫亦如之。《小司徒》：上地家七人，可任也者家三人；中地家六人，可任也者二家五人；下地家五人，可任也者家二人。《大司馬》：上地食者三之二，中地食者半，下地食者三之一。三等之地，經中四見皆然，分土任民，侯國與王國，鄉遂公邑與采地，並不容有異。夫不易者，膏腴上地，而必益以萊五十畝者，常使地力有餘，不至耗竭。草萊葑淤，田益肥美，家有餘利，自生禮讓，生齒日蕃，有田可耕也。三分而食其二，故曰食者三之二。每一夫田百畝，萊五十畝，所占夫半之地，是一井中實止六夫而不足矣。一易者，肥瘠平之，中地休一歲而種，其穫與上地等；益以萊百畝，二分而食其一，故曰食者半。每一夫田二百畝，所占二夫之地，是一井中實止四夫也。再易者，瘠薄下地，休二歲而種，其穫與上地等；益以萊三百畝，三分而食其一，故曰食者三之一。每一夫田三百畝，所占三夫之地，是一井中實三夫而不足也。井田之界限有定，而夫之分受不齊如此。夫有休伐之法，則田之所收固無不均，但不易則用人工少，易則費人工多，故上地之入食七人而可任者家三人，中地之入食六人而可任者二家五人，下地之入食五人而可任者家二人。正夫足其所食人之數，而又有可任者即受餘夫田；餘夫而滿其七人、六人、五人之數者，別受正夫田。大約以上、中、下三等之地，總而計之。每一井田通融而論，止于四家，可用之民十人而已。若舊泥于一夫百畝，然田有高下，口有多寡，似均而實不均也。唯其以上、中、下三等之田授之，有一百五十畝、二百畝、三百畝多寡之三等；上、中、下三等農夫可任之民，亦有家三人、二家五人、家二人多寡之三等，然後為均平。以此知古人云八家同井，蓋治久齒繁，井田大治之時耳。初闢地之時，不可為也。欲知井田夫家之數，當考于《周禮》可也。

明·楊慎《丹鉛總録》卷一二《史籍類·井田》 孟子曰：『《詩》云「雨我公田，遂及我私」。由此觀之，雖周亦助也。』孟子周末人也，公田、私田，説已不詳，乃引《詩》而想像之，似隔世事，故曰『此其大畧』，又曰『嘗聞其畧』。蓋諸侯之滅去其籍，已繼覆轍于夏桀之焚黄圖，導宄路於秦政之燒《詩》、《書》矣。孟子之畧、之疑、之想像言之，蓋慎之也。《荀子》便謂孟子畧法先王而不知其統。朱子謂孟子言『夏后五十而貢』一節，自五十增為七十，自七十增為百畝，田里疆界都合更改，恐無是理，恐亦難信，豈其然乎？

愚嘗私論之。三皇五帝之興，皆在中原。《揚子》謂『法始乎伏羲而成乎堯』。伏羲畫卦，已有井之象矣。劉貺云：井牧始於黄帝，則《左傳》所謂『井衍沃，牧皐隰』也。韋昭《三五曆》云：黄帝八家為井，井開四道而分八宅，鑿井於井。則井田始於黄帝矣。井即助法，牧即貢法。夏、殷田制，黄帝之世已然矣。至堯遭洪水，使禹別九州，定貢賦，孟子所謂『五十而貢』矣。然考《夏小正》云：農服于公田。由此觀之，雖夏亦助也。《左傳》虞思有云，昔夏少康，有田一成，有衆一旅。《司馬法》十井為通，十通為成。《周禮》四丘為甸，旁一里為成。則未知少康之一成，如《司馬法》之一成乎？抑《周禮》之一成乎？此姑未論。既分一成、一旅，固井田法也。井田，黄帝良法，不應至禹廢之。洪水方割，未遑復舊，姑從民宜，如《禹貢》所陳。有天下之後，又重定其制，衍沃則井之，皐隰則牧之，未可知也。如《禹貢》揚州之賦下下，其地窪，洪水尤甚，固其宜也。及鑄鼎象物之日，則揚州為第一，梁州為第二而雍在後。此非詳考深思，何以知之？總而論之，自黄帝至周，井、牧兼用，貢、助通行。井也、助也于平地，牧也、貢也于山陵，所謂因地之利。《周禮》三農生九穀。有山農、澤農、平地農是也，豈可執一論耶？

明·徐光啓《農政全書》卷三《農本》 玄扈先生曰：商鞅相秦，專以農戰强國，讀《開塞》、《耕戰》書可見矣。而謂其廢先王井田疆理、溝洫道涂之制，可乎？後世不曉，以為廣地計也，不知廢此古制，地則荒矣。世有若是之愚商君乎？夫鞅之開阡陌者，古者一夫受田百畝，皆有限制，鞅尚首功，得五甲首而隸五家，又制為武功爵，使有功者田連阡陌，廢先王百畝限田之法耳。太史病之，以是為幷兼之始也，豈謂其剗平疆理，廢先王之徑畛溝洫，而變為平原廣隰乎哉？

又 卷四《田制·井田之制備于一同》 一同之田，面方一十八萬尺，加澮道六十四尺，洫涂一百四十四尺，溝畛七百二十尺，遂逕八百尺，共得面方一千七百二十八尺。六而一，得三萬零二百八十八步。自之得積九億一千七百三十六萬二千九百四十四步。以畝法積百步，而一得九百一十七萬三千六百二十九畝四分四釐。内六十四，成積五億七千六百萬步，為田五百七十六萬畝。廉隅三十六，成積三億二千四百萬步，為田三百二十四萬畝，共得出税田九百萬畝。澮道、洫涂、溝畛、遂逕共一十七萬三千六百二十九畝四分四釐。

又 卷七《農事》 《農桑通訣·糞壤篇》曰：古者分田之制，上地家百畝，歲一耕之；中地家二百畝，間歲耕其半；下地家三百畝，歲耕百畝。三歲一周，蓋以中、下之地瘠薄磽确，苟不息其地力，則禾稼不蕃。

清·沈彤《周官禄田考》卷中《公田數》 制王畿及畿内外國邑之地，皆主於田。田有公有私，私田民所受，公田則禄所自出也。故考《周官》及内外諸侯官之禄者，更必盡知公田之約數。王畿地方千里，為方百里者百，山陵、林麓、川澤、溝瀆、城郭、宮室、塗巷三分去一，為田六十四萬井，為夫五百七十六萬。有不易，有一易，有再易。一易者，二而當一；再易者，三而當一；通三等而約之，為二百八十八萬夫，受田者二百五十六萬家，公田三十二萬夫。若畿内都邑以下之地，大都舍四都，方八十里，為方十里者六十四；三分去一，為田四千有九十六井，為夫三萬六千八百六十四；通其等，為萬八千四百三十二夫，受田者萬六千三百八十四家，公田二千有四十八夫。小都如一都方四十里，為方十里者十六，三分去一，為田千有二十四井，為夫九千二百一十六；通其等，為四千六百有八夫，受田者四千有九十六家，公田五百一十二夫。家邑如縣方二十里，為方十里者四，三分去一，為田二百五十六井，為夫二千三百有四；通其等，為千一百五十二夫，受田者千有二十四家，公田百二十八夫。

若大都旁各加十里，為方十里者三十六，所加兼四旁及四隅法，本康成《小司徒》注，下並同。則方百里，方百里曰同。小都旁各加五里，為方五里者三十六，則方五十里。家邑旁各加二里半，為方二里半者三十六，則方二十五里。其所加皆曰加田，如都邑之法而無國征。地之曰成者，皆方十里。為方一里者百，其三分去一者，以其二為甸；其去不及一者，甸之外，或為邱，或為邑，或為不井之田。甸各方八里，為田六十四井，為夫五百七十六；通其等，皆二百八十八夫，受田者二百五十六家，公田三十二夫。邱各方四里，為田十六井，為夫百四十四；通其等，皆七十二夫，受田者六十四家，公田八夫。邑各方二里，為田四井，為夫三十六；通其等，皆十八夫，受田者十六家，公田二夫。井各方一里，為田九夫，為畝九百；通其等，皆四百五十畝，受田者四家，公田五十畝。

若畿外邦國之地，上公方五百里，為方百里者二十五，三分去一，為田十六萬井，為夫百四十四萬；通其等，為七十二萬夫，受田者六十四萬家，公田八萬夫。侯方四百里，為方百里者十六，三分去一，為田十萬二千四百井，為夫九十二萬一千六百；通其等，為四十六萬有八百夫，受田者四十萬九千六百家，公田五萬一千二百夫。伯方三百里，為方百里者九，三分去一，為田五萬七千六百井，為夫五十一萬八千四百；通其等，為二十五萬九千二百夫，受田者二十三萬有四百家，公田二萬八千八百夫。子方二百里，為方百里者四，三分去一，為田二萬五千六百井，為夫二十三萬有四百；通其等，為十一萬五千二百夫，受田者十萬二千四百家，公田萬二千八百夫。男方百里，為方十里者百；　三分去一，為田六千四百井，為夫五萬七千六百；　通其等，為二萬八千八百夫，受田者二萬五千六百家，公田三千二百夫。其都邑以下之公田法與數，悉如畿內，惟成亦有加云。凡通不易、一易、再易之等而約其夫數，皆以二當一。　其地具三等者，即界內而通之；　不具三等者，并界外以通之。凡公田，一夫去二十畝為廬舍，實八十畝。

清·沈彤《果堂集》卷一《周官頒田異同説》　周官之田，有上、中、下三等。上者不易，中者一易，下者再易。其頒之也，家或百畝，或二百畝，或三百畝，而要以上地百畝為準。大司徒之頒田於都鄙也，不易之地家百畝，一易之地家二百畝，再易之地家三百畝。鄭司農謂不易之地美，歲種之；　一易之地薄，休一歲乃復種；　再易之地休二歲，乃復種。夫休一歲、二歲而復種，則其美與不易之地等；　二百畝、三百畝而各種百畝，則與不易之畝數亦正相當。遂人之頒田於野也，上地夫一廛，田百畝，萊五十畝。萊謂田之荒無者，如《孟子》『闢草萊』之『萊』。中地夫一廛，田百畝，萊百畝；　下地夫一廛，田百畝，萊二百畝。夫田百畝而萊百畝，即一易之畝數也；　田百畝而萊二百畝，即再易之畝數也。惟田百畝而萊五十畝，乃與不易之畝數異，而康成則謂其有所饒。考諸《大司馬》之職，上地食者參之二，中地食者半，下地食者參之一。夫食者參之二，謂三分百五十畝而歲種其二也；　食者半，謂歲種二百畝者半也；　食者參之一，謂歲種三百畝者一也。歲種二百畝之半，三百畝之一，固皆百畝也。三分百五十畝而歲種其二，亦曷嘗饒於不易之畝數哉？　抑百五十畝而歲種其三之二，則歲休其一也，休其一而種其二，則是不易者多而易者寡，易止一歲而不易連二歲，其地特稍遜於皆不易者耳。此又上地與不易者之等，所以異而同者也。自漢而來，於二者皆未得其説，故為此以發明之。

頃閲半農先生《禮説》有云：　遂人頒田，上地家百畝，加萊五十畝。所謂上地食者參之二，蓋以其地三分之而休其一，則天下無不易之田也。其説獨先得我心，少異者惟末句專就所休之一言耳。

清·惠士奇《禮説》卷四《地官二》　周之賦祿以田。王者居九畡之田，收經入，以食兆民。是以天子一圻，諸侯一同，公食貢，大夫食邑，士食田。大國之卿，一旅之田；　上大夫，一卒之田。衆一旅，田一成，成方十里，其稅百夫，田萬畝，畝一鍾。《詩》曰『倬彼甫田，歲取十千』，卿之祿也。自此以降，至皁隸食職，其稅一夫田百畝，與庶人等。為庶人在官，其無田者或有臯奪之，既老歸之，去國收之，及外人之來，與官吏承乏，無田餼而徒理事者，否則皆有田。田百畝，夫一廛，謂之戶。故《詩》曰三百廛，《易》曰三百戶。一軫十夫。楚葉公子高有存國之功，食田六百畛。功崇者，祿加豐也。《荀子》曰：　上賢祿天下，次賢祿一國，下賢祿田邑。楚莊王謂共雍曰：『有德者受爵祿，有功者受田宅。二者，女無一焉。』宅在邑，故田宅謂之田邑。周之衰也，大夫刺幽王曰：　『佌佌彼有屋，蔌蔌方有穀。』豈非小人在位，有宅有田歟？　祿田之外，有功而賞曰賞田。魏公叔痤為將，與韓、趙戰而勝，禽樂祚。魏王説，以賞田百萬祿之。然則賞田亦謂之祿也。公叔痤讓功於吳起、巴寧、爨襄，於是索吳起之後，賜田二十萬，寧、襄各十萬。王曰公叔長者，又與田四十萬，加之百萬之上，使百四十萬。此司勳所謂加田。康成云：　既賞之，又加賜以田，所以厚恩。一説加田，官宰之田也。《晉語》官宰食加。若齊鮑國為魯施氏之宰，有百室之邑，故國征不及焉。

清·董豐垣《識小編》卷上《周禮封疆孟子王制田地説》　《周禮》言封疆自方五百、四百、三百以至二百、一百里，《孟子》言地、《王制》言田自方百里以至七十、五十里。《周禮》之男邦當《孟子》、《王制》之公侯，有説乎？曰：　成周幅員之廣，未有過于漢者。請以《漢地理志》證之。漢時天下之地，東西九千三百二里，南北一萬三千三百六十八里，提封田一萬萬四千五百一十三萬六千四百五頃。其一萬萬二百五十二萬八千八百八十九頃，邑居、道路、山川、林麓羣不可墾，其三千二百二十九萬九百四十七頃可墾，定墾田八百二十七萬五百三十六頃。《帝王世紀》：　《禹貢》九州之地凡二千四百三十萬八千二十四頃，定墾者九百一十萬八千二十四頃，不墾者千五百萬二千頃。本諸《孝經援神契》，與《漢志》不同。季氏本曰：　其曰定墾者，漢時已墾之田也；　可墾者，通計周時井授之田，而荒蕪者尚在其中也。然漢以二百四十步為畝，當周步百之畝二畝四分，每頃當周二百四十畝。可墾之田三千二百二十九萬九百四十七頃，當周七千七百四十九萬八千二百七十二頃八十畝。《王制》以為八千一百萬頃，舉大畧也。今通計《王制》井田之數，天子田方千里，積九百萬頃；　公侯二百四十國，積二千一百六十萬頃；　伯四十八國，積二千一百一十六萬八千頃；　子、男九百六十國，積二千一百六十萬頃；　餘四百一十三萬三百七十二頃八十畝，以為附庸閒田。《春秋繁露》：　附庸字者方三十里，名者方二十里，人、氏者方十五里。附庸之數，大率倍於子、男，則餘田不給於封矣，況閒田乎！

愚按《王制》九州千七百七十三國，亦舉大畧而言，豈足盡信哉？《朱子語録》：《王制》四海之内九州，州方千里，及諸建國之數，恐只是諸儒做箇如此筭法，其實不然。建國必因其山川形勢，無截然可方之理。又冀州最濶，今河東、河北數路都屬冀州。雍州亦濶，陝西、秦鳳皆是。至青、徐、兖、豫四州皆相近，做一處，其疆界又自窄小，其間山川險夷又自不同，難概以三分去一言之。張氏栻以《王制》三分去一，為傳者之失。若《周官》九服方五千五百里，為方千里者二十七，方百里者二十五，提封田二萬萬六千五百五十萬頃。漢提封田一萬萬四千五百一十三萬六千四百五頃，當周田三萬萬四千八百三十二萬七千三百七十五頃，增於周者八千二百八十二萬七千三百七十二頃。漢武帝東置玄菟、樂浪，西置張掖、酒泉，南置南海、鬱林、蒼梧、交趾、合浦、九真、日南、犍為等郡，北置朔方，故疆域之廣，非前代所及也。由是觀之，《孟子》言地，《王制》言田，皆班禄之實數，所謂土其田也，《漢志》可墾之田是也。《周禮》之『封疆』，猶《詩》之『大啓』，《左傳》之『賜履』，《論語》之『邦域』，韓之『奄受北國』，衛之『封畛土畧』，所謂制其域也，不特兼山川附庸言之，《漢志》邑居、道路、山川、林麓羣不可墾者，皆在其中也。

清·程大中《四書逸箋》卷五《孟子下·兩離婁·大國井田之數》 《漢志》開方法，大國地方百里，為方十里者百，提封萬井，為田當九百萬畝。除山林、陵麓、溝洫、城郭、宫室、塗邑三分去一，計田三百萬畝外，實有井六千六百六十六井，井之三之二，計得田六百萬畝整。

又《次國井田之數》 次國地方七十里，以開方法計之，為方十里者四十有九，為方一里者四千九百，為田四百四十一萬畝。三分去一，除田一百四十七萬畝外，實有井三千二百六十六井，井之三之二，為田計二百九十四萬畝。

又《小國井田之數》 小國地方五十里，以開方法計之，為方十里者二十有五，為方一里者二千五百，為田二百二十五萬畝。三分去一，除田七千五百畝外，實有井一千六百六十六井，井之三之二，為田計一百五十萬畝。

劉師培《古政原論·古代田制論》 中國以農立國，故農業發達最先。試詳析之：一、田制之進化。上古之時，由漁獵時代進而至游牧時代。伏羲之世，作網以漁，《易經》。教民以獵，《尸子》。而田獵所餘，留以供食。由野畜易爲家畜，而游牧制度以興，故伏羲亦號炮犧。《漢書》。及神農教民播穀，《淮南子》。與民並耕，《尸子》。由游牧易爲耕稼。疑農業發明，苗族先於漢族。《龍魚河圖》言蚩尤食沙石，即米穀也。又舜謂稷曰：『黎民阻飢，汝后稷。』則穀爲苗族所食之物矣。神農蓋效其法也。然欲啓田疇，必焚林木。故『焚』字訓燒田。故農術首重火耕，而神農亦名烈山。《禮記》。及地力既竭，嘉穀不生，乃棄舊疇，闢新土，是爲暘耕制度。《説文》『暘』字下云：不生也。從田，易聲。『場』字下云：祭神道也。一曰山田不耕者，一曰治穀田也，蓋『場』、『暘』古通。穀田不耕，則廢爲場，故字含三義。而舊疇之地，休田作牧，田以播穀，萊以牧牲，觀周人《遂人》仍田、萊並言，則此制至周猶存。爲游牧、耕稼並行之制。至新疇力竭，復闢舊疇，而休田之制易爲趄田，《説文》。即爰土易居之義也。《漢書》注。故殷夏之田，咸區不易、上田。一易、中田。再易下田。之地爲三等。鄭玄説。而殷代田制，歲耕稼者謂之畬，間歲一耕者謂之新田，三歲更耕者謂之菑。《爾雅·釋地》。《釋地》言一歲曰菑，即言三歲之中，僅有一歲可耕也。二歲曰新田，即言三歲之中，僅有二歲可耕也。三歲曰畬，即言三歲之中，每歲皆可耕也。此皆趄田之制度也。

二、田制之區畫。昔神農樹穀淇山今衛輝府。之陽，《管子》。復推行其法於域中，而田制以成。及黄帝經土塞井，以塞訟端，立步制畝，以防不足，使八家爲井，井開四道而介人宅，鑿井於中。井一爲鄰，鄰三爲朋，朋三爲里，里五爲邑，邑千爲都，都十爲師，師十爲州。《通典》。此即井田之制度也。后稷始爲甽田之制，廣尺深尺爲一甽，合三甽之地爲一畝，《漢書》。是爲畝制之始。及大禹咸則三壤，《書·禹貢》。濬畎澮《書·皋陶謨》。而治溝洫，《論語》。使百井爲成，《左傳·哀元年》少康有田一成，則百井爲成，始於夏禹，非周代所創之法也。則溝洫、夏代溝洫之制不可考，至於周代，其制始詳。咸禹所爲，《詩孔疏》。丘甸之制，丘甸之制即計井田出兵車之法，故另於《兵制》言之。殷周特襲用其法也。又夏代之時，土曠民稀，田畝廣大，故一夫授田五十畝。《孟子》。殷民稍密，故一夫授田七十畝。同上。以六百三十畝爲一井，畫爲九區。區七十畝，中爲公田，以外八家，各受一區。據《夏小正》則夏亦有公田，特制不可考。非殷代盡改夏制也，特畝制有廣狹、大小之分耳。顧炎武《日知録》及錢塘《三代田制考》。

又夏殷之制，百里之國，三十里之遂，二十里之郊。郊者，近於都邑之田也。遂者，遠於都邑之田也。七十里之國，二十里之遂，九里之郊。五十里之國，九里之遂，三里之郊。伏生《大傳》。而殷代之制，以郊野之地爲田，郊外爲牧，《爾雅·釋地》。即游牧之地也。夏時亦以萊夷之地作牧，足證游牧之制，至夏殷猶存。野外爲林，同上。即未墾之地也。故殷代方千里之地，僅有田六百萬畝。《王制》。特畝制稍寬，故殷田百畝當周末之田百四十六畝三十步也。《王制》。又殷代有圭田，《王制》鄭注。則零星不成井之田，孫蘭說。用爲貴族之分地者也。餘咸不可考。

三、賦說之定額。上古之時，人盡爲兵。始也人盡爲兵，繼也不能人盡爲兵，乃納金以免役，是爲人民納賦之始。故中國『賦』字從貝從武。納賦與納稅不同。納稅者，所謂籍田以力而砥其遠邇也。《國語》。夏代之時，洪水初平，受水患淺則耕種易施，受水患深則地力難復，故分九州之田爲九等。雍田上上，雍州不受水患。徐田上中，地勢稍高。青田上下，地近於山，水退較早。豫田中上，稍受河患。冀田中中，亦受河患。兖田中下，受河、濟之患。梁田下上，受長江上游之患，惟水退較早。荊田下中，受長江中流之患。揚州下下。受長江下游之患。《禹貢》。納稅之制，於五十畝之中，計五畝所入者，以爲貢，《王制疏》。名曰貢法，較數歲之中以爲常。《孟子》。納稅者，卽納粟也。於甸服之中，分爲納總、納銍、納秸、納粟、納米五種。《禹貢》。此禹承堯制。他服稅法，不可考。納賦者，所謂賦里以入，量其有無也。《國語》。夏代之法，冀州厥賦上上錯，兖州厥賦貞，暫免十三年。青州厥賦中上，徐州厥賦中中，揚州厥賦下上上錯，荊州厥賦上下，豫州厥賦上中，梁州厥賦下中三錯，雍州厥賦中下。賦與稅殊，然納賦之多寡，悉憑井田每井之高下以爲差。用《禹貢》鄭注意。殷代稅法，但借民力治公田，而私田不稅，《王制》鄭注。而圭田亦不征，《王制》。惟賦法不可考。又《王制》言冢宰視年豐耗，以三十年之通制國用。三年耕，必有一年之食。疑亦商代理財之法，唯無明證耳。

劉師培《古政原始論·田制原始論》

昔神農御宇，樹穀淇山之陽，《管子》神農作樹五穀淇山之陽，九州之民乃知穀食，而天下化之。蓋淇山即淇水附近之山，在今衛輝、彰德地。蓋耕稼始於黃河流域也。與民並耕，《尸子》云：神農並耕，而王所以勸民耕也。以耒耜之利，教天下，見《周易》。民服其疇，由游牧易爲耕稼。見《白虎通》、《淮南子》中。特上古之時，膏腴之地，草木叢生。故『野』字古文從林從土。欲啓田疇，必焚林木，故楚啓山林而益，亦烈山澤而焚草木也。故神農亦名烈山。見《禮記·祭法篇》。其詳見江都汪氏《述學》。而『焚』訓燒田，《說文》『焚』字下云：焚，燒田也，從火。『林』字亦從焚作棥。『疁』訓燒種，《說文》『疁』字下云：燒種也，從田翏聲。《漢律》曰：疁田保草。段注云：田不耕，火種也。謂焚其草木而下種。蓋治山田之法則然。『俶載』亦作『熾菑』，《詩》俶載南畝，鄭《箋》云：俶載應讀熾菑。菑爲殺草，熾菑即用火殺草之義。故『菑』、『災』古字相通。是太古農術，首重火耕，《史記·貨殖傳》言江西火耕水耨。蓋江西地偏，秦漢以來仍用火耕之法。杜詩亦云：燒畬度地偏。故伐林啓壤，嘉種誕生。然糞溉之術未明，致地力易竭，及田不生穀，於是絕意舊疇，更闢新土，是爲暢耕制度。《說文》『暢』字下云：不生也。暢字本從田。《說文》云：從田易聲。『場』字下云：祭神道也。一曰山田不耕者，一曰治穀田也。蓋場、暢古通。場爲穀田，及荒蕪不耕，廢爲壇墠。《周禮·場人》注云：場，築地爲墠，季秋除圃中爲之。是場本田間之隙地也。故字含三義，而後人復以牧地爲牧場。見《元史·耶律楚材傳》。且當此之時，舊疇既蕪，草木復殖，故民知暢耕，卽知休田作牧。觀《周禮·遂人》田、萊並言，《遂人》云：辨其野之土，上地、中地、下地，以頒田里。上地夫一廛，田百畝，萊五十畝。中地夫一廛，田百畝，萊百畝。下地夫一廛，田百畝，萊二百畝。此田、萊並言之證。是田以播穀，萊以牧牲。蓋當此之時，游牧耕稼並行。觀《禹貢》言萊夷作牧，蓋萊夷爲多林之地，故以之牧牲。《周詩·無羊篇》亦游牧時代遺習。故《孟子》言五畝之宅，雞豚狗彘之畜，無失其時。是每戶皆有牲畜也。且不耕之田，萊即叢生，故《詩·小雅》曰：田卒汙萊。降及成周，遺制猶存。乃新疇力竭，復闢舊疇，而休田之制，易爲爰田。考周代之制，區上田、中田、下田爲三等。《漢書·食貨志》云：民受田，上田夫百畝，中田夫二百畝，下田夫三百畝。歲耕種者，爲不易上田。休一歲者，爲一易中田。休二歲者，爲再易下田。三歲更耕，自爰其處。《公羊》何注云：司空謹別田之高下美惡，分爲三品。上田一歲一墾，中田二歲一墾，下田三歲一墾。肥磽不能獨樂，墝埆不能獨苦，故三年一換主易，財均力平。皆其確證也。不易之地，是爲上田；一易之地，是以中田；再易之地，是爲下田。《周禮·大司徒》云：不易之地家百畝，一易之地家二百畝，再易之地家三百畝。鄭注云：不易之地，歲種之，地美，故家百畝。一易之地，休一歲復種，地薄，故家二百畝。再易之地，休二歲乃易，故家三百畝。蓋不易之地，即《遂人》所謂田百畝，萊五十畝也。一易之地，即《遂人》所謂田百畝，萊百畝也。再易之地，即《遂人》所謂田百畝，萊二百畝也。故鄭注亦云：萊，謂休不耕者。《左傳》載輿人之誦曰：『爰田每每，舍其舊而新是謀。』卽爰土易居之義。見《漢書》孟康注。爰、趄古通，故《説文》訓『趄』爲易居。《説文》『趄』字下云：趄，田易居也。從走，亘聲。又詳徵《雅》詁，《爾雅》云：一歲曰菑，二歲曰新田，三歲曰畬。而段玉裁謂當作二歲曰畬，三歲曰新田，似非。則上古之田，歲耕稼者謂之畬，《説文》云：畬，三歲治田也。蓋畬訓爲舒，即地力漸舒之義。地力既舒，即能每歲耕種。間歲一耕者謂之新田，即取新舊相錯之義，亦取每歲更新之義。三歲更耕者謂之菑。《説文》云：菑，不耕田也。段注改不爲反，而《韓詩》及《爾雅》鄭注常訓菑爲反草。蓋此棄新疇，復墾舊疇之義也。舊疇既蕪，故只能三歲一耕，地力始甦。亦休田易爲爰田之確證。蓋古代之田，合三歲而計之，一歲曰菑，即言三歲之中，僅有一歲可耕也。二歲曰新田，即言三歲之中，僅有二歲可耕也。三歲曰畬，即言三歲之中，每歲皆可耕也。舊注似非。厥後商君治秦，立爰田之法。《漢書·地理志》：秦孝公用商君，制轅田。孟康注云：三年爰易居，古制也。末世浸廢，商鞅相秦，復立爰田。上田不易，中田一易，下田再易。爰自在其田，不復易居也。案孟説甚確。轅、爰古通，轅田即爰田也。蓋商鞅之田，分上、中、下。得上田者，每夫百畝。得中田者，每夫二百畝。得下田者，每夫三百畝。得中田二百畝者，每年耕百畝，二年而徧。得下田三百畝者，亦每年耕百畝，三年而徧。其制與《周禮·司徒》所言者相合。趙過輔漢，立代田之規。《漢書·食貨志》云：過能爲代田。一畝三甽，歲代處，故曰代田，古法也。此亦易土而耕之義。易土而耕，亦與爰田之義相合，故曰古法也。是爰田遺制，歷久未淪，《齊民要術》云：穀田必須歲易。又云：每年一易。是爰田遺制，至六朝之時，人民猶有行之者。與西國二田、三田之法，大約相符。見《社會通銓》。惟西國三田之法，歲休其一，耕其二。所耕二田，其種名異，與中國三歲一耕之田不同也。此則古代田制變遷之秩序也。

至古代分田之法，唐虞之前，渺不可稽。及洪水爲災，田廬蕩然，禹平水土，咸則三壤，以天下皆無田之民也。經：洪水後，民産俱淪。由是以天下之田，歸之天子。天子按畝受民，以行成賦中邦之法。故井地之規，前儒謂井田始於商，實則不然。《詩·信南山篇》：『信彼南山，維禹甸之。畇畇原隰，曾孫田之。我疆我理，南東其畝。』是周之疆理，猶禹之遺法也。故知井地之制，始于大禹平水土也。溝洫之制，《書》曰：濬畎澮距川。《論語》亦曰：禹盡力乎溝洫。此其證。丘甸之法，《周禮·小司徒》注言夏少康有田一成，有衆一旅，則井牧之法，先古然矣。《詩·信南山》孔《疏》據此謂丘甸之法，禹之所爲也。什一之税，《孟子》以夏后氏五十而貢，亦什一之法。悉以夏代爲濫觴。殷代遵禹成蹟，而井田之制始成。畫地爲九區，中爲公田，外八家，各受一區，所謂助法也。周代田制，雖鄉、遂、都、鄙畝法稍殊，見《孟子》及《周禮·遂人·匠人》鄭注，《毛詩》孔《疏》以及近儒錢氏《養新録》。今不具引。然畫野分疆，無異夏殷二代，特税法不同。夏用貢法，殷用助法，周用徹法。三代税法不同。而畝制亦有廣狹之殊耳。夏時一夫授田五十畝，因當時土曠民稀，故田畝廣大。殷民稍密，故析五十畝爲七十畝。周民愈蕃，故又析七十畝爲百畝。顧氏以爲此特丈尺之不同。此説誠然，非大改畝法也。若阡陌、溝洫之制，阡陌者，田間徑道也。溝洫者，田間水道也。古代田分畛域，頗成整密之觀。見《周禮·遂人·匠人》及朱子《阡陌考》，不具引。亦與西國坂克制符。《社會通銓》云：古代之田，恆留不耕之場，場名曰坂克，以爲疆界。吾英田有樊圩，成整密之觀。亦此古制之可徵者也。《説文》『田』字，從囗十，象阡陌之制。『疇』字從田，壽象田溝詰詘，而『畔』字、『界』字亦從田，則古代疆界之分，始于田畝明矣。『町』字、『畸』字亦然。蓋井田之制既興，則通力合作，計畝均收，人民無貧富之差，田畝鮮畸零之制。此井田之利。及生齒日蕃，地力養人者不給，則廢井田，開阡陌，固勢之所必趨也。開阡陌爲田，則田驟增，故闢草萊、任土地者，皆富國之上策也。豈得以慢經界議之乎？阡陌既開，限田之規悉廢，秦開阡陌後，任民所耕，不限多少，以盡地力。見杜氏《通典》。則易公田爲民田，亦勢之所必至也。古代井田受之于公，無得鬻賣。故《王制》曰：田里不粥。則三代以上，田産非庶人所得私。秦廢井田，始捐田産以予民。爲民者始自有其田，賣買兼幷，任所欲爲。無識陋儒樂道前王之田制，毋亦未之深考矣。宋儒侈言復井田，不知由井田易爲阡陌，乃田制必經之階級，□□進化之公理也。作《田制原始論》第五。中國古代以農立國，故宗法、階級之制，曆數之學，悉起於農，而《洪範》八政，亦以食貨爲首也。

雜録

《尚書·無逸》 文王卑服，即康功、田功。《傳》：文王節儉，卑其衣服，以就其安人之功，以就田功，以知稼穡之艱難。

又 《梓材》 若稽田，既勤敷菑，惟其陳修，為厥疆畎。

《詩經·小雅·甫田》 琴瑟擊鼓，以御田祖。《傳》：田祖，先嗇也。《箋》：《周禮》曰：凡國祈年于田祖，吹《豳雅》，擊土鼓，以樂田畯。《正義》：《郊特牲》注云：先嗇，若神農。《春官·籥章》注云：田祖，始耕田者，謂神農，是一也。以祖者，始也，始教造田，謂之田祖；先為稼穡，謂之先嗇；神其農業，謂之神農。名殊而實同也。

《周禮・春官・籥章》 凡國祈年于田祖，龡《豳雅》，擊土鼓，以樂田畯。注：祈年，祈豐年也。田祖，始耕田者，謂神農也。【略】鄭司農云：田畯，古之先教田者。《爾雅》曰：畯，農夫也。疏：《爾雅》曰畯，農夫也者，以其教農，故號農夫。

《莊子》卷八《則陽》 長梧封人問子牢曰：【略】『昔予為禾，耕而鹵莽之，則其實亦鹵莽而報予。芸而滅裂之，其實亦滅裂而報予。予來年變齊，深其耕而熟耰之，其禾繁以滋，予終年厭飧。』

《山海經》卷一六《大荒西經》 西北海之外，赤水之東，【略】有西周之國。姬姓，食穀。有人方耕，名曰叔均。帝俊生后稷，稷降以百穀。稷之弟曰台璽，生叔均。叔均是代其父及稷播百穀，始作耕。

又 卷一八《海内經》 后稷是播百穀。稷之孫曰叔均，是始作牛耕。

《呂氏春秋・上農》 后稷曰：上田棄畝，下田棄甽，是以六尺之耜，所以成畝也。其博八寸，所以成甽也。

漢・劉安《淮南子》卷二〇《泰族訓》 后稷墾草發菑，糞土樹穀，使五種各得其宜，因地之勢也。

《孝經援神契》 計校九州之別，土壤山陵之大，川澤所注，萊沛所生，鳥獸所聚，凡七百一十萬八千二十四頃，磽確不墾者千五百萬二千頃。

三國魏・張揖《廣雅》卷九《釋地》 帝堯所治九州地二千四百三十萬八千二百四頃，其墾者九百一十萬八千二十四頃。

北魏・賈思勰《齊民要術》卷一《耕田》 《周書》曰：神農之時，天雨粟。神農遂耕而種之，作陶冶斤斧，為耒耜鉏耨，以墾草莽，然後五穀興助，百果藏實。

唐・杜佑《通典》卷三《食貨三・鄉黨》 昔黄帝始經土設井，以塞争端，立步制畝，以防不足。使八家為井，井開四道而分八宅，鑿井於中。一則不洩地氣，二則無費一家，三則同風俗，四則齊巧拙，五則通財貨，六則存亡更守，七則出入相同，八則嫁娶相媒，九則無有相貸，十則疾病相救。是以情性可得而親，生産可得而均，均則欺凌之路塞，親則鬭訟之心弭。既牧之於邑，故井一為鄰，鄰三為朋，朋三為里，里五為邑，邑十為都，都十為師，師十為州。夫始分之於井，則地著；計之於州，則數詳。迄乎夏、殷，不易其制。

國王暨國君制度總部

世系部

夏世系分部

綜述

《世本·帝王世本·夏》 顓頊生鯀。鯀為顓頊子。鯀娶有辛氏，謂之女志，是生高密。宋衷曰：高密，禹所封國。

顓頊生鯀，鯀生高密，是為禹也。禹娶塗山氏，名女媧。

啓，禹子。帝杼。帝芬。帝降。

帝皋生發及桀。帝皋生發及履癸。履癸一名桀。

《古本竹書紀年·夏紀》 自禹至桀十七世，有王與無王，用歲四百七十一年。

凡夏自禹以至於桀，十七王。

《今本竹書紀年》卷上 自禹至桀十七世，有王與無王，用歲四百七十一年。

《史記》卷二《夏本紀》 夏禹名曰文命。禹之父曰鯀，鯀之父曰帝顓頊，顓頊之父曰昌意，昌意之父曰黄帝。禹者，黄帝之玄孫而帝顓頊之孫也。

又 卷一三《三代世表》 帝禹，黄帝耳孫，號夏。帝啓，伐有扈，作《甘誓》。帝太康。帝仲康，太康弟。帝相。帝少康。帝予。唐張守節《正義》：相為過澆所滅，后緡歸有仍，生少康。其子予復禹績。帝槐。帝芒。帝泄。帝不降。帝扃，不降弟。帝廑。帝孔甲，不降子。好鬼神，淫亂不好德，二龍去。帝皋。唐司馬貞《索隱》：宋衷云：墓在崤南陵。帝發。《索隱》：帝皋子也。《系本》云：帝皋生發及履癸。履癸一名桀。帝履癸，是為桀。《索隱》：

從禹至桀十七世。從黄帝至桀二十世。

《漢書》卷二一下《律曆志下·世經》 天下號曰夏后氏。繼世十七王，四百三十二歲。

晉·皇甫謐《帝王世紀·夏》 自禹至桀并數有窮，凡十九王，合四百三十二年。禹一，啓二，太康三，仲康四，相五，羿六，寒浞七，少康八，杼九，槐十，芒十一，泄十二，降十三，扃十四，廑十五，孔甲十六，皋十七，發十八，桀十九。

元·馬端臨《文獻通考》卷二五〇《帝系考一·帝號歷年·夏》 禹。顓頊之孫，鯀之子。姓姒氏，名文命。治水有功，舜使宅百揆。年七十三，以丁巳歲受舜禪，即天子位，都平陽、安邑。在位二十七年，癸未崩，壽百歲。啓，禹子。以甲申嗣位，九年壬辰崩。太康，啓子。以癸巳嗣位，二十九年辛酉以盤遊無度，為有窮后羿距於河，失邦而崩。仲康，太康子。以壬戌嗣位，十三年甲戌崩。帝相，仲康子。以己亥嗣位，二十八年壬寅為羿所弑。寒浞殺羿并滅相，相之臣靡逃於有鬲氏，相之后還於有仍氏，生少康，至四十一年壬午，靡自有鬲氏滅寒浞而立少康。少康，相子。以壬午滅寒浞嗣立，二十二年癸卯崩。帝杼，少康子。以甲辰嗣立，十七年庚申崩。帝槐，杼子。以辛酉嗣立，二十六年丙戌崩。帝芒，槐子。以丁亥嗣立，十八年甲辰崩。帝泄，芒子。以乙巳嗣立，十六年庚申崩。帝不降，泄子。以辛酉嗣立，五十九年己未崩。帝扃，不降子。以庚申嗣立，二十一年庚辰崩。帝廑，扃子。以辛巳嗣立，二十一年辛丑崩。帝孔甲，廑子。以壬寅嗣立，三十一年壬申崩。帝皋，孔甲子。以癸酉嗣立，十一年癸未崩。帝發，皋子。以甲申嗣立，十九年壬寅崩。帝履癸，是為桀。以癸卯嗣立，四十三年乙未以失道為殷湯所伐，戰於鳴條，師敗，湯放之南巢，夏亡。

右夏一十七世，共四百五十九年。首丁巳，盡乙未，内寒浞篡位四十一年。

元·許謙《讀書叢説》卷一《書紀年》 夏禹，八歲。又居喪二載；啓，九歲。《甘誓》。三歲；太康，二十九歲。《五子之歌》。十九歲；仲康，十三歲。《胤征》。元歲；相，二十八歲。浞滅之；少康，六十一歲。杼，十七歲。槐，二十六歲。芒，十八歲。泄，十六歲。不降，五十九歲。扃，二十一歲。廑，二十一歲。孔甲，三十一歲。皋，十一歲。發，十九歲。癸，五十二歲。

右夏十七君，四百三十九歲，《書》三篇。

元・釋念常《佛祖歷代通載》卷二《夏》 雷氏曰：禹啓三康，相宁槐芒，泄降扃廑，甲皐發桀。主合十七，四百三二。

夏后氏，姓姒。名文命，字高密。黄帝八代孫鯀之子，號禹王。初，舜命禹治水，不貴尺璧而重寸陰，三過其門而不入。王金德，都安邑。為堯司徒，治水十二年，乘四載，開九州。在位十六年。始甲戌，終己酉。東巡至會稽，崩。壽一百年。《謚》：受禪成功曰禹。號年曰歲，建寅為正。作《大夏》樂，葬用𦉥。

啓，禹之子。母化為石。一云生石中。癸未立，在位九年。一云十年。郊禘祖宗。禘黄帝文祖。郊鯀，配天祖。祖顓頊，配文祖太祖。宗禹，父。啓祀立廟祧壇。太祖禹二昭二穆五廟。

太康，啓之子。畋于洛，十旬不返。五子作《歌》風之。遂失其位。壬辰立，治二十九年。仲康，太康之弟。辛酉即位。帝相。仲康子。徙都商丘，為有窮后羿所殺而篡其位。治二十八年。羿立二年，為臣寒浞所殺。寒浞殺羿，自立十年，復為夏臣靡誅之。已上三主，通合四十年。

少康。相之子。母曰有仍氏。有田一成，有衆一旅，滅澆及豷，還禹舊邦，是為中興。癸未立，治四十九年。作箕箒、秫酒。

宁，少康子。癸卯立，治十七年。

槐，宁之子。庚申立，在位二十六年。

芒，槐之子。丙戌立，治十八年。

泄，芒之子。甲辰立，在位十六年。

不降，泄之子。庚申即位，治五十九年。

扃，不降弟。己未立，在位二十一年。

廑，扃之子。庚辰即位，治二十年。

孔甲，不降子。好事鬼神，淫亂。夏氏德衰，諸侯叛之。辛丑立，在位三十一年。湯王始生。

皐，孔甲之子。壬申立，治十一年。

發，皐之子。癸未即位，治十年。一云十一。

桀，發之子，名履癸。嬖有施氏女曰末喜，淫湎暴虐，荒色迷酒。峻宇雕墻，民墜塗炭。以諫為妖，殺關龍逢，焚黄圖二臣，大廢夏道。時有二日鬬，明晦自分。湯伐之，放于南巢而死。《謚》：賊人多殺曰桀。壬寅即位，都安邑，治五十二年。

凡十七代，通四百三十二年。

清・鍾淵映《歷代建元考》卷二《前編・夏姒姓》 后禹，顓頊之孫，鯀之子。治水有功，以丁巳受舜禪。癸酉，舜崩，避于陽城。丙子，始即位，改元，以金德王。都安邑。改『載』為『歲』。癸未，崩于會稽。在位六十九歲。《竹書紀年》：元年，頒夏時于邦國。后啓，禹之子。以甲申嗣立，九歲壬辰崩。后太康，啓子。以癸巳嗣立，二十九歲辛酉畋于洛，為有窮后羿所距，崩于陽夏。后仲康，太康弟。以壬戌嗣立，十三歲甲戌崩。后相，仲康子。以乙亥嗣立，八歲寒浞殺羿，二十七歲辛丑，寒浞使其子澆弑于帝丘。寒浞以辛丑弑后相篡夏，四十年壬午，為夏故臣靡所滅。后少康，相子。以壬午滅浞嗣立，二十二歲癸卯崩。后杼，少康子。以甲辰嗣立，十七歲庚戌崩。后槐，杼子。以辛酉嗣立，二十六歲丙戌崩。后芒，槐子。以丁亥嗣立，十八歲甲辰崩。后泄，芒子。以乙巳嗣立，十六歲庚申崩。后不降，泄子。以辛酉嗣立，五十九歲遜位于弟扃，又十歲崩。《竹書》曰：三代之世，内禪惟不降，實有聖德。后扃，不降弟。以庚申嗣立，二十一歲庚辰崩。后廑，扃子。以辛巳嗣立，二十一歲辛丑崩。后孔甲，廑子。以壬寅嗣立，三十一歲壬申崩。后皐，孔甲子。以癸酉嗣立，十一歲癸未崩。后發，皐子。以甲申嗣立，十九歲壬寅崩。后履癸，是為桀。以癸卯嗣立，五十三歲乙未，以失道為殷湯所伐，放居南巢，夏后氏亡。

右夏一十七世，四百四十一年。内寒浞篡位四十年，始甲戌訖乙未。《竹書》自禹至桀十七世，有王與無王，歷歲四百七十一年，起壬子，終壬戌。其所載甲子曆數，與史多異，蓋戰國史氏之繆也。

論説

《史記》卷一三〇《太史公自序》 維禹之功，九州攸同，光唐虞際，德流苗裔；夏桀淫驕，乃放鳴條。作《夏本紀》第二。

宋・魏了翁《春秋左傳要義》卷三一《襄公四年下・據此太康少康尚有百載與史記少異》 《夏本紀》：禹生啓，啓生太康。是禹孫也，為羿所距。《書序》云：太康失邦。是為淫放失國也。《本紀》又云：太康崩，弟仲康立。《尚書・胤征》云：惟仲康肇位四海。孔安國云：羿廢太康，而立其弟仲康為天子。則仲康，羿之所立，但羿據其權，仲康不能除去之耳。哀元年《傳》稱：有過澆殺斟灌，以滅后相。相依斟灌，故澆滅之。是相立為天子，乃出依斟灌，則相之立也，蓋亦羿立之矣。此《傳》言羿代夏政，云不修民事，寒浞殺羿，言取其國家，則羿必自立為天子也，當是逐出后相，羿乃自立。相依斟灌、斟尋，夏祚猶尚未滅，蓋與羿並稱王也。及寒浞殺羿，因羿室而生澆，澆已長大，自能用師，始滅后相。相死之後，始生少康。少康生杼，杼又年長，已堪誘豷，方始滅浞而立少康。計太康失邦及少康紹國，尚有百載，乃滅有窮。據此《傳》文，夏亂甚矣。而《夏本紀》云：仲康崩，子相立。相崩，子少康立。都不言羿浞之事，是馬遷説之疏也。

宋・黄震《黄氏日抄》卷四六《讀史一・史記・夏紀》 《夏紀》多隳括《禹謨》、《禹貢》之書。少康中興，《書》所缺者亦缺。自仲康、帝相、少康，直以世次相承，若守文無事者。意者少康之事，遷時已無所考歟？若禹，後於舜者也，謂皆黄帝子孫。舜去帝七世而禹反四世，又舜帝族也，而側微至此。皆事之不可曉者。

又 卷五一《讀雜史一・蘇子古史・夏本紀》 《史記》載太康失國，太康崩，弟仲康立。《古史》載羿逐太康而立其弟仲康。按薛常州士龍《説書》謂：仲康乃在五子之數，徯于洛汭，不在禹河北舊都，非羿所立。愚意若果逐太康而立仲康，則不待太康之既崩。太康崩而後仲康立，蓋傷宗國之墜祀，而兄弟在外者自以次續之。於義為順，於《經》亦合，當從《史記》。

《史記》止載仲康崩，子帝相立。帝相崩，子少康立。《古史》載羿既放太康，羿又為寒浞所奪。浞滅帝相，相后逃歸有仍，生少康。少康既長，誘殺浞二子而後中興。愚按二史詳略不同，豈史遷之世未有寒浞滅夏之説耶？抑未備耶？《古史》可以補遺。

宋・王應麟《困學紀聞》卷一一《考史》 《夏本紀》：太康崩，弟仲康立。仲康崩，子相立。相崩，子少康立。《左傳正義》曰：太康失邦及少康紹國，尚有百載，乃滅有窮。《本紀》不言羿浞之事，是遷説之疏。

清・汪越《讀史記十表》卷一《讀三代世表補》 《夏表》書『帝啓作《甘誓》』，見世變也。『征苗』之《誓》惟曰：『一乃心力，其克有勳。』《甘誓》則曰：『不用命，孥戮汝。』故君子謂讀《甘誓》，知唐虞之風微，商周之運至矣。

清・李鍇《尚史》卷一〇七《附序傳》 孝慈有歸，天德不以私。宅憂居泰，敢有貳志？四載云勤，粒民孔侅，緡燼不熸，天祚民懷。何《離》之明，履癸則夷。作《夏本紀》第三。

商世系分部

綜　述

《世本・帝王世本・殷》 契是帝嚳子。契生昭明，昭明生相土，相土生昌若，昌若生曹圉，曹圉生根國，根國生冥。宋衷曰：冥爲司空，勤其官事，死於水中，殷人郊之。冥子核。

湯名天乙。太甲，湯孫。太甲，太丁子。太甲崩，子沃丁立。小甲，太庚子。仲丁是太戊之子。河亶甲，仲丁弟也。祖乙，河亶甲子。

祖乙崩，子祖辛立。崩，子開甲立。崩，弟祖丁立。崩，開甲之子南庚立。崩，祖丁子陽甲立。崩，弟盤庚立。盤庚崩，弟子小辛立。崩，弟小乙立。崩，子武丁立。祖辛。

紂伐有蘇。有蘇人以妲己女焉。紂愛妲己，妲己之言是從。武王殺之，斬以元戈，懸之小白旗。

《古本竹書紀年・殷紀》 湯滅夏以至于受，二十九王，用歲四百九十六年。

殷自成湯滅夏以至于受，二十九王。

《今本竹書紀年》卷上　湯滅夏，以至于受，二十九王，用歲四百九十六年。

《史記》卷三《殷本紀》　殷契【略】封於商，賜姓子氏。契興於唐虞、大禹之際，功業著於百姓，百姓以平。契卒，子昭明立。昭明卒，子相土立。相土卒，子昌若立。昌若卒，子曹圉立。曹圉卒，子冥立。冥卒，子振立。振卒，子微立。微卒，子報丁立。報丁卒，子報乙立。報乙卒，子報丙立。報丙卒，子主壬立。主壬卒，子主癸立。主癸卒，子天乙立，是為成湯。

又　卷一三《三代世表》　殷湯代夏氏。從黃帝至湯十七世。帝外丙，湯太子。太丁蚤卒，故立次弟外丙。帝仲壬，外丙弟。帝太甲，故太子太丁子。淫，伊尹放之桐宫。三年，悔過自責，伊尹乃迎之復位。帝沃丁。伊尹卒。帝太庚，沃丁弟。帝小甲，太庚弟。《索隱》：《殷本紀》及《系本》皆云小甲，太庚子。殷道衰，諸侯或不至。帝雍己，小甲弟。帝太戊，雍己弟。以桑穀生，稱中宗。帝中丁。帝外壬，中丁弟。帝河亶甲，外壬弟。帝祖乙。帝祖辛。帝沃甲，《索隱》：《系本》云開甲。祖辛弟。帝祖丁，祖辛子。帝南庚，沃甲子。帝陽甲，祖丁子。帝盤庚，陽甲弟。徙河南。帝小辛，盤庚弟。帝小乙，小辛弟。帝武丁。雉升鼎耳雊。得傅說。稱高宗。帝祖庚。帝甲，祖庚弟。淫。南朝宋裴駰《集解》：徐廣曰：一云『淫德，殷衰。』帝廩辛。《索隱》：或作『馮辛』。《系本》作『祖辛』，誤也。按，上祖乙已生祖辛，故知非也。帝庚丁，廩辛弟。殷徙河北。帝武乙，慢神震死。帝太丁。帝乙。殷益衰。帝辛，是為紂。弒。

從湯至紂二十九世。從黃帝至紂四十六世。

《漢書》卷二一下《律曆志下·世經》　凡殷世，繼嗣三十一王，六百二十九歲。

晉·皇甫謐《帝王世紀·殷商》　商之饗國也，三十一王。自見居位者實三十王而言三十一者，兼數太子丁也。自湯得位至紂，凡六百二十九年。成湯一，外丙二，仲壬三，太甲四，沃丁五，太庚六，小甲七，雍己八，太戊九，仲丁十，外壬十一，河亶甲十二，祖乙十三，祖辛十四，沃甲十五，祖丁十六，南庚十七，陽甲十八，盤庚十九，小辛二十，小乙二十一，武乙二十二，祖庚二十三，祖甲二十四，廩辛二十五，庚丁二十六，武丁二十七，太丁二十八，帝乙二十九，紂三十。

《商書》曰：成湯既沒，太甲元年。孔安國注云：太甲，太丁子、湯孫也。太丁未立而卒，及湯沒而太甲立，稱元年。《謚法》：殘義損善曰紂。敗於牧野，懸首白旗。從黃帝至紂三十六世。紂二年，納妲己。二十年，囚文王。三十年，武王觀兵於孟津。

元·馬端臨《文獻通考》卷二五〇《帝系考一·帝號歷年·殷》　湯，契之十四世孫。姓子氏，名履。以夏桀之三十五年丁丑即諸侯位，自商邱徙都亳。以乙未代桀滅夏，即天子位。十三年丁未崩，壽百歲。太甲，湯孫。以戊申嗣立，三十三年庚辰崩。沃丁，太甲子。以辛巳歲嗣立，二十九年己酉崩。太庚，沃丁弟。以庚戌嗣立，十五年甲戌崩。小甲，太庚子。以乙亥嗣立，十七年辛卯崩。雍己，小甲弟。以壬辰嗣立，十一年癸卯崩。大戊，雍己弟。以甲辰嗣立，七十五年戊午崩。仲丁，大戊子。以己未嗣立，十三年辛未崩。外壬，仲丁弟。以壬申嗣立，十五年丙戌崩。河亶甲，外壬弟。以丁亥嗣立，九年乙未崩。祖乙，河亶甲子。以丙申嗣立，十九年甲寅崩。祖辛，祖乙子。以乙卯嗣立，十六年庚午崩。沃甲，祖辛弟。以辛未嗣立，二十五年乙未崩。祖丁，沃甲兄。以丙申嗣立，三十二年丁卯崩。南庚，沃甲子。以戊辰嗣立，二十五年壬辰崩。陽甲，祖丁子。以癸巳嗣立，七年己亥崩。盤庚，陽甲弟。以庚子嗣立，二十八年丁卯崩。小辛，盤庚弟。以戊辰嗣立，二十一年戊子崩。小乙，小辛弟。以己丑嗣立，二十八年丙辰崩。武丁，小乙子。以丁巳嗣立，五十九年乙卯崩。祖庚，武丁弟。以丙辰嗣立，七年壬戌崩。祖甲，祖庚弟。以癸亥嗣立，三十三年乙未崩。廩辛，祖甲子。以丙申嗣立，六年辛丑崩。庚丁，廩辛弟。以壬寅嗣立，二十一年壬戌崩。武乙，庚丁子。以癸亥嗣立，四年丙寅崩。太丁，武乙子。以丁卯嗣立，三年己巳崩。帝乙，太丁子。以庚午嗣立，三十七年丙午崩。受辛，帝乙子，是為紂。以丁未嗣立，無道，三十二年戊寅周武王伐之，戰於牧野，師敗受死，殷亡。

右殷二十八世，共六百四十五年。首乙未，盡戊寅。

元·許謙《讀書叢説》卷一《書紀年》　商湯，十三祀。即諸侯位十八歲而放桀，共三十祀。《湯誓》、元祀：《仲虺之誥》、《湯誥》。太甲，三十三祀。《伊訓》、元祀；《太甲上》、三祀；《太甲中》、《太甲下》、《咸有一德》。沃丁，二十九祀。大庚，二十五祀。小甲，十七祀。雍己，十二祀。太戊，七十五祀。仲丁，十三祀。外壬，十五祀。河亶甲，九祀。祖乙，十九祀。祖辛，十六祀。沃甲，二十五祀。祖丁，三十二祀。南庚，二十五祀。陽甲，七祀。盤庚，二十八祀。《盤庚上》、元祀；《盤庚中》、《盤庚下》。小辛，二十一祀。小乙，二十八祀。武丁，五十九祀。《說命上》、三祀。《說命中》、《說命下》。祖庚，七祀。《高宗肜日》。祖甲，三十三祀。廩辛，六祀。庚丁，二十一祀。武乙，四祀。太丁，三祀。帝乙，三十七祀。紂辛，三十三祀。《西伯戡黎》。二十一祀；《微子》。三十一祀。

右商二十八君，六百四十四祀，《書》十七篇。

元·釋念常《佛祖歷代通載》卷二《殷》 雷氏曰：降及殷湯，外丙仲壬，太甲沃丁，太庚小甲，雍己太戊，仲丁外壬河亶甲。祖乙祖辛，沃甲祖丁，南庚陽甲，盤庚小辛，小乙武丁，祖庚祖甲，廩辛庚丁，武乙太丁，帝乙帝辛。王三十主，六百二九。

湯，姓子氏。其先高辛子契十四世孫，始祖卨為堯司徒官。王水德，都亳。今偃師縣，即穀熟也。昭明、相土、昌若、曹圉、冥、振、微、報丁、報乙、報丙、主壬、主癸，生子履也。王名履。字天乙，以乙日生也。黃帝二十一代孫。其先契母簡狄吞於玄卵，剖背而生契。以玄鳥因子而生，故姓子氏。在野祝網，德及禽獸矣。夏桀不道，舉伊尹為相，伐之承祚。東征西怨，南征北怨。大旱七年，自責六過，燒身乃雨。乙未立，大治十三年。壽一百歲。建丑為正，號年曰祀。《謚》：除虐去殘曰湯。【略】

外丙，湯次子。治二年。仲壬，外丙弟。治四年。

太甲，湯長孫，太丁子。立而不明，伊尹放諸桐宮，三年悔過，復迎歸亳，正其位。治三十三年。立廟六，卨，二昭；湯，二穆。太甲郊祀祖宗。禘帝嚳文祖。郊冥，配天祖。祖契，配文祖太祖。宗湯，父。太甲祀。

沃丁，太甲子。辛巳立，治三十年。八年，伊尹卒。

太庚，沃丁弟。治三十年。一云二十五年，《古今紀》三十五年。

小甲，太庚子。治十七年。七年二月甲申朔，起曆。

雍己，小甲之弟。殷道廢。治十二年。

太戊，雍己弟。初立不道，諸侯叛之。以伊尹子陟為相，殷道復興。治七十五年。

仲丁，太戊子。自亳遷開封陳留。治一十七年。一云十一。

外壬，仲丁弟。治十五年。

河亶甲，外壬弟。復遷于相，殷又衰。治九年。

祖乙。亶甲子。又遷于耿，今河東皮氏縣。巫賢任職，興。治一十九年。

祖辛，乙之子。治十六年。

沃甲，祖辛弟。治二十五年。

祖丁，沃甲兄，祖辛弟。治二十五年。

南庚，沃甲子。治二十九年。

陽甲，祖丁子。治十七年。

盤庚，陽甲弟。改殷曰商，復遷都于亳。治十八年。

小辛，盤庚弟。治二十一年。殷道衰，百姓思先帝，作《盤庚》三篇。

小乙，小辛之弟。治二十二年。

武丁，小乙子。以傳說為相，修德布政，天下成歡。《書》曰：高宗諒闇三年，君不言。《禮》云：三年之喪，君不言，百官咸聽冢宰。治五十九年。壽一百歲。廟號高宗。

祖庚，武丁子。治七年。

祖甲，祖庚弟。商道廢。治十六年。

廩辛，祖甲子。治六年。

庚丁，廩辛弟。還于朝歌，今衛州界。治二十一年。

武乙，庚丁子。不道，慢神虐民。獵河、渭間，暴雷震死。治四年。

太丁，武乙子。治三年。

帝乙，太丁子。商道衰。治三十七年。

紂辛，一名受，帝乙之子，微子啓弟。啓之母賤，在朝不得嗣位。辛母正后，承祚不道，內嬖妲己，外用惡來。設酒池、肉林、糟丘，使男女裸形，相逐其間。作長夜宮，計一百一十日為一晝夜。制炮烙刑，熱熨斗。衣寶玉衣。剖賢人之心，斮朝涉之脛。諸侯叛亂，武王克之，以衣蒙頭，赴火而死。治三十一年。《謚》曰：殘義損善曰紂。殷有三仁。箕子、微子、叔比干也。丁未即位。

凡三十主，通六百二十九年。

元·朱公遷《詩經疏義會通》卷首《諸國世次圖·商》 契。昭明。相土。昌若。曹圉。冥。振。微。報丁。報乙。報丙。主壬。主癸。湯。外丙。湯次子。仲壬。外丙弟。太甲。湯嫡孫。沃丁。大庚。沃丁弟。小甲。雍己。小甲弟。太戊。雍己弟。仲丁。外壬。仲丁弟。河亶甲。外壬弟。祖乙。祖辛。沃甲。祖辛弟。祖丁。祖辛子。南庚。沃甲子。陽甲。祖丁子。盤庚。陽甲弟。小辛。盤庚弟。小乙。武丁。祖庚。祖甲。祖庚弟。廩辛。庚丁。廩辛弟。武乙。大丁。帝乙。紂。

清·嚴虞惇《讀詩質疑》卷首一《列國世譜·商》 商之先契，母曰簡狄，為帝嚳次妃，吞鳥卵而生契，舜舉為司徒，封於商，賜姓子氏。卒，子昭明立；卒，子相土立；卒子昌若立；卒子曹圉立；卒子冥立；卒子振立；卒子微立；卒子報丁立；卒子報乙立；卒子報丙立；卒子主壬立；卒子主癸立；卒子天乙立，是為成湯，伐桀有天下，都於亳。自契至湯，凡八遷。湯崩，子太丁之弟外丙立；崩，弟仲壬立；崩，太丁子太甲立。太甲不順，伊尹放之於桐，悔過反善，復歸於亳，是為太宗。五世至太戊，有桑穀之異，懼而修德，殷復興，是為中宗。十世至盤庚。自仲丁遷隞，河亶甲居相，祖乙遷耿，盤庚渡河南遷殷，遂更號曰殷。又三世至武丁，有雊雉之異，亦懼而修德，殷復興，是為高宗。八世至辛紂，周武王伐滅之。

清·鍾淵映《歷代建元考》卷二《前編·殷子氏》 湯名履，契之十四世孫，商侯癸之子。以夏后癸戊寅，嗣為諸侯。十七載，以乙未滅夏，即天子位。以水德王。都亳。改夏建寅正，以十二月為歲首，『歲』曰『祀』。三十祀丁未崩。太宗太甲，名至，成湯太子，太丁之子。以戊申嗣立，三十三祀庚辰崩。愚按《竹書》，太甲之前有外丙，名勝，在位二年；仲壬，名庸，在位四年。蓋泥于《孟子》之文，而不知古人以歲為年，非謂踐阼之曆數也。至云伊尹篡位，為太甲所殺，則又誕而不經矣。沃丁，名絢，太甲子。以辛巳嗣立，二十九祀己酉崩。太庚，名辨，沃丁弟。以庚戌嗣立，二十五祀甲戌崩。小甲，名高，太庚子。以乙亥嗣立，十七祀辛卯崩。雍己，名伷，小甲弟。以壬辰嗣立，十二祀癸卯崩。中宗太戊，名密，雍己弟。以甲辰嗣立，七十五祀戊午崩。仲丁，名莊，太戊子。以己未嗣立，遷都囂，十三祀辛未崩。外壬，名發，仲丁弟。以壬申嗣立，十五祀丙戌崩。河亶甲，名整，外壬弟。以丁亥嗣立，徙都相，九祀乙未崩。祖乙，名滕，河亶甲子。以丙申嗣立，徙都耿，復徙邢，十九祀甲寅崩。祖辛，名旦，祖乙子。以乙卯嗣立，十八祀庚午崩。沃甲，名踰，祖辛弟。以辛未嗣立，二十五祀乙未崩。祖丁，名新，祖辛子。以丙申嗣立，三十二祀丁卯崩。南庚，名更，沃甲子。以戊辰嗣立，二十五祀壬辰崩。陽甲，名和，祖丁子。以癸巳嗣立，七祀己亥崩。盤庚，名旬，陽甲弟。以庚子嗣立，遷都殷，改國號曰殷，二十八祀丁卯崩。小辛，名頌，盤庚弟。以戊辰嗣立，二十一祀戊子崩。小乙，名斂，小辛弟。以己丑嗣立，二十八祀丙辰崩。高宗武丁，名昭，小乙子。以丁巳嗣立，五十九祀乙卯崩。祖庚，名曜，武丁子。以丙辰嗣立，七祀壬戌崩。祖甲，名載，祖庚弟。以癸亥嗣立，三十三祀乙未崩。廩辛，名先，祖甲子。以丙申嗣立，六祀辛丑崩。庚丁，名囂，廩辛弟。以壬寅嗣立，三十一祀壬戌崩。武乙，名瞿，庚丁子。以癸亥嗣立，徙居河北，四祀丙寅崩。太丁，名托，武乙子。以丁卯嗣立，三祀己巳崩。帝乙，名羡，太丁子。以庚午嗣立，三十七祀丙午崩。帝辛，名受，帝乙子，是為紂。以丁未嗣立，無道，三十三祀己卯，周武王來伐，戰敗自燔死，殷亡。

右殷二十八世，六百四十五年。始丁未，訖己卯。《漢書·律曆志》自伐桀至武王伐紂，六百二十九歲。又曰殷世繼嗣三十一王，六百二十九歲。蓋并外丙、仲壬數之而更縮其年，誤也。

論說

《史記》卷一三〇《太史公自序》 維契作商，爰及成湯；太甲居桐，德盛阿衡；武丁得說，乃稱高宗；帝辛湛湎，諸侯不享。作《殷本紀》第三。

宋·魏了翁《尚書要義》卷一五《無逸·鄭以祖甲為帝甲因妄言武丁廢子事》 王肅亦以祖甲為太甲。鄭玄云：祖甲，武丁子帝甲也。有兄祖庚賢，武丁欲廢兄立弟，祖甲以此為不義，逃於人間，故云『久為小人』。案《殷本紀》云：武丁崩，子祖庚立。祖庚崩，弟祖甲立，是為帝甲。淫亂，殷道復衰。《國語》說殷事云：帝甲亂之，七代而殞。

則帝甲是淫亂之主，起亡殷之源，寧當與二宗齊名，舉之以戒無逸？武丁賢王，祖庚復賢。以武丁之明，無容廢長立少。祖庚之賢，誰所傳說？武丁廢子事，出何書？妄造此語，是負武丁而誣祖甲也。

宋・黄震《黄氏日抄》卷四六《讀史一・史記・殷紀》 《殷紀》亦依彷《書》為之，具載興衰相乘者數四，未嘗不本於賢者之用舍，而載紂取亡之事尤詳，真可為萬世戒。惟《湯誥》與《書》本文，無一語類及。《盤庚》『話民』三篇，謂為小辛世殷衰，百姓思盤庚而後作。難考耳。

宋・王應麟《困學紀聞》卷一一《考史》 《殷本紀》：祖乙遷於邢。《書正義》曰：鄭玄云：祖乙去相居耿，而國為水所毁，於是修德以禦之，不復徙也。

小辛立，殷復衰。百姓思盤庚，乃作《盤庚》三篇。與《書序》違，非也。

太甲既立三年，伊尹放之於桐宫。居桐宫三年，悔過反善，伊尹乃迎而授之政。謂太甲歸亳之歲，已為即位六年。遷説妄也。

祖己嘉武丁之以祥雉為德，立其廟，為高宗，遂作《高宗肜日》及《訓》。與《書序》相違。

帝陽甲之時，殷衰。自中丁以來，廢適而更立諸弟子，弟子或爭相代立，比九世亂。《皇王大紀》曰：以其世考之，自沃丁至陽甲立弟者九世。中丁之名，誤也。

太戊為太甲之孫。《三代表》云：太戊，小甲弟。則亦是沃丁弟，太甲子。《書正義》謂：《本紀》、《世表》，必有一誤。

明・王樵《尚書日記》卷七《商書伊訓》 『惟元祀十有二月』至『以訓於王』。《序》曰：成湯既沒，太甲元年，伊尹作《伊訓》、《肆命》、陳天命以告。《徂后》。陳往古明君以戒。二篇亡。孔氏曰：太甲，太丁子、湯孫也。太丁未立而卒，及湯沒而太甲立。《正義》曰：據此經《序》及《太甲》之篇，太甲必繼湯後，而《殷本紀》云：湯崩，太子太丁未立而卒，於是乃立太丁之弟外丙；三年崩，别立外丙之弟仲壬；四年崩，伊尹乃立太丁之子太甲。與經不同，彼必妄也。劉歆、班固不見古文，繆從《史記》。皇甫謐既得此經，作《帝王世紀》，乃述馬遷之語，是其疏也。顧氏亦云：止可依經誥大典，不可用傳記小説。

按經文往往述湯事，一則曰『今王嗣厥德』，一則曰『肆嗣王丕承基緒』，一則曰『今王嗣有令緒』，皆為太甲繼湯後之辭。若中間有外丙、仲壬，則其文必不如此。蔡仲默過於不信《書序》故不用其説。且朱子於《孟子》『外丙二年，仲壬四年』之下，雖引趙岐説，仍引程子之説曰：古人謂歲為年。湯崩時，外丙方二歲，仲壬方四歲，惟太甲差長，故立之。此説出於程子，而質之於經又合，其當從無疑也。《皇王大紀》論外丙、仲壬之立，謂以素理知其非者一，以人情知其非者二，以事實知其非者三，以曆數知其非者四。邵子《皇極經世書》以太甲元年繼湯。是先大儒皆以此為定説矣。

明・陳士元《孟子雜記》卷二《論辨》 外丙二年，仲壬四年。元按《史記・殷本紀》云：太丁之弟外丙即位三年崩，外丙之弟仲壬即位四年崩。夫《孟子》無即位之文，而《史記》增之，遂起後人之疑。《集注》引程子之説，謂外丙、仲壬年方三歲、四歲，未即位也。邵雍《皇極經世史》、金履祥《綱目前編》、顧應祥《人代紀略》，並以太甲嗣湯，無外丙、仲壬之世。然《史記》即位之妄，戰國時已有此説矣。《汲冢竹書紀年》云：仲壬即位，居亳。其卿士伊尹，仲壬崩而立太甲。伊尹放太甲于桐，乃自立。伊尹即位三年，太甲潛出，自桐殺伊尹，乃立其子伊陟。伊奮復其父之田，而中分之。此説出於戰國横議，所謂堯不慈，舜不孝，禹德衰，伊尹為庖人，為酒保，太公為舟人，為屠牛，百里奚為丐者，為官奴之類也，出《鶡冠子》等書。孟子以為邪説淫辭，其然乎！其然乎！

清・毛奇齡《尚書廣聽録》卷二 據《書序》，成湯既没，太甲元年，伊尹作《伊訓》。而孔《傳》云：成湯子太丁未立而卒，故湯没而太丁之子太甲嗣立，即湯孫也。自《孟子》有『湯崩，太丁未立，外丙二年，仲壬四年』之文，而《殷本紀》遵之，謂湯崩，太丁早卒，乃立太丁弟外丙。三年而崩，又立外丙弟仲壬。四年而崩，伊尹乃立太丁之子太甲。斯二説，未知誰是。在漢儒亦莫知適從。孔氏注《尚書》，即依《書序》。趙岐注《孟子》，即照《本紀》。至班固作《律曆志》，引《伊訓篇》且兩騎作説曰：太甲雖有成湯、太丁、外丙之服。竟以數人連稱之，不知其為成湯耶？太丁耶？抑外丙耶？如是而經義亡矣。夫經稱『祇見厥祖』。厥祖者，湯也。何以祇見？謂將即位而奠于殯也。然則所殯者，湯矣。《經》曰湯，則雖《書序》亦不顧，何況《本紀》！或謂何以處《孟子》？曰：昔固有解之者矣。外丙二歲卒，仲壬四歲卒，此在湯崩前，未嗣位也。然何以必及二人？曰：古傳位之法，唯世與及。殷尚傳及，則必及二弟。故終殷之世，凡二十八君，皆傳弟者。而惟此二弟不傳，則又烏得不及之？

清・閻若璩《四書釋地又續》卷上《武丁至紂》 《殷本紀》自武丁至紂凡九世。《集注》云：七世者，得毋以祖甲為祖庚之弟，庚丁為廩辛之弟，并兄弟於一世乎？然則《國語》何以云帝甲亂之七世而殞？仍數庚丁。此《紀》上文『自武丁以來，比九世亂』，皆數其弟乎！古所謂世者，蓋指在帝位歷年而言，無論其行輩。《集注》實誤。

清・李鍇《尚史》卷一〇七《附序傳》 殷道薿薿，數有興替。逮元子受，大命是隊。聖敬集仁，辯智益昏。司徒之教，卒或未泯，而狡童不信。作《商本紀》第四。

周世系分部

綜　述

《世本・帝王世本・周》 后稷生不窋，不窋生鞠陶，鞠陶生公劉，公劉生慶節，慶節生皇僕，皇僕生差弗，差弗生毀揄，毀揄生公非，公非生高圉，高圉生亞圉，亞圉生組紺，組紺生太王亶父，父生季歷，季歷生文王。宋衷曰：高圉能率稷者也，周人報之。

成王生康王。康王生昭王。【略】宋衷云：『昭王南伐楚，辛由靡爲右，涉漢中流而隕。由靡承王，遂卒不復。周乃侯其後於西翟。』昭王生穆王。穆王生恭王。恭王名伊扈。恭王生懿王及孝王。恭王生懿王。懿王名堅。孝王生夷王。夷王生厲王。懿王崩，弟孝王立。孝王崩，懿太子燮立，是為夷王。

平王生桓王林，林生莊王佗，佗生僖王胡齊，齊生惠王涼。涼生襄王鄭，鄭生頃王巨。

巨生匡王班及定王瑜，瑜生簡王夷，夷生靈王泄心，心生景王貴，貴生悼王猛及敬王匄。

敬王崩，貞王介立。貞王崩，元王赤立。

敬王崩，在魯哀公十九年。魯哀公二十七年，定王介崩，子元王赤立。宋衷注引《太史公書》：『元王仁生貞王介。』與《世本》不相應，不知誰是。

《古本竹書紀年・周紀》 自武王滅殷，以至［于］幽王，凡二百五十七年。

自武王至幽王二百五十七年。

《今本竹書紀年》卷下 武王滅殷，歲在庚寅。二十四年歲在甲寅，定鼎洛邑，至幽王二百五十七年，共二百八十一年。自武王元年己卯至幽王庚午，二百九十二年。

《史記》卷四《周本紀》 周后稷名棄。【略】封棄於邰，號曰后稷，別姓姬氏。后稷之興在陶唐、虞夏之際，皆有令德。后稷卒，子不窋立。不窋末年，夏后氏政衰，去稷不務，不窋以失其官而犇戎狄之間。不窋卒，子鞠立。鞠卒，子公劉立。【略】周道之興，自此始，故詩人歌樂，思其德。公劉卒，子慶節立，國於豳。慶節卒，子皇僕立。皇僕卒，子差弗立。差弗卒，子毀隃立。毀隃卒，子公非立。公非卒，子高圉立。高圉卒，子亞圉立。亞圉卒，子公叔祖類立。公叔祖類卒，子古公亶父立。【略】古公有長子曰太伯，次曰虞仲。太姜生少子季歷，季歷娶太任，皆賢婦人，生昌有聖瑞。

又　卷一三《三代世表》 周武王伐殷。從黄帝至武王十九世。成王誦。康王釗。刑錯四十餘年。昭王瑕。《索隱》：宋衷云：昭王南伐楚，辛由靡為右，涉漢中流而隕，由靡承王，遂卒不復。周乃侯其後于西翟也。南巡不返。不赴，諱之。穆王滿。作《甫刑》。荒服不至。恭王伊扈。懿王堅。周道衰，詩人作刺。孝王方，懿王弟。夷王燮，懿王子。厲王胡。以惡聞（遇）［過］亂，出奔，遂死于彘。共和，《索隱》：周、召二公共相王室，故曰共和。皇甫謐云：共伯和干王位。以共國伯爵，和其名也。干王位，言篡也。與史遷之説不同，蓋異説耳。二伯行政。

又 卷一四《十二諸侯年表》 共和元年。《索隱》：宣王少，周、召二公共相王室，故曰共和。宣王，厲王之子也。徐氏云：元年至敬王四十三年，凡三百六十五年。共和在春秋前一百一十九年也。厲王子居召公宮，是為宣王。王少，大臣共和行政。

十四年。宣王即位，共和罷。《索隱》：二相還政，宣王稱元年也。

幽王元年。

平王元年。東徙雒邑。

《漢書》卷二一下《律曆志下·世經》 周凡三十六王，八百六十七歲。

晉·皇甫謐《帝王世紀·周》 始武終赧，三十七王。《頌》曰：武成康昭，穆共懿孝，夷厲宣幽，攜平桓莊，僖惠襄頃，匡定簡靈，景悼敬元，貞哀思哲，威安烈顯順，赧王三十七，攜不經□□云三十八。

自剋殷至秦滅周之歲，凡三十七王，八百六十七年。武王一，成王二，康王三，昭王四，穆王五，恭王六，懿王七，孝王八，夷王九，厲王十，宣王十一，幽王十二，平王十三，桓王十四，莊王十五，釐王十六，惠王十七，襄王十八，頃王十九，匡王二十，定王二十一，簡王二十二，靈王二十三，景王二十四，悼王二十五，敬王二十六，貞定王二十七，元王二十八，哀王二十九，思王三十，考王三十一，威烈王三十二，元安王三十三，夷烈王三十四，顯聖王三十五，慎靚王三十六，赧王三十七。

晉·杜預《春秋釋例》卷八《世族譜·周》 周氏，黄帝之苗裔，姬姓，后稷之後也。后稷封於邰，及夏之衰，后稷之子不窋失其官守，竄于西戎，至太王為狄所逼，去邠至岐，文王受命，武王克殷而王有天下，幽王見弑，平王遷都王城，今河南縣是也。平王四十九年，魯隱公之元年也。敬王又遷成周，今洛陽是也。敬王三十九年，魯哀公十四年，獲麟之歲也。四十二年而敬王崩，敬王子元王八年，《春秋》之《傳》終矣。元王以下十有一世二百二十六年，而周亡。

后稷，棄。不窋。高圉，僕，不窋九世孫。亞圉，靈都。太王，亶父，亞圉孫。王季，歷。文王，昌。武王，發。成王，誦。康王，釗。昭王，瑕。穆王，滿。夷王，燮，穆王曾孫。厲王，胡。宣王，靖。幽王，宫湦。平王，宜臼，幽王之子也。桓王，林，平王之孫也。莊王，他，桓王之子也。僖王，胡齊，莊王之子也。惠王，閬，僖王之子也。襄王，鄭，惠王之子也。頃王，壬臣，襄王之子也。匡王，班，頃王之子也。定王，瑜，匡王之弟也。簡王，夷，定王之子也。靈王，泄心，簡王之子也。景王，遺，靈王之子也。悼王，猛，景王之子也。敬王，匄，悼王之母弟也。

唐·陸淳《春秋集傳纂例》卷一〇《國名譜·周》 平王。桓王。莊王。僖王。惠王。襄王。頃王。匡王。定王。簡王。靈王。景王。敬王。悼王。

宋·楊甲《六經圖》卷一〇《周世次》 武王得天下，十二世至平王東遷，平王至敬王十三世。不數洩父、悼王。平王末年當魯隱元年，故周八百六十七年，四百年在《春秋》前，二百四十二年在《春秋》中，二百二十五年在《春秋》後。

元·馬端臨《文獻通考》卷二五〇《帝系考一·帝號歷年·周》

武王，后稷十六世孫，文王之子。姓姬氏，名發。以商紂二十三年己巳嗣為西伯，至己卯勝殷殺受，即天子位。七年乙酉崩，壽九十三。成王，名誦，武王子。以丙戌嗣立，三十七年壬戌崩，歲四十四歲。康王，名釗，成王子。以癸亥嗣立，二十六年戊子崩。昭王，名瑕，康王子。以己丑嗣立，五十一年己卯崩。穆王，名滿，昭王子。以庚辰嗣立，五十五年甲戌崩。共王，名繄扈，穆王子。以乙亥嗣立，十二年丙戌崩。懿王，名囏，共王子。以丁亥嗣立，二十五年辛亥崩。孝王，名辟方，共王弟。以壬子嗣立，十五年丙寅崩。夷王，名燮，懿王子。以丁卯嗣立，十六年壬午崩。厲王，名胡，夷王子。以癸未嗣立，三十七年無道，為國人所逐，出奔彘。周、召二伯行政，謂之共和。十五年癸酉，崩於彘。宣王，名靜，厲王子。以甲戌嗣立，四十六年己未崩。幽王，名宫湦，宣王子。以庚申嗣立，無道，十一年庚午為犬戎所伐，敗死。平王，名宜臼，幽王子。以辛未嗣立，五十一年辛酉崩。桓王，名林，平王孫。以壬戌嗣立，二十三年甲申崩。莊王，名佗，桓王子。以乙酉嗣立，十五年己亥崩。釐王，名胡齊，莊王子。以庚子嗣立，五年甲辰崩。惠王，名閬，釐王子。以乙巳嗣立，二十五年己巳崩。襄王，名鄭，惠王子。以庚午嗣立，三十二年壬寅崩。頃王，名壬臣，襄王子。以癸卯嗣立，六年戊申崩。匡王，名班，頊王子。以己酉嗣立，六年甲寅崩。定王，名瑜，匡王弟。以乙卯嗣立，二十一年乙亥崩。簡王，名夷，定王子。以丙子嗣立，十四年己丑崩。靈王，名泄心，簡王子。以庚寅嗣立，二十七年丙辰崩。景王，名貴，靈王子。以丁巳嗣立，二十五年辛巳崩。子猛立，為悼王。王子朝殺猛代立，晉逐子朝，立敬王。敬王，名丐，景王子。以壬午嗣立，四十四年乙丑崩。元王，名仁，敬王子。以丙寅嗣立，六年辛未崩。貞定王，名介，元王子。以壬申嗣立，二十八年己亥崩。太子去疾立，為哀王。王叔襲殺之，代立為思王。思王以庚子嗣立，為其弟少隗所殺。考王，名少隗。以辛丑嗣立，十六年乙卯崩。威烈王，名午，考王子。以丙辰嗣立，二十四年己卯崩。安王，名驕，威烈王子。以庚辰嗣立，二十六年乙巳崩。烈王，名喜，安王子。以丙午嗣立，七年壬子崩。顯王，名扁，烈王弟。以癸丑嗣立，四十八年庚子崩。慎靚王，名定，顯王子。以辛丑嗣立，六年丙午崩。赧王，名延，慎靚王子。以丁未嗣立，五十九年乙巳為秦所攻，王奔秦，盡獻其邑三十六，秦受之。是歲王崩，周亡。

右周三十七世，共八百六十七年。首己卯，盡乙巳，內共和行政十五年。自周亡至秦始皇滅六國，稱皇帝以前，首丙午，盡己卯，共三十四年。

元·吴澄《春秋纂言總例》卷二《人紀·王》 周。姬姓。其先帝嚳之胤，名棄，在唐虞時為稷官，封於邰。子不窋失官，竄戎狄。其孫公劉，國於邠。太王亶父，去邠居岐。周文王昌自岐周徙豐。武王發伐商有天下，都鎬。傳成王誦、康王釗、昭王瑕、穆王滿、共王伊扈、懿王囏、孝王辟方、夷王燮、厲王胡、宣王靖、幽王宮湦十二世。至平王宜臼，幽王太子也。幽王嬖褒姒，欲立其子伯服，廢申后及太子。太子奔申，申侯與犬戎弑幽王，太子嗣立，遷洛，都王城。四十九年為魯隱公元年，《春秋》之始。在位五十一年，隱三年崩。太子泄父早卒，孫桓王林繼，元年為魯隱公四年，在位二十三年。桓十五年崩，子莊王佗嗣，元年為魯桓公十六年，在位十五年，莊十二年崩，《經》不書。子僖王胡齊嗣，元年為魯莊公十三年，在位五年，莊十七年崩，《經》不書。子惠王閬嗣，元年為魯莊公十八年，在位二十六年，僖八年崩。子襄王鄭嗣，元年為魯僖公九年，在位三十三年，文八年崩。子頃王王臣嗣，元年為魯文公九年，在位六年，文十四年崩，《經》不書。子匡王班嗣，元年為魯文公十五年，在位六年，宣二年崩。弟定王瑜立，元年為魯宣公三年，在位二十一年，成五年崩。子簡王夷嗣，元年為魯成公六年，在位十四年，襄元年崩。子靈王泄心嗣，元年為魯襄公二年，在位二十七年，襄二十八年崩。子景王貴嗣，元年為魯襄公二十九年，在位二十五年，昭二十二年崩。景王太子壽早卒，立王子猛，未踰年卒，猛之弟敬王丐立，元年為魯昭公二十三年，四年徙都洛之成周，三十九年為魯哀公十四年，《春秋》之終，在位四十四年，哀十九年崩。其後又有元王仁七年，貞王介二十八年，考王嵬十五年，威烈王午二十四年，安王驕二十六年，烈王喜七年，顯王扁四十八年，慎靚王定六年，赧王延自成周遷王城，五十九年周亡。

周有天下八百餘年，約計四百年在《春秋》前，二百四十二年在《春秋》中，二百二十五年在《春秋》後。

元·俞皐《春秋集傳釋義大成》卷首《春秋世次圖說·周世次》 周本黃帝之裔，姬姓。后稷教民稼穡，有功始封。自后稷至文王十五世，始稱西伯。武王末年，始伐商有天下。武王至平王十三世，而東遷。平王四十九年，魯隱公元年也。《春秋》始於此。又自敬王至赧王十世，為秦所滅。自武王至赧王三十六世，通八百六十七年。四百年在《春秋》之前，二百四十二年在《春秋》之中，二百二十五年在《春秋》之後。

元·許謙《讀書叢說》卷一《書紀年》 周武王，七年。即諸侯位十三年而伐紂，共十九年。《泰誓》、十三年一月；《泰誓中》、《泰誓下》、《牧誓》、二月；《康誥》、蔡氏謂此武王封康叔之書，與《酒誥》、《梓材》皆武王書也。金先生按《逸周書》二月甲申俘衛君，而以衛封康叔，同監殷；《酒誥》、《梓材》、金先生附《成王紀》為作洛事；《武成》、四月；《洪範》、《旅獒》、十四年；《金縢》。成王，三十七年。《君奭》、元年；《大誥》、三年；《費誓》、《微子之命》、《立政》、四年；《多方》、五年；《周官》、六年；《召誥》、七年；《多士》、《洛誥》、《蔡仲之命》、八年；《無逸》、十一年；《君陳》、《顧命》。三十七年。康王，二十六年。《康王之誥》、初即位；《畢命》。十二年。昭王，五十一年。穆王，五十五年。《君牙》、三年；《冏命》、《呂刑》。五十年。共王，十二年。懿王，二十五年。孝王，十五年。夷王，十六年。厲王，五十一年。宣王，四十六年。幽王，十一年。

平王，五十一年。《文侯之命》。元年。桓王，二十三年。莊王，十五年。僖王，五年。惠王，二十五年。襄王，三十三年。《秦誓》。二十八年。

右周歷十八君，自武王滅商之年至襄王二十八年，共四百九十九年，《書》二十八篇。

元·釋念常《佛祖歷代通載》卷二《周》 雷氏曰：下迨有周，文武成康，昭穆共懿，孝夷厲宣幽攜王。平桓莊僖惠襄頃，匡定簡靈景悼敬，元貞哀考威烈安。烈顯慎靚，至赧歸秦。王三十七，八百六十七。

元·朱公遷《詩經疏義會通》卷首《諸國世次圖·周》 后稷。不窋。鞠。陶豳公劉。慶節。皇僕。著弗。毀隃。公非。高圉。亞圉。公叔祖類。岐周太王。王季。文王。武王。成王。康王。昭王。穆王。共王。懿王。孝王。懿弟；夷王。懿子；厲王。宣王。幽王。平王。桓王。平孫；莊王。釐王。惠王。襄王。頃王。匡王。定王。匡弟；簡王。靈王。景王。悼王。敬王。元王。貞定王。哀王。思王。哀弟；考王。哀弟；威烈王。安王。烈王。顯王。慎靚王。赧王。

清·馬驌《左傳事緯前集》卷七《春秋名氏譜·王周姬姓》 諸王：平王。葬不見經。桓王。莊王。僖王。莊僖崩，葬不見經。惠王。葬不見經。襄王。亦曰王世子、王大子鄭。頃王。崩葬不見經。匡王。定王。葬不見經。簡王。靈王。葬不見經。景王。王猛。亦曰王子猛、悼王。敬王。亦曰王子匄、東王。

清·嚴虞惇《讀詩質疑》卷首一《列國世譜·周》 周之先后稷，名棄。母曰姜嫄，為高辛氏世妃，履大人跡而生棄。舜舉為農師，號曰后稷，封於邰，別姓姬氏。卒，子不窋立。不窋失官，奔戎狄之間。卒，子鞠立。卒，子公劉立。公劉修后稷之業，遷於豳。卒，子慶節立。卒，子皇僕立。卒，子差弗立。卒，子毀隃立。卒，子公非立。卒，子高圉立。卒，子亞圉立。卒，子公叔祖類立。卒，子古公亶父立。古公修后稷、公劉之業，避狄難，自豳遷於岐。古公三子：泰伯、虞仲、季歷。季歷生子昌，有聖瑞，泰伯逃荆蠻，以讓季歷。古公卒，季歷立。卒，子昌立，是為文王，徙都豐。崩，子武王發立，克商有天下，都於鎬。崩，子成王誦立。周公相成王，制禮樂而雅頌興。成王崩，子康王釗立。成、康之際，天下安寧，刑錯四十餘年不用。崩，子昭王瑕立。崩，子穆王滿立。崩，子共王繄扈立。崩，子懿王囏立。周道衰，詩人作刺。崩，共王弟孝王辟方立。崩，懿王子夷王燮立。崩，子厲王胡立。周室大壞，王流於彘。召公、周公行政，號曰共和。立厲王子靖，是為宣王。南征北伐諸侯，復宗周。崩，子幽王宫涅立。嬖褒姒，廢申后及太子宜臼。申侯與犬戎攻周，弑幽王而立宜臼，是為平王。東遷雒邑，王室微，諸侯強，齊、晉、秦、楚始大，詩不能復雅，降為風，四十九年入春秋。崩，孫桓王林立。崩，子莊王佗立。崩，子釐王胡齊立。崩，子惠王閬立。崩，子襄王鄭立。崩，子頃王壬臣立。崩，子匡王班立。崩，弟定王瑜立。陳夏徵舒弑其君，楚入陳，夫子録國風止。此後四世至敬王，春秋終。又六世至威烈王，韓、趙、魏為諸侯。又五世至赧王，秦莊襄王滅之。

清·鍾淵映《歷代建元考》卷二《前編·周姬氏》 武王發，后稷十六世孫，文王昌之子。以商紂二十一祀丁卯嗣西伯位，己卯滅紂，即天子位。以火德王。都鎬。改殷建丑正，以十一月為歲首，『祀』曰『年』。七年乙酉崩。《戴記·世子篇》武王九十三歲而終，《竹書紀年》曰武王五十四。成王誦，武王子。以丙戌嗣立，三十七年壬戌崩。康王釗，成王子。以癸亥嗣立，二十六年戊子崩。昭王瑕，康王子。以己丑嗣立，五十一年己卯崩于漢水。穆王滿，昭王子。以庚辰嗣立，五十五年甲戌崩。共王繄扈，穆王子。以乙亥嗣立，十二年丙戌崩。懿王囏，共王子。以丁亥嗣立，二十五年辛亥崩。孝王辟方，共王弟。以壬子嗣立，十五年丙寅崩。夷王燮，懿王子。以丁卯嗣立，十六年壬午崩。厲王胡，夷王子。以癸未嗣立，三十七年無道，為國人所逐，出奔彘。周、召二伯行政，謂之共和。十五年癸酉，崩于彘。按《史記》周、召二伯行政，謂之共和；而《竹書紀年》以為共伯和攝行天子事，宣王立，和歸國。有至德，尊之不喜，廢之不怒，逍遥得志于共山之首。由前言之，若後世改元者；然由後言之，則一人也。然考周以甸侯執政者，周、召而外，惟尹氏、毛氏諸族。若共國，則《水經注》以為即河内共縣。國遠而微，必無綜攝大權之理。前説近之。宣王静，厲王子。以甲戌嗣立，四十六年己未崩。幽王宫涅，宣王子。以庚申嗣立，無道，十一年庚午為犬戎所弑。平王宜臼，幽王子。以辛未嗣立，遷都于洛，是為東周，五十一年辛酉崩。桓王林，平王孫。以壬戌嗣立，二十三年甲申崩。莊王佗，桓王子。以乙酉嗣立，十五年己亥崩。僖王胡齊，莊王子。以庚子嗣立，五年甲辰崩。

惠王閬，僖王子。以乙巳嗣立，二十五年己巳崩。襄王鄭，惠王子。以庚午嗣立，三十二年壬寅崩。頃王壬臣，襄王子。以癸卯嗣立，六年戊申崩。匡王班，頃王子。以己酉嗣立，六年甲寅崩。定王瑜，匡王弟。以乙卯嗣立，二十一年乙亥崩。簡王夷，定王子。以丙子嗣立，十四年己丑崩。靈王泄心，簡王子。以庚寅嗣立，二十七年丙辰崩。景王貴，靈王子。以丁巳嗣立，二十五年辛巳崩。悼王猛立，為王子朝所弒，晉逐子朝，立敬王。敬王丐，景王子。以壬午嗣立，四十四年乙丑崩。元王臣，敬王子。以丙寅嗣立，七年壬申崩。貞定王介，元王子。以癸酉嗣立，二十七年庚子崩。太子哀王去疾立，弟叔弒而代之，是為思王，尋為其弟少隗所弒。考王少隗，以辛丑嗣立，十五年乙卯崩。威烈王午，考王子。以丙辰嗣立，二十四年己卯崩。安王驕，威烈王子。以庚辰嗣立，二十六年乙巳崩。烈王喜，安王子。以丙午嗣立，七年壬子崩。顯王扁，烈王弟。以癸丑嗣立，四十八年庚子崩。慎靚王定，顯王子。以辛丑嗣立，六年丙午崩。赧王延，慎靚王子。以丁未嗣立，五十九年乙巳為秦所攻，盡獻其邑三十六于秦，是歲王崩。東周君，貞定王子河南桓公揭之後，東周惠公班之子。赧王崩後七年壬子，為秦所滅，周遂不祀。

右周三十七世，八百六十七年，東周君七年。

清·王掞等《春秋傳説彙纂》卷首下《王朝世表》 平王宜臼，幽王子，在位五十一年。桓王林，平王孫，在位二十三年。莊王他，桓王子，在位十五年。僖王胡齊，莊王子，在位五年。惠王閬，僖王子，在位二十五年。襄王鄭，惠王子，在位三十三年。頃王壬臣，襄王子，在位六年。匡王班，頃王子，在位六年。定王瑜，匡王弟，在位二十一年。簡王夷，定王子，在位十四年。靈王泄心，簡王子，在位二十七年。景王貴，靈王子，在位二十五年。王子猛，景王子，四月立，十月卒。敬王匄，子猛弟，在位四十四年。元王仁，敬王子，在位七年。

清·姚彥渠《春秋會要》卷一《世系·周》 周。姬姓。平王自西周徙洛邑，即成王定鼎之郟鄏，至敬王遷成周，即成王所營之下都。

平王，名宜臼，幽王子。四十九年爲魯隱公元年，在位五十一年。崩，謚曰「平」。布綱治紀曰平。

桓王，名林，平王孫，太子洩父子。元年爲魯隱公四年，在位二十三年。崩，謚曰「桓」。克敬勤民曰桓。

莊王，名佗，桓王子。元年爲魯桓公十六年，在位十五年，崩，謚曰「莊」。叡圉克服曰莊。

釐王，名胡齊，莊王子。元年爲魯莊公十三年，在位五年。崩，謚曰「釐」。小心畏忌曰釐。

惠王，名閬，釐王子。元年爲魯莊公十八年。二年，子頹作亂，衛師、燕師伐周，立子頹。三年，鄭伯以王歸，處於櫟。四年，鄭、虢納王，殺子頹。在位二十五年，崩，謚曰「惠」。愛人好與曰惠。

襄王，名鄭，惠王子。元年爲魯僖公九年。十六年，叔帶作亂，以狄師伐周。王出適鄭，鄭居王于氾。叔帶立。十七年，晉侯納王，誅叔帶。在位三十三年，崩，謚曰「襄」。因事有功曰襄。

頃王，名壬臣，襄王子。元年爲魯文公九年，在位六年。崩，謚曰「頃」。敏以敬順曰頃。

匡王，名班，頃王子。元年爲魯文公十五年，在位六年。崩，謚曰「匡」。貞心大度曰匡。

定王，名瑜，頃王子，匡王弟。元年爲魯宣公三年，在位二十一年。崩，謚曰「定」。大慮靜民曰定。

簡王，名夷，定王子。元年爲魯成公六年，在位十四年。崩，謚曰「簡」。平易不疵曰簡。

靈王，名泄心，簡王子。元年爲魯襄公二年，在位二十七年。崩，謚曰「靈」。亂而不損曰靈。

景王，名貴，靈王子。元年爲魯襄公二十九年，在位二十七年。崩，謚曰「景」。布義行剛曰景。

敬王，名匄，景王子。元年爲魯昭公二十三年。景王崩，國人立長子猛。子朝作亂，攻殺猛。王即位，居于翟泉；子朝自立于王城。四年，晉師納王；子朝奔楚。在位四十四年。崩，謚曰「敬」。夙夜恭事曰敬。

論說

《殷周金文集成釋文》卷六《史牆盤》 曰古文王，初盭龢于政，上帝降懿德大甹，俌有上下，迨受萬邦。顜圉武王，遹征四方，達殷畯民，永丕巩狄虘，懲伐夷童。憲聖成王，左右綬會剛鯀，用肇徹周邦。淵哲康王，遂尹億彊。弘魯昭王，廣能楚荆，惟寏南行。祗䫉穆王，型帥宇誨。申寧天子，天子圝纘文武長烈，天子眉無介，𢽴祁上下，亟獄趄慕，昊炤亡昊，上帝司稷尤保，受天子綰令、厚福、豐年，方蠻亡不䙷見。

《左傳·昭公二十六年》 十二月癸未，王入于莊宮。王子朝使告于諸侯曰：昔武王克殷，成王靖四方，康王息民，並建母弟，以蕃屏周。亦曰『吾無專享文、武之功，且為後人之迷敗傾覆而溺入于難，則振救之。』至于夷王，王愆于厥身，諸侯莫不並走其望，以祈王身。至于厲王，王心戾虐，萬民弗忍，居王于彘。諸侯釋位，以間王政，宣王有志，而後效官。至于幽王，天不弔周，王昏不若，用愆厥位。攜王奸命，諸侯替之，而建王嗣，用遷郟鄏。則是兄弟之能用力於王室也。至于惠王，天不靖周，生頹禍心，施于叔帶。惠、襄辟難，越去王都。則有晉鄭，咸黜不端，以綏定王家。則是兄弟之能率先王之命也。在定王六年，秦人降妖，曰『周其有頿王，亦克能修其職，諸侯服享，二世共職。王室其有間王位，諸侯不圖而受其亂災。』至于靈王，生而有頿。王甚神聖，無惡於諸侯。靈王、景王，克終其世。今王室亂，單旗、劉狄剝亂天下，壹行不若，謂『先王何常之有，唯余心所命。其誰敢討之？』帥羣不弔之人，以行亂于王室。侵欲無厭，規求無度，貫瀆鬼神，慢棄刑法，倍奸齊盟，傲狠威儀，矯誣先王。晉為不道，是攝是贊，思肆其罔極。茲不穀震盪播越，竄在荆蠻，未有攸厎。若我一二兄弟甥舅奬順天法，無助狡猾，以從先王之命，毋速天罰，赦圖不穀，則所願也。

《國語》卷三《周語下》 大子晉諫曰：三國吳韋昭注：晉，靈王大子也。蚤卒不立。『自后稷以來寧亂，及文、武、成、康而僅克安民。自后稷之始基靖民，十五王而文始平之，十八王而康克安之。其難也如是。厲始革典，十四王矣。注：革，更也。典，法也。厲王無道，變更周法，至今已十四王也。謂厲、宣、幽、平、桓、莊、僖、惠、襄、頃、匡、定、簡、靈。基德十五而始平，基禍十五，其不濟乎？』注：至景王十五世。及景王，注：景王，周靈王之子，太子晉之弟也。多寵人，亂於是乎始生。景王崩，王室大亂。及定王，王室遂卑。

《史記》卷一三〇《太史公自序》 維弃作稷，德盛西伯；武王牧野，實撫天下；幽、厲昏亂，既喪酆、鎬；陵遲至赧，洛邑不祀。作《周本紀》第四。

宋·胡安國《胡氏春秋傳》卷首《春秋諸國興廢説·周》 黃帝之苗裔，姬姓，后稷之後也。后稷封於邰，及夏之衰，后稷之子不窋失其官，竄於西戎，至太王為狄所逼，去邠居岐。文王受命，武王克商而王有天下。幽王為犬戎所殺，平王遷都王城，今河南縣是也。平王四十九年，魯隱公之元年也。敬王又遷成周，今洛陽是也。敬王三十九年，獲麟之歲也。四十四年，敬王崩。

宋·羅泌《路史》卷三五《發揮四·周世考》 禹為夏契之後為商，而稷之後為周。夏十七世，商三十世，蓋四十有七世而後有周文王。禹及稷、契，皆當唐堯之時。稽之史載，契十四世而至成湯，厥次僅是，然是叙棄后稷十有五世而至文王，中間乃閱夏商二代所較者三十餘世，疏脫甚矣。夫由堯帝至周文王千一百有餘載，而其世云十五，豈人情也哉？

嘗竊考之信書：不窋實非后稷之子，而公劉乃商世之諸侯，蓋當周家十葉之間。故《左氏》云：『文、武不先不窋』，而《外傳》乃謂夏氏之衰，不窋始失官守。婁敬亦言：周自后稷封邰，積德累仁十有餘世，而公劉避桀，是公劉之去后稷已十餘世，還當君桀之時。蓋所謂夏之衰者，尤不當出乎履癸之前。然而説者無謂太康之世，曷不諦之如是邪？爰復詳之，夏氏之書記帝王之世云：帝俊生稷，稷生台璽，台璽生叔均，叔均為田祖。夫帝俊者，帝嚳之名，而台，邰也，后稷封台，故其後有台璽，有叔均。既有台璽、叔均，則知稷之後世多矣，不窋不得為稷子明矣。第恨其間世次，久遠有不得盡見者。雖然，單穆公言后稷勤周十五世而興，是則《世本》、《史記》所為信者夫？亦知夫所謂興者，有非文王而不正為公劉也邪？即稽《世本》，不窋而下至于季歷，猶一十有七世矣。一十五世而得遽而盡之哉？甚矣，系牒之難理也。

宋·洪邁《容齋隨筆》卷一《史記世次》 《史記》所紀帝王世次，最為不可考信。且以稷、契論之：二人皆帝嚳子，同仕於唐、虞。契之後為商，自契至成湯，凡十三世，歷五百餘年。稷之後為周，自稷至武王，凡十五世，歷千一百餘年。王季蓋與湯為兄弟，而世之相去六百年，既已可疑，則周之先十五世，須每世皆在位七八十年，又皆暮年所生嗣君，乃合此數，則其所享壽，皆當過百年乃可。其為漫誕不稽，無足疑者。《國語》所載太子晉之言曰：自后稷之始基靖民，十五王而文始平之。皆不然也。

宋·程公説《春秋分記》卷四六《周天王第二》 右周天王始終《春秋》凡十有三王，書「崩」者凡七，不書崩者三，悼王子猛未踰年書「卒」。敬王後，《春秋經》終。敬王子元王八年崩，哀之二十六年也。元王子貞定王元年，《左傳》終矣。元王以下十一世，而周亡。

論曰：王者之迹熄而《詩》亡，《詩》亡然後《春秋》作。《邶》、《鄘》而下，多春秋時詩也，而謂《詩》亡然後《春秋》作，何也？自《黍離》降為國風，天下無復《雅》，而王者之詩亡矣。《春秋》作於隱公，昉乎《雅》亡之後。《詩》之所終，《春秋》之所以始也。隱之所始，平王之所以終也。按《小雅·正月》，刺幽王詩也，而曰「赫赫宗周，褒姒滅之」。逮魯孝公末，幽王為犬戎所斃。惠公初年，周既東矣。《春秋》不作於孝公、惠公者，東遷之始，流風遺俗猶有存者。鄭武公入為司徒，善於其職，則猶用賢也。晉侯扞王于艱，錫之秬鬯，則猶有誥命也。王曰「其歸，視爾師」，則諸侯猶來朝也。義和薨，謚為文侯，則列國猶有請也。及平王在位日久，不能自立，棄其九族，《葛藟》有「終遠兄弟」之刺；不撫其民，周人有「東薪流楚」之譏。逮夫末年，失道滋甚。以天王之尊，下賵諸侯之妾，於是三綱淪，九經斁，人望絶矣。祭伯非王命而私交武氏子，非王命而求賻，以至鄭莊為卿士，用舍不出於公，而以虛言欺之；至其怨王奪政，則有交質之舉，若敵國然。王綱解紐，委靡不振，皆自平王失之。《春秋》於此，蓋有不得已焉。託始於隱，其傷周室凌遲，雖有繼世之王，亦不能以復興矣。孔子嘗曰：「如有用我者，其為東周乎！」此《春秋》撥亂世，反諸正，尊一王之法也。抑嘗求之，隱、桓之間，政自諸侯出，而猶未恣横；小國未有被執遺滅，而邦國尚知有王室焉。及莊、僖而下，霸政代興，盟會征伐皆霸者司之，甚則執其君，墟其社稷，於王政乎何有？又降而政在大夫，則夷狄盛，陪臣彊，變日極矣。故備論之，以證東周一代所以升降，而明作《春秋》宗指。若其行事，則具著于篇。

宋·李琪《春秋王霸列國世紀編》卷一《王世紀》 周自武王克商建國，傳世十二。平王東遷，為東周始王。平王四十九年，當隱元年。敬王三十九年，當哀十四年。由平迄敬，凡十有四世，悼王未即位遇弑，止十三世正統。二百四十二年，為《春秋》始末。按周八百六十有七年，前乎《春秋》者四百年，後乎《春秋》者二百一十五年。周政終乎《春秋》，《春秋》已降，末造矣。周之不亡者猶二百餘年，豈非《春秋》既作，人紀復存之驗？

序王世紀曰：乾上坤下而天道立，君尊臣卑而人極建。此義行乎古今之正，彝倫之所以叙，世教之所以不泯，百王法度之所以相承者也。【略】自平迄敬，十有三王。王室之事，録乎經者九十有二。《春秋》克己自治之道，揣本而不齊其末，正始不治其終者也。書「天王」，書「天子」，書「王者」，欲其修身有本，奉天有道，法文王之達于天德。宣王之敕懼天命而無害德，傷治之階矣。書「王后」，書「王世子」，書「王子」者，欲其齊家有度，傳統有正，思《關雎》之正始，下武之繼文，而無並后匹嫡之萌矣。書「京師」，書「王室」者，欲其朝廷必治，國體必立，念豐岐之所由興，鎬京之所以盛，而無下堂厭尊之失矣。書「居」書「入」者，欲天下為家，述《時邁》之訓，復東都之會，而無以臣召君，以君避臣之事矣。書「來錫命」，書「來歸賵、歸含、歸脤」者，欲其謹命令，嚴典制，紹《彤弓》之錫功，《韓奕》之賚德，而無屈命僭侯，溢寵媵妾之悖矣。書「來聘」，書「來求金」，欲其惟禮之守，惟正之供，修《大宰》貢賦之式，《宗伯》聘問之節，而無辱典征利之瀆矣。書「朝王」，書「如京師」者，欲其奔走列國，由明堂之位，舉酆宮之政，而無强侯大邦慢上之患矣。書王臣之主盟、主會、主伐者，欲其禮樂征伐悉歸於上，如召伯之率職，吉甫之治戎，而無侯伯陪臣掠權之變矣。皆因其不正，以反之正，而致意於本原者也。如此，則東周改物，而五伯之績可絀矣。

宋·黄震《黄氏日抄》卷四六《讀史一·史記·周紀》 公劉遷豳，據《紀》謂其子慶節之事。載武王伐紂事，其跡頗膠，視所謂湯既勝夏，諸侯必服乃踐天子位，難易輕重不侔矣。祭公謀父諫穆王征犬戎，書甚悉。芮良夫諫厲王好利，召穆公諫監謗，皆盡言無隱。三代之直，猶有存者歟？宣王為太子時，流彘之難，穆公匿之家，以子代其死，忠勞難于丙吉之護宣帝矣。幽王溺褒氏，周之存亡遂決。東遷以後，無復足云。

元·齊履謙《春秋諸國統紀目録·周王春秋統紀第二》 《詩》降《黍離》於國風，示天下不復有《雅》。《春秋》夷周室於侯邦，傷王道莫之能亢也。當是時，周史固在也。十三王之世次，先後可考也。然而《春秋》不以周統書元，而但以周正首事，其意可知也。書歸物者三，書來求者三，書錫命者三，書出師者三。書天王出居于鄭，繼書天王居于狄泉，入于成周。書王扎子殺召伯、毛伯，書天王殺其弟佞夫，繼書王室亂，王子猛卒。德日朘，力日蹙，變日極矣。孔子曰：『如有用我者，吾其為東周乎！』蓋傷周室陵遲，雖有繼世之王，亦不能以復興矣。此制作之本旨也，豈但禮樂征伐不自己而出哉？故敘《周王春秋統紀》第二。

明·季本《詩説解頤正釋》卷二〇《公劉》 按公劉，商時之諸侯也。觀『徹田為糧』一語，則徹即商之助法也。其先世后稷封邰，至不窋當夏之衰，而竄居戎、翟之間，在今慶陽府，即北翟界上。北翟者，獯鬻也，但以其西南近西戎，故併言戎、翟耳。其實不窋非居西戎也。當時必王政不綱，諸侯强暴，而微弱不能自存，故竄依於此耳。豈其所得已哉？然能謹於事大，無失禮焉，則蠻貊可行，故其後世至公劉之初，猶足以致富庶。謂北翟將張，非可安民之所，乃始圖遷，必已當商之盛世。而《漢書》謂公劉避桀居豳者，誤矣。九傳而至大王，則又當商道之衰，玁狁遂横，每侵及之，而大王事之不得免，於是盡棄其地以與之，而自豳遷岐焉。蓋公劉之遷豳，當商之盛也；大王之遷岐，當商之衰也。其事固不同矣。而其立國規模，則皆以安民為本，而安民以疆理為先，無非后稷相傳之家法也。然《史記》言不窋者，后稷之子，其代稷為侯，必在啓之盛世，何為不能保稷之子而使竄居戎翟，歷數傳而不得復邪？竊意不窋必稷之世裔，非其子也。舊説亦有以其為當夏之衰而竄者，但啓之世不可以為衰，既竄久而不復，必在其後世矣。故《史記》所序之世次，不足信也。不然，則自后稷至於武王僅十六世，而歷夏十六君，歷商三十君，共四十六君。何其世次不相當之甚哉！

明·楊慎《丹鉛餘録》卷一一 《史記》、《世本》、《國語》載后稷至文王凡十五世。愚按后稷始封至文王即位，凡一千九十餘年，而止十五世，可疑也。或曰：上古人多壽考。然而父子相繼，三十年為一世，常理也。以十五世而衍為一千九十餘年，即使人皆百歲，亦必六十而娶，八十始生子，而後可叶其數。豈有此理邪？稷與契同封。契至成湯四百二十餘年，凡十有四世；而稷至文王，年倍而世半之。何稷之子皆長年而契之子孫皆短世乎？此又可證也。夫以周家帝王之世，國史載之猶難明若此，近世家譜可盡信乎？

明·陳士元《名疑》卷二 周先世后稷生釐璽，釐璽生叔均，後裔有不窋者失其官守，《史記》、《世本》、《世紀》俱以不窋為后稷子。《國語》亦云：不窋事虞夏。惟《路史》以為夏末時人。不窋子鞠，有文在手曰『鞠』，因以為名，一云鞠陶。鞠子公劉，公劉子慶節國於豳，一作『邠』。慶節子皇僕，皇僕子差弗一作『弗差』。差弗子毀隃一作『偽隃』，一作『毀榆』。毀隃子公非，《世本》云：『公非辟方』。公非子高圉，《世本》云：『高圉侯牟』。侯牟一作『侯侔』，一作『夷岐』，一作『夷竢』。高圉子亞圉，《系本》云：『亞圉雲都』。皇甫謐云：公非字辟方，高圉字候侔，亞圉字雲都。然《人表》又以雲都為亞圉弟，則辟方、侯牟，亦二人名也。《史記》云：亞圉子公叔祖類，公叔祖類子古公亶父。《路史》云：亞圉弟雲都子叔祖紺，是為祖類。祖類子諸盩，是為太公。太公子亶父，是為古公太王。《世表》云：太公即祖紺，諸盩即叔類。皇甫謐云：公祖一名祖紺，諸盩字叔類，號太公。諸説不同，莫可綜核。

《史記·周本紀》成王誦，一作『庸』。共王翳扈，《世本》作『伊扈』。懿王囏，《世本》作『堅』。幽王宮涅一作『生』。惠王閬，世本作『母涼』。敬王子元王仁，《世本》作『貞王介』。元王子定王介，《世本》作『元王赤』。皇甫謐云：元王崩，三子爭立，立應為貞王。《索隱》云：元王有兩名，一名仁，一名赤。如《史記》則元王為定王父，定王即貞王也；依《世本》則元王為貞王子，必有一誤。『定』當作『貞』。簡王之前已有定王，周家豈有兩定王乎？皇甫謐疑而不決，遂彌縫《史記》之誤，稱為貞定王，亦未為得也。考王，《帝王世紀》作『考哲王』，

《皇覽》作『考悊王』，『悊』與『哲』同。赧王延，《尚書中候》作『然王延』，皇甫謐作『赧王誕』。

清・朱鶴齡《尚書埤傳》卷九《武成》 《周本紀》：后稷生不窋，不窋生鞠，鞠生公劉。是公劉為后稷之曾孫也。《詩疏》按鄭《譜》，以公劉當太康之時。韋昭注《國語》，以不窋當太康之時。太康，禹之孫；公劉，不窋之孫。計不窋宜當太康，公劉應在其後。不窋以太康時失稷官，至公劉而竄豳。其遷豳時，不必當太康也。又《外傳》稱后稷十五世而興，《周本紀》因以稷至文王為十五世。計虞及夏殷周，幾千二百歲。每世在位，皆八十許年，子必將老始生。以理推之，實難據信。太康之世比至少康之立，幾將百年。蓋太康始衰之時，不窋失官；少康未立之前，公劉見逐也。

清・汪越《讀史記十表》卷一《讀三代世表補》 《夏商表》至桀、紂訖，《周表》不訖赧王，訖于共和者，太史公云：周自厲王始亂，共和行政，此後以彊乘弱，興師不請天子。則是時天下大勢在諸侯，不在王室。宣王中興之業，雖見于《詩・車攻》、《吉日》諸章，據《小序》，《祈父》、《白駒》、《黄鳥》、《行野》諸篇，則皆為刺宣王之詩。而《國語》所戴不藉千畝，敗績姜戎，建少奪長，諸侯不睦，料民太原，卒及幽王乃廢滅，則時事亦可知矣。年表雖冠周于上，實以諸侯為主，故不復曰《周世表》，但曰《十二諸侯年表》、《六國年表》而已。

清・李鍇《尚史》卷一〇七《附序傳》 三王基命，武建皇極。宣德克纘，棄禮為戾。承乘淫昏，内訌外椓。亡堅不崩，失我西邑。作《周本紀》第五。

周德凌徲，東遷守器。帶、朝儆亂，惠、襄震厲。朽索馭馬，宜顛厥乘。王赧弁髦，卒斬姬祀。作《周本紀》第六。

又 卷二八《周諸王子傳・靈景諸子》 論曰：欲知來事，視已然事。桓王寵克而莊王寵頹，惠王寵帶，景王寵朝。創未愈又養癰焉，痛之迫身，不且甚于已事乎！曠林兄弟日尋干戈，悼、敬之頃曠紀五年。周祚之危，不啻朽索係隊石矣。或謂東周無大失道，緣遷國以凌夷。豈其然哉？

魯世系分部

綜　述

《世本・諸侯世本・魯》 伯禽生煬公熙、考公就。熙生微公弗、幽公圉。弗生獻公具、厲公翟。具生武公敖、慎公摯。孝公生惠公弗皇。弗皇生隱公。隱公名息姑。桓公名軌。湣公名啓方。昭公名稠。哀公蔣生悼公寧。寧生元公嘉。嘉生穆公不衍。平公名旅。湣公。

《漢書》卷二一下《律曆志下・世經》 《春秋》、《殷曆》皆以殷。魯自周昭王以下亡年數，故據周公、伯禽以下爲紀。魯公伯禽，推即位四十六年，至康王十六年而薨。故《傳》曰『燮父、禽父並事康王』，言晉侯燮、魯公伯禽俱事康王也。子考公就立，酉。唐顔師古注：又記此『酉』者，諸説不同，而名字或異也。下皆放此。考公，《世家》即位四年，及煬公熙立。注：及者，兄弟相及，非子繼父也。下皆類此。煬公二十四年正月丙申朔旦冬至，《殷曆》以爲丁酉，距微公七十六歲。《世家》，煬公即位六十年，子幽公宰立。幽公，《世家》即位十四年，及微公茀立，濆。微公二十六年正月乙亥朔旦冬至，《殷曆》以爲丙子，距獻公七十六歲。《世家》，微公即位五十年，子厲公翟立，擢。厲公，《世家》即位三十七年，及獻公具立。獻公十五年正月甲寅朔旦冬至，《殷曆》以爲乙卯，距懿公七十六歲。《世家》，獻公即位五十年，子慎公執立，嗅。慎公，《世家》即位三十年，及武公敖立。武公，《世家》即位二年，子懿公被立，戲。懿公九年正月癸巳朔旦冬至，《殷曆》以爲甲午，距惠公七十六歲。《世家》，懿公即位九年，兄子柏御立。柏御，《世家》即位十一年，叔父孝公稱立。孝公，《世家》即位二十七年，子惠公皇立。惠公三十八年正月壬申朔旦冬至，《殷曆》以爲癸酉，距釐公七十六歲。《世家》，惠公即位四十六年，子隱公息立。凡伯禽至《春秋》，三百八十六年。【略】

六國。《春秋》哀公後十三年遜于邾，子悼公曼立，寧。悼公，《世家》即位三十七年，子元公嘉立。元公四年正月戊申朔旦冬至，《殷曆》以爲己酉，距康公七十六歲。元公，《世家》即位二十一年，子穆公衍立，顯。穆公，《世家》即位三十三年，子恭公奮立。恭公，《世家》即位二十二年，子康公毛立。康公四年正月丁亥朔旦冬至，《殷曆》以爲戊子，距緡公七十六歲。康公，《世家》即位九年，子景公偃立。景公，《世家》即位二十九年，子平公旅立。平公，《世家》即位二十年，子緡公賈立。緡公二十二年正月丙寅朔旦冬至，《殷曆》以爲丁卯，距楚元七十六歲。緡公，《世家》即位二十三年，子頃公讎立。頃公，《表》十八年，秦昭王之五十一年也，秦始滅周。

晉·杜預《春秋釋例》卷八《世族譜·魯》　魯國姬姓，文王子周公旦之後也。周公股肱周室，成王封其子伯禽於曲阜，為魯侯，今魯國是也。自哀以下九世二百一十七年，而楚滅魯矣。

周公，旦。禽父，魯公伯禽。煬公，熙。獻公，具，煬公孫。武公，敖。孝公，稱。惠公，弗皇。隱公，息姑，即位十一年。桓公，太子軌，即位十八年。莊公，子同，即位三十二年。閔公，啓方，即位二年。僖公，申，即位三十三年。文公，興，即位十八年。成公，黑肱，即位十八年。襄公，午，即位三十一年。昭公，稠父，即位三十二年。定公，宋，即位十五年。哀公，蔣，即位二十七年。悼公，寧。自哀十四年獲麟已上二百四十二年。

唐·陸淳《春秋集傳纂例》卷二《魯十二公譜并世緒》　魯，周公之國也。周公，武王之弟也，始受封，身留輔王室，使子伯禽歸國，都於曲阜。伯禽卒，子考公酋立。考公卒，弟煬公熙立。煬公卒，子幽公宰立。幽公為弟潰所殺，潰立，是為魏公。魏公卒，子厲公擢立。厲公卒，弟獻公具立。獻公卒，子真公濞立。真公卒，弟武公敖立。武公卒，子懿公戲立。懿公為兄子伯御所殺，周宣王誅伯御，立懿公之弟稱，是為孝公。孝公二十五年，犬戎殺幽王。孝公卒，子惠公弗湼立。惠公三年，平王東遷。

隱公，惠公之子，名息姑。立十一年，為公子翬及桓公所殺。【略】

桓公，惠公子，隱公弟，名允。立十八年，為齊所殺。【略】

莊公，桓公子，名同，立三十二年，薨。【略】

閔公，莊公庶子，名開。莊公薨後，子般立，般，莊長子。公子慶父使圉人犖殺之，立閔公。閔公立二年，慶父又使卜齮殺之。【略】

僖公，亦莊公庶子，名申，閔公兄也。立三十三年，薨。【略】

文公，僖公子，名興。立十八年，薨。【略】

宣公，文公子，名捷。立十八年，薨。【略】

成公，宣公子，名黑肱。［立］十八年，薨。【略】

襄公，成公子，名午。立三十一年，薨。【略】

昭公，襄公子，名稠。立二十五年，書遜。三十二年，薨于乾侯。在外七年。【略】

定公，昭公弟，名宋。立十五年，薨。【略】

哀公，定公子，名蔣。立十四年，春，西狩獲麟。十六年四月，孔子卒。二十四年，公遜于邾，遂如越。【略】

哀公自越歸，卒於有山氏。子悼公寧立。悼公卒，子元公嘉立。元公卒，子穆公顯立。穆公卒，子共公奮立。共公卒，子康公屯立。康公卒，子景公偃立。景公卒，子平公叔立。平公卒，子文公賈立。文公卒，子頃公讎立。頃公二十四年，為楚所滅，遷于下邑為家人。魯起周公至頃公三十四世。

宋·楊甲《六經圖》卷一〇《魯世次》　姬姓，文王子公旦之後。伯禽封於曲阜，為魯侯。自伯禽至隱公十四世，自隱公至哀公十二世。哀公終二十七年，卒。

元·馬端臨《文獻通考》卷二六二《封建考三·春秋列國傳授本末事蹟·魯》　周公，武王弟，佐武王伐紂，有天下，相成王，封魯曲阜。子魯公伯禽傳：考公、煬公、幽公、魏公、厲公、獻公、真公、武公、懿公、伯御、孝公、惠公、隱公、桓公、莊公、閔公、僖公、文公、宣公、成公、襄公、昭公、定公、哀公、悼公、元公、穆公、共公、康公、景公、平公、文公、頃公，凡三十五傳，而魯為楚所滅。

元·俞皐《春秋集傳釋義大成》卷首《春秋世次圖說·魯世次》　魯，姬姓，侯爵。出自周文王第四子周公旦。佐文、武、成王有大勳，成王命為冢宰，食邑扶風雍縣東北，在今陝西行省鳳翔府扶風縣。後封其子伯禽於曲阜，是為魯侯。自伯禽至隱公十三世，而《春秋》作。自隱公至哀公十二世，哀公十四年獲麟，《春秋》終。又自哀公至頃公九世，為楚所滅。共三十四世。

元·朱公遷《詩經疏義會通》卷首《諸國世次圖·周公封魯侯爵》

周公、伯禽、考公、煬公、考弟。幽公、魏公、幽弟。厲公、獻公、厲弟。真、武、真弟。懿、伯御、懿弟。孝、惠、隱、桓、隱弟。莊、閔、僖、閔庶兄。文、宣、成、襄、昭、定、昭弟。哀、悼、元、穆、共、康、景、平、頃。

清·馬驌《繹史》卷二八《列國傳世·魯》

魯。姬姓，侯爵。周公子魯公伯禽封於曲阜，傳至隱公元年，為《春秋》託始。

《史記》：魯公伯禽卒，子考公酋立。《帝王世紀》：伯禽以成王元年封，四十六年，康王十六年，卒。《漢書》：魯公伯禽推即位四十六年，至康王十六年而薨，故《傳》曰『燮父、禽父並事康王』，言晉侯燮、魯公伯禽俱事康王也。子考公就立，酋。考公四年卒，立弟熙，是謂煬公。《漢書》：考公即位四年，及煬公熙立。煬公築茅闕門。六年卒，子幽公宰立。《世本》：煬公徙魯。《漢書》：煬公即位六十年，子幽公宰立。幽公十四年，幽公弟潰殺幽公而自立，是為魏公。《漢書》：幽公即位十四年，及微公弗立，潰。魏公五十年卒，子厲公擢立。《漢書》：微公即位五十年，子厲公翟立，翟。厲公三十七年卒，魯人立其弟具，是為獻公。《漢書》：厲公即位三十七年，及獻公具立。獻公三十二年卒，子真公濞立。《漢書》：獻公即位五十年，子慎公執立，嗥。《帝王世紀》：獻公三十六年。真公十四年，周厲王無道，出奔彘，共和行政。二十九年，周宣王即位。三十年，真公卒，弟敖立，是為武公。《漢書》：慎公即位三十年，及武公敖立。武公九年春，武公與長子括、少子戲西朝周宣王。【略】

《史記》：夏，武公歸而卒，戲立，是為懿公。《漢書》：武公即位二年，子懿公被立，戲。懿公九年，懿公兄括之子伯御與魯人攻弒懿公而立，伯御為君。《漢書》：懿公即位九年，兄子伯御立。伯御即位十一年，周宣王伐魯，殺其君伯御，乃立稱於夷宮，是為孝公。《漢書》：伯御即位十一年，叔父孝公稱立。《列女傳》：孝公稱之保母，臧氏之寡也。伯御攻殺懿公而自立，求公子稱於宮。將殺之，保乃衣其子以稱之衣臥於稱之處，伯御殺之，保遂抱稱以出。十一年，魯大夫皆知稱之在保，於是請周天子殺伯御立稱，是為孝公。【略】

《史記》：孝公二十五年，諸侯畔周，犬戎殺幽王。二十七年，孝公卒，子弗湟立，是為惠公。《漢書》：孝公即位二十七年，子惠公皇立。四十六年，惠公卒，長庶子息攝當國，行君事，是為隱公。《漢書》：惠公即位四十六年，子隱公息立。凡伯禽至《春秋》三百八十六年。《世本》：隱公名息姑。

清·馬驌《左傳事緯前集》卷七《春秋名氏譜·魯姬姓》

諸公：惠公。隱公。桓公。莊公。亦曰子同。閔公。僖公。亦曰魯申。文公。宣公。成公。襄公。昭公。亦曰公子稠、稠父。定公。亦曰公子宋、宋父。哀公。悼公。

清·嚴虞惇《讀詩質疑》卷首一《列國世譜·魯》

魯周公旦，武王弟。佐武王定天下，封於曲阜，為魯公。成王即位，攝行政當國，子伯禽受封之魯。成王以周公有大勳勞，乃命魯得用天子禮樂。伯禽卒，子考公酋立。卒，弟煬公熙立。卒，子幽公宰立。弟濆弒幽公自立，是為魏公。卒，子厲公擢立。卒，弟獻公具立。卒，子真公濞立。卒，弟武公敖立。卒，少子懿公戲立。懿公兄括之子伯御弒懿公自立，周宣王誅之而立懿公弟稱，為孝公。幽王為犬戎所弒，平王東遷雒邑。孝公卒，子惠公弗湼立。卒，子隱公息姑立。孔子作《春秋》，始此。公子翬弒隱公，而立其弟允為桓公。桓公殺於齊，子莊公同立。卒，子班立。慶父弒班，立其弟開為閔公，復弒之。季友立閔公之弟申，是為僖公。當周襄王時，能遵伯禽之法，史克作《頌》。後七世至哀公，西狩獲麟。又九世至頃公，楚滅之。

清·鍾淵映《歷代建元考》卷三《春秋戰國諸侯考·魯》

姬姓，侯爵。周封元公旦之子伯禽，都曲阜。魯公伯禽。五十二年；考公酋。四年；煬公熙。六年；幽公宰。十四年；魏公濆。《漢書·律曆志》作徹公。五十二年；厲公擢。三十七年；獻公具。三十二年；真公濞。三十年；武公敖。九年；懿公。九年；伯御。十二年；孝公稱。二十七年；惠公弗湼。四十六年；隱公姑息。入春秋，十一年；桓公軌。十八年；莊公同。三十二年；閔公啓。方二年；僖公申。三十三年；文公興。十八年；宣公倭。十八年；成公黑肱。十八年；襄公午。三十一年；昭公稠。三十二年；定公宋。十五年；哀公蔣。二十七年；悼公寧。三十七年；元公嘉。二十一年；穆公顯。三十三年；共公奮。二十二年；康公毛。九年；景公匽。二十九年；平公旅。三十二年；滑公賈。二十三年；頃公讐。二十四年為楚所滅。

右魯凡三十四世，八百六十七年。起周成王元年丙戌，訖秦莊襄王壬子。

清·姚彥渠《春秋會要》卷一《世系·魯》 魯。姬姓，侯爵，周公子伯禽始封。傳二十三世至隱公，入春秋。

隱公，名息姑，惠公子。元年，周平王之四十年也。在位十一年，爲公子翬所弑。謚曰『隱』。不尸其位曰隱。

桓公，名允，一作軌。惠公子，隱公弟。元年，周桓王之九年也。在位十八年。謚曰『桓』。辟土服遠曰桓。

莊公，名同，桓公子。元年，周莊王之四年也。在位三十二年。謚曰『莊』。勝敵克亂曰莊。

閔公，名啓，莊公子。元年，周惠王之十六年也。在位二年，爲公子慶父所弑。謚曰『閔』。在國遭難曰閔。

僖公，名申，莊公子，閔公弟。元年，周惠王之十八年也。在位三十三年。謚曰『僖』。小心畏忌曰僖。

文公，名興，僖公子。元年，周襄王之二十六年也。在位十八年。謚曰『文』。忠信接禮曰文。

宣公，名俀，一作接。文公子。元年，周匡王之五年也。在位十八年。謚曰『宣』。善問周達曰宣。

成公，名黑肱，宣公子。元年，周定王之十七年也。在位十八年。謚曰『成』。安民立政曰成。

襄公，名午，成公子。元年，周簡王之十四年也。在位三十一年。謚曰『襄』。辟土有德曰襄。

昭公，名稠，襄公子。元年，周景王之四年也。二十五年，公孫于齊，次于陽州。三十二年，薨于乾侯。謚曰『昭』。威儀恭明曰昭。

定公，名宋，襄公子，昭公弟。元年，周敬王之十一年也。在位十五年。謚曰『定』。安民大慮曰定。

哀公，名蔣，定公子。元年，周敬王之二十六年也。十四年，《春秋》絕筆。在位二十七年。謚曰『哀』。恭仁短折曰哀。

論說

《史記》卷一三〇《太史公自序》 依之違之，周公綏之；憤發文德，天下和之；輔翼成王，諸侯宗周。隱、桓之際，是獨何哉？三桓爭彊，魯乃不昌。嘉旦《金縢》，作《周公世家》第三。

宋·胡安國《胡氏春秋傳》卷首《春秋諸國興廢說·魯》 姬姓，侯爵。出自周文王第四子周公旦。旦佐文、武、成王，有大勳勞於天下，成王命為太宰，食邑扶風雍縣東北之周城，號宰。周公留相天子，主自陝以東諸侯，乃封其長子伯禽於曲阜，地方七百里，分以寶玉大弓，而俾侯于魯，以輔周室。伯禽父為魯公，子考公酋，酋六世孫曰惠公弗皇，惠公生隱公息姑。隱公之元年，當平王四十有九年，而《春秋》始作。其後二百四十有二年，是哀公蔣之十四年，西狩獲麟。其後九君，二百三十三年，而頃公讎為楚考烈王所滅，遷為家人。

宋·程公説《春秋分記》卷五二《内魯第六》 右魯始終《春秋》凡十二公，十一公書『薨』。哀公之薨後，《春秋經》終。哀公始出孫于邾，魯人立其子寧，是為悼公。自哀以下九世二百一十七年，而楚滅之。

論曰：《春秋》始於魯隱公，書元年春王正月，而不書即位，其以示大始而欲正本歟？隱公當立也，而亦扳以立；桓公不當立也，而因簒以立。此《春秋》尊王之所以訓也。傳者不達，或謂隱為攝，或謂隱為扳，或謂隱為賢，或謂隱為讓，而《春秋》之義晦矣。蓋自隱公乖於大義，亂天下繼立之分，啓桓公簒奪之禍，自桓公簒奪而三桓之兆成，由是而下，襄仲殺適立庶，三桓嗣柄政權，極而昭公遜齊，定公無正，作舍軍伍，專命納叛，祿去公室，故曰大夫之僭禮，由三桓也。又極而家臣囚大夫，三桓之子孫既以衰微，而《春秋》終焉。然則《春秋》自元年首絀隱公即位，以明王法，足以貫二百四十二年行事。謂非聖人，莫能修之，渠不信夫！

宋·李琪《春秋王霸列國世紀編》卷一《列國本同姓世紀·魯》 魯，周公之後也。伯禽始封曲阜，是為魯公。伯禽之後曰煬曰獻，迄于孝公、惠公，閱世十二為隱公。自隱至哀，又閱十二為《春秋》終始。降乎哀公，歷九世至頃公，魯為楚所幷。及漢興楚亡，魯猶號稱禮義守節之邦。周公、伯禽之澤，可謂遠矣。

序魯世紀曰：《春秋》主魯而述作者也，故録魯之行事，特加内魯之文：列國稱侯而魯獨稱公，列國書卒而魯獨稱薨。列國之君至魯則曰朝，大夫至魯則曰聘，而魯之君大夫有事于列國，則曰如，經書公如齊、如晉，大夫如陳、如宋是也。列國之盟于魯則曰來盟，而魯之有盟于列國則曰莅盟，經書公子友莅盟，公孫婼莅盟是也。列國之擅相吞滅者書曰滅，而魯則不書滅而書取，經書取鄟、取邿是也。列國之專殺大夫皆書曰殺，而魯則不書殺而書刺，經書公子買不卒戍刺之，刺公子偃是也。列國之君去國則書出奔，而魯則不書奔而書孫，經書公孫于齊是也。《春秋》可謂尊魯之至者也。仲尼刪《詩》，則史克之頌，不頒之邶、鄘、衛、齊、鄭之風，而係於《清廟》之後。其定《書》，則《費誓》之文，獨附之盤訓誥命之末。蓋不獨於《春秋》之尊魯也。嗚呼！《春秋》乃為是尊魯之至者，將望之深而責魯以備也。是故褒貶大法，皆自魯始，而是非善惡，未嘗没其實焉。不書即位，不書王，不書正，所以責備乎魯君也。書夫人姜氏，書婦姜，書孟子，所以責備乎夫人也。書翬，書柔，書溺，書仲遂，所以責備乎卿大夫也。曰郊，曰禘，曰大雩，曰大閲，曰大蒐，所以正魯之僭典也。曰考宫，曰獻羽，曰立宫，曰毁泉臺，所以正魯之禮制也。曰初税畝，曰作丘甲，曰用田賦，所以正魯之失政也。曰作三軍，曰舍中軍，所以正魯之紊權也。曰築郿，曰新延廄，曰新作南門，所以正魯之厲民也。曰大水，曰螟，曰螽，曰震電，曰雨雹，所以正魯之慢時也。《春秋》責魯之備，蓋如此哉！通一經之所書，大而關乎王室之隆替，係乎伯政之善否，交乎列國之往來，凡因魯以立文者，其示義固不專在魯矣。至為魯而特筆者，常事則不録。所以修泮宫，復閟宫，克淮夷，《詩》之所以頌，《春秋》闕焉，而所録者，皆事之變也。

考夫事之所由變，而十二公之得失，蓋可觀矣。亟於伐邾而捨盟蔑之信，貪於得祊而忘許田之失，始黨宋衛以仇鄭，而終挾齊鄭以惡宋，入極之師既縱於無駭，而伐鄭伐宋之師復擅於公子翬：此隱公之所以有鍾巫之變也。捨許田以遂鄭黨，納郜鼎以成宋亂，强則屈已於齊鄭宋衛之國，弱則肆志於滕杞曹邾之君，始逆兄弟之倫而天理墮，終瀆夫婦之分而人欲縱：此桓公所以取彭生之禍也。會戚廢復讎之義，納衛有獎叛之謀，圍郕悖同姓之恩，追戎啓遠人之侮，觀社則國政荒，刻桷則侈心騁：此莊公之所以不能克己者也。養慶父之禍而弗除，歸季子之賢而弗任：此閔公之所以不能保國者也。弃夏盟而即楚，則有從夷之罪，先晉室而後周，則無敬君之節，須句之功不足掩升陘之辱，取穀之辱不足洗至酅之恥：此僖之所以不得為全賢也。三書不雨，無勤民之心，四不視朔，無自强之志，處父厭盟則辱於晉，郪丘賂盟則辱於齊：此文公之所以安於婾政也。賂田求婚，君大夫奔走無寧歲，以為媚齊之謀，不會於扈，不盟於清丘，而無事晉之志，一逞於兵，則伐莒伐邾，猶未已也，而伐萊伐杞，一放於邾，則取向取繹，猶未饜也，而取根牟：此宣之所以無良圖也。四卿得志於齊，僅能報二鄙之侵，而十年三朝三聘于晉，不能止沙隨、苕丘之辱；如京師，似可以求尊君之名，而會盟于蜀，莫能掩其背華之實：此成公得不償失而不知其非也。仲孫之用事者五，叔孫之用事者十有四，季孫之用事者十有三，卿專政之形成；齊人伐我者七，邾人伐我者二，莒人伐我者四，則鄰國交爭之禍起；雖享國久長，倚晉為重而已，階削弱之端：此襄公治實生亂而不悟其變也。納牟夷之叛，則非所以為臣子之訓，娶吴則非所以明三綱之序，如晉至河而見郤，則無以為託國之謀；築郎囿則民力竭於公，蒐紅蒐比蒲則戎政歸於下：此昭公所以淹恤於乾侯也。會於夾谷而歸龜陰之田，行乎季孫而墮費郈之都，雖僅能明禮義之治，雉門兩觀之作而僭典莫之改，寶玉大弓之竊而分器莫之保，慆於女樂而政歸强家：此定公所以有聖人而不克用也。五伐邾而勞師于外，四城邑而罷民於内，伐齊以離中國之與，事吴以結非類之好：此哀公所以身適國之辱也。

夫魯雖秉周公伯禽之法，守四代之服器，其實衰微削弱，不得與齊晉大國齒，而僅肩隨陳、鄭、曹、衛之間，然所以猶賢於諸侯者有二：其君猶知以禮而自守也，其卿大夫多識文獻典章之舊也；而所以國多變故而不靖者亦有二：其家法不設而無正始之道也，其兵柄不收而無馭下之綱也。當時齊晉圖伯，常以得魯為重，魯之向背，乃列國之所觀瞻。齊桓始合會盟，魯之不肯輕從者，蓋遲遲二十餘年。鄄之首會，姑以單伯來；

幽之初盟，僅以微者會；陽穀之合，天下莫敢不至矣，亦以公子友莅盟；至召陵以後，始堅於事齊，而齊未得魯，則莫能自安也。宋襄以非禮召諸侯，望望然去之，若將浼焉；及楚虔為申之會，汏心虐燄，震揺諸華，誰能遏禦？大侯小伯雖心知其不可，黽勉麇至，而魯獨從容退遜，辭以時祭，是所謂其君猶知以禮自守也。臧僖伯觀魚之諫，能陳軌物法度之言；臧哀伯取鼎之諫，能舉禮樂文物之訓；曹劌觀社之諫，能明聘會征伐之典。展喜之退齊師，能道先王盟府之命；季文子之逐莒僕，能識君子事君之禮。大師之樂，不失《二南》、《二雅》之章；大史氏之書，能備《春秋》、《易象》之文，是所謂其卿大夫猶多識典章之舊也。此魯之所以猶賢於諸侯者乎？自桓公不能刑于文姜而詒二國之患，自莊公不能防閑哀姜而遺再世之禍，共仲則通哀姜而賊般弒閔，襄仲則私敬嬴而殺惡及視，是所謂其家法不設而無正始之道也。自隱失權於翬，莊失權於慶父，文失權於仲遂，宣失權於歸父，襄失權於宿斯，昭失權於意如，宋樂祁曰：魯君喪政四世矣，政在季氏三世矣。晉史墨曰：季氏貳諸侯，為日久矣。魯君世從其失，季氏世修其勤，民忘君矣，況定、哀以後哉？是所謂其兵柄不收而無馭下之綱也。此魯之所以國多變故而不靖者乎？吁！以魯積累之德，其遺風善政所存者僅如此，而末流之弊又復甚焉。或曰魯之弱也，尊尊而親親。此後世不能與時消息而裁於中，修善自反而趨於善，豈造端者之過歟？

宋·黄震《黄氏日抄》卷四六《讀史一·史記·魯世家》 魯弊於三桓，三桓皆桓公子、莊公弟也。長曰慶父，次曰叔牙，次曰季友。莊公無嗣，欲立庶子班，叔牙欲立慶父。季友鴆叔牙而立班。慶父殺班立閔公，既又弒之。季友殺慶父，立僖公而相之，故三桓季氏尤強。文公薨，襄仲又殺適，惡及視。立庶，倭。是為宣公。魯君由此失國政。歷文至襄，而三桓分魯為三軍。昭公見逐，卒于乾侯。孔子相定公，嘗毁三桓城，收其甲兵。及季桓子受齊女樂，孔子去魯。其後哀公立，復見逐。悼公而後益卑。九世至頃公，卒為楚所滅。

元·齊履謙《春秋諸國統紀目録·魯國春秋統紀第一》 孔子嘗曰：『我欲觀夏道，是故之杞而不足證也。我欲觀商道，是故之宋而不足證也。我觀周道，幽厲傷之。吾舍魯，何適矣。』此聖人所以託魯史以寓王法也。故學《春秋》者，當先觀聖人所書一魯十二公、二百有四十二年之事，其文可證也，其誼可推也，其治亂得失反復一代之變可覆而視也。始於隱元者，魯史之所自起也。志禮樂，志征伐，志會盟，志賦税，志軍甲，志城築，志田邑，志災異，志世卿，志夫人内女，獨備於諸國者，非特為詳内録也。夫以《春秋》而視周典，則魯為極亂。以魯而視當時齊、晉諸國，則豈無所謂一變再變、至道難易之等差哉？因其事，著其筆削，蓋所以訓也。後之作者，尚有考於斯，故敘《魯國春秋統紀》第一。

明·陳士元《名疑》卷二 周公旦封於魯，子伯禽。伯字，禽名。《楚語》作『禽父』。《左傳類解》云：成王命周公為太宰，食邑扶風之周城，號宰周公。留相天子，乃封其長子伯禽於曲阜，為魯公。《英賢録》云：伯禽庶子名梁其，一作『梁箕』。《世家》魯考公酋一作『就』，一作『遒』。煬公熙一作『怡』，幽公宰一作『圉』，魏公濆，『魏』一作『微』，『濆』一作『弗』。厲公擢一作『翟』。貞公濞，『貞』一作『慎』，一作『順』，『濞』一作『摯』，一作『嗥』。惠公弗湟一作『弗皇』，一作『弗生』。隱公息一作『息姑』。桓公軌一作『允』，一作『兀』。閔公啓一作『啓方』，一作『閔公開』。宣公倭一作『佞』，一作『接』。昭公裯一作『稠』，一作『祒』。哀公蔣一作『將』。穆公顯一作『衍』。平公叔一作『旅』。文公賈一作『湣公賈』。

清·李鍇《尚史》卷一〇七《附序傳》 元聖受玉，嗣以禽父。郁郁周禮，盡在夫魯矣。迺伯御逆命，桓、宣敚攘，毁防踣表，蕩其遺矩。僖公以僭昭德，逾望而郊。元祖不享淫祀，天寧或享非禮。作《魯世家》第一第二。

又 卷三二《魯諸臣傳中》 論曰：立嗣之道，年均以賢，賢均以卜，先王之訓也。當莊公之頃，孽子彊弟，内外相軋，迺不夙定，以崇魯亂，奕碁數君，三桓之專，莊實基之，又誰咎哉？至襄、昭而卒分公室，張而後圖，勢將誰與？燎原之火，其猶可撲乎？然而好陵上者困于下，陽虎、南蒯又踵之矣。

晉世系分部

綜　述

《世本・諸侯世本・晉》 宋衷曰：唐叔已下五代，無年紀。武侯曼期。厲侯幅。獻侯蘇。穆侯名弗生。鄂侯郄。武公莊伯子。定公名午。出公名鑿。

昭公名桓，子雎，雎生忌，忌生懿公驕。注云：雍號爲戴子。幽公生烈成公止。宋衷曰：《太史公書》幽公柳之時，晉衰，反朝韓、趙、魏之君。孝公傾。靜公俱。

晉・杜預《春秋釋例》卷九《世族譜・晉》 晉國姬姓，武王子唐叔虞之後也。成王滅唐而封之，今太原晉陽縣是也。燮父改之曰晉。燮父孫成侯徙都曲沃，今河東聞喜縣是也。穆侯徙都絳。鄂侯二年，魯隱公之元年也。定公三十一年，獲麟之歲也。出公八年而《春秋》之《傳》終矣。出公十七年卒。自出公以下五世八十二年，而韓、趙、魏滅晉也。

宋・楊甲《六經圖》卷一〇《晉世次》 唐叔虞之後。武王滅唐而封之，至燮父改為晉。自唐叔至鄂侯十四世。鄂侯二年，春秋始焉。

元・馬端臨《文獻通考》卷二六二《封建考三・春秋列國傳授本末事蹟・晉》 唐叔虞，周武王子成王弟。成王封叔虞於唐。叔虞子燮傳：武侯、成侯、厲侯、靖侯、釐侯、獻侯、穆侯、殤叔、文侯、昭侯、孝侯、鄂侯、哀侯、小子侯、湣侯、武公、獻公、惠公、懷公、文公、襄公、靈公、成公、景公、厲公、悼公、平公、昭公、頃公、定公、出公、哀公、幽公、烈公、孝公、静公，凡三十八傳，而晉為韓、趙、魏所分。

元・俞皋《春秋集傳釋義大成》卷首《春秋世次圖説・晉世次》 晉，姬姓，侯爵。出自周武王少子成王母弟唐叔虞。始封於唐，又遷太原。南有晉水，亦曰晉陽，後改稱晉。穆侯之子文侯徙都翼，因謂之翼。次子成師分封於曲沃，謂之曲沃。自叔虞至鄂侯十三世。鄂侯二年，魯隱公元年也。鄂侯至晉侯緡四世。魯莊公十六年，曲沃武公滅翼，先晉遂亡。曲沃出自穆侯少子，名成師。穆侯之孫昭侯，封成師于曲沃，曰桓叔。成師之子曰莊伯，莊伯之子始稱武公，殺晉侯緡而滅翼，周莊王命之為晉侯，徙都絳，是謂新晉。自武公至定公十五世。定公三十一年，魯哀公十四年也。又六世，韓、魏、趙篡晉而分其地。兩晉共三十八世。

清・馬驌《繹史》卷二八《列國傳世・晉》 晉。姬姓，侯爵。叔虞封唐，其子燮改號晉。傳至昭侯，而別封成師于曲沃，晉分為二。入春秋，再傳而曲沃并晉。

《史記》：唐叔子燮，是為晉侯。晉侯子寧族，是為武侯。武侯之子服人，是為成侯。成侯子福，是為厲侯。厲侯之子宜臼，是為靖侯。靖侯已來，年紀可推。自唐叔至靖侯，五世無其年數。十八年，靖侯卒，子釐侯司徒立。【略】

《史記》：十八年，釐侯卒，子獻侯籍立。獻侯十一年卒，子穆侯費王立。二十七年，穆侯卒，弟殤叔自立，太子仇出奔。四年，穆侯太子仇率其徒襲殤叔而立，是為文侯。三十五年，文侯仇卒，子昭侯伯立。

清・馬驌《左傳事緯前集》卷七《春秋名氏譜・晉姬姓》 諸公：穆侯。文侯。亦曰大子仇。曲沃桓叔。亦曰成師。昭侯。孝侯。鄂侯。亦曰翼侯。曲沃莊伯。哀侯。亦曰翼侯。曲沃武公。亦曰晉武公。小子侯。緡侯。獻公。亦曰晉侯詭諸。惠公。亦曰晉侯夷吾。懷公。亦曰大子圉。文公。亦曰公子重耳、晉侯重耳、晉重。襄公。亦曰晉侯驩。靈公。亦曰大子、君夷皋。成公。亦曰公子黑臀、晉侯黑臀。景公。亦曰晉侯獳。厲公。亦曰太子州蒲、君州蒲。悼公。亦曰孫周、周子、晉侯周。平公。亦曰曾臣彪、晉侯彪。昭公。亦曰晉侯夷。頃公。亦曰晉侯去疾。定公。亦曰晉午。出公。

清・嚴虞惇《讀詩質疑》卷首一《列國世譜・唐》 唐叔虞，成王母弟，封於唐，在河汾之東，南有晉水。叔虞卒，子燮立，改號為晉侯。卒，子武侯寧旅立；卒，子成侯服人立；卒，子厲侯福立；卒，子靖侯宜臼立；卒，子僖侯司徒立。當周宣王時，唐之變風作。卒，子獻侯籍立；卒，子穆侯費王立；卒，弟殤叔自立。太子仇襲殤叔而立，是為文侯。卒，子昭侯伯立，徙都翼，封文侯弟成師於曲沃，號桓叔。曲沃强，潘父弒昭侯而納桓叔，不克，晉立昭侯子平為孝侯。桓叔子莊伯鱓弒孝侯，晉立孝侯子郄為鄂侯，入春秋卒。莊伯伐翼，周平王使虢公伐曲沃，而立鄂侯之子光為哀侯。莊伯子武公偁虜哀侯，殺之。晉立哀侯之子小子侯，武公又殺之。周桓王使虢仲伐曲沃，而立哀侯之弟緡。武公又伐緡，滅之，盡以寶器賂周釐王，王命武公以一軍為晉侯，盡幷晉地而有之。卒，子獻公詭諸立。驪姬譖殺太子申生，諸公子出亡。獻公卒，里克殺奚齊卓子而納惠公夷吾。卒，子懷公圉立。文公重耳反國，霸諸侯。自惠公已下，無詩。後六世，至悼公，晉復霸。又八世，至烈公，韓、趙、魏為諸侯。又二世，至静公，韓、趙、魏共滅之。

清·鍾淵映《歷代建元考》卷三《春秋戰國諸侯考·晉》　姬姓，侯爵。周成王封其弟虞于唐，侯燮徙晉，始改曰晉。唐叔虞。晉侯燮。武侯寧族。成侯服人。厲侯福。靖侯宜臼。十八年；僖侯司徒。十八年；獻侯籍。十一年；穆侯弗生。二十七年；殤叔。三年；文侯仇。三十五年；昭侯伯。七年；孝侯平。十五年；鄂侯郄。六年；哀侯光。九年；小子侯。四年；翼侯緡。二十八年為曲沃武公所滅，代有晉國；曲沃桓叔成師。穆侯子；莊伯鱓。宋林堯叟《春秋世系》曰：成師之後傳曲沃莊伯，莊伯之十一年十一月，魯隱公之元年正月也。蓋用夏正，不唯改元，又改曆矣。武公稱。曲沃莊伯子立。曲沃二十三年代晉，一年；獻公佹諸。二十六年；惠公夷吾。十四年；懷公圉。一年；文公重耳。九年；襄公讙。七年；靈公夷皐。十四年；成公黑臀。七年；景公獳。十九年；厲公州蒲。八年；悼公周。十五年；平公彪。二十六年；昭公夷。六年；頃公去疾。十四年；定公午。三十七年；出公鑿。十七年；哀公驕。十八年。《竹書》作敬公；幽公柳。十八年；烈公止。二十七年；孝公頎。十七年。《竹書》作桓公；靖公倶酒。二年韓、魏、趙三分其地，廢為家人，晉遂絶。

右晉自唐叔至侯緡十七世，又武公以後二十一世，共七百四十二年。起周成王甲午，訖安王乙巳。

清·覺羅石麟等［雍正］《山西通志》卷一八一《遺事二》　周成王封弟叔虞于唐。唐在河汾之東，曰唐叔虞。唐叔子燮徙居晉水，稱晉侯。晉侯孫成侯徙都曲沃。成侯傳五世為穆侯，徙都絳。穆侯孫昭侯元年，封弟成師于曲沃。昭後凡五傳，為晉侯緡。緡二十八年，成師孫稱伐晉，滅之，周釐王命為晉君，更號曰晉武公，始都晉國。子獻公八年，城聚都之，命曰絳，始都絳。七傳至景公十五年，遷新田。景公後九世為幽公。幽公之時，獨有絳、曲沃、餘胥。入三晉，至幽公曾孫靜公倶酒二年，魏文侯、韓哀侯、趙敬侯三分其地，靜公遷為家人，居端氏。

清·姚彥渠《春秋會要》卷一《世系·晉》　晉。姬姓，侯爵，武王子叔虞始封。傳十三世至鄂侯，入春秋。

鄂侯，名郄，孝侯子。二年，爲魯隱公元年。在位六年。曲沃莊伯伐翼，侯奔隨，後晉人逆之于隨，納諸鄂，謂之鄂侯。無謚。

哀侯，名光，鄂侯子。魯隱公五年，鄂侯奔隨，王立之于翼。在位九年，爲曲沃武公所逐。謚曰『哀』。

小子侯，哀侯子，魯桓公四年立，在位三年，爲曲沃武公誘殺之。無謚。

晉侯緡，鄂侯子，哀侯弟。魯桓公六年立，在位二十七年，爲曲沃武公所滅。無謚。

武公，名稱，莊伯子。於魯隱公八年稱元，至魯莊公十六年幷晉。在位三十九年。謚曰『武』。

獻公，名詭諸，武公子。魯莊公十八年立，在位二十六年。謚曰『獻』。

惠公，名夷吾，獻公子。魯僖公十年立，在位十四年。謚曰『惠』。

文公，名重耳，獻公子。惠公薨，晉立其子圉爲懷公。魯僖公二十四年，秦殺懷公，納重耳。在位九年。謚曰『文』。

襄公，名驩，文公子。魯僖公三十三年立，在位七年。謚曰『襄』。

靈公，名夷皐，襄公子。魯文公七年立，在位十四年，爲趙穿所弒。謚曰『靈』。

成公，名黑臀，文公子，襄公弟。魯宣公二年立，在位七年。謚曰『成』。

景公，名獳，成公子。魯宣公十年立，在位十九年。謚曰『景』。

厲公，名州蒲，景公子。魯成公十一年立，在位七年，爲程滑所弒。謚曰『厲』。

悼公，名周，襄公曾孫。魯成公十八年立，在位十六年。謚曰『悼』。

平公，名彪，悼公子。魯襄公十六年立，在位二十六年。謚曰

『平』。

昭公，名夷，平公子。魯昭公十一年立，在位六年。謚曰『昭』。

頃公，名去疾，昭公子。魯昭公十七年立，在位十四年。謚曰『頃』。

定公，名午，頃公子。魯昭公三十一年立，在位三十七年。謚曰『定』。

論　說

《史記》卷一三〇《太史公自序》　武王既崩，叔虞邑唐。君子譏名，卒滅武公。驪姬之愛，亂者五世；重耳不得意，乃能成霸。六卿專權，晉國以秏。嘉文公錫珪鬯，作《晉世家》第九。

宋・呂祖謙《大事記解題》卷二《周烈王》　六年，魏趙韓滅晉，徙靖公於屯留。

《解題》曰：三晉徙靖公於屯留，今潞州屯留縣。則奪其所食城而降於家人矣。【略】晉，姬姓。周成王封其弟叔虞於唐，唐在河、汾之東方百里。《正義》曰：《世本》云：居鄂。宋忠云：鄂地今在大夏。《括地志》云：故唐城在絳州翼城縣西二十里，故鄂城在慈州昌寧縣東二里，與絳州夏縣相近。然封于河、汾二水之東，方百里，正合在晉州平陽縣，不合在鄂。未詳。唐叔子燮徙居晉，改國號晉侯。《正義》曰：《國都城記》云：唐叔虞之子燮父，徙居晉水傍。今并州治故唐城，即燮父初徙之處。其城南半入州城中，削為坊城，牆北半見在。故唐城，堯所築，非唐叔始封也。《詩譜》云：叔虞子燮父以堯墟南有晉水，改曰晉侯。自唐叔至靖公，凡三十七世。按《前漢・地理志》：河東土地平易，有鹽鐵之饒。本唐堯所居，《詩・風》唐、魏之國也。其民有先王遺教，君子深思，小人險陋。故《唐詩・蟋蟀》、《山樞》、《葛生》之篇曰：『今我不樂，日月其邁，宛其死矣』；『他人是愉，百歲之後，歸于其居』，皆思奢儉之中，念死生之慮。吳札聞《唐》之歌曰：『思深哉，其有陶唐氏之遺民乎！』自唐叔十六世至獻公，滅魏以封大夫畢萬，滅耿以封大夫趙夙，及大夫韓武子食采於韓原，晉於是始大。至於文公霸諸侯，尊周室，始有河内之土。吳札聞《魏》之歌曰：『美哉！渢渢乎以德輔，此則明主也。』文公後十六世，為韓、魏、趙所滅。《序傳》曰：武王既崩，叔虞邑唐。君子譏名，卒滅武公。驪姬之愛，亂者五世。重耳不得意，乃能成霸。六卿專權，晉國以耗。《晉世家》：太史公曰：晉文公，古所謂明君也。亡居外十九年，至困約。及即位而行賞，尚忘介子推，况驕主乎！靈公既弒，其後成、景致嚴，至厲大刻，大夫懼誅，禍作。悼公以後日衰，六卿專權。故君道之御其臣下，固不易哉！

宋・胡安國《胡氏春秋傳》卷首《春秋諸國興廢說・晉》　姬姓，侯爵，出自周武王少子唐叔虞，成王母弟也。初，邑姜方娠，有吉夢。及生子，有文在其手曰『虞』，字子干。成王滅唐，翦桐葉為圭，與叔虞戲曰：『以此封若。』大臣史佚等以天子無戲言，請擇日而成之，遂封叔虞於唐。居古大夏實沈之虚，參之分野，謂之太原，亦曰晉陽，在河汾之東北。地方百里而都於翼，平陽絳邑縣東翼城是也。唐叔子燮父為晉侯，其數世孫文公重耳霸諸侯，其子孫為中國盟主者百五十餘年。姬姓唯晉為霸主，王室賴之。自鄂侯二年，魯隱公即位，《春秋》作，至定公午三十一年，西狩獲麟。又六世，其臣韓、魏、趙氏三分晉地，遷其君為家人。

宋・程公說《春秋分記》卷五八《晉世本第六》　右晉始終《春秋》凡二十公，書『卒』者十，不書『卒』者六，有故者二。定公、出公卒後，《春秋經》終。自出公以下五世八十二年，而韓、趙、魏分晉。

論曰：王道衰，霸政作，聖人其有所憂也，亦有所幸也。五霸，桓、文為盛，然聖人於桓、文抑揚不同，如曰晉文公譎而不正，齊桓公正而不譎。譎、正相反，桓、文心迹判焉。至稱管仲『如其仁，如其仁』，則以為一匡天下，民到于今受其賜。予仲則予桓公矣。齊介居山東，桓公出而會盟北杏、陽穀，猶在齊境，而幽、檉、貫、葵丘皆宋之地，鄄首止、鹹皆衛之地，甯母洮則魯曹之地，要以會諸侯而已。文公以河東形勢臨之，一出而為城濮之戰，遂會十國于溫，要天王于河陽，盟王人列國于翟泉，皆近在王畿。推其本趣，外則挾王室以讋列國，内則怙威勢以逼天子，茲譎、正之所由辨也。夫諸侯之度，守莫嚴於疆土，職莫謹於命卿，法莫詳於軍制，而文公方定大叔之難，遂逼取樊、溫、原、欑茅之田。其圍陽樊，陽樊之人呼曰：『此誰非王之親姻，其俘之也？』《傳》者曰：『晉於是始啓南陽。』則文公僭有王土，其罪大矣。且晉自曲沃伯初命，以一軍為晉侯；至獻公，作二軍；文公蒐于被廬，遂作三軍，將佐皆卿官，合而為六；清原之蒐，增為五軍；至景公，僭天子六軍之制，卿官十有二。原其始僭，自文公始，是以晉國天下莫彊，世為盟主；馴至平公，政在大夫，溴梁之會，大夫司盟，君若贅旒然；繼以昭公，六卿彊，公室卑；逮其末也，析為韓、魏、趙而晉亡矣。《春秋》終於獲麟，《左氏》盡哀公之二十七年，引而伸之，以及於韓、趙、魏之滅智伯。質諸行事，深切著明。曾子曰：『戒之戒之！出乎爾者反乎爾者也。』故備著其始終彊弱之變，以為世戒。

宋·李琪《春秋王霸列國世紀編》卷二《列國同姓世紀·晉》 晉，唐叔之後也。唐叔，武王之穆，始封夏墟。閱十世而文侯仇輔周東遷，以受圭瓚之賜。又四世至鄂侯，二十年實魯隱公元年。六世而文公伯諸夏。自是晉主齊盟者十一君，迄于定公三十一年，乃魯哀十四年。自文至定事，見《晉伯紀》。其未伯已前事，別為《晉紀》云。

序晉世紀曰：晉之為國舊矣，入春秋逾六十年，昉見於經，僖二年『晉滅下陽』是也。晉以武穆之近親，受陶唐之奧都，冠冕乎侯伯之列，而書法之詳，乃不得與鄭、衛同目。鄂侯二年，為春秋之始，及乎重耳以前，凡六世矣。按《左氏》晉之策書，登載至繁，非無可繫之事也。周之東遷，曰晉鄭焉依，非無可録之功也。武公代興，事端轇轕，非無可紀之變也。《春秋》皆略而不書，八十餘年間，晉事之存乎經者僅十見，不過執滅之暴，誅弑之惡，秦狄戰伐之辱而已。夷考諸《傳》：桓二年，曲沃伐翼。七年春，曲沃誘晉小子侯殺之。八年春，滅翼；冬，王命哀侯之弟緡于晉。莊十六年冬，王命曲沃伯為晉侯。此非變端之可紀歟？莊十八年春，晉侯朝王；晉侯使原；莊公逆王后于陳。僖十一年，晉侯平戎于王。非其功之可録歟？莊二十六年夏，晉城絳。閔元年，晉作二軍；晉伐皋落氏。僖十五年，晉作爰田；晉作州兵；冬，晉侯歸自秦。二十四年，秦伯納重耳。此非事之可繫歟？聖人作經，何削之若是其嚴？《春秋》之法，所以代一王之賞罰，存萬世之綱常。曲沃滅翼，支孽之逼，輒傾宗國。東周刑政不行，反加寵命，彝倫攸斁，人紀何觀？子孫象之，遂有里克之亂，申生之禍，君臣父子不能相保。由《傳》考經，則知聖人微其事而不書，存其惡而自著。撥亂反正之道，反覆晉事而可觀。及觀列國之詩，《晉風》自《蟋蟀》而下十有二篇，皆僖、昭、武、獻之詩，自重耳而後咸缺焉。蓋《詩》與《春秋》詳略互見，褒貶自章。以武、獻之事不足録乎《春秋》也，故《詩》特詳之。《椒聊》則言曲沃之强盛蕃衍，而曲致其隱傷之辭；《無衣》則著武公之并國不安，而極道其愧愓之情；《杕杜》、《采苓》等詩，無非刺其行事之非。凡晉人之悖理傷道，《春秋》略之者，觀乎《國風》可以參見矣。武、獻之為國，非不盛也。當齊桓九合之時，晉之君大夫不交於盟會。葵丘如會，不至而還。晉以不義，得國方新，歉歉乎懼人之有辭於己也。是以阻居深山，王靈不及，禮樂之事曾無聞焉。至乎重耳之伯，而後改物，遂能駕楚，世主夏盟，然重耳復國之初，經猶未之録也。僖二十五年，晉侯朝于王城，無以異乎朝于王所也；晉侯圍原，無以異乎遂圍許也，皆不得見於經。重耳入國雖正，未受天子之命，亦猶武公耳。故僖二十七年以前晉事，不著乎《春秋》者，聖人扶人紀存綱常之法；二十八年以後晉事詳列乎《春秋》者，聖人憂中國、録伯功之例也。

又 卷一《霸世紀·晉文公》 晉文公自僖二十四年入國，何以不書於經？公羊子曰：文公之享國也短，美未見乎天下，故為之諱本惡也。未伯以前事，繫《晉紀》。二十八年伯事著矣，迄三十二年，凡五年，為《晉伯文紀》。

序晉伯文紀曰：晉有二文之業，謂文侯、文公也。《書》録《文侯之命》，扞王于艱，錫以秬鬯，為東周賢侯。《春秋》詳文公之家。文公之興，其事易於齊桓，固有自來矣。文公以前，晉之君大夫曾不通於盟會，不著於簡冊。文公既入國，而事之不載於經者，亦凡四年。雖以納王之懿功削而不見，至二十八年一簡之内，乃六挈晉侯，不以為繁。是果何哉？蓋晉自武公以枝代宗，非有王命，并吞專立。讀《無衣》之詩，雖晉之臣民，不能自安。《春秋》於是黜晉不書。文公奔而復國，内何所承，上何所稟？經復略之勤王，固為大美。原其初心，狐偃曰『求諸侯，莫如勤王。』是特求諸侯之利心而為之，豈眞知有君臣之義？沒其行事，蓋求名而不得者也。至二十八年晉、楚之爭，乃關夷夏之盛衰，非係一國之得失。《春秋》抑楚之深，故予晉之亟，則晉亦不為無績於中國矣。此其桓、文並稱歟？

大抵桓、文雖並稱，而文固非桓匹也。桓公二十餘年蓄威養晦，始能向楚。文公一駕而城濮之功多於召陵。桓公屢盟數會，遲回晚歲，始會宰周公。文公再合，而溫之事敏乎葵丘。桓公終身與諸侯周旋，會鄄失魯，盟幽失衛，首止失鄭，葵丘失陳。文公三會，則大侯小伯，莫有不至。其得諸侯，又盛乎桓公。而曰文非桓匹，何也？文公之功多乎桓公者，罪亦多乎桓公者也；事速乎桓公者，義先壞乎桓公者也；名盛乎桓公者，實衰乎桓公者也。《春秋》不以功蓋罪，不以事掩義，不以名誣實，非其非桓匹歟？桓公得江、黄而不用於伐楚，文公則謂非致秦則不可與楚爭。楚抑而秦興矣，此桓公之不肯為也。桓公會則不邇三川，盟則不加王人。文會畿内則抗矣，盟子虎則悖矣。此桓公之所不敢為也。桓公寧不得鄭，不納子華，懼其獎臣抑君，不可以訓。文為元咺執衛侯，則三綱五常，於是廢矣。此又桓公之所不忍為也。觀此，則夫子正、譎之辨，獨不深切著明哉！

又 卷一《霸世紀·晉襄公》 晉自襄公繼文，世主夏盟。是時秦穆亦號伯西戎。《春秋》列秦於荒服，曾不得與邾、莒之侯以爵先後，况肯授之伯哉？襄公起僖三十三年，迄文六年，凡七年，為《晉伯襄紀》。

序晉伯襄紀曰：齊孝公不能率桓公之烈，晉襄公能繼文之統。孝公之初，宋有抑齊之志。襄公之始，秦懷駕晉之謀，宋啓甗之爭，秦尋殽之釁，皆爭伯之端也。孝公不能抗宋，而襄公首能挫秦，此晉之所以未失伯，則殽之功，當大書之，與城濮等，可也。《秦誓》曰：晉襄公帥師敗諸殽，而《春秋》不書君將，獨言晉人，是特削文也。夫殽之戰，《春秋》亦幸晉有功矣，乃削之。何邪？曰：幸之者，夷不偪華，以權之未失也；削之者，遽興姜戎，以義之不可也。豈得以小功妨大義乎？雖然，襄公復伯，則實由乎此。文公方沒，三強並興，秦雄西陲，狄狃北師，楚張於南。苟縱敵，則晉伯去矣。襄公夏戰殽以卻秦，秋敗箕以剪狄，冬伐許以離楚。一年之間，三敵悉退，亦可謂有伯者之略。此其能繼文者也。苟有伯者之略，則襄之烈，何為僅止此乎？曰：外患既息，舉動悉異，伐衛則損威矣，會公孫則毀列矣，士縠主盟則權散矣，陽處父救江則謀怠矣。越一二載，事不逮初，况能持久哉？是以君子不貴速成而圖全於其終，不志小利則宅慮於其遠。襄之規模，又淺於文甚矣。

又 卷一《霸世紀·晉靈成景厲》 晉伯在靈、成、景、厲之世，其權卑於列國矣。楚莊乘晉之衰，進乎方伯矣。《春秋》書伯，在晉不在楚，故曰『夷狄之有君，不如諸夏之亡也。』靈起文六年，盡宣二年；成繼靈，盡宣九年；景繼成，盡成十年；厲繼景，盡成十八年。凡四十九年，為《晉伯靈成景厲紀》。

序晉伯靈成景厲紀曰：靈公政墮柄分，無抗伯業之志；成公力弱事淺，無主諸侯之權；景公心勞謀舛，無制中夏之略；厲公外强中乾，無服人心之道。四公雖執夏盟，非復文、襄之舊矣。靈公以少主縱强卿，上驕下肆，楚始爭鄭，蓋將嘗試晉政，於是有狼淵之師。此非細故也，而救鄭之役，止書晉人。衛、鄭欲介魯以求通，蓋未忘晉德，於是為沓棐之會。此關大勢也，而新城之盟，晉侯不出。扈之盟曰討齊亂，扈之會曰平宋難。蓋君臣之大倫，人道之不可廢，此豈常變也哉？或求賂以免，或無功而還。楚范山曰：『晉君少，不在諸侯，北方可圖也。』夷狄謀取其伯，方且沈溺晏安，厚斂以彫牆，輕殺而愎諫。雖欲不亡，得乎？故曰無抗伯之志也。

成公若有志矣，内難甫靖，履國未長，四年而後，始出偏師以侵陳。黑壤與扈二會，僅能合列國而已。黑壤以服鄭，扈以謀陳，亦庶幾改物也。然始之不能有為者，凡數年。外而楚人三歲三伐鄭，晉無擯郤之師；内而鄭家弑穆公，晉無討亂之刑。諸侯何所觀焉？故曰無主諸侯之權也。

景公若能收其權矣，規模失序，徒勤諸侯，不能首合與國，大修同盟，以治即異之黨，使楚人得號令乎辰陵，而乃亟會攢函，求山後諸狄。是孰緩孰急也？不能謀少西氏之逆，誅陳之惡，使楚遂行方伯之事，乃且修帷房一笑之憾。興大師以伐齊，得已不已。是孰重孰輕也？不能統一六師，蒐繕卒乘，以一矢遺楚而使邲不復從，為中國羞。乃且伐咎如，滅赤狄，哆然言功。是孰害孰利也？蟲牢、馬陵、于蒲，晚年三會，雖得諸侯，竟莫駕楚。故曰無制中夏之略也。

厲公若有其略矣，德薄而多大功，慮淺而數得志。觀厲公不特純以汰心行之，亦假義飾譽者也。歸于京師，而後正曹負芻之罪；請於王官，而後加伐鄭之威。比類可欺世自揜矣。晉之忌者，曰秦曰楚，曰吳曰狄。厲公自交剛敗狄則狄服，會京師伐秦則秦懼，戰鄢陵勝楚則楚弱，會鍾離通吳則吳成。四鄰無釁而諸侯反貳，是以沙隨辱魯，猶未快也，而求多季孫；柯陵伐鄭，猶未息也，而再勤單子。諸侯無患而蕭牆反危，是以三郤之誅成，而匠麗之難萌矣。故曰無服人之道也。

又 卷一《霸世紀·晉悼公》 悼公起四公之衰而復二伯之盛，蓋晉賢侯也。謚不得如成、景、平、昭之美而以悼終乎禰廟。何哉？悼生十四年矣而立，其入國之明日，逐不臣者七人；即位之一月，取六官於民譽，可謂幼而明且斷矣。不十年而駕楚，又五年而沒，曾不逮中年也。其臣深惜而加以此名歟？起成十八年，迄襄十五年，凡十有六年，為《晉悼伯紀》。

序晉伯悼紀曰：晉悼公其猶有君子之資乎！不獨伯功之美。齊桓歷變履險，以數十年之經營，而行事未免過舉。晉文免於奔走，晚而復國，然血氣之虛驕未除。悼公之齒，淺矣。更事變未多，閱義理未熟也。乃能忠信而不迫，堅忍而持重，有回慮郤顧之謀，無輕逞輒快之舉，蓋亦稍知以道養其心者歟？八年九合諸侯，則勤於安夏也。三分四軍，則謹於用民也。不登叛人，則識名義也。稟命王官，則知所尊也。屈己和戎，則不貪功外域也。朝聘有數，則不求多列國也。六卿選德，則用人有章也。騶御知訓，則教士有法也。此其所以能服諸侯，得鄭而駕楚哉！使晉以智力相長，設詐術，任强力，未必能服諸侯也。

悼公先以謙德臨之。雞澤之召諸侯曰：『寡君願與一二兄弟相見，以謀不協。』此豈有勢要力劫之為哉？故十三國相與周旋，不令而從，無滅譚滅遂、執曹執衛之事。使晉以盟誓為信，瀆鬼神，費辭令，未必能得鄭也。悼公純以誠心行之。鄭子展曰：『晉君方明，必不棄鄭。』此豈晉以區區之載書留之？故五會之信，終於不盟，無逃盟、失盟之事。使晉以戰伐為威，暴骨而逞，未必能駕楚也。悼公以一容量處之。楚子囊曰：『晉不可敵，事之而後可。』此豈晉能以力競而勝之哉？故三駕之烈，不交一旅，無城濮、鄢陵之勞。是三者，悼公之所謂猶有君子之資者乎！

然悼公之盛如此，而其失安在？曰：能服諸侯而不能杜大夫之漸，能得鄭而不能掩失陳之責，能駕楚而不能蓋通吳之非。夫諸侯盟會之權，非大夫敢干也。蕭魚以後凡三大會，士匄、荀偃實儼然主之。諸侯雖合，大夫浸分，何謹於諸侯而縱於大夫乎？陳不可棄，猶鄭之不可舍也。戍陳之役，以為有陳非吾事，無之而後可。鄭雖向晉，陳卒歸楚。何工於撫鄭而拙於懷陳乎？吳不可啓，猶楚之不可釋也。會向之後，欲數吳不德以退吳人，抑已晚矣。楚患雖弭，吳憂猶甚。何明於治楚而闇於治吳乎？不然，則悼公之伯，遠過桓、文矣。

又 卷一《霸世紀·晉平昭》 晉至平、昭，伯事陵遲墮廢。《春秋》所書，皆録變之文也。平起襄十六年，盡昭十年；昭繼平，盡昭十六年。凡三十二年，為《晉伯平昭紀》。

序晉伯平昭紀曰：悼公能以晉國壞亂之後，復文、襄已失之業。平公不能以中夏安强之時，保悼公方成之功。人之强於為善與夫安於不競者，其興衰相遠，固如是也。《孟子》曰：晉平公之於亥唐也，弗與共天位也，弗與治天職也。夫平公衰微，正患不能自為政，大夫用事耳。豈有職位弗與共治者乎？蓋政在侈家而賢者壅棄，此其所以削弱不亢也。平公五盟六會，服齊、狄，寧東夏，平秦亂，城淳于，師徒不頓，民無謗讟。晉祁午數當時之功如此。然內有變而不知，外有患而不悟，尚何有功之足云哉？方桓、文之初，每患伯權大强而王政復弱。文、襄以後，王政不必論矣，惟恐伯權之不能强也。權者，大物也。上不能制而授之於下，則下强而上弱。中國不能制而授之於外域，則外域强而中國弱。家有千金之利，己弗能愛，呼庸隸而分之。雖三尺之童弗為，豈有尊為邦君授權於大夫？此溴梁之會，平公所謂內有變而不知者也。人欲自毀藩籬，揖仇敵於廡下而與盾柄。此不待知者而知其不可，豈有身主夏盟，授權於夷狄？此宋之盟，平公所謂外有患而不悟者也。蓋身苟有道自便者，媮於及身之謀而忘乎後日之害。平公則謀出乎身而害見乎身，何其繆歟！溴梁之事，非大夫敢竊權也。諸侯在會而大夫實主載書，是委權以與之也。中行偃一怒，而十二國興戎。後五年，欒盈之變作，曲沃之民惟主欒氏，民不知有公室，晉幾分國而並立矣。宋之盟，非夷狄敢略權也，晉主夏盟而挈諸侯以畀楚，是棄權以假之也。虢之會，再讀舊書。後八年，楚靈王會于申，實用齊桓召陵之典。晉蓋十九年無與中國之事矣。此皆平公身致之者也。

至於昭公之政，則又微矣。僅能一會大夫，一盟諸侯。方楚虔卒于乾谿，諸侯庶幾復伯為晉君臣者，改物厲志，憤悱驚懼，以率舊烈，猶恐不逮。今也四方未覿德，而虒祁崇侈以啓戎；列國未聞信，而邾南盛兵以示汰。平丘雖曰同盟，齊敢拒令，鄭敢爭承，衛病蒭蕘之擾，魯困蠻夷之訴。坐視諸侯之去而不之顧，況能駕敵國哉？宜乎晉之卑也。

又　卷一《霸世紀·晉頃定》　頃、定之世，晉伯愈降愈壞，蓋不復方伯之職，《旄丘》之詩可賦矣。然終乎黄池，晉人猶以伯視晉，則知晉雖不能伯，而《春秋》猶未絶晉也。頃起昭十六年，定繼頃，迄乎獲麟。凡四十六年，為《晉伯頃定紀》。

序晉伯頃定紀曰：讀隱、桓《春秋》而知王澤之竭也，讀定、哀《春秋》而知伯烈之壞也。晉伯復盛於悼公，浸衰於平、昭，而遂廢於頃、定。夫晉以弈世九君之業，豈無積累之功著在諸夏？至頃、定一壞而不可復收。嗚呼！廢興存亡，未有無故而然者也。千尋之木，物能蠹之，必其中先腐壞戕蝕，而後蠹生焉。嘗原晉事之顛末，而察其所由失矣。

或曰：晉之廢也，其變在夷狄。有楚弗攘，有吳弗抑，二强並立，伯權遂弱。自召陵擁十八國之衆不能振旅，至於戎蠻之執晉，俛焉北面，而事楚以京師之禮。自吳滅巢滅徐，伐陳伐齊，晉不能誰何。迄于黄池之會，吳哆然操方伯之令，而下以列國命晉。《春秋》由此絶筆焉。則晉之失伯，實吳、楚之張也。

曰：中國苟合，則吳、楚豈能閒乎？其端在諸侯之先貳也。當時以齊景、衛靈、宋景之君，其國皆强，戮力周旋，何畏於吳、楚？今也齊景有抑晉代興之志，衛、宋、魯之君無共攘臂以從齊者也。蓋執行人叔孫婼與邾大夫，坐而失魯。執宋仲幾、宋樂祁犂而失宋，涉佗、成何詬衛而失衛，荀寅辭蔡而失蔡，假羽旄於鄭而失鄭。是以齊得以盡取諸侯。鄭則與齊盟于鹹，會于安甫矣。衛則與齊盟于沙，次于五氏矣。魯則與齊會于牽矣，宋則與齊會于洮矣。終于衛侯、齊侯且伐晉矣。則晉之失伯，乃諸侯之離也。

曰：晉國苟治，則諸侯安得背乎？其原在大夫之先叛。使六卿諸臣如先大夫之肅，皆盡忠以輔公室，何憂乎齊、衛？今也强家多門，各求封殖，而削弱之禍獨歸宗國。蓋自趙鞅取衛貢五百家，動晉陽之甲；自韓不信執宋命卿，不顧踐土之盟；自魏舒南面莅政，敢干位以令大事，而趙籍、韓虔、魏斯為諸侯之萌，已成矣。則晉之失伯，乃大夫之擅也。

曰：晉之禮義素明，則大夫豈得擅乎？利勝而義微，此上下之所以不奪不饜也。范鞅請冠而魯使蒙執，趙鞅受楊楯而宋卿賈禍，邯鄲爭貢而三卿亂國。或取季孫之賂，而昭公不納；或求蔡侯之貨，而晉師無出；或索魯十牢，而吳人藉為口實。《孟子》曰『上下交征利而國危矣』。晉伯之壞，尚誰咎歟？此《春秋》所以謹義利之辨，察天理、人欲之分，正君臣上下之位，而示後世以防微杜漸、反本澄源之道者也。

宋·黄震《黄氏日抄》卷四六《讀史一·史記·晉世家》　穆侯名太子曰仇，少子曰成師。仇為文侯，傳子昭侯，封成師於曲沃，沃强大亂晉，六世而卒併之，為武公。生獻公，嬖驪姬，復亂三世。而文公入晉，始霸。襄公有殽之師。靈公無道，趙氏弑之。歷成至景，作六卿。厲公見弑，悼公復興。昭公以後，政歸六卿矣。晉文侯當周東遷，有功平王，錫文侯，有《文侯之命》，此一時也。其後晉文公入周襄王，及獻楚俘，天子使王子虎命晉侯為伯，賜大路、弓矢、秬鬯，此又一時也。史遷乃取《文侯命》屬之文公之下『義和』者。文侯，字也。注者又云：能以義，和我諸侯。誤益誤矣。漢時恐此書未出。

宋·王應麟《困學紀聞》卷一一《考史》　《晉世家》鄂侯郤立六年，當魯隱公五年。卒，子哀侯光立。《詩正義》曰：案《左傳》隱五年，曲沃莊伯伐翼，翼侯奔隨。秋，王命虢公伐曲沃，而立哀侯于翼。六年，翼九宗五正頃父之子嘉父逆晉侯于隨，納諸鄂，晉人謂之鄂侯。則哀侯之立，鄂侯未卒。《世家》言卒，非也。

明·陳士元《名疑》卷二　唐叔虞字子于，虞子燮父，是為晉侯。《世家》晉厲侯福一作『輻』。獻侯籍一作『蘇』。穆侯費一作『濆』，一作『費生』，一作『弗生』。《春秋》獻公佹諸，《左傳》作『詭諸』。襄公驩，《公羊》作『讙』，《世家》作『歡』。靈公夷皋，《公羊》作『夷獋』。景公獳，《世家》作『據』。厲公州蒲，《世家》作『壽曼』。此獻公、厲公與前厲侯、獻侯同謚而世代不同。《世家》悼公周一作『糾』。商公去疾一作『即』。出公錯一作『鑿』。《年表》云：出公錯十八年，哀公忌二年，懿公驕十七年。《世本》云：昭公生桓子雝，雝生忌，忌生懿公驕。《世家》云：出公十七年，哀公驕十八年，而無懿公。『靜公』俱一作『俱酒』。

清・李鍇《尚史》卷一〇七《附序傳》　唐叔之封，實秉王命。曲沃末大，五侯不獲。考釋之弗誅，寶器賂成，以貳教矣。新城之共，有視夫哀侯于翼，固舊令夫？作《晉世家》第三第四。

衛世系分部

綜述

《世本・諸侯世本・衛》　康叔，周公弟。康伯名髡。宋衷曰：即王孫牟也，事周康王為大夫。摯伯。箕伯。武公，康叔九世孫。公子留。戴公名申。悼公虔。敬公費。敬公生楟公舟。公子虔。聖公馳。成侯名不逝。

晉・杜預《春秋釋例》卷九《世族譜・衛》　衛國姬姓，文王子康叔封之後也。周公既誅祿父，殺管蔡，而以其地封康叔，為衛侯，居殷虛，今朝歌是也。狄滅衛，文公居楚丘，成公徙都帝丘，今東郡濮陽是也。桓公十三年，魯隱公之元年也。出公輒十二年，獲麟之歲也。悼公二年，《春秋》之《傳》終矣。悼公三年卒。自悼公以下十一世二百五十五年，而秦滅衛矣。

宋・楊甲《六經圖》卷一〇《衛世次》　康叔封之後。武王之弟封于衛，至桓公十三年，春秋始焉。自康叔至桓公十三世。

元・馬端臨《文獻通考》卷二六二《封建考三・春秋列國傳授本末事蹟・衛》　康叔，周武王母弟。克商，立武庚，令管、蔡、霍叔監之。武王崩，三監挾武庚叛，周公討平之，乃封康叔於殷故墟。康叔子康伯傳：考伯、嗣伯、庚伯、靖伯、貞伯、頃侯、釐侯、武公、莊公、桓公、宣公、惠公、懿公、戴公、文公、成公、穆公、定公、獻公、殤公、靈公、出公、莊公、悼公、敬公、昭公、懷公、慎公、聲公、成侯、平侯、嗣君、懷君、元君、君角。凡三十七傳，而衛為秦所滅。

元・俞皐《春秋集傳釋義大成》卷首《春秋世次圖説・衛世次》　衛，姬姓，侯爵，出自周文王幼子康叔。武王分殷餘民，封康叔於河、淇之間，是為衛侯，邑於商墟。自康叔至桓公十三世。桓公十三年，魯隱公元年也。自桓公至出公十五世，世紀內除黔牟、戴公，云十三世。出公十三年，魯哀公十四年也。出公之後又十二世，為秦所滅。共三十八世。

清・馬驌《繹史》卷二八《列國傳世・衛》　衛。姬姓，侯爵。康叔封於朝歌，傳至桓公十三年，入春秋。

《史記》：康叔卒，子康伯伐立。康伯卒，子考伯立。考伯卒，子嗣伯立。嗣伯卒，子庚伯立。庚伯卒，子靖伯立。靖伯卒，子貞伯立。貞伯卒，子頃侯立。【略】

《史記》：頃侯厚賂周夷王，夷王命衛為侯。頃侯立十二年卒，子釐侯立。四十二年，釐侯卒，太子共伯餘立為君。共伯弟和有寵於釐侯，多予之賂。和以其賂賂士，以襲攻共伯於墓上。共伯入釐侯羨自殺，衛人因葬之釐侯旁，謚曰共伯，而立和為衛侯，是為武公。【略】

《史記》：武公即位，修康叔之政，百姓和集。

《史記》：五十五年卒，子莊公揚立。

清・馬驌《左傳事緯前集》卷七《春秋名氏譜・衛姬姓》　諸公：莊公。桓公。亦曰君完。宣公。亦曰公子晉、衛侯晉。惠公。亦曰公子朔、衛侯朔。懿公。戴公。文公。亦曰衛侯燬。成公。亦曰衛侯鄭。穆公。亦曰衛侯遬。定公。亦曰世子、太子臧。衛臧。獻公。亦曰子衎、衛侯衎。君剽。亦曰公孫剽、子叔。襄公。亦曰衛侯惡。靈公。亦曰公子元、衛侯元。出公。亦曰輒。莊公。亦曰世子蒯聵、大子蒯聵。悼公。

清・嚴虞惇《讀詩質疑》卷首一《列國世譜・衛》　衛康叔封，武王弟。武王伐紂，封紂子武庚於殷都，而三分其地，置三監，自紂城而北謂之邶，南謂之鄘，東謂之衛。及三監導武庚叛，成王黜殷命，誅三監，更於此三國建諸侯，以殷餘民封康叔於衛，使為之長。其後世稍幷彼二國，混而名之。康叔卒，子康伯立。卒，子考伯立。卒，子嗣伯立。卒，子庚伯立。卒，子靖伯立。卒，子貞伯立。卒，子頃侯立。當周夷王時，衛之變風作。卒，子釐侯立。卒，子武公和殺太子共伯自立。犬戎弒幽王，武公將兵佐周，平戎有功。卒，子莊公揚立。莊公娶於齊，曰莊姜，無子。戴嬀生桓公完，嬖人生州吁。莊公卒，完立，入春秋。州吁弒桓公自立，衛人殺州吁，立桓公弟宣公晉。宣公烝夷姜，生伋，納伋之妻，伋以讒死。宣公卒，所納伋妻宣姜子惠公朔立。其庶兄頑烝於宣姜，生子申及燬。惠公立四年，出奔，宣公子黔牟立，立八年而惠公復入。惠公卒，子懿公赤立。狄入衛，殺懿公，衛東徙渡河，立戴公申，廬於漕。一年卒，齊桓公城楚邱，封衛，立燬為文公。卒，子成公鄭立。卒，子穆公遫立。卒，子定公臧立。自成公已下無《詩》。後二十世至君角，秦滅之。

清·鍾淵映《歷代建元考》卷三《春秋戰國諸侯考·衛》 姬姓，侯爵。周武王以封同母弟封。康叔封。康伯牟。考伯。嗣伯。庫伯。靖伯。員伯。頃侯。十二年；僖侯。四十二年；共伯餘。武公和。五十五年；莊公揚。二十三年；桓公完。十六年；宣公晉。十九年；惠公朔。三年；黔牟。八年；惠公。復位二十年；懿公赤。九年；戴公申。元年；文公燬。二十五年；成公鄭。三十五年；穆公遫。十一年；定公臧。十二年；獻公衎。十三年奔齊；殤公剽。十一年；獻公。復位三年；襄公惡。九年；靈公元。四十二年；出公輒。十二年出奔；莊公蒯聵。二年；出公。復位二年奔越；悼公黚。五年；敬公弗。十九年；昭公糾。六年；懷公亹。十一年；慎公頹。四十二年；聲公訓。十一年；成侯速。二十九年；平侯。八年；嗣君。四十二年；懷君。三十一年；元君。二十五年；君角。二十一年秦二世廢為庶人，衛祀始絕。

右衛三十九世，九百五年。起周武王庚辰，訖秦二世壬辰。

清·姚彥渠《春秋會要》卷一《世系·衛》 衛。姬姓，侯爵，文王子康叔封始封。傳十三世至頃公，入春秋。

桓公，名完，莊公子。十三年爲魯隱公元年，在位十六年，爲州吁所弒。謚曰『桓』。

宣公，名晉，莊公子，桓公弟。魯隱公四年，州吁弒桓公自立，衛人殺州吁。五年公立，在位十九年。謚曰『宣』。

惠公，名朔，宣公子。魯桓公十三年立，在位四年，公子職等立公子黔牟，公奔齊。魯莊公六年，公復入，又在位二十年。謚曰『惠』。

黔牟，宣公子。魯桓公十七年，公子職等立之，在位七年。齊納惠公，放黔牟于周。無謚。

懿公，名赤，惠公子。魯莊公二十六年立，在位九年，爲狄所滅。謚曰『懿』。

文公，名燬，桓公孫。魯僖公元年立。魯閔公二年，狄入衛，宋立戴公申于曹，旋卒。衛人立公，大位二十五年。謚曰『文』。

成公，名鄭，文公子。魯僖公二十六年立。二十八年，晉執衛侯歸京師；衛立公子瑕。逾二年復入，在位三十五年。謚曰『成』。

穆公，名遫，成公子。魯宣公十年立，在位十一年。謚曰『穆』。

定公，名臧，穆公子。魯成公三年立，在位十二年。謚曰『定』。

獻公，名衎，定公子。魯成公十五年立，在位十八年。孫林父、寧殖逐君，公奔齊；立殤公。歷十二年，寧喜弒殤公，納公；復入，又在位三年。謚曰『獻』。

殤公，名剽，穆公孫。魯襄公十五年立。在位十二年，爲寧喜所弒。謚曰『殤』。

襄公，名惡，獻公子。魯襄公三十年立，在位九年。謚曰『襄』。

靈公，名元，襄公子。魯昭公八年立，在位四十二年。謚曰『靈』。

出公，名輒，靈公孫，莊公子。魯哀公三年立。在位十三年，孔悝納蒯聵，輒奔魯。歷三年復入，又在位七年。謚法無『出』字。

莊公，名蒯聵，靈公子，出公父。魯哀公十六年，孔悝納而立之。在位二年，晉伐衛，逐公，立般師。謚曰『莊』。

衛侯起，魯哀公十八年，齊伐衛，立起，執般師以歸。在位一年，輒復歸立。無謚。

論說

《史記》卷一三〇《太史公自序》 收殷餘民，叔封始邑，申以商亂，《酒材》是告，及朔之生，衛頃不寧；南子惡蒯聵，子父易名。周德卑微，戰國既彊，衛以小弱，角獨後亡。嘉彼《康誥》，作《衛世家》第七。

宋·胡安國《胡氏春秋傳》卷首《春秋諸國興廢說·衛》 姬姓，侯爵，出自周武王同母少弟封為成王大司寇，食采於康，謂之康叔。成王誅武庚，滅三監，中分其地，以其半立康叔封為衛伯，分以大路、綪茷旃旌、大呂之樂，命以《康誥》而封於商虛，其地汲郡朝歌縣是也。其數世孫桓公完之十三年，魯隱公即位，《春秋》作，出公十二年，西狩獲麟。後十一世，聲公之子成侯速復降爵為侯，速孫嗣君更貶號曰君，而止有濮陽之地。後六世，而秦二世廢其君為庶人。

宋・程公説《春秋分記》卷六五《衛世本第二》　右衛始終《春秋》凡十七公，書『卒』者九，不書『卒』者三，有故者二。莊公、公子起、出公卒後，《春秋經》終。出公既出，蒯聵庶弟公子黚立，是為悼公。立二年，《左氏》之《傳》終矣。悼公以下十一世二百五十五年，而秦滅之。

論曰：王道之行，起於人倫之適其正也，故先王謹之，為之君君、臣臣、父父、子子、兄兄、弟弟、夫夫、婦婦。自意誠、心正、身修、家齊、國治而天下平，王道之原，舉積諸此。周衰，王道微，人倫斁，孔子傷焉，以為不可不正之也，而《春秋》作。二百四十二年，一有戾乎綱常者，斯見正於《春秋》，茲其為撥亂世反諸正之義歟！衛宣公專欲興禍，是使急子、壽子爭相為死，及卒而立朔。朔立四年，左右公子逐之，朔出奔齊而立黔牟。又八年，而齊襄納朔放黔牟，而衛始定。衛國之亂，凡十有五年。稽其禍，宣公為之也。至於靈公，黜其子而子其孫，出公不父而禰其祖，逮莊公謀入，父子相攻，人道之絶甚矣。昔者子路問於孔子曰：『衛君待子而為政，子將奚先？』孔子曰：『必也正名乎！名不正則言不順，言不順則事不成，事不成則禮樂不興，禮樂不興則刑罰不中，刑罰不中則民無所措手足。』又冉有曰：『夫子為衛君乎？』子貢曰：『諾。吾將問之。』曰：『伯夷、叔齊，何人也？』曰：『古之賢人也。』曰：『怨乎？』曰：『求仁而得仁，又何怨？』故蒯聵復國而書『納』，見其無道，為國人之所不受而正其世子之名。書之所以篤君臣父子之大經也，不然，貪國叛道之人接踵于後世矣。

宋・李琪《春秋王霸列國世紀編》卷二《列國同姓世紀・衛》　衛，康叔之後。康叔，武王之幼弟也。成王分殷餘民，封康叔于河、淇之間，實伯爵。夷王始命頃侯，至武公復受命為公。凡十三世，當桓公十三年，實魯隱公元年。《春秋》始終衛十一公，迄于出公之十二年。由出公以降十三世，而秦并衛。

序衛世紀曰：春秋諸侯，姬在列者，衛獨後亡，何邪？以同姓之尊，封疆之大，雖在叔世，遺澤未泯，尚為列國之望。二百四十二年之間，兵爭之可見者最少，賢人君子之著聞者特多，介於齊晉大國之間，偪而未至於失國，良有以也。然禮義消亡，變故繁興，衛之為衛，亦有可得而考者。吾觀魯以周班而後鄭於衛，晉人載書踐土而先衛於蔡，衛為同姓之尊，可知也。受三監之舊竟，分七族之餘民，封畛土疆，始於武父之南，至於圃田之北，實方伯連帥之地。隱公之初，以鄭視衛，亦曰衛實難也。成公以後，以晉敵衛，猶曰衛不得為次國也。末年襄、靈之衛，至無足道，而其出猶可以當晉之千乘，入猶可以受晉之五伐。豈非其封壤之大，有足以自植立者歟？異時數大國之爭盟，未嘗不以得衛為重。自齊桓首倡伯事，盟會屢舉，而十六年之勤，始能得衛。晉又踵桓之迹，舉動稍異，而更五會之信，卒未能以致衛。其不輕向背如此。當春秋之始，從王之舉猶曰正也；在春秋之終，越國之謀猶曰古也。不特此爾。楚虔稱伯于申，而問召陵之典，諸侯，楚實有之矣，衛獨能從容與晉卻楚。吳夫差端冠委於黃池，以襲成周之籍，吳子在而諸侯莫敢不至矣，衛亦卒晏然與晉而辭吳。蓋其流風遺習尚存，所以為列國之望歟？乃若中國同好，莫不與者，亦槩可考。而惠公之與會者二，文公之與會者六，成公之與會者二，穆公之與會者七，獻公之與會者二十五，靈公之與會者四。自其從齊晉以有事於兵革之外，而稱師修怨如伐鄭入郕，治曹盟邢，不過數事。非兵爭視他國最少歟？名卿才大夫其可稱者，殆不勝計。秉翟之人可為王官，終寠之士皆為忠臣。當獻公之世，有事君不二者，有能贊大事者，有能撫内而營外者，季札所以稱其無患者也。靈公之世，治宗廟有人，治軍旅有人，治賓客又有人，孔子所以稱其奚喪者也。夫其季世，而人才之見於百執事者，猶且若是。則干旄之賢臣，淇奥之君子，其稱於當時者，亦可想也。非人才視他國猶多歟？夫以王室之親，受成國之壤，而家法未墜，獨有以自異於時；兵爭之少，猶足以輯寧其民；人才之多，猶足以維持其國。蓋魯、衛之政，兄弟也。魯居儒書秉禮之邦，春秋之稱望國，未嘗不曰魯衛。意者康叔、武公之治衛，亦猶周公、伯禽之在魯。其典刑文獻，隱然未忘，固應有是，宜其偪於齊晉，奔走於强令，能據其地，執其君臣，而未敢於亡其國也。雖然，禮義消亡，變故繁興，故更世雖多而爭端不息，立國雖久而根本屢搖。東門之亂，州吁始禍；熒澤之變，孽朔召釁。衎剽並爭，適庶舛也；孫甯專制，上下紊也；鱄縶蒙禍，兄弟乖也；蒯輒出入，父子睽也。觀詩人記衛之《風》，自頃至文三十有八詩，而言男女夫婦者居三之二，則本其亂亡之由，抑可見矣。夫三綱五常，立國之本，而淪斁如此，衛之有名無情，其來豈一日之故？昔之聞《衛風》者曰：吾聞衛康叔、武公之德如是，是其《衛風》乎！吁，豈非康叔、武公之澤，源流深長，必至於陵夷極盡而後，衛從之歟？不然，孟子所謂無禮義則上下亂，衛之後，已幸哉！

宋·黃震《黃氏日抄》卷四六《讀史一·史記·衛康叔世家》 衛獻公亡在外十二年，而入稱後元年。出公亡在外四年，復入亦稱後元年。漢文之稱後元，其殆昉於此歟？

衛君多亂，文公處國家覆亡之後，獨能輕賦平徭，身自勞，與百姓同苦，卒以治稱。一國以一人興，信夫！

宋·王應麟《困學紀聞》卷一一《考史》 （《衛世家》）武公殺兄篡國。呂成公曰：武公在位五十五年，《國語》又稱武公年九十有五，猶箴儆于國。計其初即位，其齒蓋已四十餘矣。使果弒共伯而篡立，則共伯見弒之時，其齒又加長於武公，安得謂之蚤死乎？髦者，子事父母之飾。諸侯既小斂，則脱之。《史記》謂釐侯已葬而共伯自殺，則是時共伯已脱髦矣，《詩》安得猶謂之「髧彼兩髦」乎？是共伯未嘗有見弒之事，武公未嘗有篡弒之惡也。

元·齊履謙《春秋諸國統紀目録·衛國春秋統紀第六》 子路問於孔子曰：「衛君待子而為政，子將奚先？」孔子曰：「必也正名乎！名不正則言不順，事不成，禮樂不興，刑罰不中，而民無所措手足。」夫靈公黜其子而子其孫，出公不父其父而禰其祖，蒯聵爭入，曼姑圍戚。至此，則人倫之不正甚矣，故夫子因子路之問而啓之。然此言也，雖則專為衛輒而發，夷考《春秋》所書若州吁，若惠公，若公孫剽，本其禍亂，無非不知正名之罪，然後知夫子之言所包者廣，非止於一人一事而已也。不然，衛以康叔封國，察其政俗，兄弟吾魯，加以内無專國之臣，外少諸侯之事。於斯時也，苟能君君、臣臣、父父、子子、兄兄、弟弟、夫夫、婦婦，人倫之無不適其正也。其於禮樂之興也何有！故敘《衛國春秋統紀》第六。

明·陳士元《名疑》卷二 衛康叔名封，武王封之邶。《書》作「妹邦」，《詩》作「沫邶」。妹、沫音相近。康叔子康伯髡，《左傳》稱王孫牟父。宋衷云：髡即王孫牟也。牟、髡音相近。《古史考》無康伯而云子牟伯。蓋父子俱謚康，故因其名云牟伯也。衛庲伯一作「疌伯」，一作「摯伯」。貞伯一作「箕伯」。文公燬初名辟彊，更名燬。《左傳》穆侯速，《公羊》作「遫」。《史記》殤公秋，班氏作「焱」，《左傳》作「剽」。敬公費一作「弗」。昭公糾一作「舟」。慎公父公子適一作「虔」。聲公訓一作「聖公馳」，一作「聲公馴」。成侯遫一作「不逝」。

清·李鍇《尚史》卷一〇七《附序傳》 商家酗酒，妹土化之。《酒誥》告封，《抑》戒次之。武公之德，比蹟乃祖。迨父子爭國，倍滅天紀。天王失枋，諸侯無討，王伯迹熄，食息而已。作《衛世家》第六。

宋世系分部

綜　述

晉·杜預《春秋釋例》卷九《世族譜·宋》 宋國子姓。其先契，佐唐虞為司徒，封于商。成湯受命，王有天下，及紂無道，周武王滅之，而封其子武庚，以紹殷後。武庚作亂，周公伐而誅之，更封紂兄帝乙之元子微子啓為宋公，都商邱，今梁國睢陽縣是也。微子卒，其弟微仲代立。穆公七年，魯隱公之元年也。景公三十六年，魯哀公之十四年，獲麟之歲也。昭公得之元年，《春秋》之《傳》終矣。其後五世百七十年，而齊、魏、楚共滅宋。

宋·楊甲《六經圖》卷一〇《宋世次》 其先契封于商，武王伐商，封武庚後，武庚亂，更封微子。自微子至穆公十四世。

元·馬端臨《文獻通考》卷二六二《封建考三·春秋列國傳授本末

事蹟·宋》 微子，殷帝乙元子紂庶兄。武王崩，武庚叛，周公討誅之，乃封微子於宋，奉殷祀。微子卒，弟微仲立，傳宋公、丁公、湣公、煬公、厲公、釐公、惠公、哀公、戴公、武公、宣公、穆公、殤公、莊公、湣公、桓公、襄公、成公、昭公、文公、共公、平公、元公、景公、昭公、悼公、休公、辟公、剔成、偃。凡三十二傳，而宋為齊所滅。

元·俞皐《春秋集傳釋義大成》卷首《春秋世次圖説·宋世次》 宋，子姓，公爵。出自商王帝乙之長庶子啓，食采於微，謂之微子。在今懷孟路武涉縣。武王克商，封武庚於殷。武庚畔，成王誅武庚，封微子於商丘，為宋公，以奉殷祀。自微子至穆公十三世。穆公七年，隱公元年也。自穆公至景公十三世。景公三十六年，魯哀公十四年也。又自景公至偃王七世，為齊、魏、楚所滅。自微子至偃王，共三十三世。

元·吴澄《春秋纂言總例》卷二《人紀·公》 宋。公爵，子姓，商之後。周武王伐商，封紂庶兄微子啓于宋，以奉湯祀。國在商丘，後為亳州應天府。傳微仲衍、公稽、丁公申、閔公共、煬公熙、厲公鮮、僖公舉、惠公覸、哀公、戴公、武公司空、宣公力、穆公和，七年入《春秋》，魯隱二年卒，殤公與夷立。魯桓二年弑，莊公馮立。魯莊二年卒，閔公捷嗣。魯莊十二年弑，桓公御説立。魯僖九年卒，襄公兹父嗣。魯僖二十三年卒，成公王臣嗣。魯文七年卒，昭公杵臼嗣。魯文十八年弑，文公鮑立。魯成二年卒，共公瑕嗣。魯成十五年卒，平公成嗣。魯昭十年卒，元公佐嗣。魯昭二十五年卒，景公頭曼嗣。二十六年《春秋》終，在位六十四年卒。又有昭公特，悼公購由，休公田，公辟兵，公剔成，公偃。至周赧王二十九年，齊、魏、楚滅之，宋亡。

元·朱公遷《詩經疏義會通》卷首《諸國世次圖·宋》 宋微子啓。紂庶兄。微仲。啓弟。宋公稽。丁公。湣公。丁子。煬公。湣弟。厲公。湣子。釐公。惠公。哀公。戴公。武公。宣公。穆公。宣弟。殤公。莊公。穆子。湣公。公子游。羣公子。桓公。襄公。成公。昭公。文公。昭弟。共公。平公。元公。景公。昭公。元曾庶孫。悼公。休公。辟公。剔公。偃。

清·馬驌《繹史》卷二八《列國傳世·宋》 宋。子姓，公爵。微子啓封於商丘，弟微仲嗣，傳至穆公七年，入春秋。

《史記》：微子開卒，立其弟衍，是為微仲。微仲卒，子宋公稽立。宋公稽卒，子丁公申立。丁公申卒，子湣公共立。湣公共卒，弟煬公熙立。煬公即位，湣公子鮒祀弑煬公而自立，曰：『我當立。』是為厲公。厲公卒，子釐公舉立。二十八年，釐公卒，子惠公覸立。三十年，惠公卒，子哀公立。哀公元年卒，子戴公立。三十四年，戴公卒，子武公司空立。十八年，武公卒，子宣公力立。十九年，宣公卒，弟和立，是為穆公。

清·馬驌《左傳事緯前集》卷七《春秋名氏譜·宋子姓》 諸公：宣公。穆公。亦曰宋公和。殤公。亦曰君與夷。莊公。亦曰公子馮、宋公馮。閔公。亦曰君捷。桓公。亦曰公子御説、宋公御説。襄公。亦曰大子兹父、宋公兹父。成公。亦曰宋公王臣、宋王臣。昭公。亦曰君杵臼。文公。亦曰公子鮑、宋公鮑。共公。平公。亦曰世子成、宋公成。元公。亦曰世子佐、大子佐、宋公佐。景公。亦曰大子欒。昭公。亦曰得。

清·嚴虞惇《讀詩質疑》卷首一《列國世譜·商》 （周武王）封其子武庚為殷後，武庚與管叔、蔡叔畔，成王命周公誅之，而立微子開於宋，續殷祀。十三世至繆公，入春秋。五世而襄公霸諸侯。又七世至景公，春秋終。又六世至王偃，齊、魏、楚滅之。

清·鍾淵映《歷代建元考》卷三《春秋戰國諸侯考·宋》 子姓，公爵。周封殷帝乙之元子啓為成湯後。微子啓。微子衍。宋公稽。丁公申。湣公共。煬公熙。厲公鮒祀。僖公舉。二十八年；惠公覸。三十年；哀公。元年；戴公。三十四年；武公司空。十八年；宣公力。十九年；穆公和。九年；殤公與夷。十年；莊公馮。十九年；閔公捷。十年；桓公御説。三十一年；襄公兹父。十四年；成公王臣。十七年；昭公杵臼。九年；文公鮑。二十二年；共公瑕。十三年；平公成。四十四年；元公佐。十五年；景公頭曼。六十四年；昭公得。四十七年；悼公購繇。八年；休公田。二十三年；辟公。三年。《竹書》作桓公；君剔成。四十一年；康王偃。四十七年為齊與楚、魏所滅。

右宋三十二世，八百二十八年。起周成王戊子，訖赧王乙亥。

清·姚彦渠《春秋會要》卷一《世系·宋》 宋。子姓，公爵。殷後，微子啓始封。傳十四世至穆公，入春秋。

穆公，名和，武公子，宣公弟。七年爲魯隱公元年，在位九年。謚曰

『穆』。

殤公，名與夷，宣公子。魯隱公四年立，在位十年，爲華督所弑。謚曰『殤』。

莊公，名馮，穆公子。魯桓公二年立，在位十八年。謚曰『莊』。

閔公，名捷，莊公子。魯莊公三年立，在位十年，爲宋萬所弑。謚曰『閔』。

桓公，名御説，莊公子，閔公弟。魯莊公十三年立，在位三十一年。謚曰『桓』。

襄公，名兹父，桓公子。魯僖公十年立，在位十四年。謚曰『襄』。

成公，名王臣，襄公子。魯僖公二十四年立，在位十七年。謚曰『成』。

昭公，名杵臼，成公子。魯文公八年立，在位九年，爲國人所弑。謚曰『昭』。

文公，名鮑，成公子，昭公弟。魯文公十七年立，在位二十二年。謚曰『文』。

共公，名固，文公子。魯成公三年立，在位十三年。謚曰『共』。

平公，名成，共公子。魯成公十六年立，在位四十四年。謚曰『平』。

元公，名佐，平公子。魯昭公十一年立，在位十五年。謚曰『元』。

景公，名頭曼，一作欒。元公子。魯昭公二十六年立，在位四十八年。謚曰『景』。

論説

《史記》卷一三〇《太史公自序》 嗟箕子乎！嗟箕子乎！正言不用，乃反為奴。武庚既死，周封微子。襄公傷於泓，君子孰稱？景公謙德，熒惑退行；剔成暴虐，宋乃滅亡。嘉微子問太師，作《宋世家》第八。

宋·胡安國《胡氏春秋傳》卷首《春秋諸國興廢説·宋》 子姓，公爵。周二王後，出自商王帝乙之長庶子啓，食采於微，謂之微子。紂為不道，微子抱祭器以奔周。武王誅紂，立其子武庚。武庚以三監畔，成王誅之，中分其地，封微子為宋公，以奉湯祀，禮樂車服悉如商舊，作賓王家。其地應天府睢陽是也。其後數世孫穆公和之七年，魯隱公立。景公三十六年，西狩獲麟。後六世二百七年，而齊、魏、楚共滅其國。

宋·程公説《春秋分記》卷六三《宋世本第二》 右宋始終《春秋》凡十三公，書『卒』者九，有故者三。景公後，《春秋經》終，景公子昭公得元年，《左氏》之《傳》終矣。後五世一百七十年，而齊、魏、楚共滅之。

論曰：宋，王者之後而中國之望也。齊、晉之伯，可稱者三君，未嘗不加意於宋。桓公之興，首會北杏，以平宋亂；會鄄，以求其服，急於得宋如此。暨其既得，則為之伐附庸之郳，伐隣怨之鄭，求以懷宋。諸侯之望既歸，而始霸之烈以定。大國言齊宋，凡齊之盟會征伐，無不與焉。荆始伐鄭，而救之之師出於魯、齊、宋，則齊之所仰，亦以天下之望也。桓公既沒，襄公於是乎欲繼齊之伯，一盟曹南，諸侯寖寖從之，乃不能內自省德，急於合諸侯，執滕子嬰齊，非伯討不足以示威，盟曹而復圍之，非同志不足以示信，甚則與楚盟會，豈攘夷狄、尊王室之義乎？《春秋》『人』宋公，於鹿上之盟、盂之會，直書其事而不隱，于泓之敗，詞繁不殺，所以深貶之也。然襄公圖霸，則失之矣，而宋為諸侯之望，曾不改舊。故晉文公之興，急於恤宋；悼公之興，急於救宋。出穀戍，釋宋圍，執曹伯，畀宋人，於是乎成一戰之霸；師台谷，退楚兵，討魚石，從宋志，於是乎成三駕之功。若曰宋人告急，舍之則絶。又曰成霸安疆，自宋始矣。此足以驗當時之大勢矣。故余序宋於晉、齊之後，而備論其故云。

宋·李琪《春秋王霸列國世紀編》卷二《列國先代之後世紀·宋》 宋，微子之後也。周公誅武庚，分殷餘民，封微子於宋。傳十三世，當穆公七年，為魯隱公元年。《春秋》終始宋十三公，迄於景公三十六年，實魯哀公十四年。自景七世偃僭稱王，齊、魏、楚共滅之。襄伯中國事，在《宋伯襄紀》，餘別為《宋世紀》云。

序宋世紀曰：宋，先代之後也。《春秋》書宋之事，嘗多假借之文，若外災不書而宋獨書，外異不記而宋獨記，凡以異之也。列國會盟，自陳以舜後而嘗後於蔡，杞以夏餘而嘗不先於邾，二百四十二年之中，獨宋常書『公』，以列於諸侯之上，其尊之也亦至矣。《春秋》之所以拳拳於宋者，果何意哉？以宋為聖人之故歟？則《春秋》非一家之史，不宜獨私宋也。以宋爵諸侯之尊歟？則州公、郭公皆其稱公，亦不宜獨予宋也。然則謂其封壤之大，有加於列國歟？則地僅比於魯、衛，民不亢於齊、晉。謂其兵爭之少，無得罪於諸侯歟？則仇衛敵魯，抗齊陵邾，治滕虐曹，干戈之事殆無以異於他國。意者其賢君之多能不替其先代立國之意歟？則廢居正之義，啓爭國之謀，基宋之禍者穆也；以除害而惡鄭，以阻兵而黨衛，成穆之亂者殤也；扶同惡以成稷之會，志黷貨以啓鄭之戰，踵殤之覆轍者莊也；納朔以抗王人之命，黨齊以稔善鄰之仇，履殤之危禍者閔也；會北杏以倡從齊之謀，遇梁丘以固輔齊之好，無役不會，無盟不從，此桓公之所以僅稱賢也。襄公圖伯，不終其事，淺矣。成公從伯之善，不足以蓋從楚之非。昭公去宗室之惡，適足以稔堅冰之釁。文公因國人以有宋，雖與晉三盟而猶不忘從楚之好。共公之從列國以盟楚，雖與晉四會，而猶不能弭其駕宋之鋒。平公不能強公室，故魚氏始禍，自彭城也。元公不能制其大夫，故華、向召亂，由南里也。景公不能室其私寵，故向魋啓釁，入于蕭也。反覆十三君之行事，亦未有可稱，而《春秋》所為拳拳於宋者，豈無意乎？蓋其故家遺俗，流風善政，考之《春秋》未盡亡也。然僅有之善，旋亦失之，何則？春秋之季，不令之臣專祿周旋，何國蔑有？而一時諸侯，猶曰惟宋事其君也。先王之典廢弃不存，列國皆是，而一時諸侯，猶必曰於宋乎觀禮。御說之賢，稔於諸侯之聞；向戌之能，卓為諸侯之選。孔父之義，子哀之清，屹然衰世之俗。皆有以取貴乎《春秋》，則其人物之著見，亦庶幾無忝於前哲之舊。謂其風聲氣習泯無可稱，固不可也。然自司馬不能勝子弟之讒，右師不能明君臣之訓，人才之賢，無復齒舊。異時六禮之獻，委於荆楚，百牢之餼，屈於強吳，則典禮亦紊，寧復故常？甚至大心不輸王粟，仲幾不受晉功，則宋公之故為諸臣者，盡忘之矣。彼當時之諸侯，猶類曰宋，湯之後也；曰宋，周之客也。吁！宋之為宋，文獻之存者能幾何哉？雖然，《春秋》之所為拳拳於宋者，必有意也。嘗即《商頌》之《那》而考之，蓋自微子至於戴公，其間禮樂廢壞，亦既久矣。聖人刪《詩》，收拾散亡之後，而猶必存其《頌》聲於三百五篇之末，果何説邪？思昔成王，建微子於上公，以尹東夏，而命之以《書》，一則曰崇德象賢也，二則曰率由舊章，其崇先代之統，重三恪之賓意，如此其厚也。宋之子孫能修其禮物，以率先王之舊，則成湯、武丁之澤，豈遽至於泯然而不繼歟？一代文獻之美，豈遽至於蕩然而無足觀歟？先儒論聖人存《商頌》之意，以為著三統之相承，明王澤之相續，是則《春秋》拳拳尊宋之意。不然，文獻不足，夫子常嘆之矣，於宋何取乎？

又　卷一《霸世紀·宋襄公》　宋襄元年，在僖九年，蓋葵丘會盟，已嘗與也。十七年，小白卒。十八年，宋始主諸侯。伯雖未成，事不可泯。迄僖二十三年，為《宋襄紀》。

序宋伯襄紀曰：謂《春秋》不與宋襄之伯，可乎？則襄公之始，嘗以伯書。謂春秋為與宋襄之伯乎？則襄公之終，不以伯録。始以伯書者，曹南之文曰宋公、曹人、邾人，其與北杏、城濮主諸侯之辭無異矣。終不以伯録者，宋公茲父卒，略不書葬，其與秦、楚之君無別矣。《春秋》忠厚之法，蓋致意乎始而不足乎終者也。何以致意乎始？宋以先代文獻之後，爵居庶邦侯伯之長。齊、晉猶可以伯，豈宋之不可以伯哉？能伯矣，何以不足乎終？齊桓終身之經營，獨取於《春秋》者，徒以有靖中國之功。襄公非特無功，而又階亂，則伯將何賴焉？或曰襄公假仁義而亡者也。曰：苟能假仁義，則不遽亡也。然襄公亦豈知所謂仁義哉？伐喪以立威，仁悖之甚者也；致夷以謀夏，義墮之大者也。推是物以往，雖欲假仁與義，不能矣。

宋·黄震《黄氏日抄》卷四六《讀史一·史記·宋世家》　《世家》之首，併叙三仁，明微子歸周之本心者，善矣。宣公舍子與夷而立弟穆公，穆公不敢忘德，將死復立與夷為殤公。殤公立十年，十一戰而宋始亂。是穆賢而殤不肖，甚明。宣之讓賢也，甚公，亂不始于宣之讓也。史譏宣公廢太子而立弟，國以不寧者十世。春秋之世無寧國，豈皆讓使之然歟？其後襄公讓弟目夷，不果，襄公卒以不用目夷之言而敗。向使目夷為之君，宋未可量也。讓豈階亂之舉哉？當是時，人君溺私愛，廢嫡立庶，或以弟弑兄而攘其國，子孫干戈相尋者總總也。史不之譏而譏宋宣之讓，何也？且襄公初欲讓國目夷，不果，則相之，知其賢於己也，而卒不用。知賢而不能用，襄蓋妄人耳。史反多其禮讓，又何歟？熒惑守心，景公憂之。司星子韋勸其移于相，不可；移于民，不可；移于歲，又不可。子韋稱天高聽卑，君有君人之言三，熒惑宜有動候之，果徙三度。感應之機何速耶？王充《論衡》嘗斥其妄，殆正論也。

太史公稱襄公修仁行義，其大夫正考父美之，追道契、湯、高宗殷所以興，作《商頌》。注謂《韓詩・商頌》亦美襄公。殆有據之言歟？然與今《詩序》不合，而《詩序》作於衛宏，在太史公後，蓋毛、韓之《傳》不同爾。

元・齊履謙《春秋諸國統紀目録・宋國春秋統紀第三》　《公羊氏》曰：『大國言齊、宋。』夫宋，王者之後而中國之望也。陳，舜之後也。杞，夏之後也。宋，商之後也。原其始封，皆公爵也，而在《春秋》，陳但稱侯，杞則始稱侯，至莊之二十七年書伯，僖之二十三年降而書子。訖春秋之世，凡三書而三降焉。惟宋獨終始公爵。雖襄公圖霸無功，戰敗身傷，而宋為諸侯之望，曾不改舊。故晉文以解宋圍，而成一戰之霸；悼公以討魚石，而興三駕之功。《春秋》外平不書，至宋、楚平則書之，其大勢可見矣。故敘《宋國春秋統紀》第三。

明・陳士元《名疑》卷二　武王封微子啓於宋，以奉殷祀。啓弟衍，是為微仲，衍名、仲字也。《家語》云：微子弟仲思，名衍，一名泄。《禮記》云：微子舍其孫腯而立衍。『腯』一作『質』。《宋世家》厲公鮒一作『魴』。文公鮑一作『鮑革』。襄公慈父《春秋》作『茲父』，《公羊》作『慈』。成公王臣《穀梁》作『壬臣』。昭公杵臼《公羊》作『處』。宋有兩昭公，一名杵臼，《年表》云襄公之子，徐廣云成公少子。一名得，元公庶曾孫，公子周之子也。『得』一作『特』。公子周一作『公子糾』。辟公兵一作『桓侯辟兵』，一作『桓侯璧兵』，一作『桓侯璧』。

清・李鍇《尚史》卷一〇七《附序傳》　聖嗣道統，不私大物。薙味植仁，得我微子。甫尋白馬，用備周恪。宣、穆親親，召亂蒙惡。譬酒云薄，匪煬為虐。作《宋世家》第七。

鄭世系分部

綜　述

晉・杜預《春秋釋例》卷九《世族譜・鄭》　鄭國，姬姓，周厲王子宣王母弟桓公友之後也。宣王封友于鄭，今京兆鄭縣是也。及周幽王無道，友徙其民于虢、鄶，虢、鄶之君分其地，遂國焉，今河南新鄭縣是也。莊公之二十二年，魯隱公之元年。聲公二十年，獲麟之歲也。三十三年，而《春秋》之《傳》終矣。聲公三十七年卒。自聲公以下五世八十七年，而韓滅鄭矣。

桓公，友。武公，滑突。莊公，寤生。公子忽，太子忽昭公也。公子突，厲公突。文公，捷，鄭捷。公子蘭，太子穆公蘭。太子夷，靈公子蠻。公子堅，襄公堅。悼公，費。成公，睔。太子髡頑，僖公。簡公，嘉。定公，寧。獻公，蠆。聲公，勝。

宋・楊甲《六經圖》卷一〇《鄭世次》　鄭桓公友，厲王少子、宣王庶弟。宣王封于鄭。犬戎殺桓公，鄭人立其子武公，武公子莊公。

元・馬端臨《文獻通考》卷二六二《封建考三・春秋列國傳授本末事蹟・鄭》　桓公友，周厲王少子，宣王庶弟。宣王封友於鄭。桓公子武公傳：莊公、厲公、昭公、子亹、子儀、文公、穆公、靈公、襄公、悼公、成公、釐公、簡公、定公、獻公、聲公、哀公、共公、幽公、繻公、君乙。凡二十三傳，而鄭為韓所滅。

元・俞臯《春秋集傳釋義大成》卷首《春秋世次圖説・鄭世次》　鄭，姬姓，伯爵，出自周厲王少子友。宣王封友於王畿内咸林之地，是為鄭桓公。子武公從平王東遷，後取虢、鄶之地，定都溱洧而施舊號於新邑，是為新鄭。自桓公至莊公三世。莊公二十三年，魯隱公元年也。自莊公至聲公，除子嬰，計十三世。聲公二十年，魯哀公十四年也。聲公之後又八世，為韓所滅。共二十三世。

清・馬驌《左傳事緯前集》卷七《春秋名氏譜・鄭姬姓》　諸公：

武公。莊公。亦曰鄭伯寤生。昭公。亦曰世子忽、大子忽、鄭忽、公子忽、忽。厲公。亦曰公子突、鄭伯突。子亹。子儀。亦曰鄭子。文公。亦曰鄭伯。穆公。亦曰公子蘭、鄭伯蘭。靈公。亦曰大子夷、君夷、幽公、子蠻、子貉。襄公。亦曰公子堅、鄭伯堅。悼公。亦曰鄭伯費。成公。亦曰鄭伯睔。僖公。亦曰大子髡頑、鄭伯髡頑。簡公。亦曰鄭伯嘉。定公。亦曰鄭伯寧。獻公。亦曰鄭伯蠆。聲公。亦曰鄭勝。

清·嚴虞惇《讀詩質疑》卷首一《列國世譜·鄭》 鄭桓公友，宣王弟，封於鄭，為周司徒。幽王之末，寄孥於虢、鄶，遂居之。犬戎弑幽王，桓公死焉。子武公掘突立，復為司徒。當周平王時，鄭之變風作。卒，子莊公寤生立，克弟叔段，入春秋。卒，子昭公忽立。弟突與昭公爭國，祭仲逐昭公而立突，是為厲公。厲公欲殺祭仲，不克，出奔蔡，昭公歸鄭。高渠彌弑昭公，立子亹。齊襄公殺子亹，祭仲立子儀，傅瑕又殺子儀，納厲公。厲公卒，子文公捷立。卒，子穆公蘭立。自穆公已下無《詩》。後十四世至君乙，韓滅之。

清·鍾淵映《歷代建元考》卷三《春秋戰國諸侯考·鄭》 姬姓，伯爵。周宣王以封其弟友。桓公友。三十六年；武公掘突。二十七年；莊公寤生。四十三年；厲公突。四年出奔；昭公。復入二年；子亹。元年；鄭子儀。十四年；厲公。復位七年；文公捷。四十五年；穆公蘭。二十二年；靈公夷。元年；襄公堅。十八年；悼公濆。二年；成公睔。十四年；僖公髡頑。五年；簡公嘉。三十六年；定公寧。十三年；獻公蠆。十三年；聲公勝。三十七年；哀公易。八年；共公丑。三十年；幽公已。元年；繻公駘。二十七年；康公乙。二十二年為韓所滅。

右鄭二十三世，四百三十二年。始周宣王乙未，訖烈王丙午。

清·姚彥渠《春秋會要》卷一《世系·鄭》 鄭。姬姓，伯爵，厲王子友始封。傳三世，至莊公，入春秋。

莊公，名寤生，武公子。二十二年，爲魯隱公元年，在位四十三年。謚曰『莊』。

厲公，名突，莊公子。魯桓公十二年立。在位四年，祭仲弑雍糾，公奔蔡。歷十六年，公復人，又在位八年。謚曰『厲』。

昭公，名忽，莊公子。莊公薨，公立。宋人執祭仲，脅立厲公，公奔衛，及厲公出，公乃入，在位二年，爲高渠彌所弑。謚曰『昭』。

子亹，莊公子，昭公弟。魯桓公十八年立。在位一年，爲齊人所殺。無謚。

子儀，莊公子，昭公弟。魯莊公元年立。在位十三年，爲傅瑕所弑。無謚。

文公，名捷，厲公子，魯莊公二十二年立，在位四十五年。謚曰『文』。

穆公，名蘭，文公子。魯僖公三十三年立，在位二十二年。謚曰『穆』。

靈公，名夷，穆公子。魯宣公四年立。在位一年，爲公子歸生所弑。謚曰『靈』。

襄公，名堅，穆公子，靈公弟。魯宣公五年立，在位十八年。謚曰『襄』。

悼公，名費，襄公子。魯成公五年立，在位二年。謚曰『悼』。

成公，名睔，靈公子。魯成公七年立，在位十四年。謚曰『成』。

僖公，名髡頑，成公子。魯襄公三年立。在位五年，爲子駟所弑。謚曰『僖』。

簡公，名嘉，僖公子。魯襄公八年立，在位三十六年。謚曰『簡』。

定公，名寧，簡公子。魯昭公十三年立，在位十六年。謚曰『定』。

獻公，名蠆，定公子。魯昭公二十九年立，在位十三年。謚曰『獻』。

聲公，名勝，獻公子。魯定公十年立，在位三十八年。謚曰『聲』。

論說

《史記》卷一三〇《太史公自序》 桓公之東，太史是庸。及侵周禾，王人是議。祭仲要盟，鄭久不昌。子產之仁，紹世稱賢。三晉侵伐，鄭納於韓。嘉厲公納惠王，作《鄭世家》第十二。

宋·胡安國《胡氏春秋傳》卷首《春秋諸國興廢說·鄭》 姬姓，伯爵，出自周厲王少子友，宣王母弟也。宣王二十二年，封友於鄭，在滎陽宛陵西南，密邇王畿，秦京兆、漢華陰之鄭縣是也。幽王之難，友寄帑於虢、鄶之間，因取二國地。前華後河而食溱洧，在濟西、洛東、河南、潁北四水間，謂之新鄭。友卒，謚桓公。友相幽王，其子武公掘突、孫莊公寤生，皆相平王，為司徒者三世。莊公二十二年，魯隱公即位，《春秋》作。聲公二十年，西狩獲麟。後一百四年，韓哀侯滅其國。

宋·程公説《春秋分記》卷七〇《鄭世本第三》 右鄭始終《春秋》凡十六公，書『卒者』十一，不書者三，有故者一。聲公後，《春秋經》終。自聲公以下五世八十七年，而韓滅之。

論曰：楚方北征諸夏，而陳、蔡、許、鄭適當其衝。其為國也，難哉！陳、蔡、許始終春秋，甘心為楚之從，而鄭介于晉、楚，謀國得失之異，可覆視也。善乎蘇轍、劉安世之推言之也。轍之論曰：鄭之諸公，桓、武之後稱莊公。然其為人，喜權而任數，桓、武之風衰焉。叔段之亂，諸大夫皆欲早為之所，莊公之明足以制之，然釋而不問，俟其惡成，而後加之以大戮。此非不忍於弟，蓋忍之至也。孔子深探其心，書曰『鄭伯克段于鄢』，而《左氏》謂之『鄭志』，蓋謂此也。周平王、桓王貳於虢公，莊公既質王子，取麥禾矣，則又率齊而朝之，伐宋而説之。政不可得，於是兵交中原，射王中肩。嗚呼！其忮心發于中，卒不可制蓋如此。鄭自莊公始畏楚，穆、襄之後無歲不被晉楚之兵。子駟、子展為政，不知所出，惟其來者與之，鄭幾于亡。及晉悼公三師諸侯，以敝楚師，楚不能爭，而子產受之，以禮自固，雖晉、楚之暴，不能加焉。《詩》曰：『誰能執熱，逝不以濯？』又曰：『無競維人，四方其訓之。』吳季札過鄭謂子產：『政將及子，子為政，必慎以禮。不然，鄭國將敗。』子產用之，鄭以復安。如季子，可謂知務矣哉！安世之語曰：鄭蕞爾國，又時有君臣之亂，其後得子產，然後鄭乃安。然子產為相時，晉、楚漸衰，又能事晉、楚大夫，故終子產世，可保無事。區區小國，攝乎大國之間，自保已為難。若妄作，則滅亡矣。《傳》稱子產善相小國，謂此也。故兼取之，使學者由此以考鄭一代之行事，蓋信而有證云。

宋·李琪《春秋王霸列國世紀編》卷二《列國同姓世紀·鄭》 鄭之始封自桓公，桓公乃厲王之昭、宣王之弟也。自桓公寄帑於虢，會，武公從王東遷，卒定其地而食溱洧焉。莊公繼立，二十二年當魯隱公元年，實春秋之始。閔世十四至聲公，二十年當魯哀公十四年，為春秋之終。聲公以降，歷七世而韓滅鄭。

序鄭世紀曰：觀春秋之世變，於鄭蓋可觀矣。鄭之為國，邇於周畿而介乎齊、晉、楚之間。方其初也，一舉動而係王朝之輕重，及其後也，一向背而關中外之盛衰。鄭固春秋要領之國，然鄭在隱、桓之春秋，王室之罪人，在莊、僖以後之春秋，伯者之罪人也，在襄、昭以後之春秋，當時諸侯之罪人也。觀周桓公言於王曰：我周之東遷，晉鄭焉依。王子朝告於諸侯之辭亦曰：惠襄之難，則有晉鄭咸黜不端鄭疑未有罪於王室也。然由君子之論夾輔之績，不足以贖交惡之誅；綏定之美，不足以掩敵戰之惡。況入春秋以來，未有言克其弟者，而克段之舉，始冒周官賊親之刑。未有言伐人國者，而伐衛之師，始蹈敵國相征之禁。未有言歸人邑，而歸祊之謀，始犯諸侯專地之戒。當是之時，列國爭兵，曾未有先，莊公以詭譎之雄，日爭尋常，以盡其民，蓋未足論也，而殲天倫，墮王法之大者，皆昉於鄭焉。以先王之禮考之鄭，豈非王室之罪人歟？莊、僖之後，王政日微矣。堅事伯主，以蕃王室，是猶愈於事楚也，而鄭之君臣，念不及是。借曰泓不振旅，是宋襄之所以失鄭；邲不復從，是晉景之所以不克爭鄭。棐林之役，伐而不從，猶曰晉實不競；鄢陵之役，勝而不服，猶曰晉實不德。而盟幽未幾，亟有鄭詹之執；召陵既退，尚勤新城之圍。是何邪？又況戰城濮之明年，遂敢於背翟泉之盟；城虎牢之十載，姑黽勉聽命於蕭魚之集。以為晉、楚之間，强令是從，則文公一戰之威，非楚匹矣。以為晉、楚無德，來者是與，則悼公五會之信，非楚敵矣。鄭何難於背楚，何易於弃晉若是哉？是則從楚者，鄭之欲也。昔成王命太公曰：五侯九伯，女實征之。平王命文侯曰：與鄭夾輔周室，毋廢王命。以先王之訓考之，鄭又豈非伯者之罪人歟？然襄、昭以後，宋盟申，會諸侯，兩屬於晉、楚者二十餘年。自是晉、楚俱弱，無力爭之事，鄭宜有以立國矣，而復附齊、衛，抗晉、宋，終歲勤動，迄無所成。考其一國之政，乃冥冥轉移於七穆之手，蓋子駟之專，移之於子孔；子孔之誅，則移之於伯有；伯有之誅，則移之於子皙。槖甲以爭室，而不暇問；矯盟以專伐，而不能禁。非子產補弊支傾，任忠才，斃强侈以救之，鄭之亟亡，不待數世之後矣。末年宋公子地之叛，而大夫為老丘之役以奬地；

晉趙鞅之亂，而大夫為鐵之役以助鞅。是鄭國惟大夫之所為。當時田氏專齊，三家擅魯，六卿分晉，七穆有鄭，蓋相視而莫相正也。然諸侯無專殺而殺有罪者與之，無外討而討有罪者善之，繩以《春秋》之法，則鄭又豈非諸侯之罪人也歟？夫以二百四十二年之鄭，君臣上下，相與謀其國者，始於上陵，終於下抗，中於從于强令，無一可以為長世保民之道，欲後亡得乎？抑嘗觀之《詩》，《鄭風》二十有二篇，《清人》而下五詩，皆刺其不能遠小人而近忠賢；《雞鳴》而下五詩，皆刺其失婚姻之道，無室家之節。夫不信仁賢，則國空虛，無禮義，則上下亂，鄭胥有之矣。渾罕之言曰：鄭先衛亡，偪而無法。以經考之，鄭之先亡，豈直無法之罪哉？

宋·黃震《黃氏日抄》卷四六《讀史一·史記·鄭世家》 鄭小國，介於晉、楚，服晉則楚伐，服楚則晉伐。至簡公世，兩親晉、楚。及子產為卿，國安靜者數十年，賢之有益於人國如此。夫此鄭人哭其死如親戚，而孔子亦泣其為古之遺愛也。

明·陳士元《名疑》卷二 周宣王封母弟友於鄭，是為桓公。桓公子武公掘突，掘音鶻，一作『忽突』，譙周作『突滑』，《索隱》作『滑突』。然桓公之孫昭公忽，厲公突，祖孫同名，故《索隱》又以掘突為武公字。《左傳》鄭子儀，《世家》『儀』作『嬰』。悼公費一作『濆』，一作『沸』，一作『弗』。釐公惲一作『髡原』。成公庶兄繻一作『纏』。幽公弟駘，是為繻公，一作『繚』。鄭君乙或作『陽』，或作『乙陽』

清·李鍇《尚史》卷一〇七《附序傳》 濟、洛、河、潁，寄地十邑。鄭桓雖隕，厥土滋廣。僑佐二君，典刑用輯。兩介大邦，代服交猷。作《鄭世家》第八。

吳世系分部

綜　述

《世本·諸侯世本·吳》 夷昧及僚，夷昧生光。夫差，吳子光之子。

《史記》卷三一《吳太伯世家》 吳太伯、太伯弟仲雍，皆周太王之子而王季歷之兄也。【略】太伯卒，無子，弟仲雍立，是爲吳仲雍。仲雍卒，子季簡立；季簡卒，子叔達立；叔達卒，子周章立。是時周武王克殷，求太伯、仲雍之後，得周章，周章已君吳，因而封之，乃封周章弟虞仲於周之北故夏虚，是爲虞仲，列爲諸侯。周章卒，子熊遂立；熊遂卒，子柯相立；柯相卒，子彊鳩夷立；彊鳩夷卒，子餘橋疑吾立；餘橋疑吾卒，子柯盧立；柯盧卒，子周繇立；周繇卒，子屈羽立；屈羽卒，子夷吾立；夷吾卒，子禽處立；禽處卒，子轉立；轉卒，子頗高立；頗高卒，子句卑立。是時晉獻公滅周北虞公，以開晉伐虢也。句卑卒，子去齊立；去齊卒，子壽夢立，壽夢立而吳始益大稱王。自太伯作吳，五世而武王克殷，封其後爲二：其一虞，在中國；其一吳，在夷蠻。十二世而晉滅中國之虞，中國之虞滅二世，而夷蠻之吳興。大凡從太伯至壽夢十九世。

漢·趙煜《吳越春秋》卷一《吳太伯傳》 吳之前君太伯者，后稷之苗裔也。【略】太伯殂卒，葬於梅里平墟。仲雍立，是為吳仲雍。仲雍卒，子季簡，簡子叔達，達子周章，章子熊，熊子遂，遂子柯相，相子彊鳩夷，夷子餘喬疑吾，吾子柯廬，廬子周繇，繇子屈羽，羽子夷吾，吾子禽處，處子專，專子頗高，高子句畢立。是時晉獻公滅周北虞虞公，以開晉之伐虢氏。畢子去齊，齊子壽夢立，而吳益彊稱王。凡從太伯至壽夢之世，與中國時通朝會，而國斯霸焉。

晉·杜預《春秋釋例》卷九《世族譜·吳》 吳國姬姓，周太王之子太伯、仲雍之後也。太伯、仲雍讓其弟季歷，而去之荆蠻，自號勾吳，或工吳。勾、工，夷言發聲也。太伯無子而卒，仲雍嗣之。當武王克殷，而因封其曾孫周章于吳，為吳子，又別封章弟虞仲于虞。自太伯五世而得封，十二世而晉滅虞，虞滅而吳始大，至壽夢而稱王。壽夢以上，世數可知而不紀其年。壽夢之元年，魯成公之六年也。夫差十五年，獲麟之歲也，二十三年，魯哀公之二十二年，而越滅吳矣。

泰伯。仲雍。吳子乘，壽夢。吳子諸樊，遏。吳子餘祭，戴吳。吳子夷末，句餘。州于，僚。公子光，闔閭吳子光。夫差。

唐·陸廣微《吴地記》 周太王三子：長曰泰伯，次曰仲雍，次曰季歷。季歷賢而生聖子文王昌，昌必有天下，故泰伯以天下三讓於季歷焉。周與吴，皆后稷之後，姓姬氏。吴國泰伯在位四十九年，無子，弟仲雍立。周繇王在位三十七年。子熊遂立之；熊遂在位四十九年。子早軫立之；早軫在位五十九年。子款吾立之；款吾在位三十八年。子款兄夷處立之；夷處在位三十九年。姪璧羽立之；璧羽在位三十六年。子齊玄立之；齊玄在位五十年。子柯盧立之；柯盧在位二十七年。弟柯轉立之；柯轉在位二十四年。子嬌夷立之；嬌夷在位二十四年。姪鵑夷立之；鵑夷在位三十年。子界嗣立之；界嗣在位三十五年。子知濟立之；知濟在位二十七年。子諸樊立之；餘濟在位十七年。弟餘昧立之；餘昧在位二十一年。子僚立之；子僚在位十三年。堂弟子光立之；子光在位二十年。子光諸樊之子，殺僚篡位，號闔閭。子夫差立之；夫差在位二十三年。為越王句踐所殺國滅。已上計二十五王，治國總六百二十四年。

宋·楊甲《六經圖》卷一〇《吴世次》 吴太伯奔荆蠻，自號句吴。武王封其後于吴，自太伯至壽夢十九世，始稱王。

元·馬端臨《文獻通考》卷二六二《封建考三·春秋列國傳授本末事蹟·吴》 太伯與弟仲雍，皆周太王之子，王季歷之兄。季歷賢而有聖子昌，太王欲立季歷以及昌，太伯、仲雍乃奔荆蠻，文身斷髮，示不可用，以避季歷。季歷立，太伯在荆蠻，自號句吴，荆蠻義之，歸者千餘家，立為吴太伯。太伯卒，弟仲雍立。仲雍子季簡傳：叔達、周章、熊遂、柯相、彊鳩夷、餘橋疑吾、柯盧、周繇、屈羽、夷吾、禽處、轉、頗高、句卑、去齊、壽夢、諸樊、餘祭、餘昧、僚、闔盧、夫差，凡二十五傳，而吴為越所滅。

元·俞皐《春秋集傳釋義大成》卷首《春秋世次圖説·吴世次》 吴，姬姓，子爵。出自周太王長子太伯與弟仲雍遜王季位，逃之荆蠻。太伯卒，仲雍嗣立。武王封周章為吴子。自太伯至壽夢十九世。當魯成公六年，始見《春秋》。自壽夢至夫差七世。夫差十五年，魯哀公十四年也，《春秋》終。後八年，為越所滅，共二十六世。

清·馬驌《左傳事緯前集》卷七《春秋名氏譜·吴姬姓》 諸君：壽夢。亦曰吴子乘。諸樊。亦曰吴子遏。餘祭。亦曰戴吴。夷昧。亦曰夷末、句餘。州于。亦曰君僚。闔盧。亦曰公子光、吴光、吴子光。夫差。

清·鍾淵映《歷代建元考》卷三《春秋戰國諸侯考·吴》 姬姓，子爵。周太王長子泰伯逃于勾吴，荆蠻立為君，後武王因而封之。太伯。仲雍。季簡。叔達。周章。熊遂。柯相。彊鳩夷。餘播疑吾。柯盧。周繇。屈羽。夷吾。禽處。君轉。頗高。句卑。去齊。王壽夢乘。二十五年；王諸樊遏。十三年；王餘祭。十七年；王餘昧。四年；王僚。十三年；王闔盧光。十九年；王夫差。二十三年為越滅。

右吴二十五世，七世稱王，七百二十餘年。始殷祖甲末，訖周元王戊辰。

清·姚彦渠《春秋會要》卷一《世系·吴》 吴。姬姓，子爵，周太伯後，周章始封，傳十四世及壽夢，始見《春秋》。自是日益强大，僭称王。

壽梦，名乘，去齊子。魯成公六年立，在位二十五年。

諸樊，名遏，壽夢子。魯襄公十三年立，在位十三年。

餘祭，名戴，諸樊弟。魯襄公二十六年立。在位四年，爲閽人所弑。

夷昧，名句餘，餘祭弟。魯襄公三十年立，在位十七年。

王僚，名州于，夷昧子。魯昭公十六年立。在位十二年，爲光所弑。

闔盧，名光，諸樊子。魯昭公二十八年，弑僚自立，在位十九年。

夫差，闔盧子。魯定公十五年立。在位二十三年，爲越所滅。

論説

《史記》卷一三〇《太史公自序》 太伯避歷，江蠻是適；文、武攸興，古公王跡。闔盧弑僚，賓服荆楚；夫差克齊，子胥鴟夷；信嚭親越，吴國既滅。嘉伯之讓，作《吴世家》第一。

宋·胡安國《胡氏春秋傳》卷首《春秋諸國興廢説·吴》 姬姓，子爵。出自周太王長子太伯，與其弟仲雍避少弟季歷賢而有聖子，去之荆蠻，號曰句吴。端委以治周禮，荆蠻義之，歸者千餘家，為吴太伯。太伯卒，仲雍嗣立。斷髮文身，羸以為飾，遂不通中華。後十七世，當春秋魯成公六年。其後闔盧之子夫差，以强暴霸中國。夫差十五年，春秋終。後八年，為越句踐所滅。

宋·程公説《春秋分記》卷七八《吴世本》　右吴始終《春秋》凡七君，書『卒』者四，有故者二。惟夫差後，《春秋經》終。哀二十二年，越滅之。

論曰：吴國於東南而近楚，故其通於中國也，道遠而艱，其接於荆楚也，境近而切。考之《春秋》：宣八年及越從楚盟，始見于《傳》；成七年吴伐郯，始見于《經》。蒲及雞澤之會，以道遠不至，而于鍾離，于善道，于柤，皆於楚地焉，就而會之。其交于中國者，于戚于向而止爾。蓋聽會同之外，無他事。今日而入州來，明日而滅州來，今日而楚伐吴，明日而吴敗楚，由巫臣通吴而後，楚屢疲於奔命，無復異時。城濮、鄢陵之戰吾中國，則吴人之為也。故論者多以通吴制楚，為晉之權。抑不思自晉通吴，其後魯亦援之以戰齊，吴遂乘之以駕晉，則資之以利者，適以貽中國之大患。然後知古先聖人謹内外之防而絶外援之意，足以為萬世鑒。自郯之伐至黄池之會，凡一百有二年。微之不謹，末流必至，於是《春秋》傷之，始書吴伐郯，吴入州來，末書公會晉侯及吴子于黄池，於越入吴，而《春秋》終焉。則尊王室、攘僭竊之分嚴，而得失成敗之勢，楚、吴、越盛衰之變，可覩矣。

宋·李琪《春秋王霸列國世紀編》卷三《列國夷國吴世紀·吴》

吴，泰伯之昭也。讓國於季歷而自竄於吴，仲雍嗣之。越十有九世，而吴事始見於經也，實壽夢之二年。後十七年而春秋，實夫差十五年。又八年，而越滅吴。

序吴世紀曰：吴，姬姓之長，《春秋》夷之，何邪？吴僻在海濱，不與姬通，有年數矣。至其極盛，亦不過以『子』録之，蓋假竊名號，不有宗周，《春秋》不得不深絶焉者。然嘗以經考之，覩其與晉强弱之形，與楚、越消長之勢，則其事有不獨係一吴之盛衰者。蓋其始盛也，當晉方患楚而未暇於憂吴；其後也，當中國倚重於吴而吴亦甚有意於駕晉；又其後也，晉伯不在諸侯，中國亦甚易與，則吴之所争者，不在晉而在楚；又其最後也，中國既不足畏，楚人亦不能强，而吴之所憂者乃不在楚而在越。其顛末有可考者焉。何以言之？伐郯之師，吴事之始見於經者也。壽夢立之二年，而兵在郯。郯，魯屬也，莫或救之，亦可以見中國之無伯。當是之時，喪師于邲而大恥未洒，匱盟于蜀而齊言尚新，晉景主盟，方自虞楚人之至，於吴奚暇憂哉？馬陵之盟，未暇却楚，而州來之入，乃俛焉有求於吴。以吴人攻楚人，於中國若未甚害，資吴之强，以求逞於楚，於是中國之大體始虧矣。無何，鍾離之會既以晉而成好於吴，善道之會又以魯、衛而私好於吴，然自柤以前，猶曰致吴以從中國之會也，而向以後，往往以會吴而勤諸侯之行矣。吾觀嬰齊伐吴，楚始忌吴也，至是子囊伐吴，楚益忌吴也。楚人猶知忌吴，而中國諸侯乃帖然與之周旋，而不為疾，何邪？餘祭方立，晉楚實為弭兵之會不能，四年而夷昧君吴，季札聘魯。蓋札之聘，猶餘祭之使也。以吴之於中國，向也殊會，而今也稱聘；向也狄之言國，今也進之稱子；向也略之，未有位號，而今也詳之，以著其君臣之辭。當中夏苟安之時，季子以嫡嗣還觀於上國，此其意，豈可測哉？然魯昭之始，凡三年間，楚三伐吴而吴不一報，吴豈忘楚者乎？于是虢會復講而晉伯益微，申盟麕至而荆蠻方肆，吴人不復知晉之可畏，則其所争，亦惟一楚耳。未幾，楚有乾谿之變，吴始有州來之師，戰于長岸，戰于雞父，既滅巢，又滅徐，又伐越。夫滅國以自殖，伐國以立威，吴亦何所不至哉？魯定之明年，楚嘗伐吴矣；不二年，而吴遂入郢。以楚不忍於吴，而薄伐其鄙邑，吴深創於楚，而直造其國都。吴楚之强弱，於此可見。自是致魯會鄫，偕魯伐齊而魯奔命。楚伐陳而吴争之，魯戰齊而吴助之，而齊、楚亦病於奔命。夫威令長於魯，兵患偏於齊、楚，迄于黄池之會，《春秋》紀以兩伯之辭，可謂極盛矣。然德薄而多大功，慮淺而數得志，故方其在會，而諸侯莫敢不至也。區區之越，乃得乘間以入其國。吁！當夫差以前，吴之所憂，豈不在楚？而孰知其禍，乃出於越哉！君子觀吴之盛衰終始，凡四變：蓋其患始於晉之未暇憂吴，成於吴之為援於晉，遂至晉弱而吴强，晉輕而吴重。吴始駸駸求駕于中國，楚衰而吴興，吴仆而越起，中國始展轉蒙患於外裔。吁！是其事豈直係於一吴之盛衰而已哉？善觀《春秋》，亦可以深致其責於景、厲以來之晉。

宋·黄震《黄氏日抄》卷四六《讀史一·史記·吴太伯世家》　太伯逃吴，弟仲雍繼立。十九世至壽夢，始大通中國。幼子季札賢，欲立之，不可。長諸樊立，讓之，又不可。以次傳餘祭、餘昧，必欲致國季札，終不可。餘昧之子僚乃立。諸樊子闔廬以其非當立也，弑僚自立，而吳之禍始萌。其後闔廬與越戰死，其子夫差報越，越又報之，卒滅吳。皆始於札之終讓也。嗚呼！太伯以三讓而周興，季札以三讓而吳亡。讓，一也，可與權之義亦難哉！

宋・王應麟《困學紀聞》卷一一《考史》 《吳世家》以光為諸樊之子，僚為夷昧之子。《左傳正義》曰：《世本》云：夷昧及僚。夷昧生光。服虔云：夷昧生光而廢之。僚者，夷昧之庶兄。夷昧卒，僚代立，故光曰『我王嗣也。』是用《公羊》為說也。杜言光，吳子諸樊子，用《史記》為説也。班固云：遷采《世本》為《史記》。而今之《世本》與遷言不同，《世本》多誤，不足依馮。故杜以《史記》為正。

明・陳士元《名疑》卷二 周武王封仲雍之後於吳。《系本》云：吳孰哉居藩籬。宋衷云：孰哉，仲雍字。解者云：雍是熟哉，熟、孰古文通用，故雍字孰哉。《史記・世家》吳子轉，一作『柯轉』。吳子頗高，一作『頗夢』。吳子句卑，一作『畢軫』。吳子壽夢，一名『乘壽』。夢子四人：長諸樊，次餘祭，次餘昧，次季札。諸樊《春秋經》云『吳子遏』，《左傳》稱『諸樊』。《索隱》云：諸樊其號，遏其名。《公羊傳》『遏』作『謁』。餘祭一名載吳。襄二十八年《左傳》：齊慶封奔吳，吳句餘與之朱方。杜預云：句餘，吳子夷末也。《索隱》云：餘祭以襄二十九年卒，則二十八年賜慶封邑，不得是夷末。但句餘或別是一人，杜預誤為夷末耳。夷末惟《史記》、《公羊》作『餘昧』，《左氏》、《穀梁》並作『夷末』。季札居延陵，號延陵季子。《史記》以延陵為季札封邑。吳王僚，一名州于。《史記》以為餘昧子，《公羊傳》以為壽夢庶子。

清・李鍇《尚史》卷一〇七《附序傳》 泰伯讓王，祚以句吳。季子似續，顧啓後憂。不協比夫鄰國，沼越仇。作《吳越世家》第十。

越世系分部

綜述

漢・袁康《越絶書》卷八《外傳記地傳》 越王夫鐔以上，至無餘久遠，世不可紀也。夫鐔子允常，允常子句踐，大霸稱王，徙瑯琊都也。句踐子與夷時霸，與夷子子翁時霸，子翁子不揚時霸，不揚子無疆時霸，伐楚，威王滅無疆，無疆子之侯竊自立為君長。之侯子尊時君長，尊子親失衆，楚伐之，走南山。親以上至句踐，凡八君，都瑯琊二百二十四歲。無疆以上霸稱，王之侯以下微弱，稱君長。

漢・趙煜《吳越春秋》卷六《勾踐伐吳外傳》 勾踐【略】遂卒，興夷即位。一年卒，子翁。翁卒，子不陽。不陽卒，子無彊。無彊卒，子玉。玉卒，子尊。尊卒，子親。自勾踐至于親，共歷八主，皆稱霸，積年二百二十四年。

無余。無玉去無余六世。無皡。夫康。元常。勾踐。興夷。不壽。不揚。無彊。魯穆柳有幽公為名。王侯自稱為君。尊、親失琅邪，為楚所滅。勾踐至王親，歷八主，格霸二百二十四年。從無余越國始封至餘善返越國空滅，凡一千九百二十二年。

晉・杜預《春秋釋例》卷九《世族譜・越》 越姒姓。其先夏后少康之庶子也，封于會稽，自號於越。於者，夷言發聲也。濱在南海，不與中國通。後二十餘世，至于允常，魯定公五年，始伐吳。允常卒，子句踐立，是為越王。越王元年，魯定公之十四年也。魯哀公二十二年，句踐滅吳，霸中國，卒春秋。後七世大，為楚所破，遂微弱矣。《外傳》曰羋姓歸越，是越本楚之別封也，或非夏后之後也。

元・馬端臨《文獻通考》卷二六二《封建考三・春秋列國傳授本末事蹟・越》 其先禹之苗裔，少康之庶子，封於會稽，以奉禹祀。文身斷髮，披草萊而邑。後二十餘世，至於允常。允常子句踐傳：鼫與、不壽、翁、翳、之侯、無疆。自允常以後凡八傳，而越為楚所滅

清・鍾淵映《歷代建元考》卷三《春秋戰國諸侯考・越》 姒姓，子爵。夏少康少子無餘封于會稽，奉禹之祀，傳二十餘世，至允常。王允常。王菼執句踐。王鼫與鹿郢。王盲姑不壽。王朱勾翁。王翳。王莽安初無余。王菼蠋卯無顓。王無彊。為楚威王所滅。右越自允常至無彊，凡八世，通前共一千七百二十四年。始夏后杼甲辰，訖周顯王丁亥。按《史記》王翳之後有王之侯、王無彊，而《竹書》安王二十六年，於越太子諸咎弒其君翳，十月越人殺諸咎越滑，吳人立孚錯支為君。烈王元年，大夫寺區定越亂，立初無余，是為莽安。顯王四年，於越寺區弟思弒其君莽安，次無顓立。十二年，於越子無顓卒，是為菼蠋卯，次無彊立。較史所紀世次為詳，今從之。

清・姚彥渠《春秋會要》卷一《世系・越》 越。姒姓，夏后少康之子始封，奉禹祀。傳二十餘世至允常，見春秋。子句踐僭稱王。

允常，夫康子。魯昭公五年始見，會瑣。卒於魯定公十三年。

句踐，允常子。魯定公十四年立，卒在春秋後。

論說

《史記》卷一三〇《太史公自序》 少康之子，實賓南海，文身斷髮，黿鱓與處，既守封禺，奉禹之祀。句踐困彼，乃用種、蠡。嘉句踐夷蠻能脩其德，滅彊吳以尊周室，作《越王句踐世家》第十一。

宋・程公説《春秋分記》卷八〇《次國第一・越》 右越自句踐滅吳，霸中國，卒春秋。後七世大，為楚所破，遂以微弱。

論曰：越句踐，其可謂有志也已。奮於僻陋之邦，苦心焦思，卒滅强吳。時方春秋季世，霸降為强，以句踐之功，雖不敢望五霸，而於忍苦雪恥，君子猶有取焉。惜其自是遂安於蠻夷，忘意於中國，故自句踐後，皆固陋無聞。然惟其無聞也，故亦不至驟以覆亡也。豈以見吳之崛强，而知鑑之歟？

宋・李琪《春秋王霸列國世紀編》卷三《夷國世紀・越》 越，夏后之苗裔也。少康之庶子封於會稽，二十餘世，實為允常，勾踐繼之。至魯昭公五年，越事始見於《春秋》。勾踐伯，在春秋後。其後七世爭，起於諸子。又七世，而閩君搖受封於漢，以為越王，實勾踐之後。

序越世紀曰：越事之書，可一二數矣。雖然，君子有觀焉。夫越以伯禹之苗裔，受會稽之別封，其來久矣。入春秋百九十餘年，越始見經。以吳楚之僭，《春秋》夷之，其極盛也，猶得書子。越於春秋之世，常不過以國稱，豈非僻陋之甚乎？獨勾踐與吳之事，可以勵臣子之節，為振偷激懦之勸，是未容置而弗論也。蓋越自楚靈之强，常從之以伐吳，而闔廬之立，遂因之以仇越。是以夫差敗于檇李，而懷必報之忿；及勾踐困于夫椒，而遂成不釋之讎。然二十年間，越不為沼吳，其泯矣。吁！深於仇人者無躁謀，巧於用國者無近功。齊復紀讎，君子不樂其力之有餘；魯釋齊怨，君子不恕其力之不足。當太王之時，而不殄其愠，不隕厥問，以駾昆夷，可也。當秦襄之世，而四牡孔阜，俴駟孔羣，以討西戎，可也。有田一成，有衆一旅，則經綸之餘力，足以祀夏；務材訓農，通商惠工，則漕之餘民，足以造衛。此皆已事之驗。夫五千之甲衆，至少也；會稽之棲地，至褊也。仇吳之念隱忍於柔服之初，豢吳之計蓄於卧薪嘗膽之時，而沼吳之志卒逞於生聚教訓之間，所欲盡從，如探囊取物，如執券責負，豈非勾踐之所以伯，種、蠡之所以善謀，伍子胥之徒之所甚忌者歟？吁！天下之事，無小大也，能勝者勢而先勝者理，可為者力而必為者志。由越之事，則興事造業者亦可以略觀矣。

宋・黄震《黄氏日抄》卷四六《讀史一・史記・越世家》 句踐勤苦踰二十年，一旦沼吳，以雪會稽之耻，其志何如哉！范蠡功成身退，徙齊徙楚，復皆顯名于天下，材識卓卓乎春秋戰國之上矣。向使不以致産自見而退逸山林，豈不誠有道之士耶？

明・陳士元《名疑》卷二 越王勾踐，夏后氏苗裔允常之子也，是為菼執。菼執子鼫與，《史記》作『鼫與』，《紀年》作『鹿郢』。樂資云：越語呼『鹿郢』為『鼫與』也。鹿郢子不壽，是為盲姑，一作『育姑』。盲姑子翁，是為『朱勾』，一作『於勾』。

齊世系分部

綜述

《世本·諸侯世本·齊》 太公望生丁公伋，伋生乙公得，得生癘公慈母，慈母生哀公不臣。宋衷曰：哀公荒淫田遊，作《還》詩以刺之也。胡公。宋衷曰：其黨周馬繻人，將胡公於貝水殺之，而山自立也。成公說。莊公贖。齊侯潘，齊昭公也。靈公名環。莊公名光。景公名杵臼。平公敬。

晉·杜預《春秋釋例》卷九《世族譜·齊》 齊國姜姓，太公望之後。其先四岳，佐禹有功，或封于呂，或封于申，故太公曰呂望也。太公股肱周室，成王封之于營丘，今臨淄是也。僖公九年，魯隱公之元年也。簡公四年，獲麟之歲也。簡公弟平公十三年，《春秋》之《傳》終矣。平公二十五年卒。後二世七十年，而田氏奪齊，太公之後滅矣。

宋·楊甲《六經圖》卷一〇《齊世次》 太公望之後，姜姓。武王封太公于營丘，太公至僖公十三世。僖公九年，魯隱公攝政。

元·馬端臨《文獻通考》卷二六二《封建考三·春秋列國傳授本末事蹟·齊》 太公呂尚，姜姓，蓋四岳苗裔。以漁釣干西伯，西伯立為師。武王立，師尚父佐武王伐商，有天下，乃封之於齊營邱。子丁公伋傳：乙公、癸公、哀公、胡公、獻公、武公、厲公、文公、成公、莊公、釐公、襄公、桓公、孝公、昭公、懿公、惠公、頃公、靈公、莊公、景公、悼公、簡公、平公、宣公、康公。凡二十八傳，而齊為田和所併。

元·俞皐《春秋集傳釋義大成》卷首《春秋世次圖說·齊世次》 齊，姜姓，侯爵，出自炎帝裔孫伯夷。佐禹平水土有功，賜曰姜氏，謂之呂侯。國在南陽宛縣，在今河南府路南陽府。商末，太公呂望佐武王定天下，有功，封於營丘，是為齊侯。自太公至僖公十二世。僖公九年，魯隱公元年也。自僖公至簡公十三世。簡公四年，魯哀公十四年也。又三世至康公，為田氏所篡。共二十八世。

清·馬驌《繹史》卷二八《列國傳世·齊》 齊。姜姓，侯爵。太公望封於營丘，傳至僖公九年，入春秋。

《史記》：蓋太公之卒百有餘年，子丁公呂伋立。丁公卒，子乙公得立。乙公卒，子癸公慈母立。《世本》：祭公慈母。《古史考》：祭公慈心。癸公卒，子哀公不辰立。《世本》：哀公不臣。【略】

《史記》：哀公時，紀侯譖之周，周烹哀公而立其弟靜，是為胡公。《紀年》：周夷王三年，致諸侯，翦齊哀公昴。

《史記》：胡公徙都薄姑，而當周夷王之時。哀公之同母少弟山怨胡公，乃與其黨率營丘人襲攻殺胡公而自立，是為獻公。獻公元年，盡逐胡公子，因徙薄姑，都治臨菑。九年，獻公卒，子武公壽立。二十六年，武公卒，子厲公無忌立。厲公暴虐，故胡公子復入齊，齊人欲立之，乃與攻殺厲公，胡公子亦戰死，齊人乃立厲公子赤為君，是為文公，而誅殺厲公者七十人。文公十二年卒，子成公脫立。《世本》：成公名說。成公九年卒，子莊公購立。《世本》：莊公名贖。六十四年，莊公卒，子釐公祿甫立。釐公九年，魯隱公初立。

清·馬驌《左傳事緯前集》卷七《春秋名氏譜·齊姜姓》 諸公：僖公。亦曰齊侯祿父。襄公。亦曰君諸兒。桓公。亦曰公子小白、齊侯小白。孝公。亦曰公子昭、齊侯昭。昭公。亦曰公子潘、齊侯潘。君舍。懿公。亦曰公子商人、君商人。惠公。亦曰公子元、齊侯元。頃公。亦曰齊侯無野。靈公。亦曰齊環、齊侯環。莊公。亦曰世子光、大子光、君光。景公。亦曰齊侯杵臼。安孺子。亦曰子荼、君荼。悼公。亦曰齊陽生、公子陽生、齊侯陽生。簡公。亦曰君壬。平公。

清·嚴虞惇《讀詩質疑》卷首一《列國世譜·齊》 齊太公，姜姓呂氏。佐武王定天下，封於齊都營邱。卒，子丁公伋立。卒，子乙公得立。卒，子癸公慈母立。卒，子哀公不辰立。當周懿王時，齊之變風作。紀侯譖哀公於周，周烹之，弟胡公靜立，都臨淄。卒，子武公壽立。卒，子厲公無忌立。厲公遇弒，子文公赤立。卒，子成公說立。卒，子莊公購立。卒，子僖公祿父立，入春秋。卒，子襄公諸兒立。襄公無道，通魯桓公夫人，無知弒之。齊人殺無知，桓公小白入立，霸諸侯。自桓公以下無《詩》。後十六世至康公貸，田氏篡之。

清·鍾淵映《歷代建元考》卷三《春秋戰國諸侯考·齊》 姜姓，侯爵。周以封太公望，都營丘。太公望。丁公伋。乙公得。癸公慈母。哀公不辰。胡公静。獻公山。九年；武公壽。二十六年；厲公無忌。文公赤。十三年；成公説。九年；莊公購。六十四年；僖公祿父。三十三年；襄公諸兒。十二年；桓公小白。四十三年；孝公昭。十年；昭公潘。十九年；懿公商人。四年；惠公元。十年；頃公無野。十七年；靈公環。二十八年；莊公光。六年；景公杵臼。五十八年；安孺子荼。一年；悼公陽生。四年；簡公壬。四年；平公驁。二十五年；宣公積。五十一年；康公貸。十九年田和列為諸侯，二十六年卒，姜氏絶。

右齊凡二十九世，七百四十四年。始周武王己卯，訖安王壬寅。

清·姚彦渠《春秋會要》卷一《世系·齊》 齊。姜姓，侯爵，太公尚父始封，傳十三世至僖公，入春秋。

僖公，名祿，莊公子。九年爲魯隱公元年，在位三十三年。謚曰『僖』。

襄公，名諸兒，僖公子。魯桓公十五年立，在位十二年。謚曰『襄』。

桓公，名小白，僖公子，襄公弟。魯莊公九年立，在位四十三年。謚曰『桓』。

孝公，名昭，桓公子。桓公薨，五公子争立，易牙等立無虧。魯僖公十八年，宋以諸侯伐齊，殺無虧，立孝公。在位十年。謚曰『孝』。

昭公，名潘，桓公子，孝公弟。魯僖公二十八年立，在位二十年。謚曰『昭』。

懿公，名商人，桓公子，昭公弟。魯文公十四年，昭公薨，立子舍。商人弒舍而自立，在位四年，爲邴歜等所弒。謚曰『懿』。

惠公，名元，桓公子，懿公兄。魯宣公元年立，在位十年。謚曰『惠』。

頃公，名無野，惠公子。魯宣公十一年立，在位十七年。謚曰『頃』。

靈公，名環，頃公子。魯成公十年立，在位二十八年。謚曰『靈』。

莊公，名光，靈公子。魯襄公二十年立，在位六年，爲崔杼所弒。謚曰『莊』。

景公，名杵臼，靈公子，莊公弟。魯襄公二十六年立，在位五十八年。謚曰『景』。

安孺子，名荼，景公子。魯哀公六年立，在位一年，爲陳乞所弒。無謚。

悼公，名陽生，景公子。魯哀公七年立，在位四年，魯會吳伐齊，齊人弒之。謚曰『悼』。

簡公，名壬，悼公子。魯哀公十一年立，在位四年，爲陳恒所弒。謚曰『簡』。

平公，名驁，悼公子，簡公弟。魯哀公十五年立，在位三十五年。謚曰『平』。

元·馬端臨《文獻通考》卷二六二《封建考三·春秋列國傳授本末事蹟·齊》 陳完，陳厲公佗之子。厲公為蔡人所殺，完不得立，奔齊，為工正。完卒，謚敬仲。敬仲生穉、湣、須無、文子。無宇、桓子。開、武子。乞、僖子。常、成子。盤、襄子。白、莊子。太公和，始為諸侯。桓王，威王，宣王，湣王，襄王，王建。自太公和至王建七傳，而齊為秦所滅。

清·馬驌《左傳事緯前集》卷七《春秋名氏譜·齊姜姓》 陳氏：陳公子完。亦曰敬仲。陳須無。亦曰陳文子。陳無宇。亦曰陳桓子。書。亦曰孫書，子占。陳武子。亦曰子彊。陳乞。亦曰陳僖子。子士。陳恒。亦曰陳常、陳成子。陳逆。亦曰子行。陳瓘。亦曰子玉。陳豹。陳莊。

清·鍾淵映《歷代建元考》卷三《春秋戰國諸侯考·齊》 田氏出自帝舜。其先陳厲公之子完事齊，謚敬仲。六世至成子恒，專齊政。傳襄子盤、莊子白，至和代齊，周命為諸侯。《竹書紀年》曰：莊子卒，明年立悼子。悼子卒，乃次立和。太公和。二年；桓公午。六年；威王因齊。三十六年；宣王辟疆。十九年；湣王地。四十年；襄王法章。十九年；王建。四十四年為秦所滅。

右齊田氏凡七世，五世稱王，二百六十六年。始周顯王乙未，訖秦始皇庚辰。

論說

《史記》卷一三〇《太史公自序》　申、呂肖矣，尚父側微，卒歸西伯，文、武是師。功冠羣公，繆權于幽；番番黃髮，爰饗營丘。不背柯盟，桓公以昌，九合諸侯，霸功顯彰。田闞爭寵，姜姓解亡。嘉父之謀，作《齊太公世家》第二。

宋・胡安國《胡氏春秋傳》卷首《春秋諸國興廢說・齊》　姜姓，侯爵。出自炎帝裔孫伯夷為四岳，佐禹平水土有功，賜姓曰姜氏，曰呂，謂之呂侯。其國在南陽宛縣之西。商末，太公呂望起漁釣，為周文、武師，號師尚父。佐文武，定天下，以功封營丘，為齊侯，得征五侯九伯。其後桓公小白，能相管仲，為五霸長，天下賴之。自僖公祿父之九年，魯隱公立。至簡公四年，西狩獲麟。其後三君，一百單二年。康公卒，呂氏絕其祀，田氏卒有齊國。

宋・程公說《春秋分記》卷六一《齊世本第三》　右齊始終《春秋》凡十五公，書『卒』者九，有故者四。簡公之弒後，《春秋經》終。見于續經平公，後《春秋》卒。平公以下後二世七十年，而田氏代齊，大公之後遂滅。

論曰：《孟子》有言：霸必有大國，王不待大。此德、力之辨也。故春秋圖霸，非力有餘不能。海內方千里者九，齊集有其一，而晉國之大，亦曰天下莫彊焉。雖戰國，齊、晉之謂，亦春秋之故也。故五霸，齊創之而晉次焉。然齊表東海，五侯九伯皆得征之。桓公九合一匡之功，莫能以得晉宋。文公城濮一戰，霸業迭傳，與春秋相終始。果何以哉？齊晉在春秋，地醜德齊，其相服也難。方桓公之霸也，晉雖間不靖，而獻公崛彊難制，逮桓公沒，以孝公之庸懦，繼之昭公，區晝草創，則文公可以聲勢致其從。故葵丘之會，五霸莫盛，獻公於是從齊，一聞宰周公道塗之言，則飜然而去。楚狄非我族類，孝公畏之，至與之盟會，則昭公之初，宜其屈畏於文公一戰而霸之威也。桓公處其艱，文公偶其易，玆齊、晉傳霸遠近所從判歟？故自晉襄以降，齊之從晉者甚寡，而貳者不一。翟泉以後，不通晉幾五十年。戰鞌同圍之後，晉劫之以從，而與君代興之志，實未嘗一日忘。自時厥後，晉霸下衰，景公肆然興復伯之謀，連鄭連衛，兵魯兵晉，然趑趄狂妄，汔以無成，末年廢長立少，階之為禍。陳乞、陳恒，世為弒逆，而田氏卒以代齊。故景公問政於孔子，孔子對曰：君君，臣臣，父父，子子。君不君，則臣不臣；父不父，則子不子。而景公烏乎知之？陳恒弒其君，孔子沐浴而朝，告於哀公，請討焉。淵乎，孔子之志哉！不然，變齊變魯，其有望於斯矣。

宋・李琪《春秋王霸列國世紀編》卷三《列國庶爵世紀・齊》　齊，太公之後也。武王平天下，封師尚父於營丘。閱十二世，釐公九年為魯隱公元年。《春秋》終始齊十五公，迄于簡公四年，實魯哀公十四年。後三世，田氏代齊。桓公伯事，見《齊伯桓紀》。莊十三年以前、僖十八年以後事，別為《齊世紀》云。

序齊世紀曰：齊，大師之後，受地于王，方百里者五，東方之國莫大焉。桓公之事，已詳《伯紀》矣。前乎桓公，則僖公有興伯之志而未成；後乎桓公，則景公有嗣伯之圖而不遂。僖公之初，已號東州之小伯。未有參盟者，而僖公參盟于瓦屋；未有胥命者，而僖公胥命于蒲，諸侯稍稍崇向之矣。桓公之九合，是亦席僖公積累之勢，而强於為善規模之成，非僖公前日比也。桓公之業雖墮於孝公，而齊之為國，終春秋之世，常為諸侯之雄。靈公以來，怙其强大，頗為夏盟之梗。雖以晉悼盛時，會同之間皆以大夫世子，而齊君不出，駸駸逼晉之漸。景公繼之，嗣伯之圖迄於無成，反基削弱，何哉？嘗以齊事顛末考之。景公親踵莊公之難，堅冰已形，玩忽不戒，失於改物，襲其厲階，授政强家，卒之姜弱嬀昌，國遂隨之，然亦非一朝一夕之故矣。《春秋》端本澄源之法，固不專咎末流也。使齊之政，權不下移，則國豈易量哉？鹿門之敗，姦宄相尋，高唐之請，封殖益厚，至於南郭之謀迄遂始禍，舒州之事常繼稔亂。齊欲不為，陳氏不可得也。是齊國之微，實生於大夫之專，然使人心未移，則雖授陳氏以柄，其敢居哉？而齊自叔季以來，山澤之利盡歸於國，偪介之關暴征於民，於是陳氏始得以私售其濡沫之惠，公族之無邑者盡反之，貧約之無粟者盡子之。陳氏欲無得民，亦不可得矣。是大夫之專，實生於人心之去，然使齊之禮義素明，雖陳氏子孫，日以厚利誘民，民之心豈易搖哉？而齊之家法，並妻匹嫡，已無以示詒世之訓；反坫塞門，已有以開僭上之源。惠、頃之世，私家已强。崔、慶之亂，不能正之於先；欒、高之亂，不能正之於後。是以景公象之，內嬖孽子，以啓嫡庶之爭，外助强家，以紊君臣之義。為齊之民，不復知是非逆順之理，尊卑之分。欲其不歌舞於陳氏之施，亦不可得矣。是人心之去，又生於禮義之不明。雖然，禮義由賢者出，使齊君世得賢者而用之，必能為國以禮，明民以義，豈至陷溺之深而為非禮不義之舉哉？而齊自頃、惠以來，任用益舛。靈公之政移於夙沙衛，莊公之權委於賈舉、州綽循。至景、悼二公之時，慶封方去，高止復專，獨一晏子之賢，周旋於陳、鮑、欒、高之間，逆知陳氏之患而不得去，雖正言於燕閒之頃，竊嘆於食享之私，力不能為，則終為納政與邑，不出而已。然則欲禮義著明而人心不失其正，不可得矣。是以禮義之不明，又生於仁賢之見弃。反覆至是，亡齊者豈必陳氏哉？齊之為國，亦足以自亡矣。

又　卷一《霸世紀·齊桓公》　齊桓自莊九年入國未伯以前事，繫《齊紀》。《左氏》莊十五年鄄之會曰復會焉，齊始伯也。然十三年北杏之會，列人諸侯而獨爵齊桓，先儒以為《春秋》伯齊之文，則齊伯已在北杏。當始莊十三年，迄僖十七年，凡三十有九年，為《齊桓紀》。

序齊伯桓紀曰：霸之名起於誰乎？王道流行，侯伯受職，古未始有伯也。王澤壅而下權張，正理微而力政起，蒙震主之號而不循敬君之節，此伯之名所由立歟？以古未始有是，而桓實造端，則桓為首罪矣。而《春秋》或予桓，何哉？蓋黜其義而録其功也。功義不相掩，而後伯者之是非斷矣。何謂義行乎？人心之安而主敬以事上，純乎由衷之善而履正以律己，此桓公之闕也。何謂功？王室既卑而稍尊，四裔已抗而僅戢，諸侯羣起而略定，此則桓公之彼善於此也。欲知桓公之彼善於此，當以春秋世變之迭異考之。

大抵春秋之世，盛衰凡三變。桓公未興與桓公之已伯及桓公之既歿，世變各異也。然桓公一人之身，盛衰又凡三變焉。圖伯之初，定伯之日及成伯之後，得失頗殊也。是又桓公僅可録之中而復有不足焉者也。王臣下聘而不答，王師出救而無功。凡伯蒙伐戎强于北，蔡師書敗荆盛于南，鄭分許鄙，宋廢鄭嗣，紀小而幷於齊，郕弱而逼於魯。此桓公之未興也。王禁明而王臣不下聘者六十年，盟會同而諸侯無私爭者三十年。序績召陵而荆帖矣，陳旅聶北而狄退矣，獻捷過魯而戎弭矣。此桓公之主伯也。天王出居而官守不問，衛滅懿親而義師無討，楚書子而主會矣，狄書人而參盟矣。此桓公之既歿也。所謂春秋之世，盛衰凡三變焉者，此也。

伐郳伐宋，侯度不一。蔡入侵鄭，戎疾未殄。滅遂降鄣，履事未久，施設多舛。遇穀盟扈，閱理未熟，檢防易肆。蓋桓公圖伯之初也。貫澤而下，葵丘以前，衣裳不歃血，兵車無大戰。仲尼稱其一匡，孟子與其為盛，在是數年，蓋桓公定伯之日也。九國叛而萌震驚，管仲死而放繩墨。城杞貶於城邢，救徐怠於救許。伐黄則外憂起，滅項則衆志離，會卞則家法墮。蓋桓公成伯之後也。所謂桓公一人之身，盛衰又凡三變者，此也。驗春秋大勢之三變，則桓公主伯為有功。即桓公一身之三變，則桓公立功為不遠。功過相除，齊桓之顛末可考矣。

宋·黄震《黄氏日抄》卷四六《讀史一·史記·齊世家》　太公之始封，威公之霸諸侯，天下莫彊焉。田氏卒奪而有之，悲夫！慶封、崔杼之禍，晏子仰天不肯盟，可謂疾風勁草者矣。齊太史書『崔杼弑莊公』，兄死弟繼者三，至今凛凛生氣，猶足以寒亂臣賊子之膽。

元·齊履謙《春秋諸國統紀目録·齊國春秋統紀第四》　五霸，前此未有也。齊創之，而晉次之也。雖然，當是時也，王道衰，諸侯恣，威勢以相脅，傾詐以相尚，天下皆是也。大則宋、魯、衛、鄭之邦，小則邾、莒、滕、薛之國，其能知尊周者，誰歟？以禮為國者，誰歟？推其本心，無非桓、文也；考其行事，亦無非桓、文也。其所以不為桓、文者，非不欲也，特智有所不逮，力有所不及耳。故孟子論春秋，不舉他國而獨以二公為稱者，意蓋如此。故敘《齊國春秋統紀》第四。

明·陳士元《名疑》卷二　太公望姓呂名尚，一名涓，字子牙。《説文》：呂、旅、膂通用。譙周云：姓姜名牙，成王封之齊。《世家》丁公伋，《楚語》作『級』，一作『及』。《世家》癸公慈母，哀公不辰，成公脱，莊公購，《系本》『癸』作『痟』，『母』作『心』，『辰』作『臣』，『脱』作『説』，『購』作『贖』。簡公壬，或云悼公子，或云景公子。宣公積，《年表》作『就匝』。

清·李鍇《尚史》卷一〇七《附序傳》　營邱專征，報政最速。桓昭舊職，兵車九合。逮夫志驕葵邱，氣奪袵席，蠱生濕淫，蠡蝕腐朽。五子參商，一蹶不振。霸者歸趙，難為其後如是。作《齊世家》第五。

《戰國策》卷九《燕》（蘇代）對曰：今夫齊王，宋鮑彪注：閔。長主也，而自用也。南攻楚五年，稸積散；西困秦三年，民憔悴，士罷敝；北與燕戰，覆三軍，獲二將，而又以其餘兵南面，西舉五千乘之勁宋，而包十二諸侯。此其君之欲得也，其民力竭也，安猶取哉？

漢·桓寬《鹽鐵論》卷三《論儒》 文學曰：齊宣之時，不顯賢進士，國家富強，威行敵國。及湣王奮二世之餘烈，南舉楚淮，北并巨宋，苞十二國，西摧三晉，卻強秦，五國賓從，鄒魯之君，泗上諸侯皆入臣。矜功不休，百姓不堪，諸侯諫不從，各分散。慎到、捷子亡去，田駢如薛，而孫卿適楚，內無良臣，故諸侯合謀而伐之。

《史記》卷一三〇《太史公自序》 完子避難，適齊為援，陰施五世，齊人歌之。成子得政，田和為侯。王建動心，乃遷于共。嘉威、宣能撥濁世而獨宗周，作《田敬仲完世家》第十六。

宋·黃震《黃氏日抄》卷四六《讀史一·史記·田敬仲世家》 陳佗之子完奔齊，為田氏。田乞及常皆以大斗予，小斗收，愚齊民以結其心。再世弒逆，專其國政而陰奪之。蓋不待田和遷康公自立，而太公之齊已為田氏有久矣。然威王烹阿，封即墨，國治，強於天下。湣王雖卒破於燕，亦伐宋割楚，侵三晉，泗上諸侯稱臣。襄王破燕復齊，王建四十餘年不受兵。五國既滅，秦方一旦談笑而取之。考論始終戰國諸君，其強皆無齊比。彼以區區智數，攘竊人國而子孫之盛若此，何耶？豈有媯盛德之後宜然耶！周太史之占，齊懿仲之卜，豈或有之耶？抑人衆而勝天者耶？

明·陳士元《名疑》卷二 田敬仲。穉孟夷《系本》作『夷孟思』。《索隱》云：穉，名；孟夷，字也。孟夷生湣孟莊。湣，謚；孟，字；莊，名。莊一作『芷』，一作『克』，湣一作『閔』。襄子盤一作『班』，一作『塈』，一作『暨』。莊子白一作『伯』。齊威王因一作『因齊』。湣王地一作『遂』。

明·黃淳耀《陶菴全集》卷四《史記評論·田敬仲完世家》 『取我田疇而伍之，取我衣冠而褚之』，鄭人之謗子產也。大臣之謀國也，先威而後惠，威折則惠不孚矣。德施人之所欲，君其行之；刑罰人之所惡，臣請行之，田常之欺齊侯也，奸臣之竊國也。先惠而後威，惠結則威不怨矣。諸葛武侯，蜀之子產乎？司馬仲達，魏之田常乎？

清·顧炎武《日知録》卷二六《史記》 《田敬仲完世家》：敬仲之如齊，以陳氏為田氏。此亦太史公之誤。《春秋傳》未有稱田者，至戰國時始為田耳。

楚世系分部

綜述

《世本·諸侯世本·楚》 陸終娶於鬼方氏之妹，謂之女嬇，是生六子。

六曰季連，是為芈姓。季連者，楚是也。宋衷曰：季連，名也。芈姓，諸楚所出。熊渠長子庸為句袒王。熊渠封其中子紅為鄂王，少子疵為就章王。

楚武王。康王名招。考烈王熊完。

晉·杜預《春秋釋例》卷九《世族譜·楚》 楚國，芈姓，顓頊之後也。其後有鬻熊，事周文王，早卒。成王封其曾孫熊繹于楚，以子男之田，居丹陽，今南郡枝江是也。熊通始稱武王。武王十九年，魯隱公之元年也。武王居郢，今江陵是也。昭王徙鄀。惠王八年，獲麟之歲也。惠王二十一年，《春秋》之《傳》終矣。惠王五十七年卒。自惠王以下十二世二百九年，而秦滅之

宋·楊甲《六經圖》卷一〇《楚世次》 顓頊高陽之後。陸終少子季連之苗裔熊繹，成王時封于楚，以子男之田，姓芈氏。自鬻熊至武王十七世。

元·馬端臨《文獻通考》卷二六二《封建考三·春秋列國傳授本末事蹟·楚》 其先出自帝顓頊高陽，其後為重黎。至周成王時，舉文、武勤勞之後，而封熊繹於楚蠻，封以子男之田，姓芈氏，居丹陽。熊繹生

熊艾、熊黵、熊勝、熊楊、熊渠、熊摯紅、熊延、熊勇、熊嚴、熊霜、熊徇、熊咢、若敖、霄敖、蚡冒、武王、文王、杜敖、成王、穆王、莊王、共王、康王、郟敖、靈王、平王、昭王、惠王、簡王、聲王、悼王、肅王、宣王、威王、懷王、頃襄王、考烈王、幽王、哀王、王負芻。自熊繹至負芻四十一傳，而楚為秦所滅。

元·俞皐《春秋集傳釋義大成》卷首《春秋世次圖説·楚世次》

楚，芈姓，子爵，出自祝融之後。鬻熊有功於周文、武，成王封其孫熊繹於荆蠻，邑丹陽城。自熊繹至熊通十三世，改曰楚，僭號稱王，是為楚武王。武王十九年，魯隱公元年也。自武王至惠王十二世。惠王八年，魯哀公十四年也。惠王之後又十世，為秦所滅。共三十五世。

清·馬驌《繹史》卷二八《列國傳世·楚》 楚。芈姓，子爵。熊繹封於楚蠻，傳至武王十九年，入春秋。

《史記》：熊繹生熊艾，熊艾生熊黵，熊黵生熊勝，熊勝以弟熊楊為後。熊楊生熊渠，《新序》：楚熊渠子夜行，見寢石，以為伏虎，關弓射之，滅矢飲羽，下視知石也。却復射之，矢摧無迹。熊渠子見其誠心，而金石為之開，況人心乎！熊渠生子三人。當周夷王之時，王室微，諸侯或不朝相伐。熊渠甚得江漢閒民和，乃興兵伐庸、楊粵，至于鄂。熊渠曰：『我蠻夷也，不與中國之號謚。』乃立其長子康為句亶王，中子紅為鄂王，少子執疵為越章王，皆在江上楚蠻之地。《大戴禮記》：熊渠有子三人。其孟之名為無康，為句亶王；其中之名為紅，為鄂王；其季之名為疵，為戚章王。《世本》：熊庸為句祖王，疵為就章王。及周厲王之時暴虐，熊渠畏其伐楚，亦去其王。後為熊毋康，毋康蚤死。熊渠卒，子熊摯紅立。摯紅卒，其弟弑而代立，曰熊延。《古史考》：熊渠卒，子熊翔立。卒，長子摯有疾，少子熊延立。此與《史記》不同。宋均注：《樂緯》云：熊摯有疾，不傳為後，别居於夔，後曰夔子也。熊延生熊勇，熊勇十年卒，弟熊嚴為後。熊嚴十年卒，有子四人，長子伯霜，中子仲雪，次子叔堪，少子季徇。熊嚴卒，長子伯霜代立，是為熊霜。熊霜六年卒，三弟爭立，仲雪死，叔堪亡避難於濮，而少弟季徇立，是為熊徇。二十二年，熊徇卒，子熊咢立。熊咢九年卒，子熊儀立，是為若敖。二十七年，若敖卒，子熊坎立，是為霄敖。霄敖六年卒，子熊眴立，是為蚡冒。蚡冒十七年卒，蚡冒弟熊通弑蚡冒子而代立，是為楚武王。

清·馬驌《左傳事緯前集》卷七《春秋名氏譜·楚芈姓》 諸王：若敖。蚡冒。武王。文王。堵敖。成王。亦曰君頵。穆王。亦曰世子商臣、大子商臣。莊王。亦曰楚子旅。共王。亦曰楚子審。康王。亦曰楚子昭。郟敖。亦曰楚子麇。靈王。亦曰王子圍、庶子圍、公子圍、君虔。平王。亦曰公子棄疾、蔡公、熊居、楚子居。昭王。亦曰王子壬、楚子軫。惠王。亦曰越女之子章。

清·鍾淵映《歷代建元考》卷三《春秋戰國諸侯考·楚》 芈姓，子爵。出自顓頊孫祝融，十二世鬻熊事周文王。成王封其曾孫熊繹于楚蠻，居丹陽。熊繹。熊艾。熊黵。熊勝。熊揚。熊渠。熊摯紅。熊延。熊勇。十年；熊嚴。十年；熊霜。六年；熊狥。二十二年；熊咢。九年；若敖熊儀。二十七年；霄敖熊坎。六年；蚡冒熊眴。十七年；文王熊貲。十三年；武王熊通。四十四年；堵敖熊囏。五年；成王頵。四十年；穆王商臣。十二年；莊王旅。二十三年；共王審。三十一年；康王招。十五年；郟敖麇。三年；靈王虔。十一年；平王居。十三年；昭王軫。二十七年；惠王章。五十七年；簡王中。二十四年；聲王當。六年；悼王疑。二十七年；肅王臧。十一年；宣王良夫。三十年；威王商。懷王槐。三十年；頃襄王横。考烈王完。二十五年；幽王熚。十年；哀王郝。王負芻。五年為秦所滅，滅後十五年而懷王孫心立自民間，為楚義帝，卒以滅秦。

右楚四十世，二十五世稱王，凡八百九十三年。始周成王丙戌，訖秦始皇戊寅。《史記·楚世家》：熊渠卒，子熊摯紅立，而《左氏傳》夔子對楚人曰：我先君熊摯有疾，鬼神弗赦，而自竄於夔，吾是以失楚。則摯紅别封於夔，不得為楚嗣，明矣。《春秋三傳》唯《左氏》最後出，史遷不及考証也。

清·姚彥渠《春秋會要》卷一《世系·楚》 楚。芈姓，子爵，顓頊後，熊繹始封。至熊渠以長子康爲勾亶王，中子紅為鄂王，少子執疵爲越章王，此僭王之始。又十世至熊通，入春秋。初號曰荆，成王始改號楚。

武王，名通，霄敖子，若敖孫，蚡冒弟。十九年爲魯隱公元年，在位五十一年。謚曰『武』。

文王，名貲，武王子。魯莊公五年立，在位十五年。謚曰『文』。

堵敖，名囏，文王子。魯莊公二十年立，在位三年，爲弟頵所弑。無謚。

成王，本名頵，更名惲。魯莊公二十三年弒堵敖自立，在位四十六年，爲子商臣所弒。謚曰『成』。

穆王，名商臣，魯文公二年弒父自立，在位十二年。謚曰『穆』。

莊王，名旅，穆王子。魯文公十四年立，在位二十三年。謚曰『莊』。

共王，名審，莊王子。魯成公元年立，在位三十一年。謚曰『共』。

康王，名昭，共王子。魯襄公十四年立，在位十五年。謚曰『康』。

郟敖，名麇，康王子。魯襄公二十九年立，在位四年，爲公子圍所弒。無謚。

靈王，本名圍，更名虔，共王子，康王兄。魯昭公二年弒郟敖自立，在位十二年。公子棄疾入楚，王自殺。謚曰『靈』。

平王，本名棄疾，更名居，共王子，靈王弟。魯昭公十四年立。在位十三年。謚曰『平』。

昭王，名軫，平王子。魯昭公二十七年立，在位二十七年。謚曰『昭』。

惠王，名章，昭王子。魯哀公七年立，在位五十七年。謚曰『惠』。

論説

《史記》卷一三〇《太史公自序》 重黎業之，吳回接之；殷之季世，粥子牒之。周用熊繹，熊渠是續。莊王之賢，乃復國陳。既赦鄭伯，班師華元。懷王客死，蘭咎屈原；好諛信讒，楚并於秦。嘉莊王之義，作《楚世家》第十。

宋・胡安國《胡氏春秋傳》卷首《春秋諸國興廢説・楚》 芈姓，子爵，出自顓帝孫重黎。為高辛氏火正，能光融天下，命曰祝融。其弟吳回，嗣為祝融，生陸終。陸終生六子，皆剖坼而產，最少者季連。季連之苗裔鬻熊，為周文、武師。成王時，舉文王、武王勤勞之後嗣，得鬻熊曾孫熊繹，封於荆蠻，胙以子男之田。其地居丹陽，南郡枝江縣是也。其後都郢，更名曰楚。至五世而熊通自立為楚武王。武王十九年，魯隱公立。惠王章八年，西狩獲麟。其後六國與秦號七雄，而楚最盛。惠王而下，有簡，聲，悼，肅，宣，威，懷，頃，襄，考，烈，幽，哀，負芻十二王，而後秦滅之。

宋・程公説《春秋分記》卷七七《楚世本第四》 右楚始終《春秋》凡十三君，書『卒』者六，不書『卒』者四，有故者二。惟惠王後，《春秋經》終。自惠以下十一世二百九年，而秦滅之。

論曰：自昔外域之强弱，常視中夏之盛衰，非外域之自為强弱也，由中夏盛衰而致之也。天地之間，大而陰陽消長之機，小而川谷竭虛之應，而人之一身元氣，客邪互為損益，皆是理也。荆楚之猾夏尚矣，《詩》曰維女荆楚，居國南鄉。昔有成湯，自彼氐羌，莫敢不來享，莫敢不來王，曰商是常。厥德中衰則不庭，故武丁之興，撻彼殷武，奮伐荆楚，罙入其阻，而後帖服焉。及周盛時，周公為相，天下莫不一乎周也。故《詩》曰戎狄是膺，荆舒是懲，則莫我敢承。而桃弧棘矢，以供禦王事，篳路藍縷，以處草莽，及周中僨，則有不咸。宣王復興，蠢爾荆蠻，大邦為讎，方叔元老，克壯其猶，而後能服之。平輅東遷，荆楚復悍然於江南，至武王僭號，抗衡中國，故春秋夷狄之患非一也，而楚為甚。翦伐諸姬，敗我王略，極之觀兵周疆，可無以制之哉？故伯政雖王道之衰，而《春秋》猶幸之者，謂其攘夷狄、尊中國故也。方蔡、鄭懼楚而始為鄧之會，諸侯莫知適從。南夷與北夷交，中國不絕如綫。齊桓公經營三十年，召陵之師，不戰而卒帖荆。桓公歿，宋襄公起而紹伯，不得其道，乃與為會，而顧蒙執敗之辱。幸晉文公嗣出，制於城濮之役，而楚焰始抑矣。然推其始，思其艱，則桓公之功為大。孔子曰：管仲相桓公，霸諸侯，一匡天下，民到于今，受其賜。微管仲，吾其被髮左衽矣。玆《春秋》，取桓公微旨也。逮襄公世，晉霸既衰，中國政在大夫，合左師欲弭兵以為名，而盟于宋。楚屈建請晉、楚之從交相見，自是諸侯大夫南向而朝楚，及申之會，蠻夷之君，簒弒之賊大合十有一國之衆，而用齊桓召陵之禮，然後知桓公有功於春秋，而聖人拳拳於中夏、外域盛衰之變者，深矣。

宋・李琪《春秋王霸列國世紀編》卷三《夷狄世紀・楚》 楚之先熊繹始封於荆，閱世十三，至武十九年為魯隱公元年。《春秋》始終楚十三君，迄于惠之八年，實魯哀之十四年。又十有三世，而滅於秦。

序楚世紀曰：楚為外域，前乎《春秋》，已慮之矣，《詩》云『撻彼荊楚』是也。然《春秋》書外域之法，未有嚴於楚者。始曰荊，繼曰楚，始曰人，繼曰子，何其進之漸而與之不亟邪？春秋之世，外域為中國患者，曰秦、楚、吳、越、戎、狄。戎盛於春秋之始，狄微於春秋之中，吳始大於春秋之季，秦直為晉仇，越僅與吳抗，其患皆未有若楚之暴且久者，是故《春秋》書楚之法特嚴歟？然自天下大勢言之，則楚之患，其初止於猾夏，其後至於抗衡，又其後遂至於用中夏之柄。由楚一國之勢言之，則共、莊以前，雖僻在荊蠻，而其國實趨於强；康、靈以後，雖屢抗中華，而其國實趨於弱。究一經之始末，而楚之盛衰，槩可考也。蓋楚有方城以為城，漢水以為池，有申、呂之田以禦乎外，有申、息之門以備於內，有成、莊、共、平、康、昭之為君，有子文、孫叔、子庚、子木、子蕩之徒為之謀其國，此其所以能世抗齊晉而與春秋始終歟？嘗觀楚十三君，其與齊、晉争者非一國。成之世所争者，蔡、鄭、陳、宋、曹、衛，而大者則召陵之盟，泓與城濮之戰也。穆、莊之世所争者，獨不及曹、衛，而大者則辰陵之盟，邲之戰也。共之世所争者，又獨不及蔡，而大者則蜀之盟、鄢陵之戰、蕭魚之會也。至康盡得諸侯，而遂有宋之盟；至靈幾伯諸侯，而遂有申之會。吁！是豈一日之故哉？顧自齊桓，不與楚角，諸侯雖一向一背，而其患猶止於猾夏。晉文親與楚敵，後世狃於或勝或負，而其勢遂駸駸抗衡，至晉平，不能與楚抗而夷夏之，世不知其孰重孰輕也，於是楚人遂得偃然以竊用吾中國之柄矣。雖然，武、文以來楚未有抗衡於齊、晉也。其君無日不申訓於國，申儆於軍，歲饑而振廪，旅至而施惠，大户以行師，量功而用民，而民政舉於內。入鄭而不以為俘，克陳而不以為縣，宮衛有環尹，若敖有六卒，荊而舉古制以行，則軍政立於外。內選於親，外選於舊，而賢戚不遺；復黄以勸善，立午以靖國，而賞罸不失。以區區之荊蠻，至於强大莫挍，豈偶然邪？靈、康以後，楚雖專令於諸侯，而自州來奔命，楚始患吳；鍾離熸師，吳始易楚。數十年間，楚始不競。加而疆埸，謀疏輕師，而基亡郢之菑，城邑而墮，挑吳之釁；無極好讒，蔡人速飛；伍員逃吳，楚君旰食；薳越出師，宋師日至，遂至以堂堂之楚，喪敗相尋，亦果曷為而然邪？由始而觀之，楚自微而浸盛；由終而觀之，楚方盛而已衰。蓋無平不陂，無往不復，外域之强，固未有能久而不替者，理之常也。雖然，楚本熊繹之後，由為强邦，春秋之前既以為外域矣。春秋之世，聖人雖屢進之，迄不得與滕、薛之侯例，以爵通於中國，其罪抑安在邪？世竊名號而拔本塞源之罪，蓋有不勝誅者。不然，楚，荊州之國也，聖人豈宜以其地而外之也哉？

宋·黄震《黄氏日抄》卷四六《讀史一·史記·楚世家》 楚之先，出自顓頊。有鬻熊者，事周文王。成王封其後熊繹於楚，至熊通自稱武王，子文王自丹陽徙都郢，國始强。傳成王，益强。子商臣弒之，商臣自立爲穆王。及莊王立，淫樂三年，不聽政，且曰『諫者死』。伍舉、蘇從冒死以諫，幡然而改，凛凛如太阿出匣，所嚮莫敵而能折節服義。嘗問鼎，以王孫滿之對而歸；嘗縣陳，以申叔時之言而復之。鄭伯袒以逆則退師，華元告以情則釋宋。較之荊楚諸君，此善於彼多矣。共王敗於晉，射中目。康王没，公子圍弒郟敖自立，曰靈王。盟諸侯，囚慶封，就章華臺而國人怨叛，卒餓死申亥之家。平王以詐弒初王，竟續楚祀，而乃信費無忌之讒，亡太子，殺伍奢。昭王之世，奢子胥挾吳入郢，鞭尸以報，國幾亡。自是吳日侵，徙都鄀。至惠王而太子建之子白公勝復爲亂，賴葉公國再安。然是時吳爲越所滅，楚東廣地至泗上。歷五世至威王滅越，地益廣矣。懷王乃甘受張儀之欺而死於秦。五傳至負芻，秦卒滅之。

宋·王應麟《困學紀聞》卷一一《考史》 《楚世家》高陽生稱，稱生卷章，卷章生重黎，高辛氏之火正，能光融天下，帝嚳命曰祝融。《詩正義》曰：《楚語》稱顓頊命南正重司天以屬神，命火正黎司地以屬民。則黎爲火正，高陽時也。言高辛者，以重黎是顓頊命之。歷及高辛，仍爲此職，故二文不同也。黎實祝融，重爲南正，而《楚世家》同以重、黎爲祝融，謬也。《世家》又云：帝嚳誅重黎，而以其弟吳回爲重黎，後復居火正，爲祝融。《鄭語》以八姓爲黎後者，以吳回繫黎之後，復居黎職，故本之黎也。《左傳》：少皞氏有子曰重，顓頊氏有子曰黎。《史記》以重、黎爲一人，又言以吳回爲重黎，皆謬。

明·陳士元《名疑》卷二 成王封熊繹於楚。其先出顓頊裔孫陸終第六子季連，芈姓。季連生附沮，一作『附祖』。其苗裔曰鬻熊，事文王，鬻一作『粥』。鬻熊曾孫熊繹事成王，受封，居丹陽，即今歸州。《楚世家》熊鉭一作『黮』，一作『亶』。熊渠長子康，中子紅，少子執疵。康一作『庸』，一作『母』。康徙都江陵，是爲句亶王，一作『句袒』。紅一作『贄紅』，一作『蓺紅』，爲鄂王，即今武昌。俗傳武昌鄂王神，即熊渠之子紅也。執疵一作『疵』，爲越章王，即今雲夢地。越章一作『就章』。譙周云：熊渠子熊翔，熊翔長子摯，有疾，少子熊延嗣。《樂緯》亦云：熊渠嫡孫熊摯有惡疾，不得爲後，别居於夔，爲附庸，是爲夔子。二説與《世家》不同。

熊嚴四子：伯霜、仲雪、叔堪、季徇。堪一作『湛』。季徇子熊咢，一作『噩』。若敖熊儀，《左傳類解》云：楚人謂未成君爲敖也。霄敖熊坎一作『熊菌』，霄敖一作『宵敖』，一作『敖霄』。蚡冒熊眴一作『熊咰』，蚡冒一作『蚡冐』，一作『粉冐』。

武王熊通徙都郢，即今荆門地，改荆號楚。《世家》云：文王熊貲始都郢也。堵敖熊囏一作『熊勤』，堵敖《世家》作『杜敖』。《索隱》云：一作壯敖，又作莊敖，字訛。成王熊頵《世家》作『惲』。莊王旅《世家》作『侶』或作『呂』，古字通用。康王熊昭《世家》作『招』。郟敖熊麇一作『麋』，字同，《世家》作『員』，音雲。熊麛葬於郟，故號郟敖。靈王熊圍一作『回』，改名虔。平王熊棄疾改名居。昭王熊壬改名軫，《世家》作『珍』，徙都鄀，今宜城地，鄀亦稱郢。簡王熊中一作『仲』。聲王熊當一作『常』。悼王熊疑一作『類』。考烈王熊元《系本》作『完』，徙都壽春，今壽州地，壽春亦稱郢。哀王熊猶一作『由』。

清·邵泰衢《史記疑問》卷中《楚世家》 陸終生子六人，拆剖而生焉，莫能紀其世。一産三男，已云多矣。人非犬豕，安能一胎六子哉？且生産之道，舉天下古今莫有异也。拆剖而生，不類异端惑世之脅出、背生者耶？或曰鵄鴞剖腹，鸕鷀吐生。余訪見之，皆從卵出。爲此异聞，當知不外于是者也。然既曰莫能紀世，夫又安能識其始産也哉？疑而不闕，有異古史者矣。

清·李鍇《尚史》卷一〇七《附序傳》 連衍陸終，終永厥世。荆楚之承，每在其季。武、文旁略，莊震中夏。爭鄭難晉，火烈上熾。猛勢弱秦，卒藉三戶。作《楚世家》第九。

燕世系分部

綜　述

《世本·諸侯世本·燕》 穆公，康公之十六世孫。宣侯。桓候。閔公。燕王喜。

晉·杜預《春秋釋例》卷九《世族譜·北燕》 北燕國，姬姓，召公奭之後也。周武王封之于燕，居漁陽薊縣。其國僻小，不通諸夏。自召公至簡公欵二十九世，始見《經》。簡公子獻公十二年，獲麟之歲也。獻公子孝公七年，《春秋》之《傳》終矣。孝公立十五年卒。孝公以下六世，始大稱王。十二世二百二十五年，秦滅之。

宋·楊甲《六經圖》卷一〇《燕世次》 燕有南有北，南燕姞姓，北燕姬姓。武王封召公奭于北燕，其國僻小，不通諸夏，至簡公二十九世，始見《春秋》。

元·馬端臨《文獻通考》卷二六二《封建考三·春秋列國傳授本末事蹟·燕》 召公奭與周同姓姬氏。文王、武王之時，自陝以西，召公主之。既克商，乃封召公於北燕。自召公以下九世至惠侯，傳釐侯、頃侯、哀侯、鄭侯、繆侯、宣侯、桓侯、莊公、襄公、桓公、宣公、昭公、武公、文公、懿公、惠公、悼公、共公、平公、簡公、獻公、孝公、成公、湣公、釐公、桓公、文公、易王、王噲、昭王、惠王、武成王、孝王、王喜。凡四十三傳，而燕為秦所滅。

元·俞皋《春秋集傳釋義大成》卷首《春秋世次圖説·燕世次》 北燕，姬姓，伯爵，出自周同姓功臣召公奭。佐文、武有功，為周太保，食采於召，在今奉元路盩厔縣。成王封其子於幽薊，是為燕伯。自召公至穆侯九世。穆侯七年，魯隱公元年也。自穆侯至獻公十七世。獻公十二年，魯哀公十四年也。獻公之後十二世，為秦所滅。共三十八世。

元·朱公遷《詩經疏義會通》卷首《諸國世次圖·召公封燕侯爵》

召公、九世至。惠侯、釐、頃、哀、鄭、繆、宣、桓、莊、襄、宣、昭、武、文、懿、惠、悼、共、平、簡、獻、孝、成、湣、釐、桓、文、易王、子噲、昭、惠、武成、孝王、喜。

清·馬驌《繹史》卷二八《列國傳世·燕》　燕。姬姓，伯爵。召公封於燕，九世至惠侯。春秋時國小僻遠，至簡公始見《經》、《傳》。

《史記》：自召公已下九世至惠侯，燕惠侯當周厲王奔彘，共和之時。惠侯卒，子釐侯立。三十六年釐侯卒，子頃侯立。二十四年頃侯卒，子哀侯立。哀侯二年卒，子鄭侯立。鄭侯三十六年卒，子繆侯立。繆侯七年，而魯隱公元年也。

清·鍾淵映《歷代建元考》卷三《春秋戰國諸侯考·燕》　姬姓，侯爵。周武王以封召公奭，自公已下九世，至惠侯。召康公奭。惠侯。召公第九世。釐侯。三十六年；頃侯。二十四年；哀侯。二年；鄭侯。三十六年；穆公。十八年；宣公。十三年；桓公。七年；莊公。三十三年；襄公。四十年；桓公。十六年；宣公。十五年；昭公。十二年；武公。十九年；文公。六年；懿公。四年；簡公欵。四年；悼公。七年；共公。五年；平公。十九年；惠公。二年；獻公。二十八年；孝公。十五年；成公載。十六年；閔公。三十一年；僖公。三十年；桓公。十一年；文公。二十九年；易王。十二年；王噲。三年為齊滅；昭王平。復立三十三年；惠王。七年；武成王。十四年；孝王。三年；王喜。三十三年為秦滅。

右燕自召康公下九世至惠侯，惠侯至亡三十五世，七世稱王，通前九百一年。始周武王己卯，訖秦始皇己卯。按《春秋左傳》昭公三年，北燕伯欵出奔齊，是為簡公，而《史記》以奔齊者為惠公，序簡公于平公之後，誤矣。

論說

《史記》卷一三〇《太史公自序》　武王克紂，天下未協而崩。成王既幼，管、蔡疑之，淮夷叛之，於是召公率德，安集王室，以寧東土。燕(易)［噲］之禪，乃成禍亂。嘉《甘棠》之詩，作《燕世家》第四。

宋·胡安國《胡氏春秋傳》卷首《春秋諸國興廢說·北燕》　姬姓，伯爵。出自周同姓功臣，曰君奭。佐文、武定天下，有大功，為周太保，食邑於召，謂之召康公。相成王，主自陝以西諸侯。封其子為北燕伯，其地幽州薊縣是也。召公九世，至燕惠侯。六世孫穆侯之七年，魯隱即位。獻公十二年，西狩獲麟。後六世，易王立，傳王號者六世。至燕王喜，坐太子丹事，為秦所破滅。

宋·程公說《春秋分記》卷七二《燕世本》　右燕始終《春秋》凡十七公，《春秋》不書。獻公以下後十三世，而秦滅之。

論曰：春秋中國諸侯，霸彊代興，至于起自遠方而通上國，則惟江南楚、吳、越焉。燕召公之後，國於北陸。其地距中國亦遠，與江南大略相似，而僻陋滋甚，終春秋世，玉帛不通。其在襄公之二十八年，《傳》言北燕伯朝于晉，而名不書；逮簡公以嬖寵出奔，因之略見于經。世次年紀之詳，經傳皆亡之。雖然，惟其僻遠而不與中國通也，故歷春秋戰國，最為永世。西都邵雍嘗言曰：燕處北陸之地，去中原特遠，苟不隨韓、趙、魏、齊、楚較利刃，爭虛名，則足以養德待時，觀諸侯之變。秦雖虎狼，亦未易加害。延十五六年後，天下事未可知也。雍之言，其有以審之矣。

宋·黄震《黄氏日抄》卷四六《讀史一·史記·燕世家》　文王、易王之世，蘇秦謀燕。蘇代誤子噲讓國子之，而燕亂。昭王用樂毅中興，艱難極矣。惠王忌賢，不念厥紹。王喜方自救不暇，反用栗腹敗趙以自敗。其從豈必丹、軻之謀而後燕滅哉？

明·陳士元《名疑》卷二　召公奭亦姬姓，成王封之燕。《史記·世家》燕有兩文公，三桓公，又有燕鄭侯，燕今王。《謚法》無『鄭』、『今』，二字不可强通。『今』一作『金』。

清·顧炎武《日知録》卷一三《六國獨燕無後》　春秋之時，楚最彊。楚之官，令尹最貴。而其爲令尹者，皆同姓之親，至於六國已滅之後，而卒能自立以亡秦者，楚也。嘗考夫七國之時，人主多任其貴戚，如孟嘗、平原、信陵三公子毋論，楚之昭陽、昭奚恤、昭睢，韓之公仲、公叔，趙之公子成、趙豹、趙奢，齊之田嬰、田忌、田單，單之功至於復齊國。至秦則不用矣，而涇陽、高陵之輩，猶以擅國聞。獨燕蔑有。子之之於王噲，未知其親疏。自昭王以降，無一同姓之見於史者。及陳、項兵起，立六國後，而孫心王楚，儋王齊，咎王魏，已而歇王趙，成王韓，惟燕人乃立韓廣，豈王喜之後，無一人與？不然，燕人之哀太子丹，豈下於懷王而忍亡之也？蓋燕宗之不振，久矣。嗚呼！楚用其宗而立懷王者，楚也；燕用非其宗而立韓廣者，燕也。然則晉無公族而六卿分，秦無子弟而閻樂弒，魏削藩王而陳留篡于司馬，宋卑宗子而二帝没于金人，皆是道矣。《詩》曰：「宗子維城，無俾城壞，無獨斯畏。」其斯之謂與！

清·李鍇《尚史》卷一〇七《附序傳》 君奭分陝，東民愛之。《旅獒》之誥，聖謨類之。嗣君無聞，自外于《春秋》。彼噲外禪，鷃倣鳴鳥，衹傳夭厲。作《燕世家》第十三。

韓世系分部

綜述

《世本·諸侯世本·韓》 景子名處。武侯。懿侯。韓宣王，昭侯之子也。桓惠公。

元·馬端臨《文獻通考》卷二六二《封建考三·春秋列國傳授本末事蹟·韓》 其先與周同姓，其後苗裔事晉，得封於韓原，曰韓武子。或言邘、晉、應、韓，皆武王之子。韓侯在宣王時，其後國滅，而後裔事晉，復封於韓。或言韓萬是曲沃桓叔之子，萬即武子也。武子後三世，有韓厥、獻子。起、宣子。頃、貞子。不信、簡子。莊子。虎、康子。啓章，武子。景侯虔始為諸侯。列侯、文侯、哀侯、懿侯、昭侯、宣惠王、襄王、釐王、桓惠王、王安。自景侯虔至王安十一傳，而韓為秦所滅。

清·馬驌《左傳事緯前集》卷七《春秋名氏譜·晉姬姓》 韓氏：韓萬。韓簡。韓穿。韓武子。亦曰子輿。韓厥。亦曰韓獻子。韓無忌。亦曰公族穆子。韓起。亦曰韓宣子。韓襄。韓須。叔禽。叔椒。子羽。韓固。韓不信。亦曰伯音、韓簡子。

清·鍾淵映《歷代建元考》卷三《春秋戰國諸侯考·韓》 姬姓。晉曲沃桓叔庶子萬封于韓，曰韓氏。生簡，簡生子輿，至獻子為正卿。傳宣子起、貞子頃、簡子不信、莊子庚，至康子虎，與趙、魏滅知氏，分晉國。傳武子啓章，卒，子虔立，六年周命為諸侯。景侯虔。九年；烈侯取。十三年；文侯。十年；哀侯。六年；懿侯。昭侯。二十六年；宣惠王。二十一年；襄王倉。十六年；釐王咎。二十三年；桓惠王。三十四年；王安。九年為秦所滅。

右韓自景侯後十一世，五世稱王，一百七十四年。始周威烈王戊寅，訖秦始皇辛未。

清·覺羅石麟等［雍正］《山西通志》卷一八一《遺事二》 韓之先，與周同姓。其後裔事晉，封于韓原，曰韓武子。武子後三世，有韓獻子厥從封，姓韓氏。子宣子徙居州。晉頃公十二年，與趙、魏共分祁氏、羊舌氏十縣。宣子子貞子徙居平陽。至孫康子，與趙、魏共敗知伯，分其地，地益大于諸侯。康子孫景侯六年，與趙、魏胥為諸侯。歷三世為哀侯。哀侯元年，與趙、魏分晉國。二年，徙都鄭。傳懿、昭、宣惠、襄、釐、桓惠暨王安七世。安虜于秦。

論說

《史記》卷一三〇《太史公自序》 韓厥陰德，趙武攸興。紹絶立廢，晉人宗之。昭侯顯列，申子庸之。疑非不信，秦人襲之。嘉厥輔晉匡周天子之賦，作《韓世家》第十五。

宋·魏了翁《春秋左傳要義》卷二四《宣公十二年至十三年·韓厥為萬曾孫或玄孫》 《韓世家》云：韓之先，事晉，得封韓原，曰韓武子。後三世，有韓厥。《世本》云：桓叔生子萬，萬生求伯，求伯生子輿，子輿生獻子厥。《史記》所云武子，蓋韓萬也。如彼二文，厥是萬之曾孫，而服虔、杜預皆言厥，韓萬玄孫。不知何所據也。

宋·黄震《黄氏日抄》卷四六《讀史一·史記·韓世家》 韓亦姬姓，本無大功於晉。厥以搴之役勝齊，得預六卿。子孫無聞人，惟昭侯相申不害，國以治，諸侯不侵伐。不害死，秦拔宜陽，旱作高門，功業不終，其後日弊於秦矣。

明・陳士元《名疑》卷二　韓之先，周同姓姬氏。其苗裔事晉，封於韓原，曰韓武子。又三世而有獻子厥，生宣子起，起生貞子頃。《系本》『貞』作『平』。頃生簡子不佞，《系本》作『不信』。不佞生莊子庚，庚生康子虎。《史記》無簡子、莊子，而云貞子生康子。班氏亦然。康子生武子啓章，啓章生景侯虔，虔生烈侯取。烈，《世家》作『列』，《系本》作『武』。烈侯生文侯。《索隱》云：《紀年》無文侯，《系本》無烈侯。

清・李鍇《尚史》卷四四《晉諸臣傳・韓起》　論曰：厲公作慝，書，偃逃死，晉之舊姓多不免者。韓厥踦躡中立，難矣。崔杼且舍晏子，中行氏又惡敢攻厥哉？新田之遷，艾安十餘葉。《詩》曰『遠猶辰告』，遠于羣議也。夫韓氏，大夫也，卒正南面。雖韓叔厚基，予且慕公族穆子之仁也。

又　卷六六《韓諸公子傳》　論曰：六國之勢，韓最弱逼秦，不聞有所樹立。廼外主齊、楚，兄弟爭國，國又無人焉。韓亦殆矣哉！伊尹有言曰：『與亂同事罔不亡。』後此六十年，裁二葉而國滅於秦，亂之終也。

趙世系分部

綜述

《世本・諸侯世本・趙》　敬侯名章。成侯名種。肅侯名語。孝成王丹生悼襄王偃，偃生今王遷。

元・馬端臨《文獻通考》卷二六二《封建考三・春秋列國傳授本末事蹟・趙》　其先與秦共祖，至周幽王時，叔帶去周如晉，事晉文侯。五世而後生趙夙，晉獻公賜趙夙耿。夙生趙衰、盾、宣子。朔、莊子。武、文子。成、景叔。鞅、簡子。毋恤、襄子。浣，獻侯。列侯籍始命為諸侯。武公、敬侯、成侯、肅侯、武靈王、惠文王、孝成王、悼襄王、幽穆王遷。自列侯籍至幽繆王遷十傳，而趙為秦所滅。

清・馬驌《左傳事緯前集》卷七《春秋名氏譜・晉姬姓》　趙氏：趙夙。趙衰。亦曰趙成子、成季、子餘、孟子餘。趙盾。亦曰趙孟、宣孟、趙宣子。趙同。亦曰原同、原叔。趙括。亦曰屏括、屏季。趙嬰齊。亦曰趙嬰、樓嬰。趙穿。趙旃。亦曰趙傁。趙朔。亦曰趙莊子。趙武。亦曰趙文子、趙孟。趙勝。趙獲。趙成。亦曰趙景子。趙鞅。亦曰趙簡子、志父、趙孟、先主。趙午。亦曰邯鄲午。趙稷。趙朝。趙羅。趙無恤。亦曰趙襄子、趙孟。

清・鍾淵映《歷代建元考》卷三《春秋戰國諸侯考・趙》　嬴姓。其先趙夙，造父七世孫，顯于晉。生共孟，共孟生衰，衰生宣孟盾，為正卿，傳莊子朔、文子武、景子成、簡子鞅，至襄子無恤滅知氏，分晉國。歷桓子嘉、獻子浣，浣卒，子籍立，六年周命為諸侯。烈侯籍。九年；武侯。十三年；敬侯章。十二年；成侯種。二十五年；肅侯語。二十四年；武靈王雍。二十七年；惠文王何。三十五年；孝成王丹。二十一年；悼襄王偃。九年；幽繆王遷。八年為秦滅；代王嘉。趙亡，立于代，七年為秦滅。

右趙自烈侯後十一世，稱王六世，一百八十二年。始周威烈王戊寅，訖秦始皇己卯。

清・覺羅石麟等［雍正］《山西通志》卷一八一《遺事二》　趙氏之先，與秦共祖。至蜚廉子季勝，生孟增，是為宅皋狼。皋狼孫造父，御穆王有功，賜以趙城，由此為趙氏。造父以下六世至奄父，生叔帶，去周如晉，事晉文侯，始居晉國。五世而生趙夙。晉獻公十六年，滅耿、霍、魏，賜夙耿。夙生共孟，共孟子趙衰事文公，為原大夫，居原。歷盾、朔、武、景叔四世，生鞅，是為簡子。晉頃公十二年，分祁氏、羊舌氏邑為十縣，各令其族，為之大夫。鞅卒，次子無恤立，是為襄子。襄子元年，平代地，封鞅長子伯魯子周為代成君。四年，與知伯、韓、魏盡分范中行地，復與韓、魏滅知伯，分其地。于是趙北有代，南幷知氏，彊於韓、魏。襄子卒，代成君子浣立，是為獻侯，治中牟，始列為諸侯。襄子弟桓子逐獻侯，自立于代。一年卒，國人復迎立獻侯。三傳至敬侯，始都邯鄲。敬侯九年，與韓、魏共分晉地。歷成侯、昭侯，至武靈王攘地，北至燕代，西至雲中、九原。二十七年，立子何為王，是為惠文王，自稱主父。惠文王二年，主父出代西，遇樓煩王于西河，而致其兵，封長子章為代安陽君。四年，李兑平章之亂。又二傳至幽繆王，降秦。

論説

《史記》卷一三〇《太史公自序》　維驥騄耳，乃章造父。趙夙事獻，衰續厥緒。佐文尊王，卒為晉輔。襄子困辱，乃禽智伯。主父生縛，餓死探爵。王遷辟淫，良將是斥。嘉鞅討周亂，作《趙世家》第十三。

宋・魏了翁《春秋左傳要義》卷一三上《閔公元年至僖公四年・趙魏世系》　《史記・趙世家》：夙生共孟，孟生趙衰。《晉語》云：趙衰，先君之戎御，趙夙之弟也。杜以夙為衰兄，從《晉語》也。

宋・黄震《黄氏日抄》卷四六《讀史一・史記・趙世家》　蜚廉二子，長曰惡來，其後為秦；次曰季勝，其後為趙造父，封趙城，始得氏。叔帶當幽王時，去周如晉。夙事獻公，衰事文公，盾事靈公。至景公世，趙朔益專，晉滅趙氏。孤兒趙武，後復為正卿，生趙簡子，滅范中行氏。子無恤為襄子，平代地，滅智伯，趙視韓、魏最強。六世至武靈王，變胡服，滅中山，攘地北至燕、代，西至雲中、九原，欲南襲秦，強於天下矣。愛吳娃，立其子何，長子章作亂，餓死沙邱。自是無能君。當孝成王時，秦伐韓上黨，趙受上黨守馮亭之獻，故有長平之禍。趙可禦秦者，惟頗、牧耳。樂乘用而頗亡，郭開譏而牧誅。趙實自趣其滅，於秦何尤？

明・陳士元《名疑》卷二　趙之先，自造父受封於趙城。六世而有奄父。奄父生叔帶，去周事晉。又五世，生趙夙。《世家》云：夙生共孟，共孟生趙衰，字子餘。《系本》云：公明生共孟，及趙夙。夙生成季衰，衰生宣孟盾。《左傳》云：衰，趙夙弟。與《世家》、《系本》不同。晉景公立趙武，是為文子。生景叔成，成生簡子鞅，鞅生襄子毋恤，毋恤卒而獻侯浣立。浣，代成君之子。代成君名周，伯魯之子也。《系本》以代成君為襄子之子，不云伯魯之子，非。《年表》浣作「晚」，即以為襄子之子，亦非。浣生烈侯籍，《年表》烈作「列」。

明・黄淳耀《陶菴全集》卷四《史記評論・趙世家》　主父胡服騎射，與公子成、趙文等議論，其辭雄俊博辨，勢如河決。當其將三軍攻中山，攘地北至燕、代，西至雲中、九原，欲從雲中、九原直南襲秦，乃詐自爲使者入秦，欲自略地形，因睹秦王之爲人也。此其膽志才略，豈特兒視六國諸君而已哉！雖以秦政方之，蔑如也。使主父不死，縱不能取秦，亦當與之更相雄長，如秦繆、晉文之時；而六國倚以自固，則可以不爲蠶食。彼衡人齪齪，安所施其謀乎？主父之失，在於令弱子治國，而身略地於外。彼公子章之能亂，日侍其側而不知。肥義非應變之才，又使之輔其弱子，謬矣。又欲分趙，以王公子章，猶豫不決而沙邱之變起矣。自古雄傑非常之主，經營四方而內忘其肘腋之禍，皆不知大道故也。吾感主父之事，益嘆聖賢修身齊家、窮理知人之學，萬萬世不能易也。

清・邵泰衢《史記疑問》卷中《趙世家》　夙生共孟，共孟生趙衰，字子餘。閔元年：趙夙御戎。注曰：夙，趙衰兄也。《晉語》：趙衰，先君之戎御，趙夙之弟也。衰、夙雁行，乃曰孫祖。合而觀之，吾將誰信？

清・汪越《讀史記十表》卷三《六國表・存疑》　趙桓子元年。《索隱》曰：桓子嘉，襄子弟也。元年卒，明年，國人共立襄子子獻侯晚。按《趙世家》，襄子見伯魯之不立也，伯魯，襄子兄，故太子廢。必欲傳位伯魯子代成君。成君死，乃取成君子浣，立為太子。襄子卒，浣立，是為獻侯。襄子弟桓子逐獻侯自立，一年卒，國人復迎立獻侯。則獻侯，襄子兄之孫。《索隱》以為襄子子，誤矣。晚，一本作「脫」，疑「浣」字之訛。

清・李鍇《尚史》卷四五《晉諸臣傳・趙無恤》　論曰：晉之諸卿有先氏、狐氏、毛氏、郤氏、欒氏、荀氏、中行氏，樹德不滋，卒斬厥祀。然諸族亡而三家昌，曲沃之宗不振，其隨矣。若夫趙之為趙也，莊姬之譖，邯鄲之伐與晉陽之圍，不中絶者如綫。使非成季、宣、孟纏苗三世，其先諸宗而槁落乎？

又　卷六九《趙諸臣傳・肥義》　論曰：智者獨知，明者先見。武靈胡服以招騎射，一變車乘之制，駭俗反古，宜來諸臣之爭也。而肥義獨與武靈合，卒建功。蓋變法不變禮，易器不易教，緣地制宜，因時達變，亦權宜之計也。廼廷議無間而私愛，遂之子章之難。綢繆無聞，蹈節苟息，何邪？若夫惠文既壯，不申桃園之討，豈成兑前死，抑有戍申之好與？

魏世系分部

綜述

《世本·諸侯世本·魏》 駒生文侯斯。桓子生文侯斯。惠王子名嗣。襄王名嗣。昭王名遫。昭王名遫，襄王之子也。惠王生襄王。襄王生昭王。（史）〔安〕僖王名圉。安僖王生景愍王午。

元·馬端臨《文獻通考》卷二六二《封建考三·春秋列國傳授本末事蹟·魏》 其先畢公高之後，與周同姓，其後絶封為庶人，或在中國，或在夷狄。其苗裔曰畢萬，事晉獻公，獻公賜畢萬魏。萬生犨、武子、悼子。絳、昭子。嬴荼、獻子。侈，桓子。文侯斯始命為諸侯。武侯、惠王、襄王、哀王、昭王、安釐王、景湣王、王假。自文侯斯至王假凡九傳，而魏為秦所滅。

清·馬驌《左傳事緯前集》卷七《春秋名氏譜·晉姬姓》 魏氏：畢萬。魏犨。亦曰魏武子。魏壽餘。魏錡。亦曰呂錡、厨子、厨武。魏顆。魏相。亦曰呂相。魏絳。亦曰魏莊子。魏頡。亦曰令狐文子。魏戊。魏舒。亦曰魏獻子。魏曼多。亦曰魏襄子。

清·鍾淵映《歷代建元考》卷三《春秋戰國諸侯考·魏》 與周同姓。其先畢公高之裔萬事晉，封于魏。生武子犨，傳莊子絳，至獻子舒為正卿。歷襄子曼多，及桓子駒，遂與韓、趙共滅知氏，分晉國。駒卒，孫斯立，二十三年周命為諸侯。文侯斯。三十八年；武侯擊。十六年；惠王罃。三十六年改元，稱一年，後十七年薨；襄王赫。二十三年；昭王遫。十九年；安釐王圉。三十四年；景湣王增。十五年；王假。三年為秦所滅。

右魏自文侯至亡凡八世，六世稱王，一百七十九年。始周威烈王戊寅，訖秦始皇丙子。

清·覺羅石麟等〔雍正〕《山西通志》卷一八一《遺事二》 魏之先，畢公高之後。畢萬事晉獻公，獻公滅魏封之，從其國名為魏氏。萬子武子事文公，襲魏氏之後，列為大夫，治於魏。子悼子徙治霍，生魏絳。晉悼公十一年，絳徙安邑。絳後五世為魏桓子，與韓、趙共滅知伯，分其地。桓子之孫曰文侯都。文侯二十一年，列為諸侯。子武侯擊，十一年與韓、趙三分晉。子惠王罃，三十一年徙治大梁。歷襄、哀、昭、安釐、景湣、假六世，滅于秦。

論説

《史記》卷一三〇《太史公自序》 畢萬爵魏，卜人知之。及絳戮干，戎翟和之。文侯慕義，子夏師之。惠王自矜，齊秦攻之。既疑信陵，諸侯罷之。卒亡大梁，王假廝之。嘉武佐晉文申霸道，作《魏世家》第十四。

宋·魏了翁《春秋左傳要義》卷一三上《閔公元年至僖公四年·趙魏世系》 《魏世家》：畢萬生武子。《世本》：畢萬生芒季，季生武仲州。州即犨也。杜以萬為犨之祖父，依《世本》也。

又 卷三〇《襄公元年至四年上·魏絳犨之子世家為犨孫》 《世族譜》：魏顆、魏絳俱是魏犨之子。顆長生頡，則絳是頡之叔父。顆別為令狐氏，絳為魏氏，蓋顆長而庶，絳幼而適故也。《魏世家》：武子生悼子，悼子生絳。則絳是犨孫，計其年世，孫應是也。先儒悉皆不然，未知何故。

宋·黃震《黃氏日抄》卷四六《讀史一·史記·魏世家》 畢萬本周同姓，事晉獻公，封魏。魏武子從重耳反國。絳事悼公，九合諸侯，戎狄以和。獻子身為國政，桓子共滅智伯。文侯尊賢重士，得譽諸侯，秦不敢加兵。武侯之世，國尚強。惠王好戰而國危，子孫日弊於強秦，賴公子無忌合從五國，國粗立，然不能盡用其説。無忌卒，國不支，以至於亡。

明·陳士元《名疑》卷二　魏亦文王之胤。武王封庶弟高於畢，後裔畢萬事晉，封於魏。萬生武子，《左傳》武子名犨。《系本》云：畢萬生芒季，芒季生武仲州。《索隱》云：州、犨音相近，但世代不同。《史記》武子生悼子，悼子生昭子絳。《系本》云：武仲生莊子絳。無悼子。《索隱》以《系本》為誤。絳生獻子嬴，《系本》嬴作「荼」。嬴生魏侈，一作「魏哆」。《系本》獻子生簡子取，取生襄子多。《左傳》作「魏曼多」。《索隱》云：侈、哆、多，字訛。世代亦不同。魏文侯斯《史記》斯作「都」，或作「痶」。斯弟樓季，或云樓季為兄。斯生武侯擊，擊生罃，是為梁惠王。罃一作「誒」，一作「嬰」。《世家》惠王生襄王，襄王生哀王，哀王生昭王。《系本》云襄王生昭王，而無哀王，誤。《世家》景湣王增，《系本》增作「午」。

明·黃淳耀《陶菴全集》卷四《史記評論·魏世家》　《新序》云：文侯師子夏，友田子方，敬段干木，此名之所以過於桓公也。卜相則成與璜，此功之所以不及五伯也。余謂戰國之主賓友賢士者，皆以爲名而已。彼以賢人君子之言爲迂緩不切於用，而猶欲藉其名以震曜鄰國，故厚爲禮貌而不委以事權也。夫文侯，過矣，而國家待浮名之士，則當參用其法，如諸葛亮之於許靖是也。晉之於殷淵源，唐之於房次律，皆怵其高名，置以台輔事，安得不敗乎？

清·邵泰衢《史記疑問》卷中《魏世家》　魏之先，畢公高之後也。畢公高，與周同姓。《傳》僖二十四年，富辰曰：畢、原、酆、郇，文之昭也。注曰：文王子夫高為文子，分封于畢。今曰同姓，不亦疏且遠乎？至魏絳為武仲之子，而曰孫；獻之荼為魏絳之子，而亦曰孫。世系之間，豈容紊紊如此？

清·李鍇《尚史》卷四四《晉諸臣傳·魏舒》　論曰：吾聞善侑食者，甘而後薦。魏莊子之《虞箴》戒田逸，書申備，非善侑食者乎？戮揚干以剛，和戎以柔，抑其次也。《書曰》「紹聞衣德」，言舒衣絳德，是用能世。

秦世系分部

綜　述

《世本·諸侯世本·秦》　伯益之後。附庸。繆公名任好。秦伯稻，秦共公也。秦伯，秦桓公也。景公名后伯車。靈公立十年。簡公名悼子，即剌龔公之子，懷公弟也。少主。元獻公立二十二年。武烈王十九年而立，立三年。昭王名側。秦始皇政生於趙，故曰趙政。宋衷曰：以正月旦生，故名正。

《史記》卷五《秦本紀》　秦之先，帝顓頊之苗裔孫曰女脩。女脩織，玄鳥隕卵，女脩吞之，生子大業。大業取少典之子，曰女華。女華生大費，與禹平水土。已成，帝錫玄圭。禹受曰：「非予能成，亦大費為輔。」帝舜曰：「咨爾費，贊禹功，其賜爾皁游，爾後嗣將大出。」乃妻之姚姓之玉女。大費拜受，佐舜調馴鳥獸，鳥獸多馴服，是為柏翳。舜賜姓嬴氏。

大費生子二人，一曰大廉，實鳥俗氏；二曰若木，實費氏。其玄孫曰費昌，子孫或在中國，或在夷狄。費昌當夏桀之時，去夏歸商，為湯御，以敗桀於鳴條。大廉玄孫曰孟戲、中衍，鳥身人言。帝太戊聞而卜之使御，吉，遂致使御而妻之。自太戊以下，中衍之後，遂世有功，以佐殷國，故嬴姓多顯，遂為諸侯。

其玄孫曰中潏，在西戎，保西垂。生蜚廉。蜚廉生惡來。惡來有力，蜚廉善走，父子俱以材力事殷紂。周武王之伐紂，并殺惡來。是時蜚廉為紂石北方，還，無所報，為壇霍太山而報，得石棺，銘曰「帝令處父不與殷亂，賜爾石棺以華氏」。死，遂葬於霍太山。蜚廉復有子曰季勝。季勝生孟增。孟增幸於周成王，是為宅皋狼。皋狼生衡父，衡父生造父。造父以善御，幸於周繆王，得驥、溫驪、驊騮、騄耳之駟，西巡狩，樂而忘歸。徐偃王作亂，造父為繆王御，長驅歸周，一日千里以救亂。繆王以趙城封造父，造父族由此為趙氏。自蜚廉生季勝已下五世至造父，別居趙。

趙衰，其後也。惡來革者，蜚廉子也，蚤死。有子曰女防。女防生旁皋，旁皋生太几，太几生大駱，大駱生非子。以造父之寵，皆蒙趙城，姓趙氏。

非子居犬丘，好馬及畜，善養息之。犬丘人言之周孝王，孝王召使主馬于汧、渭之閒，馬大蕃息。孝王欲以為大駱適嗣。申侯之女為大駱妻，生子成為適。申侯乃言孝王曰：『昔我先酈山之女，為戎胥軒妻，生中潏，以親故歸周，保西垂，西垂以其故和睦。今我復與大駱妻，生適子成。申、駱重婚，西戎皆服，所以為王。王其圖之。』於是孝王曰：『昔伯翳為舜主畜，畜多息，故有土，賜姓嬴。今其後世亦為朕息馬，朕其分土為附庸。』邑之秦，使復續嬴氏祀，號曰秦嬴。亦不廢申侯之女子為駱適者，以和西戎。

秦嬴生秦侯。秦侯立十年卒，生公伯。公伯立三年卒，生秦仲。秦仲立三年，周厲王無道，諸侯或叛之。西戎反王室，滅犬丘大駱之族。周宣王即位，乃以秦仲為大夫，誅西戎。西戎殺秦仲。秦仲立二十三年，死於戎。有子五人，其長者曰莊公。周宣王乃召莊公昆弟五人，與兵七千人，使伐西戎，破之。於是復予秦仲後，及其先大駱地犬丘并有之，為西垂大夫。

莊公居其故西犬丘，生子三人，其長男世父。世父曰：『戎殺我大父仲，我非殺戎王，則不敢入邑。』遂將擊戎，讓其弟襄公。襄公為太子。莊公立四十四年卒，太子襄公代立。【略】七年，平王封襄公為諸侯。【略】十二年，伐戎而至岐，卒。生文公。【略】四十八年，文公太子卒，賜謚為竫公。竫公之長子為太子，是文公孫也。五十年，文公卒，葬西山。竫公子立，是為寧公。【略】寧公生十歲立，立十二年卒，葬西山。生子三人，長男武公為太子。武公弟德公，同母魯姬子。生出子。寧公卒，大庶長弗忌、威壘、三父廢太子而立出子為君。出子六年，三父等復共令人賊殺出子。出子生五歲立，立六年卒。三父等乃復立故太子武公。【略】二十年，武公卒，葬雍平陽。【略】有子一人，名曰白。白不立，封平陽。立其弟德公。【略】德公生三十三歲而立，立二年卒。生子三人：長子宣公，中子成公，少子穆公。長子宣公立。【略】十二年，宣公卒。生子九人，莫立，立其弟成公。成公立四年卒。子七人，莫立，立其弟穆公。

又 卷六《秦始皇本紀》 襄公立，享國十二年。初為西畤。葬西垂。生文公。文公立，居西垂宮。五十年死，葬西垂。生靜公。靜公不享國而死。生憲公。憲公享國十二年，居西新邑。死，葬衙。生武公、德公、出子。出子享國六年，居西陵。庶長弗忌、威累、參父三人，率賊賊出子鄙衍，葬衙。武公立。武公享國二十年，居平陽封宮。葬宣陽聚東南。三庶長伏其罪。德公立。德公享國二年，居雍大鄭宮。生宣公、成公、繆公。葬陽。初伏，以御蠱。宣公享國十二年，居陽宮。葬陽。初志閏月。成公享國四年，居雍之宮。葬陽。齊伐山戎、孤竹。繆公享國三十九年。天子致霸。葬雍。繆公學著人。生康公。康公享國十二年，居雍高寢。葬竘社。生共公。共公享國五年，居雍高寢。葬康公南。生桓公。桓公享國二十七年，居雍太寢。葬義里丘北。生景公。景公享國四十年，居雍高寢。葬丘里南。生畢公。畢公享國三十六年。葬車里北。生夷公。夷公不享國。死，葬左宮。生惠公。惠公享國十年。葬車里（康景）。生悼公。悼公享國十五年。葬僖公西。城雍。生剌龔公。剌龔公享國三十四年。葬入里。生躁公、懷公。其十年，彗星見。躁公享國十四年，居受寢。葬悼公南。其元年，彗星見。懷公從晉來。享國四年。葬櫟圉氏。生靈公。諸臣圍懷公，懷公自殺。肅靈公，昭子子也。居涇陽。享國十年。葬悼公西。生簡公。簡公從晉來。享國十五年。葬僖公西。生惠公。其七年，百姓初帶劍。惠公享國十三年。葬陵圉。生出公。出公享國二年。出公自殺，葬雍。獻公享國二十三年。葬囂圉。生孝公。孝公享國二十四年。葬弟圉。生惠文王。其十三年，始都咸陽。惠文王享國二十七年。葬公陵。生悼武王。悼武王享國四年。葬永陵。昭襄王享國五十六年。葬茝陽。生孝文王。孝文王享國一年。葬壽陵。生莊襄王。莊襄王享國三年。葬茝陽。生始皇帝。呂不韋相。【略】始皇享國三十七年。葬酈邑。生二世皇帝。始皇生十三年而立。二世皇帝享國三年。葬宜春。趙高為丞相安武侯。二世生十二年而立。右秦襄公至二世，六百一十歲。

《漢書》卷二一下《律曆志下·世經》 秦伯。昭王，《本紀》無天子五年。孝文王，《本紀》即位一年。【略】莊襄王，《本紀》即位三年。始皇，《本紀》即位三十七年。二世，《本紀》即位三年。凡秦伯，五世，四十九歲。

晉·皇甫謐《帝王世紀·秦》　自昭襄王滅周至于嬰，凡四王二帝，合四十九年。昭襄王一，孝文王二，莊襄王三，始皇帝四，胡亥五，子嬰六。

唐·陸淳《春秋集傳纂例》卷一〇《國名譜》　秦，嬴姓，伯爵。隴西山谷之名也，於漢則隴西郡秦亭、秦谷是也。堯時有伯益，佐禹治水有功，帝舜賜其姓，曰嬴氏。其後世之孫曰非子，事周孝王，使之養馬於汧渭之間，封之為附庸，邑之於秦谷。非子曾孫秦仲，周宣王又命為大夫，始有車馬、禮樂、侍御之好。秦仲之孫襄公，平王之初，興兵討西戎，以救周。平王既東遷，以岐豐之地賜之，始列為諸侯。九世穆公，始見《春秋》。悼公十一年，獲麟之歲也。悼公子厲共公，厲共公三十四年而卒。自厲共公以下十三世，百八十八年，而秦王正立，并天下，始稱帝，至二世而漢滅之。

宋·楊甲《六經圖》卷一〇《秦世次》　伯益末孫曰非子，周孝王邑之秦，號曰秦嬴。至襄公，為周平王平犬戎，封為侯。自秦嬴至秦仲三世，至襄公五世，至穆公十三世。

元·馬端臨《文獻通考》卷二六二《封建考三·春秋列國傳授本末事蹟·秦》　其先帝顓頊之苗裔孫，曰女脩，生子大業，大業生大費。即伯益。其後至周孝王時，有非子為王主馬於汧渭之間，孝王分土為附庸，邑之秦，使續嬴氏祀，號曰秦嬴。秦嬴生秦侯、公伯、秦仲、莊公、襄公、文公、寧公、武公、德公、宣公、成公、繆公、康公、共公、桓公、景公、哀公、惠公、悼公、厲共公、躁公、懷公、靈公、簡公、惠公、獻公、孝公、惠文王、武王、昭襄王、孝文王、莊襄王、始皇帝、二世皇帝。自秦嬴三十四傳，至始皇而并天下，二世而亡。

元·俞皋《春秋集傳釋義大成》卷首《春秋世次圖說·秦世次》　秦嬴姓，伯爵。出自伯益。十九世孫非子，為周孝王養馬汧渭間，受封為附庸。傳六世，至襄公，有功於平王，始受岐豐之地，列為諸侯，是為秦伯。襄公子文公四十四年，魯隱公元年也。自文公至悼公，十五世。悼公十年，魯哀公十四年也。悼公後九世，至昭襄王，始滅周。自昭襄王至子嬰六世，為漢所滅，共二十七世。

清·馬驌《左傳事緯前集》卷七《春秋名氏譜·秦嬴姓》　諸公：穆公。亦曰秦伯任好。康公。亦曰大子罃、秦伯罃。共公。亦曰秦伯稻。桓公。景公。哀公。惠公。

清·嚴虞惇《讀詩質疑》卷首一《列國世譜·秦》　秦帝顓頊之裔。堯時柏翳佐禹平水土，調馴鳥獸，賜姓嬴氏。周孝王封其末孫非子為附庸，邑之秦。卒，子秦侯立；卒，子公伯立；卒，子秦仲立。當周厲王、宣王時，秦之變風作。宣王命秦仲為大夫，討西戎，西戎殺秦仲，子莊公立，伐西戎，破之。卒，子襄公立。西戎、犬戎與申侯伐周，弒幽王。襄公救周有功，平王封襄公為諸侯，賜之岐以西之地。卒，子文公立，入春秋。卒，孫寧公立；卒，庶子出子立。庶長三父等殺出子，立故太子武公。卒，弟德公立；卒，子宣公立；卒，弟成公立；卒，弟繆公任好立，伐晉，霸諸侯。卒，子康公罃立；卒，子共公立。自共公以下，無詩。又二十世，是為始皇帝也。

清·鍾淵映《歷代建元考》卷三《春秋戰國諸侯考·秦》　嬴姓，伯爵。出自帝顓頊，至柏翳賜姓嬴。周孝王封翳十九世非子于秦，為附庸，號秦嬴。傳六世，襄公以兵救周有功，遂列為諸侯。秦嬴。四十年；秦侯。十年；公伯。二年；秦仲。二十三年；莊公。四十四年；襄公。十二年；文公。五十年；寧公。十二年；出子。六年；武公。二十年；德公。二年；宣公。十二年；成公。四年；穆公任好。二十九年；康公罃。十二年；共公和。五年；桓公榮。二十七年；景公后。四十年；哀公。三十六年；惠公。十年；悼公。十四年；共公。三十四年；躁公。十四年；懷公。四年；靈公。十三年；簡公悼子。十六年；惠公。十三年；出公。二年；獻公師隰。二十四年；孝公渠梁。二十四年；惠文王駟。十四年稱王，更為元年，又十四年薨。《秦本紀》：惠文君十四年，更為元年；武王蕩。四年；昭襄王稷。五十六年。其五十一年滅周；孝文王柱。一年；莊襄王楚。四年薨。取呂不韋姬，子政立，是為始皇，并有天下。

右秦三十世為諸侯，五世稱王，又稱帝二世而滅，共六百九十年。起周孝王甲子，訖秦二世甲午。

又　卷二《前編·秦》　始皇帝政。其先柏翳之後非子封于秦，傳二十八世，至惠文王始稱王。惠文王卒，武王立。武王卒，昭襄王立，五十一年滅周，又五年卒。孝文王立，三日卒，子楚立，是為莊襄王。莊襄王二年庚子滅東周，以甲寅卒。所取呂不韋姬子嗣立為王，二十六年庚辰，盡滅六國，稱始皇帝。

清·姚彥渠《春秋會要》卷一《世系·秦》 秦。嬴姓，伯爵，伯益後。周孝王時非子始封附庸，六世至襄公，送平王東遷有功，封為諸侯。至文公，入春秋。

文公，襄公子。四十四年爲魯隱公元年，在位五十年。謚曰「文」。

寧公，文公孫。魯隱公八年立，在位十二年。謚曰「寧」。

出子，寧公子。魯桓公九年立，在位六年。無謚。

武公，寧公子，出子兄。魯桓公十五年立，在位二十年。謚曰「武」。

德公，寧公子，武公弟。魯莊公十七年立，在位二年。謚曰「德」。

宣公，德公子。魯莊公十九年立，在位十二年。謚曰「宣」。

成公，德公子，宣公弟。魯莊公三十一年立，在位四年。謚曰「成」。

穆公，名任好，德公子，成公弟。魯僖公元年立，在位三十九年。謚曰「穆」。

康公，名罃，穆公子。魯文公七年立，在位十二年。謚曰「康」。

共公，名稻，一作和。康公子。魯宣公元年立，在位四年。謚曰「共」。

桓公，共公子。魯宣公五年立，在位二十八年。謚曰「桓」。

景公，名后單，桓公子。魯成公十五年立，在位四十年。謚曰「景」。

哀公，景公子。魯昭公六年立，在位三十六年。謚曰「哀」。

惠公，哀公孫。魯定公十年立，在位九年。謚曰「惠」。

悼公，惠公子。魯哀公四年立，在位十五年。謚曰「悼」。

論說

《史記》卷一三〇《太史公自序》 維秦之先，伯翳佐禹；穆公思義，悼豪之旅；以人為殉，詩歌《黄鳥》；昭襄業帝。作《秦本紀》第五。

始皇既立，并兼六國，銷鋒鑄鐻，維偃干革，尊號稱帝，矜武任力；二世受運，子嬰降虜。作《始皇本紀》第六。

宋·胡安國《胡氏春秋傳》卷首《春秋諸國興廢説·秦》 嬴姓，伯爵。出自顓帝裔孫女脩。子大業，生大費，與禹平水土，佐舜調馴鳥獸，賜姓嬴，是為柏翳。柏翳十九世非子，為周孝王主馬汧渭閒，馬大蕃息，孝王分為附庸，而邑之秦，使續氏嬴，號曰秦嬴，天水隴西縣秦亭是也。其後文公四十四年，魯隱公立。至悼公十年，西狩獲麟。後九世，孝公用商鞅，以耕戰霸秦。其子惠文君，自號為王。至始皇，并天下，自立為皇帝，至二世而亡。

宋·羅泌《路史》卷三四《發揮三·辨伯翳非伯益秦趙宜祖少昊》 事有若迂而實先，似緩而實急者。世次之亂，姓氏之失，此人倫之所由紊，習俗之所由薄也。予之紀少昊也，既辨玄囂、青陽、少昊為三人矣，復合太史儋、老子、老萊子以為一。既辟仲衍不得為孟虧之弟矣，乃復明伯翳不得為伯益之名若字，豈無説邪？夫孟虧當夏啓之時，而仲衍事商，大戊豈有同父之兄，先己而出于四百載之前者乎？伯翳者，少昊之後，皐陶之子，而伯益乃帝高陽之第三子隤敳也。然世俱以伯翳為即伯益，其謬甚矣。

予嘗考之，伯翳者，嬴姓之祖也。書傳嬴姓，實出少昊，其源甚著，非高陽後也。按《陳杞世家》序舜、禹之功臣十有一人，云伯翳之後，平王封之秦，而云垂、益、夔、龍其後不知，所封不見也。又云皐陶卒，封其後于六，或在許，然後舉益而授之政，則伯翳不得為伯益尤顯。故劉秀表《校山海經》云：夏禹治水，伯益與伯翳主驅禽獸。是則益、翳為二人，亦有能知之者。第太史公于益、翳有時而不分，所以致後生之繆爾。《秦本紀》云：高陽之裔孫女脩生大業，大業娶女華，生大費。女脩乃高陽之裔女，而適少昊之後大業之父者。蓋大業之父，名不著見，而秦、趙二家遂以母族而祖顓頊，非生人之義也。郯子曰：我祖少昊，而嬴氏乃其族也。則秦、趙宜祖少昊為得其正。班固之徒不知考此，乃直以女脩為男子而系之高陽之後，故世遂以伯翳為伯益，不復别也。

抑又稽之，伯翳蓋封于費者也，是以有大費之稱。若夫封大唐者，費昌、費仲俱其後也，而世亦復論，更以大費為伯翳之字益，可嗤矣。且大業者，皋陶之父也，而《史記》音義復以皋陶為即大業，蓋以《史記》大業之下無皋陶而失之。至《世紀書》乃直以為高陽生大業，又以大業之妻女垂為大業之子，而別出女華之妻名曰扶始，扶始生皋陶，皋陶生伯益。《唐書》取而用之，此《春秋元命苞》之説，不足實也。

宋·程公説《春秋分記》卷七三《秦世本》 右秦始終《春秋》凡十五公，書『卒』者六，不書『卒』者八。惟悼公後，《春秋經》終。悼公子厲共公以下十三世一百八十八年，而始皇并六國，及二世而項羽滅之。

論曰：春秋之世，國於河東者，晉為大；國於江南者，楚為彊。齊國於山東，秦國於河西，皆天下形勢之國，勢足以相扼，力足以相抗。故《傳》曰：晉、楚、齊、秦，匹也。晉之不能於齊，猶楚之不能於秦也。此亦足以驗當時天下大勢所在矣。然齊、晉主盟中夏，經營用力，莫先於制楚，而楚之北向，以爭中原也，嘗與齊、晉角。由江漢以犯問上國，終春秋世，以楚為虞。雖然，中國之霸既衰，而荆楚之勢亦弊矣。獨秦在當時，以百二之勢，帶山阻河，縣隔千里，地勢便利。穆公益國十二，開地千里，遂霸西戎。其國無事，而威莫加於東方，雖與諸侯盟會，而交贄往来，彊埸侵戰，止於河東之晉焉。鬬克之遺聘，士雃之乞師，秦楚始通，而亦莫能以數也。是以隱然獨彊於西陲，而東方諸侯亦無以難秦。逮于戰國，諸侯之大夫公族，其權力與其國君爭，於是或遷其世祀，割其土地，如橫波悍流，奔潰四散，各極其勢而止。大國至有三分，小國往往幷滅。其相與歃血於境上者，多非其諸侯之子孫也。而秦則祖禰相授，恬然内安，終之皆折而歸於秦焉，勢也。是何也？秦無事，諸侯多事故也。無事者日蓄其威，而多事者徒内自潰亂也。聖人編《詩》，十五《國風》之次，列秦於邶、鄘、衛、王、鄭、齊、魏、唐八國之後，蓋以見其足兼八國而有之。《書》，《費誓》、《秦誓》終焉，亦以周無周公，則天下必歸於秦也。故備論之，以記春秋、戰國之變，而秦之所以遂為秦歟？

宋·李琪《春秋王霸列國世紀編》卷三《東國世紀·秦》 秦，伯益之後。非子受封於孝王，附庸之邑在秦。襄公有功於平王，始受岐豐之地，列為諸侯。穆公伯西戎，以河為竟。垂二十世，卒幷諸國。

序秦世紀曰：秦之為狄，其始於殽之戰歟？夫秦以非子之餘，踐岐豐之地，膺顯服以為諸侯，《春秋》之狄之也，豈以其地哉？觀秦入春秋七十八年而始見經，實穆公十有五年，由是秦之得書于冊者凡六君，然其間秦事之可考，捨入鄀滅庸、好魯盟蜀數事之外，大抵秦晉兵爭之跡耳。蓋自穆公釋韓之憾，而從事於踐土之盟，於是會于温，盟于翟泉，偕役于圍鄭，戮力同心，猶驂之靳，未始有隙也。入滑之師，啓釁自秦，利人之危，以襲其國，不哀人之喪而越其竟，背盟失信，以貪勤民而弃其師，無道甚矣。由殽之戰，遂有彭衙之戰、令狐之戰、河曲之戰，其餘秦之伐晉者六，晉之伐秦者亦六，暴兩國之衆，興數十年報復之師，更四君而未已。蓋至襄十一年戰櫟之役，秦晉交伐之後，始絶書于經。原始要終，則《春秋》所為狄秦于殽者，良有自也。然嘗即《春秋》之所筆，以求《詩》、《書》之所載，秦之本末尚有可得而考者。夫《春秋》書秦之事，亦甚貶矣，至於定《書》百篇，終以《秦誓》，乃甚有取於穆公悔過之善。秦詩十篇，穆公無美有刺，而詳紀秦仲以來强大之由，不少殺焉。何哉？聖人之欲撥亂反正，意甚切矣。秦起西陲，與西戎雜居，本以富强為先；襄公以後，務以耕戰自力而不知禮義。終秦之氣象，大抵未免似戎，讀《車鄰》、《駟鐵》、《小戎》數詩，可以槩見。穆公深懲力創於殽之役，處仁遷義，向背好惡，從而一變。前日所詆墓木已拱者，非今之所謂胥力既愆之良士邪？而庶幾有之。前日所喜過周超乘者，非今之所謂射御不違之勇夫邪？而庶幾不欲之。截截巧辯能移人之辭者，固前日求之，惟恐其少者也，今乃以其徒實繁而厭之。方寸既改，羣動皆新。充此心也，帝王何遠之有？《蒹葭》之詩，無作可也。何秦俗之不可變哉？而秦之卒為狄，則是可歎已。故聖人於《詩》，述秦仲始大之由，以明秦有當變之俗；於《書》備述穆公悔過之美，以著穆公幾有能變之道；於《春秋》則追貶穆公始禍之端，歷載秦晉以來交兵之跡而狄之，以惜秦之終不能變也。吁！豈不深切著明哉？蓋戰殽之後，穆公之身伐晉者再，亦不能實《費誓》之言矣，尚何責於來世？君子觀穆以前，秦事未有可稱；由穆以後，其君皆不逮穆遠甚，則秦穆一身，實秦國本末盛衰之所係，可不察歟？

宋・黄震《黄氏日抄》卷四六《讀史一・史記・秦紀》 愚觀秦事，不忍言矣。然穆公以善用人而始興，二世以信讒諛而遂亡，雖以無道劫天下，而國之興亡係乎人，亦斷斷乎不可易也。太史公援賈誼言，責子嬰不能守全秦。余始讀之疑焉，及觀班固永平之對，果闢其為誤。然固謂始皇得聖人之威，恐亦身不免于誤耳。始皇果得聖人之威，則何全秦之難守哉？

元・齊履謙《春秋諸國統紀目録・秦國春秋統紀第十一》 秦自穆公，始入春秋。僖十五年，與晉惠公戰于韓原，其勢固已悍然矣。及再納晉文，主盟中華。穆公外雖從晉盟會，内則蓄其威武，投間抵隙，待時而發。故文公方卒，今年滅滑，明年伐晉。用敗殽之帥，出罪己之言，威行東夏，奄宅西戎。斯可謂秦之顯公矣。故《春秋》秦自彭衙以前，入滑圍鄭，盟于翟泉，會于温，師于城濮，凡穆公之事，莫不皆備録之。康、共而下，則若有不盡記者，非闕文也，直謂其不足詳耳。故敘《秦國春秋統紀》第十一。

明・陳士元《名疑》卷二 穆王封造父於趙，造父之先大費佐舜。大費生大廉，事夏啓，為烏俗氏。俗一作『浴』，一作『洛』，一作『路』。大廉玄孫孟虧仲衍。孟虧，張華作『孟舒』。仲衍事商太戊，《人表》作『中衍』。仲衍玄孫仲潏，一作『中滑』。仲潏生蜚廉，一曰『處父』，事紂。蜚一作『飛』，造父其玄孫也。秦、趙同祖。

秦文公子靜公一作『竫公』。寧公一作『曼公』。共公假一作『瑕』。共公子景公一作『僖公』，一作『哀公』。景公子哀公一作『譁公』，一作『畢公』。《秦本紀》云：靈公季父，是為簡公。《始皇本紀》又云：靈公生簡公。《索隱》云：簡公，懷公之弟。劉伯莊云：簡公，昭公之弟，懷公之子，厲公之孫。《本紀》以簡公是厲公子，誤。厲共公一作『刺龔公』。躁公一作『趮公』。昭襄王名則，又作『側』，一名稷。莊襄王初名異，一作『異人』，一作『子異』；更名楚，一作『子楚』。始皇時稱楚曰荆，避諱也。《史記》始皇名政，姓趙氏。徐廣云：政一作正。宋衷云：始皇以正月旦日生，故名正也。《索隱》云：始皇生於趙，故曰趙政。或云秦、趙同祖，以趙城為榮，故姓趙氏。

明・黄淳耀《陶菴全集》卷四《史記評論・秦本紀》 世以秦爲伯益之後，以柏翳、伯益爲一人，蓋據《秦本紀》『大費輔禹平水土，佐舜調馴鳥獸，鳥獸多馴服，是爲柏翳』之語。而以《尚書》、《孟子》之文推之，舜時自益外，無平水土及調馴鳥獸者，遂以爲即益也。按《杞東樓公世家》云：柏翳之後，至周平王封爲秦，項羽滅之。垂、益、夔、龍，其後不知，所封不見也。是則益、翳爲兩人，而秦非伯益之後，明矣。世儒讀史沿誤，此其一端。

清・李鍇《尚史》卷一〇七《附序傳》 柏翳種德，遠豊其穫。周遺秦禽，腹厭噬嗑。山穴虎豹，不斥林木。六國不并，庸少假息。作《秦世家》第十五。

王權君權標誌部

位號分部

元首・后・元后・羣后

綜　述

《周易・泰》《象》曰：天地交泰，后以財成天地之道，輔相天地之宜，以左右民。唐孔穎達《正義》：后，君也。【略】此卦言后者，以不兼公卿大夫，故不云『君子』也。兼通諸侯，故不得直言『先王』。欲見天子、諸侯俱是南面之君，故特言『后』也。唐李鼎祚《集解》：虞翻曰：后，君也。陰升《乾》位，《坤》女主，故稱后。

又《復》《象》曰：雷在地中，《復》。先王以至日閉關，商旅不行，后不省方。《正義》：后不省方者，方，事也。后不省視其方事也。以地掩閉於雷，故關門掩閉，商旅不行。君后掩閉於事，皆取動息之義。《集解》：宋衷曰：

商旅不行，自天子至公侯不省四方之事，將以輔遂陽體，成致君道也。制之者，王者之事；奉之者，為君之業也。故上言『先王』而下言『后』也。

又《姤》《象》曰：天下有風，《姤》。后以施命誥四方。《正義》：后以施命誥四方者，風行草偃，天之威令，故人君法此，以施教命，誥於四方也。《集解》：虞翻曰：后，繼體之君。《姤》陰在下，故稱后，與《泰》稱『后』同義也。

《尚書·益稷》庶尹允諧，帝庸作歌曰：『勑天之命，惟時惟幾。』乃歌曰：『股肱喜哉！元首起哉！』漢孔安國《傳》：元首，君也。唐孔穎達《正義》：《釋詁》云：元、首，首也。僖三十三年《左傳》稱狄人歸先軫之元，則元與首各爲頭之別名。此以元首共爲頭也。君臣大體猶如一身，故元首，君也。百工熙哉！』皋陶拜手稽首，颺言曰『念哉！率作興事，慎乃憲，欽哉！屢省乃成，欽哉！』乃賡載歌曰『元首明哉！股肱良哉！庶事康哉！』又歌曰：『元首叢脞哉！股肱惰哉！萬事墮哉！』帝拜曰：『俞！往，欽哉！』

又《舜典》覲四岳羣牧，班瑞于羣后。《傳》：覲，見。班，還。后，君也。

肆覲東后。《傳》：遂見東方之國君。

羣后四朝。《傳》：各會朝于方岳之下，凡四處，故曰四朝。

又《大禹謨》后克艱厥后，臣克艱厥臣，政乃乂，黎民敏德。《傳》敏，疾也。能知為君難，為臣不易，則其政治，而衆民皆疾修德。

天之曆數在汝躬，汝終陟元后。《傳》：元，大也。大君，天子。《正義》：《釋詁》元訓為首，首是體之大也。《易》曰大君有命，是大君謂天子也。

衆非元后何戴？后非衆罔與守邦。

禹乃會羣后，誓于師。《傳》：會諸侯，共伐有苗。

虞賓在位，羣后德讓。《傳》：言與諸侯助祭班爵，同推先有德。

又《胤征》胤后承王命徂征。《正義》：胤國之君，承王命往征之。

百官修輔，厥后惟明明。《傳》：修職輔君，君臣俱明。

又《湯誓》今爾有衆，汝曰『我后不恤我衆。』《傳》：我后，桀也。

又《仲虺之誥》攸徂之民，室家相慶，曰：『徯予后，后來其蘇。』《傳》：湯所往之民，皆喜曰：『待我君來，其可蘇息。』

又《湯誥》若有恒性，克綏厥猷惟后。《傳》：順人有常之性，能安立其道教，則惟為君之道。

又《伊訓》侯甸羣后咸在，《傳》：在位次百官。百官總己以聽冢宰。

古有夏先后，方懋厥德，罔有天災。《傳》：先君，謂禹以下、少康以上賢王。《正義》：有夏先君，總指桀之上世有德之王皆是也。《傳》舉聖賢者，言禹已下、少康已上，惟當禹與啓及少康耳。《魯語》云：杼能帥禹者也。杼，少康之子。《傳》蓋以其德衰薄，故斷自少康已上耳。

又《太甲中》民非后，罔克胥匡以生；《傳》：無能相匡，故須君以生。后非民，罔以辟四方。《傳》：須民以君四方。

修厥身，允德協于下，惟明后。《傳》：言脩其身，使信德合於羣下，惟乃明君。

又《太甲下》終始慎厥與，惟明明后。《傳》：明慎其所與治亂之機，則為明王明君。《正義》：重言『明明』，言其為大明耳。《傳》因文重，故言明王明君。君、王猶是一也。

又《咸有一德》后非民罔使，民非后罔事。《傳》：君以使民自尊，民以事君自生。

又《盤庚中》古我前后，罔不惟民之承，《傳》：言我先世賢君，無不承安民而恤之。保后胥慼，鮮以不浮于天時。《傳》：民亦安君之政，相與憂行君令。浮，行也。少以不行於天時者，言皆行天時。

汝曷弗念我古后之聞？《傳》：古后，先王。之聞，謂還事。

予念我先神后之勞爾先。《正義》：我念我先世神后之君成湯，愛勞汝之先人。【略】《易》稱：神者，妙萬物而爲言也。殷之先世，神明之君惟有湯耳。故知神后謂湯也。下『高后』、『先后』，與此『神后』一也。『神』者言其通聖，『高』者言其德尊。此神后言『先』，於高后略而不言『先』；其下直言『先后』，又略而不言『高』，從上省文也。【略】高后丕乃崇降罪疾。【略】先后丕降與汝罪疾。

又《説命上》迪我高后，以康兆民。《傳》：蹈成湯之蹤，以安天下。

説復于王曰：惟木從繩則正，后從諫則聖。《傳》：言木以繩直，君以諫明。

又《説命中》明王奉若天道，建邦設都，樹后王君公。《傳》：

言立君臣上下。《正義》：樹，立也。后王謂天子也，君公謂諸侯也。【略】后王君公，人主也。

又《説命下》 惟后非賢不乂，惟賢非后不食。《傳》：言君須賢治，賢須君食。

又《泰誓上》 亶聰明，作元后，元后作民父母。《傳》：人誠聰明，則為大君，而為衆民父母。

又《泰誓中》 惟戊午，王次于河朔，羣后以師畢會。《傳》：諸侯盡會次也。

又《泰誓下》 古人有言曰：『撫我則后，虐我則讎。』

又《武成》 王若曰：『嗚呼羣后！《傳》：順其祖業歎美之，以告諸侯。惟先王建邦啓土。』

又《梓材》 后式典集，庶邦丕享。《傳》：君天下能用常法，則和集衆國，大來朝享。《正義》：凡為君以君天下者，亦如先王用常法，則和集衆國，使之大來朝享，亦須同先王用明德也。君天下者，當如此。

又《立政》 乃敢告教厥后，曰拜手稽首后矣。《傳》：知九德之臣，乃敢告教其君以立政。君矣，亦猶王矣。《正義》：進言戒君，非大賢不可，故知九德之臣乃敢告教其君以立政也。君矣，亦猶言王矣，言已爲君矣，不可不慎也。君、王一也，變文以相避爾。

又《君陳》 爾有嘉謀嘉猷，則入告爾后于内。《傳》：汝有善謀善道，則入告汝君於内。爾乃順之于外，曰斯謀斯猷，惟我后之德。《傳》：此善謀，此善道，惟我君之德。善則稱君，人臣之義。

又《顧命》 御王冊命：『皇后憑玉几，道揚末命。』《傳》：大君，成王。宋蔡沈《集傳》：皇，大；后，君也。言大君成王力疾，親憑玉几，道揚臨終之命。

又《冏命》 王若曰：伯冏！惟予弗克于德，嗣先人，宅丕后。《傳》：言我不能于道德，繼先人，居大君之位，人輕任重。

懋乃后德，交修不逮。《傳》：言侍御之臣無小大親疏，皆當勉汝君為德，更代修進其所不及。

僕臣正，厥后克正；僕臣諛，厥后自聖。《傳》：言僕臣皆正，則其君乃能正；僕臣諂諛，則其君乃自謂聖。后德惟臣，不德惟臣。《傳》：君之有德，惟臣成之；君之無德，惟臣誤之。言君所行善惡，專在左右。

王曰：嗚呼欽哉！永弼乃后于彝憲。《傳》：歎而敕之，使敬用所言，當長輔汝君於常法。此穆王庶幾欲蹈行常法。

又《呂刑》 皇帝哀矜庶戮之不辜，報虐以威，遏絶苗民，無世在下。《傳》：君帝，帝堯也。《正義》：《釋詁》云：皇，君也。此言『遏絶苗民』，下句即云『乃命重黎』，重黎是帝堯之事，知此滅苗民，亦帝堯也。乃命重黎絶地天通，罔有降格。羣后之逮在下，明明棐常，鰥寡無蓋。《傳》：羣后諸侯之逮在下國，皆以明明大道輔行常法，故使鰥寡得所，無有掩蓋。

《逸周書》卷八《史記解》 賞罰無位，隨財而行，夏后氏以亡。晉孔晁注：桀由好財亡也。

《詩經·大雅·下武》 三后在天，王配于京。漢毛亨《傳》：三后，太王、王季、文王也。王，武王也。漢鄭玄《箋》：此三后既沒登假，精氣在天矣。武王又能配行其道於京，謂鎬京也。

又《大雅·蕩》 殷鑒不遠，在夏后之世。

《左傳·昭公二十六年》 《詩》曰：我無所監，夏后及商。用亂之故，民卒流亡。晉杜預注：逸詩也。言追監夏商之亡，皆以亂故。

又《昭公三十二年》 （史墨）對曰：【略】三后之姓，於今為庶。注：三后，虞、夏、商。唐孔穎達《正義》：從周而上，故數此三代。三代子孫自有為國君者，言其賤者為庶人也。

《國語》卷一《周語上》 （内史過）對曰：《夏書》有之曰：衆非元后何戴？三國吳韋昭注：《夏書》，逸書也。元，善也；后，君也；戴，奉也。后非衆無與守邦。注：邦，國也。

《墨子》卷一一《耕柱》 夏后、殷、周之相受也，數百歲矣。

《管子》卷二三《國準》 夏后之王，燒增藪，焚沛澤，不益民之利。

《司馬法·天子之義》 夏后氏誓於軍中，欲民先成其慮也。【略】夏后氏正其德也，未用兵之刃，故其兵不雜。【略】夏后氏以日月，尚明也。

《禮記·檀弓下》 夏后氏未施敬於民而民敬之。

《孔子家語》卷六《五帝》 夏后氏以金德王而尚黑。

《史記》卷二《夏本紀》 禹於是遂即天子位，南面朝天下，國號曰夏后。

漢·桓寬《鹽鐵論》卷六《遵道》 文學曰：【略】故夏后功立

而王。

漢・王符《潛夫論》卷八《五德志》　禹乃即位，作樂《大夏》，世號夏后。

論　説

宋・林之奇《尚書全解》卷六《益稷》　股肱，喻臣也。元首，喻君也。蓋一人之身，手足喜悦，從事於一身，以為元首之助，則元首為之興起，亦猶人臣趨事赴功，以為人君之助，則人君亦從而興起。

宋・羅泌《路史》卷四五《餘論八・賡歌》　元首之歌，此治定功成，賡歌而不忘乎勸戒者也。【略】『勑天之命，惟時惟幾。』此安不忘危而有慮乎所忽之謂也。『股肱喜哉！元首起哉！百工熙哉！』此言股肱之臣樂于盡忠，則元首有所興起而百工之職得其所也。『率作興事，慎乃憲，欽哉！屢省乃成，欽哉』者，言率人臣而造事，在于循法度以責其成也。『元首明哉！股肱良哉！庶事康哉』者，言君明則臣良，臣良而後衆事得而成也。『元首叢脞哉！股肱惰哉！萬事墮哉』者，言君煩苛則臣不作，臣不作，此萬事之所以墜落也。蓋君明則小人去而英賢庀，英賢庀故天下治。君不明則英賢去而解謾職，解謾職故天下亂。其理然也。

雖然，帝之歌先『股肱』，而臯陶之歌則先『元首』，何耶？蓋有為之君常患不得其臣，而有為之臣每憂不得其君。患不得其臣，故欲其臣之喜而後君有所起，此僕臣正，厥后以克聖也。患不得其君，故必其君之容而後臣有所作，此后克聖，臣不命其承也。陳平有言：上佐天子，下使卿大夫，得其職。其亦體于斯乎！唐虞之時，主賢臣賢，功成治定，而歌詠之形，一言之出，不忘乎勸戒，茲其所以萬世式。

元・朱祖義《尚書句解》卷二《益稷》　元首起哉。元首，喻君也。人君之治功，翕然奮起。

明・丘濬《大學衍義補》卷六《正百官敬大臣之禮》　臣按虞廷君臣相與賡歌，以元首、股肱爲言，以見君臣一體之意。君之歌則先股肱，臣之歌則先元首，於咏歌歡樂之中，寓推尊致敬之意。當是時也，一堂之間，君臣之際，臣敬君則拜稽以颺其言，君敬臣則致拜以俞其語，君臣一心，上下忘勢，此虞廷之君臣所以爲萬世法，而其治效所以爲不可及歟？

明・湛若水《格物通》卷四三《事君使臣上・益稷》　臣若水通曰：此乃帝舜與臯陶賡歌相責難之詞。庸，用也。歌，詩歌也。勑，戒勑也。幾，事之微也。股肱，臣也。元首，君也。熙，廣也。【略】帝舜用作歌，先述其所以歌之意，以為天命無常，理亂安危相為倚伏。今雖治定功成，禮備樂和，然頃刻敬畏之不存，則怠惰之所自起，所以無時而不戒謹也。毫髮幾微之不察，則禍患之所自生，所以無事而不戒謹也。舜既言此，乃作歌，言人臣為君之股肱，樂於趨事赴工，則人君之治為之興起，而百官之功皆廣矣。臯陶聞舜之歌，遂拜手稽首大言之，述其所以賡歌之意，以為人君為臣之元首，當總率群臣以起事功，又必謹其所守之法度。蓋樂於興事，易至於紛更，故深戒之，欲其不可不敬也。

明・邵寶《簡端録》卷五《書》　天父地母，自然之道，元后父母，天地作之也。天地何心哉？理之自然而已。曰『作則』，有可繼之道焉。

清・顧炎武《日知録》卷二四《后》　人君之號，唐虞曰帝，夏曰后，商曰王。然帝王，天子所專，后則諸侯皆得稱之。《周禮・量人》注：后，君也。言君容王與諸侯。《易疏》：凡《象》稱先王者，唯施於天子；稱后者，兼諸侯。故《書》言肆覲東后。羣后四朝。禹乃會羣后，誓于師。《伊訓》之祠先王，『侯甸羣后咸在』。周王大告《武成》，亦曰『嗚呼羣后』，而后夔、后羿、伯明后寒之稱皆見於《傳》。《胤征》之篇亦稱『胤后』。康王作《畢命》曰：『三后協心，同底于道。』穆王作《呂刑》曰：乃命三后，恤功于民。然則禹之降帝而稱后，是禹之謙，禹之不矜也。

諸侯謂之羣后，故天子獨稱元后。

清・蔣溥等《經史講義》卷一一《書經》　臣謹按：【略】人君一身，不能獨為理，必分其任於羣臣。君曰元首，臣曰股肱，可見君之與臣一體相關。

天子・皇・帝・王・霸・君・盟主・諸侯主・人主・社稷主

綜　述

《周易・師》九二：在師中吉，无咎，王三錫命。《象》曰：『在師中吉』，承天寵也；『王三錫命』，懷萬邦也。

上六：大君有命，開國承家，小人勿用。《正義》：大君，謂天子也。

又《比》九五：顯比，王用三驅，失前禽，邑人不誡，吉。《象》曰：『顯比』之吉，位正中也。舍逆取順，『失前禽』也。『邑人不誡』，上使中也。

又《履》六三：【略】武人為于大君。三國魏王弼注：志在剛健，不脩所履，欲以陵武於人，爲于大君，行未能免於凶而志存於五，頑之甚也。《象》曰：【略】『武人為于大君』，志剛也。《正義》：武人為于大君者，行此威武，加陵於人，欲自為於大君，以六三之微，欲行九五之志，頑愚之甚。《象》曰【略】『志剛』者，釋武人爲于大君，所以陵武加人，欲為大君，以其志意剛猛，以陰而處陽，是志意剛也。

又《大有》九三：公用亨于天子，小人弗克。注：處大有之時，居下體之極，乘剛健之上而履得其位，與五同功。威權之盛，莫此過焉。公用斯位，乃得通乎天子之道也。小人不克，害可待也。

又《隨》上六：拘係之，乃從維之，王用亨于西山。

又《蠱》上九：不事王侯，高尚其事。《象》曰：『不事王侯』，志可則也。《正義》：《象》曰志可則者，釋不事王侯之義。身既不事王侯，志則清虛高尚，可法則也。

又《臨》六五：知臨大君之宜，吉。《象》曰：大君之宜，行中之謂也。

又《觀》六四：觀國之光，利用賓于王。注：居觀之時，最近至尊，觀國之光者也；居近得位，明習國儀者也。故曰利用賓于王也。

又《坎》《象》曰：《習坎》，重險也。【略】王公設險，以守其國。險之時用，大矣哉！《正義》：王公設險，以守其國者，言王公法象天地，固其城池，嚴其法令，以保守其國也。

又《離》六五：出涕沱若，戚嗟若，吉。《象》曰：『六五』之『吉』，離王公也。《正義》：《象》曰離王公者，此釋六五吉義也。所以終得吉者，以其所居在五，離附於王公之位，被衆所助，故得吉也。五為王位而言公者，此連王而言公，取其便文，以會韻也。

上九：王用出征，有嘉折首，獲匪其醜，无咎。《象》曰：王用出征，以正邦也。

又《家人》九五：王假有家，勿恤，吉。注：假，至也。履正而應，處尊體巽，王至斯道，以有其家者也。《象》曰：『王假有家』，交相愛也。

又《益》六二：【略】王用亨于帝，吉。注：帝者，生物之主，興益之宗，出震而齊巽者也。《正義》：帝，天也。

又《萃》《萃》，亨。注：聚乃通也。王假有廟。注：假，至也。王以聚，至有廟也。

又《升》六四：王用亨于岐山，吉，无咎。《象》曰：『王用亨于岐山』，順事也。《正義》：事同文王岐山之會，故曰王用亨於岐山也。

又《井》九三：井渫不食，為我心惻，可用汲，王明並受其福。《象》曰：『井渫不食』，行惻也。求『王明』，受福也。《正義》：井之可汲，猶人可用。若不遇明王，則滯其才用；若遭遇賢主，則申其行能。賢主既嘉其行，又欽其用，故曰可用汲，王明竝受其福也。

又《豐》《豐》，亨。王假之。注：大而亨者，王之所至。【略】《象》曰：《豐》，大也。明以動，故《豐》。『王假之』，尚大也。

又《渙》《渙》，亨。王假有廟。《正義》：王假有廟者，王能渙難而亨，可以至於建立宗廟，故曰王假有廟也。《象》曰：【略】『王假有廟』，王乃在中也。注：王乃在乎渙然之中，故至有廟也。

九五：渙汗其大號，渙王居，无咎。注：處尊履正，居巽之中，散汗大號以盪險阨者也。為渙之主，唯王居之，乃得无咎也。《象》曰：『王居无咎』，正位也。注：正位，不可以假人。《正義》：九五處尊履正，在號令之中，能行號令以散險阨者也，故曰渙汗其大號也。渙王居，无咎者，為渙之主名位，不可假人，惟王居之，乃得无咎，故曰渙王居，无咎。《象》曰正位者，釋王居无咎之義，以九五是王之正位，若非王居之，則有咎矣。

《尚書・説命上》　羣臣咸諫于王曰：【略】『天子惟君萬邦，百官承式。王言惟作命，不言臣下罔攸稟令。』

又　《説命下》　説拜稽首，曰：『敢對揚天子之休命。』《傳》：對，答也。答受美命而稱揚之。

又　《西伯戡黎》　西伯既戡黎，祖伊恐，奔告于王曰：『天子！天既訖我殷命。』宋蔡沈《集傳》：祖伊將言天訖殷命，故特呼天子，以感動之。

又　《泰誓上》　天佑下民，作之君，作之師。《傳》：言天佑助下民，為立君以政之，為立師以教之。惟其克相上帝，寵綏四方。

又　《洪範》　五、皇極。皇建其有極。《集傳》：皇，君。建，立也。極猶北極之極，至極之義，標準之名，中立而四方之所取正焉者也。凡厥庶民，極之敷言，是訓是行，以近天子之光。《傳》：凡其衆民中心之所陳言，凡順是行之，則可以近益天子之光明。曰：天子作民父母，以為天下王。《傳》：言天子布德惠之教，為兆民之父母，是為天下所歸往，不可不務。

又　《立政》　周公若曰：『拜手稽首，告嗣天子王矣。』《傳》：言嗣天子今已爲王矣，不可不慎。

又　《康王之誥》　太保暨芮伯咸進相揖，皆再拜稽首曰：『敢敬告天子。』

又　《呂刑》　皇帝清問下民，鰥寡有辭于苗。《傳》：帝堯詳問民患，皆有辭，怨於苗民。

《逸周書》卷八《祭公解》　祭公拜手稽首曰：『天子！謀父疾，維不瘳。朕身尚在茲，朕魂在于天，昭王之所勗宅天命。』

公曰：『天子！謀父疾，維不瘳，敢告天子。』

又　卷九《芮良夫解》　芮伯若曰：嗚呼！惟爾天子，嗣文、武業。

又　卷九《太子晉解》　王子應之曰：人生而重丈夫，謂之胄子。胄子成人，能治上官，謂之士。士率衆時作，謂之曰伯。伯能移善於衆，與百姓同，謂之公。注：作，謂農功。同，謂好義。公能樹名生物，與天道俱，謂之侯。注：立名生物，謂化施於民也。成，謂成物。侯能成羣，謂之君。注：成羣，謂之為長也。君有廣德，分任諸侯而敦信，曰予一人，注：敦，厚也。善至于四海，曰天子。達於四荒，曰天王。注：四海，四夷。四荒，四表。四荒至，莫有怨訾，乃登為帝。注：訾，嘆恨也。合五等之尊卑而論事義，以為之名者也。

又　卷九《殷祝解》　湯曰：此天子位，有道者可以處之。天子非一家之有也，有道者之有也。

又　卷九《周祝解》　用其則必有羣，加諸物則為之君。舉其修則有理，加諸物則為天子。

《詩經・商頌・長發》　昔在中葉，有震且業。允也天子，降于卿士。寔維阿衡，寔左右商王。

又　《小雅・出車》　我出我車，于彼牧矣。自天子所，謂我來矣。

出車彭彭，旂旐央央。天子命我，城彼朔方。

又　《小雅・六月》　王于出征，以佐天子。

又　《小雅・采菽》　樂只君子，天子命之。

樂只君子，殿天子之邦。

樂只君子，天子葵之。

又　《大雅・假樂》　百辟卿士，媚于天子。

又　《大雅・卷阿》　藹藹王多吉士，維君子使，媚于天子。

又　《大雅・烝民》　天監有周，昭假于下。保茲天子，生仲山甫。

天子是若，明命使賦。

又　《大雅・江漢》　虎拜稽首，天子萬年。

明明天子，令聞不已。矢其文德，洽此四國。

又　《大雅・常武》　赫赫業業，有嚴天子。

天子之功，四方既平。

又　《周頌・雝》　相維辟公，天子穆穆。

又　《大雅・皇矣》　維此王季，【略】克長克君。漢毛亨《傳》：教誨不倦曰長，賞慶刑威曰君。宋朱熹《集傳》：克君，賞慶刑威也。言其賞不僭，故人以為慶；刑不濫，故人以為威也。

萬邦之方，《傳》：方，則也。下民之王。

《穆天子傳》卷一《古文》　河宗□命于皇天子，晉郭璞注：加『皇』者，尊上之。河伯號之，注：呼穆王。帝曰『穆滿。』注：以名應，謙也。言謚，蓋後記事者之辭。『女當永致用峕事。』注：語穆王，當長幹理世事也哉！

《春秋·成公八年》 秋七月，天子使召伯來賜公命。晉杜預注：天子、天王，王者之通稱。唐孔穎達《正義》：天子之見經者三十有二，稱天王者二十五，稱王者八，稱天子者一，即此事是也。三稱並行，《傳》無異説，故知天子、天王，王者之通稱也。其不同者，史異辭耳。《公羊傳》曰：其稱天子何？元年春，王正月，正也。其餘皆通矣。杜用彼説也。賈逵云：諸夏稱天王，畿内曰王，夷狄曰天子。王使榮叔歸含且賵，以恩深加禮妾母，恩同畿内，故稱王。成公八年乃得賜命，與夷狄同，故稱天子。

《公羊傳·成公八年》 秋七月，天子使召伯來錫公命。《傳》：其稱天子何？元年春，王正月，正也。漢何休《解詁》：正者，文不變也。其餘皆通矣。《解詁》：其餘謂不繫于元年者，或言王，或言天王，或言天子，皆相通矣，以見刺譏是非也。王者，號也。德合元者稱皇。孔子曰：皇象元，逍遙術，無文字，德明諡。德合天者稱帝，河洛受瑞可放。仁義合者稱王，符瑞應，天下歸往。天子者，爵稱也。聖人受命，皆天所生，故謂之天子。

《穀梁傳·成公八年》 秋七月，天子使召伯來錫公命。《傳》：禮有受命，無來錫命。錫命，非正也。曰天子何也？曰見一稱也。晉范甯《集解》：天王、天子，王者之通稱。自此以上，未有言天子者。今言天子，是更見一稱。

《公羊傳·隱公元年》 秋七月，天王使宰咺來歸惠公仲子之賵。《傳》：其言惠公仲子何？兼之。兼之，非禮也。何以不言及仲子？仲子微也。《解詁》：言天王者，時吳、楚上僭稱王，王者不能正，而上自繫於天也。《春秋》不正者，因以廣是非。

又**《成公元年》** 秋，王師敗績于貿戎。《傳》：孰敗之？蓋晉敗之，或曰貿戎敗之。然則曷爲不言晉敗之？王者無敵，莫敢當也。

又**《昭公二十三年》** 天王居于狄泉。《傳》：此未三年，其稱天王何？著有天子也。《解詁》：時庶孽竝篡，天王失位徙居，微弱甚，故急著正其號，明天下當救其難而事之。

《穀梁傳·昭公二十三年》 天王居于狄泉。《集解》：敬王辟子朝。狄泉，周地。《傳》：始王也。其曰天王，因其居而王之也。《集解》：天子踰年即位稱王，敬王踰年而出，故曰始王。雖不在國行即位之禮，王者以天下為家，故居于狄泉稱王。

又**《隱公三年》** 三月庚戌，天王崩。《集解》：平王也。《傳》：高曰崩，《集解》：梁山崩。厚曰崩，《集解》：沙鹿崩。尊曰崩。天子之崩，以尊也。其崩之何也？以其在民上，故崩之。其不名何也？大上，故不名也。《集解》：大名者，所以相別爾。居人之大，在民之上，故無所名。

又**《莊公三年》** 五月，葬桓王。《傳》：獨陰不生，獨陽不生，獨天不生，三合然後生。《集解》：徐邈曰：古人稱萬物負陰而抱陽，沖氣以為和。然則《傳》所謂天，蓋名其沖和之功而神理所由也。會二氣之和，極發揮之美者，不可以柔剛滯其用，不得以陰陽分其名，故歸於冥極，而謂之天。凡生，類稟靈知於天，資形於二氣，故又曰獨天不生，必三合而形神生理具矣。故曰母之子也可，天之子也可。尊者取尊稱焉，卑者取卑稱焉。《集解》：王者尊，故稱天子；衆人卑，故稱母子。唐楊士勛疏：雖資三合，然終推功冥極，故云天之子也。託之人事，故又曰父之子，母之子也。天則感生者衆，言天足以兼父，不得云父子而曰天子。衆人或知母而不知父，故云母子，亦不云父子也。衆人亦稟天氣而生，不云天子者，天子取尊稱，故稱天子。衆人取卑稱，故稱母子也。《傳》因論天子崩葬，故明其別稱也。其曰王者，民之所歸往也。

又**《宣公十五年》** 王札子殺召伯、毛伯。《傳》：王札子者，當上之辭也。殺召伯、毛伯，不言其何也，兩下相殺也。兩下相殺，不志乎《春秋》。此其志，何也？矯王命以殺之，非忿怒相殺也，故曰以王命殺也。以王命殺，則何志焉？為天下主者，天也；繼天者，君也。君之所存者，命也。為人臣而侵其君之命而用之，是不臣也。為人君而失其命，是不君也。君不君，臣不臣，此天下所以傾也。

《左傳·桓公五年》 公曰：『君子不欲多上人，況敢陵天子乎！』

又**《閔公元年》** 卜偃曰：『天子曰兆民，諸侯曰萬民。』

又**《僖公九年》** 王使宰孔賜齊侯胙，曰：『天子有事于文、武，使孔賜伯舅胙。』齊侯將下拜，孔曰：『且有後命。天子使孔曰：「以伯舅耋老，加勞賜一級，無下拜。」』對曰：『天威不違顔咫尺，小白余敢貪天子之命無下拜？恐隕越于下，以遺天子羞，敢不下拜！』下拜登受。

又**《僖公二十四年》** 臧文仲對曰：『天子蒙塵于外，敢不奔問官守？』注：官守，王之羣臣。

寺人披請見公，使讓之且辭焉。【略】對曰：【略】『君命無二，古之制也。』

又**《僖公二十五年》**（卜偃）對曰：『周禮未改。今之王，古之帝也。」

又《僖公二十八年》晉侯三辭，從命曰：「重耳敢再拜稽首，奉揚天子之丕顯休命。」受策以出，出入三覲。

又《成公十八年》周子（晉悼公）曰：「抑人之求君，使出命也。立而不從，將安用君？」

又《襄公三年》知武子曰：「天子在，而君辱稽首，寡君懼矣。」

又《襄公十年》范宣子曰：「天子所右，寡君亦右之，所左亦左之。」

又《襄公十四年》師曠侍於晉侯，晉侯曰：「衛人出其君，不亦甚乎？」對曰：「或者其君實甚。良君將賞善而刑淫，養民如子，蓋之如天，容之如地。民奉其君，愛之如父母，仰之如日月，敬之如神明，畏之如雷霆，其可出乎？夫君，神之主也而民之望也。若困民之主，匱神乏祀，百姓絶望，社稷無主，將安用之？弗去何為！天生民而立之君，使司牧之，勿使失性。」

又《昭公九年》叔向謂宣子曰：【略】「翼戴天子，而加之以共。」

又《昭公十二年》（右尹子革）對曰：「跋涉山林，以事天子。」

又《昭公二十八年》（成鱄）對曰：【略】賞慶刑威曰君。注：作威作福，君之職也。《正義》：人君執賞罰之柄，以賞慶人，以刑威物，是為君之道。

又《昭公三十二年》（魏獻子）使伯音對曰：「天子有命，敢不奉承！」

又《哀公十七年》齊人怒，武伯曰：「非天子，寡君無所稽首。」

又《成公二年》反先王則不義，何以為盟主？

又《成公八年》（季文子）曰：「大國制義，以為盟主。是以諸侯懷德畏討，無有貳心。」

又《襄公二十六年》國子使晏平仲私於叔向曰：「晉君宣其令德於諸侯，恤其患而補其闕，正其違而治其煩，所以為盟主也。」

又《襄公二十七年》晉楚爭先。注：爭先歃血。晉人曰：「晉固為諸侯盟主，未有先晉者也。」

又《昭公元年》（趙孟）乃請諸楚曰：「恤大舍小，足以為盟主。」

又《昭公二年》叔向言陳無宇於晉侯曰：【略】「君刑已頗，何以為盟主？」注：頗，不平。

又《昭公十一年》晉荀吳謂韓宣子曰：【略】「已為盟主而不恤亡國，將焉用之？」

又《昭公十三年》子服惠伯私於中行穆子曰：【略】「親親與大，賞共罰否，所以為盟主也。」

又《昭公二十三年》士彌牟謂韓宣子曰：【略】「所謂盟主，討違命也。若皆相執，焉用盟主？」

又《昭公三十二年》天子曰：【略】「伯父若肆大惠，復二文之業，弛周室之憂，徼文、武之福，以固盟主，宣昭令名，則余一人有大願矣。」

又《昭公二十年》（楚）康王曰：【略】「神人無怨，宜夫子之光輔五君，注：五君，謂文、襄、靈、成、景。以為諸侯主也。」

又《哀公十五年》芋尹蓋對曰：【略】「今大夫曰死而棄之，是棄禮也。其何以為諸侯主？」

《國語》卷五《魯語下》子服惠伯見韓宣子曰：「夫盟，信之要也。晉為盟主，是主信也。」

又卷一一《晉語五》（趙宣子）對曰：【略】「晉為盟主而不修天罰，將懼及焉。」

又卷一四《晉語八》叔向曰：【略】「死而可以固晉國之盟主，何懼焉？」

又卷一七《楚語上》（蔡聲子）曰：【略】「子尚良食，注：尚猶强也。良，善也。二先子其皆相子，注：相，助也。二先子謂湫舉之父伍參、聲子之父子朝也。《傳》曰：楚伍參與蔡大師子朝友，其子伍舉與聲子相善。尚能事晉君，以為諸侯主。」注：主，盟主也。

又卷一《周語上》樊仲山父諫曰：【略】「今天子立諸侯而建其

少，是教逆也。』

又　卷六《齊語》　桓公懼，出見客，曰：『天威不違顔咫尺，小白余敢承天子之命曰爾無下拜？恐隕越于下，以為天子羞。』遂下拜。

又　卷一〇《晉語四》（寺人勃鞮）對曰：【略】『事君不貳是謂臣，好惡不易是謂君。注：易，反也。君君臣臣，是謂明訓。注：訓，教也。明訓能終，民之主也。』

（豎頭須）謂謁者曰：【略】『國君而讎匹夫，懼者衆矣。』

又　卷一三《晉語七》　大夫對曰『君鎮撫羣臣，而大庇蔭之。』

又　卷一四《晉語八》　陽畢曰：『圖在明訓，注：訓，教也。明訓在威權，注：言既有明教，當有威權以行之。威權在君。』

《老子·二十五章》　故道大，天大，地大，王亦大。漢河上公《章句》：道大者，包羅諸天地，無所不容也。天大者，無所不蓋也。地大者，無所不載也。王大者，無所不制也。域中有四大，《章句》：四大，道、天、地、王也。凡有稱有名，則非其極也。言道則有所由，有所由然後謂之為道，然則是道稱中之大也，不若無稱之大也。無稱不可得而名，曰域也。天、地、王皆在乎無稱之內也，故曰域中有四大者也。而王居其一焉。《章句》：八極之功有四大，王居其一也。

又　《七十八章》　受國之不祥，是謂天下王。《章句》：君能引過，自與代民受不祥之殃，則可以王有天下。

《墨子》卷七《天志上》　我未嘗聞天下之所求祈福於天子者也，我所以知天之為政於天子者也。故天子者，天下之窮貴也，天下之窮富也。故欲富且貴者，當天意而不可不慎。

《管子》卷一《牧民》　言室滿室，言堂滿堂，是謂聖王。

又　卷一《乘馬》　無為者帝，為而無以為者王，為而不貴者霸，不自以為所貴則君道也，貴而不過度則臣道也。

又　卷六《兵法》　明一者皇，察道者帝，通德者王，謀得兵勝者霸。

又　卷九《霸言》　夫豐國之謂霸，兼正之國之謂王。

使天下兩天子，天下不可理也。

又　卷一五《治國》　粟生而死者霸。唐房玄齡注：霸者或不能廣積粟，故人有不生而致死者也。粟生而不死者王。注：王者積粟既多，故人保其生，無復致死者也。

又　卷一七《禁藏》　凡有天下者，以情伐者帝，注：謂深知敵之內情而伐者帝也。以事伐者王，注：見其於事有失而伐者王。以政伐者霸。注：見其政有失而伐者霸。

又　卷一〇《君臣上》　故君一國者，其道君之也。注：道可為君，故君一國。王天下者，其道王之也。注：道可王，故王天下。大王天下，小君一國，其道臨之也。注：其道足以臨國與天下也。

《司馬法·天子之義》　天子之義，必純取法天地而觀於先聖士庶之義，必奉於父母而正於君長。

《文子》卷上《道德》　故帝者，天下之適也；王者，天下之往也。天下不適不往，不可謂帝王。故帝王不得人不能成，得人失道亦不能守。

又　卷下《自然》　老子曰：所謂天子者，有天道以立天下也。

老子曰：帝者有名，莫知其情。帝者貴其德，王者尚其義，霸者通於理。

又　卷下《下德》　老子曰：帝者體太一，王者法陰陽，霸者則四時，君者用六律。體太一者，明於天地之情，通於道德之倫，聰明照於日月，精神通於萬物，動靜調於陰陽，喜怒和於四時，覆露皆道，溥洽而無私，蜎飛蠕動莫不依德而生。德流方外，名聲傳乎後世。

法陰陽者，承天地之和，德與天地參光，明與日月並照，精神與鬼神齊靈。戴圓履方，抱表寢繩，內能理身，外得人心，發施號令，天下從風。

則四時者，春生夏長，秋收冬藏，取與有節，出入有量，喜怒剛柔，不離其理，柔而不脆，剛而不折，寬而不肆，肅而不悖，優游委順，以養羣類。其德含愚而容不肖，無所私愛也。

用六律者，生之與殺也，賞之與罰也，與之以奪也，非此無道也。伐亂禁暴，興賢良，廢不肖，匡邪以爲正，攘險以為平，矯枉以爲直，明於施舍開塞之道，乘時因勢，以服役人心者也。

帝者不體陰陽即侵，王者不法四時即削，霸者不用六律即辱，君者失準繩即廢。故小而行大，即窮塞而不親；大而行小，即狹隘而不容。

《列子》卷四《仲尼》　商太宰曰：『三王聖者歟？』孔子曰：

「三王善任智勇者，聖則丘不知。」曰：「五帝聖者歟？」孔子曰：「五帝善任仁義者，聖則丘弗知。」曰：「三皇聖者歟？」孔子曰：「三皇善任因時者，聖則丘弗知。」

《莊子》卷五《天道》 天不產而萬物化，地不長而萬物育，帝王無為而天下功。晉郭象注：功自彼成。故曰：莫神於天，莫富於地，莫大於帝王。

《慎子·威德》 古者立天子而貴者，非以利一人也。曰天下無一貴，則理無由通，通理以為天下也，故立天子以為天下，非立天下以為天子也。立國君以為國，非立國以為君也。

又 《民雜》 民雜處而各有所能者不同，此民之情也。大君者，大，上也，兼畜下者也，下之所能不同而皆上之用也。是以大君因民之能為資，盡包而畜之，無能取去焉。

《孟子·萬章上》 孔子曰：『天無二日，民無二王。』

《荀子》卷五《王制篇》 王奪之人，霸奪之與，彊奪之地。奪之人者臣諸侯，奪之與者友諸侯，奪之地者敵諸侯。臣諸侯者王，友諸侯者霸，敵諸侯者危。唐楊倞注：人謂賢人，與謂國也。彊國之術，則奪人地也。

能以使下謂之君。君者，善羣也。羣道當，則萬物皆得其宜，六畜皆得其長，羣生皆得其命。

又 卷七《王霸篇》 夫貴為天子，富有天下，名為聖王。

天下歸之之謂王，天下去之之謂亡。

又 卷八《君道篇》 故籍斂忘費，事業忘勞，寇難忘死，城郭不待飾而固，兵刃不待陵而勁，敵國不待服而詘，四海之民不待令而一，夫是之謂王乎！《詩》曰『王猷允塞，徐方既來』，此之謂也。

又 卷一一《彊國篇》 人君者，隆禮尊賢而王，重法愛民而霸。

又 卷一二《正論篇》 古者天子千官，諸侯百官。以是千官也，令行於諸夏之國，謂之王。注：夏，大也，中原之大國。以是百官也，令行於境內，國雖不安，不至於廢易遂亡，謂之君。注：僅存之君。

能用天下之謂王。

又 卷一八《賦篇》 粹而王，駁而伯，無一焉而亡。

《呂氏春秋》卷一《本生》 始生之者天地，養成之者人也。能養天之所生而勿攖，之謂天子。漢高誘注：攖猶戾也。天子之動也，以全天為故者也。注：全猶順也。天，性也。故，事也。

又 卷九《為欲》 天子，至貴也。天下，至富也。

又 卷一三《聽言》 賢明其世，謂之天子。

又 卷一七《執一》 國必有君，所以一之也。天下必有天子，所以一之也。天子必執一，所以摶之也。一則治，兩則亂。

又 卷二〇《恃君》 故為天下長慮，莫如置天子也。注：置，立也。為一國長慮，莫如置君也。置君，非以阿君也。注：阿猶私為也。置天子，非以阿天子也。置官長，非以阿官長也。德衰世亂，然後天子利天下，注：一幼奉長，卑事尊，强不得陵弱，衆不得暴寡，以此利之。國君利國，官長利官。此國所以遞興遞廢也，亂難之所以時作也。

又 卷三《先己》 五帝先道而后德，故德莫盛焉。三王先教而后殺，故事莫功焉。五伯先事而后兵，故兵莫强焉。當今之世，巧謀並行，詐術遞用，攻戰不休，亡國辱主愈衆，所事者末也。

又 卷一三《名類》 帝者同氣，注：同元氣也。王者同義，注：同仁義也。霸者同力。注：同武力也。

《儀禮·喪服》 諸侯爲天子。《傳》曰：天子，至尊也。君。《傳》曰：君，至尊也。漢鄭玄注：天子、諸侯及卿大夫有地者，皆曰君。

《大戴禮記》卷八《盛德》 法政而德不衰，故曰王也。王者，往也，民所歸也。

《禮記·曲禮下》 君天下，曰天子。唐孔穎達《正義》：君天下者，天下謂七千里外也。天子若接七千里外四海之諸侯，則擯者稱天子以對之也。所以然者，四海難伏，宜尊名以威臨之也。不言王者，以父天母地，是上天之子；又為天所命，子養下民，此尊名也。崔靈恩云：夷狄不識王化，無有歸往之義，故不稱王臨之也。不云皇者，戎狄不識尊極之理，皇號尊大也，夷狄唯知畏天，故舉天子威之也。

又 《經解》 天子者，與天地參，故德配天地，兼利萬物，與日月竝明，明照四海而不遺微小。其在朝廷則道仁聖禮義之序，燕處則聽雅頌之音，行步則有環佩之聲，升車則有鸞和之音，居處有禮，進退有度，百官得其宜，萬事得其序。《詩》云：『淑人君子，其儀不忒。其儀不忒，正是四國。』此之謂也。

又《坊記》 子云：天無二日，土無二王，家無二主，尊無二上，示民有君臣之别也。

又《禮運》 故天生時而地生財，人其父生而師教之。四者，君以正用之，故君者立於無過之地也。故君者，所明也，非明人者也；君者，所養也，非養人者也；君者，所事也，非事人者也。

《戰國策》卷三《秦一》（張儀）對曰：「據九鼎，按圖籍，挾天子以令天下，天下莫敢不聽，此王業也。」

劫天子，惡名也，而未必利也，又有不義之名。

又 卷五《秦三》 范雎曰：【略】「夫擅國之謂王，能專利害之謂王，制殺生之威之謂王。」

又 卷二九《燕一》 郭隗對燕昭王曰：「帝者與師處，王者與友處，霸者與臣處，亡國與役處。」

又 卷六《秦四》 或為六國説秦王曰：【略】「魏伐邯鄲，因退為逢澤之遇，乘夏車，稱夏王。一朝為天子，天下皆從。」

又 卷一一《齊四》 蘇秦自燕之齊，見於華章南門。齊王曰：「嘻！子之來也。秦使魏冉致帝，子以為何如？」對曰：「王之問臣也卒，而患之所從生者微。今不聽，是恨秦也；聽之，是恨天下也。不如聽之以卒秦，勿庸稱也，以為天下。秦稱之，天下聽之，王亦稱之。先後之事，帝名為無傷也。秦稱之而天下不聽，王因勿稱，其於以收天下，此大資也。」

又 卷三三《中山》 犀首立五王而中山後持。漢高誘注：立五國，使稱王。齊、趙、魏、燕、中山也。持中山小，故後立之。齊謂趙、魏曰：「寡人羞與中山並為王，願與大國伐之，以廢其王。」中山聞之，大恐，召張登而告之曰：「寡人且王，齊謂趙、魏曰羞與寡人並為王，而欲伐寡人。恐亡其國，不在索王，非子莫能吾救。」登對曰：「君為臣多車重幣，臣請見田嬰。」【略】田嬰曰：「諾。」張丑曰：「不可。」【略】田嬰不聽，果召中山君而許之王。張登因謂趙、魏曰：「齊欲伐河東，何以知之？齊羞與中山之為王甚矣。今召中山，與之遇而許之王，是欲用其兵也。豈若令大國先與之王，以止其遇哉？」趙、魏許諾，果與中山王而親之。中山果絶齊而從趙、魏。

《韓非子》卷一〇《内儲説下·六微》 穰侯相秦而齊强，穰侯欲立秦為帝，而齊不聽，因請立齊為東帝，而不能成也。

《呂氏春秋》卷一四《首時》 齊以東帝困於天下，而魯取徐州。注：齊湣王僭號於東，民不順之，故困於天下，是以魯國略取徐州也。

《黄石公三略》卷中 夫三皇無言而化流四海，故天下無所歸功。帝者體天則地，有言有令而天下太平，君臣讓功，四海化行，百姓不知其所以然，故使臣不待禮賞有功，美而無害。王者制人以道，降心服志，設矩備衰，四海會同，王職不廢。雖甲兵之備而無戰鬬之患，君無疑於臣，臣無疑於主，國定主安，臣以義退，亦能美而無害。霸者制士以權，結士以信，使士以賞，信衰則士疏，賞虧則士不用命。

《史記》卷三《殷本紀》 或曰伊尹處士，湯使人聘迎之，五反，然後肯往，從湯言素王及九主之事。南朝宋裴駰《集解》：駰案劉向《别録》曰：九主者，有法君、專君、授君、勞君、等君、寄君、破君、國君、三歲社君，凡九品，圖畫其形。唐司馬貞《索隱》：按素王者，太素上皇。其道質素，故稱素王。九主者，三皇五帝及夏禹也。或曰九主謂九皇也。然按注，劉向所稱九主載之《七録》，名稱甚奇，不知所憑據耳。法君謂用法嚴急之君，若秦孝公及始皇等也。勞君謂勤勞天下，若禹、稷等也。等君，等者平也，謂定等威，均禄賞，若高祖封功臣侯雍齒也。授君謂人君不能自理而政歸其臣，若燕王噲授子之，禹授益之比也。專君謂專己獨斷，不任賢臣，若漢宣之比也。破君謂輕敵致寇，國滅君死，若楚戊、吴濞等是也。寄君謂人困於下，主驕於上，離析可待，故孟軻謂之寄君也。國君，「國」當為「固」字之訛耳。固謂完城郭，利甲兵而不脩德，若三苗、智伯之類也。三歲社君謂在繈褓而主社稷，若周成王、漢昭、平等是也。又注本九主謂法君、勞君、等君、專君、授君、破君、國君，以三歲社君為「二」，恐非。

於是湯曰：「吾甚武，號曰武王。」《集解》：駰案，《詩》云「武王載旆，有虔秉鉞。」《毛傳》曰：武王，湯也。

於是周武王為天子，其後世貶帝號，號為王。《索隱》：按夏、殷天子亦皆稱帝，代以德薄，不及五帝，始貶帝號，號之為王。故《本紀》皆「帝」而後總曰「三王」也。

又 卷四〇《楚世家》 當周夷王之時，王室微，諸侯或不朝相伐。熊渠甚得江漢間民和，乃興兵伐庸楊粵，至于鄂。熊渠曰：「我，蠻夷也，不與中國之號謚。」乃立其長子康為句亶王，中子紅為鄂王，少子執疵為越章王，皆在江上楚蠻之地。及周厲王之時暴虐，熊渠畏其伐楚，亦去其王。

武王三十五年，楚伐隨。隨曰：『我無罪楚。』曰：『我，蠻夷也。今諸侯皆為叛，相侵或相殺。我有敝甲，欲以觀中國之政，請王室尊吾號。』隨人為之周，請尊楚。王室不聽，還報。三十七年，楚熊通怒曰：『吾先鬻熊，文王之師也，早終。成王舉我先公，乃以子男田，令居楚。蠻夷皆率服，而王不加位，我自尊耳。』乃自立為武王，與隨人盟而去。於是始開濮地而有之。

又 **卷三二《齊太公世家》** 十一年，晉初置六卿，賞鞌之功。齊頃公朝晉，欲尊王晉景公。《索隱》：王劭按張衡曰：禮，諸侯朝天子執玉，既授而反之。若諸侯自相朝，則不授玉。齊頃公戰敗朝晉而授玉，是欲尊晉侯為王。太史公採其言而書之。此文不云授玉，王氏之説復有所依，聊記異耳。晉景公不敢受，乃歸。

又 **卷三九《晉世家》** 十二年冬，齊頃公如晉，欲上尊晉景公為王，景公讓不敢。

又 **卷四一《越王勾踐世家》** 勾踐已平吳，乃以兵北渡淮，與齊、晉諸侯會於徐州，致貢於周。周元王使人賜勾踐胙，命為伯。勾踐已去，渡淮南，以淮上地與楚，歸吳所侵宋地於宋，與魯泗東方百里。當是時，越兵橫行於江淮東，諸侯畢賀，號稱霸王。《索隱》：越在蠻夷，少康之後，地遠國小。春秋之初，未通上國。國史既微，略無世系，故《紀年》稱為於粵子。據此文，勾踐平吳之後，周元王始命為伯，後遂僭而稱王也。

又 **卷一五《六國年表・齊表》** 齊威王因元年。自田常至威王，威王始以齊彊天下。

齊宣王辟彊九年，與魏會徐州，諸侯相王。

齊湣王地六年，宋自立為王。

又 **《魏表》** 魏襄王元年，與諸侯會徐州，以相王。

又 **《秦表》** 秦惠文王十三年，四月戊午，君為王。

又 **《燕表》** 燕王易十年，君為王。

又 **《韓表》** 韓宣惠王十年，君為王。

又 **卷四六《田敬仲完世家》** （齊威王二十六年）十月，邯鄲拔，齊因起兵擊魏，大敗之桂陵，於是齊最彊於諸侯，自稱為王，以令天下。

（宣王九年）與魏襄王會徐州，諸侯相王也。【略】十八年，秦惠王稱王。

又 **卷七五《孟嘗君列傳》** 宣王九年，田嬰相齊。齊宣王與魏襄王會徐州而相王也。

又 **卷四四《魏世家》** 襄王元年，與諸侯會徐州，相王也。追尊父惠王為王。

又 **卷五《秦本紀》** （惠文君四年）齊、魏為王。《索隱》：齊威王、魏惠王。

（惠文君）十三年四月戊午，君為王，韓亦為王。《正義》：韓宣惠王也。

又 **卷四《周本紀》** （顯王）四十四年，秦惠王稱王。《正義》：《秦本紀》云：惠王十三年，與韓、魏、趙並稱王。其後諸侯皆為王。《索隱》：謂韓、魏、齊、趙也。

又 **卷四〇《楚世家》** （懷王）四年，秦惠王初稱王。（六年）燕、韓君初稱王。

又 **卷四五《韓世家》** （宣惠王）十一年，君號為王。

又 **卷三四《燕召公世家》** 二十九年，文公卒，太子立，是為易王。【略】十年，燕君為王。《索隱》：燕君，即易王也。言君初以十年即稱王也。上言易王者，易，謚也，後追書謚耳。

又 **卷四三《趙世家》** （武靈王八年）五國相王，趙獨否，曰：『無其實，敢處其名乎？』令國人謂己曰君。【略】二十七年五月戊申，大朝于東宮，傳國，立王子何以為王。【略】武靈王自號為主父。

又 **卷三八《宋微子世家》** 君偃十一年，自立為王。《索隱》：《戰國策》、《呂氏春秋》皆以偃謚康王。

又 **卷三三《魯周公世家》** 景公二十九年卒，子叔立，是為平公。是時六國皆稱王。

又 **卷一五《六國年表・秦表》** 秦昭襄王十九年，十月為帝，十二月復為王。

又 **《齊表》** 齊湣王地三十六年，為東帝二月，復為王。

又 **卷五《秦本紀》** （昭襄王）十九年，王為西帝，齊為東帝，皆復去之。

又　卷七二《穰侯列傳》　昭王十九年，秦稱西帝，齊稱東帝。月餘，呂禮來，而齊、秦各復歸帝為王。

又　卷四六《田敬仲完世家》　（湣王）三十六年，王為東帝，秦昭王為西帝。蘇代自燕來入齊，見於章華東門。齊王曰：「嘻！善子來。秦使魏冉致帝，子以爲何如？」對曰：【略】「秦稱之，天下惡之；王因勿稱，以收天下。此大資也。且天下立兩帝，王以天下為尊齊乎？尊秦乎？」王曰：「尊秦。」曰：「釋帝，天下愛齊乎？愛秦乎？」王曰：「愛齊而憎秦。」【略】於是齊去帝復為王，秦亦去帝位。

又　卷四三《趙世家》　（惠文王）十年，秦自置為西帝。

又　卷四四《魏世家》　（昭王）八年，秦昭王為西帝，齊湣王為東帝。月餘，皆復稱王歸帝。

漢·趙岐《孟子·梁惠王上》章句　梁惠王者，魏惠王也。魏，國名；惠，謚也；王，號也。時天下有七王，皆僭號者，猶春秋之時吳、楚之君稱王也。魏惠王居於大梁，故號曰梁王。

漢·王符《潛夫論》卷九《志氏姓》　周室衰微，吳楚僭號；下歷七國，咸各稱王。

《老子·三十章》　以道佐人主者，不以兵强天下。

《文子》卷上《道德》　天下安寧，要在一人。人主者，民之師也。

《管子》卷二一《明法解》　人主者，擅生殺，處威勢，操令行禁止之柄，以御其群臣，此主道也。

《戰國策》卷五《秦三》　地者，人主所甚愛也。人主者，人臣之所樂為死也。

《荀子》卷七《王霸篇》　人主者，天下之利勢也。唐楊倞注：勢之最利者也。人主者，以官人為能者也。

《韓非子》卷二《二柄》　人主者，以刑德制臣者也。

又　卷八《功名》　人主者，天下一力以共載之，故安衆同心，以共立之。

又　卷一三《外儲説右上》　人主者，利害之軺轂也。

又　卷一四《外儲説右下》　人主者，守法責成，以立功者也。

《老子·七十八章》　受國之垢，是謂社稷主。《章句》：君能受國垢濁者，若江海不逆小流，則能長保其社稷，為一國君主也。

《左傳·襄公十八年》　齊侯駕，將走郵棠。大子與郭榮扣馬曰：【略】「且社稷之主，不可以輕，輕則失衆。」

《穀梁傳·文公十三年》　大室屋壞。《傳》：為社稷之主，而先君之廟壞，極稱之，志不敬也。

《韓非子》卷一《初見秦》　令荆人得收亡國，聚散民，立社稷主，置宗廟，令率天下西面以與秦為難。此固以失霸王之道，一矣。【略】令魏氏反收亡國，聚散民，立社稷主，置宗廟，令此固以失霸王之道，二矣。

《大戴禮記》卷一一《小辨》　社稷之主，愛日。【略】惟社稷之主，實知忠信。

《禮記·郊特牲》　將以為社稷主，為先祖後，而可以不致敬乎？

《荀子》卷三《非相篇》　且徐偃王之狀，目可瞻焉。注：徐，國名。僭稱王。其狀偃仰而不俯，故謂之偃王。周穆王使楚誅之。

《韓非子》卷七《喻老》　夫治國者，以名號為罪，徐偃王是也。

又　卷一九《五蠹》　徐偃王處漢東，地方五百里。行仁義割地，而朝者三十有六國。荆文王恐其害己也，舉兵伐徐，遂滅之。

漢·劉安《淮南子》卷一三《氾論訓》　徐偃王被服慈惠，身行仁義，陸地之朝者三十二國。然而身死國亡，子孫無類。漢高誘注：偃王於衰亂之世，修行仁義，不設武備，楚王滅之。

又　卷一八《人間訓》　昔徐偃王好行仁義，陸地之朝者三十二國。王孫厲謂楚莊王曰：「王不伐徐，必反朝徐王。」曰：「偃王，有道之君也。好行仁義，不可伐。」王孫厲曰：「臣聞之：大之與小，强之與弱也，猶石之投卵，虎之啗豚，又何疑焉？且夫為文而不能達其德，為武而不能任其力，亂莫大焉。」楚王曰：「善。」乃舉兵而伐徐，遂滅之，此仁義而不知世變者也。

《史記》卷五《秦本紀》　周繆王得驥温驪、驊騮、騄耳之駟，西巡狩，樂而忘歸。徐偃王作亂，造父為繆王御，長驅歸周，一日千里，以救亂。

又　卷四三《趙世家》　繆王使造父御，西巡狩，見西王母，樂之忘歸。而徐偃王反，《正義》：《括地志》云：大徐城在泗州徐城縣北三十里，古之徐國也。繆王日馳千里馬，攻徐偃王，大破之。

漢·桓寬《鹽鐵論》卷一〇《和親》　大夫曰：昔徐偃王行義而滅，好儒而削，知文而不知武，知一而不知二。

漢·劉向《説苑》卷一五《指武》　王孫厲謂楚文王曰：『徐偃王好行仁義之道，漢東諸侯三十二國盡服矣。王若不伐，楚必事徐。』王曰：『若信有道，不可伐也。』對曰：『大之伐小，强之伐弱，猶大魚之吞小魚也，若虎之食豚也。惡有其不得理？』文王遂興師伐徐，殘之。徐偃王將死，曰：『吾賴於文德而不明武備，好行仁義之道而不知詐人之心，以至於此。』夫古之王者，其有備乎？

漢·王充《論衡》卷一〇《非韓篇》　徐偃王脩行仁義，陸地朝者三十二國。彊楚聞之，舉兵而滅之。此有德守、無力備者也。

北魏·酈道元《水經注》卷八《濟水》　（濟水）又東南過徐縣北。【略】偃王治國，仁義著聞。欲舟行上國，乃通溝陳、蔡之間，得朱弓矢，以得天瑞，遂因名為號，自稱徐偃王。江淮諸侯服從者三十六國。周王聞之，遣使至楚，令伐之。偃王愛民不鬬，遂為楚敗，北走彭城武原縣東山下，百姓隨者萬數，因名其山為徐山。

晉·常璩《華陽國志》卷一《巴志》　戰國時，嘗與楚婚。及七國稱王，巴亦稱王。

論　説

《黄帝内經素問》卷八《寶命全形論篇》　岐伯曰：夫人生於地，懸命於天，天地合氣，命之曰人。人能應四時者，天地為之父母。知萬物者，謂之天子。

《爾雅》卷一《釋詁》　林、烝、天、帝、皇、王、后、辟、公、侯，君也。晉郭璞注：《詩》曰『有壬有林』，又曰『文王烝哉』，其餘義皆通見《詩》、《書》。宋邢昺疏：皆天子、諸侯南面之君異稱也。《白虎通》云：君，羣也，羣下之所歸心也。林者，《説文》云：平地有叢木曰林。烝者，《左傳》云：天生烝民，樹之以君，而司牧之。然則人物之衆，必立君長，以司牧之，故以林、烝為君也。天者，《説卦》云：乾為天，為君，以其俱尊極故也，《大雅》皆謂君為天是也。帝、皇者，《白虎通》云：德合天地者稱帝。帝者，諦也，象可承也。皇，美也，大也。天之總，美大稱也。時質，故總稱之，號之為皇，煌煌人莫違也。王者，往也，天下所歸往。《説文》云：后者，繼體君也，象人之形。施令以告四方，故厂之從一口。發號者，君后也。辟者，法也，為下所法則也。公者，通也，公正無私之意也。侯者，候也，候逆順也。天、帝、皇、王，惟謂天子；公、侯，惟謂諸侯；餘皆通稱。注云『《詩》曰「有壬有林」』者，《小雅·賓之初筵》文；『又曰「文王烝哉」』者，《大雅·文王有聲》文。云『其餘義皆通見《詩》《書》』者，謂天、帝、皇、王、后、辟、公、侯皆義之常行，故不備引。

漢·韓嬰《韓詩外傳》卷五　君者何也？曰羣也。為天下萬物而除其害者，謂之君。王者何也？曰往也。天下往之，謂之王。曰善養生者，故人尊之；善辯治人者，故人安之；善設顯人者，故人親之；善粉飾人者，故人樂之。四統者具，天下往之；四統無一，而天下去之。往之謂之王，去之謂之亡。

漢·賈誼《新書》卷九《大政上》　故紂自謂天王也，桀自為天子也。已滅之後，民以相駡也。

又　卷九《大政下》　君者，羣也。無人誰據，必蹶政，謂此國素亡也。

漢·董仲舒《春秋繁露》卷三《玉英》　天子三年，然後稱王，經禮也。有物故，則未三年而稱王，變禮也。

又　卷五《滅國上》　王者，民之所往；君者，不失其羣者也。故能使萬民往之而得天下之羣者，無敵於天下。

又　卷七《三代改制質文》　德侔天地者稱皇帝。天祐而子之，號稱天子。

又　卷一〇《深察名號》　治天下之端，在審辨大。辨大之端，在深察名號。名者，大理之首章也。録其首章之意，以窺其中之事，則是非可知，逆順自著，其幾通於天地矣。是非之正，取之逆順，逆順之正，取之名號，名號之正，取之天地，天地為名號之大義也。古之聖人，謞而效天地謂之號，鳴而施命謂之名。名之為言，鳴與命也。號之為言，謞而效也。謞而效天地者為號，鳴而命者為名，名號異聲而同本，皆鳴號而達天意者也。天不言，使人發其意；弗為，使人行其中。名則聖人所發天意，不可不深觀也。

受命之君，天意之所予也。故號為天子者，宜視天如父，事天以孝道也。號為諸侯者，宜謹視所候奉之天子也。號為大夫者，宜厚其忠信，敦其禮義，使善大於匹夫之義，足以化也。【略】

深察王號之大意，其中有五科：皇科、方科、匡科、黄科、往科。合此五科，以一言謂之王。王者，皇也；王者，方也；王者，匡也；王者，黄也；王者，往也。是故王意不普大而皇，則道不能正直而方；道不能正直而方，則德不能匡運周徧；德不能匡運周徧，則美不能黄；美不能黄，則四方不能往；四方不能往，則不全於王。故曰天覆無外，地載兼愛，風行令而一其威，雨布施而均其德。王術之謂也。

深察君號之大意，其中亦有五科：元科、原科、權科、温科、羣科。合此五科，以一言謂之君。君者，元也；君者，原也；君者，權也；君者，温也；君者，羣也。是故君意不比於元，則動而失本；動而失本，則所為不立；所為不立，則不效於原；不效於原，則自委舍；自委舍，則化不行。用權於變，則失中適之宜；失中適之宜，則道不平，德不温；道不平，德不温，則衆不親安；衆不親安，則離散不羣；離散不羣，則不全於君。

又 卷一一《為人者天》 《傳》曰：惟天子受命於天，天下受命於天子，一國則受命於君。君命順則民有順命，君命逆則民有逆命，故曰「一人有慶，萬民賴之。」此之謂也。

又 卷一一《王道通三》 古之造文者，三畫而連其中，謂之「王」。三畫者，天地與人也，而連其中者，通其道也。取天地與人之中，以為貫而參通之，非王者孰能當是？

漢·桓寬《鹽鐵論》卷九《世務》 文學曰：《春秋》「王者無敵」。言其仁厚，其德美，天下賓服，莫敢受交也。德行延及方外，舟車所臻，足迹所及，莫不被澤。蠻貊異國，重譯自至，方此之時，天下和同，君臣一德，外内相信，上下輯睦，兵設而不試，干戈蔽藏而不用。

漢·劉向《説苑》卷一九《修文》 天覆地載，謂之天子。

《周易乾鑿度》卷上 孔子曰：《易》有君人五號也。帝者，天稱也；王者，美行也；天子者，爵號也；大君者，與上行異也；漢鄭玄注：《臨》之《九二》有中和美異之行，應于五位，故曰百姓欲其與上為大君也。大人者，聖明德備也。變文以著名，題德以别操。注：夫至人一也，應跡不同而生五號，故百姓變其文名，别其操行。王者，天下所歸往。《易》曰：在師中，吉，無咎。王三錫命。師者，衆也，言有盛德行中，和順民心，天下歸往之，莫不美命為王也。行師以除民害，賜命以長世，德之盛，注：武王受命行師，以除民害，遂享七百之祚，可謂之長世也。天子者，繼天理物，改一統，各得其宜，父天母地，以養萬民，至尊之號也。《易》曰：公用亨于天子。注：《大有·九三》曰：公用亨于天子，小人不免害也。文王為紂三公，百姓悦樂文王之德。文王享天子之位，以決罰小人之罪也。大君者，君人之盛者也。《易》曰：知臨，大君之宜，吉。臨者，大也。陽氣在内，中和之盛應于盛位，浸大之化行于萬民，故言宜處王位，施大化為大君矣。臣民欲被化之詞也。大人者，聖人之在位者也。夫大人者，與天地合其德。《易》曰：見龍在田，利見大人。又曰：飛龍在天，利見大人。言德化施行，天地之和，故曰大人。

《易緯坤靈圖》 德合天地，在正不在私曰帝。帝者，天號也。德配天地，不私公位，稱之曰帝。

《尚書帝命驗》 帝者，天號也；王者，人稱也。天有五帝以立名，人有三王以正度。天子，爵稱也。皇者，煌煌也。

《春秋元命包》 皇者，煌煌也，道爛然顯明。帝者，諦也。王者，往也，神之所輸向，人所樂歸也。

文王造之而未遂，武王遂之而未成，周公旦總少主而成之，故曰成王。

《春秋運斗樞》 皇者天，天不言，四時行焉，百物生焉。三皇垂拱無為，設言而民不違，道德玄泊，有似皇天，故稱曰皇。皇者，中也，光也，弘也。含弘履中，開陰布綱，上合皇極，其施光明，指天畫地，神化潛通，煌煌盛美，不可勝量。

《春秋保乾圖》 天子，至尊也。神精與天地通，血氣含五帝精，天愛之、子之也

《春秋文耀鉤》 王者，往也。神所嚮往，人所歸樂。

《春秋佐助期》 天子法斗，諸侯應宿。

《禮緯斗威儀》 帝者得其英華，王者得其根核，霸者得其附枝。故帝道不行不能王，王道不行不能霸，霸道不行不能守其身。

《樂緯稽耀嘉》 德象天地為帝，仁義所生為王。

《孝經鉤命訣》 天子，爵稱也。三皇步，五帝驟，三皇馳，五伯蹶，七雄僵。

或稱帝王接上稱天子，明以爵事天；接下稱帝王，明以號令臣下。三皇設言民不違，五帝畫象世順機，三王肉刑揆漸加，應世黠巧偽奸多。

《論語撰考讖》 考靈差德，知堯步、舜驟、禹馳、湯騖。德有優劣，故日行轉疾也。

《論語摘衰聖》 帝不先義尚道德，王不先力尚仁義，霸不先正尚武力。

《洛書靈准聽》 皇道缺，故帝者興。

《漢書》卷九九下《王莽傳下》 （地皇三年）二月，霸橋災，數千人以水沃救不滅。莽惡之，下書曰：『夫三皇象春，五帝象夏，三王象秋，五伯象冬。皇、王，德運也。伯者，繼空續乏，以成曆數，故其道駁。』

漢·桓譚《新論》卷二《王霸篇》 夫上古稱三皇五帝，而次有三王五伯，此天下君之冠首也。故言三皇以道治，而五帝用德化，三王由仁義，五霸以權智。其説之曰：無制令刑罰，謂之皇；有制令而無刑罰，謂之帝；賞善誅惡，諸侯朝事，謂之王；興兵衆，約盟誓，以信義矯世，謂之伯。王者，往也，言其惠澤優游，天下歸往也。五帝以上久遠，經傳無事，唯王霸二盛之美，以定古今之理焉。夫王道之治，先除人害而足其衣食，然後教以禮儀，而威以刑誅，使知好惡去就。是故大化四湊，天下安樂，此王者之術。霸功之大者，尊君卑臣，權統由一，政不二門，賞罰必信，法令著明，百官修理，威令必行，此霸者之術。王道純粹，其德如彼；霸道駁雜，其功如此。俱有天下而君萬民，垂統子孫，其實一也。

漢·班固《白虎通義》卷一《爵》 天子者，爵稱也。爵所以稱天子者何？王者父天母地，為天之子也。故《援神契》曰：『天覆地載，謂之天子，上法斗極。』《鉤命訣》曰：『天子，爵稱也。』帝王之德有優劣，所以俱稱天子者何？以其俱命於天，而王治五千里內也。《尚書》曰：『天子作民父母，以為天下王。』何以知帝亦稱天子也？以法天下也。《中候》曰：『天子臣放勛。』《書·亡逸篇》曰：『厥兆天子爵。』何以言皇亦稱天子也？以其言天覆地載，俱王天下也。故《易》曰：『伏羲氏之王天下也。』

又 卷二《號》 帝王者何？號也。號者，功之表也，所以表功明德，號令臣下者也。德合天地者稱帝，仁義合者稱王，別優劣也。《禮記·謚法》曰：『德象天地稱帝，仁義所生稱王。』帝者，天號；王者，五行之稱也。皇者何謂也？亦號也。皇，君也，美也，大也。天人之總，美大之稱也。時質，故總稱之也。號言為帝何？帝者，諦也，象可承也。王者，往也，天下所歸往。《鉤命決》曰：『三皇步，五帝趨，三王馳，五霸騖。』號之為皇者，煌煌人莫違也。煩一夫，擾一士，以勞天下，不為皇也。不擾匹夫匹婦，故為皇。故黃金弃於山，珠玉捐於淵，巖居穴處，衣皮毛，飲泉液，吮露英，虛無寥廓，與天地通靈也。

或稱天子，或稱帝王何？以為接上稱天子者，明以爵事天也。接下稱帝王者，明位號天下至尊之稱，以號令臣下也。故《尚書》曰：帝曰『諮四岳』；王曰『格汝衆』。

霸者，伯也。行方伯之職，會諸侯，朝天子，不失人臣之義。故聖人與之，非明王之張法。霸猶迫也，把也。迫脅諸侯，把持王政。

又 卷四《五行》 天子所以內明而外昧，人所以外明而內昧何？明天人欲相向而治也。

又 卷八《三綱六紀》 君臣者，何謂也？君，羣也，羣下之所歸心也。臣者，繵堅也，屬志自堅固也。《春秋傳》曰『君處此，臣請歸』也。

漢·干吉等《太平經》卷一三七至一五三《壬部》 其德皇，（王）[皇]之言煌煌也。帝者，為天地之間作智，使不陷於兇惡，故稱帝也。王者，人民萬物歸王之不傷，故稱王。王者，往也。君者，各安其部界，人歸附之而無害，故稱君。君者，號也。

又　卷六六《三五優劣訣》　夫天、地、人，本同一元氣，分為三體，各有自祖始。故三皇者，其祖頭也；五帝者，其中興之君也；三王者，其平平之君也；五霸者，是其末窮劣衰、興刑危亂之氣也。故到五霸，乃四分有其一者，天道其統幾絶也。

漢·王符《潛夫論》卷四《班禄》　太古之時，烝黎初載，未有上下而自順序，天未事焉，君未設焉。後稍矯虔，或相陵虐，侵漁不止，為萌巨害，於是天命聖人使司牧之，使不失性，四海蒙利，莫不被德，僉共奉戴，謂之天子。故天之立君，非私此人以役民也，蓋以誅暴除害利黎元也，是以人謀鬼謀，能者處之。

漢·蔡邕《獨斷》卷上　皇帝、皇王、后帝，皆君也。上古天子庖犧氏、神農氏稱皇，堯、舜稱帝，夏、殷、周稱王。

王者至尊，四號之別名。

王，畿内之所稱。王有天下，故稱王。天王，諸夏之所稱。天下之所歸往，故稱天王。天子，夷狄之所稱。父天母地，故稱天子。

天子，正號之別名。

漢·鄭玄《駁五經異義·天子有爵不》　《異義》：《易》孟京説有周人五號：帝，天稱，一也。王，美稱，二也。天子，爵號，三也。大君者，興盛行異，四也。大人者，聖明德備，五也。是天子有爵。《周禮》説天子無爵，三公無官。同號於天，何爵之有？參職於天子，何官之有？謹案《春秋左氏》云：施於夷狄稱天子，施於諸夏稱天王，施於京都稱王。知天子非爵稱，同古《周禮》義。

駁曰：案《士冠禮》云：古者生無爵，死無謚。自周及漢，天子有謚。此有爵甚明，云無爵，失之矣。

又《諸侯不純臣》　《異義》：《公羊説》諸侯不純臣，《左氏》説諸侯者，天子蕃衛，純臣。謹案《禮》：王者所不純臣者，謂彼人為臣，皆非己德所及。《易》曰：利建侯。侯者，王所親建，純臣也。

駁曰：賓者，敵主之稱，而《禮》：諸侯見天子，稱之曰賓。不純臣諸侯之明文矣。

漢·應劭《風俗通義》卷一《三皇》　皇者天，天不言，四時行焉，百物生焉。三皇垂拱無為，設言而民不違，道德玄泊，有似皇天，故稱曰皇。皇者，中也，光也，弘也。含弘履中，開陰布剛，上含皇極，其施光明，指天畫地，神化潛通，煌煌盛美，不可勝量。

又《五帝》　謹按《易》、《尚書大傳》，天立五帝以為相，四時施生，法度明察，春夏慶賞，秋冬刑罰。帝者，任德設刑，以則象之。言其能行天道，舉錯審諦。

又《三王》　夫擅國之謂王，能制割之謂王，制殺生之威之謂王。王者，往也，為天下所歸往也。

又《五伯》　伯者，長也，白也。言其咸建五長，功實明白。或曰霸者，把也，駁也。言把持天子政令，糾率同盟也。

唐·徐堅《初學記》卷二〇《政理部》　（三國魏）桓範《世要論》曰：德多刑少者，五帝也。刑德相半者，三王也。刑多德少者，五霸也。純用刑而亡者，秦也。

晉·阮籍《阮步兵集·通老論》　三皇依道，五帝仗德，三王施仁，五霸行義，强國任智。蓋優劣之異，薄厚之降也。

晉·皇甫謐《帝王世紀·餘存》　天子，至尊之定名也。應神受命，為天所子，故謂之天子。孔子曰：天子之德感天地，洞八方。是以功合神者稱皇，德合天地稱帝，義名曰稱王

宋·李昉等《太平御覽》卷七六《皇王部一·敘皇王上》　《孫綽子》曰：道一者帝，德充者王，依仁仗義者霸。無為而治者，道也。為能不恃者，德也。存三亡國，仁也；責貢不入，義也。

唐·趙蕤《長短經》卷二《君德》　夫三皇無言，化流四海，故天下無所歸功。帝者體天則地，有言有令，而天下太平，君臣讓功，四海化行，百姓不知其所以然，故使臣不用禮賞功，美而無害。王者制人以道，降心服志，設矩備衰，有察察之政，兵甲之備，而無争戰血刃之用，天下太平。君無疑於臣，臣無疑於主，國定主安，臣以義退，亦能美而無害。霸主制士以權，結士以信，使士以賞，信衰士疏，賞毁士不為用。

唐·徐彦《公羊傳·成公八年》「天子」《解詁》疏　「或言王」解云：即莊元年冬，王使榮叔來錫桓公命；文公五年春，王使榮叔歸含且賵；三月，王使召伯來會葬之屬是也。

「或言天王」解云：隱元年秋七月，天王使宰咺來歸惠公仲子之賵

之屬是也。

『或言天子』解云：此文是也。莊元年『榮叔』之下，何氏注云：不言天王者，桓行實惡而乃追錫之，尤悖天道，故云爾。文五年『榮叔』之下注云：去天者，含者臣子職，以至尊行至卑事，失尊之義也。『召伯』之下何氏云：去天者，不及事，刺比失喪禮也。隱元年『宰咺』之下，何氏云：言天王者，時吳、楚上僭稱王，王者不能正，而上繫於天也。《春秋》不正者，因以廣是非。然則王是舊名，天王者，《春秋》時稱耳。但《春秋》見當時之王皆繫于天，是以逐本不追正，見其是非，何者？若單稱王者，是其舊號。若繫于天者，明非古禮矣。作《春秋》既不追正，遂以天王作其常稱。是以《春秋》之内不言『天』者，皆悉解之，見其失所。此注云『皆相通矣，以見刺譏是非也』，言皆相通矣者，此三者皆是上之通稱，但以天王者，得當時之言；王與天子者，皆有所刺，故曰以見刺譏是非也。

『王者號也』解云：言正是當時天子之號也。

『德合元者稱皇』解云：謂元氣是總三氣之名，是故其德與之相合者謂之皇。皇者，美大之名。

『孔子曰「皇象」至「明諡」』解云：皆《春秋》説文。宋氏云：言皇之德象合元矣。逍遥猶勤動，行其德術，未有文字之教，其德盛明者，爲其諡矣。

『「德合天者」至「可放」』解云：天者，二儀分散以後之稱。故其德與之相合者謂之帝。帝者，諦也，言審諦如天矣。當爾之時，河出《圖》，洛出《書》，可以受而行之，則施于天下，故曰河洛受瑞可放耳。

『「仁義合者稱王」至「歸往」』解云：二儀既分，人乃生焉。人之行也，正直為本。行合於仁義者，謂之王。行合人道者，符瑞應之，而爲天下所歸往耳，是以王字通於三才，得爲歸往之義。

『天子者，爵稱也』解云：案《辨名記》云：天子無爵，而言天子爲爵稱者，言爵者，醮也，所以醮盡其材。天子有聖德，居無極之尊位，謂之爵稱，亦何傷？而云天子無爵者，謂無如諸侯以下九命之爵，豈謂無尊美之爵乎？《禮記・郊特牲》云：古者生無爵，死無諡。天子有諡有爵，明矣。

唐・陸淳《春秋集傳纂例》卷八《名位例》 王者無上，故加『天』字，言如天也。而有不書『天』者三，桓公弑隱，而王不討之，至莊元年，反令榮叔來錫命，故不言『天』，一也。文公以僖公妾母成風用夫人禮，而王不責，反令榮叔歸含且賵，故去『天』字，二也。又使召伯來會成風葬，亦去『天』字，三也。成風並見文五年春經。蓋言不能法天者也。並各于本年有傳。又有書『天子』者一，成八年，天子使召伯來錫公命。或依策命之文以懲失禮，或傳寫誤也。天子無上，無以褒之，故褒子突，莊六年，王人子突救衛。時魯伐衛納朔，不正也。則王美可見也。天子自絶於天下而奔者，曰出，僖二十四年，天王出居于鄭。義已見奔例。言自棄天下，如在四海之外然。

宋・李昉等《文苑英華》卷七四六《〔唐〕牛僧孺〈辯名政論〉》

《史記》商鞅見孝公，以為鞅説之以帝王道，公曰安得待數十百年？以伯説之，欲而未能；以强國之術説之，而公甚悦也。似云强國非帝王之道，又若云帝王之道必成於數十百年余，愈恐後之為政者捨强國富人而別求帝王之道，則潰潰然無指歸矣。請權而論之。

且君道無定名，便國利人，則君之道也。然予非謂鞅之政必可以强國富人也，而鞅之《傳》曰：令不十年而人大悦，家給而人足，怯私鬬而勇公戰。予則不知皇、帝、王、伯捨此何為君道也？且帝如軒轅虞舜乎！斬蚩尤而革有苗，是不欲强其國歟？王如夏啓周文乎！滅有扈而伐有崇，是不欲强其國歟？伯如齊桓、晉文乎！脩寓政而蒐彼廬，是不欲强其國歟？況秦之患者六國，若不先富其人，未强其國，又可以高枕無為而成君道歟？況皇、帝、王、伯，同位而異名者也。孰謂皇、帝之名優乎哉？王、伯之名劣乎哉？君人者當務乎道適時，不務乎名餙位也。故捨名而就時者日昌，捨時而就名者日亡。

宋襄之亡，慕伯之名而失時者；徐偃之亡，慕仁之名而失時者；魯隱之亡，慕讓之名而失時者。若使秦居六國之衡，不先富人强國，而別求皇、帝、王、伯之道。予謂就帝、王之名而失時者，又安得君於天下乎？嗚呼！天地不分於皇人、帝人、王人、伯人，政利於人皆君也。秦始可以弱其國而有天下皇矣乎？子曰『足食足兵，民信之矣』；又曰『既庶矣』，繼曰『富之』。若此則天子之政亦先强國富人也，庸可謂夫子之道非帝王之道歟？又曰『如有用我者，朞月而已。可也。』若如此，又不可謂帝王之道必成於數十百年也。

或曰：子云：『如有王者，必世而後仁』，『百年亦可勝殘去殺矣。』如此，則帝王之道久而成者也。予又不知其然矣。且堯之有道乎？生丹朱焉。舜之有道乎？生商均焉。則堯之道，宜成於朱也；舜之道，宜成乎均也。又何堯、舜之道末成於身而不成於朱均之世也？且危邦之人思治，甚於饑人之思食也。若以數十百年之道導危邦，是猶强柔嘉之食遠其期而給饑人。邦危人若此，何以安之乎？餉之乎？予故曰：政有富生人，强國家，皆安得不謂之君道也？不知皇、帝、王、伯之名升降也，又不知數十百年而成何待也。

宋·張方平《樂全集》卷一七《三代本紀論》　蓋聞述作大體，在乎辨名。名之不正，條理何出？三代之王，其可知矣。而史遷為《夏》、《商》、《周本紀》，乃帝夏商而獨王周。此何道哉？夫帝王者，有天下之大號也。號者，所以表功德之迹也。維昔堯舜，以至仁格天，溥愛無私，以德而帝者也。禹平水土，九功允治；湯武革命，為民去暴，以功而王者也。其在乎《書·堯典》則『曰若稽古，帝堯』；《舜典》則『曰若稽古，帝舜』。至於君臣之言，則稱『帝曰俞』，『帝曰吁』，『帝曰疇咨』。其在《夏書》則『曰若稽古，大禹』；至於與臯陶、益稷相贊勑之言，則稱『禹曰俞』，『禹曰吁』，『禹曰都』。啓與有扈戰于甘之野，作《甘誓》，則稱『王曰：嗟六事之人』。自先代諸儒皆曰：禹既繼世以家天下，自為德下衰，始去帝號，啓而曰王，信矣。《湯誓》則曰『夏王率遏衆力』，《仲虺之誥》贊湯之德則曰『天乃錫王勇智，惟王不邇聲色，王懋昭大德』。《湯誥》則曰『王歸自克夏』，《伊訓》則曰『伊尹奉嗣王』，《盤庚》則曰『王命衆』，《高宗肜日》則曰『祖己訓諸王』。其在于《詩》，《商頌·長發》之篇則曰『武王載旆，有虔秉鉞』，又曰『實維阿衡，實左右商王』。稽諸《詩》《書》，夏、商之王也，其可知已。而史遷紀三代自禹而下十有六王，自湯而下二十九王，至於桀、紂並録曰『帝』。《書》稱『商王受』，遷曰『帝辛』，至周方曰『王』。

噫！遷既破編年為紀傳，緝補舊聞，馳騁百家，上下數千年條貫明白，可謂勤且精矣。而於帝王之序，國統大體反為差戾，違背六經。帝桀、紂而王文、武，可謂正名乎哉？且《本紀》者，政教之源，《傳》、《志》所出。今遷紀五帝而失相承之序，叙三王而乖正名之體，莫大此者，故論以明之。謹論。

宋·李覯《盱江集》卷三四《常語下》　皇、帝、王、霸者，其人之號，非其道之目也。自王以上，天子號也，惟其所自稱耳。帝亦稱皇，《書》曰『皇帝清問下民』是也。王亦稱帝，《易》曰『帝乙歸妹』是也。如其優劣之云，則文王、武王劣於帝乙者乎？霸，諸侯號也。霸之為言伯也，所以長諸侯也。豈天子之所得為哉？道有粹有駁，其人之號不可以易之也。世俗見古之王者粹，則諸侯而粹者亦曰行王道；見古之霸者駁，則天子而駁者亦曰行霸道，悖矣。

宋·邵雍《皇極經世書》卷一一《觀物篇五十四》　修夫意者，三皇之謂也；修夫言者，五帝之謂也；修夫象者，三王之謂也；修夫數者，五伯之謂也。修夫仁者，有虞之謂也；修夫禮者，有夏之謂也；修夫義者，有商之謂也；修夫智者，有周之謂也；修夫性者，文王之謂也；修夫情者，武王之謂也；修夫形者，周公之謂也；修夫體者，召公之謂也。修夫聖者，秦穆之謂也；修夫賢者，晉文之謂也；修夫才者，齊桓之謂也；修夫術者，楚莊之謂也。

三皇同意而異化，五帝同言而異教，三王同象而異勸，五伯同數而異率。同意而異化者，必以道。以道化民者，民亦以道歸之，故尚自然。夫自然者，無為無有之謂也。無為者，非不謂也，不固為者也，故能廣。無有者，非不有也，不固有者也，故能大。廣大悉備而不固為、固有者，其惟三皇乎！是故知能以道化天下者，天下亦以道歸焉。所以聖人有言曰：我無為而民自化，我無事而民自富，我好静而民自正，我無欲而民自樸。其斯之謂歟！

三皇同仁而異化，五帝同禮而異教，三王同義而異勸，五伯同智而異率。同禮而異教者，必以德。以德教民者，民亦以德歸之，故尚讓。夫讓也者，先人後己之謂也。以天下授人而不為輕，若素無之也；受人之天下而不為重，若素有之也。若素無、素有者，謂不己無、己有之也。若己無、己有，則舉一毛以取與于人，猶有貪鄙之心生焉，而況天下者乎！能知其天下之天下非己之天下者，其惟五帝乎！是故知能以德教天下者，天下亦以德歸焉。所以聖人有言曰：垂衣裳而天下治，蓋取諸《乾》、

《坤》。其斯之謂歟！

三皇同性而異化，五帝同情而異教，三王同形而異勸，五伯同體而異率。同形而異勸者，必以功。以功勸民者，民亦以功歸之，故尚政。夫政也者，正也，以正正夫不正之謂也。天下之正，莫如利民焉；天下之不正，莫如害民焉。能利民者正，則謂之曰王矣；能害民者不正，則謂之曰賊矣。以利除害，安有去王耶？以王去賊，安有弑君耶？是故知王者，正也。能以功正天下之不正者，天下亦以功歸焉。所以聖人有言曰：天地革而四時成。湯、武革命，順乎天而應乎人。其斯之謂歟！

三皇同聖而異化，五帝同賢而異教，三王同才而異勸，五伯同術而異率，同術而異率者，必以力。以力率民者，民亦以力歸之，故尚爭。夫爭也者，爭夫利者也。取以利不以義，然後謂之爭。小爭交以言，大爭交以兵。爭夫强弱者也，猶借夫名焉者，謂之曲直。名也者，命物正事之稱也。利也者，養人成務之具也。名不以仁，無以守業；利不以義，無以居功。利不以功居，名不以業守，則亂矣，民所以必爭之也。五伯者，借虚名以爭實利者也。帝不足則王，王不足則伯，伯又不足則左衽矣。然則五伯不謂無功于中國，語其王則未也，過左衽則遠矣。周之東遷，文、武之功德於是乎盡矣。猶能維持二十四君，王室不絶如綫，秦楚不敢屠害中原者，由五伯借名之力也。是故知能以力率天下者，天下亦以力歸焉。所以聖人有言曰：眇能視，跛能履。履虎尾，咥人凶。武人為于大君。其斯之謂歟！

又 卷一二《觀物篇五十九》 仲尼曰：『善人為邦百年，亦可以勝殘去殺矣。』誠哉是言也！自極亂至于極治，必三變矣。三皇之法無殺，五伯之法無生，伯一變至于王矣，王一變至于帝矣，帝一變至于皇矣。其于生也，非百年而何？是知三皇之世如春，五帝之世如夏，三王之世如秋，五伯之世如冬。如春，温如也；如夏，燠如也；如秋，凄如也；如冬，洌如也。

又 卷一二《觀物篇六十》 皇之皇，以道行道之事也；皇之帝，以道行德之事也；皇之王，以道行功之事也；皇之伯，以道行力之事也。帝之皇，以德行道之事也；帝之帝，以德行德之事也；帝之王，以德行功之事也；帝之伯，以德行力之事也。王之皇，以功行道之事也；王之帝，以功行德之事也；王之王，以功行功之事也；王之伯，以功行力之事也。伯之皇，以力行道之事也；伯之帝，以力行德之事也；伯之王，以力行功之事也；伯之伯，以力行力之事也。時有消長，事有因革。非聖人，無不盡之所以。

又 卷一三《觀物外篇上》 《易》始于三皇，《書》始于二帝，《詩》始于三王，《春秋》始于五霸。所謂皇、帝、王、霸者，非獨謂三皇五帝、三王五霸而已。但用無為則皇也，用恩信則帝也，用公正則王也，用智力則霸也。法始乎伏羲，成乎堯，革于三王，極于五霸，絶于秦。萬世治亂之迹，無以逃此矣。

宋·劉敞《春秋權衡》卷八《隱公》 天王使宰咺来歸惠公仲子之賵。何休云：稱天王者，王不能自正而上繫于天。非也。周雖微，豈自嫌于楚、越哉？周雖自嫌于楚、越，《春秋》亦豈嫌周于楚、越哉？楚、越稱王，《春秋》正之為子。周自繫天，《春秋》可勿正乎？且理必無自稱天王之義。此乃諸侯尊天子之號耳，不如何休言也。

宋·釋契嵩《鐔津集》卷五《論原·皇問》 或者問曰：今稱皇者而不列其道真，學士固疑之而罔辯。雖然，百家雜出，君子謂非所信也。是果有然，是果無邪？吾子至學，不謬聖人，必能引決為我明之也。曰：是何云乎？皇道豈無有耶？特乃不見耳。夫皇道者，簡大無為，不可得而言之也。淵淵默默，合體乎元極。元也者，四德之冠也，五始之本也。體而存之，聖人之所以化也；推而作之，聖人之所以教也。教也者，五帝之謂也；化也者，三皇之謂也。善推教化，則皇、帝之道皎如也。

古語云：德合元者皇，德合天者帝，與仁義合者王。孰曰皇無道真乎？曰：如此也，孔子盍推而廣之而祖述，則何獨尊乎堯、舜、文、武而已矣。曰：夫聖人之云為者，必以其時之所宜也。苟非其宜，雖堯、舜必不能徒為也。故曰孔子聖之時者也，言其能以時為而為之也。昔者孔子處周之衰世，因酌後世之時必也益薄且偽，因不稱以簡大之道化，是故推至乎禮樂政刑者也。蓋以合乎後世之時為治之宜也。然禮樂大造，莫造乎堯、舜者也；刑政大備，莫備乎文、武者也。此孔子所以推尊乎堯、舜、文、武者也。故皇道者，聖人存而不推也；王道者，聖人推而不讓也。

《易》曰：包犧氏沒，神農氏作，堯、舜垂衣裳而天下治。此聖人現皇道而存之者也。《禮》曰：大道之行也，與三代之英，丘未之逮也，而有志焉。此聖人歎皇道而不得行之也。適有贏粮而趨於行者，不審其所以往而趨於行也，第以路岐相爭，斯雖愚夫亦笑其不知道也。與乎今之學者所以辯，何以異哉？老子、莊生亦頗論皇道，而學士嘗以為聖人之書，雜其所出而鄙之。此亦非詳也。夫皇道也，以《易》言之，則文王、周公其先德也。彼老、莊也，又何能始之乎？

曰：孔氏云：伏犧、神農、皇帝之書謂之《三墳》，言大道也。少昊、顓帝、高辛、唐、虞之書謂之《五典》，言常道也。今子也而論皇、帝，而安見其所謂大道、常道者耶？曰：彼孔氏者，以迹其教化而目之也。吾本其道真而言之也。教化，迹也；道，本體也。窺迹則宜其有大有常，極本則皇與帝者宜一。孔氏可謂見其徼者也，烏足以知道淵耶？或者曉然而作。

又 卷六《論原·問霸》 問者曰：君子稱王或不稱霸，謂霸執權，謂王脩信也。而霸孰謂無信邪？固疑其道也。幸吾子辯之，使桓、文之事皆悉也。曰：王尚德，霸尚功。夫王有權，王者以權而行德也；霸有權，霸者以權而取功也。取功，故其權未必不私也；行德，故其權未必不公也。故公者為權而私者為詐也。王有信，誠信也；霸有信，假信也。假信故愈久而愈渝，誠信故愈久而愈信。齊桓公方會諸侯，自北杏、底、幽十一主盟，而諸侯皆順，其信存也。及城緣陵而諸侯皆散，其信渝也。晉文公其戰克楚，踐土之盟以功自高，遂召天王，其章詐也。是故君子稱之，稱其當時之功也；不稱者，惡其詐且不誠也。《詩》稱『投我以木瓜，報之以瓊琚。匪報也，永以為好也。』善罰之功也。子曰：『管仲之器小哉！』卑霸之道也。中古之霸，有異禮而無異道；後古之霸，有異道而無異禮。守職命而不擅征，不亦有異禮乎？信征伐而尚詐力，不亦有異道乎？故曰霸非古也，亂王政自桓、文始也。

今俗曰：霸道適變，治者不可不用也。仲尼曰：『管仲相桓公，霸諸侯，一匡天下，民到于今受其賜。微管仲，吾其被髮左衽矣。』我其舍諸？噫！致合天下之猖狂詭譎，傅會于孫子、吳起之説，淫溺而不反者也。此誠愚者之言，烏足與知聖人之意邪？所謂適變者，蓋君子因事而正之以義者也，豈曰以智詐而變正道者也？《春秋》之譏變古，正以諸侯用私而變公者也。夫至道之世不顯權，至德之世不懷功。懷功恐其人因功而競利也，顯權恐其人因權而生詐也。是故堯、舜之化淳而文王之化讓。漢氏曰：吾家雜以王霸而治天下。暫厚而終薄，少讓而多諍。

宋·楊時《二程粹言》卷下《君臣篇》 子曰：王者奉若天道，動無非天者，故稱天王。命則天命也，討則天討也。盡天道者，王道也。後世以智力持天下者，霸道也。

宋·衛湜《禮記集説》卷一一《曲禮下》 藍田呂氏曰：名者，人治之大，不可以不正也。君子之有是名，必有是事，非守空名以示人也。一人之身而名有異者，內外尊卑、人神死生之際，不可以無別也。此章所記，皆天子之名，其所以別者，以此也。君天下曰天子，言天下者外薄四海，兼夷狄之稱也。古者於中國稱天王，於夷狄稱天子。夷狄者，聲教之所不及，非王法所能治，故不稱天王而稱天子，言天無所不覆也。天子者，繼天而王者也。稱於夷狄則曰天子，天子，外辭也。稱於諸侯及臣下則曰予一人，內辭也。予一人，猶言孤與寡人也。不敢以勢位驕人，自比一人而已。《書》所稱『予一人』，大抵皆告諸侯之言。分職、授政、任功，則凡所以命諸侯、命諸臣者，莫不然也。

宋·蕭楚《春秋辨疑》卷四《王天子天王辨》 王者，大之稱，自人而言之也。原注：《尚書緯》曰：帝者，天號；王者，人稱。凡物于其類而大者，人皆謂之王。原注：鮪之大者曰王鮪，蟒之大者曰王蟒。大父則曰王父。天子者，言繼天而為子，至貴之稱。此王、天子名實之辨。至于有諸侯之事，或稱天子，或稱王，則各有旨。案《覲禮》諸侯至郊，稱王命以勞之。知其順命于王所，則稱天子賜之舍，戒之以率力乃事。自是皆稱天子以禮之。于其享，乃稱王撫玉；至其右袒右立，告聽事，則又稱天子賜之篋服、命書，饗禮。推是論之，稱王者，以大臨諸侯也；稱天子者，以貴親諸侯也。原注：《孟子》曰：親之欲其貴也。以大臨之者，威之也；以貴親之者，懷之也。威德行則人畏慕，人畏慕則姦宄不作。先王所以能御天下者，審于此。《書》曰：『汝其敬識百辟享，亦識其有不享。』凡此所稱，乃其常也。其曰天王者，猶天之王，至大之稱。稱其至大，則其威之亦大矣。此其非常也。案《禮》，王崩告喪，臨諸侯，皆稱天王。《周官》司服為天王斬衰。《春秋》王崩，亦書『天王』，蓋以大喪之際，嗣君之初，君道未著，人心未寧，正危疑之機，大姦之所伺，乃非常之時，于是大威武以防之，此先王制禮之意也。觀《書》康王即位，公卿大臣皆執戎器。《周官》王喪車，皆設戈戟。其嚴衛警守，防禦如此，則其張皇威武，臨制天下，從可知矣。與夫臨諸侯，乃巡守，大明黜陟，于是有奪爵者，有削地者，甚則誅其君，滅其社稷，抑非常時，則其尚威武，又可知矣。

宋·胡銓《澹菴文集》卷一《御試對策》 夫《春秋》何為而作也？為天下無王而作也。周衰，天下不知有王，陪臣執國命，家臣僭大夫。聖人有憂之，作《春秋》以代王之賞罰。書『天子』，書『王』，書『天王』，則至大之稱。天王與《周官·司服》所稱天王，皆以嗣君之初，君道未著，人心未寧，正危疑之機，大姦之所伺，非常之時，故大威武以防之。稱天王者，大威武以防天下之時，故曰非常也。然則又書『天子』、書『王』，何也？曰：《春秋》作，王者威權喪矣，大政大法，諸侯擅而行之，怙强恃衆，迭相吞據，是本末大弱之世，名分大亂之時，非剛健大過人之才若《九四》焉，不足以震其弱；非毒衆窮討之役若唐太宗焉，不足以戢其亂。故仲尼於《春秋》，凡有出於王為之者，皆書天王，言於斯世，王之所為當大誅賞，不可循常道，冀後世興王知變也。是時吳、楚之君皆鴟視虎踞，僭號稱王。諸蠻羣酋，薦據中土。如此則文辭之告，猶可治之也歟？霸侯暴國，迭相吞噬，伯子之存，不能十數。如此則誅賞之令，猶可治之也歟？故曰『如有用我者，吾其為東周乎！』東周僅存禮文而已，非撥亂反正之道也。故《春秋》書天王者，正賞罰於大亂之後也。若事非王為，但從諸侯之稱。只書王者，禮之常也。其曰天子者，所謂至貴以親諸侯也。莊王不稱天王，以其寵弒逆之人，不足以當至大之稱，故去『天』字，以重其譏。重莊王之譏，則魯桓之罪彰矣。

宋·胡宏《五峰集》卷四《皇王大紀論·皇帝王霸》 劉道原博極羣書，以為古無三皇五帝、三王五霸之數，其辭甚悉。愚以為如是稱而逆理害義，雖人謂之聖賢之經，猶當改也。苟於理義無傷害，雖庸愚之説猶可從也，皇、帝、王、霸雖經不稱其數，而雜見於前修之文，非有逆理害義之事也，奈何必欲去之乎？皇者，初冒天下者也；帝者，主宰天下者也；王者，天下歸往者也。自燧人氏而上，則三皇之世也。包羲、神農、黄帝、堯、舜是五君者，有先天地開闢之仁，後天地制作之義，人至於今受其賜。故孔子曰：包羲氏没，神農氏作；神農氏没，黄帝、堯、舜氏作。按黄帝之後少昊、顓頊、高辛，皆嘗帝天下矣。孔子所以越而遺之，必稱堯、舜者，以三君居位，僅可持其世而已，未嘗有制作，貽萬世故也。則五帝之名以定矣。夏禹、商湯、周文之為三王，齊桓、晉文、秦穆、宋襄、楚莊之為五霸，其迹詳甚，焉可誣也？

宋·胡宏《知言》卷五 天者，道之總名；子者，男子之美稱也。人君行大道，為天下男子之冠，則可謂之天子矣。

宋·周必大《文忠集·二老堂雜誌》卷一《天王》 謂王為天王，疑自《春秋》始，蓋孔子之深意也。或曰：《曲禮》不云乎？『臨諸侯，畛於鬼神曰有天王某甫』，何謂也？曰：《曲禮》，漢儒所記耳。且其下文云：『措之廟，立之主曰帝。』崔靈恩以為為記時有主入廟稱帝之義，記者録以為法。然則『天王某甫』者，亦皆漢儒傳聞之辭耳。或又曰：《莊子》載堯舜問答云：『天王用心何如。』則天王之號，豈必始於《春秋》？予曰：莊周所載，未必堯舜本語也。

宋·孫奕《示兒編》卷一《六經主於王》 《易》始乎皇而成乎王，《書》作乎帝而繼乎王，《詩》始乎諸侯而終乎王，《禮》、《樂》制作乎王，而《春秋》一乎尊王也。

又《后皇烝辟》 后，繼也，謂繼治之君也。皇，大也，謂圖大之君也。烝，衆也，謂御衆之君也。辟，法也，謂立法之君也。君，臨也，謂臨涖天下之君也。主，宰也，謂宰制天下之君也。

又《皇帝王通稱》 皇可以謂之帝，《月令》云『其帝大皞』是也；亦可以謂之王，《禮運》云『昔者先王未有宫室』是也。帝可以謂之皇，《呂刑》云『皇帝清問下民』是也；亦可以謂之王，《大禹謨》云『四夷來王』是也。王可以謂之皇，《文王有聲》云『皇王烝哉』是也；亦可以謂之帝，《歸妹》云『帝乙歸妹』是也。

宋·魏了翁《春秋左傳要義》卷二七《成公三年至十年·齊朝晉授玉馬遷誤謂授王》 玉謂所執之圭也。凡諸侯相朝，升堂授玉於兩楹之間。於此時郤克趨進，故記之也。《史記·齊世家》曰：頃公十一年，晉初置六軍。頃公朝晉，欲尊王晉景公，景公不敢當。《晉世家》云：景公十二年，齊頃公如晉，欲上尊景公為王，景公讓不敢。然此時天子雖微，諸侯並盛，晉文不敢請隧，楚莊不敢問鼎，又齊弱於晉，所較不多。豈為一戰而勝，便即以王相許？準時度勢，理必不然。竊原馬遷之意，所以有此説者，當讀此傳，將『授玉』以為將『授王』，遂飾成為此謬辭耳。

宋·葉某《愛日齋叢抄》卷一　太史公《夏本紀》自禹即天子位以後，云帝禹至于帝履癸，又曰帝桀。《殷本紀》自太甲書帝太甲，至于帝紂。《孔氏雜説》言三王亦得稱帝，引《史記·夏紀》『帝桀』是也。何獨桀云帝哉？《殷紀》云：周武王為天子，其後世貶帝號，號為王。《索隱》曰：按夏、殷天子亦皆稱帝，代以德薄，不及五帝，始貶帝號，號之為王。故《本紀》皆帝而後世總曰三王也。又譙周云：夏殷之禮，生稱王，死稱廟主，皆以帝名配之。見《索隱》。《國語》云：玄王勤商，帝甲亂之。又云：商王帝辛，大惡于民。帝辛，紂也。然而《易》曰帝乙，《書》亦曰帝乙。夏殷之稱帝，莫信于此。

宋·黃震《黃氏日抄》卷二《讀論語·憲問篇·霸諸侯》　注云：霸與伯，同長也。愚意天下之主謂之王，諸侯之長謂之伯，此指其定位而名也。以德方興，而為天下所歸則王，平聲。聲轉而為王。去聲。王政不綱，而諸侯之長自整齊其諸侯，則『伯』聲轉而為『霸』，皆有為之稱也。正音為靜字，轉聲為動字。

宋·家鉉翁《春秋集傳詳説》卷首《綱領·明霸》　邵子曰：『五霸者，功之首，罪之魁也。』又曰：『春秋之間，有功者未有大於四國，有過者亦未有大於四國。』愚謂邵子立論高矣美矣，而五霸之行事，實未可以槩言也。孔門所謂霸，齊桓、晉文而已矣。孟子曰：『五霸，三王之罪人。』説者以齊桓、晉文、宋襄、楚莊、秦穆為五；一説謂夏伯昆吾、商伯大彭豕韋、周伯、齊桓、晉文為五。邵子所云功之首，罪之魁，謂衰周之五霸。愚以為是五君者，功罪不同，復有貴賤內外之辨，殆未可以槩言也。蓋齊桓、晉文，則中國之諸侯，以尊天子、扶王室而為號者。楚莊則荆蠻僭王而為列國患者也。桓、文用心固未必純乎為善，而楚莊則志乎僭，純乎利，與中國為水火者，其處心行事可得與桓、文同日語乎？蓋《春秋》未嘗輕與諸侯以霸，尤不輕與荆蠻以霸。歷觀二百四十二年中，其內外之辨至為嚴謹，未有予荆蠻而霸中國者也。後儒為《傳》義所惑，謂《春秋》與楚莊以霸，而桓、文與莊、襄、穆並列為五，此愚《霸辨》所以作，善讀《春秋》者宜知所去取矣。

當周之既東，號令賞罰不行於天下，楚僭王，楚首叛。鄭莊，王之卿士而侵犯王略，鄭又叛王人，子突救衛，五國敵王而納朔，諸侯大率皆叛矣。幸而齊桓者出，仗義尊王，內正諸華，外卻戎狄，天下始復知有王。晉文踵其行事，德雖小不及，功則過之。方是時，天若不生二霸，則蒼姬之卜世，殆未可知也。夫子論齊桓、晉文之譎正，未嘗及秦、宋、楚；及脩《春秋》，於二霸之行事有褒有貶，有激有揚，權衡衮斧，若造化之無私也。秦穆固賢君，而其功烈不及於中夏，特以不吝改過，為聖門所取，不以霸言也。宋襄者，當齊桓之既殁，晉文之未興，能抗荆楚而敵之，故《春秋》於鹿上之盟，盂之會，長宋而賤楚，與其有志於中國，望其能霸而卒無所成，君子無以議為也。及若楚莊，則南蠻傑者，觀兵中原，問鼎之大小。推其無忌憚之心，將何所不為！是豈可與齊桓、晉文俱以霸稱乎？若曰桓、文為功之首，楚莊為罪之魁，庶乎其可也。

外此則有繼其父祖而霸者焉，晉襄也，晉悼也。襄能保文公之業，幹父用譽者也。悼得國羣卿之手，假之以權，漸至不制，復以媚悅其卿者，媚悅諸侯之大夫。鄭人弒君於會，明知而不敢問；衛人逐君立君，不惟不討，又從而寵奬之；甚至諸侯在會，而與大夫為盟，既亂己之君臣，復亂人之君臣。於是諸侯之大夫並起而抗其君，霸國紀綱，自兹始壞。後以襄鄢勝之餘威，復借援強吳以牽制荆楚，楚內懼於吳，不暇與晉為敵，僥倖少安，何霸之足言？《左傳》備載晉國諂史，率多諛辭。後儒窮經不具眼，雷同稱譽，甚者謂悼優於文，愚每為憤歎，用不能已於言。自是而後，有若平、昭、頃者，庸闇不君，舉霸業而遜之荆楚，中國愈不競。至於晉定，卿權益尊，霸政掃地，不復能主夏盟矣。齊景公在位日久，當晉政衰亂，楚焰中撲，有可霸之機，而其才其志皆不足以有為，桓、文之業至是始俱掃地無存。臣干君，強吞弱，大併小，春秋降為戰國，階於此矣。外此又有蠻荒之霸於其國者，吳闔閭、夫差也。吳本太伯之後，而乃干王略，同楚之僭。闔閭猶有攘楚一節之可書，夫差用兵不戢，自底滅亡，然以削去僭名，自同列國，故《春秋》於黃池之會特示奬進，與晉俱書，然亦正其始封之號而已矣。《春秋》所謂霸，齊桓、晉文之二君，餘不録也。

或曰：若子所言，《春秋》未嘗輕與人以霸，而《孟子》乃謂仲尼之門，無道桓、文之事者，其旨同乎否與？曰：《春秋》主垂法，《孟子》主明道。命德討罪，《春秋》教也；貴王賤霸，孟氏教也。當孟子之世，王道益遠，士論益卑，扶而植之，其用力與《春秋》同功。其言曰：『五霸，三王之罪人；今之諸侯，五霸之罪人。』公平正大，足以盡王霸之實。後之立言者累千百，不能及此也。讀《春秋》者，試以是觀之。

宋·蘇轍《古史》卷二〇《趙世家》自注 齊宣王九年，魏襄王元年，會於徐州始相王。後十一年，秦惠文王始稱王。明年，韓宣惠王、燕易王始稱王。至此五年，趙猶不稱王。然卒不見趙稱王之年，豈自惠文始而追謚武靈王？

宋·胡宏《知言》卷六 七雄諸侯，皆自稱王。以為王歟？則土無二王，四海之内安得王而七也！以為侯歟？則地皆千餘里，普天之下安得侯而七也！王非王，侯非侯，立位不正。此孔、孟之所以難仕。

宋·呂祖謙《大事記解題》卷三《周顯王》 三十五年，齊宣王、魏惠王與諸侯會于徐州，以相王。

《解題》曰：齊、魏之王，以《戰國策》考之，蓋在魏拔邯戰之歲。而《秦本紀》今年又書『齊、魏為王』，未知孰是。然《戰國策》之所載，似得其實。蓋魏以邯鄲之勝，齊以桂陵之勝，志得意滿，各僭稱王，容有此理。若今歲則魏方衰弱，齊亦未有大功，何為驟稱王乎？然齊、魏《年表》今年書與諸侯會于徐州，以相王者，齊、魏稱王，其日已久，至是共會諸侯，欲其皆稱王，以同己之僭也，但諸侯未即從之耳。《秦紀》所書，或者齊、魏前此特稱王於其國，至此其名號始通於諸侯乎？《魏世家》書襄王元年與諸侯會徐州，相王也。追尊父惠王為王。按孟子與惠王語，皆稱王。豈追尊乎？

又 卷四《周顯王》 四十四年，夏四月戊午，秦初稱王。

《解題》曰：按《張儀傳》，儀相秦四歲，立惠王為王。蓋張儀之請也。《秦紀》書四月戊午，魏君稱王。按《周紀》、《齊》、《楚世家》，是歲皆書秦惠王稱王。蓋《秦紀》本書君稱王，如《韓世家》十一年，君號為王之比。今本衍一『魏』字耳。惠王之未稱王也，天子猶致文、武胙。自稱王之後，訖於周亡，史不復書。蓋既稱王，則不復事周矣。

又 卷四《周顯王》 四十六年，韓、燕、中山皆稱王，趙獨稱君，其後亦稱王。

《解題》曰：按《戰國策》犀首立五王，齊謂趙、魏曰：『寡人羞與中山並為王，願與大國伐之，以廢其王。』中山大恐，召張登説田嬰而止。高氏以五王為齊、趙、魏、燕、中山，鮑氏以五王為秦、韓、燕、宋、中山。二家之説，皆非也。齊、魏之王已久，秦之王出於張儀，宋與中山俱為小國。使宋是時稱王，則齊何為獨怒中山？況偃之稱王，又在慎靚王之三年乎？然則犀首所立五王，其可考者，韓、燕、趙、中山，其一則不可考也。趙武靈王初雖稱君，《世家》十一年書『王召公子職於韓』，則是時已稱王矣。七國唯楚僭王，遠在春秋之世。其餘六國，魏最先，趙最後。

宋·王應麟《通鑑答問》卷一《齊魏會于徐州以相王》 或問：齊、魏皆大夫之簒立者，二國相王在諸國之先，何也？曰：春秋吳、楚，皆僭王者也。列國於是始僭，齊、魏罪之首也。是時齊彊而魏弱，魏惠東敗西喪之餘，去安邑，徙大梁，方且與齊俱會，淫名越號，以逞其志，又改元稱一年，見于《竹書紀年》。蓋以張彊大之形，蓋衰弱之實也。齊威朝周，假義而行，猶知有王室。其子首為僭竊之舉，可謂弗念厥紹矣。自周轍之東，日轂冥濛，衆星爭耀。《春秋》書齊侯、衛侯胥命于蒲。胥命云者，交相命而相推長，是為霸者之始。今也齊、魏之相王，是為僭王之始。王綱失而霸興，霸圖亡而侯僭。世變至是而極，中夏胥為夷。其後秦、韓、燕、趙、宋皆稱王，志驕氣盈，猶以王為卑也。赧之二十七年，秦稱西帝，而致東帝之號于齊。五十七年，魏使新垣衍説趙，欲其帝秦。噫！胡然而王也，胡然而帝也？三綱淪，九法斁，披披籍籍至始皇而未止，亂稔惡熟至漢而後定。嘗謂《春秋》書吳、楚皆曰子，記戰國之事者，於七國以周爵書之，乃合《春秋》之法。

宋・羅璧《識遺》卷一《孟子談王》 所謂王者，以其能生殺，能廢置，能弭亂爭。

金・王若虛《滹南集》卷二〇《諸史辨惑》 皇降而帝，帝降而王，名號之異耳。堯、舜揖讓，湯、武征誅，世變之殊耳。若夫其道，則未嘗不一。而商鞅説秦孝公，乃謂初以帝道，再以王道；魏徵亦云：行帝道而帝，行王道而王。鄭厚又云：王道備而帝德消。皆淺陋之見也。

元・方回《續古今考》卷四《沛公為碭郡長封武安侯》 周五侯三王，非天子之命，孰敢建侯？三晉之與田和篡，晉、齊求周封為諸侯，而僭王之漸，起春秋時。惟楚僭稱王，吴、越亦稱王，中國以蠻夷外之，書楚子。六國魏惠王首僭稱王，齊次之，燕、韓、趙又次之，秦惠王稱王，乃在其後。凡稱王，則以天子自為，而僭周室矣。

又 卷二二《二月甲午即皇帝位于汜水之陽》 吕東萊《大事記》注引致堂胡氏曰：古之聖人，應時稱號，故曰皇、曰帝、曰王而止矣，非帝貶於皇，王貶於帝也。惟不知此義，遂以皇帝為首稱而以自居，以王為降等而以封其臣子，失之甚矣。王之為名，繼天撫世之謂也，曾是而可使臣子稱之？曰吴、楚僭王，《春秋》比之夷狄。六國用夷禮，乃周公之所膺也。豈可以此之故，謂王卑於帝而不稱哉？仲尼祖述唐虞，憲章三代，尊周立號，繫王於天。其禮隆極，於秦何取焉？有天下者，必法孔子稱天王。其列爵諸侯自公而降，則名正言順，百世以俟而不惑矣。

元・許謙《讀四書叢説》卷三《讀孟子叢説上・梁惠王上・首章》 周烈王五年，魏武侯卒，公子罃立。其子元年，則烈王六年也。《通鑑》周顯王三十五年，當罃之三十七年。罃與齊威王會於徐州，以相王。《考異》謂為後元年。《大事記》顯王十六年，當罃之十八年。魏拔趙邯鄲，服十二諸侯，遂稱王。後齊敗魏，而齊亦稱王。於顯王三十五年，又書曰『齊宣王、魏惠王與諸侯會於徐州，以相王。』今接顯王三十三年，當魏惠王三十五年。孟子至梁，若從《通鑑》則孟子至梁時，魏尚為侯。此章稱之為王，乃他日論集著書之時追書爾。當從《大事記》為正。蓋始各王於其國，至會徐州之歲，則王之號，通於天下矣。

元・汪克寬《環谷集》卷三《霸論八則》 霸者之事，假借仁義之名，以濟其利欲之私。故欲之未遂，則汲汲焉謀度而經營之；欲之既遂，則懈惰苟且而不復能有為矣。由其心偽而不誠，是以始終勤怠之殊而前後盛衰之異也。

又 卷四《通鑑綱目凡例考異序》 《征伐例》曰：僭名號曰稱王。注曰：周列國稱王。今刊本周顯王二十五年，書『齊、魏稱王』；四十四年，書『秦初稱王』；四十六年，書『韓、燕稱王』。注曰：時諸侯皆稱王。趙武靈王獨不肯，令國人謂己曰君；而赧王十七年下注：趙惠文王元年，則趙亦稱王矣。然不書『趙稱王』，疑漏。

元・釋念常《佛祖歷代通載》卷二《三皇》 中庸子曰：皇，大也。内外無為，以道化民者也。

又 卷二《五帝》 中庸子曰：帝者，體也。内心無為而迹涉有為，以德教化民也。德象天地曰帝。

又 卷二《三王》 中庸子曰：王，往也。加以刑防政諭，仁義所往之謂王。

明・朱右《白雲稿》卷五《歷代統紀要覽序》 自古帝王建國子民，德位並隆，天命人心於是乎在，禮樂征伐於是乎出。君臣之分既定，天下宗之，故曰天子。

明・丘濬《大學衍義補》卷二《正朝廷・定名分之等》 臣按名分之等，乃天下自然之理。高卑有不易之位，上下有一定之分，皆非人力私意之所為者也。觀《易》之『辯上下，定民志』，法乎『上天下澤』自然之象；《書》之『樹后王君公，承以大夫師長』，由於明王奉順上天之道，是則尊之臨卑，下之奉上，一惟法天地自然之數，順天道自然之常而已。彼負其强，乃欲以卑而逆尊；恃其貴，乃欲以上而陵下，皆逆天道而不知上天下澤之理者也。

明・邵寶《學史》卷五《午》 獨陰不生，獨陽不生，獨天不生，三合然後生。故曰母之子也可，天之子也可。尊者取尊稱焉，卑者取卑稱焉。《穀梁傳》莊公三年。

日格子曰：父天母地，孰非天之子？而亶聰明，作元后，有宗子之道焉。故曰天子，尊之也。尊之也者，異之也。如穀梁子所稱，則夫人爾，而人徒取尊稱焉，何異之有？吾故謂穀梁子善論生理者也，非知天子之義者也。

明・楊慎《譚苑醍醐》卷六《霸伯同》　《論語・憲問篇》注曰：霸與伯，同長也。《左傳》成公二年，齊國佐對晉人曰：『四王之王也，樹德而濟同欲焉。五伯之霸也，勤而撫之，以役王命。』黃震曰：『天下之主謂之王，諸侯之長謂之伯，此指其定位而名也。以德方興，而為天下所歸則王，平聲。轉聲而為王。去聲。王政不綱，而諸侯之長自整率其諸侯，則『伯』入聲。轉聲而為『伯』。去聲。皆有為之稱也。正音為靜字，轉聲為動字。』以此證之，《左傳》『四王之王』上如字，下音『旺』。『五伯之霸』上『伯』字入聲，下『霸』字去聲。『王』字無別體，故同用『王』字。『伯』字有『霸』字為別體，故上用『伯』，下用『霸』。《左傳》不惟文精，用字亦不苟矣。《注疏》未發明，故特著之。

明・馬明衡《尚書疑義》卷三《商書・湯誓》　湯、武誓師，皆稱『王曰』。孔《傳》以為湯稱王，則比桀於一夫，是以伐桀之時，即稱王矣。蔡注以為『王曰』者，史臣追述之言也；然《武成》『有道曾孫周王發』，亦以為追述之言，則不通矣。夫以為追述之言者，蓋嫌於後世故主未滅輒自稱帝之説，聖人固不若是之汲汲也。然後世規取天下者，徒以力為勝負。勝負未可知而輒襲尊號，幸而成，不幸而敗，其心曰非如是，不足以取富貴也。是其所謂尊號者，以為富天下之樞機，固在此耳。嗚呼！此豈可以語聖人哉？而亦何足以為湯、武之嫌疑哉？

夫名者，實之標也；實者，名之本也。既有其實，何嫌乎其名？既有其名，由於有其實。湯、武之以作民父母為己任，夫既有其實矣，而又欲避其名乎？善乎張子之言曰：當日未絶，則為君臣；當日既絶，則為獨夫。桀、紂既已為獨夫矣，則湯、武之稱王，又何疑焉？且今既稱兵以伐之矣，而猶逡巡不敢當其名稱，則所謂伐之者，抑何義乎？兵可舉也，則名可稱也；名不可稱，則兵亦不可舉矣。此於天命、人心之際，間不容髪之幾，聖人體會斷制何等明白，而又豈為含糊委曲，如後世不由道理，只是較量於事勢之間？是則反為私意而已矣。是故同此放、伐也，在湯、武則為應天順人，在後世則為欲富天下。同此稱號也，在湯、武則為順承天命之公，在後世則為壓服人心之私。廣而言之，同此去也，在微子則為存宗祀，在後世則為忘君事讐。同此禪授也，在堯、舜則為公，在唐、宋以下則為私。天下之事，無有不然者，而何於此獨疑之乎？故竊以為湯、武稱王，或未舉兵之前而已稱之乎？或稱之而後以舉兵乎？皆不可得而知，但於天命、人心之際已審已決，而非若後世僥倖於成敗之間者也。

明・葉春及《石洞集》卷一《上書疏・端治本・崇聖學》　天子者，四海之所共尊，兆民之所共仰者也。雖有儁傑，莫不臣妾，則其才智，必厚於天，故曰天子者，其天之至厚至厚者乎！是故臣之於其君也，不徒曰上也，曰聖上也；於其君之言也，不徒曰旨也，曰聖旨也。豈虛哉？誠有所易能矣。肇自生民以來，君之聖者莫盛於堯舜，故孔子序《書》，首於唐虞，所以為萬世帝王立極也。

明・王樵《尚書日記》卷七《太甲下》　天位艱哉者，人君上事天，下治民，幽事鬼神。天親之，民懷之，鬼神享之，而後謂之天子，謂之神、人之主。三者皆無常，而其責皆在於我，豈不艱哉？居其位者，其可易而為之哉！

明・董説《七國考》卷六《田齊羣禮・謚法・稱號附・王》　余按齊威王二十六年，周顯王十六年，蓋田齊最先王。韓宣惠王十一年，周顯王四十七年；趙武靈王元年，周顯王四十四年；燕易王元年，周顯王三十七年；魏襄王元年，周顯王三十五年；秦惠文王元年，周顯王三十二年。先齊而王者，獨楚武王耳。

又　卷六《趙羣禮・謚法・稱號附・王》　按武靈王八年，五國相王。趙獨否，曰：『無其實，敢處其名乎？』令國人謂己曰君。及惠文王立，武靈又自號為主父。不知何時稱王也。

又　《君》　按靈王能矯五國之非，然趙侯爵，稱侯可也。今稱君，亦無義。沈羽云：三晉本大夫而為諸侯者，故多稱主君。梁王觴諸侯於范臺，魯君曰：『主君之尊，儀狄之酒也。』見《國策》。韓昭侯三日不朝，大夫諫曰：『主君玩國，甚矣。』見《典論》。

又　《父》　武靈王自號主父，一曰君，二曰父，甚奇。

又　卷六《韓羣禮・謚法・稱號附・王》　按韓宣惠王十一年，周顯王四十七年。《六國表》作十年，則顯王四十六年也。蓋顯王三十二年秦王，三十五年魏王，三十七年韓王，燕王，四十四年趙王。數年之間，五王並立矣。

又　卷六《燕羣禮·謚法·稱號附·王》　按燕易王元年，周顯王三十七年也。趙岐《孟子》注云：『以萬乘之國伐萬乘之國』者，萬乘，非諸侯之號。時燕國侵地廣大，僭號稱王，故曰萬乘。

清·馬驌《繹史》卷二《皇王異説》　皇者，美大難名；帝者，克配上帝；王者，貫通三才。其名不同，其實一也。皇神化而莫違，帝高居而丕冒，王天下所歸往，天祐之，民戴之，其德同也。三皇之世如春，五帝之世如夏，三王之世如秋。非春不生，非夏不長，非秋不成，其時不同也而功同。三王異世，不相襲禮；五帝殊時，不相沿樂。曰作曰述，或革或因，其政不同也而道同。天覆地載，四時運行，寒暑代謝，以成歲功，其為成物均也。日月照臨，金水内景，火外景，聖德光照，旁及四海，其為明一也。饑者思食，渴者思飲，寒者就暄，暍者趨蔭，其欲不同而皆得所欲也。故皇、帝、王，皆有天下者之通號也。是以三皇以來，皆曰王天下，而夏、殷之主，猶然以帝稱。《傳》曰：『今之王，古之帝也。』是豈有高下隆汙之殊哉？故諸侯不得稱王，稱王者僭也，自徐偃、吳、楚始也。天無二日，民無二王，國無二主，尊無二上，故諸侯不得相推為王，相推者亂也，自徐州之役始也。既列國皆稱王矣，復以王為不足，而相尊以帝，若此者悖也，自秦昭、齊閔始也。王者天子之稱，霸者彊侯之號，未有兼稱霸王者，而兼稱之陋也，自項籍為之也。《書》曰：『皇帝清問下民。』古之稱帝以皇者，皇帝猶皇王也，言大君也，而云古有泰皇，因去『泰』著『皇』，采『帝』號而合稱之，以為有天下者之尊名，自秦政始也。古者五等之爵公侯伯子男，未有以王命其臣者，而功臣子弟皆得以封王，自漢高始也。

清·馬驌《左傳事緯前集》卷二《左氏辨例上·王臣例》　周王稱天王者二十五，稱王者八，稱天子者一。《傳》無異説，非例也。三者，天子之通稱也。天子至尊，不可貶責，故《春秋》無貶王之例，而失禮亂紀之舉，或貶王，使以示義焉。

清·馬驌《左傳事緯》卷二《齊桓霸業》　霸之名何昉乎？《傳》載展禽有『共工氏霸九州』之言，然則霸之名，不已舊乎！或曰：霸之名，我未之前聞也。其當周之末季齊桓、晉文之事乎？古者有伯而無霸，蓋於四方諸侯各建一長謂之方伯，如唐虞之四岳，周之二伯是也。自周衰而二伯之職廢，于是乎有霸之名焉。是霸之興，自衰周始也。雖然，昆吾氏不嘗霸于夏乎？大彭、豕韋不嘗霸于商乎？三代皆有，又焉在其自衰周始也？國佐有言曰：『五伯之霸也，勤而撫之，以役王命。』《白虎通》亦曰：『三王之道衰而五霸存其政。』則霸之名，不自周起明矣。

清·顧炎武《日知録》卷四《天王》　《尚書》之文但稱『王』，《春秋》則曰『天王』，以當時楚、吳、徐、越皆僭稱王，故加『天』以別之也，趙子曰『稱天王，以表無二尊』是也。

又　卷五《王公六職之一》　坐而論道，謂之王公。王亦為六職之一也，未有無事而為人君者，故曰天子一位。

又　卷二四《王》　三王之名，自後人追稱之，而禹之為王，未嘗見於《書》也。《甘誓》王曰：嗟！六事之人，予誓告汝。《胤征》胤后承王命徂征。而《夏小正》言：十有一月，王狩。夏之王見於書者，始此，然無稱禹為王者。《經》、《傳》之文凡言夏，必曰夏后氏。唐沈既濟《議》云：夏殷二代為帝者三十世矣，而周人通名之曰王。恐亦未然。《書·多士》：自成湯至於帝乙；而《左傳》：《虞人之箴》曰：在帝夷羿。固君人者之通稱矣。

周人之追王，止於太王；而組紺已上至后稷，則謂之先公，《詩》『禴祀烝嘗，于公先王』是也。通言之，則亦可稱之為王。《書·武成》：惟先王建邦啓土，《周語》太子晉諫靈王『自后稷之始基靖民十五王，而文始平之，十八王而康克安之』是也。王而尊之曰帝，黄歇《上秦昭王書》『先帝文王、武王，王之身三世不忘接地於齊，以絶從親之要』是也。《史記·秦本紀》昭王十九年，王為西帝，已而復去之。文王、武王獨稱先帝者，《曲禮》曰：措之廟，立之主曰帝。王而等之曰諸侯，漢王告諸侯曰『願從諸侯王擊楚之殺義帝者』是也

又　卷二四《君》　古時有人臣而隆其稱曰君者，『周公若曰「君奭」』是也。篇中言君奭者四，但言君者六；而成王之書『王若曰「君陳」』，穆王之書『王若曰「嗚呼君牙」』，皆此例也。猶漢時人主稱丞相為君侯也。《漢書》兒寬為御史大夫，奉觴上壽。制曰：敬舉君之觴。《禮記·坊記》云：大夫不稱君，恐民之惑也。故《春秋傳》中稱君者，皆國君，然亦有卿大夫而稱為君者。莊十一年，楚鬬廉語屈瑕曰：『君次于郊郢，

以禦四邑。」襄二十五年，鄭子產對晉士莊伯曰：「成公播蕩，又我之自入，君所知也。」文十年，楚范巫矞似謂成王與子玉、子西曰：「三君皆將强死。」并二臣通謂之君。至家臣則直謂其主曰君。昭十四年，司徒老祁慮癸謂南蒯曰：「羣臣不忘其君。」二十八年，晉祁盈之臣曰：「憖使吾君聞勝與臧之死也，以為快。」哀十四年，宋司馬命其徒攻桓氏，其父兄故臣曰「不可」，其新臣曰「從吾君之命」是也。猶鄭伯有之臣，稱伯有為吾公。《儀禮・喪服篇》：公士大夫之衆臣為其君布帶繩屨。《傳》曰：君謂有地者也。鄭氏曰：天子、諸侯及卿大夫有地者，皆曰君。《晉語》：三世仕家君之，再世以下主之。《喪大記》：大夫君。孔氏曰：大夫之臣稱大夫為君。《周禮・調人》注：主，大夫君也。此則上下之通稱，不始於後代矣。

人臣稱君，自三代以前有之。《孟子》：象曰：「謨蓋都君。」

又 卷七《梁惠王》 《史記・魏世家》惠王三十六年卒，子襄王立。襄王元年，與諸侯會徐州，相王也，追尊父惠王為王。而《孟子》書其對惠王，無不稱之爲王者，則非追尊之辭明矣。司馬子長亦知其不通，而改之曰「君」。《通鑑》改《孟子》作：「君何必曰利！」亦以此。然《孟子》之書出於當時，不容誤也。杜預《左傳集解後序》言哀王於《史記》襄王之子，惠王之孫也。惠王三十六年卒而襄王立，立十六年卒而哀王立。古書《紀年》篇：惠王三十六年改元。從一年始至十六年而稱惠成王卒，即惠王也。疑《史記》誤分惠、成之世以爲後王年也。哀王二十三年乃卒，故特不稱謚，謂之今王。作書時未卒，故謂之今王。今按惠王即位三十六年稱王改元，又十六年卒而子襄王立，即《紀年》所謂今王，無哀王也。「襄」、「哀」字相近，《史記》分爲二人，誤耳。

清・閻若璩《潛邱劄記》卷五《補正日知録》 第二則云：人臣稱君，自三代以前有之。《孟子》：象曰：「謨蓋都君。」按《史記・舜本紀》：一年而所居成聚，二年成邑，三年成都。堯乃賜舜絺衣與琴，為築倉廩，予牛羊。是時舜已為諸侯，故曰「都君」，非人臣也。大抵上古時，有德者民便往歸之，奉而為君，以主一國。觀泰伯之在荊蠻可見。

清・黄生《義府》卷上《三代稱帝》 三代天子之號稱王，然夏自帝啓以下俱曰帝某，商則《易》稱「帝乙歸妹」，《書》稱「自成湯至于帝乙」。初疑其說，後讀《禮記》《曲禮》云：「措之廟，立之主，曰帝。」始解。

清・葉方藹等《孝經衍義》卷八《衍要道之義・父子》 臣按《曲禮》曰：君天下曰天子。《表記》曰：惟天子受命於天，故曰天子。《書》曰：天子作民父母。《春秋》或稱天王，或稱天子。書法不同，因事而見也。《白虎通》曰：王者父天母地，亦曰天子。《西銘》曰：大君者，天之宗子。蓋以天子之慶賞刑威，即上天之風霆雨露；父母之喜怒愛惡，即造化之陰陽慘舒。經所謂「事父孝，故事天明；事母孝，故事地察」者，實然之理，非意之也，實見之事，非推而大之也。人人有此理，有此事，而不能盡，故專屬之明王，而天子之名，獨歸於一人也。

清・李光地《榕村集》卷一七《五帝之世如夏説》 四時之序，往而必復者也。一治一亂之數，亦無往而不復。是故每數百年而盛衰之變異，亦如一歲之閒，氣候慘舒，草木楛菀之異，其變焉爾。若夫皇、帝、王、霸之道，則有往而不復之勢。霸之末流，極於秦氏，未聞皇、帝之復興也。故王仲淹曰：「後之帝者，非昔之帝也。其雜霸、王之道而取帝名乎！」如是，則運窮於霸，冬不復春，而康節之説不行。

曰：數百年而盛衰者，小四時之運也。皇、帝、王、霸者，大四時之運也。康節之意以為開闢以來，道有升降，而皇、帝、王、霸分焉。天將以極道、德、功、力之變，而啓《易》、《書》、《詩》、《春秋》之學也。《易》、《書》、《詩》、《春秋》之學既興，道、德、功、力之變既定，則天理具矣，人事周矣，聖人之經世道法備矣。由是則行皇道而皇，行帝道而帝，行王道而王，行霸道而霸。運之汙隆迭乘也，而致道有純疵；人之賢不賢迭生也，而取數有多寡。要不能出乎四者，以為盛衰治亂之標。而春、夏、秋、冬之序，乃相衍於無窮。二者之説，不相悖矣。然則帝道其可復乎？曰：奚為而不可？自漢而後，不專霸也，蓋有近王道者矣。自是而純王，自是而帝，自是而皇，其孰能禦之？漢文帝之清靜無為，其有皇之心乎？仁厚恭儉，其有帝之意乎？唐太宗之納言致治，其有王之思乎？惜乎其致道也雜，而取數者淺也。後有作者，承百代之敝，當窮變之勢，卓然而更始復古以乘天命，則堯、舜之道甚易簡而可行。此敘《書》起唐、虞之志也。

清·張尚瑗《公羊折諸》卷五《成公·其稱天子何》 天子之稱見於《商》《周》之《書》，曰『天子惟君萬邦』，曰『敢對揚天子之休命』，曰『告嗣天子王矣』，曰『敢敬告天子』。以天子為天王，由《春秋》昉也。《公羊》反若以為不恒，而《疏》釋之，近世擬史者，《本紀》亦有天王之稱。義歸尊君，無勞詞費。

清·焦袁熹《此木軒四書説》卷八《孟子一·獨如宋王何》 宋自剔成以前，未嘗稱王。至偃立十一年，始稱王，及身亡滅。則孟子所稱宋王者，偃也。偃有『桀宋』之號，一薛居州之不能善王，信矣。

清·汪越《讀史記十表》卷三《六國表·讀六國表補》 周威烈王二十三年，九鼎震。是年始命韓、趙、魏為諸侯，晉三分而秦無敵矣。故周亡，徵于此也。

諸侯僭稱王，自楚外，齊威王二十六年首稱王。魏襄王元年與諸侯會徐州，以相王。秦惠文王十三年稱王。韓宣惠十年稱王。燕易王十年稱王。宋君偃十一年亦稱王。中山亦稱王。《國策》：中山與燕趙為王。惟趙武靈王八年五國相王，魏、韓、趙、楚、燕。趙獨否曰：『無其實，敢處其名乎？』令國人稱君。尋亦稱王，未紀其年。至秦昭王十九年十月為西帝，十二月復為王。齊湣王三十六年為東帝，二月復為王。無其實，處其名，何取乎爾？吁！周王也後稱君，衛侯也貶號曰君。彊弱之勢，至易名號，可慨也。

又《存疑》 秦惠文王十三年四月戊午，魏君為王。按《周本紀》及《齊世家》、《楚世家》俱載秦惠王稱王在十三年，而《秦世家》獨未載稱王事，惟惠王四年言齊、魏為王，十三年又言四月戊午，魏君為王，韓亦為王。據此，魏稱王既在惠王四年，不應又在十三年，韓是年亦未嘗稱王，則《秦世家》與《表》俱有誤也。還以《周本紀》、《齊》、《楚世家》謂是年秦初稱王爲是。

魏、韓、趙始列為諸侯，宜入《周表》，不應獨書《楚表》，疑誤。

清·傅恒等《歷代通鑑輯覽》卷九《烈王三十五年》 齊魏相王。初，齊威王敗魏桂陵，事具王十六年。彊于諸侯，遂自稱為王，以令天下。至是，魏君新立，魏君罃卒，子嗣立，是為襄王。會齊君于徐州，注見前。以相王。魏王既僭號，追尊其父為惠王。後九年，秦亦稱王。惠文王。又二年，韓、燕皆稱王。獨趙武靈王不肯，曰『無其實，焉取其名乎？』令國人謂己曰君。後武靈王被弑，趙亦稱王。

諸侯·公·侯·伯·子·男

綜述

《周易·比》 《象》曰：地上有水，《比》。先王以建萬國，親諸侯。唐孔穎達《正義》：諸侯謂其君身，故云親也。

又《尚書·周官》 諸侯各朝于方岳，大明黜陟。

又《康王之誥》 王出，在應門之內。太保率西方諸侯，入應門左。畢公率東方諸侯，入應門右。《傳》：二公為二伯，各率其所掌諸侯，隨其方為位，皆北面。皆布乘黃朱。《傳》：諸侯皆陳四黃馬朱鬣，以為庭實。

《詩經·小雅·雨無正》 邦君諸侯，莫肯朝夕。

又《周南·兔罝》 赳赳武夫，公侯干城。【略】赳赳武夫，公侯好仇。【略】赳赳武夫，公侯腹心。

《論語·憲問》 子曰：『桓公九合諸侯，不以兵車，管仲之力也。』

又《季氏》 孔子曰：『天下有道，則禮樂征伐自天子出。天下無道，則禮樂征伐自諸侯出。自諸侯出，蓋十世希不失矣。』

《儀禮·覲禮》 公侯伯子男，皆就其旂而立。

《周禮·秋官·大行人》 掌大賓之禮及大客之儀，以親諸侯。漢鄭玄注：大賓，要服以內諸侯。大客，謂其孤卿。

又《秋官·司儀》 及其擯之，各以其禮。公於上等，侯、伯於中等，子、男於下等。

又《考工記》 坐而論道，謂之王公。注：天子諸侯。唐賈公彥疏：以公爲諸侯者，公，君也，諸侯是南面之君，故知是諸侯也。

《禮記·王制》 王者之制祿爵，公、侯、伯、子、男，凡五等。《正義》：凡王者之制，祿爵為重。其食祿受爵之人，有公侯伯子男，並南面之君，凡五等也。【略】南面之君五者，法五行之剛日。【略】《白虎通》云：王是天子爵號。《穀梁傳》曰：王者，仁義歸往曰王。以其身有仁義，衆所歸往，謂之王。王者制統海內，故云《王制》不云《天子制》也。

《春秋・莊公十六年》 冬十有二月，公會齊侯、宋公、陳侯、衛侯、鄭伯、許男、曹伯、滑伯、滕子，同盟于幽。

又 《僖公五年》（夏）公及齊侯、宋公、陳侯、衛侯、鄭伯、許男、曹伯，會王世子于首止。

又 《襄公五年》（秋）公會晉侯、宋公、陳侯、衛侯、鄭伯、曹伯、莒子、邾子、滕子、薛伯、齊世子光、吳人、鄫人于戚。

又 《襄公十年》 春，公會晉侯、宋公、衛侯、曹伯、莒子、邾子、滕子、薛伯、杞伯、小邾子、齊世子光，會吳于柤。

又 《昭公四年》 夏，楚子、蔡侯、陳侯、鄭伯、許男、徐子、滕子、頓子、胡子、沈子、小邾子、宋世子佐、淮夷會于申。

又 《昭公十三年》 秋，公會劉子、晉侯、齊侯、宋公、衛侯、鄭伯、曹伯、莒子、邾子、滕子、薛伯、杞伯、小邾子于平丘

又 《定公四年》 三月，公會劉子、晉侯、宋公、蔡侯、衛侯、陳子、鄭伯、許男、曹伯、莒子、邾子、頓子、胡子、滕子、薛伯、杞伯、小邾子、齊國夏于召陵，侵楚。

《左傳・桓公五年》 秋，王以諸侯伐鄭。

又 《莊公十八年》 王命諸侯，名位不同，禮亦異數，不以禮假人。

又 《僖公四年》 管仲對曰：「昔召康公命我先君大公曰：注：召康公，周大保召公奭也。「五侯九伯，女實征之，以夾輔周室。」」注：五等諸侯，九州之伯，皆得征討其罪。齊桓因此命以夸楚。

又 《僖公七年》 管仲曰：「君以禮與信屬諸侯，而以姦終之。毋乃不可乎？」

又 《僖公二十二年》 富辰言於王曰：「吾兄弟之不協，焉能怨諸侯之不睦？」

又 《僖公二十九年》 在禮，卿不會公侯，會伯子男可也。注：大國之卿當小國之君，故可以會伯子男。

又 《宣公十二年》 楚子曰：「觀兵以威諸侯，兵不戢矣。**【略】**無德而强爭諸侯，何以和衆？」

又 《成公八年》（季文子）曰：「信不可知，義無所立，四方諸侯，其誰不解體？」

又 《成公十一年》 劉子、單子曰：「昔周克商，使諸侯撫封。」

又 《成公十二年》 賓曰：「世之治也，諸侯間於天子之事，則相朝也。」

又 《成公十六年》 曹人請于晉曰：「君唯不遺德刑，以伯諸侯。」

又 《襄公元年》 凡諸侯即位，小國朝之，大國聘焉。

又 《襄公十一年》 范宣子曰：「不慎必失諸侯。諸侯道敝而無成，能無貳乎？」

又 《襄公十五年》《詩》云：「嗟我懷人，寘彼周行」，能官人也。注：寘，置也；行，列也；周，徧也。王及公、侯、伯、子、男、甸、采、衛、大夫各居其列，所謂周行也。注：言自王以下諸侯大夫，各任其職，則是詩人周行之志也。

又 《襄公二十七年》 子罕曰：「以誣道蔽諸侯，罪莫大焉。」

又 《昭公四年》 椒舉曰：「夫六王二公之事，皆所以示諸侯禮也，諸侯所由用命也。」

又 《昭公七年》 無宇辭曰：「天子經略，諸侯正封，古之制也。」

又 《昭公十一年》 景王問於萇弘曰：「今茲諸侯，何實吉，何實凶？」

又 《昭公十六年》 叔孫昭子曰：「諸侯之無伯，害哉！」注：為小國害。

又 《哀公十七年》 武伯問于高柴曰：「諸侯盟，誰執牛耳？」

《國語》卷一《周語上》 諸侯春秋受職于王，以臨其民。注：言不敢專也。

又 卷二《周語中》 昔我先王之有天下也，規方千里，以為甸服。**【略】**其餘以均分公、侯、伯、子、男，使各有寧宇。

又 卷一七《楚語上》 天子之貴也，唯其以公侯為官正。注：正，長也。而以伯子男為師旅。注：帥師旅也。

又 卷一九《吳語》 晉乃令董褐復命曰：**【略】**「夫命圭有命，固曰吳伯，不曰吳王。夫諸侯無二君，而周無二王。君若無卑天子，以干其

不祥，而曰吳公。孤敢不順從君命，長弟許諾？」

《公羊傳・隱公五年》 九月，【略】初獻六羽。《傳》：諸公者何？諸侯者何？天子三公稱公，王者之後稱公，其餘大國稱侯，小國稱伯、子、男。

《孟子・梁惠王下》 晏子對曰：『善哉問也！天子適諸侯曰巡狩。巡狩者，巡所守也。諸侯朝於天子，曰述職。述職者，述所職也。無非事者。春省耕而補不足，秋省斂而助不給。夏諺曰：「吾王不遊，吾何以休？吾王不豫，吾何以助？一遊一豫，為諸侯度。」』漢趙岐注：晏子道夏禹之世，民之諺語也。

又《公孫丑上》 武丁朝諸侯，有天下，猶運之掌也。注：武丁，高宗也。

又《萬章下》 天子一位，公一位，侯一位，伯一位，子、男同一位，凡五等也。注：公謂上公九命及二王後也。自天子以下，列尊卑之位，凡五等。

又《告子下》 孟子曰：五霸者，三王之罪人也；今之諸侯，五霸之罪人也；今之大夫，今之諸侯之罪人也。

《晏子春秋》卷三《内篇問上》 聽任賢者，能威諸侯。

《戰國策》卷三《秦一》 蘇秦始將連横，説秦惠王曰：【略】『以大王之賢，士民之衆，車騎之用，兵法之教，可以并諸侯，吞天下，稱帝而治。』

武安君頓首曰：【略】『以諸侯之變，撫其恐懼，伐其憍慢，誅滅無道，以令諸侯，天下可定。』

漢・劉安《淮南子》卷九《主術訓》 紂兼天下，朝諸侯，人迹所及舟檝所通，莫不賓服。

《史記》卷三七《衛康叔世家》 聲公十一年卒，子成侯遬立。成侯十一年，公孫鞅入秦。十六年，衛更貶號曰侯。【略】嗣君五年，更貶號曰君，獨有濮陽。

論説

漢・董仲舒《春秋繁露》卷八《爵國》 《春秋》曰『會宰周公』，又曰『公會齊侯、宋公、鄭伯、許男、滕子』，又曰『初獻六羽。』《傳》曰『天子三公稱公，王者之後稱公，其餘大國稱侯，小國稱伯、子、男。』凡五等。故周爵五等，士三品，文多而實少。《春秋》三等，合伯、子、男為一爵，士二品，文少而實多。《春秋》曰『荆』，《傳》曰『氏不若人，人不若名，名不若字。』凡四等，命曰附庸，三代共之。

漢・劉向《説苑》卷一九《修文》 敬上愛下，謂之諸侯。

《春秋元命包》 周爵五等，法五精。《春秋》三等，象三光。公之为言平也，公平正直。侯者，候也，候王顺逆者也。伯之为言白也，明白于德也。子者，奉恩宣德。男者，任功立业。王者封國，上应列宿之位，其发小國不中星辰者，以为附庸。

公之言公，公正无私。侯之言候，候逆顺，兼伺候王命矣。伯之言白，明白于德。子者，孳恩宣德。男者，任功立业。皆上奉王者之政教礼法，统理一國，修身絜行矣。

《孝經援神契》 侯，候也，所以守藩也。

漢・班固《白虎通義》卷一《爵》 爵有五等，以法五行也。或三等者，法三光也。或法三光，或法五行何？質家者據天，故法三光；文家者據地，故法五行。《含文嘉》曰：『殷爵三等，周爵五等。』各有宜也。《王制》曰：『王者之制禄爵，凡五等。』謂公侯伯子男也。此周制也。《春秋傳》曰：『天子三公稱公，王者之後稱公，其餘大國稱侯，小國稱伯、子、男也。』

所以名之為公侯者何？公者，通也，公正無私之意也。侯者，候也，候逆順也。人皆千乘，象雷震百里所潤同。伯者，白也。子者，孳也，孳孳无已也。男者，任也。人皆五十里。差次功德。

殷爵三等，謂公、侯、伯也。所以合子、男從伯者何？王者受命，改文從質，無虚退人之義，故上就伯也。《尚書》曰：『侯甸任衛作國伯』，謂殷也。《春秋傳》曰：『合伯子男為一爵。』或曰：合從子，貴中也。以《春秋》名鄭忽，忽者，鄭伯也。此未踰年之君，當稱子，嫌為改伯從子，故名之也。地有三等不變，至爵獨變者何？地比爵為質，故不變。王者有改道之文，無改道之實。

天子爵連言天子，諸侯爵不連言王侯何？即言王侯，以王者同稱，為衰弱僭差生簒弑，猶不能為天子也，故連言天子也。或曰：王者天爵，王者不能王諸侯，故不言王侯。諸侯人事自著，故不著也。

又 卷二《號》 伯子男臣子，於其國中，褒其君為公。王者臣子，獨不得褒其君謂之為帝何？以為諸侯有會聚之事，相朝聘之道，或稱公而尊，或稱伯子男而卑，為交接之時不私其臣子之義，心俱欲尊其君父，故皆令臣子得稱其君為公也。帝王異時，無會同之義，故無為同也。何以知諸侯得稱公？《春秋》曰『葬齊桓公』，齊侯也。《尚書》曰『公曰嗟』，秦伯也。《詩》云『覃公維私』，覃子也。《春秋》『葬許繆公』，許男也。《禮·大射經》曰：『公則釋獲。』大射者，諸侯之禮也，伯子男皆在也。

宋·司馬光《資治通鑑》卷一《周紀一·威烈王》 二十三年，初命晉大夫魏斯、趙籍、韓虔為諸侯。臣光曰：臣聞天子之職莫大於禮，禮莫大於分，分莫大於名。何謂禮？紀綱是也。何謂分？君臣是也。何謂名？公侯卿大夫是也。夫以四海之廣，兆民之衆，受制於一人，雖有絶倫之力，高世之智，莫不奔走而服役者，豈非以禮為之紀綱哉？是故天子統三公，三公率諸侯，諸侯制卿大夫，卿大夫治士庶人。貴以臨賤，賤以承貴，上之使下猶心腹之運手足，根本之制支葉；下之事上猶手足之衛心腹，支葉之庇本根。然後能上下相保，而國家治安。故曰天子之職，莫大於禮也。

文王序《易》，以《乾》、《坤》為首。孔子繫之曰：『天尊地卑，乾坤定矣；卑高以陳，貴賤位矣。』言君臣之位猶天地之不可易也。《春秋》抑諸侯，尊王室，王人雖微，序於諸侯之上。以是見聖人於君臣之際，未嘗不惓惓也。非有桀、紂之暴，湯、武之仁，人歸之，天命之，君臣之分當守節伏死而已矣。是故以微子而代紂，則成湯配天矣；以季札而君吳，則太伯血食矣。然二子寧亡國而不為者，誠以禮之大節不可亂也。故曰禮莫大於分也。

夫禮，辯貴賤，序親疏，裁羣物，制庶事。非名不著，非器不形，名以命之，器以別之，然後上下粲然有倫。此禮之大經也。名器既亡，則禮安得獨在哉？昔仲叔于奚有功於衛，辭邑而請繁纓。孔子以為不如多與之邑，惟名與器，不可以假人，君之所司也，政亡則國家從之。衛君待孔子而為政，孔子欲先正名，以為名不正，則民無所措手足。夫繁纓，小物也，而孔子惜之；正名，細務也，而孔子先之。誠以名器既亂，則上下無以相保故也。夫事未有不生於微而成於著。聖人之慮遠，故能謹其微而治之；衆人之識近，故必待其著而後救之。治其微則用力寡而功多，救其著則竭力而不能及也。《易》曰『履霜堅冰至』，《書》曰『一日二日萬幾』，謂此類也。故曰分莫大於名也。

嗚呼！幽、厲失德，周道日衰，綱紀散壞，下陵上替，諸侯專征，大夫擅政。禮之大體，什喪七八矣。然文、武之祀猶緜緜相屬者，蓋以周之子孫尚能守其名分故也。何以言之？昔晉文公有大功於王室，請隧於襄王。襄王不許曰：『王章也，未有代德而有二王，亦叔父之所惡也。不然，叔父有地，而隧又何請焉？』文公於是懼而不敢違。是故以周之地，則不大於曹、滕；以周之民，則不衆於邾、莒；然歷數百年宗主天下，雖以晉、楚、齊、秦之彊不敢加者，何哉？徒以名分尚存故也。至於季氏之於魯，田常之於齊，白公之於楚，智伯之於晉，其勢皆足以逐君而自為，然而卒不敢者，豈其力不足而心不忍哉？乃畏姦名犯分而天下共誅之也。今晉大夫暴蔑其君，剖分晉國，天子既不能討，又寵秩之，使列於諸侯。是區區之名分復不能守而并棄之也，先王之禮於斯盡矣。

或者以為當是之時，周室微弱，三晉彊盛，雖欲勿許，其可得乎？是大不然。夫三晉雖彊，苟不顧天下之誅而犯義侵禮，則不請於天子而自立矣。不請於天子而自立，則為悖逆之臣。天下苟有桓、文之君，必奉禮義而征之。今請於天子而天子許之，是受天子之命而為諸侯也，誰得而討之？故三晉之列於諸侯，非三晉之壞禮，乃天子自壞之也。烏呼！君臣之禮既壞矣，則天下以智力相雄長，遂使聖賢之後為諸侯者，社稷無不泯絶，生民之類糜滅幾盡，豈不哀哉？

宋·張大亨《春秋五禮例宗》卷二《凶禮上·喪葬·公》 周制，列爵惟五。《內則》：天子三公外，則大國之君皆為公。《書》有周公、召公、畢公三公也。制《微子之命》曰：『庸建爾於上公。』大國之君也，其餘皆自侯以下。然考於經，五等之君，通可謂之公，亦通可謂之侯。公侯，爵之貴者，故人以是稱之，聖人弗奪焉，所以崇敬讓也。《康王之誥》稱羣公，與《儀禮》通稱之公，《春秋》稱諸侯，與餘經通稱之侯，皆兼五等之謂。以二者均為爵之貴，故雖公謂之侯，而不嫌於卑；雖子、男謂之公，而不嫌於過也。然而班列有差，大小有宜，亦不可亂，故經於平居，則正其爵，葬則從其稱。正其爵者，所以明王度之不廢也；從其爵者，所以示敵體之相敬也。雖曰正其爵矣，而於盟會之總稱亦曰侯，於世族之總稱亦曰公子、公孫，則其所以示敬者，蓋不獨葬之時為然也。魯君，侯也，而稱公，則以《春秋》之義也。然方在會盟，則亦或謂之諸侯矣。楚子也而不書葬，則以稱號之僭也。然方書世族，則亦皆謂之公子。此之謂兩盡。

宋・羅泌《路史》卷二四《國名紀・一十六國任之分》 周人之制，内之天子三公，外則二後之君，曰公。《康誥》之周公、召公、畢公，三公也。《微子之命》之建上公，二後之君也。然考諸經，五等之君通稱曰侯，亦通謂之公。康王之告羣公，與《儀禮》同稱之公，《春秋》之稱諸侯，與餘經通稱之侯，皆兼五等為言。蓋公若侯，爵之貴者代，故以是為稱，聖人亦因而不之奪。乃若班爵，則固自有差矣，非可紊也。《春秋》列君平居，必正其爵，至葬則從其稱。從其稱，所以副臣下之尊敬；正其爵，所以存王度于不凋也。雖然，正其爵矣，而于會盟總稱惟曰諸侯，世族所稱猶曰公子、公孫。魯君，侯也，卒以公稱，至于盟會，亦或侯之。吳、楚，子也，僭故不葬，然至世族，亦稱公子，惟其爵之貴爾。

宋・魏了翁《儀禮要義》卷二七《覲禮二上公者謂王之三公為二伯及二王後》 《孝經緯援神契》云：二王後稱公，大國稱侯。則二王之後為公。而二伯謂公者，案《典命》云：上公九命為伯，其國家、宫室、車旗、衣服、禮儀皆以九為節。鄭注云：上公者，謂王之三公有德者，加命為二伯。二王之後，亦為上公。若然，《典命》云王之三公八命，有功加一命為二伯，則周公、召公是也；本國猶稱侯，則魯侯、燕伯是也。

宋・陳則通《春秋提綱》卷九《雜例門・春秋書公》 嗚呼！先王五等之爵紊亂，而至於春秋極矣。夫自夏商以前，未聞也。分土惟三，建爵惟五，其昉於武王崇德報功之時乎！然當是時，受王命、爵上公者有幾？唯是天子之老則稱公，周室之客則稱公。望，太公也，而為師；旦，周公也，而為宰。二公有大勳勞於王家，世公之爵，初不為過。《書》稱『齊侯呂伋』，《詩》稱『乃命魯侯』，則呂伋、禽父，猶以其子不得世其爵，況其後之曾若玄者乎！春秋以前，有衛武公者，有鄭武公者，縣外之諸侯入相天子者也。春秋以後，有祭公、州公者，有虞公、宰周公者，縣内之諸侯夾輔王室者也。舍是無稱公者矣。武王以胡公不淫，使封諸陳，以備三恪；其後陳平為侯。杞，夏之餘也，東樓公始封之君也，其後子孫之見於《春秋》者，自『侯』而書『伯』，自『伯』而書『子』，安在其為公也哉？若陳若杞，雖能身公爵於其初，而不能世公爵於其後。王賓且爾，矧在諸侯！春秋二百四十二年，終始得稱公者，惟宋為然，蓋以武王伐殷作周之故。舍是而稱公者，皆僭矣。

魯隱之父曰惠侯，其正也。入春秋之初年，書曰：『宰咺来歸惠公仲子之賵。』緣此諸侯爵無尊卑，國無大小，例稱之曰公，則息姑實俑之魯，不特以不正之號加之父，而又以不正之號加之祖。自稱於諸侯，則曰徼福於周公、魯公。周公、魯公，未聞其有此也。齊又效尤之，曰徼福於太公、丁公。太公、丁公，未聞其有此也。獨晉仇生，爵為侯，殁謚為侯，其後世之子孫循是而曰我先君文侯，此意猶古。文、襄以下，何不視此為的邪？考春秋七十二國之君，不干先王之典禮，不紊先王之封爵，無得罪於《春秋》者，獨蔡季桓十七忠於桓侯耳。其他則聖人先卒以爵，後葬以公，其能逃一字之斧鉞哉？吁！天子若能守先王之法度，則不至是。

吾觀虢公、晉侯朝王，王賜之玉五瑴，馬二匹。王命諸侯，名位不同，禮亦異數。虢，公也；晉，侯也，而等是賜也，諸侯象之，其又何誅焉？雖然，諸侯之僭，尚可言也。鄭，伯也，而謂之公，伯有，其大夫也，家臣或以公呼之矣。大夫之僭，不可言也。吁！先王封爵至於流弊之極，尤有不忍言者。蠢茲荊蠻，謂諸侯無疑於公之號，則已無疑於王之號。入陳之舉，哆然以『諸侯、縣公』為辭，則當時之諸侯，第班於荊楚之大夫爾。抑人亦有言：冠冕雖敝，不可加足。公爵雖輕，不可加之荊楚之大夫。吾不知息公子朱、葉公諸梁、蔡公弃疾，彼何為者也。王不為公而重其號，卒亦不自重其號。魯惠、衛桓之於春秋，天子不敢問，則齊宣、梁惠之於戰國，亦無足怪者矣。天下豈獨一荊楚乎？東周之鼎，幾何不遷之于函秦乎？然則如之何？《春秋》之法，正本澄源，當自上者始。

宋·呂祖謙《大事記解題》卷三《周顯王》 二十三年，衛更貶號曰侯。《解題》曰：衛本侯爵，自春秋以來例僭稱公，至是以其國日削，自貶其號，復稱其本爵也。

宋·朱熹《資治通鑑綱目》卷一上《慎靚王元年》 衛更貶號曰君。宋劉友益《書法》：趙武靈王令國人謂己曰君，不書，此何以書？誅心也，不知守國，自貶以求媚於人，其褻王爵、卑先祖甚矣。《綱目》前書曰『貶號為侯』，此書曰『更貶號曰君』，甚之也。

明·張寧《方洲集》卷二七《讀史録·周威烈王》 二十三年，初命晉大夫魏斯、趙籍、韓虔為諸侯，開羣奸奪國之路，啓諸侯亡周之心。

禮制所定專稱分部

綜述

《尚書·五子之歌》 予視天下，愚夫愚婦一能勝予。一人三失，怨豈在明？不見是圖。

又《湯誓》 爾尚輔予一人，致天之罰，予其大賚汝。爾無不信，朕不食言。

又《湯誥》 王曰：『嗟！爾萬方有衆，明聽予一人誥。』漢孔安國《傳》：天子自稱曰予一人。古今同義。肆台小子，將天命明威，不敢赦。俾予一人，輯寧爾邦家。

又《太甲中》 王拜手稽首曰：『予小子不明于德，自厎不類。』《傳》：類，善也。

又《盤庚上》 非予自荒茲德，惟汝含德，不惕予一人。各長于厥居，勉出乃力，聽予一人之作猷。【略】邦之臧，惟汝衆；《傳》：有善則衆臣之功。邦之不臧，惟予一人，有佚罰。《傳》：佚，失也。是己失政之罰，罪己之義。

又《盤庚中》 汝不憂朕心之攸困，乃咸大不宣乃心，欽念以忱，動予一人。汝萬民乃不生生，暨予一人猷同心。

又《盤庚下》 爾無共怒，協比讒言予一人。

又《泰誓上》 予小子夙夜祗懼。【略】爾尚弼予一人，永清四海。

又《泰誓中》 百姓有過，在予一人。

又《泰誓下》 爾其孜孜，奉予一人，恭行天罰。

又《微子之命》 永綏厥位，毗予一人，世世享德。

又《大誥》 肆予沖人永思艱。予惟小子，不敢替上帝命。

又《召誥》 嗚呼！有王雖小，元子哉！其丕能諴于小民，今休。《傳》：召公歎曰：有成王雖少而大為天所子，其大能和於小民，成今之美，勉之！

又《洛誥》 王若曰：『公明保予沖子，《傳》：成王順周公意，請留之自輔。言公當明安我童子，不可去之。公稱丕顯德，以予小子揚文、武烈。』《傳》：言公當留，舉大明德，用我小子褒揚文、武之業而奉順天。予沖子夙夜毖祀。《傳》：言政化由公，而立我童子，徒早起夜寐，慎其祭祀而已，無所能。王曰：『公！予小子其退，即辟于周，命公後。』

又《多士》 予一人惟聽用德。

又《周官》 寅亮天地，弼予一人。

又《君陳》 惟予一人，膺受多福。

又《顧命》 王再拜，興，答曰：『眇眇予末小子，其能而亂四方，以敬忌天威？』《傳》：言微微我淺末小子，其能如父祖治四方，以敬忌天威德乎？謙辭，託不能。

又《康王之誥》 王若曰：『庶邦侯甸男衛，惟予一人釗報誥。』《傳》：報其戒。唐孔穎達《正義》：予一人釗者，禮，天子自稱予一人，不言名。此王自稱名者，新即王位，謙也。

又《畢命》 王若曰：既歷三紀，世變風移，四方無虞，予一人以寧。

又《冏命》 惟予一人無良，實賴左右前後有位之士匡其不及。

又《文侯之命》 其伊恤朕躬，嗚呼有績。予一人永綏在位。

《逸周書》卷四《世俘解》（武王）曰：『惟予冲子，綏文考，至于冲子，用牛于天。』

又 卷五《皇門解》（周公）曰：『朕藎臣，夫明爾德，以助予一人憂。』

又 卷六《嘗麥解》 王若曰：『爾執以屏助予一人。』

又 卷八《祭公解》 王曰：『公稱丕顯之德。以予小子，揚文、武大勳，弘成、康、昭考之烈。』

《論語・堯曰》 曰：『予小子履，敢用玄牡，敢昭告于皇皇后帝。』三國魏何晏《集解》：孔曰：履，殷湯名。此伐桀告天之文。

《國語》卷一《周語上》（内史過）對曰：【略】『在《湯誓》曰：「余一人有辠，無以萬夫；三國吳韋昭注：《湯誓》，《商書》伐桀之誓也。今《湯誓》無此言，則已散亡矣。天子自稱曰余一人。萬夫有辠，在余一人。」』注：在余一人，乃我教導之過。

《呂氏春秋》卷一八《重言》 高宗乃言曰：『以余一人正四方，余惟恐言之不類也，兹故不言。』漢高誘注：類，善。兹，此。古之天子，其重言如此。

《老子・三十九章》 是以侯王自謂孤寡不轂，漢河上公《章句》：孤寡喻孤獨，不轂喻不能如車轂為衆轂所湊。此非以賤為本耶？《章句》：言侯王至尊貴，能以孤寡自稱，此非以賤為本乎？以曉人。

又《四十二章》 人之所惡，唯孤寡不轂，而王公以為稱。《章句》：孤寡不轂者，不祥之名，而王公以為稱者，處謙卑，法虛空和柔。

《詩經・邶風・燕燕》 先君之思，以勗寡人。宋朱熹《集傳》：寡人，寡德之人。莊姜自稱也。

《左傳・隱公三年》 宋穆公疾，召大司馬孔父而屬殤公焉，曰：『先君舍與夷而立寡人。』唐孔穎達《正義》：《曲禮下》曰：『諸侯見天子曰臣某侯某，其與民言，自稱曰寡人。』今與臣言，亦云寡人，則知其對臣民自稱同也。《老子》曰，孤寡不穀，王侯之謙稱。故以下諸侯自稱，亦多言不穀。

又《莊公十一年》 秋，宋大水，公使弔焉。【略】對曰：『孤實不敬，天降之災，又以為君憂，拜命之辱。』臧文仲曰：『宋其興乎！【略】且列國有凶稱孤，禮也。』

又《僖公四年》 齊侯曰：『豈不穀是為先君之好是繼，與不穀同好如何？』晉杜預注：孤、寡、不穀，諸侯謙稱。《正義》：《爾雅》訓穀為善。穀是養人之物，言我不似穀之養人，是謙也。

又《僖公九年》（齊侯）對曰：『天威不違顔咫尺，小白余敢貪天子之命無下拜？』《正義》：諸自稱余者，當稱名之處耳。齊侯既稱『小白』而復言『余』，故解之『余，身』，《釋詁》文。舍人曰：余，卑謙之身也。孫炎曰：余，舒遲之身也。郭璞曰：今人亦自呼爲身。

凡在喪，王曰小童，公侯曰子。注：在喪，未葬也。小童者，童蒙幼稺之稱。子者，繼父之辭。公侯位尊，上連王者，下絶伯子男。周康王在喪，稱『予一人釗』，《禮》稱亦不言小童。或所稱之辭，各有所施。此謂王自稱之辭，非諸下所得書，故經無其事，《傳》通取舊典之文，以事相接。

又《僖公二十四年》 冬，王使來告難，曰：『不穀不德。得罪于母弟之寵子帶，鄙在鄭地氾。注：鄙，野也。敢告叔父。』注：天子謂同姓諸侯曰叔父。

又《成公二年》 晉侯使鞏朔獻齊捷于周，王弗見，使單襄公辭焉，曰：【略】今叔父克遂有功于齊，而不使命卿鎮撫王室所使來，撫余一人，而鞏伯實來，未有職司於王室。注：鞏朔，上軍大夫，非命卿，名位不達於王室。

又《成公十八年》 周子（晉悼公）曰：『孤始願不及此。雖及此，豈非天乎？』注：言有命也。

又《昭公九年》 王使詹桓伯辭於晉曰：【略】『伯父若裂冠毀冕，拔本塞原，專棄謀主，雖戎狄，其何有余一人？』

又《昭公十三年》（劉獻公）對曰：『天子之老，請帥王賦，元戎十乘，以先啓行。』注：天子大夫稱老。《正義》：老者是大夫之總名。《詩》云：方叔元老。《毛傳》云：方叔卿士，命而為將。是卿士稱老也。

又《昭公三十二年》 天子曰：『天降禍于周，俾我兄弟竝有亂心，以為伯父憂。注：伯父，謂晉侯。【略】余一人無日忘之。』

又《哀公十六年》 王使單平公對曰：『肸以嘉命來，告余一人。』

夏四月己丑，孔丘卒。公誄之，曰：『旻天不弔，不憖遺一老，俾屏余一人以在位。』注：弔，至也。憖，且也。俾，使也。屏，蔽也。【略】子贛曰：『君其不没於魯乎？夫子之言曰：「禮失則昏，名失則愆。」失志為昏，失所為愆。生不能用，死而誄之，非禮也；稱一人，非名也。』注：天子稱一人，非諸侯之名。君兩失之。』

《國語》卷二《周語中》　王弗許，曰：【略】『今天降禍菑於周室，余一人僅亦守府，注：僅猶劣也。府，先王之府藏。又不佞以勤叔父，班先王之大物以賞私德，其叔父實應且憎，以非余一人。余一人豈敢有愛也？』

又　卷一九《吴語》　周王答曰：『苟伯父命女來，明紹享余一人。【略】今伯父曰戮力同德。伯父若能然，余一人兼受而介福。伯父多歷年以沒元身，注：元，善也。伯父秉德，已侈大哉！』注：侈猶廣也。

《儀禮·覲禮》　同姓大國則曰伯父，其異姓則曰伯舅；同姓小邦則曰叔父，其異姓小邦則曰叔舅。清乾隆欽定《義疏》：呂氏大臨曰：父與舅，以姓同異而別也；伯與叔，以位尊卑而別也。謂之父與舅，尊之、親之之辭也。

天子曰『非他。伯父實來，予一人嘉之；伯父其入，予一人將受之。』漢鄭玄注：言非他者，親之辭。嘉之者，美之辭也。

《禮記·曲禮下》　君天下，曰天子。朝諸侯，分職、授政、任功曰予一人。注：皆擯者辭也。天下謂外及四海也。今漢於蠻夷稱天子，於王侯稱皇帝。《觀禮》曰：伯父寔來，余一人嘉之。余、予，古今字。唐孔穎達《正義》：曰予一人者，予，我也。自朝諸侯以下，皆是內事，故不假以威稱，但自謂予一人者，言我是人中之一人，與物不殊，故自謙損。

踐阼，臨祭祀，內事曰孝王某，外事曰嗣王某。注：皆祝辭也。唯宗廟稱孝，天地社稷祭之郊內而曰嗣王，不敢同外、內。《正義》：內事曰孝王某者，內事宗廟，是事親，事親宜言孝，故升阼階祭廟，則祝辭云孝王某某，為天子名也。外事曰嗣王某者，外事，郊社也。天地尊遠，不敢同親云孝，故云嗣王某。言此王繼嗣前王而立也。臨諸侯，畛於鬼神，曰有天王某甫。注：畛，致也。祝告致於鬼神辭也。曰有天王某甫，某甫且字也，不名者，不親往也。《周禮》大會同，過山川，則大祝用事焉。鬼神謂百辟卿士也。『畛』或為『祗』。《正義》：曰有天王某甫者，既不自往，故祝辭不稱名，而云某甫者，鄭云且字也，解且字者，云『某』是天子之字，『甫』是男子美稱也。祝稱天子字而下云甫，是尼父之類也。故《穀梁傳》云：父猶傅也，男子美稱也。

崩曰天王崩，注：史書策辭。復曰天子復矣。注：始死時呼魂辭也。不呼名，臣不名君也。諸侯呼字。《正義》：崩者，自天墜下曰崩。王者死，如從天墜下，故曰崩也。【略】王者不呼名字者，一則臣子不可名君，二則普天率土，王者一人而已，故呼天子復，而王者必知呼己而返也。以例而言之，則王后死，亦呼王后復也。崔靈恩云：復所以呼天子者，凡王者皆感五精之帝而生，是天之子。今天王崩，是其精氣還復於上，呼稱天子復，更生之義。

告喪，曰天王登假。注：告，赴也。登，上也。假，已也。上已者，若僊去云耳。措之廟，立之主曰帝。注：同之天神。《春秋傳》曰：凡君卒哭而祔，祔而作主。天子未除喪，曰予小子。注：謙，未敢稱一人。生名之，死亦名之。注：生名之曰小子王，死亦曰小子王也。《正義》：史策書云天王崩，復曰天子復，赴云天王登假，三稱不同者，為義然也。王是歸往，而策及赴告，是有存亡往来之義，故崩、赴並言之也。措之廟，立之主者，措，置也。王葬後，卒哭竟而祔置於廟立主，使神依之也。《白虎通》云：所以有主者，神無依據，孝子以繼心也。主用木，木有始終，又與人相似也。蓋記之為題，欲令後可知也。【略】曰帝者，天神曰帝。今號此主同於天神，故題稱帝云，文帝、武帝之類也。崔靈恩云：古者帝王，生死同稱。生稱帝者，死亦稱帝；生稱王者，死亦稱王。今云措之廟，立之主曰帝者，蓋是為記時，有主入廟稱帝之義，記者録以為法也。天子未除喪曰予小子者，夫適嗣於初喪但人子，當未忍即受天王之稱，故不曰予一人，而稱予小子者，言我德狹小也。生名之，死亦名之者，嗣王既呼為小子，若於喪中而死，亦謚為小子王。喪質，故不變稱也。

五官之長曰伯，注：謂為三公者。《周禮》九命作伯。是職方。注：職，主也。是伯分主東西者。《春秋傳》曰：自陝以東，周公主之；自陝以西，召公主之。一相處乎內，是或為氏。《正義》：是職方者，言二伯於是職主當方之事也。其擯於天子也，曰天子之吏。注：擯者，辭也。《春秋傳》曰：王命委之三吏。謂三公也。天子同姓謂之伯父，異姓謂之伯舅。自稱於諸侯曰天子之老，於外曰公，於其國曰君。注：稱之以父與舅，親親之辭也。外，自其私土之外，天子畿內。《正義》：天子同姓謂之伯父者，此三公與王同姓者，王呼為伯父，伯者，長大之名，父乃同姓重親之稱也。異姓謂之伯舅者，異族重親之名也。異族無父稱，故呼為伯舅，亦親之故也。【略】自稱於諸侯曰天子之老者，二伯若與九州及四夷之諸侯言己，自謂天子之老，係於天子言之，以威遠國也。於外曰公者，外者，其私土采地之外也，而猶在王畿之內。如周公食邑於周，嚮國外之人，其自稱則曰公也。於其國曰君者，其國，采地內也。若與采地內臣民言，則自稱曰君。其既主分陝，又在王朝，嫌不正為采地君，故明之也。不云自稱，承上可知也。

九州之長，入天子之國曰牧。注：每一州之中，天子選諸侯之賢者，以為之牧也。《周禮》曰：乃施典於邦國而建其牧。唐陸德明《音義》：牧，牧養之。天子同姓謂之叔父，異姓謂之叔舅。於外曰侯，於其國曰君。注：牧尊於大國之君而謂之叔父，辟二伯也。亦以此為尊，禮或損之而益，謂此類也。外，自其國之外，九州之中。曰侯者，本爵也。二王之後不為牧。《正義》：殷曰伯，周曰牧。此云牧，據《周禮》也。天子於每州之中選取賢侯一人，加一命使主一州為牧。若入天子國，則自稱曰牧。牧，養也，言其養一州之人，故《周禮》「八命作牧」是也。然伯不云入天子國者，伯不出，故不言入耳。州長云入曰牧，出則否也。崔靈恩云：州長，自稱也。《白虎通》云：往來牧視諸侯也。天子同姓謂之叔父，異姓謂之叔舅者，牧劣於二伯，故天子謂之叔。叔，小也。父、舅，義如前。【略】於外曰侯者，外謂其所封外，九州內也。自稱曰侯，侯是本爵，不云牧自稱，承前可知也。於其國曰君者，若與國內臣民言，猶自稱為君也。【略】云二王之後不為牧，知不為牧者，以二王之後，其爵稱公。今此經云九州之長曰牧，於外曰侯，不言於外曰公，故知二王之後不為牧，牧用侯以下。二王之後所以不為牧者，以其先祖嘗為天子，統領海內，若更遣為牧，恐有專權之心故也。

其在東夷、北狄、西戎、南蠻，雖大曰子。注：謂九州之外長也。天子亦選其諸侯之賢者，以為之子，子猶牧也。入天子之國曰子，天子亦謂之子。雖有侯伯之地，本爵亦無過子，是以同名曰子。《正義》：卑不得名為牧，又不得謂為父舅，其本爵不過子、男。若其本爵子者，今朝天子，擯辭曰子；若本爵是男，亦謂為子也。所以爾者，舉其高者言之，亦尊異故也。於內自稱，曰不穀。注：與民言之謙稱。穀，善也。於外自稱，曰王老。注：威遠國也。外，亦其戎狄之中。正義：謂其國之外，夷狄之中也。以為牧長，恐夷狄難服，須尊名威之，故與一切言，自稱曰我是天子之老臣也。崔云：方伯牧稱天子之老，四夷之長稱曰王老。方伯之職帶三公之任，猶謂之內臣，化同天子，無有歸往之義，故云天子之老。四夷之君去王遠，由有歸往之義，賢始得為長，故以王老為稱也。

庶方小侯，入天子之國曰某人，於外曰子，自稱曰孤。注：謂戎狄子、男君也。男者於外亦曰男，舉尊言之。《正義》：庶，衆也。小侯謂四夷之君非為牧者也。以其賤，故曰衆方也。若入王國，自稱曰某人，若「牟人」、「介人」也。【略】於外曰子者，此君在其本國外，四夷之中，自稱依其本爵，或子或男。今言子，是舉其尊稱耳。若男亦稱男也。自稱曰孤者，若自與臣民言，則曰孤。孤者，特立無德能也。

諸侯見天子，曰臣某、侯某。注：謂嗇夫承命告天子辭也。其為州牧，則曰「天子之老臣某、侯某奉珪請覲。」其與民言，自稱曰寡人。注：謙也。於臣亦然。其在凶服，曰適子孤。注：凶服，亦謂未除喪。臨祭祀，內事曰孝子某、侯某，外事曰曾孫某、侯某。注：稱國者，遠辟天子。死曰薨。注：亦史書策辭。復曰某甫復矣。注：某甫且字。既葬，見天子曰類見。注：代父受國。類猶象也。執皮帛，象諸侯之禮見也。其禮亡。言謚曰類。注：使大夫行象聘問之禮也。言謚者，序其行及謚所宜。其禮亡。諸侯使人使於諸侯，使者自稱曰寡君之老。注：繫於君，以為尊也。此謂諸侯之卿上大夫。《正義》：諸侯謂五等諸侯見天子，而擯者將命之辭也。同得稱臣，故曰臣也某。侯某者，若言齊侯、衛侯下某是名。若伯子男，則云曹伯、許男某也。其與民言，自稱曰寡人者，此亦自與民言法也。寡人者，言己是寡德之人。其在凶服曰適子孤者，謂擯者告賓之辭。知者，《雜記》云相者告曰：孤某須矣。但彼文不云適子，文不備；此直云適子孤，不云名，亦文不具也。稱孤稱名者，皆謂父死未葬之前也。故《雜記》云「孤某須矣」，下則云「既葬蒲席」。明孤某是未葬也。【略】外事曰曾孫某、侯某者，外事謂社稷山川在封內者也。天子外事言嗣王某，諸侯不得稱嗣侯，但稱曾孫。所以然者，天子尊，謂能繼天德而立也；諸侯無德，不繼嗣為侯，故不云嗣，但是父祖重孫，故言曾孫也。死曰薨者，此謂諸侯死而國史策辭也。若異，國史書之則但云卒也。在四夷不言，亦賤略也，自此以下皆然。復曰某甫復矣者，天子復則曰天子，諸侯不可復云諸侯復，故呼其字，言某甫，故鄭注前文「諸侯呼字」是也。既葬見天子曰類見者，此諸侯世子，父死葬畢而見於天子禮也。類，象也，言葬後見於王，而執皮帛以象諸侯見，故曰類見。然《春秋》之義，三年除喪之後乃見，而今云既葬者，謂天子或巡守至竟，故得見天子。未葬，未正君臣，故雖天子巡守，亦不見也。言謚曰類者，言謚謂將葬，就君請謚也。凡謚既是表德，故由尊者所裁。當未葬之前，親使人請之於天子。若《檀弓》云：其子戍請謚於君曰：日月有時，將葬矣，請所以易其名者。是言謚於君也。而曰類者，王肅云：請謚於天子，必以其實為謚，類於平生之行也。何胤云：類其德而稱之，如經天緯地曰文也。【略】使者自稱曰寡君之老者，《玉藻》云：上大夫曰下臣，擯者曰寡君之老。下大夫自名，擯者曰寡大夫。此云自稱曰寡君之老，則上大夫、擯者傳辭及自稱於他國，亦曰寡君之老。稱於己君，則《玉藻》云下臣某。

列國之大夫入天子之國曰某士，注：亦謂諸侯之卿也。三命以下，於天子為士。曰某士者，如晉韓起聘於周，擯者曰「晉士起。」自稱曰陪臣某。注：陪，重也。於外曰子，注：子，有德之稱。《魯春秋》曰：齊高子來盟。於其國曰寡君之老。使者自稱曰某。注：使謂使人於諸侯也。某，名也。《正義》：列國之大夫入天子之國曰某士者，謂擯者辭也。列國，五等諸侯也。天子上士三命，中士再命，下士一命，而五等之臣唯公國一孤四命耳。自卿大夫從三命而下，其命等於王之士，故入天子之國，則擯者稱為某國之士也。故注引《春秋》襄二十六年，晉韓起聘於周，擯者曰『晉士起』，言晉國之士起以證之也。自稱曰陪臣某者，陪，重也；某，名也。其君已為王臣，己今又為己君之臣，故自稱對王曰重臣也。若襄二十一年，晉欒盈辭於行人，曰『天子陪臣盈』是也。於外曰子者，亦擯者辭。外謂在他國時也，擯者則稱其姓而曰子。子是有德之稱，故注引閔公二年冬，齊高子來盟，證於外曰子也。高子，高傒是也。於其國曰寡君之老者，其國，自國中也。其君與民言，自稱曰寡人，故此卿若與國中人語，自稱曰寡君之老也。使者自稱曰某者，某，名也，若此卿為使在他國，與彼君語，則稱名也。若與彼臣民言，則自稱寡君之老也。

又**《玉藻》** 凡自稱，天子曰予一人。注：謙，自別於人而已。伯曰天子之力臣。注：伯，上公九命分陝者。諸侯之於天子，曰某土之守臣某。其在邊邑，曰某屏之臣某。其於敵以下，曰寡人。小國之君曰孤，擯者亦曰孤。注：邊邑，謂九州之外。大國之君自稱曰寡人，擯者曰寡君。《正義》：凡自稱天子曰予一人者，案《曲禮下》云：天子曰余一人。予、余不同者，鄭注《曲禮》云：余、予，古今字耳。蓋古稱予，今稱余，其義同。此云自稱，《曲禮》注云：擯者辭。則天子與臣下言，及遣擯者接諸侯，皆稱予一人。言我於天下之內，但祇是一人而已。自謙退，言與餘人無異。若臣下稱一人，則謂率土之內，唯有此一人，尊之也。伯曰天子之力臣，案《曲禮》云天子之吏。不同者，此謂自稱，謂身自稱於諸侯也。言己是天子運力之臣。《曲禮》所云，謂二伯擯於天子曰天子之吏。鄭注《曲禮》云擯者辭。以此不同也。皇氏云：所以不同者，殷、周之異。不顧經文，繆為異說，其義非也。『諸侯』至『曰孤』，明諸侯自稱之號。諸侯之於天子曰某土之守臣某者，謂諸侯身對天子自稱辭，故上文總以自稱冠之。若諸侯上介致辭於天子之擯者，亦當然也。其天子之擯告天子，則曰臣某、侯某，故《曲禮》云：諸侯之於天子曰臣某、侯某。鄭注《曲禮》謂嗇夫承命，告天子辭也。其在邊邑曰某屏之臣某者，謂在九州之外，邊鄙之邑自稱於天子，云某屏之臣某。若使上介告天子之擯，亦當然。其天子之擯告天子，則曰臣某、子某、男某，故《曲禮》云：其在東夷、北狄、西戎、南蠻，雖大曰子。注云入天子之國曰子，男者亦曰男是也。此與《曲禮》不同者，亦以自稱及擯者不同。皇氏皆以為殷、周之異，其義非也。其於敵以下曰寡人者，謂諸侯於敵以下自稱寡人，言以下，通及民也，謹案《曲禮》云其與民言自稱曰寡人是也。小國之君曰孤，擯者亦曰孤者，此謂夷狄子、男之君自稱及介傳命云某土之孤某，故云小國之君曰孤。擯者告天子，亦應云孤某。云擯者亦曰孤，其在國自稱亦曰孤，故《曲禮》云庶方小侯於外曰子，自稱曰孤是也。

上大夫曰下臣，擯者曰寡君之老。下大夫自名，擯者曰寡大夫。世子自名，擯者曰寡君之適。注：擯者之辭，主謂見於他國君。下大夫自名，於他國君曰外臣某。《正義》：上大夫曰下臣者，上大夫，卿也。自於己君之前，稱曰下臣。君前臣名，稱下臣某也。擯者曰寡君之老者，謂此上大夫出使他國，在於擯館，主國致禮上大夫，設擯禮待之。此擯者稱大夫為寡君之老，雖以擯為文，其實謂介接主君之時，辭亦當然。擯，介，通也。下大夫自名者，謂對己君稱名，而已不敢稱下臣，卑遠於卿也。擯者曰寡大夫者，謂下大夫出使，設擯者以待主國。此擯者稱下大夫云寡大夫，不敢稱寡君之老。世子自名者，謂對己國之君稱名。擯者曰寡君之適，謂對他國之辭。

又**《雜記上》** 君訃於他國之君，曰寡君不祿，敢告於執事。《正義》：曰『寡君』至『執事』者，以謙故稱寡君，若云寡德之君。雖復壽考，仍以短折言之，故云不祿。不敢指斥鄰國君身，故云敢告於執事也。

《孟子·梁惠王上》 梁惠王曰：『寡人之於國也，盡心焉耳矣。』漢趙岐注：王侯自稱孤寡。

《戰國策》卷七《秦五》 王罷之，乃留止。間曰：漢高誘注：間，須臾也。『陛下嘗軔車於趙矣。』注：陛下，謂孝文王也，昔嘗質趙。軔車，止住也。不欲言其質，故住車，故止於趙敢國。

論說

漢·班固《白虎通義》卷二《號》 或稱一人。王者自謂一人者，謙也。欲言己材能當一人耳。故《論語》曰：『百姓有過，在予一人。』臣下謂之一人何？亦所以尊王者也。以天下之大，四海之內，所共尊者一人耳。故《尚書》曰：『不施予一人。』或稱朕何？亦王者之謙也。朕，我也。或稱予者，予亦我也。不以尊稱自也，但自我皆謙。

《晉書》卷七五《韓伯傳》 遂作《辯謙》以折中曰：【略】夫謙之為義，存乎降己者也。以高從卑，以賢同鄙，故謙名生焉。孤寡不穀，人之所惡，而侯王以自稱，降其貴者也；執御執射，衆之所賤，而君子以自目，降其賢者也。

宋·劉敞《劉氏春秋意林》卷上《貴本》 天子自稱曰予一人，大國之君自稱曰不穀，列國之君自稱曰寡人，小國之君自稱曰孤。天子降名從大國，大國降名從列國，列國降名從小國，自卑貶之義也。

宋·程大昌《演繁露續集》卷五《陛下》 《戰國策·秦語》曰：太子楚曰：『陛下嘗軔車於趙矣。』注：陛下，孝文王也。即此時已有謂人君為陛下者矣。而陛下之稱，乃對他人亦可用，無嫌也。

宋·魏了翁《尚書要義》卷一八《答諸侯曰伯父舉同姓大國言之》 《覲禮》言天子呼諸侯之禮云：同姓大國則曰伯父，其異姓則曰伯舅；同姓小邦則曰叔父，其異姓則曰叔舅。計此時，諸侯多矣，獨云伯父，舉同姓大國言之也。諸侯先公以成道服於先王，其事有法，故令安汝先公之用臣，服於先王，以臣之道而法循之。

元·方回《續古今考》卷二二《曲禮天子稱謂考》 紫陽方氏曰：《曲禮》漢儒所撰，不書秦漢皇帝稱朕事，存古也。鄭玄以漢事注《三禮》，先儒病之。然其引漢於蠻夷稱天子，於王侯稱皇帝，則有據。漢文帝細柳之幸，曰『皇帝敬勞將軍』，成禮而去。武帝在位之三十一年，元封元年北登單于臺，至朔方，臨北河勒兵十八萬騎，遣使者告匈奴曰：『單于能戰，天子自將待邊；不能，亟來臣服。』如鄭玄言：天子未除喪曰予小子。《書》成王《顧命》，康王自稱曰『眇眇予末小子』，然《康王之誥》曰『惟予一人釗報誥』，乃不曰『予小子』，何也？豈以『予小子』稱於宗廟先王之前，而待其羣臣則稱『予一人』耶？踰年即位有之，二年後稱王，別考。

元·黄溍《文獻集》卷七下《雜説》 程泰之《演蕃露》曰：《戰國策》已稱人主為陛下。按《大戴禮》：成王冠，周公使祝雍祝王，有『陛下永永與天無極』。則陛下之稱，周初已有之。或謂《家語》載成王《冠頌》，蓋曰『率爾祖考永永無極』，疑《大戴》所記出於秦漢以後之所增飾。然則《戰國策》所稱，又安知非後人所增飾耶？

清·顧炎武《日知録》卷四《人君稱大夫字》 古者人君於其國之卿大夫，皆曰伯父。鄭厲公謂原繁叔父，魯隱公謂臧僖伯曰子大夫，曰二三子。不獨諸侯然也，《曲禮》言列國之大夫入天子之國，曰某士，自稱曰陪臣某；然而天子接之，猶稱其字。宣公十六年晉侯使士會平王室，王曰『季氏而弗聞乎？』成公三年晉侯使鞏朔獻齊捷于周，王曰『鞏伯實來。』昭公十五年晉荀躒如周葬穆后，籍談為介，王曰『伯氏，諸侯皆有以鎮撫王室。』伯氏謂荀躒。又曰『叔氏而忘諸乎？』注：叔，籍談字。周德雖衰，辭不失舊，此其稱字，必先王之制也。《春秋》凡命卿書字，皆本於此。周公作《立政》之書，若侯國之司徒、司馬、司空、亞旅並列於王官之後。蓋古之人君，恭以接下，而不敢遺小國之臣，故平平左右，亦是率從，而成上下之交矣。

清·張尚瑗《左傳折諸》卷二《桓公·曲沃伯誘晉小子侯殺之》 《曲禮》：天子未除喪曰予小子。注：謙，未敢稱一人。《春秋公羊傳》：天子三年，然後稱王。諸侯于其封內，三年稱子。生名之，曰小子。王死亦曰小子王。晉有小子侯，亦僭取于天子號也。《禮》又曰：君大夫之子不敢自稱曰余小子，大夫士之子不敢自稱曰嗣子某。馬融曰：《詩》曰『閔予小子』，《書》曰『眇眇予末小子』，皆天子未除喪之稱也。蓋天子域中之大，故必謙以小子；諸侯有繼世之體，故必命以嗣子。在下者必避之。

又 卷五《僖公·以伯舅耋老》 《覲禮》同姓大國則曰伯父，其異姓則曰伯舅；同姓小邦則曰叔父，異姓小邦則曰叔舅。襄王之稱桓公，以異姓大國尊之也。晉文公既霸之後，在春秋可謂大國矣，而天子未有以伯父尊之者。踐土之盟，王方策命之為侯伯。策文止曰：『王謂叔父，敬服王命，以綏四國。』其先定王于郟，却其請隧之辭曰：『予一人僅亦守府，又不佞以勤叔父。』蓋天子之待晉文，始終不及齊桓。迨晉景公以鞍之戰勝齊，使鞏朔獻齊捷于周，簡王責之，其辭曰：『今叔父克遂有功于齊。』仍叔父之稱。迄乎末造，敬王使人如晉，請城成周，其辭曰：『伯父若賜大惠，復二文之業，以固盟主。』又曰：『其委之伯父，伯父實重圖之。』非晉定公之賢，能駕乎文公也。周室東而又東，衰微益甚，急而相求之情也。又按《儀禮》止詳同姓異姓之君曰父曰舅，而未及其臣。齊桓公嘗使管夷吾平戎于王，王饗之以上卿之禮，而命之曰：『舅氏，予嘉乃勳，應乃懿德，謂督不忘。』此天王稱異姓之卿之辭也。晉荀躒如周葬穆后，王與之燕，求彝器而責之曰：『叔氏而忘諸乎？』則天王稱同姓之卿之辭也。呼國君曰伯叔父、伯叔舅，呼其臣亦曰叔氏、舅氏。一隅三反，《傳》文真可補《儀禮》之闕。

清·方苞《儀禮析疑》卷一〇《覲禮》 禮文殘缺，惟聞伯父、叔父之稱，蓋舉其尊者而言。其實同姓在子孫行者，辭必有異。《呂命》伯父、伯兄、仲叔、季弟、幼子、童孫，蓋其凡也。《尚書》稱小子封、小子胡，皆弟也。况子孫行而可冒伯父、叔父之稱乎？異姓姻近而行卑者，亦不宜稱舅。其同庶姓，專舉其爵曰侯氏、伯氏，與以國大小為別，亦未安。

雜録

《公羊傳·桓公十六年》 十有一月，衛侯朔出奔齊。《傳》：【略】屬負兹舍，不即罪爾。漢何休《解詁》：屬，託也。天子有疾稱不豫，諸侯稱負兹。唐陸德明《音義》：諸侯有疾稱負兹，言朔託有疾。唐徐彦疏：豫詁為樂。諸侯言負兹者，謂負事繁多，故致疾。

《禮記·曲禮上》 父前子名，君前臣名。注：對至尊，無大小，皆相名。

又 《曲禮下》 擬人必於其倫。注：擬猶比也，倫猶類也。比大夫當於大夫，比士當於士。不以其類，則有所褻。《正義》：擬，比也。倫，匹類也。凡欲比方於人，當以類相並，不得以貴比賤，則為不敬也。問天子之年，對曰：聞之始服衣若干尺矣。注：既不敢言年，又不敢斥至尊所能。問國君之年，長曰：能從宗廟社稷之事矣。幼曰：未能從宗廟社稷之事也。《正義》：此謂幼少新立之王。或有遠方異域人來，不知王年大小，問朝廷之臣，對曰聞之者，臣為答之，必有法則。禮：齒路馬有誅。而至尊體貴，故臣不可輕言君年及形長短與才技所堪，故依違而對也。但云聞之，謙，不敢言見也。云始服衣若干尺者，既不敢指斥，即云服衣若干尺，謂或五尺，或六尺，隨長短而言之也。幼則衣短，長則衣長，問者聞之，則知王之長幼也。古者謂數為若干，故《儀禮·鄉射》、《大射》數射算云若干純，若干奇。若，如也；干，求也。言事本不定，常如此求之也，故云若干也。問國君之年者，亦謂幼少新立為君，而他人問其臣也。長曰能從宗廟社稷之事矣，幼曰未能從宗廟社稷之事也者，不言聞之及衣，而言所能主國者，辟天子也。國保宗廟社稷，故以所保答之也。人君十五有養子之禮，長則能主國，聞其能主國，則知十五以上，為長也。若聞未能主國，則知十四以下，是為幼也。

問國君之富，數地以對，山澤之所出。《正義》：謂問諸侯之臣，求知其君封內土地所出也。云富者，非問其多金帛，正是問最所優饒者也。不問天子者，率土之物，莫非王有，天下共見，故不須問；而諸侯止一國，故致問也。數地以對者，數土地廣狹對之也。山澤之所出者，又以魚鹽蜃蛤、金銀錫石之屬隨有而對也。晉文公謂楚成王曰「羽毛齒革，君地生焉」是也。

國君不名卿老世婦。大夫不名世臣姪娣。注：雖貴於其國家，猶有所尊也。卿老，上卿也。世臣，父時老臣。《正義》：國君不名卿老世婦者，人君雖有國家之貴，猶宜有所敬，不得呼其名者也。卿老謂上卿，上卿貴，故曰卿老。世婦者，謂兩媵也，次於夫人而貴於諸妾也。言諸侯雖貴，不得呼其名也。大夫不名世臣姪娣者，世臣，父在時老臣也。姪是妻之兄女，娣是妻之妹，從妻来為妾也。大夫不得呼世臣及貴妾名也。然《王制》云：大夫不世爵。此有世臣者，謂子賢襲父爵者也。

君使士射，不能則辭以疾，言曰「某有負薪之憂。」注：射者所以觀德，唯有疾，可以辭也。《正義》：不能則辭以疾者，士若不能，不得云不能，但當自稱有疾也。所以然者，夫射以表德，士既升朝，必宜有德；若不能，則是素餐之辱，兼辱君不知人，誤用己也。言曰某有負薪之憂者，此稱疾之辭也。某，士名也。負，擔也。薪，樵也。大樵曰薪。《詩》云「析薪如之何？匪斧不克。」是大故用斧也。憂，勞也。言己有擔樵之餘勞，不堪射也。不直云疾而云負薪者，若直云疾，則似傲慢，故陳疾之所由，明非假也。然士祿代耕，且後問庶人子云能負薪，而今云士負薪者，亦謙辭也。謙言昔未為士時，經擔樵，今猶發動昔日之勞也。《白虎通》云：天子病曰不豫，言不復豫政也。諸侯曰負子。子，民也，言憂民不復子之也。桓十六年，衛侯朔出奔齊。《公羊》曰：有疾曰負兹。諸侯之疾所以名不同者，蓋子、兹聲相近，其字相亂，未知孰是。《音義》：隱云：天子曰不豫，諸侯曰不兹。

又 《少儀》 請見不請退。注：去止不敢自由。朝廷曰退。注：近君爲進。燕遊曰歸。注：禮褻，主於家也。師役曰罷。注：罷之言罷勞也。《春秋傳》曰：師還曰疲。《正義》：此一節明卑者見尊及朝廷退歸之辭。請見不請退者，謂卑者於尊所有請見之理。既見，去必由於尊者，故不敢請退。朝廷曰退者，謂於朝廷之中，若欲散還，則稱曰退。以近君爲進，還私遠君，故稱退。《論語》：「子退朝。」又云：「冉子退朝。」並是對進爲言也。燕遊曰歸者，若在燕及遊退還，稱曰歸，以燕，遊禮褻，主於歸家。師役曰罷者，謂於師役之中欲散退之時，稱曰罷勞。

漢·劉向《説苑》卷一二《奉使》 （魏文侯）召倉唐而見之，曰：「擊無恙乎？」倉唐曰：「唯唯。」如是者三。乃曰：「君出太子而封之國，君名之，非禮也。」文侯怵然為之變容，問曰：「子之君無恙乎？」倉唐曰：「臣來時，拜送書於庭。」文侯顧指左右曰：「子之君長，孰與是？」倉唐曰：「禮，擬人必於其倫。諸侯無偶，無所擬之。」

清·惠棟《九經古義》卷四《尚書古義》 《金縢》：「是有丕子之責于天。」鄭注《尚書》曰：「丕」讀曰「不」。愛子孫曰子。《史記》

作『負子』。《索隱》引鄭注云：『丕』讀曰『負』。誤也。楝案《白虎通》曰：天子曰不豫，言不復豫政也。諸侯曰負子。子，民也，言憂民不復子之也。《公羊傳》曰『屬負茲』。《禮記音義》：『隱曰：天子曰不豫，諸侯曰不茲。』【略】然則『負子』即『不茲』也。『負』與『丕』音相近，負讀為『陪』。《禹貢》陪尾，《史記》作負尾。『子』又與『茲』同。諸說不一，鄭氏為長。《益稷》曰：『予不子』。故鄭讀从之。孔訓『丕』為『大』，義所未安。

謚號分部

綜　述

《逸周書》卷六《謚法解》 維周公旦、太公望開嗣王業，建功于牧之野，終將葬，乃制謚，遂叙謚法。謚者，行之迹也；號者，功之表也；車服者，位之章也。是以大行受大名，細行受小名，行出於己，名生於人。晉孔晁注：名謂號謚。

民無能名曰神。注：不名壹善。稱善賦簡曰聖，注：所稱得人，所善得實，所賦得簡。敬賓厚禮曰聖。注：聖於禮也。德象天地曰帝。注：同於天地。靜民則法曰皇。注：靜，安。仁義所在曰王。注：民往歸之。立制及衆曰公。注：志無私也。執應八方曰侯。注：所執行，八方應之也。壹德不解曰簡，注：壹，不委曲。平易不疵曰簡。注：疵，多病也。經緯天地曰文，注：成其道也。道德博聞曰文，注：無不知之。學勤好問曰文，注：不耻下問。慈惠愛民曰文，注：惠以成政也。愍民惠禮曰文，注：惠而有禮。錫民爵位曰文。注：舉可舉也。剛彊理直曰武，注：剛，無欲；彊，不撓；理，忠恕；直，無曲也。威彊叡德曰武，注：思有德者，叡也。克定禍亂曰武，注：以兵征，故能定。刑民克服曰武，注：法以正民，能使服。夸志多窮曰武。注：大志，行兵多所窮極。敬事供上曰恭，注：供，奉也。尊賢貴義曰恭，注：尊事賢人，寵貴義士。尊賢敬讓曰恭，注：敬有德，讓有功。既過能改曰恭，注：言自知也。執事堅固曰恭，注：守正不移。愛民長弟曰恭，注：順長接弟。執禮御賓曰恭，注：迎待賓也。芘親之闕曰恭，注：脩德以蓋之也。尊賢讓善曰恭，注：不專己善，推於人也。淵源流通曰恭。注：性無所忌也。

照臨四方曰明，注：以明照之。譖訴不行曰明。注：逆知之，故不行。威儀悉備曰欽。注：威則可畏，儀則可象。大慮靜民曰定，注：思樹惠也。安民大慮曰定，注：以慮安民。安民法古曰定，注：不失舊意也。純行不二曰定。注：行壹不傷。諫爭不威曰德。注：不以威拒諫也。辟地有德曰襄，注：取之以義。甲胄有勞曰襄。注：言亟征伐。有伐而還曰釐，注：知難而退。質淵受諫曰釐。注：深故能受。博聞多能曰憲。注：雖多能，不至大道。聰明叡哲曰獻。注：有通知之聰也。温柔聖善曰懿。注：性純淑也。五宗安之曰孝，注：五世之宗也。慈惠愛親曰孝，注：言周愛親族也。協時肇享曰孝，注：協，合；肇，始也。常如始。秉德不回曰孝。注：順於德而不違。大慮行節曰考。注：言成其節。執心克莊曰齊，注：能自嚴也。資輔供就曰齊。注：有所輔而共成也。

豐年好樂曰康，注：好豐年，勤民事。安樂撫民曰康，注：無四方之虞。令民安樂曰康。注：富而教之。安民立政曰成。注：政以安之。布德執義曰穆，注：穆，純也。中情見貌曰穆。注：性公露也。敏以敬慎曰頃。注：疾於所敬順也。昭德有勞曰昭，注：能勞謙也。容儀恭美曰昭，注：有儀可象，行恭可美。聖聞周達曰昭。注：聖聞通治也。保民耆艾曰胡，注：六十曰耆，七十曰艾。彌年壽考曰胡。注：大其年也。彊毅果敢曰剛，注：彊於仁義。致果曰毅。追補前過曰剛。注：勸善以補過也。柔德考衆曰靜，注：成衆使安也。恭己鮮言曰靜。注：恭己正身，少言而中。寬樂令終曰靜。注：性寬樂義，以善自終。治而无眚曰平，注：無失闕之病也。執事有制曰平，注：不任意也。布綱治紀曰平。注：施之政事。由義而濟曰景，注：用義而成也。布義行剛曰景，注：以剛行義也。耆意大慮曰景。注：耆，強也。清白守節曰貞，注：行清白，執志固也。大慮克就曰貞，注：能大慮，非正而何？不隱無屈曰貞。注：坦然無私也。猛以剛果曰威，注：猛則少寬，果敢行也。猛以彊果曰威，注：彊甚於剛也。彊毅信正曰威。注：信正，言無邪也。辟土服遠曰桓，注：以武正定。克敬勤民曰桓，注：敬以使之。辟土兼國曰桓。注：大兼人，故啓土也。道德純一曰思，注：道大而德一也。大省兆民曰思，注：大親民而不殺。外内思索曰思，注：言求善也。追悔前過曰思。注：思而能改也。

柔質慈民曰惠。注：知其性也。愛民好與曰惠。注：與謂施也。柔質受諫曰慧。注：以虚受人。能思辯衆曰元，注：別之使各有次也。行義説民曰元，注：民説其義。始建國都曰元，注：非善之長，何以始之？主義行德曰元。注：以義為主，行德政也。兵甲亟作曰莊，注：以數征為嚴。叡圉克服曰莊，注：通邊圉，使能服也。勝敵志強曰莊，注：不撓故勝。死於原野曰莊，注：非嚴何以死難？屢征殺伐曰莊，注：以嚴釐之。武而不遂曰莊。注：武功不成。克殺秉政曰夷，注：秉政，不任賢也。安心好靜曰夷。注：不爽正也。執義揚善曰懷，注：稱人之善。慈仁短折曰懷。注：短未六十，折未三十。夙夜警戒曰敬，注：敬身思戒。夙夜恭事曰敬，注：敬以涖事也。象方益平曰敬，注：法之以常而加敬也。善合法典曰敬。注：非敬，何以善之？

述善不克曰丁，注：不能成義。述義不悌曰丁。注：不悌，不遜順也。有功安民曰烈，注：以武立功。秉德遵業曰烈。注：遵世業，不墮改。剛克為伐曰翼，注：伐，功也。思慮深遠曰翼。注：好遠思任能也。剛德克就曰肅，注：成其敬，使為終。執心決斷曰肅。注：言嚴果也。愛民好治曰戴，注：好民治也。典禮不褰曰戴。注：無過。死而志成曰靈，注：立志不忝命也。亂而不損曰靈，注：不能以治損亂。極知鬼神曰靈，注：其智能聰徹也。不勤成名曰靈，注：任本性，不見賢思齊。死見神能曰靈，注：有鬼不為厲。好祭鬼神曰靈。注：瀆鬼神，不敬遠也。短折不成曰殤，注：有知而夭殤也。未家短折曰殤。注：未家者，未室家也。不顯尸國曰隱，注：以闇主國也。隱拂不成曰隱。注：言其隱拂改其性也。年中早夭曰悼，注：年不稱志。肆行勞祀曰悼，注：放心勞於淫祀，言不脩德也。恐懼從處曰悼。注：從處，言險圮也。不思忘愛曰剌，注：忘其愛己者也。愎佷遂過曰剌，注：去諫曰愎，反是曰佷。外内從亂曰荒，注：官不治，家不理。好樂怠政曰荒。注：淫於聲色，怠於政事。在國逢難曰愍，注：逢兵寇之事也。使民折傷曰愍，注：苛政賊害。在國連憂曰愍，注：仍多大喪。禍亂方作曰愍。注：國無政，動長亂。蚤孤短折曰哀，注：早者，未知人事。恭仁短折曰哀。注：體恭質仁，功未施也。蚤孤鋪位曰幽，注：鋪位，即位而卒也。壅遏不通曰幽，注：弱損不凌也。動祭亂常曰幽。注：易神之班。

克威捷行曰魏，注：有威而敏行。克威惠禮曰魏。注：雖威不逆禮也。去禮遠衆曰煬，注：不率禮，不親長。好内遠禮曰煬，注：朋淫于家，不好禮。好内怠政曰煬。注：好内多淫，外則荒政。甄心動懼曰頃。注：甄，積也。威德剛武曰圉。注：圉，禦也，能禦亂患也。聖善周聞曰宣。注：謂所聞善事也。治民克盡曰使。注：克盡，無恩惠也。行見中外曰慤。注：言表裏如一也。勝敵壯志曰勇。注：不撓折。昭功寧民曰商。注：明有功者也。狀古述今曰譽。注：立言之稱。心能制義曰度。注：制事得宜。好和不爭曰安。注：失在少斷。外内真復曰白。注：正而復終始一也。不生其國曰聲。注：生於外家。殺戮無辜曰厲。注：賊良善人。官人應實曰知。注：能官人也。凶年無穀曰糠。注：不務稼穡。名實不爽曰質。注：不爽，言相應也。不悔前過曰戾。注：知而不改。温良好樂曰良。注：其行可好可樂也。怙威肆行曰醜。注：肆意行威。德正應和曰莫。注：正其德，應其和。勤施無私曰類。注：無私，惟義所在。好變動民曰躁。注：數移徙也。

慈和偏服曰順。注：能使人皆服其慈和。滿志多窮曰感。注：自足者，必不足也。危身奉上曰忠。注：險不辭難也。思慮果遠曰趧。注：自任多，近於專。息政外交曰攜。注：不自明而恃外也。疏遠繼位曰紹。注：非其次第，偶得之也。彰義掩過曰堅。注：明義以蓋前過。肇敏行成曰直。注：始疾行，成言不深也。内外賓服曰正。注：言以正服之。華言無實曰夸。注：恢誕。教誨不倦曰長。注：以道教之也。愛民枉刑曰克。注：道之以政，齊之以刑。嗇於賜與曰愛。注：言貪悋也。逆天虐民曰抗。注：所尊天而逆天。好廉自克曰節。注：自勝其情欲也。擇善而從曰比。注：比，方善而從之。好更改舊曰易。注：變故改常。名與實爽曰謬。注：言名美而實傷。思厚不爽曰愿。注：不差所思而得也。貞心大度曰匡。注：心正而用察少。

隱，哀之方；景，武之方也。施為文也，注：施德。除為武也，注：除惡。辟地為襄，服遠為桓。剛克為發，柔克為懿。履正為莊，有過為僖。施而不成為宣，惠無内德為平。注：無内德，惠不成也。失志無轉，則以其明，餘皆象也。注：以其所為謚，象其事行也。

又 **卷首晉孔晁《逸周書序》** 周公肇制文王之謚義，以垂于後，作《謚法》。

漢·蔡邕《獨斷》卷下《帝謚》 違拂不成曰隱。靖民則法曰黃。

翼善傳聖曰堯。仁聖盛明曰舜。殘人多壘曰桀。殘義損善曰紂。慈惠愛親曰孝。愛民好與曰惠。聖善同文曰宣。聲聞宣遠曰昭。剋定禍亂曰武。聰明睿智曰獻。温柔聖善曰懿。布德執義曰穆。仁義説民曰元。安仁立政曰神。布綱治紀曰平。亂而不損曰靈。保民耆艾曰明。辟土有德曰襄。貞心大度曰匡。大慮慈民曰定。知改能改曰恭。不生其國曰聲。一德不懈曰簡。夙興夜寐曰敬。清白自守曰貞。柔德好衆曰靖。安樂治民曰康。小心畏忌曰僖。中身早折曰悼。慈仁和民曰順。一曰傾。好勇致力曰莊。恭人短折曰哀。在國逢難曰愍。名實過爽曰繆。雍遏不通曰幽。暴虐無親曰厲。致志大圖曰景。辟土兼國曰桓。經天緯地曰文。執義揚善曰懷。短折不成曰殤。去禮遠衆曰煬。怠政外交曰攜。治典不敷曰祈。一曰震。

《儀禮·士冠禮》 死而謚，今也。古者生無爵，死無謚。漢鄭玄注：今謂周衰記之時也。古謂殷。殷士生不為爵，死不為謚，周制以士為爵，死猶不為謚耳，下大夫也。今記之時，士死則謚之，非也。謚之，由魯莊公始也。

《周禮·春官·大師》 大喪，帥瞽而廞作匶謚。漢鄭玄注：廞，興也，興言王之行，謂諷誦其治功之詩，故書廞為淫。鄭司農云：淫，陳也，陳其生時行迹，為作謚。唐賈公彥《疏》：廞作匶謚者，匶即柩也，古字通用之。以其興喻王治功之詩，為柩作謚，故云廞作柩謚。

又《春官·大史》 大喪，【略】遣之日，讀誄。漢鄭玄注：遣謂祖廟之庭、大奠將行時也。人之道終於此，累其行而讀之，大師又帥瞽廞之而作謚。瞽史知天道，使共其事。言王之誄謚，成於天道。唐賈公彥《疏》：若然，先於南郊制謚，乃於遣之日讀之，葬後則稱謚。

《禮記·檀弓上》 幼名，冠字，五十以伯仲，死謚，周道也。唐孔穎達《正義》：此一節論殷周禮異之事。【略】又殷以上，有生號，仍為死後之稱，更無別謚，堯、舜、禹、湯之例是也。周則死後別立謚，故摠云周道也。

又《表記》 子曰：先王謚以尊名，節以壹惠，耻名之浮於行也。注：謚者，行之迹也。名者，謂聲譽也。言先王論行以為謚，以尊名者，使聲譽可得而尊信也。壹讀為一，惠猶善也。言聲譽雖有衆多者，即以其行一大善者為謚耳。在上曰浮。君子勤行成功，聲譽踰行，是所耻。《正義》：此一節廣明君子名行相副、卑己尊人之義。謚以尊名者，謚謂謚號，名謂聲譽。言人身死之後，累列生時之行跡作謚號者，以尊敬生前之聲名，可得傳於後世。節以壹惠者，言為謚之時，善行雖多，但限節以一箇善惠，以為謚也。耻名之浮於行也者，所以善行既多，但取一事為謚者，耻善名之多，浮過於行，恐行不副於名，所以減衆善之名，但取一事之善為謚也。

又《曾子問》 賤不誄貴，幼不誄長，禮也。注：誄，累也，累列生時行迹。誄之以作謚，謚當由尊者成。唯天子稱天以誄之。注：以其無尊焉。《春秋公羊》説以爲讀誄制謚於南郊，若云受之於天然。諸侯相誄，非禮也。注：禮，當言誄於天子也，天子乃使大史賜之謚。

又《曲禮下》 既葬，見天子曰類見，注：代父受國。類猶象也。執皮帛，象諸侯之禮見也，其禮亡。言謚曰類。注：使大夫行象聘問之禮也。言謚者，序其行及謚所宜，其禮亡。《正義》：既葬見天子曰類見者，此諸侯世子父死葬畢而見於天子禮也。類，象也，言葬後見於王而執皮帛，以象諸侯見，故曰類見。然《春秋》之義，三年除喪之後乃見，而今云既葬者，謂天子或巡守至竟，故得見天子。未葬，未正君臣，故雖天子巡守，亦不見也。言謚曰類者，言謚謂將葬，就君請謚也，凡謚既是表德，故由尊者所裁。當未葬之前，親使人請之於天子。若《檀弓》云：其子戌請謚於君，曰：『日月有時，將葬矣，請所以易其名者』。是言謚於君也，而曰類者，王肅云：請謚於天子，必以其實為謚，類於平生之行也。何胤云：類其德而稱之，如經天緯地曰文也。鄭云使大夫來行聘問之禮也。今案鄭旨謂吉時遣大夫行，則曰聘；今請謚使大夫，不得曰聘而名曰類，言類相聘而行此禮也。故云『言謚曰類』也。

已孤暴貴，不為父作謚。《正義》：已孤暴貴，不為父作謚者。此孤，不辨老少，唯無父則是也。暴貴，本為士庶，今起為諸侯，非一等之位，故云暴貴也。謚者，列平生德行而為作美號。若父昔賤，本無謚而已。今暴貴，升為諸侯，乃得制謚，而不得為父作謚，所以爾者，父賤無謚，子今雖貴，而忽為造之，如似鄙薄父賤，不宜為貴人之父也。或舉武王為難，鄭答趙商曰：周道之基，隆於二王，功德由之，王迹興焉。凡為人父，豈能賢乎？若夏禹、殷湯，則不然矣。

又《樂記》 聞其謚，知其行也。注：謚者，行之迹也。《正義》：聞謚之善否，知其行之所好惡，由謚所以迹行也。

《左傳·文公元年》 冬十月，以宫甲圍成王。王請食熊蹯而死，弗聽。丁未，王縊。謚之曰『靈』，不瞑；曰『成』，乃瞑。

又《襄公十三年》 楚子疾，告大夫曰：『不穀不德，少主社稷，生十年而喪先君，未及習師保之教訓而應受多福。是以不德而亡師于鄢，以辱社稷，為大夫憂，其弘多矣。若以大夫之靈，獲保首領，以殁於地，唯是春秋窀穸之事，所以從先君於禰廟者，請為「靈」若「厲」。大夫擇焉。』莫對，及五命，乃許。秋，楚共王卒。子囊謀謚，大夫曰：『君有命矣。』子囊曰：『君命以共，若之何毁之？赫赫楚國而君臨之，撫有蠻夷，奄征南海，以屬諸夏，而知其過，可不謂共乎？請謚之「共」。」大夫從之。

《國語》卷一七《楚語上》　恭王有疾，召大夫曰：「不穀不德，失先君之業，覆楚國之師，不穀之辜也。若得保其首領以沒，唯是春秋所以從先君者，請為「靈」若「厲」。」三國吴韋昭注：亂而不損曰靈，殺戮不辜曰厲。言春秋禘祫，當以主謚序昭穆，從先君於廟堂也。大夫許諾。王卒，及葬，子囊議謚。注：子囊，恭王弟令尹公子貞。大夫曰：「君王有命矣。」子囊曰：「不可。夫事君者，先其善，不從其過。赫赫楚國而君臨之，撫征南海，訓及諸夏，其寵大矣。有是寵也而知其過，可不謂「恭」乎？注：謚法：既過能改曰恭。若先君善，則請為「恭」。」大夫從之。

左史曰：昔衛武公年數九十有五矣，注：武公，衛僖公之子，共伯之弟武公和也。猶箴儆於國。注：箴，刺也；儆，戒也。【略】及其沒也，謂之叡聖武公。注：叡，明也。《書》曰：叡作聖。《謚法》：威强叡德曰武。

《左傳·宣公十年》　鄭人討幽公之亂，斵子家之棺而逐其族。改葬幽公，謚之曰靈。宋林堯叟《句解》：靈公初謚幽公，葬不如禮，故改葬。

又　《定公元年》　季孫問於榮駕鵞曰：「吾欲為君謚，使子孫知之。」晉杜預注：為惡謚。對曰：「生弗能事，死又惡之，以自信也，將焉用之？」乃止。秋七月癸巳，葬昭公於墓道南。

《穀梁傳·桓公十八年》　冬十有二月己丑，葬我君桓公。《傳》：桓公葬而後舉謚，謚所以成德也，於卒事乎加之矣。晉范寧《集解》：謚者，行之迹，所以表德。人之終卒，事畢於葬，故於葬定，稱號也。昔武王崩，周公制謚法，大行受大名，小行受小名，所以勸善而懲惡。禮，天子崩，稱天命以謚之；諸侯薨，天子謚之；卿大夫卒，受謚於其君。

《孟子·離婁上》　暴其民甚，則身弑國亡，不甚則身危國削，名之曰「幽」、「厲」，雖孝子慈孫，百世不能改也。漢趙岐注：甚謂桀、紂，不甚謂幽、厲。厲王流于彘，幽王滅於戲，可謂身危國削矣。「名之」謂謚之也。謚以「幽」、「厲」，以章其惡，百世傳之，孝子慈孫何能改也？宋朱熹《集注》：幽暗厲虐，皆惡謚也。苟得其實，則雖有孝子慈孫愛其祖考之甚者，亦不得廢公義而改之。言不仁之禍必至於此，可懼之甚也。

漢·伏勝《尚書大傳》卷一《虞書·三五傳》　自堯以上，王者子孫據國而紀，功德浸盛，故造謚。舜、禹本以白衣砥美行顯名，升為天子，雖復制謚，不如名著，故因名焉。

《史記》卷六《秦始皇本紀》　秦初并天下，【略】制曰：朕聞太古有號毋謚，中古有號，死而以行為謚。如此，則子議父，臣議君也。甚無謂，朕弗取焉。自今已來，除謚法。南朝宋裴駰《集解》：駰案，謚法，周公所作。

明·王圻《謚法通考》卷二《古帝王謚備考》　黄帝有熊氏，姬姓，名軒轅。又云居軒轅之丘，故號軒轅氏。或曰謚黄。

顓頊高陽氏，姬姓。黄帝孫昌意子，代少昊爲帝。或云謚顓頊。

帝堯陶唐氏，伊祁姓，名放勳。或曰謚堯。

帝舜有虞氏，姚姓，名重華。或曰謚舜。

夏王禹，姒姓，名文命。或曰謚禹。裴駰曰：按《謚法》，受禪成功曰禹。

桀名履癸，或云謚桀。《索隱》曰：桀，名也。

商成湯，姓子，名履，又名天乙。或曰謚成湯。

祖甲亦曰大甲，或云謚。

紂名辛，一名受。或曰謚紂。

又　卷二《周王及后謚》　王昌，姬姓，裔出帝嚳。在商爲西伯，武王即位，追謚爲文。

王癸，文王子，謚武。

王誦，武王子，謚成。

王釗，成王子，謚康。

王瑕，康王子，謚昭。

王滿，昭王子，謚穆。

王繄扈，穆王子，謚共。

王囏，共王子，謚懿。

王辟方，共王弟，謚孝。

王燮，孝王子，謚夷。

王胡，夷王子，謚厲。

王靖，厲王子，謚宣。

王涅，宣王子，謚幽。

王宜臼，幽王子，謚平。

王林，平王孫，謚桓。
王佗，桓王子，謚莊。
王胡齊，莊王子，謚釐。
王閬，釐王子，謚惠。
王鄭，惠王子，謚襄。
王壬臣，襄王子，謚頃。
王班，頃王子，謚匡。
王瑜，匡王弟，謚定。
王夷，定王子，謚簡。
王泄心，簡王子，謚靈。王生而有髭而神，故謚。其冢，民祀之不絶。
王貴，靈王子，謚景。
王猛，景王子，謚悼。
王匄，景王子，謚敬。
王仁，敬王子，謚元。一名赤。
王介，元王子，謚貞定。
王去疾，貞定王子，謚哀。
王叔襲，哀王弟。弑兄自立，謚思。
王巍，貞定王子，弑思王自立，謚考。
王午，考王子，謚威烈。
王驕，威烈王子，謚安。
王喜，安王子，謚烈。
王扁，安王次子，謚顯。
王定，顯王子，謚慎靚。
王延慎，靚王子，謚赧。時東西周分治。考、赧二謚，周《謚法》無。皇甫謐云：以微弱慚愧，故號赧。
幽王次子伯服，謚攜。

又 卷二《周同姓列國君臣謚·魯君及夫人謚》 周公名旦。《索隱》曰謚文。見《國語》。
文公子魯公伯禽，無謚。
魯公伯禽子酉，謚考公。
考公弟熙，謚煬公。
煬公子宰，謚幽公。
幽公弟濆，弑兄而立，謚魏公。徐廣曰：《系本》作微公。
魏公子擢，謚厲公。
厲公弟具，謚獻公。
獻公子濞，謚真公。《索隱》曰：《系本》作愼公。
真公弟敖，謚武公。
武公子戲，謚懿公。
懿公兄伯御，弑弟自立。宣王討其罪而誅之，故無謚。戲弟稱，謚孝公。
孝公子不湟，一云弗湟，謚惠公。
惠公子息姑，謚隱公。
隱公弟軌，一名允，弑兄而立，謚桓公。
桓公子同，謚莊公。
莊公子啓方，一名開，謚閔公。一云湣公。
閔公弟申，謚僖公。
僖公子興，謚文公。
文公子佞，謚宣公。
宣公子黑肱，謚成公。
成公子午，謚襄公。
襄公子裯，謚昭公。
昭公弟宋，謚定公。
定公子將，謚哀公。
哀公子寧，謚悼公。
悼公子嘉，謚元公。
元公子不衍，一名顯，謚穆公。
穆公子奮，謚共公。
共公子屯，一名毛，謚康公。
康公子偃，謚景公。

景公子叔，一云旅，謚平公。

平公子賈，謚滑公。一作文。

滑公子讐，謚頃公。

又　卷二《衛君及夫人世子謚》　康叔名封，武王同母弟。按《會編》，食采於康，故曰康叔，非謚。

康叔子牟，謚康伯。

康伯子，謚考伯。

考伯子，謚嗣伯。

嗣伯子，謚庢伯。

庢伯子，謚靖伯。

靖伯子，謚貞伯。

貞伯子，謚頃侯。

頃侯子，謚釐侯。

釐侯少子和，謚武公。

武公子揚，謚莊公。

莊公子完，謚桓公。

桓公弟晉，謚宣公。

宣公子朔，謚惠公。

宣公子黔牟，無謚。

惠公子赤，謚懿公。

黔牟弟申，謚戴公。

戴公弟燬，謚文公。

文公弟鄭，謚成公。

成公子遫，謚穆公。

穆公子臧，謚定公。

定公子衎，謚獻公。

定公弟狄，以獻公出奔立，爲甯喜所弒，謚殤公。

獻公子惡，謚襄公。

襄公庶子元，謚靈公。

靈公子蒯聵，謚莊公。

莊公子輒，無謚，號出公。

出公季父黔，謚悼公。

悼公子弗，謚敬公。

敬公子糾，謚昭公。

亹弒昭公代立，謚懷公。

敬公孫頹，弒懷公自立，謚慎公。

慎公子訓，謚聲公。《索隱》曰：《系本》又作聖公馳。

聲公子遫，貶號曰侯，謚成侯。

成侯子，謚平侯。

平侯子嗣君，貶號曰君。《索隱》曰：樂資據《紀年》，以嗣君卽孝襄侯。

嗣君子，謚懷君。

嗣君弟，謚元君。

釐侯世子餘，謚共伯。

又　卷二《蔡君及太子謚》　蔡叔度，武王弟。以與管叔流言作亂，無謚。

叔度子蔡仲，名胡，無謚。

蔡仲子蔡伯，名荒，無謚。

蔡伯子宮侯，無謚。

宮侯子，謚厲侯。

厲侯子，謚武侯。

武侯子，謚夷侯。

夷侯子所事，謚釐侯。

釐侯子興，謚共侯。

共侯子，謚戴侯。

戴侯子措父，謚宣侯。

宣侯子封人，謚桓侯。

桓侯弟獻舞，謚哀侯。

哀侯子肸，謚穆侯。

穆侯子甲午，謚莊侯。

莊侯子申，謚文侯。

文侯子同，謚景侯。
景侯子般，謚靈侯。
靈侯少子盧，謚平侯。
靈侯孫東國，謚悼侯。
悼侯弟申，謚昭侯。
昭侯子朔，謚成侯。一謚景。
成侯子產，謚聲侯。
聲侯子，謚元侯。
元侯子齊，無謚。

又 卷二《曹君謚》 振鐸，武王弟。無謚。
振鐸子太伯脾，無謚。
脾子仲君平，無謚。
平子宮伯侯，無謚。
侯子雲，謚孝伯。
孝伯子喜，謚夷伯。
夷伯弟彊，戴伯弒之，謚幽伯。
幽伯弟蘇，謚戴伯。
戴伯子兕，謚惠伯。
惠伯子武，弒兄石甫自立，謚繆公。
繆公子終生，謚桓公。
桓公子射姑，謚莊公。
莊公子赤，又名夷，謚釐公。
釐公子班，謚昭公。
昭公子襄，謚共公。
共公子壽，謚文公。
文公子盧，謚宣公。
宣公弟負芻，謚成公。
成公子勝，謚武公。
武公子頃，謚平公。
平公子午，謚悼公。
悼公弟野，隱公弒之，謚聲公。一謚襄。
平公弟通，謚隱公。
聲公弟露，謚靖公。
靖公子伯陽，滅於宋。無謚。

又 卷二《晉君及夫人世子謚》 叔虞字子于，成王弟。始封唐侯，無謚。
叔虞子燮，都於晉，爲晉侯，無謚。
燮子寧族，謚武侯。
武侯子服人，謚成侯。
成侯子福，謚厲侯。
厲侯子宜臼，謚靖侯。
靖侯子司徒，謚僖侯。
僖侯子籍，謚獻侯。
獻侯子費生，謚穆侯。
穆侯弟殤叔，謚殤侯。
穆侯子仇，謚文侯。
文侯子伯，爲大臣潘父所弒，謚昭侯。
昭侯子平，爲莊伯鱓所弒，謚孝侯。
孝侯子郄，爲鄂侯，居於鄂，故曰鄂侯。
鄂侯子光，曲沃武公弒之，謚哀侯。
哀侯子爲小子侯。武公弒之，無謚。昭侯至此始絶。
昭侯叔父成師，始封曲沃，謚桓叔。
桓叔子鱓，謚莊伯。爲曲沃莊伯。
莊伯子稱，謚武公。爲曲沃武公。代晉爲諸侯，二年卒。據《史記》曲沃武公已即位三十年矣，更號曰晉。武公則武似號。
武公子詭諸，謚獻公。
獻公子夷吾，謚惠公。
惠公子圉，爲文公所弒，謚懷。
獻公子重耳，謚文公。
文公子驩，謚襄公。

襄公子夷皋，趙穿弒之，謚靈公。

襄公弟黑臀，謚成公。

成公子儒，一名據，謚景公。

景公子州蒲，一名壽曼。欒書、中行偃弒之，謚厲公。

襄公曾孫周，謚悼公。

悼公子彪，謚平公。

平公子夷，謚昭公。

昭公子去疾，一名棄疾，謚頃公。

頃公子午，謚定公。

定公子鑿，又名錯，號出公，無謚。

昭公曾孫驕，謚哀公。

哀公子抑，爲盜所殺，謚幽公。

幽公子止，謚烈公。

烈公子頎，謚孝公。

孝公子俱酒，謚靜公。

又　卷二《鄭君及夫人謚》　厲王子友，初封於鄭，爲犬戎所殺，謚桓公。

桓公子掘突，謚武公。

武公子寤生，謚莊公。

莊公子忽，爲高渠彌所弒，謚昭公。

昭公弟突，謚厲公。

厲公弟子亹，無謚。

厲公子捷，謚文公。

文公子蘭，謚穆公。

穆公子夷，謚靈公。

靈公弟堅，謚襄公。

襄公子費，謚悼公。

悼公弟睔，謚成公。

悼公子惲，又名髡頑。爲子駟所弒，謚僖公。

僖公子嘉，謚簡公。

簡公子寧，謚定公。

定公子蠆，謚獻公。

獻公子勝，謚聲公。

聲公子易，謚哀公。

哀公弟丑，謚共公。

共公子巳，謚幽公。《左傳》：鄭歸生弒幽公，鄭人討幽公之亂，斲子家之棺而逐其族，改葬幽公，謚之曰靈。

幽公弟駘，號繻公。

繻公弟乙，謚康公。

又　卷二《滕君謚》　滕侯嬰齊，文王子叔繡之後，謚宣公。

宣公子毛，謚昭公。

昭公子繡，謚文公。

文公子原，謚成公。

成公子寧，一名道，謚悼公。

悼公子結，謚頃公。

虞毋謚隱公。

定公。失名。

定公子，謚文公。失名。

又　卷二《中山公謚》　中山公，古鮮虞國，姬姓。謚武，失名。

又　卷二《周異姓列國君臣謚·齊君及夫人謚》　太公姓姜，從其封姓，故曰呂尚。始封於齊，無謚。

太公子伋，謚丁公。

丁公子乙公得。

乙公子癸公慈母。

太公子丁公，丁公子乙公，乙公子癸公，蓋猶用殷法，以生日名子。《謚法》乃後人依託，遂以『述義不克曰丁』耳。不然，何以無乙、癸之謚法乎？乃知丁、乙、癸，皆非謚也。

癸公子不辰，謚哀公。

哀公弟靖，謚胡公。

哀公弟山，弒胡公立，謚獻公。

獻公子壽，謚武公。
武公子無忌，弒於國人，謚厲公。
厲公子赤，謚文公。
文公赤子説，謚文公。
文公説子購，謚莊公。
莊公子祿父，謚釐公。
釐公子諸兒，謚襄公。
襄公弟小白，謚桓公。
桓公子無詭，被弒無謚。
桓公子昭，謚孝公。
桓公子潘，謚昭公。
昭公子舍，謚殤公。
桓公子商人，謚懿公。
桓公子元，謚惠公。
惠公子無野，謚頃公。
頃公子環，謚靈公。
靈公子光，爲崔杼所弒，謚莊公。
莊公弟杵臼，謚景公。
景公子荼，號晏孺子。
景公子陽生，謚悼公。
悼公子壬，陳成子弒之，謚簡公。
簡公弟驁，謚平公。
平公子積。謚宣公。
宣公子貸，謚康公。

又 卷二《杞君謚號》 東樓公，姒姓，禹之後。周武王始封。《索隱》曰：東樓公，謚號也。
東樓公子，西樓公。
西樓公子，題公。
題公子謀娶公。四公無謚。
謀娶公子，謚武公。
武公子，謚靖公。
靖公子，謚共公。
共公子，謚德公。徐廣曰：《系本》作惠公。
德公子，謚成公。
德公弟姑容，謚桓公。
桓公子匄，謚孝公。
孝公弟益姑，謚文公。
文公弟郁釐，謚平公。
平公子成，謚悼公。
悼公子乞，謚隱公。
隱公弟遂，弒隱公自立，謚釐公。
釐公子維，謚湣公。
湣公弟閼路，謚哀公。譙周云：謚懿。
湣公子敕，號出公。
出公子春，謚簡公。

又 卷二《宋君謚》 微子開，一名啓，子姓。周武王始封於宋，以奉商祀，無謚。
啓弟微仲衍，無謚。
宋公稽，無謚。
稽子申，謚丁公。
丁公子共，謚湣公。
湣公弟熙，爲鮒祀所弒，謚煬公。
煬公弟鮒祀，謚厲公。
厲公子舉，謚釐公。
釐公子覸，謚惠公。
惠公子，謚哀公。史失名。
哀公子，謚戴公。史失名。
戴公子司空，謚武公。
武公子力，謚宣公。
宣公弟和，謚穆公。

宣公子與夷，華督弑之，謚殤公。
穆公子馮，謚莊公。
莊公子捷，南宫萬弑之，謚閔公。
新君游遇弑，無謚。
閔公弟禦説，謚桓公。
桓公子兹甫，謚襄公。
襄公子王臣，謚成公。
成公子杵臼，衛伯弑之，謚昭公。
昭公弟鮑革，謚文公。
文公子瑕，謚共公。
共公少子成，謚平公。
平公子佐，謚元公。
元公子欒，謚景公。
元公庶曾孫特，弑景公太子自立，謚昭公。
昭公子購由，謚悼公。
悼公子田，謚休公。
休公子辟兵，號爲辟公。《索隱》曰：《紀年》作桓侯璧兵，則璧兵謚桓。
辟公子剔成，弟偃弑之。
剔成弟偃，僭稱王。立四十七年，而宋亡。《索隱》曰：《戰國策》、《呂氏春秋》皆以偃謚康王。

又 卷二《陳君及太子謚》 陳侯滿，嬀姓。周武王始封，謚胡。
胡公子犀，謚申公。
申公弟臯羊，謚相公。
申公子突，謚孝公。
孝公子圉戎，謚慎公。
慎公子寧，謚幽公。
幽公子孝，謚僖公。
僖公子靈，謚武公。
武公子説，謚夷公。
夷公弟燮，謚平公。
平公子圉，謚文公。
文公子鮑，謚桓公。
桓公弟佗，謚厲公。
桓公子躍，謚利公。
利公弟林，謚莊公。
莊公弟杵臼，謚宣公。
宣公子欵，謚穆公。
穆公子朔，謚共公。
共公子平國，爲徵舒所弑，謚靈公。
靈公子午，謚成公。
成公子弱，一名溺，謚哀公。
哀公孫吳，謚惠公。
惠公子柳，謚懷公。
懷公子越，謚湣公。

又 卷二《許君謚》 文叔，姜姓。四岳伯夷之後，武王始封。
德男。
伯封。
孝男。
靖男。
康男。
武公。
興父，謚文公。
文公弟，謚莊公。
鄭，謚桓公。
新臣，謚穆公。
業，謚僖公。
僖公子錫我，謚昭公。
昭公子甯，謚靈公。
靈公子買，謚悼公。
悼公子成，謚元公。

又　卷二《薛君謚》　薛侯穀，謚獻公。

獻公子定，謚襄公。

襄公子夷，謚惠公。

成侯。

又　卷二《郳君謚》　郳子克，謚莊公。

莊公子瑣，無謚。

瑣子蘧蒢，謚文公。

文公子貜且，謚定公。

定公子牼，謚宣公。

宣公子華，謚悼公。

悼公子穿，謚莊公。

莊公子益，謚隱公。

隱公子革，謚桓公，一謚威公。

郳後改爲鄒，鄒有穆公。見《孟子》。

又　卷二《小郳君謚》　即郳之別封，故稱小。終春秋，有謚者僅見一君：郳黎來，謚穆公。

又　卷二《莒君謚號》　兹丕公。莒夷無謚，以號爲稱，此即時君之號也。

紀公庶其。

紀公子季佗，曰厲公。

渠丘公朱。

黎比公密州。黎比，號也。

著丘公去疾，黎比子，弒父自立。

郊公往著，丘公子。國人攻之，奔齊。

共公庚輿，著丘公弟。國人逐之，奔魯。

又　卷二《萊君謚》　萊子浮柔，謚共公。

右薛、郳、莒、萊，《春秋》或書其謚，或書其名，或書其號。號，非謚也。今并載之，以備參考。

明・董説《七國考》卷六《田齊羣禮・謚法・君謚》　桓。齊侯田和，莊公之子，號太公。和子午，謚桓公。威。午子嬰齊，僭稱王，謚威王。宣。嬰齊子辟疆，謚宣王。湣。辟疆子地，謚湣王，一作閔。襄。地子法章，謚襄王。法章子建，滅於秦，無謚也。

又　卷六《楚羣禮・謚法・君謚》　武。熊通弒兄蚡冒之子代立，謚武王。文。熊通子熊貲，謚文王。成。熊貲子熊惲，為太子商臣所弒，謚成王。穆。熊惲子商臣，弒父代立，謚穆王。莊。商臣子侶，謚莊王。共。侶子審，謚共王。康。審子招，謚康王。靈。審子圍，謚靈王。平。審子棄疾，改名熊居，謚平王。昭。熊居子珍，謚昭王。惠。珍子章，謚惠王。簡。章子中，謚簡王。聲。中子當，謚聲王。悼。當子類，謚悼王。肅。類子臧，謚肅王。宣。臧弟熊良夫，謚宣王。威。良夫子熊商，謚威王。懷。熊商子熊槐，謚懷王。頃襄。熊槐子横，謚頃襄王。考烈。横子熊元，謚考烈王。幽。元子悍，謚幽王，一云名悍。哀。悍弟猶，謚哀王。

按楚自熊繹始封，至十七世武王而有謚。荆蠻之俗，積久乃變也。按《史記》，楚武王三十五年，楚伐隨，謂隨『請王室尊吾號』，王室不聽。熊通怒曰：『我自尊耳。』乃自立為武王。生以為號，死以為謚矣。【略】是以知楚國謚法之重也。

又　卷六《燕羣禮・謚法・君謚》　康。召公奭謚康公，子封北燕伯。惠。康公九世孫，謚惠侯。懿公子，謚惠公。戰國，昭王子謚惠王。釐。惠侯子，謚釐侯。閔公子，謚釐公，《年表》作釐侯莊。頃。釐侯子，謚頃侯。哀。頃侯子，謚哀侯。鄭。哀侯子，謚鄭侯。《索隱》曰：謚法無鄭，鄭是名也。余按列國謚法如此者甚多。繆。鄭侯子，謚繆侯。宣，繆侯子，謚宣侯。桓公子，謚宣公。桓。宣侯子，謚桓侯。襄公子，謚桓公。譙周曰：《系家》襄伯生宣公，無桓公也。又釐侯子，謚桓公。昭。宣公子，謚昭公。戰國，噲子平，謚昭王。武。昭公子，謚武公。文。武公子，謚文公。又桓公子，謚文公。懿。文公子，謚懿公。悼。惠公子，謚悼公。共。悼公子，謚共公。平。共公子，謚平公。簡。平公子款，謚簡公。獻。簡公子，謚獻公。《索隱》曰：按《紀年》，燕簡公後次孝公，無獻公。孝。獻公子，謚孝公。戰國，武成王子，謚孝王。成。孝公子載，謚成公。閔。成公子，謚閔公。易。文公子，謚易王。武成。惠王子，謚武成王。

考燕謚法，康公九世孫謚惠，懿公子亦謚惠，昭王子亦謚惠。惠侯子謚釐，閔公子亦謚釐。繆侯子謚宣，桓公子亦謚宣。宣公子謚桓，襄公子亦謚桓，釐侯子亦謚桓。宣公子謚昭王，噲子亦謚昭。武公子謚文，桓公子亦謚文。獻公子謚孝，武成王子亦謚孝。謚不諱同，周之制也。

又　卷六《韓羣禮・謚法・君謚》　景。韓侯虔，謚景侯。烈。虔子取，謚烈侯，《系本》作武，《史記》作列。文。烈侯子，謚文侯。哀。文侯子，為韓嚴所弑，謚哀侯。懿。哀侯子若山，謚懿侯。《索隱》曰：《年表》作莊侯。昭。懿侯子，謚昭侯，又作鄭釐侯。按昭侯二十五年，作高門。屈宜臼曰「昭侯不出此門」云云。凡稱昭侯者三，生而稱謚，大不可解。宣惠。昭侯子，謚宣惠王。襄。宣惠王子倉，謚襄王也。釐。襄王子，謚釐王。桓惠。釐王子，謚桓惠王，桓惠王子安滅於秦，無謚。

又　卷六《趙羣禮・謚法・君謚》　烈。趙侯籍，趙獻子浣之子，謚烈侯。武。烈侯弟，謚武侯。敬。烈侯子章，謚敬侯。成。章子種，謚成侯。肅。成侯子語，謚肅侯。武靈。肅侯子，謚武靈王。惠文。武靈王子何，謚惠文王。孝成。何子丹，謚孝成王。悼襄。丹子偃，謚悼襄王。幽繆。偃子遷，謚幽繆王。徐廣曰：「王遷無謚。今獨此稱幽繆王者，蓋秦滅趙之後，人臣竊追謚之。」遷子嘉為代王，滅於秦，無謚。

又　卷六《魏羣禮・謚法・君謚》　文。魏侯斯，謚文侯，或作都。武。斯子擊，謚武侯。惠。擊子罃，謚惠王。《紀年》作「惠成王」是也。襄。罃子赫，謚襄王。哀。赫子，謚哀王。《索隱》曰：《系本》襄王生昭王。而無哀王，蓋脫一代耳。昭。哀王子圉，謚昭王。安釐。昭王子，謚安釐王。景閔。安釐王子增，謚景閔王。

又　卷六《秦羣禮・謚法・君謚》　莊。秦仲子，以伐西戎為大夫，謚莊公。秦自柏翳始封，歷非子，秦侯、公伯、秦仲皆無謚。至莊公，始謚。襄。莊公子，以禦戎封為侯，遂謚襄公。文。襄公子，謚文公。寧。文公孫，謚寧公。武。寧公長子，謚武公。戰國，惠文君子謚武王，一曰謚悼武。德。武公弟，謚德公。宣。德公子，謚宣公。成。宣公弟，謚成公。穆。成公弟任好，謚穆公。康。任好子罃，謚康公。共。罃子和，謚共公。桓。和子罃，謚桓公。景，罃子后，謚景公。哀。景公后子，謚哀公。惠。哀公孫，謚惠公。簡公子，謚惠公。悼。惠公子，謚悼公。厲共。悼公子，謚厲共公。躁。厲共公子，謚躁公。懷。躁公弟，被圍自殺，謚懷公。靈。懷公孫，謚靈公。簡。懷公子，名悼子，謚簡公。《索隱》曰：簡公，懷公子，靈公季父。《始皇本紀》云：靈公生簡公。誤也。獻。靈公子師隰，謚獻公。孝。獻公子渠梁，謚孝公。惠文。孝公子，謚惠文王，名駟。昭襄。武王弟稷，謚昭襄王。孝文。昭襄王子柱，謚孝文王。莊襄。孝文王子楚，謚莊襄王。其子政立為始皇帝，除謚法。

論　說

《漢書》卷五一《賈山傳》　孝文時，言治亂之道，借秦為諭，名曰《至言》。其辭曰：【略】古者聖王作謚，三四十世耳。雖堯舜、禹湯、文武絫世廣德，唐顏師古注：絫，古累字。以為子孫基業無過二三十世者也。注：張晏曰：夏十七世，殷三十一世，周三十六世。秦皇帝曰：死而以謚法，是父子名號有時相襲也。以一至萬，則世世不相復也。注：復，重也。故死而號曰始皇帝，其次曰二世皇帝者，欲以一至萬也。

漢・董仲舒《春秋繁露》卷七《三代改制質文》　黄帝之先謚，四帝之後謚，何也？曰：帝號必存五，帝代首天之色，號至五而反。周人之王，軒轅直首天黄號，故曰黄帝云。帝號尊而謚卑，故四帝後謚也。

《春秋運斗樞》　禮，號謚託設夏禹、殷湯、周武王，是三王也。禹者，輔也，輔續舜後，庶績洪茂。自堯以上，王者子孫據國而起，功德浸盛，故造美謚。舜、禹本以白衣砥行顯名，升為天子，雖復制謚，不如名著，故國名焉。

漢・班固《白虎通義》卷二《謚》　謚者，何也？謚之為言引也，引列行之迹也，所以進勸成德，使上務節也。故《禮・郊特牲》曰：「古者生無爵，死無謚。」此言生有爵，死當有謚也。死乃謚之何？《詩》云：「靡不有初，鮮克有終。」言人行終始不能若一，故據其終始，從可知也。《士冠經》曰：「死而謚，今也。」所以臨葬而謚之何？因衆會，欲顯揚之也。故《春秋》曰：「公之喪，至自乾侯。」昭公死於晉乾侯之地，數月歸，至急，當未有謚也。《春秋》曰：「丁巳葬」，「戊午日下側乃克葬。」明祖載而有謚也。

黄帝先「黄」後「帝」何？古者質，生、死同稱，各持行，合而言之，美者在上。黄帝始制法度，得道之中，萬世不易，名「黄」自然也。後世雖聖，莫能與同也。後世德與天同，亦得稱帝，不能制作，故不得復稱「黄」也。

謚或一言，或兩言何？文者以一言為謚，質者以兩言為謚。故湯死後稱成湯，以兩言為謚也。號無質、文，謚有質、文何？號者，始也，為本，故不可變也。周已後，用意尤文。以為本生時號令善，故有善謚，故合言文王、武王也。合言之則上其謚，明別善惡，所以勸人為善，戒人為惡也。

帝者，天號也。以為堯猶謚，顧上世質直，死後以其名為號耳。所以謚之為堯何？為謚有七十二品。《禮·謚法記》曰：『翼善傳聖，謚曰堯。仁聖盛明，謚曰舜。慈惠愛民，謚曰文。强理勁直，謚曰武。』

天子崩，大臣至南郊謚之者何？以為人臣之義，莫不欲褒稱其君，掩惡揚善者也。故之南郊，明不得欺天也。故《曾子問》：『孔子曰：「天子崩，臣下之南郊，告謚之。」』

諸侯薨，世子赴告於天子，天子遣大夫會其葬而謚之何？幼不誄長，賤不誄貴。諸侯相誄，非禮也。臣當受謚於君也。卿大夫老歸死者有謚何？謚者，所以别尊卑，彰有德也。卿大夫歸無過，猶有祿位，故有謚也。【略】

《禮·曾子問》曰：『唯天子稱天以誄之。』唯者，獨也，明天子獨于南郊耳。顯號謚何法？號，法天也，法日也，日未出而明。謚，法地也，法月也，月已入有餘光也。

漢·許慎《說文解字·言部》 謚。行之跡也。誄。謚也。清段玉裁注：當云『所以為謚也』。

漢·劉熙《釋名》卷六《釋典藝》 謚，曳也。物在後為曳，言名之於人亦然也。誄，累也，累列其事而稱之也。

三國吳·韋昭《辨釋名》 古者諸侯薨，則天子論行以賜謚。唯王者無上，故於南郊稱天以謚之。當春秋時，周室卑微，臣謚其父，故諸侯之謚，多不以實。

晉·杜預《春秋釋例》卷一《弔贈葬例》 《周禮》太史氏掌喪事，考其德行而賜之謚。及周之衰，天子不能帥禮，則臣子亦自奉謚，皆因葬而成其禮，故葬乃稱謚。

又 卷四《書謚例》 《釋例》曰：謚者興于周之始王，變質從文，于是有諱焉。《傳》曰：周人以諱事神，名終將諱之，故易之以謚。末世滋蔓，降及匹夫，爰暨婦人。婦人無外行，于禮當繫夫之謚，以明所屬。《詩》稱『莊姜』、『宣姜』，即其義也。

唐·獨孤及《毘陵集》卷六《故江陵尹兼御史大夫呂諲謚議》 二字不必為褒，一字不必為貶。若褒貶果在字數，則是堯、舜、禹、湯、文、武、成、康不如周威烈王、慎静王也，齊桓、晉文不如趙武威、魏安釐、秦莊襄、楚孝烈也。

唐·杜佑《通典》卷一〇四《凶禮·帝王謚號議》 黄帝之號。【略】黄者，中和美色。黄承天德，最盛淳美，故以尊色為謚也。顓頊，按《五經通義》曰：顓頊者，顓猶專，頊猶愉。幼少而王，以致太平。時年十三。常自愉儉嗛約，自小之意，故兩字為謚。帝堯、帝舜，先號後謚也。帝者德盛，與天同，號謚雖美，終不過天也，故如其次道之。【略】文王、武王，先謚後號。王者德薄，傳位與子，賢不肖同稱王。號者所共，謚者所專，故上謚下號，上其美者。

說曰：【略】《五經通義》曰：號者，亦所以表功德，號令天下也。謚之言列，陳列所行，善有善謚，惡有惡謚，亦以為勸戒也。問曰：天子有天下大號，諸侯寧有國大號乎？答曰：天子居無上之位，下無所屈，故立大號，以勸勉子孫。諸侯有爵祿之賞，削絀之義，鈇鉞之誅，故無所有國之號也。趙商問：《鄭志》曰：《曲禮》云：『已孤暴貴，不為父作謚』，而武王即位，追王太王、王季、文王，改謚爵，何也？答曰：周道之業，興於二王，功德由之，王迹初焉。凡為人父，豈能盡賢乎？若夏禹、殷湯，則不追謚矣。【略】

質家兩言為謚，『成湯』是也；文者一言為謚，『文』、『武』是也。號無質、文，謚有質、文。號者，始也，為本，故不可變。周以後尤文，以為本生習事善，故有善謚，故合言文王武王。或以名配者，德薄，因名配謚，祖甲是也。質家不連號謚，生則為號，死則言謚，故不連號，『成湯』是也。文家連號，欲但言謚，不忍死之；欲但言號，又是實死，故以號謚，文王，武王是也。桀、紂先號後謚者，別誅絕，不嫌也。

又 《諸侯卿大夫謚議》 周制，諸侯薨，臣子跡累其行，以赴告王，王遣大夫會其葬，因謚之。《春秋》魯文公元年，天王使叔服來會葬是。《春秋》魯桓公七年，葬蔡桓侯。然得『桓』謚者，明謚天子所加，非獨臣子也。

唐·陸淳《春秋集傳纂例》卷八《爵謚》 古者無謚，周始有之。武王追王三代，而王季獨無謚。蓋初制之時，加謚者如殷祖之號，有大功大德乃加之，故三祖之中，無謚者一。并諸侯若公卿大夫，有大功大德及大惡者乃特賜謚，不盡有謚也。故《史記》、《世本》，厲王以前，諸侯有謚者少。其後乃皆有謚。蓋後代僭差，遂以為常。如祖宗之號，本以尊有功德，而漢以來，一切加之，亦皆臣子之心，願尊其君父之所致也。楚之大夫有土者，皆僭封公，蔡公、申公之類是也。僭用諸侯禮也。秦之大夫，多僭為子，僭畿内諸侯禮也。此並不見於經出於傳。諸侯皆當依爵，而時多僭謚為公。春秋時唯蔡一處稱侯，餘皆稱公，僭也。天子大夫，亦有僭謚為公者。劉文公之類也。諸侯之大夫皆以伯、仲配謚，而時或僭為子，范文子、季武子之類是也。以其采地欲自同於畿内諸侯也。侯、伯、子、男之臣，皆得稱其君曰公，其子孫亦曰公子，而謚不得云公者，謚是王所賜也。大夫之臣得稱其主曰子，而謚不得稱子者，謚是君所賜也。婦當從夫謚，後代訛謬無別，有謚非正也。

唐·皮日休《文藪》卷五《秦穆謚繆論》 聖人務安民，不先置不仁，以見其仁焉；不先用不德，以見其德焉。苟如是，是見危者已墜而欲援，觀鬭者將死而方救。噫！其亦不仁矣。以高辛之仁，化用一摯，摯之不善，天下之民捕堯以為君。以唐堯之仁，化用一鮌，鮌之不績，天下之民諫禹以為功。夫如是，摯之與鮌，是高辛、唐堯誠用之也，非先置也。推其誠而用之，人民尚陪之如是，況先置者邪！當晉獻孋姬之亂後，奚齊、卓子之死餘，重耳在翟，夷吾居秦。以秦穆之力，制翟而安晉，其能必矣。夫重耳之賢也，天下知之；又其從者，足以相人國。如先立之，必能誅亂公子，去暴大夫，翼德於成周，宣化於汾晉，而穆公乃取公子摯之言，乃先置夷吾，是為惠公。公之入也，背内外之賂，誅本立之臣，烝先父之室，故生民興誦，死者無報，卒身獲于秦而子殺於晉。嗚呼！致是也，非晉人之罪，秦人之罪也。夫摯立八年，不善而去；鮌用三載，弗績而誅。況晉惠公之在位，作宗廟之蠹蝎，為社稷之稂莠。一立十五年，其為害也大矣。今之學者以秦穆為繆，尚疑其謚得斯文也，可以謚『繆』為定。

宋·余靖《武溪集》卷四《堯舜非謚論》 跡驟五帝、德規百王者，有堯舜焉。言常道，尼父首之於《書》；大一統，馬遷列之為《紀》。釋者云：堯舜，謚也。翼善傳聖曰堯，仁聖盛明曰舜。後之學者，罔不宗焉。愚嘗考世系之端，辨質文之變，頗疑是説，請試明之。

粤自邃古，聖人迭興，真淳乍散，制度未備。尊盧、赫胥以前，未有氏姓，皆以教民之事而名之，鑽燧改火則曰燧人，穴處巢居則曰有巢是也。迨及三皇，頗推五勝，乘火德者曰炎帝，應土運者曰黄帝。少昊金天，亦襲其故。迭觀興廢，漸有兵戰。自顓頊以來，天下之號則因其名。顓頊與嚳，則其名也；帝摯、帝堯、帝舜，亦其名也。以國言之，則顓頊稱高陽氏，帝嚳稱高辛氏，帝堯稱陶唐氏，帝舜稱有虞氏，皆以所興之地為國號也。帝摯非改姓易代之主，故不稱氏，以名言之，則顓頊、嚳、摯、堯、舜皆名也。頊，正也；嚳，極也；摯，大也；堯，高也；舜，華也。古雖敦朴，知以美字為稱，固不疑矣。

夫《謚法》者，著於周公。蓋三代之際，世有僻王。嗜音酣酒者有之，荒禽冒色者有之，飾非愎諫者有之，剖忠害賢者有之。欲使聞美號而知勸，見惡謚而思懼，垂易名之典，為觀行之則，此周公之制也，豈以周制而逆觀堯舜之世耶？且堯之《典》曰：『有鰥在下曰虞舜。』當羣臣舉善之初，釐降試難之善未顯，賓門納麓之功未著，安有對萬乘而不稱其名，在側陋而先定其謚哉？斯固知其不然也，明矣。

釋者又云：受禪成功曰禹。豈舜受堯禪而不能成功乎？夏商之王以名為號者多矣，仲康、太甲之類是也。禹之保邦，莫非堯舜之制而加以緐文縟禮，烏有捨誡勸而就質略哉？若以夏道尚質，則禹非夏耶？愚謂周公之著《謚法》也，特取堯、舜、禹、湯之名，以為訓解，將後之下武守文者，慕其名而襲其行也。周人以諱事神，諱其名而稱其謚者，周道也。謚興於周，為得彌文之實。

宋·程頤《伊川文集·書啓·為家君上宰相書》 珦聞古之君子相其君而能致天下於大治者，無他術，善惡明而勸懲之道至焉爾。勸得其道而天下樂為善，懲得其道而天下懼為惡，二者為政之大權也。然行之必始於朝廷，而至要莫先於謚法。何則？刑罰雖嚴，可警於一時；爵賞雖重，不及於後世。惟美惡之謚一定，則榮辱之名不朽矣。故歷代聖君賢相，莫不持此以勵世風。

宋·蕭楚《春秋辨疑》卷三《葬稱我君辨》 趙子曰：葬稱我君，舉其謚也。恐涉他國，故稱我君。其説非也。薨書公薨，葬舉謚曰葬某公，原注：文公、桓公。自然知是魯君。若他國，則兼國號。原注：如葬鄭穆公，有「鄭」字。亦不俟我而為之辨也。所以稱我者，用見其私謚，不請命于周，自我云爾。謚號于成周為賞罰勸懲之一法。諸侯公卿有大功大德及大惡者，乃特賜之，不盡有也。案《史記》、《世本》，厲王以前諸侯有謚者少，春秋時諸侯始皆僭用之，五等之君又皆謚公。仲尼從而書之，以見其非正，不足以勸懲也。其後大夫皆謚子，荆、楚之臣又僭稱公。至于六國，遞舉王號。秦併天下，以王為不足稱，遂兼皇帝之名焉。本由天子失禮，馴致之弊也。

宋·胡宏《知言》卷五 昔周公作《謚法》，豈使子議父，臣議君哉？合天下之公，奉君父以天道耳，孝愛不亦深乎！所以訓後世為君父者，以立身之本也。知本則身立、家齊、國治、天下平，不知本則縱慾恣暴，惡聞其過，入於滅亡，天下知之而不自知也，唯其私而已。是故不合天下之公，則為子議父，臣議君。夫臣子也，君父有不善，所當陳善閉邪，引之當道。若生不能正，既亡而又黨之，是不以天道奉君父，而以人道事君父也。謂之忠孝，可乎？今夫以筆寫神者，必欲其肖。不肖吾父則非吾父，不肖吾君則非吾君。奈何以謚立神而不肖之乎？是故不正之謚，忠臣孝子不忍為也。

或問臣子加謚於君父，當極其美，有諸？曰：正終，大事也。加君父以不正之謚，知忠孝者不為也。

和靖尹氏曰：謚法最公。以成周之時，其子孫自以「幽、厲、赧」為謚，此孝子慈孫所不能改也。文王只用箇「文」字，武王只用箇「武」字，大小大公。

臣按謚法，不見於五經。其書見於世者，有《周公謚法》，有《春秋謚法》，有《廣謚》，有《今文尚書》，有《大戴記》，有《世本》，有《獨斷》，有劉熙之書，有來奧之書，有沈約之書，有賀琛之書，有王彦威之書，有蘇冕之書，有扈蒙之書，有蘇洵之書，皆漢魏以來儒者取古謚法而釋以己説，而各為之法也。其説不一，有一謚而取義數端。臣愚以為，古今異宜，請自今節惠定謚者，本於古法而參酌以今世之所宜，庶不悖於古而於今人之聽聞不惑云。

宋·鄭樵《通志》卷四六《謚略·序論第一》 古無謚，謚起於周人。羲皇之前，名是，氏亦是，號亦是。至神農氏則有炎帝之號，軒轅氏則有黄帝之號，二帝之號雖殊，名氏則一焉。堯曰陶唐，舜曰有虞，禹曰夏后，湯曰殷商，則氏已異於名。堯曰放勳，舜曰重華，禹曰文命，湯曰武王，則號已異於氏。然是時有名號之別者，不過開基之祖耳。夏自啓，商自太甲，皆一名而生死通稱。若其曰祖曰宗，為中為高，則又不可常也。以諱事神者，周道也。周人卒哭而諱，將葬而謚，有諱則有謚，無諱則謚不立，蓋名不可名已，則後王之語前王，後代之及前代，所以為昭穆之次者，將何以别哉？生有名，死有謚，名乃生者之辨，謚乃死者之辨，初不為善惡也。以謚易名，名尚不敢稱，况可加之以惡乎？非臣子之所安也。嗚呼！《春秋》紀實事而褒貶之説行，謚法别昭穆而美刺之説行。當其時，已紛紜矣。後之人何獨不然？臣恐褒貶之説不已，則《春秋》或幾乎息矣，於是作《春秋考》、《春秋傳》；又恐美刺之説不已，則周公之意其亡矣夫，於是作《謚法》。使百代之下為人臣、為人子者，知尊君嚴父，奉亡如存，不敢以輕重之意行乎其間，以傷名教者也。

又《序論第二》 天下有難行之道，雖曰古有是道，而後世終不可行者，非古有是道也，後之人設是道以實之耳。豈有可行於古而不可行於今之道乎？若曰臣、子可以議君、父之得失，使有德則謚善，無德則謚惡，大行受大名，細行受細名，行生於己，名生於人，此真不可行之道也。自非伐無道、誅有罪，收其鯨鯢以為京觀，則安得有惡謚之稱乎？臣以為立謚之意，本為昭穆；命謚之義，取於尊隆。且生有惡、死無惡者，人之情也；生可簡、死不可簡者，禮之事也。生雖侯伯，死必稱公，生不踰等，死必加等，先王之通制也。豈有稱生之號有隆而命死之名有虧乎？謚亦有惡，惡謚非所以加君、父也。子曰：「父在，觀其志；父没，觀其行。三年無改於父之道，可謂孝矣。」不若是，是不當於人心。子議父，臣議君，秦人之所厭而削之也，今先儒之所為謚者，正秦人之論耳，不合乎古道。

又《序論第三》 按謚法，惡謚莫如桀、紂，其次莫如桓、靈，其次莫如幽，厲，此古今之所聞也。以臣所見，皆不然。桀、紂是名耳，非謚也。名者，生之所命而非死之所加也。當夏之季，當殷之興，則未有謚，桀非謚也。當殷之季，當周之興，雖有謚法，然得謚為桀，不得謚為辱，名之以紂，辱莫大焉。桀之所名者，取於木，猶高柴、公孫枝之所取云耳，豈有『賤人多殺』之名而可以為名乎？紂之所名者，取於絲，猶臧紇、南宮縚之所取云耳，豈有『殘義損善』之名而可以為名乎？是名也，非己之所更，即父兄之所命也，安得有是義乎？桓於經典，並無惡義。如『公執桓圭』，桓乃珪璋之首稱；如『桓桓武王』，桓乃果毅之盛德。齊之桓公用能霸業，周之桓王元無累行，安得桓為惡名乎？靈者，神聖之異名。周之東也，王綱不振，四方解體，迨乎靈王，周道始昌，諸侯服從。故《傳》曰『惟有髭王，甚神聖』。以其生有神聖之德，死則謚之以靈，是為名實允當。其曰『請為「靈」若「厲」者』，荆蠻不根之論也，安得靈為惡名乎？幽者，隱之並名也。周幽王喪於犬戎之禍，魯隱公卒於羽父之難，皆臣子所不忍言，故以『幽』、『隱』命之，痛惻之甚也，豈有『擁遏不通』之義乎？《語》曰：『子溫而厲，威而不猛，恭而安』。『厲』與『安』並德，故於『厲』言『而』，『猛』則異於是，故於『猛』言『不』。『厲』非惡也，豈有『暴虐無親』之義乎？厲王過矣，使厲王而有暴虐無親之名，則宣王不得為孝子；幽王過矣，使幽王而受『擁遏不通』之責，則晉文侯、鄭武公不得為良臣。成周之法，初無惡謚；謚之有惡者，後人之所立也。由有美刺之說行，然後人立惡謚。

又《序論第四》 謚之有善惡者，即文而見，不即說而見。且曰『戾』曰『剌』，豈不見其有凶德？何必以『不悔前過』然後為『戾』，『暴慢無親』然後為『剌』乎！一戾不足其說，又益之以戾；一剌不足其說，又益之以剌，非古之道也。曰『蕩』曰『荒』，豈不見其有淫行，何必『好內遠禮』然後為『蕩』，『縱樂無度』然後為『荒』乎！一蕩不足其說，又益之以蕩；一荒不足其說，又益之以荒，非古之道也。謚之善惡，可即一文以見義；一文不得而盡者，即複文以見義；複文不足以盡者，又從而加之。如衛之公孫枝，是為『惠貞文子』，亦古之道，何必為之說，以釋之乎！釋之之言既多，又非載籍之常義，學者而盡欲以善惡之義通之。有其名實相違而義不可通者，則必迂其說，曲而通之也。『桀』、『紂』初非惡名，『桓』、『靈』亦非惡謚，由其君而衆惡所集，使名與謚不能主也。人聞其名見其謚，則翕然以為惡矣。且愛人，愛其人之烏；惡人，惡其人之狗。烏、狗何與於善惡？但隨人好惡所生矣。是以君子惡居下流，故名之曰『幽』、『厲』。

宋·羅泌《路史》卷三六《發揮五·堯舜禹非謚辯》 學者必自見，不有所見，而唯一隅以求經，天下之通患也。夷、益、棄、契，皆名也，而夷、棄獨以官稱；宋·羅苹注：稷棄、益稷。虞伯、后稷、司徒，皆官也，而契洎益，何爲以名著耶？古之人，要不為是拘也。注：名分之際，要不可亂。非此則唯取其辭之順而已。《書》曰咨伯，謂宗伯也，即秩宗爾。伯，爵也，亦非字。周五十以伯仲。予述《路史》，既推堯、舜、禹之為名矣，復以放勳、重華、文命爲之名，學者疑焉。謂放勳、重華、文命，昔之人或以爲名，而堯及舜、禹在昔俱以爲謚，鮮有以爲名者。曰：否。皆名也。

謚不出於古，書傳雖云謚出黃帝，然實出於周公。何以言之？予觀夏商帝王，皆非《謚法》知之也。注：夏世帝王，猶以名紀，至商始以甲、乙爲號，故湯名履而號天乙，外丙、沃丁、大庚、小甲皆別有名，世不知也。《世本》云：湯名天乙。妄矣。唯湯名履，而又曰舉世不知也，說張晏、顏師古等以爲禹、湯皆字，亦非特商國中一邑名爾。故《潛夫論》商後有湯户，今相之湯陰，古北陰之地，昔秦伐湯是也。曰成湯者，猶成周然。死謚，周道也。古者生無爵，死無謚，故始皇之《制》曰：『朕聞太古有號無謚，中古有號，死而以行爲謚』。是以秦秀謂：『昔周公弔二季之陵遲，哀大道之不行，於是作謚，以紀其終。非古有之。而穀梁子亦曰：武王崩，周公制《謚法》。大行受大名，小行受小名，所以懲惡而勸善也。世有謚法，輒悉文致堯、舜、禹、湯、桀、紂之類而羼入之，蓋始於白虎羣儒，斯最荒唐者也。夫堯、舜、禹之爲名，固自章也。堯曰『咨汝舜』，舜曰『咨汝禹』、『汝棄』、『汝契』。是果名也。若以爲謚，則棄、契、垂、益、夔、龍一皆爲謚而後可。『有鰥在下，曰虞舜』。是豈鰥而在下，已有謚乎？彼則又曰：此後世之追志。斯亦罔矣。夫《書》之於名分，法最嚴密，世莫稽也。方舜未嗣，每書以舜，蓋未始一稱帝；逮其既立，則唯書『帝』而弗復書以『舜』。此則上古記史之法如是，抑豈先謚而後帝乎？注：按《舜典》，未受禪命則惟稱舜，其稱帝者，皆堯也。及文祖之後，始稱以帝。唯首咨四岳，一稱舜。蓋方求代之初，所以別於堯爾。且《舜典》所稱帝，皆爲堯；三《謨》所稱帝，皆爲舜。

亦宜審取。

昔魏周訢謂魏君曰：『吾所賢者堯舜，而堯舜名』，是古未嘗以爲謚也。然則其説謬於漢儒，可知矣。雖然，堯、舜、禹之爲名，其受命於尊者，而放勳、重華之與文命，則其號，謂之名，人之所以名之者也。放勳者，極功也，推而放之，無所至極者也。重華者，繼明也，紹堯之後，唯有光華。而文命，則特文德之命，若贊舜之格苗者是也。《孟子》曰：『放勳乃徂落』。『放勳曰：「勞之來之」』。屈原曰：『嗟重華之不可迕，就重華而陳辭』。而《書中候》亦曰：『文命德盛，俊乂在官而朱草生』。夫考古之迹，必求古之無意於言者，推之屈、孟之書，此無意之言，而又出於秦漢之前者也。然則《史記》、《大戴》、《世本》不爲無所本矣。注：王肅淺陋，其《家語》全取《大戴禮・五帝德》，惟去其放勳、重華、文命與赤帝為炎帝之語，且易其秋乘龍與教熊羆爲猛獸之説，特未達厥指爾。

説者又曰：放勳、重華，第言其德，乃若文命，而以爲之號名，則『敷於四海』者，爲何事邪？以類言之，則『允迪』當爲臯陶之號，而下文亦不相侔。斯又謬矣。夫禹、臯兩《謨》，其文正異。其云《大禹謨》曰者，此叙書者之曰也；云『若稽古，大禹曰文命』者，此史官之曰；『而』秖承於帝』曰者，乃禹言也。蓋所謂『敷於四海』者，敷土也。禹既敷土，而後敬承於帝而言之也。是故《禹謨》首三曰而用各異。《臯謨》則不然。其云『臯陶曰允迪厥德』者，是直臯陶之言爾，故禹復之曰『俞』！斯可質矣。惟『協於帝』者，舜之德，而『敷于四海』者，禹之德然也。猶曰其名如是，其德亦如是。若劉寬之寬、班固之固、申屠剛之能剛、謝安之能安，皆名，象其德也。若以是爲不侔，則重華之下尤不侔矣。正不可若是其拘也。注：舜、禹帝者，故世有號，以尊其名。臯陶人臣，自不應有兹，益可知。大抵陋儒敢於為妄，章句之學雖不可泥，然亦有不可考。夫經指之久晦，正以章句之不明也。鄭少梅云：放勳、重華、文命，史官以此稱堯、舜、禹之功德，後世因史有是稱，遂以為之號，如子貢稱孔子『天縱將聖』，後世因謂孔子爲『將聖』，然『允迪』不可爲臯陶之號，故不可以爲稱。程子云：放勳猶言仲尼，或曰夫子云。

或曰：《孟子》爲信，則『謀蓋都君』，皇父謚既以爲舜之字矣，奚爲廢之？則又非也。揚雄、韓愈、李翺既有辨，蓋都鄙之君云爾。一徙成市，再徙成都。都之有君，自昔然也。注：雄、翺云：都鄙之都。愈云：張以『都』爲『于』，非也。君于都爾。

抑又論之：名以制義。以義則堯，遜也；舜，運也；禹，舉也。名有五，以德命爲義，斯之謂矣。注：堯，遜也，本只作垚，从三土，後下加凡，云壘土而高，非也。舜，轉也，變也，从中，中戾拚轉之意。後加夳、奕字，赫盛貌，故夐、華、蔓、蘩、蕣、槿，華翩反，皆有舜名。禹，舉也，从宂九。禹，□也，外柔而强，禺、禹同意，若夔、龍類，古人名多有此。《廣雅》云：堯，曉也。鄭《禮記》云：舜，充也。《□篇》云：禹，舒也。是亦一義。翼善傳聖曰堯，仁聖盛明曰舜，受禪成功曰禹，後世影意之論，各詳紀注。

嗟乎！堯、舜、禹之名，一無所隱，而人之所以言之，亦唯如此而已。後世從文，制爲號謚，緣天以誄之，曰文曰武，斯已矣。至唐天皇事不師古，於是始取祖宗號謚而悉變之。天寶之後，加增重複，遂至繁不可紀。是則以爲過三聖邪？夫祖宗之功德，果足以超世歟？則唯曰放勳，曰重華，一二言已足矣。苟無其實，是厚誣之而誘後世之詘毀也。故孝子仁孫之欲顯其親，則莫若使名副其實，曷聞以號謚繁多之爲貴哉？莊生曰：『夫海不辭東流，大之至也。聖人并包天地，澤及天下而不知其誰氏。是故生無爵，没無謚，實不聚，名不立，此之謂大人。』予以是益知堯、舜、禹之非謚，而後之學士指言堯、舜、禹者，其爲不遜，昧去就甚矣。

又《論謚法書蘇洵謚法》 古之法行于今者，唯謚行，然二千餘年而靡有定法。【略】蘇洵于是究定古今，斷以書傳，刋其重複以為法。雖其或得或違，時亦有合聖人之意，唯其必欲以堯、舜、禹、湯等入謚，而謂其法起於三皇五帝之時，則大繆矣。夫謚者，原其號者也。其不出於周公之前，予嘗論之。彼號近古，而好牽合者無過漢儒，而漢儒亦自謂堯、舜、禹、湯不入謚法，則其説可槩見矣。且在《周書》，初無堯、舜、禹、湯、桀、紂之文，至預而後，增之以湯、益，無所據。商之太宗、中宗、高宗本非謚法，特以其一時功行，推而崇之爾。乃若甲、丙、庚、壬、乙、辛、丁、癸，何由而為謚哉？

宋・張淏《雲谷雜紀》卷二 《傳》曰：古者生無爵，死無謚。謚法，周公所謂謚者行之迹也，累積平生所行事善惡而定其名也，是必死後方有謚。今考之，亦有不然者。如楚熊通自立為楚武王，趙佗自稱為南粤武帝，蜀杜宇自號望帝，此固顯然自為稱號者也。若周公謂伯禽云：

「我文王之子，武王之弟，成王之叔父。」伍子胥謂楚使者云：「報汝平王，欲國不滅，釋吾父兄。」原注：《吳越春秋》云。是時周之成王、楚之平王皆生存，已有此稱，此皆不可曉者。劉向《説苑》改「成王」作「今王」，楊倞就其説釋《荀子》，謂成王乃後人所加，正以生時不當有謚為疑。

元・郝經《續後漢書》卷八七中下《禮樂録・人類下・謚法》 古不葬無謚，不諱。自黄帝至夏殷之季，葬而無謚，不諱。周人以諱事神，名終則諱，誄其行而為謚，以代諱，故葬而舉謚，舍故而諱新。其制，大喪，太師帥瞽而廞作匱謚。少不誄長，卑不誄尊，故天子稱天以誄之，至尊之行，非臣子所敢議。瞽史接神，知天道，故天子崩，太師令瞽史以天道累其德行而為誄，因以定謚。凡諸侯大夫之喪，則小史賜謚讀誄，太史徵誄定謚而賜之。名之「幽」、「厲」，雖孝子慈孫不能改，所以戒也。初祇一字，如「文、武、成、康」是也。周衰，禮制漸廢，始兼謚二字，「威烈」之類是也。始皇并天下，恣睢為惡，恐天下後世加惡謚，遂除謚法，以一、二數。

元・陳師凱《書蔡氏傳旁通》卷三《湯誓》 《史記索隱》曰：湯名履，《書》曰「予小子履」是也。又稱天乙者。譙周云：夏殷之禮，生稱王，死稱廟主，皆以帝名配之，天亦帝也。殷人尊湯，故曰天乙。從契至湯，凡十四代。張晏曰：禹、湯，皆字也。《謚法》曰：除虐去殘曰湯。皇甫謐云：商家生子，以日為名，其母以甲日生子，則稱某甲。譙周以為死稱廟主曰甲。愚案，古《周書・謚法解》一百八十二謚，並無以堯、舜、禹、湯、桀、紂為謚者。鄭氏《通志略》云：周人以諱事神，故卒哭而諱，將葬而謚。其有堯、舜、禹、湯、桀、紂六人，乃人名，非謚法也。如云「巧言如流曰咎，闢于四門曰穆，有文在手曰友，乃聖乃神曰武，持盈守成曰成」，此皆採經傳之言，大不通理者。愚謂謚法當以《周書》所載為正，其餘諸家皆後人贅附之文，如「除殘去虐曰湯」之類，皆不足據，只以湯為號為是。今《史記》首卷有《謚法》一篇，多《周書》一十二字，皆後人所增者也。

明・葉子奇《草木子》卷三《雜制篇》 至周公旦始立謚法，謚其父兄為文為武，止特一字而已。當時謚法之行，亦出於公，皆考行以定名，如幽、厲無道，加謚以惡，雖孝子慈孫，百世猶不能改。何則？以公也。及始皇奮其私智，一革謚法，謂「子不可以議父，臣不可以議君」，直以賢聖自居。何則？實出於私己也。

明・丘濬《大學衍義補》卷八四《崇教化・舉贈謚以勸忠》 臣按《謚法》，捐位亂常曰幽，殺戮無辜曰厲。二君者，周之天子；繼其世者，其臣子也，乃敢以惡謚而加之於君父，豈《春秋》為尊者、親者諱之謂哉？蓋君之謚則稱天以誄之，臣之謚則請君以賜之。君之臣子雖欲私其君父，如天理何？臣之子孫雖欲私其父祖，如君法何？先王謚法最公，秦人以為臣議君、子議父而除去之。鄭樵謂以謚易名，名尚不敢稱，况可加之以惡乎？失古意矣。

臣按古先哲王所以勵世以為勸懲者，非徒有一時之賞罰，而又有百世之榮辱焉。百世之榮辱，謚是也。合其一生之美，加以一字之褒，使後世之人不必考其履歷，究其始末，一聞其謚即知其人。其所以勸化人心，使之為善以持己，盡忠以事君，其激發之機，轉移之妙，一何至哉！

明・邵寶《簡端録》卷六《詩》 《詩》稱湯曰武王，《書》稱武丁曰高宗，文王曰文考，武王曰寧考。各以德言之，非謚也。殷未有謚，文王遂以文為謚，武王謚武。

明・邵寶《學史》卷一〇《亥》 日格子曰：子囊之謚其君，君子謂之忠。諸侯謚於天子，禮也。苟子囊有蔡季之心，必為之請焉。不請而私議，何居？「共」則「共」，「靈」則「靈」，「厲」則「厲」，公論所在。孝子慈孫，百世不能易也。而子囊輒億其意而謂之命，不亦誣乎？

明・黄淳耀《陶菴全集》卷四《史記評論・五帝本紀》 堯、舜、禹、湯或以爲謚，或以爲皆名，或以堯、舜、禹爲名，湯爲號。余謂皆非也。謚法起于周公，以堯、舜、禹、湯爲謚者，固不足據；而以「有鰥在下曰虞舜」及「來，禹」等文證其爲名，則亦非也。史傳多追稱之詞，如《左傳》石碏稱「陳桓公方有寵於王」，《戰國策》馮煖謂梁王曰「齊放其大臣孟嘗君」，此類甚多。二《典》亦當時史臣所記，舜、禹皆追稱耳。以「來，禹」爲君稱臣名，則「禹敷土」爲臣書君名乎？堯之祖稱藝祖、文祖，堯稱神宗，豈得君臣皆名，漫無所別乎？孔子于老彭已不斥其名，如堯、舜、禹果名，豈得屢見于《書》乎？按秦始皇制曰：『朕聞上古有號無謚，中古有號，死而以行爲謚。』則堯、舜、禹、湯皆號也。生爲號，死爲謚。

清·馬驌《左傳事緯前集》卷六《覽左隨筆》 謚法起于周，前此未有也。卒哭而諱，將葬而謚。周人以諱事神，故諱則有謚。《白虎通》言生有爵，死有謚，謂君、卿、大夫同也。春秋之世，吳越之君無謚，闔廬、勾踐是已。秦、楚、宋、鄭之卿無謚，孟明、子文、華元、子産是已。晉、衛之大夫無謚，羊舌肸、蘧瑗是已。

布德執義曰穆，名與實爽曰繆。秦伯任好三納晉君，遂霸西戎，宜稱穆矣，而諸家謂其殺三良以殉，故謚曰繆。夫葬穆者，康公也，豈有故從其亂命而加以惡謚乎？

靈，惡謚也。春秋被弑之君，如晉之夷皋，陳之平國，鄭之夷，楚之虔，咸謚曰靈。楚成王謚靈不瞑，共王曰爲靈若厲，其爲惡謚也明矣。然史稱周之東也，王綱不振，迨靈王周道始昌，諸侯服從。故《左氏》曰：靈王生而有頿，王甚神聖，無惡于諸侯，克終其世。又似非惡謚也。《楚世家》言熊通自立爲楚武王，則非謚法，然恐亦臨文遷就之辭耳。如周公謂伯禽曰：『我文王之子，武王之弟，成王之叔父。』伍子胥曰：『報爾平王。』當時周成、楚平固在也。史筆往往如此，《左氏》亦有誤用者。陳桓公方有寵於王，惟一處而已。

清·顧炎武《日知録》卷二《帝王名號》 堯、舜、禹，皆名也。古未有號，故帝王皆以名紀，臨文不諱也。胡文定《修春秋劄子》：臣聞古者不以名為諱，《堯典》稱『有鰥在下，曰虞舜』，則堯、舜者，固二帝之名，而《堯典》乃虞氏，史官所作，直載其君之名而不避也。考之《尚書》，帝曰『格汝舜』，『格汝禹』，名其臣也。堯崩之後，舜與其臣言，則曰『帝』；禹崩之後，《五子之歌》則曰『皇祖』，《胤征》則曰『先王』，無言堯、舜、禹者，不敢名其君也。自啓至發，皆名也。夏后氏之季，而始有以十干為號者。桀之癸，商之報丁、報乙、報丙、主壬、主癸，皆號以代其名。《白虎通》曰：殷質，以生日名子。自天乙至辛，皆號也。太甲、沃丁、仲丁、河亶甲、祖乙、盤庚皆以為《書》篇之名，惟其號也。商之王著號不著名，而名之見於經者二，天乙之名履，辛之名受是也。武庚亦是號，祿父乃名也。曰湯曰紂，則亦號也。孔氏《西伯戡黎序》傳：受，紂也。音相亂。號則臣子所得而稱，故伊尹曰『惟尹躬暨湯』。《頌》曰武湯，曰成湯，曰湯孫也。《微子之命》言乃祖成湯，《多士》言爾先祖成湯，皆對其臣子稱之。曰文祖，曰藝祖，曰神宗，曰皇祖，曰列祖，曰高祖，曰高后，曰中宗，曰高宗，而廟號起矣。曰玄王，曰武王，而謚立矣。曰大舜，曰神禹，曰大禹，曰成湯，曰寧王，而稱號繁矣。自夏以前純乎質，故帝王有名而無號；自商以下寖乎文，故有名有號；而德之盛者，有謚以美之，於是周公因而制謚，自天子達於卿大夫，美惡皆有謚，而十干之號不立。《史記·齊太公世家》太公子丁公，丁公子乙公，乙公子癸公，猶用商人之稱。陸淳曰：《史記》、《世本》，厲王以前諸侯有謚者少，其後乃皆有謚。然王季以上不追謚，猶用商人之禮焉。此文、質之中而臣子之義也。嗚呼？此其所以為聖人也歟？

又 卷一四《謚法》 季孫問於榮駕鵞曰：『吾欲為君謚，使子孫知之。』對曰：『生弗能事，死又惡之以自信也，將焉用之？』乃止。然謚之曰『昭』，亦但取其習於威儀爾。《謚法》：容儀恭美曰昭。按周之昭王，南征不復；晉昭侯、鄭昭公、宋昭公、蔡昭侯皆見弑於其臣，是昭非饗國克終之謚也。此外齊、晉、曹、許皆有昭公，亦無可稱。而周之甘昭公以罪見殺，至楚昭王、燕昭王、秦昭襄王、漢孝昭帝，始以為美謚，而唐之昭宗亦見弑。

又 卷二三《古人謚止稱一字》 古人謚有二字、三字而後人相沿止稱一字者。衛之『叡聖武公』止稱武公，『貞惠文子』止稱公叔文子，晉『趙獻文子』止稱文子。《檀弓》：晉獻文子成室。注謂晉君獻之。廬陵胡氏曰：或趙武謚獻文耳。『魏惠成王』止稱惠王，『楚頃襄王』止稱襄王，『秦惠文王』止稱惠王，『悼武王』止稱武王，『昭襄王』止稱昭王，『莊襄王』止稱莊王，『韓昭釐侯』止稱昭侯，『宣惠王』止稱宣王，『趙悼襄王』止稱襄王，漢諸葛『忠武侯』止稱武侯。

又 卷二三《生稱謚》 《漢書·張敖傳》：呂后數言：『張王以魯元故，不宜有此。』劉攽曰：史家記事，或有如此追言謚者。《史記》貫高與張敖言，謂帝爲高祖。《公羊傳》公子翬與桓公言：『吾爲子口隱矣』。皆此類。《公羊傳》注：諡者，傳家所加。今按傳記中此例尚多。如《左氏傳》石碏曰：陳桓公方有寵於王，《國語》鮑國謂子叔聲伯曰：子何辭苦成叔之邑？《戰國策》智過曰：魏桓子之謀臣曰趙葭，韓康子之謀臣曰段規。《史記·秦本紀》晉文公夫人請曰：繆公怨此三人，入於骨髓。《魯世家》周公戒伯禽曰：我文王之子，武王之弟，成王之叔父。《宋世家》華督使人宣言國中曰：殤公即位十年耳，而十一戰。《楚世家》國人每夜驚曰：靈王入矣。隨人謝吳王曰：昭王亡，不在隨。齊湣王遺楚王書曰：今秦惠王死，武王立。《鄭世家》莊公曰：武姜欲之。楚共王曰：鄭成公，孤有德焉。《趙世家》吳延陵季子使於晉，曰：晉國之政，卒歸於趙武子、趙文子，名武。韓宣子、魏獻子之後矣。《韓世家》屈宜臼曰：昭侯不出此門。《吳起傳》公叔之僕曰：君因先與武侯言。《仲尼弟子傳》子羔曰：出公去矣而門已閉。《魯仲連傳》新垣衍謂趙王曰：趙誠發使，尊秦昭王爲帝。褚先生補《梁孝王世家》竇太后謂景帝曰：安車大駕，用梁孝王爲寄。《三王世家》公户滿意，謂燕王曰：今昭帝始立。《荀子》周公謂伯禽之傅曰：成王之爲叔父。《呂氏春秋》豫讓欲殺趙襄子，其友謂之曰：以子之才而索事襄子。《淮南子》先軫曰：昔吾先君與繆公交。諸御鞅復於簡公曰：陳成常、宰予二子者，甚相憎也。《吳越春秋》子胥曰：報汝平王。《說苑》景公曰：善。爲我浮桓子也。衛叔文子曰：今我未以往，而簡子先以來。竝是生時不合稱諡。又如《禮記·曾子問》孔子曰：季桓子之喪，衛君請弔，哀公辭不得命。公爲主，客入弔，康子立於門右。孔子沒時，哀公、康子俱存，此皆後人追爲之辭也。自東京以下，即無此語，文益謹而格卑矣。

清·張尚瑗《公羊折諸》卷一《隱公·吾為子口隱矣》 吳其琰曰：《史記》湯伐桀，自曰『吾甚武，號曰武王』，而《詩》亦曰『武王載旆』。是遂以武諡之也。楚熊通請號于周，周不聽而亦自立為武王。凡此，皆生前擬諡者。

清·方苞《望溪集》卷三《諡法》 諡之作也，人心之不知其然而然者也。邃古帝者之號，多不知其義所取。烈山氏始為農師而民神之，故因而號焉。堯、舜之聖，民無能名。禹平洪水，相與震而驚之，故稱『大』焉。至於湯，則或嘉其功而稱『成』，或象其德而稱『武』。此周公所以因之而作諡也。

清·顧棟高《春秋大事表》卷四九《人物表·列國諡法考》 鄭夾漈著《諡法略》，謂諡有美而無譏。臣、子當大故之際，而加譏貶于君、父，非先王之法。楚頵諡之曰『靈』，不瞑，曰『成』乃瞑。此變夷之習也。嗚呼！鄭氏好為異論而不自知，其顯同于始皇之見。且鄭氏獨未聞《孟子》乎！『名之曰「幽」、「厲」，雖孝子慈孫，百世不能改。』孟子係周時人，『幽』、『厲』豈非惡諡？其踈謬不待辨而可知矣。

迺余遍考春秋之世，通君臣皆有諡者，惟魯、衛、晉、齊四國為然；然皆卿有諡而大夫無諡，公族世卿有諡而庶姓無諡。其餘遠國如秦、楚，中夏如宋、鄭，則君有諡而臣無諡。至吳、越、徐、莒，則君臣皆無諡。秦之蹇叔、百里奚，楚之令尹子文、孫叔敖、子重、子反，皆位為正卿，著有功業，不聞以諡稱也。宋華元、向戌無諡，鄭之子皮、子產、子太叔皆赫然著見于春秋之世，而後世不聞以諡稱。二百四十二年，莊公世惟一公父定叔，僖公世惟一皇武子，襄公世惟一馮簡子，哀七年有駟弘，別為桓子思，九年有罕達，為武子賸。然杜注惟于公父定叔及駟弘，明之曰諡，其餘則無注。又《晉語》鄭簡公使公孫成子来聘。韋注云：成子，子產之諡。此第見于《國語》而《左傳》則無之。至魯、衛、齊、晉得諡者最多。篡弒之賊如魯共仲、季平子，衛之孫文子、甯惠子，齊之崔杼，晉之趙盾，無不有諡，而衛之史魚、蘧伯玉無諡。孔子大聖人，亦無諡。則以異姓，非世為卿。晉以祁奚、叔向之賢而無諡，則以雖公族而非為正卿。晉有非公族而得諡者，惟樂王鮒一人，則或以晉君之嬖而為范氏私人之故。夫易名之典，起于周公。當時以直道行之，而其後世惟論爵秩之崇卑，且為世室大家所竊據，而虛稱美號加于篡逆之賊，如慶父之為共，意如之為平，謬盭尤甚。周公之後裔且然，況其外餘子乎？子貢與孔子尚論諸賢，如孔文子、公叔文子二人，斤斤有循名責實之思，而仲尼之卒，哀公作誄，子貢不聞請諡。意其時已成習尚，雖孔子大聖，不得援公族之例以請歟？此外如陳之轅宣仲、公孫貞子，蔡之聲子，郳之茅成子，他國行諡，亦間有之。然《傳》文闕略，莫可深考。吳、越之君如闔閭、勾踐，皆無謚，故以延陵季子之賢，而亦不得謚。成十四年，莒子朱卒。楊氏士勛曰：『渠邱公也，葬須稱謚。莒無謚，故不書葬。』徐子章禹，亦無謚。是則蠻夷之俗，不知有謚，而鄭氏之言顧反之，此尤不思之甚也。夫諸國之無謚，用夷禮；宋之無謚，因殷禮；獨鄭為王室懿親，冠蓋交于中國，而其謚見于《傳》者，寥寥止三、四人，然其行事，皆不概見于《春秋》，其顯然著名者，則無謚。此不可解者。余為列其端緒，以俟後之君子博考而得其故焉。

清·陳祖范《經咫·書》　又古之人君，間有別號。殷末有謚而湯稱武王，周武王又稱寧王，厲王亦稱汾王。觀此等，則《周頌》之成、康，《召南》之平王、齊侯，或當時原有，是活用名目，不必定屬謚與國，未可知。

清·嵇璜等《續通志》卷一一九《謚略》　臣等謹案：謚以尊名，名以徵實。陳列行事，所以別尊卑，彰美惡。周公叙《謚法》，考行以受名。其作謚之制，則掌之太師；賜謚之典，則掌之太史、小史。《樂記》曰：『聞其謚，知其行』。《士冠禮》曰：『生無爵，死無謚』。明乎錫名之典，非可倖邀者也。考《左氏內外傳》及《史記·本紀·世家·年表》所載周末之謚，與立法之初已有互殊。周初，天子稱天以謚，諸侯以下賜謚。其或不賜，臣、子不得私謚。春秋以後，諸侯之謚皆臣子為之，非復天子所賜矣。

廟號分部

綜　述

《周易·既濟》　九三：高宗伐鬼方，三年克之。唐孔穎達《正義》：高宗者，殷王武丁之號也。

《尚書·無逸》　周公曰：嗚呼！我聞曰：昔在殷王中宗，漢孔安國《傳》：太戊也。殷家中世尊其德，故稱宗。《正義》：中宗，廟號；太戊，王名。商自成湯已後，政教漸衰，至此王而中興之。王者祖有功，宗有德。殷家中世尊其德，其廟不毀，故稱中宗。嚴恭寅畏，天命自度，《傳》：言太戊嚴恪恭敬，畏天命，用法度。治民祇懼，不敢荒寧。肆中宗之享國七十有五年。《傳》：以敬畏之，故得壽考之福。其在高宗，時舊勞于外，爰暨小人。《傳》：武丁，其父小乙使之久居民間，勞是稼穡，與小人出入同事。作其即位，乃或亮陰，三年不言。其惟不言，言乃雍。不敢荒寧，嘉靖殷邦。至于小大，無時或怨。肆高宗之享國五十有九年。《傳》：高宗為政，小大無怨，故亦享國永年。其在祖甲，不義惟王，舊為小人。《傳》：湯孫太甲，為王不義，久為小民之行，伊尹放之桐。作其即位，爰知小人之依，能保惠于庶民，不敢侮鰥寡。《傳》：在桐三年，思集用光，起就王位，於是知小人之所依，依仁政，故能安順於衆民，不敢侮慢惸獨。肆祖甲之享國三十有三年。《傳》：太甲亦以知小人之依，故得久年。此以德優劣，立年多少為先後，故祖甲在下。殷家亦祖其功，故稱祖。《正義》：以文在高宗之下，世次顛倒，故特辯之。此祖甲是湯孫太甲也。為王不義，謂湯初崩，久為小人之行，故伊尹放之於桐。言其廢而復興，為下『作其即位』起本也。王肅亦以祖甲為太甲。鄭玄云：祖甲，武丁子帝甲也。有兄祖庚賢，武丁欲廢兄立弟，祖甲以此為不義，逃於人間，故云久為小人。案《殷本紀》云：武丁崩，子祖庚立。祖庚崩，弟祖甲立，是為帝甲。淫亂，殷道復衰。《國語》說殷事云：帝甲亂之，七代而殞。則帝甲是淫亂之主，起亡殷之源，寧當與二宗齊名，舉之以戒無逸？武丁賢王，祖庚復賢，以武丁之明，無容廢長立少。祖庚之賢，誰所傳說？武丁廢子，事出何書？妄造此語，是負武丁而誣祖甲也。【略】《傳》於中宗云：以敬畏之，故得壽考之福。高宗之為政，小大無怨，故亦享國永年。於此云太甲，亦以知小人之依，故得久年。各順其文而為之說。其言行善而得長壽，經意三王同也。以其世次顛倒，故解之云：此以德優劣，立年多少為先後，故祖甲在太戊、武丁之下。諸書皆言太甲，此言祖甲者，殷家亦祖其功，故稱之祖甲，與二宗為類，惟見此篇。必言祖其功，亦未知其然。殷之先君有祖乙、祖辛、祖丁，稱祖多矣。或可號之為祖，未必祖其功而存其廟也。

又《說命上》　《序》：高宗夢得說，《傳》：盤庚弟，小乙子，名武丁。德高可尊，故號高宗。使百工營求諸野，得諸傅巖，作《說命》三篇。《正義》：《世本》云：盤庚崩，弟小辛立。崩，弟小乙立。崩，子武丁立。是武丁為盤庚弟，小乙子也。《喪服四制》云：高宗者武丁，武丁者殷之賢王也。當此之時，殷衰而復興，禮廢而復起，中而高之，故謂之高宗。是德高可尊，故號高宗也。

《詩經·商頌·烈祖》　《序》：《烈祖》，祀中宗也。漢鄭玄《箋》：

中宗，殷王太戊，湯之玄孫也。有桑穀之異，懼而修德，殷道復興，故表顯之，號為中宗。

又《商頌·玄鳥》《序》：《玄鳥》，祀高宗也。《箋》：高宗，殷王武丁，中宗玄孫之孫也。有雊雉之異，又懼而修德，殷道復興，故亦表顯之，號為高宗。

又《商頌·殷武》《序》：《殷武》，祀高宗也。《正義》：高宗前世，殷道中衰，宮室不脩，荆楚背叛。高宗有德，中興殷道，伐荆楚，脩宮室。既崩之後，子孫美之，詩人追述其功而歌此詩也。

又《周頌·雝》《序》：《雝》，禘大祖也。《箋》：大祖謂文王。《正義》：知太祖謂文王者，以經云『假哉皇考』，又言『文、武維后』。是此皇考為天下之人后，明非后稷；若是后稷，則身非天子，不得言『維后』也。大祖，謂祖之大者。既非后稷，明知謂文王也。文王雖不得為始祖，可以為大祖也。

《國語》卷四《魯語上》 展禽曰：【略】『稷勤百穀而山死也，三國吳韋昭注：稷，周棄也。勤播百穀，死於黑水之山。《毛詩傳》云。文王以文昭，注：文王演《易》又有文德。《周語》曰：文王質文。武王去民之穢。注：穢謂紂也。故【略】周人禘嚳而郊稷，注：嚳，稷之父。稷，周始祖也。祖文王而宗武王。』注：此與《孝經》異者，商家祖契，周公初時，亦祖后稷而宗文王。至武王，雖承文王之業，有伐紂定天下之功，其廟不可以毀。故先推后稷以配天，而後更祖文王而宗武王。

《孔子家語》卷八《廟制》 孔子曰：【略】古者祖有功而宗有德。諸見祖、宗者，其廟皆不毀。三國魏王肅注：祖、宗者，不毀之名。其廟有功者謂之祖，至於周文王是也；有德者謂之宗，武王是也。二廟自有祖、宗，乃謂之二祧，又以為配食明堂之名，亦可謂違聖相，失實事也。

《禮記·喪服四制》 《書》曰：『高宗諒闇，三年不言。』善之也。王者莫不行此禮，何以獨善之也？曰：高宗者武丁，武丁者殷之賢王也，繼世即位而慈良於喪。當此之時，殷衰而復興，禮廢而復起，故善之。善之，故載之《書》中而高之，故謂之高宗。

又《祭法》 周人禘嚳而郊稷，祖文王而宗武王。

《史記》卷三《殷本紀》 太甲脩德，諸侯咸歸，殷百姓以寧。伊尹嘉之，迺作《太甲訓》三篇，襃帝太甲，稱太宗。

帝太戊立，伊陟為相。【略】殷復興，諸侯歸之，故稱中宗。

祖己嘉武丁之以祥雉為德，立其廟，為高宗，遂作《高宗肜日》。

漢·班固《白虎通義·闕文·宗廟》 后稷為始祖，文王為太祖，武王為太宗。

論說

漢·劉歆《劉子政集·武帝廟不宜毀議》 宗，變也。苟有功德則宗之，不可預為設數，故於殷太甲為太宗，太戊曰中宗，武丁曰高宗。周公為《毋逸》之戒，舉殷三宗以勸成王。繇是言之，宗無數也，然則所以勸帝者之功德博矣。

漢·鄭玄《駁五經異義·補遺·宗而不毀》 《異義》：《詩魯》說：丞相匡衡以為殷中宗、周成、宣王皆以時毀。《古文尚書》說：經稱中宗，明其廟宗而不毀。謹案《春秋公羊》，御史大夫貢禹説王者宗有德，廟不毀。宗而復毀，非尊德之義。

《舊唐書》卷二五《禮儀志五》 （開元四年）將作大匠韋湊上疏曰：臣聞王者制禮，是曰規模；規模之興，實資師古。師古之道，必也正名。惟名與實，固當相副。其在宗廟，禮之大者，豈可失哉？禮，祖有功而宗有德。祖、宗之廟，百代不毀。故殷太甲曰太宗，太戊曰中宗，武丁曰高宗。周宗文王、武王，漢則文帝為太宗，武帝為世宗。其後代有稱宗，皆以方制海内，德澤可宗，列於昭穆，期於不毀。祖、宗之義，不亦大乎！

宋·林之奇《尚書全解》卷二〇《説命上》 高宗者，盤庚之弟小乙之子，名武丁，高宗乃其廟號也。古者祖有功而宗有德。創業垂統有功者，祀以為祖；守文之主有德者，祀以為宗。其廟皆百世而不毀。商人立廟之制，其所以祖而祀之者，成湯是也；所以宗而祀之者，太甲、太戊、高宗是也。宗之者既不止於一人，則人不可以無別，故以太甲為太宗，太戊為中宗，武丁為高宗。曰太、曰中、曰高者，所以為廟之制也。若孔氏曰『武丁德高可尊，故號高宗』，亦不必如此；雖則如此，亦不失也。如《禮記·喪服四制》曰：武丁，商之賢王，繼世即位而慈良於喪。當此之時，殷衰而復興，禮廢而復起，故善之。善之，故載《書》

中而高之，故謂之高宗。則是載於《書》而後有高宗之名，此則失之遠矣。

宋·項安世《項氏家説》卷七《説經篇七·帝王稱宗》　高宗出《商書》，中宗出《周書》，獨世宗未知何據。按《列女傳》謂：宣王得姜后，卒成中興之名，為周世宗。則世宗，宣王之廟號也。古文『世』與『太』通，故太子為世子，太叔為世叔，樂太心為樂世心，世宗即太宗也。漢文帝既為太宗，故武帝為世宗；高帝既為太祖，故光武為世祖。然則周家當以武王為太宗，故宣王為世宗耶？

宋·黎靖德《朱子語類》卷九〇《禮七·祭》　祖有功而宗有德，是為百世不遷之廟。商六百年，只三宗，皆以有功德當百世祀，故其廟稱宗。至後世，始不復問其功德之有無，一例以『宗』稱之。

宋·魏了翁《古今考》卷一《高祖》　鶴山先生曰：既曰高帝矣，此其言高祖何？繫之帝，即謚也；繫之祖，則廟號也。武丁、祖甲、太甲雖有廟號，而丁、甲以日為紀，非謚也。由殷而上無謚，或以堯、舜、禹等為謚，非也。至殷始有三宗廟號，至周始有文、武等謚，至高帝然後一人而有謚有號，然謚曰『高皇帝』廟曰『高祖』，猶通一『高』字也。

元·郝經《續後漢書》卷八三上《録第一上·道術·正傳·湯》　湯始以征伐取天下，傳於太甲，《詩·頌》始此。至大戊，復有聖德，號稱中宗。盤庚時改號殷。武丁復有聖德，言學於甘盤，始見帝王之學，號稱高宗。

明·顧起元《説略》卷一〇《禮蕞》　謚法言起於周公，恐前此已有之，但至周公叙《謚法》，增廣之耳。堯曰神宗，堯之先又有文祖、藝祖。湯曰成湯，又曰武湯，曰烈祖，曰高后，曰高祖，曰神后，曰武王。守成之主大戊曰中宗，武丁曰高宗。由是觀之，謚與廟號，周公前固有之矣。

清·馬驌《繹史》卷一六《太戊盤庚之賢》　殷商之時，代有令辟。史稱雍己立，殷道衰，太戊復興，故稱中宗。河亶甲時，殷復衰。祖乙立，復興。陽甲之時，殷又衰。盤庚遷都，殷道復興。小辛立，殷復衰。武丁復興，廟號高宗。

清·方苞《望溪集》卷三《謚法》　有祖而又有宗，亦人心之不知其然而然者也。商之世，嘗衰矣。至帝戊而中興，故尊之而因以號焉。其後屢衰，武丁振而興之，功最高，故尊之而因以號焉。【略】祖者，始也，故宗無定數，祖一而已。【略】謚以易名，因以為廟號，《春秋》所書『桓宫』、『武宫』是也。廟別有號，是再謚也。主是議者，必以祖有功而宗有德，又祖一而宗無定數，以為祖賢於宗。不知殷人宗湯，周宗武王，乃一代始受命之君。不聞湯、武之賢，以不稱祖而貶於稷、契。

清·陳祖范《經咫·書》　受終於文祖，歸格於藝祖，月正元日格於文祖，正月朔旦受命於神宗，皆不知其何帝祖宗。廟號於古有之，祖一而宗無定數。殷三宗，漢四宗。光武之稱世祖，以中興也。明成祖以子繼父而稱祖，適彰其革除之逆迹，非所以尊之也。且有功德者則宗之，宗亦何遜於祖哉？漢宣、元二帝先亦稱宗，臣下得引義削去之，古道猶存。自後世無代不宗，於是覺『宗』非極隆之號，必『祖』之而後安，實不必也。

避諱分部

綜　述

《左傳·桓公六年》　九月丁卯，子同生。【略】公問名於申繻，對曰：『名有五：有信，有義，有象，有假，有類。以名生為信，以德命為義，以類命為象，取於物為假，取於父為類。不以國，不以官，不以山川，不以隱疾，不以畜牲，不以器幣。周人以諱事神，名終將諱之。晉杜預注：君父之命，固非臣子所斥。然《禮》既卒哭，以木鐸徇曰：舍故而諱新。謂舍親盡之祖而諱新死者，故言以諱事神，名終將諱之。自父至高祖，皆不敢斥言。故以國則廢名，注：國不可易，故廢名。唐孔穎達《正義》：國名受之天子，不可輒易。若以國為名，終卒之後，則廢名不諱。若未卒之前，誤以本國為名，則改其所名。

晉之先君唐叔封唐，燮父稱晉。若國不可易而晉得改者，蓋王命使改之。**以官則廢職，以山川則廢主，**注：改其山川之名。《正義》：廢主謂廢其所主山川之名，不廢其所主之祭。知者，漢文帝諱恒，改北嶽為常山，諱名不廢嶽是也。劉炫云：廢主謂廢其所主山川，不復更得其祀，故須改其山川之名，魯改二山，是其事也。**以畜牲則廢祀，**注：名猪則廢猪，名羊則廢羊。**以器幣則廢禮。**《正義》：祀以牲為主，無牲則祀廢。器幣以行禮，器少則禮闕。祀雖用器，少一器而祀不廢，且諸禮皆用幣，故以廢禮總之。**晉以僖侯廢司徒，**注：僖侯名司徒，廢為中軍。**宋以武公廢司空，**注：武公名司空，廢為司城。**先君獻、武廢二山。**注：二山，具、敖也。魯獻公名具，武公名敖，更以其鄉名山。《正義》：《晉語》云：范獻子聘於魯，問具、敖之山。魯人以其鄉對。獻子曰：『不為具、敖乎？』對曰：『先君獻、武之諱也。』是以其鄉對山也。《禮稱》舍故而諱新，親盡不復更諱。計獻子聘魯在昭公之世，獻、武之諱，久已舍矣，而尚以其鄉對者，當諱之時，改其山號，諱雖已舍，山不復名，故依本改名，以其鄉對。猶司徒、司空，雖歷世多而不復故名也。然獻子言之，不為失禮，而云名其二諱以自尤者，《禮》：入國而問禁，入門而問諱。獻子入魯不問，故以之為慙耳。**是以大物，不可以命。』**

《國語》卷一五《晉語九》 范獻子聘於魯，三國吳韋昭注：獻子，范宣子之子士鞅也。聘在魯昭二十二年。**問具山、敖山。魯人以其鄉對。**注：言其鄉之山也。**獻子曰『不為具、敖乎？』對曰：『先君獻、武之諱也。』**注：獻，伯禽之曾孫、微公之子獻公具也。武，獻公之庶子武公敖也。**獻子歸，偏戒其所知曰：『人不可以不學。吾適魯而名其二諱，為笑焉，唯不學也。』**注：言學則必知諱，不見笑也。《禮》：入境而問禁，入門而問諱。

《周禮・小史》 若有事，則詔王之忌諱。漢鄭玄注：先王死日爲忌，名爲諱。唐賈公彥疏：云若有事者，謂在廟中有祈祭之事。云則詔王之忌諱者，謂小史告王以先王之忌諱也。

《大戴禮記》卷三《保傅》 太子生，【略】然后卜名。上無取于天，北周盧辯注：謂昊、旻之事。**下無取于墜，**注：謂神州及社稷。**中無取于名山通谷，無拂于鄉俗。**注：言不苟易于鄉俗也。**是故君子名難知而易諱也。此所以養恩之道。**注：謂避後之諱。

《禮記・王制》 大史典禮，執簡記，奉諱惡。漢鄭玄注：注：簡記，策書也。諱，先王名。惡，忌日，若子卯。

又《曲禮上》 名子者，不以國，不以日月，不以隱疾，不以山川。注：此在常語之中，為後難諱也。《春秋傳》曰：名終將諱之。隱疾，衣中之疾也，謂若黑臀、黑肱矣。疾在外者雖不得言，尚可指摘，此則無時可辟。俗語云：隱疾難為醫。唐孔穎達《正義》：名子者不以國者，不以本國為名，故杜氏注《春秋》桓六年《傳》云：不以本國為名。如是，他國即得為名，故桓十二年『衛侯晉卒』，襄十五年『晉侯周卒』是也。不以日月者，不以甲乙丙丁為名。殷家得以為名者，殷質不諱名故也。然案《春秋》，魯僖公名申，蔡莊公名甲午者，周末亂世不能如禮。或以為不以『日、月』二字為名也。不以隱疾者，謂不以體上幽隱之處疾病為名。

卒哭乃諱。注：敬鬼神之名也。諱，辟也。生者不相辟名。衛侯名惡，大夫有名惡，君臣同名，《春秋》不非。**禮，不諱嫌名，二名不偏諱。**注：為其難辟也。嫌名，謂音聲相近，若『禹』與『雨』、『丘』與『區』也。偏謂二名不一一諱也。孔子之母名徵在，言『在』不稱『徵』，言『徵』不稱『在』。

君所無私諱，注：謂臣言於君前，不辟家諱，尊無二也。**大夫之所有公諱。**注：辟君諱也。**《詩》、《書》不諱，臨文不諱，**注：為其失事正。**廟中不諱。**注：為有事於高祖，則不諱曾祖以下，尊無二也。於下則諱上。

夫人之諱，雖質君之前，臣不諱也。注：臣於夫人之家恩遠也，質猶對也。**婦諱不出門。**注：婦親遠於宮中，言辟之。

入竟而問禁，入國而問俗，入門而問諱。注：皆為敬主人也。禁謂政教，俗謂常所行與所惡也。國，城中也。

《正義》：古人生不諱，故卒哭前，猶以生事之，則未諱，至卒哭後，服已受變，神靈遷廟，乃神事之。敬鬼神之名，故諱之。諱，避也。生不相避名，名以名質，故言之不諱；死則質藏，言之則感動孝子，故諱之也。禮，不諱嫌名者，今謂『禹』與『雨』音同而義異，『丘』與『區』音異而義同。此二者，各有嫌疑。『禹』與『雨』有同音嫌疑，『丘』與『區』有同義嫌疑。如此者不諱。若其音異義異，全是無嫌，不涉諱限。必其音同義同，乃始諱也。二名不偏諱者，謂兩字作名，不一一諱之也。孔子言『徵』不言『在』，言『在』不言『徵』者，案《論語》云：『足，則吾能徵之矣。』是言『徵』也。又云：『某在斯。』是言『在』也。案《異義》：《公羊》說譏二名，謂二字作名，若魏曼多也。《左氏》說二名者，楚公子弃疾弑其君，即位之後，改為『熊居』，是為二名。許慎謹案云：文、武賢臣有散宜生、蘇忿生，則《公羊》之說非也。從《左氏》義也。

大夫之所有公諱者，今謂人於大夫之所，止得避公家之諱，不得避大夫諱。所以然者，尊君諱也。若兼為大夫諱，則君諱不尊也。不言士之所諱者，士卑，人不為之諱故也。或云大夫所有公諱者，君及大夫諱耳，亦無己之私諱。《玉藻》云：於大夫所，有公諱，無私諱。但此文上承『君所無私諱』之下，唯云大夫之所有公諱，故略之，不云無私諱耳。

《詩》、《書》不諱，臨文不諱者，何胤云：《詩》、《書》謂教學時也，臨文謂禮執文行事時也。案《論語》云：『《詩》、《書》執禮。』是教學。惟《詩》、《書》有誦，禮則不誦，惟臨文行事，若有所諱，則並失事正，故不諱也。廟中不諱者，謂有事於高祖廟，祝嘏辭說，不為曾祖已下諱也，為尊無二上也。於下則諱上也，若有事於禰，則諱祖已上也。

夫人之諱，雖質君之前，臣不諱也者，夫人，君之妻。質，對也。夫人本家所諱，臣雖對君前，而言語不為諱也。臣於夫人之家恩遠，故不諱也。婦諱不出門者，門謂婦宮門。婦家之諱，但於婦宮中不言耳。若於宮外，則不諱也。故臣對君前，不諱也。

入竟而問禁者，此以下並為敬主人也。竟，界首也。禁謂中國政教所忌。凡至竟界，當先訪問主國何所禁也。入國而問俗者，國，城中。城中如今國門內也。俗謂常所行也。入主人之城內，亦先問風俗常行也。入門而問諱者，門，主人之門也。諱主人祖先君名，宜先知之，欲為避之也。問諱而以門為限者，主人出至大門外迎客，客入門，方應交接，故於門為限也，故注云皆為敬主人也。

又 《曲禮下》 君大夫之子，不敢自稱曰余小子。注：辟天子之子未除喪之名。君大夫，天子大夫有土地者。大夫士之子，不敢自稱曰嗣子某。注：亦辟其君之子未除喪之名。不敢與世子同名。

又 《檀弓下》 虞而立尸，有几筵。卒哭而諱，注：諱，辟其名。生事畢而鬼事始已。既卒哭，宰夫執木鐸以命于宮曰：「舍故而諱新。」注：故謂高祖之父當遷者也。《易說》帝乙曰：《易》之帝乙，為成湯。《書》之帝乙，六世王。天之錫命，疏可同名。自寢門，至於庫門。注：百官所在。庫門，宮外門。《明堂位》曰：庫門，天子皋門。《正義》：卒哭而諱者，諱謂神名也。古者生不相諱，卒哭之前，猶生事之，故不諱。至卒哭，乃有神諱也。生事畢而鬼事始已者，并解所以虞立尸、卒哭而為神諱義也。既虞卒哭，則生事畢，鬼神之事方為始也。自寢門至于庫門者，前既執木鐸以命宮中，又出宮，從寢門至于庫門。寢門，路門，庫門是魯之外門也。百官及宗廟所在之次，至庫門，咸使知之也。魯三門，故至庫門耳。若天子五門，則至皋門也。

二名不偏諱。夫子之母名徵在，言『在』不稱『徵』，言『徵』不稱『在』。注：稱，舉也。

又 《雜記下》 過而舉君之諱，則起。注：舉猶言也。起，立者失言而變自新。與君之諱同，則稱字。注：謂諸臣之名也。《正義》：此一節明辟君之諱也。過謂過誤也，舉猶言也。若過誤言君之諱，則起而改變自新。

又 《玉藻》 士於君所，言大夫，沒矣則稱謚若字；名士。與大夫言，名士，字大夫。《正義》：士於君所，言大夫者，謂士在君前與君言論及於大夫也。沒矣則稱謚若字者，君前臣名。若彼大夫生，則士呼其名；若彼大夫已死沒，而士於君前言，則稱彼謚，無謚則稱字，不呼其名，敬貴故也。名士者，士賤，雖已死，而此生士與君言，猶呼死士名也。與大夫言，名士，字大夫者，謂士與大夫言次，論及他生大夫、士之法也。士賤，故呼之名；大夫貴，故呼之字也。若大夫、士卒，則字士，謚大夫。

於大夫所，有公諱，無私諱。注：公諱，若言語所辟先君之名。凡祭不諱，廟中不諱。注：謂祝嘏之辭中有先君之名者也。凡祭，祭羣神。廟中，上不諱下。教學臨文不諱。注：為惑未知者。《正義》：有公諱，無私諱者，謂士及大夫言，但諱君家，不自私諱父母也。崔氏云：謂伯叔之諱耳。若至親，則不得言。庾云：謂士與大夫言，有名字同己祖禰名字，皆不得諱。辟敬大夫，故不重敬。凡祭不諱，廟中不諱者，謂祝嘏之辭中有先君名者也。凡祭，祭羣神也，謂社稷山川百神也。祝嘏辭中有先君之名，不諱之也。廟中，上不諱下，若有事於祖，則不諱父也，有事於父，則諱祖。教學臨文不諱者，教學為師長也，教人若諱，疑誤後生也。臨文謂簡牒及讀法律之事也。若諱，則失於事正也。

論説

漢·班固《白虎通義》卷九《姓名》 名或兼或單何？示非一也。或聽其聲，以律定其名。或依其事，旁其形。故名或兼或單也。依其事者，若后稷是也。棄之，因名之為棄也。旁其形者，孔子首類丘山，故名為丘。或旁其名為之字者，聞其名即知其字，聞字即知其名，若名賜字子貢，名鯉字伯魚。《春秋》譏二名何？所以譏者，乃謂其無常者也。若乍為名，祿甫元言武庚。

不以日月山川為名者，少賤卑己之稱也。臣子當諱，為物示通，故避之也。《禮》曰：『二名不偏諱。逮事父母則諱王父母，不逮事父母則不諱王父母也。君前不諱，詩書不諱，臨文不諱，郊廟中不諱。』又曰：『君前臣名，父前子名。』謂大夫名卿，弟名兄也。明不諱于尊者之前也。太古之世所不諱者何？尚質也。故臣子不言其君父之名。故《禮記》

曰：『朝日上質，不諱正天名也。』

明・梅鼎祚《西晉文紀》卷一三《孫毓〈七廟諱字議〉》 按《禮》，士立二廟則諱王父以下，天子諸侯皆諱羣祖，親盡廟遷，乃捨故而諱新。尊者統遠，卑者統近，貴者得申，賤者轉降。蓋所以殊名位之數，禮上下之敘也。先代創業之主，唯周追王。夏殷以前，未有聞焉。顯考以下謂之親廟親廟月祭屬近禮崇周武王時諸盩為顯考廟周人以諱事神固不以追王所不及而闕正廟之諱也。《禮》，大夫所，有公諱。又曰：子與父同諱。明君父之諱，臣子不可以不諱也。范獻子聘於魯，問具、敖之山，魯人以其鄉對，曰先君獻、武之諱也。此時獻、武已為遠祖，鄰國大夫猶以犯諱為失，歸而作戒，著於《春秋》。

北齊・顏之推《顏氏家訓》卷二《風操篇》 凡避諱者，皆須得其同訓，以代換之。桓公名白，博有五皓之稱；厲王名長，琴有修短之目。不聞謂布帛為布皓，呼腎腸為腎修也。

唐・韓愈《昌黎文集》卷一二《諱辯》 夫諱，始于何時？作法制以教天下者，非周公、孔子歟？周公作《詩》不諱，孔子不偏諱二名，《春秋》不譏不諱嫌名。康王釗之孫，實為昭王。曾參之父名皙，曾子不諱。昔周之時有騏期，漢之時有杜度。此于其字，宜如何諱？將諱其嫌，遂諱其姓乎？將不諱其嫌者乎？

唐・柳宗元《柳河東集》卷四五《非國語下・具敖》 非曰：諸侯之諱，國有數十焉，尚不行於其國。他國之大夫名之，無慙焉，可也。魯有大夫公孫敖，魯之君臣莫罪而更也，又何鄙野之不云具敖？

宋王欽若等《册府元龜》卷三《帝王部・名諱》 《周官》小史掌王之名諱。名諱之起，繇周道也。上古帝王敦尚質樸，名號雖建，制度未備，故堯、舜則有放勳、重華之名，而禹、湯又去唐、虞之文，從高陽之質，以名為號。先儒之說，或以為名，或以為字，或以為謚，而《尚書》所紀，即皆褒德之稱，蓋傳述之異也。自漢以來，所記詳矣。至若貴易諱而難知，避五行之勝伏，亦皆有旨焉。

又 卷一八二《閏位部・名諱》 名以制義，所以著象類之說；諱不偪下，所以申臣子之情。是知名諱之來，古今通道，而餘分之在位，亦偏方之所奉。雖本以嘉稱，期於象德；或求諸義訓，契彼未然。蓋成敗之有端，若符應之素定。然則稽之人事，察彼天道，諒盛衰之在德，豈名稱之足云乎？

宋・蘇轍《詩集傳》卷一八《雝》 禘，宗廟之大祭，所謂禘祫者也。太祖，文王也。或言周人以諱事神，而此詩有『克昌厥後』，則太祖非文王也。然周之所謂諱者，不以其名號之耳，不遂廢其文也。諱其名而廢其文者，後世之禮，而非周之故，疑之過矣。

宋・楊時《龜山集》卷二《書五・答胡康侯・其五》 承示及《春秋事實》，鄙意猶有疑者。所論虞氏之史，直書其君之名而不避，載其父母昆弟之惡而不隱。某竊謂四岳稱舜之父頑、母嚚、象傲，乃舜在側微，未登庸之時言之，宜若無害。周人雖以諱事神，而有《謚法》，然且名之曰『幽』、『厲』，孝子慈孫百世不能改，則雖有謚，其惡猶不隱也。《禮》曰：『臨文不諱。』故文王名昌而《雝》之詩曰『克昌厥後』，武王名發而《小宛》之詩曰『明發不寐』。若此類，皆臨文不諱也。雖魯亦然。莊公名同而書『同盟』，僖公名申而書『戊申』，不可謂從虞史之質。《將仲子》、《叔于田》皆刺莊公也，《清人》刺文公也。不勝其母而害其弟，詩人以刺莊公而不及段。使高克將兵，久而不召，衆散而歸，詩人以刺文公而不及克。以莊、文之罪著矣，不待《春秋》書之而後見。鄙意如此，更思之如何？

宋・王觀國《學林》卷三《名諱》 夏、商無所諱，諱自周始，然而不酷諱也。《五子之歌》曰：太康尸位，以逸豫，滅厥德。《胤征》曰：惟仲康肇位四海。此皆稱其君之名也。太甲既立，不明，伊尹放諸桐，三年復歸。伊尹作《太甲》三篇。沃丁既葬伊尹于亳，咎單遂訓伊尹事，作《沃丁》。此臣以其君之名為書之篇目也。然則夏商無所諱，可見矣。

周文王，父也；武王，子也。文王名昌，箕子為武王陳《洪範》，曰使羞其行而邦其昌，是斥其父之名也。武王，祖也；穆王，孫也。武王名發，穆王作《冏命》，曰發號施令；又作《呂刑》，曰發聞惟腥。是穆王作誥命，自斥其先祖之名也。周康王名釗，而其孫有昭王，此立謚之字與祖先之名同音者也。周昭王名瑕，而春秋時有彌子瑕，與孔子同時。周穆王名滿，而定王時有周大夫王孫滿。此臣用其君之名以為名者也。魯獻公名具，魯武公名敖。范獻子聘于魯，問具、敖二山。魯人對曰：先君獻、武之所諱也。而春秋時魯大夫有公孫敖，與魯武公同名，在武公之後，是與國君同名也。然則諱自周始而不酷諱，可知矣。晉僖侯名司徒，故廢司徒而改為中軍。宋武公名司空，故廢司空而改為司城。凡此類雖或諱之，鮮有避者。秦漢以来，始酷諱矣。

宋・程大昌《演繁露》卷五《諱》 《左氏》曰：周人以諱事神名，終將諱之。言周人常時固嘗避其君上之名，不敢斥言矣。至事神之際，則雖他時嘗避者，亦正讀無避，蓋不敢伸其尊於所尊也。此之謂以諱事神名也。及嗣君繼立，則前君之名亦必諱之。是謂終將諱之也。

宋・洪邁《容齋三筆》卷一一《帝王諱名》 帝王諱名，自周世始有此制，然只避之於本廟中耳。『克昌厥後』，『駿發爾私』，成王時所作詩，昌、發不為文、武諱也。宣王名誦，而『吉甫作誦』之句，正在其時。厲王名胡，而『胡為虺蜴』，『胡然厲矣』之句，在其孫幽王時。小國曰胡，亦自若也。襄王名鄭而鄭不改封，至於出居其國，使者告于秦、晉曰：『鄙在鄭地』。受晉文公朝而鄭伯傅王。唯秦始皇以父莊襄王名楚，稱楚曰荆；其名曰政，自避其嫌，以正月為一月。蓋已非周禮矣。

宋・葉大慶《考古質疑》卷一 周人以諱事神，然《雝》詩言『克昌厥後』，《噫嘻》言『駿發爾私』，何以不為文、武諱耶？至于《周禮》一書，《七月》一詩，皆周公作也。《禮》有『昌本』之菹，《詩》有『觱發』之詠，皆不之諱者，蓋周去古未遠，雖曰文為之備，尚遺朴略之風。其避諱固未如後世之悉，特不敢指曰文王昌、武王發，若泛用二字，則未之諱也。如穆王名滿，其後有王孫滿；襄王名鄭，諸侯亦有衞侯鄭。雖曰魯以獻、武廢二山，是特當時為尊者諱，故改具、敖之名而承襲不易。厥後魯國又有公孫敖，亦足以見泛而言之，未嘗諱也。後世諱政而改正月，且易其音，視周為密矣。

宋・葉時《禮經會元》卷四上《名諱》 《小史》曰：有事則詔王忌諱。《王制》亦曰：太史執簡記，奉諱惡。小史，太史之屬，故奉諱、詔諱之職同。夫周人以諱事神，名終將諱之。此《左氏》之語也。然達孝莫如周公，周公作《周禮》，名苟可諱，則周公知所避矣。今考之《周禮》，文王名昌而《醢人》亦曰昌本麋臡，武王名發而《小行人》則曰時聘，以發四方之禁。周公名旦，《雞人》曰掌呼旦，以嘂百官。是猶曰君前不自諱也。成王名誦，《大司樂》曰興道諷誦言語，《撢人》曰誦王志，《瞽矇》曰諷誦詩，甚至官名謂之『誦訓』。胡為而亦不為君諱乎？由是而觀之，則周人以諱事神之説，《左氏》之語誣也。

不思文王名昌，武王名發，而《詩》曰『克昌厥後』，『駿發爾私』，周人不諱於《詩》矣。魯莊公名同，襄公名午，而《春秋》曰『同盟於幽』，『陳侯午卒』，孔子不諱於《春秋》矣。漢儒記《禮》乃曰『《詩》、《書》不諱，臨文不諱，廟中不諱，嫌名不諱，二名不偏諱』，亦知其諱之非，而廣為是説爾。《孟子》『諱名不諱姓』之語，毋亦為人子者不忍自斥其父祖之名，而他則未嘗諱也，然則太史之奉諱惡，小史之詔忌諱，果為何事邪？曰：此則如《地官・誦訓》所謂『掌道方慝，以詔辟忌』之類是也。人君行事，當知就善而避惡，即吉而忌凶。所謂忌者，非謂忌日也。君子有終身之憂，故忌日不樂。此則孝子慈孫之心，尚何待於小史之詔？彼鄭康成徒見忌諱之文，屬於『繫世昭穆』之下，故以死日為忌，名為諱。豈知王之所謂諱惡者，以惡事之當諱避爾。小史之所謂忌諱者，其亦諱惡忌避之義歟？自此義不明，後世乃有以諱而易人之名者，以諱而易人之姓者，《漢史》之書蒯徹為『通』，莊周為『嚴』是也。嫌名而諱，荀卿為『孫』是也。二名而諱，世民為『人』是也。甚至諱惡益繁，辟忌愈衆，有廣行之諱，有梁山壞之諱。愚者違禮以為孝，諂者獻諛以為忠。吾恐周公、孔子之愛君父，不如是之屑也。故因《小史》之詔忌諱而為是論，以祛漢儒之惑而明《周禮》之疑。

元・梁益《詩傳旁通》卷一三《雝・周人以諱事神》 《左氏》莊公六年，魯申繻曰：『周人以諱事神，名終將諱之。』君父之名，臣子雖不敢斥言，然《禮》卒哭之後，舍故諱新。謂舍親盡之祖而諱新死者，故云以諱事神。名者，生者之名，終則諱之者，人死曰終，名終曰諱，自高祖至父皆不敢斥言，故云名終將諱之。周人諱，殷人不諱。

明・葉子奇《草木子》卷三《雜制篇》 諱法，自周以前無之。至周公立制，人生既冠，以字易名，及有爵者，死而定謚，則固以彌文矣。後世遵之，其法愈嚴，如始皇名政，改正月之正音征，至今不改。

明・楊慎《升庵集》卷五〇《名諱》 文王名昌，武王名發。《詩・

頌》祭文王之廟，曰「克昌厥後」。周人制禮，《醢人》有「昌本」之菹。《七月》之詩，周公所作，曰「一之日觱發」；《烝民》詩曰「四方爰發」，皆不以為諱而明言之。若《曲禮》曰：《詩》、《書》不諱，臨文不諱。由作詩不諱，故祭得歌之。《尚書・牧誓》云「今予發」，《武成》曰「周王發」。武王稱名告衆，史官録而不諱，知於法不當諱也。《金縢》曰「元孫某」獨諱者，成王啓《金縢》之書，親自讀之，諱其父名曰，改曰「某」。既讀之，從史官始録，依王所讀，遂即曰「某」。《武成》、《牧誓》則宣諸衆人，宣訖即録，故因而不改也。古者諱名不諱字，《禮》以王父字為氏，明其不得諱也。屈原曰：「朕皇考曰伯庸。」是不諱之驗也。

清・顧炎武《日知録》卷二四《稱某》　周人以諱事神。《牧誓》之言「今予發」，《武成》之言「周王發」，生則不諱也。《金縢》之言「惟爾元孫某」，追録於武王既崩之後，則諱之矣。故《禮》：卒哭乃諱。

清・閻若璩《潛邱劄記》卷一　嘗思齊孝公名昭而其後有昭公，宋平公名成而其先有成公。為二國之臣子者，稱昭公、成公之謚，則觸孝公、平公之名；諱孝公、平公之名，則廢昭公、成公之謚。此將若之何？曰：鄭康成之論諱禮曰：於下則諱上。不聞於上則諱下也。猶之於後則諱前，不聞於前則諱後也。此自謚昭公與名平公者之失考耳，於二公何與哉？然則禮既失於前矣，而為二國之臣子者，終將若之何？曰：周人以諱事神，名終將諱之；諱之，故謚之。謚者，所以易名之典也，烏得而廢諸？但為齊之臣子，於昭公則稱昭而餘則否；為宋之臣子，於成公則稱成而餘則否。此固諱之變禮也，吾於是而知名子者不以國，不以日月，不以隱疾，不以山川，為其易及而難避也。今獨不可增一例，曰「名子者不以謚」乎？以謚則將廢此謚矣。明臣如陳文、王文，皆例應謚文，以名文，遂不得謚文，亦可見矣。

清・何焯《義門讀書記》卷三五《河東集》　二名不偏諱，臨文不諱之義也。

清・劉錫信《歷代諱名考・自序》　避諱之説，殷商未之前聞也。《左氏》曰：周人以諱事神，名終將諱之。故避諱斷自周人始。然「克昌厥後」、「駿發爾私」，形諸《雅》、《頌》，歌於朝廟，殆所謂臨文不諱者歟？晉以僖侯廢司徒，宋以武公廢司空，始以諱改官制矣。魯以獻，武廢二山，始以諱改地名矣。秦漢而降，避諱益詳。

清・周廣業《經史避名彙考》卷首《例言》　禮順人情，義協則起。殷雖貴質，高宗已用以題篇；周未瀆神，王季尚嫌於連字。是以文公創作營洛，觀心曲備，節文必以諱為首也。顧諱無過舉，制謚更極顯揚；名貴難知，告字寔先引避。則知名為諱地，諱為名終。身後固無敢言，生前亦豈可斥？卿蒼所説，小戴所傳，不惜文繁義複，誠重之也。秦漢而降，舊禮容有不遵，獨名諱奉為彝憲，轉益精詳。

雜録

《公羊傳・閔公元年》　冬，齊仲孫來。《傳》：《春秋》為尊者諱，漢何休《解詁》：為閔公諱受賊人也。為親者諱，《解詁》：為季子親親而受之，故諱也。為賢者諱。《解詁》：以季子有遏牙不殺慶父之賢，故為諱之。

《穀梁傳・成公元年》　秋，王師敗績于貿戎。《傳》：不言「戰」，莫之敢敵也。為尊者諱敵不諱敗，晉范寧《集解》：諱敵，使莫二也；不諱敗，容有過否。為親者諱敗不諱敵。《集解》：諱敗，惜其毀折也。不諱敵，諸侯有列國。尊尊親親之義也。《集解》：尊則無敵，親則保全。尊謂王，親謂魯。然則孰敗之？晉也。

又《成公九年》　晉欒書帥師伐鄭。《傳》：不言「戰」，以鄭伯也。為尊者諱恥，《集解》：不使臣敵君，王師敗績于貿戎是也。為賢者諱過，《集解》：為齊桓諱滅項是也。為親者諱疾。《集解》：雍曰：欒書以鄭伯伐鄭，不言戰是也。鄭，兄弟之國，故謂之親。君臣交兵，病莫大焉，故為之諱。唐楊士勛疏：《春秋》諱有四事：一曰為尊者諱恥，二曰為魯諱敗，三曰為賢者諱過，四曰為同姓諱疾。此不言魯者，因親者諱疾，則文亦包魯可知，故不言也。聖人有作，親疏一也。今乃以同姓為別者，《春秋》之意因親疏，故仲尼書經，內外有別；既內外別，則親疏尊卑見矣。

《孟子・盡心下》　公孫丑曰：「然則曾子何為食膾炙而不食羊棗？」曰：「膾炙，所同也；羊棗，所獨也。諱名不諱姓。姓，所同也。名，所獨也。」漢趙岐注：孟子言膾炙雖美，人所同嗜，獨曾子父嗜羊棗耳，故曾子不忍食也。譬如諱君、父之名，不諱其姓。姓與族同之，名所獨也，故諱。

《史記》卷三八《宋微子世家》 休公二十三年卒，子辟公辟兵立。南朝宋裴駰《集解》：徐廣曰：一云辟公兵。唐司馬貞《索隱》：《紀年》作『桓侯璧兵』，則『璧兵』，謚桓也。又《莊子》云：桓侯行，未出城門，其前驅呼辟，蒙人止之，後為狂也。司馬彪云：呼辟，使人避道。蒙人以桓侯名辟而前驅呼辟，故為狂也。

宋·蕭楚《春秋辨疑》卷三《諱辨》 諱者何？不斥言也，避其名而孫其辭，以盡愛敬之道也。為尊者諱何？王師不書戰，天王不言奔，衛朔不稱諸侯納是也。為親者諱何？魯君見弒不曰弒，夫人見殺不曰殺，出奔曰孫，戰不言敗之類是也。為賢者諱何？曰：非以其賢而諱之，將以成其義，原注：直書之，則割義。全其功，以垂訓後世。此仲尼撥亂救荒之志也。滅項不言遂，踐土之盟不書天王是也。

《春秋》，其事齊桓、晉文。故聖人書二侯之事，有為之孫避、不斥言者，有微旨也。僖十七年，齊人、徐人伐英氏。夏，滅項。滅者齊也，不書『夏遂滅項』者，不斥言也。不斥言也者，有微旨也。齊桓之功著矣，齊桓之事終矣，原注：冬，齊桓卒。而又昧此一舉。故聖人于此不斥著其惡，而為之有孫避之文者，以其有衛中國之功，且示善善，樂其終也。嗚呼！非實為齊桓諱也，欲後人覩聖人于此有孫避之辭，以見不善焉，而為善者勉之令終也。僖二十八年踐土之盟，晉侯致天王而下盟諸侯。此晉之不正也。今列書『諸侯盟于踐土』，次書『公朝于王所』，若王不在踐土然者，不斥言也。所以不斥著晉文之惡，而為之有孫避之文者，予其有一羣后禦四夷之功也。嗚呼！非實為晉文諱也，欲後之覩聖人于此有孫避之詞，以見不正焉，而欲有為者勉以從正也。所謂成其義，全其功，以垂訓後世也。《春秋》為賢者諱，特此二處，其說可通，然文微而實不沒也。

《公》、《穀》稱為賢者諱不一，《穀梁》又云為尊者諱恥，為親者諱疾。案《春秋》為尊、親諱，亦各隨其事，有可斥言者，非為定其恥與病，然後諱也。又云為賢者諱過，其說皆非也。齊桓、晉文之為賢，特賢于春秋之諸侯耳。仲尼于此二人之事，有為之孫避、不斥言者，非其賢也，將以示天下後世之法也。故其為之諱者，特微其文而不沒其實也。如上書『齊人、徐人伐英氏』，次書『夏滅項』，中間無別事。齊、項之實，亦不沒矣。如上既列『諸侯盟于踐土』，次書『陳侯如會』，次書『公朝于王所』。又上既列『諸侯會于溫』，次書『天王狩于河陽』，次書『公朝于王所』。則晉文致天王之實，亦不沒矣。故《春秋》所諱，非沒其實也，特不斥言之耳。先儒以為賢者諱攻二《傳》之妄，亦未之盡，特不可一一從其說而已。

紀年分部

綜述

《尚書·大禹謨》 正月朔旦，受命于神宗。唐孔穎達《正義》：舜即政三十三年，命禹代己，禹辭不獲免，乃以明年正月朔旦，受終事之命於舜神靈之宗廟。宋時瀾《增修東萊書說》：正月朔旦，與天下更始，而聽新君之號令也。

又《甘誓》 王曰：『嗟！六事之人，予誓告汝。有扈氏威侮五行，怠棄三正。』宋蔡沈《集傳》：三正，子、丑、寅之正也。夏正建寅。怠棄者，不用正朔也。【略】今按此章，則三正迭建，其來久矣。舜協時月正日，亦所以一正朔也。子、丑之建，唐、虞之前當已有之。

又《伊訓》 《序》：成湯既沒，太甲元年，漢孔安國《傳》：太甲，太丁子，湯孫也。太丁未立而卒，及湯沒而太甲立，稱元年。伊尹作《伊訓》、《肆命》、《徂后》。《傳》：凡三篇，其二亡。《正義》：成湯既沒，其歲即太甲元年。【略】太甲，太丁子。《世本》文也。此《序》以『太甲元年』繼『湯沒』之下，明是太丁未立而卒，太甲以孫繼祖，故湯沒而太甲代立，即以其年稱為元年也。周法以踰年即位，知此即以其年稱元年者，此經云『元祀十有二月，伊尹祠于先王，奉嗣王祗見厥祖。』《太甲》中篇云『惟三祀十有二月朔，伊尹以冕服奉嗣王歸于亳。』二者皆云十有二月，若是踰年即位，二者皆當以正月行事，何以用十二月也？明此經十二月是湯崩之踰月，《太甲》中篇『三祀十有二月』，是服闋之踰月。以此知湯崩之年，太甲即稱元年也。舜、禹以受帝終事，自取歲首。遭喪嗣位，經無其文。夏后之世，或亦不踰年也。顧氏云：殷家猶質，踰月即改元年，以明世異，不待正月以為首也。商謂年為祀，《序》稱『年』者，《序》以周世言之故也。

惟元祀十有二月乙丑，《傳》：此湯崩踰月，太甲即位，奠殯而告。伊尹祠于先王，奉嗣王祇見厥祖。唐陸德明《音義》：祀，年也。夏曰歲，商曰祀，周曰年，唐虞曰載。《正義》：此奠殯而告，亦如周康王受顧命，尸於天子。春秋之世，既有奠殯即位，踰年即位。此踰月即位，當奠殯即位也。

又《太甲中》 惟三祀十有二月朔，《傳》：湯以元年十一月崩，至此二十六月，三年服闋。《正義》：周制，君薨之年屬前君，明年始為新君之元年。此殷法，君薨之年而新君即位，即以其年為新君之元年。惟三祀者，太甲即位之三年也。湯以元年十一月崩，至此年十一月為再朞，除喪服也。至十二月服闋，闋，息也。如喪服息，即吉服舉事，貴初始，故於十二月朔，以冕服奉嗣王，歸于亳。伊尹以冕服奉嗣王歸于亳。

又《說命上》 王宅憂，亮陰三祀。《傳》：陰，默也。居憂信默，三年不言。

又《洪範》 惟十有三祀，王訪于箕子。《傳》：商曰祀。箕子稱祀，不忘本。《正義》：商曰祀，周曰年，《釋天》文。案此《周書》也，《泰誓》稱『年』，此獨稱『祀』，故解之：箕子稱祀，不忘本也。

又《泰誓上》 《序》：惟十有一年，武王伐殷，《傳》：周自虞芮質厥成，諸侯竝附，以爲受命之年。至九年而文王卒，武王三年服畢，觀兵孟津，以卜諸侯伐紂之心，諸侯僉同，乃退以示弱。《正義》：知此十一年者，文王改稱元年，至九年而卒，至此年爲十一年也。一月戊午，師渡孟津，作《泰誓》三篇。

惟十有三年春，大會于孟津。《傳》：此周之孟春。《正義》：《序》言一月，知此春是周之孟春，謂建子之月也。知者，按《三統曆》以殷之十二月，武王發師，至二月甲子，咸劉商王紂。彼十二月，即周之正月，建子之月也。

又《畢命》 惟十有二年六月庚午朏，《傳》：康王即位十二年六月三日，庚午。越三日壬申，王朝，步自宗周，至于豐。

《逸周書》卷六《周月解》 萬物春生夏長，秋收冬藏，天地之正，四時之極，不易之道。夏數得天，百王所同。其在商湯，用師于夏，除民之災，順天革命，改正朔，變服殊號，一文一質，示不相沿。以建丑之月為正，易民之視。若天時大變，亦一代之事。亦越我周王，致伐于商，改正異械，以垂三統。至於敬授民時，巡狩祭享，猶自夏焉。是謂《周月》，以紀于政。

又 卷三《文傳解》 文王授命之九年，時維暮春，在鄗。

漢·伏勝《尚書大傳》卷二《周傳》 文王受命一年，斷虞芮之訟；二年，伐邘；三年，伐密須；四年，伐犬戎；五年，伐耆；六年，伐崇；七年而崩。

《史記》卷四《周本紀》 詩人道西伯，蓋受命之年稱王，而斷虞芮之訟。唐張守節《正義》：二國相讓，後諸侯歸西伯者四十餘國，咸尊西伯為王。蓋此年受命之年稱王也。《帝王世紀》云：文王即位四十二年，歲在鶉火。文王更為受命之元年，始稱王矣。後七年而崩，諡為文王。改法度，制正朔矣。

《漢書》卷二一上《律曆志上》 （堯）以授舜，曰：『咨爾舜！天之曆數在爾躬。』舜亦以命禹。至周武王訪箕子，箕子言大法九章，而五紀明曆法。故自殷、周皆創業改制，咸正曆紀，服色從之，順其時氣，以應天道。

《周禮·天官·太宰》 正月之吉始和，布治于邦國都鄙。乃縣治象之法于象魏，使萬民觀治象，挾日而斂之。漢鄭玄注：正月，周之正月。吉謂朔日。唐賈公彦疏：知正月是周之正月者，下文『乃縣』是建寅，明上云『正月』是周正月。知吉是朔日者，《論語·鄉黨》云：『吉月必朝服而朝。』是吉謂朔日。《禮記·玉藻》云：『諸侯皮弁，聽朔于大廟。』或云吉，或云朔，聽朔在月一日，是知吉為朔日也。宋王昭禹《詳解》：周以建子之月為正月，故改歲之一月，謂之正月，以政自是而始故也。夫元者，德也；正者，政也。德欲終始如一，故即位之一年謂之元年。政欲每歲改易，故改歲之一月謂之正月。正月之吉則朔日也。朔日謂之吉，則明生之幾，能謹始，則事無不吉故也。三代各有正月，而周以建子之月為正，商以建丑之月為正，夏以建寅之月為正。夏正據人所見，故謂之人正。授民事則宜據人所見，故周亦兼用夏時，而以夏之正月為正歲。始和布治，以周之正月為正歲。又觀象法，則以兼用夏時故也。兼用夏時，而以正月之吉使萬民觀治象，則正歲，先王之正也；正月之吉，時王之正也。萬民取正於時王而已。若夫百官，則當取正於先王也。

又《天官·小宰》 正歲，帥治官之屬而觀治象之灋。注：正歲，謂夏之正月。得四時之正，以出教令者，審也。疏：知正歲是夏之正月者，見《凌人》云：『正歲十有二月，令斬冰。』若正歲是建子周正，即今之十月，冰未堅，不得斬之。言正歲得四時之正，周、殷則不得。以此推之，諸言『正歲』者，皆四時之正，是建寅之月。

又《天官·宰夫》 正歲，則以灋警戒羣吏，令脩宮中之職事。疏：正歲乃夏之正月，是其歲始，故以灋警戒羣吏，令脩宮中之職事，以謹勑之也。

又《天官·凌人》 掌冰。正歲十有二月，令斬冰，三其凌。注：

正歲，季冬。疏：正歲十有二月，令斬冰者，正歲謂夏之建寅為正，十有二月謂建丑之月冰堅腹厚之時，令入山斬冰。【略】云正歲，季冬者，周雖以建子為正，行事皆用夏之正歲。若據殷、周，則十二月冰未堅；若據夏之十二月，冰則堅厚。故正歲據夏也。

又《地官・大司徒》 正月之吉始和，布教于邦國都鄙。乃縣教象之灋于象魏，使萬民觀教象，挾日而斂之。注：正月之吉，周正月朔日也。疏：言正月朔日者，《周禮》凡言『正歲』者，則夏之建寅正月。直言『正月』者，則周之建子正月也。吉者，月朔也，故云正月之吉，周正月朔日也。

正歲，令于教官曰：各共爾職，脩乃事，以聽王命。注：正歲，夏正月朔日。疏：《周禮》上下凡言『正歲』者，皆是夏之正月。又知是朔日者，以其正月之吉是朔日。此雖不言之吉，亦是朔日為始可知也。

又《地官・小司徒》 正歲，則帥其屬而觀教法之象。

又《夏官・大司馬》 正月之吉始和，布政于邦國都鄙。乃縣政象之灋于象魏，使萬民觀政象，挾日而斂之。注：以正月朔日，布王政於天下。疏：正月謂周正建子之月。之吉謂朔日。

又《夏官・訓方氏》 正歲，則布而訓四方。注：布告以教天下，使知世所善惡。疏：正歲謂夏之建寅正月，則布告前所道所誦之事，教天下，使知世所善惡也。

又《秋官・大司寇》 正月之吉始和，布刑于邦國都鄙。乃縣刑象之灋于象魏，使萬民觀刑象，挾日而斂之。注：正月朔日，布五刑於天下。疏：正月之吉者，謂建子之月正月一日也。

又《秋官・小司寇》 正歲，帥其屬而觀刑象。

又《春官・大史》 正歲年，以序事，頒之于官府及都鄙。注：中數曰歲，朔數曰年。中、朔大小不齊，正之以閏，若今時作曆日矣。疏：云中數曰歲，朔數曰年者，一年之內有二十四氣，正月立春節，雨水中；二月啓蟄節，春分中；三月清明節，穀雨中；四月立夏節，小滿中；五月芒種節，夏至中；六月小暑節，大暑中；七月立秋節，處暑中；八月白露節，秋分中；九月寒露節，霜降中；十月立冬節，小雪中；十一月大雪節，冬至中；十二月小寒節，大寒中。皆節氣在前，中氣在後。節氣一名朔氣。中氣在晦，則後月閏；中氣在朔，則前月閏。節氣有入前月灋，中氣無入前月灋。中氣帀則爲歲，朔氣帀則爲年。假令十一月中氣在晦，則閏十二月十六日，得後正月立春節，此即朔數曰年。至後年正月一日，得雨水中，此中氣帀，此即是中數曰歲。頒告朔于邦國。

《春秋・隱公元年》 元年春，王正月。晉杜預注：隱公之始年，周王之正月也。凡人君即位，欲其體元以居正，故不言一年一月也。

唐孔穎達《正義》：《釋詁》云：元，始也；正，長也。此公之始年，故稱元年。此年之長月，故稱正月。言王正月者，王者革前代，馭天下，必改正朔，易服色，以變人視聽。夏以建寅之月為正，殷以建丑之月為正，周以建子之月為正。三代異制，正朔不同，故《禮記・檀弓》云：夏后氏尚黑，殷人尚白，周人尚赤。鄭康成依據《緯候》，以正朔三而改，自古皆相變。如孔安國以自古皆用建寅為正，唯殷革夏命而用建丑，周革殷命而用建子。杜無明說，未知所從。正是時王所建，故以『王』字冠之，言是今王之正月也。『王』不在『春』上者，月改則春移，春非王所改，故王不先春，王必連月，故『王』處『春』下。周以建子為正，則周之二月、三月，皆是前世之正月也。故於春每月書王，王二月者，言是我王之二月，乃殷之正月也；王三月者，言是我王之三月，乃夏之正月也。既有正朔之異，故每月稱王以別之。

何休云：二月、三月皆有『王』者，二月，殷之正月也，三月，夏之正月也。王者存二王之後，使統其正朔，服其服色，行其禮樂，所以尊先聖，通三統，師法之義，恭讓之禮。服虔亦云：孔子作《春秋》，於春每月書『王』，以統三王之正。其意以為王二月、王三月，王是夏、殷之王，謂大禹、成湯也。為周室之臣民尊夏、殷之舊主，每月書『王』，敬奉前代。揆之人情，未見其可。杞、宋，二王之後，各行己祖正朔。宋不行夏，杞不行殷，而使天下諸侯，偏視二代。考諸典籍，未之或聞。杞、宋不奉周正，周人悉尊夏、殷，則是重過去而忽當今，尊二國而慢時主。其為顛倒，不亦甚乎！且經之所言王二月、王三月，若是夏、殷之王，當自皆言正月，何以言王二月、王三月乎？謂之二月、三月，其『王』必是周王，安得以為夏、殷王也？

若如《公羊》之說，《春秋》黜周王魯，則杞非王後，夏無可尊，復通夏正何也？但春之三月，不必月皆有事。若入年，已有『王正月』者，則二月不復書王。若已有『王二月』者，則三月不復書『王』。以其上月已是此王之月，則下月從而可知，故每年之春，唯一言『王』耳。

《春秋》之例，竟時無事，乃書首月以記時。此下二月有會盟之事，則不得空書首月也。正月無事而空書首月者，以人君於始年初月必朝廟告朔，因即人君之位，以繼臣子之心，故君之始年，必書曰『元年春，王正月，公即位。』史策之正法也。隱公攝行君事，雖不即位，而亦改元朝廟，與人更始，異於常年之正月，故史特書其事，見此月公宜即位而自不即位。莊、閔、僖元年，皆書『春王正月』，與此同也，定公元年不書『正月』者，正月之時，定公未立，即位在於六月，歲首未得朝正，公之即位，別見下文，正月無所可見，故不書也。然則定以六月即位，即位乃可改元正月，已稱元年者。未改之日，必乘前君之年；既改之後，方以元年紀事。及其史官定策，須有一統，不可半年從前，半年從後，雖非年初，亦統此歲，故入年即稱元也。《釋例》曰：癸亥，公之喪至自乾侯。戊辰，公即位。喪在外，踰年乃入，故因五日改殯之節，國史用元年即位之禮，因以此年為元年也。古法既然，故漢、魏以來，雖秋、冬改元，史於春、夏，即以元年冠之，是有因於古也。受命之王，必改正朔；繼世之王，奉而行之。每歲頒於諸侯，諸侯受王正朔，故言「春王正月」，王即當時之王。《序》云所書之王即平王，是其事也。《公羊傳》曰：王者孰謂？謂文王也。始改正朔，自是文王所為，頒於諸侯，非復文王之曆。受今王之曆，稱文王之正，非其義也。《注》、《正義》曰：《傳》云「王周正月」，知是周王之正月也。説《公羊》者云：元者，氣之始；春者，四時之始；王者，受命之始；正月者，政教之始；公即位者，一國之始。《春秋緯》稱黃帝受圖，有五始。謂此五事也。杜於《左氏》之義，雖無此文，而五始之理，亦於杜無害。此非《左氏》褒貶之要，自是史官記事之體。故晉、宋諸史，皆言「元年春，王正月，帝即位」是也。元年正月，實是一年一月，而別立名，故鮮之。云凡人君即位，欲其體元以居正，故不言一年一月也，言欲其體元以居正者。元正實是始長之義，但因名以廣之。元者，氣之本也，善之長也。人君執大本，長庶物，欲其與元同體，故年稱元年。正者，直方之間語也。直其行，方其義，人君當執直心，仗大義，欲其常居正道，故「月」稱「正」也。以其君之始年，歲之始月，故特假此名以示義，其餘皆即從其數，不復改也。《書》稱「月正元日」意同於此。又解無事而書正月之意，隱雖不即位，然攝行君事，而亦朝廟告朔，改元布政，故書首年始月，以明其應即位而不為也。

天子之封諸侯也，割其土壤，分之臣民，使之專為己有，故諸侯於其封內，各得改元。《傳》説鄭國之事云：僖之元年，朝於晉。簡之元年，士子孔卒。是諸侯皆改元，非獨魯也。劉炫為《規過》云：元正惟取始長之義，不為體元居正。《規》釋杜云「欲其體元以居正」，謂人君體是元長，以居正位，不欲在下陵奪，處位不終。是劉妄解杜意，不為體其元善，居於正道，以規杜氏，其理非也。劉炫又難何休云：唯王者，然後改元立號。《春秋》託新王受命於魯，故因以録「即位」。若然，新王受命，正朔必改，是魯得稱元，亦應改其正朔，仍用周正何也？既託王於魯，則是不事文王，仍奉王正何也？諸侯改元，自是常法，而云託王改元，是妄説也。

説《公羊》者云：元者，氣之始；春者，四時之始；王者，受命之始；正月者，政教之始；公即位者，一國之始。《春秋緯》云：黃帝坐於扈閣，鳳凰銜書致帝前，其中得五始之文，謂此五事。何休又云：公即位者，一國之始，政莫大於正始，故《春秋》以元之氣，正天之端；以天之端，正王之政；以王之政，正諸侯之即位；以諸侯之即位，正境内之治。諸侯不上奉王之政，則不得即位，故先言「正月」而後言「即位」。政不由王出，則不得為政，故先言「王」而後言「正月」。王者不奉天以制號令，則無法，故先言「春」而後言「王」。天不深正其元，則不能成其化，故先言「元」而後言「春」。五者同日並見，相須成體，非比辭也。何休自云諸侯不得改元，則元者，王之元年，非公之元年。公即位不在王之元年，安得同日並見，共成體也？即以託王於魯史之改元，元既為魯所改，則政不由王出，安得以王之政正諸侯？元尊而王卑，年大而月小，年之有元，改而無忌，王之立政，必云須奉。舍其大而事其細，敬所卑而慢所尊，以此立教，必不可行。聖人有作，豈當爾也？黃帝之作五始者，為天子法乎？為諸侯法乎？諸侯不得改元，必非諸侯法；若非諸侯法，安得有公即位乎？無公即位，則闕一始，何得為五始也？若是天子法，不得言王正月，王即位。何休云：以王之政，正諸侯之即位。然王者豈復以己之政，正己即位？不通若此，何以行之？言《左氏》者，或取為説，是逐狂東走也。

隱、莊、閔、僖四公元年，《傳》皆説不書即位之由，故指以為例。隱不行即位，又謙不告至，而歲首告朔朝正，所以尊敬祖考也。若不行即位，又不朝正，則與臣子無別，不成為君，故告朔朝廟也。

又《桓公元年》　元年春，王正月，公即位。

又《文公元年》　元年春，王正月，公即位。

又《宣公元年》　元年春，王正月，公即位。

又《成公元年》　元年春，王正月，公即位。

又《襄公元年》　元年春，王正月，公即位。

又《昭公元年》　元年春，王正月，公即位。

又《哀公元年》　元年春，王正月，公即位。

《公羊傳·隱公元年》　元年春，王正月。《傳》：元年者何？君之始年也。春者何？歲之始也。王者孰謂？謂文王也。漢何休《解詁》：以上繫王於春，知謂文王也。文王，周始受命之王。天之所命，故上繫天端。方陳受命，制正月，故假以為王法。不言謚者，法其生，不法其死，與後王共之，人道之始也。曷為先言「王」而後言「正月」？王正月也。《解詁》：以上繫於王，知王者受命，布政施教，所制月也。王者受命，必徙居處，改正朔，易服色，殊徽號，變犧牲，異器械，明受之於天，不受之於人。夏以斗建寅之月為正，平旦為朔，法物見，色尚黑。殷以斗建丑之月為正，鷄鳴為朔，法物牙，色尚白。周以斗建子之月為正，夜半為朔，法物萌，色尚赤。何言乎王正月？大一統也。《解詁》：統者，始也，總繫之辭。天王者，始受命改制，布政施教於天下，自公侯至於庶人，自山川至於草木昆蟲，莫不一一繫於正月，故云政教之始。

《左傳·隱公元年》　春，王周正月。注：言周以別夏、殷。

又《宣公三年》（夏）宋文公即位。三年，殺母弟須及昭公子，武氏之謀也。

又《昭公十七年》梓慎曰：【略】『火出，於夏為三月，注：謂昏見。於商為四月，於周為五月。夏數得天。』注：得天正。《正義》：斗柄所指，一歲十二月分為四時。夏以建寅為正，則斗柄東指為春，南指為夏，是為得天四時之正也。若殷、周之正，則不得正。

《國語》卷一〇《晉語四》元年春，公及夫人嬴氏至自王城。三國吳韋昭注：文公元年，魯僖二十四年。

《論語・衛靈公》顏淵問為邦。子曰：行夏之時。宋朱熹《集注》：夏時，謂以斗柄初昏建寅之月為歲首也。天開於子，地闢於丑，人生於寅，故斗柄建此三辰之月，皆可以為歲首，而三代迭用之。夏以寅為人正，商以丑為地正，周以子為天正也。然時以作事，則歲月自當以人為紀，故孔子嘗曰：『吾得夏時焉。』而說者以為謂《夏小正》之屬。蓋取其時之正與其令之善，而於此又以告顏子也。

《禮記・禮運》孔子曰：『我欲觀夏道，漢鄭玄注：欲行其禮，觀其所成。是故之杞，注：杞，夏后氏之後也。而不足徵也。注：徵，成也。無賢君，不足與成也。吾得夏時焉。』注：得夏四時之書也。其書存者有《小正》。

又《大傳》立權度量，考文章，改正朔，易服色，殊徽號，異器械，別衣服，此其所得與民變革者也。唐孔穎達《正義》：改正朔者，正謂年始，朔謂月初。言王者得政，示從我始，改故用新，隨寅、丑、子所損也。周子、殷丑，夏寅，是改正也周夜半，殷雞鳴，夏平旦，是易朔也。

又《雜記下》孟獻子曰：『正月日至，可以有事於上帝。七月日至，可以有事於祖。』《正義》：正月，周正月建子之月也。日至，冬至日也。【略】七月，周七月建午之月也。日至，夏至日也。

漢・孔鮒《孔叢子》卷上《雜訓》縣子問子思曰：『顏回問為邦，夫子曰：「行夏之時」。若是，殷、周異正，為非乎？』子思曰：『夏數得天，堯、舜之所同也。殷、周之王，征伐革命，以應乎天，因改正朔，若云天時之改耳，故不相因也。夫受禪于人者，則襲其統；受命于天者，則革之，所以神其事，如天道之變然也。三統之義，夏得其正，是以夫子云。』

《古本竹書紀年・魏紀》魏惠成王三十六年，改元稱一年。

《今本竹書紀年》卷八《顯王》三十四年，魏惠成王三十六年，改元稱一年。

《史記》卷五《秦本紀》（惠文君）十四年，更為元年。

論說

漢・伏勝《尚書大傳》卷一《甘誓傳》王者一質一文，據天地之道，正朔三而改，文質再而復。三統者，所以序生也；三正者，所以統天也。是故三統、三正也，三王之統若循連環，周則又始，窮則反本也。

又 卷二《洪範五行傳》夏以孟春月為正，殷以季冬月為正，周以仲冬月為正。夏以十三月為正，色尚黑，以平旦為朔。殷以十二月為正，色尚白，以鷄鳴為朔。周以十一月為正，色尚赤，以夜半為朔。不以二月後為正者，萬物不齊，莫適所統，故必以三微之月也。

《爾雅》卷五《釋天・歲名》載，歲也。夏曰歲，晉郭璞注：取歲星行一次。商曰祀，注：取四時一終。周曰年，注：取禾一熟。唐虞曰載。注：取物終更始。

漢・董仲舒《春秋繁露》卷七《三代改制質文》何以謂之王正月？曰：王者必受命而後王。王者必改正朔，易服色，制禮樂，一統於天下，所以明易姓，非繼人，通以己受之於天也。王者受命而王，制此月以應變，故作科以奉天地，故謂之王正月。

《史記》卷二六《曆書》昔自在古曆建正，作於孟春。【略】王者易姓受命，必慎始初，改正朔，易服色，推本天元，順承厥意。唐司馬貞《索隱》：言王者易姓而興，必當推本天之元氣行運所在，以定正朔，以承天意，故云承順厥意也。【略】夏正以正月，殷正以十二月，周正以十一月。蓋三王之正若循環，窮則反本。天下有道則不失紀序，無道則正朔不行於諸侯。

《春秋感精符》十一月建子，天始施之端，謂之天統。周正服色尚赤，象物萌，色赤也。十二月建丑，地始化之端，謂之地統。殷正服色尚白，象物牙，色白。正月建寅，人始化之端，謂之人統。夏正服色尚黑，象物生，色黑也。

《漢書》卷二一上《律曆志上》《經》曰：『春王正月』。《傳》曰：『周正月火出，於夏爲三月，商爲四月，周爲五月，夏數得天。』得四時之正也。三代各據一統，明三統常合而迭爲首，登降三統之首，周還五行之道也，故三五相包而生。天統之正，始施於子半，日萌色赤。地統受之於丑初，日肇化而黄，至丑半，日牙化而白。人統受之於寅初，日孽成而黑，至寅半，日生成而青。天施復於子，地化自丑，畢於辰，人生自寅，成於申。故曆數三統，天以甲子，唐顔師古注：李奇曰：夏正月朔日。地以甲辰，注：韋昭曰：殷正月朔日。人以甲申注：李奇曰：周正月朔日。孟仲季迭用事，爲統首。三微之統既著，而五行自青始，其序亦如之。五行與三統相錯。

漢・班固《白虎通義》卷下《三正》　王者受命，必改朔何？明易姓，示不相襲也。明受之於天，不受之於人，所以變易民心，革其耳目，以助化也。故《大傳》曰『王者始起，改正朔，易服色，殊徽號，異器械，別衣服』也。是以舜、禹雖繼太平，猶宜改以應天。王者改作，樂必得天應而後作何？重改制也。《春秋瑞應傳》曰：『敬受瑞應，而王改正朔，易服色。』《易》曰：『湯、武革命，順乎天而應乎民也。』

正朔有三，何本？天有三統，謂三微之月也。明王者當奉順而成之，故受命各統一正也，敬始重本也。朔者，蘇也，革也，言萬物革更于是，故統焉。《禮・三正記》曰：『正朔三而改，文質再而復也。』三微者，何謂也？陽氣始施黄泉，動微而未著也。十一月之時，陽氣始養根株黄泉之下，萬物皆赤。赤者，盛陽之氣也。故周為天正，色尚赤也。十二月之時，萬物始牙而白。白者，陰氣。故殷為地正，色尚白也。十三月之時，萬物始達，孚甲而出，皆黑，人得加功。故夏為人正，色尚黑。《尚書大傳》曰：『夏以孟春月為正，殷以季冬月為正，周以仲冬月為正。夏以十三月為正，色尚黑，以平旦為朔。殷以十二月為正，色尚白，以雞鳴為朔。周以十一月為正，色尚赤，以夜半為朔。不以二月後為正者，萬物不齊，莫適所統，故必以三微之月也。』三正之相承，若順連環也。孔子承周之弊，行夏之時，知繼十一月正者，當用十三月也。

又　卷一《爵》　天子大斂之後稱王者，明民臣不可一日無君也。故《尚書》曰：『王麻冕黼裳。』此大斂之後也。何以知不從死後加王也？以上言迎子釗，不言迎王也。王者既殯而即繼體之位何？緣民臣之心不可一日無君也。故先君不可得見，則後君繼體矣。故《尚書》曰『再拜興對』，『乃受銅瑁也』，明為繼體君也。緣始終之義，一年不可有二君。故《尚書》曰：『王釋冕喪服。』吉冕服受銅，稱王以接諸侯，明已繼體為君也。釋冕藏銅反喪服，明未稱王以統事也。不可曠年無君，故逾年乃即位改元。元以名年，年以紀事，君統事見矣，而未發號令也。何以知踰年即位改元也？《春秋傳》曰：『以諸侯逾年即位，亦知天子踰年即位也。』《春秋》曰：『元年春，王正月，公即位。』改元位也。王者改元，即事天地；諸侯改元，即事社稷。

《後漢書》卷七六《陳寵傳》　寵奏曰：夫冬至之節，陽氣始萌，故十一月有蘭射干、芸荔之應。《時令》曰：諸生蕩安形體。天以為正，周以為春。唐李賢注：正、春，皆始也。十一月萬物微而未著，天以為正而周以為歲首。十二月陽氣上通，雉雊雞乳。地以為正，殷以為春。注：十二月，二陽爻生，雁北鄉，陽氣上通，諸生皆動，始萌芽。地以為正，殷以為歲首也。《月令》：季冬，雉雊雞乳也。十三月陽氣已至，天地已交，萬物皆出，蟄蟲始振。人以為正，夏以為春。注：十三月，今正月也。天子迎春東郊，陰陽交合，萬物皆出於地，人始初見，故曰人以為正，夏以為歲首也。三微成著，以通三統。注：統者，統一歲之事。王者三正遞用，周環無窮，故曰通三統。《三禮義宗》曰：三微，三正也。【略】《易乾鑿度》曰：三微而成著，三著而體成。當此之時，天地交，萬物通也。周以天元，殷以地元，夏以人元。

漢・干吉等《太平經》卷一一九《三者為一家陽火數五訣》　今甲子，天正也，日以冬至，初還反本。乙丑，地正也，物以布根。丙寅，人正也，平旦人以初起，開門就職。此三者，俱天地人初生之始，物之根本也。

《宋書》卷一四《禮志一》　（三國魏）侍中高堂隆議曰：按自古有文章以來，帝王之興，受禪之與干戈，皆改正朔，所以明天道，定民心也。《易》曰：《革》，『元亨，利貞。』『有孚改命，吉。』湯武革命，應乎天，從乎人，其義曰水、火更用事，猶王者必改正朔，易服色也。《易通卦驗》曰：王者必改正朔，易服色，以應天地三氣三色。《書》『曰若稽古，帝舜曰重華。』建皇、授政，改朔。初，高陽氏以十一月為正，薦玉以赤繒；高辛氏以十三月為正，薦玉以白繒。《尚書傳》曰：舜定鐘石，論人聲，乃及鳥獸，咸變於前，故更四時，改堯正。《詩》曰『一之日爵發，二之日栗烈，三之日于耜。』《傳》曰：一之日，周正月；二之日，殷正月；三之日，夏正月。《詩推度灾》曰：『如有繼周而王者，雖百世可知。』以前檢後，文、質相因，法度相改，三而復者正色也，二而復者文、質也。以前檢後，謂軒轅、高辛、夏后氏、漢皆以十三月為正，少昊、有唐、有殷皆以十二月為正，高陽、有虞、有周皆以十一月為正。後雖百世，皆以前代，三而復也。

《禮・大傳》曰：『聖人南面而治天下，必正度量，考文章，改正朔，易服色，殊徽號。』《樂稽曜嘉》曰：『禹將受位，天意大變，迅風雷雨』，以明將去虞而適夏也。是以舜、禹雖繼平受禪，猶制禮樂，改正朔，以應天從民。夏以十三月為正，法物之始，其色尚黑；殷以十二月為正，法物之牙，其色尚白；周以十一月為正，法物之萌，其色尚赤。能察其類，能正其本，則嶽瀆致雲雨，四時和，五稼成，麟凰翔集。《春秋》十七年夏六月甲子朔，日有蝕之。《傳》曰當夏四月。是謂孟夏。《春秋元命苞》曰：王者受命，昭然明於天地之理，故必移居處，更稱號，改正朔，易服色，以明天命。聖人之寶，質文再而改，窮明相承，周則復始。正朔改，則天命顯。凡典籍所記，不盡於此，略舉大較，亦足以明也。

宋・余靖《武溪集》卷四《三統論》 夫王者受命，必先改正朔，易服色者，蓋示民之有初也。故三統之義，於是彰焉。然而先儒論止及三王之世，是以夏之寅而黑，商之丑而白，周之子而赤，可得而述也。至于堯舜而上，則雖仲尼之説，亦無聞焉，豈非旨深而意遠乎！而漢鄭康成之徒，則據此而逆推，以為舜與周同，堯與商同，高辛氏乃與夏同。正朔三而止，文質再而復，自古而然也。非但不經，抑亦于帝王之道有所昧焉。

嘗試論之。夫帝王步、驟不同，文、質亦異。三皇正曆，歲准攝提，古之為君，因民而治，故唐虞以上無變易。逮夏后之繼統也，自以德衰，不及二帝，又知夫時將醨矣，必示之以制度，故其沿革，頗漸於文。是以小正之説，尚黑之義，於是著焉。然而服色有所尚，而正朔不必改也，但紀之於政令而已。故仲尼稱述三代，則曰『行夏之時』，蓋以其合於古而得天數也。禮因於虞，而不言其所損益者，蓋謂此乎！及湯、武之革命，既以兵勝，俗又寖弊，欲示民以改作而新其耳目，俾知夫令出諸己，故有服色之變；又以服色之制，本象於正朔，商人以建丑而易寅，新其令也，尚白而變黑，象其朔也。周之尚赤而建子由是興。然三王之易服改正，必取三微之月，蓋以君之出令，象歲功陽氣之始也，足以垂訓於百王，文、質制度於斯備矣。後王雖興制作，不出於此也。故仲尼曰：『其或繼周者，百世可知。』其此之謂矣。夫謂正朔三而止者，月過三微不可以垂法也，斯亦王者之制耳，安可及於上古哉？

且五帝之書，二《典》存焉。其堯之書則曰『敬授人時』，順曆數也。又曰『日中星鳥，以正仲春；日短星昴，以正仲冬』。此則分、至之候，正在四仲，契古曆而符夏正也。又烏聞建丑之説乎？舜在璿璣，以齊七政，審己之德，當天心與不爾。至於曆數，亦不異於堯，又曷覩建子之言乎？及其制服，則曰『觀古人之象』，故山龍、日月之數，較然可知也，又何服色之改乎？然則五帝之德淳，三王之俗薄，德淳則制簡，俗薄則政備。故三統之義，起於三代，而自太昊，或推五德之運者，蓋順天之數也，正朔則無所更焉。至三王，則政有偏矣。夫有偏則有弊，故後之興者，必舉其偏而救其弊也。若謂文、質可推於上古，是則夏尚忠，商尚質，周尚文，此三正者，又何行於帝王之代乎？斯見其不然也。自秦漢以下，服色但依於五勝，此又不可推於三王，亦明矣。康成既已失之，而杜祐、孔穎達之徒復引為證，貽誤後學，甚矣夫！

宋・孫甫《唐史論斷》卷上《太宗・即位改元》 論曰：或問《春秋》書國君即位，必於元年正月，明新君踰年即位改元也。此書『即位，踰年』，豈《春秋》之法乎？答曰：《尚書》記天子傳位改元之法，舜則曰『月正元日』，禹則曰『正月朔旦』。《春秋》即位改元之法，本於此。聖人以舜、禹之法為天下之至正也。然《顧命》康王之語，記成王崩，康王既為天子，乃釋冕反喪服。蓋以先君不書所終之年，天子即位不可一日而虛，故於柩前即位，明先君傳授之意，不及行舜、禹之法也。但踰年稱君改元，亦同其道矣。以天子不待踰年即位，則諸侯可知也。《春秋》一國之史，聖人修之，遂見天下大法，莫若舜、禹至正也。元年初即位，説者引《康誥》之文為定，以謂新年正月，必改元正位，百官以序，國史書即位以表之。此雖明不待踰年即位，元年見新君之法，不知聖人因而存舜、禹之道也。況魯侯即位，雖稱元年，必書『王正月』者，上以明王道之序，下以見諸侯奉王制而即位也。若夫修天子之史，可不知書元年即位之法乎？又後代事艱，天子繼統，必待踰年稱君，勢有不便矣，故當依實書之。雖略變古法，其曰以『即位，踰年改元』，亦所以法《尚書》定位，《春秋》改元，見新君之意也。

宋·蘇軾《書傳》卷六《夏書·甘誓》 王者各以五行之德王，易服色及正朔。孔子曰：『行夏之時。』自舜以前，必有以建子建丑為正者。有扈氏不用夏之服色正朔，是叛也。故曰『威侮五行，怠棄三正。』

宋·鄭樵《六經奧論》卷四《春秋經·正朔總論》 或問：三代之建子、丑、寅，何也？曰：古今之曆皆建寅，其朔建子、丑者，商、周二代耳。然則湯、武何以獨異之也？曰：殷、周之所以異其建者，上以明曆數之歸己，下以示諸侯之從違也。湯、武革命而有天下，三千國之多，八百國之衆，其從我也，吾不得而知之；其違我也，吾不得而知之。獨以正朔之異尚，以承天命之歸己，以示人心之從違。是故服則纘禹，政則反商，獨於正朔微有更易爾，初非各出其術以求異也。然則何以謂古之曆皆建寅也？曰：三皇之事，吾不得而詳。五帝以來，豈無可傳之政？孟春正月朔旦立春，會於天曆之營室，是顓帝之曆已建寅矣。析因夷隩，始以仲春，終以仲冬，是堯帝之曆又建寅矣。舜之正月元日，禹之正月朔旦，則無非建寅矣。嘗觀《豳風·七月》之詩，述公劉、后稷之事，實當虞夏之際。其勸相農事，亦準『七月流火』之候。此古曆建寅之明驗也。至湯建丑以首事，復建子以起數，而曆元亦不以立春為節，更以十一月朔旦冬至為元。周人因之，而正朔與曆若與夏異矣。然《商書》曰元祀十有二月，《周禮》曰正歲十有一月，雖建子、丑以命月，而占星定曆，修祠舉事，仍案夏時，皆不自用其制。秦、漢之建亥，亦猶是也。朝賀典禮，皆首十月，至於太初，首用夏正，迄於今而不能易也。

宋·鄭樵《通志》卷三下《三王紀·周》 臣謹按，諸侯即位而再改元者，或有焉。《史記》秦惠王十四年更為元年，《汲冢紀年》魏惠成王三十六年改元，稱一年。何必受命而後改元也？

宋·羅泌《路史》卷三四《發揮三·明三正》 甚矣，周秦而下，先王之政無一定之說也。三代之所尚，正朔異，服色殊，昔者竊聞之矣。果且有是乎哉？果且無是乎哉？以為有是乎！而說者以為正朔，聖人之所不言。文、武政而正朔循嬴秦，不害于治；嬴秦政而服色從三代，無損于亂。顧其本而已矣。以為無是乎！則說者以為五帝以來，正朔悉異，三皇而往，服色舉變。不若是不足以為盛。而廣川先生、河汾老子猶以為言，卒不得其衷也。或曰授受者循其故，革命者變其時，是故夏禹而前，不有改也。其然乎？昔孔子作《春秋》，書『王三月』，而古之王者必存二代，所以通三統也。三《易》之書，首《乾》、《坤》、《艮》，而怠棄三正，扈氏之所以為不恭者，何至於禹而後革之哉！

然竊考之，三皇之代，歲皆紀寅，顓帝之曆，攝提首紀，而帝堯之分四子，亦鳥正于仲春。是則其建同矣。惟虞之法，雖不著見，而分巡岳鎮，必按四仲，是則三聖之相授，所守一也。使舜易堯正，則禹改之矣；夏正得天明，不改也。是不然，亦人事而已矣，蓋亦有天事焉。何則？天下之事有本有文，有因有革。文者，天之事，而本者，人之事。可革者其文，而不可革者其本也。在文可革，則三皇而必革；在本可守，則雖三代而必守。是故湯既革夏而建用丑矣，至于作曆紀元，則復以冬首；武既革商而建用子矣，至於授時巡祭，則猶用夏時。是則本者未嘗革也。惟元祀十有二月，太甲之正月也，不以商正紀。惟一月既南至，《周書》之正月也，不以周正書。正月繁霜，四月維夏，五月鳴蜩，六月徂暑，九月授衣，夏之時也。故《易》說曰：三王之郊，一用夏正，人事然也。《傳》曰：五帝殊時，不相沿樂；三王異世，不相襲禮。夫不相沿者，樂之器，而樂之情未嘗渝。不相襲者，禮之文，而禮之實未嘗易。是故正朔之所異者，寅、子、丑，而春卯秋酉則同。服色之所改者，黑、白、赤，而上繪下絺則等。忠、質、文雖異尚，而籩豆升降之節均。爵、富、親雖異貴，而仁義禮信之施一也。豈非文者可革，而本者不可革乎！子曰：『商因于夏禮，所損益可知也；周因于商禮，所損益可知也。』商繼夏，周繼商，有改制之名，無改制之實，革其文，不革其本也。今夫忠、質、文之相胥以成治，猶寒暑之相代以成歲也。有偏勝爾，烏可以獨任哉？奈何說者離之，而指為相救術耶？

《易》曰：《兌》，正秋也。夫以《兌》為正秋，則《震》為正春，而《坎》為正冬，《離》為正夏也，必矣。故斗必指寅而後謂之春，必建已而後謂之夏。此不易之道也。今也以冬為春而以夏為秋，則四時反易而失其位矣。且既曰建丑矣，而書始復位，則曰『三祀十有二月』，是月不易也。曰建亥矣，而書始建國，曰元年冬十月，是時不易也。子、丑非春，亦明矣。昔者顏子淵，吾夫子之以帝王之道許之者也。方其發為邦之問也，則告之以四代之禮樂，如乘輅則商之從，服冕則周之從，惟至於時，則斷俾之行夏，誠以人事之不可得而革也。而世有為歲本之説者，乃謂子當夜半，則輒屬來日，遂以子、丑之月屬之來歲。蓋亦不知此天事爾，夫又烏知日出之二刻半為明，聖人本人事而施之哉？知夫此，則三正可得而議矣。雖然，商以建丑革夏正，而不能行之于周；周以建子革商正，固不可行之于夏。秦以刻建，此何等時邪？其不可行而謂之閏位也，宜矣。

宋·孫奕《示兒編》卷一《歲祀年載通稱》 《伊訓》『惟元祀』，陸氏《釋文》曰：年也。又引《爾雅》言：『夏曰歲，商曰祀，周曰年，唐虞曰載。』則是帝王各有定名也。按《堯典》曰：『以閏月定四時成歲。』《舜典》曰：『歲二月，東巡守。』則唐虞不特曰載也。《禹貢》曰：『作十有三載，乃同。』則夏不特曰歲也。《伊訓》曰：『太甲元年』，《太甲上》曰：『三年，復歸於亳。』則商不特曰祀也。《洪範》曰：『惟十有三祀』，又云：『一曰歲』。《周禮》曰大計羣吏，誅賞則必曰『三歲』。則周不特曰年也。然則四者名異而實同，何哉？蓋『載』以始一歲而終，『歲』以星一歲而周，『祀』以祭一歲而徧，『年』以禾一歲而熟。此名之所以異而實同。

元·柳貫《待制集》卷七《策問·國學私試·其六》 問：三正之起，尚矣。説者謂夏正建寅為人正，商正建丑為地正，周正建子為天正。夫子因魯史作《春秋》，凡國君即位，必書『元年春，王正月。』夫《春秋》，尊王之書。以『正』次『王』，以『王』次『春』，則正月者，周天子所用之正也。先儒謂其以夏時冠月而以周正紀事。正月非春，時固不易。然《書序》『一月戊子，師渡盟津』，而經言『十有三年春，大會於盟津』，則一月者，周之一月，亦遂以為歲首矣。不知《春秋》假之以立義者，亦他有所考据乎？或者又謂周人改月而兼存夏正，其證已多見於《經》、《傳》所載之文，乃若《周官》既曰『正月』，而又曰『正歲』，《豳詩》既曰『七月』、『九月』，而又曰『一之日』、『二之日』。《左氏》固已惑之，而《孟子》所記徒杠、輿梁之成，則一以當代正朔言也。夫子以四代禮樂答顏子為邦之問，首之曰『行夏之時』。此則聖人經世之法之所寓，如是而猶有焚經以建亥者矣。不然，則建辰建卯，將何時而可定乎？搖光昏見於子，而陽氣已潛萌乎黃鍾之宮，此天之所以為春而萬物之所由生也。治曆明時，實為王政之大端。舍是而不之講，則非當務之急矣。

元·吳萊《淵穎集》卷五《改元論上》 先王之始得天下也，必明一代之好尚，以新斯民之耳目。聞改正朔矣，未嘗聞改元也。然則《商訓》稱元祀，《春秋》書元年者，何以哉？曰：是直史官紀述之常體耳。將以志人君之在位久近者也，非王者以是為重事也。後之説《春秋》者，乃欲以改元為重。春秋之初，周平王立四十有九年，而魯隱公又改稱元年。藉令重在改元，何不襲稱王者之年，累數而明詔於人哉？抑魯以周公之裔，且僭改之也？苟或僭改，必宜誅絶於夫子之筆削，又反從書之，獨非撥亂反正之道乎？蓋自古未嘗有改元，為是説者特出於戰國。秦漢之間。周之既衰，秦與列國爭稱王。其初即位時，猶以諸侯之爵行國中，國人皆稱之曰公。及後以王自稱，史官欲少異之，明其稱王之始，故曰某王改元。是豈班班然播告於其國者哉？徒以書之載籍而已耳。何則？秦惠文王，孝公之子也。立十三年矣，十四年乃稱王，而秦史改元。魏惠王，武侯之子也。立三十六年矣，三十七年乃稱王，而《汲冢竹書》亦改元；又十六年而後，惠王卒，非改元也，明秦魏之始稱王也。此殆為史官者自志其國之事，猶《春秋》之於魯史也。求其説而弗得，又大惑焉。且謂西伯在商紂世，亦嘗稱王，亦嘗改元。其兆特因戰國之秦、魏。秦、魏豈果以改元為王者之重事哉？

説者恒曰：為國君者，即位之明年必告廟，以臨羣臣，然後改元。然以之言告廟則可臨羣臣，則可以之；言改元，則未可。國君嗣位，定於初喪，先君之終即嗣君之始，若曰緣終始之義，一年不二君，特臣子之情，不忍遽死君父，故居喪自稱曰子。國内民人之心，繫之久矣。將為史官者，以先君之薨年不得便為嗣君之始年，乃待其明年告廟之際，乃次第以書之。如太甲祇見厥祖，而『元祀』之文著於《商訓》也。以事繫日，以日繫月，以月繫時，以時繫年。書之以年則又繫於一國之君，是皆有不得不然者也。故曰直史官紀述之常體耳。然則何以變一為元？杜預曰：人君即位，欲其體元而居正，故不言一年一月。此說善也，而後之說《春秋》者自異焉，亦不合於春秋矣。

又《改元論下》 為《春秋》者曰：惟王者，然後改元。東周之遷，王政不行，諸侯亦皆改元。近而宋、魯，遠而晉、楚，下及邾、莒、滕、薛雜小國，莫不皆然。魯或以是而改曆，晉或以是而改正朔，秦或以是而創閏月。此又似是而實非者也。太史公三代《本紀》有《三代世表》徵《尚書》，《尚書》無年，故年不可載，乃以世紀之。十二諸侯《世家》，有《十二諸侯年表》、《六國年表》，共和以下徵《春秋》、《左氏內外傳》，秦始皇以上徵《戰國策》，皆有年。故既以世紀之，又以年實之。然或已失其世系，失其年代，失其名爵矣。且先王之世，有小史、外史以掌邦國四方之志，諸侯無私史也。晉之《乘》，楚之《檮杌》，魯之《春秋》，至東周而後有。是故十二諸侯之年，始可得譜；然不可得譜者，亦多矣。燕至惠侯而始有君，秦至穆公而始有名，楚至若敖而始有年。滕、薛、鄒雖文、武之褒大封小，不足齒。他大國當西周之盛，亦徒紀之世數而已。近者詳，遠者略也。非必曰以周之衰，而諸侯各自改元。推《春秋》之義，此尚得為大一統乎？蓋古之王者無改元，惟用舊歲。季冬頒來歲十二月朔於諸侯，諸侯受而藏之祖廟，至則以特羊告廟，請而行之。東周既不頒曆，故魯亦作私曆，猶私史也，若諸侯固自有日御矣。秦以僻陋之國，邊在裔夷，於是始有史官始創閏月，則猶魯曆也。然三王之正不同，而獨夏數得天。商周革命，且改正朔，以示不相沿襲；巡狩烝享，兵農田獵，猶自夏焉。故《周官》有「正月」，有「正歲」。正月，夏正；正歲，周正；三正之通于民俗尚矣。《汲冢竹書》雖用夏正以紀晉事，抑何嘗有改元之說哉？

若曰東周諸侯皆改元，則此晉事，上起殤叔。殤叔，晉穆侯少子成師也，別封曲沃。是時文侯、昭侯猶在，殤叔比晉，一大夫耳，無緣改元；特武公卒併宗國，不數文侯，直推殤叔，以繼穆侯，徒志其始封與卒年也。太史公《漢興以來諸侯世表》、《高祖功臣侯年表》，類於每國書某王元年，某侯元年。方天下大定，奉漢法度，行漢年號，固也；又況孝武新建元而輒自改元，可乎？《淮南鴻烈》亦稱淮南元年，許慎注云：淮南王安始封之年也。特為史官者，欲著每國之名爵、年代、世系，故一以是書之，非改元也。考之於漢者如此，則可見東周諸侯之必不然矣。

元・蘇天爵《滋溪文稿》卷二四《大部鄉試策問》 曆數之起，上矣。昔者帝堯命羲和治曆，以閏月定四時成歲。夏、商、周有天下，皆改正朔，以新民之耳目。然則正朔必可改歟？漢儒謂舜紹堯，順天道，改正朔。其說信歟？不然，夏啓誓師，何以併言「三正」歟？考之《詩》、《書》、《春秋傳》，或言夏正，或言周正，何為而不一歟？《周官》大史正歲年以序事，頒之於官府及都鄙，頒告朔于邦國。其事亦有所因歟？

明・王褘《王忠文集》卷四《改元論》 古有改正朔而未嘗有改元，非無改元也，弗以是為重事而弗之異也。夫有國者，將以明一代之制度也，於是乎有改正朔。若稱元年而後累數之者，是蓋史官紀述之常體，所以志夫人君在位之久近者也。是故《春秋》於魯公即位之始，皆稱元年。《公羊傳》曰：君之始年也。《史記・漢興以來諸侯世表》、《高祖功臣侯年表》，類於每國書某王元年，某侯元年。《淮南鴻烈》亦稱淮南元年，許慎注云：始封之年也。夫魯，周之諸侯，而所謂王侯者，漢之臣子也。使改元果為重事耶？則信如說《春秋》者所謂諸侯不得改元，非王者不改元矣。柰何周之諸侯，漢之臣子不皆襲稱王者之年，而輒自改元，而《春秋》、《史記》顧又因其僭而書之耶？故曰古未嘗有改元也。

考之《帝王世紀》，文王即位四十二年，歲在鶉火，更為受命之元年。其更為元年也，蓋曰受命於是始焉爾。及周之衰，列國爭稱王，其始即位時，不過以諸侯之爵稱；及既王矣，則將以自異也，於是又改稱元年。故《史記》秦惠王十四年，更為元年。《汲冢紀年》魏惠成王三十六年，改元稱一年。其所以改元者，蓋亦曰稱王於是始也。是豈以為重事而異之耶？自漢以後，一變於文帝之稱後元，再變於武帝之名年以建元。後世因之，遂重於改元矣。嗚呼！既已稱元而又改元，不惟改元而又名年以建元，記注繁蕪，莫之勝紀，是以弗可革矣。或曰使改元不以為重事，而直史官紀述之常體，則曷為變一而為元也？吾聞之杜預曰：人君即位，欲其體元而居正，故不曰一年一月也。曰元年，曰元日，此唐虞三代之所常稱，又何足以為異乎？

明・邵寶《簡端録》卷七《春秋》　孔子曰：行夏之時。夏之時何取於孔子也？《傳》曰：『夏數得天。』帝堯若天以定四仲，夏時蓋本諸此。夏正建寅，寅、卯、辰三月為春。周正建子，非春矣，其為春者，猶有寅之一月焉。故聖人存『春』以俟後聖，蓋萬世若天之政，於是乎在。雖然，《春秋》作於周，故書法云爾。若夫秦正建亥，在秦而作《春秋》，其書法當有異於是者。要之，歸于若天而已矣。非聖人，其何以與此？

又　卷一二《論語》　行夏之時，《春秋》之志也。春，虛位也；寅，定名也。夏后氏以寅春則春，殷人以丑春則春，周人以子春則春。春王正月，《春秋》著周正之為子也。其於天人得焉否焉，後聖有作，稽諸《堯典》，必有辨而改之者。故曰行夏之時，《春秋》之志也。

明・王守仁《王文成全書》卷二六《續編一・五經臆説》　元年春，王正月。人君即位之一年，必書元年。元者，始也，無始則無以為終。故書元年者，正始也。大哉乾元，天之始也；至哉坤元，地之始也；成位乎其中，則有人元焉。故天下之元在於王，一國之元在於君，君之元在於心。元也者，在天為生物之仁，而在人則為心，心生而有者也。曷為為君而始乎？曰：心生而有者也。未為君，而其用止於一身；既為君，而其用關於一國。故元年者，人君為國之始也。當是時也，羣臣百姓悉意明目，以觀維新之始，則人君者尤當洗心滌慮，以為維新之始。故元年者，人君正心之始也。曰：前此可無正乎？曰：正也有未盡焉。此又其一始也。改元年者，人君改過遷善，修身立德之始也；端本澄源，三綱五常之始也；立政治民，休戚安危之始也。嗚呼，其可以不慎乎！

元年者，魯隱公之元年；春者，天之春；王，周王也。『王』次『春』，示王者之上承天道也。正月者，周王之正月。周人以建子為天統，則夏正之十一月也。夫子以天下之諸侯不復知有周也，於是乎作《春秋》，以尊王室，故書『王正月』，以大一統也。書王正月以大一統，不以王年而以魯年者，《春秋》魯史，而書王正月，斯所以為大一統也。隱公未嘗即位也，何以有元年乎？曰：隱公即位矣，不即位，何以有元年？夫子削之不書，欲使後人之求其實也。

明・楊慎《丹鉛總録》卷九《人事類・改元》　古者天子諸侯繼立，踰年而始稱元年。終一主為一元，未有一主而再稱元者也。漢文帝信新垣平之言，再稱後元。自後武帝更十數紀元，歷代皆然，俗諺有『亂主年年改號，窮士日日更名』之譏。然予觀《長曆》云：秦惠文十四年，更為元年。則其謬不始于漢文矣。

明・楊慎《升菴集》卷一三《隱公元年》　元年，魯隱公元年也。《春秋》大一統，所謂一統天下，咸奉元朔也，天子立元而諸侯遵也，天子頒朔而諸侯行也。自共和以來，諸侯如蜂房蟻穴，不用天子之元年矣。晉曲沃莊伯改建夏正，則有不奉天子之朔矣。《春秋》所以托始於隱與？

明・徐應秋《玉芝堂談薈》卷一《即位紀元》　人君即位之一年，稱元年。《舜典》元日，《商訓》元祀，《春秋》元年，皆言始也。後世倡仁元之説，改元稱號，紛紛不一。《史記》秦惠文王十四年丁酉，更為元年。《汲冢竹書》魏惠王有後元年。

明・劉宗周《劉蕺山集》卷一六《三統考》　天之道，莫大乎時。王者繼天立極，裁成輔相，以左右民，亦莫大乎時。上古三皇氏，靡得而紀云。傳稱天開于子，地闢于丑，人生于寅，故稱三皇氏，則三統之義所自祖也。黄帝受《河圖》，仰觀日月星辰之象，始有星官之書。顓頊受之，命南正重司天，北正黎司地。其後三苗亂德，二官咸廢。帝堯氏作，乃命重、黎之後復典天官。《書》曰：乃命羲、和欽若昊天，曆象日月星辰，敬授人時。歲三百六旬有六日，以閏月定四時成歲。所正春夏秋冬四仲之序犁然，而曆法大明。舜攝位，察璿璣玉衡，以齊七政，後世因之。由此以觀，則唐虞之世，歲必首春，月必建寅，已開百王統矣。夏受禪，其道主因，其四時之書則有《夏小正》，視唐虞之法加密焉，若日星昏旦之次，分至啓閉之期，雷風冰雪、雨暘水旱之節，百穀草木秭秀之候，羽毛鱗羸、蠕動蟄興、陟降鳴雊之應，以及王者因時行政、慶賞刑威之準，三農以時種植耕斂作息之宜，靡不畢具。此夏時之善，所為考諸前王而不謬，百世以俟聖人而不惑者也。至仲康之世，羲、和廢厥職，俶擾天紀，季秋月朔，辰弗集于房，王命胤侯往而征之，蓋夏正始亂也，其在後世可知矣。是以殷克夏則改夏正，周克殷則改殷正。殷、周以征誅得天下，其敬天授時之法，未始不肇脩夏正之遺，而必遞改正朔，以新一王之大法，則繼大亂之後者利用革也。《易》之《革》曰：『湯、武革命，順乎天而應乎人。』而《大象》曰：『君子以治曆明時。』義取改正朔也。夏正建寅，殷正建丑，周正建子，天、地、人三統也。天以斗杓運乎中央，為四方之綱，遞建十二辰，而以初昏為候，如日躔星紀之次而月行會之，則建子也。日躔元枵之次而月行會之，則建丑也。日躔娵訾之次而月行會之，則建寅也。必取三辰之月以為歲首者，陽氣始于子，子者孳也，言萬物滋于下也；進于丑，丑者紐也，言萬物厄紐未出也；長于寅，寅者引也，言萬物至此畢達也。天以生物為心，以三辰為功。於三辰見天地之心，故王者義取諸此，以改正朔。

清・顧炎武《日知録》卷四《三正》 三正之名，見於《甘誓》。蘇氏以為自舜以前，必有以建子、建丑為正者，其來尚矣。《微子之命》曰：『統承先王，脩其禮物。』則知杞用夏正，宋用殷正。若朝覲會同，則用周之正朔。其於本國，自用其先王之正朔也。獨是晉為姬姓之國，而用夏正，則不可解。三正之所以異者，疑古之分國，各有所受。故公劉當夏后之世，而一之日、二之日，已用建子為紀。晉之用寅，其亦承唐人之舊與？《舜典》協時月正日，即協此不齊之時月。杜預《春秋後序》曰：晉太康中，汲縣人發其界内舊冢，得古書，皆簡編科斗文字。記晉國，起自殤叔，次文侯、昭侯以至曲沃莊伯。莊伯之十一年十一月，魯隱公之元年正月也，皆用夏正建寅之月為歲首編年。今考《春秋》僖公五年，晉侯殺其世子申生。《經》書『春』而《傳》在上年之十二月。十年，里克弒其君卓。《經》書『正月』而《傳》在上年之十一月。十一年，晉殺其大夫？鄭父。《經》書『春』，而《傳》在上年之冬。十五年，晉侯及秦伯戰于韓，獲晉侯。《經》書『十有一月壬戌』，而《傳》則為『九月壬戌』，《經》、《傳》之文或從夏正，或從周正，所以錯互如此。羅泌以為《傳》據晉史，《經》則周曆。與《史記》漢元年冬十月五星聚東井，乃秋七月之誤正同。僖公五年十二月丙子朔，虢公醜奔京師，而卜偃對獻公，以為九月、十月之交。襄公三十年，絳縣老人言臣生之歲正月甲子朔。以《長曆》推之，為魯文公十一年三月甲子朔。此又晉人用夏正之見於《傳》者也。

又 卷五《正月之吉》 《大司徒》：正月之吉，始和布教于邦國都鄙。注云：周正月朔日。《大宰》注同。正歲，令于教官。注云：夏正月朔日。《凌人》注同，《州長》既以正月之吉讀法，又以正歲讀法如初。注云：因此四時之正，重申之。即此是古人三正竝用之驗。《逸周書・周月解》曰：『亦越我周改正，以垂三統。至於敬授民時，巡狩烝享，猶自夏焉。』正謂此也。如《左氏》桓公五年《傳》云『凡祀，啓蟄而郊，龍見而雩，始殺而嘗，閉蟄而烝』之類是也。《豳詩・七月》一篇之中，凡言『月』者皆夏正，凡言『日』者皆周正。『一之日觱發，二之日栗烈，三之日于耜』。《傳》曰：『一之日，周正月；二之日，殷正月；三之日，夏正月。』

又 卷七《梁惠王》 《秦本紀》：秦惠文王十四年更為元年。此稱王改元之證，又與魏惠王同時。

又 卷二〇《古人不以甲子名歲》 春秋之世，各國皆自紀其年。發之於言，或參互而不易曉，則有舉其年之大事而為言者，若曰『會於沙隨之歲』、『叔仲惠伯會郤成子于承匡之歲』、『鑄刑書之歲』、『晉韓宣子為政，聘于諸侯之歲』是也。如『溴梁之明年』亦是。又有舉歲星而言，若曰『歲五及鶉火』、『歲及大梁』、『歲在娵訾之日』者。從後人言之，則何不曰甲子也，癸亥也？是知古人不用以紀歲也。

清・朱鶴齡《愚菴小集》卷一二《春王正月辨》 《春秋》聚訟，莫甚于『春王正月』之一言。謂周人時月俱改者，孔安國、鄭康成也。朱文公《孟子注》主此說。謂改月不改時者，胡康侯也。謂時月俱不改者，蔡仲默也。元人陳定宇、張敷言、史伯璿、吳淵穎等，皆祖述漢人。自胡《傳》頒學宫，故夏時冠周月之說，牢不可破。余謂《春秋》本魯史記事之書，說《春秋》者，即據《春秋》事為衡斷，可已。【略】

或曰：子之說《春秋》可矣。抑考之他經，何多牴牾也？【略】余曰：《詩》、《禮》所云，皆錯舉民風歲令，而非史官記載之書也。古者天子受命，凡改元頒曆、朝覲會同諸大政，皆以正朔行之。至于分、至、啓閉，民事早晚之所關，如所云火見而致用、水昏正而栽、日至而畢者，未嘗不遵《夏小正》之書，東萊呂氏謂三正通于民俗，斯言當矣。蓋史官紀時事，則從周正；月令紀歲功，則從夏正。從周正者，多出于朝廷政令之施設；從夏正者，多出于民間士女之話言。二者並行不悖。《詩》、《書》、三《禮》約略同揆，又何疑于《春秋》乎？夫

《春秋》本魯史舊文，夫子因而筆削之；繫『王』于『正月』之上，則出夫子特筆。若曰凡我之所為賞人、罰人、予人、奪人者，特奉行天子之事云爾。

清·王夫之《尚書稗疏》卷二《甘誓·三正》 三正者子、丑、寅，三統之正而非但以歲首之建也。古者作曆，必立曆元，以為五星聯珠、日月合璧之辰，而因推其數以定將來。自宋以上皆然。至郭守敬而後罷。以甲子歲仲冬甲子朔夜半冬至為元者，日月五星皆會於室，是謂天正。以甲寅歲孟春甲寅朔平旦冬至為元者，日月五星皆會於虚，是謂人正。後世蓋兩用之。惟地正，後不復用，故亦無從而考。以二正推之，則當以劉歆三統之説自合於地統。地化自丑，畢於辰，而用甲辰歲孟春丙寅前月季冬乙丑甲辰朔鷄唱冬至為元，日月五星皆會於斗，為地正之元也。三元異建而曆小異，然三元異見而曆亦大同者，則以人生之會，上逮地闢，地闢之會，上逮天開。歲差所積，日月五星之合曆，一會而差一辰。揆之一元之全，則固合也。顓頊之後，堯舜以前，帝嚳之曆蓋以甲子為元，天統也。堯以甲辰為元，地統也。三正異元而授受有其合符，故古之帝王雖用一正，而不廢二正，猶《春秋》以夏時冠周月用子正，而二、三月皆稱王也、舜承堯統，在璿璣玉衡，以齊七政。所以修明堯法而甲辰之曆未改，故曰紹堯無為。禹受終而易堯、舜之曆，用甲寅為元，以上同顓頊為法，以近而密。故孔子稱『行夏之時』。禹之為功，平天成地，平天莫大於三正，成地莫大於五行。有扈氏之擅命不恭，生今反古，疑禹之革唐虞之正朔，不如舜之承堯，故不用夏政，威侮而怠棄之，以藉口而生亂。當禹之時，懾不敢動；禹崩啓立，稱兵以與天子大戰，固小人乘喪草竊之恒。其或如孔穎達所謂繼父不服者，亦非臆度。由其不用夏后五行三正之法，則以與子為稱亂之名，亦其勢也。蔡注於此，大屬未詳。

清·吴浩《十三經義疑》卷六《周禮·正歲》 夏曰歲，商曰祀，周曰年。三正已見於《夏書》，而『正歲』獨存於《周禮》。凡周之法，以子月和之寅月，而懸於象魏，為建寅得四時之正，以出教令者，審也。梓慎云：『夏數得天。』《逸周書》云：『亦越我周改正，以垂三統。至於敬授民時，巡狩烝享，猶自夏焉。』蓋周雖建子，仍以夏令為善矣。孔子曰『行夏之時』，夫豈臆説歟？

清·何焯《義門讀書記》卷一三《史記·秦本紀》 十四年更為元年。改元始此。

清·鍾淵映《歷代建元考》卷一《原序》 改元，非古也。周衰道微，王者不作，列國自相雄長，若魏若秦，各以稱王之歲改元。其事固無足法也。

又 卷三《春秋戰國諸侯考·魏》 愚按《秦本紀》，惠文君十四年，更為元年，史家書為改元之始。然秦之改元在周顯王四十五年，而魏惠成王三十六年則顯王之三十四年也，魏實先秦改元矣，説者謂改元始于漢文，夏時正于孝武，乃周室之東，曲沃莊伯已用夏正，而秦、魏二國俱嘗改元，固不待新垣平之詐與兒寬輩之議也。

清·秦蕙田《五禮通考》卷一二八《嘉禮一·即位改元》 蕙田案：后王踐阼臨民，體元居正，典莫鉅焉。唐虞禪讓，受終告廟，類上帝，秩百神，巍乎尚已。《商書》太甲元祀，祗見厥祖。周成王顧命，康王即位，陳設宿衛，麻冕黼裳，冊告殯宮，受同瑁，臨朝見諸侯，既退釋冕反喪服。儀節炳然。蓋損益二代，而為之吉凶之際，禮以義起，可為軌則矣。

宮寢分部

綜　述

王宮 **《尚書·顧命》** 逆子釗於南門之外，延入翼室，恤宅宗。漢孔安國《傳》：明室，路寢。延之使居憂，為天下宗主。唐孔穎達《正義》：知翼室是明室，謂路寢也，路寢之大者，故以明言之。延之使憂居喪主，為天下宗主也。宋蔡沈《集傳》：翼室，路寢旁左右翼室也。

狄設黼扆綴衣。《傳》：狄，下士。扆，屏風，畫為斧文。置戶、牖間。復設幄帳，象平生所為。《正義》：《釋宮》云：牖、戶之間謂之扆。李巡曰：謂牖之東戶之西為扆。郭璞曰：窗東戶西也。《禮》云：斧扆者，以其所在處名之。郭璞又云：禮有斧扆，形如屏風，畫為斧文，置於扆地，因名為扆。是先儒相傳，黼扆者屏風，畫為斧文，在於戶、牖之間。《考工記》云：畫繢之事，白與黑謂之黼。是用白黑畫屏風，置之於扆地，故名此物為黼扆。上文言『設黼扆綴衣』，此復設黼扆、帷幄帳者，象王平生時所為也。經於四坐之上言『設黼扆綴衣』，則四坐皆設之。牖間南嚮，敷重篾席，黼純，華玉仍几。《傳》：此見羣臣、覲諸侯之坐。西序東嚮，敷重底席，綴純，文貝仍几。《傳》：東西廂謂之序。【略】此旦夕聽事之坐。東序西嚮，敷重豐席，畫純，雕玉仍几。《傳》：此養國老、饗羣臣之坐。西夾南嚮，敷重筍席，玄紛純，漆仍几。《傳》：西廂夾室之前。【略】此親屬私宴之坐。《正義》：牖謂窗也。間者，窗東西戶，戶、牖之間也。【略】此見羣臣、覲諸侯之坐，《周禮》之文知之。又《覲禮》：天子待諸侯，設斧扆於戶、牖之間，左右几。天子衮冕，負斧扆。彼在朝，此在寢為異，其牖間之坐則同。東西廂謂之序，《釋宫》文。孫炎曰：堂東西墻，所以別序内外也。【略】此旦夕聽事之坐，鄭、王亦以為然。牖間是見羣臣、覲諸侯之坐，見於《周禮》。其東序西嚮，養國老、饗羣臣之坐者，案《燕禮》云：坐於阼階上，西嚮。則養國老及饗與燕禮同。其西序之坐在燕饗坐前，以其旦夕聽事，重於燕飲，故西序為旦夕聽事之坐。夾室之坐在燕饗坐後，又夾室是隱映之處，又親屬輕於燕饗，故夾室為親屬私宴之坐。案《朝士》職，掌治朝之位，王南面。此西序東嚮者，以此諸坐並陳，避牖間南嚮覲諸侯之坐故也。王肅說四坐，皆與孔同。【略】西廂夾室之前者，下《傳》云『西房，西夾坐東；東房，東廂夾室』，然則房與夾室，實同而異名。天子之室有左右房，房即室也。以其夾中央之大室，故謂之夾室。此坐在西廂夾室之前，故繫夾室言之。

越玉五重，陳寶，《傳》：於東西序坐北，列玉五重，又陳先王所寶之器物。赤刀、大訓、弘璧、琬琰在西序，《傳》：寶刀，赤刃削。大訓，《虞書·典、謨》。大璧、琬琰之珪，爲二重。大玉、夷玉、天球、《河圖》在東序。《傳》：三玉爲三重。夷，常也。球，雍州所貢。《河圖》，八卦。伏犧王天下，龍馬出河，遂則其文，以畫八卦，謂之《河圖》。及《典》、《謨》，皆歷代傳寶之。胤之舞衣、大貝、鼖鼓在西房，《傳》：胤國所爲舞者之衣，皆中法。大貝，如車渠。鼖鼓，長八尺。商周傳寶之。西房，西夾坐東。兑之戈，和之弓，垂之竹矢在東房。《傳》：兑、和，古之巧人。垂，舜共工。所爲皆中法，故亦傳寶之。東房，東廂夾室。《正義》：於東西序坐北云者，此經為下總目，下復分別言之。越訓於也，於者，於其處所。上云西序東嚮，東序西嚮，則序旁已有王之坐矣。下句陳玉，復云在西序、在東序者，明於東西序坐北也。序者，牆之別名。其牆南北長，坐北猶有序牆，故言在西序，在東序也。西序二重，東序三重，二序共為列玉五重。【略】西序即是西夾，西夾之前已有南向坐矣，西序亦陳之寶，近在此坐之西，知此在西房者，在西夾坐東也。【略】東夾室無坐，故直言東廂夾室，陳於夾室之前也。案鄭注《周禮》，宗廟、路寢制如明堂。明堂則五室，此路寢得有東房、西房者，《鄭志》張逸以此問，鄭答云：成王崩，在鎬京。鎬京宫室，因文、武更不改作，故同諸侯之制，有左右房也。孔無明說，或與鄭異。路寢之制，不必同明堂也。

大輅在賓階面，綴輅在阼階面，《傳》：大輅，玉。綴輅，金。面，前，皆南向。先輅在左塾之前，次輅在右塾之前。《傳》：先輅，象。次輅，木。金、玉、象皆以飾車，木則無飾。皆在路寢門内左右塾前，北面。凡所成列，皆象成王生時華國之事，所以重顧命。《正義》：《周禮》巾車掌王之五輅。玉輅、金輅、象輅、革輅、木輅，是為五輅也。此經所陳四輅，必是《周禮》五輅之四。大輅，輅之最大，故知大輅，玉輅也。綴輅，繫綴於下，必是玉輅之次，故為金輅也。面，前者，據人在堂上而向南方，知面，前。皆南向，謂轅向南也。地道尊右，故玉輅在西，金輅在東。此經四輅兩兩相配，上言大輅、綴輅，此言先輅、次輅，二者各自以前後為文。【略】成王殯在路寢，下云二人執惠，立于畢門之内。畢門是路寢之門，知此陳設車輅，皆在路寢門内也。《釋宫》云：門側之堂，謂之塾。孫炎曰：夾門堂也。塾前陳車，必以轅向堂，故知左右塾前，皆北面也。左塾者，謂門内之西；右塾者，門内之東，故以北面言之為左右。所陳坐位器物，皆以西為上，由王殯在西序故也。其執兵宿衛之人，則先東而後西者，以王在東，宿衛敬新王故也。顧氏云：先輅在左塾之前，在寢門内之西，北面，對玉輅。次輅在右塾之前，在寢門内之東，對金輅也。凡所陳列，自『狄設黼扆』已下至此，皆象成王坐時華國之事，所以重顧命也。鄭玄亦云：陳寶者，方有大事，以華國也。《集傳》：賓階，西階也，阼階，東階也。面，南嚮也。塾，門側堂也。

二人雀弁，執惠，立于畢門之内。《傳》：路寢門，一名畢門。四人綦弁，執戈上刃，夾兩階戺。《傳》：堂廉曰戺，士所立處。一人冕，執劉，立于東堂。一人冕，執鉞，立于西堂。《傳》：立於東西廂之前堂。一人冕，執戣，立于東垂。一人冕，執瞿，立于西垂。《傳》：立于東西下之階上。一人冕，執鋭，立于側階。《傳》：側階，北下，立階上。《正義》：先門，次階，次堂，從外向内而叙之也。次東西垂，次側階，又從近向遠而叙之也。在門者兩守，門兩廂，各一人，故二人。在階者兩廂，各二人，故四人。《禮記·明堂位》：三公在中階之前。《考工記》：夏后氏世室，九階。鄭玄云：南面三，三面各二。鄭玄又云：宗廟及路寢制如明堂，則路寢南面，亦當有三階矣。此惟四人夾兩階、不守中階者，路寢制如明堂，惟鄭玄之說耳。路寢三階不書，亦未有明文。縱有中階，中階無人升降，不須以兵衛之。【略】天子五門，皋、庫、雉、應、路也。下云王出，在應門之內。出畢門，始至應門之內，知畢門即是路寢之門，一名畢門也。【略】堂廉曰㡇，相傳為然。廉者，棱也，所立在堂下，迎于堂棱。【略】鄭玄云：序內半以前曰堂，謂序內簷下自室壁至于堂廉中半以前，總名為堂。此立于東堂、西堂者，當在東西廂近階而立，以備升階之人也。《釋詁》云：疆、界、邊、衛、圉，垂也。則垂是遠外之名。此經所言，冕則在堂上，弁則在堂下，此二人服冕，知在堂上也。堂上而言東垂、西垂，知在堂上之遠地。堂之遠地當于序外東廂西廂，必有階上堂，知此立于東西堂之階上也。側階，北下，立階上者，鄭、王皆以側階為東下階也。然立于東垂者，已在東下階上，何由此人復共並立？故《傳》以為北下階上，謂堂北階。北階，則惟堂北一階而已。側猶特也。《集傳》：東西堂，路寢東西廂之前堂也。東西垂，路寢東西序之階上也。側階，北陛之階上也。

王麻冕黼裳，由賓階隮。《傳》：王及羣臣皆吉服，用西階升，不敢當主。卿士邦君麻冕蟻裳，入即位。《正義》：禮，君升阼階。此用西階升者，以未受顧命，不敢當主也。【略】入即位者，鄭玄云：卿西面，諸侯北面。鄭玄惟據經卿士邦君言之，其公亦北面，孤東面也。《集傳》：隮，升也。康王吉服，自西階升堂，以受先王之命，故由賓階也。【略】入即位者，各就其位也。

《詩經·商頌·殷武》 序：《殷武》，祀高宗也。唐孔穎達《正義》：《殷武》詩者，祀高宗之樂歌也。高宗前世，殷道中衰，宮室不脩，荆楚背叛。高宗有德，中興殷道，伐荆楚，脩宮室。既崩之後，子孫美之，詩人追述其功而歌此詩也。

陟彼景山，松柏丸丸，是斷是遷，方斲是虔。松桷有梴，旅楹有閑，寢成孔安。漢毛亨《傳》：丸丸，易直也。遷，徙。虔，敬也。梴，長貌。旅，陳也。寢，路寢也。漢鄭玄《箋》：椹謂之虔。升景山，掄材木，取松柏易直者斷而遷之，正斲於椹上，以為桷與衆楹。路寢既成，王居之甚安。謂施政教得其所也。高宗之前，王有廢政教、不脩寢廟者。高宗復成湯之道，故新路寢焉。

又 《大雅·文王有聲》 王公伊濯，維豐之垣。四方攸同，王后維翰。《傳》：濯，大。翰，幹也。《箋》：公，事也。文王述行大王、王季之王業，其事益大。作邑於豐，城之既成，又垣之立宮室，乃為天下所同心而歸之。王后為之幹者，正其政教，定其法度。王后烝哉！

又 《小雅·斯干》 序：《斯干》，宣王考室也。宋朱熹《集傳》：舊説厲王既流于彘，宮室圮壞，故宣王即位，更作宮室，既成而落之。今亦未有以見其必為是時之詩也。或曰：《儀禮》下管《新宮》，《春秋傳》宋元公賦《新宮》，恐即此詩，然亦未有明證。

秩秩斯干，幽幽南山。如竹苞矣，如松茂矣。兄及弟矣，式相好矣，無相猶矣。《集傳》：賦也。秩秩，有序也。斯，此也。干，水涯也。南山，終南之山也。苞，叢生而固也。猶，謀也。此築室既成，而燕飲以落之，因歌其事。言此室臨水而面山，其下之固如竹之苞，其上之密如松之茂。又言居是室者，兄弟相好而無相謀，則頌禱之辭，猶所謂聚國族於斯者也。

似續妣祖，築室百堵，西南其戶。爰居爰處，爰笑爰語。《集傳》：賦也。似，嗣也。「妣」先於「祖」者，協下韻爾。或曰謂姜嫄、后稷也。西南其戶，天子之宮，其室非一，在東者，西其戶；在北者，南其戶。猶言「南東其畝」也。爰，於也。

約之閣閣，椓之橐橐。風雨攸除，鳥鼠攸去，君子攸芋。《集傳》：賦也。約，束板也。閣閣，上下相乘也。椓，築也。橐橐，杵聲也。除亦去也。無風雨鳥鼠之害，言其上下四旁皆牢密也。芋，尊大也。君子之所居，以為尊且大也。

如跂斯翼，如矢斯棘，如鳥斯革，如翬斯飛，君子攸躋。《集傳》：賦也。跂，竦立也。翼，敬也。棘，急也。矢行緩則枉，急則直也。革，變。翬，雉。躋，升也。言其大勢嚴正，如人之竦立而其恭翼翼也。其廉隅整飭，如矢之急而直也。其棟宇峻起，如鳥之警而革也。其簷阿華采而軒翔，如翬之飛而矯其翼也。蓋其堂之美如此，而君子之所升以聽事也。

殖殖其庭，有覺其楹，噲噲其正，噦噦其冥，君子攸寧。《集傳》：賦也。殖殖，平正也。庭，宮寢之前庭也。覺，高大而直也。楹，柱也。噲噲，猶快快也。正，向明之處也。噦噦，深廣之貌。冥，奥、窔之間也。言其室之美如此，而君子之所休息以安身也。

下莞上簟，乃安斯寢。乃寢乃興，乃占我夢。吉夢維何？維熊維羆，維虺維蛇。《集傳》：賦也。莞，蒲蓆也。竹葦曰簟。羆似熊而長頭高脚，猛憨多力，能拔樹。虺，蛇屬，細頸大頭，色如文綬，大者長七八尺。祝其君安其室，居夢兆而有祥，亦頌禱之辭也。

《逸周書》卷五《作雒解》 乃位五宮：大廟、宗宮、考宮、路寢、明堂。晉孔晁注：五宮，宮府寺也。太廟，后稷。二宮，祖、考廟也。路寢，王所居也。明堂，在國南者也。咸有四阿、反坫。重亢重郎，常累復格，藻棁設移，旅楹惷常，畫。注：咸，皆也。廟四下曰阿。反坫，外尚室也。重亢，累棟也。重郎，累屋也。常累，系也。復格，累之欂也。井藻棁，畫梁柱也。承屋曰移。旅，別也。惷常，謂藻井之飾也。言皆畫列柱為之也。內階、玄階，堤唐、山廧，

注：以黑石為階。唐，中庭道。堤謂為高之也。廧謂畫山雲。應門、庫臺玄閫。

注：門者皆有臺，於庫門見之，後可知也。又以黑石為門陛也。

《國語》卷一四《晉語八》　趙文子為室，三國吳韋昭注：室，宮也。斲其椽而礱之。注：椽，榱也；礱，磨也。張老夕焉而見之，注：見，見匠人為之。不謁而歸。文子聞之，駕而往，曰：『吾不善，子亦告我。何其速也？』注：速，去速也。對曰：『天子之室，斲其椽而礱之，加密石焉。注：密，細密文理。石謂砥也。先粗礱之，加以密砥。諸侯礱之，注：無密石也。大夫斲之，注：不礱也。士首之。注：斲其首也。備其物，義也，注：物備得宜，謂之義。從其等，禮也。』注：從尊卑之等，謂之禮。

《周禮·考工記·匠人》　匠人營國。【略】左祖右社，面朝後市，漢鄭玄注：王宮所居也。祖，宗廟。面猶鄉也。王宮當中經之涂也。唐賈公彥疏：言王宮所居也者，謂經左、右、前、後者，據王宮所居處中而言之，故云王宮所居也。云王宮當中經之涂也者，按《祭義》注云：周尚左。桓二年，取郜大鼎，納於大廟。何休云：質家右宗廟，尚親親；文家左宗廟，尚尊尊。義與此合。按劉向《別録》云：路寢在北堂之西，社稷、宗廟在路寢之西。又云：左明堂辟廱，右宗廟社稷。皆不與《禮》合，鄭皆不從之矣。市、朝一夫。注：方各百步。疏：按《司市》，市有三期，總於一市之上爲之。若市總一夫之地，則爲大狹，蓋市曹司次、介次所居之處，與天子二朝皆居一夫之地，各方百步也。

殷人重屋，堂脩七尋，堂崇三尺，四阿重屋。注：重屋者，王宮正堂若大寢也。其修七尋，五丈六尺，放夏、周，則其廣九尋，七丈二尺也。五室各二尋。崇，高也。四阿，若今四注屋。重屋，複笮也。疏：云王宮正堂若大寢也者，謂對燕寢側室非正，故以此爲正堂大寢也。言放夏、周者，夏在殷前，可得言放；其周在殷後，亦言放者，此非謂殷人在周而爲之。鄭直據上文夏法、下文周法言放，猶言約夏、周者也。雖言放夏、周，經云堂修七尋，則其廣九尋；若周言南北七筵，則東西九筵。是偏放周法，而言放夏者，七、九偏據周，夏后氏南北狹，東西長，亦是放之，故得兼言放夏也。云四阿，若今四注屋者，《燕禮》云：設洗當東霤。則此四阿，四霤者也。云重屋，複笮也者，若《明堂位》云：復廟重檐。鄭注云：重檐，重承壁材也。則此複笮，亦重承壁材，故謂之重屋。

（周人）路門不容乘車之五个，注：路門者，大寢之門。乘車，廣六尺六寸。五个，三丈三尺。言不容者，是兩門乃容之。兩門乃容之，則此門半之，丈六尺五寸。應門二徹參个。注：正門謂之應門，謂朝門也。二徹之内八尺。三个，二丈四尺。疏：云正門謂之應門者，《爾雅》文。以其應門内、路門外有正朝，臣入應門至朝處，君臣正治之所，故謂此門爲應門。是以鄭云謂朝門也。內有九室，九嬪居之；外有九室，九卿朝焉。注：內，路寢之裏也。外，路門之表也。九室，如今朝堂諸曹治事處。九嬪掌婦學之法，以教九御。六卿三孤爲九卿。疏：內、外，據路寢之表裏言之，則九卿之九室在門外正朝之左右爲之，故鄭據漢法朝堂諸曹治事處，謂正朝之左右爲廬舍者也。云九嬪掌婦學之法以教九御者，九嬪職文，按《內宰》王有六宮，九嬪已下分居之。若然，不得復分居九室矣。此九嬪之九室，與九卿九室相對而言之。九卿九室是治事之處，則九嬪九室亦是治事之處，故與六宮不同。是以鄭引九嬪職掌婦學之法，則九室是教九御之所也。云六卿三孤爲九卿，孤同卿數者，以命數同故也。按《昏義》以夏之九卿謂三孤與六卿爲九，此云九卿，亦謂周之三孤六卿爲九卿。

九分其國，以為九分，九卿治之。注：九分其國，分國之職也。三孤佐三公論道，六卿治六官之屬。疏：云九分其國，分國之職也者，鄭恐九分其國，分其地域，故云分國之職也。云三孤佐三公論道，六卿治六官之屬者，欲見分職爲九分之意，以其三公、三孤無正職，天地四時，正職六卿治之，其餘非正職者分爲三分，三公治之，三孤則佐三公者也。但三公中參六官之事外，與六卿之教。《書傳》又云司徒公、司馬公、司空公，則三公六卿亦有職。此亦據夏而言，周則未見分爲九分也。王宮門阿之制五雉，宮隅之制七雉，城隅之制九雉。注：阿，棟也。宮隅、城隅謂角，浮思也。雉長三丈，高一丈。度高以高，度廣以廣。疏：云王宮門阿之制五雉者，五雉謂高五丈。云宮隅之制七雉者，七雉亦謂高七丈。不言宮牆，宮牆亦高五丈也。云城隅之制九雉者，九雉亦謂高九丈。不言城身，城身宜七丈也。云阿，棟也者，謂門之屋兩下爲之，其脊高五丈。鄭以浮思釋隅者，按漢時云東闕浮思災，言災則浮思者，小樓也。按《明堂位》云疏屏，注亦云今浮思也，刻之爲雲氣蟲獸，如今闕上爲之矣。則門屏有屋覆之，與城隅及闕皆有浮思，刻畫爲雲氣蟲獸者也。云雉長三丈，高一丈，度高以高，度廣以廣者，凡版，廣二尺。《公羊》云：五版爲堵。高一丈。五堵爲雉。《書傳》云：雉長三丈，度高以高，度長以長。廣則長也。言高一雉，則一丈；言長三雉，則三丈。引之者，證經五雉、七雉、九雉，雉皆爲丈之義。

又《天官·宮正》　掌王宮之戒令糾禁，以時比宮中之官府、次舍之衆寡，注：官府之在宮中者，若膳夫、玉府、內宰、內史之屬。次，諸吏直宿，若今部署諸廬者。舍，其所居寺。為之版以待。注：鄭司農云：為官府、次舍之版圖也。待，待比也。玄謂版，其人之名籍。待，待戒令及比。疏：先鄭以版為官府、次舍之版圖者，先鄭於『八成』注云：版，名籍；圖，地圖。此注連言圖，其版即名籍，與後鄭義同。後鄭以為人名籍者，增成先鄭義也。夕擊柝而比之。

又《天官·宮伯》掌王宮之士庶子凡在版者，掌其政令，行其秩敘，作其徒役之事，授八次、八舍之職事。注：衛王宮者，必居四角、四中，於徼候便也。鄭司農云：庶子衛王宮，在内為次，在外為舍。玄謂次其宿衛所在，舍其休沐之處。疏：言衛王宮者，必居四角、四中者，以其言八，似若八方為四方、四維然，故以四角、四中解之。必於八所以為次、舍者，相徼察來往候望皆便，故次舍皆八也。

又《天官·宮人》掌王之六寢之脩。注：六寢者，路寢一，小寢五。《玉藻》曰：朝辨色始入，君日出而視朝，退適路寢聽政，使人視大夫，大夫退，然後適小寢，釋服。是路寢以治事，小寢以時燕息焉。春秋書魯莊公薨于路寢，僖公薨于小寢。是則人君非一寢明矣。爲其井匽，除其不蠲，去其惡臭。注：井，漏井，所以受水潦。蠲猶潔也。《詩》云：吉蠲為饎。鄭司農云：匽，路厠也。玄謂匽，豬，謂霤下之池受畜水而流之者。共王之沐浴。注：沐浴，所以自潔清。凡寢中之事，埽除執燭，共鑪炭。凡勞事，注：勞事，勞褻之事。四方之舍事，亦如之。注：從王適四方及會同所舍。

又《天官·内宰》以陰禮教六宮。注：鄭司農云：陰禮，婦人之禮。六宮，後五前一。玄謂六宮謂后也。婦人稱寢曰宮，宮隱蔽之。言后象王立六宮而居之，亦正寢一，燕寢五。教者不敢斥言之，謂之六宮，若今稱皇后爲中宮矣。疏：云六宮，後五前一者，天子謂之六寢，《宮人》所云者是也。后亦象王立宮，亦後五前一，在王六寢之後爲之，南北相當耳。【略】憲禁令于王之北宮而糾其守。注：北宮，后之六宮。謂之北宮者，繫于王言之，明用王之禁令令之。守，宿衛者。

又《天官·女御》掌御敘于王之燕寢。注：言掌御敘，防上之專妬者。于王之燕寢，則王不就后宮息也。

《禮記·昏義》古者天子后立六宮。【略】漢鄭玄注：天子六寢而六宮在後，六官在前，所以承嗣，施外内之政也。唐孔穎達《正義》：案《宮人》云：『掌王之六寢之脩』。注：路寢一，小寢五。是天子六寢也。云六宮在後者，后之六宮在王之六寢之後，亦大寢一，小寢五。

又《喪大記》君、夫人卒於路寢，大夫、世婦卒於適寢。内子未命則死於下室，遷尸于寢。士之妻皆死于寢。注：言死者必皆於正處也。寢、室通耳。其尊者所不燕焉，君謂之路寢，大夫謂之適寢，士或謂之適室，此變命婦言世婦者，明尊卑同也。世婦以君下寢之上為適寢。内子，卿之妻也。下室，其燕處也。《正義》：此一經明貴賤死寢不同也。君謂諸侯也，諸侯三寢，一正者曰路寢，餘二曰小寢，卒歸於正，故在路寢也。夫人亦有三寢，一正二小，亦卒正者也。大夫、世婦卒於適寢者，適寢猶今聽事處也，其制異諸侯也。大夫死適寢，其妻亦死適寢也。大夫妻曰命婦而云世婦，世婦是諸侯之次婦，今既明諸侯世婦，尊與命婦敵，故互言見義。今命婦死於正寢，則世婦死女君次寢之上也。内子未命則死於下室，遷尸于寢者，内子，卿妻也，若未為夫人所命，則初死在下室，至小斂後遷尸，乃復還其正寢也。士之妻皆死于寢者，亦各死其正室也。夫妻俱然，故云皆也。

漢·伏勝《尚書大傳》卷三《無逸傳》 古者百里之國，三十里之遂，二十里之郊，九里之城，三里之宮。七十里之國，二十里之遂，九里之郊，五里之城，一里之宮。五十里之國，九里之遂，三里之郊，一里之城，以城為宮。

漢·劉向《說苑》卷一九《修文》 《春秋》曰：壬申，公薨于高寢。《傳》曰：高寢者何？正寢也。曷為或言高寢，或言路寢？曰：諸侯正寢三：一曰高寢，二曰左路寢，三曰右路寢。高寢者，始封君之寢也。二路寢者，繼體之君寢也。其二何？曰：子不居父之寢，故二寢。繼體君世世不可居高祖之寢，故有高寢，名曰高也。路寢其立奈何？高寢立中，路寢左右。《春秋》曰：天王入于成周。《傳》曰：成周者何？東周也。然則天子之寢奈何？曰：亦三承明，繼體守文之君之寢曰左右之路寢。謂之承明何？曰：承乎明堂之後者也。故天子諸侯三寢立而名實正，父子之義章，尊卑之事別，大小之德異矣。

宋·聶崇義《三禮圖集注》卷四《宮寢制》 舊圖以此為王宮五門及王與后六寢之制，今亦就改而定之。孔義依《周禮》解王六寢，路寢在前，是為正寢，五在後，通名燕寢。其一在東北，王春居之；一在西南，王秋居之；一在東南，王夏居之；一在西北，王冬居之；一在中央，王季夏居之。凡后妃已下更與次序，而上御於王之五寢。又案内命婦注云：三夫人已下，分居后之六宮。其實三夫人如三公，從容論婦禮，不分居。除三夫人外，已下分居。九嬪每宮各一人，餘有三人；在二十七世婦，每宮各三人，餘有九人；在八十一御女，每宮各九人，餘有二十七人。在從后，唯其所燕息焉，以后不專居一宮，須往即停，故知從后所在而燕息也。其次又上十五日而徧者，此謂九嬪已下，分居六宮，皆三分之一分從后，兩分居宮，五日一番。假令月一日分從后，至月五日從后者日滿，則右邊三宮之中舊居宮者來替。此從后日滿者，卻入在右邊三宮。從后者至十日又滿，則左邊三宮舊居宮者來替，從后日滿者，亦卻居左邊三宮。又至十五日，即三番總偏矣。先鄭云：后正寢在前，五小寢在後。若如此說，可與左三宮、右三宮之義互相發明，如王六寢，其制自顯。

又　卷二〇《宮寢制》　王六寢，路寢在前，是謂正寢。五在後，依五行位處之，王隨時而居焉。

宋·楊甲《六經圖》卷四《宮寢制圖》　王六寢，路寢在前為正寢。五在後，通名燕寢。一在東北，春居之；一在西南，秋居之；一在東南，夏居之；一在西北，冬居之；一在中央，季夏居之。三夫人已下，分居后六宮。

清·任啓運《宮室考》卷上《寢》　朝之制如廟，路寢之制如廟，其庭無碑。碑所以麗牲，故朝與寢無之也。《遷廟禮》言：奉衣服者至碑，君從。按三年內，主在殯宮，殯宮即路寢也。豈以主在殯宮，亦以殯宮為廟，薦新朔奠皆用牢禮，故特設之碑而非是，則無碑歟？朝以內謂之路寢，路寢以內謂之燕寢。路寢謂之正寢，燕寢謂之小寢。路寢有廂有堂有夾室，小寢有夾室。此記朝寢之異也。小寢無東下階、西下階，故無堂與廂而通為夾室。夾室謂之達，達中皮物謂之閣。天子之閣，左達五，右達五。諸侯于房中五，大夫于閣三，士于坫一。小寢之夾室，通堂與廂之地為之，故謂之達。崔氏靈恩曰：宮室之制，中央為正室，正室左右為房，房外為序，序外為夾室。天子尊，庖厨遠，故左右夾室各為五閣，以皮飲食。諸侯卑，庖厨近，故于一房中為五閣。大夫無嫌，故亦于夾室為三閣。士最卑，但于室中為一坫而已。五閣，牛、羊、豕、魚、腊；三閣，魚、豕、腊也。愚按諸侯之閣，當在西房。所以知者，東房有北階，為后夫人往來之地，不當置閣也。

天子之路寢一，小寢五。王后之適寢一，小寢五。左右媵之寢三，娣姪以下居側室。其御序于王寢。孔曰：王六寢，正寢在前，燕寢五，一東北，春居之；一東南，夏居之；一中央，夏季居之；一西南，秋居之；一西北，冬居之。后六寢，其居亦然。愚按《白虎通義》言：天子娶于三國九女，或曰娶四國十二女。《周禮》止于九嬪，無三夫人；其世婦以下，不言數。蓋內之六宮，猶外之六卿。公孤不必備，皆六卿兼之，則知三夫人、九嬪，皆不必備也。《考工記》言內有九室，九嬪居之。可知娶三國則二媵，娶四國則三媵，三媵各有娣姪，則三寢而別為九室也。

皇氏侃曰：夫人以后下寢之上為適寢也，婦以夫人下寢之上為適寢。則又似夫人各有三寢也，其詳不可考矣。諸侯夫人正寢一，小寢二。大夫命婦正寢一，小寢一。士正寢一，妻內寢一，左右為側室。內子未命，居下室。下室即小寢也。既命，乃居正寢。○何氏休曰：天子諸侯皆三寢：一高寢，一路寢，一小寢。與《周禮》異，疑非。天子之側室曰蕢室，諸侯之側室曰晏室，大夫之側室曰幽室。《青史氏之記》曰：王后有身之七月，就蕢室。是天子之側室名蕢室也。《大戴禮》：后夫人七月就晏室。是諸侯之側室名晏室，而天子亦或通稱也。劉向《說苑》：幽室數辱之産。是大夫以下名幽室也。

寢南向，側室亦南向，皆有堂，有東階、西階。本孔疏。后夫人之寢在王寢之北，曰北宮。天子六宮，諸侯三宮。夫人中宮，左媵東宮，右媵西宮。此又明后夫人之寢亦名宮也。夫人謂諸侯之夫人，若天子之三夫人，即左右媵矣。

又　卷下《等威》　天子殷屋四注四霤，諸侯四注三霤。大夫夏屋二注二霤，士二注一霤。鄭曰：天子諸侯，屋用殷制，四阿四注。卿大夫以下，屋用夏制，前後二注。孔曰：阿，棟也。四阿，四面皆有正棟。霤，承檐也。諸侯士皆無後霤。愚按，注者，水之所流，霤則所以受水。鄭謂以木為之，用行水，亦宮之飾，今宮中有承霤以銅為之是也。若中霤，則中室也。古人陶穴上受明處，雨則溜入焉，名曰中霤。後人因名室中為中霤，祀土神于此，所謂家主中霤。喪禮浴于中霤。其實室中無溜，與檐霤迥別也。郝氏敬謂中霤非室中，乃四檐天井中。混而合之，大謬矣。

天子之堂，廣九雉。公侯七雉，伯子男五雉，士三雉。三分其廣，以二為內，五分其內，以一為高。東房四房北堂，各三雉。《大傳》。雉長三丈，以二為內，室深六雉，以一為高，高三丈六尺。天子之堂九尺，諸侯七尺，大夫五尺，士三尺，尺一等。等，階之級也。夏階一尺，殷三尺，周彌高矣。

天子諸侯，朝、寢居中，廟、社左右。大夫士左廟右寢。若有邑，大夫亦當有社稷。

天子諸侯，左右夾室。大夫士有東夾，無西夾。按此從金氏履祥說。若鄭氏讀大夫士無西房，則不然。敖氏繼公曰：《聘禮》『賓受主，退負右房。』大夫明有西房矣。鄭因《士喪禮》『髽于室』，故云。然不知此尊卑異禮耳。

天子諸侯有樹屏，大夫以簾，士以帷。孔云：此《禮緯》文。或云大夫以帷，士以簾，誤。

天子之牆賁墉，諸侯疏杼。《大傳》。賁，大也。大牆上下正直。疏，殺也。

杇亦牆名也。哀殺其上，不得正直。高曰墉，卑曰垣。墉，宮也，亦城也。垣，援也，人所依阻，以為援衛也。牆厚三尺，崇三之。牆所以備非常也，此上下通名。土曰壁。壁，辟也，辟禦風寒也。

天子諸侯之楹黝堊，大夫蒼，士黈。楹，亭也。亭亭然孤立，旁無所依。天子之桷，斲之礱之，加密石焉。諸侯礱之，大夫斲之，士首之。首之，止斲其本而已。

《墨子》卷五《非攻下》 高陽乃命玄宮，禹親把天之瑞令，以征有苗。

天乃命湯於鑣宮，用受夏之大命。

《孟子·萬章上》 《伊訓》曰：「天誅造攻自牧宮，朕載自亳。」漢趙岐注：《伊訓》，《尚書》逸篇名。牧宮，桀宮。朕，我也，謂湯也。載，始也。亳，殷都也。言意欲誅伐桀，造作可攻討之罪者，從牧宮桀起，自取之也。湯曰我始與伊尹謀之於亳，遂順天而誅之也。

《左傳·昭公四年》 椒舉言於楚子曰：【略】「康有酆宮之朝。」晉杜預注：酆在始平鄠縣東，有靈臺，康王於是朝諸侯。

又 《昭公十二年》 昔穆王欲肆其心，周行天下，將皆必有車轍馬跡焉。祭公謀父作《祈招》之詩，以正王心，王是以獲沒于祗宮。唐孔穎達《正義》：馬融云：圻內遊觀之宮也。杜不解，蓋以為王離宮之名也。

又 《莊公十九年》 及惠王即位，【略】邊伯之宮近於王宮，王取之。

《國語》卷三《周語下》 靈王二十二年，三國吳韋昭注：靈王，周簡王之子，靈王大心也。二十二年，魯襄公二十四年。是歲齊人城郟。穀、洛鬬，將毀王宮。注：穀、洛，二水名也。鬬者，洛在王城之南，穀在王城之北，東入于瀍，鬬者兩水激，有似于鬬也。至靈王時，穀水盛出於王城之西而南流，合于洛水，毀王城西南，將及王宮，故齊人城郟。

《晏子春秋》卷二《內篇·諫下》 晏子曰：【略】「古者之為宮室也，足以便生，不以為奢侈也，故節於身，謂於民。及夏之衰也，其王桀背棄德行，為璿室、玉門。殷之衰也，其王紂作為傾宮、靈臺。卑狹者有罪，高大者有賞。是以身及焉。」

《呂氏春秋》卷二三《過理》 （桀紂）作為琁室，築為頃宮。漢高誘注：琁室，以旋玉文飾其室也。頃宮，築作宮，墻滿一頃田中。言博大也。

《穆天子傳》卷五 甲寅，天子作居范宮，晉郭璞注：范，離宮之名也。以觀桑者。

《古本竹書紀年·夏紀》 桀傾宮，飾瑤臺，作瓊室，立玉門，湯遂滅夏桀。

又 《殷紀》 自盤庚徙殷，至紂更不徙都。紂時稍大其邑，南距朝歌，北據邯鄲及沙邱，皆為離宮別館。

又 《周紀》 穆王元年，築祗宮于南鄭。

穆王所居，鄭宮、春宮。

穆王十七年，西征崑崙丘，見西王母。其年來見，賓于昭宮。

《今本竹書紀年》卷上《帝癸》 三年，築傾宮。

又 卷下《周武王》 十七年，命王世子誦于東宮。

又 卷下《康王》 元年甲戌春正月，王即位。命冢宰召康公總百官諸侯，朝于豐宮。

又 卷下《穆王》 元年己未春正月，王即位，作昭宮。

冬十月，築祗宮于南鄭。

九年，築春宮。

（十四年）五月，作范宮。

十七年，王西征昆侖丘，見西王母。其年西王母来朝，賓于昭宮。

十八年春正月，王居祗宮，諸侯来朝。

五十五年，王陟于祗宮。

又 卷下《厲王》 十二年，王亡奔彘。國人圍王宮，執召穆公之子殺之。

又 卷下《宣王》 八年，初考室。

晉·皇甫謐《帝王世紀·殷商》 紂作傾宮，七年乃成。大十里，高千丈。

魯宮 **《春秋·莊公三十二年》** 八月癸亥，公薨于路寢。晉杜預注：路寢，正寢也。公薨，皆書其所詳凶變。

《公羊傳·莊公三十二年》 八月癸亥，公薨于路寢。《傳》：路寢者何？正寢也。漢何休《解詁》：公之正居也。天子諸侯皆有三寢，一曰高寢，二曰路寢，三曰小寢。父居高寢，子居路寢，孫從王父母，妻從夫寢，夫人居小寢。

《穀梁傳・莊公三十二年》 八月癸亥，公薨于路寢。《傳》：路寢，正寢也。寢疾居正寢，正也。男子不絕于婦人之手，以齊終也。晉范寧《集解》：齊，絜。

《春秋・僖公二十年》 五月乙巳，西宮災。注：西宮，公別宮也。天火曰災。

《公羊傳・僖公二十年》 五月乙巳，西宮災。《傳》：西宮者何？小寢也。小寢則曷為謂之西宮？有西宮則有東宮矣。魯子曰：以有西宮，亦知諸侯之有三宮也。《解詁》：西宮者，小寢內室，楚女所居也。禮，諸侯娶三國女。以楚女居西宮，知二國女於小寢內各有一宮也，故云爾。禮，夫人居中宮，少在前。右媵居西宮，左媵居東宮，少在後。西宮災，何以書？記異也。《解詁》：是時僖公為齊所脅，以齊媵為適，楚女廢在西宮而不見恤，悲愁怨曠之所生也。言西宮不繫小寢者，小寢，夫人所統妾之所繫也。天意若曰楚女本當為夫人，不當繫於齊女，故經亦云爾。

《穀梁傳・僖公二十年》 五月乙巳，西宮災。《傳》：謂之新宮，則近為禰宮。《集解》：言閔公非僖公之父，故不言新宮也。以謚言之，則如疏之然，《集解》：故不言閔宮而云西宮。以是為閔宮也。唐楊士勛疏：《傳》知之者，以若是禰宮，當言新宮；若是疏祖之宮，又須言謚。此在親疏之間，故知是閔宮也。

《春秋・僖公三十三年》 （十二月）乙巳，公薨于小寢。注：小寢，內寢也。

《左傳・僖公三十三年》 冬，公如齊朝，且弔有狄師也。反，薨于小寢，即安也。晉杜預注：小寢，夫人寢也。譏公就所安，不終于路寢。

《穀梁傳・僖公三十三年》 （十二月）乙巳，公薨于小寢。《集解》：小寢，內寢。《傳》：小寢，非正也。《集解》：非路寢。

《春秋・宣公十八年》 冬十月壬戌，公薨于路寢。

《穀梁傳・宣公十八年》 冬十月壬戌，公薨于路寢。《傳》：正寢也。

《左傳・成公十八年》 （八月）己丑，公薨于路寢。言道也。注：在路寢，得君薨之道。

《穀梁傳・成公十八年》 （八月）己丑，公薨于路寢。《傳》：路寢，正也。男子不絕婦人之手，以齊終也。

《左傳・襄公九年》 （夏）穆姜薨於東宮。注：太子宮也。穆姜淫僑如，欲廢成公，故徙居東宮。事在成十六年。

又 **《襄公三十一年》** 公作楚宮。注：適楚，好其宮，歸而作之。穆叔曰：『《大誓》云：「民之所欲，天必從之。」君欲楚也夫，故作其宮。若不復適楚，必死是宮也。』六月辛巳，公薨于楚宮。

《穀梁傳・襄公三十一年》 夏六月辛巳，公薨于楚宮。《傳》：楚宮，非正也。《集解》：楚宮，別宮名，非路寢。

《春秋・定公十五年》 （夏五月）壬申，公薨于高寢。注：高寢，宮名。不於路寢，失其所。

《穀梁傳・定公十五年》 （夏五月）壬申，公薨于高寢。《集解》：高寢，宮名。《傳》：高寢，非正也。

《左傳・哀公三年》 夏五月辛卯，司鐸火，注：司鐸，宮名。火踰公宮，桓、僖災。注：桓公、僖公廟。救火者皆曰顧府，南宮敬叔至，命周人出御書，俟于宮，注：周人，司周書典籍之官。御書，進於君者也。使待命於宮。曰：『庀女，而不在，死。』注：庀，具也。子服景伯至，命宰人出禮書，以待命，命不共，有常刑。校人乘馬，巾車脂轄，注：校人，掌馬。巾車，掌車。乘馬，使四四相從，為駕之易。百官官備，府庫慎守，官人肅給。濟濡帷幕，鬱攸從之。注：鬱攸，火氣也。濡物於水，出用為濟。蒙葺公屋，注：以濡物冒覆公屋。自大廟始，外內以悛。注：悛，次也。先尊後卑，以次救之。助所不給。有不用命，則有常刑，無赦。公父文伯至，命校人駕乘車。注：乘車，公車。季桓子至，御公立于象魏之外，注：象魏，門闕。命救火者傷人則止，財可為也。命藏象魏，注：《周禮》：正月，縣教令之法于象魏，使萬民觀之。故謂其書為象魏。曰：『舊章不可亡也。』富父槐至，曰：『無備而官辦者，猶拾瀋也。』注：瀋，汁也。言不備而責辦不可得。於是乎去表之槀，注：表，表火道風所向者，去其槀積。道還公宮。注：開除道，周匝公宮，使火無相連。

宋宮 **《左傳・莊公十二年》** 秋，宋萬【略】遇大宰督于東宮之西，又殺之。

又 **《哀公二十六年》** 宋景公無子，取公孫周之子得與啓，畜諸公宮。注：周元公孫子高也。得，昭公也。啓，得弟。畜，養也。【略】冬十月，公游于空澤。辛巳，卒于連中。大尹興空澤之士千甲，奉公自空桐入，如沃宮。注：沃宮，宋都内宮名。使召六子，【略】乃盟于少寢之庭。

《韓非子》卷一一《外儲說左上》 宋王與齊仇也，築武宮。【略】癸四板，射稽八板。擿其堅，癸五寸，射稽二寸。

晉宮 《左傳・莊公二十六年》 夏，士蔿城絳，以深其宮。注：絳，晉所都也。今平陽絳邑縣。宋林堯叟《句解》：以深公宮，備豫也。《史記》是年晉始都絳。

又 《襄公二十三年》 王鮒使宣子【略】奉公，以如固宮。注：固宮，宮之有臺觀備守者。《正義》：《晉語》云：范宣子以公入于襄公之宮。蓋襄公有別宮牢固，故謂之固宮。

又 《襄公三十一年》 （子産）對曰：『今銅鞮之宮數里，注：銅鞮，晉離宮。而諸侯舍於隸人。』

又 《昭公八年》 於是晉侯方築虒祁之宮，注：虒祁，地名，在絳西四十里，臨汾水。叔向曰：【略】『是宮也成，諸侯必叛，君必有咎。』

《戰國策》卷一八《趙一》 （趙襄子）召張孟談曰：【略】『無矢奈何？』張孟談曰：『臣聞董子之治晉陽也，公宮之垣，皆以荻蒿、苫楚廧之，其高至丈餘。君發而用之。』於是發而試之，其堅則箘簬之勁不能過也。君曰：『足矣。吾銅少若何？』張孟談曰：『臣聞董子之治晉陽也，公宮之室，皆以鍊銅為柱質。請發而用之，則有餘銅矣。』

《古本竹書紀年・周紀》 晉侯築宮而美，康王使讓之。

又 《晉紀》 夫人秦嬴賊公於高寢之上。

《今本竹書紀年》卷下《康王》 九年，唐遷于晉，作宮而美，王使人讓之。

又 卷下《威烈王》 六年，晉（大夫）［夫人］秦嬴賊幽公于高寢之上。

漢・劉向《說苑》卷八《尊賢》 文公以晉國霸，而厲公以見弒於匠麗之宮。

楚宮 《左傳・莊公二十八年》 楚令尹子元欲蠱文夫人，注：文王夫人息嬀也。子元，文王弟。蠱，惑以淫事。爲館於其宮側，而振《萬》焉。注：振，動也。《萬》，舞也。

又 《莊公三十年》 楚公子元歸自伐鄭，而處王宮。注：欲遂蠱文夫人。鬬射師諫，則執而梏之。

又 《文公十年》 王在渚宮。注：小洲曰渚。

又 《昭公元年》 三月甲辰，盟。楚公子圍設服離衛。注：設君服，二人執戈，陳於前以自衛。離，陳也。【略】蔡子家曰：『蒲宮有前，不亦可乎！』注：公子圍在會，特緝蒲為王殿屋屏蔽，以自殊異。言既造王宮而居之，雖服君服，無所怪也。《正義》：服虔云：蒲宮，楚君離宮。言令尹在國，已居君之宮，出有前戈，不亦可乎！令尹居君離宮，事無所出。且諸侯大夫見其在會之儀，不識在國所居。伯州犁云：『此行也，辭而假之寡君。』言行而借戈以衛，非在國借宮以居也。故杜以為公子圍在會，特緝蒲為王殿屋，以自殊異。此亦無所案據，要愜人情。

又 《昭公七年》 （靈王）及即位，為章華之宮，注：章華，南郡華容縣。納亡人以實之。【略】楚子成章華之臺，願與諸侯落之。注：宮室始成，祭之為落。臺今在華容城内。

《國語》卷一九《吳語》 申胥進諫曰：【略】『昔楚靈王不君，注：不得為君之道。其臣箴諫以不入，注：入，受也。乃築臺於章華之上。注：章華，地名。闕為石郭，陂漢，以象帝舜。注：闕，穿也，陂，壅也。舜葬九疑，其山體水旋其丘，故壅漢水使旋石郭，以象之也。罷弊楚國。』

《左傳・哀公十六年》 （白公）以王如高府。注：高府，楚別府。石乞尹門。注：為門尹。圉公陽穴宮，負王以如昭夫人之宮。注：公陽，楚大夫。昭夫人，王母，越女。

漢・劉向《古列女傳》卷六《辯通傳・楚江乙母》 當恭王之時，乙為郢大夫，有入王宮中盜者。令尹以罪乙，請於王而絀之。

南朝梁・蕭統《文選》卷一三《［楚］宋玉〈風賦〉》 楚襄王游于蘭臺之宮。唐李善注：《史記》曰：楚懷王薨，太子橫立，為頃襄王。又曰：楚有謂頃襄王曰：王繢繳蘭臺。

梁宮 《左傳・僖公十九年》 初，梁伯好土功，亟城而弗處。民罷而弗堪，則曰『某寇將至』。乃溝公宮，注：溝，壍。曰『秦將襲我。』民懼而潰，秦遂取梁。

齊宮 《左傳・成公十八年》 齊侯使士華免，以戈殺國佐于内宮之朝，注：華免，齊大夫。内宮，夫人宮。《正義》：於夫人之宮，有朝羣妾之處，故云内宮之朝。蓋齊侯召入，與語而殺之。師逃于夫人之宮。注：伏兵内宮，恐不勝。

又 **《襄公二十八年》** 陳須無以公歸，税服而如内宮。

《晏子春秋》卷二《内篇・諫下》 景公登路寢之臺，不能終而息乎陛。

又 **卷七《外篇上》** 景公宿于路寢之宫。

《孟子・梁惠王下》 齊宣王見孟子於雪宫。王曰：『賢者亦有此樂乎？』漢趙岐注：雪宫，離宫之名也。宫中有苑囿臺池之飾，禽獸之饒，王自多有此樂，故問曰：賢者亦有此之樂乎？

《韓非子》卷一五《難二》 昔者桓公，宫中二市，婦閭二百。

漢・劉向《説苑》卷一二《奉使》 楚使使聘於齊，齊王饗之梧宫。使者曰：『大哉梧乎！』王曰：『江漢之魚吞舟，大國之樹必巨。使何怪焉？』

北魏・酈道元《水經注》卷二六《淄水》 系水又北逕臨淄城西門北而西流，逕梧宫南。昔楚使聘齊，齊王饗之梧宫，即是宫矣。其地猶名梧臺里。臺甚層秀，東西百餘步，南北如減，即古梧宫之臺。

鄭宫 **《左傳・襄公十年》** 冬十月戊辰，尉止、司臣、侯晉、堵女父、子師僕帥賊以入，晨攻執政於西宫之朝，注：公宫。殺子駟、子國、子耳，劫鄭伯以如北宫。

又 **《襄公十九年》** 鄭子孔之為政也專，國人患之，乃討西宫之難與純門之師。

衛宫 **《詩經・鄘風・定之方中》** 序：《定之方中》，美衛文公也。衛為狄所滅，東徙渡河，野處漕邑。齊桓公攘戎狄而封之，文公徙居楚丘，始建城市而營宫室，得其時制，百姓説之，國家殷富焉。

定之方中，作于楚宫。揆之以日，作于楚室。樹之榛栗，椅桐梓漆，爰伐琴瑟。宋朱熹《集傳》：賦也。定，北方之宿營室星也。此星昏而正中，夏正十月也。於是時可以營制宫室，故謂之營室。楚宫，楚丘之宫也。揆，度也。樹八尺之臬而度其日之出入之景，以定東西，又參日中之景，以正南北也。楚室猶楚宫，互文以協韻耳。榛、栗二木，其實榛小栗大，皆可供籩實。椅，梓實桐皮。桐，梧桐也。梓，楸之疏理白色而生子者。漆木有液黏黑，可飾器物。四木皆琴瑟之材也。

《左傳・襄公十四年》 （衛獻）公使子蟜、子伯、子皮與孫子盟于丘宫，孫子皆殺之。注：三子，衛羣公子。疑孫子，故盟之。丘宫，近戚地。

又 **《哀公十七年》** 衛侯夢于北宫，見人登昆吾之觀。

隨宫 **《左傳・定公四年》** 楚子在公宫之北，注：隨公宫也。吴人在其南。

吴宫 **《國語》卷一九《吴語》** （越王）乃命諸稽郢行成於吴，注：諸稽郢，越大夫。曰：【略】『勾踐請盟：一介嫡女執箕箒，以晐姓於王宫。』注：一介，一人。晐，備也。姓，庶，姓也。《曲禮》曰：納女於天子，曰備百姓。

《墨子》卷五《非攻上》 子墨子言曰：【略】越王句踐視吴上下不相得，收其衆，以復其讐，入北郭，徙大内，圍王宫，而吴國以亡。

漢・袁康《越絶書》卷二《外傳記吴地傳》 闔廬宫，在高平里。

南越宫，在長樂里。東到春申君府。秋冬治城中，春夏治姑胥之臺，旦食於紐山，晝遊於胥毋，射於軀陂，馳於遊臺。

東宫，周一里二百七十步。路西宫，在長秋，周一里二十六步。秦始皇帝十一年，守宫者照燕，失火燒之。

又 **卷一〇《外傳記吴王占夢》** 向者晝卧，夢入章明之宫。

越宫 **漢・袁康《越絶書》卷八《外傳記地傳》** 句踐小城，山陰城也，周二里二百二十三步。陸門四，水門一。今倉庫是其宫臺處也，周六百二十步，柱長三丈五尺三寸，霤高丈六尺。宫有百戶，高丈二尺五寸。

美人宫，周五百九十步。陸門二，水門一。今北壇利里丘土城，句踐所習教美女西施、鄭旦宫臺也。

魏宫 **《戰國策》卷一二《齊五》** 魏王説於衛鞅之言也，故身廣公宫，制丹衣柱。宋鮑彪注：以丹帛為柱衣。元吴師道《補正》：正曰：丹柱猶衣之也。

趙宫 **《戰國策》卷一七《楚四》** 客又説春申君曰：【略】『李兑用趙，餓主父於沙丘，百日而殺之。』

《史記》卷四三《趙世家》 武靈王元年，陽文君趙豹相。梁襄王與太子嗣、韓宣王與太子倉來朝信宫。唐張守節《正義》：在洺州臨洺縣也。

二十七年五月戊申，大朝於東宫。傳國，立王子何以為王。

（惠文王四年）主父及王游沙丘異宫，《正義》：在邢州平鄉縣東北二十里也。公子章即以其徒與田不禮作亂。

漢·劉向《古列女傳》卷七《孽嬖傳·趙靈吳女》 主父遊沙丘宮，章以其徒作亂。

韓宮 **《戰國策》卷二六《韓一》** 張儀為秦連横説韓王曰：【略】『大王不事秦，秦下甲，據宜陽，斷絶韓之上地，東取成皋、宜陽，則鴻臺之宮，桑林之苑，宋鮑彪注：桑林在亳。《修務訓》言湯禱于桑山之林，則似指言多桑之山，非地名也。元吴師道《補正》：正曰：鴻臺、桑林，韓臺苑，非湯所禱者也。《太平御覽》作樂林。非王之有已。』

《史記》卷七〇《張儀列傳》 大王不事秦，秦下甲，據宜陽，斷韓之上地，東取成皋、滎陽，則鴻臺之宮，桑林之苑，唐司馬貞《索隱》：此皆韓之宮苑，亦見《戰國策》非王之有也。

燕宮 **《戰國策》卷三〇《燕二》** 望諸君乃使人獻書報燕王曰：【略】『大呂陳於元英，故鼎反於歷室，齊器設於寧臺。』

《史記》卷八〇《樂毅列傳》 樂毅報遺燕惠王書曰：【略】『齊器設於寧臺，《索隱》：燕臺也。《正義》：《括地志》云：按元英、磨室二宮，皆燕宮，在幽州薊縣西四里寧臺之下。大呂陳於元英，《索隱》：大呂，齊鍾名。元英，燕宮殿名也。故鼎反乎磨室。』南朝宋裴駰《集解》：徐廣曰：磨，歷也。《索隱》：燕鼎前輸於齊，今反入於磨室。磨室亦宮名，《戰國策》作歷室也。《正義》：《括地志》云：歷室，燕宮名也。高誘云：燕噲亂，齊伐燕，殺噲得鼎。今反歸燕故鼎。

又 卷七四《孟子荀卿列傳》 （騶衍）如燕，昭王擁彗先驅，請列弟子之座而受業。築碣石宮，《正義》：碣石宮在幽州薊縣西三十里寧臺之東。身親往師之。

秦宮 **《戰國策》卷六《秦四》** 秦王悖然而怒，頓弱曰：『山東戰國有六，威不掩於山東而掩於母。漢高誘注：秦王名正也，以母淫通於嫪毐，閉之於雍門宮。故頓弱曰：不能掩威於六國而掩威於母也。臣竊為大王不取也。』

《戰國策》卷三一《燕三》 秦王聞之大喜，乃朝服，設九賓，見燕使者咸陽宮。荆軻奉樊於期頭函，而秦武陽奉地圖匣，以次進，至陛下。

《史記》卷五《秦本紀》 文公元年，居西垂宮。《正義》：即上西縣是也。

德公元年，初居雍城大鄭宮。《正義》：《括地志》云：岐州雍縣南七里故雍城，秦德公大鄭宮城也。

武公元年，伐彭戲氏，至於華山下，居平陽封宮。《正義》：宮名。在岐州平陽城内也。

又 卷六《秦始皇本紀》 文公立，居西垂宮五十年。

武公享國二十年，居平陽封宮。《集解》：徐廣曰：一云居平封宮。

德公享國二年，居雍大鄭宮。

宣公享國十二年，居陽宮。

成公享國四年，居雍之宮。

康公享國十二年，居雍高寢。

共公享國五年，居雍高寢。

桓公享國二十七年，居雍太寢。

景公享國四十年，居雍高寢。

夷公不享國，死葬左宮。

躁公享國十四年，居受寢。

（嫪毐）將欲攻蘄年宮為亂。《集解》：駰案，《地理志》蘄年宮在雍。《正義》：《括地志》云：蘄年宮在岐州城西故城内。

秦王乃迎太后於雍而入咸陽，復居甘泉宮。《集解》：徐廣曰：《表》云咸陽南宮也。

《漢書》卷二八上《地理志上·右扶風》 鄠。有萯陽宮，秦文王起。

盩厔。有長楊宮，有射熊館，秦昭王起。

陳倉。有羽陽宮，秦武王起也。

美陽。有高泉宮，秦宣太后起也。

雍。橐泉宮，孝公起。祈年宮，惠公起。棫陽宮，昭王起。

虢。虢宮，秦宣太后起也。

漢·佚名《三輔黄圖》卷一《秦宮》 萯陽宮，秦文王所起，在今鄠縣西南二十三里。

棫陽宮，秦昭王所作，在今岐州扶風縣東北。

西垂宮，文公元年居西垂宮。

平陽封宮，武公元年伐彭戲氏，至于華山下，居於平陽封宮。

橐泉宮，《皇覽》曰：秦穆公冢在橐泉宮祈年觀下。

步高宮，在新豐縣，亦名市丘城。

步壽宮，在新豐縣步高宮西。

虢宮，秦宣太后起，在今岐州虢縣界。

長楊宮，在今盩厔縣東南三十里。本秦舊官，至漢修飾之，以備行幸。宮中有垂楊數畝，因為宮名。門曰射熊觀，秦漢游獵之所。

蘄年宮，穆公所造。《廟記》曰：蘄年宮在城外。《秦始皇本紀》：蘄年宮在雍。

晉・郭璞《玄中記》 秦文公造長安宮，面四百里，南至終南山。

北魏・酈道元《水經注》卷一六《沮水》 沮循鄭渠，東逕當道城南，城在頻陽縣故城南。頻陽宮也，秦厲公置。城北有頻山。

又 卷一八《渭水》 渭水又東逕雍縣南，雍水注之。水出雍山，東南流，歷中牢溪，世謂之中牢水，亦曰冰井水。南流逕胡城東，俗名也。蓋秦惠公之故居，所謂祈年宮也，孝公又謂之為橐泉宮。按《地理志》曰：在雍。崔駰曰：穆公冢在橐泉宮祈年觀下。《皇覽》亦言是矣。劉向曰：穆公葬無丘壟處也。《史記》曰：穆公之卒，從死者百七十七人，良臣子車氏奄息、仲行、鍼虎亦在從死之中，秦人哀之，為賦《黄鳥》焉。余謂崔駰及《皇覽》謬志也。惠公、孝公竝是穆公之後，繼世之君矣，子孫無由起宮于祖宗之墳陵矣。以是推之，知二證之非實也。

唐・司馬貞《史記・孝文本紀》索隱 《三輔故事》：咸陽宮在渭北，興樂宮在渭南。秦昭王通兩宮之間，作渭橋，長三百八十步。

唐・張守節《史記・高祖本紀》正義 《三秦記》云：霸城，秦穆公築為宮，因名霸城。

《括地志》：秦櫟陽故宮在雍州櫟陽縣北三十五里，秦獻公所造。

《括地志》云：南宮在雒州雒陽縣東北二十六里洛陽故城中。《輿地志》云：秦時已有南北宮。

宋・宋敏求《長安志》卷三《宮室一・秦》 曲梁宮。在三原縣。

城陽宮。始皇母遷於城陽宮。

羽陽宮。秦武王起，在陳倉。

高泉宮。秦宣太后起，在美陽城。

宋・王闢之《澠水燕談録》卷九《事誌》 秦武公作羽陽宮，在鳳翔寶鷄縣界，歲久不可究知其處。元祐六年正月，直縣門之東百步，居民權氏濬池，得古銅瓦，五皆破，一獨完，瓦面徑四寸四分，面上隱起四字，曰『羽陽千歲』，篆字，隨勢為之，不取方正。始知即羽陽舊趾也，其地北負高原，南臨渭水，前對羣峰，形勢雄壯，真勝地也。

明・董斯張《廣博物志》卷一二《靈異一》 主父入秦，直至昭王所居六英之宮，而人不覺。夜靜，昭王方與儀姬戲帷中，主父因以匕首刺昭王，中之而不傷。

明・董説《七國考》卷四《秦宮室》 秦川宮。《郡國志》：秦川宮者，昔非子封秦，于此築宮室。《廣記》。

論說

漢・桓譚《新論》卷一一《雜事篇》 商人謂路寢為重屋，商於虞、夏稍文，加以重簷四阿，故取名。

漢・班固《白虎通義》卷一〇《嫁娶》 路寢本所以行政處，非婦人之居也。小寢則嫌羣公子之舍，則已卑矣。

漢・劉熙《釋名》卷五《釋宮室》 宮，穹也，屋見於垣上，穹隆然也。室，實也，人物實滿其中也。寢，寢也，所寢息也。

漢・佚名《三輔黄圖》卷首《原序》 《易》曰：『上古穴居而野處，後世聖人易之以宮室，上棟下宇，以待風雨，蓋取諸《大壯》。』三代盛時，未聞宮室過制。秦穆公居西秦，以境地多良材，始大宮觀。戎使由余適秦，穆公示以宮觀，由余曰：『使鬼為之，則勞神矣；使人為之，則苦人矣。』是則穆公時，秦之宮室已壯大矣。惠文王初都咸陽，取岐、雍巨材，新作宮室，南臨渭，北踰涇，至於離宮三百，復起阿房，未成而亡。始皇并滅六國，憑藉富强，益為驕侈，殫天下財力，以事營繕。

三國魏・鄭小同《鄭志》卷上 《顧命》：東房西房。荅趙商曰：成王崩之時，在西都。文王遷豐，作靈臺、辟廱而已，其餘猶諸侯制度。故知此喪禮，設衣服之處寢者，夾室與東西房也。周公攝政致太平，制禮作樂，乃立明堂于王城。

荅張逸云：周公制禮，建國土中，《洛誥》云『王入太室祼』是也。

《顧命》成王崩，在鎬京。鎬京宮室，因文、武更不改作，故同諸侯之制，有左右房。宣王承亂，未必如周公之制。

唐·陸德明《經典釋文》卷二九《爾雅音義上·釋宮》 《世本》云：禹作宮室。《呂氏春秋》云：高元作宮室。《尚書》云：王徂宮。《左傳》云：虢公為王宮于玤；又云：作王宮于踐土；又云：季平子立煬宮。《詩》云：作于楚宮；又云：作于楚室。《傳》云：室猶宮也。《禮》云：由命士以上，父子皆異宮。又云：杜氏葬，入季武子宮，不敢哭。此文云『宮謂之室，室謂之宮』，郭云皆所以通古今之語，明同實而兩名。案古者貴賤同稱宮，秦漢以來唯王者所居稱宮焉。

宋·陳祥道《禮書》卷四四《王六寢后六宮諸侯三寢夫人三宮》

《周官》宮人掌王宮六寢之修，女御掌御序於王之燕寢，大僕掌建路鼓於大寢之門外。《春秋》書莊公薨於路寢，僖公薨于小寢，書西宮災。《公羊》曰：路寢，正寢也；西宮，小寢也。有西宮則有東宮。以有西宮，知諸侯之有三宮也。《玉藻》曰：君日出視朝，退適路寢聽政，使人視大夫，大夫退，然後適小寢，釋服。《左傳》曰：齊人遷襄公殯于大寢，宋大尹盟于小寢之庭。《文王世子》曰：正室守太廟，諸父守貴宮貴室，諸子諸孫守下宮下室。《內則》：公庶子生，就側室。《內宰》：正歲令于王之北宮，以陰禮教六宮。又曰：王后帥六宮之人。《昏義》曰：古者天子后六宮。《祭義》曰：諸侯卜三宮之夫人，使蠶。《穀梁》曰：甸粟而納之三宮。《喪大記》曰：大夫世婦卒於適室，內子未命死于下室，遷尸于寢上。士之妻，皆死于寢。《士喪禮》：士死適室。朔月若薦新，則不饋于下室。蓋王六寢，后六宮；諸侯三寢，夫人三宮。王大寢一，小寢五；諸侯大寢一，小寢二。大寢謂之路寢，又謂之正寢；小寢謂之燕寢，又謂之少寢。大寢聽政，嚮明而治也，故在前；小寢釋服燕息也，故在後。先儒謂王小寢五而一寢在中，四寢於四角，春居東北，夏居東南，秋居西南，冬居西北，土王之月居中。后之六宮亦正宮在前，五宮在後，其制如王之五寢。諸侯小寢二而東西建焉，春夏居東寢，秋冬居西寢。夫人三宮亦正宮在前，二宮在後，其制如諸侯之三寢。自卿以下二寢，正寢居前，燕寢居後，其妻二寢亦如之。理或然也。何則？諸侯三宮而有東宮、西宮，則正寢在中可知；退適小寢，則小寢在後可知。魯定公之時有高寢，蓋變亂禮法而名其寢耳。何休曰：諸侯三寢，一曰高寢，二曰路寢，三曰小寢。妄也。

宋·葉夢得《春秋穀梁傳讞》卷四《僖公》 （二十年）五月乙巳，西宮災。【略】《公羊》言諸侯三宮者是也。襄九年，穆姜薨于東宮。為其證。有東宮則有西宮。穆姜成公之母，宣公之妻也，故居于左。而杜氏悞解，以為太子宮，蓋惑于『東宮得臣』之言也。

宋·王楙《野客叢書》卷二六《宮殿》 《石林燕語》曰：古者天子之居，總言宮，其別名皆曰堂是也。故《詩》曰『自堂徂基』，《禮》言天子之堂，初未嘗有稱殿者，《秦始皇紀》言作阿房宮、甘泉殿，《蕭何傳》言作未央殿，其名始見，而阿房、甘泉、未央亦名宮，疑皆起於此時。僕觀黃帝有合宮，堯有貳宮，湯有鑣宮，周有蒿宮，楚有蘭臺宮，韓有鴻臺宮，齊有雪宮，《列子》有化人宮，《神異經》有天淫宮。古之言宮者如此。宋玉《賦》謂『高殿以廣意』；《商君》謂『天子之殿』；《戰國策》謂『蒼鷹擊於殿上』；《說苑》謂『齊有飛鳥，下止殿前』；《莊子》謂『入殿門不趨』，『奉劍於殿下』；《史記》『毛遂定從於殿上』，『優孟入殿門』。古之言殿者又如此，則知宮殿之稱，其來久矣，非但始於秦始皇也，但殿未聞專名某殿而已。此二字者，上下通用，不拘至尊，如『儒有一畝之宮』，『象往入舜宮』，『霍光第中鴞鳴殿前』，『黃霸居丞相府，舉孝子先上殿』是也。《藝文類聚》謂蕭何、曹參、韓信皆有殿。

宋·朱熹《晦庵集》卷六九《天子之禮》 何謂六寢、六宮？曰：王大寢一，小寢五。大寢聽政，故嚮明而治，故在前。小寢，釋服燕息也，故在後。其小寢，一寢在中，四寢在於四角，春居東北，夏居東南，秋居西南，冬居西北，土王之月居中。后之六宮，正宮在前，五宮在後，其制如王之五寢。

元·方回《續古今考》卷二三《置酒雒陽南宮》 《史記正義》曰：《括地志》云：南宮在雒州雒陽縣東北二十六里洛陽故城中。《輿地志》云：秦時已有南、北宮。以此考之，秦雖都關中，猶倣周東都之制，建宮闕于洛陽。

元·程端學《三傳辨疑》卷九《僖公》 （二十年）五月乙巳，西宮災。【略】趙氏曰：案經文謂之西宮，直是僖公之西宮耳，何關閔宮乎？胡氏曰：若是閔宮，則明書新宮，不得謂之西宮也。此西宮，蓋魯之別宮也。莘老孫氏曰：西宮，僖公所居之西宮，以其在西，故曰西爾。僖公繼閔而立，若實閔宮，何妨言新宮乎？為其已久，何妨言閔宮乎？葉氏曰：《公羊》言諸侯三宮者是也。襄九年，穆姜薨于東宮，為其證。有東宮則有西宮。穆姜成公之母，宣公之妻也，故居于左，而杜氏誤解，以為太子宮，蓋惑于『東宮得臣』之言也。存耕趙氏曰：天子六寢，后六宮。諸侯三寢，夫人三宮，曰東宮、西宮、中宮也。

元·王士點《禁扁》卷一《宮》 神廷淵默，不華而尊，錫名孔嘉，目諟思存，次宮之扁第一。

三皇：合宮。黃帝。出《尸子》、《管子》、《文中子》。璇宮。少昊母皇娥居。

五帝：法宮。《漢·晁錯傳》。撝宮。堯。出嚴助《相貌經》。貳宮。堯。

周：西宮、東宮、內宮、北宮。后之六宮。車宮。會同時，掌舍設之。蒿宮。以瑞蒿為柱。酆宮。文王作。昭宮、范宮。並《穆天子傳》。鄭宮、春宮、祇宮。並《穆王》、《紀年》。郊宮。《郊特牲》。射宮。一作澤宮。《禮記·射義》。宗宮。玤宮。虢公作。踐土。晉文公作。禖宮。

明·王應電《周禮圖說》卷上《王宮八次舍說》 仰觀乾象，中垣紫薇，天子之宸居也；上垣太微，三朝也；下垣天市，工商之肆兼王畿之內也。故周公營國，中爲宸居，前朝而後市，取象于三垣也。宸居有王宮、后宮之別，王之居處，宮人掌之，后之政事，內宰掌之，而其宮垣之外，宿衛廵警之事。在紫薇，則爲周垣十五星，極于嚴密。其在《周禮·宮伯》云『授八次、八舍之職事』者，宸居四正四隅，共爲八方，令士庶子居之。蓋使世臣子孫平居則與王及世子相親，有事則致于太子，唯所用之。此專爲宿衛而設也，宮伯長之。《宮正》云『比宮中官府、次舍之衆寡』者，若內宰、內小臣、寺人、內豎、酒正、典婦功等職，皆在后宮之旁；膳夫、醫師、司服。弁師、師氏、保氏、太史、諸史等職，皆在路寢之旁。又如司士、諸子、虎賁、太僕等職，皆在南門之旁；天府、大府、玉府、職金等府，皆在庫門之內。各有涖事之次，有舍止之所，與庶子內外夾拱，不衛之衛也，皆宮正掌之。夫王宮、后宮之中，有官府男女執事之人。宸居之外爲官府次舍，其外爲士庶子之次舍，各有夾道，爲行夜之往來；又其外爲民居。官府者，皆今之大人君子享高爵厚祿者也；士庶子者，即異日之大夫士也。使之內外護衛，豈惟患難足以相守哉？妖邪亦無從而興也。後世務豐其屋，而唯充以宦官、宮妾，至其衰也，爲妖祟之區，要不行《周官》王宮次舍之灋耳。

明·馮時可《左氏釋》卷上《蒲宮有前》 蒲宮，楚君之離宮也。執戈在前，蒲宮之衛也。子圍之僭，擬於離宮，尚未同於公宮也。杜注緝蒲為王殿屋屏蔽，以自殊異。非也。

明·馮復京《六家詩名物疏》卷一五《定之方中篇·宮》 按宮者，廻繞之義，《記》曰『君為廬宮之』，《周官禮》曰『王宮縣』是也。古者貴賤所居，皆得稱宮。故《禮記》由命士以上，父子皆異宮。又云：儒有一畝之宮，環堵之室。《喪服傳》：繼父為其妻前夫之子築宮廟。《呂氏春秋》云：武王克殷，靖箕子之宮。是卿大夫以下，皆得稱宮矣。秦漢以来，乃定為至尊所居之稱。

清·沈自南《藝林彙考·棟宇篇》卷一《宮殿類》 《蘇氏演義》：殿，共也，取衆屋擁從，如軍之殿。《初學記》案叙：昔堯有貳宮、《帝王世紀》曰：堯見舜，處于貳宮。撝宮。見《相兒經》。湯有鑣宮。見《墨子》，湯所受命之宮。周有蒿宮、見《大戴禮》。鄭宮、春宮。見《紀年》，穆王所居宮。秦有蘄年宮、信宮、梁山宮。見《史記》，並始皇所居。

清·馬驌《左傳事緯前集》卷六《覽左隨筆》 諸侯之宮曰公宮，大子之宮曰東宮。又魯有楚宮，晉有固宮、銅鞮之宮、虒祁之宮，楚有渚宮、章華之宮，宋有沃宮，鄭有西宮、北宮。

清·萬斯大《儀禮商附録·廟寢圖說》 《考工記》匠人營國，左祖右社，面朝後市。此指寢之前、後、左、右為言也。于何徵之？考《玉藻》云：諸侯日視朝于內朝，退適路寢聽政。知朝在寢之前矣。朝在寢之前，則祖之左，社之右，市之後，皆指寢之左、之右、之後可知。君之祖在寢之左，則大夫士之祖亦在寢之左可知。故圖列廟于寢東，略著其槩，以見行禮之所在。寢之後有燕寢，廟之後亦有寢，禮文不及，故圖不著。蓋正寢以行禮，燕寢以退息；前廟以接神，後寢以藏衣冠。因圖之所及，以推所未及宮室之制，大略可知也。

清·張尚瑗《公羊折諸》卷二《莊公》　路寢者何？正寢也。魯諸君歿路寢者三，歿於小寢、臺下、楚宮、高寢者四。路寢為正寢，乃人君聽政之地。當疾革而居於路寢，所謂以齊終者也。成王將終，洮頮水，被冕服，憑玉几，此人君歿於正寢之事。

又　卷三《僖公》　西宮者何？小也。此《傳》云諸侯有三宮，有西宮則有東宮矣。三宮皆屬於小寢。莊三十二年《傳》：路寢者何？正寢也。何注：天子諸侯皆有三寢，一曰高寢，二曰路寢，三曰小寢。父居高寢，子居路寢，孫從王父母，妻從夫寢，夫人居小寢。按諸侯之妻謂之夫人，而又有夫人在妻之外，蓋主天子而言妻者，后也；夫人者，三夫人也。諸侯居小寢之夫人，則左右媵矣。《爾雅》：宮謂之室，室謂之宮，宮與室互為名。室有東西廂曰廟，無東西廂有室曰寢。《禮》：君子將營宮室，宗廟為先，居室為後。則三寢、三宮之位置瞭然矣。

又　《儀禮·喪服傳》有東宮，有西宮，有南宮，有北宮。異宮而同財。《內則》：由命士以上，父子皆異宮。何注：西宮，右媵所居。由劭公之說，宜有左媵居東宮矣，而僖公薨於小寢。合之《傳》文，惟西宮宜為媵居。《衛風》：東宮之妹。《左傳》直以東宮得臣為世子之稱。後世相沿太子為東宮，后為中宮云。

清·惠士奇《禮說》卷一一《夏官二》　路寢之制，亦如明堂，而王宮六寢，廟闕其一，非無說也。《春秋》僖二十年，西宮災。公羊子曰：有西宮，則有東宮矣。魯子曰：諸侯有三宮。《儀禮·喪服傳》有東宮，有西宮，有南宮，有北宮，則有中宮可知。《小宰》憲禁於王宮，《內宰》憲禁於北宮。北宮，后宮也，后有六宮，王有六寢，寢必有室，有正有側，側謂之夾，夾於燕寢，以居九嬪，故曰內有九室，九嬪居之。蓋側室也，在燕寢之旁。媵妾不祔廟，廟無九嬪室，故六寢闕其一也。《春秋》有路寢、小寢、高寢。何休曰：天子諸侯皆三寢，父居高寢，子居路寢，夫人居小寢。小寢內各有一宮，夫人居中宮，少在前；右媵居西宮，左媵居東宮，少在後。【略】古者天子六寢，諸侯三寢，秦有高寢、太寢、受寢。受寢者，小寢歟？

清·汪紱《參讀禮志疑》卷下　明堂之制，據《月令》所云，則當如九室之說，故朱子亦取之。若路寢之制亦如此，則必不然。路寢只是嚮南，且五門而後及路寢，安得有四面八方皆開門也？《月令》所云居，當亦只是聽朔時居其門位耳，非終月居此也。康成主明堂五室之說，而云聽其朔于門中，閏月則闔門左扉，立于中。還處路寢門，終月。皇氏云：路寢亦有四門。夫路寢則安得有四門哉？若五寢，則路寢之後爲四小寢，此退息宴安之所。僖公薨於小寢，君子少之。豈天子可每一時居一小寢哉？愚謂南郊明堂，自當如九室、三十六戶、七十二牖之制，亦制器尚象之旨。若太廟、路寢，則必不與明堂同制。

清·洪頤煊《禮經宮室答問》卷下《路寢》　問：路寢與大廟同制，前既聞其詳矣。近人謂路門內至堂百步，王與諸侯若羣臣射於路寢，容侯道九十弓。然則路寢庭與大廟中庭異歟？曰：此戴東原之說，非也。燕禮燕卿大夫於寢，與聘禮饗賓於廟，升降出入，其禮節略同。《燕禮》云：若射，則大射正爲司射，如鄉射之禮。此言燕禮不必有射，若行射禮，則當如鄉射之禮，別於射宮爲之，非謂其卽設侯於路寢庭也。若路寢庭得容九十弓，爲百步之地，則路寢以後必不能容六寢、六宮之地。以此知其說之非。

問：如是，則路寢不幾小乎？曰：古人廟朝不甚高大，非如後世之宮殿也。《左氏傳》：齊嘗於大公之廟，子尾抽桷擊扉三，盧蒲癸自後刺子之，王何以戈擊之，解其左肩，猶援廟桷，動於甍。廟桷可以手抽與援，其廟之不高可知。又：初，公築臺臨黨氏，見孟任。費人襲魯，公與三子入於季氏之宮，登武子之臺。公宮亦未必大。《王制》寢不踰廟。觀明堂以祀上帝，尚止東西九筵，南北七筵。其路寢之制，可知矣。

問：自路門以內爲宮，宮必有墻，并宿衛之制可考否？曰：《考工記》面朝後市，則自路門以北至後市之南，皆王宮。王宮居王城之中，市、朝一夫，王宮亦當居一夫，爲方百步之地。《考工記》王宮門阿之制五雉，宮隅之制七雉。鄭注：宮隅，角浮思也。雉高一丈。賈疏云：不言宮墻，宮墻亦高五丈。是王宮四面有墻，墻四角有浮思，高七丈也。《宮伯》授八次、八舍之職事。鄭注：衛王宮者必居四角、四中，於徼候便也。次，其宿衛所在；舍，其休沐之處。是王宮墻外四正四隅，有宿衛之次、舍也。

問：王有六寢、六宮、九室，試詳言其制。寢與宮，亦有門否？

曰：王所居稱寢，后所居稱宮。《宮人》掌王六寢之修。鄭注：六寢者，路寢一，小寢五。《玉藻》曰：朝辨色始入，君日出而視之。退適路寢聽政，使人視大夫，大夫退，然後適小寢，釋服。是路寢以治事，小寢以時燕息。路寢，天子、諸侯之正寢。《春秋》莊卅二年，公薨於路寢。《公羊傳》：路寢者何？正寢也。《穀梁傳》亦云：路寢，正寢也。小寢亦謂燕寢，對側室言，亦謂外寢。《内則》：適子庶子見於外寢。鄭注：外寢，君燕寢也。《内宰》以陰禮教六宮。鄭注、六宮，謂后也。婦人稱寢曰宮。后象王立六宮而居之，亦正寢一，燕寢五。六宮亦謂北宮，《内宰》『憲禁令於王之北宮』是也。后正寢亦謂正内，亦得謂之路寢。《寺人》王之正内五人。鄭注：正内，路寢。賈疏『謂后之路寢』是也。是王路寢之後爲小寢，小寢之後爲后正寢，正寢之後爲燕寢。燕寢對路寢言，亦謂之下室。《文王世子》：諸父守貴宮、貴室，諸子守下宮、下室。鄭注：貴室，謂守路寢。下室，燕寢是也。《考工記》：内有九室，九嬪居之。以外朝之法準之，九室亦當左三右六，居后正寢之兩旁。古者宮室，各自爲尊，有寢有宮，必有門。《文王世子》：至於寢門外，問内豎之御者曰：『今日安否，何如？』是六寢有門之證。《閽人》王宮每門四人。是六宮有門之證。【略】

問：宮中自六宮、六寢之外，其餘尚有官府次舍，可略考否？曰：《爾雅》：宮中衖謂之壼。《保氏》使其屬守王闈。鄭注：闈，宮中之巷門。是宮中有巷，巷有門也。古者父子異宮，世子稱東宮，其所居，當在宮寢之東。《内則》：異爲孺子室於宮中。又當與東宮之制不同。《宮正》以時比宮中之官府、次舍之衆寡。鄭注：官府之在宮中者，若膳夫、玉府、内宰、内史之屬。其餘若閽人、寺人之類，亦必有休沐之所。縫人、追師之類，亦必有工作之所。宮中居一夫之地，自南至北，爲地六十丈。路寢、小寢、正寢、燕寢四者堂室之制，大略相同。以路寢堂上南北七筵，堂下南北七筵之地度之，則路寢、小寢、正寢、燕寢四者已居五十丈四尺之地。是南北無餘地，其所有官府次舍，皆當在宮寢之左右也。

清・金鶚《求古録禮説》卷二《諸侯四寢考》 先儒皆言諸侯三寢，路寢一，小寢二。此其説非也。古人制度，每降殺以兩。天子六寢，大夫二寢，則諸侯必四寢可知。若三寢，則失降殺以兩之例矣。《春秋》僖公二十年五月，西宮災。《公羊傳》云：西宮者何？小寢也。小寢則曷爲謂之西宮？有西宮則有東宮矣。《左傳》言子國、子耳劫鄭伯以如北宮，襄公十年。又言衛侯薨于北宮。哀公十七年。有北宮則必有南宮矣。南宮卽路寢也。東宮、西宮、北宮，皆小寢也，然則諸侯有四寢矣。以魯考之，有東宮、西宮。僖公三十三年公薨于小寢。蓋卽東、西宮也。又有高寢，高寢蓋在北，以居東、西宮之上，而又正中，三宮惟此爲尊，故名之曰高寢，定公十五年『公薨于高寢』是也。然亦小寢，非路寢。莊公三十二年，公薨于路寢。宣公、成公亦皆書薨于路寢。死以路寢爲正。春秋十一公，惟三君死得其正耳。而定公不書路寢而書高寢，可知非路寢也。有三小寢而又有路寢，是魯有四寢也。又有楚宮，襄公作之，襄公三十一年《傳》：公作楚宮。杜注：適楚好其宮，歸而作之。後卽終焉。六月，公薨于楚宮。此四寢外別宮，非制也。晉有固宮，襄公二十三年《左傳》：晉欒盈之亂，公如固宮。杜注：固宮，宮之有臺觀備守者。孔疏：《晉語》云：范宣子以公人于襄公之宮。蓋襄公有別宮牢固，故謂之固宮。又有銅鞮之宮數里，襄公三十一年《左傳》。皆別宮之過制者也。若四寢，則先王之制也。

《説苑》謂諸侯三寢，高寢居中，路寢居左右。如其言，是當以高寢爲大寢，路寢爲小寢也。夫路之爲言大也。車曰路車，門曰路門，皆言其大也。《玉藻》謂君聽政于路寢，釋服于小寢。路寢之爲大寢，明矣。高寢之名，不見於《三禮》，是魯君自爲美名，非法制也。豈可以其名爲高，遂目之爲大寢，加於路寢之上哉？定公薨于高寢，左氏、公羊無《傳》。《穀梁傳》云：高寢，非正也。其爲小寢明矣。《説苑》引《春秋》公薨于高寢，《傳》曰：高寢者何？正寢也。此劉向自爲之傳耳。又謂諸侯正寢三，高寢、路寢皆爲正寢，是諸侯無小寢也。若又有小寢，則太多矣。又謂高寢者，始封君之寢也。二路寢者，繼體君之寢也。子不居父之寢，故二寢。繼體君世世不可居高祖之寢，故有高寢。夫父子不同宮，禮有之矣，而謂易世之後，子不可居父之寢，於禮未有也。高祖之廟，子孫可以居之，何以高祖之寢，子孫必不可居乎？惟大祖之廟，非子孫所得居，然寢與廟不同，高祖與大祖不同，不可混而一之也。又謂天子亦三寢。是尊卑無別也。其繆不待辨而明矣。

何休《公羊》注云：莊公三十二年。天子、諸侯皆三寢，一曰高寢，二曰路寢，三曰小寢。案《傳》謂路寢者何？正寢也。今以高寢先於路寢，是亦正寢也。正寢止有一，若二寢，不得爲正矣。正寢二而小寢一，殊非制也。

賈公彦《宮人》疏云：諸侯三寢，路寢一，燕寢一，燕寢卽小寢。側室一。不知側室在夫人小寢之旁，不在人君三小寢之內，故大夫士之妻亦有側室，側室見《內則》。大夫士皆二寢。一正寢一小寢。若側室得與其中，是大夫士亦三寢矣。此數説者，既不知諸侯有四寢，又不解正寢、小寢之制，則誤而又誤者也。

鄭君謂王之小寢五，隨四時而居之。此義最精。明堂爲施政之所，隨時而各居其方者，順天行，以出令也。小寢爲燕息之地，隨時而各居其方者，順天時，以養身也。諸侯降於天子，不得備五宮，然亦宜隨时以居之。蓋春夏居東宮，東爲陽方，春夏皆屬陽。秋冬居西宮，西爲陰方，秋冬皆屬陰。四季十八日，居北宮，北宮居中，中爲土也。齊則居路寢。《玉藻》言大夫齊戒，居外寢，可知諸侯之齊，亦居外寢矣。路寢卽外寢。夫人亦有四寢，正寢一，小寢三。夫人居正中，北宮姪娣從之。左媵居東宮，右媵居西宮，其姪娣各從之。《祭義》言三宮夫人世婦蠶繅，雖天子之禮，亦兼諸侯。詳《天子世婦女御考》。此三宮必皆小寢。正寢，非夫人蠶繅之所也。鄭注云：諸侯夫人三宮，半王后也。王后六宮，正寢在內。夫人半王后，是三宮幷正寢在內。其説非也，蓋亦降殺以兩耳。《穀梁傳》桓公十四年。言：甸粟而內之三宮，三宮米而藏之御廩。此三宮，亦指小寢。正寢，非夫人親舂之所也。然則夫人有四寢，而諸侯之有四寢，無疑矣。

雜　録

《周易·繫辭下》　上古穴居而野處，後世聖人易之以宮室，上棟下宇，以待風雨，蓋取諸《大壯》。晉韓康伯注：宮室壯大於穴居，故制爲宮室，取諸《大壯》也。

《論語·泰伯》　子曰：「禹，吾無閒然矣。**【略】**卑宮室而盡力乎溝洫。」

《左傳·莊公二十一年》（五月）王巡虢守，注：巡守於虢國也。天子省方，謂之巡守。虢公爲王宮于玤。注：玤，虢地。

又　《僖公二十八年》（夏四月）甲午，至于衡雍。作王宮于踐土。注：衡雍，鄭地，今滎陽卷縣。襄王聞晉戰勝，自往勞之，故爲作宮。

《孟子·萬章下》　舜尚見帝，帝館甥于貳室，亦饗舜，迭為賓主，是天子而友匹夫也。注：舜上見堯，堯舍之於貳室。貳室，副宮也。

《莊子》卷七《知北遊》　仲尼曰：**【略】**「有虞氏之宮，湯武之室。」晉郭象注：夫無心而自化，乃羣聖所遊處。

《穆天子傳》卷二　吉日辛酉，天子升于昆侖之丘，以觀黄帝之宮。晉郭璞注：黄帝巡遊四海，登昆侖山，起宮室於其上。見《新語》。

《六韜》卷一《文韜·盈虛》　太公曰：「帝堯王天下之時，**【略】**宮垣屋室不堊，甍桷椽楹不斲，茅茨偏庭不剪。」

《今本竹書紀年》卷上《帝堯陶唐氏》　八十九年，作游宮於陶。

《漢書》卷四九《鼂錯傳》　錯對曰：**【略】**「臣聞五帝神聖，其臣莫能及，故自親事，唐顔師古注：親理萬幾之務。處于法宮之中，明堂之上，注：如淳曰：法宮，路寢正殿也。動静上配天，下順地，中得人。」

漢·劉向《説苑》卷一八《辨物》　黄帝曰：「於戲盛哉！」於是乃備黄冕，帶黄紳，齋于中宮。

晉·皇甫謐《帝王世紀·自皇古至五帝》　堯有貳宮、撝宮。堯見舜，處於貳宮。

《商君書》卷五《定分》　法令皆副置。一副天子之殿中。爲法令爲禁室，有鋌鑰爲禁而以封之，內藏法令。

《晏子春秋》卷一《內篇·諫上》　晏子曰：「君誠避宮殿暴露，與靈山河伯共憂，其幸而雨乎！」

漢·韓嬰《韓詩外傳》卷八　齊有得罪於景公者，景公大怒，縛置之殿下。

又　卷七　楚莊王賜其羣臣酒，日暮酒酣，左右皆醉殿上。

又　卷五　楚成王讀書於殿上。

《史記》卷七六《平原君虞卿列傳》　毛遂奉銅盤，而跪進之楚王曰：「王當歃血而定從，次者吾君，次者遂。」遂定從於殿上。

又　卷一二六《滑稽列傳》　優孟者，故楚之樂人也。**【略】**入殿門，仰天大哭。王驚而問其故。

朝庭分部

綜　述

天子五門三朝 《周易・夬》 《夬》：揚于王庭，孚號有厲。唐孔穎達《正義》：揚于王庭者，明行決斷之法。《夬》以剛決柔，施之於人，則是君子決小人也。王庭是百官所在之處，以君子決小人，故可以顯然發揚決斷之事於王者之庭，示公正而無私隱也，故曰「揚于王庭」也。孚號有厲者，號，號令也。行決之法，先須號令，《夬》以剛決柔，則是用明信之法而宣其號令。如此，即柔邪者危，故曰孚號有厲也。

《尚書・盤庚上》 王命衆，悉至于庭。漢孔安國《傳》：衆，羣臣以下。唐孔穎達《正義》：《周禮》小司寇掌外朝之政，以致萬民而詢焉。一曰詢國危，二曰詢國遷，三曰詢立君。是國將大遷，必詢及於萬民，故知衆悉至王庭，是羣臣以下，謂及下民也。

又 《盤庚中》 其有衆咸造，勿在王庭。《傳》：造，至也。衆皆至王庭，無慢。

又 《多士》 今爾又曰：夏迪簡在王庭，有服在百僚。《傳》：簡，大也。今汝又曰：夏之衆士，蹈道者大在殷王庭，有服職在百官。言見任用。

又 《多方》 我有周惟其大介賚爾，迪簡在王庭，尚爾事，有服在大僚。

又 《顧命》 逆子釗於南門之外，延入翼室，恤宅宗。《傳》：明室，路寢。延之使居憂，為天下宗主。《正義》：知翼室是明室，謂路寢也，路寢之大者，故以明言之。延之使憂居喪主，為天下宗主也。宋蔡沈《集傳》：翼室，路寢旁左右翼室也。呂氏曰：入自端門，萬姓咸覩，與天下共之也；延入翼室，為憂居之宗，示天下不可一日無統也。明胡廣等《大全》：王氏曰：王宮南向，南門，王宮之外門也。

一二人雀弁，執惠，立于畢門之內。《傳》：路寢門，一名畢門。《正義》：天子五門，皐、庫、雉、應、路也。下云王出，在應門之內。出畢門，始至應門之內，知畢門即是路寢之門，一名畢門也。

又 《康王之誥》 王出，在應門之內。《傳》：出畢門，立應門內之中庭，南面。太保率西方諸侯入應門左，畢公率東方諸侯入應門右。《傳》：二公為二伯，各率其所掌諸侯，隨其方為位，皆北面。《正義》：此叙諸侯見新王之事。王出畢門，在應門之內，立於中庭。太保召公為西伯，率西方諸侯入應門左，立於門內之西廂也。太師畢公為東伯，率東方諸侯入應門右，立於門內之東廂也。

《逸周書》卷五 《皇門解》 《序》：周公會羣臣于閎門，以輔主之格言，作《皇門》。

維正月庚午，周公格左閎門，會羣門。晉孔晁注：格，至也。路寢左門曰皇門，閎音皇也。

《詩經・大雅・緜》 迺立皐門，皐門有伉。迺立應門，應門將將。漢毛亨《傳》：王之郭門曰皐門。伉，高貌。王之正門曰應門。將將，嚴正也。美大王作郭門以致皐門，作正門以致應門焉。漢鄭玄《箋》：諸侯之宮，外門曰皐門，朝門曰應門，內有路門。天子之宮，加以庫、雉。宋朱熹《集傳》：大王之時，未有制度，特作二門，其名如此。及周有天下，遂尊以為天子之門，而諸侯不得立焉。

《周禮・考工記・匠人》 匠人營國。【略】面朝後市，市、朝一夫。漢鄭玄注：方各百步。唐賈公彦『體國經野』疏：面朝後市者，三朝皆是君臣治政之處，陽，故在前。三市皆是貪利行刑之處，陰，故在後也。宋王昭禹《詳解》：朝者，義之所在；市者，利之所在。于朝言『面』，則知市在所背；于市言『後』，則知朝在所先。朝者，官吏之所會；市者，商旅之所聚。必一夫百畝之地，然後足以容之。故『市、朝一夫』不言地數而言『夫』者，蓋夫以智帥人者也。義、利之所在，皆宜有以帥之。義而無以帥之，則君子有犯義者矣；利而無以帥之，則小人有犯刑者矣。謂之『一夫』，義在是已。

路門不容乘車之五个，注：路門者，大寢之門。乘車，廣六尺六寸。五个，三丈三尺。言不容者，是兩門乃容之。兩門乃容之，則此門半之，丈六尺五寸。應門二徹參个。注：正門謂之應門，謂朝門也。二徹之內八尺。三个，二丈四尺。疏：云正門謂之應門者，《爾雅》文。以其應門內、路門外有正朝，臣入應門至朝處，君臣正治之所，故謂此門爲應門。是以鄭云謂朝門也。

又 《天官・閽人》 掌守王宮之中門之禁。注：中門於外內爲中，若今宮闕門。鄭司農云：王有五門，外曰皐門，二曰雉門，三曰庫門，四曰應門，五曰路門，路門一曰畢門。玄謂雉門，三門也。《春秋傳》曰：雉門災，及兩觀。疏：中門者，王有五門，雉門爲中門，掌守雉門之禁，譏其出入之者也。《注》釋曰：中門於外内爲中者，雉門外有臯、庫，内有應路，故云於外内爲中也。鄭司農云：王有五門，庫門在雉門内，爲中門，路門一曰畢門者，取《尚書·顧命》云：二人爵弁，立于畢門之內。言路門者，路，大也。人君所居皆曰路，以大爲名。言畢門者，從外而入路門爲終畢。玄謂雉門爲三門者，破先鄭雉門爲二門，必知雉門爲中門者，凡平常諸侯三門，有臯、應、路，《詩》云『乃立臯門，臯門有伉。乃立應門，應門將將』者是也。若魯三門，則有庫、雉、路，故《明堂位》説魯制三兼四。云庫門，天子臯門，則庫門向外，兼臯門矣。又云雉門，天子應門，則雉門向内，兼應門矣。既言庫門向外兼臯門，雉門向内兼應門，則天子五門，庫門在雉門外，明矣。又引《春秋傳》者，定公二年夏五月壬辰，雉門及兩觀災，《公羊傳》曰：曷爲不言雉門災，及兩觀？主災者，兩觀也。主災者兩觀，則曷爲後言之？不以微及大也。今鄭所引，不與彼《傳》同者，鄭勘《傳》，非彼正文也。引之者，證魯有三門。雉門有兩觀，爲中門，則知天子五門，雉門亦爲中門，有兩觀矣。

又《秋官·小司寇》 小司寇之職，掌外朝之政，以致萬民而詢焉。一曰詢國危，二曰詢國遷，三曰詢立君。注：外朝，朝在雉門之外者也。國危謂有兵寇之難，國遷謂徙都改邑也，立君謂無冢適，選於庶也。鄭司農云：致萬民，聚萬民也。詢，謀也。《詩》曰『詢于芻蕘』，《書》曰『謀及庶人』。其位：王南鄉，三公及州長百姓北面，羣臣西面，羣吏東面。注：羣臣，卿大夫士也。羣吏，府史也。其孤不見者，孤從羣臣卿大夫，在公後。小司寇擯，以敘進而問焉，以衆輔志而弊謀。注：擯，謂揖之使前也。敘，更也。輔志者，尊王賢明也。

又《秋官·朝士》 掌建邦外朝之灋。左九棘，孤卿大夫位焉，羣士在其後。右九棘，公侯伯子男位焉，羣吏在其後。面三槐，三公位焉，州長衆庶在其後。左嘉石，平罷民焉。右肺石，達窮民焉。注：樹棘以為位者，取其赤心而外刺，象以赤心三刺也。槐之言懷也，懷来人於此，欲與之謀。羣吏，謂府史也。州長，鄉遂之官。鄭司農云：王有五門，外曰臯門，二曰雉門，三曰庫門，四曰應門，五曰路門，路門一曰畢門。外朝在路門外，内朝在路門内。左九棘，右九棘，故《易》曰『係用徽纆，示于叢棘。』玄謂《明堂位》説魯公宫曰：『庫門，天子臯門。雉門，天子應門。』言魯用天子之禮，所名曰庫門者如天子臯門，所名曰雉門者如天子應門。此門制二兼四，則魯無臯門、應門矣。《檀弓》曰：『魯莊公之喪，既葬而絰，不入庫門。』言其除喪而反，由外来，是庫門在雉門外必矣。如是，王五門，雉門為中門。雉門設兩觀，與今之宫門同。閽人幾出入者，窮民蓋不得入也。《郊特牲》『譏繹於庫門内』，言遠當於廟門，廟在庫門之内，見於此矣。《小宗伯》職曰：『建國之神位，右社稷，左宗廟。』然則外朝在庫門之外，臯門之内，與今司徒府有天子以下大會殿，亦古之外朝哉！周天子、諸侯皆有三朝。外朝一，内朝二。内朝之在路門内者，或謂之燕朝。帥其屬而以鞭呼趨且辟，注：趨朝辟行人，執鞭以威之。禁慢朝、錯立族談者。注：慢朝，謂臨朝不肅敬也。錯立族談，違其位傳語也。凡得獲貨賄、人民、六畜者，委于朝。

又《天官·大宰》 正月之吉，始和布治于邦國都鄙，乃縣治象之法于象魏，使萬民觀治象，挾日而斂之。注：鄭司農云：象魏，闕也。故魯災，季桓子御公立于象魏之外，命藏象魏，曰『舊章不可忘』。從甲至甲，謂之挾日，凡十日。疏：鄭司農云：象，魏闕也者，周公謂之象魏，雉門之外兩觀，闕高魏魏然。孔子謂之觀。《春秋左氏》定二年夏五月『雉門災，及兩觀』是也。云觀者，以其有教象可觀望。又謂之闕者，闕，去也，仰視治象，闕去疑事。或解闕，中通門。是以莊二十一年云：鄭伯享王于闕西辟。注：闕，象魏也。

王眂治朝，則贊聽治。注：治朝在路門外，羣臣治事之朝。王視之，則助王平斷。疏：王有三朝，必知此是路門外朝者，但外朝是斷疑獄之朝，路寢庭朝，圖宗人嘉事。二者竝於事簡，非正朝。故知治朝是路門外，司士所掌者也。

又《天官·宰夫》 宰夫之職，掌治朝之灋，以正王及三公六卿、大夫羣吏之位，掌其禁令。注：治朝在路門之外，其位司士掌焉，宰夫察其不如儀。疏：知此治朝在路門外者，燕朝在路寢庭，外朝在庫門外，其事希簡，非常治政之所。此云治朝是常治事之朝，故知是路門外。敘羣吏之治，以待賓客之令，諸臣之復，萬民之逆。注：恒次敘諸吏之職事。三者之來，則應使辨理之。鄭司農云：復，請也。逆，迎受王命者。宰夫主諸臣萬民之復逆，故詩人重之，曰『家伯維宰』。玄謂復之言報也，反也，反報於王，謂於朝廷奏事。自下而上曰逆，逆謂上書。

又《地官·師氏》 居虎門之左，司王朝。注：虎門，路寢門也，王日視朝於路寢門外，畫虎焉，以明勇猛，於守宜也。司猶察也，察王之視朝，若有善道可行者，則當前以詔王。

又《夏官·司士》 正朝儀之位，辨其貴賤之等。王南鄉，三公北面東上，孤東面北上，卿大夫西面北上。王族故士、虎士在路門之右，南面東上。大僕、大右、大僕從者在路門之左，南面西上。注：此王日視朝事於路門外之位。王族故士，故爲士晚退留宿衛者。未嘗仕，雖同族，不得在王宫。大右，司右也。大僕從者，小臣、祭僕、御僕、隸僕。司士擯，注：詔王出揖公卿大夫以下朝者。孤卿特揖，大夫以其等旅揖，士旁三揖。王還揖門左，揖門右。注：特揖，一一揖之。旅，衆也。大夫爵同者，衆揖之。公及孤卿大夫始入門右，皆北面東上，王揖之，乃就位。羣士及故士、大僕之屬，發在其位。羣士位東面，王西南鄉而揖之。三揖者，士有上、中、下。王揖之，皆逡遁，既復位。鄭司農云：卿大夫士皆君之所揖。禮，《春秋傳》所謂『三揖在下』。大僕前，注：前正王視朝之位。王入，内朝皆退。注：王入，入路門也。王入路門，内朝朝者皆退，反其官府治處也。

又《夏官・大僕》 掌正王之服位，出入王之大命。注：服，王舉動所當衣也。位，立處也。出大命，王之教也。入大命，羣臣所奏行。掌諸侯之復逆。注：鄭司農云：復謂奏事也，逆謂受下奏。王眡朝，則前正位而退，入亦如之。注：前正位而退，道王，王既立，退居路門左，待朝畢。

建路鼓于大寢之門外而掌其政，注：大寢，路寢也。其門外則内朝之中，如今宮殿端門下矣。政，鼓節與早晏。以待達窮者，與遽令聞鼓聲，則速逆御僕與御庶子。

王眡燕朝，則正位，掌擯相。注：燕朝，朝於路寢之庭。王圖宗人之嘉事，則燕朝。疏：以其路寢安燕之處，則謂之燕朝，以其與賓客饗食在廟，燕在寢也。但與賓客及臣下燕時，亦有朝。鄭必以王圖宗人嘉事爲燕朝者，以其因燕而朝賓臣，《燕禮》已有成文，圖宗人嘉事之朝不見，故鄭特見之。云圖宗人嘉事者，謂宗人冠婚嘉禮之等，皆曰嘉事。王不眡朝，則辭於三公及孤卿。注：辭謂以王不視朝之意告之。《春秋傳》曰：公有疾，不視朔。

又《地官・稾人》 掌共外内朝冗食者之食。注：外朝，司寇斷獄弊訟之朝也。今司徒府中有百官朝會之殿，云天子與丞相舊決大事焉，是外朝之存者與？内朝，路門外之朝也。冗食者，謂留治文書，若今尚書之屬諸直上者。疏：天子三朝，路寢庭朝是圖宗人嘉事之朝，大僕掌之。又有路門外朝，是常朝之處，司士掌之。又有外朝，在臯門内，庫門外，三槐九棘之朝，是斷獄弊訟之朝，朝士掌之。今言外内朝，明據三槐與路門外二者，以其路寢庭非常朝之處也。鄭引今司徒府已下，況義也。

《禮記・玉藻》 （天子）皮弁以日視朝。【略】（諸侯）朝服以日視朝於内朝。漢鄭玄注：朝服，冠玄端素裳也。此内朝，路寢門外之正朝也。天子諸侯皆三朝。朝，辨色始入。注：羣臣也。入，入應門也。辨猶正也，别也。君日出而視之，退適路寢聽政，使人視大夫，大夫退，然後適小寢，釋服。注：小寢，燕寢也。

朝廷濟濟翔翔。《正義》：朝廷濟濟翔翔者，濟濟，有威儀，矜莊也。翔翔，行而張拱也。並朝廷所須也。

又《文王世子》 公族朝于内朝，内親也。注：謂以宗族事，會外朝。雖有貴者以齒，明父子也。外朝以官，體異姓也。注：體猶連結也。

又《曲禮下》 天子當宁而立，諸公東面，諸侯西面曰朝。注：諸侯春見曰朝。【略】朝者，位於内朝而序進。《正義》：天子當宁而立者，此爲春夏受朝時也。宁者，《爾雅》云：門屏之間謂之宁。郭注：云人君視朝所宁立處。李巡云：正門内、兩塾間曰宁。謂天子受朝於路門外之朝，於門外而宁立，以待諸侯之至，故云當宁而立也。然路門外有屏者，即樹塞門是也。《爾雅》云：正門謂之應門。又云：屏謂之樹。李巡云：恒當門自蔽，名曰樹。郭云：小牆當門中。今案李郭二注，以推驗禮文，諸侯内屏在路門之内，天子外屏在路門之外，而近應門者也。【略】云朝者，位於内朝而序進者，此内朝，即路門外朝也。對臯門内三槐九棘之外朝，故稱内也；若對路寢庭朝，又爲外。故《文王世子》云『朝於外朝，則以官』是也。【略】凡天子三朝。其一在路門内，謂之燕朝，大僕掌之，故《大僕》云：王眡燕朝，則正其位；《文王世子》云：公族朝於内朝，親之也。此則王與宗人圖其嘉事及王退，俟大夫之朝也。其二是路門外之朝，謂之治朝，司士掌之，故《司士》云：正朝儀之位。王南鄉，三公北面東上，孤東面北上，卿大夫西面北上。王族故士、虎士在路門之右，南面東上。大僕、大右、大僕從者在路門之左，南面西上。此是每日視朝之位。其王與諸侯賓射，亦與治朝同。故《射人》云：三公北面，孤東面，卿大夫西面，諸侯在朝則皆北面。不云王族故士、虎士、大僕、大右者，文不具耳。不云士者，鄭注云：此與諸侯射，士不與。案諸侯大射，士立於西方東面。是天子大射，士亦預禮也。其三是臯門之内，庫門之外謂之外朝，朝士掌之，故《朝士》云：左九棘，孤卿大夫位焉；右九棘，公侯伯子男位焉；面三槐，三公位焉。此是詢衆庶之朝也。凡朝，三公北面者，以其貴臣答王之義也。孤及諸侯東面者，尊之，故從賓位。卿大夫西面者，君之臣子統於君也。士門西東面者，以其卑賤，故外之。其外朝，孤與士辟諸侯，故就東方西面，同其位。案《燕禮》云：卿西面，大夫北面，士門西東面，大射亦然。知諸侯有路門外朝者，案《玉藻》云『君朝服日出而視朝，退適路寢』是也。其外詢衆庶之所，經雖無文，亦當與天子同。其位，無三公及諸侯，當同《燕禮》、《大射》之位。若然，《周禮》天子有射、朝、燕，《儀禮》諸侯有燕、朝也，射雖無正朝，當與天子同，則天子、諸侯皆三朝也。

在朝言朝。注：朝謂君臣謀政事之處也。朝言不及犬馬。注：非公議也。輟朝而顧，不有異事，必有異慮，注：心不正，志不在君。輟猶止也。故輟朝而顧，君子謂之固。注：固謂不達於禮也。在朝言禮，問禮對以禮。注：於朝廷言，無所不用禮。《正義》：在朝言朝者，命之在朝，亦隨而習議在朝之事也。

又 《明堂位》 振木鐸於朝，天子之政也。注：天子將發號令，必以木鐸警衆。

又 《月令》 立春之日，天子親帥三公九卿、諸侯大夫以迎春於東郊。還反，賞公卿諸侯大夫於朝。注：朝，大寢門外。唐孔穎達《正義》：云朝，大寢門外者。大寢則路寢。天子有三朝，一是燕朝，在路寢也。二是治朝，則此路寢門外，應門之內。以其賞賜公卿大夫，宜在治事之朝，故云大寢門外。三是外朝，在庫門之外，皐門之內，大詢衆庶、聽斷罪人之處也。

立秋之日，天子親帥三公九卿、諸侯大夫以迎秋於西郊。還反，賞軍帥、武人於朝。

又 《郊特牲》 獻命庫門之內，戒百官也。注：王自澤宮而還，以誓命重相申敕也。庫門在雉門之外，入庫門則至廟門外矣。

又 《禮器》 有以高為貴者。天子之堂九尺，諸侯七尺，大夫五尺，士三尺。天子諸侯臺門。此以高為貴也。《正義》：天子之堂九尺，此周法也。案《考工記》殷人重屋，堂崇三尺。鄭差之云：夏高一尺。故知此九尺者，周法也。

又 《表記》 子曰：『朝極辨，不繼之以倦。』注：極猶盡也。辨，分別政事也。

又 《仲尼燕居》 子曰：『以之朝廷有禮，故官爵序也。』

《左傳·昭公十一年》 單子會韓宣子于戚，晉杜預注：單子，單成公。視下言徐。叔向曰：『單子其將死乎！朝有著定。』注：著定，朝內列位常處，謂之表。唐孔穎達《正義》：著定，謂佇立定處，故謂朝內列位常處也。《周禮》司士正朝儀之位，辨其貴賤之等，王南鄉，三公北面東上，孤東面北上，卿大夫西面北上。王族故士、虎士在路門之右，南面東上。大僕、大右、大僕從者在路門之左，南面西上。鄭玄云：此王日視朝事於路門外之位。此是朝上之位，貴賤有定處也。

《國語》卷二《周語中》 明日，王叔子譽諸朝。

襄公曰：『制朝以序成。』三國吳韋昭注：序，次也。朝不越爵，則政成。

又 卷五《魯語下》 （公父文伯之母）曰：『子弗聞乎？天子及諸侯合民事於外朝，注：言與百官考合民事於外朝也。合神事於內朝，注：神事，祭祀也。內朝在路門內。自卿以下合官職於外朝，注：外朝，君之公朝。合家事於內朝。注：家大夫也。內朝，家朝也。寢門之內，婦人治其業焉，上下同之。注：寢門，正室之門。上下，天子以下也。夫外朝，子將業君之官職焉；內朝，子將庀季氏之政焉。』注：庀，治也。

又 卷一二《晉語六》 文子曰：『吾聞古之王者，政德既成，又聽於民，於是乎使工誦諫於朝，【略】考百事於朝。』注：百官職事。

《今本竹書紀年》卷下《成王》 （元年正月）庚午，周公誥諸侯于皇門。

二十一年，除治象。

又 卷下《昭王》 元年庚子春正月，王即位。復設象魏。

宋·王應麟《玉海》卷七〇《禮儀·周三朝》 （梁）崔靈恩《三禮義宗》曰：天子宮方一千二百步。三分，二為路寢之前，一為路寢之後。自皐門至路門，凡五門，相去之數未聞。路寢之前至皐門，凡五門之間，合八百步，為三朝，皆方百步。諸侯三門，皐門至路寢相去六百步；自路寢以前為三朝，各一百步。

又曰：周禮，天子諸侯皆有三朝，一曰外朝，二曰中朝，三曰內朝。其中朝之名，或內或外。若據外朝而言，謂之內朝，故鄭注《文王世子》『諸侯外朝一，內朝二』是也。三朝之最外為外朝者，是決罪聽訟之朝也。中朝者，人君旦夕視政，見卿大夫之朝也，所謂『辨色而入』者在此朝也。內朝者，路寢也，人君視政，退而居於此，待諸侯之復逆也；視卿大夫退，然後適燕寢，所謂『大夫夙退，無使君勞』在此朝也。諸侯三朝，路寢為內朝，中朝在路門之外，外朝在應門之外。天子皐門內有外朝，面有三槐，左右各有九棘。近庫門則有三府九寺，庫門之內則有宗廟，雉門之內有兩觀，觀外亦有詢事之朝，在宗廟、社稷之間，雉門外有百官宿衛省也。應門之內有中朝，中朝東有九卿室，是九卿治事之處。故《考工記》外有九室，九卿治之。朝畢則入而治事，夕則歸於庫門外。外朝之法，朝有疑獄，王集而聽之。

唐·杜佑《通典》卷七五《禮三十五·賓禮二·天子朝位》 周制，天子有四朝。但言三朝者，以詢事之朝非常朝，故不言之。一曰外朝，在皐門內，決罪聽訟之朝也。秋官朝士掌之。左九棘，孤卿大夫位焉，羣士在其後。右九棘，公侯伯子男位焉，羣吏在其後。面三槐，三公位焉，州長衆庶在其後。左嘉石，平罷人焉；右肺石，達窮人焉。斯聽獄之時所列位也。樹棘以為位者，取其赤心而外刺，象以赤心三刺也。槐之言懷也，懷來人於此，欲與之謀也。

嘉石，文石也。平，成也，成人之善也。肺石，赤石也。罷人，不昏作勞，有似於疲，謂惰慢人。窮人，夫人之窮無告者。羣吏，府史也。州長，鄉遂之官也。王之五門，雉門為中門，雉門設兩觀，與宮門同，閽人譏出入者。窮人蓋不得入。罷音疲。

二曰中朝，在路門外。夏官司士正其位，辨其貴賤之等。朝夕視政，公卿大夫辨色而入應門，北面而立，東上。王揖，孤卿以上特揖，大夫旅揖，士旁三揖，各就位。特揖，一一揖之也。旅，衆也。大夫同爵者，衆揖之。公卿大夫，王揖之，乃就位。羣士及故士太僕之屬，發在其位。羣士東面，王西南面而揖之。三揖者，士有上、中、下。王南向，三公北面東上，孤東面北上，卿大夫西面北上。王族故士、武士在路門之右，南面東上。太僕、太右、太僕從者在路門之左，南面西上。此王日視朝事於路門外之位。王族故士，故為士，晚退留宿衛者。未嘗為士，雖同族，不得在王宮。太右，司右也。太僕從者，小臣、祭僕、御僕、隸僕也。

三曰內朝，亦謂路寢之朝。人君既從正朝視事畢，退適路寢聽政，使人視大夫，大夫退，然後適燕寢，釋服。釋服，服玄端也。

四曰詢事之朝。在雉門外。小司寇掌其政，以致萬人而詢焉。一曰詢國危，二曰詢國遷，三曰詢立君。國危謂有兵寇，國遷謂徙都，立君謂君無冢嫡，選於庶子，聚萬人而詢謀焉。其位，王南向，三公及州長百姓北面，羣臣西面，羣吏東面。羣臣，卿大夫士也。羣吏，府史也。其孤不見者，孤從羣臣，卿大夫在公後。小司寇儐，以序進而問焉，以衆輔志而弊謀。儐謂揖之使前。序，更也。輔志，尊王賢明也。弊，斷也。

其時會殷同方岳之下，為壇見諸侯之法，如明堂之位。天子壇上，南面。三公中階之前，北面東上。諸侯阼階之東，西面北上。諸伯西階之西，東面北上。諸子門東，北面西上。諸男門西，北面東上。六服之外，九夷之國東門之外，西面北上。八蠻之國南門之外，北面東上。六戎之國西門之外，東面南上。五狄之國北門之外，南面東上。九采之國應門之外，北面東上。四塞代一見，其位亦近主位為尊也。

諸侯三朝。路寢為內朝，中朝在路門外，外朝在應門外。諸侯社稷與中朝正相當，故《傳》云「間於兩社，為公室輔」者也。

宋·葉時《禮經會元》卷二下《門制》 案鄭司農釋《閽人》「中門之禁」曰：王有五門，外曰皋門，二曰雉門，三曰庫門，四曰應門，五曰路門，路門一曰畢門。康成曰：雉門，二門也。夫皋者，遠也，門最在外，故曰皋。庫門，言有所藏也。雉門，取其文明也。應門，謂居此以應治也。路門，取其大也。路門謂之畢門者，言自外至此而畢，故曰畢。此五門之義也。考之《周禮》：閽人掌守王宮中門，師氏居虎門左，司王朝。小宗伯縣衰冠於路門。司士有曰：路門左，路門右。太僕建路鼓于寢門外。其餘曰蹕宮門，閽人。曰守王門，師氏、虎賁。曰詔居門，太史。曰垂首服法于宮門，太僕。曰墨者使守門而已。中門以其居五門之中，可知其為雉門。大寢門以其在寢門之前，可知其為路門也。虎門以其在王朝之後，畫虎焉，此路門之別名也。治朝在路門之外，王日眡朝，故言路門為詳。此天子二門之名見於《周禮》也。鄭氏何以謂之五門？《書》曰：王出，在應門內。則知王有應門。《記》曰：庫門，天子皋門。則知王有皋門、庫門。故曰王有五門。然《周書》又有所謂南門者，說者謂南門則為應門，以王者於應門向明而治，故曰南。不思《書》言王出，在應門內，又言逆子釗于南門，安得以南門為應門也？或曰南門，雉門也。雉，文明之物而屬南方，故曰南。不思《春秋》書「新作南門」及書「雉門及兩觀災」，安得以南門為雉門也？如此，則天子五門并南門為六門者矣。

諸侯半天子之門，則有三門。鄭氏釋《明堂位》，則謂庫、雉、路；釋《綿》詩則謂皋、應、路。其說自相違戾。以《詩》考之，乃立皋門，乃立應門。此古者諸侯之制。《檀弓》曰：魯莊公之喪，既葬而絰不入庫門。《家語》記衞莊公易朝市，孔子曰：「繹之於庫門之內，失之矣。」合是三者而觀之，則諸侯有皋門、庫門、應門，為三門爾。如《春秋》於僖公書「新作南門」，於定公書「新作雉門」，此魯僭王門之制，故書。蓋古者營國，必先立為門制，以示尊卑，名分定焉，政令出焉。觀、望繫焉門而可踰，則上下等級不復可限矣。《語》稱「邦君樹塞門」，《記》稱「諸侯不臺門」。雉門、南門之作，《春秋》書之，防僭越也。況外朝在皋門之內，而徇事弊訟，於是乎入焉；象魏在雉門之側，而師民觀象，於是乎在焉；治朝在南門之內，而王日眡事，於是乎出焉；燕朝在路門之內，而路門之制，司王朝者在焉，達窮民者在焉，衞王宮者居焉，蹕王宮者居焉，閏月而詔王居焉，豈特隆九重之勢而壯萬里之威者哉？知門制所以嚴君臣之政令，則知周人立門之制不苟矣。

又　卷一下《朝儀》　周有三朝：一曰燕朝，在路門之内，王國宗人嘉事之朝也，太宰、小臣掌焉。一曰治朝，在路門之外，王日聽治之朝也，宰夫、司士掌焉。一曰外朝，在庫門之外，詢萬民聽政之朝也，小司寇、朝士掌焉。鄭康成謂外朝在雉門之外，然既以雉門為第三，則外朝當在庫門之外矣。

外朝之位，左孤卿，大夫羣士在其後；右公侯伯子男，羣吏在其後；面三公，州長衆庶在其後。此朝士所掌之朝法也。及致萬民而詢之，則小司寇掌其正王位南鄕，三公及州長百姓北面，羣臣西面，羣吏東面，其位亦如朝士之儀。其建朝也，左嘉石，以平罷民；右肺石，以達窮民。職聽國郊野都獄訟者，必聽於此；兩造束矢，平劑鈞金者，必入於此；凡得獲貨賄人民六畜者，必委於此。雖有師屬鞭呼趨辟之儀，有慢朝錯立族談之禁，其儀非不肅也，而卿大夫以大詢之時，帥六鄕之衆庶而致於朝，百姓衆庶得與公卿侯伯、羣士羣吏相先後於階戺之間，則其政誠為平易近民矣。

治朝之位，王南鄕，三公北面，孤東面，卿大夫西面，王族故士、虎士在路門右，太僕、大右、大僕從者在路門左。此司士所正之朝儀也。及掌敘羣吏之治，則宰夫掌其法，以正王及三公六卿大夫羣吏之位，而察其不如儀。其眂朝也，太僕則前正位，師氏則司王朝，冢宰則贊聽治。雖有虎賁士族之衛，有僕御右從之位，其儀非不嚴也，而太僕掌建路鼓于大寢門外，以待達窮者，與遽令聞鼓聲，則速逆御僕與御庶子，而受其事以聞，又況宰夫掌庶民之逆，得與賓客之治，諸臣之復，同徹於冕旒之前，則其能又未嘗以禁嚴為限矣。

至於燕朝之法，雖在太僕只曰王視燕朝則正位，掌擯相而已，然曰王眂朝則前進位，而退入亦如之，是正燕朝亦如正治也。小臣正王之燕位，御僕掌王之燕令，此皆燕朝之臣，其儀亦非不重也，而諸侯之復逆，則掌於太僕；三公孤卿之復逆，則掌於小臣；羣吏之逆，庶民之復，則又掌於御僕。復者下之，復逆又皆聞達於燕處之時，則其地亦未嘗以邃深而為閒隔矣。

觀外朝之政而及萬民之詢，治朝之治而及萬民之逆，燕朝之令而及庶民之復，則知成周盛時，戶庭無壅，其疏通洞達何如哉！又況肺石之達窮民，必以立于外朝之右；路鼓之達窮者，必以建于寢門之外。君門萬里而窮者猶得以自達，況臣民乎！然而三朝分掌，外朝雖掌於秋官之屬，而三公孤卿皆在焉，則是太宰與聞外朝之政矣。治朝之法，雖曰司士正之，屬於夏官，而宰夫掌其禁令，是為天官之屬；王眂治朝，冢宰贊之，則是太宰與聞治朝之事矣。燕朝之臣，亦夏官之屬也，然而所掌羣臣之復逆，實與宰夫所掌相關焉，而況太僕雖正燕朝之位，而建鼓則在路門外，在朝則在路門左，王眂治朝則前正位，王不眂朝則辭於三公及孤卿，是燕朝之臣實與治朝相通，則太宰亦與聞乎燕朝之政矣。以此見周人之治，宮中府中，實為一體而無内外之分。特以其治朝而視其外朝，則外朝為外朝，而治朝為内朝。以燕朝而視治朝，則燕朝為内朝，而治朝又為中朝爾。

清·任啓運《宮室考》卷上《門》　天子之門五，郭門謂之臯，臯内謂之庫，庫内謂之雉，雉内謂之應，應内謂之路。孔氏穎達曰：郭門，公之外門。鄭氏康成曰：在城門内。愚謂城外有郭，而城内又有郭者，郭之言廓。就宮言之，此又其廓然者也。臯，緩也，遠也，高也，告也。鄭曰言最外而遠也。庫謂有藏于此者也。愚疑府庫之藏，在此門内左右。雉，陳也，理也。李景齊曰：書雉焉，故謂之雉。鄭曰：取其文明也。應謂居此以應治也。路，取其大也。愚謂内外之界于此分，自内而出，自外而入，必由此也。吳龥曰：王之車馬及鼓皆尊大之，故皆曰路。雉門謂之中門，應門謂之正門，路門謂之畢門，又謂之虎門。又記異名也。雉門在五門中，故謂之中門。先鄭謂臯内為雉，雉内為庫，誤矣。《爾雅》有正門，蓋治朝在應門内，應治出政，故治朝又謂之正朝。路門又曰畢者，五門至此而畢也。葉氏時曰：以畫虎，故又曰虎門。諸侯之門三，庫内謂之雉，雉内謂之路。諸侯三門，下天子也。劉氏敞曰：天子諸侯皆三門，天子曰臯、應、畢，諸侯曰庫、雉、路。非是。鄭曰：諸侯之宮，外門曰臯，朝門曰應，亦誤。朱子曰：《書》言王出應門之内，《春秋》書魯雉門災，《禮記》言魯有庫門，《家語》言衛有庫門，皆無言有臯、應者，則臯、應為天子之門，明矣。愚按，今《左傳》宋歌臯門之皙。陸氏德明曰：本作澤門，宋東城門。今作臯者，誤也。門，天子外向，諸侯内向。外向，所受遠也；内向，所受近也。鄭曰：魯庫、雉二門，二兼四。孔曰：兼四者，兼内向、外向也。

又《觀》　天子之雉，闕門兩觀；諸侯之雉，臺門一觀，天子外闕，諸侯內闕。何注。天子雉門兩旁，築土為臺而虛其中，望之闕然，故謂之闕。臺上有屋，懸國典以示人，巍然而高，故謂之象魏；以其示人，故謂之觀。諸侯不為兩觀，惟于門上為觀，故但謂之臺門。天子之闕，向外開張，所治遠也；諸侯之闕，向內開張，所治近也。闕以內有宗廟，有社稷，闕以外有府有庫。殷之時，右宗廟，左社稷。周之時，右社稷，左宗廟。故魯以亳社為廟屏。天子有六府，有五庫。諸侯未詳，魯惟見有長府而已。廟、社在內，尊而重之也；府、庫在外，輕財故遠之也。

又《朝》 路以內內朝，路以外治朝，天子庫以外、諸侯庫以內外朝。內朝即路寢也。日聽政于此，宗人嘉事，圖于此，又曰燕朝。治朝，日見羣臣于此，又曰正朝。外朝則詢萬民之朝也。治朝在二朝之中，對路寢言則曰外，對庫門言又曰內。

清·秦蕙田《五禮通考》卷一三一《嘉禮四·朝禮》 蕙田案：天子五門，曰皋、庫、雉、應、路；諸侯三門，曰庫、雉、路。皆三朝：一曰外朝，一曰治朝，一曰燕朝。外朝，天子在庫門外，諸侯在庫門內，《周禮》小司寇、朝士所掌，有三槐九棘，嘉石肺石。國有大事，致萬民而詢，則御之，非常朝之處。治朝在路門外。《周禮》宰夫掌治朝之法，司士正朝儀之位，太宰贊聽治，有路鼓，有屏，有宁，乃每日常朝聽治處。燕朝在路門內路寢之庭，《周禮》太僕掌擯相。《文王世子》：庶子正公族，公族朝於內朝。鄭康成謂王圖宗人嘉事，則燕朝，亦非常朝處。治朝又兼內外之名，對外朝而言亦曰內朝，《玉藻》『朝服以視朝於內朝』，鄭康成謂外朝一、內朝二是也。對燕朝而言亦曰外朝，《文王世子》『其在外朝則以官』，司士為之是也。路門當道設屏。《禮緯》：天子外屏，諸侯內屏。《爾雅》邢疏：天子外屏在路門之外，諸侯內屏在路門之內。《爾雅》：門屏之間謂之宁。當宁而立，諸公東面，諸侯西面曰朝。孔疏：天子受朝於路門外之朝，於門外而宁立，以待諸侯之至，故云當宁而立。據此，則天子諸侯雖有五門、三門，惟路門外有屏有宁，非每門皆有之也。至其朝儀，《周禮》司士擯，孤卿特揖，大夫以其等旅揖，士旁三揖，王還揖門左，揖門右。太僕前，王入，內朝皆退。《玉藻》：朝，辨色始入。君日出而視之，退適路寢聽政，使人視大夫，大夫退，然後適小寢。《周禮》宰夫掌諸臣之復逆。蓋古者常朝，惟在路寢門，當宁而立，三揖而退，其禮甚簡。聽政則在路寢之堂，諸臣不從入，有奏事，然後因宰夫以入，升路寢之堂。《論語》過位升堂，即此。過位，過當宁之位；升堂，升路寢之堂。無事則朝畢而退，不用過位，亦不用升堂。朱子訓『過位』謂門屏之間，人君宁立之處，所謂宁也。萬充宗謂《禮器》云『天子諸侯臺門』，足知君門崇廣，可即此朝見臣民。又《玉藻》云『閏月，則闔門左扉，立於其中』，益足証君門可以莅衆，不必更有朝堂矣。後世御門聽政，即此意。

蕙田案：古者建國，必先立為門制。天子五門，曰皋、庫、雉、應、路。《禮記·明堂位》：天子有皋門。《郊特牲》：王立於澤，親聽誓命庫門之內。是天子有庫門。《周禮·天官》：閽人掌守王宮中門之禁。賈疏謂外有皋、庫，內有應、路，雉門為中門。是天子有雉門。《書·康王之誥》：王出，在應門之內。《考工記》：應門二徹三个。《爾雅》：正門謂之應門。是天子有應門。路門一名寢門，一名虎門，一名畢門。《春官·小宗伯》：縣衰冠之式於路門之外。《夏官·司士》：王族故士在路門之右，太僕、太右在路門之左。《太僕》：建路鼓於大寢門外而掌其政。鄭注：大寢，路寢也。《地官·師氏》：居虎門之左，司王朝。鄭注：虎門，路寢門也。《顧命》：二人雀弁，執惠，立於畢門之內。孔傳：路寢一名畢門。是天子有路門。此五門之制也。

皋者，高也，遠也，門最高而在外，故曰皋。庫者，藏也，府庫在焉，故曰庫。雉取其文明也，畫雉于門，故曰雉門，居五門之中，故又曰中門。應，居此以應治也。應治出政，故又曰正門。路，大也。王之路車、路馬、路鼓皆曰路，故寢門謂之路門。寢，正寢也。畫虎於門，以示勇猛於守，故又曰虎門。門於此終矣，故又曰畢門。此五門之義也。

諸侯三門，曰庫、雉、路。《檀弓》：魯莊公之喪，既葬而絰，不入庫門。《春秋》定二年，雉門及兩觀灾，《魯頌·閟宮》：路寢孔碩。《家語》：衛有庫門。《左傳》昭十年，晏平仲端委，立於虎門之外。列國無有稱皋、應者，況《明堂位》云：庫門，天子皋門；雉門，天子應門。則皋、應為天子之門，明矣。《大雅·綿》之篇曰：迺立皋門，皋門有伉。迺立應門，應門將將。朱子謂太王時未有制度，特作二門，其名如此。及周有天下，遂尊以為天子之門，而諸侯不得立焉。其說是也。是庫、雉、路，諸侯之門也。

諸侯三門三朝・魯 **《左傳・桓公十七年》** 日御不失日，以授百官于朝。

又 **《莊公二十五年》** 夏六月辛未朔，【略】日有食之。於是乎用幣于社，伐鼓于朝。

又 **《閔公二年》** （卜楚丘之父）曰：『間于兩社，爲公室輔。』注：兩社，周社、亳社。兩社之間，朝廷執政所在。《正義》：鄭考校禮文，以爲魯制三門，庫、雉、路。天子諸侯皆三朝，圖宗人之嘉事則有路寢庭朝，日出視朝則在路門之外，其詢國危，詢國遷，詢立君，《周禮》朝士所掌外朝之位者，乃在雉門之外耳。雉門之外，左有亳社，右有周社，間于兩社，是在兩社之間。朝廷詢謀大事，則在此處，是執政之所在也。

又 **《文公十五年》** 惠叔猶毀以為請，立於朝以待命。宋林堯叟《句解》：立於公朝，以待見許之命，示哀戚也。

《春秋・定公二年》 夏五月壬辰，雉門及兩觀災。晉杜預注：無《傳》。雉門，公宮之南門。兩觀，闕也。天火曰災。《正義》：《明堂位》云：『庫門，天子皋門；雉門，天子應門。』是魯之雉門，公宮南門之中門也。《釋宮》云：觀謂之闕。郭璞曰：宮門雙闕。《周禮・大宰》：正月之吉，縣治象之法于象魏，使萬民觀治象。鄭衆云：象，魏闕也。劉熙《釋名》云：闕在門兩旁，中央闕然為道也。然則其上縣法象，其狀魏魏然高大，謂之象魏；使人觀之，謂之觀也。是觀與象魏、闕，一物而三名也。觀與雉門俱災，則兩觀在雉門之兩旁矣。

《公羊傳・定公二年》 夏五月壬辰，雉門及兩觀災。《傳》：其言雉門及兩觀災何？兩觀，微也。漢何休《解詁》：雉門、兩觀，皆天子之制。門爲其主，觀爲其飾，故微也。然則曷爲不言雉門災，及兩觀？主災者，兩觀也。時災者兩觀，則曷爲後言之？不以微及大也。何以書？記災也。

冬十月，新作雉門及兩觀。《傳》：其言新作之何？脩大也。《解詁》：天災之當減損，如諸侯制，而復脩大，僭天子之禮，故言新作，以見脩大也。脩舊不書，此何以書？譏。何譏爾？不務乎公室也。《解詁》：務，勉也。不務公室，亦可施於久不脩，亦可施於不務如公室之禮，微辭也。月者，久也。當即脩之，如諸侯禮。

《穀梁傳・定公二年》 夏五月壬辰，雉門及兩觀災。晉范寧《集解》：雉門，公宮之南門。兩觀，闕也。《傳》：其不曰雉門災，及兩觀，何也？《集解》：鄭嗣曰：據災實從雉門起，應言雉門災，及兩觀。災自兩觀始也，不以尊者親災也。《集解》：鄭嗣曰：今以災在兩觀下，使若兩觀始災者，不以雉門親災。先言雉門，尊尊也。《集解》：欲言兩觀災，及雉門，則卑不可以及尊。災不從雉門起，故不得言雉門災，及兩觀。兩觀始災，故災在兩觀下也。鄭嗣曰：欲以兩觀親災則輕，宜言兩觀災，及雉門。雉門尊，兩觀卑，卑不可以及尊，故不得不先言雉門而後言兩觀，欲令兩觀始災，故災在兩觀下矣。

冬十月，新作雉門及兩觀。《傳》：言新，有舊也。作，為也，有加其度也。此不正，其以尊者親之，何也？《集解》：不正，謂更廣大之，不合法度也。據當諱，而以『雉門』親『新作』之下。雖不正也，於美猶可也。《集解》：改舊雖不合正，脩飾美好之事，差可以雉門親之。

《國語》卷四《魯語上》 晉人殺厲公，邊人以告，成公在朝。

《論語・鄉黨》 （孔子）其在宗廟、朝廷，便便言，唯謹爾。朝與下大夫言，侃侃如也；與上大夫言，誾誾如也；君在，踧踖如也，與與如也。三國魏何晏《集解》：馬曰：君在，視朝也。

入公門，鞠躬如也，如不容。注：孔曰：斂身。立不中門，行不履閾。注：孔曰：閾，門限。過位，色勃如也，足躩如也，注：包曰：過君之空位。其言似不足者。攝齊升堂，鞠躬如也，屏氣似不息者。出，降一等，逞顏色，怡怡如也。沒階，趨進，翼如也。復其位，踧踖如也。注：孔曰：來時所過位。

又 **《公冶長》** 子曰：『赤也，束帶立於朝，可使與賓客言也。』

又 **《子路》** 冉子退朝。注：周曰：謂罷朝於魯君。子曰：『何晏也？』對曰：『有政。』注：馬曰：政者，有所改更匡正。子曰：『其事也。注：馬曰：事者，凡行常事。如有政，雖不吾以，吾其與聞之。』

又 **《子張》** 叔孫武叔語大夫於朝，曰：『子貢賢於仲尼。』

《禮記・明堂位》 大廟，天子明堂。庫門，天子皋門。雉門，天子應門。注：言廟及門，如天子之制也。天子五門，皋、庫、雉、應、路。魯有庫、雉、路，則諸侯三門與？皋之言高也。《詩》云：乃立皋門，皋門有伉。乃立應門，應門將將。《正義》：此一經明魯之門及廟之制。大廟，天子明堂者，言周公大廟，制似天子明堂。庫門，天子皋門者，言魯之庫門，制似天子皋門。雉門，天子應門者，言魯之雉門，制似天子應門。

又 **《檀弓下》** 既卒哭，宰夫執木鐸，以命于宮曰：『舍故而諱新。』自寢門至于庫門。注：百官所在。庫門，宮外門。《明堂位》曰：庫門，天子皋門。《正義》：自寢門至于庫門者，前既執木鐸以命宮中，又出宮，從寢門至于庫門。寢門，路門。庫門是魯之外門也，百官及宗廟所在之次。至庫門，咸使知之也。魯三門，故至庫門耳。若天子五門，則至皐門也。故鄭引《明堂位》云：庫門，天子皐門也。若凡諸侯，則皐、應、路也。

軍有憂，則素服哭於庫門之外。注：憂謂為敵所敗也。素服者，縞冠也。

魯莊公之喪，既葬而絰，不入庫門。

又《禮運》 昔者仲尼與於蜡賓，事畢，出遊於觀之上，喟然而嘆。注：觀，闕也。孔子見魯君於祭禮有不備，於此又覩象魏舊章之處，感而嘆之。

《今本竹書紀年》卷下《康王》 二十一年，魯築茅闕門

《史記》卷三三《魯周公世家》 煬公築茅闕門。

鄭《詩經·檜風·羔裘》 羔裘逍遥，狐裘以朝。漢毛亨《傳》：羔裘以遊燕，狐裘以適朝。《正義》：《玉藻》云：「諸侯朝服以日視朝於內朝。」是諸侯視朝之服，名曰朝服也。羔裘翱翔，狐裘在堂。《正義》：此刺不能自强於政治，則在朝在堂，皆是政治之事。上言「以朝」，謂日出視朝；此云「在堂」，謂正寢之堂。人君日出視朝，乃退適路寢，以聽大夫所治之政。二者於禮，同服羔裘。

《左傳·莊公二十一年》 春，鄭伯享王于闕西辟，樂備。注：闕，象魏也。樂備，備六代之樂。《正義》：闕西辟者，辟是旁側之語也。服虔云：西辟，西偏也。當謂兩觀之內，道之西也。

又《昭公十六年》 三月，晉韓起聘于鄭，鄭伯享之。子產戒曰：「苟有位於朝，無有不共恪。」

晉《左傳·僖公九年》 十一月，里克殺公子卓于朝。

又《僖公十五年》 子金教之言曰：「朝國人而以君命賞。」注：恐國人不從，故先賞之於朝。

又《文公七年》 穆嬴日抱太子，以啼于朝。

又《宣公二年》 晉靈公不君，【略】宰夫胹熊蹯不熟，殺之，寘諸畚，使婦人載以過朝。

太史書曰：「趙盾弑其君。」以示於朝。

又《成公六年》 韓獻子將新中軍，且為僕大夫，公揖而入，獻子從公，立於寢庭。注：路寢之庭。《正義》：《禮·玉藻》云：「君日而視朝，退適路寢聽政。」知寢庭是路寢之庭也。沈氏云：《大僕》職云：王視燕朝，則正位，掌擯相。鄭注云：燕朝，朝於路寢之庭。韓獻子既為僕大夫，故知寢庭，路寢之庭也。其路門之外朝，則司士掌焉，故司士掌治朝之儀。治朝則路門之外，每日治朝事之朝也。其庫門之外朝，則朝士掌焉，故《朝士》云：「掌外朝之法。」此是詢衆庶、問罪人之處也。凡人君內朝二，外朝一。內朝二者，路門內外之朝也。外朝一者，庫門外之朝也。若諸侯三門，皐、應、路，外朝則在應門外。魯之三門，庫、雉、路，則外朝在雉門外。

又《成公十七年》 矯及諸其事以戈殺之，皆尸諸朝。注：陳其尸於朝。胥童以甲劫欒書、中行偃於朝。矯曰：「不殺二子，憂必及君。」

又《成公十八年》 二月乙酉朔，晉悼公即位于朝。

《國語》卷七《晉語一》 郤叔虎朝，公語之。

又卷八《晉語二》 明日稱疾，不朝。三旬，難乃成。注：難，殺申生，譖二公子也。

又卷九《晉語三》 呂甥教之言，令國人於朝。

又卷一一《晉語五》 范文子莫退於朝，武子曰：「何莫也？」對曰：「有秦客廋辭於朝，注：廋，隱也。謂以隱伏譎詭之言問於朝也，東方朔曰『非敢試之，乃與為隱耳』是也。大夫莫之能對也。吾知三焉。」注：解其三事。武子怒曰：「大夫非不能也，讓父兄也。注：父兄，長老也。爾童子何知？而三掩人於朝！」注：掩，蓋也。

又卷一二《晉語六》 殺三郤而尸諸朝。

又卷一四《晉語八》 祁奚曰：「內事之朝，注：內，朝內也。大夫之貪，是吾罪也。」注：大夫，公族大夫。然則祁奚掌之。

宣子問於訾祏，訾祏對曰：「昔隰叔子違周難於晉國，注：隰叔，杜伯之子。違，避也。宣王殺杜伯，隰叔避害適晉。生子輿為理，注：子輿，士蔿之字。理，士官也。以正於朝，朝無姦官。」

（叔向）對曰：「夫絳之富商，韋藩木楗，以過于朝，注：韋藩，韋蔽前後。木楗，木檐也。惟其功庸少也。」注：言無功庸，雖富不得服其尊服，過於朝，無位爵故也。

陳《左傳·宣公九年》 陳靈公與孔寧、儀行父通於夏姬，皆衷其衵服，以戲於朝。

又《哀公元年》 吳之入楚也，使召陳懷公。懷公朝國人而問焉，曰：「欲與楚者右，欲與吳者左。」

宋《左傳·襄公六年》 （宋）子蕩怒以弓梏華弱于朝。平公見之，曰：「司武而梏於朝，難以勝矣。」遂逐之。

齊《**左傳·襄公十九年**》齊侯疾，崔杼微逆光，疾病而立之。光殺戎子，尸諸朝，非禮也。婦人無刑。注：無黥刖之刑。雖有刑，不在朝市。注：謂犯死刑者，猶不暴尸。

又《**昭公十年**》（齊）子良曰：『先得公，陳、鮑焉往？』注：欲以公自輔助。遂伐虎門。注：欲入，公不聽，故伐公門。《正義》：《周禮》師氏掌以美詔王，居虎門之左，司王朝。鄭玄云：虎門，路寢門也。王日視朝於路寢門外，畫虎焉，以明勇猛，於守宜也。司猶察也，察王之視朝，若有善道可行者，則當前以詔王。彼師氏察王得失，明其近王，故以虎門為路寢門。此亦當然。或以虎門非路寢門，當是宮之外門，不與《周禮》同。晏平仲端委，立于虎門之外。注：端委，朝服。

又《**哀公十四年**》齊簡公之在魯也，闞止有寵焉。及即位，使為政。陳成子憚之，驟顧諸朝。注：成子，陳常。心不安，故數顧之。

《**國語**》**卷六**《**齊語**》朝不越爵。注：賢不肖之爵，不相越也。正月之朝，五屬大夫復事，桓公擇是寡功者而謫之。

《**孟子·梁惠王上**》今王發政施仁，使天下仕者皆欲立於王之朝。

又《**公孫丑下**》孟子將朝王，王使人來曰：『寡人如就見者也，有寒疾，不可以風。朝，將視朝，不識可使寡人得見乎？』對曰：『不幸而有疾，不能造朝。』

朝廷莫如爵。

又《**離婁下**》孟子聞之，曰：『禮，朝廷不歷位而相與言，不踰階而相揖也。』

《**戰國策**》**卷一一**《**齊四**》蘇秦自燕之齊，見於華章南門。宋鮑彪注：《史》作『東門』。

《**史記**》**卷四六**《**田敬仲完世家**》蘇代自燕來，入齊，見於章華東門。南朝宋裴駰《集解》：按左思《齊都賦》注曰：齊小城北門也。而此言東門，不知爲是一門，非耶？唐張守節《正義》：《括地志》云：齊城章華之東有閭門，武鹿門也。

清·顧祖禹《**讀史方輿紀要**》**卷三五**《**山東六·青州府·臨淄縣·齊城**》其章華東門，則齊宮門也。湣王二十六年蘇代自燕入齊，見於章華東門是矣。

楚《**左傳·襄公二十二年**》（楚）王遂殺子南於朝。

又《**哀公十六年**》秋七月，殺子西、子期于朝而劫惠王。

《**國語**》**卷一七**《**楚語上**》先君莊王，【略】官不易朝常。

又 卷一八《**楚語下**》成王聞子文之朝不及夕也，注：成王，楚文王之子頵也。於是乎每朝，設脯一束，糗一筐，以羞子文。注：糗，寒粥也。筐，器名也。羞，進也。至于今令尹秩之。注：秩，常也。

子西歎於朝。藍尹亹曰：【略】『今吾子臨政而歎，何也？』子西曰：『闔閭能敗吾師，注：柏舉之戰。闔閭即世，吾聞其嗣又甚焉。注：嗣，嗣子夫差也。甚謂政德過於父也。吾是以歎。』

衛《**左傳·襄公二十七年**》夏，（衛）免餘復攻甯氏，殺甯喜及右宰穀，尸諸朝。

又《**定公八年**》衛侯欲叛晉，【略】公以告大夫，乃皆將行之。行有日，公朝國人。

又《**定公十三年**》初，衛公叔文子朝，而請享靈公。

《**國語**》**卷一七**《**楚語上**》『左史曰：昔衛武公年數九十有五矣，猶箴儆於國曰：「自卿以下至于師長士，苟在朝者，無謂我老耄而舍我，必恭恪於朝。」』

邾《**左傳·定公三年**》春二月辛卯，邾子在門臺，注：門上有臺，臨廷。闇以缾水沃廷。

越《**國語**》**卷二一**《**越語下**》范蠡諫曰：『孰使我蚤朝而晏罷者？非吴乎！』

趙《**戰國策**》**卷七**《**秦五**》武安君北面再拜賜死，縮劍將自誅，乃曰：『人臣不得自殺宮中。』遇司空馬門，宋姚宏續注：劉：一作『過司馬門』。宋鮑彪注：門，宮門。趣甚疾，出諔門也，右舉劍將自誅，臂短不能及，銜劍徵之於柱以自刺。武安君死五月，趙亡。

秦《**史記**》**卷五**《**秦本紀**》（孝公）十二年，作為咸陽，築冀闕，《正義》：劉伯莊云：冀猶記事，闕即象魏也。秦徙都之。

又 卷六八《**商君列傳**》居三年，作為築冀闕、宮庭於咸陽。唐司馬貞《索隱》：冀闕即魏闕也。冀，記也，記列教令，當於此門闕。

論說

《孟子·公孫丑下》 孟子曰：『尊賢使能，俊傑在位，則天下之士皆悅而願立於其朝矣。』

漢·劉熙《釋名》卷五《釋宮室》 闕，在門兩旁，中央闕然為道也。觀，觀也，於上觀望也。

漢·佚名《三輔黃圖》卷六《雜録》 闕，觀也。周置兩觀，以表宮門。其上可居，登之可以遠觀，故謂之觀。人臣將朝，至此則思其所闕。

北魏·酈道元《水經注》卷一六《穀水》 案禮，王有五門，謂皐門、庫門、雉門、應門、路門，路門一曰畢門，亦曰虎門也。【略】《白虎通》曰：門必有闕者何？闕者，所以飾門，別尊卑也。

唐·杜佑《通典》卷七《禮三十五·賓禮二·天子朝位》 說曰：天子路寢，門有五焉。其最外曰皐門，二曰庫門，三曰雉門，四曰應門，五曰路門。路門之內，則路寢也。皐門之內曰外朝，朝有三槐，左右九棘，近庫門有三府九寺。庫門之內，有宗廟、社稷。雉門之外，有兩觀連門；觀外有詢事之朝，在宗廟、社稷之間。雉門內有百官宿衛之廨。應門內曰中朝，中朝東有九卿之室，則九卿理事之處。《考工記》曰：有九室，九卿理之。朝則入而理事，夕則歸於庫門外。外朝之法，朝有疑獄，王集而聽之。故《禮》云：王命三公會其朝者。諸侯未去，亦於此也。廣問之義，詢於芻蕘之謀，三刺三問，以定其法。燕朝者，路寢之朝。羣公以下，常日於此朝見君位，其位太僕掌之。初入之時，亦門右，北面東上。王揖之，三公則階前北面東上；孤東面，卿大夫西面，皆北上；士則外門之西，北面東上。凡射，先用燕禮，其位亦然。所以每朝列位所向不同者，皆以事異，故變其位。三公之位常北面不變者，以三公內臣位尊，故屈之，使常北面。其餘諸侯孤卿大夫，皆以地道尊右，故尊者東面，卑者西面，是以於外朝之時，諸侯東面，尊於孤卿也。故於內朝，孤卿東面，尊於卿大夫也，時亦無諸侯故也。唯詢事之朝，非常朝之限，故不與三朝同。或云客有諸侯之位，故孤卿在東也。

唐·丘光庭《兼明書》卷三《兩觀》 定二年，雉門及兩觀災。冬十月，新作雉門及兩觀。趙子曰：復作兩觀，譏仍舊也。其意言諸侯無兩觀，有者僭天子也，今因天災宜廢之。明曰：按《左氏》及《毛詩》、《禮記》，天子有靈臺，諸侯有觀臺。靈臺者，別地為之；觀臺者，因門為之。凡臺望雲物，如災祥水旱，逆為之備，不可無也。《左傳》曰：公既視朔，遂登觀臺以望，而書，禮也。《禮運》曰：天子諸侯臺門，大夫不臺門，此以崇為貴也。臺門即兩觀也。由此言之，諸侯之有兩觀，亦以明矣。或曰：魯以周公，故得有兩觀，其餘諸侯不當有也。答曰：若後者復作是也，又何譏乎？又曰：非譏，何以書也？答曰：《春秋》之義有褒而書者，有貶而書者，有譏而書者，非褒貶譏而書者，有國之大事法合書者，即此新作雉門及兩觀，及僖二十年新作南門之類也。於法自當書，非由譏也。且兩觀與雉門同文，豈雉門亦不當作邪？據此諸文，則趙子言，非也。

宋·劉敞《公是集》卷四一《天子五門議》 《禮》說天子五門，曰皐門，曰庫門，曰雉門，曰應門，曰路門。此有五門之名，無五門之實。以《詩》、《書》、《禮》、《春秋》考之，天子有皐門無庫門，有應門無雉門，有畢門無路門。諸侯有庫門無皐門，有雉門無應門，有路門無畢門。天子三門，諸侯三門，門同也而名不同，三同也而制不同。何以言之耶？《詩》曰：乃立皐門，皐門有伉。乃立應門，應門將將。《書》曰：二人雀弁，執惠，立于畢門之內。又曰：王出，在應門之內。此皆道天子之禮者也。無道庫門、雉門者，非天子門故也。雖然，畢門或謂之虎門，或謂之路門。路門者，建路鼓于此門之外，太僕司之。指路鼓而言，故曰路門。虎門者，王在國則虎賁氏守王之宮，蓋居此門，故太保命仲桓、南宮毛，俾爰齊侯呂伋，為天子虎賁也。指虎賁而言，故曰虎門，其實一也。

《明位堂》曰：庫門，天子皐門；雉門，天子應門。此言魯之庫門，制如皐門；魯之雉門，制如應門也。魯用王禮，故門同王門。其制雖同，而名不同也。諸侯有路寢，路寢之門，是謂路門。此諸侯三門也。《春秋》曰：雉門及兩觀災。無道皐門、畢門、應門者，非諸侯門故也。子家曰：設兩觀，乘大輅，諸侯之僭禮也。譏兩觀不譏雉門，雉門者，諸侯之禮；兩觀者，天子之禮也。天子三朝，諸侯三朝。天子外朝在臯門之外，諸侯外朝在庫門之内。天子内朝在畢門之内，諸侯内朝在路門之内。其建國之神位，左宗廟，右社稷，皆夾治朝。此《春秋》所云『間于兩社，為公室輔』者也。

《禮》説以為廟于庫門之内，誠然者。仲尼助祭于廟，事畢，出游觀之上。觀者，雉門也。雉門在内，庫門在外，當言入游，不當言出也。祭畢而出游，乃得至觀之上，明廟在治朝之左，雉門之内也。《郊特牲》曰：繹之于庫門内。失之矣。繹當于廟，即廟在庫門者，無失也。又曰：獻命庫門之内，戒百官也；太廟之命，戒百姓也。百官疏，故戒之于外朝；百姓親，故戒之于太廟。此亦魯事也。魯之有庫門，審也，天子無庫門也。

何謂畢門？畢者，趩也。王出于此，則趩也，師氏掌焉。何謂應門？應者，應也。王居治朝，正天下之政，則四海之内罔不敬應也。何謂臯門？臯者，告也。王居外朝，則播告萬民，謀大事也。此亦《春秋》大言天子也。何謂庫門、路門、雉門？諸侯不敢戚天子，名門以其所近也。庫者，府庫所在也；雉者，治朝所在也。謂之雉，猶治也。路者，路寢所在也。此亦小言諸侯也。或問：子之所言，宫室門戶之間道歟？曰：然。固正宫室門戶之道也。

宋・陳祥道《禮書》卷三七《天子五門諸侯三門》 《月令》曰：毋出九門。先儒謂天子外門四，關門、遠近郊門、國門也；内門五，臯、庫、雉、應、路也。諸侯外門四，與天子同，内門三，則庫、雉、路，而與天子異。《詩》以天子之禮，追大王之事明堂，謂以魯之門，取天子之制，皆稱臯門、應門。又《書・康王之誥》、《周禮・考工記》、《爾雅》互稱應門、路門。《郊特牲》：王聽誓命，曰『庫門之内，戒百官也。』則天子之門謂之臯、庫、應、路，著矣。特雉門之説，不見於經。然《周禮》閽人掌中門之禁，則中門豈雉門歟？雉門謂之中門，猶應門《書》謂之南門，《爾雅》謂之正門；路門《書》謂之畢門，《師氏》謂之虎門。蓋中於五門，謂之中門；前於路門，謂之南門；發政以應物，謂之應門；門畢於此，謂之畢門；畫虎於此，謂之虎門。則門之名，豈一端而已哉？

臯門之内，外朝也。朝士建其法，小司寇掌其政。列三槐與九棘，設嘉石與肺石，而朝諸侯，聽訟詢，大事在焉。應門之内，治朝也。司士正其位，宰夫掌其法，大僕正王之位，而王日視朝在焉。路門之内，燕朝也。大僕正其位，掌擯相而族人朝焉。《玉藻》曰：朝服以視朝，退適路寢聽政。然則王日視朝於治朝，而退聽政於燕朝矣。雉門之外，縣治象，所以待萬民；應門之外，設宗廟、社稷，所以嚴神位。路門之外則九室，九卿朝焉；路寢之内亦九室，九嬪居焉。

《明堂位》曰：庫門，天子臯門。故魯莊公既葬而絰，不入庫門。衛莊公繹於庫門之内。《檀弓》曰：君復於庫門四郊。又曰：卒哭而諱。宰夫執木鐸以命于宫，自寢門至於庫門。又曰：軍有憂，哭於庫門之外。則諸侯之外門，庫門也。魯公，周公之故，猶不可以稱臯門、應門，特為臯、應之制而已，況非魯乎！

閽人掌王宫之中門之禁，喪服凶器不入宫，潛服賊器不入宫。司寇：凡民之有獄訟，入束矢鈞金于朝。朝士：凡得獲貨財、人民、六畜者，委于朝。是禁施於雉門之内而不於雉門之外，故庶民得以造外朝，而奇服怪民得以入臯門、庫門。若然，縣法於中門，宜矣。《禮運》曰：仲尼與蜡賓，事畢，出遊於觀之上。《穀梁》曰：女嫁父送之，不下堂。母不祭門，諸母不出闕門。諸侯之朝在闕門内，則天子可知。鄭氏釋閽人，謂廟在中門之外，其説無據。

又《路門》 路，大也。王之路車、路馬、路寢、路鼓皆曰路，則大寢之門謂之路門，宜矣。路門，《書》謂之畢門，《師氏》謂之虎門。春秋之時，齊晏子端委於虎門；鄭子良伐虎門，蓋末世諸侯之門，亦放其名耳。

又《應門》 應門，發政以應物也。《明堂位》：南門之外。亦曰應門，蓋明堂之南門猶路門，故南門之外門，亦謂之應門。

又《臯門》 《左傳》曰：魯人之臯。杜氏曰：臯，緩也。臯鼓、臯舞皆以臯為緩，則門之緩者謂之臯，宜矣。毛氏以臯門為郭門，非也。

又《雉門》 《春秋》書『新作雉門及兩觀』。《公羊傳》曰：五板為堵，五堵為雉。蓋城雉之制是也。何休曰：天子外闕兩觀，諸侯内闕一觀。然天子外闕，於經無見。

又《庫門》《曲禮》曰：在府言府，在庫言庫。天文東壁為文府，西奎為武庫。《漢書》於府，言財物之府；於庫，言武庫。則庫門，兵庫在焉。

又《觀門》《爾雅》曰：觀謂之門。《禮運》曰：出遊於觀之上。《禮器》曰：天子諸侯臺門。《郊特牲》曰：臺門而旅樹，大夫之僭禮也。《周禮》：縣法于象魏。莊周曰：心遊魏闕之下。《左氏》曰：季桓子御公立于象魏之外；又曰：鄭伯享王于闕西辟。蓋謂之觀，以其可觀也；謂之闕，以其闕中也。《釋名》曰：觀在門兩旁，中央闕然為道也。謂之魏，以其巍巍也；謂之象，謂以其有象也。臺門以其高於垣墉，若臺然也。諸侯有臺門，無兩觀；魯有兩觀，為周公故也。《春秋傳》『新作雉門及兩觀』，譏加其度耳。子家駒以魯設兩觀為僭，誤矣。先王之時，門皆南嚮。漢有北闕、東闕，非古也。《漢志》：未央宮東闕罘思災。先儒謂屏為罘思，罘思小樓也。城隅闕上皆有之，屏上亦然，故稱屏曰罘思。然則先王觀闕之制，宜亦如此。

又 卷三八《天子三朝諸侯三朝附》《周官》太僕掌燕朝之服位，宰夫掌治朝之法，司士掌朝儀之位，朝士掌外朝之法。《文王世子》公族朝於內朝，庶子掌之；其在外朝，司士掌之。《玉藻》朝服以日視朝於內，朝退適路寢聽政。然則《文王世子》與《玉藻》所謂朝者，諸侯之朝也。蓋天子庫門之外，外朝也，朝士掌之。路門之外，治朝也，宰夫、司士掌之。路寢，燕朝也，大僕掌之。諸侯亦有路寢，有外朝，則《文王世子》所謂內朝者，《玉藻》所謂路寢也；《玉藻》所謂內朝者，《文王世子》所謂外朝也。《玉藻》於路寢之外言內朝，則又有外朝，明矣。諸侯內朝，司士掌之，其官與天子同。燕朝，庶子掌之，其官與天子異。《魯語》曰：天子及諸侯合民事於外朝，合神事於內朝，自卿以下合官職於外朝，合家事於內朝。然則卿大夫，亦二朝也。王燕朝之位，雖大僕掌之，然其位之所辨，不可以考。《文王世子》曰：公族朝于內朝，東面北上，臣有貴者以齒。則王之燕朝，宜亦然也。大僕建路鼓于大寢之門外，《傳》稱堯設敢諫之鼓，禹設敢規之鞀，乃周建路鼓之意。而掌其政，以待達窮者，與遽令。鄭氏曰：路寢門外，則內朝之中。蓋窮者達其情於外朝之肺石，朝士又達窮者之情於內朝之路鼓。遽令，傳遽之令也。行人掌邦國傳遽之小事，則遽令非行人之所掌者而已。鄭康成以《公食大夫》拜賜于朝，不言賓入；《聘禮》以柩造朝，不言喪入。則謂諸侯之朝在大門外。然大門外則經涂耳，非朝位也。

宋·朱熹《晦庵集》卷六九《天子之禮》何謂三朝、五門？曰：王宮之外門，一曰皐門，二曰雉門，三曰庫門，四曰應門，五曰路門。又曰虎門，又曰皐門，此鄭司農說也。康成以雉門在庫門外，而設兩觀。

其朝在雉門之外者曰外朝，在路門之外者曰治朝，路寢之廷曰內朝。皐門之內，外朝也，朝士掌其法，小司農掌其政。列三槐與九棘，設嘉石與肺石，而朝諸侯，聽詔詢大事在焉。應門之內，治朝也，司士正其位，宰夫掌其法，大儀正王之位，而王日視朝在焉。路門之內，燕朝也，大儀正其位，掌擯相，族人朝焉。《玉藻》曰：朝服以視朝，退適路寢聽政。然則王日視朝於治朝，而退聽政於燕朝矣。雉門之外，懸象治，所以待民；應門之外，設宗廟、社稷，所以嚴神位。路門之外則九室，九卿朝焉；路寢之內亦九室，九嬪居焉。外朝之法，朝士掌之。左九棘，孤卿大夫位焉，羣士在其後；右九棘，公侯伯子男位焉，羣吏在其後。面三槐，三公位焉，州長衆庶在其後。左嘉石，平罷民焉；右肺石，達窮民焉。《小宗伯》職曰：建國之神位，右社稷，左宗廟。然則外朝在庫門之外，皐門之內，與今司徒府有天子以下大會殿，亦古之外朝者。周天子諸侯皆有三朝，外朝一，內朝二。內朝之在路門之內者，或謂之燕朝。

宋·黎靖德《朱子語類》卷八六《禮三·周禮》師氏居虎門，司王朝。虎門，路寢門也。《正義》謂路寢庭朝，庫門外朝，非常朝。此是常朝，故知在路門外。文蔚問：路寢庭朝，庫門外朝，如何不是常朝？曰：路寢庭在門之裏，議政事則在此朝。庫門外是國有大事，詢及衆庶，則在此處，非每日常朝之所。若每日常朝，王但立於寢門外，與群臣相揖而已。然王却先揖，揖群臣就位，王便入。只是揖，亦不同。如士揖庶姓，時揖異姓，天揖同姓之類，各有高下。胡明仲嘗云：近世朝禮，每日拜跪，乃是秦法。周人之制，元不如此。

宋·魏了翁《鶴山集》卷一〇四《周禮折衷·天子五門三朝》古者天子內五門：庫、皐、雉、應、路。應門之外，左右設宗廟、社稷，治朝居其中。康王受顧命於路寢訖，諸侯出廟門俟。廟門指應門外也。故康王出，在應門之內。注：王出畢門，立應門門內之中廷，太保畢公率東西方諸侯入應門左右，則康王出御治朝而誥諸侯，是治朝得稱廟；以廟、社在左右，故天子朝諸侯在廟中，亦謂之廟受。在廟行饗禮，然後路朝行燕禮。謂此乃祖宗之治朝，非己之治朝也。其三公六卿、大夫羣吏之位，則《司士》見焉。

元・方回《續古今考》卷二七《朝字有虛實之辨》 紫陽方氏曰：《舜典》羣后四朝。注：各會朝於方岳之下。《周禮》朝覲、宗遇、會同于王。《春秋》來朝。《禮記》一不朝，再不朝。皆虛字也，所謂朝見，朝會、朝謁之禮也。《周禮・天官》宰夫掌治朝之法。注：治朝在路門之外，司士掌焉。王入內朝，皆退。注：王入路門內朝，朝者皆退。《小司寇》掌外朝之政。注：外朝在雉門之外。天子有五門三朝。五門者，路門也，應門也，皋門也，雉門也，庫門也。三朝者，內朝也，治朝也，外朝也。治朝與內朝而二，皆稱內朝。《玉藻》曰：路寢聽政；曰：退適小寢。路寢，大寢也，正寢也。此謂諸侯亦有三朝也，路寢即治朝也，小寢即燕寢也。今之州治大廳，正寢也；小廳，小寢也；別府堂宅，燕寢也，與古微不同。大小廳，聽政治事之所也。古卿大夫亦有內朝、外朝，猶大廳、小廳也。曰立朝，曰造朝，曰臨朝，曰眂朝，曰朝位，曰朝廷，皆實字也，地名也。先辨此二字之虛實，則可以論古今之朝禮、朝位矣。

又《天子治朝之位》 紫陽方氏曰：治朝亦外朝也，王日視朝之朝，非彼九棘三槐之外朝也。故但有公孤、卿大夫士、諸僕小臣而無公侯伯子男，其猶近世每日視朝，謂之常朝者歟？

又《天子諸侯三朝辨》 紫陽方氏曰：天子五門三朝，諸侯三門三朝。路門、雉門、庫門，如此則外朝在庫門之外，尚何疑？以此考之，庫門之外，三槐九棘，公卿大夫、公侯伯子男之朝者於斯，曰外朝。路門之外治朝，王每日聽政於斯，無諸侯，可以言外朝，亦可以言內朝。路門之外曰內朝者，曰燕朝，曰路寢，公卿大夫士皆不得至，聽宗族之政於此，明父子，貴以齒。此後有小寢，乃卧內，而有九室，九嬪居焉。其路門之外治朝有九室，曰九卿朝焉者。六卿之上，三公二孤，亦稱為卿乎？周禮有微不可曉處。所以考之者，亦名五門、三門，天子諸侯異，而三朝不異，則回疑諸侯外朝，若亦在庫門之外，其外無門矣，當在庫門之內左廟、右社之間，故曰『間於兩社，為公室輔』，亡國之社、社稷之間也。近世五門之制，乃混為一列。羣制正衛三門，亦一列，而中設戟。鼓樓、譙樓但一門，孔、釋、老之宮皆三門一列，又有欞星門，亦三門一列。今古制不同如此。未知天子九廟，其每一廟門，制如何？君門九重，又何謂耶？陳祥道謂：康成以《王食大夫》不言賓入，《聘禮》以柩造朝，不言喪入，諸侯之朝在大門之外。然大門外，即經涂耳，非朝位也。不若回『間於兩社』之說為穩。然間社乃諸侯之卿治事處，諸侯之外朝以朝其臣，果何所耶？終是可疑。

又《附禮記九門之說》 《禮記・月令》田獵至餧獸之藥，毋出九門。注云：天子九門者，路門也，應門也，雉門也，庫門也，皋門也，城門也，近郊門也，遠郊門也，關門也

紫陽方氏曰：《楚詞》『君之門兮九重』，所指何君？

又《大僕掌燕朝之位不可考》 大僕掌正王之服位。王視朝，則前正位，而退入亦如之。注：前正位而退道王，王既立，退居路門左，待朝畢。又王視燕朝，則正位，掌擯相；不眡朝，則辭於三公及孤卿。陳祥道曰：王燕朝之位，雖大僕掌之，然其位之所辨，不可以考。《文王世子》曰：公族朝於內朝，東面北上。臣有貴者，以齒。則王之燕朝，亦宜然也。

紫陽方氏曰：天子三朝，路寢庭之燕朝曰內朝，在路門之內，小寢之外，以朝公族，則同姓之親也。母后、王后之族人，亦或至於斯乎？亦必有班。

又《面朝後市市朝一夫》 《匠人》左祖右社，面朝後市，市朝一夫。注：方各百步。紫陽方氏曰：井田百畝為一夫，市用一夫百畝之地，不為多；朝用一夫百畝之地，則太多。此一說，回疑之。鄭注方各百步，則回恐市何太狹，朝亦不為廣也？尋取《正義》考之。釋曰：按《司市》市有三期，總於一市之上，若市總一夫之地，則為太狹。蓋市曹、司次、介次所居之處，與天子三朝，皆居一夫之地，各有百步也。回思之，市之空地謂之廛。市曹也，司次也，介次也，乃市官三人治事之所，有屋焉。四尺八寸為步，《王制》周尺，八尺為步，不可考。市官三人所處，為周八尺者有如此，則恐太多。天子三朝之堂，今曰殿，當有左

右廂，今曰東西廊。其中空地曰庭，立班之地。三槐九棘之三列，曰三公，曰公卿大夫，曰公侯伯子男，及以次官所立，亦周八尺者有未知實，計幾百丈。後世有文石以定官班，百官不多；古諸侯來朝，不勝其多。殆亦難細算博推也。

又《成王顧命之朝位》 紫陽方氏曰：讀《顧命》一篇，知王受朝冕服，而非視事之弁服，一也。知王三公，召公為太保，畢公、毛公為師傅，下兼六卿，二也。知王疾而朝諸侯，則憑玉几，不立，三也。知諸侯入為王六卿，芮伯、彤伯、衛侯三卿曰為之，三公曰領之，其事四也。知南門外為路寢門外，五也。知齊太公之子齊侯呂伋為虎賁，六也。知翼室即路寢，然嗣王居憂，先王未斂，則所處不同，其事七也。知設黼扆，象平生，八也。知『綴衣』二字為幄幙，九也。下文畢門注，知路門、寢門、畢門、南門同是路門，十也。執三隅重矛，在畢門之內衛殯也，十一事也。

牖向南門之外，有四仍几。注：因也。華玉仍几為見羣臣、覲諸侯之坐，文貝仍几為旦夕聽事之坐，雕玉仍几為養國老、饗羣臣之坐，純漆仍几為親屬私宴之坐，在西夾室之南。以此知受朝之後不常立，有坐之時，則有几以憑，聽事坐，宴饗坐，親屬私宴坐，或立或坐，可考也。有西序，有東序，曰左右東西廊。有西廂夾室，則有東廂夾室。又有東房、西房，又有賓階、阼階，又有左塾、右塾。有大輅、小輅。有兩階戺。又有東堂，又有西堂，又有西垂、東垂，有側階。王麻冕黼裳，卿士邦君麻冕蟻裳，太保、太史、大宗皆麻冕彤裳。王再拜，興。受同、瑁，三宿，三祭，三咤。受瑁為主，受同以祭。禮成於三。王饗福酒，太保受同秉璋，以酢以嚌。凡太保拜一，王皆答拜。詳《書》諸此，以見周家治朝之位，即路門外之治朝，三朝之一也。受授顧命，如此其不輕也，劉歆《周禮》三朝，不書拜禮。回竊疑之。

元・吳師道《禮部集》卷一九《策問》 問：古者視朝之儀，所以辨君臣之等，通上下之情也。其制之見于經者，惟周而已。考之《禮》，外朝朝士掌之，內朝司士掌之，燕朝太僕掌之。鄭司農云：王有五門，外曰皐門，二曰雉門，三曰庫門，四曰應門，五曰路門，路門又曰畢門。外朝在路門外，內朝在路門內。鄭康成云：庫門在雉門外，雉門為中門。外朝在庫門之外、皐門之內。據二鄭之説，一則由皐門而雉而庫，一則由皐門而庫而雉，果孰是歟？一則外朝在路門外，一則外朝在庫門外，何以不同歟？又小司寇掌外朝，致萬民而詢焉。注謂雉門外。則此外朝，又與前不同。康成乃謂天子三朝，外朝一，內朝二，內朝之有二者，兼燕朝言之是已。外朝有二，何止言一歟？此不可以不辨也。

元・梁寅《石門集》卷九《策略一・朝儀》 周有三朝之制者，蓋天子之路寢有五，其外曰皐門，二曰庫門，三曰雉門，四曰應門，五曰路門。路門之內則路寢也，羣公以下，常日於此相見，謂之燕朝。其位大僕掌之。應門之內曰中朝，《夏官》司士掌之。皐門之內曰外朝，《秋官》朝士掌之。又有詢事之朝，在雉門之外，小司寇掌之。然非常設，故不與三朝同也。

明・丘濬《大學衍義補》卷四五《明禮樂・王朝之禮上》 臣按天子路寢，門有五焉。其最外曰皐門，二曰庫門，一作雉門。三曰雉門，一作庫門。四曰應門，五曰路門，一作畢門。皐門之內或作外曰外朝，朝有三槐九棘，近庫門有三府九寺，庫門內有宗廟社稷，雉門外有兩觀連門，觀外有詢事之朝，在宗廟、社稷間，雉門內有百官宿衛之廨。應門內曰中朝，中朝東有九卿室，為理事之處。所謂中朝，即中門也，然不謂之朝而謂之門，意者堂宇深邃，難于聽對，每日常朝，則御其門歟？今制天子大朝賀，朔望行禮御正殿，常朝御門，與此合。

臣按此即《通典》所謂周制四朝之一，二曰中門者也。蓋在路門之外，人君與羣臣常朝之所，若今奉天門日朝是也。其司士，略似今鴻臚寺卿然；公孤卿大夫，每日朝參之臣也；王族故士、虎士、大僕、大右、大僕從者，侍衛執役之臣也；王族故士，宗室之有職任者也；虎士、虎賁氏，掌先後王而趨以卒伍者也；大僕，掌王之服位出入、王之大命及掌諸侯復逆者也；大右即司右，掌羣后之政令，凡勇力之士能用五兵屬焉；大僕從者有小臣，掌公孤卿之復逆；有御僕，掌羣吏庶民之復逆。

當人君視朝之時，司士正其位，以正朝儀；辨其等，以定班次。王族故士以肺腑之親而錯居侍衛之間，虎賁士以武勇之選而趨走前後之列。掌服位者，大僕也，而兼司出入之大命。掌卒伍者，司右也，而實統勇力之士。朝廷之間，明明在朝，穆穆在位，所以鄉明而聽天下者肅肅乎其嚴也；而左右前後之人，所以環列而侍衛者又皆親信武勇之臣，所以防微威衆者又無所不備焉。當是時也，視是朝也，論道經邦、三公弘化者固各盡其道，分職率屬、敬官亂政者亦各理其事。凡天下諸侯與在朝卿士及内外之羣吏庶民，事之已行者有以復乎？上事之未行者有以逆乎？上則有大僕與其屬之小臣、御僕以為之通達焉。若此者，乃成周盛時常朝之儀位也。然當天子視朝之際，臣下入朝之初，大臣則逐位而拜，羣臣則逐列而拜，小臣則即其位而旁拜，左右侍從之臣則方有事而未暇也，故王于大臣則答以特揖之禮，于羣臣則答以旅揖之禮，于小臣則于再揖之後，向其旁而答之焉。聽政既畢，王將還内，而侍衛于門之左右者始行拜禮，王于是隨其所在而左右揖之。可見隆古盛時，以禮為治，位有尊卑而禮無不答也。秦不師古，始尊君卑臣，而此禮廢矣。

臣按王朝有三，有内朝，有治朝，有外朝。治朝其常治事之位，内朝則退居之處也，外朝不常御，惟國家有非常之事，然後御于此，致萬民而詢謀之焉。若夫常行之事，則在治朝，與羣臣按古典而施行之也。《洪範》曰：『汝則有大疑，謀及乃心，謀及卿士，謀及庶人』；《詩》曰『詢于芻蕘』，此所謂致萬民而詢焉。詢及萬民，則卿大夫士皆在其中矣。國危則詢之，而求其所以安國之策；國遷則詢之，而求其所以徙國之方；立君則詢之，而求其所以嗣國之人。三者皆國之大政，必民心之所安，衆論以為可，然後行之。苟非偏訪于人人，其不至于逆天理而拂人心也者幾希。然其詢之不于治朝而必于外朝者，以民之衆且微，治朝之嚴與狹，非獨不可使之褻入，亦恐不足以容之也。

臣按外朝在庫門之外，最居外者也，人君不常御。國家有大禮典，則于此朝會，而朝士掌其法；有大疑難，則于此詢問，而小司寇掌其政。法者，經常之制；政者，權宜之事也。朝著之間有上下之位，有前後之次。入者必循序漸進而不可參差，立者必肅容守次而不可錯亂。非奏對不言，無故不可聚而喧譁。故當人臣朝見之時，小司寇則擯而相之，使之次第而進；朝士則帥其屬而用鞭號呼以肅之，使之各趨其位而知所避焉。後世人君出警入蹕，而鳴鞭以肅衆，其原蓋出于此。

臣按周有三朝，一曰外朝，二曰治朝，三曰内朝，亦謂之燕朝，即路寢也。外朝不常御，人君每日出視治朝，見羣臣，以通上下之情，退適路寢聽政治，以決可否之計。蓋視朝之時，百官班次以列，趨蹌以進，漏下無幾刻爾，奏對之際，機務雜沓，未易一一以詳悉也。故于退朝之後，再御燕寢，取其事務之急且切者重聽之，與夫左右臣工所謂股肱心膂者委曲講究，必罄竭其本末終始，如此行之則便，不如此則弊，俾上心曉然于中，而奉行之臣亦灼然知其必如此而不可如彼，然後行下。如此，則朝廷所行之事皆所當行，所禁之事皆所不當行，行之萬世而無弊，太平之根本在此矣。

明·王應電《周禮圖説》卷上《五門三朝説》 天子五門之制，解者不一，唯先鄭氏云皋、雉、庫、應、路，最爲合宜。今以《經》、《傳》參定而釋之。《詩》『乃立皋門，皋門有伉。』毛氏《傳》曰：王之郭門曰皋門。所謂郭者，非城郭之謂，乃王宮之外垣也。皋之爲言高也，遠也，以其最遠于王宮也。次二曰雉門，有門則有觀，故《春秋》書『雉門及兩觀災』。觀主縣灋，故曰象魏。雉爲外朝，正宜在外。《秋官》朝士掌建外朝之灋；小司寇掌外朝之政，以致萬民而詢焉；司寇聽獄弊訟于朝，皆以其萬衆所在也。雉之爲言治也，亦取文明之意。次三曰庫門，以其于内有府藏，故以爲名。府藏宜在内，故在雉門之内；以其五門之中，故亦曰中門也。次四曰應門，《詩》『乃立應門，應門將將。』毛氏《傳》曰：王之南門曰應門。《爾雅》亦有正門，即《天文》『端門』之謂也。蓋内爲路寢之門，其外爲庫門，不可以無限隔，故其間爲此門也。《春秋》僖二十年『新作南門』。《明堂位》曰：『魯之庫門，天子皋門；雉門，天子應門。』諸侯殺于天子，有庫、治、路而無皋、應，至此而僭應門之制，故曰『新作』。《書·顧命》云：『逆子釗于南門之外。』蓋自東宮而來也。《玉藻》『聽朔于南門之外』，《郊特牲》『獻命庫門之内』，亦即此門。蓋聽朔、誓郊皆大事，故特重于常朝而居此。應之爲言和也，又以其居此而應治也。次五曰路門，以其爲路寢之門，故亦曰寢門。天子日視朝于此，故曰治朝。宰夫掌治朝之灋；大宰王眡朝則贊聽治；《夏官》司士正朝儀之位，王族故士等在路門之左右；大僕前王正位，建路鼓于大寢之門外，皆謂此也。畫虎以爲威，亦曰虎門。《地官》師氏居虎門之左，掌國中失之事。五門至此而終，故曰畢門。《書》

『二人雀弁，執惠，立于畢門之内』。蓋陳儀衛于路寢，故二人在路門内，向上而立也。其外即應門，故《康王之誥》云：『王出，在應門之内』，而諸侯立應門之左右。蓋王自路寢受顧命出，立路寢之門，故云在應門之内，而諸侯皆入應門之左右，而立于路門之外也。其内即路寢。路，大也，《宫人》所謂『大寢』也。以其向明而治，故《戴記》云『明堂，天子之路寢』是也。視朝畢，則退居于此，故曰燕朝。大僕王視燕朝，則正位；小臣掌王之燕服位，即此。以其在治朝之内，故曰内朝。司士、大僕前王入内朝，《文王世子》公族朝于内朝，皆謂此也。

明・周祈《名義考》卷三《地部・象魏冀闕兩觀》 古者宫庭，為二臺於門外，作樓觀於上，上圓下方，兩觀雙植，中不為門，門在兩旁，中央闕然為道。以其縣法，謂之象魏。象，法象也；魏，其狀巍然高大也。以其記列教令，謂之冀闕。冀，記也；闕，中央闕然也。以其使民觀之，謂之觀，雙植謂之兩觀。名雖殊，其實一也，猶今午門然。

明・王樵《尚書日記》卷一四《康王之誥》 《周禮》天子之門五，一曰皋門，二曰庫門，三曰雉門，四曰應門，五曰路門，又曰畢門。外朝一，内朝二。外朝在庫門之外，聽獄蔽訟之朝也；治朝在路門之外，王日視治之朝也；燕朝在路門之内，會宗人、圖嘉事之朝也。《玉藻》云：君日出而視朝，退適路寢聽政。視朝即治朝，聽政即燕朝。此經云：『王出，在應門之内』，即路門之外。然則王日視事與朝會，皆在治朝矣。

明・方以智《通雅》卷二八《禮儀》 三朝，外朝、中朝、内朝也。《地官稾人》疏：天子三朝：路寢庭朝是圖宗人嘉事之朝，太僕掌之。又有路門外朝，是常朝之處，司士掌之。又有外朝，在皋門内、庫門外，三槐九棘之朝，是斷獄蔽訟之朝，朝士掌之。《師氏》：居虎門之左，司王朝。注：路寢，門也，謂之燕朝，以路寢安燕之處也。《文王世子》曰：公族朝于内朝，親之也。路門外之朝曰治朝，其皋門内、庫門外曰外朝，詢衆庶之朝也。《通典》曰：周制四朝：一曰外朝，在皋門内，聽訟之朝，朝士掌之。二曰中朝，在路門外，司士正其位。三曰内朝，即路寢燕朝，太僕掌之。四曰詢事之朝，在雉門外，小司寇掌其政。常言三朝者，以詢事之朝非常朝也。易氏曰：小司寇掌其政，朝士掌其法，言外朝特詳，則以《通典》四朝之説為非矣。按先鄭之釋《朝士》外朝，在路門外，而康成援《郊特牲》《小宗伯》之文證之，誠足以破後學之惑；至《小司寇》之外朝，則曰在雉門外，何歟？賈公彦為之説曰：在雉門外，則亦在庫門外。要當以是説為正云。

清・姜宸英《湛園集》卷三《與萬充宗書》 承教《儀禮商》，已命童子録竟，披玩反覆，意義周到，無罅可尋。其尤辨者，在寢廟之論，謂大夫無私朝。此皆先儒所未及。愚更有臆説，可與兄論相發明者，附質於右。

周制三朝，一在庫門之内，大門之外，曰外朝。一在路門之外，曰治朝，亦謂之内朝，亦謂之外朝。一在路寢庭，曰内朝，亦曰燕朝。自愚考之，則周二朝也。《曲禮》天子當宁而立，諸公東面，諸侯西面曰朝。《周官》太僕掌燕朝之位。《文王世子》公族朝於内朝，臣有貴者以齒。此燕朝在路寢庭，不過為公族相朝燕飲之地，臣以齒為上下，非有朝儀位署之法也。故《玉藻》：日視朝於内朝，退適路寢聽政。路寢之制，特用以聽政耳，故不曰朝。其大朝會，則在路門之外。其時則司士掌朝儀，天子當宁而立於門，諸公諸侯以次東西面立，始謂之朝耳。其禮儀儼肅，非路寢庭比。由此知路寢庭無朝名。當時因天子取其近便居以聽政，猶唐人喚仗入閤之制，而其後遂相沿以為朝耳。不然，路寢庭外既有朝矣，而復置内朝於庭之内，不既贅乎哉？由此觀之，則知天子之寢庭，亦無私朝，不獨大夫為然也。大夫路寢庭無私朝，可曰私朝；天子路寢庭無内朝，亦可曰内朝。考内朝之名，始見於《文王世子》。文王為世子時，王季諸侯也，不得有庫門外外朝之制，故以治朝為外朝。以燕朝對外朝，則謂之内朝耳。周既有天下，兩從其稱。然謂治朝之為内朝者，正也，《玉藻》之文也，周既有天下之制也。謂為外朝者，非正也，《文王世子》之文也，周未有天下之制也。又諸侯庫門外朝，經亦無明文。鄭氏特據《周禮》及《戴禮・玉藻》意推之，知中門之内，大門之外別是有朝。既有内、外兩朝，則燕寢之不得復為朝，審矣。故曰緣《文王世子》之文也。偶見及此，兄意或未為然，必以示我。

清・閻若璩《四書釋地三續》卷中《入公門章》 汪武曹《文》講首節云：嘗考魯有三門，曰路門，曰雉門，而其最外者曰庫門，其制擬於天子之臯門者是也。凡庫門與雉門、路門皆可曰公門，而此誌夫子入朝之始，則所謂公門者，蓋庫門也。夫此門也，不惟遠于治朝之堂，抑且未及外朝之位。講三節、四節云：曰此君之外朝也云云，過此則為雉門，略而不書，何也？與入庫門同也。入乎雉門，而君治朝之堂在焉。蓋魯有三門，亦有三朝。外朝在庫門之內，治朝在雉門之內，燕朝在路門之內，而治朝者，乃曰所常朝之地也。其堂之高，凡七尺，故其階為七等。諸有位于朝者，其位列於中庭之左右，而有北面、東面、西面之別焉，《夏官·司士》所為『正其位』者也。夫子於此兩手摳衣，歷階以升，密邇至尊。在斯時也，彼其視過位之時，其森嚴固已有間，而況較之入門之始乎！

講五節既畢總收云：至若所謂燕朝者，蓋君退自治朝，則聽政於斯，而羣臣不從入焉，其在公族，則常朝于斯而異姓者不與焉，故其事不復書也。蓋茲之所書者，人臣常朝之儀，故於治朝之事，書之獨詳，而必先之以過位，又先之以入門，以其為常朝所必歷之地，而連類以及之，所以見其處之各有其節而不敢苟也。

其《自記》云：古者天子諸侯，皆有三朝。以魯制言之，庫門之內為外朝，雉門之內為治朝，路門之內為燕朝。治朝與燕朝，皆可謂之內朝。《文王世子》『公族朝于內朝』，謂燕朝也。《玉藻》『朝服以日視朝於內朝』，謂治朝也。然以治朝對燕朝言之，則亦曰外朝，《文王世子》『外朝以官』是也。庫門內之外朝，載於《周禮》。三公孤卿以下，設位於庭中，所謂面三槐而左右九棘者也，然非君所常御之朝，故曰君之虛位。惟國有非常之事，然後御於此，致萬民而詢謀之焉。而所謂燕朝者，《玉藻》則云：『君日視朝，退適路寢聽政，使人視大夫，大夫退，然後適小寢。』路寢即燕朝也，以此見羣臣不從君入也。《周禮》王眂燕朝，則大僕正位，掌擯相。注云：王圖宗人之嘉事，則燕朝。《疏》云：君燕羣臣則在寢，燕亦有朝，但因燕而朝，《燕禮》已有成文，故鄭必以王圖宗人嘉事為燕朝。以此合之『公族朝于內朝』之文，益知異姓之臣不得常在燕朝也。蓋羣臣日所常朝之地，乃在治朝。此章記夫子在朝之容，則所謂『攝齊升堂』者，當必在此。《存疑》誤以過位為治朝，而以升堂為路寢之內朝。《集注》：位，君之虛位。若以此為治朝，則羣臣方日朝於此，何緣人君乃有虛位？何緣不行朝禮而反過之？況《朱子語類》引《周禮》所謂外朝，不引《文王世子》所謂外朝，且言三公九卿以下有三槐九棘云云。此非最外之外朝，而何既知此為最外之外朝，庭有三槐九棘者，則過此所升之堂，雖先儒無明文，可以知為治朝無疑也。《存疑》惟誤以《文王世子》所謂外朝即《周禮》外朝，而以治朝當之，故遂以堂為路寢之內朝，而不知其非耳。余按成六年，韓獻子將新中軍，且為僕，大夫公揖而入，獻子從公，立於寢庭。此足見韓厥卿也，得從景公入至燕朝，以兼大僕故。

又 卷中《子退朝冉子退朝》 子退朝，是退魯君所日視之內朝，一名治朝，在雉門之內，路門之外者。冉子退朝，是退季氏所庀家政之內朝，一名私朝，在寢門之外者。陳用之誤會《國語》之文，謂卿以下有二朝，不知其一仍屬公朝。敬姜明言『子將業君之官職焉。』君之官職，豈令議於私家乎？為正於此。

清·毛奇齡《經問補》卷三 吳師道《策問》。【略】此則後鄭是而前鄭非者。毋論孔穎達疏《尚書》，賈公彥疏《周禮》，皆從後鄭。實則考之羣經，而前鄭有不合者。據天子五門皆有次第，諸侯三門依次減二，故在天子曰臯、庫、雉、應、路，在諸侯曰庫、雉、路。若如鄭司農說，雉在庫外，則諸侯三門當稱雉、庫、路，不當稱庫、雉、路矣。且雉門有不能在外者，雉門中門，其傍設兩闕，如雉兩翼，又名闕門。《史·魯世家》魯煬公築第闕門，豈有外門可築第者？若庫門則不能在內。禮，凡衰絰，不入公門，而閔公服莊公喪，既葬而喪服，不入庫門，正以庫門即公門，《論語》所稱『入公門』者，在闕門外耳。使雉在庫外，則當不入庫門時，而雉闕門已先入矣。其于公門之不入何有？故舊傳謂諸侯之宮，三門三朝。其外曰臯門，次曰應門，此即《明堂位》所云『魯以庫門當臯門，雉門當應門』者，亦以臯、庫同在外，雉、應同在內。其內外次第，有一定故耳。

若夫內外朝位，則顯有經據，並無路門內是內朝、路門外是外朝之說。古天子諸侯皆有三朝，皆有兩內朝、一外朝。其兩內朝，則一在路寢之外，路門之內，名燕朝；一在路門之外，應門之內，名正朝。然皆名內朝，惟一在庫門之外、臯門之內者，名為外朝。是以《周官》分職，以《夏官》司士掌正朝之位，太僕掌燕朝之位，《秋官》朝士掌外朝之位。其內外分別，實以王族子弟與太僕、太右，凡頒儀辨等，列內朝位者，皆在路門之左右，而路門在內，故曰內朝。若三槐九棘，明樹東西，嘉石肺石，顯排左右，大之為孤卿大夫、公侯伯子之班聯，而小之即為平刑理訟、三刺三詢之表制。其地在外，而庫、雉兩門適當其地，故曰外朝。此原非私意可顛倒者，况他經襍見，皆有明証。如《禮》云：諸侯朝服以日視朝于內朝，退適路寢。亦惟內朝即正朝，在路門之外，故視內朝畢，可適路寢。若路門外是外朝，而內朝只一路寢，則退寢之後，又將安適？又且《尚書·顧命》以二人雀弁，執惠，立畢門之內。謂王殯在寢，而衛殯之士立路門內，畢門即路門，本燕朝地也。及新王即位，而王出畢門之外，應門之內，則以即位當御朝，出路門外，即《傳》所稱正朝者。是同此路門，而內為燕朝，居舊王之殯；外為正朝，即新王之位。兩朝皆內朝，而中外分辨，如此明析。向使外朝在畢門外，應門內，則豈有新天子即位不先御正朝而御外朝者？是以匠人營國，左祖右社，前朝後市。凡宗廟、兩社，東西相對，俱在雉門外，內朝之前，而外朝則又在庫門外，祖、社之前，故曰前朝。若外朝在應門內，則三朝皆祖、社後矣。是以天子從澤宮歸，先申誥戒于庫門，作外朝之命，隨申誥誡于太廟，作內朝之命。自外而內，由朝而祖，位次秩然。故舊傳謂臯門內曰外朝，應門內曰內朝，路門內曰路寢之朝，此極明了者。二鄭注《禮》原有優劣，如此等則前劣彌甚，况此條後鄭自有駁文在《周禮》注中，不必深辨也。

清·惠士奇《禮說》卷五《地官三》 『稾人』職內外朝。康成謂外朝，斷獄弊訟之朝。今司徒府中有百官朝會之殿，云天子與丞相舊決大事焉，是外朝之存者歟？蔡質《漢儀》曰：司徒府與蒼龍闕對，厭於尊者，不敢號府。應劭曰：不然。丞相舊在長安時，有四出門，隨時聽事。東京本欲依之，迫於太尉、司空，但為東西門耳。東京司空，即西京御史大夫，每國有大議，天子車駕親幸其殿。然則東漢三公府皆對蒼龍闕也。周之外朝，左右皆棘而中槐，則槐當在闕下。左九卿之廬，右諸侯之舍，中三公之朝，面三槐，對兩觀，與漢丞相殿對蒼龍闕者正同，司徒殿面西，三公朝面北。則外朝在雉門外矣。舊說在庫門外，非也。《覲禮》：諸侯受舍于朝。注云：在廟門外，廟在中門之左，雉門為中。出廟門至雉門門外之右，九棘之下。蓋諸侯之舍歟？《聘禮》：宗人授次，次以帷，少退於君之次。次者，舍也。聘賓之次，當在羣吏之舍，其次在諸侯之後，而少退焉，《朝士》職所謂『右九棘，公侯伯子男之位，羣吏在其後』是也。

康成謂雉門設兩觀，與今宮門同。『閽人』幾出入者，窮民不得入。則又不然。兩觀之間，左嘉石而罷民平，右肺石而窮民達，中象魏而萬民觀，奚為而不得入乎？且路鼓建於路門外以達窮，則窮民得至路門矣。先鄭謂外朝在路門外，內朝在路門內，亦非無說也。『匠人』職外有九室，九卿朝焉。『朝士』職左九棘，孤卿大夫位焉。三孤六卿為九卿，則九卿即孤卿；樹棘以表位，則九棘即九室。康成亦謂在路寢之外，如今朝堂諸曹治事處。則外朝又在路門外歟？

愚謂王有三朝，曰聽朝，曰治朝，曰燕朝。聽朝者，『鄉士』、『遂士』、『縣士』等所謂職聽於朝，『訝士』所謂四方之獄訟，故曰眂四方之聽朝，冢宰贊之，王親往而會其期，三訊三詢，皆在焉。『小司寇』與『朝士』所掌者是也。王與羣臣治事之朝曰治朝，冢宰贊之，宰夫掌其法，司士正儀辨等而儐之者是也。王與宗人圖嘉事之朝曰燕朝，每日眂治朝畢，退而聽政於此，太僕掌之。是為內朝，亦曰路寢庭朝。治朝、聽朝皆外朝，一在路門，一在雉門。

清·江永《鄉黨圖考》卷四《外朝考》 按先鄭誤以天子雉門在庫門外，《小司寇》注亦因之，謂外朝在雉門外，《朝士》注皆破先鄭之說。外朝在庫門之外，臯門之內，此為定說，當以朝士注爲正。然以漢之司徒府有天子以下大會殿，擬古之外朝，恐未當。外朝在庫門外，無宮室，平時臣民皆得往來。《朝士》職云：凡得獲貨賄、人民、六畜者，委於朝，告於士，旬而舉之。謂委於朝十日，待來識之者。是凡民皆可至外朝矣。諸侯之外朝在庫門外者亦然。故《晉語》云：絳之富商，韋藩木楗而過於朝。是凡民可以車往來也。外朝，君不常視。三詢之事見於經傳者，盤庚出矢言，登進厥民；太王屬耆老而告。詢國遷也。僖十五年，晉陰飴甥言朝國人，曰：孤雖歸，辱社稷，其卜貳圉。詢立君也。定八年，衛靈公朝國人，問叛晉。哀元年，陳懷公朝國人，問欲與楚，欲與吳。詢國危也。諸侯之外朝，未必有三槐九棘、嘉石肺石，亦不常有君位也。閔二年，魯季友將生，卜人云：『間於兩社，為公室輔。』此大約言周社、亳社中間有朝廷耳。其實治朝仍在中門之內，若外朝則在大門之外矣。賈《疏》引此事，云兩社在大門內、中門外，爲外朝。與後鄭説不合，非是。又天子外朝有疑獄，王欲會其期而免之，亦視外朝。

又　卷四《治朝考》　按古者視朝之儀，臣先君入，君出路門立於中，徧揖羣臣。揖者，推手稍前，非若今人之揖也。今人之揖，古謂之肅拜。則朝禮畢於是，若退適路寢聽政，諸臣至官府治事處治文書。王朝有九室，諸侯之朝，左右亦當有室也。如議論政事，君有命，臣有進言，則於内朝。《大宰》所謂贊聽治者，於治事處贊之，非謂揖羣臣時也。治朝無堂。鄭注《文王世子》云：外朝，路寢門之外庭是也。觀《司士》路門左、路門右之位可見。《聘禮》：使者夕幣於朝時，管人布幕於寢門外；君朝服，出門左。亦可見路門外是平庭，無堂也。退適路寢，則君位虛。君更視内朝，羣臣當入，故《鄉黨》有過位之事。

又　卷四《燕朝考》　按路寢門内之朝，君之視之也，當有四：一為與宗人圖嘉事，《文王世子》『公族朝於内朝』，鄭云謂『以宗族事會』是也。一為與羣臣燕飲，《燕禮》所言是也。一為君臣有謀議，臣有所進言，則治朝既畢，復視内朝，《鄉黨》所記是也。《聘禮》『君與卿圖事，遂命使者』，亦是在内朝也。一是羣臣以元端服夕見，亦是有事謀議也。四事外，則君與四方之賓燕亦在寢，非朝禮；又或臣燕見於君，《士相見禮》所謂君在堂升見無方階辨君所在，亦非朝禮。孔子侍坐、侍食對問政，對儒行，皆是燕見時也。《大僕》職王視燕朝，則前正位，掌擯相，本不止一事。鄭以宗人圖嘉事解之，舉一邊耳，非謂燕朝專為宗族視也。孔子為司寇，在五大夫之中，其位當在中庭北面。無事不升堂，或君有命，或有所言於君，乃升堂。既下階，仍復其中庭北面之位，俟羣臣出，乃出也。《釋宮》：中庭之左右謂之位。《曲禮》言君子下卿位諸侯之朝，以阼階前西面之位為尊。王朝禮三公北面，而諸侯禮大夫北面，變於王朝也。又天子及諸侯路寢南面聽政，燕在阼階西面。見《檀弓》疏。

又　卷四《門考》　按《集傳》云：太王之時，未有制度，特作二門，其名如此。及周有天下，遂尊以為天子之門，而諸侯不得立焉。朱子又云：《書》天子有應門，《春秋》書魯有雉門，《禮記》云魯有庫門，《家語》云衛有庫門，皆無云諸侯有皋、應者，則皋、應為天子之門明矣。此為定説。注疏言魯有庫、雉，他國諸侯有皋、應者，皆非。

按此言魯之庫門儗天子之皋，雉門儗天子之應耳，非謂唯魯有庫門、雉門而餘諸侯不得立也。《檀弓》言庫門者四除，魯莊公既葬而絰，不入庫門之外，言君復於庫門。宰夫命舍故諱新，自寢門至於庫門。君有憂，則素服哭於庫門之外。皆通諸侯言之，非專為魯記也。《禮器》言繹之於庫門內，《家語》謂孔子為衛莊公言之。則諸侯皆有庫門可知。有庫門，則亦有雉門矣。鄭氏因太王是諸侯，始立皋門、應門，意謂此為諸侯之制，不知後遂為天子之制，諸侯不得立矣。天子皋門在王城之內，雖有門，未必與王宮相連。蓋皋門内皆官府，無民居，諸侯則無此制矣。魯之庫門制度，侈大或有之，其實是公宮之門，非若王之郭門也。

按兩觀與臺門當異制。莊二十一年，鄭伯享王於闕西辟，樂備。《疏》引服虔云：西辟，西偏也。當謂兩觀之内道之西也。是有兩觀，則東西有兩宮室可設享而舞樂，不止門上作臺也。設兩觀為僭，或當如《公羊》説。

清・秦蕙田《五禮通考》卷一三一《嘉禮四・朝禮・辨〈通典〉天子四朝》　蕙田案：天子三朝，一曰外朝，一曰治朝，一曰燕朝。其外朝，周官小司寇及朝士共掌之。賈疏謂外朝之職，朝士專掌，但小司寇既為副貳長官，亦與朝士同掌之。今案致萬民而詢，其事大，故掌於小司寇。九棘三槐，聽獄之位，其事小，故掌於朝士。其實一朝也。杜君卿《通典》誤分朝士、小司寇所掌為兩朝，於三朝之外又添一詢事之朝，遂有四朝之説。《文獻通考》亦仍其誤。其實止有三朝，無所謂四朝也。杜又謂詢事之朝，非常朝之限；及以治朝為中朝，以燕朝為羣公常日於此朝見君位，皆與注疏不合，今不録。

清・戴震《戴東原集》卷二《三朝三門考》　宗廟作宮於路寢之東，社稷設壇壝於路寢之西。劉向《別録》云：『社稷宗廟在路寢之西。』又云：『左明堂辟廱，右宗廟社稷。』案宗廟社稷屬路寢言得之，以爲俱在西，不知何所據。凡朝，君臣咸立於庭，古字庭本作廷，所謂朝廷，《説文》云：『廷，朝中也。』朝有門而不屋，故雨霑衣失容，則輟朝。天子諸侯皆三朝，則天子諸侯皆三門歟？《禮説》曰：『天子五門：皋、庫、雉、應、路；諸侯三門：臯、應、路。』失其傳也。天子之宮，有臯門，有應門，有路門，路門一曰虎門，一曰畢門，不聞天子庫門、雉門也。《郊特牲》云：『獻命庫門之內。』此亦據魯之事記者，以魯用天子禮樂，故推魯事合於天子，所稱多傳會失實。諸侯之宮，有庫門，有雉門，有路門，不聞諸侯臯門、應門也。臯門，天子之外門；庫門，諸侯之外門。應門，天子之中門；雉門，諸侯之中門。異其名，殊其制，辨等威也。天子三朝，諸侯三朝；天子三門，諸侯三門。其數同，君國之事侔體合也。

朝與門，無虛設也。君臣日見之朝，謂之內朝，《稾人》及《玉藻》之內朝是也。或謂之治朝，或謂之正朝，在路門外庭。司士正其位。《記》或謂之外朝，與路寢庭之朝連文爲外內也。《文王世子》曰：『內朝則東面北上，臣有貴者以齒，其在外朝則以官。』《注》云：『內朝，路寢庭。外朝，路寢之門外庭。』斷獄、蔽訟及詢非常之朝，謂之外朝，在中門外庭。小司寇掌其政，朝士掌其法。以燕、以射、及圖宗人嘉事之朝，謂之燕朝，在路寢庭。大僕正其位，若射則射人掌其位。

《聘禮》曰『公出送賓及大門內』；《周官·司儀》曰『出及中門之外』，廟在中門內明矣。《記》曰：『昔者仲尼與於蜡賓，事畢，出遊於觀之上。』蜡之饗，亦祭宗廟，廟在雉門內，故出而至觀也。《春秋》：『桓宮、僖宮災』，火自司鐸踰公宮，至桓、僖二廟，廟邇公宮也。『季桓子至，御公立於象魏之外』，立當遠火也。《春秋穀梁氏傳》曰：『禮：送女，父不下堂，母不出祭門，諸母兄弟不出闕門。』廟門謂之祭門，觀謂之闕，亦謂之象魏，諸侯設於雉門，是以雉門謂之闕門，天子蓋設於應門。闕門在外，祭門在內，不出闕門者，得出祭門者也。《春秋左氏傳》曰：『閒于兩社，爲公室輔。』以朝廷執政所在爲言，宜繫君臣日見之朝，社在中門內明矣。其他書傳，可證宗廟社稷在中門內、路門外之左右者甚衆，略舉五事明之。

清·洪頤煊《禮經宮室答問》卷下《路寢》 問：近人又謂天子、諸侯皆三門，何也？曰：戴東原説天子、諸侯皆三朝，則天子、諸侯皆三門。天子之宮有臯門，有應門，有路門，不聞天子庫門、雉門也。諸侯之宮有庫門，有雉門，有路門，不聞諸侯臯門、應門也。臯門，天子之外門。庫門，諸侯之外門。應門，天子之中門。雉門，諸侯之中門。然證以經文，《大雅》『迺立臯門，臯門有伉。迺立應門，應門將將。』太王，殷之諸侯，本有庫、雉、路三門，至是增立臯門、應門，後日遂定爲天子五門之制，非謂其止此臯門、應門也。《明堂位》：庫門，天子臯門。雉門，天子應門。言魯之庫門兼天子之臯門，魯之雉門兼天子之應門。其實天子五門，諸侯三門。庫、雉、路三門，天子與諸侯同。

問：然則天子之有臯門、應門，何居？曰：天子、諸侯皆以路門外之治朝爲正朝。天子正朝之前有應門，故《爾雅》曰：正門謂之應門。毛《傳》：王之郭門曰臯門。孔疏：郭門者，宮之外郭之門。天子、諸侯庫門外有外朝，則臯門者，天子外朝前之門也。《考工記》：應門二徹參个。不言臯門者，明與應門同也。鄭注：正門謂之應門，謂朝門也。二徹之內，八尺。三个，二丈四尺。朝門之制不與庫、雉、路三門同，故應門，視路門爲大。諸侯讓於天子，朝前不敢立門，故止有庫、雉、路三門。

問：庫門之制。曰：《禮器》：天子、諸侯臺門，家不臺門。是天子、諸侯庫、雉、路三門，皆有臺也。《爾雅》：闍者謂之臺。《禮器》孔疏：兩邊築闍爲基，基上起屋曰臺門。《郊特牲》：繹之於庫門內。庫門既可繹祭，則其門堂之制，當亦與廟門同。《考工記》唯言路門、應門容數，而不及雉門、庫門，明雉門、庫門之大，與路門同也。

問：雉門謂之觀，又謂之象魏，又謂之闕。其制可考否？曰：《禮運》：仲尼與於蜡賓，事畢，出遊於觀之上。鄭注：觀，闕也。孔疏云：出遊於觀之上者，謂出廟門，往雉門。雉門有兩觀。《左氏》定公三年夏五月壬辰，雉門及兩觀災。冬十月，新作雉門及兩觀。明雉門與兩觀連也。《大宰》：正月之吉，乃縣治象之灋於象魏。鄭司農云：象魏，闕也。故魯災，季桓子御公，立於象魏之外，命藏象魏，曰：『舊章不可忘也。』《左氏》孔疏云：闕在門兩旁，中央闕然爲道也。其上懸治象。其狀巍巍然高大，謂之象魏。使人觀之，謂之觀。是觀與象魏、闕，一物而三名也。《史記·魯世家》：築茅闕門。徐廣曰：茅，一作『第』，一作『夷』。『雉』字古文作『䧅』，『茅闕門』即『雉闕門』之譌。

問：路門何以知其與廟門同制？路門之名有幾？曰：《考工

記》：路門不容乘車之五个。鄭注：乘車，廣六尺六寸。五个，三丈三尺。言不容者，是兩門乃容之，則此半之，丈六尺五寸。以《燕禮》證之路門門堂之制，當與廟門相同。廟門廣十八尺，是其總數。路門廣十六尺五寸，是其容數也。路門爲路寢正門，故謂之寢門，《檀弓》『自寢門至於庫門』是也。又謂之大寢門。《太僕》建路鼓於大寢之門外。鄭注：大寢，路寢也。又謂之虎門。《師氏》居虎門之左。鄭注：虎門，路寢門也。畫虎焉，以明勇猛。又謂之畢門。《顧命》二人雀弁，立于畢門之內。《閽人》鄭司農注：路門一曰畢門。賈疏云：言畢者，從外而入路門，爲終畢也。

問：天子五門，其門相距之數，可考否？曰：《考工記》市、朝一夫。鄭注：方各百步。六尺曰步，則朝居地六十丈。《考工記》言面朝後市。古以路門外之治朝爲正朝，是天子自路門以外至皋門以內，俱得稱之爲朝。故賈疏云：天子二朝，居一夫之地。二朝者，謂治朝至外朝。則自皋門至雉門，相距當是六十丈。其餘門相距之數，雖不可考，然以路門、雉門、庫門三門同制推之，其相距必等。皋門爲外朝正門，其門當近於外朝，去庫門不遠。應門爲治朝正門，其門亦當近於路門，而遠於雉門。

問：天子、諸侯皆三朝，其外朝所在，試詳言之。曰：《小司寇》掌外朝之政，以致萬民而詢焉。一曰詢國危，二曰詢國遷，三曰詢立君。其位，王南鄉，三公及州長百姓北面，羣臣西面，羣吏東面。《朝士》掌建邦外朝之灋。左九棘，孤卿大夫位焉，羣士在其後。右九棘，公侯伯子男位焉，羣吏在其後。面三槐，三公位焉，州長衆庶在其後。左嘉石，平罷民焉。右肺石，達窮民焉。鄭注：外朝在庫門之外，皋門之內。《小司寇》鄭注又云：外朝，朝在雉門之外者也。是沿用鄭司農一曰皋門，二曰雉門之譌。其實皆一朝也。外朝爲司寇斷獄弊訟之朝。《槁人》掌共外內朝冗食者之食。鄭注：外朝，司寇斷獄弊訟之朝也。《王制》：正以獄成，告於大司寇，大司寇聽之棘木之下。鄭注：正，《周禮》鄉師之屬。辨其聽訟，異其死刑之罪，職聽於朝。司寇聽之朝。王之外朝也。孔疏云：此外朝在皋門內，庫門之外。《大司寇》以兩造禁民訟，入束矢於朝，然後聽之。以兩劑禁民獄，入鈞金三日，乃致於朝，然後聽之。其所謂朝，皆是庫門外之朝。

問：諸侯外朝在庫門外，其説亦有徵否？曰：《聘禮》：交擯在大門外。《大行人》言：交擯其朝位，賓主之間九十步。所謂朝者卽是外朝。《聘禮》又云：至於朝主人，不腆先君之祧，既拚以俟矣。鄭注：賓至外門，下大夫入告，出釋此辭。賈疏：外門，卽諸侯之外朝。故下云以柩造朝，亦謂大門外爲外朝。此皆諸侯外朝在庫門外之證。

問：治朝在路門外，又謂之內朝、外朝，何也？曰：《大宰》王眡治朝，則贊聽治。鄭注：治朝，在路門外，羣臣治事之朝。《宰夫》掌治朝之灋。鄭注：治朝，在路門之外。《司士》正朝儀之位。王南鄉，三公北面東上，孤東面北上，卿大夫西面北上。王族故士、虎士在路門之右，南面東上。大僕、大右、大僕從者在路門之左，南面西上。鄭注：此王日視朝於路門外之位。《玉藻》：天子皮弁，以日視朝。諸侯朝服，以日視朝於內朝。鄭注：此內朝，路寢門外之正朝也。此朝對外朝言則爲內朝，若對燕朝言則爲外朝。《文王世子》：其朝於公內朝，則東面北上。臣有貴者，以齒，其在外朝，則以官。鄭注『內朝，路寢庭。外朝，路寢門之外庭』是也。

問：治朝有屏有宁，其制如何？曰：《郊特牲》鄭注：禮，天子外屏，諸侯內屏。《曲禮》孔疏：諸侯內屏，在路門之內。天子外屏，在路門之外。路門與廟門同制，故內外設屏，亦與廟門同制。《爾雅》：屏謂之樹。《論語》：邦君樹塞門。言塞門，則屏當近於門。《司士》：王還揖門左，揖門右。屏近於門，故王視朝，得以還揖門左，還揖門右。若依《曲禮》孔疏，謂天子外屏，在路門之外，而近應門，則不得言還揖矣。天子外屏，其前卽爲王視朝宁立之位。《曲禮》『天子當宁而立，諸公東面，諸侯西面曰朝』是也。《爾雅》：門屏之間謂之宁。此當指諸侯內屏而言。若外屏，則不得言門屏之間，故李巡曰：正門內兩塾間曰宁也。

問：治朝兩旁有室，能詳其制否？曰：《考工記》外有九室，九卿朝焉。鄭注：外，路門之表也。九室，如今朝堂諸曹治事處。六卿三孤爲九卿。賈疏：九卿之九室，在路寢門外正朝之左右爲之。故鄭據漢法，朝堂諸曹治事處，謂正朝之左右爲廬舍者也。九卿爲六卿三孤，則其室亦當左三右六。以其近於正朝，故九室亦謂之朝。

問：治朝、外朝皆平地無堂，其平時王出入之制，何如？常人亦得往來否？曰：《聘禮》：夕幣，管人布幕於寢門外。鄭注：寢門，外朝也。寢門外既可布幕，則平地無堂可知。治朝無堂，故王日出視朝，揖畢卽退入路寢聽政。《曾子問》：諸侯旅見天子，雨霑服失容，則廢。是治朝、外朝皆平地無堂也。《樂師》教樂儀，行以《肆夏》，趨以《采齊》。車亦如之。鄭注：行者謂於大寢之中，趨謂於朝廷。此謂步迎賓客，王如有車出之事，登車於大寢西階之前，反降於阼階之前。《曲禮》：下卿位。鄭注：卿位，卿之朝位也。君出過之而上車，入未至而下車。孔疏云：卿位，路門之內，門東北面位。此是諸侯之禮。其登車、降車，或不必當階也。《閽人》掌守王宮之中門之禁。賈疏：中門者，王有五門，雉門爲中門，掌守雉門之禁，譏其出入之者也。《師氏》使其屬帥四夷之隸，各以其兵服守王之門外，且蹕。鄭注：門外，中門之外。蹕，止行人。是雉門以內有禁，雉門以外無禁，常人無事，皆得往來也。

問：燕朝之制。曰：《大僕》王眂燕朝，則正位。鄭注：燕朝，朝於路寢之庭。《文王世子》：其朝於公內朝，則東面北上。鄭注：內朝，路寢庭。此對路門外之朝言，故又稱內朝。燕朝有堂，《論語》所謂「攝齊升堂」也，《玉藻》謂之路寢。鄭必以路寢庭爲燕朝者，以《燕禮》知之。《燕禮》：小臣納卿大夫，卿大夫皆入門右，北面東上。士立於西方，東面北上。公降，立於阼階之東南，南鄉，爾卿。卿西面北上，爾大夫。大夫皆少進。此卽《大僕》所正之位也。有事，然後升堂。故鄭以路寢庭爲朝位也。其實三朝以路門外治朝，君日出而視之爲正朝。燕朝、外朝，皆因事而有朝名，非正朝也。

清·金鶚《求古録禮説》卷五《朝位考》　天子朝位，見於《周官》司士、射人、朝士諸職。諸侯之朝位，不見於經。《曲禮》疏據《燕禮》及《大射》云：卿西面，大夫北面，士東面。謂諸侯無三公，及諸侯當同《燕禮》、《大射》之位。江慎修從其説而爲之圖，因謂諸侯之朝，以阼階前西面之位爲尊。學者信之。鶚竊以爲非也。朝位之最尊者北面，其次東面，其次西面。《曲禮》疏云：凡朝，三公北面者，以其貴臣，答王之義也。蓋君南面，北面正與君對，故其位爲最尊。東面向陽，故亦尊。古者賓必東面，《同牢禮》夫亦東面，皆所以尊之也。禘祫，大祖東向，其義亦然。西面向陰，則不尊矣。《燕禮》、《大射》之位，非朝位也。《燕禮》以大夫爲賓，故卿轉西面而大夫少進，仍北面。以將爲賓，故尊之，使與君相對也。《燕禮》云：公爾卿，卿西面北上，爾大夫，大夫皆少進。鄭注云：爾，近也，移也，揖而移之，近之也。大夫猶北面少前。卿西面而士東面者，以君在阼階東南，南鄉。卿尊，故得近君而待君之揖。士卑，君不揖之，故遠立於西方也。朝位必辨尊卑，豈得如此？若然，則卿本最尊，而反屈於大夫幷屈於士。大夫非重臣，而得與君對。有是理乎？諸侯三朝之制皆與天子同，而朝位何獨大異也。

竊謂諸侯朝位，卿北面，有孤者亦然。上公之國，有孤一人。大夫東面，士西面。蓋諸侯之孤卿猶天子之三公，大夫猶天子之孤，士猶天子之卿大夫，故其面位同。《司士》掌王治朝。其位，王南鄉，三公北面東上，孤東面北上，卿大夫西面北上。外朝無諸侯，其位當不異於治朝。天子外朝有諸侯，故其位與治朝異。諸侯不純臣，有賓道，《白虎通》云：王者不純臣諸侯何？尊重之。以其列土傳子孫，世世稱君，南面而治，故異衆臣也。故東面以尊之，而以卿大夫與孤同列西面也。天子治朝之位，羣士分列東西而遠處，孤卿大夫之下不與竝列。何以知之？《司士》云：士旁三揖。凡言旁者，或四旁，或兩旁，皆不止一方。《考工記》國旁三門，《司儀》宮旁一門，謂四旁也。此云士旁三揖，謂兩旁也。士所以分列兩旁者，以東方既有卿大夫，若以羣士畢列於其下，則東方之官甚多，而西方無人，殊爲不稱。況王朝之大夫士最衆，聚於一方，亦恐不能容矣。《左氏春秋傳》云：三揖在下。知其遠在孤卿大夫之下也。東面者雖尊位，而遠處於孤之下，近於應門，亦可以見其賤矣。鄭君《司士》注云：羣士位東面，王西南鄉而揖之。此亦據《燕禮》而云然。不知東面爲尊位，士何得尊於卿大夫而與孤同？且如此，則左右不稱而偏在一方，又何得謂士旁三揖乎？孤東面，卿大夫西面，王族故士、虎士在路門之右，大僕、大右、大僕從者在路門之左，左右皆相稱。若東面有羣士而西面無人，則不稱矣。其誤明矣。射人朝位與司士同。鄭注云：《燕禮》曰：卿大夫皆入門右，北面東上。士立于西方，東面北上。《大射》亦云：則凡朝燕及射，臣見于君之禮同。是知鄭據《燕禮》而誤也。射人亦掌治朝，司士爲主，射人則輔之。其位與司士同。不言士者，以其賤，故略之。

鄭注云：此與諸侯之賓射，士不與也。然經文明言『掌國之三公、孤卿大夫之位』，是謂朝位之法，未嘗言射位也。下云『以射法治射儀』，乃言射事耳。此經所言射，當是大射，非賓射也。而云『士以三耦射豻侯』，射位明有士矣。《大射禮》干五十。此云士以豻侯，其爲大射甚明。下文云：若王大射，則以貍步，張三侯。是經文又明言大射矣。大射用獸侯，豻是獸名，又可見是大射矣。先鄭以三侯爲虎、熊、豹，主大射説是也。若賓射，則當用采侯矣。後鄭以爲賓射，非是。

經又云：諸侯在朝，則皆北面。此謂治朝也。朝位以北面爲尊，諸侯與三公同北面，所以尊之。賈疏謂諸侯南面之尊，故屈之，從三公位。非也。所以異於外朝者，外朝非常朝。詢國危、國遷、立君，見《小司寇》職。此等大事，必廣集諸侯，公侯伯子男與羣吏皆至，其人衆矣。而三公之後有州長百姓，其人尤衆。《小司寇》云：致萬民而詢，下云百姓，即萬民也。《朝士》則謂之衆庶。《孟子》言民爲貴。外朝爲詢萬民而設，故百姓北面，正與王對。可見王者重民之意也。州長爲鄉遂之官，與民最親，率其民而至，故與民同面位。然則萬民，亦鄉遂之民焉耳。若諸侯亦北面，不能容矣。北面、西面之人皆衆，而東面止有三孤，又不稱矣。故諸侯東面不北面也。治朝，每日常朝，多無諸侯。其朝位如《司士》所説。若有諸侯來朝，與王臣同行朝禮，則與三公皆北面，如《射人》所説也。此諸侯或一二人，或三四人，不若外朝之公侯伯子男畢至。又三公之後，無州長百姓，故諸侯得與三公北面也。若諸侯亦東面，則西面之孤卿大夫最多，而東面或止一人，則不稱矣。況此諸侯在朝，是入爲王臣者，與外朝之爲賓者不同。若列於西方，亦非所宜也。可知《射人》所言諸侯之位，正治朝之位也。鄭注謂諸侯來朝而未歸，王與之射於朝者，皆北面。是不以爲正朝之位，抑又誤矣。《司士》詳士而略諸侯，《射人》詳諸侯而略士。二文詳略互見。

小司寇與朝士同掌外朝，所言朝位皆同。小司寇爲主，朝士輔之。小司寇但言羣臣而不言孤卿大夫，言羣吏而不言公侯伯子男，其文略耳。小司寇詳其所詢之事而略其人，朝士詳其人而略其所詢之事，二文亦詳略互見。羣吏本百官之稱，《大宰》歲終令百官府各正其治，下云三歲則大計羣吏之治。是羣吏即百官也。《小宰》以官府之六敘正羣吏，又以官府之六計弊羣吏之治。《宰夫》掌治朝之法，敘羣吏之治。皆以百官爲羣吏。而在諸侯之後。蓋諸侯之臣，從其君而朝王也。鄭注以羣吏爲府史，不知府史是庶人在官者，諸經皆謂之庶人。《宗伯》庶人執鶩。《士相見禮》庶人見于君。《夏書》庶人走。《孟子》庶人以旃。皆謂府史胥徒也。其職最賤，不得謂之羣吏。小司寇、司刺別羣吏於羣臣，似羣吏爲府史胥徒。不知羣臣是在朝之臣，羣吏則鄉遂都鄙之官也。總之，古者官卽吏，自秦漢以後，始謂庶人在官者爲吏，而吏與官異矣。且府史是王朝百官之府史，何以屬於諸侯而立於其後乎？則羣吏非府史，明矣。《朝士》以羣士與羣吏對，《小司寇》以羣臣與羣吏對，是羣臣卽羣士也。羣臣本百官之通稱，然與公卿大夫對言之，則羣臣專爲士也。《中庸》以羣臣與大臣對言，而云『體羣臣』，則士之報禮重。下又云：『忠信重祿，所以勸士也。』是羣臣爲士明矣。羣臣爲百官之稱，而又以稱士，猶羣吏爲百官之稱，又以稱鄉遂小吏也。鄭注以羣臣爲卿大夫，又云其孤不見，抑又誤矣。孤卿皆大臣，鄭既以卿爲羣臣，則孤亦可謂羣臣，何謂不見乎？

至於諸侯朝覲，其位則與常朝異。《曲禮》云：天子當依而立，諸侯北面而見天子，曰覲。天子當宁而立，諸公東面，諸侯西面，曰朝。此朝無王臣，但以五等諸侯分爲東西面。諸公尊，故東面。諸侯卑，故西面。若有伯子男，則公侯東面，伯子男西面。若無諸公，則侯伯東面，子男西面。或無子男，則諸侯東面，諸伯西面。皆可推而知矣，會同爲大朝覲，其朝位又異，詳於《禮記・明堂位》篇。然其所言朝位，於禮不合。諸侯阼階之東，西面北上。諸伯西階之西，東面北上。是西面尊於東面。考之諸經，皆無此禮。子男在門東西，似乎太遠於王，而得與三公同北面，則又太尊矣。竊謂明堂朝位，諸公中階前，北面。侯伯西階西，東面。子男阼階東，西面。斯尊卑各得其序也。夷蠻門東，西面。戎狄門西，東面。以其疏遠且賤，故位於門而在門以內，得以見王。自合朝位之法。若在四門之外，去明堂遠甚。豈有若此之朝位乎？在朝，惟天子南面，乃云五狄南面東上，是疑於君矣，亦朝位所無者也。九采之國，孔疏以爲九州之牧。夫《周禮》八命作牧，爲一州諸侯之長。其尊近於上公，則與諸公同位於中階前，北面東上，而少後於公，可也。乃遠處應門之外，雖曰北面，亦不見其尊矣。大抵此篇多荒謬之説，不足據也。《逸周書・王會圖》云：堂下之右，唐公、虞公南面立焉。堂下之左，殷公、夏公立焉，皆南面。其謬妄與此同。《周官・司儀》云：將合諸侯，爲壇三成，宮旁一門。公於上等，侯伯於中等，子男於下等。又云：王南鄉，土揖庶姓，時揖異姓，天揖同姓。蓋諸侯皆北面也。此言會同之禮，爲壇以盟，其位如此。《覲禮》云：爲宮方三百步，四門，壇十有二尋，深四尺。壇三成，每成深四尺。加方明于其上。又云：公侯伯子男皆就其旂而立。此卽《司儀》會同之禮也。其位當與《司儀》同，與《明堂》朝位迥異。鄭注乃引《明堂位》解之，殊不知此會同在壇上，非在明堂中也。混而一之，抑又誤矣。

若夫內朝之位，又與外朝、治朝不同。其法不詳於《同官》，惟《文王世子》云：公族朝于內朝，則東面北上。臣有貴者，以齒。其在外朝，則以官。司士爲之。又云：公族朝于內朝，內親也。雖有貴者，以齒，明父子也。外朝以官，體異姓也。是內朝竝無異姓。鄭注《大僕》云：燕朝，朝于路寢之庭。王圖宗人之嘉事，則燕朝。曰宗人，則皆同姓矣。但云東面北上，其文未明。凡朝位，必左右竝列。《爾雅·釋宮》云：兩階閒謂之鄉，中庭之左右謂之位。二句相承，明指內朝路寢庭。蓋三朝惟內朝有堂階也。又庭者，堂下之地，凡言庭者，皆廟寢堂下也。《聘禮》云：公揖入，立于中庭。又云：擯者進中庭。又云：宰夫受幣於中庭。又云：大夫降中庭。此謂廟堂下之庭也。《燕禮》云：賓入及庭。又云：司正洗角觶，奠于中庭。此謂路寢堂下之庭也。若治朝、外朝，皆無堂，則亦無庭。而名之曰廷，所謂朝廷也。『庭』與『廷』字有別。《説文》云：庭，宮中也。廷，朝中也。庭有堂，故其文从广。廷無堂，而但爲平地，故其文从廴。然則路門以外，不得謂之庭矣。鄭注《文王世子》云：外朝，路寢之門外庭。非也。江愼修云：治朝、外朝皆平地爲庭。戴東原云：古字『庭』本作『廷』。又云：外門至中門百步之庭曰外朝，中門至路門百步之庭曰內朝。皆沿鄭説之誤。治朝、外朝既無庭，則所謂中庭之左右曰位者，必內朝也。下云：『門屏之閒謂之宁』。方指治朝，則上二句指內朝明矣。但庭既在堂下，而《釋宮》又云：堂下謂之步，門外謂之趨，中庭謂之走。是庭不在堂下而在門外，與諸經不合。蓋此『庭』字本作『廷』，譌爲『庭』也。若羣臣皆列西方而東面，則有右無左，不成朝儀矣。夫內朝既皆同姓，則當敘昭穆。公族在宗廟之中，如內朝之位。宗廟必敘昭穆，則內朝亦必敘昭穆可知。羣昭列於西階下，東面。羣穆列於阼階下，西面。東面向陽，故爲昭。西面向陰，故爲穆。禘祫之主，羣昭南向，羣穆北向。其義亦猶是也。然則《文王世子》所謂東面北上者，本當云『東西面北上』，省文便讀耳。舉昭以該穆，猶《中庸》舉上帝以該后土也。或疑內朝亦有異姓，故公族東面北上。然同姓若與異姓同朝，當在阼階下，西面。如宗廟之中，同姓皆列阼階下，西面。異姓皆列西階下，東面。此不應同姓東面也。然則『東面』當作『東西面』，明矣。鄭君於此無注。孔疏乃云：公族內朝則西方，東面北上。非也。內朝不序爵，卽有三公、諸侯，亦分列左右，故無北面之位，諸侯得與天子同也。鄭注《射人》引《燕禮》卿大夫士面位，謂朝、燕及射，臣見於君之禮同。賈疏謂天子諸侯朝、燕、射，三者位同。江愼修從其説，抑又誤矣。江氏又謂：君視內朝有四事，一爲與宗人圖嘉事，一爲與羣臣燕飲，一爲君臣有謀議，臣有所進言，《聘禮》君命使，亦在此。一是羣臣夕見。不知惟圖宗人之事則視之，其餘三者皆非朝禮。《聘禮》命使當在治朝。下文夕幣，言布幕於寢門外，則命使亦在治朝明矣。《曲禮》云：君子下卿位。此位當在治朝。三朝以治朝爲正，每日朝於此，其位有常。治朝必序爵，卿大夫士有等，可知卿位必在此矣。君子指諸侯。諸侯之臣，卿爲最尊，不可不敬，故但下卿位。卿位在中廷，北面。君出入，必由中道，則過卿位矣。鄭注云：卿位，路門之內，門東北面位也。不知內朝皆公族，無所謂卿位。《燕禮》所言，竝非朝儀，而謂下卿位在內朝，抑又誤矣。君登車，當在中門之外。中門內有卿位，兩旁又有宗廟社稷，不可乘車，故《曲禮》又言國君下宗廟也。雖天子亦宜然。鄭注《樂師》謂天子登車于路寢庭，非也。朝位爲大典攸關，而一向舛錯，未有能正之者，故詳考而明辨之如此。

又　卷五《諸侯外朝在庫門外辯》

《周官》朝士掌建邦外朝之灋。鄭注云：天子五門，外朝在庫門之外，是在臯門之內也。先鄭注謂：外朝在路門外。誤甚。然天子實亦三門，天子曰臯、應、路，諸侯曰庫、雉、路。本戴東原説。天子外朝在臯門內，則諸侯外朝亦當在庫門內矣。《聘禮》疏謂諸侯外朝在大門外。此説非也。案朝必有門，門與朝相對。《爾雅·釋宮》云：正門謂之應門。郭注云：朝門。《大雅》云：迺立應門。毛傳云：王之正門曰應門。鄭注《考工記》應門，亦以朝門言之。惟門與朝對，故正朝之門謂之正門。又謂之應門者，以門與朝相應，且明王者之治必應乎天人也。內朝之門謂之路門，以與路寢相對也，故亦曰寢門。《檀弓》自寢門至於庫門。外朝之門謂之臯門，臯與『郊』聲相近，宮之有臯門，猶國之有郊門，路門猶城門，應門猶郭門，臯門則猶郊門矣。《大雅》

皋門有伉。毛傳訓皋門爲郭門。皋、郭，聲亦相轉也。可見其與外朝相應矣。且『皋』之爲言告也，《説文》：皋，從白從本。引《周禮》：詔來鼓皋舞。皋，告之也。外朝詢萬民，所以告之，故外朝門謂之皋門，其義尤明。諸侯正門謂之雉門，以雉門與治朝相應，雉、治，聲同也。又八卦《離》爲雉，人君向明而治，象取諸《離》也。見《易·繫辭傳》。外朝門謂之庫門，庫，藏兵革以備非常。外朝詢國危、國遷，亦爲非常之事，其義正相應矣。夫然，外朝在庫門內，斷斷然矣。若在庫門外，則朝不必有門，何以解於正門爲應門之説乎？內朝、治朝皆有門，而外朝何獨無門乎？又朝必有廷，所謂朝廷也。廷必有門，以限之。天子廷皆百步。《考工記》市、朝一夫。夫，百步也。本鄭注。蓋據《司馬法》步百爲畝，畝百爲夫也。內朝謂之庭。治朝、外朝皆謂之廷。堂下至路門百步，內朝之庭也。路門至應門百步，治朝之廷也。應門至皋門百步，外朝之廷也。本戴東原説。諸侯三朝與天子同，亦宜有廷。若外朝在庫門外，是諸侯外朝獨無廷矣。無門無廷，何得謂之朝乎？

外朝雖不常御，然亦君之朝廷，不可褻慢。故必在門內，設閽人以守之。《周官》閽人，王宮每門四人。是外門亦有守也。又宜有朝，乃越雉門而遠設於庫門外，此何意也？雉門有兩觀，月吉懸書，萬民得以觀象法者在此，而外朝爲詢萬民而設，宜亦在此矣。乃設於庫門外，又何意也？皆不可解矣。《聘禮》云：明日，賓拜于朝。拜饔與餼，皆再拜稽首。鄭注：拜謝主君之恩惠於大門外。賈疏知拜謝在大門外者，以其直言『賓拜於朝』，無入門之文，故知在大門外。若然，諸侯外朝在大門外，明矣。不知篇中『朝』字屢見，多是治朝。上文『夕幣，管人布幕于寢門外。賈疏云，路門外。官陳幣，使者北面，君朝服，出門左，南鄉。史讀書展幣，使者受書。公揖入。官載其幣，舍于朝。』幣爲重物，宜在中門之內。又陳幣、載幣，其文相承，則此『朝』字，指治朝明矣。下文『陳幣于朝，公南鄉，卿進使者，使者執圭垂繅，北面反命。』此『朝』字，亦明是治朝，則其餘皆可知矣。如云使者戴旜帥以受命于朝。次介假道束帛，將命于朝。公館賓退，賓從，請命于朝。《周官》司儀所謂客從，拜辱於朝也。皆治朝也。然則賓拜于朝，賓拜禮于朝，賓介皆明日拜于朝，賓三拜，乘禽于朝，亦皆治朝矣。惟賓入，至于朝，及賓皮弁聘，至于朝，二『朝』字爲朝通稱，在大門外。大門外之地，皆可謂之朝，以在朝之前也。如國君下宗廟，過廟之旁卽下車，不必入廟中始謂之廟也。然第曰至焉而已，未嘗於此行禮也。行禮必在正朝，若拜賜于外門外，不敬大矣。曾謂聖人制禮而有是乎？賓拜于朝，不言入門者，文省耳。上文賓受命于朝，言君使卿進使者，使者入，及衆介隨入。此於朝而箸其入門，則其餘行禮於朝，不必言入而無不入，可知也。如夕幣時，言君出門左，南鄉，而其下受命時，但言君南鄉，不言出門左，亦省文也。豈可泥君無出門之文，而謂賓受命於內朝乎？則賓拜于朝，亦不可泥無入門之文，而謂拜于大門外矣。鄭注謂拜謝于大門外，其説固非，然亦謂朝門之外可通稱爲朝，如上文賓至于朝之例耳。未嘗謂諸侯外朝之位在庫門外也。賈疏乃謂諸侯外朝在大門外，其誤尤甚。賈氏《朝士》疏引《左傳》『閒於兩社，爲公室輔』，謂兩社在中門外，大門內，爲外朝。其説兩社所在固非，而謂外朝在中門外，大門內，則確矣。乃《聘禮》疏又謂外朝在大門外。何也？江慎修《鄉黨圖考》從賈説，又引《朝士》職：凡得獲貨賄、人民、六畜者，委于朝，及《晉語》絳之富商，韋藩木楗而過于朝，以爲證。不知貨賄、人民，六畜委于朝者，正以外朝在大門內，可無散失，可待來者識之也。鄭注：委于朝十日，待來識之者。若在大門外，能保其無散失乎？至《晉語》所謂韋藩木楗而過於朝，則朝門外通稱爲朝之例耳，未可據此而以爲外朝之位也。

經典『朝』字最多，所指皆不同。有指治朝言者，如《檜風》狐裘以朝。《覲禮》載龍旂弧韣乃朝。《周官》射人：諸侯在朝，則皆北面。《曲禮》爵祿有列于朝。《王制》八十杖于朝，七十不俟朝。《月令》賞軍帥武人於朝。《曾子問》冕而出視朝，朝服而出視朝。《文王世子》其在外朝，則以官。此對內朝言，故稱外朝，非最外外朝也。《禮運》三公在朝。《禮器》諸侯視朝。《玉藻》皮弁以日視朝，朝服以日視朝於內朝。此對外朝言，故稱內朝，非最內內朝也。《明堂位》振木鐸于朝。《仲尼燕居》以之朝廷有禮，故官爵序也。內朝序齒不序爵，故知此朝廷是治朝。凡言朝廷者，多是治朝。《論語》朝與下大夫言。叔孫武叔語大夫於朝。《孟子》仕者皆欲立于王之朝。朝將視朝。《左傳》穆嬴日抱大子，以啼于朝。文七年。魏壽餘履士會之足于朝。文十三年。晉靈公殺宰夫，寘諸畚，使婦人載以過朝。宣二年。胥童以甲劫樂書、中行偃于朝。成十七年。晉悼公卽位于朝。成十八年。子蕩以弓梏華弱于朝。襄六年。師慧過宋，朝將私焉。杜注：私，小便。襄十五年。王遂殺子南于朝。襄二十二年。吏走，問諸朝。襄三十年。朝有箸定。昭十一年。日有食之，諸廋伐鼓于朝。昭十七年。陳成子驟顧諸朝。哀十四年。《晉語》有秦客廋辭于朝。考百事于朝。《大戴禮》『君發之于朝』之類是也。

有指內朝言者，如《左傳》陳靈公與孔寧、儀行父通於夏姬，皆衷其祖服，以戲于朝。宣九年。《檀弓》朝不坐。《表記》『朝極辨，不繼之以倦』之類是也。曰極曰倦，則在朝之久可知。古者治朝，君臣皆立，不久卽罷。議政事則在內朝，或自朝至于日中昃，故知《表記》所言爲內朝也。有指外朝言者，如《左傳》晉陰飴甥言朝國人。僖十五年。衛靈公朝國人，問叛晉。定八年。陳懷公『朝國人，問欲與楚，欲與吳』哀元年。之類是也。有統指三朝而言之者，如《考工記》前朝後市，市、朝一夫。《曲禮》在朝言朝。朝言不及犬馬。《玉藻》朝廷濟濟翔翔。《少儀》朝廷曰退。《論語》孔子在宗廟、朝廷，便便言。治朝亦有言者，君未出視朝時，諸臣得相與言，孔子『與下大夫言，與上大夫言』是也。《孟子》『朝廷不歷位而相與言』之類是也。

有指三朝之後其地通稱爲朝者。如《左傳》『賊攻執政于西宮之朝』西宮是君小寢，在路寢之後。襄公十年。是也。有指三朝之前其地通稱爲朝者，如《論語》吾力猶能肆諸市朝。《魯語》大者陳之原野，小者致之市朝。韋昭注：死刑，大夫以上尸諸朝，士以下尸諸市。案：原野也，市也，朝也，所謂『五刑三次』也。《論語》肆諸市朝，本但當言『市』而連言『朝』。《孟子》『君撻之于市朝』亦然。或謂朝非陳尸之所，而引《史記索隱》謂市之行列如朝位，以解《論語》，則《魯語》以原野、市、朝爲三次，不可解矣。《左傳》『晉殺三郤，皆尸諸朝』成十七年。之類。陳尸于朝，當在大門外也。大門之外有空地，西旁可爲賓客次舍，《聘禮》『賓至於朝，入于次』鄭注：次在大門外之西，以帷爲之。賈疏：賓位在西故也。是也。天子大門外兩旁，皆有賓客次舍，《覲禮》『諸侯前朝，皆受舍于朝，同姓西面北上，異姓東面北上』鄭注謂：次在文王廟門之外。不知經文明言受舍于朝，若在廟門外，則不可言朝矣。且天子受覲，當在大祖后稷廟，不當在文王廟也。是也。此大門外兩旁通稱朝也。大門內兩旁，亦可謂之朝。《考工記》外有九室，九卿朝焉。如今所謂朝房也。其室當在大門內之西旁，其東則小學也。詳《王宮內外九室考》。大門之前，當有經緯大路，南北爲經，東西爲緯。《晉語》所謂『絳之富商，韋藩木楗，以過于朝』是也。江慎修引此語，謂外朝凡民可以車往來，是以韋藩木楗爲車也。案韋昭注：韋藩，韋蔽前後。木楗，木擔也。則非車矣。庶人雖富，不得乘車，故以木爲楗，以韋藩之，載貨物而行於途，故曰『唯其功庸少也』。朝門之外，不得乘車往來，過之必下，《曲禮》所謂『大夫士下公門』也。此皆三朝之前其地通稱爲朝者也。讀者當詳其文義，分別而觀之。苟混而爲一，失其實矣。賈氏誤以治朝爲外朝，江氏又誤以朝門前之地爲外朝，皆於諸經『朝』字未曾細別之故也。近載東原《考工記圖》謂諸侯外朝在庫門內，足正江氏之誤，而《鄉黨圖考》根據注疏盛行於世，儒者莫知其非，故述戴說而詳辨之。

雜録

《尚書·舜典》 五刑有服，五服三就。《傳》：既從五刑，謂服罪也。行刑當就三處：大罪於原野，大夫於朝，士於市。

《國語》卷四《魯語上》 臧文仲言於僖公曰：【略】『故大者陳之原野，注：謂甲兵斧鉞也。小者致之市朝。注：刀鋸以下也。其死刑，大夫以上尸諸朝，士以下尸諸市。五刑三次，是無隱也。』注：五刑，甲兵、斧鉞、刀鋸、鑽笮、鞭扑也。次，處也。三處，野、朝、市。

《漢書》卷二三《刑法志》 故聖人因天秩而制五禮，因天討而作五刑。【略】大者陳諸原野，唐顏師古注：謂征討所殺也。小者致之市朝。注：應劭曰：大夫以上尸諸朝，士以下尸諸市。其所繇來者上矣。

《孟子·公孫丑下》 孟子曰：『伯夷非其君不事，非其友不友，不立於惡人之朝，不與惡人言。立於惡人之朝，與惡人言，如以朝衣、朝冠坐於塗炭。』

《古本竹書紀年·夏紀》 后發即位。元年，諸夷賓于王門，諸夷入舞。

《今本竹書紀年》卷上《帝發》 元年乙酉，帝即位。諸夷賓于王門。

《後漢書》卷一一五《東夷傳》 自少康已後，世服王化，遂賓於王門，獻其樂舞。

《莊子》卷九《讓王》 中山公子牟謂瞻子曰：『身在江海之上，心居乎魏闕之下。奈何？』晉郭象注：象魏，觀闕，人君門也。言心存榮貴。許慎云：天子兩觀也。

《文子》卷下《下德》 老子曰：身處江海之上，心在魏闕之下，即重生，重生即輕利矣。

《孔子家語》卷一〇《公西赤問》 衛莊公之反國，改舊制，變宗廟，易朝市。高子皐問於孔子曰：『周禮，繹祭於祊，祊在廟門之西。前朝而後市。今衛君欲其事事一更之，如之何？』孔子曰：『繹之於庫門內，祊之於東，市朝於西方，失之矣。』

宋·沈作喆《寓簡》卷二 神宗皇帝御經筵時，方講《周官》，從容問『面朝後市』何義。侍講官以王氏《新義》對曰：『朝，陽事；市，陰事。故前後之次如此。』上曰：『何必論陰陽！朝者，君子所會；市者，小人所集。義欲向君子而背小人也。』侍臣皆驚歎。蓋上已鄙厭王氏之學矣。

宗廟分部

綜述

天子宗廟 《周易·萃》 《萃》，亨。魏王弼注：聚乃通也。王假有廟。注：假，至也。王以聚至有廟也。唐孔穎達《正義》：王假有廟者，假，至也。天下崩離則民怨神怒，雖復享祀，與无廟同。王至大聚之時，孝德乃洽，始可謂之有廟矣，故曰王假有廟。【略】《彖》曰：《萃》，聚也。順以說，剛中而應，故聚也。『王假有廟』，致孝享也。注：全聚，乃得致孝之享也。《正義》：王假有廟，致孝享者，享，獻也。聚道既全，可以至於有廟，設祭祀而致孝亨也。

又 《渙》 《渙》，亨。王假有廟。《正義》：王假有廟者，王能渙難而亨，可以至於建立宗廟，故曰王假有廟也。【略】《彖》曰：《渙》，亨，剛來而不窮，柔得位乎外而上同。王假有廟，王乃在中也。注：王乃在乎渙然之中，故至有廟也。《正義》：王假有廟，王乃在中者，此重明渙時可以有廟之義。險難未夷，方勞經略，今在渙然之中，故至於有廟也。《象》曰：風行水上，《渙》。先王以享于帝，立廟。《正義》：先王以享于帝，立廟者，先王以渙然无難之時，享于上帝，以告太平，建立宗廟，以祭祖考。故曰先王以享于帝，立廟也。

《尚書·舜典》 正月上日，受終于文祖。漢孔安國《傳》：上日，朔日也。終謂堯終帝位之事。文祖者，堯文德之祖廟。唐陸德明《音義》：王云：文祖，廟名。馬云：天也。天為文，萬物之祖，故曰文祖。唐孔穎達《正義》：禮，有大事，行之於廟。況此是事之大者，知文祖者，堯文德之祖廟也。且下云『歸格于藝祖』，藝、文義同。知文祖是廟者，《咸有一德》云：『七世之廟，可以觀德』，則天子七廟，其來自遠。堯之文祖，蓋是堯始祖之廟，不知為誰也。

歸，格于藝祖，用特。《傳》：巡守四岳，然後歸，告至文祖之廟。藝，文也，言祖則考著。特，一牛。《正義》：承四巡之下，是巡守既徧，然後歸也。以上受終在文祖之廟，知此以告至文祖之廟。才藝、文德，其義相通，故藝為文也。文祖、藝祖，史變文耳。《王制》說巡守之禮云：歸，格于祖禰，用特。此不言禰，故《傳》推之，言祖則考著，考近於祖，舉尊以及卑也。特者，獨也，故為一牛。此惟言文祖，故云一牛。偏告諸廟，廟用一牛，故鄭注彼云祖，下及禰，皆一牛也。此時舜始攝位，未自立廟，故知告堯之文祖也。

月正元日，舜格于文祖。《傳》：月正，正月；元日，上日也。舜服堯喪三年畢，將即政，故復至文祖廟告。《正義》：前以攝位告，今以即位告也。此猶是堯之文祖，自此以後，舜當自立文祖之廟，堯之文祖當遷於丹朱之國也。

又 《大禹謨》 正月朔旦，受命于神宗。《傳》：受舜終事之命。神宗，文祖之宗廟，言神尊之。《正義》：神宗猶彼文祖，故云文祖之宗廟。文祖，言祖有文德，神宗，言神而尊之，名異而實同。神宗，當舜之始祖。

又 《咸有一德》 嗚呼！七世之廟，可以觀德。《傳》：天子立七廟，有德之王則為祖宗，其廟不毀，故可觀德。

又 《泰誓上》 惟受罔有悛心，乃夷居弗事上帝神祇，遺厥先宗廟弗祀。《傳》：悛，改也。言紂縱惡無改心，平居無故廢天地、百神、宗廟之祀，慢之甚。

又 《武成》 丁未，祀于周廟。邦甸侯衛駿奔走，執豆籩。《傳》：

四月丁未，祭告后稷以下、文考文王以上七世之祖。駿，大也。邦國、甸侯、衛服諸侯皆大奔走，於廟執事。

《詩經・大雅・緜》 其繩則直，縮版以載，作廟翼翼。漢鄭玄《箋》：繩者，營其廣輪方制之正也。既正，則以索縮其築版，上下相承而起廟，成則嚴顯翼翼然。宋朱熹《集傳》：縮，束也。載，上下相承也。言以索束版，投土築訖，則升下而上，以相承載也。【略】翼翼，嚴正也。

又《周頌・賚》 《序》：《賚》，大封於廟也。賚，予也，言所以錫予善人也。唐孔穎達《正義》：此言大封於廟，謂文王廟也。《樂記》説武王克殷之事，云將帥之士，使為諸侯，下文則云虎賁之士脱劍，祀乎明堂。注云：文王之廟為明堂制，是大封諸侯在文王之廟也。

文王既勤止，我應受之。敷時繹思，我徂維求定。時周之命，於繹思。

又《周頌・清廟》 《序》：《清廟》，祀文王也。周公既成洛邑，朝諸侯，率以祀文王焉。《箋》：《清廟》者，祭有清明之德者之宮也，謂祭文王也。天德清明，文王象焉，故祭之而歌此詩也。廟之言貌也。死者精神不可得而見，但以生時之居，立宮室，象貌為之耳。成洛邑，居攝五年時。《正義》：立宮室，象貌而為之者，言死者之宗廟，象生時之宮室容貌。故《冬官・匠人》所論宗廟及路寢，皆制如明堂，是死之宗廟，猶生之路寢，故云象貌為之。由此而言，自天子至於卿士得立廟者，其制皆如生居之宮矣。案《鄭志》説《顧命》成王崩於鎬，因先王之宮，故有左右房，為諸侯制也。是文、武之世，路寢未如明堂。《樂記》注云：文王之廟為明堂制。則文王之廟不類生宮，而云象貌為之者，文王以紂尚在，武王初定天下，其宮室制度未暇為天子制耳。若為天子之制，其寢必與廟同，亦是象王生宮也。若然，《祭法》注云：宗廟者，先祖之尊貌也。《孝經》注云：宗，尊也；廟，貌也。親雖亡没，事之若生，為立宮室，四時祭之，若見鬼神之容貌。如此二注，象先祖身之形貌者，以廟類生人之室，祭則想見其容，故彼注通言其意耳。作廟者為室不為形，必不得象先祖之面貌矣。

於穆清廟，肅雝顯相。漢毛亨《傳》：於，歎辭也。穆，美。肅，敬。雝，和。相，助也。《箋》：顯，光也，見也。濟濟多士，秉文之德。對越在天，《傳》：《箋》：對，配；越，於也。駿奔走在廟。不顯不承，無射於人斯。《傳》：駿，長也。顯於天矣，見承於人矣，不見厭於人矣。《箋》：駿，大也。諸侯與衆士於周公祭文王，俱奔走而來，在廟中助祭。是不光明文王之德與？言其光明之也。是不承順文王志意與？言其承順之也。此文王之德，人無厭之。

又《周頌・閔予小子》 《序》：嗣王朝於廟也。《箋》：嗣王者，謂成王也。除武王之喪，將始即政，朝於廟也。

閔予小子，遭家不造，嬛嬛在疚。於乎皇考，永世克孝。念兹皇祖，陟降庭止。維予小子，夙夜敬止。於乎皇王，繼序思不忘。

又《小雅・巧言》 《序》：《巧言》，刺幽王也。奕奕寢廟，君子作之。《正義》：連言寢廟者，《周禮》注云：前曰廟，後曰寢。則廟、寢一物。先寢後廟，便文耳。此自工匠所造，而言君子者，《閟宮》曰：『新廟奕奕，奚斯所作。』彼奚斯，君子也。以教護課程，必君子監之，乃得依法制也。

《左傳・昭公二十二年》（六月）單子逆悼王于莊宮以歸，王子還夜取王，以如莊宮。

秋七月戊寅，【略】單子使王子處守于王城，盟百工于平宮。晉杜預注：平宮，平王廟。

又《昭公二十六年》（十一月）癸酉，王入于成周。甲戌，盟于襄宮。注：襄王之廟。

十二月癸未，王入于莊宮。注：莊宮，在王城。

又《定公七年》 己巳，王入于王城，注：己巳，十二月五日。館于公族黨氏，而後朝于莊宮。注：莊王廟也。

《今本竹書紀年》卷下《厲王》 元年戊申春正月，王即位。作夷宮，命卿士榮夷公落。

又 卷下《宣王》 三十二年，王師伐魯，殺伯御，命孝公稱于夷宮。

《孔子家語》卷三《觀周》 孔子觀周，遂入太祖后稷之廟。廟堂右階之前，有金人焉，參緘其口而銘其背曰：『古之慎言，人也戒之哉！無多言，多言多敗；無多事，多事多患。安樂必戒，無所行悔。勿謂何傷，其禍將長。勿謂何害，其禍將大。勿謂不聞，神將伺人。【略】天道無親，而能下人，戒之哉！』孔子既讀斯文也，顧謂弟子曰：『小子識之！此言實而中，情而信。《詩》云：「戰戰兢兢，如臨深淵，如履薄冰。」行身如此，豈以口過患哉？』

又 卷四《六本》 孔子在齊，舍於外館，景公造焉。賓主之辭既接，而左右白曰：『周使適至，言先王廟災。』景公復問：『災何王之廟也』孔子曰：『此必釐王之廟。』公曰：『何以知之？』孔子曰：『《詩》云：「皇皇上天，其命不忒。」天之以善，必報其德，禍亦如之。夫釐王，變文、武之制而作玄黃華麗之飾，宮室崇峻，輿馬奢侈，而弗可振也。故天殃所宜加其廟焉。以是占之為然。』公曰：『天何不殃其身，而加罰其廟也？』孔子曰：『蓋以文、武故也。若殃其身，則文、武之嗣，無乃殄乎！故當殃其廟，以彰其過。』俄頃，左右報曰：『所災者，釐王廟也。』景公驚起，再拜曰：『善哉！聖之智，過人遠矣。』

漢·韓嬰《韓詩外傳》卷三 孔子觀於周廟，有攲器焉。孔子問於守廟者曰：『此謂何器也？』對曰：『此蓋為宥座之器。』孔子曰：『聞宥座器滿則覆，虛則攲，中則正。有之乎？』對曰：『然。』

晉·皇甫謐《帝王世紀·周》 武王伐紂之年，夏四月乙卯，祀於周廟，將率之士皆封。

《周禮·春官·小宗伯》 掌建國之神位，右社稷，左宗廟。漢鄭玄注：庫門內，雉門外之左右。唐賈公彥疏：建，立也，言立邦之神位者，從內向外，故據國中神位而言，對下經在四郊等爲外神也。言右社稷、左宗廟者，案《匠人》亦云左宗廟，右社稷。彼掌其營作，此掌其成事位次耳。【略】何休云：質家右宗廟，尚親親；文家右社稷，尚尊尊。若然，周人右社稷者，地道尊，右故社稷。在右，是尚尊尊之義。此據外神在國中者，社稷爲尊，故鄭注《郊特牲》云：國中神，莫大於社。【略】鄭知庫門內，雉門外者，後鄭義以雉門爲中門，周人外宗廟，故知雉門外，庫門內之左右也。【略】辨廟祧之昭穆。注：祧，遷主所藏之廟。自始祖之後，父曰昭，子曰穆。疏：諸侯無二祧，謂始封大祖廟爲祧，故《聘禮》云：『不腆先君之祧。』是大祖爲祧也。

又《春官·天府》 掌祖廟之守藏與其禁令。注：祖廟，始祖后稷之廟。其寶物，世傳守之，若魯寶玉大弓者。

又《春官·守祧》 掌守先王先公之廟祧，其遺衣服藏焉。注：廟謂大祖之廟及三昭三穆。遷主所藏曰祧。先公之遷主藏于后稷之廟，先王之遷主藏于文、武之廟。遺衣服，大斂之餘也。故書『祧』作『濯』。鄭司農：『濯』讀為『祧』。此王者之宮而有先公，謂大王以前為諸侯。其廟則有司脩除之，其祧則守祧黝堊之。

又《春官·大祝》 大師，宜于社，造于祖。疏：大師者，王出六軍，親行征伐，故曰大師。云宜于社者，軍將出，宜祭於社，即將社主行，不用命，戮於社。云造於祖者，出必造即七廟俱祭，取遷廟之主行，用命賞于祖。皆載於齊車。【略】大會同，造于廟，宜于社。疏：大會同者，王與諸侯時見曰會，殷見曰同，或在畿內，或在畿外，亦告廟而行。云造者，以其非時而祭，造次之意，即上文『造于祖』，一也。

又《夏官·隸僕》 掌五寢之埽除糞洒之事。注：五寢，五廟之寢也。周天子七廟，惟祧無寢。《詩》云『寢廟繹繹』，相連貌也。前曰廟，後曰寢。氾埽曰埽，埽席前曰拚。洒，灑也。祭祀修寢。注：於廟祭，寢或有事焉。《月令》：凡新物，先薦寢廟。【略】大喪，復于小寢、大寢。注：小寢，高祖以下廟之寢也。始祖曰大寢。

又《考工記·匠人》 夏后氏世室，堂脩二七，廣四脩一。注：世室者，宗廟也。魯廟有世室，牲有白牡。此用先王之禮，修南北之深也。夏度以步，令堂修十四步，其廣益以四分修之一，則堂廣十七步半。疏：鄭云此用先王之禮者，世室用此經夏法，白牡用殷法，皆是用先王之禮也。云夏度以步者，下文云三四步，明此二七是十四步也。云令堂修十四步者，言假令以此堂云二七約之，知用步非正文，故鄭以假令言之也。知堂廣十七步半者，以南北爲修十四步，四分之，取十二步，益三步爲十五步，餘二步，益半步爲二步半，添前十五步，是十七步半也。五室三四步，四三尺。注：堂上爲五室，象五行也。三四步，室方也。四三尺，以益廣也。木室於東北，火室於東南，金室於西南，水室於西北，其方皆三步，其廣益之以三尺。土室於中央，方四步，其廣益之以四尺。此五室居堂，南北六丈，東西七丈。九階。注：南面三，三面各二。四旁兩夾窻，注：窻，助戶爲明。每室四戶八窻。白盛。注：蜃灰也。盛之言成也。以蜃灰堊牆，所以飾成宮室。門堂三之二，注：門堂，門側之堂。取數於正堂，令堂如上制，則門堂南北九步二尺，東西十一步四尺。《爾雅》曰：門側之堂謂之塾。室三之一。注：兩室與門，各居一分。疏：此室即在門堂之上作之也。言各居一分者，謂兩室與門各居一分。鄭不言尺數，義可知，故略而不言也。

（周人）廟門容大扃七个，注：大扃，牛鼎之扃，長三尺。每扃爲一个，七个，二丈一尺。闈門容小扃參个，注：廟中之門曰闈。小扃，鼏鼎之扃，長二尺。參个，六尺。

《墨子》卷八《明鬼下》 且惟昔者虞夏商周三代之聖王，其始建國營都日，必擇國之正壇，置以為宗廟。

《荀子》卷一三《禮論篇》 故有天下者事十世，唐楊倞注：『十』當為『七』。《穀梁傳》作天子七廟。有一國者事五世，【略】所以表積厚。積厚者流澤廣，積薄者流澤狹也。注：積與績同，功業也。

《呂氏春秋》卷一七《慎勢》 古之王者，擇天下之中而立國，擇國之中而立宮，擇宮之中而立廟。

《禮記·明堂位》 山節藻棁，復廟重檐，刮楹達鄉，反坫出尊，崇坫康圭疏屏，天子之廟飾也。漢鄭玄注：山節，刻欂盧爲山也。藻棁，畫侏儒柱爲藻文也。復廟，重屋也。重檐，重承壁材也。刮，刮摩也。鄉，牖屬，謂夾戶窗也。每室八窗，爲四達。反坫，反爵之坫也。出尊，當尊南也。唯兩君爲好，既獻，反爵於其上。禮，君尊于兩楹之間。崇，高也。康，讀爲亢龍之亢。又爲高坫，亢所受圭，奠于上焉。屏謂之樹，今桴思也。刻之爲雲氣蟲獸，如今闕上爲之矣。唐孔穎達《正義》：山節，謂欂盧刻爲山形。藻棁者，謂侏儒柱畫爲藻文也。復廟者，上下重屋也。重檐者，皇氏云：鄭云重檐，重承壁材也，謂就外檐下壁，復安板檐，以辟風雨之灑壁，故云重檐，重承壁材。刮楹者，刮，摩也，楹，柱也，以密石摩柱。達鄉者，達，通也，鄉謂窗牖也。每室四戶八窗，窗户皆相對，以牖戶通達，故曰達鄉也。反坫者，兩君相見，反爵之坫也，築土爲之，在兩楹間，近南。人君飲酒，既獻，反爵於坫上，故爲之反坫也。出尊者，尊在兩楹間，坫在尊南，故云出尊。崇坫康圭者，崇，高也，亢，舉也。爲高坫，受賓之圭，舉於其上也。疏屏者，疏，刻也，屏，樹也。謂刻於屏樹，爲雲氣蟲獸也。天子之廟飾也者，自山節以下，皆天子廟飾也。反坫亦在廟，故合言廟飾也。

又《曲禮下》 君子將營宮室，宗廟為先，廄庫為次，居室為後。注：重先祖及國之用。

又《王制》 天子七廟，三昭三穆與大祖之廟而七。注：此周制。七者，大祖及文王、武王之祧與親廟四。大祖，后稷。殷則六廟，契及湯與二昭二穆。夏則五廟，無大祖，禹與二昭二穆而已。諸侯五廟，二昭二穆與大祖之廟而五。注：大祖，始封之君。王者之後，不為始封之君廟。《正義》：鄭氏之意，天子立七廟，唯謂周也。鄭必知然者，案《禮緯稽命徵》云：唐虞五廟，親廟四，始祖廟一。夏四廟，至子孫五。殷五廟，至子孫六。《鉤命決》云：唐堯五廟，親廟四與始祖五。禹四廟，至子孫五。殷五廟，至子孫六。周六廟，至子孫七。鄭據此為說，故謂七廟，周制也。周所以七，若以文王、武王受命，其廟不毀，以為二祧，并始祖后稷及高祖以下親廟四，故為七也。若王肅則以為天子七廟者，謂高祖之父及高祖之祖廟為二祧，并始祖及親廟四為七。故《聖證論》肅難鄭云：周之文、武，受命之王，不遷之廟，權禮所施，非常廟之數。殷之三宗，宗其德而存其廟，亦不以為數。凡七廟者，皆不稱周室。《禮器》云：有以多為貴者，天子七廟。孫卿云：有天下者，事七世。又云：自上以下，降殺以兩。今使天子、諸侯立廟，並親廟四而止，則君臣同制，尊卑不別。禮名位不同，禮亦異數，況其君臣乎！又《祭法》云：『王下祭殤五』，及五世來孫，則下及無親之孫，而祭上不及無親之祖，不亦詭哉？《穀梁傳》云：天子七廟，諸侯五。《家語》云：子羔問尊卑立廟制，孔子云：禮，天子立七廟，諸侯立五廟，大夫立三廟。又云：遠廟為祧，有二祧焉。大夫三廟，一昭一穆與大祖之廟而三。士一廟，庶人祭於寢。

天子將出，類乎上帝，宜乎社，造乎禰。諸侯將出，宜乎社，造乎禰。注：類、宜、造，皆祭名，其禮亡。《正義》：造乎禰者，造，至也，謂至父、祖之廟也。

又《曾子問》 曾子問曰：『喪有二孤，廟有二主，禮與？』注：怪時有之。孔子曰：『天無二日，土無二王。嘗禘郊社，尊無二上，未知其為禮也。昔者齊桓公亟舉兵，作偽主以行，及反，藏諸祖廟。廟有二主，自桓公始也。』注：偽猶假也。舉兵以遷廟主行，無則主命為假主，非也。

曾子問曰：『古者師行，必以遷廟主行乎？』孔子曰：『天子巡守，以遷廟主行，載於齊車，言必有尊也。今也取七廟之主以行，則失之矣。注：齊車，金路。當七廟、五廟，無虛主。虛主者，唯天子崩，諸侯薨，與去其國，與祫祭於祖，為無主耳。吾聞諸老聃曰：「天子崩，國君薨，則祝取羣廟之主而藏諸祖廟，禮也。卒哭成事而后，主各反其廟。注：老聃，古壽考者之號也。與孔子同時。藏諸主於祖廟，象有凶事者聚也。卒哭成事，先祔之，祭名也。君去其國，大宰取羣廟之主以從，禮也。注：鬼神依人者也。祫祭於祖，則祝迎四廟之主。注：祝，接神者也。主出廟入廟，必蹕。」』注：蹕，止行也。老聃云。

曾子問曰：『古者師行無遷主，則何主？』孔子曰：『主命。』問曰：『何謂也？』孔子曰：『天子諸侯將出，必以幣帛、皮圭告于祖禰，遂奉以出，載于齊車以行。每舍奠焉，而后就舍。反必告，設奠，卒斂幣玉，藏諸兩階之間，乃出。蓋貴命也。』

又《禮器》 禮有以多為貴者，天子七廟，諸侯五，大夫三，士一。《正義》：天子七廟，尊者誠深孝篤，故立廟乃多，世為稱也。諸侯五、大夫三、士一者，德轉薄，故廟少為稱也。

又《祭法》 天下有王，分地建國，置都立邑，設廟、祧、壇、墠而祭之，乃為親疏多少之數。是故王立七廟、一壇、一墠：曰考廟，曰王考廟，曰皇考廟，曰顯考廟，曰祖考廟，皆月祭之；遠廟為祧，有二祧，享嘗乃止。去祧為壇，去壇為墠。壇、墠，有禱焉祭之，無禱乃止。去墠曰鬼。諸侯立五廟、一壇、一墠：曰考廟，曰王考廟，曰皇考廟，皆月祭之；顯考廟、祖考廟，享嘗乃止。去祖為壇，去壇為墠。壇、墠，有禱焉祭之，無禱乃止。去墠為鬼。注：廟之言貌也。宗廟者，先祖之尊貌也。祧之言超也，超上去意也。封土曰壇，除地曰墠。書曰三壇同墠。王、皇，皆君也。顯，明也。祖，始也。名先人以君、明、始者，所以尊本之意也。天子遷廟之主，以昭穆合藏於二祧之中。諸侯無祧，藏於祖、考之廟中。《聘禮》曰『不腆先君之祧』，是謂始祖廟也。享嘗，謂四時之祭。天子、諸侯為壇、墠，所禱謂後遷在祧者也。既事，則反其主於祧。鬼亦在祧，顧遠之於無事，祫乃祭之爾。《春秋》文二年秋，大事於大廟。《傳》曰『毀廟之主陳于太祖，未毀廟之主皆升，合食於太祖』是也。魯煬公者，伯禽之子也。至昭公、定公，久已為鬼，而季氏禱之，而立其宮，則鬼之主在祧明矣。唯天子、諸侯有主禘、祫。

又《雜記下》　成廟則釁之。其禮：祝、宗人、宰夫、雍人皆爵弁、純衣。注：廟新成，必釁之，尊而神之也。宗人先請於君曰：請命以釁某廟。君諾之，乃行。雍人拭羊，宗人視之，宰夫北面于碑南，東上。注：居上者，宰夫也。宰夫，攝主也。拭，静也。雍人舉羊升屋，自中，注：自，由也。中屋南面封羊，血流于前，乃降。門、夾室，皆用雞，先門而後夾室。其衈，皆於屋下。割雞，門當門，夾室中室。注：衈，謂將封割牲以釁，先滅耳旁毛薦之。耳，聽聲者，告神欲其聽之。《周禮》有刉衈。有司皆鄉室而立，門則有司當門，北面。注：有司，宰夫、祝、宗人。既事，宗人告事畢，乃皆退。注：告者，告宰夫。反命于君曰：『釁某廟事畢。』反命于寢，君南鄉于門內，朝服。既反命，乃退。注：君朝服者，不至廟也。路寢成，則考之而不釁。釁屋者，交神明之道也。注：言路寢者，生人所居。不釁者，不神之也。考之者，設盛食以落之爾。《檀弓》曰『晉獻文子成室，諸大夫發焉』是也。凡宗廟之器，其名者成，則釁之以豭豚。注：宗廟名器，謂尊、彝之屬。

唐·杜佑《通典》卷四七《禮七·吉禮六·天子宗廟》　昔者先王感時代謝，思親立廟，曰宗廟。廟，貌也。宗廟者，先祖之尊貌也。因新物而薦享，以申孝敬。遠祖非一，不可偏追，故親盡而止。唐虞立五廟，鄭玄按《禮緯元命苞》云：天子五廟，二昭二穆，與始祖而五。其祭尚氣，先迎牲，殺於庭，取血告於室，以降神，然後奏樂，尸入，王祼以鬱鬯。血腥爓祭，用氣者也。尚謂先薦之。夏氏因之。夏太祖無功而不立，自禹與二昭二穆也。殷制七廟。《商書》云：七世之廟，可以觀德。《王制》云：天子七廟。鄭玄復云：殷制，太廟自契及湯，二昭二穆。

周制，小宗伯掌建國之神位，左宗廟。庫門內，雉門外之左。王立七廟，一壇一墠。曰考廟，曰王考廟，曰皇考廟，曰顯考廟，曰祖考廟，皆月祭之。遠廟為祧，有二祧，享嘗乃止。去祧為壇，去壇為墠，壇墠，有禱焉祭之，無禱乃止。去墠曰鬼。王、皇，皆君也。祖，始也。名先人以君明始者，所以尊本之意。祧之為言超也，超然上去意也。封土曰壇，除地曰墠。天子遷廟之主，以昭穆合藏於二祧之中。

鄭玄云：周制七廟，太祖及文王、武王之祧與親廟四，幷而七。太祖，后稷。王肅云：尊者尊統於上，故天子七廟。其有殊功異德，非太祖而不毀，不在七廟之數。其禮與太祖同，則文、武之廟是。

試評曰：禮有以多為貴。《王制》云：天子七廟，諸侯五廟。《祭法》云：遠廟為祧，有二祧焉，享嘗乃止。而鄭玄以文武之廟曰祧，不亦踈乎！若以天子之祖功德則不立二祧，二祧不廟數，與諸侯同，何以為隆殺哉？虞喜云：七廟不始於周，伊尹已言七代之廟矣。成王六年制禮，七廟亦已有見數。文王爲祖，武王爲禰，祖非遠廟也。《周官》掌宗廟而職曰守祧，周公不稱祖禰爲遠祧也。當須逆數成，然後廟得別出，不可於成王之代，以文、武逆云為遷主所藏矣。

又　卷四八《禮八·吉禮七·天子皇后及諸侯神主》　《五經異義》曰：主者，神象也。孝子既葬，心無所依，所以虞而立主以事之。唯天子諸侯有主，卿大夫無主，尊卑之差也。卿大夫無主者，依神以几筵，故少牢之祭，但有尸無主。三王之代，小祥以前主用桑者，始死尚質，故不相變；既練易之，遂藏於廟，以為祭主。凡虞主用桑，桑猶喪也。《公羊傳》曰：既虞而作主，至祔，奉而祔於祖廟。《左傳》：於祔始作之，至練則祔。練主，夏后氏以松，殷人以柏，周人以栗。《白虎通》曰：魯哀公問社於宰我。宰我對曰：夏后氏以松，所以自竦動；殷人以柏，所以自迫促；周人以栗，所以自戰慄，亦不相襲。廟主以木為之，木有終始，與人相似，題之，欲令後可知。《春秋左氏傳》曰：凡君薨，卒哭而祔，祔而作主，特祀於主，既葬及虞，則免喪，故曰卒哭。卒，止也。以新死者之神祔於祖，尸柩已遠，孝子思慕，造木主，立几筵焉，特用喪禮，既祀於寢，不同之於宗廟也。凡言君者，謂諸侯以上，不通於卿大夫。烝嘗禘於廟，新主既特祀於寢，則宗廟四時常祀，自如舊。三年禮畢，大禘乃皆同於吉也。主之制，四方，穿中央，達四方。天子長尺二寸，諸侯一尺，皆刻諡於背。《集禮志》曰：在戶之南。

清・任啓運《宮室考》卷上《廟》

廟外為門，中為堂，後為寢。此統言廟制。門內曰祊，門外室亦曰祊。左右曰塾，塾有堂有室，內為內塾，外為外塾，中以墉別之。此分言門也。邢氏昺曰：門內之祊，待賓客之處，正祭求神于此，《詩》『祝祭于祊』是也。門外西室亦曰祊，《禮器》『為祊于外』是也。愚按《周禮》祭五祀于宮，商祭五祀于廟，《逸中霤禮》祀竈，先設席于廟門之奧東西，又設主于廟門外之東西，面祭主訖，乃迎尸于奧。是門外有西室也。《大戴禮・諸侯釁廟》『夾室割雞于室中』，注：門夾之室。是門東西皆有夾室也。《爾雅》『門側之堂謂之塾』，孫氏炎曰：夾門堂也。是左右夾門者為堂也。《白虎通義》：『門必有塾，所以飾門。』知中有墉者，以別內外故也。

堂有房，有室，有廂，有夾室。此分言堂也。堂五間，每間五架，就堂之地分為十二區，堂得九區。北一區為室，室東西各一區為房，房外各一架為廂，廂南各一架為東西堂，又南各二架為東西夾室。先儒謂大夫士無西夾，則疑止四間矣。朱子謂堂五架，以當棟為中，前二架，後二架，則寔四架耳。愚疑天子祫祭，羣尸皆入太室受祼，一架之地何以容之？吳紱謂一架止就柱之著地者言之，兩柱間有小梁，梁上用短柱，即兩架三架，亦成一架而已。房、室之外曰堂，兩序之門曰堂，兩階之上曰堂，堂有階，屬諸序。又析言之，所謂堂得九區者也。賈公彥曰：堂上行事非一所，近戶則言戶東、戶西；近房則言房外之東、房外之西；近楹則言東楹、西楹；東楹之東、西楹之西近序，則言東序、西序；近階則言東階、西階，惟半以南無所係屬，乃專言堂。

堂之北為室，室北墉、西墉、東墉。南墉中諸南，西為牖，東為戶，東半以東猶墉也。室以內，西南隅謂之奧，西北隅謂之屋漏，東北隅謂之宧，東南隅謂之窔，奧、窔之間謂之冥，室以外戶牖之間謂之扆。室于堂得一區，當室北之中，三面皆墉，惟南近東為戶。或以為北有牖，非也。惟私室有北出小牖，《詩》所謂『塞向』是也。黃氏越謂室四面有戶，此明堂之室，非廟室也。『奧窔』四句，本《爾雅・釋宮》之文。古者以奧為最尊，故人子居，不主奧。其廟之室，則主在焉，《詩》所謂『宗室牖下』是也。屋漏之地，與牖相向，受牖之光，光所漏入處，故謂之屋漏。祭畢，則設饌于此，為陽厭，《禮》所謂『當室之白』是也。宧，養也。奉養之物自此而進，故謂之宧。在廟則視所常立處也。窔亦隱也，在戶扇之後，亦隱而不見，《禮・既夕篇》所謂『埽室聚窔』是也。冥，《爾雅》無文。《詩》『噦噦其冥』，朱《傳》『冥，奧窔之間』，則當屬之此也。扆，倚也。天子朝諸侯，畫黼文于屏上而身倚之，故謂之斧扆，《王制》所謂『天子當扆而立』是也。諸侯以下無扆，則但謂之戶牖之間。

室東為東房，西為西房。東墉、西墉。南戶中諸墉，東房半以北曰北堂，堂有階，達諸寢。房于室東西，各得一區，亦在堂之北。《士冠禮》『陳服于房中西墉下』，是西有墉也。『贊者立房中西面』，朱子曰：背負東牆。是東有墉也。『冠者房中南面立』，朱子曰：當南壁東西之中。是戶在南墉之中也。《鄉飲酒禮》『尊于房、戶之間』，是東房之戶與室戶近，而房、戶之西有墉也。《特牲禮》『宗婦北堂東面，北上』，鄭云東房無北壁，故得北堂名。是北無墉也。『尊兩壺房中西墉下，南上。內賓在其北，東面南上』，是東房分半以為北堂，而半以南為房中也。蓋分言之，則半以南為房中，半以北為北堂；若通言之，則房中亦謂之北堂。凡祭，主婦位北堂之北，南面。此君母之位，故後世因稱母為北堂也。《大射禮》『工人士、梓人、司宮皆位北堂下，升自北階』，是北有階也。《書》『一人冕，執銳立于側階。』孔氏安國云；側，特也。側階，北下階。西房無北階，惟東有之，故曰特。鄭云：大夫士無西房。蓋天子諸侯室廣，故止一區；大夫士室狹，故通西房一區為室也。周氏欽據《詩》『大房』注，謂足下有跗，如堂房，則房兩邊當窔，出在堂如跗。愚按如此，則尊于房、戶之間，殊難安頓。恐未必然。房東為東廂，西為西廂。北墉、東墉、西墉。南戶屬諸堂，東為東堂，西為西堂。東西二間，通言之皆謂之廂，分言之則北一架為廂，南二架為夾室，中一架為東西堂也。知其然者，親廟無夾室，而《諸侯遷廟禮》『君就東廂西面祝，就西廂東面避如食間』。以其避，知必有墉也。以其無夾室而有廂，知必近房也。《覲禮》『几俟于東廂』，以其俟，知去扆不遠也。郭氏璞云：廂，夾室前堂。蓋以東西夾室北戶，則東西堂在其前，故以北為前也。《特牲禮》『几席兩敦在西堂』，鄭云：西堂，西夾室前，近南。『賓與長兄弟之薦，自東房，其餘在東堂』，鄭云：東堂，東夾室前，近南。此蓋以東西廂為夾室也。《書》：『一人冕，執劉立于東堂。一人冕，執鉞立于西堂。』漢孔氏云：東西廂之前堂。蓋廂之戶南向，則堂在其前，此又以南為前也。陸氏隴其曰：曰廂曰序，通在堂上。自其近牆者言，則曰序；自楹至牆一間統言之，則曰廂。今人指堂下廊廡為廂，非《爾雅》所謂。愚按陸知廂在堂上，是已；但謂自楹至序牆一間，亦非也。東楹之東，西楹之西，東階、西階之上，正行禮之地，安有可避處？而《遷廟禮》曰『避如食間』乎！周欽云：據郭、鄭二說，是廂在夾室南，堂又在廂與夾室之南。愚按如此，則堂在東南隅、西南隅，偏而不可言堂矣。

堂上東西牆曰序，序東為東夾室，西為西夾室。南墉、東墉、西墉。北戶偏諸東，東為東堂，西為西堂。堂有階，達諸婦人之闈門。郭氏曰：

謂之序者，以其次序分別內外親疎之序而名也。曹氏曰：夾室半以南為之，知北戶偏諸東者，兩夾室皆藏祧主。主必東向以正室，戶偏于東，知夾室亦然也。知東堂、西堂皆有階者，《書》一人冕，執戣，立于東垂；一人冕，執瞿，立于西垂。孔氏穎達云：言垂者，堂上之遠地，當于序外東西階上。古人謂之東下階，西下階。愚按《奔喪禮》婦人升自東階。此東下階也。《特牲禮》主婦視饎爨于西堂下，或兩敦，陳于西堂。此西下階也。《雜記》夫人入自闈門，升自側階。知升側階，必自闈門入也。《燕禮》賈疏云：東面階，西面階，婦人之階，非男子所升。則《康王之誥》所云側階，孔以為北階者得之，鄭、王以為東下階非也。王氏樵謂王宅憂，路寢之東，夾室往還，必由東下階，故儀衛特盛。愚謂東下階可由，則此階何不可由？且東下階已有執戣而立者，何東階備之重、西北階虛無人耶？其當從孔氏，明矣。按漢孔氏又謂東房東夾室，西房西夾室。則以夾中央正室而言，非藏祧主之夾室也。鄭又謂序者，堂上東西廂之牆。則以夾室亦通名廂也。惟鄭言東廂，東房之東，當夾室北，及東夾室在東房之東南二條，甚明耳。

祖廟有夾室，祧廟有夾室，親廟無夾室。祖廟，后稷廟，其夾室藏不窋以下祧主。祧廟，文、武二世室，其夾室藏成、康以下祧主。親廟無祧主可藏，故不必有夾室也。或言無夾者并無廂，然《遷廟禮》言君就東廂，祝就西廂。則親廟無夾而有廂矣。室有東西廂，謂之廟。無東西廂有室，謂之寢。此二句，亦《爾雅》文。邢曰以明寢廟之異制也。鄭曰廟以棲神，其處尊，故在前；寢以藏衣冠，視廟為卑，故在後。愚按寢無廂者，婦人有事于廟，無事于寢，則不必設東西二階，而廂、夾室連為一也。其必有室者，正室藏先公衣冠，東西夾室藏文、武以下祧主衣冠也。其堂則用之以燕焉。堂無室，謂之榭；廟無寢，謂之祧。上句亦《爾雅》文。《鄉射禮》：豫則鉤楹，內堂則由楹外。鄭曰：豫讀為宣榭之榭。朱子曰：堂有室，則四分其堂，去一以為室，故淺，而由楹前；榭無堂，則全得四分以為堂，故深，而由楹內。是榭無室也。但先儒皆以宣榭為宣王之廟，其制如榭。愚謂廟主必藏于室之奧，若無室，何以藏主？豈宣榭固宣王之射堂，而先儒附合為廟歟？《周禮》隸僕掌五寢糞除洒掃之事。鄭云二祧無寢，故止五寢。蓋寢以藏衣冠，祧自文、武以下衣冠，皆藏太祖廟之夾室故也。

天子之廟，祖一，祧二，昭二穆二。諸侯之廟，祖一，昭二穆二。大夫之廟，祖一，昭一穆一。祧左右列諸祖之南，昭左穆右，屬諸祧之南。諸侯大夫無祧，昭穆屬諸祖之南。適士無祖，昭一穆一。祧二，即世室也。昭二穆二，高、曾、祖、考也，列分而為左右屬，以次相繼也。適士曾祖與考同廟。

一廟之外，周以垣，垣有閎，閎兩鄉。二廟之間，亘以垣，垣有門，門達鄉。七廟之外，統以垣，垣有門，門午鄉。諸侯一廟之外，間以垣，垣有閎，閎西鄉。四廟之右，夾以垣，垣有閤，閤南鄉。一廟之垣曰宮，七廟、五廟之垣曰都宮。兩鄉，昭宮、穆宮之閎門，東西兩兩相對也。達鄉，太祖之廟門與都宮之門直達而出，皆南鄉也。朱子曰：《江都集禮》廟制：諸侯立廟，在中門外之左。古者宗廟之制，外為都宮，內各有寢廟，別有門垣。太祖在北，左昭右穆，以次而南。愚按《聘禮》：公揖入，每門，每曲揖。賈疏言諸侯三門，應門為中，左廟右社。入大門東行，即至廟門。其得有每門者，諸侯五廟，太祖居中，二昭居東，二穆居西，皆別門，門外兩邊皆有南北隔牆，隔牆中央通門。祖廟以西，隔牆有三，則閤門亦有三。東行經三門，乃至太祖廟，門中則相逼，入門則相遠，是以每門皆有曲，每曲即相揖也。愚細思之，當是天子太祖之門，道當三昭三穆之中，諸侯之門，道當二昭二穆之西，故曰祖廟以西也。二穆之西，隔牆有二，折而東行，入太祖廟，又一隔牆，故曰隔牆有三也。

自庫門而東曰曲，自都門而北曰曲，入廟門左右折曰曲。此明入廟之道也。天子之廟，入都宮北行，歷三門至太廟。諸侯之廟，入都宮北行，又折而東，亦歷三門乃至太廟。廟中路謂之唐，堂途謂之陳。二句《爾雅》。唐相逼，陳相達。唐，廟中路入門當中者也。入必經此，故相逼。陳當東西階路也，分東西，故相達。《詩》疏混唐、陳為一，非是。階下謂之庭，庭左右謂之位，中庭而立者謂之碑。位，序列之位，當夾室之南。碑，所以麗牲者。堂稜謂之廉，廉以下謂之阯，堂之邊遠謂之垂。

諸侯宗廟·魯

《詩經·魯頌·閟宮》 閟宮有侐，實實枚枚。宋朱熹《集傳》：閟，深閉也。宮，廟也。侐，清静也。實實，鞏固也。枚枚，礱密也。時蓋脩之，故詩人歌詠其事，以為頌禱之辭，而推本后稷之生，而下及於僖公耳。

徂來之松，新甫之柏，是斷是度，是尋是尺。松桷有舄，路寢孔碩，新廟奕奕。奚斯所作，孔曼且碩，萬民是若。《集傳》：徂來、新甫，二山名。八尺曰尋。舄，大貌。路寢，正寢也。新廟，僖公所修之廟。奚斯，公子魚也。作者，教護屬功課章程也。曼，長。碩，大也。萬民是若，順萬民之望也。

《論語·八佾》 子入大廟，三國魏何晏《集解》：包曰：大廟，周公廟。孔子仕魯，魯祭周公而助祭也。每事問。

《左傳·桓公二年》 夏四月，取郜大鼎于宋。戊申，納于大廟。注：大廟，周公廟也。非禮也。臧哀伯諫曰：【略】『今滅德立違，而寘其賂器於大廟，以明示百官，百官象之，其又何誅焉？國家之敗，由官邪也。官之失德，寵賂章也。郜鼎在廟，章孰甚焉？武王克商，遷九鼎于雒邑，義士猶或非之；而况將昭違亂之賂器於大廟，其若之何？』公不聽。

冬，公至自唐，告于廟也。凡公行，告于宗廟，反行飲至，舍爵策勳焉，禮也。注：爵，飲酒器也。既飲置爵，則書勳勞於策，言速紀有功也。

又《莊公八年》 春，治兵于廟，禮也。注：治兵於廟，習號令。唐孔穎達《正義》：此治兵於廟，欲就尊嚴之處，使之畏威用命耳。但軍旅之衆，非廟内所容，止應告於宗廟，出在門巷習之。宋林堯叟《句解》：凡師行，必告於大廟，而奉祧廟之主以行，故曰治兵于廟，得出師之禮。

《穀梁傳·莊公二十三年》 秋，丹桓宫楹。《傳》：禮，天子諸侯黝堊，晉范寧《集解》：黝堊，黑色。唐楊士勛疏：徐邈曰：黝，黑柱也，堊，白壁也，謂白壁而黑柱。今范同以黝堊爲黑色者，以此《傳》爲丹楹而發，何得有壁事而在其間？故同爲黑色也。大夫倉，士黈。《集解》：黈，黄色。

又《莊公二十四年》 春王三月，刻桓宫桷。《傳》：禮，天子之桷，斲之礱之，加密石焉。《集解》：以細石磨之。諸侯之桷，斲之礱之，大夫斲之，士斲本。刻桷，非正也。夫人所以崇宗廟也，取非禮與非正而加之於宗廟，以飾夫人，非正也。《集解》：非禮謂娶讎女，非正謂刻桷丹楹也。本非宗廟之宜，故曰『加』。言將親迎，欲爲夫人飾，又非正也。

又《僖公八年》 秋七月，禘于大廟，用致夫人。《集解》：劉向曰：夫人，成風也。致之于大廟，立之以為夫人。《傳》：用者，不宜用者也；致者，不宜致者也。【略】一則以宗廟臨之，而後貶焉。《集解》：臣無貶君之義，故于大廟去夫人氏姓，以明君之非正。一則以外之弗夫人，而見正焉。《集解》：秦人来歸僖公成風之禭，不言夫人。

又《僖公十五年》 （九月）己卯，晦。震夷伯之廟。《傳》：晦，冥也。震，雷也。夷伯，魯大夫也。因此以見天子至于士，皆有廟。天子七廟，諸侯五，【略】故德厚者流光，德薄者流卑。是以貴始，德之本也。始封必為祖。《集解》：若契為殷祖，棄為周祖。

《左傳·僖公三十三年》 葬僖公，緩。作主，非禮也。注：文二年乃作主，遂因葬文，通譏之。凡君薨，卒哭而祔，祔而作主，特祀於主，注：既葬反虞，則免喪，故曰卒哭，哭止也。以新死者之神祔之於祖，尸柩已遠，孝子思慕，故造木主，立几筵焉，特用喪禮，祭祀於寢，不同之於宗廟。言凡君者，謂諸侯以上，不通於卿大夫。烝嘗禘於廟。注：冬祭曰烝，秋祭曰嘗。新主既立，特祀於寢，則宗廟四時常祀，自如舊也。三年禮畢，又大禘，乃皆同於吉。

又《文公二年》 秋八月丁卯，大事于大廟，躋僖公，逆祀也。於是夏父弗忌為宗伯，尊僖公，且明見曰：『吾見新鬼大，故鬼小，先大後小，順也。躋聖賢，明也。明、順，禮也。』君子以為失禮：禮無不順。祀，國之大事也，而逆之，可謂禮乎？子雖齊聖，不先父食久矣。故禹不先鯀，湯不先契，文、武不先不窋。宋祖帝乙，鄭祖厲王，猶上祖也。

《國語》卷四《魯語上》 夏父弗忌為宗，烝，將躋僖公。宗有司曰：『非昭穆也。』三國吴韋昭注：宗有司，宗官司事臣也。非昭穆，謂非昭穆之次也。父為昭，子為穆。僖為閔臣，臣子一例而升閔上，故曰非昭穆也。曰：『我為宗伯。明者為昭，其次為穆，何常之有？』注：明，言僖有明德，當為昭；閔次之，當為穆也。有司曰：『夫宗廟之有昭穆也，以次世之長幼而等胄之親疏也。夫祀，昭孝也，各致齊敬於其皇祖，昭孝之至也。注：皇，大也。故工、史書世，宗、祝書昭穆，猶恐其踰也。今將先明而後祖。自玄王以及主癸，莫若湯；注：玄王，契也。主癸，湯父也。自稷以及王季，莫若文、武。商、周之烝也，未嘗躋湯與文、武為踰也。魯未若商、周而改其常，無乃不可乎？』弗聽，遂躋之。

《公羊傳·文公二年》 （二月）丁丑，作僖公主。《傳》：作僖公主者何？為僖公作主也。漢何休《解詁》：為僖公廟作主也。主狀正方，穿中央，達四方。天子長尺二寸，諸侯長一尺。主者曷用？虞主用桑，《解詁》：禮，平明而葬，日中而反虞，以陽求陰。謂之虞者，親喪以下壙皇皇無所親，求而虞事之。虞猶安神也。用桑者，取其名與其麤觕，所以副孝子之心。練主用栗。《解詁》：謂期年練祭也。埋虞主於兩階之間，易用栗也，夏后氏以松，殷人以柏，周人以栗。松猶容也，想見其容貌而事之，主人正之意也。柏猶迫也，親而不遠，主地正之意也。栗猶戰栗，謹敬貌，主天正之意也。《禮·士虞記》曰：桑主不文，吉主皆刻而謚之，蓋為禘祫時别昭穆也。虞主三代同者，用意尚麤觕，未暇别也。用栗者，藏主也。《解詁》：藏于廟室中堂，所當奉事也。質家藏于堂。作僖公主，何以書？譏。何譏爾？不時也。其不時奈何？欲久喪而後不能也。

《穀梁傳·文公二年》 （二月）丁丑，作僖公主。《傳》：作，為也，為僖公主也。《集解》：為僖公廟作主也。主蓋神之所馮依，其狀正方，穿中央，達四方。天子長尺二寸，諸侯長一尺。立主，喪主於虞，《集解》：禮，平旦而葬，日中反而祭謂之曰虞。其主用桑。吉主於練。《集解》：期而小祥，其主用栗。作僖公主，譏其後也。《集解》：僖公薨，至此已十五月。作主、壞廟有時日，於練焉壞廟。壞廟之道，易檐可也，改塗可也。《集解》：禮，親過高祖則毀其廟，以次而遷，將納新神，故示有所加。

《公羊傳·文公六年》 閏月，不告月，猶朝于廟。《傳》：不告月者何？不告朔也。《解詁》：禮，諸侯受十二月朔政於天子，藏于大祖廟。每月朔，朝廟，使大夫南面奉天子命，君北面而受之。【略】猶者何？通可以已也。《解詁》：朝者因視朔政爾，無政而朝，故加「猶」。

又 《文公十三年》 世室屋壞。《傳》：世室者何？魯公之廟也。《解詁》：魯公，周公子伯禽。周公稱大廟，魯公稱世室，羣公稱宮。《解詁》：少差異其下者，所以尚尊周公。此魯公之廟也，曷為謂之世室？世室猶世室也，世世不毀也。《解詁》：魯公始封之君，故不毀也。周公何以稱大廟于魯？《解詁》：据魯公始封也。封魯公以為周公也。《解詁》：為周公故，語在下。周公拜乎前，魯拜乎後。《解詁》：始受封時，拜于文王廟也。《尚書》曰「用命賞于祖」是也。父子俱拜者，明以周公之功封魯公也。曰：『生以養周公，《解詁》：生以魯國供養周公。死以為周公主。』《解詁》：如周公死，當以魯公為祭祀主。加「曰」者，成王始授其茅土之辭。《禮記·明堂位》曰：封周公於曲阜，地方七百里，革車千乘。蓋以為有王功，故半天子也。

《穀梁傳·文公十三年》 大室屋壞。《傳》：大室屋壞者，有壞道也，譏不脩也。大室，猶世室也。《集解》：世世有是室，故言世室。周公曰大廟，伯禽曰大室，羣公曰宮。禮，宗廟之事，君親割，《集解》：割牲。夫人親舂，《集解》：舂粢盛。敬之至也。為社稷之主而先君之廟壞，極稱之，志不敬也。

又 《文公十六年》 夏五月，公四不視朔。《傳》：天子告朔于諸侯，諸侯受乎禰廟，禮也。《集解》：每月天子以朔政班于諸侯，諸侯受而納之禰廟，告廟以羊。今公自二月不視朔，至于五月，是後視朔之禮遂廢，故子貢欲去其羊。公四不視朔，公不臣也，以公為厭政以甚矣。

《公羊傳·成公三年》 （二月）甲子，新宮災。三日哭。《傳》：新宮者何？宣公之宮也。《解詁》：以無新宮，知宣公之宮廟。宣宮則曷爲謂之新宮？不忍言也。《解詁》：親之精神所依而災，孝子隱痛，不忍正言也。謂之新宮者，因新入宮，易其西北角，示昭穆相繼，代有所改更也。其言三日哭何？廟災三日哭，禮也。《解詁》：善得禮，痛傷鬼神無所依歸，故君臣素縞哭之。新宮災，何以書？記災也。《解詁》：此象宣公篡立，當誅絶，不宜列昭穆。成公幼少，臣威大重，結怨彊齊，將不得久承宗廟之應。

《左傳·成公六年》 二月，季文子以鞌之功，立武宮。注：魯人自鞌之功，至今無患，故築武軍，又作先君武公宮，以告成事，欲以示後世。非禮也。聽於人，以救其難，不可以立武。立武由己非由人也。

《公羊傳·成公六年》 二月辛巳，立武宮。《傳》：武宮者何？武公之宮也。《解詁》：在春秋前。立者何？立者不宜立也。立武宮，非禮也。《解詁》：禮，天子諸侯立五廟，受命始封之君立一廟，至於子孫，過高祖不得復立廟。【略】立武宮者，蓋時衰，多廢人事，而好求福於鬼神，故重而書之。臧孫許伐齊有功，故立武宮。

《穀梁傳·成公六年》 二月辛巳，立武宮。《集解》：舊説曰：武公之宮廟毀已久矣，故《傳》曰不宜立也。《禮記·明堂位》曰：魯公之廟，文世室也；武公之廟，武世室也。言世室，則不毀也。則義與此違。《傳》：立者，不宜立也。

《左傳·襄公十二年》 秋，吳子壽夢卒，注：壽夢，吳子之號。臨於周廟，禮也。注：周廟，文王廟也。周公出文王，故魯立其廟。吳始通，故曰禮。凡諸侯之喪，異姓臨於外，注：於城外，向其國。同姓於宗廟，注：所出王之廟。同宗於祖廟，注：始封君之廟。同族於禰廟。注：父廟也。同族謂高祖以下。是故魯為諸姬，臨於周廟；注：諸姬，同姓國。為邢、凡、蔣、茅、胙、祭，臨於周公之廟。注：即祖廟也。六國皆周公之支子，別封為國，共祖周公。

又 《襄公十三年》 春，公至自晉。孟獻子書勞于廟，禮也。注：書勳勞於策也。

又 《定公元年》 昭公出故，季平子禱于煬公。九月，立煬宮。注：平子逐君，懼而請禱於煬公。昭公死於外，自以為獲福，故立其宮。

《公羊傳·定公元年》 立煬宮。《傳》：煬宮者何？煬公之宮也。《解詁》：春秋前煬公也。立者何？立者不宜立也。立煬宮，非禮也。《解詁》：不日，嫌得禮，故復問「立」也。不日者，所見之世諱深，使若比武宮惡愈，故不日。

《穀梁傳·定公元年》　立煬宮。《集解》：煬宮，伯禽子。廟毀已久。《傳》：立者，不宜立者也。

《左傳·哀公三年》　夏五月辛卯，司鐸火，火踰公宮，桓、僖災。注：桓公、僖公廟。

《公羊傳·哀公三年》　五月辛卯，桓宮、僖宮災。《傳》：此皆毀廟也，其言災何？《解詁》：據禮，親過高祖，則毀其廟。復立也。曷為不言其復立？《春秋》見者，不復見也。《解詁》：謂内所改作也。哀自立之，善惡獨在哀，故得省文。

《禮記·明堂位》　魯公之廟，文世室也；武公之廟，武世室也。注：此二廟象周有文王、武王之廟也。世室者，不毀之名也。魯公，伯禽也。武公，伯禽之玄孫也，名敖。《正義》：此一經明魯有二廟不毀，象周之文、武二祧也。文世室者，魯公伯禽有文德，世世不毀其室，故云文世室。武世室者，伯禽玄孫武公有武德，其廟不毀，故云武世室。案成六年，立武宮。《公羊》、《左氏》並譏之，不宜立也。又武公之廟，立在武公卒後，其廟不毀，在成公之時。此《記》所云，美成王褒崇魯國而已。云武公之廟，武世室者，作《記》之人因成王褒魯，遂盛美魯家之事，因武公其廟不毀，遂連文而美之，非實辭也。

鄭　《左傳·隱公十一年》　鄭伯將伐許。五月甲辰，授兵于大宮。注：大宮，鄭祖廟。《句解》：授兵，賦車馬也。大宮，鄭祖廟也。蓋授兵車於祖廟也。

又《桓公十四年》　冬，宋人以諸侯伐鄭。【略】以大宮之椽歸，為盧門之椽。注：大宮，鄭祖廟。盧門，宋城門。唐陸德明《音義》：椽，直專反，榱也。圓曰椽，方曰桷。《説文》云：周謂之椽，齊、魯謂之桷。《句解》：以鄭祖廟之椽為宋城門之椽，辱之也。

又《宣公三年》　盟於大宮而立之。注：大宮，鄭祖廟。

又《宣公十二年》　春，楚子圍鄭，旬有七日。鄭人卜行成，不吉；卜臨于大宮，注：臨，哭也。大宮，鄭祖廟。且巷出車，吉。注：出車於巷，示將見遷，不得安居。

又《成公十三年》　（六月）己巳，子駟帥國人，盟于大宮。

又《襄公三十年》　乙巳，鄭伯及其大夫盟于大宮。注：大宮，祖廟。

又《昭公十六年》　火作，子産【略】使子寬、子上巡羣屏攝，至于大宮。注：屏攝，祭祀之位。大宮，鄭祖廟。巡行宗廟，不得使火及之。使公孫登徙大龜，使祝、史徙主祏於周廟，告卜先君。注：祏，廟主石函。周廟，厲王廟也。有火災，故合羣主於祖廟，易救護。《正義》：每廟木主，皆以石函盛之。當祭則出之，事畢則納於函，藏於廟之北壁之内，所以辟火災也。文二年《傳》云：鄭祖厲王。故知鄭之周廟，是厲王之廟也。

紀　《公羊傳·莊公三年》　秋，紀季以酅入于齊。《傳》：紀季者何？紀侯之弟也。何以不名？賢也。何賢乎？服罪也。其服罪奈何？魯子曰：請後五廟，以存姑姊妹。《解詁》：紀與齊為讐，不直，齊大紀小，季知必亡，故以酅，首服先祖有罪於齊，請為五廟後，以酅共祭祀，存姑姊妹。稱字言之者，以存先祖之功，則除出奔之罪，明其知權。言『入』者，難辭，賢季有難去兄入齊之心，故見之。男謂女先生為姊，後生為妹，父之姊妹為姑。

晉　《左傳·閔公二年》　梁餘子養曰：『帥師者，受命於廟，受脤於社。』注：脤，宜社之肉，盛以脤器。

又《僖公二十四年》　（二月）壬寅，公子入于晉師。丙午，入于曲沃。丁未，朝于武宮。注：文公之祖武公廟。

《國語》卷一〇《晉語四》　壬寅，公入于晉師。甲辰，秦伯還。注：秦伯送公子于河上，公入而還。丙午，入于曲沃。丁未，入于絳，即位于武宮。

又　卷一《周語上》　襄王使大宰文公及内史興賜晉文公命。【略】及期，命於武宮。注：期，將事之日也。武宮，文公之祖武公之廟也。命，受王之命。

《左傳·宣公二年》　宣子使趙穿逆公子黑臀于周而立之。注：黑臀，晉文公子。壬申，朝于武宮。注：壬申，十月五日。

又《成公十八年》　（正月）辛巳，（悼公）朝于武宮。注：武公，曲沃始命君。

《國語》卷一三《晉語七》　辛巳，（悼公）朝于武宮。注：武宮，武公廟。

《左傳·襄公十年》　晉侯有間，注：間，疾差也。以偪陽子歸，獻于武宮，謂之夷俘。注：諱俘中國，故謂之夷。

又《昭公十七年》　宣子夢文公攜荀吳而授之陸渾，故使穆子帥師，獻俘于文宮。注：欲以應夢。

齊 《左傳・襄公六年》 四月，陳無宇獻萊宗器于襄宮。注：無宇，桓子陳完玄孫。襄宮，齊襄公廟。

又 《襄公二十五年》 慶封為左相，盟國人於大宮。注：大宮，大公廟。

又 《襄公二十八年》 十一月乙亥，嘗于太公之廟。

《戰國策》卷二九《燕一》 燕兵獨追北，入至臨淄，盡取齊寶，燒其宮室宗廟。

又 卷五《秦三》 范睢曰：「淖齒管齊之權，縮閔王之筋，縣之廟梁，宿昔而死。」

又 卷一七《楚四》 春申君又曰：「淖齒用齊，擢閔王之筋，縣於其廟梁，宿夕而死。」

《韓非子》卷四《姦劫弑臣》 淖齒之用齊也，擢湣王之筋，懸之廟梁，宿昔而死。

又 卷一五《難一》 湣王一用淖齒，而手死乎東廟。

衛 《左傳・襄公九年》 公送晉侯，晉侯以公宴于河上。【略】公還，及衛，冠于成公之廟，假鐘磬焉，禮也。注：成公，今衛獻公之曾祖，從衛所處。

宋 《左傳・襄公三十年》 或叫于宋大廟，曰：「譆譆！出出！」注：譆譆，熱也。出出，戒伯姬。

又 《昭公二十五年》 十一月，宋元公將為公故如晉，夢太子欒即位於廟，己與平公服而相之。注：平公，元公父。

又 《哀公二十六年》 大尹立啓，奉喪殯于大宮三日，而後國人知之。

越 北魏・酈道元《水經注》卷四〇《漸江水》 山南有嶕峴，峴裏有大城，越王無餘之舊都也。故《吳越春秋》云：勾踐語范蠡曰：「先君無餘，國在南山之陽，社稷宗廟在湖之南。」

楚 《左傳・昭公十三年》 初，共王無冢適，有寵子五人，無適立焉。乃大有事于羣望，【略】既，乃與巴姬密埋璧於大室之庭。注：巴姬，共王妾。大室，祖廟。

《穀梁傳・定公四年》 冬十有一月，【略】庚辰，吳入楚。《傳》：日入，易無楚也。易無楚者，壞宗廟，徙陳器，撻平王之墓。《集解》：鄭嗣曰：陳器，樂縣也。禮，諸侯軒縣。言吳人壞楚宗廟，徙其樂器，鞭其君之尸，楚無能抗禦之者，若曰無人也。

《戰國策》卷一四《楚一》 蒙穀結鬬於宮唐之上，舍鬬奔郢，曰：「若有孤，宋鮑彪注：時未知昭王存亡，故意其子。楚國社稷，其庶幾乎！」遂入大宮，負《雞次之典》，注：楚國法也。「雞」一作「離」，是所以治離局者。以浮於江。

又 卷三三《中山》 武安君稱疾不行，王乃使應侯往見武安君，責之曰：「楚地方五千里，持戟百萬。君前率數萬之衆入楚，拔鄢、郢，焚其廟，東至竟陵。楚人震恐，東徙而不敢西向。」

韓魏 《戰國策》卷六《秦四》 （黃歇）說昭王曰：「韓、魏父子兄弟接踵而死於秦者，百世矣。本國殘，社稷壞，宗廟隳。」

《史記》卷七七《信陵君列傳》 毛公、薛公兩人往見公子曰：「公子所以重於趙、名聞諸侯者，徒以有魏也。今秦攻魏，魏急而公子不恤，使秦破大梁而夷先王之宗廟，公子當何面目立天下乎？」

燕 《戰國策》卷三一《燕三》 （荆軻）既至秦，持千金之資幣物，厚遺秦王寵臣中庶子蒙嘉。嘉為先言於秦王曰：「燕王誠振畏，慕大王之威，不敢興兵以拒大王，願舉國為內臣，比諸侯之列，貢職如郡縣，而得奉守先王之宗廟。」

趙 《史記》卷四三《趙世家》 （武靈王）二十七年五月戊申，大朝於東宮，傳國，立王子何以為王。王廟見禮畢，出臨朝，大夫悉為臣。

秦 《史記》卷六《秦始皇本紀》 秦初并天下，令丞相、御史曰：「寡人以眇眇之身，興兵誅暴亂，賴宗廟之靈，六王咸伏其辜，天下大定。」

諸廟及章臺、上林皆在渭南。【略】令羣臣議尊始皇廟，羣臣皆頓首言曰：「古者天子七廟，諸侯五，大夫三。雖萬世，世不軼毀。【略】先王廟，或在西雍，唐張守節《正義》：西雍在咸陽西，今岐州雍縣故城是也。又一云西雍，雍西縣也。或在咸陽。」

又 卷七一《樗里子甘茂列傳》 樗里子疾室，在於昭王廟西。

論說

《周易·震》《震》，亨。【略】震驚百里，不喪匕鬯。三國魏王弼注：威震驚乎百里，則是可以不喪匕鬯矣。匕，所以載鼎實，鬯香酒，奉宗廟之盛也。《彖》曰：震驚百里，驚遠而懼邇也。出可以守宗廟社稷，以爲祭主也。注：明所以堪長子之義也。不喪匕鬯，則已出可以守宗廟。

《國語》卷六《齊語》桓公曰：「恐宗廟之不埽除，社稷之不血食。」

又 卷一九《吳語》楚申包胥使於越，越王勾踐問焉，曰：「吳國為不道，求殘我社稷宗廟，以為平原，弗使血食。」【略】夫差辭曰：「天既降禍于吳國，不在前後，當孤之身，實失宗廟社稷。」【略】遂自殺。

《公羊傳·成公十六年》九月，晉人執季孫行父，舍之于招丘。《傳》：成公將會厲公，會不當期，將執公，季孫行父曰：「臣有罪，執其君；子有罪，執其父。此聽失之大者也。今此，臣之罪也。舍臣之身而執臣之君，吾恐聽失之為宗廟羞也。」於是執季孫行父。

又《昭公二十五年》（九月）齊侯唁公于野井。景公曰：「寡人有不腆先君之服，未之敢服；《解詁》：腆，厚也。服謂齊侯所著衣服也。言未敢服者，見魯侯，乃敢服之。謙辭也。有不腆先君之器，未之敢用。敢固以請。」《解詁》：請行禮。昭公曰：「以吾宗廟之在魯也，《解詁》：以我守宗廟在魯時。有先君之服未之能以服，有先君之器未之能以出，敢固辭。」《解詁》：已有時未能以事人，今已無有，義不可以受人之禮。

《穀梁傳·桓公四年》春正月，公狩于郎。《傳》：四時之田，皆為宗廟之事也。春曰田，夏曰苗，秋曰蒐，冬曰狩。四時之田，用三焉。唯其所先得，一為乾豆，《集解》：上殺中心，死速乾之，以為豆實，可以祭祀。二為賓客，三為充君之庖。先宗廟，次賓客，後庖廚，尊神敬客之義。

《戰國策》卷三《秦一》張儀說秦王曰：「令荆人收亡國，聚散民，立社主，置宗廟，令帥天下，西面以與秦為難，此固已無霸王之道一矣。【略】令魏氏收亡國，聚散民，立社主，置宗廟，此固已無霸王之道二矣。」

又 卷一一《齊四》齊王聞之，【略】封書謝孟嘗君曰：「寡人不祥，被於宗廟之祟，沈於諂諛之臣，開罪於君。寡人不足為也，願君顧先王之宗廟，姑反國統萬人乎！」

宣王因趨而迎之於門，與入，曰：「寡人奉先君之宗廟，守社稷。」

又 卷一四《楚一》蘇秦為趙合從，說楚威王曰：「大王誠能聽臣，臣請令山東之國奉四時之獻，以承大王之明制，委社稷宗廟。」

又 卷二〇《趙三》鄭同北見趙王，【略】因撫手仰天而笑之曰：【略】「臣亦嘗以兵說魏昭王，昭王亦曰『寡人不喜。』臣曰『王之行能如許由乎？許由無天下之累，故不受也。今王既受先王之傳，欲宗廟之安，壤地不削，社稷之血食乎？』王曰『然。』」

《禮記·曲禮下》問國君之年，長曰「能從宗廟社稷之事矣」，幼曰「未能從宗廟社稷之事也」。

又《禮運》祖廟，所以本仁也。《正義》：祖廟，所以本仁也者，王在宗廟，以子禮事尸，是欲使仁義之教達於下也，亦即降於祖廟，之謂仁義。

又《祭統》事宗廟社稷，則子孫順孝。故國君取夫人之辭曰：「請君之玉女，與寡人共有敝邑，事宗廟社稷。」此求助之本也。

《孝經·喪親章》爲之宗廟，以鬼饗之。唐玄宗注：立廟祔祖之後，則以鬼禮享之。

漢·伏勝《尚書大傳》卷三《洛誥傳》廟者，貌也，以其貌言之也。

《孝經援神契》廟者，所以尊祖也。

漢·班固《白虎通義》卷五《三軍》王者將出，辭於禰，還格於祖禰者，言子辭面之禮，尊親之義也。《王制》曰：「王者將出，類于上帝，宜于社，造于禰。」獨見禰何？辭從卑，不敢留尊者之命，至禰不嫌不至祖也。《尚書》曰：「歸格于藝祖。」

天子遣將軍，必於廟何？示不敢自專也。獨於祖廟何？制法度者，祖也。《王制》曰：「受命于祖，受成于學。」言於祖廟命遣之義也。

又 卷六《巡狩》王者出，必告廟何？孝子出辭反面，事死如事生。《尚書》曰：『歸格于祖禰。』《曾子問》曰：『王者諸侯出，親告祖禰，使祝徧告五廟，尊親也。』

王者諸侯出，必將主何？示有所尊。故《曾子問》曰：『王者將出，必以遷廟主行，載于齊車，示有尊也。』『無遷主，以幣帛皮圭告於祖禰廟，遂奉以出，每舍奠焉。』『蓋貴命也。』必以遷主者，明廟不可空也。

王者巡狩，必舍諸侯祖廟何？明尊無二上也。故《禮·坊記》曰：『君適其臣，升自阼階，示民不敢有其室也。』《禮運》曰：『天子適諸侯，必舍其祖廟。』

又　卷七《蓍龜》　筮畫卦所以必於廟何？託義歸智于先祖至尊，故因先祖而問之也。

又　卷一二《闕文·宗廟》　王者所以立宗廟何？生死殊路，故敬鬼神而遠之。緣生以事死，敬亡若事存，故欲立宗廟而祭之。此孝子之心所以追養繼孝也。宗者，尊也；廟者，貌也。象先祖之尊貌也。所以有屋何？所以象生之居也。

漢·劉熙《釋名》卷五《釋宮室》　廟，貌也，先祖形貌所在也。

晉·杜預《春秋釋例》卷三《廟室例》　《釋例》曰：太廟有八名，其體一也。肅然清靜謂之清廟，行禘祫、序昭穆謂之太廟，告朔行禮謂之明堂，行饗射、養國老謂之辟雍，占雲物、望氛祥謂之靈臺，其四門之學謂之太學，其中室謂之太室，總謂之合宮。諸儒皆以廟學為一，鄭氏以為異處。太室之屋，國之所尊，朽而不善，久旱遇雨，乃遂傾頹，不共之甚，故特書之。新宮災者，宣公之廟，父廟也。諒闇始闋，而遇天災，故感而哭之，以致哀，異于餘廟也。

又　卷三《公行至例》　《釋例》曰：凡公出，朝聘、奔喪、會葬，皆但書而不言其事，此《春秋》之常。經書『公行』及『至』，皆因告于廟，書之于策。桓二年，公至自唐。《傳》曰：告于廟也。然則凡盟有一百五，公行一百七十六，書『至』者八十二，其不書至者九十有四，皆不告廟也。隱公之不告，謙也；餘公之不告，慢于禮也。公行或朝或會，或盟或伐，或得禮，或失禮，其事非一，故《傳》隨而釋之。于盟釋告廟，嫌他例不通，故復總曰：『凡公行，告于宗廟。反行飲至，舍爵策勳焉，禮也。』此以明公之出境，當無不告，及其反也，則必飲至，有功則策勳。故公至自伐鄭，《傳》重言以飲至之禮。孟獻子書勞于廟，《傳》復云得禮。所以反覆凡例也。公朝于晉而獻子書勞，知策勳，非惟討伐之功，雖或常行，有以寧國安民，亦書功于廟也。然則凡反行飲至，必以嘉會，昭告于祖禰。有功則舍爵策勳，無勳無勞，告成事而已。若夫執、止之辱，壓尊毀列，所以累其先君，忝其社稷，固當克躬罪己，不以嘉禮自終。

五代·馬縞《中華古今注》卷上《宗廟》　宗者，宗祀也。廟者，貌也，所以髣髴先人之靈貌也。天子七廟，諸侯五廟，大夫三廟，士二廟，庶人無廟。四時之饗也。

宋·陳祥道《禮書》卷六七《天子七廟》　廟，所以象生之有朝也；寢，所以象生之有寢也。建之觀門之內，不敢遠其親也；位之觀門之左，不忍死其親也。《家語》曰：天子七廟，諸侯五廟，自虞至周之所不變也。是故《虞書》禋于六宗，以見大祖。《周官》守祧八人，以兼姜嫄之宮，則虞、周七廟，可知矣。伊尹言七世之廟，商禮也。《禮記》、荀卿、《穀梁》皆言天子七廟，不特周制也，則自虞至周七廟，又可知矣。然存親立廟，親親之至恩；祖功宗德，尊尊之大義。古之人，思其人而愛其樹，尊其人則敬其位，況廟乎！法施於民則祀之，以勞定國則祀之，況祖宗乎！於是禮以義起，而商之三宗，周之文、武，漢之孝文、孝武，唐之神堯、文皇，其廟皆在三昭三穆之外，歷世不毀，此所謂不遷之廟，非謂祧也。鄭康成之徒，以《喪服小記》言王者立四廟，則謂周制七廟，文、武為二祧，親四廟而已，則文、武不遷之廟在七廟內。是臆說也。王肅《聖證論》曰：禮，自上以下，降殺以兩。使天子、諸侯皆親廟四，則是君臣同等，尊卑不別也。又王祭殤五，而下及無親之孫，上不及無親之祖，不亦詭哉？王舜中、劉歆論之於漢，韓退之論之於唐，其言皆與肅同。蓋理之所在者，無異致也。

又　卷六七《諸侯五廟》　《王制》曰：諸侯五廟，二昭二穆與太祖之廟而五。鄭氏曰：太祖，始封之君。王者之後，不為始封之君廟。蓋諸侯不敢祖天子，故王之子弟，始為諸侯，不得立出王之廟。後世子孫，祖其始封者而已。其或有大功德，特命祀其祖先，則立廟可也。魯有姜嫄、文王之廟，鄭祖厲王是也。若王者之後，始封之君，非有功德，不可為祖，則祖其先代之王者，宋祖帝乙是也。孔穎達曰：若異姓始封，如太祖之屬，得立五廟，從諸侯禮。然王者始受命，所立不過四廟；諸侯初封，蓋亦廟止高祖而已。謂得立五廟，無是理也。《玉藻》曰：皮弁，以聽朔於太廟。而朔祭有牲，是月祭及太祖也。《祭法》謂王考、皇考，月祭之；顯考、祖考，享嘗乃止。非禮意也。《穀梁》曰：諸侯受朔于禰廟。其說無據。

又　卷六八《壇墠》　《祭法》言天子至士立廟之制，多與禮異。其言壇墠等威之辨，理或有之。蓋先王之於祖，有仁以盡其愛，有義以斷其恩，近則月祭，遠則享嘗。在祧無寢，去祧無廟。此以義處仁也。去祧為壇，去壇為墠，壇墠之設，為其無廟而不忍忘焉。此以仁行義也。蓋禱祈則出其主，於壇墠而祭之，既事，則復其主於廟而藏之，惟禘祫與載之出疆，然後在祭告之列，其他不預也。

又　卷六八《不遷之廟》　父昭子穆，而有常數者，禮也。祖功宗德，而無定法者，義也。故周於三昭三穆之外，而有文、武之廟；魯於二昭二穆之外，而有魯公之世室。觀《春秋傳》稱襄王致文、武胙於齊侯，《史記》稱顯王致文、武胙於秦孝公，方是時，文、武固已遠矣，襄王、顯王猶且祀之，則其廟不毁，可知矣。《家語》、《左傳》稱孔子在陳，聞魯廟火，曰：『其桓、僖乎！』以為桓、僖親盡，無大功德而魯不毁，故天災之。其言雖涉於怪，而理或有焉。若然，則魯公之室在所不毁，可知矣。王舜中、劉歆、王肅、韓退之之徒，皆謂天子祖德宗功之廟，不在七世之列。特鄭康成以《周禮》守祧有八人，《小記》王者立四廟，則謂周制七廟，文、武為二祧，親廟四而已。是不知周公制禮之時，文、武尚為近廟；其所以宗之之禮，特起於後代也。果所以宗之者在七廟內，使繼世祖先間有豐功盛德，不下文、武，復在可宗之列，則親廟又益殺乎？理必不然。《祭法》曰：『遠廟為祧』，則祧者，兆也。天子以五世、六世之祖為祧，所謂『有二祧』是也。諸侯以始為祧，所謂先君之祧是也。鄭氏以祧為超去之超，誤矣。既曰超矣，又以文、武為不毁之祧，何耶？《明堂位》曰：魯公之廟，文世室；武公之廟，武世室。然武公之於魯，徇宣王立庶之非，以階魯國攻殺之禍，而豐功懿德不著於世。自武至閔，其廟已在可遷之列矣。《春秋》成公六年二月，立武宮。《公羊》曰：武宮者何？武公也。立者，不宜立也。蓋武宮立於成公之時，歷襄及昭，積世不毁，故《史記》得以大之，欲以比周之文、武也。

又　卷六八《廟位》　《周官・小宗伯》、《禮記・祭義》皆曰：建國之神位，右社稷，左宗廟。《考工記・匠人》營國，左祖右社。蓋宗廟，陽也，故居左；社稷，陰也，故居右。何休曰：質家右宗廟，上親親；文家右社稷，上尊尊。無據。陰故社稷皆北嚮，陽故宗廟皆南嚮。君祭社，南嚮於北牖下，而亳社亦北牖，則社稷北嚮可知。廟所以象王之朝，而朝必南面，則廟皆南嚮可知。《聘禮》賓入大門內，公揖入，每門，每曲揖，然後及祖廟。司儀諸公相為賓，及將幣，三揖三讓，每門止一相，然後及廟。賈公彦曰：賓大門東行至廟，考之於禮，諸侯之廟在闕門內，先儒皆謂在大門内。其間有每門者。諸侯五廟，祖廟位居中，東二昭廟，西二穆廟。各有門，門之旁有牆，牆之中夾通門，則祖廟以西，閤門者三，東行而歷三門，及至祖廟，則廟皆南嚮矣。廟皆南嚮而昭南面、穆北面者，禘祫之位也。晉孫毓曰：宗廟之制，外為都宮，内各有寢廟，别為門垣。太祖在北，左昭右穆，次而南。蓋其所傳聞者異也。

又　卷六八《廟飾》　《明堂位》曰：山節藻棁，復廟重檐，刮楹達鄉，反坫出尊，崇坫康圭疏屏，天子之廟飾也。山節，刻欂盧為山也；藻棁，畫侏儒柱為藻文也。復廟，重屋也；重檐，重承壁材也。刮，刮摩也。鄉，牖屬，謂夾戶窗也。《春秋》書『丹桓宮楹』，『刻桓宮桷』，《穀梁》謂『天子諸侯黝堊，大夫蒼，士黈。丹楹，非禮也』。天子之桷，斲之礱之，加密石焉。《晉語》、《書大傳》皆曰：天子之室，斲其椽而加密石焉。諸侯之桷，斲之礱之，大夫斲之，士斲本。斲之，蓋稜之也。《傳》曰：大夫達稜，士首本。刻桷，非正也。天子之楹，刮之而飾以黝堊；天子之桷，礱之加密石而無飾。黝，黑飾也；堊，白飾也。《爾雅》：『地謂之黝，牆謂之堊。』《穀梁》之言黝堊，則楹而已。范甯以黝堊為黑飾，誤也。子貢觀魯廟之北堂，問於孔子：『彼皆斲耶？匠過之耶？』孔子曰：『非無良材也，蓋在貴久也。』魯廟如此，則天子之廟可知矣。後世禮廢，趙文子之室斲而礱之，僭於諸侯；臧文仲、管夷吾山節藻棁，又僭於天子。

又　卷六九《昭穆》　父以明察下，故曰昭；昭如字。晉諱昭字音韶。子以敬事上，故曰穆。宗廟有迭毁，昭穆則一成而不可易。《春秋傳》言『大王之昭，王季之穆』，又言『文之昭，武之穆』，此世序之昭穆不可易也。《周官》冢人掌公墓之地，先王之葬居中，以昭穆為左右。此葬位之昭穆不可易也。《儀禮》曰卒哭明日，以其班祔。《禮記》曰祔必以其昭穆，亡則中一以上。此祔位之昭穆不可易也。《司士》凡祭祀賜爵，呼昭穆而進之。《祭統》凡賜爵，昭為一，穆為一，昭與昭齒，穆與穆齒。此賜爵之昭穆不可易也。《大傳》曰合族以食，序以昭穆。此合食之昭穆不可易也。生而賜爵合食，死而葬祔，皆以世序而不可易，則廟之昭穆，可知矣。其制蓋祖廟居中而父昭在左，子穆在右。始死者昭耶，則毁昭廟；始死者穆耶，則毁穆廟。昭與昭為列而無嫌乎？子加於父。穆與穆為列而無嫌乎？父屈於子。猶之賜爵也，子與祖齒而無嫌乎？卑者先父與孫齒而無嫌乎？尊者後，猶之立尸也。子無嫌乎？南面而坐。父無嫌乎？北面而事之。則昭穆之不互易，不足怪也。先儒謂周藏先公木主於后稷之廟，先王木主穆在文王廟，昭在武王廟，於理或然。

又　卷七〇《虞主吉主》　《公羊》曰：虞主用桑，練主用栗。《穀梁》曰：喪主於虞，吉主於練。特《左氏》曰：凡君祔而作主。《曲禮》曰：措之廟，立之主曰帝。然人子之於親，不忍一日使無依焉，故始死依以重，既葬依以主，重埋則桑主作，桑主埋則栗主立。豈有既虞卒哭，不存其象，俟祔而后為之乎？然則《左氏》、《曲禮》之説，蓋曰作主將以祔廟，非祔而後作之也。

宋·張大亨《春秋五禮例宗》卷一《吉禮·宗廟》　《穀梁》謂周公稱太廟，魯公稱太室，羣公稱宮。《公羊》亦然，而又謂太室為世室，曰世世不毁也，以《左氏》參之，當稱太室。夫宮廟之别，總羣公言之則曰廟，指一公言之則曰宮，而太室則當宮廟之中，所以藏主者也。舉廟則可以包宮室，指宮室則不可以兼廟。故凡稱廟者，皆不主乎一宮也；凡稱宮稱室者，不偏及也。蓋禮稱七廟、五廟，則宮亦謂之廟。《詩》稱閟宮，則廟亦謂之宮。《書》稱王入太室祼，則周亦謂之太室。然則二《傳》誤矣。

宋·程大昌《演繁露》卷四《寢廟游衣冠》　古不墓祭，祭必於廟，廟皆有寢故也。凡廟列諸寢前，寢則位乎廟後，以象人君之前朝後寢也。凡寢之有衣冠、几杖、象生之具者，即在廟之寢也。高廟衣冠月一出游者，游其廟寢之衣冠也。

宋·朱熹《四書或問》卷四《中庸》　曰：昭穆之昭，世讀為『韶』，今從本字，何也？曰昭之為言明也，以其南面而向明也。其讀為『韶』，先儒以為晉避諱而改之；然禮書亦有作『佋』字者，則假借而通用耳。曰：其為向明，何也？曰：此不可以空言曉也，今且假設諸侯之廟以明之。蓋周禮建國之神位，左宗廟，則五廟皆在公宮之東南矣。其制則孫毓以為外為都宮，太祖在北，二昭二穆以次而南是也。蓋太祖之廟，始封之君居之；昭之北廟，二世之君居之；穆之北廟，三世之君居之；昭之南廟，四世之君居之；穆之南廟，五世之君居之。廟皆南向，各有門堂寢室，而牆宇四周焉。太祖之廟，百世不遷，自餘四廟，則六世之後，每一易世而一遷。其遷之也，新主祔于其班之南廟，南廟之主遷於北廟，北廟親盡，則遷其主於太廟之西夾室，而謂之祧。凡廟主在本廟之室中，皆東向。及其祫于太廟之室中，則惟太祖東向自如，而為最尊之位；羣昭之入乎此者，皆列於北牖下，而南向；羣穆之入乎此者，皆列於南牖下，而北向。南向者，取其向明，故謂之昭；北向者，取其深遠，故謂之穆。蓋羣廟之列，則左為昭而右為穆；祫祭之位，則北為昭而南為穆也。

曰：六世之後，二世之主既祧，則三世為昭而四世為穆，五世為昭而六世為穆乎？曰：不然也。昭常為昭，穆常為穆，禮家之説有明文矣。蓋二世祧則四世遷昭之北廟，六世祔昭之南廟矣；三世祧則五世遷穆之北廟，七世祔穆之南廟矣。昭者祔則穆者不遷，穆者祔則昭者不動。此所以祔必以班，尸必以孫，而子孫之列，亦以為序。若武王謂文王為穆考，成王稱武王為昭考，則自其始祔而已。然而《春秋傳》以管、蔡、郕、霍為文之昭，邘、晉、應、韓為武之穆，則雖其既遠，而猶不易也。豈其交錯彼此，若是之紛紛哉？曰：廟之始立也，二世昭而三世穆，四世昭而五世穆，則固當以左為尊而右為卑矣。今乃三世穆而四世昭，五世穆而六世昭，是則右反為尊而左反為卑矣，而可乎？曰：不然也。宗廟之制，但以左右為昭穆，而不以昭穆為尊卑。故五廟同為都宮，則昭常在左，穆常在右，而外有以不失其序。一世自為一廟，則昭不見穆，穆不見昭，而内有以各全其尊。必大祫而會於一室，然後序其尊卑之次，則凡已毁、未毁之主，又畢陳而無所易。唯四時之祫，不陳毁廟之主，則高祖有時而在穆，其禮未有考焉。意或如此，則高之上無昭而特設位於祖之西禰之下，無穆而特設位於曾之東也與？曰：然則毁廟云者，何也？曰：《春秋傳》曰：『壞廟之道，易檐可也，改塗可也。』説者以為將納新主，示有所加耳，非盡徹而悉去之也。

曰：然則天子之廟，其制若何？曰：唐之文祖，虞之神宗，商之七世三宗，其詳今不可考，獨周制猶有可言。然而漢儒之記，又已有不同矣。謂后稷始封，文、武受命而王，故三廟不毁，與親廟四而七者，諸儒之説也。謂三昭三穆與太祖之廟而七，文、武為宗，不在數中者，劉歆之説也。雖其數之不同，然其位置遷次，宜亦與諸侯之廟無甚異者。但如諸儒之説，則武王初有天下之時，后稷為太祖，而組紺居昭之北廟，太王居穆之北廟，王季居昭之南廟，文王居穆之南廟，猶為五廟而已。至成王時，則組紺祧，王季遷，而武王祔；至康王時，則太王祧，文王遷，而成王祔；至昭王時，則王季祧，武王遷，而康王祔。自此以上，亦皆且為五廟，而祧者藏于太祖之廟。至穆王時，則文王親盡當祧，而以有功當宗，故別立一廟於西北，而謂之文世室，於是成王遷，昭王祔，而為六廟矣。至共王時，則武王親盡當祧，而亦以有功當宗，故別立一廟於東北，謂之武世室，於是康王遷，穆王祔，而為七廟矣。自是之後，則穆之祧者藏於文世室，昭之祧者藏於武世室，而不復藏於太廟矣。如劉歆之説，則周自武王克商，即增立二廟于二昭二穆之上，以祀高圉、亞圉。如前遞遷，至于懿王而始立文世室於三穆之上，至孝王時始立武世室於三昭之上。此為少不同耳。曰：然則諸儒與劉歆之説，孰為是？曰：前代説者，多是劉歆，愚亦意其或然也。

元·郝經《續後漢書》卷八七中上《禮樂録·人類上·宗廟》 宗廟，祖宗之廟也。《虞書》稱受終于文祖，原注：孔安國曰：堯文德之祖廟。馬融曰：文祖，天也，天為文，萬物之祖。此説非。歸格于藝祖，原注：孔安國曰：藝，文也，即文祖。受命于神宗。原注：文祖之宗廟，言神尊之。舜後堯，禹後舜，三聖皆黄帝之系，故黄帝為始祖太廟，百世不遷，即文祖、藝祖廟也。神宗者，堯於禹為祖考，於嚳為太宗，有聖神之德，始以天下禪授而不與其子，舜、禹宗之而受天命，故謂之神宗。至啓以親繼而子為後，始祀鯀于郊，為所出之帝，而以禹為宗。故《祭法》謂有虞氏禘黄帝而郊嚳，祖顓頊而宗堯；夏后氏亦禘黄帝而郊鯀，祖顓頊而宗禹。古之帝王宗廟之稱，始見於此。然其廟數制度無徵。原注：按《史記》，黄帝生玄囂、昌意。玄囂之孫帝嚳，帝嚳生堯。玄囂生橋玄，七世孫舜。昌意生顓頊，顓頊生鯀，鯀生禹。堯、舜而上，惟顓頊、嚳為帝，有聖德，故皆郊祖之。至周而始見其制，曰天子七廟，三昭三穆與太祖之廟而七。諸侯五廟，二昭二穆與太祖之廟而五。大夫三廟，一昭一穆與太祖之廟而三。士一廟，庶人祭於寢。德厚者流光，德薄者流卑。貴始本德，制為數度，所以勸也。【略】

天子以始封之君為太祖，百世不遷。周后稷初封邰，故以后稷為太祖。文王受命作周，武王有天下，故文為昭宗，武為穆宗，亦百世不遷。太祖東嚮，直帝出之位，示生民之本也。昭者，神明臨下，故為父行而南面；穆者，共默事上，故為子行而北面。祖孫相及，父子不並列，所以別尊卑也。三昭三穆者，三陰三陽合而為六，法乾坤也。太祖之一而不易，法太極也。昭穆之變動屢遷，法《大易》也。一易一不易，所以為八卦六十四萬有一千五百二十之策，為物不貳，則生物不測，故為子孫兆民千億無窮之祖宗也。四世而其服已窮，而猶有緦；五世而同姓已殺，而猶有免。故止於六世，其實至親者四世，故文、武不遷，親廟衹四也。原注：禮，五服齊斬，三年；其次期；其次大功，九月；其次小功，五月；又其次緦麻，三月。上至高祖，下及玄孫，旁及堂從，縱横皆五，至免則無服。於是后稷為太極，文、武為二儀，四親為四象，又合生生之易，以為親疎之別。祧者，神之兆也，無位於廟，別為之兆也。禰廟之主，遷入為考；祖考之主，遷出為祧。昭主祔於文廟，穆主祔於武廟。新主復入、廟主復出為祧。舊祧出降為壇，舊祧復出、壇主復降為墠，舊壇復出、墠主出降為鬼，而藏之宗祏，置之祧廟，不復祭禱。至大禘，則並合食于太祖。故祧壇墠鬼，常一昭一穆相代，與四親廟凡八世，至鬼則皆積而藏之，其數無窮。原注：《決疑要註》：毁廟主藏廟外戶之外，西牖之中，有石函，名曰宗祏。函中有筥，以盛主。親盡則廟毁，毁廟之主藏于始祖之廟。一世為祧，祧猶四時祭之；二世為壇，三世為墠，四世為鬼，祫乃祭之，有禱亦祭之。祫於始祖之廟，禱則迎主出，陳於壇墠而祭之，事畢，還藏故室，迎送皆躍，禮也。不言祧廟而言祫，蓋諸侯禮也。諸侯不得祖天子，以始封之君為祖。親廟四而無祧，遷主則藏于祖廟之宗祏。大夫又無顯考、祖考廟。士又無皇考廟。官師下士也，又無王考廟。諸侯則月祭三廟，視天子之親廟；享嘗二廟，視天子之祧廟；大夫士則享嘗而無月祭，皆降殺以兩。此又名分之別，皆周公酌六代之典，體道立極，以為經制者也。

或者謂天子立四親廟，又立高祖之父、高祖之祖，幷太祖為七廟。又有文、武、姜嫄廟為十廟。夫四親之廟，高、曾、祖、考也。其上則緦免入于兩祧，於是為三昭三穆。去廟為祧則親盡，去祧為壇則無服。其下則子、孫、曾、玄，猶上之高、曾、祖、考也，與天子之族為九族，此不易之道也。又至高祖之祖則壇墠，猶為親矣，非制也。夫姜嫄，帝嚳之妃、后稷之母，周人未嘗立廟。《魯頌·閟宮》首章有『赫赫姜嫄，其德不回』之文。說者乃謂閟，閉也。先妣姜嫄之廟在周常閉而無事，所謂禖宮也。是皆曲說，不可用。按閟，深密也；宮，廟也。曰閟宮，猶曰『清廟』云爾，魯太廟也。魯人頌僖公之德，推本周之所自出，故自姜嫄、后稷至于太王、文、武、周公、魯公、莊公而及僖公爾，非閟宮為姜嫄廟也。原注：《魯頌·閟宮》頌僖公能復周公之宇也。『閟宮有侐，實實枚枚。赫赫姜嫄，其德不回』，云『是生后稷，降之百福』，云『后稷之孫，實維大王』，云『至于文、武，纘大王之緒』，云『王曰叔父：建爾元子，俾侯于魯』，云『周公之孫，莊公之子。龍旂承祀，六轡耳耳。』是說一出，後世乃為母后特立廟，又益七廟為九廟，紊禮經矣。原注：唐玄宗初建九廟。故宗廟之制，周七廟為正。

一祖、二祧、四親，親疏之殺，尊卑之等，族屬之序，不可易也。周衰，經制漸壞，或祖非所祖而豐于昵，擅毀擅立，反易天常。成周獨存宣榭而見莊宮，原注：《公羊傳》：成周者何？東周也。宣榭者何？宣公之榭也。何休曰：不毀者，有中興之功。《左氏傳》：王子朝入于王城，鄩羅納諸莊宮。鄭乃舍桓公而祖厲王，原注：《史記》：鄭桓公友，宣王之母弟，封於鄭。《左氏傳》：鄭祖厲王，猶上祖也。晉不祀唐叔而朝武宮。原注：《史記》：成王封母弟叔虞於唐。《左傳》：王命曲沃武公以一軍，為晉侯。云公子重耳入於晉師，丙午入於曲沃，丁未朝於武宮。云逆周子于京師而立之，辛巳朝於武宮。魯周公稱太廟，魯公稱世室，群公稱宮。宮廟有毀而無立。越十一世，又立武宮，乃以魯公為文世室，武公為武世室，如周文、武二祧而不毀。原注：按《史記》，武公、孝公、惠公、隱、桓、莊、閔、僖、文、宣、成十一世。《左氏傳》成公二年春二月，季文子以鞌之功，立武宮，非禮也。《公羊傳》：立者，不宜立也。《禮記·明堂位》：魯公之廟，文世室也；武公之廟，武世室也。鄭玄曰：此二廟，象周有文王、武王之廟也。室者，不毀之名。及意如逐昭公，禱於煬公。昭公客死於外，乃越十九世而特立煬宮。原注：《史記》：煬公，伯禽子，考公弟。歷幽、魏、厲、獻、真五世而至武公，武公至成公十一世，又歷襄、昭至定公三世，共十九世。又葬昭公於墓道南，孔子為司寇，始溝而合諸墓；又不以其主祔廟，至陽虎專政，始得從祀先公而列諸昭穆。三家皆出於桓公而立於僖公，乃獨不毀桓、僖，與魯公並為世室。原注：《左氏傳》哀公三年，桓、僖宮災。孔子在陳，聞火，曰：『其桓、僖乎！』杜預曰：言桓、僖親盡而廟不毀，宜為天所災。魯秉周禮，而見諸魯君者如是，況異姓列國之事乎！下逮戰國，莫不僭王稱帝，周制大壞而宗廟之禮亡矣。

元·馬端臨《文獻通考》卷九四《宗廟考四·天子宗廟》

蓋諸儒言廟制者，莫詳明於晦菴之說。既為之說，又為之圖，說及圖俱見周廟制下。覽者一見可決矣。【略】然愚以為，此制也，必繼世以有天下者，皆父死子立而後可；若兄終弟及，則其序紊矣。姑以晦菴之圖考之。其圖自武王至於幽王，皆定六廟三昭三穆之位，然自懿王之前，皆父傳之子，則其序未嘗紊也。懿王崩，孝王以共王之弟、懿王之叔繼懿王而立，故晦菴《廟圖》宣王之世則以穆、懿、夷為昭，共、孝、厲為穆。夫穆王於世次，昭也，共王為穆王之子，於世次，穆也。懿王為穆王之孫，則繼穆王而為昭是也。孝王為共王之弟，而以繼共王為穆，雖於世次不紊，然以弟而據孫之廟矣。至夷王為懿王之子，世次當穆而圖反居昭；厲王為夷王之子，世次當昭而圖反居穆；則一孝王立而夷、厲之昭穆遂至於易位。於是晦菴亦無以處此，不過即其繼立之先後以為昭穆，而不能自守其初說矣。又況宣王之世，三昭三穆為六代，則所祀合始於昭王。今因孝王厠其間，而其第六世祖昭王，雖未當祧，而已在三昭三穆之外；則雖名為六廟，而所祀止於五世矣。然此所言者，昭穆祧遷之紊亂，不過一代而已。前乎周者為商。商武丁之時所謂六廟者，祖丁、南庚、陽甲、盤庚、小辛、小乙是也。然南庚者，祖丁兄子；陽甲、盤庚、小辛、小乙，又皆祖丁子也。姑以祖丁為昭言之，則南庚至小乙皆祖丁子屬，俱當為穆，是一昭五穆，而武丁所祀，上不及曾祖，未當祧而祧者四世矣。後乎周者為唐。唐懿宗之時，所謂六廟者，憲宗、穆宗、敬宗、文宗、武宗、宣宗是也。然穆宗、宣宗皆憲宗之子，敬宗、文宗、武宗又皆穆宗之子。姑以憲宗為昭言之，則穆、宣為穆，敬、文、武為昭，是四昭二穆，而懿宗所祀，上不及高祖，未當祧而祧者三世矣。蓋至此，則不特昭穆之位偏枯，而祧遷之法亦復紊亂。若必欲祀及六世，則武丁之時，除太祖之外，必創十廟。懿宗之時，除太祖之外，必創九廟，而後可且繼世。嗣位者既不能必其為弟為子，而創立宗廟之時，亦安能預定後王之入廟者或穆多昭少，如殷之時，或昭多穆少，如唐之時哉？則立廟之制，必合於將升祔之時旋行營創，屬乎昭者於太祖廟之左建之，屬乎穆者於太祖廟之右建之，方為合宜；而預立六廟定為三昭三穆，以次遞遷之説，不可行矣。又必如晦菴之説，外為都宮，內則各有廟有寢，有門有垣，則其制甚大，且必在國中門之左，則其地亦有限。昭穆之位既已截然，則武丁之時，雖五穆而不可侵昭之地，而昭之地多虚。懿宗之時，雖四昭而不可居穆之位，而穆之位半闕。易世之後，又不知其為昭為穆者何如。而已創之廟，其世代之近者，既未可祧遷；如武丁之時，小乙，父也；南庚、陽甲、盤庚、小辛，皆伯父也。祖丁，祖也；祖辛、沃甲，皆伯祖也。祖乙，曾祖也；河亶，高祖也；外壬、仲丁，高伯祖也。太戊，五世祖也；雍己，五世伯祖也；小甲，六世祖也。若以祀及六世言之，是此十五廟，皆未合祧遷，亦不止十廟而已。其昭穆之不順者，又不可升祔，則必須逐代旋行位置營建而後可，而其地又拘於中門之內、太祖廟之左右。創造煩擾，非所以寧神明。對偶偏枯又無以聳觀視，似反不如漢代之每帝建廟，各在一所；東都以来之同堂異室，共為一廟之混成也。

元·黃鎮成《尚書通考》卷九《咸有一德·七世之廟可以觀德》 愚按德厚者流光，德薄者流卑，禮之定分也。故天子七廟，諸侯以下降殺以兩，示民有尊也。如諸儒之説，則周必待傳至共王，而後始全天子之制。伊尹時，自湯至太甲，方四，《傳》言七廟，則已立可知。且為天子有天下者，凡都城、宫室、冕服、車輿即有等威，以別於諸侯，何於奉先致孝之地，乃遲之於數世之後哉？聖人制禮，必不其然。

明·馬明衡《尚書疑義》卷一《舜典》 舜格于文祖者，是告即位也。若復以為堯之祖，是舜類後世與堯為嗣矣。必不得已，則以為所從受天下者。古人帝統相傳，立廟而祀之，故以即位告之，猶勝於以堯之祖為祖而忘其祖也。禹之受命神宗，其亦若此類也歟？大抵由今觀千古之上，何從而得其為某人是某人？只以大段道理觀之，古今當亦不異。如受命告祖，理之正也；以天下相傳而立廟以祀之，理之正也；受命而告其所從受天下之人之廟，亦理之正。

明·卓爾康《春秋辯義》卷首五《書義二·祔虞》 至于廟制，諸侯五廟，常禮也。昭十二年之《傳》曰：『凡諸侯之喪，異姓臨于外，同姓于宗廟』，所出王之廟也。『同宗于祖廟』，始封君之廟也。『同族于禰廟』，父廟也。是故『魯為諸姬，臨于周廟』，宗廟也。『為邢、凡、蔣、茅、胙、祭，臨于周公之廟』，祖廟也。『吴子壽夢卒，臨于周廟』，則魯有文王之廟矣。此外有武宮、煬宮。《詩》又有閟宮，而哀公之時，桓、僖猶親盡不毁，致煩天譴。昭十八年，鄭『使祝、史徙主祏于周廟』，為厲王廟，是鄭亦有周廟矣。此春秋之廟制也。稱祖之法，蒯瞶稱文王為皇祖，康叔為烈祖，襄公為蒯瞶之祖、靈公之父，則稱為文祖。其可見者，僅此耳。

清·馬驌《左傳事緯前集》卷六《覽左隨筆》 王侯之廟，以謚名宮，如周平宮、桓宮、莊宮、魯煬宮、僖宮之類是也。鄭祖廟曰大宮，楚曰大室。

清·顧炎武《日知録》卷四《臨于周廟》 襄公十二年，吴子壽夢卒，臨于周廟。杜氏以為文王廟也。昭公十八年，鄭子産使祝、史徙主祏于周廟。杜氏以為厲王廟也。《傳》曰『鄭祖厲王』，宣公十二年，鄭伯逆楚子之辭曰：『徼福於厲、宣、桓、武。』而哀公二年蒯瞶之禱亦云：『敢昭告於皇祖文王』。大諸侯不得祖天子而有廟焉何？曰：此廟也，非祖也。始封之君謂之祖。雖然，伯禽為文王之孫，鄭桓為厲王之子，其就封而之國也，將何祭哉？天下有無祖考之人乎！而況於有土者乎！意者特立一廟，以祀文王、厲王，而謂之周廟歟？漢時有郡國廟，其亦倣古而為之歟？

清·萬斯同《廟制圖考》 宗廟之制，衆説棼然。帝王制禮，亦因之有同異。自非折衷羣言，曷由歸于一是？綜其大槩，約有數端：太廟居北，昭穆分列以次而南者，孫毓之説也。太廟居中，羣廟並列，無分上下者，賈公彦之説也。周制七廟，并數文、武世室者，韋元成、鄭康成之説也。周制七廟，不數文、武世室者，劉歆、王肅之説也。彼皆引經証傳，各有依據，而王、鄭兩家尤為衆説之鵠。自同堂異室之制興，近親四廟之典定，先王遺意，殆無復存。欲昭盛代之規模，必復元公之制作，採《王制》七廟之文，參劉氏三宗之説，會而通之，典禮斯在。

《禮記·祭義篇》：建國之神位，右社稷而左宗廟。《周禮》少宗伯掌建國之神位，右社稷，左宗廟。《考工記》匠人營國，左祖右社。《疏》：左右者，據王宮居中而言。朱子曰：宮南向，廟居左，則廟在寢東也。按天子五門，自外而入曰臯門，曰庫門，曰雉門，曰應門，曰路門。此所謂大門，即應門也。其外尚有臯、庫、雉三門。賈公彦釋諸侯五廟制，言應門為中門。左宗廟，右社稷，則廟門正與路寢門并，天子之制亦當然，朱子所謂廟在寢東是也。馬端臨《文獻通考》則言在庫門內、雉門外之左右。陳祥道《禮》則言建之觀門之內，不敢遠其親；位之觀門之左，不忍死其親。夫觀門，雉門也，則又在雉門之內、應門之外。今以朱子寢東之言為據。若馬氏、陳氏所説，則在寢東南而非正東矣。按《爾雅·釋宮》：『西南隅謂之奥，西北隅謂之屋漏，東北隅謂之宧，東南隅謂之窔。』凡神皆居于奥東面，朱子注《論語》謂『奥有常尊』是也。朱子又曰：曰室之制，皆如此。其主皆在西壁下東向，祫則大祖東向如故，昭南向，穆北向，又朱子《殿屋説》謂：殿屋五間，前皆為堂，中間之後為室。但堂之室，南北五架，北兩架之間為室，則室止一間，而當兩架之中，其地甚窄。今按《尚書大傳》：天子之堂廣九雉，三分其廣，以二為內，五分內，以一為高。雉長三丈，則堂濶二十七丈也。內堂，東西序之内也，三分得二，則自東序至西序濶一十八丈也。以一十八丈之廣而分為一室二房，則室為不窄矣。五分内者，分一十八丈為五，則得三丈六尺，為堂之高。高、廣如此，而朱子猶病其窄，何也？考唐太廟每室各三間，宋每室二間，彼為同堂異室之制者，猶不止一間，則周制可知矣。彼《爾雅》『室有東西廂曰廟，無東西廂有室曰寢。東西牆謂之序，門側之堂謂之塾，廟中路謂之唐，堂謂之陳。』按東西廂即東西夾室也。

先儒謂先公之祧主，昭藏于始祖之東夾，穆藏于始祖之西夾；先王之祧主，昭藏于文世室之兩夾，穆藏于武世室之兩夾；祫祭則出其主于始祖廟而合祭之。【略】凡廟之制，前廟以藏主，後寢以藏衣冠，象生時前有朝、後有寢也。至秦乃立寢于墓側故陵上，更稱寢殿，而廟反無寢。迄于唐宋，循而不改。

清·范家相《詩瀋》卷二〇《魯頌·閟宮》 閟宮非姜嫄與閔公廟也。詩首言后稷、太王，繼及文、武，以逮文公。三章總言『龍旂承祀』，則非一廟可知。況下云『春秋匪解，夏而楅衡，秋而載嘗』，是時祭也；云『皇皇后帝，皇祖后稷，享以騂犧』，是孟春郊祀也；云『周公皇祖，亦其福女』，是祭太祖也。其祭非一，則廟亦匪一。蓋僖公大脩羣廟，故歷舉而美之。當從《集傳》，泛指羣廟。

清·顧棟高《春秋大事表》卷一五《吉禮表·魯無文王廟論》 往嘗疑趙伯循説魯禘文王，謂祀文王于周公之廟，以周公配之。不知其説何所據。及閲襄十一年《傳》，有『臨于周廟』之文。杜預謂此為文王廟。魯唯文王、周公廟用八佾，伯循因而傅會之，不知此係《左氏》之誣妄，且其説亦與伯循不甚符合。請得而詳辨之。禮，諸侯以始封之君為太祖，魯以伯禽為始封，而周公留相成王，肇基功業，魯人尊崇其制，以周公廟為太廟，魯公廟為世室，並世世不毀。若復有文王之廟，則魯不毀之廟三世，比天子而更上之矣。周有后稷之廟，未聞更有帝嚳廟也。此其説之誣，一也。《論語》稱『子入太廟』，註云：孔子始仕時，助祭于周公之廟。若更有周廟，《論語》何以不之及？其説之誣，二也。且既有周廟，決無虛而不祭之理，而魯享祀之典，莫備于《閟宮》之篇。其詩曰：『白牡騂剛』，但陳周公與魯公之牲，不及文王也。其説之誣，三也。《春秋》僖八年《傳》：『禘于太廟，用致夫人』，別無禘于周廟之文。禘為祭祀大禮而行于太廟，未知虛設文王之廟將以何用？其誣四也。且伯循之説，以文王為所出之帝，以周公配。若有文王之廟，則當迎周公主，合食于文王。今不以子就父，而反以父就子，欲以重周公，而不虞其卑文王。其説之不可通，五也。魯禘為昭穆合食，顯有明文。若如伯循之説，則文王虛其廟不祭，而以文王下臨周公之廟，周公應退居昭穆之列。欲以重周公，適以卑周公。其説之不可通，六也。孔氏《正義》復以鄭祖厲王，蒯聵稱皇祖文王，謂鄭、衛俱立所出王之廟。其謬益甚，豈鄭、衛俱得賜重祭乎？此又不待辨而自明者也。四明萬氏充宗更為通其説，謂魯禘不同周禘，魯禘不追所自出。蓋亦據《明堂位》及《閟宫》之文，其於説《春秋》，則近之矣。不知周禘原無祭其所自出之禮，何論于魯？且帝嚳原非稷契之父，何得謂禘嚳為祭其所自出？《大傳》及《小記》言祭其所自出者，謂祭感生帝于南郊也，非帝嚳也。以感生帝為誣妄，而以帝嚳當之，以周禘帝嚳而魯以文王擬之，復以《左氏》魯有周廟之説，遂輾轉傅會，其原皆始于趙伯循之一人，則朱子信之之過也。曰：然則《論語》或問禘之説，而夫子曰不知，何也？曰：禘為王者大祭，蓋謂其禮樂特盛，原不必謂祭其所自出也。如《周頌·雝》之禘太祖，《商頌·長發》之禘玄王，何嘗及于始祖之父，而亦豈諸侯所得僭乎？惟非諸侯所得僭，而魯僭之，孔子所以不敢顯言也。必謂其追遠尊先，及于無窮，此後人故為幽遠之論，考之實事不然也。

清·洪頤煊《禮經宫室答問》卷上《宗廟》 問：《考工記》：夏后氏世室，殷人重屋，周人明堂。鄭注此三者，或舉宗廟，或舉王寢，或舉明堂，互言之，以明其同制。《玉藻》鄭注：天子廟及路寢，皆如明堂制。而《鄭志》答趙商，又疑之。何也？曰：《考工記》世室，鄭注謂宗廟；殷人重屋，鄭注謂王寢；周人明堂，鄭見其三代，各舉其一，明其制同也。《逸周書·作雒解》大廟、路寢、明堂，其制同文。《明堂位》：大廟，天子明堂。魯之大廟如天子明堂，則知天子之明堂亦如大廟。故鄭云三者同制也。以《禮經》考之，大廟與路寢同制，而與明堂異。大廟、路寢有東西房，東西夾室，而明堂不聞。明堂有五室，而大廟、路寢無此制。然則其所謂同者，亦堂基之縱廣，戶牖之大小，門闕之高卑耳。故答趙商時復云，或可文王廟不如明堂制也。

清·金鶚《求古録禮説》卷一二《廟制變通説》 《王制》云：天子七廟，三昭三穆與大祖之廟而七。諸侯五廟，二昭二穆與大祖之廟而五。此止言其常，而未及其變，而時有不能不變通者，要必無拂乎經，合乎先王尊祖之意，而後可行也。朱子《周九廟圖》：宣王時，穆、懿、夷三昭，共、孝、厲三穆。按孝王爲共王之弟，而以繼共王爲穆，世次雖不紊，而不免弟據孫廟。夷王本爲穆，而反居昭。厲王本爲昭，而反居穆。世次悉紊，且拘于廟數。設或兄弟四人竝立爲君，祭且不及祖矣。此蓋不知變通之義也。馬貴與、萬充宗皆駁朱子之説，是矣。然馬氏以創建之失宜，而謂不如漢代之每帝建廟，各在一所，東都以來，同堂異室，共爲一廟之渾成。萬氏亦主同廟異室之議，謂兄弟相繼則同廟異室，亦三昭三穆而不得多。觀《考工記》世室、明堂皆五室，知同廟異室，古人已有通其變者，此其説亦不合於禮也。夫均是祖宗，乃一則獨居一廟，而致其尊崇，一則其居一廟，而處於狹隘，可乎？

先王事死如事生，命士以上，父子兄弟皆異宫焉。有生則異宫而死則同堂者。同堂異室起于東漢，豈可以後世非禮之事而指爲古制乎？同堂異室之非禮，朱子嘗極辨之。《考工記》謂世室卽明堂，非宗廟也。宗廟與明堂迥異，鄭氏謂明堂同制，非也。詳《明堂考》。止有一室，竝無五室之制。苟使與明堂同，四室分列四方，殊非左昭右穆之義。又天子當七廟，鄭氏謂天子五廟，非也。説詳《天子四廟辨》。而止有五室，何以處之？故知五室必非宗廟之制也。古宗廟與路寢同制，堂後爲室，序外爲夾室，夾室視正室甚狹，神主必居室中。若兄弟同廟，何者當居正室，何者當居夾室？若堂後別建一室，成何制度？且或兄弟三四人同廟，又無地可建。抑或於正室中爲數石室，古者神主藏于石室，石室在室中西壁，所謂宗祏也。其制甚小，略與今之神龕相似。竝列一方，既恐不能容，而更不可以行祭。然則同廟異室，必非古制，明矣。

張子云：四親廟自高至禰，皆不可不祭。若一世之中，各有兄弟數人代立，不可以廟數確定，卻有所不祭也。雖數人，止是當得一世，故雖親廟，亦不害爲數十廟也。此説至當不易。蓋所謂七廟、五廟者，以世數言，非以廟數言也。《呂覽》言五世之廟，《大戴禮》言有天下者事七世，其明證也。古者天子始立廟之時，止建七廟，其後有功德當宗者，則別立廟。宗無定數，廟亦無定數也。如殷有四宗，先儒謂殷有三宗，太宗、中宗、高宗也。《祭法》云：殷人祖契而宗湯。是湯亦爲宗。成湯受命有天下，必百世不遷，則謂殷止三宗者，非也。周有文、武二世室，皆後代別建者也。夫既可以功德而別建廟，則兄弟代立者，亦豈不可別建廟乎？殷時陽甲、盤庚、小辛、小乙兄弟四人爲王，則當武丁時，幷祖宗廟計之，凡十二廟，馬貴與謂當創十廟，非也。必不止七廟也。蓋天子之宫甚廣，都宫之中必有餘地，以備益多。卽或不足，亦當拓其基址以爲之。馬氏謂于太祖之左右創造廟堂，以崇奉先人，正所以安神明，而對偶偏枯，固無傷于義也。夫不思尊祖敬宗，而徒欲以聳人之觀聽，此豈仁人孝子之心哉？

由是言之，朱子之論，知同堂異室之非，而紊昭穆之世次。馬氏、萬氏之說，知昭穆之不可亂，而拂先王尊祖之意。一則不知變通，一則變通而不合乎禮，其失同也。然朱子之非，後儒多知之，而萬氏之非，後儒多莫知之。顧亭林、任翼聖、蔡氏德晉、秦氏蕙田輩，皆推明萬說而古制幾湮沒矣。惟江慎修《羣經補義》與張子同，足正羣儒之失，然未引張子說，又未辨衆說之非。鶚故述張子而詳辨之。汪瑟菴師曰：此事《禮經》但舉其常而未及其變。蓋秦火以來，書缺有閒，不可得而知矣。以天理人情推之，則張子之論近是。篇中辨論亦甚明晰，閒有滯處，輒爲改易。如有未洽，乞再切磋。

雜録

《左傳·宣公十二年》 祀于河，作先君宮，告成事而還。

又《襄公二十三年》 （臧孫）對曰：『夫鼠，晝伏夜動，不穴於寢廟，畏人故也。』

又《襄公二十五年》 甲興，（齊莊）公登臺而請，弗許；請盟，弗許；請自刃於廟，弗許。注：求還廟自殺也。

《穀梁傳·昭公二十年》 秋，盜殺衛侯之兄輒。《傳》：盜，賤也。其曰兄，母兄也。目衛侯，衛侯累也。然則何為不為君也？《集解》：嫡兄宜為君。曰：有天疾者，不得入乎宗廟。輒者何也？曰：兩足不能相過。齊謂之綦，楚謂之踂，衛謂之輒。

漢·韓嬰《韓詩外傳》卷九 晏子曰：『鄧聚為吾君主鳥而亡之，是罪一也；使吾君以鳥之故而殺人，是罪二也；使四國諸侯聞之，以吾君重鳥而輕士，是罪三也；天子聞之，必將貶絀吾君，危其社稷，絕其宗廟，是罪四也。』

《史記》卷八七《李斯列傳》 李斯乃從獄中上書曰：『臣為丞相，治民三十餘年矣。【略】立社稷，修宗廟，以明主之賢，罪四矣。』

漢·王逸《楚辭章句》卷三《天問章句》 屈原放逐，憂心愁悴，彷徨山澤，經歷陵陸，嗟號旻昊，仰天嘆息。見楚有先王之廟及公卿祠堂，圖畫天地、山川、神靈琦瑋僪佹，及古賢聖怪物行事，周流罷倦，休息其下，仰見圖畫，因書其壁，呵而問之，以渫憤懣，舒瀉愁思。

社稷分部

綜述

天子社稷 **《尚書·甘誓》** 大戰于甘，乃召六卿。王曰：【略】『用命賞于祖，漢孔安國《傳》：天子親征，必載遷廟之祖主行，有功則賞祖主前，示不專。弗用命戮于社。』《傳》：天子親征，又載社主，謂之社事。不用命奔北者，則戮之於社主前。社主陰，陰主殺。親祖嚴社之義。

《古本竹書紀年·夏紀》 夏桀末年，社坼裂。其年為湯所放。

《今本竹書紀年》卷上《殷商成湯》 十八年癸亥，王即位，居亳。始屋夏社。

漢·劉安《淮南子》卷六《覽冥訓》 夏桀之時，【略】植社槁而𡒊裂。漢高誘注：言不禮於神也。

《尚書·商書序》 湯既勝夏，欲遷其社，不可，《傳》：湯承堯舜禪代之後，順天應人，逆取順守，而有慙德，故革命創制，改正易服，變置社稷，而後世無及句龍者，故不可而止。作《夏社》、《疑至》、《臣扈》。《傳》：言夏社不可遷之義。《疑至》及《臣扈》，三篇皆亡。唐孔穎達《正義》：疑至與臣扈相類，當是二臣名也。蓋亦言其不可遷之意。馬融云：聖人不可自專，復用二臣自明也。

《史記》卷三《殷本紀》 湯既勝夏，欲遷其社，不可，南朝宋裴駰《集解》：孔安國曰：欲變置社稷而後世無及句龍者，故不可而止。作《夏社》。《集解》：孔安國曰：言夏社不可遷之義。

《墨子》卷五《非攻下》 赤鳥銜珪，降周之岐社，曰『天命周文王伐殷有國。』

《今本竹書紀年》卷上《帝辛》 三十二年，【略】有赤鳥集于周社。

《呂氏春秋》卷一三《應同》 及文王之時，天先見火赤烏銜丹書，集于周社。文王曰：『火氣勝。』火氣勝，故其色尚赤，其事則火。漢高誘注：法火色赤。

《尚書·泰誓上》 予小子夙夜祗懼，受命文考，類于上帝，宜于冢土，以爾有衆，厎天之罰。《傳》：祭社曰宜。冢土，社也。《正義》：冢訓大也。社是土神，故冢土，社也。《毛詩》傳云：冢土，大社也。

又《召誥》 越翼日戊午，乃社于新邑，牛一、羊一、豕一。《傳》：告立社稷之位，用太牢也。共工氏子曰句龍，能平水土，祀以為社。周祀后稷，能殖百穀，祀以為稷。社稷共牢。

《逸周書》卷五《作雒解》 封人社壝，諸侯受命於周，乃建大社於國中。晉孔晁注：受，封也。其壝：東青土，南赤土，西白土，北驪土，中央疊以黄土。將建諸侯，鑿取其方一面之土，燾以黄土，苴以白茅，以為土封，故曰授列土於周室。注：其方謂建東方諸侯以青土也。燾覆茅苴，裹土封之為社也。

《詩經·大雅·緜》 迺立冢土，戎醜攸行。漢毛亨《傳》：冢，大。戎，大；醜，衆也。冢土，大社也。起大事，動大衆，必先有事乎社而後出，謂之宜。美大王之社，遂為大社也。漢鄭玄《箋》：大社者，出大衆，將所告而行也。

又《雲漢》 祈年孔夙，方社不莫。《箋》：我祈豐年甚早，祭四方與社又不晚。唐孔穎達《正義》：祭四方與社，即『以社以方』是也。

又《小雅·甫田》 以我齊明，與我犧羊，以社以方。《傳》：器實曰齊，在器曰盛。社，后土也。方，迎四方氣於郊也。《箋》：以絜齊豐盛，與我純色之羊，秋祭社與四方，為五穀成熟，報其功也。

《論語·八佾》 哀公問社於宰我，宰我對曰：『夏后氏以松，殷人以柏，周人以栗，曰使民戰栗。』三國魏何晏《集解》：孔曰：凡建邦立社，各以其土所宜之木。宰我不本其意，妄為之説，因周用栗，便云使民戰栗。宋邢昺疏：云凡建邦立社，各以其土所宜之木者，以社者，五土之總神，故凡建邦立國，必立社也。夏都安邑，宜松；殷都亳，宜柏；周都豐鎬，宜栗，是各以其土所宜木也。謂用其木以為社主。子聞之，曰：『成事不説，遂事不諫，既往不咎。』

《墨子》卷八《明鬼下》 且惟昔者虞夏商周三代之聖王，其始建國營都日，必擇國之正壇，置以為宗廟；必擇木之修茂者，立以為菆位。賞於祖者何也？言分命之均也。僇於社者何也？言聽獄之事也。於古曰吉日丁卯，周代祝社方。

《周禮·春官·小宗伯》 掌建國之神位，右社稷，左宗廟。凡天地之大烖，類社稷宗廟，則爲位。漢鄭玄注：禱祈禮輕，類者，依其正禮而爲之。

又《考工記·匠人》 匠人營國，【略】左祖右社。

又《地官·封人》 掌設王之社壝，唐賈公彦疏：云掌設王之社壝者，謂王之三社、三稷之壇及壇外四邊之壝，皆設置之。直言壝不云壇，舉外以見內，內有壇可知也。為畿封而樹之。凡封國，設其社稷之壝，注：封國建諸侯。疏：設其社稷之壝者，案《禹貢》徐州，貢五色土。孔注云：王者封五色土為社，建諸侯則各割其方色土與之，使立社。燾以黄土，苴以白茅，茅取其潔，黄取王者覆四方。是封乎諸侯、立社稷之法也。封其四疆。造都邑之封域者亦如之，令社稷之職。注：將祭之時，令諸有職事於社稷者也。

又《夏官·小子》 掌祭祀羞羊肆、羊殽、肉豆，注：鄭司農云：羞，進也。而掌珥于社稷，祈于五祀。注：鄭司農云：珥社稷，以牲頭祭也。玄謂珥讀為衈，祈或為刉。刉、衈者，釁禮之事也。用毛牲曰刉，羽牲曰衈。衈刉社稷五祀，謂始成其宮兆時也。

又《春官·大宗伯》 王大封，則先告后土。注：后土，土神也，黎所食者。疏：云后土，土神也，黎所食者，言后土有二：若五行之官，東方木官勾芒，中央土官后土。此等后土，土官也。黎爲祝融，兼后土，故云黎所食者。若《左氏傳》云：君戴皇天而履后土。彼爲后土神，與此后土同也。若句龍生爲后土官，死配社，即以社爲后土。其實社是五土總神，非后土，但以后土配社食，世人因名社爲后土耳。

又《大祝》 國有大故天烖，彌祀社稷。注：大故，兵寇也。天烖，疫癘水旱也。彌猶徧也。【略】大師，宜于社，【略】及軍歸，獻于社。【略】大會同，【略】宜于社。【略】建邦國，先告后土。注：后土，社神也。

又《肆師》 社之日，涖卜來歲之稼。注：社祭土，爲取財焉。卜者，問後歲稼所宜。

又《夏官·大司馬》 中春教振旅，【略】火弊，獻禽以祭社。

注：火弊，火止也。春田主用火，因焚萊除陳草，皆殺而火止。若師有功，則左執律，右秉鉞以先，愷樂獻于社。注：功，勝也。律所以聽軍聲，鉞所以為將威也。先猶道也。兵樂曰愷。獻于社，獻功于社也。若師不功，則厭而奉主車。注：玄謂厭，伏冠也。奉猶送也。送主歸於廟與社。

又《地官·媒氏》 凡男女之陰訟，聽之于勝國之社。注：陰訟，爭中冓之事，以觸法者。勝國，亡國也。亡國之社，奄其上而棧其下，使無所通，就之以聽陰訟之情，明不當宣露其罪。疏：云陰訟，爭中冓之事者，謂若《詩》之中冓，以觸法也。云勝國，亡國也者，此社有四名：若此往勝，得彼國，將社來，謂之勝國，即此文是也。若據彼國喪亡，則謂之亡國之社，引《公羊傳》者是也。又名喪國之社，《郊特牲》云『喪國之社，必屋之』是也。據其地則曰亳社，則《左傳》云『亳社災』是也。故云勝國，亡國也。云亡國之社者，《公羊傳》文。云奄其上者，即《郊特牲》『屋之，不受天陽』者是也。云棧其下者，謂於下著柴以棧之，使不通陰故也。故云使無所通也。云就之，以聽陰訟之情，明不當宣露者，以其勝國社上下不通，是不宣露，中冓之言亦不宣露，故就而聽之也。若然，案《詩》召伯聽男女之訟於甘棠之下，不在勝國社者，彼謂周公未制禮前，此據制禮之後，故不同。

又《秋官·士師》 若祭勝國之社稷，則為之尸。注：以刑官為尸，略之也。周謂亡殷之社為亳社。

又《地官·小司徒》 凡建邦國，立其社稷。疏：言邦國者，謂立畿外諸侯。邦國立其社稷者，諸侯亦有三社三稷，謂國社、侯社、勝國之社，皆有稷配之。言立其社稷，謂以文書法度與之，不可國國身往也。

又《大司徒》 設其社稷之壝而樹之田主，各以其野之所宜木，遂以名其社與其野。注：社稷，后土及田正之神。壝，壇與堳埒也。田主，田神，后土、田正之所依也，詩人謂之田祖。所宜木，謂若松、柏、栗也。若以松為社者，則名松社之野，以別方面。疏：云社稷，后土及田正之神者，鄭義依《孝經緯》：社者，五土之總神，以句龍生時為后土，官有功於土，死配社而食。稷是原隰之神，宜五穀，五穀不可遍舉，稷者，五穀之長，立稷以表神名，故號稷。棄為堯時稷官，主稼穡之事，有功於民，死乃配稷而食，名為田正也，故云社稷。后土及田正之神，雙言之耳云。壝，壇與堳埒也者，經直云壝，壝即堳埒，不云壇，以壝在壇之四面為之，明中有壇可知，故鄭兼云壇也。【略】云所宜木，謂若松、柏、栗也者，是《論語》哀公問社於宰我，對云夏后氏以松，殷人以柏，周人以栗。彼三代所都異處，所宜之木不同，夏居平陽宜松，殷居亳宜柏，周居鎬京宜栗。此經雖據周一代而言，其邦國都鄙異處，所宜之木亦復不同，故云若松、柏、栗也。云若以松為社者，則名松社之野者，此取松為社，假設而言耳。云以別方面者，但四方宜木，面各不同，或一方宜松，則以松為社，以別餘之方面耳。

《荀子》卷一三《禮論篇》 故社祭社也，稷祭稷也。唐楊倞注：社，土神，以勾龍配之。稷，百穀之神，以棄配之。但各止祭一神而已。

《禮記·祭法》 王為羣姓立社曰大社，王自為立社曰王社。諸侯為百姓立社曰國社，諸侯自為立社曰侯社。大夫以下成羣立社曰置社。漢鄭玄注：羣，衆也。大夫以下謂下至庶人也。大夫不得特立社，與民族居，百家以上則共立一社，今時里社是也。唐孔穎達《正義》：王為羣姓立社曰大社者，羣姓謂百官以下及兆民，言羣姓者，包百官也。大社在庫門之內右，故《小宗伯》云『右社稷』。王自為立社曰王社者，其王社所在，書傳無文。或云與大社同處，王社在大社之西。崔氏並云：王社在藉田，王所自祭，以供粢盛。今從其說，故《詩·頌》云『春藉田而祈社稷』是也。其諸侯國社，亦在公宮之右，侯社在藉田。大夫以下成羣立社曰置社者，大夫以下，謂包士庶。成羣，聚而居。其羣衆滿百家以上得立社，為衆特置，故曰置社。

又《郊特牲》 社祭土而主陰氣也，君南鄉於北墉下，答陰之義也。注：牆謂之墉。北墉，社內北牆。天子大社，必受霜露風雨，注：大社，王為羣姓所立。以達天地之氣也。《正義》：社祭土而主陰氣也者，土謂五土，山林、川澤、丘陵、墳衍、原隰也。以時祭之，故云社祭土。土是陰氣之主，故云而主陰氣也。君南鄉於北墉下，答陰之義也者，墉，墻也。社既主陰，陰宜在北，故祭社時，以社在南，設主壇上，北面，而君来，在北墻下而南鄉祭之，是對陰之義也。【略】云天子大社，必受霜露風雨，以達天地之氣也者，是解社不屋義也。達，通也。風雨至則萬物生，霜露降則萬物成，故不為屋，以受霜露風雨。霜露風雨至，是天地氣通也，故云達天地之氣也。是故喪國之社屋之，不受天陽也。薄社北牖，使陰明也。注：薄社，殷之社，殷始都薄。《正義》：是故喪國之社屋之，不受天陽也，猶喪國社者，謂周立殷社也。立以為戒不生成，天是生法，其喪國社無生義，故屋隔之，令不受天之陽也。《白虎通》云：『王者諸侯必有誡社者何？示有存亡也。明為善者得之，為惡者失之。』薄社北牖，使陰明也者，即喪國社也。殷始都薄，故呼其社為薄社也。周立殷社為戒而屋之，塞其三面，唯開北牖，示絶陽而通陰，陰明則物死也。

社，所以神地之道也。地載萬物，天垂象，取財於地，取法於天，是以尊天而親地也，故教民美報焉。家主中霤而國主社，示本也。【略】

季春出火為焚也，然後簡其車賦而歷其卒伍，而君親誓社，以習軍旅，左之右之，坐之起之，以觀其習變也。

又《禮運》　故政者，君之所以藏身也。是故夫政，必本於天，殽以降命，注：降，下也。殽，天之氣以下教令，天有運移之期，陰陽之節也。命降于社，之謂殽地。注：謂教令由社下者也。社，土地之主也。《周禮》土會之法，有五地之物生。《正義》：殽以降命者，殽，效也。言人君法效天氣，以降下政教之命。效星辰運轉於北極，為昏媾姻亞；效天之陰陽寒暑，為刑獄賞罰，是殽以降命。命降于社，之謂殽地者，【略】命者，政令之命，降下於社，謂從社而來以降民也，社即地也，指其神謂之社，指其形謂之地。法社以下教令，故云謂殽地。地有五土，生物不同，人君法地，亦養物不一也。

祀社於國，所以列地利也。《正義》：祀社於國，所以列地利也者，天子至尊，而猶自祭社，欲使報恩之禮達於下也。地出財，故云列地利也。亦即是『命降於社，之謂殽地』也。

禮行於社，而百貨可極焉。注：百貨，金玉之屬。《正義》：王祀社盡禮，則五穀豐稔，金玉露形，盡為國家之用，故云可極焉。

又《王制》　天子將出，類乎上帝，宜乎社，造乎禰。諸侯將出，宜乎社，造乎禰。注：類、宜、造，皆祭名。其禮亡。

喪三年不祭，唯祭天地社稷，為越紼而行事。注：不敢以卑廢尊。越猶躐也。紼，輴車索。

又《曾子問》　孔子曰：諸侯適天子，【略】命祝史告於社稷宗廟山川。

漢·伏勝《尚書大傳》卷三《召誥傳》　大社唯松，東社唯柏，南社唯梓，西社唯栗，北社唯槐。

漢·韓嬰《韓詩外傳·佚文》　天子社廣五丈，東方青，南方赤，西方白，北方黑，上冒以黃土。將封諸侯，各取其方色土，苴以白茅，以爲社。明有土，謹敬絜清也。

漢·劉安《淮南子》卷一一《齊俗訓》　有虞氏之祀，其社用土，注：封土為社。祀中霤。【略】夏后氏，其社用松，注：所樹之木，皆所生地之所宜也。祀戶。注：春祭先戶，夏木德也。【略】殷人之禮，其社用石，注：以石為社主也。祀門。秋祭先門，殷金德也。【略】周人之禮，其社用栗，祀竈。注：夏祭先竈，周火德也。鄒子曰：五德之次，從所不勝，故虞土、夏木、殷金、周火。

又　卷一五《兵略訓》　凡國有難，君自宮召將，詔之曰：社稷之命在將軍。

又　卷一七《說林訓》　故侮人之鬼者，過社而搖其枝。

《史記》卷六〇《三王世家》　《春秋大傳》曰：天子之國有泰社，東方青，南方赤，西方白，北方黑，上方黃。故將封於東方者，取青土；封於南方者，取赤土；封於西方者，取白土；封於北方者，取黑土；封於上方者，取黃土，各取其色物，裹以白茅，封以為社。此始受封於天子者也。

清·余蕭客《古經解鉤沈》卷一四《禮記四》　《五經通義》：天子大社、王社，諸侯國社、侯社，制度奈何？曰：社皆有垣無屋，樹其中以木。有木者土，主生萬物，萬物莫善於木，故樹木也。

王社籍田中，為千畝報功也。

漢·蔡邕《獨斷》卷上　天子之宗社曰泰社，天子所為羣姓立社也。天子之社曰王社，一曰帝社。古者有命，將行師，必於此社授以政。《尚書》曰：用命賞於祖，不用命戮於社。

諸侯為百姓立社曰國社，諸侯之社曰侯社。

亡國之社。古者天子亦取亡國之社以分諸侯，使為社，以自儆戒。屋之，奄其上，使不通天；柴其下，使不通地，自與天地絕也。面北向陰，示滅亡也。

天子社稷，土壇方廣五丈，諸侯半之。

社神蓋共工氏之子勾龍也。能平水土，帝顓頊之世，舉以為土正，天下賴其功，堯祠以為社。凡樹社者，欲令萬民加肅敬也。各以其野所宜之木以名其社及其野，位在未地。稷神蓋厲山氏之子柱也。柱能殖百穀，帝顓頊之世，舉以為田正，天下賴其功。周棄亦播殖百穀，以稷五穀之長也，因以稷名其神也。社、稷二神功同，故同堂別壇，俱在未位。土地廣博不可偏覆，故封社稷。露之者，必受霜露，以達天地之氣。樹之者，尊而表之，使人望見則加畏敬也。

唐·杜佑《通典》卷四五《禮五·吉禮四·社稷》　顓頊祀共工氏子勾龍為社，《祭法》曰：共工氏霸有九州，其子曰后土，能平水土，故祀以為社。烈山氏子柱為稷，《祭法》曰：烈山氏之有天下，其子曰柱，能殖百穀，故祀為稷。高辛氏、唐、虞、夏皆因之。殷湯為旱，遷柱而以周棄代之，欲遷勾龍，無可繼者，故止。先王之制，法施于人則祀之。

周制，天子立三社。《祭法》云：王為羣姓立社曰大社，羣，衆也，為百官及兆人所置立。於庫門内之西立之。《小宗伯》云：左宗廟，右社稷。鄭玄曰：庫門内、雉門外也。周代文，尚尊尊，故在右也。案《公羊》魯桓公二年，取郜大鼎，納於太廟。何休云『質家右宗廟，尚親親；文家右社稷，尚尊尊』是也。王自為立社曰王社，于籍田立之。按《詩·周頌》云『春籍田而祈社稷』。既因籍田，遂以祈社，則是籍田中立之。王親藉田，所以供粢盛，故因立社以祈之。亡國之社曰亳社，廟門之外立之。《春秋》哀公四年，亳社災。《穀梁傳》云：以滅國之社，為廟屏。諸侯立三社。《祭法》云：諸侯為百姓立社曰國社，亦為百官下及萬人所置。於皐門之中立之。按諸侯三門，外曰皐，次曰應，内曰路。自為立社曰侯社，亦於籍田中立之。按《祭義》諸侯亦有籍田故。亳社。立處蓋與天子同。按《春秋》云：亳社災。注云：亳社，殷社。諸侯有之，所以戒亡國。【略】但立名雖異，其神則同，皆以勾龍配之，稷，周棄配之。據先儒所説不同。王肅之徒，即云但祭勾龍，后稷，人神而已，非為配祭，與鄭更相折難。別有評議，不復具論。按兩家所釋，鄭義為長，故今據以為説。

社者，五土之神。五土謂若《地官·司徒》職云山林、川澤、丘陵、墳衍、原隰等，各有所育，羣生賴之。故于土生物處，別立其名爲社。《援神契》云：社者，土地之神，能生五穀。《郊特牲》云：社，所以神地之道。稷者於五土之中，特指原隰之祇。以五土雖各有所生，而山林、川澤、丘陵、墳衍，此四者雜出材用等物，於五穀之功則少，且生人所急者食，故于五土之中別旌異原隰之祇以報之。以其能生五穀名其神，但五穀不可遍言，以稷為五穀之長，春生夏成，最得中和之氣，故取以名其神，表言其處能生稷也，非謂止祭其穀粒。故《援神契》云『社者，土地之主；稷者，原隰之中能生五穀之祇』是也。又《禮記》曰：『家主中霤而國主社稷』，以其俱是土神也。社壇在東，稷壇在西，俱北面。壇築墻，開四面門。且社稷陰神，皆以北面為尊，地道長右，故稷在西也。知北面及有墻者，《郊特牲》説社云『君南向于北墉下，答陰之義』是也。天子之社則以五色土，各依方色為壇，廣五丈。《春秋大義》曰：天子社壇，博五丈，諸侯半之。天子大社，東方青，南方赤，西方白，北方黑，冒以黃土。諸侯則但用當方之色為壇。皆立樹以表其處，又別為主，以象其神。《禮記·大傳》説牧野之事云：既事而退，柴于上帝，祈社。又《尚書·甘誓》云：不用命，戮于社。則天子諸侯行軍，皆載社主也。其主，鄭注但云『蓋用石為之』，以石為土類故也。

宋·楊甲《六經圖》卷八《五社制度圖》 天子之社，廣五丈，諸侯半之。五方之社，其土各象其方之色，各植其所宜之木。封諸侯則各分其方之土，冒之以黃土。

諸侯社稷·魯

《左傳·閔公二年》（卜楚丘之父）曰：『間于兩社，爲公室輔。』晉杜預注：兩社，周社、亳社。兩社之間，朝廷執政所在。唐孔穎達《正義》：王者取五色之土，封以爲社。若封諸侯，隨方割其土，包之以白茅賜之，使立國社。魯是周之諸侯，故國社謂之周社。哀四年『亳社災』，是魯國有亳社。《穀梁傳》曰：亳社者，亳之社也。亳，亡國也。亡國之社以爲廟屏，戒也。則亳社在宗廟之前也。

又《莊公二十五年》 夏六月辛未朔，日有食之。鼓、用牲于社，非常也。注：非常鼓之月。唯正月之朔，慝未作，注：慝，陰氣。日有食之，於是乎用幣于社，伐鼓于朝。注：日食，曆之常也。然食於正陽之月，則諸侯用幣于社，請救於上公；伐鼓于朝，退而自責，以明陰不宜侵陽，臣不宜掩君，以示大義。

秋大水。鼓、用牲于社于門，亦非常也。注：失常禮。凡天災，有幣，無牲。注：天災，日月食、大水也。祈請而已，不用牲也。非日、月之眚不鼓。注：眚猶災也。月侵日為眚，陰陽逆順之事，賢聖所重，故特鼓之。

《公羊傳·莊公二十五年》 六月辛未朔，日有食之。鼓、用牲于社。《傳》：日食，則曷為鼓、用牲于社？漢何休《解詁》：据日食在天。求乎陰之道也。《解詁》：求，責求也。以朱絲營社，或曰脅之，或曰為闇，恐人犯之，故營之。《解詁》：或曰者，或人辭其義各異也。或曰脅之，與責求同義。社者，土地之主也。月者，土地之精也。上繫于天而犯日，故鳴鼓而攻之，脅其本也。朱絲營之，助陽抑陰也。或曰為闇者，社者，土地之主尊也，為日光盡天闇冥，恐人犯歷之，故營之。然此説非也。記或傳者，示不欲絶異説爾。先言鼓，後言用牲者，明先以尊命責之，後以臣子禮接之，所以為順也。

《左傳·文公十五年》 六月辛丑朔，日有食之。鼓、用牲于社，非禮也。注：得常鼓之月，而於社用牲，為非禮。日有食之，天子不舉，注：去盛饌。伐鼓于社。注：責羣陰。伐猶擊也。諸侯用幣于社，注：社尊于諸侯，故請救而不敢責之。伐鼓于朝。注：退自責。以昭事神、訓民、事君，注：天子不舉，諸侯用幣，所以事神，尊卑異制，所以訓民。示有等威，古之道也。注：等威，威儀之等差。

又《**昭公十年**》秋七月，平子伐莒，取郠。獻俘，始用人於亳社。注：以人祭殷社。

又《**定公六年**》陽虎又盟公及三桓於周社，盟國人於亳社，詛于五父之衢。

又《**哀公七年**》以邾子益來，注：益，邾隱公也。獻于亳社。注：以其亡國與殷同。

《**公羊傳·哀公四年**》六月辛丑，蒲社災。《傳》：蒲社者何？亡國之社也。《解詁》：蒲社者，先世之亡國，在魯竟。唐徐彦疏：《公羊》解以為蒲者，古國之名。天子滅之，以封伯禽，取其社以戒諸侯，使事上。今災之者，若曰王教絶云爾。《左氏》、《穀梁》以為亳社者，殷社也。武王滅殷，遂取其社，賜諸侯，以為有國之戒。然則傳説不同，不可為難。社者，封也。《解詁》：封土為社。其言災何？《解詁》：据封土，非火所能燒。亡國之社蓋揜之，揜其上而柴其下。《解詁》：故火得燒之。揜、柴之者絶，不得使通天地四方，以為有國者戒。

《**穀梁傳·哀公四年**》六月辛丑，亳社災。《傳》：亳社者，亳之社也。亳，亡國也。晉范寧《集解》：亳即殷也。殷都于亳，故因謂之亳社。亡國之社以爲廟屏，戒也。《集解》：立亳之社於廟之外，以爲屏蔽，取其不得通天人，君瞻之而致戒心。其屋亡國之社，不得達上也。《集解》：必爲之作屋，不使上通天也。緣有屋，故言災。

齊　《**左傳·莊公二十三年**》夏，公如齊觀社。非禮也。

《**國語**》**卷四**《**魯語上**》莊公如齊觀社。三國吳韋昭注：莊公二十三年，齊因祀社，蒐軍實，以示客。公往觀之。

《**左傳·襄公二十四年**》（夏）齊社，蒐軍實，使客觀之。注：祭社，因閱數軍器，以示遠啓疆。

《**韓非子**》**卷一三**《**外儲説右上**》（管仲）對曰：『君亦見夫為社者乎？樹木而塗之。』

晉　《**國語**》**卷一一**《**晉語五**》張侯御，曰：【略】『受命于廟，注：將行，告廟受戒命也。受賑于社，注：賑，宜社之肉，盛以蜃器。甲冑而效死，戎之政也。』注：帶甲纓冑，死而後已，此兵之常政。

《**左傳·成公十三年**》公及諸侯朝王，遂從劉康公、成肅公會晉侯伐秦。成子受脤于社，不敬。注：脤，宜社之肉也。盛以脤器，故曰脤。宜，出兵祭社之名。

陳　《**左傳·襄公二十五年**》六月，鄭子展、子産帥車七百乘伐陳。【略】陳侯免，擁社。注：免，喪服。擁社，抱社主，示服。【略】祝祓社，司徒致民，司馬致節，司空致地，乃還。注：祓，除也。節，兵符。陳亂，故正其衆官，脩其所職，以安定之，乃還也。

宋　《**左傳·襄公三十年**》鳥鳴于亳社，注：殷社。如曰譆譆。注：皆火妖也。甲午，宋大災。

鄭　《**左傳·昭公十八年**》七月，鄭子産為火故，大為社，注：為，治也。祓禳於四方，振除火災，禮也。注：振，棄也。

衛　《**左傳·定公四年**》子魚辭曰：『且夫祝，社稷之常隷也。注：隷，賤臣也。社稷不動，祝不出竟，官之制也。注：社稷動謂國遷。君以軍行，祓社釁鼓。注：師出，先有事祓禱於社，謂之宜社。於是殺牲，以血塗鼓鼙，為釁鼓。祝奉以從。』注：奉社主也。

曹　《**左傳·哀公七年**》初，曹人或夢衆君子立于社宮，注：社宮，社也。《正義》：曹人夢見多人，不識姓名，故唯云衆君子也。服虔云：衆君子，諸國君。妄耳。而謀亡曹。

吴　**漢·賈誼**《**新書**》**卷七**《**耳痺**》於是上帝降禍，絶吴命乎直江。君臣乖而不調，置社稿而分裂。

越　**北魏·酈道元**《**水經注**》**卷四〇**《**漸江水**》山南有嶕峴，峴裏有大城，越王無餘之舊都也。故《吴越春秋》云：勾踐語范蠡曰：『先君無餘，國在南山之陽，社稷宗廟在湖之南。』

秦　《**史记**》**卷一四**《**十二諸侯年表·秦表**》秦德公元年，初作伏，祠社。

論説

《**左傳·隱公五年**》公怒，乃止，辭使者曰：『君命寡人同恤社稷之難。今問諸使者，曰師未及國，非寡人之所敢知也。』

又《**桓公五年**》（鄭莊）公曰：『君子不欲多上人，況敢陵天子乎！苟自救也，社稷無隕，多矣。』

又《**莊公六年**》（三甥）對曰：『若不從三臣，抑社稷實不血食，而君焉取餘？』

又《**莊公十四年**》（原繁）對曰：『社稷有主而外其心，其何貳如之？苟主社稷，國内之民，其誰不為臣？』

又《**僖公四年**》（屈完）對曰：『君惠徼福於敝邑之社稷，辱收寡君，寡君之願也。』

又《**僖公二十八年**》甯武子與衛人盟于宛濮，曰：【**略**】『不有居者，誰守社稷？不有行者，誰扞牧圉？』

又《**僖公三十三年**》臧文仲言於公曰：【**略**】『臣聞之：服於有禮，社稷之衛也。』

又《**宣公二年**》（士季）稽首而對曰：【**略**】『君能有終，則社稷之固也，豈唯羣臣賴之？』

又《**宣公十二年**》鄭皇戌使如晉師，曰：『鄭之從楚，社稷之故也。』

又《**宣公十五年**》（解揚）對曰：『謀不失利，以衛社稷，民之主也。』

又《**成公八年**》（申公巫臣）對曰：『夫狡焉思啓封疆、以利社稷者，何國蔑有？』

又《**成公十三年**》晉侯使呂相絶秦，曰：【**略**】『我襄公未忘君之舊勳，而懼社稷之隕，是以有殽之師。』

又《**襄公十年**》士莊子曰：『高子相大子以會諸侯，將社稷是衛而皆不敬，棄社稷也。其將不免乎？』

又《**襄公十四年**》鄭子蟜見衛北宮懿子曰：『與人而不固，取惡莫甚焉。若社稷何？』

又《**襄公十四年**》（文子）而入見蘧伯玉曰：『君之暴虐，子所知也。大懼社稷之傾覆，將若之何？』

（師曠）對曰：『若困民之主，匱神乏祀，百姓絶望，社稷無主，將安用之？弗去何為！』

又《**襄公二十五年**》晏子曰：『君民者，豈以陵民？社稷是主！臣君者，豈為其口實？社稷是養！故君為社稷死則死之，為社稷亡則亡之。』

晏子仰天歎曰：『嬰所不唯忠於君、利社稷者是與，有如上帝！』乃歃。

又《**昭公元年**》叔孫曰：『諸侯之會，衛社稷也。』

（醫和）對曰：『今君至于淫，以生疾，將不能圖恤社稷，禍孰大焉？』

又《**昭公四年**》子産曰：『何害？苟利社稷，死生以之。』

又《**昭公五年**》（蹶由）對曰：『且吳社稷是卜，豈為一人？』

又《**昭公二十九年**》（史墨）對曰：『社稷無常奉，君臣無常位，自古以然。』

又《**定公四年**》申包胥如秦乞師，曰：【**略**】『寡君失守社稷，越在草莽，使下臣告急。』

又《**定公八年**》衛侯欲叛晉，而患諸大夫。王孫賈使次于郊，大夫問故，公以晉詬語之，且曰：『寡人辱社稷，其改卜嗣，寡人從焉。』

又《**定公十年**》叔孫謂郈工師駟赤曰：『郈非唯叔孫氏之憂，社稷之患也。』

又《**定公十一年**》孔子曰：『能執干戈以衛社稷，可無殯也？』

《**國語**》**卷四**《**魯語上**》（乙喜）對曰：『今君來討敝邑之罪，其亦使聽從而釋之，必不泯其社稷。』注：泯，滅也。

又 卷五《**魯語下**》仲尼曰：『社稷之守為公侯，注：封國立社稷而令守之，是謂公侯也。皆屬於王者。』

又 卷七《**晉語一**》申生欲戰，狐突諫曰：『不可。突聞之：國君好艾，大夫殆；好内，適子殆，社稷危。注：國家亂則社稷危，周幽王是也。若惠於父而遠於死，惠於衆而利社稷，其可以圖之乎？』

又 卷九《**晉語三**》惠公既殺里克而悔之，曰：『芮也使寡人過殺我社稷之鎮。』注：鎮，重也。

又 卷一〇《**晉語四**》（豎頭須）謁者曰：『從者為羈紲之僕，注：馬曰羈，犬曰紲。言二者臣僕之役也。居者為社稷之守。』

又 卷一四《**晉語八**》（魯叔孫穆子）對曰：『豹也受命於君，以從諸侯之盟，為社稷也。』注：為，欲衛社稷也。

又　卷二〇《越語上》　夫差對曰：【略】『君若曰「吾將殘女社稷，滅女宗廟」，寡人請死。余何面目以視於天下乎？越君其次也。』遂滅吳。

《公羊傳・莊公十九年》　秋，公子結媵陳人之婦于鄄，遂及齊侯、宋公盟。《傳》：大夫無遂事，此其言遂何？聘禮，大夫受命不受辭。《解詁》：以外事不素制，不豫設，故云爾。出竟有可以安社稷、利國家者，則專之可也。

又　《僖公二十一年》（冬）楚人使宜申來獻捷。《傳》：楚人謂宋人曰：『子不與我國，吾將殺子君矣。』宋人應之曰：『吾賴社稷之神靈，吾國已有君矣。』楚人知雖殺宋公，猶不得宋國，於是釋宋公。

又　《昭公二十五年》　齊侯唁公于野井。《傳》：（昭公）走之齊，齊侯唁公于野井，《解詁》：弔亡國曰唁。曰：『奈何君去魯國之社稷？』昭公曰：『喪人不佞，失守魯國之社稷，執事以羞。《解詁》：謙自比齊下執事，言以羞及君。再拜顙矣。』《解詁》：顙者，猶今叩頭。謝見唁也。

《穀梁傳・文公十三年》　大室屋壞。《傳》：為社稷之主而先君之廟壞，極稱之，志不敬也。

《戰國策》卷五《秦三》　范睢曰：『戰敗則怨結於百姓，而禍歸社稷。』

又　卷六《秦四》　景鯉使人説秦王曰：『楚知秦之孤，不與地而外結交諸侯以圖，則社稷必危。』

（黃歇）説昭王曰：『韓、魏之不亡，秦社稷之憂也。』

又　卷七《秦五》　韓非知之，曰：【略】『梁之大盜，趙之逐臣，與同知社稷之計，非所以厲羣臣也。』

又　卷八《齊一》　齊王曰：『寡人不敏，今主君以趙王之教詔之，漢高誘注：主君，謂蘇秦也。詔，告。敬奉社稷以從。』

齊王曰：『齊僻陋隱居，託於東海之上，注：託，附。未嘗聞社稷之長利。注：長，久。今大客幸而教之，注：大客，謂張儀也。請奉社稷以事秦。』

又　卷九《齊二》（張儀）曰：『為社稷計者，東方有大變，然後王可以多割地。』注：割，取。

又　卷一三《齊六》　齊王建入朝於秦，雍門司馬前曰：『所為立王者，為社稷耶？為王立王耶？』王曰：『為社稷。』司馬曰：『為社稷立王，王何以去社稷而入秦？』

又　卷一四《楚一》　楚王曰：『今君欲一天下，安諸侯，存危國，寡人謹奉社稷以從。』

威王問於莫敖子華曰：『自從先君文王以至不穀之身，亦有不為爵勸、不為祿勉以憂社稷者乎？』莫敖子華對曰『如華，不足知之矣。』王曰『不於大夫，無所聞之。』莫敖子華對曰『君王將何問者也。彼有廉其爵，貧其身以憂社稷者，有崇其爵、豐其祿以憂社稷者，有斷脰決腹、壹瞑而萬世不視不知所益以憂社稷者，有勞其身、愁其志以憂社稷者，亦有不為爵勸、不為祿勉以憂社稷者。』

蒙穀怒曰：『穀非人臣，社稷之臣，苟社稷血食，餘豈悉無君乎？』

又　卷二〇《趙三》　趙王乃令鄭朱對曰：【略】『今寡人不逮，其社稷之不能恤，安能收恤藺離、石祁乎？』

趙王不說，形於顏色曰：『先生不知寡人不肖，使奉社稷，豈敢輕國若此？』

又　卷二二《魏一》　魏公叔痤病，惠王往問之，曰：『公叔病，即不可諱，將奈社稷何？』

張儀為秦連横，説魏王曰：【略】『且夫諸侯之為從者，以安社稷，尊主、强兵、顯名也。』

又　卷二六《韓一》　蘇秦為趙合從，説韓王曰：【略】『夫以韓之勁與大王之賢，乃欲西面事秦，稱東藩，築帝宮，受冠帶，祠春秋，交臂而服焉。夫羞社稷而為天下笑，無過此者矣。』【略】韓王忿然作色，攘臂按劍，仰天太息曰：『寡人雖死，必不能事秦。今主君以楚王之教詔之，敬奉社稷以從。』

又　卷二九《燕一》　燕王曰：『寡人蠻夷辟處，雖大男子，裁如嬰兒，言不足以求正，謀不足以決事。今大客幸而教之，請奉社稷，西面而事秦。』

《管子》卷二三《揆度》　社稷重於親戚，胡謂也？對曰：『夫城郭拔，社稷不血食，無生臣，親沒之後，無死子。此社稷之所重於親戚者也。」

《商君書》卷一《更法》　孝公平畫，公孫鞅、甘龍，杜摯三大夫御於君。【略】君曰：「代立不忘社稷，君之道也。」

《孟子·盡心上》　孟子曰：【略】有安社稷臣者，以安社稷為悦者也。漢趙岐注：忠臣志在安社稷而後為悦者也。

又《盡心下》　孟子曰：民為貴，社稷次之，君為輕。宋朱熹《集注》：社，土神；稷，穀神。建國則立壇壝以祀之。蓋國以民為本，社稷亦為民而立，而君之尊，又係於二者之存亡，故其輕重如此。是故得乎丘民而為天子，得乎天子為諸侯，得乎諸侯為大夫。《集注》：丘民，田野之民，至微賤也，然得其心，則天下歸之。天子，至尊貴也，而得其心者，不過為諸侯耳，是民為重也。諸侯危社稷，則變置。《集注》：諸侯無道，將使社稷為人所滅，則當更立賢君，是君輕於社稷也。犧牲既成，粢盛既潔，祭祀以時，然而旱乾水溢，則變置社稷。《集注》：祭祀不失禮，而土、穀之神不能為民禦災捍患，則毁其壇壝而更置之，亦年不順成、八蜡不通之意。是社稷雖重於君，而輕於民也。

又《離婁上》　諸侯不仁，不保社稷。

《韓非子》卷五《飾邪》　劇辛之事燕，無功而社稷危。

《孝經·諸侯章》　富貴不離其身，然後能保其社稷而和其民人，唐玄宗注：列國皆有社稷，其君主而祭之。言富貴常在其身，則長爲社稷之主而人自和平也。宋邢昺疏：社即土神也。經典所論社稷，皆連言之。皇侃以爲稷，五穀之長，亦爲土神。據此，稷亦社之類也。言諸侯有社稷，乃有國；無社稷，則無國也。蓋諸侯之孝也。

《禮記·曲禮下》　國君去其國，止之，曰「奈何去社稷也？」

國君死社稷。

又《檀弓下》　衛獻公出奔，反於衛。及郊，將班邑於從者而后入。柳莊曰：「如皆守社稷，則孰執羈靮而從？如皆從，則孰守社稷？君反其國而有私也，毋乃不可乎？」弗果班。【略】公再拜稽首，請於尸曰：「有臣柳莊也者，非寡人之臣，社稷之臣也。」

仲尼曰：「能執干戈以衛社稷，雖欲勿殤也，不亦可乎？」

又《禮運》　故國有患，君死社稷，謂之義。

又《大傳》　重社稷，故愛百姓。

又《少儀》　為人臣下者，有諫而無訕，有亡而無疾，頌而無諂，諫而無驕，怠則張而相之，廢則埽而更之，謂之社稷之役。

《爾雅》卷五《釋天》　「乃立冢土，戎醜攸行」。晋郭璞注：冢土，大社。戎醜，大衆。起大事，動大衆，必先有事乎社而後出，謂之宜。注：有事，祭也。《周官》所謂「宜乎社」。

漢·董仲舒《董膠西集·春秋陰陽》　哀公四年六月辛丑，亳社災。亡國之社，所以為戒也。天戒若曰：國將危亡，不用戒矣。《春秋》火災屢於定、哀之間，不用聖人而縱驕臣，將以亡國，不明甚也。

漢·班固《白虎通義》卷三《社稷》　王者所以有社稷何？為天下求福報功。人非土不立，非穀不食。土地廣博，不可徧敬也；五穀衆多，不可一一祭也。故封土立社，示有土也。稷，五穀之長，故立稷而祭之也。稷者得陰陽中和之氣，而用尤多，故為長也。

王者諸侯所以有兩社何？俱有土之君也。故《禮·三正記》曰：「王者二社。為天下立社曰太社，自為立社曰王社。諸侯為百姓立社曰國社，自為立社曰侯社。」太社為天下報功，王社為京師報功。太社尊於王社，土地久，故而報之。

王者諸侯必有誡社者何？示有存亡也。明為善者得之，為惡者失之。故《春秋公羊傳》曰：「亡國之社，奄其上，柴其下」。《郊特牲》記曰：「喪國之社屋之」，示與天地絶也。在門東，明自下之無事處也。或曰：皆當著明誡，當近君，置宗廟之墻南。《禮》曰：「亡國之社稷，必以為宗廟之屏」，示賤之也。

社稷在中門之外，外門之内何？尊而親之，與先祖同也。不置中門内何？敬之，示不褻瀆也。《論語》曰：「譬諸宮墻，不得其門而入，不見宗廟之美，百官之富。」《祭義》曰：「右社稷，左宗廟。」

不謂之土何？封土立社，故變名謂之社，別于衆土也。為社立祀，始謂之稷，語不自變有内外。或曰社稷，不以為稷社。故不變其名，事自可知也。

社無屋何？達天地氣，故《郊特牲》曰：「天子大社，必受霜露風雨，以達天地之氣。」社稷所以有樹何？尊而識之，使民望見即敬之，又所以表功也。故《周官》曰：「司徒班社而樹之，各以土地所宜。」

《尚書》逸篇曰：『大社唯松，東社唯柏，南社唯梓，西社唯栗，北社唯槐。』

王者自親祭社稷何？社者，土地之神也。土生萬物，天下之所主也。尊重之，故自祭也。

其壇大如何？《春秋文義》曰：『天子之社稷廣五丈，諸侯半之。』其色如何？《春秋傳》曰：天子有太社也，東方青色，南方赤色，西方白色，北方黑色，上冒以黄土。故將封東方諸侯，取青土，苴以白茅。各取其面以為封社明土。謹敬潔清也。

漢·王充《論衡》卷一五《明雩篇》 禮，祭也。社報生萬物之功，土地廣遠，難得辨祭，故立社為位主，心事之。為水旱者，陰陽之氣也，滿六合難得盡祀，故脩壇設位，敬恭祈求。效事社之義，復災變之道也。

漢·鄭玄《駁五經異義·社》 《異義》：今《孝經》説曰：社者，土地之主。土地廣博，不可徧敬，封五土以為社。古《左氏》説：共工為后土，后土為社。謹案《春秋》稱『公社』，今民謂社神為社公。故知社位上公，非地祇。

駁曰：社祭土而主陰氣，又云社者，神地之道。謂社神但言上公，失之矣。今人亦謂雷曰雷公，天曰天公，豈上公也？

又《稷》 《異義》：今《孝經》説：稷者，五穀之長。穀衆多，不可徧敬，立稷而祭之。古《左氏》説：烈山氏之子曰柱，死，祀以為稷。稷是田正，周棄亦為稷，自商以来祀之。謹案禮緣生及死，故社、稷，人祀之。既祭稷，穀不得，但以稷米祭稷，反自食。同《左氏》説。

駁曰：宗伯以血祭祭社稷、五祀、五嶽。社稷之神若是勾龍、柱、棄，不得先五嶽而食。大司徒以土會之法，辨五地之物生。一曰山林，二曰川澤，三曰丘陵，四曰墳衍，五曰原隰。此五土地者，上生萬物，養鳥獸草木之類，皆為民利，有貢税之法。王者秋祭之，以報其功。大司樂五變而致介物及土示。土示者，五土之總神，即謂社也。六樂于五地，無原隰而有土祇，則土祇與原隰同用樂也。《詩·信南山》云：『畇畇原隰，下之黍稷。』或云原隰生百穀，黍為之長。然則稷者，原隰之神。若達此義，不得以稷米祭稷為難。

又《附録》 社者，五土之神，能生萬物者。以古之有大功者配之。

魏·鄭小同《鄭志》卷中 趙商問：《郊特牲》祭土而主陰氣，《大宗伯》職曰：王大封，則先告后土。注云：后土，土神也。若此之義，后土則社，社則后土，二者未知云何。敢問后土祭誰，社祭誰乎？答曰：句龍本后土，後遷之為社。大封先告后土，玄注云：后土，土神；不云后土，社也。

田瓊問：《周禮》大封先告后土。注云：后土，社也。前答趙商曰：當言后土神，言社非也。《檀弓》曰：國亡大縣邑，或曰君舉而哭于后土。注云：后土，社也。《月令》：仲春命民社。注云：社，后土。《中庸》云：郊社之禮，所以事上帝也。注云：社祭地神，不言后土，省文。此三者，皆當定之否？答曰：后土，土官之名也。死以為社，社而祭之，故曰后土社。句龍為后土，後轉為社，故世人謂社為后土，無可怪也。欲定者定之，亦可不須言也。

明·梅鼎祚《東漢文紀》卷二五《仲長統答侍中鄧義社神難》 難曰：社祭土，主陰氣，正所謂句龍，土行之官為社，則主陰明矣，不與《記》説有違錯也。

答曰：今《記》之言社，輒與郊連，體有本末，辭有上下，謂之不錯不可得。《禮運》曰：政必本於天，殽以降命，命降於社，之謂殽也。參於天地，並於鬼神。又曰：祭地於郊，所以定天位也；祀社於國，所以列地利也。《郊特牲》曰：社，所以神地之道也。地載萬物，天垂象，取財於地，取法於天，是以尊天而親地。家主中霤，國主社，示本也。相此之類，元尚不道配食者也，主以為句龍，無乃失歟？

難曰：信如此，所言土尊，故以為首，在於上。宗伯之體，所當列上下之序。上句當言天神、地祇、人鬼，何反先人而後地？上文如此，至下何以獨不可，而云社非句龍，當為地哉？

答曰：此形成著體，數自上來之次言之耳，豈足據？使從人鬼之列邪？三科之祭，各指其體，今獨擿出社稷，以為但句有烈山氏之子，恐非其本意也。案《記》言社土而云何，得之為句龍。則《傳》雖言祀句龍為社，亦何嫌？反獨不可謂之配食乎？《祭法》曰周人禘嚳郊稷，祖文王，宗武王，皆以為配食者，若復可，須謂之不祭天乎？備讀《傳》

者則真土，獨據《記》者則疑句龍。未若交錯參伍致其義，以相成之為善也。

難曰：再特於郊牛者，后稷配故也。社於新邑，牛一、羊一、豕一。所以用二牲者，立社位，祀句龍，緣人事之也。如此，非祀地明矣。以宮室新成，故立社耳。又曰軍行載社者，當行賞罰，明不自專，故告祖而行賞，告社而行戮。二主明皆人鬼，人鬼故以告之。必若所云，當言載地主於齋車，又當言用命賞於天，不用命戮於地，非其謂也。所以有死社稷之義者，凡賜命受國，造建宮室，無不立社是奉。言所受立，不可棄捐，苟免而去，當死之也。易句龍為其社，《傳》有見文。今欲易神之相，令《記》附食，宜明其徵。祀，國大事，不可不重。據經依傳，庶無咎悔。

答曰：郊特牲者，天至尊，無物以稱專誠，而社稷太牢者，土於天為卑，緣人事以牢祭也。社禮今亡，并特之義，未可得明也。昭告之文，皆於天地，可獨人鬼？此言則未敢取者也。郊社之次，天地之序也。今使句龍載冒其名，耦文於天，以度言之，不可謂安矣。土者，人所依以固而最近者也，故立以為守祀。居則事之時，軍則告之以行戮，自順義也。何以當平於社不言，用命賞於天乎？帝王，兩儀之參、宇中之莫尊者也。而盛一官之臣，以為土之貴神，置之宗廟之上，接之郊禘之次，俾守之者有死無失。何聖人制法之參差，用禮之偏頗？其列在先王人臣之位，其於四官，爵侔班同，比之司徒，於數居二。縱復令王者不同，禮儀相變，或有尊之，則不過當若五卿之與冢宰。此坐之上下，行之先後耳，不得與祖與社言俱坐處尊位也。《周禮》為禮之經，而《禮記》為禮之傳。案經傳求索見文，在於此矣。鈞之兩者，未知孰是。去本神而不祭，與貶句龍為土配，比其輕重，何謂為甚？經有條例，《記》有明義，先儒未能正，不可稱是。鈞校典籍，論本考始矯前易，故不從常說，不可謂非。孟軻曰：予豈好辯哉？乃不得已也。鄭司農之正，此之謂也。

《魏書》卷五五《劉芳傳》　芳以社稷無樹，又上疏曰：『依《合朔儀注》，日有變，以朱絲為繩，以繞係社樹三匝，而今無樹。又《周禮》司徒職云：設其社稷之壝而樹之田主，各以其社之所宜木。鄭玄注云：所宜木，謂若松、柏、栗也。此其一證也。又《小司徒》封人職云：掌設王之社壝，為畿封而樹之。鄭玄注云：不言稷者，王主於社。稷，社之細也。此其二證也。又《論語》曰：哀公問社於宰我，宰我對曰：「夏后氏以松，殷人以柏，周人以栗。」是乃土地之所宜也。此其三證也。又《白虎通》云：社稷所以有樹，何也？尊而識之也，使民望見即敬之，又所以表功也。案此正解，所以有樹之義，了不論有之與無也。此其四證也。此云社稷所以有樹何，然則稷亦有樹明矣。又《五經通義》云：天子太社、王社，諸侯國社，侯社，制度柰何？曰：社皆有垣無屋。樹其中以木，有木者土，主生萬物，萬物莫善於木，故樹木也。此其五證也。此最其丁寧備解有樹之意也。又《五經要義》云：社必樹之以木。《周禮》司徒職曰：班社而樹之，各以土地所生。《尚書》逸篇曰：太社惟松，東社惟柏，南社惟梓，西社惟栗，北社惟槐。此其六證也，此又太社及四方皆有樹別之明據也。又見諸家《禮圖》、《社稷圖》，皆畫為樹，唯誡社、誡稷無樹。此其七證也。雖辨有樹之據，猶未正所植之木。按《論語》稱夏后氏以松，殷人以柏，周人以栗，便是世代不同；而《尚書》逸篇則云太社惟松，東社惟柏，南社惟梓，西社惟栗，北社惟槐，如此便以一代之中而五社各異也。愚以為宜植以松，何以言之？逸書云太社惟松，今者植松，不慮失禮；惟稷無成證，乃社之細，蓋亦不離松也。』世祖從之。

唐·孔穎達《禮記正義·郊特牲》　社稷之義，先儒所解不同。鄭康成之說，以社為五土總神，稷為原隰之神。勾龍有平水土之功，配社祀之；稷有播種之功，配稷祀之，鄭必以為此說者，案《郊特牲》云：『社祭土而主陰氣』；又云：『社所以神地之道』。又《禮運》云：『命降于社，之謂殽地』。又《王制》云：『祭天地社稷，為越紼而行事』。據此諸文，故知社即地神，稷是社之細別，別名曰稷。稷乃原隰所生，故以稷為原隰之神。若賈逵、馬融、王肅之徒，以社祭勾龍，稷祭后稷，皆人鬼也，非地神。故《聖證論》王肅難鄭云：《禮運》云『祀於郊，所以定天位；祀社於國，所以列地利』。社若是地，應云定地位，而言列地利，故知社非地也。為鄭學者馬昭之等通之云：天體無形，故須云定位；地體有形，不須云定位，故唯云列地利。

肅又難鄭云：祭天牛角繭栗而用特牲，祭社牛角尺而用太牢，又祭天地大裘而冕，祭社稷絺冕，又唯天子令庶民祭社。社若是地神，庶民豈得祭地乎？為鄭學者通之而云：以天神至尊，而簡質事之，故牛角繭栗而用特牲，服大裘。天地至尊，天子至貴，天子祭社是地之别體，有功於人，報其載養之功，故用太牢。貶降於天，故角尺也。祭用絺冕，取其陰類。庶人蒙其社功，故亦祭之，非是方澤神州之地也。

肅又難鄭云：《召誥》用牲于郊，牛二，明后稷配天，故知二牲也。又云社于新邑，牛一、羊一、豕一。明知唯祭勾龍，更無配祭之人。為鄭學者通之云：是后稷與天，尊卑既别，不敢同天牲。勾龍是上公之神，社是地示之别，尊卑不甚懸絶，故云配同牲也。

肅又難鄭云：后稷配天，《孝經》有『配天』明文，后稷不稱天也。祭法及昭二十九年傳曰勾龍能平水土故祀以為社不云祀以配社明知社即勾龍也。為鄭學者通之云：后稷非能與天同功，唯尊祖配之，故不得稱天。勾龍與社同功，故得云祀以為社，而得稱社也。

肅又難云：《春秋》説『伐鼓于社，責上公。』不云責地示，明社是上公也。又《月令》云『仲春命民社』，鄭注云：社，后土也。《孝經》注云：社，后土也。勾龍為后土。鄭既云社，后土，則勾龍也。是鄭自相違反。為鄭學者通之云：伐鼓責上公者，以日食，臣侵君之象，故以責上公言之，勾龍為后土之官，其地神亦名后土，故《左傳》曰『君戴皇天而履后土』。地稱后土與勾龍稱后土，名同而無異也。鄭注云：后土者，謂地神也，非謂勾龍。故《中庸》云『郊社之禮』，注云社祭地神。又《鼓人》云『以靈鼓，鼓社祭』，注云社祭，祭地示也。是社為地示也。

清·余蕭客《古經解鈎沈》卷一四《禮記四》 （唐）成伯璵《禮記外傳》：社者，五土之神也；稷者，百穀之神也。天子為天下之人立社，為太社，壇方五丈。諸侯為境内之民立社，曰國社。地之勢有禮生物，各隨所宜。九州之人各居其土，食有利者，各報祭之。籍田之後則告五穀，五穀既登又報功也。國以民為大，人以食為大，故建國君民，先命立社也。地廣穀多，不可偏祭，故於國城之内立壇，祭之貌之也。日用甲，尊之也。惟天子祭天地，諸侯社稷而已。

唐·杜佑《通典》卷四五《禮五·吉禮四·社稷》 説曰：王者諸侯所以立社稷者，為萬人求福報功也。人非土不立，非穀不生，不可偏敬，故立社稷而祭焉。自經籍灰燼，互執不同。鄭玄注：社稷者，土穀之神，勾龍、后稷以配食也。按所據《郊特牲》云：社祭土而主陰氣，君南嚮于北墉下，答陰之義。又云社者，神地之道。又《周禮》以血祭祭社稷、五祀、五岳，樂用靈鼓。大喪，三年不祭，唯天地社稷，越紼而行事。王肅云：勾龍、周棄，並為五官，故祀為社稷。按所據《左氏傳》云：勾龍為后土，祀以為社。故曰伐鼓於社，責上公也。今俗猶言社公，上公之義耳。又牲用太牢，與地不同。若稷是穀神，祭之用稷，反自食乎？崔靈恩云：二家之説，雖各有通途，但昔來所習，謂鄭為長。故依鄭義《試評》曰：按崔靈恩以鄭為長，當矣。何者？按公者尊稱，以人尊社，故曰社公。王肅以俗言社公及以社為上公者，俗言天公、雷公，豈上公乎？又日蝕伐鼓於社，責陰助陽之義也。夫陽為君，陰為臣，日蝕者，陰蝕陽也，君弱臣强，是以伐鼓於社，云責上公耳。若勾龍、周棄為社，則不得先五岳而埋血也，以人鬼雖用血而不埋。復云以無『配食』字是正神者，周人禘嚳而郊稷，祖文王而宗武王，亦無配食之説，豈得不謂郊天者乎？且人鬼之道，不用靈鼓，不得越紼而祭也。稷者，土有生長之功，立其神，因以稷名之。鄭據《孝經》説曰『社者，土地之神；稷者，能生五穀之神。』《孝經援神契》云：『稷乃原隰之中能生五穀之祇。』今按，本無正神，人感其功，欲美報之，因以稷名。所以稷名神者，五穀之長故也。

唐·丘光庭《兼明書》卷一《社神》 先儒以社祭五土之神，五土者一曰山林，二曰川澤，三曰丘陵，四曰墳衍，五曰原隰。明曰：社者所在，土地之名也。凡土之所在，人皆賴之，故祭之也。若唯祭斯五者，則都邑之土，人不賴之乎？且邑外之土，分為五事之外，無餘地也，何必歷舉其名乎！以此推之，知社神所在，土地之名也。或問曰：五土之名，出自《周禮》，非乎？答曰：按《周禮·地官》唯云辨五土之名物，不云五土為社也。又問曰：社既土神，而夏至祭皇地祇於方丘，又何神也？答曰：方丘之祭，祭大地之神。社之所祭，祭邦國鄉原之土神也。

又《社位》 《周禮》春官小宗伯之職，掌建國之神位，右社稷，左宗廟。經云庫門内、雉門外之左右也。明曰：按《曲禮》云：主人入門而右，客入門而左。主人就東階，客就西階。門向堂為正，即左在西而右在東也。凡堂及門外，皆人臣之位，故以向堂為正也。此言右社稷而左宗廟者，則社稷在門東，宗廟在門西也。所以然者，社稷所主之祀，東方陽之發生；宗廟主死人之祭，西方為陰，陰主死亡者，各從類也。閔二年《左傳》言季友之生，卜之曰『間於兩社』者，周社與亳社也。亳社，殷社也，殷都亳，故謂之亳社，即《禮記》所謂『喪國之社屋之，不受天陽』者也。立之於廟門外，以為後王戒，亦從陰類也。然則雉門之外，東有周社，西有殷社，二社之間，朝廷執政之所，故曰『間于兩社，為公室輔』也。

又《社名》 或問曰：社既土神，不言祇而云社者，何也？答曰：社以神地之道也。蓋以土地，人所踐履而無崇敬之心，故合其字從氏，其音為社，皆所以神明之也。

又《社配》 明曰：昭二十九年《左傳》曰：共工氏之子勾龍為后土為社。是勾龍生而后土之官死，故以之配祭於社。今之祭，配社以后土，配坐即勾龍也。

又《社始》 或問社之始。答曰：始於上古穴居之時也。故《禮記》云：家主中霤而國主社者。古人掘地而居，開中取明，雨水霤入，謂之中霤。言土神所在，皆得祭之，在家為中霤，在國為社也。由此而論，社之所始，其來久矣。

又《社樹》 《論語》曰：哀公問社於宰我，宰我對曰：夏后氏以松，殷人以柏，周人以栗，曰使民戰栗。明曰：社所以依神表域也，各隨其地所宜而樹之。宰我謂欲使人畏敬戰慄，失其義也。

又《稷神》 先儒皆以稷祭百穀之神，鄭康成以稷祭原隰之神。明曰：鄭義非也。且原隰亦土也，社既祭土，何故更分原隰而別祭之乎？又稷之名義，不與原隰相侔。縱令鄭義有徵，亦是不分真偽。諸儒所識，可謂不一。

又《稷名》 或問曰：稷既百穀之神，不言穀而云稷者，何也？答曰：稷屬土而為諸穀之長，故《月令》謂之首種。首種者，種最在前也。諸穀不可偏舉，故舉其長而為言之以等之也。若直以穀言之，則為人所褻慢也。

又《稷配》 明曰：有能播百穀者，謂之曰正。正，長也，謂為農之長。死後以配祭于稷，謂之后稷。后，君也，謂為穀之君也。《左傳》曰：有烈山氏之子曰柱為稷，自夏以上祀之。周棄亦為稷，自商已來祀之。祭稷配以后稷者，周棄也。

又《稷始》 或問稷之始。答曰：始有粒食之時也。故《祭法》曰：厲山氏之有天下也，其子曰農，能殖百穀。夏之衰也，周棄繼之，故祀以為稷。厲山，神農之號，則神農之時有稷矣。

宋·陳祥道《禮書》卷九二《社稷·王社》 社所以祭五土之示，稷所以祭五穀之神。五穀之神而命之稷，以其首種先成，而長五穀故也。稷非土無以生，土非稷無以見生生之效，故祭社必及稷，以其同功均利而養人故也。祭必有配，而社配以勾龍，共工氏之子。稷配以柱，厲山氏之子。商之時又易柱以棄，以其功利足以侔社、稷故也。《周官》大司徒辨其邦國都鄙之數，設其社稷之壝而樹之田主，各以其野之所宜木，遂以名其社與其野。封人掌設王之社壝，為畿封而樹之。凡封國，設其社稷之壝。《祭法》：王為羣姓立社曰大社，王自為立社曰王社。諸侯為百姓立社曰國社，自為立社曰侯社。士大夫以下，成羣立社曰置社。蓋王社、侯社，國中之土示而已，無預農事，故不置稷。大社、國社，則農之祈報在焉，故皆有稷。先儒謂王社或建於大社之西，或建於藉田。然《國語》王藉，則司空除壇，農正陳藉禮，而歷代所祭，先農而已，不聞祭社也。故《詩》曰春藉田而祈社稷，非謂社稷建於藉田也。其言王社建於大社之西，於義或然。西漢及魏有官社，無官稷；晉之時有帝社，無帝稷。類皆二社一稷，魏博士孔晁之論。議者紛然。或欲合二社以為一，或欲異二社之所向。齊武帝議帝社南向，大社及稷東向。是雖違經悖禮，然亦二社同設於國中，未聞藉田有之也。《穀梁》曰：天子親耕，故立社為藉而報。此說非也。果王社為藉而設，必有稷也。蓋王與諸侯之社皆三，其二社所以盡祈報之誠，其勝國之社所以示鑒戒之理。王之大社，則土五色而冒以黃。夏之時，徐州厥貢，惟土五色。孔安國以社言之，是也。諸侯之國社，則受其方色之土於天子，而苴以茅。漢之時，有受青土、赤土，蔡邕以『茅社』言之，是也。其位則中門之右，社主陰故也。其壝則北面，社嚮陰故也。其飾則不屋，《記》所謂『大社必受霜露風雨，以達天地之氣』是也。其表則木，《傳》所謂『夏以松，商以柏，周以栗』是也。其方廣則五丈，《韓詩外傳》。其主則石為之。先儒謂石，地類也。《左傳》言擁社，抱社主也。其列則社東而稷西。先儒之説，蓋有所受之也。

先王之祭社稷，春有祈，秋有報，孟冬大割祠。《月令》大割祠于公社。春祈而歌《載芟》，秋報而歌《良耜》，此祭之常者也。凡天地大烖之類祭，小宗伯。大故天烖之彌祀，大祝。君行有宜，宮成有衈，此祭之不常者也。祭之常者用甲，其它則惟吉而已。祭之牲以太牢，其遇天烖則用幣而已。考之於禮，王之祭也南面，其服也絺冕，其牲用黝，其祭血祭，其罇大罍，用大罍而鬯人掌之，則有鬯祼可知。其樂應鍾，其舞帗舞，其鼓靈鼓，凡皆因其物以致其義。非夫深知禮樂之情者，孰與此哉？

先儒有以王社有稷壇，原隰為稷神；有以勾龍為社而非配社，柱為稷而非配稷；後世又有以夏禹為社配，有以成亥為社日，有以先農為帝社，有以太稷為稷社，皆臆論也。

諸侯有侯社、國社、亡國社，與天子同；其祭用少牢，與天子異。先儒謂天子社廣五丈，諸侯半之。天子社五色，冒以黄，而諸侯受土，各以其方之色，亦冒以黄。其言雖不經見，然五者，土數；黄，土色，則天子社廣五丈，冒以黄，信矣。諸侯之禮，常半天子，天子六軍，諸侯三軍；天子六卿，諸侯三卿；天子六宮，諸侯三宮；天子辟雍，諸侯泮宮；天子之馬十二閑，諸侯之馬六閑。則社半五丈，信矣。《禹貢》徐州，貢土五色。土五色以為社，則大社五色，諸侯受土各以其方之色，信矣。古者立社，皆有木以表之，故大司徒設其社稷之壝而樹之田主，各以其野之所宜木，遂以名其社與其野。《語》曰：夏后氏以松，殷人以柏，周人以栗。後世宋有櫟社，豐有枌榆社。先儒謂諸侯社皆立樹，又為主，以象其神。大夫以下，但各以地之所宜木立之。於義或然。

又《亳社》 孔子謂魯哀公曰：『君出魯之四門，以望魯之四郊，亡國之墟必有數焉。君以此思懼，則懼將焉不至？』然則天子諸侯必有勝國之社，其意亦若此也。《記》言天子大社，繼之以亡國之社屋之，天子之亳社也。《春秋》書『亳社災』，魯之亳社也。《左傳》曰『鳴于亳社』，宋之亳社也。社必有稷，小司寇『祭勝國之社稷則為尸』是也。位必在左，《春秋傳》所謂『間于兩社』是也。揜上棧下，不受天陽，設於北牖，使陰明焉，以其不能生成萬物而趍於幽也。男女之訟於此聽者，以其當隱蔽而不敢褻也。祭之而刑官為尸者，以其滅亡，刑之類也。宗廟之制，天子外屏，諸侯内屏，不容以亡國之社為之。《穀梁》以亡國之社為廟屏，此不可考。孔穎達曰：亡國之社或在廟，或在庫門内之東。是穎達亦疑《穀梁》之説。

宋·衛湜《禮記集説》卷一〇九《祭法》 長樂陳氏曰：有天下之社，有一國之社，有衆人之社，有一人之社，有失國之社。大社，天下之社也；國社，一國之社也；王社、侯社，一人之社也；喪國之社屋之，失國之社也。三社之制，大社為大，此《孟子》所謂『民為貴，社稷次之，君為輕』也。喪國之社，天子所以為戒，則又次於王社矣，以言安不可以忘危也。《書》曰『夏社』，《禮》與《春秋》曰『亳社』，皆以為戒而已。然則諸侯有國社、侯社，與《春秋》之亳社，亦三社矣。天子之社在雉門之右，而《緜》詩曰『乃立應門』，繼之曰『乃立冢土』，冢土，社也，則諸侯之社，亦在門内也。天子之牲大牢，則諸侯當用少牢。若《郊特牲》曰社事，單出里；丘乘，供粢盛。此大夫以下之社也。社稷之重於古也如此，而孟子曰：『旱乾水溢則變置社稷。』夫水旱者，天事也，人事不勝，故天變見於時；而社稷，土示也，豈其罪哉？然則謂之變者，猶曰以變置諸侯爾。

宋·唐仲友《帝王經世圖譜》卷五《建置社稷譜》 先王之於地也親之，親之故有社焉，有社故有稷。社，五土之神；稷，五穀之神。人非土，穀不生，故自天子至於庶人，皆親而事之，不嫌於下達而禮則有隆殺焉。祈於籍田，蒐於仲春，報於秋，蜡於冬，天子之禮也。而諸侯大蜡之禮則殺，民社則春秋之祭而已。天子諸侯社有三，而勝國社與焉。其二以盡祈報之誠，其一以示監戒之義。禮不嫌於數，祀不嫌於廣，皆親地之義也。於市則有市社，於軍則有軍社。烖有類，故有彌；行有宜，宮有珥，行戮獻凱，無時不在，又禮之變者也。諸侯之封，胙土於社，行則告，師則奉以行，而專以保社稷為孝，亦親之而已矣。

曰大社、王社，曰國社、侯社，曰置社，名之殊也。王具四方之色，其廣五丈；諸侯各以方色，其廣半之，制之殊也。太牢、少牢、犧羊，牲之殊也。咸池帗舞，樂之殊也。天子歲四，諸侯三，民社二，祭之殊也。

其親地同而隆殺則有禮也。王之南鄉，答陰也。常禮用甲，日之始也；它或用戊，或吉而已。常祀以牲幣，天災則有幣而無牲，事之宜也。希冕、大罍，於其質而已。牲用黝，報則用犉，陰之類，地之色也。應鍾靈鼓，地示之樂也。田主，田祖也。社主以石、木，以所宜，因其産也。周人以栗，以所宜，無它義也。宰我鑿之曰使民戰栗，故夫子不取焉。

古祭必先田而社，田畢作，君親誓以習軍旅。如齊觀社，蓋觀齊之軍實，內政變周，昉乎此矣。仲春火幣獻禽以祭社，而出火以季春，先火田，而民咸從之也。《郊特牲》言出火而後誓社，意其非周制乎？而亳社則周制也，注以為誤，闕疑可也。

社在雉門之右，籍田而祈社稷，非曰社在籍田也。社所以神地道，稷所以祭百種，而曰獨祭勾龍、棄者，王肅之偏見也。日食伐鼓於社，抑陰也。諸侯伐鼓於朝，未純乎！君自責，以尊太陽也。用牲伐鼓，魯之失禮且僭也。水而鼓用牲，則又甚矣。謂伐鼓責上公，諸儒之鑿説也。勝國之社屋之，陰訟聽焉，刑官為之尸，皆陰之義，所以別周社也。周之亳社，勝國也；宋亦亳社，雖商後而封於周，不得自私其社也。

先王之祀，上下達禮，未有如社稷者也。耕耨歛藏，人力所可勉；旱乾水溢，則係於神祇。故凡先王神祇之事，皆為民祈報也。天尊地親，故事之不同。《噫嘻》事之以誠，《載芟》事之以力。《載芟》、《良耜》，人事盡矣。不敢謂人事之盡而忽於神也，故祈焉；不敢謂人事之盡而忘於神也，故報焉。祈非吾過求也，振古如兹矣；報非止於今也，欲其有繼焉。所謂『以似以續』，續古之人者涖卜来歲之稼之意也。

諸侯危社稷而變置者，古有之矣；旱乾水溢而變置社稷者，未聞焉。孟子謂民為貴，社稷次之，故舉是禮，以言人君固不可舍己而求之神也。《雲漢》之詩曰：祈年孔夙，方社不莫；又曰：自郊徂宫，后稷不克。宫，社宫也。意吾常禮之未修則祈社修矣，意吾變禮之未舉而郊宫徂矣，而終不敢以責神也，自反而已，自勉而已。周之先王其於豐凶之際，所以敬事社稷者，蓋如此。湯既勝夏，欲遷其社不可，先儒未有深明之者。以棄易柱，則當以禹易勾龍。或曰禹王禮不可祀以公，或曰商不可以配禹于社。是説非也。聖人無私心，禮無定尊。后稷周之祖而奉以為社，宋商後而立亳社，何嫌之有？夏社之不可遷，其以勝國之故乎！夏社之在商，猶亳社之在周也，禹之不可配夏社，而三社之不可二配也明矣。故社稷，國之主也，兵農之事繫焉。古兵出于鄉遂邱乘，其本在社。有社斯有民，有民斯有兵。乃立冢土，戎醜攸行，故奉之主車，戮則行焉，勝則獻焉，報本反始焉耳。言公社以別私，言民社以別官。王與諸侯為羣姓立者，公也；自為立者，私也。里社，民社也；百室以上，官社也。命民社，則下通于二十五家之里社。大割祠于公社，則王之大社而已。事地之禮有公而又有私，親地也。尊無二上，故事天明，獨行于天子；而無二尊，事地察，故下達于庶人，而且有公、私焉。尊、親之辨如此。

宋·黎靖德《朱子語類》卷二五《論語七·哀公問宰我章》 問：古者各樹其所宜之木以為社，不知以木造主，還便以樹為主。曰：看古人意思，只以樹為社主，使神依焉，如今人説神樹之類。

問：不知《周禮》載社主是如何？曰：古人多用主命，如出行大事，則用絹帛就廟社，請神以往，如今魂帛之類。社只是壇，若有造主，何所藏之？古者惟喪國之社屋之。

又　卷九〇《禮七·祭》 堯卿問：社主平時藏在何處？曰：向來沙隨説以所宜木，刻而為主，某嘗辨之，後來覺得却是但以所宜木為主，如今世俗神樹模樣，非是將木來截作主也。以木名社，如櫟社、枌榆社之類。

又問社稷神。曰：説得不同。或云稷是山林原隰之神，或云是穀神。看來穀神較是，社是土神。

又問：社何以有神？曰：能生物便是神也。又曰：《周禮》亡國之神却用刑人為尸，一部《周禮》却是看得天理爛熟也。

宋·葉時《禮經會元》卷三上《社稷》 小宗伯建國之神位，右社稷，左宗廟。有國則有社稷矣。古者立君則曰奉社稷，取女則曰共社稷，死國則曰死社稷，去國則曰去社稷。社稷之重，亦明矣。是故大司徒辨制邦國都鄙之畿疆，而首設社稷之壝。小司徒凡建邦國，立其社稷，正其畿疆。封人掌設王之社壝而樹之，凡封國，則必設社稷之壝，造都邑，亦如之。以此見王畿、都鄙、邦國皆有社稷矣。鄭康成曰：社稷，土、穀之神，有德者配食焉。共工氏之子曰句龍，食於社；有厲山氏之子曰柱，食於稷；湯遷之而祀棄。此社稷之神然也。大宗伯則以血祭祭社稷，小宗伯大烖類社稷則為位，舞師帥舞社稷之祭祀，太祝國有大故天烖則彌祀社稷禱祠，小子則掌珥於社稷。凡所用事於社稷者，豈非以其與天時相為體咎歟？喪祝則掌勝國之社稷祝號，以祭祀禱祠，士師則祭勝國之社稷而為之尸，是亡國之社稷亦存矣。古人崇重社稷如此，豈非以其與國祚相為存亡歟？故《載芟》之詩曰『春祈社稷』也，《良耜》之詩曰『秋報社』也，豈非以其與歲事相為豐耗歟？

然古者之奉社稷，犧牲必成，粢盛必潔，苟有旱乾水溢之灾，則變置社稷。説者謂湯伐桀時旱，明牲以薦而猶旱至七年，故湯遷柱而以棄代之，欲遷句龍，以無可繼者，於是故止。果如是説，則社稷可以變置其神乎？曰：此即太宰祭祀馭神之意也。蓋聖人之制祭祀也，以勞定國則祀之，能禦大烖則祀之，水旱為沴，故社稷不享矣，故變置者變易其祭祀之禮而已，豈與社稷之神而改易之歟？湯之遷柱祀棄也，以棄之功大於柱也，非以旱而遷也；且湯既放桀，欲遷夏社，猶以為不可。勝國之社猶不可遷，則必無遷句龍之意。句龍不遷，則遷柱祀棄者，必不以旱遷之矣。漢人除秦社稷，立漢社稷，豈識周存勝國社稷之意乎？抑嘗以封人考之，曰掌設王之社壝而不言稷。鄭康成謂社稷之細也。若是，則周人果重社而輕稷乎？后稷周之先祖，殷人祀之以為稷，周之子孫尤宜加敬。今考之《周禮》，宗伯、甸師則用牲于社，太祝、大師則宜于社，大會同則宜于社，小祝寇戎之事則保郊祀于社，大司馬蒐田獻禽以祭社，大司寇大軍旅則涖戮于社，類皆言社而不言稷，蓋以稷司稼穡之事，非師旅、田役、殺伐之事，可浼也。周人祖以后稷而郊祀之，以配天。《詩》曰『思文后稷，克配彼天』，又非社事配地之所得比也。觀封人言設王社而不言稷，又以見周人尊祖重農之意歟？

元・郝經《續後漢書》卷八七上下《禮樂録・亳社》　亳社，勝國之社也。初湯既勝夏，欲遷其社，不可，作夏社。及武王克殷，乃變置社稷，頒殷社于諸侯，以為亡國之戒。不曰殷社，謂之亳社者，殷，有天下之號，亳則邑也。邑而不號，號亡而地存也。於是列國有周社，有亳社，謂之兩社，而卿大夫位于其間以聽政。故《傳》謂『間於兩社，為公室輔』。而魯、宋皆有亳社，見於經傳，乃其儆也。原注：《左氏傳》：亳社災。宋烏鳴于亳社。《禮・郊特牲》曰：『喪國之社屋之，不受天陽也。薄社北牖，使陰明也。』原注：薄與亳同，絶其陽通其陰而已。《春秋》書『亳社災』。公羊子曰：蒲社者何？亡國之社也。原注：蒲讀為亳。社者，封也。其言災何？原注：據封土，非火所能焚。蓋揜其上而柴其下。』原注：揜、柴之者絶，不得通天地四方，以為有國者戒，故火得焚之。穀梁子曰：『亳社者，亳之社也。亳，亡國也。亡國之社，以為廟屏，戒也。原注：立亳社于廟之外，以為屏蔽，取其不得通天人，君瞻之而致戒心。其屋亡國之社，不得達上也。』原注：為屋，不使上通于天。此周制也。漢興，除秦社稷，令民立漢社稷，自是不復有勝國之社而戒心亡矣。

元・方回《續古今考》卷一一《廣社稷考・社稷祭位考》　《正義》曰：《小宗伯》『右社稷，左宗廟。』鄭云：庫門內、雉門外之左右。為羣姓立社者在庫門內之西，自為立社在籍田之中也。其亡國之社，《穀梁》謂亡國之社以為廟屏戒，或在廟，或在庫門內之東，則亳社在東也。故《左傳》云：『間於兩社，為公室輔。』魯之外朝在庫門之內，東有亳社，西有國社，朝廷執政之處，故云間於兩社也。此《郊特牲正義》全文。先儒謂王社或建於大社之西，《國語》王籍，則司農除壇，農正陳籍。禮祭先農，未聞有社壇在籍田之中。當是在大社之西，一壇北向，壇北東西三陛，社壇當在西，稷壇當在東。一説稷壇在社壇西，其方五丈，並壇共五。天子祭之，被絺冕立于北向，而南向三獻者，一獻埋血薦腥，二獻薦腥生肉，三獻薦爓，沈肉於湯半熟，此次祀也。小祀則薦熟而已。其主用石，其牲太牢，其角赤黝色，亦當有粢盛。其樽用鬯人之大罍，當有酒醴；樂用太簇應鍾，舞帗舞，鼓靈鼓。或謂兩圭有邸，以為北郊方澤祭地，不敢主以為祭社也。士師若祭勝國之社，則為之尸。如此，則祭社稷亦有尸。有樽則有祼。社主陰，故在中門之右，社向陰，故壝北面，以達天地之氣，故不屋而受風雨霜露。風雨霜露，物賴以成，故春祈而秋報，祭用甲日。祈、報之外，有孟冬大割牲，為三常祀。有天地大災之類祭，有大故天災之弭祀，君出征則宜乎社，宮成而釁則小子掌珥於社稷，注作『衈』，此天子之祭也。諸侯五廟而社稷半之，牲用少牢。漢制，郡縣祭社皆羊豕。近制，州縣惟用豕，民社用豕。《郊特牲》丘乘供粢盛，此都鄙之社稷。或謂天子諸侯有籍田，以供粢盛；大夫以下無籍田，則資於民。牲醴，亦民共之鄉遂。其亦然歟？召公作新邑於洛，社牛一、羊一、豕一。注社稷共牢，則知社神、稷神、社配、稷配四位共三牲三獻。嗚呼！自秦漢以來，無天子諸侯左廟右社之制矣，惟州縣社稷有壇，民社無壇而有屋。此亦徒述陳言而已，何益哉？

又《勝國之社考》 《商書》：湯既黜夏命，欲遷其社，不可，作《夏社》。孔氏《傳》云：湯承堯舜禪代之後，順天應人，逆取順守，故革命創制，改朔易服，變置社稷，而後世無及勾龍者，故不可而止。《夏社》篇今亡。按變置社稷之説始此。社神、稷神，不可變也；所可變者，其壇壝之地之色之木與夫神之配也。湯後變柱而配稷，相承至今。孟子有曰：『民為貴，社稷次之，君為輕。諸侯危社稷，則變置。犧牲既成，粢盛既潔，祭祀以時。然而旱乾水溢，則變置社稷。』朱文公注謂諸侯無道，將使社稷為人所滅，則當更立賢君，是君輕於社稷也。此一節當細味之。下文注謂祭祀不失禮，而土穀之神不能為民禦災捍患，則毀其壇壝而更置之。回謂此人君愛民而民傷水旱，則其咎不得不歸於神，謂神不能福民，故變易壇壝。然土穀之神可廢乎？此必三代時有如此者。若夫變易諸侯之説，或問以為得不啓後世篡弑之端？文公自答之語，不敢大明，但曰以理言之則民貴，以分言之則君貴。回敢為之説曰：臣不敢廢君，萬古之定分也。無道之君桀遇湯，紂遇武王，并夏、殷之社稷而亡之。使夏、殷有國老大臣，果能變置賢君，則夏、殷之社稷豈不存乎？此一説也。三代之道，必有諸侯不道，天子廢之而改立賢君，存其社稷。此一説也。春秋戰國以臣廢篡者，不一人，乃有强臣悖逆，不可借孟子之説為據。此一説也。伊尹廢太甲而後復之，霍光廢昌邑王而立宣帝。不然，則二朝社稷豈不危？然皆權道，非伊、霍不可行。此一説也。然則為君者而知此，亦可懼矣。凡為君而無道，秦雖至强，數匹夫奮起，民伍而變置之，可畏哉！如是，則民為貴可知已。安必慮危，存必慮亡，此周人所以於勝殷之後，立社於宗廟、社稷之間，以為廟屏，屋其上，柴其下，塞其東西南之三壁，僅通一牖北向，使人主朝夕對之，以為儆戒。曰亳社，殷嘗都亳故也。曰亡國之社，曰勝國之社稷則為尸，言社則必有稷，人主以時祭之，則豈不奠幣捧持，拜跪起伏之間，惻然内恐，而曰吾或一有不謹，而亡吾國乎？此必周公、武王之制也。媒氏：凡男女之陰訟，聽於勝國之社。陰訟於此屋下聽之，不露也。嗚呼！亳社而宋災，魯間於兩社，輔公室。魯、宋有此社，則諸侯皆有之，可知也。《白虎通》曰：『王者諸侯必有誡社者何？示有存亡也。明為善者得之，惡者失之。』《韓詩外傳》云：『亡國之社，以戒諸侯。人之戒，在於桃殳。』考孔子謂魯哀公曰：『君出魯之西門，以望魯之四郊，亡國之城必有數焉。以此思懼，則懼將焉不至？』此亳社之意也。嗚呼！後世此禮亡矣。

元·吴師道《禮部集》卷一〇《社主説》 竊謂三代之社雖有遷改，其所置之處，即其境内之土，何宜松、宜柏之不同耶？又夏土何以獨宜松，殷土何以獨宜柏耶？意此三木，乃天下常植之物，無土不宜，樹之不同，以示改制，如子、丑、寅之建黑、白、赤之尚爾。

又 卷一九《策問》 問：古之建社，有大社、王社、侯社、大夫以下之社、民間之社，其名不同，而社之有主，則一也。《周禮》大司徒設其社稷之壝而樹之田主，各以其主之所宜木，遂以名其社與其野。小宗伯，若大師，則帥有司而立軍社，奉主車。注謂社主曰軍社，蓋用石為之。各一説也。三代之松、柏、栗，齊之櫟，漢之枌榆，此樹木也。言石則呂不韋、許慎、崔靈恩之説，而各有據也。二者何以不用？抑其用之，各有當歟？且祀社必及稷，唐儒云社稷主皆石，而先儒之説有社主而不及稷，何歟？夫石主數尺，半埋地中，軍行奉主，則取所埋以載。陳侯擁社，見鄭子展，則是以石擁，皆不通之甚者。抑別有制歟？至若孔氏釋《論語》松、柏、栗，亦用《大司徒》之文，先儒從之矣。竊謂三代之社雖有遷改，其所置之處，即其境内之土，何宜松、宜栢、宜栗之不同？又夏土何以獨宜松，殷、周何以獨宜柏、栗歟？是皆口熟其文而未究其義者，稽經而考古，亦不可以莫之辨也。其為我悉陳之。

元·袁桷《清容居士集》卷四一《后土即社議》 《周官》無祭地之文，先儒言之詳矣，而其言近於地者有五，曰地示、大示、土示、后土、社是也。鄭氏之釋地示則曰：北郊神州之神及社稷。夫以北郊為祀地，此祀之大者，不得合社與稷而言，合社與稷，是為三祀，非祭地明矣。曰大示，鄭無明釋，或謂大示乃地示之大者。祀地以北郊為大，則地示之大者，將何以祀之？曰土示，鄭謂原隰平地之神。此又非祀地矣。曰后土，鄭氏則直謂后土，黎所食者。后土官名，死為社而祭之。又曰：后土，土神。不言后土，社也。其答田瓊則曰：此后土不得為社者，聖人制禮，豈得以世人之言著大典？明后土，土神，不得為社。至於《太祝》建邦國，告后土。鄭復曰：后土，社神。獨此説違戾特甚，啓歷代之訛謬，實自此始。

按《尚書》曰：告於皇天后土。孔注曰：社也。《泰誓》之『宜於冢土』，亦社也。《召誥》之『社於新邑』者，亦后土也。《甫田》之『以社以方』，注：社，后土也。后土與社，皆地之稱。今悉疏經文之可證者而言之。《泰誓》曰『郊社不修』，《禮》曰『祭帝於郊，所以定天位也；祀社於國，所以列地利也』，又曰『郊所以明天道，社所以神地道』，又曰『郊社所以事上帝』，又曰『明乎郊社之義』，又曰『禮行於郊而百神受職，禮行於社而百貨可極』。若然，則社即后土，后土即社。鄭氏之釋《大宗伯》，既以黎所食者為是，而復有所疑而不決，於是答田瓊之問，以后土不得為社。四者之説，更相背謬；而方丘北郊，復為二説，終莫晤定。至胡宏氏始定郊社之義，以為祭地於社，猶祀天於郊也。故《泰誓》曰『郊社不修』，而周公祀於新邑，亦先用二牛於郊，後用太牢於社。《記》曰：『天子將出，類乎上帝，宜乎社』，而《周禮》以禋祀祀昊天上帝，以血祭祭社稷，別無地示之位。四圭有邸，舞《雲門》以祀天神；兩圭有邸，舞《咸池》以祭地示，而別無祭社之説。則以郊對社可知。後世既立社，又立北郊，失之矣。此説足以破千古之惑，故新安朱氏《中庸》『郊社』，亦以社為祭地，取夫胡氏而獨以其廢北郊之説為未然。

愚按北郊不見於經，獨見於鄭氏。鄭氏之北郊，非至日方丘之祭。攻鄭氏神州之説者多而不能辨鄭氏北郊之不經，攻合祭之説者力而不攻以地為郊之失，亦始於王氏。郊以祀天，社以祀地，謂郊為祀地，吾知其不出於六經也。《春秋》書魯之郊，止於郊天，不聞其郊地也。用牲幣于社，間于兩社，皆天子之制也。謂魯為僭郊社則可，以魯郊為祀地則不可。《雲漢》之詩曰：『祈年孔夙，方社不莫。』又曰：『自郊徂宮。』宮，社宮也。告天地之禮，郊、宮為二，則詩之『郊』，亦非祀地也。朱氏亦曰：《周官》止言祀昊天，不言祀后土，先儒之言祭社者為是。其言《周官》禮大神，祭大示，皆無明文。是深有疑於《周官》之非全書也。或謂社不足以盡地，此蓋因諸侯、大夫皆得立社，遂因此以致疑。按《大宗伯》：『王大封，則先告后土。』又曰：『建邦國，先告后土。』謂之后土者，建國之始稱，若《武成》之『告于后土』者是也。左祖右社，親地之道也。此言社之名，成於告后土之後也。先儒謂尊無二上，故事天明，獨行於天子；而無二，事地察，故下達於庶人，而且有公、私焉。胡宏氏曰：諸侯之不敢祭天，猶支庶之不敢繼祖也。諸侯之得祭地，猶支庶之各母其母也。其説為是。且社有等差，至於州黨族閭，愈降愈少，獨天子之社為羣姓而立王社之説，孔《疏》謂書傳無文，其説莫考。陳祥道釋社，后土之辨終泥於鄭氏。至謂『建邦國，先后土』為非社，曾不知社之未立，其不謂之后土，其可乎？

元·汪克寬《經禮補逸》卷一《吉禮·祀社稷禮》　愚案社者，地示之別祭，而亦禮之大者。如《召誥》丁巳，用牲于郊。越翼日戊午，乃社于新邑。此自郊之外，而又專祭社也。《禮》曰：饗帝于郊祀，社于國。又曰：郊所以明天道，社所以明地道。《中庸》曰：郊社之禮，所以事上帝。註者曰：不言后土者，省文也。是則或以社對帝，或以社對郊，或合郊、社而並言，其為禮之大可見已。然社之為祭，固為地設。論者若專指社為祭地，而曰地不與於郊天，不可也。要之，祭天可幷及地，而其統則兼體不遺；禮地雖不可屈天，而其寔則尊歸于一也。

明·王應電《周禮圖説》卷上《大社》　經傳言地則不言社，言社則不言地，蓋社即地也。大社，總大地之示也。王者之治，薄海内外，爲天下百姓而立社，故曰羣姓。以夏至一陰生而祭之，此祭地之正祭也。其位不可拘，但擇澤中之方丘可以祭者而用之耳，然則圓丘亦必南方之丘而損益之矣。有社必有稷，以土爰稼穡也。祭社以勾龍配，以有功于土也；祭稷以后棄配，以有功于稼穡也。方丘之中列社稷壇壝，四面當列五嶽、四海、四瀆、山川、丘陵，各以其方，東岱、西華、南衡、北恒之類。自夏至祭地後，每日以次而祭地示；或即于是日而諸臣攝之。同丘同樂，故曰地示皆可得而禮也。

又《王社》　地一而已，社有不同，何也？考于《司馬灋》：將用師，既禱于后土，又曰冢社者。后土則大社，冢土則王社也。蓋大社者，四海之所共，必于澤，以受陰陽之精，通山澤之氣。故夏至報本之祭，爲天下而祭也；四時祈報之祭，爲水旱也，必于是行之，王社者，專指王國之地，天子之所親治者也，故自立社以示世守，所謂左宗廟，右社稷也。故國有大故天裁，與宗社相關，必禱祠于此；王身宗社所依，故大師、大會同，必宜于社，反行舍奠。凡此皆言地而不及天，尊天親地之義。又大社在郊外澤中，王出有時；王社近在王宮，可與宗廟數數以行禮。然則國社、侯社之意，可知矣。

明・陳士元《論語類考》卷三《地域考・社稷》 元按：顓臾始封為附庸之國，以國事附於魯，本非魯臣。至春秋之世，各相兼併，顓臾始臣於魯，故孔子以為社稷之臣。稱國而必曰社稷者，王為羣姓立社曰大社，王自為立社曰王社，諸侯為百姓立社曰國社，諸侯自為立社曰侯社，大夫以下立社曰置社。天子社廣五丈，諸侯半之。天子社五色，冒以黃，而諸侯受土，各以其方之色，亦冒以黃而苴以茅。蓋諸侯受封，必先立社。《禮記・王制》云：諸侯祭社稷。《周禮》小宗伯，掌建國之神位，右社稷，左宗廟。又匠人營國，左祖右社。又封人設其社稷之壝。又小司徒立邦國之社稷。註云：社以祭五土之祇，稷以祭五穀之神。祭社必及稷，以其同功均利而養人故也。《祭法》王社、侯社無預農事，故不置稷。大社、國社則農之祈報在焉，故皆有稷。其位在中門之右，其壝則北面不屋，其祭以甲日。天子用大牢，服則希冕；諸侯用少牢，樂則帗舞。蔡墨云：烈山氏之子曰柱為稷，自夏以來祀之；周棄亦為稷，自商以來祀之。國立社稷而祭必有神，故以古之有功社稷者為之主。里有里社，如管仲書社三百是也。邑有邑社，如子路謂費有社稷是也。孔子所謂社稷，則以國社、侯社言，孟子云『民為重，社稷次之』是也。其曰社稷之臣者，猶言魯國之臣云爾。不敢斥言魯君，故稱社稷也。

又《問社》 元按：《周禮》大司徒，設其社稷之壝而樹之田主，各以其野之所宜木，遂以名其社與其野。是自古社木固有不同者。然宰我所稱夏、殷之社，乃亡國之社也。亡國之社則屋之，祭則為之尸。《郊特牲》云喪國之社屋之，不受天陽也。《春秋》哀公四年六月，亳社災。孔穎達氏云：亳社，殷社也。武王伐紂，以其社班賜諸侯，使各立之，以戒亡國。其社有屋，故火得焚之。《周禮》所謂右社稷者，乃天子諸侯之正社稷。又云決陰事於亳社，言不與正社稷同也。魯之外朝，東有亳社，西有國社，故《左傳》云『間於兩社，為公室輔』是也。哀公問社於宰我，或因亳社之災，木燼於火而欲求木以植之，故以為問，而宰我乃舉三代所植之木為對耳，豈為非立社本意，而宰我妄對乎？但孔子所以責宰我者，惟在『使民戰栗』之一語。《周禮》小宗伯立軍社，而《尚書》謂不用命，戮於社。故朱子以宰我附會其說，然何休氏註《公羊傳》亦云：松猶容也，想見其容貌而事之，人正之意也。柏猶迫也，親而不遠，地正之意也。栗猶戰栗，敬謹貌，天正之意也。豈休之言，有所受耶？

明・卓爾康《春秋辯義》卷首四《書義一・社》 社之名義，變為北郊，此千古一大疑穽，不可不辯。蓋《周禮》記地有大示、地示、土示、后土等名矣。夫大示、地示、土示之于后土，猶六天之于一天，五帝之于上帝。或統而言之，或因事指之，謂其有二不可，謂其即一亦不可。先王以郊祭天，以社祭地，而復作大示、土示名號，敬緣時篤，禮以制繁，自然之勢也。蓋古者，惟天子得祭天，自天子以至庶人皆得祭地。自地一分，豈惟有大示、土示之別而已哉？《周禮》又有所謂州社，《左傳》有所謂書社、千社、清丘之社，後世有所謂枌榆之社。民間自有一家之中霤，條分縷析，各自裁祠。譬之父一而已，子孫世宗之。異母別生，各妣其母，生則異膳，死別立宮。其義一也。《記》云：王為羣姓立社，曰大社；王自為立社，曰王社。諸侯為百姓立社，曰國社；諸侯自為立社，曰侯社。大夫以下，成羣立社，曰置社。又云：諸侯祭社稷。又云：命降于社，之謂殽地。又云：祀社于國，所以列地利也。又云：郊之禮，所以祀上帝也。又云：享帝于郊，祀社于國。又曰：郊所以明天道，社所以神地道。《泰誓》曰：郊社不脩。觀此，則古時社即是地，祭社之外，別不祭地，斷乎無疑也。彼方丘之説，見于《周官》；北郊之説，出于《孝經緯》。周官且有別解，而况于緯書乎！匡衡據之以立北郊，王莽因之以配高后，遂致制作紛紛，祭地又祭后土又祭社，辱神黷祀，名義舛錯。

千古知此者，惟黄氏、胡氏、陳氏、袁氏數人而已。陳氏《禮書》曰：先王親地，有社存焉。《禮記》或以社對帝，或以社對郊，則祭社乃所以親地也。胡致堂曰：古者祭地于社，猶祀天于郊也。《周禮》以禋祀祀昊天上帝，以血祭祭社稷，而別無地示之位。四圭有邸，舞《雲門》以祀天神；兩圭有邸，舞《咸池》以祭地示，而別無祭社之説。則以郊對社，可知後世既立社又立北郊，失之矣。黄氏曰：社祭土，稷祭穀，郊丘祭天地，天子之禮也。土、穀之祭，達于上下，故方丘與社，皆地祭也。而宗伯序祭，有社無示，舉社則其達乎上下，舉示則天子獨用之。《鼓人》職曰：以雷鼓鼓神祀，以靈鼓鼓社祭。不曰示祭而曰社祭，亦見其禮之達乎上下也。《大司樂》：雷鼓、雷鼗以祀天神，靈鼓、靈鼗以祭地示。是則示祭、社祭，其用同矣。非天子不祭天，而天子與庶人皆得祭社，尊父親母之義也。信齋楊氏號為知禮者，乃駁胡氏之説為非，以南郊、北郊順時因位為正祭，以『宜于社』之社對『類于上帝』之類，社非祭地而亦以祭地，類非郊天而倣于郊天，是告祭也。不亦謬哉！

清·張尚瑗《公羊折諸》卷六《蒲社者何亡國之社也》　《祭法》：王為羣姓立社曰大社，自為立社曰王社。諸侯為百姓立社曰國社，自為立社曰侯社。是各有二社矣。又《郊特牲篇》於『天子大社』之下曰：喪國之社屋之。孔疏因言又各有勝國之社。是為三社。此特天子有之耳。《左傳》『間於兩社，為公室輔』。魯蓋止二社。哀四年『亳社災』，《穀梁傳》曰：亳，亡國也，是謂亡國之社，諸侯亦有之。《公羊》則曰『蒲社』，何注因云：先世之亡國，在魯境。愚謂侯國而有亡國之社，則如成王滅唐而封叔虞，晉應以唐為亡國之社。齊之先為爽鳩、逢伯，齊應以爽鳩、逢伯為亡國之社。乃如襄三十年『鳥鳴于亳社』，亳社之在宋，方且以為先王之故址，擬諸晉之唐，齊之爽鳩、逢伯有間，忍視為亡國乎？故亳社之為亡國之社，惟周有之。然厥後哀七年，魯伐邾，執邾子益，獻于亳社，則魯誠有亳社矣。或如《明堂位》備四代之服器官，而亳社之制與王室同歟？

清·邵泰衢《史記疑問》卷上《殷紀》　既勝夏，欲遷其社，不可，作夏社。《仲虺之誥》曰：纘禹舊服，奉若天命。《湯誥》曰：王歸自克夏，至于亳。《伊訓》曰：古有夏先后方懋厥德。于其子孫弗率，皇天降災。是湯之弔民伐罪，放桀而已。夏禹何罪？而滅其社乎？

清·秦蕙田《五禮通考》卷四一《吉禮四十一·社稷》　蕙田案：《周禮·小宗伯》建國之神位，右社稷，左宗廟。社祭土神，稷祭穀神。人非土無以立，非穀無以養，國以民為本，故建國以社稷為先。《郊特牲》『社祭土而主陰氣也』。土亦是地，而與祭地異者，隤然下凝，皆地也，其職主載。惟天子得祭之於地之中，別而為土，職主稼穡以養人，《洪範》『土爰稼穡』是也。故自天子，下及庶民，被其功德者均得美報。此土、穀之祭，所以達乎上下也。世儒以祭社為祭地，誤矣。有天子社，有諸侯社，有大夫社，有庶民社，有亡國之社。有春祈，有秋報，有冬蜡。其配句龍、后稷，其牲黝牲，其祭血祭，其尊大罍，其服希冕，其樂應鍾，其鼓靈鼓，其舞帗舞，其儀三獻。凡軍旅會同、田獵灾眚，皆有事焉。見於經文，班班可考。

清·金鶚《求古録禮説》卷九《社稷考》　社稷之制，説者最詳，然多有未確。約而言之，其誤十有五：一曰社稷是人鬼，非地神。鄭君以社爲五土總神，稷爲原隰之神。賈逵、馬融以社祭句龍，稷祭后稷，皆人鬼，非地神。許叔重《五經異義》説亦然，王肅從之，故《聖證論》歷難鄭説，學者疑之。案《周官》大宗伯：天曰神，地曰示，人曰鬼。而血祭祭社稷，與五祀、五嶽竝列于地示。社稷爲地神，甚明。又《左》昭二十九年《傳》，亦以社稷與五祀竝列。考五祀是五行之神，五行質具於地，故爲地示。《月令》以句芒爲春神，祝融爲夏神，明非人鬼。若重與犂，則配食於此者耳。詳《五帝五祀考》。五祀非人鬼，則社稷亦非人鬼可知。且古之祀典，人鬼特祀者如先嗇、先蠶、先炊、先聖、先師之類，皆爲小祀，而社稷爲國之主，《郊特牲》云：家主中霤而國主社。諸侯所首重。天子之祭，亦亞於天地，更可知其非人鬼矣。至《郊特牲》謂社祭土而主陰氣，又謂社所以神地之道，尤顯然可見爲地神。王肅之説，亦誤甚矣。先儒之説所以申鄭者，詳見於孔疏。兹不具引。

一曰稷爲原隰之神，非穀神。許叔重《五經異義》云：今《孝經》説稷者，五穀之長。穀衆多，不可偏敬，故立稷而祭之。是稷爲穀神也。許氏駁之，謂既祭稷穀，不得以稷米祭，反自食。因取《左氏》説，以稷爲田正。鄭君又駁之，以稷爲原隰之神，不得以稷米祭稷爲難。案『社』字从土，明是土神。『稷』字从禾，明是穀神。《易》云：百穀草木麗乎地。故稷亦爲地示之屬，猶日月星辰皆爲天神也。穀爲土所生，故社尊於稷，而穀與土別，故稷可與社對。若原隰則已在五土之中，既總祭五土之神，何必又別祭原隰，原隰又何可與五土總神對乎？至許氏以自食爲疑，其説尤繆。夫祭稷者，祭稷之神，非祭稷也。天下有一物，必有一神主之。其神既主是物，正宜用是物以祭，報其生育之恩，安得謂自食乎？《左氏》謂稷，田正也。昭二十九年《傳》。此言稷之所配食者，爲田正之官。以其播殖百穀，有功於世，故配食於穀神，猶句龍能平水土，故配食於土神也。許氏即以田正爲稷，與賈逵等同其誤矣。

一曰社即祭地，别無北郊之祭。胡五峰云：古者祭地於社，猶祀天於郊也。故周公祀於新邑，先用二牛於郊，後用大牢於社也。《周禮》以禋祀祀昊天上帝，以血祭祭社稷，而别無祭地之文。四圭有邸，舞《雲門》以祀天。兩圭有邸，舞《咸池》以祀地，而别無祭社之説。則以郊對社，明矣。後世既立社，又立北郊，失之矣。《朱子語類》以其説爲有理，而不知其大繆也。《禮運》云：天子祭天地，諸侯祭社稷。是社卑於地可知。且祭地專於天子，而祭社下達於大夫士，至於庶人亦得與祭。社之非地，明甚。蓋祭地是全載大地，社則有大小。天子大社，祭九州之土；王社，祭畿内之土。諸侯國社，祭國内之土；侯社，祭藉田之土。《祭法》云：王爲羣姓立社曰大社，王自爲立社曰王社。諸侯爲百姓立社曰國社，諸侯自爲立社曰侯社。鄉大夫置社，祭一鄉之土。州長置社，祭一州之土。《祭法》云：大夫以下成羣立社曰置社。與全載之地異。又地有上、中、下。上爲山嶽，中爲平原，下爲川瀆。社雖兼五土而爲農民祈報，當以平原穀土爲主。是社與嶽、瀆各分地之一體，與全載之地尤異。此社神與地神所以分也。然對文則别，散文則通。凡經典『郊、社』竝稱者，皆祭地之通名爲社，非别無北郊之祭也。《洛誥》言社而不言祭地，以地統於天，其祭已該於郊之中。孔疏云：言告天不言告地，從省文也。《舜典》言『類于上帝』而不言祭地，亦猶是也。豈祭社即告地乎？《周官》祭地與社多互見。血祭祭社稷，則祭地亦血祭可知。兩圭《咸池》祀地，則社稷可知。社稷尊於四望，四望得與地同用兩圭有邸，則社稷亦可用矣。六樂祭地亓之下，即言四望，可知社稷已在地亓中矣。豈社與地無二祭乎？社爲地之屬，故祭社之禮有與地同者。求神用血祭，玉用两圭有邸，樂用《咸池》是也。然地尊於社，故祭社之禮多與祭地殊。祭地以夏至及孟秋，詳《禘祭考》。祭社以春、秋二仲。祭地於方澤及北郊，祭社於國中及藉田。祭地以后稷配，祭社以句龍配。祭地七獻，祭社五獻。祭地用一犢，祭社用大牢。諸侯用少牢。祭地服衮冕十二章，先儒謂祭地亦服大裘，誤。祭社服毳冕五章。其判然不同如此。胡氏謂祭社即祭地，其亦未之思耳。

一曰王社在庫門内，不與郊對；大社在北郊，即方丘，亦即太折，方丘、太折不同，詳《禘祭考》。是與郊對。萬充宗云：社有二。《祭法》曰『王爲羣姓立社曰大社』，所謂方丘者唯此，所謂太折者亦唯此。夏日至地亓之祭，即於此行焉。此北郊之社與郊對舉者也。又曰『王自爲立社曰王社』，《載芟詩序》所謂『春藉田而祈社稷』者，即於此行焉。此庫門内之社，不與郊竝稱者也。此本胡氏而少變其説。案《逸周書·作雒解》云：『乃建大社於國中。』是大社不在北郊可知。《祭法》『大社、王社』竝舉，可知是社稷之社，非北郊之通稱爲社者也。且天子爲天地之宗子，《西銘》云：大君者，吾父母宗子。父母指天地言。祭天與地，皆所以報本。若社稷之祭，則爲民祈報。經言『王爲羣姓立社曰大社』，其非祭地之通名爲社，更甚明矣。

一曰大社、大稷，王社、王稷皆在中門之外。《周官·大司徒》云：設其社稷之壝。賈疏云：謂於中門之外右邊設大社、大稷，王社、王稷。夫自爲立社與爲羣姓立社異其事，宜異其地。而竝設於一處，何也？《詩·載芟序》云：春藉田而祈社稷。是藉田當有社稷之壝。《小宗伯》職云：建國之神位，右社稷而左宗廟。《匠人》亦言左祖右社。是王宫内亦有社稷。自大門以内，皆爲宫中。大社尊於王社，宜與宗廟竝重，分列路寢之左右。藉田爲王之田，王社亦王之社，則王社宜在藉田之中。《郊特牲》孔疏云：爲羣姓立社者，在庫門内之西。自爲立社者，在藉田之中。此説是也。但云在庫門内之西，本於《小宗伯》之注，鄭注云：庫門内，雉門外之左右。不知宗廟、社稷皆宜在中門内。《白虎通》以爲在中門外，鄭君從之，非也。説本戴東原。詳《廟在中門内説》。天子諸侯皆三門，天子社稷在應門内之西，諸侯社稷在雉門内之西。戴東原云：《春秋左氏傳》曰：閒于兩社，爲公室輔。兩社，國社、亳社也。《穀梁傳》云：亡國之社，以爲廟屏。蓋在廟門之外，與國社對。治朝在其中閒。以朝廷執政所在爲言，宜繫君臣日見之朝，社在中門内明矣。此足以正舊説之繆。

一曰左祖右社，是尚尊尊。《小宗伯》疏云：地道尊右，故社稷在右，是尚尊尊之義。不知地道雖尚右，而宗廟卻尊於社稷。鄭注《大司樂》以圜丘、方丘、宗廟爲三大禘。《大宗伯》職云：祀大神，祭大亓，享大鬼。大鬼謂宗廟大祭也。社稷非大示而宗廟與天地竝列，其尊於社稷可知。故享先王衮冕，先公鷩冕，祭社稷則毳冕。諸侯祭宗廟大牢，社稷則少牢。豈可謂尙尊尊而立社稷於右乎？《牧人》職云：陽祀用騂牲，陰祀用黝牲。鄭注謂：陽祀，祭天及宗廟。陰祀，祭地及社稷。宗廟屬陽，故在左，左爲陽也。社稷屬陰，故在右，右爲陰也。

一曰天子有五社。《郊特牲》疏引《尙書》逸篇云：今本作『無逸』，『無』字衍。大社唯松，東社唯柏，南社唯梓，西社唯栗，北社唯槐。《白虎通》亦引之。案《論語》云：夏后氏以松，殷人以柏，周人以栗。此當是大社、王社之樹，乃云大社唯松，則與周制不合矣。且大社止有一，而謂有東南西北，共爲五社，此何義邪？若謂四社是國外四方之社，則社之樹木，必各以其野之所宜。《大司徒》云：設其社稷之壝而樹之田主，各以其野之所宜木，遂以名其社與其野。而東柏、南梓、西栗、北槐，又何義邪？《逸周書》云：大社壝，東青土，南赤土，西白土，北驪土，驪，黑也。中央疊以黄土。將建諸侯，鑿取其方一面之土，燾以黄土，苴以白茅，以爲土封。《韓詩外傳》、《白虎通》、蔡氏《獨斷》皆有此説。是天子大社具有五方之色，以見五方之土無所不祭。或謂青土山林，赤土邱陵，白土墳衍，驪土川澤，黄土原隰。其説近鑿，今所不取。蓋惟大社祭九州之地示，故得備此，而王社則無之，但以黄土爲之而已。王社壝之土，不見經傳。以理推之，五色以黄爲尊，黄爲中色，王畿居中，王社宜黄土。諸侯社壝，各依其方之色。《漢書》武帝賜齊王策云：受茲青社；燕王旦曰玄社，廣陵王胥曰赤社。漢制因乎周也。夫大社已具五方，何必又立四社？其説殊爲不經，未可信也。

一曰夏松，殷柏，周栗，是大夫以下置社。《郊特牲》疏云：大夫以下所置社者，皆以土地所宜之木，則《論語》云『夏后氏以松，殷人以柏，周人以栗』，故《大司徒》云『而樹之田主，各以其野之所宜木』是也。不知大夫以下置社，鄉遂都鄙隨處皆有當各以其野之所宜木，則夏不必以松，殷不必以柏，周不必以栗。其謂夏松、殷柏、周栗者，是大社、王社以建都之地所宜之木也。宰我對魯君言，必是國社、侯社之制。若大夫以下置社之木，何必與君言之邪？

一曰樹木以爲社主。朱子注《論語》云：古者立社，各樹木以爲主，説者以爲使神依焉。不知社之樹木，一以名其社，一以爲社之蔽蔭。以木名社者，野之社也。若大社、王社，已有其名，不必以木名矣。蓋社既不屋，故必樹木，以蔭其壝。壝卽壇也。凡壇墠以及墳墓，皆必樹木，亦此意也。社之不屋，受霜露風雨，以達天地之氣。見《郊特牲》。而又虞風雨之暴，夏日之烈，故樹之木焉，非以爲神主也。鄭注《宗伯》云：社之主，蓋用石。以石爲主，則樹木非以爲主明矣。《古文論語》云：哀公問主於宰我。鄭注云：田主，謂社。孔安國、許叔重亦以爲社主，張、包、周等竝以爲廟主。何休引以注《公羊》，亦作廟主。其説非也。《大司徒》注云：田主，田神后土，田正之所依也。后土卽句龍。是則社主、田主者，謂以句龍配食於社，爲社之主，非以木爲社主也。毛西河駁之，是矣。又謂《大司徒》以野之所宜木，名其社，謂在野耕藉壇也。耕藉祀先農，不祀社，而亦以社名藉壇，不以石爲主，但依其野所宜木，以棲田神。其説尤爲繆妄。野在郊外，耕藉在郊不在野。《詩序》明謂藉田祭社稷，何謂不祀社而祀先農？至謂藉壇依木以棲神，而不以石爲主，則仍襲朱説，而不自知其非矣。

一曰稷壇在社壇西。《郊特牲》疏引《條牒論》云：稷壇在社壇西，俱北鄉。不知地道尙右，何以社反居稷之左？蔡氏《獨斷》云：社、稷二神同功，故同堂別壇，俱在未位，以未屬土也。竊思五行家以未爲木局，《淮南子》云：亥、卯、未三辰，皆木也。是未屬土，而兼有木、禾稼之象。稷爲穀神，宜位於未。坤爲純土，大地之象，社爲土神，宜位於坤。坤在未西，社宜在稷西，此不易之理也。

一曰社壇之北有門。《郊特牲》疏云：門在社壇北。蓋覲四方之諸侯，故四面有壝門。此北鄉，則社壇之北有門，義或然也。案《郊特牲》云：君南向，於北墉下，答陰之義也。鄭注云：北墉，社内北牆。社主必居中而北向，君南向亦必居中。若壇北有門，則君當空而立，壝門近壇，又必居中故也。不成體統矣。且經既言君位北墉下，則北墉之中間，必無門明矣。經又云『薄社北牖』，《釋文》云：薄，本又作『亳』。北有牖，則無門亦可知也。社主在南，南亦不宜有門。竊謂社壝之門宜向東，人君自東而入，亳社門宜向西。斯不乖於義耳。

一曰王社、侯社無稷壇。陳氏《禮書》云：大社、國社皆有稷，王社、侯社不置稷。不知王社、侯社，藉田之社也。《詩序》謂『春藉田而祈社稷』，則王社、侯社必有稷矣。陳氏蓋據漢魏官社無稷，《晉書·禮志》云：漢至魏，但太社有稷而官社無稷。然王社，侯社皆人君所立之社，與後世官社不同。官社猶古者大夫以下置社，置社或無稷壇，而亦必祀稷於社壇上。若王社、侯社，則未有不置稷壇者也。經典凡止言社而不及稷者，以社尊稷卑，故省文，以社該稷也。《周官》封人掌設王之社壝。注云：不言稷者，稷，社之細也。近焦氏循又謂大社、國社亦無稷壝，其説更繆，不足辨矣。社稷各有壇，但祭時只於社壇上設二主，未必祭社又祭稷也。

一曰諸侯壇壝，半於天子。《白虎通》引《春秋文義》云：天子之社稷，廣五丈。諸侯半之。蔡氏《獨斷》『廣』上有『方』字。考天子，諸侯制度，多降殺以兩。如天子堂高九尺，諸侯七尺。天子城高七雉，諸侯五雉。天子經涂九軌，環涂七軌，諸侯經涂七軌，環涂五軌。天子七廟，諸侯五廟。天子六寢，諸侯四寢。舊説謂諸侯三寢，非也。詳《諸侯四寢考》。此皆降殺以兩者也，何獨於社稷壇而不然？然則天子方五丈，諸侯宜三丈，大夫以下皆當二丈。一丈則太狹，不可行禮。此其制可推而知也。【略】

一曰周祀后稷以爲稷。《左》昭二十九年《傳》云：烈山氏之子曰柱，爲稷，自夏以上祀之。周棄亦爲稷，自商以來祀之。《祭法》與此略同。後儒遂皆謂周以后稷爲稷。不知社稷卑於宗廟，稷更卑於社，而后稷既爲周之大祖，推以配天，乃又配食於稷，以爲田神，且使天下之人皆得祭之，褻慢其祖甚矣。此必非周時之制也。蓋商湯以棄易柱，至周武王又當以柱易棄。迨東遷以降，至魯襄、昭之世，王室衰微已甚，列國不知尊王，其國稷或有仍祀棄者，故蔡墨云然。要於西周之典禮，彼固未嫺也。《祭法》一篇所言，多不經，亦未可信。此大義所關，不可以不審也。

一曰社稷卑于四望，祭服希冕，行三獻。《司服》云：祭社稷五祀，則希冕。鄭據此，故注《禮器》，以三獻爲祭社稷。不知《大宗伯》社稷列於五嶽之上，《曲禮》以祭社稷次於天地。其尊於四望甚明。詳《祭祀差等説》。《司服》之文有誤，當作『祭社稷五祀，則毳冕。祭四望山川，則希冕。』後儒皆莫知其誤矣。夫社稷大祭，而説者舛誤甚多，故詳考之，以俟後之知禮者。

雜録

《左傳·昭公二十九年》 獻子曰：『社稷五祀，誰氏之五官也？』（蔡墨）對曰：『少皞氏有四叔，曰重，曰該，曰修，曰熙，實能金、木及水，使重為句芒，該為蓐收，修及熙為玄冥，世不失職，遂濟窮桑。此其三祀也。顓頊氏有子曰犁，為祝融；共工氏有子曰句龍，為后土。此其二祀也。后土為社；稷，田正也。有烈山氏之子曰柱為稷，自夏以上祀之。周棄亦為稷，自商以來祀之。』

《國語》卷四《魯語上》 展禽曰：夫聖王之制祀也，法施於民則祀之，以死勤事則祀之，以勞定國則祀之，能禦大災則祀之，能扞大患則祀之。非是族也，不在祀典。昔烈山氏之有天下也，注：烈山氏，炎帝之號也。起於烈山，祭法以烈山為厲山。其子曰柱，能殖百穀百蔬。注：柱為后稷，自夏以上祀之。草實曰蔬。夏之興也，周棄繼之，故祀以為稷。注：夏之興，謂禹也。棄能繼柱之功，自商以來祀之。共工氏之伯九有也，注：共工氏，伯者，在戲、農之間。有，域也。其子曰后土，能平九土，注：其子，共工之裔子句龍也，佐黄帝為土官。九土，九州之土也。后，君也，使君土官，故曰后土。故祀以為社。注：社，后土之神也。

《墨子》卷八《明鬼下》 期年，燕將馳祖。燕之有祖，當齊之社稷，宋之有桑林，楚之有雲夢也。此男女之所屬而觀也。

《管子》卷二四《輕重戊》 有虞之王，燒曾藪，斬羣害，以為民利，封土為社，置木為閭，始民知禮也。

《晏子春秋》卷三《内篇·問上》 景公問於晏子曰：『治國何患？』晏子對曰：『患夫社鼠。』公曰：『何謂也？』對曰：『夫社束木而塗之，鼠因往託焉，熏之則恐燒其木，灌之則恐敗其塗。此鼠所以不可得殺者，以社故也。』

《莊子》卷八《庚桑楚》 畏壘之民相與言曰：庚桑子之始來，吾洒然異之。今吾日計之而不足，歲計之而有餘，庶幾其聖人乎！子胡不相與尸而祝之，社而稷之乎？

漢·劉安《淮南子·氾論訓》 禹勞天下而死為社，注：勞天下，謂治水之功也，託祀於后土之神。后稷作稼穡而死為稷。注：稷，周弃也。

《史記》卷二八《封禪書》 自禹興而脩社祀，后稷稼穡，故有稷祠。郊社所從來尚矣。

《漢書》卷二五上《郊祀志上》 自共工氏霸九州，其子曰句龍，能平水土，死為社祠。唐顔師古注：共工氏在太昊、炎帝之間，無祿而王，故謂之霸。句讀曰鉤。有烈山氏王天下，其子曰柱，能殖百穀，死為稷祠。注：烈山氏，炎帝。故郊祀社稷，所從來尚矣。注：尚，上也。謂起於上古。

明堂分部

綜述

《逸周書》卷六《明堂解》 周公攝政，君天下，弭亂，六年而天下大治，乃會方國諸侯於宗周，大朝諸侯明堂之位。天子之位，負斧扆南面立，率公卿士侍于左右。三公之位，中階之前，北面東上。諸侯之位，阼階之東，西面北上。諸伯之位，西階之西，東面北上。諸子之位，門內之東，北面東上。諸男之位，門內之西，北面東上。九夷之國，東門之外，西面北上。八蠻之國，南門之外，北面東上。六戎之國，西門之外，東面南上。五狄之國，北門之外，南面東上。四塞九□之國，世告至者，應門之外，北面東上。宗周明堂之位也。明堂，明諸侯之尊卑也，故周公建焉，而明諸侯於明堂之位。制禮作樂，頒度量，而天下大服，萬國各致其方賄。

明堂方百一十二尺，高四尺，階廣六尺三寸。室居中方百尺，室中方六十尺，戶高八尺，广四尺。東應門，南庫門，西皋門，北雉門。東方曰青陽，南方曰明堂，西方曰總章，北方曰玄堂，中央曰太廟，左為左介，右為右介。

又 卷四《大匡解》 勇知害上，則不登于明堂。明堂所以明道，明道惟法。晉孔晁注：惟以法度化人。

《左傳・文公二年》 瞫曰：「《周志》有之：『勇則害上，不登於明堂。』晉杜預注：《周志》，《周書》也。明堂，祖廟也，所以策功序德，故不義之士不得升。死而不義，非勇也。共用之謂勇。』注：共用，死國用。

《詩經・周頌・我將》 《序》：《我將》，祀文王於明堂也。

我將我享，維羊維牛，維天其右之。儀式刑文王之典，日靖四方。伊嘏文王，既右饗之。我其夙夜，畏天之威，于時保之。

《周禮・考工記・匠人》 周人明堂，度九尺之筵；東西九筵，南北七筵，堂崇一筵。五室，凡室二筵。漢鄭玄注：明堂者，明政教之堂。周度以筵，亦王者相改。周堂高九尺，殷三尺，則夏一尺矣。相參之數，禹卑宮室，謂此一尺之堂與？此三者或舉宗廟，或舉王寢，或舉明堂，互言之，以明其同制。唐賈公彥疏：夏舉宗廟，則王寢、明堂亦與宗廟同制也。殷舉王寢，則宗廟、明堂亦與王寢同制也。周舉明堂，則宗廟、王寢亦與明堂制同也。云其同制者，謂當代三者其制同，非謂三代制同也。

《尸子》卷下 黃帝曰合宮，有虞氏曰總章，殷人曰陽館，周人曰明堂。此皆所以名休其善也。

《呂氏春秋》卷一五《慎大》 故周明堂，外戶不閉，示天下不藏也。唯不藏也，可以守至藏。漢高誘注：至德之藏。

又 卷一九《上德》 周明堂，金在其後，有以見先德後武也。注：作樂，金鑮在後，故曰先德後武。

又 卷二〇《召數》 故明堂，茅茨蒿柱，土階三等，以見節儉。注：等，級也。茅可覆屋，蒿非柱任也。雖云儉節，實所未聞。

《大戴禮記》卷八《盛德》 凡人民疾、六畜疫、五穀災者，生于天道不順；天道不順，生于明堂不飾。故有天災，則飾明堂也。北周盧辯注：《淮南子》云：明堂之廟，行明堂之令，以調陰陽之氣而知四時之節，以辟疾之災也。

又 卷八《明堂》 明堂者，古有之也。注：明堂之作，其代未得而詳也。按《淮南子》言神農之世，祀于明堂。明堂有蓋，四方。又漢武帝時有獻《黃帝明堂圖》者，四面無壁，中有一殿。然其由，或始于此也。凡九室，一室而有四戶八牖，三十六戶，七十二牖，以茅蓋屋，注：茅，取其潔質也。上圓下方。明堂者，所以明諸侯尊卑。注：明堂非所以朝諸侯于祀也，諸侯亦備焉。外水曰辟雍，注：《韓詩》說辟圓如璧，雍以水。不言圓言辟者，取辟有德。不言辟水言雍，雍，和也。南蠻、東夷、北狄、西戎。注：言四海之君于祭也，各以其方，列于水外。明堂月令。注：于明堂之中，施十二月之令。赤綴戶也，白綴牖也。注：綴，飾也。二九四七五三六一八。注：《記》用九室，謂法龜文，故取此數，以明其制也。堂高三尺，東西九筵，南北七筵，上圓下方。九室十二堂，室四戶，戶二牖，其宮方三百步。在近郊，近郊三十里。注：淳于登說明堂在國之陽，三里之外，七里之內，丙巳之地。《韓詩》說明堂在南方七里之郊。然三十里無所取也。再言方圓及戶牖之數，亦繁重，或以為明堂者，文王之廟也。注：明堂與文王之廟不為同處，或說謬也。【略】

周時德澤洽和，蒿茂大，以為宮柱，名蒿宮也。注：《晏子春秋》曰：明堂之制，下之潤濕不及也，上之寒暑不入也。木工不鏤，示民知節也。然或以蒿為柱，表其儉質也。明堂別有圖論，不復詳焉。此天子之路寢也。不齊不居其屋。注：路寢亦為此制。待朝在南宮，注：將視朝時。揖朝出其南門。注：《周禮》司士職曰：正朝之位，辨其貴賤之等。王南向。三公北面東上，孤東面北上，卿大夫西面北上。王族故士、虎士在路門之右，南面東上。太僕、太右、太僕從者在路門之左，南面西上。司士擯，孤卿特揖，大夫以其等旅揖，士旁三揖。王還，揖門左，揖門右。太僕前，正視朝位。王入內朝，皆退也。

《禮記・月令》　孟春之月，【略】天子居青陽左个。宋衛湜《集說》：嚴陵方氏曰：青陽者，少陽之稱也。春為少陽，故所居之堂名之。然其堂也，中有大廟，左、右个處其兩傍，故孟月居左，季月居右，仲月居中，各從其類焉。謂之大廟，則以其大饗於此故也。謂之左个，則以介於左故也。謂之右个，則以介於右故也。推此，則秋與冬、夏亦若是而已。總章者，陰成之稱也。赤白為章者，文之成，秋成之時，其章總矣，故所居之堂，其名以此。明者，南之方。玄者，北之色。夏為明堂，則知冬之為幽；冬為玄堂，則知夏之為朱。或言方，或言色，互相備也。故夏則居明堂，冬則居玄堂焉。至若大廟，為左、右个之中，大室又為大廟之中，故中央土居之。古者非特明堂中有大廟也，而大廟亦謂之明堂焉，《左氏傳》所謂「不登於明堂」是也。以其或饗神於此，故謂之廟；以其或聽政於此，故謂之堂。廟、堂之名，皆得以通稱之。故天子則聽朔於明堂，諸侯則聽朔於大廟，而魯之大廟，則比天子明堂之制焉。个即《左氏傳》所謂「置饋於个」是也，釋者謂東西廂。馬氏曰：明堂，王者之堂也。王者向明而治，故周人謂其堂曰明堂。而此曰春居青陽，夏居明堂，秋居總章，冬居玄堂，又列為大廟、左、右个，以配十有二月；為大室，以配中央，則非古也。

仲春之月，【略】天子居青陽大廟。

季春之月，【略】天子居青陽右个。

孟夏之月，【略】天子居明堂左个。

仲夏之月，【略】天子居明堂太廟。

季夏之月，【略】天子居明堂右个。

中央土，【略】天子居大廟大室。

孟秋之月，【略】天子居總章左个。

仲秋之月，【略】天子居總章大廟。

季秋之月，【略】天子居總章右个。

孟冬之月，【略】天子居玄堂左个。

仲冬之月，【略】天子居玄堂太廟。

季冬之月，【略】天子居玄堂右个。

又《樂記》　祀乎明堂，而民知孝。

又《祭義》　祀乎明堂，所以教諸侯之孝也。

《孝經・聖治章》　昔者周公郊祀后稷以配天，唐玄宗注：后稷，周之始祖也。郊謂圜丘祀天也。周公攝政，因行郊天之祭，乃尊始祖以配之也。宗祀文王於明堂，以配上帝。注：明堂，天子布政之宮也。周公因祀五方上帝於明堂，乃尊文王以配之也。是以四海之內，各以其職來祭。注：君行嚴配之禮，則德教刑於四海，海內諸侯各修其職，來助祭也。

《孔子家語》卷三《觀周》　孔子觀乎明堂，覩四門墉有堯舜與桀紂之象，而各有善惡之狀，興廢之誡焉。又有周公相成王抱之負斧扆，南面以朝諸侯之圖焉。孔子徘徊而望之，謂從者曰：「此周公所以盛也。」

《黃帝內經素問》卷一九《五運行大論篇》　黃帝坐明堂，始正天綱，臨觀八極，考建五常。唐王冰注：明堂，布政宮也。八極，八方目極之所也。考謂考校，建謂建立也。五常謂五氣行天地之中者也。端居正氣，以候天和。

漢・劉安《淮南子》卷八《本經訓》　古者明堂之制，下之潤溼弗能及，上之霧露弗能入，四方之風弗能襲。漢高誘注：明堂，王者布政之堂。上圓下方，堂四出，各有左右房，謂之个，凡十二所。王者月居其房，告朔朝曆，頒宣其令，謂之明堂。其中可以序昭穆，謂之太廟。其上可以望氛祥，書雲物，謂之靈臺。其外圓似辟雍。諸侯之制半天子，謂之宮。土事不文，注：質也。木工不斲，金器不鏤，衣無隅差之削，注：隅，角也。差，邪也。古者質，皆全幅為衣裳，無有邪角。邪角，削殺也。冠無觚嬴之理。注：觚嬴之理，謂若馬目籠相連十也。言無者，冠文取平直而已也。堂大足以周旋理文，注：堂，明堂。所以升降揖讓修禮容，故曰周旋理文。理，政事文書也。静潔足以享上帝，禮鬼神，以示民知儉節。

又　卷九《主術訓》　昔者神農之治天下也，【略】月省時考，歲終獻功，以時嘗穀，注：穀，新穀也。薦之明堂，嘗之也。祀于明堂。明堂之制，有蓋而無四方。風雨不能襲，寒暑不能傷，遷延而入之，養民以公。注：遷延，猶倘佯也。

文王周觀得失，徧覽是非，堯、舜所以昌，桀、紂所以亡者，皆著於明堂。注：著猶圖也。於是略智博聞，以應無方。由此觀之，則聖人之智員矣。成、康繼文、武之業，守明堂之制，觀存亡之迹，見成敗之變，非道不言，非義不行，言不苟出，行不苟為，擇善而後從事焉。由此觀之，則聖人之行方矣。

又　卷二〇《泰族訓》　五帝三王之莅政施教，【略】乃立明堂之朝，行明堂之令，以調陰陽之氣，以和四時之節，以辟疾病之菑。注：明堂，布令之宮，有十二月之政令也。

漢·趙煜《吳越春秋》卷五《勾踐歸國外傳》　越王乃召相國范蠡、大夫種、大夫郢問曰：『孤欲以今日上明堂，臨國政，專恩致令，以撫百姓，何日可矣？惟三聖紀綱維持。』元徐天祐注：謂聖臣也。指上三人而言。子胥曰：越有聖臣范蠡。范蠡曰：【略】『臣願急升明堂臨政。』越王是日立政，翼翼小心，出不敢奢，入不敢侈。

《孟子·梁惠王下》　齊宣王問曰：『人皆謂我毁明堂，毁諸？已乎？』漢趙岐注：謂泰山下明堂。本周天子東巡狩、朝諸侯處也。齊侵地而得有之。孟子對曰：『夫明堂者，王者之堂也。王欲行王政，則勿毁之矣。』

《荀子》卷一一《彊國篇》　若是，則雖為之築明堂於塞外而朝諸侯，殆可矣。唐楊倞注：明堂，天子布政之宮。『於塞外』三字，衍也。以前有『兵不復出於塞外』，故誤重寫此三字耳。殆，庶幾也。秦若使賢人為政，雖築明堂，朝諸侯，庶幾可矣。或曰塞外，境外也。明堂，壇也。謂巡狩至方岳之下，會諸侯，為宮方三百步，四門，壇十有二尋，深四尺，加方明其上。《左氏傳》為王宮於踐土，亦其類也。或曰築明堂於塞外，謂使他國為秦築帝宮也。《戰國策》韓王謂張儀曰『請比秦郡縣，築帝宮，祠春秋，稱東蕃』是也。

《史記》卷二八《封禪書》　初，天子封泰山。泰山東北趾，古時有明堂處，處險不敞。上欲治明堂奉高旁，未曉其制度。濟南人公玉帶上黄帝時《明堂圖》，《明堂圖》中有一殿，四面無壁，以茅蓋，通水，圜宮垣為複道，上有樓，從西南入，命曰昆侖。天子從之入，以拜祠上帝焉。

《尚書帝命驗》　帝者，承天立府，以尊天重象也。五府，五帝之廟。蒼曰靈府，赤曰文祖，黄曰神斗，白曰顯紀，黑曰玄矩。唐虞謂之五府，夏謂世室，殷謂重屋，周謂明堂，皆祀五帝之所也。

《禮緯含文嘉》　明堂所以通神靈，感天地，正四時，出教令，崇有德，章有道，褒有行。

明堂者，八窗四達，窗通八卦之氣，布政之宮，在國之陽。面三室，四面十二，法十二月也。天子孟春，上幸於南郊，總十二月之政令，還藏於祖廟，月取一政，班於明堂也。諸侯以孟春之月，朝於天子，受十二月之政，藏於祖廟，月取一政行之。閏月無常處，則闔門而居之。

《孝經援神契》　明堂者，上圓下方，八窗四闥，布政之宮，在國之陽。帝者，諦也，象上可承五精之神。五精之神實在大微，於辰為巳。

明堂，文王之廟。夏后氏世室，殷人重屋，周人明堂。東西九筵，筵九尺。南北十筵，堂崇一筵。五室，凡室二筵。蓋之以茅。周公所以祀文王于明堂，以昭事上帝。

明堂之制，東西九筵，二丈九尺也。明堂東西八十一尺，南北六十三尺，故謂之太室。

周之明堂，在國之陽，三里之外，七里之内，在辰巳者也。得陽氣明朗，謂之明堂。

《春秋合成圖》　明堂在辰巳者，言在水、火之際。辰，木也；巳，火也。木生數三，火成數七，故在三里之外，七里之内。

漢·桓譚《新論》卷一一《雜事篇》　王者造明堂辟雍，所以承天行化也。

天稱明，故命曰明堂。為四面堂，各從其色，以倣四方。上圓法天，下方法地。八窗法八風，四達法四時。九室法九州，十二坐法十二月，三十六戶法三十六雨，七十二牖法七十二風。

漢·班固《白虎通義》卷六《辟雍》　天子立明堂者，所以通神靈，感天地，正四時，出教化，宗有德，重有道，顯有能，褒有行者也。明堂上圓下方，八窗四闥，布政之宮，在國之陽。上圓法天，下方法地。八窗象八風，四闥法四時。九宮法九州，十二坐法十二月，三十六戶法三十六雨，七十二牖法七十二風。

漢・佚名《三輔黃圖》卷五《明堂》 周明堂。明堂所以正四時，出教化，天子布政之宮也。黃帝曰合宮，堯曰衢室，舜曰總章，夏后曰世室，殷人曰陽館，周人曰明堂。先儒舊説，其制不同。或曰明堂在國之陽。《大戴禮》云：明堂九室，一室有四戶八牖，凡三十六戶，七十二牖。以茅蓋屋，上圓下方。《援神契》曰：明堂上圓下方，八窗四牖。《考工記》云：明堂五室。稱九室者，取象陽數也。八牖者，陰數也，取象八風。三十六戶、牖，取六甲之文六六三十六也。上圓象天，下方法地。八窗即八牖也。四闥者，象四時、四方也。五室者，象五行也。皆無明文，先儒以意釋之耳。《禮記・明堂位》曰：朝諸侯于明堂之位。天子負斧扆，南鄉而立。明堂也者，明諸侯之尊卑也。制禮作樂，頒度量，而天下服。知明堂是布政之宮也。又《孝經》曰：宗祀文王於明堂，以配上帝。則周有明堂也，明矣。

又 《補遺》 明堂者，明天道之堂也。所以順四時，行月令，宗祀先王，祭五帝，故謂之明堂。辟雍員如璧，雍以水。異名同事，其實一也。

堂方百四十四尺，法《坤》之策也，方象地。屋圓楣，徑二百一十六尺，法《乾》之策也，圓象天。太室九宮，法九州。太室方六丈，法陰之變數。十二堂法十二月，三十六戶法極陰之變數，七十二牖法五行所行日數。八達象八風，法八卦。通天臺徑九尺，法《乾》以九覆六。高八十一尺，法黃鍾九九之數。二十八柱，象二十八宿。堂高三尺，土階三等，法三統；堂四向五色，法四時五行。殿門去殿七十二步，法五行所行。門堂長四丈，取大室三之二。垣高無蔽目之照，牖六尺，其外倍之。殿垣方，在水內，法地陰也。水四周於外，象四海，圓法陽也。水闊二十四丈，象二十四氣。水內徑三丈，應《覲禮經》。

唐・杜佑《通典》卷四四《禮四・吉禮三・大享明堂》 周制，季秋大享於明堂，宗祀文王，以配上帝。其制度，九尺之筵。東西九筵，南北七筵。堂崇一筵。五室，凡室二筵。東西長八十一尺，南北六十三尺。其堂高九尺。於一堂之上為五室，每一室廣一丈八尺。每室開四門，旁各有窗。九階，外有四門，門之廣二丈一尺。門兩旁，各築土為堂，南北四十二尺，東西五十四尺。其堂上各為一室，南北丈四尺，東西丈八尺。其宮室牆壁，以蜃蛤灰飾之。

清・余蕭客《古經解鈎沈》卷一三《禮記三・明堂位》 （唐）成伯璵《禮記外傳》：明堂，古者天子布政之宮，在國南十里之內，七里之外，黃帝享百神於明庭是也。唐虞為五府，夏謂太廟為世室，殷人謂路寢為重屋，周人謂五府為明堂。夏后氏一堂，殷人為五室，南面三階。五室者，象地載五行也。五行生於四明，故每室四達，一室八窗。周人有圓屋，九月大享五帝於明堂。心為天子明堂，或以明堂獨以一室。

宋・楊甲《六經圖》卷八《周公明堂圖》 明堂在國之陽，三里外，七里內，丙巳之地。東西九筵，南北七筵，東西凡五室，南北亦然。上圓法天，下方法地，八窗象八風，四闥法四時，九室法九州，十二階法十二月，三十六戶法三十六雨，七十二牖法七十二風。四廟九室，共十三位。此周公明堂定制也。

清・任啓運《宮室考》卷下《明堂》 明堂上圓下方，為廟者五，為室者九，為堂者十二。堂三為一，南明堂，北玄堂，東青陽，西總章。中太廟太室，四阿八達，重屋，庭周之。四廟位諸正，入室位謂隅。室四戶，戶兩牖。庭周之。階九，方二，午中一。上圓以象天，下方以象地。廟五，中太廟及四太廟也。室九，中太室及四隅入室也。十二堂，室前之地，以應十二月；三為一，三月共一時也。南向陽，故曰明；北向幽，故曰玄。東屬木，色青，陽所自起，故曰青陽。西，物成總收，皆可章度，故曰總章。阿，棟也，四面各有正棟。八達，四面皆開，直達外四太廟。重屋若後世之樓，其上為太廟，其下為太室。秦漢稱神人好樓居，以此也。室四戶，故三十六戶；戶隅牖，故七十二牖也。九室皆庭周之，則戶有可出，牖有所受明也。蓋分其地，縱橫皆五，為二十五區。中一區，太廟太室。其周八區，為內庭。外周十六區，四隅虛四區，使上可圓；四面各三區，中為太廟，左右為夾室，室之前為堂也。階九者，四面各有東階、西階，唯南明堂之前有一中階，階下為外庭也。

論說

漢·蔡邕《蔡中郎集·明堂月令論》 明堂者，天子太廟，所以崇禮其祖，以配上帝者也。夏后氏曰世室，殷人曰重屋，周人曰明堂。東曰青陽，南曰明堂，西曰總章，北曰玄堂，中央曰太室。《易》曰：《離》也者，明也，南方之卦也。聖人南面而聽天下，嚮明而治。人君之位，莫正於此焉。故雖有五名，而主以明堂也。其正中，皆曰太廟。謹承天順時之令，昭令德宗祀之禮，明前功百辟之勞，起養老敬長之義，顯教幼誨穉之學，朝諸侯、選造士於其中，以明制度。生者乘其能而至，死者論其功而祭，故為大教之宮，而四學具焉，官司備焉。譬如北辰居其所，而衆星拱之，萬象翼之。政教之所由生，變化之所由來，明一統也，故言明堂，事之大，義之深也。取其宗祀之貌則曰清廟，取其正室之貌則曰太廟，取其尊崇則曰太室，取其向明則曰明堂，取其四門之學則曰太學，取其四面周水圜如璧則曰辟雝。異名而同事，其實一也。

《春秋》因魯取宋之奸賂，則顯之太廟，以明聖王建清廟、明堂之義。《經》曰：取郜大鼎於宋。戊申，納於太廟。《傳》曰：非禮也。君人者將昭德塞違，故昭令德以示子孫。是以清廟茅屋，昭其儉也。夫德儉而有度，升降有數，文物以紀之，聲明以發之，以臨照百官，百官於是乎戒懼而不敢易紀律，所以明大教也。以周清廟論之，魯太廟皆明堂也。魯禘祀周公於太廟明堂，猶周宗祀文王於清廟明堂也。《禮記·檀弓》曰：王齋，禘於清廟明堂也。《孝經》曰：宗祀文王於明堂。《禮記·明堂位》曰：太廟，天子曰明堂。又曰：成王幼弱，周公踐天子位，以治天下，朝諸侯於明堂。制禮作樂，頒度量，而天下大服。成王以周公有大勳勞於天下，命魯公世世禘祀周公於大廟。以天子之禮，升歌《清廟》，下管《象舞》，所以異魯於天下也。取周《清廟》之歌歌於魯太廟，明魯之太廟猶周之清廟也，皆所以昭文王、周公之德，以示子孫也。

《易傳·太初篇》曰：天子旦入東學，晝入南學，暮入西學，太學在中央，天子之所自學也。《禮記·保傅篇》曰：帝入東學，上親而貴仁；入西學，上賢而貴德；入南學，上齒而貴信；入北學，上貴而尊爵；入太學，承師而問道。與《易傳》同。《魏文侯孝經傳》曰：太學者，中學，明堂之位也。《禮記·古大明堂之禮》曰：膳夫是相禮。日中出南闈，見九侯；反，問於相。日側出西闈，視五國之事；日入出北闈，視帝節猷。《爾雅》曰：宮中之門謂之闈。《王居明堂之禮》又別陰陽，門東南稱門，西北稱闈。故《周官》有門闈之學，師氏教以三德，守王門；保氏教以六藝，守王闈。然則師氏居東門、南門，保氏居西門、北門也。知掌教國子，與《易傳》、《保傅》、《王居明堂之禮》參相發明，為學四焉。《文王世子篇》曰：凡大合樂，則遂養老。天子至，乃命有司行事，興秩節，祭先師先聖焉。始之養也，適東序；釋奠於先老，遂設三老五更之席位。言教學始之於養老，由東方歲始也。又春夏，學干戈；秋冬，學羽籥，皆習於東序。凡祭與養老乞言合語之禮，皆小樂正詔之於東序。又曰大司成論說在東序。然則詔學皆在東序。東序，東之堂也，學者聚焉，故稱詔太學。仲夏之月，令祀百辟卿士之有德於民者。《禮記·太學志》曰：禮，士大夫學於聖人，善人祭於明堂，其無位者祭於太學。《禮記·昭穆篇》曰：祀先賢於西學，所以教諸侯之德也。即所以顯行國禮之處也，太學明堂之東序也，皆在明堂辟雝之內。

《月令記》曰：明堂者，所以明天氣，統萬物。明堂上通於天象日辰，故下十二宮，象日辰也。水環四周，言王者動作法天地，德廣及四海，方此水也。《禮記·盛德篇》曰：明堂九室，以茅蓋屋，上圓下方。此水名曰辟雝。《王制》曰：天子出征，執有罪，反，釋奠於學，以訊馘告。《樂記》曰：武王伐殷，薦俘馘於京太室。《詩·魯頌》云：矯矯虎臣，在泮獻馘。京，鎬京也。太室，辟雝之中明堂太室也，與諸侯泮宮俱獻馘焉，即《王制》所謂「以訊馘告」者也。《禮記》曰：祀乎明堂，所以教諸侯之孝也。《孝經》曰：孝悌之至，通於神明，光於四海，無所不通。《詩》云：自西自東，自南自北，無思不服。言行孝者則曰明堂，行悌者則曰太學，故《孝經》合以為一義，而稱鎬京之詩以明之。凡此，皆明堂、太室、辟雝、太學事通文合之義也。

其制度數，各有所法。堂方百四十四尺，《坤》之策也。屋圜屋，徑二百一十六尺，《乾》之策也。太廟明堂方三十六丈，通天屋徑九丈，陰陽九六之變也。圜蓋方載，六九之道也。八闥以象八卦，九室以象九州，十二宮以應辰，三十六戶、七十二牖，以四戶九牖乘九室之數也。戶皆外設而不閉，示天下不藏也。通天屋高八十一尺，黃鍾九九之實也。二十八柱列於四方，亦七宿之象也，堂高三丈，以應三統；四鄉五色者，象其行。外廣二十四丈，應一歲二十四氣也。四周以水，象四海。王者之大禮也。《月令篇名》曰：因天時，制人事，天子發號施令，祀神受職，每月異禮，故謂之《月令》，所以順陰陽，奉四時，効氣物，行王政也。成法具備，各從時月，藏之明堂，所以示承祖，考神明，明不敢泄瀆之義，故以『明堂』冠《月令》。

自天地定位有其象，聖帝明君世有紹襲，蓋以裁成大業，非一代之事也。《易》正月之卦曰《泰》，其《經》曰：王用享於帝，吉。《孟春令》曰：乃擇元日，祈穀於上帝。《顓頊曆衡》曰：天元，正月己巳朔，日立春，日月俱起於《泰》，建宮室制度。《月令》：孟春之月，日在營室。《堯典》曰：乃命羲和，欽若昊天，曆象日月星辰，敬授人時。《令》曰：乃命太史守典奉法，司天日月星辰之行。《易》曰：不利為寇，利用禦寇。《令》曰：兵戎不起，不可從我始。《書》曰：歲二月，同律度量衡。《中春令》曰：日夜分，則同度量鈞衡石。凡此合於大曆唐政，其類不可盡稱。《戴禮·夏小正傳》曰：陰陽生物之後，王事之次。則夏之月令也。殷人無文，及周而備，文義所說，傳衍深遠，宜周公之所著也。官號職司，與《周官》合。《周書》七十二篇，而《月令》第五十三。古者諸侯，朝正於天子，受月令以歸，而藏諸廟中。天子藏之於明堂。每月告朔朝廟，出而行之。周室既衰，諸侯怠於禮。魯文公廢告朔而朝，仲尼譏之。《經》曰：閏月，不告朔，猶朝於廟。刺舍大禮而徇小儀也。自是告朔遂闕，而徒用其羊。子貢非廢其令而請去之，仲尼曰：『賜也，爾愛其羊，我愛其禮。』庶明王復興，君人者昭而明之，稽而用之耳。無逆聽令無逆政，所以臻乎大順陰陽，和年穀豐，太平洽，符瑞由此而至矣。秦相呂不韋著書，取《月令》為《紀》號。淮南王安亦以取為第四篇，改名曰『時則』。故偏見之徒，或云《月令》呂不韋作，或云淮南，皆非也。

漢·鄭玄《駁五經異義·明堂制》 《異義》：今《禮戴》說《盛德記》曰：明堂者，自古有之。凡有九室，室有四戶八牖，共三十六戶，七十二牖，以茅蓋屋，上圓下方，所以朝諸侯。其外有水，名辟廱。《明堂月令書》說云：明堂高三丈，東西九仞，南北七筵，上圓下方。四堂十二室，室四戶八牖。其宮方三百步，在近郊三十里。講學大夫淳于登說云：明堂在國之陽，丙巳之地，三里之外，七里之內，而祀之就陽位。上圓下方，八牕四闥。布政之宮，故稱明堂。明堂，盛貌。周公祀文王于明堂，以配上帝。上帝，五精之神。太微之庭中有五帝坐位。其古《周禮》、《孝經》說：明堂，文王之廟。夏后氏曰世室，殷人曰重屋，周人曰明堂。東西九筵，筵九尺；南北七筵，堂崇一筵。五室，凡室二筵。蓋之以茅。周公所以祀文王于明堂，以昭事上帝。謹案今《禮》、古《禮》，各以其義說，無明文以知之。

駁曰：《禮戴》所云，雖出《盛德記》，及其下，顯與本章異。九室、三十六戶、七十二牖，似秦相呂不韋作《春秋》時所益，非古制也。『四堂十二室』，字誤。本書云：『九堂十二室』。淳于登之言，取義于《孝經援神契》。《援神契》說宗祀文王于明堂，以配上帝。曰明堂者，上圓下方，八牕四闥，布政之宮，在國之陽。帝者，諦也，象上可以承五精之神。五精之神實在太微，在辰為巳，是以登云。然今漢立明堂于丙巳，由此為之。水、木用事，交於東北；木、火用事，交於東南；水、土用事，交於中央；金、土用事，交於西南；金、水用事，交於西北。周人明堂五室，帝一室，合於數。

《晉書》卷六八《紀瞻列傳》 陸機策之曰：【略】在昔哲王，象事備物。明堂所以崇上帝，清廟所以寧祖考，辟雍所以班禮教，太學所以講藝文。此蓋有國之盛典，為邦之大司。亡秦廢學，制度荒闕。諸儒之論，損益異物；漢氏遺作，居為異事。而蔡邕《月令》謂之一物，將何所從？對曰：周制明堂，所以宗其祖以配上帝，敬恭明祀，永光孝道也。其大數有六。古者聖帝明王，南面而聽政。其六則以明堂為主，又其正中皆云太廟，以順天時，施行法令，宗祀養老，訓學講肄，朝諸侯而選造士，備禮辨物，一教化之由也。故取其宗祀之類，則曰清廟；取其正室之貌，則曰太廟；取其室，則曰太室；取其堂，則曰明堂；取其四門之學，則曰太學；取其周水圜如璧，則曰璧雍。異名同事，其實一也。是以蔡邕謂之一物。

《魏書》卷三二《封軌傳》 軌議曰：明堂者，布政之宮，在國之陽。所以嚴父配天，聽朔設教。其經構之式，蓋已尚矣。故《周官》匠人職云：夏后氏世室，殷人重屋，周人明堂。五室九階，四戶八窗。鄭玄曰：或舉宗廟，或舉王寢，或舉明堂，互之以見同制。然則三代明堂，其制一也。案周與夏、殷，損益不同，至於明堂，因而弗革，明五室之義，得天數矣。是以鄭玄又曰：五室者，象五行也。然則九階者，法九土；四戶者，達四時；八窗者，通八風。誠不易之大範，有國之恒式。若其上圓下方，以則天地；通水環宮，以節觀省。茅蓋白盛，為之質飾；赤綴白綴，為之戶牖。皆典籍所具載，制度之明義也。在秦之世，焚滅五典，毁黜三代，變更先聖，不依舊憲。故呂氏《月令》，見九室之義；大戴之《禮》，著十二堂之論。漢承秦法，亦未能改；東西二京，俱為九室。是以《黄圖》、《白虎通》、蔡邕、應劭等，咸稱九室以象九州，十二堂以象十二辰。夫室以祭天，堂以布政。依天而祭，故室不過五；依時布政，故堂不踰四。州之與辰，非所可法；九與十二，其用安在？

又 卷七二《賈思伯傳》 于時議建明堂，多有同異。思伯上議曰：按《周禮・考工記》云：夏后氏世室，殷重屋，周明堂，皆五室。鄭注云：此三者，或舉宗廟，或舉王寢，或舉明堂。互言之，以明其制同也。若然，則殷夏之世，已有明堂矣。唐虞以前，其事未聞。戴德《禮記》云：明堂凡九室十二堂。蔡邕云：明堂者，天子太廟，饗功、養老、教學、選士皆於其中。九室十二堂。按戴德撰《記》，世所不行，且九室十二堂，其於規制，恐難得厥衷。《周禮》營國，左祖右社。明堂在國之陽，則非天子太廟，明矣。然則《禮記・月令》四堂及太室，皆謂之廟者，當以天子暫配享五帝故耳。又《王制》云：周人養國老於東膠。鄭注云：東膠即辟雍，在王宮之東。又《詩・大雅》云：邕邕在宮，肅肅在廟。鄭注云：宮謂辟雍宮也，所以助王養老則尚和，助祭則尚敬。又不在明堂之驗矣。按《孟子》云：齊宣王謂孟子曰：吾欲毁明堂。若明堂是廟，則不應有毁之問。且蔡邕論明堂之制云：堂方一百四十四尺，象《坤》之策；屋圓徑二百一十六尺，象《乾》之策。方六丈，徑九丈，象陰陽九六之數。九室以象九州。屋高八十一尺，象黄鍾九九之數。二十八柱，以象宿。外廣二十四丈，以象氣。按此皆以天地陰陽氣數為法，而室獨象九州，何也？若立五室以象五行，豈不快也？如此，蔡氏之論，非為通典；九室之言，或未可從。

竊尋《考工記》雖是補闕之書，相承已久，諸儒注述，無言非者。方之後作，不亦優乎！且《孝經援神契》、《五經要義》、《舊禮圖》皆作五室，及徐、劉之論，同《考工》者多矣。朝廷若獨絶今古，自為一代制作者，則所願也。若猶祖述舊章，規摹前事，不應捨殷周成法，襲近代妄作；且損益之極，極於三王，後來疑議，難可準信。鄭玄云：周人明堂五室。是帝各有一室也，合於五行之數。《周禮》依數以為之室，施行於今。雖有不同，時説然耳。尋鄭此論，非為無當。按《月令》亦無九室之文。原其制置，不乖五室。其青陽右个，即明堂左个；明堂右个，即總章左个；總章右个，即玄堂左个；玄堂右个，即青陽左个。如此，則室猶是五，而布政十二。五室之理，謂為可按。其方圓高廣，自依時量。戴氏九室之言，蔡子廟學之議，子幹靈臺之説，裴逸一屋之論，及諸家紛紜，並無取焉。

又 卷九〇《李謐傳》 遂著《明堂制度論》曰：余謂論事辨物，當取正於經典之真文；援證定疑，必有驗於周孔之遺訓，然後可以稱準的矣。今禮文殘缺，聖言靡存，明堂之制，誰使正之？是以後人紛糾，競興異論，五九之説，各信其習，是非無準，得失相半。故歷代紛紜，靡所取正。乃使裴頠云：今羣儒紛糾，互相掎摭，就令其象可得而圖，其所以居用之禮，莫能通也，爲設虚器耳。況漢氏所作四維之个，復不能令各處其辰。愚以爲尊祖配天，其義明著；廟宇之制，理據未分。直可爲殿屋以崇嚴父之祀，其餘雜碎，一皆除之。斯豈不以羣儒舛互，並乖其實，據義求衷，莫適可從哉？但恨典文殘滅，求之靡據而已矣。乃復遂去室牖諸制，施之於教，未知其所隆政，求之於情，未可喻其所以必須。惜哉言乎！仲尼有言曰：『賜也，爾愛其羊，我愛其禮。』余以爲隆政必須其禮，豈彼一羊哉！推此而論，則聖人之於禮，殷勤而重之；裴頠之於禮，任意而忽之，是則頠賢於仲尼矣。以斯觀之，裴氏之子以不達而失禮之旨也。余竊不自量，頗有鄙意，據理尋義，以求其眞，貴合雅衷，不苟偏信，乃藉之以《禮傳》，考之以訓注，博採先賢之言，廣搜通儒之說，量其當否，參其同異，棄其所短，收其所長，推義察圖，以折厥衷。豈敢必善？聊亦合其言志矣。

凡論明堂之制者雖衆，然校其大略，則二途而已。言五室者，則據《周禮·考工》之記以爲本，是康成之徒所執。言九室者，則案《大戴·盛德》之篇以爲源，是伯喈之倫所持。此之二書，雖非聖言，然是先賢之中博見洽通者也。但各記所聞，未能全正，可謂既盡美矣，未盡善也。而先儒不能考其當否，便各是所習，卒相非毀，豈達士之確論哉？小戴氏傳禮事四十九篇，號曰《禮記》。雖未能全當，然多得其衷，方之前賢，亦無愧矣。而《月令》、《玉藻》、《明堂》三篇，頗有明堂之義。余故採掇二家，參之《月令》，以爲明堂五室，古今通則。其室居中者，謂之太廟；太室之東者，謂之青陽；當太室之南者，謂之明堂；當太室之西者，謂之總章；當太室之北者，謂之玄堂。四面之室，各有夾房，謂之左、右个，三十六戶，七十二牖矣。室个之形，今之殿前，是其遺像耳。个者，即寢之房也。但明堂與寢，施用既殊，故房、个之名，亦隨事而遷耳。今粗書其像，以見鄙意，案圖察義，略可驗矣。故檢之五室，則義明於《考工》；校之戶牖，則數協於《盛德》；考之施用，則事著於《月令》。求之閏也，合《周禮》與《玉藻》，既同夏殷，又符周秦。雖乖衆儒，儻或在斯矣。

《考工記》曰：周人明堂，度以九尺之筵。東西九筵，南北七筵，堂崇一筵。五室，凡室二筵。室中度以几，堂上度以筵。余謂《記》得之於五室，而謬於堂之修廣。何者？當以理推之，令愜古今之情也。夫明堂者，蓋所以告月朔、布時令、宗文王、祀五帝者也。然營構之範，自當因宜創制耳。故五室者，合於五帝各居一室之義；且四時之祀，皆據其方之正；又聽朔布令，咸得其月之辰。可謂施政及祀，二三俱允。求之古義，竊爲當矣。

鄭康成漢末之通儒，後學所宗，正釋五室之位，謂土居中，木、火、金、水各居四維。然四維之室，既乖其正，施令聽朔，各失厥衷。左、右之个，棄而不顧，乃反文之以美說，飾之以巧辭。言水、木用事，交於東北；木、火用事，交於東南；火、木用事，交於西南；金、水用事，交於西北。既依五行，當從其方，用事之交，出何經典？可謂攻於異端，言非而博，疑誤後學，非所望於先儒也。

《禮記·玉藻》曰：天子聽朔於南門之外，閏月則闔門左扉，立於其中。鄭玄注曰：天子之廟及路寢，皆如明堂制。明堂在國之陽，每月就其時之堂而聽朔焉。卒事，反宿路寢亦如之。閏月，非常月。聽其朔於明堂門下，還處路寢門，終月也。而《考工記》『周人明堂』玄注曰：或舉王寢，或舉明堂，互言之，以明其制同也。其同制之言，皆出鄭注，然則明堂與寢不得異矣，而《尚書·顧命篇》曰：迎子釗南門之外，延入翼室。此之翼室，即路寢矣。其下曰大貝賁鼓在西房垂之竹矢在東房此則路寢有左右房見於經史者也。《禮記·喪大記》曰：君夫人卒於路寢。小斂，婦人髽，帶麻於房中。鄭玄注曰：此蓋諸侯禮。帶麻於房中，則西南天子諸侯左、右房。見於注者也，論路寢則明其左右，言明堂則闕其左、右个。同制之說，還相矛楯。通儒之注，何其然乎？使九室之徒奮筆而爭鋒者，豈不由處室之不當哉？

《記》云：東西九筵，南北七筵。五室，凡室二筵。置五室於斯堂，雖使班、倕搆思，王爾營度，則不能令三室不居其南北也。然則三室之間，便居六筵之地，而室壁之外，裁有四尺五寸之堂焉。豈有天子布政施令之所，宗祀文王以配上帝之堂，周公負扆以朝諸侯之處，而室戶之外，僅餘四尺而已哉？假在儉約，爲陋過矣。論其堂宇則偏而非制，求之道理則未愜人情，其不然一也。

余恐爲鄭學者，苟求必勝，競生異端，以相訾抑。云二筵者，乃室之東西耳，南北則狹焉。余故備論之曰：若東西二筵，則室戶之外，爲丈三尺五寸矣。南北戶外，復如此，則三室之中，南北裁各丈二尺耳。《記》云：四房兩夾窗。若爲三尺之戶，二尺之窗，窗、戶之間，裁盈一尺。繩樞甕牖之室，蓽門圭竇之堂，尚不然矣。假令復欲小廣之，則四面之外，闊狹不齊，東西既深，南北更淺。屋宇之制，不爲通矣。驗之衆塗，略無算焉。且凡室二筵，丈八地耳。然則戶、牖之間，不踰二尺也。《禮記·明堂》：天子負斧扆，南向而立。鄭玄注曰：設斧於戶、牖之間。而鄭氏《禮圖》說扆制曰：縱廣八尺，畫斧文於其上。今之屏風也。以八尺扆置二尺之間，此之叵通，不待智者，較然可見矣。且若二筵之室爲四尺之戶，則戶之兩頰，裁各七尺耳。全以置之，猶自不容，矧復戶、牖之間哉！其不然二也。

又復以世代驗之，即虞、夏尚朴，殷、周稍文，制造之差，每加崇飾。而夏后世室，堂修二七；周人之制，反更促狹。豈是夏禹卑宮之意，周監郁郁之美哉？以斯察之，其不然三也。

又云：堂崇一筵。便基高九尺，而壁戶之外裁四尺五寸。於營制之法，自不相稱。其不然四也。

又云：室中度以几，堂上度以筵。而復云：凡室二筵。而不以几，還自相違，其不然五也。以此驗之，《記》者之謬，抑可見矣。

《盛德篇》云：明堂凡九室，三十六戶，七十二牖。上圓下方。東西九仞，南北七筵，堂高三尺也。余謂《盛德篇》得之於戶牖，失之於九室。何者？五室之制，傍有夾房，面各有戶，戶有兩牖。此乃因事立則，非拘異術，戶、牖之數，固自然矣。九室者，論之五帝，事既不合，施之時令，又失其辰。左、右之个，重置一隅，兩辰同處，參差出入。斯乃義無所據，未足稱也。且又堂之修廣，裁六十三尺耳。假使四尺五寸，爲外之基，其中五十四尺，便是五室之地。計其一室之中，僅可一丈。置其戶、牖，則於何容之哉？若必小而爲之，以容其數，則令帝王側身出入，斯爲怪矣。此匪直不合典制，抑亦可哂之甚也。

余謂其九室之言，誠亦有由，然竊以爲戴氏聞三十六戶，七十二牖，弗見其制，靡知所置，便謂一室有四戶之窗，計其戶、牖之數，即以爲九室耳，或未之思也。蔡伯喈漢末之儒學士，而見重於當時。即識其修廣之不當，而必未思其九室之爲謬；更修而廣之，假其法象，可謂因僞飾辭，順非而澤，諒可歎矣。

余今省彼衆家，委心從善，庶探其衷，不爲苟異。但是古非今，俗間之常情；愛遠惡近，世中之恒事。而千載之下，獨論古制，驚俗之談，固延多誚。脫有深賞君子者覽而揣之，儻或存焉。

《南齊書》卷九《禮志上》 《大戴禮記》曰：明堂者，所以明諸侯尊卑也。許慎《五經異義》曰：布政之宮，故稱明堂。明堂，盛貌也。《周官》匠人職稱：明堂有五室。鄭玄云：周人明堂五室，帝一室也。初不聞有文王之寢。《鄭志》趙商問云：說者謂天子廟制如明堂，是為明堂即文廟邪？鄭答曰：明堂主祭上帝，以文王配耳，猶如郊天，以后稷配也。袁孝尼云：明堂，法天之宮，本祭天帝而以文王配。配其父於天位則可，牽天帝而就人鬼，則非義也。

《隋書》卷四九《牛弘傳》 弘請依古制，修立明堂，上議曰：竊謂明堂者，所以通神靈，感天地，出教化，崇有德。《孝經》曰：宗祀文王於明堂，以配上帝。《祭義》云：祀於明堂，教諸侯孝也。黄帝曰合宮，堯曰五府，舜曰總章。布政興治，由來尚矣。《周官·考工記》云：夏后氏世室，堂修二七，廣四修一。鄭玄注云：修四十步，其廣益以四分修之一，則堂廣十七步半也。殷人重屋，堂修七尋，四阿重屋。鄭云：其修七尋，廣九尋也。周人明堂，度九尺之筵。南北七筵。五室，凡室二筵。鄭云：此三者，或舉宗廟，或舉王寢，或舉明堂，互言之，明其同制也。馬融、王肅、干寶所注，與鄭亦異，今不具出。

漢司徒馬宮議云：夏后氏世室，室顯於堂，故命以室。殷人重屋，屋顯於堂，故命以屋。周人明堂，堂大於夏室，故命以堂。夏后氏益其堂之廣百四十四尺，周人明堂以為兩序間大夏后氏七十二尺。若據鄭玄之說，則夏室大於周堂；如依馬宮之言，則周堂大於夏室。後王轉文，周大為是。但宮之所言，未詳其義。此皆去聖久遠，禮文殘缺，先儒解說，家異人殊。鄭注《玉藻》亦云：宗廟、路寢與明堂同制。《王制》曰：寢不踰廟。明大小是同。今依鄭玄注，每室及堂止有一丈八尺，四壁之外四尺有餘。若以宗廟論之，祫享之時，周人旅酬六尸，并后稷為七，先公昭穆二尸，先王昭穆二尸，合十一尸，三十六王，及君北面行事於二丈之堂，愚不及此。若以正寢論之，便須朝宴。據《燕禮》：諸侯宴，則賓及卿大夫脫屨升坐。是知天子宴，則三公九卿並須升堂。《燕義》又云：席，小卿次上卿。言皆侍席，止於二筵之間，豈得行禮者？以明堂論之，總享之時，五帝各於其室。設青帝之位，須於木室之內，少北西面。太昊從食，坐於其西，近南北面。祖宗配享者，又於青帝之南，稍退西面。丈八之室，神位有三，加以簠簋籩豆牛羊之俎，四海九州美物咸設，復須席上升歌，出罇反坫，揖讓升降，亦以隘矣。據兹而說，近是不然。

案劉向《別錄》及馬宮、蔡邕等所見，當時有《古文明堂禮》、《王居明堂禮》、《明堂圖》、《明堂大圖》、《明堂陰陽》、《太山通義》、《魏文侯孝經傳》等，並說古明堂之事。其書皆亡，莫得而正。今《明堂月令》

者，鄭玄云：是呂不韋著《春秋・十二紀》之首章，禮家鈔合為《記》。蔡邕、王肅云：周公所作。《周書》內有《月令》第五十三，即此也。各有證明，文多不載。束皙以為夏時之書。劉瓛云：不韋鳩集儒者，尋于聖王月令之事而記之。不韋安能獨為此《記》？今案，不得全稱《周書》，亦未可即為秦典。其內雜有虞夏殷周之法，皆聖王仁恕之政也。

蔡邕具為《章句》，又論之曰：明堂者，所以宗祀其祖，以配上帝也。夏后氏曰世室，殷人曰重屋，周人曰明堂。東曰青陽，南曰明堂，西曰總章，北曰玄堂，內曰太室。聖人南面而聽，向明而治，人君之位莫不正焉。故雖有五名，而主以明堂也。制度之數，各有所依。堂方一百四十四尺，《坤》之策也。屋圓楣徑二百一十六尺，《乾》之策也。太廟明堂方六丈，通天屋徑九丈，陰陽九六之變；且圓蓋方覆，九六之道也。八闥以象卦，九室以象州，十二宮以應日辰。三十六戶，七十二牖，以四戶八牖乘九宮之數也。戶皆外設而不閉，示天下以不藏也。通天屋高八十一尺，黃鍾九九之實也。二十八柱布四方，四方七宿之象也。堂高三尺，以應三統；四向五色，各象其行。水闊二十四丈，象二十四氣，於外，以象四海。王者之大禮也。觀其模範天地，則象陰陽，必據古文，義不虛出。今若直取《考工》，不參《月令》，青陽、總章之號不得而稱，九月享帝之禮不得而用。漢代二京所建，與此說悉同。

又　卷六八《宇文愷傳》　自永嘉之亂，明堂廢絶，隋有天下，將復古制，議者紛然，皆不能決。愷博考羣籍，奏《明堂議表》曰：【略】臣愷謹案《淮南子》曰：昔者神農之治天下也，甘雨以時，五穀蕃植，春生夏長，秋收冬藏，月省時考，終歲獻貢，以時嘗穀，祀於明堂。明堂之制，有蓋而無四方，風雨不能襲，燥濕不能傷，遷延而入之。臣愷以為上古朴略，創立典刑。《尚書帝命驗》曰：帝者承天，立五府，以尊天重象。赤曰文祖，黃曰神斗，白曰顯紀，黑曰玄矩，蒼曰靈府。注云：唐虞之天府，夏之世室，殷之重屋，周之明堂，皆同矣。《尸子》曰：有虞氏曰總章。《周官・考工記》曰：夏后氏世室，堂脩二七，博四脩一。注云：脩，南北之深也。夏度以步，今堂脩十四步，其博益以四分脩之一，則明堂博十七步半也。臣愷按，三王之世，夏最為古，從質尚文，理應漸就寬大。何因夏室乃大殷堂？相形為論，理恐不爾。《記》云：堂脩七，博四脩一。若夏度以步，則應脩七步。注云：今堂脩十四步。乃是增益《記》文。殷周二堂，獨無加字，便是其義，類例不同。山東禮本輒加『二七』之字，何得殷無加『尋』之文？周闕增筵之義，研覈其趣，或是不然。讎校古書，並無『二』字，此乃桑間俗儒信情加減。《黃圖議》云：夏后氏益其堂之大一百四十四尺，周人明堂以為兩杼間。馬宮之言，止論堂之一面。據此為準，則三代堂基並方，得為上圓之制。諸書所說，並云下方。鄭注《周官》，獨為此義。非直與古違異，亦乃乖背禮文。尋文求理，深恐未愜。

《尸子》曰：殷人陽館。《考工記》曰：殷人重屋，堂修七尋，堂崇三尺，四阿重屋。注云：其修七尋，五丈六尺。放夏周則其博九尋，七丈二尺。又曰：周人明堂，度九尺之筵。東西九筵，南北七筵。堂崇一筵。五室，凡室二筵。《禮記・明堂位》曰：天子之廟，複廟重檐。鄭注云：複廟，重屋也。注《玉藻》云：天子廟及露寢，皆如明堂制。《禮圖》云：於內室之上，起通天之觀，觀八十一尺，得宮之數，其聲濁，君之象也。《大戴禮》曰：明堂者，古有之。凡九室，一室有四戶八牖，以茅蓋，上圓下方。外水曰璧雝。赤綴戶，白綴牖。堂高三尺，東西九仞，南北七筵。其宮方三百步。凡人民疾，六畜疫，五穀災，生於天道不順；天道不順，生於明堂不飾。故有天災，則飾明堂。《周書・明堂》曰：堂方百一十二尺，高四尺，階博六尺三寸。室居內，方百尺，室內方六十尺。戶高八尺，博四尺。《作洛》曰：明堂太廟露寢，咸有四阿，重亢重廊。孔氏注云：重亢累棟，重廊累屋也。《禮圖》曰：秦明堂九室十二階，各有所居。《呂氏春秋》曰：有十二堂。與《月令》同，並不論尺丈。臣愷案，十二階雖不與《禮》合，一月一階，非無理思。

隋・王通《中說》卷五《問易篇》　文中子曰：議，其盡天下之心乎？昔黃帝有合宮之聽，堯有衢室之問，舜有總章之訪，皆議之謂也。宋阮逸注：合宮、總章，皆明堂異名也。衢室，當衢為室，以採民言也。《管子》曰：堯問衢室，聽於民也。大哉乎！并天下之謀，兼天下之智，而理得矣。我何為哉？恭己南面而已。注：言黃帝、堯、舜得天下謀議為理。

宋・姚鉉《唐文粹》卷四〇《魏徵〈明堂議〉》　明堂之作，其所由來遠矣。爰自軒唐，逮乎秦漢，有損有益，或異或同，記述參差，莫能詳究。今稽諸詁訓，參以舊圖，其上圓下方，複廟重屋，百慮一致，異軫同歸。洎當塗膺籙，未遑斯禮，典午聿興，無所取則。裴頠以諸儒持論，異端蠡起，是非舛互，靡所適從，遂乃以人廢言，止為一殿。宋、齊即仍其舊，梁、陳遵而不改。雖嚴配有所，祭享不匱，求之典則，道實未弘。何者？夏禹哲王，致美於祭服；周公大孝，備物於宗祀。聖人之教，夫豈徒哉：然則身處卑宮，神居重屋，斯豈苟求壯麗，崇飾華侈？固亦致之尊親之道，因高事大之義。求其遠趣，非無深旨。蓋以神本虛玄，無聲無臭，視之不見，聽之不聞。既杳冥而莫測，故廣袤之度罔知。夫孝因心生，禮緣情立。心不可極，故備物以表其誠；情無以盡，故飾宮以致其敬。宣尼美意，其在茲乎！自五帝迄今，代有損益。宮室制度，每越舊章，重屋規模，獨虧前典。文祖過土階之險，世室踰卑宮之陋。配天致極，理必未安。

又 卷四〇《顏師古〈明堂議〉》 明堂之制，爰自古昔，求之簡牘，全文莫覩。肇起黃帝，降及有虞，彌歷夏殷，迄于周代，各立名號，別創規摹。衆說舛駁，互執所見。巨儒碩學，莫有詳通；斐然成章，不知裁斷。究其指要，實布政之宮也。徒以戰國縱衡，典籍廢棄，暴秦酷烈，經禮湮亡，今之所存，傳記雜說，用為準的，實亦蕪昧。然《周書》之敘明堂，紀其四面，則有應門、雉門。據此一塗，固是王者之常居耳。其青陽、總章、玄堂、太廟及左个、右个，與四時之次相同，則路寢之義，足為明證。又《文王居明堂篇》載：帶以弓韣，禮于高禖；九門磔攘，以禦疾疫；置梁除道，以利農夫；令國為猶，以合三族。凡此等事，皆合《月令》之文。觀其所為，皆在路寢者也。《戴禮》云：昔周公朝諸侯於明堂之位，天子負斧扆南鄉而立。明堂者，明諸侯之尊卑也。《周官》又云：周人明堂，度九尺之筵。東西九筵，堂一筵。據其制度，即大寢也。《尸子》亦曰：黃帝曰合宮，有虞氏曰總章，殷曰陽館，周曰明堂。斯皆路寢之徵，知非別處。《大戴》所說，初有『近郊』之言，復稱『文王之廟』，進退無據，自為矛盾。原夫負扆受朝，常居出令，既在皐、庫之內，亦何云於郊野哉？《孝經傳》云：在國之陽。又無里數。漢武有懷創造，詢於搢紳，言論紛然，終無定據，乃立於汶水之上而宗祀焉。明其不拘遠近，亦無方面，孝成之代，表行城南，雖有其文，厥功靡立。平帝元始四年，大議營創。孔牢等乃以為明堂、辟雍、太學，其實一也而有三名。金褒等又稱經傳無文，不能分別同異。中興之後，蔡邕作《論》，復云明堂、太廟，一物二名。鄭玄則云：在國之陽，三里之外。淳于澄又云：三里之外，七里之內，丙巳之地。潁容《釋例》亦云：明堂、太廟，凡有八名，其體一也。苟立同異，竟為巧說，並出自胷懷，曾無師祖。審夫功成作樂，治定制禮，草創從宜，質文遞變。旂旗冠冕，今古不同；律度權衡，前後不一。隨時之義，斷可知矣。

唐・陳子昂《陳拾遺集》卷九《諫政理書》 昔者黃帝合宮，有虞總期，唐堯衢室，夏后世室，羣聖之所以調元氣，理陰陽，於此教也。臣雖未學，竊嘗聞明堂之制也，有天地之則焉，有陰陽之統焉，二十四氣、八風、十二月、四時五行、二十八宿莫不率備。故順其時月而為政，則風雨時，寒暑平，萬物茂暢，五穀登稔，元氣不錯，陰陽以和；逆其時而為政也，則水旱興，疾疫起，蟲螟為害，霜雹成灾，陰陽不和，元氣以錯。故昔者聖人所以為教之大業也。

宋・宋祁《景文集》卷四二《規蔡邕明堂議》 蔡邕曰：【略】故言明堂，事之大，義之深也。取其宗祀之清貌則曰清廟，取其正室之貌則曰太廟，取其尊崇則曰太室，取其堂則曰明堂，取其四門之學則曰太學，取其四面周水圓如璧則曰辟雍。異名而同事，其實一也。【略】晉袁准著《論》，非之曰：明堂、太廟、太學三者事義不同，各有所施，而論者合為一體，取《詩》、《書》放逸之文，經典相似之語，推而同之，其失遠矣。夫宗廟之中，人所致敬，幽隱清靜，鬼神所居，而使衆學處焉，饗射其中，人鬼慢黷，死生交錯，囚俘截耳，創痍流血，以干鬼神，非其理也。又茅茨采椽，至質之物，建日月，乘玉輅以處其中，非其類也。《禮記》先儒曰：明堂四面，東西八丈，南北六丈，與七廟非一體也。夫宗廟，鬼神所居，祭天而於人鬼之室，非其處也。王者五門，宗廟在一門之內，若射在於廟而張三侯，又辟雍在內，非宗廟之中所能容也。周人立三代之學，非立三代宗廟者也。周養老於東膠，非三老也。《文王世子》養老乞言于東序，又皆於學也。靈臺以望氣，清廟以訓儉。既非一體，安有宗廟之中而以之燕射戲謔乎？明堂在國之陽，而宗廟在左，又宗廟不應在外也。齊宣王問孟子曰：『可毁明堂乎？』若明堂是廟，豈容有此問哉？諸儒言明堂，各未有證，蔡邕等遂言異名同實。方之北辰居所，取其處中不移，旁運三光，非是一物而備其體，以悟人意耳。

臣按蔡邕爲漢大儒，當時去聖人未遠，然而以明堂、清廟、辟雍、靈臺合爲一物，不知何據。寧其博見異藝，有所述乎？將以獨識，取高當世也？自孔子殁，諸儒蜂奮，或言魯禮，或論周制，或道夏商，家自爲書，決不相通。又緯讖詭異，附經造説，誼無足據。而邕信其所疑是愚，謂不可行而言是誣，合誣與愚，邕必有一焉，宜爲後人之嗤詆也。故魏晉而下，邕説不復施行。

宋·李覯《盱江集》卷一五《明堂定制圖序》 臣伏以明堂者，古聖王之大務也。所以事上帝，嚴先祖，班時令，合諸侯。朝廷之儀，莫盛於此。然而年世久遠，規模靡見。經傳所出，參差不同。羣儒譸張，各信其習。脩墜補闕，何所適從？

臣雖顓蒙，嘗竊議於斯矣。臣謹按《周禮·考工記》曰：『周人明堂，度九尺之筵，東西九筵，南北七筵，堂崇一筵，五室，凡室二筵。』《大戴禮·盛德記》曰：『明堂者，自古有之。凡九室，一室有四户八牖，共三十六户七十二牖。』《禮記·月令》：天子正月居青陽左个，二月居青陽太廟，三月居青陽右个，四月居明堂左个，五月居明堂太廟，六月居明堂右个，中央土居太廟太室，七月居總章左个，八月居總章太廟，九月居總章右个，十月居玄堂左个，十一月居玄堂太廟，十二月居玄堂右个。此三書者，皆聖賢之所作述，學者之所傳習。而一事殊制，乖遠如此，注釋之家，亦各未爲精當。

《考工記》『五室』，鄭康成解之：木室於東北，火室於東西，金室於西南，水室於西北，土室於中央。故聶崇義《三禮圖》其爲明堂接太室，四角以爲四室，蓋用此也。且既以五室象五行矣，則木、火、金、水之王當在東南西北之正，何乃置之四角？而云木室兼水，火室兼木。若必如是，則中央之室復何所兼哉？此説誠未可用也。《盛德記》『九室』，蔡伯喈之徒傳之接四室之角，又爲四室。聶崇義誤以爲秦人《明堂圖》者是也。按：秦實無明堂，但後儒見《月令》有『天子居明堂』之文，以《月令》是秦相呂不韋所作《春秋》十二紀之首章，疑爲秦之明堂耳。然今觀《月令》，明堂十有三位，無九室之説，蓋崇義誤取《大戴》九室之堂以爲秦制也。又鄭康成亦駁《大戴》云：九室三十六户七十二牖，似秦相呂不韋作《春秋》時所益者，非古制也。噫！康成注《禮記》既知《月令》是呂不韋所作《春秋》矣，而《月令》豈有九室之文哉？何以輒駁《大戴》九室以爲出於《呂氏春秋》乎？誠舛謬之甚也。然其四室之角復爲四室，未知何所施用。將以象五行，享五帝乎？則五室足以備之矣，安用其餘？將以配十二辰乎？則四隅各兩室重在一方之上，覈其意義反覆不安，此説亦未可用也。《月令》十三位，本無此總數，但以一大室，四太廟，八左右个，其實十三位。鄭康成注：『青陽左个則曰太寢東堂北偏。』云太寢者，欲明明堂與太寢制同。孔穎達《正義》以爲，云東堂者，則知聽朔皆堂，不於五角之室中，且夫謂之廟與个者，當須各是一位，豈同在一堂靡所限隔，而可稱爲廟與个也？蓋康成既執明堂爲五室，若於此十三位又爲限隔，則是室數頗多，與己意相違，故曲飾其辭，以爲三位同在一堂，貴不害於五室之文耳。此説固不可用也。

至唐李林甫等注《月令》，青陽左个則曰寅上之室，青陽太廟則曰卯上之室，青陽右个則曰辰上之室，明堂左个則曰巳上之室，明堂上廟則曰午上之室，明堂右个則曰未上之室，太廟太室則曰太廟，明堂總名太室，中央室也。總章左个則曰申上之室，總章太廟則曰酉上之室，總章右个則曰戌上之室，玄堂左个則曰亥上之室，玄堂太廟則曰子上之室，玄堂右个則曰丑上之室。觀此言太室處中央，餘十二位各置其辰之上，誠合於理，然其謂太廟明堂總名及十三位，俱以爲室則誤矣。明堂之上既獨以子午卯酉爲太廟，則太廟安得爲明堂總名哉？十三位不俱謂之室，解見於後。

又其人但知十三室各在其辰之上，而不謀所以建立之處。且太室既居中矣，若以餘室連太室而爲之，則四面各可置一室，四角缺處又各可置一室，復不能令各在其辰之上，其餘四室更何所安？就欲巧而成之，愈乖於方位矣。或將遠太室而爲，則未見有明文言之者，是此説亦未可用也。

後魏時有李謐者，愍大禮之淪亡，憤先儒之異議，作《明堂制度論》以折衷於世。其指以《月令》爲宗，而采《周禮》、《大戴》之言以參合之。云其室居中者謂之太廟太室，當太室之東者謂之青陽太廟，當太室之南者謂之明堂太廟，當太室之西者謂之總章太廟，當太室之北者謂之玄堂太廟，以是爲合於《周禮》之五室。又云四面之室，各有便房，謂之左右个，共三十六户七十二牖，以是爲合於《大戴》户牖之數。今雖圖象莫存，然按文察之，謐之所言，竊所未諭。且太室四面各爲一室，則四角缺處各方二筵，二筵之地乃爲兩便房，如東南角二筵地便者爲青陽右个及明堂左个矣，他皆倣此。基址既狹，況地形斜角，不知何以置之，復何以能令各在其辰之上？夫分十二辰之位，當須尺步平均，然後能正也。豈有四面之室既以一筵爲一辰，左右之个乃以二筵爲兩辰哉？舉兹一隅，又知其不足取法也。

臣愚，竊謂《考工記》、《盛德記》、《月令》三家所指制度誠大同，但立言質略，意義弗顯。訓傳之士，泥文太過，因而背馳。李謐之志稍欲搴而合之矣，奈不得其旨。尤而效之，臣以《月令》之文最爲明著，輒亦取以爲本而通之《周》、《戴》。《月令》雖秦人所作，然皆追述古先聖王之道。其中雖有官名時事不合周法者，蓋呂氏欲以古道行之於時，故稍或損益之，豈可謂皆非古制歟？夫以《白虎通》曰：『明堂上圓下方，八窗四闥。上圓法天，下方法地，八窗象八風，四闥法四時，九室法九州，十二坐法十二月，三十六户法三十六雨，七十二牖法七十二風。』斯言合於事理，因亦取之。

臣謹詳《考工記》是言堂基脩廣，非謂立室之數，東西九筵，南北七筵，是言堂上，非謂室中。東西之堂各深四筵半，南北之堂各深三筵半，若堂室共在九筵七筵之內，則雖如鄭氏五室之制，從東至西亦須三室。已據六筵之地外，東堂止有一筵半，西堂止有一筵半，每筵深一丈三尺五寸，從南至北又三室，據六筵之地外，南北之堂各纔半筵，深四尺五寸，狹隘甚矣，況室數更多，豈可容哉？蓋《記》者上言堂上之修廣，次述室中之丈尺，本非一貫而談也。四堂東曰青陽，南曰明堂，西曰總章，北曰玄堂。五室凡室二筵，是言四堂中央有方十筵之地，自東至西可營五室，自南至北可營五室，十筵中央方二筵之地既爲太室矣。欲速太室而作餘室，則不能令十二位各直其辰，當須於東南西北四面各虛方二筵之地，四角缺處又各虛方二筵之地，周而通之，以爲太廟，而太室正居中，所謂太廟太室者，言此太廟之中有太室也。太廟之外當子午卯酉四位上，各畫方二筵地，以與太廟相通，不爲室。所謂青陽、明堂、總章、玄堂等太廟者也。以其當青陽之堂上故曰青陽太廟，餘三面皆倣此。或問於臣曰：經所謂太廟太室者，當是青陽等四太廟居四方，而太室在其中央，故云太廟太室也。子何須謂太室四旁虛地爲太廟，而云太室在其中哉？臣對曰：太室四旁既不得不有虛地，既有虛地而經云太廟太室則太室四旁虛地非太廟而何？且青陽等四太廟去太室猶隔二筵之地，何以得云太室在四太廟中央乎？又問曰：子必云四太廟不爲室而與十太廟相通者，何哉？臣對曰：中既有太廟子午卯酉又各名太廟而地實相接，則不得不相通也。當寅申巳亥辰戌丑未八位上，各畫方二筵地以爲室，所謂左个右个者也。八个之室幷太室而九，所謂九室也。室四面各有户，户旁夾兩牖，所謂三十六户七十二牖也。青陽、明堂、總章、玄堂四太廟前面，各爲一門出於堂上，門旁夾兩窗，所謂八窗四闥也。以廟之與堂當有所限隔，故各爲一門也，謂之闥者，小門也。以太廟所出，故其制異於羣室之户耳。窗牖異者亦以廟門旁變於室中之制也。四廟九室共十三位而《白虎通》云十二坐，當是略中央土所居矣。左右之个，其實皆室，但以分處左右，形如夾房，故有个之名也。太廟之內，此謂太室四旁二筵地非青陽等太廟也。以及太室，其實祀文王配上帝之位也。謂之廟者，義當然矣。土者分王四時，負載萬物，於五行最尊，故天子當其時居太室，用祭天之位，以尊嚴之也。四仲之月，各得一時之中，與餘月有異，故復於子午卯酉之方取二筵地，假太廟之名以聽其朔也。此謂青陽等太廟也。或問於臣曰：太室四旁各二筵之地，既爲太廟，又已當子午卯酉之正，人君若尊嚴，仲月何不止於此聽朔而乃復於其外別取二筵地假太廟之名哉？臣對曰：太室四旁各二筵地，雖爲太廟而當子午卯酉之正可以聽仲月之朔矣，然若以此二筵地便爲子午卯酉之位，則餘辰又不正矣，與夫連太室而為室何異哉？秖如以太室東户前二筵地便爲卯位，聽仲春之政。南户前二筵地便爲午位，聽仲夏之政。則辰巳二位須過在東南一角，豈復能當青陽右个、明堂左个之上哉？故宜各於太廟之外別取二筵地與左右个並列而假太廟之名，然後能使十二辰皆正也。若是，則三家之指曷有異哉？但《周禮》言基而不及室，《大戴》言室而不及廟，稽之《月令》則備矣，然非《白虎通》亦無以知窗闥之制也。

臣又詳鄭説，明堂九階，南面三階，三面各兩階，且每面各三位而獨南面三階，其餘各兩階，求其義則靡所法象，揣於事則不便升降。今觀聶崇義所謂秦人《明堂圖》者，其制有十二階，似恐古之遺法也，當亦取之。《禮記外傳》曰『明堂四面各五門』，今按《明堂位》曰：九夷之國，東門之外。八蠻之國，南門之外。六戎之國，西門之外。五狄之國，北門之外。九采之國，應門之外。時天子負斧扆南鄉而立。南門之外者，北面東上，應門之外者，亦北面東上。是南門之外有應門也，既有應門，則不得不有臯、庫、雉門矣。明堂者，四時所居，四面如一，南面既有五門，則餘三面皆有五門矣。鄭康成注《明堂位》則云『正門謂之應門』，孔穎達《正義》曰：正門謂之應門者，以明堂更無重門，非路門外之應門。天子宮內有路寢，故應門之內有路門。明堂既無路寢，故無路門及以外諸門，但有應門耳。且既有東南西北門矣，而又有應門，非重門而何歟？觀其本意當謂變南門之文以爲應門也。又但見王宮有路門，其次乃有應門。今明堂無路門之名，而但有應門，便謂更無重門，而南門即是應門矣。且路寢之前則名路門，其次有應門。明堂非路寢，乃變其內門之名爲東門南門，而次有應門，夫復何害於義？抑夷蠻戎狄之君，既在四門之外，而外無重門，則是列於郊野道路之間矣。豈朝會之儀而草草若是乎？王宮常常所居，猶設五門以限中外，明堂者，郊天法地，尊祖配帝而止一門以表之，是豈協於事宜也？則四面各五門斷在不疑矣。

臣又詳鄭康志注《考工記》，夏后氏世室則云：世室者，宗廟也。商人重屋則云：重屋者，王宮正堂若太寢也。周人明堂則云：明堂者，明政教之堂也。此三者，或舉宗廟，或舉正寢，或舉明堂，互言之以明其同制。又注《玉藻》曰：天子廟及路寢皆如明堂制，仍與諸儒抗答，多方援引，固以爲三者同制，後學承之，莫有非者。臣愚，竊謂之不然矣。苟路寢有四時之位，則天子自可坐而聽朔，奚用遠赴明堂？若以尊嚴國政當假祭天之廟以聽之，則事畢而還，復於路寢居其時之堂何所爲也？宗廟之祭，堂事室事，一面而足，四方之堂未聞所施設也。雖世室有五室之說，亦未必如鄭注有四堂也。既曰明堂將以事上帝也，宗廟將以尊先祖也，而以己之正寢與之同制，蓋非尊祖事天之意也。矧鄭之此說，並由肊臆，必謂明堂宗廟路寢同爲五室，三代皆然，但脩廣之度，因時而變，周監二代，其爲宗廟，則法脩廣於夏；其爲路寢，則取尋尺於商；其爲明堂，則自爲度筵之制，實皆不改於五室焉。此說既非經見，安用迂闊而談？奚不直謂周家作宗廟則法於夏，路寢則法於商，明堂則自爲之，各求其制，以示於世乎？得非康成見世室有五室，既以五行推之，明堂之文復有五室，求其説而不獲，及重屋之下，都無室數，遂乃巧爲之辭，以謂其制皆同乎？又當見《明堂位》稱太廟，天子明堂庫門，天子皋門，雉門，天子應門，以爲魯行天子之禮，魯之太廟，既如明堂，則周之太廟亦如明堂矣。臣謂若周之太廟制如明堂，魯之太廟又如明堂，則是魯之太廟如周之太廟也。何不曰太廟天子太廟而云明堂哉？斯蓋魯行天子禮樂，享帝告朔，當倣於周，然以人臣，不敢立天子政教之堂，故於周公之廟，略擬明堂之制，以備其禮，非周之宗廟如明堂也。或問於臣曰：路寢制如明堂，雖經無明文，然《太史》職云：閏月詔王居門終月。先儒皆以爲天子閏月聽朔於明堂門中，還而又處於路寢門也。既閏月聽朔於明堂門中，還而又處於路寢門，則是常月聽朔於明堂之上，還而處於路寢之上，其居位亦當如在明堂中時也。然則路寢亦如明堂有四時之位明矣。臣對曰：《太史》職閏月詔王居門終月，蓋止是朔日詔王居明堂之門，聽一月所當行之事，終盡而返耳，豈復有明文言還處路寢門哉？蓋鄭氏之徒欲明三者同制，妄生枝葉以言之也。

又況蔡伯喈以爲明堂、太廟、太室、太學、辟廱，雖名別而事同，其爲紕繆，不已甚乎？袁準《正論》駁之詳矣。《大戴》亦云，其外有水，名曰辟廱。於斯則誤也。若其建置之所，則淳于登云：『明堂者在國之陽，三里之外，七里之内丙巳之地。』《玉藻》『聽朔於南門之外』，康成之注亦與是相合。夫稱明也，宜在國之陽；事天神也，宜在城門之外。建置之説，茲焉可取。於戲！哲人既往，禮器凋敝，先王大法散在簡策，而言近指遠，學者多迷，專門自用，互相非毀，故自漢興，迄于有唐，布政之宮，屢曾營繕，而規爲鹵莽，莫合聖制。羣議交門，誰將正之？明君賢士，疚心久矣！臣生長草野，涵泳恩澤，仰茲大典，輒所究尋。

伏惟國家，拓境踰四溟，太平僅百載，德義充溢，禮教興行，封泰山，祀汾陰，耕籍田，郊見上帝，遺文逸美，於是交舉。聖神之衷，殆將經始於斯堂乎！四方有識，注望多矣。臣身雖賤微，亦願此時稍裨萬一，自託不朽。故今敢先以所見制度，具圖以獻。

圖凡以九分當九尺之筵，東西之堂共九筵，南北之堂共七筵。中央之地自東至西凡五室，自南至北凡五室，每室二筵，則取於《周禮·考工記》也。一太室、八左右个，共九室，室有四户、八牖，共三十六户七十二牖，則協於《大戴禮·盛德記》也。九室四廟，共十三位，則本於《禮記·月令》也。四廟之面，各爲一門，門夾兩窗，是爲八窗、四闥，則稽於《白虎通》也。十二階則采於聶崇義《三禮圖》也。四面各五門，則酌於《明堂位》、《禮記外傳》也。堂之下、門之内本無脩廣之數，故今但圖五，重門卽不計其丈尺。舊説明堂宮方三百步，自可因宜處置也。或問於臣曰：皋、庫、雉、應門之號四面皆同何也？臣對曰：四堂者，皆天子所居，所居之面皆若王朝焉，無東西南北之異也。今但變其內門之名以誌四方，而應門以外諸門不改焉耳。又問曰：既云路寢不與明堂同制，而明堂之門乃假王宮諸門之名何也？臣對曰：明堂之上所以事天尊祖，布政教之所也，故不與王寢同制。門者，限內外，通出入而舊棄無所法象，但以天子聽政所居，象如王朝，故假宮門之名亦何害於理？況取諸書，略無偏棄，異同之論，庶可息焉。古先之模，或在於是，號曰《明堂定制圖》。

鴻覆無私，儻垂甄録，施之於用，必有可觀。若夫棟宇之高卑，土木之文飾，至尊所居之服御，上神所享之儀物，此禮官學士之職，非小臣之能盡也。輕議國容，罪當殊死，謹上。

宋·陳祥道《禮書》卷四〇《周明堂》 明堂之名，見於《周頌》、《孝經》、《左傳》、《孟子》、《荀卿》、《考工記》、《禮記》、《家語》。其制不見於經。【略】夏世室，商重屋，周明堂，則制漸文矣。夏度以步，商度以尋，周度以筵，則堂漸廣矣。夏言堂修廣而不言崇，商言堂修而不言廣，言四阿而不言室，周言堂修廣崇而不言四阿，其言蓋皆互備。鄭康成曰：夏堂崇一尺，商堂廣九尋，理或然也。

《月令》中央太室，東青陽，南明堂，西總章，北玄堂，皆分左、右个，與太廟則五室十二堂矣。《明堂位》前中階、阼階、賓階，旁四門，而南門之外又有應門，則南三階，東、西、北各二階，而為九階矣。《考工記》五室九階。蓋木室於東北，火室於東南，金室於西南，水室於西北，土室於中央。其外別之以十二堂，通之以九階，環之以四門，而南門之外，加以應門。此明堂之大略也。

《大戴禮》、《白虎通》、韓嬰、公玉帶、淳于登、桓譚、鄭康成、蔡邕之徒，其論明堂多矣。特淳于登以為在國之陽，三里之外，七里之內，其說蓋有所傳然也。何則？聽朔必於明堂，而《玉藻》曰聽朔於南門之外，則明堂在國之南可知。成王之朝諸侯，四夷之君咸列四門之外，而朝、寢之間，有是制乎？則明堂在國之外可知。然《大戴》謂九室、三十六戶、七十二牖，上圜下方。公玉帶謂為一殿居中，覆之以茅，環之以水，設之以複道，通之以樓。鄭康成謂明堂、太廟、路寢異實同制。康成以《春秋》書「世室屋壞」，《明堂位》稱「魯公之廟，文世室；武公之堂，武世室」，則以《考工記》所謂世室為廟，重屋為寢，或舉王寢，或舉明堂，互言之。蔡邕謂明堂、太廟、辟雍同實異名，其豈然哉？諸侯之廟，見於《公食大夫》，有東西房、東西夾而已。天子路寢，見於《書》，亦東西房、東西夾，又東序西序、東堂西堂而已。則太廟、路寢，無五室十二堂矣。謂之明堂、太廟、路寢異實同制，非也。宗廟居雉門之內，而教學、飲射於其中，則莫之容處學者於鬼神之宮。享天神於人鬼之室，則失之瀆。袁准嘗攻之矣，則謂之明堂、太廟、辟雍同實異名，非也。彼蓋以魯之太廟有天子明堂之飾，晉之明堂有功臣登享之事，乃有同實異實之論。是不知諸侯有太廟，無明堂，特魯放其制，晉放其名也。四時之氣，春為青陽，夏為朱明，秋為白藏，冬為玄英，則青者春之色，春者陽之中，故春堂名之；總者物之聚，章者文之成，故秋堂名之。明者萬物之相見，玄者萬物之復本，故冬、夏之堂名之。左右之堂曰个，以其介於四隅故也。中之堂曰太廟，以其大享在焉故也。古者鬼神所在，皆謂之廟。《書》與《士虞》以嬪宮為廟，則大享在焉，謂之太廟可也。

明堂之作，不始於周公，而武王之時有之。《記》曰『祀乎明堂而民知孝』是也。不特建之於內，而外之四岳亦有之。孟子之時，齊有泰山之明堂是也。《荀子·强國篇》曰：雖為之築明堂於塞外而朝諸侯，使殆可也。漢有奉高明堂。《月令》言明堂之制則然，其言四時乘異路，載異旂，衣異衣，用異器，則非也。《明堂位》言朝諸侯於明堂則然，其言周公踐天子之阼，負扆而受朝，則非也。何則？王者迎五氣則於東、南、西、北之四郊，禮六神則以蒼、黃、青、赤、白、玄之牲玉，象四時以巡岳，順閏月以居門，而天地之間罔不欽若，則十二月之異堂聽朔，不為過也。若夫車旂之辨，見於《巾車》、《司常》；衣冠之等，見於《弁師》、《司服》皆無四時之異。《禮運》曰：五色十二衣，旋相為質。郎顗曰：王者隨天，自春徂夏，改青服絳，非古制也。《書》曰：周公位冢宰，正百工。《詩序》曰：周公既成洛邑，朝諸侯，乃率以祀文王。蓋成王宅憂，周公位冢宰，而百工總己以聽焉；及既成洛邑，輔成王以朝諸侯。《詩序》言朝諸侯，乃率以祀文王，則朝不在廟而在明堂，可知也。若曰周公代之而受朝，則誤矣。且周公之東征也，稱王命，然後往；其居東也，俟王察己，然後復，則周公事成王如此，孰謂敢代之乎？代之之說，始於荀卿，盛於漢儒，於是以復子明辟為還政之事，以誕保文、武受命惟七年為還政之時，是皆不知《書》者也。

又　卷四一《明堂朝諸侯之位》　《周禮》治朝之位，孤東面，卿大夫西面；外朝之位，左孤卿，右公侯伯子男。《射人》『孤東面，卿大夫西面』，皆尚右；東西面者，皆尚北；路門之左右者，皆尚中。而《明堂位》諸侯西面，諸伯東面，則不尚右；在門東西者東上，則不尚中；在西門之外者東面南上，則有不尚北。何也？《儀禮》諸侯覲於天子壇壝宮於國外，上介皆奉其君之旗置於宮，尚左；公侯伯子男皆就其旗而立，位皆東上。是朝於國外與朝於國內之禮異也。明堂位與壇壝宮相類，蓋亦國外之禮然也。先王之於夷狄，後之而弗先，賤之而弗貴，故疆以戎索，和以舌人，食之則委之牲體而坐諸外，樂則不使亂雅而陳於門，則位夷蠻於東南之門外，位戎狄於西北之門外，宜矣。漢蕭望之欲貴單于於諸侯之上，賈誼欲高堂邃宇以壞其腹，親酌而手食之，以壞其心，蓋不知此。

宋·唐仲友《帝王經世圖譜》卷六《新定明堂制度圖法》　明堂之制，雖不詳見《經》、《傳》，其制尚略可考。諸儒各執所傳，聚訟而不通，起于《考工記》經文質略，大抵舉隅互見，亦考之未精耳。本朝李泰伯作《明堂定制度》，刪摭諸家異同，《考工記》、《月令》、《大戴記》、《白虎通》之說，較諸鄭康成、蔡邕、李謐、聶崇義為近矣，而猶有未盡者，亦考經未精通也。

謂南北七筵，東西九筵，各用其半，四堂之脩不等，一不可也。用其半則三筵有半，僅三丈一尺而已。祭祀之時，登歌鐘聲，彝尊在堂，自簷之内為地三丈一尺，何以容之？況王者于此聽朔祀帝，百官在列，四海來祭，而以脩三丈一尺之堂聽之，不亦陋乎？二不可也。營造之法，脩廣崇高，略須相稱。以脩三丈一尺之堂而崇九尺，不亦太高乎？三不可也。王者會朝諸侯，正在明堂，獨褊其南北，此為何意？四不可也。窗闥設于堂之前楹，則諸侯之位當于何所容？戶牖設于室之四面二筵之中，尚可酌獻跪起乎？五不可也。九階著于《考工》，必以為十二階；朝位止乎應門，而必虛設皋、庫，不亦衍乎？六不可也。臨諸侯以九尺之堂，而室堂無階級之間，是尊己而卑神。七不可也。【略】

或曰：古人謂明堂、太廟、辟雍同制而異名，信乎？曰：是起于《大戴禮》言外水為辟雍，又言或以為文王之廟也，又言此天子之路寢也。蔡邕之徒祖其說，皆考之未詳耳。路寢之不在郊，明堂之不可為學宮，太廟之不可為明堂之制，不待論而明矣。《大戴》所記，雜有三代之禮，兩存或者之傳，則亦未可以決辭觀也。古之辟雍居中，而四學居其四旁。太室上圓，則水有辟雍之象。五室謂之太廟，而于是祀文王，復廟重檐，茅屋示儉，則有清廟之制。外之四堂與其戶牖路門，則亦合于路寢。常居謂之路寢，明堂亦謂之路寢，猶宗廟之謂太廟，四堂及五室皆有太廟之名。古人簡質，不嫌同辭，非謂明堂即常居之寢、太祖之廟也。世室、重屋、明堂異名同制，而鄭氏離之。明堂、辟雍、清廟、路寢制有同者，其實異所，而蔡邕合之。歷代之不為明堂與其議論之不決，蓋由此起。

宋·朱熹《四書或問》卷二七《孟子》　或問：說者或謂明堂者，齊王僭禮之所為，信乎？曰：不然也。《漢書》猶言泰山東北阯，古時有明堂處。則趙氏之說不誣矣。

宋·黎靖德《朱子語類》卷八七《禮四·小戴禮·月令》　明堂想只是一箇三間九架屋子。

論明堂之制者非一。某竊意當有九室，如井田之制。東之中為青陽太廟，東之南為青陽右个，東之北為青陽左个。南之中為明堂太廟，南之東即東之南為明堂左个，南之西即西之南為明堂右个。西之中為總章太廟，西之南即南之西為總章左个，西之北即北之西為總章右个。北之中為玄堂太廟，北之東即東之北為玄堂右个，北之西即西之北為玄堂左个。中央為太廟太室。凡四方之太廟，異方所。其左个、右个，則青陽之右个乃明堂之左个，明堂之右个乃總章之左个也；總章之右个乃玄堂之左个，玄堂之右个乃青陽之左个也。但隨其時之方位開門耳。太廟太室，則每季十八日居焉。古人制事，多用井田遺意，此恐也是。

宋·章如愚《羣書考索》卷二八《禮門·明堂類·總說明堂》　明堂之制，或以為一殿，公玉帶之言。裴顯亦言一殿。或以為五室，《考工記》。或以為九室十二堂，《大戴禮》、張衡《東都賦》。或以為十二室，《呂氏春秋》。或以為四堂十二室。《明堂月令》。其堂室之多寡，不同如此。或謂之天府；神農。或謂之合室，又曰崑崙；黃帝。或謂之五府，堯舜。又曰衢室，堯。又曰總章；舜。或謂之世室，夏。或謂之重屋，應劭又云商曰揚館。

或謂之明堂，周。蔡邕又取其正室之貌則曰太廟，取其尊崇則曰明堂，取其四時之學則曰太學，取其水圜如璧則曰辟雍。《大戴禮》云：其外有水曰辟雍。古《周禮》、《孝經》説：明堂，文王之廟。戴德云：明堂、辟雍是一。其名之不同如此。

《左傳》魯僖公五年，既視朔，遂登觀臺。服氏云：人君入太廟視朔，天子曰靈臺，諸侯曰觀臺，在明堂之中。文公二年，服氏曰：明堂，祖廟。並與鄭注不同。鄭注《玉藻》云：天子廟及路寢，皆如明堂制。即鄭意以為三者名異而制同。《王制》云：小學在公宫之左，大學在郊。即云『天子曰辟雍』，是學不得與明堂同為一物。又天子宗廟在雉門之外，《孝經緯》云：明堂在國之陽。《玉藻》又云：聽朔於南門之外。是明堂與祖廟别處，不得為一也。蔡邕《明堂章句》曰：明堂者，天子太廟，所以宗祀。周謂明堂。東曰青陽，南曰明堂，西曰總章，北曰玄堂，中曰太室。人君南面，故主以明堂為名。在其五堂之中央，皆曰太廟。享射、養老、教學、選士皆於其中，故取其宗祀之清貌則曰清廟，言其正室之貌則曰太廟，取其尊崇則曰太室，取其堂則曰明堂，取其四門之學則曰太學，取其四面周水圜如璧則曰辟雍。雖各異名，而事實一也。袁准《正論》：明堂、宗廟、太學各有所為，而儒者合為一體，失之遠矣。宗廟之中，人所致敬，幽隱清浄，鬼神所居，而使衆學處焉；饗射於中，人鬼慢黷，生死交錯，囚俘截耳，瘡痍流血，以干鬼神，非其理也。茅茨采椽，至質之物，建日月，承玉輅，以處其中，非其類也。夫宗廟，鬼神之居，祭天而於人鬼之室，非其處也。王者五門，宗廟在一門之内，若在廟而張三侯，又辟雍在内，人物衆多，非宗廟之中所能容也。其用之不同如此。

夏度以步，商度以尋，周度以筵。《大戴禮》云：宫統三百步，東西九仞，南北七筵，堂高三尺。《禮記正義》曰：按鄭《目録》云：明堂東西九筵，南北七筵，堂崇一筵。五室，凡室二筵。《古周禮》、《孝經》：東西九筵，南北七筵，堂崇一筵。五室，凡室二筵。《明堂月令》：堂高三丈，東西九仞，南北七筵。又云：堂方百四十四尺，《坤》之策也；屋圜徑二百一十六尺，《乾》之策也；太廟明堂方三十六丈，通天屋徑九丈。其廣狹之不同如此。

或以為在國之陽，三里之外，七里之内，丙巳之地。淳于登説。或以為在宫中，顏師古説：蓋得之於路寢歟？或以為在郭内，宇文愷説。或作之汶上，武帝。或寓之雩壇，隋。或寓之圜丘，唐。或以為在近郊三十里。《明堂月令》。其地之不同如此。

或祭上帝，黄帝。或祭五帝，唐虞。或祭太乙，武帝時以上帝為太乙。或除五天帝，明帝時，摯虞除五帝。終東漢至晉，皆以五帝即上帝，上帝即天帝，用王肅一天之説，於是除五帝之位，惟祭上帝。或祭五人帝，鄭康成説。淳于登曰：周公祀文王於明堂。五帝之精，太微之庭中有五帝座星。蔡邕《明堂論》曰：明堂者，所以崇禮其祖，以配上帝也。其所祭之不同如此。

《大戴禮》云：凡九室四戶八牕，共三十六戶，七十二牖。以茅蓋屋，上圜下方。《明堂月令》云：四戶八牖。淳于登曰：八窗四闥，鄭駁之云：《戴禮》所云，雖如《盛德篇》，云九室、三十六戶、七十二牖，似呂不韋作《春秋》時説者，非古也。其制之不同如此。

古《周禮》、《孝經》説：蓋以茅。《晏子春秋》曰：明堂之制，下之温濕，不能及也；上之寒暑，不能入也。木工不鏤，示民知節也。《呂氏春秋》曰：周明堂，茅茨蒿柱，土階三等，以見節儉也。胡廣曰：古之清廟以茅蓋，今之明堂茅蓋之，乃加瓦其上，不忘古也。封軌議曰：上圜下方，以則天地；通水圜宫，以節觀者；茅蓋、白盛為之質，赤綴、白綴為之戶牖。武后時議大小拱級，大梠飛檐，上以清陽玉葉覆之，後竟不行。其制度之豐儉如此。

陰陽九六之變，且圓蓋方載，六九之道也。八闥以象八卦，九室以象九州，十二宫以應十二辰。三十六戶、七十二牖，以四戶八牖乘九室之數也。戶皆外設而不閉，示天下不藏也。通天屋高八十一尺，黄鍾九九之實也。二十八柱列於四方，亦七宿之象也。堂高三尺，以應三統；四鄉五色，各象其行；外博二十四丈，以應節氣也。封軌議曰：鄭元曰：五室者，象五行也；九階者，法九州；四戶者，達四時；八窗者，通八風；上圜下方，以則天地。《白虎通》又以為上圓法天，下方法地，八窗象八風，四闥法四時，九室法九州，十二座法十二月，三十六戶法三十六雨，七十二牖法七十二風。其取象之不同如此。

五帝之位，正四方，而明堂祭於四維，不以其方。天子之朝向明，而明堂則四時異宮，不必南面。其所向之不同如此。

或配以遠祖，漢初配以高帝，晉初配以宣帝尋，復還以文帝配。本朝升以列聖同侑。其配享不同如此。或一犢，《明帝紀》光武制。或廿太牢，武帝從方士言。其牲體［不同］如此。

六經有明堂之文而無其說，孔孟有明堂之說而無其制度，《考工》有明堂之制而制不詳，緯書則詳矣，而未必帝王之制。漢晉諸儒不宗孔孟之說，而信緯書之說；不信《考工》之制而信緯書之制，何哉？夫所謂明堂者，亦曰布政交神而已。是孔孟之說也。《考工》所説，雖非周公之全經，然不可謂非周公之制。說者但見其尺度之廹阨，盡從而駁之，非也。姚《策》。鄭氏雖得之於《考工》，至謂制如太廟與路寢，則失矣。此張逸之所以難而宇文愷之所以駁也。蔡氏雖得之於《大戴》，至謂教學、選士皆在其中，此袁准之所以破也。周堂度以筵，要在為神靈之所廬，天子之所御耳。三公在中階之前，侯伯分於東西，四夷、子、男之居並在國門之外，何害於隘也！李謐喜非鄭氏，有繩樞甕牖、蓽門圭竇之譏，亦云削刻哉！堯階三尺，太王陶穴以為宮，安得藉此以病周？虞舜受終四月，覲四嶽羣后，並不以巖廊狹隘，不足以容也。禹塗山之會，玉帛萬國，而使大為宮室，以處諸侯，豈卑宮室之意哉？

觀諸儒之論，康成博而證，其失也雜。伯喈辯而裁，其失也固。袁准質而明，其失也刻。摯虞簡而質，其失也短。宇文愷才而富，其失也巧。李謐孚而篤，其失也苛。至於王儉之典雅，顏監之該詳，其皆讜論也，然終非萬世之法。武帝雖得之於斷而溺於怪，漢明雖得之於文而惑於讖，梁武得之於裘冕而失之牲牢，齊文得之配侑而失之一殿，隋氏則奪於羣議而不果行，唐世則果於不經而恣淫侈。

齊宣王欲毀明堂，而孟子則勸之以王政之說。唐歷世欲興明堂，韓愈則排之以三器之論。從孟子之論，則明堂可興；從韓愈，則明堂為可廢。孟子承王政不行之後，必欲行之，庸知明堂之不可廢也？韓子承諸儒互說之末，必欲排之，庸知明堂之不必建也？與其從韓愈以息諸儒之說，不若從孟子以行先王之政。《策》。且明堂之制，於以朝羣后而致其義，養三老而致其仁，頒月令以奉天時，聽政考言以脩人治。適其時也，又孰曰不可者乎？既曰可矣，則重屋、總章，不必狥其名之詭；土階、茅茨，不必從其制之陋。至若八闥以象乎八卦，九室而象乎九州，上圓而法乎《乾》，下方以體乎《坤》，十二宮以應歲之辰，七十二牖以應氣之候者，無為詭異不經也。要之廣大，足以周旋禮文；潔浄，足以致享上帝。其最不可取者，蔡邕之《章句》；而最可取者，袁准之《正論》而已。

宋·王應麟《玉海》卷九五《郊祀·明堂》 孔子言宗祀，祀事以之明；孟子言行王政，政事以之明；《記》言朝諸侯，朝事以之明也。先王之祀，酒曰明水，食曰明粢，服曰明衣，皆神之也。在國之陽，天子居其中，行政教，神而明之，故曰明堂。

元·郝經《續後漢書》卷八七中上《禮樂録·人類上·明堂》 明堂者，天子布政之宮，即路寢也。《周官·匠人》：夏后氏世室，堂修二七，廣四修一。五室三四步，四三尺。九階。四旁兩夾窗，白盛。門堂三之一，室三之一。殷人重屋，堂修七尋，堂崇三尺，四阿重屋。周人明堂，度九尺之筵，東西九筵，南北七筵，堂崇一筵。五室，凡室二筵。《月令》：天子春居青陽，夏居明堂，秋居總章，冬居玄堂，中央居太廟太室，皆有左、右个。太廟，孟、仲、季月徙居之。此三代宮室之制，見于經而可按者也。蓋前列臯、庫、雉、應、路五門，太廟居中，南則明堂，東則青陽，西則總章，北則玄堂。堂皆五室，其四堂中室皆曰太廟，太廟中室則曰太室，其左、右室皆曰个。凡五堂二十五室，則應天之數；并五門為三十，則應地之數。五位相得而各有合，《河圖》之象也。聖王制作，皆有所本，無非自然。故侯、甸、采、衛之服，公、侯、伯、子、男之爵，太祖、四親王之廟，齊、斬、期、功、緦之服，吉、凶、軍、賓、嘉之禮，凡五性、五德、五行、五氣、五時、五方、五帝，皆其數也。五堂之中，皆曰太廟，中堂又獨為太廟，非宗廟之廟也。祏主所位，自為宗廟，堂之中位，神之所在，人之主也，故亦為廟，謂之廟堂。左、右室曰个者，个，介也，所以介乎廟也，《左氏傳》謂『寘饋于个』是也。東曰青陽，方色青而陽氣發生也。西曰總章，萬物西成，總聚有章也。北曰玄堂，方色玄而陰幽之所也。南曰明堂，正陽中位，嚮明而治，明德明民，以接神明，為王路寢，謂之大寢。夏后氏謂之世室者，言世世相繼之居室也。殷人曰重屋者，非屋上下重也，後有玄堂，中有太廟，而太寢居前，其屋重也。名雖異，而其為路寢一也。四堂居後，而明堂以五居中位前，《乾》之九位，飛龍在天，大人所造位乎！天位尊，臨八極，普天萬國，利見大人，故《孟子》曰：『夫明堂者，王者之堂也。』

以人交天，則饗帝於郊；以天臨人，則祀帝於明堂。天子代天理物，則為布政之宮。其巡狩方岳，亦為明堂，朝諸侯之堂也。故京師王朝有明堂，四方四嶽有明堂，周制也。顏師古曰：《周書》之叙明堂，紀其四面則有雉門、應門，固王者常居爾。其青陽、總章、玄堂、太廟及左、右个，與四時之次相用，則路寢之義，足為明證。《文王居明堂篇》帶以弓韣，祠于高禖；九門磔攘，以禦疾疫；置梁除道，以利農夫；令國有酒，以合三族。凡此事等，皆合《月令》之文。觀其所為，皆在路寢也。又《周官》明堂之制，度九尺之筵，東西九筵，南北七筵，堂崇一筵。其制即大寢也。黄帝曰合宮，堯曰衢室，舜曰總章，殷曰陽館，周曰明堂，皆路寢也。由漢以來，議者不一，唯此合乎周制，明堂為路寢無疑。事天尊祖，治人莅政，饗覲居息，正終斂殯，皆於斯室，張老所謂『歌於斯，哭於斯，聚國族於斯』者也。原注：《禮・檀弓》：晉獻文子成室，晉大夫發焉。張老曰：『美哉輪焉！美哉奐焉！歌於斯，哭於斯，聚國族於斯。』文子曰：『武也得歌於斯，哭於斯，聚國族於斯，是全要領，以從先大夫於九京也。』北面再拜稽首。君子謂之善頌善禱。故《春秋》書『公薨於路寢』為正終。諸侯之路寢，即天子之明堂，明堂亦王之路寢也。

蔡邕曰：東曰青陽，南曰明堂，西曰總章，北曰玄堂，中曰太室。取其宗祀之清貌則曰清廟，取其正室之貌則曰太廟，取其尊崇則曰太室，取其向明則曰明堂，取其四門之學則曰太學，取其四面周水則曰辟雍。異名而同事，其實一也。薛綜注《東京賦》曰：於此班教，則曰明堂；大合樂射饗，則曰辟雍；司曆紀，候節氣，則曰靈臺。按此二説，其以王宮五位之南為明堂是已。謂太廟、太學、辟雍、靈臺實一而異名，則非周制也。太廟自謂宗廟，太學辟雍自為學宮，而靈臺則占候之所也。太廟七廟，太學五學，如王宮之制，明堂則王宮正南一位耳，固不同也。辟雍取其周水，學之異名也，王宮雖亦周水，與廟學實異處也。靈臺則一臺，又與辟雍異處，豈得即為明堂哉？其四門之學，師氏居虎門之左，司王朝，掌以媺詔王。虎門，王聽朝於路寢之門也。王聽朝之暇，即此問學，故師氏侯于門下，非太學之四門也。故明堂，學問聽政之常所，而太學亦時造之耳。

又《大戴禮》謂在近郊，凡九室，室有四戶、八牖，三十六戶，七十二牖。蓋之以茅，上圓下方。赤綴戶，白綴牖。又謂之文王之廟。《孝經援神契》謂明堂上圓下方，八窗四達，布政之宮，在國之陽。《新論》謂天稱明，故曰明堂。上圓法天，下方法地。八窗法八風，四達法四時，九室法九州，十二坐法十二月，三十六戶法三十六雨，七十二牖法七十二風。蔡邕曰：其制度之數，各有所法。堂方百四十四尺，《坤》之策也。屋圓徑二百一十六尺，《乾》之策也。太廟明堂方三十六丈，通天屋徑九丈，陰陽六九之變也。圓蓋方載，六九之道也。八闥以象八卦，九室以象九州，十二宮以應十二辰，三十六戶、七十二牖，以四戶八牖乘九室之數也。戶皆外設而不閉，示天下不藏也。通天屋高八十一尺，黄鍾九九之實也。二十八柱列於四方，七宿之象也。堂高三丈，以應三統；四鄉五色，以象五行。外廣二十四丈，應一歲二十四氣。四周以水，象四海。王者之大禮也。是皆不經見，大抵傅會，曲為之制。

王者聽政於朝，則有路寢，若於近郊國之陽，而別建明堂以布政，日率百官而造焉，則朝廷宮寢為虛位，豈理也哉？王宮則右社稷，左宗廟，文世室則在其中，又豈於近郊復立文王之廟乎？《周官・匠人》互舉三代之制，祇步、尋、筵深廣崇卑之數而已，又豈若諸説之堂室、戶牖、窗闥之若是多乎哉？誠如其説，則秦之阿房不為過，又豈王者卑宮室，茅茨不翦，土堦三尺，清廟茅屋之義哉？皆不足徵也。然自其説出，于是大起夸毗異制，瀆神病民之端。武帝初即位，用趙綰、王臧議，欲立明堂、辟廱，徵魯申公議其制。會竇太后好黄老術，綰、臧自殺，遂格不行。其後濟南人公玉帶上《黄帝明堂圖》，一殿，四面無壁，以茅蓋，通水，水圜宮垣為複道，上有樓，從西南入，名曰昆侖。天子從之入，以拜祀上帝。於是作明堂汶上，如帶圖，祠泰一、五帝於明堂上坐，合高皇祠坐對之；祠后土於下房，以二十太牢。天子從昆侖道入，拜明堂如郊禮，畢，燎堂下而上。于是啓土木之侈，以柏梁災，作建章宮，度為千門萬戶矣。光武中元元年起明堂，大抵合《戴禮》及讖緯，置于平城門外。上圓下方，十二堂，九室，八窗，七十二牖，十有二戶。車駕出從平城門，先立明堂，乃至郊祀。其制亦不經。後世僉緣增大，至為萬象神宮、玉清、昭應、景靈等宮至數千萬屋，竭生民膏血以奉無用，土木大弊天下，皆不經之制啓之也。古非天子不議禮，不制度，不考文，故言而世為天下道，動而世為天下法。凡壞法亂紀，反常惑衆，異服異言則誅。匹夫而橫議臆制，挾詭道，徵讖緯，天子乃委國典而聽之，開殺天下萬世之端。可不辯哉？可不慎哉？

元·何異孫《十一經問對》卷二《孟子》 問：齊宣王欲毁明堂，不知戰國侯邦皆僭王而有明堂乎？對曰：王號既僭，則制度禮樂無所不僭矣。

元·汪克寬《經禮補逸》卷四《吉禮·王居明堂禮》 愚案明堂九室，如井田之制。蓋本《河圖》之位也。帝出乎震，震，東方也，於時為春陽，其於色也為青，故春堂名曰青陽，以木德王也。相見乎離，離者，明也，聖人南面而聽天下，嚮明而治，故夏堂名曰明堂，以火德王也。説言乎兑，兑，正秋也，萬物總聚，相錯而成文章，故秋堂名之『總章』，以金德王也。勞乎坎，坎，正北方也，其色玄，萬物之所歸也，故冬堂名之『玄堂』，以水德王也。左右之堂名个，以其介於四隅也。中央堂曰大廟大室，猶《河圖》之中宫也。四季十八日，天子居焉，以土德王也。蓋以其為大饗之所，故曰大廟。然祭帝必於明堂者，帝出震而宰萬物，是萬物成形於帝也。饗帝而以父配之，以人成形於父也。故季秋物成之時，大饗於是焉。至堂之覆以茅，上圜下方，此法天地之象也。宜有四戶八牖，總之為三十六戶、七十二牖，是倍《河圖》之數，而各虚其一為中宫，又與四時節候之氣數各有合也。然則聖人制器尚象，動可為憲，於此推之，可見矣。又案《月令》載四時天子服器、居處各異，鄭康成指為秦吕不韋作，蓋以篇中有謂大尉、百縣，三代無之；且以季秋受來歲之朔，則建亥為秦正，遂深信之，而不究其為何代之書也。然以參夷赭衣之世，豈知孟春之布德？焚書滅學之時，豈知仲春之舍菜？此非秦制明矣。考之始皇二十六年併天下，方以十月為歲首，而不韋已死於十二年，則其誤亦可徵矣。要之，太尉之官，郡縣之制，漢寔因之；布德之詔，舍菜之典，漢寔有之。以季秋受朔為正，則《太初曆》未作之前，漢儒作此書以記時王之政事，或然也。而謂吕作，初奚據哉？因并釋之。

元·梁寅《石門集》卷九《策略一·明堂》 明堂之議，孰是乎？以愚考之，莫善於《大戴》之説，而莫謬於吕不韋之《月令》也。然後儒習《月令》之文，而《大戴》或未之考，故明堂遂爲古人迂闊之制，而論者咸曰不作可也。吁！豈其然乎？苟能通於《大戴》之説，則明堂之作甚易，而爲行禮布政之地，亦甚宜也。其曰九室者，非其中有壁間之爲九，蓋實總爲一堂，而以間計之，則九爾。而爲《月令》者誤解九室，遂謂如井田之制，而每月居一室。非謬乎？其曰一室有四戶八牖，三十六戶，七十二牖，蓋謂九室之外，四面分爲十二方，每方四戶八牖，然戶牖之多，取其虚明而已。戶之常開，則止二處。凡十二月中，亦由一處而出入也。而《月令》誤解三十六戶，遂爲十二月逐方開門。又非謬乎？其曰外水者，以行禮之時，或位於堂中，或布於水外，故四夷之人皆外布，則貴賤不雜，亦猶大學，四面皆水，而可限節觀聽之人也。其曰《明堂月令》者，言天子每月皆於此頒政令也。然十二月之中，所居總爲一處耳。曷常曰某月居某方乎？其曰赤綴戶，白綴牖者，綴之言飾也，亦猶今人之居，緑其窗而朱其戶也。其曰二九四七五三六一八者，言室雖爲一，而實分九區，若《洛書》之龜文也。其曰東西九筵，南北七筵者，九尺曰筵，總計之，則東西八十一尺，南北六十三尺也。

《史記》載公玉帶之説，以爲其制有殿而無壁，正合《大戴》之制，而論者惑於《月令》，於公玉帶之説多不謂然，是亦未之思也。然其所謂複道，自西南入者，則謬矣。若《通典》稱明堂曰蒿宫者，亦謂覆之以茅耳。而漢孺謬註，乃謂周時德澤洽和，蒿茂大，以爲宫柱。嗚呼！以此推之，謬儒之釋經而誤後儒者多矣，奚獨蒿宫也哉？

明·周琦《東溪日談録》卷四《祭祀談上》 古之配天之祭有二：郊天其一，明堂其二。行之郊祭者，以報本，以祈穀。行之明堂者，以發政。皆大祀也。先世非有配天功德者，曷與哉？

又 卷一一《經傳談下·孟子》 諸侯本無明堂，惟天子有明堂。然齊有明堂者，周天子巡守東方，朝諸侯之所也。宣王之時，天子不復巡守，故宣王毁之。孟子勸之不毁者，存王政之意耳，非欲諸侯僭天子行在而行其事也，抑以發王政之問焉。

明·王應電《周禮圖説》卷上《明堂圖説》 明堂居者，雜見于經傳，而其制則未有全文。先儒紛紛之説，以其不通融會悟而妄增臆見，古義益晦。愚嘗悉參考經傳所載，虛以求之，則無不可通，而亦無不可行也。《周禮》宫人掌王六寢之修，謂大寢一，小寢五，合而爲六。《禮記·玉藻》：君日出視朝，退適路寢聽政，使人視大夫，大夫退，然後適小寢。故路寢者，天子之常居，即大寢也。《禮記·月令》春居青陽，夏居明堂，季夏居大室，秋居總章，冬居玄堂，以爲天子之常居。故知《周禮》六寢，當有此等之名也。《周禮·考工記》曰：周人明堂五室。謂之五室者，即五小寢也。是故《宫人》但言六寢，觀于《月令》而後即知其爲明堂。《月令》但言青陽、總章等名，然著其爲天子四時之居，得其爲青陽、總章等名。《玉藻》但言路寢，觀于《考工記》明堂五室，則知其爲路寢之五小寢，故路寢、明堂實一居而二名，無疑也。

《禮記·明堂位》曰：昔者周公朝諸侯于明堂之位，天子負斧扆，南嚮而立。亦天子受朝之常位也。然其所設夷蠻戎狄之位，則有四門，與路寢之門不同，何也？蓋此乃天子會諸侯于郊外，與不廵守而殷見諸侯于東都之位也，故曰王者布政之宫。非若王宫之有后宫，故四方之門與宸居不同也。

《孝經》曰：宗祀文王于明堂，以配上帝。既以爲居而又以爲廟，不幾于神人雜糅？且祀天地必于郊，以達天地四方之氣，唯勝國之社屋之，不受天陽。未有祭天神而于室中者，無乃非聖人之言乎！古之祭者，有王有尸。故四圭有邸者，所以祀天帝于壇者也。若迎尸，則不可在壇，故于明堂行之，豈祀天而可于屋乎？然則郊而祀天，其迎尸亦必于明堂。今于祀后稷稱郊，于祀文王稱明堂者，特互文耳。蓋四郊之地皆有明堂，而布政之明堂必附于四郊，一以受諸侯之朝，一以爲迎尸之祭，國中制備，故廟、朝異處；國外制略，故廟、朝同所，豈專爲祀帝于此而設，如或者所謂飛樓綺閣、上圓下方等附會不經之制哉？

至于《孟子》所稱明堂，何爲者也？此廵守于天下，聽政之所。其所營，如宸居之路寢，故方岳之下，必有明堂，不止于齊也。時值四仲，在國則舉祀五帝之禮，在于四方，各隨所在而柴于上帝。其殷國，則郊于東都。其在四方之柴也，亦必以文王配。《召誥》『用牲于郊，牛二』是也。然則四方祀五帝之祭，亦必迎尸于明堂矣。

《考工記》復曰：内有九室，九嬪居之。是后宫六寢，亦如明堂之制矣。大抵明堂者，不過周人居室之常。其在王宫，則爲路寢；在后宫，則爲内寢。皆謂之寢，以寢息得名。其在郊外，則以路寢爲布政之宫；其在四方，則以路寢爲行宫。皆謂之明堂，以向明而治得名。自漢迄今，儒生議明堂者衆矣。唯顔師古云：究其指歸，實布政之宫；又云固是王者之常居。最爲得禮之旨。但云既在臯、庫之内，亦何復于郊野？此則見其一、不見其二者也。

夫明堂之名既無可疑，但其制則有可言者。鄭氏謂中央爲大室，四面爲九室，通融爲十二而易其名。深有可議。蓋以孟、季之月而居于一隅，既已偏側不正；以一室而易爲二名，又何牽合不倫？且堂、室幽明異制，今每月居一室，若以爲堂，而施階楹，則不便于平居；以爲室而有戶牖，則不可以聽政；況王者向明而治，三季不得向明，而冬之向北，猶非人之所堪。此誠不典。吴氏據六寢之説，以謂王大寢一，在前聽政；小寢五，在後宴息。其五寢，則一居中而四居四角，頗爲有理。但所謂明堂者，以其在前，故曰明；玄堂者，以其向北，故曰玄。東屬春生曰青，西屬秋收曰總。今若偏于一隅而又皆取南向，殊失命名之義。且五寢一向，亦非平居之所宜。以愚觀之，二説皆有所當，但各有所不通耳。鄭氏謂四方之向者，蓋自古相傳之説，必有所本；但失大寢、小寢之制，以大寢一廟，析而爲十二月之居，則非。吴氏以爲五寢者出于經文，是矣；而總爲一向，則非。愚因各取夫二説之勝，考之諸經而不繆，合之人情而宜者，定之如右：

《周禮》云：掌王之六寢之修。大寢一，每朝聽政之所，在于五寢之前；五小寢者，乃四時便居，附于大寢之後，故總謂之明堂也。其規制，青陽、明堂則宜清明洞達，總章、玄堂則宜温煖奥密。其用器，在青陽、明堂者則疏達高粗，在總章、玄堂者則廉深閎奄。其車旗服食，居青陽則以蒼，居明堂則以赤，居總章則以白，居玄堂則以黑，居大室則以黄。隨其時而居之，則利用安身，無所不宜，而凡《月令》所載，可以推之而無不通矣。蓋王者之車旗、服食、器用，其奉祭祀，臨百官，皆有降殺等級，故不可拘以四時。此則平日順因其時，固並行而不悖也。

其向則青陽向東，明堂向南，總章向西，玄堂向北，必取向于四方者，以受四時之方氣也。若其堂、室、房、戶之制，則皆前後左右，四面有堂，其詹阿則爲四垂。蓋人之情性，貴有所適，故或勞形作事，則居于堂，或韜光潛神，則居于室，而其堂必四面爲四方之向者，四方風氣之至，有正有邪，四時皆然。清明和暢，則宜就之；乖戾昏塞，則當違之。如夏月多南風，固當向之，然亦有北風或東、西者，則就南堂，反非所宜。冬月多北風，固當違之，然亦有南風，則就北堂，反爲所宜。又如夏月，人情多欲就清涼，而亦有欲閉密之時；冬月，人情多欲就温煖，而亦有欲宣暢之時，不可以一例拘也。故五寢必皆如此之制，然後幽明温涼，靡不得其所。以五室合而觀之，則略如鄭氏之《圖》，但不分聽政、私居之所，故誤以五小寢合于一大寢耳。夫如右之制，則一寢可以四時居之，而必爲五者，蓋宸居與諸侯而下不同，必四時有常居，器物有定在，各得夫灋象之自然，無事移易而備物，所以爲帝王之居也。

又嘗觀《考工記》，明堂之度，東西之廣不過九筵，南北之深不過七筵，室之廣二筵，堂之崇一筵。便而無空居，華而無費財，非有宏麗難興之工，故四郊、四方隨在營建，而不病于民也。自秦人竭四海之力，以爲土木之工，漢室因之，不能頓削，後世遂習以爲常，務于侈目壯觀，且雜以夷狄穹廬之制，皆爲一直洞達而無幽明灋象，居之不宜，復營離宮别舘，以安其身，正室反虚而無用。此何理哉？間有好禮之君，欲復古制，奈典籍散逸，既無可據，世儒各持臆説，詭異怪誕，愈不可憑。孰知先王之制，平易安利若此？且因望秩于山川，而封禪之議起，不知望秩即祀帝于方岳之餘。因視學于澤宮，而辟廱之説興，不知學宮亦因明堂而殺其制。凡諸禮文，皆以常爲怪，以易爲難，使人厭聞駭覩。師心自用者，遂欲一掃古禮而苟簡是趨。先王之道，不行于後世者，亦諸禮家之過歟？

明・楊慎《丹鉛總録》卷六《宫室類・袁準駁蔡邕明堂論》 蔡邕《明堂論》云：太廟、太室、明堂、太學、辟雍，名異而實同。袁準《正論》：明堂、宗廟、太學，禮之本物也。事義不同，各有所爲，而世之論者合以爲一，取《詩》《書》放逸之文，經典相似之語，推而致之。考之人情，失遠矣。宗廟之中，人所致敬；幽隱清淨，鬼神所居。而使衆學處焉，饗射其中，人鬼慢瀆，死生交錯，俘囚截耳，以干鬼神，非其理也。袁子之論卓矣。蔡邕名儒，不知何以臆撰如此。果如其言，則先王之明堂，殆北虜之穹廬，南夷之碉房。先王豈爲之乎？

明・夏良勝《中庸衍義》卷一四《三重之義》 臣良勝曰：明堂者，《孝經》以為宗祀之所，孟軻以為王政之堂，《月令》又天子逐月居之，胡寅以為天子之外朝也。其制之詳，已不可考。大略則青陽列左，總章環右，玄堂在後，太室居中，上下象天地之儀，四方準時叙之則，周旋備辟廱之制，經畫有井田之規，是非周公為之也。夏曰世室，商曰重屋，周曰明堂。周公禮樂既成，於是而頒之也。

清・陸世儀《思辨録輯要》卷二一《治平類禮》 問：朱子《明堂圖説》以為明堂制如井田，南為明堂，北為玄堂，東為青陽，西為總章，四隅則遞分為左、右个，天子按月令居之，隨其時之方位開門，中為太廟太室，天子每季十八日居之，其説何如？曰：此朱子按《禮記・月令》而為之圖説也，愚意恐未必然。蓋古人所謂明堂，不過取向明而治之義，以便於朝諸侯耳。若按月令而居，則冬三月宜居玄堂太廟及左、右个，此時北風方勁，天子正北開門，恐大非順時保攝之義；且天子至止，百官皆從而居左、右个，則偏側不便，亦非臨御之體。古人恐不如是之迂腐也。

《晏子春秋》曰：明堂之制，下之潤濕不及也，上之寒暑不入也。若如朱子之説，則寒之入甚矣。且天子巡狩之制，各處皆有明堂，其所至皆有常期，則其所居皆有常處，不應一處明堂便悉備十二月之制也。

問：明堂之制，畢竟當如何？曰：大約自當如朝廷宫殿之制，百官扈從皆有食息寢興、井竈湢浴之所，即今之所謂行殿、行宫也。但朝廷宫殿當嚴密，此則當宏敞，以便朝見，故謂之明堂耳。何必另一制度，穿鑿附會乎？

清・惠士奇《禮説》卷一四《考工記》 明堂五室象五行，祀五帝。在國之陽，九七爲陽。明堂之數，半之爲室，倍之爲堂。三四步、四三尺者，古算法也。三爲實，四爲法而一，則每室各得七步爲修，餘二步以益廣，則每室各得九步爲廣。以四乘三，得十二尺，爲二步，即廣、修之較。五室几、室二筵者，東西廣九筵，南北修七筵，廣、修相減，餘二筵以爲較也。然則明堂五室，三代同制。夏度以步，南北七步，東西九步。殷度以尋，南北七尋，東西九尋。周度以筵，南北七筵，東西九筵。此明堂之數，半之爲室者也。有室乃有堂，言室而不及堂，則得後而遺前，顧左而失右矣。前太廟，後太室，是明堂有前後也。左个東，右个西，是明堂有左右也。以前後分之，則前修七步，後修七步，合之得十四步，則堂修二七也。以左右分之，則左廣九步，右廣九步，合之得十八步，注差半步。則堂廣二九也。此明堂之數，倍之爲堂者也。蓋從分其堂，則左偏爲左个，右偏爲右个；横分其堂，則外爲堂有階，内爲室有戶。故分之則青陽、明堂、太廟、總章、玄堂爲堂，木、火、土、金、水爲室。合之則前青陽，後木室；前明堂，後火室；前太廟，後太室；前總章，後金室；前玄堂，後水室。

李謐《明堂制度論》謂路寢有左右房，明堂有左右个。个者，路寢之房也。訓「个」爲「房」，未之前聞。个，古「介」字，《秦誓》「一个臣」，《古文》「一介臣」。故《説文》無「个」。蓋今文「个」，即古文「介」。馬融曰：間介無蹊。古者士相見，必有介，謂之中間。然則个猶間也，明堂左右介者，左右間也。謐又謂堂之修廣，當以理推，而以《記》者爲謬。非也。《記》曰：堂二室一。其言甚明，注者謬耳。截廣補修，堂方十六步，廣、修之較四步，是四分之一也。故曰廣四修一，門堂亦如之，堂三之二，室三之一。

《五運行大論》曰：黄帝坐明堂，始正天綱，臨觀八極，考建五常。五常謂五氣行天地之中者也。端居正氣，以候天和。然則明堂五室，始於黄帝矣。《疏五過論》曰：上經下經，揆度陰陽，奇恒五中，決以明堂。蓋言人身之五中，猶明堂之五室也。由是察五色，正五音，叙五事，立五倫，設五官，啓五門，列五服，作五刑，皆從此出焉。古者明堂之制，下之潤溼弗能及，上之霧露弗能入，四方之風弗能襲。偏覽是非，周觀得失，堯舜以昌，桀紂以亡，皆著於明堂。

清·秦蕙田《五禮通考》卷二四《吉禮二十四·明堂》 蕙田案：明堂之制，詳於《考工記》；嚴父配天，見於《孝經》；十二月布政，見於《月令》；負依朝諸侯，見於《明堂位》。然則明堂者，祀天享親之所，而布政事，朝諸侯咸在。故孟子曰：明堂者，王者之堂也。然自漢儒，已莫能名其義。《大戴禮》、《白虎通》、蔡邕所説制度，各不相符，且合太廟、靈臺、辟雍、路寢為一，以為與明堂異名同事。後儒雖能辨之，而説猶難定。迨朱子出，而明堂之制度與夫享帝配天之義，布政受朝之事，各有條理。不相淆惑。

清·戴震《戴東原集》卷二《明堂考》 明堂法天之宫，五室十二堂，故曰明堂月令。中央大室，正室也，一室而四堂：其東堂曰青陽大廟，南堂曰明堂大廟，西堂曰總章大廟，北堂曰玄堂大廟。四隅之室，夾室也，《釋名》：「夾室在堂兩頭，故曰夾也。」四室而八堂：東北隅之室，玄堂之右夾，青陽之左夾也，其北堂曰玄堂右个，東堂曰青陽左个；東南隅之室，青陽之右夾，明堂之左夾也，其東堂曰青陽右个，南堂曰明堂左个；西南隅之室，明堂之右夾，總章之左夾也，其南堂曰明堂右个，西堂曰總章左个；西北隅之室，總章之右夾，玄堂之左夾也，其西堂曰總章右个，北堂曰玄堂左个。凡夾室前堂，或謂之箱，或謂之个，《左傳》昭公四年「使寘饋於个而退」。杜注云：「个，東西箱。」是箱得通稱曰個也。兩旁之名也。劍脊之兩旁謂之兩相，侯之左右謂之左个、右个亦此義。古者宫室恒制，前堂、後室、有夾、堂東曰東夾室，堂西曰西夾室。有个、東夾前曰東堂，亦曰東箱；西夾前曰西堂，亦曰西箱。《左傳》所謂个。有房。室東曰東房，亦曰左房；室西曰西房，亦曰右房。惟南嚮一面，明堂四面闓達，亦前堂、後室、有夾、有个，而無房。房者，行禮之際別男女，婦人在房。明堂非婦人所得至，故無房，宜也。

王者而後有明堂，其制蓋起於古遠。夏曰世室，殷曰重屋，周曰明堂，三代相因，異名同實與？明堂在國之陽，淳于登説：「在三里之外，七里之内，丙巳之地。」《韓詩》説：「明堂在南方七里之郊。」祀五帝，聽朔會，同諸侯，大政在焉。夏曰世室，世世弗壞，案世室猶太室也。夏曰世室，舉中以該四方，猶周曰明堂，舉南以該三面也。或以意命之也。殷曰重屋，阿閣四注，或以其制命之也。周人取天時方位以命之：東青陽，南明堂，西總章，北玄堂，而通曰明堂，舉南以該其三也。四正之堂，皆曰大廟。四正之室，共一大室，故曰大廟大室，明大室處四正之堂中央爾。

世之言明堂者，有室無堂，不分个夾，失其傳久矣。

清·孫星衍《明堂考》卷上《古合宫遺制考》 明堂作自神農，傳之五帝，三代增損其制，或稱合宫，稱衢室，稱總期，稱總街，稱重屋。以此諸名，知爲九室，有交道重屋。其傳自古無疑也。舉青陽、明堂諸名，則曰五室。別于太室曰四堂，兼及四隅曰九室，分爲左、右个曰十二堂。義無違牾，在善讀書。九室之文，見于《考工记》。天子廟及路寢，皆如明堂制之言，出于鄭注。而後人以三代無九室者，何也？必有九室，有交道，而可施三十六戶，七十二牖。有重屋，而九室明顯有宮垣，而後可施四門。前儒或未知之。靈臺者，臺門在宮垣之南。辟雍者，水名，在宮垣之外。太學者，四門之學，在門堂。諸侯半天子之宮，故泮水，不周。其北有太廟太室，無玄堂也。明堂蓋行禮之宮，禮畢則虛其位。故宗祀則曰清廟，齋宿則曰路寢，教士則曰大學，養老則曰庠始，自東則曰東序，習射則曰澤宮。大饗、獻馘諸大禮，皆于此宮。漢儒知之，後儒或又惑之。

清・洪頤煊《禮經宮室答問》卷下《明堂》 問：《明堂位》與《考工記》同否？曰：經文明言昔者周公朝諸侯於明堂之位，此亦周之明堂也。明堂南面三階，此云天子負斧依，南鄉而立。故三公在中階之前，北面東上。諸侯之位，阼階之東，西面北上。諸伯之國，西階之西，東面北上。明堂宮隅四面，有門，門有堂有室，《考工記》所謂門堂三之二，室三之一也。南門上有臺，以仿雉門象魏，《逸周書》所謂庫臺也。諸子之國，門東，北面東上。諸男之國，門西，北面東上。此在南門內。九夷之國，東門之外，西面北上。八蠻之國，南門之外，北面東上。六戎之國，西門之外，東面南上。五狄之國，北門之外，南面東上。此在四門外。南門之外又有正門，謂之應門，故九采之國應門之外，北面東上。《逸周書》明堂之位同。《考工記》詳其堂室，《明堂位》、《逸周書》記其門階。故周人明堂之制雖亡，觀此三篇，可得其略。

問：《月令》明堂何以與《考工記》不同？曰：《周禮》用周正，《月令》用夏正。《月令》非周公所作，故凡朝祀、戎獵、車服制度，皆與《周禮》殊。《考工記》明堂五室，《月令》言十二堂，數既不同，名亦各異。其所舉者，乃夏、殷異代之制，非周制也。《周禮》每月並不各居其時之堂，《大史》：頒告朔於邦國，閏月，詔王居門終月。《玉藻》：聽朔於南門之外。閏月，則闔門左扉，立於其中。則每月聽朔，皆於南門之外。惟閏月，則闔門左扉，終一月。皆如此，並無每月各居其堂之説。故《月令》之言十二堂，於他經無證，非周制也。

問：《大戴記》九室之制，何如？曰：此亦非周制也。其言曰：明堂者，古有之也。言古有，則非周可知。九室，一室而有四戶八牖，三十六戶七十二牖，以茅蓋屋，上圓下方。若以《考工記》東西九筵，南北七筵之地施之，則南北狹而東西長，與圓方之制異矣。故李謐云：九室者，論之五帝，事既不合；施之時令，又失其辰。鄭駁《異義》云：禮《戴》所云，雖出《盛德記》，九室三十六戶，七十二牖，似秦相呂不韋作《春秋》時説者所益，非古制也。可謂篤論。

清・阮元《揅經室一集》卷三《明堂論》 粵惟上古，水土荒沉，橧穴猶在，政教朴略，宮室未興。神農氏作，始爲帝宮，上圓下方，重蓋以茅，外環以水，足以禦寒暑，待風雨，實惟明堂之始。明堂者，天子所居之初名也。是故祀上帝則于是，祭先祖則于是，朝諸侯則于是，養老尊賢教國子則于是，饗射獻俘馘則于是，治天文告朔則于是，抑且天子寢食恒于是，此古之明堂也。黄帝、堯、舜氏作，宮室乃備。洎夏、商、周三代，文治益隆，于是天子所居，在邦畿王城之中，三門三朝，後曰路寢，四時不遷。路寢之制，準郊外明堂，四方之一，鄉南而治，故路寢猶襲古號曰明堂。若夫祭昊天上帝則有圜丘，祭祖考則有應門內左之宗廟，朝諸侯則有朝廷，養老尊賢教國子獻俘馘則有辟雍學校。其地既分，其禮益備，故城中無明堂也。然而聖人事必師古，禮不忘本，于近郊東南，別建明堂，以存古制。藏古帝治法册典于此，或祀五帝，布時令，朝四方諸侯，非常典禮乃于此行之，以繼古帝王之迹。譬之上古，衣裳未成，始有韍皮，椎輪初制，惟尚越席，後世聖人，采備繪繡，無廢赤芾之垂，車成金玉，不增大輅之節。此後世之明堂也。自漢以來，儒者惟蔡邕、盧植實知異名同地之制，尚昧上古、中古之分。後之儒者，執其一端，以蔽衆説，分合無定，制度鮮通，蓋未能融洽經傳，參驗古今，二千年來，遂成絶學。試執吾言以求之，經史百家，有相合無相戾者，勒書一卷，以備稽覽，括其大恉，著于斯篇。

又《泰山下明堂》 《孟子・梁惠王》曰：『齊宣王問曰：「人皆謂我毁明堂，毁諸己乎？」孟子對曰：「夫明堂者，王者之堂也，王欲行王政，則勿毁之矣。」』趙岐注云：『謂泰山下明堂。本周天子東巡狩朝諸侯處也，齊侵地而得有之。』

元案：此明堂即壇也，與他處明堂異制。《周禮（春）〔秋〕官・司儀》云：『將合諸侯，則令爲壇三成，宮旁一門。』《儀禮·覲禮》云：『諸侯覲于天子，爲宮方三百步，四門壇十有二尋，深四尺，加方明于其上。』鄭氏注云：『王巡守至於方嶽之下，諸侯會之，亦爲此宮以見之。』既指此也。泰山在齊州，齊居天下之中，有王者起，於山下朝諸侯，即於山上刻石紀號，行封禪之禮。

《史記·封禪書》曰：『初，天子封泰山，泰山東北址古時有明堂處。』

《漢書·武帝紀》曰：『元封元年夏四月癸卯，登封泰山，降坐明堂。』

元案：泰山下明堂，據此西漢時尚存其迹。自元封二年秋武帝因公玉帶所上之圖作明堂于汶上，後王莽又作明堂于長安，泰山下明堂遂不可考矣。

清·朱右曾《周書集訓校釋·逸文》 明堂之説，頗爲諸儒所亂。今據本書，參以《考工記》、《大戴·盛德》篇先言其制，而後詳釋之焉。其堂中爲太室，太室之南曰明堂，太廟東曰青陽，太廟西曰總章，太廟北曰玄堂，太廟居於四正。太室之四隅各有一室，並太室爲五室。每室一面中戶旁兩牖，凡四戶八牖。五室則二十戶四十牖。東南室之南曰明堂左介，其東曰青陽右介。東北室之東曰青陽左介，其北曰玄堂右介。西北室之北曰玄堂左介，其西曰總章右介。西南室之西曰總章左介，其南爲明堂右介。介亦曰个，在堂之兩旁，隔之以序，若《儀禮》廟寢之有東堂西堂也。隅室直个之後，若東西堂後之有夾室也。太室之上爲重屋，其制圓，漢人謂之通天屋。其制蓋始于殷，故曰殷人重屋。重屋之下，爲四注屋，其制方，當坫之上，則屋翼反向外，故曰乃位五宮，咸有四阿反坫。堂廉深廣皆百四十四尺。蔡邕云：『坤之策也，其制蓋因于夏。』《考工記》云：『夏后氏世室，堂脩二七，廣四脩一。』二七爲十四丈，益廣四尺，而脩亦如之，故漢司徒馬宮《明堂議》曰：『夏后氏益其堂之廣百四十四尺』是也。高三尺謂堂之基，因于殷之堂崇三尺也。其檐榮之高，十其階之高《大戴禮》云『堂高三丈』是也。南面三階，東西北各二階，凡九階。階廣六尺三寸，十其堂之一也。室居中，方百尺者，統五室言之。室中方六十尺者，以太室言之。《五經異誼》及《北史·李謐傳》、《隨書·宇文愷傳》並引《大戴·明堂》説云：『東西九仞，南北七筵。』七尺曰仞，九尺爲筵。九仞七筵，變文言之，實皆六十三尺。《考工記》云：『凡室二筵，謂四隅之室也。』以六十三尺之太室加兩夾室各二筵，則五室之方居堂內九十九尺。今云室居中方百尺，室中方六十尺，雖微有參差，大致同也。依此論，則太室方六丈餘，室各方二丈耳。諸儒之説或以爲九室，顯乖《匠人》之文『屋圓楣，徑二百一十六尺』，又違四阿之制。堂高三丈，而通天屋高八十一尺，計高出于堂幾及兩倍，非其制也。外有二十八柱列于四方，如使有疏有密，不足以壯觀瞻。如匀布之，則中階之前遮植一柱，又何義也？《宇文愷傳》引《黃圖》言前漢明堂之制，又引《禮圖》言後漢明堂之制，皆九室十二堂，但前漢室有四戶八牖，後漢則每室二戶爲異耳。蔡邕《明堂月令論》雖云依《周書》立説，其實半雜前漢之制。《大戴禮》亦然，學者宜分別觀之。至《考工記》言東西九筵南北七筵，孔廣森曰：『九筵似記者之誤。』愚謂《記》又云堂崇一筵，亦誤也。

車旗分部

綜述

《周易·剝》 上九：君子得輿。【略】《象》曰：君子得輿，民所載也。唐孔穎達《正義》：君子得輿者，若君子而居此位，能覆蔭於下，使得全安，是君子居之，則得車輿也。【略】《象》曰君子得輿、民所載者，釋得輿之義。若君子居處此位，養育其民，民所仰載也。

又 《大壯》 九四：藩決不羸，壯于大輿之輹。《正義》：壯于大輿之輹者，言四乘車而進其輹，壯大无有能脱之者。故曰藩決不羸，壯于大輿之輹也。

《尚書·舜典》 敷奏以言，明試以功，車服以庸。漢孔安國《傳》：敷，陳；奏，進也。諸侯四朝，各使陳進治理之言，明試其言，以要其功，功成則賜車服，以表顯其能用。唐孔穎達《正義》：人以車服為榮，故天子之賞諸侯，皆以車服賜之，《覲禮》云『天子賜侯氏以車服』是也。

又《五子之歌》 予臨兆民，懍乎若朽索之馭六馬。《傳》：朽，腐也。腐索馭六馬，言危懼甚。《正義》：經傳之文，惟此言六馬。漢世此經不傳，餘書多言駕四者。《春秋公羊》說天子駕六，《毛詩》說天子至大夫皆駕四。許慎案《王度記》云：天子駕六。鄭玄以《周禮・校人》養馬乘馬，一師四圉，四馬曰乘。《康王之誥》云『皆布乘黄朱』，以為天子駕四。漢世天子駕六，非常法也。然則此言馬多懼深，故舉六以言之。

又《顧命》 大輅在賓階面，綴輅在阼階面，《傳》：大輅，玉。綴輅，金。面，前，皆南向。先輅在左塾之前，次輅在右塾之前。《傳》：先輅，象。次輅，木。金、玉、象皆以飾車，木則無飾。皆在路寢門內，左右塾。前，北面。凡所成列，皆象成王生時華國之事，所以重顧命。《正義》：《周禮》巾車掌王之五輅。玉輅、金輅、象輅、革輅、木輅，是為五輅也。此經所陳四輅，必是《周禮》五輅之四。大輅，輅之最大，故知大輅玉輅也。綴輅繫綴於下，必是玉輅之次，故為金輅也。而前者，據人在堂上而向南方，知面、前，皆南向，謂轅向南也。地道尊右，故玉輅在西，金輅在東。此經四輅兩兩相配，上言大輅、綴輅，此言先輅、次輅，二者各自以前後為文。五輅金即次象，故言先輅，象。其木輅在象輅之下，故云次輅，木也。又解四輅之名，金、玉、象皆以飾車，三者以飾為之名。木則無飾，故指木為名耳。鄭玄《周禮》注云：革輅輓之以革而漆之；木輅不輓，以革漆之而已。以直漆其木，故以木為名。木輅之上猶有革輅，不以次輅為革輅者，禮五輅，而此四輅於五之內，必將少一，蓋以革輅是兵戎之用，於此不必陳之，故不云革輅，而以木輅為次。馬融、王肅皆云：不陳戎輅者，兵事非常，故不陳之。孔意或當然也。鄭玄以綴、次是從後之言，二者皆為副貳之車，先輅是金輅也，綴輅是玉輅之貳，次輅是金輅之貳。不陳象輅、革輅、木輅者，主於朝祀而已。未知孔、鄭誰得經旨。

又《君牙》 王若曰：『嗚呼君牙！惟乃祖乃父，世篤忠貞，服勞王家，厥有成績，紀于太常。』《傳》：言汝父祖世厚忠貞，服事勤勞王家，其有成功，見紀録，書于王之太常，以表顯之。王之旌旗畫日月曰太常。

《詩經・商頌・烈祖》 約軝錯衡，八鸞鶬鶬，以假以享。漢毛亨《傳》：八鸞鶬鶬，言文德之有聲也。假，大也。漢鄭玄《箋》：約軝，轂飾也。鸞在鑣，四馬則八鸞。假，升也。享，獻也。將猶助也。諸侯來助祭者，乘篆轂金飾錯衡之車，駕四馬，其鸞鶬鶬然聲和，言車服之得其正也。

又《玄鳥》 武丁孫子，武王靡不勝。龍旂十乘，大糦是承。《傳》：勝，任也。《箋》：交龍為旂。糦，黍稷也。高宗之孫子有武功、有王德於天下者，無所不勝服，乃有諸侯建龍旂者十乘，奉承黍稷而進之者，亦言得諸侯之歡心。十乘者，二王後、八州之大國。唐孔穎達《正義》：交龍為旂，《春官・司常》文也。【略】又解諸侯衆多，獨言十乘之意，謂二王之後與八州之大國，故十也。八州大國謂州牧也。

又《大雅・大明》 牧野洋洋，檀車煌煌，駟騵彭彭。《傳》：洋洋，廣也。煌煌，明也。騵馬白腹曰騵。言上周下殷也。《箋》：言其戰地寬廣，明不用權詐也。兵車鮮明馬又强，則暇且整。《正義》：『洋洋』文連『牧野』，述戰地之貌，故宜為廣大。煌煌言車之鮮，故為明也。騵馬白腹曰騵，《釋畜》文。郭璞曰：騵，赤色黑鬣也。《檀弓》說三代乘馬，各從正色，而周不純赤，明其有義。故知白腹為上周下殷。戰為二代革易，故見此義。《檀弓》亦言戎事乘騵，明非戎事不然。因此武王所乘，遂為一代常法。夏、殷不下其先代之色，時王之意異。

又《周頌・載見》 載見辟王，曰求厥章。龍旂陽陽，和鈴央央。鞗革有鶬，休有烈光。《傳》：載，始也。龍旂陽陽，言有文章也。和在軾前，鈴在旂上。鞗革有鶬，言有法度也。《箋》：諸侯始見君王，謂見成王也。曰求其章，考求車服禮儀之文章制度也。交龍為旂。鞗革，轡首也。鶬，金飾貌。休者，休然盛壯。

又《小雅・六月》 織文鳥章，白旆央央。《傳》：鳥章，錯革鳥為章也。白旆，繼旐者也。央央，鮮明貌。《箋》：織，徽織也。鳥章，鳥隼之文章。將帥以下衣皆著焉。《正義》：《釋天》云：錯革鳥曰旟。孫炎曰：錯，置也。革，急也。畫急疾之鳥於縿也。《鄭志》答張逸亦云『畫急疾之鳥隼』是也。故《箋》云鳥隼之文章。

又《采芑》 方叔率止，乘其四騏。四騏翼翼，路車有奭。簟笰魚服，鉤膺鞗革。《傳》：奭，赤貌。鉤膺，樊纓也。《箋》：茀之言蔽也。車之蔽飾，象席文也。魚服，矢服也。鞗革，轡首垂也。

又《車攻》 我車既攻，我馬既同。《傳》：攻，堅。同，齊也。宗廟齊豪，尚純也；戎事齊力，尚强也；田獵齊足，尚疾也。四牡龐龐，駕言徂東。《傳》：龐龐，充實也。東，洛邑也。

田車既好，四牡孔阜。東有甫草，駕言行狩。

駕彼四牡，四牡奕奕。《傳》：言諸侯來會也。

四黄既駕，兩驂不猗。

蕭蕭馬鳴，悠悠旆旌。

又《采菽》 君子來朝，何錫予之？雖無予之，路車乘馬。《傳》：君子謂諸侯也。《箋》：賜諸侯以車馬，言雖無予之，尚以為薄。

君子來朝，言觀其旂。其旂淠淠，鸞聲嘒嘒。載驂載駟，君子所屆。

《傳》：淠淠，動也。嘒嘒，中節也。《箋》：屆，極也。諸侯來朝，王使人迎之，因觀其衣服車乘之威儀，所以為敬且省禍福也。諸侯將朝于王，則驂乘，乘四馬而往。此之服飾，君子法制之極也。言其尊而王今不尊也。

又**《大雅·崧高》**王遣申伯，路車乘馬，我圖爾居，莫如南土。《傳》：乘馬，四馬也。《箋》：王以正禮遣申伯之國，故復有車馬之賜，因告之曰：我謀女之所處，無如南土之最善。《正義》：毛以為王於是發遣申伯，令使之國，故贈送之以大路之車及乘駟之馬，因告之曰：我謀度汝之所居，無如謝邑之最善，汝宜往居之。

又**《烝民》**四牡彭彭，八鸞鏘鏘。王命仲山甫，城彼東方。《箋》：彭彭，行貌。鏘鏘，鳴聲。以此車馬，命仲山甫使行。言其盛也。四牡騤騤，八鸞喈喈。仲山甫徂齊，式遄其歸。《傳》：騤騤猶彭彭也，喈喈猶鏘鏘也。遄，疾也。言周之望仲山甫也。《正義》：言仲山甫乘王命之四牡騤騤然壯健，八鸞之聲喈喈然而鳴，仲山甫乘此車馬，以往於齊。周人欲山甫用此壯健車馬，疾其在路而早歸也。

又**《韓侯》**王錫韓侯，淑旂綏章，簟茀錯衡，玄衮赤舄，鉤膺鏤鍚，鞹鞃淺幭，鞗革金厄。《傳》：淑，善也。交龍為旂。綏，大綏也。錯衡，文衡也。鏤鍚，有金鏤其鍚也。鞹，革也。鞃，軾中也。淺，虎皮淺毛也。幭，覆式也。厄，烏蠋也。《箋》：王為韓侯以常職來朝享之故，故多錫以厚之。善旂，旂之善色者也。綏，所引以登車，有采章也。簟茀，漆簟以為車蔽，今之藩也。鉤膺，樊纓也。眉上曰鍚，刻金飾之，今當盧也。鞗革，謂轡也。以金為小環，往往纏搤之。明季本《詩説解頤》：淑旂綏章，旗飾也；簟茀錯衡，車飾也；玄衮赤舄，服飾也；鉤膺鏤鍚，馬飾也。鞹鞃淺幭，所以施於車者；鞗革金厄，所以施於馬者。備言所錫如此，所以表其見重於天子也。

又**《魯頌·閟宮》**周公之孫，莊公之子。龍旂承祀，六轡耳耳。《傳》：周公之孫，莊公之子，謂僖公也。《箋》：交龍為旂。承祀謂視祭祀也。四馬，故六轡。

又**《齊風·載驅》**四驪濟濟，垂轡濔濔。《傳》：四驪，言物色盛也。濟濟，美貌。垂轡，轡之垂者。濔濔，衆也。《箋》：此又刺襄公乘是四驪而來，徒為淫亂之行。

又**《秦風·駟驖》**駟驖孔阜，六轡在手。《傳》：驖，驪。阜，大也。《箋》：四馬六轡。六轡在手，言馬之良也。《正義》：每馬有二轡，四馬當八轡矣。諸文皆言『六轡』者，以驂馬内轡納之於觖，故在手者，唯六轡耳。

又**《渭陽》**我送舅氏，曰至渭陽。何以贈之？路車乘黄。宋朱熹《集傳》：路車，諸侯之車也。乘黄，四馬皆黄也。

《論語·衛靈公》顔淵問為邦。子曰：【略】『乘殷之輅。』三國魏何晏《集解》：馬曰：殷車曰大輅。《左傳》曰：大輅越席，昭其儉也。宋朱熹《集注》：商輅，木輅也。輅者，大車之名。古者以木為車而已，至商而有輅之名，蓋始異其制也。周人飾以金玉，則過侈而易敗，不若商輅之樸素渾堅而等威已辨，為質而得其中也。

《左傳·隱公十一年》穎考叔取鄭伯之旗蝥弧，以先登。晉杜預注：蝥弧，旗名。唐孔穎達《正義》：《周禮》：諸侯建旂，孤卿建旜。而《左傳》鄭有蝥弧，齊有靈姑銔，皆諸侯之旗也。趙簡子有蜂旗，卿之旗也。其名當時為之，其義不可知也。

又**《桓公二年》**臧哀伯諫曰：『大路越席，注：大路，玉路，祀天車也。越席，結草。《正義》：路訓大也。君之所在，以大為號，門曰路門，寢曰路寢，車曰路車，故人君之車通以路為名也。《周禮·巾車》：掌王之五路。鄭玄云：王在焉，曰路。彼解天子之車，故云王在耳。其實諸侯之車，亦稱為路。【略】越席，結蒲為席，置於玉路之中，以茵藉示其儉也。《經傳》言大路者多矣，注者皆觀文為説。《尚書·顧命》陳列器物，有大輅、綴輅、先輅、次輅。孔安國以為玉、金、象以飾車，以其偏陳諸路，故以《周禮》次之。僖二十八年，王賜晉文公以大輅之服。定四年，祝佗言先王分魯、衛、晉以大路，注皆以為金路，以《周禮》金路，同姓以封，玉路不可以賜，故知皆金路也。襄十九年，王賜鄭子蟜以大路。二十四年，王賜叔孫豹以大路。二注皆云：大路，天子所賜車之總名。以《周禮》孤乘夏篆，卿乘夏縵，《釋例》以所賜穆叔、子蟜當是革、木二路，故杜以大路為賜車之總名。【略】昭其儉也。【略】五色比象，昭其物也。注：車服器械之有五色，皆以比象天地四方，以示器物不虚設。錫鸞和鈴，昭其聲也。注：錫在馬額，鸞在鑣，和在衡，鈴在旂，動皆有鳴聲。三辰旂旗，昭其明也。』注：三辰，日、月、星也。畫於旂旗，象天之明。

又**《莊公九年》**師及齊師戰于乾時，我師敗績。公喪戎路，傳乘而歸。注：戎路，兵車。傳乘，乘他車。

又**《僖公五年》**均服振振，取虢之旂。注：戎事，上下同服。振振，盛貌。旂，軍之旌旗。《正義》：旂者，晉軍旂也。而往取虢，故云取虢之旂。

又**《僖公二十八年》**王命尹氏及王子虎、内史叔興父策命晉侯爲侯伯。注：以策書命晉侯爲伯也。《周禮》九命作伯。尹氏、王子虎，皆王卿士也。叔興父，大夫也。三官命之，以寵晉。賜之大輅之服，戎輅之服。注：大輅，金輅。戎輅，戎車。二輅各有服。《正義》：《周禮·巾車》：『金路，鉤，樊纓九就，建大旗，以賓，同姓以封。革路，龍勒，條纓五就，建大白，以即戎。』金路以封同姓，知大輅是金輅也。革路以即戎，言戎輅，戎車，即《周禮》之革路。二輅各有服者，《周禮·司服》：『侯伯之服，自鷩冕而下。』『凡兵事，韋弁服。』金輅，祭祀所乘。其大輅之服，當謂鷩冕之服；戎輅之服，當謂韋弁服也。

城濮之戰，晉中軍風于澤，注：牛馬因風而走，皆失之。亡大旆之左旃。注：大旆，旗名。繫旐曰旆，通帛曰旃。《正義》：《釋天》云：緇廣充幅長尋曰旐，繼旐曰旆。則旆是旗之尾也。今別名大旆，則此旆有異於常，故以大旆爲旗名。

又《宣公十二年》 許伯曰：『吾聞致師者，御靡旌摩壘而還。』注：靡旌，驅疾也。摩，近也。

又《成公二年》 秋七月，【略】公會晉師于上鄍，賜三帥先路三命之服。注：三帥，郤克、士燮、欒書。已嘗受王先路之賜，今改而易新，并此車所建、所服之物。《正義》：三卿各統一軍，故總稱三帥。魯君之賜晉臣，正可如其法，所得服改新以與之耳，不得特命他臣。發初賜以此物，且彼若先無此物，則無由敢受魯賜，故杜以為此三帥已嘗受王先路之賜，今改而易新，并此車所建之旌旗，所著之衣服，皆賜之也。案《釋例》：先路者，革路若木路，或云先，或云次，蓋以就數為差。其受之於王，則稱『大』。杜言革路若木路者，或用革，或用木也。知受之於王則稱『大』者，鄭子蟜、叔孫穆子受之於王皆稱『大』是也。革木是卿大夫車之尊者，故云大路。金路是諸侯車之尊者，亦稱『大』，則定四年『大路大旂』是也。玉路，天子車之尊者，亦稱『大』，故《顧命》云『大路在賓階面』是也。言所建、所服之物者，《周禮·巾車》革路建大白，以即戎。《司服》云：凡兵事，韋弁服。《巾車》又云：木路建大麾，以田。《司服》又云：凡田，冠弁服。然則此車所建或是大白、大麾，所服或是韋弁、冠弁。劉炫以為既言先路，則是晉君之賜。杜云受王先路之賜，非其義也。今知不然者，杜以穆叔子蟜嘗受王路，故杜據而言之，《釋例》應云受王大路之賜，言先路者，順《傳》先路之文故也。劉以為嘗受晉君賜而規杜氏，非也。

新築人仲叔于奚救孫桓子，桓子是以免。既，衛人賞之以邑。辭，請曲縣，繁纓以朝，許之。注：軒，縣也，周禮，天子樂，宮縣四面；諸侯軒縣，闕南方。繁纓，馬飾。皆諸侯之服。仲尼聞之，曰：『惜也！不如多與之邑，唯器與名不可以假人，君之所司也。名以出信，信以守器，器以藏禮，禮以行義，義以生利，利以平民，政之大節也。若以假人，與人政也。政亡則國家從之，弗可止也。』

又《成公十六年》 楚子登巢車，以望晉軍。注：巢車，車上為櫓。唐陸德明《音義》：巢，《說文》作『轈』，云兵車高如巢，以望敵也。《正義》：《說文》云：轈，兵高車如巢，以望敵也。櫓澤，中守草樓也。是巢與櫓，俱是樓之別名。

又《襄公十年》 宋公享晉侯於楚丘，【略】舞師題以旌夏，注：旌夏，大旌也。題，識也，以大旌表識其行列。《正義》：舞師，樂人之師，主陳設樂事者也。謂舞初入之時，舞師建旌夏，以引舞人而入，以題識其舞人之首，故晉侯卒見，懼而退入于房也。謂之旌夏，蓋形制大而別為之名也。晉侯懼而退入于房，注：旌夏非常，卒見之，人心偶有所畏。去旌卒享而還。

又《襄公十四年》 欒鍼曰：『此役也，報櫟之敗也。役又無功，晉之恥也。吾有二位於戎路，注：欒鍼，欒黶弟也。二位，謂黶將下軍，鍼為戎右。敢不恥乎？』與士鞅馳秦師，死焉。

范宣子假羽毛於齊而弗歸，齊人始貳。注：析羽為旌，王者游車之所建。齊私有之，因謂之羽毛。宣子聞而借觀之。《正義》：《周禮》司常掌九旗之物名。全羽為旞，析羽為旌。道車載旞，游車載旌。鄭玄云：全羽、析羽皆五采，繫之於旞旌之上，所謂『注毛於干首』也。凡九旗之帛皆用絳。道車，象路也，王以朝夕燕出入。游車，木路也，王以田以鄙。是其析羽為旌，王者游車之所建也。鄭玄唯言全羽、析羽有五采耳，猶不辨羽是何羽。《周禮》有夏采之官。鄭玄云：夏采，夏翟羽色。《禹貢》徐州貢夏翟之羽，有虞氏以為綏。後世或無故染鳥羽，象而用之，謂之夏采。其職云：掌大喪以乘車，建綏復于四郊。鄭玄云：《明堂位》曰：有虞氏之旂，夏后氏之綏。則旌、旗有是綏者，或以旄牛尾為之，綴於橦上，所謂『注旄於干首』者。《釋天》云：注旄首曰旌。李巡曰：以旄牛尾著旌首者也。孫炎曰：析五采羽，注旌上也，下亦有旒縿。據彼諸文言之，則羽旄者有五色鳥羽，又有旄牛尾也。言全羽、析羽者，蓋有全取其翅，或析取其翮，故有全、析二名也。繫此鳥羽、牛尾而於干首，猶自別有絳為旒縿，縣之於干。今之旗羂尚然也。此《傳》直言羽耳，注不引全羽而以析羽解之者，以全羽尊於析羽。齊人建以赴會，當是羽之賤者，故以為析羽。不然，則無以知之。計羽毛所用，直費無多，晉人自應有之，而此年范宣子假羽毛於齊，定四年晉人假羽旄於鄭，皆假之他國者，或當制作巧異，故聞而借觀之。

又《襄公十九年》 於四月丁未，鄭公孫蠆卒，赴於晉。大夫范宣子言於晉侯，以其善於伐秦也，六月，晉侯請于王，王追賜之大路，使以行禮也。注：大路，天子所賜車之總名，以行葬禮。《傳》言大夫有功，則賜服路。

又《襄公二十四年》（冬）穆叔如周聘，且賀城。王嘉其有禮也，賜之大路。注：大路，天子所賜車之總名。為昭四年叔孫所以賜路葬張本。

又《襄公二十六年》鄭伯賞入陳之功。三月甲寅朔，享子展，賜之先路三命之服，注：先路、次路，皆王所賜車之總名。蓋請之於王。《正義》：《周禮・巾車》云：服車五乘：孤乘夏篆，卿乘夏縵，大夫乘墨車。則禮於卿大夫所當乘者，名車不名路也。而《傳》稱王賜叔孫豹、鄭子蟜者，皆云大路，知此先路、次路，皆王所賜車之總名也。賜車稱路，從王賜之名，必是稟王之命，故云蓋請之於王也。宣十六年《傳》云：晉侯請于王，以黻冕命士會。知諸侯命臣，有請王之法，故云蓋也。先八邑。注：以路及命服為邑先。八邑，三十二井。賜子產次路再命之服，先六邑。

又《昭公四年》公使杜洩葬叔孫，【略】杜洩將以路葬，且盡卿禮。【略】曰：『夫子受命於朝而聘於王，王思舊勳而賜之路。復命而致之君，注：豹不敢自乘。君不敢逆王命而復賜之，使三官書之。』

又《昭公七年》楚子之為令尹也，為王旌以田。注：析羽為旌。王旌，斿至於軫。《正義》：析羽為旌，《周禮・司常》文也。鄭玄云：析羽，皆五采繫之於旞旌之上，所謂注旄於干首也。凡九旗之帛皆用絳，然則干首有羽，羽為旌名，遂以旌為旗。稱其垂至軫者，謂斿至軫，非羽至軫也。《禮緯稽命徵》云：禮，天子旗九刃，曳地。諸侯七刃，齊軫。大夫五刃，齊較。士三刃，齊首。《周禮・節服氏》：衮冕，六人維王之大常。鄭玄云：王旌十二旒，兩兩以縷綴連，旁三人持之。禮，天子旌曳地。杜以楚雖僭號稱王，未必即如天子，不應建大常，旌曳地，故以諸侯解之。言王旌斿至於軫，謂楚王旌也。蓋建交龍之旗，而斿至軫耳。然諸侯之旌，短於王旌二刃；大夫之旌，亦短於諸侯之旌二刃。案《周禮》：軫去地四尺，較去軫竝五尺五寸，而《禮緯》云：諸侯齊軫，大夫齊較。於事為疑，不可知也。

又《昭公十年》公卜，使王黑以靈姑銔率，吉。請斷三尺焉而用之。注：王黑，齊大夫。靈姑銔，公旗名。斷三尺，不敢與君同。《正義》：公卜，卜與欒高戰也。靈姑銔者，齊侯旌旗之名。卜使王黑以此靈姑銔之旗，率人以戰，得吉也。禮，諸侯當建蛟龍之旂，此靈姑銔蓋是蛟龍之旂，當時為之名，其義不可知也。知是旗者，以請斷三尺而用之，故知是旗。

又《昭公十三年》八月辛未，治兵，注：習戰。建而不旆。注：建立旌旗，不曳其旆。旆，游也。《正義》：《釋天》云：緇廣充幅長尋曰旐，繼旐曰旆。郭璞曰：帛續旐末為燕尾者。然則旐謂旂身，旆謂旂尾，旆綴於旐，本是相連之物，非別體也。而不曳其旆，當纏繼於干頭，蓋如《禮記》所云『德車結旌』也。《釋天》又云：練旒九。《周禮》所謂九游、七游，游即是旆，故云旆，游也。然郭氏既云旆繼於旐，今之燕尾，即旆是旐末。然天子十有二游，并屬於一幅之廣，於理不可。蓋游數多者，旁綴於縿，如今之旗是也。其軍前之旆，如郭璞之說。壬申，復旆之，諸侯畏之。注：軍將戰則旆，故曳旆以恐之。《正義》：本作旆者為舒而曳之，以為容飾，結之為非常，曳之為得常。復旆之者，曳之為復常也。軍法，戰則舒旆。晉人舒旆，似其將戰，故曳旆以恐之，諸侯見其曳旆而皆畏之。

又《定公四年》子魚曰：【略】『分魯公以大路大旂。注：魯公，伯禽也。此大路，金路，錫同姓諸侯車也。交龍為旂。《周禮》：同姓以封。《正義》：《周禮・巾車》云：金路，建大旂，以賓，同姓以封。鄭玄云：金路，以金飾諸末。大旂，九旗之畫交龍者。以賓，以會賓客。同姓以封，謂王子母弟以功德出封，若魯、衛也。交龍為旂，《司常》文也。【略】分康叔以大路少帛，綪茷旃旌。注：康叔，衛之祖。少帛，雜帛也。綪茷，大赤，取染草名也。通帛為旃，析羽為旌。《正義》：《周禮・司常》云：通帛為旜，雜帛為物。鄭玄云：通帛謂大赤，從周正色，無飾。雜帛者，以帛素飾其側。白，殷之正色。大赤是通帛，知少帛是雜帛也。《釋草》云：茹藘茅蒐。郭璞曰：今之蒨也，可以染絳。則綪是染赤之草，茷即旆也。《爾雅》：繼旐曰旆。旐是旂身，旆是旂尾，尾猶用赤，則通身皆赤，知綪茷是大赤。大赤即今之紅旗，取染赤之草為名也。蓋王以通帛、雜帛竝賜衛也，然則大赤即是旃也。於「綪茷」之下更言「旃」者，茷言旂尾，旃言旂身，圓其文，故具言耳。若其不然，旌是干之所建，旗皆有旌，少帛、旃旆之後何須更復言旌？明是圓其文，故重言之。【略】分唐叔以大路。』

晉人假羽旄於鄭，鄭人與之。注：析羽為旌，王者遊車之所建，鄭私有之，因謂之羽旄。借觀之。《正義》：《周禮》司常掌九旗之名物。全羽為旞，析羽為旌。道車載旞，遊車載旌。鄭玄云：全羽、析羽，皆五采繫之於旞、旌之上，所謂『注旄於干首』也。凡九旗之帛皆用絳。道車，象路也，王以朝夕燕出入。遊車，木路也，王以田以鄙。是其析羽為旌，王者遊車之所建也。《釋天》云：注旄首曰旌。李巡曰：以旄牛尾著旌首者也。孫炎曰：析五采羽，注旌上，亦有旒縿。據彼文言之，則羽毛者有五色鳥羽，又有旄牛尾也。言全羽、析羽者，蓋有全取其翅，或析取其翮，故有全、析二名也。繫此鳥羽、牛尾於干首，猶自別有絳為旒縿，縣之於干。今之旗觸猶然。此《傳》直言羽耳。注不引全羽而以析羽解之者，以全羽尊於析羽，鄭人所有，未必尊貴，故以析羽解之。計羽旄所用，其費無多，晉人自應有之，而襄十四年范宣子假羽毛於齊，此又假羽旄於鄭者，或當制作巧異，故聞而借觀之。明日，或旆以會。注：或，賤者也。繼旐曰旆。令賤人施其旆，執以從會，示卑鄭。《正義》：繼旐曰旆，《釋天》文也。郭璞曰：帛續旐末為燕尾者。然則旐謂旆身，旆為旆尾，晉令賤人建此羽旄，施其旒旆於下，執之以從其會，本謂其美而就鄭借觀之，既得其物，令賤人服用之，是示其卑，侮鄭也。鄭是列國而晉卑侮之，諸侯於是知晉輕蔑，心皆怨恨，故晉於是乎失諸侯。晉於是乎失諸侯。注：《傳》言晉無禮，所以遂弱。

《公羊傳・昭公二十五年》（九月）齊侯唁公于野井。《傳》：乘大路，漢何休《解詁》：禮：天子大路，諸侯路車，大夫大車，士飾車。【略】此皆天子之禮也。

《國語》卷六《齊語》（桓公）遂下拜，升受命。賞服大路，龍旂九旒，渠門赤旂，三國吳韋昭注：唐尚書云：大路，玉路。非也。賈侍中云：大路，諸侯朝服之車，謂金路，鉤樊纓九就，龍旂九旒也。渠門亦旗名，赤旂大旂也。昭謂：龍旂，畫交龍於縿也。正幅為縿，旁屬為旒。鉤，婁頷之鉤。樊，馬大帶，纓當胸，削革為之，皆以五采罽飾之。九就，就，成也。渠門，兩旗所建，以為軍門，若今牙門也。諸侯稱順焉。注：言下拜順於禮也。

又 卷一九《吳語》 吳王昏乃戒令，【略】十行，一嬖大夫，注：十行，千人。嬖，下大夫也。子產謂子南曰：子皙，上大夫。汝，嬖大夫。建旌提鼓，注：析羽為旌。提，挈也。挾經秉枹。注：在掖曰挾。經，兵書也。秉，執也。十旌，一將軍，注：十旌，萬人也。將軍，命卿也。載常建鼓，挾經秉枹。注：日月為常。鼓，晉鼓也。《周禮》：將軍執晉鼓。建，謂為之楹而樹之。為萬人，以為方陳。注：百行，故曰萬人。正四方也。皆白常白旂，素甲白羽之矰，望之如荼。注：交龍為旂。素甲，白甲也。矰，矢名，以白羽為衛。荼，茅秀也。王親秉鉞，載白旗，以中陳而立。注：熊虎為旗。此王所帥中軍。左軍亦如之，注：亦如中軍，載常建鼓，挾經秉枹之屬。皆赤常赤旟，丹甲朱羽之矰，望之如火。注：鳥隼曰旟。尚赤，左陽也。丹，彤也。朱羽，染為朱也。右軍亦如之，皆玄常玄旗，黑甲烏羽之矰，望之如墨。注：黑漆甲也。尚黑，右陰也。

《儀禮・覲禮》（侯氏）乘墨車，載龍旂弧韣，乃朝。漢鄭玄注：墨車，大夫制也。乘之者，入天子之國，車服不可盡同也。交龍為旂，諸侯之所建。弧，所以張縿之弓也。弓衣曰韣。

天子賜侯氏以車服。迎于外門外，再拜。注：賜車者，同姓以金路，異姓以象路。服則衮也，鷩也，毳也。路先設，清吳廷華《章句》：路，大也。天子之車曰路。尊大之先，先于服也，在中庭。西上，《章句》：一車而曰上，對亞者言也。路下四亞之，《章句》：四，乘馬也，與駟同。亞，次也，謂次車而東。重賜無數，在車南。注：路謂車也。凡君所乘車曰路。路下四，謂乘馬也。亞之，次車而東也。《詩》云：君子來朝，何錫予之？雖無予之，路車乘馬。又何予之？玄衮及黼。重猶善也。所加賜善物，多少由恩也。《春秋傳》曰：重錦三十兩。

天子乘龍，載大旂，象日月，升龍降龍。注：馬八尺以上為龍。大旂，大常也。王建大常，縿首畫日月，其下及旒交畫升龍降龍。

又《鄉射禮》 君國中射，則皮樹中，以翿旌獲，白羽與朱羽糅。注：國中，城中也。謂燕射也。皮樹，獸名。以翿旌獲，尚文德也。唐賈公彥疏：必知取尚文德者，以其以文德者舞文舞，羽舞也；以武德者舞武舞，干舞也。此既用羽，知取尚文德也。于郊，則閭中，以旌獲。注：於郊，謂大射也。大射於大學。《王制》曰：小學在公宮之左，大學在郊。閭，獸名，如驢一角，或曰如驢岐蹄。《周書》曰：北唐以閭，析羽爲旌。于竟，則虎中，龍旜。注：於竟，謂與鄰國君射也。畫龍於旜，尚文章也。通帛爲旜。

《周禮・春官・巾車》 掌公車之政令。辨其用與其旗物，而等叙之，以治其出入。漢鄭玄注：公猶官也。用謂祀、賓之屬。旗物，太常以下。等叙之，以封同姓、異姓之次序。唐賈公彥疏：云公猶官也者，謂若言公，似據三公及諸侯；若言官，則王家皆是，故從官也。云用謂祀、賓之屬者，其中仍有朝及田戎之等，故言『之屬』以總之。云太常以下，仍有大旗、大赤、大白、大麾之等，故云『以下』。云等序之，以封同姓、異姓之次叙者，周人先同姓，次異姓；後云『四衛、蕃國』以下，故云『次序』也。

王之五路：一曰玉路，鍚，樊纓十有再就，建大常，十有二斿，以祀。注：王在焉曰路。玉路，以玉飾諸末。鍚，馬面當盧，刻金爲之，所謂『鏤鍚』也。樊讀如鞶帶之『鞶』，謂今馬大帶也。鄭司農云：纓謂當胷。《士喪禮》下篇曰：馬纓三就。禮家說曰：纓當胷，以削革爲之。三就，三重三匝也。玄謂纓，今馬鞅。玉路之樊及纓，皆以五采罽飾之，十二就。就，成也。《大常》九旗之畫日月者，正幅爲縿，斿則屬焉。疏：言王在焉曰路者，謂若路門、路寢、路車、路馬，皆稱路，故廣言之，云王在焉曰路。路，大也。王之所在，故以大爲名。諸侯亦然。《左氏》義以爲行於道路，故以路名之。若然，門寢之等，豈亦行於路乎？云玉路以玉飾諸末者，凡言玉路、金路、象路者，皆是以玉、金、象爲飾，不可以玉、金、象爲路，故知玉、金等飾之。言諸末者，凡車上之材，於末頭皆飾之，故云諸末也。云鍚，馬面當盧，刻金爲之者，眉上曰鍚，故知當額盧。按《韓弈》詩『鉤膺鏤鍚』，金稱鏤，故知刻金爲之。故鄭引《詩》云所謂鏤鍚也。彼詩毛《傳》亦云：金鏤其鍚。鄭《箋》云：眉上曰鍚，刻金飾之。云樊讀如鞶帶之鞶者，按《易·訟卦·上九》云：或鍚之鞶帶。注云：鞶帶，佩鞶之帶。但《易》之鞶謂鞶囊，即《内則》云『男鞶革』是也。此鞶謂馬大帶，音、字同，故讀從之。是以鄭即云馬大帶也。先鄭云：纓謂當胷，引《士喪禮》下篇：馬纓，以削革爲之。賈、馬亦云：鞶纓，馬飾，在膺前，十有二帀，以毛牛尾金塗十二重。後鄭皆不從之者，以鞶爲馬大帶，明纓是夾馬頸，故以今馬鞅解之也。後鄭云玉路之樊及纓，皆以五采罽飾之者，按《爾雅·釋言》云：氂，罽也。郭氏云：毛氂所以爲罽。知是罽染毛爲之。鄭必知罽飾之者，蓋以今時所見擬之。必知用五采者，按《典瑞》云：鎮圭，繅五采五就。則知王者就飾用五采，惟有《外傳》小采以朝月者，用三采耳。繅藉五采即云五就，則一采一帀爲一就。此樊纓十二就之屬，就數雖多，亦一采一帀為一就，如玉菜十二就然。云大常九旗之畫日月者，按《司常》云『日月為常』是也。云正幅為縿者，《爾雅》文。知斿則屬焉者，《爾雅》云：纁帛縿，練旒九。縿、旒用物不同，旒又有數，明知別屬，可知也。

金路，鉤，樊纓九就，建大旂，以賓，同姓以封。注：金路，以金飾諸末。鉤，婁頷之鉤也。金路無鍚有鉤，亦以金爲之。其樊及纓，以五采罽飾之而九成。大旂，九旗之畫交龍者。以賓，以會賓客。同姓以封，謂王子母弟率以功德出封。雖爲侯伯，其畫服猶如上公，若魯、衛之屬。其無功德，各以親疏食采畿内而已。故書『鉤』爲『拘』，杜子春讀爲『鉤』。疏：云金路以金飾鉤也者，《詩》云：鉤膺鏤鍚。鉤連言膺，明鉤在膺前。以今驗古，明鉤是馬婁頷也。云金路無鍚有鉤者，以玉路、金路二者相參知之。何者？玉路云鍚，金路云鉤，明知金路有鉤無鍚。上得兼下言之，則玉路直言鍚，兼有鉤可知。云亦以金爲之者，鍚用金，明鉤亦用金爲飾也。云九成者，亦如上，一采罽爲一成，凡九就，九成也。

象路，朱，樊纓七就，建大赤，以朝，異姓以封。注：象路，以象飾諸末。象路無鉤，以朱飾勒而已。其樊及纓，以五采罽飾之而七成。大赤，九旗之通帛。以朝，以日視朝。異姓，王甥舅。疏：以日視朝者，謂於路門外常朝之處乘之。此雖據常朝而言，至於三朝，皆乘之。按《司常》云：道車建旞。鄭注云：道車，象路也。王以朝夕燕出入乘此象路，則建旞若在朝廷大赤也，其車則同也。云異姓，王甥舅者，謂先王及今王有舅甥之親，若陳國、杞國則別於庶姓，故乘象路之車也。

革路，龍勒，條纓五就，建大白，以即戎，以封四衛。注：革路，鞔之以革而漆之，無他飾。龍，駹也，以白黑飾韋，雜色爲勒。條讀爲『絛』。其樊及纓，以絛絲飾之而五成。不言『樊』字，蓋脫爾。以此言絛，知玉路、金路、象路飾樊纓，皆不用金、玉、象矣。大白，殷之旗，猶周大赤，蓋象正色也。即戎，謂兵事。四衛，四方諸侯守衛者，蠻服以内。疏：云革路鞔之以革而漆之，無他飾者，自玉路、金路、象路，四者皆以革鞔，則《冬官》云『飾車欲侈』者也。但象路以上，更有玉、金、象爲飾，謂之他物，則得玉、金、象之名。此革路亦用革鞔，以無他物飾，則名爲革路也。鄭知駹是白黑飾韋，雜色爲勒者，以《繢人》云：白與黑爲之黼。黑白，相形之物，且下有駹車，邊側有黑漆爲駹。此革路既素，又有大白之旗，故以白黑駹爲雜也。云以此言絛，知玉路、金路、象路飾樊纓，皆不用金、玉、象矣者，上玉路鞶纓十有二就，馬氏以爲旄牛尾金塗十二重。有此嫌，故微破之也。云大白，殷之旗，猶周大赤，蓋象正色也者，《明堂位》云：殷之大白，周之大赤。相對而言，故云猶周大赤。周以十一月爲正，物萌色赤。殷以十二月爲正，物牙色白。是象正色，兼正文，故云『蓋』。云即戎，謂兵事也者，《司服》：兵事，韋弁服。車服相配，俱是即戎，故云謂兵事也。趙商問：《巾車》職云建大白，以即戎，注曰謂兵事。《司馬》職：仲秋辨旗物，以治兵，王載大常。下注云：凡班旗物以出軍之旗，則如秋。不知《巾車》大白以即戎，爲在何時？答曰：殷之正色者，或會事，或勞師，不親將，故建先王之正色，異於親自將。又按《司馬灋》云：章，夏以日月，上明；殷以虎，上威；周以龍，上文。不用大常者，周雖以日月爲常，以龍爲章，故《郊特牲》云：龍章而設日月。又按《周本紀》：武王遂入，至紂之死所。王射之三發，而后下車，以輕劍斬紂頭，懸於大白之旗。不用大常者，時未有《周禮》，故武王雖親將，猶用大白也。云四衛，四方諸侯守衛者，蠻服以内者，此四衛，非謂在衛服者，以其諸侯非同姓，與王無親，即是庶姓，在四方六服已内衛守王。《大司馬》以要服爲蠻服，故云蠻服以内也。

木路，前樊鵠纓，建大麾，以田，以封蕃國。注：木路，不鞔以革，漆之而已。前讀爲『緇翦』之『翦』。翦，淺黑也。木路無龍勒，以淺黑飾韋爲樊，鵠色飾韋爲纓。不言就數，飾與革路同。大麾，不在九旗中，以正色言之則黑，夏后氏所建。田，四時田獵。蕃國，謂九州之外夷服、鎮服、蕃服。杜子春云：鵠或爲『結』。疏：鄭知木路不鞔以革者，以其言木，則木上無革可知。必知有漆者，以其喪車尚有漆者，況吉之乘車，有漆可知。云前讀爲『緇翦』之『翦』者，讀從《既夕》文也。彼爲『加茵用疏布，緇翦有幅，亦縮二横三』。鄭云：翦，淺也。此『前』亦取淺義，故讀從之。知木路無龍勒者，以經不云勒，明降於革路，無龍勒可知。云大麾不在九旗中者，上大白亦不在九旗之中，而不言者，九旗之中雖無大白，仍有雜帛爲物，兼有殷正色，故此特言之。云以正色言之則黑，夏后氏所建者，此亦以正色言之。上文火赤據周，大白據殷，則此大麾，當夏之正色黑，故言夏后氏所建也。按《明堂位》：有虞氏之旂，夏后氏之綏。鄭注云：有虞氏當言綏，夏氏當言旂。若然，則夏后氏有旂無綏，今此大麾則綏，而爲夏后氏所建者。彼以前代質，後代文差之，則綏當有虞氏，旂當夏后氏，但旌、旂皆上有綏，夏之旂去旒，旐而用之，即是綏，故以正色推之，當夏也。云田，四時田獵者，趙商問：《巾車》職曰：建大麾以田，注云田，四時田臘。商按《大司馬》職曰：四時皆建大常，今又云建大麾，以田何？答曰：麾，夏之正色。雖習戰，春夏尚生，其時宜入兵。夏本不以兵得天下，故建其正色以春田。秋冬出兵之時，乃建大常。故《雜問志》云：四時治兵，王自出。《禮記》：天子殺，則下大綏。《司馬》職：王建大常。足相參正。云蕃國謂九州之外夷服、鎮服、蕃服者，按《司馬》職，要服已内爲九州，其外更有三服夷、鎮、蕃，總而言之皆號蕃國。是以此文及《大行人》謂之蕃國也。【略】凡五等諸侯所得路者，在國祭祀及朝天子皆乘之，但朝天子之時，乘至天子館，則舍之於館。是以《覲禮》記云：偏駕不入王門。謂舍之於客館，乘墨車龍旂以朝。鄭云在旁與已同曰偏。若兩諸侯自相朝，亦應乘之。若齊弔及朝并朝夕燕出入，可降一等。若在軍，皆乘廣車。若以田以鄙，則乘木路也。若五等諸侯親迎，皆乘所賜路，以其士親迎，攝盛乘大夫車，則大夫以上，尊則尊矣，不可更攝盛轉乘在上之車，當乘所賜車。與祭祀同，則王乘玉路可也。若然，同姓金路無錫，韓侯受賜得有鏤錫者，正禮雖不得後，有功特賜有之也。若如鄭注，同姓雖爲侯伯，晝服如上公，得乘金路；若爲子男，似不得當與異姓同乘象路也。異姓象路，則降上公，以其上公雖庶姓，亦乘金路；其異姓侯伯子男，皆乘象路也。言四衞革路者，亦謂庶姓侯伯子男。蕃國木路者，夷狄惟有子男，同木路也。無問祀、賓已下，皆乘之。

王之喪車五乘：木車，蒲蔽，犬𧜀，尾櫜，疏飾，小服皆疏。注：木車，不漆者。鄭司農云：蒲蔽謂羸蘭車，以蒲爲蔽，天子喪服之車。漢儀亦然。犬𧜀，以犬皮爲覆笭。故書「疏」爲「揟」，杜子春讀揟爲「沙」。玄謂：蔽，車旁禦風塵者。犬，白犬皮。既以皮爲覆笭，又以其尾爲戈戟之弢。麤布飾二物之側，爲之緣，若攝服云。服讀爲箙。小箙，刀劍短兵之衣。此始遭喪所乘，爲君之道尚微，備姦臣也。《書》曰：以虎賁百人逆子釗。亦爲備焉。

素車，棼蔽，犬𧜀，素飾，小服皆素。注：素車，以白土堊車也。棼讀爲蕡，蕡麻以爲蔽。其𧜀服，以素繒爲緣。此卒哭所乘。爲君之道益著，在車可以去戈戟。

薻車，薻蔽，鹿淺𧜀，革飾。注：故書薻作「𨋎」，杜子春「𨋎」讀爲華藻之藻，直謂華藻也。玄謂薻，水草，蒼色。以蒼土堊車，以蒼繒爲蔽也。鹿淺𧜀，以鹿夏皮爲覆笭，又以所治去毛者緣之。此既練所乘。疏：云此既練所乘者，王喪十三月練，是變除之節，故知此即既練所乘也。

駹車，雚蔽，然𧜀，髹飾。注：故書駹作「龍」，髹爲「軟」。杜子春云：龍讀爲「駹」，軟讀爲「桼垸」之「桼」，直謂髹桼也。玄謂駹車，邊側有漆飾也。雚，細葦席也。以爲蔽者，漆則成藩，即吉也。然，果然也。髹，赤多黑少之色韋也。此大祥所乘。疏：云此大祥所乘者，以二十五月大祥除服之節，故知此車是大祥所乘也。

漆車，藩蔽，豻𧜀，雀飾。注：漆車，黑車也。藩，今時小車，藩漆席以爲之。豻，胡犬。雀，黑多赤少之色韋也。此禫所乘。疏：此禫所乘者，以二十七月禫祥之節，釋素縞麻衣而服禫服，朝服綅冠，故知當禫所乘也。

又《典路》掌王及后之五路，辨其名物與其用說。注：用謂將有朝祀之事而駕之。鄭司農云：說，謂舍車也。《春秋傳》曰：雞鳴而駕，日中而說。用謂所宜用。若有大祭祀，則出路，贊駕說。注：出路，王當乘之。贊駕說，贊僕與趣馬也。大喪、大賓客，亦如之。注：亦出路，當陳之。鄭司農說以《書·顧命》曰：成王崩，康王既陳先王寶器。又曰：大路在賓階面，贅路在阼階面，先路在左塾之前，次路在右塾之前。漢朝上計，律陳屬車於庭。故曰大喪、大賓客，亦如之。凡會同、軍旅、弔于四方，以路從。注：王出，於事無常，王乘一路，典路以其餘路從行，亦以華國。

又《車僕》掌戎路之萃，廣車之萃，闕車之萃，苹車之萃，輕車之萃。注：萃猶副也。此五者皆兵車，所謂五戎也。戎路，王在軍所乘也。廣車，横陳之車也。闕車，所用補闕之車也。苹猶屏也，所用對敵自蔽隱之車也。輕車，所用馳敵致師之車也。《春秋傳》曰：公喪戎路。又曰：其君之戎，分爲二廣。則諸侯戎路、廣車也。疏：云戎路，王在軍所乘也者。此言戎路，則《巾車》所云革路即戎路，故知戎路是王在軍所乘也。若然，此車僕惟掌五戎之萃，其五戎之正不言所掌者，巾車雖掌正戎之一，其下四戎之正，亦巾車掌之矣。其廣車、闕車、苹、輕四者，所解無正文，皆鄭據字，以意釋之也。凡師，共革車，各以其萃。注：五戎者共其一，以爲王優尊者所乘也，而萃各從其元焉。會同亦如之。注：巡守及兵車之會，則王乘戎路。乘車之會，王雖乘金路，猶共以從，不失備也。大喪，廞革車。注：言興革車，則遣車不徒戎路，廣、闕、苹、輕皆有焉。疏：經不云戎路、革路而云革車，亦是五戎之總名，故知不徒戎路，廣、闕、苹、輕皆有可知。若然，王喪，遣車九乘。除此五乘之外，加以金、玉、象、木四者，則九乘矣。

又《夏官·戎右》掌戎車之兵革使，注：使，謂王使以兵，有所誅斬也。詔贊王鼓，傳王命於陳中。會同，充革車。注：會同王雖乘金路，猶以革路從行也。充之者，謂居左也。《曲禮》曰：乘君之乘車，不敢曠左。疏：知會同王乘金路者，《巾車》云「金路以賓」是也。此言充革車，故知猶以革路從。云充之者，謂居左也者。尊者左載，王既不乘，故戎右居左贊王處。是以引《曲禮》為證，彼注云『君在，惡空其位』是也。盟則以玉敦辟盟，遂役之。贊牛耳、桃茢。

又《齊右》掌祭祀、會同、賓客前齊車。注：齊車，金路。王自整齊之車也。王乘則持馬，行則陪乘。凡有牲事，則前馬。

又《道右》掌前道車。王出入，則持馬陪乘，如齊車之儀。注：道車，象路也，王行道德之車。疏：云道車，象路也，王行道德之車者，若言象，據飾為名；言道，據行道為稱。是以《大司馬》亦云道車。自車上諭命於從車。詔王之車儀。王式，則下前馬；王下，則以蓋從。注：以蓋從，表尊。疏：蓋有二種：一者禦雨，二者表尊。此則表尊之蓋也。

又《大馭》掌馭玉路，以祀。及犯軷，王自左馭，馭下祝，登，受轡，犯軷，遂驅之。注：行山曰軷。犯之者，封土為山象，以菩芻、棘、柏為神主。既祭之，以車轢之而去。喻無險難也。疏：行山曰軷者，謂水行曰涉，山行曰軷。云封土為山象者，鄭注《月令》祀行之禮，為軷壇，厚三寸，廣五尺。此道祭亦宜然。云菩芻、棘、柏為神主者，謂於三者之中，但用其一以為神主，則可也。云既祭之，以車轢之而去，喻無險難也者，祭天在近郊，雖無險難，審慎故也。及祭，酌僕，僕左執轡，右祭兩軹，祭軓，乃飲。

凡馭路，行以《肆夏》，趨以《采齊》。注：凡馭路，謂五路也。《肆夏》、《采齊》，樂章也。行謂大寢至路門，趨謂路門至應門。疏：此大馭惟馭玉路，而云謂五路者，大馭雖馭玉路，以經云凡所含廣，則餘四路，亦准玉路為法，故云五路也。若然，迎賓客惟乘金路，餘四路雖不用迎賓客，至於乘車，皆自內而出，自外而入，經路寢及門，故鄭據大寢為正也。云《肆夏》、《采薺》，樂章也者。《肆夏》在『鍾師』與《九夏》同，是樂章可知。其《采薺》雖逸詩，既與《肆夏》同歌，明亦樂章也。知行謂大寢至路門，趨謂路門至應門者，《爾雅》云：堂上謂之行，門外謂之趨。行雖在堂，亦人之行由堂始發，故堂至門皆謂之為行，故云行謂大寢至路門，趨謂路門至應門也。鄭注《樂師》云：及入應門、路門，亦如之。此注不言，亦同於彼也。若然，應門外亦應有樂節，但無文，故鄭亦不言也。凡馭路儀，以鸞和為節。注：舒疾之法也。鸞在衡，和在軾，皆以金為鈴。疏：鄭知鸞在衡，和在軾者，鄭見《韓詩傳》云：升車則馬動，馬動則鸞鳴，鸞鳴則和應。乘車先馬動，次鸞鳴，乃和應。明鸞近馬首，和更近後，故知鸞在衡，和在軾也。且按《秦詩》云：輶車鸞鑣。毛云：鸞在衡。鄭云鸞在鑣，不從毛義者，鄭以田車鸞在鑣，乘車鸞在衡，此云鸞在衡，據乘車而言故也。云皆以金為鈴者，『鼓人』掌四金鈴，則四金之類，故知用金為之，乃可得有聲也。

又《戎僕》掌馭戎車，注：戎車，革路也。師出，王乘以自將。疏：此云戎車，《巾車》云：革路，建太白以即戎。故云戎車，革路也。掌王倅車之政，正其服。注：倅，副也。服謂衆乘戎車者之衣服。犯軷，如玉路之儀。凡巡守及兵車之會，亦如之。掌凡戎車之儀。注：凡戎車，衆之兵車也。《書序》曰：武王戎車三百兩。

又《齊僕》掌馭金路，以賓。注：以待賓客。朝、覲、宗、遇、饗食，皆乘金路。其灋儀各以其等，為車送逆之節。注：節謂王乘車迎賓客及送相去遠近之數。上公九十步，侯伯七十步，子男五十步。《司儀》職曰：車逆拜辱。又曰：及出車送。疏：受享於廟，則迎之。《大行人》云：上公九十步，介九人，擯者五人，廟中將幣，三享。鄭注云：朝先享，不言朝，朝，正禮，不嫌有等。是春夏受贄於朝，無迎法，受享則有之。秋冬一受之於廟，亦無迎法。故《郊特牲》云：覲禮，天子不下堂而見諸侯。是受贄受享，皆無迎法。今言朝、覲、宗、遇饗食，皆乘金路者，謂因此朝覲宗遇而與諸侯行饗食在廟，即有乘金路迎賓客之法也。

又《道僕》掌馭象路，以朝夕燕出入，其灋儀如齊車。注：朝夕，朝朝莫夕。疏：朝朝莫夕，在正朝來往而言。燕者，以其在宮中行事，皆稱燕。掌貳車之政令。注：貳亦副。上文《戎僕》倅車云副，故此貳亦副也。

又《田僕》掌馭田路，以田以鄙。注：田路，木路也。田，田獵也。鄙，循行縣鄙。疏：云田路，木路也者。按《巾車》云：木路，建大麾，以田。故知田路即木路也。云田，田獵也者，據四時田也。云鄙，循行縣鄙者，謂在百里外六遂之中。王巡六遂縣鄙，則六鄉州黨巡之可知，舉遠以明近也。掌佐車之政。注：佐亦副。疏：天子尊，故戎車、田車之貳有別名。諸侯卑，戎車、田車之貳同曰佐，無倅名。是以《檀弓》云：戰於乘丘，公隊佐車，授綏。《少儀》注亦云：朝祀之副曰貳，戎獵之副曰佐也。設驅逆之車。令獲者植旌。及獻，比禽。凡田，王提馬而走，諸侯晉，大夫馳。注：提猶舉也，晉猶抑也。使人扣而舉之、抑之，皆止奔也。馳，放不扣。疏：凡田亦謂四時田。天子發，抗大綏。諸侯發，抗小綏。大夫下君不得云綏，云大夫發，止佐車。其時有提馬、晉馬之事，晉、提遲於馳，皆取尊者體促之義也。

又《校人》掌王馬之政。辨六馬之屬，種馬一物，戎馬一物，齊馬一物，道馬一物，田馬一物，駑馬一物。注：種謂上善似母者，以次差之。玉路駕種馬，戎路駕戎馬，金路駕齊馬，象路駕道馬，田路駕田馬，駑馬給宮中之役。疏：六者皆有毛，物不同，故皆以物言之。此六者，先善後惡，次第而言也。種馬上善似母者，以其言種，故知似母。但種類亦有似父而言似母者，以母爲主也。知種馬駕玉路，已下差次如此者，以其言戎、道、田，以事為名，則知戎馬駕戎路，道馬駕道車，田馬駕田路。以此而言，種馬最在上，駕玉路，可知駑馬最在下，五路之外，給役可知。

又《廋人》 馬八尺以上為龍，七尺以上為駷，六尺以上為馬。注：大小異名。《爾雅》曰：騋牡驪牝，玄駒褭驂。鄭司農説以《月令》曰『駕蒼龍』。

又《春官·司常》 掌九旗之物名，各有屬，以待國事。日月為常，交龍為旂，通帛為旜，雜帛為物，熊虎為旗，鳥隼為旟，龜蛇為旐，全羽為旞，析羽為旌。注：物名者，所畫異物則異名也。屬謂徽識也。《大傳》：爲之徽號。今城門僕射所被及亭長著絳衣，皆其舊象。通帛謂大赤，從周正色，無飾。雜帛者，以帛素飾，其側白，殷之正色。全羽、析羽，皆五采繫之於旞、旌之上，所謂注旄於干首也。凡九旗之帛，皆用絳。疏：鄭云所畫異物則異名也者，按九旗之中有旃、物、旌、旞之等，不畫異物，而鄭所總云畫異物者，鄭據名者而總言之，非謂九旗皆畫異物也。云屬謂徽識也者，謂在朝、在軍所用小旌，故以屬言之。鄭引《大傳》者，欲見此屬與《大傳》徽識爲一物，則《詩》所云『織文鳥章』亦一物。引今漢法，欲見古有此物，遺及漢時也。云通帛謂大赤者，《巾車》及《明堂位》皆用大赤也。云從周正色，無飾者，以周建子，物萌色赤。今旃、旗通體盡用絳之赤帛，是用周之正色，無他物之飾也。云雜帛者，以帛素飾，其側白，殷之正色者，殷以建丑爲正，物牙色白。今用帛素飾其側者，明以先王正道佐職，故兼用白，雜之也。云全羽，析羽皆五采繫之於旞、旌之上者，按《序官》『夏采』注云：夏采，夏翟羽色。《禹貢》徐州貢夏翟之羽。有虞氏以爲緌。後世或無，故染鳥羽，象而用之，謂之夏采。若然，《冬官》鍾氏染鳥羽，是周法染鳥羽爲五色，故鄭云皆五采羽繫之於旞、旌之上。云所謂注旄於干首也者，言所謂者，謂《爾雅》之文也。若然，則此旞、旌非直有羽，亦有旄，故鄭引《爾雅》注旄以證旞、旌，明其兩有。是以《干旄》詩云：孑孑干旄，孑孑干旟。鄭彼注云：《周禮》孤卿建旃，大夫建物，首皆注旄焉。明干首旄羽皆有之。此雖據旞、旌，旄羽竝有，至於太常已下，首皆有旄羽，故衛之臣子雖旃、物而有旄羽，則大常已下皆有，明矣。故《夏采》云：乘車建綏，復於四郊。注：綏以旄牛尾爲之，綴於橦上。王祀四郊，乘玉路，建大常。今以之復，去其旒，異之於生。是其旌首皆有旄之驗也。云九旗之帛皆用絳者，以周尚赤，故《爾雅》云：纁帛縿也。按全羽、析羽，直有羽而無帛，而鄭云九旗之帛者，據衆有者而言。或解以爲旞、旌之下，亦有旄旒而用絳帛也。其旄之下，旆似不用絳，故《爾雅》云：緇廣充幅長尋曰旐，繼旐曰旆。《詩》云白旆央央，旆即左氏定四年《傳》云分康叔以少帛、綪茷、旃旌，是旌、旆色異也。《爾雅》别云素錦綢杠，素陞龍，練旒九，彼旆於喪葬之旗也。

及國之大閱，贊司馬頒旗物。王建大常，諸侯建旂，孤卿建旜，大夫士建物，師都建旗，州里建旟，縣鄙建旐。道車載旞，斿車載旌。注：仲冬教大閱，司馬主其禮。自王以下治民者，旗畫成物之象。王畫日月，象天明也。諸侯畫交龍，一象其升朝，一象其下復也。孤卿不畫，言奉王之政教而已。大夫士雜帛，言以先王正道佐職也。師都，六鄉、六遂大夫也。謂之師都，都民所聚也。畫熊虎者，鄉、遂出軍賦，象其守，猛莫敢犯也。州里，縣鄙鄉遂之官，互約言之。鳥隼，象其勇捷也。龜蛇，象其扞難辟害也。道車，象路也，王以朝夕燕出入。斿車，木路也，王以田以鄙。全羽、析羽五色，象其文德也。大閱，王乘戎路，建大常焉，玉路、金路不出。疏：此九旗發首雖總爲大閱而言，其道車載旞，斿車載旌，非爲軍事也。【略】云王畫日月，象天明也者，聖人與日月齊其明，故旌旗畫日月象之。按桓二年臧哀伯云：三辰旂旗，昭其明也。三辰，日月星，則此太常之畫日月者也。此直言日月不言星者，此舉日月，其實兼有星也。云諸侯畫交龍，一象升朝，一象下復也者，以衣服不言交龍，直云衮龍，則衣服直有升龍，無降龍，以其天子之衣無日月星，直有龍，龍有升龍、降龍，則諸侯不得與天子同，故直有升龍也。至於天子旌旗有日月星辰，故諸侯旌旗無日月星，故龍有升降也，象升朝天子，象下復還國也。皆畫其象焉，官府各象其事，州里各象其名，家各象其號。注：事、名、號者，徽識，所以題别衆臣，樹之於位，朝者各就焉。《覲禮》曰：公、侯、伯、子、男皆就其旂而立。此其類也。或謂之事，或謂之名，或謂之號，異外内也。三者，旌旗之細也。《士喪禮》曰：爲銘，各以其物。亡則以緇長半幅，赬末長終幅廣三寸，書名於末。此蓋其制也。徽識之書，則云某某之事，某某之名，某某之號。今大閱禮，象而爲之。兵，凶事，若有死事者，亦當以相别也。杜子春云：『畫』當爲『書』。玄謂畫，畫雲氣也，異於在國軍事之飾。疏：上云旌旗之大，此言旌旗之細者也。云皆畫其象焉，與下爲目，此則官府已下三象是也。

凡祭祀，各建其旗。注：王祭祀之車，則玉路。疏：王祭祀之車，則玉路者，偏據王而言。乘玉路，則建大常。經云各建其旗，則諸侯已下，所得路各有旗。按上文諸侯建旂，大行人云建常九旒，雖言常，皆是交龍爲旂。散文通，故名旂爲常。孤卿則旜，大夫則物，故言各建其旗也。會同、賓客亦如之，置旌門。注：賓客朝、覲、宗、遇，王乘金路。巡守兵車之會，王乘戎路，皆建其大常。《掌舍》職曰：爲帷宮，設旌門。疏：鄭知賓客朝、覲、宗、遇，王乘金路者，見《齊僕》云掌馭金路，以賓。又《齊右》亦云會同、賓客前齊車。齊車即金路。朝、覲、宗、遇即會同，故總以金路解之也。知巡守兵車之會，王乘戎路者，以其同是軍事，故知亦皆乘戎路也。知皆建其大常者，此大閱禮王建大常，即知巡守兵車之會皆建大常也。云《掌舍》職曰爲帷宮，設旌門者，彼注云：謂王行晝止，則樹旌以爲門，彼官樹之，此官供旌。大喪，共銘旌，注：銘旌，王則大常也。《士喪禮》曰：爲銘，各以其物。建廞車之旌；及葬，亦如之。注：葬云建之，則行廞車解説之。疏：此謂在廟陳時建之，謂以廞旌建於遣車之上。及葬，亦如之，此謂入壙亦建之。【略】在廟陳時云建，葬時亦建，則惟有在道去之，使人各執遣車，又當各執廞旌，是行廞車解説之也。凡軍事，建旌旗，及致民置旗，弊之。注：始置旗以致民，民至仆之，誅後至者。甸亦如之。疏：上云軍事，謂出軍征戰；今此云甸，謂四時田獵。言亦如之者，亦如上建旌及致與弊之也。凡射，共獲旌。注：獲旌，獲者所持旌。疏：言凡射者，則大射、賓射及燕射，皆共之。歲時共更旌。注：取舊與新。疏：謂受官旌旗用之者，歲之四時來換易，則司常取彼之舊，與此之新也。

又《夏官・大司馬》 中秋教治兵，如振旅之陳，疏：言教治兵者，凡兵出曰治，兵入曰振旅。春以入兵為名，春尚農事。秋以出兵為名，秋尚嚴威故也。云如振旅之陳者，如春振旅時坐作進退、疾徐疏數之法也。辨旗物之用。王載大常，諸侯載旂，軍吏載旗，師都載旜，鄉遂載物，郊野載旐，百官載旟，各書其事與其號焉。注：凡旌旗，有軍衆者畫異物，無者帛而已。『書』當為『畫』，事也，號也，皆畫以雲氣。疏：云凡旌旗，有軍衆者畫異物者，即經天子、諸侯、軍吏、郊野、百官是也。云無者帛而已者，鄉、遂載旜、物是也。

又《司勳》 凡有功者，銘書於王之大常。注：銘之言名也。生則書於王旌，以識其人與其功也。疏：言生則書於王旌，以識其人與其功也者，以王建大常，故云王旌；必於王旌識功與人者，王旌，車上建之，就旌上書之，欲取表顯示人故也。

又《夏官・節服氏》 掌祭祀、朝覲衮冕，六人維王之太常。注：服衮冕者，從王服也。維，維之以縷。王旌十二旒，兩兩以縷綴連，旁三人持之。禮，天子旌曳地。鄭司農云：維，持之。諸侯則四人，其服亦如之。

又《秋官・大行人》 上公之禮，【略】建常九斿，樊纓九就。貳車九乘，介九人。

諸侯之禮，【略】建常七斿，樊纓七就。貳車七乘，介七人。

諸子，【略】建常五斿，樊纓五就。貳車五乘，介五人。注：常，旌旗也。斿，其屬幓垂者也。樊纓，馬飾也，以罽飾之，每一處五采，備為一就。就，成也。貳，副也。介，輔己行禮者也。疏：建常九斿者，但對文『日月為常，交龍為旂』，而云常者，常，總稱，故號旂為常也。樊纓九就者，樊，馬腹帶，纓，馬鞅。以五采罽飾之而九成。【略】云常，旌旗也者。鄭欲見常與旌、旗皆總稱，非日月為常者。云斿，其屬幓垂者也者，《爾雅》云：纁帛縿，練旒九。正幅為縿，謂旌旗之幅也。其下屬旒，故云屬縿垂者也。云樊纓，馬飾也，以罽飾之，每一處五采備，為一就，就，成也者，此云五采備，即《巾車》注五采、罽，一也。此等諸侯皆用五采罽，與繅藉異。以繅藉之上，絢組亦同五采也。

又《考工記・序》 有虞氏上陶，夏后氏上匠，殷人上梓，周人上輿。注：官各有所尊，王者相變也。舜至質，貴陶器，甒大瓦棺是也。禹治洪水，民降丘宅土，卑宮室，盡力乎溝洫而尊匠。湯放桀，疾禮樂之壞而尊梓。武王誅紂，疾上下失其服飾而尊輿。疏：云湯放桀者，《尚書》云：湯放桀于南巢。云疾禮樂之壞者，桀之無道，民墜塗炭，灋度靡措，是禮樂之壞也。梓人所以造作禮樂之器，故湯上之也。云武王誅紂者，《尚書・牧誓》云：甲子昧爽，戰于牧野。是武王誅紂之事。紂之無道，臣下化之，無尊卑之差，失其服飾。但車服者，顯尊卑之差，故周公制禮，尊上於輿也。故一器而工聚焉者，車為多。注：周所上也。疏：云一器者，車也；而工聚者，謂有輪人、輿人、車人就職，中仍有輈人。是一器工聚者，車最多，多於餘官，以周所上故也，

車有六等之數。注：車有天地之象，人在其中焉。六等之數，灋《易》之三材六畫。車軫四尺，謂之一等。戈柲六尺有六寸，既建而迆，崇於軫四尺，謂之二等。人長八尺，崇於戈四尺，謂之三等。殳長尋有四尺，崇於人四尺，謂之四等。車戟常，崇於殳四尺，謂之五等。酋矛常有四尺，崇於戟四尺，謂之六等。注：此所謂兵車也。軫，輿後横木。崇，高也。八尺曰尋，倍尋曰常。殳，長丈二。戈、殳、戟、矛皆插車輢。鄭司農云：迆讀為『倚移從風』之『移』，謂著戈於車，邪倚也。酋發聲，直謂矛。疏：云酋發聲，直謂矛，酋矛二丈也。車謂之六等之數。注：中言數也。

凡察車之道，必自載於地者始也，是故察車自輪始。注：先視輪也。自，從也。凡察車之道，欲其樸屬而微至。不樸屬，無以為完久也。不微至，無以為戚速也。注：樸屬猶附著，堅固貌也。齊人有名疾為戚者。《春秋傳》曰：蓋以操之為已蹙矣。速，疾也。書或作『數』。鄭司農云：樸讀如『子南僕』之『僕』。微至，謂輪至地者少，言其圜甚，著地者微耳。著地者微則易轉，故不微至，無以為戚數。輪已崇，則人不能登也；輪已庳，則於馬終古登陁也。注：已，大也，甚也。崇，高也。齊人之言終古，猶言常也。陁，阪也。輪庳則難引。

故兵車之輪六尺有六寸，田車之輪六尺有三寸，乘車之輪六尺有六寸。注：此以馬大小為節也。兵車，革路也。田車，木路也。乘車，玉路、金路、象

路也。兵車、乘車駕國馬，田車駕田馬。疏：先言兵車者，重戎事故也。田獵、戰伐相類，即言田車，以繼兵車，後別言乘車之等也。【略】言以馬大小為節者，馬高則車亦高，馬下則車亦下，一以馬之高下為車之節度。云革路、木路、玉路等，皆據《巾車》而言也。云國馬者，據《輈人》云「國馬之輈」而言，國馬則《校人》所云種馬、戎馬、齊馬、道馬四者是也。六尺有六寸之輪，軹崇三尺有三寸也。加軫與轐焉，四尺也。人長八尺，登下以為節。注：此車之高者也。軫，輿也。鄭司農云：軹，軎也。轐讀為「旃僕」之「僕」，謂伏兔也。玄謂軹，轂末也。此軫與轐幷七寸，田車又宜減焉。乘車之軌廣，取數於此。軌廣八尺，旁出輿，亦七寸也。疏：云謂伏兔也者，漢時名，今人謂之車屐是也。【略】云乘車之軌廣，取數於此者，車輿六尺有六寸，軌廣謂轍廣。轍八尺，則車輿外旁出輿，兩箱各七寸。七寸之數，取於軫、轐七寸之數，故云取數於此也。

又《考工記·輈人》 軫之方也，以象地也；蓋之圜也，以象天也。輪輻三十，以象日月也；蓋弓二十有八，以象星也。注：輪象日月者，以其運行也。日月三十日而合宿。疏：云軫之方也，以象地也者，據輿方而言。不言輿言軫者，軫是輿之本，故舉以言之。云蓋之圜也，以象天也者，即上「與人」所造者也。云以象星者，星則二十八宿，一面有七，角、亢之等是也。若據日月合會於其處，則名宿，亦名辰，亦名次，亦名房也。若不據會，宿即指星體而言星也。

龍旂九斿，以象大火也。注：交龍為旂，諸侯之所建也。大火，蒼龍宿之心，其屬有尾，尾九星。疏：云大火，蒼龍宿之心者，《書大傳》云：夏，大火中，可種黍菽。及春、秋，火出。皆此大火，一也。東方木，色蒼，東方七宿畫為龍，故曰蒼龍。日月季秋會於此。星則曰宿，角、亢、氐、房、心、尾、箕，次比言之，則曰心，故云大火，蒼龍宿之心也。云其屬有尾，尾九星者，是九斿所象也。言九斿若此，正謂天子龍旂，其上公亦九斿。若侯、伯則七斿，子、男則五斿，《大行人》所云者是也。

鳥旟七斿，以象鶉火也。注：鳥隼為旟，州里之所建。鶉火，朱鳥宿之柳，其屬有星，星七星。疏：云鳥隼為旟，州里之所建，《司常》職文。州長，中大夫，四命。里宰，下士，一命。皆不得建此七斿之旟。言州里建旟者，亦取彼成文以釋旟，非謂州里得建七斿也。云鶉火，朱鳥宿之柳，其屬有星，星七星者，南方七宿畫為鶉，畫為鳥，火，色朱。日月六月會于柳，故云宿之柳也。云其屬有星，星七星者，《月令》云「旦，七星中」是也。不指七星言柳，乃云其屬有星者，當鶉火三星，柳為首，故先舉其首，後言其屬也。若然，上心與尾別辰，心非尾之首，亦舉心，後言其屬尾者，心為大辰，雖非本辰，亦為其首也。

熊旗六斿，以象伐也。注：熊虎為旗，師都之所建。伐屬白虎宿，與參連體而六星。疏：云熊虎為旗，師都之所建者，亦《司常》職文。云伐屬白虎宿，與參連體而六星者，西方七宿畫為虎，金，色白。孟夏日月會則曰宿。參、伐六星為上下，是連體也。師都，鄉、遂大夫也。鄉大夫雖是六命，即得建六斿；遂大夫是中大夫，四命，即不得建六斿。此亦謂天子所建也。

龜蛇四斿，以象營室也。注：龜蛇為旐，縣鄙之所建。營室，玄武宿，與東壁連體而四星。疏：龜蛇為旐，縣鄙之所建者，亦《司常》職文。縣正雖是下大夫，四命，鄙師上士，三命，即不得建四斿。此亦謂天子所建也。云營室，玄武宿者，玄武，龜也，有甲能禦捍，故曰武。水，色玄。孟春日月會，故曰宿。云與東壁連體而四星者，營室是北方七宿，室在東，壁在西，西壁而言東壁者，據十月在南方，壁在東，故云東壁也。此星一名室壁，一名營室，一名水，《春秋傳》云「水昏正而栽」是也。一名定，「定之方中」是也。

弧旌枉矢，以象弧也。注：《覲禮》曰：侯氏載龍旂弧韣。則旌、旗之屬，皆有弧也。弧以張縿之幅，有衣謂之韣，又為設矢，象弧星有矢也。妖星有枉矢者，蛇行有尾，因此云枉矢，蓋畫之。疏：弧旌者，弧弓也。旌旗有弓，所以張縿幅，故曰弧旌也。云枉矢者，就旌、旗張縿弓上，亦畫枉矢於上。云以象弧也者，象天上弧星，弧星則矢星也。【略】引《覲禮》侯氏載弧韣而云旌、旗之屬皆有弧者，按《司常》云全羽為旞，析羽為旌。則無縿幅可張，而云旌旗之屬皆弧者，此二者無弧，而云之屬者，舉衆而言，謂若《司常》注云九旗之帛皆用絳，亦舉衆而言也。云有衣謂之韣者，韣，韜也，以衣韜其弓，謂之弓韣。《月令》「帶以弓韣」是也。云又為設矢，象弧星有矢也者，天上弧星有枉矢，即引《孝經緯》枉矢者，蛇行有尾，因此云枉矢，蓋畫之。知畫之者，以其弓所以張幅，幅非弦不可著矢，故畫於縿上也。按《孝經援神契》云：枉矢，所以射慝謀輕。《考異郵》曰：枉矢，狀如流星，蛇行有尾。又《天文志》曰：枉矢類大流星，蛇行而蒼黑，長數尺。

《大戴禮記》卷三《保傅》 升車則聞和鸞之聲，是以非僻之心無自入也。在衡為鸞，在軾為和，馬動而鸞鳴，鸞鳴而和應。聲曰和，和則敬。此御之節也。上車以和鸞為節，下車以珮玉為度。上有雙衡，下有雙璜，北周盧辯注：衡，平也。半璧曰璜。衝牙、注：衝在中，牙在旁。玭珠以納其間，注：納于衡、璜、衝、牙之間。玭亦作「蠙」。琚瑀以雜之。注：總曰玭珠，而赤者曰琚，白者曰瑀。或曰瑀，美玉。琚，石，次玉。行以《采茨》，趨以《肆夏》，步環中規，折環中矩，進則揖之，退則揚之，然后玉鏘鳴也。

古之為路車也，蓋圓以象天，二十八橑以象列星；注：橑，蓋弓也。軫方以象地，三十幅以象月。故仰則觀天文，俯則察地理，前視則睹鸞和之聲，側聽則觀四時之運。注：謂視輪也，車為月。此巾車教之道也。注：巾車，宗伯之屬，下大夫二人。

又 卷一二《朝事》 天子之所以明章著此義者，以朝聘之禮也。是故【略】各執其圭瑞，服其服，乘其輅，建其旌旂，施其樊纓，從其貳車，委積之以其牢禮之數，所以明別義也。然後天子冕而執鎮圭，尺有二寸，繅藉尺有二寸，搢大圭，乘大輅，建大常十有二旒，樊纓十有再就，貳車十有二乘，率諸侯而朝日東郊，所以教尊尊也。

《禮記·明堂位》 命魯公世世祀周公以天子之禮樂，漢鄭玄注：同之於周，尊之也。魯公謂伯禽。是以魯君孟春乘大路，載弧韣旂，十有二旒，日月之章，祀帝于郊，配以后稷，天子之禮也。注：孟春，建子之月。魯之始郊日以至。大路，殷之祭天車也。弧，旌旗所以張幅也，其衣曰韣。天子之旌旗畫日月。唐孔穎達《正義》：云大路，殷之祭天車也者，以下文云『大路，殷路』，知祭天車者，以祭天尚質，器用陶匏，大路一就，故知是祭天所用也。以尊敬周公，故用先代殷禮，牲用白牡，車乘殷路。云弧，旌旗所以張幅也者，弧以竹爲之，其形爲弓，以張縿之幅。故《考工記》：弧旌枉矢，以象弧也。注云：弧以張縿之幅。云其衣曰韣者，謂此弓之衣，謂之爲韣。云天子之旌旗畫日月者，《周禮》：日月爲常。又云：王建大常。此云日月之章，與天子同也。

鸞車，有虞氏之路也。鉤車，夏后氏之路也。大路，殷路也。乘路，周路也。注：鸞，有鸞和也。鉤，有曲輿者也。大路，木路也。乘路，玉路也。漢祭天，乘殷之路也，今謂之桑根車也。《春秋傳》曰：大路素。『鸞』或爲『欒』也。《正義》：此一經明魯有四代之車，其制各別。鸞車，車有鸞和也。路則車也。鉤車，夏后氏之路也者，鉤，曲也，輿則車牀，曲輿謂曲前闌也。虞質，未有鉤矣。大路，殷路也者，大路，木路也。乘路，周路也者，乘路，玉路也，周王禮，故用玉。【略】案桓二年《左氏》云：大路越席。越席是祀天之席，則大路亦祭天之車。以祭天尚質，故鄭云大路素。

有虞氏之旂，夏后氏之綏，殷之大白，周之大赤。注：四者，旌旗之屬也。綏當爲『緌』，讀如『冠蕤』之『蕤』。有虞氏當言『緌』，夏后氏當言『旂』，此蓋錯誤也。緌謂注旄牛尾於杠首，所謂大麾。《書》云：武王左杖黄鉞，右秉白旄以麾。《周禮》『王建大旂，以賓；建大赤，以朝；建大白，以即戎；建大麾，以田』也。《正義》：此一經論魯有四代旌旗。有虞氏之旂者，旂當為『緌』，但注旄竿首，未有旒縿。夏后氏之綏者，鄭云綏當爲『旂』，夏后氏漸文，既注旄竿首，又有旒縿。殷之大白，謂白色旗。周之大赤者，赤色旗。此大白、大赤各隨代之色，無所畫也。

夏后氏駱馬黑鬣，殷人白馬黑首，周人黄馬蕃鬣。注：順正色也。白馬黑鬣曰駱。殷黑首，爲純白，凶也。《正義》：此一經明魯有三代之馬及牲色不同。夏后氏駱馬黑鬣者，駱，白黑相間也。此馬白身黑鬣，故云駱也。夏尚黑，故用黑鬣也。殷人白馬黑首者，殷尚白，故白馬也。純白似凶，故黑頭也。頭黑而鬣白，從所尚也。然類三代，俱以鬣爲所尚也。周人黄馬蕃鬣者，蕃，赤也，周尚赤，用黄近赤也，而用赤鬣，爲所尚也。熊氏以爲蕃鬣爲黑色，與周所尚乖，非也。

有虞氏之綏，夏后氏之綢練，殷之崇牙，周之璧翣。注：綏亦旌旗之緌也。夏綢，其杠以練爲之旒。殷又刻繒爲重牙，以飾其側，亦飾彌多也。湯以武受命，恒以牙爲飾也。此旌旗及翣，皆喪葬之飾。《周禮》大喪葬，『巾車』執蓋，從車持旌，『御僕』持翣，旌從遣車，翣夾柩路左右前後。天子八翣，皆戴璧垂羽。諸侯六翣，皆戴圭。大夫四翣，士二翣，皆戴緌。《正義》：此一經明魯有四代喪葬旌旗之飾。有虞氏之綏者，則前經注旄於竿首。夏后氏之綢練者，謂綢杠以練，又爲之旒。殷之崇牙者，謂刻繒爲崇牙之形，飾旌旗之側。周之璧翣者，謂周代以物爲翣，翣上戴之以璧，陳之而鄣柩車。

又 《檀弓上》 夏后氏尚黑，注：以建寅之月為正，物生，色黑。【略】戎事乘驪，注：戎，兵也。馬黑色曰驪。《爾雅》曰：騋牝驪牡。牲用玄。注：玄，黑類也。殷人尚白，注：以建丑之月為正，物牙，色白。【略】戎事乘翰，注：翰，白色馬也。《易》曰：白馬翰如。牲用白。周人尚赤，注：以建子之月為正，物萌，色赤。【略】戎事乘騵，注：騵，駵馬白腹。牲用騂。注：騂，赤類。

又 《大傳》 易服色，殊徽號。注：服色，車馬也。徽號，旌旂之名也。

又 《王制》 天子殺，則下大綏。諸侯殺，則下小綏。注：綏當為『緌』。緌，有虞氏之旌旗也。下，謂弊之。《正義》：綏當為『緌』者，綏字是糸旁，妥是登車之索；緌字是糸旁，委是旌旗之名。經作綏字，故云綏當為『緌』。云有虞氏之旌旗也者，案《明堂位》云：有虞氏之旂，夏后氏之綏。鄭注云：有虞氏當言緌，旌旗無旒者。周謂之大麾，於周則春、夏田用緌。故鄭答趙商云：春、夏用大麾，秋、冬用大常。云下謂弊之者，謂弊，仆於地也。若初殺時，則抗之；已殺獵止之時，則弊之。故《詩傳》云：天子發，抗大綏；諸侯發，抗小綏。此抗綏以表天子諸侯之獲。

命服、命車，不粥於市。注：尊物，非民所宜有。【略】粥，賣也。

又《郊特牲》大路繁纓一就，先路三就，次路五就。注：此因小説以少為貴者。禮器言次路七就，與此乖，字之誤也。《正義》：大路，殷祭天車也。用以祭天，故曰大路。五采一成曰就。天質慤，故止一就也。故《明堂位》云『大路，殷路』是也。先路三就者，先路亦殷路也。殷則有三路，其世猶質，故以少飾為先。先，相次為言，對次，故稱先也。每加以兩，大路一，先路三也，次路故五就也。

祭之日，王【略】乘素車，貴其質也。旂十有二旒，龍章而設日月，以象天也。注：設日月，畫於旂上。素車，殷路也。魯公之郊，用殷禮也。

又《禮器》有以素為貴者，【略】大路素而越席。《正義》：大路，殷家祭天車也。越席，蒲席也。祭天本質素，故素車蒲席也。

大路繁纓一就，次路繁纓七就。《正義》：大路繁纓一就者，大路，殷祭天之車也。殷尚質，以木為車，無別雕飾，乘以祭天，謂之大路也。繁謂馬腹帶也。纓，鞅也。染絲而織之曰罽，五色一帀曰就。就，成也，言五色帀一成。車既樸素，故馬亦少飾，止一就也。次路繁纓七就者，次路，殷之第三路也，供卑用，故就多也。然《郊特牲》云：大路一就，先路三就，次路五就。而此云次路七就，鄭注《郊特牲》，以此云『七』為誤。

又《樂記》所謂大輅者，天子之車也。龍旂九旒，天子之旌也。《正義》：大輅者，天子之車也者，大輅謂金輅也。據上公及同姓侯伯，故下云龍旂九旒，亦上公也。若異姓則象輅，若四衛則革輅，蕃國則木輅。受於天子，總謂之大輅也。龍旂九旒，天子之旌也者。據上公言之，侯、伯則七旒，子男則五旒。

又《曲禮上》兵車不式，注：尚威武，不崇敬。武車綏旌，注：盡飾也。綏謂垂舒之也。武車亦兵車。德車結旌。注：不盡飾也。結謂收斂之也。德車，乘車。《正義》：兵車，革路也。兵車尚武猛，宜無推讓，故不為式敬也。武車綏旌者，武車亦革路也，取其建戈刀即云兵車，取其威猛即云武車也。綏謂垂舒散之也，旌謂車上旗幡也。尚威武，故舒散旗幡垂綏然。何胤云：垂放旌旗之旒，以見其美也。德車結旌者，德車謂玉路、金路、象路、木路，四路不用兵，故曰德車。德美在內，不尚赫奕，故結纏其旒，著於竿也。何胤云：以德為美，故略於飾。此坐乘之車也。鄭前云乘車必正立，此云是乘車，則非坐乘也。

前有水則載青旌，前有塵埃則載鳴鳶，前有車騎則載飛鴻，前有士師則載虎皮，前有摯獸則載貔貅。注：載謂舉於旌首，以警衆也。禮，君行師從，卿行旅從，前驅舉此，則士衆知所有。所舉各以其類象。青，青雀，水鳥。鳶鳴則將風，鴻取飛有行列也。士師謂兵衆，虎取其有威勇也。貔貅，亦摯獸也。書曰如虎如貔。『士』或為『仕』。《正義》：青旌者，青雀，旌謂旌旗。軍行，若前值水，則畫為青雀旌旗幡上，舉示之。所以然者，青雀是水鳥，軍士望見，則咸知前必值水而各防也。前有塵埃則載鳴鳶者，鳶，今時鴟也。鴟鳴則風生，風生則塵埃起，前有塵埃起，則畫鴟於旌首而載之，衆見咸知，以為備也。不直言鳶而云鳴者，鳶不鳴則風不生，故畫作開口如鳴時也。不言旌，從可知也。前有車騎則載飛鴻者，車騎，彼人之車騎也。鴻，鴻鴈也。鴈飛有行列，與車騎相似。若軍前忽遥見彼人有多車騎，則畫鴻於旌首而載之，使衆見而為防也。然古人不騎馬，故經但記正典，無言『騎』者。今言『騎』者，當是周末時禮。前有士師則載虎皮者，士師，兵衆也。虎是威猛亦兵衆之象。若見前有兵衆，則舉虎皮於竿首，使兵衆見以為防也。前有摯獸則載貔貅者，摯獸猛而能擊，謂虎狼之屬也。貔貅是一獸，亦有猛威也。若前有猛獸，則舉此貔貅，使衆知為備也。但不知為載其皮、為畫其形耳。通有二家：一云與虎皮並畫，作皮於旌也；一云並載其皮。

行，前朱鳥而後玄武，左青龍而右白虎，招搖在上，急繕其怒。注：以此四獸為軍陳，象天也。急猶堅也。繕讀曰勁。又畫招搖星於旌旗上，以起居堅勁，軍之威怒象天帝也。招搖星在北斗杓端，主指者。《正義》：行，前朱鳥而後玄武，左青龍而右白虎者。前明軍行逢值之禮也，此明軍行象天文而作陳法也。前南，後北，左東，右西。朱鳥、玄武、青龍、白虎，四方宿名也。軍前宜捷，故用雀。軍後須殿捍，故用玄武。玄武，龜也。龜有甲，能禦侮用也。左為陽，陽能發生，象其龍變生也。右為陰，陰沈能殺。虎，沈殺也。軍之左右生殺變應，威猛如龍、虎也。何胤云：如鳥之翔，如蛇之毒，龍騰虎奮，無能敵此四物。鄭注四獸為軍陳，則是軍陳之法也，但不知何以為之耳。今之軍行，畫此四獸於旌旗，以標左右前後之軍陳。招搖在上者，招搖，北斗七星也。北斗居四方宿之中，以斗末從十二月建而指之，則四方宿不差。今軍行法之，亦作此北斗星，在軍中舉之於上，以指正四方，使四方之陳不差，故云招搖在上也。然並作七星而獨云招搖者，舉指者為主，餘從可知也。急繕其怒者，嚮明軍陳之法，此舉士卒之用也。急，堅也。繕，勁利也。其怒，士卒之怒也。軍行，既張四宿於四方，標招搖於中上，象天之行，故軍旅士卒起居舉動，堅勁奮勇，如天帝之威怒也。然若類前而論四宿之陳，畫旌為勝，且鄭云又畫招搖於旌上，則知四物是畫，故皇約言云：又畫也。崔靈恩云：此謂軍行所置旌旗於四方以法天。此旌之旒數，皆放其星。龍旗則九旒，雀則七旒，虎則六旒，龜蛇則四旒，皆放星數以法天也，皆畫招搖於此四旗之上。案崔並畫四旗皆為北斗星，於義不安。何者？天唯一斗以指四方，何用四斗乎？進退有度，注：度謂伐與步數。左右有局，各司其局。注：局，部分也。《正義》：左右有局者，局，部分也。軍之在左右，各有部分，不相濫也。各司其局者，軍行須監領，故主帥部分，各有所司部分也。《爾雅》云：局，分也。郭云：謂分部也。

國君不乘奇車。注：出入必正也。奇車，獵衣之屬。車上不廣欬，注：為若自矜。不妄指，注：為惑衆。立視五巂，注：立，平視也。巂猶規也，謂輪轉之度。巂或為『縈』。式視馬尾，注：小俛。顧不過轂。注：為掩在後。國中以策彗，恤勿驅，塵不出軌。注：入國不馳。彗，竹帚。恤勿，搔摩也。《正義》：國君不乘奇車者，國君出入宜正，不可乘奇邪不正之車。盧氏云：不如灋者之車也。車上不廣欬者，廣，弘大也。欬，聲欬也。車已高，若在上而聲大欬，似自驕矜又驚衆也。不妄指者，妄，虚也。在車上高若無事，忽虚以手指麾於四方，並為惑衆也。立視五巂者，車上依禮，巂，規也，車輪一周為一規，乘車之輪高六尺六寸，徑一圍。三三六，十八得一丈八尺，又六寸為一尺八寸，總一規為一丈九尺八寸，五規為九十九尺。六尺為步，總為十六步半。在車上所視，則前十六步半也。式視馬尾者，馬引車，其尾近在車欄前，故車上馮式下頭時，不得遠矚，而令瞻視馬尾。顧不過轂者，車轂也，若轉頭，不得過轂，過轂則掩後人私也，《論語》云『車中不内顧』是也。國中以策彗，卹勿驅者，前云入國不馳，此為不馳，故為遲行法也。策，馬杖。彗，竹帚也。塵不出軌者，軌，車轍也。車行遲，故塵埃不起，不飛揚出轍外也。

又《玉藻》 君，羔幦虎犆。注：幦，覆苓也。『犆』讀皆如『直道而行』之『直』，直謂緣也。此君齊車之飾。《正義》：苓即式也，但車式以苓為之，有豎者，有横者，故《考工記》注云：轛，式之植者、衡者也。此云幦，覆苓，《詩·大雅》：鞹鞃淺幭。毛《傳》云：幭，覆式。幭即幦也。又《周禮·巾車》作『複』，但古字耳，三者同也。知幦是覆苓者，《少儀》云『負良綏，申之面，拖諸幦』是也。【略】皇氏云：君謂天子、諸侯也。《詩》云淺幭，以虎皮為幭。彼據諸侯與『玄衮赤舄』連文，知亦齊車之飾。此用羔幦者，當是異代禮或可，《詩傳》據以虎皮飾幦，謂之淺幭也。

又《坊記》 子云：『君不與同姓同車，與異姓同車不同服，示民不嫌也。以此坊民，民猶得同姓以弑其君。』注：同姓者，謂先王先公子孫有繼及之道者也。其非此，則無嫌也。僕右恒朝服，君則各以時事，唯在軍同服爾。

又《雜記上》 諸侯相襚，以後路與冕服，先路與褒衣不以襚。注：不以己之正者施於人，以彼不以爲正也。後路，貳車，貳車行在後也。《正義》：諸侯相襚者，襚謂以物送死用也。以後路與冕服者，後路爲上路之後，次路也。冕服謂上冕之後，次冕也。先路與褒衣不以襚者，是己之車服之上，不可以施遺於人，以彼不以爲正服所用也。

又《月令》 孟春之月，【略】天子居青陽左个，乘鸞路，駕倉龍，載青旂。注：鸞路，有虞氏之車。有鸞和之節而飾之以青，取其名耳。春言鸞，冬、夏言色，互文。馬八尺以上為龍。《正義》：云鸞路有虞氏之車者，《明堂位》云：鸞車，有虞氏之路也。今既云鸞路，故知是有虞氏之車也。用有虞氏，則知非周也。云有鸞和之節而飾之以青，取其名耳者，因其有鸞，故不言青而云鸞也。云春言鸞，冬夏言色，互文者，春言鸞則夏、秋、冬並鸞也，夏云朱，冬云玄，則春青、秋白可知也。云馬八尺以上為龍者，出《廋人》職。

孟夏之月，【略】天子居明堂左个，乘朱路，駕赤駵，載赤旂。《正義》：旌旂雖人功所為，染之不須色深，故亦云赤。案《詩傳》：天子純朱，諸侯黄朱。又鄭注《儀禮》云：朱則四入與？是朱深於赤也。

季夏之月，【略】天子居大廟大室，乘大路，駕黄駵，載黄旂。注：大路，殷路也。車如殷路之制，而飾之以黄。《正義》：云大路，殷路者，《明堂位》文也。形制似殷之路者，但服色尚黄，飾之黄耳。四時用鸞路，此用大路者，以土五行之主，故取尊大之名。乘殷之大路，又尚質之義。

孟秋之月，【略】天子居總章左个，乘戎路，駕白駱，載白旂。注：戎路，兵車也。制如周革路而飾之以白，白馬黑鬣曰駱。

孟冬之月，【略】天子居玄堂左个，乘玄路，駕鐵驪，載玄旂。注：鐵驪，色如鐵。

《孫子兵法·軍爭》 軍政曰：言不相聞，故為之金鼓；視不相見，故為之旌旗。夫金鼓、旌旗者，所以一人之耳目也。

《司馬法·天子之義》 戎車，夏后氏曰鉤車，先正也；殷曰寅車，先疾也；周曰元戎，先良也。旂，夏后氏玄首，人之執也；殷白，天之義也；周黄，地之道也。章，夏后氏以日月，尚明也；殷以虎，尚威也；周以龍，尚文也。

《管子》卷六《兵法》 九章：一曰舉日章，則晝行；二曰舉月章，則夜行；三曰舉龍章，則行水；四曰舉虎章，則行林；五曰舉鳥章，則行陂；六曰舉蛇章，則行澤；七曰舉鵲章，則行陸；八曰舉狼章，則行山；九曰舉韓章，則載食而駕。唐房玄齡注：韓，韜也。謂韜其章而舉之，則載其所食而駕行矣。九章既定，而動静不過。

《晏子春秋》卷六《内篇·雜下》 晏子出，公使梁丘據遺之輅車乘馬，三返不受。公不悦，趣召晏子。晏子至，公曰：『夫子不受，寡人亦不乘。』晏子對曰：【略】『今輅車乘馬，君乘之上而臣亦乘之下，民之無義，侈其衣服飲食而不顧其行者，臣無以禁之。』遂讓不受。

《莊子》卷九《讓王》 越人三世弒其君，【略】王子搜不肯出，越人薰之以艾，乘以王輿。王子搜援綏登車，仰天而呼曰：『君乎君乎！獨不可以舍我乎？』

《穆天子傳》卷六《古文》 甲辰，天子南葬盛姬於樂池之南。【略】日月之旗，七星之文。晉郭璞注：言旗上畫日月及北斗星也。《禮記》曰：日月為旗。常亦通名。

《戰國策》卷三三《中山》 中山君出，司馬憙御，公孫宏參乘。

《孟子·萬章下》 曰：『敢問招虞人，何以？』曰：『以皮冠。庶人以旃，士以旂，大夫以旌。』漢趙岐注：孟子曰招禮若是。皮冠，弁也。旃，通帛也，因章曰旃。旂，旌有鈴者。旌，注旄于首者。

又《梁惠王下》 今王田獵於此。百姓聞王車馬之音，見羽旄之美，舉疾首蹙頞而相告曰：『吾王之好田獵，夫何使我至於此極也？』

《荀子》卷一二《正論篇》 天子者，【略】乘大路越席以養安，唐楊倞注：大路，祭天車。《禮》曰：大路繁纓一就。越席，結蒲為席。養安，言恐其不安，以此和養之。按《禮記》：大路越席，為質素也。此云養安，以為盛飾，未詳其意。或曰古人以質為重也。側載睪芷以養鼻，注：睪芷，香草也。於車中傍側載芷用以養鼻。前有錯衡以養目。注：《詩》曰：約軝錯衡。毛曰：錯衡，文衡。和鸞之聲，步中《武》、《象》，騶中《韶》、《護》，以養耳。注：和鸞，皆車上鈴也。《韓詩外傳》云：鸞在衡，和在軾前。升車則馬動，馬動則鸞鳴，鸞鳴則和應，皆所以為行節也。許慎曰：和取其敬，鸞以象鳥之聲。《武》、《象》《韶》、《護》，皆樂名。騶當為『趨』。步謂車緩行，趨謂車速行。《周禮·大馭》云：凡馭，路行以《肆夏》，趨以《采薺》，皆以鸞和為節。鄭云：行謂大寢至路門，趨謂路門至應門也。三公奉軛持納。注：軛，轅前也。納與軜同，軜謂驂馬內轡繫軾前者。《詩》曰鋈以觼軜。諸侯持輪挾輿先馬。注：挾輿，在車之左右也。先馬，導馬也。或持輪者，或挾輿者，或先馬者。大侯編後，大夫次之。注：大侯，國稍大，在五等之列者。小侯、元士次之。注：小侯，遠小國及附庸也。元士，上士也。《禮記》曰：庶方小侯入天子之國，曰某人，又曰天子之元士。視附庸也。庶士介而坐道。注：庶士，軍士也。介而坐道，被甲坐於道側，以禦非常也。庶人隱竄，莫敢望視。居如大神，動如天帝。注：言敬畏之甚也。

又 卷一三《禮論篇》 故天子大路越席，所以養體也。側載睪芷，所以養鼻也。前有錯衡，所以養目也。和鸞之聲，步中《武》、《象》，趨中《韶》、《護》，所以養耳也。龍旗九斿，所以養信也。注：龍旗，畫龍旗。【略】信謂使萬人見而信之，識至尊也。養猶奉也。寢兕、注：謂武士寢處於甲冑者也。持虎、注：謂以虎皮為弓衣，武士執持者也。《詩》曰：虎韔鏤膺。劉氏云：畫虎於鈴竿及楯也。蛟韅、注：韅，馬服之革蓋，象蛟形。徐廣曰：以蛟魚皮為之。絲末、注：末與幦同。《禮記》曰：若羔幦虎犆。鄭云：覆苓也。絲幦蓋織絲為幦。彌龍，所以養威也。注：彌如字，又讀為弭。弭，末也。謂金飾衡軛之末為龍首也。徐廣曰：乘輿車以金薄繆龍為輿倚較，文虎伏軾，龍首銜軛。故大路之馬，必倍至教順，然後乘之，所以養安也。注：倍至謂倍加精至也。或以必倍為自倍，謂反之車在馬前，令馬熟識車也，至極教順，然後乘之，備驚奔也。大路之素，未集也。注：大路，祭天車，王者所乘也。未集，不集丹漆也。《禮記》曰：大路素而越席。又曰：丹漆雕幾之美而素車之乘。

《韓非子》卷三《十過》 夏后氏沒，殷人受之，作為大路而建九旒。

又 卷一二《外儲說左下》 田子方從齊之魏，望翟璜乘軒騎駕出，元何犿注：既乘軒車，又有輕騎。方以為文侯也，移車異路而避之，則徒翟璜也。注：徒，獨。方問曰：『子奚乘是車也？』曰：『君謀欲伐中山，臣薦翟角而謀得，果伐之。臣薦樂羊而中山拔，得中山憂欲治之，臣薦李克而中山治。是以君賜此車。』

又 卷一四《外儲說右下》 造父為齊王駙駕，以渴服馬，百日而服成，服成，請效駕齊王。

南朝梁·蕭統《文選》卷一九《〔楚〕宋玉〈高唐賦〉》 王乃乘玉輿，駟蒼螭，垂旒旌，旆合諧。唐李善注：旒旌，謂建太常十二旒。李周翰注：駟蒼螭，謂以螭龍為駟也。合諧，旌、旆相和之貌。

《史記》卷三《殷本紀》 孔子曰：『殷路車為善，而色尚白。』

又 卷八七《李斯列傳》 李斯議亦在逐中，斯乃上書，唐張守節《正義》：在始皇十年。曰：『今陛下【略】乘纖離之馬，南朝宋裴駰《集解》：徐廣曰：纖離、蒲稍，皆駿馬名。唐司馬貞《索隱》：徐氏據《孫卿子》而為說。建翠鳳之旗。』

《禮緯稽命徵》 天子之旗九仞，十二旒，曳地。宋衷注：旗者，旌旗也，所以别尊卑，序貴賤也。諸侯七仞，九旒，齊軫。注：軫，車後横木也。諸侯之旗齊于軫。

漢·劉向《古列女傳》卷六《辯通傳·趙津女娟》 昔者湯伐夏，左驂驪，右驂牝，靡而遂放桀。武王伐殷，左驂牝騏，右驂牝驥，而遂克紂，至於華山之陽。

漢·劉向《説苑》卷二〇《反質》 晉平公為馳逐之車，龍旌衆色，挂之以犀象，錯之以羽芝。車成，題金千鎰，立之於殿下，令羣臣得觀焉。田差三過而不一顧，平公作色大怒，問田差：『爾三過而不一顧，何為也？』田差對曰：『臣聞説天子者以天下，説諸侯者以國，説大夫者以官，説士者以事，説農夫者以食，説婦姑者以織。桀以奢亡，紂以淫敗，是以不敢顧也。』平公曰：『善。』乃命左右曰：『去車。』

又 卷二《臣術》 田子方渡西河，造翟黄。翟黄乘軒車，載華蓋，黄金之勒，約鎮簟席如此者，其駟八十乘。子方望之，以為人君也，道狹下抵車而待之。

漢·王充《論衡》卷二二《紀妖篇》 武王誅紂，懸之白旄。

唐·杜佑《通典》卷六四《禮二十四·嘉九·五輅》 昔人皇氏乘雲駕六羽，出谷口，或云秖車也。及五龍氏乘龍，上下以理。《古史考》云：黄帝作車。至少昊，始駕牛。及陶唐氏，制彤車，乘白馬，則馬駕之初也。有虞氏因彤車而制鸞車。夏后氏因鸞車而制鉤車，鈎之言不揉自曲。俾車正奚仲建斿旐，尊卑上下，各有等級。殷因鈎車而制大輅。《禮緯》曰：山車乘鈎，乃鈎車之象。昔成湯用而郊祀有山車之瑞。山車亦謂之桑根車，似金根之色，亦謂之大輅。周因殷輅，以制木輅，約木以加飾，爲王五輅。

又 卷六六《禮二十六·嘉十一·旌旗》 黄帝振兵，教熊羆貔貅貙虎，制陣法，設五旗五麾。夏氏奚仲為車正，建旗斿旐，以别尊卑等級。殷因之。周制，『司常』掌九旗：王建太常，畫日月於縿首，象天明也。其制：杠長九仞，以素錦綢之，以絳帛一幅為縿，附於杠，畫龍於縿上；又屬十二斿於縿首，長十二仞，每斿皆畫交龍十二；其杠首仍注五采羽於上。諸侯建旂，交龍為旂。畫交龍者，一象升朝，一象下復。諸侯五等，若從王田獵，同建，皆九斿，象大火九星，《考工記》曰『弧旌枉矢』者，弧以張縿之幅，弓衣曰韣，畫枉矢。斿仞各隨命數。孤卿建旜，通帛為旜。孤卿不畫，言奉王之政教而已。周尚赤，旌旗皆絳，杠仞、旗斿各隨命數。大夫士建物，雜帛為物。以素飾其側，杠仞各隨命數。言以先王正道佐職。白，殷之色也。師都建旗，熊虎為旗。六鄉、六遂大夫謂之師都，都人所聚。畫熊虎者，鄉、遂出軍賦，象其守猛，莫敢犯也。州里、縣鄙、鄉遂之官，互約言之。《考工記》曰：熊旗六斿以象伐。伐，白虎宿也。州里建旟，鳥隼為旟。畫鳥隼者，象其勇捷。縣鄙建旐。龜蛇為旐。象其扞難辟害。四斿，象營室。營室，玄武宿也。道車載旞，道車，象輅也，王以朝夕燕出入所乘。全羽為旞。全羽、析羽，皆象文德。《夏采》注云：《禹貢》徐州貢夏翟之羽。有虞氏以為緌，後代染羽用之。無帛。斿車載旌。析羽為旌。大麾以田，夏后氏之正色。大帛以即戎。殷之正色。翿旌，君射於國中，以翿旌為獲。白羽與朱羽揉，鴻脰韜杠三仞。龍旃。君射於境所用也。畫龍於通帛之旃上。

宋·司馬光《資治通鑑》卷四《周紀四·赧王中》 （燕）昭王於是置酒大會，【略】賜樂毅【略】輅車乘馬，後屬百兩。元胡三省注：夏奚仲作車，至周而備其制。輿方象地，蓋圓象天，三十輻以象日月，蓋弓二十八以象列星。龍旂九斿七仞，齊軫，以象大火。鳥旟七斿五仞，齊較，以象鶉火。熊旂六斿五仞，齊肩，以象參伐。龜旐四斿四仞，齊首，以象營室。弧旌枉矢以象弧。此諸侯以下所建者也。輅車之後又有屬車百兩，亦當時諸國之儀。乘馬，四馬也。

論説

《爾雅·釋天·旌旂》 素錦綢杠，晉郭璞注：以白地錦韜旗之竿。纁帛縿，注：纁帛，絳也。縿，衆旒所著。素陞龍于縿，注：畫白龍於縿，令上向。練旒九，注：練，絳練也。飾以組，注：用綦組飾旒之邊。維以縷。注：用朱縷維連持之，不欲令曳地，《周禮》曰『六人維王之太常』是也。宋邢昺疏：『素錦綢杠』者，自此至『維以縷』，説旂之制也。緇廣充幅長尋曰旐，注：帛全幅長八尺。繼旐曰旆，注：帛續旐末為燕尾者，義見《詩》注。旄首曰旌，注：載旄於竿頭，如今之幢，亦有旒。有鈴曰旂，注：縣鈴於竿頭，畫蛟龍於旒。錯革鳥曰旟，注：此謂合剥鳥皮毛，置之竿頭，即《禮記》云載鴻及鳴鳶。因章曰旃。注：以帛練為旒，因其文章，不復畫之。《周禮》云：通帛為旃。疏：此别旌旗之異名也。

又 《釋器》 輿革前謂之鞎，注：以韋靶車軾。後謂之第。注：以韋靶後戶。竹前謂之禦，注：以簟衣軾。後謂之蔽。注：以簟衣後戶。環謂之捐，注：著車衆環。鑣謂之钀。注：馬勒旁鐵。載轡謂之轙，注：車軛上環，轡所貫也。轡首謂之革。注：轡，靶勒，見《詩》。疏：此別車馬之飾名也。

漢·班固《白虎通義》卷七《考黜》 諸侯所以考黜何？王者所以勉賢抑惡，重民之至也。【略】能安民者，賜車馬。【略】能安民，故賜車馬，以著其功德，安其身。【略】車者，謂有赤有青之蓋，朱輪，特能居前，左右寢米也。以其進止有節，德綏民，路車乘馬以安其身。

又 卷一二《闕文·車旂》 路者，何謂也？路，大也，道也，正也。君至尊，制度大，所以行道德之正也。路者，君車也。天子大路，諸侯路車，大夫軒車，士飾車。玉路，大路也。名車為輅者，言所以步之于路也。

漢·劉熙《釋名》卷七《釋車》 車，古者曰車，聲如『居』，言行所以居人也。今曰車，車，舍也，行者所處若車舍也。天子所乘曰玉輅，以玉飾車也。輅亦車也，謂之輅者，言行於道路也。象輅、金輅、木輅，各隨所以為飾名之也。鉤車以行為陣，鉤股曲直有正，夏所制也。

又 卷七《釋兵》 九旗之名：日月為常，畫日月於其端，天子所建，言常明也。交龍為旂，旂，倚也，畫作兩龍，相依倚也。通以赤色為之，無文采。諸侯所建也。通帛為旜，旜，戰也，戰戰恭己而已也。三孤所建，象無事也。熊虎為旗，軍將所建，象其猛如虎，與衆期其下也。鳥隼為旟，旟，譽也，軍吏所建，急疾趨事，則有稱譽也。雜帛為旆，以雜色綴其邊為翅尾也，將帥所建，象物雜也。龜蛇為旐，旐，兆也，龜知氣兆之吉凶，建之於後，察度事宜之形兆也。全羽為旞，旞猶滑也，順滑之貌也。析羽為旌，旌，精也，有精光也。

綏，有虞氏之旌也。注旄竿首，其形燊燊然也。綏，夏后氏之旌也。其形衰衰也。白旆，殷旌也。以帛繼旐末也。翿，陶也，其貌陶陶下垂也。幢，童也，其貌童童也。旛，幡也，其貌幡幡也。

漢·鄭玄《駁五經異義·天子駕數》 《異義》：《易》孟京、《春秋公羊》說天子駕六。《易經》云『時乘六龍以馭天』。《毛詩》說云：天子至大夫皆駕四士，皆有四方之事，駕二也。《詩》云『四騵彭彭』，武王所乘。『龍旂承祀，六轡耳耳』，魯僖所乘。『四牡騑騑，周道倭遲』，大夫所乘。謹案《禮·王度記》曰：『天子駕六，諸侯與卿同駕四，大夫駕三，士駕二，庶人駕一。』說與《易》、《春秋》同。

駁曰：《易經》『時乘六龍』者，謂陰陽六爻上下耳，豈故為禮制？《王度記》云『今天子駕六』者，自是漢法，與古異；『大夫駕三』者，於經無以言之。《周禮》校人『掌王馬之政，凡頒馬而養乘之。乘馬一師，四圉』，四馬四乘，此一圉者養一馬而一師監之也。《尚書·康王之誥》云『諸侯入應門，皆布乘黃朱』。言獻四黃馬朱鬣也。既實周天子駕六，校人則何不以馬與圉以六為數？《顧命》諸侯何以不獻六馬？漢世天子駕六，非常法也《王度記》曰『大夫駕三』，經傳無此言，是自古無駕三之制也。

《後漢書·輿服志上》 上古聖人見轉蓬，始知為輪，輪行可載，因物知生，復為之輿，輿輪相乘，流運罔極，任重致遠，天下獲其利。後世聖人觀於天，視斗周旋，魁方杓曲，以攜龍角為帝車，於是廼曲其輈，乘牛駕馬，登險赴難，周覽八極。故《易·震》乘《乾》，謂之《大壯》，言器莫能有上之者也。自是以來，世加其飾。至奚仲為夏車正，建其斿旐，尊卑上下，各有等級。周室大備，官有六職，百工與居一焉。一器而羣工致巧者，車最多。是故具物以時，六材皆良。輿方法地，蓋圓象天，三十輻以象日月，蓋弓二十八以象列星。龍旂九斿七仞，齊軫，以象大火。鳥旟七斿五仞，齊較，以象鶉火。熊旗六斿五仞，齊肩，以象參伐。龜旐四斿四仞，齊首，以象營室。弧旌枉矢，以象弧也。此諸侯以下之所建者也。

天子五路，以玉為飾，錫樊纓十有再就。建太常十有二斿，九仞曳地。日月升龍，象天明也。夷王以下，周室衰弱，諸侯大路。

晉·杜預《春秋釋例》卷二《爵命例》 《釋例》曰：【略】《周官》王之五路及卿大夫士服車，各有名，又有良車、散車不在等者，其用無常。先路者，革路若木路，或云先，或云次，蓋以就數為差。其受之于王，則稱『大』。公侯伯子男及其卿大夫士命數，《周官》具有等差。當春秋時漸已變改，是以仲尼、丘明據時之宜，仍其行事，從而然之，不復與《周官》同也。

晉·崔豹《古今注》卷上《輿服》 麾，所以指麾。武王右執白旄以麾是也。乘輿以黃，諸公以朱，刺史二千石以纁。

五輅衡上金爵者，朱雀也。口銜鈴，鈴謂鑾，所謂和鑾也。《禮記》云：行，前朱鳥鸞也。前有鸞鳥，故謂之鸞。鸞口銜鈴，故謂之鑾鈴。今或為鑾，或為鸞，事一而義異也。

華蓋，黄帝所作也。與蚩尤戰於涿鹿之野，常有五色雲氣、金枝玉葉止於帝上，有花葩之象，故因而作華蓋也。

曲蓋，太公所作也。武王伐紂，大風折蓋，太公因折蓋之形而制曲蓋焉。戰國常以賜將帥。

《晉書》卷二五《輿服志》　《書》曰：『明試以功，車服以庸。』《禮記》曰：『鸞車，有虞氏之路也；鉤車，夏后氏之路也。大路，殷路也；乘路，周路也。』而載、火、山、龍，以通其意。前史以為聖人見鳥獸容貌，草木英華，始創衣冠而玄黄殊采；見秋蓬孤轉，杓觿旁建，乃作輿輪而方圓異。則遇物成象，觸類興端，周因於殷，其來已舊。成王之會，壇垂陰雨，五方之盛，有八十物者焉。宗馬鳥旌，奚往不格？殷公曹叔，此焉低首。《周禮》巾車氏建大赤以朝，大白以戎。雅制弘多，式遵遺範。賓入異憲，師行殊則。是以有嚴有翼，用光其武；鉤膺鞗革，乃暢其文。六服之冕，五時之路，王之常制，各有等差。逮禮業彫訛，人情馳爽，諸侯征伐，憲度淪亡，一紫亂於齊飾，長纓混於鄒翫。

《宋書》卷一八《禮志五》　上古聖人見轉蓬，始為輪。輪何可載，因為輿。任重致遠，流運無極。後代聖人觀北斗，魁方杓曲，攜龍角為帝車，曲其輈以便駕。《系本》云：奚仲始作車。案庖羲畫八卦而為大輿，服牛乘馬，以利天下。奚仲乃夏之車正，安得始造乎？《系本》之言，非也。車服以庸，著在《唐典》。夏建旌旗，以表貴賤。周有六職，百工居其一焉。一器而羣工致其巧，車最居多。《明堂記》曰：『鸞車，有虞氏之路也。大路，殷路也。乘路，周路也。』殷有山車之瑞，謂桑根車。殷人制為大路。《禮緯》曰：山車垂句。句，曲也，言不揉治而自曲也。周之五路，則有玉、金、象、革、木。五者之飾，備於《考工記》。輿方法地，蓋員象天，輻以象日月，二十八弓以象列宿。玉、金、象者，飾車諸末，因為名也。革者漆革，木者漆木也。玉路建大常，以祀；金路建大旂，以賓；象路建大赤，以朝；革路建大白，以戎；木路建大麾，以田。黑色，夏所尚也。

《南齊書》卷一七《輿服志》　昔三皇乘祇車，出谷口。夏氏以奚仲為車正，殷有瑞車、山車、垂句是也。《周禮》匠人為輿，以象天地。

唐·蘇鶚《蘇氏演義》卷下　五輅衡上金雀者，朱鳥也。口銜鈴鈎謂鑾，所謂和鑾也。《禮》云：行，前朱雀。或謂朱鳥者，鸞鳥也。前有鸞鳥，故謂之鸞。鸞口銜鈴，故謂之鸞鈴。今或為『鑾』，事一而義異也。

宋·聶崇義《三禮圖集注》卷九《太常》　案《巾車》：王乘玉路，建太常十有二斿，以祀。又《覲禮》注云：王建太常，縿首畫日月，其下及斿交畫升龍降龍。縿皆正幅，用絳帛為質，斿則屬焉。又用弧張縿之幅，又畫枉矢於縿之上。故《輈人》云『弧旌枉矢』是也。凡旌旗之杠，皆注旄與羽於竿首，故《夏采》注云：綏以旄牛尾為之，綴於橦上。其杠長九仞，其斿曳地。又《左傳》云：三辰旂旗，昭其明也。據杜、鄭二注，皆以三辰為日、月、星，蓋太常之上又畫星也。阮氏、梁正等《圖》，旂首為金龍頭。案《唐志》云：金龍頭，銜結綬及鈴綏。則古注旄及羽於竿首之遺制也。

又《旂》　《司常》云：交龍為旂。注云：一象其升朝，一象其下復。亦謂交畫升龍降龍也。此諸侯所建。杠長七仞，而上公九斿，以象大火，故《輈人》注云：大火，蒼龍宿之心，其屬有尾，尾九星。若侯，伯則七斿，子、男五斿，上得兼下，下不得僭上。其斿長短，諸侯齊軫，卿大夫齊較，士齊肩。若天王所建，其斿與杠長短，一如太常。

又《旜》　《司常》云：通帛為旜。注云：通帛謂大赤，從周正色。無飾，長尋正幅。賈釋云：以周建子為正，物萌，色赤。今旌旃通體盡用絳之赤帛，是用周之正色，無他物之飾也。然仍注旄羽於杠首，亦繫旆於末，若燕尾也。

又《物》　《司常》云：雜帛為物。大夫士之所建。注云：雜帛以帛素飾其側。白，殷之正色，以先王正道佐職也。賈釋云：雜帛者，謂中央赤，傍邊白。白者，殷之正色而在傍，故云以先王正道佐職也。

又《旟》　《輈人》云：鳥旟七斿，以象鶉火。注云：鳥隼為旟。鶉火，朱鳥宿之柳，其屬有星，星七星，故七斿。此亦王者所建。又案《司常》云：州里建旟。且鄉之州長是中大夫，四命；遂之里宰是下士，一命。皆不得建此七斿之旗。又後鄭云：鳥隼，象其勇捷也。賈釋云：以熊虎、龜蛇既各為兩物，則隼當謂鷹隼，是勇者也，鳥謂鳥之捷疾者也。

又《熊旗》 《輈人》云：熊旗六斿，以象伐。注云：熊虎為旗。伐屬白虎宿，與參連體而六星，故六斿。此王者所建也。其斿與杠長短，亦如太常。若臣下，則各依命數。然則遂大夫四命四斿，鄉大夫六命則為六斿，斿之與杠長短，則不得如王者之數。

又《旐》 《司常》云：龜蛇為旐。又《輈人》云：龜蛇四斿，以象營室。注云：營室，玄武宿，與東壁連體而四星，故四斿。此亦王者所建也。又鄙師是上士三命，雖得建旐而三斿；其縣正是下大夫四命，旐雖四斿，其斿與杠長短，亦不得與王者同。又案《司常》九旗之數，又有全羽為旞，析羽為旌。注云：全羽、析羽皆五采繫之於旞、旌之上，所謂注旄於竿首也。凡九旗之帛，皆用絳。賈釋云：全羽、析羽，直有羽而無帛。鄭云九旗之帛者，據衆有者而言也。又《左傳》襄十四年，范宣子假羽毛於齊。定四年，晉人假羽旄於鄭。雖『毛』、『旄』二字不同，杜注皆以析羽為旌，孔《義》以全羽、析羽之下，皆有其帛。

又《龍旃》 《鄉射記》曰：君射於境，則虎中，龍旃。注云：於境，謂與鄰國君射也。畫龍旃，尚文章也。此亦通用絳帛為之。

又《翿旌》 翿旌者，雜用白羽、朱羽以為之。案《鄉射記》：國君行燕射於城中，命獲者執旌於乏南，東面，偃旌而立候射，中者則舉旌而大聲言獲。獲，得也。射者，講武田之類，是以中為獲也。又上文云：旌各以其物，無物則以白羽與朱羽糅，杠長三仞，以鴻脰韜上二尋。注云：雜帛為物。大夫士之所建也。不命之士無物。此旌即翿旌也。糅，雜也。杠，橦也。鴻，鳥之長脰者。且國君自有其旌，而用不命之士旌者，以其燕主歡心，故用之也。必以翿為旌者，尚文德也。賈釋云：以文德者，舞文舞，羽舞也；以武德者，舞武舞，干舞也。此翿旌既用羽為之，故取尚文德也。

又《玉輅序》 《巾車》掌王之五輅。玉、金、象、革四輅其飾雖異，其制則同。今特圖玉輅之一，兼太常之旂，以備祭祀所乘。其餘車式，皆具《考工記》，別録於下，則輪軹之崇，轛輢之狀，輻内輻外之制，大穿小穿之殊，蓋之所居，鉉之所在，若誠心觀之，則諸輅皆可知矣。鉉音乞。

又《節服氏》 『節服氏』郊祀衮冕。二人執戈，送逆尸，從車。今圖一以曉之。又『太馭』掌馭玉路，以祀。凡馭路儀，以鸞和為節。注云：鸞在衡，和在軾。又『齊右』有祭祀之事，兼玉路之右。王乘則持馬，行則陪乘。凡有牲事，則前馬。注云：此謂王見牲則拱而式，齊右居馬前却行，備驚奔也。《曲禮》曰：國君下宗廟，式齊牛。

又《車蓋》 輪人為蓋，蓋斗曰部，部徑六寸，厚一寸，上隆一分。斗下達常長二尺，徑一寸。達常下入杠，杠長八尺，徑二寸，足以含達常也。用弓二十有八，每弓長六尺，廣四分。先鑿部為二十八空，乃置弓於其空内端，即大一分，其弓近部二尺稍平，外四尺即撓之，漸漸下曲，而爪末低二尺。所以低二尺者，謂杠與達常共高一丈，人高八尺，故四面宇曲，下低二尺也。蓋之寬狹，唯可覆軹，不及於轄。

宋・陳祥道《禮書》卷一三五《車制》 古者服牛乘馬，引重致遠，以利天下，則車之作，尚矣。或曰黄帝作軒冕，不可考也。車之制，象天以為蓋，象地以為輿，象斗以為杠轂，象二十八星以為蓋弓，象日月以為輪輻。前載而後戶，前軌而後軫，旁輢而首以較，下軸而銜以轐。對人者謂之轛車，如舟者謂之軸揉，而相迎者謂之牙。輈之曲中謂之前疾，軏之土平謂之衡。衡之材與輿之下木皆曰任，以其力任於此也。轂之端與輢之下木，皆曰軹，以其旁止於此也。軫可以名輿，可以名車，達常可以名部，軫前横木可以名輅，此又因一材而通名之也。其為車也，有長轂者，有短轂者；有杼輪者，有侔輪者；有反輮者，有仄輮者；有兩輪者，有四輪者；有有輻者，有無輻者；有曲轅者，有直轅者，輂，直轅。有一轅者，有兩轅者；有直輿者，有曲輿者，鉤車，曲輿。有廣箱者，有方箱者；有重較者，有單較者。或駕以馬，或駕以牛，或輓以人。或飾以物，或飾以漆，或樸以素。要皆因宜以為之制，稱事以為之文也。然禮有屈伸，名有抑揚，故論其任重，則雖庶人之牛車，亦與大夫同稱大車。論其等威，則雖諸侯之正路，於王門曰偏駕而已。

又 卷一三五《五路》 路，大也。玉路、金路、象路以金、玉、象飾之也。革路，輓而漆之。木路，漆之而不輓。則有飾者皆輓而漆輓，而漆者，無飾也。玉路，錫，樊纓十有再就。金路，鉤，樊纓九就。象路，朱，樊纓七就。革路，龍勒，條纓五就。木路，前樊鵠纓者。錫在顱，鉤在頷。朱者，勒之色。龍者，勒之飾。《詩》言『鏤錫』，《左傳》言『錫鸞和鈴，昭其聲也』，莊周言『齊之以月題』。錫，白金也；鏤，其文也；月題，其象也。則錫、象、月而鏤之，又昭其聲也。《詩》言『鉤膺』，《采芑》曰：鉤膺鞗革。《韓奕》曰：鉤膺鏤錫。則鉤在膺前，赤金為之。《爾雅》曰：轡頭謂之革。《詩》曰：鞗革金厄。《儀禮》：士，纓轡貝勒。夫諸侯之鞗革有金厄，毛義曰：厄，烏蠋也。士之勒有貝飾，則王之革路有龍勒，宜矣。《巾車》、《行人》言『樊纓』，《禮記》、《左傳》皆作『繁纓』。繁纓十有再就、九就、七就、五就之別，此《左傳》所謂『游纓，昭其數也。』杜預曰：纓在馬膺前，如索羣。則纓非鞅也，樊然為鞅之飾耳。杜子春謂故書『鵠』或為『結』，則前樊結纓者，無就而結之爾。條則不結，則條纓，垂而長者也。然則錫也，鉤也，朱也，龍勒也，玉、金、象、革四路蓋皆有之。《采芑》言方叔之車『鉤膺鞗革』，《韓奕》言韓侯之車『鉤膺鏤錫』。夫方叔在征，則革路矣，而有鉤膺。釋《詩》者謂方叔乘金路，然金路以封同姓，而方叔不必同姓，又非就封，其於師中，宜乘革路。韓侯就封，則象路矣，而有鏤錫。是錫不特施於玉路，而鉤不特施於金路也。以此觀之，則《禮》所謂錫也，鉤也，朱也，龍勒也，條也，各舉其一，互相備也。若夫木車，則質而已，故前樊結纓。前樊結纓，則結其前而非全結也。

《巾車》言五者之飾，皆其首面頷膺之著者也，故不及腹帶。鄭康成以『樊』為『鞶帶』之『鞶』，又以『龍』為『尨』，『條』為『鞗』，『前』為『翦』，非也。纓蓋用組為之，與冠纓同；五采一匝為就，與圭繅、冕旒之『就』同。鄭司農以《士喪》馬纓三就為削革三重。康成謂樊纓以五采罽飾之，又謂金路無錫有鉤，鵠纓就數與革路同。殆不然也。《禮》曰丹漆雕幾之美，素車之乘，《詩》曰路車有奭。毛氏曰：奭，赤貌。路車之飾，皆丹漆矣。然《禮》言玉路以祀，又言素車之乘，蓋王之祀天，自國至大次則乘玉路，自大次以升壇則乘素車，猶之聽祭報以皮弁，及祭則服大裘冕也。《巾車》：金路以賓，同姓以封。象路以朝，異姓以封。革路以即戎，以封四衛。木路以田，以封蕃國。言同姓以封而不言以封同姓，言異姓以封而不言以封異姓，則嫌以賓獨賓同姓，以朝獨朝異姓故也。然同姓一，異姓二。以異姓對庶姓，則庶姓非異姓也；《司儀》：土揖庶姓，時揖異姓。孔子以南宮縚為異姓，則異姓姻也，庶姓非姻也。以異姓對同姓，則庶姓亦異姓而已。故《巾車》金路封同姓，象路封異姓。《禮記》於侯、牧同姓謂之伯父、叔父，異姓謂之伯舅、叔舅。凡此所謂異姓者，庶姓預之也。同姓亦曰內姓，異姓亦曰外姓。《左傳》曰：同姓選親，外姓選舊。宣十二年。

又 卷一三五《王行五路先後之儀》 《書》曰：大輅在賓階面，綴輅在阼階面，先輅在左塾之前，次輅在右塾之前。《禮器》曰：大路繁纓一就，次路繁纓七就。《郊特牲》曰：大路繁纓一就，先路三就，次路五就。然則《周官》馭玉路者，謂之『大馭』，則玉路謂之大路，獨周為然。若夫商之大輅，則木路而已。《春秋傳》與荀卿曰：大路越席。《禮器》與《郊社牲》曰：大路繁纓一就。《明堂位》曰：大路，商路也。孔子曰：乘殷之輅。皆木路也。然《禮器》與《郊特牲》言大路繁纓一就則同，其言次路繁纓五就、七就則不同者，先王之路，降殺以兩，反此而加多焉。蓋亦以兩而已。大路一就，先路三就，則次路有五就、七就者矣。《書》言次路，以兼革、木二路，則商之次路五就、七就，庸豈一車耶？鄭氏以七就為誤，是過論也。

夫綴路，金路也，以其綴於玉路故也。先路，象路也，以其行道之所先故也。次路，革路、木路也，以其次於象路故也。《周官・典路》：若有大祭祀，則出路。大喪、大賓客，亦如之。凡會同、軍旅、弔于四方，以路從。蓋王之行也，乘玉路而先之以象路，次之以革路、木路，而金路綴於玉路之後。觀《書》先路在左塾之前而居西，次路在右塾之前而居東；春秋之時，鄭侯以先路三命之服賜子展，以次路再命之服賜子產；魯以先路三命之服賜晉三帥，以一命之服賜司馬、輿師以下，則先路固貴於次路矣。孔安國亦以先路為象路，蓋亦有所受之也。諸侯有先路、後路，亦有大路。《樂記》亦曰：大路，天子之路，所以贈諸侯。《雜記》：諸侯之賵，有乘黃大路。相禭以後路與冕服，先路與褒衣。蓋諸侯之大路，則金路，謂之大路，猶熊侯謂之大夫侯。《春秋傳》稱王賜晉文公以大路之服，僖二十八年。祝鮀言先王分魯、衛、晉以大路，定四年。王賜鄭子僑以大路，襄十五年。王賜叔孫豹以大路。襄二十四年。杜氏以賜魯、衛、晉之大路皆金路，賜穆叔、子僑之大路，當是革、木二路。此不可考。

又　卷一三八《戎路》　《周禮》車僕掌戎路之萃，廣車之萃，苹車之萃，輕車之萃。戎路，革路也。晉欒鍼曰：吾有二位於戎路。襄十四年，《左》。晉侯獻楚俘，王賜以戎路之服。僖二十八年，《左》。乾時之戰，魯莊公喪戎路。莊九年。漢淮之軍，楚鬬丹獲戎車。桓公八年。皆其君之所乘者也。然周之鋒車曰元戎，秦之兵車曰小戎，則自廣車而下，皆戎車也，特不謂之戎路爾。《車僕》：凡師共革車，會同亦如之。《戎僕》：掌馭戎車。凡巡守及兵車之會，亦如之。會同巡守，王雖不乘戎車，猶共以從，不失備也。

又　卷一四七《六馬車四馬車二馬車》　一馬騎，二馬駢，《説文》：駢，駕二馬。三馬驂，四馬駟。古者軍容則有騎，《記》曰：前有車騎。《春秋傳》曰：齊、魯遇于野井，以鞍為几。史曰：趙靈王胡服騎射。國容則車而已。大夫以上駕四，士則駕二而已。《儀禮》：公贈士以兩馬。春秋之時，衛良士乘衷甸兩牡。哀十年，《左》。陳成子以乘車兩馬，賜顏涿聚之子。襄二十七年。魯君以乘車二馬遺孔子。《家語》。蓋諸侯之大夫，大事駕四，小事駕二。觀《春秋傳》以兩牡為衷甸，則四牡為上乘矣。後世有大駕、中駕、小駕之説，蓋此類也。杜預以衷甸兩牡為卿車，誤也。《詩·四牡》言使臣之事曰：四牡騑騑，駕彼四駱。《采芑》言方叔之事曰：乘其四騏，四騏翼翼。是大夫駕四也。《車攻》、《吉日》言宣王之事曰：四牡龐龐，四牡孔阜。是天子亦駕四也。《周官》校人掌王馬之政。乘馬一師四圉。《詩》言諸侯獻馬於王，皆『布乘黄朱』，則天子亦駕四也。特《夏書》曰：若朽索之御六馬。荀卿曰：六馬仰秣，六馬不調。《列子》曰：二十四蹄無遺跡。《公羊》亦曰：天子駕六。《白虎通》曰：天子之馬六，示有事於天地四方。蓋言夏禮也。《史記》曰：秦始皇以水數，制乘六馬。漢儒曰：今帝者駕六。此秦漢制耳。石慶為御，景帝問車中幾馬。慶以策數馬畢，舉手曰：『六馬。』張衡《西京賦》曰：天子駕雕軫六駿。又曰：六元虯之奕奕。商周損之以四，而後世又復之以六。觀《商頌》言『八鸞鎗鎗』，則商亦駕四，明矣。先儒謂天子駕六，諸侯與卿駕四，大夫駕三，士駕二，庶人駕一。又謂夏后氏駕兩，謂之麗；商益以一騑，謂之驂；周又益以騑，謂之駟。蓋傳聞之誤也。昔晏子解左驂以遺越石父，孔子解左驂以弔館人，陽處父釋左驂以贈孟明，光武釋左驂以賜賈復。言左則有右，未聞三馬可以行車也。《干旄》之詩曰：良馬五之。毛萇曰：三馬五轡。亦謂大夫駕三，豈詩人之意然耶？《皇皇者華》之詩曰：我馬維駒。《株林》之詩曰：乘我乘駒。毛氏以為大夫乘車，於理或然。何則？馬八尺以上為龍，七尺以上為騋，六尺以上為馬，六尺以下為駒。《覲禮》、《月令》天子所乘，皆言龍。《衛詩》諸侯所畜，則言騋。是天子乘龍，諸侯乘騋也。兵車、乘車之輪，六尺有六寸；田車之輪，六尺有三寸。輪崇則馬崇，輪庳則馬庳。是乘兵車則駕騋以上，田車則駕馬也。天子所駕，下止於馬；諸侯所畜，上止於騋。則大夫乘駒，可知矣。四馬八轡，而《詩》每言六轡者，蓋駕馬之法，有游環以止。驂馬之外出，有脅驅以止；驂馬之外入，有脅驅矣。則驂馬之内轡，無所施也，繫於軾前而已。此《詩》所以言六轡也。

又　卷一三一《綏》　《釋名》曰：旗，期也，言與衆期於下。《明堂位》曰：有虞氏之綏，夏后氏之綢練，商之崇牙。則其制有自矣。《司常》：日月為常，交龍為旂，熊虎為旗，鳥隼為旟，龜蛇為旐，全羽為旞，析羽為旌。則其等有辨矣。然熊虎為旗，而『九旗』亦謂之『旗』，《經》、《傳》凡言旌旗是也。日月為常，而諸侯之旂亦謂之『常』，《行人》公、侯、伯、子、男『建常』是也。交龍為旂，天子之常亦謂之『旂』，《覲禮》『天子載大旂』是也。析羽為旌，天子至大夫士之旂亦謂之旌，《樂記》『龍旂，天子之旌』，《鄉射》『旌各以其物』是也。《爾雅》曰：『素錦綢杠，纁帛縿，素陞龍于縿，練旒九，飾以組，維以縷。』蓋揭旗以杠，綢杠以錦，正幅為縿，屬縿為旒，旒亦曰旆。縿以纁，則旒綪矣，《左傳》曰『綪茷』是也。升龍素，則降龍青矣，《曲禮》曰『左青龍』是也。蓋青，陽也，素，陰也，陽在上而降，陰在下而升，交泰之道也。《覲禮》曰：天子載大旂，升龍降龍。《周禮》曰：交龍為旂。又曰：諸侯建旂。則天子諸侯之旂，龍章一也。《司馬法》謂：旗章，夏以日月，上明；商以虎，上威；周以龍，上文。先儒謂諸侯畫交龍，一象其升朝，一象其下復。然《商頌》曰：龍旂十乘。則商不聞其以虎也，天子之旂亦升龍降龍，不象其升朝、下復也。先儒又謂天子之旌高九仞，仞，尺。諸侯七仞，大夫五仞，士三仞，死者以尺易仞。天子九尺，諸侯七尺，大夫五尺，士三尺。《射禮》無物則翿旌，杠三仞。《士喪禮》無銘則緇銘，而杠三尺。其説蓋有所受也。舊《圖》杠首為龍首，銜結綏及鈴，蓋承唐制然歟？

又 卷一三一《太常》 《周禮·司常》：日月為常。《巾車》：王乘玉路，建大常十有二斿，以祀。《覲禮》：天子乘龍，載大旂，象日月，升龍降龍。《郊特牲》曰：旂十有二旒，龍章而設日月，象天也。《魯頌》與《明堂位》言魯用天子之禮，亦曰『龍旂承祀』，『旂十有二旒，日月之章。』《左傳》曰：三辰旂旗，昭其明也。然則常有三辰、升龍降龍，設崇牙，備弧矢，弧以張縿也。鄭氏謂：崇牙者為重牙，以飾旒之側。飾之以旄，垂之以鈴。人臣有功，則書於其上。《考工記》曰：弧旌枉矢，以象弧。鄭氏曰畫枉矢，恐不然也。《明堂位》曰：乘大路，載弧韣。《覲禮》：侯氏載龍旂弧韣。《左傳》曰：錫鸞和鈴。《爾雅》曰：有鈴曰旂。《書》曰：厥有成績，紀于太常。《司勳》：凡有功者，銘書於王之太常。觀此，則太常之制可知矣。太常不特祀天而已，至於拜日禮月，祀方明，禮四瀆，禮山川，秋治兵，冬大閱，皆載焉。祀方明遂會諸侯，則所會之旂與朝之大赤異矣。治兵大閱然後田，則治兵大閱之旂與田之大麾異矣。鄭氏謂春、夏之田用大麾，秋、冬建太常。王之自將建大常，不自將建大白。然則治兵非即戎也，治兵大閱未即田也，孰謂行師而不建大白，田而不建大麾乎？然常之三辰，則日、月、北斗而已，與衣服之畫星辰不同。觀《曲禮》曰：招摇在上。《穆天子傳》稱：天子葬盛姬，建日月七星。蓋旗以指物，則所畫者不過北斗耳。《漢郊祀歌》曰：招摇靈旗。則後世旗，亦畫北斗也。

又 卷一三一《旂》 《司常》：交龍為旂。諸侯建旂。《巾車》：建大旂，以賓，同姓以封。《覲禮》：侯載龍旂弧韣。《考工記》曰：龍旂九斿，以象大火。《樂記》曰：龍旂九旒，天子之旌也。《詩》曰：『龍旂陽陽』，『龍旂承祀』，『龍旂十乘』，『淑旂綏章』。《左傳》曰：分魯公以大路大旂。《史記》曰：龍旂九旒，所以養信也。《爾雅》曰：素陞龍于縿，練旒九。又曰：有鈴曰旂。先儒以為王之大常曳地，諸侯之旂齊軫，卿大夫齊較，士齊肩。觀大常之旒，使人維之，則曳地可知矣。旒多者曳地，旒少者至於齊肩。侯、伯建常七斿，子、男五斿而均於齊軫，以其皆君故也。春秋之時，楚令尹為王旌以田，芋尹無宇斷之。齊欒高伐虎門，公使王黑以靈姑銔率，告請斷三尺而用之。以其不可與君同制，則諸侯齊軫可知矣。《家語》曰：鈴旗續紛，下蟠於地。《後漢志》：龍旂九斿以齊軫，熊旗五仞以齊肩，龜虵四仞以齊首。

又 卷一三二《旗》 《司常》：熊虎為旗。師都建旗。《大司馬》：軍吏載旗。《考工記》：熊旗六斿，以象伐。鄭氏曰：伐屬白虎宿，與參連體而六星，故六斿。然『九旗』亦『旗』，猶『王侯』皆謂之『侯』，『五溝』皆謂之『溝』，『五涂』皆謂之『涂』，『八法』皆謂之『法』也。《周禮》言旗，言大旗，言旗物，言旌旗，言旗鼓，則旗與大旗云者，熊虎之旗也。旗物、旌旗、旗鼓云者，有非熊虎之旗也。故鄉邑以旗物，及田之前，期致民，則以司徒之大旗。酇長之作民以鼓，遂之起野役致民，則以遂之大旗。然則熊虎之旗，豈卑者所得而有耶？致民則以旗，既至則弊之，故《司常》曰：致民置旗，弊之。《大司馬》曰：質明弊旗，誅後至者。蓋設而致之，使之一於所視；至而弊之，使之一於所聽也。旗之所用，不特軍旅、田獵、野役之事而已。凡祭祀各建，軍旅、會同、賓客亦如之。蓋衆之所視聽，各建以一之也。而田獵有虞人，有虞旗，有虞旌，何也？『山虞』掌山林之政令。山林者，獸之所集，故有虞旗以致禽。『澤虞』掌國澤之政令。澤者，禽之所集，故有虞旌以屬禽。熊虎之旗，蓋皆六斿。先儒以為遂大夫四命四斿，卿大夫六命六斿，不可考也。其杠之長短，則有差矣，鄭氏曰『山虞之旗，其仞數則短』是也。先王之於旗，分之采物而禮意存焉。後世秦於四時，各有所旂。《月令》：春青旂，夏赤旂，中央黃，秋白，冬黑。鄭有蝥弧，晉有螽旗，以至吴王之建肥胡，武之靈旃，田蚡之曲旃，後漢之雲罕，皆一時之觀美而已。豈古制哉？

又 卷一三二《旟》 《司常》曰：鳥隼為旟。《爾雅》曰：錯革鳥曰旟。朱雀與隼。《輈人》曰：鳥旟七斿，以象鶉火。然『司常』之大閱，州里建旟；『司馬』之治兵，百官載旟。何也？軍法：行，前朱鳥，後玄武，左青龍，右白虎。招摇在上，急繕其怒。則諸侯載交龍之旂於左，軍吏載熊虎之旗於右，百官載鳥隼之旟於前，郊野載龜虵之旐於後。王載太常於其中，而加高焉。此所謂招搖在上也。然則州里建旟者，州里之常；百官載旟者，一時之事。軍、國之容，固不同耳。《干旄》曰：「孑孑干旟」。蓋州里之臣也。太常而下，五旗皆畫，則旟畫鳥隼，信矣。郭璞釋《爾雅》謂：旟，剝鳥皮毛，置之竿頭，即《禮記》載鴻及鳴鳶。其説非是也。

又　卷一三二《旐》　《司常》：龜蛇為旐。《考工記》：龜蛇四斿，以象營室。《爾雅》曰：緇廣充幅長尋曰旐。《司常》又曰：縣鄙建旐。《大司馬》曰：郊野載旐。蓋田役軍旅，王之事也。雖命數不同而同於四斿，其所辨異者，有名號存焉。先儒謂縣正四斿，鄙師三斿，其説無據。《詩》曰：「孑孑干旄」，「孑孑干旟」，「孑孑干旌」，又曰：「設此旐矣」，「建彼旄矣」。又曰：「建旐設旄」。爾雅曰：注干首曰旄，注旄首曰旌。孟子曰：羽旄之美。《左傳》：范宣子假羽旄於齊而弗歸，齊人始貳。襄十四年。晉人假羽旄於鄭，定四年。明日旆之。賈公彦曰：太常而下，干首皆有旄羽，蓋干首注以旄，旄首注以旌，則羽毛所以為旗飾也。旗皆有羽旄，而全羽之旞，析羽之旌，又為旗焉。此所以道車、斿車之所載，澤虞之所建，與夫飾旗者異矣。《書》曰：右建白旄以麾。「樂師」小舞有旄舞，「旄人」掌教散舞、旄舞。《傳》曰：葛天氏之樂，三人操牛尾，投足而歌八闋。《爾雅》曰：旄謂之龍。《山海》有獸如牛，四節有旄。此旄牛也。荀卿曰：西海則有文旄。班固《地里志》：秦西近邛莋，有旄，西方之産也。其尾可以飾旗，亦可以飾舞。

又　卷一三二《旜物》　《司常》：通帛為旜，雜帛為物。《爾雅》：因章曰旃。《左氏》曰：亡大旆之左旃。又曰：分康叔以少帛、綪茷、旃旌。蓋旃，大赤也；物，少帛也。旃為大飾，故孤卿建之；物為少帛，故士建之。《左傳》：旜而鼓。杜氏曰：旃也。《爾雅》曰：緇廣充幅長尋為旐。是旗、旟而上，其色赤而不緇，其幅長而不特尋也。旜、物之斿，經無其説。《周禮·典命》：自上公至士，其車旗各眡其命之數。而《行人》：上公建常九斿，侯、伯七斿，子、男五斿。皆以命數為節。然即王之孤卿六命，大夫四命，公、侯、伯之孤四命，卿三命，大夫再命，士一命。子、男之卿再命，其大夫一命。旜、物之斿，蓋亦稱是，與旂、旗、旟、旐之斿有常數者異也。先儒以為旜、物、旆如燕尾，此不可考。《聘禮》：卿載旜，禮也。《既夕》：士載旜，攝也。

又　卷一三三《旞旌》　《司常》：全羽為旞，析羽為旌。道車載旞，斿車載旌。道車，象路也；斿車，木路也。象路建大赤，以朝；木路建大麾，以田。而有旞、旌者，蓋朝則建大赤，燕出入則載旞，田則建大麾，鄙則載旌。旞、旌皆注旄，而旄與羽又注於旗，則羽可以飾旗，又可以為旗也。《書》曰：羽畎夏翟。《考工記》鍾氏染羽，以朱湛丹秫三月而熾之，淳而漬之。蓋古人於羽，固用其自然者也；不足，則染以充之。《夏采》言「建綏」，《明堂位》言「有虞氏之綏」。於官言「夏采」，於旗言「建綏」，則所謂綏者，旌、旞而已。復于四郊，豈非其燕出入之地歟？鄭氏釋《明堂位》曰：有虞氏當言「綏」，夏后氏當言「旂」，於義或然。其以綏為大麾，則與《夏采》不合。

又　卷一三三《龍旜翿旌》　《鄉射禮》：君國中射，則皮樹中，以翿旌獲，白羽與朱羽糅。於郊，則閭中，以旌獲。於竟，則虎中，龍旜。大夫兕中，以其物獲。士以翿旌獲。又曰：旌各以其物，無物則以白羽與朱羽糅，杠長三仞，以鴻脰韜上二尋。鄭氏謂此翿旌也。不命之士無物。然則君於國中，燕射也；於郊，大射也；於竟，賓射也。翿旌之羽，白與朱而已，不若旌之備文；旌之備文，不若龍旜之備德。故與羣臣燕射，則以翿旌；擇士而大射，則以旌；於隣國君射，則以龍旜。龍旜蓋亦絳帛為之。先儒以為旆如燕尾，今姑存之。《詩》曰：值其鷺翿。毛氏曰：值，持也。顔師古曰：立之而舞。然《春秋傳》曰：舞師題以旌夏。則鷺翿，蓋若今大纛，二工執之以引舞者也。值者，遭之也。《詩》曰：左執翿。《周禮·鄉師》：葬則執纛治役。《爾雅》曰：翿，纛，翳也。郭璞曰：翿，葆幢也。則纛可以引舞，可以習射，亦可以治葬役也。士射之獲與君同，豈非順而摭者歟？

又　卷一三四《招大夫士以旌旃之禮》　《孟子》曰：招虞人以皮冠，大夫以旌，士以旂，庶人以旃。蓋田獵用皮冠，斿車載旌，諸侯建旂，孤卿建旃。虞人，掌田獵之事者也，故招以皮冠。大夫，從游燕之樂者也，故招以旌。士，君之所禮者也，故招以旂。庶人，孤卿之所治者也，故招以旃。春秋之時，齊侯田于沛。昭二十五年。招虞人以弓，不進，辭曰：「昔我先君之田也，旃以招大夫，弓以招士，皮冠以招虞人。」其言與《孟子》不同者，《王制》曰：上大夫卿。則孤卿上大夫也。弓，聘士之物也。《詩》曰：翹翹車乘，招我以弓。則招大夫以旃，士以弓，以其所當用者，招之而已。非必先王之禮然也。

宋・王觀國《學林》卷四《路》　《周禮》巾車、典路，皆掌王之五路：玉路、金路、象路、革路、木路。注曰：路，王之所乘車也。王在焉曰路。觀國案不言輅而謂之路者，《爾雅》曰：一達謂之道路。蓋路，大也，王者所乘之車，一達而大通，故謂之路。《韓奕》詩曰：其贈維何？乘馬路車。鄭氏箋曰：人君之車曰路車。《明堂位》曰：鸞車，有虞氏之路也；鈎車，夏后氏之路也；大路，商路也；乘路，周路也。《月令》曰：天子乘鸞路。《後漢輿服志》曰：天子五路。《釋名》曰：天子所乘曰路。凡此皆言路，皆謂王者所乘之車也。車者，貴賤之所通乘，唯天子所乘獨謂之路，亦猶屋者，貴賤之所通居，唯天子所居獨謂之黄屋；圭者，貴賤之所通執，唯天子所執獨謂之鎮圭。蓋天子之禮，尊且大，有以别於臣庶故也。路亦通用「輅」字，故後世作史者，凡記禮儀，皆用「車輅」字，其義一也。

宋・陸佃《埤雅》卷一二《釋馬・黄》　或曰天子之馬，盛則駕六，常則駕四。《詩》曰「四黄既駕，兩驂不猗」，此駕六之證也。穆王命八駿之乘，右服華騮而左緑耳，右驂赤驥而左白藥。次車之乘，右服渠黄而左踰輪，左驂盜驪而右山子。此駕四之證也。

宋・羅泌《路史》卷四〇《餘論三・五旗五麾》　風后曰：予告汝，帝之五旗：東方法青龍曰旗，南方法赤鳥曰鼠，西法白虎曰典，北法黑蛇曰旐，中央法黄龍曰常。見《河圖書》。五麾，五牙旗也，為五色，見青則舉青牙，見白則舉白牙，餘隨所見舉之，以牙為飾。見《出軍訣》。《玄女兵法》云：伍胥請以朱雀之日、日正中時，立赤色、徵音、絳衣之軍于南方，以輔角軍。以青龍日、平旦，立青色、角音、青衣之軍于東方，以輔羽軍。以玄武日、人定時，立黑色、羽音、黑衣之軍于北方，以輔商軍。以白虎日、日入時，立白色、商音、白衣之將于西方，以輔宮軍。以黄龍之日、日中，建黄旗于中央，以制四方。五軍具，四面攻之，三日城果下，爰制其陣。而黄帝八陣之法，車箱洞當，金也；車工中黄，土也；鳥雲鳥翔，火也；折衝，木也；龍騰却月，水也；雁行鵞鸛，天也；車輪，地也；飛翼浮蛆，弱也。在《通俗文》：車當謂箳篂，《林宗别傳》部從事宿仲琰「柴車編荆為當」是也。

宋・時瀾《增修東萊書説》卷三一《顧命》　四輅在庭，所以嚴容衛。或以五輅，置革不陳，或以綴、次為金、玉之副，未知其所以定也。凡此非獨盛彌文而章備物，天位峻極，幄坐靚深，賓鎮暉華，車輅峙列，入其庭將肅然起敬，懼不克承。委重投艱之意，不言而已傳矣。

宋・朱熹《論語・衛靈公》集注　商輅，木輅也。輅者，大車之名。古者以木為車而已，至商而有輅之名，蓋始異其制也。周人飾以金玉，則過侈而易敗，不若商輅之樸素渾堅，而等威已辨，為質而得其中也。

宋・魏了翁《春秋左傳要義》卷六《桓公元年至二年・錫鈴無異説惟鸞和多説》　注：錫在至鳴聲。《正義》曰：鄭玄《巾車》注云：錫，馬面當盧，刻金為之，所謂「鏤錫」也。《詩箋》云：眉上曰錫，刻金飾之，令當盧也。然則錫在眉上，故云在馬額也。《詩》稱「輶車鸞鑣」，知鸞在鑣也。鑣在馬口兩旁，衡在服馬頸上，鸞和亦鈴也，以處異，故異名耳。《爾雅・釋天》説旂旗有鈴曰旂。李廵曰：以鈴置旐端，是鈴在旂也。錫在馬額鈴在旂，先儒更無異説。其鸞和所在，則舊説不同。《毛詩傳》曰：在軾曰和，在鑣曰鸞。《韓詩内傳》曰：鸞在衡，和在軾前。鄭玄《經解》注取《韓詩》為説。《秦詩》箋云：置鸞於鑣，異於乘車也。其意言乘車之鸞在衡，田車之鸞在鑣。及《商頌・烈祖》之箋又云：鸞在鑣。是疑不能定，故兩從之也。案《考工記》：輪崇、車廣、衡長，參如一。則衡之所容，唯兩服馬耳。《詩》辭每言八鸞，當謂馬有二鸞。鸞若在衡，唯兩馬，安得置八鸞乎？以此知鸞必在鑣。鸞既在鑣，則和當在衡。《經》、《傳》不言和數，未知和有幾也。四者皆以金為之，故動則皆有鳴聲也。

又《旂旗不畫星辰統大常而言》　《春官・神士》掌三辰之法。鄭玄亦以為日月星也謂之辰。辰，時也。日以照晝，月以照夜，星則運行於天，昏明遞帀而正，所以示民早晚，民得取為時節，故三者皆為辰也。三辰是天之光明照臨天下，故畫於旌旗，象天之明也。九旗之物，唯日月為常，不言畫星者，蓋大常之上又畫星也。《穆天子傳》稱：天子葬盛姬，建日月七星。蓋畫北斗七星也。案《司常》：交龍為旂，熊虎為旗。

不畫三辰而云『三辰旂旗』者，旂、旗是九旗之總名，可以統大常，故舉而為言也。

宋・葉時《禮經會元》卷四上《車旗》 車旗所以彰德而辨等，藏禮而正名，一毫不容僭越也。『巾車』掌車，『司常』掌旗，二職雖分而實通，故其官相聯。案《巾車》曰：掌公車之政與其旗物而辨之。則車、旗之職通矣。蓋王與王后之路有等，而孤卿大夫、士庶人之車亦有等。王與諸侯之旗有名，而卿大夫士、師州里縣鄙之旗，亦有名。名物之頒，等級之叙，章其有德之别而禮存焉。此『巾車』、『司常』所以屬於禮官也。且以路車言之，玉路，大路也，『大馭』馭之。金路，綴路也，依孔安國說。一名齊車，『齊僕』馭之，『齊右』前之。象路，先路也，一名道車，『道僕』馭之，『道右』掌之。木路，亦次路也，一曰旃車，『田僕』馭之。革路，戎路也，一名戎車，『戎僕』馭之，『戎右』掌之。玉路，木路，無右者。鄭注云：『齊右』與『齊僕』同車，有祭祀則兼玉路之右。然則『戎右』兼『田右』歟？此王之五路也。【略】

《巾車》不言公、侯、伯、子、男之車者，以其服下王一等，則其車亦下王一等也。金路繁纓九就，則上公金路矣；象路七就，則侯、伯象路矣。金路，同姓以封；象路，異姓以封；革路，以封四衛；木路，以封蕃國。此四路之用，有同異、內外之别也。以《詩》觀之，《采芑》曰『路車有奭，鉤膺鞗革』者，方叔也。《崧高》曰『鉤膺濯濯，路車乘馬』者，申伯也。《韓奕》曰『鉤膺鏤錫，乘馬路車』者，韓侯也。三者皆非同姓，而得乘金路矣。豈非詩人所言，以上公以九為節，得乘金路，侯伯以七為節，當乘象路，而《巾車》所謂以封者，乃其賞賜之特恩而非所乘之制歟？《春秋傳》曰：武王封魯、衛、唐叔以大路。杜預謂金路也。王之大路曰玉路，諸侯之大路曰金路。此則以封同姓之車也。

又以旗、常言之。日月為常，王建之。蛟龍為旂，諸侯建之。通帛為旜，孤卿建之。雜帛為物，大夫士建之。熊虎為旗，師都建之。鳥隼為旟，州里建之。龜蛇為旐，縣鄙建之。全羽為旞，道車載之。析羽為旌，斿車載之。此《司常》頒旗物之名也。《巾車》曰：玉路建大常，金路建大旂，象路建大赤，革路建大白，木路建大麾。鄭注曰：大赤，周之正色；大白，殷之正色。大赤，通帛之旜；大白，雜帛之物。大麾不在九旗之數。愚案《禮記》言行，前朱雀而後玄武，左青龍而右白虎。今五路所建，既有日月之常，此必中央所建之旗矣。蛟龍為旂，安知大旂非左青龍乎？鳥隼為旟，安知大赤非前朱雀乎？龍虎為旗，安知大白非右白虎乎？龜蛇為旐，安知大麾非後玄武乎？此《巾車》叙旗物之名也。然《司常》言國之大閱，贊司馬頒旗物，而《司馬》教治兵，言王載太常，諸侯載旂，與此同，其他則否。此言孤卿建旜，彼則師都載之。此言大夫士建物，彼則鄉遂載之。此言師都建旗，彼則羣吏載之。此言州里建旟，彼則百官載之。此言縣鄙建旐，彼則郊野載之。此言載旞載旌，而《司馬》又闕之。蓋《司常》主大閱而言，《司馬》主治兵而言。大閱，大禮也。孤卿大夫士與鄉遂采地之大夫咸在，師都將都縣之兵，州里縣鄙將鄉遂之兵，此師都所以有旗，州里所以有旗，縣鄙所以有旐，孤卿大夫士則從王爾，所以建旜建物也。治兵，常禮也。孤卿大夫士未必盡出，其所從王者，百官也。命卿之為軍吏者也，采地鄉遂之兵皆屬於命卿，故雖師都不過載旜，鄉遂不過載物，至於郊野載旐，特以采邑大夫將采邑之兵，不屬乎命卿故也。此其所載之旗或有不同歟？故於《司常》、《司馬》互言之也。

道車象路，斿車木路，此王路之所載，故《司馬》闕之，而與《巾車》所建之旗亦不同也。然路車則有繁纓，旂、常則有斿。案《巾車》：玉路樊纓十有二就，大常十有二斿，自此降殺以兩。金路九就，大旂九斿；象路七就，大赤七斿；革路五就，大白五斿；木路則當三就，大麾則當三斿，可知矣。鄭氏謂不言就，與革路同。非也。《考工記》又曰：熊旗六斿，龜蛇四斿。亦非也。《典命》曰：上公九命，宮室、車旗、衣服皆以九為節。侯、伯七命，以七為節。子、男五命，以五為節。三公八命，卿六命，大夫四命，公之孤四命，卿大夫士三命、再命、一命，皆可以是推之。《郊特牲》乃云：大路樊纓一就，先路三就，次路五就。毋乃惑於漢儒事天尚質之説歟？不思《司常》言大路以祀，非祀天乎？玉路一就，則大常亦可一斿矣。《郊特牲》又曰：旂十有二斿，龍章而設日月。則旂、常之制，又皆無辨矣，尚何足信哉？周人以大裘祀天，而漢儒謂裘冕無旒；周人以大路祀天，而漢儒謂路纓一就。如此，四圭尺有二寸以祀天，胡亦不降而為一寸乎？儒者欲明衣服、車旗之制，要當以《周禮》為定。

元・方回《續古今考》卷三《廣旗幟考》 予謂九旗九名，而總謂之旗。

大常之制：王畫日月，象天明也。舜衮服十二章，至周移日、月、星於旗，則大常也。其制乃大旗也。以絳帛為之，而横十二幅，直一幅，如下裳有腰，於直一幅之上畫弧矢，次畫日，次畫北斗，次畫月。其十二幅，則畫升龍者六而素，畫降龍者六而青。《郊特牲》曰：龍章而設日月。魯用天子之禮，曰『龍旂承祀』。《左傳》曰三辰旂旗，可考也。惟崇牙之制未的。鄭玄以為崇牙者，為重牙以飾旒之側，旒則斿十有二旒是也。《司常》曰日月為常，而不言弧矢星、升降龍，惟天子許畫日月，故舉其重也。要之，大常亦曰旗，亦曰旂。《爾雅》曰：素錦綢杠。杠者，所以揭旗也。今以木為之，謂之旗桿，而韜之以錦也，其末則設旄以覆之，而綴以鈴。【略】《巾車》曰『王乘玉路，建大常十有二旒，以祀』是也。然古者不止用於祀天祀廟，拜日禮月，祀方明，而朝諸侯，禮四瀆，禮山川，秋治兵，冬大閲，皆用之。古人不單騎馬，馬以駕車，天子一舉一動，别無所謂今之逍遥輦、平頭輦，則何往而不乘路？五路之内，玉路駕大常，其一也。後世人主，三年一用之。徽廟時常備五路，見《南郊鹵簿圖》。南渡後，僅一路，大常三年一用之。古所謂厥有成績，紀於大常者，其廢久矣。漢人主之車惟曰黄屋左纛，當别考也。

旂之制：交龍為旂。《考工記》不言大常之制，曰龍斿九，以象大火也，諸侯之所建也。大閲、治兵皆建之。大火，蒼龍宿之心，其屬有尾，尾乃九星。《巾車》：建大旂，以賓，同姓以封諸侯。則天子亦可建九旒之旂，故《樂記》曰：龍旂九旒，天子之旌也。其制横九幅，升龍降龍間焉。直二幅，一升龍，一降龍。末有鈴，亦當有旄。《覲禮》曰：侯載龍旂弧韣。則亦有弧矢，在直幅之上歟？《詩》曰：『龍旂陽陽』，『龍旂十乘』，『龍旂承祀』，『淑旂綏章』。《左傳》曰：分魯公大路之旂。《明堂位》曰：有虞氏之旂，夏后氏之綏，殷之大白，周之大赤，魯兼用之。則旂始於舜。《孔氏傳》：予觀古人之象作服，謂十二章畫衣服。旌旂不誤也。鄭玄謂『綏』當為『緌』，有虞氏當言『緌』，夏后氏當言『旂』。予謂未嘗誤也。綏之為綏，兩音。耳佳反。《王制》『下大綏』，亦改此字此音，故亦無傷。玄謂注旄牛尾於杠首，亦旌旗之類耳。陳祥道以為：綏者，旌旞而已。且如天子大常，亦畫升龍降龍。玄注諸侯旂，乃謂交龍一象其升朝，一象其下復。則天子之龍，亦下復邪？玄望文作義，舛剌不一。龍有蟄有飛，自潛至亢，各有義取，不可過剛而至於亢，故一升一降也。大常曳地，侯之旂齊軫，卿大夫齊較，士齊肩，則其等降也。《後漢志》龍旂九斿以齊軫，熊旗五仞以齊肩，龜蛇四仞以齊首。仞，尺也。先儒又謂天子旌九仞，諸侯大夫五，士三。古尺甚短，如此七尺及軫，五尺及較，車制較在軫上，難考，大槩高下不同。楚令尹為王旌以田，芋尹無宇斷之。齊欒高伐虎門，公卜，以靈姑銔率，吉，請斷三尺而用之。侯以下不敢同於君，古禮如此。

旜之制：通帛為旜。亦作旃。其制横六幅，直一幅，謂之大赤，無繪畫。王之孤卿六命建之。公、侯、伯亦有孤四命，有卿三命；子男有卿再命而無孤。皆許建大赤歟？鄭玄謂大赤同周正色，孤卿不畫，言舉王之政教而已。説亦無據。

物之制：雜帛為物。士大夫建物，其制横三幅，直一幅，亦曰少帛與大赤，其斿無可考。《考工記》並無之。

旗之制：熊虎為旗。其制横六幅，直一幅，直畫一熊一虎，横熊、虎間。《考工記》：熊旗之斿，以象伐也。伐屬白虎宿，與參連體而六星。大閲，師都建旗。治兵，則軍吏建旗。軍吏者，五師為軍，軍有將，命卿也；五旅為師，師有帥，中大夫也。古將帥之官，其名見此。五卒為旅，旅亦有帥，下大夫也。此萬二千五百人及二千五百人與五百人之兵官也，宜建熊虎之旗。百人之卒長，二十五人之司馬，五十之伍長，渾於軍中，其不建此者歟？『師都』二字難考。鄭司農以為二千五百人之師帥，鄭玄兩注皆以為鄉遂大夫。姑存疑，可乎！邦國都鄙之都，鄭玄以為二百里外卿大夫采邑、王子弟食邑之地，謂都之所居曰鄙，又引六遂五鄰為鄙之鄙，全不分曉。

旟之制：鳥隼為旟。《考工記》：鳥隼七斿，以象鶉火也。鶉火，朱雀宿之柳，其屬有星，星乃七星。大閲，州里建旟。治兵，百官建旟。百官者，主兵之百官。惟大閲之州里，鄭玄以為州長里宰。六鄉有比長、閭胥、族師、黨正、州長，而後有鄉大夫。各鄉卿一人，二鄉公一人，有鄉師，共七萬五千家。六遂有鄰長、里宰、酇長、鄙師、縣正、縣士，而後有遂師、遂大夫、遂士，共七萬五千家。六鄉在王城外一百里之內，六遂在六鄉外二百里之內。六鄉之州長，中大夫，所掌五黨二千五百家。六遂之里宰，下士一人，所掌二十五家。州長掌二千五百家。中大夫建旟，里宰掌二十五家，下士亦建旟，無乃不倫之甚歟？鄭玄嘗以鄉大夫、遂大夫兩解師都，尚有可疑；以州長對里宰，言建旟，尤可疑也。其制橫七幅，直一幅，直畫一朱雀一隼，橫朱雀、隼間焉。《詩》曰：孑孑干旟。郭璞釋《爾雅》，謂旟剝鳥皮毛，置之竿頭，即《禮記》載飛鴻及鳴鳶。其説非是。《爾雅》曰：錯隼鳥為旟。謂朱雀與隼，此説是。

旐之制：龜蛇為旐。《考工記》：龜蛇四斿，以象營室。注：營室，玄武宿，與東壁連體而四星。《考工記》於九旗之內，惟舉此旗、旂、旟、旐，謂象東蒼龍，西白虎，南朱雀，北玄武，而不言大常、旜、物、旞、旌，何也？其説詳見《曲禮》。考之《左傳》，旐制四斿，橫四幅，直一幅，皆繪蛇纏龜身。鄭玄以營室二星、東壁二星共四星，為四斿之説。東方角、亢、氐、房、心、尾、箕，龍也；西方奎、婁、胃、昴、畢、觜、參，虎也；南方井、鬼、柳、星、張、翼、軫，朱雀也；北方斗、牛、女、虛、危、室、壁，玄武也。九、七、六、四之斿，不取星數，大常十有二斿，又取何星之數？乃隆殺然耳。或謂龍、虎、雀皆一物，惟北方龜、蛇二物，象人之有臂，其數亦二，是亦曲説。【略】大閱，縣鄙建旐。六遂：五酇為鄙，上士鄙師掌百家；五鄙為縣，下大夫縣正掌二千五百家。其所建也。六鄉亦有大閱，然不言六鄉州黨，何也？治兵，郊野建旐。即二百里外為郊野。鄭司農謂縣師。六遂有縣正、縣士，而縣師之官乃井田井、邑、丘、甸、縣、都之縣，其職稍貴。鄭玄謂州長、縣正，然亦不同。鄉大夫之職貴於遂大夫。鄉大夫之下曰州長，中大夫；遂大夫之下縣正，下大夫。並建龜蛇之旐以治兵，別無明文。然則大閱簡軍，實治兵甲。軍法固各有其制，而後世亡之矣。今世所謂九旗者，一切皆廢。天子三年大禮，一用大常之外，他皆苟且為之。自天子以至州縣，旗物之類皆不應古格。回亦空言之云耳。《詩》曰：設此旐矣。又曰：建旐設旄。

旞之制：全羽為旞、旌之制，析羽為旌。其杠皆飾以錦，朱旄覆其首，皆以五采繫而垂之。其數皆七，孟子所謂『羽旄之美』是也。道車載旞，斿車載旌。道車，象路也；斿車，木路也。象車建大赤以朝，木車建大麾以田。朝建大赤，而燕出入則建旞，田則建大麾，而鄙則載旌。全羽，析羽，《考工記》鍾氏染羽。蓋鳥羽不皆朱，則染之以朱湛丹，秫三月而熾之，淳而漬之。後世總謂之旌旗。

或問：此九旗者，《考工記》何以獨舉旂、旗、旟、旐，象天文四物也？《曲禮》因言武車綏旌，德車結旌，因及七者所載，而繼之曰：行，前朱雀而後玄武，左青龍而右白虎。招摇在上，急繕其怒。繕讀作『勁』，此謂軍行，前建朱雀與隼之旟，後建龜蛇之旐，左建交龍之旂，右建熊虎之旗也。或謂王建大常居中，謂之招摇在上，指大常所畫之北斗也。豈左青龍即諸侯歟？右白虎即軍吏歟？前百官之旟而後郊野之旐歟？如是説者，拘矣。王者，九旗皆得用之。天子軍行或親征，宜當四面備此四旗之制也。鄭玄注以此四獸為軍陣，非也。考之上文：『前有水則載青旌』，即旗之類。禮家圖以旄揭旛，畫三青龍雀於上，知水也。『前有塵埃則載鳴鳶』，畫三鳶於旛。鳶知風，塵埃，風所為也。『前有車騎則載飛鴻』，畫三鴻於旛。鴻有行列，警衆使知備也。『前有士師則載虎皮』，以旄懸真虎皮，兵衆將接，則當如虎之威猛，以敵之也。『前有摯獸則載貔貅』，皮以警衆，獸之尤摯者可以相服，猶柳子厚《熊説》也。鄭玄云：君行師從，卿行旅從，此軍行之備也。

《巾車》：玉路，建大常十有二斿，以祀。九旗之畫日月者，正幅為縿，旒則屬焉。縿亦作『幓』，所銜、所廉二切。金路，建大旂，以賓，同姓以封。象路，建大赤，以朝，異姓以封。革路，建大白，以即戎，以封四衛，大白，殷之旗，猶周大赤。即戎，謂兵事。四衛，四方諸侯守衛者，蠻服以內。木路，建大麾，以田，以封蕃國。大麾不在九旗中，色黑，夏后氏所建。田，四時田。蕃國謂九州之外夷服、鎮服、蕃服。此王之五路所建，曰祀，曰賓，曰朝，曰即戎，曰田，而大白、大麾非九旗之數。封同姓諸侯，則許乘金路，建大旗歟？封異姓諸侯，則許乘象路，建大赤歟？封四衛遠諸侯，則許乘革路，建大白歟？封夷狄之君，則許乘木路，建大麾歟？然禮家參考，不可强同。今世既不備五路，而車制廢，九旗之制亦廢。建炎南渡後，士大夫皆乘轎，近大小官惟單騎馬。予考此制，亦愚矣哉！

《節服氏》：掌祭祀朝覲衮冕。六人維王之大常。注：維之以縷。王旒十二斿，兩兩以縷綴連。旁三人持之。禮，天子旌曳地，諸侯則四人。讀至此，則知諸侯之旂，亦可謂之常；天子之常，亦可謂之旂；又總皆可謂之旗。

《行人》：上公建常，九斿。侯、伯建常，七斿。子、男建常，五斿。如此，則公、侯、伯、子、男之旗皆可謂之常。《覲禮》：天子乘龍，載大旂，象日月，升龍降龍。此乃大常可謂旂之據，且又見不止畫日月，又畫升降龍，亦是一據。

《明堂位》：魯君孟春乘大路，載弧韣，旂十有二旒，日月之章，祀帝於郊。此禮雖成王所賜，似不必用。注：弧，旌旗所以張幅也。鄭玄多自為異同。《考工記》：弧旌枉矢，以象弧也。參之他經不見，何時有所謂弧旌者？天子之大常，畫弧矢於上。玄注引《覲禮》載龍旂弧韣，謂旌旗之屬，皆有弧，弧以矢縿之，謂之韣。此以上與《明堂位》注相連，若真設弧矢以張旌旗之幅，其綴於上之謂歟！下文却謂妖星有枉矢者，蛇行有尾，因此云：枉矢，蓋畫之。如此，則畫矢而已，又與《明堂位》注及上文不同。予謂弧矢之在旌旗有二說：一謂用真弓矢，一謂繪畫矢，又前有天狼星，後有弧矢星，必是取誅惡禁暴之義。真綴弧矢以張白幅，當考四代之旗再言之，不書。

《大傳》曰：殊徽號。注：旌旗之名。鄭玄謂徽織，旌旗之細，綴於膊上，在朝則植之於位，在軍則衣之於身。《詩》曰：織文鳥章。注云：織，徽號也。鳥章，鳥隼之文章。將帥以下衣皆著焉。予謂近世大內、內侍省中官之徒，入皇城司，衛士、幕士之徒皆有黄號繫於胸前。軍中金鼓有背心劃亦然，大書於背。大工役，夫匠巾插小旗，書其名。皆古遺意也。

《國語》：吳王陳士卒，百人以為徹行。十行，一嬖大夫，建旌千人也。提鼓，挾經秉枹。十旌，一將軍，載常。萬人。常，僭也。萬人以方陣，皆白常、白旂、素甲，有旌，有常，有旂。白羽之矰，望之如荼。王親秉鉞，載白旗，又有旗。中陣而立。左軍亦如之，赤常、赤旟、又有旟。丹甲，朱羽之矰，望之如火。右軍亦如之，皆玄常、玄旗，又非王大旗。黑甲，烏羽之矰，望之如墨。此所謂黄池之會也。軍三萬人為三大方陣，建旌，一嬖大夫三十人。三大將皆建常，三軍各建旌、建旟、建旗，而王載白旗。吳，子爵，僭王軍制之侈如此。而肉食之謀，為晉人所覘；爭長，亦為晉人所先。越勾踐已入其國，歸與越平，而匪久終亡。此等軍制，不足書，不足法。

《月令》：春青旂，夏赤，中央黄，秋白，冬黑。呂不韋書，不曾行用，徒見之書，不足法。

元·貢師泰《玩齋集》卷八《跋五輅圖》 右《五輅圖》，蓋宣和舊本而柯君九思所藏也。五輅者，玉、金、象、革、木。玉輅以祀，金輅以封同姓，象輅以封異姓，革輅以封四衛，木輅以封蕃國，而鹵簿實兼之。其樊纓采就、旗麾等衰之數，各不同焉。然或以多為貴，或以少為貴，或尚其質，或取其文。其序不同，其色亦異，曰先曰次曰綴。議禮者之說，往往不一。此圖所載，以象輅居玉輅之後、金輅之前，未知何所據也。然其運意精密，設色工緻，毫分縷析，悉中軌度。非妙奪天巧者，能造是耶？

《遼史》卷五五《儀衛志一·輿服》 自皇帝而降，輿服之制，其來遠矣。禹乘四載，作小車。商人得桑根之瑞，為大輅。周人加金、玉、象飾益備。

《金史》卷四三《輿服志上》 古者車輿之制，各有名物表識，以祀以封，以田以戎，所以別上下，明等威也。歷代相承，互有損益。或因時創始，或襲舊致文，奇巧曰滋，浮靡益蕩。加以後世便習騎乘，車用蓋寡，惟於郊廟祀享，法駕導引，為一代令儀而不敢廢也。其於先王經世立法之意，寥乎闊哉！

《明史》卷六五《輿服志一》 有虞氏御天下，車服以庸。夏則黻冕致美，商則大輅示儉。成周有『巾車』、『典輅』、『弁司』、『司服』之職，天子以之表式萬邦，而車服五乘，下逮臣民。

明·丘濬《大學衍義補》卷九一《備規制·輿衛之儀》 臣按：王朝之輅，不但巡行以馳於道路之間，而於朝會之間，亦陳列之於殿廷，以盛彌文而彰備物焉。

臣按：周人尚輿，既於『冬官』設『輿人』等官，掌作車之事，而又設『巾車』之官屬於『春官』者，蓋『春官』掌邦禮，禮必乘輅，輅必有其飾，巾者，設飾之物也。輅而謂之金、玉、象者，用以飾其末爾，非純用也。

臣按：『司常』九旗，惟大常者天子之所建，其餘則自諸侯以下皆得建之。所謂大常者，非但畫日、月於其上，則凡人臣之有功者，皆銘書之焉。

臣按：疏家謂九斿、七斿、六斿、四斿之旌旗，皆是天子自建，非謂臣下以其九、七、六、四不與臣下命數相當故也。若臣下，則皆依命數。然天子以十二為節，乃用九、七、六、四者，上得兼下也。

臣按：所謂就者，言路馬之飾也。《周禮·巾車》言『樊纓』，《禮記》、《左傳》皆作『繁纓』。有一就、再就、九就、七就、五就之別，《左傳》所謂『斿纓昭其數』者，此也。

臣按：車之言路者，先儒謂大也。君之所在，以大為號，門曰路門，寢曰路寢，故車亦謂之路車焉。

臣按：路之大者，以木為之，則行禮以儉為德，於是乎昭矣。周人飾以金玉，豈所以昭其儉朴之德而塞其邪侈之惡也哉？然德固先乎儉也，然亦不可過於固而陋焉，於是乎有繁纓以為之文飾，有鸞和以為之音節焉。

臣按：先儒謂商尚質，亦有過於質者，惟商之輅則得乎質之中。此聖人所以斟酌其制，以答顏子『為邦』之問也。為邦之道，大經大法，非止一端，此特其制度中之一物耳。舉此一物為準，以例其餘，使其推類以盡之。蓋為治之道，非發政施令之為難，政以酌古準今之不易也。

明·劉績《三禮圖》卷二《車輿》 古者行皆乘車，故於馬駕、車制詳，非後世專乘馬而已。玉路，錫，即有虞氏鸞車也，則非徒馬有鈴，車軾亦有鈴矣。金路，鉤，即夏后氏鈎車也。驂馬為靷，始有鈎。賈氏曰：驂馬別有鈎鬲引車。《左傳》：良夫乘中甸兩牡。先儒謂四馬為上乘，兩馬為中乘。《孟子》亦云一車兩馬。豈夏后氏始添驂馬歟？《干旄疏》云：夏駕兩，謂之麗。殷益一騑，謂之驂；周又益一騑，謂之駟。按黃帝時已服牛乘馬，則兩馬在夏前矣。《傳》又云：趙旃以其良馬二，濟其兄與叔父；以他馬反，遇敵不能去，棄車而走林。則兵車亦有兩馬者也。《司馬法》：戎車，夏后氏曰鈎車，先正也；殷曰寅車，先疾也；周曰元戎，先良也。但不知在車，鈎指何物。鄭氏謂：馬婁頷有鈎，亦以金為之。則鈎在羈，前有錫，後有鈎，旁有朱，鑣下加御，即名勒矣，但于鈎膺不合。《韓非子》曰：馬欲進則鈎飭禁之，欲退則錯錣貫之。馬因旁出則鈎，當如前説。象路，朱，即周乘路也，朱，周所尚色。幩赤，而車亦赤也，《詩》『路車有奭』是也。革路，龍勒。龍，古『龎』通，雜色不純也。上公用龍之龍兵車，故馬加銜。先儒謂無銜曰羈，有銜曰勒。鄭氏曰：龍，駹也。以白黑飾韋、雜色為勒是也。《顧命》作『綴路』，綴，雜色也，則車亦駹矣。《士喪禮》：纓轡其勒，縣于衡。則凡車非上路，皆有銜。木路即殷路也。周尚文，文極則反本，故次于後。不輓以革，仍木本色，故不言色，而止言『前樊鵠纓』。象路，朱，則金、玉路皆朱矣。上得以兼下，下不得以兼上。餘俱倣此。

又 卷二《旗》 《司常》：掌九旗之物名，各有屬，以待國事。【略】蓋天子諸侯皆素錦韜杠，弧韣、旞旄鈴、纁帛縿、練旒皆同，但諸侯有降龍，無升龍；公建常，九斿，侯、伯七斿，子、男五斿為等耳。旂亦可名常。凡此皆因夏制而損益之也。

孤卿建旜，以纁帛韜杠，其縿斿亦纁，但變旒為崇牙，色纁不白耳。大夫士建物，則以鴻脰韜杠，崇牙雖白而縿雜矣。師都，三等采地也。州里，六鄉也。縣鄙，六遂也。三者自王畿遠近言，則盡乎人矣。旗、旟、旐崇牙之斿各隨命數。凡此皆因殷制而損益之也。

《曲禮》：前朱雀，後玄武，左青龍，右白虎，招摇在上。即《考工記》龍旂九斿，以象大火也；蒼龍宿之心，其屬有尾，尾九星。鳥旟七斿，以象鶉火也；朱鳥宿之鳥，其屬有星，星七星。熊旗六斿，以象伐也；伐屬白虎宿，與參連體而六星。龜蛇四斿，以象宮室也；玄武宿與東壁連體而四星。弧旌枉失，以象弧也。蓋言天子之行，象方數耳，非論旗次斿數也。道車，文事也，建全羽旞而有鈴。斿車，武事也，建析羽旌而無鈴。其杠皆建旄，所謂羽毛之美。《傳》稱晉人假羽旄于鄭，明日旆之。《詩稱》孑孑干旄、干旟、干旌是也。凡此皆因虞制而損益之也。

《博雅》云：天子杠九仞，諸侯七仞，大夫五仞，士三仞。天子十二斿至地，諸侯九斿至軫，卿大夫七斿至較，士三斿至肩。按大常使人維之，則曳地可知矣。楚令尹為王旌以田，芋尹無宇斷之。齊欒高伐虎門，公卜，使王黑以靈姑銔率，吉，請斷三尺焉而用之。則綏旗上下長短可知矣。然論杠大長，非車所能建，參之人情不通。其九旗以上文為次，隨事序而用之，故司馬治兵，『師都載旜』以下，與此不同云。

明·陳士元《論語類考》卷一六《車乘考·殷輅》 元按：路、輅，古字通用。《正義》云：路訓大也。君之所在，以大為號，門曰路門，寢曰路寢，車曰路車是也。注《左傳》者謂車行之道路，故以路名之，謬矣。若然，則門寢之制豈亦行於道路乎？《通典》云：有虞氏因彤車而制鸞車，夏后氏因鸞車而制鉤車，殷因鉤車而制大路，周因殷路而制五路。《周禮·春官·巾車》：掌王之五路。一曰玉路，鍚，樊纓十有再就。二曰金路，鉤，樊纓九就。三曰象路，朱，樊纓七就。四曰革路，龍勒，條纓五就。五曰木路，前樊鵠纓。【略】而孔子所謂殷輅，蓋即周之木路也。革路輓而漆，木路漆而不輓。鍚在顱，鉤在頷。朱者，勒之色。龍者，勒之飾。樊纓以組為之，與冠纓同。五采一匝為就。鍚也，鉤也，朱也，龍勒也，玉、金、象、革四路皆有之，木路則質而已。《尚書·顧命》云：大輅在賓階面，綴輅在阼階面，先輅在左塾之前，次輅在右塾之前。注云：大輅，玉輅也；綴輅，金輅也；先輅，象輅也；次輅，革輅、木輅也。蓋周以玉輅為大輅，而殷之大輅，則木而已。《左傳》云：大路越席，昭其儉也。服虔以大路為木路，而杜預則以大路為玉路，蓋不知玉路乃周之大路，而非殷之大路也。《明堂位》云：大路，殷路也。注云：大路，木路，漢祭天乘殷之路，謂之桑根車是已。《禮器》云：大路繁纓一就，先路三就，次路五就。注云：大路，殷祭天之車也。殷尚質，無別彫飾，乘以祭天，謂之大路。

殷有三路：先路、次路、大路也。然諸侯有先路、次路，亦有大路。《樂記》云：大輅，天子之輅，所以贈諸侯。《雜記》亦云：諸侯之賵，有乘黃大路。相隧以後路。注云：後路，次路也。蓋周之天子大路乃玉路，而諸侯之大路則金路，非殷之木路也。《左傳》：鄭以先路三命之服賜子展，以次路再命之服賜子產。魯以先路三命之服賜晉三帥，以一命之服賜司馬、輿師。又僖公二十八年，王賜晉文公以大路之服。定公四年，祝鮀言先王分魯、衛、晉以大路。襄公十九年，王賜鄭子僑以大路。二十四年，王賜叔孫豹以大路。杜預謂：賜魯、衛、晉之大路，皆金路。賜穆叔、子僑之大路，當是革、木二路也。

明·王應電《周禮翼傳》卷二《移易周禮設官》 車服以庸，名分之大閑，禮之大端也。車旗聯事，故並屬掌邦禮者。

明·王應電《周禮圖説》卷下《九命旗總圖》 大常、旂、旗、旟、旐、旞、旜、旌、物，謂之九旗，乃天子、諸侯、諸臣平日車上所建，畫其象及書其名號。故其幅縱長以為文，建于車上要必以兩相對，故日月、交龍、熊虎、鳥隼、龜蛇並以偶為制。又如天子之幃宮而設旌門，諸侯之次舍而置其旌，並當以兩也。畫日月，熊虎之類，每一旗止畫一物。舊制每幅皆畫，則不能示遠矣，非也。旗幅曰幓，幓之所垂曰斿，斿即旗幅之末，殺而垂者。大常十二斿，即十二幅。餘九、七、五皆然。旗之高，以幅為節。廣居高三分之一。幓，音杉。斿，由、流二音。

又《大常》 《巾車》：玉路，建大常，十有二斿，以祀。《司常》：日月為常。《儀禮》：大旂，象日月，升龍降龍。《郊特牲》：龍章而設日月。《左傳》：三辰旂旗。《曲禮》：招搖在上。按：日月星辰，唐虞以為衣之上，周人則畫之于旗，以為大常，唯天子得建之。但《司常》有日月而無星辰者，《記》云招搖在上。舊注謂即北斗第七星名搖光者，甚為有理。蓋北斗柄所指之方，為十二月建，天帝用以施令。施令者，故王之中軍畫之，用以指揮萬衆，是故日月謂之大常，祀事所建。北斗星亦謂之大常，則戎事中軍所建也。然觀《儀禮》、《郊特牲》、《左傳》所云，則交龍為旂，日月之下仍以交龍為象。熊虎為旗，如王之侯，畫虎方稱旗之名也。

又《大旂》 《巾車》：金路，建大旂，以賓，同姓以封。《司常》：交龍為旂。按：天子之冕服雖有五等，如諸臣之制，而五冕並十二旒以為別。故此大旂而下四者，並當如大常十二斿之數。此交龍者，亦當如卷衣，一升一降。若諸侯有升龍，而已下大赤、大白、大麾，高、廣皆當如大常。

又《諸侯旂》 旂，以封同姓。然其幅自當依九、七、五命數，故此乃同姓上公所建。若同姓侯、伯，則當從七。子、男，自當從五。異姓雖不以封，二王後及為上公九命者，亦得建之。

又《旞》 《巾車》：象路，建大赤，以朝，異姓以封。《司常》：道車載旞。全羽為旞。天子朝覲之事十二斿。異姓諸侯七命所建七斿。若五命者，旗幅亦當以五為節。

又《旜》 《巾車》：革路，建大白，以即戎，以封四衛。通帛為旜。孤卿建旜。天子軍旅之事十二斿。四衛如子、男命數，幅以為五節。若孤卿六命，別當以六幅為節。

又《旌》 《巾車》：木路，建大麾，以田，以封蕃國。《司常》：斿車載旌。析羽為旌。天子田獵之事十二斿。蠻夷雖大曰子，蕃國旗幅亦以五為節。

又《師都旗》 《司常》：熊虎為旗。師都建旗。師都者，公之采地。三公八命，旗幅亦以八為節。

又《縣鄙旐》 《司常》：龜蛇為旐。縣鄙建旐。縣鄙者，卿之采地。卿六命，旐以六為節。

又《州里旟》 《司常》：鳥隼為旟。州里建旟。州里者，鄉、遂大夫所統，除公卿有采地者。大夫四命，旟以四為節。

又《物》 《司常》：雜帛為物。大夫士建物，間色，故曰雜。大夫四命，士三命、二命，旗幅亦以四、三、二為節。

又《鳥章》 《詩》：織文鳥章。即《記》所謂前朱雀也。舊圖畫之如上，理或然也。龍、虎、蛇並同。按軍中旗主于指揮，故其幅廣而飄揚。古文「旗」字作「凧」，正此意也。然其數皆單用，非若車上旗之用兩，故止稱龍、虎、鳥、蛇而已。

又《小麾》 《詩》：白旆央央。舊圖如此。蓋麾主布陣用之，欲其易于指揮，故狹而長也。

又 卷下《九旗説》 按旗之為言，主期民于其下。【略】國事有常旗，天子、諸侯、諸臣以辨等威，書號名。軍事之旗，以別前後、左右之軍。又別有小麾，以為進退疾徐之節。其制各不同，不可以相混。凡旗之辨，莫重于色。故畫者，以象物為主，而色在其中；不畫者，則專以色為主。《司常》及《大司馬》所謂旂、旗、旐、旟，即《記》之左青龍，右白虎，前朱雀，後玄武，四方之色存乎其中矣。通帛即大白也，色純而不施采，故曰通。「旜」字從亶意，亦如此。孤卿建之，取其從王而不敢專；招庶人以之，取其質素無為之意。白，兵象。故《巾車》：王革路，建大白。道車即象路，《巾車》：王象路，建大赤。則此云「道車載旞」，為大赤明矣。斿車，王以之巡遊田獵，即木路也。《巾車》：王木路，建大麾。夫五路之序，曰旂，青也；曰大赤，曰大白，則麾為黑無疑。此云「斿車載旌」，即大麾，則其為黑亦明矣。唯夫雜帛為物，則無可考。然以三者之例推之，則青之間色也。蓋旂、旗、旐、旟有象之四色，旞、旜、旌、物無象之四色，皆不離乎四方之色。先儒不正明其色而統觀之，故不免有錯誤耳。

九等之旗，大常唯王所用，更莫敢參。其餘莫尊于大旂也，故與大赤、大白、大麾為五路所建。其高、廣一視夫大常者也。其為諸侯所建，則旂以封同姓，大赤以封異姓，大白以封四衛，大麾以封蕃國，皆如《巾車》所云。其高、廣則當視其命數矣。夫王既用大常以象天，公與同姓用龍，以象其變化矣。其餘三路及異姓蕃衛之國不以象而止以色者，其以君道為無不可同于諸臣者歟？其在王國，則「司常」贊「大司馬」于大閱所頒。諸侯建旂，師都建旗，州里建旟，縣鄙建旐，皆有所將，故旗有所象。孤卿建旜，卿大夫建物，皆無所將，故其旗亦無所象。道車載旞，斿車載旌，則王在國所常用而以從行者也。唯夫「大司馬」于振旅所建旗物，與此不同。愚謂旌旗以一人之耳目，故大閱頒之而振旅辨之，豈容有二？蓋為誤文，不可强解。若安營布陣，則其旗麾之制又各有瀼，于平日所建乃有不同耳。

清·陳啓源《毛詩稽古編》卷二九《數典·旂幟》 《司常》九旂，曰常也，旂也，旜亦作旃也，物也，旆也，旟也，旐也，旞也，旌也。常、旂、旟、旐、旌五者，皆見《詩》。《鄘》之《干旄》，毛以為旃，鄭以為旃與物，則二者亦見《詩》。《詩》得九旂之七，而旂尤屢及之。《出車》、《采芑》之旂，以出師；《庭燎》、《采菽》、《載見》之旂，以朝於王；《玄鳥》之旂，以助祭；《閟宮》之旂，以承祭；《韓奕》之旂，天子所賜。皆諸侯事也。九旂中常最尊，而旂即次焉。天子建常，諸侯建旂，非他人可得假，故《詩》咏旂，專目諸侯矣。《爾雅》、《釋文》亦詳旂制。大約竿首設旄，旄首注旌，九旂所同，而旂竿則纏以素錦。《韓奕》之「綏章」，毛云大綏，指竿首之旄也，下以纁帛為縿音衫而衆旒著焉。旒有九，《詩》所謂「央央」、「渒渒」、「陽陽」、「茷茷」，皆施縿之貌狀也。畫素龍於縿，故《載見》、《閟宮》、《玄鳥》三詩，皆言「龍旂」也。縣鈴於竿首，故《載見》又言「和鈴央央」也。至於綦組之飾，與諸斿等耳；而朱縷以維持之，則同於太常。案王之金路亦建大旂，此或王之旂制乎？諸侯旒不曳地，當不必用縷維矣。

清·惠士奇《禮説》卷九《春官四》　王之喪車五乘：曰木車，《漢儀》謂之羸蘭車，始遭喪所乘。曰素車，卒哭所乘。曰藻車，一作轍車，轍即蒲蔽，倉色，既練所乘。曰駹車，髹黍色，大祥所乘。曰漆車，雀頭色，禫所乘。而木車有櫜有服，櫜弢戈戟，服衣刀劍，素車有服無櫜，餘皆無服。康成謂：始遭喪，君道尚微，備姦臣也。卒哭，則君道益著，在車可去戈戟。如其説，則既練以後，君道乃全，幷去短兵矣，而士喪乘堊車，曷為亦有犬服建之笭間，以兵器自衛乎？且有貳車攝服，又何所備而防衛之謹嚴若是也？蓋兵者，不祥之器。古之用兵，以喪禮處之。喪車設兵，非備不虞，持險奉凶以表哀戚，貴賤無等，上下皆同。及其葬也，乘車載干笮，設依撻，猴矢、志矢皆具焉。亦豈有所備而然歟？

又　卷一〇《夏官一》　案治兵，王載大常。《巾車》職：大麾以田，大白以即戎。先儒以為王田春夏則大麾，秋冬則大常。旌旗所用，雖如治兵之時，然王若親軍則建大白。《王制》疏云：旌旗無旒者，謂之大麾，一名綏。《王制》：天子殺則下大綏，諸侯殺則下小綏。注云：「綏」當作「緌」，有虞氏之旌旗也。《巾車》注云：大麾色黑，夏后氏所建。蓋夏后氏之旗去其旒旐，為有虞氏之緌，即《巾車》之大麾。《王制》三田皆用之，合於《巾車》大麾以田之説。不在九旗中，惟田抗之以表獲。故《詩傳》云：天子發，抗大綏；諸侯發，抗小綏。抗則舉之，下則弊之。皆以田言，明非田不建大麾也。中冬大閲，中秋治兵，固建太常矣。及其田也，仍建大麾以表獲焉。先儒謂春夏用之，秋冬則否，誤矣。

司常之屬，旌旗之細也，名為徽幟，亦謂之章。《詩》曰：織文鳥章。有九旗，又有九章。九章著明，五教不亂。九旗曰常，曰旂，曰旜，曰物，曰旗，曰旟，曰旐，曰旞，曰旌。九章曰日章，曰月章，合之為日月之常。曰龍章，曰虎章，即交龍之旂，熊虎之旗。曰鳥章，曰蛇章，即鳥隼之旟，龜蛇之旐。晝行舉日，夜行舉月，行水舉龍，行林舉虎，行陂舉鳥，行澤舉蛇。曰鵲章，曰狼章，曰韓章。行陸舉鵲，行山舉狼，載食而駕舉韓。韓者，建皋也，虎皮一名皋，比武王克紂，包干戈以虎皮，故曰韓。櫜、皋、韓，古文通。康成作「櫜」，服虔作「皋」，《管子》作「韓」。《曲禮》前有士師則載虎皮，即此章。是為九章，九旗之屬也。【略】《司常》所謂象其事、象其名、象其號者，蓋謂形色之旗也。徽幟既然，旌旗獨不然乎？

又　卷一二《秋官一》　春秋列國大夫，亦得受天子之器大路、先路、次路、三命再命之服，而魯叔孫穆子之聘於周也，王賜之路，復命於君，君復賜之，使三官書之，司徒書名，司馬書服，司空書勳。衛仲叔于奚有功，賜繁纓與曲縣之樂，亦書在三官。蓋器約之書於丹圖者如此。魯、衛三卿，故書爲三莢。則天子六官皆書而藏之，可知。

清·江永《鄉黨圖考》卷六《佩考》　按《大戴禮》、《韓詩内傳》皆言在衡為鸞，在軾為和，非也。軾非設鈴之所，軾若有和，車行與軾相觸，不成聲矣。《左傳》錫鸞和鈴。杜注：鸞在鑣，和在衡。此説是。疏云：衡之所容，唯兩服馬。《詩》每言八鸞，當謂馬有二鸞。若在衡，安得置八鸞乎？以此知鸞必在鑣，和當在衡。和不言數，當是衡端各一和。

清·顧棟高《毛詩類釋》卷一〇《釋兵器·鳥章白旆》　《六月》詩曰：織文鳥章，白旆央央。《疏》：鳥章即所謂鳥隼曰旟也。白，帛也，以絳帛續旐末為燕尾，戰則旆之。九旂之物，皆用絳。此旗而言旐者，散則通名。據此，則鳥章與白旆本是一物，鳥章以旂之體言，白旆以旂之下垂者言，故以「央央」二字總之，非有二也。圖作二物，恐非。

又　卷一九《釋魚·龍》　《爾雅》：有鈴曰旂。郭注：縣鈴於竿頭，畫交龍於旒。邢《疏》：畫二龍於旂上，一升一降相交，《詩·周頌》「龍旂陽陽」是也。鱗蟲三百六十，龍為之長。

又　卷二〇《釋車·路車》　毛《傳》：路車，人君之車。《秦風》：何以贈之？路車乘黃。許氏謙曰：《周禮·巾車》：金路，以封同姓。象路，以封異姓。革車，以封四衛。木路，以封藩國。皆諸侯也，故人君之車曰路車。又《王風》：大車檻檻。毛《傳》：大車，大夫之車。《疏》曰：此大車，蓋革車也。大夫乘墨車，天子之大夫出封，如子、男之服，則車亦得乘諸侯之車，故知此大車是革車也。

臣謹案：毛、孔以大車為革車，以下『毳衣』而知之。《春官·司服》云：子、男之服，自毳冕而下，卿大夫服玄冕。而天子大夫四命，其出封則加一等，如子、男，故得服毳衣。衣得服毳，則知車亦得乘子、男之革路也。錢氏曰：尊之故言大車，與平地任載之大車有別。

又 卷二〇《釋車·附車飾·簟茀朱鞹》 臣謹案：《采芑》言『簟茀魚服』，孔《疏》謂以方文竹簟之蓆為之蔽。《韓奕》言『簟茀錯衡』，孔《疏》謂漆簟以為車蔽，若今之藩。藩即齊侯以藩載欒盈及其士，納諸曲沃之藩，蓋婦人之車也。與此文『簟茀朱鞹』為三。毛《傳》又謂是諸侯之路車。則茀是國君所用，不獨婦人有矣。

又 《約軝》 《說文》：軝，長轂也。《考工記》：設兵車、乘車，其轂長於田車。故《小戎》云『暢轂』，言『朱而約之』，謂以朱色纏束車轂以為飾。《輪人》云：客轂必直，陳篆必正。篆，轂約也，蓋以皮纏之而上加以朱漆。知約以朱者，以上言鉤膺，是陳金路之事。金路以金為飾，轂色宜與金同。又『路車有奭』，奭是赤貌，故知約必用朱也。

又 《淑旂》 毛《傳》：淑，善也。交龍為旂。鄭云：旂之善色者也。

又 《綏章》 鄭《箋》：綏，所引以登車，有采章也。《天官·夏采》注云：徐州貢夏翟之羽，有虞氏以為綏。後世或無夏翟，染鳥羽象而用之。或以旄牛尾為之，綴於幢上，所謂注毛於竿首者。然則孔《疏》：綏者，即交龍，旂竿所建，與旂共一竿，為貴賤之表章，故云綏章。

又 《和鸞》 干寶《周禮》注曰：和鸞皆以金為鈴，鸞在衡，和在軾。衡是車前橫木駕馬者，軾是車上橫木可憑者。馬動則鸞鳴，鸞鳴則和應。舒則不鳴，疾則失音。故《蓼蕭》詩云：和鸞雝雝。言得其和也。

京山程氏云：和，金口木舌。鸞，金口金舌。鸞在衡，近於馬。衡是車前駕馬者，即軛也。

又 卷二一《釋馬·駟驖》 《月令》云：孟冬乘鐵驪。《說文》：馬深黑色者為驪，赤黑色者為驖。《詩·秦風》：駟驖孔阜。《埤雅》云：非獨取其馬色如鐵，蓋取其堅狀如鐵也。

又 《駟騵》 《爾雅》：騮馬白腹曰騵。郭注：騮，赤色黑鬣也。《大雅》：駟騵彭彭。孔《疏》云：三代乘馬，各從正色，而周不純赤，毛以白腹，為上周下殷也。《檀弓》言：戎事乘騵。明非戎事不然。因此武王所乘，後遂為一代常法。

又 《駱》 《爾雅》：白馬黑鬣曰駱。郭注：《禮記》曰：夏后氏駱馬黑鬣。邢《疏》：鬣，鬉也。白馬黑鬉者名駱。《詩·四牡》曰：驒嘽駱馬。毛《傳》：嘽嘽，喘息之貌。《詩緝》曰：駱馬最耐勞，今以勞之故，猶嘽嘽喘息，則人勞可知矣。

又 《騋牝》 《爾雅》：騋牝驪牡。郭注：《詩》云：騋牝三千。馬七尺以上為騋，見《周禮》。《埤雅》：騋牝驪牡，以罕稱也。凡馬六尺以上為馬，七尺以上為騋，八尺以上為龍。騋牝，取其大也。宗廟用龍，戎事用駴，田事用騋。騋，田馬也。《考工記》曰：田馬之輈深四尺。鄭注云：田馬高七尺，衡高七尺有七寸，除馬之高則餘七寸，為衡、頸之間也。

又 卷二〇《釋車·附馬飾·鏤膺〈大雅·韓奕〉詩作鉤膺》 毛《傳》：膺，馬帶。鄭《箋》：鏤膺有刻，金飾也。孔《疏》：膺上有鏤，明是以金飾帶，知膺是馬胸前帶也。《春秋》成二年，仲叔于奚請繁纓。繁與『樊』同。鄭注《周禮·巾車》『五路』云：樊讀如『鞶帶』之『鞶』，謂今馬大帶。但彼謂在腹之帶，與膺不同耳。

臣謹案：此即今之馬鐵胸。《韓奕》詩所謂『鉤膺』也。《巾車》注云：鉤以金為之。鄭《箋》：《韓奕》云鉤膺，樊膺也。明即《小戎》之『鏤膺』，非二物。

又 《鏤錫音陽》 毛《傳》：鏤錫，有金鏤其錫也。鄭《箋》：眉上曰錫，刻金飾之，今當盧也。孔《疏》：揚者，人面眉上之名。馬鏤錫，施鏤於揚之上，若今之當盧，當馬之額盧在眉眼之上，刻金為之飾也。

又 《鞗音條革》 鄭《箋》：鞗革，謂轡也。《疏》曰：《爾雅·釋器》云：轡首謂之革。金厄，鄭《箋》：以金為小環，往往纏搤之。《疏》曰：往往者，言其非一處也。《詩緝》曰：以鞗皮為轡首之革，以金為小環纏搤之。據此，則與上鞗革只是一物。

又 **《鸞鑣》** 鄭《箋》：置鸞於鑣，異於乘車。孔《疏》：鑣，馬銜也，謂在旁包歛其口也。乘車則鸞在衡，和在軾。此則鸞在於鑣，是異於乘車。乘車謂玉路、金路、象路也。

又 **《朱幩》** 毛《傳》：幩，飾也。人君以朱纏鑣，鑣，馬銜外鐵也。《六帖》云：朱幩，鑣也，而遂以『鑣鑣』贊之。此以實字為虛字。凡古書重字，大半借實字用也。《詩緝》曰：鑣鑣，非一鑣也。

藝文

清·陳元龍《歷代賦彙》卷八九《〔南朝梁〕甄玄成〈車賦〉》 鑄金磨玉之麗，凝土剡木之奇，體衆術而特妙，未若作車而載馳。爾其車也，名稱合於星辰，圓方象乎天地。夏言以庸之服，周曰聚焉之器。制度不以陋移，規矩不以飾異。古今貴其同軌，華夷獲其兼利。爾其利也，天子以郊祀田伐，諸侯以朝聘會盟，庶人以商農工賈，夷狄以致蓄遷生。爾其作也，均輕重而攻材，正陰陽而斲木，既中正而合剖，亦面勢而審曲。候離婁之督繩，須公輸而削墨，布骸服之有定，施爪牙之不忒。既涉用於牛馬，亦受名於羊鹿。爾其容也，侔蓋樹之獨立，似高雲之出巘。獨映水也，如舞鸞之對鏡；衆行陸也，若翔鴻之赴遠。聽長響之轔轔，望遙儀之婉婉。信有美兮宜比興，徒欲貌兮不能辨。及其駕也，堅珊瑚之駐，引絶羣之駁，既絲靷之縈頭，亦銅鉤而瑩角。始向輈而龍轉，就入轅而獸躍。或鼽鼽而鳴鼻，或參差而動脚。咆哮歇轉，鬱怏隕閣，見輪陰之翻亂，視帶影之飛泊。及其乘也，或方夏虐暑，炎氣歊烈，浮幰動以來風，輕紗飛而去熱，纖埃著而即墜，煩氣衝而受歇。或固陰沍寒，祁嚴凜厲，複帷下而前屏，重幨垂而後蔽，霜露侵而靡及，風飈激而不戾。或油雲雨霈，中逵半恢，宏宇宙而雷奔，杼軸割而去衍。被洪流染而自落，散水湔而不霑云。

又 **卷八九《〔唐〕張彥振〈大章車賦以上方所造間次羽儀為韻〉》** 舜爲君兮禹為相，七政齊兮八風暢，備禮容兮和樂章，同車書兮一度量。龍樓恭己，則無爲以垂衣；鸞蹕豫遊，或有時而端望。伊大章之攸作，冠輪輿而爲上。其始也，委材質於資斧，授規模於梓匠；其終也，援桴鼓於天街，動輗軏於霜仗。乃畫界疏疆，正位辨方，候之以節步，先之以啓行。象雷而鳴，曾不聞其霆轟；如蓬之轉，終不見其飄揚。遵彼坦塗，違茲險阻，勿忘情而習静，殊不知其處所，類智者之行藏，同至人之默語。歷代傳寶，鼓車逾好，有異人謀，宛同靈造，行不由徑，動能合道。向使貴賤混并，高卑不問，應無迷遠之疾，詎有窮途之患？則是大章爲器，國容之利，指方位於遙空，數田里於厚地，節六鼓以鼉駭，首五輅而鱗次。望塵不及，初非千里之遙；聽響爭先，終欣一日而至。夫然，則可以式序秩宗，發揮樂府，扶侍輦轂，隱翳干羽。以家形國，何一二之能談？自邇陟遐，雖萬億而可數。墨客胡爲？來攀桂枝。懸鼓待鳴，仰淳淳之風俗；尅車就駕，識穆穆之威儀。伊可大而可久，諒斯焉而取斯。

又 **卷六五《〔唐〕李昂〈旗賦以風日雲野軍國清肅為韻〉》** 遐國華之容衛，諒茲旗之多工。文成日月，影滅霜空，乍逶迤而掛霧，忽摇曳以張風。排迴驚鳥，飛失斷鴻。至若混羽旗以横野，則覩之者目駭；雜金鼓而特設，則見之者氣雄。爾其誓將臨邊，興師授律，擁豹騎而長往，指龍山而衝出。月陣聯雲，星旄鬬日，迴五翎以革面，挫三庭而屈膝。匪旗之佐彼軍容，則何以沙場清謐？明明我君，四海無塵，立徽號，建洪勳，為旗削蚩尤之跡，畫蛟龍之文。信侔功於巢、燧，諒比德於姜、雲。奄有天下，體國經野，覽茲旗之財成，故可得而言者。儼孤峙以標衆，列廣形而助寡。隨時卷舒，任用行舍，不務功以伐謀，良有足而稱也。徒觀其進退繽紛，旖旎三軍，可仰可則，光輝一國。幟示迷於指南，何登車而逐北？塞斷連營，幸偶時清。對岌岌之臺殿，間悠悠之旆旌。陵紫霄而風埽，逗碧落以雲縈。擺帝樓之晴樹，弄天門之曉旌。高則可仰，犯乃不傾，每低昂以自守，常居滿而望盈。時亨《大畜》，於何不育？永端容於太階，沐皇風之清肅。

宋·呂祖謙《宋文鑑》卷一一《宋庠〈德車結旌賦車結旌者昭德之美〉》 君有至德，時乘大車，當偃革以無外，乃結旌而有初。奉駕陳儀，采物雖資於備設；鳴鸞示禮，旂旒匪俟於垂舒。順考前經，鋪聞往説，謂戎事以既息，貴君車之有結。雍容撫軾，蓋藏飾以尚純；肅穆展鈴，詎垂旓而就列。蓋由抑乃盛飾，昭夫令名，雖冠品於輿服，蔑揚威於旆旌。肅軫無譁，方斂藏於斿厲；馳輪有度，靡赫奕於緌纓。且夫禮有質文，器隨用捨。車號乎德，則崇化於邦本；旌結其表，則示人於天下。意自象見，名非人假。君軒弭節，孰訝乎卷而懷之？國乘制容，益顯乎素為貴者。是知車之用兮，充德以成大；旌之飾兮，輔威而孔昭。既武怒之不作，信軍容而外銷。組轡啓行，陋邦旄之孑孑；錯衡遵路，殊風斾之摇摇。若然，則動有彝儀，文無異色，雖嚴駕以備物，終去華而表德。故使禮典攸重，民瞻不忒。皇皇整御，始中括於采章；轞轞肅容，豈外揚於藻飾？用能上載明德，旁昭縟儀，自駕言而戾止，殊幅裂以藏之。升降惟寅，僅比非心之屋；章明盡屏，寧同止獵之緌？大矣哉！邦禮是崇，帝儀資始，實務德以垂教，必收旌而昭理。宜乎國容備而兵器銷，率由兹而盡矣。

雜録

《左傳·定公元年》 薛宰曰：『薛之皇祖奚仲，居薛以為夏車正。』注：皇，大也。奚仲為夏禹掌車服大夫。

《墨子》卷九《非命上》 古者【略】奚仲作車。

《管子》卷二〇《形勢解》 奚仲之為車器也，方圜曲直，皆中規矩，鈎繩故機旋相得，用之牢利，成器堅固。

《荀子》卷一五《解蔽篇》 奚仲作車，乘杜作乘馬，而造父精於御。注：奚仲，夏禹時車正。黄帝時已有車服，故謂之軒轅。此云奚仲者，亦改制耳。《世本》云：相土作乘馬。『杜』與『土』同。乘馬，四馬駕車。起於相土，故曰作乘馬。以其作乘馬之法，故謂之乘。並音『剩』。相土，契孫也。

《世本·作篇》 黄帝作旃，亦曲柄旃，以招士衆也。

胲作服牛。注曰：胲，黄帝臣也，能駕牛。又云：少昊時人，始駕牛。

相土作乘馬。腢作駕。宋衷云：皆黄帝臣。

奚仲作車。

韓哀作御。宋衷曰：韓哀，韓文侯也。時已有御，此復云作者，加其精巧也。

《韓非子》卷三《十過》 師曠曰：『昔者黄帝合鬼神於泰山之上，駕象車而六蛟龍。』

《呂氏春秋》卷一七《君守》 奚仲作車。漢高誘注：奚仲，黄帝之後，任姓也。《傳》曰為夏車正，封于薛。

又 卷一七《勿躬》 乘雅作駕，寒哀作御，王冰作服牛。

《山海經》卷一八《海内經》 番禺生奚仲，奚仲生吉光，吉光是始以木為車。晉郭璞注：《世本》云：奚仲作車。此言吉光，明其父子共創作意，是以互稱之。

《列子》卷二《黄帝》 黄帝與炎帝戰於阪泉之野，帥熊、羆、狼、豹、貙、虎為前驅，鵰、鶡、鷹、鳶為旗幟。此以力使禽獸者也。

又 卷三《周穆王》 命駕八駿之乘，右服驊騮而左緑耳，右驂赤驥而左白𣝕，主車則造父為御，禼咼為右。次車之乘，右服渠黄而左踰輪，左驂盜驪而右山子，柏夭主車，參百為御，奔戎為右。馳驅千里，至於巨蒐氏之國。

《大戴禮記》卷七《五帝德》 （帝嚳）春夏乘龍，秋冬乘馬。**【略】**（帝堯）丹車白馬。

《史記》卷一《五帝本紀》 （帝堯）彤車，乘白馬。

舜之踐帝位，載天子旗，往朝父瞽叟。

又 卷五《秦本紀》 帝舜曰：『咨爾費！贊禹功，其賜爾皁游。』唐司馬貞《索隱》：游音旒。謂賜以皁色旌旆之旒，色與玄圭色副。言其大功成也。

《河圖》 風后曰：『予告汝，帝之五旗：東方法青龍曰旗，南方法赤鳥曰旐，西方法白虎曰旟，北方法玄蛇曰旂，中央法黄龍曰常。』

宋·劉恕《資治通鑑外紀》卷一《黄帝》 制陳法，設五旗五麾。天下不順者，從而征之。

服飾分部

綜述

《周易·困》 九二：**【略】**朱紱方來，利用亨祀。唐孔穎達《正義》：朱紱方來，利用享祀者，紱，祭服也。《坎》，北方之卦。朱紱，南方之物，處困用謙，能招異方者也，故曰朱紱方來也。舉異方者，明物无不至。酒食豐盈，異方歸向，祭則受福，故曰利用享祀。

九五：劓刖，困于赤紱，乃徐有説，利用祭祀。

又《訟》上九：或錫之鞶帶，終朝三褫之。《象》曰：以訟受服，亦不足敬也。《正義》：鞶帶，謂大帶也。故杜元凱桓二年《傳》「鞶厲旒纓」注云：鞶，大帶也。唐李鼎祚《集解》：虞翻曰：錫謂王之錫命。鞶帶，大帶，男子鞶革。

《尚書·益稷》帝曰：【略】「予欲觀古人之象，漢孔安國《傳》：欲觀示法象之服制。日、月、星辰、山、龍、華蟲作會，《傳》：日、月、星爲三辰。華象草華。蟲，雉也。畫三辰、山、龍、華蟲於衣服旌旗。會，五采也，以五采成此畫焉。宗彝、藻、火、粉米、黼、黻絺繡，《傳》：宗廟彝樽，亦以山、龍、華蟲爲飾。藻，水草有文者。火爲「火」字。粉若粟冰，米若聚米。黼若斧形，黻爲兩己相背。葛之精者曰絺，五色備曰繡。以五采彰施于五色作服，汝明。」《傳》：天子服日、月而下，諸侯自龍衮而下，至黼、黻。士服藻、火，大夫加粉米。上得兼下，下不得僭上。以五采明，施于五色，作尊卑之服，汝明制之。唐孔穎達《正義》：觀示法象之服制者，謂欲申明古人法象之衣服，垂示在下，使觀之也。《易辭》云：黄帝、堯舜垂衣裳而天下治。象物制服，蓋因黄帝以還，未知何代而具采章。舜言己欲觀古，知在舜之前耳。【略】草木雖皆有華，而草華爲美，故云華象草華。蟲，雉也。周禮司服有鷩冕，鷩則雉焉。雉五色，象草華也。《月令》五時皆云其蟲，蟲是鳥獸之總名也。【略】會者，合聚之名。下云「以五采彰施於五色作服」，知會謂五色也。禮，衣畫而裳繡。五色備謂之繡，知畫亦備五色，故云以五采成此畫焉。謂畫之於衣。「宗彝」文承「作會」之下，故云宗廟彝樽，亦以山、龍爲飾。知不以日月星爲飾者，孔以三辰之尊，不宜施於器物也。【略】《詩》云：「魚在在藻。」是藻爲水草。草類多矣，獨取此草者，謂此草有文故也。火爲「火」字，謂刺繡爲「火」字也。《考工記》云：火以圜。鄭司農云：謂圜形似火也。鄭玄云：形如半環。然《記》是後人所作，何必能得其真？今之服章繡爲「火」字者，如孔所説也。粉若粟冰者，粉之在粟，其狀如冰。米若聚米者，刺繡爲文，類聚米形也。黼若斧形，《考工記》云白與黑謂之黼。《釋器》云斧謂之黼。孫炎云：黼，文如斧形。蓋半白半黑，似斧刃白而身黑。黻謂兩已相背，謂刺繡爲「已」字，兩「已」字相背也。《考工記》云黑與青謂之黻。刺繡爲兩「已」字，以青、黑線繡也。《詩·葛覃》云「爲絺爲綌」，是絺用葛也。《玉藻》云：「浴用二巾，上絺下綌。」《曲禮》云：「爲天子削瓜者，副之巾以絺；爲國君者，華之巾以綌。」皆以絺貴而綌賤，是絺精而綌麤，故葛之精者曰絺。五色備謂之繡，《考工記》文也。計此所陳，皆述祭服。祭服，玄纁爲之，後代無用絺者。蓋於時仍質，暑月染絺爲纁而繡之，以爲祭服。孔以華象草華，蟲，雉，則合華蟲爲一。《周禮》鄭玄注亦然，則以日、月、星辰、山、龍、華蟲六章畫於衣也。藻、火、粉米、黼、黻六章繡於裳也。天之大數，不過十二，故王者制作，皆以十二象天也。顧氏取先儒等説，以爲日月星取其照臨，山取能興雲雨，龍取變化無方，華取文章，雉取耿介。顧氏雖以華蟲爲二，其取象則同。又云藻取有文，火取炎上，粉取潔白，米取能養，黼取能斷，黻取善惡相背。鄭玄云：會讀爲繪。宗彝謂宗廟之鬱鬯樽也。故虞夏以上，蓋取虎彝、蜼彝而已。粉米，白米也。絺讀爲黹，黹，紩也。自日月至黼黻，凡十二章，天子以飾祭服。凡畫者爲繪，刺者爲繡，此繡與繪各有六，衣用繪，裳用繡。【略】此經所云，凡十二章：日也，月也，星也，山也，龍也，華蟲也，六者畫以作繪，施於衣也；宗彝也，藻也，火也，粉米也，黼也，黻也，此六者紩以爲繡，施之於裳也。【略】此言作服汝明，故《傳》辯其等差。天子服日月而下十二章，諸侯自龍衮而下至黼黻八章。再言「而下」，明天子、諸侯皆至黼、黻也，士服藻、火二章，大夫加粉米四章。【略】孔意蓋以《周禮》制諸侯有三等之服，此諸侯同八章者，上古朴質，諸侯俱南面之尊，故合三爲一等，且禮，諸侯多同，爲一等。故《雜記》云「天子九虞，諸侯七虞」，《左傳》云「天子七月而葬，諸侯五月而葬」是也。孔以此經上句「日、月、星辰、山、龍、華蟲」尊者在上；下句「藻、火、粉米、黼、黻」尊者在下，黼、黻尊於粉米，粉米尊於藻、火，故從上以尊卑差之。【略】蓋以衣在上，爲陽，陽統於上，故所尊在先。裳在下，爲陰，陰統於下，故所重在後。《詩》稱「玄衮及黼」，《顧命》云「麻冕黼裳」，當以黼爲裳，故首舉黼，以言其事。如孔説也，天子、諸侯下至黼、黻，大夫粉米，兼服藻、火，是上得兼下也。士不得服粉米，大夫不得服黼、黻，是下不得僭上也。訓「彰」爲明，以五種之采明，制於五色，作尊卑之服，汝當分明制之，令其勿使僭濫也。

又《太甲中》惟三祀十有二月朔，伊尹以冕服奉嗣王歸于亳。《傳》：冕，冠也。踰月即吉服。《正義》：冕是在首之服，冠内之別名，冠是首服之大名。故《傳》以冕為冠。案《王制》云：殷人冔而祭。《大雅》云：常服黼冔。冔是殷之祭冠，今云冕者，蓋冕為通名。《王制》又云：有虞氏皇而祭，夏后氏收而祭，殷人冔而祭，周人冕而祭，竝是當代別名。殷禮不知天子幾冕。《周禮》天子六冕，大裘之冕祭天，尚質。《弁師》惟掌五冕，備物盡文，惟衮冕耳。此以冕服，蓋以衮冕之服也。

又《金縢》邦人大恐。王與大夫盡弁，以啓金縢之書。《傳》：皮弁，質服，以應天。《正義》：皮弁象古，故為質服。祭天尚質，故服以應天也。

《周禮・司服》云：王祀昊天上帝，則服大裘而冕。無旒乃是冕之質者，是事天宜質服，故服之以應天變也。《周禮》：視朝則皮弁。服皮弁是視朝服，每日常服，而言質者，皮弁白布衣，素積裳，故為質也。鄭玄以為爵弁。必爵弁者，承天變降服，亦如國家失道焉。

又《顧命》 王麻冕黼裳，由賓階隮。《傳》：王及羣臣皆吉服，用西階升，不敢當主。卿士邦君，麻冕蟻裳，入即位。《傳》：公卿大夫及諸侯皆同服，亦廟中之禮。蟻，裳名，色玄。《正義》：《禮》：績麻三十升以為冕。故稱麻冕。《傳》嫌麻非吉服，故言王及羣臣皆吉服也。王麻冕者，蓋衮冕也。《周禮》司服，享先王則衮冕。此禮授王冊命，進酒祭王，且衮是王之上服，于此正王之尊，明其服必衮冕也。其卿士邦君當各以命服，服即助祭之冕矣。衮，鄭玄《周禮》注云：衮之衣五章，裳四章。則衮衣之裳，非獨有黼，言黼裳者，以裳之章色，黼黻有文，故特取為文。《詩・采菽》之篇言王賜諸侯云『玄衮及黼』，以黼有文，故特言之。鄭玄于此注云：黼裳者，玄服有文者也。是言貴文，故稱之。【略】舉『卿士』為文，公與大夫必在，故《傳》言公卿大夫及諸侯皆同服。言同服吉服，此亦廟中之禮也。言其如助祭，各服其冕服也。《禮》無『蟻裳』，今云蟻者，裳之名也，蟻者，蚍蜉蟲也。此蟲色黑，知蟻裳色玄，以色玄如蟻，故以『蟻』名之。《禮》：祭服皆玄衣纁裳。此獨云玄裳者，卿士邦君于此無事，不可全與祭同，改其裳，以示變于常也。

《逸周書》卷七《王會解》 成周之會，墠上張赤弈陰羽。晉孔晁注：王城既成，大會諸侯及四夷也。除地曰墠。弈，帳也。陰，鶴也。以羽飾帳也。天子南面立，絻無繁露，朝服八十物，搢珽。注：繁露，冕之所垂也，所尊敬則有焉。八十物，大小所服。搢，插也。珽，笏也。唐叔、荀叔、周公在左，太公望在右，皆絻，亦無繁露，朝服七十物，搢笏，旁天子而立於堂上。注：唐、荀，國名，皆周成王弟，故曰叔。旁，謂差在後也。近天子，故其冕謂亦無旒也。堂下之右，唐公、虞公南面立焉。注：唐、虞二公，堯、舜後也。堂下之左，殷公、夏公立焉。皆南面，絻有繁露，朝服五十物，皆搢笏。注：杞、宋二公。冕有繁露，搢笏，則唐、虞同也。

又 卷一〇《器服解》 玄繢緌，縞冠素紕，玄冠組武，卷組纓。象□□瑱，絺紳帶象。玦朱極韋素獨。

又《佚文》 武王【略】去劍搢笏，以示無仇。

宋・薛尚功《歷代鐘鼎彝器款識法帖》卷一〇《周器款識・伯姬鼎》 惟廿有八年五月既望庚寅，王在周康穆宮日。【略】呼史減，冊錫寰元衣、束帶、赤市。

又 卷一四《周器款識・戠敦》 王曰：戠！命汝作司土，官司藉田。錫汝戠衣赤環芾。

又 卷一四《宰辟父敦一》 惟四月初吉，王在辟宮。宰辟父佑周立。王冊命周曰：錫汝華朱芾，玄衣束帶。

《穆天子傳》卷一《古文》 天子大服冕禕，晉郭璞注：冕，冠。禕衣，蓋王后之上服。今帝服之，所未詳。帔帶，注：帔，韠也。天子赤帔。搢曶，注：曶長三尺，杼上椎頭。一名珽，亦謂之大圭。搢猶帶也。夾佩，注：左右兩佩。奉璧南面立于寒下。注：寒下，未詳。

《詩經・商頌・長發》 受小球大球，為下國綴旒，何天之休。漢毛亨《傳》球，玉。綴，表。旒，章也。漢鄭玄《箋》：綴猶結也。旒，旌旗之垂者也。休，美也。湯既為天所命，則受小玉，謂尺二寸圭也；受太玉，謂珽也，長三尺。執圭搢珽，以與諸侯會同，結定其心，如旌旗之旒縿著焉。擔負天之美譽，為衆所歸鄉。唐孔穎達《正義》：《禹貢》：雍州厥貢球琳琅玕。是球為玉之名也。綴之為表，其訓未聞。冕之所垂及旌旗之飾，皆謂之旒。旒者，所以章明貴賤，故為章也。

又《大雅・文王》 殷士膚敏，祼將于京。厥作祼將，常服黼冔。《傳》：殷士，殷侯也。膚，美；敏，疾也。祼，灌鬯也。周人尚臭。將，行。京，大也。黼，白與黑也。冔，殷冠也。夏后氏曰收，周曰冕。《箋》：殷之臣壯美而敏，來助周祭。其助祭，自服殷之服。明文王以德不以彊。

又《公劉》 何以舟之？維玉及瑤，鞞琫容刀。《傳》：舟，帶也。瑤言有美德也。下曰鞞，上曰琫，言德有度數也。容刀，言有武事也。《正義》：言何以舟之，即說玉瑤、容刀，乃玉是所佩之物，故知『舟』是帶也。【略】鞞者，刀鞘之名，琫者，鞘之上飾。宋朱熹《集傳》：容刀，容飾之刀也。或曰容刀如言容臭，謂鞞琫之中容此刀耳。

又《小雅・斯干》 朱芾斯皇，室家君王。《箋》：皇猶煌煌也。芾者，天子純朱，諸侯黃朱。室家，一家之內。宣王所生之子，或且為諸侯，或且為天子，皆將佩朱芾煌煌然。《正義》：《箋》以經言室家君王，則有諸侯，與天子而同言朱芾，故云天子純朱，諸侯黃朱也。芾從裳色，祭時服纁裳，故芾用朱赤，但芾所以明尊卑，雖同色而有差降。《乾鑿度》以為天子之朝朱芾，諸侯之朝赤芾。朱深於赤，故《困卦》注云『朱深云赤』是矣。此論諸侯，則王子或封畿內，或以功德外封，皆為諸侯也。而文同『朱芾』，明對文，則朱、赤深淺有異，散之則皆謂之朱。故天子純朱，明其深也；諸侯黃朱，明其淺也。舉其大色，皆得為朱芾也。

又《采菽》 君子來朝，《傳》：君子謂諸侯也。【略】又何予之？玄衮及黼。《傳》：玄衮，卷龍也。白與黑謂之黼。《箋》：及，與也。玄衮，玄衣而畫以卷龍也。黼，黼黻，謂絺衣也。諸公之服，自衮冕而下；侯、伯自鷩冕而下，子、男自毳冕而下。王之賜，維用有文章者。

赤芾在股，邪幅在下。彼交匪紓，天子所予。《傳》：諸侯赤芾。邪幅，幅偪也，所以自偪束也。紓，緩也。《箋》：芾，大古蔽膝之象也。冕服謂之芾，其他服謂之韠。以韋為之。其制上廣一尺，下廣二尺，長三尺。其頸五寸，肩革帶博二寸。脛本曰股。邪幅，如今行縢也，偪束其脛，自足至膝，故曰在下。彼與人交接，自偪束如此，則非有解怠紓緩之心。天子以是，故賜予之。

又《車攻》 赤芾金舄，會同有繹。《傳》：諸侯赤芾金舄。舄，達屨也。時見曰會，殷見曰同。繹，陳也。《箋》：金舄，黄朱色也。《正義》：言諸侯赤芾，則天子當朱芾也。言金舄達屨者，《天官·屨人》注云：舄有三等，金舄為上，冕服之舄，下有白舄、黑舄。此云金舄者，即《禮》之赤舄也。故《箋》云：金舄，黄朱色。加金為飾，故謂之金舄。白舄、黑舄猶有在其上者爲尊，未達其赤舄，則所尊莫是過，故云達屨，言是屨之最上達者也。此舄也，而言屨，屨通名，以舄是祭服，尊卑異之耳。故《屨人》兼掌屨、舄，是屨為通名也。

又《采芑》 服其命服，朱芾斯皇，有瑲葱珩。《傳》：朱芾，黄朱芾也。皇猶煌煌也。瑲，珩聲也。葱，蒼也。三命葱珩，言周室之强，車服之美也。言其强美，斯劣矣。《箋》：命服者，命為將，受王命之服也。天子之服韋弁，服朱衣裳也。

又《大雅·韓侯》 王錫韓侯，【略】玄衮赤舄。

又《小雅·瞻彼洛矣》 君子至止，福祿如茨。韎韐有奭，以作六師。《集傳》：君子，指天子也。茨，積也。韎，茅蒐所染色也。韐，韠也，合韋為之，《周官》所謂韋弁，兵事之服也。奭，赤貌。作猶起也。六師，六軍也。天子六軍。此天子會諸侯於東都以講武事，而諸侯美天子之詩。言天子至此洛水之上，御戎服而起六師也。

又《六月》 《序》：《六月》，宣王北伐也。

四牡騤騤，載是常服。《傳》：日月為常。服，戎服也。《箋》：戎車之常服，韋弁服也。《集傳》：常服，戎事之常服，以韎韋為弁，又以為衣，而素裳白舄也。

又《豳風·九罭》 我覯之子，衮衣繡裳。《傳》：所以見周公也。衮衣，卷龍也。《箋》：王迎周公，當以上公之服往見之。

又《豳風·狼跋》 公孫碩膚，赤舄几几。《傳》：公孫，成王也，豳公之孫也。碩，大；膚，美也。赤舄，人君之盛屨也。几几，絇貌。

又《秦風·終南》 《序》：《終南》，戒襄公也。能取周地，始為諸侯，受顯服。大夫美之，故作是詩，以戒勸之。

君子至止，錦衣狐裘。《傳》：錦衣，采色也。狐裘，朝廷之服。《箋》：至止者，受命服於天子而來也。諸侯，狐裘錦衣以裼之。顔如渥丹，《箋》：渥，厚漬也。顔色如厚漬之丹，言赤而澤也。其君也哉！《傳》：儀貌尊嚴也。

君子至止，黻衣繡裳。《傳》：黑與青謂之黻，五色備謂之繡。佩玉將將，壽考不忘。

又《檜風·羔裘》 羔裘逍遥，狐裘以朝。《傳》：羔裘以遊燕，狐裘以適朝。《箋》：諸侯之朝服，緇衣羔裘。大蜡而息民，則有黄衣狐裘。今以朝服燕，祭服朝，是其好絜衣服也。先言燕，後言朝，見君之志不能自强於政治。

又《鄭風·羔裘》 羔裘如濡，洵直且侯。《傳》：如濡，潤澤也。洵，均。侯，君也。《箋》：緇衣羔裘，諸侯之朝服也。言古朝廷之臣皆忠直且君也。

又《衛風·淇奥》 《序》：《淇奥》，美武公之德也。

有匪君子，充耳琇瑩，會弁如星。《傳》：充耳謂之瑱。琇瑩，美石也。天子玉瑱，諸侯以石。弁，皮弁，所以會髮。《箋》：會謂弁之縫中，飾之以玉，皪皪而處，狀似星也。天子之朝，服皮弁，以日視朝。

又《齊風·著》 俟我於堂乎而，充耳以黄乎而。《傳》：黄，黄玉。《箋》：黄紞之黄。尚之以瓊英乎而。《傳》：瓊英，美石似玉者。人君之服也。《箋》：瓊英猶瓊華也。

又《論語·泰伯》 子曰：『禹，吾無間然矣。【略】惡衣服而致美乎黻冕。』三國魏何晏《集解》：孔曰：損其常服，以盛祭服。

又《衛靈公》 顔淵問為邦。子曰：【略】『服周之冕。』《集解》：包曰：冕，禮冠。周之禮文而備，取其黈纊塞耳，不任視聽。宋朱熹《集注》：周冕有五，祭服之冠也。冠上有覆，前後有旒。黄帝以來，蓋已有之，而制度儀等，至周始備。然其為物小，而加於衆體之上，故雖華而不為靡，雖費而不及奢。夫子取之，蓋亦以為文而得其中也。

又《子罕》 子曰：『麻冕，禮也。今也純，儉。吾從衆。』《集解》：孔曰：冕，緇布冠也。古者績麻三十升，布以為之。純，絲也。絲易成，故從儉。

又《左傳·桓公二年》 臧哀伯諫曰：『衮冕黻珽，晉杜預注：衮，畫衣也。冕，冠也。黻，韋韠以蔽膝也。珽，玉笏也，若今吏之持簿。帶裳幅舃，注：帶，革帶也。衣下曰裳。幅若今行縢也。舃，複履。衡紞紘綖，注：衡，維持冠者。紞，冠之垂者。紘，纓從下而上者。綖，冠上覆。唐孔穎達《正義》：此四物者，皆冠之飾也。昭其度也。注：尊卑各有制度。藻率鞞鞛，注：藻率，以韋為之，所以藉玉也。王五采，公、侯、伯三采，子、男二采。鞞，佩刀削上飾。鞛，下飾。鞶厲游纓，注：鞶，紳帶也，一名大帶。厲，大帶之垂者。游，旌旗之游。纓，在馬膺前，如索帬。昭其數也。注：尊卑各有數。火龍黼黻，注：火，畫火也。龍，畫龍也。白與黑謂之黼，形若斧。黑與青謂之黻，兩己相戾。昭其文也。』注：以文章明貴賤。

又《僖公四年》 許穆公卒于師，葬之以侯禮也。凡諸侯薨于朝會，加一等；注：諸侯命有三等：公為上等，侯、伯中等，子、男為下等。死王事，加二等。於是有以衮斂。注：衮衣，公服也。謂加二等。

又《僖公五年》 （晉士蔿）退而賦曰：『狐裘尨茸，一國三公，吾誰適從？』注：士蔿自作詩也。尨茸，亂貌。

又《宣公十四年》 楚子聞之，投袂而起，注：投，振也。袂，袖也。屨及于窒皇，注：窒皇，寢門闕。劍及于寢門之外。

又《成公十六年》 郤至三遇楚子之卒，見楚子必下免冑而趨風。注：疾如風。楚子使工尹襄問之以弓，注：問，遺也。曰：『方事之殷也，注：殷，盛也。有韎韋之跗注君子也，注：韎，赤色。跗注，戎服，若袴而屬於跗，與袴連。《正義》：跗注，兵戎之服，自要以下而注於脚跗。謂屬袴於下，與跗相連。《周禮·司服》：凡兵事，韋弁服。鄭玄云：韋弁以韎韋為弁，又以為衣裳，晉郤至衣「韎韋之跗注」是也。識見不穀而趨，無乃傷乎？』注：恐其傷。

又《襄公十四年》 衛獻公戒孫文子、甯惠子食，皆服而朝，注：服朝服，待命於朝。《正義》言服而朝，明朝服也。諸侯每日視朝，其君與臣皆服玄冠緇布衣，素積以為裳。禮通謂此服為朝服。日旰不召。而射鴻於囿，二子從之，不釋皮冠而與之言。注：皮冠，田獵之冠也。《正義》：此公射鴻於囿而冠皮冠，明皮冠是田獵之冠也。且虞人掌獵，昭二十年《傳》曰：皮冠以招虞人。又十二年《傳》言：雨雪，楚子皮冠以出。出，田獵也。是諸侯之禮，皮冠以田獵。《周禮·司服》云：凡甸，冠弁服。鄭玄云：甸，田獵也。冠弁，委貌也。其服緇布衣，素積以為裳。是服諸侯視朝之服也。彼天子之禮，故以諸侯朝服而田，異於此也。

又《昭公元年》 天王使劉定公勞趙孟于潁，館於雒汭。劉子曰：『美哉！禹功明德遠矣。微禹，吾其魚乎！吾與子弁冕端委以治民，臨諸侯，禹之力也。』注：弁冕，冠也。端委，禮衣。《正義》：冠者，首服之總名。弁冕，冠中之小別。弁冕是首服，端委是身服，言弁冕端委，總舉冠衣而言，非謂定公、趙孟身所自衣也。

又《昭公十二年》 楚子次于乾谿，以為之援。雨雪，王皮冠，秦復陶，注：秦所遺羽衣也。《正義》：文在冠下舃上，知是衣也。目之以秦，明是秦所遺也；冒雪服之，知是羽毛之衣，可以禦雨雪也。翠被，注：以翠羽飾被。《正義》：《釋鳥》云：翠，鷸。樊光云：青，出交州。李巡曰：其羽可以飾物。郭璞曰：似燕，紺色，生鬱林。豹舃，注：以豹皮為履。執鞭以出。注：執鞭以教令。僕析父從。注：楚大夫。

又《昭公二十年》 十二月，齊侯田于沛。招虞人以弓，不進。注：虞人，掌山澤之官。公使執之，辭曰：『昔我先君之田也，旃以招大夫，弓以招士，皮冠以招虞人。臣不見皮冠，故不敢進。』乃舍之。仲尼曰：『守道不如守官。』注：君招當往，道之常也。非物不進，官之制也。《正義》：《周禮》：孤卿建旃。大夫尊，故麾旃以招之也。《逸詩》：「翹翹車乘，招我以弓。」古者聘士以弓，故弓以招士也。諸侯服皮冠以田，虞人掌田獵，故皮冠以招虞人也。君子韙之。』注：韙，是也。

又《昭公二十五年》 （子大叔）對曰：【略】『為九文、注：謂山、龍、華、蟲、藻、火、粉米、黼、黻也。華若草華。藻，水草。火，畫火。粉米若白米。黼若斧，黻若兩己相戾。《傳》曰：火龍黼黻，昭其文也。六采、注：畫繢之事。雜用天地四方之色，青與白，赤與黑，玄與黃皆相次，謂之六色。五章，以奉五色。注：青與赤謂之文，赤與白謂之章，白與黑謂之黼，黑與青謂之黻，五色備謂之繡。集此五章，以奉成五色之用。

又《定公三年》 蔡昭侯為兩佩與兩裘，注：佩，佩玉也。以如楚。獻一佩一裘於昭王，昭王服之，以享蔡侯。蔡侯亦服其一。

又《定公五年》 六月，季平子行東野，還，未至。丙申，卒于房。陽虎將以璵璠斂，注：璵璠，美玉，君所佩。《正義》：案《說文》云：璵璠，魯之寶玉。璵璠是一玉名。《說文》又云：瑜，美玉。與璵璠異也。昭公出奔之後，平子攝行君事，入宗廟佩此玉。陽虎以平子嘗佩此玉，故將以斂之。仲梁懷不與，明此玉是君所佩也。君之所佩，故為美玉也。《玉藻》云：公侯佩山玄玉。此當時所佩，未必是山玄也。仲梁懷弗與，曰：『改步改玉。』注：昭公之出，季孫行君事，佩璵璠，祭宗廟。今定公立，復臣位，改君步則亦當去璵璠。

又《哀公七年》大伯端委以治周禮。注：端委，禮衣也。《正義》：端委禮衣者，王肅云：委貌之冠，玄端之衣也。

又《哀公十七年》春，衛侯為虎幄於藉圃，成，求令名者而與之始食焉。大子請使良夫。注：以良夫應為令名。良夫乘衷甸兩牡，注：衷甸，一轅，卿車。紫衣狐裘，注：紫衣，君服。《正義》：賈逵云然，杜從之。紫衣為君服，禮無明文。要此云紫衣，言良夫不合服之。《玉藻》云：玄冠紫緌，自魯桓公始也。鄭玄云：蓋僭宋王者之後服也。《管子》稱：齊桓好服紫衣，齊人尚之，五素而易一紫。孔子云：惡紫之奪朱。蓋當時人主好服紫衣，君既服紫，則臣不得僭。今《傳》言紫衣為良夫之罪，明紫是君服，良夫僭之，故言紫衣，君服也。大夫狐裘非僭，言之者，為『袒裘』張本。至袒裘，不釋劍而食。注：食而熱，故偏袒，亦不敬。《正義》：禮，裘上有衣謂之裼。《玉藻》云：君衣狐白裘，錦衣以裼之。如此之類，皆是裘上之裼衣也。裼衣之上，乃有朝祭正服。裘上有兩衣也，如此兩衣，襲則二衣皆重之，裼則袒正服，露裼衣。《玉藻》云：裘之裼也，見美也。君在則裼，盡飾也。服之襲也，充美也。然則在君之所，於法唯有露裼衣耳，無露裘之時。今良夫為食熱之故，偏袒其裘，則并裘亦袒，是不敬也。劍是害物之器，不得近至尊，故近君則解劍。良夫與君食而不釋劍，亦不敬也。大子使牽以退，數之以三罪而殺之。注：三罪，紫衣、袒裘、帶劍。《正義》：三者皆偪僭於君，故以此為三罪。衷甸，僭卿耳，比此為輕，知衷甸非也。

《國語》卷一《周語上》襄王使大宰文公及內史興賜晉文公命。三國吳韋昭注：命，命服也。諸侯七命，冕服七章。【略】大宰涖之，晉侯端委以入。注：說云：衣玄端，冠委貌，諸侯祭服也。昭謂：此士服也。諸侯之子未受爵命，服士服也。大宰以王命命冕服，注：冕，大冠也。服，鷩衣也。內史贊之。三命，而後即冕服。注：贊，道也。三命，三以王命命文公，文公三讓後就。

又卷五《魯語下》是故天子大采朝日，注：《禮》，天子以春分朝日，示有尊也。虞說云：大采，袞織也。【略】昭謂《禮·玉藻》：天子玄冕以朝日。玄冕，冕服之下，則大采非袞織也。《周禮》：王搢大圭，執鎮圭，藻五采五就，以朝日。則大采謂此也。【略】少采夕月。注：或云少采，黼衣也。昭謂朝日以五采，則夕月，其三采也。

王后親織玄紞，注：說云：紞，冠之垂前後者。昭謂紞，所以縣瑱當耳者。公侯之夫人加之以紘綖。注：既織紞，又加之以紘綖也。冕曰紘，紘，纓之無緌者也。從下而上不結綖，冕上之覆也。

又卷一二《晉語六》鄢之戰，郤至以韎韋之跗注，三逐楚平王卒，注：三君云：一染曰韎。鄭後司農說以為：韎，茅蒐染也。韎，聲也。昭謂茅蒐，今絳草也。急疾呼『茅蒐』成『韎』也。凡染一入為縓。跗注，兵服。自要以下注于跗。見王必下奔。注：下車奔走也。退戰，王使工尹襄問之以弓，注：工尹，楚官。襄，其名。問，遺也。曰：『方事之殷，注：事，戎事也。殷，盛也。有韎韋之跗注君子也，屬見不穀而下，無乃傷乎？』注：屬，適也。傷，恐其傷也。

《公羊傳·莊公元年》（冬）王使榮叔來錫桓公命。《傳》：錫者何？賜也。命者何？加我服也。漢何休《解詁》：增加其衣服，令有異於諸侯。

又《昭公二十五年》齊侯唁公于野井。《傳》：景公曰：『寡人有不腆先君之服，未之敢服。』《解詁》：服謂齊侯所著衣服也。言未敢服者，見魯侯乃敢服之，謙辭也。禮，天子朝皮弁，夕玄端，朝服以聽朝，玄端以燕，皮弁以征不義，取禽獸行射。諸侯朝朝服，夕深衣，玄端以燕，裨冕以朝天子，以祭其祖禰。

《穀梁傳·僖公八年》春王正月，公會王人、齊侯、宋公、衛侯、許男、曹伯、陳世子款，盟于洮。《傳》：『王人』之先諸侯，何也？貴王命也。朝服雖敝，必加於上；弁冕雖舊，必加於首；周室雖衰，必先諸侯兵車之會也。唐楊士勛疏：朝服者，天子則皮弁，諸侯則玄冠；衣則皮弁，白布；玄冠，緇衣素裳也。弁冕者，謂白鹿皮為弁冕，謂以木為幹，衣之以布，上玄下纁，垂旒者也。

又《哀公十三年》（夏）公會晉侯及吳子于黃池。《傳》：黃池之會，吳子進乎哉！遂子矣。晉范寧《集解》：進遂稱子。吳，夷狄之國也，祝髮文身，《集解》：祝，斷也。文身，刻畫其身以爲文也。必自殘毀者，以辟蛟龍之害。欲因魯之禮，因晉之權，而請冠端而襲。《集解》：襲，衣。冠端，玄端。疏：魯是守文之國，禮義之鄉。晉執中國之權，爲諸侯盟主。故吳子欲因之而冠。必欲因之者，以鄭伯髡原欲從中國而被殺于鄵，吳子亦恐臣子不肯變從，故因魯之禮，因晉之權，然後羣臣向化。以魯禮，天下共依；晉權，諸侯所服故也。是以《明堂位》說魯云：『天下以爲有道之國天下資禮樂焉』，是也。云請冠端而襲者，請著玄冠、玄端而相襲。《注》釋曰：吳俗祝髮文身，衣皮卉服，不能衣冠相襲。今請加冠于首，身服玄端，則衣冠上下，共相掩襲，故云襲，衣也。《詩》云：其軍三單。彼《毛傳》云：三單相襲。彼謂三單前後爲相襲，則此衣冠上下，亦爲相襲也。玄端者，謂玄端衣而端副制之，即諸侯視朝之服也。諸侯視朝之服，緇布衣，素積裳。緇、玄，一也。其藉于成周，《集解》：藉謂貢獻。以尊天王。吳進矣！吳，東方之大國也，累累致小國以會諸侯，以合乎中國。《集解》：累累，猶數數也。吳能爲之，則不臣乎？《集解》：言其臣也。吳進矣！王，尊稱也；子，卑稱也。辭尊稱而居卑稱，以會乎諸侯，以尊天王。吳王夫差曰：『好冠來！』孔子曰：『大矣哉！夫差未能言冠而欲冠也。』《集解》：疏不知冠有差等，唯欲好冠。疏：冕有旒，數不同，則冠亦有差等之别。吳爲子爵，其冠之飾必不得與公、侯同等，但未知若爲差等爾。

《儀禮·士冠禮》 委貌，周道也；章甫，殷道也；毋追，夏后氏之道也。漢鄭玄注：或謂委貌為玄冠。委猶安也，言所以安正容貌。章，明也。殷質，言以表明丈夫也。『甫』或爲『父』，今文爲『斧』。毋，發聲也；追猶堆也。夏后氏質，以其形名之。三冠皆所常服，以行道也。其制之異同，未之聞。唐賈公彥疏：云三冠皆所常服，以行道者，以釋經三代皆言『道』，是諸侯朝服之冠，在朝以行道德者也。云其制之異同，未之聞者，委貌玄冠，於《禮圖》有制，但章甫、毋追相與異同，未聞也。周弁，殷冔，夏收。注：弁名出於槃，槃，大也，言所以自光大也。冔名出於幠，幠，覆也，言所以自覆飾也。收言所以收斂髮也，齊所服，而祭也。其制之異未聞。三王共皮弁素積。注：質不變。疏：此亦三代自天子下至士，皆是再加，當在周弁三加之上，退之在下者。欲見此是三代之冠，百王同之，無別代之稱也。故《郊特牲》云：三王共皮弁。注云：所不易於先代。故《孝經》亦云：百王同之，不改易也。若然，百王同之言三王共者，以損益之極，極於三王。又上三冠亦據三代，故云三王共皮弁。其實先代、後代皆不易，是以鄭云質不變也。

又《覲禮》 侯氏裨冕，釋幣于禰。注：將覲，質明時也。裨冕者，衣裨衣而冠冕也。裨之為言埤也。天子六服，大裘為上，其餘為裨，以事尊，卑服之，而諸侯亦服焉。上公衮，無升龍。侯、伯鷩，子、男毳，孤絺，卿大夫玄。此差，『司服』所掌也。【略】天子設斧依于户牖之間，左右几。天子衮冕，負斧依。注：衮衣者，裨之上也。繢之繡之為九章。其龍，天子有升龍，有降龍。衣此衣而冠冕，南鄉而立，以俟諸侯見。

又《聘禮》 宰入告，具于君，君朝服出門左，南鄉。注：入告，入路門而告。

又《燕禮》 《記》：燕，朝服于寢。注：朝服者，諸侯與其羣臣日視朝之服也。謂冠玄端，緇帶，素韠，白屨也。燕於路寢，相親昵也。

《周禮·秋官·弁師》 掌王之五冕，皆玄冕、朱裏，延、紐。漢鄭玄注：冕服有六而言五冕者，大裘之冕蓋無旒，不聯數也。延，冕之覆，在上，是以名焉。紐，小鼻，在武上，笄所貫也。今時冠卷當簪者，廣袤以冠縱。其舊象與？唐賈公彥疏：云皆玄冕者，古者績麻三十升布染之，上以玄，下以朱，衣之於冕之上下。云延者，即是上玄者。紐者，綴於冕兩旁，垂之武兩旁，作孔，以笄貫之，使其得牢固也。凡冕體，《周禮》無文。叔孫通作漢禮器制度，取法於周，今還取彼以釋之。按彼文：凡冕以版，廣八寸，長尺六寸。以此上玄下朱覆之，乃以五采繅繩貫五采玉，垂於延前后，謂之邃延。故《玉藻》云『天子玉藻，前后邃延，龍卷以祭』是也。《注》釋曰：云冕服有六者，按《司服》祭祀六服，皆連『冕』言之。今此惟云五冕者，但此『弁師』所掌冕，以旒為主，祭天用。大裘取質，其冕亦當無旒為質，故此不數之，惟有五冕耳，故云王之五冕也。云延，冕之覆在上者，按《玉藻》注：延，冕上覆。言雖不同，義則不異。皆以玄表覆之，在冕上也。以爵弁前后平，則得弁稱。冕則前低一寸餘，得冕名。冕則俛也，以低為號也。云紐，小鼻，在武上，笄所貫也，今時冠卷當簪者，廣袤以冠縱，其舊象與者，古之紐、武，笄貫之處，若今漢時冠卷當簪所貫者，於上下之廣及隨縱之袤，以冠縱者，貫簪之處當冠縱之中央。云舊象者，是周冕垂紐於武，貫笄之舊象也。言『與』者，以無正文，故云『與』，以疑之。五采繅，十有二就，皆五采玉十有二。玉笄，朱紘。注：繅，雜文之名也。合五采絲為之繩，垂於延之前后，各十二，所謂邃延也。就，成也。繩之每一帀而貫五采玉十二斿，則十二玉也。每就閒，蓋一寸，朱紘，以朱組為紘也。紘一條，屬兩端於武。繅不言『皆』，有不皆者。此為衮衣之冕十二斿，則用玉二百八十八。鷩衣之冕，繅九斿，用玉二百一十六。毳衣之冕七斿，用玉百六十八。希衣之冕五斿，用玉百二十。玄衣之冕三斿，用玉七十二。疏：言五采藻，十有二者，此據衮冕而言，謂合五采絲為藻繩十二道，為十二旒也。就皆五采，玉十有二者，此各據一旒而言。以玉有青、赤、黄、白黑五色於一旒之上，以此五色玉貫於藻繩之上，每玉間相去一寸，十二玉則十二寸。就，成也，以一玉為一成，結之使不相并也。玉笄，朱紘者，以玉笄貫之，又以組為紘，仰屬結之也。《注》釋曰：云繅，雜文者，若水草之藻有五采，故云雜文之名也。云所謂邃延也者，謂《玉藻》文。云繩之每一帀而貫五采玉十二斿，則十二玉也者，以其云『就皆五采，玉十有二』，明十二玉可知也。云紘，一條屬兩端於武者，謂以一條繩先屬一頭於左旁笄上，以一頭繞於頤下，至向上於右相笄上繞之，是以鄭注《士冠禮》云：有笄者，屈組以為紘，垂為飾。無笄者纓而結其條。彼有笄，據皮弁、爵弁。此五冕皆有笄，與彼同。此言屬於武者，據笄貫武，故以武言之，其實在笄。云繅不言『皆』，有不皆者，謂王之五冕，繅則有十二，有九，有七，有五，有三。其玉旒皆十二，故繅不言『皆』，有不皆者，則九旒以下是也。玉言『皆』，則五冕旒皆十二玉也。此經十二旒，據袞冕而言，是以鄭云此為袞衣之冕十二旒。以其十二旒，旒各十二玉，前后二十四旒，故用二百八十八。已下計可知。

諸侯之繅斿九就，瑉玉三采，其餘如王之事。繅斿皆就，玉瑱，玉笄。注：『侯』當為『公』，字之誤也。三采，朱、白、蒼也。其餘，謂延、紐皆玄覆朱裏，與王同也，出此則異。繅斿皆就，皆三采也。每繅九成，則九旒也。公之冕，用玉百六十二。玉瑱，塞耳者。故書『瑉』作『璑』。鄭司農云：『繅』當為『藻』。繅，古字也；藻，今字也。同物同音。璑，惡玉名。疏：諸公云『繅九就』，又云『繅斿皆就』，與上言『繅十有二就，皆五采玉十有二』異。上繅、玉別文，則繅有差降，玉無差降。此諸公繅、玉同文，則惟有一冕而已。故鄭計一冕為九旒，旒各九玉。據冕九旒不別計，鷩冕已下，以其一冕而已，冠五服故也。已下侯、伯、子、男亦皆一冕，冠數服也。王不言『玉瑱』，於此言之者，王與諸侯，互見為義。是以王言玄冕、朱裏延，紐及朱紘，明諸侯亦有之。諸公言玉瑱，明王亦有之。是其互有也。《注》釋曰：鄭知『侯』當為『公』者，以下別見『諸侯』。又此經云九就，當上公以九為節，故知是公也。知三采，朱、白、蒼者，《聘禮》記：公、侯、伯繅藉三采，朱、白、蒼。故知三采亦朱、白、蒼也。云出此則異者，異謂天子朱紘，諸侯當青組，紘之等不得與王同也。云繅斿皆就，皆三采也，每繅九成，則九旒也者，此釋有一冕九旒之意也。云璑，惡玉名者，按許氏《説文》：璑，三采玉。從玉無聲。以其三采，又非璵璠，故云惡玉名也。《説文》又云：珉，石之美者。從玉民聲。如是，經云『瑉玉三采』，當以『璑』為正。故先鄭從『璑』，為惡玉名也。

王之皮弁，會五采玉璂，象邸，玉笄。注：故書『會』作『膾』。鄭司農云：讀如『馬會』之『會』，謂以五采束髮也。《士喪禮》曰：檜用組，乃笄。『檜』讀與『膾』同，書之異耳。説曰：以組束髮，乃著笄，謂之檜。沛國人謂反紒為膾。璂讀如『綦』，車轂之綦。玄謂：會讀如『大會』之『會』。會，縫中也。『璂』讀如『薄借綦』之『綦』。綦，結也。皮弁之縫中，每貫結五采玉十二以為飾，謂之綦。《詩》云『會弁如星』，又曰『其弁伊綦』是也。邸，下柢也，以象骨為之。疏：云邸，下柢也者，謂於弁內頂上，以象骨為柢。王之弁絰，弁而加環絰。注：弁絰，王弔所服也。其弁如爵弁而素，所謂素冠也。而加環絰，環絰者，大如緦之麻絰，纏而不糾。《司服》職曰：凡弔事，弁絰服。疏：云而加環絰者，謂先著素弁於下，乃上加環絰，故云加也。環絰者，大如緦麻之絰者，緦麻絰，五服之輕者。弔服乃五服之外，故約同之。但緦之絰則兩股，此環絰以一股纏之不糾，麤細同耳。

諸侯及孤卿大夫之冕、韋弁、皮弁，弁絰，各以其等為之，而掌其禁令。注：各以其等，繅斿、玉璂如其命數也。冕則侯、伯繅七就，用玉九十八。子、男繅五就，用玉五十。繅、玉皆三采。【略】韋弁、皮弁，則侯、伯璂飾七，子、男璂飾五，玉亦三采。【略】禁令者，不得相僭踰也。

又《春官·司服》

掌王之吉凶衣服，辨其名物與其用事。注：用事，祭祀、視朝、甸、凶弔之事，衣服各有所用。疏：此一經與下文爲總目。王吉服有九，大裘已下是也。凶服即下文凶事與弔是也。王之吉服：祀昊天上帝則服大裘而冕。祀五帝，亦如之。享先王則袞冕，享先公、饗射則鷩冕。祀四望山川則毳冕，祭社稷五祀則希冕，祭羣小祀則玄冕。注：六服同冕者，首飾尊也。先公，謂后稷之後、大王之前不窋至諸盩。饗射，饗食賓客與諸侯射也。羣小祀，林澤墳衍四方百物之屬。鄭司農云：大裘，羔裘也。袞，卷龍衣也。鷩，裨衣也。毳，罽衣也。玄謂《書》曰：予欲觀古人之象，日、月、星辰、山、龍、華蟲作繢，宗彝、藻、火、粉米、黼、黻希繡。此古天子冕服十二章，舜欲觀焉。華蟲，五色之蟲。《繢人》職曰：鳥獸蛇，雜四時五色以章之。謂是也。希讀為『絺』，或作『黹』，字之誤也。王者相變，至周而以日、月、星辰畫於旌旗，所謂三辰旂旗，昭其明也。而冕服九章，登龍於山，登火於宗彝，尊其神明也。九章，初一曰龍，次二曰山，次三曰華蟲，次四曰火，次五曰宗彝，皆畫以為繢。次六曰藻，次七曰粉米，次八曰黼，次九曰黻，皆希以為繡，則袞之衣五章，裳四章，凡九也。鷩畫以雉，謂華蟲也。其衣三章，裳四章，凡七也。毳畫虎蜼，謂宗彝也。其衣三章，裳二章，凡五也。希刺粉米，無畫也。其衣一章，裳二章，凡三也。玄者，衣無文，裳刺黻而已，是以謂玄焉。凡冕服，皆玄衣纁裳。疏：六服同冕者，首飾尊也者，六服服雖不同，首同用冕，以首為一身之尊，故少變，同用冕耳。下經五服同名『弁』，亦是首飾尊。鄭不言者，義可知也。冕名雖同，其旒數則亦有異，但冕名同耳。【略】云凡冕服，皆玄衣纁裳者，六冕皆然，故云『凡』以該之。知玄衣纁裳者，見《易·繫辭》：黄帝、堯舜垂衣裳，蓋取諸《乾》、《坤》。乾為天，其色玄；坤為地，其色黄。但土無正位，託於南方，火，赤色，赤與黄即是纁色，故以纁為名也。

凡兵事，韋弁服。注：韋弁，以韎韋為弁，又以為衣裳。《春秋傳》曰『晉郤至衣韎韋之跗注』是也。今時伍伯緹衣，古兵服之遺色。疏：以兵事有侵、戰、伐、圍、入、滅非一，故云『凡』。云韋弁服者，以韋為冕，又以為服，故云韋弁服。眡朝，則皮弁服。注：視朝，視內、外朝之事。皮弁之服十五升，白布衣，積素以為裳。王受諸侯朝覲於廟，則袞冕。疏：天子三朝，外朝二，內朝一，皆用皮弁，故經總云眡朝，則皮弁服也。知皮弁之服十五升，白布衣，積素以為裳者，案《禮記·雜記》云：朝服十五升。《士冠禮》云：皮弁素積。故知義然也。云王受諸侯朝覲於廟，則袞冕者，案《覲禮》云：天子袞冕，負黼扆。《節服氏》云：祭祀朝覲袞冕，六人維王之大常。注云：服衮冕者，從王服。故知朝覲在廟，王服衮冕。若然，春夏受贄在朝，則是眡朝，皮弁服也。其受享於廟與覲同衮冕，故於廟連言朝也。凡甸，冠弁服。注：甸，田獵也。冠弁，委貌，其服緇布衣，亦積素以為裳。諸侯以為視朝之服。《詩·國風》曰：『緇衣之宜兮』，謂王服此以田。王卒食而居，則玄端。疏：云冠弁，委貌者。《士冠禮》及《郊特牲》皆云：委貌，周道。鄭注《士冠禮》云：委猶安也，言所以安正容貌，故云委貌。若以色言，則曰玄冠也。云其服緇布衣，亦積素以為裳者，《士冠禮》云：主人玄冠朝服，緇帶素韠。注云：衣不言色者，衣與冠同，裳又與韠同色。是其朝服緇布衣，亦如皮弁，積素以為裳也。云諸侯以為視朝之服者，《士冠禮》云：玄冠朝服。注云：天子與其臣玄冕以視朔，皮弁以日視朝。諸侯與其臣皮弁以視朔，朝服以日視朝，是也。引《詩·國風》曰者，是《鄭·緇衣》之詩。引之證鄭伯是諸侯，服緇衣為朝服之義也。云王卒食而居則玄端者，案《玉藻》：韠，君朱，大夫素，士爵韋。鄭注云：天子諸侯玄端朱裳，以其云朱韠，韠同裳色故也。鄭因朝服而説玄端者，以朝服與玄端大同小異，以其玄冠、緇布衣皆有正幅為端則同，但易其裳耳，故因説玄端也。凡凶事，服弁服。注：服弁，喪冠也。其服斬衰、齊衰。凡弔事，弁絰服。注：弁絰者，如爵弁而素加環絰。《論語》曰：羔裘玄冠不以弔。絰，大如緦之絰，其服錫衰、緦衰、疑衰。諸侯及卿大夫亦以錫衰為弔服。《喪服小記》曰：諸侯弔，必皮弁錫衰。則變其冠耳。【略】大札、大荒、大烖，素服。注：大札，疫病也。大荒，饑饉也。大烖，水火為害。君臣素服縞冠，若晉伯宗哭梁山之崩。疏：此言素服，案《玉藻》云：年不順成，則天子素服，乘素車，食無樂。義與此合。彼又云：年不順成，大夫不得造車馬，君衣布搢本。義與此違者，彼衣布謂常服，為禱祈，義與此同也。

公之服，自衮冕而下，如王之服。侯、伯之服，自鷩冕而下，如公之服。子、男之服，自毳冕而下，如侯、伯之服。孤之服，自希冕而下，如子、男之服。卿大夫之服，自玄冕而下，如孤之服。其凶服，加以大功小功。注：自公之衮冕至卿大夫之玄冕，皆其朝聘天子及助祭之服。諸侯非二王後，其餘皆玄冕而祭於己。疏：陳天子吉凶之服訖，自此已下，陳諸侯及其臣之服貴賤不同之事也。但上具列天子之服，此文以上公自衮冕以下，差次如之，上得兼下，下不得僭上也。【略】

大喪，共其復衣服，斂衣服，奠衣服，廞衣服，皆掌其陳序。注：奠衣服，今坐上魂衣也。故書『廞』為『淫』。鄭司農云：『淫』讀為『廞』。廞，陳也。玄謂廞衣服，所藏於椁中。疏：云大喪，王喪。其中兼小喪也。復衣服，謂始死招魂復魄之服。【略】云斂衣服者，小斂皆十九稱，大斂則士三十稱，大夫五十稱，諸侯皆百稱，天子蓋百二十稱。

又《天官·司裘》 掌爲大裘，以共王祀天之服。注：鄭司農云：大裘，黑羔裘服，以祀天示質。疏：言爲大裘者，謂造作黑羔裘。裘言『大』者，以其祭天地之服，故以『大』言之，非謂裘體侈大，則義同於大射也。云以共王祀天之服者，謂四時所有祀天之事皆共之，不限六天之大小，直言『祀天』。案《孝經緯鉤命決》云：祭地之禮與天同牲，玉皆不同。言同者，唯據衣服。則知崐崘神州，亦用大裘可知。《注》釋曰：先鄭知大裘，黑羔裘者，祭服皆玄上纁下，明此裘亦羔裘之黑者，故知大裘黑羔裘。又云服以祀天示質者，以其衮已下皆有采章，爲此大裘更無采章，故云質。案《鄭志》：大裘之上又有玄衣，與裘同色，亦是無文采。中秋獻良裘，王乃行羽物。注：良，善也。中秋鳥獸毨毨，因其良時而用之。鄭司農云：良裘，王所服也。行羽物，以羽物飛鳥賜羣吏。玄謂良裘，《玉藻》所謂黼裘與？此羽物，小鳥鶉雀之屬，鷹所擊者。中秋鳩化爲鷹，中春鷹化爲鳩，順其始殺與其將止而大班羽物。季秋獻功裘，以待頒賜。注：功裘，人功微麤，謂狐青麛裘之屬。鄭司農云：功裘，卿大夫所服。【略】大喪，廞裘，飾皮車。注：皮車，遣車之革路。故書『廞』爲『淫』。鄭司農云：淫裘，陳裘也。玄謂：廞，興也，若《詩》之興，謂象似而作之。凡爲神之偶，衣物必沽而小耳。疏：大喪，謂王喪。廞猶興也。興，象生時裘而爲之，謂明器中之裘，即上良裘、功裘等。云飾皮車者，亦謂明器之車，以皮飾之。

又《屨人》 掌王及后之服屨，為赤舄、黑舄，赤繶、黄繶，青句，素屨，葛屨。注：屨自明矣，必連言服者，著服各有屨也。複下曰舄，禪下曰屨。古人言屨以通於複，今世言屨以通於禪，俗易語反與？舄，屨有絇、有繶、有純者，飾也。鄭司農云：赤繶、黄繶以赤、黄之絲為下緣。《士喪禮》曰：夏葛屨，冬皮屨，皆繶緇純。禮家説繶，亦謂以采絲礫其下。玄謂：凡屨舄，各象其裳之色。《士冠禮》曰『玄端黑屨，青絇、繶、純；素積白屨，緇絇、繶、純；爵弁纁屨，黑絇、繶、純』是也。王吉服有九，舄有三等，赤舄為上，冕服之舄。《詩》云：王錫韓侯，玄衮赤舄。則諸侯與王同。下有白舄，黑舄。王后吉服六，唯祭服有舄。玄舄為上禕衣之舄也，下有青舄、赤舄，鞠衣以下皆屨耳。『句』當為『絇』，聲之誤也。絇、繶、純者同色。今云赤繶、黄繶、青絇，雜互言之，明舄屨衆多，反覆以見之。凡舄之飾，如繢之次。赤繶者，王黑舄之飾；黄繶者，王后玄舄之飾；青絇者，王白舄之飾。言繶必有絇、純，言絇亦有繶、純，三者相將。王及后之赤舄，皆黑飾。后之青舄，白飾，凡屨之飾如繡次也。黄屨白飾，白屨黑飾，黑屨青飾。絇謂之拘，著舄屨之頭，以為行戒。繶，縫中紃。純，緣也。天子諸侯吉事皆舄，其餘唯服冕衣，翟著舄耳。士爵弁纁屨，黑絇、繶、純，尊祭服之屨，飾從繢也。素屨者，非純吉，有凶去飾者。言葛屨，明有用皮時。

辨外内命夫、命婦之命屨、功屨、散屨。注：命夫之命屨，纁屨。命婦之命屨，黄屨以下。功屨，次命屨，於孤卿大夫則白屨、黑屨，九嬪、内子亦然。世婦、命婦以黑屨為功屨。女御、士妻，命屨而已。士及士妻謂再命受服者。散屨亦謂去飾。凡四時之祭祀，以宜服之。注：祭祀而有素屨、散屨者，唯大祥時。宋王昭禹《詳解》：凡首服、衣裳之類，王與后皆異官以掌之，而屨則同于一官者，首服、衣裳之類在上而為尊，故異官以掌之，所以貴之也；屨在下而為卑，故同一官以掌之，所以賤之也。然先王于此，亦寓之以微意矣。蓋首服、衣裳之所象者，德也；屨之所象者，行也。德則有聖賢而行則同歸于中庸而已。

又《玉府》 共王之服玉、佩玉、珠玉。注：佩玉者，王之所帶者。《玉藻》曰：君子於玉比德焉。天子佩白玉而玄組綬。《詩傳》曰：佩玉，上有葱衡，下有雙璜衝牙，蠙珠以納其間。鄭司農云：服玉，冠飾十二玉。疏：所佩白玉，謂衡璜、琚瑀。玄組綬者，用玄組絛穿連衡璜等，使相承受。引《詩傳》曰，謂是《韓詩》。佩玉上有葱衡者，衡，横也，謂葱玉為横梁，下有雙璜衝牙者，謂以組懸於衡之兩頭，兩組之末皆有半璧，曰璜，故曰雙璜。又以一組懸於衡之中央，於末著衝牙，使前後觸璜，故言衝牙。案《毛詩傳》衡璜之外，别有琚瑀。其琚瑀所置，當於懸衝牙組之中央，又以二組穿於琚瑀之内角，斜繫於衡之兩頭，於組末繫於璜。云蠙珠以納其間者，蠙，蜯也，珠出於蜯，故言蠙珠。納其間者，組繩有五，皆穿珠於其間，故云以納其間。鄭司農云：服玉，冠飾十二玉者，案《弁師》：掌五冕。衮冕十二旒，鷩冕九旒，毳冕七旒，絺冕五旒，玄冕三旒，皆十二玉。冕則冠也。《弁師》又有皮弁、韋弁、冠弁，亦皆十二玉。故云冠飾十二玉也。

又《秋官·大行人》 上公之禮，【略】冕服九章。【略】諸侯之禮，【略】冕服七章。【略】諸子，【略】冕服五章。注：冕服，著冕所服之衣也。九章者，自山、龍以下；七章者，自華蟲以下；五章者，自宗彝以下也。疏：冕服九章者，衮龍以下，衣五章，裳四章。【略】云冕服，著冕所服之衣也者，凡服，皆以冠冕表衣，故言衣先言冕。鄭恐冕服是服此冕，故云著冕所服之衣也。

又《考工記·繢人》 畫繢之事，雜五色。東方謂之青，南方謂之赤，西方謂之白，北方謂之黑，天謂之玄，地謂之黄。青與白，相次也；赤與黑，相次也；玄與黄，相次也。注：此言畫繢六色所象及布采之第次，繢以為衣。青與赤謂之文，赤與白謂之章，白與黑謂之黼，黑與青謂之黻。五采備，謂之繡。注：此言刺繡采所用，繡以為裳。土以黄，其象方。天時變。注：古人之象，無天地也。為此《記》者見時有之耳。子家駒曰：天子僭天意。亦是也。鄭司農云：天時變，謂畫天，隨四時色。火以圜，注：鄭司農云：為圜，形似火也。玄謂：形如半環然，在裳。山以章，水以龍，注：章讀為『獐』。獐，山物也，在衣。齊人謂麇為獐。龍，水物，在衣。鳥獸蛇。注：所謂華蟲也，在衣。蟲之毛鱗有文采者。雜四時五色之位以章之，謂之巧。注：章，明也。繢、繡皆用五采鮮明之，是為巧。凡畫繢之事，後素功。注：素，白采也。後布之，為其易漬汙也。不言繡，繡以絲也。鄭司農説：以《論語》曰繢事後素。

又《玉人》 大圭長三尺，杼上，終葵首。天子服之。注：王所搢大圭也，或謂之珽。終葵，椎也。爲椎於其杼上，明無所屈也。杼，閷也。《相玉書》曰：珽玉六寸，明自炤。疏：言大圭者，以其長，故得大圭之稱。言服之者，以其搢於衣帶之間，同於衣服，故以服言之。【略】云《相玉書》曰珽玉六寸，明自炤者，謂於三尺圭上，除六寸之下，兩畔殺去之，使已爲椎頭。言六寸，據上不殺者而言。云明自炤者，玉體瑜不掩瑕，瑕不掩瑜，善惡露見，是其忠實，君子於玉比德焉。言忠實，故云明自炤也。引之者，證大圭者爲終葵六寸，以下杼之也。

《大戴禮記》卷六《武王踐阼》 三日，王端冕。師尚父亦端冕，奉書而入，負屏而立。【略】帶之銘曰：『火滅修容，慎戒必恭，恭則壽。』北周盧辯注：雖夜解息，其容不可以苟。帶于寢先釋，故因言之也。屨履之銘曰：『慎之勞，勞則富。』注：行慎躬勞，躬勞終福。諭慎屨，亦財不費也。屨在下尤勞辱，因為此戒。福與富音義兩施，互取焉。

又 卷八《子張問入官》 故古者冕而前旒，所以蔽明也；黈絖塞耳，所以弇聽也。注：《禮緯含文嘉》：以懸絖垂旒，為閑姦聲，弇亂色，令不惑視聽。則纊瑱之設，兼此二事也。黈，《莊子》為『黈』，黄也。按此《記》與莊説及著《詩》之義，則人君以黄絖充耳，大夫以素，皆尚以玉也。然毛、王之徒以為石飾玉，及鄭謂充耳為玉名，義乖錯。故未詳。

又 卷九《虞戴德》 天子御珽，諸侯御荼，大夫服笏，正民德也。斂此三者而一舉之，戴天履地以順民事。

又 卷一〇《諸侯遷廟》 徙之日，君玄服。

又 卷一〇《諸侯釁廟》 君玄服，立于寢門内，南向。

又 卷一三《公符》 公玄端與皮弁皆韠，朝服素韠。注：玄端，諸侯之朝服。皮弁，天子朝服。韠從裳色，皆素也。公冠四加衮冕。

《禮記·王制》 有虞氏皇而祭，深衣而養老。夏后氏收而祭，燕衣而養老。殷人冔而祭，縞衣而養老。周人冕而祭，玄衣而養老。漢鄭玄

注：皇，冕屬也，畫羽飾焉。凡冕屬，其服皆玄上纁下。有虞氏十二章，周九章，夏、殷未聞。凡養老之服，皆其時與羣臣燕之服。有虞氏質，深衣而已。夏而改之尚黑而黑衣裳，殷尚白而縞衣裳，周則兼用之，玄衣素裳。其冠則牟追、章甫、委貌也。諸侯以天子之燕服為朝服。《燕禮》曰：燕，朝服，服是服也。王者之後，亦以燕服為之。魯季康子朝服以縞，僭宋之禮也。天子皮弁，以日視朝也。

又《明堂位》 有虞氏服韍，夏后氏山，殷火，周龍章。注：韍，冕服之韠也。舜始作之，以尊祭服。禹、湯至周，增以畫文，後王彌飾也。山取其仁可仰也，火取其明也，龍取其變化也，天子備焉。諸侯火而下卿、大夫山，士韎韋而已。『韍』或作『黻』。唐孔穎達《正義》：此一經論魯有四代韍制。有虞氏服韍者，直以韋爲韍，未有異飾，故云服韍。夏后氏畫之以山，殷人增之以火，周人加龍，以爲文章。

皮弁素積，裼而舞《大夏》。《正義》：皮弁，三王之服也。裼，見美也。《大夏》，夏禹之樂也。

又《樂記》 武王克殷反商，【略】裨冕搢笏，而虎賁之士說劍也。注：裨冕，衣裨衣而冠冕也。裨，衣衮之屬也。搢猶插也。

魏文侯問於子夏曰：『吾端冕而聽古樂，則唯恐卧。』注：魏文侯，晉大夫畢萬之後，僭諸侯者也。端，玄衣也。古樂，先王之正樂也。《正義》：云端，玄衣也者，謂玄冕也。凡冕服，皆其制正幅，袂二尺二寸，袪尺二寸，故稱端也。

又《玉藻》 天子玉藻十有二旒，前後邃延，龍卷以祭。注：祭先王之服也。雜采曰藻。天子以五采藻為旒，旒十有二。前後邃延者，言皆出冕前後而垂也，天子齊肩。延，冕上覆也，玄表纁裏。龍卷，畫龍於衣。字或作『衮』。《正義》：天子玉藻者，藻謂雜采之絲繩，以貫於玉，以玉飾藻，故云玉藻也。十有二旒者，天子前之與後各有十二旒。前後邃延者，言十二旒在前後垂而深邃，以延覆冕上，故云前後邃延。龍卷以祭者，卷謂卷曲，畫此龍形，卷曲於衣，以祭宗廟。玄端而朝日於東門之外，聽朔於南門之外。注：『端』當為『冕』，字之誤也。玄衣而冕，冕服之下。朝日，春分之時也。東門、南門，皆為國門也。【略】皮弁以日視朝，遂以食。【略】卒食，玄端而居。注：天子服玄端燕居也。【略】年不順成，則天子素服，乘素車，食無樂。

諸侯玄端以祭，注：祭先君也。『端』亦當為『冕』，字之誤也。諸侯祭宗廟之服，唯魯與天子同。裨冕以朝。注：朝天子也。裨冕，公衮，侯、伯鷩，子、男毳也。皮弁以聽朔於大廟。注：皮弁，下天子也。朝服以日視朝於內朝。注：朝服，冠玄端，素裳也。此內朝，路寢門外之正朝也。【略】又朝服以食。注：食必復朝服，所以敬養身也。【略】年不順成，君衣布搢本。注：皆為凶年變也。君衣布者，謂若衛文公大布之衣、大帛之冠是也。搢本，去珽、荼，佩士笏也。士以竹為笏，飾本以象。

天子搢珽，方正於天下也。注：此亦笏也。謂之珽，珽之言珽然無所屈也。或謂之大圭，長三尺，杼上，終葵首。終葵首者，於杼上又廣其首，方如椎頭，是謂無所屈，後則恒直。《相玉書》曰：珽玉六寸，明自炤。《正義》：引《相玉書》『珽玉六寸，明自炤』者，證珽是玉也。餘物皆光炤於外，惟珽玉光自炤於內，內含明也。諸侯荼，前詘後直，讓於天子也。注：荼讀為『舒遲』之『舒』。舒，懦者所畏在前也。詘謂圜，殺其首不為椎頭。諸侯唯天子詘焉，是以謂笏為荼。大夫前詘後詘，無所不讓也。注：大夫，奉君命出入者也。上有天子，下有己君，又殺其下而圜。

始冠，緇布冠。自諸侯下達，冠而敝之可也。注：本大古耳，非時王之法服也。《正義》：始冠，緇布冠者，言初加冠，大夫士皆三加，諸侯則四加，其初加者是緇布冠。自諸侯下達者，自，從也。從諸侯下達於士，始冠緇布冠。冠而敝之可也者，言緇布冠重古，始冠暫冠之耳，非時王之服，不復恒著，冠而敝，去之可也。玄冠，朱組纓，天子之冠也。緇布冠繢緌，諸侯之冠也。注：皆始冠之冠也。玄冠，委貌也。諸侯緇布冠有緌，尊者飾也。『繢』或作『繪』，『緌』或作『蕤』。玄冠，丹組纓，諸侯之齊冠也。注：言齊時所服也。

居冠屬武，注：謂燕居冠也。著冠於武，少威儀。自天子下達，有事然後緌。注：燕無事者去飾。《正義》：燕居之冠，屬武於冠，冠、武相連屬，燕居率略，少威儀故也，又不加緌。若非燕居，則冠與武別，臨著乃合之，有儀飾故也。

大帛不緌，注：『帛』當為『白』，聲之誤也。大帛謂白布冠也。不緌，凶服去飾。玄冠紫緌，自魯桓公始也。注：蓋僭宋王者之後。服也緌，當用繢。《正義》：知『帛』當為『白』者，以《雜記》云：大白冠、緇布冠皆不緌。彼『大白』與『緇布』連文，故知此大帛為白布冠也。《左傳·閔二年》：衛文公大布之衣，大帛之冠。白繒冠也，與大布相對，與此異也。云蓋僭宋者，以祭周公用白牡，乘大路，是魯用殷禮，故疑魯桓公用紫緌，僭宋王者之後。云緌當用繢者，以上文云：緇布冠繢緌，諸侯之冠。故知也。

衣正色，裳間色。注：謂冕服玄上纁下。《正義》：采色之中，玄最貴也。玄是天色，故為正。纁是地色，亦黃之雜，故為間色。皇氏云：正謂青、赤、黃、白、黑五方正色也，不正謂五方間色也，綠、紅、碧、紫、騮黃是也。青是東方正，綠是東方間。東為木，木色青，木尅土，土黃，並以所尅為間，故綠，色青黃也。赤是南方正，紅是南方間。南為火，火赤尅金，金白，故紅，色赤白也。白是西方正，碧是西方間。西為金，金白尅木，故碧，色青白也。黑是北方正，紫是北方間。北方水，水色黑，水尅火，火赤，故紫，色赤黑也。黃是中央正，騮黃是中央間。中央為土，土尅水，水黑，故騮黃之色，黃黑也。

孔子曰：『朝服而朝，卒朔然後服之。』注：謂諸侯與羣臣也。諸侯視朔，皮弁服。《正義》：朝服，緇衣素裳，而朝謂每日朝君。卒朔，然後服之者，卒朔謂卒告朔之時。服皮弁告朔，禮終，脫去皮弁而後服朝服也。曰：『國家未道，則不充其服焉。』注：謂若衛文公者。未道，未合於道。

唯君有黼裘以誓省。大裘，非古也。注：僭天子也。天子祭上帝，則大裘而冕。大裘，羔裘也。黼裘，以羔與狐白雜為黼文也。『省』當為『獮』。獮，秋田也。國君有黼裘誓獮田之禮，時大夫又有大裘也。《正義》：君，諸侯也。黼裘，以黑羊皮雜狐白為黼文以作裘也。誓者，告勑也。獮，秋獵也。大裘，天子郊服也。禮唯許諸侯服黼裘以誓軍衆田獵耳，不得用大裘。當時有者，非但諸侯用大裘，又有大夫僭用大裘者，故譏之云：非古也。

君衣狐白裘，錦衣以裼之。注：君衣狐白毛之裘，則以素錦為衣覆之，使可裼也。袒而有衣曰裼。必覆之者，裘褻也。《詩》云：衣錦絅衣，裳錦絅裳。然則錦衣復有上衣，明矣。天子狐白之上，衣皮弁服與？凡裼衣，象裘色也。《正義》：君謂天子。以狐之白毛皮爲裘，其上用錦衣以裼之。【略】鄭引《詩》者，證錦衣之上更有衣覆之，以無正文，故引《詩》云，然則錦衣復有上衣，明矣。云天子狐白之上，衣皮弁服與者，亦以無正文，故言皮弁服與？與為疑辭也。必知狐白上加皮弁服者，以狐白既白，皮弁服亦白，錦衣白，三者相稱，皆為白也。云凡裼衣，象裘色也者，狐白裘，用錦衣爲裼；狐青裘，用玄衣爲裼；羔裘，用緇衣爲裼。是裼衣與裘色相近也。天子視朝，服皮弁服，則天子皮弁之下有狐白錦衣也。諸侯於天子之朝亦然。故《秦詩》云：君子至止，錦衣狐裘。此經云君，則天子兼諸侯也。凡在朝，君臣同服，然則三公在天子之朝執璧，與子、男同，則皮弁之下狐白錦衣，與子、男同也。

錦衣狐裘，諸侯之服也。注：非諸侯，則不用錦衣為裼。

笏，天子以球玉，諸侯以象。注：球，美玉也。

天子素帶朱裏，終辟。注：謂大帶也。而素帶終辟。注：『而素帶終辟』，謂諸侯也。諸侯不朱裏，合素為之，如今衣帶為之，下天子也。【略】辟，讀如『裨冕』之『裨』，裨謂以繪采飾其側。人君充之。《正義》：天子素帶朱裏者，以素為帶，用朱為裏。終辟，辟則裨也，終，竟。帶身在要，及垂皆裨，故云終辟。而素帶終辟者，謂諸侯也。以素為帶，不以朱為裏，亦用朱、綠，終裨。【略】云人君充之者，充，滿也。人君謂天子諸侯，飾帶從首及末，徧滿皆飾，故云充之。【略】并紐約用組，三寸，長齊于帶。《正義》：并紐約用組者，并，並也。紐謂帶之交結之處，以屬其紐。約者謂以物穿紐，約結其帶。謂天子以下至弟子之等，其所紐約之物並用組為之，故云并紐約用組。三寸者，謂紐約之組，闊三寸也。長齊於帶者，言約紐組餘長三尺，與帶垂者齊，故云長齊於帶。【略】雜帶，君朱、綠。注：雜猶飾也，即上之裨也。君裨帶，上以朱、下以綠終之。《正義》：雜猶飾也。謂飾帶，君用朱、綠。

韠，君朱。注：此玄端服之韠也。韠之言蔽也。凡韠，以韋為之，必象裳色，則天子、諸侯玄端朱裳。【略】皮弁服，皆素韠。【略】圜殺直，注：目韠制。天子直，注：四角直，無圜殺。公侯前後方。注：殺四角，使之方，變於天子也。所殺者，去上、下各五寸。【略】韠下廣二尺，上廣一尺，長三尺。其頸五寸，肩革帶，博二寸。注：頸五寸，亦謂廣也。頸中央，肩兩角，皆上接革帶以繫之。肩與革帶廣同，凡佩，繫於革帶。

凡帶必有佩玉，唯喪否。注：喪主於哀，去飾也。凡，謂天子以至士。佩玉有衝牙。注：居中央，以前後觸也。【略】天子佩白玉而玄組綬，公、侯佩山玄玉而朱組綬。注：玉有山玄、水蒼者，視之文色所似也。綬者，所以貫佩玉，相承受者也。《正義》：佩玉有衝牙者，凡佩玉，必上繫於衡，下垂三道，穿以蠙珠，下端前後以縣於璜，中央下端縣以衝牙。動則衝牙前後觸璜而為聲。所觸之玉，其形似牙，故曰衝牙。皇氏謂衝居中央，牙是外畔兩邊之璜，以衝、牙為二物。若如皇氏說，鄭何得云牙居中央，以為前後觸也？

禮不盛服不充，注：禮盛者服充，大事不崇曲敬。故大裘不裼。注：謂祭天也。《周禮》：王祀昊天上帝，則服大裘而冕。

又《深衣》 帶，下毋厭髀，上毋厭脅，當無骨者。注：當骨緩急，難爲中也。《正義》：當無骨者，帶若當骨，則緩急難中，故當無骨之處。此深衣帶，下於朝祭服之帶也。朝祭之帶，則近上，故《玉藻》云：『三分帶下，紳居二焉。』是自帶以下，四尺五寸也。

又《禮器》 禮有以文為貴者。天子龍衮，諸侯黼。【略】天子之冕朱綠藻，十有二旒。諸侯九。【略】此以文為貴也。注：此祭冕服也。朱綠，似夏、殷禮也。周禮，天子五采藻。

又《郊特牲》 祭之日，王皮弁以聽祭報，示民嚴上也。注：報猶白也。夙興朝服，以待白祭事者，乃後服祭服而行事也。【略】祭之日，王被衮以象天，注：謂有日月星辰之章。此魯禮也。《周禮》：王祀昊天上帝，則服大裘而冕。祀五帝，亦如之。魯侯之服，自衮冕而下也。戴冕，璪十有二旒，則天數也。注：天之大數，不過十二。

又《祭義》　昔者天子為藉千畝，冕而朱紘，躬秉耒。諸侯為藉百畝，冕而青紘，躬秉耒。

及大昕之朝，君皮弁素積，卜三宮之夫人世婦之吉者，使入蠶于蠶室。注：大昕，季春朔日之朝也。

又《内則》　世子生，則君沐浴朝服，夫人亦如之。皆立于阼階，西鄉。

又《曾子問》　孔子曰：「諸侯適天子，必告於祖，奠於禰。冕而出視朝。注：聽國事也。諸侯朝天子必裨冕，爲將廟受也。裨冕者，公衮、侯、伯鷩，子、男毳。【略】諸侯相見，必告于禰。朝服而出視朝。」注：朝服，為事故也。

孔子曰：「天子賜諸侯大夫冕、弁服於大廟，歸設奠，服賜服。」《正義》：謂諸侯幼弱未冠，總角從事，至當冠之年，因朝天子，天子而賜諸侯、大夫或弁或冕之服於天子大廟之中。榮君之賜，歸設奠，祭於己宗廟，此時身服所賜之服，更不改冠也。

又《曲禮下》　立則磬折垂佩。主佩倚則臣佩垂，主佩垂則臣佩委。注：君臣俛仰之節。倚謂附於身。小俛則垂，大俛則委於地。《正義》：立，倚也。佩，謂玉佩也。帶佩於兩邊，臣則身宜僂折，如磬之背，故云磬折也。身既僂折，則所著之佩從兩邊出，縣垂於前也。主佩倚者，主謂君也。倚猶附也。君宜直立則佩直，附倚身而縣垂不出前，則臣佩垂者。君若直立，佩倚於身，則臣宜曲折，曲折則佩不得倚身，故縣垂於前也。主佩垂則臣佩委者，主，君也。言君若重慎折身而佩垂，則臣彌曲，故佩垂委於地。然臣不發初，太曲必待君僂而後方曲者，亦授立不跪之義也。

又《雜記上》　公襲：卷衣一，玄端一，朝服一，素積一，纁裳一，爵弁二，玄冕一，褒衣一，朱綠帶，申加大帶於上。注：朱綠帶者，襲衣之帶飾之，雜以朱綠，異於生也。此帶亦以素爲之。申，重也，重於革帶也。革帶以佩韍，必言重加大帶者，明雖有變，必備此二帶也。士襲三稱，子羔襲五稱，今公襲九稱，則尊卑襲數不同矣。諸侯七稱，天子十二稱與？《正義》：此一經明襲用衣稱卷冕之制。公襲，以上服最在内者，公身貴，故以上服親身，欲尊顯加賜，故褒衣最外而細服居中也。子羔賤，故卑服親身也。玄端一者，賀云：燕居之服，玄端朱裳也。朝服一者，緇衣素裳，公日視朝之服也。素積一者，皮弁之服，公視朔之服也。纁裳一者，賀云：冕服之裳也。亦可鷩、毳任取中間一服也。爵弁二者，玄衣纁裳二通也。此是始命之服，示之重本，故二通也。招魂，君亦用爵弁服也。玄冕之下，又取一也。褒衣一者，所加賜之衣，最上，華君賜也。自卷衣至此，合爵弁二通，合九稱。朱綠帶者，諸侯襲尸，除五采之大帶外，又別有此帶，以素爲之而朱綠飾之，亦異於生時也。申加大帶於上者，申，重也，謂已用此朱綠小帶結束之，今重加大帶於革帶之上者，象生時大帶也，用素爲之。

又《雜記下》　韠長三尺，下廣二尺，上廣一尺。會去上五寸，紕以爵韋六寸，不至下五寸，純以素，紃以五采。注：會謂領上縫也，領之所用，蓋與紕同。在旁曰紕，在下曰純。素，生帛也。紕六寸者，中執之，表裏各三寸也。純、紕所不至者五寸，與會去上同。紃，施諸縫中，若今時絛也。《正義》：韠，韍也。長三尺，與紳齊也。下廣上狹，象天地數也。會去上五寸者，會謂韠之領縫也，此縫去韠上畔，廣五寸，謂會上下廣五寸。紕以爵韋六寸者，謂會縫之下，韠以兩邊，紕以爵韋，闊六寸，倒襵之，兩廂各三寸也。不至下五寸者，謂紕韠之兩邊，不至韠之下畔，闊五寸。純以素者，素謂生帛，謂紕所不至之處，横純之以生帛，此帛上下各闊五寸也。紃以五采者，紃，絛也，謂五采之絛置於諸縫之中。

又《月令》　孟春之月，【略】天子居青陽左个，【略】衣青衣，服倉玉。注：凡所服玉，謂冠飾及所佩者之衡璜也。《正義》：云凡所服玉，謂冠飾及所佩者之衡璜者。冠飾即冕之旒及笄也，衡璜即是所佩玉之名也。佩玉之制，案《韓詩外傳》云：佩玉，上有葱衡，下有雙璜牙，蠙珠以納其間。則古之佩玉，上以葱為衡，横置於上，以貫珠之繩三條，懸於衡上，垂之而下；以雙璜懸於兩畔，繩之下端，又以牙懸於中繩下端，使前後觸璜以為聲。衡之下，璜之上皆貫蠙珠，故云蠙珠以納其間，謂納於衡、璜之間也。

孟夏之月，【略】天子居明堂左个，【略】衣朱衣，服赤玉。《正義》：色淺曰赤，色深曰朱。

季夏之月，【略】天子居大廟大室，【略】衣黃衣，服黃玉。《正義》：春有青、蒼兩色，夏有朱、赤二色，此及秋唯有黃、白，不更加他色者，黃與白更無餘色相涉，故不言之耳。

孟秋之月，【略】天子居總章左个，【略】衣白衣，服白玉。

孟冬之月，【略】天子居玄堂左个，【略】衣黑衣，服玄玉。《正義》：服玄玉者，玉從自然之色，故其色淺而用玄玉也。猶如夏云赤玉，春云蒼玉相似也。

仲秋之月，【略】乃命司服具飭衣裳，文繡有恒，制有小大，度有長短。注：此謂祭服也。文謂畫也。祭服之制，畫衣而繡裳。衣服有量，必循其故，注：此謂朝、燕及他服。凡此為寒益至也。《詩》云：『七月流火，九月授衣。』於是作之可也。冠帶有常。注：因制衣服而作之也。《正義》：此云『文繡』，又下文別云『衣服有量』，故鄭知此經謂祭服也。經云『具飭衣裳』，飭謂正也，言備具正理衣裳。云文謂畫也者，以經『文』與『繡』相對，祭服裳繡而衣畫，故以文為畫也。云祭服之制，畫衣而繡裳者，案《尚書·咎繇謨》云：『予欲觀古人之象，日、月、星辰、山、龍、華蟲作會』，是衣畫也。『宗彝、藻、火、粉米、黼、黻絺繡』，是裳繡也。畫色輕，故在衣以法天；繡色重，故在裳以法地也。此謂朝、燕及他服者，上是祭服，故知此是朝、燕也。及他服者，謂戰伐、田獵等之服。

季秋之月，【略】天子乃厲飾，執弓挾矢以獵。注：厲飾，謂戎服，尚威武也。《正義》：熊氏云：謂戎服者，韋弁服也。以秋、冬之田，故韋弁服。若春、夏則冠弁服。故《司服》云：凡甸，冠弁服。義或然也。

《墨子》卷一二《公孟》 子墨子曰：昔者齊桓公高冠博帶，金劍木盾以治其國，其國治。昔者晉文公大布之衣，牂羊之裘，韋以帶劍，以治其國，其國治。昔者楚莊王鮮冠組纓，絳衣博袍，以治其國，其國治。昔者越王句踐剪髮文身，以治其國，其國治。此四君者，其服不同，其行猶一也。

《司馬法·天子之義》 章，夏后氏以日月，尚明也；殷以虎，尚威也；周以龍，尚文也。

《管子》卷七《大匡》 （齊襄）公懼，墜于車下，傷足亡屨，反誅屨於徒人費，唐房玄齡注：誅，責。不得也，鞭之見血。

又 卷二四《輕重己》 冬盡而春始。天子東出其國四十六里而壇，服青而絻青，搢玉總，帶玉監，朝諸侯卿大夫列士。

春盡而夏始。天子服黃而靜處。

秋至而禾熟。天子祀於太惢，西出其國百三十八里而壇，服白而絻白，搢玉總，帶錫監，吹塤篪之風，鑿動金石之音，朝諸侯卿大夫列士。

秋盡而冬始。天子服黑絻黑而靜處。

以秋日至始，數九十二日，天子北出九十二里而壇，服黑而絻黑，朝諸侯卿大夫列士。

《晏子春秋》卷一《內篇·諫上》 景公之時，雨雪三日而不霽。公被狐白之裘，坐堂側陛。

又 卷二《內篇·諫下》 景公為西曲潢，其深滅軌，高三仞。橫木龍蛇，立木鳥獸。公衣黼黻之衣，素繡之裳，一衣而五彩具焉。帶球玉而冠且，被髮亂首，南面而立，傲然。

景公為巨冠長衣，以聽朝。疾視矜立，日晏不罷。晏子進曰：『聖人之服，中侻而不駔，可以導衆。其動作侻順而不逆，可以奉生。是以下皆法其服而民爭學其容。今君之服，駔華不可以導衆民；疾視矜立，不可以奉生。』

景公為履，黃金之綦，飾以銀，連以珠，良玉之絇，其長尺。冰月服之以聽朝。

《荀子》卷六《富國篇》 故天子袾裷衣冕，唐楊倞注：袾，古『朱』字。『裷』字與『衮』同。畫龍於衣，謂之衮。朱衮，以朱為質也。衣冕，猶服冕也。諸侯玄裷衣冕。注：謂上公也。《周禮》：公之服，自衮冕而下，如王之服也。

又 卷一二《正論篇》 天子者，勢至重而形至佚，心至愉而志無所詘，形不為勞，尊無上矣。衣被則服五采，雜間色，注：衣被謂以衣被身，服五采言備五色也。間色，紅、碧之屬，《禮記》曰『衣正色，裳間色』也。重文繡，加飾之以珠玉。

又 卷一三《禮論篇》 郊之麻絻也。注：麻絻，緝麻為冕，所謂大裘而冕，不用衮龍之屬也。

又 卷一九《大略篇》 天子山冕，諸侯玄冠，大夫裨冕，士韋弁，禮也。注：山冕謂畫山於衣而服冕，即衮冕也。蓋取其龍，則謂之衮冕；取其山，則謂之山冕。【略】鄭注《覲禮》云：裨之言卑也。天子六服，大裘為上，其餘為裨，以事尊，卑服之。諸侯亦服焉。上公衮無升龍，侯伯鷩，子男毳，孤絺，卿大夫玄。鄭云大夫裨冕，蓋亦言裨冕止於大夫，士已下不得服也。韋弁謂以爵韋為韠而載弁也。《玉藻》曰：韠，君朱，大夫素，士爵韋也。

天子御珽，諸侯御荼，大夫服笏，禮也。注：御、服，皆器用之名。尊者謂之御，卑者謂之服。御者，言臣下所進御也。珽，大珪，長三尺，杼上終葵首。謂剡上至其首而方也。荼，古『舒』字，玉之上圜下方者也。鄭康成云：珽然無所屈也。荼讀如『舒遲』之『舒』，懦者所畏，在前也。

《戰國策》卷三二《宋》 （宋康王）為無顏之冠以示勇。宋鮑彪注：冠不覆額。

又　卷一二《齊五》　衛鞅見魏王曰：【略】『大王不如先行王服，宋鮑彪注：王者服飾。然後圖齊、楚。』魏王説於衛鞅之言也，故身廣公宮，制丹衣，建九斿之旌，從七星之旟。此天子之位也，而魏王處之。

又　卷一九《趙二》　（武靈王）遂賜周紹胡服衣冠，貝帶黄金師比，以傅王子也。宋姚宏續注：《史記·匈奴傳》：漢遺單于有黄金飾貝帶一飾。《漢書要義》曰：腰中大帶，黄金胥紕一。徐廣曰：或作『犀毗』，注引《戰國策》趙武靈王賜周紹貝帶黄金師比。延篤云：胡革帶鉤也。則此帶鉤，亦名師比。則『胥』『犀』與『師』並相近，而説各異耳。

又　卷一一《齊四》　先生王斗造門而欲見齊宣王，宣王使謁者延入。【略】王斗曰：『王使人為冠，不使左右便辟而使工者，何也？為能之也。今王治齊，非左右便辟無使也，臣故曰不如愛尺縠也。』

又　卷八《齊一》　靖郭君衣威王之衣冠，舞其劍。宣王自迎靖郭君於郊，望之而泣。

《呂氏春秋》卷二四《不茍》　武王至殷郊，係墮。五人御於前，莫肯之為，曰：『吾所以事君者，非係也。』武王左釋白羽，右釋黄鉞，勉而自為係。

又　卷九《知士》　靜郭君來，衣威王之服，冠其冠，帶其劍。宣王自迎靜郭君於郊，望之而泣。

《韓非子》卷一二《外儲説左下》　費仲説紂曰：【略】『冠雖穿弊，必戴於頭；履雖五采，必踐之於地。』

又　卷一一《外儲説左上》　齊桓公好服紫，一國盡服紫。當是時也，五素不得一紫。桓公患之，謂管仲曰：『寡人好服紫，紫貴甚。一國百姓好服紫不已，寡人奈何？』管仲曰：『君何不試勿衣紫也。謂左右曰：「吾甚惡紫之臭。」』於是左右適有衣紫而進者，公必曰「少却。吾惡紫臭。」』公曰：『諾。』於是日，郎中莫衣紫；其明日，國中莫衣紫；三日，境内莫衣紫也。一曰：齊王好衣紫，齊人皆好也。齊國五素不得一紫。齊王患紫貴，傅説王曰：『《詩》云：「不躬不親，庶民不信」今王欲民無衣紫者，王請自解紫衣而朝羣臣，有紫衣進者，曰「益遠。寡人惡臭。」』是日也，郎中莫衣紫；是月也，國中莫衣紫；是歲也，境内莫衣紫。

鄒君好服長纓，左右皆服長纓。甚貴，鄒君患之，問左右。左右曰：『君好服，百姓亦多服，是以貴。君因先自斷其纓而出，國中皆不服長纓。君不能下令為百姓服度以禁之，乃斷纓出以示民，是先戮以涖民也。』

《孔子家語》卷五《入官》　古者聖主，冕而前旒，所以蔽明也；紘紞充耳，所以掩聰也。

又　卷七《郊問》　天子大裘以黼之，被裘象天。三國魏王肅注：大裘為黼文也。言被之，大裘其有象天之文，故被之道路，至大壇而脱之。既至泰壇，王脱裘矣。服衮以臨燔柴，戴冕藻十有二旒，則天數也。

漢·伏勝《尚書大傳》卷一《夏書》　天子衣服，其文華蟲、作繢、宗彝、藻火、山龍。諸侯作繢、宗彝、藻火、山龍。子、男宗彝、藻火、山龍。

山龍，青也。華蟲，黄也。作繢，黑也。宗彝，白也。藻火，赤也。天子服五，諸侯四，次國服三。

漢·劉安《淮南子》卷一《原道訓》　禹之趨時也，履遺而弗取，冠挂而弗顧。非爭其先也，而爭其得時也。

又　卷九《主術訓》　故古之王者，冕而前旒，所以蔽明也；漢高誘注：冕，王者冠也。前旒，前後垂珠，飾遂筵也。下自目，故曰蔽明也。天子玉縣十二，公、侯挂珠九，卿點珠六，伯、子各應隨其命數也。黈纊塞耳，所以掩聰。注：不欲其妄聞也。

楚文王好服獬冠，楚國效之。注：文王，楚武王熊逵之子熊庇。獬廌之冠，如今御史冠也。趙武靈王貝帶鵕鸃而朝，趙國化之。注：趙武靈王出春秋後，以大貝飾帶，胡服。『鵕鸃』讀曰『私鈚頭』，二字三音。曰郭洛帶，係銚鎬也。使在匹夫布衣，雖冠獬冠、帶貝帶鵕鸃而朝，則不免為人笑也。

又　卷一一《齊俗訓》　昔武王執戈秉鉞以伐紂，勝殷，搢笏杖殳以臨朝。注：殳，木杖也。

又　卷一二《道應訓》　昔武王伐紂，破之牧野。【略】解劍帶笏，以示無仇。

《史記》卷五《秦本紀》　（獻公）二十一年，與晉戰於石門，斬首六萬。天子賀以黼黻。南朝宋裴駰《集解》：駰案：《周禮》曰：白與黑謂之黼，黑與青謂之黻。

又　卷六《秦始皇本紀》　（九年四月）己酉，王冠，帶劍。《集解》：徐廣曰：年二十二。唐張守節《正義》：冠音灌。《禮記》云：年二十而冠。按年二十一也。

又　卷八六《刺客列傳》　軻既取圖奏之，秦王發圖，圖窮而匕首見，因左手把秦王之袖，而右手持匕首揕之。未至身，秦王驚，自引而起，袖絶拔劍，劍長，操其室。唐司馬貞《索隱》：室謂鞘也。時惶急劍堅，故不可立拔。荆軻逐秦王，秦王環柱而走。

又　卷八七《李斯列傳》　李斯議亦在逐中，斯乃上書，《正義》：在始皇十年。曰：『今陛下【略】垂明月之珠，服太阿之劍。

漢·劉向《説苑》卷二〇《反質》　經侯往適魏太子，左帶羽玉具劍，右帶珮環。左光照右，右光照左。

漢·蔡邕《獨斷》卷下　術士冠，前圓吴制，邐迤四重。趙武靈王好服之。今者不用，其説未聞。

晉·王嘉《拾遺記》卷三《周靈王》　宋景公之世，【略】懸四時之衣，春夏以金玉為飾，秋冬以翡翠為温。

《後漢書·輿服志下·高山冠》　太傅胡廣説曰：高山冠，蓋齊王冠也。秦滅齊，以其君冠賜近臣謁者服之。

《晉書》卷二五《輿服志》　武冠，一名武弁，一名大冠，一名繁冠，一名建冠，一名籠冠，即古之惠文冠。或曰趙惠文王所造，因以為名。【略】胡廣曰：昔趙武靈王為胡服，以金貂飾首。秦滅趙，以其君冠賜侍臣。

北魏·酈道元《水經注》卷五《河水》　東逕東阿縣故城北。【略】縣出佳繒縑，故《史記》云『秦昭王服太阿之劍，阿縞之衣也。』

唐·杜佑《通典》卷五七《禮十七·嘉二·君臣冠冕巾幘等制度·冕》　黄帝作冕，垂旒，目不邪視也；充纊，耳不聽讒言也。事見《世本》。周制，弁師掌王之五冕，皆玄冕、朱裏，綖、紐。冕服有六而言五者，大裘之冕蓋無旒，不聯數也。綖，冕之覆，在上，是以名焉。紐，小鼻，在武上，笄所貫。五采繅，十有二就，皆五采玉十有二。玉笄，朱紘。繅，雜文之名，合五色絲為繩，垂之綖前後，各十二，所謂邃綖也。就，成也。繩之每匝貫五采玉十二旒，旒則十二玉。每就間一寸。朱紘，以朱組為紘，紘一條屬兩端於武。此謂衮衣之冕十二旒，則用玉二百八十八。鷩冕，繅九旒，用玉二百一十六。毳冕七旒，用玉一百六十八。絺冕五旒，用玉一百二十。玄冕三旒，用玉七十二。諸侯及孤卿大夫之冕，各以其等為之。各以其等者，繅玉如其命數。冕則侯、伯繅七就，用玉九十八。子、男繅五就，用玉五十。繅玉皆三采。孤繅四就，用玉三十二。三命之卿繅三就，用玉十八。再命之大夫繅再就，玉八。繅玉皆朱、緑。禁令不得相僭踰。

又　卷六一《禮二十一·嘉六·君臣服章制度》　上古穴處衣毛，未有制度。後代以麻易之，先知爲上，以制其衣，後知爲下，復制其裳，衣裳始備。黄帝、堯舜垂衣裳，蓋取諸《乾》、《坤》，故衣玄而裳黄。旁觀翬翟草木之華，乃染五色，始爲文章，以表貴賤而天下理。《虞書》曰：『予欲觀古人之象，日、月、星辰、山、龍、華蟲作繢，宗彝、藻、火、粉米、黼、黻絺繡。』備十二章。玄衣纁裳。上六章在衣，下六章在裳。上畫下繡。夏、殷之代，相襲無變。

《周官》『司服』掌王之吉凶衣服。大裘以祀天。大裘，羔裘，祀天示質也。以其祀天，故以『大』言之也。衮冕服享先王。升日月於旌旗，服備九章：一曰龍，二曰山，三曰華蟲，四曰火，五曰宗彝，皆畫以爲繢。六曰藻，七曰粉米，八曰黼，九曰黻，皆絺以爲繡。則衮之衣五章，裳四章，凡九。鷩冕服享先公。鷩，畫鷩翟，謂華蟲也。其衣三章，裳四章，凡七。毳冕服祀四望山川。毳，畫虎雉，謂宗彝也。其衣三章，裳二章，凡五也。絺冕服祭社稷五祀。絺，刺粉米無畫。其衣一章，裳二章，凡三。玄冕服祭羣小祀。其衣無文，裳刺黻而已。凡冕服，皆玄衣纁裳。凡兵事，韋弁服。以韎韋爲弁，又以爲衣裳。《春秋傳》曰晉郤至『衣韎韋之跗注』是。眡朝，則皮弁服。視外内朝之事。其服十五升，白布衣，積素以爲裳。王受諸侯朝覲於廟，則衮冕。凡甸，冠弁服。甸，田獵也。冠弁，委貌。其服緇布衣，亦積素以爲裳。『司裘』仲秋獻良裘，良，善也。仲秋鳥獸毛毨，因其良時而用之。仲秋所獻善裘者，爲八月誓獮田所用，故獻之。鄭司農云：良裘，王所服。季秋獻功裘。功裘，人功微麤，謂狐青麛裘之屬也。

公之服，自衮冕而下，如王之服。侯、伯之服，自鷩冕而下，如公之服。子、男之服，自毳冕而下，如侯、伯之服。孤之服，自絺冕而下，如子、男之服。卿大夫之服，自玄冕而下，如孤之服。士之服，自皮弁而下，如大夫之服。其齋服，有玄端素端。自公之衮冕至卿大夫之玄冕，皆其朝聘天子及助祭之服。諸侯非二王後，其餘皆玄冕而祭於己。

《左傳·閔公二年》 狐突歎曰：【略】『衣，身之章也。注：章，貴賤。佩，衷之旗也。注：旗，表也，所以表明其中心。故敬其事則命以始，注：賞以春夏。服其身則衣之純，注：必以純色為服。用其衷則佩之度。』注：衷，中也。佩玉者，士君子常度。

《論語·堯曰》 子曰：【略】『君子正其衣冠，尊其瞻視，儼然人望而畏之。斯不亦威而不猛乎？』

《墨子》卷一《辭過》 子墨子曰：【略】古之民未知為衣服時，衣皮帶茭，冬則不輕而温，夏則不輕而清，聖王以為不中人之情，故作誨婦人治絲麻，捆布絹，以為民衣。為衣服之法：冬則練帛之中，足以為輕且煖；夏則絺綌之中，足以為清且温。謹此則止。故聖人為衣服，適身體，和肌膚而足矣，非榮耳目而觀愚民也。當是之時，堅車良馬不知貴也，刻鏤文采不知喜也。何則？其所道之然。故民衣食之財，家足以待旱水凶饑者，何也：得其所以自養之情，而不感於外也。是以其民儉而易治，其君用財節而易贍也。府庫實滿，足以待不然。兵革不頓，士民不勞，足以征不服。故霸王之業，可行於天下矣。當今之王，其為衣服則與此異矣。冬則輕煗，夏則輕清，皆已具矣，必厚作斂於百姓，暴奪民衣食之財，以為錦繡文采靡曼之衣，鑄金以為鉤，珠玉以為珮。女工作文采，男工作刻鏤，以為身服。此非云益煗之情也，單財勞力，畢歸之於無用也。以此觀之，其為衣服，非為身體，皆為觀好。是以其民淫僻而難治，其君奢侈而難諫也。夫以奢侈之君，御好淫僻之民，欲用無亂，不可得也。君實欲天下之治而惡其亂，當為衣服不可不節。

《荀子》卷一三《禮論篇》 卑絻、黼黻、文織、資麤、衰絰、菲繐、菅屨，是吉凶憂愉之情發於衣服者也。注：卑絻與『裨冕』同，衣裨衣而服冕也。裨之言卑也，天子六服，大裘為上，餘為卑，以事尊，卑服之。諸侯已下，皆服焉。文織，染絲織為文章也。資，與『齊』同，即齊衰也。麤，麤布也。今麤布亦謂之資。菲，草衣，蓋如蓑然。或當時喪者有服此也。繐，衰也。鄭云：繐衰，小功之繐四升半之衰也。凡布細而疎者，謂之繐。今南陽有鄧林繐布。菅，茅也。《春秋傳》曰：晏子杖菅屨也。

《子華子》卷下《晏子問黨》 堯居於衢室之宮，垂衣而襞幅，遂如神明之居，輯五瑞以見羣后，帶幅舄而入覲者，如衆星之拱北，堯則若固有之也。舜遊於巖廊之上，被袗衣而鼓五絃之琴，晝日月於太常，備十有二章，黼黻玄黄爛如也。出則有鸞和，動則有珮環，步趨中於《莖韶》之節，舜亦若固有之也。夫堯、舜之備物也如此，而惡有所謂土階三尺，茅茨不翦者？惡有所謂塗髹以自怵戒者？此腐儒之所守而汙俗之所以相欺者也，故記所不道也。

《爾雅·釋器》 繸，綬也。晉郭璞注：即佩玉之組，所以連繫瑞玉者，因通謂之繸。宋邢昺疏：所佩之玉名繸，繫玉之組名綬，以其連繫璲玉，因名其綬曰繸。故郭云：即佩玉組所以連繫璲玉者，因通謂之繸也。一染謂之縓，注：今之紅也。再染謂之赬，注：染赤。三染謂之纁。注：纁，絳也。青謂之葱，注：淺青。黑謂之黝，注：黝，黑貌。《周禮》曰：陰祀用黝牲。斧謂之黼。注：黼，文畫斧形，因名云。

漢·孔鮒《孔叢子》卷上《小爾雅·廣服》 治絲曰織，織，繒也。麻、紵、葛曰布，布，通名也。纊，綿也。絮之細者曰纊，繒之精者曰縞，縞之麤者曰素，葛之精者曰絺，麤者曰綌。

蔽膝謂之袡。帶之垂者謂之厲。

在足謂之屨，屨尊者曰達屨，謂之金舄而金絇也。

漢·劉熙《釋名》卷四《釋首飾》 冠，貫也，所以貫韜髮也。纓，頸也，自上而繫於頸也。笄，係也，所以繫冠，使不墜也。

祭服曰冕，冕猶俛也。俛，平直貌也。亦言文也，玄上纁下，前後垂珠，有文飾也。有衮冕，衮，卷也，畫卷龍於衣也。有鷩冕，鷩，雉之憋惡者，山雞是也。鷩，憋也，性急，憋不可生，服必自殺，故畫其形如衣，以象人執耿介之節也。毳冕，毳，芮也。畫藻文於衣，象水草之毳芮，温暖而潔也。黻冕，黻，紩也。畫黻紩文綵於衣也。此皆隨衣而名之也。所垂前後珠，轉減耳。

章甫，殷冠名也。甫，丈夫也，服之所以表章丈夫也。牟追，牟，冒也，言其形冒髮追追然也。收，夏后氏冠名也，言收斂髮也。委貌，冠形，又委貌之貌，上小下大也。弁，如兩手相合抃時也。以爵韋為之，謂之爵弁；以鹿皮為之，謂之皮弁，以韎韋為之，謂之弁也。

又　卷五《釋衣服》　凡服上曰衣，衣，依也，人所依以芘寒暑也。下曰裳，裳，障也，所以自障蔽也。

帶，蒂也，著於衣，如物之繫蒂也。

玄端，其袖下正直端方，與要接也。

素積，素裳也。辟積其要中使蹙，因以名之也。

韠，蔽也，所以蔽膝前也。

佩，倍也，言其非一物，有倍貳也。有珠，有玉，有容刀，有帨巾，有觿之屬也。

履，禮也，飾足所以為禮也。複其下曰舃，舃，腊也，行禮久立，地或泥濕，故複其末，下使乾腊也。屨，拘也，所以拘足也。

漢・劉安《淮南子》卷一八《人間訓》　冠履之於人也，寒不能煖，風不能障，暴不能蔽也。然而冠冠履履者，其所自託者然也。

漢・董仲舒《春秋繁露》卷六《服制象》　天地之生萬物也以養人，故其可食者以養身體，其可威者以為容服，禮之所為興也。劍之在左，青龍之象也；刀之在右，白虎之象也；韍之在前，赤鳥之象也；冠之在首，玄武之象也。四者，人之盛飾也。夫能通古今，別然不然，乃能服此也。蓋玄武者，貌之最嚴有威者也。其像在右，其服反居首，武之至而不用矣。聖人之所以超然，雖欲從之，末由也已。【略】故武王克殷，裨冕而搢笏，虎賁之士說劍，安在勇猛，必任武殺然後威？是以君子所服為上矣。故望之儼然者，亦已至哉！豈可不察乎？

漢・劉向《說苑》卷一九《修文》　知天道者冠鉥，知地道者履蹻，能治煩決亂者佩觿，能射御者佩韘，能正三軍者搢笏。衣必荷規而承矩，負繩而準下。故君子衣服中而容貌得，接其服而象其德，故望玉貌而行能，有所定矣。【略】

是故皮弁素積，百王不易，既以修德，又以正容。

《周易乾鑿度》卷上　孔子曰：紱者，所以別尊卑，彰有德也。故朱赤者，盛色也。漢鄭玄注：南方陽盛之時。是以聖人法以為紱服，欲百世不易也。故《困・九五》，文王為紂三公，故言『困于赤紱也』。至于《九二》，周將王，故言『朱紱方來』，不易之法也。

孔子曰：《易》，天子三公諸侯紱服，皆同色。《困》之《九二》：『困于酒食，朱紱方來。』《九五》：『劓刖，困于赤紱，乃徐有說。』天子三公九卿朱紱，諸侯赤紱，注：朱、赤雖同，而有深淺之差。【略】赤紱者，賜大夫之服也。文王方困而有九二，大人之行，將錫之朱紱也。其位在二，故以大夫言之。注：文王雖紂三公，而為小人所困，且進不得伸其職事也，故遂同於大夫。二，為大夫也。至於九五劓刖，不安也。文王在諸侯之位，上困於紂，故曰『困於赤紱。』

漢・班固《白虎通義》卷九《衣裳》　聖人所以制衣服何？以為絺綌蔽形，表德勸善，別尊卑也。所以名為裳何？衣者，隱也；裳者，彰也。所以隱形自障閉也。《易》曰：『黄帝、堯、舜垂衣裳而天下治。』何以知上為衣，下為裳？以其先言衣也。《詩》曰：『褰裳涉溱』，所以合為下也。《弟子職》言『摳衣而降』也。名為衣何？上兼下也。

裘，所以佐女功助溫也。古者緇衣羔裘，黄衣狐裘。禽獸衆多，獨以狐羔何？取其輕煖，因狐死首邱，明君子不忘本也。羔者，取其跪乳遜順也。故天子狐白，諸侯狐黄，大夫狐蒼，士羔裘，亦因別尊卑也。

所以必有紳帶者，示敬謹自約整也。繢繒為結於前，下垂三分，身半，紳居二焉。男子所以有鞶帶者，示有金革之事也。

所以必有佩者，表德見所能也。故循道無窮則珮環，能本道德則佩琨，能決嫌疑則佩玦。是以見其所佩，即知其所能。《論語》曰：『去喪無所不佩。』天子佩白玉，諸侯佩玄玉，大夫佩水蒼玉，士佩瓀文石。佩即象其事，若農夫佩其耒耜，工匠佩其斧斤，婦人佩其鍼縷，亦佩玉也。

又　卷一〇《紼冕》　紼者，何謂也？紼者，蔽也，行以蔽前者爾。有事因以別尊卑，彰有德也。天子朱紼，諸侯赤紼。《詩》曰：『朱紼斯皇，室家君王。』又云：『赤紼金舃，會同有繹。』又云：『赤紼在股。』皆謂諸侯也。《書》曰：『黼黻衣黄朱紼。』亦謂諸侯也。並見衣服之制，故遠別之謂黄朱亦赤矣。大夫葱衡，別於君矣。天子大夫赤紱葱衡，士韎韐。朱赤者，盛色也。是以聖人法之，用為紼服，為百王不易也。紼以韋為之者，反古不忘本也。上廣一尺，下廣二尺，法天一、地二也。長三尺，法天、地、人也。

所以有冠者何？冠者，帣也，所以帣持其髮者也。人懷五常，莫不貴德，示成禮有修飾文章，故制冠以飾首，別成人也。【略】

皮弁者，何謂也？所以法古至質，冠之名也。弁之為言攀也，所以攀持其髮也。上古之時質，先加服皮以鹿皮者，取其文章也。《禮》曰：『三王共皮弁素積。』素積者，積素以為裳也。言腰中辟積，至質不易之服，反古不忘本也。戰伐田獵，此皆服之。

麻冕者何？周宗廟之冠也。《禮》曰：『周冕而祭。』又曰：『殷冔、夏收而祭。』此三代宗廟之冠也。十一月之時，陽氣俛仰黃泉之下，萬物被施如冕，前俯而後仰，故謂之冕也。謂之冔者，十二月之時，陽氣受化詡張，而後得牙，故謂之冔。謂之收者，十三月之時，陽氣收本，舉生萬物而達出之，故謂之收。俛仰不同，故前後乖也。詡張故萌大，時物亦牙萌大也。收而達，故前葱，大者在後，時物亦前葱也。冕所以用麻為之者，女功之始，示不忘本也。卽不忘本，不用皮何？皮乃太古未有禮文之服。故《論語》曰：『麻冕，禮也。』《尚書》曰：『王麻冕。』

冕所以前後邃延者何？示進賢，退不能也。垂旒者，示不視邪；纊塞耳，示不聽讒也。故水清無魚，人察無徒，明不尚極知下。故《禮》云：『天子玉藻十有二旒，前後邃延。』《禮器》云：『天子麻冕朱綠藻，垂十有二旒者，法四時十二月也。諸侯九旒，大夫七旒，士爵弁無旒。』

委貌者，何謂也？周朝廷理政事，行道德之冠名。《士冠經》曰：『委貌周道，章甫殷道，毋追夏后氏之道。』所以謂之委貌何？周統十一月為正，萬物始萌小，故為冠飾最小，故曰委貌。委貌者，言委曲有貌也。殷統十二月為正，其飾微大，故曰章甫。章甫者，尚未與極其本相當也。夏統十三月為正，其飾最大，故曰毋追。毋追者，言其追大也。

又 卷七《考黜》 諸侯所以考黜何？王者所以勉賢抑惡，重民之至也。【略】能富民者，賜衣服。【略】能使人富足衣食，倉廩實，故賜衣服，以彰其體。【略】言成章，行成規，衮龍之衣服表顯其德。

又 卷五《三軍》 王者征伐，所以必皮弁素幘何？伐者凶事，素服示有悽愴也。伐者質，故衣古服。《禮》曰：『三王共皮弁素幘。』服亦皮弁素幘。又招虞人亦皮弁，知伐亦皮弁。

漢・蔡邕《獨斷》卷下 冕冠，周曰爵弁，殷曰冔，夏曰收，皆以三十升漆布為殼，廣八寸，長尺二寸，加爵冕其上。周黑而赤，如爵頭之色，前小後大；殷黑而微白，前大後小；夏純黑而赤，前小後大，皆有收以持笄。《詩曰》：常服黼冔。《禮》：朱干玉戚，冔而舞《大武》。周書曰：王與大夫盡弁。古皆以布，中古以絲。孔子曰：麻冕，禮也。

魏・鄭小同《鄭志》卷中 韋弁，衣以韎；皮弁，衣以布。此二弁，皆素裳白舄。冠弁，服黑衣裳而黑舄。冠弁，玄端。

晉・崔豹《古今注》卷下《問答釋義》 牛亨問曰：冕旒以繁露，何也？答曰：綴珠垂下，重如繁露也。

《後漢書・輿服志上》 夫禮服之興也，所以報功章德，尊仁尚賢。故禮尊尊貴貴，不得相踰，所以為禮也；非其人不得服其服，所以順禮也。順則上下有序，德薄者退，德盛者縟。故聖人處乎天子之位，服玉藻邃延，日月升龍，山車金根，飾黃屋左纛，所以副其德，章其功也。賢仁佐聖，封國愛民，黼黻文繡，降龍路車，所以顯其仁，光其能也。

又《輿服志下》 上古穴居而野處，衣毛而冒皮，未有制度。後世聖人易之以絲麻，觀翬翟之文，榮華之色，乃染帛以效之，始作五采，成以為服。見鳥獸有冠角頓胡之制，遂作冠冕纓蕤，以為首飾，凡十二章。故《易》曰：『庖犧氏之王天下也，仰觀象於天，俯觀法於地，觀鳥獸之文與地之宜，近取諸身，遠取諸物，於是始作《八卦》，以通神明之德，以類萬物之情。』『黃帝、堯舜垂衣裳而天下治，蓋取諸乾巛。』乾巛有文，故上衣玄，下裳黃，日、月、星辰、山、龍、華蟲作繢，宗彝、藻、火、粉米、黼、黻絺繡，以五采章施于五色作服。天子備章，公自山以下，侯、伯自華蟲以下，子、男自藻火以下，卿大夫自粉米以下。至周而變之，以三辰為旂旗。王祭上帝，則大裘而冕。公、侯、卿大夫之服，用九章以下。

《晉書》卷二五《輿服志》 昔者乘雲效駕，卷領垂衣，則黃帝皁衣縹裳，放勛彤車白馬。叶三微之序，舍寅、丑之建，玄戈玉刃，作會相暉。若乃參旗分景，帝車含曜，又所以營衛南宮，增華北極。《月令》季夏之月，命婦官染采赬丹，班次各有品章矣。高旗有日月之象，式視有威儀之選，衣兼韝珮，衡載鳴和，是以閑邪屏棄，不可入也。若乃正名百物，補緝四維，疏懷山之水，静傾天之害，功尤彰者飾彌煥，德逾盛者服彌尊，莫不質良，用成其美。

《宋書》卷一八《禮志五》 上古寢處皮毛，未有制度。後代聖人見鳥獸毛羽及其文章與草木華采之色，因染絲綵，以作衣裳，為玄黃之服，以法乾坤上下之儀。觀鳥獸冠胡之形，制冠冕纓蕤之飾。虞氏作繢，采章彌文。夏后崇約，猶美黻冕。咎繇陳謨，則稱五服五章，皆後王所不得異也。周監二代，典制詳密。故『弁師』掌六冕，『司服』掌六服，設擬等差，各有其序。《禮記·冠義》曰：冠者，禮之始事之重者也。太古布冠，齊則緇之。夏曰毋追，殷曰章甫，周曰委貌。此皆三代常所□□。周之祭冕，繅采備飾。故夫子曰『服周之冕』，以『盡美』稱之。

《南齊書》卷一七《輿服志》　《虞書》曰：『予欲觀古人之象，日、月、星辰、山、龍、華蟲作會，宗彝、藻、火、粉米、黼、黻絺繡，以五采彰施於五色。』天子服備日月以下，公山龍以下，侯伯華蟲以下，子男藻火以下，卿大夫粉米以下。天子六冕，王后六服，著在《周官》。公侯以下，咸有名則，佩玉組綬，並具禮文。

《魏書》卷一〇八之四《禮志四之四》　太學博士崔瓚議云：《周禮》及《禮記》三冠六冕，承用區分，璪玉五綵，配飾亦別，都無隨氣春夏之異。唯《月令》有青旂、赤玉、黑衣、白輅隨四時而變，復不列弁冕，改用之玄黃。以此而推，五時之冠禮既無文，若求諸正典，難以經證。

宋·姚鉉《唐文粹》卷四〇《楊炯〈公卿已下冕服議〉》　古者太昊庖羲氏仰以觀象，俯以察法，造書契而文籍生。次有黃帝軒轅氏長而敦敏，成而聰明，垂衣裳而天下理。其後數遷五德，君非一姓，體國經野，建邦設都，文、質所以再而復，正朔所以三而改。夫改正朔者，謂夏后氏建寅，殷人建丑，周人建子，至於以日繫月，以月繫時，以時繫年，此則三王相襲之道也。夫易服色者，謂夏后氏尚黑，殷人尚白，周人尚赤，至於山、龍、華蟲、宗彝、藻、火、粉米、黼、黻，此又百代可知之道。今蘇知機表奏，請立節文改章服，奉付禮官學士詳定是非者。謹按《虞書》曰：予欲觀古人之象，日、月、星辰、山、龍、華蟲作繪，宗彝、藻、火、粉米、黼、黻絺繡。由此言之，則其所從來者尚矣。夫日、月、星辰者，象聖王光照下土也。山者布散雲物，象聖王澤霑下人也。龍者變化無方，象聖王應時布教也。華蟲者雉也，雉身被五彩，象聖王體兼文明也。宗彝者虎也，虎以剛猛制物，象聖王神武定亂也。藻者逐水上下，象聖王隨代而應也。火者陶冶烹飪，象聖王至德日新也。粉米者，人恃以生，象聖王為物之賴也。黼能斷割，象聖王臨事能決也。黻者兩己相背，象君臣可否相濟也。逮周氏，乃以日、月、星辰為旌旗之飾，又登龍於山，登火於宗彝，於是乎制衮冕以祀先王也。九章者，法陽數也。以龍為首章，衮者卷也，龍德神異，應變潛見，表聖王深識遠知，卷舒神化也。又制鷩冕，以祭先公也。鷩者雉也，有耿介之志，表公賢才，能守耿介之節也。又制毳冕，以祭四望也。四望者，岳瀆之神也。虎蜼者，山林所生，明其象也。又制絺冕，以祭社稷也。社稷者，土穀之神也。粉米由之而成，象其功也。又制玄冕，以祭羣小祀也。百神異形，難可遍擬，但取黻之相背，昭異名也。夫以周公之多才也，故治定制禮，功成作樂。夫以孔宣之將聖也，故行夏之時，服周之冕。先王之法服，乃此之自出矣。天下之服能事，又於是乎異矣。

唐·賈公彥《周禮·典瑞》『王晉大圭』疏　凡帶有二：大帶，大夫已上用素，士用練，即紳也。又有革帶，所以珮玉之等。今插笏者，插於紳之外，革之內，故云紳、帶之間也。

《舊唐書》卷四五《輿服志》　昔黃帝造車服，爲之屏蔽。上古簡儉，未立等威，而三、五之君不相沿習，洎改正朔，易服色，車有輿輅之別，服有裘冕之差。文之以染繢，飾之以絺繡。華蟲象物，龍、火分形，於是典章興矣。周自夷王削弱，諸侯自恣，窮孔翬之羽毛，無以供其侈；極隨、和之掌握，不足慊其華。則皮弁革舄之容，非珠履鷸冠之玩也。

五代·馬縞《中華古今注》卷上《冕服》　牛亨問：冕者繁露，何也？答曰：假玉而下垂，如露而繁也。《文選》云：衮冕垂旒，所以蔽明；黈纊塞耳，所以蔽聰。《尚書》云：日、月、星辰、山、龍、華蟲作會，宗彝、藻、火、粉米、黼、黻絺繡，以五彩彰施于五色也。所謂天子衮冕之服也。

宋·聶崇義《三禮圖集注》卷一《大裘冕》　大裘者，黑羔裘也。其冕無旒，亦玄表纁裏。案《鄭志》：大裘之上，又有玄衣，與裘同色，但無文彩耳。裘下有裳，纁色，朱韍，素帶朱裏，朱綠終辟，佩白玉而玄組綬。赤舄，黑絇、繶、純。絇者，謂拘屨舄之頭，以為行戒。繶，縫中紃也。純，緣也。三者皆黑色。大裘已下，冕皆前圓後方。天子以球玉為笏。王祀昊天上帝、五帝、崐崘神州，皆服大裘。

又《衮冕》　衮冕九章。《舜典》曰：予欲觀古人之象，日、月、星辰、山、龍、華蟲作繢，宗彝、藻、火、粉米、黼、黻絺繡。此古天子冕服十二章。王者相變，至周而以日、月、星辰畫於旌旂，所謂『三辰旂旗，昭其明也』。而冕服九章：初一曰龍，二曰山，三曰華蟲，四曰火，五曰宗彝，皆畫繢於衣次；六曰藻，七曰粉米，八曰黼，九曰黻，皆刺繡於裳。此九章。登龍於山，登火於宗彝，尊其神明也。以龍能變化，取其神。山取其人所仰也。火取其明也。宗彝，古宗廟彝尊名，以虎蜼畫於宗彝，因號虎蜼為宗彝，故并畫虎蜼為一章。虎取其嚴猛，蜼取其智。遇雨以尾塞鼻，是其智也。冕制：廣八寸，長尺六寸，以三十升布染之。上以玄覆冕為延，下以朱衣之；又以紐綴於冕兩傍垂之，與武傍孔相當，以笄貫之，使得牢固。又以紘一端先屬於左邊笄上，以一頭遶於頤下，向上於右邊笄上遶之。衮冕十二旒，以五采絲為之繩，貫五采玉，每旒各十二玉，垂於冕前後，共二十四旒，計用玉二百八十八。五采繩十二就，就，成也，每就間蓋一寸五。冕服皆玄衣纁裳，朱韍、素帶朱裏，又以朱綠終裨。

又《鷩冕》　鷩冕七章，享先公饗射之服。鄭注《弁師》云：鷩衣之冕，繅九旒，亦以五采繅繩貫五采玉，每旒各十二玉，垂於冕前後，共一十八旒，計用玉二百一十六。鷩，雉名，即華蟲也。華蟲，五色蟲也。故一曰華蟲，二曰火，三曰宗彝，皆畫於衣；四曰藻，五曰粉米，六曰黼，七曰黻，皆刺於裳。韍帶綬舄皆與衮冕同。

又《毳冕》　毳冕五章，祀四望山川之服。案鄭義，毳冕七旒，亦合五采絲繩貫五采玉，每旒各十二玉，前後共十四旒，計用玉百六十八。毳畫虎蜼，謂宗彝也。故此五章，初曰宗彝，二曰藻，三曰粉米，皆畫於衣；四曰黼，五曰黻，皆繡於裳。藻，水草也，取其文如華蟲之義。粉米取其潔，又取其養人也。粉米不可畫之物，故皆刺繡於衣與裳也。黼，諸文亦作『斧』。案《繪人》職，據采色而言，白與黑謂之黼；若據繡於物上，即為金斧之文。近刃白，近銎黑，則曰斧，取金斧斷割之義也。青與黑為黻，形則兩已相背，取臣民背惡向善，亦取君臣離合之義。

又《絺冕》　絺冕三章，祭社稷五祀之服。孔安國以絺為細葛，上刺繡。後鄭讀『絺』為『紩』，或作『黹』，本有此二文，取『紩』為正。既讀『絺』為『紩』，紩，刺也。絺之三章，粉米在衣，是不可畫之物，乃刺於衣上，故得絺名。則黼、黻二章，準繡於裳也。其冕五旒，亦五采藻繩十有二就，每旒各貫五采玉十二，用玉百二十。

又《玄冕》　玄冕一章，祭羣小祀之服。賈《疏》云：上四衣皆玄而有畫，此衣不畫而無文。其衣本是一玄，故獨得玄名，一章，唯裳刺黻而已。其冕三旒，五采藻十二就，每旒亦貫五采玉十二，計用玉七十二。羣小祀，謂林澤墳衍、四方百物之屬。

又《韋弁服》　韋弁服者，王及諸侯、卿大夫之兵服。後鄭云：韋弁以韎韋為弁，又以為衣裳。《春秋傳》曰『晉郤至衣韎韋之跗注』是也。今時伍伯緹衣，古兵服之遺色矣。其跗注，賈服等以跗為足跗，注為注袴而屬於跗。後鄭讀『跗』為『幅』，『注』為『屬』，以韎韋如布帛之幅而連屬，以為衣而表裳。賈《疏》云：伍，行也；伯，長也。謂鄭見漢時宿衛者之行長，服此重赤之衣，是古兵服赤色之遺象也。天子亦以五采玉十二飾弁之縫，諸侯以下各依命數玉飾之。皮弁玉飾亦然。

又《皮弁服》　《士冠禮》：皮弁服，素積、緇帶、素韠。注云：以白鹿皮為冠，象上古也。此明上古未有布帛，衣其羽皮也。又云：積猶辟也，以素為裳，辟蹙其要中也。亦用十五升布為衣，以象弁色。蓋天子素帶素韠，朱裏，朱綠終辟，佩白玉。白舄，青絇、繶、純。又《弁師》云：王之皮弁，會五采玉璂，象邸，玉笄。注云：會，縫中也。璂讀為『綦』，綦，結也。邸謂下柢。梁正、張鎰《圖》云：弁縫十二。賈《疏》引《詩》『會弁如星』，謂於弁十二縫中結五采玉落落而處，狀似星也。又於弁內頂上，以象骨為柢。至三王重質不變，故王服之，以日視朝。燕諸公甥舅，視學祭菜，皆服焉。賈《疏》云：皮弁、韋弁同，但色異耳。

又《冠弁服》　田獵則冠弁服。後鄭云：冠弁，委貌也。委，安也，服之所以安正容體也。若以色言之，則曰玄冠。故《士冠禮》云：主人玄冠朝服，緇帶素韠。其注云：玄冠，委貌也。朝服則十五升緇布衣、素裳、白舄，養老、燕羣臣亦服之。其諸侯不限畿內畿外，視朝行道皆服之。天子、諸侯之卿大夫祭其廟，亦皆同服之，但白屨為別。然則周之委貌，殷之章甫，夏之毋追，並用緇布為之，故有玄冠之名。三代諸侯各為朝服以行道。

又《三公毳冕》 三公八命而下，服毳冕者。案《射人》職，掌三公孤卿之位。三公北面，孤東面，卿大夫西面。以三公臣中最尊，故屈使北面答君也。其贄執璧，與子、男同制，故服毳冕，與子、男同也。雖從毳冕五章，其旒與小章皆依命數，此所謂屈而伸者也。玉繅亦皆三采，每繅八成，則八旒每旒八玉，計用瑉玉百二十八。諸家《禮圖》皆不載三公之冕，臣崇義案：《弁師》注於命爵之中，獨著孤繅四就，用玉三十二。仰推王之三孤六命，上極三公，繅玉形制，彩繪章數觸類可知。故特圖於上公衮冕之右，亦內外之次也。

又《上公衮冕》 《司服》云：公之服，自衮冕而下。注云：自公衮冕至卿大夫之玄冕，皆朝聘天子及助祭之服。諸侯非二王後，其餘皆玄冕而祭。又《弁師》云：諸公之繅斿九就，瑉玉三采，其餘如王之事。繅斿皆就，玉瑱，玉笄。注云：三采，朱、白、蒼。其餘延、紐，皆玄覆朱裏，與王同。繅斿就皆三采，每繅九成，則九斿每斿九玉，計用玉百六十二。其五冕之版，亦廣八寸，長尺六寸，前圓後方。又《覲禮》注云：公衮有降龍，無升龍。又《明堂位》注：韍，畫山、火而無龍。《祭義》云：諸侯冕而青紘。《玉藻》云：笏，諸侯以象。又曰：荼，前屈後直。張鎰《圖》云：其服玄衣纁裳，朱韍素帶，朱綠終辟。佩山玄玉，朱組綬。赤舄，黑絇、繶、純。其方伯及王之子弟出封侯伯，皆得服之，朝王助祭焉。

又《侯伯鷩冕》 《司服》云：侯、伯之服，自鷩冕而下。《弁師》注云：侯、伯繅七就，繅玉皆三采，每繅七成，則七斿每斿亦貫七瑉玉，計用玉九十八。韍帶綬舄，皆與上公同。王祀昊天上帝助祭及朝王，皆服之。王者之後，方伯、王之子弟封為侯、伯者，皆服之，以助王祭先公及饗射。

又《子男毳冕》 《司服》云：子、男之服，自毳冕而下。又《弁師》注云：子、男繅五就，繅玉皆三采，每繅五成，則五斿每斿亦貫五瑉玉，計用五十。韍帶綬舄，皆與侯、伯同。若朝王及助王祀昊天上帝，祭先王先公，饗射，祭四望山川及自祭四望山川，皆服之。王者之後，方伯、王之子弟封為侯、伯者，皆服之，以助王祭四望山川。

又《諸侯朝服》 《玉藻》云：朝服以日視朝於內朝。鄭云：朝服，冠玄端素裳也。又《王制》云：周人玄衣而養老。注云：天子燕服為諸侯朝服。彼云玄衣，即此玄端也。張鎰《圖》云：緇、玄二服，素韠素帶，朱綠終裨，佩山玄玉。白舄，青絇、繶、純。天子之卿，服以從燕；諸侯、諸侯之孤卿大夫，服以朝君。

又卷三《四冕》 《世本》云：黃帝造冕。《王制》云：有虞氏皇冕。《論語》云：禹致美乎黻冕。孔子曰：服周之冕。此明至周冕始加旒，藻玉皆五采，前後各十二。叔孫通制禮，多依周法。又漢制度，古今之冕略等，俱廣八寸，長尺六寸，前圓後方。漢用白玉珠，各十二。三公九旒青珠，中二千石七旒黑珠。然冕服之飾，周最為備，故孔子有『服周之冕』云。

又卷八《佩玉》 《玉府》職云：共王之佩玉。注云：佩玉，王之所帶者。《玉藻》曰：君子以玉比德。天子佩白玉而玄組綬。《詩傳》曰：佩玉，上有葱衡，下有雙璜衝牙，蠙珠以納其間。賈釋云：佩玉，王所帶玉，謂佩於革帶之上者也。所佩白玉，謂衡璜、琚瑀也。玄組綬者，用玄組絛穿連衡璜等，使相承受。所引《韓詩傳》：佩玉，上有葱衡者，衡，横也，謂葱玉為横梁；下有雙璜衝牙者，謂以組縣於衡之兩頭，兩組之末皆有半璧之璜，故曰雙璜；又以一組縣於衡之中央，於末繫玉，其狀如牙，使前後衝突雙璜，故曰衝牙。案《毛傳》云：衡璜之外，別有琚瑀。其琚瑀所置，當於縣衝牙組之中央，又以二組穿於琚瑀之內角，斜繫於衡之兩頭，於組末繫於璜。云蠙珠以納其間，蠙，蚌也，珠出於蚌，故言蠙珠；納於其間者，組繩有五，皆穿蠙珠於其間，故云以納其間。《舊圖》云：佩上有雙衡，長五寸，博一寸；下有雙璜，徑二寸，衝牙，長三寸。

又《韍》 韍，天子已下皆用朱韋為之。《明堂位》曰：有虞氏服韍，夏后氏山，殷火，周龍章。注云：韍，冕服之韠也。舜始作之，以尊祭服。禹、湯至周，增以畫文，後王彌飾也。山取其仁可仰也，火取其明也，龍取其變化也。天子備焉。諸侯火而下，卿大夫山，士韎韋而已。其制：下廣二尺，上廣一尺，長三尺。其頸五寸，肩革帶博二寸。

天子四角直，公、侯殺四角使之方，大夫前方後挫，角士前後正。韠制同隨裳色，無山、火、龍之飾。凡韠韍，以下為前，以上為後。

又《大帶》 《玉藻》云：天子素帶朱裏，朱綠終辟。大夫已上用素，皆廣四寸。諸侯不朱裏，合素為之，亦朱綠終辟。大夫飾以玄華，辟紐及垂終之。士練帶，廣二寸，繂下辟。并紐約用組，廣三寸，長齊於帶。其紳、韠、紐，俱三尺。

又《舄》 《屨人》：掌王及后之服屨，為赤舄、黑舄，赤繶、黃繶，青句。注云：複下曰舄，單下曰屨。舄屨有絇、有繶、有純者，飾也。賈釋云：下謂底也，複下重底也，重底者名舄，單底者名屨。繶者是牙底相接之縫，綴絛於其中。后用黃繶。『句』讀曰『絇』，絇之言拘，狀如刀衣鼻，拘著舄、屨之頭，取自拘持為行戒，使常低目，不妄顧視也。純謂以絛為口緣。屨、舄各象裳色。王舄有三，冕服則赤舄，韋弁、皮弁則白舄，冠弁之服則黑舄。王后亦三舄配褘衣，青舄配揄翟，赤舄配闕翟，鞠衣已下皆屨。

宋·陳祥道《禮書》卷一《十二章之服》 冕服之作，尚矣。書《稱》舜曰：予欲觀古人之象作服，日、月、星辰、山、龍、華蟲作繪，宗彝、藻、火、粉米、黼、黻絺繡。則黼、黻而上象服也，象服有冕。《禮記》曰：有虞氏皇而祭，夏后氏收而祭，殷人冔而祭，周人冕而祭。則皇、收而下，皆冕也。孔子稱禹致美乎黼冕，《書》稱伊尹以冕服奉嗣王，《詩》稱商之孫子，常服黼冔。則夏、商服章，蓋與古同矣。古之服章十有二，而日、月、星辰、山、龍、華蟲繪於衣，宗彝、藻、火、粉米、黼、黻繡於裳。則星，五星也；辰，十二次也。鄭氏釋《大宗伯·保章氏》，皆謂星，五緯；辰，十二次。華蟲，雉也。宗彝，虎彝、蜼彝也。粉米，粉其米也。黼，白、黑文也；黻，黑、青文也。蓋日月星辰，在天成象者也。山、龍、華蟲、虎、蜼、藻、火、粉米、黼、黻，在地成形者也。在天成象者，道之運乎上；在地成形者，道之散乎下。道固始終於東北，故山、龍而降，始山終黻，莫不有序。何則？山居東北，冬、春交也。龍，春也；華蟲，夏也；虎，秋也；蜼，冬也。周而復始，則藻，春也；火，夏也；粉米，中央也；黼，秋、冬交也；黻，冬、春交也。龍與華蟲，陽之陽也，故繪而在衣。虎與蜼，陽之陰也，故繡而在裳。然則古者合三辰以在服，備十二章，以則天數，故章與四時相順。後世判三辰以在旗，而服止九章，以法陽數，故章與四時相變。鄭康成謂周服九章，登龍於山，升火於宗彝，以尊其神明。理或然也。觀《周禮》稱衮冕，《禮記》稱天子龍衮，又曰龍衮卷以祭。上服言龍衮而不言山，則升龍於山可知也。《司服》五章之服則毳冕。毳，毛物；毛物，虎、蜼也。五章言毳冕而不言藻，則升火於宗彝可知也。升春物於冬、春交之上，升夏物於春之前，則章與四時相變可知也。《禮記》曰：王被衮以象天。則龍，行天之物，變化不測，天道之象也。康成釋《禮記》，謂被衮有日、月、星辰，與《司服》之説不同，是自惑也。《左傳》臧僖伯曰：『三辰旂旗，昭其明也。火龍黼黻，昭其文也。』子大叔曰：『為九文、六采、五章，以奉五色。』夫僖伯言服止於火、龍，大叔言色止於九文，則周之衮服止於九章而無日、月、星辰明矣。

《詩》曰：玄衮及黼。又曰：玄衮赤舄。康成謂：凡冕服，皆玄衣纁裳。特荀卿謂：天子袾裷衣冕，諸侯玄裷衣冕。考之於禮，王之五冕，皆玄冕、朱裏。王之始冠，玄冠，丹組纓。聘禮釋幣，玄纁束。昏禮納幣，亦玄纁束。聘禮之篚，玄被纁裏。昏禮之笲，緇被纁裏。方相氏玄衣朱裳。銘物亦緇工赬末。則玄緇所以體道，丹黃所以象事。體道者常在上，象事者常在下。故《易》稱垂衣裳以取《乾》、《坤》。天玄地黃而纁赤黃色，則六服皆玄衣纁裳矣。荀卿天子袾裷之説，豈其所傳者異耶？

荀卿又曰：天子山冕，諸侯玄冠。蓋山冕即衮冕也。衮冕自登龍言之也，山冕本山龍言之也。《考工記》曰：火以圜，山以章，水以龍。《爾雅·釋丘》曰：上正，章丘。《釋山》曰：上正，章山。《禮記》曰：龍卷。然則火圜，山上正而龍卷曲矣。《周禮》：交龍為旂。《覲禮》：天子載大旂，升龍降龍。衣章之飾，蓋亦如此，則龍之一升一降乃不為亢，君德之象也。《司服》：公之服，自衮冕而下，如王之服。則公衮亦有升龍矣。康成改『章』為『獐』，謂天子有升龍降龍，公衮無升龍，誤也。《司尊彝》有雞彝、鳥彝、斝彝、黃彝、虎彝、蜼彝。《明堂位》曰：雞彝，夏后氏之尊也；斝彝，商尊也；黃目，周尊也。則虎彝、蜼彝為有虞以前之彝，可知矣。先儒謂華非蟲，粉非米，宗彝有山、龍、華蟲之飾，而服無宗彝之文。山、龍至華蟲，尊者在上；藻、火至黼、黻，尊者在下。皆臆論也。五色備為繡，葛之精者為絺。孔穎達申安國之《傳》，謂古者尚質，絺纁而繡之，以為祭服。後代無用絺者。此說是也。康成讀「絺」為「黹」，豈非溺於後代以疑古歟？《史記》亦曰：舜被絺衣，鼓琴。

又《大裘而冕》

《周官·司裘》：掌為大裘，以共王祀天之服。《司服》：祀昊天上帝，則服大裘而冕。祀五帝，亦如之。享先王，則袞冕。《禮記》曰：郊之祭，王被袞以象天。戴冕藻十有二旒，則天數也。鄭司農曰：大裘，黑羔裘，服以祀天，示質也。然則合《周官》、《禮記》而言之，王之祀天，內服大裘，外被龍袞，龍袞所以襲大裘也。《記》曰：裘之裼也，見美也；服之襲也，充美也。禮不盛服不克。故大裘不裼，則襲袞可知也。議者以《司裘》言大裘祀天而不及袞；《司服》言大裘而冕，祀昊天上帝在袞冕之上；又《節服氏》袞冕，六人維王之太常；裘冕，二人執戈，送逆尸。是袞冕與裘冕不同，謂之大裘而冕，則不加袞矣。是不知先王祀天，以冬至之日為正，而裘又服之本也，故取大裘以名之。猶之朝服緇衣羔裘，而《詩》獨稱「羔裘如濡」，「羔裘豹袪」，「羔裘逍遙」。燕服玄端、蜡服黃衣皆狐裘，而《詩》獨稱「狐裘以朝」，「狐裘蒙茸」，「狐裘黃黃」。則裘之上，未嘗無衣也。裘之上未嘗無衣，而衣之下有不用裘，故《屨人》曰：凡四時之祭祀，以宜服之。則凡春、夏、秋之祀，不必服裘，所以適時之宜而已。《月令》：孟冬，天子始裘。然則先儒謂服大裘以祭地示，亦非。由是觀之，袞冕以維太常者，不必有裘；裘冕以送逆尸者，必有衣也。《記》曰：尸襲而不裼，送逆尸者象之。鄭氏曰：裘冕，後尸服。則裘冕加袞，又可知也。古者犬羊之裘不裼，必襲之也；表裘不入公門，必裼之也。是裘有裼之而不襲，有襲之而不裼，未有表之而不裼襲者，則徒服大裘而無襲，非禮意也。《語》曰：褻裘長。則凡行禮之裘短矣。果徒服大裘而加長焉，其與褻裘奚異哉？褻衣帶下尺，明衣長下膝，則凡祭祀之裘，蓋與明衣齊。

《鄭志》謂大裘之上又有玄衣。此尤無據也。《禮記》：唯君黼裘以誓省。大裘非古也，則戒誓省眡用黼裘，而後世服大裘焉，故《記》者譏之。《家語》謂：大裘黼文以象天。王至泰壇，脫裘服袞。張融又易之，以為王至泰壇，脫袞服裘。蓋王肅託孔子以信其說，張融疑王肅以變其論。然《記》曰：郊之日，王皮弁以聽祭報。則前祭未嘗服大裘也。又大裘無文，與黼不同。二者之說誤矣。裘以「大」名之，猶所謂大羹、大圭，取其質也。

夫先王祀天，有文以示外心之勤，有質以示內心之敬。故因丘掃地、陶匏藁秸、疏羃樿杓、素杓素車之類，此因其自然，以示內心之敬者也。執鎮圭，繅藉五采五就。旂龍章而設日月，四圭有邸。八變之音，黃鐘、大呂之鈞。此致其文飾，以示外心之勤者也。然則內服大裘，以因其自然；外被龍袞，戴冕藻，以致其文飾。不以內心廢外心，不以自然廢文飾，然後事天之禮盡矣。不特此也，以神事之，則有五齊；以人養焉，則有三酒。致敬不壇，而有壇焉，《禮》曰「泰壇祭天」是也。至質不祼，而有鬯焉。《大宗伯》「凡祀大神，享大鬼，祭大示，涖玉鬯。」《禮記》曰「親耕，粢盛秬鬯，以事上帝」是也。孰謂祀天之禮，一於無文哉？

又《袞冕》

《弁師》：掌王之五冕。皆玄冕、朱裏，延、紐。五采繅十有二就，皆五采玉十有二。玉笄，朱紘。諸侯之繅斿九就，瑉玉三采，其餘如王之事。繅斿皆就，玉瑱，玉笄。鄭氏謂：繅不言「皆」，有不皆者。則袞冕十二斿，鷩冕九斿，毳冕七斿，希冕五斿，玄冕三斿。觀《弁師》於王言冕之表裏、延、紐而不及玉瑱，於諸侯言玉瑱而不及冕之表裏、延、紐；於王言繅不言斿，於諸侯言繅斿不言玉數，止言瑉玉三采。言繅斿皆就而不言采數，公之五冕皆三采。言玉笄而不言紘。是皆約辭，以互發之。則五采繅十有二就不言「皆」者，其斿如康成之說，信矣。《春秋傳》曰：上物不過十二。《郊特牲》曰：戴冕璪十有二旒，則天數也。《玉藻》曰：天子玉藻十有二旒，龍卷以祭。是王之袞冕，十有二旒也。《典命》曰：上公以九為節。則上公之袞冕，九旒九玉也。《弁師》言繅十有二就，以見斿亦十有二；言繅斿九就，以見斿與玉亦九。於玉舉袞冕，於諸侯舉上公之冕，皆指其盛者言之也。

孔子曰：麻冕，禮也。《記》曰：玉藻，前後邃延。漢孫叔通之冕制，版廣八寸而長倍之，後方前圜，後仰前俛。則版質而麻飾之，上玄為延，下朱為裏，約之以武，設之以紐，貫之以笄，固之以紘。五采玉則朱、白、蒼、黃、玄也，皇氏、沈氏謂：五采玉依飾射侯之次，從上而下，初以朱，次白，次蒼，次黃，次玄。五采玉貫徧，周而復始。其三采者，先朱，次白，次蒼。二色者，先朱從綠。玉十有二則每玉間以寸也。其玄朱方圜，俛仰如此。先儒謂前低寸。而辨物之德，應物之事，不變之體，無方之用，莫不該存乎其間。命之曰冕者，禮為應物而設故也。然服飾於下，陰也，故『司服』之服六；冕飾於上，陽也，故『弁師』之冕，五而已。猶王后之服六而『追師』之首飾三而已。副、編、次。則大裘、袞衣同冕，猶三翟同副也。康成謂大裘無袞，其冕無旒，於經無據。《玉藻》曰：龍卷以祭。其文在朝日聽朔之上，則祭昊天、五帝、先王之類，皆以玉藻龍卷。此又與《郊特牲》象天、則天數之說合矣。蓋先王祭服其內，明衣加以中衣，其中繡黼丹朱，然後加裘袞焉，則大裘之所著見者，領而已。袞服玄衣纁裳而九章，則龍也，山也，華蟲也，火也，宗彝也，繪於衣；藻也，粉米也，黼也，黻也，繡於裳。前後邃延則前十二旒，其玉百四十有四；後十二旒，玉亦百四十有四。鄭氏曰：旒十有二，前後邃延者，言皆出冕前後而垂也。《釋名》曰：冕，玄上纁下，前後垂珠，有文飾也。其韍朱韍，其帶素帶朱裏，朱綠終辟。執鎮圭，搢大圭，朝諸侯則執瑁圭。佩白玉而玄組綬，赤舄。

又《鷩冕》　鷩冕七章。鷩，雉也。雉之為物，五色備而成章，故曰夏翟，亦曰華蟲，猶中國謂之『夏』，亦謂之『華』也。《司服》又謂之鷩者，別其名也。《考工記》曰：鳥獸虵。鳥而類於獸虵者，指其文也。鄭氏曰：華蟲之毛鱗有文采。鷩冕以祀先公，饗射。然先公尊矣，所服止於此者，非卑之於先王以為祭，則各以其服授尸。尸服如是，而王服袞以臨之，非所以為敬，故弗敢也。其制亦五采繅十有二就，五采玉十有二，前後皆九斿，共玉二百一十六。玄衣纁裳。繪於衣者，華蟲、火、宗彝也；繡於裳者，藻、粉米、黼、黻也。紱帶圭佩綬，舄與袞冕同。然則饗射亦以鷩冕者，王朝覲諸侯以袞冕，故饗與賓射以鷩冕，祭祀以袞冕，故大射亦以鷩冕。以饗與賓射殺於朝覲，而大射殺於祭祀故也。燕射於寢，則皮弁而已。賈公彥於賓射服皮弁，燕射服朝服，然鄭氏釋《司服》謂：鷩冕饗射者，饗食賓客與諸侯射。則賓射不以皮弁矣，又皮弁即王之朝服耳，離而二之，其說誤也。《左傳》曰：五雉為五工正。《爾雅》有鷂諸雉、鷮雉、鳪音卜雉、鷩雉、秩秩海雉、鸐山雉、韓汗雉、鵫雉、翬雉、鷂雉。南方曰𠷎，儔。東方曰鶅，北方曰鵗，西方曰鷷。而衣章之所取者，特鷩與翬、鷂耳，以其文尤著故也。

又　卷二《毳冕》　毳冕五章。《說文》：毳，獸細毛也。宗彝有虎、蜼之飾而毳衣有宗彝之章，故《書》謂之宗彝，《周禮》謂之毳冕。毳冕，王所祀四望山川之服也。五采繅十有二就，五采玉十有二，前後皆七旒，共玉百六十有八。繪於衣則宗彝、藻、粉米也，繡於裳則黼、黻也。韍帶圭佩綬，舄與鷩冕同。《詩》曰：毳衣如菼。菼之初生，其色玄，則『如菼』言其衣也。又曰：『毳衣如璊』。璊之為玉，其色赤，《說文》：璊，玉，赬色。則『如璊』言其裳也。劉熙《釋名》以毳為藻文，鄭司農以毳為罽衣，與宗彝之制不合，不足信也。《爾雅》曰：蜼，卬鼻而長尾。郭璞曰：蜼似猴而色黑，尾數尺，鼻上向，雨則以尾若兩指窒其鼻。蓋虎取其義，蜼取其智。

又《希冕》　希冕三章。王祭社稷五祀之服，非卑之於饗射也。以社稷五祀之所上，止於利人，故衣粉米而已。謂之希，以其章少故也。鄭氏以『希』為『絺』，以『絺』為『刺』，謂希刺粉米，無畫。然畫，陽事也，在衣；繡，陰功也，在裳。希衣之粉米，固亦畫矣。繡而不畫，則與餘章之在衣者不類。其說非也。唐以希冕為繡冕，蓋亦襲鄭氏之失歟？希冕亦五采繅十有二就，五采玉十有二，前後皆五旒，共玉百二十。賈公彥謂：天子九章，侯、伯七章，大章也。章各依命數，數章也。則九章，章皆十二；七章，章皆七。若然，則舜十二章之服，日、月、星辰之類，皆十二乎？不必然也。考之於《禮》，升龍降龍為一章，虎彝蜼彝為一章，則山、火而下，蓋皆左右畫繡之也。

又《玄冕》　玄冕一章。王祭羣小祀之服。其衣玄而無文，裳黻而已。其章不足道也，故以『玄』名之。玄冕亦五采繅十有二就，五采玉十有二，前後三斿，共玉七十二，而玉之齊服，亦用焉。荀卿曰：絻而乘路。即玄冕也。諸侯之齊，以玄冠，不以玄冕；及親迎，則玄冕齊戒，攝盛故也。宗彝於十二章之服在裳，於九章之服在衣。粉米於七章之服在裳，於五章之服在衣。蓋次服之首章上服固已升之矣。夫《乾》居西北，而天事武，故黼之色白黑；《艮》居東北，而成始終，故黻之色青黑。天下之理，歸於所斷，成於所辨，故服章以黻終焉。觀《易》陰陽之相代，歸於《復》小而辨於物；卦象之相推，終於《未濟》之辨物居方。舜命九官，終於黜陟分北；《周官》六計，終於廉辨。皆六服終黻之意也。然剛斷者，先王之所沉潛，非鄉向而上之也。故黼依設於後，席用黼純設於下，而中衣繡黼設於中，皆六服後黼之意也。《詩》曰：『玄衮及黼』，『黻衣繡裳』，『常服黼冔』。《書》曰：『麻冕黼裳。』《語》曰：『致美乎黻冕。』《記》曰：『諸侯黼，大夫黻。』《爾雅》曰：『衮，黻也。』凡此皆舉其章之末者，則餘章著矣。

又**《裨冕》**　裨冕，《覲禮》：侯氏裨冕。《曾子問》曰：太祝裨冕，執束帛。又曰：太宰、太宗、太祝皆裨冕。《玉藻》曰：諸侯裨冕以朝。《樂記》曰：裨冕搢笏，而虎賁之士説劍也。荀卿曰：大夫裨冕。鄭康成釋《覲禮》曰：裨之言埤也。天子大裘為上，其餘為裨。釋《玉藻》曰：裨冕，公衮，侯、伯鷩，子、男毳是也。鄭司農釋《周禮》，特以鷩為裨衣，拘矣。

又**《日月》**　日、月，古者日、月、星辰畫於衣，至周登三辰於旂，《左氏》曰『三辰旂旗』是也。王肅謂：舜時三辰亦畫於旌旗。然《明堂位》曰：有虞氏之綏，夏后氏之旂，虞氏之綏。尚未有交龍之制，謂有日、月、星，其説無據。

又**《星辰》**　星辰，《周禮》『大宗伯』以實柴祀日月星辰。『保章氏』掌天星，以志星辰日月之變動。鄭氏謂：星，五緯；辰，日月所會之次。孔安國釋《書》『曆象日月星辰』，謂星，四方中星；辰，日月所會。鄭氏於《書》，亦以星、辰為一。孔穎達曰：敬授人時，無取五緯之義，鄭氏觀文為説也。然則衣之所畫，蓋五星與十二次也；若旂，則畫日、月、北斗七星而已。故《禮記》言『招搖在上』，《穆天子傳》稱『天子葬盛姬，建日月七星』。

又**《山》**　山，古者衣、韍、尊、圭、瓚皆有山飾。《考工記》曰：山以章。荀卿曰：天子山冕，諸侯玄冠。《書大傳》曰：山龍，青也。

又**《龍》**　龍，古者衣、韍、旂、旃、《儀禮》有龍旃。簨、虡、盾、輴、勺、帷，《大記》有龍輴。皆飾以龍。《周禮》曰：交龍為旂。《覲禮》曰：升龍降龍。《爾雅》曰：升白龍于縿。《曲禮》曰：左青龍。《書大傳》曰：山龍，青也。龍有升降，白者升于縿，則青者降矣。白陰而升，青陽而降，此交泰之道也。許慎曰：卷龍繡於下幅，一龍蟠阿上鄉。然龍繪於上幅，非繡於下幅，慎之説誤矣。

又**《華蟲》**　華蟲，華蟲翟也。翟不特施於王服，而后之車服亦有焉，所謂褘翟、揄翟、闕翟、重翟、厭翟是也。不特后之車服，而舞與喪禮亦用焉，《書》與《周禮》言『羽舞』，《詩》言『秉翟』，《大記》言『揄絞』是也。孔安國、顧氏以華蟲為二章，非是。

又**《宗彝》**　宗彝，《書》曰：班宗彝，作《分器》。《周禮》：大約劑，書於宗彝。則宗彝，宗廟之彝也。先王致孝有尊有彝，而衣特以彝為章者，以虎、蜼在焉故也。《書》謂之宗彝，《周禮》謂之毳冕。康成、穎達之徒謂毳畫虎、蜼，因號虎、蜼為宗彝，其實虎、蜼而已。此説非也。《書大傳》曰：宗彝，白。蓋宗彝白而虎、蜼各象其色耳。鄭司農以毳為罽。孔安國謂：宗彝，亦以山、龍、華蟲為飾。皆臆論也。

又**《藻》**　藻，水草也。施於衣與棁而已。冕旒與玉繅亦曰藻，皆取其文而且潔也。《書大傳》曰：藻火，赤。鄭氏釋《巾車》曰：藻，水草，蒼色。今藻色兼蒼赤，蓋伏、鄭各舉其一偏耳。

又**《火》**　火，《左傳》曰：火龍黼黻，昭其文也。《喪大記》曰：火三列。《明堂位》曰：殷火，周龍章。則火之所施多矣。《考工記》曰：火以圜。鄭司農曰『圜形，似火』，鄭康成曰『形如半環』是也。《大傳》曰：火，赤。孔安國謂：火為『火』字。其説與《考工記》不合。

又**《粉米》**　粉米，鄭氏以粉米為一章，則粉其米也。粉其米，散利養人之義也。孔安國曰：粉若粟米，米若聚米。顧氏曰：粉取潔白，米取能養，然粉亦米為之，一物而為二章，與章不類，其説非也。

又**《黼》**　黼，《考工記》曰：白與黑謂之黼。黼即斧也。刃白而銎黑，有剸斷之義。故裘裳、席巾、中衣、穎禪之領，冒之殺，覆椁之幕，《檀弓》曰：加斧于椁上。飾棺用焉。

又**《黻》**　黻，《考工記》曰：黑與青謂之黻，施於衣與荒翣。見《大記》。其文兩巳相戾，蓋左青而右黑，此相辨之義也。黻亦作『韍』、『茀』，而韍亦作『黻』。《左傳》曰：『火龍黼黻，昭其文也。』又曰：『衮冕黻珽，昭其度也。』則黻珽之黻，乃韍也。《白虎通》曰：黻譬君臣可否相濟，見善改惡。賈公彥曰：黻取臣民背惡向善。

又　卷五《天子諸侯瑱玄紞黃纊》　瑱以充耳，紞以垂瑱。《周官·弁師》王之五冕皆玉瑱。《詩》於衛夫人，言『玉之瑱也』；於衛武公，言『充耳琇瑩』；於衛之臣，言『褎如充耳』。《齊詩》言充耳以素，以青，以黃，尚之以瓊華、瓊瑩、瓊英。則瑱不特施於男子也，婦人亦有之；不特施於冕也，弁亦有之。故《詩》言『充耳琇瑩』，繼之以『會弁如星』。《喪禮》：士無冕而瑱用白纊。則弁亦有之，可知也。士瑱用白纊，即《詩》所謂『充耳以素』者也；人君用黈纊，即《詩》所謂『充耳以黃』者也。毛氏以充耳以素為士之服，充耳以青為卿大夫之服，充耳以黃為人君之服，於說是也。然以素為象瑱，青為青玉，黃為黃玉，而用瓊華以飾象，則是士瑱用二物，與餘瑱不類，非禮意也。鄭氏以素為素紞，青為青紞，黃為黃紞，人君五色，人臣三色。然《魯語》：王后織玄紞，夫人加紘綖，內子為大帶，命婦成祭服，列士之妻加以朝服。則夫人以至士妻，特有所加而已，其織玄紞，一矣，未聞有五色、三色之別也。又紞所以垂充耳，而充耳不在紞，謂紞為充耳，非也。《春秋傳》曰：縛之如一瑱。則縛纊以為瑱，自古然也。其制蓋皆玄紞以垂之，瓊玉以承之。承之，《詩》所謂『尚之』也。

又　卷六《五色間色》　《考工記》曰：東方謂之青，南方謂之赤，西方謂之白，北方謂之黑，天謂之玄，地謂之黃。《染人》：春暴練，夏纁玄，秋染夏。《鍾氏》：染羽，以朱湛丹秫三月而熾之，淳而漬之。三入為纁，五入為緅，七入為緇。《爾雅》曰：一染謂之縓，再染謂之赬，三染謂之纁。鄭氏曰：『緅』，今《禮》作『爵』，如爵頭色，又染以黑，乃成緇矣。凡玄，色在緅、緇之間，其六入者歟？又曰：三入為纁，四入為朱歟？爵冠色。蓋青、赤、玄、黃、白、黑，正色也。綠、紅、碧、紫、纁、緅緇，間色也。五行之理，有相生者，有相尅者。相生為正色，相尅為間色。故甲己合而為綠，則綠者，青黃之雜，以木尅土故也。丙辛合而為紅，則紅者，赤白之雜，以火尅金故也。乙庚合而為碧，則碧者，青白之雜，以金尅木故也。丁壬合而為紫，則紫者，赤黑之雜，以水尅火故也。

孔子曰：君子不以紺緅飾。《淮南子》曰：以涅染紺，則黑於涅。涅，黑色也。《禮》文『緅』或作『爵』。《說文》：緅為青赤色，紺為深青色。則紺黑於緅矣。鄭、賈之徒謂纁入黑則為紺，紺入黑則為緅，不可考也。《說文》又曰：緇，黑色。綠，青黃色。絳，大赤也。纁，淺絳也。縓，赤黃色。紅，赤白色。綼，蒼艾色。『綼』與『綦』同。紫，青赤色。紫青赤色而與緅色不異，其說誤也。然則《考工記》繢事則青、白、赤、黑、玄、黃而對方，繡事則青赤、赤白、白黑、黑青而比方，何也？繢，陽事也，輕清而在衣；繡，陰功也，重濁而在裳。陽則尊而不親，故對方而不比；陰則親而不尊，故比方而不對。

又　卷七《虞皇夏收商冔》　《世本》云：黃帝造冕。《史記》云：堯黃收純衣。《王制》云：有虞氏皇而祭，夏后氏收而祭，商人冔而祭。《郊特牲》與《冠禮記》云：周弁，商冔，夏收。鄭氏釋《王制》謂：皇，冕屬也，畫羽飾焉。釋《冠禮記》謂：弁名出於槃。槃，大也，言所以自光大也。冔名出於幠。幠，覆也，言所以自覆飾也。收言所以收斂髮也。《白虎通》曰：弁，攀也，攀持其髮。此雖不可以考，然《周禮·掌次》之『皇邸』，《樂師》之『皇舞』，皆以鳳凰之羽為之。則皇冕畫羽飾，可知也。《王制》以『皇』、『收』、『冔』對『冕』言之。又孔子稱：禹致美乎黻冕。《詩》稱：商之孫子，常服黼冔。黼冔云者，猶所謂黼冕也。《冠禮記》與《郊特牲》以『收』、『冔』對『弁』言之者，三王共皮弁素積，則夏、商而上，非無弁也。然世之文質，煩簡不同，故夏、商之用冕者，周或用弁而已。《檀弓》曰：周人弁而葬，商人冔而葬。范氏曰：爵弁，一名冕。廣八寸，長尺二寸，繪其上似爵頭色，有收持笄，所謂『夏收殷冔』者也。其說不可考。

又　卷九《天子始冠之冠諸侯始冠之冠》　《玉藻》曰：玄冠，朱組纓，天子之冠也。緇布冠，繢緌，諸侯之冠也。鄭氏曰：皆始冠之冠。考之於《禮》，始冠緇布冠，自諸侯下達。則諸侯所以異於大夫士者，繢緌耳。天子始冠不以緇布而以玄冠，然其子則猶士而已，以天下無生而貴也。《唐志》：天子始冠，緇布冠，五梁。非古也。玄冠朱組纓，則緌可知也；緇布冠繢緌，則纓可知也。朱以著正陽之色，繢以備五采之文。五采雖美，不若正陽之純，純其飾，所以異也。《國語》：委貌有笄。《士冠禮》：緇布冠無笄。則天子始冠之冠有笄，諸侯始冠之冠無笄，明矣。《家語》、《大戴禮》：公冠，四加玄冕。賈公彥謂：天子宜五加袞冕。

觀成王加元服，其《頌》曰：去幼志，心袞職。則五加袞冕可知。

又 卷一二《黼裘》 《周禮》，獻皮以『掌皮』，攻皮以『裘氏』，獻裘以『司裘』。『司裘』為大裘，以共王祀天之服。中秋獻良裘，季秋獻功裘。鄭氏曰：良裘，因其良時而用之，所謂黼裘與？功裘，人功微麤，謂狐青麛裘之屬。黼裘以羔，與狐白雜為黼文。然則良裘，其質美；功裘，其功多。良裘非特黼裘，而功裘非特狐青麛裘。古者行禮之裘必以羔與麛，燕居之裘必以狐與貉。故《詩》以『羔裘逍遙，狐裘以朝』，刺不自强於政治。則黼裘不雜以狐白矣。惟君黼裘以誓省，後世有用大裘，故《記》者譏之曰：非古也。何則？祀天尚道，故以大裘；誓、省尚義，故以黼裘。誓則前期十日，太宰帥執事卜日遂戒是也。省則前祭一日，大宰及執事眂滌濯，宗伯大祭祀，省牲眂滌濯是也。司寇大祭祀，納享前王。《郊特牲》：卜之日，王立于澤，親聽誓命。則王於誓、省，皆與之也。先王制禮，盥重於既薦，幣貴於未將，則禮常嚴於未然之前。祭祀，治官以治之，刑官以涖之，則義常肅於行禮之際。則黼裘以誓、省，宜矣。《家語》合大裘、黼裘為一，則曰：大裘黼之，以象天。鄭氏改『省』為『獮』，則曰：黼裘以誓獮田。然大裘純色，無白黑之文；獮田在秋，非用裘之日。二者之説誤矣。

又 《羔裘黑羔裘》 王大裘以祀天，諸侯羔裘以朝，先儒皆曰黑羔裘也。蓋羔取其有禮，羣而不黨，乳而必跪，贄之不鳴，殺之不號。黑取其合道，以道行禮，以禮成道，固先王之所尚也。然大裘尚質，羔裘有文。故《詩》曰：『羔羊之皮，素絲五紽。』『羔羊之革，素絲五緎。』『羔羊之縫，素絲五總。』毛氏曰：古者素絲以英裘。紽、總，數也。《爾雅》曰：緎，縫也。孫炎曰：緎，界也。蓋羔裘以素絲為組，施於縫中，以為英飾，其界有緎有殺有縫，其別有紽，其聚為總，而又飾之以豹。此所以與大裘異也。羔裘豹飾，狐青裘豹褎，麛裘青犴褎，何也？豹取其武而有文，青犴取其仁而能守。武而有文，諸侯視朝之事也。仁而能守，天子視朝之事也。狐青以燕居，褎亦以豹，則武而有文，亦非燕居之所可忘也。《詩》曰：『羔裘豹飾，孔武有力。』又曰：『羔裘豹袪，自我人居居。』居其託物同而意異者，義德一也。善用之則為武，不善用之則為暴，夫言豈一端而已哉？先儒謂：凡裘，天子諸侯用全，其臣則褎飾異焉。然天子諸侯之用全，特狐白裘而已，欲其純白之備也。至於麛裘、羔裘，則上下之所同，非無飾也。若曰裘以用全為貴，則狐黃之裘無異褎，犬羊之裘無異飾，而賤者或服之，何耶？

又 卷一四《天子素帶諸侯素帶》 古者革帶、大帶，皆謂之鞶。《內則》所謂『男鞶革』，帶也；《春秋傳》所謂『鞶厲』，大帶也。《易》言『鞶帶』，《揚子》言『鞶帨』，以至許慎、服虔、杜預之徒，皆以鞶為帶，特鄭氏以『男鞶革』為盛帨之囊，誤也。《詩》言『垂帶而厲』，毛萇、杜預之徒皆以厲為帶之垂者，特鄭氏以『而厲』為『如裂』，亦誤也。辟，猶冠裳之辟積也；率，縫合之也。天子諸侯大帶終辟，則竟帶之身辟之。大夫辟其垂，士辟其下而已。雜，飾也。飾帶，君朱、綠，大夫玄華，士緇。故《儀禮·士冠》：主人朝服緇帶，冠者爵弁、皮弁、緇布冠，皆緇帶。則士帶練而飾以緇也。士辟下二寸，則所辟，其下端二寸也；再繚四寸，則結處再繚，屈之四寸也。天子至士，帶皆合帛為之。或以素，或以練，或終辟，或辟垂，或辟下。其飾或朱綠，或玄華。蓋素得於自然，練成於人功，終辟則所積者備，辟垂、辟下則所積者少。朱者，正陽之色；綠者，少陽之雜。《禮器》：冕，朱綠璪。《雜記》：公襲，朱綠帶。《聘禮》：問諸侯，朱綠。必皆取正色。玄與緇者，陰之體；華者，文之成。天子體陽而兼乎下，故朱裏而裨以朱綠。諸侯雖體陽而不兼乎上，故飾以朱、綠而不朱裏。大夫體陰而有文，故飾以玄華。士則體陰而已，故飾以緇。然於大夫言帶廣四寸，則其上可知，而士不必四寸也。於士言紳三尺，則其上可知，而有司止於二尺五寸也。

又 《革帶》 《內則》曰：男鞶革。《莊子》曰：帶死牛之脅。《玉藻》曰：革帶，博二寸。《士喪禮》：韐帶搢笏。鄭氏曰：韐帶，韎韐緇帶。不言韎緇者，欲見韐自有帶，韐帶用革，笏搢於帶之右旁。然則革帶，其博二寸，其用以繫佩韍，然後加以大帶，而佩繫於革帶，笏搢於二帶之間矣。《晉語》：寺人勃鞮曰：『乾時之役，申孫之矢集於桓鉤，鉤近於袪而無怨言。』則革帶有鉤以拘之，後世謂之鉤䚢。丑列。阮諶云：䚢，螳蜋鉤，以相拘帶，謂之鉤䚢。唐以玉為鉤䚢，與古異矣。然革帶用於古而已，荀卿曰『搢紳而無鉤帶』是也。古者裼衣象裘色，韠、屨象裳色，而革帶與韠，其用相因，則革帶豈亦與韠同色歟？

又 卷一五《王冕服赤舄》 凡舄之飾，如繢之次。赤繶者，王黑舄之飾；黃繶者，王后玄舄之飾；青絇者，王白舄之飾。言繶必有絇、純，言絇亦有繶、純，三者相將。王及后之赤舄皆黑飾，后之青舄皆白飾。凡屨之飾，如繡次也。黃屨白飾，白屨黑飾，黑屨青飾。古者衣象裘色，韠象裳色，而《士冠禮》三屨皆象其裳之色，則王及后之舄屨，各象其裳之色，可知也。玄、黃、青、白、赤、黑對方者為繢次，青赤、赤白、白黑、黑青比方者為繡次，而《冠禮》黑屨，青絇、繶、純；白屨，緇絇、繶、純。皆比方之色，特爵弁纁屨，黑絇繶純，絇，拘也，以為行戒。狀如刀衣鼻，在屨頭。繶，縫中紃也。純即緣也。蓋尊祭服之屨，故飾從對方之色。爵弁，韍不曰韠而曰韎韐，衣不以布而以純，蓋皆尊祭服之故也。則凡舄之飾如繢次，屨之飾如繡次，可知也。絇青、緇、黑而繶、純如之，則繶從絇色可知也。由是推之，王之吉服九而舄三，赤舄配冕服而黑絇、繶、純，白舄配皮弁服而青絇、繶、純，黑舄配冠弁服而赤絇、繶、純。【略】《司服》言舄止於赤、黑，言繶止於赤、黃，言句止於青。有素屨而無飾屨，有葛屨而無皮屨。鄭氏謂雜互，反覆以見之，理固然也。觀《弁師》於王言冕之表裏、延、紐而不及玉瑱，言繅而不言斿；於諸侯言玉瑱而不及冕之表裏、延、紐，言繅斿而不及玉數，言繅斿皆就而不及采數。

又 卷一九《天子佩諸侯佩大夫佩》 古之君子必佩玉。其制上有折衡，下有雙璜，中有琚瑀，下有衡牙，貫之以組綬，納之以蠙珠。而其色有白、蒼、赤之辨，其聲有角、徵、宮、羽之應，其象有仁、智、禮、樂、忠、信、道、德之備。《禮記》曰：昔者君子比德於玉焉。温潤而澤，仁也；縝密以栗，知也；廉而不劌，義也；垂之如隊，禮也；叩之其聲清越以長，其中詘然，樂也；瑕不揜瑜，瑜不揜瑕，忠也；孚尹旁達，信也；氣如白虹，天也；精神見于山川，地也；天下莫不貴者，道也。或結或垂，所以著屈伸之理；或設或否，所以適文質之儀。此所以純固之德不內遷，非僻之心無自入也。蓋衡以平其心，璜以中其德，琚欲其有所安，牙欲其有所制。右徵、角，所以象事與民；左宮、羽，所以象君與物。趨以《采薺》，行以《肆夏》，所以比於樂；周還中規，折還中矩，所以比於禮。進則揖之於前，退則揚之於後，則佩之為物，奚適而非道耶？蓋民為貴，君為輕，事為先，物為後，能治民然後能安君，能應事然後能生物。此所以事與民在所右，而物與君在所左也。《春秋傳》曰：『改步改玉』，則自天子至士，步固不同，而玉亦隨異。故天子佩白玉，公、侯佩山玄玉，大夫佩水蒼，王世子佩瑜玉，士佩瓀玟。蓋玉之貴者莫如白，晉以白珩賂秦，而楚寶白珩，以聞於晉，則白玉之貴可知。賤者莫如瓀玟。山玄以象君德之靜，水蒼以象臣職之動。山玄水蒼，其文也；瑜與瓀，其質也。

又 卷二〇《組綬》 組綬之佩，謂之綬，以其貫玉相承受也。謂之璲，以其貫璲玉也。謂之繸，以其貫玉相迎也。其飾：天子玄，諸侯朱，大夫純，世子綦，士緼。玄者，道也；朱者，事也；蒼白者，德之雜；赤黃者，事之雜；純則素而已。此天子至士，佩綬之辨也。

又 《玭珠》 《玉府》：共王之服玉、佩玉、珠玉。《大戴禮》曰：玭珠以納其間。《韓詩傳》亦曰：蠙珠以納其間。蠙者，蚌也，玭即蠙也。然荀卿《賦》曰：璇玉瑤珠，弗之佩也。謂之瑤珠，則以玉為珠，非蚌珠也。謂之蠙珠，蓋其狀若蚌珠然。

又 卷二三《天子韍》 色朱而體直，其繪龍、火、山，上有頸，肩旁與上有紕，下有純，中有紃。紕不至下五寸，繪去上五寸，則中二尺矣。鄭氏曰：直謂四角直，無圜殺。孔穎達曰：《禮圖》天子韠制，形如要鼓。今參驗，不附人情。

又 《諸侯韍》 諸侯在國，則未朝王，則赤韍。其體前後方，其繪火、山，頸肩紕、純、紃，與天子同。鄭氏曰：前後方，謂殺四角使之方，變於天子也。所殺者，去上下各五寸。孔穎達曰：方則殺也。所殺之處，以物補飾之，使方變於天子。然《考工記》曰：大琮十有二寸，射四寸，地體方而四隅有維。則射四寸者，其隅也。韍之前後方，蓋亦類此，所以異於天子直也。毛氏釋《詩》曰：韍，天子純朱，諸侯黃朱。考之《禮》，周尚赤而尊黃彝，纁裳赤，黃馬黃，朱舄金舄，則韍固有黃朱者矣。

又 《爵韠》 《左傳》曰：衮冕黻珽，昭其度也。杜預曰：黻，韋韠。鄭康成曰：古者田漁而食之，衣其皮，先知蔽前，後知蔽後。後王易之以布帛，而獨存其蔽前者，不忘本也。《爾雅》曰：蔽膝謂之襜。《釋名》曰：韠，蔽也，所以蔽前也。婦人蔽膝，亦如之也。是知韠之作也，在衣之先；其服也，在衣之後；其色則視裳而已。《禮記》言君朱，大夫素，士爵韋者，祭服之韠也。蓋君祭以冕服，冕服玄衣纁裳，故朱韠。大夫祭以朝服，緇衣素裳，故素韠。士祭以玄端，玄端玄裳、黃裳雜裳可也。【略】

韠之為物，以其茀前則曰韍；以其一巾足矣，故曰韠。以色則曰緼，以緼質則曰韎韐。古人謂蒨為茅蒐，謂茅蒐為韎韐。考之《士冠禮》，於皮弁、玄端皆言韠，特於爵弁言韎韐。《詩》於素韠言韠，於朱芾、赤芾乃言芾，是韠者，芾之通稱，而芾與韎韐異其名，所以尊祭服也。君韠雖以朱，而諸侯朝王亦赤芾，《詩》曰「赤芾在股，赤芾金舄」是也。士雖以爵，凡君子之齊服皆爵韠。《記》曰「齊則綪結佩而爵韠」是也。《采芑》言方叔之將兵，韍亦以朱。《瞻彼洛矣》言作六師，而韍以韎韐者，蓋兵事韋弁服。韋弁服纁裳，故貴者以朱芾，卑者以韎韐，韎韐即所謂緼韍也。韠長三尺，所以象三才；頸五寸，所以象五行。下廣二尺，象地也；上廣一尺，象天也。會去上五寸，紕以爵韋六寸，不至下五寸，純以素，紃以五采。會猶《書》所謂「作會」也，紕裨其上與旁也，純緣其下也。去會與純合五寸，則其中餘二尺也。紕六寸，則表裏各三寸也。天子之韠直，其會龍、火與山。公、侯前後方，其會火以下，大夫前方後挫角，其會山而已。鄭氏謂山取其仁，火取其明，龍取其變，天子備焉。諸侯火而下，卿大夫山，士韎韋。以禮推之，周人多以近世之禮待貴者，遠世之禮待卑者，則鄭氏之説是也。周以虞庠為小學，以夏序、商學為大學；以商人棺槨葬長殤，以夏之堲周葬中殤，以虞氏之瓦棺葬無服之殤，皆待卑者以質略也。然韠自頸、肩而下，則其身也。鄭氏以其身之五寸為領，而會為領縫，是肩在領上矣。衣之上韠，猶尊上玄酒、俎上生魚也。鄭氏謂衣之上韠者，執事以蔽裳為敬，與不忘其本之説戾矣。

又《邪幅朱色》 《詩》曰：赤芾在股，邪幅在下。《左氏》曰：帶裳幅舄。《內則》曰：偪屨著綦。綦，屨繫也。鄭康成謂：偪束其脛，自足至膝，故曰在下。蓋以幅帛邪纏於足，故謂之邪幅。邪幅所以自偪束也，故謂之偪。偪即縢約之也，故漢謂之行縢。《內則》男子事父母有偪，《詩》諸侯朝天子有邪偪，則凡行，皆有偪。特婦人不用焉，故《內則》：婦事舅姑無偪。

又卷五一《笏》 天下之事，常脩治於人之所慎，而廢弛於人之所忽，先王於是制為之笏，或執或搢，而畢用之。使人稽其名以見其義，觀其制以思其德，庸有臨事而失者乎？天子之笏以玉，諸侯以象，大夫以魚須文竹，士竹本象可也。蓋玉德之美，象義之辨；竹禮之節，天子尚德，諸侯貴義，大夫士則循禮而已。此笏所以異也。魚須文竹，竹而以魚須文之也；竹本象可也，竹本而象飾之也。大夫近尊而其勢屈，士遠尊而其體伸，此飾所以異也。【略】

天子之於天下，體無所屈，故珽必方正。諸侯之於天子，則謹度以臣之；於臣民，則制度以君之，故荼必前屈後直。大夫於其君則為臣，於天子則為陪臣，故笏必前屈後屈。士笏之制，無所經見。觀其飾之以象，疑亦前屈後直歟？天子之朝日，執鎮圭，搢大圭，則所執者贄也，所搢者笏也。諸侯之朝，大夫之聘，蓋亦如此。則諸侯執命圭者，必搢荼；大夫執聘圭者，必搢笏。及其合瑞而授圭，則執其所搢而已。此所謂見於天子，無説笏也。見天子也，入太廟也，射也，皆禮之不可忽者，故不説笏。

又《大圭》 蓋天子之笏，其玉以球。其不琢也，謂之大圭；其方正也，謂之珽。其實一也。終葵首六寸，《相玉書》曰「珽玉六寸，明自炤」是也。《典瑞》曰：搢大圭。《玉藻》曰：搢珽。《玉人》曰：天子服之。《荀子》曰：天子御珽。然則搢之者，服之也；御者，進之也。天子、諸侯之笏，必以人進之，大夫士則服之而已。《玉藻》曰：史進象笏，諸侯之禮也。然王朝日禮神，執鎮圭而搢大圭。既禮神矣，宜置鎮圭而用大圭歟？《玉藻》言笏度二尺有六寸，其中博三寸，其殺六分而去一。然天子之笏長三尺，而六寸為椎首而計之，則於二尺六寸為有餘；去椎首而計之，則於二尺六寸為不足，蓋《玉藻》所言，非天子之笏。孔穎達曰：二尺六寸，短於天子。蓋諸侯以下，度分皆然。

又《諸侯荼》 《玉藻》曰：笏，諸侯以象。又曰：諸侯荼前詘後，直讓於天子也。《荀子》曰：諸侯御荼。鄭氏曰：「荼」讀為「舒遲」之「舒」。舒，懦者畏在前也。詘謂圜殺其首，不為椎頭。觀《考工記·弓人》曰：斲目必荼。鄭司農曰：荼，徐也。《書大傳》曰：陽盛則吁荼萬物而養之。《史》：日月朓，則王侯其荼。蓋古者「荼」、

『舒』通用。荼之度二尺六寸，其中博三寸，其殺六分而去一。

宋·林之奇《拙齋文集》卷一二《史論·顯王賜秦獻公黼黻之服》 諸侯來朝於天子，敷奏以言，明試以功，車服以庸，禮也。故《詩》所謂『諸侯來朝，何以予之？雖無予之，路車乘馬。』『又何與之？玄衮及黼。』蓋賜諸侯黼黻之服，必於其來朝有功，然後可以賜之。秦獻公未嘗朝周，亦無其功，而顯王乃以黼黻而賜之，是畏其强也。蓋周室衰微，惟以諸侯之强弱為高下。當三晉之强也，不以其道立為諸侯，非所當立而立矣；既已立為諸侯，則當列於諸侯之位也；魏、韓、趙既已皆諸侯矣，而秦獻公以諸侯伐諸侯，何功之有？而乃賜以黼黻之服，是非所當賜而賜也。非所封而封，非所賜而賜，周之政刑，無復有矣。

宋·王觀國《學林》卷一《宗彝》 《書》曰：予欲觀古人之象，日、月、星辰、山、龍、華蟲作會，宗彝、藻、火、粉米、黼、黻絺繡。蓋日、月、星辰、山、龍、華蟲，此六章作會於衣也。宗彝、藻、火、粉米、黼、黻，此六章絺繡於裳也。此舜之十二章，而孔安國乃以『作會宗彝』四字為一句，又訓曰：宗廟彝尊，亦以山、龍、華蟲為飾。觀國按：宗彝者，即《周禮·司尊彝》所謂『祼用虎彝、蜼彝』是也。刻畫虎、蜼之形於彝器之上，祀宗廟則用此二彝，故謂之宗彝。若舜之十二章，則絺繡彝器於裳，而彝器之飾則以虎以蜼。此禮有定制，不可易也。孔安國初不曉其義，既誤合《尚書》句讀，又誤訓以謂彝尊亦以山、龍、華蟲為飾。其紊經也甚矣。

宋·呂祖謙《左氏傳續説》卷九《成公下·有韎韋之跗注十六年》 此是戎服，韎以茅蒐染成色。漢宿衛行首衣纁赤之衣，亦遺制可見。

宋·朱熹《論語·衛靈公》集注 周冕有五，祭服之冠也。冠上有覆，前後有旒。黄帝以來蓋已有之，而制度儀等，至周始備。然其為物小而加於衆體之上，故雖華而不為靡，雖費而不及奢。夫子取之，蓋亦以為文而得其中也。

宋·黎靖德《朱子語類》卷六三《中庸·第十八章》 又問：上祀先公以天子之禮，是周公制禮時，方行無疑，曰：禮家載祀先王服衮冕，祀先公服鷩冕。鷩冕，諸侯之服。蓋雖上祀先公以天子之禮，然不敢以天子之服臨其先公，但鷩冕旒，王與諸侯不同。天子之旒十二玉，蓋雖與諸侯同是七旒，但天子七旒十二玉，諸侯七旒七玉耳。

又 卷八一《詩二·瞻彼洛矣》 問：『韎韐有奭』，韎韐，毛、鄭以為祭服，王氏以為戎服。曰：只是戎服，《左傳》云『有韎韋之跗注』是也。

又 卷八七《禮四·小戴禮·學記》 問：不學雜服，不能安禮。鄭注謂服是皮弁、冕服，横渠謂服事也，如洒掃、應對、沃盥之類。曰：恐只如鄭説。古人服各有等降，若理會得雜服，則於禮亦思過半矣。如冕服是天子祭服，皮弁是天子朝服。諸侯助祭於天子則服冕服，自祭於其廟則服弁冕。大夫助祭於諸侯則服玄冕，自祭於其廟則服皮弁。又如天子常朝則服皮弁，朔旦則服玄冕，無旒之冕也。諸侯常朝則用玄端，朔旦則服皮弁。大夫私朝亦用玄端，夕深衣。

宋·葉適《習學記言》卷一六《子華子》 武王韈係解事，世所共傳。按《牧誓》：王左杖黄鉞，右秉白旄以麾。此《書》言牧野之事，周師壓郊而陳，五臣將受誓事於前，王釋旄、鉞而親係之。則其語不訛也。

宋·魏了翁《儀禮要義》卷一五《燕禮二·燕朝服於寢者記經不具》 《記》：燕，朝服於寢。注朝服，至異也。《釋》曰：凡《記》，皆記經不具者。以經不言燕服及燕處，故記人言之也。云謂冠玄端，緇帶，素韠，白屨者，皆《士冠禮》文。案《屨人》注：天子諸侯吉事皆舄。諸侯朝服，素裳素韠，應白舄，而云白屨者，引《士冠禮》成文。其實諸侯當白舄，其臣則白屨也。鄭注《周禮·屨人》云：複下曰舄，禪下曰屨。下謂底，以此為異也。云燕於路寢，相親昵也。知燕於寢者，以其饗在廟，明燕在寢私處，可知也。引漢法欲見與古異者，周時玄冠服則緇布衣，今衣皮弁服，是其異也。注：今辟雍十月，行此燕禮，玄冠而衣皮弁服。與《禮》異。

宋·葉時《禮經會元》卷三下《冕服》 黄帝始垂衣裳，舜觀象作服，禹致美黻冕，不惟以華其服而章其身，尊卑之等，貴賤之別，實由是而辨焉。今觀『司服』一官，掌王衣服而吉服有六等之制，公侯伯子男、孤卿大夫士之服皆由是而隆殺。上不容於偪下，下不容於僭上，此豈非禮典之大者乎！自先儒釋經，有天子冕服九章之説，有大裘示質之説，有裘冕無旒之説，所以啓説者之紛紛，不可不辨。

嘗觀舜作服十有二章，日、月、星辰取其明，山取其鎮安，龍取其變化，華蟲取其文，宗彝取其孝，藻取其潔，火取其烈，粉米取其養人，黼取其斷，黻取其善惡分。此所以彰人君之德而能備此十二物也，亦所以法上天之數而必備此十二章也。《周禮》雖無十二章之文，但觀《行人》所謂上公冕服九章，侯伯七章，子男五章，則天子十有二章可知矣。康成惑於《左傳》「三辰旂旗」之語，謂旗有三章，則冕服亦止九章爾，不亦謬乎？案公服如衮冕而下，如王之服，是公得為衮冕而不得為大裘矣。公服衮冕，則衮為九章矣。曰衮者，豈非以龍為章名之乎！侯伯自鷩冕而下，則鷩為七章矣。曰鷩冕者，豈非以雉為章名之乎？子男自毳冕而下，則毳為五章矣。曰毳者，豈非以虎為章名之乎？孤卿自希冕而下，則希為三章矣。曰希者，豈非以絺為章名之乎？卿大夫自玄冕而下，則玄為一章矣。曰玄者，豈非以玄為色名之乎？士自皮弁而下，皮無章矣。曰弁者，豈非以不為章服，故不言冕而言弁者乎？孤卿大夫之命，特下公侯伯子男一等爾，而其服乃降三等者，以其衮鷩毳冕，王成服之，孤卿大夫近王宣屈也。王服衮冕以享先王，鷩冕以享先公及饗射，毳冕以祀四望山川，希冕以祭社稷五祀，玄冕以祭山林墳衍羣小祀。此王之五服，必有五色之别。觀其服之名，可知矣。王之車旗亦然。希冕當在毳冕之上，恐其字之誤也。皮弁以視朝，弁非冕服，故不預六服之數。

至於祀昊天上帝及祀五帝，則服大裘而冕。案《司裘》曰：掌共王祀天之裘。冬祀圜丘之時所服也。服裘以祀天，則必取象於天數以為章，而鄭氏以大裘為無章，謂祀天示質也。祀天有貴本反始之義，如牲用騂犢，器用陶匏，席用藁秸，冪用疏布可也，豈必於衮冕而略焉？《司裘》良裘，尚有黻章之制，安知大裘而不為十二章乎？鄭康成徒見《弁師》「掌王五冕」，以為冕服有六而云五冕，遂以為大裘之冕無旒，不聯數也。此亦惑於祀天示質之説爾。重莫重於祀天之冕，可以無旒而不數之乎？案五冕皆五采十有二就，十有二玉，是其服隨其隆殺有七章、九章之殊，而其冕則皆十有二旒，故六等之服皆曰冕，以其首飾之尊故也。陸佃《禮書》謂大裘與衮同冕，大裘祀天而服衮之冕可也，故但言五冕爾。安知裘冕而不為十二旒乎？

或者則曰：服為十有二章，似也；至於衮冕而下，皆諸侯諸臣之服。王於中祀、小祀而服諸侯諸臣之服，不幾於無别乎？曰：此在《司服》言君臣冕服之等然也。鄭氏專以為公至卿大夫朝聘助祭之服，則拘矣。王於中祀、小祀之時，固服此服；如諸侯諸臣來助祭，乃大事也，則王當服王之服，公之服常降王一等，子、男之服常降侯、伯一等，孤卿大夫本降三等。以尊卑而降殺，何可無别之疑乎？

或者又曰：冕皆十有二旒，固也；然希冕而下，皆三章、一章之服。服三章、一章之服，而加以十二旒之冕，不幾於不稱乎？曰：此在《弁師》言五冕繅旒之數然也。鄭氏專以為此衮衣之冕，則非矣。人君既有時而服諸臣之服，苟不加以王冕十二旒之尊，則君臣無異矣。服章雖殊而冕旒則一，又何不稱之嫌乎？

然嘗怪《節服氏》：掌祭祀、朝覲衮冕。六人維王之太常。郊祀，裘冕二人，送逆尸車。注謂從王服，從尸服也。誠如是，則祭祀、朝聘，王服衮冕；郊祀，王服裘冕；而節服下士，亦服衮冕、裘冕，尚足謂之有節乎？詳考其文，謂王服衮冕，則「節服」掌之。二服，王之尊服，故當朝覲、郊祭之時，「節服氏」特掌之，猶大裘而專命「司裘」共之也。下則曰六人維王太常，二人執戈送車而已。豈謂王服衮冕、裘冕，而「節服氏」亦服之乎？「諸侯四人，其服亦如之」，謂亦有「節服」掌之也。又案「司服」乃春官之屬，「節服」乃夏官之屬，而與「虎賁」、「旅賁」同列；「弁師」亦屬夏官，而與僕從、臣隸等官為伍。果何意邪？蓋古人以虎賁、綴衣，皆為王左右之臣，執干戈而立堂垂者，亦皆冕弁之士，此所以分屬於夏官歟？凡此，皆王與諸侯羣臣冕服之别也。

【略】

夫先王之制服飾，所以嚴尊卑等級之辨。苟如先儒傳注之謬與後儒議論之惑，則《周禮》為非全書，而先王制度不可考矣。是故唐長孫無忌請祀天地停喪服衮，而以《周禮》為非。豈非鄭氏大裘無章之説啓之乎？虞世南謂天子譬日，德在照臨，辰為正位，月為正后，正此三物，令德齊明，而以《周禮》為未可知。豈非鄭氏冕服九章之説誤之乎？漢永平中，定冕服，天子冕係白玉珠十二旒，三公諸侯青玉珠七旒，卿大夫黑玉珠五旒。是王侯冕旒之制，不復如《周禮》矣。隋開皇中，皇后首飾十二鈿，公夫人八鈿，侯伯夫人七鈿。是后夫人首服之飾，不復如《周禮》矣。嗚呼！先王制度幸猶有《周禮》在，而儒者不知考。先儒妄為臆説，後儒肆為異論，而使時君世主得肆意為之，無復先王舊制。豈不可惜也哉？

宋·王應麟《玉海》卷八一《冕服》 上古衣毛而冒皮，後世聖人易以絲麻，染帛以作五采，成以為服，作冠冕纓蕤，以為首飾。

又 卷八一《虞夏天子服》 服所以象德。服是服者，必全是德。一德不備，不足以臨民。故觀其象，必惕然三省焉。被其象，思其義，行其德。夫豈致飾以華其躬，寓數以示等威而已。

宋·熊朋來《經説》卷四《司服大裘而冕》 大裘而冕，用於祀上帝。謂裘尚質，可也；謂冕無旒，不可也。中間有『而』字，即是易裘而不易冕。如玄端而冠，玄端而冕，則是易冠而不易衣，皆就『而』字看。其曰至泰壇，則王脱裘服衮，可以見同此冕也，可服裘亦可服衮。當其服裘，則曰裘冕；及其服衮，則曰衮冕。且五冕之外，别不見有無旒之冕，只是衮冕之冕，祀上帝時服大裘，而仍用此冕也。孔子稱『服周之冕』，蓋冕至周而制度大備矣。前後邃延若無旒，則延而已。或謂玄冕無旒，不思《弁師》五冕『皆玄冕、朱裏，延、紐』，延版以玄布縵其上，通稱玄冕；表玄裏朱，兩端綴旒。若無旒而虚設延版，無是理也。無旒之説出於後儒臆論，經無明文，不可信。

元·郝經《續後漢書》卷八六上《録第四上·職官·車服》 黄帝初制冠冕衣裳，至唐虞而後大備。故《虞書》首載服章之制，曰『日、月、星辰、山、龍、華蟲作會，宗彝、藻、火、粉米、黼、黻絺繡，以五采章施于五色作服。』原注：自華蟲以上六章，以五色會之于衣；自黻以上六章，以五色絺繡之于裳。又曰『車服以庸。』於是君臣上下，各有秩序，尊卑明而不敢踰僭，而禮制行矣。至周而設官分職，『典命』掌儀則，原注：凡宫室車服禮儀，皆以其命數為節。『司服』辨冕服，原注：王備六冕，祀昊天上帝則大裘而冕，享先王則衮冕，享先公則鷩冕，祀山川則毳冕，祭社稷則希冕，祭羣祀則玄冕。公之服，自衮冕而下，如王之服；侯、伯之服，自鷩冕而下，如公之服；子、男之服，自毳冕而下，如侯、伯之服；孤之服，自希冕而下，如子、男之服；卿大夫之服，自玄冕而下，如孤之服。『巾車』等公車，原注：公猶官也。王之五路：玉路、金路、象路、革路、木路。王后五路：重翟、厭翟、安車、翟車、輦車。服車五乘：孤乘夏篆，卿乘夏縵，大夫乘墨車，士乘棧車，庶人乘役車。『司常』别旗物，原注：掌九旂。日月為常，交龍為旂，通帛為旜，雜帛為物，熊虎為旗，鳥隼為旟，龜蛇為旐，全羽為旞，析羽為旌。聲明有數，物采有則，監於二代，郁郁乎文。故孔子舉四代之制，謂乘殷之輅，服周之冕。言其制之盛也。周衰，諸侯僭天子，大夫僭諸侯，陪臣僭大夫，下凌上替，國自為車，人自為服。楚得臣自為瓊弁玉纓，原注：《左氏傳》：初，楚子玉自為瓊弁玉纓，未之服也。杜預注：弁以鹿子皮為之。瓊，玉之别名。次之以飾弁及纓。鄭子臧好聚鷸冠，原注：鷸，尹橘反，翠鳥也。聚鷸羽為冠，非法服。晉太子申生衣公之偏，原注：衣左右異色，其半似公。管仲繡黼而丹衣，鏤簋而朱紘，原注：鄭玄曰：此諸侯之禮也。『繡』讀為『綃』，繒名。丹朱以為中衣。鏤簋，刻而飾之也。大夫刻之為龜爾，諸侯飾以象，天子飾以玉。朱紘，天子冕之紘也。諸侯青組，大夫士當緇組紘纁邊。季孫意如佩璵璠，原注：《左氏傳》：季平子卒，陽貨將以璵璠斂。仲梁懷弗與，曰：改步改玉。杜預注：璵璠，美玉，君所佩。昭公之出，季孫行君事，佩璵璠，祭宗廟。今定公立，復臣位，改君步，則亦當去璵璠。而仲叔于奚繁纓以朝。原注：于奚，衛大夫。繁纓，馬飾，諸侯所服。凌夷至於戰國，趙主父乃褫衣冠，服胡服，原注：《史記》趙武靈王下胡服令，國中皆胡服，招騎射。使周紹胡服，傅王子何，立以為王，是為惠文王，武靈王自號主父。二帝三王之禮制遂大壞矣。

元·方回《續古今考》卷六《附考舟玉及瑶》 《篤公劉》詩：陟則在巘，復降在原。何以舟之？維玉及瑶，鞞琫容刀。舟，帶也。下曰鞞，上曰琫，鞞者刀鞘之名，琫者鞘之上飾。孔氏曰：瑶是玉之别名。公劉帶美玉及瑶，鞞琫容飾之刀。東萊呂氏曰：躋攀跋涉，賤者之事，非貴者所能堪也。公劉陟巘降原，其勞如此，視其何所佩服乎？則維玉及瑶，鞞琫容刀也。以如是之佩服，親如是之勞苦，斯所以為厚於民乎！東萊説極有味。周世世修德，公劉其一也。佩玉而忘其身之勞，則民德之，非不佩玉也，而無德於民，則怨積而禍來，不可不察也。

又 卷八《廣玉考下》 《月令》服玉。春服蒼玉，夏服赤玉，中央服黄玉，秋服白玉，冬服玄玉。謂冠飾及所佩之衝璜，非食玉屑之謂。此書或云呂不韋所作，秦人廢佩而帶鈕，似不可信。

又　卷二八《駁温公通鑑纊旒説》　司馬温公《通鑑》曰：先王黈纊塞聰，前旒蔽明，欲其廢耳目之近用，達聰明於四遠。迥評曰：按《周禮》：王者祀昊天上帝，則大裘而冕。故黈纊塞聰，前旒蔽明，欲專誠潔於内也。塞耳蔽明者，冕服也。若視朝，則皮弁，乃明目達聰。温公引義雖精，於經則未考也。

紫陽方氏曰：凡書難讀如此。温公黈纊前旒之説，謂王者當略視聽於近，而用聰明於遠，意則甚美。然考之禮制，未明也。《周禮》六冕，大裘而冕，無旒也。沙隨之説，亦未明也。《東方朔傳》曰：冕而前旒，所以蔽明；黈纊充耳，所以塞聰。如淳曰：黈，音土苟反。《韻書》他苟反，謂以玉為瑱，用黈纊懸之也。師古曰：如説非也。黈，黄色也；纊，綿也。以黄綿為丸，用組懸之於冕，垂兩耳傍，示不外聽，非玉瑱之懸也。瑱，他甸切。《韻書》注：以玉充耳也。《周禮・弁師》掌王之五冕及諸公冕，皆有玉瑱。師古但謂黈為黄，纊為綿丸而無為瑱之玉。《周禮》有之，《詩》有之。《君子偕老》曰：玉之瑱也。《淇澳》曰：充耳琇瑩。注：天子以瑱，諸侯以石。又曰充耳以素乎？而青乎？而黄乎？而毛、鄭自為不同。毛曰素象瑱，鄭曰以素為充耳，謂所以懸瑱者，或曰紞。人君五色，人臣三色。至釋青、黄，毛曰青玉、黄玉，鄭曰青紞、黄紞，其不同如此。

回謂西漢時祭用秦冕而不如周，毛公《詩傳》所見別也。唐初隔西漢數百年，顔師古所見又別也。或者三代，至周有紞有玉。後漢至唐，用綿而無玉也。然此無所考也。六冕也，五冕也，大裘之冕祀昊天上帝，出《司服》，祀五帝亦如之。五冕出《弁師》，皆祭服。而所掌二官，似有可疑。天子六冕則以衮冕受朝覲，公侯伯子男、卿大夫士亦各有冕有纊，專一精誠之謂，不但天子也。

回又考周春見曰朝，受贄於朝，受享於廟。蓋朝用弁服，廟用冕服乎！其視治朝、内朝、外朝，則皆用皮弁乎？朝覲會同之朝，與王日視朝之朝不同。六冕以用之於祭祀，於朝覲，亦多不同。沙隨之説，得大綱而已。又成王顧命，康王尸天子，皆於視朝之所冕服云。

元・馬端臨《文獻通考》卷一一一《王禮考六・君臣冠冕服章》

按：周以前冠冕衣裳之制，其詳不可得而聞。所可考者，惟《虞書》言服章，《戴記》言冠制耳。然冠之制有三，曰冕，曰弁，曰冠。冕者，朝祭之服，所謂十二旒、九旒而下是也。惟有位者得服之。弁亞於冕，所謂周弁、殷冔、夏收是也。冠亞於弁，所謂委貌、章甫、毋追是也。弁與冠，自天子至於士皆得服之。冕始於黄帝，至有虞氏，以爲祭服。所謂皇而祭。夏、殷之祭，則用弁，蓋未以弁爲殺於冕也。至周而等級始嚴，故大夫雖可以服冕，而私家之祭不得用之。天子不妨服弁，而雖小祀，必以冕，蓋冕、弁之尊卑始分矣。然弁有二：曰皮弁，以白鹿皮爲之，其制最古。曰爵弁，則其制下員上方，如冕而無旒。古者冠禮三加，始緇布冠，次皮弁，次爵弁，皆士服也。大夫則服冕矣。古者雖重冠禮，而於服章之際，視之彌重。故雖天子之元子始冠，亦服士之冠，至爵弁而止，而不敢僭用冕。所謂天下無生而貴者，其嚴如此。

又按：冕則卿大夫以上服之而可以兼服弁，弁則士以下服之而不可以僭服冕，固也。然冕服之用，非惟位有尊卑，不可躐服，而事有大小，亦不可以例服。故天子之冕，以之奉祀；其次則初即位服之。『伊尹以冕服奉太甲』，『康王麻冕黼裳』是也。納后妃服之，『冕而親迎』是也。養老服之，『冕而總干』是也。躬耕籍田服之，『冕而朱紘，躬秉耒』是也。至於日視朝等事，則服皮弁而已。卿大夫之冕，則以之朝王及助祭，其次則受遺奉册服之。『卿士邦君麻冕蟻裳』；『一人冕，執劉』；『一人冕，執鉞』之類是也。至其私家，則雖奉祀，亦服皮弁而已。蓋於其所不當服也，則雖天子之視朝，卿大夫之奉祀，亦不果服。於其所當服也，則雖服之以總干，服之以秉耒，服之以執劉執鉞，亦無嫌也，適禮之宜而已。

按：先儒疑服有六而冕止於五，遂謂大裘、衮衣二服而同冕。然按《郊特牲》：祭之日，王被衮以象天。《玉藻》：天子龍卷以祭。《家語》曰：郊之日，天子大裘以黼之，被裘象天。既至泰壇，王脱裘矣。服衮以臨燔柴，戴冕璪十有二旒，則天數也。陳祥道以爲王之祀天，内服大裘，外被龍衮，龍衮所以襲大裘也。然則祭天之服亦龍衮，特内襲大裘，而宗廟之祭則龍衮，内無裘，故以大裘而冕在衮冕之前，非謂衮冕之上復有大裘之服也。蓋大裘、衮衣，不可分而爲二服，而服與冕皆五，未嘗有六服矣。禮家又謂大裘之冕無旒。如此則是以大裘爲一服，無旒者爲一冕，是有六服亦有六冕，然冕之無旒者，乃一命之服，蓋子、男之國爲大夫者服之，其秩至卑。以天子祀天之冕而下同於子、男之大夫，可乎？其義不通矣。

按：圭，鎮寶也；笏，服飾也。圭則執之以爲信，笏則執之以爲飾。晦庵言笏只是君前記事指畫之具，不當執之於手。然古者天子亦有笏，豈亦藉此以記事指畫乎？蓋朝章之服飾也。但天子之笏，以玉爲之，其制似圭；而天子與公、侯、伯之圭，上鋭下方，其形類笏，故後人或誤以圭爲笏。然笏者，非執則搢，不可須臾去身者也。若圭，則天子以禮神，諸侯以朝見天子，不過於當事之時，暫捧之而即奠之，不常執也。嘗見繪《禮圖》者，繪上公衮冕，執桓圭在手，如秉笏之狀是矣。至卿大夫無圭璧，則端冕盛服，而執所謂羔鴈者在手，殊爲可笑。蓋誤以圭爲笏，誤以鎮信之具爲服飾之具故也。所謂公執桓圭至士執雉者，特言贄之等級耳。此執字，非必謂兩手捧之當心，如執笏之狀也。又如大司馬振旅之時，王執路鼓，諸侯執賁鼓。此二鼓乃鼓中之至大者，師之耳目係焉，故王之與諸侯自司其事，而謂之執。豈亦以是二鼓者執之於手，而如執圭之狀乎？

元・王惲《秋澗集》卷四五《服色考》 夫冕平而旒，笄衡而紘，上衣而下裳，垂紳而履舄，繫而帶，佩而綬。此三代王者不易之制也。

元・王義山《稼村類藁》卷一一《周禮冕服之辯》 《司服》載王之吉服，祀昊天上帝則服大裘，而冕祀五帝，亦如之。享先王則衮冕，享射則鷩冕，祀四望山川則毳冕，祭社稷五祀則希冕，祭羣小祀則玄冕。是天子之服也。又曰：公服衮冕，侯、伯服鷩冕，子、男服毳冕，孤服希冕，大夫服玄冕。見於《司服》，又見於《行人》，又見於《典命》。鄭氏目以衮冕九章，衣五章，裳四章；鷩冕七章，衣三章，裳四章；毳冕五章，衣三章，裳二章；惟玄冕衣無文，裳刺黻而已。孰知此禮一行，君臣之禮服俱亂而非古矣。古者天子備十二章之服，以君有盛德，備此十二物之象，何嘗為臣下設乎？或曰：王者通服五冕，臣來朝助祭，每降王一等。不思王可以服臣之服乎？或又謂羣臣少加降殺，亦可服。則禹、稷、契、皐陶皆盛德之臣，當服之矣。驗之《益稷》，舜之賢臣賢佐，其服無文，則先王於服，從可知矣。前輩謂《司服》五冕之名，獨衮冕有之，他不可據也。因為之辯。

《宋史》卷一四九《輿服志一》 昔者聖人作輿，軫之方以象地，蓋之圓以象天。《易傳》言黄帝、堯舜垂衣裳而天下治，蓋取諸《乾》、《坤》。夫輿服之制，取法天地，則聖人創物之智，別尊卑，定上下，有大於斯二者乎？舜命禹曰：『予欲觀古人之象，日、月、星辰、山、龍、華蟲作會，宗彝、藻、火、粉米、黼、黻絺繡，以五采彰施於五色作服，汝明。』《周官》之屬有『巾車』、『典輅』、『司常』，有『司服』、『司裘』、『内司服』等職。以是知輿服始於黄帝，成於唐虞，歷夏及商而大備於周。周衰，列國肆為侈汰。【略】

夫三代制器，所以為百世法者，以其華質適中也。孔子荅顔淵為邦之問，曰：『乘殷之輅，服周之冕。』且《禮》謂周人上輿，而孔子獨取殷輅，是殷之質勝於周也。又言『禹致美乎黼冕』，而論冕以周為貴，是周之文勝於夏也。蓋已不能無損益於其間焉。不知歷代於秦已還，何所損益乎？

《遼史》卷五六《儀衛志二・輿服・國服》 上古之人網罟禽獸，食肉衣皮，以儷鹿韋掩前後，謂之鞸，然後夏葛冬裘之製興焉。周公陳王業，《七月》之詩至於『一日于貉，三月條桑，八月載績』，公私之用，由是出矣。

《金史》卷四三《輿服志下》 君子之服，以稱德也。故德之備者，其文備。古者王公及士庶人，莫不各有一定之制，而不敢相逾者，蓋風俗之奢儉，法令之齊一，必於是而觀焉。

《元史》卷七八《輿服志一》 若稽往古，黄帝、堯舜垂衣裳而天下治，蓋取諸《乾》、《坤》；服牛乘馬，引重致遠，蓋取諸《大壯》。冕服車輿之制，其來尚矣。《虞書》舜作十二章，五服以命有德，車服以賞有功。《禮記》虞鸞車，夏鉤車，商大輅。至周損益前代，『弁師』掌王之五冕，『巾車』掌王之五輅，而儀文始備。然孔子論治天下之大法，於殷輅取其質而得中，周冕取其文而得中也。

明・丘濬《大學衍義補》卷九〇《備規制・冕服之章》 臣按：先儒謂衣裳，即舜所謂『古人之象』、『五色作服』者是也。蓋衣裳之制，始於黄帝，備於堯舜。

又 卷九六《備規制・寶玉之器》 臣按玉之為玉，古先帝王必以之為服佩之用者，以其色有黃白黑蒼之辨，其聲有角徵宮羽之應，其象有仁義禮樂、道德忠信之備。

明・劉績《三禮圖》卷二《紘纓色説》　《記》言籍田，天子冕而朱紘，諸侯冕而青紘。以管仲朱紘為濫。《士冠禮》：皮弁、爵弁笄，緇組紘，纁邊。《玉藻》云：玄冠，朱組纓，天子之冠也。緇布冠繢緌，諸侯之冠也。玄冠，丹組纓，諸侯之齋冠也。玄冠，綦組纓，士之齋冠也。互考之，則天子纓紘皆朱，諸侯纓紘皆丹，大夫纓紘皆緇，士纓紘皆綦。其織之兩邊，綦者緇邊，緇者纁邊，丹者朱邊，朱者玄邊歟？其青、素、黃、赤，上下通用也。

《爾雅》：一染謂之縓，再染謂之赬，五染謂之纁。青謂之葱，黑謂之黝，斧謂之黼。《考工記・鍾氏》：染羽，以朱湛丹秫三月而熾之，淳而漬之。三入為纁，五入為緅，七入為緇。一染為縓，赤黃色也，又名韎；以一命緼韍，故曰士爵韋。雀色黃而微赤，非謂頭也。馬赤黃曰騂。齊則爵韠，戎則韎韐。又曰士佩瓀玟而緼組綬。再染為赬，大赤也，《詩》『魴魚赬尾』，再命赤韍是也。又名絳，又名蒨。三染為纁，黃朱色，所謂丹也，又彤也，《詩》『朱芾斯皇』，諸侯黃朱芾是也。然與赬相亂，故大夫玄赬即玄纁。鄭氏曰：四入為朱，謂得宜則鮮明。《詩》：『我朱孔揚』，毛氏曰：深纁也。天子純朱芾是也。若入而過度，則微黑為紺矣。先儒謂入赤汁則為朱，入黑汁則為紺，更以此紺入黑則為緅。按孔子不以紺緅飾，即管仲之丹朱黼領，猶言紫之奪朱也。《淮南子》曰：染紺以涅，則黑于涅。涅即黑汁也。孔氏謂：一入曰緅。則紺尚染以赤汁，而緅始染黑汁矣。《説文》謂：紺，深青。揚，赤色，非緅。一入赤多黑少，再入黑汁則為玄，鄭氏謂六入是也。黑多赤少如燕，故燕謂之玄鳥，蟻謂之玄駒。七入為緇，則純黑矣。然與玄相亂，故緇衣名玄端。

《考工記》：東方謂之青，南方謂之赤，西方謂之白，北方謂之黑，天謂之玄，地謂之黃。青與白相次也，赤與黑相次也，玄與黃相次也。青與赤謂之文，赤與白謂之章，白與黑謂之黼，黑與青謂之黻，五采備謂之繡。《爾雅》：青謂之葱。東方正色，如葱也。黑謂之黝。北方正色，暗也。青白相次則為碧，深縹色。赤黑相次則為皂，深緅色。玄黃相次，則為鷃鳥之黃黑為鷃是也。青赤之文即紫色，與紺亂。赤白之章，紅也，淺絳色。白黑之黼，蒼艾色，綦也。馬淺黑為騆，所謂陰白也。黑青之黻，蒼也，深青色。馬青驪曰駽，淺則為黲。五采備為繡，即繢也。惟天玄色尊，與地配，而四方之色不能雜。又白黃為緗，青黃為綠，不言云。

又　卷二《大裘冕》　大裘而冕，無繁露。《書》稱康王麻冕黻裳，卿士邦君麻冕蟻裳，太保、太史、太宗皆麻冕彤裳。孔子曰：今也純，儉。則不以麻為之，惟郊用麻云。《王會篇》：天子南面立，絻無繁露，朝服八十物，搢珽。唐叔、荀叔、周公在左，太公望在右，皆絻，亦無繁露，朝服七十物，搢笏，旁天子而立于堂上。堂下之右，唐公、虞公南面立焉。堂下之左，殷公、夏公立焉。皆南面，絻有繁露，朝服五十物，皆搢笏。則為壇朝，亦無繁露矣。豈以祭天地山川而仍其服歟？

又　卷三　《考工記》曰：大圭長三尺，杼上，終葵首。天子服之。鄭氏曰：終葵，椎也。爲椎於其杼上，明無所屈也。杼，閷也。《相玉書》曰：珽玉六寸，明自炤。按『杼』，如《考工記》『輪澤行欲杼』之『杼』，謂削簿輪踐地者。若圭，則削簿上而貫六寸首焉。玉亦無如是之長，故接之也。周三尺，今約有二尺也。《荀子》曰：天子御珽，諸侯御荼，大夫服笏。《管子》曰：天子執玉笏以朝日。則上下通名，後世謂之手板。《方言》云：《燕記》曰：豐人杼首。杼首，長首也。楚謂之仔，音序。燕謂之杼。又因此而訛也。

明・王應電《周禮圖説》卷下《冕旒延紐紘紞圖》　此圖五斿，乃子、男冕也。其冠武上覆及延、紐、紞、瑱、紘、纓、笄等之制，上下通用。所不同者，天子繅十有二就，其餘則依命數而為之，與夫玉之美惡，色之多寡，以為等差也。

又　卷下《弁圖》　《春官・司服》：凡兵事，韋弁服。眡朝則皮弁服。《夏官・弁師》：王之皮弁，會五采玉璂，象邸，玉笄。弁以皮六方縫之會，其合縫處，以五采玉璂十二，飾于會中。《詩》所謂『會弁如星』，又曰『其弁伊綦』也。象邸者，以象齒置于弁頂輳處也。玉笄者，貫于弁以為固也。諸侯之弁，會三采。子、男而下，會二采。

又　卷下《瑞玉圖》　大圭。《典瑞》：王晉大圭，執鎮圭，繅籍五采五就，以朝日。言朝日，則凡大祀皆然。《考工記》：大圭長三尺，杼上終，葵首。《記・玉藻》：天子搢珽，方正于天下也。其制直方，厚一寸，上稍薄，以便于搢，故曰杼上終。杼者，剡也。葵首者，葵，殺也，言殺其首之厚也。一名介圭。介，大也。

又 卷下《裼襲義》 舊説古人衣近體有袍襗之屬，其外夏葛、冬裘上皆有裼衣，裼衣之上有襲衣，襲衣之上有常著之服，則皮弁服及深衣之屬是也。掩而不開謂之襲，若開而見出其裼衣，則謂之裼也。此説何不近人情也？愚謂裼、襲唯裘有之。若葛則直表而出之，外加禮衣耳。苟衣葛而又加以裼、襲常服，是豈夏月所宜觀？《詩》云：『瑳兮瑳兮，其之展也。蒙彼縐絺，是紲袢也。』謂以展衣而蒙于縐絺之上也。又云：『是以有衮衣兮。』蓋成王以七月迎周公，詩人指所見周公之衣也。冬月則常服之外加禮服，禮服之外有裘，裘之外或裼或襲。裼則領袖下齊，皆露其文，襲則全掩而不露。蓋裼則不襲，襲則不裼，非有裼又有襲也。唯其裘加于禮服之外，舉目即見，故古人多指其裘而不指其禮服。若大裘而冕，狐裘以朝，君衣狐白裘，此類甚多。若裘在禮衣裼、襲之內，重重掩覆，何以見之？至謂開而見出其裼衣，古人行大禮之時，衣服何得如此不肅整？豈紲袢之意乎？夫冕服所以章德，故以裘加其上。蓋裘者，服之本；裘之加于衮，猶韠之加于裳也。且夏主發散，冬主斂藏，夏表冬裹，亦灋象之一事也。然則胡以為別？君臣涖事之裘，色各不同，而其裼衣稱是，即表可以知裹矣。夫禮有以文為貴者，有以質為貴者。君在則裼。襲裘不入公門。其有藉者則裼，盡飾也。此以文為貴也。尸襲，執玉龜襲。其無藉者則襲，充皺也。此以質為貴也。無事則裼，尚文也。弔則襲，去飾也。

明·王應電《周禮傳》卷四下《夏官下·弁師》 按舊説冕旒之制，所差有四。愚據經文，云掌王之五冕，皆玄冕、朱裏，延、紐。則冕之制，同也。五采繅十有二就。是五冕之繅，其數無不同也。又云皆五采玉十有二。是五冕之玉皆一百四十四枚矣。舊説鷩冕九旒，毳冕七旒，希冕五旒，玄冕三旒，非也。夫五服之章，有九、七、五、三、二之不同，而冕則一，何也？蓋冕主上覆天之象，天一而已，人事則不齊，故五服異而五冕同者，其亦此意歟？此失之一也。諸公之繅斿九就，瑉玉三采，所異者此耳。繼之云：其餘如王之事。則每旒玉十有二，並無九玉之説。蓋冠之長尺，玉之間寸，十有二玉為尺有二寸，故能垂之以蔽目，少短則不足以蔽目矣。此正如樂舞之數，以其每佾八人，故『佾』之字從八，乃謂每佾人數如其佾數。士之四人，豈足以成樂舞乎？故侯、伯之繅斿七就，其餘如公之事，亦每旒玉十有二。子、男繅斿五就，其餘如侯之事。孤繅斿四就，卿三就，大夫再就，小國之卿再就，其每旒亦皆十有二。唯其采以《典瑞》之例推之，子、男而下當為二采。此失之二也。

夫旒為目而設，後之有旒，果何所為？故經文叙王之冕，止云繅十有二就，而不言二十四。諸侯繅斿九就，而不言十有八。若曰止以前而言，則深衣何獨通前後，而云十有二幅乎？故據經觀之，止有前旒。《禮記》、《家語》並云：冕而前旒。是亦一証。唯延則有前後，《玉藻》之文可見。此失之三也。衣止二章，冕止二旒，以再命始受服也。蓋黼、黻相麗，去一則不足以為文；二旒相並，去一則不足以為蔽。故再命始得受服，一命者不服冕，唯弁服而已。先儒拘于陽數之説，謂玄衣一章，玄冕無旒，尚足以為冕服乎？且有一章之冕服，是一命受服矣。此失之四也。大抵先儒之説，皆失于不考經文之過。蓋自叔孫通草創漢制而已然。愚直據經文而參以《玉藻》，見後人之説自不可通。欲考禮者，當玩遺經可也。

又 卷一下《天官下·屨人》 舃屨之見于《經》、《傳》者，《詩》稱周公曰：『赤舃几几。』又云：王錫韓侯，玄衮赤舃。』《士冠禮》：『玄冠黑屨，青絇、繶、純。素積白屨，以魁柎之，緇絇、繶、純。爵弁纁屨，黑絇、繶、純，純博寸。夏葛屨，冬皮屨。不屨繐屨。』唯此數語而已。先儒所言王及后與命夫命婦之舃屨，多缺誤。愚觀《月令》：天子于四時，服色不同。則舃屨並當有五色之不同。是故王之五冕皆玄冕，其服皆玄衣纁裳，則其下皆赤舃，黑絇、繶、純。至于祀五帝與王居明堂，則其衣各倣其方之色，故衣青衣則白裳白舃，而其飾為青衣；赤衣則黑裳黑舃，而其飾為赤衣。白與黑反之。后備服如王，亦當有五等之舃。又天子爵弁纁屨，綦弁黑屨，素積白屨，王后展衣白屨，緣衣黑屨。此所言舃，止于赤、黑，繶唯赤、黄，絇唯青而又不言純。舊説以為互見，不應如此之太略。愚以為缺文耳，不可為據。制禮者當通其意而為之，可也。

按人受天地之中以生，故萬物之中，獨肖天地，具體而微，是故聖人為之服飾，皆灋天地為之。冕、弁者，天之覆也；屨、舄者，地之載也。腰已上屬天，故衣、冠同色；腰已下屬地，故裳、屨同色。又有與冠同色者，取天運地下之意。且足者，人之所由以行者也。善惡吉凶，靡不由之。聖人因屨以示戒焉。夫屨雖小物，而所繫之重如此，故特設官以掌之。男女首服，造灋異制，故「弁師」、「追師」分職，能不可兼也。男女屨舄，造灋不殊，非若後世婦人之鞋以刺綉與男子異，故以一官兼之。此亦事勢自然。舊以為冠尊而分，屨卑而合。説禮者求之過而失之類如此。

明·陳士元《論語類考》卷一七《冠服考·周冕》 元按：【略】《虞書》有日、月、星辰、山、龍、華蟲、藻、火、粉米、黼、黻絺繡之十二章，故《通典》云：虞備十二章，夏、殷相襲不變。而鄭玄注《周禮》，冕服惟有九章，其三辰則登於旗。何其説之異也！夫自堯舜垂衣裳，至周而儀章日著。孔子於四代禮樂，特曰服周之冕，取其文物之備，尊卑有辨也。豈虞備十二章而周乃惟有九章乎？又謂上公冕服九章而王服亦九章，何以别上下也？《郊特牲》云：祭之日，王被衮以象天。則十二章備矣。而鄭玄則謂日、月、星辰之章，乃魯禮也。豈周制止九章而魯反有十二章乎？鄭注之難據如此。

又《麻冕》 元按：古者冠制有三：曰冕，曰弁，曰冠。冕者，朝祭之服，所謂十二旒、九旒而下者是也。惟有位者得服之。弁亞於冕，所謂周弁、殷冔、夏收是也。冠亞於弁，所謂委貌、章甫、毋追是也。弁與冠，自天子至於士，皆可服焉。夏、殷之祭用弁，蓋未嘗以弁亞於冕也。而周制始以冕弁定尊卑之分，庶人以冠，士以弁，不得服冕，大夫雖可服冕，而私家之祭則不敢用，是冕與冠異也。

又《朝服》 元按：孔氏以朝服為皮弁服者，《士冠禮》云：皮弁服，素積緇帶素韠。鄭注云：此臣與君視朔之服也。故孔氏以皮弁為吉月之朝服。然鄭注又云：皮弁者，以白鹿皮為冠也。皮弁之衣用布十五升，其色象焉。又素衣麑裘，為視朔之服。是冠與衣之色，俱白矣。《周禮·司服》云：視朝則皮弁服。凡甸，冠弁服。注云：皮弁之衣用緇布，而裳則積素，以象皮弁耳。此又與素衣麑裘裳不合也。《弁師》云：王之皮弁，會五采玉璂，象邸，玉笄。諸侯及孤卿大夫之韋弁、皮弁，各以其等為之。注云：韋弁、皮弁，侯、伯璂飾七，子、男璂飾五，玉皆三采；孤璂飾四，五命之卿璂飾三，再命之大夫璂飾二，玉皆二采。此皮弁之制也。

《記》云：天子與其臣皮弁以日視朝，諸侯與其臣皮弁以朔視，朝朝服以日視朝。《郊特牲》云：三王共皮弁素積。《祭儀》云：君皮弁素積以巡牲。又云：君皮弁素積，卜三宮之夫人世婦，使入於蠶室。又云：大學始教，皮弁祭菜。然則皮弁之服，豈但施於視朔而已哉？蓋皮弁，乃天子至士通用之服。以《儀禮·士冠·士喪》考之，則皮弁之上有爵弁。以《周禮·司服》考之，則皮弁之上有韋弁，但不如皮弁之用為多也。孔子於吉月必朝服而朝者，蓋致仕不忘其君，而孔邢俱以朝服為皮弁服，其或以魯君不視朔，乃服視朔之服以存禮也乎？若夫因君視疾加朝服拖紳者，乃玄端常朝之服；因鄉人儺而朝服立阼階者，乃祭服耳。蓋大夫祭以朝服，冠以皮弁，服祭服以存室神也。

又 卷一八《冠服考·紳帶》 元按：古人之帶二，有革帶，有大帶。革帶以皮為之，用以懸佩，亦以繫韍，在裳之上、衣之內。《易》云「鞶帶」，《內則》云「男鞶革」，《玉藻》云「革帶博二寸」，《士喪禮》云「韐帶搢笏」，《左傳》云「鞶厲游纓」，《楊子》云「綉其帨鞶」是也。既服革帶，然後於衣上加以大帶。大帶以繒為之，圍於腰，結於前。其兩頭垂在下者曰紳，即今深衣之帶，《詩》云「垂帶而厲」，毛萇、杜預皆以厲為帶之垂者是也。《玉藻》：子游曰：參分帶下，紳居一焉。紳、韠、結，三齊。注云：紳謂紳帶，韠謂蔽膝，結謂約紐餘組，三者俱長三尺，故為三齊也。革帶與韠，其用相因，則革帶之色當與韠同。而大帶施於衣上，其朝祭常服之制及君臣貴賤之等，必有不同也。故公西赤之束帶立朝，與孔子之朝服拖紳，皆朝服之帶；而子張所書之紳，非居士之錦帶，則弟子之縞帶耳。

明·馮復京《六家詩名物疏》卷二八《素冠篇·韠》 按：韠即韍也。韍字或作「芾」，或作「紼」，或作「紱」。士之緼韍，又稱韎韐。鄭氏云：冕服謂之芾，其他謂之韠。然《禮》惟言韠之制而已，更不指芾，知芾即韠耳。一命之士服爵弁，亦得稱緼韍，豈以冕服、他服爲間乎？鄭氏又云：韍，舜始作之，以尊祭服。賈公彥云：祭服謂之韍，其他服謂之韠。然方叔南征，《車攻》諸侯之會同，《采菽》諸侯之交，接云『朱芾』、『赤芾』，則非獨祭服名韍矣。韍之飾，依鄭氏《明堂位》注：天子備山、火、龍章，諸侯火而下，卿大夫山，士韎韐而已。以《禮》推之，周多以近世之禮待貴者，遠世之禮待卑者，鄭説或是也。其玄端服之韠加飾亦同，惟士無飾，故謂之韎韐。《左傳疏》謂韠以色別，韍加文飾者，非也。先儒惟不知韍、韠之本同，直所從言之異耳，以致紛紛如此。

明·周祈《名義考》卷一一《物部·裼襲》 裼衣乃半袖襌衣加于裘之上，以見美。襲衣乃有袖全衣加于裼之上，以充美。《曲禮》注：古人近體衣有袍襗，其外有裘葛，裘葛皆有裼衣，裼衣上有襲衣，襲衣上有常著之服，則皮弁服與深衣之屬也。

清·萬斯大《儀禮商》卷一《聘禮》 按『裼』有與『袒』連言者，見于《詩》，見于《孟子》，大都皆傲慢不恭之狀。有與『襲』對言者，見于曾子、子游之弔，見于此《禮》之聘享，而最詳于《玉藻》之篇，大都皆行禮時文、質相變之宜，二者不得相混。鄭注《聘禮》云：裼者，免上衣，見裼衣。凡襢裼者左。注《玉藻》云：裼衣之上復有衣。袒而有衣曰裼。賈《疏》云：冬時襯身襌衫，又有襦袴。襦袴上有裘，裘上有裼衣，裼衣上又有上服皮弁祭服之等。裼者，袒衿前上服，見裼衣也。襲者，掩之。孔《疏》云：近體有袍襗之屬，其外有裘，裘上有裼衣，裼衣上有襲衣，襲衣上有常著之服，則皮弁之屬也。掩而不開謂之襲，開皮弁及中衣，左袒出其裼衣，謂之裼。皆不免與『袒』、『裼』混。

愚考《玉藻》言諸裘，皆言『衣以裼之』，知裘外之衣謂之裼衣也。又言『裘之裼也，見美也』，『君在則裼，盡飾也』，則裼衣即禮服矣，即此《禮》既聘而享，賓主皆裼以將事。謂裼衣非禮服，可乎？推此，則凡裘外之裼衣，皆禮服矣。其謂之裼者何？《説文》：裼，从衣从易。裘因事變，衣因裘易也。又裼有『袒』義。古人禮服，皆直領無衿，裘上衣裼衣，胸前裘色自然微露，如袒者然。是之謂見美，是之謂盡飾，故曰裼。襲者何？《玉藻》云：『服之襲也，充美也。』夫于裼曰『裘之裼』，裼在裘外也。于襲曰『服之襲』，襲在裼外也。裼見美盡飾而加衣以掩之，使美充于内而不外見，故曰襲。然經不詳襲衣之制。《説文》：襲，左衽袍。古惟大小斂衣皆左衽，生人左衽，聖人所不許。反復思之，疑即深衣也。古人禮服無衽，惟深衣有左右衽，當兩旁，左衽在内無嫌。《深衣》云：衽當旁。且衣裳相連，全體深邃，服之以掩蓋裼衣，則美不外著。《深衣篇》曰：『可以為文，可以為武，可以治擯相，可以治軍旅。』聘，文事也，擯相類也。禮盛而服之以襲，不亦可乎！吾為約言之曰：裘上有裼衣，不加深衣曰裼，加深衣曰襲。裼、襲之解，如是而已矣。

清·汪紱《參讀禮志疑》卷下 襲、裼之分，説者多異同。孔《疏》言：凡衣近體有袍襗之屬，其外有裘，夏月則葛，其上有裼衣，裼衣上有襲衣，襲衣之上有常著之服，則皮弁屬也。掩而不開，則謂之襲。若開此皮弁及中衣，左袒出其裼衣，則謂之裼。愚按左袒，其外衣如釋氏之著偏衫，此必無此禮。況經每言襲裘、裼裘，未見有所謂襲衣、裼衣者。且襲、裼，皆以裘爲主。若如所言，左袒出其裼衣，則是見其中之衣耳。所謂見美、充美者，豈此裼衣之謂乎？《論語》『緇衣羔裘，素衣麑裘，黄衣狐裘』，誠以見美而欲衣、裘之同色也。若不見其美，又何取於衣、裘之同色乎？近萬伯符亦覺其説之非，因謂裼衣即皮弁之屬，古冕弁朝服，皆直領可見其裘，故曰裼。襲衣即深衣也，深衣曲袷，左右有衿，加深衣於弁服之上，則兩袷相掩，不見其裘，故曰襲。此説似近之矣。然愚按冕弁朝服，皆禮服之正且尊者，而深衣則達於庶人，及乎燕私。以朝聘重禮而反加下服於上，又豈其宜？且其言深衣而有加衿，尤必非古制也。深衣之辨，此不及詳。《記》曰：『長、中繼掩尺。』中，中衣也。中衣、長衣、麻衣、深衣皆同制。冕服之中衣以絲，諸侯則朱領黼緣，所謂『素衣朱襮』也。弁服則以布，只曰中衣，緣之以素則曰長衣，緣仍以麻則曰麻衣。麻衣則不加袂而袂短，緣之以青、黑及采色皆曰深衣。深衣、長衣、中衣則繼其袂，使長可反屈及肘，故曰繼掩尺也。而中衣加於裘外弁服之内，故曰中。中衣之領，可交可開。交使左右相掩，開則左右不相掩。以其可相掩，故曰曲袷。襲、裼之分，亦以中衣而別。蓋交掩中衣之領，又放其長尺之袂，則裘色不見於外，是襲而充美也。開其中衣之領，又捲其掩尺之袖，則領、袖間皆見裘色，是裼而見美也。若裼者，則相易相合之義，主於内外相稱而言之。是故朝服而緇衣，則羔裘與之稱；皮弁服素衣，則麑裘與之稱；息民之祭黄衣，則狐裘與之稱。是裼衣即弁服之類，何必別有裼衣乎？又何必偏袒許多衣服而後見裼衣乎？又何必加深衣於外而後謂之襲乎？若古之冕弁朝服，則固皆直袷也。

清·陳啓源《毛詩稽古編》卷二九《數典·衣裘》 王之吉服九，其六冕服，其三弁服。冕服六者，大裘而冕也，衮冕也，鷩冕也，毳冕也，絺冕也，玄冕也。弁服三者，爵弁也，皮弁也，冠弁也。公之服，自衮冕而下如王；侯、伯自鷩冕而下如公；子、男自毳冕而下如侯、伯；孤自絺冕而下如子男；卿大夫自玄冕而下如孤；士則爵弁。冕服皆玄服纁裳，爵弁服純衣纁裳、緇帶韎韐，皮弁服素衣素積、緇帶素韠。冠弁亦謂之玄冠，亦謂之委貌，其服謂之朝服，緇衣素裳。

凡九服，惟大裘不見《詩》。《九罭》之「衮衣」，《采菽》之「玄衮」，衮冕服也。《唐風》之「七衣」，鷩冕服也。《大車》之「毳衣」，毳冕服也。《采菽》之「黼絺」，冕服也。《終南》之「黻衣繡裳」，玄冕服也。《瞻彼洛矣》之「韎韐」，《周頌》之「絲衣載弁」，爵弁服也。《淇澳》之「會弁」，《終南》之「錦衣狐裘」，皮弁服也。《召南》、《鄭》、《唐》、《檜》之「羔裘」，《鄭》之「緇衣」，冠弁服也。外又有服弁服，凶服也。弁絰服，弔服也；韋弁服，戎服也，在九服之外矣。而韋弁服亦見《詩》，《東山》之「裳衣」，《六月》之「常服我服」，《采芑》之「命服」皆是。又有端服，亦玄冠玄衣，與朝服同而裳不用素為異。上士玄，中士黃，下士雜色，天子、諸侯皆以朱。天子視朝以皮弁，諸侯視朝以朝服，士大夫在私朝以玄端。冕服、爵弁服，絲衣也，中衣用素。皮弁服、朝服，麻衣也，中衣用布，即十五升布。所謂「帛不裹布」也。《唐風》之「素衣朱襮」，諸侯冕服之中衣也；謂之「繡黼丹朱」，惟君得服之。大夫士中衣得用素，衣不得朱襮矣。若夫《檜風》之「狐裘」，則息民之祭服也。《曹風》之「麻衣」，則深衣也。《檜風》之「素冠」，毛以為練冠，鄭以為祥冠也。《鳲鳩》之「騏弁」，雜色之弁也。《顧命》特設此服，非禮之常服也。故鄭以「騏」為「璂」，理或然也。《秦風》之「袍澤」，褻服也。《無羊》之「蓑笠」，野服也。《都人士》之「緇撮」，則大古之冠而用為始加者也。

裘有狐裘，有羔裘，有麛亦作麑裘，有貉有貍，而羔裘之用最多。大裘而冕，黑羔裘也。五冕之服，爵弁服、冠弁服皆黑羔裘。天子、諸侯燕居玄端服，亦黑羔裘。《詩》之「羔裘」，皆冠弁服也。君用純，臣異其褎飾，故有豹袪、豹袖、豹飾之稱焉。狐裘有三：一、狐白裘。天子視朝，皮弁服用之；諸侯朝天子亦同，皆裼以錦衣。卿大夫在王朝，亦衣狐白，惟裼用素衣為異。二、黃衣狐裘。蜡祭後息民之祭，及兵事韋弁服用之。三、狐青裘。大夫士玄衣之裘也，《玉藻》「玄綃衣裼之」是也。玄衣即玄端服，與天子、諸侯服同而裘異矣。見《秦·終南》者，狐白裘也。見《檜·羔裘》及《小雅·都人士》者，黃衣狐裘也。見《邶·旄邱》者，狐青裘也。毛云：狐蒼。青、蒼色同。麛裘者，諸侯視朝，君臣皆皮弁服，則服之。其受外國聘享亦然。裼衣或絞，蒼黃之色。或素，而素為正矣。見《論語》、《玉藻》、《聘禮》注而不見《詩》。《豳風》取貍貉為裘。貉裘以燕居，《論語》「狐貉之厚以居」是也。貍裘以從戎，《左傳》定九年。東郭書「皙幘而衣貍製」者也。外又有虎裘、狼裘，裘之武猛者也，君之車右及左服之。又有犬羊之裘，裘之賤者也，庶人服之。

又 卷一一《車攻》 赤芾金舄。《傳》云：金舄，達屨也。案《小爾雅》云：履尊者曰達屨，謂之金舄而金絇也。宋咸注云：禮，黑履青絇，赤舄黑絇。詳《注》意，則金舄當是赤舄之特異者。注言黑履、赤舄皆與絇異色，正見金之為達履，以其色與絇同。絇者，舄頭飾也，古人重之，以為成人之飾。《玉藻》：童子不屨絇。金舄之色，直達於絇，所以殊其制而獨得達名也。《傳》文「達屨」，義亦應爾。孔《疏》申之，以為金舄即赤舄，舄有三等，白舄、黑舄在赤舄之下，其尊未達。赤舄之尊，莫過屨之最上達者，故曰達屨。此殆臆説耳。孔子魚，名鮒，著《小爾雅》。宣聖九代孫。其書最古，其説又甚優，而仲達不用，未知何意。

清·惠士奇《禮説》卷七《春官二》 《玉藻》：「惟君有黼裘以誓省。大裘，非古也。」王肅增損《郊特牲》之文，托為《家語》，乃云：「天子大裘以黼之。」又自注曰：「大裘為黼文，則合大裘與黼裘為一矣。」又云：「被裘象天。既至泰壇，王脱裘服衮，以臨燔柴。」其説不知何據。脱裘服衮，以衮襲裘，兩俱無據，孰者為優？熊氏云：六冕皆有裘，君用純狐青，大夫士雜以豹褎。諸侯朝服，緇衣羔裘，不用狐青也。狐青乃冕服之裘。劉氏云：凡六冕之裘，皆黑羔裘也。《論語》

注：緇衣羔裘，祭於君之服。卿大夫以朝服助君祭。是祭服用羔裘矣。然則五冕不言裘，省文。黼裘以誓省者，聽誓命，省牲鑊也。誓在祭前十日，省在祭前一日之夕。黼如斧形，刃白而身黑。康成謂以羔與狐白雜為黼文。蓋大裘之次，天子黼裘以聽誓省牲，大裘以祀天享帝焉。《玉藻》：君衣狐白。《管子》曰：狐白應陰陽之變，六月而一見。蓋物之難得者。故君衣狐白，臣衣狐青，士不衣狐白，物以難得者為貴也。犬羊之裘不裼，非以其賤乎！祀天尚誠貴質，而服賤者之裘，愚所未通，以俟達者。《荀子》曰：天子山冕。又曰：大路之素，郊之麻冕，一也。山冕謂山龍，郊乘素車，服麻冕，則大裘不被衮，明矣。《白虎通》曰：天子狐白，諸侯狐黄，大夫蒼，士羔裘，別尊卑也。魏秦静《議》曰：麻冕者素冕，麻不加采色。漢祭天，乘殷路，謂之桑根車。周乘玉路，非素也。荀子不見《周官》。

清·張尚瑗《穀梁折諸》卷六《哀公·吳王夫差曰好冠來》 《韓詩外傳》：越王勾踐使廉稽獻民於荆王，使者出見廉稽曰：『冠則得以俗見，不冠不得見。』廉稽曰：『夫越，周室之列封也。處江海之陂，與魭鱣魚鱉爲伍，文身翦髮而處。今來上國，必曰冠得見，不冠不得見。如此，則上國使適越，亦將劓墨文身，翦髮而後得以俗見乎？』觀吳王欲請冠端而襲，以周旋於魯、晉，其景跂華風與錮蔽夷俗，兩國之相去，奚啻薰蕕霄壤！

清·江永《鄉黨圖考》卷五《冕考》 按冕者，冠之有延有旒。孔以緇布冠解之，與始冠之緇布冠相混。又謂績麻三十升布為之，亦非也。孔古布幅闊二尺二寸，當今尺一尺三寸七分半。若容三十升之縷二千四百，則今尺一分之地，幾容一十八縷，此必不能為者也。孔意蓋謂古者朝服十五升，冠當倍於衣。不知冠升倍衣，唯喪服斬衰三升，冠六升則然；自齊衰以下，則非倍半之數矣，《禮》無冠倍于衣之例，孔誤釋耳。麻冕之布亦不過十五升，如今尺之一分容九縷，已是細密難成矣。

按《大戴禮》及東方朔《答客難》，皆云冕而前旒，所以蔽明，則無後旒可知。後旒何所取義乎？鄭謂前後皆有旒，此因《玉藻》『前後邃延』而誤耳。前後邃延謂版長尺六寸，自延端至武，前後皆深邃，非謂後亦有旒也。《玉藻》言十有二旒，未嘗言前後皆十有二旒也。據《疏》引《漢禮器制度》，亦云垂於延之前后，豈叔孫通失之與？抑所引者非《禮器制度》之原文與？且衮冕二十四旒，用玉二百八十八。如此繁重，恐首不能勝。夫子論為邦，何爲取於周冕乎？鄭所計用玉，每冕皆當去其半。

按《記》者雜記異代之冕制，天子用朱、緑二采，太卑矣。諸侯有五等，一用九旒，太無別矣。七旒、五旒用之上大夫、下大夫，則已僭。士得服三旒之冕，亦太尊。以此觀之，可知周冕之善，夫子所以取之。

按三代制禮，有益亦有損。天子用物雖得備十二，然冕戴於首，既有十二旒、十二玉以則天數，冕服之章以九為尊，取陽數之極，禮尚相變也。古用十二章，周損為九章，日、月、星唯畫於大常，正監前代損益之精意。倘有益無損，則制度彌文，伊於胡底乎？鄭説俱允當。有謂周冕服亦用十二章者，非也。

又 卷五《冕服之韍考兼考笏舄》 按黻與韍不同。黻是裳上之章，以青與黑之文，繡作兩已相背之形。韍是韋蔽膝。此『衮冕黻珽』當作『韍』，乃與下『黼黻』之『黻』同，轉寫之誤耳。若《論語》『禹致美乎黻冕』，《左傳》『晉侯以黻冕命士會』，與『冕』連文，皆當為『黼黻』之『黻』。故鄭注《論語》云：黻是冕服之衣。冕，其冠也。明黻是冕服之章，舉後一章，以該他章耳。邢《疏》既引鄭注，乃解黻為蔽膝。邢説誤。今《集注》亦承其誤。

按笏者，古人以為服飾，常插之於帶間，有事出之，無事仍插之。《禮經》皆言『搢笏』。後世謂之簿，又謂之手板，不插而執之，乃有持簿、執手板之事，又有垂紳正笏之文，皆非古制。《疏》中凡言『執笏』者，皆誤也。今作文當言『垂紳搢笏』，不得用『垂紳正笏』。

按珽與大圭不同。天子冕弁諸服，常搢珽，唯朝日，搢大圭。故《典瑞》特言之。若大圭即珽，平時皆搢，不必於《典瑞》見之矣。《考工·玉人》言大圭長三尺，杼上，終葵首。謂圭殺又別為椎頭。若珽，則無終葵首之制。且《玉藻》下文言笏度二尺有六寸。尊卑皆然，亦不長三尺也。笏插於帶，以上為前，下為後。詘者，曲也，非圜殺之謂。珽通身皆直，荼則上曲而下直。大夫之笏，曲其中央，則上與下皆有彎環之形。後世之笏作曲形，正前詘後詘之謂也。鄭誤以大圭為珽，幷詘字之義亦失之。《管子》言：天子服玉笏以朝日。此玉笏，為大圭。

又　卷五《弁服考》　按《周禮》無爵弁，王之弔服有素爵弁，於弁經服見之。士之爵弁無等，故《弁師》不言，《司服》亦不言。爵弁者，《疏》云：爵弁之服，唯承天變時及天子哭諸侯乃服之。所服非常，故列天子吉服，不言之。今以次轉相加，不得輒於『士』上加『爵弁』，故以皮弁服為首也。公襲有爵弁二，則爵弁又為諸侯始受命之服。

又　卷五《冠考》　按太古冠布，齊則緇之。言後世之玄冠用繒不用布，故始冠之緇布冠，既冠可敝。《注疏》未明，言玄冠用繒，則可敝之義不明。當補。

又　卷六《通考服色相稱》　按古人服制，衣與冠同色，緇衣則玄冠，素衣則皮弁，黃衣則黃冠。欲其上體稱也；屨與裳同色，素裳者素屨，玄裳者黑屨，黃裳者纁屨。欲其下體稱也。帶亦象衣，緇帶、素帶。韠韍亦象裳。冕服纁裳，赤韍。爵弁服纁裳，韎韐。皮弁服素積，朝服素裳，皆素韠。玄端玄裳三等，皆用爵韠。故裼衣必象上服，使內外稱。今人作文，不知緇衣、素衣、黃衣之外，仍有上服矣。

又　卷六《素衣麑裘考》　按《注疏》解《聘禮》所以服皮弁服之意最明。既服皮弁，則必素衣麑裘矣，自是服制尊卑相次當如此，並無白色上取義之意。俗解白以昭忠信，陋矣。聘享又必兼視朔，義始備。俗解遺視朔，非。

又　卷六《兼考君臣諸裼裘制》　按《玉藻》云：以帛裏布，非禮也。皮弁服之布而用錦衣裼狐白，得無以帛裏布之嫌與？嘗聞之太史程憟也云：凡言錦衣，非通身用錦也，惟以錦為緣耳。婦人『衣錦尚絅』者亦然。衣錦尚絅，大夫以上婦人始嫁之服也。行道禦風塵，當覆以絅衣。《士昏禮》謂之景。《中庸》惡其文之著，斷章取義耳。此說可補先儒所未及。然則錦衣仍是素衣，但以素錦飾領及袂耳。又絞、素二衣，熊、皇異說，皇說為優。《聘禮疏》云：鄭引《玉藻》、《論語》二文者，欲見諸侯與其臣視朔與行聘皆服麛裘，但君則麛裘，還用麛褎，臣則不敢純如君麛裘，則青豻褎。裼衣君臣亦有異時。若在國視朔，君臣同用素衣為裼；若聘禮，則君臣同用麛裘，但主君則用素衣為裼，使臣則用絞衣為裼也。按此說未知是否。又按聘時介裼而不襲，盛禮不在於己也。介既然為擯者，亦當然臣從君，不得服朝服也。而《論語》云：端章甫，願為小相。似朝服又似玄端服，豈公西華謙退言之與？

又　卷六《紅紫考》　按孔子言惡紫之奪朱，當時尚紫亦有漸。玄冠紫緌，自魯桓公始。《戰國策》云：齊紫敗素也，而賈十倍。蓋齊桓公有敗素染以為紫，下令貴紫，人爭買之，賈十倍。《管子》言齊桓公好服紫，齊人尚之，五素而易一紫。其貴紫有由來矣。哀十七年，衛渾良夫紫衣狐裘，太子數其三罪殺之，紫衣居一。杜注：紫衣，僭君服。可見當時君服紫。

又　卷六《佩考》　按組綬所以懸衡上，繫于革帶，衡下組綬有三條，皆以懸玉。若珠孔細，非組綬可貫。鄭注：《大戴》謂琚瑀，皆為玭珠，又謂是玉石。其說不定。後人作《圖》，以組貫小珠，未必確也。

清・顧楝高《毛詩類釋》卷一三《釋衣服・黻衣繡裳》　臣謹案：黻為冕服第九章，乃大夫玄冕之服。襄公既始命為諸侯，秦伯爵，當服鷩冕七章，而云黻衣者，鄭云：王之賜服，惟用有文章故也。凡賜法，上得兼下，下不得兼上。《詩》美襄公之受顯服，云『黻衣繡裳』，是得玄冕也。又曰『錦衣狐裘』，是得皮弁服也。諸侯之得王賜，惟以有文章者為榮，不在命服之貴賤。

又　《常服黼冔》　案黼冔是二事，黼是衣，冔是冠。

又　《赤芾朱芾》　臣謹案：《采芑》『服其命服，朱芾斯皇。』《疏》：朱深于赤，對文則朱深赤淺，散則皆謂之朱芾。是朱芾不獨天子也。《曹風》『三百赤芾。』《疏》：《周禮》再命赤芾，黝黑珩。公、侯、伯之卿三命，下大夫再命。曹為伯爵，大夫再命，是大夫以上，皆得服赤芾，赤芾不獨諸侯也。

又　《垂帶》　古人上曰衣，下曰裳，不相連。以大帶束衣、裳之縫，其垂者謂之紳。《詩》曰：『垂帶而厲。』《疏》：紳是帶之名，厲是垂之貌也。大帶之外有革帶，所以佩觿、礪之屬。

清・秦蕙田《五禮通考》卷一三二《嘉禮五・朝禮・皮弁服》　蕙田案：天子諸侯有冕服，有弁服。弁有三等，皮弁其一也。天子皮弁以眡朝，諸侯皮弁以聽朔。【略】《弁師》云：諸侯及孤卿大夫之皮弁，各以其等。則天子眡朝，諸臣之在王朝者，三公璂飾八，卿璂飾六，大夫璂飾四。其諸侯入為王卿士者，上公璂飾九，侯、伯璂飾七，子、男璂飾五，各如其命數可知也。士皮弁無結飾，則但以白鹿皮為之而已。

天子皮弁之服，素衣素裳，素帶朱裏，朱緑終辟，佩白玉，素韠白舄。其裘則以狐白，錦衣以裼之。知者，《司服》注：皮弁之服十五升，白布衣。《士冠禮》注：皮弁之衣，用布十五升，其色象焉。又《論語》『素衣麑裘』，鄭注：視朔之服。諸侯以素衣視朔，明天子以素衣眡朝，故知素衣矣。《士冠禮》：皮弁服，素積。注：積猶辟也，以素為裳，辟蹙其要中。又《冠禮記》、《郊特牲》、《明堂位》、《祭義》並有『皮弁素積』之文。案積訓為辟，即《論語》之『帷裳』也。以素為之，故云素裳矣。

又 卷一三二《冠弁服》 蕙田案：天子、諸侯白舄以配韋弁、皮弁、冠弁，黑舄以配玄端。但《司服》所掌九服，別無玄端，故康成於『冠弁』之下注云：王卒食以居則玄端。以玄端與冠弁大同小異，因附見之耳。賈《疏》泥於注中『三等舄配九服』之文，因謂黑舄配冠弁服，既又知其非也，復多方以通之。竊謂不如云『黑舄配玄端』之直捷也。

又案：玄端之服與朝服同，惟裳與屨舄異。朝服，君素裳白舄，臣素裳白屨；玄端則天子、諸侯朱裳黑舄，大夫素裳黑屨，上士玄裳，中士黃裳，下士雜裳，同用黑屨。其大夫玄端素裳，與朝服不異。賈公彥謂：禮窮則同。然朝服之屨以素，玄端服以黑，則亦有別矣。

蕙田案：朝服，緇衣也，亦可稱玄端者，緇與玄雖淺深不同，而皆黑色，從其相近而名之也。玄端而不素裳，則不得云朝服。賈、孔《三禮疏》，析之當矣。

蕙田案：《儀禮》、《禮記》所謂皮弁服與朝服，其用不一。然皮弁自皮弁服，朝服自朝服，未有以皮弁為朝服者，何也？蓋皮弁，天子視朝之服。玄端，卿大夫視私朝之服。二者似皆可稱朝服而不然者，以在朝君臣同服，而皮弁綦飾有五采、三采之不同，玄端服則有玄裳、黃裳、雜裳之別，獨冠弁為諸侯君臣之朝服，上下同之。其不同者，惟諸侯白舄，大夫士白屨。諸侯之羔裘純色，大夫羔裘豹袖。二端無大分別，故謂之朝服也。

蕙田案：素帶朱緑終裨，佩山玄玉、白舄，專據諸侯而言，卿大夫與君不同。

蕙田案：諸侯朝服以視朝。朝服，《周禮·司服》謂之冠弁服。鄭注：冠弁，委貌也。冠弁亦謂之玄冠，《士冠禮》『主人玄冠朝服』，注『玄冠，委貌』是也。其名委貌者，鄭氏云：委猶安也，言所以安正容貌也。亦謂之委，《左氏傳》劉定公曰：『吾與子弁冕端委以治民，臨諸侯。』又『晏子端委立於虎門。』《國語》『晉侯端委以入武宮。』董安于曰：『臣端委以隨宰人。』諸所云『端』者，朝服之玄端；所云『委』者，委貌也。其制經無明文。聶崇義《三禮圖》委貌有四式：其一《舊圖》云『委貌，進賢冠其遺象』是也。其二《漢志》云『委貌與皮弁冠同制』是也。其三張鎰《圖》云『諸侯朝服之玄冠，士之玄端之玄冠，諸侯之冠弁，此三冠與周天子委貌形制相同』是也。其四則梁正因阮氏之本而圖委貌，與前三法形制又殊。聶氏疑不敢定，而以張氏為得之，誠然。但張氏亦略有語病。蓋諸侯朝服之玄冠，即冠弁，亦即委貌，本無二制。其天子、諸侯、卿大夫士之玄端服，惟裳制有異，其冠則皆玄冠，與朝服之玄冠亦無二制也。張氏之說，似猶岐而視之矣。

諸侯之朝服，緇衣素裳，素帶，朱緑終辟，佩山玄玉，素韠白舄。其裘則以羔，緇衣以裼之。知者，《詩·鄭風》：『緇衣之宜兮。』鄭武公以諸侯入為周卿士，在私朝則服緇衣，是緇衣為諸侯朝服也。緇衣之布亦十五升，《雜記》『朝服十五升』是也。緇衣亦謂之玄衣。《王制》：周人玄衣而養老。注：玄衣素裳，天子之燕服，為諸侯朝服。《士冠禮》疏云：玄為六入，緇為七入，深淺不同。鄭以緇與玄同色者，大同小異，皆是黑色，故云同也。亦謂之玄端。《論語》注：玄端，諸侯朝服。蓋端者，端正之義。以朝服用正幅為之，故云『端』矣。知素裳素韠者，《司服》注：冠弁服，亦積素以為裳。《玉藻》注：朝服，冠玄端素裳也。又《士冠禮》：朝服素韠。韠與裳同色，故云素裳素韠矣。素帶，朱緑終辟，佩山玄玉，張鎰《圖》亦云然，蓋以《玉藻》文推得之。《燕禮》記：燕朝服。注：朝服謂冠玄端緇帶，素韠白屨也。賈《疏》以為諸侯朝服應白舄，而云白屨者，引《士冠禮》成文。其實諸侯當白舄，其臣則白屨也。諸侯朝服羔裘，《詩》『羔裘如濡』、《箋》云『緇衣羔裘，諸侯之朝服」是也。其臣亦羔裘而豹褎，《詩》「羔裘豹飾」、「羔裘豹祛」、「羔裘豹褎」，《玉藻》「羔裘豹飾，緇衣以裼之」，皆大夫士之禮也。

又　卷六九《吉禮六十九・宗廟制度・服飾總》　其韍與韠，制同而名異。韍一作『芾』，一作『紱』，一作『韍』，音義並同。鄭氏《詩箋》云：芾，蔽膝也，以韋為之。《詩》云『赤芾在股』，則芾是當股之衣，故云以蔽膝也。冕服者謂之韍，《易》云『朱韍方來，利用享祀』，《論語》云『致美乎韍冕』是也。他服者謂之韠，《士冠禮》『士服皮弁玄端，皆服韠』是也。《易緯乾鑿度》鄭注云：古者田漁而食，因衣其皮，先知蔽前，後知蔽後。後王易之以布帛而獨存其蔽前者，重古而不忘本也。是說韍韠之緣起也。《玉藻》說玄端之韠云：『韠，君朱，大夫素，士爵韋。』發首言『韠』而末言『韋』，明皆以韋為之；凡韠皆象裳色，言君朱，大夫素，直色別之而已，無他飾也。其韍則有文飾焉。《明堂位》曰：『有虞氏服韍，夏后氏山，殷火，周龍章。』鄭云：韍，冕服之韠也。舜始作之，以尊祭服。禹、湯至周，增以畫文，後王彌飾也。山取其仁可仰也，火取其明也，龍取其變化也，天子備焉。諸侯火而下卿大夫山，士韎韋而已。是說韍之飾也。《玉藻》曰：『韠，下廣二尺，上廣一尺，長三尺。其頸五寸，肩革帶博二寸。』鄭云：頸五寸，亦謂廣也。頸中央，肩兩角，皆上接革帶以繫之，肩與革帶廣同。是說韠之制也。《玉藻》：『一命緼韍幽衡，再命赤韍幽衡，三命赤韍葱衡。』韞，赤黃之間色。衡，佩玉之衡。幽讀為『黝』，青黑色。葱則青之異色。《士冠禮》：『爵弁韎韐。』韎韐即緼韍，未命稱韎韐，一命稱緼韍，其實一也。是說韍之等差也。

帶有大帶，有革帶，皆謂之鞶。大帶合帛為之，繚於腰者為鞶，垂於前者為紳，長三尺。《記》：子游曰：三分帶下，紳居二焉。人長八尺，大帶之下四尺五寸，三分之，紳居二，則三尺也。交結之處有紐，以組貫而約之曰結約。組廣三寸，垂其餘，亦三尺，《玉藻》『紳、韠、結，三齊』是也。大帶廣四寸，大夫以上同之；紳長三尺，士以上同之，則天子、諸侯可知也。惟士帶博二寸，有司紳長二尺五寸，降殺之別也。其色，天子素帶，君朱、綠，大夫玄華，士緇素。謂不加繢畫。先儒謂白色者，非也。【略】天子終辟，注謂辟為裨，《禮書》釋為辟積，皆未確。陳氏澔訓為緣者，近是。終辟，則竟帶之身緣之。大夫辟垂，士練帶辟下，以辟緣之長短為等差也。束帶之法，下毌厭髀，上無厭脅，當無骨者。先革帶，後加大帶。革帶以繫佩，而笏搢於二帶之間。革帶博二寸，有鉤牒無紳。是朝祭所同也。

《經》、《傳》服飾之制，信齋楊氏最為詳核，考正注疏先儒之誤，大端有六：如大裘加衮，一也。祭地不服大裘，二也；天子衮冕周十二章，三也。旒玉之數，天子皆十二，四也。爵弁及韋弁與冕不同，五也。玄端非朝服，六也。今載此圖，以備考。而楊氏所未及者，幷附著於後，以俟論禮者質焉。

又　卷六八《吉禮六十八・宗廟制度・舄屨》　蕙田案：《屨人》注疏，諸家皆議其非，而亦莫能疏解簡確，使人可曉其制者。唯郝仲輿曰：服屨，禮服之屨，王用赤舄象陽，后用黑舄象陰。繶，牙底接處以小絲綴其際為飾。王赤舄、赤繶，象純陽也。后黑舄、黃繶，雜象陰也。絇以絲著屨頭為鼻，拘束行履也。王與后舄絇用青，象東方帝出之生氣也。青、黃、赤、黑四者，四方之正色，故王與后吉屨用之。白不用，近凶，周所勝色也。素屨，燕居之屨，無繶、絇文采之飾。葛屨，當暑，王、后皆用之。鄭氏謂王吉服九，舄三，赤、白、黑；后吉服六，舄三，玄、青、赤。舄南、北相對，如繢之次；屨飾西、北相比，如繡之次。皆無端穿鑿。案郝氏之說簡易明白，較諸家為勝矣。

藝　文

清・陳元龍《歷代賦彙》卷九九《〔唐〕趙良器〈冠賦〉》　懿哉，聖人之所為！觸類而長，緣情以施，大則察乾坤之用，小則稽鳥獸之儀。近取諸身，既制冠以象德；遠取諸物，亦模範而開規。裝玉彩而晶耀，鈿珠華而陸離，禮容於是乎克尚，首飾於是乎攸宜。故柔以虛中，剛而勁外，惟德是輔，惟仁是大。綴香簪以半出，垂寶纓而雙對，珥白筆以孤懸，總紺髮而繁會。若乃九門朝啓，千官奉職，劍履鏘鏘，旌旗翼翼，趨玉階以雲聳，入金門而電艶，於赫朝廷，其儀不忒。此乃禮容之有則也。爾其尊卑異制，古今殊情，備鷸所以貴勇，加蟬所以貴清。進賢表文者之號，章甫尊儒者之名。獬豸觸邪惡，佞臣而直指；鵕鸃崇飾光，近侍以增容。此又威儀之孔明也。是以舉之有節，施之無妄，或用晦而冕旒，或蔽聰而黈纊。居止而不失其職，得位而不愆於上，每守分以自安，故雖高而不亢。此乃進退之惟當也。客有賦之而歎曰：夫檢身者禮，表容者服。服之不稱，必近於妖祥；禮之或差，自階於傾覆。故君子履道以遠害，小人崇奢而取戮。鄭臧聚鷸，果貽出境之誅；疏受挂門，克保永終之禄。則知逆理者天之所禍，順常者神之所福。況乎在位之庶僚，可不鑒茲而敬肅！

又　卷九九《［唐］陶拱〈五色比象賦以車服有制示不徒設為韻〉》　聖人以王命之施，官秩之設，貴有品類，賤有等列。望之可辨，非旌表而焉知？出而自殊，宜車服之有别。於是招繪素之黨，召彩筆之徒，程亂目之衆色，寫外物於百夫。以侯伯、子男之服為飾，以山龍、華蟲之象為殊，莫不煌煌熒熒，煇煇煜煜。青為山兮，嶢嶷而争峻；赤為火兮，赩熾而含燠。粉米以純白而璀璨，宗彝以太玄而黝儵。綷而為羽，則振迅而對飛；暈而為龍，則跨騰而相逐。蓋上古之禮制，亦當今之法服。必謂美妙無盡，精微有餘。侔桂月之規，縱麗天而莫勝；擬海藻之質，雖摛文而不知。實逞巧之無比，信取象而靡虛。豈徒用别於涖職，蓋亦或施於乘車。懿自創自於心，成之在手，或大之者不遺其美惡，小之者不失其妍醜。此實權等於真宰，功齊於妙有。所以作國家之程式，辨王臣之印綬，歷萬代之恒規，經百王而共守。不然者，法實紛糾，制有允休，何必假其彩色之炳煥，於君子之衣裘！合九章之物者則寫，非五等之服者則不。故往代垂模，明君立制，一則爵命之易辨，一則制容之昭麗。宜乎嘉其義，重其事，佐盛禮而罔易，垂後代以永示。信哉表德之為良，亦美作者之深意。

又　卷九九《［唐］獨孤申叔〈服蒼玉賦以天子之服從此方色為韻〉》

天配五色，惟春也蒼然；地孕萬物，惟玉也堅焉。玉可久持，故君子比德於玉；蒼實正色，蓋聖人形象於天。歲既陽止，色其著矣，東方木德之令，蒼本靈威之紀。順其色，繄象服是宜；飭其容，信以蒼為美。晶熒兮其瑩如碧，追琢兮其平如砥。實同法服，不敢違於先王；有異象環，獨見用於孔子。若乃太史告立春之期，天子迎東郊之時，映乎玄冕，節以采茨，瑟若生芻之色，肅乎出藍之姿。縈垂組而温潤澤矣，繄衝牙而左右流之。質且異珪，終乃磨之無玷；色雖匪白，誰謂涅而不緇？故能間五玉，先四服，混玄冕，曜黄屋，微白虹之皎潔，對蒼龍以照燭。豈非哲匠之所逢，他山之所攻，採此温如之質，擇其善者而從？得佩之服之於此，琢之磨之於彼，齊蒼璧之獲薦，異白玉之見毁。色膺時用，寧侔純漆之玄？彩非染成，詎比奪朱之紫！矧乎四氣莫先乎春陽，五位莫首乎東方。九有具瞻，其尊也帝皇；萬物咸賴，其大也穹蒼。我乃應春氣之德，順陽和之則，為帝者之行節，候穹蒼之正色，叢四美而具宣，冠羣玉之攸克。所以標嘉名於時令，宜乎哉垂楷模之無極。

又　卷九九《［唐］沈逵〈山玄玉賦以奇質異文作佩公侯為韻〉》　佩玉之設，所以導容止，節威儀。惟山玄之在御，配組織之標奇。山以表名，蓋取山崇之德；玄而載色，且昭玄默之宜。合殊姿於雅稱，俾服玩以無虧。懿其韞匵稱珍，連城表質，爰制衝牙之用，以戒趨馳之失。匪取乎截肪，自資乎純漆。響既清越，理惟縝密，色温合乎緇衣，韻鏘鳴乎玉律。動之在聽，隨矩步而聲繁；佩之在躬，寧風趨而影疾。羣寮奉贄，庶官陪位，貴賤畢陳，高卑咸萃。我則發清響，標奇器，飭彼雅容，遵乎深意，配元侯而禮盛，奉上公而儀備。豈比瑌珉彰庶士之殊，水蒼表大夫之異。況乃黝衡比色，緇組侔文，體玄端而位辨，表黼衮而功分。或倚或垂，昭君臣之異；載揚載揖，殊進退之聞。宜發明乎盛德，永光錫乎洪勳。其質貞清，其光錯落，官推王府之典制，自玉人之作是用。比德賢臣，表功王爵，始自韜石未彰，含暉尚晦，隱玄山以参差，冠玄雲而靄霨。哲匠莫顧，俊賢未佩，徒棄置於層巒，豈琢磨於明代？及乎偶拭拂，遇磨礱，服之容美，執之禮崇，自可賓同乎金錫，豈惟價重於王公？則知其律聿修，在禮斯柔。非夫賜象服，錫鳴璆，何以膺山玄之瑞於諸侯者哉？

又　卷九九《［唐］胡運〈珮賦〉》　玉有環珮所以節威儀，珪璋所以應朝覲。朝覲貴乎特達，威儀在乎淑慎。則珮之為用以德聞，珮之為服以禮進。既取堅以縝密，亦體柔以温潤。其彩烱明，涵黼黻之華；其聲清越，諧金石之韻。豈止法先王之服戒乎？大夫抑以觀古人之象，原之帝舜，由是表尊卑之飾，彰朝覲之美。佩山玄而抱水蒼，摇摇兮耿光；左宫羽而右角徵，鏘鏘兮垂委。非徒抑其進退，亦以制其容止，則裂石破玉，靡顔膩理，清清泠泠，作羽儀於君子。思我王度，服之衷己，珩戟相煥，品命不渝，貫以桃花之綬，錯以明月之珠。時也朝北極，歷天衢，明玉殿，耀金鋪，徽音生於矩步，繁響起於風趨。濟翼為君臣之榮觀，逶迤乃賢哲之令圖。亦何必搴修蘭於長坂，折瓊枝於遠區，然後為美乎？別有楚臺神媛，越國名姝，嬌羅豔縠，秀色鮮膚，振鳴玉以亮響，踐瑤階以踟躕。聲珊珊兮若有無，睇緜緜兮意愉愉。翩躚躚兮望坐隅，欲從君子禮之拘。乃歌曰：佩玉蕊兮德音發，中規矩兮聲不歇，馳畋獵兮思敬慎，壽考不亡兮長歲月。端法服兮臨魏闕，羣后覲兮萬方謁。

又 卷九九《［唐］麻不期〈珮賦〉》 夫聖人彰德以建物，表意以與名。禮容孔備，制度昭明，衣冠振序，簪紱齊升，亦茲珮之為用，隨劍履而揚聲。觀其所興，爰自古昔。玉華既重於周后，蠙珠亦珍於漢辟。蓋將以威儀節度，知無不易，豈徒矜珠玉之芳聲，喧步頓之前跡？懿其符彩照燭，流曜暉光，宮徵合韻，左右鏗鏘。此亦邦國之儀範，為衣裳之典章。於是垂為臣，倚為主，式標上下，動合規矩。亦非獨洛妃解贈於陳思，漢女見投於交甫。爾其幽人所重，君子攸資，則蘭蕊馳馨於楚客，象環騰譽於宣尼。斯偶物昇榮，助荷衣之葱翠；因時適用，陪藻服之葳蕤。既而天子會朝臣，御華闕，冠蓋雲發，公侯進退而為容，卿士俯仰而趨謁。茲珮也，幸朝儀不棄，流響未歇，既連帶於虹蜺，庶傳名於日月。

又 卷九九《［唐］陶翰〈狐白裘賦以珍裘非一腋為韻〉》 邈哉瑞獸，生乎青丘，資挾温以流潤，得頤素而成裘。故鎮毫錯毳，匪剛斯柔，象羣哲以濟美，較千年而取優。配華玩於車服，曜珍奇於貴游。般祀典以崇賁，飾禮容而克修。暨夫秋沉金氣，冬舉玄律，進卿相之門，登王侯之室。寒袪温薦，恩纏好密，任藏用以卷舒，委凉暄以昇黜，將絺衣以遞御，與紈扇而更出。苟人事之宜然，諒廢興之若一。嘉其全真定色，育精含徽，千金振價，衆服騰輝。朝臨皓雪，且狀乎寒披鶴氅；曉安朱架，又象乎高懸玉衣。雖質文之可別，蓋貴賤而同歸。故崇侈者取貴而尚，戒奢者含貞以非。矧乎從損而益，工兼素腋，德之攸親，豈惟物新！晏嬰相齊以推弊，孟嘗獻秦而獲珍。貞休利乎蓄玦，悔吝生乎妄人。倘茲道之無替，遮遺芳於後塵。

又 卷九九《［唐］趙良器〈履賦〉》 朝廷兮赫曦，冠劍兮逶迤。惟斯履之所用，得禮容之威儀。綴珠綦以崇飾，遵玉趾而更移。其始造也，佳人運思，女工妙選，爰斯功之始畢，出閒庭之試踐，眇輕步以相矜，指奇文而爭衒。若乃相國承寵，尚書見榮，歷彤階而曳響，上玉殿而規行。出郡表奇，則簪前燕落；入朝表異，則雲際鳧驚。運著綵以示儉，躡瓜田而見明。時行則行，時止則止。潔其容色，固其表裏，偶簪裾未以為榮，踐泥沙而以為耻。其儀翼翼，其貌邕邕，曳踵則輪軌不斷，接武則塵迹相重。其取進也，每迎前以啓路；其守謙也，常處下而翹容。其受用也，既虛中以待物；其順人也，亦應時而曲從。是以加其絲飾，廣其文繡，所以表威儀，光領袖。宗廟祭祀，非履不行；揖讓周旋，舍履何就？《易》『履者，禮也』，吾謂斯文之不謬。

又 卷九九《［唐］錢起〈豹舄賦以兩遍用四聲為韻〉》 麗哉豹舄，文彩彬彬。豹則雕虎齊價，舄與君子同身，故得飛聲入楚，見賜留秦。曩者胡為隱霧而不下，今復何幸對雪而迎賓！蓋因虞者之獲，成於匠者之手。苟當時以為用，雖殺身而何有？於以履之，美且無度，既居下以禦濕，亦迎前以啓路。花映香塵，光生玉步。借使登朝廷，列臺閣，規矩不改，會同自若。投其跡必陟鴛鷺之行，取其文不改犬羊之鞹。詩人歌其事，《春秋》美其名。舍則止，用則行。拂漢齊飛，遥分鄴令之術；入朝曳響，近雜尚書之聲。彼糾糾葛屨，珊珊珠履，一則固窮，一則僭起。制度首出，憲章俱美，嘗試談論，其茲舄而已。士或覽之而言曰：象以齒而焚，龜以骨而斃。況之豹也，憑巖穴以逞欲，以爪牙而自衞，而有用於人，竟以皮而戾。一朝寢處，成此新偉。夫斑文散渙，毳毛蒙密，映鶴氅以凝暉，臨翠被以曜質。於斯時也，不可談悉，亦有刻意未參，卑秩東郭之曳履，長穿王生之結韈。何日思蔚然而一變，歌豹舄以自畢。

又 卷九九《［唐］錢起〈豹舄賦以兩遍用四聲為韻〉》 豹可為兮，鬱矣其文；材賈害兮，用之楚君。用之則那，為舄几几。雖工興其飾，亦天鍾厥美。奢以則之，衆目所視異哉，惟雜爾巧有詭。其制也，青葱掩其真，赤繶慚其麗，動容而彩射金屋，舉趾而聲傳玉砌。諒服玩之惟奇，知侈靡之無藝。徵夫至理也，匪威儀不忒，匪古訓是則，甚葛屨之失禮，同鷸冠之敗德。何役智以宣驕，乃自躬而刑國。噫！先王立極，念茲在茲，服有常度，行無越思，何爾舄之豹飾，雜珠綺與文貍？若昭其泰，無乃簡彝！是舄也，君子歎之。觀乎異狀斑然，復周蹙霞起，煥爾文質，當其踐履。知我者謂我惡居下流，不知我者謂我親承玉趾。則知物有所歸，天之冥數，惟豹作舄，殺身思遇。惜其有美而來，亦以禦寒之故。雖雨雪而盈尺，俾陽和而在步。不然者，寧踐於斯路。客有感而言：其文也何麗，其用也何薄！當卑步武之間，徒異犬羊之鞹。飾被已慚於翡翠，為裘更羨於狐貉。別南山之霧，以奉進趨；同鄴縣之舄，願翔寥廓。

又 卷九九《［唐］謝良輔〈豹舄賦以兩遍用四聲為韻〉》 惟茲舄兮稱珍，受異質而彬彬。其文也，合變於君子；其用也，見美於詩人。伊昔大匠，未知含章可久，棲止隱霧，或羣或友，且申威以肅殺，寧畏險而挺走。豈知獻狀於獠者之身，入用於『屨人』之手。敏手既至，光華增媚，兩美必合，一朝成器，信常功之嘉猷，為盡飾之美利。苟賞善之在我，甘殺身而不懟。曲直裁成，威儀可覩。若向也獸，而今也舄。諸侯所重，楚子之翠被有光；王者攸宜，《周官》之赤繶無斁。左之右之，乍合乍離，每唯命以進退，將有翼於威儀。擇地而行，豈慮泥塗之辱；有道則至，尚懷文彩之奇。故尚書之曳履，聲則有音；中郎之倒屣，義亦為美。雖措足以同方，豈能文而可紀？則知隨時應物，順人合度，克通夫莫往莫来，寔怪於規行矩步。滯阜鄉之自惜，飛鄴縣之可慕。願賓上國之階墀，冀吾君之一顧。夫材俟時而進用，時俟材以求索。彼微獸之有章，亦飾躬而制作。慕公孫之几几，耻滑稽以交錯。幸參鵷鷺之行，無雜犬羊之鞹。若然者，則荷夫天衢之亨，對斯文而不怍。

晉·傅玄《傅鶉觚集·衣銘》 衣服從其儀，君子德也。衣以飾外，德以備內，內修外飾，禮有制也。

又 《裳銘》 上衣下裳，天地則也。服從其宜，君子德也。

又 《冠銘》 居高無忘危，在上無忘敬。懼則安，敬則正。

又 《履銘》 戒之哉！念履正，無履邪。正者吉之路，邪者凶之徵。

雜録

《周易·繫辭下》 黃帝、堯舜垂衣裳而天下治，蓋取諸《乾》、《坤》。晉韓康伯注：垂衣裳，以辨貴賤，《乾》尊《坤》卑之義也。《正義》：垂衣裳者，以前衣皮，其制短小；今衣絲麻、布帛所作衣裳，其制長大，故云垂衣裳也。取諸《乾》、《坤》者，衣裳辨貴賤，《乾》、《坤》則上下殊體，故云取諸《乾》、《坤》也。

《孟子·盡心下》 孟子曰：舜之飯糗茹草也，若將終身焉。及其為天子也，被袗衣，鼓琴。漢趙岐注：袗，畫也。**【略】**及為天子，被畫衣，黼、黻絺繡也。鼓琴，以協音律也。

《世本·作篇》 黃帝作旃冕。黃帝作冕旒。黃帝作冕。垂旒，目不邪視也；充纊，耳不聽讒言也。宋均曰：通帛為旃。冕，冠之有旒者也。應劭曰：周始垂旒也。宋仲子曰：冕，冠之有旒者。

伯余作衣裳。案，高誘注曰：伯余，黃帝臣。

胡曹作衣。宋衷注曰：黃帝臣。

胡曹作冕。宋衷注曰：黃帝臣也。

於則作扉履。宋衷曰：黃帝臣。草曰扉，麻曰履。

魯昭公作弁。宋均曰：制素弁也。

《呂氏春秋》卷一七《勿躬》 胡曹作衣。

《大戴禮記》卷七《五帝德》 黃帝黼黻衣，大帶，黼裳，乘龍扆雲，以順天地之紀。

（帝嚳）黃黼黻衣，執中而獲天下。

（帝堯）黃黼黻衣。

《孔子家語》卷五《五帝德》 （黃帝）始垂衣裳，作為黼黻。

漢·伏勝《尚書大傳》卷三《金縢傳》 成王問周公曰：『舜之冠，何如焉？』周公曰：古之人有冒皮而勾頓然，鳳皇巢其樹，麒麟聚其域也。

古人衣上有冒而句領者。鄭玄曰：言在德不在服也。古人，三皇時也。冒，覆頂也。句領，繞頸也。禮，正服方領。

漢·韓嬰《韓詩外傳》卷八 黃帝乃服黃衣，戴黃冕，致齋于宮。

鳳乃蔽日而至。

《史記》卷一《五帝本紀》（帝堯）黄收純衣。《集解》：徐廣曰：純一作『絞』。駰案《太古冠冕圖》云：夏名冕曰收。《禮記》曰：野夫黄冠。鄭玄曰：純衣，士之祭服。《索隱》：收，冕名。其色黄，故曰黄收，象古質素也。純讀曰『緇』。

《漢書》卷二一下《律曆志下・世經》 黄帝。【略】始垂衣裳，有軒冕之服。唐顔師古注：鄧展曰：凡冠，前卑後高，故曰軒冕也。師古曰：此説非也。軒，軒車也。冕，冕服也。《春秋左氏傳》曰：服冕乘軒。

宋・劉恕《資治通鑑外紀》卷一《黄帝》 作冕垂旒充纊，為衣玄裳黄，旁觀翬翟草木之華，乃染五色為文章，以表貴賤。

晉・王嘉《拾遺記》卷二《周》（昭王）二十四年。【略】綴青鳳之毛為二裘，一名燠質，二名暄肌，服之可以却寒。至厲王流於彘，彘人得而奇之，分裂此裘，遍於彘土。罪入大辟者，抽裘一毫，以贖其死，則價直萬金。

晉・范寧《春秋穀梁傳集解・序》（孔子）因魯史而修《春秋》，【略】一字之褒，寵踰華衮之贈；片言之貶，辱過市朝之撻。

器用分部

寶鼎

綜述

《周易・鼎》 元吉，亨。三國魏王弼注：《鼎》者，成變之卦也。《革》既變矣，則制器立法，以成之焉。變而无制，亂可待也。法制應時，然後乃吉；賢愚有別，尊卑有序，然後乃亨。故先『元吉』而後乃『亨』。唐孔穎達《正義》：鼎者，器之名也。自火化之後，鑄金而為此器，以供亨飪之用，謂之為鼎。亨飪成新，能成新法，然則鼎之為器，具有二義：一有亨飪之用，二有物象之法，故《彖》曰：《鼎》，象也，明其有法象也。《雜卦》曰：《革》去故而《鼎》取新，明其亨飪有成新之用。此卦明聖人革命，示物法象，惟新其制，有鼎之義，以木巽火，有鼎之象，故名為《鼎》焉。變故成新，必須當理，故先『元吉』而後乃『亨』，故曰『《鼎》：元吉，亨』也。《彖》曰：《鼎》，象也，注：法象也。以木巽火，亨飪也。注：亨飪，鼎之用也。聖人亨以享上帝，而大亨以養聖賢。注：亨者，鼎之所為也。《革》去故而《鼎》成新，故為亨飪調和之器也。去故取新，聖賢不可失也。飪，熟也，天下莫不用之，而聖人用之，乃上以享上帝，而下以大亨養聖賢也。巽而耳目聰明，柔進而上行，得中而應乎剛，是以『元亨』。《正義》：《鼎》，象也者，明鼎有亨飪成新之法象也。以木巽火，亨飪也者，此明上下二象有亨飪之用，此就用釋卦名也。聖人亨以享上帝，而大亨以養聖賢者，此明鼎用之美。亨飪所須，不出二種，一供祭祀，二當賓客。若祭祀則天神為大，賓客則聖賢為重，故舉其重大，則輕小可知。享帝直言亨，養人則言大亨者，享帝尚質，特牲而已，故直言亨；聖賢既多，養須飽飫，故『亨』上加『大』字也。巽而耳目聰明者，此明鼎用之益。言聖人既能謙巽，大養聖賢，聖賢獲養則憂其事，而助於己明目達聰，不勞己之聰明，則不為而成矣。柔進而上行，得中而應乎剛，是以元亨者，此就《六五》釋『元吉，亨』。以柔進上行，體已獲通，得中應剛，所通者大，故能制法成新而獲大亨也

《象》曰：木上有火，《鼎》。君子以正位凝命。注：正位者，明尊卑之序也。凝命者，以成教命之嚴也。《正義》：木上有火，即是『以木巽火』，有亨飪之象，所以為《鼎》也。君子以正位凝命者，凝者，嚴整之貌也。《鼎》既成新，即須制法，制法之美，莫若上下有序，正尊卑之位。輕而難犯，布嚴凝之命，故君子象此，以正位凝命也。

《逸周書》卷四《克殷解》 乃命南宫百達、史佚遷九鼎三巫。晉孔晁注：鼎，王者所傳寶。三巫，地名。

《左傳・宣公三年》 楚子伐陸渾之戎，遂至於雒，觀兵于周疆。定王使王孫滿勞楚子，晉杜預注：王孫滿，周大夫。楚子問鼎之大小輕重焉。注：示欲偪周，取天下。對曰：『在德不在鼎。昔夏之方有德也，注：禹之世。遠方圖物，注：圖畫山川奇異之物而獻之。貢金九牧，注：使九州之牧貢金。鑄鼎象物，注：象所圖物，著之於鼎。百物而為之備，使民知神姦。注：圖鬼神百物之形，使民逆備之。故民入川澤山林，不逢不若。注：若，順也。螭魅罔兩，注：螭，山神，獸形。魅，怪物。罔、兩，水神。唐孔穎達《正義》：螭，山神，獸形。魅，怪物。先儒相傳為然。《魯語》仲尼云：木石之怪夔、罔兩，水之怪龍、罔象。則罔兩是木石之神，杜以為水神者，《魯語》賈逵注云：罔兩、罔象，言有夔、龍之形而無實體。然則罔兩、罔象，皆是虛無，當總彼之意，非神名也。

上句言山林川澤，則螭、魅、罔、兩，四神。文十八年注：螭、魅，山林異氣所生。螭、魅既為山林之神，則罔、兩宜為川澤之神，故以為水神也。逢，遇也。用能協于上下，以承天休。注：民無災害，則上下和而受天祐。桀有昏德，鼎遷于商，載祀六百。注：載、祀，皆年。《正義》：《釋天》云：唐虞曰載，商曰祀，周曰年。孫炎云：載，取物終更始；祀，取四時祭祀一訖；年，取年穀一熟。是載、祀皆年之別名，復言之耳。《律曆志》云：商三十一王，六百二十九年。商紂暴虐，鼎遷于周。德之休明，雖小重也。注：不可遷。其姦回昏亂，雖大輕也。注：言可移。天祚明德，有所底止。注：底，致也。成王定鼎于郟鄏，注：郟鄏，今河南也。武王遷之，成王定之。卜世三十，卜年七百，天所命也。周德雖衰，天命未改。鼎之輕重，未可問也。』《正義》：《律曆志》云：周三十六王，八百六十七年。過卜數也。

又《桓公二年》 臧哀伯諫曰：【略】『武王克商，遷九鼎于雒邑，注：九鼎，殷所受夏九鼎也。武王克商，乃營雒邑而後去之，又遷九鼎焉。時但營洛邑，未有都城。至周公，乃卒營雒邑，謂之王城，即今河南城也。故《傳》曰：成王定鼎于郟鄏。《正義》：據宣三年《傳》，知九鼎是殷家所受夏九鼎也。《戰國策》稱：齊救周，求九鼎，顏率謂齊王曰：「昔周伐殷而取九鼎，一鼎九萬人挽之，九八十一萬人挽之。」挽鼎人數，或是虛言，要知其鼎有九，故稱九鼎也。知武王遷九鼎於洛邑，欲以為都者，鼎者帝王所重，相傳以為寶器。戎衣大定之日，自可遷置西周，乃徙九鼎處于洛邑，故知本意欲以為都。又以《尚書·洛誥》說周公營洛邑，則知武王但有遷意，周公乃卒營之。《地理志》云：河南縣，故郟鄏地也。武王遷九鼎焉。周公致太平，營以為都，是為王城，至平王居之。言即今河南城者，晉時猶以為河南縣。成王定鼎，宣三年《傳》文。義士猶或非之。』注：蓋伯夷之屬。

又《昭公十二年》 右尹子革夕，（楚靈）王見之，與之語曰：【略】『今吾使人於周，求鼎以為分。王其與我乎？』對曰：『與君王哉！【略】今周與四國服事君王，將唯命是從，豈其愛鼎？』

《墨子》卷一一《耕柱》 子墨子曰：昔者夏后開使蜚廉折金於山川，而陶鑄之於昆吾，是使翁難雉乙卜於白若之龜，曰：『鼎成三足而方，不炊而自烹，不舉而自藏，不遷而自行，以祭於昆吾之墟，上鄉！』卜人言兆之由曰：『饗矣！逢逢白雲，一南一北，一西一東。九鼎既成，遷於三國。』夏后氏失之，殷人受之；殷人失之，周人受之。夏后、殷、周之相受也，數百歲矣。使聖人聚其良臣與其桀相而謀，豈能知數百歲之後哉？

《戰國策》卷一《東周》 秦興師臨周，宋姚宏續注：周顯王。《後語》。而求九鼎。周君患之，以告顏率。顏率曰：『大王勿憂。臣請東，借救於齊。』顏率至齊，謂齊王曰：續注：齊宣王。《後語》。『夫秦之為無道也，欲興兵臨周而求九鼎。周之君臣，內自盡計：與秦不若歸之大國。夫存危國，美名也。得九鼎，厚寶也。願大王圖之。』齊王大悅，發師五萬人，使陳臣思將以救周，而秦兵罷。

齊將求九鼎，周君又患之。顏率曰：『大王勿憂。臣請東，解之。』顏率至齊，謂齊王曰：『周賴大國之義，得君臣父子相保也，願獻九鼎。不識大國何塗之從而致之齊？』齊王曰：『寡人將寄徑於梁。』顏率曰：『不可。夫梁之君臣欲得九鼎，謀之暉臺之下，少海之上，其日久矣。鼎入梁，必不出。』齊王曰：『寡人將寄徑於楚。』對曰：『不可。楚之君臣欲得九鼎，謀之於葉庭之中，其日久矣。若入楚，鼎必不出。』王曰：『寡人終何塗之從而致之齊？』顏率曰：『弊邑固竊為大王患之。夫鼎者，非效醯壺醬甀，耳可懷挾提挈以至齊者，非效鳥集烏飛、兔興馬逝灕然止於齊者。昔周之伐殷，得九鼎。凡一鼎而九萬人輓之，九九八十一萬人。士卒師徒、器械被具所以備者稱此。今大王縱有其人，何塗之從而出？臣竊為大王私憂之。』齊王曰：『子之數來者，猶無與耳。』顏率曰：『不敢欺大國。疾定所從，出弊邑遷鼎以待命。』齊王乃止。

又《秦一》 （張儀）對曰：『秦攻新城、宜陽，以臨二周之郊，誅周主之罪，侵楚、魏之地。周自知不救，九鼎寶器必出。漢高誘注：自知不可復救，必出其寶器，不敢愛惜也。據九鼎，按圖籍，挾天子以令天下，天下莫敢不聽。此王業也。』

《今本竹書紀年》卷下《周武王》 （十五年）冬，遷九鼎于洛。

《呂氏春秋》卷一六《先職》 周鼎著饕餮，有首無身，食人未咽，害及其身，以言報更也。

又 卷一七《慎勢》 周鼎著象，為其理之通也，理通君道也。

又 卷一八《離謂》 周鼎著倕而齕其指，先王有以見大巧之不可為也。漢高誘注：倕，堯之巧工也，以巧聞天下。周家鑄鼎，著倕於鼎，使自齧其指，明不當大巧為也。一說周鑄鼎，象百物，技巧絶殊。假令倕見之，則自御齧其指，不能復為，故言大巧之不可為也。

又 卷一九《適威》 周鼎有竊，注：一作窮。曲狀甚長，上下皆曲，以見極之敗也。注：未聞。

又 卷二〇《達鬱》 周鼎著鼠，令馬履之，為其不陽也。不陽者，亡國之俗也。

《史記》卷一《五帝本紀》 （黃帝）獲寶鼎，迎日推策。

又 卷一二《孝武本紀》 黃帝采首山銅，鑄鼎於荆山下。南朝宋裴駰《集解》：晉灼曰：《地理志》：首山屬河東蒲坂。荆山在馮翊懷德縣。鼎既成，有龍垂胡頷，下迎黃帝。【略】故後世因名其處曰鼎湖。唐張守節《正義》：《括地志》云：湖水源出虢州湖城縣南三十五里夸父山，北流入河，即鼎湖也。

又 卷四《周本紀》 命南宮括、史佚展九鼎保玉。《集解》：徐廣曰：保，一作『寶』。

成王在豐，使召公復營洛邑，如武王之意，周公復卜申視，卒營築，居九鼎焉。

定王元年，楚莊王伐陸渾之戎，次洛，使人問九鼎。王使王孫滿應設以辭，楚兵乃去。

威烈王二十三年，九鼎震。

周君王赧卒，周民遂東亡，秦取九鼎寶器，而遷西周公於𢠸狐。

又 卷四〇《楚世家》 （莊王）八年，伐陸渾戎，遂至洛，觀兵於周郊。《集解》：服虔曰：觀兵，陳兵示周也。周定王使王孫滿勞楚王，楚王問鼎小大輕重。對曰：『在德不在鼎。』莊王曰：『子無阻九鼎。楚國折鉤之喙，足以為九鼎。』《正義》：凡戟有鉤。喙，鉤口之尖也。言楚國戟之鉤口尖有折者，足以為鼎。言鼎易得也。王孫滿曰：『嗚呼！君王其忘之乎？昔虞夏之盛，遠方皆至，貢金九牧，鑄鼎象物，百物而為之備，使民知神姦。桀有亂德，鼎遷於殷，載祀六百。殷紂暴虐，鼎遷於周。德之休明，雖小必重。其姦回昏亂，雖大必輕。昔成王定鼎于郟鄏，卜世三十，卜年七百，天所命也。周德雖衰，天命未改。鼎之輕重，未可問也。』楚王乃歸。

周王赧使武公謂楚相昭子曰：【略】『今子將以欲誅殘天下之共主，居三代之傳器，唐司馬貞《索隱》：謂九鼎也。吞三翮六翼以高世主，非貪而何？《周書》曰：「欲起無先，故器南則兵至矣。」』於是楚計輟不行。

又 卷五《秦本紀》 （昭襄王）五十二年，周民東亡，其器九鼎入秦。《正義》：器謂寶器也。禹貢金九牧，鑄鼎於荆山下，各象九州之物。歷殷至周赧王十九年，秦昭王取九鼎。然一飛入泗水，餘八入於秦中。

又 卷二八《封禪書》 其後百二十歲，而秦滅周。周之九鼎入于秦。或曰宋太丘社亡，而鼎沒于泗水彭城下。

有司皆曰：聞昔泰帝興，神鼎一。《索隱》：孔文祥云，泰帝，太昊也。一者，壹統天地，萬物所繫終也。黃帝作寶鼎三，象天、地、人。禹收九牧之金，鑄九鼎。皆嘗亨鬺上帝鬼神。《集解》：徐廣曰：鬺，亨煮也。音殤。皆嘗以亨牲牢而祭祀。遭聖則興。鼎遷于夏、商，周德衰，宋之社亡，鼎乃淪沒，伏而不見。

《漢書》卷二五上《郊祀志上》 有司皆言：聞昔泰帝興，神鼎一。唐顏師古注：泰帝者，即泰昊伏羲氏也。一者，一統天地，萬物所繫象也。黃帝作寶鼎三，象天、地、人。禹收九牧之金，注：九牧，九州之牧也。鑄九鼎，象九州。皆嘗鬺亨上帝鬼神。注：服虔曰：以亨祀上帝也。師古曰：鬺、亨，一也。鬺，亨煮而祀也。《韓詩·采蘋》曰：于以鬺之，唯錡及釜。其空足曰鬲，注：蘇林曰：鬲音歷。足中空不實者，名曰鬲也。以象三德，注：如淳曰：鼎有三足故也。三德，三正之德。師古曰：如説非也。三德，一曰正直，二曰剛克，三曰柔克。事見《周書·洪範》。饗承天祜。注：師古曰：祜，福也。音怙。夏德衰，鼎遷于殷；殷德衰，鼎遷于周；周德衰，鼎遷于秦；秦德衰，宋之社亡，鼎迺淪伏而不見。

又 卷六四上《吾丘壽王傳》 壽王對曰：『臣安敢無説？臣聞周德始乎后稷，長於公劉，大於太王，注：公劉，后稷曾孫也。太王，文王之祖，則古公亶父也。成於文、武，顯於周公。德澤上昭，天下漏泉，注：昭，明也。漏言潤澤下霑，如屋之漏。無所不通。上天報應，鼎為周出，故名曰周鼎。』

漢·蔡邕《蔡中郎集》 呂尚作周大師，封於齊，其功銘於昆吾之冶。

《後漢書·郡國志一·司隸》 河南：周公時所城雒邑也，春秋時謂之王城。東城門名鼎門。注：《帝王世紀》曰：東南門，九鼎所從入。又曰：

武王定鼎雒陽西南，雒水九鼎中觀是也。

又 《左馮翊》 雲陽。有荆山。《帝王世紀》曰：禹鑄鼎於荆山，在馮翊懷德之南，今其下荆渠也。

晉·王嘉《拾遺記》卷二《夏禹》 禹鑄九鼎，五者以應陽法，四者以象陰數。使工師以雌金為陰鼎，以雄金為陽鼎。鼎中常滿，以占氣象之休否。當夏桀之世，鼎水忽沸。及周將末，九鼎咸震。皆應滅亡之兆。後世聖人因禹之迹，代代鑄鼎焉。

北魏·酈道元《水經注》卷一六《穀水》 （王城）其城東南名曰鼎門，蓋九鼎所從入也，故謂是地為鼎中。楚子伐陸渾之戎，問鼎于此。

又 卷一九《渭水》 《地理志》曰：《禹貢》北條荆山在南，山下有荆渠，即夏后鑄九鼎處也。

又 卷二五《泗水》 周顯王四十二年，九鼎淪沒泗淵。秦始皇時而鼎見于斯水，始皇自以德合三代，大喜，使數千人沒水求之，不得，所謂鼎伏也。亦云：系而行之未出，龍齒齧斷其系。故語曰：『稱樂大早絶鼎系。』當是孟浪之傳耳。

南朝陳·虞荔《鼎録》 昔虞夏之盛，遠方皆至，使九牧貢九金，鑄九鼎於荆山之下，於昆吾氏之墟，白若甘攙之地。圖其山川奇怪百物，而為之備，使人知神姦，不逢其害，以定其祥。鼎成三足而方，不炊而自沸，不舉而自藏，不遷而自行。九鼎既成，定之國都。桀有亂德，鼎遷於殷。載祀六百，殷紂暴虐，鼎遷於周。成王定鼎於郟鄏，卜世三十，卜年七百，天所命也。及顯王，姬德大衰，鼎淪入泗水。秦始皇之初，見於彭城，大發徒出之，不能得焉。

論說

《子華子》卷上《陽城胥渠問》 公仲承問於程子曰：『人有常言：黄帝之治天下也，百神出而受職於明堂之庭。帝乃采銅於首山，作大爐焉，鑄神鼎於山上。鼎成，羣龍下迎，乘彼白雲，至於帝鄉。羣小臣不得上升，攀龍之胡，力顫而絶。帝之弓裘墜焉，於是百姓奉之以長號，名之曰烏號之弓，而藏其衣冠於橋陵。信有之乎』程子曰：『否。甚矣，世之好譎怪也。【略】吾聞之，太古之聖人所以範世訓俗者，有直言者，有曲言者。直言者，直以情貢也；曲言者，假以指喻也。言之致曲，則其傳也久，傳久而譎，則知者正之；譎甚而殽亂，則知者止之。夫黄帝之治天下也，其精微之感蕩，上浮而下沉，故為百福之宗。為百福之所宗，則是百神受職於庭也。帝乃采銅者，神鼎熟也。登彼首山，就高明也。作為大爐，鼓陽化也，鍊剛質物之器也。上水而下火，二氣升降以相濟，中和之實也。羣龍者，衆陽氣也。雲者，龍屬也。帝鄉者，靈臺之關而心術之變也。帝之謂所類也。形也，氣也，知識也，雖與人同爾，然而每成而每上也。每成而每上，則其精微之所徹達，神明之所之適，其去人也遠矣。羣小臣，知識之所不及者也。攀龍之胡，有見於下也。不得上升，無見於上也。有見於下、無見於上者，士也。上下無見者，民也。弓裘衣冠者，帝所以善世制俗之具也。民無見也，懷其所以治我者而已矣。故帝之逝也，號以決其慕，藏以奉其傳。此假以指喻之言也，而人且亟傳之以相詆欺。甚矣，世之好譎怪也。【略】夫周之九鼎，禹所以圖神姦也。黄帝之鑄一，禹之鑄九，其造為者同，而所以之適焉者頓異。是可以決疑矣。』

漢·揚雄《法言》卷五《寡見篇》 或問：周寶九鼎，寶乎？宋吳祕《添注》：即禹貢金九牧，所鑄之鼎。成王定于郟鄏，故為周寶。曰：器寶也。器寶待人而後寶。晉李軌注：道存則器不亡，道亡則器不存。宋司馬光《添注》：人能以休明之德取之，則信可寶矣。苟以姦回强暴而取之，雖得九鼎，奚足寶哉？

漢·王充《論衡》卷八《儒增篇》 儒書言夏之方盛也，遠方圖物，貢金九牧，鑄鼎象物，而為之備。故入山澤，不逢惡物，用辟神姦，故能協于上下，以承天休。夫金之性，物也。用遠方貢之為美，鑄以為鼎，用象百物之奇，安能入山澤不逢惡物，辟除神姦乎？周時天下太平，越裳獻白雉，倭人貢鬯草。食白雉，服鬯草，不能除凶。金鼎之器，安能辟姦？且九鼎之來，德盛之瑞也。服瑞應之物，不能致福。男子服玉，女子服珠，珠、玉於人無能辟除。寶奇之物使為蘭服作牙身，或言有益者，九鼎之語也。夫九鼎無能辟除，《傳》言能辟神姦，是則書增其文也。

世俗傳言：周鼎不爨自沸，不投物，物自出。此則世俗增其言也，儒書增其文也。是使九鼎以無怪，空為神也。且夫謂周之鼎神者，何用審之？周鼎之金，遠方所貢，禹得鑄以為鼎也。其為鼎也，有百物之象。如為遠方貢之為神乎？遠方之物，安能神？如以為禹鑄之為神乎？禹聖不能神。聖人身不能神，鑄器安能神？如以金之物為神乎？則夫金者，石之類也。石不能神，金安能神？以有百物之象為神乎？夫百物之象，猶雷罇也。雷罇刻畫雲雷之形，雲雷在天，神於百物。雲雷之象不能神？百物之象安能神也？

《傳》言秦滅周，周之九鼎入于秦。案本事，周赧王之時，秦昭王使將軍摎攻王赧，王赧惶懼奔秦，頓首受罪，盡獻其邑三十六，口三萬。秦受其獻，還王赧。王赧卒，秦王取九鼎寶器矣。若此者，九鼎在秦也。始皇二十八年，北遊至琅邪，還過彭城，齊戒禱祠，欲出周鼎，使千人沒泗水之中，求弗能得。案時昭王之後，三世得始皇帝，秦無危亂之禍，鼎宜不亡，亡時殆在周。《傳》言王赧奔秦，秦取九鼎，或時誤也。《傳》又言宋太丘社亡，鼎沒水中彭城下。其後二十九年，秦并天下。若此者，鼎未入秦也。其亡從周去矣，未為神也。

唐・孔穎達《尚書・召誥序》正義 桓二年《左傳》云：「昔武王克商，遷九鼎於洛邑。」服虔注云：今河南有鼎中觀。云九鼎者，案宣三年《左傳》王孫滿云：「昔夏之方有德也，貢金九牧，鑄鼎象物。」然則九牧貢金為鼎，故稱九鼎，其實一鼎。案《戰國策》顔率説齊王云：昔武王克商遷九鼎，鼎用九萬人。則以為其鼎有九，但游説之辭，事多虚誕，不可信用。然鼎之上備載九州山川異物，亦又可疑。未知孰是，故兩解之。

宋・史虚白《釣磯立談》 叟曰：太古之時，民神雜擾，申命重黎絶地天通。禹鑄九鼎，以圖神姦，使人人通知其名象，雖入山林，而繆盭弗祥之氣弗敢姦也。聖人之所以慮天下後世者，可謂詳盡矣。

宋・李覯《盱江集》卷二九《策問》 問：夏之有德，遠方圖物，以鑄九鼎，使民入山澤，不逢不若，其功大矣。然所謂神姦者，固為傀異之形，而求近人邪？抑能變化，與人亂邪？果其傀異，則民之見者，雖無有鼎，亦知懼矣。苟能變化與人亂，則何形之可鑄邪？當王孫滿之時，鼎猶在周。其所象物，蓋嘗目見，非虚語也。顧言之，失其義耳。然則禹之為是鼎，其何意也？

宋・蘇軾《東坡全集》卷九六《漢鼎銘引》 禹鑄九鼎，用器也，初不以為寶。象物以飾之，亦非所以使民遠不若也。武王遷之洛邑，蓋已見笑於伯夷、叔齊矣。方周之盛也，鼎為宗廟之觀美而已；及其衰也，為周之患有不可勝言者。匹夫無罪，懷璧其罪。周之衰也，與匹夫何異？嗟夫！孰知九鼎之為周之角齒也哉？自春秋時，楚莊王以問其輕重大小，而戰國之際，秦與齊、楚皆欲之。周人惴惴焉，視三虎之垂涎而睨己也，絶周之祀不足以致寇，裂周之地不足以肥國。然三國之君未嘗一日而忘周者，以寶在焉故也。三國爭之，周人莫知所適。與得鼎者未必能存周，而不得者必碎之，此九鼎之所以亡也。周顯王之四十二年，宋太丘社亡，而鼎淪沒於泗水。此周人毀鼎以緩禍，而假之神妖以為之説也。

宋・楊時《龜山集》卷一三《語録四・餘杭所聞》 因言曾與季常論鑄鼎云：鼎之為説，《左傳》曾道，來後之人得以藉口者，以此爾。然使如丘明之説不誣，亦不過象物之形，百物而為之備，使民知神奸而已。後之人主用方士厭勝祈禳之法，此何所據？丘明云：成王定鼎於郟鄏，卜世卜年，天所命也。然而《洛誥》，周公所作。當時所為，無不載者。若鼎之為物，乃社稷重器，當載而莫之載者，何也？鼎鑄于夏時，夏之法制莫詳於《禹貢》之書。豈有九牧貢金，成此重器，欲以協上下，承天休，而《禹貢》曾無一語及之乎？《易》六十四卦，其在《鼎》也，取象為備。如丘明之説，略無毫髮相類，而况於後之紛紛者乎！故凡事無徵者，皆不可為也。

宋・王黼《宣和博古圖》卷一《商象形饕餮鼎》 按此鼎款識純古，髣髴饕餮之形。後人觀象立名，故取為號。至周監二代，文物大備，凡為鼎者，悉以此為飾，遂使《呂氏春秋》獨謂周鼎著饕餮，而不知其原，實啓於古也。按《春秋》宣公三年，王孫滿對楚子問鼎之語曰：「昔夏之方有德也，遠方圖物，貢金九牧，鑄鼎象物。故民入川澤山林，不逢不若。魑魅魍魎，莫能逢之。」則商之為法，亦基於夏而已。周實繼商，故亦有之耳。昔人即器以寓意，即意以見禮，即禮以示戒者如此。

宋・胡宏《五峰集》卷四《皇王大紀論・鼎象百物》 史載秦滅周，九鼎入於秦，自是不復見。《左氏》以為鼎者，圖象百物而為之備，使民知神姦者也。愚竊以為誣矣。何則？魑魅魍魎，自古不以為天下患。惟鄙夫鄙婦，則或言之，縉紳先生不道也。王者協於上下，以承天休，乃以此為事，而庸鑄之於鼎乎？然則禹所鑄者，何也？始除洪水之害，別九州之分野，差土田之高下，定貢賦之式度，立井田封建之經界，盡一時生養斯民之道矣。故又鑄於九鼎，以為萬世準繩。桀有昏德而遷於商，商紂暴虐而遷於周，如此其重也。春秋之時，晉、鄭鑄刑書。則知古人創立制度，欲傳遠久者，必於鼎矣。秦方廢井田，開阡陌，除封建，置郡縣，滅先王之迹，焚及簡編，況鼎者明著制度，章章堅大之器乎！秦不沈之於伊洛，必淪之於纏澗矣。始皇百不資於先代，而無故求周鼎於泗水，則其欲詭惑天下之意，可知矣。

宋・呂祖謙《左氏傳說》卷五《宣公・楚子問鼎之大小輕重三年》

楚莊王之在春秋時，皆謂之賢君。如《左氏》載其築京觀之事甚詳，亦以為賢君。考其觀兵於周，問鼎之大小輕重，則傲然有篡逆無君之心，暴露於此。雖有終身之小善，亦蓋覆不過今。《左氏》不見其大惡而特取其末節，何故？蓋緣當時之人，風聲氣習都不知君臣之大義，人皆有此患，視篡奪之禍不以為怪，以為常事看了。以此知學者最不可不識大義。

宋・呂祖謙《左氏博議》卷二四《楚子問鼎》　一夫而抗强敵，一言而排大難，此衆人之所喜而識者之所憂也。楚為封豕長蛇，荐食上國，陳師鞠旅，觀兵周郊，問九鼎之輕重。其勢岌岌若岱華、嵩丘將覆而未壓，王孫滿獨善為説辭，引天援神，折其狂僭，使楚人卷甲韜戈，逡巡自却，文昭武穆鐘簴不移，瀍水雒都城闕無改。其再造周室之功，實在社稷，是固衆人之所同喜也，夫何憂？憂之云者，非憂其一時之功也，喜在今日而憂在他日也。天下之禍不可狃而幸不可恃。問鼎，大變也，國幾亡而祀幾絕。王孫滿持辯口以禦之，所以楚子退聽者，亦幸焉耳。周人遂以為强楚之凶燄如是，尚畏吾之文告而不敢前，異時復有跳梁纖甸者，正煩一辯士足矣。是狃寇難為常而真以三寸舌為可恃也。由東遷以來，周之君臣上恬下熙，奄奄略無立志，身不見驪彘之釁，口不誦《板》、《蕩》之詩，玩於宴安，浸以媮惰。君子猶意儻遇禍變，庶幾儆懼，改前之為。今三代所傳之大寶鎮，蠻夷跋扈，乃敢睥睨蕩摇，欲以蠻夷汚漫之，侈然有改玉改步之意。禍變孰大於此？使王公卿士怵惕祇畏，懷覆亡之虞，則后稷、公劉之業猶有望也。適王孫滿之説偶行，其君臣相與高枕，遂謂吾舌尚存，寇至何畏？狃其禍而恃其幸開之者，非滿歟？自是之後，相襲成俗。問其治國，則先文華而後德政；問其禦寇，則先辯説而後甲兵；問其撫邦，則先辭對而後信義。內觀其實，日薄日頹；外觀其辭，日新日巧。典冊絢麗，尚如在成、康之間；形勢陵遲，固已若夏、商之季矣。下逮戰國吞噬之際，猶用滿之餘策，虛張九九八十一萬之數以譎齊。《戰國策》左欺右紿，自矜得計。一旦秦兵東出，辯不能屈，説不能下，緩頰長喙，噤無所施，稽首歸罪，甘為俘虜，始知浮語虛辭果有時而不可恃也，晚矣哉！人有疾病者，偶得刀匕之劑而獲瘳，乃憑藉餘劑，酣縱跌蕩，以自投死地，是瘉之於先，所以殺之於後也。故吾嘗謂王孫滿却楚之功，不足償其怠周之罪。

宋・呂祖謙《大事記解題》卷二《周威烈王二十三年》　九鼎震。《解題》曰：九鼎，大禹所鑄，三代所傳，王室之大寶鎮也。是歲大夫篡盜受王命者三國，蓋天下之大變也。九鼎安得不震乎？天下之戰國七：秦，變於戎者也；楚，變於蠻者也；燕，變於狄者也；魏、趙、韓、齊，皆大夫竊國者也。今一旦而頓命其三焉，三代之禮樂刑政自是而廢。古先聖賢之後、周室所褒封者，自是而盡。戎狄盜賊，自是而横行。中國人事之變如此，天地之氣豈得不為之動哉？天人之際，可謂無間矣。所以告人者，可謂深切著明矣。

又　卷三《周顯王三十三年》　秦興師，求九鼎。《解題》曰：按《戰國策》：秦興師臨周而求九鼎，周君使顔率説齊王曰：『秦為無道，欲興兵臨周而求九鼎。周之君臣內自計，與秦，不若歸之大國。』齊王大悦，發師五萬人，使陳臣思將以救周，而秦兵罷。齊將求九鼎，以顔率解之而止。剡川姚氏宏曰：以《春秋後語》考之，周君，周顯王也；齊王，齊宣王也。《戰國策》不載年，今附見於『宋太丘社亡』之前。

宋・羅泌《路史》卷四〇《餘論三・鍾鼎》　鼎者，所以起樂者也。可以正律呂，可以調氣節，可以協風聲，可以和滋味，可以抑虛浮。垂則為鍾，仰則為鼎，故為國之重器。黄帝之鑄一，禹之鑄九，其實一也。【略】然則鼎者，非必傳國之具也。自《左氏》有楚子問鼎輕重之説，且以為武王克商，遷九鼎于洛邑，太史公因言武王營洛，周公使召公卜居之，安九鼎。至秦昭時，周器九鼎入秦而周遂滅。《周》志九鼎沒于泗水彭城下，始皇過彭城禱祠，使千人没水，求之不得，故《國》事有武王謀遷九鼎，每鼎用九萬人之説。洎漢武猶欲省方出鼎，而歷代每有冶鑄之議。【略】夫天下大器，無可譬也，惟譬之于鼎爾。禹之九鼎，不過圖九州之神姦，使民知避，入川澤而不迷、不逢、不若而已。夏有亂政，鼎遷于商；商有亂政，鼎遷于周。武王克商，定鼎郟鄏，卜世卜年，天所命也，而《洛誥》周公之作，當時曾不之及，抑亦不知。

《左氏》之説，常切不信。夫楚莊者，春秋之賢君，而輔之以孫叔敖，顧非前日之夷蠻頑俗也。如其滅陳，感申叔時之一言而復之。其入鄭也，則又哀鄭伯之自卑，而許之平。比其勝晉，乃至不喜而懼，則誦《武》之詩，曰『所違民欲猶多，民何安焉？無德而爭諸侯，何以和衆？』夫無德而爭諸侯，且猶不肯，况逼周而取之鼎乎？包茅不入，齊且致伐，而況欲遷周鼎，諸侯能舍之乎？吾固曰：問鼎之事，《左氏》之罔，無信可也。《隱訣》之説黄帝火九鼎于荆山。説者顧謂黄帝之鼎有九。《太清中經》又有九鼎丹法，則黄帝之鼎，乃丹釜之名爾。故《荆山經》、《龍首記》謂黄帝服神丹。或曰三，或曰九，九即三三，即一。故《鼎書》曰：以三為十五，《河圖》數也，九鼎之所得焉。以兩為十五，《乾》、《坤》數也，十二律之所合焉。積九鼎之所鍾，引而伸之，九州之所崇也，五運之所建也，十二律之所由生也。是故起樂之具，非傳國之用也。

宋·程大昌《演繁露》卷七《周鼎》 武王伐商，遷九鼎于洛邑，故洛陽南面有定鼎門及郟鄏陌。此之九鼎，乃夏鼎也。既嘗自夏入商，又遂自商入周也。春秋時世與之相近，所記必不誤也。《史記》言周王入秦，獻其九鼎。則是鼎嘗入關矣。然自漢以後，不聞關中有鼎，不知已入關後，竟復何在也。《史記》始皇二十八年，過彭城，使千人没泗水，求周鼎不得。東坡曰：此周人懲問鼎之禍，沉之泗水以緩禍。此説非也。泗水屬彭城，彭城非商都，亦非周都，何緣周鼎可没此水也？或是周別有鼎，而人誤傳耶？

又 卷八《九鼎》 周慎靚王五年，秦惠王欲伐蜀。張儀曰：『親魏善楚，下兵三川，臨二周之郊，據九鼎，挾天子以令天下。此王業也。』司馬錯曰：『周自知失九鼎，則必以鼎與楚王，弗能止也。不如伐蜀。』按赧王在位五十九年，方始入獻其邑。上距靚王五年，六十一年矣。此時九鼎猶在周，東坡謂周人沉鼎於泗水以緩禍者，非也。當時周人以它鼎沉泗耳。又《通鑑》曰：『楚欲圖周，王使東周武公謂楚令尹昭子曰：「西周之地，絶長補短，東西不過百里。裂其地不足以肥國，攻之者名為弑君。然而猶有欲攻之者，見祭器在焉故也。今子欲殘天下之共主，居三代之傳器，器南則兵至矣。」於是楚計輟不行。』按此即九鼎傳器也。樂毅入齊臨淄，取寶物祭器，輸之於燕。孟子謂『王速出令，返其旄倪，止其重器』，即樂毅所取之器也。《通鑑》漢文十六年，新垣平言：周鼎亡在泗水中。今河决，通於泗，可祠而出之。

宋·葉適《習學記言》卷一八《戰國策·周》 秦求九鼎，顔率東西行説僅免。王孫滿猶能言在德不在鼎，故尚可存。至率但稱武王一鼎九萬人輓之，詞窮語索，無歸宿處。然則鼎安得不淪没，而周安得不亡？謂辯士能以口舌存人之國者，果非也。

宋·洪邁《容齋三筆》卷一〇《十八鼎》 夏禹鑄九鼎，唯見於《左傳》王孫滿對楚子，及靈王欲求鼎之言。其後《史記》乃有鼎震，及淪入于泗水之説。且以秦之强暴，視衰周如机上肉，何所畏而不取？周亦何辭以却？赧王之亡，盡以寶器入秦，而獨遺此？以神器如是之重，决無淪没之理。泗水不在周境内，使何人般舁而往？寧無一人知之以告秦邪？始皇使人没水求之不獲，蓋亦為傳聞所誤。《三禮》經所載鐘彝名數詳矣，獨未嘗一及之；《詩》、《易》所書，固亦可考。以予揣之，未必有是物也。

宋·洪邁《容齋隨筆》卷九《顔率兒童之見》 秦興師臨周而求九鼎，周君患之。顔率請借救於齊，乃詣齊王，許以鼎；齊為發兵救周而秦兵罷，齊將求鼎，周君又患之。顔率復詣齊曰：願獻九鼎，不識何塗之從而致之齊。齊王將寄徑於梁於楚，率皆以為不可，齊乃止。《戰國策》首載此事，蓋以為奇謀。予謂此特兒童之見爾。爭戰雖急，要當有信。今一紿齊，可也，獨不計後日諸侯來伐，誰復肯救我乎？疑必無是事，好事者飾之爾。故《史記》、《通鑑》皆不取。

宋·佚名《十先生奥論注續集》卷一一《陳武〈史官周鼎〉》 春秋之時，所以諸侯問鼎之輕重小大者，以周鼎象物，每鼎象周之山川形勢。

戰國之君所以急於吞二周、據圖籍者，亦以形勢險要盡在周也。得周鼎，亦可識天下矣。王孫滿答楚子極好，未必是設辭。如戰國時，周人方設辭曰：一鼎當九萬人，扛九鼎當當八十一萬人。漢武帝汾陰之鼎，未必周鼎。春秋之時，諸侯國有鼎者甚多。故郜鼎在宋，黄鼎在晉，吳鼎在魯。漢之所得者，豈是周鼎？周鼎豈得不為秦人鑄為金人八十二萬天人乎？

宋・王應麟《困學紀聞》卷一一《考史》 《周本紀》：秦取九鼎寳器，而遷西周君於𢠸狐。《秦始皇本紀》：還過彭城，齋戒禱祠，欲出周鼎泗水，使千人没水，求之弗得。滈水李氏曰：是時泗水在彭城，宋之分。九鼎何緣而至宋？夫取九鼎者，秦昭襄王也。始皇乃莊襄之子也，世數年歲相去不遠。始皇東遊過彭城，於泗水欲出周鼎，竟不得。兩説牴牾如此。

明・楊慎《丹鉛續録》卷一《史記・九鼎入秦》 昭、襄之世，既書九鼎入秦矣。始皇二十八年，曷又書使千人没泗水，周鼎不獲乎？吁！此太史公深意也。秦有并吞天下之心，非得鼎無以自解於天下。九鼎入秦之説，虚言以欺天下也。秦史曚書，以欺後世也。太史公從其文而不改，又於《始皇紀》言鼎没泗水，以見其妄。鼎果在秦，曷為人入水以求之乎？又於《辛垣平傳》，言九鼎淪於泗。其事益白矣。然則鼎曷能没於泗？舒雅云：威烈王時九鼎震之者，淪之兆也。既震矣，曷為不能没哉？宋太丘社亡，自亡也。社能自亡，鼎之自没，亦理也。且秦之金人十二，靈爽劣矣。魏人徙之，則潸然下泣，況神禹之鼎乎！龍泉之劍入平津，湛盧之劍去楚國，彼固非鼎匹也，神物義不污秦，明矣。宋子虚曰：事有若實而妄者，秦得周鼎也；有若誣而實者，鼎入泗水也。楊子曰：予觀闕侯《上玉璽牋》云：璽潛漢水，伏于淵泉，暉景燭曜，靈光徹天。歎曰：璽者，楚璞秦刻爾，何光怪若是？况夫鼎者，鬬苞著之《乾》象，羲文垂之《易》卦，剏於禹，歷三聖之神聖乎！

明・邵寶《學史》卷九《戍》 日格子曰：九鼎曷為鑄於禹哉？《墨子》以為啓鑄。紀治水之功，以告萬世也。是故君天下者當世守而不必代遷。遷自商始，周克商乃再遷，義士之非之也，蓋有説焉。今不可得而聞矣。然不歸之周而歸之土中，猶有禹之意焉，而説者以為傳國之重器也。楚之問，秦、齊之求，無足怪者。王孫滿曰在德不在鼎。斯言也，足以破千古之惑矣。

明・張萱《疑耀》卷二《楚子問鼎》 楚子問鼎，羅泌以為妄，謂楚莊賢君，孫叔敖賢相，滅陳且復於申叔之對，入鄭且舍於鄭伯之服，非復前日之頑獷也。周為共主，彼豈遽然而窺之？又謂鼎非傳國之物，問之何益？亦似有見。第《左氏》所載王孫滿之言，未必皆妄也。余謂九鼎在周，乃上代所寳者，故周公卜洛，亦以安九鼎為首稱。楚居漢南，嘗聞鼎之名，欲一見之而不可得，故過周之疆，問周之鼎，亦嚮慕之私耳。王孫滿惡其强梗，遂切責之，謂其窺伺神器，而楚子問鼎初心，未必遽至是也。若謂楚實未嘗問鼎，而以《左氏》為罔，則又不盡信書之過矣。

清・張尚瑗《左傳折諸》卷二一《昭公求鼎以為分》 楚莊問鼎，靈則遂欲求鼎。戰國時，秦興師求九鼎，齊救周而求鼎，楚又嘗與齊、韓圖周鼎東。周武公曰：子欲居三代之傳器，器南則兵至矣。器者，九鼎也。就靈所云四國皆有分，不過寳玉耳，而楚所求者，乃在九鼎。即投龜詬天，余尚得天下之意。

清・愛新覺羅弘曆《御製評鑑闡要》卷一《夏后氏大禹・鑄九鼎綱》 禹鑄九鼎，《漢書》及他紀載皆同。金氏履祥獨據《墨子》之説，以為后啓所鑄。捨經傳而從子書，非是。至鑄鼎象物，《左傳》猶稱近古。胡氏宏乃以為圖九州道里貢賦。夫道里貢賦，何以稱象物耶？蓋好異逞臆之病，紀事者所不免。

藝文

宋・王安石《臨川文集》卷一二《九鼎》 禹行掘山走百谷，蛟龍竄藏魑魅伏。心誌幽妖尚覬隙，以金鑄鼎空九牧。冶雲赤天漲為黑，韝風餘吹山拔木。鼎成聚觀變怪索，夜人行歌鬼晝哭。功施元元後無極，三姓衛守相傳屬。弱周無人有宜出，沉之九幽拆地軸。始皇區區求不得，坐令神姦窺邑屋。

宋・李昉等《文苑英華》卷一〇二《[唐]趙良器〈鼎賦〉》 夫君所以為天下重者，以其寳位；鼎所以為天下貴者，以其神器。則君得鼎以祚長，鼎應君以時昌。故黄帝徵大匠，稽舊章，異國貢物，遠人來王，鏦銅於雷首之下，合冶於荊山之徬。聲沓沓以海沸，氣曈曈而電光。乾坤於是震動，日月於是昭彰。欻然烟收而燼滅，卓爾成功而効祥。煥以雕文，錯虬龍之鱗介；騰乎瑞色，雜天地之玄黄。蓋聖人所以享帝養賢，烹飪薦祉，重以安國，利以出否。納之不以其道，則君失其人；聽之不以其聰，則雉鳴於耳。是以囊括衆彙，恢模崇深，苞木火於六爻之象，鏤山川於九牧之金。於是總百靈之異，見萬國之心。然美其影射金晶，光飛玉鉉。論者徒議其小大，觀者寧識其深淺？故道歸天命，無勞楚子之言；德自休明，實賴王孫之辨爾。其法剛柔之節，順行藏之志，乃有道則見生於汾水之陰，無道則隱没於彭城之地。可以斥奸慝，可以禦魑魅。應時而動，吉無不利。故曰作者之謂聖，述者之謂明。何明聖之至神，契陰陽之至精！德表先知，火不燃而自沸；量含光大，水不汲而自盈。既去故以元吉，終取新而利貞。則知執虚以待物者，正乎位；體柔而進己者，宜乎亨。故能應皇家之至德，垂不朽之鴻名。

又 卷一〇二《［唐］梁德裕〈寶鼎賦〉》 昔軒皇之有天下也，鑠至範，恢崇謨，用建皇極，永康帝圖。徵鐵於晉國之野，鑄鼎於荊山之湖。以陰陽作炭，以天地為爐，下碎礦而星入，鼓長扇而風驅。炎氣旁飛，寒雪影消於玉馬；紅光四照，晴日色掩於丹烏。於是以泄以竇，以鎔以模，故寶鼎之芳跡，斯可得而聞乎！爾其為狀也，下實上虚，外圓内朗，玉鉉金耳之飾，巽木離火之象。法三台之位，均九州之壤。鏤厥奇狀，文有鸞鳳蛟龍；禦其不若，恡無魑魅魍魎。故夫長子主之而祭，聖人饗之而養。徒觀其闡微洞幽，崇德辨義，作域中之寶，通天下之利。不汲而盈，不炊而沸，輕重自隨於德，元亨克保於位。楚問伊川，表周王之至德；齊求穀水，豈人功之可致？當今鼎命翹車，鼎刑措獄，道德以為矩，敦龐以淳俗。不改法於六籍，不徵金於九牧，自獲汾水，以定郟鄏。邁軒后於往圖，遺夏王於後籙。况伊尹作相，由巢為僕，乃傴僂其身，不覆餗於足。朗日月於金鏡，調風雨於玉燭。庶績其凝，百姓無欲。愚雖復望於其道，欲負之而跼躅。

明·梅鼎祚《梁文紀》卷一〇《周捨〈鼎銘〉》 天下寧康，異方同軌。九牧作貢，百司咸理。範金鑄器，戒鎮階所。波圓月鏡，傳之無已。

宋·薛季宣《浪語集》卷三二《周鼎銘》 惟七年，成王使召公卜宅洛邑。厥三月，公既得吉卜，周公至于新邑，營以王命，戒定九鼎，于郟鄏攸居。周公拜手稽首曰：『孺子王矣！惟先王格天新命，肆天王惟未命而承。我乃誕居大鼎于兹洛。予惟卜年七百載，惟三十其世。王其丕承皇天休命，將兹大寶，毋怠于敬，亦毋荒于卜。』王拜手稽首曰：『皇天顯宅我周家，敷用命於公誠卜。我不知守器之説，公其誨我。惟予沖子，惕息惟公安命其承。』周公若曰：『我聞曰，在昔禹平水土，輸金九牧，遐方寫物。命蜚廉氏司金，考視于荊山，鑄鼎昆吾，模其州域。肆山林、川澤、靈神、物怪之名形，罔或不備，無俾民迷。惟觴饗于上帝鬼神，無有弗格，用協于四方上下，克承天休。越厥世，後王啓承先人丕緒，命史翁乙難稽筴兆于元龜，厥灼匪燋，惟形四方其足。史翁乙難獻卜兆，惟不舉攸藏，亦罔惟遷徙攸行，繇乃白雲其霽。時尚一南一北一西一東，是將三國之遷，罔或不由兹。時王休德，越自輕于后桀，俘厥有商。肆王受之淫昏，時則我先王文武，是遷是寶。』周公曰：『烏乎！王其大無輕兹器，時乃知吉凶興滅，能行能息，匪盈于汲，匪沸于烹。象有長形，竊曲饕餮，工倕戒厥形于指足。王其尚監兹空鬲，罔違時三德之行。鼎緣德亂惟輕，亦惟休惟重，王其敬哉！』王曰：『我公命矣！』迨周王遷國于東，越蠢若蠻荊，鼎之重輕是問。厥世奸王度亦萌求分器之辭，或營于少海華亭，儻勤王之是覬。雖鼎屬有周，其震亦無。惟秦氏之遷宋，太丘之社亡，鼎則淪于淮泗。史乃考終原始，勒時周鼎之銘。銘曰：

景命惟周，世有烈王。作邑于伊，遷器于商。其器伊何？夏王之鼎。鼎命惟新，王圖有永。於鑠神器，儀度九州。備物昭章，九德惟修。靡遁斯靈，靡神斯怪。億兆惟人，罔迷罔害。有皇夏后，功光九有。上帝時歆，受天之祐。我周受之，于彼殷商。湯德伊那，命不于常。王謂太保，宅是東都。郟鄏恢恢，鼎器攸居。周公時邁，天龜受卜。三十其君，祚天景福。錚鋐大寶，夏后作之。我王至止，烝嘗淪之。豈爾荊蠻，敢規分器。輕重誰詢，誕誇鉤喙。暉臺表海，曾是王征。八億萬夫，然莫之勝。相彼力矣，鼎微而重。惟其德矣，匪湘之用。命于三晉，震彼周京。豈伊異人，維爨之興。丘社斯亡，鼎淪于水。不僭維天，曷銷曷以？史難忱卜，三姓斯遷。顯允三王，治易烹鮮。時輕時重，時器之神。不自于天，惟時大君。周邦云季，七雄舉鼎。折脅惟秦，靡扛靡騁。王綱弛係，言棄侯邦。逆命惟回，寧是適從。三王咸寶，器非其寶。玉鉉金相，載新載好。爲是之銘，鑱于寶器。匪周室攸居，傳夏商之世。

宋・張九成《橫浦集》卷一九《擬夏禹九鼎銘》 聖人制作，與造化同其妙，豈私智淺識所能窺見哉？夫世所常見者，雖日月，民不以為奇；世所不見者，雖鼠樸，民自以為怪。睹殊形異狀、牛鬼蛇神，可以驚世駭俗者，衆也。以謂萬物之靈，惟人為大，故遠方圖物，貢金九牧，鑄鼎象之。且倉頡制字而鬼哭，以得其形，則無以見其神也。圖象在鼎其，形已見矣，其復能為乎？其意欲使人自人，神自神，不相雜擾，各得其所。伊尹識之，故贊其德曰：古有夏先后，方懋厥德，罔有天災。山川鬼神亦莫不寧，暨鳥獸魚鼈咸若。蓋與鑄鼎相為表裏，乃為之銘。銘曰：

天地之中，惟人為大。人為神勝，為孽為怪。元后聰明，實人之靈。制神與人，不相侵淩。乃鑄九鼎，畫圖神姦。殊形詭狀，莫或作難。潛逃深匿，敢見其形。民入山林，無復震驚。在《易》之《鼎》，卦畫至精。豈徒觀美？義貴大烹。調和四海，以養聖賢。神人奠位，事有後先。鳥獸魚鼈，亦遂厥性。至哉神禹！執此之令。傳諸後世，所尚者德。蠢爾荆楚，為周之賊。王孫所對，逆折姦心。鼎有存没，德無古今。咨爾後王，無幻鬼神。方懋厥德，與禹同倫。

明・宋濂《文憲集》卷二六《顔率求鼎難》 秦興師臨周而求九鼎，周王患之，以告顔率。顔率曰：『大王勿憂也。臣請正大義，以却其軍。』率乃詣秦君，長揖言曰：『周之與秦，勢雖若敵國，其分則君臣也。率聞君伐臣，則有之矣。自非弑逆，未聞以臣伐君也。不知君之興師而涉邦畿也，何故？天子謹使使臣以問諸左右。』秦君曰：『無他意也。寡人竊聞九鼎，四海之厚實也。誠願得一觀焉。然恐周之執事，不察敵國之情，乃盛陳師衛，以備不虞耳。寡人，人臣也，豈敢稱亂？』率曰：『率意君忘其為人臣也，今幸弗忘，甚善。率嘗適蔡，蔡人有事其主者，其主有龍淵之劍，蔡人操刃與戟，逐而奪之。或諫曰：「此汝主也。汝何得乃爾，獨弗畏不義之名乎」蔡人曰：「吾見龍淵不見主也。」彼猶不見主，故肆行而無忌憚。君今知為人臣而興師求九鼎焉，何也？君不聞齊、晉之事乎？齊地方千里，帶甲數十萬。天王嘗賜太公履，東至于海，西至于河，南至於穆陵，北至於無棣。五侯九伯，皆得專征。迨桓公之興，平宋折鄭，帖服荆楚，威行諸侯，天下莫强焉。尚欵欵以尊周為事，未嘗敢求九鼎也。晉地亦方千里，帶甲亦數十萬，犄以太行之高，起以首陽之雄，迤以黄河之深，靡以大陸之廣，所謂表裏山河之固，晉實有之。文公籍累世之盛，侵曹伐衛，大戰于城濮而楚師敗績，列國畏威，無敢不從。然猶一曰尊王室，二曰尊王室，亦不敢求九鼎也。今君欲行霸術，不思法桓、文而乃惟不軌是圖。率恐諸侯有以議君也。且君有不義者三：以臣帥兵而劫天子，不義一也。鼎乃先王重器而敢睥睨之，不義二也。肆虎狼之威，志在邱墟宗廟，不義三也。六國怨秦之虐，日夜共謀洹水之上，恨無其名以興師。設知君有爾，韓必遣三將，軍出宜陽。趙、魏與韓唇齒之邦，必注强弓，蹠勁弩助之。燕雖稍弱，勢不能以獨寧，四國合一，精兵當不下三百餘萬。齊為山東大國，亦必驅其衆，西向殽、函。嘗見諸侯並起，其雄吞之志益暴，又必急趍，擣武關。君雖有百二之險，舉六豹而噉一牛，不至血肉狼藉不止也。率竊為君危之。夫鼎者，又以昭夫德也。苟無其德，雖得之，必亡之。昔夏之盛也，貢金九牧，鑄鼎象物，百物而為之備，使民知神姦，用能協于上下，以承天休。桀有昏德，鼎遷于商；商紂暴虐，鼎遷于周。周德雖衰，天命未改。君尚可力求之耶？楚莊之强，君之所聞也。因伐六渾之戎，遂來問鼎之重輕。王孫滿一言却之，輒俛首莫敢吐氣者，豈力有不足哉？誠畏負不義之名也。君世有功於天王，今其所為，可不如蠻荆之長乎：為吾君計，莫若告於衆曰：「寡人不敏，昧厥君臣大分，帥爾有衆，欲求鼎于周。周之大夫弗以寡人為不穀，肫肫然喻之矣。寡人雖至愚，竊已藏之中心矣。爾衆宜解甲韜戈從寡人，寡人幸至于廟，當悔解自罰。復告于太史書之，以旌寡人之過。」君能如此，則改過不吝之成湯，又見於今日也。君德孰加焉！』秦君聞之，赧然謝顔率曰：『子之言良是也。』即日罷兵西還。鼎，周鼎也，故借周天子立論。

清・愛新覺羅玄燁《聖祖仁皇帝御製文集》卷二五《鼎銘》 庖犧作鼎，尚象太乙。神禹鑄金，九鼎崒嵂。皇哉鼎義，《易》稱元吉。巽濟以離，烹飪何饜。享帝養賢，位命凝一。初象維陰，利其否出。二克剛中，是為有實。陽居廼腹，和而悔失。苟或比陰，覆餗莫恤。厥鉉伊何？

金玉其質。大德保之。守以無逸。

斧鉞

綜述

《周易・旅》 九四：旅于處，得其資斧，我心不快。《象》曰：旅于處，未得位也。得其資斧，心未快也。唐陸德明《音義》：資斧，如字。《子夏傳》及衆家並作「齊斧」。張軌云：齊斧，蓋黄鉞斧也。張晏云：整齊也。應劭云：利也。虞喜《志林》云：齊當作齊，齊戒入廟而受斧，下卦同。

《尚書・牧誓》 王左杖黄鉞，右秉白旄以麾。漢孔安國《傳》：鉞，以黄金飾斧。左手杖鉞，示無事於誅；右手把旄，示有事於教。

《逸周書》卷四《克殷解》 武王答拜先入，適王所，乃尅射之，三發而後下車，而擊之以輕呂，斬之以黄鉞，晉孔晁注：輕呂，劍名。折懸諸太白。注：斬絶其首。適二女之所，乃既縊。注：二女，妲己及嬖妾。縊，自縊也。王又射之，三發，乃右擊之以輕呂，斬之以玄鉞，懸諸小白。注：玄鉞，黑斧。小白，旗名也。【略】又陳常車，周公把大鉞，召公把小鉞，以夾王。注：常車，威儀車也。二公夾衛王也。

又　卷一《命訓解》 大天道三，人道三。注：言相方以立教。天有命，有禍，有福，人有醜，有紼絻，有斧鉞。以人之醜當天之命，以紼絻當天之福，以斧鉞當天之禍。

又　卷二《小明武解》 上有軒冕，斧鉞在下。勝國若化，故曰明武。注：軒冕，所以為賞也。

《詩經・商頌・長發》 武王載旆，有虔秉鉞。如火烈烈，則莫我敢曷。漢毛亨《傳》：武王，湯也。旆，旗也。虔，固。曷，害也。漢鄭玄《箋》：有之言又也。上既美其剛柔得中，勇敢不懼，於是有武功，有王德，及建旆興師出伐，又固持其鉞，志在誅有罪也。其威勢如猛火之炎熾，誰敢禦害我？

《左傳・昭公四年》（楚靈）王弗聽，負之斧鉞，以狥於諸侯。

又　《昭公十二年》 工尹路請曰：「君王命剝圭以為鏚柲，晉杜預注：鏚，斧也。柲，柄也。破圭玉以飾斧柄。唐孔穎達《正義》：斧柯長三尺，和氏之玉長一尺二寸。圭玉非為斧柄之物，故知破之為飾。敢請命。」注：請制度之命。王入視之。

《國語》卷一二《晉語六》 范文子曰：「今吾司寇之刀鋸日弊，三國吳韋昭注：刀鋸，小人之刑也。弊，敗也，日，敗用之數也。而斧鉞不行。」注：斧鉞，大刑也。不行，不行於大臣。

又　卷一九《吳語》 王親秉鉞，載白旗，以中陳而立。注：熊虎為旗，此王所帥中軍。

《公羊傳・昭公二十五年》（九月）齊侯唁公于野井。《傳》：朱干玉戚，以舞《大夏》。漢何休《解詁》：干，楯也，以朱飾楯。戚，斧也，以玉飾斧。《大夏》，夏樂也。

《周禮・夏官・大司馬》 若師有功，則左執律，右秉鉞，以先愷樂，獻于社。漢鄭玄注：功，勝也。律所以聽軍聲，鉞所以為將威也。先猶道也。兵樂曰愷。獻于社，獻功于社也。宋王昭禹《詳解》：左執律，律以聽軍聲，陽也，故左執之，右秉鉞，鉞以致殺伐，陰也，故右執之。右秉鉞，示勝而不忘戰也，司馬之事。武王之於牧野，則左仗黄鉞，何也？武王之事，示其無事于誅，故左仗之。

《墨子》卷一三《魯問》 昔白公之禍，執王子閭，斧鉞鉤要，直兵當心。

《管子》卷五《重令》 三器者，何也？曰：號令也，斧鉞也，禄賞也。【略】三器之用，何也？曰：非號令毋以使下，非斧鉞毋以威衆，非禄賞毋以勸民。

又　卷六《法法》 故善用民者，軒冕不下儗而斧鉞不上因。唐房玄齡注：不以下有私寵，妄以軒冕有所許儗。不因上有私憾，妄以斧鉞有所誅戮也。

又　卷一一《君臣下》 治斧鉞者，不敢讓刑；注：讓猶拒也。當其罪不敢讓刑也。治軒冕者，不敢讓賞。注：賞當其功，故不讓也。

《尉繚子》卷四《將令》 將軍受命，君必先謀於廟，行令于廷。君身以斧鉞，授將曰：「左右中軍，皆有分職。若踰分而上請者，死。軍無二令，二令者誅。留令者誅。失令者誅。」

又　卷五《兵令上》 陳之斧鉞，飾之旗章。有功必賞，犯令必死。

《莊子》卷四《胠篋》 雖有軒冕之賞弗能勸，斧鉞之威弗能禁。

漢・許慎《說文解字》卷一二下《戉部》 《司馬法》曰：夏執玄戉，殷執白戚，周左杖黄戉，右秉白髦。

《戰國策》卷五《秦三》 范子因王稽入秦，獻書昭王曰：「今臣之胷，不足以當椹質；宋鮑彪注：《集韻》：椹，斫木鑕。鑕，鐵椹。質、鑕同。要，不足以待斧鉞。注：鉞亦斧也。豈敢以疑事嘗試於王乎？』

又 卷三〇《燕二》 望諸君乃使人獻書報燕王曰：『臣不佞，【略】恐抵斧質之罪，以傷先王之明。』

《荀子》卷一四《樂論篇》 軍旅鈇鉞者，先王之所以飾怒也。

《呂氏春秋》卷二二《慎行》 荆靈王聞之，率諸侯以攻吳，圍朱方，拔之。漢高誘注：靈王，恭王庶子圍也。得慶封，負之斧質，以狥於諸侯軍。

《六韜》卷三《立將》 武王問太公曰：『立將之道奈何？』太公曰：『凡國有難，君避正殿，召將而詔之曰：「社稷安危，一在將軍。今某國不臣，願將軍帥師應之也。」將既受命，乃命太史卜齋三日，之太廟，鑽靈龜，卜吉日，以受斧鉞。君入廟門，西面而立。將入廟門，北面而立。君親操鉞持首，授將其柄曰：「從此上至天者，將軍制之。」復操斧持柄，授將其刃曰：「從此下至淵者，將軍制之。」【略】將已受命，拜而報君曰：【略】「臣既受命，專斧鉞之威，臣不敢生還。」』

又 卷四《軍用》 大柯斧，刃長八寸，重八斤，柄長五尺以上，千二百枚，一名天鉞。

《大戴禮記》卷九《虞戴德》 公曰：『善哉！以天教于民，可以班乎？』子曰：『可哉！雖可而弗由，此上知所以行斧鉞也。』

《禮記·王制》 諸侯賜弓矢，然後征；賜鈇鉞，然後殺。漢鄭玄注：得其器，乃敢為其事。唐孔穎達《正義》：賜鈇鉞者，謂上公九命，得賜鈇鉞，然後鄰國臣弑君、子弑父者，得專討之。晉文侯雖受弓矢，不受鈇鉞。崔氏云：以不得鈇鉞，不得專殺，故執衛侯，歸之於京師。

又 《樂記》 軍旅鈇鉞者，先王之所以飾怒也。《正義》：鈇鉞飾怒，非怒不可橫施鈇鉞，是怒得其儕類焉。

又 《中庸》 《詩》曰：『奏假無言，時靡有爭。』是故君子不賞而民勸，不怒而民威於鈇鉞。

又 《明堂位》 朱干玉戚，冕而舞《大武》。注：朱干，赤大盾也。戚，斧也。冕，冠名也。諸公之服，自衮冕而下，如王之服也。《大武》，周舞也。《正義》：朱干玉戚者，干，盾也；戚，斧也。赤盾而玉飾斧也。冕而舞《大武》者，冕，衮冕也。《大武》，武王樂也。王著衮冕，執赤盾玉斧而舞武王伐紂之樂也。

漢·孔鮒《孔叢子》卷中《問軍禮》 陳王曰：『其命將出征，則如之何？』太師曰：『古者大將受命而出，【略】天子當階南面，命授之節鉞。大將受，天子乃東向西面而揖之，亦弗御也。然後告大社。』

漢·韓嬰《韓詩外傳》卷一〇 楚莊王將興師伐晉，告士大夫曰：『敢諫者死，無赦。』孫叔敖曰：『臣聞畏鞭箠之嚴而不敢諫其父，非孝子也。懼斧鉞之誅而不敢諫其君，非忠臣也。』

漢·劉安《淮南子》卷六《覽冥訓》 武王伐紂，渡于孟津，陽侯之波逆流而擊，疾風晦冥，人馬不相見。漢高誘注：陽侯，陵陽國侯也。其國近水，溺死於水，其神能為大波，有所傷害，因謂之陽侯之波。於是武王左操黃鉞，右秉白旄，瞋目而撝之曰：『余任天下，誰敢害吾意者？』於是風濟而波罷。

又 卷八《本經訓》 兵革羽旄，金鼓斧鉞，所以飾怒也。必有其質，乃為之文。

又 卷一〇《繆稱訓》 是故前有軒冕之賞，不可以無功取也；後有斧鉞之禁，不可以無罪蒙也。

又 卷一一《齊俗訓》 昔武王執戈秉鉞，以伐紂勝殷。昔齊桓公合諸侯以乘車，退誅於國以斧鉞。

又 卷一五《兵略訓》 主親操鉞持頭，授將軍其柄曰：『從此上至天者，將軍制之。』復操斧持頭，授將軍其柄曰：『從此下至淵者，將軍制之。』

《史記》卷三《殷本紀》 湯乃興師，率諸侯。伊尹從湯，湯自把鉞，以伐昆吾，遂伐桀。

西伯出，而獻洛西之地，以請除炮烙之刑。紂乃許之，賜弓矢斧鉞，使得征伐，為西伯。

又 卷四《周本紀》 武王亦答拜，遂入，至紂死所。武王自射之，三發而後下車，以輕劍擊之，以黃鉞斬紂頭，縣太白之旗。已而至紂之嬖妾二女，二女皆經自殺。武王又射三發，擊以劍，斬以玄鉞，縣其頭小白之旗。【略】武王弟叔振鐸奉陳常車，周公旦把大鉞，畢公把小鉞，以夾武王。

又 卷三二《齊太公世家》 武王即位九年，欲修文王業東伐，以觀諸侯集否。師行，師尚左杖黃鉞，右把白旄，以誓曰：『蒼兕蒼兕！唐司馬貞《索隱》：本或作「蒼雉」。按馬融曰：蒼兕，主舟楫官名。又王充云：蒼兕，水獸，九頭。今誓衆，令急濟，故言蒼兕以懼之。總爾衆庶，與爾舟楫，後至者斬。』遂至盟津。諸侯不期而會者八百諸侯。

又 卷六五《孫子吳起列傳》 孫子分為二隊，以王之寵姬二人各為隊長。【略】約束既布，乃設鈇鉞，即三令五申之。

漢・劉向《說苑》卷八《尊賢》 齊將軍田瞶出將，張生郊送，曰：『今將軍方吞一國之權，提鼓擁旗，被堅執銳，旋回十萬之師，擅斧鉞之誅，慎毋以士之所羞者驕士。』

又 卷一五《指武》 昔明王有紱冕以尊賢，有斧鉞以誅惡。故其賞至重而刑至深，而天下變。

論說

漢・班固《白虎通義》卷七《考黜》 諸侯所以考黜何？王者所以勉賢抑惡，重民之至也。【略】能誅有罪者，賜鈇鉞。【略】距惡當斷刑，故賜之鈇鉞，所以斷大刑。【略】喜怒有節，誅伐刑刺，賜以鈇鉞，使得專殺。

漢・劉熙《釋名》卷七《釋兵》 戚，感也。斧以斬斷，見者皆感懼也。鉞，豁也。所向莫敢當前，豁然破散也。

晉・崔豹《古今注》卷上《輿服》 金斧，黃鉞也。鐵斧，玄鉞也。三代通用之，以斷斬。今以金斧、黃鉞為乘輿之飾，玄鉞諸王公得建之。武王以黃鉞斬紂，故王者以為戒。太公以玄鉞斬妲己，故婦人以為戒。漢制，諸公亦建玄鉞，以太公秉之，助武王斷斬，故為諸公之飾焉。

宋・陳祥道《禮書》卷一三〇《玉戚》 《詩》曰：取彼斧斨。又曰：既破我斧，又缺我斨。又曰：干戈戚揚。《書》曰：左杖黃鉞。又曰：一人執劉。《廣雅》曰：鉞、戚，斧也。《六韜》曰：大柯斧重八斤，一名天鉞。毛氏謂：斧，隋銎。斨，方銎。戚，斧也。揚，鉞也。孔安國謂：劉，斧屬。孔穎達曰：劉，鑱斧也，蓋鉞也。揚也，戚也，斨也，劉也，皆斧也。斧莫重於鉞，而揚、戚、戕、劉皆其次者也。《書》言黃鉞，以金飾其柄也。《禮》言玉戚，以玉飾其柄也。楚工尹曰：先王命剝圭以為戚柲，則黃與玉為柄之飾，可知也。《考工記・車人》：柯長三尺，博三寸，厚一寸有半。五分其長，以其一為之首。則六寸矣。蓋斧之為物，黑所以體道，白所以象義，而有剛斷之材焉。故軍禮與其葬，皆用之。觀先王繡於冕服之裳，中衣之領，畫於所負之扆，所履之席，所冪之巾，則君之所以剛斷者，未嘗或忽也。司兵祭祀，授舞者兵。鄭氏曰：授以朱干玉戚之屬。

宋・王黼《宣和博古圖》卷二七《漢鉞鐓》 按《司馬法》：『三代之斧，在夏執玄鉞，在商執白戚，在周杖黃鉞。』蓋夏、商、周所尚之色不同，而所以為斧則一也。

宋・姚寬《西溪叢語》卷上 齊斧。虞喜《志林》：齊，側階切。凡師出，齊戒入廟受斧，故云齊也。陳琳云：腰領不足，以膏齊斧。服虔注云：《易》『喪其資斧。』張晏云：斧，鉞也，以整齊天下。應劭云：齊，利也。蕭斧或云越斧也。《淮南子》云：磨蕭斧以伐朝菌。蕭之義未詳。《太平御覽》引《漢書・王莽傳》：喪其齊斧。音齊。

元・方回《續古今考》卷八《廣玉考下》 玉戚。《明堂位》：朱干玉戚，冕而舞《大武》。周舞也。戚，斧也，以玉飾其柄。

明・樂韶鳳等《洪武正韻》卷一五《入聲・五屑》 鉞。大斧，又謂之戚，又謂之揚。《說文》作『戉』。戉。《司馬法》：夏執玄戉，商執白戚，周左杖黃戉。

清・李光地《注解正蒙》卷下《有司篇》 言湯十一征，未必盡是弒逆。或是賜鈇鉞，以王命征之。不然，則征討之名至周始定也。

清・顧棟高《毛詩類釋》卷一〇《釋兵器・戚揚》 《疏》：戚、揚，皆斧鉞之別名。鉞大而斧小。《六韜》云：大柯斧重八斤，一名大鉞。劉熙曰：斧以斬斷，見者皆感懼。

雜録

宋・周密《志雅堂雜抄》 宣和殿所藏殷玉鉞，長三尺餘，一段羡玉，文藻精甚，三代之寶也。後歸大金，今入大元，每大朝會，必設乎外庭。

元・王惲《秋澗集》卷四六《劈正斧辯》 斧斷蒼玉為之，長徑九寸，有幾鍼之，刃滿六寸，頞下略齟齬之。中堅，厚二寸強。龍首呀朐，刃齧於口，作兩段吞箈。腦與刃通，以柯貫之。上以雙蟠螭冒其端，下以玉為瑱承其竅。華潤緻密，無微疵可摘。神兵凛肅，真秘寶也。且斧者，黼也，黑白二色相次，故以水蒼玉象之。三代之制，云兵刑喪祀用之，飾怒以賜殺，執之以就列，示威以啓行而已。今則天子正衙朝會，命冕執中立。以劈正為義，莫究所從來。【略】今復植立，以肅正朝。古之人納君於正，去邪勿疑，寓德威於物，以將其果毅者，俾無或忽也。垂戒之義，深矣。至元癸巳春三月二十六日因閱實，偕御史商琥、修撰魏必復觀於侍儀法物庫。

元・陶宗儀《輟耕録》卷五《劈正斧》 劈正斧以蒼水玉碾造，高二尺有奇，廣半之，偏地文藻粲然。或曰自殷時流傳至今者。如天子登極、正旦、天壽節御大明殿會朝時，則一人執之，立於陛下酒海之前。蓋所以正人不正之意。

明・周祈《名義考》卷一一《物部・劈正斧》 劈正斧或云自殷時流傳，以蒼水玉碾造，高二尺，廣半之，藻文。每朝會，一人執之，立於陛前。元時猶存。

瑞圭

綜述

《周易・益》 六三：【略】有孚中行，告公用圭。三國魏王弼注：若能益不爲私，志在救難，壯不至亢，不失中行，以此告公，國主所任也。用圭之禮，備此道矣。故曰『有孚中行，告公用圭』也。公者，臣之極也。凡事足以施天下則稱王，次天下之大者則稱公。六三之才，不足以告王，足以告公，而得用圭也。故曰『中行，告公用圭』也。

《尚書・舜典》 輯五瑞，既月乃日，覲四岳羣牧，班瑞于羣后。漢孔安國《傳》：輯，斂。既，盡。覲，見。班，還。后，君也。舜斂公、侯、伯、子、男之瑞圭璧，盡以正月中乃日，日見四岳及九州牧監，還五瑞於諸侯，與之正始。宋蔡沈《集傳》：輯，斂；瑞，信也。公執桓圭，侯執信圭，伯執躬圭，子執穀璧，男執蒲璧，五等諸侯執之，以合符於天子，而驗其信否也。

修五禮、五玉、三帛、二生、一死贄。《傳》：修吉、凶、賓、軍、嘉之禮，五等諸侯執其玉。三帛，諸侯世子執纁，公之孤執玄，附庸之君執黃。二生，卿執羔，大夫執鴈。一死，士執雉。玉帛、生、死，所以為贄以見之。如五器，卒乃復。《傳》：卒，終。復，還也。器謂圭璧。如五器，禮終則還之，三帛、生、死則否。唐孔穎達《正義》：此云五玉，即上文五瑞，故知五等諸侯執其玉也。鄭玄云：執之曰瑞，陳列曰玉。【略】『五器』文在『贄』下，則是贄内之物。《周禮・大宗伯》云：以玉作五器。知器謂圭璧，即五玉是也。如，若也。言諸侯贄之内若是五器，禮終乃還之；如三帛、生、死，則不還也。

又《禹貢》 禹錫玄圭，告厥成功。《傳》：玄，天色。禹功盡加於四海，故堯賜玄圭，以彰顯之。言天功成。《集傳》：水土既平，禹以玄圭為贄，而告成功于舜也。水色黑，故圭以玄云。

又《金縢》 周公立焉，《傳》：立壇上。對三王植璧秉珪，乃告大王、王季、文王。《傳》：璧以禮神。植，置也，置於三王之坐。周公秉桓珪，以為贄。告謂祝辭。

又《顧命》 太保承介圭，上宗奉同瑁，由阼階隮。《傳》：大圭，尺二寸，天子守之，故奉以奠康王所位。同，爵名。瑁，所以冒諸侯圭，以齊瑞信。方四寸，邪刻之。

《詩經・大雅・崧高》 錫爾介圭，以作爾寶。漢毛亨《傳》：寶，瑞也。漢鄭玄《箋》：圭長尺二寸，謂之介，非諸侯之圭，故以為寶。諸侯之瑞圭，自九寸而下。

又《大雅・韓奕》 韓侯入覲，以其介圭，入覲于王。唐孔穎達《正義》：執圭入覲，禮之常也，而詩人言此者，美韓侯之德，能稱此命圭，至京師而即得見王。

《左傳・文公十二年》 秦伯使西乞術來聘，且言將伐晉。襄仲辭玉，曰：『君不忘先君之好，照臨魯國，鎮撫其社稷，重之以大器，寡君敢辭玉。』晉杜預注：大器，圭、璋也。不欲與秦為好，故辭玉。對曰：『不腆敝器，不足辭也。』主人三辭，賓答曰：『寡君願徼福于周公、魯公以事君。不腆先君之敝器，使下臣致諸執事，以為瑞節，注：節，信也。出聘必告廟，故稱先君之器。要結好命，所以藉寡君之命，結二國之好，注：藉，薦也。唐孔穎達《正義》：聘禮，執圭所以致君命，君命致藉玉而後通，若坐之有薦席然，故以藉為薦也。是以敢致之。』

又《昭公五年》 薳啓疆曰：【略】『朝聘有珪。注：珪以為信。《正義》：《周禮·典瑞》云：公執桓圭，侯執信圭，伯執躬圭，子執穀璧，男執蒲璧，以朝、覲、宗、遇、會、同于王。諸侯相見，亦如之。是朝有珪也。又曰：瑑圭、璋、璧、琮，以覜聘。是聘有珪也。享覜有璋。』注：臣為君使，執璋。

又《定公十五年》 春，邾隱公來朝。注：邾子益。子貢觀焉。邾子執玉高，其容仰；公受玉卑，其容俯。注：玉，朝者之贄。

《國語》卷一《周語上》 襄王使召公過及内史過賜晉惠公命。三國吳韋昭注：命，瑞命。諸侯即位，天子賜之命圭，以為瑞節。【略】晉侯執玉卑，拜不稽首。注：玉，信圭，侯所執，長七寸。卑，下也。禮，執天子器則上衡。稽首，首至地也。

又 卷一九《吳語》 夫命圭有命，固曰吳伯，不曰吳王。注：命圭，受賜圭之策命。《周禮》：伯執躬圭。吳本稱伯，故曰吳伯。

《儀禮·聘禮》 所以朝天子，圭與繅皆九寸，剡上寸半，厚半寸，博三寸。繅三采六等，朱、白、蒼。漢鄭玄注：圭所執，以為瑞節也。剡上，象天圓地方也。雜采曰繅。以韋衣木板，飾以三色，再就。所以薦玉重慎也。九寸，上公之圭也。唐賈公彦疏：云雜采曰繅者，凡言繅者，皆蒙水草之文。天子五采，三公、侯、伯三采，子、男二采，皆是雜采也。

問諸侯，朱綠繅八寸，注：二采再就，降於天子也。於天子曰朝，於諸侯曰問。《記》之於聘，文互相備。皆玄纁繫，長尺絢組。注：采成文曰絢。繫無事則以繫玉，因以為飾。皆用五采組，上以玄，下以絳為地。今文絢作『約』。

凡四器者，唯其所寳，以聘可也。注：言國獨以此為寳也。四器謂圭、璋、璧、琮。

《周禮·春官·大宗伯》 以玉作六瑞，以等邦國。漢鄭玄注：等猶齊等也。王執鎮圭，注：鎮，安也，所以安四方。鎮圭者，蓋以四鎮之山爲瑑飾，圭長尺有二寸。唐賈公彦疏：此鎮圭，王祭祀時所執，故《典瑞》云：『王搢大圭，執鎮圭，繅藉五采五就，以朝日。』則餘祭祀，亦執之。《注》釋曰：云鎮，安也，所以安四方者，以《職方》九州，州有一大山，以爲其州之鎮，此鎮圭亦所以鎮安四方也。云鎮圭者，蓋以四鎮之山爲瑑飾者，以其諸侯圭皆以類爲瑑飾，此字爲四鎮之字，明以四鎮之山爲瑑飾，無正文，故云『蓋』，以疑之。四鎮者，謂揚州之會稽，青州之沂山，幽州之醫無閭，冀州之霍山是也。云圭長尺二寸者，案《玉人》云『鎮圭尺有二寸，天子守之』是也。公執桓圭，注：公，二王之後及王之上公。雙植謂之桓，桓，宮室之象，所以安其上也。桓圭蓋亦以桓爲瑑飾，圭長九寸。疏：此所執，謂朝時。案《聘禮》、《禮記》及《典瑞》所云，是已下皆據朝時也。《注》釋曰：云公，二王之後者，按《孝經援神契》：二王之後稱公，大國稱侯，皆千乘。是二王後稱公。云及王之上公者，《典命》『上公之禮』及此上之『九命作伯』，皆是王之上公也。云雙植謂之桓者，桓謂若屋之桓楹。按《檀弓》云：三家視桓楹。彼注四植謂之桓者，彼據柱之竪者而言，柱若竪之，則有四稜，故云四植，植即稜也。此於圭上而言，下二稜著圭不見，唯有上二稜，故以雙言之也。云桓，宮室之象，所以安其上也者，以其宮室在上，須得桓楹乃安；若天子在上，須諸侯衛守乃安，故云安其上也。云桓圭蓋亦以桓爲瑑飾者，以無正文，故亦云『蓋』也。云圭長九寸者，案《玉人》云『桓圭九寸，公守之』是也。侯執信圭，伯執躬圭，注：信當爲『身』，聲之誤也。身圭、躬圭，蓋皆象以人形爲瑑飾，文有麤縟耳。欲其慎行以保身。圭皆長七寸。疏：鄭必破『信』爲『身』者，古者舒、申字皆爲信，故此人身字亦誤爲信，故鄭云聲之誤也。云身圭、躬圭蓋皆象以人形爲瑑飾者，以其字爲身躬，故鄭還以人形解之。云文有麤縟耳者，縟，細也，以其皆以人形爲飾，若不麤縟爲異，則身躬何殊而別之？故知文有麤縟爲別也。云欲其慎行以保身者，此則約上下圭爲義，既以人身爲飾，義當慎行保身也。云圭皆七寸者，案《玉人》云『信圭、躬圭七寸，侯、伯守之』是也。子執穀璧，男執蒲璧。注：穀所以養人，蒲爲席，所以安人。二玉蓋或以穀爲飾，或以蒲爲瑑飾。璧皆徑五寸。不執圭者，未成國也。疏：穀所以養人，蒲爲席，所以安人，二玉蓋或以穀爲飾，或以蒲爲瑑飾者，此亦無正文，故亦言『蓋』以疑之。言『或』者非疑，以其二玉用物不同，故云『或』耳。云璧皆徑五寸者，按《玉人》爛脱，《大行人》有『五寸』之文也。云不執圭者，未成國也者，據上文五命賜，則是未成國也。

又《春官·典瑞》 掌玉瑞、玉器之藏，辨其名物與其用事，設其服飾。注：人執以見曰瑞，禮神曰器。瑞，符信也。服飾，服玉之飾，謂繅藉。疏：言掌玉瑞、玉器之藏者，玉之美者，入『天府』藏之。凡平者，仍在『典瑞』藏之，故亦言『藏』也。人執之則曰瑞，即下文鎮圭之等是也。禮神曰器，則下文四圭之等是也。云辨其名物者，圭璧之等，各有名，幷物色有異。云與其用事者，為事而用圭璧，謂朝聘、朝日、祭祀之等皆是也。云設其服飾者，謂繅藉在玉，若人之衣服之飾也。《注》釋曰：人執以見曰瑞，禮神曰器者，據此文及『大宗伯』相對而說，散文則人執亦名器。故《聘禮》記云：圭、璋、璧、琮，凡此四器者，唯其所寳，以聘可也。又《尚書》云：五器，卒乃復。皆是人執而名器也。云瑞，符信也者。若天子受瑞於天，諸侯不得受瑞於天，唯受瑞於天子，故名瑞。瑞即符信者也。云繅藉，即下文繅藉五采五就之等也。

王晉大圭，執鎮圭，繅藉五采五就，以朝日。注：繅有五采文，所以薦玉。木為中幹，用韋衣而畫之。就，成也。王朝日者，示有所尊，訓民事君也。天子常春分朝日，秋分夕月。《覲禮》曰：拜日于東門之外。故書『鎮』作『瑱』。鄭司農云：『晉』讀為搢紳之『搢』，謂臿於紳、帶之間，若帶劍也。『瑱』讀為『鎮』。《玉人》職曰：大圭長三尺，杼上，終葵首。天子服之。鎮圭尺有二寸，天子守之。『繅』讀為藻率之『藻』。五就，五帀也。一帀為一就。疏：司農云『晉』讀為搢紳之『搢』者，漢有搢紳之士，亦謂搢笏於紳，故讀從之。云謂插之於紳帶之間者，凡帶有二：大帶，大夫已上用素，士用練，即紳也。又有革帶，所以珮玉之等。今插笏者，插於紳之外，革之內，故云紳、帶之間也。云若帶劍也者，劍在紳、帶之間，同處也。公執桓圭，侯執信圭，伯執躬圭，繅皆三采三就。子執穀璧，男執蒲璧，繅皆二采再就。以朝、覲、宗、遇、會、同於王。注：三采，朱、白、蒼。二采，朱、綠也。鄭司農云：以圭璧見于王。《覲禮》曰：侯氏入門右，坐奠圭，再拜稽首。侯氏見于天子，春曰朝，夏曰宗，秋曰覲，冬曰遇，時見曰會，殷見曰同。諸侯相見，亦如之。注：鄭司農云：亦執圭璧以相見。故邾隱公朝於魯，《春秋傳》曰：邾子執玉高，其容仰。

瑑圭、璋、璧、琮，繅皆二采一就，以覜聘。注：璋以聘后、夫人，以琮享之也。大夫衆来曰覜，寡来曰聘。鄭司農云：瑑，有圻鄂瑑起。疏：此遣臣行聘問之所執者。若本君親自朝，所執上文桓圭之等是；若遣臣聘，不得執君之圭璧，無桓、信、躬與蒲、璧之文，直瑑之而已。故云瑑圭璋璧琮。此謂公、侯、伯之臣也。若子、男之臣，豈得過本君，用以圭璋乎？明子、男之臣亦用瑑璧、琮也。云皆二采一就者，謂朱、綠二采，共為一就也。《注》釋曰：云璋以聘后夫人以琮享之也者，鄭欲見此經遣臣聘法，有聘天子，并有自相聘，二者俱見，故云璋以聘后、夫人，而琮享之也。明知圭以聘天子與諸侯，而璧享之。鄭不言圭璧於天子諸侯者，以聘后、夫人文隱，故特舉以言之，天子諸侯可知也。云大夫衆来曰覜，寡来曰聘者。此亦據《大宗伯》云：殷覜曰視，謂一服朝之歲，即此覜也，故云衆来曰覜。彼又云：時聘曰問，亦無常期。即此聘也，故云寡来曰聘也。司農云：瑑有圻鄂瑑起，是不為桓、信、躬等之文也。

又《秋官·大行人》　上公之禮，執桓圭九寸，繅藉九寸。注：繅藉，以五采韋衣板。若奠玉，則以藉之。疏：云繅藉，以五采韋衣板者，按《聘禮》記云：公、侯、伯三采，朱、白、蒼。子、男二采，朱綠。《典瑞》天子乃五采。此諸侯禮而言五采者，此注合三采、二采而言，五非謂得有五采也。云若奠玉，則以藉之者，按《覲禮》：侯氏入門右，奠圭，再拜稽首。此時奠玉，則以藉之。若然，未奠之時，於廟門外上介授時，已有繅藉矣。【略】諸侯之禮，執信圭七寸，繅藉七寸。【略】諸伯執躬圭，其他皆如諸侯之禮。諸子執穀璧五寸，繅藉五寸。【略】諸男執蒲璧，其他皆如諸子之禮。

十有一歲，達瑞節。宋王昭禹《詳解》：瑞，六瑞也；節，六節也。達瑞節，所以達四方而交之也。

又《秋官·小行人》　成六瑞。王用瑱圭，公用桓圭，侯用信圭，伯用躬圭，子用穀璧，男用蒲璧。注：成，平也。瑞，信也。皆朝見所執，以爲信。

又《考工記·玉人》　玉人之事，鎭圭尺有二寸，天子守之。命圭九寸，謂之桓圭，公守之；命圭七寸，謂之信圭，侯守之；命圭七寸，謂之躬圭，伯守之。注：命圭者，王所命之圭也，朝覲執焉，居則守之。子守穀璧，男守蒲璧，不言之者，闕耳。故書或云『命圭五寸，謂之躬圭』。杜子春云：當爲七寸。玄謂五寸者璧，文之闕亂，存焉。疏：云命圭者，王所命之圭也者，《公羊傳》云：『錫者何？賜也。命者何？加我服也。』於王以策命諸侯之時，非直加之以車服，時即以圭授之，以爲瑞信者也。

天子執冒，四寸，以朝諸侯。注：名玉曰冒者，言德能覆蓋天下也。四寸者方，以尊接卑，以小爲貴。

天子用全，上公用龍，侯用瓚，伯用將。注：鄭司農云：全，純色也。龍當爲『尨』，尨謂襍色。玄謂全，純玉也。【略】龍、瓚、將，皆襍名也。卑者下尊，以輕重爲差，玉多則重，石多則輕。公、侯四玉一石，伯、子、男三玉二石。疏：此經因天子以下執玉，遂説尊卑之玉，善惡不同。【略】云龍、瓚、將皆襍名者，謂玉之襍名，此亦含襍色。必知後鄭玉襍中含色者，見鄭《異義》駁云：玉襍則色襍，則知玉全色亦全也。云卑者下尊，以輕重爲差，玉多則重，石多則輕，知者，見《盈不足術》曰：玉方寸，重七兩；石方寸，重六兩。云公、侯四玉一石，伯、子、男三玉二石者，按《禮緯》云：天子純玉，尺二寸。公、侯九寸，四玉一石。伯、子、男三玉二石。此注出於彼，但此經公與侯異，注及彼文公、侯同，又彼伯、子、男同七寸，皆與此經不同者，彼據殷法，但玉、石多少與周同，故引之也。若然，公、侯同四玉一石，而龍、瓚異者，蓋玉色有别也。繼子、男，執皮帛。注：謂公之孤也。疏：此公之孤，上不言子男，而此云繼子男者，以上文不見子男也。不見者，以子、男與伯同用三玉二石，故空其文。見子、男與伯等，以是得言以皮帛繼子男也。天子圭，中必。注：必讀如鹿車縪之『縪』，謂以組約其中央，爲執之以備失隊。疏：上列天子及公、侯、伯之圭，於此獨言天子圭，中必者，按《聘禮》記五等諸侯及聘使所執圭璋，皆有繅藉及絇組。絇組所以約圭中央，恐失墜，即此中必之類。若然，圭之中必，尊卑皆有。此不言諸侯圭，舉上以明下，可知。

瑑圭、璋八寸，璧、琮八寸，以覜聘。注：瑑，文飾也。覜，視也；聘，問也。衆來曰覜，特來曰聘。《聘禮》曰：凡四器者，唯其所寶，以聘可也。疏：此謂上公之臣執以覜聘用圭、璋，享用璧、琮於天子及后也。若兩諸侯自相聘，亦執之。侯、伯之臣宜六寸，子、男之臣宜四寸。【略】所寶，謂不聘時寶之。

《禮記·雜記下》 《贊大行》曰：圭，公九寸，侯伯七寸，子男五寸。博三寸，厚半寸，剡上，左右各寸半。玉也。藻三采六等。漢鄭玄注：藻，薦玉者也。唐孔穎達《正義》：三采，朱、白、蒼也。六等，六行也。謂畫上三色，每色為二行，是三采六等。

又 《禮器》 （諸侯）以圭為瑞。《正義》：以圭為瑞者，圭兼五等，玉也。諸侯之於天子，如天子之於天也。天子得天之物，謂之瑞。故諸侯受封於天子，天子與之玉，亦得為瑞也，《書》云「輯五瑞」，又云「班瑞於羣后」是也。

又 《聘義》 以圭、璋聘，重禮也。已聘而還圭、璋，此輕財而重禮之義也。諸侯相厲以輕財重禮，則民作讓矣。注：圭，瑞也。尊圭、璋之類也，用之還之，皆爲重禮。《正義》：云圭，瑞者，以器言之謂之圭，執以行禮謂之瑞。瑞，信也，謂與人爲尊卑之信驗也。云尊圭、璋之類也，用之還之，皆爲重禮者，言尊敬此璋同於圭，則璋是圭之等類，用之以聘，聘訖又還，皆爲尊重此禮。以圭、璋所以行禮，故重之也。

圭璋特達，德也。注：特達，謂以朝聘也。璧、琮則有幣。惟有德者無所不達，不有須而成也。《正義》：德者，得也，萬物皆得，故無所不通達，不更須待外物而自成也。以聘享之禮有圭、璋、璧、琮，璧、琮則有束帛加之乃得達，圭、璋則不用束帛，故云特達。然璧、琮亦玉，所以琮則加於他物，圭、璋得特達者，但玉既比德，於禮重處則特達，於禮輕處則加物。以玉可重可輕，美其重處言之，故云特達。

《楚辭》卷一〇《大招》 三圭重侯，漢王逸《章句》：三圭謂公、侯、伯也。公執桓圭，侯執信圭，伯執躬圭，故言三圭也。重侯謂子、男也。子男共一爵，故言重侯也。或曰公、侯、伯、子、男同謂之諸侯，三圭比子、男為重。非也。聽類神只。《章句》：言楚國所包中有公、侯、伯、子、男執玉圭之君，明於知人，聽愚賢之類，别其善惡，昭然若神，能薦達賢人也。

漢·伏勝《尚書太傳》卷一《虞傳》 古者圭必有冒，言下之必有冒，不敢專達也。天子執冒，以朝諸侯，見則覆之。故冒圭者，天子所與諸侯為瑞也。瑞也者，屬也。無過行者，得復其圭，以歸其國。有過行者，留其圭。能改過者復之。三年圭不復，少黜以爵。六年圭不復，少黜以地。九年圭不復，而地畢削。此謂諸侯之於天子也，義則見屬，不義則不見屬。

《史記》卷一《五帝本紀》 （黄帝）合符釜山，唐司馬貞《索隱》：合諸侯符契圭瑞而朝之於釜山，猶禹會諸侯於塗山然也。唐張守節《正義》：《括地志》云：釜山在嬀州懷戎縣北三里。而邑于涿鹿之阿。《正義》廣平曰阿。涿鹿，山名。涿鹿故城在山下，即黄帝所都之邑于山下平地。

又 卷五《秦本紀》 禹平水土已成，帝錫玄圭。

論説

漢·班固《白虎通義》卷八《瑞贄》 王者始立，諸侯皆見何？當受法稟正教也。《尚書》「輯五瑞」，「覲四嶽」，謂舜始即位，見四方諸侯，合符信。《詩》云：「元王桓撥，受小國是達，受大國是達。」言湯王天下，大小國皆來見，湯能通達以禮義也。《周頌》曰：「烈文辟公，錫茲祉福。」言武王伐紂定天下，諸侯來會，聚于京師受法度也。遠近莫不至，受命之君，天之所興，四方莫敢違，夷狄咸率服故也。

何謂五瑞？謂珪、璧、琮、璜、璋也。《禮》曰：「天子珪尺有二寸。」又曰：「博三寸，剡上，左右各寸半，厚半寸。半珪為璋，方中圓外曰璧。半璧曰璜，圓中牙外曰琮。」《禮·王度記》曰：「玉者，有象君子之德。燥不輕，溼不重，薄不橈，廉不傷，疵不掩。是以人君寶之。」天子之純玉，尺有二寸。公、侯九寸，四玉一石也。伯、子、男俱三玉二石也。

五玉者，各何施？蓋以為璜以徵召，璧以聘問，璋以發兵，珪以質信，琮以起土功之事也。珪以為信何？珪者，兑上，象物始生見於上也。信莫著于作見，故以珪為信，而見萬物之始莫不自潔。珪之為言圭也。上兑，陽也；下方，陰也。陽尊，故其理順備也。位在東，陽見義於上也。

璧以聘問何？璧者，方中圓外，象地，地道安寧而出財物，故以璧聘問也。方中，陰德方也；圓外，陰繫于陽也。陰德盛于內，故見象于內，位在中央。璧之為言積也，中央故有天地之象，所以據用也。內方象地，外圓象天也。

璜所以徵召何？璜者半璧，位在北方，北陰極而陽始起，故象半陰。陽氣始施，徵召萬物，故以徵召也。不象陽何？陽始物微，未可見也。璜者，橫也，質尊之命也。陽氣橫于黄泉，故曰璜。璜之為言光也。陽光所及，莫不動也。象君之威命所加，莫敢不從，陽之所施，無不節也。

璋以發兵何？璋半珪，位在南方。南方陽極而陰始起，兵亦陰也，故以發兵也。不象其陰何？陰始起，物尚凝，未可象也。璋之為言明也。賞罰之道，使臣之禮，當章明也。南方之時，萬物莫不章，故謂之璋。

琮以起土功發衆何？琮之為言宗也，象萬物之宗聚也。功之所成，故以起土功發衆也。位在西方，西方陽收功于內，陰出成于外，內圓象陽，外直為陰，外牙而內湊，象聚會也。故謂之琮。后夫人之財也。五玉所施非一，不可勝條，略舉大者也。

合符信者，謂天子執瑁以朝，諸侯執圭以覲天子。瑁之為言冒也，上有所覆，下有所冒也。故《覲禮》曰：『侯氏執圭升堂。』《尚書大傳》：『天子執瑁，以朝諸侯。』又曰：『諸侯執所受珪與璧，朝于天子。無過者，復得其珪，以歸其邦。有過者，留其珪。能正行者，復還其珪。三年珪不復，少絀以爵。六年珪不復，少黜以地。九年珪不復，而地畢削。』珪所以還何？以為珪信瑞也。璧所以留者，以財幣盡，輒更造。何以言之？《禮》曰：『珪造尺八寸。』有造珪，明得造璧也。公珪九寸，四玉一石。何以知不以玉為四器？石持為也，以《尚書》合言『五玉』也。

又 卷一一《崩薨》 諸侯薨，使臣歸瑞珪於天子者何？諸侯以瑞珪為信，今死矣，嗣子諒闇，三年之後，當乃更爵命，故歸之，推讓之義也。故《禮》曰：『諸侯薨，使臣歸瑞珪於天子。』

唐·蘇鶚《蘇氏演義》卷下 《三禮義宗》云：天子以圭為節。天子大圭尺有二寸，以四鎮之山為飾也。尺二寸者，法十二辰也。上公鎮桓圭九寸，侯鎮信圭七寸，子鎮穀圭五寸，男鎮蒲圭五寸。凡諸侯之圭璧，各依其命數大小也。謂之鎮者，皆受之於天子，以為瑞信，鎮撫國家也。皆謂之命圭者，言皆受命而得，故朝、覲、宗、遇則執焉。

宋·聶崇義《三禮圖集注》卷一〇《冒》 天子執冒四寸，以朝諸侯。注云：名玉曰冒者，言德能覆蓋天下也。四寸者方，以尊接卑，以小為貴也。案《尚書大傳》云：古者必有冒，言下之不敢專達之義。天子執冒以朝諸侯，是冒覆之。注云：君恩覆之，臣乃敢進，是其冒覆之事。然則諸侯所受天子之圭璧者，與諸侯為瑞也。瑞也者，屬也。諸侯朝於天子，有過行者留其圭璧。三年圭璧不復者，少黜以爵。六年圭璧不復者，少黜以地。九年圭璧不復者，而盡黜其地。此所謂諸侯之於天子也，義則見屬，不義則不見屬也。又孔注《顧命》曰：言冒，所以冒諸侯圭，邪刻之，以冒諸侯之圭，以為瑞信。子、男執璧，蓋亦刻而覆驗之。《大傳》以古者圭有冒，亦是冒圭之法也。此冒據朝覲諸侯時執之。《詩·殷頌》云：受小球大球，為下國綴旒。注：小球尺二寸，大球長三尺。與下國結定其心，如旌旗之旒。彼據天子與諸侯盟會，故云結定其心，故執鎮圭，不執冒也。

又《鎮圭》 《大宗伯》：以玉作六瑞，以等邦國。等謂齊也。王執鎮圭，長尺二寸，以鎮安天下。蓋以四鎮山為瑑飾，故得鎮名。《典瑞》曰：王執鎮圭，搢大圭，以朝日。又曰：珍圭以徵守，以恤凶荒。珍音鎮。鎮圭以徵守者，若漢時徵郡守以竹使符也。諸侯亦一國之鎮，故以鎮圭徵之。凶荒則民有遠志，不安其土，故王使使執鎮圭以往，致王命以安之。鎮圭大小之制，當與琬圭、琰圭相依。孔《義》云：凡圭廣三寸，厚半寸，剡上，左右各寸半。又注云：尹拙議以鎮圭用五采組約中央，以備失墜。竇儀云：詳《周禮》、《儀禮》經疏之義，自天子公侯已降，及聘使所執圭、璋，皆有絢組約圭中央，備其失墜。《新圖·圭繅敘》：必以合正文，則餘制皆顯矣。

又《桓圭》 《大宗伯》云：公執桓圭。注云：公者，二王之後及王之上公也。《玉人》云：命圭九寸，謂之桓圭，公守之。其信圭、躬圭皆言命圭而云守之者，以其朝覲執焉，居則守之也。後鄭云：雙植謂之桓。賈釋云：象宮室之有桓楹也。以其宮室在上，須桓楹乃安，天子在上，須諸侯乃安也。蓋亦以桓楹為瑑飾也。

又《信圭》 《大宗伯》云：侯執信圭。信音身。注云：信圭、躬圭皆長七寸，蓋皆象以人形為瑑飾，文有麤縟耳。欲其慎行以保身。

又《躬圭》 《大宗伯》云：伯執躬圭。七寸。孔《義》引江南儒者解之云：直者為信，其文縟細；曲者為躬，其文麤略。義或然也。

又《穀璧》 《大宗伯》云：子執穀璧。五寸，諸侯自相見亦執之。《曲禮疏》云：其璧則內有孔，謂之好，外有玉，謂之肉。故《爾雅》云：肉倍好謂之璧，肉、好若一謂之環。此五等諸侯各執圭璧朝於王，及自相朝所用也。又云：穀所以養人，蓋瑑穀稼之形為飾。

又《蒲璧》 《大宗伯》云：男執蒲璧。五寸。《曲禮疏》引此注云：蒲為席，所以安人。蓋瑑蒲草之形為飾。

又《圭繅璧繅》 《典瑞》云：王搢大圭，執鎮圭，繅藉五采五就，以朝日。注云：繅有五采文，所以薦玉。木為中幹，韋衣而畫之。就，成也。五就，五帀也。一帀為一就。公執桓圭，侯執信圭，伯執躬圭，繅皆三采三就。子執穀璧，男執蒲璧，繅皆二采再就。繅讀曰『藻』。賈釋云：藻，水草之文，故讀從之。言繅有五采文，所以薦玉。木為中幹，用韋衣而畫之。就，成也者，鎮圭尺二寸，廣三寸，即此木板亦長尺二寸，廣三寸，與玉同，然後用韋衣之，乃於韋上畫之。一采為一帀，五采則五帀，一帀為一就，就，成也，是采一色者也。又案《聘禮》記云：絢組尺。注云：五采成文曰絢。彼不問尊卑，皆用五采組長尺為之繫，所以束玉，使不墜落，因以為飾。然絢組繫亦名繅藉者，則《曲禮》云：其有藉者則裼。《聘禮》曰：上介屈繅，以授賓。是亦名組繫為繅藉者也。又《曲禮疏》引鄭注《覲禮》云：繅藉，以韋衣木，廣袤各如其玉之大小。既然，則穀璧、蒲璧，其繅藉之形亦如之。天子則以五采畫之，公、侯以三采，子、男則以二采，其卿大夫亦二采。故《典瑞》云『王繅藉五采五就，公侯伯皆三采三就，子男繅皆二采再就』，又云『瑑圭、璋、璧、琮，一采一就』是也。熊氏云：五采五就者，采別二行為就也，三采三就者，亦采別二行為一就，故三就也。又下云『二采一就』者，以臣下行聘不得與君同，是以二采，采別一行，共為一就。凡言就者，或兩行名為一就，即此上下文是也；或一帀二行為二就，就即等也。知者，《聘禮》記云：所以朝天子，圭與繅皆九寸。又云：繅三采六等，朱、白、蒼。注云：以三色為再就，謂三色，色為再就，就亦等也，三色即六等。《雜記》亦云：三采六等。注云：三采六等，以朱、白、蒼畫為再行，行為一等，是一等為一行，行亦就也，據單行言之也。各有所據，故其文有異。既三采為六等，則知天子五采已下，采別為二等也。此是周法。其殷已上，則各用所尚色之帛。故鄭注《虞書》三帛：高陽氏之後用赤繒，高辛氏之後用黑繒，其餘諸侯用白繒。其餘，謂堯之諸侯也。既以采色畫韋衣於板上，前後垂之，又有五采組繩以為繫。其組，上以玄為天，下以絳為地，則繫玉，有事則垂為飾。故《聘禮》記云：玄纁繫，長尺絢組。注云：繫，無事則以繫玉，因為飾，用五采組，上以玄為天，下以絳為地是也。

宋・陳祥道《禮書》卷五二《冒圭四寸》 上覆下謂之冒，下冒上亦謂之冒。《易》曰：冒天下之道。《詩》曰：下土是冒。上覆下也。《說文》曰：冒地而生。《農書》曰：土長冒橛。下冒上也。瑁圭謂之瑁，則覆下而已。四寸，所以冒四方。邪刻之，所以驗羣瑞。天子執之以朝諸侯，則子、男之璧亦在所驗，其詳不可考也。諸侯之朝天子，執瑞圭，搢象笏，及輯瑞圭而以瑁驗焉。蓋各執其所搢者，《禮》曰『見於天子無說笏』是也。孔穎達曰：冒圭，王與諸侯朝覲所執者。小球尺二寸，大球長三尺，王與諸侯盟會所執者。然《詩》言『受小球大球』，則小球者，蒲璧、穀璧之類；大球者，桓圭、躬圭之類，而天子授之，則非二尺與三尺之圭矣。穎達之言，非惑於《詩傳》之說歟？

又 卷五二《鎮圭尺二寸有必》 崇高敦厚而萬物附焉，山也。山之大者，四方仰焉，四鎮也。《周官・職方氏》九州皆有鎮山，《大司樂》有四鎮五嶽，鄭氏謂揚州之會稽，青州之沂山，幽州之醫無閭，冀州之霍山。鎮圭以四鎮為瑑飾，於理或然。鎮圭尺有二寸，則天數也。繅藉五采五就，備文德也。其用玉全，無厖雜也。《考工記》曰：天子用全。其中有必，防失隊也。《考工記》曰：天子圭，中必。鄭氏曰：必讀『鞸』，鞸以組約其中央，以備失隊。古之飾刀室者謂之珌正，固弓者謂之韠，則約圭之中，因以為飾，而命之曰必，亦若是耳。鎮圭，王執之以朝日，使者執之以徵守，恤凶荒。蓋曰能鎮於下，然後可以事上；能鎮於此，然後可以召彼。恤凶荒，亦所以鎮之也。《玉人》大琮十有二寸，射四寸，厚寸，是謂內鎮，宗后守之。則后之內鎮，猶王之鎮圭耳。鎮圭尺有二寸，言其長也；內鎮十有二寸，言其方也。《小行人》作『瑱』，《典瑞》作『珍』，故書作『鎮』。或曰鎮圭，猶《天府》所謂『玉鎮』，非四鎮也。是亦一說。

又 卷五三《上公桓圭侯信圭伯躬圭子穀璧男蒲璧》 《書》曰：輯五瑞，修五玉，如五器，卒乃復。《周禮》大宗伯以玉作六瑞，以等邦國。公執桓圭，侯執信圭，伯執躬圭，子執穀璧，男執蒲璧。《典瑞》公執桓圭，侯執信圭，伯執躬圭，繅皆三采三就。子執穀璧，男執蒲璧，繅皆二采再就。以朝、覲、宗、遇、會、同于王。諸侯相見，亦如之。《小行人》成六瑞，公用桓圭，侯用信圭，伯用躬圭，子用穀璧，男用蒲璧。《玉人》命圭九寸，謂之桓圭，公守之；命圭七寸，謂之信圭，侯守之；命圭七寸，謂之躬圭，伯守之。《雜記》曰：圭，公九寸，侯、伯七寸，博三寸，厚半寸，剡上，左右各寸半。鄭氏曰：公，二王之後及王之上公。雙植謂之桓，桓，宮室之象，所以安其上也。信當為「身」，身與躬圭，蓋皆象以人形為瑑飾，文有麤縟耳，欲其慎行以保身也。穀所以養人，蒲為席，所以安人。璧皆徑五寸。不執圭者，未成國也。蓋桓强立不撓，而以安上為任，故公圭瑑之。身伸而躬屈，伸者尊，足以侯外而蔽內，屈者卑，足以長人而已，故侯、伯之圭瑑之。子不足以長人而可以養人，故璧瑑以穀。男不足於養人而可以安人，故璧瑑以蒲。圭者天之用，璧者天之體，盡其用者必盡其體，得其體未必盡其用。此圭、璧所以不同也。然王之三公八命，其服七章之鷩冕，其執七寸之信圭。及大射，則王服鷩冕，故公降服毳冕，降服毳冕，則執躬圭而已。此《禮》所謂「曲而殺」也。五玉亦謂之五器，亦謂之五瑞，亦謂之摯。《左氏》曰：男摯，大者玉帛。《大宗伯》作六瑞，自王以下皆言「執」；《小行人》成六瑞，自王以下皆言「用」。則執者，自人言之也；用者，自玉言之也。執之所以行禮，用之所以合符。《宗伯》、《典瑞》、《行人》皆言「執」，特《小行人》言「用」，則行禮非小行人所專掌，特掌其合符之事而已。若夫不施於行禮合符，則寶而守之，此《玉人》所以又言「守之」也。《覲禮》：侯氏入門，坐奠圭，拜取圭，升致命，王受之玉。侯氏降，擯者延之升，成拜乃出。蓋於是時，安玉崇玷之上，《明堂位》所謂「崇玷康圭」者，此也。若夫壇壝宮之禮，則諸侯升受王玉，王授之於宰矣。賈公彦曰：壇上無玷，當約聘禮，側授宰玉。其説或然。《易》曰：《艮》，其身止諸躬也。《爾雅》曰：身，我也。躬，身也。蓋屈身為躬，信躬為身，言信圭則身可知，鄭氏改信為「身」，不必然也。桓，《説文》作「𣠞」。

又 卷五三《介圭》　《書》曰：太保承介圭，上宗奉同瑁。《詩・崧高》曰：錫爾介圭，以作爾寶。《韓奕》曰：以其介圭，入覲于王。《爾雅》曰：介，大也。又曰：圭大尺有二寸謂之玠。夫王之大圭長三尺，則尺有二寸，所以錫諸侯者也。諸侯之圭，長不過九寸，錫以尺有二寸，使寶之而已。《書》於介圭言太保承之，於瑁言上宗奉之，《書》之介圭，即大圭也。王朝日，執鎮圭，搢大圭；見諸侯，則執瑁圭而大圭不搢，則太保承之耳。此「承」與「奉」，所以不同也。孔安國以《書》之介圭為王之守圭長尺二寸者，毛氏以《崧高》、《韓奕》之介圭為公之守圭九寸者，鄭氏以《崧高》之介圭為所錫之圭尺二寸者，以《韓奕》之介圭為享玉者。然王與公之守圭，曰鎮圭、桓圭而已，不謂之介。其義當從鄭氏之説。

又 卷五六《瑑圭八寸瑑璋八寸瑑璧八寸瑑琮八寸》　《聘禮》曰：凡四器者，惟其所寶，以聘可也。則圭、璋、璧，琮之類，惟其所寶者而已。此又先王權於禮者也。楚蘧啓疆曰：朝聘有圭，享覜有璋。蓋朝聘之禮嚴於享，特聘之禮重於殷覜，故圭、璋所用如此。然諸侯之臣聘后夫人以璋，二王之後享王以圭，則啓疆之言，亦有其大率者也，夫圭、璋象陰陽之用，璧、琮象天地之體，故天子、公、侯、伯之瑞以圭，子、男璧。聘，卿聘以圭，享以璧琮。又圭、璋特達，璧、琮有幣，則圭、璋貴於璧、琮矣。

宋・程大昌《演繁露》卷四《如五器卒乃復》　《尚書大傳》曰：古者圭必有冒，故瑁圭者，天子與諸侯為瑞，諸侯執所受圭以朝天子。無過者復得以給，使之歸國。有過者，留其圭三年。已上《御覽》八百六。案《大傳》此言，必有所本。《舜典》之謂「輯五瑞」者，即此之執圭而朝者也。輯者，斂之而上乎天子也。又謂「班瑞于羣后」者，即此之復與其圭以歸者也。第其有過，留之三年者，不見所出，然《大傳》此言，極有理也。《舜典》下文東巡岱宗，而贄五玉以朝者，即與在朝而輯五瑞者同理也。《正義》曰：五瑞本受之堯，斂而還之，謂如舜新以付，改為舜臣，與之正新君之始。此亦有理。然以上下文推之，則不通矣。四嶽巡狩，皆嘗斂玉而復授之矣，至五器之斂、復，即是輯、班之異名矣。今獨於正月在都時所班者為舜賜，則巡狩之所，如所復在已受新賜之後，何用再班也耶？以此知《大傳》所言有理，蓋分還、留兩端，以為賞罰也者。其說有理也。

宋·魏了翁《儀禮要義》卷二四《聘禮六·鄭釋圭為瑞節按節不得言瑞》 所以朝天子，圭與繅皆九寸。云圭所執，以為瑞節者。案《周禮·大宗伯》云：以玉作六瑞，以等邦國。又云：王執鎮圭，公執桓圭，侯執信圭，伯執躬圭，子執穀璧，男執蒲璧。是以其圭為瑞。又案《周禮·掌節》有玉節之節。即是節，與瑞別矣。今此云瑞節，但連言節者，案節不得言瑞，瑞亦是節信。

宋·葉時《禮經會元》卷三下《瑞節》 嘗觀舜初即位，首以輯瑞、班瑞為先；其廵守四岳也，亦必修五禮、五玉、三帛、二生、一死贄。蓋君之所以遇臣，臣之所以見君，非瑞則無以示信，非贄則無以將誠，此『大宗伯』所以有六瑞、六贄之作也。鎮圭尺有二寸，以山為瑑飾，示其鎮安四方，王執之。桓圭九寸，以桓為瑑飾，示其奉安乎上，公執之。信圭七寸，以身形為瑑飾，示其直身以事上，侯執之。躬圭七寸，以躬形為瑑飾，示其鞠躬以事上，伯執之。穀璧五寸，以穀為瑑飾，示其有以養人之象，子執之。蒲璧五寸，以蒲為瑑飾，示其有安人之義，男執之。此六瑞之別也。孤執皮帛，示服威猛也。卿執羔，示不失羣也。大夫則執鴈，示其有隨陽之義而不失時也。士則執雉，示其有守介之義而不失節也。庶人在官者，其贄以鶩，示其不能遠飛而不遠遷也。工商在官，其贄以雞，示其候時自鳴而不妄動也。此六贄之別也。

或者則曰六瑞、六贄，則曰執。玉固可執，而禽亦可執乎？曰：執非手執以見君也，蓋臣之見君，必以物為贄，如《書》所謂『一二臣衛，敢執壤奠。』奠之於君，如親所執而至也，瑞則還之，贄則授之，尚何疑於執乎？然六瑞，『宗伯』既命玉人作之，以等邦國；『典瑞』復掌之，以待其用；至『大行人』則又辨其禮，『小行人』則又從而成之。鄭康成曰：瑞，節信也。又曰：瑞，符信也。朝見所執以為信。一則曰信，二則曰信，信不可以一日去，瑞其可以一日不謹乎？至如六禽則曰贄，贄言致也，臣之所以自致於君也。『司士』則膳其贄，『膳夫』則以贄見者受而膳之。人君受其贄而為膳，所以享臣子之奉歟？獨『射人』所謂三公執璧，既不預六瑞之名，又不在六贄之數，乃總而名贄，何也？曰：此乃射時所執之璧，非執桓圭比也。以璧為贄，則致之於君而不還，亦如羔鴈之禮，是故三公之璧，諸臣之贄，皆不掌於『典瑞』，而特互見之爾。

元·方回《續古今考》卷五《附考五玉》 《周禮》，先儒所不盡信，然《典瑞》所謂五玉，已見《舜典》。考其《正義》之意，蓋謂桓圭、信圭、躬圭、穀璧、蒲璧，公、侯、伯、子、男所執者。堯昔授之，舜即位，諸侯來見，既輯之，又班以還之，乃所謂符信也。唐虞之世，諸侯至于萬國之多。禹會塗山，執玉帛者萬國。則五玉之制，周有『典瑞』掌之，不可誣也。【略】回竊疑五玉為符信，驗視無偽，即仍以畀之，與贄不同。五等諸侯見君，《顧命》有曰『壤奠』。其制不止于此，第未知堯以前封諸侯五瑞為信之外，有無簡策書。所謂命，則當有竹為簡策，木板為方，而今不可考耳。《黃帝素問》謂岐伯所言，皆有太古所傳金匱玉板，則古人防火而謀悠久，以玉書事，金匱之猶之諸侯符信，以五玉為之，不朽而不可爇也。

又 卷八《廣玉考下》 王鎮圭。《大宗伯》以玉作六瑞。王執鎮圭。注：鎮，安也，所以鎮安四方。鎮圭者，蓋以四鎮之山為緣飾，長尺有二寸。郊天祭后土、宗廟、大朝覲用之，會同用之。

公執桓圭。公二王之後及王之上公。雙植謂之桓，桓，宮室之象。桓圭豈亦以桓為瑑飾？圭長九寸，繅三采三就，朱、白、蒼。

侯執信圭。鄭注『信』讀為『身』，字之誤也。身圭與下文躬圭，蓋皆以人形為瑑飾，文有麄縟，欲其行以保身。皆長七寸。

伯執躬圭。見上。皆三采三就。《爾雅》曰：身，我也。躬，身也。屈身為躬，信躬為身。鄭玄改『信』圭為『身』，似贅。讀作平聲，可耳。魏鶴山《要義》，亦不然玄之破此字。

子執穀璧。穀所以養人，以穀瑑飾。

男執蒲璧。蒲為席，所以安人，以蒲為瑑飾。璧皆徑五寸。不執圭者未，成國也。公、侯地方百里，伯七十里，子、男五十里。地方五十里而曰未成國，則附庸之君何如？嘗考皆二采再就，朱、綠。

此謂六瑞，以朝、覲、宗廟、遇、會、同于王。諸侯相見，亦如之。《玉人之事》言鎮圭以下尺寸，曰天子守之，公守之。桓圭、信圭、躬圭變文曰命圭，侯守之，伯守之。命圭者，王所命也，朝覲執焉，居則曰守。子、男璧不言者，闕文也。《書》曰輯五瑞，謂此三圭二璧也。修五禮，如五器，卒乃復，皆謂此三圭二璧也。合瑞以驗其信僞，故輯者，集也。五玉、五器，異其名也。復，還之也。《周官》言六瑞，併王之鎮圭言之也。又總謂之五瑞、五器，經不同而文相合有如此。

冒圭。【略】諸侯之三圭，無四寸之首。四寸之冒，不已大廣乎？二璧又如之何而可冒？姑存疑可也。【略】予謂『必』之為物，繩組之類。鎮圭王執之以朝日，又用之於祀天地、宗廟、朝覲、會同，有以繫於其中間，如繅采然。謂之『必』，恐大圭亦有之，諸侯圭璧亦有之。在人臣為五瑞，并人主而言為六瑞。古之所執如此。

介圭。《書》曰：太保承介圭，上宗奉同瑁。《詩・崧高》曰：錫爾介圭，以作爾寶。《韓奕》曰：以其介圭，入覲于王。孔氏、毛氏、鄭氏三説不同。《爾雅》曰：介，大也。以此釋王之介圭，即其長三尺，王搢大圭之圭歟？又曰：大圭尺有二寸，謂之玠。以此釋《詩》之介圭，即王所錫諸侯尺有二寸之圭歟？王執瑁圭以朝諸侯，即上宗奉瑁以進於王。王朝日，執鎮圭，搢大圭，見諸侯則鎮玉不執，大圭不搢也，故太保承王之大圭，以相禮歟？謂侯、公爵執桓圭九寸，王錫以尺有二寸之介圭，則寶之而已，不敢執而用之也，入覲亦執桓圭。侯、伯執信圭、躬圭，雖錫介圭，亦不敢執也。孔注：太保承介圭，曰大圭，長尺二寸，天子守之。如此乃是鎮圭，非三尺，上杼，終葵首之大圭也。

朝以瑞玉，有繅。侯氏入門右，坐奠圭，拜坐取圭升，王受之。侯氏降，拜升。此所謂瑞，即桓圭，信圭，躬圭，蒲、穀璧，合而已還之。

元・馬端臨《文獻通考》卷一一五《王禮考十・圭璧符節璽印》

按天子之所佩曰璽，臣下之所佩曰印。無璽書，則九重之號令不能達之於四海；無印章，則有司之文移不能行之於所屬。此後世之事也。三代以前，則未之聞。上之所以示信於下者，惟圭璧與符節而已。封建則有圭璧，諸侯朝於天子則執其所受之圭以合焉，所謂天子執冒四寸以朝諸侯，公執桓圭，侯執信圭，伯執躬圭，子執穀璧，男執蒲璧是也。徵召則有符節，《掌節》所謂掌守邦節而辨其用，《典瑞》所謂珍圭以徵守，以恤凶荒；牙璋以起軍旅，以治兵守是也。二者皆重器，故俱以玉為之。古者人朴俗淳，故雖有圭璧、符節而其用甚簡，必大朝會、大徵發則以之示信。後世巧詐日滋而防制益密，故璽書、印章之用甚煩，而猶懼其不足以防姦。莊周所謂焚符破璽而民朴鄙，蓋有激也。然則圭璧，蓋符節璽印之類，世徒見繪《禮圖》者繪天子諸侯被冕服，執圭璧，遂以鎮圭、桓圭以下為服飾之具；又見《尚書》有『五玉、三帛、二生、一死贄』之説，遂以圭璧為贄見之物。然皆非也。《舜典》『輯五瑞』之下，繼之以『班瑞』；『修五禮、五玉』之下，繼以『如五器，卒乃復』，蓋索之以別其僞，而復還之耳。《春官・大宗伯》以玉作六瑞，以等邦國，則自王執鎮圭至男執蒲璧；以禽作六摯，以等諸臣，則自孤執皮帛以至工商執鷄。六瑞在先，六摯在後，明圭璧非贄獻之物也。故今叙符節璽印，而以圭璧先之。

明・丘濬《大學衍義補》卷九六《備規制・寶玉之器》 臣按物質之美而貴者，莫如玉，故天子而下皆執之。蓋以至貴之人而執至美之物，天子則以是而致敬於天，諸侯則用是而盡誠於天子也。

臣按此即《舜典》所謂輯五瑞者，蓋自帝世已有之矣。先儒謂六瑞之制，其形有圭之鋭，璧之圓，以象天之體用。其名有鎮、桓、信、躬、穀、蒲，以別君德之隆殺。信、躬之名，則取諸身而象之也。鎮、桓、穀、蒲之名，則取諸物而象之也。古人制器，莫不各有取象，矧此乃天子所以合信於諸侯者乎！

明・劉績《三禮圖》卷三 《考工記》：『鎮圭尺有二寸，天子守之。命圭九寸，謂之桓圭，公守之。命圭七寸，謂之信圭，侯守之。命圭七寸，謂之躬圭，伯守之。天子執冒四寸，以朝諸侯。天子用全，上公用龍，侯用瓚，伯用將。』注：『全，純玉也。龍、瓚、將，皆雜名也。卑者下尊，以輕重為差。玉多則重，石多則輕。公、侯四玉一石，子、男三玉二石。』按《雜記》，圭皆博三寸，厚半寸，剡上，左右各寸半。則凡圭中皆為脊，上首炎鋭，未聞有刻也。有刻則為瑑圭璋八寸，璧琮八寸，以頫聘；穀圭七寸，天子以聘女矣。桓如『桓桓武王』之『桓』，謂玉勝石也。駹則微雜之而已。信同伸，玉不為之屈，以石為贊助而已。躬則玉為之屈而石多，將大矣。

明・馬明衡《尚書疑義》卷一《舜典》 輯五瑞者，非因舜正始而輯之，以驗其偽與否也。當時堯尚為天子，而舜特攝事耳。必以正始言之，於義未安。但舜既攝政，諸侯自當來見。諸侯執瑞以朝，天子執冒四寸以朝諸侯，乃常禮也。今諸侯既來見，則其輯五瑞者，亦禮之常耳，非謂舜以正始為重，凡事更新一番也。下文『巡守，協時月正日』之類，亦是巡守之常禮也。觀《大行人》『七歲，屬象胥諭言語，協辭命；九歲，屬瞽史諭書名，聽音聲；十有一歲，達瑞節，同度量，成牢禮，同數器，脩灋則』之類，皆是一定之制。

明・王應電《周禮圖說》卷下《瑞玉圖》 鎮圭。鎮，安也。刻四鎮山，以義推之，背面各二，取鎮安四方之義。尺有二寸，灋天數也。

瑁圭。《考工記》：天子執瑁，四寸，以朝諸侯。玉方四寸，邪刻其下。輯諸侯五瑞，合其剡者以為信。取名于冒者，覆冒天下之義也。

桓圭。公執桓圭，象桓楹雙植形。九寸者，九命也。

信圭。侯執信圭，五等諸侯獨以侯稱，故所執亦以信名。七寸者，七命也。

躬圭。伯執躬圭，象人身之形，似信圭微屈。七寸者，亦七命也。

穀璧。子執穀璧，以養人為義。

蒲璧。男執蒲璧，以安人為義。

子、男璧，按璧圜虛中，故子、男之璧，古圖皆為圓形；但侯、伯之圭長七寸，子、男之圭四面圓，徑五寸，則視圭為反重。且天子之瑁，所以合五瑞。苟博五寸，則亦何以合之？愚謂當為圓長之形，博三寸而長五寸，則既殺于躬圭，而又不妨于合瑁。謹存之，以俟知者。

又 卷下《瑞玉說》 按玉備天地之全德，《記》所載備矣。圭為直方，象縱立而貫通上下之形，玉之主也。璧圓虛中以象天，琮八方以象地。又圭銳其首，象春德之發生；夏則一陰生，不若春德之盛，故半圭曰璋，夏象也；冬一陽復，天之德，故半璧曰璜；秋陰盛，地之德，琥其半琮歟？六者之形，聖人所以擬諸三才者，其義精矣。故天子、諸侯執之，以為瑞玉。自其德之所徵曰瑞，自天子所頒曰命，自傳之不失曰守。鎮圭尺有二寸，天子守之，凡行大禮所執也。大圭三尺，天子以為笏，平日所執，有事則搢焉也。冒玉四寸，天子以合諸侯之瑞，所以朝諸侯者也。大琮尺有二寸，宗后守之，以為內鎮。宗后者，或先王之后，或王后，世次相傳以主內政，故曰宗也。已上天子及后之玉。

命圭九寸，謂之桓圭，公守之。命圭七寸，謂之信圭、躬圭，侯、伯守之。璧五寸，謂之穀璧、蒲璧，子、男守之。諸侯朝會于天子及自相朝會，則執以為信者也。朝會之後，則有享天子及后之禮，《虞書》所謂五玉之贄也。小行人合六幣，圭以馬，璋以皮，璧以帛，琮以錦，琥以繡，璜以黼。《考工記》云：璧琮九寸，諸侯以享天子。蓋享天子以璧，享后以琮，故總云璧琮，以享天子也。《考工記》又云：瑑琮八寸，諸侯以享夫人。則諸侯相享，亦以璧琮，但用夫瑑者耳。諸侯遣臣聘于天子，及侯國自相聘，不當用。夫諸侯之守圭璧，故瑑圭璋璧琮，以覜聘。已上諸侯及其臣朝享之玉。

清・惠士奇《春秋說》卷一五 古者天子立，則輯瑞諸侯，薨則歸圭。故虞帝受終文祖，輯而復班諸侯，諒闇三年，更加爵命。春秋天子不輯瑞，諸侯不歸圭。《傳》稱僖十一年，王使召武公、內史過賜晉惠公命，受玉惰。我不知所受何玉也。《典瑞》治德結好，則以琬圭。諸侯有德，王命賜之；使者執琬圭，以致命焉。晉惠及文、成二公，未聞有德。王來錫命，亦執琬圭以致之，皆非禮也。

清・惠士奇《禮說》卷六《春官一》 玉作六瑞。四方象鎮，雙植象桓，玉之體也。直身象信，古『伸』字。曲身象躬，玉之形也。粟文象穀，藻文象蒲，玉之彩也。其瑑飾，則無聞焉。瑑者，覜聘之圭璧，卿大夫執之，以覜聘天子及聘問諸侯，故加瑑飾以別之。六瑞則不瑑也，故曰大圭不瑑，美其質也。康成依漢禮而言，遂謂六瑞皆瑑。如其說，則與覜聘之圭璧何以異乎？說者又謂覜聘之圭璧有圻鄂瑑起，無桓、信、躬、穀、蒲之文也。不知桓、信、躬、穀、蒲乃玉之形體與其彩，非瑑飾之文。故曰和氏之璧，不飾以五采；隨侯之珠，不飾以銀黃。其質至美物，不足以飾之。夫物之待飾而後行者，非至美者也。六瑞無瑑飾者，以此。《山海經》：圭璧十五，五彩惠之。惠猶飾也。祀山川，造賓客，皆曰素功。素功者，設色之工畫繢之事，是為瑑。書之八體，大篆、小篆亦以此取名焉。說者謂素功無飾，其不然乎？孔《疏》云：一圭之上，環為二柱，象道旁二木及宮室兩楹，故曰雙植象桓。桓，亭郵表也，謂於亭郵之所立木，即今之橋旁表柱。諸侯葬用桓楹，謂每一碑樹兩楹。如淳曰：縣所治夾兩邊各一桓，名曰桓表。陳、宋之俗言「桓」，聲如「和」，今猶謂之和表，即華表也。愚謂古「桓」、「獻」同音，「桓」轉為「和」，猶「獻」轉為「莎」。《說文》桓作「瓛」，從玉獻聲，讀為「桓」以此。《禹貢》：和夷底績。鄭注云：和讀為「桓」。酈道元云：桓水以南為和夷。桓，一作「洹」。

又　卷一四《考工記》　春秋文元年，天子使毛伯來錫公命。杜預云：諸侯即位，天子賜以命圭。此臆説也。《禮》曰：諸侯薨，使人歸瑞玉於天子。諒闇三年之後，更爵命嗣子而還之。見《白虎通》。故在喪則視元士以君其國，除喪則服士服而來朝天子。爵，命之也。其在來朝之時乎？春秋，禮壞久矣。晉惠、魯文錫命於即位，魯桓、衛襄追命於既薨，則新天子輯瑞之典不行，嗣諸侯還圭之禮亦廢。吾不知天王所賜者，是何瑞也？或曰琬圭，諸侯有德，王命賜之，使者執琬圭以致命焉。春秋錫命，蓋以此。《釋器》曰：珪大尺二寸，謂之玠。「玉人」之鎮圭也，天子守之。《詩》云：錫爾介圭，以作爾寶。毛《傳》曰：寶，瑞也。鄭《箋》以爲諸侯之瑞圭，自九寸而下；介長尺二寸，非瑞也，故以爲寶。孫毓云：特言賜之以作爾寶，明非五等之玉。如其説，則介圭乃天子之守圭矣，未聞以賜諸侯也。《詩》云：以其介圭，入覲于王。《覲禮》：侯氏入門右，坐奠圭。即《詩》所謂入覲之介圭，則介圭非五等之玉歟？《箋》義失之，《傳》義爲長

聘用瑑圭，減命圭一寸，而無桓、信、躬、蒲、穀之文，但有圻鄂瑑起，一見《典瑞》，一見《玉人》。命圭繅皆三采三就，瑑圭之繅則二采一就而已。諸侯朝天子及自相朝，則執命圭；遣臣聘天子及聘諸侯，則執瑑圭。《聘記》所謂「朝天子，圭與繅皆九寸，問諸侯，朱綠繅八寸」是也。《鄉黨》「執圭」，包氏注云：執持君之圭。蓋包氏《章句》本於張禹，禹不信《周官》，何晏注《論語》而取其説。朱子仍其誤，乃曰「圭，諸侯命圭」，學者遂不復知瑑圭、璋、璧、琮爲何物矣。何晏好《老》、《莊》言，作《道德論》，凡國家典章制度全不留心，以故《三禮》皆撥棄，其誤乃至于此。

藝文

唐・元稹《元氏長慶集》卷二七《鎮圭賦以王者端拱四維鎮寧為韻依次用》　天子之鎮圭十有二寸，其長義在撫十有二州之域，而為億兆之王。圭比德焉，所以美特達之美；鎮大名也，有以示彈壓之强。以之徵守，則有土之臣至；以之恤患，則受災之地康。當宁乃無為於南面，朝日乃有事於東方。會百辟而執之，班五瑞於來者。作山龍之端表，我則清光皎然；雜蒲穀以成行，爾則鞠躬如也。想夫彤闈乍曉，碧砌生寒，當玉座而高居，狀中峰之冠瑶。岫透爐烟而迴出，意秋月之壓雲端。是以聖后矜持，庶寮瞻重，安八荒於度內。故捧必當心，握萬務於掌中。故大不盈，拱映冕旒，則璿樞星綴，間黼黻而瓊枝花擁。豈獨使威儀可觀，亦以明社稷有奉美哉！聖人之制器也，靡不有類。鋭上以象天，方下而法地。備采章以盡飾，瑑崇高而定位。夫衆色不可以雜施，依方面之正者惟五；羣山不可以咸寫，選域中之大者有四。盡舉凡而得一，故相傳而莫二。義存敬慎，道在底綏。詳觀組約，足辨操持。俾經制之不亂，若繅藉之相維。况國家備物繼周，垂衣體舜。自天有命，非因桐葉而封唐；提象握機，故配土行而執鎮。豈惟傳歷代之瑞寶，抑亦彰受命之符信者也。重曰：圭，鋭也，睿作思而百志靈；鎮，安也，安於道而萬物寧。亦嘗三復斯名矣，所以表道德之維馨。若此則君為道之本，器乃道之形。苟能據於道而依於德，亦可以執無名之璞，而逍遥乎大庭。

清・陳元龍《歷代賦彙》卷九六《[唐]蔣防〈鎮圭賦以王者端拱四維鎮寧為韻依次用〉》　天鎮四野，君尊萬方，取威重以馭物，在秉持而有章。叶和人神，蓋先之於六瑞；表正旒扆，誠用之乎百王。斯為貴也，寳之大者。琢磨有耀，温潤無瑕。天臨靜謐，以我鎮壓乎寰中；帝德休明，以我熠耀乎諸夏。皓爾凝潔，温如可觀，蘊五德之符采，寫四鎮之峰巒。其色正，其容端。乃直乃方，象名山而守固；不瑕不劌，配王室以常安。豈不真姿有奉，嘉名天寵，遠以視其凝命，近以彰其端拱。大而不瑑，《禮經》匪尚其文華；執之不回，聖人無離其輕重。想夫始自良工，成兹國器，端乎掌握，撫寧天地。邦有六瑞而圭列其初，國有三山而象包其四。穆穆之儀是佐，温温之德斯備。所謂天子是毗，邦國是維，雲虹發色，冰雪成姿。玉几臨朝，承德音而有裕；金門曉闢，布寬政而無私。是知岱華恒衡之高，自此而增峻；琳琅琬琰之美，自此而發奇。形抱素以呈妍，聲含清而取振。當照臨之際，曾不掩瑜；在韜韞之時，寧忘作

鎮？所以朝九有，接萬靈，奇姿粲粲，衆彩熒熒。大禹成功，垂芳於帝典；吾君致理，酌憲於國經。故曰觀一圭之質，見四鎮之形；觀一夫之政，見萬國之寧。儒臣賦鎮圭之事，敢大揚於王庭。

又 卷九六《［唐］張仲素〈信圭賦以分形立象於以保身為韻〉》 瑟彼信圭，諸侯是執，當大君之辨等，與五玉而咸集。皎以式孚，堅如特立，錫山川以為瑞，在享獻而增襲。將特比德以省躬，豈獨退揚而進揖？懿夫潔白其質，縝密其文，得儀形之是表，叙羔雁以成羣。玷絶可磨，不媿南容之復；性惟特達，每勞宣代之分。則而效之，惟其嘉矣。觀正直，可以行化；取毁方，於焉克己。至若左右佩珩，淒鏘宮徵，寧同乎信以守之，豈嗟乎不我屑以？韋弦可譬，琮璧自殊，孚尹旁達，陽采外敷，因追琢以為用，諒小大之合符。韞以保焉，匪沽諸善價；省其人也，宜賦以生芻。此乃邦之令典，孰可已乎？捧當心而措於掌，足以見古人之象；稟温潤而洞晶熒，於以彰文物之形。色配彼蒼，示不言之信；神如此鑒，同明德之馨。所以掌節是司，藉之乎繅，與蒲穀而齊列，冀邦家之永保。比楚玉之無瑕，哂夏璜之有考。或以圭為瑞，或以象為珍，傳命自同於符璽，達情可接於君臣。稽彼前典，光輝日新。念君子之作誡，宜近取諸乎身。

又 卷九六《［唐］李子卿〈六瑞賦以儉故能廣被褐懷玉為韻〉》 昔先王之朝列位也，宴以示慈惠，享以訓恭儉。故六瑞之等差，為百僚之形檢。將以守官有序，而亦在瑕無掩。其質不昧，特明乎等威；其義則深，兼管乎褒貶。然而珪璧列布，方圓為度，煥彼憲章，請徵其故。且五節之制，以瑞為恒，美王者有逮下之德，而鎮圭是增，庶存乎可大可久，仍契乎不騫不崩。追琢斯成，伊桓伊信，會朝是執，惟股惟肱。伯寘躬以式禮，子揖穀以旌能。况不闕一於蒲璧，固知夫六瑞之道斯弘。若乃伯禹塗山，千載攸仰，率土肆覲，普天歸往。獻替之道，若木從繩；朝宗之心，猶風召響。棣棣之威儀是浹，愔愔之德音克廣。徵往會之有倫，信斯瑞之所奬。洎夫道德浸微，君臣失義，或求車棄禮，或舉烽成偽。出而非正，為邱明所羞；召之河陽，則文宣興刺。九服自失其序，四海莫由光被。徒以彼翟為好仇，豈用我珪為嘉瑞丕休哉！否不可終，道窮斯達。我國家崇儀式禮，敦本棄末，三起衣荷，再徵被褐。執玉既翼其左右，班瑞仍霑於造闕。美其四時展禮，百神允懷，奉珪以拜，亦授鎮之力，孰云祈年而諧？則知禮之所貴，莫先於玉，發六瑞於周典，冠二生於舜録。其難致也，恥應連城之價；不易知焉，甘刖三獻之足。儻未逢至鑒之所珍，誰辨混沙以雌伏者哉？

又 卷九六《［唐］楊諫〈珪璋特達賦〉》 稽上古之貴德，考先賢之立言，偉珪璋之挺異，同君子之不諼。是以先王之制斯器也，不資於瑌珉而采之於璵璠，欲使執之者比德，佩之者克念自然。威儀式序而有要有倫，班秩以明而不濫不僭。徒觀夫貂蟬巍峩以耀彩，組綬輝映以生文。使夫閱信義堅貞以守職，感瑕瑜不掩以事君，故能靖恭厥位，克舉其勳。豈不由珪璋與賢哲相成其業，曠千古而流芬。則聖哲之創物也，誠有足而稱云。原夫代人莫識，荆山之裏，藏精淪滓，為寶未用，多歷年祀。笑瓦礫之相和，喜蘭蓀之狎士。嗟乎！道不常屈，終收卞子。礱錯而真質自然，拂拭而夜光特起。悲楚君之瞽昧，曷碔砆之能似？既而玉人攻治，珪璋自尊，短長有制，規矩攸存。其聲清越，其潤温温，處掌握而升玉砌，隨佩服而列金門。暉映增美，炯然自持，涵瑞日之洞澈，凛寒風之淒其。然後知至寶之成器，允夫天下之不疑。亦猶賢人君子，遭遇惟時，有强學懷書，清規皎如，以不貪為寶，思琢磨自居。感珪璋之特達，期哲人之吹噓。

國璽

綜述

唐·張九齡等《唐六典》卷八《門下省·符寶郎》 《周書》曰：湯放桀，大會諸侯，取天子之璽，置天子之座。

《管子》卷七《大匡》 管仲又請賞於國，以及諸侯。【略】凡諸侯之臣有諫其君而善者，以璽問之，以信其言。唐房玄齡注：謂桓公以璽問之，以信驗其所諫之言為善。公既行之。

《鄧子·轉辭篇》 聖人不死，大盜不止。何以知其然也？【略】為之符璽以信之，則幷與符璽以竊之。【略】故遂於大盜，霸諸侯，此重利也，盜蹠所不可禁者，乃聖人之罪也。

《莊子》卷四《胠篋》 聖人不死，大盜不止。雖重聖人而治天下，則是重利盜跖也。晉郭象注：將重聖人以治天下，而桀、跖之徒亦資其法。所資者重，故所利不得輕也。【略】為之符璽以信之，則并與符璽而竊之。【略】焚符破璽而民朴鄙。注：除矯詐之所賴者，則無以行其姦巧。

《世本·作篇》 魯昭公始作璽。

《呂氏春秋》卷一九《適威》 故民之於上也，若璽之於塗也，抑之以方則方，抑之以圜則圜。

《史記》卷六《秦始皇本紀》 （九年四月）長信侯毐作亂而覺，矯王御璽及太后璽，南朝宋裴駰《集解》：璽者，印信也。天子璽白玉，螭虎鈕。古者尊卑共之。《月令》曰：固封璽。《左傳》曰：季武子璽書追而與之。此諸侯大夫印稱璽也。衛宏曰：秦以前，民皆以金玉為印，龍虎鈕，唯其所好。秦以來，天子獨以印稱璽，又獨以玉，羣臣莫敢用。唐張守節《正義》：崔浩云：李斯磨和璧作之。漢諸帝世傳服之，謂傳國璽。韋曜《吳書》云：璽方四寸，上勾交五龍，文曰『受命于天，既壽永昌。』《漢書》云：文曰『昊天之命，皇帝壽昌。』按二文不同。以發縣卒及衛卒、官騎、戎翟君公、舍人，將欲攻蘄年宮為亂。

《春秋合誠圖》 堯坐舟中，與太尉舜臨觀，鳳皇負圖授堯，圖以赤玉為匣，長三尺，廣八寸，黄玉檢，白玉繩封兩端，其章曰『天赤帝符璽』五字。

漢·班固《白虎通義》卷六《封禪》 或曰：封者金泥銀繩。或曰：石泥金繩，封之以印璽。故孔子曰：『升泰山，觀易姓之王，可得而數者七十餘君。』

《後漢書·祭祀志下》 嘗聞儒言，三皇無文，結繩以治。自五帝，始有書契。至於三王，俗化彫文，詐偽漸興，始有印璽，以檢姦萌，然而未有金玉銀銅之器也。臣昭曰：禹會羣臣於塗山，執玉帛者萬國，故已贄不同，圓方異等。《周禮》天地四方，璧琮琥璋，各有其玉。而云未有其器，斯亦何哉？

晉·王嘉《拾遺記》卷二《殷湯》 及武王伐紂，樵夫牧豎探高鳥之巢，得玉璽，文曰：『水德將滅，木祚方盛。』文皆大篆，紀殷之世歷已盡，而姬之聖德方隆。是以三分天下而其二歸周。

論說

漢·蔡邕《獨斷》卷上 璽者，印也。印者，信也。天子璽以玉，螭虎紐。古者尊卑共之。《月令》曰：固封璽。《春秋左氏傳》曰：魯襄公在楚，季武子使公冶問，璽書追而與之。此諸侯大夫印稱璽者也。衛宏曰：秦以前，民皆以金玉為印，龍虎紐，唯其所好。然則秦以來，天子獨以印稱璽，又獨以玉，羣臣莫敢用也。

宋·李昉等《太平御覽》卷六八二《儀式部三·璽》 （晉）王彪之議曰：未詳傳國璽造創之始，歷代以來揖讓禪位，以茲相授，故視傳國之守器也。

宋·吳曾《能改齋漫録》卷一《事始·印名璽》 案《周禮·掌節》：貨賄用璽節。鄭康成曰：今之印章也。則周時，印已名璽，但上下通用。以上並見《左氏傳疏》。今宏以為天子獨稱璽，何哉？又案《初學記》云：《春秋合誠圖》曰：堯坐中舟，與太尉舜臨觀，鳳凰負圖授堯。圖以赤玉為押，長三尺，廣八寸，黄玉檢，白玉繩封兩端，其章曰『天赤帝符璽』五字。則堯時印已名璽矣。

元·郝經《陵川集》卷一九《傳國璽論》 上世帝王所以立政傳信，考文議禮，則有端玉服章、符節左契，各為一代之法制。別等衰，辨上下，列貴賤，定尊卑，以為名器而不以為傳。故唐、虞、夏、殷、周之制，代各不同。其受命也，莫不革故而易新。其先代之寶，世所共珍而不忍毁之者，如大玉、夷玉、天球、河圖、璋判白、弓繡質、龜青純等，或以為藏，或以為分，以為寶器而亦不以為傳。故或在王朝，或在侯國，宗沈社僨則轉而之他爾，而其所以為傳而守之，而莫或敢以置者，在夫道而已矣。初自道傳而極，極傳而天，天傳而地，地傳而人與萬物。聖主受命，為天、地、人、物立主，乃復以道為統而以為傳。故堯傳之舜，舜傳之禹，禹傳之湯，湯傳之文、武。本于天命，根于皇極，原于心性仁義，謹于存養畏敬，明于夫婦父子、君臣上下，察于綱紀禮樂、文物政事。是以為二帝三王而道高萬世，生民之治，古今莫及，未聞有後世帝王所謂傳國璽者也。

元·方回《續古今考》卷五《皇帝璽符節》 第未知天子佩璽，始於何時。《左傳》：季武子取卞，使公冶問襄公，璽書追而與之。左右皆曰印也。印之為璽，惟《周禮》、《左傳》有之。以玉為璽，貫以組綬，天子佩之，必始于秦。

明·張萱《疑耀》卷七《璽印》 古者天子未有璽，『璽』之一字，始見于《周禮》之九節有璽節也。鄭康成謂：即今印章。止用之貨賄而已，節所以合之而璽所以封之也。然掌之者小行人，非天子也。《左傳》季武子取卞，使公冶問襄公，璽書追而與之。諸侯有璽始此。故秦以前，民皆佩璽，金玉銀銅犀象，皆方寸，各佩所好。至秦，惟天子始得稱璽，諸侯而下皆不得言璽而曰印。

清·惠棟《春秋左傳補註》卷四 （襄）廿九年《傳》：璽書追而予之。高誘曰：璽讀如『移徙』之『徙』，印也。韋昭曰：古者大夫之印亦稱璽。璽書，璽封書也。應劭《漢官儀》曰：封太山以金泥銀繩，印之以璽。璽，施也，信也。古者尊卑共之，《月令》曰『固封璽』，《春秋傳》『璽書追而與之』是也。秦漢以來，尊者以為名，乃使避。衛宏《漢舊儀》曰：秦已前，民皆以金銀銅犀象為方寸璽，各服所好。漢以來，天子獨稱璽，又以玉，羣臣莫敢用也。棟案：璽惟《周禮》、《月令》及此《傳》有明文，餘無聞焉。《唐六典》引《周書》曰：『湯放桀，大會諸侯，取天子之璽，置天子之座』云云。據此，則商以前，已有璽名矣。

符節

綜述

《左傳·閔公二年》 （衛懿公）與石祁子玦，與甯莊子矢，使守，晉杜預注：玦，玉玦。曰：『以此贊國，擇利而爲之。』注：贊，助也。玦示以當玦斷，矢示以禦難。

又《文公八年》 （宋）司馬握節以死，故書以官。注：節，國之符信也。握之以死，示不廢命。司城蕩意諸来奔，效節於府人而出。注：效猶致也。

又《昭公二十九年》 公賜公衍羔裘，使獻龍輔於齊侯。注：龍輔，玉名。唐孔穎達《正義》：《周禮》使澤國，用龍節，皆金也，以英蕩輔之。杜子春云：蕩謂以函器盛此節。謂鑄金為龍，以玉為函輔，盛龍節，謂之龍輔。此獻函不獻節，故直云獻龍輔。玄卿云：盛龍節之玉函耳。案《說文》云：龍，禱旱玉也，為龍文。又《玉人》云：上公用龍。今輔與龍連文，故云龍輔，玉名。蓋用此意。

又《哀公十四年》 宋桓魋之寵，害于公。【略】司馬請瑞焉，注：瑞，符節，以發兵。《正義》：《周禮·典瑞》云：牙璋以起軍旅，以治兵守。鄭衆云：牙璋，瑑以為牙。牙齒，兵象，故以牙璋發兵，若今時以銅虎符發兵也。彼用牙璋，天子之法；諸侯於其封内，亦自以瑞發兵。其物無文以言之。以命其徒攻桓氏。

《公羊傳·哀公六年》 齊陳乞弒其君舍。《傳》：陳乞曰：【略】『吾不立子者，所以生子者也。走矣！』與之玉節而走之。漢何休《解詁》：節，信也。析玉與陽生，留其半，為後當迎之，合以為信，防稱矯也。

《周禮·地官·掌節》 掌守邦節而辨其用，以輔王命。漢鄭玄注：邦節者，珍圭、牙璋、穀圭、琬圭、琰圭也。王有命，則別其節之用，以授使者。輔王命者，執以行為信。唐賈公彥疏：此一經論王國之節，對下文邦國是諸侯，故此王國文單言邦也。《注》釋曰：云邦節者，珍圭之等，皆約《典瑞》言之。案《典瑞》云：珍圭以徵守，以恤凶荒。牙璋以起軍旅，以治兵守。穀圭以和難，以聘女。琬圭以治德，以結好。琰圭以易行，以除慝。是其邦節也。守邦國者用玉節，守都鄙者用角節。注：謂諸侯於其國中，公卿大夫、王子弟於其采邑有命者，亦自有節以輔之。玉節之制，如王為之，以命數為小大。角用犀角，其制未聞。疏：云角用犀角者，案《釋獸》云：犀似豕。注云：角在鼻上。犀角是角中之貴，故知不得用玉者，當用犀角。云其制未聞者，以其邦國之玉節可以約王之玉節，都鄙之角節無可依約，既無舊制，故云其制未聞。

凡邦國之使節，山國用虎節，土國用人節，澤國用龍節，皆金也，以英蕩輔之。注：使節，使卿大夫聘於天子諸侯，行道所執之信也。土，平地也。山多虎，平地多人，澤多龍。以金為節，鑄象焉，必自以其國所多者，於以相別，為信明也。今漢有銅虎符。杜子春云：蕩當為『帑』，謂以函器盛此節。或曰：英蕩，畫函。疏：云使節，使卿大夫聘於天子諸侯，行道所執之信也者，大聘使卿，小聘使大夫，或於天子，或於諸侯，故竝言之也。云土，平地也者，對山、澤非平地也。云山多虎者，若晉國之類也。云平地多人者，若衛國之類也。云澤多龍者，若鄭國之類也。

云以金為節，鑄象焉者，釋經皆金也。云必自以其國所多者，於以相別，為信明也者，山、澤與平地，人、虎、龍皆雜有，今言山國用虎，澤國用龍，土國用人，皆據多者相別，為信以自明也。引漢有銅虎符者，證周時節用銅之意也。杜子春云：蕩當為『帑』者，音以湯、蕩反之，今人猶言帑也，帑則函，故云謂以函器盛此節也。云或曰英，蕩畫函者，其函猶是蕩，但以英華有畫義，故更云畫函也。經云輔之者，以函輔此節，使不壞損也。案昭二十九年，公在鄆，賜公衍羔裘，使獻龍輔於齊侯。注：龍輔，玉名，所以輔龍節，與此別也。

門關用符節，貨賄用璽節，道路用旌節。皆有期以反節。凡通達於天下者，必有節，以傳輔之。無節者有幾，則不達。注：圜土内之。

又《秋官·小行人》 達天下之六節。山國用虎節，土國用人節，澤國用龍節，皆以金為之。道路用旌節，門關用符節，都鄙用管節，皆以竹為之。

又《秋官·掌交》 掌以節與幣巡邦國之諸侯，及其萬民之所聚者。注：節以為行信，幣以見諸侯也。

又《春官·典瑞》 珍圭以徵守，以恤凶荒。注：杜子春云：珍當為『鎮』，書亦或為『鎮』。以徵守者，以徵召守國諸侯，若今時徵郡守以竹使符也。鎮者，國之鎮，諸侯亦一國之鎮，故以鎮圭徵之也。凶荒則民有遠志，不安其土，故以鎮圭鎮安之。玄謂珍圭，王使之瑞節，制大小當與琬、琰相依。王使人徵諸侯，憂凶荒之國，則授之，執以往致王命焉，如今時使者持節矣。恤者，闓府庫振救之。凡瑞節，歸又執以反命。疏：子春云鎮者，國之鎮者，若《職方》每州皆云其山鎮，是國之鎮，據山而言。玄謂珍圭，王使之瑞節。謂若《掌節》云山國、土國有人節、虎節，是諸侯使人之瑞節，此珍圭等是王使之瑞節也。云制大小當與琬、琰相依者，案《玉人》琬圭九寸，此珍圭《玉人》不言，故約與琬、琰同。鄭云如今時使者持節矣者，即子春所云竹使符也。云恤者，闓府庫振救之者，凶荒年穀不熟，百姓困乏，故知開府庫振救之。府庫所以藏財貨，故《禮記·大學》云：未有府庫財非其財者也。若然，開府庫出賞，明亦開倉廩，出米粟以給之也。云凡瑞節，歸又執以反命者，此無正文。要王使人執瑞節往反，須反命於王，明此已致命，乃歸還『典瑞』也。

牙璋以起軍旅，以治兵守。注：鄭司農云：牙璋，瑑以為牙。牙齒，兵象，故以牙璋發兵，若今時以銅虎符發兵。玄謂牙璋，亦王使之瑞節。兵守，用兵所守，若齊人戍遂，諸侯戍周。疏：先鄭云：牙璋，瑑以為牙。牙齒，兵象，故以牙璋發兵者，此無正文，以意言之。以其言牙，即以牙齒解之。云若今時以銅虎符發兵者，案《漢文帝本紀》云：二年九月，初與郡國守為銅虎符、竹使符。應劭曰：銅虎符，從第一至第五，國家當發兵，遣使者至郡國合符，符合乃聽受之。竹使符，皆以竹箭五枚，長五寸，鐫刻篆書，第一至第五。張晏曰：以代古圭璋，從簡易，便其事也。然銅虎、竹使符，漢時皇帝使者之瑞節，則司農之意，鎮圭、牙璋之等，亦王使之瑞節也。但先鄭不言之，故後鄭皆云王使之瑞節，增成之也。云節者，即《掌節》云：守邦國者用玉節。則王用玉節可知。《玉人》云：璋邸射素功，以祀山川，以致稍餼。與此中所用同，明此牙璋亦素功。若然，案《玉人》云：牙璋、中璋七寸，射二寸，厚寸，以起軍旅，以治兵守。此不云中璋者，中璋比於牙璋，殺文飾，總而言之，亦得名為牙璋，以其鉏牙同也。以此而言，此文云牙璋，亦兼中璋矣。若然，大軍旅用牙璋，小軍旅用中璋矣。云若齊人戍遂者，莊公十三年春，齊侯會諸侯於北杏。夏六月，齊人滅遂。《傳》曰：遂人不至，夏，齊人滅遂而戍之也。云諸侯戍周者，昭二十七年十二月，晉籍秦致諸侯之戍于周，是其事也。

穀圭以和難，以聘女。注：穀圭，亦王使之瑞節。穀，善也，其飾若粟文然。難，仇讎。和之者，若《春秋》宣公及齊侯平莒及郯，晉侯使瑕嘉平戎于王。其聘女，則以納徵焉。疏：難謂兩諸侯相與為怨仇，王使人和之，則執以往也。穀，善也，故執善圭和之使善也。聘女亦是和好之事，故亦用善圭也。知飾若粟文者，以其稱穀，若穀粟然也。云難，仇讎者，仇為怨，讎為報，有怨當報，若『調人』和仇讎之類也。云若春秋宣公及齊侯平莒及郯者，時莒與郯不和，宣公四年《左氏傳》云『公及齊侯平莒及郯』是也。云晉侯使瑕嘉者，成公元年《左氏傳》云『晉侯使瑕嘉平戎於王』是也。其聘女則以納徵者，昏禮有六，五禮用鴈，納徵不用鴈，以其有束帛可執。《媒氏》職：庶民用緇帛五兩。《士昏禮》用三玄二纁，天子加穀圭，諸侯加以大璋。大夫與士同。故知納徵也。《昏禮》言納徵。徵，成也，納此則昏禮成。《春秋》謂之納幣。以《春秋》通異代禮，納幣以質言之也。

琬圭以治德，以結好。注：琬圭，亦王使之瑞節。諸侯有德，王命賜之，及諸侯使大夫來聘，既而為壇會之，使大夫執以命事焉。《大行人》職曰：時聘以結諸侯之好。鄭司農云：琬圭無鋒芒，故以治德結好。疏：云亦王使之瑞節，仍上文也。云諸侯有德，王命賜之者，解經『治德』也。云及諸侯使大夫來聘，既而為壇會之，使大夫執而命事焉者，解經『結好』也。此即《大宗伯》時聘無常期，一也。故引《大行人》時聘以結諸侯之好，以證之。云為壇會之者，若時見曰會，諸侯來，與之會。時聘使大夫來，王還使大夫往會焉。先鄭云琬圭無鋒芒者，對下文琰圭有鋒芒者也。

琰圭以易行，以除慝。注：琰圭，亦王使之瑞節。鄭司農云：琰圭，有鋒芒傷害，征伐誅討之象，故以易行除慝。易惡行，令為善者，以此圭責讓、喻告之也。玄謂除慝，亦於諸侯使大夫來覜，既而使大夫執而命事於壇。《大行人》職曰：殷覜，以除邦國之慝。疏：玄謂除慝，亦於諸侯使大夫來覜，既而使大夫執而命事於壇者，此即《大宗伯》云殷覜曰視。謂一服朝之歲也。故引《大行人》云『殷覜，以除邦國之慝』為證也。但上文『治德』與此經『易行』，據諸侯自有善行惡行，王使人就本國治、易之。『結好』與『除惡』，皆諸侯使大夫來聘，王亦使大夫為壇命之為異也。鄭知使大夫來，皆為壇者，約君來，時會殷國為壇，明臣來為壇，可知也。

又《地官・調人》 弗辟，則與之瑞節而以執之。注：瑞節，玉節之剡圭也。和之而不肯辟者，是不從王命也。王以剡圭使調人執之，治其罪。疏：鄭知瑞節是剡圭者，案《典瑞》云：剡圭以和難。故知是剡圭也。鄭又知使調人執瑞節，不使死家執之者，此王法治之，明使調人之官執之也。

又《考工記・玉人》 琬圭九寸而繅，以象德。注：琬猶圜也，王使之瑞節也。諸侯有德，王命賜之，使者執琬圭以致命焉。繅，藉也。琰圭九寸，判規，以除慝，以易行。注：凡圭，琰上寸半。琰圭，琰半以上，又半爲瑑飾。諸侯有爲不義，使者征之，執以爲瑞節也。除慝，誅惡逆也。易行，去煩苛。

穀圭七寸，天子以聘女。注：納徵，加於束帛。

大璋亦如之，諸侯以聘女。注：大璋者，以大璋之文飾之也。亦如之者，如邊璋七寸，射四寸。疏：鄭知以大璋之文飾之者，以其與上大璋同名，明以大璋之文飾之也。又知如邊璋七寸，射四寸者，以其天子穀圭七寸，以聘女，諸侯不可過於天子爲九寸，既文承邊璋之下，而言『亦如之』，明知如邊璋七寸，射四寸也。

牙璋、中璋七寸，射二寸，厚寸。以起軍旅，以治兵守。注：二璋皆有鉏牙之飾於琰側。先言牙璋，有文飾也。疏：牙璋起軍旅，治兵守，正與《典瑞》文同。彼無中璋者，以其大小等，故不見也。牙璋起軍旅，則中璋亦起軍旅。二璋蓋軍多用牙璋，軍少用中璋。鄭知二璋皆爲鉏牙之飾者，以其同起軍旅；又以牙璋爲首，故知中璋亦有鉏牙，但牙璋文飾多，故得牙名而先言也。

《禮記・玉藻》 凡君召以三節，二節以走，一節以趨。漢鄭玄注：節，所以明信，輔君命也。使使召臣急，則持二，緩則持一。《周禮》曰：鎮圭以徵守。其餘未聞也。今漢使者擁節。唐孔穎達《正義》：節者，以玉為之，所以明信，輔於君命者也。君使使召臣有二節時，有一節時，故合云三也。隨事緩急，急則二節，臣故走也，緩則一節，臣故趨也。庾氏云：君召以三節者，謂君召臣急則以二節，緩則以一節，急緩不出於三節，不謂節盡於三也。

《管子》卷一〇《君臣上》 則又有符節印璽、典法筴籍以相揆也。唐房玄齡注：符節印璽，所以示其信也。典法策籍，所以示之制也。凡此可以考其真僞，定其是非，故曰以相揆也。此明公道而滅姦僞之術也。【略】而君發其明府之法，瑞以稽之。注：府謂百吏所居之官曹也。立府必有明法，故曰明府之法。瑞，君所與臣為信者，珪璧之屬也。又必合其瑞，以考之也。

《孟子・離婁下》 得志行乎中國，若合符節。漢趙岐注：節，玉節也。《周禮》有六節。

《荀子》卷一九《大略篇》 聘人以珪，問士以璧，召人以瑗，絕人以玦，反絕以環。唐楊倞注：聘人以珪，謂使人聘他國以珪璋也。問謂訪其國事，因遺之也。衛侯使工尹襄問子貢以弓，是其類也。《說文》云：瑗者，大孔璧也。《爾雅》：好倍肉謂之瑗，肉倍好謂之璧。《禮記》曰：君召臣以三節。《周禮》珍珪以徵守，鄭云以徵召守國之諸侯，若今徵郡守以竹使符也。然則天子以珍珪召諸侯，諸侯召臣以瑗與。玦，如環而決。肉好若一謂之環。古者臣有罪，待放於境三年，不敢去。與之環則還，與之玦則絕，皆所以見意也。反絕，謂反其將絕者。此明諸侯以玉接人臣之禮也。

《呂氏春秋》卷一四《首時》 墨者有田鳩，欲見秦惠王，留秦三年而弗得見。客有言之於楚王者，往見楚王。楚王説之，與將軍之節，以如秦。

《韓非子》卷四《孤憤》 故主失勢而臣得國，主更稱蕃臣，元何犿注：君臣易位，故主稱蕃臣於其臣。而相室剖符。注：相室，家臣也。剖符言得專投人，官與之剖符也。此人臣之所以譎主便私也。

《戰國策》卷二《西周》 蘇代曰：【略】『秦聞之，必大怒，而焚周之節，不通其使。』漢高誘注：節，符信也。

又 卷五《秦三》 謂魏冉曰：『楚破秦，不能與齊縣衡矣。秦三世積節於韓、魏，而齊之德新加與！』

范睢曰：【略】『穰侯使者操王之重，決裂諸侯，剖符於天下。征敵伐國，莫敢不聽。』

應侯謂昭王曰：【略】『今太后使者，分裂諸侯而符布天下，操大國之勢，强徵兵，伐諸侯。』

又 卷二三《魏二》 請焚天下之秦符者，臣也；次傳焚符之約者，臣也。

又 卷二九《燕一》 蘇代乃遺燕昭王書曰：『使使盟於周室，盡焚天下之秦符。』

又 卷三〇《燕二》 望諸君乃使人獻書報燕王曰：『先王之舉錯，

有高世之心，故假節於魏王，而以身得察於燕。【略】臣乃口受令，具符節，南使臣於趙，顧反命起兵，隨而攻齊。」

《戰國縱横家書·二五·李園謂辛梧章》 燕使蔡烏股符胠璧，奸（間）趙入秦，以河間十城封秦相文信侯。

《殷周金文集成釋文》卷六《王命虎符》 王命傳任。

又 卷六《王命龍節》 王命傳任，一擔飤之。

又 卷六《雁節》 傳遽甫戊燕，舟三千不句酉。

又 卷六《鷹節》 傳遽甫戊燕，傳舟得三千不句酉。

又 卷六《新郪虎符》 甲兵之符，右在王，左在新郪。凡興士被甲，用兵五十人以上，必會王符乃敢行之。燔𤐫事，雖毋會符，行也。

又 卷六《杜虎符》 兵甲之符，右在君，左在杜。凡興士被甲，用兵五十人以上，必會君符乃敢行之。燔燧之事，雖毋會符，行也。

又 卷六《噩君啓車節》 大司馬昭陽敗晉師於襄陵之歲，夏𡱂之月，乙亥之日，王居於蔵郢之遊宮。大工尹脽以王命，命集尹昭赭、織尹逆、織令阢，爲鄂君啓之府賸鑄金節。車五十乘，歲一返。

又 卷六《噩君啓舟節》 大司馬昭陽敗晉師於襄陵之歲，夏𡱂之月，乙亥之日，王居於蔵郢之遊宮。大工尹脽以王命，命集尹昭赭、織尹逆、織令阢，爲鄂君啓之府賸鑄金節。屯三舟爲一舿，五十舿，歲一返。

《史記》卷一五《六國年表》 六國之盛自此始。【略】雖置質剖符，猶不能約束也。

又 卷四〇《楚世家》 齊王大怒，折楚符而合於秦。

又 卷七〇《張儀列傳》 張儀曰：「且臣奉王之節使楚，楚何敢加誅？」

楚王聞之，曰：「儀以寡人絶齊，未甚邪！」乃使勇士至宋，借宋之符，北罵齊王。齊王大怒，折節而下秦。

又 卷八五《呂不韋列傳》 安國君許之，乃與夫人刻玉符，約以為適嗣。

又 卷七七《信陵君列傳》 公子再拜，因問侯生，乃屏人，間語曰：「嬴聞晉鄙之兵符，常在王卧内。而如姬最幸，出入王卧内，力能竊之。【略】公子誠一開口，請如姬，如姬必許諾，則得虎符，奪晉鄙軍，北救趙而西却秦。此五霸之伐也。」公子從其計，請如姬。如姬果盜晉鄙兵符，與公子。

漢·劉向《説苑》卷四《立節》 宋康公攻阿，屠單父。【略】成公趙曰：「不可。吾因鄰國之使而刺之，則使後世之使不信，荷節之信不用，皆曰趙使之然也。不可。」

論說

《荀子》卷八《君道篇》 合符節、别契券者，所以為信也。

漢·王逸《正部論》 玉符云赤如鷄冠，黄如蒸栗，白如脂肪，黑如淳漆，此玉之符也。

漢·劉熙《釋名》卷七《釋兵》 節，為號令賞罰之節也。

唐·蘇鶚《蘇氏演義》卷下 節者，操也；瑞，信也。謂持節必盡人臣之節操耳。又曰制也，言使臣仗節，制置於四方。節之始制，《三禮義宗》曰：長一尺二寸，《春秋》「握節而死」者，蓋此節也。

夫瑞節者，有五種。一曰鎮圭，二曰牙璋，三曰穀圭，四曰琬圭，五曰琰圭。鄭玄云：邦節者，有五種用之。鎮圭以鎮守邦國。牙璋以起軍旅，牙，齒也，是兵之象。穀圭則用和歡聘女也，上飾禾稼之象。琬圭無鋒角，象文德也，以治德結好用之。琰圭有鋒芒，象傷害，征伐誅討也。諸侯使大夫來聘，執以命事，故使為瑞節。凡天子諸侯之使節，尺有二寸，有金節、玉節。玉節為瑞節，行事之時所執，以徵召四方者也。金節者，道路所持，以為信也。人、龍、虎三節，皆以金鑄之，使卿大夫聘於諸侯，乃為行道所執之信，則非行事之時瑞節也。故鄭玄云：鎮圭、玉節、琬圭之徒，但云使者之瑞節，鎮圭、琬圭之屬是也。一者使節，龍、虎、人形是也。三者符節，旌節、管節是也。夫云道路用旌節，關門用符節，都鄙用管節，皆以竹為之。商由市者，即司市者與符節。古者買符之關，終軍棄繻，皆節之類也。

唐·段成式《酉陽雜俎》卷一《禮異》 凡節，守國用玉節，守都鄙用角節，使山邦用虎節，土邦用人節，澤邦用龍節，門關用符節，貨賄用璽節，道路用旌節。古者安平用璧，興事用圭，成功用璋，邊戎用珩，戰鬭用璩，城圍用環，災亂用雋，大旱用龍，龍節也，大喪用琮。

宋·聶崇義《三禮圖集注》卷一〇《牙璋》　《典瑞》云：牙璋以起軍旅，以治兵守。先鄭云：牙璋，瑑以為牙。牙齒兵象，故以牙璋發兵，若今銅虎符發兵也。後鄭云：牙璋，亦王使之瑞節。兵守，用兵所守也，若齊人戍遂、諸侯戍周之類。又《玉人》云：牙璋、中璋七寸，厚寸，以起軍旅，以治兵守。後鄭云：二璋皆有鉏牙之飾於琰側。知然者，以其二璋同起軍旅故也。蓋大軍旅則用牙璋以起之，小軍旅則用中璋以起之也。首言牙璋，中璋不言牙者，但牙璋文飾多，故得牙名，而先言之也。中璋次於牙璋，明亦有牙也。以文飾差少，故惟有中璋之名，不言牙也。《典瑞》不言中璋者，以其大小等，故不見也。

又《穀圭》　《玉人》云：穀圭七寸，天子以聘女。注云：納徵，加於束帛。賈釋云：自十已上，皆用玄纁束帛，但天子加以穀圭，諸侯加大璋，亦七寸。《典瑞》云：穀圭以和難，以聘女。後鄭云：穀圭，亦王使之瑞節也。穀，善也。其飾若粟文然。仇讎和之者，若《春秋》宣公及齊侯平莒及郯，晉侯使瑕嘉平戎於王也。其聘女，則以納徵焉。

又《大璋》　大璋七寸，射四寸，厚寸，諸侯以聘女。注云：亦納徵，加於束帛也。上云大璋九寸，此七寸，得云大璋者，以天子穀圭七寸以聘女，諸侯不可過於天子而用九寸也。謂用大璋之文以飾之，故得大璋之名。又案三璋之勺，注云：大璋加文飾，中璋殺文飾，邊璋半文飾。則此璋雖七寸，取於大璋加文飾之義，謂遍於璋體瑑雲氣，如大璋也。

又《琬圭》　《玉人》云：琬圭九寸而繅，以象德。後鄭云：琬猶圓也，王使之瑞節也。諸侯有德，王命賜之，使者執琬圭以致命焉。故《典瑞》云：琬圭以治德結好。治德即《玉人》注云『諸侯有德，王命賜之』也。結好謂諸侯使大夫來聘，既而為壇會之，使大夫執以命事焉。《大行人》曰：時聘以結諸侯之好。繅，藉也。先鄭云：琬圭無鋒芒，故治德以結好。

又《琰圭》　《玉人》云：琰圭九寸，判規，以除慝，以易行。賈釋《注》云：判，半也。凡圭，琰上寸半。琰圭，琰半以上至首，而規又半已下為瑑飾。諸侯有為不義，使者征之，執以為瑞節也。經云除慝，謂誅逆惡也；易行，謂去煩苛也。然則煩苛非惡逆之事，直謂政教煩多而苛虐也。是知諸侯有惡行，故王使人執之以為瑞節，易、去之也。又後鄭《典瑞》注云：除惡行，亦於諸侯使大夫來頫，既而使大夫執而命事於壇。《大行人》職曰：殷頫以除邦國之慝。又先鄭《典瑞》注云：琰圭有鋒芒傷害，征伐誅討之象，故以使易惡行，令為善也，則以此圭責讓諭告之。詳先鄭鋒芒之言，有違判規之義，背經取法，唯得圭名。

宋·沈括《夢溪筆談》卷三《辨證一》　璋，王之左右之臣所執。《詩》云：『濟濟辟王，左右趣之。濟濟辟王，左右奉璋。』璋，圭之半體也，合之則成圭。王左右之臣，合體一心，趣乎王者也。又諸侯以聘女，取其判合也。有事于山川，以其殺宗廟禮之半也。又牙璋以起軍旅，先儒謂有鉏牙之飾于剡側。不然也。牙璋，判合之器也，當于合處為牙，如今之合契，牙璋牡契也。以起軍旅，則其牝宜在軍中，即虎符之法也。

又　卷二五《雜誌二》　古之節，如今之虎符。其用則有圭、璋、龍、虎之別，皆櫝將之，英蕩是也。

宋·陳祥道《禮書》卷五七《八節》　節之為物，或以玉，或以角，或以金，或以竹。或用以守，或用以使，或用以民。《周官·掌節》之所掌者八：玉節也，角節也，虎節也，人節也，龍節也，符節也，璽節也，旌節也。《小行人》之所達者六：虎節也，人節也，龍節也，旌節也，符節也，管節也。《掌節》守邦國者用玉節，守都鄙者用角節。此用以守者也。山國用虎節，土國用人節，澤國用龍節，皆金為之。此用以使者也。門關用符節，貨賄用璽節，道路用旌節，皆有期以反節。此用於使與民者也。《行人》：凡其使也，必以旌節。此使者所執也。比長若徙于他，則為之旌節以達之。此民所執也。析竹為符節，全竹為管節。《小行人》有管節而《掌節》無之者，掌節所掌，謂之邦節，以輔王命，則所謂邦國之使節，使邦國者所執也。鄭氏謂使卿大夫聘於天子、諸侯，誤也。《小行人》所達，謂之天下之節，則所謂龍節、人節、虎節、管節，邦國都鄙使者所執，非王官所掌也。《掌節》無都鄙之使節，以使都鄙者無節，特以旌節行之也。《小行人》無璽節，以其所掌者使節，而貨賄之事不預也。

然節不特八節、六節而已。《典瑞》珍圭以徵守，以恤凶荒。牙璋以起軍旅。琬圭以治德，以結好。琰圭以除慝，以易行。穀圭以和難，以聘女。鄭氏皆以為王使之瑞節，則珍圭、牙璋、琬圭、琰圭、穀圭，使者為信於所適者也。龍節、虎節、人節、符節、旌節，行人為信於道路者也。《調人》凡和難弗辟，則與之瑞節而以執之。此琰圭耳，則琰圭不特施於使者，民亦與之也。《書·康誥》曰：越小臣諸節。春秋之時，宋司馬握節以死，司城效節於府人而去，司馬牛致其邑與珪而適齊。杜預曰：珪，守邑之信符。則守節不特於邦國都鄙，雖官府小臣亦有之也。《考工記》：牙璋、穀圭七寸，琬圭、琰圭九寸。漢竹使符竹箭五枚，長五寸。然則先王之節，其長蓋亦不過於此。若夫旌節之制，又加長焉。觀蘇武之杖節，則非以寸計之也。漢竹使符、銅虎，各分其半。右留京師，左付郡守。唐符璽郎凡國有大事，則出納符節，班其右而藏其左。先王之節，其班藏蓋亦如此。然《老子》曰：執左契，不責於人。則藏其右者，非是。

又 卷五七《英蕩》 《掌節》：凡邦國之使節，山國用虎節，土國用人節，澤國用龍節，皆金也，以英蕩輔之。鄭氏曰：使節，使卿大夫聘於天子、諸侯，行道所執之節也，杜子春：『蕩』當作『帑』，謂以函器盛此節。或曰：英蕩，畫函。考之於經，《禹貢》：揚州貢篠蕩。《大射禮》：蕩在建鼓之間。則蕩，竹也。《詩》曰：二矛重英。又曰：朱英綠縢。則英，飾也。節之函，以竹為之而有飾焉。先儒以為畫函，其說是也。言凡邦國之使節，則使邦國者之所執，非邦國使者之所執也。言皆金也，以英蕩輔之，則英蕩之輔王命，特虎、人、龍節而已，非輔其它也。

又 卷五四《牙璋中璋》 《典瑞》曰：牙璋以起軍旅，以治兵守。《玉人》曰：牙璋、中璋七寸，厚寸，以起軍旅，以治兵守。鄭司農曰：牙璋，瑑以為牙。牙齒兵象，故以牙璋發兵。鄭康成曰：牙璋、中璋皆有鉏牙之飾於琰側。先言牙璋，有文飾也。賈公彥曰：軍多用牙璋，軍少用中璋。中璋亦有鉏牙，但牙璋文飾多，故得牙名而先言也。春秋之時，宋司馬請瑞，哀十四年，《左》。以命其徒攻桓氏。杜預曰：瑞，符節，以發兵。魏有兵符，漢有銅虎符以發郡國兵，豈牙璋之類歟？《白虎通》曰：璋位南方，南方陽極而陰生，兵亦陰也，故以兵起。於義或然。

又 卷五五《穀圭大璋》 《典瑞》曰：穀圭以和難，以聘女。《玉人》曰：穀圭七寸，天子以聘女。蓋穀圭以穀為文，以善為義，故可和難以釋仇，聘女以納徵也。圭貴於璋，璋貴於皮。天子納徵以穀圭，諸侯以大璋，士以儷皮。此尊卑之所別也。然皆玄纁束帛以將之，此尊卑之所同也。《士婚禮》：納徵，玄纁束帛。《周禮》：凡嫁子取妻，入幣純帛，無過五兩。《雜記》曰『納幣一束，束五兩，兩五尋』是也。《蘇秦傳》曰：錦繡千純。《犀首傳》曰：文繡千純。裴駰曰：純，端名。則《周禮》所謂純帛者，匹帛也。鄭氏改『純』為『緇』，與《士婚禮》玄纁之制不類，其說非也。考之《經》、《傳》，大璋有三。《爾雅》：璋大八寸謂之瑑。《玉人》：大璋、中璋九寸，邊璋七寸，射四寸，厚寸。天子以巡守。而諸侯聘女之璋，如邊璋制，亦謂之大璋，則九寸、八寸，皆可以大璋命之也。

又 卷五五《琬圭琰圭》 《書》曰：琬、琰在西序。《典瑞》曰：琬圭以治德，以結好。琰圭以易行，以除慝。《玉人》曰：琬圭九寸而繅，以象德。琰圭九寸，判規，以除慝，以易行。《行人》曰：時聘以結諸侯之好，殷覜以除邦國之慝。鄭康成謂：琬圭，王使之瑞節。諸侯有德，王命賜之，及諸侯使大夫來聘，既而為壇會之，使大夫執以命事焉。琰圭，亦王使之瑞節。除慝亦於諸侯使大夫來覜，既而使大夫執而命事於壇。《調人》：讎弗辟，則與之瑞節而以執之。鄭康成曰：瑞節，琰圭也。《說文》曰：琰璧上起美色也。蓋琬圭圜而宛之也，琰圭剡而有鋒也。圜而宛之，仁也，故以治德，以結好。剡而有鋒義也，故以易行，以除慝。琰圭判規，則圭上圜而判之，與凡圭之琰上寸半者，異矣。康成謂琰圭，琰半以上，又半為瑑飾。賈公彥曰：判，半也。又云：規，明半以上琰至首，規半以下為瑑飾可知。然琬、琰之有瑑飾，於經無見，此不可考。

又 卷五六《環》 《爾雅》曰：肉、好若一謂之環。《春秋傳》曰：子見南子，環佩璆然。又曰：魯公賜仲環，賜子家子一環一璧。又曰：宣子有環，其一在鄭商。《左》昭十六年。《晉語》：夷吾在梁，驪姬使奄楚以環釋言。《荀子》曰：絕人以玦，反絕以環。范寧釋《穀梁》亦曰：君賜之環則還，賜之玦則往。蓋環之為物，或施於佩，或施於反、絕。佩環則不佩玦，故晉獻公佩申生以金玦，所以離之也。反、絕以環不以玦，故晉驪姬使奄楚以環釋言於夷吾，將以還之也。韋昭曰：環，還也。然環有以金銀為之，其制蓋與玉環不同。毛公釋《詩》曰：后妃羣妾以禮御於君所，女史書其日月，授之以環，以進退之。生子月辰，則以金環退之。當御者，以銀環進之，著于左手，既御，著于右手。其言蓋有所受也。

又　卷五六《瑗》　《爾雅》曰：好倍肉謂之瑗。《說文》曰：瑗，大孔璧。人君上除陛以相引。《荀子》曰：召人以瑗。說者曰：《周禮》珍圭以徵守，然則天子以珍圭召諸侯，諸侯召臣以瑗。考之於《禮》，君召臣以三節，二節以走，一節以趍。天子徵諸侯則以珍圭，非諸侯則以瑗歟？

宋·呂祖謙《左氏傳續說》卷五《文公上·司馬握節以死八年》　司馬所以有節者，蓋其職主兵。古者節之制，大小短長固各不同。如《周禮》玉節、角節，或以金為節，或以管為節。所謂玉節須略短，所謂旌節須長，蓋欲節上掛旌也。然一節須分為兩，其一分收之於國，其一官自守之，合而後以為信。如止有一節，則人或得以自為之，何以防其欺偽？後世所謂節之制，皆訛了古意，與古制全不同。古時亦官長有節，如以下官屬，恐不盡有。

宋·葉時《禮經會元》卷三下《瑞節》　大抵成周設官，以『典瑞』一官掌玉器，固詳於瑞器之用。然考其所掌，其於符節之瑞尤嚴焉。珍圭以徵守，以恤凶荒。牙璋以起軍旅，以治兵守。穀圭以和難，以聘女。琬圭以治德，以結好。琰圭以易行，以除慝。鄭康成皆以為王使之瑞節，則知周人所以頒大信於天下者，非瑞節，其何以行之哉？不特此爾。地官『掌節』一官，掌守邦節者也。諸侯之守邦國，則用玉節。公卿大夫、王子弟之守都鄙，則用角節。此固邦節之大者。鄭氏乃以珍圭、牙璋、穀璧、琬、琰皆以為邦節之用，則是『掌節』所掌與『典瑞』實相通焉。以至邦國之使節，山國多虎，故用虎節；土國多人，故用人節；澤國多龍，故用龍節。門關則用符為節，貨賄則用璽為節，道路則用旌為節。此六者，『掌節』所掌也，與秋官『小行人』所達之六瑞又相關通，獨都鄙之管節與貨賄之璽節不同爾。王畿有都鄙，侯國亦有都鄙。『掌節』之用角節，王畿都鄙之節；『小行人』之用管節，侯國都鄙之節。『掌節』為門關之聯，有貨賄之出入，故有璽節。『小行人』掌諸侯之聘，無貨賄之出入，故無璽節。此其所以不同歟？

夫瑞節，所以示信也。既典之以春官之『典瑞』，又何以守之以地官之『掌節』？既守之以地官之『掌節』，又何以達之於秋官之『行人』？不如是，則無以為信也。蓋『典瑞』雖以瑞節授使者而持之，苟不合於『掌節』，則使者所持未必信。『掌節』雖以符節輔使者而行之，苟不達之於『小行人』，則使者所行未必通。一瑞節之出入，而三官之屬互相稽驗焉，則無有矯偽之弊矣。是故『比長』有徙于他鄉者，則為旌節以行之。『司市』凡通貨賄者，以璽節出入之。『司關』則有內外之送令，則以節傳出內之。『司救』則以節巡國中及郊野，而以王命施惠。『司險』惟有節者達之，『土方氏』則來遠方之民，達之以節。『布憲』則執旌節，以宣布于四方，而憲刑禁。『調人』則和民難，與之瑞節，而以執之。『野廬氏』凡有節者至，則為之辟。『修閭氏』惟執節者不幾。『大行人』非巡守之歲，則十有一歲達瑞節行。夫凡其使者，必以旌節。『環人』則以路節達四方，『掌交』則以節巡邦國。信矣，無節者不可行於天下也。

夫周人所以行乎天下者有三：命可以行矣，而『掌節』則辨邦節以輔命。有王令可以行矣，而『鄉大夫』則達旌節以輔令。是節者，所以輔命令之行也。《掌節》又曰：凡邦國之使節，而以英蕩輔之。凡通達於天下者，有節而以傳輔之。英蕩者，刻書之竹箭也。非英蕩，則節不可以徒行。傳者，傳達之文書也。非傳，則節亦不可專行。既為節以輔命令，又為英蕩與傳以輔節，三者並行，所以防詐欺也。鄭康成釋《典瑞》，謂若漢符璽郎，以符節為詔符，以璽節為印章，旌節為使者所擁之節，珍圭為使者所持之節。杜子春以珍圭若竹使符。鄭司農以牙璋為銅虎符。愚案『小行人』之六節，三者以金為之，三者以竹為之，則是旌節、符節皆用竹也。漢人符節雖近古制，然其所以示信於天下者，果如周人否乎？太尉得以矯節入北軍，使者得以乘傳行郡國，王國得以盜寫虎符而發兵，使者得以矯制持節而發粟。符節不足以取信如此，況欲除關而不用傳邪？蓋至此而後，知周人設官之意微矣，輔節並行之制嚴矣。

元·方回《續古今考》卷五《皇帝璽符節》　《周禮》司關、司節、小行人有玉節、角節、龍節、人節、虎節、符節、璽節、旌節、官節。鄭康成謂：玉為之角節，其制未聞。鄭鍔謂：命為諸侯、使守邦國者，用玉節以輔之。命為君長、使守都鄙者，用角節以輔之。此守節也，邦國、都鄙之所分也。又謂：鑄金為節，各為虎、龍、人之象。山國多虎，澤國多龍，平土則人之所聚。晉、楚多山，吳、越多水，陳、鄭平原曠野，視其所執之節，可知其所向之邦。此行節也，使者之所持也。符節用之門關，鄭康成謂如今宮中諸官詔；璽節用之貨賄，康成謂今印章。則此二物，皆非手中所執操之物，符以合之，璽以封之而已。旌節用之道路，康成謂今使者所持節。如此，則與鑄金為之虎節、龍節、人節異也。《小行人》官節，陳祥道謂析竹為符節，全竹為官節。然則後世分為三物，曰符，曰傳，曰繻，如契券之類，以謹門關之出入。剖符分功臣，銅虎符、竹使符各五，待合而後發兵，此一物也。曰璽，曰印，曰章，以玉、金、銀、銅刻之，以為印信，總名曰印，此一物也。曰握節，曰持節，曰仗節牧羊，則人臣奉使、將命、出疆之節，節毛上下相重，取象竹節，此又一物也。皆掌於天子之有司。

《周禮·典瑞》又有所謂玉之為器，以為符信。搢大圭，執鎮圭，王之瑞也。公執桓圭，侯執信圭，伯執躬圭，亦曰身圭。子執穀璧，男執蒲璧，此人臣之五玉、五瑞，以朝、覲、宗、遇、會、同，諸侯相見，皆天子所賜，而執之、貢之以為信也。瑑圭、璋、璧、琮以頫聘。珍圭以徵守，以恤凶荒。牙璋以起軍旅，以治兵守。璧羨以起度。穀圭以和難，以聘女。琬圭以治德，以結好。琰圭以易行，以除慝。其多端不同如此，即皆後世所謂麟符、虎符、菟符、魚符、兵符。至如絶人以玦，還人以環，未有不託之器物以寓意者。

又 卷八《廣玉考下》 珍圭以徵守，以恤凶荒。《典瑞》有此，《玉人》無之。杜子春謂『珍』當作『鎮』，徵守若今時召郡守以竹使符。諸侯亦一國之鎮，故以鎮圭徵之。凶荒民不安土，故以鎮圭安之。予謂杜説非是焉。有天子所執之鎮圭，而以付之使者之手，當從鄭玄説：珍圭，王使者之瑞節。制大小，當與琬、琰相依。王使人徵諸侯，憂凶荒之國，則授使者，往致王命。陳祥道書此一條於鎮圭之下，亦非是。

琬圭以治德，以結好。又《玉人》琬圭九寸而繅，以象德。琬，圜也，王使之瑞節。諸侯有德，王命錫之，使者執琬圭以致命。琰圭以易行，以除慝。又《玉人》琰圭九寸，判規，以除慝，以易行。琰圭亦王使之瑞節。鄭司農云：琰圭有鋒芒傷害，征伐誅討之象，故以易行除慝。鄭玄謂：除慝，誅惡逆也。易行，去煩苛也。予謂琬圭圜而宛之，其首圜，仁之象。剡圭剡而有鋒，判規者，圭頭本圜，去其半而方之義之象。昌黎文：擕持琬琰易羊皮。琬與琰，二玉圭也，合為一用之，言寶耳。諸侯之大夫來聘，有德者賜之，則為壇會之事，使大夫執琬圭之節以將事。如不義之諸侯，其大夫來，則亦為壇，使大夫持琰圭之節以執之。予早年為四六，不曾見前輩用此二事。

牙璋以起軍旅，以治兵守。《玉人》牙璋、中璋七寸，以起軍旅，以治兵守。《典瑞》言其一，《玉人》言其二。以起軍旅，發兵也。以治兵守，治已出軍之戍者也。牙者為駔牙之形，即搓牙。漢以銅虎符各五，代古圭、璋，從簡也。《正義》曰：軍多用牙璋，軍少用中璋。牙璋皆有鉏牙，此又非灌酒之半璋，形如半珪而有牙齒兵象也。

玉符。《史記》韋昭注『璽符節』云：天子印稱璽，又獨以玉符發兵將也。豈即周之玉節乎？

元·李翀《日聞録》 《周禮·掌節》：門關用符節，貨賄用璽節，道路用旌節。鄭氏曰：旌節，今使者所擁節是也。按旌與節，非一物。符節以合符為信，璽節以印封為信，則旌節以旌旗為信，又非瑞節之謂也。旌節，旗類。『孑孑干旌』，『招虞人以旌』，為其有柄可揭，有斿可垂，故能建之於城，来者可指以為望也。若夫節者，漢之銅虎、竹使符，唐之銅獸、龜魚，皆一類而異名也。考其意，制一物，中分而兩之，授者、受者各執其半，以待參驗。則符瑞、圭璋，亦其物也。禮有異數，故立為差等。上公以九為節，其宮室、車旗、衣服皆以九。侯、伯以七，子、男以五，皆是禮也。守邦國者以玉為節，守都鄙者以角為節，亦其一器而中分者也。中分為二，一留王所，一付守臣，為守土之信矣。是皆兩判可合，無柄無斿，非旌旗之比也。後世但見《周官》『旌』與『節』同出而聯文，遂以旗為節，誤矣。且三節之出，皆輔以英簜。英簜者，斷大竹，兩節間以為函也。漢世之節，則可仗可執，其制全非符節之比矣。【略】簜者，竹之大者也，《禹貢》『篠簜』之『簜』是也。竹身大而節間長，其中可以藏節，故周人因竹而名之為節。漢人疑其為竹，而遂用竹為柄，非也。英者，精英之義，謂為畫函，未必不是加畫於竹，以嚴其制也。

明·丘濬《大學衍義補》卷九〇《備規制·璽節之制》 臣按節者，古人為符契。牝牡二者以相合，各持其一，以相驗信者也。凡乘傳者必有節，如今世符驗之類。

臣按此所謂節，蓋用圭玉以為節爾，非别有一物也。注謂：節，信也。用圭以表信，故為之節焉。

臣按以玉為節，春秋之時皆用之。

明·王應電《周禮圖説》卷下《八節圖》 已上三節（虎節、龍節、人節），皆鑄金為之，以英蕩輔之者。英，玉也；蕩，大竹也。或以玉，或以竹，而載節其上，使則分其半，反則合之。天子之使有公侯、卿大夫、士不同，尊者以玉，卑者以竹，並天子所專也。

已上三節（玉節、角節、符節），皆篆刻文字而中分之。守邦國擬于諸侯，故以玉。守都鄙在内而屈，故以角。二者亦天子所專也。符節，外内送令出入所持，用竹而已，門關所為也。

（旌節）析羽而著于竹，行則持之以為表，鄉遂官府所為也。

（璽節）以玉為章，刻以文字，以朱印之。貨賄多，出入則以為驗，司市所為也。

又　卷下《瑞玉圖》 珍圭。珍，重也。天子之圭尺有二寸，莫有重焉者。此圭如其度，故以珍名。其異于鎮圭者，蓋不刻也。召監守重臣及以之發倉廩用之，皆莫大之事也。

琬圭。《典瑞》：琬圭以治德，以結好。《考工記》：琬圭九寸，而繅以象德。琬，圓也，謂規其首也。

琰圭。《典瑞》：琰圭以易行，以除慝。《考工記》：琰圭九寸，判規。判，斷也。從圓而剖之，為兩峰，取剛制之義也。

穀圭。《典瑞》：穀圭以和難，以聘女。《考工記》：穀圭七寸，天子以聘女。穀有和善生生之義也。

牙璋。《典瑞》：牙璋以起軍旅，以治兵守。《考工記》：牙璋中璋七寸，射二寸，厚寸。牙者，猛獸之兵，刻為牙象，故以牙名，取有備司殺之義。曰牙璋中璋七寸者，言如璋之度耳，非謂中璋亦用以起兵，當以《典瑞》為據。

又　卷下《瑞玉説》 至于國家舉大事而以玉為信者，珍圭以徵守，以恤凶荒。琬圭九寸，以治德，以結好。琰圭九寸，以易行，以除慝。穀圭七寸，以和難，天子以聘女。牙璋七寸，以起軍旅，以治兵守。此因事用玉，故象其事以為名物也。諸侯聘女則用中璋，亞于天子之圭也。已上舉大事之信玉。

清·惠士奇《禮説》卷五《地官三》 邦節有八：守節二，分其半於都國、都鄙，而「掌節」藏其半。達節六，「掌節」守之，「小行人」達之。達之邦國三：曰山國，曰土國，曰澤國。達之都鄙三：曰門關，曰貨賄，曰道路。節與瑞不同，瑞全而節半。君命召則合之。故當其常，則二節以走，一節以趨；值其變，則效節而出，握節而死。官守其節，故曰守官。一名符，一名契。隋樊子蓋守東都，衛元守關中，别造玉麟符，代銅虎以給之，蓋取則《周官》。玉節所以重鎮守也。齊陳乞遺陽生，與之玉節而走之。秦安國君刻玉符，約立子楚為適嗣。蓋析玉而分其半，為後當迎之合，以為信。唐則天時，崔神慶上疏曰：古者召太子，皆用玉契。今則惟有文符，非慎重防萌之意。然則玉契，自古有之矣。陽城君毁璜為符以守國，司馬牛致邑與珪而適齊，皆玉節也。角節未聞，當考。

英蕩有兩説。干寶謂：英，刻書；蕩，竹箭。刻而書其所使之事，以助三節之信。是英蕩者，傳也。凡達節皆有傳，傳所以輔節，節以金，傳以竹。康成謂：傳若漢之移過所文書。古名關移過所者，韓非所謂關於州部也。魯昭公使公衍獻龍輔於齊侯，孔《疏》云：鑄金為龍節，以玉為函盛之，名為龍輔。是英蕩者，玉也，輔者，函也。玉采浮筠，故曰英蕩。兩説皆通，前説為允。然漢之符與傳，則又不同。郡國頒符，門關用傳，傳以繒帛，與古用竹者殊。

「小行人」旌、符、管三節，皆用竹。漢之竹使符，本此。使者所持節，則上加旄，注旄首曰旌，即古之旌節。古者刻符摹印，皆曰璽書。《呂氏春秋》：吳起謂商文曰：置質為臣，其主安重；釋璽辭官，其主安輕。《淮南子》亦云：龜紐之璽以為佩。是印為璽也。《戰國策》：楚攻韓，泠向求救于秦。公孫昧曰：其言收璽，實猶有約。注云：璽，軍符。收之者，言欲止楚之攻韓。是符為璽也。然則璽節以管為之，鐫刻璽書，或曰貨賄，或曰都鄙者，謂都鄙之貨賄璽、管一節兩名。《地》、

《秋》二官互見。貨賄者，商賈也。商賈阜通貨賄，出入於市為璽節，出入於關為貨節，而輔以傳焉。孟嘗君更封傳，變名姓以出關，則傳書名姓也。門關古用棨。漢外人入宮門，長史為封棨。傳至晉，猶然。羊祐嘗欲夜出，軍司執棨當門。此其類歟？

一玉、一角，守節鎮焉。三金、三竹，達節通焉。邦國之守，以玉而達以金，其地遠，防矯誣也。都鄙之守，以角而達以竹，其地近，從簡易也。舉邦國、都鄙，則鄉遂在其中。故布治、布教、布政、布刑，不曰鄉遂而皆曰邦國、都鄙。守之達之，職在『掌節』。

古之道路，有節乃達。楚不與齊通，遂絶齊約；齊既與秦合，乃折楚符。約猶符也，是故勇士罵齊而借宋之符，樂毅適燕而假魏之節。田鳩之楚，楚與之節以如秦。蓋非是則不達也。周人於韓，秦聞之而焚周之節，不通其使。漢使陸賈於南越，剖符通使焉。此皆達節也。六國擯秦，請焚天下之秦符，而傳焚符之約。則當時列國往來，無節者有幾，則不達可知矣。

或曰：節亦名瑞，謂之法瑞。《管子》曰：『君發其明府之法，瑞以稽之。立三階之上，南面而受要。』即此。《漢官儀》曰：『秦以前，皆以金玉、銀銅、犀象為方寸璽，各從所好。』奉璽書，使者乘馳傳，騎驛騎也。然則角節，蓋犀象歟？

《王制》『金璋』。璋，一作『章』。王氏謂金為印章，孔《疏》謂：章，定本從玉。以金飾之，圭璧之類。周時稱印曰璽，未聞稱章。愚謂金章者，金節也，周曰璽，秦漢曰章。秦法，凡官吏及民有問法令者，主法令之吏，各以所問者明告之，為尺六寸之符，明書年、月、日、時及問者名，以左券予之，謹藏其右券。封以法令之長印。凡法令，皆藏禁室，封以禁印。有擅發者及剟一字以上，辠皆死。此秦之符，猶周之節；主法令者，猶漢之符節令，藏於符節臺者也。

符長尺六，而節無聞。徐璆曰：昔蘇武困於匈奴，不墜七尺之節，則漢之使節，長七尺矣。秦代周，以為水德，數以六為紀，故符六寸。然則尺六之符，本於孝公而始皇更定其制也。符、節皆有副，吾故曰：瑞全而節半。瑞之半者，六器惟璋、璜，璋半珪，璜半璧。瑞以行禮，故屬『春官』；節以徵信，故屬『地官』。許叔重曰：漢制，以六寸之符，分而相合。是漢因秦制也。應劭曰：竹使符長五寸。《漢官儀》曰：節柄長八尺，以旄牛尾為毦三重，馮衍《與田邑書》所謂『八尺之竹，犛牛之尾』是也。或云七尺。兩存備考。

世守寶物

綜述

《尚書·顧命》越玉五重，陳寶，漢孔安國《傳》：於東西序坐北，列玉五重，又陳先王所寶之器物。赤刀、大訓、弘璧、琬琰在西序，《傳》：寶刀，赤刃削。大訓，《虞書·典、謨》。大璧、琬琰之珪，爲二重。大玉、夷玉、天球、《河圖》在東序。《傳》：三玉爲三重。夷，常也。球，雍州所貢。《河圖》，八卦。伏犧王天下，龍馬出河，遂則其文，以畫八卦，謂之《河圖》。及《典》、《謨》，皆歷代傳寶之。胤之舞衣、大貝、鼖鼓在西房，《傳》：胤國所爲舞者之衣，皆中法。大貝，如車渠。鼖鼓，長八尺。商周傳寶之。西房，西夾坐東。兑之戈、和之弓、垂之竹矢在東房。《傳》：兑、和，古之巧人。垂，舜共工。所爲皆中法，故亦傳寶之。東房，東廂夾室。唐孔穎達《正義》：西序二重，東序三重，二序共為列玉五重。又陳先王所寶之器物，《河圖》、大訓、貝、鼓、戈、弓皆是先王之寶器也。上言『陳寶』，非寶則不得陳之，故知赤刀為寶刀也。謂之赤刀者，其刀必有赤處。刀一名削，故名赤刀削也。《禮記·少儀》記執物授人之儀云：刀授穎，削授拊。鄭玄云：避用時也。穎，鐶也。拊謂把也。然則刀施鐶，削用把，削似小於刀。相對為異，散文則通，故《傳》以赤刀為赤刃削。《吳録》稱吳人嚴白虎聚衆反，遣弟興詣孫策。策引白削斫席，興體動，曰：『我見刀為然。』然赤刀為赤削，白刀為白削，是削為刀之別名，明矣。《周禮·考工記》云：築氏為削，合六而成規。鄭注云：曲刃刀也。又云赤刀者，武王誅紂時，刀赤為飾，周正色。不知其言何所出也。大訓，《虞書·典·謨》，王肅亦以為然。鄭云：大訓謂禮法，先王德教皆是。以意言耳。弘訓大也。大璧，琬琰之圭為二重，則琬琰共為一重。《周禮·典瑞》云：琬圭以治德，琰圭以易行。則琬、琰別玉而共為重者，蓋以其玉形質同，故不別為重也。《考工記》琬圭、琰圭皆九寸。鄭玄云：大璧、大琬、大琰皆度尺二寸者。孔既不分為二重，亦不知何所據也。三玉為三重，與上共為五重也。夷，常。《釋詁》文。《禹貢》雍州所貢，球琳琅玕。知球是雍州所貢也。常玉、天球，《傳》不解『常』、『天』之義，未審孔意如何。王肅云：夷玉，東夷之美玉。天球，玉磬也。亦不解稱『天』

之意。鄭玄云：大玉，華山之球也。夷玉，東北之珣玗琪也。天球，雍州所貢之玉色如天者。皆璞未見琢治，故不以禮器名之。《釋地》云：東方之美者，有醫無閭之珣玗琪焉。東方實有此玉，鄭以夷玉為彼玉，未知經意為然否。《河圖》八卦是伏羲氏王天下，龍馬出河，遂則其文以畫八卦，謂之《河圖》。當孔之時，必有書為此説也。《漢書·五行志》劉歆以為伏羲氏繼天而王，受《河圖》，則而畫之，八卦是也。劉歆亦如孔説，是必有書明矣。《易·繫辭》云：古者包羲氏之王天下也，仰則觀象於天，俯則觀法於地，觀鳥獸之文與地之宜，近取諸身，遠取諸物，於是始作八卦。都不言法《河圖》也，而此《傳》言《河圖》者，蓋《易》理寬弘，無所不法，直如《繫辭》之言，所法已自多矣，亦何妨更法《河圖》也。且《繫辭》又云：河出圖，洛出書，聖人則之。若八卦不則《河圖》，餘復何所則也？王肅亦云：《河圖》，八卦也。璧玉，人之所貴，是為可寶之物。八卦、《典》、《謨》非金玉之類，嫌其非寶，故云《河圖》及《典》、《謨》，皆歷代傳寶之。此西序、東序各陳四物，皆是臨時處置，未必別有他義。下二房各有二物，亦應無別意也。胤國所為舞者之衣者，以夏有胤侯，知胤是國名也。胤是前代之國舞衣，至今猶在，明其所為中法，故常寶之。亦不知舞者之衣是何衣也。大貝，必大於餘貝。伏生《書傳》云：散宜生之江淮，取大貝，如大車之渠。是言大小如車渠也。《考工記》謂車罔為渠，大小如車罔。其貝形曲如車罔，故比之也。《考工記》云：鼓長八尺，謂之鼖鼓。《釋樂》云：大鼓謂之鼖。此鼓必有所異，周興至此未久，當是先代之器，故云商周傳寶之。【略】戈、弓、竹矢，巧人所作。垂是巧人，知兑、和亦古人之巧人也。垂，舜共工。《舜典》文。若不中法，即不足可寶，知所為皆中法，故亦傳寶之。垂是舜之共工，竹矢蓋舜時之物。其兑、和之所作，則不知實來幾何世也。故皆言傳寶之耳。

又《湯誓》附《典寶序》　夏師敗績，湯遂從之，遂伐三朡，俘厥寶玉。《傳》：三朡，國名。【略】玉以禮神，使無水旱之災，故取而寶之。誼伯、仲伯作《典寶》。《傳》：二臣作《典寶》一篇，言國之常寶也。亡。

又《洪範》附《分器序》　武王既勝殷，邦諸侯，班宗彝，《傳》：賦宗廟彝器酒罇，賜諸侯。作《分器》。《傳》：言諸侯尊卑，各有分也。亡。《正義》：武王既以勝殷，制邦國，以封有功者為諸侯。既封為國君，乃班賦宗廟彝器以賜之。於時有言誥戒勑，史叙其事，作《分器》之篇。【略】《序》云『邦諸侯』者，立邦國，封人為諸侯也。《樂記》云：封有功者為諸侯。《詩·賚序》云：大封於廟。謂此時也。《釋言》云：班，賦也。《周禮》有『司尊彝』之官。鄭云：彝亦尊也。鬱鬯曰彝。彝，法也。言為尊之法正。然則盛鬯者為彝，盛酒者為尊，皆祭宗廟之酒器也。分宗廟彝器酒尊，以賦諸侯，既封，乃賜之也。篇名《分器》，知其篇言諸侯尊卑，各有分也。昭十二年《左傳》，楚靈王云：『昔我先王熊繹與呂伋、王孫牟、燮父、禽父並事康王。四國皆有分，我獨無。』十五年《傳》曰：『諸侯之封也，皆受明器於王室。』杜預云：謂明德之分器也。是諸侯各有分也。亡。

《春秋·定公八年》　（冬）盗竊寶玉大弓。晋杜預注：盗謂陽虎也。家臣賤，名氏不見，故曰盗。寶玉，夏后氏之璜。大弓，封父之繁弱。

又《定公九年》　（夏）得寶玉大弓。注：弓玉，國之分器，得之足以為榮，失之足以為辱，故重而書之。

《左傳·定公八年》　陽虎説甲，如公宫，取寶玉大弓以出，舍于五父之衢。

又《定公九年》　夏，陽虎歸寶玉大弓。注：無益近用而祇為名，故歸之。書曰得器用也。凡獲器用曰得。注：器用者，謂物之成器，可為人用者也。得用焉曰獲。注：謂用器物以有獲，若麟為田獲，俘為戰獲。

《公羊傳·定公八年》　（冬）盗竊寶玉大弓。《傳》：盗者孰謂？謂陽虎也。陽虎者，曷為者也？季氏之宰也。【略】寶者何？璋判白，漢何休《解詁》：判，半也。半珪曰璋。白藏天子，青藏諸侯。魯得郊天，故錫以白。不言璋言玉者，起珪、璧、琮、璜、璋五玉盡亡之也。《傳》獨言璋者，所以郊事天尤重，《詩》云『奉璋峨峨，髦士攸宜』是也。禮，珪以朝，璧以聘，琮以發兵，璜以發衆，璋以徵召。弓繡質，《解詁》：質，拊也。言大者力千斤。龜青純。《解詁》：純，緣也，謂緣甲頓也。千歲之龜青髯，明于吉凶。《易》曰：定天下之吉凶，成天下之亹亹者，莫善乎蓍龜。經不言龜者，以先知從實，省文。謂之寶者，世世保用之辭。此皆魯始封之錫，不言取而言竊者，正名也。定公從季孫假馬，孔子曰：『君之於臣，有取無假，而君臣之義立。』主書者，定公失政，權移陪臣，拘其尊卿，喪其寶玉，無以合信。天子交質，諸侯當絶之，不書拘季孫者，舉五玉為重。書大弓者，使若都以國寶書，微辭也。

又《定公九年》　（夏）得寶玉大弓。《傳》：何以書？國寶也。喪之書，得之書。

《穀梁傳·定公八年》　（冬）盗竊寶玉大弓。《傳》：寶玉者，封圭也。晋范寧《集解》：始封之圭。大弓者，武王之戎弓也。《集解》：是武王征伐之弓。周公受賜，藏之魯。《集解》：周公受賜於周，藏之魯者，欲世世子孫無忘周德也。非其所以與人而與人，謂之亡。《集解》：亡，失也。非其所取而取之，謂之盗。

又《定公九年》　（夏）得寶玉大弓。《傳》：其不地，何也？

寶玉大弓在家則羞，不目羞也。《集解》：國之大寶在家則羞也，況陪臣專之乎！恥甚而不目其地。惡得之？《集解》：惡，於何也？得之堤下。或曰：陽虎以解衆也。

《左傳·昭公十五年》　籍談對曰：『諸侯之封也，皆受明器於王室，注：謂明德之分器。以鎮撫其社稷，故能薦彝器於王。注：薦，獻也。彝，常也，謂可常寶之器，若魯壺之屬。晉居深山，戎狄之與鄰而遠於王室，王靈不及，拜戎不暇，注：言王寵靈不見及，故數為戎所加陵。《正義》：數為戎所侵陵，拜謝戎師，不有間暇。其何以獻器？』王曰：『叔氏而忘諸乎？叔父唐叔，成王之母弟也。其反無分乎？密須之鼓與其大路，文所以大蒐也。注：密須，姞姓國也，在安定陰密縣。文王伐之，得其鼓、路以蒐。闕鞏之甲，武所以克商也。注：闕鞏國所出鎧。唐叔受之，以處參虛，匡有戎狄。注：參虛，實沈之次，晉之分野。其後襄之二路，注：周襄王所賜晉文公大路、戎路。鏚鉞秬鬯，注：鏚，斧也；鉞，金鉞。秬，黑黍；鬯，香酒。《正義》：賜之鏚鉞者，使之專殺戮也；賜之秬鬯者，使之祭先祖也。《王制》云：諸侯賜弓矢然後征，賜鈇鉞然後殺，賜圭瓚然後為鬯。《詩》陳宣王賜召穆公云「秬鬯一卣，告于文人」是也。彤弓虎賁，文公受之，以有南陽之田，撫征東夏。非分而何？《正義》：服者撫之，叛者征之。晉於諸夏國差近西，故令主東夏。夫有勳而不廢，注：加重賞。有績而載，注：書功於策。奉之以土田，撫之以彝器，注：弓鉞之屬。旌之以車服，注：襄之二路。明之以文章。注：旌旗。子孫不忘，所謂福也。福祚之不登，叔父焉在？』注：言福祚不在叔父，當在誰邪？

又　《定公四年》　子魚曰：【略】『昔武王克商，成王定之，選建明德，以藩屏周。【略】分魯公以大路大旂，夏后氏之璜，注：璜，美玉名。《正義》：夏后氏所寶，歷代傳之，知美玉名也。哀十四年《傳》云：向魋出於衛地，公文氏攻之，求夏后氏之璜焉。則璜非一也。封父之繁弱。注：封父，古諸侯也。繁弱，大弓名。《正義》：鄭玄云：古者伐國，遷其重器，以與同姓。此繁弱，封父之國為之。不知何時滅其國而得之也。《孔叢》云：楚王張繁弱之弓，載忘歸之矢，以射蛟于雲夢。是繁弱為弓名也。【略】分康叔以大路少帛，綪茷旃旌，大呂。注：鐘名。《正義》：周鑄無射，魯鑄林鍾，皆以律名名鍾。知此大呂、姑洗，皆鐘名也。其聲與此律相應，故以律名焉。【略】分唐叔以大路，密須之鼓，注：密須，國名。闕鞏，注：甲名。姑洗。』注：鐘名。

又　《桓公二年》　夏四月，取郜大鼎于宋。戊申，納于大廟。非禮也。

又　《成公二年》　晉師從齊師，入自丘輿，擊馬陘。齊侯使賓媚人賂以紀甗、玉磬與地。注：甗，玉甑。皆滅紀所得。

又　《成公十年》　五月，晉立大子州蒲以為君，而會諸侯伐鄭。鄭子罕賂以襄鐘。注：襄鐘，鄭襄公之廟鐘。

又　《襄公十九年》　晉侯先歸，公享晉六卿于蒲圃。注：六卿過魯。【略】賄荀偃束錦、加璧，乘馬，先吳壽夢之鼎。注：壽夢，吳子乘也。獻鼎於魯，因以為名。《正義》：吳子乘以十二年卒，乘獻此鼎於魯，魯人因以其人名之，謂之吳壽夢之鼎。今以此鼎賂荀偃也。

又　《襄公二十二年》　夏，晉人徵朝于鄭。鄭人使少正公孫僑對曰：【略】『寡君盡其土實，注：土地所有。重之以宗器，注：宗廟禮樂之器，鐘磬之屬。以受齊盟。』注：齊，同也。

又　《襄公二十五年》　（齊人）賂晉侯以宗器樂器。注：宗器，祭祀之器。樂器，鐘磬之屬。

六月，鄭子展、子産帥車七百乘伐陳。【略】陳侯使司馬桓子賂以宗器。

又　《昭公七年》　（正月）癸巳，齊侯次于虢。注：虢，燕竟。燕人行成，曰：『敝邑知罪，敢不聽命？先君之敝器，請以謝罪。』注：敝器，瑶罋、玉櫝之屬。【略】二月戊午，盟于濡上。燕人歸燕姬，注：嫁女與齊侯。賂以瑶罋、玉櫝、斝耳，不克而還。注：瑶，玉也。櫝，匵也。斝耳，玉爵。

晉侯有間，注：間，差也。賜子産莒之二方鼎。注：方鼎，莒所貢。《正義》：服虔云：鼎三足則圓，四足則方。

又　《昭公十六年》　二月丙申，齊師至于蒲隧。徐人行成，【略】賂以甲父之鼎。注：甲父，古國名。高平昌邑縣東南有甲父亭。徐人得甲父鼎，以賂齊。

又　《定公六年》　衛侯怒，使彌子瑕追之。公叔文子老矣，發輦而如公，曰：『尤人而效之，非禮也。昭公之難，君將以文之舒鼎，注：衛文公之鼎。成之昭兆，注：寶龜。《正義》：賈逵云：舒鼎，鼎名。昭兆，寶龜。杜依用之。蓋衛文公鑄此鼎也。其名曰舒，不知其故。成之昭兆，成公新得此龜，蓋以灼之出兆，兆文分明，故名為昭兆。定之鞶鑑，注：鞶帶而以鏡為飾也。今西方羌胡猶然，古之遺服。苟可以納之，擇用一焉。』

又《哀公十四年》向魋出於衛地，公文氏攻之，求夏后氏之璜焉。與之他玉，而奔齊。

《國語》卷五《魯語下》仲尼曰：【略】『古者分同姓以珍玉，展親也。三國吳韋昭注：展，重也。玉謂若夏后氏之璜。分異姓以遠方之職貢，使無忘服也，故分陳以肅慎氏之貢。』注：陳，媯姓也。

《周禮·春官·天府》掌祖廟之守藏與其禁令。漢鄭玄注：祖廟，始祖后稷之廟。其寶物，世傳守之。若魯寶玉大弓者。凡國之玉鎮大寶器，藏焉。若有大祭大喪，則出而陳之，既事藏之。注：玉鎮大寶器，玉瑞、玉器之美者。禘祫及大喪，陳之以華國也。【略】上春，釁寶鎮及寶器。

又《春官·典庸器》掌藏樂器、庸器。注：庸器，伐國所獲之器，若崇鼎、貫鼎及以其兵物所鑄銘也。唐賈公彥疏：庸，功也。言功器者，伐國所獲之器也。云若崇鼎、貫鼎者，《明堂位》文。云及以其兵物所鑄銘也者，謂《左氏傳》季氏以所得齊之兵作林鍾而銘魯功，是經中樂器也。彼既譏其非時征伐，又藉晉之功引之，取一邊，證鑄作銘功之事耳。

《禮記·明堂位》崇鼎、貫鼎、大璜、封父龜，天子之器也。漢鄭玄注：崇、貫、封父，皆國名。文王伐崇。古者伐國，遷其重器，以分同姓。大璜，夏后氏之璜。《春秋傳》曰：分魯公以夏后氏之璜。越棘大弓，天子之戎器也。注：越，國名也。棘，戟也。《春秋傳》曰：子都拔棘。

《荀子》卷一九《大略篇》天子彫弓，諸侯彤弓，大夫黑弓，禮也。唐楊倞注：彫謂彫畫為文飾。彤弓，朱弓。此明貴賤服御之禮也。

《戰國策》卷三〇《燕二》齊王逃遁走莒，僅以身免。珠玉財寶、車甲珍器盡收入燕。大呂陳於元英，故鼎反於歷室，齊器設於寧臺。

論說

宋·胡安國《春秋傳》卷二七《定公上·九年》穀梁子曰：寶玉，封圭；大弓，武王之戎弓。周公受賜，藏之魯。或曰夏后氏之璜，封父之繁弱也。子孫世守，罔敢失墜，以昭先祖之德，存肅敬之心耳。古者告終易代，弘璧、琬琰、天球、夷玉、兑之戈、和之弓、垂之竹矢，莫不陳列，非直為美觀也。先王所寶傳，及其身能全而歸之，則可以免矣。魯失其政，陪臣擅權，雖先公分器猶不能守，而盜得竊諸公宮，其能國乎？故失之書，得之書，所以譏公與執政之臣，見不恭之大也。此義行，則有天下國家者各知所守之職，不敢忽矣。

宋·時瀾《增修東萊書說》卷三一《顧命》陳寶之名物，西序所陳不惟赤刀、弘璧，而大訓參之；東序所陳不惟天球、夷玉，而《河圖》參之，則所寶者，斷可識矣。胤之舞衣、大貝、鼖鼓，兑戈、垂矢之屬錯然並列，四海之巨麗，千載之典刑，蓋聚見於此也。

宋·洪邁《容齋隨筆》卷一〇《古彝器》三代彝器，其存至今者，人皆寶為奇玩，然自春秋以來，固重之矣。《經》、《傳》所記，取郜大鼎于宋，魯以吴夢壽之鼎賄荀偃，晉賜子産莒之二方鼎，齊賂晉以紀甗、玉磬，徐賂齊以甲父之鼎，鄭賂晉以襄鐘，衛欲以文之舒鼎、定之鞶鑑納魯侯，樂毅為燕破齊，祭器設於寧臺，大呂陳於元英，故鼎反乎磿室是已。

宋·葉時《禮經會元》卷三下《天府》嘗觀康王嗣位之初，赤刀、大訓、弘璧、琬琰、大玉、夷玉、天球、河圖與夫舞衣、大貝、鼖鼓、戈弓、竹矢之類，莫不出而陳之。玆豈特為美觀以華國而已哉？蓋寶鎮玉器，祖宗所以遺子孫也。祖宗以全付之，子孫當以全歸之。夏之王府，雖以關石和鈞之微，皆以為子孫之遺。太康不能保其所有，則為負禹所傳矣。至如寶玉之重，桀不能有，使三朡得之湯，於是放桀而伐三朡，俘厥寶玉，而使誼伯、仲伯作《典寶》。先王之視寶玉，不亦重乎！是故國之寶鎮玉器，此成王、周公之所以兢兢奉持而罔敢失墜者，故有天府之職藏焉。命府曰天，則尊其所藏若天物，然其尊祖敬天之心，可知矣。又況上春則釁寶器寶鎮，將以祓除其不祥；季冬則陳玉禮神，將以貞來歲之媺惡。則是寶鎮玉器，又與國事相為吉凶矣。可不謹歟？然而國之所寶，豈特寶玉重鎮而已哉！觀《周書》所陳，以《河圖》、大訓與天球、琬琰並列，則是寶《河圖》、大訓猶寶天球、琬琰也。觀《周禮》所藏，以民數、治中與寶鎮玉器並存，則是寶民數、治中猶寶國鎮玉器也。

宋·王應麟《困學紀聞》卷六《左氏》周之大寶鎮，《河圖》、大訓列焉。《易象》在魯，《三墳》、《五典》在楚，周不能有其寶矣。然而老聃之禮，萇弘之樂，文獻猶存。及王子朝以典籍奔楚，於是觀射父、倚相皆誦古訓，以華其國，以得典籍故也。區區一鼎與懷璧同，其能國乎？

元·方回《續古今考》卷八《廣玉考下》 《顧命》陳玉，又與《周禮·天府》『季冬陳玉』不同。【略】越玉五重，陳寶，赤刀，大訓，弘璧，琬琰在西序，大玉、夷玉、天球、《河圖》在東序。孔《傳》：於東西坐北列玉五重，大璧、琬琰二玉為二重，大玉、夷玉、天球三玉為三重。夷，常也。球，雍州所貢。《商頌·長發》：受小球大球，為下國綴旒。毛氏曰：球，玉也。子書：球，玉磬也。鄭《箋》謂：湯受小玉，謂尺二寸圭也；受大玉，謂珽也，長三尺。執圭搢珽，以與諸侯會同。東萊不從鄭，從王氏：小球、大球，小國、大國所贄之瑞也，與下文『小共、大共』音『恭』同意，受小國、大國所共之貢也。

明·丘濬《大學衍義補》卷九六《備規制·寶玉之器》 臣按《周禮》天府所藏，即《顧命》之所陳者也。《中庸》所謂『陳其宗器』，即此所謂『國之玉鎮大寶器』，即《書》所謂『越玉五重』也。是五重者，即先世所傳之重寶，曰弘璧，曰琬琰，曰大玉，曰夷玉，曰天球，是之謂五玉。弘璧，大璧也。琬琰，圭也。大玉，華山之玉。夷玉，東夷之玉。天球，鳴球也。是皆國之重鎮大寶，而為子孫者所當謹守，以為傳世之寶，以鎮國家，以貽雲仍，不可失墜焉者也。

臣按人君於先代所藏之重器，手澤之所存，心神之所寓，有事於宗廟則陳之，以示其能守。臨終而顧命則列之，以見其全歸，非細故小事也。《中庸》以此表繼述之能孝，《周書》以此見傳守之不失。為人子孫，踐祖宗之位，守祖宗之業，而不能守祖宗之遺物，豈得為孝乎？

明·王世貞《弇州四部稿》卷一七〇《說部·宛委餘編十五》 書畫之外，古器為重。守財虜目不識丁，以此為無益之好，不知三代咸貴之，周為甚。按《禮·天府》：凡國之玉鎮大寶器，藏焉。若有大祭大喪，則出而陳之；既事，藏之。玉鎮大寶器，玉瑞、玉器之美者。禘祫及大喪，陳之以華國。若《顧命》陳寶，則赤弓、大訓、弘璧、琬琰在西序，大玉、夷玉、天球、《河圖》在東序。胤之舞衣、大貝、鼖鼓在西房，和之弓、垂之竹矢在東房。武王克商，周公相王室，分魯侯以大路大旂、夏后氏之璜、封父之繁弱，即陽貨所盜。分衛康叔以大路少帛、綪茷旃旌、大呂，分唐叔以大路、密須之鼓、闕鞏、姑洗，又賜晉文以二路、鍼鉞、彤弓。魯桓公二年，取郜大鼎于宋，納于太廟。成二年，齊侯使賓媚人賂晉以紀甗、玉磬。襄十二年，季武子入鄆，取其鐘以為公盤。十九年，以所得齊之兵作林鐘。二十五年，鄭入陳，陳賂鄭以宗器。晉伐齊，齊賂晉以宗器。昭七年，齊伐燕，燕賂以瑤甕、玉櫝、斝耳。晉賜子產以莒之二方鼎。十六年，齊伐徐，徐賂以甲父之鼎。定六年，叔文子謂衛侯曰：昭公之難，君將以文之舒鼎成之，昭兆定之，鞶鑑納之，擇用一焉。哀十四年，向魋出於衛，公父氏攻之，求夏后氏之璜，與之他玉而奔齊。當時非乏珠寶，而所重在此。自秦不師古，而茲好微矣。

清·顧炎武《日知録》卷二一《古器》 洪氏《隨筆》謂彝器之傳，春秋以來，固已重之。如郜鼎、紀甗之類，歷歷可數。不知三代逸書之目，湯有《典寶》，武有《分器》，而《春官》有『典庸器』之職，祭祀出而陳之。則固前乎此矣。故夏后氏之璜，封父之繁弱，密須之鼓，闕鞏之甲，班諸魯公、唐叔之國；而赤刀、弘璧、天球、《河圖》之屬，陳設於成王之《顧命》者，又天子之世守也。然而來去不恒，成虧有數，是以寶珪出河，《左傳》昭二十四年。九鼎淪泗，武庫之劍穿屋而飛，《越絕書》亦載湛盧去吳事。殿前之鐘感山而響，銅人入夢，鐘虡生毛，則知歷世久遠，能爲神怪，亦理之所必有者。

陵墓分部

綜述

五帝陵墓 **《孟子·離婁下》** 孟子曰：『舜生於諸馮，遷於負夏，卒於鳴條。』漢趙岐注：諸馮、負夏、鳴條，皆地名也。負海也，在東方夷服之地。

《禮記·檀弓上》 舜葬於蒼梧之野，漢鄭玄注：舜征有苗而死，因留葬焉。《書》說舜，曰『陟方乃死』。蒼梧於周，南越之地，今為郡。蓋三妃未之從也。

《史記》卷一《五帝本紀》 黄帝崩，葬橋山。南朝宋裴駰《集解》：

駰案《皇覽》曰：黄帝冢在上郡橋山。唐司馬貞《索隱》：《地理志》：橋山在上郡陽周縣，山有黄帝冢也。唐張守節《正義》：《括地志》云：黄帝陵在寧州羅川縣東八十里子午山。《地理志》云：上郡陽周縣橋山南有黄帝冢。按陽周，隋改為羅川。《爾雅》云：山鋭而高曰橋也。

顓頊崩。《集解》：《皇覽》曰：顓頊冢在東郡濮陽頓丘城門外廣陽里中。頓丘者，城門，名頓丘道。《索隱》：皇甫謐云：據《左氏》，歲在鶉火而崩，葬東郡。又《山海經》曰：顓頊葬鮒魚山之陽，九嬪葬其陰。

帝嚳崩。《集解》：《皇覽》曰：帝嚳冢在東郡濮陽頓丘城南臺陰野中。

堯辟位，凡二十八年而崩。《集解》：駰案《皇覽》曰：堯冢在濟陰城陽。劉向曰：堯葬濟陰丘壠山。《呂氏春秋》曰：堯葬穀林。皇甫謐曰：穀林即城陽，堯都平陽，於《詩》為唐國。《正義》：《括地志》云：堯陵在濮州雷澤縣西三里。郭緣生《述征記》云『城陽縣東有堯冢，亦曰堯陵，有碑』是也。《括地志》云：雷澤縣本漢城陽縣也。

（舜）南廵狩，崩於蒼梧之野，葬於江南九疑，是為零陵。《集解》：駰案《皇覽》曰：舜冢在零陵營浦縣。其山九谿皆相似，故曰九疑。《傳》曰：舜葬蒼梧，象為之耕。《禮記》曰：舜葬蒼梧，二妃不從。《山海經》曰：蒼梧山，帝舜葬于陽，丹朱葬於陰。皇甫謐曰：或曰二妃葬衡山。

晉·皇甫謐《帝王世紀·自皇古至五帝》 （黄帝）葬于上郡陽周之喬山。

（帝顓頊）歲在鶉火而崩。葬東郡頓丘廣陽里。

顓頊葬東郡頓丘城南廣陽里，大冢者是也。

（帝嚳）葬東郡頓丘廣陽里。

堯葬濟陰成陽西北四十里，是為穀林。

有苗氏叛，（舜）南征，崩于鳴條。殯以瓦棺，葬于蒼梧九疑山之陽，是為陵零，謂之紀市。在今營道下，有羣象為之耕。

北魏·酈道元《水經注》卷三《河水》 奢延水又東，走馬水注之，水出西南長城北陽周縣故城南橋山。昔二世賜蒙恬死于此，王莽更名上陵時，山上有黄帝塚故也。帝崩，惟弓劍存焉，故世稱黄帝仙矣。

又 卷九《淇水》 東北逕同山東，又東北逕帝嚳冢西，世謂之頓丘臺，非也，《皇覽》曰『帝嚳冢在東郡濮陽頓丘城南臺陰野中』者也。又北逕白祀山東，歷廣陽里，逕顓頊冢西，俗謂之殷王陵，非也，《帝王世紀》曰『顓頊葬東郡頓丘城南廣陽里大冢』者是也。

又 卷二四《瓠子河》 瓠河故瀆又東逕句陽縣之小成陽城北側瀆。《帝王世紀》曰：堯葬濟陰成陽西北四十里，是為穀林。《墨子》以為堯堂高三尺，土階三等，北教八狄，道死，葬蛩山之陰。《山海經》曰：堯葬狄山之陽，一名崇山。二説各殊，以為成陽近是堯冢也。余按，小成陽在成陽西北半里許實中，俗喭以為囚堯城，士安蓋以是為堯冢也。

瓠河又左逕雷澤北，其澤藪在大成陽縣故城西北十餘里。【略】《地理志》曰：成陽有堯冢靈臺。今成陽城西二里有堯陵，陵南一里有堯母慶都陵，于城為西南，稱曰靈臺，鄉曰崇仁，邑號修義。皆立廟，四周列水潭而不流，水澤通泉，泉不耗竭，至豐魚笱，不敢採捕。前並列數碑，栝柏數株，檀馬成林。二陵南北列，馳道逕通，皆以磚砌之，尚修整。堯陵東，城西五十餘步，中山夫人祠，堯妃也。石壁階墀仍舊，南、西、北三面長櫟聯蔭，扶疎里餘。

又 卷三八《湘水》 營水出營陽泠道縣南山，西流逕九疑山下蟠基蒼梧之野。峰秀數郡之間，羅巖九舉，各導一溪，岫壑負阻，異嶺同勢，遊者疑焉，故曰九疑山。大舜窆其陽，商均葬其陰。山南有舜廟，前有石碑文字，缺落不可復識。

元·馬端臨《文獻通考》卷一二三《王禮考十八·山陵》 黄帝葬橋山。宋坊州。顓頊葬臨河縣。宋澶州。高辛葬濮陽頓丘城南。宋澶州。唐堯葬城陽穀林。宋鄆州。虞舜葬九疑山。宋永州。

明·李賢等《明一統志》卷二《保定府·陵墓》 顓頊陵。在高陽縣界。慶都陵。在慶都縣。堯始受封之地。堯母葬慶都。

又 卷四《大名府·陵墓》 顓頊陵。帝嚳陵。俱在滑縣東北七十里。

又 卷一八《滁州·陵墓》 高辛冢。在來安縣東南，地名廣陽。

又 卷二三《兗州府·陵墓》 軒轅壽陵。在曲阜縣東北二里。相傳黄帝軒轅氏葬此。本名壽丘，宋時以石砌之，其石欄極工巧。陵前有祠，中有石像，又有石碑，四極高濶，皆宋時物也。金始改壽丘為壽陵。

堯陵。在東平州東北三十里。本朝洪武四年建祠陵前，命有司春秋致祭，三歲一遣使祭饗，有事則遣廷臣祭告。

又 卷二四《東昌府·陵墓》 高陽氏陵。在府城西北二十里，葬顓頊高陽氏。陵前有聖水井，旱禱輒應，舊有壇廟，久廢，惟祈雨禱雪感應。碑尚存。

又　卷二七《歸德府·陵墓》　帝嚳陵。在府城東南四十五里。

又　卷三二《西安府上·陵墓》　帝嚳陵。在郃陽縣東四十里，葬帝嚳高辛氏。

又　卷三六《延安府·陵墓》　橋陵。在中部縣治北。世傳軒轅黃帝生坊州，後葬衣冠于此。本朝載在祀典。

又　卷六五《永州府·陵墓》　帝舜陵。在九疑山。一名永陵。太史公云：舜南巡，崩於倉梧之野，歸葬于零陵之九疑。秦皇漢武皆望祀焉。宋時禁樵採，置守陵五户。本朝載祀典，仍建廟于蕭韶峰下。

清·李衛等［雍正］《畿輔通志》卷四八《陵墓·大名府》　顓頊陵。在開州西。《左傳》：衛，顓頊之墟也。杜預注：今濮陽縣有顓頊塚。《後漢書·郡國志》注：濮陽縣城内有顓頊塚。按《名勝志》謂：高陽縣城北一里有顓頊塚，相傳為衣冠所葬。

帝嚳陵。在開州西。《史記》注：帝嚳塚在東郡濮陽頓邱城南臺陰野中。

清·王士俊等［雍正］《河南通志》卷四九《陵墓·衛輝府》　古顓頊陵。在滑縣城東北七十里鮒鰅山之陽。

又　卷四九《陵墓·歸德府》　帝嚳陵。在府城南四十五里，即帝所都之地。

清·岳濬等［雍正］《山東通志》卷三二《陵墓志·曲阜縣》　軒轅壽陵。在縣東北八里，黃帝軒轅氏所生處也。宋時以石封四圍，製極工巧。陵前有祠，中有石像及石碑四，極高大，皆無字。按《史記》，黃帝生于壽丘，崩葬橋山，在今陝西延安府。曲阜本名壽丘，舜作什器之處。宋大中祥符元年，軒轅黃帝降于延恩殿，云曲阜城中有壽丘，帝所生處，因改曲阜曰仙源縣。至金天會中，復改為曲阜，避宣聖號，改壽丘為壽陵。又《嶧縣志》：黃丘亦曰黃帝陵。宋元間皆置陵户，禁樵採。碑至明嘉靖間尚存。

又　卷三二《陵墓志·聊城縣》　高陽氏陵。在縣西北二十里。陵前有聖水井，旱禱輒應。按《路史》，顓頊葬東郡頓丘廣陽里。《皇覽·塚墓記》云：陵在濮陽縣頓丘城門外廣陽里中。《山海經》云：顓頊葬鮒鰅之陽。今在直隸大名府滑縣東北土山之陽，歷代修祀。

又　卷三二《陵墓志·東平州》　堯陵。在州東北二十里蘆泉山之陽。明洪武四年修陵建祠，勅有司春秋致祭，國朝因之。按堯陵在曹州府，詳《秩祀志》。

又　卷三二《陵墓志·荷澤縣》　堯陵。在縣東北六十里舊雷澤城西二里。本在濮州之南，今入曹境。陵高四丈五尺，廣二十餘丈。陵南一里有堯母慶都陵。堯陵東城西五十餘步，有中山夫人祠墓，堯妃也。詳《秩祀志》。

清·愛新覺羅石麟等［雍正］《山西通志》卷一七二《陵墓一·太平縣》　軒轅陵。在縣東三十里上魯村東。汾河内有石棺，以鐵束之，隱見不時，世傳爲軒轅棺云。

又　卷一七二《陵墓一·臨汾縣》　陶唐氏陵。相傳在城東七十里郭行里，土人謂之神林，又謂之神臨陵。高一百五十尺，廣二百餘步。旁皆山石，惟此地爲平土，深丈餘。有金泰和二年碑記。明初訪歷代帝王陵墓，山東平州以堯陵聞，載之祀典。

又　卷一七二《陵墓一·浮山縣》　堯陵。相傳在縣西北三十五里楊村，陵前有碑記。臨汾春秋二祭，今並録。

又　卷一七四《陵墓三·安邑縣》　虞舜陵。相傳在縣西二十里鳴條岡陵。高三丈，甃以甓，方廣四十步有奇，内外地百畝有奇。古柏胥大可十餘圍。有守陵大雲寺。

清·邁柱等［雍正］《湖廣通志》卷八一《陵墓志·長沙府》　軒轅氏陵。在湘陰縣鼎湖。按《史記·五帝本紀》注：黃帝塚在上郡橋山，在今陝西延安府中部縣。《舊志》訛。

又　卷八一《陵墓志·永州府》　虞帝舜陵。在寧遠縣九疑山，一名永陵。《山海經》赤水之東有蒼梧之野，舜所葬也。郭璞《傳》曰：今在九疑之中。《史記·五帝紀》：舜年六十一踐帝位，四十九年南巡狩，崩於蒼梧之野，葬於江南九疑，是為零陵。《皇覽》：《傳》曰：舜葬蒼梧，象為之耕。《漢書·武帝紀》：元封五年冬，行南巡狩，至於盛唐，望祀虞舜於九疑。《府志》：舜陵在九疑山女英峰下。三代祭舜於大陽溪，遺壇猶在。秦漢立廟，龜趺文礎，磊磊尚存。宋時禁樵採，置守陵五户，明載祀典，建廟簫韶峰下。謹按國朝典禮，並同炎帝陵。

清·劉於義等［雍正］《陝西通志》卷七一《陵墓二·中部縣》　上古黃帝橋陵。陝西中部縣界。《會典》。黃帝葬橋山。《史記·五帝本紀》。在上郡橋山。《皇覽》。元封元年，帝北巡朔方，還祭黃帝於橋山。《漢武故事》。橋陵在延安府中部縣。漢武帝臨祭橋山，曰：『吾聞黃帝不死，有塚何也？』或對曰：『帝乘龍升天，羣臣葬其衣冠劍履於此。』《潛確類書》大曆四年四月，鄜坊等州節度使臧希讓上言：『坊州有軒轅皇帝陵闕，請置廟，四時享祭，列於祀典。』從之。《冊府元龜》。

橋山在中部縣東北二里。其山形如橋，沮水環遶之，即黃帝葬衣冠之所。《史記》曰：黃帝鑄鼎於荊山，鼎成而帝崩，葬於橋山。在中部縣城北。橋山周圍城塹五里餘，樹柏萬餘株，橫順成行，參天蔽日。數百里外望之，猶有烟霞霏微、青翠玲瓏之狀。舊傳黃帝騎龍升天，其臣左徹感思，取其衣冠几杖而廟祀之。出於秦皇漢武時方士之説，固不足信。至謂葬衣冠於此者，乃臣子不忍直言葬黃帝，故曰葬衣冠，猶稱君薨曰晏駕也。《漢書·地理志》云：上郡陽周縣橋山南有黃帝塚，塚前即漢武祈仙臺。

橋山在上郡陽周，黃帝葬衣冠處。漢武帝元封元年巡狩，還祀黃帝於上郡陽周。今中部縣地與徵寧相去三百餘里，土壤相接。徵寧之地既無橋山，《舊志》傳徵寧有橋山黃帝塚，非也。《雍勝略》。按《讀史折衷》：軒轅陵在橋山，載記所同。特橋山非一，上郡、嬀州皆有之。又思元注云：黃帝葬西海橋山，《地志》亦謂山有黃帝冢。《明一統志》云：軒轅壽陵在曲阜縣東北二里。《畿輔志》云軒轅陵在平谷縣東北十五里漁子山下。《閿鄉志》軒轅陵在縣南十里鑄鼎原。此正《山海經》注所謂聖人久於其位，至於殂亡，四海思哀，絕域殊俗各自立位而祭，起土為墳者也。然歷代祭典，皆主此，故當以中部者為定。

夏王陵墓　《左傳·僖公三十二年》　殽有二陵焉。晉杜預注：大阜曰陵。唐孔穎達《正義》：《釋地》云：高平曰陸，大陸曰阜，大阜曰陵。李巡曰：高平謂土地豐正，名為陸；大陸謂土地高大，名曰阜；阜最高大為陵。其南陵，夏后皋之墓也。注：皋，夏桀之祖父。其北陵，文王之所辟風雨也。

《史記》卷二《夏本紀》　或言禹會諸侯江南，計功而崩，因葬焉，命曰會稽。會稽者，會計也。《集解》：駰案《皇覽》曰：禹冢在山陰縣會稽山上。會稽山本名苗山，在縣南，去縣七里。《正義》：《括地志》云：禹陵在越州會稽縣南十三里，廟在縣東南十一里。

漢·袁康《越絕書》卷八《外傳記地傳》　（禹）因病亡，死葬會稽。葦槨桐棺，穿壙七尺，上無漏泄，下無即水。壇高三尺，土階三等，延袤一畝，尚以為居之者樂，為之者苦，無以報民功。

漢·趙煜《吳越春秋》卷四《越王無余外傳》　（禹）命羣臣曰：吾百世之後，葬我會稽之山。葦槨桐棺，穿壙七尺，下無及泉。墳高三尺，土階三等。葬之後，曰無改畝，以為居之者樂，為之者苦。

晉·皇甫謐《帝王世紀·夏》　天下宗之，謂之大禹。年百歲，崩于會稽，因葬會稽山陰縣之南山。今山上有禹冢井祠，下有羣鳥芸田。

禹葬，衣衾三領，桐棺三寸，葛以繃之，下不及泉，上不通臭。既葬，收餘壤為壠，若參耕之畝。

北魏·酈道元《水經注》卷四〇《漸江水》　又有會稽之山，古防山也，亦謂之為茅山，又曰棟山。【略】山上有禹冢。昔大禹即位十年，東巡狩，崩于會稽，因而葬之。有鳥來為之耘，春拔艸根，秋啄其穢。是以縣官禁民不得妄害此鳥，犯則刑無赦。

宋·施宿等《會稽志》卷六《陵寢·大禹陵》　禹巡守江南，上苗山，會計諸侯，死而葬焉，猶舜陟方而死，遂葬蒼梧。聖人所以送終，事最簡易，非若漢世人主豫自起陵也。劉向《書》云：禹葬會稽，不改其列。謂不改林木百物之列也。苗山自禹葬後，更名會稽。是山之東有隴，隱若劍脊，西嚮而下，下有窆石。或云此正葬處，疑未敢信然。《檀弓》注：天子六綍四碑，所以下棺。則窆石者，固碑之制度。至其數不同，或由繁簡異宜，或世代悠遠，所存止此，皆不可知也。窆石之左，是為禹廟，背湖而南嚮。然則古之宮廟，固有依丘隴而立者。按《皇覽》：禹塚在會稽山。自先秦古書，帝王墓皆不稱陵，而陵之名，實自漢始。《舊經》云：禹陵在會稽縣南一十二里。

明·李賢等《明一統志》卷四五《紹興府·陵墓》　夏禹王陵。在會稽山禹廟側。《舊志》：禹巡狩江南，崩而葬焉。宋乾德中，嘗復會稽縣五户奉禹陵，禁樵採。

又　卷二九《河南府·陵墓》　孔甲陵。在永寧縣東北三崤山。孔甲，夏王也。

又　卷二六《開封府上·陵墓》　夏太康陵。少康陵。俱在太康縣西。

清·王士俊等［雍正］《河南通志》卷四九《陵墓·開封府》　夏太康陵。在太康縣城東南二里。按《書》，太康在位十九年，為羿所距，遂居陽夏，後二十九年而崩。

少康陵。在太康陵西。

又　卷四九《陵墓·河南府》　孔甲陵。在永寧縣城東北揚坡保。孔甲，夏后。

后皋陵。在永寧縣北崤山。《左傳》：崤有二陵，其南陵，夏后皋之墓。

清·愛新覺羅石麟等［雍正］《山西通志》卷一七四《陵墓三·夏縣》　夏后氏陵。在縣北池下王村里，夏一代陵寢胥在焉。按《一統志》，惟禹陵在會稽山，太康陵在開封府太康縣西，自啓以下不具書。今夏縣高邱纍纍，即啓以下諸陵寢也。金大定五年，建朝元觀於其側，以司香火焉。

商王陵墓

《尚書·太甲上》　伊尹曰：『營于桐宮，密邇先王，其訓無俾世迷。』漢孔安國《傳》：經營桐墓，立宮，令太甲居之，近先王，則訓於義，無成其過，不使世人迷惑怪之。唐孔穎達《正義》：故伊尹言已不得使王近於不順，故經營桐墓，立宮墓傍，令太甲居之，不使復知朝政，身見廢退，必當改悔為善也。宋蔡沈《集傳》：桐，成湯墓陵之地。王徂桐宮居憂，克終允德。

《史記》卷三《殷本紀》　帝太甲既立三年，不明，暴虐，不遵湯法，亂德。於是伊尹放之於桐宮。《集解》：孔安國曰：湯葬地。鄭玄曰：地名也，有王離宮焉。《正義》：《晉太康地記》云：尸鄉南有亳坂，東有城，太甲所放處也。按尸鄉在洛州偃師縣西南五里也。

三國魏·劉劭等《皇覽·冢墓記》　湯冢在濟陰亳縣北東郭，去縣三里。冢四方，方各十步，高七尺，上平，處平地。漢哀帝建平元年，大司空御史長卿案行水災，因行湯冢。

太甲有冢，在歷山上。

晉·皇甫謐《帝王世紀·殷商》　桐宮，蓋殷之墓地，有離宮可居，在鄴西。

狄泉，本殷之墓地，在成周東北，今城中有殷王冢是也。

北魏·酈道元《水經注》卷二三《汳水》　今梁國自有二亳，南亳在穀熟，北亳在蒙，非偃師也。古文《仲虺之誥》曰：葛伯仇餉，征自葛始。即《孟子》之言是也。崔駰曰：湯冢在濟陰薄縣北。《皇覽》曰：薄城北郭東三里平地有湯冢，冢四方，方各十步，高七尺，上平也。漢哀帝建平元年，大司空史郤長卿按行水災，因行湯冢。在漢屬扶風。今徵之迴渠亭有湯池、徵陌是也。然不經見，難得而詳。按秦寧公《本紀》云：二年，伐湯。三年，與亳戰，亳王奔戎，遂滅湯。然則周桓王時自有亳王號湯，為秦所滅，乃西戎之國葬于徵者也，非殷湯矣。劉向言殷湯無葬處，為疑。杜預曰：梁國蒙縣北有薄伐城，城中有成湯冢，其西有箕子冢。今城內有故冢，方墳，疑即杜元凱之所謂湯冢者也。

明·李賢等《明一統志》卷二〇《平陽府·陵墓》　成湯陵。在滎河縣北四十里。元癸未歲，淪於河。本朝載祀典。

又　卷二九《河南府·陵墓》　成湯陵。在偃師縣東北山上。

又　卷四《大名府·陵墓》　殷中宗陵。在內黃縣南三十里。中宗，商賢君。

又　卷二六《開封府上·陵墓》　商高宗陵。在商水縣長平鄉。本朝祀典有祭。

清·王士俊等［雍正］《河南通志》卷四九《陵墓·河南府》　成湯陵。在偃師縣城東北。今按成湯陵在山西蒲州滎河縣北四十里，載在本朝祀典。詳見《辨疑》。

又　卷八〇《辨疑·續·成湯陵》　《舊志》在偃師縣東北，有司春秋致祭，三歲一遣使祭享。今按《明一統志》：成湯陵在山西蒲州滎河縣北四十里。元癸未歲，淪于河。今載在祀典。又案本朝禮部祀典：山西省內有成湯陵，歲遣官一員致祭。兩朝典制甚明，《舊志》不知何所據而云然也。

又　卷四九《陵墓·彰德府》　商王陵。在府城西北洹水南涯。王即河亶甲。

中宗陵。在內黃縣西南二十五里次范村。

又　卷四九《陵墓·陳州》　商高宗陵。在西華縣城北長平鄉。

又　卷四九《陵墓·衛輝府》　商紂陵。在濬縣故衛縣西淇河內，其下水深莫測，今名紂王窩。

清·岳濬等［雍正］《山東通志》卷三二《陵墓志·曹縣》　成湯陵。在縣南二十里，有廟。《皇覽》云湯冢在濟陰亳縣北東郭是也。今河南偃師縣有湯陵，蓋本之《括地志》云。

又　卷三二《陵墓志·歷城縣》　太甲陵。在縣南五十里。《皇覽》云：太甲有塚，在歷山上。今塚旁有甘露井，石刻曰『天生自來泉』。

清・愛新覺羅石麟等［雍正］《山西通志》卷一七三《陵墓二・榮河縣》 商湯王陵。在縣北四十里百祥村西。後魏天賜中圮，其明器悉爲河東張恩，殮之於河。《縣志》又書：元癸未歲，淪於汾河，以石柩遷葬焉。明初，遷陵寢於陵東。正德元年，太常少卿喬宇疏：商湯王陵在榮河縣北四十里。舊傳陵已爲河水所齧壞不存，歷代皆於岸東近地設位而祭。但屋宇卑狹，地勢淺陋。議得廟後有隙地三四畝，可以建置殿堂三間，兩廡牲房數楹。後遂致祭於祠。

清・李衛等［雍正］《畿輔通志》卷四八《陵墓・深州》 商王墓。在饒陽縣西南勝水村。昔有掘井者，見墓門，題曰『商王墓』，遂不敢入而止。

周王陵墓

《周禮・春官・冢人》 掌公墓之地，辨其兆域而為之圖。先王之葬居中，以昭穆為左右。漢鄭玄注：公，君也。圖謂畫其地形及丘壟所處而藏之。先王造塋者，昭居左，穆居右，夾處東西。唐賈公彦疏：訓公為君者，言公則諸侯之通稱，言君則上通天子。此既王之墓域，故訓為君也。云圖謂畫其地形及丘壟所處而藏之者，謂未有死者之時，先畫其地之形勢，豫圖出其丘壟之處。丘壟之言，即下文丘封是也。既為之圖明，藏掌後，須葬者依圖置之也。云先王造塋者，但王者之都有遷徙之灋，若文王居豐，武王居鎬，平王居於洛邑，所都而葬，即是造塋者也。若文王在豐，葬於畢，子孫皆就而葬之，即以文王居中。文王第當穆，則武王為昭居左，成王為穆居右，康王為昭居左，昭王為穆居右，已下皆然。至平王東遷死葬，即又是造塋者。子孫據昭穆，夾處東西。若然，兄死弟及，俱為君，則以兄弟為昭穆，以其弟已為臣，臣子一例，則如父子故別昭穆也。必知義然者，案文二年秋八月，大事於大廟，躋僖公。謂以惠公當昭，隱公為穆，桓公為昭，莊公為穆，閔公為昭，僖公為穆。今升僖公於閔公之上為昭，閔公為穆，故云逆祀也。知不以兄弟同昭位，升僖公於閔公之上為逆祀者，案定公八年《經》云：從祀先公。《傳》曰：順祀先公而祈焉。若本同倫，以僖公升於閔公之上，則以後諸公昭穆不亂何？因至定八年始云：順祀乎明本。以僖、閔昭穆倒，故於後皆亂也。若然，兄弟相事，後事兄為君，則昭穆易可知，但置塋以昭穆夾處，與置廟同也。凡諸侯居左右，以前；卿大夫士居後，各以其族。注：子孫各就其所出王，以尊卑處其前後，而亦併昭穆。凡死於兵者，不入兆域。注：戰敗無勇，投諸塋外以罰之。凡有功者居前。注：居王墓之前，處昭穆之中央。以爵等為丘封之度與其樹數。注：別尊卑也。王公曰丘，諸臣曰封。疏：云別尊卑者，尊者丘高而樹多，卑者封下而樹少，故云別尊卑也。鄭知王公曰丘，諸臣曰封者，此無正文。《爾雅》云：土之高者曰丘，高丘曰阜。是自然之物，故屬之王公也。聚土曰封，人所造，故屬之諸臣。若然，則公中可以兼五等也。【略】正墓位，蹕墓域，守墓禁。注：位謂丘、封所居前後也。禁所為塋限。疏：云禁所為塋限者，謂禁者以塋域為限而禁之。【略】凡諸侯及諸臣葬於墓者，授之兆，為之蹕，均其禁。

《禮記・檀弓上》 孔子之喪，有自燕來觀者，舍於子夏氏。子夏曰：【略】『昔者夫子言之曰：「吾見封之若堂者矣，注：封，築土為壟。堂形四方而高。見若坊者矣，注：坊形旁殺，平上而長。見若覆夏屋者矣，注：覆謂茨瓦也。夏屋，今之門廡也。其形旁廣而卑。見若斧者矣。注：斧形旁殺，刃上而長。從若斧者焉。」注：孔子以為刃上難登，狹又易為功。馬鬣封之謂也。』注：俗閒名。唐孔穎達《正義》：封謂墳之也。若如堂，基四方而高。見若坊者矣，坊，堤也。堤坊水上平而兩旁殺，其南北長也。言又見有築墳，形如坊者也。見若覆夏屋者矣，殷人以來始屋，四阿。夏家之屋，唯兩下而已，無四阿，如漢之門廡。又言見其封墳如覆夏屋，唯兩下而殺，卑而寬廣。又見封如斧之形，其刃嚮上，長而高也。既言四墳之異，夫子之意，從若斧者焉，以為刃上難登，狹又易為功力。【略】馬駿鬣之上，其肉薄，封形似之。

又《檀弓下》 葬於北方，北首，三代之達禮也，之幽之故也。注：北方，國北也。《正義》：上『之』訓往，下『之』語助。言葬於國北及北首者，鬼神尚幽闇，往詣幽冥故也。

宋・李昉等《太平御覽》卷五五七《禮儀部三十六・塚墓》 《禮系》曰：天子墳高三雉，諸侯半之，卿大夫八尺，士四尺。天子樹松，諸侯樹柏，大夫樹楊，士樹榆，尊卑差也。

《禮緯稽命徵》 天子墳高三仞，樹以松；諸侯半之，樹以柏；大夫八尺，樹以欒；士四尺，樹以槐；庶人無墳，樹以楊柳。

《逸周書》卷五《作雒解》 九年夏六月，葬武王於畢。晉孔晁注：弭安畢也。

《孟子・離婁下》 文王生於岐周，卒於畢郢。注：畢，文王墓，近於酆鎬之地。宋朱熹《集注》：畢郢，近豐鎬，今有文王墓。

《史記》卷四《周本紀》 明年，西伯崩。《正義》：《括地志》云：周文王墓在雍州萬年縣西南二十八里原上也。

武王有瘳，後而崩。《集解》：駰案《皇覽》曰：文王、武王、周公葬，皆在京兆長安鎬聚東杜中也。《正義》：《括地志》云：武王墓在雍州萬年縣西南二十八里畢原上也。

《戰國策》卷二三《魏二》　惠公曰：『昔王季歷葬於楚山之尾，元吳師道《補正》：補曰：《呂氏春秋》作「葬於渦水之尾」。【略】《初學記》引一作「渦山」。《論衡》作「滑山」。欒水齧其墓，宋姚宏《續注》：太王生季歷，季歷卒，葬鄠縣之南。今之葬，山名，而皇甫謐云：楚山一名潏山，鄠縣之南山也。【略】欒音鸞。《說文》云：漏流也，一曰漬也。墓為漏流所漬，故曰欒水齧其墓。見棺之前和。宋鮑彪注：和，棺兩頭木。文王曰：「嘻，先君必欲一見羣臣百姓也夫！故使欒水見之。」於是出而為之張於朝，宋鮑彪注：張幕帟，如朝廷然。百姓皆見之，三日而後更葬。』

漢·劉歆《西京雜記》卷六　幽王冢，甚高壯。羨門既開，皆是石堊。撥除丈餘深，乃得雲母，深尺餘。見百餘屍，蹤横相枕籍，皆不朽。唯一男子，餘皆女子。或坐或卧，亦猶有立者，衣服形色不異生人。

《春秋感精符》　恒星不見，夜中星隕如雨。而王不懼，使榮叔改葬桓王，冢奢麗大甚。

三國吳·韋昭《國語·周語下》『欲城成周』注　秋，敬王居于翟泉。翟泉，成周之城，周墓所在也。

三國魏·劉劭等《皇覽·冢墓記》　文王、武王、周公冢皆在京兆長安鎬聚東杜中也。

周文王冢在杜中。

靈王冢在河南城西南柏亭西周山上。蓋以靈王生而有髭而神，故謚靈王。其冢，民祀之不絕。

景王冢在洛陽太倉中。秦封呂不韋洛陽十萬戶，故大其城，并圍景王冢也。

晉·皇甫謐《帝王世紀·周》　（王季）葬鄠縣之南山。又南山有王季冢。

悼王葬景王于翟泉，今洛陽太倉中大冢是也。

又太倉中大冢，周景王也。

景王葬於翟泉。今東陽門内有大街，北有大倉，中有景王陵。西南望步廣里，北眺翟泉，二處相距遠近，約略之也。

翟泉，地在成周東北，今洛陽城中有周王塚是也。

北魏·酈道元《水經注》卷一五《洛水》　枝瀆又東逕周山，上有周靈王冢。《皇覽》曰：周靈王葬于河南城西南周山上，蓋以王生而神，故謚曰靈。其冢，人祠之不絕。又東北逕柏亭南。《皇覽》曰：周山在柏亭西北，謂斯亭也。又東北逕三王陵東北出。三王或言周景王、悼王、定王也。魏司徒公崔浩注《西征賦》云：『定』當為『敬』。子朝作難西周，政弱人荒。悼、敬二王與景王俱葬于此，故世以三王名陵。《帝王世紀》曰：景王葬于翟泉，今洛陽太倉中大冢是也。而復傳言在此，所未詳矣。又悼、敬二王，稽諸史傳，復無葬處。今陵東有石碑，録赧王以上世王名號。考之碑記，周墓明矣。

又　卷一六《穀水》　水又東流，入洛陽縣之南池，池即故翟泉也，南北百一十步，東西七十步。皇甫謐曰：悼王葬景王于翟泉，今洛陽太倉中大冢是也。《春秋》定公元年，晉魏獻子合諸侯之大夫于翟泉，始盟城周。班固、服虔、皇甫謐咸言翟泉在洛陽東北，周之墓地。今按周威烈王葬洛陽城内東北隅，景王冢在洛陽太倉中，翟泉在兩冢之間，側廣莫門道東，建春門路北，路即東宫街也，于洛陽為東北。後秦封呂不韋為洛陽十萬戶，封大其城，并得景王冢矣，是其墓地也。

宋·洪邁《容齋續筆》卷一一《古錞于》　淳熙十四年，澧州慈利縣周赧王墓旁五里山摧，蓋古冢也。其中藏器物甚多。

明·李賢等《明一統志》卷三二《西安府上·陵墓》　周文王陵。武王陵。成王陵。康王陵。四陵俱在咸陽縣北十五里。本朝載於祀典。

穆王陵。在府城西南二十五里張恭村。

幽王陵。在臨潼縣東北二十五里。

公劉墓。在邠州城東六十里，有廟。公劉，后稷九世孫也。

王季墓。在鄠縣西渼陂村。王季，周文王父也。

又　卷三六《慶陽府·陵墓》　不窋塚。在府城東三里。碑久剝落，上有片石，大書『周祖不窋氏陵』。

又　卷二〇《平陽府·陵墓》　周厲王陵。在霍州東北。厲王出奔彘而崩，因葬焉。

又　卷二六《開封府上·陵墓》　周平王陵。一名平丘。在太康縣金堆鄉。

又 卷二九《河南府·陵墓》 周昭王陵。在登封縣少室山陽城西谷。

桓王陵。在澠池縣北桓王山上。

靈王陵。在府城西南西周山上。

景王陵。在府城西北隅。

威烈王陵。在府城東北隅。

又 卷三四《鳳翔府·陵墓》 周赧王塚。在隴州西北三十里

又 卷六二《岳州府·陵墓》 周赧王冢。在慈利縣。《容齋續筆》云：其中藏古器物甚多。

清·邁柱等［雍正］《湖廣通志》卷八一《陵墓志·辰州府》 周穆王陵。在辰溪縣鐘鼓山。

又 卷八一《陵墓志·直隸澧州》 周赧王陵。在慈利縣西十里賨珠山。

清·劉於義等［雍正］《陝西通志》卷七〇《陵墓一·咸陽縣》 周文王陵。文、武、成、康陵，俱陝西西安府祭。《會典》。在縣北一十五里畢原上。陵生蓍草，衍《易》者恒取諸此。《縣志》。馬融曰：畢，文王墓地名也。駰按《皇覽》曰：文王、武王、周公冢皆在長安鎬聚東杜中。《史記·周本紀》注。狄山，文王葬其所。《山海經》。文王葬畢，畢西於豐三十里。《竹書紀年》。《漢書》曰：太子發上祭於畢，下至於盟津。畢，文王墓，近鎬也。宋敏求《長安志》。【略】按《雍録》本《史記》注以為在渭南，而《漢書》注則云在渭北。總之畢亘渭之南北一語，確切不易。後人所見不同，遂致展轉辨詰。然渭北咸陽之陵，則自唐宋以來祀典也。定咸陽以遵王制，登《雍録》以資討論。

武王陵。在文王陵北。《縣志》。《正義》曰：《括地志》云：武王墓在雍州萬年縣西南二十八里畢原上。《史記·周本紀》注。成王元年夏六月，葬武王於畢。《汲冢周書》。

成王陵。在文王陵西南。《縣志》。在縣西北二十里。宋敏求《長安志》。

康王陵。在文王陵東南。《縣志》。在縣北十五里。宋敏求《長安志》。成王陵，盩厔分祭；康王陵，鄠縣分祭。《賈志》。按《鳳翔府志》，周康王陵在麟遊縣西八十里。乃《括地志》、《三輔黄圖》、《雍録》、《明一統志》等書，俱云文、武、成、康四陵在咸陽畢郢原，則康陵之不在麟明矣。《舊志》云：秦康公居雍高寢，高寢，鳳翔地，生而居之，歿而葬之，康王之為康公，無疑也。

恭王陵。在文王陵南。《縣志》。

又 卷七〇《陵墓一·長安縣》 周穆王陵。在縣西南二十五里張恭村。宋敏求《長安志》。

又 卷七〇《陵墓一·臨潼縣》 周幽王陵。在縣東北二十里戲水原上。《縣志》。《兩京道里記》曰：陵高一丈三尺，周三百步。宋敏求《長安志》。

又 卷七〇《陵墓一·鄠縣》 周公季陵。在鄠縣西五里渼陂村。《馬志》。在渼陂西，護陵地為民侵占，明知縣王九臯丈量陵地九畝八釐，除陵冢占地二畝一分五釐，實有護陵空地六畝九分三釐。門外西南角地一段，該地五釐，永為抛荒。復將墻四角并門兩旁俱立封堆，埋界石，仍刻碑記，竪儀門外，春秋祀焉。《縣志》。昔王季歷葬於楚山《論衡》作滑山。之尾，欒水即大欒水，出麟遊。齧其墓，見棺之前和。文王曰：『嘻！先君必欲一見羣臣百姓也，天固使欒水見之。』於是出而為之張朝，百姓皆見之，三日而後更葬。《國策》。

又 卷七一《陵墓二·岐山縣》 周太王陵。在岐陽鎮北，俗云幽王陵。《縣志》。按《明一統志》，幽王陵在臨潼北二十五里。幽王死驪山下，陵在臨潼者為是。《舊志》言鎮内有太王廟，而《志》無太王塚。太王始遷岐下，塚在岐陽無疑。《關中陵墓志》。

又 卷七一《陵墓二·邠州縣》 邠公公劉墓。在邠州東八十里。《馮志》。在州東土陵村。《賈志》。公劉葬州東八十里。四山屏合，羣峰揖拱。墓長三里許，北枕山谷，南控涇水。《州志》。

清·王士俊等［雍正］《河南通志》卷四九《陵墓·開封府》 周平王陵。在太康縣城西金堆鄉。

又 卷四九《陵墓·河南府》 周昭王陵。在登封縣城西北一十七里少室山陽城西谷。

桓王陵。在澠池縣城北一百里桓王山上。

靈王陵。在府城南一十五里周山上。

景王陵。在府城東南。

威烈王陵。在府城東北。

清·愛新覺羅石麟等［雍正］《山西通志》卷一七四《陵墓三·稷山

縣》　后稷陵。相傳在縣東五十里稷山。《碑誌》：昔稷嘗躬稼于此，後薨，遂葬焉。

又　卷一七二《陵墓一·霍州》　周厲王陵。相傳在州城内西南隅，王出奔彘，葬焉。

清·許容等〔雍正〕《甘肅通志》卷二五《陵墓》　周祖不窋陵。在安化縣城東三里許。碑刻剝落，有石，大書「周祖不窋氏陵」。周老王墓。在安化縣西南二十里龍泉坡東嶺。莫可考為周何王居，民號天子塚。

諸侯陵墓·奚仲冢　北魏·酈道元《水經注》卷二五《泗水》　（瀄水）又西逕薛縣故城北。《地理志》曰：夏車正奚仲之國也。《竹書紀年》：梁惠成王三十一年，邳遷于薛。改名徐州。城南山上有奚仲冢。《晉太康地記》曰：奚仲冢在城南二十五里山上，百姓謂之神靈也。

清·岳濬等〔雍正〕《山東通志》卷三二《陵墓志·滕縣》　夏奚仲墓。在縣東南六十里青邱村奚公山。仲為夏車服大夫。《水經注》：瀄水逕薛縣故城，夏車正奚仲之國也。城南山上有奚仲冢。

莘仲墓　清·岳濬等〔雍正〕《山東通志》卷三二《陵墓志·曹縣》　莘仲墓。在縣北十八里莘塚集。古有莘國君，湯妃母家也。

逢伯陵墓　清·岳濬等〔雍正〕《山東通志》卷三二《陵墓志·臨朐縣》　逢伯陵墓。在縣西逢山之顛，相傳有石槨在焉。伯陵，殷初諸侯，詳《圻封志》。今墓前有祠，有司歲時致祭。

蒲姑氏墓　清·岳濬等〔雍正〕《山東通志》卷三二《陵墓志·陽信縣》　蒲姑氏墓。在縣東南四十里，詳《圻封志》。

孤竹三塚　明·李賢等《明一統志》卷五《永平府·陵墓》　孤竹三塚。俱在府城西北。雙子山有孤竹長君之塚，團子山有孤竹次君之塚，馬鞭山有孤竹少君之塚。《傳》曰：國人立其中子。蓋次君也。

徐偃王墓　明·李賢等《明一統志》卷三九《嘉興府·陵墓》　徐偃王墓。在府城西北復禮鄉。今林木茂盛者，即其處。偃王名誕，周穆王時諸侯。

魯　《左傳·定公三年》　六月癸亥，公之喪至自乾侯。戊辰，公即位。注：諸侯薨五日而殯，殯則嗣子即位。癸亥昭公喪至，五日殯於宮，定公乃即位。季孫使役如闞，公氏將溝焉。注：闞，魯羣公墓所在也。季孫惡昭公，欲溝絶其兆域，不使與先君同。《正義》：闞是先公葬地。《春秋》言氏猶如言家，故謂公之墓地為公氏，言是公死之家也。玄卿以為「闞」屬上句，公氏將溝焉，猶言將溝公氏焉。古人多倒語，公氏則昭公。榮駕鵞曰：「生不能事，死又離之，以自旌也。注：駕鵞，魯大夫榮成伯也。旌，章也。縱子忍之，後必或恥之。」乃止。【略】秋七月癸巳，葬昭公於墓道南。孔子之為司寇也，溝而合諸墓。注：明臣無貶君之義。

明·李賢等《明一統志》卷二三《兖州府·陵墓》　魯公墓。在曲阜縣東八里。修壠蔓延不絶，皆周魯諸公所葬。其西葬伯禽，其南葬文公。

明·謝肇淛《北河紀餘》卷二　闞亭在南旺湖中，高阜六七，《春秋》桓十年「會于闞」是也。魯自隱、桓以下，皆葬於此。至今水際，時見烟雲樓臺之狀。

清·高士奇《春秋地名考略》卷二《魯》　闞。桓十一年，公會宋公于闞。杜注：魯地，在東平須昌縣東南。臣謹按：昭二十五年，叔孫昭子如闞。三十二年，公在乾侯，取闞。定元年，季孫使役如闞。杜氏云：闞，魯先公墓所在也。自隱、桓以下，皆葬此。

清·江永《春秋地理考實》卷三《定公》　闞。今按，魯羣公墓在汶上縣南旺湖，闞亭在南旺湖中。見桓十一年。程恂曰：今昭公墓猶有溝合故迹。

清·岳濬等〔雍正〕《山東通志》卷三二《陵墓志·曲阜縣》　魯諸公墓。在縣東八里。脩壠蔓延，皆諸公葬地。《寰宇記》云：伯禽墓高四丈四尺，在縣南七里。文公墓高五丈五尺，在縣南九里。塚北有石人四，石獸二。

又　卷三二《陵墓志·汶上縣》　魯諸公墓。在縣西南四十里闞鄉澤。《春秋》定公元年《傳》：昭公之喪，季孫使役如闞，公氏將溝焉。榮駕鵞不可，乃止，葬昭公于墓道南。孔子之為司寇也，溝而合諸墓。杜預注：闞，魯羣公墓所在也。

奄　清·岳濬等〔雍正〕《山東通志》卷三二《陵墓志·曲阜縣》　伯公墓。在縣城北。《皇覽》曰：奄里伯公塚，在城内祥舍中。民傳言魯五德奄里伯公葬其宅。觀此似古奄國君長。《舊志》作白公塚，列于漢次。未詳孰是。

鄒　清·岳濬等〔雍正〕《山東通志》卷三二《陵墓志·鄒平縣》　古梁鄒侯墓。即古鄒國，有虞氏後，詳《圻封志》。墓在縣境安家莊、城子莊、成家莊、十里鋪、南口下等處，共十一所。

紀　清·岳濬等［雍正］《山東通志》卷三二《陵墓志·鄒縣》　紀子墓。在縣東南二十五里嶧山嶺。

郲　清·岳濬等［雍正］《山東通志》卷三二《陵墓志·鄒縣》　郲國公墓。在縣北二十里馬鞍山。

滕　清·岳濬等［雍正］《山東通志》卷三二《陵墓志·滕縣》　滕昭公墓。在縣西南一十五里。

牟　清·岳濬等［雍正］《山東通志》卷三二《陵墓志·福山縣》　牟子墓。在縣西北三十里牟城外。詳《圻封志》。

莒　清·岳濬等［雍正］《山東通志》卷三二《陵墓志·莒州》　莒子墓。在州西三十里浮來山。本東方夷國，詳《圻封志》。

晉　漢·劉歆《西京雜記》卷六　晉靈公冢，甚瑰壯。四角皆以石為玃犬捧燭，石人男女四十餘，皆立侍。棺器無復形兆，屍猶不壞。孔竅中皆有金玉。其餘器物皆朽爛不可別，唯玉蟾蜍一枚，大如拳，腹空，容五合水，光潤如新。王取以為書滴。

明·李賢等《明一統志》卷二〇《平陽府·陵墓》　晉文公墓。在絳縣東北二十里。《左傳》：文公卒，將殯於曲沃，出絳，柩有聲，如牛鳴。今有祠在蒲縣南翠屏山上。

晉厲公墓。在翼城縣東南一十六里。

清·愛新覺羅石麟等［雍正］《山西通志》卷一七二《陵墓一·太原縣》　唐叔虞墓。相傳在縣西南一十五里嶺上，俗稱晉王墓，又曰晉王嶺。《舊經》云：其子晉侯燮墓亦附焉。翼城縣有虞叔墓。

又　卷一七四《陵墓三·絳縣》　晉獻公墓。在縣東槐泉村。

晉文公墓。公薨，將殯曲沃，出絳，柩有聲如牛。魯襄公二十三年夏四月癸巳，葬絳山東。

晉靈公墓。在縣東磨裏村。

又　卷一七二《陵墓一·襄陵縣》　晉襄公墓。在縣南一十五里東柴村南原上，縣以此名。

又　卷一七二《陵墓一·翼城縣》　晉厲公墓。在縣東南故城。高一丈六尺，周圍五十步。按《左傳》成公十七年，晉厲公遊匠麗氏，欒書、中行偃執公。明年正月庚申，二子使程滑弒公，以車一乘，葬於翼東門之外。即此。

虢　三國魏·劉劭等《皇覽·冢墓記》　虢公冢在河內温縣郭東，濟水南大冢是也。其城南有虢公臺。

北魏·酈道元《水經注》卷七《濟水》　濟水故瀆于温城西北，東南出逕温城北，又東逕虢公冢北，《皇覽》曰『虢公冢在温縣郭東，濟水南大冢』是也。

清·王士俊等［雍正］《河南通志》卷四九《陵墓·懷慶府》　虢公塚。在舊温縣城東郭。晉獻公滅虢，虢公醜奔此，卒而葬焉。

虞　北魏·酈道元《水經注》卷四《河水》　河水又東，沙澗水注之，水北出虞山。【略】橋之東北有虞原，原上道東有虞城，堯妻舜以嬪于虞者也。周武王以封太伯後虞仲于此，是為虞公，《晉太康地記》所謂北虞也。城東有山，世謂之五家冢，冢上有虞公廟。

潞　清·愛新覺羅石麟等［雍正］《山西通志》卷一七二《陵墓一·潞城縣》　潞子嬰兒墓。在縣東北五十里續村。《舊志》並載黎城。

仇猶　清·愛新覺羅石麟等［雍正］《山西通志》卷一七四《陵墓三·盂縣》　仇猶伯墓。在縣東三十里皐牢城。《縣志》晉太子封仇猶伯，有遺愛，民廟祀之。

穀　清·邁柱等［雍正］《湖廣通志》卷八一《陵墓志·襄陽府》　穀伯綏墓。在穀城縣穀山。

衛　明·李賢等《明一統志》卷二四《東昌府·陵墓》　衛靈公墓。在觀城縣東南四十三里。

清·李衛等［雍正］《畿輔通志》卷四八《陵墓·大名府》　衛康叔墓。在開州北。《魏書·地形志》：衛國。有衛康叔塚。

衛靈公墓。在長垣縣東。《名勝志》：長垣縣衛靈公墓在城東十里。

清·王士俊等［雍正］《河南通志》卷四九《陵墓·衛輝府》　衛靈公墓。在府城北基内府治之後。

清·岳濬等［雍正］《山東通志》卷三二《陵墓志·觀城縣》　衛靈公墓。在縣東南四十二里衛國城，即負瑕村。

霍　明·李賢等《明一統志》卷七《鳳陽府·陵墓》　霍叔冢。在霍丘縣淮水岸上。霍叔名處，周公弟也。封霍丘，其冢在焉。

胙　**清・王士俊等［雍正］《河南通志》卷四九《陵墓・衛輝府》**　胙伯墓。在胙城縣城南燕城，後圮于河。今併入延津縣。

申　**明・李賢等《明一統志》卷三一《汝寧府・陵墓》**　申伯塚。在信陽州境謝城，即申伯封邑。今有二塚，相傳以為申伯塚。

清・王士俊等［雍正］《河南通志》卷四九《陵墓・汝寧府》　申伯墓。在信陽州境謝城，即申伯封邑。今有高塚，相傳為申伯塚。

鄭　**明・李賢等《明一統志》卷三二《西安府上・陵墓》**　鄭桓公墓。在華州城西三里。桓公名友，周宣王庶弟。

清・劉於義等［雍正］《陝西通志》卷七一《陵墓二・華州縣》　鄭桓公墓。在州西關路南。《州志》。

宋　**《左傳・成公二年》**　八月，宋文公卒。始厚葬，用蜃炭，益車馬，始用殉，注：燒蛤為炭以瘞壙，多埋車馬，用人從葬。重器備。注：重猶多也。椁有四阿，棺有翰檜。注：四阿，四注椁也。翰，旁飾；檜，上飾。皆王禮。唐・孔穎達《正義》：《周禮・匠人》云：殷人四阿重屋。鄭玄云：阿，棟也。四角設棟也，是為四注椁也。君子謂華元、樂舉，於是乎不臣。臣，治煩去惑者也，是以伏死而爭。今二子者，君生則縱其惑，死又益其侈，是棄君於惡也。何臣之為？

北魏・酈道元《水經注》卷三〇《淮水》　（渙水）又東逕襄邑縣故城南，故宋之承匡、襄牛之地。宋襄公之所葬，故號襄陵矣。

明・李賢等《明一統志》卷二七《歸德府・陵墓》　微子墓。在府城西南一十二里。其側有廟唐賈至作碑。

宋襄公墓。在睢州東，一名古襄陵。襄公，春秋五霸之一。

清・王士俊等［雍正］《河南通志》卷四九《陵墓・歸德府》　微子墓。在府城西南一十里。微子，帝乙元子。

宋襄公墓。在睢州城東北。襄公，春秋五伯之一。

陳　**明・李賢等《明一統志》卷二六《開封府上・陵墓》**　陳胡公墓。在陳州城北。城濠水嘗嚙其趾，見有鐵錮之，俗謂之鐵墓。胡公，舜之後，周所封。

陳靈公墓。在西華縣西三里。

陳懷公墓。在商水縣西二十里。二公俱春秋陳君。

清・王士俊等［雍正］《河南通志》卷四九《陵墓・陳州》　陳胡公墓。在州城北。胡公，虞舜裔，名闕父，為周陶正。武王賴其利器用與其神明之後，妻以元女大姬，而封諸陳，都宛丘。

陳靈公墓。在西華縣城西三里。

陳懷公墓。在商水縣城西二十里。

蔡　**清・王士俊等［雍正］《河南通志》卷四九《陵墓・汝寧府》**　蔡侯墓。在上蔡縣城東北一里，有高塚。

吳　**漢・袁康《越絶書》卷二《外傳記吳地傳》**　闔廬冢在閶門外，名虎丘。下池廣六十步，水深丈五尺。銅槨三重，墳池六尺，玉鳧之流。扁諸之劍三千，方圓之口三千。時耗、魚腸之劍在焉。千萬人築治之。取土臨湖口，築三日而白虎居上，故號虎丘。

蛇門外大丘，吳王不審名冢也，去縣十五里。

築塘北山者，吳王不審名冢也。去縣二十里。

撫侯山者，故闔廬治以諸侯冢次。去縣二十里。

胥女大冢，吳王不審名冢也。去縣四十五里。

蒲姑大冢，吳王不審名冢也。去縣三十里

夫差冢，在猶高西卑猶位。越王候干戈人一累土以葬之。近太湖，去縣十七里。

又　卷五《請糴内傳》　吳王乃旬日而自殺也，越王葬於卑猶之山。

漢・趙煜《吳越春秋》卷三《夫差内傳》　越王乃葬吳王以禮，於秦餘杭山卑猶。元徐天祐注：《越絶》曰：夫差冢在猶亭西卑猶，位近太湖，去縣十七里。《索隱》曰：猶亭，亭名。『卑猶位』三字共為地名，《吳地記》曰『餘杭山一名卑猶山』是也。

三國魏・劉劭等《皇覽・冢墓記》　太伯冢在吳縣北梅里聚，去城十里。

明・李賢等《明一統志》卷八《蘇州府・陵墓》　泰伯塚。《吳越春秋》：秦伯卒葬於梅里。今屬常熟縣。仲雍塚。在虞山東。仲雍，泰伯之弟。梁昭明太子作《虞山招》云：望仲雍之高墳。

闔閭塚。在虎邱山下。銅棺三周，水銀為池，金銀為地，專諸魚腸之劍在焉。

夫差塚。在陽山。《越絶書》：越王棲夫差於秦餘杭山，卒因葬焉。

又　卷一〇《常州府·陵墓》　泰伯墓。在無錫縣北三十九里。泰伯，周太王長子。

又　卷三八《杭州府·陵墓》　吴王夫差墓。《吴越春秋·夫差内傳》：二十三年，葬於餘杭山。太宰嚭亦葬其傍。

清·王士俊等［雍正］《河南通志》卷四九《陵墓·南陽府》　吴王塚。在泌陽縣城東北一百二十里。按《左傳》，吴王弟夫概奔楚，時稱夫概王。楚封於棠溪，故城今在遂平縣西北，與此地相近，所謂吴王即夫概也。

越　漢·袁康《越絶書》卷八《外傳記地傳》　獨山大冢者，句踐自治以為冢。徙琅琊，冢不成。去縣九里。

若耶大冢者，句踐所徙葬先君夫鐔冢也。去縣二十五里。

木客大冢者，句踐父允常冢也。初徙琅琊，使樓船卒二千八百人伐松柏以為桴，故曰木客。去縣十五里。一曰句踐伐善材，文刻獻於吴，故曰木客。

又　卷二《外傳記吴地傳》　婁北武城，闔廬所以候外越也。【略】去縣百里，其東大冢，摇王冢也。

巫門外冤山大冢，故越王王史冢也。去縣二十里。

蒸山南面夏駕大冢者，越王不審名冢。去縣三十五里。

北魏·酈道元《水經注》卷四〇《漸江水》　浙江又逕越王允常冢北，冢在木客村。耆彦云：句踐使工人伐榮楯，欲以獻吴，久不得歸，工人憂思，作《木客吟》，後人因以名地。句踐都琅邪，欲移允常冢，冢中生分風，飛沙射人，人不得近，句踐謂不欲，遂止。

徐　《史記》卷三一《吴太伯世家》　季札之初使，北過徐君。徐君好季札劍，口弗敢言。季札心知之，爲使上國未獻，還至徐，徐君已死，於是乃解其寳劍，繫之徐君冢樹而去。《正義》：《括地志》云：徐君廟在泗州徐城縣西南一里，即延陵季子掛劍之徐君也。

明·李賢等《明一統志》卷七《鳳陽府·陵墓》　徐君冢。在泗州東北一百二十里安河西岸，有土類臺。昔吴延陵季札帶劍贈徐君，已死，掛於徐君冢上樹而去，相傳即此。

又　卷二六《開封府上·陵墓》　徐君墓。在襄城縣北一十七里，即季札使鄭還，掛劍而去者。

清·王士俊等［雍正］《河南通志》卷四九《陵墓·許州》　徐君墓。在襄城縣城北一十七里，即季札使鄭還，掛劍之處。

清·岳濬等［雍正］《山東通志》卷三二《陵墓志·東阿縣》　徐君墓。在縣西南六十里張秋鎮。東方夷國。昔吴公子札使上國過徐，徐君愛其所佩之劍而不言，季札察其顔色而心許之。及還，徐君已殁，季札掛其劍于墓樹而去。今墓間草形如劍，人因呼為掛劍草云。

齊　《禮記·檀弓上》　大公封於營丘，比及五世，皆反葬於周。注：齊大公受封，留為大師，死葬於周。子孫生焉，不忍離也，五世之後，乃葬於齊。齊曰營丘。君子曰：樂，樂其所自生；禮，不忘其本。注：言其似禮樂之義。古之人有言曰：狐死，正丘首，仁也。注：正丘首，正首丘也，仁恩也。《正義》：周之大師太公封於營丘，及其死也，反葬於鎬京，陪文、武之墓。其大公子孫，比及五世，雖死於齊，以太公在周，其子孫皆反葬於周也。言反葬者，既從周嚮齊，今又從齊反往歸周。【略】云狐死，正丘首而嚮丘，所以正首而嚮丘者，丘是狐窟穴，根本之處，雖狼狽而死，意猶嚮此丘，是有仁恩之心也。今五世反葬，亦仁恩之心也。【略】云死葬於周，子孫是大公所生焉，故不忍離其先祖，非謂子孫生在於周。子孫生焉者，不忍離其生處，必五世者，五世之外則服盡也。然觀經及注，則大公之外為五世，便是玄孫之子服盡亦反者，其實反葬正四世。知者，案《世本》：大公望生丁公伋，伋生乙公得，得生病癎公慈母，慈母生哀公不臣。案《齊世家》：哀公荒淫，被紀侯譖之周，周烹哀公，亦葬周也。哀公是大公玄孫，哀公死，弟胡公靖立；靖死，獻公山立；山死，武公壽立。若以相生為五世，則武公以上，皆反葬於周；若以為君五世，則獻公以上，反葬周。二者未知孰是。【略】舜葬蒼梧，周則族葬，故《冢人》云『先王之葬居中，以昭穆為左右。凡諸侯居左右，以前；卿大夫士居後，各以其族』是也。

《史記》卷六九《蘇秦列傳》　齊宣王卒，湣王即位，説湣王厚葬，以明孝。

三國魏·劉劭等《皇覽·冢墓記》　呂尚冢在臨菑縣城南，去縣十里。

桓公冢在臨菑城南七里所菑水南。

頃公冢近呂尚冢。

景公冢與桓公冢同處。

北魏·酈道元《水經注》卷一六《穀水》　孫暢之嘗見青州刺史傅弘仁説臨淄人發古冢，得桐棺，前和外隱為隸字，言『齊太公六世孫胡公之棺』也。惟三字是古，餘同今書。證知隸自出古，非始于秦。

又　卷二六《淄水》　西望胡公陵，孫暢之所云青州刺史傅弘仁言得銅棺隸書處。

巨淀之右，又有女水注之。水出東安平縣之蛇頭山。《從征記》曰：水西有桓公冢，甚高大。墓方七十餘丈，高四丈。圓墳，圍二十餘丈，高七丈。餘一墓，方七丈，二墳。晏謨曰：依《陵記》，非葬禮，如承世，故與其母同墓而異墳。伏琛所未詳也。冢東山下女水原有桓公祠，侍其衡奏魏武王所立，曰：『近日路次齊郊，瞻望桓公墳壟，在南山之阿。請為立祀，為塊然之主。』郭緣生《述征記》曰：齊桓公冢在齊城南二十里，因山為墳，大冢東有女水。或云齊桓公女冢在其上，故以名水也。

淄水又東逕四豪冢北，水南山下有四冢，方基圓墳，咸高七尺，東西直列，是田氏四王冢也。

南朝宋·劉敬叔《異苑》卷七　元嘉中，【略】青州人開齊襄公塚，並得金鉤，而屍骸露在巖中儼然。玆亦未必有憑而然也。

唐·李泰等《括地志》卷三《青州·臨淄縣》　齊桓公墓在臨菑縣南二十一里牛山上，名鼎足山，一名牛首堈。一所二墳。晉永嘉末，人發之。初得版，次得水銀池，有氣不得入。經數日，乃牽犬入，中得金蠶數十薄，珠襦、玉匣、繒綵、軍器，不可勝數。又以人殉葬，骸骨狼籍也。

明·李賢等《明一統志》卷二四《青州府·陵墓》　太公冢。在臨淄縣南一十里。太公望葬於周，齊人思其德，葬衣冠於此。

桓公冢。在臨淄縣淄水南，太公冢之北。

四王墓。在鼎足山。《齊記補遺》：方基圓冢，東西直列，乃齊威、宣、閔、襄四王墓也。

又　卷三二《西安府上·陵墓》　太公望墓。在咸陽縣東北二十五里。望雖受封齊，留為太師。

又　卷二五《登州府·陵墓》　齊康公墓。在之罘山上。田和墓。齊遷康公於海濱，死葬於此。土人訛為康王墓。

明·董說《七國考》卷一〇《田齊喪制·銅椁》　《從征記》曰：齊襄王墓在汝水西，墓西有僖公墓。《續從征記》曰：太公塚在堯山北五里，平地為坂，高十丈。曾發之者，得一銅椁，金玉甚多。尚父五世葬周。此實田和塚也。和遷齊居於海上而別為諸侯，亦稱太公也。《山東志》曰：四王墓在臨淄縣南十五里鼎足山。《齊記補遺》曰：山基圓頂，東西直列，乃齊威、宣、湣、襄四王墓。按《蘇州志》：虎丘山下有吳王闔閭塚，銅椁三周，水銀為池，金銀為地。古之厚葬，蓋有銅棺椁也。

清·王士俊等［雍正］《河南通志》卷四九《陵墓·衛輝府》　呂尚墓。在府城西北太公泉。尚因避紂，居東海之濱。後徙渭濱，封國于齊，還葬于此。晉盧無忌碑尚存。今按太公望墓在陝西西安府咸陽縣東北二十五里，載《陝西志》及《一統志》。詳見《辨疑》。

又　卷八〇《辨疑·續·太公望墓》　《舊通志》在衛輝府城西北太公泉上。因避紂居東海之濱，後徙渭濱，封國于齊，還葬于此。《汲縣志》云：晉盧無忌立碑，尚存。今按《檀弓記》云：太公封于營丘，比及五世，皆反葬于周。鄭注云：齊太公受封，留為太師，反葬于周。孔穎達《正義》云：反葬于鎬京，陪文、武之墓。據此，則當在陝西西安府。注疏之文，當有考據。迨考《明一統志》，汲縣止有廟而無墓。《陝西志》及《一統志》俱云太公望墓在咸陽縣東北二十五里。望雖受封于齊，留為太師，此與注疏之文相合，當從之。

清·劉於義等［雍正］《陝西通志》卷七〇《陵墓一·咸陽縣》　太公望墓。在文王陵東。《縣志》。《禮記》曰：太公封於營邱，比及五世，皆反葬於周。鄭玄曰：太公受封，留為太師，死葬於周。五世之後，乃葬齊。《史記·齊世家》注。按《皇覽》：呂尚冢在臨淄縣城南，去縣十里。《齊記補遺》云：公葬於周，齊人思其德，葬衣冠於此，則臨淄定屬虛冢矣。《畿輔志》又云：太公墓在東明縣南四十里郭家屯。証以《曲禮》反葬之說，更屬無稽。

清·岳濬等［雍正］《山東通志》卷三二《陵墓志·臨淄縣》　齊桓公墓。在縣南十五里鼎足山。《從征記》：女水西有桓公塚，甚高大。墓方七十餘丈，高四丈，員墳圍二十餘丈，高七丈。餘一墓，方七丈，二墳。郭緣生《述征記》曰：齊桓公塚在齊城南二十里，因山為墳。大塚東有女水，或云齊桓公女塚在其上，故以名水也。墓東有祠，侍其衡奏魏武王所立，曰：近日路次齊郊，瞻望桓公墳壟，在南山之阿，請為立祠，為塊然之主。見《水經注》。唐貞觀十年，太宗詔禁樵採。

齊五公墓。在縣東南十里，乃孝、昭、惠、頃。靈五公之墓，相去甚近。

齊四王墓。在縣南鼎足山。方基圓頂，東西直列，乃齊田氏威、宣、湣、襄四王之墓。元魏《地形志》作四豪塚。

又　卷三二《陵墓志·益都縣》　齊景公墓。在縣西北金嶺鎮鐵山。

田和墓。在縣北二十里普通店。《齊乘》云：和為田齊之太公。《皇覽》作太公呂尚塚。按《檀弓》：太公封于營丘，比及五世，皆反葬于周。此不應有塚也。

又　卷三二《陵墓志・福山縣》　齊康公墓。在縣東北三十里之罘山顛。田和遷公海上，卒葬此。

楚　《穀梁傳・定公四年》　庚辰，吳入楚。《傳》：日入，易無楚也。易無楚者，壞宗廟，徙陳器，撻平王之墓。

《呂氏春秋》卷一四《首時》　子胥乃修法制，下賢良，選練士，習戰鬬。六年，然後大勝楚於柏舉，漢高誘注：柏舉，楚南鄙邑。九戰九勝，追北千里，注：北，走也。昭王出奔隨，遂有郢。注：郢，楚都。《傳》云：五戰及郢。親射王宮，鞭荊平之墳三百。注：平王，恭王之子棄疾也，後改名熊居。聽費無忌之讒，殺伍子胥父兄，故子胥射其宮，鞭其墳也。

《史記》卷六六《伍子胥列傳》　及吳兵入郢，伍子胥求昭王既不得，乃掘楚平王墓，出其尸，鞭之三百然後已。

漢・劉向《説苑》卷一二《奉使》　子胥親射宮門，掘平王冢，笞其墳。

漢・趙煜《吳越春秋》卷二《闔閭内傳》　吳王入郢止留，伍胥以不得昭王，乃掘平王之墓，出其屍，鞭之三百。左足踐腹，右手抉其目，誚之曰：「誰使汝用讒諛之口，殺我父兄，豈不冤哉？」

《戰國策》卷六《秦四》　頃襄王二十年，秦白起拔楚西陵，或拔鄢郢、夷陵，燒先王之墓。

《史記》卷四〇《楚世家》（頃襄王）二十一年，秦將白起遂拔我郢，燒先王墓夷陵。《集解》：徐廣曰：《年表》云：拔郢，燒夷陵。《索隱》：夷陵，陵名。後為縣，屬南郡。《正義》：《括地志》云「峽州夷陵縣」是也，在荊州西。應劭云：夷山在西北。

三國魏・劉劭等《皇覽・冢墓記》　楚武王冢在汝南郡鯛陽縣葛陵鄉城東北，民謂之楚王岑。漢永平中，葛陵城北祝里社下於土中得銅鼎，而名曰「楚武王」，由是知楚武王之冢。民傳言秦項、赤眉之時欲發之，輒頽壞填壓，不得發也。

北魏・酈道元《水經注》卷二一《汝水》（葛陵）城之東北有楚武王冢，民謂之楚王琴。城北祝社里下土中得銅鼎，銘云「楚武王」，是知武王隧也。

又　卷三二《沮水》　沮水又南逕楚昭王墓，東對麥城，故王仲宣之賦《登樓》云「西接昭丘」是也。

又　卷三三《江水》　江水又東為落牛灘，逕故陵北。江側有六大墳，庚仲雍曰：楚都丹陽所葬，亦猶枳之巴陵矣，故以故陵為名也。

又　卷三四《江水》　江水又東逕一城北。其城憑嶺作固，【略】楚子熊繹始封丹陽之所都也。《地理志》以為吳之丹陽。論者云：尋吳楚悠隔，繿縷荊山，無容遠在吳境，是為非也。又楚之先王陵墓在其間，蓋為徵矣。

《南齊書》卷二一《文惠太子傳》　時襄陽有盜發古塚者，相傳云是楚王塚，大獲寶物。玉屐、玉屏風，竹簡書，青絲編簡，廣數分，長二尺，皮節如新。盜以把火自照，後人有得十餘簡，以示撫軍王僧虔。僧虔云：「是科斗書，《考工記》、《周官》所闕文也。」

明・李賢等《明一統志》卷六〇《承天府・陵墓》　楚王墓。在京山縣北八十里。春秋時葬有大墓數十，莫詳其名。

又　卷六〇《襄陽府・陵墓》　楚昭王塚。在習池北。南齊建元中，盜發塚，得古書竹簡，青絲編簡。後沈約亦得數簡，以示劉繪，繪云《周禮》逸篇。

楚莊王塚。在府城北鄧城鎮鄾城内。春秋楚王旅葬於此。

又　卷六二《荆州府・陵墓》　楚穆王冢。在枝江縣西二十里長樂鄉。

楚莊王冢。在府城西龍山。前後陪葬者十冢，皆成行列。

楚康王冢。在府境内。《舊志》云：在郢城西。

楚平王冢。在府城東室丙莊蓼臺湖。

楚昭王冢。在枝江縣西北楚江、當陽兩境間。

楚懷王墓。在枝江縣。唐張説詩：客死嶢關路，返葬枝江陽。以上諸王，俱春秋戰國楚君也。

清・邁柱等［雍正］《湖廣通志》卷八一《陵墓志・安陸府》　楚平王墓。在府城外二十里。

楚王墓。在京山縣北八十里。有大墓數十，莫詳其名。

又　卷八一《陵墓志・德安府》　楚王千金塚。在雲夢縣西北十數里有荒塚三丈者數百，相傳楚平王疑塚。

楚武王墓。在應城縣樠地，傍有三塚，相傳楚武王墓。

又　卷八一《陵墓志·荊州府》　楚穆王墓。在枝江縣南二十里長樂鄉。

莊王墓。在府城西龍山。前後陪葬者十塚，俱成行列。

康王墓。在府城西。

平王墓。在府城東蓼臺湖。一載安陸。

昭王墓。在枝江、當陽兩縣境內。

懷王墓。在枝江縣。張説詩：客死嶢關路，反葬枝江陽。

又　卷八一《陵墓志·襄陽府》　楚昭王墓。襄陽縣習家池北。當以在荊州者為是。南齊建元中，盜發塚，得古書竹簡。後沈約亦得數策，以示劉繪，繪云《周禮》逸篇。

楚莊王墓。襄陽縣北鄧城鎮鄾城內。按荊州亦有莊王墓，未詳孰是。

楚平王墓。宜城縣南四十五里虛塚。

又　卷八一《陵墓志·岳州府》　楚靈王墓。在華容縣東陳氏橋北。

又　卷八一《陵墓志·常德府》　楚平王墓。在府東北舊漢壽城。

清·黃廷桂等〔雍正〕《四川通志》卷二九上《陵墓·夔州府》　楚故陵。在奉節縣西，接雲陽界。《水經注》：江水經故陵北，江側有六大墳。庾仲雍曰：楚都丹陽時所葬，故以故陵為名。

楚襄王墓。相傳在巫山縣東楚宮前。

清·王士俊等〔雍正〕《河南通志》卷四九《陵墓·南陽府》　楚王墓。在舞陽縣城北灰河保。吳掘平王墓，投尸於水，即其地也。

又　卷四九《陵墓·汝寧府》　楚武王墓。在新蔡縣東北鮦陽城。

楚襄王墓。在新蔡縣頓家岡有楚王城，城有襄王墓。

又　卷四九《陵墓·陳州》　楚懷王墓。在商水縣城西二里。《史記》：楚懷王外信張儀之詐，內惑鄭袖之説，疏屈原而信上官大夫、令尹子蘭，為秦所執。逃死葬於此。

隨　宋·趙彥衛《雲麓漫抄》卷一〇　古之祭墓，與後世不同。隨州有隨侯冢，山形如飛鳳，臺在其背，於對山下築臺，號為祭墓臺，至今人呼為隨侯祭墓臺。

清·邁柱等〔雍正〕《湖廣通志》卷八一《陵墓志·德安府》　隨侯墓。在隨州北九十里。石門高二丈，相傳為隨侯塚。

燕　晉干寶《搜神記》卷一八　張華字茂先，晉惠帝時為司空。於時燕昭王墓前有一斑狐，積年能為變幻。【略】華曰：『世傳燕昭王墓前華表，木已經千年。』乃遣人伐華表。

《北齊書》卷二二《文宣四王·范陽王紹義傳》　（紹義）列天子旌旗，登燕昭王冢，乘高望遠，部分兵衆。

北魏·酈道元《水經注》卷一一《易水》　濡水枝流，南入城，逕柏冢西，冢垣城側即水塘也。四周塋域深廣，有若城焉。其水側有數陵，墳高壯，望若青丘。詢之古老，訪之史籍，竝無文證。以私情求之，當是燕都之前故墳也。或言燕之墳塋，斯不然矣。

明·李賢等《明一統志》卷一《順天府·陵墓》　燕昭王冢。在無終山。《九州記》：古漁陽北無終山上有昭王冢。

清·李衛等〔雍正〕《畿輔通志》卷四八《陵墓·永平府》　燕昭王墓。在玉田縣無終山。按《九州記》云：古漁陽北無終山上有燕昭王墓。《明志》云：在府西清河縣側之燕丹村。又按清河在廣平府，此云清河，未知何地。《保定府志》又云在易州東南。未知孰是。

韓　《史記》卷四〇《楚世家》　昭睢曰：秦破韓宜陽，而韓猶復事秦者，以先王墓在平陽，《索隱》：非堯都也。而秦之武遂，去之七十里，《索隱》：亦非河間國之縣。則韓之平陽，秦之武遂，並當在宜陽左右。以故尤畏秦。

明·李賢等《明一統志》卷二九《河南府·陵墓》　韓昭侯墓。在宜陽縣西，周顯王時諸侯。

清·王士俊等〔雍正〕《河南通志》卷四九《陵墓·河南府》　韓昭侯墓。在宜陽縣西。韓，周顯王時諸侯。

趙　《史記》卷四三《趙世家》　（肅侯）十五年，起壽陵。《集解》：徐廣云：在常州。

（武靈王）三月餘而餓死沙丘宮。《集解》：應劭曰：武靈王葬代郡靈丘縣。《正義》：《括地志》云：趙武靈王墓在蔚州靈丘縣東三十里。應説是也。

北魏·酈道元《水經注》卷一一《滱水》　滱水又東逕靈丘縣故城南。應劭曰：趙武靈王葬其東南二十里，故縣氏之。縣古屬代，漢靈帝光和元年中山相臧旻上請別屬也。瓚注《地理志》曰：靈丘之號，在武靈王之前矣。又按司馬遷《史記》，趙敬侯九年，敗齊于靈丘。則名不因武靈王事，如瓚注。

明·李賢等《明一統志》卷二《河間府·陵墓》 趙武靈王墓。在滄州舊城東南角，舊有廟。

又 卷二一《大同府·陵墓》 趙武靈王墓。在靈邱縣東南三十里。《漢志》云：武靈王，漢此取以名縣。

又 卷三《真定府·陵墓》 趙王塚。在獲鹿縣城東。墓塚大者六，小者二十二。相傳為戰國趙王之墓。

又 卷四《廣平府·陵墓》 趙惠文王墓。與孝成、悼襄二王墓俱在邯鄲縣西北二十里，俗號三陵。

又 卷六〇《鄖陽府·陵墓》 趙王塚。在房縣北九里。秦使王翦滅趙，徙王遷于房陵。王思故鄉，作山謳，聞者流涕。

清·李衛等［雍正］《畿輔通志》卷四八《陵墓·廣平府》 三王墓。在邯鄲縣西北二十里，亦名三王陵。《名勝志》：趙惠文王、孝成王、悼襄王陵俱在城西北二十里，俗呼為陵臺，今村即名為三陵村。

趙武靈王墓。在邯鄲縣。《縣志》：應劭謂墓在靈邱縣，縣以此得名。據《史記》，趙敬侯初徙邯鄲，敗齊於靈邱，敗齊之後五十餘年而生武靈。是武靈未生之先，已有靈邱之名矣。且武靈卒於沙邱，越千里而葬之靈邱，亦不可曉。按《寰宇記》謂滄州城東南隅，先有古墓，高二丈。唐貞元十三年，增築外城，掘得銘記，是六國時趙武靈王墓，遂致祠祭。戰國時滄州屬齊北境，何為而葬於此？似亦未確。

清·愛新覺羅石麟等［雍正］《山西通志》卷一七三《陵墓二·靈丘縣》 趙武靈王偃墓。在縣西二里。縣以此名。

中山 《殷周金文集成釋文》卷六《兆域圖》 王命賙爲逃（兆）乏（窆）闊閦（狹）少（小）大之叫（制），又（有）事者官圖（圖）之。逹（進）退逃（兆）乏（窆）者，死亡（無）若（赦）。不行王命者，㞷（殃）遜（連）子孫。

魏 漢·劉歆《西京雜記》卷六 魏襄王冢，皆以文石為槨，高八尺許，廣狹容四十人。以手捫槨，滑液如新。中有石牀、石屏風，宛然周正。不見棺柩明器蹤跡，但牀上有玉唾盂一枚，銅劍二枚。金玉雜具，皆如新物。王取服之。【略】

哀王冢，以鐵灌其上，穿鑿三日乃開。有黃氣如霧，觸人鼻目皆辛苦，不可入。以兵守之七日，乃歇。初至一戶，無扃鑰。石牀方四尺，牀上有石几，左右各三石人立侍，皆武冠帶劍。復入一戶，石扉有關鑰，叩開，見棺柩，黑光照人，刀斫不入，燒鋸截之，乃漆雜兕革為棺，厚數寸，累積十餘重，力不能開，乃止。復入一戶，亦石扉，開鑰得石牀，方七尺。石屏風銅帳鑄一具，或在牀上，或在地下，似是帳糜朽而銅鑄墜落牀上。石枕一枚，塵埃朏朏，甚高，似是衣服。牀左右石婦人各二十，悉皆立侍。或有執巾櫛鏡鑷之象，或有執盤奉食之形。無餘異物，但有鐵鏡數百枚。

《晉書》卷三《武帝紀》 （咸寧五年冬十月）汲郡人不準掘魏襄王冢，得竹簡小篆古書十餘萬言，藏于祕府。

又 卷一六《律曆志上》 又汲郡盜發六國時魏襄王冢，得古周時玉律及鍾磬，與新律聲韻闇同。

又 卷三六《衛恒傳》 太康元年，汲縣人盜發魏襄王塚，得策書十餘萬言。按敬侯所書，猶有髣髴。古書亦有數種，其一卷論楚事者，最爲工妙。

又 卷五一《束皙傳》 初，太康二年，汲郡人不準盜發魏襄王墓，或言安釐王冢，得竹書數十車。

明·李賢等《明一統志》卷二八《衛輝府·陵墓》 魏襄王墓。在府城西南二十七里。晉初有人於此冢盜金，得竹簡書十餘萬言，世號《汲冢書》。

又 卷二一《汾州府·陵墓》 魏文侯墓。在孝義縣西五里。

清·愛新覺羅石麟等［雍正］《山西通志》卷一七三《陵墓二·孝義縣》 魏文侯墓。宋謝景初撰碑，曰：考汾州圖牒，曰魏文侯之墓在孝義縣西五里。他日涉郡守園池，見唐開元二十年孝義令楊仲昌所作《魏文侯碑》在焉。其傍記墓在勝水之陽與其周環高大甚備。至大中十年，刺史崔騈自孝義移於此，已而得魏文侯之藏，於是使李令改石，別刻楊氏之碑與其墓之所在。周環高大幷崔騈所列者，盡鑱而立之墓側。

又 卷一七四《陵墓三·芮城縣》 魏文侯墓。在縣東南八里。並見孝義。

清・王士俊等［雍正］《河南通志》卷四九《陵墓・開封府》 戰國梁王塚。在府城西，即魏侯罃。

又 卷四九《陵墓・衛輝府》 戰國魏安釐王墓。在府城西二十里。晉時有盜發此墓，得簡書數十餘萬言，世號《汲塚周書》。

密 **明・李賢等《明一統志》卷三五《平凉府・陵墓》** 密康公墓。在靈臺縣西五十里。康公見《古蹟》。

清・許容等［雍正］《甘肅通志》卷二五《陵墓》 密康公墓。在靈臺縣西五十里。

秦 **《史記》卷六《秦始皇本紀》** 襄公立，享國十二年。初為西畤，葬西垂。《索隱》：此已下，重序列秦之先君立年及葬處，皆當據《秦紀》為説，與正史小有不同。今取異説，重列於後。襄公，秦仲孫莊公子。救周，周始命為諸侯。初為西畤，祠白帝。立十三年，葬西土。生文公。

文公立，居西垂宮。五十年死，葬西垂。生靜公。

靜公不享國而死。生憲公。

憲公享國十二年，居西新邑。死，葬衙。《集解》：駰案，《地理志》馮翊有衙縣。《索隱》：憲公滅蕩社，居新邑，葬衙。《本紀》：憲公徙居平陽，葬西山。生武公、德公、出子。

出子享國六年，居西陵。《索隱》：一云居西陂，葬衙。《本紀》不云。庶長弗忌、威累、參父三人率賊賊出子鄙衍，葬衙。武公立。

武公享國二十年，居平陽封宮。《集解》：徐廣曰：一云居平封宮。葬宣陽聚東南。《索隱》：《紀》云：葬平陽，初以人從死。三庶長伏其罪。德公立。

德公享國二年，居雍大鄭宮。生宣公、成公、繆公。葬陽。【略】

宣公享國十二年，居陽宮。葬陽。【略】

成公享國四年，居雍之宮。葬陽。【略】

繆公享國三十九年。天子致霸。葬雍。繆公學著人。《索隱》：著音貯，又音宁，著即宁也。門屏之間曰宁，謂學於宁門之人，故《詩》云『俟我於著乎而』是也。生康公。

康公享國十二年，居雍高寢。葬竘社。生共公。

共公享國五年，居雍高寢。葬康公南。生桓公。

桓公享國二十七年，居雍太寢。葬義里丘北。生景公。《索隱》：一作僖公。《系本》云：名后伯車。

景公享國四十年，居雍高寢。葬丘里南。《正義》：丘，一作『二』也。生畢公。《集解》：徐廣曰：《春秋》作『哀公』。

畢公享國三十六年。葬車里北。生夷公。

夷公不享國。死，葬左宮。生惠公。《正義》：十年，葬車里。

惠公享國十年。葬車里（康景）。生悼公。

悼公享國十五年。葬僖公西。城雍。生剌龔公。《正義》：一作『利』。

剌龔公享國三十四年。葬入里。《集解》：徐廣曰：一作『人』。生躁公、懷公。《索隱》：一作『厲共公』。

躁公享國十四年，居受寢。葬悼公南。

懷公從晉來。享國四年。葬櫟圉氏。生靈公。諸臣圍懷公，懷公自殺。

肅靈公，昭子子也。《集解》：徐廣曰：懷公生昭子，昭子生靈公。《索隱》：《紀年》及《系本》無『肅』字。立十年，《表》同，《紀》十二年。居涇陽。享國十年。葬悼公西。生簡公。

簡公從晉來。享國十五年。葬僖公西。《索隱》：按《本紀》，簡公名悼子，即剌龔公之子，懷公弟也。且《紀》及《系本》皆以為然。今此文云靈公，謬也。立十六年，葬僖公西。生惠公。【略】

惠公享國十三年。葬陵圉。《索隱》：王劭按『紀年』云簡公後次敬公，敬公立十二年，乃至惠公。辭即難憑，時參異説。生出公。

出公享國二年。《索隱》：《系本》謂少主。出公自殺，葬雍。

獻公享國二十三年。葬囂圉。生孝公。

孝公享國二十四年。葬弟圉。生惠文王。其十三年，始都咸陽。

惠文王享國二十七年。葬公陵。《正義》：《括地志》云：秦惠文王陵在雍州咸陽縣西北一十四里。生悼武王。

悼武王享國四年。葬永陵。《集解》：徐廣曰：皇甫謐曰：葬畢，今安陵西畢陌。《正義》：《括地志》云：秦悼武王陵在雍州咸陽縣西十里。俗名周武王陵，非也。

昭襄王享國五十六年。葬茝陽。《索隱》：十九年而立，葬芷陵也。生孝文王。

孝文王享國一年。葬壽陵。生莊襄王。

莊襄王享國三年。葬茝陽。《正義》：《括地志》云：秦莊襄王陵在雍州新豐縣西南三十五里，俗亦謂為子楚。始皇陵在北，故亦謂為見子陵。生始皇帝。

始皇享國三十七年。葬酈邑。

【略】

又　卷八五《呂不韋列傳》　始皇七年，莊襄王母夏太后薨。孝文王后曰華陽太后，與孝文王會葬壽陵。《正義》：秦孝文王陵在雍州萬年縣東北二十五里。夏太后子莊襄王葬芷陽，《索隱》：芷音止。《地理志》云：京兆霸陵縣故芷陽。案在長安東也。《正義》：秦莊襄陵在雍州新豐縣西南三十五里，始皇在北，故俗亦謂之見子陵。故夏太后獨別葬杜東，《索隱》：杜原之東也。《正義》：夏太后陵在萬年縣東南三十五里。曰：『東望吾子，西望吾夫，後百年旁當有萬家邑。』

三國魏・劉劭等《皇覽・冢墓記》　秦繆公冢在橐泉宮祈年觀下。

秦武王冢在扶風安陵縣西北，畢陌中大冢是也。人以為周文王冢，非也。

晉・皇甫謐《帝王世紀・秦》　（文公）葬於西山，在今隴西之西縣。

秦寧公葬西山大麓，故號秦陵山也。

秦武公葬雍平阳，初以人从死，死者六十六人。

（悼武王）葬畢，今安陵西畢陌。

秦莊王葬于芷陽之麗山，京兆東南霸陵山。

北魏・酈道元《水經注》卷一八《渭水》　崔駰曰：穆公冢在橐泉宮祈年觀下。《皇覽》亦言是矣。劉向曰：穆公葬無丘壟處也。《史記》曰：穆公之卒，從死者百七十七人。良臣子車氏奄息、仲行、鍼虎亦在從死之中，秦人哀之，為賦《黃鳥》焉。余謂崔駰及《皇覽》謬志也。惠公、孝公竝是穆公之後，繼世之君矣。子孫無由起宮于祖宗之墳陵矣。以是推之，知二證之非實也。

又　卷一九《渭水》　白渠又東逕秦孝公陵北。

（霸水）東逕霸城北，又東逕子楚陵北。皇甫謐曰：秦莊王葬于芷陽之麗山。京兆東南霸陵山。劉向曰：莊王大其名，立墳者也。《戰國策》曰：莊王字異人，更名子楚，故世人猶以子楚名陵。

霸水又左合滻水，歷白鹿原東，即霸川之西，故芷陽矣，《史記》秦襄王葬芷陽者是也，謂之霸上。

宋・釋文瑩《玉壺野史》卷一　長安一巨冢壞，得古銅鼎，狀方而四足，古文十六字，人莫之曉。命勾中正辨其篆，曰：『此鳥迹文也。』其詞曰：「天王遷洛，岐酆錫公。秦之幽宮，鼎藏於中。」』命杜鎬考其事，曰：『武王克殷，都於豐鎬，以雍州為王畿。及平王東遷洛邑，以岐豐之地賜秦襄公。篆曰「岐酆錫公」，必秦襄之墓也。』後耕人果得折豐碑刻，云『秦襄公墓』。

明・李賢等《明一統志》卷三五《鞏昌府・陵墓》　秦文公墓。在麥積山下秦嶺。《史記》，秦文公、寧公皆葬於西山。徐廣引皇甫謐云：今隴西西縣，蓋此地也。

又　卷三四《鳳翔府・陵墓》　秦穆公墓。在府城内東南隅橐泉宮祁年觀下。穆公，秦君。宋蘇軾詩：橐泉在城東，墓在城西無百步，乃知昔未有此城。秦人以泉識公墓。

又　卷三二《西安府上・陵墓》　秦莊襄王墓。在舊長安通化門東二里，俗名尖塚。莊襄王，始皇父。

清・劉於義等［雍正］《陝西通志》卷七〇《陵墓一・長安縣》　附迷冢：秦襄公墓。宋太宗朝，長安民於壞塚得古銅鼎，狀方而四足，古文十六字，人莫曉。命杜鎬考其事，曰：『武王都酆鎬，平王東遷，以岐豐之地賜秦哀公。篆曰「岐陽錫公」，必秦哀公之墓也。』後得折碑，果然。《山堂考索》。平王賜地，時係襄公。疑『襄』、『哀』二字之訛。《圖書集成》。按《史記・秦始皇本紀》，襄公葬西垂。應不在長安境。今云襄公墓在長安有折碑，何也？姑存以俟考。

又　卷七〇《陵墓一・咸寧縣》　秦昭襄王墓。在霸陵。《咸寧縣志》。葬茝陽。《史記・秦始皇本紀》。五十六年秋，昭襄王卒，子孝文王立，尊唐八子為唐太后，而合其葬於先王。《秦本紀》。《括地志》云：在雍州新豐縣西南三十五里。以地計之，當在咸寧界中。《賈志》。按芷陽在咸寧之東，橫亘數十里，東接繡嶺，南抵藍田。如秦宣太后葬芷陽，驪山去新豐縣十四里，則在臨潼界矣。秦悼太子葬芷陽，而《括地志》云：在藍田縣西六里，則在藍田界矣。故分載各縣云。

秦孝文王壽陵。即壽陵，在通化門外。《賈志》。孝文王葬壽陵。《史記・秦始皇本紀》。始皇七年，莊襄王母夏太后薨。孝文王后曰華陽太后，與孝文王會葬壽陵。莊襄王葬芷陽，故夏太后獨別葬杜東，曰：『東望吾子，西望吾夫。後百年，旁當有萬家邑。』《呂不韋傳》。《正義》曰：孝文王陵在雍州萬年縣東北二十五里。《索隱》曰：《地理志》云：京兆霸陵縣，故芷陽。案在長安東也。夏太后陵在萬年縣東南二十五里。本傳注。

秦莊襄王陵。在通化門外，今青門大冢是。或曰韓信塚，非也。《賈志》。莊襄王葬茝陽。《史記・秦始皇本紀》。《索隱》曰：葬芷陵。《正義》曰：《括地志》云：莊襄王陵在雍州新豐縣西南三十五里，俗亦謂為子楚。始皇陵在北，亦謂為見子陵。《本紀》注。霸水東逕子楚陵北。皇甫謐曰：秦莊王葬於芷陽之麗山，京兆東南霸陵山。劉向曰：莊王大其名，立壙者也。《戰國策》曰：莊王名子楚，故世人猶以子楚名陵。《水經注》。京城東有塚，極高大，俗謂呂不韋冢。以其鋭上，亦謂之尖塚。咸亨初，布政坊法海寺有英禪師言見鬼物，云秦莊襄王過其舍求食。自言是其冢，而後代人妄云不韋也。《隋唐嘉話》。尖塚，《兩京道里記》曰：在通化門東二里。《皇覽》云：是呂不韋冢。《三輔舊事》云：是子楚母塚。皆非也。其冢制度廣大，豈人臣所宜據？韋述《兩京記》則秦襄王壽陵也。宋敏求《長安志》。始皇十九年，太后薨，謚為帝太后，與莊襄王會葬芷陽。《史記・呂不韋傳》。

又 卷七一《陵墓二・鳳翔縣》 秦穆公墓。在鳳翔府城内東南隅。《明一統志》。周圍五丈有奇，前有碑，歲時致祭。《縣志》。繆公葬雍。《史記・秦本紀》。《皇覽》曰：秦繆公冢在橐泉宫祈年觀下。《本紀》注。橐泉在城東，墓在城西無百步，乃知昔未有此城。秦人以泉識公墓。宋蘇軾《穆公冢詩》。按《史記》注謂雍縣東南二里，是在城以外也。此城正唐末李茂貞所築。

六冢。在城西六冢里。冢甚高大。不詳所始，疑即秦諸公陵也。《縣志》。

附迷塚：秦惠文王墓。惠文王葬公陵。《史記・秦始皇本紀》。《正義》曰：《括地志》云：陵在雍州咸陽縣西北一十四里。《本紀》注。

悼武王墓。悼武王葬永陵。《秦始皇本紀》。徐廣曰：葬畢陌。今安陵西畢陌。《正義》曰：《括地志》云：在雍州咸陽縣西十里。俗名周武王陵，非也。《本紀》注。《皇覽》曰：冢在扶風安陵縣西北，畢陌中大冢是也。人以為周文王冢，非也，周文王冢在杜中。《秦本紀》注。

又 卷七一《陵墓二・郿縣》 秦武公墓。武公葬雍平陽。《史記・秦本紀》。按秦都世次，自周東遷，始有岐西，或營邑在郿，或徙居平陽，或居封宫，卒葬平陽，皆此一地也。至德公復徙居雍，則平陽在今郿縣境西濱渭，當岐西南。此與或言武公葬宣陽聚東南者合。劉紹《周平陽封域辨》。

又 卷七一《陵墓二・寶雞縣》 秦寧公墓。寧公葬西山。《史記・秦本紀》。《正義》曰：《括地志》云：秦寧王墓在岐州陳倉縣西北三十七里秦陵山。《帝王世紀》云：秦寧公葬西山大麓，故號秦陵山也。《本紀》注。按《始皇本紀》云葬衙，與此不同。

清・許容等［雍正］《甘肅通志》卷二五《陵墓》 秦文公墓。在秦州東南麥積山下。

清・王士俊等［雍正］《河南通志》卷四九《陵墓・光州》 戰國秦昭王墓。在固始縣城西二十里。曲河之上有秦王嶺，在此鑄劍。

古南國陵墓 **晉・常璩《華陽國志》卷一《巴志》** 巴子時雖都江州，或治墊江，或治平都，後治閬中。其先王陵墓，多在枳。

又 卷三《蜀志》 周失綱紀，蜀先稱王，有蜀侯蠶叢，其目縱，始稱王。死，作石棺石槨，國人從之，故俗以石棺槨為縱目人冢也。

武都有一丈夫，化為女子，美而豔，蓋山精也。蜀王納為妃，不習水土，欲去，王必留之，乃為《東平》之歌以樂之。無幾，物故。蜀王哀之，乃遣五丁之武都擔土，為妃作冢。蓋地數畝，高七丈，上有石鏡，今成都北角武擔是也。後，王悲悼，作《臾邪歌》、《隴歸之曲》。其親埋作冢者，皆立方石，以志其墓。

明・李賢等《明一統志》卷六六《施州衛軍民指揮使司・陵墓》 古蠻王冢。在衛城西南一百二十里。又城北都亭鄉有岩，高百餘丈，岩腹有穴一十二，皆藏柩之所，相傳以為蠻王墓。

巴公冢。在衛城南二里。俗傳昔有巴國大柵王，世葬于此。歷年雖多，累累尚可辨。

又　卷六七《成都府・陵墓》　杜宇、鱉靈墓。在郫縣南一里，二家相對。

蜀王開明墓。在武擔山下。

又　卷六九《重慶府・陵墓》　巴子塚。在府城西北五里。前後有石獸、石龜各二，麒麟、石虎各一，即古巴國君塚也。

清・黄廷桂等［雍正］《四川通志》卷二九上《陵墓・成都府》　古蠶叢氏墓。在成都縣西南隅聖壽寺側，金花橋東。

魚鳧王墓。在温江縣北二十五里。

夷王墓。在新繁縣西北二十里。

杜宇墓。在郫縣西北一里。

鼈靈墓。在郫縣西南五里，與杜宇墓對峙。

蜀王開明墓。在成都縣西北隅武擔山下。

又　卷二九上《陵墓・重慶府》　古巴子墓。在巴縣西北五里。有石獸、石龜各二，石麒麟、石虎各一，即古巴國君冢。

濮子墓。在合州北五里。

清・邁柱等［雍正］《湖廣通志》卷八一《陵墓志・直隸歸州》　古蠻王墓。在恩施縣城西南一百二十里。又城北都亭鄉有崖，高百餘丈，崖腹有穴一十二，皆藏柩之所，相傳以為古蠻王墓。

論説

《周易・繫辭下》　古之葬者，厚衣之以薪，葬之中野，不封不樹，喪期无數。後世聖人易之以棺槨，蓋取諸《大過》。晉韓康伯注：取其過厚。唐孔穎達《正義》：不云上古，直云古之葬者，若極遠者則云上古，其次遠者則直云古，則厚衣之以薪，葬之中野，猶在穴居結繩之後，故直云古也。不封不樹者，不積土爲墳，是不封也；不種樹以標其處，是不樹也。喪期无數者，哀除則止，无日月限數也。後世聖人易之以棺槨者，若《禮記》云有虞氏瓦棺，未必用木爲棺也；則《禮記》又云殷人之棺槨，以前云槨无文也。取諸《大過》者，送終追遠，欲其甚大過厚，故取諸《大過》也。案《書》稱堯崩，百姓如喪考妣，三載，四海遏密八音。則喪期无數，在堯已前，而棺槨自殷已後，則夏已前棺槨未具也。所以其文參差，前後不齊者，但此文舉大略，明前後相代之義，不必確在一時。

《墨子》卷六《節葬下》　子墨子曰：昔者堯北教乎八狄，道死，葬蛩山之陰。衣衾三領，穀木之棺，葛以緘之，既氾而後哭，滿埳無封。已葬，而牛馬乘之。舜西教乎七戎，道死，葬南己之市。衣衾三領，穀木之棺，葛以緘之。已葬，而市人乘之。禹東教乎九夷，道死，葬會稽之山。衣衾三領，桐棺三寸，葛以緘之，絞之不合，道之不埳。土地之深，下毋及泉，上毋通臭。既葬，收餘壤其上，壟若參耕之畝，則止矣。若以此若三聖王者觀之，則厚葬久喪，果非聖王之道。故三王者，皆貴為天子，富有天下，豈憂財用之不足哉？以為如此葬埋之法。

今王公大人之為葬埋，則異於此。必大棺中棺，革闠三操，璧玉即具，戈劍鼎鼓壺濫、文繡素練、大鞅萬領、輿馬女樂皆具。曰必捶涂差通，壟鋭比山陵。此為輟民之事，靡民之財，不可勝計也。其為毋用，若此矣。

《呂氏春秋》卷一〇《節喪》　今世俗大亂之主，愈侈其葬，則心非為乎死者慮也，生者以相矜尚也。漢高誘注：慮，計也。以厚葬奢侈相高大，不為葬者避發掘之計也，故曰生者以相矜尚也。侈靡者以為榮，儉節者以為陋，不以便死為故，注：故，事。而徒以生者之誹譽為務。此非慈親孝子之心也。父雖死，孝子之重之不怠；注：重，尊。怠，懈。子雖死，慈親之愛之不懈。夫葬所愛所重，而以生者之所甚欲，其以安之也，若之何哉？注：甚欲，欲厚葬也。厚葬必見發掘，故曰『其以安之也，若之何哉？』言不安也。民之於利也，犯流矢，蹈白刃，涉血盩肝以求之。注：盩，古抽字。野人之無聞者，忍親戚兄弟知交以求利。今無此之危，無此之醜，注：醜，恥。其為利甚厚，乘車食肉，澤及子孫，雖聖人猶不能禁，而況於亂！國彌大，家彌富，葬彌厚。含珠鱗施，注：含珠，口實也。鱗施，施玉於死者之體如魚鱗也。夫玩好貨寶，鐘鼎壺濫，注：以冰置水漿於其中為濫，取其冷也。轝馬衣被戈劍，不可勝其數。諸養生之具，無不從者。注：從，送也，以送死人。題湊之室，注：室，椁藏也。題湊，複累。棺椁數襲，注：襲，重。積石積炭以環其外。注：石以其堅，炭以禦濕。環，繞也。姦人聞之，傳以相告。上雖以嚴威重罪禁之，猶不可止。注：不能止其發掘。且死者彌久，生者彌疏，生者彌疏則守者彌怠，守者彌怠而葬器如故，注：言寶賂不渝變。其勢固不安矣。

世俗之行喪，載之以大輴，注：大輴，車也。羽旄旌旗如雲，僂翣以督之，珠玉以備之，黼黻文章以飭之，注：喪車有羽旄旌旗之飭，有雲氣之畫。僂，蓋也；翣，棺飭也，畫黼黻之狀如扇翣於僂邊，天子八，諸侯六，大夫四也。引紼者左右萬人以行之，注：紼，引棺索也。禮，送葬皆執紼。以軍制立之，然後可。注：制，法。以此觀世，注：觀世猶示人也。則美矣侈矣；以此為死，則不可也。注：於死人不可也。苟便於死，則雖貧國勞民，若慈親孝子者之所不辭為也。

又 卷一〇《安死》 世之為丘壟也，其高大若山，其樹之若林，其設闕庭、為宮室、造賓阼也若都邑。注：賓阼，阼階也。若為都邑之制。以此觀世示富，則可矣；以此為死，則不可也。【略】自古及今，未有不亡之國也；無不亡之國者，是無不扣之墓也。以耳目所聞見，齊、荊、燕嘗亡矣，宋、中山已亡矣，趙、魏、韓皆亡矣，其皆故國矣。自此以上者，亡國不可勝數，是故大墓無不扣也。而世皆爭為之，豈不悲哉？

君之不令民，注：令，善。父之不孝子，兄之不悌弟，皆鄉里之所釜甌者而逐之，憚耕稼採薪之勞，不肯官人事，而祈美衣侈食之樂，智巧窮屈，無以為之，注：窮，極；屈，盡。於是乎聚羣多之徒，以深山廣澤林藪，扑擊遏奪，又視名丘大墓葬之厚者，求舍便居，以微扣之，日夜不休，必得所利，相與分之。夫有所愛所重，而令姦邪盜賊寇亂之人卒必辱之，此孝子忠臣親父交友之大事。

堯葬於穀林，通樹之。注：通林以為樹也。《傳》曰：堯葬成陽。此云穀林，成陽山下有穀林。舜葬於紀市，不變其肆。注：市肆如故，言不煩民也。《傳》曰：舜葬蒼梧九疑之山。此云於紀市，九疑山下亦有紀邑。禹葬於會稽，不變人徒。注：變，動也。言無所興造，不擾民也。會稽山在會稽山陰縣南。是故先王以儉節葬死也，非愛其費也，非惡其勞也，以為死者慮也。先王之所惡，惟死者之辱也。發則必辱，儉則不發。故先王之葬必儉、必合、必同。何謂合？何謂同？葬於山林則合乎山林，葬於阪隰則同乎阪隰，此之謂愛人。

夫愛人者衆，知愛人者寡，故宋未亡而東冢扣，注：東冢，文公冢也。文公厚葬，故冢被發也。冢在城東，因謂之東冢。齊未亡而莊公冢扣。注：莊公名購，僖公之父，以葬厚，冢見發。國安寧而猶若此，又況百世之後而國已亡乎！故孝子忠臣親父交友，不可不察於此也。夫愛之而反危之，其此之謂乎！注：使見發掘之謂。

《漢書》卷三六《楚元王傳》 劉向上疏諫曰：黃帝葬於橋山，唐顏師古注：在上郡陽周縣。堯葬濟陰，丘壠皆小，葬具甚微。注：晉灼曰：丘壠，冢墳也。舜葬蒼梧，二妃不從。注：二妃，堯之二女。禹葬會稽，不改其列。注：鄭氏曰：不改樹木百物之列也。如淳曰：列，隴也。《墨子》曰：禹葬會稽之山，既葬，收餘壤其上，壠若參耕之畝則止矣。晉灼曰：列，肆也。《淮南子》云：舜葬蒼梧，不變其肆。言不煩於民也。師古曰：鄭說是也。《淮南》所云不變其肆，肆者，故也，言山川田畝皆如故耳，非別義也。晉氏失之。殷湯無葬處。注：謂不見傳記也。文、武、周公葬於畢。注：李奇曰：在岐州之間。臣瓚曰：汲郡古文：畢西於豐三十里。師古曰：二說皆非也。畢陌在長安西北四十里也。秦穆公葬於雍橐泉宮祈年館下，樗里子葬於武庫。注：文穎曰：秦惠王異母弟也。師古曰：樗里子且死，曰：葬我必於渭南章臺東，後百年當有天子宮夾我墓。及漢興，長樂宮在其東，未央宮在其西，武庫正直其上也。皆無丘隴之處。此聖帝明王、賢君智士遠覽獨慮，無窮之計也。【略】秦相呂不韋集知略之士而造《春秋》，亦言薄葬之義，皆明於事者也。逮至吳王闔閭，違禮厚葬，十有餘年，越人發之。及秦惠、文、武、昭、嚴襄五王，注：嚴襄者，謂莊襄，始皇父也。皆大作丘隴，多其瘞臧，注：瘞，埋也。咸盡發掘暴露，甚足悲也。

漢・王充《論衡》卷二一《死偽篇》 王季葬於滑山之尾，欒水擊其墓，見棺之前和。文王曰：『嘻，先君必欲一見羣臣百姓也夫！故使欒水見之。』於是出而為之張朝，而百姓皆見之，三日而後更葬。文王，聖人也，知道事之實。見王季棺見，知其精神欲見百姓，故出而見之。曰：古今帝王死，葬諸地中，有以千萬數，無欲復出見百姓者。王季何為獨然？河泗之濱，立冢非一，水湍崩壞，棺槨露見，不可勝數，皆欲復見百姓者乎？欒水擊滑山之尾，猶河、泗之流湍濱圻也。文王見棺和露，惻然悲恨，當先君欲復出乎？慈孝者之心，幸冀之意，賢聖惻怛，不暇思論，推生況死，故復改葬。世俗信賢聖之言，則謂王季欲見百姓者也。

漢・班固《白虎通義》卷一一《崩薨》 所以有棺槨何？所以掩藏形惡也，不欲令孝子見其毁壞也。棺之為言完，所以載尸令完全也。槨之為言廓，所以開廓辟土，無令迫棺也。《禮・王制》曰：『天子棺槨九重，衣衾百二十稱。公侯五重，衣衾九十稱。夫有大棺三重，衣衾五十稱。士再重，無大棺，衣衾三十稱。單袷備為一稱。』《禮・檀弓》曰：『天子棺四重，水兕革棺被之，其厚三寸，杝棺一，梓棺二，柏槨以端長六尺。』有虞氏瓦棺，今以木何？虞尚質，故用瓦。夏后氏益文，故易之以堲周。謂堲木相周，無膠漆之用也。殷人棺槨，有膠漆之用。周人浸文，墻置翣，加巧飾。喪葬之禮，緣生以事死，生時無，死亦不敢造。太古之時，穴居野處，衣皮帶革，故死衣之以薪，内藏不飾。中古之時，有宫室衣服，故衣之幣帛，藏以棺槨，封樹識表，體以象生。夏殷彌文，齊之以器械，至周大文，緣夫婦生時同室，死同葬之。

尸柩者，何謂也？尸之為言陳也。失氣亡神，形體獨陳。柩之為言究也，久也，不復變也。《曲禮》曰：『在牀曰尸，在棺曰柩。』

崩薨別號，至墓同，何也？時臣子藏其君父，安厝之義，貴賤同。葬之為言下藏之也。所以入地何？人生於陰，含陽光，死始入地，歸所與也。天子七月而葬，諸侯五月而葬何？尊卑有差也。天子七月而葬，同軌必至；諸侯五月而葬，同會必至，所以慎終重喪也。

《禮》曰：『冢人掌兆域之圖，先王之葬居中，以昭穆為左右，羣臣從葬，以貴賤序。』

合葬者何？所以同夫婦之道也。故《詩》曰：『穀則異室，死則同穴。』又《禮・檀弓》曰：『合葬，非古也。自周公已来，未之有改也。』

葬於城郭外何？死生別處，終始異居。《易》曰『葬之中野』，所以絶孝子之思慕也。《傳》曰：『作樂於廟，不聞於墓；哭泣於墓，不聞於廟。』所以於北方者何？就陰也。《檀弓》曰：『葬於北方，北首，三代之達禮也。』孔子卒，以所受魯君之璜玉葬魯城北。

封樹者，可以為識。故《檀弓》曰：『古也墓而不墳，今邱也。東西南北之人也，不可以不識也，於是封之，崇四尺。』《含文嘉》曰：『天子墳高三仞，樹以松；諸侯半之，樹以柏；大夫八尺，樹以欒；士四尺，樹以槐。庶人無墳，樹以楊柳。』

漢・揚雄《方言十三》 冢，秦晉之閒謂之墳，晉郭璞注：取名於大防也。或謂之培，注：音部。或謂之堬，注：音臾。或謂之埰，注：古者卿大夫有采地，死葬之，因名也。或謂之埌，注：波浪。或謂之壠。注：有界埒似耕壠，以名之。自關而東謂之丘。小者謂之塿，注：培塿，亦堆高之貌。洛口反。大者謂之丘。注：又呼冢爲墳也。凡葬而無墳謂之墓，注：言不封也，墓猶慕也。所以墓謂之塻。注：塻謂規度墓地也，《漢書》曰『初陵之塻』是也。

漢・許慎《説文解字・土部》 塋，墓地。墓，丘墓也。墳，墓也。

漢・劉熙《釋名》卷八《釋喪制》 冢，腫也，象山頂之高，腫起也。墓，慕也，孝子思慕之處也。丘，象丘形也。陵亦然也。

晉・郭璞《山海經・海外南經・狄山》『文王皆葬其所』注 今文王墓在長安鄗聚杜中。按帝王冢墓，皆有定處，而《山海經》往往復見之者，蓋以聖人久於其位，仁化廣及，恩洽鳥獸，至於殂亡，四海若喪考妣，無思不哀，故絶域殊俗之人聞天子崩，各自立坐而祭醊哭泣，起土為冢，是以所在有焉。亦猶漢氏諸遠郡國，皆有天子廟。此其遺象也。

北魏・酈道元《水經注》卷一九《渭水》 秦名天子冢曰山，漢曰陵，故通曰山陵矣。《風俗通》曰：陵者，天生自然者也。今王公墳壠稱陵。《春秋左傳》曰：南陵，夏后皋之墓也。《春秋説題辭》曰：丘者，墓也。冢者，種也，種墓也。羅倚于山，分卑尊之名者也。

唐・封演《封氏聞見記》卷六《羊虎》 按《禮經》云：『天子墳高三雉，諸侯半之，大夫八尺，士四尺；天子樹松，諸侯樹柏，大夫樹楊，士樹榆。』《説文》云：『天子樹松，諸侯柏，大夫楡，士楊。』按《禮經》：『古之葬者，不封不樹。』後代封墓而又樹之。《左傳》云：『爾墓之木拱矣。』又曰：『樹吾墓檟。』仲尼卒，弟子各自他方，持其異木，樹之于墓。蓋殷周以來，墓樹有尊卑之制，不必專以罔象之故也。

宋・聶崇義《三禮圖集注》卷一九《兆域》 《春官・冢人》掌公墓之地，辨其兆域而為之圖。【略】案《春秋緯》云：天子墳高三仞，樹以松；諸侯半之，樹以柏；大夫八尺，樹以藥草；士四尺，樹以槐；庶人無墳，樹以楊柳。鄭不引者，《春秋緯》或説異代，多與《周禮》相乖；或者鄭所不見，故不引也。又《王制》云：庶人不封不樹。而《春秋緯》云『庶人樹以楊柳』者，以庶人禮所不制，故容楊柳也。

宋·羅泌《路史》卷八《尊盧氏》 獨怪劉子政説湯無葬處，而崔駰、薛瓚俱云濟陰亳縣今有湯冢，《皇覽》云在亳城北郭東三里，高七尺；韓嬰所謂帝乙墓者，何謂無邪？按伏韜《北征記》，博望城内有湯、伊尹及箕子冢，今悉成丘。而杜征南亦云：梁國蒙縣北薄伐城中有湯冢，其西有伊尹、箕子冢。今城内有故冢方城，宜其為是，而《記》乃稱王子喬墓。亳之湯冢，己氏之伊尹冢，顔籀亦固疑之。爰求徵地，則又別有湯冢。漢建平元年，大司空史御長卿按録水灾行湯冢者，于漢隸扶風地，有湯池徵陌，何謂無邪？然湯之都亳，與葛比，似亦不在兹土。及考秦寧公《本紀》，二年伐湯，三年與亳戰，亳王奔戎，遂滅湯。則知周穆桓之時，別自有湯，亦號亳王，為秦所滅，乃西戎之君葬于徵者，而非成湯之墓。繼觀《聖賢成冢記》，則湯之冢，後魏天賜中已圮矣。《銘》言『二千年困于恩』，其明器悉為河東張恩，殮之于河。是知成湯之窆，久矣無没，至是已不復存。子政之言，為不苟矣。於戲！太古尊盧、祝融、陰康、華胥之陵尚猶歷歷可知如此，而成湯之臧不壽，獨何歟？良可嘆也。

又 卷一三《炎帝紀下》 嗟夫！易墓非古也。太公之封營丘，比及五世，皆反葬于周，而文、武、周公猶反玷、畢。族葬合兆，古之道也。【略】夫闕者，魯羣公墓之所在也。周代，冢人掌公墓地，必辨兆域而為之圖。先王中居，昭穆左右。凡諸侯以前，卿大夫以後，惟兵者不入兆域。季孫惡其君，乃溝絶其兆，使之不得上同先君，故孔子于是溝而合之，以反于義。族葬合兆，自天子達，由古然矣，何惑乎炎墓之叢哉？或曰周公蓋附，其亦不詳于禮者歟？

又 卷三六《發揮五·辯帝堯冢明舜禹事》 古今之事緒無窮，而地理之差，尤為難於究竟。堯之冢在濟陰成陽，堯母靈臺在南。漢章帝元和二年，使奉大牢祠堯于成陽靈臺，是其處也。今皆在濮之雷澤東南。而王充乃云葬崇山，《墨子》則謂北教八狄，道死南己之市，而葬蛩山之陰，蓋儀墓爾。按歐陽文忠公《集古録》言《靈臺碑》，以為《史記》、地志、《水經》諸書皆無堯母葬處。粤稽地志及范曄《志》則云：成陽有堯冢靈臺。而此碑云堯母葬兹，欲人莫知，名曰靈臺。又郭緣之《述征記》：成陽城東南九里有堯陵，陵東有中山夫人祠，在城南二里，蓋堯妃也。東南六里有慶都冢，上有祠廟。而《水經注》言成陽城西二里有堯陵，陵南一里有慶都陵，于城為西南，稱曰靈臺，鄉曰崇仁，邑號脩義。其葬處明白若此，惡得云無言邪？然《述征記》在成陽東，而今之所識，乃在成陽西北四十里穀林，則古今疆場相出入，有不同者。郭氏所記乃小成陽，小成陽在成陽西北五十里，隸于河南，有山曰成陽，穀林在其下。小成陽以山得名，乃堯葬所在。有堯之故，名焉，即庸俗所謂囚堯城者。抑嘗訂之，蓋其遜位之後，作遊于此。此宵人所以得迹其近似而誣焉。

何以龜之？莊周之書，極天下之譎者也。其《讓王》之説，至有『堯不慈，舜不孝』等語，而未嘗有篡竊之一言。使差有之，周肯不言哉？韓非，戰國之從横自賈者也。其《説疑》曰：姦人之事其君，其諷一而語同，世主説其言而不之辨，則姦人愈反而説之曰：古之明王，非長幼弱也，皆聚族偪土，而求其利也。因曰舜偪堯，禹偪舜，而自顯其名也。田成子、宋子罕，皆是物也。嗟乎！以韓非之輩，猶能破其説于處士横議之時，而今之學士乃不能毆其惑于聖哲清明之代，可謂智乎？因三思之，是蓋魏晉之事，而《竹書》又出於魏晉之間，則其當時逢君之臣，為主分謗而附益之，不言而諭。爰復偵之，燕之慕容盛，晉之傖囊奸義者也。嘗稱商之太甲，而以伊尹事同夷羿。郎敷之徒雖能初與之較，而終以屈聽，更譽其言之當。而今《竹書》果有『伊尹放太甲，太甲潛出，殺伊尹』之言，乃知逼于一時，雷同詭随，謂白為黑者衆矣。夫治古之事，曲引而説之，何不可哉？

知幾之妄，泌請得以佐其説而盡破之，毋俾世迷，得以引戈而議其後。伯禹曰：『毋若丹朱，朋淫于家，用殄厥世，予創若是』，而史記亦曰『朱絶厥世』。摭此附會，則知幾之説牢矣。鄉使知幾援此自證，則將遂信之乎？我無是也。夫殄世者，不繼世以有天下也，豈絶滅云乎哉？方堯之遜位也，將遜之語先聞于岳薦之前，而使嗣之，誠已見于側微之日；及其出也，然後女于畎畝，試以百為，如慈親之育其子，含飴襁葆，由小以高大，豈若凶殘鬼類愒日玩歲，處高據勢，怙寵冒權而為偪邪？舜之事官也，以之徽典，則必使其從；以之賓門，則必使其穆；逮其底績，然後致自大麓，格于文祖，若蒲輪而赴京，緩轡取程，自邇而之遠。非若輕狷少年不召自至，衝尹突蹕，蹶坑墜壍而後息也。

雖然，犬豚梟鴈之徒，智不足以知聖人，污自昔然矣，而文忠公之《跋》，亦何足邪？謂俗本多作『城陽』，獨此碑為『成陽』。夫成陽與城陽，正自二所。成隸濟陰，乃古之成，昔成王封母弟于成，後遷於成之陽，遂曰成陽。而城陽，乃漢齊悼惠之子章所食之國，今之兖州是矣，不得為一也。其云廷尉某姓名磨滅，據《漢廷尉仲定碑》云：遷廷尉卿，託病乞歸，倄堯靈臺黄屋三十餘；而《靈臺碑》言濟陰太守、成陽令各遣大掾輔仲君，則知為仲定矣。至言漢受濡期，則又以為不知何語，此蓋指言漢氏承秦之水運而已。夫君子恥一物之不知，而病聖賢之失世，而公以為久遠難明之事，不知不害為君子。君子博學而反約，今也晝。

又　卷三六《發揮五·辯帝舜冢》　《孟子》曰：『舜生于諸馮，遷于負夏，卒于鳴條，東夷之人也。』諸馮、負夏、鳴條皆在河南北，故葬于紀，所謂紀市也。今帝墓在安邑，而安邑有鳴條陌，其去紀才兩舍。《帝記》言河中，又舜冢信矣。而《竹書》、《郡國志》等皆言帝葬蒼梧，則自漢失之。至鄭康成遂以鳴條為南夷之地，不已疏乎？夫蒼梧自非五服，人風婐劃，地氣高瘴，在虞夏乃無人之境，豈巡狩之所至邪？方堯老舜攝也，于是乎有巡狩之事。今舜既已耄期，勌劇形神，告勞釋負而付禹，則巡狩之事，禹為之矣，豈復躬巡狩于要荒之外也哉？是以劉知幾之徒得以摭厲王流彘、楚帝遷郴及夏桀、趙嘉之事，而疑舜、禹之明德。

泌嘗考之，象封有鼻，故墓在于始興；義均封於商，故女英之冢在商；其餘支庶，或封巴陵，或食上虞，采西城，邑池陽，與夫懷戎、衡山、長沙、無錫，故其墓或在江華，或在巴陵、上虞。禹為天子，帝之諸子分適他國。其之巴陵者，登北氏蓋從之，故其墓在于巴陵。帝之三妃，不得皆後于帝死。育既葬于陳倉，則其先死矣。既皇、英各自有墓，則黄陵為登北之墓，審矣。唯登北氏從徙巴陵，則其二女理應在焉，故得為湘之神，而其光炤于百里。是皆可得而考者，胡自氛氛而争為堯之二女乎？雖然，虞帝之墳在在有之，何邪？蓋古聖王久于其位，恩沾于倮隅，澤及于牛馬，赴格之日，殊方異域無不為位而墳土，以致其哀敬而承其奉，是以非一所也。顓、嚳、堯、湯之墓，傳皆數出，漢遠郡國皆起國廟，亦若是也。是則九疑之陵，或弟象之國所封崇爾；不然，商均窆也。《大荒南經》云：赤水之東，蒼梧之野，舜子叔均之所葬也；而《九疑山記》亦謂商均窆其陰。豈非商均徙此因葬之，後世遂以為虞帝之墳邪？嘗又訊之《大傳》、《符子》之書，虞帝遜禹于洞庭張樂，成于洞庭之野，于是望韶石而九奏。則帝蓋嘗履洞庭而樂韶石，亦既遜位而歸國矣。故《集僊録》言帝得脩身之道，治國之要，瞑目端坐，冉冉乘空，而至南方之國，八十龍之門，泛昭回之河，其中有九疑山焉。曆數既往，歸理茲山。是則九疑之游，特夢想之所届者。是以蔡雝《九疑碑》辭乃云解體而升，而胡曾《九疑碑圖》且謂今無復墓。然則蒼梧之藏，有其語而已矣。河中之壠，焉可誣也。世遠論略，而諸生若信蒼梧之言為出于經，而予之言亦難乎為信也。李白云『重瞳孤墳竟何是』，則虞帝之冢不明，自昔以為恨也。

書云『陟方乃死』，説者以陟方為巡狩。孔氏謂：升道南方以死。韓愈非其説曰：地傾東南，南巡，巡非陟也。『陟』者，升也。『方乃死』者，所以釋陟為死也。蘇軾亦謂『陟方』猶升遐，『乃死』為章句，後學誤以為經文。《書》云：『商禮陟配天』，『唯新陟王』。故《汲紀年》帝王之没皆曰陟。然則在位五十載陟者，為紀帝之没明矣。解者又何必區區以非五服之地巡狩所不至言哉？韓非曰：商周七百餘歲，虞夏千餘歲，而不能定儒、墨之真。今欲審堯舜之道于三千歲之前，意者其不可必乎？無參驗而必之，愚也；非能必而據之，誣也。故明據先王必定堯舜者，非愚即誣也。予既考定有虞若三妃、有鼻、諸孤之墓，一旦明白，歷歷可知如此。抑不知予之愚誣邪，韓子之愚誣邪？

又　卷四四《餘論七·陵臺説》　《大荒南經》帝堯、帝嚳、帝舜皆葬岳山，而《海内北經》有帝堯臺、帝嚳臺、帝舜臺之類非一。夫帝王之冢曰陵，亦謂之臺。傳言禹殺相柳，其血腥，不可以植，乃以為衆帝之臺，故帝嚳冢曰頓丘臺，堯母冢曰靈臺。鄴有魏文、武、甄后三陵臺，張賓進所言『三臺險固』者也。即在上世，亦謂之山，黄帝葬南甲山，曰橋陵，亦曰橋山是矣。蓋山者取其如山，陵者取其如陵，因謂之山陵爾。《風俗通》云：陵者，天生自然，故王公冢稱陵。或云：秦曰山，漢始曰陵。殽有二陵，豈漢始哉？若臺者，猶夷俗之言路。

宋·程大昌《雍録》卷七《地名·畢陌》　《孟子》曰：『文王生

於岐周，卒於畢郢。』岐周既爲一地，則畢郢之名設嘗兩出，亦當同在一地矣。《書》曰：『周公薨，成王葬於畢』，則單言葬畢，不云畢郢也。畢之爲地，或云在渭之北，或云在渭之南。其主渭北者，則漢劉向言文、武、周公葬於畢，而師古釋之曰：在長安西北四十里也。長安西北四十里，即咸陽矣，故《元和志》曰：咸陽縣治畢原也。此皆以畢爲在渭北者矣。至其命爲渭南者，《皇覽》曰：文、武、周公冢皆在京兆長安鎬聚東杜中。又曰：秦武王冢在安陵縣西北，畢陌中大冢是也。人以爲周文王冢者，非也。周文冢在杜中。按杜中，即杜縣之中也。杜縣在鎬之東，於唐長安縣爲東南二十里。此説而果不謬，則畢又在渭南也。予於是取此數説者而參求之。長安有畢陌，咸陽又有畢原，則原之爲地，亘渭南北有之，故古記於畢皆著文、武葬地者，因畢名兩出，而亦兩傳也。此其誤之所起也。若以人情言之，文都豐，武都鎬，豐、鎬與杜相屬，則《皇覽》謂文王葬於渭南者，其理順也。文王既葬渭南，則周公葬畢，必附文墓矣。《劉向傳》臣瓚引《汲郡古文》爲據曰：畢西於豐三十里。則地爲渭南甚明。安陵有大冢，《皇覽》明指其爲秦文王墓，安陵在咸陽。則渭北之文冢，其不爲周文而爲秦文亦可據矣。又唐令狐亘《疏》曰：周武葬於畢陌，無丘隴之處。則武王所葬，確在畢陌又可據矣。

若夫郢之一地，尤難究的。安陵有程地者，伯休父於此得姓焉。或以《孟子》之畢郢爲安陵之畢程，故人多信之，然其理不然也。河南亦有上程聚，蓋伯休父族世之在安陵者，隨平王遷洛而聚居此地也，則程自爲程，元不爲郢，安得謂畢爲程耶？設使程可名郢，郢在渭北，不與渭南鎬聚相屬，自無由兼稱畢郢也。至於畢原也者，語出《左氏》，曰：畢、原、酆、郇，文之昭也。是文王四子，分封四國而爲四侯者也。畢之與原既非一國，則畢原之語必因其地有原名畢，故名之以爲畢原。而夫原、畢兩國，未必同在此地也。通《元和》一志，皆李吉甫爲之，而周公之墓，亦遂兩出：一云在萬年縣西南二十八里，一云在咸陽縣北十三里。則是自相殊異，可以見其不的矣。予故知其展轉生誤，皆起於畢名之兩出也。

宋·呂祖謙《大事記解題》卷三《周顯王三十四年》 壽陵。解題曰：古者不豫凶事，其豫為之者，則有之矣。一則以其年也，六十歲制，七十時制，八十月制，九十日修。一則以其位也。君即位而為椑，歲壹漆之。至於死而可制，如絞紟衾冒，則未嘗豫為之也。諸侯五月而葬，以一國之力為陵墓，有餘矣，何必豫哉？壽陵之名，見於書傳者，蓋自此始。墓之稱陵，在古無貴賤之別。《國語》管仲曰：『昔者聖王之治天下也，參其國而伍其鄙。定民之居，成民之事，陵為之終。』是民之墓，亦通稱陵也。《秦記》載諸君之葬，至惠文王以後始稱陵，然則名王者之兆域為陵，其出於戰國之際乎！

宋·魏了翁《古今考》卷一《高祖為亭長為縣送徒驪山》 鶴山先生曰：送徒驪山，秦政自營墳墓也。然古之帝王，未始有是。劉向曰：黄帝葬橋山，堯葬濟陰，丘壠皆小，葬具甚微。舜葬蒼梧，二妃不從。禹葬會稽，不改其列。文、武、周公葬于畢，皆無丘壠之處。雖然，此僅言薄葬耳。而經傳咸無帝王自營墳墓之文，考之《儀禮》，則自始死、小斂、大斂、殯奠後，始記筮宅。然則筮宅，蓋生者之事也。或曰：事不預定，而取辦于倉卒。可乎？曰：古之葬與今異。『冢人』掌公墓之地，辨其兆域而為之圖。先王之葬居中，以昭穆為左右。若文王葬于畢，則子孫皆就而葬之。文王居中，武王為昭居左，成王為穆居右，則兆域之列，固有定序。下至公卿大夫，皆以爵列為封丘之度。雖萬民墓地，亦『墓大夫』掌之。蓋自天子以至於庶人，未有不族葬而序列者。夫兆域既有定序，丘封亦有定制，非如後世有某山某水之説，則取辦於殯斂設奠之後，乃人情、事理之當然。自吳闔閭、秦惠文以來五王，始大作丘壠，多其瘞藏。至秦政自為驪山，又加於前。

宋·王應麟《困學紀聞》卷八《經説》 《皇覽·冢墓記》曰：漢明帝時，公卿大夫諸儒八十餘人論五經誤失，符節令宋元上言：『秦昭王與呂不韋好書，皆以書葬。王至尊，不韋久貴，冢皆以黄腸題湊，處地高燥未壞。臣願發昭王、不韋冢，視未燒《詩》、《書》。』愚謂儒以《詩》、《禮》發冢，《莊子》譏假經以文姦者爾。乃欲發冢以求《詩》、《書》，漢儒之陋至此。

元·郝經《續後漢書》卷八七中下《禮樂録第五中下·人類下·厚葬》 古之葬者，厚衣之以薪，不封不樹，喪期無數。黄帝始為棺槨，有虞氏以瓦棺，夏后氏以堲周，原注：燒土而周於棺，謂之堲周。周人牆置翣，衣衾而舉之，不使土侵膚，免狐狸之食，蠅蚋之嘬而已。殷紂使蜚廉為石槨於北方，比至紂死，蜚廉用之，葬於霍太山，為石槨始此。春秋時，秦武公卒，以六十六人從死，殉葬始此。宋文公卒，華元、樂舉始厚葬，用蜃炭，益車馬，始用殉，重器備，槨有四阿，棺有翰檜，七日而殯，七月而葬。原注：燒蛤為炭以瘞壙。四阿，四注槨。翰，旁飾；檜，上飾。皆王禮。八月卒，明年二月始葬，七月也。齊桓公卒，孝公葬之，作汞池，浮金蠶，用珠襦，玉匣藏繒采貨寶。原注：陸翽《鄴中記》：永嘉末，發齊桓公墓，得水銀池，金蠶數十箔，珠襦、玉匣、繒采不可勝數。秦穆公卒，康公葬之，從死者百七十七人。子車氏三子奄息、仲行、鍼虎皆秦之良，亦殉焉。秦人哀之，為賦《黄鳥》。宋襄公葬其夫人，醯醢百甕。陳大夫設參門之木，宋司馬亦為石槨。【略】夫衣周於尸，衾周於衣，棺周於衾，槨周於棺，設為屬椑，已自厚矣；又重以珠璧珍怪，藏於方中。死者無知而生者徒費，果何禮哉？以生者從死者，則不仁甚矣；使臭腐其旁，汙瀆神靈，則不孝甚矣。為盗之招，卒皆發掘，暴露骸胔，至於穢辱，不智甚矣。國君即位為椑，歲一漆之，所以戒也。

又《人類下·山陵》 山陵，秦漢之制也。古也墓而不墳，不起陵寢。其行也，不還葬，葬則擇不食之地，藏之而已。故黄帝葬橋山，堯葬濟陰，丘壠甚微。舜葬蒼梧，二妃不從。禹葬會稽，不改其列。皆崩于巡行之際，不還京師。以兆域，文、武、周公葬于畢，無丘壠之處。孔子葬其母，封之四尺。延陵季子之子死于嬴博之間，即葬之，其高可隱。載之書傳，皆可案也。皆無發掘之禍，而盛德不朽，戴之如天，仰之如山。自秦惠、文、武、昭、莊襄五王，始大作丘壠。

明·陳士元《江漢叢談》卷一《舜陵》 仁卿問舜陵。答曰：《永州志》云：帝舜陵在九疑山，一名永陵。《禮記·檀弓》云：舜葬蒼梧之野。司馬子長遷《史記》云：舜南巡，崩於蒼梧之野，歸葬零陵之九疑。又載於《家語》、《皇覽》、《竹書》、《世紀》，而樂子正史《太平寰宇記》、張叔範埏《零陵志》、楊廷秀萬里《揮塵録》、王仲言明清亦有《揮塵録》，無舜陵事。吴格甫致堯《九疑考古》，並述之。楚靈王作臺象焉。《國語》：吴王夫差將伐齊，申胥諫曰：『昔楚靈王築臺於章華之上，闕為石郭，陂漢，以象帝舜。』注云：舜葬九疑山，其水旋丘下，故壅漢水，使旋石郭，以象之也。秦皇漢武皆嘗望祀。宋置守陵五戶。國朝布在祀典，仍建廟簫韶峰下。余謂舜葬九疑非實。《孟子》言舜卒於鳴條，今安邑有舜墓，又有鳴條陌，是其證也。而鄭康成玄乃以鳴條為南夷地，謬矣。舜既禪禹，豈復巡狩於荒服外哉？《書》云『陟方乃死』，説者以『陟方』為巡狩。韓退之愈云：地傾東南，南巡非陟也。『陟』者，升也，『方乃死』者，釋陟為死也。蘇子瞻軾亦云：『陟方』猶升遐，『乃死』為章句，後世遂以為經文。故《汲書紀年》帝王之崩皆曰『陟』。《書》云在位五十載。陟者，紀舜之崩也，何謂南巡哉？

他傳又云舜伐苗民，崩於蒼梧。夫伐苗者，禹也。已竄三危矣，何得勞無為之舜於耄期之時邪？歐陽永叔脩詩云：『虞舜老倦勤，薦禹為天子。』豈復有南巡迢迢渡湘水是也？都玄敬穆《聽雨記談》云：《史》言舜南巡，崩於蒼梧之野。今舜塚乃在零陵之九疑。九疑去南岳千有餘里，蒼梧在廣西域内，去九疑又數百里。《書》云舜南巡守，至于南岳。豈又幸九疑，遂崩而葬其地乎？《孟子》言舜卒於鳴條。鳴條在東方夷服，今又不聞有舜陵。孟子去古未遠，而傳聞猶未免若此，况後世乎！是玄敬亦有疑於九疑舜陵也。羅長源云：象封有鼻，故墓在始興。有鼻者，有庳也，即今道州，而九疑之墓，或象塚耳。不然，商均窆也。《大荒南經》云：赤永之東，蒼梧之野，舜子商均之所葬也。而元次山結《九疑山圖記》亦謂商均窆其陰。豈商均徙此因葬之，而後世遂以為舜陵邪？漢章帝時，零陵文學奚景於泠道舜祠下得笙，白玉之琯十二，故呂氏不韋《春秋》、戴延君德《大戴禮》、伏子賤勝《尚書大傳》、許叔重慎《説文》、應仲遠劭《風俗通》、陳晉之暘《樂書》、范蔚宗曄《後漢書》，皆言昔西王母獻舜玉琯。注云：西王母，神也。曾伯端慥《集仙録》亦云：舜在位，西王母使獻白玉琯，以和八風。則白玉之琯，為舜之寶器明矣，胡為乎藏於零陵哉？無乃帝舜諸子分封巴陵、上虞、衡山、江華等國，各錫寶器，如成周錫封之制，而商均則得白玉之琯，遂傳流零陵邪？

又按舜陵載在《山海經》者，非一説也。《海内南經》蒼梧山，帝舜葬其陽。又《大荒南經》帝舜葬於岳山。又《海内北經》有舜臺。臺即陵也。又《海内·朝鮮記》南方蒼梧之泉，其中有九疑山，舜之所葬，在長沙零陵界中。夫《山海經》世稱伯益作，而長沙、零陵乃秦漢郡名，則知此書多後人附益，而九疑舜陵，渺不可信矣。又《寶櫝記》云：舜葬於蒼梧，有鳥自丹州而來，吐氣名曰馮霄，能啣土成邱墳。舜墓，鳥所營也。《集仙録》又云：舜瞑目端坐，乘空而至南方之國，其中有九疑山焉。曆數既往，歸理茲山。《集仙録》云：王妙想，蒼梧女道士也。住黄庭觀，見空中大仙謂妙想曰：『吾乃帝舜耳。昔勞厭萬國，養道此山』云云，乃命侍臣以駐景靈丸授妙想，妙想仙去。茲山以舜脩道之所，故曰道州營道縣。《眞源賦》云：舜因南巡，走馬逐鹿，同飛蒼梧，莫知所去。王仲任充《論衡·書虛篇》云：舜葬蒼梧，象為之耕。四説尤妄誕，不足辯。

清·黄宗羲《明文海》卷八九《李濂〈族葬論上〉》　古之葬者，衣之以薪，葬之中野，不封不樹，未聞棺槨也。中古聖人，始易之以棺槨。《檀弓》曰：有虞氏瓦棺，夏后氏塈周，殷人棺槨，周人牆翣，益彌文矣。未聞合葬也，季武子曰：『合葬，非古也。自周公以來，未之有改也。』子曰：『魯人之祔也，合之善夫！』合葬矣，未聞封而識之也。子曰：『古者墓而不墳。［今］丘也，東西南北之人也，不可以弗識也。』於是封之，崇四尺。封識矣，未聞族葬也。《周禮》春官冢人掌公墓之地，辨其兆域而為之圖。先王之葬居中，以昭穆為左右。蓋古者王公以下，皆族葬，不特士庶人為然也。曰為之圖，謂方其未死也，豫圖其地之形勢及丘壠之處，謹而藏之；後有死者，按圖以葬也。曰先王之墓居中，以昭穆為左右，謂以遷徙造塋者為始祖也。如文王居豐，葬於畢，是文王為造塋者，宜居中穴，次以武王為昭居左，成王為穆居右，康王為昭居左，昭王為穆居右。至平王東遷，則又為洛陽之始祖矣，嗣王亦然。抑此論古者國君之葬制云爾，未及士庶人也。

明·邵寶《容春堂前集》卷一〇《徐君墓辯》　徐君墓在襄城北二十里，墓前有樹，相傳為季札掛劍之處，名曰靈樹。按《史》，季札之初使，北過徐君。徐君好季札劍，口勿敢言。季札心知之，為使上國未獻，還至徐，徐君已死，於是解其寶劍，繫之徐君冢樹而去。徐即《書》所謂徐戎，《詩》所謂徐方，其地在今泗州。季札自吳適魯，乃其所經之道，是故過徐君焉。襄城非徐地，安得徐君而有是墓邪？樹之靈否不論也。且季札適魯觀樂之後，遂使齊，去使於鄭，去鄭適衛，自衛如晉，未聞其道於襄，奚從而掛劍哉？或謂古者諸侯有邦交之禮，然則徐君適鄭而卒於是，亦不可知也。獨不觀乎《史》稱季札還至徐，徐君死，則其死在徐也，明矣。其曰解劍繫其冢樹，則其冢在徐也，亦明矣。於是過，於是弔，奚不可知而必為之曲説乎？予讀《一統志》，泗州城北則有徐君冢云。或曰襄又有徐君，故誤稱之。

明·楊慎《升菴集》卷七八《成湯墓》　劉向《奏議》云：『殷湯無葬處。』失考也。後世羅泌《路史》遂傅會其説。按楊誠齋《揮麈録》云：殷湯葬寶鼎縣，今汾州也。《古尚書》注：桐宮在湯墓側。桐宮，今在汾州。與寶鼎縣之説相合。

又　卷七八《墳墓字異》　《方言》：凡葬無墳者謂之墓，有墳者謂之丘。《檀弓》：古者墓而不墳也。邯鄲淳《曹娥碑》『丘墓起墳』，蓋言丘其平墓而為高墳也。後世以墳、墓混為一，遂疑其重複，改為『立墓起墳』，非也。曾見上虞謝狷齋，為予言此。

明·周祈《名義考》卷三《地部·封》　古者墓而不墳。墳，土起也，亦謂之封，封土陪益也。《檀弓》『若堂、若防、若覆夏屋、若斧』，皆封之形也。四周而平曰堂，長而如隄曰防，如大俎而垂曰覆夏屋，仄而上鋭曰斧，亦曰馬鬣。今亦多類是。

明·胡應麟《少室山房筆叢》卷一八《三墳補逸下》　王伯厚《困學紀聞》引《皇覽·冢墓記》云：漢明帝時，公卿大夫諸儒八十餘人論五經誤失，符節令宋元上言：『秦昭王與呂不韋好書，皆以書葬。王至尊，不韋久貴，冢皆以黄腸題湊，處地高燥未壞。臣願發昭王、不韋冢，視未燒《詩》、《書》。』伯厚誚漢儒欲發冢以求《詩》、《書》，其陋至此。余謂使漢之人主能用此言，發二冢以求遺經而改葬之，俾先王典籍日揭於煨燼之後，奚而弗可？當時二冢必存無恙，故以為言，亦可見先秦之世有以書為殉者。至晉而襄冢《竹書》竟出，惜不能用云。

清·愛新覺羅石麟等［雍正］《山西通志》卷一七九《辨證四·［明］張京俊〈舜陵辨〉》　安邑縣治西北三十里曲馬村有鳴條岡，舜陵在焉。湖廣永州府九疑山，亦有舜陵。歷代祀典，致其下千古之疑也。竊嘗考之，古祭不墓，故帝王陵寢不見于古文。元魏太和，始詔祀堯于平陽，舜于河東，禹于安邑，湯于汾陰。至唐代宗永泰二年，詔道州舜廟蠲近廟佃戶，克掃除，從刺史元結之請也。又唐張謂《道州舜廟碑》云：舊無陵廟，天子有事皆于山下行之，因建廟焉。此永州有舜廟之始。宋建隆中，復詔天下于帝王陵墓設守視，禁樵蘇。自太昊以下十六帝，各給守陵五戶。此永州有舜陵之始。蓋遵《史記》之文也。

按帝舜卒葬之説，見于古文者凡九。《尚書》：舜三十徵庸，三十在位，五十載陟方乃死。《禮記·祭法》：舜勤衆事而野死。《檀弓》：舜葬蒼梧之野，蓋二妃未之從也。《國語》：展禽曰：舜勤民事而野死。《孟子》：舜生于諸馮，遷于負夏，卒于鳴條。《山海經》載舜陵者不一，《海内南經》云蒼梧山，帝舜葬于陽，丹朱葬于陰。《大荒南經》云南海之中，有氾天之山，赤水窮焉。赤水之東有蒼梧之野，舜與均叔之所葬也。又云：帝堯、帝舜、帝嚳葬于岳山。《海内經》又云南方蒼梧之丘，蒼梧之淵，其中有九疑山，舜之所葬，在長沙零陵界中。《孔子家語》：帝命二十二臣，率堯舊職，恭己而已。平地成天，巡狩四海，五載一始。三十年在位，嗣帝五十載，陟方岳，死于蒼梧之野而葬焉。《竹書紀年》云：四十九年，帝居于鳴條。五十年，陟。司馬《史記》：舜踐位三十九年，南巡狩，崩于蒼梧之野，葬于九疑，是曰零陵。此九書之中，《尚書》尚矣，言死而不言其地。《檀弓》為合葬者引，雖云蒼梧，未可便謂是南荒之蒼梧。《禮記》、《國語》之言，其叙致似出一手。不知展禽之引古禮歟？抑漢儒取《國語》之言，雜入禮經耶？曰『勤衆事而野死』，為《祭法》引之也。夫舜命官分職，平地成天，此舜事也。若以南巡為勤衆事，抑末矣。則二書所云『勤衆事』、『勤民事』者，恐亦未可以南巡實之也。若《山海經》則博而不倫，《家語》則取《尚書》、《檀弓》。《國語》之言而雜著之益，非有見也。《孟子》、《史記》二書之是非既辨，則千古之疑剖矣。

竊以為《孟子》之言，必有確據。《檀弓》、《國語》在孟子時，恐尚未有南巡之解，即有之，亦孟子所不取也。秦火之餘，典籍闕略，其作《史記》，取《國語》、《世本》、《國策》而成之。其云南巡狩，崩蒼梧，葬九疑者，不無可議。夫《尚書》既云：『格，汝禹！朕宅帝位三十有三載，耄期，倦于勤。汝惟不怠，總朕師。』又曰：『正月朔旦，受命于神宗，率百官若帝之初。』是禹既已攝行天子事矣。今曰南巡狩，是百一十歲之天子尚驅車南荒，則禹所攝者何事？一可議也。且天子七月而葬，同軌畢至。今云葬九疑，當時諸侯悉赴南荒耶，抑不赴耶？蒼梧尚在九疑南五百里，何不即葬于蒼梧，而復有九疑之返耶？是又可議也。且以《尚書》『陟方』為巡狩，蔡九峰《注》亦疑之矣。竊惟『五十載陟方』一句，是總叙舜位之年，非謂此時巡狩也。夫叙歷位之年，何以云陟方？蓋以陟方為天子事，岳牧不得而同之，故以此叙歷年，猶云五十載為天子也。然倦勤之後，何以係帝載，亦猶帝攝行二十載，堯未嘗去天子位也。今《史記》『巡狩』二字，實本之『陟方』。即使不誣，而『南』之一字，又何所本乎？是又可議也。若是，則子長之言，似不得與《孟子》較短長矣。

獨可疑者，子長生長龍門，去鳴條不二百里，何以舍安邑之舜陵不言，而遠取南荒為哉？其《五帝贊》云：『余嘗西至崆峒，北過涿鹿，東漸於海，南浮江淮矣。所至，長老皆各往往稱黄帝、堯舜之處。風教固殊焉，總之不離古文者近是。』夫曰近是，則亦未嘗必以為是也。晉太康中，盜發魏襄王塚，得竹簡書數車。《紀年》自黄帝至周赧王之十二年。《舜紀》云：四十九年，帝居于鳴條，五十年陟。與《孟子》適合。魏承晉霸之餘，居三聖故都，文物之備可知。《竹書》之言，非無據也。若是，則舜之不葬永州而葬安邑之鳴條，確矣。嘗見李卓吾有《洞庭湘妃辨》，亦云舜陵在安邑。考辨甚悉，似無剩義。而徐司馬又益以所聞。兹述支辨，亦竊欲附益云爾。

又《舜陵後辨》　舜之不葬零陵，余既言之矣。他日讀《西漢書》，乃知子長所從誤，由于孔安國也。《西漢·儒林傳》曰：孔氏有《古文尚書》，安國以今文讀之，遭巫蠱，朝廷多事，未立於學官。而司馬遷亦從安國問，故遷書載《堯典》等篇，多古文說。今按安國注《尚書》『五十載陟方』云：方，道也。舜在位五十載，升道南方巡狩，崩于蒼梧之野而葬焉。此子長《史記》南巡狩，崩蒼梧之所本。非古史傳文有據，乃得於孔安國之經解也。安國之説既誤，子長然安國，又有所從誤也。安國，孔子世孫。宰我、檀弓皆孔子弟子，二戴之《禮》述宰我《五帝德》及《檀弓篇》，皆有『舜葬蒼梧』之文。想安國之時，鳴條之蒼梧湮沒無傳，而南方之蒼梧竊附其名，故誤指為南巡也。獨不謂古文方國、秦漢郡邑，二千年來得仍而不變乎？且言蒼梧而不言方國，則是天子畿内地也。安國以秦漢郡邑之名驅《尚書》陟方，從其説，不大誤乎？《孔子家語》載《五帝德》一篇，乃增『陟方岳』三字，又變《尚書》之文矣。其亦出於安國乎？夫辨者如射覆，得實如發覆，覆之既發，辨可勿用矣。兩存之者，蓋非辨，無以洗羣書之疑；非考實，無以明辨之果是也。事理之覈，自有冥合，如程伯淳之數倉柱，人心之靈，未可盡誣也。

然則安邑之舜陵，果是乎？《孟子》叙伐桀之事，曰自牧宮；《書》曰自鳴條。則鳴條、牧宮，宮名也，蓋郊外之離宮也。《竹書》曰：舜暮年居于鳴條。注云：鳴條有蒼梧山。則舜之卒於鳴條，葬于蒼梧，非有異也矣。《晉書》謂安邑舊舜都，非無見也。《風土記》曰：舊説舜葬上虞。其言亦可釋也。虞蓋舜始封之邑，又舜子均叔之封也。若謂會稽之上虞，則非也。今蒲州東南八十里有蒼陵谷，去嬀汭水不遠。王肅曰：嬀汭，虞地名。則蒼陵谷，亦古虞地也。今中條山以《竹書》斷之，古必有蒼梧之名。故《檀弓》等書，皆云舜葬于蒼梧，亦非誣言也。彼零陵之説，誠荒唐矣。

清·孫承澤《春明夢餘録》卷七〇《陵園》　京東北平谷縣境内漁子山有大冢，俗呼軒轅臺，相傳為黄帝陵。舊有廟，今圮。黄帝都冀，故其陵在冀境内。舊云在橋山，又曰在寧州，非也。至鼎湖龍髯之説，則益荒唐矣。薊州東北有崆峒山問道廣成子處，今陝西崆峒山有元鶴，謂為黄帝時物，恐亦神其説耳。

清·顧炎武《日知録》卷一五《陵》　古王者之葬，稱墓而已。《左傳》曰：殽有二陵。其南陵，夏后皋之墓也。《書·傳》亦言桐宮湯墓，《周官》冢人掌公墓之地，並言墓不言陵。及春秋以降，乃有稱丘者，楚昭王墓謂之昭丘，趙武靈王墓謂之靈丘，而吳王闔閭之墓亦名虎丘。蓋必其因山而高大者。故二、三君之外，無聞焉。《史記·趙世家》肅侯十五年，起壽陵。《秦本紀》惠文王葬公陵，悼武王葬永陵，孝文王葬壽陵，始有稱陵者。《後漢書·東平憲王蒼傳》言園邑之興，始自彊秦。《通典》：襄陵有晉襄公之陵。至漢，則無帝不稱陵矣。宋施宿《會稽志》曰：自先秦古書，帝王墓皆不稱陵，而陵之名，實自漢始。非也。

又　卷六《太公五世反葬于周》　太公，汲人也。聞文王作，然後歸周。史之所言，已就封於齊矣，其復入為太師，薨而葬於周。事未可知，使其有之，亦古人因薨而葬不擇地之常爾。《記》以『首丘』喻之，亦已謬矣；乃云比及五世，皆反葬于周。夫齊之去周，二千餘里，而使其已化之骨跋履山川，觸冒寒暑，自東徂西，以葬於封守之外，於死者為不仁。古之葬者，祖於庭，塴於墓，反哭於其寢，故曰葬日虞，弗忍一日離也。使齊之孤，重趼送葬，曠月淹時，不獲遵五月之制，速反而虞，於生者為不孝；且也入周之境而不見天子，則不度；離其喪次而以衰絰見，則不祥。若其孤不行，而使卿攝之則不恭，勞民傷財則不惠。此數者，無一而可。禹葬會稽，其後王不從；而殽之南陵，有夏后皋之墓。豈古人不達禮樂之義哉？體魄則降，知氣在上，故古之事其先人於廟而不於墓，聖人所以知幽明之故也。然則太公無五世反葬之事，明矣。《水經注》：淄水下有胡公陵，青州刺史傅弘仁言得銅棺隸書處。胡公，太公之玄孫，未嘗反葬於周。

清·王夫之《尚書稗疏》卷三《太甲上·桐》　桐宮密邇先王之墓而遠於亳，今偃師縣有湯陵，蓋非也。使湯墓在偃師，則太甲未嘗一日去亳，但可云自野歸庭，不得言歸亳矣。成湯之墓，實在山西滎河縣。元癸未歲，淪於河。今祀湯陵，猶於此而不於偃師。湯所以遠葬於彼者，以湯既克夏，夏之王畿不以分封，而仍為商千里之邦畿。伊尹葬湯於彼，亦以鎮撫夏民，即周公營雒之意。故後祖乙因之以遷耿，而太甲所徂之桐則在今聞喜縣，與滎河接壤。傳注未為之考，固失之疏，而杜預以南亳有湯冢，尤為差忒。

清·閻若璩《四書釋地又續》卷下《桐湯墓所在》　《殷本紀》：伊尹放太甲於桐宮。注似引鄭康成注《書序》語曰：桐，地名也，有王離宮焉。初不指為湯葬地。余以《後漢志》梁國虞縣有空桐地，有桐地，有桐亭。太甲所放處應即在於此。虞今歸德虞城縣，距湯都南亳僅七十里，方可伊尹既攝國政，復時時往桐訓太甲三年。不然，如人言湯亳為偃師，偃師去虞城八百餘里，尹豈有縮地之術，分身以應乎？湯都仍屬穀熟鎮為是。至湯墓，劉向博極羣書者也，告成帝云：『殷湯無葬處。』蓋直至哀帝建平元年，大司空御史長卿案行水災，因行湯冢，始得之於汾陰亳疑衍縣北東郭，去縣三里。冢四方，方各十步，高七尺，上平，處平地。馬端臨曰：今河中府是。故宋太祖乾德四年，著諸祀典，迄今不易。雖有杜預湯冢在亳城中，魏王泰又在偃師縣東兩説，吾未敢以為據。《集注》云云，亦偶誤，本孔安國《書・傳》耳。詳余《尚書古文疏證》卷第四。

清・蔣廷錫《尚書地理今釋・太甲上》　桐宮。按桐宮，湯墓所在。《元和志》云：殷湯陵在河中府寶鼎縣北四十三里。即今山西平陽府滎河縣也。《滎河縣志》云：殷湯陵在百祥村西。元時淪入汾河，以石柩遷葬。明洪武初，建陵寢於其東。而江南鳳陽府亳州北相傳有湯陵，陵東有桐宮，當屬附會。

清・徐乾學《讀禮通考》卷八二《葬考一》　乾學案：葬者，藏也。孝子不忍其親之體魄暴露於地上，而坎土以藏之，勿使人見也。《孟子》云：上世嘗有不葬其親者，不忍見狐狸蠅蚋之患，遂歸反虆梩而掩之。葬埋之法，蓋權輿於此矣。《易大傳》曰：古之葬者，厚衣之以薪，葬之中野，不封不樹，喪期无數。後世聖人易之以棺槨。蓋自黄帝始為之，夏殷又加厚焉；周監二代，復重以牆翣之飾，表以銘旌之儀，而其制始備。又有冢人、墓大夫之官，掌其丘封之度與其樹數。尊者丘高而樹多，卑者封下而樹少，唯庶人不封不樹。天子七月而葬，諸侯五月，大夫三月，士踰月。此皆天理之節文，人情之所不容已者。先王因時立政，世世可以通行，不得是古而非今，棄厚而從薄也。後世務為觀美，踵事增華，日新月異，於是有下錮三泉之穴，有高象祁連之形，有黄腸題湊之固，有便房外藏之廣，有金蠶鳬鴈之實，有墓誌壙銘之石。其外則有華表碑闕之構，翁仲、天祿、辟邪、麒麟、羊虎之衛。其行殯也，則有方相俑人之導，鼓吹羽葆百戲之樂。要皆無益於死者，而徒虛地上，以實地下。其於古先葬埋之本意，失之遠矣。

又案古者葬不擇地，《周禮》墓大夫職曰：凡邦墓之地域，為之圖，令國民族葬而掌其禁令。蓋萬民墓地同處，墓大夫為分其域，亦如冢人以昭穆定位次而豫為之圖，新死者則授之兆。是故自天子以下，七月、五月、三月、踰月之期，無或愆者。惟宅兆已定而無所容其擇也。獨《孝經》有云：卜其宅兆而安厝之。夫卜則有吉凶，有棄取，是亦擇矣。疑與《周禮》之言不合。不知世數無窮而地域有限，子姓蕃衍，安能盡容？其勢必至於改卜。又從他國遷來者，是為別子，始造塋，亦須卜。成子高謂慶遺曰：『我死，則擇不食之地而葬我焉。』正此類也。豈後世人卜一丘之謂哉？自秦罷封建而宗法不行，族葬之禮遂廢。去聖久遠，邪説如蝟毛而起，淫巫瞽史得簧鼓於其間。

又　卷八八《葬考七・山陵一・黄帝軒轅氏》　乾學案：軒轅陵在橋山，載紀所同，特橋山匪一，上郡、嬀州皆有之，漢武帝元封元年，帝北巡朔方，勒兵十餘萬，還祭黄帝冢橋山。此上郡之橋山也。北魏明元帝神瑞二年六月丁卯，南次石亭，幸上谷。壬申，幸涿鹿，登橋山，觀温泉，使使者以太牢祠黄帝，遂至廣寧。泰常七年九月，幸灅南，遂如廣寧，幸橋山，遣使者祠黄帝，因東幸幽州。太武帝神䴥元年八月，東幸廣寧，臨觀温泉，以太牢祭黄帝。此嬀州之橋山也。郭景純注《山經》云：『帝王冢墓皆有定處，而山經往往複見，蓋聖人久於其位，仁化廣及，至於殂亡，四海無思不哀。故絶域殊俗之人聞天子崩，各自立位而祭，起土為冢，是以所在有焉。』景純之論，可謂善言古者矣。後之讀史者，偏執成見，以《史記》為是，必以《魏書》為非。然黄帝既都涿鹿，安在嬀州之不可營葬也乎？

清・張尚瑗《左傳折諸》卷一二《宋文公卒始厚葬》　趙子常云：禮，諸侯五月而葬，三重六翣；上公四重，執紼五百人，遣車七乘，明器凡役稱是，不可更過。《内》、《外傳》皆載晉文公請隧事，宋文厚葬，詳于此《傳》。《檀弓》記宋襄公葬其夫人，醯醢百瓮。按厚葬之風，始于宋。其臣桓司馬遂自為石椁。陽虎葬季平子，至有璵璠之僭。漢廣川王發掘國内冢藏，晉靈公冢甚瑰壯，四角皆以石為玃，大石人捧燭，男女四十餘立侍。孔竅中皆有金玉，尸猶不壞。幽王冢女子尸百餘，衣服形色不異生人。此一王一侯，皆不以禮終，而殉葬之侈如是，春秋時葬埋不度，從可類推。

又　卷一六《辨京陵》　《爾雅・釋丘》：絶高為之京，非人為之丘。《釋地》：大陸曰阜，大阜曰陵。僖二十三年《傳》：其南陵，夏后皋之墓也。《檀弓》：趙文子與叔譽觀于九京。京與陵，皆墓也。杜注『辨京陵』：辨，別之為冢墓之地。《正義》引此疏之。

清・岳濬等［雍正］《山東通志》卷二一《秩祀志・帝堯陵・附堯陵考》 謹按《山海經》：狄山，帝堯葬於陽，帝嚳葬於陰。郭璞注云：帝嚳冢在頓邱城南臺陰野中。《呂氏春秋》：堯葬穀林。今成陽縣西。由此觀之，狄山之陰為頓邱臺陰，其陽則成陽穀林也。《史記》：堯葬穀林。皇甫謐曰：穀林即成陽。劉向曰：堯葬濟陰。《皇覽》：堯塚在濟陰成陽。《帝王世紀》：堯葬於濟陰之成陽西北，是為穀林。考之《前漢書志》，濟陰郡領縣九，其五曰成陽。注云：有堯塚靈臺。《禹貢》：雷澤在西北。《後漢書志》，濟陰郡領縣十一，其三曰成陽，亦云有堯塚靈臺，有雷澤。《晉書志》，濟陽郡領縣九，其九曰成陽。注云：堯塚在西。有明徵矣。《括地志》：堯陵在濮州雷澤縣。《太平寰宇記》：堯陵在雷澤城西三十里。按《隋書志》，東平郡有雷澤縣。蓋後齊廢成陽，隋置雷澤縣，在成陽之東。金降為鎮，改屬鄆州。元濮州，屬東平路。又《十道志》，堯塚在曹州界。蓋雷澤在濮之東南，實曹之東北云。考《水經注》，雷澤之東南，即成陽縣，城西二里有堯陵，陵南一里有堯母慶都陵，於城為西南，稱曰靈都，鄉曰崇仁，邑號修義。皆立廟，四周列水潭而不流，水澤通泉，泉不耗竭，至豐魚笋，不敢採捕。前竝列數碑，栝柏數株，檀馬成林。二陵南北列，馳道逕通，皆以磚砌之，尚修整。堯陵東，城西五十餘步，中山夫人祠，堯妃也。石壁堦墀仍舊。南、西、北三面長櫟聯蔭，扶疎里餘。按郭緣生《述征記》，自漢迄晉，二千石及丞尉多刊石述叙。堯即位至永嘉三年，二千七百二十有一載，記於碑。酈道元去古未遠，述之倍詳。其見於古碑者，漢延熹中，濟陰太守孟郁聞堯陵在成陽，遣曹掾具中牢祠之。十年，宣詔行縣祠堯，得膏雨，修治殿閣。永康元年，立碑。又建寧中，廷尉仲定以漢為堯之苗裔，奏請修復祠廟，有《成陽靈臺碑》。熹平四年，濟陰太守張寵追慕聖烈，致祠立壇，有碑。光和中，潁川唐扶為成陽，命依陵宅廟，造立校堂。十年，邑人立石頌之。各碑雖歷久剝毀，而遺文猶約略可紀。

清・王士俊等［雍正］《河南通志》卷四九《陵墓》 從古帝王發政施仁，加恩寓內，既使懷生之類霑濡浸潤，復博求先代陵寢暨名臣節士之有功德於民者，封識守護，於以崇德報功，褒顯忠烈。蓋墓以人傳，非人以墓傳也。後世為達生之論，著裸葬之說，又或有鶩不朽之名，發牛山之慨者，烏足語於此哉？古之聖賢浩乎與天地長存者，固不係於墓之有無，而後之哲王謹守護視，愛其人，思其物，雖槃、匜、几、劍猶不忍傷，況丘隴乎！

清・永瑢等《歷代職官表》卷二九《陵寢各官表》 謹案古者皆以族葬，雖公墓亦然。《冢人》所掌，先王之冢居中，子孫皆就而葬之，以昭穆為左右。劉向《諫營昌陵疏》謂：文、武、周公葬于畢。魏了翁《古今考》以為『文王居中，武王為昭居左，成王為穆居右』者是也。至冢墓之稱，亦通乎貴賤。《左傳》稱殽有二陵，其南陵夏后皋之墓。《書・傳》稱桐宮湯墓。《水經注》有顓頊冢，《皇覽》有黃帝冢，並言冢言墓而不言陵。顧炎武謂春秋以降，乃有稱邱者，楚昭王墓謂之昭邱，趙武靈王墓謂之靈邱，而吳王闔閭之墓亦名虎邱。《史記・趙世家》肅侯十五年，起壽陵。《秦本紀》惠文王葬公陵，悼武王葬永陵，孝文王葬壽陵，始有稱陵者。《三秦記》稱：秦謂天子墳曰山，漢云陵。亦通言山陵，言高大如山陵。據此，是陵名當始自戰國以後。世之稱堯陵、舜陵者，乃從今制，追名之耳。然觀《周禮》，冢人掌公墓，墓大夫掌邦墓，則所司固有差別，而蹕墓域，守墓禁，其嚴立條法，亦為公墓而設。後代置官吏以守護山陵，其源實肇於此矣。

清・孫星衍《岱南閣集》卷二《太甲陵考》 太甲冢當在今菏澤東北六十里歷山上。今傳在歷城縣歷山，誤也。按《水經注》瓠河又左逕雷澤北，其澤藪在大城陽故城西北。雷澤西南十許里有小山，謂之歷山。山北有小阜，南屬澤之東，迤北有陶墟。緣生言舜耕陶所在，皇甫謐曰『或言今濟陰歷山』是也，與雷澤相比。據皇甫謐、郭緣生、酈道元說，濟陰自有歷山。《皇覽》曰：太甲有冢，在歷山上。不言何地歷山。考商都薄，在舊考城、今曹縣之間，濮州即其千里畿內。以湯葬濟陰揆之，太甲冢當在濟陰歷山。《皇覽》所言歷山，即是濟陰之山也。劉昭誤附《皇覽》此文於《郡國志》濟南國歷城之下。太甲冢不當遠至歷下，方志誤從之，不可不辨。今菏澤縣歷山上有虞帝廟，疑亦後世改太甲廟爲之。或有碑碣故迹，未可知矣。

清·孫星衍《問字堂集》卷三《畢原畢陌考》 畢原在渭水南，周文王、武王、周公之所葬，今長安縣西南二十八里是也。畢陌在渭水北，秦文王、武王之所葬，即今咸陽之陵，見諸書傳甚明。其誤自宋人始。考渭南之畢，先見於《詩》。毛《傳》云：畢，終南之道名也。其名最古。《史記》云：所謂周公葬我畢。畢在鎬東南杜中。趙岐注《孟子》云：畢，文王墓，近於豐鎬也。臣瓚注《漢書》云：畢西於豐三十里。裴駰引《皇覽》云：文王、武王、周公冢，皆在京兆長安鄗聚東杜中也。終南山、豐水、鄗聚、杜中，皆在渭水南，即知畢原之所在。故《括地志》云：周文王墓，武王墓，在雍州萬年縣西南二十八里畢原上也。《元和郡縣志》云：畢原，在萬年縣西南二十八里。《書序》云「周公薨於畢」是也。萬年即今咸寧縣。是漢魏六朝唐已來，俱以文、武、周公葬在渭水南，無異説也。畢陌在咸陽，是古畢國。《左氏傳》：畢，文之昭。杜預注云：畢國在長安西北。《書·正義》引《晉書地道記》云：畢在杜南，與畢陌別。《元和郡縣志》云：咸陽縣畢原，即縣所理也。《左傳》曰：畢、原、酆、郇，文之昭也。以此知畢國在咸陽。《郡縣志》特誤名陌爲原。顔師古注《漢書》云：畢陌。在長安西北四十里也。按唐時長安西北四十里地，入咸陽。師古當亦謂咸陽之畢國。《秦本紀》云：惠文王葬公陵，悼武王葬永陵。裴駰引徐廣曰：皇甫謐曰：葬畢，今安陵西畢陌。又引《皇覽》曰：秦武王冢在扶風安陵縣西北畢陌中，大冢是也。人以爲周文王冢，非也。周文王冢在杜中。《括地志》云：秦惠文王陵在雍州咸陽縣西北一十四里，秦悼武王陵在雍州咸陽縣西一作西北。十一作十五里。俗名武王陵，非也。此唐以前，皆謂咸陽陵爲秦文王、武王葬處之證。唐咸陽，即今縣治，在渭水北，與渭水南之畢原，相去甚遠。

原其致誤之由，蓋有五端：一以人、地名相同。畢原與畢陌，周文王、武王與秦文、武王，易譌也。一以祠爲墓。《地形志》石安有周文王祠。魏石安即今咸陽，後人以歷代祠祀之所在，適得秦陵，因而封殖其處，若陳州府城内之伏羲臺誤爲伏羲陵，丹徒九里鎮之季子墓反以爲季子廟矣。一以求文、武、周公葬處不得。劉向云：文、武、周公葬於畢，皆無邱隴之處。秦始皇開長池，即漢昆明池，正在豐、鎬之閒，文、武、周公之陵益以淪陷，則是秦漢以來已無墓祭之處。後人始誤指咸陽之秦陵以當之矣。一以文字傳寫之誤。《長安志》引《三輔故事》曰：文王、武王、周公冢，皆葬畢陌南北。考自唐以前，無此説，不應出於《三輔故事》。或是宋敏求引「畢原」字誤爲「畢陌」也。周公之墓，必附祖、父。《括在志》既以文王、武王墓在萬年縣畢原，又以周公墓爲在雍州咸陽縣北十三里畢原上。此必《史記正義》誤引其文，《元和郡縣志》亦承其謬也。

緣此五誤，考古者傍偟無据，然程大昌《雍録》猶能辨之。《文獻通考》既云在咸陽，又引《括地志》在萬年云云，則自相矛盾。《尚書》云：三人議，今作占。則從二人之言。不得以爲好古之過矣。以秦文王、武王陵爲周文王、武王陵，實始於宋開寳時定祀典。《太平寰宇記》云：咸陽縣周文王陵、周武王陵，皆在縣北一十五里。宋敏求《長安志》因之。然《寰宇記》猶云畢原在萬年縣西南二十八里，成王葬周公於畢是也。是尚知周公葬在渭南。自明以來，始無復知文、武、周公之葬實在渭水南矣。季札云：魂氣無不之。聖人陟降在天，不獨歆祀於葬處。但考古之士，宜有是非之心。世之善讀書者，固勿疑吾言爲驚俗，可也。

雜録

《左傳·成公十八年》 春王正月庚申，晉欒書、中行偃使程滑弑厲公，注：程滑，晉大夫。葬之于翼東門之外，以車一乘。注：言不以君禮葬。諸侯葬，車七乘。

又 《襄公二十五年》 崔氏側莊公于北郭，注：側，瘞埋之，不殯於廟。丁亥，葬諸士孫之里。注：士孫，人姓，因名里。死十三日便葬，不待五月。四翣，注：喪車之飾。諸侯六翣。不蹕。注：蹕，止行人。下車七乘，不以兵甲。注：下車，送葬之車。齊舊依上公禮九乘，又有甲兵，今皆降損。

又 《襄公二十九年》 二月癸卯，齊人葬莊公於北郭。注：兵死不入兆域，故葬北郭。《正義》：《周禮》冢人掌公墓之地，辨其兆域。凡死於兵者，不入兆域。

《隋書》卷三《煬帝紀上》（大業二年）十二月庚寅，詔曰：前代帝王，因時創業，君民建國，禮尊南面，而曆運推移，年世永久，丘壟殘毀，樵牧相趍，塋兆堙蕪，封樹莫辨。興言淪滅，有愴于懷。自古已来帝王陵墓，可給隨近十戶，蠲其雜役，以供守視。

《宋史》卷二《太祖本紀二》（乾德四年冬十月）癸亥，詔諸郡立古帝王陵廟，置戶有差。

《明史》卷二《太祖本紀二》（洪武三年十二月）庚午，遣使祭歷代帝王陵寢，並加修葺。

清·乾隆帝敕編《世宗憲皇帝聖訓》卷二《聖德二》 雍正七年己酉三月甲寅，上諭內閣：自古帝王，皆有功德於民。雖世代久遠，而敬禮崇奉之心不當弛懈。其陵寢所在，尤當加意防衛，勿使褻慢。至於往聖先賢、名臣忠烈，其祠宇塋墓，亦當恭敬守護，以伸仰止之忱。著各省督撫轉飭各屬，將境内所有古昔陵寢祠墓，勤加巡視，防護稽查，務令嚴肅潔淨，以展誠恪。若有應行修葺之處，著動用本省存公銀兩，委員料理。朕見歷代帝王皆有保護古昔陵寢之勅諭，而究無奉行之實。朕於雍正元年恩詔内，即以修葺歷代帝王陵寢通行申飭，亦恐有司相沿積習，視爲泛常。嗣後著每年於歲底，令該地方官將防護無誤之處，結報督撫，該督撫造册轉報工部，彙齊奏聞。儻所報不實，一經發覺，定將該督撫及地方官分別議處。

唐·蘇頲《壠上記·湯塚志》 後魏天賜中，河東人張恩盜發湯塚，得《志》云：「我死後二千年，困於恩。」恩得古鐘磬，皆投於河。

明·董斯張《廣博物志》卷七《地形三·墓》 商湯始造明旌，伊尹始造墓宮，周公始為華表，周宣王始置石鼓、石人、猊虎、羊馬。《物原》。

王權君權行使部

通紀概說分部

綜　述

發號施令 **《周易·姤》**《象》曰：天下有風，《姤》。后以施命誥四方。唐孔穎達《正義》：風行天下，則无物不遇，故為遇象。后以施命誥四方者，風行草偃，天之威令，故人君法此以施教命，誥於四方也。

又《渙》 九五：渙汗其大號，渙王居，无咎。清乾隆御定《述義》：坎水為汗，巽命為號。風行雷厲，大號也；五在中，王居也。王者，出令者也，將以萃天下之渙，則必訏謨定命，布告四方，以收人心，如汗由中出，浹於四體而鬱積盡散，所謂汗其大號也。當渙之時，王者安居不動，建中表正，以為民極，使四方之人心環向而有所係屬，則雖居而無懷安之咎矣。蓋汗號者，涉川之先聲；王居者，假廟之精意也。《象》曰：『王居，无咎』，正位也。三國魏王弼注：正位，不可以假人。

又《夬》 《夬》：揚于王庭。孚號有厲。《正義》：《夬》，決也。此陰消陽息之卦也。陽長至五，五陽共決一陰，故名爲《夬》也。揚于王庭者，明行決斷之法。《夬》以剛決柔，施之於人，則是君子決小人也。王庭是百官所在之處，以君子決小人，故可以顯然發揚決斷之事於王者之庭，示公正而無私隱也，故曰揚于王庭也。孚號有厲者，號，號令也。行決之法，先須號令。《夬》以剛決柔，則是用明信之法而宣其號令。如此，即柔邪者危，故曰孚號有厲也。

《彖》曰：『《夬》』，決也，剛決柔也。健而說，決而和。『揚于王庭』，柔乘五剛也。『孚號有厲』，其危乃光也。《正義》：《夬》，決也，剛決柔者，此就爻釋卦名也。健而說，決而和者，此就二體之義，明決而能和，《乾》健而

《兌》說，健則能決，說則能和，故曰決而和也。揚於王庭，柔乘五剛者，此因一陰而居五陽之上，釋行決之法。以剛德齊長，一柔爲逆，衆所同誅，誅而無忌也，故曰揚於王庭。言所以得顯然揚於王庭者，只謂柔乘五剛也。孚號有厲，其危乃光者，以明信而宣號令，即柔邪者危厲，危厲之理分明可見，故曰其危乃光也。

《尚書·冏命》 昔在文、武，【略】發號施令，罔有不臧。下民祗若，萬邦咸休。漢孔安國《傳》：言文、武發號施令，無有不善，下民敬順其命，萬國皆美其化。

《論語·季氏》 孔子曰：「天下有道，則禮樂征伐自天子出。天下無道，則禮樂征伐自諸侯出。自諸侯出，蓋十世希不失矣。三國魏何晏《集解》：孔曰：希，少也。周幽王為犬戎所殺，平王東遷，周始微弱。諸侯自作禮樂，專行征伐。始於隱公至昭公十世失政，死於乾侯矣。自大夫出，五世希不失矣。陪臣執國命，三世希不失矣。天下有道，則政不在大夫。天下有道，則庶人不議。」

《左傳·定公四年》 辛曰：「君討臣，誰敢讎之？君命，天也。若死天命，將誰讎？」

《穀梁傳·宣公十五年》 王札子殺召伯、毛伯。《傳》：王札子者，當上之辭也。殺召伯、毛伯不言『其』，何也？晉范寧《集解》：解經不言殺其大夫。兩下相殺也。兩下相殺不志乎《春秋》，此其志，何也？矯王命以殺之，非忿怒相殺也，故曰以王命殺也。《集解》：以王命殺，謂言『王札子殺召伯、毛伯』，是知以王命而殺之。以王命殺，則何志焉？為天下主者，天也；繼天者，君也；君之所存者，命也。為人臣而侵其君之命而用之，是不臣也。為人君而失其命，是不君也。君不君，臣不臣，此天下所以傾也。

《禮記·緇衣》 子曰：「王言如絲，其出如綸；王言如綸，其出如綍。漢鄭玄注：言言出彌大也。綸，今有秩、嗇夫所佩也。綍，引棺索也。

《管子》卷三《幼官》 （齊桓公）一會諸侯，令曰：『非玄帝之命，毋有一日之師役。』唐房玄齡注：玄帝，北方之帝。齊桓初會，命諸侯不使非時出師，故令曰『若非玄帝』。有命之時毋得有一日之師役，一日尚不可，況多乎！再會諸侯，令曰：『養孤老，食常疾，收孤寡。』三會諸侯，令曰：『田租百取五，注：百分取五分。市賦百取二，關賦百取一。毋乏耕織之器。』四會諸侯，令曰：『修道路，偕度量，一稱數。注：偕，同也。稱，斤兩也。數，多少也。藪澤以時，禁發之。』注：草木零落，然後入山林。獺祭魚，然後修澤梁也。五會諸侯，令曰：『修春秋冬夏之常祭食。注：常所祭，常所食，各有時物也。天壤山川之故祀，必以時。』六會諸侯，令曰：『以爾壤生物共玄官，注：玄官，主禮天之官也。請四輔，注：四輔，即三公四輔也，所以助祭行禮。將以禮上帝。』七會諸侯，令曰：『官處四體而無禮者流之，焉莠命？』注：官處，謂處官也。處官位而四體無禮者，謂之莠命而流放。焉莠命者，謂穢亂教。八會諸侯，令曰：『立四義而毋議者，尚之於玄官，聽於三公。』注：四義者，謂無障谷，無貯粟，無易樹子，無以妾為妻。諸侯能順命而無異議者，則尚之於天子玄官，聽三公之錫命。尚，上也。九會諸侯，令曰：『以爾封內之財物，國之所有為幣。』注：為幣禮。九會，大命焉出，常至。注：謂上九會既出大令，故天下諸侯常至。非此之外，則朝聘之數，遠近各有差也。

《孟子·告子下》 五霸，桓公為盛。葵丘之會，諸侯束牲載書而不歃血。初命曰：『誅不孝，無易樹子，無以妾為妻。』再命曰：『尊賢育才，以彰有德。』三命曰：『敬老慈幼，無忘賓旅。』四命曰：『士無世官，官事無攝，取士必得，無專殺大夫。』五命曰：『無曲防，無遏糴，無有封而不告。』曰：『凡我同盟之人，既盟之後，言歸於好。』漢趙岐注：齊桓公，五霸之盛者也。與諸侯會於葵丘，束縛其牲，但加載書，不復歃血，言畏桓公，不敢負之。得專誅不孝。樹，立也，已立世子，不得擅易也。不得立愛妾為嫡妻也。尊賢養才，所以彰明有德之人。敬老愛小，恤矜孤寡，賓客羈旅，勿忘忽也。仕為大臣，不得世官，賢臣乃得世祿也。官事無攝，無曠庶僚也。取士必得賢也，立賢無方也。無專殺大夫，不得以私怒行戮也。無敢違王法而以己意設防禁也。無遏止穀糴，不通隣國也。無以私恩擅有封賞，而不告盟主也。言歸於好，無搆怨也。

《戰國策》卷一二《齊五》 昔者魏王擁土千里，帶甲三十六萬，恃其强而拔邯鄲，西圍定陽，又從十二諸侯朝天子，以西謀秦。秦王恐之，寢不安席，食不甘味，令於境內，盡堞中為戰具，竟為守備，為死士置將，以待魏氏。

治國理民

《周易·繫辭下》 天地之大德曰生，晉韓康伯注：施生而不爲，故能常生，故曰大德也。聖人之大寶曰位。注：夫無用則無所寶，有用則有所寶也。無用而常足者，莫妙乎道；有用而弘道者，莫大乎位。故曰：聖人之大寶曰位。何以守位曰仁，何以聚人曰財，注：財所以資物生也。理財正辭，禁民爲非曰義。《正義》：天地之大德曰生，自此已下，欲明聖人同天地之德，廣生萬物之意也。言天地之盛德在乎常生，故言曰生。若不常生，則德之不大。以其常生萬物，故云大德也。聖人之大寶曰位者，言聖人大可寶愛者，在於位耳。位是有用之地，寶是有用之物，若以居盛位能廣用無疆，故稱大寶也。何以守位曰仁者，言聖人何以保守其位，必信仁愛，故言曰仁也。何以聚人曰財者，言何以聚集人衆，必須財物，故言曰財也。理財正辭，禁民爲非曰義者，言聖人治理其財，用之有節；正定號令之辭，出之以理，禁約其民爲非僻之事，勿使行惡，是謂之義。義，宜也，言以此行之而得其宜也。

《尚書·大禹謨》 禹曰：『於，帝念哉！德惟善政，政在養民。水、火、金、木、土、穀，惟修。《傳》：言養民之本，在先修六府。正德、利用、厚生，惟和。《傳》：正德以率下，利用以阜財，厚生以養民。三者和，所謂善政。九功惟敘，九敘惟歌。《傳》：言六府、三事之功有次敘，皆可歌樂，乃德政之致。戒之用休，董之用威，勸之以九歌，俾勿壞。』《傳》：休，美；董，督也。言善政之道，美以戒之，威以督之，歌以勸之，使政勿壞，在此三者而已。帝曰：『俞！地平天成，六府三事允治，萬世永賴，時乃功。』《傳》：水土治曰平，五行敘曰成。因禹陳九功而歎美之，言是汝之功，明衆臣不及。

又《洪範》 箕子乃言曰：【略】初一曰五行，《傳》：九類，類一章，以五行爲始。次二曰敬用五事，《傳》：五事在身，用之必敬，乃善。次三曰農用八政，《傳》：農，厚也。厚用之，政乃成。次四曰協用五紀，《傳》：協，和也。和天時，使得正，用五紀。次五曰建用皇極，《傳》：皇，大。極，中也。凡立事，當用大中之道。次六曰乂用三德，《傳》：治民必用剛、柔、正直之三德。次七曰明用稽疑，《傳》：明用卜筮，考疑之事。次八曰念用庶徵，次九曰嚮用五福，威用六極。《傳》：言天所以嚮勸人用五福，所以威沮人用六極。此已上，禹所第敘。

又《胤征》 告於衆曰：『嗟！予有衆。聖有謨訓，明徵定保。《傳》：徵，證；保，安也。聖人所謀之教訓，為世明證，所以定國安家。先王克謹天戒，臣人克有常憲。《傳》：言君能慎戒，臣能奉有常法。百官修輔，厥后惟明明。』《傳》：修職輔君，君臣俱明。每歲孟春，遒人以木鐸徇於路。《傳》：遒人，宣令之官。木鐸，金鈴木舌，所以振文教。官師相規，工執藝事以諫。其或不恭，邦有常刑。《傳》：言百官廢職，服大刑。

《詩經·大雅·棫樸》 勉勉我王，綱紀四方。漢鄭玄《箋》：我王，謂文王也。以綱罟喻為政，張之為綱，理之為紀。

又《大雅·抑》 無競維人，四方其訓之。有覺德行，四國順之。漢毛亨《傳》：無競，競也。訓，教。覺，直也。《箋》：競，彊也。人君為政，無彊於得賢人；得賢人則天下教化於其俗，有大德行則天下順從其政。言在上所以倡道。訏謨定命，遠猶辰告。《傳》：訏，大。謨，謀。猶，道。辰，時也。《箋》：猶，圖也。大謀定命，謂正月始和，布政於邦國都鄙也。為天下遠圖庶事而以歲時告施之。敬慎威儀，維民之則。《箋》：則，法也。

《周禮·天官·冢宰》 大宰之職，掌建邦之六典，以佐王治邦國。一曰治典，以經邦國，以治官府，以紀萬民。二曰教典，以安邦國，以教官府，以擾萬民。三曰禮典，以和邦國，以統百官，以諧萬民。四曰政典，以平邦國，以正百官，以均萬民。五曰刑典，以詰邦國，以刑百官，以糾萬民。六曰事典，以富邦國，以任百官，以生萬民。漢鄭玄注：大曰邦，小曰國。邦之所居，亦曰國。典，常也，經也，法也。王謂之禮經，常所秉，以治天下也；邦國、官府謂之禮法，常所守，以為法式也。常者，其上下通名。擾猶馴也，統猶合也，詰猶禁也。《書》曰：度作詳刑，以詰四方。任猶傳也，生猶養也。

《禮記·中庸》 非天子不議禮，不制度，不考文。注：此天下所共行，天子乃能一之也。禮，謂人所服行也；度，國家宮室及車輿也；文，書名也。唐孔穎達《正義》：非天子不議禮者，此論禮由天子所行，既非天子，不得論議禮之是非。不制度，謂不敢制造法度及國家宮室大小高下及車輿也。不考文，亦不得考成文章書籍之名也。

凡為天下國家有九經，曰脩身也，尊賢也，親親也，敬大臣也，體羣臣也，子庶民也，來百工也，柔遠人也，懷諸侯也。脩身則道立，尊賢則不惑，親親則諸父昆弟不怨，敬大臣則不眩，體羣臣則士之報禮重，子庶民則百姓勸，來百工則財用足，柔遠人則四方歸之，懷諸侯則天下畏之。

又《樂記》 是故先王慎所以感之者，故禮以道其志，樂以和其聲，政以一其行，刑以防其姦。禮樂刑政，其極一也，注：極，至也。所以同民心而出治道也。注：此其所謂至也。

禮節民心，樂和民聲，政以行之，刑以防之，禮樂刑政四達而不悖，則王道備矣。《正義》：禮有尊卑上下，故裁節民心，謂無不敬也。樂和民聲者，樂有宮、商、角、徵、羽及律呂，所以調和民聲也。政以行之者，政謂政令，用禁令以行禮樂也。刑以防之者，若不行禮樂，則以刑罰防止也。禮樂刑政四達而不悖，則王道備矣者，若此四事通連流行而不悖逆，則王道備具矣。

武王克殷反商，未及下車而封黄帝之後於薊，封帝堯之後於祝，封帝舜之後於陳，下車而封夏后氏之後於杞，投殷之後於宋。封王子比干之墓，釋箕子之囚，使之行商容而復其位，庶民弛政，庶士倍禄。濟河而西，馬散之華山之陽而弗復乘，牛散之桃林之野而弗復服。車甲衅而藏之府庫而弗復用，倒載干戈，包之以虎皮。將帥之士，使為諸侯，名之曰建櫜。然後天下知武王之不復用兵也。散軍而郊射，左射《貍首》，右射《騶虞》，而貫革之射息也。裨冕搢笏，而虎賁之士説劍也。祀乎明堂而民知孝，朝覲然後諸侯知所以臣，耕藉然後諸侯知所以敬。五者，天下之大教也。食三老五更於大學，天子袒而割牲，執醬而饋，執爵而酳，冕而總干，注：親在舞位也。《正義》：執爵而酳者，謂食訖，天子親執爵而酳口也。冕而總干者，謂天子親自著冕，手持干盾而親舞也。所以教諸侯之弟也。若此則周道四達，禮樂交通，則夫《武》之遲久，不亦宜乎！

又《大傳》 聖人南面而聽天下所且先者五，民不與焉。一曰治親，二曰報功，三曰舉賢，四曰使能，五曰存愛。五者一得於天下，民無不足、無不贍者。五者一物紕繆，民莫得其死。聖人南面而治天下，必自人道始矣。立權度量，考文章，改正朔，易服色，殊徽號，異器械，别衣服，此其所得與民變革者也。其不可得變革者，則有矣。親親也，尊尊也，長長也，男女有别，此其不可得與民變革者也。注：四者，人道之常。

《左傳·文公六年》 君子曰：【略】『古之王者，知命之不長，是以並建聖哲，晉杜預注：建立聖知，以司牧民。唐孔穎達《正義》：此説王者之事，或封為諸侯，或置之羣官。聖哲是人之儁者，故總言之耳。樹之風聲，注：因土地風俗，為立聲教之法。《正義》：《漢書·地理志》云：凡民性有剛柔緩急，聲音不同，繫水土之風氣，故謂之風。好惡取舍，動静無常，隨君上之情欲，故謂之俗。《王制》云：廣谷大川異制，民生其間者異俗，器械異制，衣服異宜。脩其教，不易其俗；齊其政，不易其宜。故聖王為教，因其土地風俗，為立善聲教也。聲教，人之所立，故言樹之。今杜云因土地風俗，為立聲教之法。如杜此言，惟樹以聲，而《傳》云「樹之風聲」，而風亦樹者。其實風俗亦是人君教化，故《孝經》云：移風易俗。孔注《尚書》云「立其善風，揚其善聲」是也。分之采物，注：旌旗衣服，各有分制。《正義》采物謂采章物色，旌旗衣服，尊卑不同，名位高下，各有品制。天子所有，分而與之，故云分之。定四年《傳》稱「分魯公以大路大旂」之類皆是也。著之話言，注：話，善也。為作善言遺戒。《正義》：著之話言，為作善言遺戒，著於竹帛，故言著之也。為之律度，注：鍾律度量，所以治曆明時。《正義》：度量衡，其本俱出於律。《傳》言律度，注言度量，其言不及衡者，文雖不足，理實兼之。《易·革卦·象》云：君子以治曆明時。此律度量衡，皆推曆為之。為此法以教天下，使之明四時也。陳之藝極，注：藝，準也。極，中也。貢獻多少之法。《傳》曰「貢之無藝」，又曰「貢獻無極」。《正義》：藝是準限，極是中正。制貢賦多少之法，立其準限中正，使不多不少，陳之以示民，故言陳之。所引《傳》曰及又曰，皆昭十三年子産辭也。引之表儀，注：引，道也。表儀猶威儀。《正義》：引謂在前，故為道也。表章儀飾，故猶威儀也。威儀禮則王者制之以道民，言引之、道之，不用重文，故異之也。予之法制，告之訓典，注：訓典，先王之書。《正義》：訓典，先王之書，教訓之典。取其言以語之，故言告之。法制謂王者身自制作，己之所有，故言予之。教之防利，注：防惡興利。《正義》：防者，防使勿然，故為防惡。利者，務生此利，故為興利。《傳》言防利，於文不足，互見以曉人也。此最為急，故特言教之。委之常秩，注：委，任也。常秩，官司之常職。《正義》：設官分職，當委任責成，故言委之。常秩謂職掌位次，故為官司之常職。道之以禮，則使毋失其土宜。衆隸賴之，而後即命。注：即，就也。聖王同之。』

又《宣公十二年》 隨武子曰：『善。會聞用師，觀衅而動。德、刑、政、事、典、禮不易，不可敵也，不為是征。楚軍討鄭，怒其貳而哀其卑，叛而伐之，服而舍之，德、刑成矣。伐叛，刑也；柔服，德也。二者立矣。昔歲入陳，今兹入鄭，民不罷勞，君無怨讟，政有經矣。荆尸而舉，商、農、工、賈不敗其業，而卒乘輯睦，事不奸矣，蔿敖為宰，擇楚國之令典，軍行，右轅，左追蓐，前茅慮無，中權後勁。百官象物而動，軍政不戒而備，能用典矣。其君之舉也，内姓選於親，外姓選於舊，舉不失德，賞不失勞，老有加惠，旅有施舍。君子小人，物有服章，貴有常尊，賤有等威，禮不逆矣。德立、刑行、政成、事時、典從、禮順，若之何敵之？』

又《成公十三年》 劉子曰：【略】國之大事，在祀與戎。

又《成公十八年》 二月乙酉朔，晉悼公即位於朝。始命百官，施舍已責，逮鰥寡，振廢滯，匡乏困，救災患，禁淫慝，薄賦斂，宥罪戾，節器用，時用民，欲無犯時。使魏相、士魴、魏頡、趙武為卿，荀家、荀會、欒黶、韓無忌為公族大夫，使訓卿之子弟共儉孝弟，使士渥濁為大傅，使修範武子之法。右行辛為司空，使修士蔿之法。弁糾御戎，校正屬焉，使訓諸御知義。荀賓為右司，士屬焉，使訓勇力之士時使。卿無共御，立軍尉以攝之。祁奚為中軍尉，羊舌職佐之。魏絳為司馬，張老為候奄，鐸遏寇為上軍尉，籍偃為之司馬，使訓卒乘，親以聽命。程鄭為乘馬御，六騶屬焉，使訓羣騶知禮。凡六官之長，皆民譽也。舉不失職，官不易方，爵不踰德，師不陵正，旅不偪師，民無謗言，所以復霸也。注：此以上通言悼公所行，未必皆在即位之年。

又《昭公十三年》 子干歸。宣子問於叔向曰：『子干其濟乎？』對曰：『難。』宣子曰：『同惡相求，如市賈焉，何難？』注：宣子謂棄疾親恃子干，共同好惡，故言如市賈同利以相求。對曰：『無與同好，誰與同惡？注：言棄疾本不與子干同好，則亦不得同惡。取國有五難：有寵而無人，一也。注：寵須賢人而固。有人而無主，二也。注：雖有賢人，當須内主爲應。有主而無謀，三也。注：謀，策謀也。有謀而無民，四也。注：民，衆。有民而無德，五也。注：四者既備，當以德成。子干在晉十三年矣，晉楚之從，不聞達者，可謂無人。注：晉楚之士從子干游，皆非達人。族盡親叛，可謂無主。注：無親族在楚。無釁而動，可謂無謀。注：召子干時，楚未有大釁呼應，應對之應。為羈終世，可謂無民。注：終身羈客在晉，是無民。亡無愛徵，可謂無德。注：楚人無愛念之者。王虐而不忌，注：靈王暴虐，無所畏忌，將自亡。楚君子干，涉五難。以弑舊君，誰能濟之？注：言楚借君子干，以弑靈王，終無能成。有楚國者，其棄疾乎！君陳、蔡，城外屬焉。注：城，方城也。時穿封戌既死，棄疾并領陳事。苛慝不作，盜賊伏隱，私欲不違，注：不以私欲違民事。民無怨心，先神命之，注：先神，謂羣望。國民信之。羋姓有亂，必季實立，楚之常也。獲神，一也；注：當璧拜。有民，二也；注：民信之。令德，三也；注：無苛慝。寵貴，四也；注：貴妃子。居常，五也。注：棄疾，季。有五利以去五難，誰能害之？子干之官，則右尹也；數其貴寵，則庶子也；以神所命，則又遠之。其貴亡矣，注：位不尊。其寵棄矣，注：父既沒故。民無懷焉，注：非令德。國無與焉。注：無内主。將何以立？』宣子曰：『齊桓、晉文，不亦是乎？』注：皆庶賤。對曰：『齊桓，衛姬之子也，有寵於僖；注：衛姬，齊僖公妾。有鮑叔牙、賓須無、隰朋以為輔佐；有莒、衛以為外主；注：齊桓出奔莒、衛，有舅氏之助。有國、高以為内主。注：國氏、高氏，齊上卿。從善如流，注：言其疾也。下善齊肅，注：齊，嚴也。肅，敬也。不藏賄，注：清也。不從欲，注：儉也。施舍不倦，注：施舍猶言布恩德。求善不厭。是以有國，不亦宜乎！我先君文公，狐季姬之子也，有寵於獻。好學而不貳。注：言篤志。生十七年，有士五人。注：狐偃、趙衰、顛頡、魏武子、司空季子。五士從出。有先大夫子餘、子犯以為腹心，注：子餘，趙衰。子犯，狐偃。有魏犨、賈佗以為股肱，注：魏犨，魏武子也。稱五人而說四士，賈佗又不在本數，蓋叔向所賢。有齊、宋、秦、楚以為外主，注：齊妻以女，宋贈以馬，楚王享之，秦伯納之。有欒、郤、狐、先以為内主。注：謂欒枝、郤縠、狐突、先軫也。亡十九年，守志彌篤。惠、懷棄民，注：惠公、懷公不恤民也。民從而與之。獻無異親，民無異望。注：獻公之子九人，唯文公在。天方相晉，將何以代文？此二君者，異於子干。共有寵子，國有奥主。注：謂棄疾也。無施於民，無援於外，去晉而不送，歸楚而不逆，何以冀國？』注：《傳》言子干所以蒙弑君之名，棄疾所以得國。

又《哀公元年》 子西曰：『昔闔廬食不二味，居不重席，室不崇壇，器不彤鏤，宮室不觀，舟車不飾，衣服財用，擇不取費。在國，天有菑癘，親巡孤寡而共其乏困。在軍，熟食者分而後敢食，其所嘗者，卒乘與焉。勤恤其民而與之勞逸，是以民不罷勞，死知不曠。吾先大夫子常易之，所以敗我也。』

《國語》卷一《周語上》 古者先王既有天下，又崇立於上帝，明神而敬事之，於是乎有朝日夕月，以教民事君。諸侯春秋受職於王，以臨其民。大夫士日恪位箸，以儆其官。庶人工商各守其業，以共其上。猶恐有墜失也，故為車服旗章以旌之，為摯幣瑞節以鎮之，為班爵貴賤以列之，為令聞嘉譽以聲之。猶有散遷解慢而箸在刑辟，流在裔土，於是乎有夷蠻之國，有斧鉞刀墨之民，而況可以淫縱其身乎？

又 卷六《齊語》 管子對曰：昔吾先王昭王、穆王，世法文、武遠績以成名，合羣叟，三國吳韋昭注：合，會也。叟，老也。比校民之有道者，設象以為民紀。注：設象，設教象之法於象魏也。《周禮》：正月之吉，縣治象於象魏，使萬民觀焉，挾日而斂之，所以為民綱紀也。式權以相應，注：式，用也。權，平也。治政用民，使均平相應也。比綴以度，注：比，比其衆寡。綴，連也，連其夫家也。度，法也。竱本肇末，注：竱，等也。肇，正也。謂先等其本，以正其末也。勸之以賞賜，糾之以刑罰，班序顛毛，以為民紀統。注：班，次也。序，列也。顛，頂也。毛，髮也。統猶經也，言次列頂髮之白黑，使長幼有等，以為治民之經紀也。

又　卷一〇《晉語四》（晉文）公屬百官，賦職任功。注：屬，會也；賦，授也。授職事，任有功也。棄責薄斂，施舍分寡，救乏振滯，匡困資無，輕關易道，通商寬農，懋穡勸分，省用足財，利器明德，以厚民性。舉善援能，官方定物，正名育類。昭舊族，愛親戚，明賢良，尊貴寵，賞功勞，事耇老，禮賓旅，友故舊。胥、籍、狐、箕、欒、郤、柏、先、羊舌、董、韓，實掌近官。注：十一族，晉之舊姓，近官朝廷者。諸姬之良，掌其中官。注：諸姬，同姓也。中官，內官也。異姓之能，掌其遠官。注：遠官，縣鄙也。公食貢，大夫食邑，士食田，庶人食力，工商食官，皁隸食職，注：士臣皁，皁臣輿，輿臣隸。食職，各以其職大小食祿也。官宰食加。注：官宰，家臣也。加，大夫之加田也。《論語注》：原憲為家邑宰。政平民阜，財用不匱。

又　卷一三《晉語七》（悼公）乃盟而入。辛巳，朝於武宮。定百事，立百官，注：議定百事而立其官，使主之。謂改其舊時之非者。育門子，選賢良，注：門子，大夫適子。《周禮》曰：其正室皆謂之門子。育，長也，長育其材，選用賢良也。興舊族，出滯賞，注：舊族，舊臣之子孫。滯賞，謂有功於先君未賞者，謂呂相之屬也。畢故刑，赦囚繫，注：故刑，若今被刑居作者，畢之不復作也。囚繫者赦之，《傳》曰「宥罪戾」是也。宥閒罪，薦積德，注：閒罪，刑罰之疑者。宥，赦也。薦，進也，積德之士進用之。逮鰥寡，振廢淹，注：振，起也；淹，久也。謂本賢人，以小罪久見廢，起用之。養老幼，恤孤疾。年過七十者，公親見之，注：謂賢知事者。稱曰王父，王父不敢不承。注：稱曰王父，尊而親之，所以盡其心也，故王父不敢不承命。

二月乙酉，公即位。使呂宣子佐下軍，曰：『邲之役，呂錡佐知莊子於上軍，獲楚公子穀臣與連尹襄老，以免子羽。鄢之役，親射楚王而敗楚師，以定晉國而無後，其子孫不可不崇也。』使彘恭子將新軍，曰：『武子之季，文子之母弟也。武子宣法，以定晉國，至於今是用；文子勤身，以定諸侯，至於今是賴。夫二子之德，其可忘乎？故以彘季屏其宗。』使令狐文子佐之，曰：『昔克潞之役，秦來圖敗晉功，魏顆以其身卻退秦師於輔氏，親止杜回，其勳銘於景鍾，至於今不育。其子不可不興也。』君知士貞子之帥志博聞，而宣惠於教也，使為太傅。知右行辛之能以數宣物定功也，使為元司空。知欒糾之能御以和於政也，使為戎御。知荀賓之有力而不暴也，使為戎右。

欒伯請公族大夫，公曰：『荀家惇惠，荀會文敏，黶也果敢，無忌鎮靖。使茲四人者為之。』夫膏粱之性難正也，故使惇惠者教之，使文敏者道之，使果敢者諗之，使鎮靖者修之。惇惠者教之，則徧而不倦；文敏者道之，則婉而入；果敢者諗之，則過不隱；鎮靖者修之，則壹。使茲四人者為公族大夫。

公知祁奚之果而不淫也，使為元尉。知羊舌職之聰敏肅給也，使佐之。知魏絳之勇而不亂也，使為元司馬。知張老之知而不詐也，使為元候。知鐸遏寇之恭敬而信彊也，使為輿尉。知籍偃之惇帥舊職而共給也，使為輿司馬。知程鄭端而不淫，且好諫而不隱也，使為贊僕。

始合諸侯於虛朾以救宋，使張老延君譽於四方，且觀道逆者。呂宣子卒，公以趙文子為文也，而能恤大事，使佐新軍。三年，公始合諸侯。四年，諸侯會於雞丘，於是乎布令、結援、修好、申盟而還。注：令謂朝聘之數，同好惡、救災患之屬。申，尋也。令狐文子卒，公以魏絳為不犯，使佐新軍。使張老為司馬，使范獻子為候奄。公譽達於戎。五年，諸戎來請服，使魏莊子盟之。於是乎始復伯。

又　卷一八《楚語下》（藍尹亹）對曰：【略】『夫闔閭，口不貪嘉味，耳不樂逸聲，目不淫於色，身不懷於安。朝夕勤志，恤民之羸。聞一善若驚，得一士若賞，有過必悛，有不善必懼。是故得民，以濟其志。』注：濟，成也。志，戰克也。

《尉繚子》卷二《原官》官分文、武，惟王之二術也。俎豆同制，天子之會也。遊說間諜無自入，正議之術也。諸侯有謹天子之禮，君民繼世，承王之命也。更好易常，違王明德，故禮得以伐也。官無事治，上無慶賞，民無獄訟，國無商賈，何王之至也？明舉上達，在王垂聽也。

《孟子·梁惠王下》 王曰：『王政可得聞與？』對曰：『昔者文王之治岐也，耕者九一，仕者世祿，關市譏而不征，澤梁無禁，罪人不孥。注：言往者文王為西伯時，始行王政，使岐民修井田，八家耕八百畝，其百畝者以為公田及廬井，故曰九一也。紂時稅重，文王復行古法也。仕者世祿，賢者子孫必有土地。關以譏難非常，不征稅也。陂池魚梁不設禁，與民共之也。孥，妻子也。《詩》云「樂爾妻孥。」罪人不孥，惡惡止其身，不及妻子也。老而無妻曰鰥，老而無夫曰寡，老而無子曰獨，幼而無父曰孤。此四者，天下之窮民而無告者。文王發政施仁，必先斯四者。注：言此四者，皆天下之窮民，而文王常恤鰥寡，存孤獨也。《詩》云：「哿矣富人，哀此煢獨。」』注：《詩·小雅·正月》之篇。哿，可也。詩人言居今之世，可矣，富人但憐憫此煢獨羸弱者耳。文王行政如此也。王曰：『善哉言乎！』

《呂氏春秋》卷一《孟春紀》 是月也，以立春，先立春三日，太史謁之天子曰：『某日立春，盛德在木。』天子乃齋。立春之日，天子親率三公九卿、諸侯大夫以迎春於東郊，還乃賞公卿諸侯大夫於朝。命相布德和令，行慶施惠，下及兆民。慶賜遂行，無有不當。迺命太史守典奉法，司天日月星辰之行，宿離不忒，無失經紀，以初為常。是月也，天子乃以元日祈穀於上帝。乃擇元辰，天子親載耒耜，措之參於保介之御間，率三公九卿、諸侯大夫躬耕帝籍田。天子三推，三公五推，卿諸侯大夫九推。反，執爵於太寢，三公九卿、諸侯大夫皆御，命曰勞酒。是月也，天氣下降，地氣上騰，天地和同，草木繁動。王布農事。命田舍東郊，皆修封疆，審端徑術，善相丘陵阪險原隰，土地所宜，五穀所殖，以教道民，必躬親之。田事既飭，先定準直，農乃不惑。是月也，命樂正入學習舞。乃修祭典，命祀山林川澤，犧牲無用牝。禁止伐木，無覆巢，無殺孩蟲胎犬飛鳥，無麛無卵，無聚大衆，無置城郭，揜骼霾髊。是月也，不可以稱兵。稱兵必有天殃。兵戎不起，不可以從我始。無變天之道，無絕地之理，無亂人之紀。

又 卷二《仲春紀》 是月也，安萌牙，養幼少，存諸孤。擇元日，命人社。命有司省囹圄，去桎梏，無肆掠，止獄訟。是月也，玄鳥至，至之日，以太牢祀於高禖。天子親往，后妃率九嬪御，乃禮天子所御，帶以弓韣，授以弓矢於高禖之前。是月也，日夜分，雷乃發聲，始電，蟄蟲咸動，開户始出。先雷三日，奮鐸以令於兆民曰：『雷且發聲，有不戒其容止者，生子不備，必有凶災。』日夜分則同度量，鈞衡石，角斗桶，正權概。是月也，耕者少舍，乃修闔扇，寢廟必備，無作大事，以妨農功。是月也，無竭川澤，無漉陂池，無焚山林。天子乃獻羔開冰，先薦寢廟。上丁，命樂正入舞舍採。天子乃率三公九卿諸侯，親往視之。中丁，又命樂正入學習樂。是月也，祀不用犧牲用圭璧，更皮幣。

又 卷三《季春紀》 是月也，天子乃薦鞠衣於先帝。命舟牧覆舟，五覆五反，乃告舟備具於天子焉。天子焉始乘舟。薦鮪於寢廟，乃為麥祈實。是月也，生氣方盛，陽氣發泄，生者畢出，萌者盡達，不可以內。天子布德行惠，命有司發倉窌，賜貧窮，振乏絕，開府庫，出幣帛，周天下，勉諸侯，聘名士，禮賢者。是月也，命司空曰：『時雨將降下，水上騰，循行國邑，周視原野，修利隄防，導達溝瀆，開通道路，無有障塞。田獵罼弋，罝罘羅網，餧獸之藥，無出國門。』是月也，命野虞無伐桑柘，鳴鳩拂其羽，戴任降於桑。具栚曲篆筐，后妃齋戒，親東鄉躬桑。禁婦女無觀，省婦使，勸蠶事。蠶事既登，分繭稱絲效功，以共郊廟之服，無有敢墮。是月也，命工師令百工審五庫之量，金鐵、皮革筋、角齒、羽箭幹、脂膠、丹漆，無或不良。百工咸理，監工日號，無悖於時，無或作為淫巧，以蕩上心。是月之末，擇吉日大合樂。天子乃率三公九卿、諸侯大夫，親往視之。是月也，乃合纍牛騰馬，游牝於牧，犧牲駒犢，舉書其數。國人儺，九門磔禳，以畢春氣。行之是令，而甘雨至三旬。

又 卷四《孟夏紀》 是月也，以立夏，先立夏三日，大史謁之天子曰：『某日立夏，盛德在火。』天子乃齊。立夏之日，天子親率三公九卿大夫以迎夏於南郊，還乃行賞封侯慶賜，無不欣說。乃命樂司，習合禮樂。命太尉贊傑儁，遂賢良，舉長大，行爵出祿，必當其位。是月也，繼長增高，無有壞隳，無起土功，無發大衆，無伐大樹。是月也，天子始絺。命野虞出行田原，勞農勸民，無或失時。命司徒循行縣鄙，命農勉作，無伏於都。是月也，驅獸無害五穀，無大田獵，農乃升麥。天子乃以彘嘗麥，先薦寢廟。是月也，聚蓄百藥，靡草死，麥秋至。斷薄刑，決小罪，出輕繫。蠶事既畢，后妃獻繭，乃收繭稅，以桑為均。貴賤少長如一，以給郊廟之祭服。是月也，天子飲酎，用禮樂。行之是令，而甘雨至三旬。

又　卷五《仲夏紀》　是月也，命樂師修鞀鞞鼓，均琴瑟管簫，執干戚戈羽，調竽笙壎篪，飭鐘磬柷敔。命有司為民祈祀山川百原，大雩帝，用盛樂。乃命百縣雩祭祀百辟卿士有益於民者，以祈穀實，農乃登黍。是月也，天子以雛嘗黍，羞以含桃，先薦寢廟。令民無刈藍以染，無燒炭，無暴布。門閭無閉，關市無索。挺重囚，益其食。游牝別其羣，則縶騰駒，班馬正。是月也，長日至，陰陽爭，死生分。君子齋戒，處必揜，身欲靜無躁，止聲色，無或進。薄滋味，無致和，退嗜慾，定心氣。百官靜，事無刑，以定晏陰之所成。鹿角解，蟬始鳴，半夏生，木堇榮。是月也，無用火南方。可以居高明，可以遠眺望，可以登山陵，可以處臺榭。

又　卷六《季夏紀》　是月也，令漁師伐蛟取鼉，升龜取黿。乃命虞人入材葦。是月也，令四監大夫合百縣之秩芻，以養犧牲。令民無不咸出其力，以供皇天上帝、名山大川、四方之神，以祀宗廟社稷之靈，為民祈福。是月也，命婦官染採，黼黻文章必以法故，無或差忒；黑黃蒼赤，莫不質良，勿敢偽詐。以給郊廟祭祀之服，以為旗章，以別貴賤等級之度。是月也，樹木方盛，乃命虞人入山行木，無或斬伐。不可以興土功，不可以合諸侯，不可以起兵動衆。無舉大事，以搖蕩於氣。無發令而干時，以妨神農之事。水潦盛昌，命神農，將巡功。舉大事則有天殃。是月也，土潤溽暑，大雨時行，燒薙行水，利以殺草，如以熱湯，可以糞田疇，可以美土疆。行之是令，是月甘雨三至，三旬二日。

又　卷七《孟秋紀》　是月也，以立秋，先立秋三日，太史謁之天子曰：『某日立秋，盛德在金。』天子乃齋。立秋之日，天子親率三公九卿、諸侯大夫以迎秋於西郊，還乃賞軍率武人於朝。天子乃命將帥選士厲兵，簡練桀儁，專任有功，以征不義；詰誅暴慢，以明好惡，巡彼遠方。是月也，命有司修法制，繕囹圄，具桎梏，禁止姦，慎罪邪，務搏執。命理瞻傷察創，視折審斷。決獄訟，必正平，戮有罪，嚴斷刑，天地始肅，不可以贏。是月也，農乃升穀，天子嘗新，先薦寢廟。命百官始收斂，完隄防，謹壅塞，以備水潦；修宮室，坿墻垣，補城郭。是月也，無以封侯、立大官，無割土地、行重幣、出大使。行之是令，而涼風至三旬。

又　卷八《仲秋紀》　是月也，養衰老，授几杖，行麋粥飲食。乃命司服具飭衣裳，文繡有常，制有小大，度有短長，衣服有量，必循其故，冠帶有常。命有司申嚴百刑，斬殺必當，無或枉撓，枉撓不當，反受其殃。是月也，乃命宰祝巡行犧牲，視全具，案芻豢，瞻肥瘠，察物色，必比類，量小大，視長短，皆中度。五者備當，上帝其享。天子乃儺，禦佐疾，以通秋氣。以犬嘗麻，先祭寢廟。是月也，可以築城郭，建都邑，穿竇窖，修囷倉。乃命有司趣民收斂，務蓄菜，多積聚。乃勸種麥，無或失時，行罪無疑。是月也，日夜分，雷乃始收聲，蟄蟲俯户，殺氣浸盛，陽氣日衰，水始涸。日夜分則一度量，平權衡，正鈞石，齊升角。是月也，易關市，來商旅，入貨賄，以便民事。四方來雜，遠鄉皆至，則財物不匱，上無乏用，百事乃遂。凡舉事，無逆天數，必順其時。乃因其類。行之是令，白露降三旬。

又　卷九《季秋紀》　是月也，申嚴號令。命百官貴賤，無不務入，以會天地之藏，無有宣出。命冢宰農事備收，舉五種之要，藏帝籍之收於神倉，祗敬必飭。是月也，霜始降，則百工休。乃命有司曰：『寒氣總至，民力不堪，其皆入室。上丁，入學習吹。』是月也，大饗帝，嘗犧牲，告備於天子。合諸侯，制百縣，為來歲受朔日，與諸侯所稅於民輕重之法。貢職之數以遠近土地所宜為度，以給郊廟之事，無有所私。是月也，天子乃教於田獵，以習五戎，獀馬。命僕及七騶咸駕，載旍旐輿，受車以級，整設於屏外。司徒搢扑，北嚮以誓之。天子乃厲服厲飭，執弓操矢以射。命主祠祭禽於四方。是月也，草木黃落，乃伐薪為炭。蟄蟲咸俯在穴，皆墐其户。乃趣獄刑，無留有罪。收祿秩之不當者，共養之不宜者。是月也，天子乃以犬嘗稻，先薦寢廟。

又　卷一〇《孟冬紀》　是月也，以立冬，先立冬三日，太史謁之天子曰：『某日立冬，盛德在水。』天子乃齋。立冬之日，天子親率三公九卿大夫以迎冬於北郊，還乃賞死事，恤孤寡。是月也，命太卜禱祠龜策占兆，審卦吉凶，於是察阿上亂法者，則罪之，無有揜蔽。是月也，天子始裘。命有司曰：『天氣上騰，地氣下降，天地不通，閉而成冬。』令百官謹蓋藏。命司徒循行積聚，無有不斂，坿城郭，戒門閭，修楗閉，慎關窬，固封璽，備邊境，完要塞，謹關梁，塞蹊徑。飭喪紀辨衣裳，審棺椁之厚薄，營丘壟之小大高卑薄厚之度，貴賤之等級。是月也，工師效功，陳祭器，按度程，無或作為淫巧，以蕩上心，必功致為上。物勒工名，以考其誠。工有不當，必行其罪，以窮其情。是月也，大飲蒸，天子乃祈來年於天宗，大割，祠於公社及門閭，饗先祖五祀，勞農夫以休息之。天子乃命將率講武，肄射御，角力。是月也，乃命水虞、漁師收水泉池澤之賦，無或敢侵削衆庶兆民，以為天子取怨於下。其有若此者，行罪無赦。

又　卷一一《仲冬紀》　命有司曰：『土事無作，無發蓋藏，無起大衆，以固而閉。』發蓋藏，起大衆，地氣且泄，是謂發天地之房，諸蟄則死，民多疾疫，又隨以喪，命之曰暢月。是月也，命閹尹，申宮令，審門閭，謹房室，必重閉。省婦事，毋得淫，雖有貴戚近習，無有不禁。乃命大酋，秫稻必齊，麴櫱必時，湛饎必潔，水泉必香，陶器必良，火齊必得，兼用六物。大酋監之，無有差忒。天子乃命有司，祈祀四海大川名原淵澤井泉。是月也，農有不收藏積聚者，牛馬畜獸有放佚者，取之不詰。山林藪澤，有能取疏食田獵禽獸者，野虞教導之。其有侵奪者，罪之不赦。是月也，日短至，陰陽爭，諸生蕩。君子齋戒，處必弇，身欲寧，去聲色，禁嗜慾，安形性，事欲靜，以待陰陽之所定。蕓始生，荔挺出，蚯蚓結，麋角解，水泉動。日短至則伐林木，取竹箭。是月也，可以罷官之無事者，去器之無用者。塗闕庭門閭，築囹圄，此所以助天地之閉藏也

又　卷一二《季冬紀》　命有司大儺，旁磔，出土牛，以送寒氣。征鳥厲疾，乃畢行山川之祀，及帝之大臣，天地之神祇。是月也，命漁師始漁，天子親往。乃嘗魚，先薦寢廟。冰方盛，水澤復，命取冰。冰已入，令告民，出五種。命司農計耦耕事，修耒耜，具田器。命樂師大合吹而罷。乃命四監收秩薪柴，以供寢廟及百祀之薪燎。是月也，日窮於次，月窮於紀，星迴於天，數將幾終，歲將更始。專於農民，無有所使。天子乃與卿大夫飭國典，論時令，以待來歲之宜。乃命太史次諸侯之列，賦之犧牲，以供皇天上帝社稷之享。乃命同姓之國，供寢廟之芻豢。令宰歷卿大夫至於庶民土田之數，而賦之犧牲，以供山林名川之祀。凡在天下九州之民者，無不咸獻其力，以供皇天上帝、社稷寢廟、山林名川之祀。行之是令，此謂一終，三旬二日。

漢・劉向《説苑》卷七《政理》　政有三品：王者之政化之，霸者之政威之，彊者之政脅之。夫此三者，各有所施，而化之為貴矣。夫化之不變，而後威之；威之不變，而後脅之；脅之不變，而後刑之。夫至於刑者，則非王者之所得已也。是以聖王先德教而後刑罰，立榮恥而明防禁，崇禮義之節以示之，賤貨利之弊以變之，修道理內，政橛機之禮，壹妃匹之際，則莫不慕義禮之榮，而惡貪亂之恥。其所由致之者，化使然也。

武王問於太公曰：『賢君治國何如？』對曰：『賢君之治國，其政平，其吏不苛，其賦斂節，其自奉薄。不以私善害公法，賞賜不加於無功，刑罰不施於無罪。不因喜以賞，不因怒以誅。害民者有罪，進賢舉過者有賞。後宮不荒，女謁不聽。上無婬慝，下不陰害。不華宮室以費財，不多觀游臺池以罷民，不彫文刻鏤以逞耳目。官無腐蠹之藏，國無流餓之民。此賢君之治國也。』武王曰：『善哉！』

倒行逆施　**《尚書・湯誓》**　今汝其曰：『夏罪其如台？』夏王率遏衆力，率割夏邑，《傳》：言桀君臣相率為勞役之事。以絶衆力，謂廢農功；相率割剝夏之邑居，謂征賦重。有衆率怠弗協，曰『時日曷喪？予及汝皆亡！』

又《仲虺之誥》　夏王有罪，矯誣上天，以布命于下，《傳》：言託天以行虐於民，乃桀之大罪。帝用不臧。《傳》：天用桀無道，故不善之。

又《湯誥》　夏王滅德作威，以敷虐於爾萬方百姓。《傳》：夏桀滅道德，作威刑，以布行虐政於天下百官。言殘酷。爾萬方百姓，罹其凶害，弗忍荼毒，《傳》：罹，被。荼毒，苦也。不能堪忍虐之甚。並告無辜于上下神祇。

又《咸有一德》　夏王弗克庸德，慢神虐民，《傳》：言桀不能常其德，不敬神明，不恤下民。皇天弗保。

《墨子》卷八《明鬼下》　昔者夏王桀貴為天子，富有天下，上詬天侮鬼，下殃傲天下之萬民。祥上帝伐元山帝行，故於此乎天乃使湯至明罰焉。

《荀子》卷一五《解蔽篇》　桀蔽於末喜、斯觀而不知關龍逢，以惑其心而亂其行。唐楊倞注：末喜，桀妃。斯觀，未聞。韓侍郎云：『斯』或當為『斟』，斟觀，夏同姓國，喜，其君，當時為桀佞臣也。《國語》史蘇曰：昔夏桀伐有

施，有施人以末喜女焉。賈侍中云：有施，喜姓國也。

《呂氏春秋》卷一五《慎大》　桀為無道，暴戾頑貪，天下顫恐而患之。言者不同，紛紛分分，其情難得。干辛任威，漢高誘注：干辛，桀之諛臣也。凌轢諸侯，以及兆民。賢良鬱怨，殺彼龍逄，以服群凶。衆庶泯泯，皆有遠志，莫敢直言，其生若驚。大臣同患，弗周而畔。桀愈自賢，矜過善非，主道重塞，國人大崩。

《大戴禮記》卷一一《用兵》　夏桀、商紂，贏暴于天下，暴極不辜，殺戮無罪，不祥于天。粒食之民，布散厥親。疏遠國老，幼色是與，而暴慢是親，饞貸處穀。法言法行處辟，殀贊天道，逆亂四時，禮樂不行而幼風是御。曆失制，攝提失方，鄒大無紀，不頒朔于諸侯，玉瑞不行，諸侯力政，不朝于天子。六蠻四夷，交伐於中國。

漢·董仲舒《春秋繁露》卷四《王道》　桀、紂皆聖王之後，驕溢妄行。侈宮室，廣苑囿，窮五采之變，極飭材之工，困野獸之足，竭山澤之利，食類惡之獸。奪民財食，高雕文刻鏤之觀，盡金玉骨象之工，盛羽族之飾，窮白黑之變。深刑妄殺，以凌下。聽鄭衛之音，充傾宮之志，靈虎兕文採之獸。以希見之意，賞佞賜讒。以糟為丘，以酒為池。孤貧不養，殺聖賢而剖其心，生燔人聞其臭，剔孕婦見其化，斮朝涉之足察其拇。殺梅伯以為醢，刑鬼侯之女取其環。誅求無已，天下空虛。羣臣畏恐，莫敢盡忠，紂愈自賢。周發兵，不期會於孟津者八百諸侯，共誅紂，大亡天下。《春秋》以為戒，曰『蒲社災。』

《淮南子》卷六《覽冥訓》　逮至夏桀之時，主闇晦而不明，道瀾漫而不修。漢高誘注：仁義道不復修設，故曰瀾漫。棄捐五帝之恩刑，推蹶三王之法籍，是以至德滅而不揚，帝道揜而不興，注：興，舉也。舉事戾蒼天，發號逆四時，注：戾，反也。春秋縮其和，天地除其德。注：縮，藏也，言和氣不復行也，言其所施日惡不自知也。仁君處位而不安，大夫隱道而不言，注：不為民所安，隱仁義之道，不正諫直言也。羣臣準上意而懷當，注：準，望。懷，思。當，合也。取合主意，不復以道正諫也。疏骨肉而自容。邪人參耦比周而陰謀，注：陰謀，私謀也。居君臣父子之間，而競載驕主而像其意，注：像猶隨也。亂人以成其事。是故君臣乖而不親，骨肉疏而不附。植社槁而⿰土雩裂，注：言不禋於神也。容臺振而掩覆，注：容臺，行禮容之臺。言不能行禮，故天文振動而敗也。犬羣嘷而入淵，注：言將滅壞，犬失其主，故嘷而入淵也。一說：言犬禍也。豕銜蓐而席澳。注：豕銜其蓐席，入之澳，言豕禍也。一說：銜蓐自藏。美人挐首墨面而不容，注：挐首，亂頭也。草與髮并編為挐首，不修容飭也。曼聲吞炭內閉而不歌。注：曼聲，善歌也。見世亂衰將滅，故吞炭自敗音聲，閉氣不復動也。喪不盡其哀，獵不聽其樂。注：言時亂禮壞，不盡在哀。樂崩，故不復聽田獵之樂。西老折勝，黃神嘯吟。注：西王母折其頭上所戴勝，為時無法度。黃帝之神傷道之衰，故嘯吟而長嘆也。飛鳥鎩翼，走獸廢腳。注：鎩翼，縱翼也。廢腳，跛蹇也。言桀無道，田獵煩數，鳥獸悉被創夷也。山無峻榦，澤無窪水。注：峻榦，美材也。窪水，渟水。言山澤不以時也。狐狸首穴，馬牛放失。田無立禾，路無莎薠。莎，草名。薠，音蟠。金積折廉，璧襲無理。注：金氣積聚，折其鋒廉也。璧文襲重，言用之煩數皆鈍，無復文理也。磬龜無腹，注：磬，空也。象磬數鑽以卜，故空盡無腹也。言桀為無道，不修仁德，但數占龜，莫得吉兆也。蓍策日施。

《史記》卷三《殷本紀》　當是時，夏桀為虐政淫荒。

漢·劉向《說苑》卷一〇《敬慎》　（孔子）對曰：昔夏桀貴為天子，富有天下，不修禹之道，毀壞辟法，裂絕世祀，荒淫於樂，沈酗於酒。

晉·皇甫謐《帝王世紀·夏》　帝桀淫虐，有才力，能伸鈎索鐵，手能搏虎。多求美女，以充後宮，為瓊室瑤臺，金柱三千，始以瓦為屋，以望雲雨。大進侏儒倡優，為爛熳之樂，設奇偉之戲，縱靡靡之聲。日夜與妹喜及宮女飲酒，常置妹喜於膝上。妹喜好聞裂繒之聲，為發繒裂之，以順適其意。以人駕車肉山脯林，以為酒池，一鼓而牛飲者三千餘人，醉而溺水。以虎入市，而視其驚。伊尹舉觴造桀，諫曰：『君王不聽羣臣之言，亡無日矣。』桀聞言析，啞然笑曰：『子又妖言。天之有日，猶吾之有民。日亡，吾乃亡耳。』兩日鬬蝕，鬼呼於國，桀醉不寤。湯來伐桀，以乙卯日戰於鳴條之野。桀未戰而敗績，湯追至大涉，遂禽桀於焦放之歷山，乃與妹喜及諸嬖妾同舟浮海，奔於南巢之山而死。

《尚書·泰誓上》　今商王受，弗敬上天，降災下民，沈湎冒色，敢行暴虐。《傳》：沈湎，嗜酒。冒亂女色。敢行酷暴，虐殺無辜。罪人以族，官人以世。《傳》：一人有罪，刑及父母兄弟妻子，言淫濫。官人不以賢才，而以父兄，所以政亂。惟宮室臺榭，陂池侈服，以殘害于爾萬姓。《傳》：土高曰臺，有木曰榭，澤障曰陂，停水曰池。侈，謂服飾過制。言匱民財力為奢麗。焚炙忠良，刳剔孕婦。《傳》：忠良無罪，焚炙之；懷子之婦，刳剔視之。言暴虐。

又《牧誓》 今商王受，惟婦言是用，《傳》：妲己惑紂，紂信用之。昏棄厥肆祀弗答，《傳》：昏，亂；肆，陳；答，當也。亂棄其所陳祭祀，不復當享鬼神。昏棄厥遺王父母弟不迪。《傳》：王父，祖之昆弟；母弟，同母弟。言棄其骨肉，不接之以道。乃惟四方之多罪逋逃是崇是長，《傳》：言紂棄其賢臣，而尊長逃亡罪人，信用之。是信是使，是以為大夫卿士，《傳》士，事也。用為卿大夫，典政事。俾暴虐於百姓，以姦宄於商邑。《傳》：使四方罪人暴虐姦宄於都邑。

《逸周書》卷四《克殷解》 尹逸筴曰：『殷末孫受德，迷先成湯之明，侮滅神祇不祀，昏孔晁注：紂字受德也。神祇，天地也。舉天地，則宗廟已下廢可知也。明暴商邑百姓。其彰顯聞於昊天上帝。』注：言上天五帝皆知紂惡也。

《墨子》卷八《明鬼下》 昔者殷王紂貴為天子，富有天下，上詬天侮鬼，下殃傲天下之萬民。播棄黎老，賊誅孩子，楚毒無罪，刳剔孕婦，庶舊鰥寡號咷無告也。故於此乎天乃使武王至明罰焉。

《史記》卷三《殷本紀》 帝紂資辨捷疾，聞見甚敏，材力過人，手格猛獸。知足以距諫，言足以飾非。矜人臣以能，高天下以聲，以為皆出己之下。好酒淫樂，嬖於婦人，愛妲己，妲己之言是從。於是使師涓作新淫聲，北里之舞，靡靡之樂。厚賦稅，以實鹿臺之錢而盈鉅橋之粟。益收狗馬奇物，充仞宮室。益廣沙丘苑臺，多取野獸蜚鳥置其中。慢於鬼神，大冣樂戲於沙丘。以酒為池，縣肉為林，使男女倮相逐其間，為長夜之飲。百姓怨望而諸侯有畔者，於是紂乃重辟刑，有炮烙之法。以西伯昌、九侯、鄂侯為三公。九侯有好女，入之紂。九侯女不憙淫，紂怒殺之，而醢九侯，鄂侯爭之彊，辨之疾，并脯鄂侯。西伯昌聞之竊歎，崇侯虎知之以告紂，紂囚西伯羑里。西伯之臣閎夭之徒，求美女、奇物、善馬以獻紂，紂乃赦西伯。西伯出而獻洛西之地，以請除炮烙之刑，紂乃許之，賜弓矢斧鉞，使得征伐為西伯。而用費中為政，費中善諛好利，殷人弗親。紂又用惡來，惡來善毀讒，諸侯以此益疏。西伯歸，乃陰脩德行善，諸侯多叛紂而往歸西伯，西伯滋大，紂由是稍失權重。王子比干諫，弗聽。商容賢者，百姓愛之，紂廢之。及西伯伐飢國，滅之。紂之臣祖伊聞之而咎周，恐奔告紂曰：『天既訖我殷命，假人元龜，無敢知吉。非先王不相我後人，維王淫虐，用自絕。故天棄我，不有安食，不虞知天性，不廸率典。今我民罔不欲喪，曰「天曷不降威？大命胡不至今！」王其奈何？』紂曰：『我生不有命在天乎？』祖伊反，曰：『紂不可諫矣。』西伯既卒，周武王之東伐，至盟津，諸侯叛殷會周者八百諸侯，皆曰『紂可伐矣。』武王曰：『爾未知天命。』乃復歸。紂愈淫亂不止，微子數諫不聽，乃與太師、少師謀，遂去。比干曰：『為人臣者，不得不以死爭。』迺强諫紂。紂怒曰：『吾聞聖人心有七竅。』剖比干，觀其心。箕子懼，乃詳狂為奴，紂又囚之。殷之太師、少師乃持其祭樂器奔周。周武王於是遂率諸侯伐紂，紂亦發兵，距之牧野。甲子日，紂兵敗，紂走入，登鹿臺，衣其寶玉衣，赴火而死。

《國語》卷一六《鄭語》 （桓）公曰：『周其弊乎？』注：弊，敗也。（史伯）對曰『殆於必弊者。注：殆，近也。《大誓》曰：「民之所欲，天必從之。」注：《大誓》，《周書》。言民惡幽王猶惡紂，欲令之亡，天必從之也。今王棄高明昭顯而好讒慝暗昧，注：王，幽王也。高明昭顯，謂明德之臣。暗昧，幽暝不見光明之道也。惡角犀豐盈而近頑童窮固，注：角犀，謂顏角有伏犀；豐盈，謂頰輔豐滿，皆賢明之相也。頑童，童昏；固，陋也，謂皆暗昧窮陋、不識德義者。去和而取同。注：和謂可否相濟。同，同欲也。君子和而不同。【略】王將棄是類而與剸同。注：類猶和也。天奪之明，欲無弊，得乎？夫虢石父，讒諂巧從之人也，而立以為卿士，與剸同也。注：石父，虢君之名也。巧從，巧於媚從也。棄聘后而立內妾，好窮固也。注：聘后，申后。內妾，褒姒。侏儒戚施，實御在側，近頑童也。注：侏儒戚施，皆優笑之人。御，侍也。周法不昭而婦言是行，用讒慝也。不建立卿士而妖試幸措，行暗昧也。注：試，用也。措，置也，不建立有德以為卿士，而妖嬖之臣用之於位，佞幸之人置之於側也。是物也，不可以久。【略】褒人褒姁有獄，而以為入於王。注：褒姁，褒君也。王遂置之，注：置，赦褒姁。而嬖是女也，使至於為后而生伯服。注：以邪僻取愛曰嬖，使至，有漸之言也。天之生此久矣，其為毒也大矣，將俟淫德而加之焉。注：加，遺也。遺以褒女也。毒之酋腊者，其殺也滋速。注：精熟為酋。腊，極也。滋，益也。【略】凡周存亡，不三稔矣。』注：稔，年也。

又　卷六《齊語》（桓公）曰：昔吾先君襄公，築臺以為高位，注：居高臺以自尊。田狩畢弋，注：田，獵也；狩，圍守而取禽也。畢，掩雉兔之網也；弋，繳射也。不聽國政。卑聖侮士而惟女是崇，注：崇，高也。九妃六嬪，注：唐尚書云：九妃，三國之女，以姪娣從也。昭謂正適稱妃，言九者，尊之如一，明其淫侈，非禮制也。禮，姪娣之屬皆稱妾。嬪，婦官也。陳妾數百，注：陳，列也。食必粱肉，衣必文繡。戎士凍餒，戎車待游車之裂。戎士待陳妾之餘。注：戎車，兵車；游車，游獵之車。裂，殘也。優笑在前，賢材在後。注：優笑，倡俳也。是以國家不日引，注：引，申也。不月長。注：長，益也。

又　卷二《周語中》　定王使單襄公聘於宋，遂假道於陳，以聘於楚。火朝覿矣，道茀不可行也。注：火，心星也。覿，見也。草穢塞路為茀。朝見，謂夏正十月，晨見於辰。候不在疆，注：候，候人也，掌送迎賓客者。疆，境也。司空不視塗。注：司空，掌道路者。澤不陂，注：陂，鄣也。古不竇澤，故鄣之。川不梁。注：流曰川。梁，渠梁。古不防川，故渠之。野有庾積，注：唐尚書云：十六斗曰庾。昭謂：此庾露積穀也，《詩》云『曾孫之庾，如坻如京』是也。場功未畢。注：治場未畢也。《詩》云：『九月築場圃。』道無列樹，注：古者列樹以表道，且為城守之用。墾田若蓺。注：發田曰墾。蓺猶蒔也。言其稀少，猶若蓺物。膳宰不致餼，注：膳宰，膳夫也，掌賓客之牢禮。生曰餼。司里不授館，注：司里，里宰也，掌授客館。國無寄寓，注：寓亦寄也。無寄寓者，不為廬舍，可以寄寓羈旅之客也。縣無施舍。注：四甸為縣，縣方十六里。施舍，賓客負任之處。民將築臺於夏氏。注：民，陳國之民。臺，觀臺也。夏氏，陳大夫夏徵舒之家。及陳，陳靈公與孔寧、儀行父南冠以如夏氏，留賓弗見。注：及，至也。陳靈公，舜後，恭公之子，靈公平國也。孔寧、儀行父，陳之二卿。南冠，楚冠也。如，往也。往徵舒之家，淫夏姬。賓，單襄公也。

單子歸，告王曰：『陳侯不有大咎，國必亡。』王曰：『何故？』對曰：『夫辰角見而雨畢，天根見而水涸，本見而草木節解，駟見而隕霜，火見而清風戒寒。故先王之教曰：「雨畢而除道，水涸而成梁，草木解節而備藏，隕霜而冬裘具，清風至而修城郭宮室。」故《夏令》曰：「九月除道，十月成梁。」其《時儆》曰：「收而場功，待而畚梮。營室之中，土功其始。火之初見，期於司里。」此先王之所以不用財賄，而廣施德於天下者也。今陳國，火朝覿矣，而道路若塞，野場若棄，澤不陂障，川無舟梁，是廢先王之教也。周制有之曰：「列樹以表道，立鄙食以守路。國有郊牧，疆有寓望，藪有圃草，囿有林池，所以禦災也。其餘無非穀土，民無縣耜，野無奧草，不奪民時，不蔑民功，有優無匱，有逸無罷。國有班事，縣有序民。」今陳國，道路不可知，田在草間，功成而不收，民罷於逸樂，是棄先王之法制也。周之《秩官》有之曰：「敵國賓至，關尹以告，行理以節逆之，候人為導，卿出郊勞，門尹除門，宗祝執祀，司里授館，司徒具徒，司空視塗，司寇詰姦，虞人入材，甸人積薪，火師監燎，水師監濯，膳宰致餐，廩人獻餼，司馬陳芻，工人展車，百官官以物至，賓入如歸，是故小大莫不懷愛。其貴國之賓至，則以班加一等，益虔。至於王使，則皆官正涖事，上卿監之。若王巡守，則君親監之。」今雖朝也不才，有分族於周，承王命以為過賓於陳，而司事莫至，是蔑先王之官也。先王之令有之曰：「天道賞善而罰淫，故凡我造國，無從匪彝，無即慆淫，各守爾典，以承天休。」今陳侯不念胤續之常，棄其伉儷妃嬪，而帥其卿佐以淫於夏氏，不亦瀆姓矣乎？陳，我大姬之後也。棄袞冕而南冠以出，不亦簡彝乎？是又犯先王之令也。昔先王之教，茂帥其德也，猶恐隕越。若廢其教而棄其制，蔑其官而犯其令，將何以守國？居大國之間，而無此四者，其能久乎？』六年，單子如楚。八年，陳侯殺於夏氏。九年，楚子入陳。

《左傳·昭公三年》　既成昏，注：許昏成。晏子受禮，注：受賓享之禮。叔向從之宴，相與語。叔向曰：『齊其何如？』注：問興衰。晏子曰：『此季世也，吾弗知齊其為陳氏矣。』注：不知其他，唯知齊將為陳氏。公棄其民，而歸於陳氏。注：棄民不恤。齊舊四量，豆、區、釜、鍾。四升為豆，各自其四，以登於釜。注：四豆為區，區斗六升；四區為釜，釜六斗四升。登，成也。釜十則鍾。注：六斛四斗。陳氏三量，皆登一焉，鍾乃大矣。注：登，加也。加一，謂加舊量之二也。以五升為豆，五豆為區，五區為釜，則區二斗，釜八斗，鍾八斛。以家量貸而以公量收之。注：貸厚而收薄。山木如市，弗加於山；魚鹽蜃蛤，弗加於海。注：賈如在山，海不加貴。民參其力，二入於公，而衣食其一。注：言公重賦斂。公聚朽蠹，而三老凍餒。注：三老，謂上壽、中壽、下壽，皆八十已上，不見養遇。國之諸市，屨賤踊貴。注：踊，刖足者屨。言刖多。民人痛疾，而或燠休之。注：燠休，痛念之聲。謂陳氏也。其愛之如父母，而歸之如流水。欲無獲民，將焉辟之？』【略】

叔向曰：『然。雖吾公室，今亦季世也。戎馬不駕，卿無軍行，注：言晉衰弱，不能征討救諸侯。公乘無人，卒列無長。注：百人為卒。言人皆非其人，非其長。庶民罷敝，而宮室滋侈。注：滋，益也。道殣相望，注：餓死為殣。而女富溢尤。注：女，嬖寵之家。民聞公命，如逃寇讎。欒、郤、胥、原、狐、續、慶、伯降在皂隸，注：八姓晉舊臣之族也。皂隸，賤官。政在家門，注：大夫專政。民無所依。君日不悛，以樂慆憂。注：慆，藏也；悛，改也。公室之卑，其何日之有？注：言今至。《讒鼎之銘》曰：注：讒，鼎名也。「昧旦丕顯，後世猶怠。」注：昧旦，早起也。丕，大也。言夙興以務大顯，後世猶解怠。況日不悛，其能久乎？』

又《昭公二十年》 齊侯疥，遂痁，期而不瘳。【略】（晏子）對曰：【略】『其適遇淫君，外內頗邪，上下怨疾，動作辟違，從欲厭私，高臺深池，撞鍾舞女。斬刈民力，輸掠其聚，以成其違，不恤後人。暴虐淫從，肆行非度，無所還忌，不思謗讟，不憚鬼神。神怒民痛，無悛於心。其祝、史薦信，是言罪也。』注：以實白神，是為言君之罪。【略】公曰：『然則若之何？』對曰：『不可爲也。注：言非誅祝、史所能治。山林之木，衡鹿守之；澤之萑蒲，舟鮫守之；藪之薪蒸，虞候守之；海之鹽蜃，祈望守之。注：衡鹿、舟鮫、虞候、祈望，皆官名也。言公專守山澤之利，不與民共。縣鄙之人，入從其政，偪介之關，暴征其私。注：介，隔也，迫近國都之關。言邊鄙既入服政役，又爲近關所征稅，枉暴奪其私物。承嗣大夫，强易其賄。注：承嗣大夫，世位者。布常無藝，注：藝，法制也。言布政無法制。徵斂無度。宮室日更，淫樂不違。注：違，去也。內寵之妾，肆奪於市；注：肆，放也。外寵之臣，僭令於鄙。注：詐爲教令於邊鄙。私欲養求，不給則應。注：養，長也。所求不給，則應之以罪。民人苦病，夫婦皆詛。』

《尸子》卷下 娶同姓，以妾為妻。變太子，專罪大夫。擅立國，絶鄰好則幽，改衣服，易禮刑則放。

《戰國策》卷三二《宋》 宋康王之時，有雀生䳛於城之陬，使史占之，曰：『小而生巨，必霸天下。』康王大喜，於是滅滕伐薛，取淮北之地。乃愈自信，欲霸之亟成，故射天笞地，斬社稷而焚滅之，曰：『威服天下鬼神。』罵國老諫曰：『為無顏之冠以示勇，剖傴之背，鍥朝涉之脛，而國人大駭。』齊聞而伐之，民散城不守，王乃逃倪侯之館，遂得而死。

《史記》卷三八《宋微子世家》 剔成四十一年，剔成弟偃攻襲剔成，剔成敗犇齊，偃自立為宋君。君偃十一年，自立為王。唐司馬貞《索隱》：《戰國策》、《呂氏春秋》皆以偃謚康王。東敗齊，取五城；南敗楚，取地三百里；西敗魏軍，乃與齊、魏為敵國。盛血以韋囊縣而射之，命曰射天。淫於酒婦人。羣臣諫者輒射之。於是諸侯皆曰『桀宋』。《索隱》：《晉太康地記》：言其似桀也。

論說

《國語》卷一四《晉語八》 陽畢曰：圖在明訓，注：訓，教也。明訓在威權，注：言既有明教，當有威權以行之。威權在君。君掄賢人之後有常位於國者而立之，注：掄，擇也。常位，謂世有功烈於國而中微者。亦掄逞志虧君以亂國者之後而去之，注：逞，快也。是遂威而遠權。注：遂，申也。遠權，權及後嗣。民畏其威而懷其德，莫能弗從；注：言皆從君。若從，則民心皆可畜。注：皆可畜養而教導之。畜其心而知其欲惡，民孰偷生？注：欲惡，情欲好惡也。偷，苟也。若不偷生，則莫思亂矣。【略】夫正國者，不可以暱於權，注：暱，近也。言當遠權，為久長計也。行權不可以隱於私。注：以私恩隱蔽其罪，無以正國也。暱於權則民不道，注：不可道訓也。行權隱於私則政不行。政不行，何以道民？民之不道，亦無君矣。注：與無君同。則其為暱與隱也，復害矣，且勤身。注：復，反也。勤，勞也。反害於國而勞君身。

《韓非子》卷二〇《心度》 夫國之所以强者，政也；主之所以尊者，權也。故明君有權有政，亂君亦有權有政，積而不同，其所以立異也。故明君操權而上，重一政而國治。

漢·揚雄《法言》卷六《五百篇》 禮樂征伐自天子所出，春秋之時，齊、晉實予，不膠者卓矣。晉李軌注：禮樂征伐當由天子所出，而春秋之時，天子微弱，齊桓、晉文專命征討，然其所為，皆尊王室，故《春秋公羊傳》文雖不予而實予之，存於公正也。

宋・佚名《三國志文類》卷二〇《[魏]高堂隆〈疾篤口占疏〉》

尋觀三代之有天下也，聖賢相承，歷載數百，尺土莫非其有，一民莫非其臣，萬國咸寧，九有有截。鹿臺之金，巨橋之粟，無所用之，仍舊南面，夫何為哉？然癸、辛之徒恃其膂力，知足以拒諫，才足以飾非，諂諛是尚，臺觀是崇，淫樂是好，倡優是説。作靡靡之樂，安濮上之音。上天不蠲，眷然回顧，宗國為墟，不夷於隸。紂縣白旗，桀放鳴條，天子之尊，湯、武有之。豈伊異人？皆明王之胄也。且當六國之時，天下殷熾。秦既兼之，不修聖道，乃構阿房之宮，築長城之守，矜夸中國，威服百蠻，天下震竦，道路以目。自謂本枝百葉，永垂洪暉，豈寤二世而滅，社稷崩圮哉？

南朝梁・皇侃《論語集解義疏》卷八《季氏》 云天下有道云云者，禮樂，先王所以飾喜；鈇鉞，先王所以飾怒。故有道世，則禮樂征伐竝由天子而出也。云天下無道云云者，若天下無道，天子微弱，不得任自由，故禮樂征伐從諸侯出也。云自諸云云者，希，少也。若禮樂征伐從諸侯出，非其所，故僭濫之國，十世少有不失國者也。諸侯是南面之君，故至全數之年而失之也。云自大云云者，若禮樂征伐從大夫而專濫，則五世，此大夫少有不失政者也，其非南面之君，道從勢短，故半諸侯之年，所以五世而失之也。云陪臣云云者，陪，重也，其為臣之臣，故云重也。是大夫家臣僭執邦國教令，此至三世必失也。既卑，故不至五世，則半十而五，三亦半五。大者難傾，故至十。十，極數也。小者易危，故轉相半，理勢使然。亡國喪家，其數皆然，未有過此而不失者也。按此但云執國命，不云禮樂征伐出者，其不能僭禮樂征伐也。繆播曰：大夫五世、陪臣三世者，苟得之有由，則失之有漸。大者難傾，小者易滅，近本罪輕，遠彌罪重，輕故禍遲，重則敗速，二理同致，自然之差也。云天下有道，則政不在大夫者，政由於君，故不在大夫；在大夫，由天下失道故也。云天下有道，則庶人不議者，君有道，則頌之聲興載路；有時雍之義，則庶人民下無所街羣巷聚，以評議天下四方之得失也。若無道，則庶人共有所非議也。

唐・孔穎達《春秋左傳正義》卷首《序》 國之大事，在祀與戎。祀則必盡其敬，戎則不加無罪。盟會協於禮，興動順其節。失則貶其惡，得則褒其善。此《春秋》之大旨，爲皇王之明鑒也。

宋・李昉等《文苑英華》卷四九一《[唐]杜元穎〈對茂才異等策〉》 制策曰：《禹謨》之六府三事，周法之八政五紀，有守有為，是彝是訓。經綸邃古，用彰得失，國志詳載，天官必書，成務濟時，莫斯為急，宜明勅功利，別白條流者。臣聞夏禹之弼成五服也，肇謨六府三事；周武之誕敷明命也，寔成八政五紀。語其功利，其六府者，人仰以生；三事者，德據以成。八政為經國之用，五紀為成天之道。別其條流，則曲直，木也；從革，金也；水以潤下育物，火以炎上同天，土順則五稼阜滋，穀登則烝人乃粒。直己以正德，理財以利用，務本以厚生。此九功所以惟叙也。八政，食所以生人也，貨所以聚人也，祀所以仁鬼神也，司空實平水土，司寇實詰姦慝，司徒實敷五教，賓以叶多方，師以具七德，此先王保乂萬有也。

宋・王欽若等《册府元龜》卷六二《帝王部・發號令》 《易・姤》之《象》曰：「后以施命告四方。」《書》曰：「令出惟行。」蓋夫《誥》、《誓》之文，自三王而始作者矣。若夫履至尊之重，司生人之命，固必講求治道，疇咨政典，稽合《謨》、《訓》，懋建皇極，使命令之出，若流水之順；化導所及，類隨風之偃。其或因事立制，乘時創法，防禁之設，以謹乎踰矩；約束之行，以昭乎垂範。明懸賞格，以速於夷凶；申嚴憲度，以臻於敦俗。自非較若畫一，簡而易從，理契於物宜，事式於古訓，垂可久而靡忒，示必信而不愆，亦何以厭伏乎群心，渙汗乎大號者也？

宋・曾鞏《元豐類藁》卷一〇《洪範傳》 人君之於五行，始之以五事，修其性於己。次之以八政，推其用於人。次之以五紀，協其時於事。次之以皇極，謹其常，以應天下之故而率天下之民。次之以三德，治其中不中，以適天下之變。次之以稽疑，以審其吉凶於人神。次之以庶徵，以考其得失於天。終之以福極，以考其得失於民。其始終先後與夫粗精小大之際，可謂盡矣。自五事至於六極，皆言用，而五行不言用者，自五事至於六極皆以順五行，則五行之用可知也。《虞書》於六府言修，則箕子於五行言其所化之因於人者是也。《虞書》於六府，次之以三事，則箕子於五行次之以五事而下是也。《虞書》於九功言戒之用休，董之用威，則箕子於九疇言庶徵之與福極是也。則知二帝三王之治天下，其道未嘗不同者。萬世之所不能易，此九疇之所以為大法也。

宋·唐仲友《帝王經世圖譜》卷四《周政廢興之圖》 君子之道本諸身，徵諸庶民。五事，君所以修身也；五事敬，則可以言政矣。故八政次之。食，所以養民；貨，所以通食而濟民用。養生備矣，則可以報本追遠矣。故一曰食，二曰貨，三曰祀，先養生而後送死，先成民而後致力於神也。養生送死無憾，則欲其安居而樂業也故司空次之；飽食煖衣逸居，不可以無教也，故司徒次之；教有所不行，不可以無弼也，故司寇次之。三者具，自治之道盡，斯可以治人矣。禮以賓之，師以正之，治人之道備矣。

農用八政，何也？主乎厚也。先養之而後治之，先自治而後治人，先本而後末，先報而後安，先教而後誅，自反有禮而後師，無非厚者，玆其所以為農用也。觀乎十三卦制器之義，知八政之所由始焉。觀舜之命九官，周之《六典》，知八政之所由備焉。觀《詩》之《風》、《雅》，知八政之所由廢興焉。觀《春秋》，知八政之所由壞焉。觀孔、孟之書，知八政之不克復焉。觀《月令》，知八政之於秦，本亡而末從焉。觀《王制》，知八政之於漢，有其意而無其事焉。噫！古之養民何其厚，而後世何其浸薄歟？

九官之命，詳於養民，而兵、刑合於一官。六卿分職，則本末該矣。食、貨、教合於一官，因與創之異也。兵與刑分為二職，業鉅事叢也。《七月》、《公劉》、太王之詩不及乎刑者，非無刑也，無俟乎刑也，刑非所美也。或以無訟，或因事而言，或思古而作，則有之矣。八政之中，教為極功。四者，教之本；三者，教之餘也。治道之缺自教始，其復也亦難。宣王之中興，所以未至乎極功也。教不至則刑有所不行，訛民之莫懲也。教之未至也，故規之。雖然，猶未離乎忠厚也。

春秋，大壞矣。聖人作《春秋》，所以繼《詩》之美刺而存其忠厚也。庶矣加富，富矣加教，聖人不得自行其道。足食足兵，民信之矣，弟子尚以『不得已而去』為問，《春秋》得無作乎？孟子之言於齊、梁、滕者，王道之本也，故不及乎師寇賓師之事，不忍其罔無恒產之民，陷溺而糜爛之也。始乎食，終乎兵，參之以信，八政該而存矣。孔子為羣弟言萬世之論也，始乎食，終乎教。孟子為時君言救民之術也，所謂不得已而去兵者，如是而已。

《月令》，秦之書，以教蓋略，其本蹷矣。況如《令》所言者，秦蓋未悉行乎！襄公，秦之始也。未能用《周禮》，將無以固。其國詩人，何其見微哉！漢唐君臣獨諄諄乎呂氏之《令》，先王之八政宜其不復也。《王制》一篇刺《六經》而作，雖其次第或與《洪範》異，而八政亦粗舉焉，惜乎又不見於施行也。

宋·陳祥道《論語全解》卷八《季氏》 先王之盛時，五禮六樂掌之於宗伯，九伐之法掌之於司馬。諸侯賜功矢，然後征；賜鈇鉞，然後殺；賜圭瓚，然後為鬯。命之教，然後為學。此所謂非天子不議禮、不制度、不考文者也。如此在上者無失政，在下者無覬覦。周衰之時，天子失政始於東遷，諸侯始於溴梁之會，不過十世、五世、三世也，以逆理彌甚者，則國勢彌蹙故也。《書》曰：『臣無有作福作威，臣之有作福作威，其害於而家凶於而國。』《易》有之曰：『過旬災也。』意其此之謂乎！

宋·陳暘《樂書》卷八九《論語訓義·季氏》 禮樂，道也，先王以之柔中國；征伐，法也，先王以之威四夷。天下有道，則上有道揆，下有法守。諸侯賜圭瓚，然後為鬯；賜柷敔，然後為樂。此禮樂所以自天子出也。諸侯賜弓矢，然後征；賜鈇鉞，然後殺。此征伐所以自天子出也。天下無道，則上無道揆，下無法守。故魯，侯國也，天下資禮樂焉。此禮樂所以自諸侯出也。威文，霸國也，天下資征伐焉。此征伐所以自諸侯出也。自諸侯出，其失不過十世；自大夫出，其失不過五世；陪臣則三世而已。豈非逆理彌甚，則其勢彌蹙邪？

宋·蕭楚《春秋辨疑》卷三《葬稱我君辨》 《春秋》初書諸國用兵，見征伐不自天子出也。書諸侯僭謚，見禮不自天子出也。書『初獻六羽』，見樂不自天子出也。此《春秋》所以始於隱也。子曰：『天下有道，則禮樂征伐自天子出。天下無道，則禮樂征伐自諸侯出。自諸侯出，蓋十世希不失矣。』獲麟而後，諸夏遂微，周室終於淪喪，由四者之柄，移於下也。用知天下之治，則道出於一。《春秋》首王月，繫諸侯行事，譏其非禮違正正者，示治道出於一也。故曰撥亂返之正，莫近乎《春秋》。

宋・范浚《香溪集》卷一〇《洪範論》 《洪範》九疇，所謂道之大原出於天者也。上天錫之，大禹明之，武王訪之，箕子申之。論其所以為大法，則古聖人皆得之，天下之人共由之，百世之王莫不法之。其類雖九，而天地人神，事物萬殊，無不綜貫，極其同歸，則一於皇極而已矣。蓋皇極者，大中也。天下之道，至中而極，無餘理矣。宜乎九疇之叙，皇極居中，總包上下，為其至極而無餘，可以盡天下之理故也。今夫《易》有太極，是生兩儀，是天地之道，本乎皇極也。人受天地之中以生，是人亦本乎皇極也。中庸之道與鬼神之道相似，是神亦本乎皇極也。凡所立事，無得過與不及，當用大中之道，是事亦本乎皇極也。春為陽中，萬物以生，秋為陰中，萬物以成，是物亦本乎皇極也。天地人神，事物萬殊，一皆本乎皇極，則九疇之義，非皇極主於其間，可乎？

是故一、五行，得皇極則水潤下，火炎上，木曲直，金從革，土稼穡，無不得其中矣。二、五事，得皇極則貌恭、言從、視明、聽聰、思睿，無不得其中矣。三、八政，得皇極則食、貨與祀、司徒、司空、司寇、賓師，無不得其中矣。四、五紀，得皇極則歲月日、星辰曆數，無不得其中矣。六、三德，得皇極則正直、剛克、柔克，無不得其中矣。七、稽疑，得皇極則卜五占，用二衍忒，無不得其中矣。八、庶徵，得皇極則雨、暘、燠、寒、風，無不得其中矣。九、五福，得皇極則壽富康寧，攸好德，考終命，無不得其中矣。然則大法之類雖曰有九，而九類所以能綜貫天地、人神、事物萬殊之理者，實一本乎皇極也。蓋五行、五紀、庶徵之類，言天地萬物之中也。五事、八政、三德、五福、六極之類，言人與事之中也。八政之祀，五紀之曆數，與夫稽疑命卜筮之類，言人與神之中也。天地、人神、事物莫不有中，而九疇該之皇極，一以貫之，可不謂大法耶？

宋・呂祖謙《左氏傳説》卷一四《昭公・齊豹北宮喜褚師圃作亂公遂出二十年》 天下有道，則禮樂征伐自天子出；及其衰也，則自諸侯出；又其衰也，自大夫出；又其衰也，自陪臣出。觀春秋時，自可見得。自平王失政，諸侯交爭，五霸迭興，主盟諸夏，此所謂自諸侯出也。至於雞澤、溴梁之會，諸侯失政，大夫主盟會之權，而一時政令，盡出於大夫，諸侯皆不能制，所謂自大夫出也。至魯昭公之世，大夫失政，所謂自陪臣出，觀衛靈公出奔一段，則見得自陪臣出之兆。當時齊豹率大夫北宮喜之徒作亂，逐靈公於外。當時逐君，是大夫；到得靈公所以得歸，乃齊氏之家臣。渠子召北宮子同謀，北宮氏之宰不與其謀，乃殺渠子，滅齊氏而公入。當時北宮子為家臣，所制俯首聽命之不暇。看此一段，便見得政不在大夫，全在陪臣。齊氏之亂，大夫不能平其亂，其平亂一時者，皆北宮宰之力。論事勢，大夫為亂，家臣雖不與，而大權已在陪臣了。後之學者看《論語》，見陽虎專政，以謂陪臣專政自陽虎始。殊不知陽虎是後來事，陪臣專政之兆，乃在數十年之前，已有北宮宰矣。蓋北宮宰之事隱，陽虎之事顯，所以學者多捨北宮宰而惟陽虎之是責，都不曾仔細考究。大抵學者考書，當如此考。

宋・沈棐《春秋比事》卷一《諸侯勤王者五》 古者威權出於一人，命令行於天下。諸侯有不服也，王命方伯以討之。嗣位有未立也，王命卿士以定之。兄弟甚閒之變，則有大臣為之鋤治。王都城築之役，則有大臣為之服勤。當是時，內而三事大夫，外而列國諸侯，莫不聽命於王，此其權所以獨尊也。東周不競，權勢浸微，征討之事，扶救之功，或出於諸侯，或出於霸主，或出於大夫，類借力於人，以紓一時之難。比之三代，雖若不足取，而在春秋，亦有可言者。孔子書之，蓋傷周道衰微，幸諸侯之近正也。故桓五年，鄭伯不朝，蔡、衛、陳從桓王伐鄭。經書『從王』者，喜三國之助也。書『王伐』者，譏天子之親伐也。前所謂出於諸侯者，此也。

僖五年，惠王廢太子，小白會世子，以定其位。八年，告難於齊，小白盟王人，以靖其難。經書『齊侯』，且序爵諸侯之上者，喜其定世子，寧周室。書『會世子』，『盟王臣』者，疾其恃霸主之威而奸分也。前所謂出於霸主者，此也。

昭二十三年，王室有子朝之亂，鄭伯言於晉，晉大夫帥師圍郊，以討子朝。三十二年，敬王懼子朝之黨，使富辛言於晉，徙成周而避之。晉合諸侯城成周，以固周室。經書『晉人圍郊』，『仲孫何忌會晉韓不信』，合十國大夫『城成周』者，喜晉大夫有功於王室也。專繫之晉而不書王卿士者，見天子之權愈微而專於列國大夫也。前所謂出於大夫者，此也。

嗚呼！隱、桓之間，天子雖微而猶有諸侯從王以侵伐者；其後諸侯益強，蔑視周室，幸二霸繼興，託名尊周，可以倚重。下至昭、定之世，中國無霸，諸侯失權，而天子遣使請命，卒使圍郊之役、城成周之功歸於列國諸侯之卿，豈非衰弱之甚耶？

宋・張栻《論語解》卷八《季氏篇》 禮樂征伐，天子之事也。天下有道，則禮樂征伐自天子出矣。蓋天子得其道，則權綱在己，而下莫敢干之也。所謂自天子出者，天子亦豈敢以己為可專，而以私意加於其間哉？亦曰奉天理而已矣。此之謂得其道。若上失其道，則綱維解紐，而諸侯得以竊乘之，禮樂征伐將專行而莫顧矣。若諸侯可以竊之於天子，則大夫亦可以竊之於諸侯，而陪臣亦可以竊之於大夫矣。其理之逆，必至於此也。所以有十世、五世、三世之異者，尹氏謂於理愈逆，則其亡愈近是也。天下有道，則政不在大夫者，政出於一也。庶人不議者，民志定於下，而無所私議也。

宋・朱熹《四書或問》卷四《中庸》 曰：九經之說奈何？曰：不一其內，則無以制其外；不齊其外，則無以養其內。靜而不存，則無以立其本；動而不察，則無以勝其私。故齊明盛服，非禮不動，則內外交養而動靜不違，所以為修身之要也。信讒邪，則任賢不專；徇貨色，則好賢不篤。賈捐之所謂後宮盛色，則賢者隱微；佞人用事，則諍臣杜口。蓋持衡之勢，此重則彼輕，理固然矣。故去讒，遠色，賤貨，而一於貴德，所以為勸賢之道也。親之欲其貴，愛之欲其富，兄弟婚姻欲其無相遠，故尊位重祿，同其好惡，所以為勸親親之道也。大臣不親細事，則以道事君者得以自盡，故官屬衆盛，足任使令，所以為勸大臣之道也。盡其誠而恤其私，則士無仰事俯育之累，而樂趨事功，故忠信重祿，所以為勸士之道也。人情莫不欲逸，亦莫不欲富，故時使薄斂，所以為勸百姓之道也。日省月試，以程其能，既稟稱事，以償其勞，則不信度、作淫巧者無所容，惰者勉而能者勸矣。為之授節，以送其往，待以委積，以迎其來，因能授任，以嘉其善，不強其所不欲，以矜其不能，則天下之旅皆悅，而願出於其塗矣。無後者續之，已滅者封之，治其亂，使上下相安，持其危，使大小相恤。朝聘有節而不勞其力，貢賜有度而不匱其財，則天下諸侯皆竭其忠力，以蕃衛王室，而無倍畔之心矣。

凡此九經，其事不同，然總其實，不出乎修身、尊賢、親親三者而已。敬大臣，體羣臣，則自尊賢之，等而推之也。子庶民，來百工，柔遠人，懷諸侯，則自親親之，殺而推之也。至於所以尊賢而親親，則又豈無所自而推之哉？亦曰修身之至，然後有以各當其理，而無所悖耳。

曰：親親而不言任之以事者，何也？曰：此親親、尊賢，並行不悖之道也。苟以親親之故，不問賢否而輕屬任之，不幸而或不勝焉，治之則傷恩，不治則廢法。是以富之貴之，親之厚之，而不曰任之以事，是乃所以親愛而保全之也。若親而賢，則自當置之大臣之位，而尊之敬之矣，豈但富貴之而已哉？觀於管、蔡監商而周公不免於有過，及其致辟之後，則惟康叔、聃季相與夾輔王室，而五叔者有土而無官焉，則聖人之意亦可見矣。

曰：子謂信任大臣而無以間之，故臨事而不眩使，大臣而賢也則可。其或不幸而有趙高、朱异、虞世基、李林甫之徒焉，則鄒陽所謂偏聽生奸，獨任成亂；范睢所謂妒賢嫉能，御下蔽上，以成其私，而主不覺悟者，亦安得而不慮耶？曰：不然也。彼其所以至此，正坐不知此經之義而然耳。使其明於此義，而能以修身為本，則固視明聽聰，而不可欺以賢否矣。能以尊賢為先，則其所置以為大臣者，必不雜以如是之人矣。不幸而或失之，則亦亟求其人以易之而已，豈有知其必能為姦以敗國，顧猶置之大臣之位，使之姑以奉行文書為職業，而又恃小臣之察以防之哉？夫勞於求賢而逸於得人，任則不疑而疑則不任，此古之聖君賢相所以誠意交孚，兩盡其道，而有以共成正大光明之業也。如其不然，吾恐上之所以猜防畏備者愈密，而其為眩愈甚；下之所以欺罔蒙蔽者愈巧，而其為害愈深。不幸而臣之姦遂，則其禍固有不可勝言者。幸而主之威勝，則夫所謂偏聽獨任，御下蔽上之姦，將不在於大臣而移於左右。其為國家之禍，尤有不可勝言者矣。嗚呼危哉！

曰：子何以言柔遠人之為無忘賓旅也？曰：以其列於『懷諸侯』之上也。舊說以為蕃國之諸侯，則以遠先近而非其序。《書》言『柔遠能邇』，而又言『蠻夷率服』，則所謂柔遠，亦不止謂服四夷也。況愚所謂授節委積者，『比長』、『遺人』、『懷方氏』之官掌之，於經有明文耶！

宋・朱熹《晦庵集》卷六九《天子之禮》　天子之禮，至尊無上。其居處則內有六寢、六宮，外有三朝五門。其嬪御、侍衛、飲食、衣服、貨賄之官，皆領於『冢宰』。其冕弁、車旗、宗祝、巫史、卜筮、瞽侑之官，皆領於『宗伯』。有師以道之教訓，有傅以傅其德義，有保以保其身體，有師氏以媺詔之，有保氏以諫其惡。前有疑，後有丞，左有輔，右有弼。其侍御僕從，罔匪正人，以旦夕承弼厥辟。出入起居罔有不欽，發號施令罔有不臧。在輿有旅賁之規，旅賁，勇士，掌執戈楯，夾車而趨。位宁有官師之典，門屏之間，謂之宁。倚几有訓誦之諫，工師所誦之諫，書之於几也。居寢有暬御之箴，暬，近也。臨事有瞽史之道，宴居有工師之誦。史為書。太史，君舉則書。瞽為詩，工又誦箴諫，大夫規誨，士傳言，庶人謗，商旅於市，旅，陳也，陳貨物，以示時所貴尚。百工獻藝。獻其技藝，以喻政事。動則左史書之，言則右史書之，其書《春秋》、《尚書》有存者。御瞽幾聲之上下。幾猶察也，察其存樂。不幸而至於有過，則又有爭臣七人，面列廷爭，以正捄之。蓋所以養之之備，至於如此。是以恭己南面，中心無為，以守至正；而貌之恭，足以作肅；言之從，足以作乂；視之明，足以作哲；聽之聰，足以作謀；思之睿，足以作聖。然後能以八柄馭羣臣，八統馭萬民，而賞無不慶，刑無不威，遠無不至，邇無不服。傅說所謂『奉若天道，建邦設都，樹后王君公，承以大夫師長，不惟逸豫，惟以亂民』；武王所謂『亶聰明，作元后，元后作民父母』；所謂『天降下民，作之君，作之師，惟其克相上帝，寵綏四方』；箕子所謂『皇建其有極，斂時五福，用敷錫厥庶民。惟時厥庶民于汝極，錫汝保極』；董子所謂『正心以正朝廷，正朝廷以正百官，正百官以正萬民，正萬民以正四方』者，正謂此也。

宋・程公說《春秋分記》卷六《年表六・魯卿年表》　子言之：『天下有道，則禮樂征伐自天子出。天下無道，則禮樂征伐自諸侯出。自諸侯出，蓋十世希不失矣。自大夫出，五世希不失矣。陪臣執國命，三世希不失矣。』其說曰：周自平王東遷，隱公始專征伐；至昭公十世，而大夫逐諸侯；自宣公失政，季氏始專魯國；至定公五世，而家臣囚大夫，陽虎事季平子，至桓子而亡。歷昭公、定公蓋二世，曰三世者，孔子於未亡也言之，以為不過是也。諸侯可以竊之於天子，則大夫亦可竊之於諸侯，陪臣亦可竊之於大夫。其理之逆，必至於此。然又曰：『天下有道，則政不在大夫。』指當時之事，為三桓設云爾。故繼之曰：『祿之去公室，五世矣。政逮於大夫，四世矣。故夫三桓之子孫，微矣。』甚言魯失政，大夫專權，其極至于陪臣執國命而莫之禁。君子考其世，以繹其事，得失盛衰，可覆視也。

宋・真德秀《大學衍義》卷二《帝王為學之本》　臣按：武王克商之初，未遑他事，首以彝倫之叙，訪於亡國之臣。『訪』云者，不敢召而就問之也。『彝倫』者，治天下之常理。先後本末，各有自然之理，非人之所為，乃天之所設也。天之於民，既默陟之於善，又助合其厥居。然君、師治教之責，則於我乎屬，我乃未知常理之次叙焉，此所以問于箕子也。堯憂洪水，使鯀治之，鯀不能因性順導，顧乃隄而塞之，以激其勢。水既失性，火、木、金、土從而汩亂。蓋水者，五行之首。一行亂，則五者皆亂矣。五行，天之道，鯀汩而亂之，則逆乎天矣，故天動威怒，而不與以大法九疇。鯀以殛死，禹繼而興，隨山濬川，行所無事，而水患以平，天乃以大法九疇與之。神龜負文，出于洛水。龜所負者，數爾。大禹聖人，心與天通，見其數而知其理，因次之以為九類，即今九疇是也。

『初一』至『次九』，即所謂彝倫也。五行者，天之所生，以養乎人者也。其氣運乎天而不息，其財用於世而不匱，其理則賦於人而為五常。以天道言之，莫大於此，故居九疇之首。五事者，天之所賦而具乎人者也。貌之恭，言之從，視之明，聽之聰，思之睿，皆性之本然也。必以敬用之，則能保其本然之性；不以敬用之，則貌必至於嫚，言必至於悖，以視聽則昏且窒，以思慮則粗且淺，而本然之性喪矣。五者，治身治心之要，以人事而言，莫切於此，故居五行之次。身心既治，然後可施之有政。食、貨，生民之本。衣食既足，不可忘本，故有祀焉。司空居民，既得其安矣，又有司徒之教焉。教之而不從者，又有司寇之刑焉。接遠人以禮，而威天下以兵。凡此，皆所以厚民生，故曰『農用八政』。

民政既舉，則欽天授人有不可後，於是繼以歲月日時、星辰曆數之紀。推步占驗，必求以合乎天，故曰『協用五紀』。皇者，君之稱。極者，極至之義，標準之名。位乎中，而四方所取則也。故居人君之位者，由一身而至萬事，莫不盡至，而後可以為民之極。建者，立之於此而形之於彼之謂，故曰『建用皇極』。至於正直、剛、柔之施，又必視時之治否，因俗之强弱。君當攬權，無使威福之移於下；臣當循法，無使顓恣而僭乎上。為治之道，無越乎此，故曰『乂用三德』。國有大事，必先詳慮於己而後謀之於人，人不能決則又諏之卜筮，以訣之於天。天人相參，事無過舉，所以保其極而不失也，故曰『明用稽疑』。五事之得失，極之所以建不建也，然何從而驗之？觀諸天而已。雨、暘、燠、寒、風，皆以其時，則建極之驗也；五者常而無節，則不極之驗也。天人相應若影響，然人君所當念念而致察也，故曰『念用庶徵』。皇極建，則舉世之人皆被其澤而五福應之，故堯、舜之民無不仁且壽者，此人君之所當嚮慕也，故曰『嚮用五福』。皇極不建，則舉世之人皆蒙其禍而六極隨之，故桀、紂之民無不鄙且夭者，此人君之所當畏懼也，故曰『威用六極』。

《洪範》九疇，六十有五字爾，而天道、人事無不該焉。原其本，皆自人君一身始。此武王之問箕子之言，所以為萬世蓍龜也。

宋・姚勉《雪坡集》卷八《講義》 此禹言六府三事，養民之政，而舜復美其功也，所謂帝舜申之也。自判陰陽以來，陽變陰合，而生水、火、木、金、土五行，穀又土之所生也。以其養人，故通謂之六府。府，聚也，所以聚人財也。六府出於天，不能自為民利，故必待聖人修之，如水必澄治，火必新潔，金必鎔範，木必作揉，土必耕墾，穀必種穫，而後可以為民利也。正德、利用、厚生惟和，則人君之事也。人之有道也，逸居而無教，則近於禽獸。聖人有憂之，教以人倫，此正德也。作為佃魚、網罟、宮室、耒耜、杵臼等事以教民，此利用也。奏庶艱食鮮食，懋遷有無化居者，此厚生也。三者不可闕一，必並行而不相悖，故曰惟和。能如是，則其功可歌詠矣。雖然，有功不賞，有罪不誅，亦無以化天下，故曰戒之用休，董之用威，庶天下皆率作而興事也。而聖人之意，亦豈徒賞罰而已哉？優柔獎厲之心，常行乎恩威予奪之外，故又以九功之叙而可歌詠者勸之，使續此生生之意於無窮，而勿至於壞，蓋使民不倦之意也。此禹平水土以後之事，所謂德惟善政、政在養民者，蓋如此。必欲帝舜軫此念於心，無一息而忘養民之事焉。是念也，即克艱之念也。帝於是然其言而就贊美之，且以起下章遜位之意。

宋・戴溪《石鼓論語答問》卷下《季氏》 天下有道，則禮樂征伐不自諸侯出，况政在大夫！政不在大夫矣，况庶人得以議政！緣諸侯侵禮樂征伐，故大夫竊政；大夫竊政，故庶人議政，上下相承之理也。故下之事上，卑之事尊，乃所以安乎其位也。

宋・錢時《融堂四書管見》卷八《論語》 臣無有作福作威玉食，此一王之權，所以尊無二上者也。禮樂征伐自諸侯出，則世數久遠，固已可占，况大夫乎！又况陪臣執國命乎！此蓋為當時而歎也。天下有道，人主之威權日行於上。諸侯有不然者，則變置之。安得使大夫而竊政於其下哉？有道則自無可議。

元・程端學《春秋本義》卷二五《昭公》 愚案：孔子曰：『天下有道，禮樂征伐自天子出。天下無道，禮樂征伐自諸侯出。自諸侯出，十世希不失矣。自大夫出，五世希不失矣。陪臣執國命，三世希不失矣。』春秋之初，諸侯僭天子；春秋之中，大夫僭諸侯；春秋之末，陪臣執國命。有國家者至於陪臣執國命，則國非其國矣，故《春秋》至昭、定、哀終焉。

元・黄鎮成《尚書通考》卷一〇《洪範九疇之綱》 且《洪範》者，治天下之大法也。自開闢以來，有國家者所不能易，又何必至禹而後天錫之而禹叙之耶？雖唐虞以上，不可考見，至如《二典》、《三謨》所載九疇之目，無一不具。特以鯀湮洪水，汨陳其五行，則彝倫皆斁；禹平水土，五行各得其性，則彝倫復叙。《洪範》即彝倫也，彝倫斁則《洪範》不畀，彝倫叙則《洪範》乃錫。豈帝與天，真有物以予奪之哉？

明・鄭紀《東園文集》卷一〇《書・簡魏國公》 竊聞古典：國之大事在祀與戎。夫戎者，選將練兵，折衝禦侮，千年宗社倚之以奠安，四海生靈賴之以保障。謂國大事，固其宜矣。祀者，不過交接神明於俎豆之間而已，顧迺與之同其大，何歟？殊不知天下之事，有本有末，有微有顯，末易見而本難知，顯易求而微莫測。《記》曰：『祭者，教之本也。君子之教，必由其本，順之至也。』又曰：『祭有十倫，見事鬼神之道焉，見君臣之義焉，見父子之倫焉，見貴賤之等焉，見親疏之殺焉，見爵賞之施焉，見夫婦之別焉，見政事之均焉，見長幼之序焉，見上下之際焉。』人君之治天下，其有外君臣、父子、爵賞、貴賤等第而別有所為耶？故堯舜禹，萬古之大聖也，其傳受帝位，一則曰『格于文祖』，一則曰『受終于文祖』，『于神宗』，既類于上帝，又禋于六宗，又望于山川，又徧于羣神。其時巡方岳，既柴望秩于山川，又歸格于藝祖，用特牲。商人宗廟樂歌，謂『以假以享，我受命溥。將自天降康，豐年穰穰。來假來享，降福無疆。』文王家《易》：『王假有廟。利見大人。亨，利貞，用大牲。』孔子曰：『用大牲，順天命也。』周公作洛，肇修殷禮，祀于新邑，咸秩無文。【略】誠以人君一身，天地百神之主。天地雖遠，百神雖幽，而神妙精靈洋洋乎上下左右之間，人君嚴其廟貌，潔其犧牲，盛其服器，備其聲樂，萃其精神，以享以祀，以妥以侑，則遠無不屆，幽無不格，幽明流通，神人諧協，天地自位，萬物自育，雨暘時若，寒暑不戾，四靈畢至。雖不陳師鞠旅，訓卒練兵，而國祚自爾延長，宗社自爾奠安。是祀之一事，非徒與戎同其大，而實又有大於戎也。

明·倪岳《青谿漫稿》卷一〇《春秋講章》 臣嘗考之，孔子曰：『天下有道，則禮樂征伐自天子出。天下無道，則禮樂征伐自諸侯出。』周自東遷，王綱不振，夷狄侵陵，諸侯强横，故荆楚有猾夏之罪，既不能如《采薇》之遣戍役以禦之；諸侯有攘夷之功，又不能如《出車》之勞還，率以美之。蓋因文、武之政不修，以致冠屨之勢倒置。以天子之尊而下勞諸侯，其於君道、父道也謂何？以諸侯之卑而上致天子，其於臣道、子道也謂何？所謂上無道揆則下無法守矣。後世人主失統御之權，人臣挾跋扈之勢，以至興不當興之兵，行不必行之賞，啓釁召禍，往往有之，未必不昉於此。

明·丘濬《大學衍義補》卷一《治國平天下之要·正朝廷·總論朝廷之政》 臣按：人君所居之位，極崇高而至貴重，天下臣民莫不尊戴，譬則至大之寶也。人君居聖人大寶之位，當體天地生生之大德，以育天地所生之人民，使之得所生聚，然後有以保守其莫大之位焉。然人之所以生，必有所以養，而後可以聚之，又在乎生天下之財，使百物足以給其用，有以爲聚居衣食之資，而無離散失所之患，則吾大寶之位，可以長保而有之矣。然有財而不能理，則民亦不得而有之，所謂理財者，制其田里，教之樹畜，各有其有而不相侵奪，各用其用而無有虧欠，則財得其理而聚矣。所謂正辭者，辨其名實，明其等級，是是非非而有所分別，上上下下而無有混殽，則辭得其順而正矣。既理財正辭，而民有趨於利而背於義者，又必憲法令，致刑罰以禁之，使其於財也，彼此有無之間，不得以非義相侵奪。其於辭也，名號稱謂之際，不得以非義相紊亂，與凡貴賤長幼、多寡取予之類，莫不各得其宜焉。是則所謂義也。吁！聖人體天地生生之仁，盡教養斯民之義，孰有加於此哉？先儒謂《易》之事業，盡於此三言者。臣愚以為，人君受天地之命，居君師之位，所以體天地而施仁立義，以守其位者，誠不外乎此三者而已。謹載《大易》此言於《總論朝廷之政》之首，以爲大寶之獻。

臣按：上天立君，使之統邦國，建官府，以安民庶，所以綱維於上而頒布於下者，有六典焉。治也，教也，禮也，政也，刑也，事也，分之雖有六名，合之則歸一治。故曰『太宰掌建六典，以佐王治邦國。』吁！散之有統，操之有要，朝廷之政，無不舉矣。

臣按：禮、樂者，刑、政之本；刑、政者，禮、樂之輔。古之帝王所以同民心，出治道，使天下如一家，中國如一人者，不過舉此四者，措之而已。是則所謂脩道之教，王者之道，治天下之大經大法者也。夫有大中之制，以節民之心志；有至和之節，以和民之聲音。行此禮、樂之道，則有法制禁令；防此禮、樂之失，則有刑罰憲度。始也治道由此而出，終也王道因此而備。禮也，樂也，政與刑也，其用在天下，其本在朝廷。後之有天下國家者，其尚端出治之本，備王道之制，而又為維持防範之具，使之四達於當時，通行於天下。其為治也，孰加焉？

又 卷三《治國平天下之要·正朝廷·謹號令之頒》 臣按：昔人有言風者，天之號令，所以鼓舞萬物；命者，君之號令，所以鼓舞萬民。風自天而下，無物不遇；而君之命令，實似之。人君尊居九重，與下民本無相遇之理，惟王言一布，則萬民爭先快覩，莫不鼓舞於其下，而君民之心始遇矣。由是觀之，人君命令之頒，所以布君之德，感民之心。其機括之大轉移之妙有如此者，可不謹哉？

臣按：人君欲示訓於四方也，必廣大其謀謨，不為一身而必為天下無終窮之慮，審定其號令，不敢輕易而必為一定不可易之制，於是乎長慮却顧，深思遠圖，稽其所終所蔽，益之損之，與時宜之必可，為久遠之規，然後以時而播告之焉。如此，則夫號令之頒，圖惟之事，永永無弊。

施之於一時者，可以為法於百世矣。後世世主淺謀輕舉，容易發為號令，可言而不可行者多矣。縱有可行，亦惟可用於一時，不可詒之於久遠，於是朝更夕改，民不知所遵守，是以號令之頒，民視之以為泛常；一旦遇夫倉猝之變，有所補偏救急，而下人不知其所以，而往往至於不可救藥。吁！可不謹哉？

臣按：王者之言，其在中也，惟細如絲而已。及其出也，乃如宛轉繩之大焉。其初出也，僅大如綸而已；及其出而益遠也，乃如引棺之大索焉。所以然者，良以人君居九重之上，為萬方之主，一言一話，在人君雖若甚微者，及其施之於外，天下之人仰之如日星之明，畏之如雷霆之震，去之愈遠而見之愈大焉。然則人君號令之頒，其可以不謹哉？

又 卷一一五《治國平天下之要·嚴武備》 臣按：祀所以交神明，戎所以衛國家，此二者，國之大事也。

臣按：先儒謂先王之時，五禮六樂掌之宗伯，九伐之法掌之司馬，禮樂征伐之權在上而下莫敢干也。周室之衰，夷王下堂而見諸侯，而魯之三家，以雍徹而八佾舞於季氏之庭，其禮樂之權已失，是以列國紛爭，干戈日以相尋，訖無寧歲。天下無道，至是極矣。聖人言此，以示訓於萬世，使居人上者恒以道自居，謹身正法，必使權綱在己，而威福不至於下移，則禮樂征伐咸自己出，而為有道之世矣。

又 卷一五八《治國平天下之要·成功化》 臣按：禮、樂、政、刑四者，王道之治具也。謂之四達者，東西南北，無往而不通也。王者之為治，能使禮修而樂和，而又有政以行之，政有不及而又有刑以輔之，則凡普天之下，率土之濱，莫敢有越禮棄樂、干政犯刑者矣。王者之道，豈非完具大備乎！人君以此四者，以為治於天下，不徒有出治之本，而又有為治之具；不徒有為治之具，而又有為治之法。本末兼該，始終相成，此所以為王者之道，行之天下萬世而無弊也與？

明·王立道《具茨文集》卷六《原政》 夫升降者，道也；善惡者，政也；隆汙者，治也。治由政出，政由道立，道降而政之善，政善而治之汙者，古今未之或聞也。古之帝王求於道而不求於政，故道得而政隨之。後世求於政而不求於道，是故政非其政，治非其治，而今之天下若異於古之天下云耳。昔者大禹以六府三事告其君，而曰德惟善政；其在《洪範》曰農用八政，而必曰建用皇極者，何也？皆道也。故德行而府事叙，皇極建而八政舉矣。夫子之所謂人存政舉、修身以道者，皆是之謂也。

明·劉宗周《論語學案》卷八《下論·季氏》 先王治天下，有五禮、六樂、八征、九伐，以統一宇內，故繫子於天，謂之天子。降及春秋，而自諸侯出，又自大夫出，又自陪臣出。禮樂征伐亂於雜出，而清議自庶人出矣。此極亂之徵也。權出於下則亂，亂而無所歸則散，而庶人且將挈其權，以歸之一人，而天下復治。故曰得乎丘民，而為天子。此宇宙升降之大機也。

清·方苞編《隆萬四書文》卷三《論語下·胡友信〈天下有道一章〉》 聖人通論天下之勢，而順逆之變盡矣。蓋天下之勢，順與逆而已。順逆各以其類應，勢之所必趨也，孰有逃之者哉？今夫天下之勢，有已然而知其然者，有未然而知其將然者，有不及見其然而知其固然者，此皆天下之勢也。吾嘗概觀之矣。

彼自大道之行也，天下之政出於一，而惟辟作福，惟辟作威，禮樂征伐自天子出焉。三代以上之時也，可以故求者也。自大道之隱也，天下之政出於二，而或敢作好，或敢作惡，禮樂征伐自諸侯出焉。三代以下之時也，可以迹驗者也。自天子出，萬世之事業也，而今不及見矣。降而諸侯，則十世之事業也，而世已微露其端也。降而大夫，五世之事業也，而今有可想矣。若甚而陪臣執國命焉，則三世之事業也，而吾不知其所終也。

抑又思之：天下之無道而漸及於陵夷者，大率始於諸侯之僭而終於庶人之議也，何也？諸侯者，僭之階也；庶人者，道之公也。故天下有道，禮樂征伐自天子出，則諸侯不得而引諸國也，大夫不得而專其有也，陪臣不得而待其歸也。萌蘗未生，厲階未長，雖莫熾於大夫而實不敢專也。天下有道，禮樂征伐自天子出，則諸侯無可議也，大夫無可議也，陪臣無可議也。各當其處，各安其分，雖莫嘖於衆口而亦不能議也。此之謂萬世之事業也，而寖衰寖微之象，惡得而動吾之目哉？

清·方苞編《本朝四書文》卷六《論語下之中·儲欣〈天下有道下二節〉》 聖人察世變之所歸，而亟思夫有道焉。夫大夫專政而庶人私議，此《春秋》之變之所歸也。惟天下有道，可以救之，子能已於思乎？意謂予曠觀世變而慨然矣。十世五世，以訖三世，蓋世變為已亟焉。然天下之變，相循而不已，則其患必有所歸，而吾之憂乃益深，吾之望亦愈切。何則？善察天下之變者，必當觀其漸之所積，積而不已，則其至於偏重者，勢也。偏重焉，而遂非理數所能拘。尤當慮其情之所激，激而一決，則其出於過正者，又勢也。過正焉，而亦非法令所能禁。

然則當今之天下，所謂偏重者，誰乎？非諸侯也。諸侯由盛而之衰，政已下移也。非陪臣也，陪臣甫盛而即衰，政難久據也。今天下偏重之勢在大夫矣。所謂過正者，誰乎？非諸侯與陪臣也，諸侯與陪臣不敵大夫之重，畏焉而不敢議也。然亦非大夫也，大夫獨操諸侯與陪臣之重，專焉而不必議也。今天下過正之勢在庶人矣。

大夫曷為偏重？曰積也。五伯迭興以來，凡諸侯之得擅乎禮樂征伐者，大夫亦職有微勞，而其後遂不覺邢邱溴梁之見告也，是大夫之得政於五世以内者，其積淺，而其竊政於十世以内者，其積深也。天下且如此，大夫何也？庶人曷為乎過正？曰激也。齊盟狎主之日，凡諸侯之自擅乎禮樂征伐者，庶人已嘖有煩言，而況其日覩夫大都藏甲之皆然也，是庶人之矢清議於十世以内者，激而未至於甚，而其發憤議於五世以内者，甚而不勝其激也。大夫且如此，庶人何也？

然則若之何而救之？曰惟天下有道，可以救之。奚以知其然也？蓋有道則天下之政出於一，雖莫大諸侯俱不敢自為政，而大夫又何所積，以專天下之政乎？

且夫有道之天下，其所慎重而不輕者，大夫耳。爵一大夫焉必以告，刑一大夫焉必以告，而且節春秋則曰守臣也，錫黼冕則曰監牧也。待之愈重而大夫愈不敢有所覬覦，以積成難返之埶矣，問政之在焉，無是也。無他，禮樂征伐自天子出也。抑有道則天下之議出於一，雖賢士大夫俱不敢參末議，而庶人又何所激，以肆匹夫之議乎！且夫有道之天下，其所虛公而不棄者，庶人耳。爵人必與庶人共，刑人必與庶人共，而且詢芻蕘欲其謗於市也，採工瞽欲其諫以藝也。處之愈公而庶人愈不敢有所是非，以激成矯枉之勢矣，問猶有議焉，無是也。無他，禮樂征伐自天子出也。否則大夫據不拔之形，庶人逞難静之氣，吾恐五世之失並不足以限大夫，而横議之徒亦將不知所終也。世變所歸，歸於此矣，吾能無懼乎哉？

清・葉方藹等《孝經衍義》卷一八《衍教所由生之義・政》 臣按《詩》之《二雅》，西周盛王之政教號令也。《天保》治内，《采薇》治外，凡朝聘燕饗、治兵振旅之事，以其成規定制言之，則為禮樂征伐；大刑也，故唐虞兵、刑一官。以其戒誓禁令言之，則曰政。王者之用禮樂有政，以教其必為之。王者之用兵刑，亦先有政令，以教其必不為之者也。孔子曰『天下有道，則禮樂征伐自天子出』，蓋《二雅》之世，《春秋》以前也。曰『天下無道，則禮樂征伐自諸侯出』，隱、桓、莊、閔之《春秋》也。曰『自大夫出』，僖、文、宣、成之《春秋》也。曰『陪臣執國命』，襄、昭、定、哀之《春秋》也。又曰『天下有道，則政不在大夫。』政之為禮樂征伐也，審矣。《春秋》思《采薇》、《天保》之盛而不可復見，因魯史而舉二百四十二年諸侯、大夫、陪臣所以僭禮樂、專征伐者，還之天子，不得已也。

蓋君天下，曰天子。惇典庸禮，命德討罪，至公無私，正己以正人之不正，罔不率從，莫不震疊。其義存乎教天下而大權不可以下移也。隱二年書曰：『鄭人伐衛。』說者以為諸侯專征伐之始，謹始慎微之意於是乎在矣。自是以後，日尋干戈，用相報復，五伯代起，狎主齊盟，人稱斯師，彼善於此，天下但見有兵爭耳。雖有大禮盛樂，在上者錫非所錫，在下者據非所據。人而不仁，無如之何，迄於晉之悼公，三駕復楚，幾與首止、河陽爭烈，而其事乃在盛衰之際。《春秋》於溴梁之盟，特書曰『大夫盟。』夫子之意，以為所由來者漸矣；若夫寶玉大弓之竊，是盜而已。

《春秋》於事之失未遠者，猶思正之。弓矢斧鉞，諸侯之所得受賜於天子者也。上無天子，下無方伯，於諸侯之近乎正者，齊桓、晉文。因而正之。若夫大夫陪臣，則不足正乎爾。其人愈微，則其失愈遠。雖或假仁竊義以為名，而已之不正，必不能以正人。故夫子答季康子問政曰：『政者，正也。子帥以正，孰敢不正？』其亦不屑之教誨也已。

夫子嘗曰：『志在《春秋》，行在《孝經》。』又曰：『託諸空言，不如見諸行事之深切著明也。』至於魯定公之十年夾谷之會，明正禮，黜淫樂，刑優施兵。萊人歸田、墮都，章章著績。其初制於中都也，七寸之棺，五寸之槨，民是以知有親也。為司空也，溝先君之兆而合之墓，民是以知有尊也。為司寇也，誅少正卯於兩觀之下，民是以知造言亂名之刑也。飲羊之風既息，讓畔之風已行。反鄆、讙，虞芮之質成；墮郈、費，崇侯之因壘。此夫子之政也，夫子之實事也。其在於《詩》，其《大雅》之正雅乎！故自序之而不嫌於伐也。然則行在《孝經》者，亦在《春秋》矣。

清·葉方藹等《日講書經解義》卷二《大禹謨》 蓋為人君者，貴乎有德，然德非徒存諸心而已，當見之行事，使政無不善，乃為實德。而所謂政者，又在為百姓興利造福，使民無不安，乃為善政。養民之政何如？水火金木土穀，此六者，天地自然之利，民生日用不可缺者，必須一一整理，或洩其太過，或補其不足，使六者無有不修。六者既修，於是教之明倫理，修禮義，以正其德；教之作什器，通貨財，以利其用；又教之勤生業，節用度，以厚其生。將此三者一一區畫，各得其宜，各當其理，使無不和。合此六者與三者，總謂之九功。既能修和，則養民之政各有成功，一順其當然之理，而不至錯亂矣。

九功既敘，則民皆利其利而樂其樂，莫不形之於歌咏之間矣。然始勤終怠，人之常情，已成之功能保其久而不廢乎？是故百姓有勤於九功者，當以善言戒勵，使知所勉；有怠於九功者，當以刑罰督責，使知所畏。而又恐其出於勉强，或不能久也，復勸之以九歌，即取百姓前日歌咏之言，協之律呂，播之聲音，用之鄉人，用之邦國以感動之，使百姓歡欣趨事，鼓舞不倦，則修者常修，和者常和，前日之成功得以永久不壞，而養民之政曲成而不遺矣。此皆保治之道，帝之所當深念者也。夫養民之政至於惟敘惟歌，即伯益所謂無虞也；而必保其治於勿壞，即伯益所謂儆戒也。禹、益之言，其互相發明如此。

清·陳廷敬等《日講四書解義》卷一〇《論語下之三·季氏》 此一章書，乃統論天下之勢，而見大權宜歸於一也。孔子曰：天下之治亂，視乎天下之大權。權在上則治，權在下則亂。蓋不爽也。我思天下有道之時，世際昌明，體統不紊，君主治於上，臣奉行於下，故禮樂以教天下，征伐以威天下，皆操於朝廷，自天子出焉，雖諸侯不得僭也。若夫天下無道，乃時當昏暗，名分不明，政柄皆移於下而威福不由乎上，則禮樂征伐自諸侯出焉，雖天子莫能主也。夫禮樂征伐而自諸侯出，則於理逆矣，大抵不過十世，少有不失其柄者。蓋諸侯既可以僭天子，則大夫亦可以僭諸侯，勢必起而奪之，而權在大夫矣。至自大夫出，則逆理甚矣，大約不越五世，鮮有不失其柄者。蓋大夫既可以效諸侯，則陪臣亦可以效大夫，勢必起而奪之，而權在陪臣矣。夫禮樂征伐，乃天子之命也。迨自諸侯與大夫出，則竟成侯國之命矣；至是而陪臣執之，其逆理愈甚，不過三世，鮮有不失其柄者。蓋奸臣賊子，人人得而誅之，勢必為他人所奪，而權又不在陪臣矣。

總之，天下無道則僭亂紛起，權勢不歸於一耳。若天下有道，則乾綱獨攬，凡政之行於天下者，皆出自天子。彼諸侯且不得與，寧有下而在大夫者乎？然大權在上，非徒以勢服人也。蓋天下有道，則朝政清明，張弛各當，在大小臣工固無弗遵守成憲，即彼庶人，亦惟有不識不知，順帝之則而已，無有從而非議之者。議且不敢，僭亂者又何自而起乎？蓋人主大權，不可以一日不尊；名分，不可以一日不正。積漸陵夷，太阿倒置，為患何可勝言！故當時君弱臣强，下陵上替，孔子目擊時事，遂穆然思有道之思，雖以致慨，亦以致望也。後世若漢之閹宦、唐之藩鎮、宋之權奸、明之婦寺，皆始於人主優柔姑息，遂養成積重難返之勢，乾綱解紐，國祚隨之，良可為之浩嘆。《大易》之指，謂君德貴剛。噫！剛之時義，大矣哉。

清·顧棟高《春秋大事表》卷二八《晉楚争盟表·晉悼公論》 悼公乘再伯之餘，再合諸侯，天下翕然宗晉。論者謂較文公之創始稍易，然文公一戰而伯，而晉悼蕭魚服鄭，則八年九合，而後定之。何遲速之相懸若此？曰：此其故，未可以一概論也。當文公之時，天下之勢已盡屬楚，曹、衛、魯、宋延及北方之諸侯。此如陰之進而至於《剝》，《剝》極當《復》。故文公一出，而如日再中，是循環之理則然。至悼公時，所未服者，鄭耳。鄭舊屬楚，其勢未可以旦夕服，而當日楚之執政如子囊者，又堅忍持重，非如得臣之輕脱以僨事，故其勢常迭進而迭退。非要之以持久而老之以不戰，則徒暴骨以逞，而無當於服楚之大計。故當日之謀臣，知長慮却顧，為國本計者，無如魏絳；制勝廟堂，不戰而屈人之兵者，無如知罃。此兩人，均非如狐偃、先軫為推鋒出奇，慓鋭果敢之計者。魏絳之最得者，在定和戎之策，以專事中夏；建息民之謀，使國力不竭，則既得於國本矣。然後知罃復用孟獻子之言，城虎牢以扼地勢；却荀偃速戰之策，三分四軍以道敝楚人，而其要尤莫如戍虎牢。何則？鄭為南北之中，其距晉、楚道里俱各半。若徒道敝楚人，恐楚敝而諸侯之力亦敝，故留宿勁兵於虎牢，則我為主而楚為客，諸侯散則各歸其國，聚則兵衆不勞而畢具。反客為主，静以待動，以逸制勞，此固不待交鋒而楚已望風而却避矣。

或者謂：遠人不服，則脩文德以來之，未聞道敝諸侯以來之也。曰：戍虎牢者，所以保鄭，非以爭鄭也。鄭未嘗不願服於晉，特慮為楚所擾，故欲兩事以苟免，其心蓋不得已。戍之，則鄭在晉之宇下，楚不敢北向以爭鄭。以鄭屏楚，而東諸侯始得晏然。攘楚以安中夏，其計無出於此。吾怪夫世之好為議論者，以服鄭為勞民，而以范匄之棄陳為失策。此皆一偏之見而不審時勢之論。夫陳、蔡與許，服楚已久，其國去楚又近，必欲致三國之服從，此如齊桓之伐楚，合江、黄，而適以速楚之滅也。當春秋襄、昭之世，中國至服鄭而止，以鄭為南北之界，使曹、衛、魯、宋常服晉，而陳、蔡與許常服楚，各共犧牲玉帛，以事其大國。豈至使晉、楚之從交相見，帥天下之諸侯僕僕哉？愚嘗反覆究悼公之事，善其君臣能識大勢，持重以服鄭，即趙充國屯田以制羌之計；棄陳而不事，即賈捐之棄珠厓之計。蓋其集效，視文公為遲，而其規模，較可經久。使晉之君臣世世守之，伯業常存可也。

清·愛新覺羅弘曆《御製樂善堂全集定本》卷三《晉悼公論》 自晉文倡霸，後之子孫世嗣其業，然靈、成、景、厲四公之時，楚勢漸張，晉霸不振。靈公政墮柄分，無抗霸業之志；成公力弱事淺，無霸諸侯之權；景公心勞謀舛，無馭天下之略；厲公外彊中乾，無服人心之道。至於悼公，乃能以幼冲振霸略。其入國也，施舍已責，逮鰥寡，振廢滯，匡乏困，救災患，禁淫慝，薄賦斂，宥罪戾，節器用，時用民，欲無犯時，以定國本。其圖霸也，舉不失職，官不易方，爵不踰德，師不陵正，旅不逼師，以靖内而撫外，忠厚而不迫，堅忍而持重，有長慮却顧之思，無逞志快意之舉。是以無滅譚、滅遂、執曹衛之失，而諸侯從之，不令而來。豈非霸業之盛，方之桓、文，為已過哉！然稱霸者，獨許桓、文為盛而不言晉悼者，豈其蕭魚之後，霸業遂衰，大夫用事之故歟？且不討孫林父、甯殖之惡，而盟之以定衛剽，則桓、文必不若是也。豈非中行偃貽之患哉？蓋其始之盛也，以用知罃；其後之衰也，以用中行偃。用知罃則討宋魚石，九合諸侯，服鄭弱楚，而悼公亦清明而無失。政用中行偃，則伐秦遷延，不討衛賊，悼公亦怠終而不振。余故表而出之，以明君天下者，必自擇相始。

清·愛新覺羅弘曆《御製文三集》卷一《經筵御論·正德利用厚生惟和》 六府三事，皆養民之政，而惟修惟和，則各有其序，有由己、有不能由己者焉。何言之？五行之相克相生，皆一定之理，洩其過，補其不足，皆可以由有養民之責者之修之也。若夫三事之正民之德，利民之用，厚民之生，雖由於養民者之和之，而和豈易言哉？正德在於利用，利用在於厚生。厚生何在乎？在乎使有菽粟如水火。耕九餘三，或可由善政以致之；而時若雨暘，綏豐錫屢，不可由人力以致之也。故惟修可以由己，而惟和不能由己，必在陰陽之和，雨暘以時，則此和豈易致哉？亦惟祈年慎德，飢溺在懷，而尤重於察民隱，不諱災，或庶幾其致和。此勸歌勿壞之意乎！

政事決斷權分部

人事措置

綜　述

黄帝　《管子》卷一四《五行》 昔者黄帝得蚩尤而明於天道，得大常而察於地利，得奢龍而辯於東方，得祝融而辯於南方，得大封而辯於西方，得后土而辯於北方。黄帝得六相而天地治，神明至。蚩尤明乎天道，故使為當時。唐房玄齡注：謂知天時之所當也。大常察乎地利，故使為廩者。注：廩，給也。謂開廩以給人也。奢龍辨乎東方，故使為土師。注：土師，即司空也。祝融辨乎南方，故使為司徒。注：謂主徒衆，使務農也。大封辨於西方，故使為司馬。注：主兵馬，以出征。后土辨乎北方，故使為李。注：李，獄官也。取使象水之平也。是故春者土師也，夏者司徒也，秋者司馬也，冬者李也。

《史記》卷一《五帝本紀》（黄帝）舉風后、力牧、常先、大鴻，以治民。南朝宋裴駰《集解》：鄭玄曰：風后，黄帝三公也。班固曰：力牧，黄帝相也。大鴻，見《封禪書》。唐張守節《正義》：舉，任用。四人皆帝臣也。

堯舜 **《尚書·堯典》** 乃命羲和，欽若昊天，曆象日月星辰，敬授人時。分命羲仲，宅嵎夷，曰暘谷。寅賓出日，平秩東作。【略】申命羲叔，宅南交，平秩南訛，敬致。【略】分命和仲，宅西，曰昧谷。寅餞納日，平秩西成。【略】申命和叔，宅朔方，曰幽都。平在朔易。【略】帝曰：「咨！汝羲暨和。朞三百有六旬有六日，以閏月定四時，成歲。允釐百工，庶績咸熙。」

帝曰：「咨！四岳。湯湯洪水方割，蕩蕩懷山襄陵，浩浩滔天。下民其咨，有能俾乂？」僉曰：「於，鯀哉！」帝曰：「吁，咈哉！方命圮族。」岳曰：「异哉，試可乃已。」帝曰：「往，欽哉！」九載，績用弗成。

帝曰：「咨！四岳。朕在位七十載，汝能庸命巽朕位？」岳曰：「否德忝帝位。」曰：「明明揚側陋。」師錫帝曰：「有鰥在下，曰虞舜。」帝曰：「俞！予聞，如何？」岳曰：「瞽子。父頑，母嚚，象傲。克諧，以孝烝烝，乂不格姦。」帝曰：「我其試哉！」女于時，觀厥刑于二女。釐降二女于嬀汭，嬪于虞。帝曰：「欽哉！」

又 **《舜典》** 月正元日，舜格于文祖，詢于四岳，闢四門，明四目，達四聰。咨十有二牧，曰：「食哉惟時！柔遠能邇，惇德允元而難任人，蠻夷率服。」

舜曰：「咨！四岳。有能奮庸熙帝之載，使宅百揆，亮采惠疇？」僉曰：「伯禹作司空。」帝曰：「俞！咨禹。汝平水土，惟時懋哉！」禹拜稽首，讓于稷、契暨皋陶。帝曰：「俞，汝往哉！」

帝曰：「棄！黎民阻飢，汝后稷，播時百穀。」

帝曰：「契！百姓不親，五品不遜。汝作司徒，敬敷五教，在寬。」

帝曰：「皋陶！蠻夷猾夏，寇賊姦宄。汝作士，五刑有服，五服三就；五流有宅，五宅三居。惟明克允。」

帝曰：「疇若予工？」僉曰：「垂哉！」帝曰：「俞！咨垂。汝共工。」垂拜稽首，讓于殳、斨暨伯與。帝曰「俞，往哉！汝諧。」

帝曰：「疇若予上下草木鳥獸？」僉曰：「益哉！」帝曰：「俞！咨益。汝作朕虞。」益拜稽首，讓于朱虎、熊羆。帝曰：「俞，往哉！汝諧。」

帝曰：「咨！四岳。有能典朕三禮？」僉曰：「伯夷。」帝曰：「俞！咨伯。汝作秩宗，夙夜惟寅，直哉惟清。」伯拜稽首，讓于夔、龍。帝曰：「俞，往，欽哉！」

帝曰：「夔！命汝典樂，教胄子。直而温，寬而栗，剛而無虐，簡而無傲。詩言志，歌永言，聲依永，律和聲。八音克諧，無相奪倫，神人以和。」夔曰：「於！予擊石拊石，百獸率舞。」

帝曰：「龍！朕堲讒説殄行，震驚朕師。命汝作納言，夙夜出納朕命，惟允。」

帝曰：「咨！汝二十有二人，欽哉！惟時亮天功。」三載考績，三考黜陟幽明。」

又 **《皋陶謨》** 皋陶曰：「都！在知人。」【略】禹曰：【略】「知人則哲，能官人。」【略】皋陶曰：「都！亦行有九德。亦言其人有德，乃言曰載采采。」禹曰：「何？」皋陶曰：「寬而栗，柔而立，愿而恭，亂而敬，擾而毅，直而温，簡而廉，剛而塞，彊而義。彰厥有常吉哉！日宣三德，夙夜浚明有家。日嚴祇敬六德，亮采有邦。翕受敷施，九德咸事，俊乂在官。百僚師師，百工惟時。撫于五辰，庶績其凝。」

又 **《大禹謨》** 禹曰：【略】「任賢勿貳，去邪勿疑。」漢孔安國《傳》：一意任賢，果於去邪。

《左傳·文公十八年》 昔高陽氏有才子八人：晉杜預注：高陽，帝顓頊之號。八人，其苗裔。蒼舒、隤敳、檮戭、大臨、尨降、庭堅、仲容、叔達。齊聖廣淵，明允篤誠，天下之民謂之八愷。注：愷，和也。高辛氏有才子八人：注：高辛，帝嚳之號。八人，亦其苗裔。伯奮、仲堪、叔獻、季仲、伯虎、仲熊、叔豹、季貍。忠肅共懿，宣慈惠和，天下之民謂之八元。注：元，善也。此十六族也，世濟其美，不隕其名。以至於堯，堯不能舉。舜臣堯，舉八愷，使主后土，以揆百事，莫不時序，地平天成。舉八元，使布五教于四方，父義，母慈，兄友，弟共，子孝，内平外成。注：内，諸夏。外，夷狄。

夏商　**《尚書·立政》**　周公曰：【略】『古之人迪惟有夏，乃有室大競，籲俊，尊上帝迪，知忱恂于九德之行。乃敢告教厥后曰：拜手稽首后矣。曰：宅乃事，宅乃牧，宅乃準，兹惟后矣。《傳》：知九德之臣，乃敢告教其君以立政，君矣，亦猶王矣。宅，居也。居汝事，六卿掌事者。牧，牧民九州之伯。居内外之官及平法者，皆得其人，則此惟君矣。謀面用丕訓德，則乃宅人，兹乃三宅無義民。《傳》：謀所面見之事無疑，則能用大順德，乃能居賢人于衆官。若此，則乃能三居無義民，大罪宥之四裔，次九州之外，次中國之外。桀德，惟乃弗作往任，是惟暴德，罔後。《傳》：桀之爲德，惟乃不爲其先王之法，往所委任，是惟暴德之人，故絶世無後。

『亦越成湯陟，丕釐上帝之耿命。乃用三有宅，克即宅，曰三有俊，克即俊。《傳》：湯乃用三有居惡人之法，能使就其居，言服罪。又曰能用剛、柔、正直三德之俊，能就其俊事，言明德。嚴惟丕式，克用三宅三俊。《傳》：言湯所以能嚴威，惟可大法象者，以能用三居三德之法。其在商邑，用協于厥邑。其在四方，用丕式見德。嗚呼！其在受德，暋惟羞刑暴德之人，同于厥邦；乃惟庶習逸德之人，同于厥政。帝欽罰之，乃伻我有夏式商受命，奄甸萬姓』。

又　**《仲虺之誥》**　德懋懋官，功懋懋賞。用人惟己，改過不吝。《傳》：勉於德者則勉之以官，勉於功者則勉之以賞。用人之言，若自己出，有過則改，無所吝惜，所以能成王業。

又　**《説命上》**　王宅憂，亮陰三祀。既免喪，其惟弗言。群臣咸諫于王曰：『嗚呼！知之曰明哲，明哲實作則。天子惟君萬邦，百官承式。王言惟作命，不言，臣下罔攸稟令。』王庸作書，以誥曰：『以台正于四方，台恐德弗類，兹故弗言。恭默思道，夢帝賚予良弼，其代予言。』乃審厥象，俾以形旁求于天下。《傳》：審所夢之人，刻其形象以四方，旁求之於民間。説築傅巖之野，惟肖。《傳》：傅氏之巖，在虞、虢之界，通道所經，有澗水壞道，常使胥靡刑人築護此道。説賢而隱，代胥靡築之，以供食。肖，似，似所夢之形。爰立作相，王置諸其左右。

《孟子·萬章上》　萬章問曰：『人有言伊尹以割烹要湯，有諸？』孟子曰：『否，不然。伊尹耕於有莘之野而樂堯舜之道焉。非其義也，非其道也，祿之以天下，弗顧也；繫馬千駟，弗視也。非其義也，非其道也，一介不以與人，一介不以取諸人。湯使人以幣聘之，囂囂然曰：「我何以湯之聘幣為哉？我豈若處畎畝之中，由是以樂堯舜之道哉？」湯三使往聘之，既而幡然改曰：「與我處畎畝之中，由是以樂堯舜之道，吾豈若使是君為堯舜之君哉！吾豈若使是民為堯舜之民哉！吾豈若於吾身親見之哉！天之生此民也，使先知覺後知，使先覺覺後覺也。予，天民之先覺者也。予將以斯道覺斯民也。非予覺之，而誰也？」思天下之民，匹夫匹婦有不被堯舜之澤者，若己推而内之溝中。其自任以天下之重如此，故就湯而説之，以伐夏救民。』

《荀子》卷一八《成相篇》　世之災，妬賢能，飛廉知政任惡來。唐楊倞注：惡來，飛廉之子，秦之先也。《史記》曰：惡來有力，飛廉善走，父子俱以材力事紂。

《史記》卷三《殷本紀》　帝武丁即位，思復興殷而未得其佐，三年不言，政事決定於冢宰，以觀國風。武丁夜夢，得聖人，名曰説。以夢所見，視群臣百吏，皆非也。於是迺使百工營求之野，得説於傅險中。是時説為胥靡，築於傅險，見於武丁，武丁曰是也。得而與之語，果聖人，舉以為相，殷國大治，故遂以傅險姓之，號曰傅説。

（紂）用費中為政，《正義》：費，姓；仲，名。費中善諛好利，殷人弗親。紂又用惡来，唐司馬貞《索隱》：秦之祖，蜚廉子。惡来善毀讒，諸侯以此益疏。

兩周　**《周易·泰》**　《彖》曰：【略】内陽而外陰，内健而外順。内君子而外小人，君子道長，小人道消也。

又　**《頤》**　《彖》曰：【略】天地養萬物，聖人養賢，以及萬民，《頤》之時，大矣哉！唐孔穎達《正義》：聖人養賢，以及萬民者，先須養賢，乃得養民，故云養賢以及萬民也。聖人但養賢人，使治衆，衆皆獲安。有如虞舜五人，周武十人，漢帝張良，齊君管仲，此皆養得賢人，以為輔佐，政治世康，兆庶咸説，此則聖人養賢以及萬民之義也。

又　**《井》**　九三：井渫不食，為我心惻。可用汲，王明並受其福。子夏《易傳》：若主明道通矣，得其賢人，王亦賴其治也，並受其福。

《尚書·立政》 周公曰：【略】亦越文王、武王，克知三有宅心，灼見三有俊心。以敬事上帝，立民長伯。立政：任人、準夫、牧，作三事。《傳》：文、武亦法禹、湯以立政，常任、準人及牧治，爲天地人之三事。【略】

文王惟克厥宅心，乃克立兹常事司牧人，以克俊有德。《傳》：文王惟其能居心遠惡舉善，乃能立此常事司牧人，用能俊有德者。【略】

亦越武王，率惟敉功，不敢替厥義德，率惟謀從容德，以並受此丕丕基。

又《周官》 惟周王撫萬邦，巡侯、甸，四征弗庭，綏厥兆民，六服群辟，罔不承德，歸于宗周，董正治官。《傳》：四面征討諸侯之不直者，所以安其兆民。十億曰兆，言多。六服諸侯，奉承周德。言協服還歸於豐，督正治理職司之百官。

王曰：『若昔大猷，制治于未亂，保邦于未危。』曰唐虞稽古，建官惟百，內有百揆四岳，外有州牧、侯伯。庶政惟和，萬國咸寧。夏商官倍，亦克用乂。明王立政，不惟其官，惟其人。《傳》：言聖帝明王立政修教，不惟多其官，惟在得其人。今予小子，祗勤于德，夙夜不逮。仰惟前代時若，訓迪厥官。【略】

王曰：『嗚呼！凡我有官君子，欽乃攸司，慎乃出令，令出惟行，弗惟反。以公滅私，民其允懷。學古入官，議事以制，政乃不迷。其爾典常作之師，無以利口亂厥官。蓄疑敗謀，怠忽荒政。不學牆面，莅事惟煩。戒爾卿士，功崇惟志，業廣惟勤。惟克果斷，乃罔後艱。位不期驕，祿不期侈。恭儉惟德，無載爾偽。作德，心逸日休；作偽，心勞日拙。居寵思危，罔不惟畏，弗畏入畏。推賢讓能，庶官乃和，不和政厖。舉能其官，惟爾之能；稱匪其人，惟爾不任。』

又《顧命》 《序》：成王將崩，命召公、畢公率諸侯，相康王，《傳》：二公為二伯，中分天下而治之。作《顧命》。《傳》：臨終之命曰顧命。

王曰：『嗚呼！疾大漸，惟幾，病日臻。既彌留，恐不獲誓言嗣，兹予審訓命汝。昔君文王、武王，宣重光，奠麗陳教，則肄肄不違，用克達殷集大命。在後之侗，敬迓天威，嗣守文、武大訓，無敢昏逾。今天降疾，殆弗興弗悟。爾尚明時朕言，用敬保元子釗，弘濟于艱難，柔遠能邇，安勸小大庶邦。思夫人自亂于威儀，爾無以釗冒貢于非幾。』《傳》：汝無以釗冒進于非危之事。兹既受命還，出綴衣于庭。越翼日乙丑，王崩。

又《君牙》 《序》：穆王命君牙為周大司徒，《傳》：穆王，康王孫，昭王子。作《君牙》。《傳》：君牙，臣名。

王若曰：『嗚呼！君牙。惟乃祖乃父，世篤忠貞，服勞王家，厥有成績，紀于太常。惟予小子，嗣守文、武、成、康遺緒，亦惟先王之臣，克左右亂四方。心之憂危，若蹈虎尾，涉于春冰。今命爾予翼，作股肱心膂，纘乃舊服。無忝祖考，弘敷五典，式和民則。爾身克正，罔敢弗正。民心罔中，惟爾之中。夏暑雨，小民惟曰怨咨；冬祁寒，小民亦惟曰怨咨。厥惟艱哉！思其艱以圖其易，民乃寧。

『嗚呼！丕顯哉，文王謨。丕承哉，武王烈。啓佑我後人，咸以正罔缺。爾惟敬明乃訓，用奉若于先王，對揚文、武之光命，追配于前人。』

王若曰：『君牙！乃惟由先正舊典時式，民之治亂在兹。率乃祖考之攸行，昭乃辟之有乂。』

又《冏命》 《序》：穆王命伯冏為周太僕正，《傳》：伯冏，臣名也。太僕長，太御，中大夫。作《冏命》。

王若曰：『伯冏！惟予弗克于德，嗣先人宅丕后，怵惕惟厲，中夜以興，思免厥愆。昔在文、武，聰明齊聖，小大之臣，咸懷忠良，其侍御僕從，罔匪正人。以旦夕承弼厥辟，出入起居，罔有不欽；發號施令，罔有不臧；下民祗若，萬邦咸休。惟予一人無良，實賴左右前後有位之士，匡其不及，繩愆糾謬，格其非心，俾克紹先烈。

『今予命汝作大正，正于群僕侍御之臣，懋乃后德，交修不逮。慎簡乃僚，無以巧言令色，便辟側媚，其惟吉士。僕臣正，厥后克正；僕臣諛，厥后自聖。后德惟臣，不德惟臣。爾無昵于憸人，充耳目之官，迪上以非先王之典。非人其吉，惟貨其吉，若時，瘝厥官。惟爾大弗克祗厥辟，惟予汝辜。』

王曰：『嗚呼，欽哉！永弼乃后于彝憲。』

又《文侯之命》 《序》：平王錫晉文侯秬鬯圭瓚，作《文侯之命》。《傳》：所以名篇。幽王爲犬戎所殺，平王立，而東遷洛邑，晉文侯迎送安定之，故錫命焉。

王若曰：『父義和，丕顯文、武，克慎明德，昭升于上，敷聞在下，惟時上帝，集厥命于文王。亦惟先正克左右昭事厥辟，越小大謀猷罔不率從，肆先祖懷在位。嗚呼！閔予小子嗣，造天丕愆，殄資澤于下民，侵戎，我國家純。即我御事，罔或耆壽，俊在厥服，予則罔克。曰惟祖惟父，其伊恤朕躬。嗚呼！有績予一人，永綏在位。父義和，汝克紹乃顯祖。汝肇刑文、武，用會紹乃辟，追孝于前文人。汝多，修扞我于艱。若汝，予嘉。』

王曰：『父義和，其歸視爾師，寧爾邦。用賚爾秬鬯一卣，彤弓一，彤矢百，盧弓一，盧矢百，馬四匹。父往哉！柔遠能邇，惠康小民，無荒寧。簡恤爾都，用成爾顯德。』

《周禮·春官·大宗伯》 以九儀之命，正邦國之位。壹命受職，再命受服，三命受位，四命受器，五命賜則，六命賜官，七命賜國，八命作牧，九命作伯。

又《春官·典命》 掌諸侯之五儀，諸臣之五等之命。漢鄭玄注：五儀，公、侯、伯、子、男之儀。五等，謂孤以下四命、三命、再命、一命、不命也。或言儀，或言命，互文也。上公九命為伯，其國家、宮室、車旗、衣服、禮儀，皆以九為節。侯、伯七命，其國家、宮室、車旗、衣服、禮儀，皆以七為節。子、男五命，其國家、宮室、車旗、衣服、禮儀，皆以五為節。注：上公謂王之三公有德者，加命為二伯。二王之後，亦為上公。國家，國之所居，謂城方也。公之城，蓋方九里，宮方九百步。侯伯之城，蓋方七里，宮方七百步。子、男之城，蓋方五里，宮方五百步。王之三公八命，其卿六命，其大夫四命。及其出封，皆加一等。其國家、宮室、車旗、衣服、禮儀，亦如之。注：出封，出畿內，封於八州之中。加一等，褒有德也。大夫為子、男，卿為侯、伯，其在朝廷，則亦如命數耳。王之上士三命，中士再命，下士一命。

凡諸侯之適子，誓於天子，攝其君，則下其君之禮一等，未誓則以皮帛繼子男。注：誓猶命也。言誓者，明天子既命以為之嗣，樹子不易也。公之孤四命，以皮帛眡小國之君，其卿三命，其大夫再命，其士一命，其宮室、車旗、衣服、禮儀，各眡其命之數。侯伯之卿、大夫、士，亦如之。子男之卿再命，其大夫一命，其士不命，其宮室、車旗、衣服、禮儀，各眡其命之數。

又《夏官·司士》 掌群臣之版，以治其政令。歲登下其損益之數，辨其年歲與其貴賤，周知邦國、都家、縣鄙之數，卿大夫士庶子之數，注：損益，謂用功過黜陟者。縣鄙，鄉遂之屬。故書『版』爲『班』。鄭司農云：『班』，書或爲『版』。版，名籍。以詔王治。注：告王所當進退。以德詔爵，以功詔祿，以能詔事，以久奠食。注：德謂賢者。食，稍食也。賢者既爵乃祿之，能者事成乃食之。惟賜無常。注：賜多少由王，不如祿食有常品。

《大戴禮記》卷一〇《文王官人》 王曰：『太師！慎維深思，內觀民務，察度情偽，變官民能，歷其才藝，女維敬哉！女何慎乎？非倫。倫有七屬，屬有九用，用有六徵，一曰觀誠，二曰考志，三曰視中，四曰觀色，五曰觀隱，六曰揆德。』【略】

王曰：『太師！女推其往言，以揆其來行；聽其來言，以省其往行。觀其陽，以考其陰；察其內，以揆其外。是故隱節者可知，偽飾無情者可辨，質誠居善者可得，忠惠守義者可見也。』

王曰：『於乎，敬哉！女何慎乎？非心。何慎乎？非人。人有六徵，六徵既成，以觀九用，九用既立，一曰取平仁而有慮者，二曰取慈惠而有理者，三曰取直愍而忠正者，四曰取順直而察聽者，五曰取臨事而絜正者，六曰取慎察而絜廉者，七曰取好謀而知務者，八曰取接給而廣中者，九曰取猛毅而度斷者，此之謂九用也。

『平仁而有慮者，使是治國家而長百姓；慈惠而有理者，使是長鄉邑而治父子；直愍而忠正者，使是莅百官而察善否；慎直而察聽者，使是長民之獄訟，出納辭令；臨事而絜正者，使是守內藏而治出入；慎察而絜廉者，使是分財臨貨主賞賜；好謀而知務者，使是治壤地而長百工；接給而廣中者，使是治諸侯而待賓客；猛毅而度斷者，使是治軍事，衛邊境。因方而用之，此之謂官能也。

『九用有徵，乃任七屬，一曰國則任貴，二曰鄉則任貞，三曰官則任長，四曰學則任師，五曰族則任宗，六曰家則任主，七曰先則任賢。』

正月，王親命七屬之人曰：『於乎！慎維深思，內觀民務，本慎在人。女平心去私，慎用六證，論辨九用，以交一人，予亦不私。女廢朕命亂我法，罪致不赦。』三戒，然後及論，王親受而考之，然後論成。

《禮記·王制》 大國三卿，皆命於天子。下大夫五人，上士二十七人。次國三卿，二卿命於天子，一卿命於其君。下大夫五人，上士二十七人。小國二卿，皆命於其君。下大夫五人，上士二十七人。漢鄭玄注：命於天子者，天子選用之，如今詔書除吏是矣。

天子使其大夫爲三監，監於方伯之國，國三人。注：使佐方伯，領諸侯。

命鄉論秀士，升之司徒，曰選士。司徒論選士之秀者，而升之學，曰俊士。升於司徒者，不征於鄉；升於學者，不征於司徒，曰造士。注：不征，不給其繇役。造，成也。能習禮則為成士。【略】大樂正論造士之秀者，以告于王，而升諸司馬，曰進士。注：進士，可進受爵祿也。司馬辨論官材，論進士之賢者以告於王，而定其論；注：各署其所長。論定然後官之，注：使之試守。任官然後爵之，位定然後祿之。大夫廢其事，終身不仕，死以士禮葬之。注：以不任大夫也。

天子賜諸侯樂，則以柷將之；賜伯、子、男樂，則以鞀將之。注：將謂執以致命。柷、鞀，皆所以節樂。諸侯賜弓矢，然後征；賜鈇鉞，然後殺。賜圭瓚，然後為鬯；未賜圭瓚，則資鬯於天子。注：得其器，乃敢為其事。圭瓚，鬯爵也。鬯，秬酒也。

又《射義》 是故古者天子之制諸侯，歲獻貢士於天子，天子試之於射宮。其容體比於禮，其節比於樂而中多者，得與於祭。其容體不比於禮，其節不比於樂而中少者，不得與於祭。數與於祭而君有慶，數不與於祭而君有讓。數有慶而益地，數有讓而削地。注：歲獻，獻國事之書及計偕物也。三歲而貢士，舊說云大國三人，次國二人，小國一人。

《詩經·周頌·小毖》 《序》：《小毖》，嗣王求助也。漢鄭玄《箋》：毖，慎也。天下之事，當慎其小。小時而不慎，後為禍大。故成王求忠臣，早輔助己為政，以救患難。

予其懲而，毖後患。莫予荓蜂，自求辛螫。肇允彼桃蟲，拚飛維鳥。未堪家多難，予又集于蓼。

《春秋·莊公元年》 冬十月，【略】王使榮叔來錫桓公命。晉杜預注：無《傳》。榮叔，周大夫。榮，氏；叔，字。錫，賜也。追命桓公，褒稱其德，若昭七年王追命衛襄之比。

又《文公元年》 夏四月，【略】天王使毛伯來錫公命。注：毛國，伯爵，諸侯為王卿士者。諸侯即位，天子賜以命圭，合瑞為信。僖十一年，王賜晉侯命，亦其比也。

又《成公八年》 秋七月，天子使召伯來賜公命。注：諸侯即位，天子賜以命圭，與之合瑞。八年乃來，緩也。天子、天王，王者之通稱。

《左傳·莊公十六年》 （冬）王使虢公命曲沃伯以一軍，為晉侯。晉杜預注：曲沃武公遂并晉國，僖王因就命為晉侯。小國，故一軍。

又《僖公十一年》 （春）天王使召武公、內史過賜晉侯命，注：天王，周襄王。召武公，周卿士。內史過，周大夫。諸侯即位，天子賜之命圭爲瑞。受玉惰。過歸，告王曰：『晉侯其無後乎！王賜之命而惰於受瑞，先自棄也已，而何繼之有？禮，國之幹也；敬，禮之輿也。不敬則禮不行，禮不行則上下昏，何以長世？』

又《僖公十二年》 冬，齊侯使管夷吾平戎于王，使隰朋平戎于晉。注：平，和也。王以上卿之禮饗管仲，管仲辭曰：『臣，賤有司也。有天子之二守國、高在。注：國子、高子，天子所命，爲齊守臣，皆上卿也。若節春、秋，來承王命，何以禮焉？注：節，時也。陪臣敢辭。』注：諸侯之臣曰陪臣。王曰：『舅氏！注：伯舅之使，故曰舅氏。余嘉乃勳，應乃懿德，謂督不忘。往踐乃職，無逆朕命。』注：功勳、美德，可謂正而不可忘者。不言位而言職者，管仲位卑而執齊政，故欲以職尊之。管仲受下卿之禮而還。君子曰：管氏之世祀也，宜哉！讓，不忘其上。《詩》曰：『愷悌君子，神所勞矣。』

又《僖公二十八年》 （五月）王命尹氏及王子虎、內史叔興父策命晉侯為侯伯。注：以策書命晉侯爲伯也。《周禮》：九命作伯。尹氏、王子虎皆王卿士也。叔興父，大夫也。三官命之以寵晉。

又《襄公十四年》 王使劉定公賜齊侯命，注：將昏於齊故也。曰：『昔伯舅大公右我先王，股肱周室，師保萬民，世胙大師，以表東海。注：胙，報也。表，顯也。謂顯封東海，以報大師之功。王室之不壞，緊伯舅是賴。今余命女環，注：環，齊靈公名。茲率舅氏之典，纂乃祖考，無忝乃舊，敬之哉！無廢朕命。』注：纂，繼也。因昏而加褒顯，《傳》言王室不能命有功。

又《昭公七年》 衛齊惡告喪于周，且請命。王使成簡公如衛弔，注：簡公，王卿士也。且追命襄公曰：『叔父陟，恪在我先王之左右，以佐事上帝。注：陟，登也。恪，敬也。帝，天也。叔父謂襄公。命，如今之哀策。

余敢忘高圉亞圉？』注：二圉，周之先也。為殷諸侯，亦受殷王追命者。

《國語》卷四《魯語上》 齊孝公來伐，【略】（乙喜）對曰：『恃二先君之所職業。昔者成王命我先君周文公及齊先君大公曰：「女股肱周室，以夾輔先王。三國吳韋昭注：先王，武王也。賜女土地，質之以犧牲，世世子孫無相害也。」』注：質，信也。謂使之盟，以信其約。

又 卷一《周語上》 三十二年春，宣王伐魯，立孝公。注：孝公，懿公之弟稱也。諸侯從是而不睦。注：從是而不相親睦於王。

宣王欲得國子之能導訓諸侯者，樊穆仲曰：『魯侯孝。』王曰：『何以知之？』對曰：『肅恭明神，而敬事耇老。賦事行刑，必問於遺訓而咨於故實。不干所問，不犯所咨。』王曰：『然則能訓治其民矣。』乃命魯孝公於夷宮。注：命為侯伯也。夷宮者，宣王祖父夷王之廟。古者爵命，必於祖廟。

襄王使召公過及內史過賜晉惠公命，呂甥、郤芮相晉侯，不敬；晉侯執玉卑，拜不稽首。

《公羊傳·莊公元年》 冬十月，【略】王使榮叔來錫桓公命。《傳》：錫者何？賜也。命者何？加我服也。漢何休《解詁》：增加其衣服，令有異於諸侯。其言桓公何？追命也。

又 《文公元年》 夏四月，【略】天王使毛伯來錫公命。《傳》：錫者何？賜也。命者何？加我服也。《解詁》：復發《傳》者，嫌禮與桓公同死生異也。主書者，惡天子也。古者三載考績，三考黜陟幽明。文公新即位，功未足施而錫之，非禮也。

又 《成公八年》 秋七月，天子使召伯來錫公命。《傳》：其稱天子何？元年，春，王正月，正也。《解詁》：正者，文不變也。其餘皆通矣。《解詁》：其餘，謂不繫于元年者，或言王，或言天王，或言天子，皆相通矣。以見刺譏是非也。王者，號也。德合元者稱皇。孔子曰：皇象元，逍遙術，無文字，德明謚。德合天者稱帝。河洛受瑞，可放仁義。合者稱王符瑞應，天下歸往。天子者，爵稱也。聖人受命，皆天所生，故謂之天子。此錫命稱天子者，爲王者長愛幼少之義，欲進勉幼君，當勞來與賢師良傅如父教子，不當賜也。

《穀梁傳·莊公元年》 冬十月，【略】王使榮叔來錫桓公命。《傳》：禮有受命，無來錫命。錫命，非正也。晉范寧《集解》：賞人於朝，與人共之，當召而錫也。《周禮·大宗伯》職曰：王命諸侯，則儐之。是来受命。生服之，死行之，禮也。生不服，死追錫之，不正甚矣。

又 《文公元年》 夏四月，【略】天王使毛伯來錫公命。《傳》：禮有受命，無來錫命。錫命，非正也。

又 《成公八年》 秋七月，天子使召伯來錫公命。《傳》：禮有受命，無來錫命。錫命，非正也。曰天子，何也？曰見一稱也。《集解》：天王、天子，王者之通稱。自此以上，未有言天子者，今言天子，是更見一稱。

《荀子》卷一八《成相篇》 請牧基，賢者思，注：牧，治。堯在萬世如見之。讒人罔極，險陂傾側此之疑。注：言當疑此讒人傾險也。基必施，辨賢罷，注：罷讀為『疲』。文、武之道同伏戲。由之者治，不由者亂何疑為？

漢·孔鮒《孔叢子》卷上《居衛》 羊客問子思曰：『古之帝王中分天下，使二公治之，謂之二伯。周自后稷封為王者，後子孫據國，至太王、王季、文王，此固世為諸侯矣。焉得為西伯乎？』子思曰：『吾聞諸子夏：殷王帝乙之時，王季以功，九命作伯，受珪瓚鬯之賜，故文王因之，得專征伐。此以諸侯為伯，猶周、召之君為伯也。』

漢·伏勝《尚書大傳》卷三《晉傳》 古者諸侯之於天子，三年一貢士。一適謂之攸好德，再適謂之賢賢，三適謂之有功。有功者，天子賜之車服弓矢，號曰命諸侯。有不貢士，謂之不率正。一不適謂之過，再不適謂之傲，三不適謂之誣。誣者，天子絀之。一絀以爵，再絀以地，三絀而爵、地畢也。

漢·韓嬰《韓詩外傳》卷八 太公望，少為人壻，老而見去，屠牛朝歌，賃於棘津，釣於磻溪。文王舉而用之，封於齊。

《史記》卷三二《齊太公世家》 呂尚蓋嘗窮困，年老矣，以魚釣奸周西伯。西伯將出獵，卜之，曰：『所獲非龍非彲，非虎非羆，所獲霸王之輔。』於是周西伯獵，果遇太公於渭之陽，與語大說，曰：『自吾先君太公曰：「當有聖人適周，周以興。」子真是邪？吾太公望子久矣。』故號之曰太公望，載與俱歸，立為師。

又 卷四《周本紀》 武王即位，太公望為師，周公旦為輔，召公、畢公之徒左右王師，修文王緒業。

又 卷三三《魯周公世家》 伯御即位十一年，周宣王伐魯，殺其君伯御，而問魯公子能道順諸侯者，以為魯後。【略】乃立稱於夷宮，是為孝公。自是後，諸侯多畔王命。

又　卷五《秦本紀》　周宣王即位，乃以秦仲為大夫，誅西戎。西戎殺秦仲。秦仲立二十三年，死於戎。有子五人，其長者曰莊公。周宣王乃召莊公昆弟五人，與兵七千人，使伐西戎，破之，於是復予秦仲後，及其先大駱地犬丘并有之，為西垂大夫。

西戎、犬戎與申侯伐周，殺幽王酈山下，而秦襄公將兵救周，戰甚力，有功。周避犬戎難，東徙雒邑，襄公以兵送周平王。平王封襄公為諸侯，賜之岐以西之地，曰：『戎無道，侵奪我岐豐之地。秦能攻逐戎，即有其地。』與誓，封爵之。

昔我穆公，自岐、雍之間修德行武，東平晉亂，以河為界，《正義》：即龍門河也。西霸戎翟，廣地千里。天子致伯，諸侯畢賀。

又　卷六《秦始皇本紀》　繆公享國三十九年，天子致霸。

（孝公）十九年，天子致伯。

又　卷四〇《楚世家》　成王惲元年，初即位，布德施惠，結舊好於諸侯，使人獻天子。天子賜胙，曰：『鎮爾南方夷越之亂，無侵中國。』於是楚地千里。

又　卷四一《越王勾踐世家》　周元王使人賜勾踐胙，命為伯。

又　卷四《周本紀》　威烈王二十三年，九鼎震。命韓、魏、趙為諸侯。

漢·劉向《說苑》卷一《修文》　諸侯三年一貢士，士一適謂之好德，再適謂之尊賢，三適謂之有功。有功者，天子一賜以輿服弓矢，再賜以鬯，三賜以虎賁百人，號曰命諸侯。命諸侯者，鄰國有臣弒其君，孽弒其宗，雖不請乎天子而征之，可也。已征，而歸其地于天子。諸侯貢士，一不適謂之過，再不適謂之傲，三不適謂之誣。誣者，天子黜之。一黜以爵，再黜以地，三黜而地畢。諸侯有不貢士，謂之不率正。不率正者，天子黜之。一黜以爵，再黜以地，三黜而地畢，然後天子比年秩官之無文者而黜之，以諸侯之所貢者代之。《詩》云：『濟濟多士，文王以寧。』此之謂也。

魯國　《左傳·昭公三十二年》　（史墨）對曰：【略】『昔成季友，桓之季也，文姜之愛子也。始震而卜，卜人謁之，曰：「生有嘉聞，注：嘉名聞於世。其名曰友，為公室輔。」及生，如卜人之言，有文在其手曰「友」，遂以名之。既而有大功於魯，注：立僖公。受費以為上卿。至於文子、武子，世增其業，不廢舊績。魯文公薨，而東門遂殺適立庶，魯君於是乎失國，注：失國權。政在季氏。於此君也，四公矣。民不知君，何以得國？是以為君，慎器與名，不可以假人。』注：器，車服名爵號。

《論語·為政》　哀公問曰：『何為則民服？』孔子對曰：『舉直錯諸枉，則民服。三國魏王弼《集解》：包曰：錯，置也。舉正直之人用之，廢置邪枉之人，則民服其上。舉枉錯諸直，則民不服。』南朝梁皇侃《義疏》：直謂正直之人也。錯，置也。枉，委曲邪佞之人也。言若舉正直之人為官位，為廢置邪佞之人，則民服君德也。亦由哀公廢直用枉故也。故范甯云：哀公捨賢任佞，故仲尼發乎此言，欲使舉賢以服民也。【略】江熙云：哀公當千載之運而聖賢滿國，舉而用之，魯其王矣；而唯好耳目之悅，群邪秉政，民心厭棄，既而苦之，乃有此問也。

又　《顏淵》　子曰：『舉直錯諸枉，能使枉者直。』樊遲退，見子夏曰：『鄉也吾見於夫子而問知，子曰「舉直錯諸枉，能使枉者直。」何謂也？』子夏曰：『富哉言乎！《集解》：孔曰：富，盛也。舜有天下選於衆，舉皋陶，不仁者遠矣。湯有天下選於衆，舉伊尹，不仁者遠矣。』《義疏》：云子曰云云者，錯，廢也。枉，邪也。樊遲既未曉知人之旨，故孔子又為說之也。言若舉正直之人，在位用之，而廢置邪枉之人不用，則邪枉之人皆改枉為直，以求舉也。

《荀子》卷二〇《哀公篇》　魯哀公問於孔子曰：『請問取人。』注：問取人之術也。孔子對曰：『無取健，注：健羨之人。無取詌，注：未詳。《家語》作「無取鉗」。王肅云：謂妄對不謹誠者。或曰捷給，鉗人之口者。無取口啍。注：啍與「諄」同。《方言》云：齊、魯凡相疾惡謂之諄憎。健，貪也；詌，亂也；口啍，誕也。故弓調而後求勁焉，馬服而後求良焉，士信慤而後求知能焉。士不信慤而有多知能，譬之其豺狼也，不可以身尒也。語曰：「桓公用其賊，文公用其盜。」故明主任計不信怒，闇主信怒不任計。計勝怒者彊，怒勝計者亡。』

漢·韓嬰《韓詩外傳》卷四　哀公問取人，孔子曰：『無取健，無取佞，無取口讒。健，驕也。佞，諂也。讒，誕也。故弓調然後求勁焉，馬服然後求良焉，士信慤而後求知焉。士不信焉又多知，譬之豺狼，其難以身近也。《周書》曰：「為虎傅翼也，不亦殆乎？」《詩》曰：「匪其止共，惟王之邛。」言其不恭其職事而病其主也。」

又　卷八　《傳》曰：『予小子使爾繼召公之後，受命者必以其祖命之。』孔子為魯司寇，命之曰：『宋公之子弗甫有孫魯孔丘，命爾為司寇。』孔子曰：『弗甫敦及，厥辟將不堪。』公曰：『不妄。』《傳》曰：『諸侯之有德，天子錫之。一錫車馬，再錫衣服，三錫虎賁，四錫樂器，五錫納陛，六錫朱戶，七錫弓矢，八錫鈇鉞，九錫秬鬯。』《詩》曰：『釐爾圭瓚，秬鬯一卣。』

漢・劉向《說苑》卷八《尊賢》　哀公問於孔子曰：『人何若而可取也？』孔子對曰：『毋取拑者，無取健者，毋取口銳者。』哀公曰：『何謂也？』孔子曰：『拑者大給利，不可盡用。健者必欲兼人，不可以為法也。口銳者多誕而寡信，後恐不驗也。夫弓矢和調而後求其中焉，馬愨愿順然後求其良材焉，人必忠信重厚然後求其知能焉。今人有不忠信重而多知能，如此人者，譬猶豺狼與？不可以身近也。是故先其仁信之誠者，然後親之；於是有知能者，然後任之。故曰「親仁而使能」。夫取人之術也。』觀其言而察其行。夫言者，所以抒其匈而發其情者也。能行之士，必能言之，是故先觀其言而揆其行。夫以言揆其行，雖有姦軌之人，無以逃其情矣。』哀公曰：『善。』

晉國　**《左傳・僖公三十三年》**　八月戊子，晉侯敗狄于箕，郤缺獲白狄子。【略】初，臼季使，過冀，見冀缺耨，其妻饁之，敬相待如賓。與之歸，言諸文公曰：『敬，德之聚也。能敬必有德，德以治民。君請用之。臣聞之：「出門如賓，承事如祭，仁之則也。」』公曰：『其父有罪，可乎？』對曰：『舜之罪也殛鯀，其舉也興禹。管敬仲，桓之賊也，實相以濟。《康誥》曰：「父不慈，子不祇，兄不友，弟不共，不相及也。」詩曰：「采葑采菲，無以下體。」君取節焉，可也。』文公以為下軍大夫。

反自箕，襄公以三命命先且居，將中軍。注：且居，先軫之子。其父死敵，故進之。以再命命先茅之縣，賞胥臣，曰：『舉郤缺，子之功也。』注：先茅絕後，故取其縣，以賞胥臣。以一命命郤缺為卿，復與之冀。注：還其父故邑。

又　《宣公十六年》　三月，獻狄俘。注：獻于王也。晉侯請于王。戊申，以黻冕命士會將中軍，且為大傅。注：代林父將中軍，且加以大傅之官。黻冕，命卿之服。大傅，孤卿。於是晉國之盜，逃奔于秦。羊舌職曰：『吾聞之，「禹稱善人，注：稱，舉也。不善人遠。」此之謂也。夫《詩》曰：「戰戰兢兢，如臨深淵，如履薄冰」，善人在上也。注：言善人居位，則無不戒懼。善人在上，則國無幸民。諺曰：「民之多幸，國之不幸也。」是無善人之謂也。』

又　《成公十八年》　春王正月，【略】辛巳，（悼公）朝于武宮。逐不臣者七人。

又　《襄公三年》　祁奚請老，注：老，致仕。晉侯問嗣焉。注：嗣，續其職者。稱解狐，其讎也，將立之而卒。又問焉，對曰：『午也可。』注：午，祁奚子。於是羊舌職死矣，晉侯曰：『孰可以代之？』對曰：『赤也可。』注：赤，職之子伯華。於是使祁午為中軍尉，羊舌赤佐之。注：各代其父。君子謂：祁奚於是能舉善矣。稱其讎不為諂，立其子不為比，舉其偏不為黨。注：諂，媚也。偏，屬也。《商書》曰：『無偏無黨，王道蕩蕩。』注：《商書・洪範》。蕩蕩，平正無私。其祁奚之謂矣。解狐得舉，祁午得位，伯華得官，建一官而三物成，注：一官，軍尉。物，事也。能舉善也。夫唯善，故能舉其類。《詩》云：『惟其有之，是以似之。』祁奚有焉。注：《詩・小雅》。言唯有德之人，能舉似己者也。

又　《襄公二十一年》　會於商任，錮欒氏也。注：禁錮欒盈，使諸侯不得受。

又　《襄公二十二年》　冬，會于沙隨，復錮欒氏也。注：晉知欒盈在齊，故復錮也。

又　《襄公二十六年》　及宋向戌將平晉、楚，聲子通使於晉，還如楚。令尹子木與之語，問晉故焉，注：故，事。且曰：『晉大夫與楚孰賢？』對曰：『晉卿不如楚，其大夫則賢，皆卿材也。如杞梓皮革，自楚往也。雖楚有材，晉實用之。』注：言楚亡臣，多在晉。子木曰：『夫獨無族、姻乎？』注：夫謂晉。對曰：『雖有，而用楚材實多。【略】子儀之亂，析公奔晉，晉人寘諸戎車之殿，以為謀主。繞角之役，晉將遁矣，析公曰：「楚師輕窕，易震蕩也。若多鼓鈞聲，以夜軍之，楚師必遁。」

晉人從之，楚師宵潰，晉遂侵蔡襲沈，獲其君，敗申、息之師於桑隧，獲申麗而還，鄭於是不敢南面。楚失華夏，則析公之為也。雍子之父兄譖雍子，君與夫人不善是也，雍子奔晉，晉人與之鄐，以為謀主。彭城之役，晉、楚遇於靡角之谷，晉將遁矣，雍子發命於軍曰：「歸老幼，反孤疾，二人役，歸一人。簡兵蒐乘，秣馬蓐食，師陳焚次，明日將戰。」行歸者而逸楚囚，楚師宵潰。晉降彭城而歸諸宋，以魚石歸。楚失東夷，子辛死之，則雍子之為也。子反與子靈爭夏姬，而雍害其事，子靈奔晉，晉人與之邢，以為謀主。扞禦北狄，通吳於晉，教吳叛楚，教之乘車、射御、驅侵，使其子狐庸為吳行人焉，吳於是伐巢取駕，克棘入州來，楚罷於奔命，至今為患，則子靈之為也。若敖之亂，伯賁之子賁皇奔晉，晉人與之苗，以為謀主。鄢陵之役，楚晨壓晉軍而陳，晉將遁矣，苗賁皇曰：「楚師之良，在其中軍王族而已。若塞井夷竈，成陳以當之，欒、范易行以誘之，中行、二郤必克二穆，吾乃四萃於其王族，必大敗之。」晉人從之，楚師大敗，王夷師熸，子反死之。鄭叛吳興，楚失諸侯，則苗賁皇之為也。」子木曰：「是皆然矣。」

《國語》卷一〇《晉語四》 （文）公屬百官，賦職任功。注：屬，會也。賦，授也。授職事，任有功也。**【略】**胥、籍、狐、箕、欒、郤、柏、先、羊舌、董、韓，實掌近官。注：十一族，晉之舊姓。近官，朝廷者。諸姬之良，掌其中官。注：諸姬，同姓也。中官，內官也。異姓之能，掌其遠官。注：遠官，縣鄙也。

又 卷一一《晉語五》 臼季使，舍於冀野。冀缺耨，其妻饁之，敬相待如賓。從而問之，冀芮之子也，與之歸。既復命，而進之曰：「臣得賢人，敢以告。」文公曰：「其父有辠，可乎？」注：文公元年，冀芮畏偪，與呂、郤謀弒公，焚公宮，秦伯殺之故也。對曰：「國之良也，滅其前惡。注：滅，除也。是故舜之刑也殛鯀，其舉也興禹。注：殛，誅也。鯀，禹父。今君之所聞也。齊桓親舉管敬子，其賊也。」注：敬子，管仲之謚。公曰：「子何以知其賢也？」對曰：「臣見其不忘敬也。夫敬，德之恪也。恪於德，以臨事，其何不濟？」公見之，使為下軍大夫。

趙宣子言韓獻子於靈公，以為司馬。注：司馬，掌軍大夫。河曲之役，注：河曲，晉地。魯文十二年，秦伐晉，戰于河曲。趙孟使人以其乘車干行，注：干，犯也。行，軍列也。獻子執而戮之。衆咸曰：「韓厥必不沒矣。注：沒，終也。其主朝升之而莫戮其車，注：車，車僕也。獻子因趙盾以為主，盾升之于公朝。莫，喻速也。其誰安之？」宣子召而禮之，曰：「吾聞事君者，比而不黨。注：比，比義也。阿私曰黨。夫周以舉義，比也。注：忠信曰周。舉以其私，黨也。夫軍事無犯，犯而不隱，義也。注：任公為義。言汝於君，懼汝不能也。舉而不能，黨孰大焉？事君而黨，吾何以從政？吾故以是觀汝，注：觀汝能否。汝勉之。苟從是行也，注：勉之始終其志。是行，今所行也。臨長晉國者，非汝其誰？」注：臨，監也。皆告諸大夫曰：「二三子可以賀我矣。吾舉厥也而中，吾乃今知免於罪矣。」

《史記》卷四二《鄭世家》 （襄公）十一年，楚莊王伐宋，宋告急于晉。晉景公欲發兵救宋，伯宗諫晉君曰：「天方開楚，未可伐也。」乃求壯士，得霍人解揚，字子虎，誆楚令宋毋降。過鄭，鄭與楚親，乃執解揚而獻楚。楚王厚賜與約，使反其言，令宋趣降，三要乃許。於是楚登解揚樓車，令呼宋。遂負楚約而致其晉君命曰：「晉方悉國兵以救宋。宋雖急，慎毋降楚。晉兵今至矣！」楚莊王大怒，將殺之，解揚曰：「君能制命為義，臣能承命為信。受吾君命以出，有死無隕。」莊王曰：「若之許我，已而背之，其信安在？」解揚曰：「所以許王，欲以成吾君命也。」將死，顧謂楚軍曰：「為人臣毋忘盡忠得死者！」楚王諸弟皆諫王赦之，於是赦解揚使歸，晉爵之為上卿。

衛國 《左傳・襄公二十七年》 夏，免餘復攻甯氏，殺甯喜及右宰穀，尸諸朝。**【略】**公使為卿，辭曰：「太叔儀不貳，能贊大事。注：贊，佐也。君其命之！」乃使文子為卿。注：文子，太叔儀。

又 《哀公十六年》 衛侯占夢嬖人求酒於大叔僖子，注：以能占夢見愛。不得，與卜人比而告公曰：「君有大臣在西南隅，弗去，懼害。」注：託占卜夢而言。乃逐大叔遺，遺奔晉。

又 《哀公二十五年》 公（衛侯輒）之入也，奪南氏邑，而奪司寇亥政。**【略】**彌子飲公酒，納夏戊之女，嬖，以為夫人。其弟期，大叔疾之從孫甥也。少畜於公，以為司徒。

《論語・憲問》 子曰：「衛靈公之無道，久也。」康子曰：「夫如是，奚而不喪？」孔子曰：「仲叔圉治賓客，祝鮀治宗廟，王孫賈治軍旅。夫如是，奚其喪？」《集解》：孔安國曰：言君雖無道，所任者各當其才，何為當亡乎？《義疏》：孔子答康子，言靈公無道，邦國不喪之由也。有此三臣，各掌其政也。喪，亡也。或問曰：靈公無道，焉得有好臣？答曰：或是先人老臣未去者也，或靈公少時可得良臣，而後無道，故臣未去也。

《韓非子》卷一三《外儲説右上》　衛嗣君謂薄疑曰：「子小寡人之國，以為不足仕，則寡人力能仕子，請進爵，以子為上卿，乃進田萬頃。」

《大戴禮記》卷三《保傅》　衛靈公之時，蘧伯玉賢而不用，迷子瑕不肖而任事。北周盧辯注：『彌』當聲誤為『迷』也。因言賢者歿，猶得士也。史鰌患之，數言蘧伯玉賢而不聽。病且死，謂其子曰：「我即死，注：言死于今。一曰：即，就。治喪于北堂。吾生不能進蘧伯玉而退迷子瑕，是不能正君者。死不當成禮，而置屍于北堂，注：而猶汝也。於我足矣。」靈公往弔，問其故，其子以父言聞。靈公造然失容，注：造然，驚慘之貌。曰：「吾失矣。」立召蘧伯玉而貴之，注：進之為卿。召迷子瑕而退之。徙喪于堂，成禮而後去。衛國以治，史鰌之力也。注：成禮，復正室。夫生進賢而退不肖，死且未止，又以屍諫，可謂忠不衰矣。注：故《論語》曰：直哉史魚！

漢・孔鮒《孔叢子》卷上《居衛》　子思居衛，言苟變于衛君曰：「其材可將五百乘。君任軍旅，率得此人，則無敵于天下矣。」衛君曰：「吾知其材可將，然變也嘗為吏，賦于民，而食人二雞子，以故弗用也。」子思曰：「夫聖人之官人，猶大匠之用木也，取其所長，棄其所短。故杞梓連抱而有數尺之朽，良工不棄，何也？知其所妨者細也，卒成不訾之器。今君處戰國之世，選爪牙之士，而以二卵棄干城之將，此不可使聞于鄰國者也。」衛君再拜曰：「謹受教矣。」

鄭國　**《左傳・襄公二年》**　秋七月庚辰，鄭伯睔卒，於是子罕當國，注：攝君事。唐孔穎達《正義》：禮，君薨，聽於冢宰，不須攝行君事。此令子罕當國者，鄭國間於晉、楚，國家多難，喪代之際，或致傾危。蓋成公顧命，使之當國，非常法也。子駟為政，已是正卿，知當國者為攝君事矣。沈氏云：魯襄四歲，國家無虞。今僖公年雖長大，為偪於晉、楚，故令子罕當國也。子駟為政，注：為正卿。子國為司馬。晉師侵鄭，注：晉伐喪，非禮。諸大夫欲從晉。子駟曰：「官命未改。」注：成公未葬，嗣君未免喪，故言未改，不欲違先君意。《正義》：先君既葬，嗣君正位，乃得建官命臣，十六年晉侯改服脩官是其事也。先君未葬，皆因舊事，不得建官命臣，故云官命未改。庶事悉皆未改，不可即違先君，言此者，不用從晉之意故也。

又《襄公三十年》　伯有既死，使大史命伯石為卿，辭；大史退，則請命焉；注：請大史更命己。復命之，又辭；如是三，乃受策入拜。子產是以惡其為人也，注：惡其虛飾。使次己位。注：畏其作亂，故寵之。

又《襄公三十一年》　子產之從政也，擇能而使之。馮簡子能斷大事，子大叔美秀而文，公孫揮能知四國之為，而辨於其大夫之族姓、班位、貴賤、能否，而又善為辭令。裨諶能謀，謀於野則獲，謀於邑則否。鄭國將有諸侯之事，子產乃問四國之為於子羽，且使多為辭令；與裨諶乘以適野，使謀可否；而告馮簡子，使斷之。事成，乃授子大叔，使行之，以應對賓客，是以鮮有敗事。北宮文子所謂有禮也。

《論語・憲問》　子曰：為命：裨諶草創之，《集解》：孔安國曰：裨諶，鄭大夫名也。世叔討論之，行人子羽修飾之，東里子產潤色之。《集解》：馬融曰：世叔，鄭大夫游吉也。【略】行人，掌使之官也。子羽，公孫揮也。子產居東里，因以為號也。更此四賢而成，故鮮有敗事也。

宋國　**《左傳・文公七年》**　夏四月，宋成公卒。於是公子成為右師，公孫友為左師，樂豫為司馬，鱗矔為司徒，公子蕩為司城，華御事為司寇。注：《傳》言六卿皆公族，昭公不親信之，所以致亂。昭公將去羣公子，樂豫曰：「不可。公族，公室之枝葉也。若去之，則本根無所庇廕矣。葛藟猶能庇其本根，故君子以為比。注：謂詩人取以喻九族兄弟。況國君乎！此諺所謂『庇焉而縱尋斧焉』者也。注：縱，放也。必不可。君其圖之！親之以德，皆股肱也。誰敢攜貳？若之何去之？」不聽。穆、襄之族率國人以攻公，注：穆公、襄公之子孫，昭公所欲去者。殺公孫固、公孫鄭于公宮。六卿和公室，樂豫舍司馬，以讓公子卬。注：卬，昭公弟。昭公即位而葬。宋林堯叟《句解》：然後宋國復安，昭公即君位而葬成公。

又《僖公九年》　宋襄公即位，以公子目夷爲仁，使爲左師以聽政，於是宋治。故魚氏世爲左師。

又《昭公二十二年》　宋公使公孫忌為大司馬，邊卬為大司徒，樂祁為司城，仲幾為左師，樂大心為右師，樂輓為大司寇，以靖國人。

又　《**哀公十八年**》　春，宋殺皇瑗。公聞其情，復皇氏之族，使皇緩為右師。

吳國　《**左傳・昭公二十七年**》　鱄設諸寘劍於魚中以進，【**略**】遂弑王。闔廬以其子為卿。

又　《**定公四年**》　伍員為吳行人，以謀楚。

《**史記**》**卷八六**《**刺客列傳**》　（公子光）遂自立為王，是為闔閭。闔閭乃封專諸之子，以為上卿。

越國　《**國語**》**卷二一**《**越語下**》　王曰：『蠡為我守於國。』對曰：『四封之內，百姓之事，蠡不如種也。四封之外，敵國之制，立斷之事，種亦不如蠡也。』王曰：『諾。』令大夫種守於國，與范蠡入宦於吳。注：宦，為臣隸也。三年，而吳人遣之歸。

王曰：『不穀之國家，蠡之國家也，蠡其圖之。』對曰：『四封之內，百姓之事，時節三樂，注：三樂，三時之務，使之勸事樂業也。不亂民功，不逆天時，五穀睦孰，民乃蓄滋，注：睦，和也。蓄，息也。滋，益也。君臣上下，交得其志，蠡不如種也。四封之外，敵國之制，立斷之事，因陰陽之恒，順天地之常，柔而不屈，彊而不剛，德虐之行，因以為常。注：唐尚書云：言無德行，虐習以為常。昭謂：德，有所懷柔及爵賞也。虐，謂有所斬伐及黜奪也。以為常，以為常法也。死生因天地之刑，天因人，聖人因天，人自生之，天地形之，聖人因而成之。是故戰勝而不報，取地而不反，兵勝於外，福生於內，用力甚少而名聲章明，種亦不如蠡也。』王曰：『諾。』令大夫種為之。注：為，治國也。

齊國　《**左傳・莊公九年**》　（秋）鮑叔帥師來，言曰：『子糾親也，請君討之；管召讎也，請受而甘心焉。』注：管仲射桓公，故曰讎。甘心，言欲快意戮殺之。乃殺子糾于生竇，注：生竇，魯地。召忽死之。管仲請囚，鮑叔受之，及堂阜而稅之。注：堂阜，齊地。歸而以告曰：『管夷吾治於高傒，注：高傒，齊卿高敬仲也。言管仲治理政事之才，多於敬仲。使相可也。』公從之。

又　《**哀公十四年**》　齊簡公之在魯也，闞止有寵焉。及即位，使為政。陳成子憚之，驟顧諸朝。諸御鞅言于公曰：『陳、闞不可並也，君其擇焉。』弗聽。【**略**】陳恒執公于舒州。公曰：『吾早從鞅之言，不及此。』

《**國語**》**卷六**《**齊語**》　桓公令官長期而書伐，注：官長，長官也。期，期年也。伐，功也。書其所掌在官有功者也。以告且選，選其官之賢者而復用之，注：復，白也。曰『有人居我官，有功休德，注：休，美也。惟慎端愨以待時，使民以勸，綏謗言，注：待時，動不違時也。綏，止也。足以補官之不善政。』注：謂前有闕者。桓公召而與之語，訾相其質，注：訾，量也。相，視也。足以比成事，注：比，輔也。足以輔其官，成其事也。誠可立而授之，注：言可以立為大官而授之事也。設之以國家之患而不疚。注：患，難也。疚，病也。豫設以國家之患難問之，不病不罷也。退問其鄉，以觀其所能而無大厲，注：問其鄉，本其行能也。厲，惡也。升以為上卿之贊，注：贊，佐也。謂之三選。三選，謂鄉長所進，官長所選，公所訾相也。

《**管子**》**卷八**《**小匡**》　公曰：『奈何？』對曰：『公子舉為人博聞而知禮，好學而辭遜，請使游於魯，以結交焉。公子開方為人巧轉而兌利，請使游於衛，以結交焉。曹孫宿其為人也，小廉而苛忕，注：音逝。苛，密；忕，習也。言多所慣習也。足恭而辭結，注：其辭能與人定交結。正荊之則也。注：言此人立行，正與荊俗同，使之游荊，必得其歡心。上二人亦然。請使往游，以結交焉。』遂立，行三使者，而後退。注：使三使行出，然後退。

相三月，請論百官。公曰：『諾。』管仲曰：『升降揖讓，進退閑習，辨辭之剛柔，臣不如隰朋，請立為大行。注：大行，大使之官。墾草入邑，辟土聚粟多衆，盡地之利，臣不如甯戚，請立為大司田。平原廣牧，注：廣遠可牧之地。車不結轍，士不旋踵，鼓之而三軍之士視死如歸，臣不如王子城父，請立為大司馬。決獄折中，不殺不辜，不誣無罪，臣不如賓胥無，請立為大司理。犯君顏色，進諫必忠，不辟死亡，不撓富貴，臣不如東郭牙，請立以為大諫之官。此五子者，夷吾一不如，注：於五子，各不如其一，然而以易夷吾，夷吾不為也。注：以五子之能，易夷吾之德，則夷吾所不能。君若欲治國彊兵，則五子者存矣。若欲霸王，夷吾在此。』桓公曰：『善。』

又　**卷七**《**大匡**》　（桓公）又問管仲曰：『何行？』管仲曰：『隰朋聰明捷給，可令為東國。注：東國，謂自齊東之國，令隰朋理之。賓胥無堅强以良，可以為西土。注：西土，齊西之土。令胥無之國，與士交兵。衛國之教，危傅以利。注：謂其教既高危，且相傅以利。謂以利成俗。公子開方之為人也，慧以給，不能久而樂始，可游於衛。注：其人性輕率，不能持久，所謂靡不有初，鮮克有終，故曰樂始。使此人游於衛誘動之，令歸於齊也。魯邑之教，好邇而訓於禮。注：既訓學於禮，禮者所以飾貌，故曰好邇。邇，近也。季友之為人也，恭以精，博於糧，多小信，可游於魯。注：博於糧，謂多委積。楚國之教，巧文以利，不好立大義而好立小信。蒙孫博於教而文巧於辭，不好立大義而好結小信。可游於楚。小侯既服，大侯既附。注：厚往輕報，所以服小侯。游三人於三國，所以附大侯。夫如是，則始可以施政矣。」君曰：『諾。』乃游公子開方於衛，游季友於魯，游蒙孫於楚。五年，諸侯附。

《列子》卷六《力命》　齊無君，二公子爭入。管夷吾與小白戰於莒道，射中小白帶鉤。小白即立，脅魯殺子糾，召忽死之，管夷吾被囚。鮑叔牙謂桓公曰：『管夷吾能，可以治國。』桓公曰：『我讎也，願殺之。』鮑叔牙曰：『吾聞賢君無私怨，且人能為其主，亦必能為人。君如欲霸王，非夷吾，其弗可。君必舍之。』遂召管仲，魯歸之齊。鮑叔牙郊迎，釋其囚，桓公禮之，而位於高、國之上，鮑叔牙以身下之，任以國政，號曰仲父。桓公遂霸。

又　卷八《說符》　魯施氏有二子，其一好學，其一好兵。好學者以術干齊侯，齊侯納之，爲諸公子之傅。

《韓非子》卷一二《外儲說左下》　桓公謂管仲曰：『官少而索者衆，寡人憂之。』管仲曰：『君無聽左右之請，因能而受祿，錄功而與官，則莫敢索官。君何患焉？』

桓公問置吏於管仲，曰：『辯察於辭，清潔於貨，習人情，夷吾不如絃商，請立以為大理。登降肅讓，以明禮待賓，臣不如隰朋，請立以為大行。墾草仞邑，元何犿注：仞，入也。所食之邑能入其租稅也。辟地生粟，臣不如甯武，請以為大田。三軍既成陣，使士視死如歸，臣不如公子成父，請以為大司馬。犯顏極諫，臣不如東郭牙，請立以為諫臣。治齊，此五子足矣。將欲霸王，夷吾在此。』

《呂氏春秋》卷二四《贊能》　管子束縛在魯，桓公欲相鮑叔。鮑叔曰：『吾君欲霸、王，則管夷吾在彼，臣弗若也。』桓公曰：『夷吾，寡人之賊也，射我者也。不可。』鮑叔曰：『夷吾為其君射人者也，君若得而臣之，則彼亦將為君射人。』桓公不聽，強相鮑叔，固辭讓而相，桓公果聽之，於是乎使人告魯曰：『管夷吾，寡人之讎也，願得之而親加手焉。』魯君許諾，乃使吏鞹其拳，膠其目，盛之以鴟夷，置之車中，至齊境。桓公使人以朝車迎之，祓以爟火，釁以犧猳焉。生與之，如國命，有司除廟，筵几而薦之曰：『自孤之聞夷吾之言也，目益明，耳益聰。孤弗敢專，敢以告于先君。』因顧而命管子曰：『夷吾佐予。』管仲還走，再拜稽首，受令而出。注：出於廟也。

又　卷一七《勿躬》　管子復於桓公曰：注：復，白。『墾田大邑，辟土藝粟，盡地力之利，臣不若甯遬，請置以為大田。注：甯遬，甯戚。登降辭讓，進退閑習，臣不若隰朋，請置以為大行。注：大行，官名也。《周禮》：大行人掌大賓客之禮，以親諸侯。蚤入晏出，犯君顏色，進諫必忠，不辟死亡，不重貴富，臣不如東郭牙，請置以為大諫臣。注：楚有箴尹之官，亦諫臣。平原廣城，車不結軌，士不旋踵，注：結，交也。車兩輪間曰軌。鼓之三軍之士，視死如歸，臣不若王子城父，請置以為大司馬。注：司馬，主武之官也。《周禮》：大司馬之職，掌建國之九法，以佐王平邦國也。決獄折中，不殺不辜，不誣無罪，臣不若弦章，請置以為大理。注：大理，治獄官。君若欲治國彊兵，則五子者足矣。君欲霸王，則夷吾在此。』桓公曰：『善。』令五子皆任其事，以受令於管子。注：受管子之令。十年九合諸侯，一匡天下，皆夷吾與五子之能也。管子，人臣也，不任己之不能而以盡五子之能，況於人主乎！人主知能不能之可以君民也，則幽詭愚險之言無不職矣，百官有司之事畢力竭智矣。

又　卷二三《壅塞》　齊王欲以淳于髡傅太子，髡辭曰：『臣不肖，不足以當此大任也。王不若擇國之長者而使之。』齊王曰：『子無辭也。寡人豈責子之令太子必如寡人也哉？寡人固生而有之也。子為寡人令太子如堯乎？其如舜也。』

《大戴禮記》卷三《保傅》　管仲者，桓公之讎也。注：乾時之役，管仲射桓公，中其鉤。鮑叔以為賢於己而進之桓公，七十言說乃聽，遂使桓公除仇讎之心而委之國政焉。桓公垂拱無事而朝諸侯，鮑叔之力也。注：垂拱，言無所指麾者也。管仲之所以北走桓公而無自危之心者，同聲于鮑也。

注：齊在魯北。

《論語·微子》 齊景公待孔子，曰：「若季氏，則吾不能以季、孟之間待之。」《集解》：孔曰：魯三卿，季氏為上卿，最貴，孟氏為下卿，不用事。言待之以二者之間。曰：「吾老矣，不能用也。」《集解》：以聖道難成，故云吾老不能用。孔子行。

漢·韓嬰《韓詩外傳》卷一○ 齊宣王與魏惠王會，田於郊。魏王曰：「亦有寶乎？」齊王曰：「無有。」魏王曰：「若寡人之小國也，尚有徑寸之珠，照車前後十二乘者十枚。奈何以萬乘之國，無寶乎？」齊王曰：「寡人之所以為寶，與王異。吾臣有檀子者，使之守南城，則楚人不敢為寇，泗水上有十二諸侯，皆來朝。吾臣有盼子者，使之守高唐，則趙人不敢東漁於河。吾臣有黔夫者，使之守徐州，則燕人祭北門，趙人祭西門，從而歸之者十千餘家。吾臣有種首者，使之備盜賊，而道不拾遺。吾將以照千里之外，豈特十二乘哉？」魏王慙，不懌而去。《詩》曰：「辭之懌矣，民之莫矣。」

又 卷七 宋燕相齊，見逐，罷歸之舍。

《史記》卷四六《田敬仲完世家》 騶忌子以鼓琴見威王，威王說而舍之右室。須臾，王鼓琴，騶忌子推戶入，曰：「善哉鼓琴！」王勃然不說，去琴按劍曰：「夫子見容未察，何以知其善也？」騶忌子曰：「夫大弦濁以春温者，君也；小弦廉折以清者，相也。攫之深，醳之愉者，政令也。鈞諧以鳴，大小相益，回邪而不相害者，四時也。吾是以知其善也。」王曰：「善語音。」騶忌子曰：「何獨語音！夫治國家而弭人民，皆在其中。」王又勃然不說，曰：「若夫語五音之紀，信未有如夫子者也。若夫治國家而弭人民，又何為乎絲桐之間？」騶忌子曰：【略】「夫復而不亂者，所以治昌也；連而徑者，所以存亡也。故曰琴音調而天下治。夫治國家而弭人民者，無若乎五音者。」王曰：「善。」騶忌子見三月，而受相印。

又 卷一二六《滑稽列傳》 淳于髡者，齊之贅壻也。【略】威王曰：「先生飲一斗而醉，惡能飲一石哉？其說可得聞乎？」髡曰：【略】「酒極則亂，樂極則悲，萬事盡然。」言不可極，極之而衰，以諷諫焉。齊王曰：「善。」乃罷長夜之飲，以髡爲諸侯主客。《正義》：今鴻臚卿也。

又 卷六五《孫子吳起列傳》 臏至，龐涓恐其賢於己，疾之，則以法刑，斷其兩足而黥之，欲隱勿見。齊使者如梁，孫臏以刑徒陰見說齊使，齊使以為奇，竊載與之齊。齊將田忌善而客待之。【略】於是忌進孫子於威王，威王問兵法，遂以為師。

漢·劉向《說苑》卷六《復恩》 楚、魏會於晉陽，將以伐齊。齊王患之，使人召淳于髡曰：「楚、魏謀欲伐齊，願先生與寡人共憂之。」淳于髡大笑而不應。王復問之，又復大笑而不應。三問而不應，王怫然作色曰：「先生以寡人國為戲乎？」淳于髡對曰：「臣不敢以王國為戲也。臣笑臣隣之祠田也，以一奩飯與一鮒魚，其祝曰：『下田洿邪，得穀百車。蟹堁者宜禾。』臣笑其所以祠者少而所求者多。」王曰「善。」賜之千金，革車百乘，立為上卿。

漢·劉向《新序》卷二《雜事第二》 昔者鄒忌以鼓琴見齊宣王，宣王善之。鄒忌曰：「夫琴，所以象政也。」遂為王言琴之象政狀及霸王之事。宣王大悅，與語三日，遂拜以為相。

又 卷五《雜事第五》 齊有閭丘卬，年十八，道遮宣王曰：「家貧親老，願得小仕。」宣王曰：「子年尚稚，未可也。」閭丘卬對曰：「不然。昔有顓頊，行年十二而治天下。秦項橐七歲，為聖人師。由此觀之，卬不肖耳，年不稚矣。」【略】宣王曰：「善。子有善言，何見寡人之晚也？」卬對曰：「夫雞豚讙嗷，即奪鐘鼓之音；雲霞充咽，則奪日月之明。讒人在側，是以見晚也。《詩》曰『聽言則對，譖言則退。』庸得進乎？」宣王拊軾曰：「寡人有過。」遂載與之俱歸，而用焉。

楚國 **《左傳·僖公二十六年》** （齊）桓公之子七人，爲七大夫於楚。

又 《文公元年》 穆王立，以其為大子之室與潘崇，《正義》：商臣今既為王，以其為大子之時所居室內財物僕妾盡以與潘崇，非與其所居之宮室也。使為大師，且掌環列之尹。注：環列之尹，宮衛之官，列兵而環王宮。

又 《宣公十二年》 隨武子曰：【略】「其君之舉也，內姓選於親，外姓選於舊，注：言親疏並用。舉不失德，賞不失勞。」

又 《襄公十五年》 楚公子午為令尹，公子罷戎為右尹，蔿子馮為大司馬，公子橐師為右司馬，公子成為左司馬，屈到為莫敖，公子追舒為箴尹，屈蕩為連尹，養由基為宮廄尹，以靖國人。君子謂：楚於是乎能官人。官人，國之急也。能官人，則民無覦心。《詩》云：『嗟我懷人，寘彼周行。』能官人也。王及公、侯、伯、子、男、甸、采、衛大夫，各居其列，所謂周行也。注：言自王以下，諸侯大夫各任其職，則是詩人『周行』之志也。

又《襄公二十一年》 楚子使薳子馮為令尹，訪於申叔豫。叔豫曰：『國多寵而王弱，注：弱，政教微而貴臣强。國不可為也。』遂以疾辭。【略】乃使子南為令尹。

又《昭公十二年》 楚子城陳、蔡、不羹，使棄疾為蔡公。王問於申無宇曰：『棄疾在蔡？何如？』對曰：『擇子莫如父，擇臣莫如君。鄭莊公城櫟而寘子元焉，使昭公不立。齊桓公城穀而寘管仲焉，至于今賴之。臣聞五大不在邊，五細不在庭，注：上古金、木、水、火、土謂之五官。玄鳥氏、丹鳥氏亦有五，又以五鳩鳩民，五雉為五工正，蓋立官之本也。末世隨事施職，是以官無常數。今無宇稱習古言，故云五大也。言五官之長專盛過節，則不可居邊；細弱不勝任，亦不可居朝。親不在外，羈不在內。今棄疾在外，鄭丹在內，君其少戒。』

又《昭公十三年》 （靈王）又奪成然邑，而使為郊尹。注：成然，韋龜子。郊尹，治郊竟大夫。（平王）宥罪舉職，注：舉職，脩廢官。召觀從，王曰：『唯爾所欲。』注：觀從教子干殺棄疾，今召用之，明在君為君之義。對曰：『臣之先，佐開卜。』乃使為卜尹。注：佐卜人開龜兆。

又《定公五年》 王將嫁季芈，季芈辭曰：『所以為女子，遠丈夫也。鍾建負我矣。』以妻鍾建，以為樂尹。注：司樂大夫。

又《哀公十七年》 王與葉公枚卜子良以為令尹。注：枚卜，不斥言所卜以令龜。沈尹朱曰：『吉。過於其志。』注：志，望也。葉公曰：『王子而相國，過將何為？』注：過相，將為王也。他日改卜子國，而使為令尹。

《國語》卷一八《楚語下》 王孫圉聘於晉，注：王孫圉，楚大夫也。定公饗之，趙簡子鳴玉以相，問於王孫圉曰：『楚之白珩猶在乎？』注：珩，佩上之横者。對曰：『然。』簡子曰：『其為寶也，幾何矣。』注：幾何，世也。曰：『未嘗為寶。楚之所寶者，曰觀射父，注：言以賢為寶，不以寶為寶。能作訓辭，以行事於諸侯，注：言以訓辭交結諸侯。使無以寡君為口實。注：口實，毁弄也。又有左史倚相，能道訓典，以敘百物，注：敘，次也。物，事也。以朝夕獻善敗于寡君，使寡君無忘先王之業；又能上下說乎鬼神，順道其欲惡，注：說，媚也。使神無有怨痛于楚國。注：痛，疾也。【略】此楚國之寶也。若夫白珩，先王之玩也，何寶焉？注：玩，玩弄之物。圉聞國之寶，六而已。聖能制議百物，以輔相國家，則寶之。【略】若夫譁囂之美，注：譁囂猶讙譊，謂若鳴玉以相。楚雖蠻夷，不能寶也。』

《莊子》卷九《讓王》 楚昭王失國，屠羊説走而從於昭王。昭王反國，【略】王謂司馬子綦曰：『屠羊説居處卑賤而陳義甚高，子綦為我延之以三旌之位。』晉郭象注：三旌，三公位也。一作『三珪』，云謂諸侯之三卿皆執珪者。屠羊説曰：『夫三旌之位，吾知其貴於屠羊之肆也；萬鍾之祿，吾知其富於屠羊之利也。然豈可以貪爵祿而使吾君有妄施之名乎？説不敢當，願復反吾屠羊之肆。』遂不受也。

《列子》卷八《説符》 魯施氏有二子，其一好學，其一好兵。【略】好兵者之楚，以法干楚王，王悦之，以爲軍正。

《戰國策》卷二七《韓二》 史疾為韓使楚，楚王問曰：『客何方所循？』曰：『治列子圉寇之言』。曰：『何貴？』曰：『貴正。』王曰：『正亦可為國乎？』曰：『可』。王曰：『楚國多盜，正可以圉盜乎？』曰：『可。』曰：『以正圉盜，奈何？』頃間，有鵲止於屋上者。曰：『請問楚人謂此鳥何？』王曰：『謂之鵲。』曰：『謂之烏，可乎？』曰：『不可。』曰：『今王之國有柱國、令尹、司馬、典令，其任官置吏，必曰廉潔勝任。今盜賊公行而弗能禁也，此烏不為烏，鵲不為鵲也。』

《呂氏春秋》卷一一《長見》 荆文王曰：『莧譆數犯我以義，違我以禮，與處則不安，曠之而不穀得焉。不以吾身爵之，後世有聖人，將以非不穀。』於是爵之五大夫。『申侯伯善持養吾意，吾所欲則先我為之，與處則安，曠之而不穀喪焉。不以吾身遠之，後世有聖人，將以非不穀。」於是送而行之。

又 卷二四《贊能》 孫叔敖、沈尹莖相與友。叔敖遊於郢三年，聲問不知，修行不聞。沈尹莖謂孫叔敖曰：「説義以聽，方術信行，能令人主上至於王，下至於霸，我不若子也。耦世接俗，説義調均，以適主心，子不如我也。子何以不歸耕乎？吾將為子游。」沈尹莖遊於郢五年，荆王欲以為令尹。沈尹莖辭曰：「期思之鄙人有孫叔敖者，聖人也。王必用之，臣不若也。」荆王於是使人以王輿迎叔敖，以為令尹。十二年而莊王霸。

《亢倉子·政道篇》 荆君熊圉問水旱理亂，亢倉子曰：「水旱由天，理亂由人。若人事和理，雖有水旱，無能爲害，堯湯是也。故周之《秩官》云：「人强勝天。」若人事壞亂，縱無水旱，日益崩離。且桀、紂之滅，豈惟水旱？」荆君北面遵循，稽首曰：「天不棄不穀，及此言也。」乃以弘璧十朋爲亢倉子壽，拜爲亞尹，曰：「庶吾國有瘳乎！」亢倉子不得已，中宿微服，違之他邦。

漢·韓嬰《韓詩外傳》卷二 楚昭王有士曰石奢，其為人也公而好直，王使為理。

漢·劉向《説苑》卷一《君道》 楚文王有疾，告大夫曰：「筦饒犯我以義，違我以禮，與處不安，不見不思，然吾有得焉，必以吾時爵之。申侯伯，吾所欲者勸我為之，吾所樂者先我行之，與處則安，不見則思。然吾有喪焉，必以吾時遣之。」大夫許諾，乃爵筦饒以大夫，贈申侯伯而行之。

漢·劉向《新序》卷二《雜事第二》 楚莊王莅政三年，不治而好隱戲，社稷危，國將亡。士慶問左右群臣曰：「王莅政三年，不治而好隱戲，社稷危，國將亡，胡不入諫？」左右曰：「子其入矣。」士慶入，再拜而進曰：「隱有大鳥，來止南山之陽，三年不蜚不鳴。不審其故何也？」王曰：「子其去矣。寡人知之矣。」士慶曰：「臣言亦死，不言亦死，願聞其説。」王曰：「此鳥不蜚，以長羽翼；不鳴，以觀群臣之慝。是鳥雖不蜚，蜚必沖天；雖不鳴，鳴必驚人。」士慶稽首曰：「所願聞已。」王大悦士慶之問，而拜之以為令尹，授之相印。士慶喜，出門顧左右笑曰：「吾王，成王也。」中庶子聞之，跪而泣曰：「臣尚衣冠御郎十三年矣。前為豪矢而後為藩蔽，王賜士慶相印而不賜臣，臣死將有日矣。」王曰：「寡人居泥塗中，子所與寡人言者，內不及國家，外不及諸侯。如子者，可富而不可貴也。」於是乃出其國寶璧玉以賜之。

燕國 **《戰國策》卷二九《燕一》** 昭王曰：「寡人將誰朝而可？」郭隗先生曰：「臣聞古之君人，有以千金求千里馬者，三年不能得。涓人言於君曰：「請求之。」君遣之，三月得千里馬，馬已死，買其首五百金，反以報君。君大怒曰：「所求者生馬，安事死馬而捐五百金？」涓人對曰：「死馬且買之五百金，況生馬乎！天下必以王為能市馬，馬今至矣。」於是不能期年，千里之馬至者三。今王誠欲致士，先從隗始。隗且見事，況賢於隗者乎！豈遠千里哉？」於是昭王為隗築宮而師之。樂毅自魏往，鄒衍自齊往，劇辛自趙往，士爭湊燕。【略】於是遂以樂毅為上將軍，與秦、楚、三晉合謀以伐齊，齊兵敗，閔王出走於外。

又 卷三一《燕三》 荆軻坐定，太子避席頓首曰：【略】「誠得劫秦王，使悉反諸侯之侵地。【略】此丹之上願，而不知所以委命，唯荆卿留意焉。」久之，荆軻曰：「此國之大事，臣駑下，恐不足任使。」太子前頓首，固請無讓，然後許諾。於是尊荆軻為上卿，舍上舍。

《大戴禮記》卷三《保傅》 燕昭王得郭隗，而鄒衍、樂毅自齊、魏至。于是舉兵而攻齊，棲閔王于莒。燕度地計衆，不與齊均也，然而所以能申意至于此者，由得士也。故無常安之國，無恒治之民。得賢者安存，失賢者危亡。自古及今，未有不然者也。

《史記》卷八〇《樂毅列傳》 燕昭王怨齊，未嘗一日而忘報齊也。燕國小辟遠，力不能制，於是屈身下士，先禮郭隗，以招賢者。樂毅於是為魏昭王使於燕，燕王以客禮待之。樂毅辭讓，遂委質為臣，燕昭王以為亞卿。

韓國 **《戰國策》卷二六《韓一》** 申子請仕其從兄官，昭侯不許也。申子有怨色，昭侯曰：「非所謂學於子者也。聽子之謁而廢子之道乎？又亡其行子之術而廢子之謁乎？子嘗教寡人循功勞，視次第。今有所求此，我將奚聽乎？」申子乃辟舍請罪，曰：「君眞其人也。」

《韓非子》卷一一《外儲説左上》 申子請仕其從兄官，昭侯曰：「非所學於子也。聽子之謁，敗子之道乎？亡其用子之謁。」申子辟舍請罪。

又 卷一五《難一》 韓宣王問於樛留：『吾欲兩用公仲、公叔，其可乎？』樛留對曰：『昔魏兩用樓、翟而亡西河，注：樓緩、翟璜也。楚兩用昭、景而亡鄢郢。注：昭、景，楚之二姓。今君兩用公仲、公叔，此必將爭事而外市。』注：與鄰國交私以示己利，故曰外市也。

或曰：昔者齊桓公兩用管仲、鮑叔，成湯兩用伊尹、仲虺。夫兩用臣者，國之憂，則是桓公不霸，成湯不王也。湣王一用淖齒，而手死乎東廟；主父一用李兌，減食而死。主誠有術，兩用不為患；無術，兩用則爭，爭事而外市。一則專制而劫弑。今留無術以規上，使其主去兩用一，是不有西河、鄢郢之憂，則必有身死減食之患。是樛留未有善以知言也。

《史記》卷四五《韓世家》 （昭侯）八年，申不害相韓。脩術行道，國內以治，諸侯不來侵伐。

又 卷六三《老莊申韓列傳》 申不害者，京人也，故鄭之賤臣。學術以干韓昭侯，《索隱》：術即刑名法術。昭侯用為相。內修政教，外應諸侯，十五年終申子之身，國治兵彊，無侵韓者。

趙國 **《韓非子》卷一一《外儲說左上》** 王登為中牟令，上言於襄主曰：『中牟有士曰中章胥已者，其身甚修，其學甚博。君何不舉之？』王曰：『子見之，我將為中大夫。』相室諫曰：『中大夫，晉重列也。今無功而受，非晉臣之意。君其耳而未之目耶？』襄王曰：『我取登，既耳而目之矣。登之所取，又耳而目之。是耳目人，絶無已也。』王登一日而見二中大夫，予之田宅。中牟之人棄其田耘，賣宅圃而隨文學者，邑之半。

《呂氏春秋》卷一七《知度》 趙襄子之時，以任登為中牟令，上計言於襄子曰：『中牟有士曰膽胥已，請見之。』襄子見，而以為中大夫。注：以，用也。相國曰：『意者君耳而未之目耶？為中大夫若此，其見也非晉國之故。』注：故，法。襄子曰：『吾舉登也，已耳而目之矣；登所舉，吾又耳而目之矣。注：謂耳任登之名，目任登之實，登之所舉，豈復假耳目哉？是耳目人，終無已也。』遂不復問，而以為中大夫。襄子何為？任人則賢者畢力。注：畢，盡也。人主之患，必在任人而不能用之，用之而與不知者議之也。

《戰國策》卷二一《趙四》 左師公曰：『老臣賤息舒祺，最少不肖，而臣衰，竊愛憐之，願令得補黑衣之數，以衛王宮，沒死以聞。』太后曰：『敬諾。』

又 卷七《秦五》 文信侯出走，宋鮑彪注：始皇十年，免相就國。十二年，徙蜀，飲酖死。與司空馬之趙，注：不韋吏也。元吳師道《補正》：補曰：『與』字疑衍。趙以為守相。漢高誘注：守相，假也。

《史記》卷四三《趙世家》 烈侯好音，謂相國公仲連曰：『寡人有愛，可以貴之乎？』公仲曰：『富之可，貴之則否。』烈侯曰：『然。』【略】番吾君自代來，謂公仲曰：『君實好善而未知所持。今公仲相趙，於今四年，亦有進士乎？』公仲曰：『未也。』番吾君曰：『牛畜、荀攸、徐越皆可。』公仲乃進三人。及朝，烈侯復問歌者田何如，公仲曰：『方使擇其善者。』牛畜侍烈侯以仁義，約以王道，烈侯逌然。明日，荀攸侍以選練舉賢，任官使能。明日，徐越侍以節財儉用，察度功德，所與無不充君說。烈侯使使謂相國曰：『歌者之田且止。』官牛畜為師，荀攸為中尉，徐越為內史。

肅侯元年，奪晉君端氏，徙處屯留。

又 卷六九《蘇秦列傳》 蘇秦為從約長，并相六國。【略】喟然嘆曰：『此一人之身，富貴則親戚畏懼之，貧賤則輕易之，況衆人乎！且使我有雒陽負郭田二頃，吾豈能佩六國相印乎？』【略】蘇秦既約六國從親，歸趙，趙肅侯封為武安君，乃投從約書於秦，秦兵不敢闚函谷關十五年。

又 卷七六《平原君虞卿列傳》 虞卿者，游說之士也。躡蹻擔簦，《集解》：徐廣曰：蹻，草履也。簦，長柄笠，音登，笠有柄者謂之簦。說趙孝成王。一見，賜黃金百鎰，白璧一雙。再見，為趙上卿，故號為虞卿。

又 卷八一《廉頗藺相如列傳》 趙惠文王十六年，廉頗為趙將，伐齊，大破之，取陽晉，拜為上卿。

既罷歸國，以相如功大，拜為上卿，位在廉頗之右。

漢·應劭《風俗通義》卷七《窮通》 夫虞卿，一見趙王，賜白璧一雙，黃金百斤；再見，拜爲上卿；三見，卒受相印、萬戶侯。當是之時，天下爭知之。

魏國　**《韓非子》卷一三《外儲説右上》**　魏文侯且置相，召李克而問焉，曰：『寡人將置相，置於季成子與翟觸，我孰置而可？』李克曰：『臣聞之，賤不謀貴，外不謀內，疏不謀親。臣者疏賤，不敢聞命。』文侯曰：『此國事也，願與先生臨事而勿辭。』李克曰：『君不察故也，可知矣。貴視其所舉，富視其所與，貧視其所不取，窮視其所不為。由此觀之，可知矣。』文侯曰：『先生出矣。寡人之相，定矣。』

又　卷一二《外儲説左下》　秦、韓攻魏，昭卯西説而秦韓罷；齊、荆攻魏，卯東説而齊荆罷。魏襄王養之以五乘將軍，元何犿注：養之以五乘，使為將軍也。卯曰：『伯夷以將軍葬於首陽山之下，而天下曰：「夫以伯夷之賢，與其稱仁而以將軍葬，是手足不掩也。」今臣罷四國之兵，而王乃與臣五乘，此其稱功，猶贏勝而履蹻贏利也。』注：謂賈者贏利倍勝，今以薄賞報大功，猶贏勝之人履草屩也。孔子曰：善為吏者樹德，不能為吏者樹怨。概者，平量者也；吏者，平法者也。治國者，不可失平也。

《呂氏春秋》卷二一《察賢》　魏文侯師卜子夏，友田子方，禮段干木，國治身逸。天下之賢主，豈必苦形愁慮哉？執其要而已矣。注：要謂師賢、友明、敬有德而已也。

漢・韓嬰《韓詩外傳》卷三　魏文侯欲置相，召李克問曰：『寡人欲置相，非翟黄則魏成子，願卜之於先生。』李克避席而辭曰：『臣聞之：卑不謀尊，疏不間親。臣，外居者也，不敢當命。』文侯曰：『先生臨事，勿讓。』李克曰：『夫觀士也，居則視其所親，富則視其所與，達則視其所舉，窮則視其所不為，貧則視其所不取。此五者，足以觀矣。』文侯曰：『請先生就舍。寡人之相，定矣。』李克出，遇翟黄，曰：『今日聞君召先生而卜相，果誰為之？』李克曰：『魏成子為之。』

又　卷九　魏文侯問於解狐曰：『寡人將立西河之守，誰可用者？』解狐對曰：『荆伯柳者賢人，殆可。』文侯將以荆伯柳為西河守，荆伯柳問左右：『誰言我於吾君？』左右皆曰：『解狐。』荆伯柳往見解狐而謝之，曰：『子乃寬臣之過也，言於君，謹再拜謝。』解狐曰：『言子者，公也；怨子者，吾私也。公事已行，怨子如故。』張弓射之，走十步而没，可謂勇矣。』《詩》曰：『邦之司直。』

漢・劉向《新序》卷一《雜事第一》　魏文侯與士大夫坐，問曰：『寡人何如君也？』群臣皆曰：『君，仁君也。』次至翟黄，曰：『君非仁君也。』曰：『子何以言之？』對曰：『君伐中山，不以封君之弟而以封君之長子。臣以此知君之非仁君。』文侯大怒而逐翟黄，黄起而出。次至任座，文侯問：『寡人何如君也？』任座對曰：『君，仁君也。』曰：『子何以言之？』對曰：『臣聞之，其君仁者其臣直。向翟黄之言直，臣是以知君仁君也。』文侯曰：『善。』復召翟黄入，拜為上卿。

漢・應劭《風俗通義》卷七《窮通》　孟軻受業於子思，既通，游於諸侯，所言皆以爲迂遠而闊於事情，然終不屈道趣勢，枉尺以直尋。嘗仕於齊，位至卿，後不能用。【略】退與萬章之徒序《詩》、《書》仲尼之意，作書中外十一篇。【略】梁惠王復聘請之，以為上卿。

秦國　**《左傳・文公元年》**　殽之役，晉人既歸秦帥，秦大夫及左右皆言於秦伯曰：『是敗也，孟明之罪也。必殺之。』秦伯曰：『是孤之罪也。周芮良夫之《詩》曰：「大風有隧，貪人敗類。聽言則對，誦言如醉。匪用其良，覆俾我悖。」是貪故也，孤之謂矣。孤實貪以禍夫子，夫子何罪？』復使為政。

又　《文公二年》　秦伯猶用孟明。孟明增脩國政，重施於民。趙成子言於諸大夫曰：『秦師又至，將必辟之。懼而增德，不可當也。《詩》曰：「毋念爾祖，聿脩厥德。」孟明念之矣。念德不怠，其可敵乎？』

又　《文公三年》　（夏）秦伯伐晉，濟河焚舟，取王官及郊，晉人不出，遂自茅津濟，封殽尸而還，遂霸西戎，用孟明也。君子是以知秦穆公之為君也，舉人之周也，注：周，備也。不偏以一惡棄其善。與人之壹也。注：壹，無貳心。孟明之臣也，其不解也，能懼思也。子桑之忠也，其知人也，能舉善也。注：子桑，公孫枝，舉孟明者。《詩》曰：『于以采蘩，于沼于沚。于以用之，公侯之事。』秦穆有焉。『夙夜匪解，以事一人。』孟明有焉。『詒厥孫謀，以燕翼子』子桑有焉。

《孟子・萬章上》　萬章問曰：『或曰百里奚自鬻於秦養牲者五羊之皮，食牛以要秦繆公。信乎？』孟子曰：『否，不然。好事者為之也。百里奚，虞人也。晉人以垂棘之璧與屈産之乘，假道於虞以伐虢。宮之奇諫，百里奚不諫，知虞公之不可諫而去之秦。年已七十矣，曾不知以食牛干秦繆公之為汙也，可謂智乎？不可諫而不諫，可謂不智乎？知虞公之將亡而先去之，不可謂不智也。時舉於秦，知繆公之可與有行也而相之，可謂不智乎？相秦而顯其君於天下，可傳於後世，不賢而能之乎？』

《荀子》卷一八《成相篇》 世之禍，惡賢士，子胥見殺百里徙。穆公任之，彊配五伯六卿施。

《呂氏春秋》卷一四《慎人》 百里奚之未遇時也，亡虢而虜晉，飯牛於秦，傳鬻以五羊之皮，公孫枝得而説之，獻諸繆公，三日請屬事焉。注：獻，進也。請以大夫職事，屬付百里奚也。繆公曰：『買之五羊之皮而屬事焉，無乃天下笑乎？』公孫枝對曰：『信賢而任之，君之明也；讓賢而下之，注：下，避也。臣之忠也。君為明君，臣為忠臣，彼信賢，境内將服，敵國且畏，夫誰暇笑哉？』繆公遂用之，謀無不當，舉必有功，非加賢也。使百里奚雖賢，無得繆公，必無此名矣。今焉知世之無百里奚哉？故人主之欲求士者，不可不務博也。

《戰國策》卷三《秦一》 衛鞅亡魏入秦，孝公以為相，封之於商，號曰商君。商君治秦，法令至行，公平無私罰，不諱强大，賞不私親近，法及太子，黥劓其傅。朞年之後，道不拾遺，民不妄取，兵革大强，諸侯畏懼，然刻深寡恩，特以强服之耳。

又 卷五《秦三》 （應侯）入朝，言於秦昭王曰：『客新有從山東來者蔡澤，其人辯士。臣之見人甚衆，莫有及者，臣不如也。』秦昭王召見，與語，大悦之，拜為客卿。應侯因謝病，請歸相印，昭王彊起應侯，應侯遂稱篤，因免相。昭王新説蔡澤計畫，遂拜為秦相，東收周室。

又 卷七《秦五》 四國為一，將以攻秦。注：四國，燕、趙、吳、楚也。秦王召群臣賓客六十人而問焉，曰：『四國為一，將以圖秦。寡人屈於内，而百姓靡於外，注：靡，盡。為之奈何？』群臣莫對。姚賈對曰：『賈願出使四國，必絶其謀而安其兵。』注：絶，斷。安，止。乃資車百乘，金千斤，衣以其衣冠，舞以其劍。姚賈辭行，絶其謀，止其兵，與之為交，以報秦。秦王大悦，賈封千戶，以為上卿。

韓非知之，曰：『賈以珍珠重寶，南使荆、吳，北使燕、代之間。三年，四國之交未必合也，而珍珠重寶盡於内。是賈以王之權，國之寶，外自交於諸侯。願王察之。且梁監門子，嘗盜於梁，臣於趙而逐。注：嘗盜竊於大梁，為趙臣而見逐者。取世監門子，注：父死子繼曰世。言世世監門卒子耳。梁之大盜，趙之逐臣，與同知社稷之計，非所以厲群臣也。』王召姚賈而問曰：『吾聞子以寡人財交於諸侯，有諸？』對曰：『有。』王曰：『有何面目復見寡人？』對曰：『曾參孝其親，天下願以為子。子胥忠於君，天下願以為臣。貞女工巧，天下願以為妃。今賈忠王而王不知也。賈不歸四國，尚焉之使？賈不忠於君，四國之王尚焉用賈之身？桀聽讒而誅其良將，注：殺關龍逄也。紂聞讒而殺其忠臣，注：剖比干之心。至身死國亡。今王聽讒，則無忠臣矣。』

王曰：『子，監門子，梁之大盜，趙之逐臣。』注：言韓非譖。姚賈曰：『太公望，齊之逐夫，注：太公呂尚望，為老婦之逐。朝歌之廢屠，賣肉於朝歌，注：肉上生臭不售，故曰廢屠。子良之逐臣，注：子良不用而斥逐也。棘津之讎，不庸。注：釣魚於棘津，魚不食餌。賣庸作，又不能自售也。文王用之而王。管仲，其鄙人之賈人也，注：為市賣儈，求其小利於其鄙人。鄙人，邑名。南陽之敝幽，魯之免囚。注：敝，隱也。幽潛不見升用，貧賤於南陽，故曰南陽之敝幽。於公子糾不死其難，為魯所束縛而歸齊，故曰魯之免囚也。桓公用之而伯。百里奚，虞之乞人，傳賣以五羊之皮，穆公相之而朝西戎。文公用中山盜，而勝於城濮。注：《傳》曰：晉文公用咎犯之謀，破楚成王於城濮。此云中山之盜，則未聞也。此四士者，皆有詬醜大誹。注：詬，辱。醜，恥。天下明主用之，知其可與立功。使若卞隨、務光、申屠狄，人主豈得其用哉？注：卞隨、務光，湯時隱士。湯伐桀，以天下讓之。二人曰：「爾為不義，欲以慢我也。」自沉於清泠之淵。申屠狄，不忍見紂之無道，抱石自沉於淵水。故曰人主豈得用哉？故明主不取其汙，不聽其非，察其為己用。故可以存社稷者，雖有外誹者不聽；雖有高世之名、無咫尺之功者不賞。是以群臣莫敢以虛願望於上。』秦王曰：『然。』乃復使姚賈而誅韓非。注：誅，殺也。賞功不賞名者也。

漢·韓嬰《韓詩外傳》卷八 夫百里奚，齊之乞者也，逐於齊西，無以進，自賣五羊皮為一軛車，見秦繆公，立為相，遂霸西戎。

昔吳、楚、燕、代謀為一舉而欲伐秦。桃賈，監門之子也，為秦往使之，遂絶其謀，止其兵。及其反國，秦王大悦，立為上卿。

《史記》卷五《秦本紀》 當是時，百里傒年已七十餘。繆公釋其因，與語國事。謝曰：『臣，亡國之臣，何足問？』繆公曰：『虞君不用子，故亡，非子罪也。』固問，語三日，繆公大説，授之國政，號曰五羖大夫。百里傒讓曰：『臣不及臣友蹇叔。蹇叔賢而世莫知。臣常游困於齊，而乞食銍人，蹇叔收臣。臣因而欲事齊君無知，蹇叔止臣，臣得脱齊難，遂之周。周王子頹好牛，臣以養牛干之。及頹欲用臣，蹇叔止臣，臣去，得不誅。事虞君，蹇叔止臣，臣知虞君不用臣，臣誠私利祿爵且留，再用其言得脱，一不用及虞君難。是以知其賢。』於是穆公使人厚幣迎蹇叔，以為上大夫。

又 卷一五《六國年表·秦表》 秦武王二年，初置丞相。樗里子、甘茂為丞相。

又 卷五《秦本紀》 孝公元年，【略】下令國中曰：【略】『寡人思念先君之意，常痛於心。賓客群臣有能出奇計彊秦者，吾且尊官，與之分土。』【略】衛鞅聞是令下，西入秦，因景監求見孝公。二年，天子致胙。三年，衛鞅説孝公變法修刑，内務耕稼，外勸戰死之賞罰。孝公善之，甘龍、杜摯等弗然，相與爭之，卒用鞅法，百姓苦之。居三年，百姓便之。乃拜鞅為左庶長。其事在《商君》語中。

又 卷七一《樗里子甘茂列傳》 甘羅曰：『夫項橐生七歲，為孔子師。今臣生十二歲於兹矣。君其試臣，何遽叱乎？』【略】甘羅還報，秦乃封甘羅，以為上卿，復以始甘茂田宅賜之。

又 卷七九《范雎蔡澤列傳》 王曰：『寡人敬聞命矣。』乃拜范雎為客卿，謀兵事。【略】於是廢太后，逐穰侯、高陵、華陽、涇陽君於關外。秦王乃拜范雎為相。【略】秦封范雎以應，號為應侯。

又 卷八七《李斯列傳》 秦宗室大臣皆言秦王曰：『諸侯人來事秦者，大抵為其主游間於秦耳，請一切逐客。』李斯議亦在逐中。斯乃上書，《正義》：在始皇十年。曰：『臣聞吏議逐客，竊以為過矣。昔繆公求士，西取由余於戎，東得百里奚於宛，迎蹇叔於宋，求丕豹、公孫支於晉。此五子者不産於秦，而繆公用之，并國二十，遂霸西戎。孝文用商鞅之法，移風易俗，民以殷盛，國以富彊，百姓樂用，諸侯親服，獲楚、魏之師，舉地千里，至今治彊。惠王用張儀之計，拔三川之地，西并巴蜀，北收上郡，南取漢中，包九夷，制鄢郢，東據成皋之險，割膏腴之壤，遂散六國之從，使之西面事秦，功施到今。昭王得范雎，廢穰侯，逐華陽，彊公室，杜私門，蠶食諸侯，使秦成帝業。此四君者，皆以客之功。由此觀之，客何負於秦哉？向使四君却客而不内，疏士而不用，是使國無富利之實，而秦無彊大之名也。【略】今取人則不然。不問可否，不論曲直，非秦者去，為客者逐，然則是所重者在乎色、樂、珠玉，而所輕者在乎人民也。此非所以跨海内，制諸侯之術也。【略】今乃棄黔首以資敵國，却賓客以業諸侯，使天下之士退而不敢西向，裹足不入秦，此所謂藉寇兵而齎盜糧者也。夫物不産於秦，可寶者多；士不産於秦，而願忠者衆。今逐客以資敵國，損民以益讎，内自虚而外樹怨於諸侯，求國無危，不可得也。』秦王乃除逐客之令，復李斯官，卒用其計謀，官至廷尉。二十餘年，竟并天下，尊王為皇帝，以斯為丞相。

漢·劉向《説苑》卷二《臣術》 秦穆公使賈人載鹽，徵諸賈人。賈人買百里奚以五羖羊之皮，使將車之秦。秦穆公觀鹽，見百里奚牛肥，曰：『任重道遠以險，而牛何以肥也？』對曰：『臣飲食以時，使之不以暴；有險，先後之以身。是以肥也。』穆公知其君子也，令有司具沐浴，為衣冠，與坐，公大悦。異日，與公孫支論政，公孫支大不寧，曰：『君耳目聰明，思慮審察，君其得聖人乎？』公曰：『然。吾悦夫奚之言，彼類聖人也。』公孫支遂歸，取鴈以賀曰：『君得社稷之聖，臣敢賀社稷之福。』公不辭，再拜而受。

明日，公孫支乃致上卿，以讓百里奚，曰：『秦國處僻民陋，以愚無知，危亡之本也。臣自知不足以處其上，請以讓之。』公不許，公孫支曰：『君不用賓相而得社稷之聖臣，君之祿也。臣見賢而讓之，臣之祿也。今君既得其祿矣，而使臣失祿，可乎？』請終致之。公不許，公孫支曰：『臣不肖而處上位，是君失倫也。不肖失倫，臣之過。進賢而退不肖，君之明也。今臣處位，廢君之德而逆臣之行也，臣將逃。』公乃受之。故百里奚為上卿以制之，公孫支為次卿以佐之也。

又 卷二〇《反質》 （西戎）由余歸，諫，諫不聽，遂去入秦。穆公迎而拜為上卿，問其兵埶與其地利，既以得矣，舉兵而伐之。兼國十二，開地千里。穆公奢主，能聽賢納諫，故霸西戎。

漢·劉向《新序》卷二《雜事第二》 甘茂，下蔡人也。西入秦，數有功。至武王，以為左丞相，樗里子為右丞相。

論　說

《墨子》卷一《所染》　子墨子言見染絲者而歎，曰：染於蒼則蒼，染於黄則黄，所入者變，其色亦變。五入必，而已則為五色矣。故染不可不慎也。非獨染絲然也，國亦有染。舜染於許由、伯陽，禹染於臯陶、伯益，湯染於伊尹、仲虺，武王染於太公、周公。此四王者所染當，故王天下，立為天子，功名蔽天地。舉天下之仁義顯人，必稱此四王者。

夏桀染於干辛、推哆，殷紂染於崇侯、惡來，厲王染於厲公長父、榮夷終，幽王染於傅公夷、祭公穀。此四王者所染不當，故國殘身死，為天下僇。舉天下不義辱人，必稱此四王者。

齊桓染於管仲、鮑叔，晉文染於舅犯、高偃，楚莊染於孫叔、沈尹，吴闔閭染於伍員、文義，越句踐染於范蠡、大夫種。此五君所染當，故霸諸侯，功名傳於後世。

范吉射染於長柳朔、王胜，中行寅染於籍秦、高彊，吴夫差染於王孫雒、太宰嚭，知伯摇染於智國、張武，中山尚染於魏義、偃長，宋康染於唐鞅、佃不禮。此六君者所染不當，故國家殘亡，身為刑戮，宗廟破滅，絶無後類，君臣離散，民人流亡。舉天下之貪暴苛擾者，必稱此六君也。凡君之所以安者，何也？以其行理也，行理性於染當。故善為君者，勞於論人而佚於治官。不能為君者，傷形費神，愁心勞意，然國逾危，身逾辱。此六君者，非不重其國，愛其身也，以不知要故也。不知要者，所染不當也。

《莊子》卷八《庚桑楚》　是故湯以胞人籠伊尹，秦穆公以五羊之皮籠百里奚。是故非以其所好籠之而可得者，無有也。

又　卷七《田子方》　百里奚爵禄不入於心，故飯牛而牛肥，使秦穆公忘其賤，與之政也。

《孟子·梁惠王下》　王曰：『吾何以識其不才而舍之？』漢趙岐注：王言我當何以先知其不才而舍之不用也？曰：『國君進賢，如不得已，將使卑踰尊，疏踰戚，可不慎與？注：言國君欲進用人，當留意考擇，如使忽然，不精心意而詳審之，如不得已而取備官，則將使尊卑疏戚相踰，豈可不慎歟？左右皆曰賢，未可也；諸大夫皆曰賢，未可也；國人皆曰賢，然後察之，見賢焉，然後用之。注：謂選大臣，防比周之譽，核其鄉原之徒。《論語》曰：衆好之，必察焉。左右皆曰不可，勿聽；諸大夫皆曰不可，勿聽；國人皆曰不可，然後察之，見不可焉，然後去之。』注：衆惡之，必察焉。惡直醜正，實繁有徒，防其朋黨，以毁忠正也。

《荀子》卷七《王霸篇》　君者論一相，陳一法，明一指，以兼覆之，兼炤之，以觀其盛者也。注：論，選擇也。指，指歸也。一法、一指，皆謂綱紀也。盛讀為『成』，觀其成功也。相者論列百官之長，要百事之聽，注：列，置於列位也。聽，治也。要取百事之治，考其得失也。以飾朝廷臣下百吏之分，注：修飾，使各當分。度其功勞，論其慶賞。歲終奉其成功，以效於君，當則可，不當則廢。注：效，致也。《周禮》太宰，歲終則令百官府各正其治，受其會，聽其政事，而詔王廢置也。故君人勞於索之，而休於使之。注：索，求也。休，息也。

《呂氏春秋》卷一七《知度》　絶江者託於船，致遠者託於驥，霸王者託於賢。伊尹、呂尚、管夷吾、百里奚，此霸、王者之船、驥也。釋父兄與子弟，非疏之也。注：言其父兄子弟不肖，不能為霸、王之船、驥，故釋之，非苟遠也。任庖人、釣者與仇人、僕虜，非阿之也。持社稷、立功名之道，不得不然也。注：庖人即伊尹，釣者即呂尚，仇人即管夷吾，僕虜即百里奚之輩。非阿之，取其可以為社稷功名之道。猶大匠之為宫室也，量小大而知材木矣，訾功丈而知人數矣。注：訾，相也。相功力丈尺，而知用人數多少也。故小臣呂尚聽，而天下知殷、周之王也。注：殷之盡，周之興。管夷吾、百里奚聽，而天下知齊、秦之霸也。豈特驥遠哉？夫成王、霸者，固有人；亡國者，亦有人。桀用羊辛，紂用惡來，宋用駚唐，齊用蘇秦，而天下甚亡。非其人而欲有功，譬之若夏至之日而欲夜之長也，射魚指天而欲發之當也。注：當，中。舜、禹猶若困，而況俗主乎！

漢·韓嬰《韓詩外傳》卷七　孔子曰：【略】『賢不肖者，材也；遇不遇者，時也。今無有時，賢安所用哉？故虞舜耕於歷山之陽，立為天子，其遇堯也。傅說負土而版築，以為大夫，其遇武丁也。伊尹故有莘氏僮也，負鼎操俎調五味，而立為相，其遇湯也。呂望行年五十賣食棘津，年七十屠於朝歌，九十乃為天子師，則遇文王也。管夷吾束縛，自檻車以為仲父，則遇齊桓公也。百里奚自賣五羊之皮，為秦伯牧牛，舉為大夫，則遇秦繆公也。虞丘於天下以為令尹，讓於孫叔敖，則遇楚莊王也。伍子胥前功多，後戮死，非知有盛衰也，前遇闔閭，後遇夫差也。夫驥罷鹽車，此非無形容也，莫知之也。使驥不得伯樂，安得千里之足？造父亦無千里之手矣。』

又 卷四 人主欲得善射，及遠中微，則懸貴爵重賞，以招致之。內不阿子弟，外不隱遠人，能中是者取之是，豈不謂之大道也哉？雖聖人弗能易也。今欲治國馭民，調一上下，將內以固城，外以拒難，治則制人，人弗能制，亂則危削滅亡，可立待也。然而求卿相輔佐，獨不如是之公，惟便辟比已之是用，豈不謂過乎？故有社稷莫不欲安，俄則危矣；莫不欲存，俄則亡矣。古之國千餘，今無數十，其故何也？莫不失於是也。故明主有私人以百金名珠玉，而無私以官職事業者，何也？曰：本不利所私也。彼不能而主使之，是闇主也；臣不能而為之，是詐臣也。主闇於上，臣詐於下，滅亡無日矣，俱害之道也。故惟明主能愛其所愛，闇主則必危其所愛。夫文王非無便辟親比已者，超然乃舉太公於舟人而用之，豈私之哉！以為親邪？則異族之人也；以為故耶？則未嘗相識也；以為姣好耶？則太公年七十二，齳然而齒墮矣。然而用之者，文王欲立貴道，欲白貴名，兼制天下，以惠中國，而不可以獨，故舉是人而用之，貴道果立，貴名果白，兼制天下，立國七十二，姬姓獨居五十二，周之子孫苟不狂惑，莫不為天下顯諸侯。夫是之謂能愛其所愛矣。故惟明主能愛其所愛，闇主必危其所愛，此之謂也。

又 卷六 《易》曰：『困于石，據于蒺藜，入于其宮，不見其妻，凶。』此言困而不見據賢人者也。昔者秦穆公困於殽，疾據五羖大夫、蹇叔、公孫支而小霸。晉文困於驪氏，疾據咎犯、趙衰、介子推而遂為君。越王句踐困於會稽，疾據范蠡、大夫種而霸南國。齊桓公困於長勺，疾據管仲、甯戚、隰朋而匡天下。此皆困而知疾據賢人者也。夫困而不知疾據賢人而不亡者，未嘗有之也。《詩》曰：『人之云亡，邦國殄瘁。』無善人之謂也。

漢·劉向《新序》卷二《雜事第二》 昔者唐虞崇舉九賢，布之於位而海內大康，要荒來賓，麟鳳在郊。商湯用伊尹，而文、武用太公、閎夭，成王任周、召而海內大治，越裳重譯，祥瑞並降，遂安千載。皆由任賢之功也。無賢臣，雖五帝三王不能以興。齊桓公得管仲，有霸諸侯之榮；失管仲，而有危亂之辱。虞不用百里奚而亡，秦繆公用之而霸。楚不用伍子胥而破，吳闔廬用之而霸。夫差非徒不用子胥也，又殺之而國卒以亡。燕昭王用樂毅，推弱燕之兵，破疆齊之讎，屠七十城，而惠王廢樂毅，更代以騎劫，兵立破亡七十城。此父用之，子不用，其事可見也。故闔廬用子胥以興，夫差殺之而以亡。昭王用樂毅以勝，惠王逐之而敗。此的的然若白黑。

漢·班固《白虎通義》卷七《考黜》 諸侯所以考黜何？王者所以勉賢抑惡，重民之至也。《尚書》曰：『三載考績，三考黜陟。』

《禮》說九錫：車馬，衣服，樂則，朱戶，納陛，虎賁，鈇鉞，弓矢，秬鬯，皆隨其德，可行而次。能安民者賜車馬，能富民者賜衣服，能和民者賜樂則，民眾多者賜朱戶，能進善者賜納陛，能退惡者賜虎賁，能誅有罪者賜鈇鉞，能征不義者賜弓矢，孝道備者賜秬鬯。以先後與施行之次，自不相踰，相為本末然。安民然後富足，富足而後樂，樂而後眾，乃多賢，賢乃能進善，進善乃能退惡，退惡乃能斷刑。內能正己，外能正人，內外行備，孝道乃生。能安民，故賜車馬，以著其功德，安其身。能使人富足衣食，倉廩實，故賜衣服，以彰其體。能使民和樂，故賜之樂則，以事其先也。《禮》曰：『夫賜樂者，得以時王之樂，事其宗廟也。』朱盛色，戶所以紀民數也。故民眾多，賜朱戶也。古者人君下賢，降階一等而禮之，故進賢，賜之納陛以優之也。既能進善，當能戒惡，故賜虎賁。虎賁所以戒不虞而距惡。距惡當斷刑，故賜之鈇鉞，所以斷大刑。刑罰既中，則能征不義，故賜之弓矢，所以征不義，伐無道也。圭瓚秬鬯，宗廟之盛禮。故孝道備，而賜之秬鬯，所以極著孝道。孝道純備，故內和外榮，玉以象德，金以配情，芬香條鬯，以通神靈。玉飾其本，君子之性；金飾其中，君子之道。君子有黃中通理之道美素德，金者精和之至也，玉者德美之至也，鬯者芬香之至也。君子有玉瓚秬鬯者，以配道德也。其至矣，合天下之極美，以通其志也，其唯玉瓚秬鬯乎！

車者，謂有赤有青之蓋，朱輪，特能居前，左右寢米也。以其進止有節，德綏民，路車乘馬以安其身。言成章，行成規，衮龍之衣服表顯其德。長于教誨，内懷至仁，則賜時王樂以化其民。尊賢達德，動作有禮，賜之納陛以安其體。居處修治，房内節，男女時配，貴賤有別，則賜朱戶以明其德。威武有矜，嚴仁堅强，賜以虎賁，以備非常。喜怒有節，誅伐刑刺，賜以鈇鉞，使得專殺。好惡無私，執義不傾，賜以弓矢，使得專征。孝道之美，百行之本也。故賜以玉瓚，使得專為暢也。故《王制》曰：『賜之弓矢，然後專殺。』又曰：『賜圭瓚，然後為暢。未賜者，資暢於天子。』王度記曰：『天子鬯，諸侯薰，大夫芑蘭，士蒹，庶人艾。』

車馬、衣服、樂則三等者，賜與其物。《禮》：『天子賜侯氏車服，路先設，路下四亞之。』又曰：『諸侯奉篋服。』王制曰：『天子賜諸侯樂，則以柷將之。』《詩》云：『君子來朝，何錫與之？雖無與之，路車乘馬。又何與之？玄衮及黼。』書曰：『明試以功，車服以庸。』朱戶、納陛、虎賁者，皆與之制度，而鈇鉞、弓矢、玉瓚，皆與之物，各因其宜也。秬者，黑黍，一稃二米。鬯者，以百草之香鬱金而合釀之，成為鬯。陽達於墻屋，陰入于淵泉，所以灌地降神也。玉瓚者，器名也，所以灌鬯之器也。以圭飾其柄，灌鬯貴玉氣也。

所以三歲一考績何？三年有成，故于是賞有功，黜不肖。《尚書》曰：『三載考績，三考黜陟。』何以知始考輒黜之？《尚書》曰：『三年一考，少黜以地。』《書》所以言『三考黜陟』者，謂爵土異也。小國考之有功，增土進爵，後考無功削黜，後考有功，上而賜之矣。五十里不過五賜而進爵土，七十里不過七賜而進爵土。能有小大，行有進退也。一說盛德始封百里者，賜三等，得征伐、專殺、斷獄。七十里伯始封，賜二等，至虎賁百人。後有功，賜弓矢；復有功，賜秬鬯，增爵為侯，益土百里；復有功，入為三公。五十里子男始封，賜一等，至樂則。復有功，稍賜至虎賁，增爵為伯；復有功，稍賜至秬鬯，增爵為侯。未賜鈇鉞者，從大國連率方伯而斷獄。

受命之王，致太平之主，美群臣上下之功，故盡封之。及中興征伐，大功皆封，所以褒大功也。盛德之士亦封之，所以尊有德也。以德封者，必試之為附庸三年。有功，因而封之五十里。元士有功者，亦為附庸，世其位。大夫有功成，封五十里。卿功成，封七十里。公功成，封百里。士有功德，遷為大夫。大夫有功德，遷為卿。卿有功德，遷為公。故爵主有德，封主有功也。

九賜習其賜者何？子之能否，未可知也。或曰得之，但未得行其習以專也。三年有功，則皆得用之矣。二考無功，則削其地，而賜自并之，明本非其身所得也。身得之者得以賜，當稍黜之。爵所以封賢也。

三公功成，當封而死，得立其子為附庸。賢者之體，能有一矣，不二矣。百里之侯，一削為七十里侯，再削為七十里伯，三削為寄公。七十里伯，一削為五十里伯，二削為五十里子，三削地盡。五十里子，一削為三十里子，再削為三十里男，三削地盡。五十里男，一削為三十里男，再削為三十里附庸，三削地盡。所以至三削何？禮成於三，三而不改，雖反無益也。《尚書》曰：『三考黜陟。』

先削地，後黜爵者何？爵者，尊號也。地者，人所任也。今不能治廣土衆民，故先削其土地也。故《王制》曰：『宗廟有不順者，君黜以爵。』『山川神祇有不舉者，君削以地。』明爵、土不相隨也。或曰：惡人貪狠重土，故先削其所重者，以懼之也。諸侯始封，爵、土相隨者何？君子重德薄刑，賞疑從重。《詩》云：『王曰叔父，建爾元子，俾侯于魯。』

君幼稚，雖考不黜者何？君子不備責童子焉。禮，八十、九十曰耄，七年曰悼。悼與耄，雖有罪不加刑焉。二王後不貶黜者何？尊賓客，重先王也。以其尚公也，罪惡足以絶之即絶，更立其次。周公誅祿甫，立微子。妻父母不削，已昆弟削而不黜何？非以賢能得之也。至於老小，但令得大夫受其罪而已。

晉·杜預《春秋釋例》卷二《爵命例》　《釋例》曰：天子錫命，其詳未聞。諸侯或即位而見錫，或歷年乃加錫，或已薨而追錫。魯桓薨後見錫，則亦衛襄之比也；魯文即位見錫，則亦晉惠之比也。魯成八年，齊靈二十四年乃見錫，隨恩所加，得失存乎其事。《周官》王之五路及卿大夫士服車各有名，又有良車、散車不在等者，其用無常。先路者，革路若木路；或云先，或云次，蓋以就數為差；其受之于王，則稱大。公侯伯子男及其卿大夫士命數，《周官》具有等差。當春秋時，漸已變改，是以仲尼、丘明據時之宜，仍其行事從而然之，不復與《周官》同也。而先儒考合《周官》、《禮記》，各致異端。

今詳推《經》、《傳》，國之大小，皆據當時土地人民，不復依爵。故書齊、楚之卿而略于滕、薛也。諸侯大國之卿，皆必有命，固無所疑，其總名亦曰大夫也。故《經》、《傳》卿大夫之文相涉。晉殺三卿而經書『大夫』，邢丘之會，《傳》稱『大夫』，亦皆卿也。蜀之盟，齊國之大夫；溴梁之盟，小邾之大夫。此不命、一命之大夫，故不書也。

命者，謂其君正爵命之于朝，其宮室、車旗、衣服、禮儀各如其命數，則皆以卿禮書之于經。衛之于晉，不得比次國，則邾、莒、杞、鄫之屬，固已微矣。此等諸國，當時附隨大國，不得列于會者甚多；及其得列，上不能自通于天子，下無暇于備禮成制，故與于會盟、戰伐甚多，唯曹之公子首得見于經。其餘或命而禮儀不備，或未加命數，故皆不書之也。邾畀我之等，其奔亡亦多，所書唯數人而已，知其合制者少也。又邾庶其等，《傳》皆言非卿，以地來，雖賤必書。紀裂繻來逆女，《傳》曰卿為君逆。知此等微國，亦應有卿，有卿則應書于經，徒以卑陋，制不合禮，失禮之例，杞降為夷。華耦具官，君子貴之。至于此等卿而不備禮，亦所以見其略賤也。諸儒以為邾、莒無命卿，既自違《傳》。劉賈又云：《春秋》之序，三命以上乃書于經。潁氏以為再命稱『人』。《傳》曰：叔孫昭子三命，踰父兄。昭公十年，昭子始加三命。而先此叔孫皆自見經，知所書，皆再命也。

唐・李世民《帝範》卷一《求賢》　夫國之匡輔，必待忠良，任使得人，天下自治。故堯命四岳，舜舉八元，以成恭己之隆，用贊欽明之道。士之居世，賢之立身，莫不戢翼隱鱗，待風雲之會；懷奇蘊異思會遇之秋。是明君旁求俊乂，博訪英賢，搜揚側陋，不以卑而不用，不以辱而不尊。昔伊尹有莘之媵臣，呂望渭濱之賤老，夷吾困於縲紲，韓信弊於逃亡。商湯不以鼎俎為羞，姬文不以屠釣為恥，終能獻規景亳，光啓敦朝，執旌牧野，會昌周室。齊成一匡之業，實資仲父之謀；漢以六合為家，是賴淮陰之策。故舟航之絶海也，必假橈楫之功；鴻鵠之凌雲也，必因羽翮之用。帝王之為國也，必藉匡輔之資，故求之斯勞，任之斯逸。照車十二，黄金累千，豈如多士之隆，一賢之重？此乃求賢之貴也。

唐・陸淳《春秋集傳纂例》卷四《錫命例》　趙子曰：錫命者，旌功德之由。必因褒有德賞有功乃為之也。苟錫之，非禮也。如無功德，不合錫命。《穀梁》曰：禮有受命，無來錫命。此説非也。按秦漢已後，郡縣天下，天子益尊，不比三代，猶就郡國加守相爵秩，何得無錫命乎？蓋不知識其賞無功，而遂妄為義也。

唐・柳宗元《柳河東集》卷四五《非國語下・命官》　非曰：官之命，宜以材耶？抑以姓乎？文公將行霸而不知變是弊俗，以登天下之士，而舉族以命乎遠近，則陋矣。若將軍、大夫必出舊族，或無可焉，猶用之耶？必不出乎異族，或有可焉，猶棄之耶？則晉國之政可見矣。

又　卷四五《非國語下・左史倚相》　非曰：圉之言楚國之寶，使知君子之貴於白珩，可矣；而其言倚相之德者，則何如哉？誠倚相之道若此，則覡之妄者，又何以為寶？非可以夸於敵國。

宋・王欽若等《册府元龜》卷七一《帝王部・命相》　天生蒸民，樹之以君，而司牧之，必選賢舉能，而為之輔弼。故天有三台之象，《易》有鼎足之義，所以佐天子，理陰陽，親萬民也。武丁命傅説則曰：『朝夕納誨，以輔台德。』穆王命君牙亦曰：『今命爾予翼，作股肱心膂。』此古先哲王命相之旨也。昔者黄帝得六相而天地理，神明和。虞舜亦舉八元八愷而百揆時序，内成外平。自時厥後，或非其人而望興化，若緣木求魚，登山採珠，不可得也。故歷代以還，寅亮天工，登翼王室者，不亦重乎！

又　卷六九《帝王部・審官》　《書》曰：『明王立政，不惟其官，惟其人。』又曰：『治亂在庶官。』是知求賢審官，有國所重；知人則哲，惟帝其難。故王者奉若大猷，竝建百職，莫不登進俊傑，慎簡才德，量能授事，使人以器。是以不能者止，而能者競勸。官修其方，吏善於職，庶政允穆而治道康矣。斯則稽古用乂，為邦之大要也。原夫設官分職，所以建民極而亮天工；授方任能，所以熙王度而經事典。《大雅》之作，實美於能官；三代之隆，皆繇於得士。故以德詔爵，以能詔事，斯不可以不慎者也。

又　卷七五《帝王部・任賢》　夫致千里者，必資乎絶足；搆廣厦者，必擇乎宏材。是知端扆嚮明，財成萬務，致治之具，非賢罔濟。其親信也，喻之心膂；其委仗也，譬之翰翮。及有德冠群萃，才推俊傑，智謀可以備贊佐，操履可以著表式，忠勇質直，各負其能。或素聞名稱，待以不次；或因緣彙薦，任其所長。察言觀行，罔有虛授，小大之器，咸適厥用。繇是尊爵以榮之，厚祿以寵之，推心責成，周旋是賴。《書》曰『任賢勿二』，不亦宜乎！

又　卷二三五《列國君部・錫命》　天子建德，昭乎利用；諸侯正封，是為述職。稽茂勳之允格，故殊命之乃錫。粵若厲階斯作，得專四履之征；外虞以寧，始重一卣之錫。其或紹休前烈，厥政用舉，納忠王室，多儀克享，肇啓公侯之土，綽著兵戰之績。繇是申之豐報，昭其寵數，嘉言淑令，藹諸簡冊。至於博選盛族，欽成姻好，兹率厥典，恢纂舊服，非有私於名器，實攸賴其夾輔者爾。

又　卷二三九《列國君部・任賢》　東周之後，諸侯力政，大以圖霸業，小以保封略。禮樂征伐，既繇已而出，佐佑輔弼，必得士而彊。乃能咨求髦俊，申之委任，極尊禮之數，推倚屬之重。授之以政，而一一必循其謀；待之以誠，而疏戚莫間其寵。繇是淪感於骨髓，竭智於精明，磨勵以須，彌縫其闕，用能康事典而經邦政，輯武經而暢戎略。庇民以成化，闢國而矢謀，集臣伐以奮庸，垂令聞而長世。任能之效，不其偉歟？

宋・田錫《咸平集》卷一三《相箴并序》　智周萬物曰聖，道濟萬民曰賢。聖乃君德也，賢亦君德也。然天無二日，土無二王，故聖人立則賢者事之，賢者立則聖人事之。周公相成王，乃以聖事賢者也。仲虺相成湯，乃以賢事聖者也。舜、禹在十六相之間，即以聖事聖者也。高宗命相，稱『若金用爾為礪，若旱用爾為霖，若和羹用爾為鹽梅，若濟川用爾為舟楫。』此得命相之大旨也。昔管仲相桓公也，以隰朋善擯贊之禮，請立為司賓；以甯戚能稼穡之政，請立為司田；以賓胥無明於刑法，請立為大理；以王子城父諳於戰陣，請立為大司馬；以東郭牙忠鯁讜直，請立為大諫。乃曰：『君欲理國强兵，則五子在焉。若欲霸王，則夷吾在此。』此乃得為相之大體也。是知宰相所居者，國之大位；所務者，國之大事；所憂者，國之大難；所理者，國之大柄。百職如網罟，群官若襟袂也。提綱則網罟不紊，舉領則襟袂自整。所謂挈霸王之器，授於聖哲之主也。

宋・司馬光《資治通鑑》卷一《周紀一・威烈王》　臣光曰：臣聞天子之職，莫大於禮，禮莫大於分，分莫大於名。何謂禮？紀綱是也。何謂分？君臣是也。何謂名？公侯卿大夫是也。【略】

嗚呼！幽、厲失德，周道日衰，綱紀散壞，下陵上替，諸侯專征，大夫擅政，禮之大體，什喪七八矣。然文、武之祀，猶緜緜相屬者，蓋以周之子孫尚能守其名分故也。何以言之？昔晉文公有大功於王室，請隧於襄王，襄王不許，曰『王章也，未有代德而有二王，亦叔父之所惡也。不然，叔父有地，而隧又何請焉？』文公於是懼而不敢違。是故以周之地，則不大於曹、滕；以周之民，則不衆於邾、莒，然歷數百年，宗主天下，雖以晉、楚、齊、秦之彊，不敢加者，何哉？徒以名分尚存故也。至於季氏之於魯，田常之於齊，白公之於楚，智伯之於晉，其勢皆足以逐君而自為，然而卒不敢者，豈其力不足而心不忍哉？乃畏姦名犯分，而天下共誅之也。今晉大夫暴蔑其君，剖分晉國，天子既不能討，又寵秩之，使列於諸侯，是區區之名分，復不能守而并棄之也。先王之禮，於斯盡矣。

或者以為當是之時，周室微弱，三晉彊盛，雖欲勿許，其可得乎？是大不然。夫三晉雖彊，苟不顧天下之誅而犯義侵禮，則不請於天子而自立矣；不請於天子而自立，則為悖逆之臣。天下苟有桓、文之君，必奉禮義而征之。今請於天子而天子許之，是受天子之命而為諸侯也，誰得而討之？故三晉之列於諸侯，非三晉之壞禮，乃天子自壞之也。烏呼！君臣之禮既壞矣，則天下以智力相雄長，遂使聖賢之後為諸侯者，社稷無不泯絶，生民之類糜滅幾盡，豈不哀哉？

宋・劉一止《苕溪集》卷一五《故事》　臣嘗聞前修之言，以謂知人無法，臣心疑之。夫知人，堯之所難也。故臯陶為舜陳九德之事，曰『寬而栗，柔而立，愿而恭，亂而敬，擾而毅，直而溫，簡而廉，剛而塞，强而義。』此知人之訣也，而謂之無可乎及。求之孔孟之書，而得其説者有二：曰『視其所以，觀其所由，察其所安，人焉廋哉？』一也。『聽其言也，觀其眸子，人焉廋哉？』二也。然後知是道也，不可以言；可言者，其迹而已。至於曉然獨得於心者，豈言之所能盡哉？謂之所以也，所由也，所安也，與夫言辭眸子之間，不知何者為是，何者為非，何者為君子，何者為小人，皆未嘗言其狀。而大佞似聖，大智似愚，亦未易以此辭辨察，則知人之難也，雖聖人不敢易言之。然則知人之道，非内明而無所蔽惑，又惡能曉然獨得於心哉？惟明也，一見而得之眉睫之間，為有餘；如其不然，則終日與之言而不知其人之心。由是論之，所謂知人者，謂之無法，可也。

臯陶之陳九德，特言其所可言者，與其成德之事而已。其不可言者，不在是焉。魏文侯謀相而未定也，問諸李克。克以居視其所親，富視其所與，達視其所舉，窮視其所不為，貧視其所不取，五者足以定之。文侯之意遂決。其故何哉？公子成與翟璜，皆賢也，文侯固知之深矣；其得於所親、所與、所舉之間，豈一日之積哉？不然，不如是之決也。臣獨喜李克之言，誠有助於後世知人之道。雖所謂獨得於心者，不在於是，而於吾聖人之説，亦無所戾云。

宋·胡宏《五峰集》卷四《皇王大紀論·伊尹幡然》 下士而上，天位也。天位，聖人之大寳也。義則貴，利則賤，伊尹之所以不從湯命者，恐其以為利也。三聘幡然而起者，知其非為利也。居天位者，慎毋以爵禄期人哉！其有棄天下如敝屣，視富貴如浮雲者，必望望然去之矣。所得而官使者，皆冀事功求温飽之士，亡國敗家，率由於此矣。

宋·程大昌《考古編》卷五《三宅三俊一》 周公作《立政》，三言『三宅三俊』。孔安國曰：大罪有之四裔，次九州之外，次中國之外。意如五宅者之三居然，是其所為三宅也。正直、剛、柔三德，如《洪範》所陳，是其所謂三俊也。然《立政》一書，顓為用人而作。雖以『司寇謹罰』終竟其文，要其叮嚀『庶獄』，特居準人職事之一。且三代本末有序，凡其施置，率常先德後刑，安有未及用賢而遽飭刑罰？恐非聖人彝序，亦非《立政》任人本指也。

王氏必謂孔氏外立三居，以汩正意，遂順飾本文而别為之言曰：已命以位，已任以事，則為三宅。其才可宅而未踐此位，則為三俊。此於經文無忤矣，然有不通者。周公之稱成湯曰：『克用三宅三俊。』夫三宅三俊，概言克用，而猶謂三俊為未用之才，何哉？古今法制固不得而同，然人情事可以意想也。且使此三人者，見謂為俊，拔而顯之，不知其將處之何地者。明命其才，實試以職，則當併已用、未用而數之。且將參耦而六，不得止云三宅也。若姑下一等而小試之，不居其位，且未有職掌，可以程品，豈容虚並三宅而假立稱謂也哉？

詳復考之，皆不安愜。故予嘗反求諸經而推知其實也。宅乃事，宅乃牧，宅乃準，此即三宅所起，而在夏后氏之世者也。周公陳此三宅，固云夏翔，而其時三俊之名未立也。暨湯、文、武而後，甫曰『克用三俊』，『灼見三俊』。詳求其故，蓋事、牧、準三官也。人君處以此職，使安其位，使任其事，則隨其官而命之曰宅事、宅牧、宅準，如堯以百揆處舜，則曰『納于百揆』；舜以處禹，則曰『使宅百揆』。納也，宅也，皆自上處下之言也。既居此位，既升此職，而總其見處者之地，則曰三宅。三宅云者，即所居官。命之如『百揆』之初以揆度百事得名；及其既已受命，遂如後世三公六卿，正為官稱，非如自上處下初語矣。此宅事、宅牧、宅準所從命名，以為三宅者然也。三宅既為官稱，則隨其職業，所能勝任以名，言其才其德，故得附並三宅，而名之三俊也。

又 卷五《三宅三俊二》 天下職任多矣。常伯總率百官，常任謹戒百事，準人平處刑罰，三者關繫治亂，最為要切，故舉天下之大而能擇人以處三職，則於君道遂無餘事。此夏人舉要致詳之意，而商、周承之，以為治本者也。湯之興也，用是人居是職，則誠安其位而無讒邪傾間之虞；名若人之有若才，則誠當其才而無名浮實失之僞。此非成湯自立此模也，知夏制而敬承之，故於三宅之三俊既能信用，而四方萬里遂於夏法乎見德也。文、武之造周也，以言乎夏制，則知其指而不謬；以言其時髦，則又能灼見其蘊而無失。故周之治，亦遂追夏軼商也。然則夏之此制，施諸用人，如方圓必於規矩，不可舍而他之，何也？為其執要而致詳故也。孔安國求其説而不得，顧推而入之五流三居者，殆因『三宅無義民』一語也。夫籲俊而訓德先，夏之所以宅人而其國因以大競者也。合三職而一無義民者，末夏之所以不能嗣往而至於荒墜厥緒者也。其宅同，其所從宅者異，故治亂由此乎分。經意明甚，何有幾微，以及用刑也哉？

又 卷五《三宅三俊三》 自虞夏以及成周，事日益多，官日益衆。其分職任事者，不患乏人。顧成王之資不及文、武，則其操縱之法尤當得要，故夏之三宅，在成王時尤為用人會最也。二帝三王官稱之著於《詩》、《書》者，已自不同。特不知事、牧、準其在三代，各為何官何名。而周公之陳三宅，世更三代，名同一軌。雖其意尚或可想，而制不可强言也。【略】故宅之為義，如人之宅。其宅也轉徙無定，固不足以為宅；相攸不審與夫居之不安，亦皆不足以為宅。故夏之剙制，固已諏德而審所宅。商周循之，其曰『嚴惟丕式』，曰『克知三有宅心』，曰『惟克厥宅心』。其式、其心，率皆準夏以言也。此又一書之要旨也。

宋・呂祖謙《左氏傳説》卷四《文公・秦伯猶用孟明二年》　秦穆公用孟明，有殽之敗，左右皆罪孟明，公獨舉周芮良夫之詩，且曰：『孤實貪，以禍夫子。』復使爲政。穆公悔過，《秦誓》見之詳矣。參之以此段，方見得穆公自知，得病源在於貪。向使穆公不知病源所在，則雖欲悔過，亦無下工夫處。惟穆公既自知，得病源，所以悔過，又能刻意消除之，此所以遂霸西戎。大抵學者要做工夫，亦須各自知，得病源，方會長進。且如《易》之《噬嗑卦》，口中有物，欲噬而嗑之，故謂之《噬嗑》。其爻辭曰：『利用獄。』何取夫獄？蓋獄之情有閒，亦如口中有物。須是推究獄情，知其病之所在而噬嗑之。殽之敗，穆公再用孟明，未足為難；及彭衙再衂之後，猶用孟明，實天下之至難也。蓋一敗雖不足以沮穆公之心，再敗而不沮者實寡。穆公所以能為天下至難之事者，只緣他見得定處，故能信之不移，任之不易也。大凡人君任人，須是要見得端的，方能如此。

宋・呂祖謙《左氏傳續説》卷七《宣公・晉侯請於王以黻冕命士會將中軍十六年》　見得當時上卿為元帥，皆命於王。大抵諸侯之正卿，皆出於天子之命。若次卿、下卿，却出於諸侯。齊管仲辭上卿之禮，曰：『有天子之二守國、高在。』即天子所命也。如漢制諸侯守相，乃是天子所命，餘官皆諸侯自命之；七國反後，餘官亦不得自命矣。晉欒盈過周，辭於行人，曰『天子陪臣盈，得罪于王之守臣』。杜預注：范宣子為王所命，故曰守臣。於此可見諸侯之正卿，皆命於天子。大率晉命中軍帥，未嘗請於王。此特請者何故？蓋以其黻冕之服也。

又　卷一一《定公・伍員為吳行人以謀楚四年》　伍員任吳如此，何故却只做行人？蓋行人之官，在吳為最大。如申公巫臣亦是報楚而為行人於吳，於此可見。

宋・呂祖謙《大事記解題》卷三《周顯王》　十八年，韓以申不害為相。《解題》曰：申不害者，荆人也，故鄭之賤臣。學本於老子而主刑名，以術干韓昭侯。魏之圍邯鄲也，昭侯問申不害曰：『吾誰與而可？』申不害始合於昭侯，然未知昭侯之所欲也，恐言而未必中也，對曰：『此安危之要，國家之大事也，臣請深惟而苦思之。』乃微請趙卓、韓鼂曰：『子皆國之辯士也。夫為人臣者，言豈能必用？盡忠而已矣。』二人各進議於昭侯，不害微視昭侯之所説，以言於昭侯，昭侯大説之，至是遂以為相。

宋・葉時《禮經會元》卷三下《禮命》　《小宰》官成曰：『聽祿位以禮命。』禮命之崇卑，祿位之所視，以為升降也。《傳》曰：名位不同，禮亦異數。然則禮命者，名分等級之所由辨也，可不謹哉？今《大宗伯》『以九儀之命，正邦國之位』，而『典命』則掌之，以為諸侯五儀，諸臣五等之節。鄭氏曰『命謂王遷秩群臣之書』，又曰『每命異儀，貴賤之位乃正』是也。今以九儀考之，一命受職，謂始為吏也，於王朝為下士，於列國為士，於子、男為大夫。《典命》曰『公侯伯之士一命，子男之大夫一命』是也。再命受服，謂受弁服也，於王朝為中士，於列國為大夫，於子男為卿。《典命》曰『公侯伯之大夫再命，子男之卿再命』是也。三命受位，謂始有列位也，於王朝為上士，於列國為卿。《典命》曰『公侯伯之卿，三命』是也。四命受器，謂受祭器也，於王朝為大夫，於列國為孤，於子男為適子。典命曰『王之大夫四命，公之孤四命，子男之適子，下其君一等』是也。五命賜則，謂賜以小國之法則也，於王朝為出封之大夫，於列國則為子男，《典命》曰『子男五命，王大夫出封，加一等』是也。六命賜官，謂賜之得自置官也，於王朝為卿，於列國為侯伯之適子。《典命》曰『王之卿六命，侯伯之適子，下其君一等』是也。七命賜國，謂賜為列國也，於王朝為出封之卿，於列國為侯伯，《典命》曰『侯伯七命，王之卿出封，加一等』是也。八命作牧，謂侯伯有功德，加命作州牧也，於王朝為三公，於列國為公之適子，《典命》曰『王之三公八命，上公之適子，下其君一等』是也。九命作伯，謂上公有功德，故命為二伯也，於列國為上公，於王朝為出封之三公，《典命》曰『上公九命，三公出封，加一等』是也。《宗伯》所言，由小至大，以示等級，故合群臣與諸侯而並言之。

《典命》所言，由尊而卑，以正名分，故分群臣諸侯而異言之。然《典命》言王之公卿大夫視公侯伯子男，皆降一等，出封始加一等者，說者曰：近君者屈，遠君者伸，故在朝之數以偶，出封之數以奇。案鄭氏曰：出封加一等，褒有德也。愚謂禮命之加，固所以褒有德，亦所以重外任。夫重內而輕外者，人之常情。釋王朝之重臣而膺侯伯之外任，苟不有以褒異之，則侯國之勢不重，而內外之任不均，出封而加一等，成周之意，微矣。是以《宗伯》『五命賜則』，『七命賜國』，所以示卿大夫之出封加等也；『八命作牧』，『九命作伯』，所以示上公之功德加褒也。夫儀命之秩既明，則小人之等級可辨；儀命之數既異，則尊卑之名分甚嚴。在上位不敢陵，在下位不敢僭，賤不可以踰貴，卑不可以抗尊。『宗伯』禮典之掌，又孰有大於此哉？

以至侯國來朝，『大行人』又得以九儀而辨諸侯之命，等諸臣之爵，圭璧繅藉之寸，冕服之章，旂常之斿，樊纓之就，貳車之乘，介弁之數，朝位賓主之步，饗食獻舉之禮，上公則以九為節，侯伯則以七為節，子男則以五為節。大國之孤視小國之君，諸侯之卿各下其君二等，以下及大夫士皆如之。此言待賓客之等然也。『小行人』又以九儀而協賓客之禮，『司儀』又以九儀而詔擯相之禮，如權衡之陳而銖兩不可增減，如繩墨之設而分毫不可踰越。此豈非名分等級之所由辨乎！

迨至春秋，臧宣叔猶得以禮而先晉荀庚之尋盟，子服景伯猶得以禮而折吳人之徵百牢，是其儀命，猶有存者。然不特春秋卿士為然也，嘗觀齊之虞人，不敢以大夫之招，會齊侯之田。晉之絳商，不敢以車服之美，過晉侯之朝。然後知儀禮之正國，有不可得而干者矣。夫君以大夫之招，招虞人，宜若可以行也；彼其習於虞人之皮冠而駭於大夫之旌，則寧死而不敢往。以商賈之餘於財，若可以金玉其車而文華其服也；彼其拘於無爵位之賤，而安於韋藩木楗之是用，則必帛車服而過朝。蓋其上下辨而民志定，會通觀而典禮行，素有以習民於名分等級，可知也。然則儀命之設，不惟諸侯、諸臣有所限節而不敢犯，上行而下效，而實可以維持人心於世變之窮。吁！禮之不可廢也，如是夫。

宋·王應麟《困學紀聞》卷二《書》　九德，知人之法；三俊，用人之法。

宋·王應麟《通鑑答問》卷一《周威烈王·初命晉大夫魏斯趙籍韓虔為諸侯》　或問：初命晉三大夫為諸侯，《通鑑》何以託始於此？曰：《春秋》書王曰『天王』，言王之所為，天之所為也。《書》曰『天敘有典，敕我五典五惇哉！天命有德，五服五章哉！』又曰『明王奉若天道，建邦設都，樹后王君公，承以大夫師長。』夫君臣有義，天之所敘也；爵罔及惡德，天之所命也。有天子而有諸侯，有諸侯而有大夫。尊卑有倫，上下有差，天道之大經也。魯桓之四年，桓王之十二年也，天王使宰渠伯糾來聘。魯桓弒君而立，天討不加，乃使冢宰聘之。《春秋》名其宰以見貶，然猶有望於天王之討有罪也。莊之元年，莊王之四年也，王使榮叔來錫桓公命。簒弒之罪，終其世不誅，惡稔而自斃，又追命以寵之。是謂壞法亂紀，弗克若天矣。故王不書『天』，言瀆三綱而蔑天道也。

不寧唯是。晉曲沃以支子封，是亦大夫也。武公弒晉侯，簒晉而有之。凡在官者，殺無赦。莊之十六年，僖王之二十八年也，王使虢公命曲沃伯以一軍，為晉侯。見于《左氏傳》而《春秋》不書。是時晉未與諸侯之盟會，魯史所無，則《春秋》不得而書也。然夫子刪《詩》，於《唐風·無衣》見之。《無衣》非以美晉，蓋閔周之失道也。曲沃簒國，不敢自安，待天子之命然後安。王乃受賂而命為諸侯，徇貨利以斁彝倫，君臣之典大汩亂，幾何不為禽獸也？亂臣賊子，自是接迹於天下，夫子所以懼，《春秋》所以作也。

有魯桓之命而後有曲沃之命，有曲沃之命而後有魏、趙、韓之命。王無天，諸侯無王，大夫無君，其所由來者，漸矣。晉，武之穆也。周之東遷，惟晉焉依。王不恤同姓，爵其賊臣，始於命曲沃，而文侯之晉遂亡；終於命三大夫，而文公之晉亦亡。《通鑑》之所始，《春秋》之所貶也。《春秋》因魯史，寓王法，非王之法也，天之法也。聖人以天自處，遏人欲於橫流，存天理於既灭。《春秋》筆絶而有《通鑑》焉。天叙有典，無古今，無治亂，與天地相終。余是以著莊、僖之始亂，而慨威烈之不復振也。

元·戴良《九靈山房集》卷六《治平類要總序·任相篇》　人主不可以獨治也，必有卿相輔佐之足任者，然後可以君天下。蓋卿相輔佐，人主之基杖也，所以上承王命，下統百司，以治民庶，以定邦國，而治體之得失，國勢之安危繫焉。昔黄帝任風后而天下治，高宗任傅説而君德修，蓋皆得乎任相之道故也。荀卿有曰：『强國榮辱，在於取相。』其知言者哉！訂官箴，謹侯度，述《任相篇》。

又　卷六《治平類要總序・用人篇》　《書》曰：『翕受敷施，九德咸事，俊乂在官。百僚師師，百工惟時。』蓋天子者，一世人材之宗主也。九德之士所當兼收並蓄，布而用之，使各隨所長而施於事，則百官皆賢而互相觀法，百工皆治而不失其時矣。然古之用人，必貴於有德；而後世人主，或以才藝取人而不稽諸德行，故有才無德之人，咸得以進之。噫！德成而上，藝成而下，君子宜慎擇焉。述《用人篇》。

明・高拱《本語》卷六　用人者不取其大，每以一眚棄之，故慷慨任事之臣鮮而國事不支。不論其大而徒以無過用之，故委托持禄之臣多而國事日廢。昔子思薦苟變於衛侯，衛侯曰：『吾知其可將，然曾食人二雞子，故弗用也。』子思曰：『聖人官人，猶匠之用木，取其所長，棄其所短。故杞梓連抱而有數尺之朽，良工不棄。今以二卵而棄干城之將，不可使聞於鄰國也。』

明・丘濬《大學衍義補》卷一《治國平天下之要・正朝廷・總論朝廷之政》　臣按：朝廷之上有百揆以統内之庶官，有四岳以統外之州牧。既分命之，又總命之，人必稱其官，官必盡其職，此帝世之治所以後世不能及也。誠以帝世之用人也，或帝心之簡在，或公庭之僉舉，或詢之大臣，或得之推讓，非若後世有由旁蹊奥援、阿私而倖進者也。不問其人之能與否，不論其職之稱與否，是以用各違其才，人不稱其官。官既不稱，則朝廷之政何由而舉？政既不舉，則天下之民何由得安？此後世所以不古若也。

臣嘗因是而論之。帝舜初咨四岳，以求宅百揆也，不曰『熙舜之載』而曰『熙堯之載』，蓋以我今日所治之事，非我之事，堯之事也。總咨二十二人，以各敬其職也，不曰『亮舜之功』而曰『亮天之功』，蓋以我今日所治之功，非我之功，天之功也。爲人君者，誠知人臣所熙之事皆祖宗之事，所亮之功皆上天之功，則決不肯狥私意以用人，用匪人以廢事，則朝廷之政得人修舉，天下之民由是乂安矣。噫！彼其以祖宗之官爵為己之私物，以上天之事功行人之私意，豈不有以負祖宗之付託，上天之建立哉？識治體者，尚鑒於兹。

明・湛若水《格物通》卷五一《正朝廷上》　臣若水通曰：儀猶等威也，每命異儀也。位者，貴賤之位也。何以謂受職？始為正吏，受職事，如王之下士、列國之士、子男之大夫之職是也。何以謂受服？受皮弁之服，如王之中士、列國之大夫、子男之卿之服是也。何以謂受位？始有列位，為王之臣，如王之上士及列國之卿位是也。何以謂受器？始有祭器也，如王之下大夫及公之孤有祭器者是也。何以謂賜則？則者，未成國之名也。王之下大夫出封，則加一等，而賜以百里、二百里之地也。何以謂賜官？王六命之卿，始得具臣，治家邑也。何以謂之賜國？王之卿，出封加一等，為侯伯之國也。何謂作牧？侯伯有功德，則加命之，得專征伐，為一州之牧也。何謂作伯？上公有功德者，加命為二伯，是之謂方伯也。夫命也，受也，賜也，作也，皆出於朝廷，主於『宗伯』，所謂天下有道，禮樂征伐自天子出，而朝廷正矣。

又　卷六四《舉措一》　臣若水通曰：此臯陶陳知人之謨。【略】臣謂德者，吾心所得之天理也。天理一而已矣，而以為有九者，何邪？夫理一而分殊者也，存於心者一，而見於行者九耳。德藴於中而難知，行著於外而可見。故言人有德，必證之於某事，某事則有核實之行矣。夫德之未成者，則不能有其常。今日行某事之善，而他日或不能然。若夫盛德之至，則九德雖不必一時並見，而其歲月之久，則隨感而應，隨事而見，於是乎九德咸著，夫然後知其有常不變，而為盛德之至也。古之聖賢觀人之詳，用人之慎如此。後世以文字取士，以身、言、書、判選官，不亦淺乎？

臣若水通曰：命鄉論者，必鄉人乃知之真也。秀者，穎出也。俊士者，才過千人者也。不征於鄉，免鄉之徭役也；不征於司徒者，免司徒之役也。造士者，成就其才德者也。司馬者，掌爵禄之官也。定論者，考評其行藝之詳也。官之，謂初試仕也。任官，能勝任也。爵之，謂一命也。位即爵也。禄之，養以禄也。官而後爵，爵而後禄，察之詳矣。故不及惡德也。廢其事，如敗國殄民，荒淫亂俗也。終身不仕，懲之重，所以勸後人也。夫先王之養士用人，命之鄉論之，司徒造之，樂正告之，王辯之；司馬論而官，官而爵，爵而祿焉。則其所養所用，無非才德之良，天下豈有不治哉？

臣若水通曰：此孔子答哀公以舉措之道也。哀公魯君，名蔣錯者。捨，置也。諸，衆也。哀公問於孔子：以何所為而民心服從？孔子對之，以為人同此心，心同此理，欲得民心之服者，以舉措得宜，合民心之同然故也。否則不合民之同然，而民心有不服者矣。故有德有才，得天理之公正，直者也，則舉而用之，列於公卿大夫士之位。其無才無德，悖乎天理之公正者，則捨而置之。是一舉一措，合乎民心天理之公矣，民何為而不服乎？若無才德而頗僻，是謂枉者，則舉而用之，列於公卿士大夫之位，而才德方正之士反棄之在野，屈之下僚，是一舉一措，拂乎民性秉彝之公矣，民何為而服乎？由是言之，服民之心者，以得民心是非之公也；欲得民心是非之公者，必得吾是非之本心，天理之本體也。人君可不加之意乎？

臣若水通曰：好賢惡不肖，人人是非之本心也。故國人之心，即大夫之心；大夫之心，即左右之心；左右之心，即人君之心。惟衆則公，獨則私，故不察於一人之獨而必察於衆人之同者，其公也。然而必人君明其是非之心，而後可以辨其毀譽，而善惡賢否可得矣。不然，則左右遠近之交譽如阿大夫者，何以能自定其是非邪正之歸邪？

又 卷六四《舉措二》 臣若水通曰：鮑叔，齊大夫。子糾，桓公之弟。管仲、召忽，子糾臣也，受而甘心，言自殺之以快意，未必殺也。生竇、堂阜，皆地名。夫管仲之賢，鮑叔知之深矣，故忘其讎而薦之用之。鮑叔之賢，後世孰有能及之者哉？當鮑叔帥師之時，使無知人之明，則夫堂阜之囚何自而稅？齊國之相何自而得乎？是則用管仲者，君之專；進管仲者，臣之明。此管仲所以有生我父母，知我鮑叔之感也。然鮑叔之心，豈為管仲哉？為其賢也，為其能也。後之逞其私忌，棄國之賢而敗人國家者，鮑叔之罪人也。

臣若水通曰：善人之用舍，國之利病由之，其于士會見之矣。夫士會於文公七年奔秦，為迎子雍之故也。十三年還晉，為從壽餘之計也。晉人不以其患而終疑其臣，士會不以其怨而終仇其君，此士會所以見用而晉盜奔于秦。《書》曰：『邦之杌隉，曰由一人；邦之榮懷，亦尚一人之慶。』善人之於人國，豈可少哉？

臣若水通曰：祁奚舉解狐，其仇也；舉祁午，其子也。人臣事君之道，先國家而後己私。夫才足以任事，惟其人而已。內不避親以自嫌，外不棄讎以生忌。吾庸知其親與讎哉？惟其人而已矣。自嫌生忌，此大臣之所以私也，非賢哲盡忠於君而公天下之心也。祁奚可不謂之賢乎？若臧文仲之竊位者，可以少愧矣。

臣若水通曰：阿私曰黨，忠信為周。夫進退賢否，是非以公，君相之事也。匪義比焉，則入於私黨矣。趙宣子比而舉，韓獻子不負所舉，兩得之矣。

臣若水通曰：周公無求備於一人，其使人也器之。故隨材而用木者，大匠之職也；隨才而用人者，君相之職也。子思之言，可以為萬世人君、大臣用人者之法矣。

臣若水通曰：於此可以占齊、魏之彊弱也。《書》曰：『玩人喪德，玩物喪志。』魏惠王以之。《楚書》曰：『楚國無以為寶，惟善以為寶。』威王以之。威王不惟寶得其人，而又烹阿大夫，封即墨，且審於用人，此齊國所以日彊也。其後不悟奸人之計，而多受間金，王賁捽入而卒至於亡。彼一齊也，前以審人而彊，後以不審人而失。有國家者，可不鑒諸？

臣若水通曰：天下之風，感應而已矣。故人君好賢，則天下之賢應之；人君而好佞，則天下之佞亦應之。故人君好賢惡佞，則其感應之速，不旬月而風天下矣。燕得樂毅破齊，以雪先人之恥，蓋由燕王之師郭隗以風動之也。況有道之君，能以所知之賢才而善用之，則四海之賢風動響應，皆有帝臣之願，不期然而然者矣，天下何難於治哉？

明·王世貞《弇州四部稿》卷一五八《說部·宛委餘編三》 管仲初相齊，以隰朋為東國，賓胥無為西土，賓公子開方游於衛，季友游於魯，蒙孫游於楚。其後復使公子舉游魯，開方仍游衛，曹孫宿游楚。以隰朋為大行，甯戚為大司田，王子成父為大司馬，賓胥無為大司理，東郭牙為大諫，其最後也。以開方游衛十五年不省親，而勸桓公勿用。可謂能用舍人矣。

清·馬驌《左傳事緯》卷六《楚五令尹代政》 楚康王在位十有五年，而令尹五代其政。子囊，共王之所用也。當先王之世，伐陳侵宋，克有成勞；及康王嗣位，伐吳之役，介胄未釋，忽焉云逝，社稷是圖，志弗良終，故君子許其忠焉。子庚嗣政，號為得人，未幾而卒。薳子遜位，及子南罹罪，復用子馮，而子木終繼之焉。囊與庚、南，皆莊王子也。薳馮、屈建，皆公族也。中惟追舒暱寵見殺，餘四子者克堪卿任。夫楚既多材，公族尤顯，其法則親疏參用，賞罰互行。執政者一干國憲，輒加重典，未若魯之三桓、晉之六卿世怙其寵，政柄於是下移也。純門不競，子庚息師，舒鳩不叛，薳子受盟，寧惟是狃安習便，無意於國者乎？伏處觀時，動期有濟，是文、成以来之良籌也。有子午、子馮秉政於前，有子木繼美于後，而又来然丹於鄭國，復椒舉於晉都，濟濟充庭，咸稱國士，雍雍在列，俱有長才。列國有賢，楚實錄之，豈謂楚材晉用哉？夫康王，楚之弱主也，惟能官人，故諸臣咸得其用，究能與中國弭兵，南北合一，兩霸并雄，舉穆、莊諸王以来數世所難圖者，一朝而得之。雖時勢不同，若是乎賢者之有益於國也。

清・閻若璩《潛邱劄記》卷一　或問：季友有大功於魯，受費以為上卿。自此以往，季氏將世世執魯國之柄乎？余曰：未也。僖十六年，季友卒，而臧文仲執政。文十年，臧孫辰卒，而東門襄仲執政。宣八年，仲遂卒，而季文子執政。故成之世，文子曰：相二君。襄之世，文子曰：相三君。文子始見文六年，是文子初立，猶未相也，况前此乎！

清・張英《書經衷論》卷四《立政》　《立政》終篇無一語及于政事，所反覆惓惓者，惟以三事大臣為言。蓋大臣不得其人，則無以為衡鑒百執事之本；大臣百執事皆不得其人，雖治具畢張，紀綱粲設，而積弊叢奸終至于蔑裂潰敗而不可收拾，政何由而立乎？善乎先儒之言曰：人君以辨君子、小人為職。故周公所告誡，皆深達治體之言。

清・江永《群經補義》卷二《春秋補義》　文元年，天王使毛伯來錫桓公命。杜謂諸侯即位，天子賜以命圭，合瑞為信。非也。諸侯封國之初，賜以命圭，俾世守之，所謂錫爾介圭，以作爾寶者。繼世之君則不復有賜圭之事矣。其有策命，而使臣執圭以為瑞節，猶聘禮執圭後即還之。若一諸侯即位，即賜以命圭，王朝玉府恐不能給矣。此不達事理之言也。

清・汪越《讀史記十表》卷三《讀六國表》　東周、西周不書王，以自貶為君，卑若縣鄙，不成王也。周無事可書。書齊威王朝周，兩書賀秦，書致胙于秦，書諸侯會，致伯秦，秦代周之徵也。書九鼎震，亡徵也。書王子定奔晉，王室難也。書東周惠公薨，自貶也。于《秦表》則書曰天子致胙，曰天子致伯，曰諸侯畢賀，曰會諸侯于澤，朝天子，曰天子賀，曰天子致文、武胙，皆以傷王室而必正其名也。曰取西周王，曰呂不韋取東西周，周始亡。然不于周書者，不予秦之滅周也。

清・蔣溥等《御覽經史講義》卷首《書經・任賢勿貳去邪勿疑》

臣謹按：人君撫有四海，勢不能以獨理，於是乎設官分職，以代天工者，皆於人是賴焉。夫有治人，然後有治法。人之大較，曰賢曰邪。知其為賢則任之必專，而不可惑於讒間；知其為邪則去之必力，而不可制於依回。此惟知人則哲，能官人所由，百寮師師而成俊乂在官之美也。且夫人主操用舍之權，以進賢退不肖，要未有明知其賢而不任，明知其邪而不去之理，亦未有任其所任而不惟賢是任，去其所去而不惟邪是去之心。

雖然，賢與邪之品量不同，而任與去之鑒別非易。蓋賢者來自田間，勢處疏逖而難於親信。本非常之姿，而或以資格限其選；本大受之器，而或以小試枉其材，則掣肘生嫌，而英豪反坐困於既任之後。即邪者巧令孔壬，計圖僥倖而善於彌縫，或念其平日之小忠小信，而曲示優容；或憐其一端之末藝寸長，而稍為姑息，則希榮固寵，而諛悦以求合於未去之先。是惟清明在躬，志氣如神，情順萬物之情而無情，欲通天下之欲而無欲，夫然後智周靡遺，賢否邪正瞭然如指諸掌，所謂仁者之能好能惡也。此任賢勿貳，去邪勿疑，必先以罔逸罔樂之戒云。

顧任賢與去邪，均關用人之大，而任賢則尤為急務焉。賢臣者，人主所與共天位，治天職者也。所任者賢，則群賢有彙征之吉，而群邪斂迹，宵小僉壬無所施其伎倆。故曰：舜有天下選於衆，舉皋陶，不仁者遠矣。湯有天下選於衆，舉伊尹，不仁者遠矣。此任賢而邪自去之明效大驗也。抑勿貳勿疑，其始不外於知人，而其終則歸於能斷。【略】

奉上諭：朝廷用人，進賢退不肖，最是第一難事。蓋人主勤求治理，斷未有知其賢而不用，知其不肖而不去者。惟是黜陟取舍，無一不以用賢去不肖為兢兢，而人之賢否邪正，君雖神聖，勢不能於耳目未周之處，坐照靡遺；况見聞所及，即可知其人之行事，亦未遽知其心術若何。儻留心察訪，又恐迎合揣摩，百弊叢出，究無以得其人之真。此用人之難，惟人君自知之，並非局外旁觀者所得喻其微也。且國家設官分職，各有專司，熙績釐工，需人孔急。如百僚庶司一時不得其人，遽將備位曠官者悉擯而斥之，則人材一時難得，而員缺又不可久虛，更當何如也？即如堯舜之時，五臣舉而衆正盈庭，四凶誅而群邪斂迹，致治可謂得人矣。然當其用之始，驩、苗、共、鯀未嘗不與岳、牧同朝，而究無傷於詢岳闢門之聖治。是以人主操予奪之權以進退人材，進君子而有一君子之未進，退小人而有一小人之未退，亦理勢所不免。若因一二人之黜陟，遂謂君子難進而易退，小人難退而易進，殊屬過刻之論。欽此。

清·愛新覺羅弘曆《御製日知薈說》卷一 人君之職，惟用人為要，亦惟用人為難。苟得其人，則天下雖大而不難理，然必求德全才備之人而用之，則天下之人才告乏而職有所曠。夫惟量才以授職，而又豫造其材以儲之，斯朝無乏才而國亦無廢事，《周書》所謂『三宅三俊』者是也。雖然，用人固人君之要務，而知恤尤用人之大本。人君苟非朝乾夕惕，敬天勤民以居心，則未能志氣如神；雖欲辨其孰為『克即宅』，孰為『克即俊』，豈可得哉？彼寄耳目於小人以為聰明者，其所謂宅者非宅，所謂俊者非俊也。此知人則哲之為難，而明目達聰之有其本也。

行賞致罰

綜述

夏商周《尚書·大禹謨》 皋陶曰：【略】『罰弗及嗣，賞延于世。』漢孔安國《傳》：嗣亦世，俱謂子。延，及也。父子罪不相及而及其賞，道德之政。

又《泰誓下》 王曰：【略】『功多有厚賞，不迪有顯戮。』《傳》：賞以勸之，戮以威之。

又《武成》（周武王）散鹿臺之財，發鉅橋之粟，《傳》：紂所積之府倉，皆散發以賑貧民。大賚于四海，而萬姓悅服。《傳》：施舍已責，救乏賙無，所謂周有大賚，天下皆悅仁服德。

《詩經·商頌·殷武》 天命降監，下民有嚴。不僭不濫，不敢怠遑。命于下國，封建厥福。漢毛亨《傳》：嚴，敬也。不僭不濫，賞不僭，刑不濫也。封，大也。漢鄭玄《箋》：降，下。遑，暇也。天命乃下視下民有嚴明之君，能明德慎罰，不敢怠惰自暇於政事者，則命之於下國，以為天子，大立其福。謂命湯，使由七十里王天下也。時楚僭號王位，此又所用告曉楚之義。

《周禮·天官·太宰》 以八則治都鄙，【略】七曰刑賞，以馭其威。漢鄭玄注：都鄙，公卿大夫之采邑，王子弟所食邑，周、召、毛、聃、畢、原之屬在畿內者。唐賈公彦疏：七曰刑賞，以馭其威者，謂有罪刑之，有功賞之，使人入善畏威，故云以馭其威。

以八柄詔王馭群臣。一曰爵，以馭其貴。二曰祿，以馭其富。三曰予，以馭其幸。四曰置，以馭其行。五曰生，以馭其福。六曰奪，以馭其貧。七曰廢，以馭其罪。八曰誅，以馭其過。注：柄，所秉執以起事者也。詔，告也，助也。【略】凡言馭者，所以敺之，內之於善。疏：此八者，皆是敺群臣入善之事，故皆言馭也。一曰爵，以馭其貴者，《司士》云：『以德詔爵。』有賢乃受爵，是馭之以貴也。二曰祿，以馭其富者，《司士》云：『以功詔祿。』祿所以富臣下，故云以馭其富。三曰予，以馭其幸者，謂言語偶合於善，有以賜予之，故云以馭其幸。四曰置，以馭其行者，有賢行則置之于位，故云以馭其行。五曰生，以馭其福者，生猶養也，臣有大勳勞者，使子孫亨養之，是福祐之道也，故云以馭其福。六曰奪，以馭其貧者，謂臣有大罪，身殺，奪其家資，故云以馭其貧。七曰廢，以馭其罪者，廢，放也。謂臣有大罪，君不忍刑殺，放以遠之，故云以馭其罪。八曰誅，以馭其過者，臣有過失，非故為之者，誅責也，則以言語責讓之，故云以馭其過也。此經八事，自五曰已上，皆是善事，則大善者在前，小善者在後。自六曰已下，皆是惡事，則大惡者在前，小惡者在後。

又《夏官·司勳》 掌六鄉賞地之灋，以等其功。注：賞地，賞田也。在遠郊之內，屬六鄉焉。等猶差也，以功大小為差。王功曰勳，注：輔成王業，若周公。國功曰功，注：保全國家，若伊尹。民功曰庸，注：灋施於民，若后稷。事功曰勞，注：以勞定國，若禹。治功曰力，注：制灋成治，若咎繇。戰功曰多，注：尅敵出奇，若韓信、陳平。《司馬法》曰：上多前虜。凡有功者銘，書於王之大常，祭於大烝，司勳詔之。注：銘之言名也。生則書於王旌，以識其人與其功也。死則於烝先王祭之。詔謂告其神以辭也，盤庚告其卿大夫曰：『茲予大享於先王，爾祖其從與享之』是也。今漢祭功臣於廟庭。大功，司勳藏其貳。注：貳猶副也。功書藏於天府，又副於此者，以其主賞。

又《地官·司救》 掌萬民之衺惡過失而誅讓之，以禮防禁而救之。注：衺惡，謂侮慢長老，語言無忌而未麗於罪者。過失亦由衺惡，酗醟好訟，若抽拔兵器，誤以行傷害人，麗於罪者。誅，誅責也。古者重刑且責怒之，未即罪也。凡民之有衺惡者，三讓而罰，三罰而士加明刑。恥諸嘉石，役諸司空。注：罰謂撻擊之也。加明刑者，去其冠飾而書其衺惡之狀，著之背也。嘉石，朝士所掌，在外朝之門左。使坐焉，以恥辱之。既而役諸司空，使事官作之也。坐役之數，存於司寇。其有過失者，三讓而罰，三罰而歸於圜土。注：圜土，獄城也。過失近罪，晝日任之以事而收之，夜藏於獄，亦如明刑以恥之，不使坐嘉石，其罪已著，未忍刑之。

《禮記・表記》 子曰：夏道尊命，事鬼敬神而遠之，近人而忠焉。先祿而後威，先賞而後罰，親而不尊。其民之敝，惷而愚，喬而野，朴而不文。漢鄭玄注：以本不困於刑罰，少詐諼也。敝謂政教衰失之時也。殷人尊神，率民以事神，先鬼而後禮，先罰而後賞，尊而不親。其民之敝，蕩而不静，勝而無恥。周人尊禮尚施，事鬼敬神而遠之，近人而忠焉。其賞罰用爵列，親而不尊。注：賞罰用爵列，以尊卑為差。其民之敝，利而巧文而不慙，賊而蔽。

又《玉藻》 有慶，非君賜不賀。【略】君賜車馬，乘以拜賜；衣服，服以拜賜；君未有命，弗敢即乘、服也。君賜，稽首據掌致諸地。酒肉之賜，弗再拜。凡賜，君子與小人不同日。

又《月令》 立春之日，天子親帥三公九卿、諸侯大夫以迎春於東郊。還反，賞公卿、諸侯大夫於朝。注：賞謂有功德者，有以顯賜之也。朝，大寢門外。命相布德和令，行慶施惠，下及兆民。注：相謂三公相王之事也，德謂善教也，令謂時禁也，慶謂休其善也，惠謂恤其不足也。天子曰兆民。慶賜遂行，毋有不當。注：遂猶達也。言使當得者皆得，得者無非其人。

立夏之日，天子親帥三公九卿大夫以迎夏於南郊。還反，行賞，封諸侯。慶賜遂行，無不欣説。

立秋之日，天子親帥三公九卿、諸侯大夫以迎秋於西郊。還反，賞軍帥、武人於朝。注：軍帥，諸將也。武人，謂環人之屬有勇力者。天子乃命將帥選士厲兵，簡練桀俊，專任有功，以征不義，詰誅暴慢，以明好惡，順彼遠方。

立冬之日，天子親帥三公九卿大夫以迎冬於北郊。還反，賞死事，恤孤寡。注：死事，謂以國事死者，若公叔禺人、顏涿聚者也。孤寡，其妻子也。有以惠賜之，大功加賞。

《左傳・襄公二十六年》（蔡聲子）對曰：『歸生聞之：晉杜預注：歸生，聲子名。善為國者，賞不僭而刑不濫。賞僭則懼及淫人，刑濫則懼及善人。若不幸而過，寧僭無濫；與其失善，寧其利淫。無善人，則國從之。注：從之，亡也。《詩》曰：「人之云亡，邦國殄瘁。」無善人之謂也。注：《詩・大雅》。殄，盡也。瘁，病也。故《夏書》曰：「與其殺不辜，寧失不經。」懼失善也。注：逸書也。不經，不用常法。《商頌》有之曰：「不僭不濫，不敢怠皇。命于下國，封建厥福。」注：《詩・商頌》。言殷湯賞不僭差，刑不濫溢，不敢怠解自寬暇，則能為下國所命為天子。此湯所以獲天福也。古之治民者，勸賞而畏刑，注：樂行賞而憚用刑。恤民不倦。賞以春夏，刑以秋冬。注：順天時。是以將賞，為之加膳，加膳則飫賜，注：飫，饜也。酒食賜下，無不饜足，所謂加膳也。此以知其勸賞也。將刑為之不舉，不舉則徹樂，注：不舉盛饌。此以知其畏刑也。夙興夜寐，朝夕臨政，此以知其恤民也。三者，禮之大節也。有禮無敗。』

又《隱公六年》 周任有言曰：『為國家者，見惡如農夫之務去草焉。芟夷蘊崇之，絶其本根，勿使能殖，則善者信矣。』注：周任，周大夫。芟，刈也。夷，殺也。蘊，積也，崇，聚也。

又《昭公五年》 周任有言曰：『為政者不賞私勞，不罰私怨。』

又《莊公十八年》 春，虢公、晉侯朝王。王饗醴，命之宥，注：王之覲羣后，始則行饗禮，先置醴酒，示不忘古。飲宴，則命以幣物宥助也，所以助歡敬之意。言備設。皆賜玉五瑴，馬三匹。非禮也。注：雙玉為瑴。王命諸侯，名位不同，禮亦異數，不以禮假人。注：侯而與公同賜，是借人禮。

又《莊公十九年》（惠）王奪子禽、祝跪與詹父田，注：三子，周大夫。而收膳夫之秩。注：膳夫，石速也。秩，祿也。

《國語》卷二《周語中》 簡王八年，魯成公來朝，三國吳韋昭注：簡王八年，魯成十三年也。成公將與周、晉伐秦而朝。使叔孫僑如先聘且告。注：使僑如先修聘禮，且告周以成公將朝也。見王孫説，與之語。注：説，周大夫也。説言於王曰：『魯叔孫之來也，必有異焉。其享覲之幣薄而言諂，殆請之也。若請之，必欲賜也。魯執政唯强，故不歡焉而後遣之。注：魯執政之人，唯畏其强禦，難距其欲，故不歡説而後遣之。且其狀方上而鋭下，宜觸冒人。王其勿賜。若貪陵之人來而盈其願，是不賞善也，且財不給。注：給，供也。故聖人之施舍也議之，注：施，予也。舍，不予也。其喜怒取予也亦議之。是以不主寬惠，亦不主猛毅，注：主猶名也。主德義而已。』注：賞得其人，罰當其罪，是為德義。王曰：『諾。』使私問諸魯，請之也。王遂不賜，禮如行人。注：如使人之禮，無加賜。及魯侯至，仲孫蔑為介。注：在賓為介。介，上介，所以佐相禮儀。王孫説與之語，説讓。注：説，好也。言蔑好讓。説以語王，王厚賄之。

《司馬法·天子之義》 夏賞於朝，貴善也；殷戮於市，威不善也；周賞於朝，戮於市，勸君子，懼小人也。三王彰其德，一也。

古者賢王，明民之德，盡民之善，故無廢德，無簡民，賞無所生，罰無所試。有虞氏不賞不罰，而民可用，至德也；夏賞而不罰，至教也；殷罰而不賞，至威也；周以賞罰，德衰也。賞不踰時，欲民速得為善之利也；罰不遷列，欲民速覩為不善之害也。

《孟子·告子下》 天子適諸侯曰巡狩，諸侯朝於天子曰述職。春省耕而補不足，秋省斂而助不給。入其疆，土地辟，田野治，養老尊賢，俊傑在位，則有慶，慶以地。入其疆，土地荒蕪，遺老失賢，掊克在位，則有讓。一不朝則貶其爵，再不朝則削其地，三不朝則六師移之。

《商君書》卷四《賞刑》 昔湯封於贊茅，文王封於岐周，方百里。湯與桀戰於鳴條之野，武王與紂戰於牧野之中，大破九軍，卒裂土封諸侯。士卒坐陳者，里有書社。車休息不乘，從馬華山之陽，從牛於農澤，從之老而不收。此湯、武之賞也。故曰：贊茅、岐周之粟，以賞天下之人，不人得一升；以其錢賞天下之人，不人得一錢。故曰：百里之君而封侯，其臣大其舊，自士卒坐陳者里有書社，賞之所加寬於牛馬者，何也？善因天下之貨，以賞天下之人。故曰：明賞不費。湯、武既破桀、紂，海内無害，天下大定，築五庫，藏五兵，偃武事，行文教，倒載干戈，搢笏作爲樂，以申其德。當此時也，賞禄不行而民整齊。故曰：明賞之猶，至於無賞也。

魯國 **《左傳·僖公元年》** 冬，莒人来求賂，注：求還慶父之賂。公子友敗諸酈，獲莒子之弟挐，非卿也，嘉獲之也。注：莒既不能為魯討慶父，受魯之賂而又重来，其求無厭，故嘉季友之獲而書之。公賜季友汶陽之田及費。

又 **《文公十八年》** 莒紀公生大子僕，又生季佗，愛季佗而黜僕，且多行無禮於國。注：紀，號也。莒，夷，無謚，故有別號。僕因國人以弒紀公，以其寶玉來奔，納諸宣公。公命與之邑，曰：『今日必授。』季文子使司寇出諸竟，曰：『今日必達。』公問其故，季文子使大史克對曰：『先大夫臧文仲教行父事君之禮，行父奉以周旋，弗敢失隊。曰見有禮於其君者，事之如孝子之養父母也；見無禮於其君者，誅之如鷹鸇之逐鳥雀也。【略】行父還觀莒僕，莫可則也。孝敬忠信為吉德，盜賊藏姦為凶德。夫莒僕，則其孝敬則弒君父矣，則其忠信則竊寶玉矣。其人則盜賊也，其器則姦兆也。注：兆，域也。保而利之則主藏也，以訓則昏民無則焉。不度于善而皆在於凶德，是以去之。』

又 **《成公二年》** 秋七月，晉師及齊國佐盟于爰婁，使齊人歸我汶陽之田。公會晉師于上鄍，賜三帥先路、三命之服。注：三帥，郤克、士燮、欒書。已嘗受王先路之賜，今改而易新，并此車所建所服之物。司馬、司空、輿師、候正、亞旅皆受一命之服。注：晉司馬、司空，皆大夫。輿師主兵車，候正主斥候，亞旅亦大夫也。皆魯侯賜。

又 **《襄公十九年》** 十九年春，諸侯還自沂上，盟于督揚，曰『大毋侵小。』執邾悼公，以其伐我故，遂次于泗上，疆我田，注：正邾、魯之界也。泗，水名。取邾田，自漷水歸之于我。晉侯先歸，公享晉六卿于蒲圃，注：六卿過魯。賜之三命之服。軍尉、司馬、司空、輿尉、候奄皆受一命之服。

《國語》卷四《魯語上》 僖公使臧文仲往，宿於重館。注：重，魯地。館，候館也。《周禮》：五十里有市，市有候館。重館人告曰：『晉始伯而欲固諸侯，注：人，守館之隸也。固猶安也。故解有罪之地以分諸侯。注：有罪，謂不禮文公，覲駢脅也。諸侯莫不望分而欲親晉，皆將争先。晉不以故班，注：班，次也。亦必親先者。吾子不可以不速行。魯之班長而又先，注：長猶尊也。先，先至也。諸侯其誰望之？注：誰敢望與魯為比也。若少安，恐無及也。』從之，獲地於諸侯為多。反既復命，為之請曰：『地之多也，重館人之力也。臣聞之曰：「善有章，雖賤賞也；注：章，著也。

惡有釁，雖貴罰也。」注：釁，孔也。今一言而辟境，其章大矣。注：辟，開也。請賞之。』乃出而爵之。注：出，出之於隸。爵，爵為大夫。

莒大子僕殺紀公，以其寶來奔。宣公使僕人以書命季文子，注：命，告也。僕人，官名。文子，魯正卿季孫行父。曰：『夫莒大子不憚，以吾故，殺其君而以寶來，其愛我甚矣。為我予之邑。今日必授，無逆命矣。』里革遇之，而更其書，注：里革，魯太史克也。遇僕人，見公書，以大子殺父大逆，故更之。曰：『夫莒大子殺其君而竊其寶來，不識窮固，又求自邇。注：固，廢也。邇，近也。為我流之於夷。注：夷，東夷也。今日必通，無逆命矣。』明日，有司復命，注：有司，司寇。復，反也。文子得書，使司寇出之竟。明日，反命於公也。公詰之，僕人以里革對。公執之，曰：『違君命者，女亦聞之乎？』對曰：『臣以死奮筆，奚啻其聞之也？注：言所以觸死奮筆而更公命者，不欲傷君德耳。奚，何也。何啻，言所聞非一也。臣聞之曰：毀則者為賊，注：則，法也。掩賊者為臧，注：掩，匿也。竊寶者為宄，注：亂在內為宄。謂以子盜父。用宄之財者為姦。注：財，寶也。使君為臧姦者，不可不去也。臣違君命者，亦不可不殺也。』公曰：『寡人實貪，非子之罪也。』乃舍之。

晉國 **《左傳·僖公二十八年》** 三月丙午，入曹，數之，以其不用僖負羈而乘軒者三百人也，且曰獻狀。注：軒，大夫車。言其無德居位者多，故責其功狀。令無入僖負羈之宮，而免其族報施也。注：報飧璧之施。魏犨、顛頡怒曰：『勞之不圖，報於何有？』注：二子各有從亡之勞。爇僖負羈氏。注：爇，燒也。魏犨傷於胷，公欲殺之而愛其材，注：材力。使問且視之病，將殺之。魏犨束胷，見使者曰：『以君之靈，不有寧也？』注：言不以病，故自安寧。距躍三百，曲踊三百，注：距躍，超越也。曲踊，跳踊也。百猶勸也。乃舍之。殺顛頡，以徇于師。立舟之僑，以爲戎右。注：舟之僑，故虢臣，閔二年奔晉，以代魏犨。爲先歸張本。【略】城濮之戰，晉中軍風于澤，注：牛馬因風而走，皆失之。亡大旆之左旃，注：大旆，旗名。繫旐曰旆，通帛曰旃。祁瞞奸命，注：掌此二事而不脩，爲奸軍令。司馬殺之，以徇于諸侯，使茅茷代之。師還，壬午濟河，舟之僑先歸，士會攝右，注：權代舟之僑也。士會，隨武子士蔿之孫。秋七月丙申，振旅，愷以入于晉。注：愷，樂也。獻俘授馘，飲至大賞，注：授，數也。獻楚俘於廟。徵會討貳，注：徵召諸侯，將冬會于溫。殺舟之僑，以徇于國，民於是大服。君子謂：文公其能刑矣。三罪而民服。注：三罪，顛頡、祁瞞、舟之僑。《詩》云：『惠此中國，以綏四方。』不失賞刑之謂也。

又 **《宣公十五年》** 晉侯賞桓子狄臣千室，注：千家。亦賞士伯以瓜衍之縣。注：士伯，士貞子。曰：『吾獲狄土，子之功也。微子，吾喪伯氏矣。』注：伯，桓子字。邲之敗，晉侯將殺林父，士伯諫而止。羊舌職說是賞也，注：職，叔向父。曰：『《周書》所謂「庸庸祗祗」者，謂此物也夫！注：《周書·康誥》。庸，用也。祗，敬也。物，事也。言文王能用可用，敬可敬。士伯庸中行伯，注：言中行伯可用。君信之，亦庸士伯。此之謂明德矣。文王所以造周，不是過也。故《詩》曰「陳錫載周」，能施也。注：錫，賜也。《詩·大雅》。言文王布陳大利，以賜天下，故能載行周道，福流子孫。率是道也，其何不濟？』

又 **《襄公十一年》** 鄭人賂晉侯以師悝、師觸、師蠲，注：悝、觸、蠲，皆樂師名。【略】歌鐘二肆，注：肆，列也。縣鐘十六為一肆，二肆，三十二枚。及其鎛磬，注：鎛、磬，皆樂器。女樂二八。注：十六人。晉侯以樂之半賜魏絳，曰：『子教寡人，和諸戎狄，以正諸華。八年之中，九合諸侯，如樂之和，無所不諧。請與子樂之。』辭曰：『夫和戎，狄國之福也。八年之中，九合諸侯，諸侯無慝，君之靈也，二三子之勞也。臣何力之有焉。抑臣願君安其樂而思其終也。《詩》曰：「樂旨君子，殿天子之邦。注：《詩·小雅》也。謂諸侯有樂美之德，可以鎮撫天子之邦。殿，鎮也。樂旨君子，福祿攸同。便蕃左右，亦是帥從。」夫樂以安德，注：和其心也。義以處之，注：處位以義。禮以行之，注：行教令。信以守之，注：守所行。仁以厲之，注：厲風俗。而後可以殿邦國，同福祿，來遠人，所謂樂也。注：言五德皆備，乃為樂，非但金石。《書》曰：「居安思危，注：逸書。思則有備，有備無患。」敢以此規。』注：規正公。公曰：『子之教，敢不承命？抑微子，寡人無以待戎，注：待遇接納。不能濟河。注：渡河，南服鄭。夫賞，國之典也，藏在盟府，注：司盟之府，有賞功之制。不可廢也。子其受之！』魏絳於是乎始有金石之樂，禮也。注：禮，大夫有功則賜樂。

又 **《昭公三年》** 夏四月，鄭伯如晉，公孫段相。甚敬而卑，禮無違者。晉侯嘉焉，授之以策，注：策，賜命之書。曰：『子豐有勞於晉國，注：子豐，段之父。余聞而弗忘。賜女州田，注：州縣，今屬河内郡。以胙乃舊勳。』伯石再拜稽首，受策以出。君子曰：禮，其人之急也乎！伯石之汰也，注：汰，驕也。一為禮於晉，猶荷其祿，況以禮終始乎？《詩》曰：『人而無禮，胡不遄死？』其是之謂乎！

《國語》卷一四《晉語八》 平公射鴳，不死，注：鴳，扈，小鳥也。使豎襄搏之，失。注：豎，內豎。襄，名也。公怒，拘將殺之。叔向聞之，夕。注：夕至於朝。君告之，叔向曰：『君必殺之。昔吾先君唐叔，射兕於徒林，殪，以為大甲，注：兕，似牛而青，善觸人。徒林，林名。一發而死曰殪。甲，鎧也。以封于晉。注：言有才藝，以受封爵。今君嗣吾先君唐叔，射鴳不死，搏之不得，是揚吾君之恥者也。君其必速殺之，勿令遠聞。』注：殺之益聞。詭辭以諫。君忸怩顏，乃趣赦之。注：忸怩，慙貌。

《呂氏春秋》卷一四《義賞》 昔晉文公將與楚人戰於城濮，召咎犯而問曰：『楚衆我寡，奈何而可？』咎犯對曰：『臣聞繁禮之君，不足於文；繁戰之君，不足於詐。君亦詐之而已。』文公以咎犯言告雍季，雍季曰：『竭澤而漁，豈不獲得？而明年無魚。焚藪而田，豈不獲得？而明年無獸。漢高誘注：言盡其類。詐偽之道，雖今偷可，後將無復，注：不可復作。非長術也。』文公用咎犯之言，而敗楚人於城濮，反而為賞，雍季在上。注：上，首也。左右諫曰：『城濮之功，咎犯之謀也。君用其言而賞後其身，或者不可乎？』文公曰：『雍季之言，百世之利也；咎犯之言，一時之務也。焉有以一時之務，先百世之利者乎？』孔子聞之，曰：『臨難用詐，足以却敵；反而尊賢，足以報德。文公雖不終始，足以霸矣。』賞重則民移之，民移之則成焉。注：移猶歸。成乎詐，其成毀，其勝敗。注：雖勝，後必毀敗。天下勝者衆矣，而霸者乃五，文公處其一，知勝之所成也。

又 卷二四《不苟》 晉文公將伐鄴，趙衰言所以勝鄴之術，文公用之，果勝。還將行賞，衰曰：『君將賞其本乎，賞其末乎？賞其末，則騎乘者存。賞其本，則臣聞之郤子虎。』文公召郤子虎，曰：『衰言所以勝鄴，鄴既勝，將賞之，曰蓋聞之於子虎，請賞于虎。』子虎曰：『言之易，行之難。臣，言之者也。』公曰：『子無辭卻。』子虎不敢固辭，乃受矣。凡行賞，欲其博也，博則多助。今虎，非親言者也，而賞猶及之，此疏遠者之所以盡能竭智者也。晉文公亡久矣，歸而因大亂之餘，猶能以霸。其由此歟？

漢·韓嬰《韓詩外傳》卷三 《傳》曰：晉文公嘗出亡，反國，三行賞，而不及陶叔狐。陶叔狐謂咎犯曰：『吾從而亡十有一年，顏色黯黑，手足胼胝。今反國三行賞，而我不與焉。君其忘我乎？其有大過乎？子試為我言之。』咎犯言之文公，曰：『噫！我豈忘是子哉？高明至賢，志行全成，湛我以道，說我以仁，變化我行昭明我，使我為成人者，吾以為上賞。恭我以禮，防我以義藩援我，使我不為非者，吾以為次。勇猛強武，氣勢自御，難在前則處前，難在後則處後，免我危難之中者，吾以為次。然勞苦之士，次之。』《詩》曰：『率履不越，遂視既發。』今不內自訟過，不悅百姓，將何錫之哉？

《史記》卷三九《晉世家》 晉初定，欲發兵，恐他亂起，是以賞從亡，未至隱者介子推。推亦不言祿，祿亦不及推。【略】介子推從者憐之，乃懸書宮門曰：『龍欲上天，五蛇為輔；龍已升雲，四蛇各入其宇；一蛇獨怨，終不見處所。』文公出，見其書，曰：『此介子推也。吾方憂王室，未圖其功。』使人召之，則亡，遂求所在。聞其入緜上山中，於是文公環緜上山中而封之，以為介推田，號曰介山，以記吾過，且旌善人。從亡賤臣壺叔曰：『君三行賞，賞不及臣，敢請罪。』文公報曰：『夫導我以仁義，防我以德惠，此受上賞。輔我以行，卒以成立，此受次賞。矢石之難，汗馬之勞，此復受次賞。若以力事我而無補吾缺者，此受次賞。三賞之後，故且及子。』晉人聞之，皆說。

（六月）壬午，晉侯度河北歸國，行賞，狐偃為首。或曰：『城濮之事，先軫之謀。』文公曰：『城濮之事，偃說我毋失信；先軫曰軍事勝為右。吾用之以勝。然此一時之說，偃言萬世之功。奈何以一時之利而加萬世功乎？是以先之。』

漢·劉向《說苑》卷六《復恩》 晉文公亡時，陶叔狐從文公。反國，行三賞而不及陶叔狐。陶叔狐見咎犯曰：『吾從君而亡十有三年，顏色黧黑，手足胼胝。今君反國，行三賞而不及我也。意者君忘我與？我有大故與？子試為我言之君。』咎犯言之文公，文公曰：『譆！我豈忘是子哉？夫高明至賢，德行全誠，耽我以道，說我以仁，暴浣我行，昭明我名，使我為成人者，吾以為上賞。防我以禮，諫我以誼蕃援我，使我不得為非，數引我而請於賢人之門，吾以為次賞。夫勇壯強禦，難在前則居前，難在後則居後，免我於患難之中者，吾人以為之次。且子獨不聞乎？死人者不如存人之身，亡人者不如存人之國。三行賞之後，而勞苦之士次之。夫勞苦之士，是子固為首矣，豈敢忘子哉？』周內史叔興聞之，曰：『文公其霸乎！昔聖王先德而後力，文公其當之矣。《詩》云「率履不越」，此之謂也。』

衛國 **《左傳·襄公十四年》** 初，（衛獻）公有嬖妾，使師曹誨之琴，注：誨，教也。師曹鞭之。公怒，鞭師曹三百。

又 **《襄公二十七年》** 夏，免餘復攻甯氏，殺甯喜及右宰穀，尸諸朝。【略】公與免餘邑六十，辭曰：『唯卿備百邑。臣六十矣，下有上祿，亂也。注：此一乘之邑，非四井之邑。《論語》稱千室，又云十室，明通稱。臣弗敢聞。且甯子唯多邑，故死。臣懼死之速及也。』公固與之，受其半，以為少師。

漢·劉向《說苑》卷六《復恩》卷八《尊賢》 衛君問於田讓曰：『寡人封侯，盡千里之地；賞賜，盡御府繒帛。而士不至，何也？』田讓對曰：『君之賞賜，不可以功及也；君之誅罰，不可以理避也。猶舉杖而呼狗，張弓而祝雞矣，雖有香餌而不能致者，害之必也。』

鄭國 **《左傳·襄公二十六年》** 鄭伯賞入陳之功。三月甲寅朔，享子展，賜之先路、三命之服，注：先路、次路，皆王所賜車之總名。蓋請之於王。先八邑。注：以路及命服為邑先。八邑，三十二井。賜子產次路、再命之服，先六邑。子產辭邑，曰：『自上以下，降殺以兩，禮也。臣之位在四，且子展之功也。臣不敢及賞禮，請辭邑。』注：賞禮，以禮見賞。謂六邑也。公固予之，乃受三邑。注：位次當受二邑，以公固與之，故受三邑。公孫揮曰：『子產其將知政矣。注：知國政。讓不失禮。』

漢·劉安《淮南子》卷一八《人間訓》 秦穆公使孟盟舉兵襲鄭，過周以東。鄭之賈人弦高、蹇他相與謀曰：漢高誘注：蹇他，弦高之黨。『師行數千里，數絕諸侯之地，其勢必襲鄭。凡襲國者，以為無備也。今示以知其情，必不敢進。』乃矯鄭伯之命，以十二牛勞之。【略】鄭伯乃以存國之功賞弦高，弦高辭之，曰：『誕而得賞，則鄭國之信廢矣。為國而無信，是敗俗也。賞一人，敗國俗，仁者弗為也。以不信，得厚賞，義者弗為也。』遂以其屬徙東夷，終身不反。

宋國 **《韓非子》卷二《二柄》** 子罕謂宋君曰：『夫慶賞賜予者，民之所喜也，君自行之。殺戮刑罰者，民之所惡也，臣請當之。』於是宋君失刑而子罕用之，故宋君見劫。

漢·劉向《說苑》卷六《復恩》卷一《君道》 司城子罕相宋，謂宋君曰：『國家之危定，百姓之治亂，在君行之賞罰也。賞當則賢人勸，罰得則姦人止，賞罰不當則賢人不勸，姦人不止，姦邪比周，欺上蔽主，以爭爵祿，不可不慎也。夫賞賜讓與者，人之所好也，君自行之。刑罰殺戮者，人之所惡也，臣請當之。』君曰：『善。子主其惡，寡人行其善，吾知不為諸侯笑矣。』於是宋君行賞賜而與子罕刑罰。國人知刑戮之威，專在子罕也，大臣親之，百姓附之。居期年，子罕逐其君而專其政。故曰：無弱君而彊大夫。老子曰：『魚不可脫於淵，國之利器不可以借人。』此之謂也。

吳國 **漢·劉向《新序》卷五《雜事第五》** 趙襄子問於王子維曰：『吳之所以亡者，何也？』對曰：『吳君恡而不忍。』襄子曰：『宜哉！吳之亡也。恡則不能賞賢，不忍則不能罰姦。賢者不賞，有罪不能罰，不亡何待？』

齊國 **《左傳·莊公八年》** 冬十二月，齊侯游于姑棼，遂田于貝丘。見大豕，從者曰：『公子彭生也。』公怒曰：『彭生敢見？』射之，豕人立而啼。公懼，隊于車，傷足喪屨，反誅屨於徒人費。注：誅，責也。弗得，鞭之見血。

又 **《成公二年》** 齊侯見保者，曰：『勉之，齊師敗矣！』注：所過城邑皆勉勵其守者。辟女子。注：使辟君也。齊侯單還，故婦人不辟之。女子曰：『君免乎？』曰：『免矣。』曰：『銳司徒免乎？』曰：『免矣。』注：銳司徒，主銳兵者。曰：『苟君與吾父免矣，可若何？』注：言餘人不可復如何。乃奔。注：走辟君。齊侯以為有禮，注：先問君，後問父故也。既而問之，辟司徒之妻也。注：辟司徒，主壘辟者。予之石窌。注：石窌，邑名。

《管子》卷七《大匡》 管仲又請賞於國，以及諸侯。君曰：『諾。』

行之。管仲賞於國中，君賞於諸侯，諸侯之君有行事善者，以重幣賀之。從列士以下有善者，衣裳賀之。唐房玄齡注：列士，謂齊之列士。管仲自以衣裳賀之。凡諸侯之臣有諫其君而善者，以璽問之，以信其言。注：謂桓公以璽問之，以信驗其所諫之言為善。公既行之。

《晏子春秋》卷一《內篇·諫上》 景公信用讒佞，賞無功，罰不辜。晏子諫曰：『臣聞明君望聖人而信其教，不聞聽讒佞以誅賞。【略】臣請逃之矣。』

《戰國策》卷八《齊一》 （鄒忌）入朝，見威王曰：『臣誠知不如徐公美。臣之妻私臣，臣之妾畏臣，臣之客欲有求於臣，皆以美於徐公。今齊地方千里，百二十城，宮婦左右莫不私王，朝廷之臣莫不畏王，四境之內莫不有求於王。由此觀之，王之蔽甚矣。』漢高誘注：下人蔽王甚矣。王曰：『善。』乃下令：群臣吏民能面刺寡人之過者，受上賞；注：刺，舉也。舉寡人之過失者，與重賞也。上書諫寡人者，受中賞；能謗議於市朝，聞寡人之耳者，受下賞。令初下，群臣進諫，門庭若市。數月之後，時時而間進；期年之後，雖欲言，無可進者。燕、趙、韓、魏聞之，皆朝於齊。此所謂戰勝於朝廷。注：言與敵國戰，勝之於朝廷之內也。《老子》曰：『修之身，其德乃真。』此之謂也。故能使四國盡來朝之。

《韓非子》卷九《內儲說上·七術》 齊王問於文子曰：『治國何如？』對曰：『夫賞罰之為道，利器也。君固握之，不可以示人。若如臣者，猶獸鹿也，唯薦草而就。』元何犿注：獸鹿就薦草，人臣歸厚賞，故賞罰之利器，不可示於人也。

《呂氏春秋》卷二四《贊能》 管子治齊國，舉事有功，桓公必先賞鮑叔，曰：『使齊國得管子者，鮑叔也。』桓公可謂知行賞矣。凡行賞，欲其本也，本則過無由生矣。

漢·劉安《淮南子》卷一三《氾論訓》 齊桓公將欲征伐，甲兵不足，令有罪者出犀甲一戟，注：犀甲，取其堅也。戟，車戟也，長丈六尺。『犀』或作『三』，直出三甲也。有輕罪者贖以金分，注：輕，小也。以金分出金，隨罪輕重有分兩也。而不勝者出一束箭。注：箭十二為束也。百姓皆說，乃矯箭為矢，注：治箭之笄好者也。鑄金而為刃，注：刃，五刃也，刀、劍、矛、戟、矢也。以伐不義而征無道，遂霸天下。此入多而無怨者也。

齊威王設大鼎於庭中，而數無鹽令曰：『子之譽，日聞吾耳。察子之事，田野蕪，倉廩虛，囹圄實。子以姦事我者也。』乃烹之。齊以此三十二歲，道路不拾遺。此刑省姦禁者也。

《亢倉子·政道篇》 平王返正，既宅天邑，務求賢良，等聞一善，惆豫連日，左右侍僕累言大臣有賢異者，如是踰歲。王曰：『余一人于德不明，務求賢異，益恐山澤遺逸不舉，豈樂聞善以自閉塞哉？廼者仄媚僕臣累譽權任，頗階左右意余孱昧，无能斷明，徒唯共和依違，浸長自賢，敗德莫此爲多。不時匡遏，就茲固黨。』於是棄左右近習三人於市，貶庶司尹長五人，曰：『無令人臣附下罔上，持祿阿意。』天下聞之，稱爲齊明。

《史記》卷四六《田敬仲完世家》 威王初即位以来，不治，委政卿大夫。九年之間，諸侯竝伐，國人不治。於是威王召即墨大夫而語之曰：『自子之居即墨也，毀言日至。然吾使人視即墨，田野闢，民人給，官無留事，東方以寧。是子不事吾左右以求譽也。』封之萬家。召阿大夫語曰：『自子之守阿，譽言日聞。然使使視阿，田野不闢，民貧苦。昔日趙攻甄，子弗能救；衛取薛陵，子弗知。是子以幣厚吾左右以求譽也。』是日，烹阿大夫及左右，嘗譽者皆并烹之。遂起兵，西擊趙、衛，敗魏於濁澤而圍惠王，惠王請獻觀以和解，趙人歸我長城。於是齊國震懼，人人不敢飾非，務盡其誠，齊國大治。諸侯聞之，莫敢致兵於齊二十餘年。

宣王喜文學游說之士，自如騶衍、淳于髡、田駢、接予、慎到、環淵之徒七十六人，皆賜列第，為上大夫，不治而議論。

北魏·酈道元《水經注》卷二六《淄水》 系水傍城北流，逕陽門西，水次有故封處，所謂齊之稷下也。當戰國之時，以齊宣王喜文學遊說之士，鄒衍、淳于髡、田駢、接子、慎到之徒七十六人，皆賜列第，為上大夫，不治而論議。

楚國

《左傳·襄公二十五年》 楚子以滅舒鳩，賞子木，辭曰：『先大夫蔿子之功也。』以與蔿掩。注：往年楚子將伐舒鳩，蔿子馮請退師以須其叛，楚子從之，卒獲舒鳩。故子木辭賞，以與其子。

又 《定公五年》 （冬）楚子入於郢。【略】王賞鬭辛、王孫由于、王孫圉、鍾建、鬭巢、申包胥、王孫賈、宋木、鬭懷。注：九子，皆從王有大功者。子西曰：『請舍懷也。』注：以初謀弑王也。王曰：『大德滅小怨，道也。』注：終從其兄，免王大難，是大德。申包胥曰：『吾為君也，非為身也。君既定矣，又何求？且吾尤子旗，其又為諸？』注：子旗，蔓成然也。以有德於平王，求欲無厭，平王殺之。遂逃賞。

唐・佚名《古文苑》卷二《〔楚〕宋玉《〈小言賦〉》 王曰：【略】『有能為《小言賦》者，賜之雲夢之田。』【略】宋玉曰：『無內之中，微物潛生，比之無象，言之無名。【略】』王曰：『善。』賜以雲夢之田。

《呂氏春秋》卷一一《至忠》 荆莊哀王獵於雲夢，注：荆莊哀王，考烈王之子，在春秋後。射隨兕中之，申公子培劫王而奪之。注：隨兕，惡獸名也。子培，申邑宰也。楚僭稱王，邑宰稱公也。以殺隨兕者之凶，故劫奪王，代王受殃也。王曰：『何其暴而不敬也？』命吏誅之。注：下陵其上，謂之暴。左右大夫皆進諫曰：『子培，賢者也，又為王百倍之臣。此必有故，願察之也。』注：子培之賢，百倍於人，必有所為故也，故曰願王察之也。不出三月，子培疾而死。注：為代王殺隨兕故死也。荆興師，戰於兩棠，大勝晉。注：兩棠，地名也。歸而賞有功者，申公子培之弟進請賞於軍旅，曰：『臣兄之有功也於車下。』注：於王車下奪王隨兕，所以代王死之，兄有是功。王曰：『何謂也？』對曰：『臣之兄犯暴不敬之名，觸死亡之罪於王之側，其愚心將以忠於君王之身，而持千歲之壽也。注：忠猶愛也，持猶得也。忠愛君王，犯奪隨兕，是代君王受死亡之殃，使君王得千歲之壽也。臣之兄嘗讀《故記》，曰「殺隨兕者，不出三月。」注：《故記》，古書也。比三月必死，故曰不出也。是以臣之兄驚懼而爭之，注：驚懼王壽之不長，故與王爭隨兕而奪王也。故伏其罪而死。』注：罪，殃也。王令人發平府而視之於《故記》，果有，乃厚賞之。注：平府，府名也。賞之，賞子培之弟也。

《尹文子・大道上》 楚人擔山雉者，路人問何鳥也，擔雉者欺之曰：『鳳凰也。』路人曰：『我聞有鳳凰，今直見之。汝販之乎？』曰：『然則十金弗與。』請加倍，乃與之。將欲獻楚王，經宿而鳥死，路人不遑惜金，惟恨不得以獻楚王。國人傳之，咸以為真鳳凰，貴欲以獻之。遂聞楚王，感其欲獻於己，召而厚賜之，過於買鳥之金十倍。

燕國　宋・司馬光《資治通鑑》卷四《周紀四・赧王中》 三十六年，【略】（燕昭王）賜樂毅妻以后服，賜其子以公子之服。輅車乘馬，後屬百兩。遣國相奉而致之樂毅。

韓國　《韓非子》卷二《二柄》 昔者韓昭侯醉而寢，典冠者見君之寒也，故加衣於君之上。覺寢而說，問左右曰：『誰加衣者？』左右對曰：『典冠。』君因兼罪典衣與典冠。其罪典衣，以為失其事也；其罪典冠，以為越其職也。非不惡寒也，以為侵官之害甚於寒。故明主之畜臣，臣不得越官而有功，不得陳言而不當。越官則死，不當則罪。守業其官，所言者貞也。注：守業以當官，守官以當言，如此者貞也。則群臣不得朋黨相為矣。

又　卷九《內儲說上・七術》 韓昭侯使人藏敝袴。侍者曰：『君亦不仁矣，敝袴不以賜左右而藏之。』昭侯曰：『非子之所知也。吾聞明主之愛，一嚬一笑，注：必憂其不善，勸其能善，不妄為也。嚬有為嚬而笑有為笑。今夫袴，豈特嚬笑哉？嚬笑尚不妄為，況敝袴，豈可以無功而與也？袴之與嚬笑遠矣，吾必待有功者。故收藏之，未有予也。』

趙國　《國語》卷一五《晉語九》 下邑之役，董安于多。注：下邑，晉邑。董安于，趙簡子家臣。多，功也。《周禮》曰：戰功曰多。趙簡子賞之，辭。注：辭，不受也。固賞之，對曰：『方臣之少也，進秉筆，贊為名命，稱為前世，立義於諸侯，注：言見稱譽於前世，諸侯以為義也。而主弗志。志，識也。及臣之壯也，耆其股肱，以從司馬，注：耆，致也。司馬，掌兵也。苛慝不產。及臣之長也，端委韠帶，以隨宰人，民無二心。注：端，玄端；委，委貌也。韠，韋蔽膝。帶，大帶。宰人，宰官也。今臣一旦為狂疾，而曰「必賞女」，注：言戰鬬為凶事，猶人有狂易之疾，相殺傷也。與余以狂疾賞也，不如亡。』趨而出，乃釋之。

《列子》卷八《說符》 邯鄲之民以正月之旦獻鳩於簡子，簡子大悅，厚賞之。客問其故，簡子曰：『正旦放生，示有恩也。』客曰：『民知君之欲放之，競而捕之，死者衆矣。君如欲生之，不若禁民勿捕。捕而放之，恩過不相補矣。』簡子曰：『然。』

《韓非子》卷一五《難一》 襄子圍於晉陽中，出圍，賞有功者五人，高赫為賞首。張孟談曰：『晉陽之事，赫無大功。今為賞首，何也？』襄子曰：『晉陽之事，寡人國危，社稷殆矣。吾群臣無有不驕侮之意者，惟赫子不失君臣之禮，是以先之。』仲尼聞之，曰：『善賞哉！

襄子賞一人，而天下為人臣者莫敢失禮矣。」

或曰：仲尼不知善賞矣。夫善賞罰者，百官不敢侵職，群臣不敢失禮。上設其法而下無姦詐之心，如此則可謂善賞罰矣。使襄子於晉陽也，令不行，禁不止，是襄子無國，晉陽無君也，尚誰與守哉？今襄子於晉陽也，知氏灌之，穴竈生鼃而民無反心，是君臣親也。襄子有君臣親之澤，操令行禁止之法，而猶有驕侮之臣，是襄子失罰也。為人臣者，乘事而有功則賞。今赫僅不驕侮而襄子賞之，是失賞也。注：臣有不驕，僅合臣禮，非有善可賞也。明主賞不加於無功，罰不加於無罪。今襄子不誅驕侮之臣而賞無功之赫，安在襄子之善賞也？故曰：仲尼不知善賞。

《呂氏春秋》卷一四《義賞》 趙襄子出圍，賞有功者五人，高赦為首。張孟談曰：「晉陽之中，赦無大功。賞而為首，何也？」襄子曰：「寡人之國危，社稷殆，身在憂約之中，與寡人交而不失君臣之禮者惟赦。吾是以先之。」仲尼聞之，曰：「襄子可謂善賞矣。賞一人，而天下之為人臣者莫敢失禮。」為六軍則不可易，注：易，輕。北取代，東迫齊，令張孟談踰城潛行，與魏桓、韓康期而擊智伯，斷其頭以為觴，注：觴，酒器也。遂定三家。注：韓、魏、趙也。豈非用賞罰當耶？注：當，正也。

漢·劉安《淮南子》卷一三《氾論訓》 趙襄子圍於晉陽，罷圍而賞有功者五人，高赫為賞首。左右曰：「晉陽之難，赫無大功。今為賞首，何也？」襄子曰：「晉陽之圍，寡人社稷危，國家殆，群臣無不有驕侮之心，唯赫不失君臣之禮。故賞一人，而天下為忠之臣者，莫不願忠於其君。」此賞少而勸善者衆也。

漢·劉向《說苑》卷六《復恩》 趙襄子見圍於晉陽，罷圍，賞有功之臣五人，高赫無功而受上賞，五人皆怒。張孟談謂襄子曰：「晉陽之中，赫無大功，今與之上賞，何也？」襄子曰：「吾在拘厄之中，不失臣主之禮，唯赫也。子雖有功，皆驕寡人。與赫上賞，不亦宜乎！」仲尼聞之，曰：「趙襄子可謂善賞士乎！賞一人，而天下之人臣莫敢失君臣之禮矣。」

《史記》卷四三《趙世家》 趙簡子疾，五日不知人。大夫皆懼，醫扁鵲視之出，董安于問扁鵲，曰：「血脉治也，而何怪？【略】」董安于受言而書藏之，以扁鵲言告簡子，簡子賜扁鵲田四萬畝。

魏國 **《戰國策》卷二二《魏一》** 公叔痤為魏將，而與韓、趙戰澮北，禽樂祚。魏王說，郊迎，以賞田百萬祿之。公叔痤反走，再拜辭曰：「夫使士卒不崩，直而不倚，橈揀而不避者，此吳起餘教也，臣不能為也。前脉地形之險阻，決利害之備，使三軍之士不迷惑者，巴寧、爨襄之力也。縣賞罰於前，使民昭然信之於後者，王之明法也。見敵之可也，鼓之不敢怠倦者，臣也。王特為臣之右手不倦，賞臣可也。若以臣之有功，臣何力之有乎？」王曰：「善。」於是索吳起之後，賜之田二十萬，巴寧、爨襄田各十萬。王曰：「公叔豈非長者哉！既為寡人勝强敵矣，又不遺賢者之後，不能掩士之迹，公叔何可無益乎？」故又賜田四十萬，加之百萬之上。

漢·劉安《淮南子》卷一八《人間訓》 西門豹治鄴，廩無積粟，府無儲錢，庫無甲兵，官無計會。人數言其過於文侯，文侯身行其縣，果若人言。文侯曰：「翟璜任子治鄴而大亂。子能道則可，不能將加誅於子。」西門豹曰：「臣聞王主富民，霸主富武，亡國富庫。今王欲為霸、王者也，臣故稸積於民。君以為不然，臣請升城鼓之，一鼓，甲兵粟米可立具也。」於是乃升城而鼓之，一鼓，民被甲括矢，注：甲，鎧也。括，箭也。操兵弩而出；再鼓，負輦粟而至。注：輦，檐也。文侯曰：「罷之。」西門豹曰：「與民約信，非一日之積也；一舉而欺之，後不可復用也。燕常侵魏入城，臣請北擊之，以復侵地。」遂舉兵擊燕，復地而後反。此有罪而可賞者也。

解扁為東封，注：解扁，魏臣，治東封者。上計而入三倍。有司請賞之，文侯曰：「吾土地非益廣也，人民非益衆也，入何以三倍？」對曰：「以冬伐木而積之於春，浮之河而鬻之。」文侯曰：「民春以力耕，暑以強耘，秋以收斂，冬間無事以伐林而積之，負軛而浮之河，是用民不得休息也，民以弊矣。雖有三倍之入，將焉用之？」此有功而可罪也。

漢·劉向《說苑》卷七《政理》 政有三品【略】魏文侯問李克曰：「為國如何？」對曰：「臣聞為國之道，食有勞而祿有功，使有能而賞必行，罰必當。」文侯曰：「吾賞罰皆當而民不與，何也？」對曰：「國其有淫民乎！臣聞之曰：奪淫民之祿，以来四方之士。其父有功而祿，其子無功而食之，出則乘車馬，衣美裘，以為榮華，入則脩竽琴鐘石之聲，而安其子女之樂，以亂鄉曲之教。如此者奪其祿，以来四方之士，此之謂奪淫民也。」

《尹文子·大道上》 魏田父有耕於野者，得寶玉徑尺，弗知其玉也，以告隣人。隣人陰欲圖之，謂之曰：『怪石也，畜之弗利其家，弗如一復之。』田父雖疑，猶錄以歸，置於廡下。其夜玉明光照一室，田父稱家大怖，復以告，隣人曰：『此怪之徵，遄棄，殃可銷。』於是遽而棄於遠野。隣人無何盜之，以獻魏王。魏王召玉工相之，玉工望之，再拜而立，敢賀曰：『王得此天下之寶，臣未嘗見。』王問價，玉工曰：『此玉無價，以當之五城之都，僅可一觀。』魏王立賜獻玉者千金，長食上大夫祿。

秦國 **漢·劉安《淮南子》卷一三《氾論訓》** 秦穆公出遊而車敗，右服失馬，野人得之。穆公追而及之岐山之陽，野人方屠而食之。穆公曰：『夫食駿馬之肉而不還飲酒者，傷人。吾恐其傷汝等。』偏飲而去之。處一年，與晉惠公為韓之戰，晉師圍穆公之車，梁由靡扣穆公之驂獲之。注：梁由靡，晉大夫。扣猶牽也，將獲穆公。食馬肉者三百餘人，皆出死為穆公戰於車下，遂克晉，虜惠公以歸。此用約而為德者也。

《史記》卷五《秦本紀》 （昭襄王）五十年十月，武安君白起有罪，為士伍，遷陰密。南朝宋裴駰《集解》：如淳曰：嘗有爵而以罪奪爵，皆稱士伍。

又 卷七三《白起王翦列傳》 秦王聞趙食道絶，王自之河内，賜民爵各一級。

論說

《管子》卷四《樞言》 明賞不費，明刑不暴。賞罰明，則德之至者也。故先王貴明。

又 卷二一《明法解》 制群臣，擅生殺，主之分也；縣令仰制，臣之分也。威勢尊顯，主之分也；卑賤畏敬，臣之分也。令行禁止，主之分也；奉法聽從，臣之分也。

《文子》卷下《上義》 老子曰：善賞者費少而勸多，善罰者刑省而姦禁，善與者用約而爲德，善取者入多而無怨。故聖人因民之所喜以勸善，因民之所憎以禁姦，賞一人而天下趨之，罰一人而天下畏之。是以至賞不費，至刑不濫。聖人守約而治廣，此之謂也。

《商君書》卷四《賞刑》 聖人之爲國也，壹賞，壹刑，壹教。壹賞則兵無敵，壹刑則令行，壹教則下聽上。夫明賞不費，明刑不戮，明教不變，而民知於民務，國無異俗。明賞之猶，至於無賞也；明刑之猶，至於無刑也；明教之猶，至於無教也。

所謂壹賞者，利祿官爵，摶出於兵，無有異施也。夫固知愚、貴賤、勇怯、賢不肖，皆盡其胸臆之知，竭其股肱之力，出死而爲上用也。

【略】所謂壹刑者，刑無等級，自卿相、將軍以至大夫、庶人，有不從王令，犯國禁，亂上制者，罪死不赦。有功於前，有敗於後，不爲損刑；有善於前，有過於後，不爲虧法。忠臣孝子有過，必以其數斷。守法守職之吏有不行王法者，罪死不赦，刑及三族。

《慎子·君人》 君人者，舍法而以身治，則誅賞予奪，從君心出。然則受賞者雖當，望多無窮；受罰者雖當，望輕無已。君舍法以心裁輕重，則同功殊賞，同罪殊罰矣，怨之所由生也。

《荀子》卷五《王制篇》 王者之論，唐楊倞注：論，謂論說賞罰也。無德不貴，無能不官，無功不賞，無罪不罰，朝無幸位，民無幸生。注：幸，徼倖也。尚賢使能而等位不遺，注：不遺，言各當其材。位，等級之位也。析愿禁悍而刑罰不過。注：析，分異也。分其愿慤之民，使與凶悍之民異也。悍，凶暴也。刑罰不過，但禁之而已，不刻深也。百姓曉然，皆知夫為善於家而取賞於朝也，為不善於幽而蒙刑於顯也。夫是之謂定論，是王者之論也。注：定論，不易之論。論不易，則人知所勸也。

又 卷六《富國篇》 漸慶賞，注：漸，進。嚴刑罰，以戒其心。使天下生民之屬，皆知己之所願欲之，舉在于是也，故其賞行。注：舉，皆也。于是，猶言是于，言生民所願欲，皆在是于也。皆知己之所畏恐之，舉在于是也，故其罰威。注：其罰可畏。賞行罰威，則賢者可得而進也，不肖者可得而退也，能不能可得而官也。若是，則萬物得宜，事變得應，上得天時，下得地利，中得人和。

又 卷九《臣道篇》 闇主妬賢畏能而滅其功，罰其忠，賞其賊，夫是之謂至闇。桀、紂所以滅也。

《韓非子》卷二《二柄》　明主之所導制其臣者，二柄而已矣。二柄者，刑德也。何謂刑德？曰：殺戮之謂刑，慶賞之謂德。為人臣者畏誅罰而利慶賞，故人主自用其刑德，則群臣畏其威而歸其利矣。

漢·孔鮒《孔叢子》卷上《記問》　子思問于夫子曰：「為人君者，莫不知任賢之逸也而不能用賢，何故？」子曰：「非不欲也，所以官人任能者，由于不明也。其君以譽為賞，以毀為罰，賢者不居焉。」

漢·劉安《淮南子》卷一三《氾論訓》　古之善賞者，費少而勸衆；善罰者，刑省而姦禁。善予者，用約而為德；善取者，入多而無怨。**【略】**故聖人因民之所喜而勸善，因民之所惡而禁姦，故賞一人而天下譽之，罰一人而天下畏之。故至賞不費，至刑不濫。

漢·徐幹《中論》卷下《賞罰》　政之大綱有二，二者何也？賞罰之謂也。人君明乎賞罰之道，則治不難矣。夫賞罰者，不在乎必重而在於必行。必行則雖不重而民懼，不行則雖重而民怠。故先王務賞罰之必行。《書》曰：『爾無不信，朕不食言。爾不從誓言，予則孥戮汝，罔有攸赦。』天生烝民，其性一也。刻肌虧體，所同惡也；被文垂藻，所同好也。此二者常存而民不治其身，有由然也。當賞者不賞，當罰者不罰。夫當賞者不賞，則為善者失其本望而疑其所行；當罰者不罰，則為惡者輕其國法而怙其所守。苟如是也，雖日用斧鉞於市而民不去惡矣，日錫爵祿於朝而民不興善矣。是以聖人不敢以親戚之恩而廢刑罰，不敢以怨讐之忿而廢慶賞。夫何故哉？將以有救也。故《司馬法》曰『賞罰不踰時』，欲使民速見善惡之報也。踰時且猶不可，而況廢之者乎！

賞罰不可以疏，亦不可以數，數則所及者多，疏則所漏者多。賞罰不可以重，亦不可以輕，賞輕則民不勸，罰輕則民亡懼，賞重則民徼倖，罰重則民無聊。故先生明庶以德之，思中以平之，而不失其節。故《書》曰『罔非在中，察辭於差。』夫賞罰之於萬民，猶轡策之於馴馬也。轡策不調，非徒遲速之分也，至於覆車而摧轅；賞罰之不明也，則非徒治亂之分也，至於滅國而喪身。可不慎乎？可不慎乎？故《詩》云：『執轡如組，兩驂如舞。』言善御之，可以為國也。

唐·李世民《帝範》卷三《賞罰》　故賞者不德君，功之所致也；罰者不怨上，罪之所當也。故《書》曰：『無偏無黨，王道蕩蕩。』此賞罰之權也。

唐·柳宗元《柳河東集》卷四四《非國語上·叔孫僑如》　非曰：諸侯之來，王有賜予，非以貨其人也，以禮其國也。苟叔孫之來不度於禮，不儀于物，則罪也。王而刑之，誰曰不可？若力之不能而姑勿賜，未足以懲夫貪陵者也，不若與之。今使王逆詐諸侯而蔑其卿，苟興怨於魯，未必周之福也。且夫惡叔孫者泰侈貪陵，則可矣；方上而鋭下，非所以得罪于天子。

又　卷四四《非國語上·莒僕》　非曰：里革其直也，曷若授僕人以入，諫之為善？公之舍革也，美矣，而僕人將君命以行，遇一夫而受其更，釋是而勿誅，則無以行令矣。若君命以道而遇奸臣更之，則何如？

又　卷四五《非國語下·射鷃》　非曰：羊舌子以其君明暗何如哉？若果暗也，則從其言，斯殺人矣。明者固可以理諭，胡乃反徵先君以恥之耶？是使平公滋不欲人諫己也。

又　卷四五《非國語下·董安于》　非曰：功之受賞也，可傳繼之道也。君子雖不欲，亦必將受之。今乃逃遁以自潔也，則受賞者必恥；受賞者恥，則立功者怠，國斯弱矣。君子之為也，動以謀國。吾固不説董子之潔也，其言若懟焉，則滋不可。

宋·呂祖謙《宋文鑑》卷九三《徐鉉〈持權論〉》　天下所以奉者，君也；君之所以尊者，權也。權者非他也，賞罰而已矣。賞公則當善，而為善者進矣；罰公則當惡，而為惡者退矣。若然，則君子在位，小人在野，而權不在公室者，未之有也。中才之君知賞罰之權不可失，而不知所以守之之道，欲人之懷己也，則必賞自我出；欲人之畏己也，則必罰自我行。此亂之本也。《老子》曰：『為者敗之，執者失之。』賞罰者，受之於先王，行之於有司，人君正其本，遏其淫而已。苟自為之而自執之，其餘幾何？尚書《數》堯之德曰：『聰明文思』；及其舉舜也，則四岳師錫，堯曰：『予聞。如何，朕其試哉！』夫堯既聞舜之行賢，猶待四岳舉，然後登用。此則賞不必己出也。周公作萬代之典，設三聽之法，衆聽則殺之，衆疑則赦之。此則罰不必己出也。

宋·王欽若等《册府元龜》卷七九《帝王部·慶賜》　《公羊傳》云：『觸石而出，膚寸而合，不崇朝而雨天下者，其泰山之雲乎！』夫王者渙然出令，沛然施恩，浹洽於四方，涵濡於萬物，其為大也，豈直斯乎？《禮》云：立春之日，賞公卿諸侯大夫於朝，行慶施惠，下及兆民。季春之月，布德行惠，命有司發倉廪，賜貧窮，振乏絶，開府庫，出幣帛，周天下，勉諸侯。立夏之日，乃行慶賜，無不欣悦。《書》云：「大賚於四海而萬姓悦服。」又云：「一人有慶，兆民賴之。」《詩》云：「《蓼蕭》，澤及四海也。」此皆經義之著明者焉。至若合醵以昭慈，餔飲以宣惠，牛酒穀帛以振孤窮，賜爵版授以寵耆老，蓋班王澤，和人心，表治道之隆平，示生民之愷樂者也。然則古人有言：羔豚而祭，百官皆足；太牢而祭，不必有餘。取其平施之義耳。

又　卷一二七《帝王部・明賞》　夫賞，國之典也，所以褒有功，勸能者，為國之大柄，藏在盟府而不可廢焉。歷代而下，致治之后，曷嘗不旌勞顯庸，録勤賫善，報之以封爵，寵之以名秩，賚之以金帛，賜之以車服，頒之於公朝而不僭，載之於史策而弗忘？是故懋功之義明，而邦典有叙；為善之效速，而人倫知勸。蓋周官之以庸制禄，先王之加膳飫賜，率是道也。其百世所不易者哉！

又　卷二四二《列國君部・明賞》　惟五等之君，刑一國之事，立家者百乘，食士者萬民。苟章程之不修，將風化之綫墜。建侯之利，懋賞攸先。有能舉不失勞，動足有勸，使夫為善者，信丕命而承事。忠力之臣，厲貞規而犯難；謀能之士，吐嘉猷以沃心。則書勳之文，足光於盟府；計功之典，克列於鼎鍾者矣。

宋・蘇軾《東坡全集》卷四〇《省試刑賞忠厚之至論》　論曰：堯、舜、禹、湯、文、武、成、康之際，何其愛民之深，憂民之切，而待天下以君子長者之道也。有一善，從而賞之，又從而咏歌嗟嘆之，所以樂其始而勉其終。有一不善，從而罰之，又從而哀矜懲創之，所以棄其舊而開其新。故其吁俞之聲，歡休慘戚，見於虞、夏、商、周之《書》。成康既没，穆王立而周道始衰，然猶命其臣吕侯，而告之以祥刑。其言憂而不傷，威而不怒，慈愛而能斷，惻然有哀憐無辜之心，故孔子猶有取焉。

《傳》曰：賞疑從與，所以廣恩也；罰疑從去，所以慎刑也。當堯之時，皋陶為士。將殺人，皋陶曰「殺」之三，堯曰「宥」之三，故天下畏皋陶執法之堅而樂堯用刑之寬。四岳曰：「鯀可用。」堯曰：「不可。鯀方命圮族。」既而曰「試之。」何堯之不聽皋陶之殺人，而從四岳之用鯀也？然則聖人之意，蓋亦可見矣。

《書》曰：「罪疑惟輕，功疑惟重。與其殺不辜，寧失不經。」嗚呼！盡之矣。可以賞，可以無賞，賞之，過乎仁；可以罰，可以無罰，罰之，過乎義。過乎仁，不失為君子；過乎義，則流而入於忍人。故仁可過也，義不可過也。

古者賞不以爵禄，刑不以刀鋸。賞以爵禄，是賞之道行於爵禄之所加，而不行於爵禄之所不加也。刑以刀鋸，是刑之威施於刀鋸之所及，而不施於刀鋸之所不及也。先王知天下之善不勝賞，而爵禄不足以勸也；知天下之惡不勝刑，而刀鋸不足以裁也。是故疑則舉而歸之於仁，以君子長者之道待天下，使天下相率而歸於君子長者之道，故曰忠厚之至也。《詩》曰：「君子如祉，亂庶遄已。」「君子如怒，亂庶遄沮。」夫君子之已亂，豈有異術哉？時其喜怒而無失乎！仁而已矣。《春秋》之義，立法貴嚴而責人貴寬，因其褒貶之義以制賞罰，亦忠厚之至也。謹論。

宋・王令《廣陵集》卷三〇《賞罰》　問：湯之伐桀，其誓曰：「爾尚輔予一人，致天之罰，予其大賚。汝爾不從誓言，予則孥戮汝。」武王之伐紂亦曰：多功有厚賞，不迪有顯戮。予以謂桀與紂，天下之大惡；湯、武，天下之至仁。致其伐亦曰順乎人而已矣，故《書》以謂「東征則西夷怨，南征則北狄怨，曰「徯我后？后來其蘇。」」夫民望之若此，故曰「無敵于天下」。夫因人欲去而去之，其勢如以水滅火，何獨廹其人，而用之狃之以賞罰？其誓乃如此，予竊惑之。願聞明教。

宋・吕祖謙《左氏傳續説》卷四《僖公・公賜季友汶陽之田及費》元年　既與之邑，又加之田，厚賞之也。此三家始盛之因。

宋・葉時《禮經會元》卷四下《功賞》　「春官内宰」稽功會食，則制禄食必視功。「夏官司士」以功詔禄，則頒禄秩必視功。至如「小宗伯」衣服、車旗、宮室之賞賜，鄭氏亦云：王以賞賜有功。則是車服、宮室之賞，必視功也。而況「司勳」六鄉賞地之法，如「載師」所謂賞田者，賞之以土地，可不眡其功以為輕重乎？『司勳』所謂功者，何如哉？王功曰勳，以其定策立之功，有勳於王者也。國功曰功，以其建邦設都，有功於國者也。民功曰庸，為民興利而有不窮之用，故曰庸。事功曰勞，奉公從事而有勳勞之績，故曰勞。治功曰力，以其有治理効之力。戰功曰多，以其効首虜之多。此六者，特隨其事而殊其名，視其功而異其等爾，總而謂之功。鄭氏以伊、周、禹、稷、皐陶、韓信之功比之，則拘矣。

功有六等，則賞法必有六等。功之大者賞必重，功之小者賞必輕。故曰凡賞無常，輕重眡功。『司勳』之賞無常，猶『司勳』之賜無常也。蓋以德詔爵，則爵有常品；以功詔祿，則祿有常秩；以能詔事，則事有常職；以久奠食，則食有常廩。惟賞賜出於人君非常之恩，如『冢宰』所謂『匪頒』，如『玉府』所謂『賜予』，皆一時之特恩。苟有常額而無輕重多寡之裁，則人人可以僥倖而得之矣。今『司勳』所掌者，賞地之法也，猶《詩》所謂『錫之山川，土田附庸』者也。以地賞有功，亦如采地之制，必有稅法。『載師』賞田在遠郊之地，其稅二十而三。今曰凡頒賞地三之一，食三分。其地王食其一，而受賞者食其二，是十而稅三也，又何倍於賞田之稅乎？案『載師』曰賞田，此言賞地，又曰惟加田，無國正。是田以實數言，而地則不止為田，亦如『司徒』封疆之謂爾。故其言稅不同歟？賞地之稅雖倍而如田無正，安知其不為二十而二也？然此特賞地之法爾，而先王報功之意，豈特錫以土田而遂已哉？

凡有功者，必銘於王之太常，祭之大烝，是先王念功之意不忘也。生則銘，書於太常，如《書》所謂『服勞王家，厥有成績，紀於太常。』是敬之如日月也。死則祭於大烝，如《書》所謂『茲予大享于先王，爾祖其從與享之。』是敬之如祖宗也。先王報功，既賞之以地，又銘之以旂，又享之以祭，其拳拳念功之意，蓋將與國咸休，相為終始，豈若後世書券之符方剖而葅醢之誅已隨？圖繪之象未形而赤族之禍已慘？吁！『司勳』賞地之法，固已不敢望報，而『司寇』功辟之議，亦豈無可宥者哉？

然『司勳』猶今吏部司封，『司勳』之職宜以屬天官也，否則掌六鄉之賞地，宜以屬地官也；今以屬之『夏官司馬』之後，何邪？蓋六功雖以戰功居其末，然人之蒙霜雪，冒矢石，出萬死一生之地而甘心不辭者，為國家衛社稷爾，其功不亦多乎！先王用兵行師，首以功賞為重。《甘誓》有用命之賞，嗚條有從誓之賞，牧野有功多之賞。出師無功，何以為社稷之衛？有功不賞，何以為士卒之勸？《司馬法》曰：『軍賞不踰旬。』如屬之『地官』，則司存散隔，文告回復，而壅底之患生，況有害功者乎！馮唐言李牧為將，賞賜決於外，不從中覆，乃能成功。魏尚以上功差首虜六級，而文吏以法繩之。其賞大輕，則非所以用將。由此觀之，戰功之賞，猶為急也。周人固無害功之事，而周公為後世慮，故以『司勳』繼『司馬』之後，厥有旨哉！

金·王若虛《滹南集》卷二《五經辨惑》 三代損益不同，制度名物容有差殊，然漢儒所記，遂事事分別，雖道德義理萬世不可易者，亦或以為異尚而偏勝，不亦過乎？如忠敬、質文之說，前人既有辨其非者矣。至《表記》云：『夏道先賞而後罰，殷人先罰而後賞，周之賞罰，用爵列。』讀之令人失笑。夫賞罰之用，視乎功罪而已。先後輕重，皆以類相從。而謂夏必先賞而後罰，殷必先罰而後賞，周之賞罰惟以官爵尊卑為差。雖三尺之童，亦知其甚繆，而學者信之，以為先王之法，聖人之經。悲夫！

元·劉敏中《中庵集》卷七《星變奏議》 古之有國家者，凡能使一世之英傑奔走用命，四海之人厭服而慕化者，無他術焉，賞罰而已矣。故賞罰者，國之大柄，人主之所固執而慎施，有司之所敬守而奉行者也。故賞一善，則使天下之人皆曰此宜賞也，莫不躍然而喜為善；罰一惡，則使天下之人皆曰此宜罰也，莫不悚然而懼為惡。夫能使人懼為惡而喜為善，則天下無事矣。苟為善者不必得賞，雖賞而有所未至；為惡者不必得罰，雖得罰未必得當；及不應賞或以喜而賞之，不應罰或以怒而罰之，則惡者無所為懼而日益逞，善者無所為喜而日益懈。為善者懈，為惡者逞，而天下多事矣。由此言之，賞罰可不慎歟？

元·許有壬《至正集》卷七六《公移·特們德爾門下等事》 竊謂刑賞者，人主之大柄，有國盛衰之所係也。故刑一人而天下服，賞一人而天下勸者，當其實也。苟有功不賞，有罪不誅，滔滔橫流，日復一日，其禍有不可勝言者矣。《書》曰：『惟辟作福，惟辟作威。』此言天子之事也。臣而盜弄，所作雖當，猶至於害家凶國，況顛倒錯亂，岸然橫恣者乎！

明·丘濬《大學衍義補》卷三《治國平天下之要·正朝廷·公賞罰之施》 臣按：先儒謂人受天地之中以生，能者養之以福，不能者敗以取禍。故全是衷者為德，是不失天之所賦也。故天命之君，必體福善之天，制五等之服，以彰其德。戾是衷者為罪，是失天之所賦也，故天討之。君必體禍淫之天，用五等之刑，以威其罪。爵賞刑罰，乃政事之大者，當勉勉而不可怠也。由是以觀，則知人君之爵賞刑罰，皆承天以從事，非我有之得私也。後世人主不知出此，往往以己心之喜怒，私意之好惡，輒加賞罰於人，則失天命、天討之旨矣。

臣按：人君為治之大柄，曰慶賞、刑罰而已。《周禮·大宰》『以八則治都鄙』，既有曰『刑賞以馭其威』矣，而又有八柄，詔王以馭群臣。『內史』所掌之法以詔治者，亦同焉。所謂爵、賞、予、置、生五者，賞之類也；奪、誅、廢三者，罰之類也。是八者之柄，皆掌之天官。天官者，象天所立也。天有春生秋殺，然後以成天之道；君有慶賞刑罰，然後以成君之道。人君持其柄於上，以馭乎下；大臣計其治於下，以輔乎上，則綱紀立而主威不至於下移，誅賞行而人心不敢以懈怠。人君君國、馭衆之大權，誠莫有先於此者矣。

臣按：爵人於朝，所以勸君子，士之所共樂也，故於朝。朝者，君子之所會也。刑人於市，所以懲小人，衆之所共惡也，故於市。市者，衆人之所聚也。以此見人君之刑賞，非一人喜怒之私，乃衆人好惡之公焉。後世人主，往往賜人爵位，乃自內降而出，不欲其公庭顯謝。人臣有罪，或至加以鴆毒，惟恐外聞。此皆非天命、天討之至公也。

臣按：刑賞貴乎得中，固不可以僭濫也。所謂寧僭無濫，與《書》所謂『與其殺不辜，寧失不經』之意同。

臣按：此言人君賞罰，當合天下之公論，不可徇一己之私心。

臣按：人君用舍人才而加以賞罰，固不可不參之於衆；既參於衆，尤不可不察之於獨也。參之於衆也詳，而察之於獨也審，則用舍刑賞，皆得其當矣。而或不然，聽一人之言遽以為賢否而用舍之，甚而加刑賞焉，不復參詳致察。此朱熹所謂名曰獨斷而主威不免於下移也歟？

臣按：齊威王之於阿大夫也，非惟烹之，而又及於左右之嘗譽者；其於即墨大夫也，非惟封之，而又及於左右之嘗毀者。若威王者，可謂能操賞罰之權而不為左右所惑者矣。後世人主不知出此，往往溺於左右之偏私，輕信其言，不復致察，以是為非，以非爲是，以賢為不肖，以不肖為賢者，多矣。幸而覺悟，又或置而不復詰問。世之小人所以往往得志，而賢人君子恒有擯棄沈鬱之患者，此也。其視威王，不亦可愧也哉！

明·湛若水《格物通》卷六四《舉措一》 臣若水通曰：衺，不正也。讓，責也。罰，撻之也。衺惡在心，故為不善者也。過失在事，誤陷于惡者也。民有衺惡，姑以責之，責之至三而不改，姑又撻之，撻之至三而不改，然後加以明刑，去其冠飾而書其罪狀，以示諸人；又使之坐于嘉石，以恥辱之，役諸司空，以困苦之。過失輕于衺惡，故三讓三罰，以啓其遷善改過之心。不加明刑，不坐嘉石，不役司空，惟犯則收之圜土而已。若然，則措所當措，而民焉有不直者乎？

又 卷九二《慎賞賜上》 臣若水通曰：【略】夫賞罰之義，人君非故厚薄天下也，所以礪世磨鈍也。蓋不賞不勸，不罰不恥，人無所用勸恥焉，天下所由以不振也。故曰：有功不賞，有罪不誅，雖堯、舜不能以化天下也。夫賞賜必以其功德，則賞賜之行，非褒其人也，褒其功德也。故賞以其功德，罰以其罪惡，己不得而私焉。後世此義不明，人君不以功德而取人，惟以私喜而授賞，則夫蒙其賞者亦輕之矣。嗚呼！古之賞賜也重，後之賞賜也輕，故賞愈重，人視之愈輕，而國家之財愈困，則亦何益之有哉？此今日不可以不慎者也。

臣若水通曰：章，著也，謂善之章著者也。夫天命有德，所以懋賞也。天命者，天之理也。故君天下，賞一人而千萬人勸，奉天之理而得乎民之同然者也。故賞惟其善，不惟其人，奚貴賤之間？是以刑賞不必偏於天下，而天下服者，凡以得其心故也。君天下者，可不監文仲之言乎？

臣若水通曰：【略】夫先王之賞賜，必有功德者乃施之。士伯得與荀林父同受晉侯之賞，何也？蓋晉侯用荀林父而成獲狄之功，荀林父則由士伯而進用，保全林父以成功者也。以是而施諸有功之臣，而推及薦賢為國之人，則用為有義矣。羊舌職之説是賞也，不亦宜乎？

臣若水通曰：子展為元帥，鄭伯賜之享之，皆以賞其入陳之功也。先路、次路，皆周王所賜車也。八邑，三十二井也。六邑，二十四井也。子產位次，當受二邑，以公固予之，故受三邑，示不當受也。不失禮，謂不失其班次之禮也。夫入陳之功，首子展，次子產，其分固自有不同者。鄭伯請于周而賞之，似也。然子產位在四，則義宜賜二邑爾。公賜之六焉，過矣。及子產辭之，義也，而卒受其三者，以君之命，亦義也，故受之三，則下不至失禮，上不至違君，子產於義得矣。鄭伯之賜予，能免過舉乎？

臣若水通曰：【略】《書》曰：『天命有德，五服五章哉！』則知賞曰天命，非人君所得私也。衛獻與免餘之邑，果天命之公乎？蓋其賞免餘者，賞其能殺甯喜也；殺甯喜者，德其因之而返國也。逐我者出，納我者死，此子鮮之所以終身不仕也。免餘其可德之哉？

臣若水通曰：【略】夫弊袴，微物也。昭侯以待有功，則凡大於弊袴，其肯輕以與人乎？由是言之，則昭侯之能節用，以足其國，可知矣。後之人君，賞賜無度，寧不亦可愧乎？

清·愛新覺羅玄燁《聖祖仁皇帝御製文集》卷二六《講筵緒論》

《書》言推亡固存，此正《中庸》所云因材而篤，栽培傾覆之意。王者體天心以為賞罰，正宜如是。

清·愛新覺羅弘曆《御製文二集》卷三《作福作威論》　《洪範》六疇三德而衍其辭曰：『惟辟作福，惟辟作威。』斯言也，箕子蓋引而未發，所包者廣，而蔡沈作《傳》，遂以為福、威者，上之所以御下，戒其權不可下移。其然，豈其然乎？夫福、威，雖自辟作，亦視其人之自取，是作之者不可不謹也。其善者乎？戒之用休而非吾有意福之也；其不善者乎？董之用威而非吾有意威之也。是雖有作之之名，而無有作之之意，所為作而無作也。設徒曰辟可以作福作威，於其不善者而福之，於其善者而威之，則章癉有乖，刑賞顛倒，其可乎哉？善乎司馬光之言曰：『誅一不善，而天下之不善者皆懼，故謂之威。賞一有功，而天下之有功者皆喜，故謂之福。人主必聰明剛斷，然後能收威、福之柄。』蔡沈之權不可下移，蓋取諸此。然光徒見及於福、威不可錯用，而未見及於作福作威之在人自取。必知在人之自取，然後不致錯用。余故申其説如此。

清·愛新覺羅弘曆《御製日知薈説》卷四　韓昭侯任用申不害，抑亦殘忍矯偽人也。即其藏敝袴，曰以待有功。夫人而無功則不宜賞，人而有功則敝袴不可以賞。《詩》曰：『彤弓弨兮，受言藏之。我有嘉賓，中心貺之。』言報有功也。昭侯欲以敝袴待有功，其視功臣何輕哉！昭侯與申不害同其心術，故忍偽乖張至於此，而後世傳為美談，至以不僭賞目之，抑亦愚矣。

清·愛新覺羅弘曆《評鑑闡要》卷一《顯王·韓昭侯令藏敝袴以待有功注》　一嚬一笑，固不可不慎；然欲藏敝袴，以待有功，則視有功者太輕矣。昭侯與申不害同其心術，故忍偽乖張至於此。向於《日知薈説》中已詳論之。

誅殺

綜述

夏商　**《鄧子·轉辭篇》**　至於栗陸氏殺東里子，宿沙氏戮箕文，桀誅龍逄，紂刳比干，四主者亂君，故其疾賢若仇。

《楚辭》卷三《屈原〈天問〉》　彼王紂之躬，孰使亂惑？何惡輔弼，讒諂是服？比干何逆，而抑沈之？漢王逸《章句》：比干，聖人，紂諸父也。諫紂，紂怒乃殺之，剖其心也。雷開何順，而賜封之？《章句》：雷開，佞臣也。阿順於紂，乃賜之金玉而封之也。

何聖人之一德，卒其異方？《章句》：聖人謂文王也。卒，終也。言文王仁聖，能純一其德，則天下異方，終皆歸之也。梅伯受醢，箕子佯狂？《章句》：梅伯，紂諸侯也。言梅伯忠直而數諫紂，紂怒乃殺之，葅醢其身。箕子見之，則被髮佯狂也。

《戰國策》卷七《秦五》　（姚賈）對曰：【略】『桀聽讒而誅其良將，漢高誘注：殺關龍逄也。紂聞讒而殺其忠臣，注：剖比干之心。至身死國亡。』

又　卷二〇《趙三》　魯仲連曰：【略】『昔者鬼侯、鄂侯、文王，紂之三公也。鬼侯有子而好，故入之於紂，紂以為惡，醢鬼侯；鄂侯爭之急，辨之疾，故脯鄂侯。』

《韓非子》卷一《難言》 文王說紂而紂囚之，翼侯炙，鬼侯腊，比干剖心，梅伯醢。

《呂氏春秋》卷二〇《行論》 昔者紂為無道，殺梅伯而醢之，殺鬼侯而脯之，以禮諸侯於廟。漢高誘注：肉醬為醢，肉熟為脯。梅伯、鬼侯，皆紂之諸侯也。梅伯說鬼侯之女美，令紂取之，紂聽妲己之譖，曰以為不好，故醢梅伯，脯鬼侯，以其脯，燕諸侯於廟中。

漢·韓嬰《韓詩外傳》卷四 桀為酒池，可以運舟，糟丘足以望十里，而牛飲者三千人。關龍逢進諫曰：『古之人君，身行禮義，愛民節財，故國安而身壽。今君用財若無窮，殺人若恐弗，勝君若弗革，天殃必降而誅必至矣。君其革之。』立而不去朝，桀囚而殺之。君子聞之，曰：『天之命矣。』《詩》曰：『昊天太憮，予慎無辜。』

紂作炮烙之刑，王子比干曰：『主暴不諫，非忠也；畏死不言，非勇也；見過即諫，不用即死，忠之至也。』遂諫，三日不去朝，紂囚殺之。《詩》曰：『昊天太憮，予慎無辜。』

《史記》卷三《殷本紀》 九侯有好女，入之紂。九侯女不憙淫，紂怒殺之而醢九侯。鄂侯爭之彊，辨之疾，并脯鄂侯。

比干曰：『為人臣者，不得不以死爭。』迺强諫紂。紂怒曰：『吾聞聖人心有七竅。』剖比干，觀其心。

又 卷三八《宋微子世家》 王子比干者，亦紂之親戚也。見箕子諫不聽而為奴，則曰：『君有過而不以死爭，則百姓何辜？』乃直言諫紂。紂怒曰：『吾聞聖人之心有七竅，信有諸乎？』乃遂殺王子比干，刳視其心。

《尚書帝命驗》 桀無道，殺關龍逢，絕滅皇圖，壞亂曆紀，殘賊天下，賢人逃遁，淫色慢易，不事祖宗。

漢·劉向《古列女傳》卷七《孽嬖傳·殷紂妲己》 比干諫曰：『不修先王之典法而用婦言，禍至無日。』紂怒，以為妖言。妲己曰：『吾聞聖人之心有七竅。』於是剖心而觀之。

宋·胡宏《皇王大紀》卷六《三王紀·夏桀》 四十一載甲申。桀**【略】**舉事戾于天，發令逆于時。瞿山地裂及泉，發徒鑿之，通于河。諫者曰：『洩天氣，發地藏，天子失道，後必敗。』殺之。耆老或諫，又殺之。或獻《錄書》，曰『亡夏者，桀也。』於是大誅豪傑。關龍逢引《黃圖》進諫：『若曰「古之人君，謙恭敬信，節用愛人，故天下安而社稷、宗廟固。」今君用財若無窮，殺人若不勝，民惟恐君之後亡矣。人心已去，天命不佑，盍少悛乎？』不聽。龍逢立而不去，桀焚《黃圖》，殺龍逢。

兩周 《墨子》卷八《明鬼下》 周宣王殺其臣杜伯而不辜，杜伯曰：『吾君殺我而不辜，若以死者為無知，則止矣；若死而有知，不出三年，必使吾君知之。』其三年，周宣王合諸侯而田於圃田，車數百乘，從數千人滿野。日中，杜伯乘白馬素車，朱衣冠，執朱弓，挾朱矢，追周宣王，射入車上，中心折脊，殪車中，伏弢而死。當是之時，周人從者莫不見，遠者莫不聞，著在周之《春秋》。為君者以教其臣，為父者以警其子，曰：『戒之慎之。凡殺不辜者，其得不祥。鬼神之誅，若此之憯遫。』

《孟子·滕文公下》 周公相武王誅紂，伐奄，三年討其君，驅飛廉於海隅而戮之。

《公羊傳·莊公四年》 （夏）紀侯大去其國。《傳》：**【略】**何賢乎襄公？復讎也。何讎爾？遠祖也。哀公亨乎周，漢何休《解詁》：亨，煮而殺之。紀侯譖之。以襄公之為於此焉者，事祖禰之心盡矣。

《史記》卷三二《齊太公世家》 哀公時，紀侯譖之周，周烹哀公。《集解》：徐廣曰：周夷王。而立其弟靜，是為胡公。

漢·鄭玄《毛詩譜·齊譜》 後五世，哀公政衰，荒淫怠慢。紀侯譖之於周懿王，使烹焉。齊人變風始作。

漢·劉向《說苑》卷四《立節》 左儒友於杜伯，皆臣周宣王。宣王將殺杜伯而非其罪也，左儒爭之於王，九復之而王弗許也。王曰：『別君而異友，斯汝也。』左儒對曰：『臣聞之：君道友逆，則順君以誅友；友道君逆，則率友以違君。』王怒曰：『易而言則生，不易而言則死。』左儒對曰『臣聞古之士，不枉義以從死，不易言以求生。故臣能明君之過，以死杜伯之無罪。』王殺杜伯，左儒死之。

又 卷一七《雜言》 昔者費仲、惡來、革，長鼻決耳；崇侯虎順紂之心，欲以合於意。武王伐紂，四子身死牧之野，頭足異所。

《左傳·桓公十八年》 周公欲弑莊王而立王子克，辛伯告王，遂與王殺周公黑肩，王子克奔燕。

又 《襄公三十年》 及靈王崩，儋括欲立王子佞夫。佞夫弗知。**【略】**五月癸巳，尹言多、劉毅、單蔑、甘過、鞏成殺佞夫。晉杜預注：五子，周大夫。**【略】**書曰『天王殺其弟佞夫』，罪在王也。

《穀梁傳·襄公三十年》（五月）天王殺其弟佞夫。《傳》：《傳》曰：『諸侯且不首惡，況於天子乎！』君無忍親之義。天子、諸侯所親者，唯長子、母弟耳。天王殺其弟佞夫，甚之也。

晉國 《春秋·成公八年》 晉殺其大夫趙同、趙括。

《左傳·僖公十年》 夏四月，周公忌父、王子黨會齊隰朋，立晉侯。晉侯殺里克以說。注：自解說不篡。將殺里克，公使謂之曰：『微子則不及此。雖然，子弒二君與一大夫，為子君者，不亦難乎？』對曰：『不有廢也，君何以興？欲加之罪，其無辭乎？注：言欲加己罪，不患無辭。臣聞命矣。』伏劍而死。

又 《僖公十五年》（九月）壬戌，戰于韓原。晉戎馬還濘而止，注：濘，泥也。還，便旋也。小駟不調，故隋泥中。號慶鄭。慶鄭曰：『愎諫違卜，固敗是求，又何逃焉？』遂去之。**【略】**十一月，晉侯歸。丁丑，殺慶鄭而後入。

又 《僖公二十三年》 九月，晉惠公卒。懷公命無從亡人，注：亡人，重耳。期期而不至，無赦。狐突之子毛及偃從重耳在秦，弗召。冬，懷公執狐突，曰：『子來則免。』注：未期而執突，以不召子故。對曰：『子之能仕，父教之忠，古之制也。策名委質，貳乃辟也。注：辟，罪也。今臣之子，名在重耳，有年數矣。若又召之，教之貳也。父教子貳，何以事君？刑之不濫，君之明也，臣之願也。淫刑以逞，誰則無罪？臣聞命矣。』乃殺之。卜偃稱疾不出，曰：『《周書》有之：「乃大明服。」注：《周書·康誥》。言君能大明，則民服。己則不明，而殺人以逞，不亦難乎！民不見德而唯戮是聞，其何後之有？』

又 《宣公十三年》 秋，赤狄伐晉，及清。先縠召之也。注：邲戰不得志，故召狄，欲為變。冬，晉人討邲之敗與清之師，歸罪于先縠而殺之，盡滅其族。君子曰：『惡之來也，己則取之。其先縠之謂乎！』注：盡滅其族，謂誅已甚，故曰惡之來也。

又 《成公八年》 晉趙莊姬為趙嬰之亡故，譖之于晉侯曰：『原、屏將為亂，欒、郤為徵。』六月，晉討趙同、趙括。

又 《成公十五年》 晉三郤害伯宗，譖而殺之，及欒弗忌。注：欒弗忌，晉賢大夫。**【略】**韓獻子曰：『郤氏其不免乎！善人，天地之紀也。而驟絕之，不亡何待？』注：既殺伯宗，又及弗忌，故曰驟也。初，伯宗每朝，其妻必戒之曰：『盜憎主人，民惡其上。子好直言，必及於難。』注：《傳》見雖婦人之言，不可廢。

又 《成公十七年》 晉厲公侈，多外嬖，注：外嬖，愛幸大夫。反自鄢陵，欲盡去群大夫而立其左右。**【略】**厲公將作難，胥童曰：『必先三郤。族大多怨，去大族不偪。注：不偪公室。敵多怨有庸。』注：討多怨者，易有功。公曰：『然。』**【略】**三郤將謀於榭，注：榭講武堂。矯以戈殺駒伯、苦成叔於其位，注：位，所坐處也。駒伯，郤錡。苦成叔，郤犨。温季曰：『逃威也。』遂趨。矯及諸其車，以戈殺之。皆尸諸朝。

胥童以甲劫欒書、中行偃於朝。矯曰：『不殺二子，憂必及君。』公曰：『一朝而尸三卿，余不忍益也。』對曰：『人將忍君。臣聞亂在外為姦，在内為軌。御姦以德，御軌以刑。不施而殺，不可謂德；臣偪而不討，不可謂刑。德刑不立，姦軌竝至。臣請行。』遂出奔狄。公使辭於二子曰：『寡人有討於郤氏。郤氏既伏其辜矣，大夫無辱，其復職位。』皆再拜稽首，曰：『君討有罪而免臣於死，君之惠也。二臣雖死，敢忘君德？』乃皆歸。公使胥童為卿。公遊于匠麗氏，欒書、中行偃遂執公焉。

又 《襄公二十三年》 晉人克欒盈于曲沃，盡殺欒氏之族黨。**【略】**書曰『晉人殺欒盈』，不言大夫，言自外也。注：自外犯君而入，非復晉大夫。

《國語》卷九《晉語三》 惠公既殺里克而悔之，曰：『芮也，使寡人過殺我社稷之鎮。』三國吳韋昭注：芮，冀芮也。鎮，重也。郭偃聞之，曰：『不謀而諫者，冀芮也。注：不先為君謀而諫，使君殺里克者，冀芮也。不圖而殺者，君也。注：言不與人謀而殺里克者，君之過也。不謀而諫，不忠；不圖而殺，不祥。不忠，受君之罰；注：言君當加罰也。不祥，罹天之禍。受君之罰，死戮；注：戮，辱也。言死且有辱。罹天之禍，無後。』注：無後嗣也。

（惠）公至于绛郊，聞慶鄭止，使家僕徒召之，曰：『鄭也有罪，猶在乎？』慶鄭曰：『臣怨君始入而報德，不降；注：不自降下而背秦也。戰而降而聽諫，不戰；注：慶鄭諫公，使與秦糴，若公降心聽之，可以不戰。戰而用良，不敗；注：良，善也。卜右，慶鄭吉，不用；又乘鄭小駟，不用良馬，故敗。既敗而誅，又失有罪，注：若鄭出亡，是失有罪。不可以封國。注：不可以守封國也。臣是以待即刑，以成君政。』君曰：『刑之。』慶鄭曰：『下有直言，臣之行也；注：行，道也。上有直刑，君之明也；臣行君明，國之利也。君雖弗刑，必自殺也。』

蛾晢諫曰：『臣聞之：奔刑之臣，注：奔，趨也。不若赦之以報讎。君盍赦之？以報于秦！』梁由靡曰：『不可。我能行之，秦豈不能？且戰不勝而報之以賊，不武；出戰不克，入處不安，不知；注：出戰不克，謂韓時也。入處不安，謂今也。欲復伐秦，故不得安也。成而反之，不信；注：成，平也。與秦始平而又反之，不信。失刑亂政，不威；出不能用，入不能治，敗國；且殺孺子。注：孺子，子圉也。秦復惠公而質子圉，君伐秦，秦必殺之。不若刑之。』君曰：『斬鄭，無使自殺。』家僕徒曰：『有君不忌，有臣死刑，注：忌，怨也。其聞賢於刑之。』梁由靡曰：『夫君政刑，是以治民。不聞命而擅進退，犯政也；注：言慶鄭擅進退。快意喪君，犯刑也。鄭也賊而亂國，不可失也。且戰而自退，退而自殺，臣得其志，君失其刑，後不可用也。』注：不可復用戰也。

君命司馬說刑之。注：司馬，軍司馬。說，其名也。司馬說進三軍之士，而數慶鄭曰：『夫韓之誓曰：失次犯令，死！注：次，行列也。令，軍令也。將止不面夷，死！注：將，帥也。止，獲也。夷，傷也。言誤衆，死！今鄭失次犯令，而罪一也；鄭擅進退，而罪二也；女誤梁由靡，使失秦公，而罪三也；君親止，女不面夷，而罪四也。鄭也就刑！』慶鄭曰：『說！三軍之士皆在。有人能坐待刑而不能面夷？注：言我能坐待死，而不能面夷乎？怨君不用忠言，忘善背德也。趣行事乎！』注：趣司馬行其刑也。丁丑，斬慶鄭，乃入絳。

又　卷一四《晉語八》　公許諾，盡逐群賊，而使祁午及陽畢適曲沃，逐欒盈。【略】居三年，欒盈晝入，為賊于絳。范宣子以公入于襄公之宮。欒盈不克，出奔曲沃。遂刺欒盈，滅欒氏。注：刺，殺也。是以沒平公之身，無內亂也。

《公羊傳·僖公五年》　五年春，晉侯殺其世子申生。《傳》：曷爲直稱晉侯以殺？殺世子、母弟直稱君者，甚之也。《解詁》：甚之者，甚惡殺親親也。《春秋》公子貫於先君，唯世子與母弟。以今君錄，親親也。今舍國體直稱君，知以親親責之。

又　《僖公十年》　（夏）晉殺其大夫里克。《傳》：里克弒二君，則曷為不以討賊之辭言之？惠公之大夫也。然則孰立惠公？里克也。里克弒奚齊、卓子，逆惠公而入。里克立惠公，則惠公曷為殺之？惠公曰：『爾既殺夫二孺子矣，《解詁》：孺子，小子也。奚齊、卓子，時皆幼小。又將圖寡人。為爾君者，不亦病乎？』於是殺之。

《穀梁傳·僖公五年》　春，晉侯殺其世子申生。《傳》：目晉侯斥殺，惡晉侯也。晉范寧《集解》：斥，指斥。

又　《僖公十年》　（夏）晉殺其大夫里克。《傳》：稱國以殺，罪累上也。里克弒二君與一大夫，《集解》：二君，奚齊、卓子。一大夫，荀息。其以累上之辭言之，何也？其殺之，不以其罪也。其殺之，不以其罪奈何？里克所為弒者，為重耳也。《集解》：殺奚齊、卓子者，欲以重耳為君。夷吾曰：『是又將殺我乎？』故殺之。不以其罪也。

《韓非子》卷一〇《內儲說下六微》　晉厲公之時，六卿貴。胥僮、長魚矯諫曰：『大臣貴重，敵主爭事，外市樹黨，下亂國法，上以劫主，而國不危者，未嘗有也。』公曰『善。』乃誅三卿。胥僮、長魚矯又諫曰：『夫同罪之人，偏誅而不盡，是懷怨而借之間也。』公曰：『吾一朝而夷三卿，予不忍盡也。』長魚矯對曰：『公不忍之，彼將忍公？』公不聽。居三月，諸卿作難，遂殺厲公而分其地。

《呂氏春秋》卷二〇《驕恣》　晉厲公侈淫，好聽讒人，欲盡去其大臣而立其左右。胥童謂厲公曰：『必先殺三郤。注：三郤，錡、犨、至也。族大多怨，去大族不偪。』注：不偪廹公室。公曰：『諾。』乃使長魚矯殺郤犨、郤錡、郤至于朝，而陳其尸。於是厲公遊于匠麗氏，欒書、中行偃劫而幽之。注：欒書，武子也。中行偃，荀偃，荀伯遊獻子也。幽，囚也。諸侯莫之救，百姓莫之哀，注：言厲公之惡。三月而殺之。人主之患，患在知能害人而不知害人之不當，而反自及也。注：不當，謂害賢近不肖。自及，死於匠麗氏。是何也？智短也。智短則不知化，不知化者舉自危。注：危，敗。

趙簡子沈鸞徼於河，曰：『吾嘗好聲色矣，而鸞徼致之；吾嘗好宮室臺榭矣，而鸞徼為之；吾嘗好良馬善御矣，而鸞徼來之。今吾好士六年矣，而鸞徼未嘗進一人也。是長吾過而絀善也。』注：所得者皆過，所不進者乃善，故曰長吾過而絀善也。故若簡子者，能後以理督責於其臣矣。以理督責於其臣，則人主可與為善而不可與為非，可與為直而不可與為枉。此三代之盛教。

《史記》卷三九《晉世家》 （景公）十七年，誅趙同、趙括，族滅之。

漢·劉向《説苑》卷一《君道》 趙簡子與欒激遊，將沈於河，曰：『吾嘗好聲色矣，而欒激致之；吾嘗好宮室臺榭矣，而欒激為之；吾嘗好良馬善御矣，而欒激求之。今吾好士六年矣，而欒激未嘗進一人。是進吾過而黜吾善也。』

衛國 《左傳·莊公六年》 夏，衛侯入，放公子黔牟于周，放甯跪于秦，殺左公子洩、右公子職，乃即位。君子以二公子之立黔牟，為不度矣。夫能固位者，必度於本末而後立衷焉。不知其本，不謀；知本之不枝，弗強。注：本末，終始也。衷，節適也。譬之樹木，本弱者其枝必披，非人力所能强成。《詩》云：『本枝百世。』注：《詩·大雅》。言文王本枝俱茂，蕃滋百世也。

又 《僖公三十年》 衛侯使賂周歂、冶廑曰：『苟能納我，吾使爾為卿。』注：恐元咺距己，故賂周、冶。周、冶殺元咺及子適、子儀。公入，祀先君。

又 《宣公十三年》 清丘之盟，晉以衛之救陳也，討焉。使人弗去，曰：『罪無所歸，將加而師。』孔達曰：『苟利社稷，請以我說。注：欲自殺以說晉。罪我之由，我則為政而亢大國之討，將以誰任？注：亢，禦也。謂禦宋討陳也。我則死之。』

又 《宣公十四年》 春，孔達縊而死，衛人以說于晉而免。注：以殺告，故免于伐。遂告于諸侯曰：『寡君有不令之臣達，搆我敝邑于大國。既伏其罪矣，敢告。』衛人以為成勞，復室其子，注：以有平國之功，故以女妻之。使復其位。注：襲父祿位。

又 《襄公二十七年》 衛甯喜專，公患之。公孫免餘請殺之，注：免餘，衛大夫。公曰：『微甯子，不及此。注：及此，反國也。吾與之言矣。注：言政由甯氏。事未可知，注：恐伐之，未必勝。祇成惡名，止也。』對曰：『臣殺之，君勿與知。』乃與公孫無地、公孫臣謀，注：二公孫，衛大夫。使攻甯氏。弗克，皆死。公曰：『臣也無罪，父子死余矣。』夏，免餘復攻甯氏，殺甯喜及右宰穀，尸諸朝。

《公羊傳·僖公三十年》 秋，衛殺其大夫元咺及公子瑕。《傳》：衛侯未至，其稱國以殺何？道殺也。《解詁》：時已得天子命還國，於道路遇而殺之。坐之與至國同，故但稱國，不復別也。言『及公子瑕』者，下大夫，別尊卑。

《穀梁傳·僖公三十年》 秋，衛殺其大夫元咺。《傳》：稱國以殺，罪累上也，以是為訟君也。《集解》：元咺訟君之罪于伯者，君忌之，使人殺之而後入。衛侯在外，其以累上之辭言之，何也？待其殺而後入也。

及公子瑕。《傳》：公子瑕，累也，以尊及卑也。

鄭國 《左傳·莊公十六年》 （夏）鄭伯治與於雍糾之亂者。九月，殺公子閼，刖强鉏。

又 《僖公七年》 夏，鄭殺申侯，以說于齊，且用陳轅濤塗之譖也。

《公羊傳·僖公七年》 （夏）鄭殺其大夫申侯。《傳》：其稱國以殺何？稱國以殺者，君殺大夫之辭也。《解詁》：諸侯國體，以大夫爲股肱，士民爲肌膚，故以國體錄。

《穀梁傳·僖公七年》 （夏）鄭殺其大夫申侯。《傳》：稱國以殺大夫，殺無罪也。

宋國 《春秋·僖公二十五年》 （夏）宋殺其大夫。晉杜預注：無《傳》。其事則未聞。於例爲大夫無罪，故不稱名。

又 《襄公二十六年》 秋，宋公殺其世子痤。

《左傳·文公八年》 宋襄夫人，襄王之姊也，昭公不禮焉。注：昭公適祖母。夫人因戴氏之族，注：華、樂、皇皆戴族。以殺襄公之孫孔叔、公孫鍾離及大司馬公子卬，皆昭公之黨也。司馬握節以死，故書以官。注：節，國之符信也。握之以死，示不廢命。

陳國 **《左傳·宣公九年》** 陳靈公與孔寧、儀行父通於夏姬，皆衷其衵服，以戲于朝。洩冶諫曰：「公卿宣淫，民無效焉，且聞不令。君其納之！」注：納藏衵服。公曰：「吾能改矣。」公告二子，二子請殺之。公弗禁，遂殺洩冶。孔子曰：「《詩》云：『民之多辟，無自立辟。』其洩冶之謂乎」注：辟，邪也。辟，法也。《詩·大雅》。言邪辟之世，不可立法，國無道，危行言孫。

《穀梁傳·宣公九年》 （冬）陳殺其大夫泄冶。《傳》：稱國以殺其大夫，殺無罪也。泄冶之無罪如何？陳靈公通于夏徵舒之家，公孫寧、儀行父亦通其家。《集解》：二人，陳大夫。或衣其衣，或衷其襦，《集解》：衷者，襦在衷也。以相戲於朝。泄冶聞之，入諫曰：「使國人聞之則猶可，使仁人聞之則不可。」君愧於泄冶，不能用其言而殺之。

蔡國 **《左傳·哀公二年》** 吳洩庸如蔡納聘，而稍納師，師畢入，衆知之。蔡侯告大夫，殺公子駟以說。注：殺駟，以說吳。言不時遷，駟之為。哭而遷墓。注：將遷，與先君辭，故哭。

吳國 **《左傳·哀公十一年》** 吳將伐齊，越子率其衆以朝焉。王及列士皆有饋賂，吳人皆喜。唯子胥懼曰：「是豢吳也夫！」注：豢，養也。若人養犧牲，非愛之，將殺之。諫曰：「越在我，心腹之疾也。【略】」弗聽。使於齊，屬其子於鮑氏，為王孫氏。注：私使人至齊，屬其子改姓為王孫，欲以辟吳禍。反役，王聞之，使賜之屬鏤以死。注：艾陵役也。屬鏤，劍名。將死，曰：「樹吾墓檟，檟可材也。吳其亡乎！」

又 **《哀公十三年》** 王欲伐宋，殺其丈夫而囚其婦人。注：以宋不會黄池故。言吳子悖惑。大宰嚭曰：「可勝也，而弗能居也。」乃歸。

《國語》卷一九《吳語》 吳王還自伐齊，乃訊申胥。注：訊，告讓也。【略】申胥釋劍而對曰：【略】「員不忍稱疾辟易，注：辟易，狂疾。以見王之親為越之禽也。員請先死。」將死，曰：「而縣吾目於東門，以見越之入，吳國之亡也。」遂自殺。王慍曰：「孤不使大夫得有見也。」乃使取申胥之尸，盛以鴟鶦，而投之於江。注：鴟鶦，革囊。

《史記》卷六六《伍子胥列傳》 吳太宰嚭既與子胥有隙，因讒曰：「子胥為人剛暴，少恩猜賊。其怨望，恐為深禍也。前日王欲伐齊，子胥以為不可，王卒伐之而有大功，子胥恥其計謀不用，乃反怨望。而今王又復伐齊，子胥專愎彊諫，沮毁用事，徒幸吳之敗，以自勝其計謀耳。今王自行，悉國中武力以伐齊，而子胥諫不用，因輟謝詳病不行，王不可不備，此起禍不難。且嚭使人微伺之，其使於齊也，乃屬其子於齊之鮑氏。夫為人臣，内不得意，外倚諸侯，自以為先王之謀臣，今不見用，常鞅鞅怨望。願王早圖之。」吳王曰：「微子之言，吾亦疑之。」乃使使賜伍子胥屬鏤之劍，曰：「子以此死。」伍子胥仰天歎曰：「嗟乎！讒臣嚭為亂矣，王乃反誅我。我令若父霸，自若未立時，諸公子爭立，我以死爭之於先王，幾不得立。若既得立，欲分吳國予我，我顧不敢望也。然今若聽諛臣言，以殺長者。」乃告其舍人曰：「必樹吾墓上以梓，令可以為器，而抉吾眼，縣吳東門之上，以觀越寇之入，滅吳也。」乃自剄死。吳王聞之，大怒，乃取子胥尸，盛以鴟夷革，浮之江中。吳人憐之，為立祠於江上。

漢·趙煜《吳越春秋》卷三《夫差内傳》 吳王聞子胥之怨恨也，乃使人賜屬鏤之劍，子胥受劍，徒跣褰裳，下堂中庭，仰天呼怨曰：「吾始為汝父忠臣立吳，設謀破楚，南服勁越，威加諸侯，有霸王之功。今汝不用吾言，反賜我劍。吾今日死，吳宮為墟，庭生蔓草，越人掘汝社稷，安忘我乎？昔前王不欲立汝，我以死爭之，卒得汝之願，公子多怨於我。我徒有功於吳，今乃忘我定國之恩，反賜我死，豈不謬哉？」吳王聞之大怒，曰：「汝不忠信。為寡人使齊，託汝子於齊鮑氏，有我外之心。急令自裁，孤不使汝得有所見。」子胥把劍，仰天歎曰：「自我死後，後世必以我為忠，上配夏殷之世，亦得與龍逢、比干為友。」遂伏劍而死。吳王乃取子胥屍，盛以鴟夷之器，投之於江中，言曰：「胥汝一死之後，何能有知？」即斷其頭，置高樓上，謂之曰：「日月炙汝肉，飄風飄汝眼，炎光燒汝骨，魚鼈食汝肉。汝骨變形灰，有何所見？」乃棄其軀，投之江中。

越國 **《史記》卷三一《吳太伯世家》** 越王滅吳，誅太宰嚭，以爲不忠，而歸。

又 **卷四一《越王勾踐世家》** 越王乃葬吳王而誅太宰嚭。

又　**卷六六《伍子胥列傳》**　九年，越王勾踐遂滅吳，殺王夫差而誅太宰嚭，以不忠於其君，而外受重賂，與己比周也。

漢·袁康《越絶書》卷一〇《外傳記吳王占夢》　越王殺太宰嚭，戮其妻子，以其不忠信，斷絶吳之世。

《史記》卷四一《越王勾踐世家》　范蠡遂去，自齊遺大夫種書曰：『蜚鳥盡，良弓藏；狡兔死，走狗烹。越王為人長頸鳥喙，可與共患難，不可與共樂。子何不去？』種見書，稱病不朝。人或讒種且作亂，越王乃賜種劍，曰：『子教寡人伐吳七術，寡人用其三而敗吳；其四在子，子為我從先王試之。』種遂自殺。

漢·王充《論衡》卷三《骨相篇》　范蠡去越，自齊遺大夫種書曰：『飛鳥盡，良弓藏；狡兎死，走狗烹。越王爲人長頸鳥喙，可與共患難，不可與共榮樂。子何不去大夫？』種不能去，稱病不朝，賜劍而死。

漢·趙煜《吳越春秋》卷六《勾踐伐吳外傳》　（范蠡）謂文種曰：『子來去矣。越王必將誅子。』種不然言。蠡復為書遺種曰：『吾聞天有四時，春生冬伐；人有盛衰，泰終必否。知進退存亡而不失其正，惟賢人乎！蠡雖不才，明知進退。高鳥已散，良弓將藏；狡兔已盡，良犬就烹。夫越王為人長頸鳥喙，鷹視狼步，可以共患難，而不可共處樂；可與履危，不可與安。子若不去，將害於子，明矣。』文種不信其言。【略】

越王復召相國，謂曰：『子有陰謀兵法，傾敵取國九術之策。今用三，已破彊吳；其六尚在子，所願幸以餘術，為孤前王於地下謀吳之前人。』於是種仰天歎曰：『嗟乎！吾聞大恩不報，大功不還，其謂斯乎！吾悔不隨范蠡之謀，乃為越王所戮。吾不食善言，故哺以人惡。』越王遂賜文種屬盧之劍，種得劍又歎曰：『南陽之宰而為越王之擒！』自笑曰：『後百世之末，忠臣必以吾為喻矣。』遂伏劍而死。

齊國　**《左傳·成公十八年》**　春王正月，【略】齊為慶氏之難故，注：前年國左殺慶克。甲申晦，齊侯使士華免以戈殺國佐于內宮之朝。注：華免，齊大夫。內宮，夫人宮。師逃于夫人之宮。注：伏兵內宮，恐不勝。書曰『齊殺其大夫國佐』，棄命、專殺、以穀叛故也。注：國佐本疾淫亂殺慶克，齊以是討之，嫌其罪不及死，故《傳》明言其三罪。

又　**《哀公八年》**　或譖胡姬於齊侯，注：胡姬，景公妾。曰：『安孺子之黨也。』六月，齊侯殺胡姬。

《戰國策》卷一四《楚一》　蘇秦封為武安君而相燕，即陰與燕王謀破齊，共分其地。乃佯有罪，出走入齊，齊王因受而相之。居二年而覺，齊王大怒，車裂蘇秦於市。

又　**卷一三《齊六》**　齊孫室子陳舉直言，（閔王）殺之東閭，宗族離心。

《呂氏春秋》卷一一《至忠》　齊王疾痏，注：齊王，湣王也，宣王之子。痏，病痏也。使人之宋迎文摯。文摯至，視王之疾，謂太子曰：『王之疾，必可已也。注：已猶愈也。雖然，王之疾已，則必殺摯也。』太子曰：『何故？』文摯對曰：『非怒王，則疾不可治；怒王，則摯必死。』太子頓首彊請曰：『苟已王之疾，臣與臣之母，以死爭之於王，王必幸臣與臣之母。注：幸，哀也。願先生之勿患也。』文摯曰：『諾。請以死為王。』注：為，治也。與太子期而將往，不當者三，注：三不如期也。齊王固已怒矣。文摯至，不解屨登牀，履王衣，問王之疾，王怒而不與言。文摯因出辭以重怒王，王叱而起，疾乃遂已。注：已，除愈也。王大怒不説，將生烹文摯。太子與王后急爭之，而不能得，果以鼎生烹文摯。爨之三日三夜，顏色不變。注：變，毀也。文摯曰：『誠欲殺我，則胡不覆之，以絶陰陽之氣？』王使覆之，文摯乃死。

《史記》卷四六《田敬仲完世家》　（威王）三十三年，殺其大夫牟辛。

楚國　**《春秋·昭公十一年》**　夏四月丁巳，楚子虔誘蔡侯般，殺之于申。

又　**《昭公十六年》**　（春）楚子誘戎蠻子，殺之。

《左傳·莊公十八年》　初，楚武王克權，使鬬緡尹之。注：權，國名。【略】鬬緡，楚大夫。以叛，圍而殺之。注：緡以權叛。遷權於那處，注：那處，楚地。使閻敖尹之。注：閻敖，楚大夫。及文王即位，與巴人伐申而驚其師，注：驚巴師。巴人叛楚而伐那處，取之，遂門于楚。注：攻楚城門。閻敖游涌而逸。注：涌水在南郡華容縣。閻敖既不能守城，又遊涌水而走。

楚子殺之。

又《僖公三十三年》 大子商臣譖子上曰：『受晉賂而辟之，楚之恥也。罪莫大焉。』王殺子上。

又《文公十年》 王使（子西）為工尹，又與子家謀弒穆王，穆王聞之。五月，殺鬬宜申及仲歸。注：仲歸，子家。

又《襄公二年》 楚公子申為右司馬，多受小國之賂，以偪子重、子辛，注：偪，奪其權勢。楚人殺之。故書曰：『楚殺其大夫公子申。』注：言所以致國討之文。

又《襄公五年》 楚人討陳叛故，曰：『由令尹子辛，實侵欲焉。』乃殺之。書曰『楚殺其大夫公子壬夫』，貪也。君子謂：楚共王於是不刑。注：陳之叛楚，罪在子辛。共王既不能素明法教，陳叛之日又不能嚴斷威刑，以謝小國，而擁其罪人，興兵致討，加禮於陳而陳恨彌篤乃怨，而歸罪子辛。子辛之貪，雖足以取死，然共王用刑，為失其節，故言不刑。《詩》曰：『周道挺挺，我心扃扃。講事不令，集人來定。』注：逸詩也。己則無信，而殺人以逞，不亦難乎？《夏書》曰：『成允成功。』注：亦逸書也。

又《襄公二十二年》 楚觀起有寵於令尹子南，未益祿而有馬數十乘。注：言子南偏寵觀起，令富。楚人患之，王將討焉。子南之子棄疾為王御士，注：御王車者。王每見之必泣。棄疾曰：『君三泣臣矣，敢問誰之罪也？』王曰：『令尹之不能，爾所知也。國將討焉，爾其居乎？』注：問能止事我否？對曰：『父戮子居，君焉用之？洩命重刑，臣亦不為。』注：漏泄君命，罪之重。王遂殺子南於朝，轘觀起於四竟。注：轘，車裂以狥。

又《昭公五年》 楚子以屈申為貳於吳，乃殺之。注：造生貳心。

又《昭公十一年》 楚子在申，召蔡靈侯。【略】三月丙申，楚子伏甲而饗蔡侯於申，醉而執之。夏四月丁巳，殺之。

又《昭公十二年》 楚子謂成虎，若敖之餘也，遂殺之。注：成虎，令尹子玉之孫，與鬬氏同出於若敖。宣四年，鬬椒作亂。今楚子信譖而託討若敖之餘。或譖成虎於楚子，成虎知之而不能行。書曰『楚殺其大夫成虎』，懷寵也。

又《昭公十三年》 楚子之為令尹也，殺大司馬薳掩而取其室。

又《昭公十四年》楚令尹子旗有德於王，不知度，注：有佐立之德。與養氏比，而求無厭。注：養氏，子旗之黨，養由基之後。王患之。九月甲午，楚子殺鬬成然而滅養氏之族，使鬬辛居鄖，以無忘舊勳。注：辛，子旗之子，鄖公辛。

又《昭公十六年》 楚子聞蠻氏之亂也，與蠻子之無質也，注：質，信也。使然丹誘戎蠻子嘉，殺之，遂取蠻氏。既而復立其子焉，禮也。

又《昭公二十年》 費無極言於楚子曰：『建與伍奢，將以方城之外叛，自以為猶宋、鄭也，齊、晉又交輔之，將以害楚，其事集矣。』王信之，問伍奢。伍奢對曰：『君一過多矣，注：一過，納建妻。何信於讒？』王執伍奢。【略】伍尚歸，奢聞員不來，曰：『楚君大夫，其旰食乎！』注：將有吳憂，不得早食。楚人皆殺之。

漢·袁康《越絕書》卷二《外傳記·吳地傳》 烈王死，幽王立，封春申君於吳。三年，幽王徵春申為楚令尹，春申君自使其子為假君，治吳十一年。幽王徵假君，與春申君并殺之。

燕國 宋·胡宏**《皇王大紀》卷七七《三王紀·周赧王》** 三十六年，【略】齊地獨莒、即墨未屬燕，【略】三年而猶不下。或讒之於昭王曰：『毅欲久仗兵威，服齊人而王耳。』王置酒大會，引言者讓之曰：『齊為無道，害先王，寡人痛之入骨。樂君為吾報仇，齊固其國也。女何敢言若此？』乃斬之。遣相立為齊王，毅皇恐不受，以死自誓。由是齊人服其義，諸侯畏其信，莫敢謀者。

秦國 **《戰國策》卷三《秦一》** 孝公已死，惠王代後，莅政有頃，商君告歸。人說惠王曰：『大臣太重者，國危；左右太親者，身危。今秦婦人嬰兒皆言商君之法，莫言大王之法，是商君反為主，太王更為臣也。且夫商君固大王仇讎也。願大王圖之。』商君歸還，惠王車裂之，而秦人不憐。

又 卷一七《楚四》 是歲，秦始皇立九年矣。嫪毐亦為亂於秦，覺，夷三族而呂不韋廢。

《史記》卷六八《商君列傳》 秦發兵攻商君，殺之於鄭黽池。秦惠王車裂商君以徇，曰：『莫如商鞅反者。』遂滅商君之家。

又 卷七三《白起王翦列傳》 秦昭王與應侯群臣議曰：『白起之遷，其意尚怏怏，不服有餘言。』秦王乃使使者賜之劍自裁。武安君引劍將自剄，曰：『我何罪于天而至此哉？』良久曰：『我固當死。長平之戰，趙卒降者數十萬人，我詐而盡阬之，是足以死。』遂自殺。武安君之死也，以秦昭王五十年十一月。死而非其罪，秦人憐之，鄉邑皆祭祀焉。

又 卷六《秦始皇本紀》 八年，王弟長安君成蟜，將軍擊趙。反，死屯留，軍吏皆斬死。

九年，【略】（嫪）毐等敗走，即令國中：『有生得毐，賜錢百萬；殺之，五十萬。』盡得毐等。衛尉竭、內史肆、佐弋竭、中大夫令齊等二十人，皆梟首，車裂以徇，滅其宗。

漢·劉向《說苑》卷九《正諫》 毐敗，始皇乃取毐，四肢車裂之。取其兩弟，囊撲殺之。取皇太后，遷之於萯陽宮。下令曰：『敢以太后事諫者，戮而殺之。從蒺藜其脊肉，幹四肢而積之闕下。』諫而死者二十七人矣。

論說

《論語·顏淵》 季康子問政於孔子，曰：『如殺無道，以就有道。何如？』三國魏王弼《集解》：孔安國曰：就，成也。欲多殺以止姦也。孔子對曰：『子為政，焉用殺？子欲善而民善矣。君子之德風，小人之德草也。草尚之，風必偃。』《集解》：孔安國曰：亦欲令康子先自正也。偃，仆也。加草以風，無不仆者，猶民之化於上也。

《孔子家語》卷五《子路初見》 子貢曰：『陳靈公宣淫於朝，泄冶正諫而殺之。是與比干諫而死同，可謂仁乎？』子曰：『比干於紂，親則諸父，官則少師。忠報之心，在於宗廟而已，固必以死爭之，冀身死之後，紂將悔悟。其本志情在於仁者也。泄冶之於靈公，位在大夫，無骨肉之親，懷寵不去，仕於亂朝。以區區之一身，欲正一國之淫昏，死而無益，可謂狷矣。《詩》曰：「民之多僻，無自立辟。」其泄冶之謂乎！』

漢·鄭玄《駁五經異義·凡君非禮殺臣》 《異義》：凡君非禮殺臣，《公羊》說：子可復讎。故子胥伐楚，《春秋》賢之。《左氏》說：君命，天也。是不可復讎。

駁曰：子思云：今之君退人，若將隊諸淵。無為戎首，不亦善乎！子胥父兄之誅，隊淵不足喻，伐楚使吳首兵，合於子思之言也。

漢·劉熙《釋名》卷八《釋喪制》 罪人曰殺。殺，竄也，埋竄之，使不復見也。罪及餘人曰誅。誅，株也，如株木根枝葉盡落也。

晉·杜預《春秋釋例》卷四《殺世子大夫例》 《釋例》曰：古者討殺其大夫，各以罪狀宣告諸侯，所以懲不義，重刑戮也。晉侯使以殺太子申生之故來告，衛殺孔達，《傳》載其辭，辭雖有臨時之狀，其告則常也。晉、魯久不交使而告殺申生，則所告不必嘗有玉帛之使，但欲廣聲其罪耳。魯哀之可諫者甚衆，未聞仲尼之苦言。至于陳恒弒其君，孔子沐浴而朝告于哀公，求討不義，顯事施舍足以致益者，固人臣之所當造膝也。若乃情色之惑，君不能得之于臣，父不能得之于子，臣、子而欲顯直于其君、父，適所以益謗而致罪也。陳靈公宣淫，悖德亂倫，志同禽獸，非盡言所救。洩冶進無匡濟遠策，退不危行言孫，安昏亂之朝，慕匹夫之直，忘蘧氏可卷之德，死而無益，故經同罪賤之文，《傳》特稱仲尼以明之。忠為令德，非其人猶不可，況不令乎？此其義也。陳之叛楚，罪在子辛，共王既不能明法示教，以肅大臣，陳叛之日又不能嚴斷威刑，以謝小國，而擁其罪人，以興兵致討，暴師經年，加禮于陳，陳恨彌篤，乃愠而歸罪子辛。子辛之貪雖足以取死，然共王用刑，為失其節，故君子論之，以為不刑也。

晉·傅玄《傅子·矯違篇》 傅子曰：正道之不得行，常由佞人亂之也。故桀信其佞臣推侈，以殺其正臣關龍逄，而夏以亡。紂信其佞臣惡來，以剖其正臣王子比干之心，而殷以亡。

唐·陸淳《春秋集傳纂例》卷七《弒例·殺大夫公子》 趙子曰：凡殺卿皆書，雖未命亦書之，大之也。殺公子、公孫，雖非卿亦書，重親也。或曰：志其罪也。或死者之罪，或殺者之罪。

又 卷七《弒例·外殺大夫公子》 啖子曰：凡他國殺其大夫、公子，目君者，惡其君也。晉侯殺其世子申生，宋公殺其世子痤，天王殺其弟佞夫，直是君自殺之，非國也。稱人者，討罪之辭也。衛人殺州吁之類，言國人皆欲殺之也。稱國以殺者，罪累上也。宋殺其大夫司馬之類是也。但稱大夫者，無罪而死也。曹殺其大夫之類也。

又 卷七《諸殺大夫不書名》 啖子曰：稱國者，明死者全無罪，累君益深也。死者又無名節，故不紀官與字也。稱人者，明死者無罪，又非君意而殺之者衆，不可書名，特加人字以別之。若守節以死，特書官，以美之。

又 卷七《殺他國君》 啖子曰：凡殺他國君卿，亂辭也。死者、殺者皆有罪也。稱人以殺，殺者無罪，死者無道也。兩書名，俱罪之也。楚子虔誘蔡般，殺之是也。

唐・柳宗元《柳河東集》卷四五《非國語下・殺里克》 非曰：芮之陷殺克也，其不祥宜大於惠公，而異其辭，以配君罰、天禍，皆所謂遷就而附益之者也。

又 卷四五《非國語下・慶鄭》 非曰：慶鄭誤止公，罪死可也，而其志有可用者。坐以待刑而能舍之，則獲其用亦大矣。晉君不能由是道也。悲夫！若夷吾者，又何誅焉？

又 卷四五《非國語下・長魚矯》 非曰：厲公，亂君也；矯，亂臣也。假如殺欒書、中行偃，則厲公之敵益衆，其尤可盡乎？今《左氏》多為文辭，以著其言而徵其効，若曰矯知幾者，然則惑甚也夫！

唐・林慎思《伸蒙子》卷中《澤國紀・演忠》 如愚子曰：『比干何如臣乎？』伸蒙子曰：『忠也。』曰：『比干諫不止，致辛有否賢之罪名，落千古而為後代之所醜，斯實陷君于不義，惡為忠乎？』曰：『辛為君塗炭生民，是時天下之心，皆欲亡商興周。蓋商之朝猶有賢人，賢人存則商不亡，商未亡為天下僇，是以比干知存無益，故力諫以就死。惡不為忠乎？』曰：『知存無益，胡不逃去？逃去則商無賢人，無賢人則辛自亡矣。惡有剖賢人之罪，為千古醜歟？』曰：『苟使逃去，則無忠臣死諫之名垂于後代也。且比干非不知辛禍胎已長，勢不可止；蓋不忍不止，則竭忠諫之，諫之不聽，亦欲垂明鏡于後代，則辛有剖賢人之罪，得無鑒戒于後代邪？是以比干之忠，不獨忠于一時，而亦忠于後代矣。』

宋・孫覺《春秋經解》卷四《莊公下》 曹殺其大夫。禮曰：刑不上大夫。蓋大夫者，一國之選而人君之所尊任者也。選之得人而任之當其才，故君臣相與而國家以治。不幸其選之非人，而任之不見其功，則放之而已。蓋大夫有罪而放之，為之君者已有罪矣，況刑之乎！故曰刑不上大夫也。

春秋之盛，莫如齊威；齊威之盟，莫如葵丘之盟。葵丘之盟曰：『無專殺大夫。』蓋春秋之時，諸侯之大夫多不命於天子，至其有罪，又專殺之。故齊威盟以五事，而殺其一也。夫以齊威伯者，猶以專殺大夫為非，則王道之行而天下治也，固無殺大夫之禮焉。

《春秋》殺大夫三十有八，有書國殺之者，有書人殺之者，未嘗有書爵者也。蓋聖人之意猶曰：大夫者，人君之所尊任而與之治國家之人也。同體之相須，同業以相濟，求取之不精，任用之不當，則已有罪矣，何至於殺之乎？古之大夫或命於天子，命於天子則不可專放。春秋之大夫或命於其君，命於其君則不可專殺。故《春秋》可書國人殺之，不可以君殺之也。雖其君殺之者而不言，蓋有之，不許之也。曹殺其大夫，則是曹君殺之。不言其爵，不許其專殺大夫也。

《春秋》殺大夫三十有八，而不名者三，非賢之，史失之也。舊史失其名，孔子安得而妄加之也？為人臣而見殺焉，則所以事之之道未備；事之之道未備，而君無禮焉，則去之可也，何至於見殺乎？春秋死難之臣，如仇牧、荀息者，孔子未嘗褒之也，況無事而見殺者哉！《公羊》曰：『不名，衆也。』按《春秋》殺三大夫者，猶悉名之，安得衆而不名乎？又曰：『為曹羈諱也。』按《公羊》以曹羈為大夫，故生此義。非也。《穀梁》曰：『無命大夫也。』案宋殺大夫，亦有不名者，豈宋大國，亦無大夫乎？又曰：『大夫賢也。』按無事君之道而見殺矣，安得賢乎？皆不通也。

宋・劉敞《春秋傳說例・殺大夫例》 稱國殺而名大夫者，罪累上也。稱人殺而名大夫者，大夫罪也。稱人而不名大夫者，大夫無罪，由衆殺之也。原注：宋人殺其大夫。稱國而不名大夫者，大夫無罪，由君殺之也。原注：曹殺其大夫。稱人殺而不以大夫道者，非其大夫也。原注：晉人殺欒盈。稱君殺者，世子、母弟也。非殺大夫而稱公子者，稱人則為有罪，稱國則為無罪。原注：陳人殺其公子禦寇，莒殺其公子意恢，亦皆世子母弟。

宋・呂祖謙《左氏博議》卷一二《晉懷公殺狐突》 明於觀人，暗於觀己，此天下之公患也。見秋毫之末者，不能自見其睫；舉千鈞之重者，不能自舉其身。甚矣，己之難觀也。人皆以己觀己之難，而不知以人觀己之易。同是言也，彼言之則從，我言之則違，其必有故矣。同是事也，彼為之則是，我為之則非，其必有故矣。因人之善，見己之惡；因人之惡，見己之善。觀孰切於此者乎？晉懷公不知己之無以致人，徒責人之不從己，殆未嘗以人而觀己也。

懷公，晉國之君。彼重耳，特一亡公子耳。狐、趙之徒出從重耳，陷狄困衛，逃齊脫楚，人有不堪其憂者矣。乞食投塊，觀浴操戈，人有不堪其辱者矣。風羈雨紲，過都歷邑，人有不堪其勞者矣。使其一日捨重耳而從懷公，則里閭歡迎，姻族畢至，擊鮮釃酒，舒發故情，此天下之至樂也。高軒華轂，豹飾羔裘，前趨後陪，光生徒馭，此天下之至榮也。堂宇靚深，自公退食，體胖心廣，四顧無虞，此天下之至安也。懷公盍亦以人觀己乎？從彼者憂如是，辱如是，勞如是，而狐、趙輩乃就之而不辭。從我者樂如是，榮如是，安如是，而狐、趙輩乃棄之而不顧。則德之優劣厚薄，不待言而可見矣。懷公盍亦因此自反？

曰樂也，榮也，安也，人之所同嗜也。狐趙之徒而以崎嶇從重耳者，豈與人異情哉？其棄樂而就憂者，必重耳之德有以勝其憂也；其棄榮而就辱者，必重耳之德有以勝其辱也；其棄安而就勞者，必重耳之德有以勝其勞也。況吾以晉國之大而增修其德，則人之從我者，既有道德之樂，又有名位之樂；既有道德之榮，又有名位之榮；既有道德之安，又有名位之安。重耳無我之所有，而我有重耳之所無，有無之相形，人將不待招而至矣。此猶為懷公而言，非論之至者也。德之休明冰天桂海荒區絕漠將奉琛重譯而皆來臣何至下與一亡公子爭數僕役哉？陋矣，懷公之褊也！懷公肆其褊心，不知反己，徒殺人以逞，使在外者絕向我之意，而堅事讎之志，計無失於此矣。雖重耳苟安於外，彼毛、偃挾不戴天之讎，思欲一逞，豈容重耳之安於外乎？是則納重耳於晉者，非秦伯也，非狐、趙也，懷公也。

宋·呂大圭《春秋或問》卷九《莊公·陳人殺禦寇》 或問書『殺』之義，曰：《春秋》書殺大夫四十七，皆惡專殺也。古者諸侯之大夫，皆命於天子，諸侯不得專命也。大夫有罪，則請於天子，諸侯不得專殺也。葵丘之盟曰：『毋專殺大夫。』大夫猶不得專殺，況世子、母弟乎！《春秋》備錄之，而其罪著矣。然殺之罪雖一，而重輕之等有三：有稱君以殺者，晉侯申生、宋公世子痤、天王佞夫，稱君則君之志也。有稱國以殺者，鄭申侯、晉陽處父、陳洩冶，稱國則其國君與其大臣咸有罪焉。有稱人以殺者，此年禦寇、晉人殺先都、晉人殺士穀、箕鄭父，陳人殺公子過，稱人則衆殺之也。【略】

曰：殺之則或稱公子，或稱大夫，或稱大夫公子，何也？曰：稱公子者，公子而非大夫也，如此年陳人殺其公子禦寇，昭十四年莒人殺其公子意恢是也。或公子而未命為大夫，則稱公子也，或公子而未誓為世子，亦稱公子也。稱大夫者，大夫而非公子也，鄭殺申侯，晉殺里克之類是也。稱大夫公子者，公子而又為大夫也。如成十六年，楚殺其大夫公子側；襄五年，楚殺其大夫公子壬夫；二十年，蔡殺其大夫公子燮；二十二年，楚殺其大夫公子追舒；昭八年，陳殺其大夫公子過；哀二年，蔡殺其大夫公子駟是也。若公孫黑、公孫姓、公孫霍，則公孫而為大夫也。又有書殺其大夫而以官舉者，則以官重而書之也，宋殺其大夫司馬是也。乃若晉侯殺世子申生，則著世適之重也。天王殺其弟佞夫，則著親親之義也。觀聖人所書，而褒貶固已寓乎其中矣。

元·程端學《三傳辨疑》卷一六《襄公·天王殺其弟佞夫》 按景王已立三年矣，儋括始欲立佞夫；且《春秋》書『天王殺其弟佞夫』，蓋天王使之殺爾。《左氏》謂五大夫殺佞夫，而歸辠於天王，則不合於經矣。五大夫殺佞夫，則是兩下相殺耳，聖人豈肯歸過於天王哉？

元·趙汸《春秋屬辭》卷一〇《變文以示義·大夫見殺非君臣不名苟殺當其罪則去族》 以上殺大夫去族者三，是為成得臣、鬬宜申、蕩山，皆討當其罪者也。凡譏專殺，謂殺有罪，不告天子爾。《春秋》書國殺大夫二十二，有殺之以說大國者，鄭申侯、衛孔達、蔡公子駟是也。有師敗而歸罪者，晉先穀、楚公子側是也。有彊家相傾者，晉二趙三郤、齊高厚是也。有罪狀未著者，鄭公子嘉、楚屈申是也。有以讒殺者，楚成熊、郤宛是也。有不以其罪殺者，晉里克、衛甯喜是也。其他皆有可議者，譏不止專殺也，而一以國殺書者，若《傳》記殺丕鄭者，郤芮也，而晉侯使以丕鄭之亂來告，則史固以國殺書而已。其或君臣同謀，或用事之臣先意承指，或稟命而行，皆從告而書矣。然而其間亦有討當其罪者，筆削之旨，可無辯與？城濮之役，子玉違命喪師，罪當討也，與共王身敗其師於鄢陵，而子反以子重之言死者異矣。子西以謀弒穆王誅，與成熊、郤宛以讒見殺者異矣。蕩澤弱公室，殺公子肥，華元為之去國，魚石請討乃反，使司徒。司城率國人攻蕩氏，殺子山，其亦可與彊家之相傾者同文乎？以鄭子產為政，而公孫黑三罪，俟其傷疾將死，而後能加刑，則華元之不賴寵以立法，亦可謂知官守者矣。故夫子於是三臣，皆去其族，以別於稱國以殺而刑罰不中者。其有罪而不以時討，如公孫黑亦從其恒稱，則筆削之情見矣。

明·唐順之《荆川集》卷一二《讀春秋》 諸侯之大夫、公子，雖其有罪，必請於天子，而後刑殺焉。其不請於天子而顓殺者，罪也。故凡《春秋》書殺大夫、殺公子者，皆罪之。【略】殺大夫必名，亦有不名而但書其官，如宋人殺其大夫司馬者；亦有併其官不書，如曹殺其大夫者。此非略也，以為義繫乎其殺之者，而不繫乎其殺者。義繫乎其殺之者，則其殺也，足以著其罪矣；義不繫乎其殺者，則不必問其為何人與其為有罪、無罪焉，可也。

清·馬驌《左傳事緯》卷五《晉厲之弒》 嗚呼！敗國亡家，皆未有無故而然者也。欒、郤自傾危趙氏以来，權勢日張，而郤氏則三子同時為卿，彊偪尤甚。君侈臣犯，既多猜忌之釁；叔傲季伐，復為聚怨之藪。有一於此，未或不亡，而上下同之，喪亂無日矣。疆埸多虞，日夜警惕，君臣恊謀，猶堪紓死。今也鄢陵一戰，猝勝大敵，六間之謀，復出温季，是速之禍也。故趙武初冠而張老知三郤之亡，柯陵為盟而單子識晉國之亂。難之將作，夫人而皆見之矣，寧止魯衛之臣哉？

厲公多嬖而又信讒，欒書懷忌而復善譖，胥童挾怨，陽魚煽惑，三郤之死曾不煩一甲兵焉，一朝而尸三卿。凡晉國之大臣，其誰不人人自危乎？嬖人無厭，復搆欒、荀。匠麗難作，公亦罹禍。然後知晉國之患，果不在楚，而在乎君大夫也。殺三郤者，厲公也，而不可謂獨出於厲公；殺胥童弒君者，書、偃也，而不可謂獨出於書、偃。蔽殺大夫于國，而郤、胥之罪均蔽；殺君於國而書、偃之首惡著。勝不能居，反以為厲，危社稷而快荆楚之心，此范文子所由抑鬱而祈死也。

清·閻若璩《四書釋地續·海隅》 驅飛廉於海隅而戮之，説者謂史稱蜚廉善走，當武王誅紂，并殺惡來，飛廉獨以急足漏網，竄伏海隅，以為周無如我何。豈知聖人除惡務盡，于窮無復之之地，仍執而戮之，以彰天討。此亦是隨文詮解。而皇甫謐云：河東彘縣今霍州十五里有飛廉冢，民常祠之。酈道元云：霍太山上有飛廉墓。皆與《秦紀》文合。蓋殺者一處，葬者又一處，其詳不可得聞矣。

清·高士奇《左傳紀事本末》卷五一《勾踐滅吴》 子胥，吴之老臣，灑泣披肝，忠貫日月。少伯，勾踐之甯武子也，相從羈紲，卒反故君。文種，實為居者，九術用三，吴以為沼。此三人者，皆吴、越之所倚為存亡，而沒猶百世祀者也。一則不免鴟夷之湛，一則卒就屬盧之誅。藉令少伯不見幾遠引，則亦藏弓烹狗之屬耳。夫差固荒肓，無足深責。若勾踐，則真長頸烏喙哉！

清·惠士奇《春秋説》卷四 國殺大夫，曷為不稱名？或云有辠稱名，無辠不名。非也。陳殺洩冶，楚殺郤宛，皆無辠而稱名，則稱名，豈皆有辠哉？君命殺之則稱名，非君命則不名。《春秋》兩下相殺不道，非君命而殺大夫，是兩下相殺也，曷為而書於策乎？言將自是弒君也。子弒父，臣弒君，非一朝一夕之故，其所由來者漸矣。

國有大夫，君之股肱心膂；未有股肱心膂，既亡而元首得全者也。文七年，宋成公卒，昭公即位，而襄王之姊為宋襄公夫人，乃昭公之祖母，欲殺昭公而立公子鮑，故先除昭公之黨，於是穆、襄之族率國人以攻公，而殺公孫鄭、公孫固。八年冬，戴氏之族又殺襄公之孫孔叔、公孫鍾離、公子卬而逐蕩意諸，皆襄夫人使穆襄及戴族為之，必欲盡除昭公之黨而後已。《傳》稱昭公欲去群公子者，蓋昭公亦欲去襄夫人及公子鮑之黨而力不能，反為其所噬，遂至孤危，以瀕於死；而公子鮑驟施于國，又網羅國之材人，收恤桓以下之親，上交六卿，下結民心。襄夫人以君祖母之尊，王姬之貴而為之奥主，以助焉。由是昭公之黨益孤，公子鮑之黨益盛。至十六年，遂弒昭公而鮑立，是為文公。蓋履霜馴至于堅冰，宋之亂歷十年而後成。故非君命而擅殺大夫，不得比於兩下相殺，言將自是弒君也。獨莊二十六年，曹殺其大夫；僖二十五年，宋殺其大夫，不見國史，無聞焉爾。

陳殺洩冶，洩冶以諫死，《春秋》無褒辭，有説乎？曰：有説。群言淆亂，衷諸聖。孔子嘗稱蘧伯玉及晏平仲矣。晏平仲之仕於齊也，當莊公之時。公數淫於崔氏，未聞晏子有諫言；及莊公之弑也，晏子立于崔氏之門外，其人曰：『死乎？』曰：『獨吾君也乎哉！吾死也。』曰：『行乎？』曰：『吾辠也乎哉！吾亡也。君為社稷死則死之，為社稷亡則亡之。若為己死而為己亡，非其私暱，誰敢任之？』説者謂晏子創為此論，不可以訓。而蘧伯玉之仕于衛也，當獻公之時，孫林父欲出其君而告蘧伯玉，對曰：『君制其國，臣敢奸之，雖奸之，庸知愈乎？』遂行，從近關出，由是林父出獻公而立公孫剽。及甯喜欲弑剽而納獻公，又告蘧伯玉，伯玉曰：『瑗不得聞君之出，敢聞其入。』遂行，從近關出。然則莊公之難而平仲不死，獻公之出而伯玉不從，難則死之，出則從之，皆其私暱也。然晏子哭莊公，而以尸枕其股，盟崔慶而臨歃，易其辭，凛凛然有風烈焉。而伯玉之飄然事外，君之出入絶不與聞。兩人易地則皆然也，非所謂邦有道，可以卷而懷之者乎？孔子稱晏平仲『善與人交』，而盛稱蘧伯玉為『君子』。後之學者或不滿平仲，莫敢輕議伯玉。假令伯玉而仕於陳靈公之朝，靈公與孔寧、儀行父通於夏姬，各衷其衵服而於朝相戲，將直言以諫乎？抑默無一言乎？吾知伯玉當是時，必卷而懷之，奉身而退矣。孔子曰：『《詩》云：「民之多辟，無自立辟。」其洩冶之謂乎！』《春秋》從君殺大夫之例而無褒辭者，以其未聞君子之道也。雖然，洩冶以諫死，不可以不書。後世殺諫臣者，尚其鑒諸！

清・張尚瑗《公羊折諸》卷二《莊公・哀公烹乎周》 醢鬼侯，脯鄂侯，殷紂則然。周之君，未必為此。且自懿王以後，王室遂衰，至厲王暴虐，楚熊渠畏之，去其王號。若夷王者，方下堂而見諸侯。而《史記・齊世家》言周烹哀公，徐廣注以為夷王之事，必不然矣。齊自太公賜履，五侯九伯實得征之，為東方大國，亦未必受菹醢之戮，而八世因循，默默於王朝者也。

軍事統領權分部

建　軍

綜　述

夏朝　《尚書・甘誓》 大戰於甘，乃召六卿。漢孔安國《傳》：天子六軍，其將皆命卿。王曰：『嗟！六事之人，《傳》：各有軍事，故曰六事。予誓告汝。』唐孔穎達《正義》：將戰而召六卿，明是卿為軍將。天子六軍，其將皆命卿，《周禮・夏官》序文也。鄭玄云：夏亦然，則三王同也。經言大戰者，鄭玄云：天子之兵，故曰大。孔無明説，蓋以六軍並行，威震多大，故稱大戰。卿為軍將，故云乃召六卿；及其誓之，非六卿而已。鄭玄云：變『六卿』言『六事之人』者，言軍吏下及士卒也。

又　《胤征》 惟仲康肇位四海，《傳》：羿廢太康，而立其弟仲康為天子。胤侯命掌六師。《傳》：仲康命胤侯掌王六師，為大司馬。

商朝　《甲骨文合集》33006 丁酉，貞王乍三𠂤，右、中、左。

兩周　《殷周金文集成釋文》卷四《盠方尊》 唯八月初吉，【略】王令盠曰：埶𤔲六師眔八師藝。

又　卷二《小克鼎》 唯王廿又三年九月，王在宗周，王令膳夫克舍于成周，遹正八師之年。

又　卷三《小臣謎𣪘》 𠭰東夷大反，伯懋父以殷八師征東夷。

《尚書・泰誓下》 時厥明，王乃大巡六師。《正義》：師者，衆也。天子之行，通以六師為言，於時諸侯盡會，其師不啻六也。明誓衆士。

又　《康王之誥》 張皇六師，無壞我高祖寡命。《傳》：言當張大六師之衆，無壞我高德之祖寡有之教命。

《周禮・夏官・司馬》 凡制軍，萬有二千五百人為軍。王六軍，大國三軍，次國二軍，小國一軍。軍將皆命卿。二千有五百人為師，師帥皆中大夫。五百人為旅，旅帥皆下大夫。百人為卒，卒長皆上士。二十五人為兩，兩司馬皆中士。五人爲伍，伍皆有長。漢鄭玄注：軍、師、旅、卒、兩、伍，皆衆名也。伍，一比；兩，一閭；卒，一族；旅，一黨；師，一州；軍，一鄉；家所出一人。將、帥、長、司馬者，其師吏也。言『軍將皆命卿』，則凡軍帥不特置，選於六官，六鄉之吏，自卿以下德任者，使兼官焉。

又《地官・小司徒》乃會萬民之卒伍而用之。五人為伍，五伍為兩，四兩為卒，五卒為旅，五旅為師，五師為軍。以起軍旅，以作田役，以比追胥，以令貢賦。注：用謂使民事之。【略】此皆先王所因農事而定軍令者也。

《詩經・小雅・瞻彼洛矣》靺韐有奭，以作六師。漢毛亨《傳》：天子六軍。

又《大雅・棫樸》周王於邁，六師及之。《傳》：天子六軍。漢鄭玄《箋》：二千五百人為師。今王興師行者，殷末之制未有師。《禮》：五師為軍，軍萬二千五百人。

又《大雅・常武》整我六師，以修我戎。

《左傳・桓公五年》秋，王以諸侯伐鄭，鄭伯禦之。王為中軍。虢公林父將右軍，蔡人、衛人屬焉。晉杜預注：虢公林父，王卿士。周公黑肩將左軍，陳人屬焉。注：黑肩，周桓公也。

宋・程公説《春秋分記》卷三九《征伐書第一》平王東遷，西周之地盡入於秦，東周之地亦復朘削，王畿車乘卒伍不能充數，又以王人戍申、戍甫，《揚之水》刺之，畿兵自是輕出矣。春秋初伐鄭之役，雖有陳、蔡、衛人從王，然合王室之衆，僅有三軍，則六師之衆不能備，又非牙璋發軍之舊矣。

魯國

《左傳・襄公十一年》春，季武子將作三軍，注：魯本無中軍，唯上、下二軍，皆屬於公。有事，三卿更帥以征伐。季氏欲專其民人，故假立中軍，因以改作。《正義》：《禮・明堂位》云：成王封周公於曲阜，地方七百里。其時必有三軍也。《詩・魯頌・閟宮》頌僖公能復周公之宇，云『公徒三萬』。鄭玄云：大國三軍，合三萬七千五百人。言三萬者，舉成數也。則僖公復古制，亦三軍矣。蓋自文公以來，霸主之令，軍多則貢事多，自減為二軍耳，非是魯衆不滿三軍也。若然，昭五年『舍中軍』書之於經，往前若減一軍，亦應書之，而經不書者，『作三軍』與『舍中軍』，皆是變故改常，卑弱公室。季秉國權，專擅改作，以故史特書之耳。若國家自量彊弱，其軍或減或益，國史不須書也。何則？僖公復古，始有三萬，則以前無三萬矣。僖公作亦不書，何怪舍不書也。蘇氏亦云：僖公之時，實有三軍。自文以後，舍其一軍。不書者，非是故有所舍，故不書。蘇氏又云：鄭注《詩》公徒三萬，以為三軍。鄭答臨碩之問，云公徒三萬為二軍者，鄭隨問而答，當以《詩箋》為正。告叔孫穆子曰：『請為三軍，各征其軍。』注：征，賦稅也。三家各征其軍之家屬。穆子曰：『政將及子，子必不能。』注：政者，霸國之政令。禮，大國三軍。魯次國而為大國之制，貢賦必重，故憂不能堪。武子固請之，穆子曰：『然則盟諸？』注：穆子知季氏將復變易，故盟之。乃盟諸僖閎，注：僖宮之門。詛諸五父之衢。注：五父，衢道名，在魯國東南。詛，以禍福之言相要。正月，作三軍，三分公室而各有其一。注：三分國民衆。三子各毀其乘。注：壞其車乘，分以足成三軍。

《國語》卷五《魯語下》季武子為三軍。叔孫穆子曰：『不可。【略】今我小侯也，三國吳韋昭注：言小侯者，削弱之日久矣。處大國之間，注：大國，齊、楚也。繕貢賦以共，從者猶懼有討。注：猶懼以不給，見誅討也。若為元侯之所，注：之所，謂作三軍，元侯所為。以怒大國，無乃不可乎？』弗從，遂作中軍。注：言中者，明已有上、下軍也。自是齊、楚代討於魯，注：代，更也。襄、昭皆如楚。注：襄，襄公。昭，昭公也。如楚，朝事楚也。

《左傳・昭公五年》春王正月，舍中軍，卑公室也。注：罷中軍，季孫稱左師，孟氏稱右師，叔孫氏則自以叔孫為軍名。《正義》：襄十一年，初作三軍，十二分其國民，三家得七，公得五，國民不盡屬公，公室已是卑矣。今舍中軍，四分公室，三家自取其稅，減己稅以貢於公，國民不復屬於公，公室彌益卑矣。是舍中軍者，三家所以卑弱公室也。作中軍，卑公室之漸；舍中軍，卑公室之極。初作云『作三軍』，今不云舍三軍者，初云作者，舊有二軍，今更增一軍，人數不足，故總皆渾破，各毀其乘，足成三軍，故云『作三軍』。此則唯舍中軍之衆，屬上、下二軍。其上下二軍，依舊不動。故唯云舍中軍也。【略】魯之軍名，《傳》無其號。晉作三軍，為上、中、下，則魯之三軍，亦當然也。其廢中軍之後，上下二軍分為四分，哀十一年齊師伐魯，《傳》稱孟孺子洩帥右師，冉求帥左師。冉求，季氏宰也。又言叔孫、武叔退而蒐乘，更無別稱，知自以叔孫為軍名也。毀中軍于施氏，成諸臧氏。注：季孫不欲親其議，勅二家會諸大夫，發毀置之計，又取其令名。初作中軍，三分公室而各有其一。注：三家各有一軍家屬。季氏盡征之，注：無所入於公。叔孫氏臣其子弟，注：以父兄歸公。孟氏取其半焉。注：復以子弟之半歸公。及其舍之也，四分公室，季氏擇二。注：簡擇取二分。二子各一，皆盡征之，而貢于公。注：國人盡屬三家，三家隨時獻公而已。

《公羊傳·襄公十一年》 春王正月，作三軍。《傳》：三軍者何？三卿也。漢何休《解詁》：為軍，置三卿官也。卿大夫爵號大同小異，方據上卿，道中、下，故總言三卿。作三軍，何以書？譏。何譏爾？古者上卿、下卿，上士、下士。《解詁》：說古制司馬官數。古者諸侯有司徒、司空，上卿各一，下卿各二；司馬事省，上、下卿各一，上士相上卿，下士相下卿，足以為治。襄公委任强臣，國家内亂，兵革四起，軍職不共，不推其原，乃益司馬作中卿，官踰王制，故譏之。言軍者，本以軍數置之。

又 《昭公五年》 春王正月，舍中軍。《傳》：舍中軍者何？復古也。《解詁》：善復古也。然則曷為不言三卿？五亦有中，三亦有中。《解詁》：此乃解上『作三軍』時意。作時益中軍，不可言中軍者，五亦有中，三亦有中，不知何中也。今此據上『作三軍』不言中，則益三之中，舍三之中，皆可知也。【略】不言卿者，欲同上、下，文以相起。

《穀梁傳·襄公十一年》 春王正月，作三軍。《傳》：作，為也。古者天子六師，諸侯一軍。作三軍，非正也。晉范寧《集解》：《周禮·司馬》法曰：萬有二千五百人為軍。王六軍，大國三軍，次國二軍，小國一軍，其將皆命卿。二千五百人為師，然則此言天子六師，凡萬有五千人；大國三軍，則三萬七千五百人。諸侯制踰天子，非義也。總云諸侯一軍，又非制也。昭五年經曰：舍中軍。《傳》曰：貴復正也。然則魯有二軍，今云作三軍，增置中軍爾。魯為次國，於此為明。

又 《昭公五年》 春王正月，舍中軍。《傳》：貴復正也。《集解》：魯次國，舊二軍。襄十一年立三軍，今毀之，故曰復正。

《論語·述而》 子路曰：『子行三軍，則誰與？』三國魏何晏《集解》：孔曰：大國三軍。

又 《子罕》 子曰：『三軍可奪帥也，匹夫不可奪志也。』

宋·程公說《春秋分記》卷三九《征伐書第一·内魯·軍制始末》

魯自禽父封於曲阜，及僖公能復周公之宇，史克作頌，其詩曰『公車千乘』，說者以為大國之賦也。又曰『公徒三萬』，說者以為大國之軍也。故知三軍，魯之舊，其曰三萬，舉成數也。實三萬七千五百人。宣公奢泰，初稅畝，什二而稅，既益民稅；及成公謀伐齊，元年。作丘甲，丘各一甲，又益民賦，率一甸而加步卒二十四人，甲士一人，三甸而加一乘。兵車之賦，非復司馬法之舊數矣。

鄭國 **《左傳·隱公五年》** （四月）衛人以燕師伐鄭，注：南燕國，今東郡燕縣。鄭祭足、原繁、洩駕以三軍軍其前，使曼伯與子元潛軍軍其後。燕人畏鄭三軍而不虞制人。六月，鄭二公子以制人敗燕師于北制。注：二公子，曼伯、子元也。北制，鄭邑，今河南成皋縣也。一名虎牢。

宋·程公說《春秋分記》卷四○《征伐書第二·鄭》 鄭次國，制當二軍。舊說就左、右拒分為中軍。考之《春秋》，初則鄭已備三軍。北制之師，隱五年。衛人以燕師伐鄭，鄭祭足、原繁、洩駕以三軍軍其前，使曼伯與子元潛軍軍其後。燕人畏鄭三軍而不虞制人，遂敗燕師于北制。至繻葛之戰，桓五年。曼伯為右拒，祭仲足為左拒，原繁、高渠彌以中軍奉公，為魚麗之陳，亦三軍之制也。高克：《清人》之詩『左旋右抽，中軍作好。』《傳》在閔二年。三軍之外，又多尚徒兵，而車戰寖弛矣。

晉國 **《左傳·莊公十六年》** （冬）王使虢公命曲沃伯，以一軍為晉侯。注：曲沃武公，遂并晉國，僖王因就命為晉侯。小國，故一軍。

又 《閔公元年》 晉侯作二軍。注：晉本一軍，見莊十六年。公將上軍，大子申生將下軍。

又 《僖公二十七年》 （文公）於是乎蒐于被廬，注：晉常以春蒐禮改政令，敬其始也。被廬，晉地。作三軍。

又 《僖公二十八年》 晉侯作三行，以禦狄。荀林父將中行，屠擊將右行，先蔑將左行。注：晉置上、中、下三軍，今復增置三行，以辟天子六軍之名。三行無佐，疑大夫帥。

又 《僖公三十一年》 秋，晉蒐于清原，作五軍，以禦狄。注：二十八年，晉作三行，今罷之，更為上下新軍。河東聞喜縣北有清原。

又 《文公六年》 春，晉蒐于夷，舍二軍。注：僖三十一年，晉蒐清原，作五軍。今舍二軍，復三軍之制。夷，晉地。前年四卿卒，故蒐，以謀軍帥。使狐射姑將中軍，趙盾佐之。陽處父至自温，改蒐于董，易中軍。注：易以趙盾為帥，射姑佐之。

又 《成公三年》 十二月甲戌，晉作六軍，注：為六軍，僭王也。萬二千五百人為軍。韓厥、趙括、鞏朔、韓穿、荀騅、趙旃皆為卿，賞鞌之功也。注：韓厥為新中軍，趙括佐之；鞏朔為新上軍，韓穿佐之；荀騅為新下軍，趙旃佐之。晉舊自有三軍，今增此，故為六軍。

又　**《襄公十四年》**　師歸自伐秦，晉侯舍新軍，禮也。成國不過半天子之軍。注：成國，大國。周為六軍，諸侯之大者三軍可也。於是知朔生盈而死。注：朔，知罃之長子。盈，朔弟也。盈生而朔死。盈生六年而武子卒，彘裘亦幼，皆未可立也。新軍無帥，故舍之。注：裘，士魴子也。十三年，荀罃、士魴卒，其子皆幼，未任為卿，故新軍無帥，遂舍之。

《國語》卷一〇《晉語四》　（文公）以趙衰之故，蒐于清原，作五軍。注：清原，晉地。晉本有上軍，有中軍，有下軍。今有五，益新上、下也。使趙衰將新上軍，箕鄭佐之；胥嬰將新下軍，先都佐之。

吳國　**《左傳·哀公十一年》**　中軍從王，注：吳中軍。胥門巢將上軍，王子姑曹將下軍，展如將右軍。注：三將，吳大夫。

《國語》卷一九《吳語》　吳王夫差【略】以會晉公午於黃池。【略】王親秉鉞，載白旗，以中陳而立。注：熊虎為旗，此王所帥中軍。左軍亦如之，皆赤常赤旟，丹甲朱羽之矰，望之如火。注：鳥隼曰旟。尚赤，左陽也。丹，彤也。朱羽，染為朱也。右軍亦如之，皆玄常玄旗，黑甲烏羽之矰，望之如墨。注：黑漆甲也。尚黑，右陰也。為帶甲三萬，注：帶甲，衿鎧。以勢攻，雞鳴乃定。

又　**卷二一《越語下》**　吳王帥其賢良與其重祿，以上姑蘇。注：昭謂賢良，親近之士，猶越言君子，齊言士也。《吳語》曰：越王以其私卒君子六千人為中軍。

漢·趙煜《吳越春秋》卷三《夫差内傳》　夫差昏秣馬食士，【略】方陣而行。中校之軍皆白裳白髦，素甲素羽之矰，望之若荼。王親秉鉞戴旗，以陣而立。左軍皆赤裳赤髦，丹甲朱羽之矰，望之若火。右軍皆玄裳玄輿，黑甲烏羽之矰，望之如墨。帶甲三萬六千，鷄鳴而定。

宋·程公説《春秋分記》卷四〇《征伐書第二·吳》　凡吳之兵，便利於舟，故楚為舟師以伐吳，則無功而還；襄二十四年。為舟師以略吳疆，而吳反得志；昭二十四年。至豫章之役，定二年。吳人見舟而潛師以敗楚，則楚舟師固不能以敵吳。異時長岸之戰，昭十七年。楚既大敗吳師，獲其乘舟餘皇，環塹守之，卒為吳公子光所取。蓋舟師利於江湖，楚是以莫能勝也。若其軍數，王僚伐楚，空國而二將。夫差伐齊，有上、中、下、左、右軍，哀公十一年。蓋可見者四軍。夫差益彊，帶甲之士十有三萬。黃池之會，三軍皆萬人。按《國語》，三將軍，三萬人。《吳越春秋》，三萬六千人。有中校、左、右軍。

越國　**《國語》卷二〇《越語上》**　越王勾踐棲於會稽之上，乃號令於三軍曰：『凡我父兄昆弟及國子姓，有能助寡人謀而退吳者，吾與之共知越國之政。』

又　**卷一九《吳語》**　越王軍於江南。越王乃中分其師，以為左、右軍，以其私卒君子六千人為中軍。【略】越王乃令其中軍銜枚潛涉，不鼓不譟，以襲攻之，吳師大北。越之左軍、右軍乃遂涉而從之，又大敗之於沒。注：沒，地名也。

齊國　**《國語》卷六《齊語》**　管子對曰：『作内政而寄軍令焉。』注：内政，國政也。因國政以寄軍令也。桓公曰：『善。』管子於是制國，五家為軌，軌為之長；注：軌中一人為之長也。十軌為里，里有司；注：為立有司。四里為連，連為之長；十連為鄉，鄉有良人焉。注：賈侍中云：良人，鄉士也。昭謂：良人，鄉大夫也。以為軍令：注：為軍掌令。五家為軌，故五人為伍，軌長帥之；注：居則為軌，出則為伍，所謂寄政也。十軌為里，故五十人為小戎，里有司帥之；注：小戎，兵車也，此有司之所乘，故曰小戎。《詩》云：『小戎俴收。』古者戎車一乘，步卒七十二人。今齊五十人。四里為連，故二百人為卒，連長帥之；十連為鄉，故二千人為旅，鄉良人帥之；五鄉一帥，故萬人為一軍，五鄉之帥帥之。注：五鄉，每一軍有五鄉也。鄉帥，卿也。萬人為軍，齊制也。周則萬二千五百人為軍。帥，長也。三軍，故有中軍之鼓，有國子之鼓，有高子之鼓。

《左傳·哀公十一年》　齊國書將中軍，高無丕將上軍，宗樓將下軍。

又　**《定公十三年》**　春，齊侯【略】使師伐晉。將濟河，諸大夫皆曰不可，邴意兹曰：『可。注：意兹，齊大夫。鋭師伐河内，注：今河内汲郡。傳必數日而後及絳。』注：傳，告晉。

《荀子》卷一〇《議兵篇》　齊人隆技擊，唐楊倞注：技，技力也。齊人以勇力擊斬敵者，號為技擊。孟康曰：兵家之技巧。技巧者，習手足，便器械，積機關以立攻守之勝者。其技也，得一首者賜贖錙金，無本賞矣。注：八兩曰錙。本賞謂有功同受賞也。其技擊之術，斬得一首，則官賜錙金贖之。斬首雖戰敗亦賞，不斬首雖勝亦不賞，是無本賞也。是事小敵毳，則偷可用也；注：可偷竊用之也。毳讀為脆。《史記》聶政謂嚴仲子曰：屠可以旦夕得甘脆以養親也。事大敵堅，則渙焉離耳。注：《易·說卦》曰：《渙》者，離也。若飛鳥然，傾側反覆無日。注：若飛鳥，言無憑依而易也。無日，言傾側反覆之速，不得一日也。是亡國之兵也，兵莫弱是矣。是其出賃市傭，而戰之幾矣。注：此與賃市中傭作之人而使之戰，相去幾何也。

宋·程公説《春秋分記》卷三九《征伐書第一·齊·作内政·鋭師》 成二年《傳》：鋭司徒。杜預注：主鋭兵者。定十三年《傳》：齊師伐晉，鋭師伐河内。鋭師亦鋭兵，與鋭司徒所掌同，則齊軍制，當別有此兵，言其精鋭以別之。

楚國 **《左傳·僖公二十八年》** 子玉以若敖之六卒將中軍，曰：『今日必無晉矣。』子西將左，子上將右。注：子西，鬭宜申。子上，鬭勃。

又《宣公十二年》 楚子北，師次於郔。注：郔，鄭北地。沈尹將中軍，子重將左，子反將右，將飲馬於河而歸。注：子反，公子側。

又《成公十六年》 楚子救鄭，司馬將中軍，注：子反。令尹將左，注：子重。右尹子辛將右。注：公子壬夫。【略】苗賁皇言於晉侯曰：『楚之良，在其中軍王族而已。請分良，以擊其左右，而三軍萃於王卒，注：萃，集也。必大敗之。』

又《宣公十二年》 欒武子曰：【略】『其君之戎，分為二廣。注：君之親兵。廣有一卒，卒偏之兩。注：十五乘為一廣。《司馬法》：百人為卒，二十五人為兩。車十五乘為大偏。今廣十五乘，亦用舊偏法，復以二十五人為承副。右廣初駕，數及日中，左則受之，以至于昏。内官序當其夜，注：内官，近官。序，次也。以待不虞。不可謂無備。』

漢·劉安《淮南子》卷一八《人間訓》 莊王曰：『陳為無道，寡人起九軍以討之。』

宋·程公説《春秋分記》卷四〇《征伐書第二·楚》 楚自若敖、蚡冒，篳路藍縷，以啓山林。武王始為軍政，作荆尸以伐隨，授師孑，以立陳法。成王地方千里，城濮之役，僖二十八年。子玉請戰，王怒，少與之師，唯西廣、東宫與若敖之六卒實從之。大抵皆非正，軍制亦非古。穆王接晉文、襄霸之後，楚益强大，時則嚴環衛之屬。厥貉之會，陳、鄭及宋受役於司馬，以田孟諸，時則有右盂、左盂兩甄之制。莊王霸强，克庸以來，文十六年。無日不討國人而訓之，于民生之不易；在軍無日不討軍實而申儆之，于勝之不可保。逮邲之戰，宣十二年。軍制備矣。蓋兆於武王，備於莊王，《傳》莫詳焉。三軍以為正軍，二廣以爲親軍，游闕以爲游兵。廣有一卒，卒偏之兩。於陳則分左右二拒。調卒之法，商農工賈不敗其業，卒乘輯睦，不奸於事。【略】至若成丁，則若申、息之子弟，士兵則若都君子，校人則若王馬之屬。其爲舟師以待吳寇，而卒莫能以得志。故曰『吳用木也，我用革也。』

燕國 **宋·司馬光《資治通鑑》卷四《周紀四·赧王中》** 三十一年，【略】（樂毅）乃遣左軍渡膠東、東萊，前軍循泰山以東，至海，略琅邪。右軍循河、濟，屯阿、鄄，以連魏師。後軍旁北海，以撫千乘。中軍據臨淄，而鎮齊都。

《史記》卷三四《燕召公世家》 今王喜四年，【略】王召昌國君樂間問之，對曰：『趙，四戰之國，唐張守節《正義》：趙東隣燕，西接秦境，南錯韓、魏，北連胡貊，故言四戰。其民習兵，不可伐。』王曰：『吾以五而伐一。』唐司馬貞《索隱》：謂以五人而伐一人。對曰：『不可。』燕王怒。羣臣皆以為可。卒起二軍，車二千乘，栗腹將而攻鄗，卿秦攻代。【略】燕王不聽，自將偏軍隨之。

趙國 **漢·劉向《説苑》卷二《臣術》** 趙簡子從晉陽之邯鄲，中路而止。引車吏進問：『君何為止？』簡主曰：『董安于在後。』吏曰：『此三軍之事也，君奈何以一人留三軍也？』簡主曰：『諾。』

《史記》卷四三《趙世家》 （武靈王）二十一年，攻中山。趙招為右軍，許鈞為左軍，公子章為中軍，王并將之。牛翦將車騎，趙希并將胡、代。趙與之陘，合軍曲陽。

魏國 **《荀子》卷一〇《議兵篇》** 魏氏之武卒，以度取之。注：武卒，選擇武勇之卒，號為武卒。度取之，謂取其長短材力中度者。衣三屬之甲，注：如淳曰：上身一，髀褌一，脛繳一，凡三屬也。操十二石之弩，負服矢五十箇，置戈其上，注：置戈於身之上，謂荷戈也。冠軸帶劍，注：軸與冑同，《漢書》作『冑』。帶劍，顔師古曰：著兜牟而又帶劍也。贏三日之糧，日中而趨百里。注：贏，負擔也。日中，一日之中也。中試則復其户，利其田宅。復其户，不徭役也，利其田宅，注：不征衆也。顔師古曰：利謂給其便利之處。是數年而衰而未可奪也，改造則不易周也。注：此中試者，筋力數年而衰，亦未可遽奪其優，奪其優復使皆怨也。改造，更選擇也，則又如前。是故地雖大，其稅必寡，是危國之兵也。注：優復既多則稅寡，資用貧乏，故國危。

秦國　**《商君書》卷三《兵守》**　守城之道盛力，故曰客，治簿檄，三軍之多，分以客之候車之數。三軍：壯男爲一軍，壯女爲一軍，男女之老弱者爲一軍，此謂之三軍也。壯男之軍使盛食厲兵，陳而待敵。壯女之軍使盛食負壘，陳而待令。客至而作土以爲險阻及耕格阱，發梁撤屋，給從從之，不洽而熯之，使客無得以助攻備。老弱之軍使牧牛馬羊彘，草木之可食者收而食之，以獲其壯男、女之食。而慎使三軍，無相過。壯男過壯女之軍，則男貴女，而姦民有從謀而國亡。喜與其恐有蚤聞，勇民不戰。壯男、壯女過老弱之軍，則老使壯悲，弱使強憐，悲憐在心，則使勇民更慮而怯民不戰。故曰慎使三軍，無相過，此盛力之道。

《吴子·圖國》　秦穆置陷陳三萬，以服鄰敵。

《荀子》卷一〇《議兵篇》　故齊之技擊，不可以遇魏氏之武卒；魏氏之武卒，不可以遇秦之鋭士。

漢·劉安《淮南子》卷一二《道應訓》　先軫舉兵，而與秦師遇於殽，大破之，擒其三軍以歸。穆公聞之，素服廟臨，以説於衆。注：説，解也。

《史記》卷五《秦本紀》　（昭襄王）四十八年十月，【略】秦軍分為三軍。

宋·程公説《春秋分記》卷四〇《征伐書第二·秦》　至穆公霸西戎，始作三軍。伐晉之師，僖三十三年殽之役，三帥而車三百乘。過周北門，左右免胄而下，超乘者三百乘。既不請命，直過王畿，凌逼甚矣。《傳》言其輕而無禮，著無禮於王室也。又置陷陣。《吴子》：秦置陷陣三萬。

論　説

《周易·序卦》　《訟》必有衆起，故受之以《師》。師者，衆也，唐李鼎祚《集解》：《九家易》曰：《坤》為衆物，《坎》為衆水，上下皆衆，故曰《師》也。凡制軍，萬有二千五百人為軍。天子六軍，大國三軍，次國二軍，小國一軍。軍有將，皆命卿也。二千五百人為師，師帥皆中大夫。五百人為旅，旅帥皆下大夫也。崔憬曰：因爭必起相攻，故受之以《師》也。衆必有所比，故受之以《比》。晉韓康伯注：衆起而不比，則爭無由息；必相親比，而後得寧也。

《漢書》卷二三《刑法志》　夏有甘扈之誓，殷、周以兵定天下矣。天下既定，戢臧干戈，教以文德，而猶立司馬之官，設六軍之衆，因井田而制軍賦。【略】戎馬、車徒。干戈素具，春振旅以搜，夏拔舍以苗，秋治兵以獮，冬大閲以狩，皆於農隙以講事焉。五國為屬，屬有長；十國為連，連有帥；三十國為卒，卒有正；二百一十國為州，州有牧。連帥比年簡車卒，正三年簡徒，羣牧五載大簡車徒。此先王為國，立武足兵之大略也。

周道衰，法度墮。至齊桓公任用管仲，而國富民安。公問行伯用師之道，管仲曰：『公欲定卒伍，脩甲兵，大國亦將脩之而小國設備，則難以速得志矣。』於是乃作内政而寓軍令焉。故卒伍定虖里，而軍政成虖郊。連其什伍，居處同樂，死生同憂，禍福共之。故夜戰則其聲相聞，晝戰則其目相見，緩急足以相死。其教已成，外攘夷狄，内尊天子，以安諸夏。齊桓既没，晉文接之，亦先定其民，作被廬之法，總帥諸侯，迭為盟主。然其禮已頗僭差，又隨時苟合，以求欲速之功，故不能充王制。

二伯之後，寖以陵夷。至魯成公作丘甲，哀公用田賦，搜狩治兵大閲之事，皆失其正。《春秋》書而譏之，以存王道。於是師旅亟動，百姓罷敝，無伏節死難之誼。孔子傷焉，曰：『以不教民戰，是謂棄之。』故稱子路曰：『由也，千乘之國，可使治其賦也。』而子路亦曰：『千乘之國，攝虖大國之間，加之以師旅，因之以饑饉，由也為之，比及三年，可使有勇且知方也。』治其賦兵，教以禮誼之謂也。

春秋之後，滅弱吞小，並為戰國，稍增講武之禮，以為戲樂，用相夸視。而秦更名角抵，先王之禮没於淫樂中矣。雄桀之士因埶輔時，作為權詐，以相傾覆。吴有孫武，齊有孫臏，魏有吴起，秦有商鞅，皆禽敵立勝，垂著篇籍。當此之時，合從連衡，轉相攻伐，代為雌雄。齊愍以技擊彊，魏惠以武卒奮，秦昭以鋭士勝。世方爭於功利，而馳説者以孫、吴為宗。

漢·班固《白虎通義》卷五《三軍》 國必三軍何？所以戒非常，伐無道，尊宗廟，重社稷，安不忘危也。何以言有三軍也？《論語》曰：『子行三軍，則誰與？』《詩》云：『周王於邁，六師及之。』三軍者何法？法天、地、人也。以為五人為伍，五伍為兩，四兩為卒，五卒為旅，五旅為師，五師為軍。萬二千五百人為一軍，三軍三萬七千五百人也。《傳》曰：一人必死，十人不能當；百人必死，千人不能當；千人必死，萬人不能當；萬人必死，橫行天下。雖有萬人，猶謙讓自以為不足，故復加二千人，因法月數。月者，羣陰之長也。十二月足以窮盡陰陽，備物成功。萬二千人亦足以征伐不義，致天下太平也。《穀梁傳》曰：『天子有六軍，諸侯上國三軍，次國二軍，下國一軍。』諸侯所以一軍者何？諸侯，蕃屏之臣也。任兵革之重，距一方之難，故得有一軍。

唐·陸淳《春秋集傳纂例》卷五《軍旅例》 啖子曰：凡軍旅之事，國之所以安危也，故紀其善否焉。統論書軍旅之意。觀民以定賦，賦不過什一。量賦以制用，於是經之以文，董之以武，使文足以經綸，武足以禦寇。故靜而自保，則為禮樂之邦；動而救亂，則為仁義之師。是以天子六軍，軍亦師也。萬二千五百人為軍，二千五百人為師。《傳》或稱六軍，或六師，蓋六卿分管為名，人數不必常定。大國三之一，謂置二軍。小國半大國。謂一軍也。數不必常，所以示稱也。言軍數與人力相稱。因蒐狩以訓之，習武備也。有事則聚之，無事則散之。今政弛民困，而增虛名以奉私欲，危亡之道也。譏作三軍。

宋·曾公亮等《武經總要前集》卷一《制度一·軍制》 古者天子六軍，諸侯大國三軍，次國二軍，小國一軍。夏商而上，制度無載，不可得而記也。周官以一卿為大司馬，掌制軍詰禁；又有小司馬、軍司馬，官皆用大夫。又有輿司馬、行司馬，官皆用士。又有小司馬官，皆用士。是謂建其正，立其貳，設其考，陳其衆，以相督攝，以相輔承，而武官之例備矣。凡制軍，國中自六尺以及六十，野自六尺及六十有五，皆征之。一鄉萬有二千五百家，家出一人，故五人為伍而屬之比長，五伍為兩而屬之閭胥，四兩為卒而屬之族師，五卒為旅而屬之黨長，五族為師而屬之州長，五師為軍而屬之命卿。是謂五有長，兩有司馬，卒有長，師有帥，軍有將焉。居守征行，以相部曲，而師營之法備矣。

齊威公用管夷吾之說制國，五家為軌，則五人為伍，有軌長以帥之；十軌為里，則五十人為小戎，里有司以帥之；四里為連，則二百人為卒，有連長以帥之；十連為鄉，則二千人為旅，有鄉良人以帥之。五鄉為一帥，則萬二千五百人為軍，有五鄉之帥以帥之。故有中軍之軍、高子之軍、國子之軍焉。蒐旅獮治，略本周法，亦大國三軍之制也。戰國以前，軍士在於閭里，有事焉而簡稽，有時焉而教習，於功暇日，農作而居家，未有留屯坐食、番上長征之法。是以其所處軍，置吏之名一隨於鄉黨；惟出師行營，則以部隊裨校之號，一切為殊。

宋·劉敞《春秋傳説例·大夫帥師例》 季孫行父、臧孫許、叔孫僑如、公孫嬰齊戰於鞌，四之何也？原注：據凡師，但書元帥。四軍，非禮也。季孫斯、叔孫州仇、仲孫何忌伐邾，三之何也？三軍，非禮也。季孫斯、仲孫何忌侵衛，兩之何也？兩軍，非禮也。然則諸侯軍制奈何？大國三卿，皆命於天子；次國三卿，二卿命於天子；小國二卿，一卿命於天子。元侯之卿有軍，作師以承天子；諸侯之卿無軍，教衛以贊元侯。原注：明諸侯之卿不得立軍，行但教衛士，衛士之數，不足軍也。魯，次國也。一軍，多矣；原注：緣教衛之禮，故一軍雖為多，然尚可也。二軍，非禮也；原注：經稱『作三軍』，明未作三軍之時，已有二軍。然二軍亦非禮，蓋在春秋前有之。三軍，僭也；四軍，悖也。原注：《周禮》：大國三卿三軍，然晉自武公，始以一軍稱侯，而獻公乃私立二軍。魯作三軍，而叔孫穆子稱魯不當有軍。參此三者，求《春秋》之義，知《周禮》所言是，後世增加穆子之說為精。

宋·蘇軾《東坡全集》卷四二《管仲論》 嘗讀《周官·司馬》法，得軍旅什伍之數。其後讀管夷吾書，又得管子所以變周之制。蓋王者之兵，出於不得已，而非以求勝敵也。故其為法，要以不可敗而已。至於桓文，非決勝無以定霸，故其法在必勝，繁而曲者，所以為不可敗也；簡而直者，所以為必勝也。周之制，萬二千五百人而為軍。萬之有二千，二千之有五百，其數奇而不齊。唯其奇而不齊，是以知其所以為繁且曲也。今夫天度三百六十，均之十二辰，辰得三十者，此其正也。五日四分之一者，此其奇也。使天度而無奇，則千載之日，雖婦人孺子皆可以坐而計。唯其奇而不齊，是故巧曆有所不能盡也。聖人知其然，故為之章會統元，以盡其數，以極其變。《司馬》法曰：五人為伍，五伍為兩。萬二千五百人，而為隊二百五十，十取三焉而為奇，其餘七以為正，四奇四正而八陣生焉。夫以萬二千五百人而均之八陣之中，宜其有奇而不齊者，是以多為之曲折，以盡其數，以極其變，鈎聯蟠踞，各有條理。故三代之興，治其兵農軍賦皆數十百年，而後得志於天下。

宋・陳祥道《禮書》卷三三《軍制》 《周官》「大司馬」主六軍，大國三軍，次國二軍，小國一軍。《春秋傳》曰：「成國不過半天子之軍。」諸侯之大者，三軍可也。蓋天子六軍，而將之以六卿；大國三軍，而將之以三卿。周三等之國，以地言之，公、侯百里，大國也；伯七十里，次國也；子、男五十里，小國也。以國家宮室車旗禮儀言之，上公以九為一節，大國也；侯、伯以七為節，次國也。子、男以五為節，小國也。然軍之多寡，係地之廣狹，而公、侯之田皆百里，則皆三軍矣。

魯於周為侯而地方百里，《頌》稱「公徒三萬」，此大國三軍之數也。《春秋》襄十一年「作三軍」，昭五年「舍中軍」，則魯之三軍，蓋嘗變於僖公之後，至襄而復作，至昭而又舍也。《左氏》曰：「季武子作三軍，三分公室而各有其一。」杜預曰：魯本無中軍，惟上、下二軍，皆屬於公。有事三卿更帥以征伐，季氏欲專其民人，故假立中軍。《公羊》曰：「三軍者何？三卿也。何譏爾？古者上卿、下卿，上士、下士。」何休曰：襄公委任强臣，乃益司馬，作中卿，官踰王制，故譏之。《穀梁》曰：「古者天子六師，諸侯一軍。作三軍，非正也。」啖氏曰：天子六軍，大國三之一，小國半大國，數不必常，所以示稱。《國語》曰：「季武子為三軍，季孫穆子曰：『不可。今我小侯也，處大國之間，繕貢賦以共，從者猶懼有討。若為元侯，之所以怒大國，無乃不可乎？』弗從，遂作中軍。自是齊、楚伐討魯，襄、昭皆如楚。」

由此觀之，魯於春秋之時，尊事齊、楚為不暇，則其國次國而已，不宜復作三軍，作三軍，非正也。故《春秋》書「作」以譏之。作猶「作僖公主」之類也。及舍中軍，以起於禮，又書以正之。《公羊》曰：「舍中軍，復古也。」《穀梁》曰：「復正也。」其說是也。然《穀梁》言天子六師，諸侯一軍；啖氏言天子六軍，大國三之一，小國半大國。其制與《周禮》不合，是臆說耳。春秋之時，王命曲沃伯以一軍為晉侯，莊十六年。其後晉作三行，以增上、中、下而當六軍，則世衰禮廢，大夫僭諸侯，諸侯僭天子，不足怪也。

宋・胡安國《春秋傳》卷二一《襄公上》 三軍，魯之舊也。古者大國三軍，次國二軍，小國一軍。魯侯封於曲阜，地方數百里，天下莫强焉。及僖公時，能復周公之宇，而史克作《頌》。其詩曰：「公車千乘。」說者以為大國之賦也。又曰：「公徒三萬。」說者以為大國之軍也。故知三軍，魯之舊爾。然車而謂之「公車」，則臣下無私乘也；徒而謂之「公徒」，則臣下無私民也。若有侵伐，諸卿更帥以出，事畢則將歸於朝，車復於甸，甲散於丘，卒還於邑。將皆公家之臣，兵皆公家之衆，不相繫也。文、宣以來，政在私門，襄公幼弱，季氏益張。廢公室之三軍，而三家各有其一，季氏盡征焉，而舊法亡矣。是以謂之「作」。其明年，季孫宿救台，遂入鄆。又其後，享范獻子而公臣不能具三耦，民不屬公可知矣。《春秋》書其「作」、「舍」，以見昭公失國，定公無正，而兵權不可去公室。有天下國家者之所宜鑒也。

宋・葉夢得《春秋考》卷七《桓公》 先王為兵之法，不可得而見矣。《左氏》載桓王伐鄭之役，王為中軍，而虢公、周公為左、右。蓋古之用兵，無有不分而為三，所謂三軍也。六軍者，軍之數也；三軍者，軍之法也。故鄭亦以曼伯為右拒，祭仲為左拒，原繁、高渠彌為中軍以當王，而曰先偏後伍，伍承彌縫，謂之魚麗之陣。《大司馬》聯兵之法，五人為伍，五伍為兩，四兩為卒，自是等而上之，至于為軍。伍、兩、卒，皆其軍之名。此先王之制可考者也。【略】

先王之法，王者之師也，必有不可盡行於當時者。故國各自為之制，然亦不能外曰伍、曰兩、曰卒、曰偏者焉。三軍，古者謂左、右、中，而晉文公言上、中、下，亦各為之名者異爾。故左拒、右拒者，鄭之名也；左廣、右廣者，楚之名也；左角、右角者，晉之名也。

宋・呂祖謙《左氏傳續説》卷二《桓公・王為中軍五年》 古者天子六軍，今桓王何故只有三軍？鄭何故却有左、右拒及中軍？蓋周室衰弱，不能備天子六軍之制。鄭欲當王之三軍，就一軍中分出左、右拒，故有三軍。鄭命二拒曰：「旝動而鼓。」旝，中軍之旗；鼓，二拒之鼓。古者每軍主將之車，必有一鼓。如《國語》曰：「有中軍之鼓，有國子之鼓，有高子之鼓。」則此中軍，亦當有鼓。今中軍乃動旝而不動鼓，何也？蓋車進則鼓動。今鄭欲先命左、右拒以擊陳、蔡、衛，則中軍尚未動，所以鄭中軍以旝為號令也。

宋・呂祖謙《左氏傳説》卷六《宣公・邲之戰晉楚軍制十二年》 邲之戰，如晉、楚之所以勝敗，前固嘗論之。然而晉、楚軍制，惟此一戰，所載甚詳。晉出師時為三軍，荀林父將中軍，士會將上軍，趙朔將下軍。到後來賞鞌之功，方分為六軍。然以邲之戰考之，當此時，晉雖未分六軍之名，已有六軍部分了。何故？當晉師臨河，自隨武子以下皆不欲進，惟彘子以中軍佐先濟。當時若止是三軍，時中軍將自是荀林父，彘子安能分軍先濟？以此知當時雖未有六軍之名，已有六軍部分。何故？荀林父是中軍帥，彘子是中軍佐；士會是上軍帥，郤克是上軍佐；趙朔是下軍帥，欒書是下軍佐。以此知當時六軍，已自分了。所以彘子獨能以中軍佐濟。若當時六軍部分未分，彘子雖剛狠，然區區一夫，安能獨濟？所以韓獻子謂荀林父曰：『彘子以偏師陷。』是則六軍部分已分了。

晉固如是，然當時楚之軍制尤詳。當時楚亦有三軍，如子重左，子反右，所謂三軍是正軍。時孫叔敖為令尹，秉國之政，不在三軍之數，是統三軍者。且如南轅反旆，其或進或退，軍之號令皆由令尹，以此知令尹是統三軍者。當時三軍是正軍，其君之戎分為二廣，內官序當其夜。是親軍，亦不在三軍之數，常隨禁軍者，到得率游闕四十乘，從唐侯。游闕自是楚兵，亦不是親兵，亦不是正軍，往來補闕者，看甚處薄，游闕則從而補之，此所謂奇軍。奇軍便是正軍中旋分出，不是正軍之外別有奇軍，但不係步伍之數者，臨時看厚薄，旋分補。到後來，楚既敗晉，以乙卯日敗，丙辰楚重方至。以此知輜重，常後正軍一日到。蓋楚之軍，甚有法。輜重不過正軍一日，若與正軍大過相遠時，便有邀擊之患；大過近時，重兵才亂，便亂了正軍。後世用兵，先擊輜重取勝者甚多，只緣不是太近，則太遠，不近之間。

宋・呂祖謙《左氏博議》卷一五《晉侯作三行》 事固有當責而不可責者。奢者，可責也，多與之財而責其奢，不可也。醉者，可責也，多飲之酒而責其醉，不可也。晉自武公，始受一軍啓封。繼以獻公之强，衍其一軍為二。繼以文公之伯，衍其二軍為三；猶以為未足，復割為三行之制，外避天子六軍之名，而内僭天子之實。議者並以文公為可責也，吾獨以為當責而不可責也。亦嘗聞周室軍旅之制乎？五人為伍，五伍為兩，四兩為卒，五卒為旅，五旅為師，五師為軍。一軍之制，為人萬二千五百。《司馬》法。損一人則不足，增一人則有餘。大國之三軍也，地方百里，而其人僅足以具三軍也。次國之二軍也，地方七十里，而其人僅足以具二軍也。小國之一軍也，地方五十里，而其人僅足以具一軍也。地有限則人有限，人有限則軍有限，雖欲僭侈其軍，亦窘於無人而不得騁矣。

王者之於諸侯，典祀陵節所當問也，車服亂常所當問也，宫室改度所當問也，樂舞踰數所當問也，獨軍旅之制有所不必問焉。非軍旅果輕於典祀、車服、宫室、樂舞也，蹙之以地，束之以人，雖使僭之，亦不能僭也。王綱上舉，侯度下修，大不侵小，强不犯弱，則地有常地，人有常人，軍有常軍。雖欲如晉之僭，豈可得哉？

晉之所以能僭六軍者，適當周室失政之時。南吞北噬，東攘西略，以斥大其國。增地必增人，增人必增軍。野曠則風勁，川漲則舟高，國大則兵衆矣。夫何疑耶？既已容其兼并，而反責其軍制之僭，是猶多與之財而責其奢，多飲之酒而責其醉也。此吾所謂事有當責而不可責者也。

為周室計者，當深絶其晉兼并之原。至於軍數之多寡，則在周室初無損益焉。周果能治晉兼并之罪，披其地，奮其人，則善矣。不然，則合為一軍者是衆也，晉之强自若也；分為六軍者是衆也，晉之强自若也。是一軍者未分之六軍，而六軍者既分之一軍也。吾何為喜其一而怒其六哉？軍數之多寡，不足為損益，則先王之制禮，銖兩毫髮至嚴而不可踰者，果非耶？曰：賈人不得衣綺縠者，政也；盜賊不得衣綺縠，非政也。盜賊非剽掠，不能具綺縠。晉侯非兼并，不能具六軍。舍其剽掠而責其服之侈儉，舍其兼并而責其軍之多寡，可不可耶？

又 卷一五《晉作五軍以禦狄》 晉文公始兼三行、三軍之制，以擬天子之六軍；曾未數年，知僭侈之過，復蒐於清原，損其一而為五軍焉。晉文公果知過之當改，則亟出令，盡復諸侯之舊，可矣。乃於改過之時，而為文過之事，創立軍制，上則異於天子，下則尊於諸侯。明知其過而不能盡改，外邀恭順之名，內享泰侈之實，其機不可謂不巧，其謀不可謂不譎矣。巧如是，譎如是，其良心乎？僞心乎？良心無巧，巧者僞心也；良心無譎，譎者僞心也。軍雖損其一，而僞心之增者，不知其幾矣。

嗚呼！易則易，于則于。易、于雜者，未之有也。天下之分，非君則臣；天下之俗，非夷則夏；天下之事，非善則惡；天下之説，非正則邪。出臣則入君，出夷則入夏，出善則入惡，出正則入邪。天下豈有出乎此而不入乎彼者耶？宜晉文之心勞日拙也。

宋·程公説《春秋分記》卷三九《征伐書第一》 古先聖人制四海之命，法天而不私己，盡制而不曲防，分天下有德有功者以地，於是有百里、七十里、五十里、不能五十里邦國之制焉，於是有千雉、百雉、三之一、五之一、九之一之高城深池焉，於是有井邑、丘甸、縣都之夫數焉，於是有十乘、百乘、千乘、萬乘之車數焉，於是有伍兩、卒旅、師軍之制焉。故農夫受田而食其力，諸侯有國以報其功，天子有天下而享其德。此天之分然，聖人盡制而已矣。蓋封建，公天下之大端；井牧，均天下之大法。二者並行不悖，而後天下治。是以等威之分立，爭奪之患消，禮義興行，俗化醇厚，刑可措而不用。

夫大刑用甲兵，其次用斧鉞，中刑用刀鋸，其次用鑽鑿，薄刑用鞭扑，大者陳諸原野，小者置之市朝。兵蓋刑之大者，刑猶可措，而况兵乎！兵、刑一道，與寓兵於農之意同。藏用不示，習武不覿，要使民閑於教而無闘狠，上藉其力，下安於義。若國有師田之事，則縣師始受法於司馬以作民。六官亦惟『小司馬』職掌不悉書，而『軍司馬』、『輿司馬』、『行司馬』、『戎僕』、『戎右』皆不修官，有事斯置，事畢則將歸於朝，車復於甸，甲散於丘，卒還於邑，出入相友，守望相助。

周衰，入春秋，小役大，弱役彊，邦國等衰、城池大小之制寖以不明。王畿不能備六師，牙璋不能令邦國。王人會伐，惟侯伯之命；王師伐救，非有征之師。凡兵師討伐，國無大小，皆擅行之，而征伐自諸侯出矣。

《春秋》始於魯隱公，以政在諸侯之世之始也。託魯以訓諸侯，訓諸侯以尊天子，而《春秋》之義明矣。馴至宣公失政，三家專魯，帥師征伐，又自大夫出。三軍作舍、大蒐、納叛，舉魯國聽命焉。兵權既移，公室益卑，逮昭公勢極而不之悟，乃謀逐季氏，叔孫氏之臣救之，公徒釋甲執冰而踞，公莫能令，孫于齊，薨於乾侯。定公無正，勢之必至也。已則不臣，三綱淪替，又下而陪臣執國命。南遺叛，陽虎專，季斯囚，三桓之子孫微矣。

若乃晉僭天子之制而作六軍，齊更井田之舊而作內政，鄭尚徒兵，作丘賦，楚為偏廣，賦車馬，慢其經界，廢亂典常。夫家之法廢而民數不可詳，民數不可詳而車乘漸變。古凡先王經世遺制，日以廢壞。異時宋向戌欲弭諸侯之兵以為名，子罕則曰：『凡諸侯小國，晉、楚所以兵威之，畏而後上下慈和，慈和而後能安靖。其國家以事大國，所以存也。無威則驕，驕則亂生，亂生必滅，所以亡也。天生五材，民並用之，廢一不可，誰能去兵？』考觀春秋之變，大抵相觀以兵，恃以為國，有不能一日去者。末流爭地以戰，殺人盈野，爭城以戰，殺人盈城，尚武虣，貴權謀，使斯民日尋干戈，要利於上。極而為戰國七雄之爭，又為秦鞅阡陌之變。所謂寢兵措刑，寓兵於農之深意，掃滅無遺。誅始禍者，責有在矣。用首志《春秋》所書征伐世變之迹，以為永鑒。至於列國將卒車陳、征戍守衛之詳，則比次《傳》文，詳而述之，示不沒其實云。

元·馬端臨《文獻通考》卷一四九《兵考一·兵制》 自周室以東，諸侯强大僭侈，兵法軍制，國自為政，俱非先王之舊。晉、楚、齊、秦，其尤也。魯雖弱國，而軍制亦屢變。故摭《左氏內外傳》諸書，略考諸國之兵制。至戰國時，六王爭强，軍政雖無可考，而略見於蘇秦之説。班孟堅《西漢·刑法志》論兵，多述春秋、戰國時事，頗有可考，故具載之。

元·齊履謙《春秋諸國統紀》卷四《晉國》 案《左氏傳》，晉自文公蒐于被廬，作三軍。僖二十八年，增置三行以禦狄，故有中行氏。清原之蒐，復罷三行，更為上、下新軍，是有五軍矣。至是賞鞌之功，遂作六軍。郤克將中軍，荀首佐之；荀庚將上軍，士燮佐之；欒書將下軍，趙同佐之；韓厥將新中軍，趙括佐之；鞏朔將新上軍，韓穿佐之；荀騅將新下軍，趙旃佐之。其軍制僭横如此，而韓厥、趙括、鞏朔、韓穿、荀騅、趙旃皆為卿矣。故《春秋》於鞌之戰，魯書四卿，曹書公子首，皆前此所未有也。

元·吴澄《春秋纂言總例》卷五《軍制》 霸者壞先王之軍制，肇於齊而甚於晉。然齊之改作，務從簡便，欲其功之易成而已。其事非但不見於經，而且不載於《傳》，惟《外傳·齊語》中及之。故治《春秋經》

者，亦置而不論。若晉則僭上威下，彊大侈肆，非止如齊管仲之所為。

元·汪克寛《春秋胡傳附録纂疏》卷一九《成公上》 愚按兵制之變，始壞於齊之内政，而家一人焉；繼壞於晉之州兵，而家五人焉。長勺之戰，桓公自謂『帶甲十萬，車五千乘。』楚薳啓彊謂『晉十家九縣，長轂九百，其餘四十縣，遺守四千。』叔向亦謂『寡君有甲車四千乘。』則兵制之增益於古，可知矣。循襲效尤，遂致魯以秉禮之國，亦增丘甲而不以爲嫌也。春秋之終，且用田賦軍旅之征，而民力、民財竭矣。厥後楚之乘廣，魏之武士，秦之戍卒，窮兵極詐以快貪殘，而孫、吳、商、白之徒皆身誅戮於前而國滅亡於後。然兵、農既分，更歷千載，雖有明君賢臣，不能復古，抑可嘆哉！

明·馬明衡《尚書疑義》卷四《泰誓下》 六軍者，天子之制。今稱『大巡六師』，蔡氏以為史臣之詞，亦是。《大雅·棫樸》是文王之詩，亦曰『周王于邁，六師及之。』文王、武王尚為諸侯，不應便有六軍。或是史臣從後詠歌紀録之時既稱王，遂亦因稱六師耳。但湯武誓師，皆稱『王曰』，或如愚所論，舉兵之時，已正天子之禮，遂稱六師。前後足相發也。且其言已曰『奉予一人』，曰『獨夫受』，他復何所嫌乎？然《周禮》萬二千五百人為軍，二千五百人為師，則五師乃為一軍，六師未可謂之六軍也。又《常武》之詩『整我六師』，《瞻彼洛矣》之詩『以作六師』，《孟子》云『六師移之』，是皆天子之制亦稱師者。豈未有《周禮》之先，天子六軍之制未立，諸侯稱六師者，亦舉衆之通名耳。至周制，天子六軍，其後因習，亦以六軍為六師耳。春秋之兵雖累萬之衆，亦稱『師』可見。

明·王樵《春秋輯傳》卷九《襄公》 按杜氏謂魯舊二軍，今增立中軍，緣三子各毀其乘，舊軍盡廢而全改作之，故曰作三軍。胡氏謂魯本有三軍，今廢公室之三軍，而三家各有其一，故謂之作三軍。胡氏發臣無私乘、無私民之義，甚中肯綮，而説作三軍處未瑩。蓋依周制，則魯侯國，止有二軍耳。僖公之車千乘，徒三萬，亦僭也。自周衰，軍制僭亂而言，晉已六軍矣。觀魯成公作丘甲之後，魯之軍亦踰制矣。季孫行父、臧孫許、叔孫僑如、公孫嬰齊以四卿並將于鞌之役，則不止于三軍，可知已。然制度既壞，則增減分合亦無定。雖晉軍亦然，而况魯乎！伯主之令，軍多則貢賦多。魯之軍有時而為三，有時而自減為二，皆不可知也。此作三軍，蓋承乎自減為二之後。杜氏謂增立中軍，其説是也。增立中軍，止可謂之作中軍，而曰『作三軍』者，三家欲專其民人，各毀其乘而改作之。孔氏之説是矣。

清·馬驌《左傳事緯前集》卷五《晉楚職官表》 晉本大國，自曲沃武公以支封幷晉，王始命以一軍為諸侯。莊十六。獻公作二軍。閔元。文公圖霸，乃復三軍，僖二十七。既又增置三行，僖二十八。三行無佐，疑大夫帥。末年作五軍，更置上、下新軍而三行罷。僖三十一。襄公舍二軍。文六。景公六軍，僭擬天子。成三。至厲公，止有四軍而上、下新軍罷。成十六。悼公又舍新軍，始復三軍之舊。襄十四。嗣是師徒不出。《傳》曰：『卿無軍行。』昭三年。其軍制蓋不可考矣。

清·張尚瑗《左傳折諸》卷七《僖公·晉蒐於清源作五軍》 晉軍制，僖王初命武公以一軍為晉侯，小國之軍也。獻公作二軍，從次國之制。文公蒐于被廬，作三軍，大國之制矣。城濮戰勝，霸諸侯，復作三行以禦狄。三行加于三軍之外，儼然天子之六軍，而特避其名，其末年，蒐於清源，作五軍，蓋去三行而為上、下二新軍，合舊制三軍以為之。五軍之將佐皆卿，凡為十卿。襄公蒐于夷，舍二軍，其故起于陽處父而狐、趙之釁作。靈公既立，先都、梁益耳殺先克，晉亦殺士縠、箕鄭父。諸卿相繼夷滅，趙盾獨操政柄，靈公因以遇弑。邲之戰。六軍將佐皆全。趙同、括被殺而旋返其族，獨先縠見誅，族亦終覆。又以賞鞍之功，作六軍，皆景公事也。厲公之世，三郤各為卿將而公戮之。胥童，公所命，而欒書、中行偃殺之。悼公即位，所謂六官之長皆民譽，而實有八卿。凡中、上、下及新軍為四軍，實始於鄢陵之役。後乃蒐于綿上，裁新軍而定為三軍六卿，《傳》稱其有禮。自後惟欒盈族滅，趙、韓、魏、范、智、中行皆世職不替；其廢者，所謂『欒、郤、胥、原、狐、續、慶、伯，降在皁隸』，而世職之六家權侵其主，以釀為晉陽、朝歌之兩叛；而四卿跋扈，晉以亡矣。晉軍制之屢變，較之魯之作三軍，毁三軍，其關繫尤重大云。

清·江永《羣經補義》卷二《春秋補義》 説者謂古者寓兵于農，井田既廢，兵、農始分。考其實，不然。春秋之時，兵、農固已分矣。管仲參國伍鄙之法，制國以為二十一鄉，工商之鄉六，士鄉十五。公帥五鄉，國子、高子各帥五鄉，是齊之三軍，悉出近國都之十五鄉，而野鄙之農不與也。五家為軌，故五人為伍，積而至於一鄉二千家，旅二千人，十五鄉三萬人為三軍。是此十五鄉者，家必有一人為兵。其中有賢能者，五鄉大夫有升選之法，故謂之士鄉，所以別於農也。其為農者，處之野鄙，別為伍鄙之法。三十家為邑，十邑為卒，十卒為鄉，三鄉為縣，十縣為屬。五屬各有大夫治之，專令治田供稅，更不使之為兵。故桓公問伍鄙之法，管仲對曰：『相地而衰征，則民不移；征不旅舊，則民不偷。』謂隨地之善惡而差其征稅，則民安土著，不移徙，農恒為農，不以其舊。為農者忽隸於師旅，則民無貳志，不偷惰。豈非兵、農已分乎？十五鄉三萬家，必有所受田，而相地衰征之法，惟施於伍鄙，則鄉田但有兵賦，無田稅，似後世之軍田、屯田。此外更無養兵之費也。

他國兵制，亦大略可考而知。如晉之始惟一軍，既而作二軍，作三軍，又作三行，作五軍，既舍二軍，旋作六軍，後以新軍無帥，復從三軍。意其為兵者，必有素定之兵籍，素隸之軍帥。軍之漸而增也，固以地廣人多；其既增而復損也，當是除其軍籍，使之歸農。若為兵者盡出農民，則農民固在，何必隨時改易軍制哉？

隨武子云：『楚國荆尸而舉，商農工賈不敗其業。』是農不從軍也。魯之作三軍也，季氏取其乘之父兄子弟盡征之。孟氏以父兄及子弟之半歸公，而取其子弟之半。叔孫氏盡取子弟，而以其父兄歸公。所謂子弟者，兵之壯者也；父兄者，兵之老者也。皆其素在兵籍、隸之卒乘者，非通國之父兄子弟也。其後舍中軍，季氏擇二子各一，皆盡征之而貢於公。謂民之為兵者，盡屬三家，聽其貢獻於公也。若民之為農者出田稅，自是歸之於君。故哀公云：『二，吾猶不足。』三家雖專，亦惟食其采邑，豈能使通國之農民田稅皆屬之己哉？魯君無民，非無民也，無為兵之民耳。以此觀之，兵、農豈不有辨乎？三家之采邑，固各有兵，而二軍之士卒車乘，皆近國都，故陽虎欲作亂，壬辰戒都車令，癸巳至。可知兵常近國都，其野處之農，固不為兵也。

郤至言楚有六間，其一為王卒，以舊。此正如後世養兵有老弱不代補之弊。又如楚君有二廣，太子有宮甲，若敖氏有六卒；吳有賢良，越有私卒君子六千人為中軍，皆是別隸籍之親兵。微虎私屬徒七百人，冉有以武城人三百為己徒卒，皆是臨時集合之兵，與後世召募屯聚之兵略髣髴。故夫子答問政，有足兵、去兵之説。使兵、農全未分，亦何能別使之足？至不得已，又何必議去哉？按宣十二年，隨武子曰：『楚國荆尸而舉，商農工賈不敗其業，而卒乘輯睦，事不奸矣。』此亦可見當時兵與農實分，故雖屢歲出兵，無妨於農，否則入陳入鄭，動經數月，何能使農不敗其業？楚如此，他國可知又。按《文獻通考》引林氏説曰：如韋昭之説，則是國内無農，其六鄉為工賈，其十五則為兵而已。五屬之地，則皆農居之，四民之外，特有所謂士卒，則是兵、農分矣。或曰：齊變周制，欲速得志於天下，則離國内之民在十五鄉者，專使之為士卒，亦必有田以授之，第不使出租税，供地役，庶調發雖煩而民亦不為怨。若其工商之六鄉為農之五屬，則皆不以為兵。按林氏説得之，但未推及他國。

清・顧棟高《春秋大事表》卷二二《晉中軍表敘》 周制，大國三軍，次國二軍，小國一軍。晉本大國，自曲沃武公以支子奪宗，莊公十六年僖王命曲沃伯以一軍為晉侯，從小國之制。至閔公元年，晉獻公始作二軍，公將上軍，太子申生將下軍，以滅耿、滅霍、滅魏，時尚未有中軍也。僖公二十七年，文公蒐于被廬，作三軍，謀元帥，使郤縠將中軍，郤溱佐之，中軍於是始。二十八年，復作三行，以禦狄。荀林父將中行，屠擊將右行，先蔑將左行。避天子六軍之名，故名三行，三行無佐。三十一年秋，蒐于清原，更作五軍，以禦狄。罷去三行，更為上、下、新軍。文公六年春，晉襄公蒐于夷，舍二軍，罷五軍，復三軍之制，以趙盾為中軍將。成公三年十二月，晉景公賞鞌之功，作六軍，韓厥、趙括、鞏朔、韓穿、荀騅、趙旃皆為卿，擬于天子矣。六年，晉遷新田，韓厥將新中軍，且為僕大夫。是時欒書為中軍將。曰新中軍，創出也。十三年，晉厲公伐秦，韓厥將下軍，趙旃代韓厥將新軍，是新中軍在下軍佐之下矣。十六年鄢陵之戰，郤犨代趙旃將新軍，新、上、下軍復罷，是為四軍。襄公三年，晉悼公使魏絳佐新軍，新軍皆有將佐二卿。鄭子展謂晉四軍無闕，八卿和睦，知罃謂三分四軍，與諸侯之鋭以逆來者是也。至十三年，蒐于緜上，使荀偃將中軍，士匄佐之；趙武將上軍，韓起佐之；欒黶將下軍，魏絳佐之。將佐皆遷，于是新軍無帥，悼公難其人，使其什吏率其卒乘官屬，以從于下軍。十四年，歸自伐秦，遂舍新軍，復還三軍之舊。自是終春秋之世，晉軍制不復變更。中軍本司徒之職，晉以僖侯諱，廢司徒為中軍。自翼侯以前，未入春秋，故其時中軍不著。文公圖伯以後，世有賢佐，國以日强，諸侯咸服；雖經靈、厲無道，而小國不敢叛。自韓起雖賢而弱，末年漸不能制其同列。范鞅更為黷貨，趙氏繼之，與範中行相仇怨，晉以失伯而三分之勢遂成。嗚呼！考其次第，亦治亂得失之鑒也。

清·何焯《義門讀書記》卷一〇《左氏春秋》 晉侯之舍新軍，以二子之弱也，非知其僭而革之也。蓋其入國之初，修舉廢墜，政令雖若可觀，而權之下移者，不能復收之，以歸于上。故限于世及之例，寧廢新軍，而不敢選于大夫之中，舉其賢者，以使為卿。至此，則六卿之勢一定而不可變矣。觀其嘉魏莊子之功，賞以金石之樂，而縣上之蒐，僅從新軍，以次佐下軍而已，亦不能如文公之用原軫也。夫撥亂反治，苟無非常之才，其力固難以及遠也。

清·秦蕙田《五禮通考》卷二三五《軍禮三·軍制》 蕙田案：大國三軍，凡三萬七千五百人，車五百乘。次國二軍，凡二萬五千人，車三百三十三乘，餘二十五人。小國一軍，凡一萬二千五百人，車一百六十六乘，餘六十二人十之五。此皆邦國常征之所用，其畸零不滿一乘者。蓋險野徒為主，易野車為主。古有徒兵，不盡為車，抑或以鄉之所出與境内所出，通融配合。如孔氏所云元科之兵，不必定屬本車者耶？考之《説文》：軍，從車從包。是知軍以車成，當以後説為正。

統兵

綜述

親征 **《呂氏春秋》卷七《蕩兵》** 兵所自來者，久矣。黄、炎故用水火矣，注：黄，黄帝。炎，炎帝也。炎帝為火災，黄帝滅之也。共工氏固次作難矣，注：共工之治九州也，與高辛氏爭為帝而亡，故曰次作難也。五帝固相與爭矣。遞興廢勝者用事。

又 卷二〇《召數》 兵所自來者，久矣。堯戰於丹水之浦，以服南蠻。注：丹水在南陽。浦，岸也，一曰崕也。舜却苗民，更易其俗。禹攻曹魏，注：攻，伐。屈鶩有扈，以行其教。三王以上，固皆用兵也。亂則用，治則止，治而攻之，不祥莫大焉。亂而弗討，害民莫長焉。此治亂之化也。

漢·劉安《淮南子》卷一五《兵略訓》 古之用兵者，非利土壤之廣而貪金玉之略，將以存亡繼絶，平天下之亂而除萬民之害也。【略】黄帝嘗與炎帝戰矣，顓頊嘗與共工爭矣。故黄帝戰於涿鹿之野，堯戰於丹水之浦，舜伐有苗，啓攻有扈。自五帝而弗能偃也，又況衰世乎！夫兵者，所以禁暴討亂也。炎帝為火災，故黄帝擒之；共工為水害，故顓頊誅之。

《史記》卷一《五帝本紀》 軒轅之時，神農氏世衰，諸侯相侵伐，暴虐百姓，而神農氏弗能征。於是軒轅乃習用干戈，以征不享，諸侯咸來賓從，而蚩尤最為暴，莫能伐。炎帝欲侵陵諸侯，諸侯咸歸軒轅。軒轅乃脩德振兵，治五氣，蓺五種，撫萬民，度四方，教熊羆貔貅貙虎，以與炎帝戰於阪泉之野。三戰，然後得其志。蚩尤作亂，不用帝命，於是黄帝乃徵師諸侯，與蚩尤戰於涿鹿之野，遂禽殺蚩尤，而諸侯咸尊軒轅為天子，代神農氏，是為黄帝。天下有不順者，黄帝從而征之，平者去之，披山通道，未嘗寧居。東至于海，登丸山及岱宗。西至于空桐，登雞頭。南至于江，登熊湘。北逐葷粥，合符釜山，而邑于涿鹿之阿。遷徙往來無常處，以師兵為營衛。

《周易·謙》 六五：【略】利用侵伐，无不利。三國魏王弼注：以謙順而侵伐，所伐皆驕逆也。《象》曰：『利用侵伐』，征不服也。《正義》：利用侵伐，无不利者，居謙履順，必不濫罰无罪；若有驕逆不服，則須伐之。以謙得衆，故利用侵伐，无不利者也。

上六：鳴謙，利用行師，征邑國。《象》曰：『鳴謙』，志未得也。可『用行師，征邑國』也。

又《離》 上九：王用出征，有嘉折首，獲匪其醜，无咎。注：離，麗也，各得安其所麗，謂之離。處離之極，離道已成，則除其非類，以去民害，王用出征之時也。故必有嘉折首，獲匪其醜，乃得无咎也。《象》曰：『王用出征』，以正邦也。《正義》：王用出征者，處離之極，離道既成，物皆親附，當除去其非類，以去民害，故王用出征也。有嘉折首，獲匪其醜者，以出征罪人，事必克獲，故有嘉美之功，折斷罪人之首，獲得匪其醜類，乃得无咎也。若不出征除害，居在終極之地，則有咎也。《象》曰以正邦者，釋出征之義，言所出征者，除去民害，以正邦國故也。

《尚書·甘誓》 《序》：啓與有扈戰於甘之野，作《甘誓》。漢孔安國《傳》：夏啓嗣禹位，伐有扈之罪。唐孔穎達《正義》：夏王啓之時，諸侯有扈氏叛，王命率衆親征之。有扈氏發兵，拒啓。啓與戰於甘地之野。將戰，集將士而誓戒之。史叙其事，作《甘誓》。

《古本竹書紀年・夏紀》 啓征西河。

后桀伐岷山，岷山女於桀二人，曰琬、曰琰。

《甲骨文合集》6930 ……自征猷。

又 33035 辛亥，貞王征刀方。

《殷周金文集成釋文》卷三《翏生盨》 王征南淮尸（夷），伐角、津，伐桐、遹。

《詩經・商頌・長發》 武王載旆，有虔秉鉞，如火烈烈，則莫我敢曷。《傳》：武王，湯也。旆，旗也。虔，固。曷，害也。《箋》：及建旆興師出伐，又固持其鉞，志在誅有罪也。其威勢如猛火之炎熾，誰敢禦害我？苞有三蘖，莫遂莫達，九有有截，《傳》：苞，本。蘖，餘也。《箋》：苞，豐也。天豐大，先三正之。後世謂君以大國行天子之禮樂，然而無有能以德自遂達於天者，故天下歸鄉湯，九州齊一截然。韋顧既伐，昆吾夏桀。《傳》：有韋國者，有顧國者，有昆吾國者。《箋》：韋，豕韋，彭姓也。顧、昆吾，皆己姓也。三國黨於桀惡，湯先伐韋顧，克之，昆吾、夏桀則同時誅也。

又 《商頌・殷武》 撻彼殷武，奮伐荆楚。罙入其阻，裒荆之旅。《傳》：撻，疾意也。殷武，殷王武丁也。荆楚，荆州之楚國也。罙，深。裒，聚也。《箋》：有鐘鼓曰伐。罙，冒也。殷道衰而楚人叛，高宗撻然奮揚威武，出兵伐之，冒入其險阻。謂踰方城之隘，克其軍率而俘虜其士衆。有截其所，湯孫之緒。《箋》：緒，業也。所猶處也。高宗所伐之處，國邑皆服其罪，更自勑整，截然齊壹，是乃湯孫太甲之等功業。

又 《大雅・皇矣》 密人不恭，敢距大邦，侵阮徂共。《傳》：國有密須氏侵阮，遂往侵共。《箋》：阮也，徂也，共也，三國犯周而文王伐之。密須之人乃敢距其義兵，違正道，是不直也。王赫斯怒，爰整其旅，以按徂旅，以篤于周祜，以對于天下。《傳》：旅，師。按，止也。旅，地名也。對，遂也。《箋》：赫，怒意。斯，盡也。五百人為旅。對，答也。文王赫然與其羣臣盡怒，曰整其軍旅而出，以却止徂國之兵衆，以厚周當王之福，以答天下鄉周之望。

帝謂文王，詢爾仇方，同爾兄弟，以爾鉤援，與爾臨衝，以伐崇墉。《傳》：仇，匹也。鉤，鉤梯也，所以鉤引上城者。臨，臨車也。衝，衝車也。墉，城也。《箋》：詢，謀也。怨耦曰仇，仇方謂旁國諸侯為暴亂大惡者。女當謀征討之，以和協女兄弟之國，率與之往，親親則萬志齊，心一也。當此之時，崇侯虎倡紂為無道，罪尤大也。

臨衝閑閑，崇墉言言。執訊連連，攸馘安安。是類是禡，是致是附，四方以無侮。《傳》：閑閑，動摇也。言言，高大也。連連，徐也。攸，所也。馘，獲也。不服者殺而獻其左耳曰馘。於内曰類，於野曰禡。致，致其社稷羣神。附，附其先祖，為之立後。尊其尊而親其親。《箋》：類也，禡也，師祭也。無侮者，文王伐崇而無復敢侮慢周者。臨衝茀茀，崇墉仡仡。是伐是肆，是絶是忽，四方以無拂。《傳》：茀茀，彊盛也。仡仡，猶『言言』也。肆，疾也。忽，滅也。《箋》：拂猶佹也，言無復佹戾文王者。

又 《大雅・大明》 殷商之旅，其會如林。矢于牧野，維予侯興。《傳》：旅，衆也。如林，言衆而不為用也。矢，陳。興，起也。言天下之望周也。上帝臨女，無貳爾心。《傳》：言無敢懷貳心也。《箋》：臨，視也。女，女武王也。天護視女，伐紂必克，無有疑心。

牧野洋洋，檀車煌煌，駟騵彭彭。《傳》：洋洋，廣也。煌煌，明也。駟馬白腹曰騵。言上周下殷也。《箋》：言其戰地寬廣，明不用權詐也。兵車鮮明，馬又强，則暇且整。

維師尚父，時維鷹揚，涼彼武王，《傳》：師，大師也。尚父，可尚可父。鷹揚，如鷹之飛揚也。涼，佐也。《箋》：尚父，吕望也，尊稱焉。鷹，鷙鳥也。佐武王者，為之上將。肆伐大商，會朝清明。《傳》：肆，疾也。會，甲也。不崇朝而天下清明。《箋》：肆，故今也。會，合也。以天期已至，兵甲之强，師率之武，故今伐殷，合兵以清明。《書・牧誓》曰：時甲子昧爽，武王朝至於商郊牧野，乃誓。

《左傳・襄公三十一年》（北宮文子）對曰：『文王伐崇，再駕而降為臣。』注：文王聞崇德亂而伐之，三旬不降，退脩教而復伐之，因壘而降。

《尚書・蔡仲之命》附序 成王東伐淮夷，遂踐奄，《傳》：成王即政，淮夷、奄國又叛，王親征之，遂滅奄而徙之，以其數反覆。作《成王政》。《傳》：為平淮夷、徙奄之政令。亡。

《左傳・僖公四年》 管仲對曰：【略】『昭王南征而不復，寡人是問。』注：昭王，成王之孫。南巡守，涉漢，船壞而溺，周人諱而不赴，諸侯不知其故，故問之。對曰：【略】『昭王之不復，君其問諸水濱。』注：昭王時，漢非楚竟，故不受罪。

《吕氏春秋》卷六《音初》 周昭王親將征荆周，注：昭王，康王之子、穆王之父。荆，楚也。秦莊王諱楚，避之曰荆。辛餘靡長且多力，為王右。注：右，兵車之右也。還反，涉漢梁，敗王及蔡公，抎於漢中。注：抎，墜，音曰『顛隕』之『隕』。辛餘靡振王北濟，又反振蔡公。注：振，救也。

晉・皇甫謐《帝王世紀・周》 昭王在位五十一年，以德衰南征，及濟于漢，船人惡之，乃膠船進王。王御船，至中流，膠液解，王及祭公俱没水而崩。其佐辛游靡長臂且多力，拯得王，周人諱之，王室於是乎大微。

《國語》卷一《周語上》 穆王將征犬戎，祭公謀父諫曰：『不可。先王耀德不觀兵。夫兵戢而時動，動則威，觀則玩，玩則無震。【略】吾聞夫犬戎樹惇能帥舊德，而守終純固，其有以禦我矣。』王不聽，遂征之，得四白狼、四白鹿以歸。自是荒服者不至。

《今本竹書紀年》卷下《周昭王》 十九年，【略】祭公辛伯從王伐楚，天大曀，雉兔皆震，喪六師于漢。王陟。

又 卷下《周穆王》 三十七年，大起九師，東至于九江，架黿鼉以為梁，遂伐越，至于紆。

《詩經・小雅・常武》 赫赫明明，王命卿士。南仲大祖，大師皇父，整我六師，以修我戎。《傳》：赫赫然盛也，明明然察也。王命南仲於大祖，皇甫為大師。《箋》：南仲，文王時武臣也。顯著乎？昭察乎？宣王之命卿士為大將也，乃用其以南仲為大祖者，今大師皇父是也。使之整齊六軍之衆，治其兵甲之事。命將必本其祖者，因有世功，於是尤顯。大師者，公兼官也。既敬既戒，惠此南國。《箋》：敬之言警也。警戒六軍之衆，以惠淮浦之旁國。謂勑以無暴掠為之害也。每軍各有將，中軍之將，尊也。

王謂尹氏，命程伯休父，左右陳行，戒我師旅，率彼淮浦，省此徐土，《傳》：尹氏，掌命。卿士程伯休父，始命為大司馬。浦，涯也。《箋》：尹氏，天子世大夫也。率，循也。王使大夫尹氏策命程伯休父於軍將行治兵之時，使其士衆左右陳列而勑戒之，使循彼淮浦之旁，省視徐國之土地叛逆者。軍禮，司馬掌其誓戒。不留不處，三事就緒。《傳》：誅其君，弔其民，為之立三有事之臣。《箋》：緒，業也。王又使軍將豫告淮浦徐土之民云：不久處於是也，女三農之事，皆就其業。為其驚怖，先以言安之。

赫赫業業，有嚴天子。王舒保作，匪紹匪遊。徐方繹騷，《傳》：赫赫然盛也，業業然動也。嚴然而威。舒，徐也。保，安也。匪紹匪遊，不敢繼以敖遊也。繹，陳。騷，動也。《箋》：作，行也。紹，緩也。『繹』當作『驛』。王之軍行，其貌赫赫業業然，有尊嚴於天子之威。謂聞見者莫不憚之。王舒安，謂軍行三十里，亦非解緩也，亦非敖遊也。徐國傳遽之驛見之，知王兵必克，馳走以相恐動，震驚徐方。如雷如霆，徐方震驚。《箋》：震，動也。驛馳走，相恐懼，以震動徐國，如雷霆之恐怖人然，徐國則驚動而將服罪。

王奮厥武，如震如怒。進厥虎臣，闞如虓虎。鋪敦淮濆，仍執醜虜。《傳》：虎之自怒虓然。濆，涯。仍，就。虜，服也。《箋》：進，前也。『敦』當作『屯』。醜，衆也。王奮揚其威武而震雷其聲，而勃怒其色。前其虎臣之將，闞然如虎之怒。陳屯其兵於淮水大防之上以臨敵，就執其衆之降服者也。截彼淮浦，王師之所。《傳》：截，治也。《箋》：治淮之旁國有罪者，就王師而斷之。

王旅嘽嘽，如飛如翰，如江如漢，如山之苞，如川之流。《傳》：嘽嘽然盛也。疾如飛，摯如翰。苞，本也。《箋》：嘽嘽，閒暇有餘力之貌。其行疾自發舉如鳥之飛也翰其中豪俊也。江漢，以喻盛大也。山本，以喻不可驚動也。川流，以喻不可禦也。緜緜翼翼，不測不克，濯征徐國。《傳》：緜緜，靚也。翼翼，敬也。濯，大也。《箋》：王兵安靚且皆敬，其勢不可測度，不可攻勝。既服淮浦矣，今又以大征徐國，言必勝也。

王猶允塞，徐方既來。《傳》：猶，謀也。《箋》猶，尚。允，信也。王重兵，兵雖臨之，尚守信自實。滿兵未陳，而徐國已來告服，所謂善戰者不陳。徐方既同，天子之功。四方既平，徐方來庭。《傳》：來王庭也。徐方不回，王曰還歸。《箋》：回猶違也。還歸，振旅也。

《左傳・桓公五年》 秋，王以諸侯伐鄭，鄭伯禦之。【略】戰于繻葛。【略】祝聃射王，中肩，王亦能軍。注：雖軍敗身傷，猶殿而不奔，故言能軍。

《公羊傳・桓公五年》 秋，蔡人、衛人、陳人從王伐鄭。《傳》：其言從王伐鄭何？從王，正也。《解詁》：美其得正義也，故以從王征伐，錄之。蓋起時天子微弱，諸侯背叛，莫肯從王者征伐；以善三國之君獨能尊天子死節。稱『人』者，刺王者也。天下之君，海内之主，當秉綱撮要而親自用兵，故見其微弱，僅能從微者，不能從諸侯，猶莒稱『人』，則從不疑也。不使王者首兵者，本不為王舉也。知實諸侯者，以美得正。

《穀梁傳・桓公五年》 秋，蔡人、衛人、陳人從王伐鄭。《傳》：舉從者之辭也。《集解》：使若王命諸侯伐鄭，書從王命者，三國也。其舉從者之辭何也？為天王諱伐鄭也。《集解》：諱自伐鄭。鄭，同姓之國也，在乎冀州，於是不服，為天子病矣。《集解》：鄭，姬姓之國。冀州則近京師，親近猶不能服，則疏遠者可知。

《尚書·費誓》《序》：魯侯伯禽宅曲阜，徐、夷並興，東郊不開，作《費誓》。《傳》：魯侯征之於費地而誓衆也。

公曰：【略】『甲戌，我惟征徐戎！』

《春秋·隱公七年》秋，公伐邾。

又《隱公十年》六月壬戌，公敗宋師于菅。

又《莊公九年》夏，公伐齊，納子糾。

又《莊公十年》春王正月，公敗齊師于長勺。二月，公侵宋。（夏六月）公敗宋師于乘丘。

又《莊公十一年》夏五月戊寅，公敗宋師于鄑。

又《莊公十八年》夏，公追戎于濟西。

又《莊公二十六年》春，公伐戎。

又《僖公元年》九月，公敗邾師于偃。

又《僖公二十六年》（春）齊人侵我西鄙，公追齊師，至酅，弗及。

又《宣公四年》春，公伐莒，取向。

又《宣公十八年》春，公伐杞。

又《定公六年》二月，公侵鄭。

又《定公八年》春王正月，公侵齊。

《春秋·僖公二十三年》春，齊侯伐宋，圍緡。

又《文公十五年》（十二月）齊侯侵我西鄙，遂伐曹，入其郛。

又《文公十七年》（夏）齊侯伐我西鄙。

又《宣公九年》（夏）齊侯伐萊。

又《成公二年》春，齊侯伐我北鄙。

又《襄公二十三年》秋，齊侯伐衛，遂伐晉。（冬十月）齊侯襲莒。

又《昭公六年》（冬）齊侯伐北燕。

又《昭公十六年》春，齊侯伐徐。

又《昭公二十二年》春，齊侯伐莒。

又《哀公五年》夏，齊侯伐宋。

《國語》卷一〇《晉語四》（文公）二年春，公以二軍下，次于陽樊。注：二軍，左、右軍也。東行曰下。陽樊，周邑。右師取昭叔于溫，殺之于隰城。注：溫、隰城，皆周地也。昭叔通翟后，與俱處溫，故取殺之。左師迎王于鄭。王入于成周，遂定之于郟。注：成周，周東都。郟，王城也。

《春秋·僖公十五年》十有一月壬戌，晉侯及秦伯戰于韓，獲晉侯。

又《僖公二十八年》春，晉侯侵曹，晉侯伐衛。

又《僖公二十八年》夏四月己巳，晉侯、齊師、宋師、秦師及楚人戰于城濮，楚師敗績。

又《文公二年》春王二月甲子，晉侯及秦師戰于彭衙，秦師敗績。

又《文公四年》（秋）晉侯伐秦。

又《宣公十四年》（夏）晉侯伐鄭。

又《成公十六年》（六月）甲午晦，晉侯及楚子、鄭伯戰于鄢陵，楚子、鄭師敗績。

《春秋·文公十一年》春，楚子伐麇。

又《宣公三年》（四月）楚子伐陸渾之戎。

又《宣公四年》冬，楚子伐鄭。

又《宣公十三年》夏，楚子伐宋。

又《宣公十四年》秋九月楚子圍宋。

又《襄公二十四年》夏，楚子伐吳。

又《昭公十二年》（冬）楚子伐徐。

《左傳·襄公二十四年》夏，楚子為舟師以伐吳。注：舟師，水軍。不為軍政，注：不設賞罰之差。無功而還。

又《昭公十九年》（夏）楚子為舟師以伐濮。注：濮，南夷也。

又《昭公二十四年》（冬十月）楚子為舟師，以略吳疆。注：略，行也。行吳界，將侵之。【略】越大夫胥犴勞王於豫章之汭，注：汭，水曲。越公子倉歸王乘舟，注：歸，遺也。倉及壽夢帥師從王，注：壽夢，越大夫。王及圉陽而還。注：圉陽，楚地。《正義》：王歸，行及圉陽，倉與壽夢辭還，歸於越也。吳人踵楚而邊人不備，遂滅巢及鍾離而還。

《春秋·僖公二十二年》冬十有一月己巳朔，宋公及楚人戰于泓，宋師敗績。

又《昭公十九年》春，宋公伐邾。

又《哀公九年》秋，宋公伐鄭。

又《成公四年》（冬）鄭伯伐許。

《史記》卷五《秦本紀》繆公任好元年，自將伐茅津，勝之。【略】（五年）秋，繆公自將伐晉，戰於河曲。

《春秋·桓公十年》冬十有二月丙午，齊侯、衛侯、鄭伯來戰于郎。

又《僖公十年》夏，齊侯、許男伐北戎。

又《僖公二十二年》夏，宋公、衛侯、許男、滕子伐鄭。

又《宣公十八年》春，晉侯、衛世子臧伐齊。

又《成公十八年》夏，楚子、鄭伯伐宋。

又《襄公二十四年》冬，楚子、蔡侯、陳侯、許男伐鄭。

又《昭公四年》秋七月，楚子、蔡侯、陳侯、許男、頓子、胡子、沈子、淮夷伐吳。

又《哀公元年》秋，齊侯、衛侯伐晉。

《左傳·定公十四年》吳伐越，越子句踐禦之，陳于檇李。句踐患吳之整也，使死士再禽焉，不動。注：使敢死之士往，輒為吳所禽，欲使吳師亂取之，而吳不動。使罪人三行，屬劍於頸而辭曰：「二軍有治，注：治，軍旅。臣奸旗鼓，注：犯軍令。不敏於君之行前，不敢逃刑敢歸死。」遂自到也。師屬之目，越子因而伐之，大敗之。

又《哀公元年》吳王夫差敗越于夫椒，報檇李也。

《春秋·襄公二十五年》十有二月，吳子遏伐楚。

《國語》卷一九《吳語》吳王夫差起師伐越，越王勾踐起師逆之江。

越王勾踐乃率中軍，泝江以襲吳，入其郛，焚其姑蘇，徙其大舟。

又 卷二一《越語下》王曰：「諾。」遂興師伐吳，至於五湖。

《史記》卷四三《趙世家》惠文王二年，主父行新地，遂出代西，遇樓煩王於西河而致其兵。三年，滅中山。

命將專征

《周易·師》《師》：貞丈人吉，无咎。注：丈人，嚴莊之稱也。爲師之正，丈人乃吉也。興役動衆，无功罪也，故吉，乃无咎也。《正義》：師，衆也。貞，正也。丈人謂嚴莊尊重之人。言爲師之正，唯得嚴莊丈人監臨主領，乃得吉无咎。若不得丈人監臨之，衆不畏懼，不能齊衆，必有咎害。

《彖》曰：「師」，衆也。「貞」，正也。能以衆正，可以王矣。剛中而應，行險而順，以此毒天下而民從之，「吉」又何咎矣。注：毒猶役也。《正義》：自「剛中」以下，釋「丈人吉，无咎」也。言丈人能備此諸德也。

《象》曰：地中有水，《師》。君子以容民畜衆。《正義》：君子以容民畜衆者，言君子法此《師卦》，容納其民，畜養其衆。若爲人除害，使衆得寧，此則容民畜衆也。又爲師之主，雖尚威嚴，當赦其小過，不可純用威猛於軍師之中，亦是容民畜衆之義。所以《象》稱「地中有水」，欲見地能包水，水又衆大，是容民畜衆之象。若其不然，或當云地在水上，或云上地下水，或云水上有地，今云地中有水，蓋取容畜之義也。

九二：在師中吉，无咎。王三錫命。注：承上之寵，爲師之主，任大役重，无功則凶，故吉，乃无咎也。行師得吉，莫善懷邦，邦懷衆服，錫莫重焉，故乃得成命。《象》曰：「在師中吉」，承天寵也。「王三錫命」，懷萬邦也。《正義》：王三錫命者，以其有功，故王三加錫命。《象》曰「承天寵」者，釋「在師中吉」之義也。正謂承受五之恩寵，故中吉也。懷萬邦也者，以其有功，能招懷萬邦，故被王三錫命也。

六五：長子帥師，弟子輿尸，貞凶。注：柔非軍帥，陰非剛武，故不躬行，必以授也。授不得正，則衆不從，故長子帥師可也，弟子之凶，故其宜也。《象》曰：「長子帥師」，以中行也。「弟子輿尸」，使不當也。

又《既濟》九三：高宗伐鬼方，三年克之。小人勿用。注：處既濟之時，居文明之終，履得其位，是居衰末而能濟者也。故高宗伐鬼方，三年乃克也。君子處之，故能興也；小人居之，遂喪邦也。《正義》：小人勿用者，勢既衰弱，君子處之能建功立德，故興而復之。小人居之，日就危亂，必喪邦也，故曰小人勿用。

《詩經·小雅·彤弓》《序》：《彤弓》，天子錫有功諸侯也。《箋》：凡諸侯賜弓矢，然後專征伐。

彤弓弨兮，受言藏之。《傳》：彤弓，朱弓也，以講德習射。弨，弛貌。言，我也。《箋》言者，謂王策命也。王賜朱弓，必策其功以命之，受出藏之，乃反入也。

我有嘉賓，中心貺之。鐘鼓既設，一朝饗之。

彤弓弨兮，受言載之。我有嘉賓，中心喜之。鐘鼓既設，一朝右之。

彤弓弨兮，受言櫜之。我有嘉賓，中心好之。鐘鼓既設，一朝醻之。

《左傳·文公四年》（衛甯武子）對曰：【略】『諸侯敵王所愾而獻其功，注：敵猶當也。愾，恨怒也。王於是乎賜之彤弓一，彤矢百，玈弓矢千，以覺報宴。』注：覺，明也。謂諸侯有四夷之功，王賜之弓矢，又為歌《彤弓》，以明報功宴樂。《正義》：莊三十一年《傳》曰：諸侯有四夷之功，則獻于王，中國則否。禮，諸侯賜弓矢，然後專征伐，故有功則賜之以弓矢，又歌此《彤弓》之詩，以明天子之心，知是報功宴樂也。

《國語》卷五《魯語下》 叔孫穆子曰：『天子作師，公帥之以征不德；注：師謂六軍之衆也，公謂諸侯為王卿士者也。《周禮》：軍將皆命卿。《詩》云：周公東征。周公時為二伯，而東征則亦上公為元帥也。元侯作師，卿帥之以承天子。注：元侯，大國之君也；師，三軍之衆也。大國三卿，皆命于天子。承天子，謂從王師征不義也。孔子曰：天下有道，則禮樂征伐自天子出。諸侯有卿無軍，帥教衛以贊元侯。注：諸侯，謂次國之君也；有卿，有命卿也。二卿命於天子，一卿命於其君。無軍，無三軍也。若元侯有事，則令卿帥其所教武衛之士，以佐元侯。禮所謂次國二軍，小國一軍。謂以賦出軍，從征伐也。贊，佐也。自伯、子、男有大夫無卿，注：無卿，無命卿也。《王制》曰：小國二卿，皆命於其君。帥賦以從諸侯。注：賦，國中出兵車甲士，以從大國諸侯也。是以上能征下，下無姦慝。』注：征，正也；慝，惡也。

《周禮·夏官·大司馬》 以九伐之灋正邦國。注：諸侯有違王命，則出兵以征伐之，所以正之也。諸侯之于國，如樹木之有根本，是以言伐云。馮弱犯寡則眚之，注：馮猶乘陵也，言不字小而侵侮之。眚猶人眚瘦也。《王霸記》曰：四面削其地。賊賢害民則伐之，注：《春秋傳》曰：粗者曰侵，精者曰伐。又曰：有鐘鼓曰伐。則伐者，兵入其竟，鳴鐘鼓以往，所以聲其罪。暴内陵外則壇之，注：内謂其國，外謂諸侯。壇讀如『同墠』之『墠』。《王霸記》曰：置之空墠之地。鄭司農云：壇讀從『憚之以威』之『憚』，書亦或為『憚』。玄謂置之空墠，以出其君，更立其次賢者。野荒民散則削之，注：荒，蕪也。田不治，民不附，削其地，明其不能有。負固不服則侵之，注：負猶恃也，固險可依以固者也。不服，不事大也。侵之者，兵加其竟而已，用兵淺者。《詩》曰：『密人不恭，敢距大邦。』賊殺其親則正之，注：正之者，執而治其罪。《王霸記》曰：正，殺之也。《春秋》僖二十八年冬，晉人執衛侯，歸之於京師。坐殺其弟叔武。放弑其君則殘之，注：放，逐也。殘，殺也。《王霸記》曰：殘，滅其為惡。犯令陵政則杜之，注：令猶命也。《王霸記》曰：犯令者，違命也。陵政者，輕政灋不循也。杜之者，杜塞，使不得與鄰國交通。外内亂鳥獸行則滅之。注：《王霸記》曰：悖人倫，外内無以異於禽獸，不可親百姓，則誅滅去之也。《曲禮》曰：夫唯禽獸無禮，故父子聚麀。

《禮記·王制》 諸侯賜弓矢，然後征；賜鈇鉞，然後殺。

漢·伏勝《尚書大傳》卷三《晉傳》 以兵屬於得專征伐者。

《公羊傳·隱公五年》 秋，衛師入盛。《傳》：曷為或言率師，或不言率師？將尊師衆，稱某率師；《解詁》：將尊者，謂大夫也。師衆者，滿二千五百人以上也。二千五百人稱師，無駭率師入極是也。《禮》：天子六師，方伯二師，諸侯一師。將尊師少，稱將；《解詁》：師少者，不滿二千五百人也，衛孫良夫伐廧咎如是也。將卑師衆，稱師；《解詁》：將卑者，謂士也，衛師入盛是也。將卑師少，稱人。《解詁》：鄭人伐衛是也。君將，不言率師，書其重者也。《解詁》：分別之者，責元率，因錄功惡，有小大，救徐，從王伐鄭是也。

《六韜》卷三《龍韜·立將》 武王問太公曰：『立將之道奈何？』太公曰：『凡國有難，君避正殿，召將而詔之曰：「社稷安危，一在將軍。今某國不臣，願將軍帥師應之也。」將既受命，乃命太史卜齋三日之太廟，鑽靈龜，卜吉日，以受斧鉞。君入廟門，西面而立。將入廟門，北面而立。君親操鉞持首，授將其柄曰：「從此上至天者，將軍制之。」復操斧持柄，授將其刃曰：「從此下至淵者，將軍制之。見其虛則進，見其實則止。勿以三軍為衆而輕敵，勿以受命為重而必死，勿以身貴而賤人，勿以獨見而違衆，勿以辯說為必然也。士未坐勿坐，士未食勿食，寒暑必同，如此士衆必盡死力。」將已受命，拜而報君曰：「臣聞國不可從外治，軍不可從中御。二心不可以事君，疑志不可以應敵。臣既受命，專斧鉞之威，臣不敢生還。願君亦垂一言之命於臣。君不許臣，臣不敢將。君許之，乃辭而行。軍中之事，不聞君命，皆由將出，臨敵決戰，無有二心。若此則無天於上，無地於下，無敵於前，無君於後。是故智者為之謀，勇者為之鬬，氣厲青雲，疾若馳騖，兵不接刃而敵降服。戰勝於外，功立於内，吏遷上賞，百姓歡悅，將無咎殃。是故風雨時節，五穀豐登，社稷安寧。」』武王曰：『善哉！』

《史記》卷一〇二《張釋之馮唐列傳》　唐對曰：『臣聞上古王者之遣將也，跪而推轂，曰：「閫以內者，南朝宋裴駰《集解》：韋昭曰：此郭門之閫也。門中橛曰閫。《正義》：謂門限也。寡人制之。閫以外者，將軍制之。軍功爵賞皆決於外，歸而奏之。」此非虛言也。』

《尚書・大禹謨》　帝曰：『咨，禹！惟時有苗弗率，汝徂征。』《傳》：三苗之民，數干王誅。率，循。徂，往也。不循帝道，言亂逆，命禹討之。禹乃會羣后，誓於師曰：『濟濟有衆，咸聽朕命。《傳》：會諸侯，共伐有苗。軍旅曰誓。濟濟，衆盛之貌。蠢茲有苗，昏迷不恭，《傳》：蠢，動。昏，闇也。言其所以宜討之。侮慢自賢，反道敗德，《傳》：狎侮先王，輕慢典教。反正道，敗德義。君子在野，小人在位，《傳》：廢仁賢，任姦佞。民棄不保，天降之咎。《傳》：言民叛，天災之。肆予以爾衆士，奉辭伐罪。《傳》：肆，故也。辭謂「不恭」，罪謂「侮慢」以下事。爾尚一乃心力，其克有勳！』《傳》：尚庶幾一汝心力，以從我命。

又《胤征》　羲和廢厥職，酒荒于厥邑。《傳》：舍其職官，還其私邑，以酒迷亂，不修其業。胤侯承王命徂征。《傳》：徂，往也。就其私邑往討之。

《甲骨文合集》6134　貞𢀛方出由王饗。貞告𢀛方于上甲。貞沚戠爯冊告于大甲。

《殷周金文集成釋文》卷二《禹鼎》　王廼命西六師、殷八師曰：撲伐鄂侯馭方，勿遺壽幼，肆師彌怵匌恇，弗克伐鄂，肆武公廼遣禹率公戎車百乘，廝御二百，徒千，曰：于匡朕肅慕，惟西六師、殷八師伐馭鄂侯馭方，勿遺壽幼，雩禹以武公徒馭至于鄂，敦伐鄂，休獲厥君馭方。

《詩經・小雅・六月》　《序》：《六月》，宣王北伐也。《箋》：《六月》言周室微而復興，美宣王之北伐也。《正義》：王肅云：宣王親伐玁狁，出鎬京而還，使吉甫迫伐追逐，乃至於太原。【略】鄭以為獨遣吉甫，王不自行。王基即鄭之徒也，云《六月》使吉甫，《採芑》命方叔，《江漢》命召公，唯《常武》宣王親自征耳。孔晁云：王親自征耳。孔晁，王肅之徒也，言《六月》王親行，《常武》王不親行。【略】知《常武》親征為得其實。孫毓亦以此篇王不自行，鄭説為長。

六月棲棲，戎車既飭。四牡騤騤，載是常服。玁狁孔熾，我是用急。王于出征，以匡王國。

比物四驪，閑之維則。維此六月，既成我服。我服既成，于三十里。王于出征，以佐天子。

四牡修廣，其大有顒。薄伐玁狁，以奏膚公。有嚴有翼，共武之服。共武之服，以定王國。

玁狁匪茹，整居焦穫。侵鎬及方，至于涇陽。織文鳥章，白旆央央。元戎十乘，以先啓行。

戎車既安，如輊如軒。四牡既佶，既佶且閑。薄伐玁狁，至于大原。文武吉甫，萬邦為憲。

吉甫燕喜，既多受祉。來歸自鎬，我行永久。飲御諸友，炰鼈膾鯉。侯誰在矣，張仲孝友。

又《小雅・采芑》　《序》：《采芑》，宣王南征也。

鴥彼飛隼，其飛戾天，亦集爰止。方叔涖止，其車三千，師干之試。方叔率止，鉦人伐鼓，陳師鞠旅。顯允方叔，伐鼓淵淵，振旅闐闐。

蠢爾蠻荊，大邦為讎。方叔元老，克壯其猶。方叔率止，執訊獲醜。戎車嘽嘽，嘽嘽焞焞，如霆如雷。顯允方叔，征伐玁狁，蠻荊來威。

又《江漢》　《序》：《江漢》，尹吉甫美宣王也。能興衰撥亂，命召公平淮夷。《箋》：召公，召穆公也，名虎。

江漢浮浮，武夫滔滔。匪安匪遊，淮夷來求。既出我車，既設我旟。匪安匪舒，淮夷來鋪。

江漢湯湯，武夫洸洸。經營四方，告成于王。四方既平，王國庶定。時靡有爭，王心載寧。

江漢之滸，王命召虎。式辟四方，徹我疆土。匪疚匪棘，王國來極。于疆于理，至于南海。

王命召虎，來旬來宣。文、武受命，召公維翰。無曰予小子，召公是似。肇敏戎公，用錫爾祉。

釐爾圭瓚，秬鬯一卣。告于文人，錫山土田。于周受命，自召祖命。虎拜稽首，天子萬年。

虎拜稽首，對揚王休。作召公考，天子萬壽。明明天子，令聞不已。矢其文德，洽此四國。

《左傳・隱公九年》　宋公不王，鄭伯為王左卿士，以王命討之，伐宋。

又《隱公十年》（六月）庚午，鄭師入郜。辛未，歸于我。庚辰，鄭師入防。辛巳，歸于我。君子謂：鄭莊公於是乎可謂正矣。以王命討不庭，不貪其土，以勞王爵，正之體也。

又《莊公二十八年》春，齊侯伐衛，戰，敗衛師，數之以王命，取賂而還。

又《僖公四年》管仲對曰：『昔召康公命我先君大公曰：注：召康公，周大保召公奭也。「五侯九伯，女實征之，以夾輔周室。」注：五等諸侯，九州之伯，皆得征討其罪。齊桓因此命以夸楚。賜我先君履，東至于海，西至于河，南至于穆陵，北至于無棣。』注：穆陵，無棣，皆齊竟也。履，所踐履之界。齊桓又因以自言其盛。

又《僖公二十七年》於是乎蒐于被廬，注：晉常以春蒐禮改政令，敬其始也。被廬，晉地。作三軍。謀元帥，注：中軍帥。趙衰曰：『郤縠可。臣亟聞其言矣，說禮、樂而敦《詩》、《書》。《詩》、《書》，義之府也；禮、樂，德之則也；德、義，利之本也。《夏書》曰：「賦納以言，明試以功，車服以庸。」君其試之！』乃使郤縠將中軍，郤溱佐之。使狐偃將上軍，讓於狐毛而佐之。命趙衰為卿，讓於欒枝、先軫，使欒枝將下軍，先軫佐之。荀林父御戎，魏犨為右。

又《昭公十四年》夏，楚子使然丹簡上國之兵於宗丘，且撫其民。注：上國，在國都之西。西方居上流，故謂之上國。宗丘，楚地。分貧振窮，注：分，與也；振，救也。長孤幼，養老疾，收介特，注：介特，單身民也。收聚不使流散。救災患，宥孤寡，注：寬其賦稅。赦罪戾，詰姦慝，舉淹滯，注：淹滯，有才德而未叙者。禮新叙舊，注：新，羈旅也。祿勳合親，注：勳，功也。親，九族。任良物官。注：物，事也。使屈罷簡東國之兵於召陵，注：兵在國都之東者。亦如之。注：如然丹。好於邊疆，注：結好四鄰。息民五年而後用師，禮也。

又《哀公八年》邾子又無道，吳子使大宰子餘討之，注：子餘，大宰嚭。囚諸樓臺，栫之以棘。注：栫，擁也。使諸大夫奉大子革以為政。注：革，邾大子桓公也。

又《哀公十年》春，齊人弒悼公，赴于師。注：以說吳師。吳子三日，哭於軍門之外。徐承帥舟師將自海入齊，齊人敗之，吳師乃還。注：承，吳大夫。

又《襄公十九年》晉士匄侵齊，及穀，聞喪而還，禮也。注：禮之常，不必待君命。

《公羊傳·襄公十九年》晉士匄帥師侵齊，至穀，聞齊侯卒，乃還。《傳》：還者何？善辭也。何善爾？大其不伐喪也。此受命乎君而伐齊，則何大乎其不伐喪？大夫以君命出，進退在大夫也。《解詁》：禮，兵不從中御外，臨事制宜，當敵為師，唯義所在。士匄聞齊侯卒，引師而去，恩動孝子之心，義服諸侯之君，是後兵寢數年，故起時善之言。『乃』者，士匄有難重廢君命之心，故見之。言『至穀』者，未侵齊也。言『聞』者，在竟外。舉『侵』者，張本。

《穀梁傳·襄公十九年》晉士匄帥師侵齊，至穀，聞齊侯卒，乃還。《傳》：還者，事未畢之辭也。受命而誅生，死無所加其怒。不伐喪，善之也。善之則何為未畢也？君不尸小事，臣不專大名，善則稱君，過則稱己，則民作讓矣。士匄外專君命，故非之也。然則為士匄者，宜奈何？宜墠帷而歸命乎介。《集解》：除地為墠，於墠張帷，反命於介，介歸告君，君命乃還，不敢專也。

《國語》卷一九《吳語》於是越王勾踐乃命范蠡、舌庸，注：二子，越大夫。率師沿海泝淮，以絕吳路，敗王子友於姑熊夷。

《戰國策》卷四《秦二》魏文侯令樂羊將，攻中山，漢高誘注：中山，狄都，今盧奴中山也。三年而拔之。樂羊反而語功，文侯示之謗書一篋。樂羊再拜稽首曰：『此非臣之功，主君之力也。』

又卷二九《燕一》（昭王）於是遂以樂毅為上將軍，與秦、楚、三晉合謀以伐齊，齊兵敗，閔王出走於外。燕兵獨追北，入至臨淄，盡取齊寶，燒其宮室宗廟。齊城之不下者，唯獨莒、即墨。

又卷三〇《燕二》燕昭王死，惠王即位，用齊人反間，疑樂毅，而使騎劫代之將。樂毅奔趙，趙封以為望諸君。齊田單欺詐騎劫，卒敗燕軍，復收七十城，以復齊。

又卷二一《趙四》秦使王翦攻趙，趙使李牧、司馬尚禦之。李牧數破走秦軍，殺秦將桓齮。王翦惡之，乃多與趙王寵臣郭開等金，使為反間曰：『李牧、司馬尚欲與秦反趙，以多取封於秦。』趙王疑之，使趙蔥及顏冣代將，斬李牧，廢司馬尚。後三月，王翦因急擊，大破趙，殺趙軍，虜趙王遷及其將顔冣，遂滅趙。

《史記》卷六四《司馬穰苴列傳》　景公召穰苴，與語兵事，大説之，以為將軍，《索隱》：謂命之為將，以將軍也。將音即匠反，遂以將軍為官名。故《尸子》曰：十萬之師，無將軍則亂。六國時有此官。將兵扞燕、晉之師。穰苴曰：『臣素卑賤，君擢之閭伍之中，加之大夫之上，士卒未附，百姓不信。人微權輕，願得君之寵臣，國之所尊以監軍，乃可。』於是景公許之，使莊賈往。【略】夕時，莊賈乃至。穰苴【略】遂斬莊賈，以徇三軍，三軍之士皆振慄。久之，景公遣使者持節赦賈，馳入軍中。穰苴曰：『將在軍，君令有所不受。』

又　卷六五《孫子吳起列傳》　於是闔廬知孫子能用兵卒，以為將，西破彊楚入郢，北威齊晉，顯名諸侯，孫子與有力焉。

齊威王欲將孫臏，臏辭謝曰：『刑餘之人，不可。』於是乃以田忌為將，而孫子為師，居輜車中，坐為計謀。

齊人攻魯，魯欲將吳起，吳起取齊女為妻而魯疑之，吳起於是欲就名，遂殺其妻，以明不與齊也。魯卒以為將，將而攻齊，大破之。

文侯問李克曰：『吳起何如人哉？』李克曰：『起貪而好色，然用兵，司馬穰苴不能過也。』於是魏文侯以為將，擊秦，拔五城。

又　卷四三《趙世家》　趙使趙奢將，擊秦，大破秦軍閼與下，賜號為馬服君。

又　卷八一《廉頗藺相如列傳》　趙惠文王十六年，廉頗為趙將，伐齊，大破之，取陽晉，拜為上卿。以勇氣聞於諸侯。

孝成王立。七年，秦與趙兵相距長平。時趙奢已死，而藺相如病篤，趙使廉頗將，攻秦，秦數敗趙軍，趙軍固壁不戰。秦數挑戰，廉頗不肯。趙王信秦之閒，秦之閒言曰：『秦之所惡獨畏，馬服君趙奢之子趙括為將耳。』趙王因以括為將，代廉頗。藺相如曰：『王以名使括，若膠柱而鼓瑟耳。括徒能讀其父書傳，不知合變也。』趙王不聽，遂將之。趙括自少時學兵法，言兵事，以天下莫能當。嘗與其父奢言兵事，奢不能難，然不謂善。括母問奢其故，奢曰：『兵，死地也，而括易言之。使趙不將括，即已；若必將之，破趙軍者，必括也。』及括將行，其母上書言於王曰：『括不可使將。』王曰：『何以？』對曰：【略】『今括一旦為將，東向而朝軍吏，無敢仰視之者。王所賜金帛，歸藏於家，而日視便利田宅可買者買之。王以為何如其父？父子異心，願王勿遣。』王曰：『母置之。吾已決矣。』括母因曰：『王終遣之，即有如不稱，妾得無隨坐乎？』王許諾。趙括既代廉頗，悉更約束，易置軍吏。秦將白起聞之，縱奇兵，佯敗走而絶其糧道，分斷其軍為二，士卒離心。四十餘日，軍餓，趙括出鋭卒，自搏戰。秦軍射殺趙括，括軍敗，數十萬之衆遂降秦，秦悉阬之。趙前後所亡，凡四十五萬。

論說

《呂氏春秋》卷八《論威》　古之至兵，民之重令也。注：至兵，至德君之兵也。令無不化，故謂之至重也。重乎天下，貴乎天子。其藏於民心，捷於肌膚也，深痛執固，注：捷，養也。不可搖蕩，注：蕩，動也。物莫之能動。注：動，移也。若此，則敵胡足勝矣。注：如此者勝敵，不足以為武，故言胡足勝矣。小之也。故曰：其令彊者其敵弱，其令信者其敵詘。注：令彊者，不可犯也。令信者，賞不僭，刑不濫也。故能使其敵弱而屈服也。先勝之於此，則必勝之於彼矣。注：此近，謂廟堂。彼遠，謂原野。

漢・伏勝《尚書大傳》　諸侯之義，非天子之命，不得動衆起兵、殺不義者，所以强幹弱枝，尊天子，卑諸侯也。

《史記》卷二五《律書》　兵者，聖人所以討彊暴，平亂世，夷險阻，救危殆。自含血戴角之獸，見犯則校，而況於人！懷好惡喜怒之氣，喜則愛心生，怒則毒螫加，情性之理也。昔黄帝有涿鹿之戰，以定火災；顓頊有共工之陳，以平水害，成湯有南巢之伐，以殄夏亂。遞興遞廢，勝者用事，所受於天也。自是之後，名士迭興。晉用咎犯而齊用王子，吳用孫武申明軍約，賞罰必信，卒伯諸侯，兼列邦土。雖不及三代之誥誓，然身寵君尊，當世顯揚，可不謂榮焉！豈與世儒闇於大較，不權輕重，猥云德化不當用兵，大至窘辱失守，小乃侵犯削弱，遂執不移等哉？故教笞不可廢於家，刑罰不可捐於國，誅伐不可偃於天下，用之有巧拙，行之有逆順耳。夏桀、殷紂手搏豺狼，足追四馬，勇非微也；百戰克勝，諸侯懾服，權非輕也。秦二世宿軍無用之地，連兵於邊陲，力非弱也；結怨匈奴，絓禍於越，勢非寡也。及其威盡勢極，閭巷之人為敵國，咎生窮武之不知足，甘得之心不息也。

漢·班固《白虎通義》卷五《三軍》 王法天誅者，天子自出者，以為王者乃天之所立，而欲謀危社稷，故自出，重天命也。犯王法，使方伯誅之。《尚書》曰：『今予惟恭行天之罰。』此言開自出伐扈也。《王制》曰：『賜之弓矢，乃得專征伐。』謂誅犯王法者也。

大夫將兵出，不從中御者，欲盛其威，使士卒一意繫心也。故但聞軍令，不聞君命，明進退在大夫也。《春秋傳》曰：『此受命于君，如伐齊則還何？大其不伐喪也。』『大夫以君命出，進退在大夫也。』

又 卷五《誅伐》 誅不避親戚何？所以尊君卑臣，强幹弱枝，明善善惡惡之義也。《春秋傳》曰：『季子煞其母兄，何善爾？誅不避母兄，君臣之義也。』《尚書》曰『肆朕誕以爾東征』，誅弟也。

諸侯有三年之喪，有罪且不誅何？君子恕己，哀孝子之思慕，不忍加刑罰。《春秋》曰：『晉士丐帥師侵齊，至穀，聞齊侯卒，乃還。』《傳》曰：『大其不伐喪也。』

諸侯之義，非天子之命，不得動衆起兵、誅不義者，所以强幹弱枝，尊天子，卑諸侯也。《論語》曰：『天下有道，則禮樂征伐自天子出。天下無道，則禮樂征伐自諸侯出。』上無天子，下無方伯，諸侯有相滅亡者，力能救之，則救之可也。《論語》曰：『陳恒弒其君，孔子沐浴而朝，請討之。』王者諸侯之子，篡弒其君而立，臣下得誅之者，廣討賊之義也。《春秋傳》曰：『臣弒君，臣不討賊，非臣也。』又曰：『蔡世子班弒其君，楚子誅之。』

王者受命而起，諸侯有臣弒君而立，當誅君身死，子不得繼之者，以其逆，無所承也。《詩》云：『毋封靡于爾邦，惟王其崇之。』此言追誅大罪也。或盜天子土地，自立為諸侯，絶之而已。

誅者，何謂也？誅猶責也。誅其人，責其罪，極其過惡。《春秋》曰：『楚子虔誘蔡侯班，煞之于申。』《傳》曰：『誅君之子不立。』討者，何謂也？討猶除也。欲言臣當掃除弒君之賊也。《春秋》曰：『衛人殺州吁于濮。』《傳》曰：『其稱人何？討賊之辭也。』伐者，何謂也？伐者，擊也。欲言伐擊之也。《尚書敘》曰：『武王伐紂。』征者，何謂也？征猶正也。欲言其正也。輕重從辭也。《尚書》曰『誕以爾東征』，誅祿甫也。又曰：『甲戌，我惟征徐戎！』

唐·陸淳《春秋集傳纂例》卷五《用兵例》 趙子曰：《春秋》紀兵，曷無曲直之辭與？怪不以客主曲直為褒貶。曰：兵者，殘殺之道，滅亡之由也，故王者制之。無王命及非侯伯，不得興師。王政既替，諸侯專恣，於是仇黨構而戰爭興矣。為利，利其土地及黨與。為怨，以報仇怨。王度滅矣。故《春秋》紀師，無曲直之異，時興師雖有曲直，侵、伐、圍、入之辭皆同。一其非也。其專恣罪同，不復分其曲直。不一之，則禍亂之門闢矣。若分曲直，則謂自直者專興師，轉相讎仇無已。其差者、差有善意者。甚者，惡甚者。則存乎其文矣。救患為善，滅同姓為惡，差、甚之類也。

又曰：兵出殊稱，何也？或稱『師』，或稱『人』，或稱『帥師』，或稱某。正名位也。以辨正其將之名位。王命之大夫曰某，具名氏也。君命之大夫曰某人，《王命君命卿例》，見僖八年《傳》。不稱『帥師』，避不成辭也，成公已前，侵、伐稱人。若言某人帥師，則不成言辭。年遠人多難詳。成公已前，侵、伐稱人者，多不必盡是君命之卿，益遠事難詳，從舊史書人耳。義見隱元年『公子益師卒』《傳》。下大夫稱師，內、外同此稱，但以衆為文，言將卑不足稱。譏委重於卑也。兵者以凶危之事，不當委之賤也。內之師少，則但稱『伐』，或稱『及』，詳內以異外也。外師不必能審其多少，故以將之品例為名目。至於內師，則多者稱『師』，莊八年師及齊師圍郕之類是也。少則但稱『及』稱『伐』，桓十七年及宋人、衛人伐邾，八年秋伐邾之類是也。大夫書『帥師』，紀其為將也。使當勝敗之榮辱也。不書『帥師』，不成師也。此指內將也。二千五百人為師，不書『帥師』，明師少也。內大夫出將凡三十三，不稱『帥師』凡十一，故此例指為內言之也。外則一之，莫能詳也。外大夫一切稱『帥師』，莫能審其多少。君不稱『師』，重君也。此《公羊》舊義。凡君出境，必以師從，重人君也，况是稱『伐』，必知師衆也。外域舉號，賤之也。外域用兵，不分其爵位及君臣，但稱其國名而已。諸侯稱國，狄之也。諸侯用兵為外域行者，亦但稱國名而已。此《公羊》義例，只施於用兵，不通於他處也。

唐·杜佑《通典》卷二八《職官十·武官上·將軍總叙》 三代之制，天子六軍，其將皆命卿。一萬二千五百人爲軍。故《夏書》曰：『大戰於甘，乃召六卿。』蓋古之天子，寄軍政於六卿，居則以田，警則以戰，所謂入使理之、出使長之之義。其職在國，則以比長、閭胥、族師、黨正、州長、鄉大夫爲稱；其在軍，則以卒、伍、司馬、將軍為號，所以異軍、國之名。諸侯之制，大國三軍，次國二軍，小國一軍。其將亦命卿也。晉獻公初作二軍，公將上軍，則將軍之名起於此也。魏獻子、衛文子並居將軍之號。《左傳》曰：晉閻没、女寬謂魏獻子曰：「豈將軍食之而有不足？」注曰：獻子為中軍率，故謂之將軍。又《禮記》曰：「將軍文子之喪既除，而後越人來弔。」又《家語》曰「衛將軍文子問於子貢」是也。文子爲衛之將軍，名彌牟。自戰國置大將軍，周末又置前、後、左、右將軍。至秦，「將軍」之言多矣。

宋・王欽若等《冊府元龜》卷一一六《帝王部・親征》 夫大刑用甲兵，蓋所以威不軌而昭文德也。若乃總一宇内為之司牧，禮樂征伐由我而出，居上以制下，如臂之使指。其或四夷内侮，敵國交侵，乃舉薄伐之師，申誕告之命，躬擐甲胄，親董士衆，執殳前驅，罔敢不率，班師飲至，竝修舊典，固足以奮揚武烈，丕赫天聲，攘除寇讐，大庇生聚。古先哲王保民之意，其由是矣。復有憑恃兵力，窺覦神器，聚黨以爭命，專祿以周旋，負固不恭，侵敗王略，恣蛇豕之薦食，陷黎庶於匪人，則必赫然發怒，恭行天討，櫛沐風雨，蒙犯霜露，濡足以救民，一戎而靖亂，蓋一人横行於天下，武王之恥也。若乃勞人而動衆，略内以勤遠，爭尋常而翫鋒鏑，涉徼塞而露威靈，斯亦異乎文告威讓、干羽懷徠之旨也。

宋・王晳《春秋皇綱論》卷三《侵伐取滅》 征伐，天子之大權。天下有道，禮樂征伐自天子出，故史官先言「惟仲康肇位四海」，六師之掌，命有所自；徂征之命，承之而已。其辭甚嚴正，萬世君臣之綱也。

宋・劉敞《春秋傳説例・師行例》 將尊師衆，稱某帥師；將尊師少，稱將；將卑師衆，稱師；將卑師少，稱人。所謂尊者，三命、再命卿也。所謂衆者，大國三軍，次國二軍也。

宋・葉夢得《春秋考》卷七《桓公》 先王征伐之序，其制不可盡考，見于《詩》、《書》、《禮》者，不過二三。方伯，一也；二伯，二也，親征，三也。

諸侯有卿無軍，本皆不得征伐，惟九州之牧，擇諸侯之有功德者為之，而後賜之弓矢，使專征；賜之斧鉞，使專殺。如《文侯之命》言「賚爾彤弓一，彤矢百，盧弓一，盧矢百。」此平王錫文侯者也，亦謂之侯伯。而詩《彤弓》，天子錫有功諸侯者，蓋歌是詩以享之。故狄人迫逐黎侯，而《詩・旄丘》責衛宣公不能行方伯連率之職。其在《周禮》，則所謂「八命作牧」者。此方伯之征者也。

方伯各長其一州之諸侯而已，冀不可以兼豫，荆不可以兼揚，則又天子之三公，以其二分天下而各掌其東、西，則《公羊》言分天下為二伯，自陝以東，周公主之；自陝以西，召公主之。一相處乎内，而《詩・國風》別為《周南》、《召南》。二伯雖三公，皆出封于外，而封伯禽于魯，留周公于京師者，蓋有為之也。有事而後入王朝，則《顧命》言成王將崩，召公、畢公率諸侯相康王，故管仲言「命我先君太公曰：五侯九伯，汝實征之。」其在《周禮》，則所謂「九命作伯」者。此二伯之征也。

王親征禮，不為定制。其見于夏者，則啓與有扈戰于甘者是已。見于周者，則成王東伐淮夷、四征不庭者是已。意者諸侯有罪，方伯征之；方伯有罪，二伯征之，皆請于王而後行，是謂天下有道，征伐自天子出者也。二伯不能服，而後王親征。故淮夷、三監叛，在周公居攝，成王未親政之前，則周公東征而已。及言成王東伐淮夷，遂踐奄，周公致成王政在成王親政之後，豈非前征有不能服而後親行歟？天子六軍在王畿之内，各以其卿分將，惟天子出征而後行，則《甘誓》言「乃召六卿曰：嗟！六事之人」者是也。亦有二伯出征而以王師從之者，則《胤征》言「胤侯命掌六師」者是也。胤為國，則不在寰内，蓋三公之出封者，正為二伯，故言「胤侯掌六師」，蓋一時之辭，不言「命胤侯掌六師」，孔氏以為《大司馬》誤矣。

其序大略雖如此，然事亦各有緩急大小。如有扈氏威侮五行，怠棄三正，而至于大戰，則非王親征，其誰勝之？乃鄭伯之罪，未至于此，再不朝，但當削地，而遽伐，則是以喜怒之私，輕用其兵而行其志，以為王者之師，則未也。

天子親征，于《禮》無正文。其事雜見于《周官》，所謂「大師之禮，用衆者」也。凡言大師大合軍旅、大軍旅、王之軍旅者皆是。而《王制》言「類乎上帝，宜乎社，造乎禰，禡于所征之地，受命于祖，受成于學；出征執有罪，反釋奠于學，以訊馘告」者，其出入之禮也。以

《書》考之，則有扈之戰是已。有扈，外諸侯也。其罪以威侮五行，怠棄三正，則有大于羲和湎淫，廢時亂日者。故羲和則胤以二伯征之，有扈則啓以天子征之。《大司馬》九伐之法不載親征之目，蓋親征非有司之事，當其時則為之，不可立為常法。

王者，普天之下，莫非王臣，無一物不欲得其所，而元惡大憝果於犯上，有號令所不能訓，刑辟所不能加者，非王自治之，天下幾何不受其害哉？故《大司馬》之職但曰：『救無辜，伐有罪。』其以遷廟之主載之齊車，用命者則賞於祖，而『小宗伯』奉之以社主，帥有司，立軍社；弗用命者則戮于社，而『大司寇』涖之，示其有所受也。然而王者有征無戰，合天下之衆，夫誰與王敵？而《甘誓》猶以『戰』言者，蓋無戰王之義也。伐不服，逆命而戰，軍之事也。『蔡人、衛人、陳人從王伐鄭』，不以王主兵，而以三國從王為文者，不以王當鄭也。然《春秋》于鄭無貶文。夫諸侯而使王至於親征，豈待加之以辭？鄭伯固無以立于天下矣。

宋·沈棐《春秋比事》卷一六《伐·經書諸侯獨伐國十一》 僖二十三年，齊侯伐宋，圍緡。《左》謂討其不與盟於齊。杜以十九年盟于齊，以無忘齊桓之德，而宋獨不會，復召齊人，共盟鹿上，故今討之。以經義考之，二說皆不然。蓋宋襄乘小白之德，欲抗楚圖霸，楚人憤之，假無忘小白之名，結黨於齊，欲以屈宋。當時從盟於齊，皆楚脅制之國，則其盟實出於楚也，宋安得而會之？宋以齊之盟既附楚，勢必孤弱，故二十一年，要齊、楚盟於鹿上，以結兩國之好。時齊既與宋而又與楚，宋、楚强弱之勢未分，齊未敢以凌宋也。及盂之會，楚執宋公。泓之戰，楚敗宋師。齊知宋之屈弱，於是乘其頹，伐而圍之。然孝公之立，實宋為之援；既立之後，未嘗交惡，而齊背宋之德，遽伐其國。何也？蓋宋襄初有紹霸意，抗强楚，主中國，而齊遽受楚人之盟，則與宋之意異矣。宋以齊、楚交盟，知勢弱不敵，遂修鹿上之盟，餌齊、楚以定兩國之勢。宋既蓄憤於齊，勉為是盟，既盟之後，復欲外齊而壓楚，致楚子於盂之會，而所從者皆楚、宋與國，齊不與焉。及宋敗於楚，齊復修盂之怨，是以首稱兵而不恤也。襄公不負小白之託，躬帥宋師，敗齊于甗，而孝公得立，為宋之德，於齊大矣。一旦乘宋之衰，興師伐之，是襄公不忘小白之德，孝公忘之也。且齊之病宋者，不過説楚而已，安有霸者之後去小白纔一世，而其子孫遂病中國，以媚夷狄哉？聖人顯書齊侯，所以甚著孝公之惡也。

文元年，晉侯伐衛。《左》謂晉文公之季年，諸侯朝晉，衛成公不朝，使孔達侵鄭。晉襄公既祥，使告于諸侯而伐衛。按文公之興，嘗伐衛國，又因元咺，以執衛侯。及僖三十年，衛殺元咺，衛侯反國，則衛有怨於晉矣。晉憤衛，殺元咺。而文公季年，不暇致討而卒；襄公初立，所以晉伐衛者，承文之志也。

宣九年，齊侯伐萊。按《左》夾谷之會，齊使萊人以劫魯侯。孔子以萊為裔夷之俘，則萊蓋遠夷之微國。經書『伐萊』，惡齊侯勞師襲遠，凌蔑小國也。

成四年，鄭伯伐許。按前年鄭兩伐許，蓋許近鄭之小國，屢被鄭患，故經書唯鄭病許，無報伐者。然鄭襄受制於楚，不能自强其國，區區逞志於小邦。其畏强凌弱，不義甚矣。故書『鄭伯』，以惡之。

襄二十三年，齊侯伐衛，遂伐晉。昭六年，齊侯伐北燕。按經三年，北燕伯欵出奔齊，則齊侯伐北燕，將納燕伯欵也。按《左氏》晏子之言，以燕已立君，齊師不能入，齊雖伐燕納欵，實不克納也。十六年，齊侯伐徐。《左》謂徐人行成，會齊侯盟，賂以甲父之鼎。按《左》説齊人伐徐而受賂，是貪殘不仁也。况經無徐病齊之事，蓋齊侯以其小國，恃强凌之耳。

十九年，宋公伐邾。按經前年，邾人入鄅，《左》謂鄅夫人，宋向戌之女也，故向寧請師伐邾以報怨，盡歸鄅俘。則宋公之伐為鄅，明矣。然師為向寧而出，是宋公之不君也。

二十二年，齊侯伐莒。按《左》是年，齊北郭啓伐莒，大夫諫莒子曰：『不如下之。』弗聽，敗齊師于壽餘。齊侯怒而伐莒，莒子行成，莒於是大惡其君，故明年莒子來奔。夫齊以大國，輕用師旅，挫辱於小國，不能自懲而復伐之。夫一莒不足為齊難，而齊侯恃强凌弱之罪，不可貸也。

哀五年，齊侯伐宋。按經，齊、鄭自定七年盟鹹之後，恪守信好，而定十五年，鄭罕達帥師伐宋，則宋、鄭固有怨矣。則齊侯之伐宋，為鄭故也。觀是一伐之後，宋、鄭之怨遂深。七年，宋皇瑗侵鄭。九年，又敗鄭師。秋，宋公又伐鄭。宋所以深仇鄭，蓋憤鄭之附齊，而齊為鄭以伐宋，則是事起於鄭，此宋所以報伐之多也。凡此，皆諸侯獨伐國之義也。

宋・程公説《春秋分記》卷三九《征伐書第一・内魯・軍制始末》

三代而上，兵權散王。有扈之師，六事咸在。牧野之戰，三卿同出。《書》稱『太保命仲桓、南宫毛俾爰齊侯吕伋，以二干戈、虎賁百人，逆子釗』；而《常武》詩亦曰：『王命卿士，南仲太祖，太師皇父，整我六師。王謂尹氏，命程伯休父，左右陳行，戒我師旅。』且太保，相也，非南宫毛之使，不能專令兵師。齊侯，將也，非太保之命，不敢擅興禁旅。夫以二兵百士而二三大臣參互職掌。至於皇父整師，尹氏播令，程父出征，則兵無專將，將無重權，大略可考。是以兵滿天下，居然若無。迨及叔季，諸侯更霸，大夫藏甲，《春秋》書三軍作、舍，大蒐帥師，皆譏專兵也。

元・方回《續古今考》卷五《上將次將末將》 然考之三代盛時，未有將帥之將，以為稱謂者。鄉、遂出軍，命卿總之，師出以卿，師入以卿。至春秋、戰國而後，有將之名。傳《春秋》者，謂將軍，師少曰人。序《詩》者有云：以天子之命，命將帥。《詩序》乃漢儒語，傳注亦出漢時。《孟子》中始有『將軍』之稱，吕不韋《月令》始有『太尉』之官，非周制也。司馬穰苴、孫武、吳起著書言兵法，始盛推將才，蓋井牧鄉遂之法廢。如所謂天子六軍七萬五千人，車千乘者，亦不足以禦强國。動輒興師十萬、二十萬或三十萬，而匹夫起於細微，能詐能勇、能計算者，始拔而為將，非復六卿、三卿、二卿、一卿之行軍者矣。七國之戰，烹屠隕滅者數百千萬人，得為將而富貴，而終於敗；與夫先勝後敗、嘗試而不勝輒敗者不可勝數。故沛公曰『置將不善，一敗塗地』，而俗諺謂『三世為將，道家所忌』。

元・戴良《九靈山房集》卷六《治平類要總序・馭將篇》 古者國君有難，召將而詔之曰：『社稷安危，一在將軍。』是則帝王馭將之道，惟在推誠以待之。三代以降，人情日異於古。其待武士也，始皆折之以氣而結之以恩。蓋不折之以氣，則流於姑息而生驕；不結之以恩，則過於嚴肅而生怨。生驕與怨，非止費財玩寇之弊，而有不戢自焚之患矣。揚子雲曰：『馭得其道，則天下狙詐咸作使；馭失其道，則天下狙詐咸作敵。』後世欲治之君，可不熟慮而慎行之？述《馭將篇》。

明・丘濬《大學衍義補》卷一一五《治國平天下之要・嚴武備》

臣按胡氏謂兵權不可去公室，有天下國家宜以魯為鑒。魯，一國也，尚不可失兵權，而況天下之大者乎！

明・湛若水《格物通》卷七二《任將上》 臣若水通曰：此《師卦・象辭》言人君用師之道。『六五』以柔居上，為人君任將；『九二』以陽剛居下得中，為將兵之主，故曰貞，曰丈人。其餘諸爻，皆陰柔為師之象。師者，兵衆也；貞者，師出以正也；丈人者，老成之人也；吉者，師出必勝，無敵於天下也。言得此『九二』剛中之將，則其德老成而行師必得其正，乃得吉而無咎也。夫師之興，實非得已，不貞則為忿，為貪，為驕，非王者之師矣。戡亂禦暴，師之貞者。苟非其人而帥之，鮮不敗也。得如丈人之德之才，授以閫外之寄，無憂矣。何也？師貞足以服衆，將賢足以制敵，有不戰，戰必勝矣。吉又何咎焉？

臣若水通曰：此爻有貞正丈人之德，而為君所委任者也。『九二』以一陽為衆陰所歸，剛而居下卦之中，而『六五』正應以專任之故，有師中錫命之象，在師中吉者，言在軍旅之中則可，蓋古閫外專制之義也。王三錫命者，言為君寵任之專也。夫為將之道德不備，則不勝其任；任不專，則不盡其才，皆致敗之機也。『九二』具有中之德而上應於五，其德備矣，其任專矣。克敵而得吉，非倖也。王者寵任之心，正欲其靖難，撫萬邦而懷之也。『九二』可謂得其心而無負矣。為人君任將者，可不求中貞之丈人而專任之哉？

臣若水通曰：此爻因『九三』當既濟而用剛，故發此義，以示人也。夫人君之德，剛主威而柔主愛。興師以征不服，剛德之著也；志於靖難而安民，則亦未嘗不愛矣。故曰仁義之師也，高宗之於鬼方是也。鬼方醜虜，為商之患久矣。征之至於三年之久而後克之，功之難成如此，故兵非聖人之得已也。使復以小人用之，則除暴未能，先已為暴也。人君其可不慎於將邪？

嘗考諸三代而上，文、武合而為一，故出則為將而入則為相。三代而下，文、武歧而為二，而將、相各專其門。此古今之所以不同，而治道之所以不能復古也。

臣若水通曰：師謂六軍之衆也，公謂諸侯為王卿士者也。元侯，大國之君也。師，三軍之衆也。大國三卿，皆命於天子。諸侯謂次國之君也，有卿，有命卿也。二卿命於天子，一卿命於其君。無軍，無三軍也。若元侯有事，則令卿帥其所教武衛之士，以佐元侯。贊，佐也。無卿，無命卿也。帥賦，帥國中出兵車甲士，以從大國之諸侯也。征，正也。慝，惡也。夫兵師之法，咸有紀律。天子之帥唯公，元侯之帥唯卿，諸侯伯、子、男則帥衛賦以翊贊之。是故征伐自天子出矣。天子討而不伐，諸侯伐而不討，故邪慝無自生也。善乎！叔孫穆子之知將道矣。

臣若水通曰：夫君必擇將，將必知兵，行師之大要也。不然，則以卒以國而與敵矣。若趙衰，則知將者也；若郤縠，則善將者也。夫如是，戰何不克？人君擇將，可不慎乎？

又 卷七三《任將中》 臣若水通曰：將以忠義為先。燕用樂毅，齊用田單，皆可謂之得人矣。智勇仁信，皆忠義之心所發也。然單於敗亡之齊，得以忠義自遂而全齊。毅在盈盛之燕，故君聽間而疑。此燕、齊勝敗存亡之勢所以分也，然則人君之於將，其可以間諜動哉？

臣若水通曰：李牧之為趙邊將也，可謂藏大智於至愚，蓄大勇於至怯，而為萬全之計矣。史稱其為趙北邊之良將，然求之天下，豈多得哉？雖然，亦其君信任之專，致然也。天之生材，何世無之？特以時君不能用之爾。古之命將者，君跪而推轂，曰『自閫以内寡人主之自閫以外將軍自主之』。故將在軍，君命有所不受。後世遣將者能如是乎？生殺與奪將，能自專制之乎？市租之入，果能聽其餉勞之用乎？至於朝出為將而夕有議其後者矣。必受廟堂之成算，呼吸之間而事機往矣。是故雖有頗、牧，不能用也。

又 卷七四《任將下》 臣若水通曰：後世之談兵者，不過坐作進退之節，擊刺攻守之宜，此其迹也。臣恐探本之論，不如是也。何者？克敵在兵，制兵在將，而任將則在君也。是故明君慎擇其將而已矣。將其賢也，則呼吸之間，變態百出，如疾風之飄忽，如迅雷之過耳，用正用奇，如鬼神之莫測，安用夫六韜三略之舊哉？

明·王樵《春秋凡例》卷下《盟會侵伐通例》 王臣雖微，在諸侯上，尊王也。會盟則徵會主盟者為首，用兵則主兵者為首。大夫雖主兵，不得在諸侯上。襄十六年『叔老會鄭伯、晉荀偃、衛甯殖、宋人伐許』是。

清·吳浩《十三經義疑》卷四《左傳·宋公及楚人戰于泓》 或問宋襄將與楚戰，子魚固諫而不納。彼為大司馬，阻而鼓之，不亦可乎？余應之曰：閫以外，將軍制之。其君不在耳。襄公在焉，子魚安得而自專也？

曰：吳與蔡、唐伐楚，夫槩王欲先擊子常之卒，晨請於闔廬，不可，夫槩王以其屬五千擊囊瓦，楚師遂北。所謂臣義而行不待命者，非歟？余曰：夫槩王謂囊瓦不仁，其臣莫有死志，先伐之，其卒必奔，是以雖違君命而不顧。子魚則不然。楚强宋弱，力不可以戰，戰而僥倖於阻隘，猶有懼焉。設子魚逆君命而鼓之，而又無以遏楚師，罪彌甚矣。蓋宋宜固守而求援于諸侯，吳宜乘楚之釁而速戰。事勢不同，宋及楚戰，非計也。

清·張尚瑗《左傳折諸》卷一《隱公·以王命討之伐宋》 此猶然征伐自天子出也。終《左氏》之編，亦止此一書而已。繼則有繻葛之戰，再繼則有王人子突之師，衄師于鄭，逆命于衛，而司馬『九伐』于是乎歇絶矣。

清·秦蕙田《五禮通考》卷二三七《軍禮五·出師一·親征》 蕙田案：親征之事，如黄帝之征蚩尤及夙沙氏，夏啓戰甘之師，武丁荆楚之伐，皆是也。湯南巢之戰，武牧野之戰，亦屬親征，而其事又別。後世如隋之征高麗，唐太宗之征突厥，宋真宗景德澶淵之師，與明成祖之征蒙古本雅實哩、阿嚕台、衛拉特、瑪哈穆特等，英宗之征也先，武宗之征宸濠，或有合于奉辭伐罪之義，或徒出于窮兵黷武之爲。孰得孰失，史有明文。學者折衷于經，可也。

法律掌控權分部

立法

綜述

虞夏商周 **《周易·噬嗑》** 《噬嗑》：亨，利用獄。三國魏王弼注：

噬，齧也。嗑，合也。凡物之不親，由有閒也；物之不齊，由有過也。有閒與過，齧而合之，所以通也。刑克以通獄之利也。唐孔穎達《正義》：《噬嗑》亨者，噬，齧也。嗑，合也。物在於口，則隔其上下；若齧去其物，上下乃合，而得亨也。此卦之名，假借口象以為義，以喻刑法也。凡上下之閒有物閒隔，當須用刑法去之，乃得亨通，故云《噬嗑》，亨也。利用獄者，以刑除閒隔之物，故利用獄也。

《彖》曰：頤中有物，曰《噬嗑》。《噬嗑》而『亨』，剛柔分，動而明，雷電合而章。柔得中而上行，雖不當位，『利用獄』也。

《象》曰：雷電，《噬嗑》。子夏《易傳》：雷震電照，震而後明，得於情實也。先王明其罪，告其法，然後誅之，而民莫怨其上也。唐李鼎祚《集解》：宋衷曰：雷動而威，電動而明，二者合而其道彰也。用刑之道，威明相兼。若威而不明，恐致淫濫；明而無威，不能伏物。故須雷電竝合，而《噬嗑》備。先王以明罰敕法。《正義》：雷電，噬嗑者，但噬嗑之象，其象在口；雷電非噬嗑之體，但噬嗑象外物，既有雷電之體，則雷電欲取『明罰敕法』可畏之義，故連云雷電也。《集解》：侯果曰：雷所以動物，電所以照物。雷電震照，則萬物不能懷邪。故先王則之，明罰敕法，以示萬物，欲萬方一心也。

《尚書·舜典》 帝曰：『皋陶！蠻夷猾夏，寇賊姦宄。漢孔安國《傳》：猾，亂也。夏，華夏。羣行攻劫曰寇，殺人曰賊。在外曰姦，在內曰宄。言無教所致。汝作士，五刑有服，《傳》：士，理官也。五刑，墨、劓、剕、宮、大辟。服，從也。言得輕重之中正。五服三就，《傳》：既從五刑，謂服罪也。行刑當就三處：大罪於原野，大夫於朝，士於市。五流有宅，五宅三居。《傳》：謂不忍加刑，則流放之，若四凶者。五刑之流，各有所居；五居之差，有三等之居：大罪四裔，次九州之外，次千里之外。惟明克允。』《傳》：言皋陶能明信五刑，施之遠近。蠻夷猾夏，使咸信服，無敢犯者。

又《皋陶謨》 皋陶曰：【略】『天討有罪，五刑五用哉！』《傳》：言天以五刑討有罪，用五刑宜必當。

又《伊訓》 制官刑儆於有位，《傳》：言湯制治官刑法，以儆戒百官。曰：敢有恒舞於宮，酣歌於室，時謂巫風；敢有殉於貨色，恒於遊畋，時謂淫風；敢有侮聖言，逆忠直，遠耆德，比頑童，時謂亂風。惟茲三風十愆，卿士有一於身，家必喪；邦君有一於身，國必亡。臣下不匡，其刑墨。具訓於蒙士。

又《呂刑》 惟呂命。王享國百年，耄，荒度作刑，以詰四方。【略】墨罰之屬千，劓罰之屬千，剕罰之屬五百，宮罰之屬三百，大辟之罰，其屬二百，五刑之屬三千。上下比罪，無僭亂辭。勿用不行，惟察惟法，其審克之。

王曰：『若古有訓，蚩尤惟始作亂，延及於平民。罔不寇賊，鴟義姦宄，奪攘矯虔。苗民弗用靈，制以刑，惟作五虐之刑曰法。殺戮無辜，爰始淫為劓刵椓黥。越茲麗刑并制，罔差有辭。』

《逸周書》卷六《嘗麥解》 維四年孟夏，王初祈禱於宗廟，乃嘗麥於太祖。是月，王命大正，正刑書。【略】衆臣咸興，受大正書，乃降。大史筴《刑書》九篇以升，授大正。【略】太史乃降，太正坐舉書，乃中降，再拜稽首。【略】太史乃藏之於盟府，以為歲典。

《左傳·昭公十四年》 叔向曰：【略】『己惡而掠美為昏，貪以敗官為墨，殺人不忌為賊。《夏書》曰：昏、墨、賊，殺。皋陶之刑也。』

又《昭公六年》 叔向使詒子産書曰：【略】『夏有亂政而作禹刑，商有亂政而作湯刑，晉杜預注：夏、商之亂，著禹湯之法。言不能議事以制。唐孔穎達《正義》：夏、商之有亂政，在位多非賢哲，察獄或失其實，斷罪不得其中，至有以私亂公，以貨枉法，其事不可復治，乃遠取創業聖王當時所斷之獄，因其故事，制為定法。亦如鄭鼎所鑄，遵舊施行。言不能臨時議事，以制刑罰也。周有亂政而作九刑。注：周之衰，亦為刑書，謂之《九刑》。《正義》：準夏、商所作，當為文、武、周公之制。不以聖王名刑而謂之《九刑》者，蓋周公別為此名，故稱之耳。三辟之興，皆叔世也。』注：言刑書不起於始盛之世。《正義》：三辟，謂《禹刑》、《湯刑》、《九刑》也。辟，罪也。三者斷罪之書，故為刑書。皆是叔世所為，言刑書不起於始盛之世，議事制罪，叔世不復能然，採取上世決事之比，作書以為後法。其事是始盛之世，作書於衰亂之時。服虔云：政衰為叔世。叔世踰於季世，季世不能作辟也。

又《昭公七年》 周文王之法曰：『有亡荒閱。』注：荒，大也。閱，蒐也。有亡人，當大蒐其衆。

又《文公十八年》 季文子使大史克對曰：【略】『先君周公制《周禮》曰：則以觀德，注：則，法也。合法則為吉德。德以處事，注：處猶制也。事以度功，注：度，量也。功以食民，注：食，養也。作《誓命》曰：毀則為賊，注：誓，要信也。毀則壞法也。掩賊為藏，注：掩，匿也。竊賄為盜，注：賄，財也。盜器為姦。注：器，國用也。主藏之名，注：以掩賊為名。賴姦之用，注：用姦器也。為大凶德，有常無赦。注：刑有常。在《九刑》不忘。』注：《誓命》以下，皆《九刑》之書，《九刑》之書今亡。

《周禮·天官·大宰》　掌建邦之六典，以佐王治邦國。一曰治典，以經邦國，以治官府，以紀萬民。二曰教典，以安邦國，以教官府，以擾萬民。三曰禮典，以和邦國，以統百官，以諧萬民。四曰政典，以平邦國，以正百官，以均萬民。五曰刑典，以詰邦國，以刑百官，以糾萬民。六曰事典，以富邦國，以任百官，以生萬民。漢鄭玄注：大曰邦，小曰國，邦之所居亦曰國。典，常也，經也，法也。王謂之禮經，常所秉，以治天下也。邦國、官府謂之禮法，常所守，以為法式也。常者，其上下通名。擾猶馴也，統猶合也，詰猶禁也，《書》曰『度作詳刑，以詰四方』。任猶傳也，生猶養也。

以八灋治官府。一曰官屬，以舉邦治；二曰官職，以辨邦治；三曰官聯，以會官治；四曰官常，以聽官治；五曰官成，以經邦治；六曰官灋，以正邦治；七曰官刑，以糾邦治；八曰官計，以弊邦治。注：百官所居曰府。弊，斷也。

又《秋官·大司寇》　掌建邦之三典，以佐王刑邦國，詰四方。一曰刑新國，用輕典；注：典，法也。詰，謹也。《書》曰：王旄，荒度作詳刑，以詰四方。新國者，新辟地立君之國。用輕法者，為其民未習於教。二曰刑平國，用中典；注：平國，承平守成之國也。用中典者，常行之法。三曰刑亂國，用重典。注：亂國，篡殺叛逆之國。用重典者，以其化惡，伐滅之。以五刑糾萬民，注：刑亦法也。糾猶察，異之。一曰野刑，上功糾力；注：功，農功。力，勤力。二曰軍刑，上命糾守；注：命，將命也。守，不失部伍。三曰鄉刑，上德糾孝。注：德，六德也。善父母為孝。四曰官刑，上能糾職。注：能，能其事也。職，職事脩理。五曰國刑，上願糾暴。注：願，慤慎也。『暴』當為『恭』字之誤也。

又《秋官·士師》　掌國之五禁之灋，以左右刑罰。一曰宮禁，二曰官禁，三曰國禁，四曰野禁，五曰軍禁。皆以木鐸，狗之於朝，書而縣於門閭。注：左右，助也。助刑罰者，助其禁民為非也。宮，王宮也。官，官府也。國，城中也。古之禁書，亡矣。

以五戒先後刑罰，毋使罪麗於民。一曰誓，用之於軍旅；二曰誥，用之於會同；三曰禁，用諸田役；四曰糾，用諸國中；五曰憲，用諸都鄙。注：先後猶左右也。誓、誥，於書則《甘誓》、《大誥》、《康誥》之屬。禁則軍禮曰『無干車，無自後射』，此其類也。糾、憲，未有聞焉。

掌士之八成。注：鄭司農云：八成者，行事有八篇，若今時《決事比》。一曰邦汋，注：鄭司農云：汋，讀如『酌酒尊中』之『酌』。國汋者，斟酌盜取國家密事，若今時刺探尚書事。二曰邦賊，注：為逆亂者。三曰邦諜，注：為異國反間。四曰犯邦令，注：干冒王教令者。五曰撟邦令，注：稱詐以有為者。六曰為邦盜，注：竊取國之寶藏者。七曰為邦朋，注：朋黨相阿，使政不平者。八曰為邦誣。注：誣罔君臣，使事失實。

又《秋官·司刑》　掌五刑之灋，以麗萬民之罪。墨罪五百，劓罪五百，宮罪五百，刖罪五百，殺罪五百。注：《書傳》曰：決關梁，踰城郭而略盜者，其刑臏。男女不以義交者，其刑宮。觸易君命，革輿服制度，姦軌盜攘傷人者，其刑劓。非事而事之，出入不以道義，而誦不詳之辭者，其刑墨。降畔寇賊，劫略奪攘撟虔者，其刑死。此二千五百罪之目略也。其刑書則亡。夏刑大辟二百，臏辟三百，宮辟五百，劓、墨各千。周則變焉，所謂刑罰，世輕世重者也。

又《地官·大司徒》　以鄉八刑，糾萬民。一曰不孝之刑，二曰不睦之刑，三曰不婣之刑，四曰不弟之刑，五曰不任之刑，六曰不恤之刑，七曰造言之刑，八曰亂民之刑。注：不弟，不敬師長。造言，訛言惑衆。亂民，亂名改作，執左道以亂政也。鄭司農云：任謂朋友相任，恤謂相憂。

《禮記·王制》　凡作刑罰，輕無赦。漢鄭玄注：法雖輕，不赦之，為人易犯。刑者，侀也；侀者，成也，一成而不可變，故君子盡心焉。析言破律，亂名改作，執左道以亂政，殺；注：析言破律，巧賣法令者也。亂名改作，謂變易官與物之名，更造法度。左道，若巫蠱及俗禁。作淫聲異服、奇技奇器以疑衆，殺；注：淫聲，鄭、衛之屬也。異服，若聚鷸冠瓊弁也。奇技奇器，若公輸般請以機窆。行偽而堅，言偽而辯，學非而博，順非而澤以疑衆，殺；注：皆謂虛華捷給、無誠者也。假於鬼神，時日卜筮以疑衆，殺。注：今時持喪葬、築蓋、嫁取卜數文書，使民倍禮違制。此四誅者，不以聽。注：為其為害大，而辭不可習。凡執禁以齊衆，不赦過。注：亦為人將易犯。

有圭璧金璋，不粥於市；命服命車，不粥於市；宗廟之器，不粥於市。犧牲不粥於市，戎器不粥於市。注：尊物非民所宜有。戎器，軍器也。粥，賣也。用器不中度，不粥於市；兵車不中度，不粥於市；布帛精麤不中數，幅廣狹不中量，不粥於市；姦色亂正色，不粥於市；注：凡以其不可用也。用器，弓矢、耒耜、飲食器也。度，丈尺也。數，升縷多少。錦文珠玉成器，不粥於市；衣服飲食，不粥於市；注：不示民以奢與貪也。成猶善也。五穀不時，果實未熟，不粥於市；注：物未成，不利人。木不中伐，不粥於市；注：伐之非時，不中用。《周禮》：仲冬斬陽木，仲夏斬陰木。禽獸魚鼈不中殺，不粥於市。注：殺之非時，不中用。《月令》：季冬始漁。《周禮》：春獻鼈蜃。

《孔子家語》卷七《刑政》 仲弓曰：『其禁何禁？』孔子曰『巧言破律，三國魏王肅注：巧賣法令者也。遁名改作，注：變言與物名也。執左道與亂政者，殺，注：左道，亂也。作淫聲，注：淫，逸也。惑亂人之聲。造異服，注：非人所常見。設奇伎奇器以蕩上心者，殺。注：怪異之伎，可以眩惧人心之器。蕩，動。行偽而堅，注：行詐偽而守之堅也。言詐而辯，學非而博，順非而澤，注：順其非而滑澤。以惑衆者，殺。假於鬼神，時日卜筮以疑衆者，殺。此四誅者，不以聽。』注：不聽棘木之下。

仲弓曰：『其禁盡於此而已。』孔子曰：『此其急者。其餘禁者，十有四焉。命服命車，不粥於市；注：粥，賣。珪璋璧琮，不粥於市；宗廟之器，不粥於市；兵車旍旗，不粥於市；犧牲秬鬯，不粥於市；戎器兵甲，不粥於市；用器不中度，不粥於市；布帛精麤不中數，廣狹不中量，不粥於市；姦色亂正色，不粥於市；文錦珠玉之器雕飾靡麗，不粥於市；衣服飲食，不粥於市；注：賣成衣服，非侈必偽，故禁之。禁賣熟食，所以厲恥也。菓食不時，不粥於市；五木不中伐，不粥於市；鳥獸魚鼈不中殺，不粥於市。凡執此禁以齊衆者，不赦過也。』

又 卷七《五刑解》 孔子曰：大罪有五而殺人為下。逆天地者，罪及五世；誣文、武者，罪及四世；逆人倫者，罪及三世；謀鬼神者，罪及二世；手殺人者，罪止其身。故曰：大罪有五而殺人為下矣。

《孝經·五刑章》 子曰：五刑之屬三千，而罪莫大於不孝。要君者無上，唐玄宗注：君者，臣之稟命也，而敢要之，是無上也。非聖人者無法，注：聖人制作禮樂而敢非之，是無法也。非孝者無親。注：善事父母為孝，而敢非之，是無親也。此大亂之道也。注：言人有上三惡，豈惟不孝？乃是大亂之道。

《墨子》卷八《非樂上》 子墨子曰：【略】『先王之書，湯之《官刑》有之曰：「其恒舞於宮，是謂巫風。其刑：君子出絲二衛，小人否似二伯黃徑。」』

《韓非子》卷九《內儲說上·七術》 殷之法，刑棄灰於街者。子貢以為重，問之仲尼。仲尼曰：知治之道也。夫棄灰於街，必掩人；掩人，人必怒；怒則鬭，鬭必三族相殘也。此殘三族之道也，雖刑之，可也。且夫重罰者，人之所惡也；而無棄灰，人之所易也。使人行之所易而無離所惡，此治之道。

一曰：殷之法，棄灰於公道者，斷其手。子貢曰：棄灰之罪輕，斷手之罰重。古人何太毅也？曰：無棄灰所易也，斷手所惡也。行所易，不關所惡，古人以為易，故行之。

《今本竹書紀年》卷上《帝舜有虞氏》 三年，命皐陶作刑。

又 卷上《殷祖甲》 二十四年，重作《湯刑》。

又 卷下《周穆王》 五十一年，作《呂刑》。命甫侯於豐。

漢·伏勝《尚書大傳》卷三《呂刑傳》 夏后氏不殺不刑，死罪罰二千饌。

夏刑大辟二百，臏辟三百，宮辟五百，劓、墨各千。

夏刑三千條。

決關梁，踰城郭而略盜者，其刑臏。男女不以義交者，其刑宮。觸易君命，革輿服制度，姦軌盜攘傷人者，其刑劓。非事而事之，出入不以道義，而誦不詳之辭者，其刑墨。降畔、寇賊、劫略、奪攘、矯虔者，其刑死。

上刑挾輕，下刑挾重。

魯國 《孔子家語》卷二《致思》 魯國之法：贖人臣妾于諸侯者，皆取金於府。子貢贖之，辭而不取金。孔子聞之，曰：『賜失之矣。夫聖人之舉事也，可以移風易俗，而教導可以施之於百姓，非獨適身之行也。今魯國富者寡而貧者衆，贖人受金，則為不廉，則何以相贖乎？自今以後，魯人不復贖人於諸侯。』

衛國 漢·劉向《說苑》卷一七《雜言》 衛國之法，竊駕君車，罪則刖

鄭國 《左傳·昭公六年》 三月，鄭人鑄刑書。注：鑄刑書於鼎，以為國之常法。

齊國 《孟子·梁惠王下》 （孟子）曰：『臣始至於境，問國之大

禁，然後敢入。注：言王之政嚴刑重也。臣聞郊關之內，有囿方四十里，殺其麋鹿者，如殺人之罪。」

《韓非子》卷九《內儲說上·七術》 齊國好厚葬，布帛盡於衣衾，材木盡於棺椁。桓公患之，以告管仲曰：「布帛盡則無以為蔽，材木盡則無以為守備，而人厚葬之不休，禁之奈何？」管仲對曰：「凡人之有為也，非名之，則利之也。」於是乃下令曰：「棺椁過度者，戮其尸。罪夫當喪者。」

《呂氏春秋》卷一六《正名》 尹文見齊王，【略】曰：「王之令曰：殺人者死，傷人者刑。」

又 卷二三《貴直》 吏曰：「哭國之法，斮。」

漢·桓譚《新論》卷二《王霸篇》 齊宣王行金刀之法。

明·董說《七國考》卷一二《田齊刑法·錦繡之禁》 《瑣語》云：齊威王時，國中大靡，民不衣布，於是威王造錦繡之禁，罪若誹謗王矣。

楚國 **《左傳·昭公七年》** 無宇辭曰：【略】「吾先君文王，注：楚文王。作《僕區》之法，注：《僕區》，刑書名。曰：「盜所隱器，注：隱盜所得器。與盜同罪。」所以封汝也。」注：行善法，故能啓疆，北至汝水。《正義》：引其言，戒刑法，知是刑書名也。名曰《僕區》，未知其義。服虔云：僕，隱也；區，匿也，為隱亡人之法也。

《戰國策》卷一四《楚一》 （蒙穀）遂入大宮，負《雞次之典》，以浮於江，逃於雲夢之中。昭王反郢，五官失法，百姓昏亂，蒙穀獻典，五官得法而百姓大治。

又 卷九《齊二》 陳軫為齊王使，見昭陽，再拜賀戰勝，起而問：「楚之法，覆軍殺將，其官爵何也？」昭陽曰：「官為上柱國，爵為上執珪。」

《韓非子》卷一三《外儲說右上》 荆莊王有《茅門》之法，曰：「羣臣大夫、諸公子入朝，馬蹄踐霤者，廷理斬其輈，戮其御。」

又 卷九《內儲說上·七術》 荆南之地，麗水之中生金，人多竊採金。採金之禁，得而輒辜磔於市。

《呂氏春秋》卷二一《貴卒》 且荆國之法，麗兵於王尸者，盡加重罪，逮三族。

又 卷一〇《異寶》 丈人不肯受，曰：「荆國之法，得伍員者，爵執圭，祿萬擔，金千鎰。」

《史記》卷六六《伍子胥列傳》 父曰：「楚國之法，得伍胥者，賜粟伍萬石，爵執珪。」

又 卷八四《屈原賈生列傳》 懷王使屈原造為憲令，屈平屬草稾，唐司馬貞《索隱》：屬音燭。草稾，謂創制憲令之本。《漢書》作『草具』。崔浩謂：發始造端也。未定。上官大夫見而欲奪之，屈平不與，因讒之曰：「王使屈平為令，衆莫不知。每一令出，平伐其功曰：『以為非我莫能為也。』」王怒而疏屈平。

漢·袁康《越絶書》卷一《荆平王內傳》 漁者曰：「吾聞荆平王有令曰：『得伍子胥者，購之千金。』」

漢·韓嬰《韓詩外傳》卷八 吳人伐楚，昭王去國，國有屠羊說從行。昭王反國，賞從者，及說。【略】說對曰：「楚國之法，商人欲見於君者，必有大獻重質，然後得見。今臣智不能存國，節不能死君，勇不能待寇。然見之，非國法也。」

燕國 **明·董說《七國考》卷一二《燕刑法·截》** 應劭《漢書》注引田光謂燕太子丹曰：「今燕國之法，欺上罔國者，截。」截謂腰斬也。

韓國 **《韓非子》卷一七《定法》** 申不害，韓昭侯之佐也。韓者，晉之別國也。晉之故法未息，而韓之新法又生；先君之令未收，而後君之令又下。申不害不擅其法，不一其憲令，則姦多。故利在故法前令，則道之；利在新法後令，則道之；利在故新相反，前後相悖，則申不害雖十使昭侯用術，而姦臣猶有所譎其辭矣。

漢·劉安《淮南子》卷二〇《泰族訓》 申子之《三符》。漢高誘注：申不害治韓，有三符驗之術。

漢·王充《論衡》卷一三《效力篇》 韓用申不害，行其《三符》，兵不侵境，蓋十五年。不能用之，又不察其書，兵挫軍破，國并於秦。

明·董說《七國考》卷一二《韓刑法·刑符》 劉臻《孟子》注引韓昭侯《刑符》曰：「一罪謂之犯，二罪謂之干，三罪大逆，曰凶人。」

趙國 **《戰國策》卷二五《魏四》** 安陵君曰：吾先君成侯受詔襄

王，宋鮑彪注：趙襄子。以守此地也，手受《大府之憲》。《憲》之上篇曰：『子弑父，臣弑君，有常不赦。國雖大赦，降城亡子，不得與焉。』

漢·劉向《古列女傳》卷六《辯通傳·趙佛肸母》 佛肸以中牟畔。趙之法，以城叛者，身死家收。

《史記》卷八一《廉頗藺相如列傳》 （趙）括母因曰：『王終遣之，即有如不稱，妾得無隨坐乎？』王許諾。

魏國 **漢·桓譚《新論》卷二《王霸篇》** 魏文侯師李悝，著《法經》。以為王者之政，莫急於盜賊，故其律始於《盜賊》。盜賊須劾、捕，故著《囚》、《捕》二篇。其輕狡、越城、博戲、假借、不廉、淫侈踰制，為《雜律》一篇。又以《具律》具其加減，所著六篇而已。衛鞅受之，入相於秦。是以秦、魏二國，深文峻法相近。

魏之令，不孝弟者，流之東荒。

又 卷一一《雜事篇》 魏三月上祀，農官讀法。法曰：『末無十其羽，耡無泥其塗。春田如布平以直，夏田如鶩，秋田惕惕，如寇來不可測，冬田吳、越視。上上之田收下下，女則有罰；下下之田收上上，女則有賞。』

《戰國策》卷二五《魏四》 魏王與龍陽君共船而釣，龍陽君得十餘魚而涕下。王曰：『有所不安乎？如是何不相告也？』對曰：【略】『美人亦甚多矣，【略】臣亦將棄矣。臣安能無涕出乎？』魏王曰：『誤有是心也，何不相告也？』於是布令於四境之內曰：『有敢言美人者，族。』

《韓非子》卷一一《外儲說左上》 魏昭王欲與官事，謂孟嘗君曰：『寡人欲與官事。』君曰：『王欲與官事，則何不試習讀法？』昭王讀法十餘簡，而睡臥矣。王曰：『寡人不能讀此法。』夫不躬親其勢柄，而欲為人臣所宜為者也，睡不亦宜乎！

漢·劉安《淮南子》卷一二《道應訓》 惠子為惠王為國法，注：惠王，梁惠王。惠子，惠施也。已成，而示諸先生。先生皆善之，奏之惠王。惠王甚說之，以示翟煎，曰：『善。』惠王曰『善，可行乎？』翟煎曰：『不可。』惠王曰：『善而不可行，何也？』翟煎對曰：『今夫舉大木者，前呼邪許，後亦應之。此舉重勸力之歌也，豈無鄭衛激楚之音哉？然而不用者，不若此其宜也。治國有禮，不在文辯。故老子曰：「法令滋彰，盜賊多有。」此之謂也』

漢·劉向《說苑》卷一《君道》 文侯謂左右曰：『為人臣而撞其君，其罪如何？』左右曰：『罪當烹。』

唐·長孫無忌等《唐律疏義》卷一《名例一》 《史記》魏文侯名都，師李悝，集諸國刑典，造《法經》六篇。一《盜法》，今《賊盜律》是也；二《賊法》，今《詐偽律》是也；三《囚法》，今《斷獄律》是也；四《捕法》，今《捕亡律》是也；五《雜法》，今《雜律》是也；六《具法》，今《名例律》是也。

明·董說《七國考》卷一二《魏刑法·法經》 《正律》略曰：殺人者誅，籍其家，及其妻氏；殺二人，及其母氏。大盜成為守卒，重則誅。窺宮者臏，拾遺者刖，曰為盜心焉。其《雜律》略曰：夫有一妻二妾，其刑聝。夫有二妻，則誅。妻有外夫，則宮，曰淫禁。盜符者誅，籍其家。盜璽者誅。議國法令者誅，一作『法禁』。籍其家，及其妻氏，曰狡禁。越城一人則誅，自十人以上夷其鄉，及族，曰城禁。博戲，罰金三市。太子博戲則笞，不止則特笞，不止則更立，曰嬉禁。羣相居一日以上，則問；三日、四日、五日則誅，曰徒禁。丞相受金，左右伏誅。犀首以下受金，則誅。金自鎰以下，罰，不誅也，曰金禁。大夫之家有侯物，自一以上者，族。其《減律》略曰：罪人年十五以下，罪高三減，罪卑一減。年六十以上，小罪情減，大罪理減。武侯以下，守為魏法矣。

又 卷一二《魏刑法·丹巾漆領》 班固答人書：昔者戰國之時，大梁之法，得罪小者，別以丹巾漆其領，有晝衣冠之心。

秦國 **《今本竹書紀年》卷下《平王》** 二十五年，【略】秦初用族刑。

《史記》卷五《秦本紀》 （文公）二十年，法初有三族之罪。南朝宋裴駰《集解》：張晏曰：父母、兄弟、妻子也。如淳曰：父族、母族、妻族也。

又 卷六八《商君列傳》 （孝公）以衛鞅為左庶長，卒定變法之令。令民為什伍，《索隱》：劉氏云：五家為保，十家相連也。唐張守節《正義》：或為十保，或為五保。而相收司連坐。《索隱》：收司，謂相糾發也。一家有罪而九家連舉發，若不糾舉，則什家連坐。恐變令不行，故設重禁。不告姦者，腰斬；告姦者，與斬敵首同賞；《索隱》：謂告姦一人，則得爵一級，故云與斬敵首同賞也。匿姦者，與降敵同罰。《索隱》：律：降敵者，誅其身，沒其家。今匿姦者，言當與之同罰也。民有二男以上不分異者，倍其賦。《正義》：民有二男，不別為活者，一人出兩課。有軍功者，各以率，受上爵。為私鬭者，各以輕重被刑。大小僇力本業耕織，致粟帛多者復其身，事末利及怠而貧者舉以為收孥。《索隱》：末利，謂工商也。蓋農桑為本，故上云本業耕織也。怠者，懈也。《周禮》謂之疲民。以言解怠不事事之人，而貧者即糾舉而收錄其妻子，沒為官奴婢。蓋其法特又重於古制也。宗室非有軍功論，不得為屬籍。《索隱》：謂宗室若無軍功，則不得入屬籍。謂除其籍，則雖無功，不及爵秩也。明尊卑爵秩等級，各以差次。名田宅臣妾衣服，以家次。《索隱》：謂各隨其家爵秩之班次，亦不使僭侈踰等。有功者顯榮，無功者雖富，無所芬華。

秦自雍徙都之，而令民父子兄弟同室內息者為禁。

商君亡至關下，欲舍客舍。客人不知其是商君也，曰：『商君之法，舍人無驗者，坐之。』

又 卷八七《李斯列傳》 故商君之法，刑棄灰於道者。

又 卷七九《范雎蔡澤列傳》 秦之法，任人而所任不善者，各以其罪罪之。

又 卷八六《刺客列傳·荊軻》 秦法，羣臣侍殿上者，不得持尺寸之兵。諸郎中執兵，皆陳殿下，《索隱》：諸郎中，若今宿衛之官。非有詔召，不得上。

漢·桓寬《鹽鐵論》卷一一《刑德》 大夫曰：【略】商君刑棄灰於道，而秦民治。

《漢書》卷二七中之下《五行志中之下》 秦連相坐之法，棄灰於道者黥，唐顔師古注：孟康曰：商鞅為政，以棄灰於道必坋人，坋人必鬭，故設黥刑，以絶其原也。臣瓚曰：棄灰或有火，火則燔廬舍，故刑之也。師古曰：孟説是也。罔密而刑虐。

漢·韓嬰《韓詩外傳》卷九 秦攻魏，破之。少子亡而不得，令魏國曰：『有得公子者，賜金千斤。匿者罪至十族。』

晉·常璩《華陽國志》卷一《巴志》 （秦昭襄）王嫌其夷人，乃刻石為盟要。【略】傷人者論，煞人雇死倓錢。

通代 漢·劉安《淮南子》卷六《覽冥訓》 晚世之時，七國異族，諸侯制法，各殊習俗。注：晚世，春秋之後，戰國之末。七國，齊、楚、燕、趙、韓、魏、秦也。齊姓田，楚姓羋，燕姓姚，趙姓趙，韓姓韓，魏姓魏，秦姓嬴，故異族也。【略】身枕格而死。注：格，搒楚也。言收民役賦不畢者，搒之於格上，不得下，枕格而死。

《漢書》卷二三《刑法志》 《洪範》曰：『天子作民父母，為天下王。』聖人取類以正名，而謂君為父母，明仁愛德讓，王道之本也。愛待敬而不敗，德須威而久立，故制禮以崇敬，作刑以明威也。聖人既躬明悊之性，必通天地之心，制禮作教，立法設刑，動緣民情而則天象地。故曰：先王立禮，則天之明，因地之性也；刑罰威獄，以類天之震曜殺戮也；溫慈惠和，以效天之生殖長育也。《書》云：『天秩有禮，天討有罪。』故聖人因天秩而制五禮，因天討而作五刑。大刑用甲兵，其次用斧鉞，中刑用刀鋸，其次用鑽鑿，薄刑用鞭撲。大者陳諸原野，小者致之市，朝。其所繇來者，上矣。自黃帝有涿鹿之戰，以定火災；顓頊有共工之陳，以定水害。唐虞之際，至治之極，猶流共工，放驩兜，竄三苗，殛鯀，然後天下服。夏有甘扈之誓，殷、周以兵定天下矣。【略】

昔周之法，建三典，以刑邦國，詰四方。一曰刑新邦，用輕典；二曰刑平邦，用中典；三曰刑亂邦，用重典。五刑，墨罪五百，劓罪五百，宮罪五百，刖罪五百，殺罪五百，所謂刑平邦，用中典者也。凡殺人者，踣諸市。墨者使守門，劓者使守關，宮者使守內，刖者使守囿，完者使守積。其奴，男子入於罪隸，女子入舂槁。凡有爵者與七十者與未齓者，皆不為奴。周道既衰，穆王眊荒，命甫侯度時作刑，以詰四方。墨罰之屬千，劓罰之屬千，髕罰之屬五百，宮罰之屬三百，大辟之罰其屬二百，五刑之屬三千。蓋多於平邦中典五百章，所謂刑亂邦，用重典者也。

春秋之時，王道寖壞，教化不行。子產相鄭而鑄刑書，晉叔嚮非之曰：『昔先王議事以制，不為刑辟，懼民之有爭心也。猶不可禁禦，是故閑之以誼，糾之以政，行之以禮，守之以信，奉之以仁。制為祿位，以勸其從，嚴斷刑罰，以威其淫。懼其未也，故誨之以忠，𢕟之以行，教之以務，使之以和，臨之以敬，莅之以彊，斷之以剛。猶求聖哲之上，明察之官，忠信之長，慈惠之師。民於是乎可任使也，而不生禍亂。民知有辟，則不忌於上，並有爭心，以徵於書，而徼幸以成之，弗可為矣。夏有亂政而作《禹刑》，商有亂政而作《湯刑》，周有亂政而作《九刑》。三辟之興，皆叔世也。今吾子相鄭國，制參辟，鑄刑書，將以靖民，不亦難乎？《詩》曰「儀式刑文王之德，日靖四方」，又曰「儀刑文王，萬邦作孚」。如是，何辟之有？民知爭端矣，將棄禮而徵於書。錐刀之末，將盡爭之。亂獄滋豐，貨賂並行。終子之世，鄭其敗虖！」子產報曰：「若吾子之言，僑不材，不能及子孫，吾以救世也。」媮薄之政，自是滋矣。孔子傷之，曰：「導之以德，齊之以禮，有恥且格。導之以政，齊之以刑，民免而無恥。」「禮樂不興，則刑罰不中；刑罰不中，則民無所錯手足。」孟氏使陽膚為士師，問於曾子，亦曰：「上失其道，民散久矣。如得其情，則哀矜而勿喜。」

陵夷至於戰國，韓任申子，秦用商鞅，連相坐之法，造參夷之誅，增加肉刑，大辟有鑿顛、抽脅、鑊亨之刑。至於秦始皇，兼吞戰國，遂毀先王之法，滅禮誼之官，專任刑罰。躬操文墨，晝斷獄，夜理書，自程決事，日縣石之一，而姦邪並生，赭衣塞路，囹圄成市，天下愁怨，潰而叛之。

《晉書》卷三〇《刑法志》　《傳》曰：「齊之以禮，有恥且格。」刑之不可犯，不若禮之不可踰，則昊歲比於犧年，宜有降矣。若夫穹圓肇判，肖貌攸分，流形播其喜怒，稟氣彰其善惡，則有自然之理焉。合室後刑，衢樽先惠，將以屏除災害，引導休和，取譬琴瑟，不忘銜策，擬陽秋之成化，若堯、舜之為心也。

郊原布肅，軒皇有轡野之師；雷電揚威，高辛有觸山之務。陳乎兵甲而肆諸市、朝，具嚴天刑，以懲亂首，論其本意，蓋有不得已而用之者焉。是以丹浦興仁，羽山咸服，而世屬僥倖，事關攸蠹，政失禮微，獄成刑起，則孔子曰：「聽訟，吾猶人也，必也使無訟乎！」

及周氏龔行，却收鋒刃，祖述生成，憲章堯、禹，政有膏露，威兼禮樂，或觀辭以明其趣，或傾耳以照其微，或彰善以激其情，或除惡以崇其本。至夫取威定霸，一匡九合，寓言成、康，不由凝網。此所謂酌其遺美而愛民治國者焉。若乃化蔑彝倫，道睽明慎，則夏癸之虔劉百姓，商辛之毒痛四海，衛鞅之無所自容，韓非之不勝其虐，與夫《甘棠》流詠，未或同歸。秦文初造參夷，始皇加之抽脅，囹圄如市，悲哀盈路。【略】

《傳》曰：「三皇設言而民不違，五帝畫象而民知禁」，則《書》所謂「象以典刑，流宥五刑，鞭作官刑，樸作教刑」者也。然則犯黥者皁其巾，犯劓者丹其服，犯臏者黑其體，犯宮者雜其屨，大辟之罪，殊刑之極，布其衣裾而無領緣，投之於市，與衆棄之。舜命皋陶曰：「五刑有服，五服三就。五流有宅，五宅三居。」方乎前載，事既參倍。夏后氏之王天下也，則五刑之屬三千。殷因於夏，有所損益。周人以三典刑邦國，以五聽察民情，左嘉右肺，事均鎔造，而五刑之屬，猶有二千五百焉。乃置三刺、三宥、三赦之法，一刺曰訊羣臣，再刺曰訊羣吏，三刺曰訊萬民。一宥曰不識，再宥曰過失，三宥曰遺忘。一赦曰幼弱，再赦曰老髦，三赦曰惷愚。《司馬》法或起甲兵，以征不義，廢貢職則討，不朝會則誅，亂嫡庶則繫，變禮刑則放。

《傳》曰：「殷周之質，不勝其文。」及昭后徂征，穆王斯耄，爰制刑辟，以詰四方，奸宄弘多，亂離斯永，則所謂「夏有亂政而作《禹刑》，商有亂政而作《湯刑》周有亂政而作《九刑》」者也。古者大刑用甲兵，中刑用刀鋸，薄刑用鞭樸。自茲厥後，狙詐彌繁。【略】

魏文侯師李悝，悝撰次諸國法，著《法經》。以為王者之政，莫急於盜賊，故其律始於《盜》、《賊》；盜賊須劾捕，故著《網》、《捕》二篇；其輕狡、越城、博戲、借假、不廉、淫侈踰制，以為《雜律》一篇；又以其律，具其加減，是故所著六篇而已，然皆罪名之制也。商君受之，以相秦。

《魏書》卷一一一《刑罰志》　二儀既判，彙品生焉。五才兼用，廢一不可。金木水火土，咸相愛惡。陰陽所育，稟氣呈形，鼓之以雷霆，潤之以雲雨，春夏以生長之，秋冬以殺藏之，斯則德刑之設，著自神道。

聖人處天地之間，率神祇之意，生民有喜怒之性，哀樂之心，應感而動，動而逾變，淳化所陶，下以惇樸。故異章服，畫衣冠，示恥申禁而不敢犯。其流既銳，姦黠萌生，是以明法令，立刑賞，故《書》曰：「象以典刑，流宥五刑，鞭作官刑，撲作教刑，金作贖刑，怙終賊刑，眚災肆赦。」舜命咎繇曰：「五刑有服，五服三就，五流有宅，五宅三居。」夏刑則大辟二百，臏辟三百，宮辟五百，劓、墨各千。殷因於夏，蓋有損益。《周禮》建三典，刑邦國。以五聽求民情，八議以申之，三刺以審之。左嘉石，平罷民；右肺石，達窮民。宥不識，宥過失，宥遺忘。赦幼弱，赦耄耋，赦惷愚。周道既衰，穆王荒耄，命呂侯度作祥刑，以詰四方，五刑之屬增矣。夫疑獄氾問，與衆共之，衆疑赦之，必察小大之比以成之。先王之愛民如此，刑成而不可變，故君子盡心焉。

逮於戰國，競任威刑，以相呑噬。商君以《法經》六篇，入說於秦。議參夷之誅，連相坐之法，風俗凋薄，號爲虎狼。及於始皇，遂兼天下，毀先王之典，制挾書之禁，法繁於秋荼，網密於凝脂，姦僞並生，赭衣塞路，獄犴淹積，囹圄成市，於是天下怨叛，十室而九。

《隋書》卷二五《刑法志》 夫刑者，制死生之命，詳善惡之源，翦亂除暴，禁人為非者也。聖王仰視法星，旁觀習坎，彌縫五氣，取則四時，莫不先春風以播恩，後秋霜而動憲，是以宣慈惠愛，導其萌芽，刑罰威怒，隨其肅殺，仁恩以為情性，禮義以為綱紀，養化以為本，明刑以為助，上有道刑之而無刑，上無道殺之而不勝也。《記》曰：教之以德，齊之以禮，則人有格心；教之以政，齊之以刑，則人有遯心，而始乎勸善，終乎禁暴。以此字人，必兼刑罰。至於時逢交泰，政稱忠厚，美化與車軌攸同，至仁與嘉祥間出，歲布平典，年垂簡憲，昭然如日月望之者不迷，曠乎如大路行之者不惑。刑者，甲兵焉，鈇鉞焉，刀鋸鑽鑿，鞭撲夏楚，陳乎原野而肆諸市、朝。其所由來，亦已久矣。

若夫龍官之歲，鳳紀之前，結繩而不違，不令而人畏。五帝畫象，殊其衣服。三王肉刑，刻其膚體。若重華之眚災肆赦，文明之刑罰三千，而都君恤刑，尚奉唐堯之德；高密泣罪，猶懷虞舜之心。殷困以降，去德滋遠，若紂能遵成湯，不造炮烙，設刑兼禮，守位依仁，則西伯歛轡，化為田叟。周王立三刺以不濫，弘三宥以開物。成、康以四十二年之間，刑厝不用，薰風潛暢，頌聲遐舉，越裳重譯，萬里來歸。若乃魯接燕、齊，荆鄰鄭、晉，時之所尚，資乎辯舌，國之所恃，不在威刑，是以讒鼓夷蒐，宣尼致誚，既鑄刑辟，叔向貽書。夫渤澥之浸，沾濡千里，列國之政，豈周之膏潤者歟？秦氏僻自西戎，初平區夏，於時投戈棄甲，仰恩祈惠，乃落嚴霜於政教，揮流電於邦國，棄灰偶語，生愁怨於前；毒網凝科，害肌膚於後。玄鉞肆於朝、市，赭服飄於路衢。將閭有一劍之哀，茅焦請列星之數。

論說

《老子·五十七章》 法令滋彰，盜賊多有。

《墨子》卷三《尚同上》 是故子墨子言曰：古者聖王為五刑，請以治其民，譬若絲縷之有紀，罔罟之有綱，所以連牧天下之百姓不尚同其上者也。

《管子》卷一五《正》 制斷五刑，各當其名，罪人不怨，唐房玄齡注：服罪，故不怨也。善人不驚，曰刑。注：刑當，故不驚。如此者，所謂刑也。正之服之，勝之飾之，注：脩飾身也。必嚴其令而民則之，曰政。如四時之不貸，如星辰之不變，如宵如晝，如陰如陽，注：宵晝、陰陽，皆有其常。如日月之明，曰法。注：法之用，守常不變。

《莊子》卷五《天道》 賞罰利害，五刑之辟，教之末也；禮法度數，刑名比詳，治之末也。

漢·孔鮒《孔叢子》卷上《刑論》 仲弓問古之刑教與今之刑教。孔子曰：古之刑省，今之刑繁。其為教，古有禮，然後有刑，是以刑省。今無禮以教，而齊之以刑，刑是以繁。《書》曰：『伯夷降典，折民維刑。』謂下禮以教之，然後維以刑折之也。夫無禮則民無耻，而正之以刑，故民苟免。

漢·陸賈《新語》卷上《道基》 好利惡難，避勞就逸，於是皋陶乃立獄制罪，縣賞設罰，異是非，明好惡，檢奸邪，消佚亂。

漢·揚雄《法言》卷六《五百篇》 唐虞象刑惟明，夏后肉辟三千，不膠者卓矣。

漢·桓譚《新論》卷二《王霸篇》 秦之重法，猶盛三代之重禮樂也。

漢·班固《白虎通義》卷九《五刑》 聖人治天下，必有刑罰何？所以佐德助治，順天之度也。故懸爵賞者，示有所勸也；設刑罰者，明有所懼也。《傳》曰：『三皇無文，五帝畫象，三王明刑，應世以五。』五刑者，五常之鞭策也。刑所以五何？法五行也。大辟法水之滅火，宮者法土之壅水，臏者法金之刻木，劓者法木之穿土，墨者法火之勝金。

【略】

科條三千者，應天地人情也。五刑之屬三千，大辟之屬二百，宮辟之屬三百，腓辟之屬五百，劓、墨辟之屬各千。張布羅衆，非五刑不見。劓、墨，何其下刑者也？墨者，墨其額也。劓者，劓其鼻也。腓者，脫其臏也。宮者，女子淫，執置宮中，不得出也；丈夫淫，割去其勢也。大辟者，謂死也。

漢・劉熙《釋名》卷六《釋典藝》 法，逼也，莫不欲從其志，逼正使有所限也。律，累也，累人心，使不得放肆也。令，領也，理領也，使不相犯也。

三國魏・鄭小同《鄭志》卷下 三辟之興，皆在叔世。受命之王所制法度，時不行耳。世末政衰，隨時自造刑書，不合大中，故叔向譏之。作刑書必重其事，故以聖人之號，以神其書耳。

《隋書》卷三三《經籍志二・史・刑法》 刑法者，先王所以懲罪惡、齊不軌者也。《書》述唐虞之世，五刑有服，而夏后氏正刑有五，科條三千。《周官》司寇掌三典，以刑邦國；司刑掌五刑之法，麗萬民之罪，太史又以典法逆於邦國，内史執國法以考政事。《春秋傳》曰：在《九刑》不忘。然則刑書之作久矣。蓋藏於官府，懼人之知争端而輕於犯。及其末也，肆情越法，刑罰僭濫。至秦，重之以苛虐，先王之正刑滅矣。

唐・長孫無忌等《唐律疏義》卷首《進律疏表》 臣無忌等言：臣聞三才既分，法星著於元象；六位斯列，習坎彰於《易經》。故知出震乘時，開物成務，莫不作訓以臨函夏，垂時以牧黎元。昔周后登極，呂侯闡其茂範；虞帝納麓，皋陶創其彝章。大夫之述三言，金篆騰其高軌；安衆之陳九法，玉牒播其宏規。前哲比之以隄防，往賢譬之以銜勒。輕重失序，則繫之以存亡；寬猛乖方，則階之以得喪。泣辜慎罰，文命所以會昌；斮脛剖心，獨夫於是盪覆。族之刑設，禍起於望夷；五虐之制，興師亡於涿鹿。齊景網峻，時英有『踴貴』之談；周幽獄繁，詩人致《菀柳》之刺。所以當塗撫運，樂平除慘酷之刑；金行提象，鎮南削煩苛之法。而體國經野，御辨登樞，莫不崇寬簡以宏風，樹仁惠以裁化。景胄以之碩茂，寶祚於是克崇，徽猷列於緗圖，鴻名勒於青史。

又 卷一《名例一》 議曰：【略】昔者三王，始用肉刑。赭衣難嗣，皇風更遠。樸散淳灕，傷肌犯骨。《尚書大傳》曰：夏刑三千條。《周禮》司刑掌五刑，其屬二千五百。穆王度時制法，五刑之屬三千。周衰刑重，戰國異制。魏文侯師於李悝，集諸國刑典，造《法經》六篇：一《盗法》，二《賊法》，三《囚法》，四《捕法》，五《雜法》，六《具法》。商鞅傳授，改法為律。

唐・杜佑《通典》卷一六六《刑四・雜議上》 議曰：【略】自五帝以降，法教益繁。虞舜，聖哲之君，後賢祖述其道，刑章輕重，亦以素設；周氏三典，懸諸象魏，皆以防民陷，令避罪辜。是故鄭昌獻《疏》，蓋以發明其義。當子產相鄭，在東周衰時，王室已卑，諸侯力政，區區鄭國，介於晉、楚，法弛民怠，政隳俗微。覩時之宜，設救之術，外抗大國，内安疲甿。仲尼兄事，聞死出涕，稱之遺愛，非盛德歟？而叔向乃謂赫胥、栗陸御宇之時，徒陳閑誼行禮致治之説，雖虞夏之盛，亦未可，在殷周之初，固不及研尋。反覆斯言，諒同玉巵，無當矣。詳左氏之《傳》，或匪至公。晏嬰張趯，譏議則別。先儒注釋，亦已昌言。所紀叔向此書，有如曲護晏子也。

《舊唐書》卷五〇《刑法志》 古之聖人，為人父母，莫不制禮以崇敬，立刑以明威，防閑於未然，懼争心之將作也，故有輕重二典之異，宮墨五刑之差。度時而施宜，因事以議制。大則陳之原野，小則肆諸市朝，以禦姦宄，用懲禍亂。興邦致理，罔有弗由於此者也。暨淳樸既消，澆僞斯起，刑增為九章，積三千。雖有凝脂次骨之峻，而錐刀之末，盡爭之矣。

《新唐書》卷五六《刑法志》 古之為國者，議事以制，不為刑辟，懼民之知爭端也。後世作為刑書，惟恐不備，俾民之知所避也。其為法雖殊，而用心則一，蓋皆欲民之無犯也。然未知夫導之以德，齊之以禮，而可使民遷善遠罪，而不自知也。

宋・王欽若等《册府元龜》卷六〇九《刑法部・定律令》 古先哲王，即天論，緣民情，為之刑罰威獄，以類其震曜殺戮焉。蓋所以防邪辟，御奸宄，禁其踰矩，以佐乎治者也。唐虞而下，制事典以為律度，作法令而一民志，隨世輕重，沿革斯在。然而周設三典，施用既殊；漢增九章，條目寖廣。【略】若夫令出惟行，《周書》之攸慎；用刑不中，仲尼之所譏。自非協於大中而較若畫一，又曷能御下而濟衆者乎？

宋・李覯《盱江集》卷一〇《刑禁第一》 刑罰之行，尚矣。積聖累賢，未有能去者也。非好殺人，欲民之不相殺也；非使畏己，欲民之自相畏也。然而憲令所加，寬猛或異，苟失權時之制，則致遠恐泥矣。故『大司寇』之職，掌建邦之三典，以佐王刑邦國，詰四方。一曰刑新國，用輕典。新國者，新辟地立君之國；用輕法者，為其民未習於教。二曰刑平國，用中典。平國，承平守成之國；用中典者，常行之法。三曰刑亂國，用重典。亂國，篡弑叛逆之國；用重典者，以其化惡，伐滅之。蓋四海之內，千八百國，國政或異，人心豈同？苟執一以御之，是膠柱而鼓瑟，欲盡五聲之變，不可得也。

夫新辟地立君之國，居處未安，衣食未足，君臣之義未固，上下之情未接。從而急之，則魚淰鳥獝不復聚矣，其可不用輕法邪？篡殺叛逆之國，紀綱大壞，風俗大惡，强弱相勝，衆寡相暴。從而緩之，則羊很狼貪難以制矣，其可不伐滅之邪？承平守成之國，人各有業，事各有制，緩之將恐縱，急之將恐擾，其可不用常行之法邪？以大言之，則天下之理亦然。漢興，高祖初入關，約法三章，曰殺人者死，傷人及盜抵罪。蠲削煩苛，兆民大説。此非刑新國，用輕典者邪？周道既衰，穆王眊荒，命甫侯度時作刑，以詰四方，五刑之屬三千，蓋多於『司刑』所職五百章。此非刑亂國，用重典者邪？《洪範》三德，一曰正直，二曰剛克，三曰柔克。平康正直。彊弗友剛克，燮友柔克。皆聖人所以適時之變也。奈何以三尺之書，齊萬邦之政？俗雖殊而弗察，事雖變而弗知，治之不及古，豈不有由也哉？

宋・呂祖謙《大事記解題》卷三《周顯王》 十年，公孫鞅變法。《解題》曰：法始於伏羲而備於周。雖其間有略有詳，要之皆本於伏羲也。法變於秦而極於五代，雖其間有革有因，要之不能大異於秦也。學者苟以伏羲、神農、黄帝、堯、舜、禹、湯、文、武、周公之法與商鞅變法之令並觀之，大略可睹矣。

十九年，【略】秦令民父子兄弟同室內息者為禁。《解題》曰：內者，納也；息者，子也。子弟納妻而生子，則不許同居也。商君之初下令，民有二男以上不分異者，倍其賦。及是，雖止有一男，納妻生子，亦不容不分異矣。商君謂趙良曰：『始秦戎翟之教，父子無別，同室而居。今我更制其教，而為其男女之別。』先王之禮，不下於庶人。繇命士以上，父子始異宮。今商君制禮，乃過於先王，抑不知果其情歟？

宋・黄震《黄氏日抄》卷五四《讀雜史四・東萊大事記》 《解題》曰：法始於伏羲而備於周，雖其間有詳有略，要之皆本於伏羲也。法變於秦而極於五代，雖其間有因有革，要之不能大異於秦也。愚意揚雄稱『法始於伏羲成於堯』者，殆指典章法度而言。今李悝所著，商鞅所用，乃刻覈戕民之具，非法度之法也。自蚩尤作五虐之刑曰法，至春秋如鑄刑書之類，惟戮是聞。及李悝撰次諸國之法而加刻焉，秦遂緣之，立為法官，愈傳愈密，而民無所措手足。秦之所變，豈變伏羲以來之所謂法而可並言哉？

宋・葉時《禮經會元》卷四下《刑罰》 觀舜命臯陶：『蠻夷猾夏，寇賊姦宄。』皆以為明刑之責。今《周官》既以『大司馬』掌兵，又以『大司寇』掌刑，是以兵、刑分而為二也。蓋大刑用甲兵，小刑用刀鋸，甲兵以威蠻夷猾夏者，刀鋸以威寇賊姦宄者。虞之官簡，周之官衆，故以『司馬』掌兵，『司寇』掌刑，二者並行而不相悖歟？且以刑官之屬，自『小司寇』而下，至『禁暴氏』，其為職事亦詳矣。曰墨，曰劓，曰宮，曰刖，曰殺，此刑之有五罪也。曰宮，曰官，曰國，曰野，曰軍，此刑之有五禁也。曰誓，曰誥，曰禁，曰糾，曰憲，此刑之有五戒也。曰辭，曰色，曰氣，曰耳，曰目，此刑之有五聽也。然刑者，侀也，侀者，成也，一成而不可易，故君子盡心焉。淺深之必測，輕重之必論，必原其情，必權其義，初豈徒法之是任邪？是故舊染方新，必以柔克乂之，故曰刑新國，用輕典；暴亂不馴，必以剛克乂之，故曰刑亂國，用重典；教化已明，習俗已成，必以正直乂之，故曰刑平國，用中典。此刑典隨時而為輕重也。司寇以五刑之法，詔刑罰而辨罪之輕重，此詔刑而審輕重也。

元・馬端臨《文獻通考》卷一六二《刑考一・刑制》 又按：孔穎達《正義》云：子產鑄刑書而叔向責之，趙鞅鑄刑鼎而仲尼譏之，則刑之輕重，不可使人知也。聖王雖制刑法，舉其大綱，但共犯一法，情有淺深，臨至時事，議其輕重也。孔議附會叔向之書，然詳《左氏》所載夫子之説，第令守晉國舊法，以為范宣子所為，非善政耳，非謂聖王制法，不可令人知也。

又　卷一二《職役考一・歷代鄉黨版籍職役》　按：秦人所行什伍之法，與成周一也。然周之法，則欲其出入相友，守望相助，疾病相扶持，是教其相率而為仁厚輯睦之君子也。秦之法，一人有姦，鄰里告之；一人犯罪，鄰里坐之，是教其相率而為戾刻核之小人也。

元・方回《續古今考》卷三七《附廣律令考・明啓刑書不為刑辟》

紫陽方氏曰：穆王《呂刑》文妙，如云『簡孚有衆，惟貌有稽，無簡不聽，具嚴天威。』貌稽者，五聽也，而以天威警省之。如云『罰懲非死，人極於病。非佞折獄，惟良折獄。罔非在中，察辭於差。非從惟從，哀敬折獄。明啓刑書胥占。』回以意解：刑罰所以懲過，非好殺人病患，公法人極畏之。子路片言，何取佞口？罔非在中，兩平而已。差錯之辭，在我精察。孔《傳》：非從惟從，謂非從其偽辭，惟從其本情。回謂囚辭有差，察而審，有不可從，亦有可從。哀敬折獄，哀而又敬折獄之道。明啓刑書，五刑之屬三千，有其書矣。明白開啓，公共閲之。相與之謂胥，如卜之謂占，此所以無寃民。曰：《左傳》叔向謂不為刑辟，乃因子産鑄刑書，而言不當宣示百姓。然古之象魏，何為哉？後世《刑統》法册，律、令、格、式之書，不可廢也

又　卷三七《附廣律令考・呂命訓夏贖刑之辨》　紫陽方氏曰：【略】《周禮》五刑之屬三千五百，輕少重多。五刑皆五百，大辟死亦五百。穆王五刑之屬三千，重少輕多。宫罪減五百為三百，大辟減五百為二百，墨、劓乃各增五百。此於周公之法，頓輕矣，而又實則行刑疑則罰贖。成王、周公重於法，無贖刑，時也；穆王、呂侯輕其法，創贖刑，亦時也。孔子定《書》而存《呂刑》之篇。

又　卷三七《附廣律令考・李悝律曰法經六篇》　紫陽方氏曰：【略】三代之法，至於周穆王，五刑之屬三千，而《孝經》亦曰：『五刑之屬三千，莫大於不孝。』春秋末，孔子之時，猶用周之刑法。春秋末，去《通鑑》七十八年；李悝變法，去孔子卒壬戌七十三年，而周三千之刑盡廢，一傳而為商君相秦之法。雖更漢高、文、惠而秦法卒用，至於五代、宋。誠可浩歎也哉！

《宋史》卷一九九《刑法志》　夫天有五氣，以育萬物，木德以生，金德以殺，亦甚盭矣，而始終之序，相成之道也。先王有刑罰，以糾其民，則必温慈惠和以行之。蓋裁之以義，推之以仁，則震懾殺戮之威，非求民之死，所以求其生也。《書》曰：『士制百姓於刑之中，以教祗德。』言刑以弼教，使之畏威遠罪，導以之善爾。唐虞之治，固不能廢刑也；惟禮以防之，有弗及則刑以輔之而已。王道陵遲，禮制隳廢，始專任法以罔其民，於是作為刑書，欲民無犯而亂獄滋豐，由其本末無序，不足相成故也。

《金史》卷四五《刑志》　昔者先王，因人之知畏而作刑，因人之知恥而作法。畏也，恥也，五性之良知，七情之大閑也。是故刑以治已然，法以禁未然；畏以處小人，恥以遇君子。君子知恥，小人知畏，天下平矣。是故先王養其威而用之，畏可以教愛；慎其法而行之，恥可以立廉。愛以興仁，廉以興義，仁義興，刑法不幾於措乎？

明・宋濂《文憲集》卷一《進大明律表》　臣聞天生烝民，莫不有欲，欲動情勝，詭偽日滋，强暴縱其侵陵，柔懦無以自立。故聖人者出，因時制治，設刑憲以為之防，欲使惡者知懼而善者獲寧。《傳》所謂『獄者，萬民之命，所以禁暴止邪，養育羣生』者也。譬諸禾黍，必刈稂莠而後苗始茂；方於白粲，必去沙礫而後食可飡。苟梗化敗俗之徒，不有以誅之，雖堯、舜不能以為治。夫自軒轅以來，代有刑官，而五刑之法漸著，其詳弗可復知。逮魏文侯師於李悝，始採諸國刑典，造《法經》六篇，凡五十八章。

明・丘濬《大學衍義補》卷一〇一《治國平天下之要・慎刑憲・總論制刑之義下》　臣按：典者，常也。民失其常，則為權時之制，本三德以趣時，分三典以興治，使之復其常焉。聖人於此，何容心哉！

臣按：刑法之制，所以弼教，而教之本，在乎天倫，而天倫之重者，父子、君臣也。父子主仁，君臣主義。一切輕重之罪，淺深之情，皆主於父子之仁，君臣之義。必原其本然之心，必立其當然之義，意而論之，慎以測之，序有先後而必循其次，量有大小而不過其劑。所以分而別之者，用以合其權度也。既別之而又盡之，盡之則理無遺矣。不徒盡之而又成

之，成之則獄斯備矣。君子之盡心於刑如此，天下豈有寃民哉？彝倫又豈有或斁哉？

臣按：刑以弼教。教之大者，倫理也。人君者，生民之主；聖人者，道德之主；父母者，生身之主。親為一家之主，孝其親則人道以立；君為一世之主，忠其君則治道以成；聖人為萬世之主，尊聖人則世教以明。先王制為刑法，以弼世教，世教之大，在此三者。人人孝其親，忠其君，尊夫聖人，則天下大治矣。否則大亂之道焉。然是三者，其根本起於一家，家積而國，國積而世，故尤嚴於不孝之罪，以為天下事無有不起於近而後及於遠，始於微而後至於著也。故律文著不孝之罪，而所謂要君、非聖人者，則略焉，非略之也，不可言也。著其可言者，以示微意。萬一有是獄焉，準此以權度之也。

又　卷一〇二《治國平天下之要·慎刑憲·定律令之制上》　臣按：三代未有律之名，而所謂禁者，即是豫為法禁，以制之於未然。雖無律之名，而律之意已具於此矣。違乎禁則入於刑，入於刑則犯於法，犯於法則加以罰焉。

臣按：『以五戒先後刑罰』，即唐、宋之律而有名例、職制、敕令、格式之意也。蓋禁止使勿為，施於未然之前；戒敕其怠忽，施於事為之際。先之則引而導之，使無進而麗於罰，後之則柅而止之，使無退而麗於刑。聖人之心見於『毋』之一言，其慈愛過於父母，其覆載同於天地。

臣按：成周之世，未有律令之書。凡《秋官·司寇》所設之官屬，所掌之刑禁，凡所當禁約施行者，即後世法律之條件也。說者謂《秋官》自『禁殺戮』至『脩閭氏』八官，皆幾防盜賊姦軌者，較之今律斬、殺、戮，即今之《人命律》；攘獄，即今之《劫囚律》；遏訟，即今之《告狀不受律》。姑舉一二，餘可以類推矣。

臣按：鄭、晉鑄刑書，蓋以其前世所用以斷獄者之法，比而鑄於器，以示民於久遠也。考《周官·司寇》：建三典，正月之吉，縣於象魏，使萬民觀之，浹旬而斂。夫國之常刑而又歲歲布之於邦國都鄙，何哉？刑雖有常，亦當量時而為之輕重。然恐民之不知其所以然也，故既布其制，又懸其象，所以曉天下之人，使其知朝廷原情以定罪，因事以制刑，其故如是也，皆知所畏避而不敢犯焉。非謂刑之輕重，不可使人知也。先

儒謂：詳《左氏》所載夫子之說，第令守晉國舊法，以為范宣子所為非善耳，非謂聖王制法不可使人知也。或曰：鄭、晉二國所謂刑書，皆先世所有，臨時處置者，固已載於方策。至是，子產、范鞅始鑄於器，則為一定之制，無復古人酌量之制，故仲尼、叔向譏之，非謂刑書不可有，特謂不可鑄耳。後世以律令鋟於木，以頒行天下，其亦鑄之之意歟？但是時未有律之名而謂之書耳。

魏文侯時，李悝著《法經》六篇：一《盜法》，二《賊法》，三《囚法》，四《捕法》，五《雜法》，六《具法》。臣按：刑法之著為書，始於此。成周之時，雖有禁法著於《周官》，然皆官守之事，分繫於其所職掌，未有成書也。然五刑之目，其屬各有多少；五等之刑，各以類而相從焉。著之篇章，分其事類，以為詮次，則於此乎始焉。

明·張萱《疑耀》卷五《五刑》　《古今考》謂：『五刑，唐虞以來有之，未知上古起在何時。漢文帝始除肉刑，刻顙、截鼻、刖足、割勢四者，皆肉刑也。』余閱《黄帝鍼經》，帝與岐伯論人不生鬚者，有『宦不生鬚』之語，則黄帝時已有宦者，是黄帝時即有宮刑也。余意鴻荒之世，禮樂刑罰雖不能如後世之詳悉，第其大概，在黄帝時皆已創立，五刑其或起於黄帝乎！但《白虎通》又云：五帝畫象者，其服象五刑也。犯墨者幪巾，犯劓者赭其衣，犯髕者以其墨幪其髕處而畫之，犯宮者履屝，犯大辟者布衣無領。又按《慎子》云：以畫跪當墨，草纓當劓，履屝當刖，艾韠當宮。是以《尚書》曰：五刑有服。故凡斬人體，鑿其衍形曰刑，畫衣冠，異章服曰戮。則黄帝時，又似五刑未設，何以有宦者？請再考之。

又　卷三《秦法棄灰》　秦法：棄灰於道者棄市。此固秦法之苛，第棄灰何害於事，而苛酷如此？余嘗疑之，先儒未有發明者。偶閱《馬經》：『馬性畏灰，更畏新出之灰，馬駒遇之輒死，故石礦之灰，往往令馬落駒。』秦之禁棄灰也，其為畜馬計耶？一日，又閱《夏小正》及《月令》，乃畢得其說。『仲夏之月，毋燒灰。』鄭氏注謂：為傷火氣。是矣。是月王頒馬政，游牝別群，是毋燒灰者，亦為馬也。固知棄灰於道，乃古人先有此禁，但未必刑之如秦法。古人惟仲夏乃行此禁，秦或四時皆禁，故以為苛耳。

明・董説《七國考》卷一二《魏刑法・射訟》　余按：古五刑之禁，決關梁，踰城郭而略盜者，其刑臏。男女不以義交者，其刑宮。觸易君命，革輿服制度，姦軌盜攘傷人者，其刑劓。非事而事之，出入不以道義，而誦不祥之辭者，其刑墨。降畔、寇賊、劫略奪攘撟虔者，其刑死。悝之《法經》，何其深也！衛鞅既不用於魏，挾法入秦定刑，令什伍連坐，匿姦同罰，為私鬭則被刑，怠耕織則收孥。較魏《法經》，先後一轍。作俑無後，悝不免矣。魏之《法經》曰：『大夫之家有侯物，自一以上者，族。』惠王嘗乘夏車，建九斿。諸侯不得奸天子，猶大夫不得奸諸侯。防己極疏，繩人徒急。吾恐惠王之世，國法不行矣。《海濱筆乘》云：李悝弟子衛鞅得其師書，行秦政，而伯天下。

清・葉方藹等《孝經衍義》卷三八《天子之孝・省刑罰》　臣按《書傳》，五刑，墨、劓、剕、宮、大辟也。《疏》云：準《呂刑》言之耳，蓋古無明文也。諸家多謂肉刑起於三代，《左傳》叔向曰：『夏有亂政而作《禹刑》，商有亂政而作《湯刑》，周有亂政而作《九刑》。三辟之興，皆叔世也。』班固曰：『五帝畫象，而人知禁。禹承其後，自以德衰，始制肉刑。』《孝經緯》云：『五帝畫象，三王肉刑。畫象者，上罪墨蒙赭衣，中罪赭衣雜屨，下罪雜屨而已。』依此，則五帝無肉刑。而議者非之，以爲《舜典》明云『流宥五刑』矣，惟不忍用重法，故以流放代之。假令先無肉刑，安用代哉？又《呂刑》曰：『苗民勿用靈，制以刑，惟作五虐之刑曰法。殺戮無辜，爰始淫為劓刵椓黥。』又曰：『皇帝哀矜庶戮之不辜，報虐以威，遏絶苗民，無世在下。』依此，則似五刑為三苗所制。而或者又非之，以為舜已誅其君，何為乃用其法？鄭康成曰：苗民為此四刑特深刻，異於皋陶之為。孔《疏》所謂椓陰過於去勢，黥面甚於墨額，理或然矣。然則五刑之制，當亦代有不同。《舜典》、《呂刑》，終難同貫。特久遠不可考耳。

晉丁謐曰：鯨劓之文，不載唐虞之籍；五刑之數，亦不具於聖人。禹承舜禪，必不遠則凶頑；湯、武之君，亦豈下同呂侯？惟叔向之言，為近而有徵。斯亦未可厚非也。至於周初，五刑之名始見於《周禮》，《易》亦著劓刖之象，則信有肉刑矣。然臧文仲曰：刑五而已。大刑用甲兵，其次用斧鉞，中刑用刀鋸，其次用鑽笮，薄刑用鞭撲。則五刑之制，亦未始同也。要之，懲姦禁非，代有憲法，而出以『欽恤』之意，則無不同。周公之戒康叔曰：『無或劓刵人。』是雖有肉刑，仍戒以無輕用。至於成、康，遂幾刑措，即輕罪亦且僅見矣，况於重辟乎！再傳而及於穆王，復疑其過重，命呂侯為司寇，訓夏贖刑而更制焉。其言曰：『今爾何監？非時伯夷播刑之迪？』孔《疏》曰：伯夷，典禮者也，不使視皋陶而使視伯夷，欲其先禮而後刑也。意良厚矣。又其後乃有九刑之作，孔氏曰：遠取上世決事之比，以為後法。杜佑曰：謂五刑而加之流、贖、鞭、撲，以為九是也。奕世相承，並以寬簡為治，此其所以享國長久乎？降至七雄，家自為政；至於秦，而淫刑峻法，動至參夷，且有鑿顛、抽脅、鑊烹之刑。非孝文之罷肉刑，民其無如何矣。故『欽恤』一言，實推仁廣孝之本也。

清・閻若璩《尚書古文疏證》卷一《第六》　又按《墨子》所引『先王之書，湯之《官刑》有之曰』，出《非樂篇》。雖未言其作於何時，然《左傳》昭六年，晉叔向詒子産書曰：『昔先王議事以制，不為刑辟，懼民之有爭心也。』杜預注曰：臨事制刑，不豫設法也。法豫設則民知爭端。又曰：『夏有亂政而作《禹刑》，商有亂政而作《湯刑》。』注曰：夏商之亂，著禹湯之法，言不能議事以制。又曰：『周有亂政而作《九刑》。』注曰：周之衰，亦為刑書，謂之《九刑》。又曰：『三辟之興，皆叔世也。』注曰：言刑書不起於始盛之世。則《墨子》所謂湯之官刑者，正作於商之叔世，其不為湯所制明矣；而偽作《古文》者，不能參考《左氏》，止見《墨子》有『湯之官刑』字，遂以為即湯所制而述於伊尹之口，以訓太甲。不知其時固未嘗有此刑也。昭二十九年，晉趙鞅、荀寅鑄刑鼎，仲尼聞而非之曰：『晉其亡乎！』彼春秋之末且然，曾謂成湯盛世而即豫設法以告下民哉？

或曰：鞭作官刑，自虞舜時已有，何獨至湯而無官刑耶？余曰：湯之時，五刑具在，未嘗無官刑也。獨所為三風十愆為官刑之條目，有犯於此者，則麗於官刑。以勸為一書以豫告下民，湯固未嘗有此制也。

或又曰：亦言著禹湯之法，則恒舞於宮，是謂巫風，安知非即湯之法耶？余曰：即湯之法，湯當時未嘗以此麗之於官刑，以勸為一書，以豫告下民也。故即《九刑》之作，原於周公所為，賊藏盜姦為大凶德，有常無赦是也。然說者猶謂此乃後世作《九刑》者，記周公誓命之言，以著於《九刑》之書，非周公自為之書也。觀於周公，則《禹刑》、《湯刑》之作，其必不出於禹、湯可知矣，其必不容述於伊尹之口以訓太甲，抑又可知矣。

清·毛奇齡《尚書廣聽録》卷一　或謂：揚子《法言》曰：『唐、虞象刑惟明，夏后肉刑三千。』《漢·刑法志》曰：『禹承堯、舜之後，自以德衰而制肉刑，湯、武順而用之者，以俗薄於唐、虞故也。』信此，則肉刑始夏后氏矣，得非唐、虞無五刑乎？曰：此則據《左傳》而誤解之者。《左傳》昭六年，子産鑄刑書，叔向詒書曰：『夏有亂政而作《禹刑》，商有亂政而作《湯刑》，周有亂政而作《九刑》。三辟之興，皆叔世也。』此明言三代末王因亂作刑，而冒為先世之名以誣之，非謂禹、湯、文、武作亂刑也。漢人據其語而不解其意，且見《虞書》五刑但有五數而無其名，至商周之《書》，然後《太甲》有墨刑，《盤庚》有劓刑，《康誥》有劓刑、刵刑，至《呂刑》而五名俱全，因謂禹創而商、周順用之。吾嘗讀《國語》而稍悟其說。《國語》與《左傳》同出策書，而《國語》論五刑則直為《虞書》作解。有曰：『刑五而已。大刑用甲兵，次刑斧鉞，中刑刀鋸，其次鑽笮，薄刑鞭撲。故大者陳之原野，小者致之市、朝。』謂之『三次』，則是前古五刑並及膚肉，名雖小變而刺殺並同，故『三就』之名更為『三次』。孔氏即取其說以作《傳》，然且劓、墨未形而反多刀鋸、鑽笮之具，一似苗民之造椓黥，商君之增鑿顛與抽脅者。然則『五刑三就』，其不能離肉刑以為說，有如是也。

清·朱彝尊《曝書亭集》卷五八《原刑》　墨、劓、剕、宮、大辟，非舜之五刑也。舜以命皋陶者，流也，鞭也，撲也，贖也，賊也。『象以典刑』，五者是已。《甫刑》曰：『苗民勿用靈，制以刑，惟作五虐之刑曰法。』斯則劓、刵、椓黥之謂，肉刑之始矣。刑者一成而不變，聖人之所甚不忍也，故就典刑命士，流者宥之，鞭、撲者贖之。若夫怙終不悛，則法在必誅。賊之為言殺也，《春秋傳》『晉侯使鉏麑賊趙盾』是也。

相古有虞之世，畫象而民知禁。赭衣墨幪，別其冠服，使觸罪者知恥悔過，得以自新。自五虐之刑作，殘其形，毀其體，膚斷者不可復續，終其身不敢與士民齒，將無用恥焉。彼夫劓、刵、椓、黥，在苗民發聞惟腥，舜方哀矜庶戮之不辜，務遏絶之，豈反效尤，而以至仁用至不仁之法乎？荀卿有云：治古無肉刑而有象刑。斯言是也。乃班固《漢志》援俗説著論，以為禹承堯、舜之後，自以德衰而制肉刑。昔者鄭子産鑄刑書，叔向非之。其言曰：『夏有亂政而作《禹刑》，商有亂政而作《湯刑》。』其云《禹刑》、《湯刑》者，初未嘗指為肉刑，而班氏實之。孔氏《書傳》稱：呂侯以穆王命作書，訓暢夏禹贖刑之法。夏刑大辟二百，臏辟三百，宮辟五百，劓、墨各千。不知何所據依，殆無稽之言爾。

愚考肉刑，夏莫之用，商亦無明徵。《伊訓》『臣下不匡其刑墨』，出《古文尚書》，未足深信。迨《周官》分職，乃掌之『司刑』。墨者守門，劓者守關，宮者守内，刖者守囿。然則肉刑其昉於周與？穆王閔實其罪，許罰以鍰，是亦不忍人之政矣。蓋至漢而文帝始除之，仁人哉？俾五虐之刑絶於世，可謂盡心焉已。顧腐儒之論，尚謂肉刑當復，豈不謬哉？作《原刑》，告後之君子治《書》者，兼可明《孔傳》之偽焉。

清·張尚瑗《左傳折諸》卷二〇《昭公·周有亂政而作九刑》　《九刑》者，周之亂政所作，假之周公，以神其名耳。即如晉人鑄范宣子《刑書》之類，孔子亦譏之。其書皆不傳。

雜録

《左傳·昭公二十九年》　晉趙鞅荀寅帥師城汝濱，遂賦晉國一鼓鐵，以鑄刑鼎，著范宣子所為《刑書》焉。《正義》：范宣子制作《刑書》，施於晉國，自使朝廷承用，未嘗宣示下民。今荀寅謂此等宣子之書，可以長為國法，故鑄鼎而銘之，以示百姓，猶如鄭鑄刑鼎。仲尼譏之，其意亦與叔向譏子産同。仲尼曰：『晉其亡乎！失其度矣。夫晉國將守唐叔之所受法度，以經緯其民，卿大夫以序守之。注：序，位次也。民是以能尊其貴，貴是以能守其業。貴賤不愆，所謂度也。文公是以作執秩之官，為被廬之法，注：僖二十七年，文公蒐被廬，脩唐叔之法。以為盟主。今棄是度也而為刑鼎，民在鼎矣，何以尊貴？注：棄禮徵書，故不尊貴。何業之守？注：民不奉上，則上失業。貴賤無序，何以為國？且夫宣子之刑，夷之蒐也，晉國之亂制也。注：范宣子所用刑，乃夷蒐之法也。夷蒐在文六年，一蒐而三易中軍帥，賈季、箕鄭之徒遂作亂，故曰亂制。若之何以為法？』蔡史墨曰：『范氏、中行氏，其亡乎？注：蔡史墨，即蔡墨。中行寅為下卿而干上令，擅作刑器，以為國法，是法姦也。又加范氏焉，易之亡也。注：范宣子《刑書》中既廢矣，今復興之，是成其咎。其及趙氏，趙孟與焉。然不得已，若德可以免。』

又《定公九年》 鄭駟歂殺鄧析，而用其《竹刑》。注：鄧析，鄭大夫，欲改鄭所鑄舊制，不受君命而私造刑法，書之於竹簡，故云竹刑。《正義》：昭六年，子産鑄刑書於鼎。今鄧析別造《竹刑》，明是改鄭所鑄舊制。若用君命遣造，則是國家法制，鄧析不得獨專其名。知其不受君命而私造刑書，書之於竹，謂之《竹刑》。駟歂用其刑書，則其法可取，殺之不為作此書也。下云「棄其邪可也」，則鄧析不為私作刑書而殺，蓋別有當死之罪，駟歂不矜免之耳。君子謂：子然於是不忠，苟有可以加於國家者，棄其邪可也。

《呂氏春秋》卷一八《離謂》 子産治鄭，鄧析務難之。與民之有獄者約，大獄一衣，小獄襦袴，民之獻衣襦袴而學訟者不可勝數。以非為是，以是為非，是非無度而可與不可日變，所欲勝因勝，所欲罪因罪，鄭國大亂，民口讙譁。子産患之，於是殺鄧析而戮之，民心乃服，是非乃定，法律乃行。今世之人，多欲治其國而莫之誅鄧析之類，漢高誘注：有如鄧析者無能誅。此所以欲治而愈亂也。

《商君書》卷五《定分》 公問於公孫鞅曰：『法令之當時立之者，明旦欲使天下之吏民皆明知，而用之如一而無私，奈何？』公孫鞅曰：『爲法令，置官置吏樸足以知法令之謂者，以爲天下正，則奏天子。天子則各主法令之。皆降，受命發官，各主法令之。民敢忘行主法令之所謂之名，各以其忘之法令名罪之。主法令之吏有遷徙物故，輒使學讀法令所謂。爲之程式，使日數而知法令之所謂。不中程，爲法令以罪之。有敢剟定法令，損益一字以上，罪死不赦。諸官吏及民有問法令之所謂也於主法令之吏，皆各以其故所欲問之法令明告之。各爲尺六寸之符，明書年、月、日、時，所問法令之名，以告吏民。主法令之吏不告及之罪而法令之所謂也，皆以吏民之所問法令之罪，各罪主法令之吏。即以左券予吏之問法令者，主法令之吏謹藏其右券，木押以室藏之，封以法令之長印。即後有物故，以券書從事。法令皆副置。一副天子之殿中，爲法令爲禁室，有鋌鑰爲禁而以封之，内藏法令。一副禁室中，封以禁印。有擅發禁室印，及入禁室視禁法令，及禁剟一字以上，罪皆死不赦。一歲受法令以禁令。』

《漢書》卷六七《胡建傳》 建亦已有成奏在其懷中，遂上奏曰：**【略】**『《黄帝李法》曰：注：蘇林曰：獄官名也。《天文志》：左角李，右角將。孟康曰：兵書之法也。師古曰：李者，法官之號也。總主征伐刑戮之事也，故稱其書曰《李法》。蘇說近之。「壁壘已定，穿窬不繇路，是謂姦人。姦人者殺。」』

司法

綜述

虞夏商周

《周易・豐》 《象》曰：雷電皆至，《豐》。君子以折獄致刑。注：文明以動，不失情理也。《正義》：雷電皆至，豐者，雷者，天之威動；電者，天之光耀。雷電俱至，則威明備足，以為豐也。君子以折獄致刑者，君子法象天威而用刑罰，亦當文明以動，折獄斷决也。斷决獄訟，須得虛實之情，致用刑罰，必得輕重之中。若動而不明，則淫濫斯及。故君子象於此卦，而折獄致刑。

又《旅》 《象》曰：山上有火，《旅》。君子以明慎用刑而不留獄。注：止以明之，刑戮詳也。《正義》：火在山上，逐草而行，勢不久留，故為《旅》象。又上下二體，《艮》止《離》明。故君子象此，以静止明察，審慎用刑，而不稽留獄訟。

又《中孚》 《象》曰：澤上有風，《中孚》。君子以議獄緩死。注：信發於中，雖過可亮。《正義》：澤上有風，中孚者。風行澤上，無所不周，其猶信之被物，無所不至，故曰澤上有風，中孚。君子以議獄緩死者，中信之世，必非故犯，過失為辜，情在可恕，故君子以議其過失之獄，緩捨當死之刑也。

又《解》 《象》曰：雷雨作，《解》。君子以赦過宥罪。《正義》：赦謂放免，過謂誤失，宥謂寬宥，罪謂故犯。過輕則赦，罪重則宥，皆解緩之義也。

《尚書・舜典》 象以典刑，《傳》：象，法也。法用常刑，用不越法。流宥五刑，《傳》：宥，寬也。以流放之法，寬五刑。鞭作官刑，《傳》：以鞭為治官事之刑。撲作教刑，《傳》：撲，榎楚也。不勤道業則撻之。金作贖刑。《傳》：金，黄金。誤而入刑，出金以贖罪。眚災肆赦，怙終賊刑。《傳》：眚，過。災，害。肆，緩。賊，殺也。過而有害，當緩赦之。怙姦自終，當刑殺之。欽哉欽哉，惟刑之恤哉！《傳》：舜陳典刑之義，敕天下使敬之，憂欲得中。

流共工于幽洲，《傳》：象恭滔天，足以惑世，故流放之幽洲北裔。水中可居者曰洲。放驩兜于崇山，《傳》：黨於共工，罪惡同。崇山，南裔。竄三苗于三危，《傳》：三苗，國名，縉雲氏之後，為諸侯，號饕餮。三危，西裔。殛鯀于羽山，《傳》：方命圮族，績用不成。殛、竄、放、流，皆誅也。異其文，述作之體。羽山，東裔，在海中。四罪而天下咸服。《傳》：皆服舜用刑，當其罪。故作者先叙典刑而連引四罪，明皆徵用所行，於此總見之。

又《**益稷**》 皋陶方祇厥叙，方施象刑惟明。《傳》：方，四方。禹五服既成，故皋陶敬行其九德考績之次序，於四方又施其法刑，皆明白。

又《**大禹謨**》 帝曰：「皋陶！惟兹臣庶。罔或干予正。《傳》：或，有也。無有干我正。言順命。汝作士，明于五刑，以弼五教，期于予治，《傳》：弼，輔。期，當也。歎其能以刑輔教，當於治體。刑期于無刑，民協于中，時乃功，懋哉！」《傳》：雖或行刑，以殺止殺。終無犯者，刑期於無所刑，民皆合於大中之道。是汝之功，勉之。皋陶曰：【略】「宥過無大，刑故無小。《傳》：過誤所犯，雖大必宥，不忌故犯，雖小必刑。罪疑惟輕，功疑惟重。《傳》：刑疑從輕，賞疑從重，忠厚之至。與其殺不辜，寧失不經。好生之德，洽于民心。兹用不犯于有司。」《傳》：辜，罪。經，常。司，主也。皋陶因帝勉己，遂稱帝之德，所以明民不犯上也。寧失不常之罪，不枉不辜之善，仁愛之道。

又《**甘誓**》 王曰：「嗟！六事之人，【略】用命賞于祖。《傳》：天子親征，必載遷廟之祖主行，有功則賞祖主前，示不專。弗用命，戮于社。《傳》：天子親征，又載社主，謂之社事。不用命奔北者，則戮之於社主前。社主陰，陰主殺。親祖嚴社之義。予則孥戮汝。」《傳》：孥，子也。非但止汝身，辱及汝子。言恥累也。

又《**湯誓**》 王曰：【略】「爾不從誓言，予則孥戮汝，罔有攸赦。」

又《**盤庚中**》 「乃有不吉不迪，顛越不恭，暫遇姦宄，我乃劓殄滅之，無遺育，無俾易種于兹新邑。」

又《**泰誓下**》 王曰：【略】「今商王受，【略】作威殺戮，毒痡四海。【略】屏棄典刑，囚奴正士。」《傳》：屏棄常法而不顧，箕子正諫而以為囚奴。

又《**牧誓**》 王曰：【略】「勗哉夫子！爾所弗勗，其于爾躬有戮。」

又《**康誥**》 王曰：「嗚呼！封，敬明乃罰。人有小罪，非眚，乃惟終，自作不典，式爾，有厥罪小，乃不可不殺。乃有大罪，非終，乃惟眚災，適爾，既道極厥辜，時乃不可殺。」

王曰：【略】「非汝封刑人殺人，無或刑人殺人。非汝封又曰劓刵人，無或劓刵人。」

王曰：「外事，汝陳時臬，司師。兹殷罰有倫。」又曰：「要囚，服念五六日，至于旬、時，丕蔽要囚。」

王曰：「汝陳時臬，事罰。蔽殷彝，用其義刑義殺，勿庸以次汝封。【略】凡民自得罪，寇攘姦宄，殺越人于貨，暋不畏死，罔弗憝。」

王曰：「封！元惡大憝，矧惟不孝不友。子弗祇服厥父事，大傷厥考心；于父不能字厥子，乃疾厥子。于弟弗念天顯，乃弗克恭厥兄；兄亦不念鞠子哀，大不友于弟，惟弔兹，不于我政人得罪，天惟與我民彝大泯亂。曰：乃其速由文王作罰，刑兹無赦。不率大戛，矧惟外庶子、訓人。惟厥正人越小臣諸節，乃別播敷，造民大譽，弗念弗庸，瘝厥君。時乃引惡，惟朕憝。已！汝乃其速由兹義率殺。」

又《**多方**》 王若曰：【略】「乃惟成湯克以爾多方簡，代夏作民主。慎厥麗，乃勸。厥民刑，用勸。至于帝乙，罔不明德慎罰，亦克用勸。要囚，殄戮多罪，亦克用勸。開釋無辜，亦克用勸。」

又《**立政**》 周公若曰：【略】「今文子文孫，孺子王矣。其勿誤于庶獄，惟有司之牧夫。」

周公若曰：「太史、司寇蘇公，式敬爾由獄，以長我王國。兹式有慎，以列用中罰。」《傳》：此法有所慎行，必以其列用中罰，不輕不重。

又《**君陳**》 王曰：【略】「殷民在辟，予曰辟，爾惟勿辟；予曰宥，爾惟勿宥，惟厥中。有弗若于汝政，弗化于汝訓，辟以止辟，乃辟。狃于姦宄，敗常亂俗，三細不宥。」

又《**呂刑**》 王曰：「嗟！四方司政典獄，非爾惟作天牧？今爾何監？非時伯夷播刑之迪！其今爾何懲？惟時苗民匪察于獄之麗，罔擇吉人，觀于五刑之中，惟時庶威奪貨，斷制五刑以亂無辜。上帝不

蠲，降咎于苗。苗民無辭于罰，乃絶厥世。』【略】

王曰：『吁！來，有邦有土，告爾祥刑。在今爾安百姓，何擇非人？何敬非刑？何度非及？兩造具備，師聽五辭。五辭簡孚，正于五刑。五刑不簡，正于五罰。五罰不服，正于五過。五過之疵：惟官，惟反，惟内，惟貨，惟來。其罪惟均，其審克之。

五刑之疑有赦，五罰之疑有赦，其審克之。簡孚有衆，惟貌有稽，無簡不聽，具嚴天威。

墨辟疑赦，其罰百鍰，閲實其罪。劓辟疑赦，其罰惟倍，閲實其罪。剕辟疑赦，其罰倍差，閲實其罪。宫辟疑赦，其罰六百鍰，閲實其罪。大辟疑赦，其罰千鍰，閲實其罪。【略】

上刑適輕，下服。下刑適重，上服。輕重諸罰有權。刑罰世輕世重。惟齊非齊，有倫有要。

罰懲非死，人極于病。非佞折獄，惟良折獄，罔非在中。察辭于差，非從惟從。哀敬折獄，明啓刑書胥占，咸庶中正。其刑其罰，其審克之。獄成而孚，輸而孚。其刑上備。有并兩刑。』

王曰：『嗚呼！敬之哉，官伯族姓。朕言多懼，朕敬于刑，有德惟刑。今天相民，作配在下。明清于單辭，民之亂，罔不中聽獄之兩辭，無或私家于獄之兩辭。獄貨非寶，惟府辜功，報以庶尤。永畏惟罰。非天不中，惟人在命。天罰不極，庶民罔有令政在于天下。』

王曰：『嗚呼！嗣孫，今往何監？非德于民之中，尚明聽之哉？哲人惟刑。無疆之辭，屬于五極。咸中有慶，受王嘉師，監于兹祥刑。』

又《費誓》　《序》：魯侯伯禽宅曲阜，徐、夷並興，東郊不開，作《費誓》。《傳》：魯侯征之於費地而誓衆也。

公曰：【略】『今惟淫舍牿牛馬，杜乃擭，敜乃穽，無敢傷牿。牿之傷，汝則有常刑。《傳》：擭，捕獸機檻，當杜塞之。穽，穿地陷獸，當以土窒敜之。馬牛其風，臣妾逋逃，勿敢越逐。祇復之，我商賚汝。乃越逐，不復，汝則有常刑。無敢寇攘，踰垣牆，竊馬牛，誘臣妾，汝則有常刑。甲戌，我惟征徐戎。峙乃糗糧，無敢不逮，汝則有大刑。魯人三郊三遂，峙乃楨榦。甲戌，我惟築，無敢不供，汝則有無餘刑，非殺。《傳》：不供，汝則有無餘之刑，刑者非一也，然亦非殺汝。魯人三郊三遂，峙乃芻茭，無敢不多。汝則有大刑。』

《周禮·秋官·大司寇》　凡諸侯之獄訟，以邦典定之。注：邦典，六典也。以六典待邦國之治。凡卿大夫之獄訟，以邦灋斷之。注：邦灋，八灋也。以八灋待官府之治。凡庶民之獄訟，以邦成弊之。注：邦成，八成也。以官成待萬民之治。故書『弊』為『憋』。鄭司農云：『憋』當為『弊』。邦成謂若今時《決事比》也。弊之，斷其獄訟也。故《春秋傳》曰：弊獄邢侯。

又《秋官·小司寇》　以五刑聽萬民之獄訟。附于刑，用情訊之，至于旬，乃弊之。讀書則用灋。注：附猶著也。故書『附』作『付』。訊，言也。用情理言之，冀有可以出之者，十日乃斷之。《王制》曰：刑者，侀也；侀者，成也，一成而不可變，故君子盡心焉。鄭司農云：讀書則用灋，如今時讀鞫已，乃論之。凡命夫命婦，不躬坐獄訟。注：為治獄吏褻尊者也。躬，身也。不身坐者，必使其屬，若子弟也。《喪服傳》曰：命夫者，其男子之為大夫者。命婦者，其婦人之為大夫妻者。凡王之同族有罪，不即市。注：鄭司農云：刑諸甸師氏。《禮記》曰：刑于隱者，不與國人慮兄弟。

又《秋官·布憲》　掌憲邦之刑禁。正月之吉，執旌節，以宣布于四方而憲邦之刑禁，以詰四方邦國，及其都鄙，達于四海。注：憲，表也，謂縣之也。刑禁者，國之五禁，所以左右刑罰者。司寇正月布刑于天下，正歲又縣其書于象魏，布憲於司寇布刑，則以旌節出宣令之。於司寇縣書，則亦縣之于門閭及都鄙邦國。刑者，王政所重，故屢丁寧焉。詰，謹也，使四方謹行之。《爾雅》曰：九夷、八蠻、六戎、五狄，謂之四海。凡邦之大事，合衆庶，則以刑禁號令。

又《秋官·禁殺戮》　掌司斬殺戮者，凡傷人見血而不以告者，攘獄者，遏訟者，以告而誅之。注：司猶察也。察此四者，告於司寇罪之也。斬殺戮謂吏民相斬、相殺、相戮者，傷人見血，見血乃爲傷人耳。鄭司農云：攘獄者，距當獄者也。遏訟者，遏止欲訟者也。玄謂攘猶郤也，郤獄者，言不受也。

又《秋官·禁暴氏》　掌禁庶民之亂暴力正者，撟誣犯禁者，作言語而不信者，以告而誅之。注：民之好爲侵陵、稱詐、謾誕，此三者亦刑所禁也。力正，以力强得正也。凡國聚衆庶，則戮其犯禁者以徇。凡奚隸聚而出入者，則司牧之，戮其犯禁者。注：奚隸，女奴、男奴也。其聚出入，有所使。

又《秋官·司刺》　掌三刺、三宥、三赦之灋，以贊司寇聽獄訟。注：刺，殺也。訊而有罪則殺之。宥，寬也。赦，舍也。壹刺曰訊羣臣，再刺曰訊羣吏，三刺曰訊萬民。壹宥曰不識，再宥曰過失，三宥曰遺忘。注：鄭司農云：不識謂愚民無所識，則宥之。過失若今律過失殺人，不坐死。玄謂：識，審也。不審若今仇讐當報甲，見乙誠以為甲而殺之者。過失若舉刃欲砍伐而軼中人者。遺忘，若間帷薄，忘有在焉，而以兵矢投射之。壹赦曰幼弱，再赦曰老旄，三赦曰惷愚。注：惷愚，生而癡騃童昏者。鄭司農云：幼弱、老旄，若今時律令年未滿八歲、八十以上，非手殺人，他皆不坐。以此三灋者求民情，斷民中，而施上服、下服之罪，然後刑殺。注：上服，殺與墨、劓；下服，宮、刖也。《司約》職曰：其不信者，服墨刑。凡行刑，必先規識所刑之處，乃後行之。

又《秋官·鄉士》 獄訟成，士師受中，汁日刑殺，肆之三日。注：受中，謂受獄訟之成也。鄭司農云：士師受中，若今二千石受其獄也。中者，刑罰之中也。故《論語》曰：刑罰不中，則民無所措手足。汁日刑殺，汁，合也，和也。和合支幹善日，若今時望後，利日也。肆之三日，故《春秋傳》曰：三日，棄疾請尸。《論語》曰：肆諸市朝。玄謂士師既受獄訟之成，鄉士則擇可刑殺之日，至其時而往涖之，尸之三日，乃反也。若欲免之，則王會其期。注：免猶赦也。期謂鄉士職聽于朝，司寇聽之日。王欲赦之，則用此時，親往議之。

又《秋官·遂士》 獄訟成，士師受中，汁日就郊而刑殺，各於其遂，肆之三日。注：就郊而刑殺者，遂士也。遂士擇刑殺日，至其時往涖之，如鄉士爲之矣。言各於其遂者，四郊六遂，遂處不同。若欲免之，則王令三公會其期。注：令猶命也。王欲赦之，則用遂士職聽之時，命三公往議之。

又《秋官·縣士》 獄訟成，士師受中，汁日刑殺，各就其縣，肆之三日。注：刑殺各就其縣者，亦謂縣士。若欲免之，則王命六卿會其期。注：期亦謂縣士職聽之時。

又《秋官·掌囚》 掌守盜賊。凡囚者，上罪梏拲而桎，中罪桎梏，下罪梏。王之同族拲，有爵者桎，以待弊罪。注：凡囚者，謂非盜賊，自以他罪拘者也。鄭司農云：拲者，兩手共一木也。桎梏者，兩手各一木也。玄謂在手曰梏，在足曰桎。中罪不拲，手足各一木耳。下罪又去桎。王同族及命士以上，雖有上罪，或拲或桎而已。弊猶斷也。及刑殺，告刑于王，奉而適朝，士加明梏，以適市而刑殺之。注：告刑于王，告王以今日當行刑及所刑姓名也。其死罪則曰某之罪在大辟，其刑罪則曰某之罪在小辟。奉而適朝者，重刑為王欲有所赦，且當以付士，士，鄉士也。鄉士加明梏者，謂書其姓名及其罪於梏而著之也。囚時雖有無梏者，至於刑殺皆設之。以適市，就衆也。庶姓無爵者，皆刑殺於市。

又《秋官·掌戮》 掌斬殺賊諜而搏之，注：斬以鈇鉞，若今要斬也。殺以刀刃，若今棄市也。諜謂姦寇反間者。賊與諜罪大者斬之，小者殺之。搏當為『膊諸城上』之『膊』，字之誤也。膊謂去衣磔之。凡殺其親者焚之，殺王之親者辜之。注：親，緦服以內也。焚，燒也。《易》曰：焚如死如棄如。辜之言枯也，謂磔之。凡殺人者踣諸市，肆之三日，刑盜于市。注：踣，僵尸也。肆猶申也，陳也。凡言『刑盜』，罪惡莫大焉。凡罪之麗於灋者，亦如之。唯王之同族與有爵者，殺之于甸師氏。注：罪二千五百條，上附、下附，刑五而已。於刑同科者，其刑殺之，一也。

又《天官·甸師》 王之同姓有辠，則死刑焉。注：鄭司農云：王同姓有罪當刑者，斷其獄於甸師之官也。《文王世子》曰：公族有死罪，則磬於甸人。又曰：公族無宮刑，獄成，致刑於甸人。

《禮記·王制》 司寇正刑明辟，以聽獄訟，注：辟，罪也。必三刺，有旨無簡不聽，注：簡，誠也。有其意無其誠者，不論以為罪。附從輕，注：附，施刑也。求出之，使從輕。赦從重。注：雖是罪可重，猶赦之。凡制五刑，必即天論，注：制，斷也。即，就也。必即天論，言與天意合。郵罰麗於事。注：郵，過也。麗，附也。過人罰人，當各附於其事，不可假他以喜怒。

凡聽五刑之訟，必原父子之親，立君臣之義以權之；注：權，平也。意論輕重之序，慎測淺深之量以別之；注：意，思念也。淺深，謂俱有罪，本心有善惡。悉其聰明，致其忠愛以盡之。注：盡其情。疑獄氾，與衆共之，衆疑赦之。唐孔穎達《正義》：疑獄氾，與衆共之者，疑獄，謂事可疑、難斷者也。氾，廣也。己若疑彼罪而不能斷決，當廣與衆庶共論決之也。衆疑赦之者，若衆人疑惑，則當放赦之。故《書》云：與其殺不辜，寧失不經。必察小大之比以成之。注：小大猶輕重。已行故事曰比。成獄辭，史以獄成告於正，正聽之。注：史，司寇吏也。正，於周鄉師之屬。正以獄成告於大司寇，大司寇聽之棘木之下。注：王之外朝也，左九棘，孤卿大夫位焉；右九棘，公侯伯子男位焉；面三槐，三公位焉。大司寇以獄之成告於王，王命三公參聽之。注：王使三公復與司寇及正共平之，重刑也。三公以獄之成告於王，王三又，然後制刑。注：又，當作『宥』。宥，寬也。一宥曰不識，再宥曰過失，三宥曰遺忘。

爵人於朝，與士共之；刑人於市，與衆棄之。注：必共之者，所以審慎之也。《書》曰：克明德慎罰。

考禮，正刑，一德，以尊于天子。《正義》：考禮謂諸侯相與朝王之時，考校禮儀，正定刑法，專一道德，以尊崇天子。不言樂者，禮中兼之。禮、刑是施用於人，故先言之；道德是己之所行，故後言之。

又《曲禮上》 刑不上大夫。注：不與賢者犯法。其犯法，則在八議，輕重不在刑書。

又《文王世子》 公族其有死罪，則磬于甸人。注：不於市、朝者，隱之也。甸人，掌郊野之官。縣縊殺之曰磬。其刑罪，則纖、剸亦告于甸人。注：纖讀為『殲』。殲，刺也。剸，割也。宮割、臏墨、劓刖，皆以刀鋸刺割人體也。告讀為『鞫』，讀書用法曰鞫。公族無宮刑。獄成，有司讞于公。其死罪則曰某之罪在大辟，其刑罪則曰某之罪在小辟。注：成，平也。讞之言白也。辟亦罪也。公曰宥之，注：宥，寬也。欲寬其罪，出於刑也。有司又曰在辟；公又曰宥之，有司又曰在辟；公又曰宥之，有司又曰在辟。及三宥，不對，走出致刑于甸人。公又使人追之，曰：『雖然，必赦之。』有司對曰：『無及也。』反命於公。注：白已刑殺。公素服不舉，為之變如其倫之喪無服，注：素服於凶事為吉，於吉事為凶，非喪服也。【略】倫，謂親疏之比也。親哭之。注：不往弔，為位哭之而已。

公族之罪，雖親不以犯有司正術也，所以體百姓也。注：犯猶干也。術，法也。刑于隱者，不與國人慮兄弟也。弗弔弗為服，哭于異姓之廟，為忝祖，遠之也。素服居外不聽樂，私喪之也，骨肉之親無絶也。公族無宮刑，不翦其類也。注：翦，割截也。

《詩經・小雅・菀柳》 《序》：《菀柳》，刺幽王也。暴虐無親而刑罰不中，諸侯皆不欲朝，言王者之不可朝事也。

有菀者柳，不尚息焉。漢毛亨《傳》：興也。菀，茂木也。漢鄭玄《箋》：尚，庶幾也。有菀然枝葉茂盛之柳，行路之人豈有不庶幾欲就之止息乎？興者，喻王有盛德，則天下皆庶幾，願往朝焉。憂今不然。上帝甚蹈，無自暱焉。《傳》：蹈，動。暱，近也。《箋》：蹈讀曰『悼』。上帝乎者，愬之也。今幽王暴虐，不可以朝事，甚使我心中悼病，是以不從而近之。釋己所以不朝之意。俾予靖之，後予極焉。《傳》：靖，治。極，至也。《箋》：靖，謀。俾，使。極，誅也。假使我朝王，王留我，使我謀政事，王信讒，不察功考績，後反誅放我。是言王刑罰不中，不可朝事也。

有菀者柳，不尚愒焉。《傳》：愒，息也。上帝甚蹈，無自瘵焉。《傳》：瘵，病也。《箋》：瘵，接也。俾予靖之，後予邁焉。《箋》：邁，行也。行亦放也。《春秋傳》曰：子將行之。

有鳥高飛，亦傅于天。彼人之心，于何其臻？《箋》：傅、臻，皆至也。彼人，斥幽王也。鳥之高飛，極至於天耳。幽王之心，於何所至乎？言其轉側無常，人不知其所屆。曷予靖之，居以凶矜？《傳》：曷，害。矜，危也。《箋》：王何為使我謀之，隨而罪我，居我以凶危之地？謂四裔也。

《左傳・莊公十一年》 臧文仲曰：『宋其興乎！注：臧文仲，魯大夫。禹、湯罪己，其興也浡焉；注：浡，盛貌。桀、紂罪人，其亡也忽焉。』注：忽，速貌。《正義》：《湯誥》云：其爾萬方有罪，在予一人。是罪己也。《泰誓》數紂之罪云：焚炙忠良，刳剔孕婦，是罪人也。禹、桀之時書多亡矣，固亦應有此事。

又《文公十八年》 舜臣堯，【略】流四凶族，注：案四凶罪狀而流放之。渾敦、窮奇、檮杌、饕餮，投諸四裔，以禦螭魅。注：投，棄也。裔，遠也。放之四遠，使當螭魅之災。螭魅，山林異氣所生，為人害者。

又《襄公三十一年》 （北宮文子）對曰：『紂囚文王七年，諸侯皆從之囚，紂於是乎懼而歸之。』

《管子》卷二〇《形勢解》 紂之為主也，勞民力，奪民財，危民死，冤暴之令加於百姓，憯毒之使施於天下，故大臣不親，小民疾怨，天下叛之而願為文王臣者，紂自取之也。故曰紂之失也。

《慎子・君人》 有虞之誅，以幪巾當墨，以草纓當劓，以菲履當刖，以艾韠當宮，布衣無領當大辟。此有虞之誅也。斬人肢體，鑿其肌膚，謂之刑。畫衣冠，異章服，謂之戮。上世用戮而民不犯也，當世用刑而民不從。

《孟子・梁惠王下》 王曰：『王政可得聞與？』（孟子）對曰：『昔者文王之治岐也，罪人不孥。』注：孥，妻子也。《詩》云『樂爾妻孥』。罪人不孥，惡惡止其身，不及妻子也。

《楚辭》卷三《屈原〈天問〉》 湯出重泉，夫何罪尤？漢王逸《章句》：重泉，地名也。夏桀拘湯於重泉而復出之，夫何用罪？法之不審也。不勝心伐帝，夫誰使挑之？《章句》：帝謂桀也。言湯不勝衆人之心而以伐桀，誰使桀先挑之也？

《今本竹書紀年》卷上《夏帝癸》 二十二年，商侯履來朝，命囚履于夏臺。

又 卷上《殷帝辛》 四年，【略】作炮烙之刑。

二十三年，囚西伯于羑里。

《戰國策》卷二〇《趙三》　魯仲連曰：【略】文王聞之，喟然而嘆，故拘之於牖里之庫，百日而欲令之死。

《韓非子》卷一五《難一》　使文王所以見惡於紂者，以其不得人心耶？則雖索人心以解惡可也。紂以其大得人心而惡之，己又輕地以收人心，是重見疑也，固其所以桎梏，囚於羑里也。

漢・伏勝《尚書大傳》卷一《虞傳》　唐虞象刑而民不敢犯，苗民用刑而民漸興犯。

唐虞之象刑，上刑赭衣不純，中刑雜屨，下刑墨幪。鄭玄曰：純，緣也。時人尚德義，犯刑者但易之衣服，自為大恥。屨，履也。幪，巾也，使不得冠飾。

又　卷三《呂刑傳》　犯劓者赭衣。大辟者布衣。墨罰疑赦，其罰百率。犯墨者蒙巾，犯劓者赭其衣，犯臏者象其臏，犯大辟者衣無領。

子夏曰：『昔者三王慤然欲錯刑遂罰，遂罰平心而應之，和然後行之，然且曰：「吾意者，以不平慮之乎？吾意者，以不和平之乎？」如此者三，然後行之。此之謂慎罰。』

又　《補遺》　桀殺刑彌厚，而民彌暴。

漢・賈誼《新書》卷七《君道》　紂作梏數千，睨諸侯之不諂己者，杖而梏之。文王桎梏于羑里七年，而後得免。

漢・劉安《淮南子》卷二《俶真訓》　逮至夏桀殷紂，燔生人，辜諫者，為炮烙，鑄金柱。注：鑄金柱，然火其下，以人置其上，墮陊火中。剖賢人之心，析才士之脛。注：賢人，比干也。析，解也。剝解有才士脚，觀其有奇異。脛，脚也。醢鬼侯之女，葅梅伯之骸。注：鬼侯、梅伯，紂時諸侯。梅伯説鬼侯之女美好，令紂妻之。女至，紂以為不好，故醢鬼侯之女，葅梅伯之骸也。

《史記》卷二《夏本紀》　夏桀不務德而武傷百姓，百姓弗堪。迺召湯，而囚之夏臺。《索隱》：獄名，夏曰鈞臺。皇甫謐云：地在陽翟是也。

又　卷三《殷本紀》　紂囚西伯羑里。《集解》：駰案《地理志》曰：河内湯陰有羑里城，西伯所拘處。

又　卷三四《燕召公世家》　召公之治西方，甚得兆民和。召公巡行鄉邑，有棠樹，《正義》：今之棠梨樹也。《括地志》云：召伯廟在洛州壽安縣西北五里。召伯聽訟甘棠之下，周人思之，不伐其樹。後人懷其德，因立廟，有棠在九曲城東阜上。決獄政事其下，自侯伯至庶人各得其所，無失職者。召公卒，而民人思召公之政，懷棠樹，不敢伐，歌詠之，作《甘棠》之詩。

漢・劉向《古列女傳》卷七《孽嬖傳・夏桀末喜》　召湯，囚之於夏臺，已而釋之。

又　卷七《孽嬖傳・殷紂妲己》　百姓怨望，諸侯有畔者，紂乃為炮烙之法，膏銅柱，加之炭，令有罪者行其上，輒墮炭中。妲己乃笑。

宋・羅泌《路史》卷二三《後紀十四・夏后紀下》注引《列女傳》　大臣諫。喜謂桀曰：『君之威衰，今不從，皆以妄為亂習，願賜妾死。』桀乃行法，過喜者誅，忤喜者死，譽者昌，諫者亡。羣下杜口矣。

春秋

《左傳・僖公二十八年》　衛侯聞楚師敗，懼，出奔楚，遂適陳，使元咺奉叔武以受盟。注：奉使攝君事。【略】或訴元咺於衛侯曰：『立叔武矣。』其子角從公，公使殺之。咺不廢命，奉夷叔以入守。六月，晉人復衛侯。注：以叔武受盟於踐土，故聽衛侯歸。【略】衛侯先期入。注：不信叔武。【略】叔武將沐，聞君至，喜，捉髮走出，前驅射而殺之。公知其無罪也，枕之股而哭之。【略】元咺出奔晉。注：元咺以衛侯驅入，殺叔武，故至晉愬之。【略】冬會於溫，討不服也。注：討衛、許。衛侯與元咺訟，注：爭殺叔武事。甯武子為輔，鍼莊子為坐，士榮為大士。注：大士，治獄官也。《周禮》：命夫命婦，不躬坐獄訟。元咺又不宜與其君對坐，故使鍼莊子爲主，又使衛之忠臣及其獄官質正元咺。衛侯不勝，注：三子辭屈。殺士榮，刖鍼莊子，謂甯俞忠而免之。執衛侯，歸之于京師，寘諸深室。注：深室，別爲囚室。甯子職納橐饘焉。元咺歸于衛，立公子瑕。

又　《僖公三十年》　晉侯使醫衍酖衛侯，注：衍，醫名。晉侯實怨衛侯，欲殺而罪不及死，故使醫因治疾而加酖毒。甯俞貨醫，使薄其酖，不死。注：甯俞視衛侯衣食，故得知之。公為之請，納玉於王與晉侯，皆十瑴，王許之。注：雙玉曰瑴。公本與衛同好，故為之請。秋，乃釋衛侯。

又　《文公十四年》　春，頃王崩。周公閱與王孫蘇爭政，故不赴。【略】周公將與王孫蘇訟于晉，王叛王孫蘇，注：王，匡王。叛，不與，而使尹氏與聃啓訟周公于晉。注：訟，理之。尹氏，周卿士。聃啓，周大夫。趙宣子平王室而復之。注：使復和親。

又　《成公四年》　楚子反救鄭，鄭伯與許男訟焉。注：於子反前爭曲直。皇戌攝鄭伯之辭對，注：代之。子反不能決也，曰：『君若辱在寡君，寡君與其二三臣共聽兩君之所欲成，其可知也。注：欲使自屈于楚子前決之。不然，側不足以知二國之成。』注：側，子反名。

又《成公五年》許靈公愬鄭伯于楚，注：前兩年，鄭伐許故。六月，鄭悼公如楚，訟不勝，楚人執皇戌及子國。注：以鄭伯不直故也。子國，鄭穆公子。故鄭伯歸，使公子偃請成于晉。

又《成公十一年》晉郤至與周爭鄇田，注：鄇，温別邑。今河内懷縣西南有鄇人亭。《正義》：鄇是温之別邑，本從温内分出，温屬晉，鄇屬周。温是郤氏舊邑，郤氏既已得温，則謂從温而分出者，亦宜從温而屬郤氏，故郤至爭之。則劉子、單子之言襄王勞文公而賜之温，于時鄇已分矣，賜晉以温，不賜以鄇也。狐氏、陽氏先處温邑，于時亦不得鄇，鄇本未嘗屬晉，故為王官之邑。王命劉康公、單襄公訟諸晉。郤至曰：『温，吾故也，故不敢失。』劉子、單子曰：『昔周克商，使諸侯撫封。蘇忿生以温為司寇，與檀伯達封于河。蘇氏即狄，又不能於狄而奔衛。襄王勞文公而賜之温，狐氏、陽氏先處之，而後及子。若治其故，則王官之邑也，子安得之？』晉侯使郤至勿敢爭。

又《襄公三年》晉侯之弟揚干，亂行於曲梁，注：行，陳次。魏絳戮其僕。注：僕，御也。晉侯怒，謂羊舌赤曰：『合諸侯，以為榮也。揚干為戮，何辱如之？必殺魏絳無失也。』對曰：『絳無貳志，事君不辟難，有罪不逃刑。其將來辭，何辱命焉？』言終，魏絳至，授僕人書，注：僕人，晉侯御僕。將伏劍，士魴、張老止之。公讀其書，曰：『日君乏使，使臣斯司馬。注：斯，此也。臣聞師衆以順為武，注：順，莫敢違。軍事有死無犯為敬。注：守官行法，雖死不敢有違。君合諸侯，臣敢不敬？君師不武，執事不敬，罪莫大焉。臣懼其死，以及揚干，無所逃罪，注：懼自犯不武、不敬之罪。不能致訓，至於用鉞。注：用鉞斬揚干之僕。臣之罪重，敢有不從，以怒君心？注：言不敢不從戮。請歸死於司寇。』注：致尸於司寇，使戮之。公跣而出，曰：『寡人之言親愛也，吾子之討軍禮也。寡人有弟，弗能教訓，使干大命，寡人之過也。子無重寡人之過，注：聽絳死，為重過。敢以為請。』注：請使無死。晉侯以魏絳為能以刑佐民矣，反役，與之禮食，使佐新軍。注：羣臣旅會，今欲顯絳，故特為設禮食。

又《襄公六年》宋華弱與樂轡少相狎，長相優，又相謗也。注：狎，親習也。優，調戲也。子蕩怒以弓，梏華弱于朝。平公見之，曰：『司武而梏於朝，難以勝矣。』注：司武，司馬。言其懦弱不足以勝敵。遂逐之。夏，宋華弱來奔。司城子罕曰：『同罪異罰，非刑也。專戮於朝，罪孰大焉？』亦逐子蕩。

又《襄公十年》王叔陳生與伯輿爭政，注：二子，王卿士。王右伯輿，注：右，助。王叔陳生怒而出奔，及河，王復之，注：欲奔晉。殺史狡，以説焉。注：説王叔也。不入，遂處之。注：處叔河上。晉侯使士匄平王室，王叔與伯輿訟焉。注：爭曲直。王叔之宰與伯輿之大夫瑕禽，注：宰，家臣。瑕禽，伯輿屬大夫。坐獄於王庭，注：獄，訟也。《周禮》：命夫命婦不躬坐獄訟。故使宰與屬大夫對爭曲直。士匄聽之。王叔之宰曰：『篳門閨竇之人而皆陵其上，其難為上矣。』注：言伯輿微賤之家。瑕禽曰：『昔平王東遷，吾七姓從王，牲用備具，王賴之，而賜之騂旄之盟，注：平王徙時，大臣從者有七姓，伯輿之祖皆在其中，主為王備犧牲，共祭祀，王恃其用，故與之盟，使世守其職。騂旄，赤牛也。舉騂旄者，言得重盟，不以犬雞。曰世世無失職。若篳門閨竇，其能來東底乎？且王何賴焉？注：底，至也。今自王叔之相也，政以賄成而刑放於寵，注：隨財制政。寵臣專刑不任法。官之師旅，不勝其富。注：師旅之長皆受賂。吾能無篳門閨竇乎？注：言王叔之屬富，故使吾貧。唯大國圖之！注：圖猶議也。下而無直，則何謂正矣。』注：正者不失下之直。范宣子曰：『天子所右，寡君亦右之；所左，亦左之。』注：宣子知伯輿直，不欲自專，故推之於王。使王叔氏與伯輿合要，注：合要辭。王叔氏不能舉其契，注：要契之辭。王叔奔晉。

又《襄公二十一年》欒盈出奔楚。宣子殺箕遺、黄淵、嘉父、司空靖、邴豫、董叔、邴師、申書、羊舌虎、叔羆，注：十子皆晉大夫欒盈之黨也。羊舌虎，叔向弟。囚伯華、叔向、籍偃。注：籍偃，上軍司馬。人謂叔向曰：『子離於罪，其為不知乎？』注：譏其受囚而不能去。叔向曰：『與其死亡若何？注：言雖囚，何若於死亡？《詩》曰：「優哉游哉，聊以卒歲。」知也。』注：《詩·小雅》。言君子優游於衰世，所以辟害，卒其壽，是亦知也。欒王鮒見叔向，曰：『吾為子請。』叔向弗應。出，不拜。注：欒王鮒，晉大夫欒桓子。其人皆咎叔向，叔向曰：『必祁大夫。』注：祁大夫，祁奚也。食邑於祁，因以為氏。祁縣，今屬太原。室老聞之，曰：『欒王鮒言於君，無不行。注：其言皆得行。求赦吾子，吾子不許。注：謂不應出不拜。祁大夫所不能也，注：不能動君。而曰必由之，何也？』叔向曰：『樂王鮒，從君者也，何能行？祁大夫外舉不棄讎，內舉不失親。其獨遺我乎！《詩》曰：「有覺德行，四國順之。」』注：《詩·大雅》。言德行直則天下順之。夫子，覺者也。』注：覺，較然正直。

晉侯問叔向之罪於樂王鮒，對曰：『不棄其親，其有焉。』注：言叔向篤親親，必與叔虎同謀。於是祁奚老矣，注：老去公族大夫。聞之，乘馹而見宣子曰：『《詩》曰：「惠我無疆，子孫保之。」注：《詩·周頌》也。言文、武有惠訓之德，加於百姓，故子孫保賴之。《書》曰：「聖有謨勳，明徵定保。」注：逸書。謨，謀也。勳，功也。言聖哲有謀功者，當明定安之。夫謀而鮮過、惠訓不倦者，叔向有焉，注：謀鮮過，有謨勳也。惠訓不倦，惠我無疆也。社稷之固也。猶將十世宥之，以勸能者。今壹不免其身，注：壹以弟故。以棄社稷，不亦惑乎？鯀殛而禹興，注：言不以父罪廢其子。伊尹放太甲而相之，卒無怨色。注：太甲，湯孫也。荒淫失度，伊尹放之桐宮，三年改悔而復之，而無恨心。言不以一怨妨大德。管、蔡為戮，周公右王。注：言兄弟罪不相及。若之何其以虎也棄社稷？子為善，誰敢不勉！多殺何為？』宣子說，與之乘，以言諸公而免之。注：共載入見公。不見叔向而歸。注：言為國，非私叔向也。叔向亦不告，免焉而朝。注：不告謝之，明不為己。

又《襄公二十六年》 楚子、秦人【略】遂侵鄭。五月，至于城麇，鄭皇頡戍之。注：皇頡，鄭大夫。出與楚師戰，敗，穿封戌囚皇頡，公子圍與之爭之，注：公子圍，共王子靈王也。正於伯州犁。注：正曲直也。伯州犁曰：『請問於囚。』乃立囚，伯州犁曰：『所爭君子也，其何不知？』注：言王子圍及穿封戌皆非細人，易別識也。上其手曰夫子，為王子圍，寡君之貴介弟也。注：介，大也。下其手曰此子，為穿封戌，方城外之縣尹也。誰獲子？』注：上、下手，以道囚意。囚曰：『頡遇王子，弱焉。』注：弱，敗也，言為王子所得。戍怒，抽戈逐王子圍，弗及。楚人以皇頡歸。

（蔡聲子）對曰：【略】『今楚多淫刑，其大夫逃死於四方，而為之謀主，以害楚國，不可救療，所謂不能也。注：療，治也。所謂楚人不能用其材也。

又《昭公三年》 晏子曰：【略】『國之諸市，屨賤踊貴。』注：踊，刖足者屨。言刖多。

初，景公欲更晏子之宅。【略】公笑曰：『子近市，識貴賤乎？』對曰：『既利之，敢不識乎？』公曰：『何貴何賤？』於是景公繁於刑，注：繁，多也。有鬻踊者，故對曰：『踊貴屨賤。』既已告於君，故與叔向語而稱之。

又《昭公八年》 三月甲申，公子招、公子過殺悼大子偃師，而立公子留。夏四月辛亥，哀公縊。注：憂恚自殺。干徵師赴于楚，注：干徵師，陳大夫。且告有立君。公子勝愬之于楚，注：以招、過殺偃師告愬也。楚人執而殺之。注：殺干徵師。公子留奔鄭。《書》曰：『陳侯之弟招殺陳世子偃師』，罪在招也。楚子執陳行人干徵師殺之，罪不在行人也。注：疑為招赴楚，當同罪，故重發之。

又《昭公十一年》 三月丙申，楚子伏甲而饗蔡侯於申，醉而執之。夏四月丁巳，殺之，刑其士七十人。

又《昭公十二年》 昭子朝，而命吏曰：『婼將與季氏訟，書辭無頗。』注：頗，偏也。季孫懼，而歸罪於叔仲子。

又《昭公十四年》 晉邢侯與雍子爭鄐田，注：邢侯，楚申公巫臣之子也。雍子，亦故楚人。久而無成。士景伯如楚，注：士景伯，晉理官。叔魚攝理。注：攝，代景伯。韓宣子命斷舊獄，罪在雍子。雍子納其女於叔魚，叔魚蔽罪邢侯。注：蔽，斷也。邢侯怒，殺叔魚與雍子於朝。宣子問其罪於叔向，叔向曰：『三人同罪，施生戮死，可也。注：施，行罪也。雍子自知其罪而賂以買直，鮒也鬻獄，邢侯專殺，其罪一也。』【略】乃施邢侯而尸雍子與叔魚於市。仲尼曰：『叔向，古之遺直也。治國制刑，不隱於親。注：謂國之大問，己所答當也。至於他事，則宜有隱。三數叔魚之惡，不為末減，注：末，薄也。減，輕也。以正言之。曰義也夫？可謂直矣。注：於義未安，直則有之。平丘之會，數其賄也，注：謂言瀆貨無厭。以寬衛國，晉不為暴。歸魯季孫，稱其詐也，注：謂言鮒也能。以寬魯國，晉不為虐。邢侯之獄，言其貪也，以正刑書，晉不為頗。三言而除三惡，加三利。注：三惡，暴、虐、頗也。三惡除，則三利加。殺親益榮，猶義也夫？』注：三罪唯答宣子問，不可以不正其餘，則以直傷義，故重疑之。

《國語》卷二《周語中》 温之會，晉人執衛成公，歸之于周。晉侯請殺之，王曰：『不可。夫政，自上下者也。三國吳韋昭注：當從王出也。上作政，而下行之不逆，故上下無怨。注：言君臣不相怨。今叔父作政而不行，無乃不可乎？注：不行，謂不順也。言晉侯不行德政而聽元咺之愬，欲殺衛侯。夫君臣無獄。注：獄，訟也。無是非曲直獄訟之義。今元咺雖直，不可聽也。君臣皆獄，父子將獄，是無上下也。而叔父聽之，一逆矣。又為臣殺其君，其安庸刑？注：庸，用也。刑，法也。布刑而不庸，再逆矣。一合諸侯而有再逆政，余懼其無後也。注：無後，無以復合諸侯。不然，余何私於衛侯？』晉人乃歸衛侯。

又 卷四《魯語上》 溫之會，晉人執衛成公，歸之于周。注：成公，恃楚而不事晉，又殺弟叔武，其臣元咺訴之晉，故文公執之。事見《周語中》。使醫鴆之，不死。注：鴆，鳥名也。一名運日。其羽有毒，漬之酒而飲之，立死。《傳》曰：晉侯使醫衍鴆衛侯，甯俞貨醫，使薄其鴆，不死。在魯僖三十年。醫亦不誅。注：不誅醫者，諱以私行毒也。臧文仲言於僖公曰：『夫衛君，殆無罪矣。刑五而已，無有隱者，隱乃諱也。注：隱謂鴆也。大刑用甲兵，注：賈侍中云：謂諸侯不式王命，則以六師移之。昭謂：甲兵謂臣有大逆，則被甲聚兵而誅之，若今陳軍也。其次用斧鉞，注：斧鉞，軍戮也。《書》曰：後至者斬。中刑用刀鋸，注：割劓用刀，斷截用鋸。亦有大辟，故《周語》曰：兵在其頸。其次用鑽笮，注：鑽，臏刑。笮，黥刑也。薄刑用鞭撲，以威民也。注：鞭，官刑也。撲，教刑也。故大者陳之原野，注：謂甲兵、斧鉞也。小者致之市、朝，注：刀鋸以下也。其死刑，大夫以上尸諸朝，士以下尸諸市。五刑三次，是無隱也。注：五刑，甲兵、斧鉞、刀鋸、鑽笮、鞭撲也。次，處也。三處：野、朝、市。今晉人鴆衛侯不死，亦不討其使者，注：使者醫衍。諱而惡殺之也。注：諱殺衛侯也。有諸侯之請，必免之。臣聞之，班相恤也，故能有親。注：班，次也。恤，憂也。言位次同者，當相憂也。夫諸侯之患，諸侯恤之，所以訓民也。注：訓，教也。教相救恤也。君盍請衛君，以示親於諸侯，且以動晉。注：動，發晉侯之志。夫晉，新得諸侯，注：新為伯也。使亦曰魯不棄其親，其亦不可以惡。』注：不可以惡，亦不可以惡魯也。公說，行玉二十穀，乃免衛侯。注：雙玉曰穀。《傳》曰：納玉於王及晉侯，皆十穀。王許之。

又 卷一五《晉語九》 士景伯如楚，注：景伯，晉理官士彌牟。如楚，聘也。叔魚為贊理。注：叔魚，羊舌鮒也。贊，佐也。景伯如楚，故叔魚攝其官也。《傳》曰：『叔魚攝理』。邢侯與雍子爭田，注：二子皆晉大夫也。邢侯，楚申公巫臣之子也。巫臣奔晉，晉與之邢。雍子，故楚大夫，奔晉，晉與之鄐。爭鄐田之疆界也。雍子納其女於叔魚，以求直。注：不直，故納其女。《傳》曰：『罪在雍子』。及蔽獄之日，叔魚抑邢侯，注：蔽，決也。抑，枉也。邢侯殺叔魚與雍子於朝。韓宣子患之，叔向曰：『三姦同罪，請殺其生者而戮其死者。』注：陳尸為戮。宣子曰：『若何？』對曰：『鮒也鬻獄，注：鬻，賣也。雍子賈之以其子，邢侯非其官也而干之。注：官，司寇也。干，犯也。夫以回鬻國之中，注：回，邪也。中，平也。與絕親以買直，與非司寇而擅殺，其罪一也。』邢侯聞之逃，遂施邢侯氏，注：施，施劾捕也。而尸叔魚與雍子於市。注：死時在朝，故尸於市。

又 卷六《齊語》 桓公問曰：『夫軍令則寄諸內政矣，齊國寡甲兵，為之若何？』注：甲，鎧也。兵，弓矢之屬。管子對曰：『輕過而移諸甲兵。』注：諸，之也。移之甲兵，謂輕其過，使以甲兵贖罪。桓公曰：『為之若何？』管子對曰：『制重罪，贖以犀甲一戟；注：重罪，死刑也。犀，犀皮也，可用為甲。戟，車戟也，柲長丈六尺。輕罪，贖以鞼盾一戟；注：輕罪，劓、刖之屬也。鞼盾，綴革有文如績也。小罪，讁以金分，注：小罪，不入于五刑者。以金贖有分兩之差，今之罰金是也。《書》曰：金作贖刑。宥閒罪，注：宥，赦也。閒罪，刑罰之疑者也。《書》曰：五刑之疑有赦。索訟者，三禁而不可上下，坐成以束矢。』注：索，求也，求訟者之情也。三禁，禁之三日，使審實其辭也。而不可上下者，辭定不可移也。坐成，獄訟之坐已成也。十二矢為束。謂訟者坐成，以束矢入于朝，乃聽其訟。兩人訟，一人入矢，一人不入則曲，曲則伏入兩矢乃治之。矢取，往而不反也。《周禮》：以兩造禁民訟，入束矢於朝，然後聽之。

《公羊傳·僖公二十八年》 晉人執衛侯，歸之于京師。《傳》：歸之于者何？歸于者何？歸之于者，罪已定矣。歸于者，罪未定也。罪未定，則何以得為伯討？歸之于者，執之于天子之側者也，罪定不定，已可知矣。漢何休《解詁》：歸之者，決絕之辭。執于天子之側，已白天子，罪定不定，自在天子，故言已可知。歸于者，非執之于天子之側者也。罪定不定，未可知也。《解詁》：未得白天子分別之者，但欲明諸侯尊貴，不得自相治，當斷之于天子爾。大惡雖未可知，執有罪，當為伯討矣。無罪而執人，當貶，稱人。

衛侯之罪何？殺叔武也。何以不書？為叔武諱也。《春秋》為賢者諱。何賢乎叔武？讓國也。其讓國奈何？文公逐衛侯而立叔武，叔武辭立而他人立，則恐衛侯之不得反也，故於是己立，然後為踐土之會，治反衛侯。《解詁》：叔武訟治於晉文公，令白王者，反衛侯，使還國也。叔武讓國見殺，而為叔武諱殺者，明叔武治反衛侯，欲兄饗國，故為去殺己之罪，所以起其功而重衛侯之無道。衛侯得反，曰：『叔武篡我。』元咺争之曰：『叔武無罪。』終殺叔武，元咺走而出。

衛元咺自晉，復歸于衛。《傳》：自者何？有力焉者也。《解詁》：有力焉者，有力于晉也。言恃晉有屬己力以歸。此執其君，其言自何？《解詁》：上元咺出奔晉而文公執衛侯，知以元咺訴執之，怪訴其君而助之。為叔武争也。《解詁》：解文公助之意。以元咺為叔武争訴，以為忠於己而助之。雖然，臣無訴君之義，復於衛，非也。悖君臣之義，故著言自明，不當有力於惡人也。言復歸者，深為霸者恥之，使若無罪。

《穀梁傳·莊公二十二年》 春王正月，肆大眚。《傳》：肆，失也。眚，災也。晉范寧《集解》：《易》稱赦過宥罪，《書》稱眚災肆赦，《經》稱肆大眚，皆放赦罪人，蕩滌衆故。有時而用之，非經國之常制。災，紀也。失，故也。《集解》：災謂罪惡。紀，治理也。有罪當治理之，今失之者，以文姜之故。爲嫌天子之葬也。《集解》：文姜罪應誅絶，誅絶之罪不葬。若不赦除衆惡而書葬者，嫌天子許之，明須赦而後得葬。

又 《僖公二十八年》 晉人執衛侯，歸之于京師。《傳》：此入而執，其不言入，何也？不外王命於衛也。《集解》：入者自外來，伯者以王命討衛，衛，王之土，故曰不外王命。歸之于京師，緩辭也，斷在京師也。《集解》：辭間容之，故言緩。

又 《昭公八年》（夏四月）楚人執陳行人干徵師，殺之。《集解》：干，姓。徵師，名。《傳》：稱人以執大夫，執有罪也。稱行人，怨接於上也。唐楊士勛疏：重發《傳》者，嫌楚殺為甚，恐其無罪，故重發《傳》以同之。

《尸子》卷下 秦穆公明於聽獄，斷刑之日，揖士大夫曰：『寡人不敏，使民入於刑，寡人與有戾焉。二三子各據爾官，無使民困於刑。』繆公非樂刑民，不得已也。此其所以善刑也。

《商君書》卷四《賞刑》 晉文公將欲明刑，以親百姓，於是合諸侯大夫於侍千宮。顛頡後至，請其罪。君曰：『用事焉。』吏遂斷顛頡之脊以殉。晉國之士稽焉皆懼，曰：『顛頡之有寵也，斷以殉，而況於我乎！』舉兵伐曹五鹿，及反鄭之埤，東徵之畝，勝荊人於城濮，三軍之士止之如斬足，行之如流水；三軍之士無敢犯禁者。故一假道重輕於顛頡之脊，而晉國治。

《韓非子》卷一三《外儲説右上》（晉文）公曰：『刑罰之極安至？』（狐偃）對曰：『不辟親貴，法行所愛。』文公曰：『善。』明日，令田於圃陸，期以日中為期，後期者行軍法焉。於是公有所愛者曰顛頡，後期。吏請其罪，文公隕涕而憂，吏曰：『請用事焉。』遂斬顛頡之脊，以狥百姓，以明法之信也。而後百姓皆懼曰：『君於顛頡之貴重如彼甚也，而君猶行法焉，況於我則何有矣。』文公見民之可戰也，於是遂興兵伐原，克之；伐衛，東其畝，取五鹿攻陽，勝號伐曹，南圍鄭，反之陴，罷宋圍，還與荊人戰城濮，大敗荊人，返為踐土之盟，遂成衡雍之義，一舉而八有功。所以然者，無他故異物，從狐偃之謀，假顛頡之脊也。

荊莊王有《茅門》之法，曰：『羣臣大夫諸公子入朝，馬蹄踐霤者，廷理斬其輈，戮其御。』於是太子入朝，馬蹄踐霤，廷理斬其輈，戮其御。太子怒，入為王泣曰：『為我誅戮廷理。』王曰：『法者，所以敬宗廟，尊社稷，故能立法從令、尊敬社稷者，社稷之臣也，焉可誅也？夫犯法廢令、不尊敬社稷者，是臣乘君而下尚校也。臣乘君則主失威，下尚校則上位危。威失位危，社稷不守，吾將何以遺子孫？』於是太子乃還走避舍，露宿三日，北面再拜，請死罪。

一曰：楚王急召太子，楚國之法，車不得至於茆門。天雨，庭中有潦，太子遂驅車至於茆門。廷理曰：『車不得至茆門，非法也。』太子曰：『王召急，不得須無潦。』遂驅之，廷理舉殳而擊其馬，敗其駕。太子入為王泣曰：『庭中多潦，驅車至茆門，廷理曰非法也，舉殳擊臣馬，敗臣駕。王必誅之。』王曰：『前有老主而不踰，後有儲主而不屬，矜矣。是真吾守法之臣也。』乃益爵二級，而開後門出太子，勿復過。

又 卷四《和氏》 楚人和氏得玉璞楚山中，奉而獻之厲王。厲王使玉人相之，玉人曰石也，王以和為誑而刖其左足。及厲王薨，武王即位，和又奉其璞而獻之武王。武王使玉人相之，又曰石也，王又以和為誑而刖其右足。武王薨，文王即位，和乃抱其璞而哭於楚山之下，三日三夜，淚盡而繼之以血。王聞之，使人問其故，曰：『天下之刖者多矣，子奚哭之悲也？』和曰：『吾非悲刖也，悲夫寶玉而題之以石，貞士而名之以誑。此吾所以悲也。』王乃使玉人理其璞，而得寶焉，遂命曰和氏之璧。

《呂氏春秋》卷二三《直諫》 荆文王得茹黄之狗、宛路之矰，注：文王，荆武王之子。矰，弋射短矢。以畋於雲夢，注：畋，獵也。雲夢，楚澤，在南郡華容也。三月不反。得丹之姬淫，朞年不聽朝。注：淫，惑也。朝，政也。葆申曰：『先王卜，以臣為葆，吉。今王得茹黄之狗、宛路之矰，畋三月不反。得丹之姬淫，朞年不聽朝。注：葆，太葆，官也。申，名也。王之罪當笞。』王曰：『不穀免衣繦緥而齒於諸侯，注：齒，列也。願請變更而無笞。』葆申曰：『臣承先王之令，不敢廢也。王不受笞，是廢先王之令也。臣寧抵罪於王，毋抵罪於先王。』王曰：『敬諾。』引席，王伏，葆申束細荆五十，跪而加之于背。如此者再，謂王『起矣。』王曰：『有笞之名，一也。』遂致之。注：遂痛致之。申曰：『臣聞君子恥之，小人痛之。恥之不變，痛之何益？』葆申趣出，自流於淵，請死罪。文王曰：『此不穀之過也，葆申何罪？』王乃變更，召葆申殺茹黄之狗，析宛路之矰，放丹之姬，後荆國兼國三十九。令荆國廣大至於此者，葆申之力也，極言之功也。

《禮記·檀弓下》 邾婁定公之時，有弒其父者。注：定公，貜且也。魯文十四年即位。有司以告，公瞿然失席，曰：『是寡人之罪也。』注：民之無禮，教之罪。曰：『寡人嘗學斷斯獄矣。臣弒君，凡在官者殺無赦；子弒父，凡在宫者殺無赦。注：言諸臣子孫無尊卑，皆得殺之，其罪無赦。殺其人，壞其室，洿其宫而豬焉。』注：明其大逆，不欲人復處之。豬，都也。南方謂都為豬。蓋君踰月而后舉爵。注：自貶損。

漢·韓嬰《韓詩外傳》卷八 齊有得罪於景公者，景公大怒，縛置之殿下，召左右肢解之，敢諫者誅。晏子左手持頭，右手磨刀，仰而問曰：『古者明王聖主，其肢解人，不審從何肢解始也？』景公離席，曰：『縱之。罪在寡人。』《詩》曰：『好是正直。』

漢·劉安《淮南子》卷一八《人間訓》 越王句踐一決獄不辜，援龍淵而切其股，血流至足，以自罰也。而戰，武士必其死。

《史記》卷四一《越王勾踐世家》 朱公居陶，生少子。少子及壯，而朱公中男殺人，囚於楚。朱公曰：『殺人而死，職也。然吾聞千金之子，不死於市。』告其少子，往視之。【略】莊生間時，入見楚王，言某星宿某，此則害於楚，楚王素信莊生，曰：『今為奈何？』莊生曰：『獨以德為，可以除之。』楚王曰：『生休矣。寡人將行之。』王乃使使者封三錢之府，《集解》：賈逵説云：虞夏商周金幣三等，或赤，或白，或黄。黄為上幣，銅錢為下幣。楚貴人驚告朱公長男曰：『王且赦。』曰：『何以也？』曰：『每王且赦，常封三錢之府。昨暮王使使封之。』《集解》：駰案，或曰王且赦，常封三錢之府者，錢幣至重，慮人或逆知有赦，盗竊之，所以封錢府，備盗竊也。【略】莊生羞為兒子所賣，乃入見楚王曰：『臣前言某星事，王言欲以脩德報之。今臣出道路，皆言陶之富人朱公之子殺人囚楚，其家多持金錢，賂王左右，故王非能恤楚國而赦，乃以朱公子故也。』楚王大怒，曰：『寡人雖不德耳，奈何以朱公之子故而施惠乎？』令論殺朱公子。明日，遂下赦令。朱公長男竟持其弟喪歸。

晉·孔衍《春秋後語》 秦穆公將兄三人，因於内宫。

戰國《禮記·月令》 仲春之月，【略】命有司省囹圄，去桎梏，毋肆掠，止獄訟。注：順陽寬也。省，減也。囹圄，所以禁守繫者，若今别獄矣。桎梏，今械也。在手曰梏，在足曰桎。肆謂死刑暴尸也。《周禮》曰：肆之三日。掠，謂棰治人。

孟夏之月，【略】斷薄刑，決小罪，注：刑無輕於墨者，今以純陽之月斷刑決罪，與『毋有壞墮』自相違，似非。出輕繫。注：崇寬。

孟秋之月，【略】命有司修法制，繕囹圄，具桎梏，禁止姦，慎罪邪，務搏執。注：順秋氣，政尚嚴。命理瞻傷、察創、視折，注：理，治獄官也。【略】創之淺者曰傷。審斷決獄，訟必端平。注：端猶正也。戮有罪，嚴斷刑。天地始肅，不可以贏。注：肅，嚴急之言也。贏猶解也。

季秋之月，【略】乃趣獄刑，毋留有罪。注：殺氣已至，有罪者即決也。

孟冬之月，【略】是察阿黨則罪，無有掩蔽。注：阿黨，謂治獄吏以私恩曲橈相為也。

《列子》卷八《説符》 孟氏之一子之秦，以術干秦王。秦王曰：『當今諸侯力争，所務兵食而已。若用仁義治吾國，是滅亡之道。』遂宮而放之。其一子之衛，以法干衛侯。衛侯曰：『吾弱國也，而攝乎大國之間。大國，吾事之；小國，吾撫之，是求安之道。若賴兵權，滅亡可待矣。若全而歸之，適於他國，爲吾之患不輕矣。』遂刖之，而還諸魯。

《戰國策》卷一三《齊六》 齊負郭之民有孤狐咺者正議，閔王斮之檀衢，百姓不附。

又 卷三一《燕三》 張丑為質於燕，燕王欲殺之，走且出境，境吏得丑。丑曰：『燕王所為將殺我者，人有言我有寶珠也，王欲得之。今我已亡之矣，而燕王不我信。今子且致我，我且言子之奪我珠而吞之，燕王必當殺子，刳子腹及子之腸矣。夫欲得之君，不可說以利。吾要且死，子腸亦且寸絶。』境吏恐而赦之。

《韓非子》卷一四《外儲説右下》 秦昭王有病，百姓里買牛，而家為王禱。公孫述出見之，入賀王曰：『百姓乃皆里買牛，為王禱。』王使人問之，果有之。王曰：『訾之人二甲。元何犿注：訾，毁也，罰之也。夫非令而擅禱，是愛寡人也。夫愛寡人，寡人亦且改法而心與之相循者，是法不立。法不立，亂亡之道也。不如人罰二甲，而復與為治。』

一曰：秦襄王病，百姓為之禱，病愈，殺牛塞禱。郎中閻遏、公孫衍出見之，曰：『非社臘之時也，奚自殺牛而祠社？』怪而問之，百姓曰：『人主病，為之禱。今病愈，殺牛塞禱。』閻遏、公孫衍説，見王拜賀曰：『過堯舜矣。』王驚曰：『何謂也？』對曰：『堯舜，其民未至為之禱也。今王病而民以牛禱，病愈殺牛塞禱，故臣竊以王為過堯舜也。』王因使人問之，何里為之。訾其里正與伍老屯二甲。注：屯亦罰也。閻遏、公孫衍媿不敢言。居數月，王飲酒，酣樂。閻遏、公孫衍謂王曰：『前時臣竊以王為過堯舜，非直敢諛也。堯舜病，且其民未至為之禱也。今王病，而民以牛禱病愈，殺牛塞禱。今乃訾其里正與伍老屯二甲，臣竊怪之。』王曰：『子何故不知於此？彼民之所以為我用者，非以吾愛之為我用者也，以吾勢之為我用者也。吾釋勢，與民相收。若是，吾適不愛而民因不為我用也，故遂絶愛道也。』

《呂氏春秋》卷二三《貴直》 狐援説齊湣王曰：『殷之鼎陳於周之廷，其社蓋於周之屏，其干戚之音在人之遊。亡國之音不得至於廟，亡國之社不得見於天，亡國之器陳於廷，所以為戒。王必勉之！其無使齊之大呂陳之廷，無使太公之社蓋之屏，無使齊音充人之游。』齊王不受。狐援出而哭國三日，其辭曰：『先出也衣絺紵，後出也滿囹圄。吾今見民之洋洋然東走，而不知所處。』齊王問吏曰：『哭國之法若何？』吏曰『斮。』王曰：『行法。』

《史記》卷五《秦本紀》 莊襄王元年，大赦罪人，修先王功臣，施德厚骨肉而布惠於民。

又 卷四三《趙世家》（惠文王）三年，滅中山，遷其王於膚施，起靈壽，北地方從，代道大通。還歸，行賞，大赦，置酒酺五日。

又 卷六五《孫子吳起列傳》 悼王既葬，太子立。乃使令尹盡誅射吳起而并中王尸者，坐射起而夷宗死者七十餘家。

又 卷七九《范雎蔡澤列傳》 秦之法，任人而所任不善者，各以其罪罪之。於是應侯罪當收三族，秦昭王恐傷應侯之意，乃下令國中，有敢言鄭安平事者，以其罪罪之。而加賜相國應侯食物日益厚，以順適其意。

又 卷八五《呂不韋列傳》 王欲誅相國，為其奉先王功大，及賓客辯士為游説者衆，王不忍致法。秦王十年十月，免相國呂不韋。

漢·劉歆《劉子駿集·新序論》 今衛鞅内刻刀鋸之刑，外深鈇鉞之誅，步過六尺者有罰，棄灰於道者被刑。一日臨渭而論囚七百餘人，渭水盡赤，號哭之聲動於天地，畜怨積讐比於丘山。

漢·王充《論衡》卷五《感虚篇》 傳書言：鄒衍無罪，見拘於燕。

唐·佚名《古文苑》卷一《〔秦〕惠文王〈詛楚文〉》 今楚王熊相，康回無道，淫失甚亂，宣奓競從，變輸盟刺。内之虣虐不辜，刑戮孕婦，幽刺親戚，拘圉其叔父，寘者冥室櫝棺之中。

明·董説《七國考》卷一二《秦刑法·剖腹》 桓譚云：秦惠文王剖賢人之腹，刑法大壞。《鍾離意別傳》引《周書》云：秦史趙凱以私恨，告國民吳旦生盜食宗廟御桃。旦生對曰：『民不敢食也。』王曰：『剖其腹，出其桃。』《史記》惡而書之曰：食桃之肉，當有遺核。王不知此而剖人之腹以求桃，非理也。

論　説

《老子·七十四章》　民不畏死，漢河上公《章句》：治國者刑罰酷深，民不聊生，故不畏死也。治身者嗜欲傷神，貪財殺身，民不知畏之也。奈何以死懼之？《章句》：人君不寬刑罰，教民去情欲，奈何設刑法，以死懼之？若使民常畏死，《章句》：當除己之所殘剋，教民去利欲也。而為奇者，吾得執而殺之，孰敢？《章句》：以道教化，而民不從，反為奇巧，乃應王法，執而殺之，誰敢有犯者？老子傷時王不先道德化之而先刑罰。常有司殺者。《章句》：司殺者，天居高臨下，司察人過，天網恢恢，疏而不失也。夫代司殺者，是謂代大匠斲。《章句》：天道至明，司殺者常猶春生夏長，秋收冬藏，斗杓運移，以節度行之。人君欲代殺之，是猶拙夫代大匠斲木，勞而無功也。夫代大匠斲者，希有不傷手者矣。《章句》：人君行刑罰，猶拙人代大匠斲，則方圓不得其理，還自傷。代天殺者失紀綱，不得其紀綱，還受其殃也。

《論語·爲政》　子曰：『道之以政，三國魏何晏《集解》：孔曰：政謂法教。齊之以刑，《集解》：馬曰：齊整之以刑罰。民免而無恥。』《集解》：孔曰：免，苟免。

又　《子路》　子曰：【略】『禮樂不興，則刑罰不中；《集解》：孔曰：禮以安上，樂以移風，二者不行，則有淫刑濫罰。刑罰不中，則民無所措手足。』

《左傳·昭公二十年》　仲尼曰：『善哉！政寬則民慢，慢則糾之以猛；注：糾猶攝也。猛則民殘，殘則施之以寬。寬以濟猛，猛以濟寬，政是以和。《詩》曰：「民亦勞止，汔可小康。惠此中國，以綏四方。」施之以寬也。注：《詩·大雅》。汔，其也。康、綏，皆安也。周厲王暴虐，民勞於苛政，故詩人刺之，欲其施之以寬。「毋從詭隨，注：詭人隨人，無正心，不可從。以謹無良。注：謹，敕慎也。式遏寇虐，憯不畏明。」糾之以猛也。注：式，用也。遏，止也。憯，曾也。言爲寇虐，曾不畏，明法者亦當用猛政糾治之。「柔遠能邇，以定我王。」平之以和也。注：柔，安也。邇，近也。遠者懷懷附，近者各以能進，則王室定。又曰：「不競不絿，不剛不柔。注：《詩·殷頌》。言湯政得中和。競，強也。絿，急也。布政優優，百祿是遒。」注：優優，和也。遒，聚也。和之至也。』

《尸子》卷下　車輕道近則鞭策不用，鞭策之所用，遠道重任也。刑罰也者，民之鞭策也。

《孟子·梁惠王下》　左右皆曰可殺，勿聽；諸大夫皆曰可殺，勿聽；國人皆曰可殺，然後察之，見可殺焉，然後殺之，故曰國人殺之也。漢趙岐注：言當慎行大辟之罪，五聽三宥。古者刑人於市，與衆棄之。

《荀子》卷一二《正論篇》　世俗之為説者曰：治古無肉刑而有象刑。唐楊倞注：治古，古治世也。肉刑，墨、劓、剕、宫也。象刑，異章服，恥辱其形象，故謂之象刑也。《書》曰：皋陶方施象刑，惟明。孔安國云：象，法也。案《書》之象刑，亦非謂形象。墨黥，注：世俗以為古之重罪，以墨涅其面而已，更無劓、刖之刑也。或曰墨黥當為『墨幪』，以黑巾幪其頭而已。慅嬰，注：當為『澡嬰』，謂澡濯其布為纓。鄭云：凶冠之飾，令罪人服之。《禮記》曰：緦冠繰纓。鄭云：有事，其布以為纓繰。或讀為『草』。《慎子》作『草纓』。共艾畢，注：共，未詳，或衍字。艾，蒼白色。畢與『韠』同，蔽也，所以蔽前。君以朱，大夫素，士爵韋。令罪人服之，故以蒼白色為韋也。菲對屨，注：菲，草屨也。『對』當為『紨』，傳寫誤耳。紨，枲也。慎子作『紨』。言罪人或菲或枲為屨，故曰菲紨屨。【略】對或為『蒯』。禮有『疏屨』，《傳》曰：藨蒯之菲也。殺赭衣而不純，注：以赤土染衣，故曰赭衣。純，緣也。殺之，所以異於常人之服也。【略】《慎子》曰：有虞氏之誅，以畫跪當黥，以草纓當劓，以復紨當刖，以艾畢當宫。此有虞之誅也。又《尚書大傳》曰：唐虞之象刑，上刑赭衣不純，中刑雜屨，下刑墨幪。幪，巾也。治古如是。注：世俗説，以治古如是。是不然。以為治耶？則人固莫觸罪，非獨不用肉刑，亦不用象刑矣。以為人或觸罪矣，而直輕其刑，然則是殺人者不死，傷人者不刑也。罪至重而刑至輕，庸人不知惡也，亂莫大焉。凡刑人之本，禁暴惡惡，且徵其未也。注：徵讀為『懲』，未謂將來。殺人者不死而傷人者不刑，是謂惠暴而寬賊也，非惡惡也。故象刑殆非生於治古，並起於亂今也。注：今之亂世，妄為此説。治古不然，凡爵列官職，賞慶刑罰，皆報也，以類相從者也。注：報謂報其善惡，各以類相從，謂善者得其善，惡者得其惡也。【略】殺人者死，傷人者刑，是百王之所同，未有知其所由來者也。刑稱罪則治，不稱罪則亂，故治則刑重，亂則刑輕。注：治世刑必行，則不敢犯，故重。亂世刑不行，則人易犯，故輕。李奇注《漢書》曰：

世所以治乃刑重，亂乃刑輕也。犯治之罪固重，犯亂之罪固輕。注：治世家給人足，犯法者少，有犯則衆惡之，罪固當重也。亂世人迫於飢寒，犯法者多，不可盡用重典，當輕也。《書》曰：『刑罰世輕世重。』此之謂也。注：《書·甫刑》以言世有治亂，故法有重輕。

《孔子家語》卷七《刑政》 仲弓問於孔子曰：『雍聞至刑無所用政，至政無所用刑。至刑無所用政，桀、紂之世是也；至政無所用刑，成、康之世是也。信乎？』孔子曰：『聖人之治化也，必刑政相參焉。太上以德教民，而以禮齊之；其次以政言導民，以刑禁之。刑，不刑也。化之弗變，導之弗從，傷義以敗俗，於是乎用刑矣。制五刑，必即天倫；注：即，就也。就天倫，謂合天意。行刑罰，則輕無赦。注：行刑罰之官雖輕，猶不得作威作福。刑，侀也；侀，成也，壹成而不可更，故君子盡心焉。』

又 卷七《五刑解》 冉有問於孔子曰：『先王制法，使刑不上於大夫，禮不下於庶人。然則大夫犯罪，不可以加刑；庶人之行事，不可以治於禮乎？』孔子曰：『不然。凡治君子以禮，御其心，所以屬之以廉恥之節也。故古之大夫，其有坐不廉汙穢而退放之者，不謂之不廉汙穢而退放，則曰簠簋不飭。注：飭，整齊也。有坐淫亂，男女無別者，不謂之淫亂，男女無別，則曰帷幕不修也，有坐罔上不忠者，不謂之罔上不忠，則曰臣節未著。有坐罷軟不勝任者，不謂之罷軟不勝任，則曰下官不職。注：言其下官不稱務其職，不斥其身也。有坐干國之紀者，不謂之干國之紀，則曰行事不請。注：言不請而擅行。此五者，大夫既自定有罪名矣，而猶不忍斥，然正以呼之也，既而為之諱，所以媿恥之。是故大夫之罪，其在五刑之域者，聞而譴發，注：譴，譴讓也。發，始發露。則白冠釐纓，盤水加劍，造乎闕而自請罪，君不使有司執縛牽掣而加之也。其有大罪者，聞命則北面再拜跪而自裁，君不使人捽引而刑殺之也，曰子大夫自取之耳，吾遇子有禮矣。以刑不上大夫而大夫亦不失其罪者，教使然也。凡所謂禮不下庶人者，以庶人遽其事而不能充禮，故不責之以備禮也。』冉求跪然免席曰：『言則美矣，求未之聞，退而記之。』

漢·孔鮒《孔叢子》卷上《刑論》 孔子曰：民之所以生者，衣服也。上不教民，民匱其生，饑寒切于身而不為非者寡矣。故古之于盜，惡之而不殺也。今不先其教而一殺之，是以罰行而善不反，刑張而罪不省。

《書》曰：『茲殷罰有倫。』子張問曰：『何謂也？』孔子曰：『不失其理之謂也。今諸侯不同德，國君異法，折獄無倫，以意為限，是故知法之難也。』子張曰：『古之知法者與今之知法者異乎？』孔子曰：『古之知法者能遠，今之知法者不失有罪。不失有罪，其于怨寡矣。能遠則于獄，其防深矣。寡怨近乎濫，防深治乎本。《書》曰「惟敬五刑，以成三德。」言敬刑所以為德也。』

曾子問聽獄之術。孔子曰：『其大法有三焉。治必以寬，寬之之術歸于察，察之之術歸于義。是故聽而不寬，是亂也；寬而不察，是慢也；察而不中義，是私也，私則民怨。故善聽者，雖不越辭，辭不越情，情不越義。《書》曰：「上下比罪，無僭亂辭。」』

《書》曰：『哀矜折獄。』仲弓問曰：『何謂也？』孔子曰：『古之聽訟者，察貧窮，哀孤獨及鰥寡老弱不肖而無告者，雖得其情，必哀矜之。死者不可生，斷者不可屬。若老而刑之，謂之悖；弱而刑之，謂之尅；不赦過，謂之逆；率過以小罪，謂之枳。故有過、赦小罪，老弱不受刑，先王之道也。《書》曰：「大辟疑赦。」又曰：「與其殺不辜，寧失不經。」』

《書》曰：『若保赤子。』子張問曰：『聽訟可以若此乎？』孔子曰：『可哉！古之聽訟者，惡其意不惡其人，求所以生之，不得其所以生，乃刑之，君必與衆共焉。今之聽訟者，不惡其意而惡其人，求所以殺，是反古之道也。』

《大戴禮記》卷八《盛德》 德法者，御民之銜勒也；吏者，轡也；刑者，筴也；天子御者，內史、太史，左右手也。古者以法為銜勒，以官為轡，以刑為筴，以人為手，故御天下，數百年而不懈惰。

漢·賈誼《新書》卷二《階級》 故古者禮不及庶人，刑不至君子，所以厲寵臣之節也。古者大臣有坐不廉而廢者，不謂不廉，曰簠簋不飾；坐穢污姑婦姊姨母，男女無別者，不謂污穢，曰帷簿不修；坐罷軟不勝任者，不謂罷軟，曰下官不職。故貴大臣定有其罪矣，猶未斥，然正以呼之也，尚遷就而為之諱也。故其在大譴、大訶之域者，聞譴訶則白冠氂纓，盤水加劍，造寢室而請其罪耳，上弗使執縛係引而行也。其中罪者，聞命而自弛，上不使人頸盭而加也。其有大罪者，聞令則北面再拜跪而自裁，上不使人捽抑而刑之也。曰子大夫自有過耳，吾遇子有禮矣。遇之有禮，故羣臣自憙，厲以廉恥，故人務節行。上設廉恥禮義以遇其臣，而羣臣不以節行而報其上者，即非人類也。

漢·班固《白虎通義》卷九《五刑》　五帝畫象者，其衣服象五刑也。犯墨者蒙巾，犯劓者以赭著其衣，犯髕者以墨蒙其髕處而畫之，犯宮者履雜扉，犯大辟者布衣無領。

刑不上大夫何？尊大夫。禮不下庶人，欲勉民使至於士。故禮為有知制，刑為無知設也。庶人雖有千金之幣，不得服。刑不上大夫者，據禮無大夫刑。或曰：撻笞之刑也。禮不下庶人者，謂酬酢之禮也。

漢·鄭玄《駁五經異義·刑不上大夫》　《異義》：《禮》戴說：刑不上大夫。《古周禮》說：士尸肆諸市，大夫尸肆諸朝。是大夫有刑。謹案《易》曰：『鼎折足，覆公餗。其刑渥，凶。』無刑不上大夫之事。從《周禮》之說。

駁曰：凡有爵者與王同族，大夫以下，適『甸人』，令人不見。是以云：刑不上大夫。

漢·劉熙《釋名》卷八《釋喪制》　獄死曰考竟。考得其情，竟其命於獄也。市死曰棄市。市，衆所聚，言與衆人共棄之也。

晉·傅玄《傅子·問政篇》　公道亡則禮教無所立，禮教無所立則刑罰不用情，刑罰不用情而下從之者，未之有也。

又《法刑篇》　是故聖帝明王，惟刑之恤，惟敬五刑，以成三德。若乃暴君昏主，刑殘法酷，作五虐之刑，詔炮烙之辟，而天下之民，無所措手足矣。

唐·林慎思《伸蒙子》卷中《澤國紀·辯刑》　弘文先生曰：有道之君，刑孰峻于無道之君乎？伸蒙子曰：有道之君，刑峻曰何？不聞堯、舜暴虐，桀、紂寬仁乎！曰：水火不暴于虎狼也，然水火之為峻也，必能滔湧天地，焚燎山川而人不蹈也。狼虎之為峻也，止于呀風吼霧，噬獸啗人矣，豈及水火之大歟？所以水火仁于人而人賴之，不見其峻也；狼虎害于人而人畏之，故見其峻也。有道之君猶水火然，無道之君猶狼虎然。狼虎不及水火之大，豈不明乎？

宋·王欽若等《册府元龜》卷一五一《帝王部·慎罰》　夫震曜殺戮，上天之顯道也；刑罰威獄，王者之大柄也。聖人則象天明，司牧民命，所以糾虔姦慝，章明軌度，則刑辟之設，禮樂之助也。然而丕蔽或爽，頗纇有彰，巧詆致其深文，平民陷於非辟。則常寒總至，作沴於陰陽；胥怨急聞，無措於手足。是故帝嬀勑法，形欽恤之言；周穆制刑，敦簡孚之訓。皋陶作士，寧失於不經；盤庚誥民，敢動於非罰。皆所以昭明慎之旨，懲糾紛之弊也。稽古舊史，足示方來，后辟紛綸，光猷輝映。至如齋居論決，深形於勤恤；覆鞫惻愴，無憚於淹久。動遵經義，以取乎大中；時下教告，式申於服念。若斯之類，實繁其徒，有足明徵，并從論決。

又 卷一五二《帝王部·明罰》　雷電有震曜之象，秋冬行肅殺之令。王者法之，以制刑典，其來尚矣。故『士師』用弼於五教，犯雖小而必刑；《王制》具列於四誅，害為大而無赦。蓋聖人躬明哲之性，通天地之心，佐德以威，順時行罰，威克厥愛而事允濟，罰當其罪而衆知勸。大則殛竄殊死，非所以為重也；小則鞭扑入贖，非所以為輕也。然而閱罪簡孚，有司之詳慎；好生宥過，王者之寬恕。不及於嗣，刑期無刑，隨世損益，厥有論要。《呂刑》云：『屬於五極，咸中有慶。』其是之謂乎！【略】

夫作刑之意，法天之震曜；明罰之義，本《易》之《噬嗑》。蓋所以齊衆而禁暴，輔世而助治者焉。春秋列國，力政專命，至於結姦討貳，閑邪懲敗，亦必昭其罪戾，寘于典刑。繇是定霸之舉，衆心以服；干紀之戮，一成不變。斯所以臨長臣庶，申明憲度，寧四封之守宰，糾諸司之邪慝。至於保世以滋大，靖國而永命者，曷嘗不繇是哉？

宋·張方平《樂全集》卷一六《治亂刑重輕論》　王者法天之震曜殺戮，而為威獄刑罰；法天之生殖長養，而為温慈惠和，此德、刑之本。然而刑罰世輕世重，惟齊非齊，故《周官》有《三典》之法，《呂刑》有五罰之用，隨時立制，固不同道。而荀卿之言：犯治之刑固重，犯亂之刑固輕。其義何耶？請得論之。

荀卿之發此論也，蓋言象刑之事，以為治世不當有象刑爾。故其言曰：治古不用刑邪？是象刑固不用矣。治古猶有犯刑者耶？則是殺人者不死，傷人者不刑，乃非所以為治之道也。愚以為象刑之說，固不可以為訓；荀卿之言，抑未足以折中，是皆過猶不及之辭也。治古之不當有象刑，則明矣，而荀卿以為犯治之刑固重，亦不察矣。夫先王之致理也，議事以制，不為刑辟，懼民之有爭心也。故禮以立其本，信以行其令，仁以全其恕，義以斷其宜；訓之以廉讓，成之以節文。故為冠婚嘉事之制，以重其成人之禮；為之祭祀共養之道，以長其孝愛之心；為之貴賤等級、採章文物之數，以嚴其奉上之誠；為之聘享宴好、揖讓登降之儀，以篤其交接之義；為之鄉射辭讓之法，以序其恭睦之分；為之歌樂儀節之則，以保其和易之性。是故君子無物而不在禮矣。有一不由此者，且得謂之治世乎？猶懼民之未盡至於善也，故求聖哲之上，明察之官，慈惠之師，忠信之長以臨牧之，以訓導之。是故百姓無動而不遇於善矣。有一不由此者，且得謂之治世乎？夫如是，又何重刑之有？故夏有亂政而作《禹刑》，商有亂政而作《湯刑》，周有亂政而作《九刑》，皆在叔世。三辟之興也，非治古之事也。《舜典》曰：『象以典刑。』《益稷》曰：『皋陶方施象刑，惟明。』皆為法象之意，又何墨幪艾韠，澡嬰菲履，赭衣不純之謂哉？自漢武公孫平準、劉向皆引以為言，何亦不思之甚乎？而荀卿先矯其說，抑未能折之以中，故不行於漢氏諸儒。故愚曰：二家之說，過猶不及者也，其為是乎！謹論。

宋・李覯《旴江集》卷一〇《刑禁第三》　『鄉士』掌國中，辨其獄訟，異其死刑之罪而要之，旬而職聽于朝；司寇聽之，斷其獄，弊其訟于朝。羣士、司刑皆在，各麗其法，以議獄訟。獄訟成，『士師』受中，協日刑殺。若欲免之，則王會其期。『遂士』掌四郊，二旬而職聽于朝。若欲免之，則王令三公會其期。『縣士』掌野，三旬而職聽于朝。若欲免之，則王命六卿會其期。期謂『鄉士』、『遂士』、『縣士』職聽于朝，司寇聽之日。王欲赦之，則用此時親往議，或命三公六卿往議之也。君之於民，猶親之於子也，親則不忍其子，君焉得忍其民哉？推其不忍之心，則人無有可戮，罪無有可刑，王欲赦之，固其理也。然而天討有罪，王者奉之，以作五刑。刑者，非王之意，天之意也；非天之意，天下之人之意也。殺人者死而民猶有相殺，傷人者刑而民猶有相傷。苟有以不忍而赦之，則殺人者不死，傷人者不刑。殺傷之者無以懲其惡，被殺傷者無以伸其寃，此不近於帥賊而攻人者乎？是故先王雖有不忍之心，而不敢輒赦，必於外朝與掌事者議其可否焉。赦者，非王赦之，情可赦也；否者非王不赦，情不可赦也。如此，民何有不服？令何有不行？王符《述赦》曰：『養稂莠者害禾稼，惠姦宄者賊良民。』誠哉！不可不慎也。

又　卷一〇《刑禁第四》　『掌囚』掌守盜賊，凡囚者，上罪梏拲而桎，中罪桎梏，下罪梏。王之同族拲，有爵者桎，以待弊罪。及刑殺，告刑于王，奉而適『朝士』，加明梏以適市，而刑殺之。凡有爵者與王之同族，奉而適『甸師氏』，以待刑殺。由此觀之，先王之制，雖同族，雖有爵，其犯法當刑，與庶民無以異也。法者，天子所與天下共也。如使同族犯之而不刑殺，是為君者私其親也；有爵者犯之而不刑殺，是為臣者私其身也。君私其親，臣私其身，君臣皆自私，則五刑之屬三千，止謂民也。賞慶則貴者先得，刑罰則賤者獨當，上不媿於下，下不平於上，豈適治之道邪？故王者不辨親疏，不異貴賤，一致於法。其所以不肆諸市朝而適『甸師氏』者，為其有恥，毋使人見之也。

《文王世子》曰：『公族其有死罪，則磬于甸人。其刑罪，則纖、剸亦告于甸人。』【略】古者諸侯之禮，亦如是之懿哉！《孟子》謂：『舜為天子，皋陶為士，瞽瞍殺人則執之，舜視棄天下猶棄敝蹝也，竊負而逃，遵海濱而處，終身訢然，樂而忘天下。』彼天子父，猶不可曲法，而況官之子孫，乃用蔭乎？

宋・唐仲友《帝王經世圖譜》卷四《刑罰世輕世重圖》　聖人之有刑，將以愛民，非以殘民，將以輔教，非以害教。是故立之欲其嚴也，禁之欲其漸也，議之欲其熟也，行之欲其當也，臨之欲其哀矜，處之欲其忠厚也。有問之當去，不免于用獄，不明勅之，是罔民也。

使民觀刑象，徇官府以木鐸，五禁五戒，左右先後之，是謂立之欲嚴，《易》之《噬嗑》『先王以明罰勅法』是也。小懲大誡，小人之福。于蒙之極而擊之，不若于蒙之初而發之。滅耳于間之終，寧其滅趾于間之始。故平之以嘉石，而教之以圜土，是謂禁之欲漸，《易・蒙》之《初九》『發蒙，利用刑人』，《噬嗑》之《初九》『屨校滅趾，無咎』是也。情與法適相當，心與迹不相戾，猶必盡心也，矧于疑乎？聽之于衆，稽之以貌，明啓刑書而胥占之，無簡不聽，衆疑赦之，是謂議之欲熟，《易》之《中孚》『君子以議獄緩死』是也。過者、疑者重而適輕者，恩義之所當恤者，舍之則仁，刑之則害仁，吾有赦宥焉，《易》之《解》『君子以赦過宥罪』是也。故者，不改者輕而適重者，亂政而疑衆者，刑之則義，舍之則害義，吾有刑殺焉，《易》之《豐》『君子以折獄致刑』是也。合是二者，是謂行之欲其當也。兩造兩劑，以禁獄訟，自史至王，皆參聽之，非不明慎于用刑也，然士之治，自旬至朞，皆有期日，而又有肺石以達窮，《易》之《旅》『君子以明慎用刑而不留獄』是也。三后成功，不廢堯之哀矜；九功惟叙，不愆舜之寬簡；不僭不濫，不敢怠遑，惟敬五刑，以成三德，君臣都俞，大抵厚于自反而薄於責人，《易》之《賁》『君子以明庶政，無敢折獄』是也。

兹數者，恤刑之道也，猶不敢以道之得，廢法之修。五刑有服，五服則三就；五流有宅，五宅則三居。刑有重輕，法有多寡，所以為當其罪也。野刑不以施于鄉，軍刑不以施于國，宮刑不以施于官，所以為適其宜也。上刑適輕，下服；下刑適重，上服，輕重諸法有權，所以為得其情也。刑罰世輕世重，惟齊非齊，有倫有要，所以為合于時也。既訊之羣臣，又訊之羣吏，又訊之萬民，所以為稽于衆也。罔攸兼于庶獄，惟有司之牧夫，所以為各得其職也。本末兼備，人法兩盡如此，是以能乂用三德而明德慎罰，囚戮開釋，皆至于亦克用勸也。一毫之有愧于昔人，吾寧過于厚，無過于薄，則禹之泣辜，穆王之訓刑，漢文之除肉刑，殊時而同道，異德而同心者歟？

宋·王令《廣陵集》卷三〇《肉刑》　問：肉刑之用於世，今其明見於書傳者，三代之法爾。唐虞之世，不可得而詳矣。故《記》説多謂起於夏后之世，而《書》亦曰『象刑惟明』。故荀氏者謂非之，曰象刑非起於治古，蓋起於亂今。所謂象刑者，象天道而制刑耳。如使殺人者不死，傷人者不誅，赭衣屝屨以為戮，雖堯舜之聖，不足以治，而適所以為亂。其為論甚詳，世皆以為然。而揚子雲獨曰：『唐虞象刑惟明，夏后肉辟三千。』何不相從之如此？諸君子之學，其講唐虞之治詳矣，肉刑之用否，豈無説乎？今日之學，蓋異時之用於世之道也，可無議哉？

宋·胡宏《五峰集》卷四《皇王大紀論·啓湯孥戮》　理得而無阿私，是謂天意。故可殺而不殺，猶可赦而不赦也。一容私説於其間，則非天意矣。罰弗及嗣者，堯舜常典，其所以興也。罪人以族者，紂之虐政，其所以亡也。若夏啓甘之戰、成湯鳴條之戰稱『孥戮』者，此用誓衆、使人必死之法，不可以常典論，虐政比也。古者用兵，皆出於必不得已，自非以至順伐至逆，至仁伐至不仁，則不舉也。驅人而致之死地，苟非示以重法，有蹈於死，或致敗績，使逆者肆行，不仁者得志於天下。其殘害生民，豈有窮極？故聖人權輕重，不得已而有孥戮之事矣。設有不用命者，則必施之，豈空言哉？後世儒者不復知兵，當天下大難，放棄軍律，使逆賊肆行殺人盈天下，而莫之禁也，非天意矣。

宋·程大昌《考古編》卷四《象刑一》　《舜典》曰：『象以典刑。』《皐陶謨》曰：『方施象刑惟明。』是唐、虞固有象刑矣，而去古既遠，説者不一。荀況記時人之語曰：象刑，墨點，慅嬰，共艾畢，葑對屨，殺赭衣而不純也。漢文帝詔除肉刑曰：有虞氏畫衣冠，異章服以為戮，而民不犯。今法有肉刑三而姦不止。武帝之策賢良曰：唐虞畫象而民不犯。應劭曰：二帝但畫衣冠，異章服而民不犯也。《孝經緯》曰：三王無文，五帝畫象，三王肉刑。畫象者，上罪墨象，赭衣雜屨，中罪赭衣雜屨，下罪雜屨而已。《白虎通》曰：畫象者。其衣服象五刑也。犯墨者蒙巾，犯劓者以赭著其衣，犯髕者以墨蒙其髕象而畫之，犯宮者扉，犯大辟者布衣無領。凡此數説者，雖不能會歸於一，要其大致，皆謂別異衣服以愧辱之，而不至於用刑。此遠古而譌傳也。

禹之稱舜曰：『與其殺不辜，寧失不經。』特不殺不辜耳，而未嘗去殺也。『怙終賊刑，刑故無小。』是未嘗置刑不用也。戰國之時，未經秦火，已謂象刑者示辱而已，無所事於刀鋸斧鉞也。荀況既知其不然，而亦不能別援古典，以當其有無，特能推理以辨，而曰『以為治耶？則人固不觸罪，非獨不用肉刑，亦不用象刑矣。人或觸罪矣，而直輕其刑，是殺人者不死，傷人者不刑也。』此數語者，雖堯、舜復出，無以易也。揚雄曰：『唐虞象刑惟明，夏后肉辟三千，不膠者卓矣。』雄以肉辟始夏，則真謂堯舜之刑，無刀鋸斧鉞也。此蓋漢世之所通傳，故文、武二帝詔語，亦以為然也。

肉刑之制，孔穎達輩集會傳記，皆不能知其所起，然而劓、刵、椓、黥，苗民固已有之。帝舜斥數其虐，特以不能差罪，而遂至於淫用耳。則肉辟所起，豈復待夏后氏之世哉？且舜之刑，五服五用，明有所施，而此時未有笞、杖、徒。若無肉刑，其閔罪而五服之法服罪而五用其刑，以何器具而行其論決也？況象刑之次，每降愈下者，方有流、鞭、樸、撻。若謂象刑止於示辱，則是正麗五刑者反可以異服當刑，而惡未入刑者乃真加之流、鞭、樸、撻焉。是何其不倫也！此自可以理料也。

又 卷四《象刑二》 孔安國之傳『象刑』曰：『象，法也，法以用刑也。』以象為法，於義既迂，而法以用刑，似非《六經》語度，故世以為疑。至荀況氏出，疑異冠服之不足以懲也，遂作意直詆以為無有，故其言曰：『象刑不生於治古，起於亂今也。』象刑，《虞書》嘗兩出，又親紀舜語。若舍之不據，則堯、舜不足祖，《典》、《謨》不作經矣。然則何以曰古無全制，則當參其類而求之。類既相比，則當推其理以究之。待其彼此交質，相說以解，則古制見矣。

夫既謂象，則必有形可繪，有狀可示也。既其可繪可示，則凡謂為象者，其必於形象焉求之，豈容泛言也？曆象日月星辰，雖書其軌度於曆，然璿璣玉衡，正是模寫天形星晷，以致之於《書》。故夏誅羲和，謂其昏迷於天象也。觀象作服，則誠以日月山龍，加採色而會之於衣。後世宗本其制而差降之，其最下者亦以象服為名，則『象刑』云者，是必模寫用刑物象，以明示民，使知愧畏，而可他求泛說哉？第世言象刑者，不究其本而直謂畫象可以代刑，則人不信耳。

又 卷四《象刑三》 周之闕，名象魏。魏者，取其巍巍然也；象者，實有六典事物之象，畫著其上也。『司寇』之職：正月則垂刑象之法於象魏，使萬民觀刑象，挾日而斂之。此其為制，正本有虞也。既名為象，且又可垂可斂，則不止巍然徒闕而已。其觀之上，必有具焉，則畫刑為象者，其是矣。周言刑象，命其形也；虞言象刑，著其成也，其實一也。六官皆有職，六職皆有具，治、教、政、禮、刑、工隨其事物，有圖寫之。其繪事屬刑者，則刑官取而垂之魏闕，是為刑象。由刑象以推唐虞，則象刑云者，以有象而名，可類推也。

魯哀公二年，火踰公宮。公立於象魏之外，命藏象魏曰：『舊章不可亡也。』夫指象魏之象以為舊章而可藏焉，則凡周禮在魯者，尚皆有象也。管仲對齊桓公曰：『昔吾先王，世法文、武，設象以為民紀，式權以相應比，綴以度。』韋昭曰：『設象者，設教象於象魏也。』夫象設於魏，而遺魏可以自見，是象不附魏，自得名。象魏而無象，則觀闕耳。象可以離魏而言設，則刑之可以循象而為職守，是殆一制也。況仲之所言象也，度也，權也，皆形器也，則象刑之為畫象，又何疑哉？

聖人之設刑也，蓋期人之不犯，而其肯以不犯者，非有畏焉，則有耻也。道之以德，齊之以禮，世之知義者固遂有耻且格，不待致警矣。上之不入於德禮，而下之未至於無藉，則墨、劓、剕、宮。大辟之用，刀鋸、斧鉞、椎鑿之具，先事繪象以昭示之，使其觀具生警，以不及犯，則唐虞之象刑，是皆以其昭昭，使人昭昭也，不愚其民，忠厚之至者也。

又 卷四《象刑四》 夫子之言曰：『不教而殺，謂之虐。』莊周曰：『慝為物而愚不識。』皆咎世之教飭無素者也。蓋周人布刑象之法，『大司寇』垂之象魏，『小司寇』宣之四方，則既詳矣，猶以為未也，則有執木鐸以警者，執旌節以達者，屬民而讀者，書五禁於門閭者，諭刑罪於邦國者。其上下相承，極其重複，正慮不知者之誤觸也。以此言之，則藉藻色，以暴昭其可愧可畏者，正聖人忠厚之意也。

經之言曰：『象以典刑，流宥五刑，鞭作官刑，撲作教刑，金作贖刑。』象、流、鞭、撲，皆『士師』致刑之具也。自流以下，不獨出五刑之外，亦皆加輕焉。故惟象之所繪，是其一代刑辟之大者也。典之為言，與『典三禮』之『典』同。舜之致戒，蓋曰：循象以掌常刑，用流以宥輕罪，鞭以警有位，撲以懲不率，金以贖其可恕，眚災而應赦，怙終而不改，則皆隨其麗法者，加操縱焉。則舜之刑，於此數者，皆相須而不可相無也。然至於制中弼教，帝以其功歸之皋陶，特曰『方施象刑惟明』，而流、鞭、撲、贖皆不在數，則象刑者，其一代刑典之大者也。

雖然，有刑而後有象。刑者，實用也；象者，假設也。從假設者以名其刑，似舉影明形，不本其本，何也？曰：此所以見聖人期無刑之意也。及其未用而設警以先，則不待入畏而後知畏也。世之有魑魅魍魎，人固不願與之相直也。然天地間不能無此種物怪也。聖人范金肖物，著諸鼎以示之，則山行草茇者知畏而預為之辟也。此其鑄鼎象物之意，與畫象而期不犯之意同也。以期不犯者名其刑，而使見者不及於犯，則刀鋸、斧鉞、椎鑿皆付之不用。聖人之欲也，示之以畏，而民應之以不畏，則其假設者為實用矣，故曰『方施象刑惟明』也。其後成王之刑，以義斷制，則自名其刑義刑；穆王之訓夏明贖，則聖人本其制，而命之曰贖刑，亦各賓其實而已矣。

又　卷四《象刑五》　謂異衣冠之為象刑，不足以得其實矣，而不無所本也。『司圜』掌收教罷民，凡害人者弗使冠飾而加明刑焉。『大司寇』凡萬民之有罪過，未麗於法而害於州里者，桎梏而坐諸嘉石。夫『秋官』所掌，既有三典五刑以明正糾詰矣，而又有加桎梏而坐石以恥者，又有去冠飾而書版以辱者，是則於其起居服用，實有意乎，以別異行懲艾矣。而又古者典冊希簡，傳政不詳，戰國之時，刑辟滋衆，已有傷時慕古者，曰古能以畫衣代刑，而今獨不能。其在荀況，固已聞之。至漢而傳益訛，諸儒遂和附其說，以為誠然。

鄭玄之於『司圜』，因有『弗使冠飾』之文，而遂用以證實其語曰：不冠而著墨幪，若古之象刑也。夫『象以典刑』，揆諸《舜典》，則在流贖之先，而加桎梏，去冠飾，質之『司寇』顧在五刑糾慝之外。設使其制誠嘗輔刑以行，則不過若《畢命》之殊異井疆也。秦人之赭衣徒隸也，漢世之胥靡城旦舂也，本非正在用刑之數，則安可以刑餘之輕者而證古制大典也哉？且夫舜命臯陶作士，而授以制刑之則，類皆差五刑而三其服，即五服而三其就。其所以辨淺深，綦嚴密，無不曲盡，而概謂示耻可以去殺，固無惑乎後世之不信也！

於是結繩理暴秦之緒，干戚解平城之圍，遂為迂古者之口實。抑不思有太古之民，則結繩雖簡，豈不足以立信？有舜、禹之德，則干戚非武，亦豈有不能屈服强梗之理哉？彼其結繩舞干，特致其至，而非其所從致也。苟以民頑俗薄而疑象刑之無能有懲，是特不究其所從致者耳。三后恤功以期，多賴伯夷降典，以折未然，民日遷善遠罪。既與刑忘矣，而猶時有不肅，故畫象以示，而發其愧畏之機。是畫象者可以昭愧畏，而非以致其愧畏也。欲知畫象之為刑助，其必循本以觀，乃有得哉！

宋・呂祖謙《左氏傳續説》卷六《文公下・王叛王孫蘇而使尹氏與聃啓訟周公于晉十四年》　周公與王孫蘇訟，王使尹氏訟周公于晉，此是天子下訟于諸侯。如晉郤至與周訟，是天子與諸侯大夫下訟于霸國。衛侯與元咺訟，是君臣相訟于霸國。鄭伯與許男訟，是諸侯相訟于大國。王叔陳生與伯輿訟，是王臣相訟于霸國之使。昭子與季氏訟，是諸侯之臣自訟於其國。清沸魋偽訟三郤，是小臣訟于執政。楚穿封戌因鄭皇頡，公子圍與之爭，正於伯州犁，此又一國之臣，自訟于本國之執政。

宋・呂祖謙《左氏博議》卷四《王師伐虢》　數傳而至於襄王，晉文公以元咺執衛侯而請殺之，襄王曰：『夫君臣無獄。今元咺雖直，不可聽也。為臣殺其君，將安庸刑？』見《國語・周語》。襄王之意，豈非欲矯威王之失乎？所謂君臣無獄者，固可以為萬世訓。至若『元咺雖直』之一語，猶未免墮世俗之見也。苟如襄王之說，是元咺之理未嘗不直，所以不可聽者，恐亂君臣之分焉耳。有所謂理，又有所謂分，是理與分，判然二物也。捨理而言分，是分孤立於理之外也；分孤立於理之外，則分者特一虛名耳。天下之亂臣賊子，豈虛名所能束縛耶？【略】

子之證父者，先有證父之曲，不必復問其所證之事也。弟之訟兄者，先有訟兄之曲，不必復問其所訟之由也。臣之訴君者，先有訴君之曲，不必復問其所訴之辭也。當詹父、元咺未訴君之時，其理固直，既啓訴君之口，則已陷於滔天之惡矣，尚安得有所謂直哉？是詹父之直，因訴虢公而曲也；元咺之直，因訴衛侯而曲也。二人之理已曲，吾從而治之，亦治所當治而已。彼本自不直，復何所屈哉？周王苟以是正其罪，則二人者釋然內省其理之曲，沒齒無憾矣。非特可服二人之心也，凡當時諸侯之臣有欲犯上而訴其君者，必以謂訴所以求直，今訴君而反變為不直，曷若不訴，以全吾直乎？勞而不怨，虐而不叛，益所以彰吾之直也。又推而上之，則知君臣之際，本非較曲直之地。臣之理雖直，其敢自謂直以加吾君乎？蚤朝晏退，戰戰兢兢，上不知君之曲，下不知我之直，所知者盡臣道而已。為人臣者皆懷是心，雖極天地，窮古今，安得有犯上之釁耶？惜夫威王昧之而不知，襄王知之而不盡，此分與理所以終離而不可復合者也。後之為治者，非合分與理為一，亦安能洗犯上之習而還於古哉？

又　卷二〇《周公王孫蘇訟于晉》　昔者文王聽虞、芮之訟而商道始衰。《史記・周紀》聽訟，非文王之心也。東冰西炭，凍者不得不西；左淵右陸，溺者不得不右。虞、芮之訟，文王未嘗招之使來，蓋麾之不能去也。文王雖不與虞、芮期而虞、芮自至，故議者以二國之向背，筮商、周之興亡也。舜避朱，禹避均，益避啓，見《孟子》其辭其受，未嘗不視獄訟之所歸。以為決虞、芮之訟，近捨朝歌而遠趍豐鎬，彼紂雖屈强於酒池肉林間，直寄坐焉耳。吾嘗持是而觀後世隆替之由，權在則昌，權出則亡，未有失其權而國不隨亡者也。

周道既降，孱王僕臣不能主方夏之柄，儕於列國；至匡王之世，則殆甚焉。周公，大臣也；王孫蘇，卿士也。二臣有訟，不之王而之晉。君天下者，尚將照臨萬國，大明淑慝，外薄海表，咸得其職。今至不能尸堦戺之訟，則國之置王，果何用乎？虞、芮介然遠國矣，其質成於周，議者尚為商危之。向若飛廉、惡來內相忿競，棄紂而即文，紂雖無道，亦未必能堪也。匡王怡然坐視，不惟不駭，反使人於晉，助所厚者之訟，惴惴然恐其不伸。巍然袞衣，號稱天子，顧乃企足矯首，待晉之予奪，以為輕重，何其衰也！是周之危過於商，而匡王之無恥甚於紂也。

周之頹敝甚於周季，何為當亡而不亡？晉侯之小心不及於文王，何為可取而不取？蓋嘗思其故矣。紂之末年，雖三分失其二，然威令尚行境內，凶虐尚能及人，故民不堪其暴而共亡之。晚周之微，門內小訟猶不得專，雖欲淫侈，誰聽其掊克？雖欲殘酷，誰受其指令？其起其仆，近不係斯民之休戚，遠不係諸侯之强弱。晉雖陽尊貌敬，實不過以邾、莒遇之耳。何嫌何疑而遽欲墟之哉！故周非不亡，無可亡也；晉非不取，不足取也。

大抵能害人者，必能利人；能殺人者，必能生人。紂雖下愚不移，然操柄猶未盡失。使其移比干之戮於崇侯，比干諫而死。移崇侯之寵於比干，崇侯虎有寵於紂。朝發鹿臺之財，暮發鉅橋之粟，武王伐紂，散鹿臺之財，發鉅橋之粟。烏知其不祈天永命，徧名六七君之列乎？至於匡王，枵然建空名於六服之上，禮樂刑政舉不在己，雖欲自奮，其道何由？是將僨之商猶有復起之望，未墜之周已如既隕之時也。左支廢，右支緩，奄奄餘息綿百世而閱千齡，樂乎哉？周過其曆之言，吾未敢信。

又 卷一〇《楚伐鄭》 其說曰：徇時者通，忤時者窮。天下堯、舜，而我獨共、鯀，是以有放殛之刑；天下桀、紂，而我獨湯、文，是以有幽縶之禍。故崇山、幽州之竄，宜也。見《尚書》。夏臺、羑里之囚，亦宜也。見《史記》。亂世之不利為善，猶治世之不利為惡也。

宋·洪邁《容齋隨筆》卷一二《刑罰四卦》 《易》六十四卦，而以刑罰之事著於《大象》者，凡四焉。《噬嗑》曰：『先王以明罰敕法。』《豐》曰：『君子以折獄致刑。』《賁》曰：『君子以明庶政，無敢折獄。』《旅》曰：『君子以明慎用刑，而不留獄。』《噬嗑》、《旅》，上卦為《離》；《豐》、《賁》，下卦為《離》。《離》，明也。聖人知刑獄為人司命，故設卦觀象，必以文明為主，而後世付之文法俗吏，何邪？

宋·洪邁《容齋續筆》卷五《唐虞象刑》 《虞書》：『象刑惟明。』象者，法也。漢文帝詔始云：『有虞氏之時，畫衣冠，異章服以為戮，而民弗犯。』武帝詔亦云：『唐虞畫象而民不犯。』《白虎通》云：畫象者，其衣服象五刑也。犯墨者蒙巾，犯劓者赭著其衣，犯髕者以墨幪其髕，犯宮者屝，屝，草屨也。大辟者布衣無領。其說雖未必然，揚雄《法言》『唐虞象刑惟明』，說者引前詔以證。然則唐虞之所以齊民，禮義榮辱而已，不專於刑也。秦之末年，赭衣半道而姦不息。國朝之制，減死一等，及胥吏兵卒配徒者，涅其面而刺之。本以示辱，且使人望而識之耳。久而益多，每郡牢城營其額常溢，殆至十餘萬。凶盜處之恬然，蓋習熟而無所恥也。羅隱《讒書》云：『九人冠而一人髽，則髽者慕而冠者勝；九人髽而一人冠，則冠者慕而髽者勝。』正謂是歟？《老子》曰：『民常不畏死，奈何以死懼之？若使民常畏死，則為惡者，吾得執而殺之，孰敢？』可謂至言。荀卿謂象刑為治，古不然。亦正論也。

宋·黃仲炎《春秋通說》卷三《莊公》 肆大眚。肆，赦也。眚，過也。《春秋》不書『肆眚』而書『肆大眚』者，此不可不明也。《書》稱『眚災肆赦』，孔子亦曰『赦小過』，則是赦者，聖人所不廢也，特用於疑誤與夫小過焉爾，非肆大眚也。今魯莊肆大眚，則是重辟與非疑誤者皆赦之，如周樂運所謂『施非常之惠，以肆姦宄之惡』是也，失刑甚矣。故聖人惡之而書也。若夫罪疑過小，而執必不赦之典，此申、韓之術，非聖人忠厚之意也。為政者當知《春秋》不書『肆眚』而書『肆大眚』，則深殘、姑息之弊，可以兩戒矣。

元·馬端臨《文獻通考》卷一六二《刑考一·刑制》 《呂刑》一書，先儒蔡九峰以為《舜典》所謂贖刑者，官府學校鞭撲之刑耳。若五刑，則固未嘗贖也。今穆王贖法，雖大辟亦許其贖免矣。蓋王巡遊無度，財匱民勞，至其末年，無以為計，乃為此一切權宜之術，以歛民財。夫子錄之，亦以示戒。愚以為未然。蓋熟讀此書，哀矜惻怛之意，千載之下猶使人為之感動，且拳拳乎訖富惟貨之戒，則其不為聚歛征求設也，審矣。鬻獄取貨，末世暴君汙吏之所為，而謂穆王為之，夫子取之乎？且其所謂贖者，意自有在，學者不能詳味經意而深考之耳。其曰墨辟疑赦，其罰百鍰。蓋謂犯墨法之中，疑其可赦者，不遽赦之而姑取其百鍰，以示罰耳。繼之曰：閱實其罪。蓋言罪之無疑，則刑可疑則贖，皆當閱其實也。其所謂疑者，何也？蓋唐虞之時，刑清律簡，是以贖金之法，止及鞭撲，而五刑無贖法。至於周，而律之繁極矣。五刑之屬至於三千，若一按之律，盡從而刑之，則何莫非投機觸罟者？天下之人無完膚矣。是以穆王哀之，而五刑之疑各以贖論。

姑以大辟一條言之。夫所犯者死罪，而聽其贖金以免，誠不可以訓也。然大辟之屬二百，則豈無疑赦而在可議之列者？有如殺人反逆之類，則是不可不殺，雖萬鍰，亦難貰死矣。而二百之屬，其罪不皆至此也。以《經》、《傳》考之，其在周，則《王制》之析言破律，行僞學非，《酒誥》之羣飲，其在漢則列侯坐酎金不敬，將帥出師失期之類，於律皆死罪也，而其情則可矜，其法則可議，豈必盡殺之乎？此則死罪之疑赦者也。意周所以斷斯獄，必在其罰千鍰之科，而漢制則不過或除其國，或贖為庶人，亦其遺意也。蓋哀矜庶獄，乃此書之大旨，贖特其一事。

《序》者專以訓夏贖刑言之，已失其義。而此書之首又止言『耄荒度作刑，以詰四方。』夫曰作刑以詰四方者，主於用刑之意也，而此書所言，大概哀民之罹於法而不忍刑之，懼有司之不能審克而輕用之。其意蓋期於無刑，而非作刑也故愚疑篇首或有脱簡，如『耄荒度』之語，亦難通。二《序》既不得書之意，而後之儒者復因穆王有巡遊之事，遂於此書，肆為譏評，而不復味其辭，亦已疏矣。以愚觀之，一篇之中，察獄情之隱痛，鑒天道之神明，而示勸戒於報應之間，咨嗟惻怛，諄複詳練，老者之言也。其作於既聞《祈招》之後乎！是豈復有侈心之可議哉？

或曰：罪疑則降等施刑，可矣。何必贖乎？曰：古之議疑罪者，降殺一法也，《虞書》所謂『罪疑惟輕』，此書所謂『上下比罪，上刑適輕，下服』是也。罰贖一法也，《虞書》所謂『金作贖刑』，此書所謂『五刑之贖』是也，固並行而不悖也。且其言曰：『罰懲非死，人極於病。』蓋財者，人之所甚欲，故奪其欲以病之，使其不為惡耳，豈利其貨乎？至又以為所言皋陶不與三后之列，遂使後世以刑官為輕。後漢楊賜拜廷尉，自以代非法家，言曰：『三后成功，皋陶不與，蓋吝之也。』亦此書立言之疵啓之。陋哉！俗儒之論也。

夫刑以齊民，古人重之謹之而非所先也。故夫子以政刑不若德禮，而此書曰：『三后成功，惟殷於民。士制百姓於刑之中，以教祗德。』蓋曰必居以安之，食以養之，禮以教之，然後及於刑耳。豈以皋陶為劣於禹、稷而後之乎？然即此章先後輕重之意觀之，蓋可以明此書之不為作刑，以詰四方而作矣。

元·方回《續古今考》卷三七《附廣律令考·康誥論刑臬司》 紫陽方氏曰：成王以殷餘民封康叔，作《誥》曰：『非汝封刑人、殺人，無或刑人、殺人。非汝封又曰劓刵人，無或劓刵人。』又曰：『外事，汝陳時臬，司師，茲殷罰有倫。』又曰：『要囚，服念五六日，至於旬、時，丕蔽要囚。』『非汝封』兩句，孔《傳》之意，似謂刑人、殺人、劓刵人，豈非汝封職任之所得為乎？『無或』兩句，則謂汝雖有刑人、殺人、劓刵人之權，無或輕用之也。陳訓布，臬訓法，殷法有倫，謂夏之法可師者師之。要囚，要，于宵切。訓謂察其要辭，乃服之義。服膺思念五六日、十日三月，乃大斷之，慎之至也。後乃曰：『元惡大憝，不孝不友，刑茲無赦。』豈非殷頑民難化，取不孝不友刑之，乃刑亂國，用重典歟？

又 卷三七《附廣律令考·呂命訓夏贖刑之辨》 紫陽方氏曰：呂侯為甫侯，《書》、《傳》不言其名，即『生甫及申』、『不與我戍甫』之『甫』。穆王命之為司寇，而呂侯以王命作書，訓暢夏禹贖刑之法。或問：夏、殷、周相繼，今不訓殷刑而訓夏刑，何也？回考之：金作贖刑，唐、虞至夏皆然。周公之法無贖刑。何以知其無贖刑也？《周禮》『職金』掌士之金罰、貨罰，入于『司兵』，非贖刑乎？回曰：不然。罰止于士，而上不言公卿大夫，下不言民，士之所罰之金貨，亦不明言贖罪，故曰：周公之法無贖刑也。《疏》有云：殷刑必重于夏。夏承堯、舜之後，民淳治易，故刑輕。輕則民慢，故殷刑稍重。自夏以後，世漸苛酷，紂作炮烙之刑，知刑罰益重。周承暴虐之後，不可頓使大輕，雖減之輕，猶用殷之稍重之刑，而未及乎夏之輕。成、康之間，刑措不用。此雖德化之極，亦由刑重，民不犯也。呂侯斟酌時宜，為穆王行夏贖刑之法，即唐、虞之法也。

又　卷三七《附廣律令考·上刑下服下刑上服之辯》　上刑適輕，下服；下刑適重，上服。輕重諸罰有權。《疏》：上刑適輕者，謂一人雖犯一罪狀，當輕重兩條，據重條之上。有可以虧減者，則之輕條，服下罪也。下刑適重者，謂一人之身，輕重二罪俱發，則以重罪而從。上服，令服上罪也。或輕或重，諸所罪罰，皆有權宜，臨時斟酌。

紫陽方氏曰：初讀上兩句，似難解。今以同意：一人犯一罪，而法有輕重二條，當從輕條；一人之身犯二罪，則如近世法，二罪俱發，以重者論也。此之謂重輕有權。《書》服刑是真刑，罰是贖刑。互文言之，總曰刑罰，或曰刑，或曰罰。

元·戴良《九靈山房集》卷六《治平類要總序·慎刑篇》　古者大司寇以獄之成告於王，王命三公參聽之。蓋刑者，成也，一成而不可變。君子於是而盡心焉。嗚呼！刑於聖人雖不得而廢之，然非其得已也。是故不教而民從，上也，以身教之也。教之而後從，次也，以言教之也。既不能教之以身，又不能教之以言，而民有弗從者，乃從而刑之，下也。刑之而當罪，民固無所憾矣。又從而虐之苦之，誣之抑之，有罪無罪，同歸於非命，而死不亦大可哀乎！《書》曰：『欽哉欽哉，惟刑之恤哉！』本忠恕，示欽恤，述《慎刑篇》。

《遼史》卷六一《刑法志上》　刑也者，始於兵而終於禮者也。鴻荒之代，生民有兵，如蠭有螫，自衛而已。蚩尤惟始作亂，斯民鴟義，姦宄竝作。刑之用，豈能已乎？帝堯清問下民，乃命三后，恤功于民，伯夷降典，折民惟刑，故曰：刑也者，始於兵而終於禮者也。先王順天地四時，以建六卿。秋，刑官也，象時之成物焉。秋傳氣於夏，變色於春，推可知也。

《元史》卷一〇二《刑法志》　自古有天下者，雖聖帝明王不能去刑法以為治。是故道之以德義而民弗從，則必律之以法。法復違焉，則刑辟之施，誠有不得已者。是以先王制刑，非以立威，乃所以輔治也。故《書》曰：『士制百姓于刑之中，以教祇德。』後世專務黷刑任法以為治者，無乃昧于本末輕重之義乎？歷代得失，考諸史可見也。

明·丘濬《大學衍義補》卷一〇〇《治國平天下之要·慎刑憲·總論制刑之義上》　臣按：《康誥》所謂『既道極厥辜，時乃不可殺』一言，此後世律文『自首者免罪』之條所自出也。

又　卷一〇二《治國平天下之要·慎刑憲·定律令之制上》　臣按：先儒謂三千已定之法，載之刑書者也。天下之情無窮，刑書所載有限，不可以有限之法而盡無窮之情，又在用法者斟酌損益之。古者任人不任法，法所載者任法，法不載者參以人，上下比罪是也。以其罪而比附之上刑，則見其重；以其罪而比附之下刑，則見其輕。故於輕重之間裁酌之，然必以辭為主。辭若僭亂，情與罪不相合，是不可行者也。當勿用其不可行之法，惟當察其情，求之法，二者合而後，允當乎人情法意，是乃可行者也，在審克之而已。是說雖以解經，然而萬世之下，律文所不該載者，比附之法莫切於此。所謂察之情，求之法，比之上刑不重，比之下刑不輕，而參酌於輕重之間，必允當乎人情法意，可謂得審克之意矣。

又　卷一〇六《治國平天下之要·慎刑憲·詳聽斷之法》　臣按：先儒謂古者因情而求法，故有不可入之刑；後世移情而合法，故無不可加之罪。所謂因情以求法者，必備兩造之辭，必合衆人之聽，必核其實，必審其疑。刑有疑則正於罰，罰有疑則正於過。必其有疑者無疑也，然後赦之。其審克之者如此，則人之于入刑者必當其罪，而罪不可入者則必得其情矣。謂之審者，察之盡其心；克者，治之盡其力。此一言者，《呂刑》凡四見焉。其丁寧諄復，忠厚之意，詳慎之心，所以警戒於刑官者，至矣。一時典獄之臣，又豈有移情以就法者哉？

臣按：此聖人斷獄欽慎之意，即《大易》所謂『緩獄』，《康誥》所謂『服念』也。既得其罪，附於刑矣，恐其非心服也，又從而用情以訊之；又恐迫急而不盡其明也，必至旬時之久，乃敢斷之；既斷之矣，又以其所犯之刑書讀之，于囚審之而弗變，乃用法焉。其謹之又謹如此，此先王之世，天下所以無寃民也歟？

又　卷一〇八《治國平天下之要·慎刑憲·謹詳讞之議》　臣按：《舜典》此二言，萬世讞刑之權度也。蓋無心失理，為過眚災是也。人之有過誤，或不幸而入於罪者，讞之知其非故也，當五刑者則減而流，當鞭樸者則減而贖，知其無心而誤犯也，非故也。有心失理，為惡怙終是也。人之有所恃而又再犯者，讞之知其非過也，當典刑者則坐以典刑，當鞭撲者則坐以鞭撲，知其有心而故犯也，非過也。世之讞刑者，以聖經二言為權度，則讞獄道盡，而所處無不當之罪，而人自以為不寃矣。

臣按：宥過無大，刑故無小，此二言即《舜典》「眚災肆赦，怙終賊刑」也。後世讞疑獄者，以《舜典》二言及《大禹謨》此六言為主，以權度天下之疑獄，而又以「與其殺不辜，寧失不經」一言恒存諸心焉，則天下無寃獄矣。夫所謂不可殺者，不辜者爾；而其有辜者，亦自不苟免也。蓋以人有罪，犯在乎可殺、不可殺之間，殺之則若無罪不殺，則失常刑。皋陶立為此言，蓋探大舜之心而代為之辭也。夫子刪《書》存之，以示萬世，使斷疑獄者以此為予奪輕重之權度。雖曰一時之言，然萬世之下，人賴之以全其生者多矣。所謂仁人之言，其利溥者也。誰謂皋陶無後哉？

臣按：聖人之制為刑辟，非故用此以張其威，罔其民也。蓋立為刑辟，使人知所避而不犯，則無犯刑辟者矣。此所謂辟以止辟也。詳讞之際，人之真有所犯者，則必決然而不宥焉。其罪雖小，不可不為之懲。不為之懲，則必有倣而為者於其後矣。吁！懲之於細，則大者不作；戒之於光，則後者不繼。懲一人以懼千萬人，戒一事以遏千萬事。聖人之慮遠矣，聖人之心仁矣。彼以姑息為仁者，真不仁者也。

臣按：三刺之訊羣臣、羣吏、萬民，即《孟子》所謂左右、諸大夫、國人皆曰可殺，然後殺之之意也。訊於羣臣、羣吏、萬民，皆曰可殺，則罪有可殺之辟矣；而猶原之以三宥，恐其所以犯此者，其不識乎？或過失、遺忘乎？三者皆無之，然猶審之以三赦。若其人果幼弱、老耄、蠢愚也，則又在所釋焉。以此三法參酌民情而求其實，斷制罪獄而折其中，情之重者服以上刑，輕者服以下刑，然後刑之殺之，則所刑者乃求其所以免不可得而後刑之，所殺者乃求其所以生不可得而後殺之，則刑與不刑，殺與不殺，皆合乎中道矣。讞獄恒以是存心，則死者與我俱無憾，而朝廷無寃獄，天下無寃民矣。

又　卷一〇七《治國平天下之要·愼刑憲·議當原之辟》　臣按：刑以弼教。先王之刑，無不寓教之意焉。夫有罪之人，制為獄具，以拘囚之，宜若無所恤矣。而於王之同族及命士以上，雖有罪，或拲或梏而已。告刑于王，告王以今日當行刑及所刑者姓名也。其死罪則曰某之罪在大辟，其刑罪則曰某之罪在小辟。拲而適朝者，重刑，為王欲有所赦，且當以付士，加明梏者，謂書其姓名及其罪於梏而著之也。後世刑人，書其罪以為招狀，揭之於其首，蓋本諸此。

臣按：王之同族者與有爵者，殺之甸師氏。既言於「掌囚」，此復言之者，蓋以刑人必於市，惟同族，親者也，有爵，貴者也，親親而貴貴，故有犯者，乃國家德化之不孚，禮教之不行。不幸犯者出於親、貴之中，其人雖可惡，而其惡則不可揚，故就隱處以施刑焉。聖人之處刑，其仁、義之兼盡也，如此夫！

又　卷一一一《治國平天下之要·愼刑憲·簡典獄之官》　臣按：成王以是告君陳，即周公告成王以「文王罔兼庶獄」及「不誤于庶獄」之意也。後世人主，惟恐其臣之不徇己，有不徇己者，或怒或斥，其視成王之告君陳，惟恐其臣之或徇乎己，其人之賢不肖何如也。是固其得於家庭之傳，輔弼之訓，然其天質之美，亦於是乎見之。後世人主，所當取法者也。

臣按：刑者，天所以討有罪；討有罪，所以安無罪之民也。司政、典獄並言者，以諸侯受天子之命，以為一方之主，既司夫民政，復典夫刑獄也。政所以安民生，獄所以治民罪，皆奉天子之命以牧養其民。然天子之命，即天命也；天子之民，即天民也。安民生，固所以全其天命；治民罪，亦所以全其天命也。有罪者治之，則不敢復為惡，而無罪之民，皆得遂其生而全其天矣。

臣按：三代之世，封建之法行，故穆王所戒者，伯父伯兄、仲叔季弟、幼子童孫皆其同姓諸侯也。蓋天下有天下之刑，一國有一國之刑。天下之刑則天下之有罪者，係累於其獄；一國之刑，則一國之有罪者禁錮於其獄。人非一人也。五木具其身，百憂嬰其心，度一日有如三秋者矣。而為邦國之君，典刑獄之政，置其身於安逸之地，忘其人在困阨之中，則有不得其死者矣。吾何惜夫頃刻之勞，而不盡吾心焉，而使斯人無罪而就死地哉？一息或怠，而致數人之死命，後雖悔之，亦無及矣。吾心何由而安哉？此所以用之慰者，必以日勤，然後職舉而刑當也。

又 卷一〇五《治國平天下之要·慎刑憲·明流贖之意》 臣按：舜之流放竄殛四凶者，即所謂『流宥五刑』也。四人者皆堯時之臣，其人在堯時雖有惡念，然感聖德也深，蒙聖化也久，苟舉厥職成其事，堯亦不得逆探其未然之惡，而豫加之刑也。舜以匹夫，禪堯之位，彼或者因有輕視之心而恣其為惡之迹，如《左傳》所言者也。然惡雖極，而未沐帝舜之化，不可以不教而殺也，此其所以流之遠方，寘於絶域，驅逐而禁錮之，拘囚而困苦之，使之念咎而伏辜，或能改過以遷善歟？

臣按弗使冠飾，後世犯罪者去冠衣，其原始此。先王之於惡人，不徒威之以刑，而又愧之以禮。去衣冠以恥之，加明刑以警之，任事役以勞之，凡此欲其省己愆，以興善念也。

明·董説《七國考》卷一二《楚刑法·笞》 余按：楚失刑矣。夫君治人，非治於人者也。為保申者，可諫，諫；不可，可去。從古及今，未聞有笞君之臣與受笞之君也。周公相成王，成王有過，則撻伯禽，豈敢撻成王哉？

又 卷一二《楚刑法·冥室櫝棺》 余按戮孕婦，則桀、紂故事。冥室櫝棺，楚法之極創者也。

又 卷一二《秦刑法》 余讀《商子》，秦之法一，刑無等級，自卿相將軍以至大夫庶人，有不從王令，犯國禁，亂上制者，罪死不赦；有功于前，有敗于後，不為損刑；有善于前，有過于後，不為虧法。忠臣孝子有過，必以其數斷；守職之吏有不行王法者，罪死不赦，刑及三族，真少恩矣。

清·愛新覺羅胤禛《世宗憲皇帝御製文集》卷九《執中成憲御論·書穆王曰五刑之疑有赦五罰之疑有赦》 刑罰之疑而後有赦疑者，其事曖昧而難知，游移而莫定。聖人罪疑惟輕，故赦之也；若無可疑，則無可赦矣。帝王之道，賞不僭而刑不濫。夫刑之失入固為濫，而失出亦為濫。後世相沿，於刑罰之情狀顯然、供証歷歷者，猶屢加平反而減等以示寬，則是於不疑者亦矜恤之矣。若復援『肆赦』之文，概為宥釋，則姑息之害，其濫不亦甚乎？有明刑之責者，極當詳慎。

又 卷九《執中成憲御論·史記湯出見野張網四面》 成湯解網三面，《史記》以為諸侯悦服，稱其德及禽獸。由斯而言，則是聖人當日設為解網之事，以籠絡人心，聳動觀聽，類於權術之為，非聖人之心也。且既有解網之仁，則當放桀南巢，何為不解網而釋之乎？以此詰問，將不免於後人之疑矣。朕謂聖人之心至公無私，慶賞刑威皆因物付物而已。所執之法，如網張於一面而三面皆虚，左、右之間皆人人可生之地；乃人或不肯由三面以自全，而甘心蹈一面之網，則聖人亦無如之何矣。若夏桀者，自蹈於一面之網者也。《書》曰：『天討有罪。』聖人奉若天道而已，何所容心於其間哉？

清·方苞《禮記析疑》卷一《曲禮》 刑不上大夫，賈誼所謂『造請室而請罪，聞命而自裁』是也。乃罪之，猶可寬假者。至九伐之法，雖國君不免於殘，況卿大夫乎！故《周官》有爵者與王之同族，刑殺於『甸師氏』。其義並行不悖。

清·徐文靖《管城碩記》卷一六《楚辭集注三》 按《史記·夏本紀》曰：桀乃召湯，而囚之夏臺。《索隱》曰：獄名。夏曰鈞臺。皇甫謐曰：地在陽翟是也。《太公金匱》曰：桀怒湯，以諛臣趙梁計，召而囚之均臺，置之重泉。據此，則重泉即在夏臺，於《漢志》為潁川陽翟縣，今開封府禹州也。若左馮翊重泉縣，在今西安府華州蒲城縣東南四十五里，《秦本紀》秦簡公六年塹洛，城重泉者也。安得一之？不勝心伐帝，言湯原未嘗有勝夏之心；而伐帝是誰使桀囚湯而挑之？觀《竹書》帝癸十七年，商使伊尹來朝。二十二年，商侯履來朝，命囚履于夏臺。是湯原未嘗有勝夏之心也。

雜錄

《左傳·莊公二十年》（鄭伯）曰：『寡人聞之，【略】夫司寇行戮，注：司寇，刑官。君爲之不舉。』注：去盛饌。

《孟子·盡心上》 桃應問曰：『舜為天子，皋陶為士，瞽瞍殺人則如之何？』注：桃應，孟子弟子。問皋陶為士官，主執罪人；瞽瞍惡暴而殺人，則皋陶如何？孟子曰：『執之而已矣。』『然則舜不禁與？』注：桃應以舜為天子，使有司執其父，不禁止之邪？曰：『夫舜惡得而禁之？夫有所受之也。」注：夫，辭也。孟子曰：夫舜惡得禁之？夫天下，乃受之於堯，當為天理民。王法不曲，豈得禁之也？「然則舜如之何？」曰：「舜視棄天下猶棄敝蹝也，竊負而逃，遵海濱而處終身，訢然樂而忘天下。」

《大戴禮記》卷三《保傅》　湯去張網者之三面，而二垂至。北周盧辯注：湯嘗出田，見野張網四面，祝曰：「自上下四方皆入吾網。」湯曰：「嘻！盡之矣。」乃去其三面而祝曰：「欲左左，欲右右。不用命者，乃入吾網。」諸侯聞之，曰：「湯德至矣，乃及禽獸。」于是朝商者三十國。二垂謂天、地之際，言感通之遠。《淮南子》曰：文王砥德修政，二垂至。

《史記》卷三《殷本紀》　湯出，見野張網四面，祝曰：「自天下四方，皆入吾網。」湯曰：「嘻！盡之矣。」乃去其三面，祝曰：欲左左，欲右右。不用命，乃入吾網。諸侯聞之，曰：「湯德至矣，及禽獸。」

漢·韓嬰《韓詩外傳》卷二　晉文侯使李離為大理，過聽殺人，自拘於廷，請死於君。君曰：「官有貴賤，罰有輕重。下吏有罪，非子之罪也。」李離對曰：「臣居官為長，不與下吏讓位；受爵為多，不與下吏分利。今過聽殺人而下吏蒙其死，非所聞也。」不受命。君曰：「自以為罪，則寡人亦有罪矣。」李離曰：「法失則刑，刑失則死。君以臣為能聽微決疑，故使臣為理。今過聽殺人之罪，罪當死。」君曰：「棄位委官，伏法忘國，非所望也。趣出無憂，寡人之心。」李離對曰：「政亂國危，君之憂也；軍敗卒亂，將之憂也。夫無能以事君，闇行以臨官，是無功以食祿也。臣不能以虛自誣。」遂伏劍而死。君子聞之曰：「忠矣乎！」

漢·劉向《說苑》卷二〇《反質》　魏文侯問李克曰：「刑罰之原安生？」李克曰：「生於奸邪淫佚之行。凡奸邪之心，飢寒而起；淫佚者，久飢之詭也。彫文刻鏤，害農事者也；錦繡纂組，傷女工者也。農事害，則飢之本也；女工傷，則寒之原也。飢寒並至而能不為姦邪者，未之有也。男女飾美以相矜而能無淫佚者，未嘗有也。故上不禁技巧，則國貧民侈。國貧窮者為姦邪，而富足者為淫佚，則驅民而為邪也。民已為邪，因以法隨誅之，不赦其罪，則是為民設陷也。刑罰之起有原，人主不塞其本而替其末，傷國之道乎！」文侯曰：「善。」以為法服也。

財務支配權分部

定賦責貢

綜　述

《尚書·禹貢》　冀州：【略】厥賦惟上上錯。漢孔安國《傳》：賦謂土地所生，以供天子。上上，第一。錯，雜。雜出第二之賦。

濟、河惟兖州。【略】厥賦貞。《傳》：貞，正也。州第九，賦正，與九相當。唐孔穎達《正義》：《周易·彖·象》皆以貞爲正也。諸州賦無下下，貞既下下，爲第九也。此州治水最在後畢，州爲第九成功，其賦亦爲第九，列賦於九州之差，與第九州相當，故變文爲貞，見此意也。作十有三載，乃同。《傳》：治水十三年，乃有賦法，與他州同。厥貢漆、絲，厥篚織文。《傳》：地宜漆林，又宜桑蠶織文錦綺之屬，盛之筐篚而貢焉。

海岱惟青州。【略】厥賦中上。《傳》：賦第四。厥貢鹽、絺，海物惟錯。《傳》：絺，細葛。錯，雜，非一種。岱畎絲、枲、鉛、松、怪石。《傳》畎，谷也。怪異好石，似玉者。岱山之谷出此五物，皆貢之。萊夷作牧，《傳》：萊夷，地名。可以放牧。厥篚檿絲。《傳》：檿，桑蠶。絲，中琴瑟弦。

海岱及淮惟徐州。【略】厥賦中中。《傳》：賦第五。厥貢惟土五色，《傳》：王者封五色土爲社，建諸侯，則各割其方色土與之，使立社。燾以黄土，苴以白茅，茅取其潔，黄取王者覆四方。羽畎夏翟，嶧陽孤桐，《傳》：夏翟，翟，雉名，羽中旌旄。羽山之谷有之。孤，特也。嶧山之陽特生桐，中琴瑟。泗濱浮磬，淮夷蠙珠暨魚，《傳》：泗，水涯。水中見石，可以爲磬。蠙珠，珠名。淮、夷二水出蠙珠及美魚。厥篚玄纖縞。《傳》：玄，黑繒；縞，白繒。纖，細也。纖在中，明二物皆當細。

淮海惟揚州。【略】厥賦下上上錯。《傳》：賦第七，雜出第六。厥貢惟金三品，《傳》：金、銀、銅也。瑤琨篠簜，《傳》：瑤、琨，皆美玉。齒革羽毛惟木。《傳》：齒，象牙。革，犀皮。羽，鳥羽。毛，旄牛尾。木，楩、梓、豫章。島夷卉服，《傳》：南海島夷，草服葛越。厥篚織貝，《傳》：織，細紵。貝，水物。厥包橘柚錫貢。《傳》：小曰橘，大曰柚。其所包裹而致者，錫命乃貢，言不常。

荆及衡陽惟荆州。【略】厥賦上下。《傳》：賦第三，人功修。厥貢羽毛齒革惟金三品，《傳》：土所出，與揚州同。杶榦栝柏，《傳》：榦，柘也。柏葉松身曰栝。礪砥砮丹，《傳》：砥細於礪，皆磨石也。砮，石中矢鏃。丹，朱類。惟箘簵楛。《傳》：箘簵，美竹。楛，中矢榦。三邦厎貢厥名，《傳》：三物皆出雲夢之澤，近澤三國常致貢之，其名天下稱善。包匭菁茅，《傳》包，橘柚。匭，匣也。菁以為菹，茅以縮酒。厥篚玄纁璣組，《傳》：此州染玄纁色善，故貢之。璣，珠類，生於水。組，綬類。九江納錫大龜。《傳》：尺二寸曰大龜，出於九江水中。龜不常用，錫命而納之。

荆河惟豫州。【略】厥賦錯上中。《傳》：賦第二，又雜出第一。厥貢漆、枲、絺、紵，厥篚纖纊，《傳》：纊，細綿。錫貢磬錯。《傳》：治玉石曰錯。治磬錯。

華陽黑水惟梁州。【略】厥賦下中三錯，《傳》：賦第八，雜出第七、第九，三等。厥貢璆鐵銀鏤砮磬，《傳》：璆，玉名。鏤，剛鐵。熊羆狐貍織皮。《傳》：貢四獸之皮，織金罽。

黑水西河惟雍州。【略】厥賦中下。《傳》：賦第六，人功少。厥貢惟球琳琅玕。《傳》：球、琳，皆玉名。琅玕，石而似珠。

四海會同，六府孔修。《傳》：四海之內，會同於京師，九州同風，萬國共貫，水、火、金、木、土、穀甚修治，言政化和。庶土交正，厎慎財賦。《傳》：交，俱也。衆土俱得其正，謂壤、墳、壚。致所慎者，財貨貢賦。言取之有節，不過度。咸則三壤，成賦中邦。《傳》：皆法壤田，上、中、下，大較三品，成九州之賦。

五百里甸服，《傳》：規方千里之內，謂之甸服，為天子服治田。去王城，面五百里。唐孔穎達《正義》：既言九州同風，法壤成賦，而四海之內，路有遠近，更敘弼成五服之事。甸、侯、綏、要、荒，五服之名，堯之舊制。洪水既平之後，禹乃為之節文，使賦役有恒，職掌分定。甸服去京師最近，賦稅尤多，故每於百里，即為一節。侯服稍遠，近者供役，故二百里內，各為一節；三百里外，共為一節。綏、要、荒三服，去京師益遠，每服分而為二：內三百里為一節，外二百里為一節。以遠近有較，故其任不等。甸服入穀，故發首言賦稅也。賦令自送入官，故三百里內，每皆言『納』。四百里、五百里不言『納』者，從上省文也。於三百里言『服』者，舉中以明上、下，皆是服王事也。侯服以外貢，不入穀。侯主為斥候，二百里內，徭役差多，故各為一名。三百里外，同是斥候，故共為一名。自下皆先言三百里，而後二百里，舉大率為差等也。【略】先王規方千里，以為甸服。《周語》文王制亦云：千里之內曰甸。鄭玄云：服，治田出穀稅也。言甸者，主治田，故服名甸也。百里賦納總，《傳》：甸服內之百里，近王城者。禾稾曰總。入之，供飼國馬。《正義》：去王城五百里，總名甸服。就其甸服內，又細分之，從內而出，此為其首，故云甸服之內，近王城者。總者，總下銍、秸、禾穗與稾。總皆送之，故云禾稾曰總。入之，供飼國馬，《周禮·掌客》待諸侯之禮，有芻有禾。此總是也。二百里納銍，《傳》：銍，刈，謂禾穗。《正義》：劉熙《釋名》云：銍，穫禾鐵也。《說文》云：銍，穫禾短鎌也。《詩》云：『奄觀銍刈。』用銍刈者，謂禾穗也。禾穗用銍以刈，故以銍表禾穗也。三百里納秸服，《傳》：秸，稾也。服，稾役。《正義》曰：《郊特牲》云：莞簟之安而稾秸之設。秸亦稾也，雙言之耳。去穗送稾，易於送穗，故為遠彌輕也。然計什一而得稾、粟皆送，則秸服重於納銍，則乖近重遠輕之義。蓋納粟之外，斟酌納稾。服，稾役者，解經『服』字，於此言『服』，明上、下『服』，皆竝有所納之役也。四百里猶尚納粟，此當稾、粟別納，非是徒納稾也。四百里粟，五百里米。《傳》：所納精者少，麤者多。《正義》：直納粟米為少，禾稾俱送為多。其於稅也，皆當什一，但所納有精麤，遠輕而近重耳。

又《旅獒》惟克商，遂通道於九夷八蠻。《傳》：四夷慕化，貢其方賄。九、八言非一，皆通道路，無遠不服。西旅厎貢厥獒，《傳》：西戎之長，致貢其獒犬。高四尺曰獒。以大為異。大保乃作《旅獒》，用訓於王。《傳》：陳貢獒之義，以訓諫王。曰：『嗚呼！明王慎德，四夷咸賓。《傳》：言明王慎德以懷遠，故四夷皆賓服。無有遠邇，畢獻方物，惟服食器用。』《傳》天下萬國無有遠近，盡貢其方土所生之物，惟可以供服食器用者。言不為耳目華侈。

又《無逸》周公曰：【略】『文王不敢盤於遊田，以庶邦惟正之供。』宋蔡沈《集傳》：遊田國有常制。文王不敢盤遊無度，上不濫費，故下無過取，而能以庶邦惟正之供，於常貢正數之外，無横斂也。言庶邦，則民可知。文王為西伯，所統庶邦皆有常供，春秋貢於霸主者，班班可見，至唐猶有送使之制，則諸侯之供方伯，舊矣。【略】『繼自今嗣王，則其無淫於觀於逸，於遊於田，以萬民惟正之供。』《集傳》：則，法也。其，指文王而言。淫，過也。言自今日以往，嗣王其法文王，無過於觀、逸、遊、田，以萬民惟正賦之供。上文言遊田而不言觀、逸，以大而包小也。言庶邦而不言萬民，以遠而見近也。

《逸周書》卷七《王會解》《伊尹朝獻·商書》，晉孔晁注：言別有此書也。不《周書》，錄中以事類來附。注：《王會》期朝貢事，故令附合。湯問伊尹曰：『諸侯來獻，或無馬牛之所生，而獻遠方之物，事實相反，不利。注：非其所有而當遠求於民故不利也。今吾欲因其地勢所有獻之，必易得而不貴，其為四方獻令。』注：制其品服之令。伊尹受命，於是為四方令，曰：『臣請正東符婁、仇州、伊慮、漚深、九夷十蠻、越漚，鬋髮、文身，注：九、十者，東夷蠻越之別稱。鬋髮、文身，因其事以名也。請令以魚支之鞞，□鰂之醬，鮫瞂利劍為獻。注：鞞，刀削。鰂，魚名。瞂，盾也。以鮫皮作之。鮫，文魚也。正南甌鄧、桂國、損子、產里、百濮、九菌，注：六者，南蠻之別名。請令以珠璣、瑇瑁、象齒、文犀、翠羽、菌鶴、短狗為獻。注：璣似珠而小。菌鶴可用為旌翳。短狗，狗之善者也。正西昆侖、狗國、鬼親、枳已、闟耳、貫胸、雕題、離丘、漆齒，注：九者，西戎之別名也。闟耳、貫胸、雕題、漆齒等，亦因其事以名之也。請令以丹青、白旄、紕罽、江歷、龍角、神龜為獻。注：江歷，珠名。龍解角，故得也。正北空同、大夏、莎車、姑他、旦略、貌胡、戎翟、匈奴、樓煩、月氏、孅犁、其龍、東胡，注：十二者，北狄之別名也。請令以橐駞、白玉、野馬、騊駼、駃騠、良弓為獻。』湯曰：『善。』

《周禮·天官·太宰》 以九賦斂財賄。一曰邦中之賦，二曰四郊之賦，三曰邦甸之賦，四曰家削之賦，五曰邦縣之賦，六曰邦都之賦，七曰關市之賦，八曰山澤之賦，九曰幣餘之賦。漢鄭玄注：財，泉、穀也。鄭司農云：邦中之賦，二十而稅一，各有差也。幣餘，百工之餘。玄謂：賦，口率出泉也。今之算泉，民或謂之賦。此其舊名與?《鄉大夫》：『以歲時登其夫家之衆寡，辨其可任者。國中自七尺以及六十，野自六尺以及六十有五，皆征之。』《遂師》之職亦云：『以徵其財征。』皆謂此賦也。邦中，在城郭者。四郊，去國百里。邦甸，二百里。家削，三百里。邦縣，四百里。邦都，五百里。此平民也。關市、山澤，謂占會百物。幣餘，謂占賣國中之斥幣。皆末作，當增賦者，若今賈人倍算矣。自邦中以至幣餘，各入其所有穀物，以當賦泉之數。每處為一書，所待異也。唐賈公彥疏：云以九賦斂財賄者，此賦謂口率出泉，其處有九，故云九也。既云賦，計口率出泉，則財賄非泉而云斂財賄者，計口出泉，無泉者取財賄以當算泉之賦，故云斂財賄也。一曰邦中之賦者，謂國中之民出泉也。二曰四郊之賦者，計遠郊百里之內，民所用出泉也。三曰邦甸之賦者，謂郊外曰甸，百里之外、二百里之內，民所出泉也。四曰家削之賦者，謂二百里之內，地名削，其中有大夫采地謂之家，故名家削。大夫采地中，賦稅入大夫家，但大夫家采地外，其地為公邑，公邑之內，其民出泉，入王家。故舉家稍，以表公邑之民也。五曰邦縣之賦者，四百里地，名縣，有小都，賦入采地之主，其中公邑之民，出泉入王家也。六曰邦都之賦者，其五百里中，有大都，大都采地，其賦入主，外為公邑，其中民所出泉，入王家也。七曰關市之賦者，王畿四面，皆有關門及王之市廛，二處其民之賦，口稅所得之泉也。八曰山澤之賦者，謂山澤之中財物，山澤之民以時入而取之，出稅以當邦賦，所稅得之物，貯之而官未用，有人占會取之，為官出息。此人口稅出泉，謂之山澤之賦也。九曰幣餘之賦者，謂為國營造，用物有餘，竝歸之於『職幣』，得之不入府藏，則有人取之，為官出泉。此人亦口稅出泉，謂之幣餘之賦。然關市、山澤、幣餘不出上六處而特言者，以其末作，當增賦故也。

以九貢致邦國之用。一曰祀貢，二曰嬪貢，三曰器貢，四曰幣貢，五曰材貢，六曰貨貢，七曰服貢，八曰斿貢，九曰物貢。注：『嬪』，故書作『賓』。鄭司農云：祀貢，犧牲包茅之屬。賓貢，皮帛之屬。器貢，宗廟之器。幣貢，繡帛。材貢，木材也。貨貢，珠貝自然之物也。服貢，祭服。斿貢，羽毛。物貢，九州之外，各以其所貴為摯，肅慎氏貢楛矢之屬是也。玄謂：嬪貢，絲枲。器貢，銀鐵、石磬、丹漆也。幣貢，玉馬皮帛也。材貢，櫄榦、栝柏、篠簜也。貨貢，金玉龜貝也。服貢，絺紵也。『斿』，讀如『囿游』之『游』。斿貢，燕好、珠璣、琅玕也。物貢，雜物、魚鹽、橘柚。疏：云致邦國之用者，謂此貢，諸侯邦國歲之常貢，則《小行人》云『令春入貢』是也。《大行人》云：『侯服，歲一見，其貢祀物。』彼謂因朝而貢，與此別也。但諸侯國內得民稅，大國貢半，次國三之一，小國四之一。所貢者，市取當國所出美物，則《禹貢》所云『厥篚』、『厥貢』之類是也。

又《地官·大司徒》 以土均之灋，辨五物九等，制天下之地征，以作民職，以令地貢，以斂財賦，以均齊天下之政。注：均，平也。五物，五地之物也。九等，騂剛赤緹之屬。征，稅也。民職，民九職也。地貢，貢地所生，謂九穀。財謂泉、穀。賦謂九賦及軍賦。疏：以土均之法辨五物者，即上山林川澤之等是也。云九等者，據五地之內分為九等之地，騂剛赤緹之屬，糞種所宜不同也。云制天下之地征者，言天下則并畿外邦國所稅入天子而言也。此地征與下為目也。以作民職者，民有職業，乃可稅之。云以令地貢者，地貢即九職之稅也。云以斂財賦者，斂財即《大宰》九賦斂財賄，一也。既言財，又別言賦者，欲見財既為九賦斂財，賦中又兼有軍賦，故財、賦殊言之。云以均齊天下之政者，大司徒以法均齊之，天下皆使依法，故云均齊天下之政也。

又《地官·載師》 凡任地，國宅無征，園廛二十而一，近郊十一，遠郊二十而三，甸、稍、縣、都皆無過十二。唯其桼林之征，二十而五。注：征，稅也。言征者，以共國政也。鄭司農云：任地，謂任土地以起稅賦也。

國宅，城中宅也。無征，無税也。故書『桼林』為『漆林』。杜子春云：當為『桼林』。玄謂國宅，凡官所有宫室，吏所治者也。周税輕近而重遠，近者多役也。園廛亦輕之者，廛無穀，園少利也。古之宅必樹而畺場有瓜。

又**《秋官・大行人》** 邦畿方千里。其外方五百里，謂之侯服，歲壹見，其貢祀物。又其外方五百里，謂之甸服，二歲壹見，其貢嬪物。又其外方五百里，謂之男服，三歲壹見，其貢器物。又其外方五百里，謂之采服，四歲壹見，其貢服物。又其外方五百里，謂之衞服，五歲壹見，其貢材物。又其外方五百里，謂之要服，六歲壹見，其貢貨物。注：祀貢者，犧牲之屬。故書『嬪』作『頻』。鄭司農云：嬪物，婦人所為物也。《爾雅》曰：嬪，婦也。玄謂嬪物，絲枲也；器物，尊彝之屬；服物，玄纁絺纊也；材物，八材也；貨物，龜貝也。九州之外，謂之蕃國，世壹見，各以其所貴寶為摯。注：所貴寶見《傳》者，若犬戎獻白狼、白鹿是也，

又**《秋官・小行人》** 令諸侯春入貢，秋獻功。王親受之，各以其國之籍禮之。注：貢，六服所貢也。功，考績之功也。秋獻之，若今計文書，斷於九月，其舊法。疏：此云貢，即《大宰》九貢，是歲之常貢也。必使春入者，其所貢之物，竝諸侯之國出税於民，民税既得，乃大國貢半，次國三之一，小國四之一，皆市取美物，必經冬至春乃可入。王以是令春入之也。【略】云六服所貢，對九州外之三服，無此貢也。

又**《夏官・職方氏》** 制其貢，各以其所有。注：國之地物所有。

《禮記・王制》 古者公田，藉而不税。漢鄭玄注：藉之言借也。借民力治公田，美惡取於此，不税民之所自治也。《孟子》曰：夏后氏五十而貢，殷人七十而助，周人百畝而徹，則所云古者，謂殷時。市廛而不税，注：廛，市物邸舍。税其舍，不税其物。關譏而不征。注：譏，譏異服，識異言。征亦税也。《周禮》：國凶札，則無門關之征，猶譏也。林麓川澤，以時入而不禁。注：麓，山足也。夫圭田無征。注：夫猶治也。征，税也。《孟子》曰：卿以下必有圭田。治圭田者不税，所以厚賢也。此則《周禮》之士田，以任近郊之地，税什一。唐孔穎達《正義》：此一節論古者公田不税及關市圭田無征之事。

又**《月令》** 孟冬之月，【略】乃命水虞漁師，收水泉池澤之賦，毋或敢侵削衆庶兆民，以為天子取怨於下。其有若此者，行罪無赦。注：因盛德在水，收其税。

季冬之月，【略】乃命大史次諸侯之列，賦之犧牲，以共皇天上帝社稷之饗。注：此所與諸侯共者也。列國有大小也，賦之犧牲，大者出多，小者出少。饗，獻也。乃命同姓之邦，共寢廟之芻豢。注：此所以與同姓共也。芻豢猶犧牲。命宰歷卿大夫至於庶民土田之數，而賦犧牲，以共山林名川之祀。注：此所與卿大夫、庶民共者也。歷猶次也。卿大夫采地亦有大小，其非采地，以其邑之民多少賦之。凡在天下九州之民者，無不咸獻其力，以共皇天上帝、社稷寢廟、山林名川之祀。注：民非神之福不生，雖有其邦國采地，此賦要由民出。

又**《大學》** 是故君子先慎乎德。有德此有人，有人此有土，有土此有財，有財此有用。德者，本也；財者，末也。外本内末，爭民施奪，是故財聚則民散，財散則民聚。是故言悖而出者，亦悖而入；貨悖而入者，亦悖而出。

仁者以財發身，不仁者以身發財。未有上好仁而下不好義者也，未有好義其事不終者也。未有府庫財非其財者也。孟獻子曰：畜馬乘不察於雞豚，伐冰之家不畜牛羊，百乘之家不畜聚斂之臣。與其有聚斂之臣，寧有盜臣。此謂國不以利為利，以義為利也。長國家而務財用者，必自小人矣。注：言務聚財為己用者，必忘義，是小人所為也。彼為善之小人之使為國家，菑害並至，雖有善者，亦無如之何矣。注：彼，君也。君將欲以仁義善其政，而使小人治其國家之事，患難猥至，雖云有善，不能救之，以其惡之已著也。此謂國不以利為利，以義為利也。

《詩經・小雅・甫田》 《序》：《甫田》，刺幽王也。君子傷今而思古焉。漢鄭玄《箋》：刺者，刺其倉廩空虚，政煩賦重，農人失職。

倬彼甫田，歲取十千。漢毛亨《傳》：倬，明貌。甫田，謂天下田也。十千，言多也。

又**《魏風・碩鼠》** 《序》：《碩鼠》，刺重斂也。國人刺其君重斂蠶食於民，不修其政，貪而畏人，若大鼠也。

碩鼠碩鼠，無食我黍。三歲貫女，莫我肯顧。《傳》：貫，事也。《箋》：碩，大也，大鼠。大鼠者，斥其君也。女無復食我黍，疾其税斂之多也。我事女三歲矣，曾無教令恩德，來顧眷我，又疾其不修政也。古者三年大比，民或於是徙。逝將去女，適彼樂土。《箋》：逝，往也。往矣，將去女，與之訣别之辭。樂土，有德之國。樂土樂土，爰得我所。《箋》：爰，曰也。

碩鼠碩鼠，無食我麥。三歲貫女，莫我肯德。《箋》：不肯施德於我。逝將去女，適彼樂國。樂國樂國，爰得我直。《傳》：直，得其直道。《箋》：直猶正也。

碩鼠碩鼠，無食我苗。《傳》：苗，嘉穀也。三歲貫女，莫我肯勞。《箋》：不肯勞來我。逝將去女，適彼樂郊。《箋》：郭外曰郊。樂郊樂郊，誰之永號！《傳》：號，呼也。《箋》：之，往也。永，歌也。樂郊之地，誰獨當往而歌號者！言皆喜說，無憂苦。

《論語·顏淵》 哀公問於有若曰：「年饑，用不足。如之何？」有若對曰：「盍徹乎？」三國魏何晏《集解》：鄭曰：盍，何不也，周法，什一而稅謂之徹。徹，通也，爲天下之通法。曰：「二，吾猶不足。如之何其徹也？」《集解》：孔曰：二謂什二而稅。對曰：「百姓足，君孰與不足？百姓不足，君孰與足？」

《史記》卷三《殷本紀》 （帝紂）厚賦稅以實鹿臺之錢，南朝宋裴駰《集解》：如淳曰：《新序》曰：鹿臺其大三里，高千尺。瓚曰：鹿臺，臺名。今在朝歌城中。唐張守節《正義》：《括地志》云：鹿臺在衛縣西南二十二里。而盈鉅橋之粟。《集解》：服虔曰：鉅橋，倉名。許慎曰：鉅鹿水之大橋有漕粟也。唐司馬貞《索隱》：鄒誕生云：鉅，大。橋，器名也。紂厚賦稅，故因器而大其名。

《左傳·僖公四年》 管仲對曰：【略】「爾貢包茅不入，王祭不共，無以縮酒。寡人是徵。」晉杜預注：包，裹束也。茅，菁茅也。束茅而灌之以酒，為縮酒。【略】對曰：「貢之不入，寡君之罪也。敢不供給？」

又 《僖公七年》 齊侯脩禮於諸侯，諸侯官受方物。注：諸侯官司，各於齊受其方所當貢天子之物。唐孔穎達《正義》王室盛明之時，每國貢有常職。天子既衰，諸侯惰慢，貢賦之事無復定準。故霸主總帥諸侯，尊崇天子，量其國之大小，號令所出之物。《傳》言諸侯各使官司取齊約束，受其方所當貢天子之物。言其一聽齊令，美齊侯能以禮服諸侯。

又 《僖公十一年》 黃人不歸楚貢，冬，楚人伐黃。

又 《僖公十二年》 黃人恃諸侯之睦於齊也，不共楚職，曰：「自郢及我九百里，注：郢，楚都。焉能害我？」夏，楚滅黃。

又 《僖公十五年》 晉侯使郤乞告瑕呂飴甥，且召之。注：郤乞，晉大夫也。瑕呂飴甥，即呂甥也。蓋姓瑕呂，名飴甥，字子金。子金教之言曰：「朝國人而以君命賞。」注：恐國人不從，故先賞之於朝。且告之曰：「孤雖歸，辱社稷矣，其卜貳圉也。」注：貳，代也。圉，惠公太子懷公。衆皆哭。注：哀君不還國。晉於是乎作爰田。注：分公田之稅應入公者，爰之於所賞之衆。《正義》：服虔、孔、晁皆云：爰，易也，賞衆以田，易其疆畔。杜言爰之於所賞之衆，則亦以爰爲易，謂舊入公者，乃改易與所賞之衆。

呂甥曰：「君亡之不恤而群臣是憂，惠之至也。將若君何？」衆曰：「何爲而可？」對曰：「征繕以輔孺子。」注：征，賦也。繕，治也。孺子，太子圉。諸侯聞之，喪君有君，群臣輯睦，甲兵益多，好我者勸，惡我者懼。庶有益乎！」衆說，晉於是乎作州兵。注：五黨爲州，州二千五百家也。因此又使州長各繕甲兵。《正義》：《周禮》：鄉大夫以歲時登其夫家之衆寡，辯其可任者。州長則否。今以州長管人既少，督察易精，故使州長治之。

又 《文公十一年》 初，宋武公之世，鄋瞞伐宋。注：在春秋前。司徒皇父帥師禦之，耏斑御皇父充石，注：皇父，戴公子。充石，皇父名。公子穀甥為右，司寇牛父駟乘，以敗狄於長丘，注：長丘，宋地。獲長狄緣斯，注：緣斯，僑如之先。皇父之二子死焉。注：皇父與穀甥及牛父皆死，故耏斑獨受賞。宋公於是以門賞耏斑，使食其征，注：門，關門。征，稅也。《正義》：《禮》惟關門有征，知門是關門也。《周禮》「司關」，司貨賄之出入，掌其治禁與其征廛。國凶札，則無門之征。鄭玄云：征廛者，貨賄之稅。《孟子》曰：關市譏而不征，則天下行旅皆悅而願出於其塗矣。如彼文，知出入關者，必有征稅，但不知幾而稅一也。然據《禮》文，城門亦有征，必知關門者，以關門征稅，其數既多，故昭二十年偪介之關，暴征其私，是關禁之重，異於城門。此云食其征稅，故知關稅也。謂之耏門。

又 《宣公十五年》 （秋）初稅畝。非禮也。穀出不過藉，以豐財也。注：周法，民耕百畝，公田十畝，借民力而治之，稅不過此。《正義》：藉者，借也。民之田穀出共公者，不過取所借之田，欲以豐民之財，故不多稅也。既譏謀稅畝，言非禮，乃舉正禮，言穀出不過藉，則知所稅畝者，是藉外更稅。故杜氏為十一外更十取一，且以哀公之言驗之，知十二而稅，自此始也。

又 《成公元年》 （三月）為齊難故，作丘甲。注：前年，魯乞師於楚，欲以伐齊，楚師不出，故懼而作丘甲。《周禮》：九夫為井，四井為邑，四邑為丘。丘十六井，出戎馬一匹，牛三頭。四丘為甸，甸六十四井，出長轂一乘，戎馬四匹，牛十二頭；甲士三人，步卒七十二人。此甸所賦。今魯使丘出之，譏重斂，故書。《正義》：此言四丘為甸，竝據上地言之。若以上、中、下地相通，則二甸共出長轂一乘耳。甸即乘也，六十四井出車一乘，是故以甸為名。此一乘甲兵，甸之所賦。

今魯使丘出甸賦，乃四倍於常。

又**《襄公四年》**冬，公如晉聽政。注：受貢賦多少之政。晉侯享公，公請屬鄫，注：鄫，小國也。欲得使屬魯，如須句、顓臾之比，使助魯出貢賦。公時年七歲，蓋相者為之言。鄫，今琅邪鄫縣。晉侯不許。孟獻子曰：『以寡君之密邇於仇讎，而願固事君，無失官命。注：晉官徵發之命。鄫無賦於司馬，注：晉司馬又掌諸侯之賦。為執事朝夕之命敝邑，敝邑褊小，闕而為罪，注：闕，不共也。寡君是以願借助焉。』注：借鄫以自助。晉侯許之。

又**《襄公八年》**春，公如晉朝，且聽朝聘之數。注：晉悼復脩霸業，故朝而稟其多少。

又**《襄公二十四年》**范宣子為政，諸侯之幣重，鄭人病之。二月，鄭伯如晉，子產寓書於子西，以告宣子，注：寓，寄也。曰：『子為晉國，四鄰諸侯不聞令德而聞重幣，僑也惑之。僑聞君子長國家者，非無賄之患，而無令名之難。夫諸侯之賄聚於公室，則諸侯貳。注：貳，離也。若吾子賴之，則晉國貳。注：賴，恃用之。諸侯貳則晉國壞，晉國貳則子之家壞。何没没也，注：没没，沈滅之言。將焉用賄？夫令名，德之輿也。注：德須令名以遠聞。德，國家之基也。有基無壞，無亦是務乎！有德則樂，樂則能久。《詩》云：「樂只君子，邦家之基。」有令德也夫！注：《詩·小雅》。言君子樂美其道，為邦家之基，所以濟令德。「上帝臨女，無貳爾心。」有令名也夫！注：《詩·大雅》。言武王為天所臨，不敢懷貳心，所以濟令名。恕思以明德，則令名載而行之，是以遠至邇安。毋寧使人謂子「子實生我」，注：無寧，寧也。而謂子「浚我以生」乎？注：浚，取也。言取我財以自生。象有齒，以焚其身，賄也。』注：焚，斃也。宣子說，乃輕幣。是行也，鄭伯朝晉，為重幣故，且請伐陳也。

又**《襄公二十五年》**楚蔿掩為司馬，子木使庀賦，注：庀，治。數甲兵。注：閱數之。甲午，蔿掩書土田，【略】井衍沃，注：衍沃，平美之地。則如《周禮》，制以為井田。六尺為步，步百為畝，畝百為夫，九夫為井。量入脩賦，注：量九土之所入，而治理其賦稅。賦車籍馬，注：籍，疏其毛色歲齒，以備軍用。《正義》：賦與籍，俱是稅也。稅民之財，使備車馬，因車馬之異，故別為其文。賦車兵，注：車兵，甲士。徒兵，注：步卒。甲楯之數。注：使器杖有常數。既成，以授子木，禮也。注：得治國之禮。《傳》言楚之所以興。

又**《襄公二十八年》**子產曰：【略】『小適大，有五惡：說其罪戾，注：自解說也。請其不足，行其政事，注：奉行大國之政。共其職貢，從其時命。注：從朝會之命。不然，則重其幣帛，以賀其福而弔其凶。皆小國之禍也。』

又**《襄公二十九年》**叔侯曰：【略】『魯之於晉也，職貢不乏，玩好時至，公卿大夫相繼於朝，史不絕書，注：書魯之朝聘。府無虛月，注：無月不受魯貢。如是可矣。』

又**《襄公三十一年》**（子產）對曰：『以敝邑褊小，介於大國，注：介，間也。誅求無時，注：誅，責也。是以不敢寧居，悉索敝賦，以來會時事。注：隨時來朝會。逢執事之不間，而未得見，又不獲聞命，未知見時。不敢輸幣，亦不敢暴露。其輸之，則君之府實也，非薦陳之，不敢輸也。注：薦陳，猶獻見也。其暴露之，則恐燥濕之不時而朽蠹，以重敝邑之罪。』

又**《昭公三年》**晏子曰：【略】『民參其力，二入於公，而衣食其一。注：言公重賦斂。公聚朽蠹，而三老凍餒。』注：三老，謂上壽、中壽、下壽，皆八十已上，不見養遇。

又**《昭公四年》**（九月）鄭子產作丘賦。注：丘十六井，當出馬一匹，牛三頭。今子產別賦其田，如魯之田賦。田賦在哀十一年。《正義》：丘十六井，當出馬一匹，牛三頭，《司馬法》之文也。服虔以為子產作丘賦者，賦此一丘之田，使之出一馬三牛，復古法耳。丘賦之法，不行久矣。今子產復脩古法，民以為貪，故謗之。案春秋之世，兵革數興，鄭在晉、楚之間，尤當其劇，正當重於古，不應廢古法也。若往前不脩此法，豈得全無賦乎？故杜以為，今子產於牛馬之外，別賦其田，如魯之田賦。田賦在哀十一年，彼注云：丘賦之法，因其田、財通出馬一匹，牛三頭。今欲別其田及家財，各為一賦，故言田賦。然則此與彼同，賦斂家資，使出牛、馬，又別賦其田，使之出粟，若今輸租，更出馬一匹，牛三頭，是一丘出兩丘之稅。案《周禮》有夫征、家征。夫征謂出稅，家征謂出車徒，給繇役。此牛、馬之屬，則《周禮》之家征也。其夫征，十一而稅，是與家征別也。國人謗之，注：謗，毀也。曰：『其父死於路，注：謂子國為尉氏所殺。己為蠆尾，注：謂子產重賦，毒害百姓。以令於國，國將若之何？』子寬以告，注：子寬，鄭大夫。子產曰：『何害？苟利社稷，死生以之。注：以，用也。且吾聞為善者，不改其度，故能有濟也。民不可逞，度不可改。注：度，法也。《詩》曰：

「禮義不愆，何恤於人言？」注：逸詩。子産自以為權制濟國，於禮義無愆。吾不還矣。」注：還，移也。

又《昭公十三年》 及盟，子産爭承，注：承，貢賦之次。曰：『昔天子班貢，輕重以列，注：列，位也。列尊貢重，周之制也。注：公、侯地廣，故所貢者多。卑而貢重者，甸服也。注：甸服，謂天子畿内共職貢者。鄭，伯，男也，而使從公、侯之貢，注：言鄭國在甸服外，爵列伯、子、男，不應出公、侯之貢。懼弗給也，敢以為請。諸侯靖兵，好以為事，注：靖，息也。行理之命，注：行理，使人通聘問者。無月不至，貢之無藝，注：藝，法制。小國有闕，所以得罪也。諸侯脩盟，存小國也。貢獻無極，亡可待也。存亡之制，將在今矣。』自日中以爭至于昏，晉人許之。

又《定公十五年》 楚既定，胡子豹又不事楚，曰：『存亡有命，事楚何為？多取費焉。』二月，楚滅胡。

又《哀公十一年》 季孫欲以田賦，注：丘賦之法，因其田、財，通出馬一匹，牛三頭，今欲別其田及家財，各為一賦，故言田賦。使冉有訪諸仲尼。仲尼曰：『丘不識也。』三發，注：三發問。卒曰：注：卒，終也。『子為國老，待子而行。若之何子之不言也？』仲尼不對。注：不公答。而私於冉有曰：『君子之行也，注：行政事。度於禮，施取其厚，事舉其中，斂從其薄。如是，則以丘亦足矣。注：丘，十六井。出戎馬一疋，牛三頭，是賦之常法。若不度於禮而貪冒無厭，則雖以田賦，將又不足？且子季孫若欲行而法，則周公之典在。若欲苟而行，又何訪焉？』弗聽。注：為明年用田賦傳。

又《哀公十二年》 春王正月，用田賦。

又《哀公十三年》 吳人將以公見晉侯，子服景伯對使者曰：『王合諸侯，則伯帥侯牧以見於王。注：伯，王官伯。侯牧，方伯。伯合諸侯，則侯帥子、男以見於伯。注：伯，諸侯長。自王以下，朝聘玉帛不同，故敝邑之職貢於吳，有豐於晉，無不及焉，以為伯也。今諸侯會，而君將以寡君見晉君，則晉成為伯矣。敝邑將改職貢，魯賦於吳八百乘，若為子、男，則將半邾，以屬於吳，注：半邾，三百乘。而如邾以事晉。注：如邾六百乘。《正義》：七年《傳》：茅夷鴻請救於吳，云「魯賦八百乘，君之貳也；邾賦六百乘，君之私也。」今魯賦八百乘以貢於吳，以吳為伯故也。吳今帥魯以見於晉，則吳為州牧，魯為子、男，晉成伯矣。邾是子爵，以六百乘貢吳，邾以吳為伯故也。魯既以晉為伯，吳為牧，牧卑於伯，則將半邾三百乘，以屬於吳，而如邾六百乘，以事於晉也。且執事以伯召諸侯，而以侯終之，何利之有焉？』吳人乃止，既而悔之。

《國語》卷三《周語下》 單穆公曰：【略】『《夏書》有之曰：「關石龢均，王府則有。」』三國吳韋昭注：《夏書》，逸書也。關，門關之征也。石，今之斛也。言征賦調均，則王之府藏常有也。一曰：關，衡也。

又 卷一《周語上》 祭公謀父諫曰：【略】『甸服者祭，注：供日祭也。此采地之君，其見無數。侯服者祀，注：供月祀也。堯、舜及周侯服皆歲見。賓服者享，注：供時享也。享，獻也。《周禮》：甸圻二歲而見，男圻三歲而見，采圻四歲而見，衛圻五歲而見。其見也，皆以所貢助祭於廟，《孝經》所謂「四海之内各以其職來祭。」要服者貢，注：供歲貢也。要服六歲一見。荒服者王。注：王，王事天子也。《周禮》：九州之外，謂之蕃國。世一見，各以其所貴珤為贄。故《詩》曰：自彼氐羌，莫敢不來王。日祭，注：日祭祭於祖考，謂上食也。近漢亦然。月祀，注：月祀於曾、高。時享，注：時享於二祧。歲貢，注：歲貢於壇墠。終王，注：終謂世終也，朝嗣王及即位而來見。先王之訓也。』

又 卷一六《鄭語》（史伯）對曰：『於是乎先王【略】求財於有方。』注：使各以其方賄來方之，所無則不貢也。

又 卷五《魯語下》 仲尼曰：【略】『昔武王克商，通道於九夷百蠻，注：九夷，東夷九國。百蠻，蠻有百邑也。使各以其方賄來貢。注：方賄，各以所居之方所出貨賄為貢也。使無忘職業。』

季康子欲以田賦，注：田賦，以田出賦也。賈侍中云：田，一井也。周制，十六井賦戎馬一匹，牛三頭；一井之田而欲出十六井之賦也。昭謂：此數甚多，似非也。下雖云收田一井，凡數從夫井起，故云井耳。使冉有訪諸仲尼，注：冉有，孔子弟子冉求也。為季氏宰，康子欲加賦，使訪之也。仲尼不對。注：以其非制也。私於冉有曰：『求，來！汝不聞乎？先王制土，藉田以力而砥其遠邇，注：制土，制其肥磽以為差也。藉田，謂稅也。以力，謂三十者受田百畝，二十者受五十畝，六十還田也。砥，平也。平遠近，遠近有差也。《周禮》：近郊十一，遠郊二十而三，甸、稍、縣、都，皆無過十二也。賦里以入而量其有無，注：里，廛也，謂商賈所居之區域也。以入計其利入多少，而量其財業有無，以為差也。《周禮》：國宅無征。園廛二十而一，漆林二十而五。任力以夫而議其老幼。注：力謂徭役。以夫，以夫家為數也。議其老幼，老幼則有復除也。於是乎有鰥寡孤疾，注：又議其鰥寡孤疾而不役也。疾，廢疾也。有軍旅之出則徵之，無則已。注：徵，徵鰥寡孤疾之賦也。已，止也。無軍旅之出，則止不賦。其歲，收田一井，出稯禾、秉芻、缶米，不是過也。注：其歲，有軍旅之歲也。缶，庾也。《聘禮》曰：十六斗曰庾，十庾曰秉。秉，一百六十斗也。四秉曰筥，十筥曰稯。稯，六百四十斛也。先王以為足。注：足，供用也。若子季孫欲其法也，則有周公之藉矣。注：藉田之法，周公所制也。若欲犯法則苟而賦，又何訪焉？』注：苟，苟且也。時康子不聽，魯哀十二年春，卒用田賦。

又 卷九《晉語三》 公在秦三月，聞秦將成，乃使郤乞告呂甥。呂甥教之言：『令國人於朝曰：「君使乞告二三子曰：秦將歸寡人，寡人不足以辱社稷。二三子其改置，以代圉也。且賞以說衆。」』衆皆哭焉。作轅田。注：賈侍中云：轅，易也。為易田之法，賞衆以田。易者，易疆界也。或云：轅，車也，以田出車賦。昭謂此欲賞以說衆，而言以田出車賦，非也。唐云：讓肥取墝也。呂甥致衆而告之曰：『吾君慙焉。其亡之不恤，注：亡謂在外。恤，憂也。而羣臣是憂，不亦惠乎！注：憂謂改立君，賞羣臣，作轅田也。君猶在外，若何？』衆曰：『何為而可？』注：何所施為，可以還君。呂甥曰：『以韓之病，兵甲盡矣。注：病，敗也。若征繕以輔孺子，以為君援，注：征，賦也。言當賦稅以繕甲兵，輔子圉以為君援。雖四鄰之聞之也，喪君有君，羣臣輯睦，兵甲益多，好我者勸，惡我者懼，庶有益乎！』衆皆說焉。作州兵。注：二千五百家為州。使州長各帥其屬，繕甲兵也。

又 卷六《齊語》 管子對曰：『相地而衰征，則民不移。』注：相，視也。衰，差也。視土地之美惡及所生出，以差征賦之輕重也。移，徙也。

（桓公）遂南征伐楚，濟汝，踰方城，望汶山，注：濟，渡也。汝，水名。方城，楚北之阨塞也。謂師至於陘時也，在魯僖公四年。汶山，楚山也。使貢絲於周而反，荆州諸侯莫敢不來服。

《公羊傳・宣公十五年》 （秋）初稅畝。《傳》：初者何？始也。稅畝者何？履畝而稅也。漢何休《解詁》：時宣公無恩信於民，民不肯盡力於公田，故履踐案行，擇其善畝穀最好者，稅取之。初稅畝，何以書？譏。何譏爾？譏始履畝而稅也。何譏乎始履畝而稅？古者什一而藉。《解詁》：什一以借民力，以什與民，自取其一為公田。古者曷為什一而藉？什一者，天下之中正也。多乎什一，大桀小桀；《解詁》：奢泰多取於民，比於桀也。寡乎什一，大貉小貉。《解詁》：蠻貉無社稷、宗廟、百官制度之費，稅薄。什一者，天下之中正也。什一行而頌聲作矣。《解詁》：頌聲者，太平歌頌之聲，帝王之高致也。《春秋經傳》數萬，指意無窮，狀相須而舉相待而成，至此獨言頌聲作者，民以食為本也。夫饑寒竝至，雖堯、舜躬化，不能使野無寇盜。貧富兼并，雖皐陶制法，不能使彊不陵弱。是故聖人制井田之法而口分之，一夫一婦受田百畝，以養父母妻子。五口為一家，公田十畝，即所謂什一而稅也。廬舍二畝半，田一頃十二畝半，八家而九頃，共為一井，故曰井田。廬舍在內，貴人也，公田次之，重公也。私田在外，賤私也。井田之義，一曰無泄地氣，二曰無費一家，三曰同風俗，四曰合巧拙，五曰通財貨。因井田以為市，故俗語曰『市井』。

又《成公元年》 三月，作丘甲。《傳》：何以書？譏。何譏爾？譏始丘使也。《解詁》：四井為邑，四邑爲丘。甲，鎧也。譏始使丘民作鎧也。古者有四民，一曰德能居位曰士，二曰辟土殖穀曰農，三曰巧心勞手，以成器物曰工，四曰通財粥貨曰商。四民不相兼，然後財用足。『月』者，重錄之。

又《哀公十二年》 春，用田賦。《傳》：何以書？譏。何譏爾？譏始用田賦也。《解詁》：田謂一井之田。賦者，斂取其財物也。言用田賦者，若今漢家斂民錢，以田為率矣。不言井者，城郭、里巷亦有井，嫌悉賦之。禮，稅民，公田不過什一，軍賦，十井不過一乘。哀公外慕彊吳，空盡國儲，故復用田賦，過什一。

《穀梁傳・莊公二十八年》 臧孫辰告糴於齊。《傳》：古者稅什一，豐年補敗，晉范寧《集解》：敗謂凶年。不外求而上下皆足也。雖累凶年，民弗病也。

又《宣公十五年》 （秋）初稅畝。《傳》：初者，始也。古者什一，《集解》：一夫一婦，佃田百畝，以共五口，父母妻子也。又受田一十畝，以為公田。公田在內，私田在外。此一夫一婦，為耕百一十畝。藉而不稅。《集解》：藉此公田而收其入，言不稅民。初稅畝，非正也。古者三百步為里，名曰井田。井田者，九百畝，公田居一。《集解》：出除公田八十畝，餘八百二十畝，故井田之法，八家共一井，八百畝；餘二十畝，家各二畝半為廬舍。私田稼不善，則非吏；《集解》：非，責也。吏，田畯也。言吏急民，使不得營私田。公田稼不善，則非民。《集解》：民勤私也。初稅畝者，非公之去公田而履畝，十取一也，以公之與民為已悉矣。《集解》：悉，謂盡其力。古者公田為居，《集解》：八家共居。井竈葱韭盡取焉。《集解》：損其廬舍，家作一園，以種五菜，外種楸桑，以備養生送死。

又《成公元年》 三月，作丘甲。《傳》：作，為也，丘為甲也。《集解》：使一丘之民皆作甲。丘甲，國之事也。丘作甲，非正也。丘作甲之為非正，何也？古者立國家，百官具，農、工皆有職以事上。古者有四民，有士民，《集解》：學習道藝者。有商民，《集解》：通四方之貨者。有農民，《集解》：播殖耕稼者。有工民。《集解》：巧心勞手，以成器物者。夫甲，非人人之所能為也。《集解》：各有業也。丘作甲，非正也。

又《哀公十二年》 春，用田賦。《傳》：古者公田什一，用田賦，非正也。《集解》：古者五口之家，受田百畝，爲官田十畝，是爲私得其什而官稅其一，故曰什一。周謂之徹，殷謂之助，夏謂之貢，其實一也，皆通法也。今乃棄中平之法而田、財竝賦，言其賦民甚矣。

《老子·七十五章》 民之饑，以其上食稅之多，漢河上公《章句》：人民所以饑深者，以其君上稅食下太多。是以饑。《章句》：民皆化上為矣，叛道違德，故饑。

《墨子》卷六《節用上》 今天下為政者，其所以寡人之道多，其使民勞，其籍斂厚，民財不足，凍餓死者不可勝數也。

《管子》卷七《大匡》 桓公踐位十九年，弛關市之征，唐房玄齡注：征，賦也。五十而取一。注：取其貨賄五十之一。賦祿以粟，案田而稅，注：案，知其壤塉而稅之。二歲而稅一。注：率二歲而一稅之。上年什取三，中年什取二，下年什取一。歲飢不稅，注：歲飢，謂時歲緫飢，故不稅。歲飢弛而稅。此歲飢，謂有飢者，有不飢者，故弛飢而稅不飢。

又 卷二二《海王》 桓公曰：『然則吾何以為國？』管子對曰：『唯官山海為可耳。』桓公曰：『何謂官山海？』管子對曰：『海王之國，謹正鹽筴。』注：海王，言以負海之利而王其業。桓公曰：『何謂正鹽筴？』注：正，稅也。管子對曰【略】『禺筴之商，日二百萬；注：禺讀為偶，偶，對也。商，計也。對其大男、大女食鹽者之口數而立筴以計，所稅之鹽，一日計二百萬，合為二百鍾。十日，二千萬；一月，六千萬。萬乘之國，正九百萬也。月人三十錢之籍，為錢三千萬。【略】今夫給之鹽筴，則百倍歸於上，人無以避此者數也。今鐵官之數：【略】今鍼之重加一也，三十鍼，一人之籍。刀之重加六，五六三十，五刀，一人之籍也。耜鐵之重加七，三耜鐵，一人之籍也。注：耜鐵之重，每十分加七分，以為彊而取之，則一農之籍得三耜鐵也。其餘輕重，皆準此而行。注：其器彌重，其加彌多。然則舉臂勝事，無不服籍者。』

《孟子·滕文公上》 夏后氏五十而貢，殷人七十而助，周人百畝而徹，其實皆什一也。徹者徹也，助者藉也。漢趙岐注：夏禹之世，號夏后氏。后，君也。禹受禪於君，故夏稱后。殷、周順人心而征伐，故言人也。民耕五十畝，貢上五畝。耕七十畝者，以七畝助公家。耕百畝者，徹取十畝以爲賦。雖異名，而多少同，故曰皆什一也。徹猶取人。徹，取物也。藉者，借也，猶人相借力助之也。龍子曰：治地莫善於助，莫不善於貢。貢者，校數歲之中，以爲常。注：龍子，古賢人也。言治土地之賦，無善於助者也。貢者，校數歲以爲常，類而上之，民供奉之有易有不易，故謂之莫不善於貢也。樂歲，粒米狼戾，多取之而不爲虐，則寡取之。凶年，糞其田而不足，則必取盈焉。注：樂歲，豐年。狼戾，猶狼藉也。粒米，粟米之粒也。饒多狼藉，棄捐於地，是時多取於民，不爲暴虐也，而反以常數，少取之。至於凶年饑歲，民人糞其田尚無所得，不足以食，而公家取其稅，必滿其常數焉。不若從歲饑穰以爲多少，與民同之也。爲民父母，使民盻盻然將終歲勤動，不得以養其父母，又稱貸而益之，使老稚轉乎溝壑，惡在其爲民父母也？注：盻盻，勤苦不休息之貌。【略】《詩》云：『雨我公田，遂及我私。』惟助爲有公田。由此觀之，雖周亦助也。注：《詩·小雅·大田》之篇。言太平時，民悅其上，願欲天之先雨公田，遂以次及我私田也。惟殷人助者，爲有公田耳。此周詩也，而云雨公田，知雖周家之時，亦有助之之制也。

又《盡心下》 孟子曰：有布縷之征，粟米之征，力役之征。注：征，賦也。國有軍旅之事，則横興此三賦也。布，軍卒以為衣也；縷，紩鎧甲之縷也。粟米，軍糧也。力役，民負荷斯養之役也。君子用其一，緩其二；用其二而民有殍，用其三而父子離。注：君子為政，雖遭軍旅，量其民力，不並此三役更發。異時急一緩二，民不苦之。若並用二，則路有餓殍；若並用三，則分崩不振，父子離析，忘禮義矣。

又《公孫丑下》 孟子曰：【略】『市廛而不征，法而不廛，則天下之商皆悅，而願藏於其市矣。注：法而不廛者，當以什一之法征其地耳，不當征其廛宅也。關譏而不征，則天下之旅皆悅，而願出於其路矣。耕者助而不稅，則天下之農皆悅，而願耕於其野矣。廛無夫里之布，則天下之民皆悅，而願爲之氓矣。』注：里，居也。布，錢也。夫，一夫也。【略】氓者，謂其民也。

古之爲市也，以其所有，易其所無者，有司者治之耳。有賤丈夫焉，必求龍斷而登之，以左右望而罔市利，人皆以爲賤，故從而征之。征商自此賤丈夫始矣。注：古者市置有司，但治其爭訟，不征税也。賤丈夫，貪人可賤者也。入市則求龍斷而登之，龍斷謂堁斷而高者也。左右占視，望見市中有利，罔羅而取之。人皆賤其貪者也，故就征取其利。後世緣此，遂征商人。【略】古者，謂周公以前。《周禮》有關市之征也。

又 《盡心下》 孟子曰：古之為關也，將以禦暴。今之為關也，將以為暴。注：古之為關，將以禦暴亂，譏閉非常也。今之為關，反以征税出入之人，將以為暴虐之道也。

《荀子》卷五《王制篇》 王者之等賦、政事，財萬物所以養萬民也。唐楊倞注：等賦，賦税有等。所以為等賦及政事裁制萬物，皆為養人，非貪利也。財與『裁』同。田野什一，注：什税一也。關市幾而不征，注：幾，呵察也，但呵察姦人而不征税也。山林澤梁以時禁發而不税，注：石絕水為梁，所以取魚也。非時則禁，及時則發。《禮記》曰：獺祭魚，然後漁人入澤梁；草木零落，然後入山林也。相地而衰政，注：相，視也。衰，差也。政，為之輕重。政或讀為征。理道之遠近而致貢，注：理，條理也。貢，任土所貢也，謂若百里賦納緫、二百里納銍之類也。通流財物粟米，無有滯留，注：貿遷有無化居，不使有滯積也。使相歸移也，四海之内若一家。注：歸讀為『饋』。移，轉也。言通商及轉輸相救，無不豐足，雖四海之廣，若一家也。故近者不隱其能，遠者不疾其勞，注：不隱其能，謂竭其才力也。不疾苦其勞，謂奔走來王也。無幽閒隱僻之國，莫不趨使而安樂之。注：幽，深也。閒，隔也。言無有深隔之國不為王者趨使而安樂政教也。夫是之謂人師，是王者之法也。注：師，長也。言為政如此，乃可以長久也。師者，亦使人法效之者也。

又 卷一九《大略篇》 故天子不言多少，諸侯不言利害，大夫不言得喪，注：皆謂言財貨也。士不通財貨。注：七賤雖得言之，亦不得貿遷如商賈也。有國之君不息牛羊，注：息，繁育也。錯質之臣不息雞豚，注：錯，置也。質讀為『贄』。《孟子》曰：出疆必載質。蓋古字通耳。置贄，謂執贄而置於君。《士相見禮》曰：士大夫奠贄於君，再拜稽首。《禮》曰：畜馬乘者不察於雞豚。或曰：置質猶言委質也。言凡委質為人臣，則不得與下爭利。冢卿不修幣，大夫不為場園，注：冢卿，上卿。不修幣，謂不修財幣，販息之也。治稼穡曰場，樹蔬菜曰園。謂若公儀子不奪園夫、工女之利也。從士以上皆羞利而不與民爭業，樂分施而恥積藏。然故民不困財，貧窶者有所竄其手。注：竄，容也，容集其手而力作也。文王誅四，武王誅二，周公卒業，至成、康則案無誅已。注：並解在《仲尼篇》。言周公終王業，猶不得無誅伐，至成、康，然後刑措也。重引此者，明不與民爭利，則刑罰省也。多積財而羞無有，注：羞貧。重民任而誅不能，注：使民不能勝任，而復誅之。此邪行之所以起，刑罰之所以多也。上好羞則民闇飾矣，注：好羞貧而事奢侈，則民闇自修飾也。上好富則民死利矣。二者，亂之衢也。注：衢，道。民語曰：『欲富乎！忍恥矣，傾絕矣，絕故舊矣，與義分背矣。』注：忍恥，不顧廉恥。傾絕，謂傾身絕命而求也。分背，如人分背而行。上好富，則人民之行如此，安得不亂？

又 卷五《王制篇》 成侯、嗣公，聚斂計數之君也，注：成侯、嗣公，皆衛君也。《史記》衛聲公卒，子成侯立。成侯卒，子平侯立。平侯卒，子嗣君立。《韓子》曰：衛嗣公重如耳，愛泄姬，而恐其皆因愛重以壅己也，乃貴薄疑，以敵如耳；尊魏妃，以偶泄姬。曰：『以是相參也。』又使客過關市，賂之以金，後召關市，問其有客過，與汝金，汝廻遣之。關市大恐，以嗣公為明察。此皆計數之類也。未及取民也。注：未及，謂其才未及取也。民謂得民心。

《韓非子》卷九《内儲說上·七術》 衛嗣公使人為客過關市，關市苛難之。因事關市，以金與關吏，乃舍之。嗣公為關吏曰：『某時有客過而所與汝金，而汝因遣之。』關吏乃大恐，而以嗣公為明察。

又 卷一一《外儲說左上》 兒說，宋人善辯者也，持白馬非馬也，服齊稷下之辯者。乘白馬而過關，則顧白馬之賦。故籍之虛辭，則能勝一國；考實按形，不能謾於一人。

《呂氏春秋》卷一八《審應》 衛嗣君欲重税以聚粟，民弗安。以告薄疑曰：『民甚愚矣。』漢高誘注：嗣君，蒯聵後也，八世平侯之子也。秦貶其號為君。薄疑，其臣也，故以重税告之，謂民為愚。夫聚粟也，將以為民也。其自藏之與在於上，奚擇？』注：言民自藏粟於家與藏之於官何擇？擇，異也。薄疑曰：『不然。其在於民而君弗知，注：知猶得也。其不如在上也。注：為官言，不如其在上。上謂官。其在於上而民弗知，其不如在民也。』注：為民言，不如在於民。

《戰國策》卷二四《魏三》 朱己謂魏王曰：【略】『通韓之上黨於

共，甯，使道已通，因而關之，出入者賦之，是魏重質韓以其上黨也，共有其賦，足以富國。』

《史記》卷四四《魏世家》 無忌謂魏王曰：【略】『通韓上黨於共、甯，使道安成，出入賦之，是魏重質韓以其上黨也。今有其賦，足以富國。』

又 卷五《秦本紀》 （孝公）十四年，初為賦。《集解》：徐廣曰：制貢賦之法也。《索隱》：譙周云：初為軍賦也。

又 卷一五《六國年表・秦表》 秦簡公七年，初租禾。

又 卷八一《廉頗藺相如列傳》 趙奢者，趙之田部吏也。收租稅而平原君家不肯出，趙奢以法治之，殺平原君用事者九人。平原君怒，將殺奢，奢因說曰：『君於趙為貴公子，今縱君家而不奉公則法削，法削則國弱，國弱則諸侯加兵，諸侯加兵，是無趙也，君安得有此富乎？以君之貴，奉公如法，則上下平，上下平則國彊，國彊則趙固，而君為貴戚，豈輕於天下邪？』平原君以為賢，言之於王，王用之治國賦，國賦大平，民富而府庫實。

漢・桓寬《鹽鐵論》卷二《非鞅》 大夫曰：昔商君相秦也，【略】外設百倍之利，收山澤之稅，國富民强。

《後漢書》一一六《南蠻西南夷傳・南蠻》 及秦惠王幷巴中，以巴氏為蠻夷君長。【略】其君長歲出賦二千一十六錢，三歲一出義賦千八百錢。其民戶出幏布八丈二尺，雞羽三十鍭。唐李賢注：《說文》：幏，南蠻夷布也。《毛詩》四鍭既均，《儀禮》矢鍭一乘。鄭玄注曰：鍭猶候也，候物而射之也。三十鍭，一百四十九。

板楯蠻夷者，秦昭襄王時有一白虎，常從群虎數遊秦蜀、巴漢之境，傷害千餘人。昭王乃重募國中有能殺虎者，賞邑萬家，金百鎰。時有巴郡閬中夷人能作白竹之弩，乃登樓射殺白虎。王嘉之，而以其夷人，不欲加封，乃刻石盟要，復夷人頃田不租，十妻不筭。注：優寵之，故一戶免其一頃田之稅，雖有十妻，不輸口筭之錢。

漢・劉向《新序》卷二《雜事第二》 明年，東陽上計，錢布十倍，大夫畢賀。文侯曰：『此非所以賀我也。譬無異夫路人反裘而負芻也，將愛其毛，不知其裏，盡毛無所恃也。今吾田地不加廣，士民不加衆，而錢十倍，必取之士大夫也。吾聞之，下不安者，上不可居也。此非所以賀我也。』

漢・劉向《說苑》卷一一《善說》 齊宣王出獵於社山，社山父老十三人相與勞王。王曰：『父老苦矣。』謂左右，賜父老田不租。父老皆拜，閭丘先生不拜。王曰：『父老以為少耶？』謂左右，復賜父老無徭役。父老皆拜，閭丘先生又不拜。王曰：『拜者去，不拜者前。』曰：『寡人今日來觀父老，幸而勞之，故賜父老田不租。父老皆拜，先生獨不拜。寡人自以為少，故賜父老無徭役。父老皆拜，先生又獨不拜，寡人得無有過乎？』

《漢書》卷二四上《食貨志上》 理民之道，地著為本。【略】有賦有稅，稅謂公田什一及工、商、衡、虞之入也，唐顏師古注：賦謂計口發財，稅謂收其田入也。什一謂十取其一也。工商衡虞雖不墾殖，亦取其稅者，工有技巧之作，商有行販之利，衡、虞取山澤之材產也。賦共車馬、甲兵、士徒之役，注：徒，衆也。共，讀曰『供』。充實府庫賜予之用。稅給郊社、宗廟百神之祀，天子奉養百官祿食庶事之費。【略】周室既衰，暴君污吏慢其經界，繇役橫作，政令不信，上下相詐，公田不治。故魯宣公初稅畮，《春秋》譏焉。於是上貪民怨，災害生而禍亂作。陵夷至於戰國，貴詐力而賤仁誼，先富有而後禮讓。

又 卷二三《刑法志》 夏有甘扈之誓，殷、周以兵定天下矣。天下既定，戢臧干戈，教以文德，而猶立司馬之官，設六軍之衆，因井田而制軍賦。【略】地方一里為井，井十為通，通十為成，成方十里，成十為終，終十為同，同方百里，同十為封，封十為畿，畿方千里。有稅有賦，稅以足食，賦以足兵。故四井為邑，四邑為丘，丘十六井也，有戎馬一匹，牛三頭。四丘為甸，甸六十四井也，有戎馬四匹，兵車一乘，牛十二頭，甲士三人，卒七十二人，干戈備具，是謂乘馬之法。一同百里，提封萬井，除山川沈斥、城池邑居、園囿術路三千六百井，定出賦六千四百井，戎馬四百匹，兵車百乘，此卿大夫采地之大者也，是謂百乘之家。一封三百一十六里，提封十萬井，定出賦六萬四千井，戎馬四千匹，兵車千乘，此諸侯之大者也。是謂千乘之國。天子畿方千里，提封百萬井，定出賦六十四萬井，戎馬四萬匹，兵車萬乘，故稱萬乘之主。

《晉書》卷二六《食貨志》 《書》曰：『曆象日月星辰，敬授民時。』《傳》曰：『禹、稷躬稼而有天下。』若乃九土既敷，四民承範，東吳有齒角之饒，西蜀有丹砂之富。兗、豫漆絲之廥，燕、齊恠石之府。秦、邠旄羽，迥帶琅玕；荆、郢桂林，旁通竹箭。江干橘柚，河外舟車，遼西旃罽之鄉，葱右蒲梢之駿。殖物恠錯，於何不有？若乃上法星象，下料無外，因天地之利而總山海之饒；百畝之田，十一而稅，九年躬稼而有三年之蓄。可以長孺齒，可以養耆年。因乎人民，用之邦國，宮室有度，旗章有序，朝聘自其儀，宴饗由其制，家殷國阜，遠至邇安，救水旱之災，恤寰瀛之弊，然後王之常膳，乃間笙鏞。商、周之興，用此道也。

辛紂暴虐，翫其經費，金鏤傾宮，廣延百里，玉飾鹿臺，崇高千仞，宮中九市，各有女司。厚賦以實鹿臺之錢，大斂以增鉅橋之粟。多發妖冶，以充傾宮之麗；廣收珍玩，以備沙丘之遊。懸肉成林，積醪為沼，使男女裸體相逐於其間，伏詣酒池中，牛飲者三千餘人。宮中以錦綺為席，綾紈為薦。及周王誅紂，肅拜殷墟，乃盡振鹿財，並頒橋粟，上天降休，殷人大喜。王赧云季，徙都西周，九鼎淪没，二南堙盡，貸於百姓，無以償之，乃上層臺，以避其責，周人謂王所居為逃責臺者也。昔周姬公，制以六典，『職方』陳其九貢，頒財內府，永為不刋。及刑政陵夷，菁茅罕至，魯侯初踐畝之稅，秦君收太半之入，前王之範，靡有孑遺。

《隋書》卷二四《食貨志》 《周官》『太府』掌九貢、九賦之法，王之經用，各有等差，所謂取之有道，用之有節，故能養百官之政，勗戰士之功，救天災，服方外，活國安人之大經也。爰自軒、頊，至於堯、舜，皆因其所利而勸之，因其所欲而化之，不奪其時，不窮其力，輕其征，薄其賦。此五帝三皇不易之教也。古語曰：『善為人者，愛其力而成其財。』若使之不以道，斂之如不及，財盡則怨，力盡則叛。昔禹制九等而康歌興，周人十一而頌聲作。於是東周遷洛，諸侯不軌，魯宣初稅畝，鄭產為丘賦，先王之制靡有孑遺。秦氏起自西戎，力正天下，驅之以刑罰，棄之以仁恩，以大半之收，長城絶於地脉；以頭會之斂，屯戍窮於嶺外。

唐·杜佑《通典》卷四《食貨四·賦稅上》 殷以天子之地，百里之內以供官。千里之內曰甸，以為御。千里之外曰流，設方伯以為屬。公田藉而不稅，稅，均取也。七十而助，助者，藉也，借力理公田也。是以其求也寡，其供也易。降及辛紂，暴虐厚賦，以實鹿臺，大斂以積鉅橋。

論說

《管子》卷一五《治國》 凡農者，月不足而歲有餘者也。而上徵暴急無時，注：謂徭稅不以時。則民倍貸，以給上之徵矣。注：倍貸，謂貸一還二也。耕耨者有時而澤不必足，注：謂雨澤不足也。則民倍貸，以取庸矣。注：澤不足則歲凶，富者倍貸於貧，不能還其倍價者，則計所倍而取庸矣。秋糴以五，春糶以束，是又倍貸也。注：謂富者秋時以五糴之，至春出糶，便收其束矣。此亦倍貸之類也。束，十疋也。故以上之徵，而倍取於民者四。注：謂上無時之徵，一也；澤不足，二也；秋糴春糶，三也。下關市府庫之徵，四也。關市之租，府庫之徵，粟什一，厮輿之事，此四時亦當一倍貸矣。注：府庫謂府之庫，新有徵稅。言人供關市、府庫之徵，亦用粟之什一，計四時常有所用，故亦當一倍貸之。夫以一民養四主，注：四主，即上四倍貸也。故逃徙者刑，注：謂有刑罰。而上不能止者，粟少而民無積也。

《韓非子》卷一九《五蠹》 夫吏之所稅，耕者也；而上之所養，學士也。耕者則重稅，學士則多賞，而索民之疾作而少言談，不可得也。

《魏書》卷一一〇《食貨志》 夫為國為家者，莫不以穀貨為本，故《洪範》八政，以食為首。其在《易》曰：『聚人曰財。』《周禮》以九職任萬民，以九賦斂財賄。是以古先哲王，莫不敬授民時，務農重穀，躬親千畝，貢賦九州。且一夫不耕，一女不織，或受其飢寒者。飢寒迫身，不能保其赤子，攘竊而犯法，以至於殺身。迹其所由，王政所陷也。夫百畝之內，勿奪其時，易其田疇，薄其稅斂，民可使富也。既飽且富，而仁義禮節生焉，亦所謂衣食足，識榮辱也。

唐·陸淳《春秋集傳纂例》卷六《賦稅例》 趙子曰：賦稅者，國之所以治亂也，故志之。統論書賦稅之意。民，國之本也。取之甚則流亡，國必危矣。故君子慎之。有國者慎賦稅。

唐·杜佑《通典》卷四《食貨四·賦稅上》 古之有天下者，未嘗直取之於人。其所以制賦稅者，謂公田什之一及工商衡虞之入。稅以供郊廟社稷、天子奉養百官祿食也，賦以給車馬、兵甲、士徒賜予也。言人君唯於田及山澤可以制財賄耳。其工商雖有技巧之作，行販之利，是皆浮食，不敦其本，蓋欲抑損之義也。古者宅不毛，有里布；地不耕，有屋粟；人無職事，出夫家之征。言宅不毛者，出一里二十五家之布；田不耕者，出三家之稅粟。人雖有閒無職事，猶出夫稅、家稅。夫稅者，謂田畝之稅；家稅者，謂出士徒、車輦，給徭役也。蓋皆罰其惰，務令歸農。是故歷代至今，猶計田取租稅。

古者人君上歲役不過三日，是故歷代至今，雖加至二十日，數倍多古制，猶以庸為名。既免其役，日收庸絹三尺，共當六丈；更調二丈，則每丁壯當兩疋矣。夫調者，猶存古井田調發兵車名耳，此豈直斂人之財者乎？什一者，天下之正中，多乎則大桀小桀，寡乎則大貊小貊，故什一行而頌聲作，二不足而《碩鼠》興。古之聖王以義為利，不以利為利，寧積於人，無藏府庫。百姓不足，君孰與足？是故鉅橋盈而殷喪，成皋溢而秦亡。《記》曰：『人散則財聚，財散則人聚。』此之謂也。

《舊唐書》卷四八《食貨志上》 先王之制，度地以居人，均其沃瘠，差其貢賦，蓋斂之必以道也。量入而為出，節用而愛人，度財省費，蓋用之必有度也。是故既庶且富，而教化行焉。周有井田之制，秦有阡陌之法。二世發閭左而海內崩離，漢武稅舟車而國用以竭。自古有國有家興亡盛衰，未嘗不由此也。

《新唐書》卷五一《食貨志》 古之善治其國而愛養斯民者，必立經常簡易之法，使上愛物以養其下，下勉力以事其上，上足而下不困。故量人之力而授之田，量地之產而取以給公，上量其入而出之，以為用度之數。是三者常相須以濟而不可失，失其一則不能守其二。及暴君庸主縱其佚欲，而苟且之吏從之變制，合時以取寵於其上，故用於上者無節而取於下者無限，民竭其力而不能供。由是上愈不足而下愈困，則財利之說興而聚斂之臣用。《記》曰：『寧畜盜臣。』盜臣誠可惡，然一人之害爾。聚斂之臣用則經常之法壞，而下不勝其弊焉。

宋・王欽若等《冊府元龜》卷四八七《邦計部・賦稅》 自禹平水土，乃定九州之賦。商周二代，率循其制。有賦有稅，稅以給郊社宗廟百神之祀，乘輿奉養百官祿食庶事之費，賦以供兵甲車馬士徒之役，府庫錫予之用。蓋周之法，詳矣。其後沿襲殊範，貪涼迭變，乃至履畝之政作，丘甲之斂生，失於舉中，異夫稽古。【略】然而制財用之節，量輕重之法，陳之藝極，歸於底慎，必在乎稽先王之彝憲，求歷代之令典。是以什一而賦，謂之中正；頌聲之作，罔不繇是焉。

宋・張方平《樂全集》卷一六《治地莫善於助論》 古之制國家者，上則有宗廟群神之祀，下則有朝廷百官之給，故所以制財用之節。其取於民，必有制也。孟子言三代之事，曰夏后氏五十而貢，商人七十而助，周人百畝而徹，皆什一之法，而謂治地莫善於助，莫不善於貢。貢者，校數歲之中以為常。《周詩》曰：『雨我公田，遂及我私。』惟助為有公田，則是雖周，亦助也。蓋三代之道，夏后寡怨於民，不求備於下民，未厭其親。商人求備矣，而孟子舉治地之善，以助為得，其義何在？請試論之。

夫什一而籍，天下之中正也。多乎則大桀、小桀，少乎則大貉、小貉。故井田之制，一夫百畝，八夫為井，共治一夫之地，以為公田。助者，借也，言借民之力以治之也。地之腴确，歲之饑穰，此乎取之，不擇焉爾。故曰：私田稼不善，則非吏；公田稼不善，則非民。群祀之粢盛於是乎出，事之供給於是乎節，國之經入於是乎在，民之蓄庶於是乎起，穀祿於是乎平，政教於是乎均，故曰什一行而頌聲作矣。彼夫貢者，校數歲以為常，不計乎地之腴确，歲之饑穰，則是履畝之道也。《春秋》書宣公『初稅畝』，以其擇諸善者取之，故君子譏公，以為於民已悉矣。

是故君子之作事也，施取其厚，事舉其中，斂從其薄，則是先王之取於民也，節矣。所以能節取於民也者，蓋有道焉。節用無微，嗇費無小，不貴異物賤用物，不作無益害有益。念四方惟正之供，則戒盤遊之佚；憫小人作業之勞，則絕侈過之奉。歲杪而會，量入為出，如此則能節取於民矣。《記》曰：時使薄斂，所以勸庶民也。故民趨其本，農狎於野，仰足以事父母，俯足以畜妻子。豐年樂於盈羨，饑年免於轉亡，於是乎樂事勸功，尊君親上，廉讓之義立，爭奪之患息，毆而從化也易矣。何脩而至乎此？得不由治地之法善也哉！

宋・蘇軾《東坡全集》卷五〇《穀梁四首・問魯作丘甲》 對：先王之為天下也，不求民以其所不為，不強民以其所不能，故其民優游而樂易。周之盛時，其所以賦取於民者，莫不有法，故民不告勞而上不闕用。

及其衰也，諸侯恣行，其所以賦取於民者，唯其所欲而刑罰隨之，故其民至於窮而無告。夫民之為農而責之以工也，是猶居山者而責之以舟楫也。魯成公作丘甲，而《春秋》譏焉。《穀梁傳》曰：古者農工各有職，甲非人人之所能為也。丘作甲，非正也。而杜預以為古者四丘為甸，甸出長轂一乘，戎馬四匹，牛十二頭，甲士三人，步卒七十二人，而魯使丘出之也。夫四丘而後為甸，魯雖重斂，安至於四倍而取之哉？哀公用田賦，曰『二，吾猶不足』，而夫子譏其殘民之甚，未有四倍而取者也。且夫變古易常者，《春秋》之所譏也，故書『作三軍』，『舍中軍』，『初税畝』，『作丘甲』，『用田賦』者，皆所以譏政令之所由變也。而《穀梁》、杜氏之説如此之相戾，安得不辯其失而歸之正哉？故愚曰：《穀梁》之説是。謹對。

宋·陳祥道《禮書》卷二八《夏貢商助周徹》　《周官·載師》：園廛二十而一，近郊十一，遠郊二十而三，甸稍縣都皆無過十二。《閭師》：任農以耕事，貢九穀。《司稼》：巡野觀稼，以年之上下，出斂法。此周之貢法也。《詩》曰：『雨我公田，遂及我私。』《旅師》：有耡粟。許慎釋耡為助。《孟子》曰：九一而助。《穀梁》曰：什一藉而不税。此周之助法。藉而不税，則同乎商。《王制》言：古者公田藉而不税。鄭氏以為商制。其貢法，以年上下，則異乎夏。然夏之民，耕五十畮而以五畮貢；商之民，耕七十畮而以七畮助，皆什内之一。周之民，耕百畮以公田十畮徹，什外之一。《孟子》言其實皆什一者，以其法雖少異，而其實不離什一也。《孟子》曰：請野九一而助，國中什一使自賦。九一，自地言之也；什一，自物言之也。鄭氏釋《匠人》，謂通其率，以什一為正。孔穎達之徒申之，謂助則九而貢一，貢則什一而貢一，通率為什一，是助之所取者重，貢之所取者輕。非《孟子》之意也。

夏商周之授田，其畝數不同，何也？《禹貢》於九州之地，或言『土』，或言『作』，或言『乂』。蓋禹平水土之後，有土焉而未作，有作焉而未乂，則於是時，人功未足以盡地力，故家五十畝而已。沿歷商周，則田浸闢而法備矣。故商七十而助，周百畝而徹。《詩》曰：『信彼南山，維禹甸之。畇畇原隰，曾孫田之。我疆我理，南東其畝。』則法略於夏，備於周可知。劉氏、皇氏謂夏之民多，家五十畝而貢；商之民稀，家七十畝而助；周之民尤稀，家百畝而徹。熊氏謂夏政寬簡，一夫之地税五十畝；商政稍急，一夫之地税七十畝；周政極煩，一夫之地盡税焉，而所税皆什一。賈公彦謂：夏五十而貢，據一易之地，家二百畝而税百畝也；商七十而助，據六遂上地百畝，萊五十畝而税七十五畝也；周百畝而徹，據不易之地，百畝全税之。如四子之言，則古之民常多而後世之民愈少，古之税常輕而後世之税愈重。古之地皆一易，而後世之地皆不易。其果然哉？

宋·呂祖謙《左氏傳續説》卷四《僖公·齊侯修禮於諸侯諸侯官受方物七年》　官是諸國所掌貢賦之官，齊既富强，又是伯主，諸侯各來齊受所貢之物，以貢於天子。蓋齊既伯諸侯，欲以此結諸侯，所以與他物以為貢。正如一邑之中，有上户先代下户輸納之類。想當時亦有不貢者，伯主正欲以此倡率之，既結得諸侯，又能上尊天子。

宋·呂祖謙《左氏傳説》卷一〇《昭公·鄭子産作丘賦國人謗之四年》　子産作丘賦，國人謗之。是改三代井田之法，如魯作丘甲一般。子寬告之，子産拒子寬之言甚峻。推原子産為政，此一段事蓋自有説。鄭，小國也，中立乎晉、楚强國之間，前後數年，從晉不從楚，從楚則不從晉，不過但供一邊貢賦而已，則小國尚可支持。到楚靈王方無道，晉平公衰弱，又不能與之校，鄭以蕞爾之小國，事兩霸主，朝廷貢賦與平時所貢之物，已添了一倍，所以子産不得已作丘賦。當時其他諸侯，亦莫不供兩霸主貢賦，何故其他諸侯皆能供而不至作丘賦，何獨鄭不能供而作丘賦？須是推原子産所以作丘賦之意。蓋子産為政，常欲使鄭國整齊有餘，不使到闕乏地位，所以不恤人之謗已而作之。大率子産為人，必欲要就窄狹中，却示其寬裕；衰弱中，却示其强大。子産之規模，多是如此，是以有得力處，有不得力處。其他諸國則是到闕乏時，逐旋為之。子産不肯教國中有困乏之患，於是寧甘心受謗而不顧，所以多取於民，其弊至於如此。故子寬曰：『作法於凉，其弊猶貪；作法於貪，弊將若之何？』寬之言，天下之至言也。大抵士君子要識微慮遠，有高見遠識而能推原存亡之所以然，方謂之通達國體。若不能如此，只隨事上看，必學有所未至也。子寬見子産不從，遂知國氏先亡，又知蔡及曹、滕無禮而先亡，又知鄭無法而先衛亡，可謂能推原，得數百年存亡興衰之迹者。其識甚遠，其見甚明，惜乎子産不能聽也。

宋·呂祖謙《歷代制度詳説》卷三《賦役》　賦役之制，自《禹貢》始可見。《禹貢》既定九州之田賦，以九州之土地為九州之土貢。説者以謂有九州之土貢，然後田賦之所當供者，市易所貢之物。考之於經，蓋自有證。何者？甸服百里賦納總，至於五百里，米；自五百里之外，其餘四服，米不運之京師，必以所當輸者，上貢於天子。以此知當時貢、賦一事，所以冀州在王畿甸服之内，全不叙土貢，正緣已輸粟、米。以此相參考，亦自有證。蓋當時寓兵於農，所謂貢、賦不過郊廟賓客之奉，都無養兵之費，故取之於畿甸而足。

自大略而言之，三代皆沿此制。夏后氏五十而貢，商人七十而助，周人百畝而徹。三代之賦，略相當《周官》所載九畿之貢而已。九州之貢，所謂出者半，或三之一，或四之一。或以半輸王府，或以三之一輸王府，或以四之一輸王府。所謂土貢，未必能當貢賦之半，留之於諸侯之國，以待王室之用。皆是三代經常之法。所謂弼成五服，至於五千，州有十二師。説者以為二千五百人為師，亦是一時權時之役。所謂經常之役，用民之力，歲不過三日。《豳詩》所謂『我稼既同，上入執公功』，皆是經常之役法。如此用兵，軍役寓之井賦乘馬之法，無事則為農，有事則徵役。《孟子》所謂『有力役之征，有布縷之征，有粟米之征。』當時賦役之征，三句該盡。且以三代以前布縷之征考之，在《周官》九職所謂『嬪婦化治絲枲』，布縷之征亦略可見。

又　卷五《鹽法》　三代之時，鹽雖入貢，與民共之，未嘗有禁法。自管仲相威公，當時始興鹽筴，以奪民利，自此後鹽禁方開。

宋·呂大圭《春秋或問》卷二〇《用田賦》　或問用田賦之説，曰：《春秋》書變古者三：初税畝，作丘甲，用田賦是也。先儒言初税畝謂公田十一之外，履其餘畝而税之也。如是，則是公田之助，既十取一矣，又於其餘田而十取一也，是為十取二。愚謂初税畝乃是初變古法也，恐未應遽至此。所謂初税畝，只是廢助法而用税法耳。宣公之六年書『饑』，七年書『大旱』，十年『大水』而復『大饑』，十三年『螽』，十五年復『螽』。水旱凶荒相繼不絶，則公田之入薄矣，於是廢助法而田税法，則歲取十一以為常，所謂凶年糞其田而不足，必取盈者是也。此譏變法之始也，故書。

初作丘甲之説，先儒或以為古者四丘為甸，甸出甲士三人，是一甸而出一乘車也。今丘十六井也，而同為甲，是丘賦一乘也。若然，則頓增四倍之賦，於理亦未宜然。故夫丘甲，只是每丘而出一甲士耳。

至於用田賦之説，先儒或謂宣公税畝，始什二而税；今又什二而歛其財，曰用田賦者，言用田以為財賦之率也。果如是，則四倍於古矣，亦恐非也。或謂以丘賦一乘為未足，故又以田賦之田賦之者，家一人以為兵也。然九夫為井，四井為邑，四邑為丘，四丘為甸。古者甸出革車一乘，則是五百七十六夫而出七十五人也。今又不足而以田賦，則是凡受田者皆出一人以為兵。比之於古，則已七倍矣，亦恐加兵不至如是之甚。賈逵以為使一井之間出一丘之賦，則是多於常賦十六倍，於理亦不宜然。

案《左氏》：季孫欲以田賦，使冉有訪諸仲尼。仲尼曰：『君子之行也，度於禮。施取其厚，事舉其中，歛從其薄。如是，則丘亦足矣。若不度於禮，貪冒無厭，則以田賦，又將不足。』愚謂丘賦者，即丘十六井出戎馬一匹，牛三頭，是賦之常法也。所謂以田賦者，蓋於丘賦之外，又計田而出賦也。

田出税，丘出賦，初税畝則無寛弛之法，税且重矣；作丘甲則有益兵之擾，賦又重矣；今曰用田賦，則是丘既出賦而田又出賦也，田出税矣，今又出賦，所謂取二也。然賦有二：有軍賦，有財賦。四丘為甸，甸出革車一乘，此軍賦也。《周禮》九賦之法，此財賦也。二者皆賦於民，故均謂之賦。所謂用田賦者，恐是計田而出財賦耳。孔子謂計丘而出軍賦矣，則又不應計田而出財賦也，要之重賦爾。

宋·葉時《禮經會元》卷一上《賦斂》　『太宰』既以九職任民，『閭師』已責其貢，今以九賦斂財賄，不知此賦何從出乎？蓋九職之所貢者，任民之税也；九賦之所斂者，任地之税也。民有業則有貢，地有利則有征。民有業而不責之以貢，則將不畜不種，不耕不蠶，而不能無游民地。有利而不責之以賦，則將有地不毛，有田不耕，而不能無曠土。《司會》曰：『以九賦令田野之財用，以九功令民職之財用。』一曰田野，二曰民職，是其所出者異也。大抵九職所貢，出於農圃、工商、虞衡、藪牧、嬪婦、臣妾執事之民，以其身之所業，功之所有而獻之於君，以充府庫，故曰貢，亦曰功。九賦所斂，出於國郊、甸稍、縣畺、關市、山澤之地，與夫官府、都鄙之餘財，以其地之所出，官之所贏而輸之於君，以待膳服、賓客、稍秣、匪頒、工事、幣帛、喪祭、賜予之用，故曰賦。供九職者，一項人；供九賦者，又一項人。二者本不相妨，可以並行而不相悖也。

『太府』於萬民之貢，只以充府庫之藏；於九賦之入，必以待式法之用。則是貢之所入者少，賦之所入者多也。今以九賦言之，邦中之賦，如『載師』所任田里、場圃之地；四郊之賦，如『載師』任遠郊、近郊之地，亦使『閭師』征之，所謂『國中四郊，以時征其賦』是也。邦甸、家削之賦，如『載師』所任公邑、家邑之地；邦縣、邦都之賦，如『載師』所任小都、大都之地，乃使『縣師』征之，所謂『邦鄙稍甸，以時征野之賦貢』是也。關市之賦，如『司市』、『司關』之地，使『廛人』斂市布、廛布、皮角筋骨，與夫『司關』所掌征廛，關門之征是也。山澤之賦，如『山虞』、『澤虞』之地，使『角』、『羽人』斂齒角、骨物、羽翮於山澤之農，以當邦賦是也。幣餘之賦，如『職幣』斂官府都鄙與夫凡用邦財者之幣，振掌事之餘財是也。

蓋穀粟之賦出於井田，特以祿諸臣；兵車之賦出於丘乘，特以供軍賦。雖有邦國之貢，只以待弔用；九職之貢，只以充府庫。至於國之大臣有祭祀、賓客，有喪荒、羞服，有工事、幣帛，有芻秣、匪頒、好用，不調於民而責之誰乎？是以九賦之目常與九貢、九職並行，而其貨賄之入，則『太府』受而頒之，『內府』藏而待之，『司會』則令而會之。其賦斂之目，則掌於道。揆之大臣，名色寧至於巧立，輕重寧至於過差，出入寧至於相悖，費用寧至於無藝乎？

然九賦謂之斂財賄，鄭氏謂：泉、穀也。又曰：口率出泉，今之筭泉，民或謂之賦。是專為泉則非矣。又曰：自邦中至幣餘，各入其所有穀物，以當泉賦之數。何其說之相戾也！不知周之九賦，隨其地之所有以為賦，豈專口率出泉，專取之民，如漢之筭賦邪？

又　卷一下《侯貢》　畿內租稅，天子食之；畿外租稅，諸侯食之。諸侯食其國之租稅，必以其半；若五之一，四之一，入於天子，効其土地之所有，而盡其臣子奉上之心，於是有九貢之致矣。然周公之制，為是貢，必以供是用。祀貢犧茅，嬪貢絲枲，器貢器械，幣貢皮帛，材貢木材，貨貢金寶，服貢玄纁，斿貢羽毛，物貢土地所有之物，無非服食器用之是供也。以庶邦惟正之供，而待一人所致之用，上以充公家之財，下以修侯國之職，故『太府』掌九貢貨賄之入，而曰『凡邦國之用，以待弔用。』『內府』掌九貢之貨賄、良兵良器，而曰『以待邦之大用。』曰待弔用，曰待邦用，莫不取具於此，則非無名之需矣。

蓋自夏禹任土作貢以來，已有此制。冀州畿內，故不言貢而言賦。八州在王畿之外，故於田賦之下，而有『貢篚』之制焉。有菁茅、橘柚之包，有大龜、磬錯之錫，有織文、檿絲、絺紵、玄纁、璣組之篚，有球琳、琅玕、丹漆、羽毛、杶幹、砮磬之貢，是皆以供祀殯器幣、材貨物色之需也。茲豈周公刱為是制，而彊侯國之入邪？然考之《職方氏》：揚之金錫、竹箭，荆之丹銀、齒革，青、兖之蒲魚，雍之玉石，幽之魚鹽，冀之松柏，并之布帛，各隨土地所生，風氣所宜。任土作貢，不宜捨此外求也。而《大行人》則曰：『侯服貢祀物，甸服貢嬪物，男貢器物，采貢服物，衛貢財物，要貢貨物。』六服分貢，六色而已。是豈任其所有邪？外之蕃國，則以所寶為贄，所謂幣貢、斿貢、物貢，又將誰供邪？

蓋《周禮》之言『致貢』，亦《禹貢》之『任土作貢』也。任者，任其所有而不彊其所無；致者，聽其自至而不彊其不來。《太宰》則曰：『九貢，致邦國之用。』《司會》則亦曰：『九貢，致邦國之財用。』人君昭德之致于侯邦，則諸侯服食器用之任，自奔走入貢之不暇，自有不求而自至者。聖人何嘗彊之使貢哉？案《職方氏》曰：『凡邦國制其職，各以其所能；制其貢，各以其所有。』『山師』、『川師』以山林川澤之物，頒於邦國，則曰『致其珍異之物。』『懷方氏』來遠方四夷之民，則曰『致方貢，致遠物。』無非聽其自至也。如『大行人』一官，則是因其間歲一見之時而貢其物，非每歲之常貢也。《內府》所謂『凡四方幣獻之金玉、齒革、兵器，凡良貨賄入焉。』注云：諸侯朝聘所獻國珍是也。然每歲常貢，則此九貢之目，《小行人》所謂『令邦國，春入貢』是也。『大行人』令諸侯一見之時各貢其物，而『內府』入焉；至適四方使者，則又共其所受之物而奉之。是以其所入而還以遺諸侯也。有如九貢之入，《內府》雖曰『以待大用』，而《太府》則曰『以待弔用』，故『小行人』

令諸侯，春入貢，及其國有札喪、凶荒、師役、福事、禍裁之五事，則令賻補、賵委、犒禬之，慶賀、哀弔之。是又以其所致而還以為諸侯用也。

周之衰，此意不存。或來求金，或來求車，是以不復有致用之意；或來求賵，或來求賻，是又不復有弔用之常。甚至包茅不入，王祭不供，齊人得以奉辭而伐罪；男服使從公侯之貢，鄭人得以藉口而告晉。則是貢法至此而不存。嗚呼！內而侯國，職其廢矣，外而蕃國，況能必其來貢，如肅慎之矢，越裳之雉，有以自獻於天子者哉？

又　卷三上《市治》　或者則曰：《孟子》嘗謂『市廛而不征』，又曰『關市譏而不征。』今考之《廛人》，有市絘布、總布、質布、罰布、廛布之斂。《泉府》曰：『掌市之征布。』《司門》曰：『譏出入不物者，征其貨賄。』《司關》曰：『司貨賄出入與其征廛。』是市廛、門關有征矣。說者乃謂《孟子》之說是文王治岐之初政，姑從簡易以便民，至周公始增其制。豈其然乎？不知先王之制，既稅其物則必不征其廛，既征其廛則必不稅其物，二者通融而行，所謂『市廛而不征，法而不廛』是也。

至《司門》『幾出入不物者，正其貨賄，凡財物犯禁者舉之』，則《司市》偽飾之禁也。輕則征，重則舉，不亦宜乎！《司關》『司貨賄之出入，掌其治禁與其征廛。凡貨不出於關者，舉其貨，罰其人』，亦其犯偽飾之禁而不敢從關出入者，輕則出征廛之稅，重則行舉沒之罰，亦宜也。初豈於商賈之常物，既征之於市廛，又征之於門關乎？後人不明此意，徒見周人有市、廛、門、關之征，遂以四者合取而並行之，商賈之利，重困矣。故戰國之時，亦有知其非義而請輕之，此所以發孟子之論也。故必有《關雎》、《麟趾》之意，而後可以行《周官》之法度。

宋・羅璧《識遺》卷三《古稅不拘什一》　《禹貢》田賦，別上、中、下九等。《周禮》辨上地、中地、下地，有年、無年。魏平糴法，亦隨上熟、中熟、下熟。《孟子》曰：『請野九一，國中什一使自賦。』則邦中、郊外各不等，無概取稅也。又方里而井，井九百畝，八家皆私百畝，同養公田，實九取一。班固《漢・食貨志》謂：九百畝中，除二十畝為廬舍，耕只八百八十畝。符合什一之說，而《孟子》無此文。夏五十而貢，殷七十而助，周百畝而徹，其實皆什一也。百畝取一，徹是已；貢五十，助七十，若何什一乎？趙岐謂：耕五十畝者，貢五畝；耕七十畝者，以七畝助公家，說亦什一。孔穎達謂：古者人衆田少，故一夫惟得五十畝；殷一夫惟得七十畝，皆不具周數。然畫井而田，古制也，且歷夏殷至周，周當生齒富倍二代，豈有愈久愈耗乎？賈公彥謂：《周禮》地有一易、再易、不易之分，貢乃一易地二百畝而稅百畝，助則上地百畝，菜三十畝而稅其半，徹則上地全稅之。夫地，古今共是，天下無緣可專有貢地，殷兼有助地與菜，而周全有徹也。此皆求合什一之說不通，因臆說也。

按《春秋》，魯宣公初稅畝，收公田外，取八家私田。杜預注：什取二，故曰二，吾猶不足。《公羊》曰：『大桀、小桀，過於什一也；大貉、小貉，輕於什一也。』《周禮・載師》：『凡任地，園廛二十而一，近郊十一，遠郊二十而三，甸、稍、縣、都皆無過十二，唯漆林之征，二十而五。』則古稅各隨地之宜，不拘什一也。

元・馬端臨《文獻通考》卷一《田賦考一・歷代田賦之制》　按：【略】鄉遂附郭之地，必是平衍沃饒，可以分畫，宜行助法；而反行貢法都鄙野外之地，必是有山谷之險峻，溪澗之阻隔，難以分畫，宜行貢法，而反行助法，何也？蓋助法九取其一，似重於貢，然地有肥磽，歲有豐凶，民不過任其耕耨之事，而所輸盡公田之粟，則所取雖多而民無預。貢法十取其一，似輕於助，然立為一定之規，以樂歲之數而必欲取盈於凶歉之年，至稱貸而益之，則所取雖寡，而民已病矣。此龍子所以言莫善於助，莫不善於貢也。鄉遂迫近王城，豐凶易察，故可行貢法；都鄙僻在遐方，情偽難知，故止行助法。此又先王之微意也。

然鄉遂之地少，都鄙之地多，則行貢法之地必少，而行助法之地必多。至魯宣公始稅畝，杜氏注以為：公無恩信於民，民不肯盡力於公田，故履踐案行，擇其善畝好穀者，稅取之。蓋是時公田所收，必是不給於用，而為此橫斂。《孟子》曰：『《詩》云：「雨我公田，遂及我私。」惟助為有公田。由此觀之，雖周亦助也。』則是孟子之時，助法之廢已久，盡胥而為貢法矣。孟子特因《詩》中兩語，而想像成周之助法耳。自助法盡廢，胥而為貢法，於是民所耕者私田，所輸者公租，田之豐歉靡常，而賦之額數已定，限以十一，民猶病之，況過取於十一之外乎！

按四井為邑，四邑為邱，四邱為甸，甸六十四井，成公以甸賦取之於邱，已是四倍於先王之時。今詳夫子答語，如《左傳》所載，似是以井賦取之於邱，田乃一井之田。則又十六倍於成公之時，未應如是其酷。如《國語》所載，是以軍旅之賦施之平時，則只是每井加賦，而未必盡及一邱之數。此杜、何二公所注，所以有別賦家財，及引漢斂民錢為喻之説也。

又　卷一四《征榷考一・征商關市》　按如孟子之説，可以見古今關市征斂之本意。蓋惡其逐末專利而有以抑之，初非利其貨也。

又　卷一五《征榷考二・鹽鐵》　按《周禮》所建山澤之官雖多，然大概不過掌其政令之厲禁，不在於征榷取財也。至管夷吾相齊，負山海之利，始有鹽鐵之征。觀其論鹽，則雖少男、少女所食；論鐵，則雖一鍼一刀所用，皆欲計之，苛碎甚矣。故其言曰：『利出一孔者，其國無敵；出二孔者，其兵不詘；出三孔者，不可以舉兵；出四孔者，其國必亡。先王知其然，故塞人之養；養，利也。隘其利途，故予之在君，奪之在君，貧之在君，富之在君。』又曰：『夫人予則喜，奪則怒。先王知其然，故見予之形而不見奪之理，故民可愛而洽於上也。』其意不過欲巧為之法，陰奪民利而盡取之。既以此相桓公，霸諸侯，而齊世守其法。故晏子曰：『山木如市，弗加於山；魚鹽蜃蛤，弗加於海。民參其力，二入於公，而衣食其一。山林之木，衡麓守之；澤之萑蒲，舟鮫守之；藪之薪蒸，虞候守之；海之鹽蜃，祈望守之；縣鄙之人，入從其政；偪介之關，暴征其私，布常無藝，徵斂無度。』蓋極言其苛如此。然則桑、孔之為，有自來矣。

元・方回《續古今考》卷一八《附廣税租賦考上・附論古食貨税賦》　回謂三代時，農田取其粟，工商衡虞取其技藝販貿，山澤之物，征皆什一。至如周制，當又與《禹貢》之『厥賦』、『貢篚』不同。班固謂賦供車馬、兵甲、士徒之役，充實府庫，賜予之用；税給郊社宗廟百神之祀，天子奉養百官祿食庶事之費。此乃班固以漢制，及推之三代制耳。以賦為錢，鄭玄説似之，恐其不然。

又　卷一八《附廣税租賦考上・附秦孝公初為賦》　《史記・秦本紀》：孝公十四年，初為賦。徐廣曰：制貢賦之法也。《索隱》曰：譙周云：初為軍賦也。回謂初為軍賦，譙周説是。商鞅之法始于秦，行于漢，延及後世。徐廣貢賦之説不明。『厥土』、『厥田』、『厥賦』、『厥貢』，始見《禹貢》。《周禮・太宰》有九賦、九貢。

元・何異孫《十一經問對》卷二《孟子》　問：市廛而不征，法而不廛，又曰廛無夫里之布者何？對曰：此章合兼前『關譏而不征』與《周禮・載師》參看。廛者，『願受一廛』是也。廛，市宅也。賦其市地之廛，則不復征其所賣買之貨；又或治之以市官之法，則不復賦其廛。《周禮》『宅不毛者，有里布』，謂不種桑麻者罰之，使出一里二十五家之布。戰國之世，一切取之。市宅之民已賦其廛而征其屋税，又令出此不種桑麻之布。孟子勸其君廛則不必征，法則不必廛，廛則不可又令出布。

問：當時之布，比今時之布如何？對曰：在周為布，在漢為錢幣，在宋為關會，在今為鈔也。案《地官・載師》鄭氏注云：布廣二寸，長二尺，亦出民間，但憑官司印信其上，以為貿易之幣。《氓》詩『抱布貿絲』是也。

問：終篇又有所謂布縷之征者何？對曰：五畝之宅，二畝半在田，二畝半在邑。田種五穀，宅之牆下種桑，有園則蓺麻。《詩》曰『蓺麻如之何』，又曰『丘中有麻』，則布縷固有征矣。如綵絲貢於上，《禹貢》有絲枲之貢。《七月》之詩曰『載玄載黄，為公子裳』，則絲是獻於公上可知。

問：粟米、力役之征如何？對曰：粟米是十一之賦，力役是用民不過三日之役。布縷征於夏，粟米征於秋，力役征於冬，然三日者，不兼征也。

問：何以見得不兼征？對曰：《周禮・地官・均人》：『凡均力政，以歲上下。豐年三日，中年二日，無年一日，凶札無力政。』此力役之不輕賦也。如米粟布縷，必有輕重。故《孟子》曰：『用其二而民有殍，用其三而父子離。』

元・吴澄《春秋纂言總例》卷五《軍賦》　原軍賦出於井田，井田之法十取其一。宣公税畝，自壞井田十一之法，則賦民之財者，非古矣。成公作丘甲，則賦民之力者，非古矣。至哀公用田賦，而民財、民力竭矣。

元・齊履謙《春秋諸國統紀》卷二《魯國第一下・成公》 《傳》稱晉『作州兵』，鄭『作丘賦』，經書魯『作丘甲』。當是時，去古日遠，諸侯僭恣已極，丘乘之法無復先王之制。諸如此類，皆假其名誼，以為稱號耳。其事則但為增立軍行。《傳》曰：『為齊難，作丘甲。』按魯舊有三軍，今復增立丘甲，是為四軍矣，所以明年有四卿並將。

元・王充耘《讀書管見》卷上《禹貢・九州貢賦》 九州田賦，止是米、穀，非必兵車。觀甸服百里賦納總，至四百里粟，五百里米可見。蓋貢者，土之所宜；賦者，田之所出。九州之賦，必皆歲輸京師，然後可比較其多寡。若諸侯各私所有，則朝廷安得而知其總入之數邪？文王為方伯而庶邦惟正之供，則所謂萬民惟正之供者，必非止於畿内也。

元・王充耘《四書經疑貫通》卷四 九一者，井田之制；什一者，三代取民之常。井田大備於周，故於文王言九一。至於計其取民之實，則三代皆不過什賦其一耳。故夏之貢，商之助，周之徹，其實皆什一焉。然周人之徹，合貢、助而用之。貢法用於國中，故云國中什一，使自賦。助法施之於野，故云請野九一而助。夫自井田形體觀之，則公取百畝而八家各私百畝，是為九賦其一。自一夫受田百畝，通實耕公田十畝計之，則又何常非什取其一哉？故曰夏之貢，商之助，其實皆什一也。

《元史》卷九三《食貨志一》 《洪範》八政，食為首而貨次之。蓋食貨者，養生之源也。民非食貨，則無以為生；國非食貨，則無以為用。是以古之善治其國者，不能無取於民，亦未嘗過取於民。其大要在乎量入為出而已。《傳》曰：『生財有大道。生之者衆，食之者寡，為之者疾，用之者舒。』此先王理財之道也。

明・呂柟《涇野子内篇》卷一二《鷲峰東所語》 光祖問曰：《禹貢》所載九州田賦，上上者今反為下下，下下者今反為上上，如雍、冀、豫不如揚、荆是也，豈風氣有遷轉邪？先生曰：風氣遷轉，雖亦有之，但堯之時，禹治洪水既平，西北最高，故水初落時，田壤方沃饒，是以田賦為上；而荆、揚一帶地勢卑淤，水盡渰没，故其土為泥塗，財賦不及。至後來水既歸壑，流行日下，地之高者無所潤澤，故西北之土多乾枯，甚至深掘，猶未見泉；而東南田壤猶禹時之西北，是以其產勝也。此皆土地因水勢高下而有肥磽，不專委之風氣遷轉、人事勤惰也。田下而賦上，田上而賦下，據一時言之。賦不止田中所出，如山林川澤之財皆是，故總計之為上為下也，如此方不與田等相遠。孔氏言田下賦上人功修，田上賦下人力廢，亦未為得。

明・丘濬《大學衍義補》卷二二《治國平天下之要・制國用・貢賦之常》 臣按：國家之用度，皆取於民，而取民之大綱，曰賦曰貢而已。二者之制，在唐虞已有之。至夏后氏之世，始詳焉。蓋以禹未治水之前，地猶未平，物之生者未繁，田之闢者未盡；至是水土既平，始可以任土作貢，分田定税焉。九州各有賦有貢，凡賦，諸侯以供其國用者也；凡貢，諸侯以獻於天子者也。大禹成功之後，條陳九州所有，以為定法。孔子删《書》，特載之於《夏書》之首，以示法天下，俾後世之有土有民者，取民之制視此為準焉。凡外此而別為名目，如後世之進奉、和買、勸借之類，皆非中正之道，天下經常之制也。此兼言貢、賦。

臣按：魏文侯，一國之諸侯，疆域有限而用度孔多，尚知課多之害於民，而設為皮毛之喻，況萬乘之尊而富有四海之大者乎！

又 卷二三《治國平天下之要・制國用・經制之義》 臣按：古者賦於民，有穀粟之賦，有兵車之賦，而又以九賦斂財賄者，穀粟兵車之賦，其常也。此九者，不在常賦之數焉。自一至六，平地之賦；自七至九，興作之賦。蓋古者賦取於民，皆十分而取一。凡上供與受采者，各就所得一分之中，分而為十，自用其八，而以其二賦於國。與夫關市之所收，虞衡之所獲，及官府用度之所贏餘，凡諸所有貨賄幣帛，皆以歸之『太宰』而畀以斂頒之權。遇國家有事，當用財賄，則以給焉。

又 卷二八《治國平天下之要・制國用・山澤之利》 臣按：此萬世禁鹽利國之始。嗚呼！天生物以養人，人君為之厲禁，使彼此適均，而無欺陵攘奪之患，人人皆富而不貧，不奪彼而予此也。而管夷吾之為法，乃欲塞人之利而隘其所繇之途，其實奪之，示之以予之之形，而陰為奪之之計。是乃伯者功利之習，見利而不見義，知有人欲而不知有天理，乃先王之罪人也。凡其所以巧為之法，皆歸之先王，而曰先王知其然，豈非厚誣也哉？後世言利之徒，祖其説以聚斂，遂貽千萬世生靈無窮之禍。

又 卷三〇《治國平天下之要・制國用・征榷之課》 臣按：古者於衆途所會之地則立關，以限其出入；於庶民所聚之地則立市，以通其有無。所以兼濟之而足其用度。凡若此者，無非以利民而已。後世則專用之以利國，非古人意矣。

明·湛若水《格物通》卷九四《蠲租》　臣若水通曰：藉者，借其力以助耕公田也；不稅者，不取私稅也；藉而不稅，取以義也。廛市，地也，廛而不稅者，賦其市宅而不征其貨也。譏，察也，譏而不征者，察異服異言之人，而不稅往來之貨也。時入者，取之以時也，所謂草木零落而後入山林，獺祭魚而後漁人入澤梁也。不禁，不禁民之取，與民共利也。圭田者，祿外之田也。無征，謂不稅之也，所以厚賢也。夫籍也，廛也，以時入也，所以取之者也；不稅也，不征也，不禁也，所以蠲之者也。其取之也以義，其蠲之也以仁。

明·王應電《周禮翼傳》卷二《辨季氏非周禮·畿内外貢助異法》

愚謂一國之民一也，何分地之遠近？天下之民一也，何分畿之内外？唯自國中以及于四疆，以達于四海，稅無重輕，所以為王者大同之政。其有不同者，不過以地有上、中、下之等差，則受之有多寡；民有居之遠近，則役之有疏數重輕，皆低昂稱量，使無不均耳。舊注謂周之畿内，稅有重輕；邦國之稅，内外異法。此不過因《孟子》請野九一而助，國中十一使自賦，遂生此説耳。愚謂國中壙野之地，即可為助；野有隰皋之地，即可為貢，蓋不可泥也。

又　卷二《辨季氏非周禮·引孟子証關市山澤之賦》　文王治岐，關市幾而不征。蓋初立國，其用甚寡，故無征。《周禮》未嘗征商，但有市地之廛布，其餘次布、質布、罰布，皆罰犯禁者之布，唯總布乃收賤丈夫之布。關亦無征，但舉其貨之不出于關者耳。文王澤梁無禁，七十里之囿，芻蕘者往焉，雉兔者往焉，此亦謂自岐遷豐，土壙人稀，故不設禁令。《周禮》林木則令萬民時斬材，有期日；川則以時舍其守，澤則頒其餘于萬民，田獵則大獸公之，小禽私之。豈若後世之專利乎？其不得不有禁者，生齒日繁，山澤有限，小民誅求無厭，使物不得遂其性，林木必至于童赭，禽獸必至于絶類，寶藏必至于泄天地之精，且有爭奪盜竊，專利作亂之禍，故禁網之密，皆為民守之。

孟子與時君言，每舉其不征不禁，而于其廛與禁則不言者，蓋當戰國時，以救民陷溺為主。如曰天下之商皆悦而願藏于其市，天下之旅皆悦而願出于其途，教時君致王之道，以收人心為先，非治定功成，立法創制之時，故言有未備耳。胡乃遂據之以非《周禮》哉？即如高帝入關，約法三章，至定律令，奚止于此？若必泥于關市無征，澤梁無禁，則凡《司市》所立僞飾之禁，《王制》所陳不中于王法之禁，肆無忌憚，豈為國之道？且山澤有自然之利而不取，以佐國用，逐末之人獲厚利而不少征其廛，皆初立國之時則可；苟天下多故，國用不足，取末作之有餘，寬務本之征歛，有何不可？是故管仲之富國强兵，漢武之征伐四夷，咸取足于是。彼議鹽鐵者，欲如上古弛山澤之禁，季氏至謂先王于商賈反加厚于農民，不亦迂乎？

明·王樵《春秋輯傳》卷一三《哀公》　今按賦之本義，專為出車計。丘而出兵車，賦之常法。今計田而出，故曰田賦。漢計口而出，則曰口賦。蓋春秋諸侯盟會禮繁，兵戈事廣，不能復守先王之籍，故魯用不足則初稅畝，益兵則作丘甲，至哀公遠事强吳，事充，繇役煩。政重，賦稅多。二猶不足，復用田賦。蓋託以軍用，加歛于田，計田而出貨財也。其數之多寡，則不可考。大約稅畝多乎什一，田賦又多乎稅畝矣。稅畝，私田始有征也。田賦，私田又加征也。

清·陸隴其《三魚堂文集》卷三《貢助徹論》　論者疑帝王之道同條共貫，而若貢、若助、若徹，何以異名？五十、七十、百畝，何以殊制？且殷周之天下，猶是夏后之天下；殷周之民人，猶是夏后之民人。度田非加益而計民非加少，夏田五十而殷周過之，其何以給？况疆理有定制，溝洫有定域，自五十而變為七十，自七十而變為百畝，必將移易其阡陌，變更其川澮，然後可以舉天下之田，盡合新王之制。其為騷擾，不已甚歟？求其説而不得，於是有謂夏之民樸，故費少而田少；殷周之民漸文，故費多而田亦多。然先王量入為出，未聞量出為入也。有謂夏之世，洞洚方平，可墾之田少，故授田不得不少。殷周之世，狉獉既遠，可墾之田多，故授田不得不多。然六府既修之後，不應多未墾之田；徹田為糧之日，未聞盡開荒之土也。有謂殷之七十，猶是夏之五十；周之百畝，猶是殷之七十；尺度有修短而畎畝無增減。然井疆既悉由舊，何必虚張其數，以眩民耳目也。或曰：百畝之制兼萊田而言之，五十、七十去萊田而言之。或曰：夏之田，一井十八夫受之；殷之田，一井十二夫受之。考之傳記，亦未有明據。噫！是皆不達夫立法之意，而各以其意附會之者也。

夫地有廣狹，民有衆寡，勢有便否，先王所不能强而同也。必欲舉一世之田而盡為五十，盡為七十，盡為百畝，則必有格而不通；必欲於一日之內，易五十為七十，易七十為百畝，又必扞而難行。三代創制，必不其然。然則果如之何？曰：先王之法，亦因其土地之所宜，時勢之所易，而其有不便者，則固不必盡以吾法繩之也。夏之五十，殷之七十，周之百畝，特言其大略如此，而豈必當日之天下較若畫一耶？

立法以垂後者，所以明一王之大典也；審勢以合宜者，所以順天下之大情也。以法權勢而以勢權法，是故可改者改之而不嫌，其異可易者易之而不虞，其擾可增者增之而不憂其不給。噫！此立法之意也，而紛紛之說可以不作矣。然則何以知之？曰：考之周而知之。周之世，固以徹為法也，而當時侯國有疆以周索者，有疆以戎索者，可見先王未嘗為一切之法强天下而同之也。不然，不顧土宜，不揆時勢，而惟一切之法是為，則是王莽之周官，安石之新法，以私意罔民者耳。豈先王取民之制乎？

清·陳廷敬《午亭文編》卷二八《經解·禹貢》 予於《禹貢》，而見聖人憂天下之深且遠也。當是時，山川既治，水土既平，九州攸同矣，於是任土作貢。孟子曰：夏后氏五十而貢，其實什一也。然自漆絲、鹽絺以至海物、鉛松、怪石、浮磬、蠙珠、瑶琨、篠簜之屬，無不備貢焉，何其繁也！則若於田賦之外，又有所謂貢者，雖二猶不足，如之何其謂之什一也？且自土階茅茨以來，歷堯舜之世，凡所謂海物、鉛松、怪石、浮磬、蠙珠、瑶琨、篠簜諸異物，既不見於經，則知其未嘗有也，而禹於是時始制為法令，綜核嚴密如此，況又在什一之外乎！而孰知其非然也？蓋聖人憂天下之心如此也。其心以為，吾之取於民者，什一而已，而海物、鉛松、怪石、浮磬、蠙珠、瑶琨、篠簜諸異物罔不畢具，則凡宫府之所需，賓師之所資，其可以充吾用者，皆已足於此。後之人雖欲專用意於海物、鉛松、怪石、浮磬、蠙珠、瑶琨、篠簜諸異物，亦不得求多於民，蓋取之什一之中，而皆已足矣，則凡吾所定為制者，使後世無以加也；則聖人憂天下之心，可不謂深且遠邪！若什一之外諸異物更取於民，此稍知治理者所不忍為，而謂禹忍而為之乎？嗚呼！自渾沕之風漸遠，服食器用已不能如往者草衣木食、汙樽抔飲之風矣，此聖人之所深憂也而懼其甚焉，故定之為經，曰：雖好異物，不得過焉。聖人憂天下之心，何其遠與！

清·惠棟《春秋左傳補注》卷一《僖公》 服虔曰：爰，易也，賞衆以田，易其疆畔。棟謂爰田者，猶哀公之用田賦也；下文『作州兵』者，猶成公之作邱甲也。《外傳》『爰』作『轅』。賈逵曰：轅，車也，以田出車賦。《説文》曰：爰，籀文以為車轅字。《春秋左傳》多古字古言，故以爰為轅。服訓爰為易，易田之法，本是周制，何云『作』也？《漢書·地理志》曰：秦孝公用商君，制轅田，豈亦賞衆以田邪？《外傳》所云賞衆，是一時之事。爰田、州兵，是當日田制、兵制改易之始，故特書之。其後文公『作執秩』而官制又變，晉之所以彊者，未必不由乎此。然其後六卿分晉而晉先亡，君子于是知舊章之不可易也。

清·江永《周禮疑義舉要》卷一《天官》 文王治岐，其時或為商者少，貨賄未能阜通，故弛征以優之。至成周，定為經國常法，不得不設關市之征以抑之。《孟子》征商，始賤丈夫，固有此理。然自商、農既分，兵賦不得不出于農，則貨賄不得不取諸商。蓋必如是，而政始均，民志始定也，但其後漸流于暴耳。讀《周禮》者，以此思之，或可無疑于關市之賦。

又 卷三《地官二》 關市無征，文王法外之仁也。廛而不征，法而不廛，孟子救時之論也。征而勿苛，取之有度，是亦經常之法，《周官》所不廢也。惟是古今情形不同，『司市』以下諸官，昔時行之，不以為厲。後世有一于此，則民不勝其擾矣。

清·江永《群經補義》卷四《孟子補義》 『廛無夫里之布』，集注用舊説，皆未安。凡民居區域，關市邸舍通謂之廛。上文『廛而不征，法而不廛』之廛是市宅，此廛謂民居，即《周禮》上地夫一廛，『許行願受一廛』之廛，非市宅也。布者，泉也，亦即錢也，非布帛之布。夫布，見《地官·閭師》：『凡無職者，出夫布。』謂閭民為民傭力者，不能赴公旬三日之役，使之出一夫力役之泉，猶後世之僱役錢也。里謂里居，即《孟子》『收其田里之里』，非二十五家也。里布見《地官·載師》：『凡宅不毛者，有里布。』謂有宅不種桑麻，或荒其地，或作為臺榭遊觀，則使之出里布，猶後世凡地皆有地稅也。此皆民之常賦。戰國時一切取之，非傭力之間民，已有力役之征，而仍使之別出夫布。宅已種桑麻，有嬪婦布縷之征，而仍使之別出里布。是額外之征，借夫布、里布之名而橫取者。今皆除之，則居廛者皆受惠也。《集注》以廛為市宅，以里為二十五家，又舍《閭師》而引《載師》「凡無職者，出夫家之征」，以夫家為一夫百畝之稅，一家力役之征。當時雖橫取民，當不至此。

清·顧奎光《春秋隨筆》卷下 初稅畝，首壞田制也；作丘甲，首壞軍制也；至用田賦，則田制、軍制俱亂矣。於倍征後加征，是亂田制；令出粟者出兵，是亂軍制。《六書故》：上取諸下曰賦。《禹貢》：厥賦惟上上錯。注：賦謂土地所生，以供天子。《周禮》以九賦斂財賄，《太宰》八則，五曰賦貢。注曰：率出泉也。貢，功也，九職之功所稅也。是租亦云賦，故曰賦稅。而計口率泉，乃屬兵賦。《周禮》：辨其夫家之衆寡與其可任者，國中自七尺以及六十，野自六尺以及六十有五，皆征之。即漢之口賦也。《左傳》言「悉索敝賦」，則以兵為賦。《漢·刑法志》：「畿方千里，有稅有賦，稅以足食，賦以足兵。」始分賦、稅為二矣。

清·顧棟高《春秋大事表》卷一四《田賦軍旅表·丘甲田賦論》 春秋成元年，作邱甲。哀十二年，用田賦。杜氏兩注馬、牛之數，前後自相違戾，具見李氏廉《辨論》中。李氏特取文定之說，曰：作邱甲者，每丘出一甲士而甸出甲士四人也。往者三人而今增其一。杜氏以為邱出甸賦加四倍者，非是。用田賦者，往時田主出粟而賦則取于商賈之里廛，今魯以商賈所當出之賦而于田上征之，蓋收區域之征，以備車牛車乘，若漢家收田賦泉以補車馬，亦其遺意。杜氏以為別其田及家財各為一賦者，非是。因謂《司馬法》所云甸出一乘者，其實止出一乘之人，一切馬牛車乘决非丘甸所出。卓哉斯論，可破千古之惑，而後儒往往不之信者，則以《周禮》「小司徒」及「鄉師」、「遂師」俱有「六畜車輦、旗鼓兵器，帥而至」之文，疑此言與《周禮》相悖。余謂《周禮》出于王莽時，好為繁重碎密之制，特傅會《司馬法》，以朁當世之愚民，非周制之本然也。

夫信《周禮》，不若信《左傳》；信《左傳》，尤不若信《詩》、《書》。《詩》、《書》非出于一人之手，學者可因文思義，以想見當時之制度。非若《周禮》勒成一書，有所增飾，故至今猶可考而知也。嘗考《左氏傳》：鄭莊公伐許，授兵于大宮。公孫閼與潁考叔爭車。晉惠公禦秦師，乘小駟，鄭入也。則車馬皆出自上，可知矣。衛懿公將戰，國人受甲者皆曰使鶴。鄭子產授兵登陴，楚武王授師孑焉以伐隨，則甲仗兵器皆出自上，可知矣。夫以六十四井之地，需出長轂一乘，戎馬四匹，牛十二頭，則必廬井溝洫之外，別有牧地；主伯亞旅而外，別有圉人；築場納稼之餘，別煩芻茭。且或秣飼不以時，或致臨事倒斃，不大敗乃公事乎？

不特此也，果其馬牛車輦皆出民間，公家可以不煩畜馬，而《衛風》有「騋牝三千」，《魯頌》有「駉駉牡馬」，豈反不以備戰陣而止以供遊觀乎？不特此也，馬牛車輦皆民自具，則必怨。行役者兼述其供馬賦車之苦勞，歸士者并慰其車煩馬殆之勤，而《東山》止言「制彼裳衣，勿士行枚。」《何草不黄》之詩止云「匪兕匪虎，率彼曠野。」但曰民勞耳，未嘗一言及車馬也。且其制，當自周初已定。武王勝商克紂，當云歸馬于民間，還牛于卒伍，可矣；何云「歸馬華山之陽，放牛桃林之野」？此尤大彰明較著者也。

且即《周禮》一書，亦自相矛盾。既云「馬牛供于邱甸」矣，而《大司馬·校人》之職復云「掌王之六馬，十二閑」；又云「凡軍事，物馬而頒之。」《大司徒·牛人》又云「軍旅，供其兵車之牛與其牽徬，以載公任器。」與《左傳》授甲、授兵正相類，可見《周禮》一書有真有偽，所貴好學深思之士旁通《經》、《傳》，參互而別擇之，勿徒泥于先儒之成說，庶乎考諸三王而不謬也。謹因文定與李氏之說，為衡定之曰：「初稅畝」，加賦也；「作邱甲」，益兵也；「用田賦」，備車馬也。春秋當日之情事瞭然若睹，而諸儒之說亦有所折衷矣。

起役興作

綜 述

《周禮·地官·小司徒》 乃均土地以稽其人民，而周知其數。上地家七人，可任也者家三人；中地家六人，可任也者二家五人；下地家五人，可任也者家二人。注：可任，謂丁強，任力役之事者。凡起徒役，毋過家一人，以其餘為羨，唯田與追，胥竭作。注：鄭司農云：羨，饒也。田謂獵也。追，追寇賊也。竭作，盡行。【略】凡國之大事致民，大故致餘子。注：大事，謂戎事也。大故，謂災寇也。鄭司農云：國有大事，當徵召會聚百姓，則小司徒召聚之。餘子，謂羨也。玄謂餘子，卿大夫之子當守於王宮者也。

又**《地官·均人》** 掌均地政，均地守，均地職，均人民牛馬車輦之力政。注：政讀為「征」。地征謂地守、地職之稅也。地守，衡虞之屬。地職，農圃之屬。力征，人民則治城郭、涂巷、溝渠，牛馬車輦則轉委積之屬。凡均力政，以歲上下。豐年，則公旬用三日焉；中年，則公旬用二日焉。無年，則公旬用一日焉。注：豐年，人食四鬴之歲也。人食三鬴為中歲，人食二鬴為無歲，歲無贏儲也。公，事也。旬，均也。凶札，則無力政，無財賦。注：無力政，恤其勞也。無財賦，恤其乏困也。財賦，九賦也。

又**《地官·鄉大夫》** 以歲時登其夫家之衆寡，辨其可任者。國中自七尺以及六十，野自六尺以及六十有五，皆征之。其舍者，國中貴者、賢者、能者、服公事者、老者、疾者皆舍，以歲時入其書。注：登，成也，定也。國中，城郭中也。晚賦稅而早免之，以其所居，復多役少。野，早賦稅而晚免之，以其復少役多。鄭司農云：征之者，給公上事也。舍者謂有復除，舍不收役事也。貴者謂若今宗室及關內侯，皆復也。服公事者，謂若今吏有復除也。老者，謂若今八十、九十復羨卒也。疾者，謂若今癃不可事者復之。玄謂入其書者，言於大司徒。

又**《夏官·大司馬》** 凡令賦，以地與民制之。上地食者參之二，其民可用者家三人；中地食者半，其民可用者二家五人；下地食者參之一，其民可用者家二人。注：賦，給軍用者也。令邦國之賦，亦以地之美惡，民之衆寡為制，如六遂矣。

《禮記·王制》 用民之力，歲不過三日。注：治宮室、城郭、道渠。《正義》：此一經，前明以殷法，此則兼通周禮。三日，謂使民治城郭、道渠，年歲雖豐，不得過三日，自下皆然。案《周禮·均人》云：豐年，旬用三日；中年，旬用二日；無年，旬用一日。年歲不同，雖豐不得過三日。

五十不從力政，六十不與服戎。

八十者一子，不從政；九十者，其家不從政；廢疾非人不養者，一人不從政；注：廢，廢於人事。父母之喪，三年不從政；齊衰大功之喪，三月不從政；將徙於諸侯，三月不從政；自諸侯來徙家，期不從政。

又**《祭義》** 古之道，五十不爲甸徒。注：甸，六十四井也，以爲軍田出役之法。五十始衰，不從力役之事也。

又**《月令》** 孟夏之月，【略】毋有壞墮，毋起土功，毋發大衆。注：為妨蠶農之事。

季夏之月，【略】不可以興土功，不可以合諸侯，不可以起兵動衆。注：土將用事，氣欲靜。毋舉大事，以搖養氣。注：大事，興徭役，以有為。毋發令而待，以妨神農之事也。注：發令而待，謂出徭役之令，以豫驚民也。民驚則心動，是害土神之氣。土神稱曰神農者，以其主於稼穡。水潦盛昌，神農將持功，舉大事則有天殃。注：言土以受天雨澤，安靜養物為功，動之則致害也。《孝經》說曰：地順受澤，謙虛開張，含泉任萌，滋物歸中。

孟秋之月，【略】修宮室，壞牆垣，補城郭。注：象秋收斂物當藏也。

仲秋之月，【略】可以築城郭，建都邑。

季冬之月，【略】歲且更始，專而農民，毋有所使。注：而猶女也。言專一女農民之心，令之豫有志於耕稼之事，不可徭役，徭役之，則志散失業也。

《論語·八佾》 子曰：【略】『為力不同科，古之道也。』三國魏何晏《集解》：馬融曰：為力，為力役之事也。亦有上、中、下，設三科焉，故曰不同科也。南朝梁皇侃《義疏》：云為力不同科者，為力謂力役之事也。科，品也。古者役使人，隨其强弱為科品，使之有上、中、下三等。周末則一概使之，無復强弱三科，與古為異。此明古不同科也。

《左傳·莊公二十九年》 冬十二月，城諸及防。書時也。凡土功，龍見而畢，務戒事也。注：謂今九月，周十一月。龍星角亢，晨見東方，三務始畢，戒民以土功事。火見而致用，注：大火心星，次角亢見者。致，築作之物。水昏正而栽，注：謂今十月，定星昏而中，於是樹板幹而興作。日至而畢。注：日南至，微陽始動，故土功息。

《國語》卷二《周語中》 （單子）對曰：『夫辰角見而雨畢，天根見而水涸，本見而草木節解，駟見而隕霜，火見而清風戒寒。故先王之教曰：「雨畢而除道，水涸而成梁，草木解節而備藏，隕霜而冬裘具，清風至而修城郭宮室。」故《夏令》曰：「九月除道，十月成梁。」其《時儆》曰：「收而場功，偫而畚梮。營室之中，土功其始。火之初見，期于司里。」此先王之所以不用財賄，而廣施德於天下者也。』

《公羊傳·隱公六年》 冬，宋人取長葛。《傳》：外取邑不書。此何以書？久也。《解詁》：古者師出不踰時，今宋更年取邑，久暴師苦衆居外，故書以疾之。

《穀梁傳·隱公五年》（冬）宋人伐鄭，圍長葛。《傳》：伐國不言圍邑。此其言圍，何也？久之也。《集解》：宋以此冬圍之，至六年冬乃取之。古者師出不踰時，重民之命，愛民之財。乃暴師經年，僅而後克，無仁隱之心而有貪利之行，故『圍』、『伐』兼舉以明之。伐不踰時，戰不逐奔，誅不填服。《集解》：來服者，不復填厭之。

又《隱公六年》冬，宋人取長葛。《傳》：外取邑不志。此其志，何也？久之也。

《詩經·小雅·采薇》《序》：《采薇》：遣戍役也。文王之時，西有昆夷之患，北有玁狁之難，以天子之命，命將率遣戍役，以守衛中國，故歌《采薇》以遣之，《出車》以勞還，《杕杜》以勤歸也。《箋》：文王為西伯，服事殷之時也。昆夷，西戎也。天子，殷王也。戍，守也。西伯以殷王之命，命其屬為將率，將戍役，禦西戎及北狄之難，歌《采薇》以遣之。《杕杜》勤歸者，以其勤勞之，故於其歸，歌《杕杜》以休息之。

采薇采薇，薇亦作止。《傳》：薇，菜。作，生也。《箋》：西伯將遣戍役，先與之期以采薇之時。今薇生矣，先輩可以行也。重言『采薇』者，丁寧行期也。曰歸曰歸，歲亦莫止。《箋》：莫，晚也。曰女何時歸乎？何時歸乎？亦歲晚之時，乃得歸也。又丁寧歸期，定其心也。靡室靡家，玁狁之故。不遑啓居，玁狁之故。《傳》：玁狁，北狄也。《箋》：北狄，今匈奴也。靡，無。遑，暇。啓，跪也。古者師出不踰時，今薇生而行，歲晚乃得歸。使女無室家夫婦之道，不暇跪居者，有玁狁之難，故曉之也。

采薇采薇，薇亦柔止。《傳》：柔，始生也。《箋》：柔謂脃脕之時。曰歸曰歸，心亦憂止。《箋》：憂止者，憂其歸期將晚。憂心烈烈，載飢載渴。《箋》：烈烈，憂貌。則飢則渴，言其苦也。我戍未定，靡使歸聘。《傳》：聘，問也。《箋》：定，止也。我方守於北狄，未得止息，無所使歸問。言所以憂。

采薇采薇，薇亦剛止。《傳》：少而剛也。《箋》：剛謂少堅忍時。曰歸曰歸，歲亦陽止。《傳》：陽曆陽月也《箋》：十月為陽，時《坤》用事，嫌於無陽，故以名此月為陽。王事靡鹽，不遑啓處。《箋》：鹽，不堅固也。處猶居也。憂心孔疚，我行不來。《傳》：疚，病。來，至也。《箋》：我戍役自我也。來猶反也，據家曰來。

彼爾維何？維常之華。《傳》：爾，華盛貌。常，常棣也。彼路斯何？君子之車。戎車既駕，四牡業業。《箋》：業業然壯也。豈敢定居？一月三捷。《傳》：捷，勝也。

駕彼四牡，四牡騤騤。君子所依，小人所腓。《傳》：騤騤，彊也。腓，辟也。《箋》：腓當作『芘』。此言戎車者，將率之所依乘，戍役之所芘倚。四牡翼翼，象弭魚服。《傳》：翼翼，閑也。象弭，弓反末也，所以解紒也。魚服，魚皮也。豈不曰戒？玁狁孔棘。《箋》：戒，警勑軍事也。孔，甚。棘，急也。

昔我往矣，楊柳依依。今我來思，雨雪霏霏。《傳》：楊柳，蒲柳也。霏霏，甚也。行道遲遲，載渴載饑。《傳》：遲遲，長遠也。《箋》行、反在於道路，猶饑猶渴。言至苦也。我心傷悲，莫知我哀。

又《小雅·出車》《序》：《出車》，勞還率也。《箋》：遣將率及戍役同歌同時，欲其同心也；反而勞之，異歌異日，殊尊卑也。

我出我車，于彼牧矣。《傳》：出車就馬於牧地。自天子所，謂我來矣。召彼僕夫，謂之載矣。王事多難，維其棘矣。《傳》：僕夫，御夫也。《箋》：棘，急也。

我出我車，于彼郊矣。設此旐矣，建彼旄矣。《傳》：龜蛇曰旐。旄，干旄。彼旟旐斯，胡不旆旆？《傳》：鳥隼曰旟。旆旆，旒垂貌。憂心悄悄，僕夫況瘁。

王命南仲，往城于方。出車彭彭，旂旐央央。《傳》：王，殷王也。南仲，文王之屬。方，朔方，近玁狁之國也。彭彭，四馬貌。交龍為旂。央央，鮮明也。天子命我，城彼朔方。赫赫南仲，玁狁于襄。《傳》：朔方，北方也。赫赫，盛貌。襄，除也。

昔我往矣，黍稷方華。今我來思，雨雪載塗。王事多難，不遑啓居。《傳》：塗凍釋也。《箋》：黍稷方華，朔方之地六月時也。以此時始出壘，征伐玁狁，因伐西戎，至春凍始釋而來反，其間非有休息。豈不懷歸？畏此簡書。《傳》：簡書，戒命也。鄰國有急，以簡書相告，則奔命救之。

喓喓草蟲，趯趯阜螽。未見君子，憂心忡忡。既見君子，我心則降。赫赫南仲，薄伐西戎。

春日遲遲，卉木萋萋。倉庚喈喈，采蘩祁祁。執訊獲醜，薄言還歸。《傳》：卉，草也。訊，辭也。《箋》：訊，言。醜，衆也。伐西戎以凍釋時，反朔方之壘，息戍役，至此時而歸京師。赫赫南仲，玁狁于夷。《傳》夷，平也。《箋》：

平者，平之於王也。

又《小雅・杕杜》《序》：《杕杜》，勞還役也。《箋》：役，戍役也。

有杕之杜，有睆其實。《傳》：興也。睆，實貌。杕杜猶得其時蕃滋，役夫勞苦，不得盡其天性。王事靡盬，繼嗣我日。《箋》：嗣，續也。王事無不堅固，我行役，續嗣其日。言常勞苦，無休息。日月陽止，女心傷止，征夫遑止。《箋》：十月為陽。遑，暇也。婦人思望其君子，陽月之時已憂傷矣。征夫如今已閒暇且歸也，而尚不得歸。故序其男女之情以說之。陽月而思望之者，以初時云『歲亦莫止』。

有杕之杜，其葉萋萋。王事靡盬，我心傷悲。《箋》：傷悲者，念其君子於今勞苦。卉木萋止，女心悲止，征夫歸止。《傳》：室家踰時則思。

陟彼北山，言采其杞。王事靡盬，憂我父母。檀車幝幝，四牡痯痯，征夫不遠。《傳》：檀車，役車也。幝幝，敝貌。痯痯，罷貌。《箋》：不遠者，言其來，喻路近。

匪載匪來，憂心孔疚。期逝不至，而多為恤。《傳》：逝，往。恤，憂也。遠行不必如期，室家之情，以期望之。卜筮偕止，會言近止，征夫邇止。《傳》：卜之筮之，會人占之。邇，近也。

又《豳風・東山》《序》：《東山》，周公東征也。周公東征，三年而歸，勞歸士。大夫美之，故作是詩也。

我徂東山，慆慆不歸。我來自東，零雨其濛。《傳》：慆慆，言久也。濛，雨貌。我東曰歸，我心西悲。制彼裳衣，勿士行枚。《傳》：士，事。枚，微也。蜎蜎者蠋，烝在桑野。敦彼獨宿，亦在車下。

我徂東山，慆慆不歸。我來自東，零雨其濛。果臝之實，亦施于宇。伊威在室，蠨蛸在户。町畽鹿場，熠燿宵行。《傳》：果臝，栝樓也。伊威，委黍也。蠨蛸，長踦也。町畽，鹿迹也。熠燿，燐也；燐，螢火也。《箋》：此五物者，家無人，惻然令人感思。不可畏也，伊可懷也。

我徂東山，慆慆不歸。我來自東，零雨其濛。鸛鳴于垤，婦歎于室。灑埽穹窒，我征聿至。有敦瓜苦，烝在栗薪。自我不見，于今三年。

我徂東山，慆慆不歸。我來自東，零雨其濛。倉庚于飛，熠燿其羽。之子于歸，皇駁其馬。《傳》：黃白曰皇，騂白曰駁。親結其縭，九十其儀。《傳》：縭，婦人之褘也。母戒女施衿結帨。九十其儀，言多儀也。其新孔嘉，其舊如之何？

又《王風・君子于役》《序》：《君子于役》，刺平王也。君子行役，無期度，大夫思其危難，以風焉。

君子于役，不知其期，曷至哉？《箋》：曷，何也。君子于往行役，我不知其反期，何時當來至哉？思之甚。雞棲于塒，日之夕矣，羊牛下來。《傳》：鑿牆而棲曰塒。君子于役，如之何勿思？

君子于役，不日不月，曷其有佸？《傳》：佸，會也。《箋》：行役反無日月，何時而有來會期？雞棲于桀，日之夕矣，羊牛下括。《傳》：雞棲于杙為桀。括，至也。君子于役，苟無飢渴？

又《王風・揚之水》《序》：《揚之水》，刺平王也。不撫其民而遠屯戍于母家，周人怨思焉。《箋》：怨平王恩澤不行於民，而久令屯戍不得歸，思其鄉里之處者。言『周人』者，時諸侯亦有使人戍焉。平王母家申國，在陳、鄭之南，迫近彊楚。王室微弱而數見侵伐，王是以戍之。

揚之水，不流束薪。《傳》：興也。揚，激揚也。《箋》激揚之水至湍迅，而不能流移束薪。興者，喻平王政教煩急，而恩澤之令不行于下民。彼其之子，不與我戍申。《傳》：戍，守也。申，姜姓之國，平王之舅。懷哉懷哉！曷月予還歸哉？

揚之水，不流束楚。《傳》：楚，木也。彼其之子，不與我戍甫。《傳》：甫，諸姜也。懷哉懷哉！曷月予還歸哉？

揚之水，不流束蒲。《傳》：蒲，草也。彼其之子，不與我戍許。《傳》：許，諸姜也。懷哉懷哉！曷月予還歸哉？

又《小雅・漸漸之石》《序》：《漸漸之石》，下國刺幽王也。戎狄叛之，荆舒不至，乃命將率東征。役久病在外，故作是詩也。

漸漸之石，維其高矣。山川悠遠，維其勞矣。武人東征，不皇朝矣。

漸漸之石，維其卒矣。山川悠遠，曷其没矣。《傳》：卒，竟。没，盡也。武人東征，不皇出矣。

有豕白蹢，烝涉波矣。《傳》：豕，豬也。蹢，蹄也。月離于畢，俾滂沱矣。《傳》：畢，噣也。月離陰星則雨。武人東征，不皇他矣。

又《小雅・何草不黃》《序》：《何草不黃》，下國刺幽王也。四夷交侵，中國背叛，用兵不息，視民如禽獸。君子憂之，故作是詩也。

何草不黃？何日不行？《箋》：用兵不息，軍旅自歲始草生而出，至歲晚矣，何草而不黃乎？言草皆黃也。於是之間，將率何日不行乎？言常行勞苦之甚。何人不將？經營四方！《傳》：言萬民無不從役。

何草不玄？何人不矜？《箋》：玄，赤黑色。始春之時，草牙孽者將生必玄。於此時也，兵猶復行。無妻曰矜。從役者皆過時不得歸，故謂之矜。哀我征夫，獨為匪民！《箋》：征夫，從役者也。古者師出不踰時，所以厚民之性也。今則草玄至於黃，黃至於玄，此豈非民乎？

匪兕匪虎，率彼曠野。《傳》：兕虎，野獸也。曠，空也。《箋》：兕虎，比戰士也。哀我征夫，朝夕不暇。

有芃者狐，率彼幽草。有棧之車，行彼周道。《傳》：芃，小獸貌。棧車，役車也。《箋》：狐，草行草止，故以比棧車輂者。

又《唐風·鴇羽》《序》：《鴇羽》，刺時也。昭公之後，大亂五世，君子下從征役，不得養其父母而作是詩也。《箋》：大亂五世者，昭公、孝侯、鄂侯、哀侯、小子侯。

肅肅鴇羽，集于苞栩。《傳》：興也。肅肅，鴇羽聲也。集，止。苞，稹。栩，杼也。鴇之性，不樹止。《箋》：興者，喻君子當居安平之處，今下從征役，其為危苦，如鴇之樹止然。稹者，根相迫迮梱致也。王事靡盬，不能蓺稷黍，父母何怙？《傳》：盬，不攻緻也。怙，恃也。《箋》：蓺，樹也。我迫王事，無不攻致，故盡力焉。既則罷倦，不能播種五穀，今我父母將何怙乎？悠悠蒼天，曷其有所！《箋》：曷，何也。何時我得其所哉！

肅肅鴇翼，集于苞棘。王事靡盬，不能蓺黍稷，父母何食？悠悠蒼天，曷其有極！《箋》：極，已也。

肅肅鴇行，集于苞桑。《傳》：行，翮也。王事靡盬，不能蓺稻粱，父母何嘗？悠悠蒼天，曷其有常！

又《邶風·擊鼓》《序》：《擊鼓》，怨州吁也。衛州吁用兵暴亂，使公孫文仲將而平陳與宋，國人怨其勇而無禮也。

擊鼓其鏜，踴躍用兵。《傳》：鏜然擊鼓聲也，使衆皆踴躍用兵也。土國城漕，我獨南行。《傳》：漕，衛邑也。《箋》：此言衆民皆勞苦也。或役土功於國，或修理漕城，而我獨見使從軍南行伐鄭，是尤勞苦之甚。

從孫子仲，平陳與宋。《傳》：孫子仲，謂公孫文仲也。《箋》：平陳與宋，謂使告宋曰：君為主，敝邑以賦，與陳、蔡從。不我以歸，憂心有忡。《傳》：憂心忡忡然。《箋》：以猶與也。與我南行，不與我歸期。兵，凶事，懼不得歸，豫憂之。

爰居爰處，爰喪其馬。《傳》：有不還者，有亡其馬者。《箋》爰，於也。不還謂死也，傷也，病也。于以求之？于林之下。

死生契闊，與子成說。《傳》：契闊，勤苦也。說，數也。《箋》：從軍之士與其伍約：死也生也，相與處勤苦之中，我與子成相說愛之恩。志在相存救也。執子之手，與子偕老。《傳》：偕，俱也。《箋》：執其手，與之約誓示信也。言俱老者，庶幾俱免於難。

于嗟闊兮，不我活兮。《傳》：不與我生活也。《箋》：州吁阻兵安忍。阻兵無衆，安忍無親，衆叛親離，軍士棄其約，離散相遠，故吁嗟歎之：闊兮，女不與我相救活。傷之，于嗟洵兮，不我信兮。《傳》：洵，遠。信，極也。《箋》：歎其棄約，不與我相親信。亦傷之。

又《衛風·伯兮》《序》：《伯兮》，刺時也。言君子行役，為王前驅，過時而不反焉。《箋》：衛宣公之時，蔡人、衛人、陳人從王伐鄭伯也，為王前驅久，故家人思之。

伯兮朅兮，邦之桀兮。《傳》：伯，州伯也。朅，武貌。桀，特立也。《箋》：伯，君子字也。桀，英傑，言賢也。伯也執殳，為王前驅。

自伯之東，首如飛蓬。豈無膏沐，誰適為容？《傳》：適，主也。

其雨其雨，杲杲出日。願言思伯，甘心首疾。

焉得諼草，言樹之背？《傳》：諼草，令人忘憂。背，北堂也。願言思伯，使我心痗。《傳》：痗，病也。

《左傳·莊公八年》 齊侯使連稱、管至父戍葵丘，注：連稱、管至父，皆齊大夫。戍，守也。葵丘，齊地。臨淄縣西有地，名葵丘。瓜時而往，曰『及瓜而代。』期戍，公問不至。注：問，命也。請代，弗許，故謀作亂。

《戰國策》卷一五《楚二》（楚襄王）立昭常為大司馬，使守東地。**【略】**昭常應齊使曰：『我典主東地，且與死生。悉五尺至六十，三十餘萬，弊甲鈍兵，願承下塵。』

《史記》卷七三《白起王翦列傳》 秦王聞趙食道絕，王自之河內，賜民爵各一級，發年十五以上悉詣長平。《索隱》：時已屬秦，故發其兵。遮絕趙救及糧食。

漢·劉向《說苑》卷一三《權謀》 明年，（齊桓公）起兵伐莒，魯下令丁男悉發，五尺童子皆至。

宋・陳傅良《歷代兵制》卷一《春秋》 大抵戰國之制，勝甲以上，皆籍為兵。

《尚書・湯誓》 王曰：【略】『今爾有衆，汝曰「我后不恤我衆，舍我穡事而割正夏。」《傳》：我后，桀也。正，政也。言奪民農功而為割剝之政。【略】夏王率遏衆力，率割夏邑。《傳》：言桀君臣相率為勞役之事，以絶衆力，謂廢農功，相率割剝夏之邑居。謂征賦重。有衆率怠弗協，曰「時日曷喪？予及汝皆亡！」』？

《逸周書》卷八《史記解》 昔者有洛氏宮室無常，池囿廣大，工功日進，以後更前，民不得休，農失其時，饑饉無食。成湯伐之，有洛以亡。

《詩經・大雅・緜》 《序》：《緜》，文王之興，本由大王也。

乃召司空，乃召司徒，俾立室家。其繩則直，縮版以載，作廟翼翼。《傳》：君子將營宮室，宗廟為先，廄庫為次，居室為後。

捄之陾陾，度之薨薨。築之登登，削屢馮馮。《傳》：捄，虆也。陾陾，衆也。度，居也。言百姓之勸勉也。登登，用力也。削牆鍛屢之聲，馮馮然。百堵皆興，鼛鼓弗勝。《傳》：皆，俱也。鼛，大鼓也，長一丈二尺。或鼛或鼓，言勸事樂功也。《箋》：五版為堵。興，起也。百堵同時起，鼛鼓不能止之使休息也。凡大鼓之側有小鼓，謂之應鼙、朔鼙。《周禮》曰：以鼛鼓鼓役事。

又《大雅・靈臺》 《序》：《靈臺》：民始附也。文王受命，而民樂其有靈德，以及鳥獸昆蟲焉。《箋》：民者，冥也。其見仁道遲，故於是乃附也。天子有靈臺者，所以觀祲象，察氣之妖祥也。文王受命而作邑于豐，立靈臺。《春秋傳》曰：公既視朔，遂登觀臺以望，而書雲物為備故也。

經始靈臺，經之營之。庶民攻之，不日成之。《傳》：神之精明者稱靈，四方而高曰臺。經，度之也。攻，作也。不日有成也。經始勿亟，庶民子來。《箋》：亟，急也。度始靈臺之基趾，非有急成之意，衆民各以子成父事，而來攻之。

王在靈囿，麀鹿攸伏。《傳》：囿，所以域養禽獸也。天子百里，諸侯四十里。靈囿，言靈道行於囿也。麀，牝也。麀鹿濯濯，白鳥翯翯。《傳》：濯濯，娛遊也。翯翯，肥澤也。王在靈沼，於牣魚躍。《傳》：沼，池也。靈沼言靈道行於沼也。牣，滿也。

又《大雅・民勞》 《序》：《民勞》，召穆公刺厲王也。《箋》：厲王，成王七世孫也。時賦斂重數，繇役煩多，人民勞苦，輕為姦宄，彊凌弱，衆暴寡，作寇害，故穆公以刺之。

民亦勞止，汔可小康。惠此中國，以綏四方。無縱詭隨，以謹無良。式遏寇虐，憯不畏明。柔遠能邇，以定我王。

民亦勞止，汔可小休。惠此中國，以為民逑。《傳》：休，定也。逑，合也。《箋》：休，止息也。無縱詭隨，以謹惽怓。式遏寇虐，無俾民憂。《傳》：惽怓，大亂也。《箋》：惽怓，讙譁也，謂好爭者也。無棄爾勞，以為王休。《傳》：休，美也。

民亦勞止，汔可小息。惠此京師，以綏四國。《傳》：息，止也。無縱詭隨，以謹罔極。式遏寇虐，無俾作慝。《傳》：慝，惡也。敬慎威儀，以近有德。

民亦勞止，汔可小愒。惠此中國，俾民憂泄。《傳》：愒，息。泄，去也。《箋》：泄猶出也，發也。無縱詭隨，以謹醜厲。式遏寇虐，無俾正敗。《傳》：醜，衆。厲，危也。《箋》：厲，惡也。戎雖小子，而式弘大。

民亦勞止，汔可小安。惠此中國，國無有殘。《傳》：賊義曰殘。《箋》：王愛此京師之人，則天下邦國之君不為殘酷。無縱詭隨，以謹繾綣。式遏寇虐，無俾正反。《傳》：繾綣，反覆也。王欲玉女，是用大諫。《箋》：玉者，君子比德焉。王乎！我欲令女如玉然。故作是詩，用大諫正女。此穆公至忠之言。

又《小雅・蓼莪》 《序》：《蓼莪》，刺幽王也。民人勞苦，孝子不得終養爾。《箋》：不得終養者，二親病亡之時，時在役所，不得見也。

蓼蓼者莪，匪莪伊蒿。哀哀父母，生我劬勞。

蓼蓼者莪，匪莪伊蔚。哀哀父母，生我勞瘁。

缾之罄矣，維罍之恥。鮮民之生，不如死之久矣。無父何怙？無母何恃？出則銜恤，入則靡至，

父兮生我，母兮鞠我。拊我畜我，長我育我。顧我復我，出入腹我。欲報之德，昊天罔極。

南山烈烈，飄風發發。民莫不穀，我獨何害？

南山律律，飄風弗弗。民莫不穀，我獨不卒？

又《小雅・大東》 《序》：《大東》，刺亂也。東國困於役而傷於財，譚大夫作是詩以告病焉。《箋》：譚國在東，故其大夫尤苦征役之事也。

有饛簋飧，有捄棘匕。《傳》：興也。饛，滿簋貌。飧，熟食，謂黍稷也。捄，長貌。匕，所以載鼎實。棘，赤心也。周道如砥，其直如矢。《傳》：如砥，貢賦平均也。如矢，賞罰不偏也。君子所履，小人所視。睠言顧之，潸焉出涕。《傳》：睠，反顧也。潸，涕下貌。《箋》：言，我也。

小東大東，杼柚其空。《傳》：空，盡也。《箋》：小也大也，謂賦斂之多少也。小亦於東，大亦於東，言其政偏失砥矢之道也。譚無他貨，維絲麻爾，今盡杼柚不作也。糾糾葛屨，可以履霜。佻佻公子，行彼周行。《傳》：佻佻，獨行貌。公子，譚公子也。《箋》：葛屨，夏屨也。周行，周之列位也。言時財貨盡，雖公子，衣屨不能順時，乃夏之葛屨，今以履霜送轉餫，因見使行周之列位者而發幣焉。言雖困乏，猶不得止。既往既來，使我心疚。《箋》：既，盡。疚，病也。言譚人自虛竭，餫送而往，周人則空盡受之，曾無反幣復禮之惠，是使我心傷病也。

有冽氿泉，無浸穫薪。契契寤歎，哀我憚人。《傳》：冽，寒意也。側出曰氿泉。穫，艾也。契契，憂苦也。憚，勞也。薪是穫薪，尚可載也。哀我憚人，亦可息也。

東人之子，職勞不來。西人之子，粲粲衣服。《傳》：東人，譚人也。來，勤也。西人，京師人也。粲粲，鮮盛貌。《箋》職，主也。東人勞苦而不見謂勤，京師人衣服鮮潔而逸豫，言王政偏甚也。舟人之子，熊羆是裘。《傳》：舟人，舟楫之人。熊羆是裘，言富也。私人之子，百僚是試。《傳》：私人，私家人也。是試，用於百官也。《箋》：此言周衰，羣小得志。

《春秋・桓公五年》（夏）城祝邱。晉杜預注：無《傳》。齊、鄭將襲紀故。

又《文公七年》三月甲戌，取須句，遂城郚。注：無《傳》。因伐邾師，以城郚。郚，魯邑。卞縣南有郚城。備諸難。

又《成公四年》冬，城鄆。注：無《傳》。公欲叛晉，故城而為備。

又《定公十三年》夏，築蛇淵囿。注：無《傳》。書不時也。

又《定公十四年》（冬）城莒父及霄。注：無《傳》。公叛晉，助范氏，故懼而城二邑也。

又《哀公三年》季孫斯、叔孫州仇帥師城啓陽。注：無《傳》。魯黨範氏，故懼晉，比年四城。啓陽，今琅邪開陽縣。

又《哀公四年》（夏）城西郛。注：無《傳》。魯西郭，備晉也。

又《哀公五年》春，城毗。注：無《傳》。備晉也。

又《哀公六年》春，城邾瑕。注：無《傳》。備晉也。任城亢父縣北有邾婁城。

《左傳・隱公七年》夏，城中丘。書不時也。

又《隱公九年》夏，城郎。書不時也。

又《桓公十六年》冬，城向。書時也。

又《莊公二十八年》（冬）築郿，非都也。凡邑，有宗廟先君之主曰都，無曰邑。邑曰築，都曰城。注：《周禮》四縣為都，四井為邑。然宗廟所在，則雖邑曰都，尊之也。言凡邑，則他築非例。

又《莊公二十九年》春，新作延廄。書不時也。凡馬，日中而出，日中而入。

又《莊公三十二年》春，城小穀，為管仲也。注：公感齊桓之德，故為管仲城私邑。

又《僖公元年》夏，邢遷於夷儀，諸侯城之，救患也。凡侯伯，救患、分災、討罪，禮也。注：侯伯，州長也。分，穀帛。

又《僖公二年》春，諸侯城楚丘而封衛焉。注：君死國滅，故《傳》言封。不書所會，後也。注：諸侯既罷，而魯後至，諱不及期，故以獨城為文。

又《僖公六年》夏，諸侯伐鄭。【略】圍新密，鄭所以不時城也。

又《僖公十四年》春，諸侯城緣陵而遷杞焉。不書其人，有闕也。注：闕謂器用不具，城池未固而去，爲惠不終也。

又《僖公十九年》（冬）梁亡。不書其主，自取之也。注：不書取梁者主名。初，梁伯好土功，亟城而弗處。民罷而弗堪，則曰『某寇將至』。乃溝公宮，注：溝，壍。林：乃塹公宮，蓋鑿池環城公宮。曰：『秦將襲我。』民懼而潰，秦遂取梁。

又《僖公二十年》春，新作南門。書不時也。注：失土功之時。凡啓塞從時。注：門戶道橋謂之啓，城郭牆壍謂之塞，皆官民之開閉，不可一日而闕，故特隨壞時而治之。今僖公脩飾城門，非開閉之急，故以土功之制譏之。《傳》嫌啓塞皆從土功之時，故別起從時之例。

又《文公十二年》（十二月）城諸及鄆。書時也。

又《文公十四年》楚莊王立。【略】二子作亂，城郢。

又《文公十六年》秋八月辛未，聲姜薨，毀泉臺。注：魯公以為蛇妖所出而聲姜薨，故壞之。

又《宣公八年》（冬）城平陽。書時也。

又《宣公十一年》令尹蔿艾獵城沂，注：艾獵，孫叔敖也。沂，楚邑。使封人慮事，注：封人，其時主築城者。慮事，謀慮計功。以授司徒。注：司徒，掌役。量功命日，注：命作日數。分財用，注：財用，築用具。平板幹，注：幹，楨也。稱畚築，注：量輕重。畚，盛土器。程土物，注：為作程限。議遠邇，注：均勞逸。略基趾，注：趾，城足。略，行也。具餱糧，注：餱，乾食也。度有司，注：謀監主。事三旬而成，注：十日為旬。不愆於素。注：不過素所慮之期也。《傳》言叔敖之能使民。

又《成公九年》（十一月）城中城。書時也。

又《成公十八年》（八月）築鹿囿。書不時也。

又《襄公二年》（七月）會於戚，謀鄭故也。注：鄭人叛晉，謀討之。孟獻子曰：『請城虎牢以偪鄭。』注：虎牢，舊鄭邑，今屬晉。知武子曰：『善。鄫之會，吾子聞崔子之言，今不來矣。滕、薛、小邾之不至，皆齊故也。注：三國，齊之屬。寡君之憂，不唯鄭。注：言復憂齊叛。罃將復於寡君而請於齊。注：以城事白晉君而請齊會之，欲以觀齊志。得請而告，吾子之功也。注：得請謂齊人應命，告諸侯會築虎牢。若不得請，事將在齊。注：將伐齊。吾子之請，諸侯之福也。注：城虎牢足以服鄭，息征伐。豈唯寡君賴之！』注：《傳》言荀罃能用善謀。【略】冬，復會於戚，齊崔武子及滕、薛、小邾之大夫皆會，知武子之言故也。遂城虎牢，鄭人乃成。注：如孟獻子之謀。

又《襄公七年》（夏）南遺為費宰，注：費，季氏邑。叔仲昭伯為隧正，注：隧正，主役徒。昭伯，叔仲惠伯之孫。欲善季氏而求媚於南遺，謂遺：『請城費，注：使遺請城。吾多與而役。』故季氏城費。注：《傳》言祿去公室，季氏所以强。

又《襄公十三年》冬，城防。書事時也。注：土功雖有常節，通以事間為時。

又《襄公十四年》（戎子駒支）對曰：【略】『昔文公與秦伐鄭，秦人竊與鄭盟而舍戍焉，於是乎有殽之師。晉禦其上，戎亢其下，秦師不復，我諸戎實然。譬如捕鹿，晉人角之，諸戎掎之，與晉踣之，戎何以不免？自是以來，晉之百役，與我諸戎，相繼於時，注：言給晉役，不曠時。以從執政，猶殽志也，注：意常如殽，無中二也。豈敢離逷？』

又《襄公十五年》夏，齊侯圍成，貳於晉故也。注：不畏霸主，故敢伐魯。於是乎城成郛。注：郛，郭也。

又《襄公十七年》宋皇國父為大宰，為平公築臺，妨於農收。注：周十一月，今九月，收斂時。子罕請俟農功之畢，公弗許。築者謳曰：『澤門之皙，實興我役。注：澤門，宋東城南門也。皇國父白皙而居近澤門。邑中之黔，實慰我心。』注：子罕黑色而居邑中。子罕聞之，親執扑，注：扑，杖。以行築者，而抶其不勉者曰：『吾儕小人，皆有闔廬，以辟燥溼寒暑。注：闔謂門戶閉塞。今君為一臺而不速成，何以為役？』注：役，事也。謳者乃止。或問其故，子罕曰：『宋國區區而有詛有祝，禍之本也。』注：《傳》善子罕分謗。

又《襄公十九年》（十一月）城西郛，懼齊也。穆叔曰：『齊猶未也，不可以不懼。』乃城武城。

又《襄公二十四年》齊人城郟。注：郟，王城也。於是穀、雒鬬，毀王宮。齊叛晉，欲求媚於天子，故為王城之。

又《襄公二十九年》晉平公，杞出也，故治杞。注：治理其地，脩其城。六月，知悼子合諸侯之大夫以城杞。孟孝伯會之，鄭子大叔與伯石往。子大叔見大叔文子，注：文子，衛大叔儀。與之語。文子曰：『甚乎！其城杞也。』子大叔曰：『若之何哉？晉國不恤周宗之闕而夏肄是屏，注：周宗，諸姬也。夏肄，杞也。肄，餘也。屏，城也。其棄諸姬，亦可知也已。諸姬是弃，其誰歸之？吉也聞之：弃同即異，是謂離德。《詩》曰：「協比其鄰，昏姻孔云。」注：《詩·小雅》。言王者和協近親，則昏姻甚歸附也。晉不鄰矣，其誰云之？』注：云猶旋，旋歸之。

十一月乙卯，高豎致盧而出奔晉。晉人城緜而寘旃。注：晉人善其致邑。

又《襄公三十年》三月癸未，晉悼夫人食輿人之城杞者。注：輿，衆也。城杞，在往年。絳縣人或年長矣，無子而往，與於食。有與疑年，使之年，注：使言其年。曰：『臣，小人也，不知紀年。臣生之歲，正月甲子朔，四百有四十五甲子矣。其季於今，三之一也。」吏走問諸朝，注：皆不知，故問之。師曠曰：【略】「七十三年矣。」

又《昭公九年》冬，築郎囿。書時也。季平子欲其速成也，叔孫昭子曰：「《詩》曰：『經始勿亟，庶民子來。』焉用速成，其以勦民也？無囿猶可，無民其可乎！」

又《昭公十二年》（靈）王曰：「昔諸侯遠我而畏晉。今我大城陳、蔡、不羹，賦皆千乘，子與有勞焉。諸侯其畏我乎？」對曰：「畏君王哉！是四國者，專足畏也。注：四國，陳、蔡、二不羹。又加之以楚，敢不畏君王哉？」

又《昭公十九年》春，楚工尹赤遷陰于下陰，注：陰縣，今屬南鄉縣。令尹子瑕城郟。叔孫昭子曰：「楚不在諸侯矣。其僅自完也，以持其世而已。」注：遷陰城郟，皆欲以自完守。

楚人城州來。沈尹戌曰：「楚人必敗。昔吳滅州來，子旗請伐之，王曰『吾未撫吾民。』今亦如之，而城州來以挑吳，能無敗乎？」侍者曰：「王施舍不倦，息民五年，可謂撫之矣。」戌曰：「吾聞撫民者，節用於內而樹德於外，民樂其性而無寇讎。今宮室無量，民人日駭，勞罷死轉，注：轉，遷徙也。忘寢與食，非撫之也。」注：《傳》言平王所以不能霸。

又《昭公二十三年》（春）邾人城翼。注：翼，邾邑。還，將自離姑。注：離姑，邾邑。從離姑，則道徑魯之武城。公孫鉏曰：「魯將御我。」注：鉏，邾大夫。欲自武城還，循山而南。注：至武城而還，依山南行，不欲過武城。徐鉏、丘弱、茅地曰：「道下遇雨，將不出，是不歸也。」注：三子，邾大夫。謂此山道下濕。遂自離姑。注：遂過武城。武城人塞其前，注：以兵塞其前道。斷其後之木而弗殊。邾師過之，乃推而蹷之，遂取邾師，獲鉏、弱、地。

楚囊瓦為令尹，注：囊瓦，子囊之孫子常也。代陽匄。城郢。注：楚用子囊遺言，已築郢城矣。今畏吳，復增脩以自固。沈尹戌曰：「子常必亡郢。苟不能衛，城無益也。【略】今土數圻，而郢是城，不亦難乎！」

又《昭公二十九年》冬，晉趙鞅、荀寅帥師城汝濱。注：汝濱，晉所取陸渾地。

又《昭公三十二年》秋八月，王使富辛與石張如晉，請城成周。注：子朝之亂，其餘黨多在王城，敬王畏之，徙都成周。成周狹小，故請城之。【略】冬十一月，晉魏舒、韓不信如京師，合諸侯之大夫於狄泉，尋盟，且令城成周。

又《定公十五年》冬，城漆。書不時告也。注：實以秋城，冬乃告廟。魯知其不時，故緩告，從而書之，以示譏。

又《哀公十五年》春，成叛于齊。武伯伐成，不克，遂城輸。注：以偪成。

《公羊傳·隱公七年》夏，城中丘。《傳》：中丘者何？內之邑也。城中丘，何以書？以重書也。《解詁》：以功重，故書也。當稍稍補完之，至令大崩弛壞敗，然後發衆城之，猥苦百姓，空虛國家，故言城，明其功重，與始作城無異。城邑，例時。

又《莊公九年》冬，浚洙。《傳》：洙者何？水也。《解詁》：以言浚也。浚之者何？深之也。曷爲深之？畏齊也。《解詁》：洙在魯北，齊所由來。曷爲畏齊也？辭役子糾也。《解詁》：時魯新見脅，畏齊浚之。微弱恥甚，故諱使若辭不肯殺子糾也。齊自取，殺之。畏齊怒為備，亦所以起上脅也。

又《莊公二十八年》冬，築微。大無麥禾。《傳》：冬既見無麥禾矣，曷爲先言築微而後言無麥禾？諱以凶年造邑也。《解詁》：諱使若造邑而後無麥禾者，惡愈也。

又《莊公二十九年》春，新延廄。《傳》：新延廄者何？修舊也。《解詁》：舊，故也。繕故曰新，有所增益曰作，始造曰築。修舊不書，此何以書？譏。何譏爾？凶年不修。《解詁》：不諱者，繕故功費，差輕於造邑。延廄，馬廄也。

又《莊公三十一年》春，築臺于郎。《傳》：何以書？譏。何譏爾？臨民之所漱浣也。《解詁》：無垢加功曰漱，去垢曰浣。齊人語也。譏者，爲瀆下也。禮，天子外屏，諸侯內屏，大夫帷，士簾，所以防泄慢之漸也。禮，天子有靈臺，以候天地。諸侯有時臺，以候四時。登高遠望，人情所樂。動而無益於民者，雖樂不爲也。四方而高曰臺。

（夏）築臺于薛。《傳》：何以書？譏。何譏爾？遠也。《解詁》：禮，諸侯之觀，不過郊。

秋，築臺于秦。《傳》：何以書？譏。何譏爾？臨國也。《解詁》：

言國者，社稷、宗廟、朝廷皆爲國。明皆不當臨也。臨社稷、宗廟則不敬，臨朝廷則泄慢也。

又《僖公二年》 春王正月，城楚邱。《傳》：孰城？城衛也。曷爲不言城衛？滅也。孰滅之？蓋狄滅之。曷爲不言狄滅之？爲桓公諱也。曷爲爲桓公諱？上無天子，下無方伯，天下諸侯有相滅亡者，桓公不能救，則桓公恥之也。然則孰城之？桓公城之。曷爲不言桓公城之？不與諸侯專封也。曷爲不與？實與而文不與。文曷爲不與？諸侯之義，不得專封。諸侯之義不得專封，則其曰實與之何？上無天子，下無方伯，天下諸侯有相滅亡者，力能救之則救之，可也。《解詁》：復發《傳》者，君子樂道人之善也。不繫衛者，明去衛而國楚邱，起其還也。不書還與救次者，深爲桓公諱。使若始時尚倉卒，有所救，其後晏然，無干戈之患，所以重其任而厚責之。主書者，起文從實也。

又《僖公十四年》 春，諸侯城緣陵。《傳》：孰城之？城杞也。曷為城杞？滅也。孰滅之？蓋徐、莒脅之。曷為不言徐、莒脅之？為桓公諱也。曷為為桓公諱？上無天子，下無方伯，天下諸侯有相滅亡者，桓公不能救，則桓公恥之也。然則孰城之？桓公城之。曷為不言桓公城之？不與諸侯專封也。曷為不與？實與而文不與。文曷為不與？諸侯之義，不得專封也。諸侯之義不得專封，則其曰實與之何？上無天子，下無方伯，天下諸侯有相滅亡者，力能救之則救之，可也。《解詁》：言諸侯者，時桓公德衰，待諸侯然後乃能存之。外城不月者，文言『諸侯』，非內城明矣。

又《僖公十九年》（冬）梁亡。《傳》：此未有伐者，其言梁亡何？自亡也。其自亡奈何？魚爛而亡也。《解詁》：梁君隆刑峻法，一家犯罪，四家坐之。一國之中，無不被刑者。百姓一旦相率俱去，狀若魚爛。魚爛從內發，故云爾。著其自亡者，明百姓得去之，君當絶者。

又《僖公二十年》 春，新作南門。《傳》：何以書？譏。何譏爾？門有古常也。《解詁》：惡奢泰，不奉古制常法。

又《文公十六年》（秋）毁泉臺。《傳》：泉臺者何？郎臺也。《解詁》：莊公所築臺于郎，以郎譏臨民之漱浣。郎臺則曷為謂之泉臺？未成為郎臺，《解詁》：未成時，但以地名之。既成為泉臺。《解詁》：既成，更以所置名之。毁泉臺，何以書？譏。何譏爾？築之譏，毁之譏。先祖為之，己毁之，不如勿居而已矣。《解詁》：但當勿居，令自毁壞，不當故毁，暴揚先祖之惡也。築、毁譏同，知例皆時。

又《成公十八年》（八月）築鹿囿。《傳》：何以書？譏。何譏爾？有囿矣，又為也。《解詁》：刺奢泰妨民。天子囿方百里，公侯十里，伯七里，子、男五里，皆取一也。

又《襄公二年》 冬，仲孫蔑會晉荀罃、齊崔杼、宋華元、衛孫林父、曹人、邾婁人、滕人、薛人、小邾婁人于戚，遂城虎牢。《傳》：虎牢者何？鄭之邑也。其言城之何？取之也。取之則曷為不言取之？為中國諱也。曷為為中國諱？諱伐喪也。曷為不繫乎鄭？為中國諱也。大夫無遂事，此其言遂何？歸惡乎大夫也。《解詁》：使若大夫自生事取之者，即實遂，但當言取之。

又《定公二年》 冬十月，新作雉門及兩觀。《傳》：其言新作之何？脩大也。《解詁》：天災之，當減損如諸侯制，而復脩大，僭天子之禮。故言新作，以見脩大也。脩舊不書，此何以書？譏。何譏爾？不務乎公室也。《解詁》：務，勉也。

《穀梁傳・隱公七年》 夏，城中邱。《傳》：城為保民為之也。《集解》：建國立城邑，有定所；高下大小，存乎王制。刺公不脩勤德政，更造城以安民。民衆城小則益城，益城無極。凡『城』之志，皆譏也。《集解》：夫保民以德，不以城也。如民衆而城小輒益城，是無限極也。此發凡例，施之於城内邑。

又《莊公二十八年》 冬，築微。《傳》：山林藪澤之利，所以與民共也。虞之，非正也。《集解》：虞，典禽獸之官。言規固而築之，又置官司以守之，是不與民共同利也。築不志，凡志，皆譏也。築，例時。

又《莊公二十九年》 春，新延廄。《傳》：延廄者，法廄也。《集解》：《周禮》：天子十二閑，馬六種。邦國六閑，馬四種。每廄一閑。言法廄者，六閑之舊制也。其言新，有故也。《集解》：言改故而新之。有故則何為書也？古之君人者，必時視民之所勤。民勤於力，則功築罕；《集解》：罕，希。民勤於財，則貢賦少；民勤於食，則百事廢矣。《集解》：凶荒殺禮。冬築微，春新延廄，以其用民力，為已悉矣。《集解》：悉，盡。

冬十有二月，【略】城諸及防。《傳》：可城也，以大及小也。《集解》：《傳例》曰：『凡城之志，皆譏。』今云可者，謂冬可用城，不妨農役耳。不譏作城，無譏。

又《莊公三十一年》 秋，築臺于秦。《傳》：不正。罷民三時，虞山林藪澤之利，且財盡則怨，力盡則懟。《集解》：懟，恚恨也。君子危之，故謹而志之也。或曰：倚諸桓也。桓外無諸侯之變，内無國事，越千里之險，北伐山戎，為燕辟地。《集解》：辟，開。魯外無諸侯之變，内無國事，一年罷民三時，虞山林藪澤之利，惡内也。《集解》：譏公依倚齊桓而與桓行異。

又《僖公元年》 齊師、宋師、曹師城邢。《傳》：是向之師也，使之如改事然，美齊侯之功也。《集解》：是向聶北之師，當言『遂』，今復列三國者，美齊桓存亡國。

又《僖公二年》 春王正月，城楚丘。《傳》：楚丘者何？衛邑也。國而曰城，此邑也，其曰城，何也？封衛也。《集解》：閔二年，狄入衛，遂滅。則其不言城衛何也？衛未遷也。其不言衛之遷焉，何也？不與齊侯專封也。其言城之者，專辭也。故非天子，不得專封諸侯。諸侯不得專封諸侯，雖通其仁以義，而不與也。《集解》：存衛是桓之仁，故通令城楚丘，義不可以專封，故不言遷衛。故曰：仁不勝道。《集解》：仁謂存亡國，道謂上下之禮。

又《僖公十四年》 春，諸侯城緣陵。《傳》：其曰諸侯，散辭也。《集解》：直曰『諸侯』，無小大之序，是各自欲城，無總一之者，非伯者所制，故曰散辭。聚而曰散，何也？諸侯城，有散辭也，桓德衰矣。《集解》：言諸侯城，則非伯者之為，可知也。齊桓德衰，所以散也。

又《僖公十九年》（冬）梁亡。《傳》：自亡也。湎於酒，淫於色，心昏耳目塞，上無正長之治，大臣背叛，民為寇盜。梁亡，自亡也。如加力役焉，湎不足道也。《集解》：如使伐之而滅亡，則淫湎不足記也。使其自亡，然後其惡明。

又《僖公二十年》 春，新作南門。《傳》：作，為也，有加其度也。《集解》：更加使大。言新，有故也，非作也。《集解》：責其改舊制。南門者，法門也。《集解》：法門，謂天子諸侯皆南面而治，法令之所出入，故謂之法門。

又《文公十二年》（冬）季孫行父帥師城諸及鄆。《傳》：稱帥師，言有難也。唐楊士勛疏：凡城之志，皆譏。今《傳》云有難，則似無譏者。《傳》本有難，不是解譏與不譏，直釋其帥師之意耳。特此城得時，又畏莒爭鄆。書雖是譏，情義通許，故《傳》以有難釋之，不言譏之意也。

又《文公十六年》（秋）毀泉臺。《傳》：喪不貳事，貳事，緩喪也。《集解》：喪事主哀而復毀泉臺，是以喪為緩。以文為多，失道矣。《集解》：緩作主，躋僖公，四不視朔，毀泉臺之類。自古為之，今毀之，不如勿處而已矣。《集解》：若以夫人居之而薨者，但當莫處。

又《成公九年》（冬）城中城。《傳》：城中城者，非外民也。《集解》：譏公不務德政，恃城以自固，不復能衛其人民。

又《成公十八年》（八月）築鹿囿。《傳》：築不志。此其志，何也？山林藪澤之利，所以與民共也。虞之，非正也。

又《襄公二年》 冬，仲孫蔑會晉荀罃、齊崔杼、宋華元、衛孫林父、曹人、邾人、滕人、薛人、小邾人于戚，遂城虎牢。《傳》：若言中國焉，内鄭也。《集解》：虎牢，鄭邑。鄭服罪内之，故為之城。不繫虎牢於鄭者，如中國之邑也。

又《襄公二十九年》（夏）仲孫羯會晉荀盈、齊高止、宋華定、衛世叔儀、鄭公孫段、曹人、莒人、邾人、滕人、薛人、小邾人城杞。《傳》：古者天子封諸侯，其地足以容其民，其民足以滿城以自守也。杞危而不能自守，故諸侯之大夫相帥以城之。此變之正也。《集解》：諸侯微弱，政由大夫，大夫能同恤災危，故曰變之正。

又《昭公三十二年》 冬，仲孫何忌會晉韓不信、齊高張、宋仲幾、衛大叔申、鄭國參、曹人、莒人、邾人、薛人、杞人、小邾人城成周。《傳》：天子微，諸侯不享覲。《集解》：享，獻也。覲，見也。言天子微弱，四方諸侯不復貢獻，又無朝覲之禮。天子之在者，惟祭與號。《集解》：祭謂郊上帝，號謂稱王。故諸侯之大夫相帥以城之。此變之正也。

又《定公二年》 冬十月，新作雉門及兩觀。《傳》：言新，有舊也。作，為也，有加其度也。此不正，其以尊者親之，何也？《集解》：不正，謂更廣大之，不合法度也。雖不正也，於美猶可也。《集解》：改舊雖不合正，脩飾美好之事，差可以雉門親之。

又《定公六年》 冬，城中城。《傳》：城中城者，三家張也。《集解》：大夫稱家。三家，仲孫、叔孫、季孫也。三家侈張，故公懼而脩内城。譏公不務德政，恃城以自固。或曰：非外民也。

《古本竹書紀年·晉紀》 文公城荀。

晉定公三十一年，城頓丘。

晉出公六年，【略】荀瑤城宅陽。

晉出公（三）［二］十年，智伯瑤城高梁。

幽公十三年，魯季孫會晉幽公于楚丘，取葭密，遂城之。

晉烈公元年，趙獻子城泫氏。

晉烈公四年，趙城平邑。

又 《魏紀》（魏武侯）十一年，城洛陽及安邑、王垣。

（趙）作鮒子。

梁惠成王三年，鄭城邢丘。

秦師伐鄭，次於懷，城殷。

梁惠成王十六年，秦公孫壯率師城上枳、安陵、山氏。

梁惠成王十六年，邯鄲伐衛，取漆富丘，城之。

魏殷臣、趙公孫裒伐燕，還，取夏屋，城曲逆。

梁惠成王三十年，城濟陽。

鄭侯使韓辰歸晉陽及向。二月，城陽、向，更名陽為河雍，向為高平。

（魏襄王）十三年，城皮氏。

《今本竹書紀年》卷上《殷太戊》 五十八年，城蒲姑。

又 卷上《殷祖乙》 八年，城庇。

又 卷上《殷帝乙》 三年，王命南仲，西拘昆夷，城朔方。

又 卷下《周成王》 十二年，王師、燕師城韓。王錫韓侯命。

又 卷下《周宣王》 七年，【略】王命樊侯、仲山甫城齊。

又 卷下《周釐王》 九年，晉城絳。

又 卷下《周襄王》 十七年，晉城荀。

又 卷下《周景王》 三十九年，晉城頓丘。

又 卷下《周貞定王》 七年，晉荀瑤城南梁。

又 卷下《周威烈王》 七年，趙獻子城泫氏。八年，趙城平邑。

又 卷下《周安王》 二十六年，魏城洛陽及安邑、王垣。

又 卷下《周顯王》 元年癸丑，鄭城邢丘。南朝宋沈約注：自此韓改稱曰鄭。

九年，秦師伐鄭，次于懷，城殷。

十四年，秦公孫壯帥師城上枳、安陵、山民。邯鄲伐衛，取漆富丘，城之。

二十一年，魏殷臣、趙公孫裒伐燕，還，取夏屋，城曲逆。

二十八年，城濟陽。

又 卷下《周慎靚王》 六年，鄭侯使韓辰歸晉陽及向。二月，城陽、向，更名陽為河雍，向為高平。

九年，城皮氏。

《戰國策》卷六《秦四》 或為六國說秦王曰：【略】「昔者趙氏亦嘗强矣。【略】築剛平，衛無東野，芻牧薪采莫敢闚東門。」漢高誘注：剛平，衛地。趙築之以為邑，故衛無東野，故衛人芻牧，不敢出於東門。

《呂氏春秋》卷二一《開春》 韓氏城新城，期十五日而成。段喬為司空，有一縣後二日，段喬執其吏而囚之。

《史記》卷四《周本紀》 馬犯謂周君曰：「請令梁城周。」乃謂梁王曰：「周王病若死，則犯必死矣。請以九鼎自入於王，王受九鼎而圖犯。」梁王曰：「善。」遂與之卒，言戍周。因謂秦王曰：「梁非戍周也，將伐周也。王試出兵，境以觀之。」秦果出兵。又謂梁王曰：「周王病甚矣，犯請後可而復之。今王使卒之周，諸侯皆生心。後舉事且不信，不若令卒為周城，以匿事端。」梁王曰：「善。」遂使城周。

又 卷一五《六國年表·楚表》 楚懷王十年，城廣陵。

又 卷四二《鄭世家》 繻公十五年，韓景侯伐鄭，取雍丘，鄭城京。

又 卷四三《趙世家》 獻侯十三年，城平邑。

（敬侯）四年，魏敗我兔臺，築剛平。《正義》：兔臺、剛平，並在河北。

（武靈王）三年，城鄗。

（惠文王）八年，城南行唐。

（孝成王）十一年，城元氏。

（悼襄王）二年，【略】城韓皐。

幽繆王遷元年，城柏人。

又 卷四四《魏世家》（魏文侯）六年，城少梁。十六年，伐秦，築臨晉元里。十七年，西攻秦，至鄭而還，築雒陰、合陽。三十二年，伐鄭，城酸棗。

（魏武侯）二年，城安邑、王垣。

（惠王）五年，與韓會宅陽，城武堵。

無忌謂魏王曰：【略】秦固有懷、茅、邢丘，城垝津，以臨河內。

又　卷一五《六國年表·秦表》　秦厲公二十六年，左庶長城南鄭。

秦靈公八年，城塹河瀕。

秦簡公七年，塹洛，城重泉。

秦獻公元年，城櫟陽。

秦武王二年，涉河，城武遂。

又　卷七《項羽本紀》　項氏世世為楚將，封於項。【略】每吳中有大繇役及喪，項梁嘗為主辦，陰以兵法部勒賓客及子弟，以是知其能。

晉·常璩《華陽國志》卷三《蜀志》　（秦）惠王二十七年，儀與若城成都，周迴十二里，高七丈。郫城周迴七里，高六丈。臨邛城周迴六里，高五丈。造作下倉，上皆有屋，而置觀樓射圃。

《晏子春秋》卷二《内篇·諫下》　（晏子）對曰：【略】『昔者楚靈王作傾宮，三年未息也；又為章華之臺，五年又不息也；乾溪之役八年，百姓之力不足而息也。靈王死於乾溪，而民不與君歸。』

景公築路寢之臺，三年未息，又為長庲之役，二年未息，又為鄒之長塗。

景公春、夏游獵，又起大臺之役。晏子諫曰：『春、夏起役，且游獵奪民農。昔國家空虛，不可。』景公曰：『吾聞相賢者國治，臣忠者主逸。吾年無幾矣，欲遂吾所樂，卒吾所好。子其息矣。』

《墨子》卷一《辭過》　子墨子曰：古之民未知為宮時，就陵阜以居穴而處下，潤濕傷民，故聖王作為宮室。為宮室之法，曰高足以辟潤濕，邊足以圉風寒，上足以待雪霜雨露；宮牆之高，足以別男女之禮；謹此則止。費財勞力、不加利者不為也。是故聖王作為宮室，使於生不以為觀樂也。作為衣服帶履便於身，不以為辟怪也。故節於身，誨於民，是以天下之民可得而治，財用可得而足。當今之主，其為宮室則與此異矣。必厚作，斂於百姓，暴奪民衣食之財，以為宮室臺榭曲直之望，青黃刻鏤之飾。為宮室若此，故左右皆法象之。是以其財不足以待凶饑，賑孤寡，故國貧而民難治也。

《左傳·哀公九年》　秋，吳城邗溝，通江淮。注：於邗江築城穿溝，東北通射陽湖，西北至末口入淮，通糧道也。今廣陵邗江是。

《國語》卷一九《吳語》　吳王夫差既殺申胥，不稔於歲，注：稔，熟也。謂後年不至於熟而北征也。乃起師北征，闕為深溝於商、魯之間，注：闕，穿也。商，宋也。北屬之沂，沂，水名，出泰山蓋，南至下邳入泗。西屬之濟，注：濟，宋水也。以會晉公午於黃池。注：黃池，地名。晉公午，晉定公也。

吳王夫差既退于黃池，乃使王孫苟告勞于周，注：王孫苟，吳大夫。勞，功也。曰：【略】『余沿江泝淮，闕溝深水，出於商、魯之間，以徹於兄弟之國。』注：兄弟，諸姬也。

漢·趙煜《吳越春秋》卷三《夫差内傳》　十四年，夫差既殺子胥，連年不熟，民多怨恨。吳王復伐齊，闕為闕溝於商、魯之間，北屬蘄，西屬濟，欲與魯、晉合，攻於黃池之上。

《孟子·告子下》　白圭曰：『丹之治水也，愈於禹。』注：丹，名；圭，字也。當諸侯之時，有小水，白圭為治除之，因自謂過乎禹也。孟子曰：『子過矣。禹之治水，水之道也，是故禹以四海為壑。今吾子以鄰國為壑，水逆行，謂之洚水。洚水者，洪水也，仁人之所惡也。吾子過矣。』

《韓非子》卷七《說林上》　千丈之堤，以螻蟻之穴潰。【略】故曰：白圭之行堤也，塞其穴。【略】是以白圭無水難。

《荀子》卷五《王制篇》　脩堤梁，注：堤所以防水。梁，橋也。通溝澮，注：溝、澮，皆所以通水。《周禮》：十夫之田有溝，溝上有畛；千夫有澮，澮上有道。鄭云：溝廣深各四尺，澮廣二尋，深二仞也。行水潦，注：行，巡行也。安水藏，注：使水歸其壑。安謂不使漏洩。以時決塞。注：旱則決之，水則塞之，不使失其時也。歲雖凶敗水旱，使民有所耘艾。司空之事也。

《春秋保乾圖》　移河為界在齊呂，填閼八流以自廣。漢宋衷注：言齊桓拓境，塞其八枝，并使歸徒駭一河也。

北魏·酈道元《水經注》卷五《河水》　鄭玄曰：下尾合曰逆河，言相迎受矣。蓋疏潤下之勢，以通河海。及齊桓霸世，塞廣田居，同為一河。

唐・孔穎達《尚書・禹貢》「九河既道」正義　其河填塞時有故道。鄭玄云：周時齊桓公塞之，同爲一河。今河間弓高以東至平原鬲津，往往有其遺處。《春秋緯・寶乾圖》云：「移河爲界在齊呂，填閼八流以自廣。」鄭玄蓋據此文爲齊桓公塞之也。言閼八流拓境，則塞其東流八枝，并使歸於徒駭也。

漢・劉安《淮南子》卷一八《人間訓》　孫叔敖決期思之水而灌雩婁之野，漢高誘注：雩婁，今廬江是也。莊王知其可以為令尹也。

北魏・酈道元《水經注》卷三二《肥水》　又東北逕白芍亭東，積而為湖，謂之芍陂。陂周百二十許里，在壽春縣南八十里，言楚相孫叔敖所造。【略】陂有五門，吐納川流。西北為香門陂，陂水北逕孫叔敖祠下，謂之芍陂瀆。

《古本竹書紀年・魏紀》　梁惠成王十年，入河水於甫田，又為大溝而引甫水。

梁惠成王三十一年三月，為大溝於北郛，以行圃田之水。

《今本竹書紀年》卷下《周顯王》　八年，（魏）入河水于圃田，又為大溝而引圃水。

二十九年，【略】三月，為大溝于北郛，以行圃田之水。

北魏・酈道元《水經注》卷二二《渠水》　水盛則北注渠，溢則南播。故《竹書紀年》：梁惠成王十年，入河水於甫田，又為大溝而引甫水者也。又有一瀆，自酸棗受河，導自濮，瀆歷酸棗，逕陽武縣南出，世謂之十字溝，而屬於渠。或謂是瀆為梁惠之年所開而不能詳也。【略】渠水東南逕赤城北。【略】《竹書紀年》：梁惠成王三十一年三月，為大溝於北郛，以行圃田之水。

《史記》卷二九《河渠書》　自是之後，滎陽下引河東南，為鴻溝，以通宋、鄭、陳、蔡、曹、衛，與濟、汝、淮、泗會於楚。西方則通渠漢水，雲夢之野。東方則通鴻溝、江、淮之間。於吳則通渠三江五湖，於齊則通菑、濟之間。於蜀，蜀守冰鑿離碓，辟沫水之害，穿二江成都之中。此渠皆可行舟，有餘則用溉浸，百姓饗其利。至於所過，往往引其水益用溉田疇之渠，以萬億計，然莫足數也。西門豹引漳水溉鄴，以富魏之河內。而韓聞秦之好興事，欲罷之，毋令東伐，乃使水工鄭國間說秦，令鑿涇水，自中山西邸瓠口為渠，並北山東注洛三百餘里，欲以溉田。中作而覺，秦欲殺鄭國。鄭國曰：「始臣為間，然渠成，亦秦之利也。」秦以為然，卒使就渠。渠就，用注填閼之水，溉澤鹵之地四萬餘頃，收皆畝一鍾。於是關中為沃野，無凶年。秦以富彊，卒并諸侯，因命曰鄭國渠。

《漢書》卷二九《溝洫志》　賈讓奏言：【略】「蓋隄防之作，近起戰國，雍防百川，各以自利。齊與趙、魏以河為竟，趙、魏瀕山，齊地卑下，作隄，去河二十五里。河水東抵齊隄，則西泛趙、魏；趙、魏亦為隄，去河二十五里。雖非其正，水尚有所游盪，時至而去，則填淤肥美，民耕田之，或久無害，稍築室宅，遂成聚落。大水時至漂沒，則更起隄防以自救，稍去其城郭，排水澤而居之，湛溺自其宜也。」

論說

《論語・學而》　子曰：「道千乘之國，《集解》：馬曰：道謂爲之政教。【略】使民以時。」《集解》：包曰：作事使民，必以其時，不妨奪農務。

又《顏淵》　子曰：【略】「使民如承大祭。」南朝梁皇侃《義疏》：又若使民力役，亦恒用心敬之，如承事大祭。大祭，祭郊廟也。宋邢昺疏：使民失於驕易，故戒之，如承奉禘郊之祭。

又《子張》　子夏曰：「君子信而後勞其民。未信，則以為厲己也。」宋邢昺疏：厲猶病也。言君子若在上位，當先示信於民，然後勞役其民，則民忘其苦也。若未嘗施信而便勞役之，則民以為從欲崇侈，妄加困病於己也。

漢・董仲舒《春秋繁露》卷四《王道》　梁内役民無已，其民不能堪，使民比地為伍，一家亡，五家殺刑。其民曰：「先亡者封，後亡者刑」。君者將使民以孝於父母，順於長老，守丘墓，承宗廟，世世祀其先。今求財不足，行罰如將不勝，殺戮如屠，仇讎其民，魚爛而亡，國中盡空。《春秋》曰：「梁亡。」亡者，自亡也，非人亡之也。

作南門；刻桷，丹楹；作雉門及兩觀；築三臺，新延廄。譏驕溢不恤下也。

漢·班固《白虎通義》卷五《三軍》　王命法年卅受兵何？重絶人嗣也。師行不必反，戰不必勝，故須其有世嗣也。年六十歸兵者何？不忍並鬭人父子也。《王制》曰：『六十不預服戎。』又曰：『八十，一子不從政。九十，家不從政。父母之喪，三年不從政。齊衰大功，三月不從政。廢疾非人不養者，一人不從政。』

古者師出不踰時者，為怨思也。天道一時生，一時養。人者，天之貴物也，踰時則內有怨女，外有曠夫。《詩》云：『昔我往矣，楊柳依依。今我來思，雨雪霏霏。』《春秋》曰：『宋人取長葛。』《傳》曰：『外取邑不書。此何以書？久也。』

漢·鄭玄《駁五經異義·六十五復征》　《異義》：《禮》戴說，《王制》云：『五十不從力政，六十不與服戎。』《易》孟氏、《韓詩》說，年二十行役，三十受兵，六十還兵。《古周禮》說，國中自七尺以及六十，野自六尺以及六十有五，皆征之。謹案《五經》說皆不同，是無明文所據。漢承百王而制，二十三而役，五十六而免。六十五已老而周復征之，非用民義。

駁云：《周禮》是周公之制，《王制》是孔子之後大賢所記先王之事。《周禮》所謂皆征之者，使為胥徒，給公家之事，如今之正衛耳。六十而不與服戎，胥徒事暇，坐息之間，多其五歲，又何太違之云？徒給公家之事，非用民意耶？《王制》所云力政，挽引築作之事；所謂服戎，謂從軍為士卒也。二者皆勞於胥徒，故早舍之。

晉·杜預《春秋釋例》卷三《土功例》　《釋例》曰：都邑者，民之聚也，國家之藩衛，百姓之保障，不固則敗，不修則壞，故雖不臨寇，必於農隙，備其守禦，無妨民務。《傳》曰：『龍見而畢務，戒事也。』謂夏之九月、周之十一月，龍星角、亢，晨見東方，於是納其禾稼，三務始畢，而戒民以土功事也。『火見而致用』，大火星次角、亢而晨見，於是致其用也。『水昏正而栽』，謂夏之十月，定星昏而中，於是樹板幹而興作也。『日至而畢』，謂日既南至，微陽始動，故土功息。《傳》既顯稱凡例，而書時、不書時，各重發者皆以別無備而興作。如書旱、雩之別，過雩也。冬城西郛，《傳》特曰懼齊，此其意也。冬城防，臧武仲請俟畢農事，故《傳》曰：書事，時。言興作出火見致用之前，亦得兼以事，時即禮也。凡城都築邑，國之大事，是以《春秋》詳其得失。救患分災，恤病備難，有為而然，則不拘時制。諸侯以夏城邢，《傳》稱得禮；正月城楚丘，而魯諱後期，此其義也。浚洙者，深之也，冬興功而無《傳》，亦得其時。築之為例，唯以都邑為別。至於他土功之事，則通用時例，總謂之築，築鹿囿、郎臺、王姬之館是也。《周禮》四縣為都，四井為邑，此周公本制，小大之別也。若邑有先君之宗廟，則雖小曰都，尊其所居而大之也。然則都而無廟，固宜稱城，城漆是也。而潁氏唯繫於有先君之廟，患漆本非魯邑也，因說曰：漆，有邾之舊廟。是使魯人尊邾之廢廟與先君同，非經傳意也。桓十六年冬，城向。《傳》曰書時也。案其下月，似城向在建酉之月，以經傳事類相推，則通在下建戌之月。邱明發書時之傳，不悞也。其說具見《長曆》也。

唐·陸淳《春秋集傳纂例》卷六《興作例》　啖子曰：凡土功，皆當以農隙之時。若有難，亦有非時城者，非得禮也。《穀梁》云：『凡城之志，皆譏也。』此說非也。凡城，國之急也，但問時與不時，不應一切是譏。浚洙、作兩觀、延廄之類，皆當從土功之時。王姬之館以非常，不論不時也。新作南門，《左氏》云：『不時也。凡啓塞從時。』謂作門戶為啓，當用春分以後；城郭為塞，當用秋分以後；順天時，以開閉也。延廄，莊二十九年春。又曰：『不時也。凡馬，日中而出，日中而入。』謂春分、秋分。亦言馬春分入廄，秋分出牧，縱馬合依時出入。新廄何妨用農隙之時，既非開閉之物，又何象乎？故皆不用此義。墮費及郈，毀泉臺，亦以非常書。毀，全除之也；墮，但損之，令不周爾。城與築義，見《凡例篇》。

啖子曰：凡興作必書，重民力也。動衆則皆書之。觀其時，而是非昭矣。書秋、夏則知非時，書春、冬則知得時。凡外興作，《春秋》不書。關於魯及來告，故書之。

宋·張大亨《春秋五禮例宗》卷七《興築》　《左氏》曰：『凡邑有宗廟先君之主曰都，無曰邑。邑曰築，都曰城。』《穀梁》曰：『城為保民為之也。民衆城小則益城，益城無極。凡「城」之志，皆譏也。』夫城有二：有增舊而城之者，有作都邑而城之者。今曰益城無極，則是特論增城者耳。《詩》稱『王命南仲，往城於方。』《易》稱『王公設險以守其國。』而『大司馬』之屬以時脩城郭之固，則城者，先王所不廢，特以為不恃此以保民，則可矣。故《傳》稱：言不戒，城惡而致潰也。城因築而後成，故亦謂之築，而築不作，以盡城之義。蓋曰城則有厲禁封守之法焉。若以為都邑之辨，則作邑於豐，既成洛邑，非無宗廟者也。凡土功，龍見而戒事，火見而致用，水昏正而栽，日至而畢。過亦書。

宋・陳祥道《禮書》卷三三《力政》 古者府史胥徒有常職，而民不與焉。其所與者，軍旅、田役而已。故任之以地之媺惡，辨之以國野之遠近，均之以歲之上下。《小司徒》：上地家七人，可任也者家三人；中地家六人，可任也者二家五人；下地家五人，可任也者家二人。此任之以地也。《鄉大夫》：國中自七尺以及六十，野自六尺以及六十有五，皆征之。此辨之以國野也。《均人》：凡均力政，以歲上下。豐年則公旬用三日，中年則公旬用二日，無年則公旬用一日，凶札則無力役。此均之以歲也。上地食七人，中地食六人，下地食五人，而任之者，僅半而已。蓋以下養上則不足，以上養下則有餘，故凡起徒役，又無過家一人，所謂施從其厚，事舉其中，與食壯者之食，任老者之事同意。七尺、六尺征之以其才，六十、六十有五舍之以其齒。國中近而役多，故晚征而早舍；野遠而役少，故早征而晚舍，欲使勞逸輕重均而已，與近郊什一，遠郊二十而三，甸稍縣都無過十二同意。力政有征於鄉，有征於司徒。征於司徒，則公用之也。故豐年公旬用三日，則是歲用二十七日；中年公旬用二日，則是歲用十有八日；無年公旬用一日，則是歲用九日而已。以均力政，在歲成之後，惟用於冬之一時。【略】

其不役者，國中貴者、賢者、能者、服公事者、老者、疾者皆舍。又八十者一子，不從政；九十者，其家不從政；廢疾非人不養者，一人不從政；父母之喪，三年不從政；齊衰大功之喪，三月不從政；將徙於諸侯者，三月不從政；自諸侯徙家，朞不從政。然則役之，義也；舍之，仁也。義故民忘其勞，仁故民悅其德。此所以《北山》不均之刺不作於下，而餘力之頌日聞於上也。後世踐更之法，雖丞相之子不免戍邊，非所謂舍貴者也。絳之老人，辱在泥塗，非所謂舍老者也。豈可與議先王之法哉？《周禮・均人》無年之力政，猶至九日；《王制》用民之力，歲不過三日，非周禮也。《鄉大夫》國野之役，至於六十、六十有五；《王制》曰五十不從力政，《祭義》曰五十不為甸徒，亦非周制也。然六十不與服戎，恐周亦然。《班超傳》曰：古者十五授兵，六十還之。《韓詩》說：三十受兵，六十還兵。其受兵早晚雖殊，其六十還兵，一也。

宋・呂祖謙《左氏傳說》卷五《文公・令尹蔿艾獵城沂使封人慮事十一年》 孫叔敖城沂，此一段見得築城規模，曲折詳細精密處，正要學者看此。如版築之事，孫叔敖已洞曉如何，却使封人慮事。蓋不親細務，深得為上之大體。規模曲折雖自知之，又須是衆謀，使親其事者具上規模條目將來，然後從而增損裁正之，下不侵有司之事。築城是大事，獨問守封疆之小臣，此亦見深慮無不當。量功命日，量功是量用功之多寡，命日是度其日子多少。分財用者，財用謂芻茭版築，分謂看四隅所費多少而分配撥料之。平版榦，平是商量，必平其高低厚薄。板榦謂合當築幾雉。稱畚築，稱謂一人可以運幾工，一人可以築幾堵。畚是度其負土之多寡，不使虛費，人得預其閒。築，下手也。程土物，程是料度用得多少，土是泥也，物是材木也。議遠邇，謂就近取水取土，如百步與五十步，去百步內取，已爭一半。略基址，略是巡行也，先巡略基址闊狹高下、方圓曲直，都安排之。具餱糧，謂先辦其役夫之糧食。度有司，是審度有司，各稱其材。謂如材有餘者，可以領大事；至若無材之人却能謹信者，則可使之監視。有便利輕捷者，可以供來往。度謂如使謹信者治財，却不得，若令監視則必專其才，亦不至於無用，所謂度者如此。惟其精密詳細如此，所以事三旬而成，不愆於素。蓋謂今日用事與前日所料條目一般，並無增損。至後來用事，這裏添一件，那裏又退一件，如此是愆於素也。大抵左氏載版築、用兵、救焚之事，如世務曲折條目，所裁纖悉備具，所載甚詳，亦足以見當時風聲氣習，近於三代。其人皆是着實做工夫，皆為有用之學，非尚虛文也。

又 卷七《襄公・孟獻子請城虎牢以逼鄭知武子曰善二年》 晉悼公戚之會，以鄭從楚，故謀討鄭。孟獻子請城虎牢以逼鄭，知武子善其言，遂城虎牢，鄭乃服。此一段事雖小，見得悼公所以霸處。蓋孟獻子，魯國之臣也。當戚之會，獻城虎牢之謀，知武子遂從其言。此見悼公之君臣，惟善是用，初無親疏内外之閒。孟獻子雖魯之臣，言一可用，則欣然從之，亦見悼公規模稍闊處。晉之君臣能用善，所以致得孟獻子敢言。雖然是如此，又須觀孟獻子納忠之由，亦緣悼公初即位，大率規模足以服諸侯之心；且魯君初朝晉歸，語杞桓公以晉侯之德，是時魯之君臣已心服於晉。孟獻子雖不立晉之朝，於戚之會便獻城虎牢之謀，武子欣然從之，又須看獻子所以不外於晉，晉亦不外於獻子。這兩句須兼看。晉之君臣視諸侯爲一體，此晉之所以霸。

宋・呂祖謙《左氏傳續説》卷一○《昭公・令尹子瑕城郟十九年》 大率楚之規模，常向外經營，今則收拾向内，此所以見得楚衰。

又 卷一二《哀公・吴城邗溝通江淮九年》 江、淮本不相通，吴欲霸中國，却溝通江、淮。此是東南漕運第一件事。此路在高郵軍，至今尚存。在唐時，漕運亦是此路，故自江通淮，自淮通汴，自汴通入渭，自渭，涇入長安。

宋・程大昌《禹貢論上・九河》 漢世既不得九河之實，最後鄭康成出，則盡黜漢人所言不用，而别為一説，謂八河者，故嘗為齊威公所塞，則不可復尋矣。酈道元宗用其説，而孔穎達因又推本緯書以證之，曰：『移河為界在齊呂，填閼八流以自廣。』是二語也，即鄭所主，執以違漢世之所共傳，而獨以齊威填塞為然者也。然緯書起哀、平間，既非古經正史，自不足據；而又揆之以理，知齊威之力，決有不能堪任此役而鄭氏之論未確也。

宋・章如愚《羣書考索後集》卷五六《財賦門・役類》 三代役法，莫詳於周。《周禮》：五、兩、軍、師之法，此兵役也。惟田追胥之法，此徒役也。府史胥徒之有其人，此胥役也。比閭族黨之相保受，此鄉役也。有『司徒』焉，則因地之善惡以均役；有『族師』焉，則校民之衆寡以起役；有『鄉大夫』焉，則計年之老少以從役；有『均人』焉，則論歲之豐凶以行役，役云衆矣。

宋・葉時《禮經會元》卷二下《役法》 成周役民之法，其要有四：比閭族黨，是鄉之役在民；府史胥徒，是官之役在民；伍兩卒旅，是兵之役在民；蒐苗獮狩，是田之役在民。在鄉之役也常，在官之役也久，在田之役也簡，在兵之役也疎。在鄉在官，猶禄之廪餼；在兵在民，則民皆自給之矣。其地大事致民，則追捕之役也；大故致民，則守衛之役也。城郭、溝渠、涂巷之役，則治之；牛馬、車輦、委輸之役，則共之。其為役若繁矣。然周人所以制役之法，則可以謂纖悉委曲者焉。『小司徒』之均土地，上地家三人，中地二家五人，下地家二人。是均之以土地之美惡也。『鄉大夫』之登其夫家，國中自七尺以及六十，野自六尺以及六十有五。是征之以國野之遠近也。『均人』之均力政，豐年則旬用三日，中年二日，無年一日。是又均之以年歲之上下也。不特此爾。『小司徒』之起徒役，則無過一人；『遂人』之致甿，則惟以下劑。是其用民之力，不亦甚寬矣乎！況『鄉大夫』辨其役之可舍者，貴者、能者、賢者、服公事者、老者、疾者皆舍，則役之又有其等矣。是以為用之民，不惟不以役為勞，又將皆以役為樂。由前觀之，『經始勿亟，庶民子來』，則民樂於為臺之役矣。由後觀之，『百堵皆興，鼛鼓弗勝』，則民樂於作室之役矣。『二之日其同，載纘武功』，是不以田役為勞也。『王事多難，不遑啓居』，是不以兵役為勞也。

後之役民，既無其道，又無其法。『土國城漕，我獨南行』，則其役困於力；『小東大東，杼軸其空』，則其役傷於財。『大夫不均，我從事獨賢』，此役之不均也。『王事靡盬，不遑將父』，此役之不時也。以至絳縣之老，亦與城杞，雖老者不舍也。丞相之子，亦令戍邊，雖貴者不舍也。後人之役如是，抑何怪斯民之不求規避者？

抑嘗考之：『均人』豐年用三日，中年二日，無年一日，此即《王制》所謂用民之力，歲不過三日也。一人一歲以三日為斷，役三日則更一人，往來更代，不亦繁乎？或者以為民三十而事，六十而免。名在官者三十年，均其在官之齒，歲以三日為斷，用之九十日而免，則終身不復。此一説也。或者以為調役之法，使五人為伍，十人為聯，歲輪一夫，祗役一月，周而復始。凡執法而在官者，則九人各於其家，償三日之役。如此則民無道路之勞，官無交番之冗。此亦一説也。然以『均人』考之，謂之力政，是均用民力也；謂之公旬，是均治公事也。此特一時之役，必隨遠近，更遞而調發之。雖一人用一日，可也。

若夫師旅行役之事，非歲所常有也；如或有之，其調發自有定制，恐非以三日為斷。《東山》之役，三年而歸；《采薇》之戍，自春徂冬。此豈三日可辦之事哉？大抵力役以三日為斷，謂城郭、溝渠、涂巷之治，牛馬、車輦、委輸之役也，而軍旅行役不與焉。萬一有《東山》之征，《采薇》之戍，則君行師從，卿行旅從，下之從上，如父兄子弟之衛，民亦不暇以久計也。夫三日、一日用其民，而民有《斯干》、《靈臺》之詩；三年、一年用其民，而民有《東山》、《采薇》之詠。周人何以得此於民哉？亦以佚道使民，民忘其勞；説道使民，民忘其難爾。

嘗觀今之役法，田役、兵役既不及民，府史胥徒則今之顧役也，比閭族黨則今之差法也。顧役既出税以顧之，差役則不免出力以任之。所謂差役者，里正、保長是也。夫有産則有役，皆職分之所當為也。今皆規避以求免，何邪？且周之役繁而民樂於為役，今之役簡而民苦於充役，是豈無自而然歟？蓋成周比長、閭胥、族師、黨正，皆下士、中士、上士、下大夫為之。今之保長，猶比長、閭胥也；今之里正，猶族師、黨正也。一日執役於官，則視之不啻如徒胥之賤，況又責之以所不堪供之財，迫之以所不能任之力，民亦何樂而為此役哉？不思漢之鄉老、嗇夫且皆有秩，後魏之鄰長、里長亦復繇戍，隋之州縣鄉官悉由吏部除授，唐之里正、村正皆以勳品以下者充之。是猶有比閭族黨之遺意，今胡為而以胥徒待之也？吁！有《關雎》、《麟趾》之意，而後可以行《周官》之法度。欲復成周之役，當有忠厚之意可也。不然，周之鄉役，其何以獨在教官之屬哉？

宋·陳則通《春秋提綱》卷九《雜例門·魯城築例》 嗚呼！《春秋》内書城者二十有二，其皆譏之乎？大都，三國之一；中，五之一；小，九之一，先王之制也。龍見而戒事，火見而致用，水昏正而栽，日至而畢，先王之時也。《春秋》非以其不時書，則以其過制書，得時與制而猶書之者，所以重民力也。夫先王建國，諸侯受封之初，皆有城郭，以域其民，豈必《春秋》而後為城築？計歲月以久之，風雨以頽之，干戈矢石以馮陵之，時葺其不完，以為民備，猶有先王之時與制在。若乃凶年而城，凶年而邑，尤《春秋》之所大戒。一年而屢役，一役而兩城，君子以為用民力之為已悉矣。城而帥師，某寇將至，不曰牖户綢繆，迨天之未陰雨邪？興城造邑，猶恐勞民，築臺築囿，何以為役？考十二公之行事，獨僖公不興一城築，不造一臺囿，不敢輕用民力。南門才一興役，而仲尼之筆已繼於梁亡之後。此《春秋》責備賢者之深意也。抑吾讀《春秋》，而有懼焉。

城郭之制，此公侯所以扞城其民。《春秋》以後，皆大夫之私城其邑。古者家不藏甲，邑無百雉之城，本大末小，是以能固其民而無爭心。叔仲謂南遺，多與而役以城費。後來圍費墮費，公室一大勞動。季孫、叔孫帥師城成郛，至圍成之役，定公親往，竟不得墮。防，臧氏之邑，乃大城之，卒使武仲得以防要君，而求後於魯。武仲且爾，又何議乎他？成公以後，魯多叛邑，非末大不掉之弊耶？櫟人知有子元而不知有鄭，曲沃知有欒氏而不知有晉，是假寇以兵而齎盜以糧耳。故大城，國之害也。國不可無城，城不可無民，民不可無吏。有社稷人民者，盍于此乎念？豈一城一邑所能係其成敗存亡之數也哉？

又 卷一〇《雜例門·魯宫室僭侈例》 嗚呼！吾讀漢儒之記《禮》，而深悲之。成王、周公之用心，終不暴白於天下後世，而伯禽亦為之誣也久矣。其言曰：成王命伯禽，世世祀周公以天子之禮樂，故太廟象天子之明堂，庫門象天子之臯門，雉門象天子之應門。後之讀《記》者，亦曰成王以此命之魯也。不知漢儒之為此説，其源流蓋自讀《春秋》之誤也。彼見夫《春秋》之於祭祀也，則有郊禘之文；於宫室也，則有延廄、南門、雉門、兩觀之書，遂從而附會之，謂魯人可得以用周禮。不知《春秋》正譏魯人之不得以用周禮也。延廄，法廄；南門，法門；雉門，兩觀，皆非諸侯所有。《春秋》一是以『新』書之，蓋譏其新，必有譏其故者矣。新者因其故而治之，不悟先公之惡其罪小，新作者盡廢其故，而復為之效尤。先公之惡其罪大，先公為之，已知而改之，以復諸侯之舊，足矣。

或曰：若子之言，《春秋》不以『毁泉臺』之例譏之乎？吁！泉臺之築，不至於僭，先君為之，己勿居之則可，毁之則太甚。若夫延廄、南門、雉門、兩觀，則有天子之制在，豈得與先公泉臺比乎？使魯有賢子孫毅然改之，以復周公、伯禽之法度，以聳四方諸侯之觀聽，《春秋》當何如其褒也！縱不能改，勿修可也。今又新之，以彰先君之惡，《春秋》寧不責於為人之子孫者乎？

或又曰：『皐門有伉，應門將將。』雖古公亶父猶為之，諸侯為之無害也。吁！大不然。皐、應二門，雖立於古公為諸侯之時，迨武王克殷，周公制禮，遂定為天子宮闕之制。豈有既為天子之制，而復假於諸侯者？此成王之所不當予而伯禽之所不敢受也。考之《春秋》，周公子孫不克守先代典籍，不惟上紊天子宮闕之制，其亦紊諸侯宗廟之制。諸侯廟制，二昭二穆，與大祖而五，禮也。成公六年，立武宮，大非宮廟即遠、有毀無立之意，卒使意如效閭巷小人之謀，禱于煬公，以冀非望之福。迨定公立，又為立宮以媚之，宗廟舊制大為姦臣所破壞。哀公何時？桓、僖之宮猶不之毀，季氏擅國之私，一至此乎！【略】

嗚呼！宮闕之制壞，則君臣夷也；宗廟之制壞，則昭穆混也。【略】其他丹楹刻桷之侈，譏之不可勝譏；吾無譏焉，猶曰魯秉周禮也。如是而為秉周禮也，吾是以為諸侯羞也，吾是以為世道歎也。

元·吳澄《春秋纂言總例》卷五《力役》 以上內役者二十九：城二十四，築八；浚一，墮二，新一，新作二，毀一，皆魯自用其民力也，故曰內役。凡君之資於民者，資其力也；民之報於君者，報其力也。故無事則資其力而用之於農以足食生財，有事則資其力而用之於兵以敵愾禦侮。非農非兵而勞民之力，必以其時，以其禮，而不敢妄興。不得已而役之，亦必節其力而不盡也。《春秋》凡力役之事必書，重民力也。

元·汪克寬《經禮補逸》卷七《大役禮》 『大宗伯』大役之禮，任衆也。『小司徒』大軍旅，帥其衆庶；小軍旅，巡役；乃均土地，以稽其人民而周知其數。上地家七人，可任也者家三人；中地家六人，可任也者家五人；下地家五人，可任也者家二人。凡起徒役，毋過家一人，以其餘為羨。唯田與追，胥竭作。『鄉大夫』以歲時登其夫家之衆寡，辨其可任者。國中自七尺以及六十，野自六尺以及六十有五，皆征之。其舍者，國中貴者、賢者、能者、服公事者，老者、疾者皆舍。『大司馬』凡令賦，以地與民制之。上地食者參之二，其民可用者家三人；中地食者半，其民可用者二家五人；下地食者參之一，其民可用者家二人。大役與慮事，屬其植，受其要，以待考而賞誅。『縣士』邦有大役，聚衆庶，則各掌其縣。《春秋左傳》：凡土功，龍見而畢，務戒事也。火見而致用，水昏正而栽，日至而畢。

明·丘濬《大學衍義補》卷三一《治國平天下之要·制國用·傅算之籍》 臣按：《孟子》此章舉布縷、粟米與力役並言，而皆謂之征。征也者，上取於下之名也。布縷、粟米專取其物，而力役之征，蓋兼乎人力也。

臣按：凡有天下國家者，不能不役乎民，然役有輕重繁簡、遠邇久速之殊，民有老少強弱、富貧貴賤之異，不可以一概論也。是以成周之世，欲役乎民，必先均其土地，以別其寬狹磽腴；必稽其人民，以知其多寡虛實；必量其人身，以知其強弱老少；必驗其畜產，以知其貧富有無。必有夫有婦，然後謂之一家；必年富力彊，然後謂之可任。彼夫貴而有爵者，賢而有德者，能而有才者，服事於公與衰耄之老，篤癈之疾，皆不可任以徭役之事。所以任夫徭役者，皆必少壯之夫，平日習勞，丁多而家給者也。夫民食三土而賴官府之庇，以有其室家田產，則服力役以為國衛，足國用，成國事，亦其職分之所當為者也。用所當用之人，為所當為之事，雖曰為國，亦所以為民；而又明以察之，公以處之，仁以憫之，是以國家有所經營，則咸如子趨父事；有所征伐，則莫不敵王所愾；而上無不成之事，下有衛上之忠，而天位永安，國祚延長矣。

臣按：力征，即孟子所謂力役之征也。力役之征有專用人力為者，造作脩治之屬也；有兼資物力成者，輦運輓輸之類也。『均人』掌均力征，必先審民家之丁中或寡或多，其家之牛馬車輦或有或無，因其材而任以事，隨所宜而加之役，用其所有而不強其所無，此民之役所以易供，而國之事所以易成也。然用民之力，豐年不過三日，歉年僅用一日而已；而不豐不歉之年，則又惟用二日焉。一歲之間，三百有六旬，上之人僅用其民三日之力，其三百五十有七日，皆民之所自有也。民安得不安富，國安得不清泰哉？

明·朱謀㙔《詩故》卷七《小雅》 《大東》，刺亂也。東國困於役而傷於財，譚大夫作此以告病也。『篚飧』，食之薄者；『棘匕』，物之微者。言往昔朝周，資斧之具不過如此，君子循而行之，小人目而擊之。今唯貨賄是責，勞役是供，疲於奔命，大異疇昔矣，所以睠顧周道而出涕也。王子晉曰：古之君子，其行至慎。委積施關，道路無限，百姓悦之，相將遠來，視道如尺，『周道如砥』之謂也。穫薪，樵蘇也。蘇草刈而束之，浸則腐敗，喻小國單薄，不堪過誅也。

明·何楷《詩經世本古義》卷後《屬引》 昔者聖王，人情為田，民勞不休，怨曠騷然。實小子階厲，使國有殘。故次之以《民勞》。

清·江永《周禮疑義舉要》卷二《地官一》 『公旬』之『旬』，當讀如字。公旬者，公家力役之程日也。力役以旬計，《左傳》：令尹蔿艾獵城沂，事三旬而成，不愆於素。士彌牟營成周，量事期，城三旬而畢。公旬即此『旬』字，舊讀均，非是。力役或一旬、二旬、三旬，而一夫不過三日。三日之外，他役代之。

清·高士奇《春秋地名考略》卷首《朱彝尊序》 試略言之：吳闢邗溝，以通餫道，此枋頭堰淇之嚆矢也。闔閭之伐徐也，防山而水之，此智伯決晉之濫觴也。孫叔敖治芍陂，以溉雩婁，其孫掩為令尹，復脩其術，此秦陘、翟陂以下言田農水利者所由昉也。至於齊塹防門，始於平陰；楚營方城，亘於宛、葉；其後燕之汾門，魏之濱洛，秦之起造陽而抵臨洮，皆權輿於此矣。若夫虎牢之為成皋也，穆陵之為大峴也，鍾吾之為宿豫也，州來之為壽陽也，沈之為懸瓠也，申之為宛也，寧之為修武也，鍾離之為濠口也，大隧、直轅、冥阨之為義陽三關也，渚宮之為江陵也，夏汭之為武昌也，澶淵之為三城也，笠澤之為五湖也，皆七國、漢楚、吳魏六朝、高齊、宇文、唐宋之君所為百戰而爭者也，而皆見端於《春秋》。

清·顧棟高《春秋大事表》卷八上《列國山川表》 至周之衰，迺有七國。秦攻伐二百年，而始混一天下。故六國者，群雄之祖，而春秋實戰國之先聲也。其時乃有以天地之山川為攻守之備，富彊之計。齊塹防門廣里，起于平陰；楚營方城為城，亘于宛、葉，而山之形勢漸失矣。吳掘邗溝以通運，而江淮始通；齊桓遏八流以自廣，而九河始塞，水之故道漸移矣。春秋以後，戰功滋興，至有塹山堙谷，壅川塞河，以求一切戰勝、攻取之計者。

清·范家相《詩瀋》卷一四《小雅·何草不黃》 幽王征伐之事，不見古史。以此三詩觀之，則其殘民以逞者非一。詩即史也。『匪兕匪虎』，『有芃者狐』，皆賦而兼比。率彼曠野，驅戮有如虎兕、芃狐，是何人之不矜者？而王則忍之矣。

適己自奉

綜述

《尚書·皋陶謨》 無教逸欲有邦。漢孔安國《傳》：不為逸豫貪欲之教，是有國者之常。

又《五子之歌》 其二曰：訓有之：内作色荒，外作禽荒。《傳》：作，為也。迷亂曰荒。色，女色。禽，鳥獸。甘酒嗜音，峻宇彫牆。《傳》：甘，嗜，無厭足。峻，高，大。彫，飾畫。有一於此，未或不亡。《傳》：此六者，棄德之君必有其一。有一必亡，況兼有乎！

又《仲虺之誥》 惟王不邇聲色，不殖貨利。《傳》：邇，近也。不近聲樂，言清簡；不近女色，言貞固。殖，生也。不生資貨財利，言不貪也。

又《無逸》 周公曰：『嗚呼！我聞曰：【略】自時厥後立王，生則逸。《傳》：從是三王各承其後而立者，生則逸豫無度。生則逸，不知稼穡之艱難，不聞小人之勞，惟耽樂之從。《傳》：過樂謂之耽。惟樂之從，言荒淫。自時厥後，亦罔或克壽。』《傳》：以耽樂之故。

又《洪範》 惟辟作福，惟辟作威，惟辟玉食。《傳》：言惟君得專威福，為美食。

《周禮·天官·膳夫》 膳夫，上士二人，中士四人，下士八人，府二人，史四人，胥十有二人，徒百有二十人。注：膳之言善也。今時美物曰珍膳。膳夫，食官之長也。鄭司農以《詩》説之，曰『仲允膳夫』。

膳夫：掌王之食飲膳羞，以養王及后世子。凡王之饋食用六穀，膳用六牲，飲用六清，羞用百有二十品，珍用八物，醬用百有二十罋。王日一舉，鼎十有二，物皆有俎，以樂侑食。膳夫授祭，品嘗食，王乃食；卒食，以樂徹於造。王齊，日三舉。大喪則不舉，大荒則不舉，大札則不舉，天地有災則不舉，邦有大故則不舉。王燕食，則奉膳，贊祭。凡王祭祀、賓客食，則徹王之胙俎。凡王之稍事，設薦脯醢。王燕飲酒，則為獻主。掌后及世子之膳羞。凡肉脩之頒賜，皆掌之。凡祭祀之致福者，受而膳之。以贄見者，亦如之。歲終則會，唯王及后世子之膳不會。

又《天官・玉府》 玉府，上士二人，中士四人，府二人，史二人，工八人，賈八人，胥四人，徒四十有八人。注：工，能攻玉者。

玉府：掌王之金玉、玩好、兵器，凡良貨賄之藏。共王之服玉、佩玉、珠玉。王齊，則共食玉。注：玉是陽精之純者，食之以禦水氣。鄭司農云：王齊當食玉屑。大喪，共含玉、復衣裳、角枕、角柶。掌王之燕衣服、衽席、牀笫，凡褻器。若合諸侯，則共珠槃、玉敦。凡王之獻金玉、兵器、文織、良貨賄之物，受而藏之。凡王之好賜，共其貨賄。

《詩經・大雅・蕩》 文王曰咨，咨女殷商，天不湎爾以酒，不義從式。《傳》：義，宜也。《箋》：式，法也。天不同女顏色以酒，有沈湎於酒者，是乃過也，不宜從而法行之。既愆爾止，靡明靡晦。式號式呼，俾晝作夜。《傳》：使晝為夜也。《箋》：愆，過也。女既過沈湎矣，又不為明晦，無有止息也。醉則號呼相傚，用晝日作夜，不視政事。

《尸子》卷下 桀為璇室瑶臺，象廊玉牀，權天下，虐百姓。

昔者桀、紂，縱欲長樂，以苦百姓。珍怪遠味，必南海之葷，北海之鹽，西海之菁，東海之鯨。此其禍天下，亦厚矣。

六馬登糟丘，方舟泛酒池。

《晏子春秋》卷二《内篇・諫下》 晏子曰：【略】『及夏之衰也，其王桀背棄德行，為璿室、玉門。殷之衰也，其王紂作為傾宮、靈臺。卑狹者有罪，高大者有賞，是以身及焉。』

《古本竹書紀年・夏紀》 夏桀作傾宮、瑶臺，殫百姓之財。

（桀）作瓊室，立玉門。

《今本竹書紀年》卷上《帝癸》 三年，築傾宮，毁容臺。

《大戴禮記》卷一一《少閒》 桀不率先王之明德，乃荒耽於酒，淫泆於樂，德昏政亂。作宮室高臺，汙池土察，以為民虐。粒食之民，惛焉幾亡。

《史記》卷一二八《龜策列傳》 衛平對曰：【略】『紂有諛臣，名為左彊。誇而目巧，教為象郎，南朝宋裴駰《集解》：駰案《禮記》曰：目巧之室。鄭玄曰：但用目巧善意作室，不由法度。許慎曰：象牙郎。將至於天。又有玉牀，犀玉之器，象箸而羹。』唐司馬貞《索隱》：箸即筯，為與羹連。或云，箸，樽也。《記》曰：羹之有菜者用梜。梜者筯也。

漢・劉向《古列女傳》卷七《孽嬖傳・夏桀末喜》 （桀）日夜與末喜及宮女飲酒，無有休時。置末喜於膝上，聽用其言，昏亂天道，驕奢自恣。為酒池可以運舟，一鼓而牛飲者三千人，輢其頭而飲之於酒池，醉而溺死者，末喜笑之以為樂。【略】造瓊室瑶臺，以臨雲雨，殫財盡幣，意尚不饜。

又 卷七《孽嬖傳・殷紂妲己》 收珍物，積之於後宮。諛臣羣女，咸獲所欲。積糟為丘，流酒為池，懸肉為林，使人裸形相逐其間，為長夜之飲。

南朝梁・蕭繹《金樓子》卷一《箴戒篇》 桀於是大怒，行苛法，賜與嬖妾，侈益無度，府藏空虚。

《國語》卷一《周語上》 厲王説榮夷公，注：説，好也。榮，國名；夷，謚也。芮良夫曰：注：芮良夫，周大夫芮伯也。『王室其將卑乎！注：卑，微也。夫榮公好專利而不知大難，注：專，擅也。夫利，百物之所生也，注：利生於物也，專利是專百物。天地之所載也。注：載，成也。地受天氣，以成百物。而或專之，其害多矣。注：害謂惡害榮公者多也。孔子曰：放於利而行多怨。天地百物，皆將取焉，胡可專也？注：天地成百物，民皆將取用之，何可專其利？所怒甚多而不備大難，以是教王，王能久乎？夫王人者，將導利而布之上下者也。注：導，開也。布，賦也。上謂天神，下謂人物。使神人百物無不得其極，注：極，中也。猶日怵惕，懼怨之來也。注：怵惕，恐懼也。故《頌》曰：「思文后稷，克配彼天。立我烝民，莫匪爾極。」注：《頌》，《周頌》也。思文，謂郊祀后稷，以配天之樂歌。經緯天地曰文。克，能也。烝，衆也。莫，無也。匪，不也。爾，女也。極，中也。言周公思有文德者，后稷其功乃能配於天。謂堯時鴻水，稷播百穀，立我衆民之道，無不於女時得其中者，功至大也。《大雅》曰：「陳錫載周。」注：《大雅》，《文王》之二章。陳，布也。錫，賜也。言文王布賜施利，以載成周道。是不布利而懼難乎！注：言后稷、文王既布利，又懼難也。故能載周，以至於今。今王學專利，其可乎？匹夫專利，猶謂之盜；王而行之，其歸鮮矣。注：鮮，寡也。歸附周者寡也。榮公若用，周必敗。』既榮公為卿士，注：既，已也。卿士，卿之有事者。諸侯不享，王流於彘。注：享，獻也。

《詩經・小雅・小宛》《序》：《小宛》：大夫刺幽王也。《箋》：亦當為刺厲王。

人之齊聖，飲酒温克。《傳》：齊，正。克，勝也。《箋》：中正通知之人飲酒雖醉，猶能温藉自持以勝。彼昏不知，壹醉日富。《傳》：醉而日富矣。《箋》：童昏無知之人飲酒一醉，自謂日益富，夸淫自恣，以財驕人。各敬爾儀，天命不又。《傳》：又，復也。《箋》：今女君臣各敬慎威儀，天命所去，不復來也。

又《曹風・蜉蝣》《序》：《蜉蝣》，刺奢也。昭公國小而迫，無法以自守，好奢而任小人，將無所依焉。

蜉蝣之羽，衣裳楚楚。《傳》：興也。蜉蝣，渠略也。朝生夕死，猶有羽翼，以自脩飾。楚楚，鮮明貌。心之憂矣，於我歸處？《箋》：歸，依歸。君當於何依歸乎？言有危亡之難，將無所就往。

蜉蝣之翼，采采衣服。《傳》：采采，衆多也。心之憂矣，於我歸息？《傳》：息，止也。

蜉蝣掘閲，麻衣如雪。《傳》：掘閲，容閲也。如雪，言鮮絜。心之憂矣，於我歸説？《箋》：説猶舍，息也。

《論語・先進》 魯人為長府。閔子騫曰：『仍舊貫如之何？何必改作！』三國魏何晏《集解》：鄭曰：長府，藏名也。藏財貨曰府。仍，因也。貫，事也。因舊事則可也，何乃復更改作？南朝梁皇侃《義疏》：魯人為長府者，魯人，魯君臣為政者。為，作也。長府，藏名也。魯人為政，更造作長府也。【略】注：藏財貨曰府。財貨，錢帛也。藏錢帛曰府，藏兵甲曰庫也。宋邢昺疏：云長府，藏名者，言魯藏財貨之府，名長府也。云藏財貨曰府者，布帛曰財，金玉曰貨。《周禮・天官》有『大府』，為王治藏之長。『玉府』掌王之金玉玩好，『内府』主良貨賄藏在内者，『外府』主泉藏在外者。是藏財貨曰府，府猶聚也，言財貨之所聚也。

《左傳・宣公二年》 晉靈公不君，注：失君道也。厚斂以雕牆。注：雕，畫也。

《國語》卷一七《楚語上》 靈王為章華之臺，注：靈王，楚恭王之庶子，靈王熊虔也。章華，地名。與伍舉升焉，曰：『臺美夫！』對曰：【略】『今君為此臺也，國民罷焉，財用盡焉，年穀敗焉，注：敗，廢民之時務。百官煩焉，注：為之徵發。舉國留之，注：留，治之也。數年乃成。』

漢・賈誼《新書》卷七《退讓》 翟王使使至楚，楚王誇使者以章華之臺。臺甚高，三休乃至。楚王曰：『翟國亦有此臺乎？』使者曰：『否。翟，窶國也，惡見此臺也？翟王之自為室也，堂高三尺，壤陛三絫，茆茨弗剪，採椽弗刮，且翟王猶以作之者大苦，居之者大佚。翟國惡見此臺也？』楚王媿。

唐・余知古《渚宮舊事》卷二《周代中》 靈王作傾宮，三年未息，而為章華之臺，又自為石椁陂，以象帝舜，民始思亂矣。

《晏子春秋》卷二《内篇・諫下》 景公成路寢之臺。【略】晏子對曰：『古之人君，其室宮節，不侵生民之居；臺榭儉，不殘死人之墓，故未嘗聞諸請葬人主之宮者也。今君侈為宮室，奪人之居，廣為臺榭，殘人之墓。是生者愁憂，不得安處；死者離易，不得合骨。豐樂侈遊，兼傲生死；非人君之行也；遂欲滿求，不顧細民，非存之道。』

景公為西曲潢，其深滅軌，高三仞。横木龍蛇，立木鳥獸。公衣黼黻之衣，素繡之裳，一衣而五彩具焉。帶球玉而冠且，被髮亂首，南面而立，傲然。

又 卷七《外篇上》 景公賞賜及後宮，文繡被臺榭，菽粟食鳧鴈。出而見殣，謂晏子曰：此何為而死？晏子對曰：『此餒而死。』公曰：『嘻！寡人之無德也，甚矣。』對曰：『君之德著而彰，何為無德也？』景公曰：『何謂也？』對曰：『君之德，及後宮與臺榭；君之玩物，衣以文繡；君之鳧鴈，食以菽粟；君之營内自樂，延及後宮之族。何為其無德？顧臣願有請於君：由君之意自樂之心，推而與百姓同之，則何殣之有？君不推此而苟營内好私，使財貨衡有所聚，菽粟幣帛腐於囷府，惠不遍加於百姓，公心不周乎萬國，則桀、紂之所以亡也。』

《孟子·梁惠王下》 齊景公問於晏子曰：『吾欲觀於轉、附、朝、儛，遵海而南，放於琅邪。吾何修而可以比於先王觀也？』注：轉、附、朝、儛，皆山名也。又言朝，水名也。晏子對曰：【略】『今也不然。師行而糧食，饑者弗食，勞者弗息，睊睊胥讒，民乃作慝。注：今也者，晏子言今時天下之民人，君行師興軍，皆遠轉糧食而食之，有饑不得飽食者；勞者致重，亦不得休息。在位在職者，又睊睊側目相視，更相讒惡，民由是化之而作其慝惡也。方命虐民，飲食若流。流、連、荒、亡，為諸侯憂。注：方猶逆也。逆先王之命，但為虐民之政，恣意飲食，若水流之無窮極也。謂沈湎於酒，熊蹯不熟，怒而殺人之類也。流連荒亡，皆驕君之溢行也。言王道虧，諸侯行霸，由當相匡正，故為諸侯憂也。從流下而忘反，謂之流。從流上而忘反，謂之連。從獸無厭謂之荒，樂酒無厭謂之亡。先王無流、連之樂，荒、亡之行，惟君所行也。』注：言驕君放遊，無所不為，或浮水天下，樂而忘反，謂之流，若齊桓與蔡姬乘舟於囿之類也。連，引也，使人徒引舟船上行，而忘反以為樂，故謂之連。《書》曰：罔水行舟，丹朱慢遊是好。無水而行舟，豈不引舟於水上而行乎？此其類也。從獸無厭，若羿之好田獵，無有厭極，以亡其身，故謂之荒亂也。樂酒無厭，若殷紂以酒喪國也，故謂之亡。

漢·劉安《淮南子》卷二一《要略》 齊景公内好聲色，外好狗馬，獵射亡歸，好色無辨。漢高誘注：辨，別也。作為路寢之臺，族鑄大鍾，注：族，聚也。撞之庭下，郊雉皆呴。注：大鍾聲似雷震，雉應而呴鳴也。一朝用三千鍾，贛鍾十斛也。注：贛，賜也。一朝賜羣臣之費三萬斛也。梁丘據、子家噲導於左右，注：二人者，公臣也。導，諫也。故晏子之諫生焉。

《左傳·哀公元年》 子西曰：『今聞夫差，次有臺榭陂池焉，宿有妃嬙嬪御焉。一日之行，所欲必成，玩好必從，珍異是聚，觀樂是務，視民如讐而用之日新。夫先自敗也已，安能敗我？』

《國語》卷一八《楚語下》 （藍尹亹）對曰：【略】『今吾聞夫差，好罷民力，以成私好。縱過而翳諫。一夕之宿，臺榭陂池必成，六畜玩好必從。夫先自敗也已，焉能敗人？』

漢·趙煜《吳越春秋》卷五《勾踐歸國外傳》 一夜，天生神木一雙。【略】乃使大夫種獻之於吳王。【略】子胥諫曰：『王勿受也。昔者桀起靈臺，紂起鹿臺，陰陽不和，寒暑不時，五穀不熟，天與其災，民虛國變，遂取滅亡。大王受之，必為越王所戮。』吳王不聽，遂受而起姑蘇之臺。三年聚材，五年乃成，高見二百里。行路之人道死巷哭，不絕嗟嘻之聲，民疲士苦，人不聊生。

唐·歐陽詢《藝文類聚》卷二四《人部八·諫》 《王孫子新書》曰：衛靈公坐重華之臺，侍御數百，隋珠照日，羅衣從風。仲叔敖入諫曰：『昔桀、紂行此而亡。今四境内侵，諸侯加兵，土地日削，百姓乖離。今君内寵，無乃太盛歟？』

《孟子·梁惠王下》 王曰：『寡人有疾，寡人好貨。』

又 《公孫丑上》 孟子曰：【略】『今國家閒暇，及是時，般樂怠敖，是自求禍也。禍福，無不自己求之者。注：般，大也。孟子傷今時之君，國家適有閒暇，且以大作樂，怠惰敖遊，不修政刑，是以見侵而不能距，皆自求禍者也。《詩》云：「永言配命，自求多福。」《太甲》曰：「天作孽，猶可違；自作孽，不可活。」此之謂也。』

《戰國策》卷二三《魏二》 梁王魏嬰觴諸侯於范臺，酒酣，請魯君舉觴，魯君興，避席擇言曰：『昔者帝女令儀狄作酒而美，進之禹，禹飲而甘之，遂疏儀狄，絶旨酒，曰：「後世必有以酒亡其國者。」齊桓公夜半不嗛，漢高誘注：快也。易牙乃煎敖燔炙，和調五味而進之。桓公食之而飽，至旦不覺，曰：「後世必有以味亡其國者。」晉文公得南之威，三日不聽朝，遂推南之威而遠之，曰：「後世必有以色亡其國者。」楚王登強臺而望崩山，左江而右湖，以臨彷徨，其樂忘死，遂盟強臺而弗登，曰：「後世必有以高臺陂池亡其國者。」今主君之尊儀狄之酒也，主君之味易牙之調也。左白臺而右閭須，南威之美也；前夾林而後蘭臺，強臺之樂也。有一於此，足以亡其國。今主君兼此四者，可無戒與？』

又 卷一七《楚四》 莊辛謂楚襄王曰：『君王【略】專淫逸侈靡，不顧國政，郢都必危矣。』

《呂氏春秋》》卷二〇《驕恣》 齊宣王為太室，大益百畝，堂上三百戶。以齊之大，具之三年而未能成。羣臣莫敢諫王。

漢·劉向《説苑》卷二〇《反質》 魏文侯御廩災，文侯素服，辟正殿五日，羣臣皆素服而弔，公子成父獨不弔。文侯復殿，公子成父趨而入賀曰：「甚大善矣，夫御廩之災也。」文侯作色不悅曰：「夫御廩者，寡人寶之所藏也。今火災，寡人素服辟正殿，羣臣皆素服而弔，至於子大夫而不弔。今已復辟矣，猶入賀何為？」公子成父曰：「臣聞之：天子藏於四海之內，諸侯藏於境內，大夫藏於其家，士庶人藏於篋櫝。非其所藏者，不有天災，必有人患。今幸無人患，乃有天災，不亦善乎！」文侯喟然嘆曰：「善。」

論說

漢·班固《白虎通義》卷三《禮樂》 王者食，所以有樂何？樂食天下之太平，富積之饒也。明天子至尊，非功不食，非德不飽。故《傳》曰：「天子食，時舉樂。」王者所以日四食者何？明有四方之物，食四時之功也。四方不平，四時不順，有徹樂之法焉。所以明至尊著法戒焉。王者平居中央，制御四方。平旦食，少陽之始也；晝食，太陽之始也；晡食，少陰之始也；暮食，太陰之始也。《論語》曰：「亞飯干適楚，三飯繚適蔡，四飯缺適秦。」諸侯三飯，卿大夫再飯，尊卑之差也。

《舊唐書》卷七八《于志寧傳》 志寧上書諫曰：「臣聞克儉節用，實弘道之源；崇侈恣情，乃敗德之本。是以凌雲概日，戎人於是致譏；峻宇雕墻，《夏書》以之作誡。」

宋·王欽若等《冊府元龜》卷二五三《列國君部·奢僭》 列國之君，數世而下，席祖宗之勳烈，承霸王之基扃，奢侈萌生，驕僭自至，瀆宗廟之義，廣宮室之制。暨乎濫施名器，弗顧典彜，增飾冠服，務夸奇曲，《蜉蝣》之刺於是興焉。

宋·胡宏《五峰集》卷四《皇王大紀論·極論周禮》 四方貢職，各有定制，王者為天下主財，奉禮義以養天下，無非王者之財也，不可以有公私之異。今「大府」乃有式貢之餘財，以共玩好之用，不幾有如李唐之君受裴延齡之欺罔者乎？「玉府」乃有王金玉、良貨賄之藏，不幾有如漢桓靈置私庫者乎？「內府」有四方金玉齒革、良貨賄之獻，而共王之好賜，不幾有如李唐之君受四方羨餘之輕侮者乎？王衣裘服，宜夫人嬪婦之任也。今既有「司裘」又有「縫人」、「屨人」等，工力勞費，有能以財濟國用者，則必旌顯之矣。此天下所以敗也。九官則皆掌飲食者也。「醫師」之職固不可廢，又有「獸醫」等五官，皆醫事也。「幕人」次舍之事固不可廢，而皂隸之所作也，亦置五官焉。凡此，既不應冗濫如是，且皆執技以事上、役於人者也。而以為「冢宰」進退百官，均一四海之屬，何也？

宋·呂祖謙《左氏傳說》卷一八《定公·楚子常欲蔡唐二侯裘馬二年》 且如齊景公奢侈，不能撫循其民，故驅其民於陳氏。

宋·真德秀《大學衍義》卷三一《誠意正心之要二·戒逸欲·逸欲之戒》 臣按：大禹之訓，凡六言二十有四字爾，而古今亂亡之釁靡不由之，凜乎其不可犯也。古詩之體，實原乎此意者，大禹為之，使子孫誦而傳之乎！為人主者，以此大訓揭之坐隅，銘之楹席，若古聖人儆臨乎前，則保國之金湯，全生之藥石也。

臣按：淫聲美色者，迷心之鴆毒，故湯弗邇之。珍貨厚利者，害義之稂莠，故湯弗殖之。

宋·鄭伯謙《太平經國書》卷八《奉養論飲膳酒醬供帳》 或問：「膳夫」而下，主食飲膳羞之味；「甸師」而下，主禽獸魚鼈之獻；「酒正」而下，主酒漿醯醢之物；「宮人」而下，主官舍幕幄供帳之儀；至於「醫師」之中，又有「食醫」一官，眡羹醬食飲之齊，均鹹酸辛苦之和，會牛羊犬豕魚鴈之宜。每一官而數人分焉，一人而數事萃焉，太宰總之，又皆一切不會矣。豈使之厲民以自養邪？何其厚口體之奉而侈飲食服御之供也！曰：存我則蒼生可厚，自安則國家可保。人主之於天下，總萬變，財萬物而養萬民。智慮以治之，非受天下之備物，則不足以養其知；仁厚以安之，非享天下之備味，則不足以養其仁；德音以化之，非兼天下之備產，則不足以養其德。使其氣體衰而不充，精神耗而不行，則四肢不享於安適，而耳目不足於聰明，是以「太宰」之佐王，將與之講論治道而經理邦國，則內必有以養其心，外必有以養其身。以一人而治四海，則必以四海而奉一人。

若夫奉養有節而交於萬物有道，則自有九式存焉，奢侈非所慮也。故自飲食膳羞而言之，則「膳夫」掌其名數，無大過不及之失節。「庖人」令其禽獸，無腥臊羶香之失宜。「內饔」掌內，「外饔」掌外，無割烹煎和之不備。「烹人」掌給水火，無美惡新舊之不謹。「甸師」又以薪蒸而從於「外、內饔」，「獸人」、「𩺰人」、「鼈人」、「腊人」又以鳥獸魚鼈而入於「庖人」，辨四時所宜之物而順其調養，察五行之有餘不足而助其休廢。凡可以均平其氣體而衛護其生理者，總之於「膳夫」，不敢會也。

自酒漿醯醢而言之，「醢人」王舉則共醢物六十甕，「醯人」王舉則共醯實六十甕，「漿人」共王之六飲，「酒人」共王之三酒；以至賓客之禮酒，「酒正」共之，王之燕飲酒，「酒正」又共之。凡所以祀鬼神而待賓客，充饗禮而共燕飲者，總之於「酒正」，不敢會也。

自宮舍幕幄供帳而言之，其在內也，六寢以致其安，埽除以致其潔，執燭以致其明，爐炭以致其溫，帷幕幄帟以致其貴飾。其在外也，車宮則仰轅以為門，壇壝宮則列戟以表門，無宮則共人以為門。梐枑再重之說，大次小次之張，凡燕寢之居，會同之舍，所以壯威儀而肅供御者，總之於「宮人」，不敢不盡其飭也。

蓋宮舍幕帟帳御，所以養王之外，而酒醬醯醢，食飲膳羞，所以養王之內。內之養，其於食飲膳羞，則尤致其詳焉。切嘗論之：王日一舉，一太牢也；朔月加食一等，則二太牢也；齋之日三舉，則三太牢也。蓋朔之聽政，勞於常日，於是而有加於常食。祭祀將以致精明之德，自强於禮而交於鬼神，不可以不備其養，於是而又有加於朔食。所任愈重，所治愈大，則其所養愈加厚，誠以天下國家之本在身，有堯、舜、禹、湯、文、武之身，而後有堯、舜、禹、湯、文、武之功業也。

反覆「膳夫」一官，其所以養至尊而助氣體之愛者，一何其至也！必品嘗食，乃食，所以謹其節；必侑、徹以樂，所以導其和；必奉膳而贊祭，所以起其敬；必受「祭僕」、「司士」之福與摯，所以養其德。惟其然也，是以居移其氣，養移其體，君父尊安，心廣體胖，耳目聰明，血氣和平，疾疢不作，而民命國脉不失其所恃。此「太宰」保護養成之本，非深於性命之理而明於理亂安危之原者，不能首慮及此也。

自漢以來，失周公之意遠矣。文帝以敦樸為天下先，宮室苑囿，車騎服御無所增益，可也，而何至身衣弋綈，足履革舃，夫人衣不曳地，帷帳無文繡，而集書囊為殿帷耶？是非有供帳服御以養其外，如「掌次」、「掌客」之職也。梁武帝斷禁魚肉，牲牢不殺，食惟糲飯，會同惟菜蔬，變一瓜為數十種，治一菜為數十味，甚者日止一食，羣臣曲宴未嘗奏樂，而臺城之辱竟以不食而斃。是非有日飲膳羞，以養其內，如「膳夫」以下、「漿人」以上之職也。夫先王之所以自奉，惟喪荒札瘥則減膳徹樂，敬天之變而與民同其憂，其餘則未嘗過自貶薄。蓋將以吾身為天下本，而何至蕭然自敝其形神若此邪？莫貴於天子，莫富於四海，夫豈不足以奉一人？而所以利天下者，顧豈在於計口腹四體之區區邪？

勞心者治人，勞力者治於人，治於人者食人，此固天下之通義，而克勤於邦，克儉於家，家固不可以施諸邦也。夫使殫財以華其居，盡美以飭其躬，窮五味以爽其口，此固失萬物之性；至於肥甘不足養於口，聲音不足養於耳，採色不足視於目，而便嬖不足使令於前，則亦非所以為自厚其生也。自待於菲薄而自敝於多事，曰吾將以節儉化天下，儒者又從而助之。不知人之和氣沖然而甚微泊乎？其易危。知用而不知養，吾身之不存，而天下將誰與安哉？

《需》之《象》曰：君子以飲食宴樂。《頤》之《象》曰：君子以慎言語，節飲食。飲食可節也而不可廢也。天官一官吾固知謂自有九式者存，何慮其不節邪？玩《易》之《象》，反覆「膳夫」以下之職事，務以所養保，毓沖粹，使身安而道隆。當是時也，將不獨一身之肥而已也，天地萬物實有賴焉。

又 卷一〇《內帑論三府供玉玩法》 或問：五峰先生嘗言：四方職貢，各有定制。無非王者之財，不可有公私之異。今「太府」乃以式貢之餘財，以共玩好之用，不幾有如唐德宗受裴延齡之欺罔乎？「玉府」乃有王之金玉、玩好、兵器，不幾有如漢靈帝之置私庫乎？「內府」乃有四方金玉齒革、良貨賄之獻，而共王之好賜予，不幾有如唐諸節度之獻羨餘乎？曰：此周公之所以為切近人情而經久可行者也。王者富有四海，貴為天子，若一切限制之，而尋常玩好之私亦所不容，錙銖之用必計其出納，須臾之欲不得以自逞，使常得如文、武之君而處之，固可以恭儉而無欲，安於嗇陋而無所慕乎外也。子孫不能皆賢，不幸繼之以庸闇之君，不堪其檢制，而奢侈之念不能自克於胸中，鬱積磅礴之餘，啓其暴怒而逞其威虐，一日而發泄之，則人欲橫流，反有不可得而遏者。且夫玩好之私，亦人主之所不能免也。以舜之聖，而猶有漆器之造；而通道九夷八蠻之後，西旅之獻，雖武王猶不免焉。後世如漢文帝之恭儉，能惜露臺百金之費，而不能無賞賜累鉅萬之私。是以周公之深見遠識，雖不敢導人主以奢侈，而亦不敢强人主以所不堪。

自今觀之，『玉府』一職終始皆稱『玉』，雖燕衣褻器、衽第席牀亦無不盡其飾而極其精。既以其金玉寶貝之器物，又以其精美珍異充玩好。以玩好之心見於物，則曰『小用』，曰『好用』；以玩好之心見於人，則曰『賜予』，曰『好賜』，亦曰『好用』。大抵總而言之則曰『玩好』，別而言之則曰『小用』、『賜予』也。周公非不知玩人則喪德，玩物則喪志也，然至於非喪志之物，非喪德之人，人主苟有所好而無損於為君之大體，亦安得而盡絶之？况夫『太府』所謂式貢之餘財，非惟曰吾欲取其餘，而不顧式法之所當用也。必待九賦以充九式所用之餘，九貢以充邦國弔用之餘，然後共之。若其無餘，則亦無可共矣。『玉府』所謂金玉玩好之獻，非曰九賦九貢之入，吾必責之，以此玩好之獻也。辨其所産之地而收其入，如其地之止産此物，而可以充玩好，則亦足以便其所貢矣。『內府』所謂金玉齒革、良貨賄之獻，而共王之好賜予，亦非其出於九賦、九貢之貨賄也；即四方諸侯朝覲聘問之時，獻國珍異之物而引領之於內府者，及其有問省之費，則各以其四方之所無者，交錯而分遺之，王亦無所利其物矣。

夫此三者，既無所損於人主之大體，亦非所以滋人主之侈心。脫使侈心由此而動焉，則『冢宰』又時以道而養正之，以格其非而易其慮。彼將動，顧九式之成法而一毫不敢有所過差也，又何至於有漢唐末流之弊乎？自此論不明，而儒者過為儉嗇之説，而强其君以所不堪，將使之飯土槢，啜土鉶。以萬乘之尊而下為監門逆旅之態，經制不立而子孫無以持循縱欲之心，其終未有不勃然而生者。

西漢之初，頗知此意，以大司農掌天下經費，猶『外府』也；以少府掌山澤陂池之入，自佐天子禁錢而給私共養，猶『玉府』、『內府』也。雖無『太府』一官以總其出入，而有計相以會計之，則猶『司會』；司農、少府及計相盡屬於丞相、御史，則猶周之統於『太宰』。自光武變亂舊制，以山海鹽鐵而歸之郡縣，出少府禁錢而屬之司農，使宫中私用，一切皆於司農取之，而司農又不盡應其求。章、和以來，不能堪此，於是別自立監，而用閹人以領之。而桓、靈之君每歎天子無私財，而開鴻都賣爵，後園自為私藏矣。

馴至於唐，益為無制。以天下金帛盡貯於大盈內庫，使宦官掌之，而聽天子取給之便。以天下之公賦而為人君之私藏，有司不復窺其多少，而宦官領事至三百餘員，此固不足道也。至於楊炎以片言移德宗之意，即日下詔移內庫之積貯而盡歸之左藏，議者皆稱其美，而不知德宗之刻剥聚斂，受延齡之欺罔，而來諸道之羨餘，乃自此而始。

惟宋朝盡去漢唐之弊而復周公之遺意，凡天下金玉之物皆歸之奉宸庫，在周則為『玉府』；凡山澤鹽鐵之賦皆歸於內藏庫，在周則為『內府』；又有左藏，以比周之『外府』。然其所以異於周者，獨以大臣不得以知出入盈虛之數，而無以撙節於其間也。渡江之後，又別置激賞，即今之南庫是也。雖宰相領之，謂之兼制國用，而內、外已判然不相干矣。

嗟夫！竭四海之財而恣一人之侈，周公固不為此矣。至於防其侈而截然無一毫之假借，亦豈為近人情而經久可行者乎？至於是而後知《周禮》之書不可廢。

宋・葉時《禮經會元》卷二上《膳羞》 《書》曰：『惟辟作福，惟辟作威，惟辟玉食。』玉食與威、福並言，則是惟辟獨專，而非人臣之所得有也。蓋玉食言美食也，膳亦食之善者也。鄭康成謂：今時美食，謂珍膳，皆玉食之謂也。是以『天官』之屬自宫衛之外，未遑他事而首及『膳夫』之職，寧不以膳羞為重歟？

『膳夫』，食官之長。《詩》曰『仲允膳夫』，又曰『膳夫左右』。古人拳拳於膳夫者，蓋以膳夫得人，則可以導人君奉養之節，而窒人君嗜欲之原。左右前後之人，必不至以一飲一食而忘君之疾也。或者徒知以一人而治四海，以四海而奉一人，固宜受天下備物之供，享天下備味之奉，而不知古人所以受而享之無愧者，要必有以養其心也，豈徒為是口體之養而已哉？

且以『膳夫』下數官考之，食、膳、飲之用六珍，之用八羞，醬之用百有二十，鼎、俎之物皆十有二，此『膳夫』掌之也。六畜六獸六禽之名，死生鱻薨薦羞之物，膳羞、好羞、庶羞禽獸之供，此『庖人』掌之也。內而膳羞割烹煎和之事，脩刑膴胖骨鱐之具，『內饔』共之；外而割烹脯脩刑膴之共，鼎俎牲體魚臘之實，『外饔』共之。『亨人』共鼎鑊，給水火之齊，以職於『外、內饔』。『甸師』共粢盛，帥薪烝之徒以役於『外、內饔』。『獸人』共獸，『𩰫人』共魚，『鼈人』共魚鼈龜蜃，『臘人』共脯臘膴胖。此皆備物之供，備味之養以奉承乎一人，是之謂王食也。

然聖人豈自奉養，而使肥甘日足於口邪？今觀『膳夫』之掌膳也，王燕食則奉膳贊祭，所以起其敬授祭品；嘗食，王乃食，所以謹其微；侑食以樂，卒食以樂，所以導其和。『庖人』則辨香臊腥羶之膏，而欲適四時之宜。『內饔』則辨庮羶臊貍腥螻之臭，而去其六物之不可食。『獸人』則辨冬夏春秋狼麋獸物之獻，而取其聚散温涼，以救四時之苦。古人之於飲食，凡可以均平其氣體而衛護其生理者，無不曲致其詳，是以居移氣，養移體，耳目聰明，血氣和平。蓋存我則可以厚蒼生，安身則可以保國家也。

又況『膳夫』之膳諸臣，祭祀歸脤於王，如『祭僕』凡祭祀致福者，展而受之；及受『都宗人』、『家宗人』之致福者，則受之，以給王膳。以羔鴈雉為摯而見於王，如『司士』賞擯士者膳其摯，即『宗伯』以禽作摯者，亦受之，以給王膳羞。致福之內享，摯見之禽，不惟起人主之敬心，亦見王之不妄費物也。獸以時田，魚以時梁，龜鼈亦以時籍，則是王之奉養有節而交萬物有道也。雖曰王后世子之膳與禽，『膳夫』、『庖人』不敢會，然『太宰』已有膳羞之式。王既無妄用，臣亦無妄供，雖不會猶會也。

至於殺牲盛饌，日舉、王舉，則『內饔』陳其鼎俎，以牲體實之。『醢人』則共醢六十罋，『醯人』則共醯六十罋。王日一舉，齊日則三舉，蓋其將交神明，必變食以致養，宜豐於常日也。否則一日一舉焉。若有喪、荒，禮災變故，則又徹常日之膳而不舉。蓋人君以天地萬物為一體，一有凶變則戚而心，蹙而頞，而莫敢遑安矣，況敢以盛饌自豐邪？

歷考數官凡所以奉承於王者，其辨物也以時，其用物也不妄，其取物也有道，其視物也同體，不徒為口體之養，而且有以養其心。此之所謂飲食宴樂之所謂養，八珍九鼎之所謂饌。而耳目聰明，大人格心之學，此為有助於王而掌於『太宰』也。西漢太官令猶『膳夫』等官也。漢以隸於少府而掌於丞相、御史，猶有周官遺意。東漢則以奄人主，晉人則屬之光祿，渡江以後則又隸之侍中，至唐則隸之內侍省，而大臣皆無所政令於其間矣。大臣無所統，則小臣無所忌。養體且不足，況能養心乎！

又 卷二上《內帑》 先儒以『職內』比漢少府，而謂『職內』之財為天子之內帑。吁！豈有待邦之移用者而可以為私藏乎？後人以『玉府』、『內府』俱比漢少府，而謂二府之財皆為天子之內帑。吁！豈有待邦之大用者而亦可以為私費乎？夫天子以天下為一家，財本不可有公、私之異，帑本不可有內、外之分，而況『職內』乃言掌邦之賦入，以貳官府、都鄙財入之數；『內府』乃言掌受九貢、九賦、九功之貨賄。此豈天子之私財？謂『職內』為內帑，固不可；謂『內府』為內帑，亦不可。愚故以『玉府』為天子之內帑，而內府不預焉。蓋先王先民而後己，必不以貢賦之公而給玩好之私，必不以貨賄之本而共賜予之末也。

且以《周禮》考之。《太府》則曰：幣餘之賦，以待賜予；式貢餘財，以共玩好。《職幣》則曰：斂凡用財者之幣，振掌事者之餘財，以詔上，小用賜予。《職歲》則曰：凡上之賜予以敘，與職幣受之。《巾車》：會車出入，歲終則入齎於職幣。《泉府》：歲終則會其出入，而納其餘。是皆以餘財而共用也。『內府』、『外府』固亦供好賜予之財用，安知不以大用、小用之餘財而共之歟？今觀『玉府』所掌，王佩服之玉則共之，諸侯相會之玉則共之，王之燕衣、褻器則掌之，金玉、兵器、文織、良貨賄之物則藏之。至於王有好賜，則共其貨賄。『玉府』所掌則如是，所供者如是，此其為天子之私藏乎？『獸人』之皮毛筋骨則入於玉府，『漁人』之漁征則入於玉府，『廛人』之皮角筋骨則入於玉府，『澤人』之國澤財物則入於玉府，有如『遂師』言入野職、野賦於玉府，是以九職、九賦之物，然只是野之所入，則他處九功、九賦不入玉府，可知矣。玉府之所入者如此，則以之而供玩好賜予之用，何傷乎？又況『太府』總乎其前，司會『計乎其後上焉又有太宰』以臨之，則財雖私而實公帑，雖內而猶外也。

然『玉府』掌金玉，固也。兵器、貨賄之良，『内府』既受之，『玉府』亦藏之。兵器、金玉之獻，『内府』既入之，『玉府』亦藏之，何也？蓋『内府』以給公用，『玉府』以為私藏。有『内府』公用之常，而又有『玉府』私藏之積，無事之時，一歲所入，足支一歲之用，一旦事起於非常，變生於不測，將何以佐用度之不足者哉？此『玉府』之藏，又將為『内府』之副，非特為玩好賜予用也。

且以『職内』觀之：及會，則逆職歲與官府財用之出而敘其財，以待邦之移用。以『職内』且敘官府之餘財以待餘用，則知『玉府』之藏亦可得而移用矣。漢初猶有古意，以大司農給國家之公用，以少府給天子之共養。嘗觀哀帝發武庫兵，送董賢母，將隆奏曰：『武庫兵器，天下公用，皆度大司農錢。大司農錢，雖乘輿不以給共養，共養勞費，以出少府。是不以本歲給末用，不以兵力共浮費。』元帝世，賈捐之言：『暴師未一年，費四十萬。大司農錢盡，乃以少府禁錢續之。』是猶以私藏為公用，以内帑為外費，此美意也。況少府，外朝之臣而得主内廷之物，故宮掖無擅用之私，而奄宦無干預之弊，尤良法也。東漢始出少府錢，屬之司農，非不可也。然宮中私用，一切於司農取之，而司農不應其求。章、和以來，不能堪此，遂於宮中自立一監，命奄人主之。桓、靈之君每嘆天子無私財，而開鴻都賣爵，以為私藏矣。唐始以財賦歸左藏，非不可也。及第五琦不能禁豪將之求取，乃悉歸之大盈後庫。是以天下公賦而為天子私藏。至楊炎請出内帑，以歸有司，議者是之。未幾，盧杞一用，而瓊林、大盈掩為己蓄，而命宦者主之矣。

夫尊為天子，富有四海，苟一切限制之，而玩好賜予之費不得行，則其勢必有所不便。利歸公上，權在一人，苟一切私有之，而經常用度之費不得預，則其情必有所不安。誠知『玉府』為王之内帑，而『内府』不預焉；又誠知『内府』為王之公帑，而『玉府』實佐焉，則可與語周官之法度矣。而或者猶疑其如德宗受裴延齡之欺罔，如漢靈帝之置私庫，不亦過乎？

元・方回《續古今考》卷七《附廣玉考上・玉食》 《書》曰：惟辟玉食。注：美食，非真玉也。《周禮・玉府》：王齋則共食玉。注：『玉是陽氣之純者，食之以禦水氣。鄭司農云：王齋則食玉屑。』本草服餌有玉屑、玉泉。此考經之學，於彼無取焉。

元・吳澄《書纂言》卷四上《洪範》 辟，君也。威謂六極之可畏。玉食，謂珍美之食也。此言能爲民福禍者，惟君一人，此其所以獨享天下珍美之奉也。

元・毛應龍《周官集傳》卷四《玉府》 『玉府』貴重，掌凡美物之蓄藏而玉為之良。歐陽地山曰：有司所用，一不取於玉府，意者玉府，王之私藏，若後世之内藏庫是也。王之食曰玉食，王之語曰玉音，王之府曰玉府，宜矣。玩者，目之所好；好者，心之所悅。兵若兌之戈，和之弓，垂之竹矢之屬，器若金鍾、九鼎、玉律、欹器之屬。

明・湛若水《格物通》卷九四《蠲租》 臣若水通曰：【略】夫利者，天之所生，百物之所為，與天下共之布之，可也。專之則私其有也。榮公好利而不知大難，以利導君，其能免於難乎？芮良夫謂王人布利於上下，而引后稷、周文，以見布利於民者，以懼難也。夫專利者，人之所怨也。天下之怨歸之，大難將至矣。為人君者，其輕賦薄歛，蠲租以與民，可也。其可專利而歛怨，以自及於難哉？

又 卷九《儆戒一》 臣若水通曰：此亦五子述禹之訓，以戒太康之意。色荒，惑嬖寵也；禽荒，耽遊畋也。荒者，迷亂之謂。甘、嗜，皆無厭也。峻，高大也。宇，棟宇也。雕，繪飾也。言六者有其一，皆足以致滅亡也。禹之訓昭明如此，太康乃不念祖訓而盤遊於有洛之表，十旬不反，安得不致有窮后羿之距而自取滅亡乎？臣愚，謂此六者乃庸君世主之所必犯，有一亦足以亡國，不必六者之兼備矣。後之人君欲守祖宗之大業，當以禹之訓自省，而以太康之禍為戒。

明・王立道《具茨文集》卷五《光祿箴》 惟聖饗帝，惟辟玉食。迺烹迺饔，既時既飭。以共粢牲，以眂珍物。無曰不會，冢宰是職。在昔聖王，飯簋啜鉶，不以天下，奉予一人。周文即功，惄焉朝昃。池酒林肉，殷商用滅。駢脇曼膚，國乃多瘠。孟子蓋惡夫庖有肥肉而民饑色，祿臣司膳，敢告執滌。

明·陳士元《論語類考》卷一五《宮室考·長府》 鄭玄氏曰：長府，藏名也。藏貨財曰府。元按：《周禮·天官》有『大府』、『玉府』、『內府』、『外府』之職。大府為王治藏之長，玉府掌王之金玉玩好，內府主良貨財藏在內者，外府主泉藏在外者。府猶聚也，言貨財所聚也。魯國聚財之處，名為長府。《左傳》昭公二十五年，公居於長府，以伐季平子，而叔孫氏之司馬鬷戾帥徒以救，陷西北隅以入。則長府蓋在宮內，其亦魯之內府也乎！

清·蔣溥等輯《御覽經史講義》卷首《書經》 臣謹按：福、威者，人君御天下之大權；玉食者，人君享天下之大福也。人君奉天命以命有德，五服五章而作福惟辟矣；奉天討以討有罪，五刑五用而作威惟辟矣；富有四海而百里之內以共官，千里之內以為御，而玉食惟辟矣。蓋天子以一身居乎兆民之上，臨制四海之廣，所以整齊不紊者，端在奉天之威福以施於天下，如網之有綱，如絲之有總。《詩》曰：『勉勉我王，綱紀四方。』言太阿之柄不可倒持也。至於天下乂安，人民和樂，則雖享天下之奉而不以為泰也。若夫臣子受君之爵，食君之祿，行君之令而致之民，其不可作福作威玉食也明矣。然而所謂無有者，非但攬權朋比、貪冒無忌憚之彰彰較著者也。人臣不能不宣布德澤而有一市恩近名之念，則已為作福；人臣不能不奉行法令而有一擊斷文致之私，則已為作威；人臣不能不受重糈厚祿而隱微寤寐之間有一念之侈然自放，則皆玉食之類也。必並此而無之，惟知有君，不知有身，任重則思報稱之難，位高愈懷盈滿之戒，謨猷惟我后之德，夙夜矢匪懈之心，功名有所不居，況於威福溫飽有所不計，況於玉食小心謹慎，而後為純臣也。且夫人君亦曷嘗有威福惟我、玉食惟我之意哉？《禮》曰：『爵人於朝，與衆共之；刑人於市，與衆棄之。』大禹之菲食，周文之日昃，以一人勞天下，不以天下奉一人也。《洪範》以三者歸之君，曰惟辟有之，所以明臣下之萬萬不可有也。蓋惟人君能好人，而臣下孰敢作好？人君能惡人，而臣下孰敢作惡？惟人君大烹以養聖賢，而臣子孰敢封靡於爾邦？此地道之所以輔君而贊化也夫！

奉上諭：爾所詮解《洪範》『惟辟作福』一節，頗與朕意相合。朕思人君固操予奪之權以馭天下，然賞者天命，罰者天討，何能自為威福也？正惟不敢存作威作福之心，而後爵賞刑威無不當天理而洽人情矣。至於大官八珍之供，亦不過以下奉上之名，而大禹菲飲食，周文不遑暇食，可知聖帝明王宵旰焦勞、克勤克儉之心，無時釋於寤寐，何嘗有惟辟玉食之一念耶？且也人君而存一作福作威玉食之念，則爵賞可以及佞臣，誅戮可以加正士，而酒池肉林將極其欲而無所底止矣。蓋《洪範》乃箕子陳於武王之書，箕子，臣也，其言故應如是。朕所論者，君道也。君尚不可以作福作威玉食，孰謂人臣而可恣意作福作威玉食乎哉？欽此。

王位君位繼承部

禪讓分部

堯禪舜　舜禪禹

綜　述

《尚書·舜典》 帝曰：『格！汝舜。詢事考言，乃言厎可績，三載。汝陟帝位。』舜讓於德，弗嗣。正月上日，受終於文祖。漢孔安國《傳》：上日，朔日也。終謂堯終帝位之事。文祖者，堯文德之祖廟。**【略】**二十有八載，帝乃殂落。《傳》：殂落，死也。堯年十六即位，七十載求禪，試舜三載，自正月上日至崩二十八載。堯死，壽一百一十七歲。百姓如喪考妣。三載，四海遏密八音。月正元日，舜格於文祖。《傳》：月正，正月；元日，上日也。舜服堯喪三年，畢將即政，故復至文祖廟告。

又《大禹謨》 帝曰：「來！禹。【略】予懋乃德，嘉乃丕績。天之曆數在汝躬，汝終陟元后。」【略】禹曰：「枚卜功臣，惟吉之從。」帝曰：「禹！官占惟先蔽志，昆命于元龜。《傳》：蔽，斷。昆，後也。朕志先定，詢謀僉同，鬼神其依，龜筮協從，卜不習吉。」禹拜稽首，固辭。帝曰：「毋。惟汝諧。」正月朔旦，受命于神宗，《傳》：神宗，文祖之宗廟。率百官若帝之初。

《論語·堯曰》 堯曰：「咨！爾舜。天之曆數在爾躬，三國魏何晏《集解》：曆數，謂列次也。宋朱熹《集注》：此堯命舜而禪以帝位之辭。咨，嗟歎聲。曆數，帝王相繼之次第，猶歲時節氣之先後也。允執其中。四海困窮，天祿永終。」舜亦以命禹。《集注》：舜後遜位於禹，亦以此辭命之。

《墨子》卷二《尚賢下》 昔者舜耕於歷山，陶於河瀕，漁於雷澤，灰於常陽。堯得之服澤之陽，立為天子，使接天下之政而治天下之民。

又 卷二《尚賢上》 故古者堯舉舜於服澤之陽，授之政，天下平。禹舉益於陰方之中，授之政，九州成。

《上海博物館藏戰國楚竹書（二）·容成氏》 ［尊］盧氏、赫胥氏、喬結氏、倉頡氏、軒轅氏、神農氏、椲（？）針氏、壚遲氏之有天下也，皆不授其子而授賢，其德酋清而上愛【一】下，而一其志，而寢其兵，而官其材。【略】

［堯乃老，視不明，］聽不聰。堯有子九人，不以其子爲後。見舜之賢也。而欲以爲後。【十二】［舜乃五讓以天下之賢者，不得已，然後敢受之。］【略】

舜乃老，視不明，聽不聰。舜有子七人，不以其子爲後，見禹之賢也，而欲以爲後。禹乃五讓以天下之賢【十七】者，不得已，然後敢受之。【略】

禹有子五人，不以其子爲後，見【三十三】皋陶之賢也，而欲以爲後。皋陶乃五讓以天下之賢者，遂稱疾不出而死。禹於是乎讓益。啓於是乎攻益自取，【三十四】入焉以行政。

《尸子》卷下 舜一徙成邑，再徙成都，三徙成國，其致四方之士。堯聞其賢，徵之草茅之中。與之語禮樂，而不逆；與之語政，至簡而易行，與之語道。廣大而不窮。於是妻之以媓，媵之以娥，九子事之而託天下焉。

舜受天下，顔色不變。堯以天下與舜，顔色不變。知天下無能損益於己也。

《荀子》卷一八《成相篇》 請成相，道聖王，堯舜尚賢身辭讓。

堯讓賢，以為民，唐楊倞注：為萬民求明君，所以不私其子。氾利兼愛德施均。辯治上下，貴賤有等明君臣。

堯授能，舜遇時，尚賢推德天下治。

堯不德，舜不辭，注：皆歸至公。妻以二女任以事。大人哉舜！南面而立萬物備。注：委任羣下，無為而理。

舜授禹，以天下，注：舜所以授禹，亦以天下之故也。尚得推賢不失序。外不避仇，內不阿親賢者予。注：謂殛鯀興禹，又不私其子。予讀為與。

《韓非子》卷三《十過》 昔者堯有天下，飯於土簋，飲於土鉶。其地南至交趾，北至幽都，東、西至日月之所出入者，莫不賓服。堯禪天下，虞舜受之，作為食器，斬山木而財之，削鋸修之，迹流漆墨其上，輸之於宮，以為食器。諸侯以為益侈，國之不服者十三。舜禪天下而傳之於禹，禹作為祭器，墨染其外而朱畫其內，縵帛為茵，蔣席頽緣，觴酌有采而樽俎有飾。此彌侈矣，而國之不服者三十三。

又 卷一三《外儲説右上》 堯欲傳天下於舜，鯀諫曰：「不祥哉？孰以天下而傳之於匹夫乎？」堯不聽，舉兵而誅殺鯀於羽山之郊。共工又諫曰：「孰以天下而傳之於匹夫乎？」堯不聽，又舉兵而誅共工於幽州之都。於是天下莫敢言無傳天下於舜。仲尼聞之，曰：「堯之知舜之賢，非其難者也。夫至乎誅諫者，必傳之舜，乃其難也。」

《呂氏春秋》卷一五《貴因》 舜一徙成邑，再徙成都，三徙成國。漢高誘注：《周禮》：四井為邑，邑方二里也。四縣為都，都方二十二里也。邑有封，都有城，然則邑小都大。《傳》曰：都城過百雉，國之害也。成國，成千乘之國也。而堯授之禪位，因人之心也。注：授之禪位，與之天下也。人皆喜之，故也因人之心也。

《列子》卷四《仲尼》 堯治天下五十年，不知天下治歟，不治歟？不知億兆之願戴己歟，不願戴己歟？顧問左右，左右不知。問外朝，外朝不知。問在野，在野不知。堯乃微服游於康衢，聞兒童謠曰：「立我蒸民，莫匪爾極。不識不知，順帝之則。』堯喜，問曰：『誰教爾為此言？』兒童曰：『我聞之大夫。』問大夫，大夫曰：『古詩也。』晉張湛注：當今而言古詩，則今同於古也。堯還宮召舜，因禪以天下。注：功成身退。舜不辭而受之。注：會至而應。

《今本竹書紀年》卷上《帝堯陶唐氏》　七十年春正月，帝使四岳錫虞舜命。

七十三年春正月，舜受終于文祖。

又　卷上《帝舜有虞氏》　元年己未，帝即位，居冀。

三十三年春正月，夏后受命于神宗，遂復九州。

又　卷上《帝禹夏后氏》　元年壬子，帝即位，居冀。頒夏時于邦國。

漢・伏勝《尚書大傳》　堯為天子，丹朱為太子，舜為左右。堯知丹朱之不肖，必將壞其宗廟，滅其社稷，而天下同賊之，故堯推尊舜而尚之，屬諸侯，致天下於大麓之野。

漢・劉安《淮南子》卷二〇《泰族訓》　堯治天下，政教平，德潤洽。在位七十載，乃求所屬天下之統，令四岳揚側陋，四岳舉舜而薦之堯。堯乃妻以二女，以觀其內；漢高誘注：二女，娥皇、女英。任以百官，以觀其外。既入大麓，烈風雷雨而不迷，乃屬以九子，注：堯有九男。贈以昭華之玉，而傳天下焉。以為雖有法度，而朱弗能統也。

又　卷七《精神訓》　人之所以樂為人主者，以其窮耳目之欲而適躬體之便也。今高臺層榭，人之所麗也，而堯樸桷不斲，素題不枅。注：樸，采也。桷，椽也。素題者，不加采飾。不枅者，不施欂櫨。珍怪奇味，人之所美也，而堯糲粢之飯，藜藿之羹。文繡狐白，人之所好也，而堯布衣揜形，鹿裘御寒。養性之具不加厚，而增之以任重之憂。故舉天下而傳之於舜，若解重負然，非直辭讓，誠無以為也，此輕天下之具也。

又　卷九《主術訓》　堯之有天下也，非貪萬民之富而安人主之位也。【略】舉天下而以為社稷非有利焉，年衰志憫，注：衰，老也。憫，憂也。舉天下而傳之舜，猶却行而脱蹝也。注：言甚易也。

又　卷一〇《繆稱訓》　堯王天下而憂不解，授舜而憂釋，憂而守之而樂與賢，終不私其利矣。

《史記》卷一《五帝本紀》　堯以為聖，召舜曰：『女謀事至而言可績，三年矣。女登帝位。』舜讓於德不懌。正月上日，舜受終於文祖。文祖者，堯大祖也。於是帝堯老，命舜攝行天子之政，以觀天命。【略】堯立七十年得舜，二十年而老，令舜攝行天子之政，薦之於天。堯辟位，凡二十八年而崩。百姓悲哀，如喪父母。三年，四方莫舉樂，以思堯。堯知子丹朱之不肖，不足授天下，於是乃權授舜，授舜則天下得其利，而丹朱病，授丹朱則天下病而丹朱得其利。堯曰：『終不以天下之病而利一人』，而卒授舜以天下。堯崩，三年之喪畢，舜讓辟丹朱於南河之南。諸侯朝覲者不之丹朱而之舜，獄訟者不之丹朱而之舜，謳歌者不謳歌丹朱而謳歌舜。舜曰：『天也夫！』而後之中國，踐天子位焉。是為帝舜。

舜年二十，以孝聞；年三十，堯舉之；年五十，攝行天子事；年五十八，堯崩；年六十一，代堯踐帝位。

舜子商均亦不肖，舜乃豫薦禹於天。十七年而崩，三年喪畢，禹亦乃讓舜子，如舜讓堯子。諸侯歸之，然後禹踐天子位。

又　卷二《夏本紀》　帝舜薦禹於天為嗣。十七年而帝舜崩。三年喪畢，禹辭，避舜之子商均於陽城。天下諸侯皆去商均而朝禹，禹於是遂即天子位，南面朝天下，國號曰夏后，姓姒氏。

漢・袁康《越絶書》卷三《吳內傳》　堯有不慈之名。堯太子丹朱倨驕，懷禽獸之心，堯知不可用，退丹朱而以天下傳舜。此之謂堯有不慈之名。

漢・趙煜《吳越春秋》卷四《越王無余外傳》　堯崩，禹服三年之喪，如喪考妣，晝哭夜泣，氣不屬聲。堯禪位於舜，舜薦大禹改官司徒，內輔虞位，外行九伯。舜崩，禪位命禹。禹服三年，形體枯槁，面目黎黑，讓位商均，退處陽山之南，陰河之北，萬民不附商均，追就禹之所，狀若驚鳥揚天，駭魚入淵，晝歌夜吟，登高號呼曰：『禹棄我，如何所戴！』禹三年服畢，哀民不得已，即天子之位。三載考功，五年政定。

《宋書》卷二七《符瑞志上》　禹治水既畢，天錫玄珪，以告成功。夏道將興，草木暢茂，青龍止於郊，祝融之神降於崇山，乃受舜禪，即天子之位。

論說

《論語·泰伯》 子曰：『巍巍乎！舜、禹之有天下也，而不與焉。』三國魏何晏《集解》：美舜、禹也。言己不與求天下而得之。巍巍，高大之稱。宋邢昺《疏》：言舜、禹之有天下，自以功德受禪，不與求而得之，所以其德巍巍然高大也。

《上海博物館藏戰國楚竹書（二）·子羔》 『昔有虞氏之乐正，宫弃之子也。』子羔曰：『何故以得爲帝？』孔子曰：『昔者［授］而弗世也，善與善相授也。故能治天下，平萬邦，使無有小大肥脆，使皆【一】得其社稷百姓而奉守之。堯見舜之德賢，故讓之。』子羔曰：『堯之得舜也，舜之德則誠善【六】歟？抑堯之德則甚明歟？』孔子曰：『均也。舜穡於童土之田，則【二】……之童土之黎民也。』孔子曰：『口……【三】……吾聞夫舜其幼也，敏以学詩，其言……【四】……或以文而遠。堯之取舜也，從諸草茅之中，與之言禮，说博……【五】……口而和。故夫舜之德，其誠賢矣。由諸畎畝之中而使君天下而稱。』子羔曰：『如舜在今之世則何若？』孔子曰：【八】『亦紀先王之遊道。不逢明王，則亦不大使。』孔子曰：『舜其可謂受命之民矣。舜，人子也，【七】而三天子事之。』【十四】

《孟子·萬章上》 萬章曰：『堯以天下與舜，有諸？』孟子曰：『否。天子不能以天下與人。』『然則舜有天下也，孰與之？』曰：『天與之。』『天與之者，諄諄然命之乎？』曰：『否。天不言，以行與事，示之而已矣。』曰：『以行與事示之者，如之何？』曰：『天子能薦人於天，不能使天與之天下。諸侯能薦人於天子，不能使天子與之諸侯。大夫能薦人於諸侯，不能使諸侯與之大夫。昔者堯薦舜於天，而天受之；暴之於民，而民受之。故曰天不言，以行與事，示之而已矣。』曰：『敢問薦之於天而天受之，暴之於民而民受之，如何？』曰：『使之主祭而百神享之，是天受之；使之主事而事治，百姓安之，是民受之也。天與之，人與之。故曰天子不能以天下與人。舜相堯二十有八載，非人之所能為也，天也。堯崩，三年之喪畢，舜避堯之子於南河之南，天下諸侯朝覲者不之堯之子，而之舜；訟獄者不之堯之子，而之舜；謳歌者不謳歌堯之子，而謳歌舜。故曰天也。夫然後之中國，踐天子位焉。而居堯之宫，逼堯之子，是簒也，非天與也。《泰誓》曰：「天視自我民視，天聽自我民聽。」此之謂也。』

咸丘蒙問曰：『語云盛德之士，君不得而臣，父不得而子。舜南面而立，堯帥諸侯北面而朝之，瞽瞍亦北面而朝之。舜見瞽瞍，其容有蹙。孔子曰：「於斯時也，天下殆哉，岌岌乎！」不識此語誠然乎哉？』孟子曰：『否。此非君子之言，齊東野人之語也。堯老而舜攝也。《堯典》曰：「二十有八載，放勳乃徂落。百姓如喪考妣。三年，四海遏密八音。」孔子曰：「天無二日，民無二王。」舜既為天子矣，又帥天下諸侯以為堯三年喪，是二天子矣。』

《莊子》卷五《天運》 （子貢）對曰：『堯授舜，舜授禹，禹用力而湯用兵，文王順紂而不敢逆，武王逆紂而不肯順，故曰不同。』

《鶡冠子》卷下《備知》 堯傳舜以天下，故好義者以為堯智，其好利者以為堯愚。湯、武放弑，利其子。好義者以為無道，而好利之人以為賢。為彼世不傳賢，故有放君；君好備阿，故有弑主。夫放、弑之所加，亡國之所在，吾未見便樂而安處之者也。

《荀子》卷一二《正論篇》 世俗之為説者曰：堯舜擅讓。注：擅與禪同，墠亦同義。謂除地為墠，告天而傳位也。後因謂之禪位。世俗以為堯舜德厚，故禪讓聖賢；後世德薄，故父子相繼。荀卿言堯舜相承，但傳位於賢而已，與傳子無異，非謂求名而禪讓也。案《書序》曰：將遜于位，讓于虞舜。是亦有讓之説。此云非擅讓，蓋《書序》美堯之德，雖是傳位與遜讓無異，非是先有讓意也。《孟子》亦云：萬章曰：『堯以天下與舜，有諸？』孟子曰：『天子不能以天下與人。』曰：『孰與之？』曰：『天與之。』又曰：『天與賢則與賢，天與子則與子。』是不然。天子者，勢位至尊，無敵於天下，夫有誰與讓矣？道德純備，智慧甚明，南面而聽天下。生民之屬，莫不振動從服，以化順之。天下無隱士，無遺善，同焉者是也，異焉者非也。夫有惡擅天下矣？注：夫自知不堪其事，則求賢而禪位。今以堯、舜之明聖，事無不理，又焉用禪位也哉？

曰：死而擅之。注：或者既以生無禪讓之事，因謂堯、舜預求聖賢，至死而禪之也。是又不然。聖王在上，圖德而定次，量能而授官，皆使民載其事而各得其宜，不能以義制利，不能以偽飾性，則兼以為民。聖王以沒，天下無聖，則固莫足以擅天下矣。天下有聖，而在後者則天下不離，朝不易位，國不更制，天下厭然與鄉無以異也。以堯繼堯，夫又何變之有矣？注：言繼位相承，與一堯無異，豈為禪讓改變與他人乎？聖不在後子而在三公，則天下如歸，猶復而振之也，注：後子，嗣子，謂丹朱、商均也。三公，宰相，謂舜、禹。天下如歸，言不歸後子而歸三公也。復而振之，謂猶如天下已去而衰息，今使之來，復而振起也。天下厭然與鄉無以異也。以堯繼堯，夫又何變之有矣？唯其徙朝改制為難。注：謂殊徽號、異制度也。舜、禹相繼，與父子無異，所難而不忍者，在徙朝改制也。後世見其改易，遂以為擅讓也。故天子生則天下一隆，致順而治，論德而定次，死則能任天下者必有之矣。夫禮義之分盡矣，擅讓惡用矣哉？注：夫讓者，禮義之名。今聖王但求其能任天下者傳之，則是盡禮義之分矣，豈復更求禪讓之名也？

曰。老衰而擅。是又不然。血氣筋力則有衰，若夫智慮取舍則無衰。曰：老者不堪其勞而休也。是又畏事者之議也。注：或者自以畏憚勞苦，以為聖王亦然也。天子者，勢至重而形至佚，心至愉而志無所詘，而形不為勞，尊無上矣。衣被則服五采，雜間色，重文繡，加飾之以珠玉。食飲則重太牢而備珍怪，期臭味，曼而饋，代睪而食，《雍》而徹乎五祀，執薦者百人侍西房。居則設張容，負依而坐，諸侯趨走乎堂下。出戶而巫覡有事，出門而宗祝有事，乘大路、越席以養安，側載睪芷以養鼻，前有錯衡以養目，和鸞之聲，步中《武》、《象》，騶中《韶》、《護》以養耳。三公奉軶持納，諸侯持輪挾輿先馬，大侯編後，大夫次之，小侯、元士次之，庶士介而夾道，庶人隱竄，莫敢望視。居如大神，動如天帝，持老養衰，猶有善於是者與不？老者，休也，休猶有安樂恬愉如是者乎？故曰：諸侯有老，天子無老，有擅國，無擅天下。古今一也。注：讓者，勢位敵之名。一國事輕，則有請於天子而讓賢，天下則不也。夫曰堯舜擅讓，是虛言也，是淺者之傳，陋者之說也。不知逆順之理，小大、至不至之變也，注：小謂一國，大謂天下。至不至，猶言當不當也。未可與及天下之大理者也。

《韓非子》卷一七《說疑》 舜偪堯，禹偪舜，湯放桀，武王伐紂。此四王者，人臣弒其君者也，而天下譽之。察四王之情，貪得人之意也；度其行，暴亂之兵也。然四王自廣措也，而天下稱大焉；自顯名也，而天下稱明焉。則威足以臨天下，利足以蓋世，天下從之。

又 卷二〇《忠孝》 堯、舜、湯、武，或反君臣之義，亂後世之教者也。堯為人君而君其臣，舜為人臣而臣其君，湯、武人臣而弒其主，刑其尸，而天下譽之，此天下所以至今不治者也。夫所謂明君者，能畜其臣者也；所謂賢臣者，能明法辟、治官職、以戴其君者也。今堯自以為明而不能以畜舜，舜自以為賢而不能以戴堯，湯、武自以為義而弒其君長。此明君且常與而賢臣且常取也。

今舜以賢，取君之國，而湯、武以義，放弒其君。此皆以賢而危主者也，而天下賢之。

又 卷一九《五蠹》 堯之王天下也，茅茨不翦，采椽不斲，糲粢之食，藜藿之羹，冬日麑裘，夏日葛衣，雖監門之服養，不虧於此矣。禹之王天下也，身執耒臿，以為民先，股無胈，脛不生毛，雖臣虜之勞，不苦於此矣。以是言之，夫古之讓天子者，是去監門之養而離臣虜之勞也，故傳天下而不足多也。

《呂氏春秋》卷一《去私》 堯有子十人，不與其子而授舜；舜有子九人，不與其子而授禹，至公也。

《禮記·禮器》 堯授舜，舜授禹，湯放桀，武王伐紂，時也。漢鄭玄注：言受命改制度。

漢·董仲舒《春秋繁露》卷七《堯舜不擅移湯武不專殺》 堯、舜何緣而得擅移天下哉？《孝經》之語曰：『事父孝，故事天明。』事天與父，同禮也。今父有以重予子，子不敢擅予他人，人心皆然。則王者亦天之子也。天以天下予堯、舜，堯、舜受命於天而王天下，猶子安敢擅以所重受於天者予他人也。天有不以予堯、舜漸奪之。故明為子道，則堯、舜之不私傳天下而擅移位也，無所疑也。

《史記》卷六一《伯夷列傳》 夫學者載籍極博，猶考信於六藝。《詩》、《書》雖缺，然虞、夏之文可知也。堯將遜位，讓於虞舜。舜、禹之閒，岳牧咸薦，乃試之於位，典職數十年，唐張守節《正義》：舜、禹皆典職事二十餘年，然後踐帝位。然後授政。示天下重器，唐司馬貞《索隱》：言天下者，是王者之重器，故《莊子》云『天下之大器』是也。則大器，亦謂之重器，王者大統，傳天下若斯之難也。而說者曰：堯讓天下於許由，《正義》：皇甫謐《高士傳》云：許由字武仲。堯聞，致天下而讓焉，乃退而遁於中嶽，潁水之陽，箕山之下隱。堯又召為九州長，由不欲聞之，洗耳於潁水濱。時有巢父牽犢，欲飲之。見由洗耳，問其故。對曰：『堯欲召我為九州長，惡聞其聲，是故洗耳。』巢父曰『子若處高岸深谷，人道不通，誰能見子？子故浮游欲聞，求其名譽，汙吾犢口。』牽犢上流飲之。許由殁，葬此山，亦名許由山。在洛州陽城縣南十三里。許由不受，恥之逃隱。及夏之時，有卞隨、務光者。此何以稱焉？《索隱》：說者謂諸子雜記也。然堯讓於許由，及夏時有卞隨、務光等，殷湯讓之天下，並不受而逃。事具莊周《讓王篇》。《正義》：經史唯稱伯夷、叔齊，不及許由、卞隨、務光者，不少槩見，何以哉？故言何以稱焉？為不稱說之也。

漢・揚雄《法言》卷五《問明篇》　或問：『堯將讓天下於許由，由恥。有諸？』宋吳祕注：莊周、列禦寇之徒，皆有是言。未知信否。曰：『好大者為之也。祕注：好大言者為此，無其實。顧由，無求於世而已矣。允哲堯儃舜之重，則不輕於由矣。宋宋咸注：堯豈先讓由而後舜哉？故揚子謂堯以允哲之道禪舜，豈輕之於許由也！祕注：詢事考言，三載乃命陟位，是堯禪舜之重也。宋司馬光注：儃與禪同，蟬戰切。光謂信以堯禪舜之重為智，則必不輕授天下於由矣。好大累克，巢父灑耳，不亦宜乎！』晉李軌注：累，積也；克，勝也。積大言以相勝。祕注：《逸士傳》曰：堯讓天下於許由，由逃之。巢父聞而洗耳於河濱。

漢・王充《論衡》卷三《偶會篇》　堯命當禪舜，丹朱爲無道。虞統當傳夏，商均行不軌。非舜、禹當得天下，能使二子惡也。美惡是非，適相逢也。

又　卷六《禍虚篇》　虞舜為父、弟所害，幾死再三。及遇唐堯，堯禪舜，立為帝。嘗見害未有非，立為帝未有是。前時未到，後則命時至也。

又　卷一八《齊世篇》　又見《經》、《傳》增賢聖之美，孔子尤大堯、舜之功；又聞堯、禹禪而相讓，湯、武伐而相奪，則謂古聖優於今，功化渥於後矣。【略】堯、舜之禪，湯、武之誅，皆有天命，非優劣所能為，人事所能成也。使湯、武在唐、虞，亦禪而不伐；堯、舜在殷、周，亦誅而不讓。蓋有天命之實，而世空生優劣之語。

又　卷二八《正説篇》　堯老求禪，四嶽舉舜。堯曰：『我其試哉！』説《尚書》曰：『試者，用也，我其用之為天子也。』文為天子也。文又曰：『女于時觀厥刑于二女。』觀者，觀爾虞舜於天下，不謂堯自觀之也。若此者，高大堯、舜，以為聖人相見已審，不須觀試，精耀相照，曠然相信。又曰：『四門穆穆，納于大麓，烈風雷雨不迷。』言大麓，三公之位也。居一公之位，大總録二公之事，衆多並吉，若疾風大雨。夫聖人才高，未必相知也。聖成事，舜難知佞，使皋陶陳知人之法。佞難知，聖亦難別。堯之才，猶舜之知也。舜知佞，堯知聖。堯聞舜賢，四嶽舉之，心知其奇而未必知其能，故言『我其試哉！』試之於職，妻以二女，觀其夫婦之法，職治脩而不廢，夫道正而不僻。復令人庶之野而觀其聖，逢烈風疾雨，終不迷惑。堯乃知其聖，授以天下。夫文言『觀』、『試』，觀試其才也。説家以為譬喻增飾，使事失正是，誠而不存；曲折失意，使偽説傳而不絶。造説之傳，失之久矣。

晉・張華《博物志》卷五《辨方士》　司馬遷云：無堯以天下讓許由事。揚雄亦云誇大者為之。

唐・劉知幾《史通》卷一三《疑古》　《堯典序》又云：將遜于位，讓于虞舜。孔氏注曰：堯知子丹朱不肖，故有禪位之志。按《汲冢瑣語》云：舜放堯於平陽，而書云某地有城，以囚堯為號。識者憑斯異説，頗以禪授為疑。然則觀此二書，已足為證者矣，而猶有所未覩也，何者？據《山海經》謂放勛之子為帝丹朱，而列君於帝者，得非舜雖廢堯，仍立堯子，俄又奪其帝者乎！觀近有姦雄奮發，自號勤王，或廢父而立其子，或黜兄而奉其弟，始則示相推戴，終亦成其篡奪。求諸歷代，往往而有。必以古方今，千載一揆，斯則堯之授舜，其事難明，謂之讓國，徒虚語耳。

唐・柳宗元《柳河東集》卷二〇《舜禹之事》　凡易姓授位，公與私，仁與強，其道不同，而前者忘，後者繫，其事同。使以堯之聖，一日得舜而與之天下，能乎？吾見小争於朝，大争於野，其為亂，堯無以已之，何也？堯未忘於人，舜未繫於人也。堯之得於舜也以聖，舜之得於堯也以聖，兩聖獨得於天下之上，奈愚人何！其立於朝者，放齊猶曰『朱，啓明』，而況在野者乎？堯知其道不可，退而自忘；舜知堯之忘己而繫舜於人也，進而自繫。舜舉十六族，去四凶族，使天下咸得其人；命二十二人興五教，立禮刑，使天下咸得其理；合時月，正曆數，齊律度，量權衡，使天下咸得其用。積十餘年，人曰明我者舜也，齊我者舜也，資我者舜也。天下之在位者皆舜之人也，而堯隤然聾其聰，昏其明，愚其聖。人曰往之所謂堯者，果烏在哉？或曰耄矣，曰匿矣。又十餘年，其思而問者加少矣。至于堯死，天下曰久矣，舜之君我也。夫然後能揖讓，受終於文祖。禹之與舜也亦然。禹旁行天下，功繫於人者多而自忘也晚。益之自繫，亦猶是也，而啓賢聞於人，故不能。夫其始繫於人也厚，則其忘之也遲。不然反是。【略】問者曰：堯崩，天下若喪考妣，四海遏密八音三載。子之言忘若甚然，是可不可歟？曰：是舜歸德於堯，史尊堯之德之辭者也。堯之老，更一世矣，德乎堯者，蓋已死矣。其幼而存者，堯不使之思也。不若是，不能與人天下。

唐・蘇鶚《蘇氏演義》卷上　堯禪位於舜，舜復禪位於禹，經史稱其聖德。《汲冢竹書》乃云：堯禪位後，為舜王之，而相州湯陰縣遂有堯城。舜禪位後，為禹王之，而任昉云朝歌有獄基，為禹置虞舜之宮。劉子玄引《竹書》以為摭實，非也。夫堯、舜、夏禹，聖人也，以禪代為盛德，後聖仰而傚之。凡善惡必書，謂之良史。湯、武王，聖人也。湯放桀於南巢，武王伐紂，伯夷、叔齊不食周粟，而經史不為之諱，則豈獨諱舜、禹之事而反褒之乎？知小説者之為濫矣。蓋堯之耄，舜功之高，舜之耄，禹功之高。耄者必怠於政事，功高者人心之所歸。聖人知進退存亡之道，將以副天下人之心，不得不禪其位也。後儒意以為篡奪而取禪代之名，如曹孟德、司馬仲達之流，則不然也。既退之後，無視事，無聽政，必處數十畝之宮，數雉之城，以兵衛護之，將奉其舊君也。而後人覩其餘址，不以為聖人避燥濕、居退休之所，遂謂之堯城、舜宮。若舜為禹王，又安得南巡乎？

宋・孫復《孫明復小集・堯權議》　堯以上聖之資，居天子之位，可生也，可殺也，可興也，可廢也。【略】堯以天下至廣，神器至重，朱既不肖，弗堪厥嗣，故命於舜。舜起於微陋，雖曰睿聖，然世德弗耀，四岳十二牧未盡服其德，九州四海未盡蒙其澤，不可遽授之以大位也。若遽授之，則四岳十二牧其盡臣之乎？九州四海其盡戴之乎？不臣不戴，則爭且叛矣。堯懼其如是也，非權何以授之？於是潛神隱耀，厥用弗彰，以觀於舜。故八凱、八元雖積其善而不舉也，三苗、四凶雖積其惡而不去也。堯若盡舉八凱、八元，盡去三苗、四凶，則舜有何功於天下也？是故堯不舉而俾舜舉之，堯不去而俾舜去之，俟其功著於天下，四岳十二牧莫不共臣之，九州四海莫不共戴之，然後授之大位，絶其爭且叛也。非堯，誰能與於此？故孔子曰：『大哉，堯之為君也。巍巍乎！惟天為大，惟堯則之；蕩蕩乎！民無能名焉。巍巍乎其有成功也，焕乎其有文章。』蓋言堯以權授舜，其道宏大高遠之若是，而人莫有能見其迹者，而先儒稱堯不能舉，不能去，妄哉！

宋・釋契嵩《鐔津集》卷六《評讓》　世所謂讓者，宜有輕重，而學者混一而論之，於禮無别，則後世何以取法乎？若夫天子以其天下讓，諸侯以其國讓，卿大夫以爵位讓，士庶以名利讓，是皆有所以而讓之者也。其所以讓之得其正，則其禮可取也；所以讓之不得其正，則其禮何所取乎？夫讓也，有以時而讓者，有以義而讓者，有以名而讓者，有以勢而讓者，有以苟而讓者。以時讓者仁，以義讓者勸，以名讓者矯，以勢讓者窮，以苟讓者亂。魯之隱公，其苟讓者也；漢之孝平，其勢讓者也；吴季札、曹子臧，其名讓者也；太伯、伯夷，其義讓者也。堯、舜，其時讓者也。

堯之時大同，其時可讓，故遜于賢而天下戴其仁也，故曰以時讓者仁。禹之世浸異，其時不可讓于人，故其子承之，而天下亦戴其仁也。太伯、伯夷以賢相推，而其義可讓也，讓之足以勸百世，故曰以義讓者勸。季札、子臧當列國相爭而父子交殘，乃以讓名奮，所以矯激其時也，故曰以名讓者矯。漢之孝平，迫于强臣之勢，而其身窮困，殆不能振，遂以其天下讓，故曰以勢讓者窮。魯之隱公不以正讓，非其人而苟去之，卒至乎淫亂，故曰以苟讓者亂。孟子曰：天與賢則與賢，天與子則與子。荀子曰：堯舜禪讓，或作『擅』字，依《荀子》文也。此乃專擅意也。在理當作『擅』，與『禪』契。是不然也。天子勢位至尊，無敵於天下者，夫有誰與讓矣？

揚子曰：允哲堯擅舜之重，則不輕於由矣。韓子曰：堯、舜之傳賢也，欲天下得所也。然四子皆不達乎聖賢之時也，其言孰為詳乎？如堯非其時，則豈肯以天下讓于他人乎？使禹得堯之時，而天下豈及其子乎？所謂堯、舜、禹其奮於萬世之上者，正以其時而為之者也。堯、舜、禹其聖之時者也。嗚呼！後世者其人自私甚乎禹之時也，而傳授者不能本禹，曰吾慕堯、舜，為之禪讓。是亦妄矣。其知時乎？

宋·蘇轍《古史》卷二《五帝本紀》　蘇子曰：學者言堯、舜之事，有三妄焉。太史公得其一，不得其二。《莊子》稱：堯以天下讓許由，許由不受，耻之逃隱。《莊子》蓋寓言焉，而後世信之。太史公曰：舜、禹之間，岳牧咸薦，試之於位，典職數十年，功用既興，然後授政。示天下重器，王者大統，傳天下若斯之難，而許由何以稱焉？

孟子又言：堯、舜、禹之終，皆薦人於天。堯崩，舜辟堯子於南河之南；舜崩，禹辟舜子於陽城，天下皆往歸之，然後之中國，踐天子位。禹崩，益辟禹子於箕山之陰，朝覲、獄訟者皆不之益而之啓，故益不得為天子。以《書》觀之，此亦非君子之言也。舜、禹之攝，格于祖考，郊祀天地，朝見諸侯，廵守方岳，行天子之事矣。及其終，而又辟之，何哉？使舜、禹辟之，天下歸之，而其子不順，將從天下而廢其子歟？將奉其子而違天下歟？此事之至逆，由辟致之也。至益不度天命而受位於禹，辟之而天下不從，然後不敢為匹夫，猶且耻之，而謂益為之哉？

宋·楊時《龜山集》卷二五《書義序》　堯之咨舜曰：『天之曆數在爾躬，允執其中。四海困窮，天禄永終。』舜亦以命禹。夫三聖相授，蓋一道也。貴為天子，而以天下與人；窮為匹夫，而受人之天下。其相與授受之際，豈不重哉？而所言止此。【略】予故以一言蔽之曰：中而已矣。夫所謂中者，豈執一之謂哉？亦貴乎時中也。時中者，當其可之謂也。堯授舜，舜授禹，受而不為泰。【略】是《堯典》之書，為讓舜而作，而其名謂之『典』，言大常也。蓋苟當其可，雖以天下與人，猶為常而已。後世昧執中之權而不知時措之宜，故狗名失實，流而為子噲之讓，白公之爭，自取絶滅者有之矣。

宋·胡宏《五峰集》卷四《皇王大紀論·舜禹避政》　堯、舜命舜、禹行天子之事，舜、禹亦既受命，行天子之事矣。及堯、舜既終，又避其子，何哉？人臣至於代天子行天下之政，已亢矣，況又將去人臣而為天子乎！堯、舜之喪甫除，舜、禹政自己出。使朱均去其宫室，可則可矣，是用九而為首，非所以明微也，故舜、禹避之，以展天下之情，成得讓之禮。其心與計利害者，邈乎如天地之不相及也。使舜、禹而有計利害之心，則是以爭奪行，尚何授受之有？若夫益，則又異於舜、禹矣。啓賢能，敬承繼禹之道，益歷事三代，年亦老矣，奉身而退，順天道也。讀書者無以文害義，則孟軻氏之言粲然明白，無可疑者。

宋·范浚《香溪集》卷一〇《堯典論》　夫子序《書》，辭嚴旨奥，不越数言而終篇大義粲然可明。若序《堯典》，言『昔在帝堯，聰明文思，光宅天下。將遜于位，禪于虞舜。』則堯之廣大同天，始能格于上下，協和萬邦，終能求賢于側陋，授以天下。盛德大業，已備見矣。後世邪説横議，詆誣大聖，謂堯幽囚，謂舜臣堯，怪妄百出。特考是數言，而唐虞禪紹之美昭若白日，紛紛詭論不攻自破。蓋功成者去，天道固然。堯將遜位，不以授丹朱而授舜，是謂天下為公之道，故曰『將遜于位，禪于虞舜。』聖言折衷，堯、舜之道益明於是。

又曰『惟天為大，惟堯則之。』對宰我之問亦云：陶唐『其仁如天。』孟子推其説則曰：『為天下得人者，謂之仁。』蓋堯以天下授丹朱，則丹朱利而天下病；以天下授舜，則天下利而丹朱病。堯曰『吾終不以天下之病，利一人』，卒授舜以天下。方其念丹朱與天下利病孰輕孰重，苟懷一毫有我之心，則視利天下不足以病其子，視利其子雖病天下不屑也。惟堯無我，視天下猶吾子也，視利天下猶利吾子也。如是，則吾子與天下何擇焉！所利者衆，則為之耳。且授舜之利，公利也；授丹朱之利，私利也。不以私利易公利，此天心也。此其所以能視天下猶吾子而則天之大，為天下得舜而如天之仁也。同天如此，故聰無不聞，明無不見，文無不被，思無不通，而其神能光宅天下也。夫以堯、舜聖德光明盛大，胡可以管窺蠡測，妄議涯畛？

宋·羅泌《路史》卷三六《發揮五·巽禪非求為異》　聖人之事，一不幸而庸儒以為美談，重不幸而姦人搴以藉口。堯為天下七十載，其明于憂患世故，可謂悉矣。見丹朱之不肖，不可以為天下，于是謀賢而巽之。巽于四岳，四岳不受，然後明揚側陋，始得舜而庇位焉。舜之來也，堯蓋不勝其喜也。嬪以二女，賓于四門，寘之百揆，納于大麓。凡可以試其更變而應世者，索為之矣。方是時，堯非固難之也。天下重器，授之不得而輕也。及夫典職數載，績用既成，于是舉天下而付之。其付之也，特不異于寄器其鄰，顔色不變，又非其易之也。得其人則不得而不授也。昔之試，今之授，皆堯之所不得已也。夫以四岳之賢，付之以天下，皆能以朝諸侯，而不斷以予之，以四岳之親，首膺巽命，皆可以承重器而亦斷不自受，乃皆屬之四海在下之一窮人。然則重華之登舉而付之，堯何心於其間哉？嚚訟嫚遊，天方廢之，堯顧能違之乎？特亦不過行所無事，在賢予賢，在子予子，唯天所命而已矣。夫天之所予，豈偶然哉？必其有德見于天下者也。天之所廢，亦豈偶然哉？必其有罪見于天下者也。是故君堯而世子生，且猶不廢，以世子為不得罪于天下也。不可予而予與可予而不予，俱廢命也。黃帝而來，皆予其子，而武王不以予周公。然則堯、舜豈求為異也邪？借使朱足以授天下，吾知其不以授之舜；使其時而不得舜，吾亦知其必不授朱也。舜之授禹，亦若是而已矣。

至于後世，不求其故，見爭傾之患作，而堯、舜之道愈隆，則以為有所矯為，乃諄諄以為説，而詭特之行行矣。中材之主循其名而昧其致，不知德之不足，事之獲已而顮顮行之，反道飾情，以冀一時之名，幾何而不亂邪？吳季札廢遺言而立王僚，亂者四世。宋宣公舍與夷而立穆公，亂者三世。隱、桓之胥賊之，噲之失國，可以監矣。是皆樂為堯、舜之禪，而不知其所以禪之所致也。宋襄公將遜目夷，目夷不聽；鄭穆公將遜去疾，去疾不聽；及楚昭欲遜公子閭，而子閭亦不之聽，後皆無亂。是三子者，非貪于名而為辭也，非惡其富而不為也，誠知一避之為重而國為輕也。使三子者從而利之，則亦頻此亂矣。

蓋嘗言之：虛静者可以集事，而無欲者唯可為君。世有得道之士，能化黃金丹砂，一鋝成金，一鋝成白鑞，一斤得金四兩。及耄求其人而授之，寓其神於風監者，數十載矣。其所閲者，幾千人矣，莫予叶也。一旦得無欲者，然後誓而授之；不得其人，則寧没而不授。何也？懼其黷貨妄作而將及禍，失吾知人之監也。夫以燒金之術而受之者必無欲，而欲之者必不得而受，則巽禪之事從可知矣。是故巽以天下，非難也，得其人之為難。以天下巽，非貴也，合于義之為貴。堯、舜之事，豈求于異而可為哉？德又下衰，亂臣賊子盜竊名器，乃至矯飾詐僞，致惡聲於聖人。曹丕之攘漢也，登壇而顯言曰：『堯舜之事，吾知之矣。』爰詆孟軻、荀況，以為不通禪代之變，而自比于嬀汭納漢二女，明勒麗石。其襲僞業姦，以傖囊天下，非唯無恥，乃有源流，復以盜賊之行加之聖人，何聖人之不幸邪？嗚呼！世無聖人，使堯舜之道不尊。為此曹玷褻者，庸儒之罪也。昔姚萇固嘗令尹偉馳説苻堅，求為堯、舜之事矣。堅且持之，曰：『姚萇叛賊，奈何擬之聖人？』夫以苻堅一介妄人，猶知守此，顧儒名而反惑之邪？

或曰：若子之誨，則巽禪之事，其不可行歟？曰：否，不然也。禪者，聖人之事也。自非得乎聖人，則亂不止也。堯為父，舜為子，則巽禪為可行矣。台嘗十復風雷之事，感世之賢君尚慕美談，多以禪而召亂；而亂臣賊子售其姦者，交援此以自蔽。恐世之君子因以禪為德也，勉為之道。

宋・朱熹《晦庵集》卷七二《古史餘論》　《夏紀》與賢、與子之論，《孟子》言之盡矣。彼以好異期聖人者固妄，而謂聖人畏天下後世喜名失實之弊，而後不敢與賢以為異，至累數十百言以辨之者，亦淺乎其知聖人矣。《序》文所謂『水寒火熱，騶虞竊脂』者，又安在哉？且於篇首即以『苟』字為言，則其簡慢狥情之意勝。又以不求為異為主，則其同流合污之願深。大抵不知天命、人心為義理本原之正，而横斜曲直唯其意之所欲。此則蘇氏膏肓沈痼之疾。凡其父子兄弟少日之言，若此類者不可勝舉。而少公資禀稍為静厚，故其晚歲粗知省悟，而意聖賢之心不徒若是其卑也。是以特序此書，以救前失。然舊習已安，未易猝拔，而本原綱領，終未明了。故其平日之邪論，乘間竊發，而一時正見之暫明者，不足以勝之也。若長公之《志林》，則終身不能有以少變於其舊，又不逮其弟遠矣。

《舜紀》所論三事。【略】其一，舜、禹避朱、均而天下歸之。則蘇子慮其避之，足以致天下之逆，至益避啓而天下歸啓，則蘇子又譏其避之為不度而無恥。於是凡孟子、史遷之所傳者，皆以為誕妄而不之信。今固未暇質其有無，然蘇子之所以為説者，類皆以世俗不誠之心度聖賢，則不可以不之辨也。聖賢之心，淡然無欲，豈有取天下之意哉？顧辭讓之發，則有根於所性而不能已者。苟非所據，則雖戹酒豆肉，猶知避之，況乎秉權據重，而天下有歸己之勢，則亦安能無所惕然於中，而不遠引以避之哉？避之而彼不吾釋，則不獲已而受之，何病於逆？避之而幸其見舍，則固得吾本心之所欲，而又何恥焉？唯不避而彊取之，乃為逆；偃然當之而彼不吾歸，乃可恥耳。如蘇子之言，則是凡世之為辭讓者，皆陰欲取之而陽為遜避。是以其言反於事實，至於如此，而不自知其非也。舜、禹之事，世固不以為疑，今不復論。至益之事，則亦有不能無惑於其説者。殊不知若太甲賢而伊尹告歸，成王冠而周公還政，宣王有志而共和罷，此類多矣。當行而行，當止而止，而又何恥焉？蘇子蓋賢共伯，而尚何疑於益哉？若曰受人之寄則當遂有之而不可歸，歸之則為不度而無恥，則是王莽、曹操、司馬懿父子之心，而楊堅夫婦所謂騎虎之勢也。乃欲以是而語聖賢之事，其亦誤矣。

宋·黎靖德《朱子語類》卷五八《孟子八·萬章上·問堯以天下與舜章》 董仁叔問：堯薦舜於天。曰：只是要付他事，看天命如何。

又《問人有言章》 且如舜、禹、益，相去久遠，是命之在外者。其子之賢不肖，是命之在內者。聖人窮理盡性，以至於命，便能贊化育。堯之子不肖，他便不傳與子，傳與舜。本是箇不好底意思，却被他一轉，轉得好。

又 卷三七《論語十九·子罕篇下·可與共學章》 問：可與立，未可與權。看来權字亦有兩樣。伊川以權只是經，蓋每日事事物物上稱量箇輕重處置，此權也，權而不離乎經也。若論堯、舜禪遜，湯、武放伐，此又是火底權，是所謂反經合道者也。曰：只一般，但有小大之異耳。如堯、舜之禪遜是遜，與人遜一盆水也是遜。湯、武放伐是爭，爭一箇彈丸也是爭。康節詩所謂『唐虞玉帛煙光紫，湯武干戈草色萋』，大小不同而已矣。堯夫非是愛吟詩，正此意也。

宋·魏天應《論學繩尺》卷八《陳傅良〈舜禹有天下而不與〉》 論曰：不見天下之為大者，其自視小者也。夫自一介而上，皆人之所役，役焉求之而弗遇者，況夫天下而有無故之獲哉？天下不可以無故得也，而儻然得之，則若必有以大過人者。嗚呼！吾視吾身，誠有以大過於人而能得天下，則夫得天下者始可挾之以為喜，固之以為私。何者？其自視哆然大也，則視其所有皆蓋世服人之具，則亦甚貴重愛惜也。知此，始可與論舜禹有天下而不與之説焉。

且夫堯授舜，舜授禹，誠非敢輕也。誠擇之、試之、詢之、卜之之悉而後與也。夫擇於斯，試於斯，詢且卜於斯，必無以易我者焉，而後上之人退然而遜之，下之人偃然而戴之，則夫所以崇高富貴我者，皆其善後之深計，而其所以奔走服役我者，亦其圖安之覬心也。反而觀我焉，彼皆利賴我者也，皆屬望我者也，則凡致乎此者誠吾能，而居乎此者誠吾宜，亦可以拱受而無愧，敢當而不慑。

舜，禹也，一則曰吾不堪也，二則曰吾不堪也。吾無以異於人，而胡於我乎遜，而胡於我乎戴也？非望之福，有道之憂也；無窮之求，性分之累也。是故君固與之而固辭之，民固歸之而固逃之。嗚呼！夫其致之者，可以為吾能也，而顧曰吾憂；其居之者，可以為吾宜也，而顧曰吾累。河南、陽城之避，悶然而不就；禹、益之薦，汎乎而不啻。彼其視天下，何眇乎其小也！其心固常常而曰我何以有天下云爾也。勑天以為戒，非以患失也；叙功以為歌，非以干譽也。賞罰以勸沮，非以立權也；禮樂以藩設，非以飾治也。吾職之不共，吾責之不塞，吾懼焉而已矣。故曰其自視小者，不見天下之大為大。其無係於物者，無我也。

凡天下之人，簞食豆羹，抱關擊柝，皆可以驗匹夫匹婦之心。何也？惟我之為快也。是故遭意外之幸者多盛氣，會適成之功者每德色。以舜、禹之得天下，而始之以欿然，終之以欿然，是其胸中之藏，天地同量，盈之而益虛，過矣而已化。巍巍之道，亦可想也。而好事者猶曰：舜臣瞽瞍，而禹德衰於傳子。嗟乎！吾觀書傳，至舜之傳禹，慄慄如釋負，皇皇如有求；而禹也雖衣服飲食之微，曾不少適吾之意。夫過卑以下其臣，而顧以施諸其親；不以便其身，而顧以利諸其子孫。雖微孔、孟，吾不惑之矣；而況孔、孟之説昭如也。謹論。

宋·曾丰《緣督集》卷一六《策問》 舜一徙成邑，二徙成都，三徙成國。方其未也，舜一匹夫而已矣；而求免為天子有不可得者，民心歸之也。

宋·劉炎《邇言》卷九《今昔》 或問昔者帝王所以公天下之意，曰：堯以天下授一民，臣民無間言；舜以天下授一臣，臣民亦無間言。順天下，非强天下也。苟或强之，父子猶有爭，況天下乎！

宋·黃倫《尚書精義》卷二 周氏範曰：唐虞之際，君臣之間何其德之盛而道之公歟！堯為天子，不以傳之子而遜于四岳，四岳不以遜位為得而曰『否德，忝帝位。』師錫于帝者，不以有位之大臣而以側微之虞舜。蓋是時天下之人，不以天下為可欲，而以天下為不得已。茅茨土階，非有後世之富貴也；君臣簡易，非有後世之崇高也。有天下之憂而無天下之樂，有天下之勞而無天下之佚，故以天子之尊而授天下于在下之匹夫，天下不以為異，而大臣亦無覬覦羨慕之心。惟其有至德者，則天下相與推尊之以為君，而無私天下之心。此後世所以不及也。

宋・劉克莊《後村詩話》卷五　許由事不見於經，故揚雄以為疑。誠齋云：『子雲到老不曉事不信人間有許由。』雖沉著痛快，終未有以折衷。鄱陽前輩湯君錫獨曰：堯始讓四岳，四岳舉舜，乃讓于舜。《左傳》云：『夫許，太岳之後。』杜注云：堯四岳。然則太岳非由乎？後人逐有洗耳之説爾。援引切而説不鑿，可謂之善讀書矣。

宋・葉某《愛日齋叢抄》卷五　樓暘叔云：從來人説莊周盡是寓言，却不曾深考。如堯讓許由，依舊是有此人。蓋申、呂、許、甫皆四岳之後，許由亦其一也。以當時咨四岳觀之，則堯有讓四岳之事，但周之言不無文飾過當處。此論有鄱陽湯君錫亦云：堯始讓四岳，四岳舉舜，乃讓於舜。《左傳》曰：夫許，太岳之後。杜注云：堯四岳。則太岳非由乎？後人遂有洗耳之説。劉濳之舉湯論，謂許由事不見於經，故揚雄以為疑。誠齋云：『子雲到老不曉事，不信人間有許由。』雖沉着痛快，終未有以折衷。此獨援引切而説不鑿。予知劉公偶不記暘叔亦已言之。在《左氏外傳》：『齊、許、申、呂由太姜。』《解》謂：四國皆姜姓四岳之後，太姜之家。《高士傳》：堯召許由為九州長。豈即四岳之任歟？

金・王若虛《滹南集》卷二〇《諸史辨惑》　五帝之名，《史記》以黄帝為首，《書序》以少昊為首，其説不同。要之，少昊，黄帝之子；顓頊，黄帝之孫；帝嚳，黄帝之曾孫，而堯，帝嚳之子也。初皆傳之子孫，至於堯、舜，其子不肖，不足以付大器，乃始有禪讓之事。斯蓋不得已之變，而或者遂云：五帝官天下，三王家天下。何其妄也。

元・許衡《魯齋遺書》卷二《語録下》　堯以其子不肖，故求天下之賢聖，禪以天位，付以天民。此豈常人所能？而堯能之。此所以為大聖人。到事行不得處，須看道理，順天命。常人便用智力，聖人則一順天命。

元・王充耘《讀書管見》卷上《堯典・堯禪舜》　堯欲得可禪之人，而放齊舉胤子朱。蓋父有天下傳之子，此親親之常道，丹朱不稱，然後驩兜舉共工，而云『方鳩僝功』。蓋以為親者不足取，則莫若視有功者與之，尚功次於尚親故也。共工以『靜言庸違』棄，則因洪水而曰『有能俾乂』，讓于四岳則『否德』。蓋功不足取則尚能，能不足取則尚德，尚德以為傳賢，賢者有德故也。然尚親、尚功、尚能皆不及舜，惟尚德而後，舜不得辭焉。蓋舜雖側微，而其聲實已孚於上下，堯固已心擬之矣。然草茅微賤，無因而至，前固雖加訪，而衆論之所舉者，皆通顯在位；及其有『揚側陋』之命，然後衆始舉之。此見聖人作事周密，授舜雖出乎己意，而舉舜必待於衆言。蓋舉天下授之匹夫，非詢謀僉同，未有不基禍亂者，子之、子噲是也。

又　卷上《舜典・舜禪禹》　堯欲得可禪代者，衆因各以所知為薦。或欲尚親，則舉胤子；或欲尚功，則舉共工；或欲尚能，則舉鯀；至尚賢而後舉舜。舜讓禹，則不待人言。兩言『惟汝賢』，則尚賢無賢於禹者矣。不矜而人莫與争能，不伐而人莫與争功，則尚功、尚能又無有過禹者矣。故曰『天之曆數在爾躬』。蓋因人事以知之也。

又　《舜典・堯舜禹禪授》　堯授舜，舜授禹，皆使之真即帝位而自己退閒，猶後世以天下授之子而己稱太上皇耳。而説者謂堯、舜仍為天子，國有大事猶稟命焉。蓋執孟子荅咸丘蒙之説以為據耳。今以《書》考之，乃殊不然。舜既受終祖廟，祭告神祇，又朝會諸侯，巡守方岳，是已正名為天下君矣，而堯仍為天子於上世，豈有二天子邪？使舜仍北面於堯而就臣位，則不知祭告神祇，當以何者為稱呼；而朝覲諸侯之際，將南面以君禮見邪？抑猶與諸侯比肩而北面也邪？

明・章懋《楓山語録・拾遺》　天下之事有常有變，而處事之術有經有權。堯、舜、朱、均之父子，湯、武、辛、癸之君臣，變也，非常也，未易以經言也。自堯、舜視之，則全父子之恩者，吾之私；而為天下得人者，公也。吾不可以私而害公。自湯、武視之，則守君臣之分者，吾之私；而為天下去暴者，公也。吾不可以私而廢公。於是不得已而禪授焉、放伐者，權也。

故必有舜、禹之德，而天之曆數在焉，然後足以當堯、舜之讓。苟惡不辛、癸，心非湯、武，而欲援鳴條、牧野以實口，則是天下之罪人也，而可乎？故曰：權非聖人不能用也。

明・李東陽《懷麓堂集》卷七二《策問》　問：自古人君之有天下，得於禪讓者，何所起？得於繼嗣者，何所因？得於征伐者，何所見？而各有其弊，何哉？夫禪讓之善，似無容議，而其為弊尤深。征伐之慘，固不足論，而或彼善於此，皆不可知也。至於繼嗣，庶乎免二者之弊，而有以長、以賢、以功之説，其弊不可勝言。亦將何所適從乎？試詳其故。

明・呂柟《涇野子内篇》卷二《雲槐精舍語》　霄問曰：『堯視天下重於己子，然乎？』先生曰：『然。昔堯以天下之故，捐二女於虞舜，若試之而不登庸焉，二女為虚歸矣。及舜既可用也，又廢乎丹朱。當是時也，視天下重，視二女、九男輕。』『然則孟子何以言幼吾幼以及人之幼？』曰：『推恩之仁，篤近而及遠；博愛之仁，舍小而謀大。』

明・楊慎《升菴集》卷四五《舜避堯之子》　堯授舜，舜授禹，舜、禹受堯、舜，天下非私也，何避之有？『受終於文祖』，『受命神宗』，『天之曆數在爾躬』，見於《尚書》，著於《論語》矣，何至孟子乃有此論乎？舜受堯之天下，不以為泰，孟子既言之矣。如其不當受，則顯辭於庭，何必俟君薨而後避？如其當受而偽為遜避，則如曹操、司馬懿鬼蜮狐媚之術也，而謂舜、禹為之乎？且堯、舜不以天下私其子，恐以一人病天下也。舜、禹固私丹朱、商均，為一人之私德而忘天下之大計，又豈聖人之心乎？今日方避而明日偃然又來，是何舉措乎？至謂益避禹之子，尤為無稽。禹未嘗禪於益。孟子嘗曰唐、虞禪，夏后、殷、周繼矣，何其言之自相戾乎？孟子於《武成》取二、三策，善觀《孟子》者，例是可也。荀子云：孟子略法先王而不知其統。此類之謂乎！

明・馬明衡《尚書疑義》卷一《堯典》　聖人只是箇天地萬物一體之心。今細觀《堯典》中所載堯之氣象為何如？終日孜孜，惟是明德治民，代天以弘化而已，何嘗視天下可有以為重耶？必傳於子，堯無是心也；必傳於舜，堯亦無是心也。惟其足以治天下者，而後與之以天下，而惟舜足以當之，遂以授之舜也。是真不作好，不作惡，純然天地萬物一體之心也。許魯齋論堯以子不肖，求賢禪位，付以天民，此豈常人所能？而惟堯能之。到事行不得處，須看道理，順天命。常人便用智力，聖人則一順天命。此論甚可愛，但只可為賢者守身之灋，未可以言大聖人之事。堯豈有行不得處，然後看道理，順天命以安之也？堯、舜之事至三代而下，已略不同，而況於後世乎！傳子、傳賢，孟子雖有明訓，其道理所處固是，然要之時節氣象，豈若堯、舜？此道理所以至精至粹而無窮，而堯、舜之所以為大。雖禹、湯、武周不免猶有所憾也。

明・王世貞《弇州四部稿》卷一四〇《説部・劄記外篇》　堯、舜之禪也，舜、禹將無德之乎？曰：奚為而不德也？為天下德之也。如其身，將湯德桀，武德紂矣。

明・張萱《疑耀》卷六《堯舜被誣》　堯、舜、禹以聖人為之君，又以聖人為之臣。禪受之際，昭著往策，豈復纖芥可疑？而《竹書紀年》謂堯之末年德衰，為舜所囚，故相之湯陰有囚堯城。又謂舜既囚堯，遂堰塞丹朱，使父子不相見，故鄄城西又有堰朱城。《瑣語》因之，亦曰舜放堯於平陽；而任昉《記》亦以朝歌有獄基，禹囚舜故地也。於是劉知幾遂疑舜廢堯，既立其子，俄又奪之。嗟嗟！堯、舜、禹而猶不免於稗官小説之妄議，又何怪乎秦火耶？余按《竹書紀年》出於魏、晉間。是時魏、晉得國，無不篡弑者。知無以自解於世，而逢君之臣偽撰此書，為主分謗耳。

清・馬驌《繹史》卷一〇《有虞紀》　匹夫而有天下，自舜始也。堯知其子之不肖，以為授賢則天下利，授子則丹朱利而天下病，終不以天下之病而利一人，故授舜而不疑，至公也。舜在側陋，以純孝格親玄德升聞，岳牧咸薦，使之主事，而事治使之主祭，而鬼神享。謳歌訟獄，雖欲避之而不能也，至德也。當是時，俊乂登朝，化洽四海，賡歌喜起，揖讓廟堂之上，有更姓之名而無改物之實，故唐、虞猶一家也。非甚盛德，而能若此乎？

又　卷一二《夏禹受禪》　昔者堯老舜攝，自文祖受終以後，堯無事焉。及舜即位三十三載，命禹總師，總師亦攝位也。既而有苗弗率，帝命徂征，干羽敷德，是舜猶行天子事也。若此者，與堯異，其故何邪？曰：堯舜之禪讓。其心則同，其時勢則異也。何也？堯之禪舜，創舉也，前此未有也。舜在畎畝之中，登試任職三年，即欲遜以帝位，舜不受，然後命之攝方。是時也，堯唯恐天下之戴舜不專，而欲天下之忘己也；唯恐其不速，故巡守、賞罰諸大政，悉委之舜而已不與焉。逮後施澤既久，堯乃殂落，若其受攝之時，則猶未久耳。舜之與禹，則同事帝堯者也。禹平水土，其施功於民最切。天下之戴禹，猶之乎戴舜。以之禪授，則帝堯之前事可循矣，舜何必遽忘百姓哉？今有人於此，為其子得一慈母，而慮其子之不相依也，則己從而避之。今有人於此，其子於慈母既相依矣，猶之依己也，則己又從而顧之。是故或避或顧，兩父之心一也。堯舜之子民，亦一也，詎有異哉？商均之不肖，未必如朱之傲虐囂訟，然舜以其德不若禹，終不以天下私其子，猶復躬勤民事，南崩蒼梧。舜之不能恝然於百姓有如此者。

清·陸隴其《四書講義困勉録》卷三二《萬章上·堯以天下與舜章總旨》 此章「天與之」是一頭，中間以天受、民受發明天與之意，後面又以攝政之久與朝覲訟獄之歸，發明天與之意，皆是以天、人兩意對舉。至末節引《太誓》作結，則見其所重在人心矣。末節要總，頂百姓安之及朝覲訟獄之歸方是。

張彦陵曰：章内言「天」者三，通是一樣。有云「天不言」之「天」，乃蒼生主宰之天。相堯二十八載「天也」之「天」，乃氣數之天。「故曰天也」之「天」，乃民心之天。不知氣數，乃天定之期。民心，乃天啓之神。不必分析。

此章「天」字，朱氏公遷謂以主宰言最得。葛屺瞻謂以上帝言，即朱説也。其曰「百神享之」者，非以鬼神為天也，謂即鬼神可以見天也。其曰「舜相堯」云云者，亦非以氣數為天也，謂即氣數可以見天也。其自民心言者亦然。《蒙引》謂「非人之所能為也，天也」，此「天」字以氣數言，其餘「天」字以理言，似不是。

又 卷三二《萬章上·堯以天下與舜節》 顧涇陽《小心齋劄記》曰：堯以天下與舜，有諸？此問大奇。二《典》三《謨》經孔子親手删定，這件事載得明明白白，不如洗耳沉淵之説出自玩世之徒寓言，以張其高者比。這又是極好的事，不如割烹、瘠環之説出自阿世之徒，借口以文其姦者比。何須要問？萬章蓋亦見得聖人當此時方做此事。揖讓與征誅，都是一箇道理流出，非故為矯激，薄其子而厚其他人，博箇名兒。世間乃有艶慕而依倣之，如子噲、子之之流者既屬可笑，況以為可得而與，則亦將以為可得而取；以為可得而取，則亦將以為可得而奪。與而取，順也，猶可言也；奪而與，倡也，不可言也。世間安知無借與之名，文奪之實，以欺天下，天下且受其欺而不覺者。如此，亂臣賊子且接迹而起矣，尤屬可懼。以故特尋這話柄將來做箇疑端。就中一段意思，最為深至。

孟子答得却又大奇。徑將堯、舜放在一邊不説，只説箇天子不能以天下與人，恰打著萬章心上事，於是萬章就「不能」二字委曲詰難，一層入細一層，直窮到底。孟子就「不能」二字反覆分剖，一節痛快一節，直透到頭，發出天地間至當不易的道理，闡出古今來未經人道的議論，然後知聖人心事，真如青天白日，非惟不以天下為重，愛而戀之，抑且不以天下為輕，藐而擲之。即好事者流，何得執禪繼、征誅之迹妄肆雌黄？然後知天下公器，幽有百神管著，明有百姓管著。非惟天子欲與人而不敢，抑且欲與人而不能。一切姦雄，亦可消却許多癡夢。其有功於世教，大矣。

又 卷三二《萬章上·人有言至於禹而德衰節》 高中曰：【略】舜、禹之避，朱子謂其未嘗有取天下之心，惟恐天下之不我釋。此無庸議矣。但亦緣當日天下既治，朱、均至此，亦必稍變其舊習，非必不可以承天下者。況在廷諸臣，如皋陶、稷、契之徒，皆有君天下之德，故舜、禹欲避之耳。假使天下尚如洪水之時，而朱、均有桀、紂之惡，在廷諸臣又無可君天下者，舜、禹一去則天下必亂。彼舜、禹即不為一身利害計，獨不為天下利害計乎？況此又難以夷、齊之遜國為律也。夷、齊當日實有不可立者，故雖社稷，有所不顧。舜、禹則無不可立者，吾知其必不以一避，釀天下之亂矣。焦弱侯謂舜、禹之避，特以徐俟朱、均之遷耳。此固近於小人見識。又謂益之避，乃是為盛滿難居。如太甲賢而伊尹歸，成王冠而周公罷，宣王賢而共和去耳。亦非當日情事。《蒙引》謂舜禹之避，以聽天命之所屬耳。亦説得聖人有意於天下了。

朱子以益為求仁而得仁，然則舜、禹豈求仁而不得仁者乎？曰：舜、禹之避也，固以避為仁，及迫於天命、民心之不獲已，則又以不避為仁矣，亦同歸於得仁也。

清·魏裔介《兼濟堂文集》卷一四《堯論》 説者謂堯讓天下于許由，許由不受，恥之逃隱。及夏之時，有卞隨、務光者。太史公曰：

『余登箕山，其上蓋有許由冢云。孔子序列仁聖賢人，如吳太伯、伯夷之論詳矣。余以所聞，由、光義至高。其文辭不少概見，何哉？』觀司馬遷之言，疑之也。夫堯咨問若時登庸之人，放齊首言『胤子，啓明。』蓋亦自古以天下傳子之故，事非盡諛也。堯以至公至明，深知其子嚚訟，不以一人病天下，然後咨于四岳，師錫有鰥，歷試諸艱，受終文祖，二十八載乃受謳歌訟獄之歸。其禪授天下，若此之不易也。許由何人，而遽讓以天下？讓天下何事！而許由恥之逃隱？皇甫謐《高士傳》云：『堯之師曰許由，許由之師曰齧缺，齧缺之師曰王倪，王倪之師曰披衣。』此四人者，古不知其曾有與否耶？即如所云，不過形如槁骸，心若死灰，巢鷦鷯之一枝，飲偃鼠之滿腹，以天下為糠粃，高岸深谷，不求名譽者耳。其道偏僻，如春秋長沮、桀溺之流，世固不乏，而豈足以為堯之師哉？又曰：堯以天下讓許由，許由不受，又讓于子州支父。夫聖人以天為師，奉若天命，不利天下而為之，亦豈敢委託尋常，視天下若此之易也？蓋皆老莊之徒希心冥漠，遺棄世務，矯飾偽託之說，何足信哉？何足信哉？李太白恢譎之士，不諳于典，至若堯幽囚，舜野死，欲開天下後世疑誣之端，可謂無知而謬妄者已。

清·庫勒納等《日講四書解義》卷二一《孟子下之三·萬章章句上》

此一章書，見堯之禪舜出於天與也。萬章問曰：『事莫大於禪授。人皆言古有帝堯，嘗舉其所有之天下，一旦授之於舜。不知果有此事否乎？』孟子曰：『斯言殆不然也。蓋天下者，天下之天下，非天子所得私也。堯雖為天子，安能以天下與人？若曰堯能與之，則天下亦一人之私物，可以有之。自我與之自我，豈理也哉？』萬章問曰：『堯既不能以天下與舜，然則舜之有天下也，果孰與之？』孟子曰：『帝王之興，皆由天命。舜有天下，天實與之，而堯特順天以從事耳。』萬章問曰：『所謂天與之者，天果諄諄然教命之乎？不然，何所據以為天與也？』孟子曰：『天之體，於穆無言。其與舜也，固非諄諄然教命之也。蓋身之所行曰行，措諸事為曰事。天之與舜，但就舜之行與事，默示其與之之意而已矣。豈待諄諄然以言命之乎？』萬章曰：『以行與事示之者，必有示之之迹。敢問天果何如示之耶？』孟子曰：『凡事在人者，可以力為；而在天者，不可取。必人有才德，可托以天下者，天子能舉而薦之於天。然天意之從違，尚未可知，不能使天必與之天下。正如諸侯能薦人於天子，許其可任一國之事，而不能取，必於天子使與之諸侯。蓋天子者，諸侯之天也。大夫能薦人於諸侯，許其可任一家之事，而不能取，必於諸侯使與之大夫。蓋諸侯者，大夫之天也。諸侯、大夫且然，而況天子之重乎！昔者堯薦舜於天，以稽天意之從違，乃舜之行事當乎天心而天受之，嘗顯舜之德於民，以觀人心之向背，乃舜之行事協乎民心而民受之，即此天人交與，而天示之意即在是。吾故曰天不言，以行與事示之而已矣。』萬章曰：『堯薦舜於天而天受之，顯舜於民而民受之。其薦之顯之受之，必有其實。敢問如何？』孟子曰：『昔堯嘗命舜，使主天地山川之祭。其精誠之所感孚，幽無不格，百神皆歆其祀而享之。此薦之於天而天受之也。又嘗命舜，使主治教刑政之事。其德意之所注措，事無不治，百姓皆被其化而安之。此暴之於民而民受之也。天受之者，天與之也，固天也。人受之者，人與之也，亦天也。信乎舜之有天下，為天與也，堯何預焉？故曰天子不能以天下與人。』按天與之說，非獨孟子言之也。位曰天位，祿曰天祿，命曰天命，自古記之矣。天既與之，則人不能攘之。彼圖度非分者，祇自速天誅耳。然天能與之，則亦能奪之。慄慄危懼，聿脩厥德，以永保天命。為人君者，可不勉與！

清·邵泰衢《史記疑問》卷上《五帝紀》 昌意者，黃帝之子。皇英乃軒轅五世之女，舜乃軒轅八世之孫。堯、舜，人倫之宗。以孫娶祖，瀆禮亂常，又何觀厥刑，善其婦禮為哉？窮蟬既為帝子，又何以微為庶人？一也。男女辨姓，婚姻不通。舜為堯之五世從孫，而可以尚曾祖姑哉？二也。帝王之姓，累世不易。唯舜之姓，非先王之姓。三也。舜為堯之從孫，禹為舜之從祖，仍一家而祖孫授受也。謂之揖讓，謂之公天下，可乎？蓋堯以至公，授異姓在下之鰥，故曰傳賢。舜以天下傳外姓有功之賢，故曰巽位。《夏本紀》曰：鯀父顓頊。又云：自黃帝至舜、禹，皆同姓而異國號之。皆非矣。四也。若言鯀弟蟬兄，本之顓頊一體，夫何鯀則始生禹，子蟬遂遠歷五傳？且舜年長禹二十，揆諸年世，甚為懸絕。況舜生冀地，非昌意降居若水之方，必非頊後，史辨之矣。至堯用元、愷不以為舉，舜以非親，故謂之舉。五也。舜苟堯親，非側微矣；惟其側微，而必本岳薦，然後舉之歷試之，而朝野信之，然後授之。六也。至受終文祖者，受天下于人，必告其人所從受者。文祖者，堯之太祖也。祖堯之祖，以明受之堯也，非祖考本生之祖也。禹之受命于文宗曰堯廟，又推舜所自，受之堯也。顓頊豈虞氏之祖哉？

清・趙翼《陔餘叢考》卷一六《堯舜之禪不同》　舜受終文祖，攝位之後，又二十八載，堯乃徂落。《舜典》所記甚明。禹受命於神宗，若帝之初，亦是當舜在日即已攝位也。乃禹攝後，舜作何位置，及享壽又若干，《典》、《謨》俱不載，但云『在位五十載，陟方乃死。』何也！蓋舜之禪與堯之禪不同。堯禪後，竟全以天下付舜，而己一無所與，故舜攝位後，察璣衡，類上帝，輯瑞巡狩，封山浚川，一切皆行天子之事。舜則雖命禹攝位，而身尚臨御。故禹既攝之後，其征苗也，猶奉命而出；及班師，又勸舜修德以來之。可知傳位雖有成命，尚不同堯之退處養閒。直至蒼梧之崩，猶在帝位，故《書》云『在位五十載，陟方乃死』也。蓋堯禪時已耄而倦勤，舜禪時尚康強無恙。觀於過百之歲，猶遠陟江漢，其矍鑠可見。故不敢以付托有人，遂自暇逸而愛閒謝事耳。

清・崔述《唐虞考信録》卷二《舜相堯》　按經文，堯之命舜曰：『汝陟帝位』，是堯之心欲舜此時即居天子位，猶讓岳之云『巽朕位』也。舜之承命『讓于德，弗嗣』，是舜之心欲己終身不行天子政，猶岳之辭以『忝帝位』也。其下文乃云『受終于文祖』。『受終』者何？孟子所謂『堯老而舜攝』者是也。蓋堯欲舜卽居天子位而舜不肯，舜欲己終不行天子政而堯又不肯，於是乎堯不得已降心以从舜而使之攝政，舜亦不得已降心以從堯而爲堯攝政。兩聖人各欲行其心之所安，而時勢所迫，遂創千古之奇，而適得乎天理人情之正。故攝之云者，前此未有也，理與勢相摩而聖人之權生焉。故曰堯、舜爲萬世之法也。然則何以謂之『受終？』堯之事未畢，授之舜使終之，故曰受終也。

按：漢儒所傳之《古文尚書》，謂《史》、《漢》所稱，馬、鄭所傳之孔壁古文，非隋劉焯所傳之《僞古文孔氏傳》。二帝、三王之言具在也。堯之讓岳也，曰：『朕在位七十載，汝能庸命巽朕位？』其授舜也，曰：『詢事考言，乃言底可績，三載，汝陟帝位。』皆欲其代己熙庶績以安天下耳，未嘗以天下爲重而欲其常保而無失也。舜之咨岳也，曰：『有能奮庸熙帝之載？』其賡載歌也，曰：『股肱喜哉，元首起哉，百工熙哉！』惟欲熙庶績以終堯之功耳，亦未嘗以天下爲重而欲常保而無失也。下至湯、武之誓，亦但以救民撥亂爲言，絶無一毫沾沾於天位之心。逮成王时，周公、召公迭進相誡，始多儆以保守先業之難。此爲守成之主，賢人以降言耳，固不足爲唐、虞大聖人道也。然周公之《立政》、《無逸》猶僅微露其意，惟《召誥》乃諄諄焉。吾故讀《尚書》而有以知夫帝王之升降，聖賢之淺深也。孔子曰：『巍巍乎！舜、禹之有天下也，而不與焉。』孟子曰：『舜視棄天下猶棄敝蹝也。』又曰：『遵海濱而處，終身訢然，樂而忘天下。』然則天禄之去留，初不在舜意念中也明矣。今《論語》所載堯命舜之詞，乃云『四海困窮，天禄永終。』堯授舜以天下，豈但欲其不令四海困窮？舜之不令四海困窮，又豈徒爲永終天禄計哉！且舜，固嘗『讓于德，弗嗣』者也。舜之命禹也，禹讓之於稷、契、皋陶；命伯夷也，伯讓之於夔、龍；垂則讓之殳、斨，伯與，益則讓之朱、虎、熊、羆。是知古之聖人其於進退得失之際無容心焉。故舜之命之，亦止告以『汝平水土，惟時懋哉』，『夙夜惟寅，直哉惟清』而已，不愓之以失職之罰也。『三載考績』雖有『黜陟』之文，然此特爲庶官言之，非此數聖人亦待此而後勉也。舜方讓而不居，而堯乃以『天禄永終』戒之，是何其待舜之太薄也邪！孟子曰：『天與賢則與賢，天與子則與子。』又曰：『莫之爲而爲者，天也。』此特事後推原其故云爾。若禪讓時，則曰『慎徽五典，五典克從；納于百揆，百揆時敍』，不徵之於天也。其後三王誓師，始稱天以令衆。然曰『威侮五行，怠棄三正』，乃曰『天用勦絶其命』；曰『有夏多罪，天命殛之』，必曰『夏王率遏衆力，率割夏邑，有衆率怠弗協』，曰『時日曷喪，予及汝皆亡』，未有不徵之於人事而徒索之於杳冥者。何者？天道遠，人道邇。天無迹而難憑，人有爲而共見。豈有置人事不言而但以曆數爲據，使後世闇干者得藉爲口實乎？無怪乎曹丕之自謂知舜、禹而晉、宋以後篡弑之主之咸徵符瑞也。【略】

《尚書大傳》云：『堯爲天子，丹朱爲太子。舜爲左右。堯知丹朱之不肖，必將壞其宗廟，滅其社稷，而天下同賊之，故堯推尊舜而尚之，屬諸侯焉。』《史記・五帝本紀》云：『堯知子丹朱之不肖，不足授天下。授舜，則天下得其利而丹朱病；授丹朱，則天下病而丹朱得其利。堯曰：「終不以天下之病而利一人。」卒授舜以天下。』由是世之論者皆謂堯舍其子丹朱而以天下與舜。余按：不以天下與子，自古聖人皆然，不獨堯也。蓋上古之時，諸侯各君其國，各子其民，有大德之聖人出焉則相率而歸之，聖人没則已耳。非若後世創業之主以兵受命，征伐攻取而後能得天下，而子孫世守其業者比也。是以上古有天下者，其前皆無所受，其後皆無所授。自羲、農、黄帝以降皆若是而已矣，非堯以丹朱不肖故獨不傳之子也。且堯亦未嘗傳天下於舜也，堯之初意但欲讓舜以天下耳。故《堯典》曰：『咨，四岳。朕在位七十載，汝能庸命巽朕位？』又曰：『格汝舜。詢事考言，乃言厎可績，三載，汝陟帝位。』是堯本期得舜之後卽以天下與之，但以舜不肯受而讓於德弗嗣，不得已乃使舜受終攝政，至堯崩而後踐位焉。初非慮身後之天下無所屬，而始屬之舜也。曰：堯不慮身後之天下無所屬，何爲汲汲焉以天下與舜也？曰：此堯之所以爲大也。堯以天下未治，故授之舜使治之也。蓋當洪荒之世，天下未平，生民多患，人猶蠢蠢焉去禽獸不甚遠。此之爲治，猶處荒田而馭生馬，不但非一聖人所能獨理，亦幷非數十年所能奏功。使非堯與舜兩大聖人耘鉏馴擾，相繼於百五十載之久，則治功不成。且夫禹、臯、稷、契數聖人者，亘古不再得之人也，而非堯七十載之培植涵濡則無以鍾其秀，非舜八十載之试功考績則無以盡其材。是以堯之治至於「於變時雍」，而猶以爲未足，自惟年老不能終其事，乃咨於衆而得舜於畎畝之中，授之天下而使治之。雖舜不肯陟帝位，而受終攝政固已代堯敷其治；至堯崩而天下諸侯卒共戴舜以爲天子，然後水土平，禮樂興，庶績咸熙而開萬世無窮之業，使後世賢聖之君有所遵守以安其民。由是言之，生萬世之人者天也，治萬世之人者堯也，堯之心一天而已矣。故孔子曰：『唯天爲大，唯堯則之。』此堯之所以創前古所未有而授舜以天下也。是故堯之所以爲聖，在乎能爲天下得舜而不在乎能以天下與人。孟子曰：『以天下與人易；爲天下得人難。』聖人之視天下，猶敝蹝也；其去其留，無所關其意焉。當其生也且欲巽位，况其子與天下之利病尚何待於較量！《大傳》所言固與聖人之心刺謬，卽《史記》以爲不私其子者其視堯亦甚浅。蓋二子皆以己之心揣度聖人而爲之説，而不知聖人天地日月之心之不如是也。後之人不肯细繹經文，堯讓舜以天下，非傳舜以天下，又不知堯所以與舜天下之故，但見舜繼堯爲天子，遂以《大傳》、《史記》之言爲實，誤謂堯不傳子而傳之舜，不以爲善爲子謀，則以爲不私其子；因而以之度舜，遂幷以之疑禹。聖人之心之晦於後世也久矣！故今於堯首發明之，而概不載後人揣度之言。

宋·陳彭年等《廣韻》卷四《去聲·線第三十三》 禪。封禪。又禪讓，傳受。

宋·戴侗《六書故》卷三《天文下》 禪。時戰切。《史記》：『封太山，禪梁父。』項威曰：除地為墠。改曰『禪』，神之矣。詳具『封』下。又作『禫』。又為『禪』，易。孔子曰：『唐、虞禪，夏后、殷、周繼。』亦通作『嬗』。《史記》曰：『五年之間，號令三嬗。』

清·吴玉搢《别雅》卷四 擅讓、嬗讓，禪讓也。《荀子·正論篇》：『堯舜擅讓。』注：『擅』與『禪』同。又《儒效篇》：『周公無天下矣。鄉有天下，今無天下，非擅也。』注：『擅』與『禪』同。《漢書·文帝紀》：『而嬗天下焉。』晉灼曰：嬗，古『禪』字。又《曆律志》：『堯嬗以天下。』師古曰：嬗，古禪讓字也。又《王莽傳》：『莽至高廟，拜受金匱神嬗。』注：言有神命，使漢禪位于莽也。『嬗』並同『禪』。

雜録

《莊子》卷一《逍遥遊》 堯讓天下於許由，曰：『日月出矣，而爝火不息。其於光也，不亦難乎！時雨降矣，而猶浸灌。其於澤也，不亦勞乎！夫子立而天下治，而我猶尸之。吾自視缺然，請致天下。』許由曰：『子治天下，天下既已治也；而我猶代子，吾將為名乎！名者，實之賓也，吾將為賓乎！鷦鷯巢於深林，不過一枝；偃鼠飲河，不過滿腹。歸休乎！君予，無所用天下為。庖人雖不治庖，尸祝不越樽俎而代之矣。』

又 卷五《天地》 堯治天下，伯成子高立為諸侯。堯授舜，舜授禹，伯成子高辭為諸侯而耕。禹往見之，則耕在野。禹趨就下風，立而問焉，曰：『昔堯治天下，吾子立為諸侯。堯授舜，舜授予，而吾子辭為諸侯而耕。敢問其故何也？』子高曰：『昔堯治天下，不賞而民勸，不罰而民畏。今子賞罰，而民且不仁。德自此衰，刑自此立，後世之亂自此始矣。夫子闔行邪？無落吾事偘偘乎！』耕而不顧。

又　卷九《讓王》　堯以天下讓許由，許由不受。又讓於子州支父，子州支父曰：『以我為天子，猶之可也。雖然，我適有幽憂之病，方且治之，未暇治天下也。夫天下，至重也，而不以害其生，又況他物乎？唯無以天下為者，可以託天下也。』

舜讓天下於子州支伯，子州支伯曰：『予適有幽憂之病，方且治之，未暇治天下也。故天下，大器也，而不以易生。此有道者之所以異乎俗者也。』

舜以天下讓善卷，善卷曰：『余立於宇宙之中，冬日衣皮毛，夏日衣葛絺。春耕種，形足以勞動；秋收斂，身足以休食。日出而作，日入而息，逍遥於天地之間，而心意自得。吾何以天下為哉？悲夫！子之不知余也。』遂不受，於是去而入深山，莫知其處。

舜以天下讓其友石户之農，石户之農曰：『捲捲乎后之為人，葆力之士也。』以舜之德為未至也，於是夫負妻戴，攜子以入於海，終身不反也。

舜以天下讓其友北人無擇。北人無擇曰：『異哉！后之為人也。居於畎畝之中而遊堯之門，不若是而已。又欲以其辱行漫我，吾羞見之。』因自投清泠之淵。

湯將伐桀，因卞隨而謀。卞隨曰：『非吾事也。』湯曰：『孰可？』曰：『吾不知也。』湯又因瞀光而謀，瞀光曰：『非吾事也。』湯曰：『孰可？』曰：『吾不知也。』湯曰：『伊尹何如？』曰：『强力忍垢，吾不知其他也。』湯遂與伊尹謀伐桀，尅之，以讓卞隨。卞隨辭曰：『后之伐桀也，謀乎我，必以我為賊也。勝桀而讓我，必以我為貪也。吾生乎亂世，而無道之人再來漫我以其辱行，吾不忍数聞也。』乃自投椆水而死

湯又讓瞀光曰：『知者謀之，武者遂之，仁者居之，古之道也。吾子胡不立乎？』瞀光辭曰：『廢上，非義也；殺民，非仁也。人犯其難，我享其利，非廉也。吾聞之曰：「非其義者，不受其祿；無道之世，不踐其土。」況尊我乎！吾不忍久見也。』乃負石而自沉於廬水。瞀郭象注：舊説曰：如下隨、瞀光者，其視天下也若六合外，人所不能察也。斯則謬矣。夫輕天下者，不得有所重也。苟無所重，則無死也矣。以天下為六合之外，故當付之堯、舜、湯、武耳。淡然無係，故汎然從衆，得失無槩於懷，何自投之為哉？若二子者，可以為殉名慕高矣，未可謂外天下也。

《荀子》卷一八《成相篇》　許由、善卷，重義輕利行顯明。

《列子》卷七《楊朱》　昔者堯、舜偽以天下讓許由、善卷而不失天下，享祚百年。晉張湛注：偽、實之迹，因事而生。致偽者由堯、舜之迹，而聖人無偽也。

漢·劉安《淮南子》卷一一《齊俗訓》　許由、善卷非不能撫天下，寧海內，以德民也。然而羞以物滑和，故弗受也。

《古本竹書紀年·五帝紀》　昔堯德衰，為舜所囚也。

舜囚堯于平陽，取之帝位。

舜放堯於平陽。

舜囚堯，復偃塞丹朱，使不與父相見也。

《孟子·滕文公下》　彭更問曰：『後車數十乘，從者數百人，以傳食於諸侯，不以泰乎？』注：泰，甚也。彭更，孟子弟子。怪孟子徒衆多而傳食於諸侯之國，得無為甚奢泰者也。孟子曰：『非其道，則一簞食不可受於人。如其道，則舜受堯之天下不以為泰。子以為泰乎？』

《韓非子》卷七《説林上》　湯以伐桀而恐天下言己為貪也，因乃讓天下於務光，而恐務光之受之也，乃使人説務光曰：『湯殺君而欲傳惡聲於子，故讓天下於子。』務光因自投於河。

《呂氏春秋》卷二〇《行論》　堯以天下讓舜，注：讓猶予也。鯀為諸侯，怒於堯曰：『得天之道者為帝，得地之道者為三公。今我得地之道，而不以我為三公。』以堯為失論。注：論猶理也。欲得三公，怒甚猛獸，欲以為亂。比獸之角能以為城，舉其尾能以為旌。召之不來，仿佯於野，以患帝。舜於是殛之於羽山，副之以吳刀。

又　卷一八《不屈》　魏惠王謂惠子曰：『上世之有國，必賢者也。今寡人實不若先生，願得傳國。』注：傳，授，惠子辭。注：謝不受之。王又固請曰：『寡人莫有之國於此者也，而傳之賢者，民之貪爭之心止矣。欲先生之以此聽寡人也。』惠子曰：『若王之言，則施不可而聽矣。王固萬乘之主也，以國與人猶尚可。今施布衣也，可以有萬乘之國而辭之，此其止貪爭之心愈甚也。』惠王謂惠子曰：『古之有國者，

必賢者也。』夫受而賢者，舜也，是欲惠子之為舜也。夫辭而賢者，許由也。是惠子欲為許由也。傳而賢者，堯也，是惠王欲為堯也。堯、舜、許由之作，非獨傳舜而由辭也。他行稱此。今無其他而欲為堯、舜、許由，故惠王布冠而拘于鄄，注：鄄，邑名也，自拘於鄄，將服於齊也。齊威王幾弗受。注：威王，田和之孫，孟子所見宣王之父。幾，危。危不受魏惠王也。惠子易衣變冠，乘輿而走，幾不出乎魏境。注：言幾不免難於魏境內也。凡自行不可以幸，為必誠。注：言惠王幸享傳國之名，惠子幸享以不受之名，以為必誠也。

晉・張華《博物志》卷二《外國・三苗國》 昔唐堯以天下讓于虞，三苗之民非之。帝征之，有苗之民叛，浮入南海，為三苗國。

《漢書》卷九三《佞幸傳・董賢》 上（哀帝）有酒所，唐顏師古注：言酒在體中。從容視賢笑曰：『吾欲法堯禪舜，何如？』閎進曰：『天下廼高皇帝天下，非陛下之有也。陛下承宗廟，當傳子孫於亡窮。統業至重，天子亡戲言。』上默然，不説。

南朝宋・裴松之《三國志・魏志》卷二《文帝》注引《魏氏春秋》 帝升壇，禮畢，顧謂羣臣曰：『舜、禹之事，吾知之矣。』

唐・劉知幾《史通》卷一三《疑古》 《湯誥》云：湯伐桀，戰于鳴條。又云：湯放桀於南巢，唯有慙德。而《周書・殷祀篇》稱桀讓湯王位云云。此則有異於《尚書》。如《周書》之所説，豈非湯既勝桀，力制夏人，使桀推讓，歸王於己，蓋欲比跡堯、舜，襲其高名者乎？又按《墨子》云：湯以天下讓務光，而使人説曰：『湯欲加惡名於汝。』務光遂投清冷之泉而死。湯乃即位無疑。然則湯之飾讓僞跡甚多。考墨家所言，雅與《周書》相會。夫《書》之作，本出《尚書》。孔父截剪浮詞，裁成雅語，去其鄙事，直云慙德。豈非欲滅湯之過，增桀之惡者乎？

宋・羅泌《路史》卷三七《發揮六・湯遜解卞隨務光》 《莊子》曰：湯伐桀，因卞隨而謀之，不對。又因務光而謀，乃用伊尹。克商之後，遜於卞隨，隨投稠水。又遜於光，光投盧水而死。紀佗聞之，恐其及己，帥弟子踆於窾水三年。申屠狄者聞之，爰踣於河。故《列仙傳》言：湯伐桀，因務光而謀，光怒曰：『非吾事也。』湯得天下，遜之於光，光遂負石而自沉盧水。夫湯之伐，豈其所欲哉？應順天人，拯民水火而已。雖然，其義則應順天人，而其事則臣伐君也。是故放桀而後，有慚德而無喜色。蓋湯之意，躬以自厚，誠恐啓天下後世亂臣賊子，因以為利而叛其君者，將以台為口實云爾。然則湯之心，豈以應順天人而自是哉？唯不以應順天人而自是，此仲虺之所以陳諭引義而廣釋之，深有懼夫湯之憂媿不已，而有害維新之政，且將以破天下後世之見惑者。嗟乎！以湯勇智，豈以天下動其心哉？其克商而遜之，蓋有之矣。彼卞隨、務光，其何以承之邪？

昔有堯嘗遜天下於許繇，繇耻之而不受，退逃箕山。莊周稱之，且以為有子州支甫者，亦蒙堯禪；而舜亦嘗以天下遜之子州支伯與夫善卷、北人無擇若石户之農。又有狐不偕者，亦以為不受堯禪，投河而死。兹蓋戰國之際，分義不明，君臣相賊，故周之論，唯有所激。然聖人之授天下，豈如是輕哉？此太史公所以致疑於卞、務而以許繇之事為虚語。夫以天下遜，此堯之至德也。堯知天下之將爭且亂，而欲以遜禪，示天下後世之標則久矣，其非一日也，豈唯其子之不肖哉？朱而不肖，九子而俱不肖乎？且舜之未見也，其遜固非一人矣。其遜四岳也，則許繇已在其列矣。許，四岳之祚也。説者又奚必為異而以堯之禪為虚哉？

雖然，事有大惑，不可以不析。《墨子》書言：湯以天下遜務光，既而使人謂之曰：『湯昔伐桀而遜於子，欲加惡名於子也。』光耻之，遂投清冷之淵。其在《韓子》亦云然。則斯舉也，果姑制為之名邪？湯無是也。至《周書・殷祝解》，則復以為桀遜湯之王位，説者疑焉。而墨子且謂夏桀既北，湯欲比迹堯、舜，乃制夏人，為之推遜。豈其然邪？噫嘻，隋氏以唐王為相國，加之九錫，而高祖以為魏晉繁文，却之不受。斯可尚矣。然以兵取而必欲云受禪於隋，則猶未免末世之弊陋也。此成湯之事，所以至末世為可言歟？

燕噲讓國

綜　述

《孟子・公孫丑下》 沈同以其私，問曰：『燕可伐與？』孟子曰：

王之罪。

『可。子噲不得與人燕，子之不得受燕於子噲。漢趙岐注：沈同，齊大臣。自以私情問，非王命也，故曰私。子噲，燕王也；子之，燕相也。孟子曰可者，以子噲不以天子之命而擅以國與子之，子之亦不受天子之命而私受國於子噲，故曰其罪可伐。有仕於此，而子悅之，不告於王而私與之吾子之祿爵。夫士也，亦無王命而私受之於子，則可乎？何以異於是！』注：子謂沈同也。孟子設此以譬燕王之罪。

齊人伐燕，注：沈同以孟子言可，因歸，勸其王伐燕。或問曰：『勸齊伐燕，有諸？』曰：『未也。沈同問燕可伐與？吾應之曰：「可。」彼然而伐之也。彼如曰：「孰可以伐之？」則將應之曰：「爲天吏，則可以伐之」注：天吏，天所使，謂王者得天意者也。今有殺人者，或問之曰：「人可殺與？」則將應之曰：「可。」彼如曰：「孰可以殺之？」則將應之曰：「爲士師，則可以殺之。」今以燕伐燕，何爲勸之哉？』

《戰國策》卷二九《燕一》 燕王噲既立，蘇秦死於齊。蘇秦之在燕也，與其相子之為婚，而蘇代與子之交。及蘇秦死，而齊宣王復用蘇代。燕噲三年，與楚、三晉攻秦，不勝而還。子之相燕，貴重主斷。蘇代為齊使於燕，燕王問之曰：『齊宣王何如？』對曰：『必不霸。』燕王曰：『何也？』對曰：『不信其臣。』蘇代欲以激燕王，以厚任子之也，於是燕王大信子之。子之因遺蘇代百金，聽其所使。鹿毛壽謂燕王曰：『不如以國讓子之。人謂堯賢者，以其讓天下於許由，由必不受。有讓天下之名，實不失天下。今王以國讓相子之，子之必不敢受。是王與堯同行也。』燕王因舉國屬子之，子之大重。

或曰：『禹授益而以啓為吏，及老，而以啓為不足任天下，傳之益也。啓與支黨攻益，而奪之天下。是禹名傳天下於益，其實令啓自取之。今王言屬國子之，而吏無非太子人者。是名屬子之而太子用事。』王因收印，自三百石吏而効之子之。子之南面行王事，而噲老不聽政，顧為臣，國事皆決子之。子之三年，燕國大亂，百姓恫怨。將軍市被、太子平謀將攻子之。儲子謂齊宣王：『因而仆之，破燕必矣。』王因令人謂太子平曰：『寡人聞太子之義，將廢私而立公，飭君臣之義，正父子之位。寡人之國小，不足先後。雖然，則唯太子所以令之。』太子因數黨聚衆，將軍市被圍公宮，攻子之。不克，將軍市被及百姓乃反攻太子平。將軍市被死已，殉國構難。數月，死者數萬衆。燕人恫怨，百姓離意。孟軻謂齊宣王曰：『今伐燕，此文、武之時，不可失也。』王因令章子將五都之兵，以因北地之衆，以伐燕。士卒不戰，城門不閉，燕王噲死，齊大勝燕，子之亡。二年，燕人立公子平，是為燕昭王。

《韓非子》卷一四《外儲説右下》 子之相燕，貴而主斷。蘇代為齊使，燕王問之曰：『齊王亦何如主也？』對曰：『必不霸矣。』燕王曰：『何也？』對曰：『昔桓公之霸也，內事屬鮑叔，外事屬管仲，桓公被髮而御婦人，日遊於市。今齊王不信其大臣。』於是燕王因益大信子之。子之聞之，使人遺蘇代金百鎰，而聽其所使之。

一曰：蘇代為秦使燕，見無益子之則必不得事而還，貢賜又不出，於是見燕王，乃譽齊王。燕王曰：『齊王何若是之賢也！則將必王乎？』蘇代曰：『救亡不暇，安得王哉？』燕王曰：『何也？』曰：『其任所愛不均。』燕王曰：『其任何也？』曰：『昔者齊桓公愛管仲，置以為仲父，內事理焉，外事斷焉，舉國而歸之，故一匡天下，九合諸侯。今齊任所愛不均，是以知其亡也。』燕王曰：『今吾任子之，天下未之聞也。』於是明日張朝，而聽子之。潘壽謂燕王曰：『王不如以國讓子之。人所以謂堯賢者，以其讓天下於許由，許由必不受也，則是堯有讓許由之名，而實不失天下也。今王以國讓子之，子之必不受也，則是王有讓子之之名，而與堯同行也。』於是燕王因舉國而屬之，子之大重。

一曰：潘壽隱者，燕使人聘之。潘壽見燕王曰：『臣恐子之之如益也。』王曰：『何益哉？』對曰：『古者禹死，將傳天下於益，啓之人因相與攻益而立啓。今王信愛子之，將傳國子之。太子之人盡懷印璽，子之之人無一人在朝廷者。王不幸棄羣臣，則子之亦益也。』王因收吏璽，自三百石以上，皆效之子之，子之大重。夫人主之所以鏡照者，諸侯之士徒也。今諸侯之士徒皆私門之黨也，人主之所以自羽翼者，巖穴之士徒也。今巖穴之士徒皆私門之舍人也，是何也？奪褫之資，在子之也。故吳章曰：人主不佯憎愛人。佯愛人不得復憎也，佯憎人不得復愛也。

一曰：燕王欲傳國於子之也，問之潘壽，對曰：『禹愛益而任天下於益，已而以啓人為吏；及老，而以啓為不足任天下，故傳天下於益，而勢重盡在啓也。已而啓與友黨攻益，而奪之天下。是禹名傳天下於益，而實令啓自取之也。此禹之不及堯、舜，明矣。今王欲傳之子之，而吏無非太子之人者也。是名傳之，而實令太子自取之也。』燕王乃收璽，自三百石以上皆效之，子之遂重。

《殷周金文集成釋文》卷二《中山王譽鼎》 昔者郾（燕）君子噲，叡弇夫㹠，長為人主，閈於天下之勿矣，猶迷惑於子之而亡其邦，為天下僇。而況在於少君乎！

《史記》卷六九《蘇秦列傳》 燕乃使一子質於齊，而蘇厲因燕質子而求見齊王，齊王怨蘇秦，欲因蘇厲，燕質子為謝已，遂委質為齊臣。燕相子之與蘇代婚而欲得燕權，乃使蘇代侍質子於齊。齊使代報燕，燕王噲問曰：『齊王其霸乎？』曰：『不能。』曰：『何也？』曰：『不信其臣。』於是燕王專任子之，已而讓位。燕大亂，齊伐燕，殺王噲、子之。南朝宋裴駰《集解》：徐廣曰：是周赧王之元年時也。燕立昭王。

又 卷一五《六國年表·燕表》 燕王噲五年，君讓其臣子之國，顧為臣。

明·董説《七國考》卷四《燕宮室·禪臺》 薛氏《孟子章句》曰：燕噲築禪臺，讓于子之。後昭王復登禪臺，讓于樂毅，毅以死自誓，不敢受禪。禪臺，一名堯舜臺。

論　說

《莊子》卷六《秋水》 昔者堯、舜讓而帝之，噲讓而絕，湯武爭而王，白公爭而滅。注：夫順天應人而受天下者，其迹則爭讓之迹也。尋其迹者，失其所以迹矣，故絕滅也。由此觀之，爭、讓之禮，堯、桀之行，貴賤有時，未可以為常也。

《韓非子》卷二《二柄》 燕子噲好賢，故子之明不受國。元何犿注：子之，燕之臣也，以噲好賢，故陳禪讓之事，令噲不受國以讓己，因以篡之。故君見惡則羣臣匿端，注：匿其端，避所惡也。君見好則羣臣誣能，注：誣其能，欲見用。人主欲見則羣臣之情態得其資矣。注：羣臣之情態，皆欲求利。君見其好惡，則知利其所存，故得以為資。故子之託於賢，以奪其君者也。【略】其卒，子噲以亂死。【略】此其故何也？人君以情，借臣之患也。注：謂見好惡之情，則臣得以為利。此以情借臣求利者也，患所以生。

又 卷一六《難三》 燕王噲賢子之而非孫卿，故身死為僇。

又 卷一七《說疑》 燕君子噲，召公奭之後也。地方數千里，持戟數千萬。不安子女之樂，不聽鐘石之聲。內不堙污池臺榭，外不罼弋田獵。又親操耒耨，以修甽畝。子噲之苦身以憂民，如此其甚也。雖古之所謂聖王明君者，其勤身而憂世，不甚於此矣。然而子噲身死國亡，奪於子之而天下笑之。此其何故也？不明乎所以任臣也。

漢·桓寬《鹽鐵論》卷一二《詔聖》 御史曰：【略】燕噲好讓，而有子之之亂。

漢·王充《論衡》卷一〇《刺孟篇》 夫或問孟子勸王伐燕，不誠是乎？沈同問『燕可伐與？』此挾私意欲自伐之也。知其意慊於是，宜曰：『燕雖可伐，須為天吏，乃可以伐之。』沈同意絕，則無伐燕之計矣。不知有此私意而徑應之，不省其語，是不知言也。

漢·王符《潛夫論》卷三《實貢》 虛張高譽，彊蔽疵瑕，以相誑耀，有快於耳，而不若忠選實行，可任於官也。周顯拘時，故蘇秦、燕噲利虛譽，故讓子之。皆舍實聽聲，嘔哇之過也。

漢·孔融《孔少府集·又書》 雖然，徐偃王行仁義而亡，今令不絕仁義；燕噲以讓失社稷，今令不禁謙退。

漢·徐幹《中論》卷下《慎所從》 燕相子之有寵於王，欲專國政，人為之言於燕王噲曰：『人謂堯賢者，以其讓天下於許由也。許由不受，有讓天下之名而實不失天下。今王以國讓於相子之，子之必不敢受，是堯與王同行也。』燕噲從之，其國大亂。此則似美而敗事者也。

宋·司馬光《傳家集》卷六七《評·子噲》 堯舜之聖，非以其能輕天下也，迺以其能重天下也。夫唯重天下，故必得聖人，然後授之。禹之傳於子，非私之也。苟天下無聖人以授之，則非子莫之傳矣。夫父之傳子，非至禹而後有之也。蓋自生民以來，有國家者無不然矣。燕噲徒知慕堯舜之名，不知察堯舜之實，訹於姦言，以陷於死亡，為天下笑。豈不悲哉？孟子曰：『以天下與人易，為天下得人難。』豈非以燕噲而知之邪？

宋·張栻《孟子說》卷二《公孫丑下》 孟子論堯、舜授受之際，一以『天』言之，蓋非堯得授舜以天下也，亦非舜得受堯之天下也，天與之而已。聖人與天合德，故先天而天弗違，後天而奉天時，非有一毫人為與於其間也，子噲蓋聞堯、舜之事，而不勝愛子之之私，故假此事而以國授焉。是其授也，子噲之私意，非天意也；而子之受之也，亦固利其國耳，又豈天意乎哉？故孟子荅沈同之問，以為子噲不得與人燕，子之不得受燕於子噲。又從而引喻以告之，如沈同之祿爵，王命之也。沈同不告王而以祿爵與人，其受之也亦無王命而私受之，其不可也明矣。繼先王之世，以有國而以私意相授受，其可乎？此燕所為有可伐之罪也。

宋·呂祖謙《大事記解題》卷四《周赧王》 元年，燕亂，將軍市被與太子平攻子之，不克，被反攻太子，又不克而死。齊章子伐燕，取之，醢子之，殺王噲。

《解題》曰：《汲冢紀年》云：齊人禽子之而醢其身。按《戰國策》：韓、齊為與國，張儀以秦、魏伐韓。齊王曰：『韓，吾與國也。秦伐之，吾將救之。』田臣思曰：『王之謀過矣，不如聽之。子噲與子之國，百姓不戴，諸侯弗與。秦伐韓，趙救之。是天以燕賜我也。』王曰：『善。』乃許韓使者而還之，韓自以得交於齊，遂與秦戰，楚、趙果遽起兵而救韓。齊因起兵攻燕，三十日而舉燕國。然則齊之取燕，雖因之、噲之亂，亦繇諸侯連兵不解，無與競者也。

宋·朱熹《晦庵集》卷七三《鄭公藝圃折衷》 諸侯受國於天子，故子噲之讓，為無王。

宋·衛湜《禮記集説》卷一二六《中庸》 高要譚氏曰：凡最高難行之事，皆可以能爲之；惟中庸天理，不可以能爲之也。天下國家之大，非尋常貲産之比，疑不可均以與人，然而巢、由之徒視天下若將浼己，燕子噲舉國以授子之，殊無難色。則是天下國家雖大，在高者處之，均以與人可也。【略】均天下國家以與人，雖數千年中亦無一焉。此皆所謂超世絶倫之行，非常人之所易能也，而聖人皆以此爲可能。

宋·葉大慶《考古質疑》卷二 大慶舊見一《策問》云：『齊伐燕，史遷以為湣王而孟子則曰宣王。近世有作《古史》者，嘗正軻之失。軻之書得于親見，遷之史出于傳聞，而《古史》斷然以為湣王而不信孟子。何也？』原注：大慶按《古史·孟軻傳》：齊湣王聞燕噲之亂，將伐燕。沈同問孟子曰：『燕可伐歟？』孟子曰：『可。』齊人伐燕，克之，諸侯多謀救燕。或問孟子：『勸齊伐燕，何也？』孟子曰：『我言燕之可伐，而不言齊之可以伐燕也。』注曰：《史記·齊世家》言孟子勸齊湣王伐燕，是不考之《孟子》也，而孟子稱宣王伐燕，亦失之矣。蓋《古史》乃蘇公轍所作，其子遜為之注也。當時對策者，固不暇詳究。大慶近見《儒學警悟》一書，内有陳氏《新話》云：齊宣王伐燕，見于《孟子》，而《史記》無其事。《燕世家》乃云：燕王噲立三年，聽蘇代言，以國遜子之，國大亂云云。孟軻謂齊湣王曰：『今伐燕，此文、武之時，不可失也。』王因令章子將五都之兵，因北地之衆以伐燕。燕君噲死，子之亡。二年，而燕人立太子平，是為昭王。此與《孟子》沈同問荅事同，則此伐燕，乃湣王也。燕噲之立，當湣之四年。噲亡而昭王立二十六年，燕與秦、晉五國共擊齊，而燕獨入，至臨淄，取其重器，湣王亡走莒。此則《孟子》所謂諸侯多謀救燕，伐寡人者也。皆湣王時事。孟子遊齊、梁，當知其詳。其自著書，不知何以誤為宣王？退之曰：孟軻之書非軻自著，其徒相與記軻所言爾。意其以此故誤也，原注：以上皆陳氏説。

大慶嘗考之《史記·齊世家》，即無宣王伐燕事。至《燕世家》，雖云齊宣取十城，後因蘇秦之説，復以歸燕，乃在燕易王時，非噲也。及後噲立，遜國子之，國大亂。諸將謂齊湣王曰：『因而赴之，破燕必矣』云云。大慶又以《六國年表》考之：齊宣王立于周顯王二十七年，凡立十九年而薨，乃顯王四十五年也。子湣王立，湣王四年，燕噲方立。是噲不與齊宣同時也。噲立五年而遜國，又三年而齊破燕，即周赧王之元年。時宣王死，而湣王立十一年矣。然則伐燕乃湣王，非宣王。誠如陳氏之論。原注：但陳氏以沈同問荅事為湣王時，此不過據《史記·世家》及《年表》而言爾，是猶可也。若謂燕與五國共擊齊，而燕獨至臨淄，以為孟子所謂多謀救燕者，未必然也。蓋齊伐燕至燕入齊時，前後二十七、八年，不應孟子許多年常在齊也。初，齊伐燕，不從孟子『置君而後去』之言，燕人自立太子平，故曰燕人畔爾。

雖然，大慶又考之《戰國策》：燕王噲既立，蘇秦死于齊。蘇秦之在燕也，與其相子之為婚，而蘇代與子之交。原注：代，秦之弟。及秦死，而齊宣復用代，使于燕。燕王問『齊王何如？』曰『必不霸。』曰『何也？』曰『不信其臣。』代欲激燕王之厚任子之也，于是燕王大信子之，子之南面行王事。三年，燕國大亂。儲子謂齊宣王：『因而仆之，破燕必矣。』孟軻謂齊宣王曰：『今伐燕，此文、武之時，不可失也。』王因令章子將五都之兵，因北地之衆伐燕。燕王噲死，齊大勝，子之亡。由《戰國策》而觀，則齊宣伐燕，與《孟子》脗合，又未可遽謂《孟子》為誤也。然則以《孟子》為誤，皆因遷史《世家》、《年表》而為是言歟？司馬公作《通鑑》，乃于周顯王三十六年云：齊威王薨，子宣王立。顯王四十八年云：燕易王薨，子噲立。據此，則齊宣正與燕噲同時。原注：顯王在位四十八年，次年靚王立，又六年赧王立。赧王元年，燕國大亂，齊伐燕。且舉《孟子》答問之言甚悉。是歲，齊宣王薨，子湣王立。然則齊宣十九年，《通鑑》亦與《年表》同，獨《年表》以宣王立于顯王二十七年，《通鑑》以宣王立于顯王三十六年為異。故自是次第有差爾。温公《進通鑑表》以為徧閱舊史，抉擿幽隱，校計毫釐。豈有此大節目，不加考究而或誤乎？況《孟子》答問歷歷，《戰國策》又有可稽乎！

然即《史記》參觀互考，《紀》、《傳》、《世家》之與《年表》，其前後歲月又皆相應。如伐燕一事，又未足以決《史記》之為誤。獨有一事，或可為證。何者？以其未免自戾也。《越世家》云：越王無彊北伐齊，齊威王使人説越云：『伐齊不如伐楚之利。』越遂釋齊伐楚，楚大敗之，殺無彊，北破齊于徐州。按此，則破齊于徐州，乃越因齊威之説而伐楚，楚因敗越之勢而破齊，正齊威王時也。《年表》于徐州之圍，乃載于顯王三十六年，為宣王之世。豈非遷之自戾歟？然則徐州之圍既為威王之時，則齊宣非立于顯王二十七年可見，而《通鑑》所載，為得其實。原注：《通鑑》載楚敗越于顯王三十五年，楚圍徐州于顯王三十六年。是歲，齊威王薨，子宣王立。是知伐燕為宣王，明矣。大抵即此可以明彼，而因其自戾，則尤可以辯而破也。大慶于此一世蓄疑不決者，幾年矣。今也考證獨勞，觀者毋但曰食肉者毋食馬肝，未為不知味也。幸甚。

元・陳天祥《四書辨疑》卷一三《孟子・盡心下》　或曰：子噲亦能以燕為讓，豈非矯情干譽者乎？予應之曰：子噲老耄昏瞶，子之以計奪其國。謂為讓，則非也；謂之能讓，又非也。能讓者，讓於可讓之賢者也。夫千乘之國，亦富貴之極位也。一旦自舉以讓賢，非有義烈誠肯之心者，定不能也。

元・戴表元《剡源文集》卷一二《陳景惠諸子名字序》　白圭企禹而不至於禹，燕噲、子之企堯、舜而不至於堯、舜。豈獨不至，去之益遠。

明・張寧《方洲集》卷二七《讀史録・周慎靚王》　五年，燕君噲以國讓其相子之。子之與蘇秦弟代昏，代説噲而有此舉。按燕始用秦而閨門失守，繼用代而家國以危。讒人交亂，不可不慎其初也。

明・丘濬《大學衍義補》卷一一六《嚴武備・總論威武之道》　臣按：燕、齊皆列國也。燕雖不道，齊非天子而擅興師以伐之，律之以《春秋》之法，固有不當然者。此孟子所以有『天吏』之説也。況燕之與齊，地醜德齊，無甚相遠。然燕之君，不當以先君之位而予諸人；而其臣，亦不當受其君之位而不辭。是時周室微弱，不能執九伐之權。燕、齊接壤，而鄰國有變亂，為之救正，亦不為過。然是時燕民無罪而為亂者，在子噲、子之。齊人既勝燕之後，即當如孟子所言：速出令而返其民之老小，置其國之寶器，誅其君臣之作亂者；然後謀于燕之世臣耆舊，別立君而去。其于燕之土地人民，無所利之。如此則是為隣國定亂，非取而有之也。齊王雖非天吏，然存興滅繼絶之心，誅亂安人之意，亦庶幾乎湯武之師矣。先儒謂湯十一征，不是全滅其國取之，則是蹊田而奪之牛。齊王殺其父兄，係累其子弟，毀其宗廟，遷其重器，則是滅絶其國矣。安能逆止諸侯之兵哉？

明・何景明《大復集》卷三〇《何子・固權篇》　夫權有所受者固，不有所受者雖得必失之。夫偽摹不可以遠示，竊得不可以厚享。故勢有執于累歲，而不能保一日之命；威有行于四海，而不能全一姓之族。權無所受之也。夫權者，天子之所取重，天下之所取鈞者也。天子知之，天下見之也。故上不疑而下不議，夫然後可固也。無所受者，天子不知，天下不見者也。故正坐而旁有窺之者矣，前行而後有迹之者矣。此至危之勢，而彼方安之也。【略】故權在于有所受，有所受者又在視其所受之人。昔者舜受堯之天下，禹受舜之天下。堯、舜皆大聖人也，故雖受之天下，而人信之。至燕子噲讓國于子之，子噲無知者也，故雖受之一國，而人不信矣。夫信之故服，服之故其受也固。不信故不服，不服故其受也不固。

又　卷三〇《何子・心迹篇》　堯之禪虞，後世稱焉。子噲遜燕，卒亡其國，而天下笑之。

清·方苞《化治四書文》卷五《王守仁〈子噲不得與人燕二句〉》　舉燕之君臣而各著其罪，可伐也。夫國必自伐而人伐之也，燕也私相授受，其罪著矣，是動天下之兵也。今夫為天守名器者，君也；為君守侯度者，臣也。名義至重，僭差云乎哉！故君雖倦勤，不得移諸其臣，示有專也；臣雖齊聖，不敢奸諸其君，紀臣道也。燕也何如哉？燕非子噲之燕，天子之燕也，召公之燕也。象賢而世守之，以永燕祀，以揚休命，子噲責也。舉燕而授之人，此何理哉？恪恭而終臣之，以竭忠蓋，以謹無將，子之分也。利燕而襲其位，罪亦甚矣。堯、舜之傳賢，利民之大也。噲非堯、舜也，安得而慕其名？舜、禹之受禪，天人之從也。之非舜、禹也，安得而襲其跡？自其不當與而言，無王命也，墮先業也，子噲是矣。自其不當受而言，僭王章也，奸君分也，子之有焉。夫君子之於天下，苟非吾之所有，雖一毫而莫取也，況授受之大乎！於義或有所乖，雖一介不以與人也，況神器之重乎！夫以燕之君臣，而各負難逭之罪如此。有王者起，當為伐矣。

明·顧允成《小辨齋偶存》卷三《劄記》　故夫文王之局，變而為管仲；堯、舜之局，變而為子之、子噲；湯、武之局，變而為簒逆；孔子之局，變而為假道學。實人心淑慝之關，世道升降之界也。

清·黄宗羲《明儒學案》卷四二《甘泉學案·六辭經堂集解》　太上忘實忘名，其次篤實晦名，其次力實生名。生名者賢，晦名者聖，忘名者天。夷、齊讓國，國與名而俱存；燕噲讓國，國與名而俱喪。燕噲，非好名者也。若出於好名，必擇其可讓者讓之，不至有子之之亂，固亦名教之所與矣。好名之人能讓千乘之國，貴名也。《好名解》

清·馮班《鈍吟雜録》卷一《家戒上》　或曰：仁義足以敗亡乎？余曰：此徒慕而為之，其心則善矣，實不得聖人之道也。如燕噲之讓子之，亦慕堯、舜也。此亦可稱乎？

清·陸隴其《四書講義困勉録》卷二五《孟子·齊人伐燕取之章總旨》　沈無回曰：燕之亂，生於子噲、子之。燕民原無罪，宣王只合誅之、噲，置君而去之。此是上著。早不見此，行了許多暴虐。直至諸侯謀救，方曰何以待之？孟子於無所待之中，代為畫待之之策，亦只有置君而後去之一著。然昔日行之，則時雨之師；今日行之，則脱禍之策。相去千萬矣。

清·王懋竑《白田雜著》卷三《孟子序説考》　仁山金氏謂：齊宣王伐燕，孟子所見。以為湣王，則荀卿所聞。《史記》又所傳聞。不得以所聞、所傳聞而疑所見，而以《序説》、《集注》之據，《史記》以疑《孟子》為未然。此皆失之不詳考而漫為是言也。又據《戰國策》，以伐燕為齊宣王。不知《戰國策》亦後來以《孟子》而改。按蘇秦死於齊湣王之初年，蘇秦死，蘇代乃出，游説燕王，則代不得事齊宣王；而燕王噲即位於湣王之四年，則代之説燕王噲讓國，其非宣王時明矣，仁山亦以《通鑑》改威王、湣王之年為無據，而反欲據《戰國策》以證《通鑑》，此大誤也。

清·何焯《義門讀書記》卷五《孟子上》　子噲、子之不聞別有虐政，然名不正，必致民無所措其手足。虐孰有甚於此者乎？民生有欲，無主乃亂。下文『置君而去』，亦惟為整頓此事，便足救民水火耳。

天下可禪，國不可禪。三代以上之天子，皆推有德者迭為之。及以天下與人，子孫退守百里，以承祖宗之祀，未有幷棄其國者也。子噲則自斬召公之血食矣，故孟子尤惡之。

世襲分部

綜述

夏朝　**《尚書·召誥》**　相古先民有夏，天迪從子保，面稽天若。今時既墜厥命。宋蔡沈《集傳》：從子保者，從其子而保之，謂禹傳之子也。面，鄉也。視古先民有夏，天固啓迪之，又從其子而保佑之。禹亦面考天心，敬順無違，宜若可為後世憑藉者。今時已墜厥命矣。

《孟子·萬章上》　萬章問曰：『人有言至於禹而德衰，不傳於賢而傳於子。有諸？』孟子曰：『否。不然也。天與賢則與賢，天與子則與子。昔者舜薦禹於天，十有七年舜崩，三年之喪畢，禹避舜之子於陽城，天下之民從之，若堯崩之後不從堯之子而從舜也。禹薦益於天，七年禹崩，三年之喪畢，益避禹之子於箕山之陰。朝覲、訟獄者不之益而之啓，曰「吾君之子也。」謳歌者不謳歌益而謳歌啓，曰「吾君之子也。」丹朱之不肖，舜之子亦不肖。舜之相堯，禹之相舜也，歷年多，施澤於民久。啓賢，能敬承繼禹之道。益之相禹也，歷年少，施澤於民未久。舜、禹、益相去久遠，其子之賢不肖，皆天也，非人之所能為也。莫之為而為者，天也；莫之致而至者，命也。匹夫而有天下者，德必若舜、禹，而又有天子薦之者，故仲尼不有天下。繼世以有天下，天之所廢，必若桀、紂者也。故益、伊尹、周公不有天下。」

《楚辭》卷三《天問》 啓代益作后，卒然離蠥，漢王逸《章句》：益，禹賢臣也。作，為也。后，君也。離，遭也。蠥，憂也。言禹以天下禪與益，益避啓於箕山之陽，天下皆去益，而歸啓以為君，益卒不得立，故曰遭憂也。何啓惟憂而能拘是達？《章句》：言天下所以去益就啓者，以其能憂思道德而通其拘隔。拘隔者，謂有扈氏叛啓，啓率六師以伐之也。皆歸射鞫而無害厥躬，《章句》：射，行也。鞫，窮也。言有扈氏所行，皆歸於窮惡，故啓誅之，並得長無害於其身也。何后益作革而禹播降？《章句》：后，君也。革，更也。播，種也。降，下也。言啓所以能變化更益而代益為君者，以禹平治水土，百姓得播種百穀，故思歸啓也。

《古本竹書紀年・夏紀》 益干啓位，啓殺之。

后啓殺益。

益為啓所誅。

《今本竹書紀年》卷上《帝啓》 元年癸亥，帝即位于夏邑。大饗諸侯于鈞臺。諸侯從帝，歸于冀都。大饗諸侯于璿臺。

二年，費侯伯益出就國。

《韓非子》卷一四《外儲說右下》 古者禹死，將傳天下於益，啓之人因相與攻益，而立啓。

《史記》卷二《夏本紀》 十年，帝禹東巡狩，至于會稽而崩，以天下授益。三年之喪畢，益讓帝禹之子啓，而辟居箕山之陽。禹子啓賢，天下屬意焉。及禹崩，雖授益，益之佐禹日淺，天下未洽，故諸侯皆去益而朝啓，曰：「吾君，帝禹之子也。」於是啓遂即天子之位，是為夏后帝啓。

漢・袁康《越絶書》卷三《吳内傳》 夏啓獻犧於益。啓者，禹之子。益與禹臣於舜，舜傳之禹，薦益而封之百里。禹崩，啓立，曉知王事，達於君臣之義。益死之後，啓歲善犧牲以祠之。《經》曰：夏啓善犧於益。此之謂也。

漢・趙煜《吳越春秋》卷四《越王無余外傳》 禹崩，傳位與益。益服三年，思禹未嘗不言。喪畢，益避禹之子啓於箕山之陽。諸侯去益而朝啓，曰：「吾君，帝禹子也。」啓遂即天子之位，治國於夏。

商朝 **《荀子》卷一一《彊國篇》** 夫桀、紂，聖王之後子孫也，有天下者之世也。唐楊倞注：世謂繼也。

《呂氏春秋》卷一一《當務》 紂之同母三人，其長曰微子啓，其次曰中衍，其次曰受德。受德乃紂也，甚少矣。紂母之生微子啓與中衍也，尚為妾，已而為妻而生紂。紂之父、紂之母欲置微子啓以為太子，太史據法而爭之，曰：「有妻之子，而不可置妾之子。」紂故為後。用法若此，不若無法。漢高誘注：太子所以繼世，樹德化下也。法當以嫡，紂為淫虐，以亂天下，故曰不若無法也。

《史記》卷三《殷本紀》 帝乙長子曰微子啓，啓母賤，不得嗣。少子辛，辛母正后，辛為嗣。

晉・皇甫謐《帝王世紀・殷商》 帝乙有二妃。正妃生三子：長子微子啓，中曰微仲衍，小曰受。庶妃生箕子，年次啓，皆賢。初，啓母之生啓及行也，尚為妾。及立為后，乃生辛。帝乙以啓賢且長，欲以啓為太子。太史據法爭之，帝乙乃立辛為太子。

兩周 **《左傳・桓公十八年》** 初，子儀有寵於桓王，桓王屬諸周公。辛伯諫曰：「並后，晉杜預注：妾如后。匹嫡，注：庶如嫡。兩政，注：臣擅命。耦國，注：都如國。亂之本也。」

又 **《閔公二年》** 大子將戰，狐突諫曰：「不可。昔辛伯諗周桓公云：內寵並后，外寵二政，嬖子配適，大都耦國，亂之本也。」

又 **《昭公二十六年》** 王子朝使告于諸侯曰：【略】昔先王之命曰：王后無適，則擇立長。年鈞以德，德鈞以卜，注：此所謂先王之經。唐孔穎達《正義》：先王，先世之王，不斥一人，蓋自古以來共如此也。王不立愛，公卿無私，古之制也。

《儀禮・士冠禮》 繼世以立諸侯，象賢也。漢鄭玄注：象，法也。為子孫能法先祖之賢，故使之繼世也。唐賈公彦疏：云能法先祖之賢者，凡諸侯出封，皆由有德。若《周禮・典命》云：三公八命，其卿六命，大夫四命。及其出封，皆加一等，出為五等諸侯，即為始封之君，是其賢也。於後子孫繼立者，皆不毀始祖之廟，是象先祖之賢也。

《周禮・春官・大卜》 凡國大貞，卜立君，卜大封，則眡高作龜。漢鄭玄注：卜立君，君無冢適，卜可立者。【略】眡高，以龜骨高者可灼處，示宗伯也。【略】作龜，謂以火灼之，以作其兆也。春灼後左，夏灼前左，秋灼前右，冬灼後右。唐賈公彦疏：鄭云君無冢適，卜可立者，若然，君無冢適，則有卜法。按昭二十六年《傳》曰：王后無適，則擇立長，年鈞以德，德鈞以卜，王不立愛，公卿無私，古之制也。休以為《春秋》之義，三代異建，適媵别貴賤，有姪娣以辨親疏。立適以長不以賢，立子以貴不以長。王后無適，明尊之敬之義，無所卜筮。不以賢者，人狀難别，嫌有所私，故絶其怨望，防其覬覦。今如《左氏》言，云『年鈞以德，德鈞以卜』，君之所賢，下必從之，豈復有卜？隱、桓之禍，皆由是興。乃曰古制，不亦謬哉？又大夫不世，如并爲公卿，通繼嗣之禮。《左氏》爲短。玄鍼之曰：立適固以長矣，無適而立子，固以貴矣。今言無適則擇立長，謂貴均，始立長，王不得立愛之法。年均，則會羣臣、羣吏、萬民而詢之，有司以序進，而問大衆之中，非君所能掩，是王不得立愛之法也。《禮》有詢立君，示義在此。短之言謬，失《春秋》與《禮》之義矣。公卿之世立者，有功德，先王之命，有所不犯。如是，經中卜立君，亦是年均、德均也。

又《秋官・小司寇》 小司寇之職，掌外朝之政，以致萬民而詢焉。一曰詢國危，二曰詢國遷，三曰詢立君。注：立君謂無冢適，選於庶也。疏：云立君謂無冢適、選於庶也者，冢適雙言，案《内則》而言，謂適后所生最長者為冢，若無冢適，后所生次冢以下為適，則適者非一。若無適，則於衆妾所生擇立之，衆妾所生非一，是以須與衆人共詢可否。

《禮記・禮運》 大道之行也，天下為公。漢鄭玄注：公猶共也。禪位授聖，不家之。唐孔穎達《正義》：天下為公者，謂天子位也。為公謂揖讓而授聖德，不私傳子孫，即廢朱、均而用舜，禹是也。【略】今大道既隱，天下為家。注：傳位於子。【略】大人世及以為禮。注：大人，諸侯也。《正義》：天下為家者，父傳天位與子，是用天下為家也。禹為其始也。【略】大人世及以為禮者，大人，謂諸侯也；世及，諸侯傳位，自與家也。父子曰世，兄弟曰及。謂父傳與子，無子則兄傳與弟也，以此為禮也。然五帝猶行德，不以為禮；三王行為禮之禮，故五帝不言禮而三王云以為禮也。

又《檀弓上》 仲子舍其孫而立其子。注：此其所立非也。公儀蓋魯同姓。周禮，適子死，立適孫為後。【略】伯子曰：『仲子亦猶行古之道也。昔者文王舍伯邑考而立武王，微子舍其孫腯而立衍也。夫仲子，亦猶行古之道也。』注：伯子為親者隱耳。立子非也。文之立武王，權也。微子適子死，立其弟衍，殷禮也。子游問諸孔子，孔子曰：『否。立孫！』注：據周禮。《正義》：孔子以仲子周人，當從周禮，不得立庶子，當立孫也。【略】文王之立武王，權也者，案文王在殷之世，殷禮自得舍伯邑考而立武王，而言權者，殷禮若適子死，得立弟也。今伯邑考見在而立武王，故曰權也。故《中候》云：發行誅紂，且弘道也。是七百年之基驗也。

《孔子家語》卷一〇《曲禮公西赤問》 公儀仲子嫡子死而立其弟。檀弓謂子服伯子曰：『何居？我未之前聞也。』子服伯子曰：『仲子亦猶行古人之道。昔者文王舍伯邑考而立武王，三國魏王肅注：伯邑考，文王之長子也。言文王亦立子而不立孫也。微子舍其孫腯，立其弟衍。』子游以問諸孔子，子曰：『否。周制立孫。』

漢・孔鮒《孔叢子》卷二《雜訓》 穆公問于子思曰：『立太子有常乎？』答曰：『有之，在周公之典。』公曰：『昔文王舍適而立其次，微子舍孫而立其弟，是何法也？』子思曰：『殷人質而尊其尊，故立弟；周人文而親其親，故立子，亦各其禮也。文、質不同，其禮則異。文王舍適立次，權也。』公曰：『苟得行權，豈唯聖人？唯賢與愛立也。』子思曰：『聖人不以權教，故立制垂法，順之為貴。若必欲犯，何有于異？』公曰：『舍賢立聖，舍愚立賢，何如？』子思曰：『唯聖立聖，其文王乎！不及文王者，則各賢其所愛，不殊于適，何以限之？必不能審賢愚之分，請父兄羣臣卜于祖廟，亦權之可也。』

《史記》卷四《周本紀》 懿王崩，共王弟辟方立，是為孝王。

魯國 **《國語》卷一《周語上》** 魯武公以括與戲見王，三國吳韋昭注：武公，伯禽之玄孫，獻公之子武公敖也。括，武公長子伯御也。戲，括弟懿公也。王立戲。注：以為太子。樊仲山父諫曰：【略】『夫下事上，少事長，所以為順也。今天子立諸侯而建其少，是教逆也。』

《公羊傳・隱公元年》 元年春，王正月。《傳》：隱長又賢，何以不宜立？立適以長不以賢，立子以貴不以長。漢何休《解詁》：適謂適夫人之子，尊無與敵，故以齒。子謂左右媵及姪娣之子，位有貴賤，又防其同時而生，故以貴也。禮，適夫人無子，立右媵；右媵無子，立左媵；左媵無子，立嫡姪娣；嫡姪娣無子，立右媵姪娣；右媵姪娣無子，立左媵姪娣。質家親親，先立娣；文家尊尊，先立姪。嫡子有孫而死，質家親親，先立弟；文家尊尊，先立孫。其雙生也，質家据見在，立先生；文家据本意，立後生。皆所以防愛争。桓何以貴？母貴也。《解詁》：据桓母右媵。母貴則子何以貴？子以母貴，《解詁》：以母秩次立也。母以子貴。《解詁》：禮，妾子立，則母得為夫人。夫人，成風是也。

又　《莊公三十二年》　秋七月癸巳，公子牙卒。《傳》：莊公病，將死，以病召季子。季子至，而授之以國政，曰：『寡人即不起此病，吾將焉致乎魯國？』《解詁》：致，與也。季子曰：『般也存，君何憂焉？』公曰：『庸得若是乎？牙謂我曰：「魯一生一及，君已知之矣。」』《解詁》：父死子繼曰生，兄死弟繼曰及。言隱公生，桓公及；今君生，慶父亦當及。是魯國之常也。慶父也存。』《解詁》：時莊公以爲牙欲立慶父。季子曰：『夫何敢？是將爲亂乎！夫何敢？』

《左傳·襄公三十一年》　（秋九月）己亥，立敬歸之娣齊歸之子公子裯。注：齊，謚。裯，昭公名。穆叔不欲，曰：『大子死，有母弟則立之，無則立長。注：立庶子，則以年。年均擇賢，義均則卜，古之道也。』注：先人事，後卜筮也。義均謂賢等。非嫡嗣，何必娣之子！』注：言子野非適嗣。

《史記》卷三三《魯周公世家》　莊公病而問嗣於弟叔牙，叔牙曰：『一繼一及，魯之常也。』南朝宋裴駰《集解》：何休曰：父死子繼，兄死弟及。

宋國　**《左傳·隱公三年》**　宋穆公疾，召大司馬孔父而屬殤公焉，曰：『先君舍與夷而立寡人，注：先君，穆公兄宣公也。與夷，宣公子，即所屬殤公。寡人弗敢忘。若以大夫之靈，得保首領以没，先君若問與夷，其將何辭以對？請子奉之，以主社稷。寡人雖死，亦無悔焉。』對曰：『羣臣願奉馮也。』注：馮，穆公子莊公也。公曰：『不可。先君以寡人為賢，使主社稷。若棄德不讓，是廢先君之舉也，豈曰能賢？注：言不讓，則不足稱賢。光昭先君之令德，可不務乎？吾子其無廢先君之功。注：先君以舉賢為功。我若不賢，是廢之。』使公子馮出居於鄭。注：辟殤公也。八月庚辰，宋穆公卒，殤公即位。君子曰：宋宣公可謂知人矣。立穆公，其子饗之，命以義夫！注：命出於義也。《正義》：義者，宜也。錯心方直，動合事宜，乃謂之為義。宣公之立穆公，知穆公之賢，必以義理不棄其子。今穆公方卒，命孔父以義事而立殤公，是穆公命立殤公，出於仁義之中，故杜云命出於義也。《商頌》曰：『殷受命咸宜，百禄是荷。』其是之謂乎？注：《詩·頌》言殷湯、武丁受命皆以義，故任荷天之百禄也。帥義而行，則殤公宜受此命，宜荷此禄。公子馮不帥父義，忿而出奔，因鄭以求入，終傷咸宜之福。故知人之稱，唯在宣公也。殷禮有兄弟相及，不必傳子孫。宋，其後也，故指稱《商頌》。

《公羊傳·隱公三年》　冬，十有二月，【略】癸未，葬宋繆公。《傳》：當時而日，危不得葬也。此當時何危爾？宣公謂繆公曰：『以吾愛與夷，則不若愛女；以為社稷宗廟主，則與夷不若女。盍終為君矣？』《解詁》：與夷者，宣公之子；繆公者，宣公之弟。宣公死，繆公立。繆公逐其二子莊公馮與左師勃，曰：『爾為吾子，生毋相見，死毋相哭。』與夷復曰：『先君之所為不與臣國而納國乎君者，以君可以為社稷宗廟主也。今君逐君之二子而將致國乎與夷，此非先君之意也；且使子而可逐，則先君其逐臣矣。』繆公曰：『先君之不爾逐，可知矣。吾立乎此，攝也。』《解詁》：暫攝行君事，不得傳與子也。謙辭。終致國乎與夷。莊公馮弑與夷。故君子大居正，《解詁》：明修法守正，最計之要者。唐徐彦《疏》：言由是之故，君子之人，大其適子居正，不勞違禮而讓庶也。宋之禍，宣公為之也。

《史記》卷三八《宋微子世家》　宣公有太子與夷，十九年，宣公病，讓其弟和曰：『父死子繼，兄死弟及，天下通義也。我其立和。』和亦三讓而受之。宣公卒，弟和立，是為穆公。穆公九年，病，召大司馬孔父謂曰：『先君宣公，舍太子與夷而立我，我不敢忘。我死，必立與夷也。』孔父曰：『羣臣皆願立公子馮。』穆公曰：『毋立馮。吾不可以負宣公。』於是穆公使馮出居于鄭。八月庚辰，穆公卒，兄宣公子與夷立，是為殤公。君子聞之，曰：『宋宣公可謂知人矣。立其弟以成義，然卒，其子復享之。』

楚國　**《左傳·文公元年》**　初，楚子將以商臣為大子，訪諸令尹子上。子上曰：『君之齒未也，注：齒，年也。言尚少。而又多愛，黜乃亂也。楚國之舉，恒在少者。』注：舉，立也。

又　《昭公十三年》　初，共王無冢適，有寵子五人，無適立焉，乃大有事于羣望而祈曰：『請神擇于五人者，使主社稷。』乃徧以璧見於羣望，曰：『當璧而拜者，神所立也。誰敢違之？』既，乃與巴姬密埋璧於大室之庭，使五人齊而長入拜。康王跨之，靈王肘加焉，子干、子皙皆遠之，平王弱，抱而入，再拜，皆厭紐。【略】（叔向）對曰：『羋姓有亂，必季實立，楚之常也。』

又《昭公二十六年》　子西怒曰：【略】『王有適嗣，不可亂也！』

又《哀公六年》　子閭退曰：【略】『立君之子，亦順也。』

晉國　《左傳·文公六年》　八月乙亥，晉襄公卒。靈公少，晉人以難故，欲立長君。注：立少君，恐有難。趙孟曰：『立公子雍。注：趙孟，趙盾也。公子雍，文公子、襄公庶弟，杜祁之子。好善而長，先君愛之，且近於秦。秦，舊好也。置善則固，事長則順，立愛則孝，結舊則安。為難故，故欲立長君。有此四德者，難必抒矣。』賈季曰：『不如立公子樂。注：樂，文公子。辰嬴嬖於二君，注：辰嬴，懷嬴也。二君，懷公、文公也。立其子，民必安之。』趙孟曰：『辰嬴賤，班在九人。注：班，位也。其子何震之有？注：震，威也。且為二嬖，淫也。為先君子，不能求大，而出在小國，辟也。母淫子辟無威，陳小而遠無援，將何安焉？杜祁以君故，讓偪姞而上之；注：杜祁，杜伯之後，祁姓也。偪姞，姞姓之女，生襄公為世子，故杜祁讓使在己上。以狄故，讓季隗而己次之，故班在四。注：以季隗是文公託狄時妻，故復讓之，然則杜祁本班在二。先君是以愛其子而仕諸秦，為亞卿焉。注：亞，次也。言其賢，故位尊。秦大而近，足以為援；母義子愛，足以威民。立之，不亦可乎！』使先蔑、士會如秦，逆公子雍。賈季亦使召公子樂于陳，趙孟使殺諸郫。

又《文公七年》　（夏）秦康公送公子雍于晉，曰：『文公之入也無衛，故有呂、郤之難。』乃多與之徒衛。穆嬴日抱大子，以啼于朝，曰：『先君何罪？其嗣亦何罪？舍適嗣不立而外求君，將焉寘此？』注：穆嬴，襄公夫人、靈公母也。出朝，則抱以適趙氏，頓首於宣子曰：『先君奉此子也而屬諸子，曰：「此子也才，吾受子之賜；不才，吾唯子之怨。」注：欲使宣子教訓之。今君雖終，言猶在耳。而棄之，若何？』宣子與諸大夫皆患穆嬴，且畏偪，注：畏國人以大義來偪己。乃背先蔑而立靈公，以禦秦師。

衛國　《左傳·昭公七年》　衛襄公夫人姜氏無子，注：姜氏，宣姜。嬖人婤姶生孟縶。孔成子夢康叔謂己：『立元。注：成子，衛卿，孔達之孫烝鉏也。元，孟縶弟。夢時元未生。《正義》：知者，《傳》曰婤姶生孟縶，即云成子夢；若已生訖，當云婤姶生孟縶及元。此云孔成子夢，且說夢已，下乃云晉韓宣子聘歲生元，明未生也。余使羈之孫圉與史苟相之。』注：羈，烝鉏子。苟，史朝子。史朝亦夢康叔謂己：『余將命而子苟與孔烝鉏之曾孫圉相元。』史朝見成子，告之夢，夢協。注：協，合也。晉韓宣子為政聘于諸侯之歲，注：在二年。婤姶生子，名之曰元。孟縶之足，不良能行。注：跛也。孔成子以《周易》筮之，曰『元尚亨衛國，主其社稷。』遇《屯》䷂。注：《震》下《坎》上，《屯》。又曰『余尚立縶，尚克嘉之。』遇《屯》䷂之《比》䷇。注：《坤》下《坎》上，《比》。《屯·初九》爻變。《正義》：所以上《屯》無變者，皆遇少爻故也。以示史朝。史朝曰：『「元亨」，又何疑焉？』注：《周易》曰：『《屯》，元亨。』成子曰：『非長之謂乎？』注：言《屯》之『元亨』謂年長，非謂名元。對曰：『康叔名之，可謂長矣。注：善之長也。孟非人也，將不列於宗，不可謂長。注：足跛，非全人，不可列為宗主。且其繇曰「利建侯。」注：繇，卦辭。嗣吉，何建？建非嗣也。注：嗣子有常位，故無所卜，又無所建。今以位不定，卜嗣得吉，則當從吉而建之也。二卦皆云，注：謂再得《屯》卦，皆有『建侯』之文。《正義》：謂前卜元之二卦，非謂後卜縶之卦也。子其建之！康叔命之，二卦告之，筮襲於夢，武王所用也。弗從何為？注：《外傳》云：《大誓》曰：朕夢協朕卜，襲於休祥，戎商必克。此武王辭。《正義》：《外傳》云者，《國語》引《大誓》也。《古文尚書·大誓》具有此文。此《傳》之意，取《大誓》也。杜不見古文，故引《外傳》解之。弱足者居。注：跛則偏弱，居其家，不能行。侯主社稷，臨祭祀，奉民人，事鬼神，從會朝，又焉得居？各以所利，不亦可乎！』注：孟跛利居，元吉利建。故孔成子立靈公。

齊國　《左傳·哀公五年》　齊燕姬生子，不成而死。晉杜預注：燕姬，景公夫人。不成，未冠也。諸子鬻姒之子荼嬖，注：諸子，庶公子也。鬻姒，景公妾。荼，安孺子。諸大夫恐其為大子也，言於公曰：『君之齒長矣，未有大子，若之何？』公曰：『二三子間於憂虞，則有疾疢，亦姑謀樂，何憂於無君？』注：景公意欲立荼而未發，故以此言塞大夫。《正義》：公謂羣臣云：若閒暇於憂虞，謂國無憂虞事，得閒暇則恐有疾疢，不得歡樂。今既無憂虞，又無疾疢，亦且謀樂，何憂乎無君！公疾，使國惠子、高昭子立荼，寘羣公子於萊。注：萊，齊東鄙邑。秋，齊景公卒。冬十月，公子嘉、公子駒、公子黔奔衛。公子鉏、公子陽生來奔。萊人歌之曰：『景公死乎不與埋，三軍之事乎不與謀。師乎師乎，何黨之乎！』注：師，衆也。黨，所也。之，往也。稱謚，蓋葬後而為此歌，哀羣公子失所。

《晏子春秋》卷一《内篇·諫上》 淳于人納女於景公，生孺子荼，景公愛之。諸臣謀欲廢公子陽生而立荼，公以告晏子。晏子曰：『不可。夫以賤匹貴，國之害也；置大立少，亂之本也。夫陽生而長，國人戴之，君其勿易。夫服位有等，故賤不陵貴；立子有禮，故孽不亂宗。願君教荼以禮而勿陷於邪，導之以義而勿湛於利。長少行其道，宗孽得其倫。夫陽生敢毋使荼饜？肉之味玩金石之聲而有患乎？廢長立少，不可以教下；尊孽卑宗，不可以利所愛。長少無等，宗孽無別，是設賊樹姦之本也。君其圖之！古之明君，非不知繁樂也，以為樂淫則哀；非不知立愛也，以為義失則憂。是故制樂以節，立子以道。若夫恃讒諛以事君者，不足以責信。今君用讒人之謀，聽亂夫之言也，廢長立少，臣恐後人之有因君之過以資其邪，廢少而立長，以成其利者。君其圖之！』公不聽。景公沒，田氏殺君荼，立陽生，殺陽生，立簡公，殺簡公而取齊國。

邾國 **《左傳·文公十四年》**（秋七月）晉趙盾以諸侯之師八百乘，納捷菑于邾。注：八百乘，六萬人。言力有餘。邾人辭曰：『齊出貜且長。』注：貜且，定公。宣子曰：『辭順而弗從，不祥。』乃還。注：立適以長，故曰辭順。

《公羊傳·文公十四年》 晉人納接菑于邾婁，弗克納。《傳》：納者何？入辭也。其言弗克納何？大其弗克納也。何大乎其弗克納？晉郤缺帥師，革車八百乘，以納接菑于邾婁，力沛若有餘而納之。邾婁人言曰：『接菑，晉出也。貜且，齊出也。《解詁》：出，外孫也。子以其指，《解詁》：指，手指。則接菑也四，貜且也六。《解詁》：言俱不得天之正性。唐徐彥疏：地四，生金于西方；地六，成水于北方，皆非天數也。言此者，喻皆庶子矣，貴則皆貴矣。子以大國壓之，《解詁》：壓，服也。服邾婁使從命。則未知齊、晉孰有之也。《解詁》：設齊復興兵來納貜且，亦欲服邾婁使從命，未知齊、晉誰能使外孫有邾婁者。貴則皆貴矣。《解詁》：時邾婁再娶，二子母尊同體敵。疏：蓋皆是右媵之子或是左媵之子，言非姪娣所生也。舊云：子以其指者，言凡立子之法，以其手指相似，則接菑猶人之四指，貜且猶人之六指，皆異於人，故曰俱不得天之正性也。雖然，貜且也長。』《解詁》：既兩不得正性，又皆貴，唯當以年長，故立之。疏：雖皆不得正性，但四不如六，故長者宜立矣。郤缺曰：『非吾力不能納也，義實不爾克也。』《解詁》：如邾婁人言，義不可奪也，故云爾。引師而去之。故君子大其弗克納也。《解詁》：大其不以己非，奪人之是。

《穀梁傳·文公十四年》 晉人納捷菑于邾，弗克納。《傳》：是郤克也，其曰『人』何也？微之也。何為微之也？長轂五百乘，緜地千里，過宋、鄭、滕、薛，敻入千乘之國，欲變人之主，晉范寧《集解》：敻猶遠也。變人之主，謂時邾已立貜且，邾小國，而言千乘者，大郤克之事。至城下，然後知，何知之晚也，弗克納。未伐而曰弗克，何也？弗克其義也。《集解》：非力不足，義不可勝。捷菑，晉出也；貜且，齊出也。《集解》：姊妹之子曰出。貜且，正也；捷菑，不正也。《集解》：正，適。

越國 **《史記》卷四一《越王勾踐世家》** 勾踐卒，子王鼫與立。王鼫與卒，子王不壽立。王不壽卒，子王翁立。王翁卒，子王翳立。王翳卒，子王之侯立。王之侯卒，子王無彊立。

秦國 **《公羊傳·昭公五年》** 秦伯卒。《傳》：何以不名？秦者，夷也，匿嫡之名也。《解詁》：嫡子生，不以名令於四竟，擇勇猛者而立之。其名何？嫡得之也。

漢·劉向《説苑》卷一四《至公》 秦始皇帝既吞天下，乃召羣臣而議曰：『古者五帝禪賢，三王世繼，孰是將為之？』博士七十人未對，鮑白令之對曰：『天下官，則讓賢是也；天下家，則世繼是也。故五帝以天下為官，三王以天下為家。』秦始皇帝仰天而歎曰：『吾德出于五帝。吾將官天下，誰可使代我後者？』鮑白令之對曰：『陛下行桀紂之道，欲為五帝之禪，非陛下所能行也。』

論　説

《孟子·萬章上》 孔子曰：『唐、虞禪，夏后、殷、周繼，其義一也。』宋孫奭疏：孔子曰：唐、虞二帝禪讓其位，夏禹、殷湯、周武繼父之位，其義則一，更無二也。謂其義則一而無二者，蓋唐與賢，夏后、殷周與子，天與賢則與賢，天與子則與子，其為順天，則一而已，故曰其義則一也。云禪者，蓋唐、虞禪祭而告傳位，故曰禪也。

《慎子·德立》 立天子不使諸侯疑，立諸侯不使大夫疑，立正妻不使孽妻疑，立嫡子不使庶孽疑。疑則動兩，動兩則爭，雜則相傷害，在有與不在獨也。故臣有兩位者，國必亂。臣兩位國不亂者，君在也，恃君不亂矣，失君則亂。子有兩位者，家必亂，子兩位而家不亂者，父在也，恃父不亂矣，失父則亂。臣疑君而無不危國，孽疑宗而無不危家。

漢·董仲舒《春秋繁露》卷七《三代改制質文》 主天法商而王，其道佚陽，親親而多仁樸，故立嗣予子，篤母弟，妾以子貴。【略】主地法夏而王，其道進陰，尊尊而多義節，故立嗣與孫，篤世子，妾不以子稱貴號。

《史記》卷五八《梁孝王世家》 太后謂帝曰：『吾聞殷道親親，周道尊尊，其義一也。唐司馬貞《索隱》：殷人尚質，親親，謂親其弟而授之。周人尚文，尊尊，謂尊祖之正體，故立其子，尊其祖也。安車大駕，用梁孝王為寄。』景帝跪席，舉身曰：『諾。』罷酒出，帝召袁盎諸大臣通經術者曰：『太后言如是，何謂也？』皆對曰：『太后意欲立梁王為帝太子。』帝問其狀，袁盎等曰：『殷道親親者，立弟。周道尊尊者，立子。殷道質，質者法天，親其所親，故立弟。周道文，文者法地，尊者敬也，敬其本始，故立長子。周道，太子死，立適孫。殷道，太子死，立其弟。』帝曰：『於公何如？』皆對曰：『方今漢家法周，周道不得立弟，當立子。故《春秋》所以非宋宣公。宋宣公死，不立子而與弟；弟受國，死復反之，與兄之子。弟之子爭之，以為我當代父後，即刺殺兄子，以故國亂，禍不絕。故《春秋》曰：「君子大居正。宋之禍，宣公為之。」』

《漢書》卷七七《蓋寬饒傳》 又引《韓氏易傳》言：五帝官天下，三王家天下。家以傳子，官以傳賢。若四時之運，功成者去。不得其人，則不居其位。

漢·班固《白虎通義》卷四《五行》 子不肯禪，何法？法四時火不興土而興金也。父死子繼，何法？法木終火王也。兄死弟及何法？法夏之承春也。

又 卷四《封公侯》 何以言諸侯繼世？以立諸侯象賢也。大夫不世位何？股肱之臣，任事者也。為其專權擅勢，傾覆國家。又曰：孫首也庸，不任輔政，妨塞賢路，故不世位。故《春秋公羊傳》曰：『譏世卿。世卿非禮也。』諸侯世位，大夫不世，安法？以諸侯南面之君，體陽而行，陽道不絕。大夫人臣北面，體陰而行，陰道有絕。以男生內嚮，有留家之義；女生外嚮，有從夫之義。此陽不絕、陰有絕之効也。

始封諸侯無子死，不得與兄弟何？古者象賢也，弟非賢者子孫。《春秋傳》曰『善善及子孫』，不言及昆弟。昆弟尊同，無相承養之義。昆弟不相繼，至繼體諸侯，無子得及親屬者，以其俱賢者子孫也。繼世諸侯無子，又無弟，但有諸父庶兄，當誰與？與庶兄，推親之序也。以僖公得繼閔公也。

誅君之子不立者，義無所繼也。諸侯世位，象賢也。今親被誅絕也。《春秋傳》曰：『誅君之子不立。』君見弒，其子得立何？所以尊君，防篡弒也。《春秋經》曰『齊無知殺其君』，貴妾子公子糾當立也。

又 卷一《爵》 王者既殯，而即繼體之位何？緣民臣之心不可一日無君也，故先君不可得見，則後君繼體矣。故《尚書》曰『王再拜興對』，『乃受銅瑁』，明為繼體君也。緣始終之義，一年不可有二君。故《尚書》曰：『王釋冕喪服。』吉冕服受銅，稱王以接諸侯，明已繼體為君也。

漢·鄭玄《箴膏肓》 何休曰：《春秋》之義，三代異建，適媵別貴賤，有姪娣以廣親疏。立適以長不以賢，立子以貴不以長。王后無適，明尊之敬之義，無所卜筮。不以賢者，人狀難別，嫌有所私，故絕其怨望，防其覬覦。今如《左氏》言，云『年鈞以德，德鈞以卜』，君之所賢，人必從之，豈復有卜？隱、桓之禍，皆由是興。乃曰古制，不亦謬哉？又大夫不世而并為公卿，通繼嗣之禮。《左氏》為短。箴曰：立嫡固以長矣，無嫡而立子，固以貴矣。今言無嫡則擇立長，謂貴鈞，如立長，王不得立愛之法。年均，則會羣臣、羣吏、萬民而詢之，有司以敘進，而問大衆之口，非君所能掩，是王不得立愛之法也。《禮》有詢立君，示義在此。短之言謬，失《春秋》與《禮》之義矣。公卿之世立者，有功德，先王之命，有所不犯。

晉·袁宏《後漢紀》卷一二《孝章皇帝紀下》 袁宏曰：堯、舜之傳賢，夏禹、殷湯授其子，此趣之不同者也。夏后氏賞而不罰，殷人罰而不賞，周人兼而用之。此德、刑之不同也。殷人親盡則婚，周人百世不通。此婚姻之不同也。立子以長，三代之典也。文王廢伯邑考而立武王，廢立之不同者也。君親無將，將而必誅，周之制也。春秋殺君之賊，一會諸侯，遂得列於天下。此褒貶之不同也。彼數聖者，受之哲王也。然而會通異議，質、文不同，其故何耶？所遇之時異。夫奕者之思，盡於一局者也。聖人之明，周於天下者也。苟一局之勢，未嘗盡同，則天下之事，豈必相襲哉？

北魏·崔鴻《十六國春秋》卷八九《南凉録一·秃髮利鹿孤》 梁明曰：『宋宣能以國讓，《春秋》美之。孫伯符委事仲謀，終開有吴之業。且兄終弟及，此殷湯之制也，亦聖人之格言，萬世之通式。何必胤己爲是，紹兄爲非！』業曰：『美哉！使乎之義也。』

唐·吴兢《貞觀政要》卷七《禮樂》 （魏）徵又曰：殷人尚質，有兄終弟及之義。自周已降，立嫡必長，所以絶庶孽之窺窬，塞禍亂之源本。為國家者，所宜深慎。

唐·劉知幾《史通》卷一三《疑古》 《汲冢書》云：舜放堯於平陽，益為啓所誅。又曰：太甲殺伊尹，文王殺季歷。凡此數事，語異正經。其書近出，世人多不之信也。按舜之放堯，文之殺季，無事別説，足驗其情，已於此篇前後言之詳矣。夫惟益與伊尹受戮，並於正書猶無其證。權而論之，如啓之誅益，仍可覈也。何者？舜廢堯而立丹朱，禹黜舜而立商均。益手握機權，勢同舜禹，而欲因循故事，坐膺天禄，其事不成，自貽伊咎。觀夫近古篡奪，桓獨不全，馬仍反正。若啓之誅益，亦猶晉之殺元乎？若舜、禹相代，事業皆成，雖益覆車伏辜，夏后亦猶桓効曹馬，而獨致元興之禍者乎？

唐·陸淳《春秋集傳辨疑》卷一《宋公和卒》 《左氏》曰：『宋宣公可謂知人矣。立穆公，其子饗之，命以義夫！』啖子曰：若宣公本知穆公反讓其子，且讓以求名，乃是許也。何足美乎？

唐·韓愈《昌黎文集》卷一一《對禹問》 或問曰：堯、舜傳諸賢，禹傳諸子，信乎？曰：然。然則禹之賢不及于堯與舜也歟？曰：不然。堯、舜之傳賢也，欲天下之得其所也；禹之傳子也，憂後世爭之之亂也。堯、舜之利民也大，禹之慮民也深。

曰：然則堯、舜何以不憂後世？曰：舜如堯，堯傳之；禹如舜，舜傳之。得其人而傳之，堯、舜也。無其人而不傳，慮其患而不得如己者，禹也。舜不能以傳禹，堯為不知人；禹不能以傳子，舜為不知人。堯以傳舜，為憂後世。禹以傳子，為慮後世。

曰：禹之慮民也則深矣，傳之子而當不淑，則奈何？曰：時益以難理，傳之人則爭，未前定也。傳之子則不争，前定也。前定雖不當賢，猶可以守法；不前定而不遇賢，則爭且亂。天之生大聖也不數，其生大惡也亦不數。傳諸人得大聖，然後人莫敢爭；傳諸子得大惡，然後人受其亂。禹之後四百年，然後得桀，亦四百年，然後得湯與伊尹。湯與伊尹，不可待而傳也。與其傳不得聖人而爭且亂，孰若傳之子？雖不得賢，猶可守法。

曰：孟子之所謂天與賢則與賢，天與子則與子者，何也？曰：孟子之心，以為聖人不苟私于其子，以害天下。求其説而不得，從而為之辭。

宋·姚鉉《唐文粹》卷四五《陳黯〈禹誥〉》 禹賢益，以天下授益；采其謳歌之所歸，卒讓於啓，故啓不由父授而《書》無典訓。黯追其首，作《禹誥》：

嗚呼！惟位於君，惟父於民。禪授無疏親，親惟其人。德之肖，仇敵可。道之違，昵愛不可苟。昔堯、舜傳人，今吾傳家，孰不知其私耶？所以然者，天、人之意然也。汝其念之！陶者，土之器也，持之得其人則完，不則毁。位者，國之器也，持之得其人則治，不則亂。吾得之惟艱，汝繼之無忘其難。苟汝後之不克肖，宜復於堯、舜之道，歸於有德。勿以吾傳之，為世有之。嗚呼！不賢而毁其器，俾後源私而罪吾也。汝其念之！

宋·王欽若等《册府元龜》卷九《帝王部·繼統第一》 《易》曰：大人以繼明，照于四方。孟軻亦云：君子創業垂統，為可繼也。仲尼删《詩》定《書》，斷自唐虞以下，故軒轅之前無所論次。然學者多稱少昊乃黄帝之子，逮乎堯舜，皆其裔也，則知黄帝之澤及後世。淵源深遠。然自帝嚳已往，五材迭勝，事畢纂緒，此固不論。及夏后氏之興，櫛風沐雨，乘四載，拯橫流，鳥獸咸若，烝民粒食，功無間然；子啓賢明，用克永世。商有祝網之仁，誅暴之義，元元欣戴，亦惟舊矣。雖太甲之顛仆典刑，而流風善政，浸于遺俗，有賢臣援而正之，終能篤紹基緒。姬周之興，瓜瓞成頌。炎漢之慶，大横叶兆。自爾明聖代興，光昭前烈，七世之廟固可以觀德者矣。

又　卷一八八《閏位部·紹位》　夫《易》著繼明之義，《傳》有世及之文，皆所以紹祖考而保成基也。其或叔世艱虞，庶邦離析，或專制？內，或奄據一隅。端委纂戎，傳世承祀，或正位儲副，用禮而陞；或入繼大宗，以恩而立；或克平多難，嗣守家邦；或始因顧託，潛圖篡奪。何嘗不舞蹈道者逢吉，長惡者終凶。斯以見天無常親，民無常心，鬼神饗於有德，億兆歸於至仁者矣。

又　卷二三六《列國君部·嗣襲》　昔三五之際，封建列國而年祀茫昧，墳典殘缺，故其世系嗣襲，不可得而詳也。降及姬周，史官謹職，諸侯晉楚皆有記籍，故孔子約魯史而脩《春秋》，丘明爲之《傳》，司馬遷又祖述其事，列之以《世家》，故其苗裔之嗣續，子弟之繼及，皆可得而徵矣。至於以德以長之制，年鈞義鈞之説，或越次而承世嫡，或自外而紹大宗，或勸讓以興邦，或承亂而纘緒。自吳太伯而下，以訖於六國，咸有條而不紊云。

宋·張方平《樂全集》卷一七《君子大居正論》　宋宣公捨太子與夷，立弟穆公。穆公疾，使其子馮出居於鄭，召大司馬孔父而屬殤公焉。殤公與夷即位十年，十一戰，民不堪命，華督因民怨而弒之，國大亂。公子馮立，是為莊公，息兵安民，國以治。《公羊傳》曰：「君子大居正。宋之禍，宣公為之。」噫！宋之禍，穆則為之。公羊子之譏宣，過哉！大國之大事，莫大於繼統。宣公捨其子而立穆公，蓋念宗廟之重而慎付託之意也，非疏其子而私其弟，弟才子不才也。穆公不原宣公之意，而效區區之讓，使與夷逞志於國而致大亂。是宋之禍，穆實為之，宣無譏焉，可也。

或曰：《春秋》之義，貴義而不貴惠，伸道而不伸邪。故魯隱之讓桓，君子以為不正，可謂輕千乘之國，蹈道則未也。此宋宣公所以為譏也。曰：是不同義。夫宋為商後，立弟為常。昔者微子捨其孫腯而立衍，君子以為行古之道也。周法，子死，適孫為後。微子立衍，自行商道，故《記》者正之。則是宣公於慮也深，於禮也順義，不可以隱、桓比。

曰：舜肖堯，堯授之；禹肖舜，舜授之；禹不得其肖己者，故傳之子，而以止天下之爭且亂。是舜不能以傳禹，堯失所授也；禹不能以與子，舜非知人也。此其授受，不失其宜，故二帝一王，稱聰明之德。宣公以穆公為賢，使主社稷，而穆反為禍階，則如宣之失，於所付何？曰：是不同義。夫堯、舜舉於外，宣、穆取於內。舉於外也廣，故必求肖己者；取於內也惟親，故足繼世而已耳。穆賢於殤，舍殤而授穆，可也；殤不賢於莊，捨莊而授殤，不可也。故愚曰：宋之禍，穆實為之。公羊子之譏宣，過矣。以國之大事，莫大於繼統，故詳言其大義云。謹論。

宋·釋契嵩《鐔津集》卷一八《非韓中·第九》　韓子為《對禹問》，謂禹雖以天下傳之子，而其賢非不及乎堯、舜傳賢之賢也。予少時著《評讓》，初亦取韓子所謂禹傳子之説。其後審思之，即考《虞》《夏》之《書》，竟不復見禹傳賢、傳子之説，唯《孟子》曰：禹薦益於天。七年，禹崩。三年之喪畢，益避禹之子於箕山之陰。朝覲、獄訟者不之益而之啓，曰「吾君之子也」。謳謌者不謳謌益而謳謌啓，曰「吾君之子也」。及證之《史·夏本紀》，太史公亦謂禹以天下授益，益讓啓，天下遂奉啓以為君。此始明禹未嘗自以其天下與之子也。荀卿、揚雄雖皆言傳授之事，亦未始稱禹自與其子之天下也。因怪韓子疏謬，不討詳經史，輒為此言。

假謂韓子苟取百家雜説，謂禹與子天下，其賢不減於堯、舜也，又與《禮運》之言不類。《禮運》謂「大道之行，天下為公」者，以其時為大同；謂「大道既隱，天下為家」者，以其時為小康。而鄭氏解曰：天下為公者，禪讓之謂也；天下為家者，謂傳位於子也。夫禪讓既為大同，而家傳之時乃為小康，而禹苟果以天下與之子，其為賢也，安得不肖於堯、舜耶？韓子雖欲賢禹而反更致禹之不賢。然韓子揣堯、舜、禹所以傳授，而乃為其言曰：「堯、舜之傳賢也，欲天下之得所也；禹之傳子也，憂天下爭之之亂也。」又曰：「堯以傳舜，為憂後世；禹以傳子，為慮後世。」何其文字散漫，不曉分而如此也！然得所即不爭，爭即不得所也。憂猶慮也，慮猶憂也，其為義訓，亦何以異乎？

大凡爭鬬，其必起於私與不平也。既謂禹欲使後世不爭，乃當不與其子，於事理為得也。既與之子，安得制其不爭之亂耶？禹之後，及其子孫方二世，而羿遂奪其天下而有之，與寒浞輩紊絶夏政幾二百年。少康立，乃稍復夏政，繼禹之道也。所謂不爭，安在耶？夫禹，聖人也，豈聖人而不識其起爭之由耶？韓子雖苟為此説，而不累及夫禹乎？《語》曰：巍巍舜、禹之有天下也，而不與焉。孔氏之注迂，疏固不足發明乎聖人之意。此乃謂舜、禹雖有天下，不我私而有之，皆謂常有所讓也。不幸禹之禪讓，其事不果，遂乃與其子，相承而有天下。孔子以其世數，姑列禹於三代之端。故《禮運》曰：禹、湯、文、武、成王、周公，由此其選也。然而堯、舜、禹，其則未始異也。

夫天下者，天下之天下也。與賢、與子，而聖人豈苟專之而為計乎？苟當其時，天下之人欲以天下與之賢，而堯、舜雖欲傳子，不可得也。當其時，天下之人欲以天下與之子，禹雖欲傳賢，亦不可得也。故時當與賢，則聖人必與之賢；時當與子，則聖人不能不與之子。聖人之傳天下也，正謂順乎時數、人事而已矣。豈謂憂之、慮之，為後世强計而與其天下異也？堯謂舜曰：『天之曆數在爾躬。』舜亦以此命禹。《禮》曰：堯授舜，舜授禹，湯放桀，武王伐紂，時也。是故《易》曰：『天下隨時之義，大矣哉！』韓子之説無稽，何嘗稍得舜、禹傳授之意歟？惡乎謬哉！

宋・楊時《二程粹言》卷上《論道篇》 子曰：五帝公天下，故與賢；三王家天下，故與子。論善之盡，則公而與賢，不易之道也。然賢人難得，而爭奪興焉，故與子以定萬世，是亦至公之法也。

宋・蘇轍《古史》卷三《夏本紀》 蘇子曰：聖人之於天下，苟可以安民，不求為異也。堯、舜傳之賢而禹傳之子，後世以為禹無聖人而傳之，而後授之其子孫。此以好異期聖人也。昔者湯有伊尹，武王有周公，而周公又武王之弟也。湯之太甲，武之成王，皆可以為天下。而湯不以予其臣，武王不以予其弟，誠以為其子之才，不至於亂天下者，無事乎授之它人而以為異也，而天下何獨疑禹哉？今夫人之愛其子，是天下之通義也。有得焉而以予其子孫，又情之所皆然也。聖人以是為不可易，故因而聽之，使之父子相繼而無相亂。以至於堯，堯舉天下而授之舜，舜得堯之天下而又授之禹，舉天下而授之人，此聖人之所以大過人，而天下後世之所不能也。天下後世之所不能，而聖人獨為之，豈以為異哉？天下之人不能皆賢，而有異人焉。為異而震之，則天下皆將喜其名而失其真。故夫堯、舜之傳賢者，是不得已而然也。使堯之丹朱，舜之商均，僅可以守天下，而堯肯傳之舜，舜肯傳之禹以為異，而疑天下哉？然則禹之不以天下授益，非以益為不足授也。使天下復有禹，予知禹之不以天下授之矣。何者？啓足為天下故也。啓為天下而益為之佐，是益不失為伊尹、周公，其功猶可以及天下也。聖人之不喜異也如此。

宋・陳祥道《禮書》卷六二《辨嫡上》 古者父死，立適子；適子死，立適孫。上以後先祖，下以收族人，謂之大宗。大宗不可以絶，故無子，則族人以支子後之。凡以尊正統而重適嗣也。

《春秋左氏傳》曰：『太子有母弟，則立之，無則立長。年鈞擇賢，義鈞則卜。』又曰：『王后無嫡，則擇立長，年鈞以德，德鈞以卜。』以謂太子死而無後，則立嫡子之母弟，以其猶出於嫡室也。無母弟則立庶長，以其不得已而立妾子之長也。立妾子之長，則無間於貴賤。

《公羊》曰：『立適以長不以賢，立子以貴不以長。桓何以貴？母貴也。』何休曰：『禮，嫡夫人無子，立右媵子；右媵無子，立左媵子；左媵無子，立嫡姪娣子；嫡姪娣無子，立右媵姪娣子；右媵姪娣無子，立左媵姪娣子。』不識何據云然耶？夫嫡室，所以配君子奉祭祀者也。媵與姪娣，所以從嫡室、廣繼嗣者也。故《内則》以冢子母弟為嫡子，《書》以母弟與王父同其重，則太子死而無後，立太子之母弟，可也。均妾庶也，而立其母之貴者，可乎？《左氏》曰：『非嫡嗣，何必娣之子！』又曰：『王不立愛，公卿無私。』蓋言此也。

禮言為後者四：有正體而不傳重，嫡子有罪疾是也；有傳重而非正體，庶孫為後是也；有體而不正，庶子為後是也；有正而不體，嫡孫為後是也。然傳至嫡孫，嫡孫無後，則必立嫡孫之弟，猶太子之母弟也。禮謂族人以支子後之，蓋自其無弟者言之也。今令文：諸王公、侯、伯、子、男皆子孫承嫡者傳襲。若無嫡子，及有罪疾，立嫡孫。無嫡孫，以次立嫡子同母弟。無母弟，立庶子。無庶子，立嫡孫同母弟。無母弟，立庶孫曾孫。以下准此。若然，是無嫡孫，則舍嫡孫母弟而上取嫡子之兄弟；無嫡曾孫，則舍嫡曾孫母弟而上取嫡孫之兄弟。嫡子之子宜立而不立，嫡子之兄弟不宜立而立之，是絶正統而厚旁支矣，與《禮》大宗不可絶云不亦異乎？

又《辨嫡下》 木之正出為本，旁出為枝。子之正出為嫡，旁出為庶。故伐枝不足以傷木，伐其本則木斃矣。廢庶不足以傷宗，廢其嫡則宗絶矣。本固而枝必茂，嫡立而庶必寧，此天地自然之理也。先王知其然，於是貴嫡而賤庶，使名分正而不亂，爭奪息而不作。故子生，則冢子接以太牢，庶子少牢。冢子未食而見，庶子已食而見。冠則嫡子於阼階，庶子於房外。死則嫡子斬，庶子期。其禮之重輕隆殺如此，豈有他哉？以其傳重與不傳重故也。《禮》曰：庶子不祭祖，明其宗也。又曰：庶子不祭禰，明其宗也。《史》曰：父不祭於支庶之宅，君不祭於臣僕之家。此嫡庶之分，不可不辨也。

昔公儀仲子舍孫立子，而檀弓弔以免。司寇惠子舍嫡立庶，而子游弔以麻衰，皆重其服以譏之，欲其辨嫡庶之分而已。春秋之時，宋宣公舍子與夷，立弟穆公；穆公又舍子馮，立與夷，而與夷卒於見殺。莒紀公黜太子僕，愛季佗，而卒於召禍。晉獻公殺世子申生，立奚齊，而卒以亂晉。齊靈公廢太子光，立公子牙，而卒以亂齊。蓋嫡一而已，立之足以尊正統而一人之情。庶則衆矣，立之則亂正統而啓覬覦之心。宋、莒、齊、晉之君不察乎此，每每趨禍，良可悼也。

或曰：《易》言『大君有命，開國承家。』《禮》言『予以駁其幸。』則人君之於臣，其所以立者，無嫡庶之間耳。然考之於古，魯武公以括與戲見宣王，宣王立戲，仲山甫曰：『天子立諸侯而建其少，是教逆也。』王卒立之。其後魯人殺懿公而立括，則魯之禍，宣王為之也。古之所謂開國承家者，猶之别子為祖也。為祖而不為宗，則其所立者，非為傳襲其先也。果使之傳襲其先而不以嫡長，則宣王已事之驗，可不鑒哉？

宋・林之奇《尚書全解》卷一五《伊訓》 《序》云『成湯既沒，太甲元年』者，非謂湯之崩在太甲元年，蓋伊尹稱湯以訓太甲，故孔子序《書》，亦以湯為首。殷道親親，兄死弟及。若湯崩，舍外丙、仲壬而立太丁之子，則殷道非親親矣。以此知太史公之不妄也。審如蘇氏此言，則當從《孟子》所謂『外丙二年，仲壬四年』之言矣。而程氏又以謂湯崩，太子太丁未立而死，外丙方二歲，仲壬方四歲，故立太甲。則是以二年、四年為年齒之年，不以為即位之年數也。此與漢孔氏同，而某嘗竊謂當從蘇氏之說。蓋殷人之傳世，兄死則弟及。至於周，則父子相傳。公儀仲子之喪，檀弓免焉，仲子舍其孫而立其子。檀弓曰：『何居？我未之前聞也。』趨而就子服伯子於門右，曰：『仲子舍其孫而立其子，何也？』子服伯子曰：『仲子亦猶行古之道也。昔者文王舍伯邑考而立武王，微子舍其孫腯而立衍也。夫仲子，亦猶行古之道也。』子游問諸孔子，孔子曰：『否。立孫！』殷周之道，其不同也如此。微子舍其孫腯而立弟衍者，用殷禮也。外丙、仲壬，太丁之弟也。以殷禮言之，有外丙、仲壬，則不應舍之而立太甲也。故蘇氏之說為可信。

宋・葉夢得《春秋考》卷四《隱公》 天子、諸侯無適子，其立庶子，德鈞以年，年鈞以卜，古之道也。故《周官》大詢之禮三詢，立君居其一。未有不問賢否爲，但以衆妾之左右爲先後者。立嫡之不以長幼賢否，此防爲自賢者以庶奪嫡，非聖人之得已也。若均庶子。安得不先賢以聽國人之所與乎？

又 卷一五《襄公》 太子死，當立其嫡不以長；其無嫡，當立其長不以其貴。猛之立，嫡也，非貴也。使猛而非嫡，則朝可以奪矣。昭公之立，貴也，非長也。使昭公而長，則穆叔無以異矣。一以為古之制，一以為古之道，是猶先王之遺法者歟？楚平王卒，昭王雖太子而非嫡；子西，庶長也。故令尹子常欲立子西，而曰『太子弱，其母非嫡也。子西長而好善，立長則順，建善則治。』子西辭而止。夫無嫡而非庶長，雖昭王已立為太子，子常猶欲易之，況未立乎！是庶長之當先，雖楚蠻夷之國，猶知之也。

宋・葉夢得《春秋公羊傳讞》卷一《隱公》 禮所辨者適庶，而所謹者長少，立適以長不以賢是也。衆妾之子皆庶子，豈有妾而又以貴賤為别者哉？古者立庶，亦皆以長爾。何以知之？周景王太子、穆后之子壽卒，王猛，壽之弟也。子朝以庶長爭立，故告諸侯曰：王后無適則擇立長。魯襄公薨，無適，立胡女敬歸之子子野，以毁卒，季氏欲立敬歸之娣子裯，是為昭公。穆叔不欲，曰：『太子死，有母弟則立之，無則立長。』蓋太子之弟，亦適也。王猛雖幼而壽之母弟，是以子朝以庶長欲立，而《春秋》不與。使猛而非壽母弟，則子朝可立矣。昭公雖敬歸娣之子，而子野非適，故穆叔不欲使子野而適，則昭公可立矣。楚平王卒，昭王以庶子為太子，而子西，庶長也。子常欲立子西，曰：『太子弱，其母非適也。子西長且好善。立長則順，建善則治。』夫無適而有長，雖昭王已為太子，子常猶欲易之，况未立乎！則庶子未有不以長先者也。晉使趙盾納捷菑於邾。捷菑，晉出也。貜且，齊出也。《傳》載邾人之辭曰：『捷菑也四，貜且也六。』雖然，貴則皆貴也，貜且也長。趙盾弗克納而還。《春秋》與之。則是捷菑、貜且皆非正，而貜且以長得立。此經之明驗。《傳》豈不知之乎？蓋但見魯成風以後，皆致之為夫人，遂立『子以母貴，母以子貴』之論。何休因謂：禮，適夫人無子，則媵與姪娣更以左右為貴賤，以次立其子。且以妾子立，則母得為夫人。此皆於禮未之有聞，是亦《傳》誤以仲子為桓母，求其義不得而臆决之，以為桓幼而貴，隱長而賤，所以從而附會為之説也。

宋·王十朋《梅溪前集》卷一二《禹論》　堯、舜、禹，皆聖人也。惟其傳賢、傳子之不同，而後世不能無異論也。自孟子之前，人皆以為禹德衰，故不傳於賢而傳於子。萬章以是發問，孟子辯其不然，曰：『天與賢則與賢，天與子則與子。』然後學者以傳賢與子，一本於天，而無有以議禹也。至韓子作《禹對》，而其説又不然，曰：『堯、舜之傳賢也，欲天下之得所也；禹之傳子也，憂後世爭之之亂也。堯、舜之利民也大，禹之慮民也深。』且謂孟子『求其説而不得，又從而為之辭。』近世善議論者，莫如蘇子。蘇子之言曰：『今夫人之愛其子，是天下之通義也。有得焉，而思與其子孫，人情之所皆然也。堯、舜之傳賢，是不得已；而禹之傳子，蓋聖人之不喜異也。』自萬章之問至蘇子之辯，其説有四，然而聖人至公之心，卒未明焉。以為德衰而傳子者，是以迹論聖人，其説也，固陋矣。而孟子歸之於天，亦未免乎不通也。堯之傳舜，舜之傳禹，禹之傳子，其大計固已定於生前，不待身死之後，始聽天命、人心之自歸也。謂舜、禹避朱、均而益避啓者，其説蓋亦不經矣。韓子以為憂後世，蘇子以為不為異，韓子之言也近正，蘇子之言也近人情，然皆未得夫聖人之心者。蓋聖人以天下為公器，其視賢於子，一也。賢可傳而傳，不以傳賢為疏，而害天下之公器。子可傳而傳，不以傳子為私，而有慊於心也。昔吾夫子以大道而傳之學者，夫以人情論之，夫子豈不欲私其子哉？然而過庭之訓，止於《詩》、《禮》。陳亢始以異聞為問，卒以君子遠其子為喜。亢以私心量聖人，而其問與喜，皆不然也。夫子嘗謂才不才，亦各言其子者，人之情也。至於所欲傳道之心，視回與鯉，一也。『高』、『堅』之妙在回，而《詩》、《禮》之外，無以告鯉者，豈親門人而遠其子哉？使回如鯉，鯉如回，則《詩》、《禮》之訓在彼，而『高』、『堅』之妙在此矣。道與天下皆公器，所以傳道與天下者，不以賢與子而二其心，然後為大聖人。堯、舜、禹之傳天下，如吾夫子之傳道，堯、舜非遠其子，禹非親之也。民之所安，吾從而與之，不知傳賢之為遜天下，傳子之為世吾家，尚何不得已與懼夫為異也哉？若夫憂後世爭之之亂而以之傳子者，固可以為天下後世法矣。原其所以傳之之心，出於以天下為公，而視賢與子為一，無有不得已與懼夫為異之事，亦非有憂之慮之之心而委曲為之計也。愛其子而私有與之者，人之情。憂後世而為之計者，君子之法。不以親疏内外二其心者，聖人至公大同之道。知此三者之説，然後知堯、舜、禹之不二其心，而傳賢與子一也。

宋·呂祖謙《左氏傳續説》卷一《隱公·宋宣公可謂知人三年》　《左氏》載宋宣公、穆公之事，而曰『宋宣公可謂知人矣。立穆公，其子饗之，命以義夫！』而《公羊》又曰『宋之禍，宣公為之也。』此論皆未確。蓋宋是繼殷之後，殷禮或傳子，或傳弟。商之法度，自來如此。故宣公之於穆公，却不是讓。《禮記》曰：仲子舍其孫而立其子。伯子曰：『仲子亦猶行古之道也。昔微子舍其孫腯而立其衍。』以此觀之，宣公以其子之不賢，遂舍子而立弟，未為不是。穆公不傳諸子，而必歸於殤公，此所以兆亂也。故宋之禍在穆公，而不在宣公。

又　卷二《桓公》　辛伯諫曰：並后，匹嫡，兩政，耦國，亂之本也。十八年。

並后，如褒姒、申后之類。匹嫡，如齊僖公寵夷仲年之類。兩政，如狐突諫晉太子曰『外寵二政』是也。謂如政當由中書出，而今却自近習出之類。耦國，如鄭京城、晉曲沃之類。

宋·呂祖謙《左氏博議》卷五《辛伯諫周公黑肩》 萬乘之君犯之者，未必皆得禍。士君子之一言，雖千百載之後稍犯之，則其禍立至，何其嚴也！辛伯之諫周公，而謂『並后、匹嫡、兩政、耦國』，纔八字耳。總古今亂亡之樞而莫能移焉。漢高帝犯之，而有人彘之禍；唐高宗犯之，而有武氏之簒；晉獻公犯之，而有里克之釁；隋文帝犯之，而有張衡之逐；齊簡公犯之，而有田闞之亂；齊王芳犯之，而有曹、馬之爭；晉元帝犯之，而有武昌之叛；唐明皇犯之，而有范陽之變。小犯則小受禍，大犯則大受禍，影隨形，響隨聲，未有如是之速也。辛伯曷嘗有厭勝詛盟之術，而必其驗哉？亦因理而言耳。天下之甚可畏者，莫大於理。惟言出於理，故凛然列八字於千百載之上，非雷霆而震，非雪霜而嚴，非山嶽而峻，非江海而險，非師旅而威，非碪質而慘。尊之者王，畏之者霸，慢之者危，棄之者亡。上林夫人之席，由此而正也；漢袁盎。青蒲涕泣之諫，由此而發也；漢史丹。太傅獸睡之譏，由此而識也。司馬懿。尾大不掉之譬，由此而生也。申無宇曰。昭十一年。世儒之文詞愈多而理愈寡，蓋有書五車而無片言之中理者矣。辛伯之言如是之約，而古今有國之大戒咸在焉，非所謂文中之欹器歟？嗚呼！辛伯之言，眞有國者坐右銘也。為國者誠能朝覽夕思，奉以周旋，則未讀《詩》而已知上僭之譏，未讀《易》而已知洊震之象，未讀《書》而已知威福之權，未讀《禮》而已知畿甸之制，未讀《春秋》而已知一統之義，固可配『無逸』之屏而代『千秋之鑑』也。故吾以謂獻《丹扆》之《六箴》者，不如獻辛伯之八字。

又 卷一六《楚太子商臣弑成王》 子上諫楚成王之立商臣，既中楚成之非矣，而子上之所以諫者，亦未免於非也。既曰『君之齒未也，而又多愛，黜乃亂也。』又曰『楚國之舉，常在少者。』此二說者，實萬世禍亂之權輿。使楚成從其前之說，則國本不建，儲位久虛，得無起覬覦之姦乎？使楚成從其後之說，則嫡庶不明，長幼失序，得無開簒奪之萌乎？此二禍者，吾未知與熊蹯之變孰先孰後也。後世徒見子上料商臣之驗，遂信其言而納於禍。有以立嗣為諱如唐宣宗者，見《本紀》。實子上『齒未』之言誤之也。有以庶孽奪宗如隋文帝者，見《本紀》。實子上『舉少』之言誤之也。其餘以此隊命隕姓者，未易枚舉。

宋·呂祖謙《左氏傳說》卷四《僖公·楚國之舉常在少者元年》

楚子立商臣為太子，令尹子上曰：『楚國之舉，常在少者。』觀此，見蠻荆之與列國本不同。大抵列國之所以為列國，以其有三綱；蠻荆之所以為蠻荆，只緣無三綱。三綱者，君臣、父子、夫婦也。以楚甲兵之衆，土地之廣，固足以抗衡列國，至於傳國立嗣之際，則失其大倫，亂其大本，所以多有戕弑之禍，正緣無三綱，故如此。觀其上有天王而僭稱王號，則無君臣之綱矣。立嫡以長而常在少者，則無父子之綱矣。息嬀繩於蔡哀侯，而息遂見滅，以息嬀歸，則無夫婦之綱矣。三綱既絶，此《春秋》所以擯之而不齒也。大抵看書，其間有兩句可以見得一國之風俗者，最當深考。這一段只看令尹子上說楚國之舉，常在少者，便可見一國之風俗。學者不可不察。

宋·胡宏《五峰集》卷四《皇王大紀論·傳禪經權》 堯舜與賢，三王與嫡，二帝三王同道，惟所遇之時不同也。堯舜之時，中夏方開闢，制度草創，自非以聖繼聖，則不能成功，以貽萬世。使丹朱足為中材之君，猶不與也；故商均無大過，亦不得為天子。而大禹以有天下，及其末年，制度已成，雖中材之君輔之以賢者，亦可以守矣。聖人不世出，賢德無以大相過，則定於與嫡，所以一民心，重天下也。雖然，大君人命所繫，興亡之本，聖人有權焉，未嘗執一也。是以太甲雖嫡，又有成湯之命，而幾不免於廢。武王雖弟，上承文王之命，而終不釋為君。帝乙，賢君也，拘於立嫡而不知紂之足以亡天下也，亦不慎不知變之過矣。孔子作《春秋》，鑒觀前代，賢可與則以天下為公，嫡可與則以天下為家。此萬世無弊之法也。使帝乙而知是道，商之十世，猶未可知矣。

又 卷四《皇王大紀論·史記謬妄》 太史公記湯崩，太丁蚤死，外丙立二年，仲壬立四年，相繼而崩，然伊尹立太甲，非其實也。何以知非其實？二帝官天下，定於與賢；三王家天下，定於立嫡。立嫡者，敬宗也；敬宗者，尊祖也；尊祖者，所以親親也。兄死弟及，不敬宗尊祖，本支亂而爭奪起矣，豈親親之道也哉？且成湯、伊尹以元聖之德，戮力創王業，乃舍嫡孫而立諸子，亂倫壞制，大開爭奪之端乎？故公儀仲子舍孫而立子，言偃問曰：『禮歟？』孔子曰：『否。立孫！』夫孔子，殷人也，宜知其先立之故矣，而不以立弟為是。此以義理知其非者，一也。夫賢君必能遵先王之道，不賢之君反是者也。以殷世考之，自三宗及祖乙、祖甲，皆立子；其立弟者，盤庚耳，必有所不得已也。豈有諸賢聖之君，皆不遵先王之制，而沃丁、小甲諸中才之君，反皆遵耶？此以人情知其非者，二也。商自沃丁始立弟，太史公陽甲之紀曰：『自仲丁以來，廢嫡而更立諸弟子，諸弟子或爭相代立，比九世亂。』以其世考之，自沃丁至陽甲立弟者九世，則知仲丁之名誤也。沃丁既以廢嫡立諸弟子生亂為罪，則成湯未嘗立外丙、仲壬明矣。不然，是成湯首為亂制，又可罪沃丁乎？此以事實知其非者，三也。唐李淳風通於小數，猶能逆知帝王世數多少。邵康節極數知來，非淳風比也，其作《皇極經世書》，亦無外丙、仲壬名。此以曆數知其非者，四也。經所傳者，義也；史所載者，事也。事有可疑，則棄事而取義，可也；義有可疑，則假事以誣義，可也；若取事而忘義，則雖無經史，可也。

宋·沈棐《春秋比事》卷一《周天王·總論》　《傳》曰：『王不立愛，公卿無私，古之制也。』故昵愛、寵私、並后、匹嫡，未有不産禍者。觀東周二百四十餘年，王室變亂載於經凡四，而以嫡庶不分，嗣統不正亂者，居其二焉。襄王，嫡子也；叔帶，母弟也，而惠王以惠后之愛，欲廢鄭立帶。雖賴小白主霸盟，會諸侯，以定其位，而小白既没，卒不免叔帶之難，使襄王越在草莽，暨晉文紹霸，王始克歸。然則牽房闈之私情，貽社稷之深患者，實惠王啓其端也。子猛，嫡長也；子朝，庶長也，而景王以賓起之請，欲廢猛立朝，且結劉、單以定其位。及敬王即位，子朝作亂，盤結黨與，交兵攘奪，五年之間，子猛被禍，敬王播越，賴劉、單之賢，倚晉為援，戡定禍患，逐子朝，歸敬王，而王室始安。然則徇佞倖之私議，貽社稷之深患者，實景王啓其端也。夫以敬王乘變亂之際，克紹周統，劉、單數子輔相而立，權不在己而不能即去子朝，固不可責也；而襄王已即君位，有齊、晉以為倚重，叔帶之難非若子朝之強，有能斷以大義而懲艾之，何至委宗廟而出奔哉！奈何狥匹夫之孝，牽母后之恩，既不能防於未難之前，又不能制於已危之後，柔懦不斷，養成其慾，卒致傲弟再入，而身遂失守，則叔帶之禍，非特惠王之罪，抑亦襄王醖釀之也。故經於襄王，書『天王居于鄭』者，貶其出也。於敬王書『天王入于成周』者，喜其入也。貶其出則不與其入，故經不書襄王之歸，則雖貶其出而亦謹其入，用見聖人去取輕重之異也。

又　卷八《宋·穆公》　定嗣立君，王制之所甚嚴也。義不可立而以愛立之，未有不産亂也。觀宋宣之事，可見矣。初，宣公謂穆公曰：『吾愛與夷，不若愛汝，汝盍為君？』宣公死，穆公立；及穆公疾，召孔父而屬宣公之子與夷為君，是為殤公。公使己子馮出居鄭以避。殤公即位，公子馮在鄭，鄭欲納之。時衛州吁初立，將修怨于鄭，使告於宋而伐鄭，宋人許之。故宋、鄭交怨，連兵數年。至桓二年，宋督弑與夷及孔父。《左氏》謂：宋殤公立十年，十一戰，民不堪命。督因作亂殺孔父而弑殤公，召馮于鄭而立之，是謂莊公。而《公羊傳》謂莊公馮弑與夷，與《左傳》所載不同。《左氏》取宣公為知人，《公羊》罪宣公為起禍。《左氏》曰：『宋宣公可謂知人。立穆公，其子饗之。』《公羊》曰：『君子大居正。宋之禍，宣公為之也。』折衷二《傳》，則《公羊》之説為近理。夫傳嗣以正不以恩，古今通義也。昔吳國諸樊欲遜國季札，札不受，以次受餘祭、餘昧而立之。及昧當國而卒，札逃去，國人立昧之子王僚。諸樊之子光以其立僚而追父之位，遂與專諸刺王僚。蓋使諸樊不遜季札，則無光之害。吳之禍，實起諸樊耳。與夷無罪，宣公為義，當立之也。而溺於私愛，遂廢大義而立穆公，是致穆公報兄之德，逐其子而立與夷，卒有子馮之難。其與諸樊之事均也。《公羊》謂宋之禍，起於宣公，諒矣。然則有國家，寵嬖以貽子孫之患，固不可要召過義而召國亂，為春秋之罪人也。

宋·羅泌《路史》卷二二《疏仡紀·夏后氏》　天下公器，不可得而私也。主之必有道，而處之也必有義。主之不以其道則亂，處之不合于義則爭，是故君天下為甚易，而授天下為甚難。丹朱、商均不足以託天下，而舜、禹者可以託天下。于從而授之時，無舜、禹之有可傳，而啓可傳，則從而授之啓，是聖人之意矣。戰國之士不知乎此，乃謂禹不勝其私而傳子，知啓之不足以任天下而私意勝，陽以天下授益而盡以啓人為吏。禹崩，啓連黨而攻益取之。故子車曰：禹崩，益避啓于箕陰，而益佐帝之日淺，澤未洽于天下，天下之人不歸益而歸啓矣。益曁禹同事唐虞而同功于水，佐帝之日不為淺矣，功施于人者不為不久矣，且啓之德，固無以尚于益，而謂天下不歸益而歸啓，其然乎？六經之存，聖人固不以纖芥疑後世也。堯受終，舜受命，一于文祖，一于神宗，而禹之末，無是舉也。堯曰汝陟帝，舜曰汝陟后，而益之初，無是語也。禹之傳，蓋天下之不復昔也。始堯為世，使民心親，民有為其親殺其殺，而民不非也。舜之為世，使民心競，故子生三月而言，不至于孩，而時誰而人，始天也。及禹治天下，使人心變，人有心而兵有順，殺盜非殺，而人自為釋矣。蓋三聖之季，功美漸去，而其世且然爾。禹初嘗以天下畀於奇子伯益，奇子伯益辭焉而死矣。啓可傳而傳之，顧可以私召亂，名啓爭哉？子不可傳，乃蔽於親愛之私而必傳；子可傳，或貪於巽禪之名而不傳，均非天下之公行也。方帝之授禹也，柏成子皐擿語禹曰：堯舜之治天下，舉天下傳它人，至無欲也；擇賢而與之其位，至公也。以至公、至無欲之行示天下，是以不賞而勸，不罰而畏。今君賞罰而民欲且多，百姓知之。德自此衰，貪争之端自此始矣。然則啓之傳，禹顧任其私哉？承百代之流而會其變，不得而不然也。子可傳而傳，不失于公；人不可傳而必傳，不免於私。聖人者，知可不可傳而已，何計夫私若公與？子之有天下，未之思爾。子孫雖不肖，猶以必傳為有後，且人心天命既已俱去，而且展轉惴息而不肯瞑，苟不以禍敗，奪則不止，顧不謂大哀乎？孔子曰：巍巍乎舜！禹之有天下而不與焉，匹夫而有天下，真可謂大異事矣。然以道觀之，舜自舜，禹自禹，天下自天下，果何與？天與賢則與賢，天與子則與子，吾固因天而已。與賢與子，子車顧知之矣。避啓之言，殆為辯士設也。

宋・程大昌《演繁露》卷一《學官》　官者，管也，一職皆立一官，使之典管也。故官舍所在，皆名為官。其曰學官者，學舍也，五帝官天下，以天下為公，而使仕者任之，是為官矣。三王家天下，則以天下為己有者也。然則學官之義，可想矣。

宋・洪邁《容齋四筆》卷二《五帝官天下》　漢蓋寛饒《奏封事》引《韓氏易傳》言：『五帝官天下，三王家天下。家以傳子，官以傳賢。若四時之運，成功者去。』坐指意欲求禪而死。故或云：自後稱天子為『官家』，蓋出於此。今世無《韓氏易》，諸家注釋《漢書》，皆無一語。惟《説苑・至公篇》云：秦始皇帝既吞天下，召羣臣議五帝禪賢、三王世繼孰是。博士鮑令之對曰：『天下官，則選賢是也；天下家，則世繼是也。故五帝以天下為官，三王以天下為家。』始皇帝歎曰：『吾德出于五帝，吾將官天下，誰可使代我後者？』此説可以為證。輒記之，以補《漢》注之缺。蔣濟《萬機論》亦有『官天下、家天下』之語。

宋・陳淳《北溪大全集》卷八《問目・孟子説天與賢與子可包韓子憂慮後世之義》　韓子説堯、舜傳賢為憂後世，禹傳子為慮後世。是就人事見定説，固為親切。孟子天與賢則與賢，天與子則與子，是就原頭説，尤為精到。若韓子説，則不到上面，一著孟子説，則可以包韓子之義。其實憂後世而傳賢，慮後世而傳子，皆莫非天也，非堯、舜、禹所能容一毫憂慮之私於其間也。蓋使天不與賢，則堯、舜豈能違天，獨私憂後世而必與賢哉？天不與子，則禹豈能違天，獨私慮後世而必與子哉？故與賢、與子者，天也；憂後世、慮後世者，聖人所以奉天命，祗惕寅畏之意也。其憂乃天理之發當然之憂，而非私憂。其慮乃天理之發當然之慮，而非私慮，皆聖人性情之正也。韓子識未及此，乃以孟子之説為非，則失之矣。

宋・陳埴《木鍾集》卷九《春秋》　宋宣公舍與夷而立弟，穆公厥後亦舍子馮而立與夷。左氏釋《傳》謂：『君子曰：宋宣公可謂知人矣。立穆公，其子饗之。』是取其傳賢不傳子。至《公羊》乃云：『宋之禍，宣公為之。故君子大居正。』與《左氏》相反，如何？

宣公舍子立弟，固是擇賢，況兄弟相繼，自是殷法，未為失正。《公羊》以成敗論人，歸咎宣公；不知殤之不君，正使當下便立他，其禍尤速。宋之禍不起於兄弟之爭，自是殤之不君爾。《左氏》謂宣公知人，固是。謂立弟而子享，若以成敗論，當宣公之時，豈逆覩其立我子耶？

宋・吳枋《宜齋野乘・五帝非官天下》　《説苑》載鮑白令之對始皇曰：『天下官則讓賢，家則世繼，故曰五帝以天下為官，三王以天下為家。』今觀《帝王世紀》云：黄帝次妃女節生少昊。則少昊乃黄帝子也。是傳位與子，自黄帝始而非起於夏禹。《家語・五帝德》及《書序》注、《史・顓帝紀》幷《通曆》皆云顓帝為昌意子，則亦黄帝孫也。是少昊傳位於姪。《史記》、《家語》皆云帝嚳祖玄囂，父蟜極；又《高辛紀》注、《書序》注與《帝王世紀》載嚳為黄帝曾孫，則顓帝傳位與從姪。《大戴禮》幷《史記》云帝嚳下妃生摯，則高辛又傳位於子。高辛次妃慶都生堯，則摯又傳位與弟。《史記》并《舜典》疏以舜為黃帝八代孫，則堯傳位與五世姪孫。《前漢·律曆志》載顓帝五世生鯀，則舜傳位與六世祖之從兄弟。如是，則五帝亦可謂之家天下。今遡五帝之上而觀之，《禮記》注云：女媧承伏羲，而《淮南子·覽冥訓》注：古天子，姓風。則亦伏羲之子孫也。《禮記》、《國語》皆云炎帝，少典之子；而《家語》與《史記》云黃帝，有熊國君，少典之裔子；《國語》又云黃帝，炎帝之弟。則二君同是少典之子。以此而觀家天下之制，其來遠矣。

或曰：夏之十七君，皆姓姒。商之三十君，皆姓子。周之三十七君，皆姓姬。非如五帝之異姓。曰：不然。五帝之時，世變不同，人各自為一姓。故黃帝姓公孫，而少昊，黃帝子也，改姓己。顓帝亦黃帝孫也，乃姓姬。堯寄於伊長孺家，從母所居，故姓伊耆。舜生姚墟，故姓姚。稷、契與堯，同父兄弟也，而稷姓姬，契以簡狄吞玄鳥卵而生，故姓子。若以異姓而論，謂黃帝與少昊非父子，而堯與稷、契非同父之兄弟，可乎？

或曰：家以傳子。今五帝獨黃帝、高辛傳位於子，少昊、顓帝皆與姪，而摯則與弟，蓋已非傳子矣。堯傳之曾姪孫，而舜又傳之同六世祖之從兄弟，服紀尤為差遠。曰：不然。長子考監明既以罪死，而放齊固嘗薦次子『朱，啓明』矣。堯未嘗不欲傳之子，奈何朱之不肖，不足以嗣位。堯則擇同宗之姪孫而授之。舜亦不敢遽然以為君，而猶避朱於南河。舜亦未嘗不欲傳之子，奈何商均之不肖，不能以繼緒，舜則擇同宗之從兄弟而傳之。禹亦不敢冒然以為君，猶避商均於陽城。堯、舜豈以異族而授之天下哉？

且如商之外丙傳弟仲壬，仲壬傳姪太甲，太甲傳弟雍己，祖辛傳弟沃甲，沃甲傳姪祖丁，祖丁傳堂弟南庚，南庚傳堂弟陽甲，祖庚傳弟祖甲，廩辛傳弟庚丁；而周懿王傳弟孝王，匡王傳弟定王。則商、周亦有傳弟姪者。其後如漢惠帝傳弟文帝，昭帝傳姪孫宣帝，成帝傳姪哀帝，哀帝傳從弟平帝，東海殤帝傳堂兄安帝。若沖帝傳質帝，則同高祖之從兄弟。質帝傳桓帝，則又同五世祖之從姪。比之舜、禹，蓋無異也。

且以祭法觀之，周則祖文而宗武，商則祖契而宗湯，夏則祖顓帝而宗禹，而舜則祖顓帝而宗堯。若舜為異姓之國，奚必宗堯哉？蓋曰弟，曰姪，曰姪孫，既皆吾之族屬，而謂之非家天下，不可也。

宋·曾三異《同話録·家宅》 五帝官天下，三王家天下，故曰官家、國家。『家』字本甚重，而又以為上下之通稱。

宋·李明復《春秋集義綱領》卷上（謝湜）《論正不正之義》曰：父子相繼，天下之正也。宋桓以位傳繆公，而其後公子馮以國卿致難於與夷。吳諸樊以位傳餘祭，而其後公子光亦且致難於僚。《春秋》書與夷之難稱『督』，書僚之難稱『吳』，以明二國之禍起於繆公、餘祭，所居不正而已矣。

繼世以嫡，天下之正也。晉獻公不正嗣位，而里克肆逆於奚齊。陳桓公不正嗣位，而厲公竊國於太子。《春秋》書奚齊曰『君之子』而不稱『君』，書厲公曰『陳佗』而不稱爵，以明二國之禍起於奚齊、陳佗，所居不正而已矣。

宋·黃震《黃氏日抄》卷五一《讀雜史一·蘇子古史·附抄·立子立弟》 《宋世家》。涇口謂：殷人立弟，周人立子。立弟者，太子死則立太子之弟。立子者，太子死則立太子之子。近世誤以為立時君之子、弟。

宋·馬廷鸞《碧梧玩芳集》卷二一《讀史旬編·外丙仲壬》 湯崩，太丁未立，外丙二年，仲壬四年，太甲放桐。殷人之制，兄亡弟及，此先儒據一代成法而有是言。然觀商六百餘年間，自沃丁以降，立弟者十一君；自太甲以降，立適者十二君。然則兩說，亦相半耳。成湯既沒之後，經無明文。太史公以來，諸儒從外丙、仲壬更立之說為立弟。河南邵氏、程氏從漢孔氏外丙、仲壬不立，而太甲徑立之說為立適。愚竊考殷人當日之制，有適則立適，太甲以下是也。無適則立弟，沃丁以下是也。廢適而他立則亂，太史公所指仲丁以來，九世大亂是也。五峰詆史遷而欲改《史記》本文『仲丁』為『沃丁』，以為自沃丁至陽甲，恰九世亂。愚皆不敢以為然。按《史記》云：『自仲丁以來，廢適而更立諸弟子，弟子或爭相代立，比九世亂，於是諸侯莫朝。』此史遷本文也。據仲丁立其弟外壬，外壬立其弟河亶甲，意當時仲丁、外壬未必無適，乃再世立弟，所謂廢適也，亂之始也。至若祖辛舍其子祖丁不立，而立其弟沃甲；沃甲舍其子南庚不立，而立祖辛之子祖丁；祖丁舍其子陽甲不立，而立其諸父沃甲子南庚：南庚又復立祖丁之子陽甲。所謂更立諸弟子也。於是仲丁以來，九世亂矣。蓋凡史遷之説，非以無適而立弟之子為亂也，以廢適而立弟之子為亂也。蓋亦非直以立弟之為亂也，以立弟之子之為亂也。蓋自仲丁以來方有此，仲丁而上不與焉。此名何嘗誤？就如胡氏之説，必以仲丁為沃丁，遂謂其立弟九世，而九世生亂。愚謂有以質之。自沃丁立弟而後，雍己立其弟為太戊，太戊且能中興商室矣，安在其為亂乎？大抵商人立弟，非亂制；惟廢適，乃亂制。太史公既知其説，則不當復録外丙、仲壬，以為世次矣。使當時不立太甲而立丙壬，是廢適也。恐湯尹之時已亂，而何必仲丁以來哉？

近世大儒有專攻《書序》者，背河南程、邵之説，以為太甲服仲壬之喪，為仲壬之後也。夫營桐宮，湯之葬地也密邇；先王之訓，湯之訓也。太甲以兄子服叔父仲壬之喪，而欲其思乃祖成湯之訓，以為遷善改過之地。伊尹之謀，何其迂且拙耶！故併辨之。

宋・金履祥《資治通鑑前編》卷四《太庚元祀》 履祥按：兄死弟及，自太庚始，謂為殷禮，非也。伊尹曰：『七世之廟可以觀德。』父子相傳為一世，若兄弟則昭穆紊矣。沃丁及見伊尹之典刑，死而傳弟，當必有故，而典籍無所考。後世循襲，諸弟子或争立，遂啓亂源。是以聖人立法，不立異以為高。

宋・家鉉翁《春秋集傳詳説》卷一《隱公上》 初，宋宣公舍其子與夷而立其弟和，是為穆公。穆公將終，復以國而歸之與夷，而出其子馮於鄭。公羊子謂：宋國大亂三世，宣公實為之。諸儒或有取其説者。愚竊以為未然。讓，美德也。不當讓而讓，以讓召亂，魯隱公是也。若宣公之讓穆公，穆公之讓殤公，兄以傳弟，弟復以歸兄之子，此盛德也。聖門所許，《春秋》無譏也。《左氏》曰：『宋宣公可謂知人矣。立穆公，其子饗之，命以義夫！』有得於聖人之意。《公羊》乃曰：『君子大居正。宋之禍，宣公為之。』謂宣公不當讓，以啓後人之争。

愚謂宋之亂，由殤公不仁，以怨報德，兵連不解，賊臣因而作難，弑殤而納馮傳者，謂宋殤立十年，十一戰，民不堪命，宋督因以為亂。於宣、穆之讓，果何關乎？此《公羊》僻説而木訥取焉。其説曰：其後有啓之賢而不以傳，務過大禹；無朱、均之子而苟遜，以僭擬堯、舜。吁！是豈君子之言乎？堯、舜而上，大道為公，不獨親，不獨子。使朱、均而賢，聖人亦必以天下授之。至禹，薦益於天矣。禹殁，啓以臣民戴己而踐天子位。雖時使之然，愚於啓不能無遺憾。木訥乃云禹傳啓而不授益，豈禹之不能遜哉？杜亂源也。如木訥之論，是禹陽薦益而陰以與啓也。堯、舜之讓，湯、武之繼，此乃古今一大議論，豈與後世陽予陰奪者可同日語哉？恐誤後學，不得不辨。

又 卷二九《哀公上》 在禮：太子死，立嫡孫為世嗣，未聞子在而孫可繼王父而立者也。

金・王若虛《滹南集》卷二〇《諸史辨惑》 父死子繼，天理、人情之常也。自天子至庶人，自王至霸，自古至今，未有能易者。其或及於旁支，付諸他姓，則必其勢所當然而出於不得已，可謂之變而不可以為常也。而漢人之説曰：殷道親親，立弟；周道尊尊，立子。殷道質，質者法天，親其所親，故立弟。周道文，文者法地，敬其本始，故立長子。周道，太子死，立適孫；殷道，太子死，立其弟。此何所稽也？天下無二道，聖人無兩心，故曰前聖後聖，其揆一也。典章制度，時或損益不同。至於名教人倫，豈容殊致？尊親之道，孰可偏廢？而云殷獨親親，周獨尊尊，非謬妄乎？蓋秦漢以來，言三代者每每如此。以《殷紀》觀之，誠多立弟，然在當時，必有其故，而初非湯之定法也。若其果主於親親，則一於立弟矣，何復待太子死而後及邪？

抑嘗考之：河亶甲崩，子祖乙立；祖乙崩，子祖辛立。小乙崩，子武丁立；武丁崩，子祖庚立。此皆在世立子者也。庚丁崩，子武乙立；武乙崩，子太丁立；太丁崩，子帝乙立；帝乙崩，子辛立。此則四世立子者也。其間沃甲崩，則立其兄祖辛之子祖丁；祖丁崩，則立其弟沃甲之子南庚。此則廢適而立姪者也，安在其太子死而專立弟耶？《紀》又云：自中丁以來，廢適而更立諸弟子，弟子或争相代立。此九世亂，諸侯莫朝。蓋立不以正，宜其啓争奪之端。是何足以貽久遠，而謂成湯之法固如是乎？嗚呼！世之學者，自非《詩》、《書》、《易》、《春秋》、《語》、《孟》之正經，一切異説不近於人情者，雖託以聖賢，皆當慎取，不可輕言也。

元・馬端臨《文獻通考》卷二六五《封建考六・秦楚之際諸侯王》

或曰：禹之傳子，周之封同姓，皆聖人之經制也，而子顧妄議其私天下，而以為劣於唐虞，何哉？曰：世之不古久矣。聖人不能違時，不容復以上古之法治之也，而世固不能知聖人之心也。《記》曰：『有虞氏未施信於民而民信之，夏后氏未施敬於民而民敬之，殷人作誓而民始畔，周人作會而民始疑。』然則殷、周豈果劣於虞、夏乎？而或畔或疑，起於誓、會者，以時人之不皆聖人也。《禮運》載夫子言：『大道之行，天下為公，選賢與能，講信修睦，而繼之以謀閉而不興，盜竊亂賊而不作，以為大同。大道既隱，天下為家，各親其親，各子其子，而繼之以謀用是作，而兵由此起。禹、湯、文、武、成王、周公，由此其選，以為小康。』然則官天下與家天下者，其規模之廣隘，治效之優劣，雖聖人不能比而同之矣。萬章曰：『人有言至於禹而德衰，不傳於賢而傳於子。』而孟子累數百言辨之，以為皆天也。然則知禹之傳子非私者，千載而下，一孟子而已。豈可復望之當時諸侯乎？《世本》稱：有扈氏以堯、舜傳賢而禹傳啓，故啓立而不服，遂征之。然則非愚之臆説也。

又　卷二五七《帝系考八・皇太子皇子》　按：家天下自禹始。啓而後，凡襲位者，非太子則王之衆子弟也。其父子繼世，以有天下者，已見《帝號・歷年門》，玆不贅録。

元・許衡《魯齋遺書》卷一《語録上》　五帝之禪，三代之繼，皆數然也。其間有如堯、舜有子之不肖，變也。堯、舜能通之以揖遜，而不能使己之無丹朱、商均。湯、武遇君之無道，變也。湯、武能通之以征伐，而不能使夏、商之無桀、紂。聖人遇變而通之，亦惟達於自然之數，一毫之己私無與也。

元・戴表元《剡源文集》卷二六《講義》　子曰：中庸其至矣乎！民鮮能久矣。中是不偏不倚，無過不及。庸是平常。此二字，惟聖人能行之。若非聖人，决然有偏倚，决然有過不及，决然不能平常。故處事而無偏倚，無過，無不及，與夫合於平常者，天下之至理也。既是至理，自然民鮮能行之。堯、舜之禪授，於理當禪授，堯、舜不容不禪授；禹之傳賢，於理當傳賢，禹不容不傳賢。

元・敖繼公《儀禮集説》卷一《士冠禮》　公侯之有冠禮也，夏之末造也。造，作也。下文云：『繼世以立諸侯，象賢也。』則是公侯父死子繼，其來久矣。

元・胡一桂《史纂通要》卷二《夏》　人有常言曰：五帝官天下，三王家天下。官天下者，定於立賢；家天下者，定於立嫡。然孟子固已言禹薦益於天矣，未嘗不以官天下為心也。異時謳歌、朝覲、訟獄者乃不之益而之啓，幸而啓賢能敬承，繼禹之道。啓之再傳，則循習而以傳子為當然矣。未幾，太康失邦，釀成羿浞之禍者四十年。非繼以少康之賢，禹之宗祀不其殆乎！陵遲至於履癸極矣。何則？嫡之分，因前定也，而嫡不能以必皆賢也。

元・胡炳文《四書通・孟子通》卷九《萬章上》　禪，授也。或禪或繼，皆天命也。聖人豈有私意於其間哉？尹氏曰：孔子曰：唐、虞禪，夏后、商、周繼，其義一也。孟子曰：天與賢則與賢，天與子則與子。知前聖之心者，無如孔子；繼孔子者，孟子而已。通曰：天下無一事一物非天，况天下，大物也；以天下相傳，大事也。傳賢、傳子，謂之非天，可乎？嗚呼！使人人皆知有天，夏無有窮后羿，周無武康管蔡，漢前無新室，後無當塗矣。

元・趙汸《春秋師説》卷中《論漢唐宋諸儒得失》　古者諸侯立子，自有定論，乃是論其母之貴賤，初不以年，唯立適而後論年耳。故《公羊傳》曰：『立子以貴不以長，立適以長不以賢。』其義甚明。必如此，而後可以杜爭端，定民志。是故庶子雖甚長且賢，可以為君，而適子甚幼，未堪國事，然聖人禮制，乃在幼適，而庶長不論也。

又　卷下《經旨舉略》　又據古者諸侯一娶九女，適夫人無子則立右媵之子，右媵無子則擇諸左媵，左媵無子則取於夫人娣姪，夫人娣姪無子則取於右媵娣姪，右媵娣姪無子則取於左媵娣姪。故凡立子，皆是隨其母之貴賤。

又　卷下《諸侯娶女立子通考》　晉襄公卒，晉人以難故，欲立長君。賈季欲立公子樂，趙宣子欲立公子雍。宣子曰：『辰嬴賤，樂之母。班在九人，其子何振之有？杜祁雍之母。以君故，讓偪姞而上之；以狄故，讓季隗而己次之，故班在四。』愚案此事，宣子如此擬議，後雖不曾成，然當時偶無適子而欲立妾子者，其選擇之法大抵如此。

明・何喬新《椒邱文集》卷四《史論》　王天下者，父死而子繼，祖歿而孫承，此古今之常經，天下之正義也。武王有天下，不傳周公而傳之成王。高帝有天下，不傳文信君而傳之惠帝。豈古之聖王英帝亦皆私於其子哉？誠以常經正義，不可違也。

明·邵寶《容春堂續集》卷九《帝王官家天下論》 古也有志：二帝官天下，三王家天下。曷為謂之官也？傳諸賢而不傳諸子也。曷為謂之家也，傳諸子而不傳諸賢也。曷不謂之子天下乎？有子則世焉，無子則及焉。要之，不出乎家而已矣，不必必歸諸子故也。官天下者，公於一世而不必於一家；家天下者，公於一家而不必於一身。此二帝三王之道所以為盛也。父没子繼，親受之命，此事之常，無庸論者。乃若兄終弟及，以兄道命之乎？以君道命之也。君道即父道也。以君道命之，則弟以臣道承之；以父道命之，則弟以子道承之，而弟道固在其中矣。以一身具三道焉，曷為為之後而不遂為之子也？昭昭穆穆，有定分焉故也。況為之後而子焉者，為其嗣之絶也。今也有萬世之廟，則有萬世之祀。其宗也，固時享之其祧也，亦歲祫之。其為有後，孰大於是而必為之子乎？且君之及也，必以嫡；宗之繼也，必以支。以支而及，非及也；以嫡而繼，非繼也。是以宗法自諸侯別子始有之。然則《禮傳》所謂諸侯及其太祖，天子及其始祖之所自出者，何也？明其統之尊也。故宗雖不及於天子、諸侯，而統不能不系之也。夫是謂之正統。夫既後正統矣，則於所生，何以不得顧也？夫既後正統矣，則正統在我，以正統而復承小宗，可乎？然則名何為而不可易也？孔子曰：『必也正名乎！名不正則言不順，言不順則事不成，事不成則禮樂不興，禮樂不興則民無所措手足。』是故名雖不可易，而正統之尊固不可干也。是故正統之祭之廟，不敢與也；正統之薦之祠，不敢入也。無已而為之，別室側焉，而不敢並也，孟子曰：諸侯之禮，吾未學也。況天子之禮乎！是故名當稱則稱之，道當隆則隆之，分當嚴則嚴之，禮也。然則名之當稱，固知之矣。所謂道當隆則隆之者何居？以伯父而有祖之道者也。所謂分當嚴則嚴之者何居？以伯父而有君之道者也。然則何以隆之？何以嚴之？亦曰別嫌明微於廟庭饗祀之時，敦孝起敬於宮闈省謁之際，無所不用其誠而已矣。

明·邵寶《簡端録》卷四《書》 唐、虞禪，夏后、殷、周繼，天下之通義也。繼之道何如？《傳》曰：立子以嫡不以長，立嫡以長不以賢。雖然，武王賢，非長也，立而興周。微子賢，非嫡也，廢而亡商。君子以是知達守之難也。

又 卷五《書》 『義嗣德』，《疏》謂史述王答拜意。嗣德，嗣位也。《召誥》曰：『王位在德元。』嗣位，所以嗣德也。宜嗣而嗣，故義之。凡傳位有嗣德，亦有讓德，王以嗣德為義，故答拜；不然，不拜。

明·邵寶《學史》卷一《寅》 日格子曰：娣之子長則長，非娣之子長亦長，凡非適，皆庶也。凡適庶異長，立子之道，尚矣。為邪說以亂之者，亦多有之。娣之子，其一也。君子惡似是而非者，辨其能已諸？

又 卷二《卯》 日格子曰：繼缺焉，而后可以議及。繼，正也；及，權也。長幼亦然，長正而幼權。

又 卷一三《閏》 日格子曰：以夢長則誣，以繇建則鑿。惟曰孟，非人也，不可謂長，其得之矣。以是定嗣，何他徵之有？

明·林俊《見素集奏議》卷五《議禮疏》 商十二王、周三王皆兄終弟及，獨不見有追尊所生之事，亦後世法也。

明·呂柟《涇野子内篇》卷一一《鷲峰東所語》 問：宋宣公傳位於穆公，穆公傳於殤公，其事是乎？曰：也是。《公羊》所謂『君子大居正』，或不可以立嫡之説泥之也。古人有行之而善者，堯、舜也；有行之而不善者，燕噲、子之也。堯於他人且傳之位，況其弟乎！只看所傳之賢否何如耳。弟賢則舍子而立弟，子賢則舍弟而立子，要之不可為典常耳。若漢高帝舍惠帝而立文帝，則必無呂氏之禍。吳壽夢之事，若以立嫡為主，則諸樊可也；若以立賢為主，則季札可也。若欲傳於諸樊，以次及札，使餘祭諸人皆各永年，則將相去百餘年，然後及札，是札終不得傳矣。文王不傳於伯邑考而傳於武王，未必非正也。

明·何孟春《何文簡疏議》卷一〇《辨斥忠邪疏》 三代以前，天子無嗣者，皆兄終弟及，無立後之禮，防姦臣利於立幼，非社稷之福，故商，《尚書》凡兄弟相及者，不稱嗣子而稱『及王』。

臣等惟三代家天下以來，父死子繼，兄終弟及。曰繼曰及，父子兄弟傳位之名，以別世昭、世穆之異同爾。

夏有天下，傳十五世，凡一十七君，而以弟繼兄者二人：仲康之於太康，扃之於不降，則兄終弟及之始也。商有天下，傳十七世，凡三十君，而以弟繼兄者，多至十三人，孔光所謂『及王』是也。周有天下，傳三十二世，凡三十七君，而以弟繼兄者，猶五人焉。

明・孫緒《沙溪集》卷一六《無用閒談》 堯、舜傳賢，禹則傳子，紛紜之説自孟子而始定。然亦有未盡然者，故韓子、蘇子又從而為之辭。自萬章之問至蘇子之辨，其説有四：萬章以為德衰，孟子以為天命；韓子以為憂後世，蘇子以為不立異。夫德衰之説，誠陋矣。孟子歸於天，吾心亦微有芥蔕焉。蓋堯、舜之傳賢，禹之傳子，皆已定於生前，豈待身死之後，聽其天命之自歸乎？韓子之言近正，蘇子之言近情，然皆非聖人之心也。聖人之心不若是之屑屑也。蓋聖人以天下為公，視賢與子，一也。賢可傳而傳，不以傳賢為殊而害天下之公；子可傳而傳，不以傳子為私而忌形迹之嫌。聖人之視天下，猶其視斯道也。昔吾夫子，豈不欲以道授孔鯉哉！『高』、『堅』之妙在回，『一貫』之悟在參，而鯉不與焉。使鯉如回如參，則道統之傳在鯉矣。使丹朱、商均如舜如禹，則天位之傳在二子矣。堯、舜、禹之傳天下，如吾夫子之傳道。知此則知彼矣。

明・湛若水《格物通》卷三〇《正嫡庶》 臣若水通曰：武公，獻公之子敖也。括，武公長子伯御也。戲，括弟懿公也。仲山父，王卿士，食采於樊。王命言先王立長之命。夫嫡庶之分，不可毫髮紊者也。故王者正宗立嫡，所以息爭。苟舍長建少，是犯王命而紊分矣。王欲立戲，而樊仲山父之諫，九復而不回，誠非為宗社計者也。家天下者，可不慎乎！

臣若水通曰：嫡庶正，則家理而國本定矣。子儀有寵於桓王，私也；桓王屬諸周公，則又私矣。為周公者雖微辛伯之諫，猶當深明嫡庶之分，以止禍亂之源，庶或可及。諫既弗聽矣，且欲淫焉以逞，雖欲不亡，不可得已。

臣若水通曰：令尹子常之欲立子西者，以其長也，以其好善也，則非私於子西也，顧未明重嫡之義爾。而子西乃峻拒之，不敢貪天以為功，且挈國柄而授之昭王，因之改紀其政，以復楚業，亦賢矣哉！可以爲世勸也已。

明・胡居仁《胡文敬集》卷二《春秋辯疑》 唐虞公天下而與賢，三代家天下而與子。若曰王者以天下為一家，而不私於一己，即一視同仁者也。若以為私家之家，則大害義理。帝、王無二道，豈有堯、舜公天下而禹、湯、文、武不公天下乎？苟以天下為吾家私物，乃伯者功利之心，曾謂聖人有是心乎？《孟子》言天與賢則與賢，天與子則與子。此猶答萬章之問。若論其至，只看道理合如何，曷嘗更問天與不與耶？

或問：胡氏公天下、家天下之説，議論最高。何以不取？曰：胡氏本《禮運》大道行而公天下，大道隱而家天下，此最害義理。《禮運》乃漢儒附會，不足據。若曰以天下為一家，固當與賢。若曰以天下為吾家之物而欲世有之，乃私家之家，豈禹、湯、文、武之心哉？蓋父子一體，父有天下傳之子，乃天下之常經，即後天卦以《震》代《乾》之義。堯、舜是他子不肖，不可居天下，故擇舜、禹而授之，是處乎權。三代之時，大道正行，何以謂之隱乎？文定才高志大，《禮運》之言誇張，故喜之，而不察其害理也。

明・夏良勝《中庸衍義》卷六《達道之義・父子之常》 臣良勝曰：官天下者，堯、舜非常之舉也；家天下者，大禹常行之道也。嘗考之史：黄帝之位，傳之少昊，子也。少昊傳之顓頊，則黄帝孫也；顓頊傳之帝嚳，則少昊孫也。帝嚳傳之摯，少子也，摯廢而尊堯，則帝嚳仲子也。是堯、舜之先，子孫世次相傳，以為常也。至堯、舜之傳賢，以朱、均之不肖，或以貽天下憂，而舜、禹之聖，足以繼堯、舜之治也。然則傳子之事，非禹肇之者也。堯、舜之事，二聖非常之舉也；禹之事，萬世常行之事也。若使世世有非常之傳，則人人懷非分之望，亂益滋矣。

又 卷六《達道之義・父子之變》 臣良勝曰：父子，至親也；享國，大利也。天子利於天下，諸侯利於一國，卿大夫士庶人利於家，孰不願歸之子也？此古今天下之至情也。宋宣公以弟為賢，舍其子而以國讓之弟。穆公以光昭令德為賢，亦舍其子而歸國於兄之子。是皆輕千乘之國之利而一正於義，公天下之遺風也。君子亦有責備焉者，非所以勸賢也。縱曰未賢，視父子兄弟相爭奪以為利者，何如哉！彼殤公者，當宣公致國穆公而已無所爭；及穆公使馮居鄭，曰『生無相見，死無相哀』，則言曰：『先君之所以不與臣國而納國於君者，以君可以為宗廟社稷主也。今君逐君之子而將致國於與夷，此非先君之意也。』殤公於此際，固亦父兄之心也。及其既君而變焉，遂忌馮而搆禍於鄭，曾不念穆公在位一日，一有忌心，則宋國安有殤公也哉？是故喪大善者惡必積，忘大德者咎必深，專大利者殃必甚。殤公卒見弑於華督，而宋國乃歸之馮，善惡之報明矣哉！

清·皇子司《明臣奏議》卷一九《席書〈議大禮疏嘉靖二年〉》 臣惟三代之法，父死子繼，兄終弟及。自夏歷漢二千年，未有立從子為皇子者也。

明·王樵《尚書日記》卷三《大禹謨》 《周禮·大行人》云：九州之外，謂之蕃國，世一見。謂其父死子繼，及嗣王即位，皆來朝。

又 卷七《伊訓》 太甲，湯嫡孫。觀公儀仲子舍孫而立子，子游問曰：『禮與？』孔子曰：『否。立孫。』此可見矣。兄終弟及，必有所不得已，此時無不得已之故也。

明·王介之《春秋四傳質》卷上《宋公和卒》 傳弟，殷道也。宋修先代之事守，故宣公舍其子而立穆公，夫亦用殷之道也。乃殷之傳弟也，以次相及，而終立嫡長初嗣者之子。太甲之繼外丙、仲壬，成湯之定法也。至於後世，則有傳於弟而弟傳其子，不復歸於嫡長初嗣之子者矣。武丁之所以豐於禰也，而成湯之法亂。夫既兩端皆可，唯意與勢所便而為之，則貪、憤交乘而爭、亂以興，則殷道之不如周審也。而況與夷之猜，馮之媢，二君不能使其子如朱、均之帖然，安於在位，而要一時仁讓之名，其能得乎？故《公羊》曰：『宋之禍，宣公為之也。』非過責之也。侯于周服，而不遵時王之制。德非堯、舜，所授者非舜、禹，而欲希互讓之賢。大臣非伊尹易世，且相胥以奉馮，而置大位於可推移之勢，宣公豈非禍本哉？禍必於此而萌生矣。《左氏》曰：『宣公可謂知人矣。立穆公，其子饗之，命以義夫！』嗚呼！馮方昣目而盻，鄭方挾質以逞，督與羣臣方懷刃以俟時，而曰『其子饗之』乎？夫宣公猶非以安與夷，故而立和也，未害為仁之愚也。若左氏者，逆計其子饗之而以為義，則兄弟之際挾市心以求售，以祖宗之宗社，行其欲取姑與之術，以徼名實之兩獲。小人喻利而徒勞，終蹈於害，尚何義之云！何以知宣公之非為與夷終饗故而立和也？曰：宣公欲授與夷則授之已爾，而何用此迂曲之小智為？若宋祖之授光義，冀以傳光美而及德昭，則杜后婦人之鄙私，脅太祖以盟之爾，非太祖之樂為也。

明·傅遜《春秋左傳屬事》卷一五《靈公之立》 姜氏謚宣。嬖人，賤而寵者。成子，衛卿，孔達之孫，名烝鉏。元，孟縶弟，後為靈公，夢時未生。羈，烝鉏子。史苟，史朝子。協，合也。不良，跛也。成子兩筮立元、立縶孰吉？元得《屯》，《震》下《坎》上。縶得《屯》之《比》，《坤》下《坎》上。《初九》：變也。朝以為元亨為吉，成子疑元為年長，非以名也。朝謂縶跛，非全人，將不得在宗人之列，豈可復謂長乎？且以卦辭決之，言『利建侯』，嗣子既吉，何建之有？言建則非嗣矣。《屯》、《比》二卦皆有『建侯』之文，明元非長而宜立也。武王伐紂，《太誓》曰：『朕夢協朕卜，襲於休祥，戎商必克。』故曰武王所用。孟跛利居，元吉利建，故可。

明·王世貞《弇州四部稿》卷一六四《宛委餘編九》 自古創業之君，俱不利長子。高辛氏顓頊長子帝摯不善崩，弟堯代立。陶唐氏帝堯長子丹朱不得立，立舜。有虞氏帝舜長子不得立，立禹。湯長子太丁未立而卒，周太王長子泰伯，文王長子伯邑考，一肇王跡，一剪商者也。泰伯、伯邑考皆不得立。【略】然則由古及今創業之主，其為嫡長子而得傳位及後人者，僅禹子啓也，亦異矣。

明·顧允成《小辨齋偶存》卷三《劄記》 朱子以堯舜傳賢為窮理盡性，以至於命，說得甚實了。此便知下學上達之義。

荀卿、揚雄雖皆言傳授之事，亦未始稱禹自與其子之天下也。

明·章世純《四書留書》卷六《孟子下·唐虞禪節》 古初之世，天地之功未成，萬物之用不備，變大而事艱，於時為君，非求神聖不可，且物鮮奉薄而憂勞可加，舉以與人，直釋負耳。夏、商以後，勢已大定而故迹可循。中庸之主可以託舊業，取成功，使天下之人藉先恩以奉後主，亦與以所安也；而財足物贍，上有大奉，非定於世傳，亦何以塞邀幸之心乎？

清·馬驌《繹史》卷一二《夏禹受禪》 若夫禹、益之事，則與此異矣。有夏之受命方新，嗣子之敬承又賢，天眷正殷，不可移也，而況益德未洽，禹遂以崩，天下之人舍啓，其曷歸哉？而或者曰：帝堯禪舜，共、鯀不服，夏禹傳子，有扈以叛，豈當時人情狃於習見，或借以稱亂乎？然考《甘誓》之辭，不過數其威侮怠棄之罪，用是恭奉天討，明正賞罰，而鈞臺大饗，復有塗山之餘烈焉。恢業承家，綿祚四百，三代守成之主，斷以夏啓為首稱矣。

清·馬驌《左傳事緯》卷一《王子克之亂》 周室之亂，非諸侯故也，大抵起于並后、匹嫡而亂人乘以爲利者也。在昔攜王奸位，王室播遷，周幾不祀；乃又不鑒子儀謀弑，起于桓王之寵；子頹僭立，始于王姚之嬖；叔帶作亂，生于惠后之奸；爰及子朝，東、西二王龍戰五載，亂靡有定。誰生厲階？則景王之寵爲之也。辛伯之言，不其然與！黑肩知有桓王之寵而未明嫡庶之義，事敗殺身，誠無足道。若辛伯之先識禍端，終戢大亂。大臣之匡定王室，方于公旦，亦無愧焉。

清·顧炎武《日知録》卷二《顧命》 傳賢之世，天下可以無君。故堯崩，三年之喪畢，舜避堯之子於南河之南。傳子之世，天下不可無君。故惟元祀十有二月乙丑，伊尹祠于先王，奉嗣王祗見厥祖。

又 卷一四《兄弟不相為後》 商之世，兄終弟及，故十六世而有二十八王。如仲丁、外壬、河亶甲兄弟三王，陽甲、盤庚、小辛、小乙兄弟四王。未知其廟制何如。《商書》言七世之廟，賀循謂殷世有二祖三宗，若拘七室，則當祭禰而已。徐邈亦云：若兄弟昭穆者，設兄弟六人為君，至其後世，當祀不及祖禰。

又 卷一四《内禪》 《左傳》：齊景公有疾，立太子州蒲為君，會諸侯伐鄭。《史記》：趙武靈王傳國於子惠文王，自稱主父。此内禪之始。《竹書紀年》：夏帝不降五十九年，遜位于弟扃。帝扃十年，帝不降陟。然不可考矣。

清·王夫之《尚書稗疏》卷三《伊訓》 朱子徒守《皇極經世》之所紀，以為無外丙、仲壬嗣立之事，故於《孟子》注，雜用程徽菴之説，以證太甲之嗣湯而非嗣仲壬。今按程氏之説，其謬實甚。商道親親，故立弟。《檀弓》：微子舍其孫腯而立衍也。《春秋》：宋公之舍子立弟，亦不一而足。則外丙、仲壬雖幼而殷禮不可亂，猶成王幼冲而周道尊尊，必不可舍子而立弟也。

殷道親親，兄終弟及既為常典，則與周之嫡長嗣絶，其弟與從子以小宗繼大宗，為人後者為之子，其義不同而禮亦别。

清·方苞《本朝四書文》卷一二《馬世俊〈孔子曰唐虞禪一節〉》 禪、繼皆原於天，可援聖言以斷焉。夫禪與繼殊，斷之以天而無不一也。有孔子之言，而此義固較然矣。嘗謂仲尼不有天下，而天下之氣運，皆自仲尼而論定之。春秋之際，盛衰之故紛如，孔子為之黜功以伸德，抑人以尊天，而獨申大義於天下。曰唐虞尚矣，嗣此而夏后、殷、周大統三建。其為禪為繼，豈非天哉！中古無為，其任天下也易，其讓天下也亦易，乃弼服建師，至夏后而法始備，則以夏后之法為法者，知天物不可以屢更。二帝揖遜，無留天下之迹，亦無去天下之迹，乃創淫慾傲，至夏后而心愈危，則以夏后之心為心者，知神器不容以輕授。則禪與繼之必不能同者，皆有義行其間矣。

如别其義而言之，不獨禪與繼異，即禪與禪亦異，何也？師錫創聞於側陋，奮庸考績於司空，不一也。如别其義而言之，不獨繼與禪異，即繼與繼亦異，何也？孝孫復辟於徂桐，沖人委裘於負扆，不一也。自我而論則不然。曆數在側陋，而羣聖相揖於同時。若既以一朝而兼帝王之運，則鼎社之建，雖繼之數百祀，而不復疑其私擁也。唐、虞無私之意，夏后、殷、周之祖皆親見之。雖謂禹以禪湯，湯以禪武也，將無同。胤子非嚚訟，則嗣統寧異於敬承？乃復歷二代而分官家之局，則本支之寄，雖繼之億萬世，而不復憂其可變也。唐、虞不變之道，夏后、殷、周之世皆遞承之。雖謂湯以禪甲，武以禪誦也，將無同。

然則唐、虞以先無繼乎？曰有之。五德遞勝，何莫非神明之胄？乃當其賢，則顓頊可嗣軒轅之統；當其不賢，則帝摯不可續高辛之祀。唐虞擇人而畀，亦猶行古之道耳，豈夏后而獨有道更世改之嫌？然則殷、周以后無禪乎？曰有之。百世難知，或更有非常之舉。乃繼非其人，則天命未改，猶有守府之思；禪非其人，則物望所憑，遂有篡竊之事。唐、虞疇咨而命，早已立後之防矣。豈夏后而獨無亂紀墜宗之懼？

嗚呼！舜、禹何必不固辭，朱、均何獨無德讓，而禪者終禪矣。阿衡叔父何必不久於七年，徂宅貽詩何必發祥於四日，而繼者終繼矣。豈非天哉！豈非天哉！

清·閻若璩《四書釋地又續》卷上《外丙仲壬》 外丙、仲壬，自程子謂年為歲，始為異説，後聚訟爭。要程説，亦本《書序》、《書傳》。朱子曰：二書皆後人所撰者。豈可憑是也。余謂一代有一代之禮。唐、虞禪，夏后、殷周繼，此帝王之殊禮也。殷道親親立弟，周道尊尊立子。周道，太子死，立適孫；殷道，太子死，立其弟。見《史記·梁孝王世家》。

又曰：方今漢家法周，周道不得立弟，當立子。此殷、周之殊禮也。故文王當伯邑考死，雖有伯邑考之子在，舍之而立武王，先儒以為殷禮者是。孔子曰：立孫。自為周言之也。善乎艾千子有言：果商必世嫡，則《孟子》此二語為贅辭。果其為二歲、四歲而不之立，乃及於太甲也。此特伊尹意中未形事，何緣流傳至戰國時，而待孟子乃言之耶？湯之壽數，誠不可考。皇甫謐謂其壽百歲。太丁既死，而外丙、仲壬均湯之子，僅二歲、四歲，長幼相去如此懸絶乎？且即以齒序，而先外丙於仲壬乎？姑存吾説，以俟來學。余謂程復起，亦當從此説。

清·萬斯大《學禮質疑》卷二《兄弟同昭穆》 天子七廟，固為定制。然而處常則易明，遇變則難曉。何謂常？父死子繼是也。何謂變？兄終弟及或以兄繼弟，以叔繼兄子之類是也。《經》、《傳》止道其常，而處變者無從考見。唯《春秋》「躋僖公」一事，《三傳》以祖禰父子為言，《國語》則直謂異昭穆。諸家注疏皆謂閔雖弟，先為君，僖雖兄，嘗為臣，臣不可以先君，猶子不可以先父，故假祖禰昭穆為喻。范甯獨不然之，胡安國亦以兄亡弟及為易世。以愚觀之，則諸家為善會《傳》文而深得乎禮意者也。

至于兄而繼弟，則弟為適而兄為庶，庶不並適。又昔己為臣，故雖兄不得加于弟。叔而繼兄子，雖本異昭穆，亦必進之先廟，謂其兄廟，始不至以兄子而子叔，以兄而孫弟。

清·毛奇齡《經問》卷五 實則帝王傳重，惟有父傳子、兄傳弟二法，而他皆不與。《禮運》曰：「大人世及以為禮。」世謂傳子，及謂傳弟也。古以父子相繼為一世，而兄弟相繼則謂之兄終弟及。故《公羊》曰：「一生一及」。而其法已備，並無兄傳弟而弟又可傳兄子者，有則非絶續即篡弑矣。此其法倡自五帝，而三代遵之。如帝嚳傳帝摯，傳世也；帝摯傳帝堯，傳及也；而夏、周傳世，殷商傳及，二法劃然，然且傳及之法，終歸傳世。何也？夫傳及者，非及之而可已也。父子無窮而兄弟有限，縱或一及，或再及、三及，而其既結末一及，必須傳世，則是兄之傳弟，原歸之父之傳子，且此結末一及，豈不知前此之兄皆有父子，何難返而傳之兄之子？而必不然者，以為傳及之窮，必歸傳世，無二法也。蓋位無逆傳，季弟傳子則順，返而傳之兄之子，則逆矣。位無疑傳，季弟傳子則信，又傳兄之子，則可伯可仲，疑矣。疑則爭，逆則亂，是以兄弟相繼雖名曰及，而入廟之後，則總歸父子，而稱之為世。即僖兄閔弟，仍以父子之法處之。故五廟、七廟，及亦多有，而《尚書》曰「七世之廟」。荀子曰：「有天下者，事七世」。是傳重大禮，先王限之以二法，曰父子、兄弟；即又限之以一法，曰父子。而必不使叔姪羣從得參預于其間。何則？杜爭亂也。是以殷商授受凡二十八君，皆兄傳之弟，弟傳之子，並無弟復傳兄子者；惟弟絶而傳兄子，則有二君，一則太丁未立而死，傳弟外丙，又傳弟仲壬，而仲壬無子，始反而傳之太丁之子太甲，此一君也。一則祖辛傳弟沃甲，而沃甲之子南庚年幼，先立祖辛之子祖丁，而後還南庚。乃當未還南庚時，祖丁身死，已有子陽甲，可傳子矣，以為非法，必還之南庚，俟南庚無子，然後又傳之祖丁之子陽甲，此又一君也。外此則太甲之子沃丁傳弟太庚，而太庚子小甲立，小甲傳弟雍己，又傳弟太戊，而太戊子中丁立，中丁傳弟外壬，又傳弟河亶甲，而河亶甲子祖乙立，祖乙無弟，傳子祖辛；祖辛傳弟沃甲，而沃甲子南庚立，及南庚無子，而還陽甲。前所稱二君是也。乃陽甲傳弟盤庚，又傳弟小辛，又傳弟小乙，而小乙子武丁立，武丁無弟，傳子祖庚，祖庚無弟，傳子廩辛，廩辛傳弟庚丁，而庚丁子武乙立，乃自武乙傳太丁，太丁傳帝乙，帝乙傳受辛。皆無弟傳子，而商祚終焉。則是傳弟之後，終歸傳子，此一定之法，不可暫易。是以宋宣讓位于其弟宋穆，而宋穆不傳之子馮，而反而傳之兄子與夷，則謂之亂。吳諸樊、餘祭、餘昧兄弟相禪，宜及餘昧之子僚，而諸樊之子光篡之，則謂之爭。亂與爭，則弑逆生焉。

又 卷一二 李日焜蕭山人，係兼汝先生之子，康熙壬子舉人。問：微子、微仲，趙氏本無注，而後人祇以微仲為微子之弟已耳。近淮安閻氏謂微仲是微子之子，微子有二子，長微伯死，微子不立微伯之子腯，而立次子微仲。《檀弓》所云舍孫腯而立衍者，即微仲也。此可信否？

曰：《檀弓》所謂「舍孫腯而立衍」者，固是微仲，然是微子之弟，非微子子也。《家語》：微子卒，其弟曰仲思，名衍，繼微子後。而《史記》亦云：微子開卒，立其弟衍，是為微仲。所云其弟，謂微子弟也。其云舍孫立衍者，謂微子之子死，不立孫腯而立弟微仲也。自鄭氏注《禮記》謂：微子適子死，立其弟衍。遂有疑衍是庶子，為適子之弟者。

此終是誤解。

考殷代傳嗣之法，先傳及而後傳世。及者，兄終弟及，如微子傳弟衍是也。世者，父子相繼，謂傳弟之後，弟即傳己子而不傳兄子。兄孫如微仲傳己子稽而不傳微子之孫腯是也。此是殷法。至微仲傳子宋公稽後，始不稱微而稱宋，始遵周法，必傳世之窮，然後傳及。然入春秋後，猶有宋宣傳弟宋穆，而宋穆不守成法，復傳之兄子，以致大亂。此已事也。故微子傳微仲，謂之傳及。若微仲是微子之子，則微子舍適立庶，非殷法，又非周法，于禮家何取焉？且微子之子，不得稱微伯與微仲也。微是畿內國名，紂以封其兄，而其後武王伐紂，仍使居微，故仲以微君介弟稱為微仲，猶季札以吳君之弟稱吳季也。若微子之子，則長世子、次公子也。雖蔡叔之子亦稱蔡仲，然彼仍封于蔡，故仍以蔡名。微子之子，未嘗再封微也。即周初立國，尚有襲殷遺法傳弟者，魯伯禽之子考公傳弟煬公是也。然斷無魯公之子稱魯伯、魯仲者。此必見《衛世家》：康叔之子即名康伯，謂國號可襲稱，而作《系本》《世紀》及《古史考》諸書者，遂偽造此名。不知康叔國號康伯者，謚也。且《孟子》稱微子、微仲，與王子比干、箕子、膠鬲輩同時並稱，且稱為賢人，又稱相與輔相之，又稱久而後失。則直是商辛老臣，何微子之子之有？

清·毛奇齡《春秋毛氏傳》卷三二　吳子壽夢生四子：長諸樊，次餘祭，次夷昧，次季札。諸樊相約，必兄弟傳國，以及季子。夷昧死，季子不受，乃立夷昧子，而光自以為諸樊之子當立，因弒之。其不書吳光弒而書吳弒者，非貴光也。莒僕弒父，晉荀偃、欒書弒君，未聞有可貴之罪。而文十八年，莒弒其君庶其。成十八年，晉弒其君州蒲。史文詳略如是矣。蓋既有策書，則苟無首從，皆可虛其名以按其實，以中無彼此可推卸也。胡氏謂諸樊之國，遞致不受，則國宜之光而不宜予僚，故稱國以弒而不歸獄于光，則直貴光矣。且授受大事，于此不明，則千秋篡案，終古未決。如宋宣讓穆，則穆之子馮反弒宣子。諸樊讓弟，則諸樊之子又得弒僚。似乎是非無一定者。

按《禮運》云：『大人世及以為禮。』世者，傳子；及者，傳弟也。蓋三古授受，祇有傳子、傳弟二法，而要之傳弟之法，終歸傳子。舍傳子而求他法，則篡弒矣。故夏、周傳子，殷商傳弟。然傳弟之窮，即傳子以繼之。如沃丁傳弟太庚，則太庚子小甲立；小甲傳弟雍己，雍己傳弟太戊，則太戊子仲丁立。其始于傳弟而終于傳子，殷三十王，一轍也。考《世家》，惟太丁傳弟外丙，外丙傳弟仲壬。以仲壬無子，立太丁之子太甲。又沃甲、祖丁，則先立兄沃甲子，後立弟祖丁子，以祖丁子陽甲未能立也。餘二十八君，皆立弟之子，無異。蓋父傳子，兄傳弟，順也。弟傳兄之子，則逆矣。兄傳弟，父傳子，總一制也。至叔父傳姪，則變制矣。是以宋穆傳目夷，則變制啓亂。闔廬弒君僚，則大逆不道。有明景泰帝既正位號，則自宜易儲，其不幸而復辟者，偶然耳。此禮不明，遂有執吳光之說以懲忠肅者。因舉授受之大法，以幷正之。《公羊》謂光為夷昧子，僚為夷昧庶兄，則尤屬杜撰無據。

清·毛奇齡《春秋屬辭比事記》卷一《立君》　周有立儲禮，《傳》每言之，如『立適以長，立子以貴，年鈞以義，義鈞以卜』類，而經統不及，然禮固有是也。

清·陸世儀《思辨録輯要》卷一八《治平類》　封建是傳子之法。古帝王之學問，皆推己以及人。堯、舜官天下，故其所舉用，皆取之明揚，九官十二牧大抵皆薦舉，但久其禄位，不必世守也。三代家天下，故分封侯國，亦俾之世守，示不敢獨私。然天下大物，惟天得而主之。非真能與天為一如堯、舜者，不能行禪受之禮，傳子可也。郡縣小於天下而又有天子為主，若更傳子，反滋禍變。故吾謂郡邑之爵禄權位，當悉如古封建，但當易傳子為傳賢耳。

清·陸隴其《四書講義困勉録》卷三《中庸》　吳因之曰：堯、舜所處地位，則傳賢為定理。大禹所處地位，則傳子為定理。湯、武當順應地位，則革命為定理。周公當流言地位，則誅管、蔡為定理。此特其尤大者耳。

又　卷三二《萬章上·唐虞禪節》　徐儆弦曰：天無心也，唯與其可以安天下者耳。聖人亦無心也，唯承天以與其可以安天下者耳。堯、舜、禹總是一般心，其以天下與賢與子，總是一般事。故孔子以一箇『義』字斷之。

張彥陵曰：義者，宜也。繼合於禪，可見繼之心不殊於禪之心也，禹非德衰明矣。《四書脉》曰：重繼一邊。

王陽明曰：唐虞之世，風氣渾朴，人情無欲，亦不思爭。自夏以降，則世道人心靡一矣。故官天下者，即神聖莫議；家天下者，即中才可託。傳賢之變為傳子，非聖人意也，為世變計也。聖人非徒為一家起念也，從天下起念也。謂繼世為德衰則不可，謂繼世非世衰亦不可。

《大全辨》：芑山張氏曰：通章以有天下歸之於天，然天亦不可知。如三代以後，德不必舜、禹而亦有天下繼世，不必如桀、紂而亦廢之。愚謂善言天者以理為主，而不必衡數。能如舜、禹，雖不有天下，不失為聖；否則雖有天下，卒名為亂賊。能不為桀、紂，雖不幸而滅亡，不損其賢；否則雖世守晏如，不得為仁孝。讀《孟子》此章，求其可以為萬世法者，不可不知此意。

又　卷三二《萬章上・人有言至於禹而德衰章總旨》　徐自溟曰：唐虞三代，雖有傳賢、傳子之異，要之皆是傳賢也。蓋傳子亦視其子之賢耳。舜能繼堯之道，禹能繼舜之道，賢之賢也。如啓能繼禹之道，子之賢也。故子有賢者，啓是也，成王是也。子有真不肖者，桀、紂是也。子有不賢而賢者，太甲是也。子有不肖而非不肖者，朱、均是也。太甲始而顛覆，已幾桀、紂之倫，旋而怨艾，則亦敬承之啓。此不賢而賢也。朱、均能退處，不與舜、禹爭，而上成父之讓，下成相之賢，則特不肖父之神聖而非桀、紂等也。此不肖而非不肖也。

又　卷三二《萬章上・人有言至於禹而德衰節》　湖南講曰：這「人言」亦是有道之言。《翼注》曰：否，言無是事。不然，則謂此言非也。《四書脉》曰：天與賢四句，重與子一邊。《翼注》曰：則與賢，則與子，二「則」字主聖人承天説，然亦不著力。覰下文啓之定位，乃在禹既崩之後，可以見矣。

高中曰：堯、舜傳賢，非視天下重於己子之説，天下與子，原不相蒙。以子言，則吾子也，吾家之事只當以吾家之理處之，天下不得而與也。以天下言，則天下之天下也，天下之事只當以天下之理處之，子不得而與也。故可與子則與子，以為天下也；不可與子則與賢，亦以為天下也。

清・高士奇《左傳紀事本末》卷四《王室庶孽之禍》　臣士奇曰：**【略】**歷觀東周王室之亂，凡四見，無不始于庶孽，成于嬖寵。論者不省致亂之由，而區區歸之穀洛之壅，無射之鑄，與夫不説學之敝。是知其末而不知其本也。

清・陳啓源《毛詩稽古編》卷三〇《附録・商頌》　堯、舜、禹三聖相繼，民得聖人而為君者已百五六十年，父子祖孫習見其如此。彼以為為吾君者，非聖人不可矣，竟不知此乃萬古一逢之泰運也。又堯、舜皆傳賢，則易姓之事，彼亦習以為常也。獨禹傳子及孫，而太康又逸豫滅德，民乃翻然思去之矣。又十餘傳而至桀，虣又加甚焉，遂舍而歸湯，不復顧彼。素所責望其君者刻且深，固不肯以子孫而恕之也。至商之末造，則傳子已習為故事，而賢聖之君又不過累世而一見，民始不甚求備於君，但知革命之為大變也，而各睠念其故主矣。民之歸周，不如戴商之速，時使之然也。夏與商僅兩代間，而人心之不同乃爾。後之儒者欲以近今習俗，斷三代以前之治亂得失，豈知論世者哉？

清・惠士奇《禮説》卷一二《秋官一》　小司寇掌外朝之政，以致萬民而詢焉。詢有三，其三曰詢立君。《春秋》：王子朝與敬王爭立，求助於晉。晉欲助之而莫知適立也，乃使士景伯涖問於周，士伯立於乾祭而問介衆，由是遂絶子朝之使而戴敬王。君子曰禮。夫禮，立君必詢萬民也。堯年老而子不肖，舜有元德而在側微。帝聞之，而岳牧不舉，於是帝朝萬民而詢之廷。民之所舉，一如帝之所聞，而當乎帝心，於是史臣書之曰：「師錫帝。」介衆曰師，以爲舜有天下也。衆錫之，曷爲不曰天錫之而曰衆錫之？天遠而衆邇也，不孚於衆而合乎天，妄矣。且古者立君，問諸民，不問諸神。楚共王有寵子五人，未知誰立，乃大有事於羣望而祈焉，密埋璧於庭，而使五人入拜，且曰：「當璧而拜者，神所立也。」既而或跨之，或加之，或壓之，皆可以爲當璧，則神之所命，誰知之者？適足以啓其覬覦之心。而前有蒲宮，後有奥主，臣强於君，末大於本，亂幾亡國。故古者立君，問諸民，不問諸神。然則太卜曷爲而卜立君？卜立君者，先王先蔽志而後命龜，謀及卿士，謀及庶人，乃參之以卜筮。未有不謀乎卿士，不謀乎庶人，而專信卜筮之説者也。是故衆歸之者王，衆去之者亡。湯、武革命，堯、舜巽命，澤滅火曰革，柔順剛曰巽，剛爲君，柔爲民。言君中正而民順之矣。太康尸位，黎民貳也；成湯代虐，兆民懷也。帝癸喪邦，衆弗協也；武王克紂，衆一心也。故曰衆歸之者王，衆去之者亡。

清・江永《羣經補義》卷二《春秋補義》 若兄終弟及，或以兄繼弟，或兄弟多人為君，則祧遷不得如常制。使兄弟繼立，即等於父子，易其昭穆之名。

清・惠棟《春秋左傳補注》卷四《卅一年傳古之道也》 何休《膏肓》曰：若其以卜隱、桓以禍，皆由此作，乃曰古制，固亦謬矣。鄭箴之曰：立長以嫡不以賢，固立長矣。立子以貴不以長，固以貴矣。若長均，貴均，何以別之？故須卜。禮有詢立君，卜立君，是有卜也。

清・張尚瑗《穀梁折諸》卷三《閔公・繼之如君父也者受國焉爾》 夫天下重器，王者大統，付畀攸歸，隆孰踰焉？五帝官天下，不行于後世；三王家天下，其不幸而有兄終弟及、支子入繼者。《穀梁》之文，誠萬世不易之經。《公羊》亦云：孰繼？繼子般也。般雖未踰年不成君，在閔公受國焉者，不可不以君事之。

又 唐博士陳貞節曰：父子曰繼，兄弟曰及。殷道弟及，則非繼矣。繼之云者，為人後為之子也。

清・張尚瑗《左傳折諸》卷八《文公・楚國之舉恒在少者》 即所謂『芈姓有亂，必季實立』。後來棄疾得國，與此同符。

清・愛新覺羅弘曆《御選唐宋文醇》卷一《昌黎韓愈文一・對禹問》

御評 堯、舜，創也；禹，因也。刪《書》斷自唐、虞，《帝王世紀》等書雖不足信，然使堯以前皆傳賢，則堯授舜，舜授禹，乃大經通義，又何為創見而夸美？足知堯以前猶傳子，而禹亦猶行古之道也。禹亦猶行古之道，則萬章曷問？曰：周衰，處士橫議，如伊尹割烹，孔子主癰疽、寺人瘠環，齊東之語亦多矣，此亦其類也。且《堯典》放齊有『子朱，啓明』之請，《益稷》、《謨》大禹有『丹朱殄世』之戒，若非堯以前亦傳子，斯曷以稱焉？然使孟子舉是説以折之，則人必謂傳天下必堯、舜乃為至是，禹變其道以從古為非，無乃仍無解於德衰之惑歟？且順天從民之義，亦不著也。觀昌黎之説，實能補孟子之所未言。雖然，民者，天之心也。慮民之深而得民之心，即為得天之心。原其本而推其極致，則亦仍無越乎孟子『天與賢則與賢，天與子則與子』之義歟？

清・鄂爾泰等《周官義疏》卷一九《春官・小宗伯》 又案兄弟不相為後，以其亂昭穆之次也。其兄終弟及，如周之懿、孝者，意亦為同廟異室之制與？

清・弘晝等《校刻二十一史・史記・三代世表》考證 臣德齡按：五帝時以天下為公器，子賢則傳子，子不賢則更擇人。故黃帝不立其子元囂、昌意，而立其孫高陽；高陽不立其子窮蟬，而立其族子高辛。高辛以長而立摯，摯崩，堯踐大位，內外咸服，略無疑阻。及堯禪舜，舜禪禹，舉大統之傳，若行所無事，公天下之勢使之然也。自禹底定山川，咸則三壤，成賦中邦，勢乃不得不家天下。蓋運會自然而然，非禹有所利於其間。自是而大統歸於一姓，禪讓不可復行，曰夏曰殷曰周，遠紹五帝，列為三代，立隆萬世。史遷表而叙之，所以作，以後萬世有天下者之模範也。以《本紀》首述五帝，而三代世系又皆出於黃帝，故仍自黃帝叙起，而名其篇則曰《三代世表》。司馬貞《索隱》但以三代代系計論，似未竟其義。

清・葉酉《春秋究遺》卷一五《定公・立煬宮》 杜注：平子逐君，懼而請禱于煬公。昭公死于外，自以為獲福，故立其宮。煬公，伯禽之子。《公羊傳》：立者，不宜立也。按煬公伯禽之子，考公弟也，魯以弟繼兄，蓋始于此。定公，昭公之弟。季孫恐人責己以擅立之罪，故特立煬宮。若曰『兄終弟及』，亦猶行古之道云爾。

清・王植《皇極經世書解》卷二 愚按夏后氏自禹丙子即位，至履癸甲午，共十七主；連寒浞篡位四十年，共四百三十九年，皆父子相繼。惟仲康、扃係兄終弟及，而孔甲以不降之子，繼廑而立焉。

清・秦蕙田《五禮通考》卷五九《吉禮五十九・宗廟制度》 蔡氏德晉《周世次昭穆圖説》：案周自后稷以至懿王，凡二十二世，皆父死子繼。后稷爲太祖，其下一世昭，一世穆，相間而下。【略】及懿王崩，孝王立。孝王者，共王之弟，懿王之叔也。懿王本有子，乃不立子而立叔，昭穆之變於此始矣。史稱懿王時王室始衰，此亦其明徵也。【略】夷王，孝王之姪孫而懿王之子也。【略】夷王以後，厲、宣、幽、平皆父子相繼，昭穆世次井然矣。及平王時，太子洩父卒，立其子林，是爲桓王，蓋以嫡孫而承正統也。【略】定王以弟而繼兄之位。【略】案景王有太子晉壽，蚤卒，因立子猛，壽之弟也。晉壽雖爲太子，而其弟嗣位，則晉壽非正統相繼者矣。【略】子猛未終喪而卒，其弟敬王立，謚猛爲悼王。

【略】貞王崩，長子去疾立，是爲哀王。哀王立三月，弟叔襲殺哀王而自立，是爲思王。思王立五月，少弟嵬攻殺思王而自立，是爲考王。【略】周自后稷至於赧王，凡四十七世，皆父死子繼以爲常，而際其變者五：一則懿、孝、夷之交也，二則平王、洩父、桓王之交也，三則匡、定之交也，四則靈、景、悼、敬之交也，五則哀、思、考之交也。

又 卷一二八《嘉禮一·即位改元》 夫父死子繼者，至正之理；兄終弟及者，遇變之事。天子繼統，關係甚鉅，未可以一例執也，前後皆有之矣。

清·傅恒等编《御批歷代通鑑輯覽》卷二《商·王太庚》 商世兄終弟及者，自太庚始。

清·愛新覺羅弘曆《御製文二集》卷三四《讀公羊》 《公羊》於隱公之何以不言即位也，曰成公意也。既又申其義曰：立適以長不以賢，立子以貴不以長。夫成公意是矣，而以長不以賢，以貴不以長之説，實甚謬。蓋以貴不以長，或者袪諸孽覬覦之心，猶託於各安其分之義；至於以長不以賢，則均貴也。均貴則擇賢棄不肖，有何不可？而亦必為之防微杜漸，曰以長不以賢乎？且啓賢而賤，辛貴而不肖，立辛而商以亡，是非萬世之炯鑒乎？

余以為棄辛之貴而立啓之賤，猶不至於屋商之社。夫商之宗祀不絶，與棄貴而立賤，其是非輕重，必有能辨之者。知此則《公羊》之説之謬，不亦章章明甚哉！而劉頌引其言，以為事情之不可易者，識見庸愚，固不屑再闢矣。且以天下與人易，為天下得人難。堯、舜、禹傳賢傳子之事，韓愈論之詳矣。夫與賢之説，後世固不可行，顧於諸子中，獨不可擇賢而與之，必拘於以長以貴之小節，而不為天下萬世擇賢君而立之，是直以祖宗社稷為輕，而以己妻媵娣為重。千金之家有所不可，而况天下萬民之大乎！

或曰：後世嬖幸妾而立少子，以致敗國亡家者，亦有之矣。不若守《公羊》之言為無患。雖然，嬖幸而立少，十未必有其一、二。不擇賢而守分，將十必居其十。審是言，則《公羊》之説為宜從乎？為不宜從乎？

清·崔述《夏考信録》卷二《啓》 世之論者皆云：『二帝官天下，三王家天下。』唐韓子《對禹問》云：『堯、舜之傳賢也，欲天下之得其所也；禹之傳子也，憂後世爭之之亂也。』又云：『舜如堯，堯傳之；禹如舜，舜傳之。得其人而傳之者，堯、舜也；無其人，慮其患而不傳者，禹也。』又云：『傳之人則爭，未前定也；傳之子則不爭，前定也。前定雖不當賢，猶可以守法；不前定而不遇賢，則爭且亂。』余按：韩子之説，以後世之時勢論之則當矣，遂以此爲古聖人之心事則非也。《經》、《傳》之文多以堯、舜並稱，而禹常与皋陶、稷、契同舉；《書》合堯、舜事爲一《典》，而禹与皋陶皆有《謨》，禹之德未必遂與堯、舜齊也。益與禹同在九官之列，佐禹『烈山澤』，『奏鮮食』以成大功，益之德亦未必遠下於禹也。然則益之視禹恐亦當如禹之視舜。今因堯、舜、禹之相繼爲天子而益不得與，遂謂禹爲其人而益非其人，其毋乃以成敗立論也哉！舜之命禹也，禹讓之於稷、契、皋陶，益亦稷、契倫也，度禹之心亦必不以己爲其人而益非其人也。且禹果慮其爭則尤不可傳子。何者？唐、虞之天下非一姓之天下也，而禹獨欲傳之子，天下必有議其私者矣。不見吳光之弑僚乎？故傳子之不爭，論謁則可，若至夷末，兄終弟及已三世矣，傳弟則不爭而傳子則必爭，此理甚易見也，禹安得以傳子爲憂後世也哉！若慮益再傳而致爭，則啓之再傳亦何嘗不爭也？羿、澆之祸，民生塗炭，王嗣流離，使益再傳而得賢者，或未必遂至是；即不然，亦不過如是止耳，安見傳賢之不若傳子乎？曰：然則禹何以傳之啓？抑禹傳之益而啓夺之耶？曰：孟子言之是已。『天與賢則與賢，天與子則與子』，禹固未嘗傳之啓，亦未尝傳之益也。蓋自唐、虞以前，天下諸侯皆自擇有德之人而歸之，天子不能以天下傳之一人也。不惟無傳子者，亦併無傳賢者。獨堯以天下多難，故讓位於舜而使治之；非堯慮身後之爭天下而傳之舜以絶覬覦也。說已詳前《唐虞考信録》中。堯之初意原非傳舜，故舜亦未嘗以傳禹；禹之不傳入何怪焉。故舜以禹爲相，舜之事畢矣；禹以益爲相，禹之事亦畢矣。禹崩之後，天下之歸於益與歸於啓，禹不得過而問之也。天下不歸於益，亦不歸於啓，而别歸於有德之諸侯，禹亦不得過而問之也。何者？上古之天子原無以天下傳之人之事也。自羲、農、黄帝以來，皆若是而已矣。神農、黄帝皆無傳子之事，說詳《上古考信録》中。若謂禹必傳之一人然後爲憂後世，則包羲、黄帝、顓頊豈皆不憂後世者乎？後人但見商、周以來天子世世相繼，遂以之例虞、夏，而以爲天子之後必當更以天下授之一人，不傳於賢則傳於子。以啓之繼禹而王也，故遂以爲禹傳之啓，於是乎有『德衰』之譏；不則以爲禹傳之益而啓奪之，於是乎有『殺益』之謗；不則又以爲禹陽傳之益而陰傳之啓，於是乎有『以啓人爲吏』之誣。卽能尊信聖人如韓子者，亦但以爲憂後世之爭故傳之啓而已。其説雖不同，而其失聖人之真則一也。且啓繼禹而王，亦僅一世止耳。太康失國，相居帝丘，夏已降同於諸侯矣；有過之難，厥祀遂殄。适会羿、浞淫暴，民不歸心，而少康能布其德以收夏衆，是以天下復歸於夏。藉令少康僅屬中材，或雖有茂德而先有聖人者出，滅羿、奡以安天下，則少康不得復中興矣。是故少康之興，禹之所不料也。禹何嘗有家天下之心哉？又幸而杼『能師禹』，天下歸於夏者先後四世，其間干天位者皆以惡終爲天下笑，於是天下之人耳濡目染，安於夏政，若天下乃夏之故物者，雖庸主撫之而諸侯皆懲於羿、奡而不敢生心，然後夏遂家天下耳。由是言之，夏之家天下，天也，非禹也。故孟子曰：『莫之爲而爲者，天也；莫之致而至者，命也。』非但禹無家天下之心，縱使有之，而唐、虞禪讓之天下，禹亦安能獨取而畀之於子孫，至四百餘年也哉？及至有商繼世而王，已有成迹，而又適有伊尹之輔政，太甲之自艾，故復循夏故轍。其後甫衰而卽有賢聖之君出而振之，由是遂家天下六百餘年。至周，遂爲一定之例而不可變。然則三代之家天下，其端萌於啓，其事遂於少康、杼，而其局定於商之賢聖六七君，與禹初無涉也。故凡論唐、虞、三代之事者，惟孟子得其梗概。蓋孟子之智足以知聖人，而又幸生秦火以前，古書未盡散失，得以考而知之，固非後人所当轻議也。韓子乃不之信而信流俗之言，以爲禹傳之啓；又以聖人不私其子，復爲前定不爭之説以曲全之，過矣！嗟乎，孟子，亚聖也；韓子，大儒也。孟子之言猶不能取信於韓子，況以余之愚陋，乃獨排世儒之論而推闡孟子之説，其亦可謂不量力矣。

雜　録

《尚書·康王之誥》　王義嗣德，答拜。《傳》：康王以義繼先人明德，答其拜，受其幣。《正義》：『義嗣德』三字，史言王答拜之意也。康王先是太子，以義繼先人明德。今為天子無所嫌，故答其拜，受其幣，自許與諸侯為主也。清庫勒納等《日講書經解義》：維時康王為繼統之新君，宅憂之宗主，揆之于義，宜嗣前人之德者，故亦答拜，蓋禮當如是也。

《荀子》卷一九《大略篇》　天子即位，上卿進曰：『如之何，憂之長也？能除患則為福，不能除患則為賊。』授天子一策。唐楊倞注：上卿，於周若冢宰也。皆謂書於策讀之，而授天子深戒之也。言天下安危所繫，其憂甚遠長。問何以治之？能為天下除患則百福歸之，不能則反為賊害。策，編竹為之，後易之以玉焉也。中卿進曰：『配天而有下土者，先事慮事，先患慮患。先事慮事謂之接，注：接讀為『捷』，速也。中卿，若宗伯也。接則事優成；先患慮患謂之豫，豫則禍不生。事至而後慮者謂之後，後則事不舉；患至而後慮者謂之困，困則禍不可禦。』授天子二策。注：禦，禁也。二策，第二策。下卿進曰：『敬戒無怠。慶者在堂，弔者在閭。注：下卿，若司寇也。慶者雖在堂，弔者已在門。言相襲之速。閭，門也。禍與福鄰，莫知其門。注：言同一門出入也。賈誼曰：憂喜聚門。豫哉豫哉！萬民望之。』授天子三策。注：豫哉，言可戒備也。三策，第三策。

漢·韓嬰《韓詩外傳》卷一〇　《傳》曰：言為王之不易也。大命之至，其太宗、太史、太祝斯素服，執策北面，而弔乎天子，曰：『大命既至矣，如之何憂之長也？』授天子策一矣。曰：『敬享以祭，永主天命，畏之無疆，厥躬無敢寧。』授天子策二矣。曰：『敬之夙夜，伊祝厥躬無怠，萬民望之。』授天子策三矣。曰：『天子南面，受於帝位，以治為憂，未以位為樂也。』《詩》曰：『天難忱斯，不易惟王。』

宋·項安世《項氏家説》卷八《説事篇一·漢初即位之禮》　即位之禮有二：君薨，世子定位于初喪，此柩前之位也。如召公、畢公立康王于殯宫，衞彌牟扶適子就位于喪次，皆所以定統緒，一人心，此則家老大臣之事也。諸侯三年之喪畢，以士禮入見，王賜之命，而後即諸侯之位，此朝廷之位也。如高宗諒陰三年，而後出令。太甲居憂三祀，而後冕服。此則嗣君之事，人子之所自盡也。

明·王應電《周禮翼傳》卷一《冬官司空補義》　舊君傳位，新君踐祚，三年諒闇，天下莫大之政也。傳位踐祚，見于《顧命》；諒闇，見于各經。今雖以聯事見于各職，而未有專官死人之終事。天道北為幽陰，故北方虛、危為死器之事，《冬官》當有是官，以掌其禮。

推位辭國分部

泰伯三以天下讓

綜　述

《詩經·大雅·皇矣》 帝作邦作對，自大伯、王季。漢毛亨《傳》：對，配也。從大伯之見王季也。漢鄭玄《箋》：作，為也。天為邦，謂興周國也。作，配，謂為生明君也。是乃自大伯、王季時則然矣。大伯讓於王季而文王起。維此王季，因心則友。則友其兄，則篤其慶，載錫之光。《傳》：因，親也。善兄弟曰友。慶，善；光，大也。《箋》：篤，厚；載，始也。王季之心，親親而又善於宗族，又尤善於兄大伯，乃厚明其功美，始使之顯著也。大伯以讓為功美，王季乃能厚明之，使傳世稱之，亦其德也。受祿無喪，奄有四方。《傳》：喪，亡。奄，大也。《箋》：王季以有『因心則友』之德，故世世受福祿，至於覆有天下。

《論語·泰伯》 子曰：泰伯其可謂至德也已矣。三以天下讓，民無得而稱焉。三國魏何晏《集解》：王曰：泰伯，周大王之長子，次弟仲雍，少弟季歷。季歷賢，又生聖子文王昌。昌必有天下，故泰伯以天下三讓於王季。其讓隱，故無得而稱言之者，所以為至德也。宋邢昺《疏》：此章論泰伯讓位之德也。【略】鄭玄注云：太王疾，泰伯因適吳越採藥，太王歿而不返，季歷為喪主，一讓也。季歷赴之，不來奔喪，二讓也。免喪之後，遂斷髮文身，三讓也。三讓之美，皆隱蔽不著，故人無得而稱焉。

《左傳·閔公元年》 士蔿曰：『為吳大伯，不亦可乎！猶有令名。』晉杜預注：大伯，周大王之適子。知其父欲立季歷，故讓位而適吳。

又《僖公五年》（宮之奇）對曰：『大伯、虞仲，大王之昭也。大伯不從，是以不嗣。』注：大伯、虞仲，皆大王之子，不從父命，俱讓適吳。

又《哀公七年》（子貢）對曰：『大伯端委，以治周禮。仲雍嗣之，斷髮文身，贏以為飾。豈禮也哉？有由然也。』注：大伯，周大王之長子；仲雍，大伯弟也。大伯、仲雍讓其弟季歷，俱適荊蠻，遂有民衆。大伯卒，無子，仲雍嗣立，不能行禮致化，故效吳俗。言其權時制宜，以辟災害，非以為禮也。端委，禮衣也。

秋七月辛丑，盟。吳、晉爭先。吳人曰：『於周室，我為長。』注：吳為大伯後，故為長。

漢·韓嬰《韓詩外傳》卷一〇 大王亶甫有子曰太伯、仲雍、季歷，歷有子曰昌。太伯知大王賢昌而欲季為後也，太伯去之吳。大王將死，謂曰：『我死，汝往讓兩兄。彼即不來，汝有義而安。』大王薨，季之吳，告伯、仲，伯、仲從季而歸，羣臣欲伯之立季，季又讓。伯謂仲曰：『今羣臣欲我立季，季又讓。何以處之？』仲曰：『刑有所謂矣。要於扶微者，可以立季。』季遂立而養文王，文王果受命而王。孔子曰：太伯獨見，王季獨知，伯見父志，季知父心，故大王、太伯、王季，可謂見始知終，而能承志矣。詩曰：『自太伯王季，惟此王季，因心則友。則友其兄，則篤其慶，載錫之光。受祿無喪，奄有四方。』此之謂也。太伯反吳，吳以為君。至夫差二十八世而滅。

《史記》卷四《周本紀》 古公有長子曰太伯，次曰虞仲。太姜生少子季歷，季歷娶太任，皆賢婦人。生昌，有聖瑞。古公曰：『我世當有興者，其在昌乎？』長子太伯、虞仲知古公欲立季歷，以傳昌，乃二人亡如荊蠻，文身斷髮，以讓季歷。

又　卷三一《吳太伯世家》 吳太伯、太伯弟仲雍，皆周太王之子而王季歷之兄也。季歷賢而有聖子昌，太王欲立季歷以及昌，於是太伯、仲雍二人乃犇荊蠻，文身斷髮，示不可用，唐張守節《正義》：江熙云：太伯少弟季歷生文王昌，有聖德。太伯知其必有天下，故欲傳國於季歷，以太王病，託採藥於吳越，不反。太王薨而季歷立，一讓也；季歷薨而文王立，二讓也；文王薨而武王立，遂有天下，三讓也。又釋云：太王病，託採藥，生不事之以禮，一讓也。太王薨而不反，使季歷主喪，不葬之以禮，二讓也。斷髮文身，示不可用，使季歷主祭祀，不祭之以禮，三讓也。以避季歷。季歷果立，是爲王季，而昌爲文王。

漢·王充《論衡》卷二三《四諱篇》 昔太伯見王季有聖子文王，知太王意欲立之，入吳采藥，斷髮文身，以隨吳俗。太王薨，太伯還，王季辟主，太伯再讓，王季不聽，三讓，曰：『吾之吳越，吳越之俗，斷髮文身。吾刑餘之人，不可爲宗廟社稷之主。』王季知不可，權而受之。

漢·趙煜《吳越春秋》卷一《吳太伯傳》 古公三子，長曰太伯，次曰仲雍，雍一名吳仲，少曰季歷。季歷娶妻太任氏，生子昌。昌有聖瑞，古公知昌聖，欲傳國以及昌，曰：『興王業者，其在昌乎！』因更名曰季歷。太伯、仲雍望風知指，曰：『歷者，適也。』知古公欲以國及昌。古公病，二人託名採藥於衡山，遂之荆蠻，斷髮文身，為夷狄之服，示不可用。古公卒，太伯、仲雍歸，赴喪畢，還荆蠻，國民君而事之，自號為勾吳。【略】古公病，將卒，令季歷讓國於太伯，而三讓不受，故云太伯三以天下讓。

唐·歐陽詢《藝文類聚》卷二一《人部五·讓》（晉符朗）《符子》曰：太伯將讓其國於季歷，謂其傅曰：『太王欲以一國之事而以嗣我，我其羞之。吾聞至人也，不君一世而萬世以之君，不貴一代而萬代以之貴。吾安能貴乎一國而賤乎萬代哉？』

宋·鄭樵《通志》卷三下《三王紀·周》 臣謹按，王肅曰：太伯見王季生文王，知天命之有在，去而適吳，太王沒而不反。或言古公將卒，謂季歷曰：『我死，汝即推兩兄，彼即辭汝，有義而安矣。』古公卒，季歷之吳召二兄，相從而歸。羣臣欲立之，太伯、仲雍以先君之命不可，復如荆蠻。

論說

漢·董仲舒《春秋繁露》卷九《觀德》 泰伯至德之侔天地也，上帝為之廢適易姓而子之。讓其至德，海内懷歸之。泰伯三讓而不敢就位。

晉·孫綽《孫廷尉集·喻道論》 周之泰伯，遠棄骨肉，託跡殊域，祝髮文身，存亡不反，而《論》稱『至德』，書著大賢。誠以其忽南面之尊，保沖虚之貴，三讓之功遠而毁傷之過微也。故能大革夷俗，流風垂訓。

唐·歐陽詢《藝文類聚》卷二一《讓·［晉］孫盛〈周太伯三讓論〉》 孔子曰：『太伯其可謂至德也已矣。三以天下讓，民無得而稱焉。』鄭玄以為托採藥而行，一讓也；不奔喪，二讓也；斷髮文身，三讓也。三者之美，皆隱蔽而不著。王肅曰：其讓隱，故民無得而稱焉。盛謂玄既失之而肅亦未為得也。玄之所云三迹顯然，天下所共見也，何得云隱而未著乎？三迹苟著，則高讓可知，亦復不得云其讓隱也。蓋太伯之出，讓迹已露，不奔喪，故一事耳。斷髮之言，與《左傳》明文相背，又不經也。然則稱三讓者，其在古公至文王乎！周之王業顯於亶父，受命於昌，太伯玄覽，棄周太子之位，一讓也。假託遜遁，受不赴喪之譏，潛推大美，二讓也。無胤嗣，而不養仲雍之子以為己後，是其深思遠妨，令周嫡在昌，天人叶從，四海悠悠，無復纖芥疑惑，三讓也。凡此三者，帝王之業。故孔子曰：『三以天下讓』。言非其常讓若臧、札之倫者也。

南朝梁·皇侃《論語集解義疏》卷四《泰伯》 云泰伯其可謂至德也已矣者，泰伯，周太王之長子也。太王者，即古公亶甫也。亶甫有三子：大者泰伯，次者仲雍，少者季歷。三子並賢，而泰伯有讓德深遠，雖聖不能加，故云其可謂至德也已矣。其至德之事在下。范甯曰：泰，善大之稱也；伯，長也。泰伯，周太王之元子，故號泰伯；其德弘遠，故曰至也。云三以天下讓者，此至德之事也。其讓天下之位有三跡，故云三以天下讓也。所以有讓者，少弟季歷生子文王昌，昌有聖人德，泰伯知昌必有天位，但升天位者必須階漸，若從庶人而起，則為不易。太王是諸侯，己是太王長子，長子後應傳國。今欲令昌取王位有漸，故讓國而去，令季歷傳之也。其有三跡者，范甯曰：有二釋。一云：泰伯少弟季歷生子文王昌，昌有聖德，泰伯知其必有天下，故欲令傳國於季歷，以及文王，因太王病，託採藥於吳越不反，太王薨而季歷立，一讓也。季歷薨而文王立，二讓也。文王薨而武王立，於此遂有天下，是為三讓也。又一云：太王病而託採藥出，生不事之以禮，一讓也。太王薨而不反，使季歷主喪，死不葬之以禮，二讓也。斷髮文身，示不可用，使季歷主祭，禮不祭之以禮，三讓也。繆協曰：泰伯三讓之所為者，季歷、文、武三人而王道成，是三以天下讓也。云民無得而稱焉者，德讓跡既隱，當時人民不覺，故無能稱其讓德者也。故范甯曰：詭道合權，隱而不彰，故民無得而稱，乃大德也。繆協曰：其讓之跡詭，當時莫能知，故無以稱焉，可謂至德也。或問曰：泰伯若堪有天下則不應讓人，若人有天下則泰伯復無天下可讓。今云三以天下讓，其事如何？或通云：泰伯實應傳諸侯，今讓者，諸侯位耳，而云讓天下者，是為天下而讓。今即之有階，故云天下也。然仲雍亦隨泰伯而隱，不稱仲雍者，國位在泰伯。泰伯讓，是導仁軌也；仲雍隨，是揚其波也。

唐·劉知幾《史通》卷一三《疑古》 《論語》曰：「太伯，可謂至德也已。三以天下讓，民無得而稱焉。」按《呂氏春秋》所載云云，斯則太王鍾愛厥孫，將立其父，太伯年居長嫡，地實妨賢。向若强顔苟視，懷疑不去，大則類衛伋之誅，小則同楚建之逐，雖欲勿讓，君親其立諸？且太王之殂，太伯來赴，季歷承考遺命，推讓厥昆，太伯以形質已殘，有辭獲免。原夫毁兹玉體，從彼被髮者，本以外絶嫌疑，内釋猜忌，譬雄雞自斷其尾，用獲免於人犧者焉。又按《春秋》晉士蔿申生之將廢也，曰『為吴太伯，猶有令名。』斯則太伯、申生，事如一體，直以出處有異，故成敗不同。若夫子之論太伯也，必美其因病成妍，轉禍為福，斯則當矣。如云可謂至德者，無乃謬為其譽乎！

唐·釋道宣《廣弘明集》卷一四《［唐］李師政〈内德論·辨惑一〉》 且夫聖人之教，有殊途而同歸；君子之道，或反經而合義，則泰伯其人也。廢在家之就養，託採藥而不歸；棄中國之服章，依剪髮以為飾。反經悖禮，莫甚於斯。然而仲尼稱之曰：『泰伯，其謂至德矣。』其故何也？雖迹背君親而心忠於家國，形虧百越而德全乎三讓，故泰伯棄衣冠之制，而無損於至德。

宋·程頤《程氏經説》卷七《論語説》 泰伯之讓，非謂其弟也，為天下也。其事深遠，故民不能識而稱之，而聖人謂之至德。不立，一讓也；逃之，二讓也；文身，三讓也。

宋·朱熹《二程外書》卷六《羅氏本拾遺》 泰伯知王季之賢，必能開基成王業，故為天下而三讓之。言其公也。明道

泰伯三以天下讓者，立文王則道被天下，故泰伯以天下之故而讓之也。不必革命，使紂賢文王，為三公矣。伊川

宋·蘇轍《論語拾遺》 泰伯以國授王季，逃之荆蠻。天下知王季、文、武之賢而不知泰伯之德所以成之者，遠矣。故曰『泰伯，其可謂至德也已矣。三以天下讓，民無得而稱焉。』子瞻曰：泰伯斷髮文身，示不可用，使民無得而稱之。有讓國之實而無其名，故亂不作。【略】子貢曰：『泰伯端委以治吴，仲雍繼之斷髮文身。』孰謂泰伯斷髮文身，示不可用者？太史公以意言之爾。

宋·王觀國《學林》卷三《文身斷髮》 《史記·周本紀》曰：古公亶父有長子曰泰伯，次曰虞仲。太姜生少子季歷，季歷生昌，有聖瑞。古公曰：「我世當有興者，其在昌乎！」太伯、虞仲知古公欲立季歷以傳昌，乃二人亡如荆蠻，文身斷髮，以遜季歷。應劭注曰：常在水中，故斷其髮，文其身，以象龍子，故不見傷害。觀國案《禮記》曰：「東方曰夷，被髮文身，有不火食者矣。南方曰蠻，彫題交趾，有不火食者矣。西方曰戎，被髮衣皮，有不粒食者矣。北方曰狄，衣羽毛穴居，有不粒食者矣。」泰伯、虞仲知古公之欲立季歷以傳昌也，乃犇荆蠻，文身斷髮，蓋自同于蠻夷之習，以示無爭立之心，乃得以全其生也。使二人不犇荆蠻，則見忌于父子兄弟之間，其能全其生乎？唐太宗初為秦王時，功既高矣。建成、元吉不知幾，卒以取斃。古今一理也。若謂常在水中，故斷其髮，文其身，以象龍子而不見傷害。則其説疏矣。《前漢·地理志》曰：「粤地，牽牛、婺女之分野也。其君禹後，帝少康之庶子，云封于會稽，文身斷髮，以避蛟龍之害。」蓋文身斷髮者，粤俗之所好也，非避蛟龍之害也。班固誤訓其文，故應劭注《史記》有象龍子之語爾。

宋·羅泌《路史》卷二六《國名紀三·高辛氏後》 子曰：「泰伯，其可謂至德也已矣。三以天下讓，民無得而稱焉。」禮讓，為國之本也。昔者虞帝一讓而九官皆讓，范宣子一讓而其臣皆讓。下之視傚，苟草偃風，況始國之君哉！《詩》云：「受爵不讓，至于己斯亡。」少康以克艱興，而句踐亦以克艱興。泰伯以天下讓，而季札亦以吴國讓。惟其有之，下必有甚焉者，故能禮讓，則知禮而敬上矣；知禮敬上，于為國乎何有？古公之時，周家之業蓋已形矣。其所以當得之者，泰伯也，乃不受而三辭之。其不受也，非為名也，非為其弟也，以天下故，豈其心之有是哉？心無是，是故天下莫之知。天下莫之知，何從而稱之哉？范煜亦言：泰伯、伯夷未始有讓。若許由者，能逃天下而不能逃名，迹不泯也。鄉使泰伯遷延退辟，不能堅決，則民得而稱之矣，豈至德邪？文王者，天之所命也。伯惟知此，是故致國不屑。夫以君之元子而棄宗國以逃形，身本中夏而冒先王之大禁以從狄，安行獨復，又曷嘗以讓為美而為之哉？三讓之説亦推見至隱，而知周之所以得天下之本云爾。太史公云：伯知古公欲立季歷，亡之荆蠻，斷髮文身。何嘗見其三讓如所謂南鄉讓天

下三哉？按王充書：古公三子，其季曰歷，季歷生昌，在襁瑞見古公曰『吾世當有興者，其不在昌乎！』泰伯知之，乃去之吳。夫泰伯蓋知天命之在昌，不去則惑，惑且亂，是故翩然有不俟駕。此其去之，為天下者明也。時平則先嫡，國難則先功，此憲之所以讓太子也。若齊景公篡其君兄之位，雖有千駟，死之日曾何足為稱哉？秦王世民功既高矣，而建成、元吉猶不之瘠，卒以自斃，則知為己而已。夫又安能以天下哉？泰伯可謂至德也已矣。

宋·史堯弼《蓮峰集》卷七《泰伯可謂至德論》 君子之於天下，不求其德之可見，而求使其德之不可見，是以功足以及百世，君子於此辭之而不為；澤足以被萬物，君子於此避之而不居。寧舉而推之於人，使天下受其賜而已不與焉。此其用心不亦甚大，而其為道不亦甚遠也歟？吳泰伯之將遜，商之將衰而周之將興，蓋可必也。以泰伯之興而得立於天下，其功之可以及世而澤之可以被物者，亦可必也。而泰伯方且逡巡固避，若無能然，必舉而遜之王季，以待文王之興，寧使天下被文王之道而己不與焉。此其志在於天下，而豈屑屑然遜國以為高，逃名以為美哉？

孔子曰：『泰伯，其可謂至德也已矣。三以天下讓，民無得而稱。』甚矣，世之人不足以知聖賢之意，則以為舉當受之國，而與不當受之人，此人之所以難能者；既有遜國之實，而深逃遜國之名，此又人之所難能者；而遂以此為泰伯之至德。夫舉國而畀人，好名之士可得而能也；有其德而辭其名，遯世之士亦可得而能也。泰伯之德，豈好名而已乎？抑亦遯世而已乎？是二者，皆不足以為德，而況所謂至德者哉！方太王之居豳也，周之王道雖未行於天下，而天下之心已歸於周矣。君子幸而出於此時，豈不欲有為於天下哉！使泰伯於此奮然以周家之業自任，天下必不以我為貪；使王道自我而成，天下必不以我為專。而泰伯則不然，以為天命之歸，有待於文王；天下之人方陷於塗炭，亦有待於文王。寧使王道待文王而行，不必其行於我也；使王業待文王而成，不必其成於我也。於是脱然捨去其所當傳之業，而不以為嫌，遠託於蠻夷之地，而不以為陋，以成文王之德於天下。率天下之諸侯，環向而惟文王之歸；舉天下之民，無有遠邇，莫不均被文王之澤；而周之勳，遂大集於天下。此其心豈遜之以位哉？亦遜之以德而已。豈特為周室哉？將以為天下而已。及夫王道既已行，王業既已成，天下皆知其為文王之功，而已不與焉。此豈尋常遜國以為高，逃名以為美者，可希其萬一哉？是知以天下遜於人，猶可能也；遜而使天下蒙其澤，所不可能也。澤及於天下，猶可能也；澤及天下而使人不知其澤之所從，不可能也。非天下之至德，其孰能與於此哉？

昔之以位遜人者，非一矣。堯之於舜，舜之於禹，以天下遜者也。伯夷之於孤竹，子臧之於曹，季札之於吳，以一國遜者也。其事之大小不同，故其效之淺深亦異。今泰伯之遜，不過區區之豳，七十里之國而已，而孔子乃以天下遜歸之。此與伯夷、子臧、季札遜一國者何異，而乃加之以堯、舜遜天下之名，何哉？嘗聞之孟子曰：『以天下與人易，為天下得人難。』君子之不以天下輕授人如此，故堯之遜，為天下得舜也；舜之遜，為天下得禹也。今泰伯之遜，是為天下得文王也。此其用心，豈非堯、舜為天下之心歟？堯於此，使舜之道及於天下；舜於此，使禹之道及於天下；而泰伯於此，亦能使文王之道及於天下。此其所收之效，豈非堯、舜及天下之功歟？遜行於蕞爾之國，而其道大被於天下，雖謂之天下遜，其誰曰不然？是以伯夷之遜人，不過稱其清；子臧之遜人，不過稱其節；季札之遜人，不過稱其義；而泰伯之德，至於民無得而稱，豈非其道之在天下有不可得而名言者歟？雖然，泰伯所用之心，所收之功與堯、舜同，而其所遭之事則與堯、舜有大相遠者。堯、舜之遜也，當德業之已成，天下之全盛，而舜、禹又皆有已試之功，故堯、舜之德可得而見也。今泰伯之遜也，當德業之未著，天下之未一，而文王之方幼，又無已行之驗，故泰伯之德不可得而見也。孔子之定《書》，於堯、舜之遜，止直著其事而未嘗論其所以然。豈非以其顯而易見也歟？至於泰伯則不然，必斷然表而出之曰『至德』，以明示天下後世。嗚呼！泰伯之心，非吾聖人，其誰明之？

宋·張栻《論語解》卷四《泰伯篇》 三讓，程子曰：不立一也，逃之二也，文身三也。夫泰伯之讓，誠難知也。以君之元子而弃宗國以逃，身本中夏而從夷狄之為，不亦冒先王之大禁歟？而泰伯安然行之。非聖人，孰能明其為至德也？至德謂德之至也。泰伯知文王有聖德，天之所命，當使天下被其澤，故致國於王季，為文王也。故曰『以天下讓』。言其至公之心為天下而讓也。變而止乎中，非達權樂天者，其能與於此乎？惟其事情深遠，故民無得而稱，而聖人獨知其為至德也。或曰：泰伯之心，知文王得國，則周必有天下乎？非然也。以是存心，則是利夫天下者也。泰伯知文王得國，則天下必被其澤而已。至於周之有天下，則泰伯豈加毫末於此哉？此又不可以不知也。

宋・戴溪《石鼓論語答問》卷中《泰伯》 前輩謂許由只能逃堯，不能逃名。若名已相隨，逾逃而逾至，蓋不由己。所謂至人無名者，形迹俱泯，不待有其名而逃矣。善乎范蔚宗之言曰：泰伯、伯夷，未始有讓也。所謂未始有讓者，緣當初不曾是為『讓』一字做出許多事來。當初泰伯、伯夷只道是君父之命不可違，兄弟與我，一也，是以去而不立，胸中終不曾道讓是好事，要去做此，所以民無得而稱。他本無讓之心，安得有讓之名？百姓又何緣得知？且如韋元成、劉愷、丁鴻之徒，雖未必是勉強矯拂以求名，只是他胸中畢竟道是好事，有心去做，所以欲逃此名不可得，被朝廷迫促，明有貴讓時也。緣此，泰伯三以天下讓。按《史記》，泰伯知古公欲立季歷而亡去荆蠻，斷髮文身，却不曾見他三讓，如漢文所謂『南鄉，讓天下三』之類。兼泰伯若在此遷延退讓，至于再三，百姓亦自得而稱矣。

明道先生曰：三讓者：不立，一也；逃去，二也；斷髮文身，三也。此説是若使泰伯當初只是不立、不逃去，若逃去不斷髮文身，亦恐未免有顧戀意思。直使斬截得恁地分明，當初百姓只見得泰伯若狂惑之為者。後世聖人推見至隱，便見得泰伯此三事，都是他讓天下處。所謂三以天下讓者，亦是聖人推原周家得天下之本處，如王迹起於后稷之意。若曰泰伯逆知文王之聖可以得天下而讓焉，雖武王牧野時無是心也，而況於泰伯乎！

宋・朱熹《四書或問》卷一三《論語・泰伯》 或問曰：何以言三讓之為固讓也？曰：古人辭讓，以三為節。一辭為禮辭，再辭為固辭，三辭為終辭。故古注至是，但言三讓而不解其目也。今必求其事以實之，則亦無所據矣。

曰：何以言其讓於隱微之中也？曰：泰伯之讓，無揖遜授受之迹，人但見其逃去不返而已，不知其讓也。知其讓者，見其讓國而已，而不知所以使文、武有天下者，實由於此。則是以天下讓也。

曰：其為至德，何也？曰：讓之為德既美矣，至於三，則其讓誠矣；以天下讓，則其所讓大矣；而又能隱晦其迹，使民無得而稱焉，則其讓也，非有為名之累矣。此其德所以為至極而不可以有加也。

曰：太王有廢長立少之意，非禮也。泰伯又探其邪志而成之，至於父死不赴，傷毀髮膚，皆非賢者之事。就使必於讓國而為之，則亦過而不合於中庸之德矣。其為至德，何耶？曰：太王之欲立賢子聖孫，為其道足以濟天下，而非有愛憎之間，利欲之私也。是以泰伯去之而不為狷，王季受之而不為貪。父死不赴，傷毀髮膚，而不為不孝。蓋處君臣父子之變而不失乎中庸，此所以為至德也。其與魯隱公、吴季子之事，蓋不同矣。

曰：逃去可矣，何必斷髮文身哉？曰：先儒論之多矣。蘇氏以為讓國，盛德之事也，然存其實而取其名者，亂之所由起。故泰伯為此，所以使名實俱亡而亂不作也。此以利害言之，固不足以論聖賢之心。而其弟黄門又曰：子貢言泰伯端委以治吴，則固未嘗斷髮文身也。且漢東海王以天下授顯宗，唐宋王成器以天下授玄宗，皆兄弟終身無間言，何必斷髮文身哉？此引子貢之言，則其事固有不可考者。然以漢唐二事例之，則亦未足以盡聖賢之心也。蓋使王季之心但如顯宗、玄宗則可，若有叔齊之義，則亦不能以一朝居矣。使泰伯而不有以深自絶焉，則亦何必以致國於王季而安其位哉？然顯宗、玄宗之心，其厚薄又自不同也。

曰：程子既曰泰伯知王季、文王必能開基，成王業矣；又曰不必革命，使紂賢，文王必為三公。何也？曰：此亦推廣假設之辭耳。

曰：謝氏以為泰伯亦能有天下，信乎？曰：泰伯固為至德，然恐非文王之倫也。使其德業果與文王不異，則太王之欲立季歷，乃邪心矣。大率此為推本而言，楊氏之説得之矣。

宋・朱熹《論語集注》卷四《泰伯》 泰伯，周大王之長子。至德，謂德之至極，無以復加者也。三讓，謂固遜也。無得而稱，其遜隱微，無迹可見也。蓋太王三子：長泰伯，次仲雍，次季歷。太王之時，商道寖衰而周日彊大。季歷又生子昌，有聖德。太王因有翦商之志而泰伯不從，大王遂欲傳位季歷以及昌。泰伯知之，即與仲雍逃之荆蠻。於是大王乃立季歷，傳國至昌，而三分天下有其二。是為文王。文王崩，子發立，遂克商而有天下。是為武王。夫以泰伯之德，當商、周之際，固足以朝諸侯，有天下矣。乃棄不取，而又泯其迹焉，則其德之至極，為何如哉？蓋其心即夷、齊扣馬之心，而事之難處有甚焉者。宜夫子之歎息而贊美之也。泰伯不從，事見《春秋傳》。

宋・朱熹《晦庵集》卷五七《書・答李堯卿》　太王有翦商之志而太伯不從，太王欲傳位季歷以及昌，則太伯遜位而去，莫是翦商之事，在我雖不從而難必於後人，若不遜位而去，則又兄弟爭國，違父之命，已先失德，此所以固讓也。太王既有避狄之心，何故又萌翦商之志？於數十年之前莫是。以其理與天命推之，知商之必亡，周家世世修德，知不能違天命之眷付耶？方其去豳也，為民之故，不欲驅之鋒鏑；及其傳季歷以及昌，亦為民之故，必欲救之水火之中，故避狄翦商，亦時焉耳而已。事雖不同，其心則一，均之為民，無所利也。

太伯只是不欲為此事耳。今亦未見其曲折，不須如此穿鑿附會也。

宋・黎靖德《朱子語類》卷三五《論語十七・泰伯篇》　問：泰伯之讓，知文王將有天下而讓之乎？抑知太王欲傳之季歷而讓之乎？曰：泰伯之意却不是如此。只見太王有翦商之志，自是不合他意，且度見自家做不得此事，便掉了去。《左傳》謂『泰伯不從，是以不嗣。』不從即是不從太王翦商事耳。泰伯既去，其勢只傳之季歷，而季歷傳之文王。泰伯初来思量，正是相反；至周得天下，又都是相成就處。看周内有泰伯、虞仲，外有伯夷、叔齊，皆是一般所見，不欲去圖商。

吴伯英問：泰伯知太王欲傳位季歷，故斷髮文身，逃之荆蠻，示不復用，固足以遂其所志。其如父子之情何？曰：到此却顧恤不得。父子、君臣，一也。太王見商政日衰，知其不久，是以有翦商之意，亦至公之心也。至於泰伯，則惟知君臣之義截然不可犯也，是以不從。二者各行其心之所安，聖人未嘗説一邊不是，亦可見矣。或曰斷髮文身，乃仲雍也，泰伯則端委以治吴。然吴之子孫，皆仲雍之後，泰伯蓋無後也。

問泰伯事。曰：這事便是難。若論有德者興，無德者亡，則天命已去，人心已離，便當有革命之事。畢竟人之大倫，聖人且要守得這箇。看聖人反覆嘆咏泰伯及文王事，而於《武》又曰『未盡善』，皆是微意。

因説泰伯讓曰：今人纔有些子讓，便惟恐人之不知。泰伯之心，即伯夷叩馬之心；太王之心，即武王孟津之心。二者道並行而不相悖。然聖人稱泰伯為至德，謂武為未盡善，亦自有抑揚。蓋泰伯、夷、齊之事，天地之常經；而太王、武王之事，古今之通義，但其間不無些子高下。若如蘇氏用三五百字罵武王，非聖人，則非矣。於此二者中，須見得道並行而不悖處，乃善。

因問：泰伯與夷、齊心同，而謂事之難處有甚焉者，何也？曰：夷、齊處君臣間，道不合則去。泰伯處父子之際，又不可露形迹，只得不分不明且去。某書謂太王有疾，泰伯採藥不返，疑此時去也。

問：泰伯讓天下與伯夷、叔齊讓國，其事相類。何故？夫子一許其得仁，一許其至德。二者豈有優劣耶？曰：亦不必如此。泰伯初未嘗無仁，夷、齊初未嘗無德。

問：三以天下讓，程言不立一也，逃之二也，文身三也。不知是否？曰：據前輩説，亦難考。他當時或有此三節，亦未可知。但古人辭必至再三，想此只是固讓。

又　卷八一《詩二・大雅文王》　又問：太王翦商，《左氏》云『太伯不從，是以不嗣』，莫是此意？曰：此事難明。但太王居於夷狄之邦，強大已久，商之政令亦未必行於周。大要天下公器，所謂有德者易以興，無德者易以亡。使紂無道，太王取之，何害？今必言太王不取，則是武王為亂臣賊子；若文王之事，則分明是盛德過人處。孔子於泰伯亦云『至德』。

宋・陳埴《木鍾集》卷一《論語》　泰伯，諸侯也，有一國也，夫子以為三以天下讓。周之得天下來歷，自泰伯之讓始。故其讓國處，人得見其迹；其讓天下處，人莫知其心。所以聖人表出來。泰伯之讓在太王時，事迹甚微，人莫能知。聖人推見至隱，以其本心與文王同，故俱稱為『至德』。使不偕逃，亦自足以造周，故又言『以天下讓』。

泰伯之讓國與夷齊同否？《集注》曰：其心則夷、齊之心，而事又有難處者。太王有翦商之志，又以王季生聖子，意欲立之，而事迹未見。泰伯竊窺此意，

故逃之。蓋其處父子兄弟之變，而欲全天性之恩；處商、周興亡之際，而欲全君臣之義。其事皆類夷齊而泯其迹，所以為『至德』。

宋・王應麟《困學紀聞》卷一一《考史》　《傳》言大伯端委，仲雍斷髮。《史記》云二人皆文身斷髮，示不可用。文身斷髮，自辟害耳。遠適荆蠻，則周人不知其處，何以須示不可用也。皆遷之謬。

元・陳天祥《四書辨疑》卷五《論語・泰伯》　就如《注》文所言，纔有其志，事猶未行。父子之閒，何遽相違以至於此？太王果爲此事欲廢其子，泰伯果爲此事棄父而去，可謂父不父，子不子，何至德之有哉？推其事情，只是泰伯見商道寖衰，憫生民之困，知文王聖德足使天下被其澤，故欲讓其位於王季，以及文王。太王却是重長幼之序，不許泰伯之請。如此，則泰伯之逃爲有理矣。《纂疏》引《語録》之説曰：泰伯只見太王有翦商之志，自是不合他意，便掉了去。又言到此，顧恤不得父子之情。嗚呼！人倫所重，莫重於父。以子事父，不合他意便掉了去，是無天也。以此爲教，將如後世何？

《注》文又言：泰伯不從，事見《春秋傳》。今案《春秋左氏傳》，雖有『泰伯不從』之一語，初不知不從何事，下句言『是以不嗣』，正是不從太王，不許讓位之命，非謂不從翦商也。若本分解經，都無許事，捨聖經明文不從，而却傍取傳記疑似之言，執以爲是。呶呶如此，甚不可也。舊疏云：此章論泰伯讓位之德也。季歷賢，又生聖子文王昌，昌必有天下，故泰伯三以天下讓於王季。其讓隱，故民無得而稱言之者，故所以爲至德，而孔子美之也。明道曰：泰伯知王季之賢，必能成王業，故爲天下而三遜之，言其公也。伊川曰：泰伯之遜，非爲其弟也，爲天下也。三説皆無太王欲立季歷之事，直以讓位歸之泰伯，可謂不失本經之意。然二程説泰伯專讓王季，意不在於文王，却爲未盡。南軒曰：泰伯知文王有聖德，天之所命，當使天下被其澤，故致國於王季，爲文王也。故曰以天下讓。言其至公之心，爲天下而讓也。惟其事情深遠，故民無得而稱，而聖人獨知其爲至德也。此比三説尤爲詳備，深得聖人之旨，學者宜宗之。

以『三』爲『固』，未曉其義。《纂疏》引《或問》之説云：古人辭遜，以三爲節。一辭爲禮辭，再辭爲固辭，三辭爲終辭。古注但言三遜，而不解其目也。參詳此説，凡有辭讓，須限三次，已不情實。所謂再辭爲固辭，三辭爲終辭者，與三遜謂固遜之説，又不相合。舊疏引鄭玄之説云：太王疾，泰伯適吳採藥；太王殁而不返，季歷爲喪主，一讓也。季歷赴之，不來奔喪，二讓也。免喪之後，斷髮文身，三讓也。明道曰：不立，一也；逃之，二也；文身，三也。二説與《注文》之説俱各不同，皆不免爲牽強曲説。蓋三讓，亦只是三次辭讓。必是太王有不忍之心，季歷有不安之意，泰伯既讓三次，終見不從，故棄其位而去，必欲致國於文王也。推其父子兄弟仁賢之心，其實不過如此，何必強立三者之目哉！

元・朱公遷《四書通旨》卷三《氣》　愚謂泰伯、仲雍俱是以天下讓，而夫子稱之，有輕重不同。蓋泰伯乃太王長子，確然當有國者，而見幾明決，用意忠厚。當其挾仲雍俱逃之時，仲雍未必能及此，只從其兄所為耳。況仲不去，太王亦豈舍季歷乎？

明・邵寶《簡端録》卷一二《論語》　泰伯為君臣而逃，文王為君臣而服，夷、齊為君臣而死，其心一也。

泰伯逃天下於荆蠻，其於君臣之分，見之審矣。推其志也，終不忍見周之代商也。説者謂泰伯之讓同於伯夷，豈其然哉？文王之心猶泰伯之心也，故仲尼皆稱之曰『至德』。

明・呂柟《四書因問》卷三《泰伯篇》　如軫問：泰伯三讓天下，止謂傳季歷乎？抑不從太王翦商之志乎？曰：謂季歷耳。然則《傳》何以云翦商？曰：由太王有翦商之志，欲傳位於季歷，故可言讓天下也。

伯源問：民無得而稱，如何？先生曰：知太王欲傳季歷，就固遜而去，世人怎麼知得他心事。故謂之『至德』。

若讓天下事，泰伯豈必知後有天下哉？在泰伯之時，止可謂之讓國。在武王之時，則可謂之讓天下矣。立言先後，不同如此。

明・呂柟《涇野子内篇》卷二〇《太常南所語》　問：泰伯逃矣，仲雍或欲立，則如之何？曰：仲雍立也，然不違父命乎？故伯夷之逃，是以兄遜弟，可謂之讓。若季歷，不管仲雍肯與不肯，必欲據之以弟逆兄，是謂之攘。又不可執一論

明・夏良勝《中庸衍義》卷八《達道之義・兄弟之法》　臣良勝曰：周之興也，其本於泰伯之讓乎！周公盛言王季之友，而孔子曰：

『泰伯，其可謂至德也矣。』蓋其友愛之相成也。夫立子以嫡以長，三代以來，未之有改也。泰伯長而賢，其當立無疑，然而天眷太王之德，既作之邦而得岐周之地，又賢其後而有文王之賢。文王，王季子也。使非泰伯之讓，王季不立，傳位無由以及文王，則天眷於太王者，亦虛矣。故泰伯不待太王傳位及己而後讓，先適吳而不反，使若莫知所之，則太王傳位，自歸王季而及文王矣。使太王没時，泰伯在國，則廢長之令不宜出於太王，擇賢之令不宜施於泰伯、王季。當太王受終之際，而泰伯近亦難於安其位而不辭也。此泰伯所以讓而無稱為至德也。若非先適不反，當立而讓，則民顯有所稱，而王季之立亦難於言因心之友矣。是故微子不得先紂，目夷不得並襄公，子臧、季札終身不敢即乎其位，以無泰伯之讓，亦無文王之聖也。然則天之所以眷太王，以生文王也。泰伯之所以可讓者，以文王也；王季之所以可立者，以文王也，皆所謂順天者也。然為王季則易為，泰伯則難。此所以為至德也。

又　卷六《達道之義・父子之變》　臣良勝曰：立子以嫡，立嫡以長，古今之通誼也。太王立少而興，天為之也，故《皇矣》詩曰『帝作邦作對』是也。若非太王之德，泰伯之讓，王季之友，文王、武王之聖，啓隙召亂，雖以季子之賢，諸兄弟亦尚賢者，其爭弑之禍猶若是也。故孔子於太王未有所贊，而獨稱泰伯曰『可謂至德也已，三以天下讓』也。昔魯武公以括與戲見王，王立戲。仲山甫曰：『不可。立也不順必犯，犯王命必誅。故出令不可不慎也。令之不行，政之不立，行而不順，民將棄上。』後戲立，魯人殺之。然則廢長立少，父有不行於子，君有不行於臣。惟有太王、泰伯、王季、文王之賢聖，而後可。臣故亦以父子之變言之也。

明・王鏊《震澤集》卷二一《無錫縣太伯廟碑》　太伯、文王皆以至德稱於孔子，皆可為而不為。文王當殷命既訖，紂惡日稔，人心歸周，如水赴壑，猶率之以事紂，是謂可為不為。若夫太王逃熏鬻之難，於岐焉作周，計其世猶當廪辛、庚丁之際。是時商道猶盛，太王安得遽有翦商之志？有之，則何以異後世狡焉思啓封疆之為？豈太伯不從而王季則從之耶？《孟子》曰：『天下歸殷久矣，久則難變也。』太伯雖聖，商業未衰，亦安能遽朝諸侯有天下耶？予意文王之生，夙有聖德，太王知周家之業於是焉興，故欲傳國及之。太伯知之，遂與弟逃去。其後周之有天下，在文、武之世；而王跡之基，實在太王之時。所謂以天下讓者，其以是哉！初，吳之先文身斷髪，混於龍蛇。太伯之來，端委治之，始去夷即華。至於今，人文財賦為天下甲，蓋所從來遠矣。

明・海瑞《備忘集》卷八《泰伯論上》　太王翦商之志，金仁山、胡雙湖辯之詳矣。愚竊謂太王實有是志，太伯去之，夫子亦不當以至德許。夫太王當祖甲之時，去高宗中興未遠，後一百有餘年，殷始亡，則當太王時，乃商家盛強之末，衰弱之始，其天命、人心尚完固未動，所謂翦商，亦言乎其志焉耳，非爰整其旅，如觀兵孟津、陳師牧野之為也。泰伯無荆蠻之逃，則國屬之泰伯矣；屬之泰伯，而泰伯以不取為心，則翦商之志蓄於太王者，息之泰伯；季歷不得位，日後無武王事，紂無滅亡之理。此其以天下讓商，更為何如？太王欲傳位季歷，則翦商之志季歷從之矣。太王啓於先，季歷從於後，父作子述，事必有可成無難者。君臣之義，泰伯不以此身維持其間，而托於採藥之去。我雖不殺伯仁，伯仁由我而死，充類至義之盡，泰伯其得為有君也哉？且弑君，天下大惡也，幸而成之，公議凛於斧鉞，不幸不成，大則身首異處，破壞家門，小則貶削投荒，流離終世。王述之子坦之欲以女與桓温，述怒排坦之曰：『汝真癡耶？乃欲以女與兵！』坦之是以不與桓温之禍。竊以為泰伯之愛太王，不如述之愛其子矣。

聖賢之論曰：君有過，三諫而不聽，則逃之。父有過，三諫而不聽，則號泣而隨之。夫子、臣異道，非止謂其天合、人合，義當如此也。子之於父，一體而生，比之異姓君臣，情分有別。以光明正大之義，投一氣相通之親，婉順號泣，至三至再，無不可以感通而挽回焉者。父有諍子，則身不陷于不義。無君一念，此其事為何如？可逆料其不可，反而遂逃之耶？仁傑周旋于則天之朝，雙陸不勝之兆，姑姪子母之言，且能動之，俾天下復為唐有。太王固非昏暗之武后也。仁傑能行於異姓之婦人，伯不能行於至親之父子。且朱子之論伯曰：『德足以朝諸侯而有天下』。夫足以朝諸侯，有天下，而不能以大義回父心，吾不信之矣。以子事父，情有可為而不為；身為世子，權有可為而不為。以事父言則不孝，以事商言則不忠，啓天下無君之禍，貽家門弑逆之羞，皆荆蠻一逃為之也。夫子旁通事物之變，酌見義理之原，而顧以『至德』稱之哉？

又《泰伯論下》 果如剪商說，則泰伯潔身而去，僅得與申生之恭為類。質美未學，謂之德且不可矣，況可謂之至乎？蓋採藥一去，使太王果成剪商之事，則商家天下不得於太王，當得於季歷。是泰伯不取商家之天下，而任父與弟取之也。《春秋》書『趙盾弑其君。』任父與弟取之，不以此身維持其間，繩以《春秋》法，泰伯罪不可逃矣。仁傑周旋于女主之朝，君子取焉。蓋君子期於成天下之事，而不必於明己之志。苟謂惟求無愧，直遂徑行，可以維持左右，使不至於成其逆者，皆不為之，泰伯不得為聖賢矣。

朱子以遂成吳國事，料泰伯於商、周之際，足以朝諸侯，有天下。太王邑於岐山之下，從如歸市，不能以有天下乎？太王可有天下，而泰伯潔身去之，謂讓天下於商，可乎？且朝諸侯、有天下之説，尤不可曉。説者謂周之頑民為商忠臣，觀《多方》、《多士》訓殷民者詳矣。必三紀而後，風俗移易。牧野之師，雖殷民有倒戈之志，然猶有前徒交戰之人。《孟子》曰：『其故家遺俗、流風、善政猶有存者』，是以難也。泰伯雖盛德，當不過于文王。文王值罪惡貫盈之紂，不能為之。泰伯當祖甲世，去高宗中興未遠，又焉能朝諸侯，有天下易易耶？三分有二，以服事殷，説者謂九州所以不遽叛者，皆小心翼翼延焉。夫紂猶有可延之勢，以泰伯不從之德，當祖甲盛時，為天下倡率，民可知方，商室太山而四維之矣。朝諸侯，有天下，此必無之事也。

《孟子》曰：『繼世而有天下者，天之所廢必若桀、紂，故益、伊尹、周公不有天下。』適聖賢六七作之後，而天遽棄之耶？以德言泰伯，無取天下之理；以時言泰伯，無取天下之幾。徒見夫遂成吳國之迹，謂可以朝諸侯，有天下。夫歸泰伯之人，正邠人從太王之人也。其心知有君臣之義，故見夫可君者翕然歸之。又躋我于天下一君之上，恐知有仁人之人不如是也。歸市之太王，不能即遂剪商之心；遂成吳國之泰伯，能朝諸侯，有天下乎？且推己之物以與人，謂之讓。指商家未敗之天下，為泰伯當得而不取之恩，是何以異於盜賊指所未劫之家，其所積為己有，而姑讓與積財者所用耶？大禹、太甲、成王之天下，不可謂為益、伊尹、周公旦所讓；周之天下，不可謂為泰伯所讓，尤可知矣。夫子之言，當不如是。朱子憑《史記》之語而想像推之於太王、泰伯心事，皆不得其實，而其時其事并夫子稱許之言，有相悖戾不可强通者。不若止以讓國季歷，説武王終有天下，故以讓天下推許之，無礙也。

明·陳士元《論語類考》卷七《人物考·泰伯》 元按：《吳世家》云：季歷賢而有聖子昌，太王欲立季歷以及昌，於是泰伯、仲雍二人乃奔荆蠻，以避季歷。季歷果立，是為王季，而昌為文王。《左傳》僖公五年，宫之奇云：『泰伯不從，是以不嗣。』故朱子亦云：太王翦商而泰伯不從。若然，則周為强暴之諸侯，取商之計已非一世，而文王以服事殷，又何謂也？

《詩》云『居岐之陽，寔始翦商』者，蓋太王本無翦商之志，而居岐之時始得民心，王業之成寔基於此。故詩人追原武王之所以翦商，其先業寔始於太王耳。豈太王有翦商之志哉？然泰伯所以必逃之荆蠻者，蓋泰伯為長子，序當傳國，而太王或欲傳國於季歷，故泰伯逃以遜國也。然孔子不曰『三以國讓』而曰『以天下讓』者，蓋伯泰逃之荆蠻，從而歸者千餘家，立為吳君，則其賢可知。使傳國位，必能大其世業。況商之天下，至紂必絶。縱無武王伐之，紂能終有天下乎？使泰伯不逃而有後焉，則國位傳於泰伯之後，泰伯之後見紂無道，亦必伐之，不必武王也。是周之天下乃商之天下，商之天下必歸於周，乃泰伯之後之天下，非季歷之後之天下也。故孔子論武王得天下，乃追探為泰伯所讓。蓋人知泰伯讓國而不知讓天下，故曰『無得而稱焉』。夫泰伯與仲虞俱逃，使仲雍不逃，則國位亦當傳及仲雍矣。而孔子不稱仲雍為至德，惟以為逸民者，豈讓國之心出於泰伯，而仲雍從兄以逃於國，位無繫耶？

明·歸有光《震川别集》卷一《泰伯至德》 聖人者，能盡乎天下之至情者也。夫以物與人情之所安，則必受，受之而安焉。情之所不安，則必不受，雖受之而必不慊焉。人之喜怒發于心，不待聲色笑貌而喻，而意之所在，有望而知者。故受物于人，不在乎與不與之迹，而在乎安與不安之間，此天下之情也。天下之情，天下之所同，而濡滯迂緩，貪昧隱忍，將有不得盡其情者。惟聖人之心為至公而無累，故有以盡乎天下之至情。《論語》之書不以讓訓天下，而言讓者二：伯夷稱賢人，泰伯稱至德是已。

夫讓，非聖人之所貴也，苟以異于頑鈍無恥之徒而已矣。而好名喜異，人之所同患。使天下相率慕之而為琦魁之行，則天下將有不勝其弊者。春秋之時，魯隱、宋穆親挈其國以與人，而弒虧之禍不在其身，則在其子，國內大亂者再世。吳延陵季子可謂行義不顧者矣，然親見王僚之弒，卒不能出一計以定其禍，身死之後僅三十年，而吳國為沼。以延陵季子而猶不能無憾者，故讓之而不得其情，其禍甚于爭；苟得其情，則武王之爭可以同于伯夷，故聖人之貴得其情也。伯夷、叔齊，天下之義士也。伯夷順其父之志，而以國與其弟，然終於叔齊之不敢受，而父之志終不遂矣。夫家人父子之間，豈無幾微見于顏色？必待君終無嫡嗣之日，相與褰裳而去之，異乎民無得而稱者矣。故聖人以為賢人而已。蓋至于泰伯而後，為天下之至德也。古今之讓，未有如泰伯之曲盡其情者。蓋有伯夷之心而無伯夷之迹，有泰伯之事而後可以遂伯夷之心，故泰伯之德不可及矣。

自太史公好為異論，以為太王有翦商之心，將遂傳季歷以及文王。鄭康成、何晏之徒祖而述之，世之說者遂以為雖以國讓，而實以天下讓，不以其盡父子之情而以其全君臣之義，故孔子大之。夫湯、武之所以為聖人者，以其無私於天下，天下歸之而不辭也。使其家密相付授，陰謀傾奪，雖世嗣亦以是定，則何以異于曹操、司馬懿之徒也？太王迫于戎狄奔亡救敗之餘，又當武丁朝諸侯之世，雖欲狡焉以窺大物，其志亦無由萌矣。就使泰伯逆覩百年未至之兆，而舉他人之物為讓，此亦好名不情之甚，亦非孔子之所取。聖人無意必固我之私，須臾之間常不能以預定，而曰百年之必至于此，不幾于怪誕而不經耶？蓋翦商之事，先儒嘗以辨之，而《論語》之注，釐革之未盡者也。

說者徒以太王溺愛少子而有此，此晉獻公、漢高祖中人以下之所為，而太王必不至于是。故以傳歷及昌，為有天下之大計。殊不知兒女之情，賢者之所不免也；簒逆之惡，中人之所不為也。《詩》云『爰及姜女，來朝走馬』，孟子以為太王之好色也。詩人之意未必然，而孟子之言亦不為過。太王固不勝其區區之私，以與其季子。泰伯能順而成之，此泰伯所以為能讓也。泰伯之去，不于傳位之日而于採藥之時，此泰伯之讓所以無得而稱也。使太王有其意，而吾與之並立于此。太王賢者，亦終勝其邪心以與我也。吾于是明言而公讓之，則太王終于不忍言，而其弟終于不忍受。是亦如夷、齊之終不遂其父之志而已矣。張子房教四皓以羽翼太子，其事近正而終于傷父之心。申生徘徊不去，其心則恭而陷父于殺嫡之罪。故成而為惠帝，不成而為申生，皆非也。惟泰伯不可及矣。

孔子所謂以天下讓者，國與天下，常言之通稱也。苟得其讓，奚辨于國與天下也？苟盡其道，奚擇于君臣父子也？讓其自有之國則不信，而求其讓于所未有之天下，舍家庭父子之愛，勦百年以後君臣之事而為之說，是孤竹不為賢而必箕、潁以為大，歷山不為孝而必首陽以為高，諸儒之論之謬也。夫先意承志，孝子之至也。泰伯能得之，故泰伯之所為，迺匹夫匹婦之所為當然者；夫惟匹夫匹婦以為當然，是天下之至情也。

明·周宗建《論語商》卷上《泰伯·三讓章》 諸生問：『三以天下讓』，從來讓商、讓周諸說紛紛，畢竟如何？宗建曰：吾意甚是明顯，只為人看得死煞耳。泰伯三讓，原無實録，更說『讓天下』，益無影響。夫子提破這句，只是從後推原出周之有天下，實泰伯一讓之所貽。假使伯而不逃，有天下者未必非泰伯之子孫，而伯竟以一去而無稱。蓋夫子尚論商周之際，覺得泰伯當時這去委婉，恰好略無形迹，即人但知其以父子兄弟讓，而其微意所在，有非名言意擬所可測識者，故徬徨追想而深歎之耳。

諸生又問：畢竟泰伯之去為何？曰：泰伯先知之聖，看得世運當有返商為周之日，故超然遠逝，自脫于外。這時不惟凡人不知，即太王、王季恐未便識到此。夫子要亦隱會這意，故一為拈出，畢竟不欲說破也。翦商不從之說，不可泥。鄒肇敏曰：泰伯當年只是讓國，自夫子之時觀之，俯仰商周之際，百千感慨，即如《詩》稱『王季友于』，却在王季身上費得許多回護，而文王服事，又經了許多磨折，何如伯之超然一舉？『天下』二字沾他不上，追王亦追他不著，故夫子云然。蓋歎太王之不得如其子而王季之不得如其兄也。『無得』二字，意自了了。

明·劉宗周《論語學案》卷四《上論·泰伯》 聖人於商、周之際，扶萬古君臣之防，既表有二事商之德矣，又追論其始，遡周家世及之自，則泰伯之德，實與文王並隆。以泰伯之德，當商、周盛衰之際，固已浸浸有得天下之勢。不於其身，必於其子孫。自荊蠻一逃，而商之天下直以身讓之矣。聖人見端知末，逆知必至之勢，而早決其無待之機，真能讓天下者也，故曰三讓。今人事到臨局處，無可柰何，只得聽時勢所轉。時當湯、武，不合做征誅事；時當堯、舜，不合做揖讓事。若先一著做，直可由得自己。雖造化，任其斡旋。故曰先天而天弗違，後天而奉天時。天且弗違，而況於人乎！況於鬼神乎！泰伯之讓，直天、地、人、鬼之所避者也。如舜避堯之子於河南，禹避舜之子於陽城，而天下之民歸之。武王觀兵，諸侯不期而會者八百。欲讓天下，其可得乎？如泰伯者，真能讓天下者也。

或曰：逆知數世之後必有天下，托之荆蠻以志讓。其事不幾於誕乎？曰：泰伯善繼太王之志，與伯夷同義，所以全人倫也。然則太王廢嫡立少，非乎？曰：泰伯知季歷父子有聖德，可以光后稷之烈，故讓賢而去，非太王所廢也。若夫太王之屬意於季歷，亦文王舍伯邑考而立武王之心也。天與賢，則與賢也。

然則太王志翦商乎？曰：後人見周家王業定於太王、季歷授受之間，故謂翦商始於太王；而詩人歌之，非謂太王志於翦商也。然則泰伯讓天下於周乎？曰：若然，則泰伯挈商之天下，假手於弟姪，悖亂甚矣，烏乎稱至德？然則民無得而稱者，何也？商、周興衰，決在四世之後，與文王三分有二之勢不同。後人亦見得季歷之後，至文、武而有天下，與泰伯全不相及，是天命未嘗歸泰伯，安得讓？故無由稱之。然則泰伯與文王孰賢？曰：文王何可當也？讓天下一節，做得恰好到至處。文王終有天下之勢，而堅讓天下之節，其事難。泰伯始有取天下之兆，而堅讓天下之心，其情深。

清・馬驌《繹史》卷一八《周室始興》 惟時太王之少子季歷生昌，實有聖瑞。太王曰：「興吾世者，其在昌乎！」長子泰伯及弟仲雍望風知指，相率而逃荆蠻。泰伯讓國於季歷，季歷傳文王，文王傳武王，終有天下。是所讓者國而所以讓者天下也。故曰「三以天下讓，民無得而稱焉」。《傳》曰：太王有翦商之志，「泰伯不從，是以不嗣。」説《詩》者可謂以文害辭矣。《詩》稱「至于太王，實始翦商」。謂太王避狄遷岐，百姓歸其仁，周家代商之業實始基於此云爾。文王猶勤服事之節，豈太王遽有圖商之志？且是時受辛未作，商命未改，太王方棄國於可禦之狄，乃欲取天下於未亂之商，豈不厚誣哉？至如泰伯，不過一亡公子，採藥荆蠻而人心歸之，遂啓吴國。假令因岐山之舊邦，他日商周之際，寧不足以朝諸侯而有天下？則謂之以天下讓也，其誰曰不然！

清・孫奇逢《四書近指》卷七《泰伯》 伊川程子曰：泰伯三以天下讓者，立文王則道被天下，故泰伯以天下之故而讓之也。不必革命，使紂賢文王，為三公矣。此解最精。

顧子涇陽曰：在太王身上起念，是以父子讓也；在王季身上起念，是以兄弟讓也。乃泰伯更有大焉，却是在天下上起念，是以天下讓也。以父子讓，以兄弟讓，是將文王做一家公共的文王。以天下讓，又將文王做天下公共的文王。此段至心，民無得稱，夫子特表而出之。

清・顧炎武《日知録》卷七《三以天下讓》 《皇矣》之詩曰：「帝作邦作對，自太伯、王季」，則泰伯之時，周日以彊大矣，乃託之采藥，往而不反。當其時，以國讓也；而自後日言之，則以天下讓也。猶南宫适謂稷躬稼而有天下。當其時，讓王季也；而自後日言之，則讓於文王、武王也。有天下者在三世之後，而讓之者在三世之前，宗祧不記其功，彝鼎不銘其迹，此所謂「三以天下讓，民無得而稱焉」者也。《路史》曰：方太王時以與王季，而王季以與文王，文王以與武王，皆泰伯啓之也，故曰三讓。鄭康成注曰：泰伯，周太王之長子，次子仲雍，次子季歷。太王見季歷賢，又生文王，有聖人表，故欲立之而未有命。太王疾，泰伯因適吴越采藥，太王歿而不反，季歷爲喪主，一讓也。季歷赴之，不來奔喪，二讓也，免喪之後，遂斷髮文身，三讓也。三讓之美，皆隱蔽不著，故人無得而稱也。

泰伯去而王季立，王季立而文、武興。雖謂之以天下讓，可矣。太史公序《吴世家》云：「太伯避歷，江蠻是適；文、武攸興，古公王迹。」甚當。

高泰伯之讓國者，不妨王季，《詩》之言「因心則友」是也。述文王之事君者，不害武王，《詩》之言「上帝臨女」是也。古人之能言如此。今將稱泰伯之德而先以莽、操之志加諸太王，豈夫子立言之意哉？朱子作《論語或問》，不取翦商之説，而蔡仲默傳《書・武成》曰：「大王雖未始有翦商之志，而始得民心，王業之成，實基於此。」仲默，朱子之門人，可謂善於匡朱子之失者矣。

或問曰：太王有廢長立少之意，非禮也。泰伯又探其邪志而成之，至於父死不赴，傷毁髮膚，皆非賢者之事。就使必於讓國而為之，則亦過而不合於中庸之德矣。其爲至德，何耶？曰：太王之欲立賢子聖孫，爲其道足以濟天下，而非有爱憎之間、利欲之私也。是以泰伯去之而不爲狷，王季受之而不爲貪，父死不赴，傷毁髮膚而不爲不孝。蓋處君臣父子之變，而不失乎中庸，此所以爲至德也。其與魯隱公、吴季子之事，蓋不同矣。此説本之伊川先生。

清·顧炎武《左傳杜解補正》卷上《太伯不從》 不從者，謂太伯不在太王之側爾。《史記》述此文曰：『太伯、虞仲，太王之子也。太伯亡去，是以不嗣。』以亡去為不從，其義甚明。杜氏誤以不從父命為解，而後儒遂傳合《魯頌》之文，謂太王有翦商之志，太伯不從。此與秦檜之言『莫須有』者，何以異哉？

清·庫勒納等《日講四書解義》卷六《論語上之三·泰伯》 此一章書是孔子闡發潛德之意。昔周太王古公生三子，長泰伯，次仲雍，次季歷。季歷生子昌，是為文王。太王知文王有聖德，欲傳位季歷，以及文王。泰伯知之，即與弟仲雍託名採藥，逃之荆蠻。太王於是傳位季歷，至武王而有天下焉。孔子稱之曰：我周肇基王迹，始於太王，其後世世相承，皆賢聖之君也。而太王之長子泰伯，其德之盛，眞可謂至極而無以復加矣。何也？泰伯以長當立，是後之天下乃泰伯所宜有也。泰伯知太王之意，於是逃之荆蠻，示不可復用，故太王傳位季歷，至武王而遂有天下。自當日觀之，不過讓國；而自今思之，實則以天下之大，固讓於弟姪而不居也。但其讓隱微，無迹可見，故民莫得而稱頌之也。蓋泰伯之心，無一毫私欲之累，而曲全乎父子兄弟之間，至使身與名俱隱，而世與我兩忘，此所以謂之至德也。孔子特為表章之，其讓德之美豈不昭著於萬世哉？

清·毛奇齡《四書賸言》卷四 泰伯，讓國耳，夫子從後觀之，謂是讓天下。此深文之言，乃説者又復深文曰讓商。及究其所以讓商者，一則曰太王有翦商之志而伯不從，再則曰泰伯足以朝諸侯、有天下而棄不取。夫以商業未衰之際，太王方竄徙不暇，而謂可翦商，在太王必無此倖心。以公季、文王二世，力擴前緒，猶不能集統，而謂泰伯棄天下不取，在泰伯亦必無此妄念。此所謂誣古人之言，君子所不道也。且其以讓國為讓商者，非通人論也。父欲傳位于季子，以取商天下，而我乃去國，以使之必傳，是助之奪也。太王商臣，或欲遵商制傳及之法，由長、次以及于季，而我乃挾弟仲雍併其次，而亦去之，是奪之又奪之也。三以天下奪而反曰三以天下讓，何以通焉？況六經不可滅也，本欲証讓商而無據，乃取經証經，曰太王有翦商之志而泰伯不從，太王遂欲傳位于季子，一是《魯頌》文，一是《春秋傳》文也。按《魯頌》『居岐之陽，實始翦商』。翦，滅也，謂後之滅商，始于岐也，非謂太王之志也，太王不能滅商也。《春秋傳》僖五年，宮之奇曰：『泰伯、虞仲，太王之昭也。泰伯不從，是以不嗣。』從，順也。如定九年『從祀先公』之『從』，謂順昭、穆也。工史以昭、穆定世次，而伯且去國，以棄昭、穆。謂之不從，非不從父命也，太王不曾命翦商也。本欲解《論語》而乃併《毛詩》、《春秋》而盡從而誤解之，可乎？且《春秋傳》、《史記》明云：太王欲傳位于季，伯乃去國。今曰泰伯不從，而後太王欲傳位于季。吾嘗謂書經之亡，自宋注一出而唐虞三代之事實，皆為之一變。嗟乎！豈虚語與？

鄭康成實詮三讓，亦杜撰可笑。採藥一讓，赴至不奔喪二讓，斷髮文身三讓。按伯奔荆蠻，本隱姓名，即武得天下，欲封伯後亦曲求而始得之，彼時焉得有行赴之理？且《傳》明云：泰伯至吴，端委而治，至仲雍，始斷髮文身。而乃以此為伯事，雖其誤始自《史記》，然要是失據者。

清·毛奇齡《西河集》卷一二一《答三辨文·泰伯讓天下辨》 又辨：泰伯三以天下讓，朱注：其心即夷、齊扣馬之心，而事之難處有甚焉者。不知何為却有讓周之説。據朱子明注季歷生子昌，有聖德，太王因有剪商之志，而泰伯不從，遂欲傳位季歷以及昌。此本注也有疑。《閟宮》，詩人為推本得天下之由者。朱子曰：若推本説，不應下『實始剪商』。剪商自是周人説。若無此事，他豈肯自誣其祖？《左氏》分明説泰伯不從。未知是不從甚事？小注如此。夫朱子下字，斟酌盡善，豈無其志而肯故入古人之罪耶？

答：泰伯所讓，是讓季歷，則不必云讓周，而自不得有他讓。此在漢迄今，由注疏以及行文家無異詞者。獨朱氏一人，倡言讓商，此是武斷；而反謂讓周之說不知所由，此是何解？凡人不讀書，欲造說以說古事，亦當就本事略一諦觀。從來三代世系載之國史本紀者，自有明文。乃《本紀》云：「泰伯亡之荆蠻，以讓季歷。」則「讓」字有實落矣。孔子是言，正因史文「讓」字推言之，而曰豈止讓弟國哉？此經文來歷，蛛絲馬跡極瞭然者。是以漢儒去古未遠，即三讓「三」字亦有實落。如一採藥，二聞訃，三斷髮類，在王、鄭輩皆能言之。雖不必盡信，然讓則無他解矣。故先仲氏謂朱氏說經，總不顧前後，不惟亂經意，即己意亦自亂。

太王以季歷生昌，而謂為「可興」，不過痛己亡國，冀倖圖存，並不敢稍覬此全盛之大商。而朱氏以為志欲翦商，則其所云能翦商而欲傳位者，正季歷也。泰伯欲讓商而反逃之，以使之必傳，此能翦商之季歷，可謂讓商乎？乃杜撰無理，自造故事，又且自加解辨，以曲為回護，而究之一往紕繆，徒為經禍。如注云：「太王有翦商之志，泰伯不從，遂欲傳位季歷以及昌。」夫「居岐之陽，實始翦商」，此《魯頌》文也。忽添「之志」二字於其下，已自不通；乃又撮《春秋傳》「泰伯不從」四字以接之，則不通彌甚。按「之志」二字，猶徒抱其志而未嘗翦。及另造一說，則太王直自翦之。其說云：《閟宮》翦商，有謂詩人推本得天下之由者。朱子曰：若推本說，不應下「實始翦商」。語翦商，是周人說。若無此事，他豈肯自誣其祖？信然，則太王自翦商矣。夫翦者，滅也，謂滅商也。太王何曾滅商，豈曾以翦刀翦商幾刀乎？太王為狄滅，尚不能翦狄幾刀，而謂能翦商，直夢囈中語。然且謂周人自說，周人自誣祖，亦嘗就本詩一讀之乎？此詩係魯僖祭姬廟，而史克作詩，雖是周人，然周人之通者也。翦者，滅也。滅商者，武王也。武王之滅商，實從太王始基之。此猶《武成》云「我太王肇基王迹。」肇者，始也。王迹者，武王滅商之迹也。肇基王迹正是實始翦商。一史克言之，一是武王自言之爾。誣他他，不誣祖也。若「泰伯不從」，直接「太王有翦商之志」，則尤為不通。夫古經，未易讀也。

泰伯不從，出之《春秋傳》宮之奇諫虞公語。其曰：「泰伯、虞仲，太王之昭也。泰伯不從，是以不嗣。」以「不從」接「太王之昭」，原自難解。然正須解說，以求經義，乃強接之「翦商之志」之下；而于本文仍不解，反曰「《左氏》分明說不從，不知是不從甚事。」夫祇有志而不從，已不可訓，勢必添「不從父命」為言，而「父命」二字又添不出。何則？古兄弟讓國，惟泰伯與夷、齊，而夷、齊有父命，故伯夷曰：「父命也。」遂逃去。而泰伯無父命，故前儒注經者惟恐有誤，特于《論語正義》專下一疏曰：文王有聖德，太王欲傳之而未有命。竟以「未有命」三字絶之。其慎重如此。朱氏既無學識，又堅愎自用，反為回護曰：「不從個甚事。」蓋原不解《春秋傳》「不從」之義，而復強抵一句，一似伯之不從，舍從父一事，便無他事可解者。

不知「泰伯不從」，陡接「太王之昭」句，正讓弟實解，而世罕識者。古工史書世，宗祝序昭穆。而孔氏《正義》曰：父子異昭穆，兄弟同昭穆。然而同昭同穆中，有先後焉。先後定而位次因之。順其位次謂之從，倒其位次謂之逆。故《春秋》文二年經書「躋僖公」，而《國語》宗有司曰：「非昭穆也」。正謂閔僖兄弟，閔先立，僖後立，而升僖于閔，非昭穆位次也。孔子譏之曰：「縱逆祀。」所謂逆也。其後定九年，經書「從祀先公」，則以陽貨是時易閔、僖之位而順祀之，即謂之從。從者，順也，所謂順而從之也。今泰伯、季歷同為太王穆，考之昭，而不依長次，舉國讓弟，謂之逆而不順，不順即不從，故曰不從。同昭之位次而不嗣周國，此正讓周、讓弟實解。而舉世不識，何也？

辨：意伯此時隱憂惻怛，必忱思以感之，不能則幾諫以動之，正諫以格之。夫得罪于鄉黨州閭，寧熟諫也，况君臣間乎！伯于此時，惟有逃之一着，而然後父子恩全，君臣義盡，非陷父不義也。

答：此直推廣朱氏說而縱言之。宋人經禍，當此益浸淫矣。古事人多不曉，然亦顯顯在人，而人並不講且，並不體察。如伯與夷、齊，其事亦何嘗秘密？而皆不能察其苦心。觀《伯夷傳》云：其父死，叔齊讓伯夷。是兩人之逃，必父死而後行之。其生前隱諱，必不敢悻悻求去以見諸形跡，當何如者。惟伯亦然。伯深體父意而隱忍不發，至太王疾亟而後，托採藥而幡然去之。此並是實事，而乃儼然撰事曰幾諫，曰正諫，父子兄弟幾幾鬨市出一門矣。曾宋儒經禍而可尤效之如此。

清·陸隴其《四書講義困勉録》卷一一《泰伯其可謂至德也已矣章》

百方家《問答》：湯海若曰：以國讓王季，是以商天下之故讓也。以商天下之故讓者，不是要王季之子孫翦商而取天下，是要輔商而安商之天下也。辛酉三月，始見此説。

竊意太王之欲翦商，在小乙商道寖衰之日。向使泰伯不去，則高宗不必中興，而牧野之師不待辛紂矣。高宗之中興，泰伯之去，成之也。三以天下讓，如此看似妙。然先儒未有及此者，姑再詳之。

清・陸隴其《三魚堂文集》卷三《泰伯三讓論》 説者曰：伯之讓，讓周也。太王有立季歷之心，伯知之而逃，遂使季之後終有天下，是為以天下讓。嗚呼！是未嘗深原乎古人之事，而猥以己意揣測之者也。夫使太王果有立季歷之心，則亦何足為？太王廢長立幼，此晉獻、齊景之所為，而謂太王為之乎？即曰季歷生昌有聖德，使泰伯嗣位，昌為之佐可矣。豈遂以是廢長幼之倫哉？且如太王果欲立季，則是非正也，邪也？伯探其父之邪志而成之，可謂至德乎？然則其為讓奈何？曰：伯非讓周也。太王之欲立季歷，在伯既去之後，不在伯未去之前也。季歷之天下，因伯之讓而有；而伯之讓，不為季歷也。伯非讓周也，讓商也。讓商也者，太伯有翦商之志而伯不從，而周不遽王，商不遽亡，是之謂以天下讓云爾。

考之周史，太王遷岐在小乙之世，繼而武丁中興，六十年商道方隆，太王何自有翦商之志，泰伯又何自以天下讓？曰：是不然。武丁之中興，泰伯之讓成之也。使泰伯不讓，則武丁不中興。何則？史稱小乙之世，商道寖衰。是時六七作之賢聖已遠，而恭默思道之君猶在民間。商之不絕如綫，而周以積功累仁之後，加之以太王之英明，綱紀益修，德澤益廣，國勢益强。天下歸太王於小乙之世，猶其歸文王於辛受之世也。而泰伯又以明聖顯懿之資，佐乎其後。使太王主之，泰伯從之，商之不祀，豈待孟津之會哉？泰伯知其勢之不可止也，是故以身去之。泰伯去，而太王以遲暮之年，王季又當儲位初定之日，勢不能以及遠，然後天下之歸周者稍衰，商之勢得以稍安，而徐俟夫賢聖之君出而振興之。此泰伯之志也。故武丁之興，泰伯成之也。

蓋泰伯之志，猶之文王。文王之權在己，故率六州以事之，而直行其臣節。泰伯之權在父，故逃荊蠻以避之，而曲遂其忠貞。文王不幸而遇紂，故六州之事，不得不變為牧野之師，而名以相形而愈著。泰伯幸而終遇武丁，故荊蠻之逃，止見為家庭之變，而名遂相泯而不彰。要之，兩聖人之德，則一而已矣。噫！泰伯所以為讓者如此，泰伯之讓所以為至德者如此。夫子懼天下之民不知稱也，故表而出之；而後世乃曰：讓周也，非讓商也。則是泰伯之讓與魯隱、宋宣、子臧、季札之徒無異也。夫魯隱、宋宣、子臧、季札之徒，《春秋》譏其啓亂矣。泰伯之讓而如是也，夫子肯謂之至德耶？甚矣，其不深原乎古人之事，而猥以己意揣測之也。

雖然，以泰伯為讓商是矣，以太王為翦商，無乃非人臣之義乎？曰：不然。泰伯，守天下之大經者也。太王，通天下之大權者也。太王翦商之志，猶武王誓師之志；泰伯讓商之心，猶夷、齊叩馬之心。故知武王與夷、齊之無異者，則知太王與泰伯之無異。不然，以太王之明，豈不知泰伯之志？以泰伯之德，豈不足以感動乎太王？而乃父子相戾若是也哉！

清・邵泰衢《史記疑問》卷上《周紀》 太伯、虞仲亡如荊蠻，斷髮文身，以讓季歷。哀七年《傳》：子貢曰：『太伯端委，以治周禮。仲雍嗣之，斷髮文身，裸以為飾。』注曰：仲雍始效吳俗，以避災害。是太伯亡時，尚端章委冠，以治岐周之禮；仲雍嗣立，始斷髮文身，以效吳楚之俗也。今曰伯、仲文身，示不復用，遂若伯、仲之逃，情非得已者。此文身斷髮，禍避申生之誹議，《史通》所由生也。

清・李光地《榕村語録》卷三上《論二》 故知太王欲翦商而泰伯不從，乃史者之誣。夫子所謂三以天下讓者，美其讓國之無跡。由周後日受命而追論之，故謂國為天下耳。

泰伯至德，只宜就讓國說。『天下』與『國』字亦通用。太王翦商，是詩人推原興隆之由，實自太王始耳。太史公遂云有翦商之志，乃是亂説。

清・李光地《讀論語劄記》卷上《子曰泰伯其可謂至德也已矣章》 《注》從《史記》之説，謂太王有翦商之志，而泰伯不從，因逃去之。夫子以是美其讓也。揆以時勢情理，似未必然。當太王時，殷道猶盛。太王亦賢者，安得遂萌不臣之心？縱有是心，將太王自行之乎？潔身而去，以惡與父，是未得為至德也。有待於後嗣行之乎？不從亂命，以蓋前人之愆可矣。今觀季歷、文王再傳將百年，猶未受命，可以白太王之無是心，故子孫得以終守臣節，不以違其父、祖之志為嫌也。泰伯何為急急去之乎？蓋其事與伯夷相似。所謂讓者，讓季歷耳；但所讓者，區區岐陽之國，而夫子言『天下』。後學由此生疑。析之以理，蓋周室將興，其兆已見，泰伯又賢，勢可奄大。『以天下讓』云者，事後追論之辭。若當日蕞然侯邦，遽曰以天下讓商，亦可謂夸而非事實矣。況曰『三』云者，必也泰伯曾辭避之，而太王未之許，卒乃託名遯去，以遂其志，故曰『三讓』也。其事與伯夷同，然夷讓於父没之後，則父過既彰而宗社幾於無主，故不如泰伯之去於事先而泯其迹。其無讓名也，乃所以善處父子兄弟之間；而為德之至，比夷齊之曰『賢人』者有進焉。蘇子由謂司馬遷之書淺陋而不學，疎略而輕信，則其虛誣者多矣。此事尤不可以不辨。

清·楊名時《四書劄記》卷二《論語》 讓商之説，謂泰伯一立，則天下即歸泰伯，將欲辭之而不能，故早見及此，而讓而不居。是延商祚及百年者，皆泰伯忠貞之所留也。夫懼己之德澤及民，恐天與人歸，致失臣節，似揆之舜、禹、文王之事，有未必然者。且既即侯位而盡其忠貞，如文王之事殷，豈害臣節？此讓商之説，或有未安也。

至讓周之説，則曰泰伯欲遂父志，再傳可成王業。泥『天下』二字取解，以當日之事勢及聖人之立心推之，尤多未合。玩夫子本意，只是稱其能讓國於弟，以成父志，而其遜隱微，無迹可見。上以全其父之慈，下以成其弟之友，視伯夷之讓尤為盡善，故稱之為『至德』，見其能全天倫而不傷耳。因周後有天下，故云以『天下讓』，特據已然而言，非泰伯知文王之將有天下，而讓以成之也。

清·焦袁熹《此木軒四書説》卷四《子曰泰伯其可謂至德也已矣章》 《繁露》言：泰伯至德之侔天地也，上帝為之廢易姓而子之。讓其至德，海内咸歸之。泰伯三讓而不敢就位。董子廢易姓之言，似謂泰伯以不立，故延商之祚，是為讓商，非讓季歷。善發孔子之意者也。泰伯、文王心事略同。泰伯之難在始，文王之難在終。

清·方苞《本朝四書文》卷四《蔣德埈〈泰伯其可謂至德也已矣一節〉》 大讓無名，得聖論而幽闡矣。蓋自夫子有至德之稱，而人始知泰伯之讓也，德所為至也哉！若謂古聖賢行事，往往晦於當日而白諸後人，然有待白後人之心，已非古聖賢之志矣。獨是由前而論，若睽庸行之常，歷久而觀，乃立人倫之極，有不禁人之代為白者。尚論之間，竊有感也。我周自孟津會，牧野麾，遂以有天下。或曰此文之所留貽也，或曰此季之所積累也，而抑思誰為古公之冢子，誰為王季之元兄，而應纘岐封之舊者乎？吾乃今而思泰伯之德，為已至也。以端委之才，克君非忝，則愛伯者應無殊於愛季之心；惟神靈之胤，在母不憂，則立長者或不勝其立孫之望。然而誰命之而誰知之者？

從來廢立之釁一開，即萌奸人窺伺之漸。度深沈之亶父，必不明示其機，而伯之視無形、聽無聲者，已微窺於冥冥之中也。吾弗避焉，而傷厥考心；吾顯辭焉，而益傷厥考心，蓋此時之將順，苦矣。每慨長幼之倫稍戮，即啓數世覬覦之憂。度明類之英姿，必不樂逢其變，而伯之近傳賢、遠傳聖者，直永念夫綿綿之祚也。吾留也與哉，何以逮予季？吾行也與哉，更何以逮予季？蓋此時之意計，周矣。

民第見違西土，就南邦，幾笑伯為不才子，而伯正以竄身僻陋，則人心之戴弟益堅；民第見挾仲偕行，棄親弗顧，幾蒙伯以不孝名，而伯更以絶義逋逃，則君父之行權始正。迄乎化家為國，在天之靈未嘗不深鑒之，而當未命載揚，即父亦不得稱其子也。使知嫡長投荒，特為愛憐少子之故，將必愀然不安。惟青宮自以採藥行，則寢疾不為易嗣悔。此姬宗之太史，莫由執簡而爭者哉！厥後易侯而王皇矣，諸什未嘗不追遡之，而當因心篤慶，即季亦不得稱其兄也。使知兩昆越境，祇為一人得國之由，將必惕然難受。惟伯初不以父命為辭，則季自不以天倫為愧。此孤竹之逸民，未及撫心而計者哉！

嗟乎，征誅之局，至周已窮，而揖讓陰行，直軼唐、虞之再禪；服事之忠，惟文為至，而淵源付託，先留兗、冀之三分。德至矣，弗可及已。

清·愛新覺羅弘曆《御纂詩義折中》卷一六《皇矣》 大伯，大王之長子。王季，其少也。順於兄弟曰友。篤，厚；奄，遂也，言大王開闢山林，以奠民居，帝視岐山，見其木拔道通，民歸者衆，故既作爲大邦，又與以賢君，使自大伯以及王季，蓋兄終弟及，商制原如是也。乃王季生文王矣，大伯知大王欲傳季歷以及昌，故讓而不爲。夫大伯不爲而王季爲之，似乎不友其兄，而不知王季之友，乃因大伯之心而順之也。王季知大伯讓己以及昌，乃所以篤周之慶；己順其兄以篤其慶，乃予兄以讓德之光。是以受而不辭，守而不失，至文王而遂有四方，則大伯之心得，而己友大伯之心亦得矣。蓋文王之聖，必有天下，天所命也。故大王傳之，大伯讓之，王季受之，皆所以順天休命，而毫無私意於其間也。

夷齊讓國

綜　述

《論語·述而》 冉有曰：『夫子為衛君乎？』《集解》：鄭曰：為猶助也。衛君者，謂輒也。衛靈公逐大子蒯聵，公薨而立孫輒。後晉趙鞅納蒯聵于戚城，衛石曼姑帥師圍之。故問其意助輒不乎？ 子貢曰：『諾。吾將問之。』入曰：『伯夷、叔齊，何人也？』曰：『古之賢人也。』曰：『怨乎？』曰：『求仁而得仁，又何怨？』《集解》：孔曰：夷、齊讓國遠去，終於餓死，故問怨邪？以讓為仁，豈有怨乎？ 出曰：『夫子不為也。』《集解》：鄭曰：父子爭國，惡行。孔子以伯夷、叔齊為賢且仁，故知不助衛君明矣。疏：此章記孔子崇仁讓也。【略】入曰『伯夷、叔齊，何人也』者，此子貢問孔子辭也。伯夷、叔齊，孤竹君之二子。兄弟讓國遠去，終於餓死。今衛乃父子爭國，爭讓正反。所以舉夷、齊為問者，子貢意言夫子若不助衛君，應言夷、齊為是；夫子若助衛君，應言夷、齊為非，故入問曰：『伯夷、叔齊，何人也？』曰古之賢人也者，孔子答言，是古之讓國之賢人也。曰怨乎者，此子貢復問，曰夷、齊初雖有讓國之賢，而終於餓死，得無怨恨耶？所以復問此者，子貢意言：若夫子不助衛君，應言不怨；若助衛君，則應言有怨也。曰求仁而得仁，又何怨者，此孔子答言，不怨也。初心讓國，求為仁也。君子殺身以成仁，夷、齊雖終於餓死，得成於仁，豈有怨乎？故曰又何怨？

《莊子》卷九《盜跖》 世之所謂賢士伯夷、叔齊，辭孤竹之君，而餓死於首陽之山，骨肉不葬。

《列子》卷七《楊朱》 伯夷、叔齊實以孤竹君讓，而終亡其國，餓死於首陽之山。

《戰國策》卷二九《燕一》 蘇秦曰：【略】廉如伯夷，不取素飡，汙武王之義而不臣焉，辭孤竹之君，餓而死於首陽之山。

《史記》卷六一《伯夷列傳》 其傳曰：伯夷、叔齊，孤竹君之二子也。唐司馬貞《索隱》：其傳，蓋《韓詩外傳》及《呂氏春秋》也。其傳云：孤竹君是殷湯三月丙寅日所封，相傳至夷齊之父，名初，字子朝。伯夷名允，字公信。叔齊名智，字公達。解者云：夷齊，謚也。伯、叔又其長少之字。《地理志》：孤竹城在遼西令支縣。應劭云：蓋伯夷之國。君姓墨胎氏。《正義》：本前注，丙寅作殷湯正月三日丙寅。《括地志》云：孤竹古城在盧龍縣南十二里，殷時諸侯孤竹國也。 父欲立叔齊，及父卒，叔齊讓伯夷，伯夷曰：『父命也。』遂逃去。叔齊亦不肯立而逃之。國人立其中子。

又 卷六九《蘇秦列傳》 蘇秦曰：【略】廉如伯夷，義不為孤竹君之嗣，不肯為武王臣，不受封侯而餓死首陽山下。

北魏·酈道元《水經注》卷一四《濡水》 玄水又西南逕孤竹城北，西入濡水。故《地理志》曰：玄水東入濡。蓋自東而注也。《地理志》曰：令支有孤竹城，故孤竹國也。《史記》曰：孤竹君之二子伯夷、叔齊讓國于此，而餓死于首陽。

北周·盧辯《大戴禮記》卷五《曾子制言中》注 伯夷、叔齊，孤竹君之子。初因父命，交讓其國，遂退北海之濱，而終死于首陽。

宋·羅泌《路史》卷一三《後紀四·禪通紀·炎帝紀下》 禹有天下，封怡以紹列山，是為默台。成湯之初，析之離支，是為孤竹。【略】先是，齊嫡而夷長，父初欲立夷，不可。初薨，夷齊偕巽，去之北海之濱，于是憑立。故孔子曰：『伯夷、叔齊，不念舊惡，怨是用希。』又曰：『求仁而得仁，又何怨？』嗟乎！適世暴亂而道不行，能亡怨乎？忘天下之不善，去之海濱，放于義以俟其清，則其怨亦希矣。一巽而獲其親，安其弟，美其身，求仁得仁，夫又何怨之有？

清·馬驌《繹史》卷二〇《武王克殷》 《列士傳》：孤竹君薨，伯夷長子當立，乃讓與弟叔齊，不受，乃讓與異母弟伯寮。夷、齊皆如周。

論　說

漢·王充《論衡》卷二七《定賢篇》 以委國去位，棄富貴，就貧賤為賢乎？則夫委國者，有所迫也。若伯夷之徒，昆弟相讓以國，恥有分爭之名。【略】故委國去位，皆有以也。謂之為賢，無以者可謂不肖乎？且有國位者，故得委而去之。無國位者，何委？

南朝梁·皇侃《論語集解義疏》卷四《述而》　云入曰『伯夷、叔齊，何人也』者，此子貢入問孔子之辭也。所以不問助輒不而問夷齊者，不欲斥言衛君事，故以微理求之也。伯夷、叔齊兄弟讓國，而輒父子爭位，其事已反，故問夷、齊何人？若孔子答以夷、齊為非，則知助輒；答以夷齊為是，則知不助輒也。云子曰『古之賢人也』者，答子貢也。言夷、齊是古賢人也。云曰怨乎者，怨，恨也。子貢又問夷、齊有怨恨不乎？所以問有恨不者，夷、齊兄弟讓國，隱首陽山，遂餓死首陽山下。賢人相讓而致餓死，死應不恨也。云曰求仁而得仁，又何怨乎者，孔子答曰：不怨也。言兄弟相讓，本求仁義，而萬代美其相讓之德，是求仁得仁也。求之而得，雖死有何怨？是君子殺身成仁，不安生害仁。云出曰夫子不為也者，子貢既聞孔子以夷齊之讓為賢且為仁，故知輒父子爭國為惡也。所以答冉有云：夫子不為衛君也。

明·都穆《金薤琳琅》卷一七《［唐］梁昇卿〈伯夷叔齊二公碑并序〉》　二公諱伯夷、叔齊，昔有殷時遼東孤竹君之子也。自歷載所記有國以來，事之善者莫先於讓，是故君老於位，命立叔齊，齊固辭以請伯，伯固請以不嗣，遂相與義退，遯逃西周。

宋·鄭獬《鄖溪集》卷一六《伯夷論》　特立之士有大功於聖之教，桀然喬於百世之上者，後世皆得而公傳焉。司馬氏作《史記》，序七十列傳，非公其傳者歟？而以伯夷首之，善乎司馬氏之爲史矣。伯夷、叔齊力於仁義，有激於當世，輔聖人之教得其深者也。爲之《傳》首，豈謬哉？孤竹君欲以位其子叔齊，叔齊讓於兄伯夷，伯夷曰：『父命也。』卒不受。遂更相讓，而俱逃之。【略】嗚呼！一國之君，民之所奉，亦已尊矣，而伯夷不敢廢父之命，甘於遁去，天下之讓孰加焉？【略】讓齊之心，非爲齊也，而爲萬世之爲國者焉。【略】故後世之爲國者，子奪於父，弟奪於兄，交挺白刃，以爭繼立者，必宿慄挫縮，不敢耀芒角，以其有伯夷之讓然也。【略】昔堯既公天下以讓舜，而夫子首之於《書》；吳太伯讓於季歷，而遷亦首之於《世家》；《春秋》之説左氏者，亦以隱公能讓而首之於《春秋》。雖然，堯大聖也，則安敢以擬議？以太伯、隱公止於一讓，後世乃稱之爲至德，爲賢君，遂以首之於《春秋》，而況伯夷哉！雖欲不爲之《傳》首，其亦可得乎？噫！目之久瞽忽開，則大明；耳之久聵忽震，則大驚。當伯夷不生，天下孰知讓國之爲美歟？

宋·蘇轍《古史》卷二四《伯夷列傳》　衛出公與父莊公爭國，冉有疑之，曰：『夫子爲衛君乎？』子貢曰：『諾。吾將問之。』入曰：『伯夷、叔齊，何人也？』曰：『古之賢人也。』曰：『怨乎？』曰：『求仁而得仁，又何怨？』出曰：『夫子不爲也。』由此言之，伯夷、叔齊之出也，父子之間必有間言焉；而能脱身以遠於亂，安於喪亡，不以舊惡爲怨。故凡言伯夷之不怨，以讓國言之也。

宋·胡宏《五峰集》卷四《皇王大紀論·夷齊讓國》　先儒以為伯夷叔齊讓國，不義武王，不食周粟，為天下之清。以愚觀之，不然。二子蓋行天下正大之理，彌縫父子兄弟之間者也。其彌縫父子兄弟之間奈何？孤竹君欲舍長子伯夷而立少子叔齊。夫父子，天性也；兄弟，天倫也。舍長立少，虧天性，亂天倫矣。使伯夷立，則無父而天性遂虧；使叔齊立，則無兄而天倫遂亂。天下豈有無父子兄弟之國哉？故二子者，寧舍君國之富貴尊榮，潔身而去之。既為是，以辭先君之國矣，豈復可徒守空乏？其身處微賤而不悔，所以成吾仁，非以讓國不仕立一節為高者也。此所以為聖之清乎！若太史遷之説，二子以武王伐紂而不食周粟，是介僻淺陋，不知天命，難乎與語仁者，烏得為聖之清者哉？蓄德之君子，可不審諸？

宋·羅泌《路史》卷三三《發揮二·夷齊子南》　兄弟之間，天理之所在也。然天下之仁義，自兄弟始；而不仁不義，亦多自兄弟始。蓋是非之相形，朝夕見也。有能禮遜，得不為之肅矜而屢嘆歟！子曰：『伯夷、叔齊，不念舊惡，怨是用希。』又曰：『求仁而得仁，又何怨？』夷、齊，孤竹君之二子也。其父子兄弟之間，予列之詳矣。二子他日義國其弟，去而歸周，其賢可得而知矣。是以孔子每亟稱之。【略】始，叔齊之遜夷也，固以夷長而當立也。曰無兄弟之義，何以為國？夷以叔齊為父之所命也，曰無父子之義，而又何以為國？爰與俱去。一遜而兄弟之倫正，再遜而父子之義立。兄弟正，父子立，而君臣上下之分定，可謂求仁而得仁矣。

宋·張栻《論語解》卷四《述而》　叔齊之讓伯夷，以為伯夷之長，當立。無兄弟之義，而何以為國乎？伯夷之不受國，以為叔齊之立，父命也。無父子之義，而何以為國乎？二人者，寧去國而存此矣。【略】中有所悔慕，皆謂之怨。其曰怨乎者？謂二子委國而去，獨不顧其宗國而有所悔於中乎？夫子告之以求仁而得仁，謂二人者，求夫天理之安而已，夫豈利害之計乎？明乎此，而後知古人所以處身謀國之宜矣。

宋・葉適《習學記言》卷一一《左氏》　伯夷、叔齊與季札同為讓國之賢，季子又稱願附于子臧，則子臧者亦夷、齊之倫也。夷、齊之言語予奪，不傳於世；若季子者，宜其外事物而不存矣。然而憂患險阻，皆究達世故，無異於有利名愛惡之交者，蓋其不以讓自高而常以德自考故也。然則孟子之所以推論伯夷，亦有未必然者矣。

宋・朱熹《論語集注》卷四《述而》　伯夷、叔齊，孤竹君之二子。其父將死，遺命立叔齊。父卒，叔齊遜伯夷。伯夷曰：『父命也。』遂逃去。叔齊亦不立而逃之，國人立其中子。【略】蓋伯夷以父命為尊，叔齊以天倫為重。其遜國也，皆求所以合乎天理之正而即乎人心之安。既而各得其志焉，則視棄其國猶敝蹝爾。何怨之有？若衛輒之據國拒父而唯恐失之，其不可同年而語明矣。

宋・黎靖德《朱子語類》卷二九《論語十一・公治長下・伯夷叔齊章》　問：蘇氏言二子之出，意其父子之間有違言焉。若申生之事歟？不念舊惡，莫是父子之間有違言處否？曰：讓國，二子同心。度其當時，必是有怨惡處。

問：父欲立叔齊，不立伯夷，在叔齊何有怨惡？曰：孤竹君不立伯夷而立叔齊，想伯夷當時之意，亦道我不當立，我弟却當立。叔齊須云：兄當立不立却立我。兄弟之間，自不能無此意。

問：兄弟既遜讓，安得有怨？曰：只見得他後來事。當其初，豈無怨惡之心？夫子所以兩處皆說二子『無怨。』

又　卷三四《論語十六・述而篇・冉有曰夫子為衛君乎章》　問：子貢欲知為衛君，何故問夷齊？曰：一箇是父子爭國，一箇是兄弟讓國。此是則彼非，可知。問：何故又問怨乎？曰：此又審一審。所以夫子言求仁得仁，是就心上本原處說。凡讓出於不得已，便有怨。夷、齊之讓，是合當恁地，乃天理之當然，又何怨？求仁而得仁者，只是不傷其本心而已。若伯夷、叔齊不讓，而於心終不安。人之心本仁，才傷著本心，則便是不仁矣。

問：子貢有怨乎之問，何也？曰：夫子謂夷齊是賢人，恐賢者亦有過之者，於是問以決之。看這事，是義理合如此否。如其不必讓而讓之，則未必無怨悔之心矣。夫子告以求仁而得仁者，謂是合恁地。若不恁地，是去仁而失仁矣。

夫子說『古之賢人也』。賢人固有做得間不恰好處，便未知得夷、齊之讓是與不是。若是不必遜，則終未免有怨悔；若有怨悔，則讓便未得為是。如此則未見得夫子不為輒，所以更問『怨乎？』夫子說『求仁而得仁，又何怨？』恁地便是要讓，讓方是合這道理。既是以讓為合理，則始知夫子之不為輒。

安卿以書問夷齊，辨論甚悉。曰：大概是如此。但更於『求仁而得仁』上看。

道夫問：『安』字莫便是此意否？曰：然。但見他說得來，不大段緊切，故教他更於此上看。

曰：伯夷不敢安嫡長之分，以違君父之命；叔齊不敢從父兄之命，以亂嫡庶之義。這便是求仁。伯夷安於逃，叔齊安於讓，而其心舉無隉杌之慮，這便是得仁否？曰：然。

吳伯英問：夷、齊讓國而去，一以父命為尊，一以天倫為重，要各得其本心之正，而盡乎天理之公矣。所謂孤竹君，當時或無中子之可立，則二子將奈何？曰：縱二子不立，則其宗社之有賢子弟，立之可也。

或問：伯夷、叔齊之讓，使無中子，則二子不成。委先君之國而棄之，必有當立者。曰：伊川說叔齊當立。看來立叔齊雖以父命，然終非正理，恐只當立伯夷。

或曰：伯夷終不肯立，奈何？曰：若國有賢大臣，則必請於天子而立之，不問伯夷情願矣。看來二子立得都不安，但以正理論之，則伯夷分數稍優耳。

宋・陳埴《木鍾集》卷一《論語》　夫子稱泰伯，曰『民無得而稱焉。』稱夷齊，曰『求仁而得仁。』孟子所謂『好名之人，能讓千乘之國』，泰伯、夷齊亦豈好名乎？泰伯謂之至德，夷齊謂之仁，皆是發於中心惻怛之誠，無一點世俗計較利害之私。吾友以好名疑之，得非以俗心觀聖賢乎？學者有千種病，好名是第一種。只此分君子、小人。不可不檢點。

孔子曰：『伯夷、叔齊，求仁而得仁。』伯夷以父命為尊，叔齊以天倫為重，是固天理恁底。然二子只勾當得自身上道理無虧欠處。若律以天下之大義，叔齊辭，伯夷又辭，更無仲子，誰擔當得這國事去？彼仲子既於天倫、父命兩不相干，受之毋乃非邪？既是勾當得自身上道理無虧欠處，更復何求？所謂吾何求哉？吾得正而斃焉，斯已矣。聖賢殺身成仁，只要覩个是耳。若更反顧身後去，即成計較之私矣。二子既逃國，歸仲子，於天理、人倫已安。若仲子更執夷、齊之義，夷、齊亦管不得它，彼視國直敝屣耳。

宋·真德秀《西山讀書記》卷六《仁》 問：蘇氏閒言之說，果可據乎？先生曰：伯夷既長且賢，其父無故舍之而立叔齊，此必有故。故蘇氏疑之。觀子貢問『怨乎』之義，似或有此意。然聖賢之心，志於求仁，便有甚死讎，亦消融了。何怨之有？

宋·錢時《融堂四書管見》卷四《論語·述而》 衛君父子而爭，夷齊兄弟而遜。即此形彼，是非自明。所謂求仁而得仁者，仁安在？如何求？如何得？亦曰孝、友兩盡，不失其本心耳。若好名遜國，却不是仁。

宋·鄭汝諧《論語意原》卷二 孤竹君欲立叔齊，叔齊以伯夷為長而遜之，伯夷以非父命也而逃之。二人俱不立，國人立其中子。使當時無中子可立，則二子必不使宗國絕嗣也。苟中國有主，二子可以各行其志矣。

宋·陳淳《北溪大全集》卷六《問目·詳論夷齊》 來教論夷齊云：以天下之公義裁之，則天理重而父命輕；以人子之分言之，則又不可分輕重，但各認取自家不利便處，退後一步，便是伯夷、叔齊得之矣。某詳此，竊謂諸侯繼世襲封，所以為先君之嗣，而爵位土田則實自天子錫，故內必有所承，上必有所禀，而大倫大義又不至於相悖，端可以光付託而無忝，然後於受國為正。伯齊、叔齊以天倫言之，則伯夷主器之嫡，在法固當立；然不得先君之命，則內無所承，烏得以嗣守宗廟而有國也？以父命言之，則叔齊固有其命矣，然伯夷長也，叔齊弟也，叔齊之德不越於伯夷，其父乃舍嫡立少，是一時溺愛之私意，非制命以天下之公義者也。亂倫失正，王法所不與，何可以聞於天王而撫國也？此皆在己有礙而不利便處。此在伯夷，所以不敢挾天倫自處，以壓父命之尊，只得力辭而不受，而決然不敢以或受。在叔齊，所以不敢恃父一時之命，以壓天倫之重，只得固讓而不為，而決然不敢以或為。皆各據其分之所當然，以求即乎吾心之安。蓋不如此，則於心終不安。為伯夷者，是不受之先君，不受之天王，而受之於弟；為叔齊者，是成父之非命而干王法也，豈得為受國之正乎？

元·胡炳文《論語通》卷四《述而》 齊氏曰：父子也，兄弟也，君臣也，人之倫也，而三才之所以立也。二子之交讓也，所失者國而所得者父子、兄弟之紀。其非武王而餓以死也，所失者身而所得者君臣之義。是皆脫然有見於富貴、貧賤、死生之外，而一毫私己不與焉，謂非仁乎？冉求有見於伯夷之仁，必有見夫輒之不仁；知夷齊於人紀為有功，必知輒為名教之所不容。

明·方孝孺《遜志齋集》卷五《夷齊》 聖人之道，中而已矣。堯、舜、禹三聖人，為萬世法一：允執厥中也。不及不謂之中，過亦不謂之中，請即此而論之：伯夷、叔齊，孤竹君之二子。其父將死，遺命立叔齊。父卒，叔齊遜伯夷。伯夷曰：『父命也』，遂逃去。叔齊亦不立而逃之。其後周武王伐商，去隱於首陽山，恥食周粟，遂餓而死。孔子嘗稱之曰古之賢人，孟子嘗稱之曰聖之清，誰得而議之哉？雖然，抑有說也。先君之國，受之於祖宗者也；父子傳次，以嫡以長，古之制也。易此必亂。昔周太王三子：長泰伯，次仲雍，次季歷。太王欲傳位季歷，以及昌。泰伯知之，即與仲雍逃之荆蠻，以順父志，以成王業。孔子稱之以至德，且曰『民無得而稱焉。』夷也苟知父志欲立齊，當效泰伯順父之志，隱然退避於治命之日，不當行己之志，顯然辭讓於亂命之餘也。叔齊亦不立而逃之，幸有中子以托國焉。苟無其人，其如先君之社稷何？【略】於乎！廉頑立懦，足可為百世師；過中失正，恐未臻乎堯、舜、禹之道。此孟子之所以譏乎其『隘』，而孔子『至德』之稱在泰伯而不在夷齊也。厥旨深矣。

明·邵寶《簡端録》卷一二《論語》　凡諸侯立，有天命，有王命，有先君之命。嫡長，天命也。王因之，君亦因之。先君有易是者，以賢故為公，以愛故為私。惟公無私。故叔齊讓，君子賢之，不以咎孤竹。季札讓，君子賢之，不以咎壽夢。然則齊、札何為其辭之固也？君不勝王，王不勝天。雖然，王不勝天而可以造命，故有變置諸侯之舉，其惟聖王乎！

明·邵寶《學史》卷四《巳》　日格子曰：此萬古之高義也。使無中子，則國絶矣，為夷、齊者，宜如何哉？或曰：二子之去，以有中子故也。

明·呂柟《涇野子内篇》卷二〇《太常南所語》　椿問：求仁得仁，孔子取他遜國而逃，諫伐而餓亦在其中乎？先生曰：此是程子後來傀入的。子貢初問，只在遜國，故夫子答亦主之。

象先問：夷、齊之事，方正學譏其有未是，然乎？先生曰：時有中子，無害也。問：使無中子，則如之何？曰：叔齊當立。

象先曰：長庶乃萬世之經，孤竹或一時之命。恐伯夷立為是。先生曰：太王舍泰伯而立季歷，文王舍伯邑考而立武王，未聞王季、武王不是也。故父意在叔齊，伯夷當為泰伯、伯邑考可也，叔齊當為王季、武王可也。

明·陳士元《論語類考》卷七《人物考·伯夷叔齊》　元按《韓詩外傳》云：夷齊父名初，字子朝。《孔叢子》注云：夷、齊，墨台初之二子也。允字公信，智字公達，是叔齊名字不同。又《烈士傳》云：夷，齊之弟憑，字伯僚。然憑乃孤竹君之中子，夷之弟，非齊之弟也。金履祥氏云：古無名字之例，蓋緯書之附會耳。宋元符三年，封伯夷為清惠侯，叔齊為仁惠侯。

明·陳士元《名疑》卷一　伯夷、叔齊父孤竹君，姓墨胎，名初，字子朝。見韓嬰《詩傳》。墨胎，炎帝後。一作「默台」，一作「默怡」。商湯即位，元祀三月丙寅，封墨胎氏於孤竹。是其受封之始。伯夷名允，字公信。叔齊名致，字公遠。《呂覽》「致」作「智」，「遠」作「達」。夷、齊，謚也。孤竹君中子名憑，或云即伯僚，「君」、「伯」字誤。蓋兄為伯夷，弟為叔齊，則憑宜稱仲僚耳。「僚」，一作「遼」。

明·張萱《疑耀》卷六《夷齊考》　《論語正義》引《春秋少陽篇》：伯夷姓墨，名允，字公信。叔齊名致，或曰智，字公達。夷、齊者，謚也。伯、叔者，少長之稱也。《少陽篇》不知何人所著，其書已亡。一云父名初，字子朝。或曰：即殷湯三月丙寅日所封者。孤竹，地名。產孤生之竹，可作管。「孤」或作「觚」。《地道記》：在肥如南二十里。秦為離支縣，漢為令支。春秋時，齊桓公嘗至其地。今山海關北十里，有孤竹君之墓在焉。《姓纂》：墨氏，即墨台氏。墨音「眉」，孤竹君之後。鄭樵亦從其説，遂以孤竹君為姓墨名台。余按《國名記》：墨台，即禹之師墨，一曰默怡，怡音「台」，炎帝之後姜姓國也。則「墨台」又「孤竹」之先矣。《虞書》：伯夷降典析民。注疏云：姜姓。不知即此墨台氏否？則孤竹君之子伯夷也。《少陽》、《姓纂》、鄭樵皆誤矣。《山海經》又有伯夷父者，生西岳，為氏羌所自出。郭璞注：伯夷父，顓頊師。亦不知與墨台氏同否？是古今名伯夷者凡四，世代綿邈，諸説混淆，竟莫可考，而以伯夷為姓墨名台，余不敢安也。《孔叢子》注：孤竹君又有子名伯遼。周曇《詠史詩》注：「伯」當作「仲」，孤竹君之次子也。是孤竹君有三子。「遼」既是名，則「夷」、「齊」又似名而非謚矣。近有陳繼儒者，宏博士也，譔《逸民史》行於世，顧不能詳夷、齊名氏。夫尚論其人而不知其名氏，可乎？抑亦有疑而闕乎？故詳著之，以補其闕。

清·庫勒納等《日講四書解義》卷六《論語上之三述而》　子貢不敢直言衛君，而取古之尊父命、讓國祚者以為問，曰：伯夷、叔齊，何人也？孔子曰：二子遜國而逃，制行高潔，古之賢人也。子貢曰：二子固是賢人，但不知讓國之後，亦有後悔而怨焉否乎？子貢之意以為，賢如二子，苟尚不免於怨，則衛君又何責焉？孔子曰：凡人有所求而不得則怨。若伯夷以尊父命為安，叔齊以不遵亂命為安，各行其志，皆合乎理，是求仁而得仁矣，又何怨乎？於是子貢出，謂冉有曰：夫子不為衛君也。蓋國之得失，孰如父子之大倫？觀夷、齊之遵父命，爲孔子之所深取，則衛君之拒父，又豈待再問而知之乎？惜也聖賢正名之心，徒存之空談而已也。

清·陸隴其《四書講義困勉録》卷一〇《入曰伯夷叔齊節》　吳因

之曰：【略】夷、齊之讓，亦國家存亡所係，幸國人君其仲子。使仲子復不受而去，則孤竹之統絶矣。『怨乎』一問，正在於此。方讓國之時，未暇念及國之存亡，事久之後，徐思前日之讓，幾成亡國大釁，能無怨悔？不知先人世守之土雖重，然必先論父子兄弟，後論社稷，彼仲子之立不立，孤竹之祀不祀，以視尊父命，重天倫，此猶其小者耳。當日固無逆計，後日又何悔恨？由此觀之，君臣父子之間，非通權之地。土地人民與父子兄弟，無較輕重之理。

又　卷一一《泰伯其可謂至德也已矣章》　附汪搢九曰：讓未有不兆亂者，觀春秋時事可知。即伯夷，亦未為得也。夫孤竹君之欲立叔齊也，其平日豈無幾微見於辭色之閒者？必待遺命而後知之乎！有其意而夷不去，則父之心必不安；有其命而夷始去，則弟之心必不安。一舉而父與弟俱有所不安焉，故夷未可為得也。必如泰伯而所以處父子兄弟之閒者，盡矣。

叔術讓國

綜　述

《公羊傳・昭公三十一年》　冬，黑弓以濫來奔。《傳》：文何以無邾婁？通濫也。《解詁》：通濫為國，故使無所繫。曷為通濫？賢者子孫，宜有地也。賢者孰謂？謂叔術也。《解詁》：叔術者，邾婁顔公之弟也。或曰羣公子。唐徐彦疏：謂母弟也。或曰羣公子，謂庶弟也。何賢乎叔術？讓國也。其讓國奈何？當邾婁顔之時，《解詁》：顔公時也。邾婁女有為魯夫人者，則未知其為武公與？懿公與？孝公幼，《解詁》：不知孝公者，邾婁外孫邪？將妾子邪？顔淫九公子于宫中，《解詁》：所與淫公子凡九人。疏：謂顔公一人不應竝淫九人，故以所言之。因以納賊，則未知其為魯公子與？邾婁公子與？臧氏之母，養公者也。君幼則宜有養者，大夫之妾、士之妻。《解詁》：禮也。則未知臧氏之母者，曷為者也？養公者，必以其子入養。《解詁》：不離人母子，因以娱公也。疏：則未知其為魯公子與者，為内通于魯公子也。邾婁之公子與者，不知為是邾婁公子者與？古者諸侯一娶九女，二國媵之，而邾婁一國以并有九女於魯宫内者，蓋所取於邾婁，相通為九人，不必盡是一人妻矣。大夫之妾、士之妻，《禮記・内則》文。故注云禮也。按《内則》，大夫之妾、士之妻竝陳之，謂士妻不吉，乃取大夫之妾，亦得事不具矣。何者？乳食一男，何假二人乎？則未知臧氏之母為是大夫之妾，為是士之妻，故曰『曷為者』。臧氏之母聞有賊，以其子易公，抱公以逃。《解詁》：以身死公，則可；以其子易公，非事夫之義。然而於王法當賞，以活公為重也。賊至，湊公寢而弑之。《解詁》：弑臧氏子也。不知欲弑孝公者納篡邪？將利其國也。臣有鮑廣父與梁買子者，聞有賊，趨而至。臧氏之母曰：『公不死也，在是。吾以吾子易公矣。』於是負孝公之周，愬天子。天子為之誅顔而立叔術，反孝公于魯。

顔夫人者，嫗盈女也，國色也。其言曰：『有能為我殺殺顔者，吾為其妻。』《解詁》：殺顔者，鮑廣父、梁買子也。婦人以貞一為行，云爾非德也。疏：嫗盈女也者，謂此老嫗是盈姓之女。國色也者，謂顔色一國之選。叔術為之殺殺顔者，而以為妻。《解詁》：利其色也。有子焉，謂之盱、夏父者，其所為有於顔者也。《解詁》：為顔公夫人時，所為顔公生也。唐陸德明《音義》：盱及夏父，邾顔公之二子。盱幼，而皆愛之。《解詁》：叔術、嫗盈女皆愛盱。食必坐二子於其側而食之。有珍怪之食，《解詁》：珍怪，猶奇異也。盱必先取足焉。夏父曰：『以來！《解詁》：猶曰以彼物來置我前。人未足，《解詁》：人，夏父自謂也。而盱有餘。』《解詁》：言盱所得常多。叔術覺焉，《解詁》：覺，悟也。知少爭食，長必爭國。《易》曰：君子見幾而作。知幾，其神乎！幾者動之，微者事之先見。曰：『嘻，此誠爾國也夫！』起而致國于夏父，夏父受而中分之，叔術曰：『不可。』三分之，叔術曰：『不可。』四分之，叔術曰：『不可。』五分之，然後受之。《解詁》：五分受其一。

公扈子者，邾婁之父兄也，《解詁》：當夫子作《春秋》時，於邾婁君為父兄之行。公扈者，氏也。習乎邾婁之故。《解詁》：故，事也，道所以言也。其言曰：惡有言人之國賢若此者乎！《解詁》：惡有猶何有、寧有。此，之類也。言賢者寧有反妻嫂、殺殺顔者之行乎？誅顔之時，天子死，叔術起而致國于夏父。《解詁》：言叔術本欲讓，迫有誅顔，天子在爾。故天子死則讓，無妻嫂惑兒爭食之事。當此之時，邾婁人常被兵于周，曰：『何故死吾天子？』《解詁》：猶曰何故死畜吾天子，違生時命而立夏父乎？此天子死，則讓之效也。夫子本所以知上傳，賢者惡少功大也。猶律一人有數罪，以重者論之，《春秋》『滅』不言『入』是也。案叔術妻嫂，雖有過惡，當絶身，無死刑，當以殺殺顔者為重。宋繆公以反國與與夷，除馮弒君之罪，死乃反國，不如生讓之大也。馮殺與夷，亦不輕于殺殺顔者。比其罪不足而功有餘，故得為賢。《傳》復記公扈子言者，欲明夫子本以上傳通之，故公扈子有是言。疏：上傳，謂五分之，然後受之，以上矣。【略】云當絕身，無死刑者，但當絕其身，以為不脩，不合殺之，故曰無死刑。然則内外亂，鳥獸行則滅之者，謂姑妹之徒。今一則非父子聚麀，二則嫂非姑姊妹，故也當以殺殺顔者為重，謂犯王命，殺魯賢臣，故以為重。

論説

宋·劉敞《春秋權衡》卷一三《昭公》 三十一年，黑公以濫來奔。《公羊》云：通濫也。非也。以叔術為賢，賢既不足，又懸隔數十世之外，而通叛君之黑弓。使當有國，誰能信之乎？漢諸儒辨此多矣。是非紛拏者，惑於辭也。不若以大義格之，使在度外。且仲尼稱：雍也，可使南面。居敬而行簡，出門如見大賓，使民如承大祭。有如叔術之為者乎？平居講道，則多雍也，退而作《春秋》，反貴叔術。是自相駁也。其非聖人意，亦可知矣。

宋·葉夢得《春秋公羊傳讞》卷六《昭公》 《傳》為善善及子孫之論，吾固已言其非矣。使叔術之事誠然，尚不足以免黑弓之叛，況其言詭異，《傳》前後自為兩辭，則何足信乎？

明·王介之《春秋四傳質》卷下《昭公·黑肱以濫來奔》 《公羊》曰天下未有濫，足以辨其非矣；而抑曰黑肱為賢者之後，而推以通之，則尤迂僻而不通。黑肱之祖叔術而果賢也，亦無因事而通其後人之法。畢公高、散宜生之賢，其後人不見于《春秋》，即當時為夫子所推予者。蘧伯玉、管仲、子產而亦不借事以特書，何獨於叔術而有特筆？況其所傳叔術妻嫂逆命，二子嬰稚争食之説，穢亂猥瑣，尤為君子所不屑道者乎！

清·惠士奇《禮説》卷一〇《夏官一》 《公羊》謂邾婁之君顔，淫九公子于宮中。近乎外内亂，鳥獸行焉。天子為之誅顔而立其弟叔術，則滅之之事也。誅顔之天子死，叔術乃致國于顔之子夏父。當此之時，邾婁人常被兵于周，曰『何故死吾天子？』則誅君之子不立，信矣。

清·吴浩《十三經義疑》卷一〇《公羊傳·賢者孰謂謂叔術也》 客謂予曰：叔術惡乎賢？以顔夫人之語而殺殺顔者，特好色耳，非為兄報讎也。且顔以淫亂而天子誅之，亦何讎之可復乎？如以讓國為賢，或者天子立之之時，叔術即固辭而讓其子，即不許，攝位而俟其子之長，可也。乃以夏父爭食而後讓，非讓也。妻其母，心有怍焉也。貪國色而殺忠臣，違王命，惡有人之賢若此者乎？《公羊》賢叔術，而并恕黑弓，曲説也。故《左》、《穀》及胡《傳》皆不載叔術之事。

余曰：子之論，讜矣，然未得《公羊》之意也。《公羊》之意蓋在『公扈子者』十一句中，試為子申之。公扈子之言曰：『惡有言人之國賢若此者乎？』『此』字指妻嫂、殺殺顔者二事也。賢者必無此事。言人之國賢必有據此事而賢之，公扈子蓋為叔術辨白也。云『誅顔之時，天子死，叔術起而致國乎夏父。』見前此迫於天子之命，不得已而立焉；俟誅顔之天子既崩，遂致國於夏父。所以周伐邾婁，責其棄先王之命也。蓋妻嫂及殺殺顔者之事，《公羊》得之傳聞而未信，故引公扈子之言駁之。以其為邾婁之父兄，習乎邾婁之故，則其言可信也。而前之所聞，不已誣耶？此公羊高平反讞語也。叔術既無此事而又能讓國，詎曰非賢？

清·徐廷垣《春秋管窺》卷一〇《昭公》 《公羊》謂文無邾婁，通濫也；通濫之義，謂賢者之孫宜有地。賢者謂叔術，其事既不經，而是非亦謬于聖賢。據所稱邾婁顔淫九公子于魯宮中，因以納賊，殺魯君，天子誅顔而立叔術，是討有罪也。天子討之，其可得而讎之乎？叔術者，其親疏不可考。要之，顔之宗支而為顔臣者。術于顔之夫人，豈無名分所繫？而利其色，以圖為妻，為殺天子所使殺顔者，是讎天子矣，非悖逆乎？因以妻君之妻，是姦國母及服親矣，非亂倫乎？後之多分國于妻所有顔之子，而已少取焉，亦溺愛艷妻之故，惡得為讓？而謂《春秋》于其數十世之子孫尚賢之，而推為世大夫。是悖逆亂倫之是與也，豈其然乎？

清·張尚瑗《公羊折諸》卷六《昭公·叔術為之殺殺顔者而以為妻》 臧氏之母之忠，千古所難。愚嘗取以方召康公。但其為幼君復仇，請命天子，首惡當有所歸；天子明法致辟，亦當得首惡誅之。邾婁顔淫九公子於宮中，罰所難逭，較諸手刃幼君者，猶宜末減。然顔既伏誅矣，君命不可讎。計魯懿、孝公之時，為周天子者非宣王則幽王。其為天子議法用師者，賢則樊、尹，奸則番、聚，何憂盗不可得者？何注即以為鮑廣父、梁買子。夫鮑、梁達下國之幽隱，使人伏辜，將酬恩之不暇，而反為戮乎？且邾婁顔者，亦國之公族也。嫗盈女既為之夫人矣，許穆夫人之善懷固所急，而衛共姜之節亦不可緩，靦然蘸叔術而歸之。叔術貪國色而不為鄙，何足稱賢？《公羊》此傳悖理傷教，殆聖經之罪人。邵公注更為昏憒。邾婁人被兵于周，曰『何故死吾天子？』典訓煌煌，猶存西周盛時氣象。一語足以垂矣。

清・李鍇《尚史》卷六二《邾諸臣傳・公子叔術》　論曰：叔術讓國，《公羊》賢之。論者遂以犯王命、妻嫂、殺魯大夫為罪不足而功有餘。何其乖也！夫顔公禽獸行，天子誅之，以立叔術，則國安得讓？大夫安得殺？殺人以濟淫，讓國以干命，賢者固若是乎？

季札讓國

綜　述

《左傳・襄公十四年》　吳子諸樊既除喪，晉杜預注：諸樊，吳子乘之長子也。將立季札。注：札，諸樊少弟。季札辭曰：『曹宣公之卒也，諸侯與曹人不義曹君，將立子臧，子臧去之，遂弗為也，以成曹君。君子曰：「能守節。」君，義嗣也，注：諸樊適子，故曰義嗣。誰敢奸君？有國，非吾節也。札雖不才，願附於子臧，以無失節。』固立之，棄其室而耕，乃舍之。注：《傳》言季札之讓，且明吳兄弟相傳。

又《襄公三十一年》　吳子使屈狐庸聘于晉，通路也。注：通吳、晉之路。趙文子問焉，曰：『延州來季子其果立乎？巢隕諸樊，閽戕戴吳。天似啓之，何如？』對曰：『不立，是二王之命也，非啓季子也。若天所啓，其在今嗣君乎！注：嗣君，謂夷昧。甚德而度，德不失民，度不失事，民親而事有序，其天所啓也。有吳國者，必此君之子孫實終之。季子，守節者也，雖有國，不立。』注：言其三兄雖欲傳國與之，終不肯立。

又《昭公二十七年》　吳子欲因楚喪而伐之，使公子掩餘、公子燭庸帥師圍潛。使延州來季子聘于上國，遂聘于晉，以觀諸侯。楚莠尹然、工尹麇帥師救潛，左司馬沈尹戌帥都君子與王馬之屬以濟師，與吳師遇于窮。令尹子常以舟師及沙汭而還，左尹郤宛、工尹壽帥師至于潛。吳師不能退。

吳公子光曰：『此時也，弗可失也。』告鱄設諸曰：『上國有言曰：「不索，何獲？」我，王嗣也，吾欲求之。事若克，季子雖至，不吾廢也。』鱄設諸曰：『王可弒也。母老子弱，是無若我何？』光曰：『我，爾身也』。

夏四月，光伏甲於堀室而享王。王使甲坐於道及其門，門、階、户、席，皆王親也，夾之以鈹。羞者獻體改服於門外。執羞者坐行而入，執鈹者夾承之，及體以相授也。光偽足疾，入于堀室。鱄設諸寘劍於魚中以進，抽劍刺王，鈹交於胸，遂弒王。闔廬以其子為卿。注：闔廬，光也。

季子至，曰：『苟先君無廢祀，民人無廢主，社稷有奉，國家無傾，乃吾君也。吾誰敢怨？哀死事生，以待天命。非我生亂，立者從之，先人之道也。』注：吳自諸樊以下，兄弟相傳而不立適，是亂由先人起也。季子自知力不能討光，故云爾。復命哭墓，注：復使命於僚墓。復位而待。注：復本位，待光命。吳公子掩餘奔徐，公子燭庸奔鍾吾。楚師聞吳亂而還。

《公羊傳・襄公二十九年》　吳子使札來聘。《傳》：何賢乎季子？讓國也。其讓國奈何？謁也，餘祭也，夷昧也，與季子同母者四。季子弱而才，兄弟皆愛之，同欲立之以為君。謁曰：『今若是迮而與季子國，季子猶不受也，請無與子而與弟，弟兄迭為君，而致國乎季子。』皆曰：『諾』。故諸為君者，皆輕死為勇，飲食必祝曰：『天苟有吳國，尚速有悔於予身。』故謁也死，餘祭也立；餘祭也死，夷昧也立；夷昧也死，則國宜之季子者也。季子使而亡焉，僚者長庶也，即之。季子使而反，至而君之爾。闔廬曰：『先君之所以不與子國而與弟者，凡為季子故也。將從先君之命與？則國宜之季子者也。如不從先君之命與？則我宜立者也。僚焉得為君乎？』於是使專諸刺僚，《解詁》：闔廬，謁之長子光。而致國乎季子。季子不受，曰：『爾殺吾君，吾受爾國，是吾與爾為篡也。爾殺吾兄，吾又殺爾，是父子兄弟相殺，終身無已也。』去之延陵，終身不入吳國。故君子以其不受為義，以其不殺為仁。

《史記》卷三一《吳太伯世家》　壽夢有子四人，長曰諸樊，次曰餘祭，次曰餘昧，次曰季札。季札賢而壽夢欲立之，季札讓不可，於是乃立長子諸樊，攝行事當國。王諸樊元年，諸樊已除喪，讓位季札。季札謝曰：『曹宣公之卒也，諸侯與曹人不義曹君，將立子臧，子臧去之，以成曹君。君子曰：「能守節矣。」君義嗣，誰敢干君？有國，非吾節也。札雖不才，願附於子臧之義。』吳人固立季札，季札棄其室而耕，乃舍之。【略】十三年，王諸樊卒，有命授弟餘祭，欲傳以次，必致國於季札而止，以稱先王壽夢之意，且嘉季札之義，兄弟皆欲致國，令以漸至焉。季札封於延陵，故號曰延陵季子。【略】四年，王餘昧卒，欲授弟季札，季札讓逃去。於是吳人曰：『先王有命，兄卒弟代立，必致季子。季子今逃位，則王餘昧後立，今卒，其子當代。』乃立王餘昧之子僚爲王。【略】

公子光者，王諸樊之子也。常以爲吾父兄弟四人，當傳至季子。季子即不受國，光父先立，即不傳季子，光當立。陰納賢士，欲以襲王僚。【略】（王僚十三年）四月丙子，光伏甲士於窟室，而謁王僚飲。【略】使專諸置匕首於炙魚之中，以進食，手匕首，刺王僚，鈹交於匈，遂弑王僚。公子光竟立爲王，是爲吳王闔廬。闔廬乃以專諸子爲卿。季子至，曰：『苟先君無廢祀，民人無廢主，社稷有奉，乃吾君也。吾敢誰怨乎？哀死事生，以待天命。非我生亂，立者從之，先人之道也。』復命哭僚墓，復位而待。

漢·劉向《説苑》卷一四《至公》　吳王壽夢有四子，長曰謁，次曰餘祭，次曰夷昧，次曰季札，號曰延陵季子，最賢，三兄皆知之。於是王壽夢薨，謁以位讓季子，季子終不肯當。謁乃為約曰：『季子賢，使國及季子，則吳可以興，乃兄弟相繼。』飲食必祝曰：『使吾早死，令國及季子。』謁死，餘祭立；餘祭死，夷昧立；夷昧死，次及季子。季子時使行不在，庶兄僚曰：『我亦兄也。』乃自立為吳王。季子使還，復事如故。謁子光曰：『以吾父之意，則國當歸季子。以繼嗣之法，則我適也，當代之。君僚何為也？』於是乃使專諸刺僚殺之，以位讓季子。季子曰：『爾殺吾君，吾受爾國，則吾與爾為共篡也。爾殺吾兄，吾又殺汝，則是昆弟父子相殺無已時也。』卒去之延陵，終身不入吳。君子以其不殺為仁，以其不取國為義。夫不以國私身，捐千乘而不恨，弃尊位而無忿，可以庶幾矣。

漢·劉向《新序》卷七《節士》　延陵季子者，吳王之子也。嫡同母昆弟四人，長曰遏，次曰餘祭，次曰夷昧，次曰札。札即季子，最小而賢。兄弟皆愛之。既除喪，將立季子。季子辭曰：『曹宣公之卒也，諸侯與曹人不義曹君，將立子臧，子臧去之，遂不為也，以成曹君。君子曰：能守節矣。君，義嗣也，誰敢干君？有國，非吾節也。札雖不才，願附子臧，以無失節。』固立之，棄其室而耕，乃舍之。遏曰：『今若是作而與季子，季子必不受。請無與子而與弟，弟兄迭為君，而致諸侯乎季子。』皆曰『諾』。故諸其為君者，皆輕死為勇。飲食必祝曰：『天若有吾國，必疾有禍予身。』故遏也死，餘祭立；餘祭死，夷昧立；夷昧死，而國宜之季子也。季子使而未還。僚者，長子之庶兄也，自立為吳王。季子使而還至，則君事之。遏之子曰王子光，號曰闔閭，不悦曰：『先君之所為不與子而與弟者，凡為季子也。將從先君之命，則國宜之季子也。如不從先君之命而與子，我宜當立者也。僚惡得為君？』於是使專諸刺僚而致國乎季子。季子曰：『爾殺我君，吾受爾國，是吾與爾為亂也。爾殺我兄，吾又殺爾，是父子兄弟相殺，終身無已也。』去而之延陵，終身不入吳國，故號曰延陵季子。君子以其不受國為義，以其不殺為仁，是以《春秋》賢季子而尊貴之也。

漢·趙煜《吳越春秋》卷一《吳王壽夢傳》　二十五年，壽夢病。將卒，有子四人，長曰諸樊，次曰餘祭，次曰餘昧，次曰季札。季札賢，壽夢欲立之。季札讓曰：『禮有舊制，奈何廢前王之禮而行父子之私乎？』壽夢乃命諸樊曰：『我欲傳國及札，爾無忘寡人之言。』諸樊曰：『周之太王，知西伯之聖，廢長立少，王之道興。今欲授國於札，臣誠耕於野。』王曰：『昔周行之德，加於四海。今汝於區區之國，荆蠻之鄉，奚能成天子之業乎？且今子不忘前人之言，必授國以次，及於季札。』諸樊曰：『敢不如命！』壽夢卒，諸樊以適長攝行事，當國政。

吳王諸樊元年，已除喪，讓季札曰：『昔前王未薨之時，嘗晨昧不安。吾望其色也，意在於季札。又復三朝悲吟而命我曰：「吾知公子札之賢。」欲廢長立少，重發言於口。雖然，我心已許之。然前王不忍行其私計，以國付我，我敢不從命乎？今國者，子之國也。吾願達前王之義。』季札謝曰：『夫適長當國，非前王之私，乃宗廟社稷之制。豈可變乎？』諸樊曰：『苟可施於國，何先王之命有？太王改為季歷，二伯來入荊蠻，遂城為國，周道就成。前人誦之，不絕於口。而子之所習也。』札復謝曰：『昔曹公卒，庶存適亡，諸侯與曹人不義而立於國。子臧聞之，行吟而歸。曹君懼，將立子臧，子臧去之，以成曹之道。札雖不才，願附子臧之義。吾誠避之。』吳人固立季札，季札不受而耕於野，吳人舍之。諸樊驕恣，輕慢鬼神，仰天求死。將死，命弟餘祭曰：『必以國及季札。』乃封季札於延陵，號曰延陵季子。【略】

十七年，餘祭卒，餘昧立。四年，卒。欲授位季札，季札讓，逃去，曰：『吾不受位，明矣。昔前君有命，已附子臧之義。潔身清行，仰高履尚，惟仁是處，富貴之於我如秋風之過耳。』遂逃歸延陵。吳人立餘昧子州于，號為吳王僚也。

又 卷一《王僚使公子光傳》 光既得專諸而禮待之。公子光曰：『天以夫子，輔孤之失根也。』專諸曰：『前王餘昧卒，僚立，自其分也。公子何因而欲害之乎？』光曰：『前君壽夢有子四人，長曰諸樊，則光之父也。次曰餘祭，次曰餘昧，次曰季札。札之賢也，將卒，傳付適長，以及季札。念季札為使，亡在諸侯未還。餘昧卒，國空有立者，適長也。適長之後，即光之身也。今僚何以當代立乎？吾力弱，無助於掌事之間。非用有力徒，能安吾志？吾雖代立，季子東還，不吾廢也。』專諸曰：『何不使近臣從容言於王側，陳前王之命，以諷其意，令知國之所歸。何須私備劍士，以捐先王之德？』光曰：『僚素貪而恃力，知進之利，不覩退讓。吾故求同憂之士，欲與之并力，惟夫子詮斯義也。』專諸曰：『君言甚露乎！於公子何意也？』光曰：『不也。此社稷之言也。小人不能奉行，惟委命矣。』專諸曰：『願公子命之。』【略】

（王僚十三年）四月，公子光伏甲士於窋室中，具酒而請王僚。【略】使專諸置魚腸劍炙魚中進之。既至王僚前，專諸乃擘炙魚，因推匕首，立戟交軹，倚專諸胸，胸斷臆開，匕首如故，以刺王僚，貫甲達背。王僚既死，左右共殺專諸，衆士擾動。公子光伏其甲士以攻僚衆，盡滅之，遂自立，是為吳王闔閭也。乃封專諸之子，拜為客卿。季札使還，至吳，闔閭以位讓，季札曰：『苟前君無廢，社稷以奉君也，吾誰怨乎？哀死待生，以俟天命。非我所亂，立者從之，是前人之道。』命哭僚墓，復位而待。

論說

《史記》卷三一《吳太伯世家》 太史公曰：【略】延陵季子之仁心慕義無窮，見微而知清濁。嗚呼，又何其閎覽！博物君子也。

漢·王充《論衡》卷四《書虛篇》 夫季子恥吳之亂，吳欲共立以為主，終不肯受，去之延陵，終身不還。廉讓之行，終始若一。許由讓天下，不嫌貪封侯；伯夷委國饑死，不嫌貪刀鉤。廉讓之行，大可以況小，小難以況大。季子能讓吳位，何嫌貪地遺金？季子使於上國，道過徐。徐君好其寶劍，未之即予，還而徐君死，解劍帶冢樹而去。廉讓之心，恥負其前志也。季子不負死者，棄其寶劍，何嫌一叱生人，取金於地？季子未去吳乎，公子也；已去吳乎，延陵君也。公子與君出，有前後車，有附從，不能空行於塗，明矣。既不恥取金，何難使左右而煩披裘者？

《古文苑》卷一一《［漢］酈炎〈對事〉》 客問酈炎曰：吳王曷不傳子而傳兄弟四人？傳者將以致國乎季札，季札不受，雖有僚立，闔閭之弒，《春秋》猶以不受為義，不殺為仁，而桓譚以吳國之禍亂，實由季札。札不思上放周公之攝位而下慕曹臧之謙讓，名已細矣。春秋之趍，豈謂尒乎？炎曰：夫四王之輕命致國乎？季子謂其能流慶百世也。季子不受，內有簒殺之亂，外致滅亡之禍，雖知潔己之可為，不惟宗廟之絕祀，其痛矣。

問曰：周制，諸侯父死子繼。若札從先私志，受非所繼，是浮行，豈節義之謂與？闔閭之欲國，蓋緣札之雅意，故曰『季子雖至，吾不廢也。』今如吾子之云，則君子何稱乎？炎曰：光知季子而無權，故肆意焉。季子不能討，是則《春秋》所譏仁而不武，無能達也。子之云，《公羊》也。《公羊》不以父命辭王父命，以王父命辭父命；不以家事辭國政。衛輒拒父，猶謂之可，況以國治，簒弒之子乎？祭仲行權，《公羊》嘉之，云君可以死易生，國可以存易亡。季子不然，猶可善乎？此蓋《公羊》之失，非義之通者也。周公誅二叔，不為不仁；宋穆受兄國，不為不義。君子急病而讓夷，故踐明堂朝諸侯，非榮其位，為時之急也。

以季子之才，君國子民，行化四方，與夫勾踐相去幾何？若令向時見國危亂，慕周公急時之義，思先君致國之意，攝政持統，邁其威德，奚翅遷都瑯琊，尚征上國，朝齊、宋、鄭、魯、衛執玉之君哉？孔子稱可與立道，未可與權，權反經而善，聖之達節者也。季子守節之士，故非其量度乎！

宋·姚鉉《唐文粹》卷七一《蕭定〈改修吳延陵季子廟記〉》　有吳之興也，泰伯讓以得之。有吳之衰也，季子讓以失之。為讓之情同，而興衰之體異，何哉？泰伯之讓，讓以賢也，故周有天下而吳建國焉。季子之讓，賢以讓也，當周德之衰而吳喪邦焉。或曰：非所讓而讓之，使宗祀泯絕而不血食，豈曰能賢？斯可謂知存而不知亡者矣。夫治亂，時也；興亡，運也。故至至而不可御，終終而不可留。黃河既濁，阿膠無以正其色；鹽池斯鹹，弊箄不能匡其味與？夫當濁亂之世，召力勝之戎。讓與爭，孰賢乎？《易》曰：『知幾其神。』則季子之見，可謂知幾矣。季子之明，可謂知進退存亡，而不失其正矣。至於聽樂辨列國之興亡，審賢知世數之存没，挂劍示不言之信，避國保無欲之貞，故有吳之祀寂寥，而延陵之饗如在。玄風可想，至德興歎美之辭；哲人其萎，表墓著嗚呼之篆。向微德、仁兩至，則夫子不復歎焉。詳其精義被物，鈎深致遠之旨，烏可究其津涯，而窺其牆仞哉？是知讓之為德，在於生靈，不獨其子孫，明矣。

唐·獨孤及《毘陵集》卷七《吳季子札論》　謹按季子三以吳國讓，而《春秋》褒之。余徵其前聞於舊史氏，竊謂廢先君之命非孝，附子臧之義非公，執禮全節，使國篡君弒非仁，出能觀變，入不討亂非智。左丘明、太史公書而無譏，余有惑焉。

夫國之大經，實在擇嗣。王者慎德之不逮，故以賢則廢年，以義則廢卜，以君命則廢禮。是以泰伯之奔勾吳也，蓋避季歷。季歷以先王所屬，故纂服嗣位而不私；泰伯知公器有歸，亦斷髮文身而無怨。及武王繼統，受命作周，不以配天之業讓伯邑考，官天下也。彼諸樊無季歷之賢，王僚無武王之聖，而季子為泰伯之讓，是徇名也，豈曰至德？且使争端興于上替，禍機作於內室，遂錯命於子光，覆師於夫差，陵夷不返，二代而吳滅。

以季子之閎達博物，慕義無窮，向使當壽夢之眷命，接餘昧之絕統，必能光啓周道，以伯荆蠻，則大業用康，多難不作。闔廬安得謀于窟室？專諸何所施其匕首？嗚呼！全身不顧其業，專讓不奪其志，所去者忠，所存者節。善自牧矣，謂先君何？與其觀變周樂，慮危戚鐘，曷若以蕭牆為心，社稷是恤？復命哭墓，哀死事生，孰與先釁而動，治其未亂？棄室以表義，掛劍以明信，孰與奉君父之命，慰神祇之心？則獨守純白，不義于嗣，是潔己而遺國也。國之覆亡，君實階禍，且曰非我生亂。其孰生之哉？其孰生之哉？

宋·石介《徂徠集》卷一一《季札論》　夫殣一身，以存萬代君臣上下之分者，夷齊也。墟一國以存萬代父子兄弟之親者，季札也。噫！夷齊非苟義也，札非苟讓也。

以夷齊之明且智，豈不知紂之不仁，塗炭天下，武王順乎天而應乎人，以至仁而伐至不仁，提民塗炭中，至於安樂泰然也。蓋以謂堯禪舜，舜禪禹，禹傳子，天下之大公也。而舜賢也，禹賢也，啓賢也，堯舜之禪讓，禹之傳嗣，皆與賢也，可以法。湯伐桀，武伐紂，雖天下之大義，而桀紂君也，湯武臣也。以臣伐其君，不可以訓。頃堯、舜、禹皆傳乎賢，而湯始以兵伐桀；湯既以臣伐桀而自為君，武王又以臣伐紂而自為君，且大懼後世不知有堯、舜、禹之以大公之命而傳乎賢，但知湯、武之以大義伐桀、紂，而將有假大義之名，戕賊篡弑其君者，故諫於馬前，死於首陽。噫！夷齊非苟義也，存萬代君臣上下之分也。

以季札之明且智，豈不知吳國以季子則存，以諸樊則亡；豈不以能保其先人之國則為孝，覆絕其先人之祀則為不孝。蓋以謂父與子，天下之大親也；兄與弟，天下之大倫也。周室既衰，王政絕矣。天子爭立，諸侯篡奪，弟殺其兄，子殺其父，無國無之。且大懼後世不知有父子之親，兄弟之愛，皆以為子得以篡其父，弟得以奪其兄，則親愛滅矣。故託以子臧，讓於諸樊。噫！季札非苟讓也，存萬代父子兄弟之親也。且非夷齊，則後世弒君接踵矣；非季札，則後世殺父繼踵矣。

獨孤及作《季札論》云云者，豈知季札之所存也？吁！及徒知廢先君之命非孝，滅其國不仁，獨不知奉先君以為孝，孝之末也；全一國以為仁，仁之小矣。與其奉先君已没之命，孰若存先王大中之教？與其全一國將墜之緒，孰若救萬世篡弑之禍？嗚呼，季札之意遠哉！及豈知之也？故孔子稱伯夷叔齊，曰古之賢人也；謂季札，曰吳之習禮者也。

宋·劉恕《資治通鑑外紀》卷七《周紀五·靈王》 劉恕曰：太伯、仲雍南之勾吳，而季歷嗣周。季札有三兄，故不敢當吳君。夫適庶之分不明，則爭篡之禍迭起。君子思患而豫防，遠利以全身。及闔廬弑王僚，季札曰：『非我生亂，立者從之，先人之道也。』蠻夷之人，仲尼稱之，豈不以其知而能守節哉！

宋·蘇軾《東坡全集》卷九四《延州來季子贊并引》 魯襄公十二年，吳子壽夢卒。延州來季子，其少子也，以讓國聞於諸侯，則非童子矣。至哀公十年冬，楚令尹子期伐陳，季子救陳，謂子期曰：『二君不務德而力爭諸侯，民何罪焉？我請退，以為子名。務德而安民。』乃還。時去壽夢卒，蓋七十七年矣，而能千里將兵，季子何其壽而康也！然其卒不書於《春秋》。哀公之元年，吳王夫差敗越於夫椒，句踐使大夫種因太宰嚭以行成於吳，吳王許之，子胥諫不聽，則吳之亡形成矣。季子觀樂於魯，知列國之廢興於百年之前。方其救陳也，去吳之亡十三年耳，而謂季子不知，可乎？闔廬之自立也，曰：『季子雖至，不吾廢也。』是季子德信於吳人而言行於其國也。且帥師救陳，不戰而去之，以為敵國名，則季子之於吳，蓋亦少專矣。救陳之明年而子胥死，季子知國之必亡而終無一言於夫差，知言之無益也。夫子胥以闔廬霸，而夫差殺之如皂隸，豈獨難於季子乎？烏乎，悲夫！吾是以知夫差之不道，至於使季子不敢言也。蘇子曰：延州來季子、張子房，皆不死者也。江左諸人好談子房、季札之賢，有以也。夫此可與知者論，難與俗人言也。作《延州來季子贊》。曰：

泰伯之德，鍾於先生。棄國如遺，委蛻而行。坐閱春秋，幾五之二。古之真人，有化無死。

宋·蘇轍《古史》卷二七《曹子臧吳季札列傳》 蘇子曰：春秋之際，世不知義而以權利為貴。雖齊桓、晉文，皆以爭國成名者也。如子臧之於曹，季子之於吳，皆有可取之義，棄而不顧，而況於爭乎！予高二子之義，欲考其行事，而子臧反國而致事，事不復見；季子事吳九十餘年，觀其掛劍於墓，不以死背其心；葬子嬴博，不以恩累其志；引兵避楚，不以名害其德。蓋其所以養心者，至矣。雖祿之天下，將有所不受，而況於吳乎！彼其所養者，誠重故也。

宋·張耒《柯山集》卷四六《答杜鋒書》 某啓：罪垢謫官于此，多病懶放，舊學荒廢，無以見賢俊，故久不果奉謁。而足下意益勤，兩墜珠玉，又副以新文一軸，披讀累日，不勝欽仰，試陳所疑。其一篇曰《非季札》。夫季札，何可非也？札之達于禮樂，蓋孔子之所與；而其人之賢，則非管、晏、叔向、子產、韓厥所可及也。然則其于辭受之際，宜亦至矣。彼其辭千乘之國于爭奪之世，蓋欲制行以高天下而教後世，將以愧夫盜據竊取，而使亂臣賊子之禍少息焉。使季札受亦可，辭亦可，而卒辭之者，亦行其志云爾。夫豈有所不可哉？夫季札非忘吳也，豈不曰國之存亡廢興，天也，非人之所能為也。昔孤竹君以國與叔齊，叔齊讓伯夷，而卒皆逃去入周，不反其國，而孤竹之後不聞有興者。而孔子論二子曰：『求仁而得仁』，未嘗罪以亡其國也。夫子之不非夷、齊，則季札之不得罪于夫子，明矣。足下試詳思之。世之貴王衍，以器用言之，譬如玩好間一物耳，未可格以法度也。愚以謂季札為不可非，王衍為不足非也。《三傑贊》文字豐縟，布叙詳密，有作者之風，更加老成，則無可議。辱問甚勤，不敢不盡。

又 卷四六《再答杜鋒書》 承諭亹亹，似未達鄙意。嗟乎！季子讓國，幾千餘歲，歷數聖賢，未嘗有說，獨見黜于吾子，蓋夫子謂後生可畏者。夫季子之不肯受吳，直是不欲有國耳。故其言曰：『願附子臧之義。』彼視棄千乘之國如草芥，亦必有樂乎此而易彼者。苟求其所以讓之之名，則壽夢欲越諸兄而立季子，固不可也。至餘昧卒而子僚之才亦足以君國，則季子不得廢嫡而立。《孟子》曰：『天之所廢，必若桀、紂者，故益、伊尹、周公不有天下。』此札之所以必辭者，惡亂君臣之大分也。季札之于道德，其深矣哉！屈狐庸曰：『季子，守節者也。雖有國不立。』可謂知其心矣。《孟子》曰：『好名之人，能讓千乘之國。』則自夷、齊以來，札一人而已，所謂『聖人之清』者也，夫豈在所黜哉？《孟子》曰：『若夫成功，則天也。』則古之論存亡廢興，未有不言天者，非幸不幸也。孤竹之君欲越次而立叔齊，叔齊辭之，可也；伯夷長，當立而辭之，何哉？商人世及，則叔齊將以次，亦當立也。而夫子初不論此，直曰『古之賢人也。』其意可見。季子之聽樂，其于禮樂之際深矣。其于辭受，必不草草。更宜詳之。

宋·胡安國《春秋傳》卷二三《襄公下》　二十有九年。吳子使札来聘。札者，吳之公子，何以不稱公子？貶也。辭國而生亂者，札之為也。故因其来聘而貶之，示法焉。按吳子壽夢有子四人，長曰諸樊，次曰餘祭，次曰夷末，札其季子也。壽夢賢季札，欲立以為嗣，札辭不可，然後立諸樊。諸樊既除喪，則致國於季子，又辭而去之。諸樊乃舍其子而立弟，約以次傳，必及季子。故諸樊卒而餘祭立，餘祭卒而夷末立，夷末卒則季子宜受命，以安社稷，成父兄之志矣。乃徇匹夫之介節，辭位以逃夷末之子僚。僚既立，諸樊之子光曰：『先君所以不與子國而與弟者，凡為季子爾。將從先君之命與？則季子宜有國也。如不從先君之命，則我宜立。僚烏得為君？』於是使專諸刺僚，而致國乎季子。季子不受，去之延陵，終身不入吳國。故曰：季子辭國以生亂，因其来聘而貶之，示法焉。

或謂子貢問於孔子曰：『伯夷、叔齊，何人也？』曰：『古之賢人也。』『怨乎？』曰：『求仁而得仁，又何怨？』子貢以先聖賢夷齊，知其惡衛輒之爭而不為也。季子辭位，獨不為賢，而奚貶乎？曰：叔齊之德，不越伯夷。孤竹舍長而立幼，私意也。諸樊兄弟父子，無及季札之賢者。其父兄所為眷眷而欲立札，公心也。以其私意，故夷齊讓國為得仁，而先聖之所賢；以其公心，故季子辭位為生亂，而《春秋》之所貶。苟比而同之，過矣。

或曰：世衰道微，暴行交作。臣簒其君者有之，子簒其父者有之。季子於是焉而辭位，則將使聞其風者，貪夫廉，爭夫讓，而簒弒奪攘之禍損矣。其於名教，豈不有補？何貶之深也！曰：《春秋》達節而不守者也。昔大伯奔吳而不反，季歷嗣位而不辭，武王繼統受命作周，亦不以配天之業讓伯邑考，官天下也。彼王僚無季歷之賢、武王之聖，而季子為大伯之讓，豈至德乎？使爭弒禍興，覆師喪國，其誰階之也？若季子之辭位守節，立名全身自牧，則可矣。概諸聖王之道，則過矣。《中庸》曰：道之不明不行也，我知之矣。季子所謂賢且智，過而不得其中者也。使由於季歷、武王之義，其肯附子臧之節而不受乎？惜其擇乎中庸，失時措之宜爾。此仲尼所以因其辭國生亂而貶之也。

或曰：吳子使札，與楚子使椒、秦伯使術一例爾。吳楚，蠻荆之國。秦介西戎之間。其禮各因其俗尚，故使人之来皆略之，而札何以獨為貶乎？曰：《春秋》多變例，聖筆有特書。荆楚無大夫而屈完書『族』，王朝下士以『人』通而子突書字，諸侯公子以名著而季友書『子』，母弟之無列者不登其姓名而叔肸書氏，皆賢而特書者也。季札讓國，天下賢之。若仲尼亦賢季札，必依此例，或以字，或以氏，或以公子特書之矣。今乃略以名紀，比於楚椒、秦術之流，無異稱焉。是知仲尼不以其讓國為賢而貶之也。

噫！世之君子盛稱季札之賢於讓國之際，以為禮之大節不可亂也。公子喜時《春秋》猶賢其後世，於季札則何獨貶之深也？曰：仲尼於季子望之深矣，責之備矣。惟與天地同德而達乎時中，然後能與於此。非聖人莫能修之，豈不信夫！

宋·張栻《孟子說》卷七《盡心下》　故能讓千乘之國，亦可謂高矣，而孟子謂之『好名之人』者，何哉？蓋未能循乎理之實然者，則亦未免爲徇其名而已，如季札之徒是也。季子之父兄所以眷眷於季子之立者，爲其賢也。此公理而非私意也，而季子三辭焉。是未究夫當立之義，非爲季子之私也。就隘俗論之，可謂超然獨出矣；而揆之以道，蓋亦好名而蔽其實故也。人有江海之量，有斗筲之量。江海之量比於斗筲之量，其相去固甚有間矣，亦未免於有限也。好名之人雖能讓千乘之國，然固限於名矣。若夫大賢而上循乎天理，雖以舜、禹受天下，受其所當受而不爲泰。以泰伯之讓，夷、齊之讓，讓其所當讓而不爲好名，故孔子稱舜、禹則曰『有天下而不與焉』，稱泰伯則曰『民無得而稱焉』，稱夷齊則曰『求仁而得仁』。聖人之意蓋可見矣。故夫能讓千乘之國，亦非所以稱聖賢也。孟子立言，其嚴矣哉！

元·吳萊《淵穎集》卷五《孔子不貶季札論》　《春秋》：吳子使札來聘。吳，蠻夷之國也，君稱爵，大夫稱名而不氏，因其始通，禮蓋未同於中國也。是特楚椒、秦術，一例而書耳。說者曰：《春秋》責賢者備。吳子使札，《春秋》不稱其公子，是貶也。然則曷為貶？札，賢者也，本其辭國以生亂，故聖人特託其來聘而貶之也。是不然。夫吳子壽夢有子四人：長曰諸樊，次曰餘祭，次曰夷昧，季則札也。父知其賢，兄弟亦知其賢，嘗欲立以為嗣矣；又且約以次傳，而致國矣。然終不肯有其國，豈不曰立嫡者以長，傳國者以賢？苟不顧人道之大倫，以成其父兄之志，誠不若守匹夫之介節，而得其退耕于野之安也。何則？長幼之序不可紊，君臣之分不可奸，將已亂也，非生亂也。今則諸樊兄弟已死，夷昧之子僚乃立，吾將奉嗣君之命而歷聘乎上國，豈料魚劍之變驟起於肘腋之間哉？聖人固不得以是而豫貶之也。闔廬之謀王僚之弑，且知季札必不受成國於賊手，僅以先君傳授之次第，藉口於國人。雖常人之情，猶得之矣，況聖人乎！

說者則曰：太伯犇吳而不返，季歷嗣位而不辭，武王繼統而受命，亦不以配天之業讓伯邑考也。是又不然。夫太伯之去，因古公之欲立其弟，季歷嗣位非未辭也。端委治吳而不返，豈可隕周家已成之業哉？若伯邑考則且為御於商，見殺於文王之世矣。使太伯返，則季歷不肯承西伯之任；伯邑考在，則武王亦不肯任天下之責。太伯之德雖在於讓，季歷之賢、武王之聖非皆出於不讓也。父子世，常法也；兄弟及，則法之始變也。陽甲、盤庚之間，殷以是亂者九世，豈獨季子之辭國，乃生亂哉？

說者則曰：叔齊之德不越伯夷，孤竹舍長而立幼，私意也。諸樊兄弟無及季札之賢者，父兄眷眷焉欲立札，公心也。是又不然。夫伯夷以父命為尊，叔齊以天倫為重，彼此交致其讓而各盡其心，以故聖人賢之。然季札又何以知其為公心哉？諸樊兄弟欲承父兄之志，使有其國，盍不於吾魯隱、桓之際觀之乎？惠公欲以桓為嫡，禮之所不得為也。惠公縱其邪心而為之，隱公又探其邪志而成之，秖以自禍而已。壽夢，其惠公也；諸樊兄弟，其隱公也。吾見其邪，尚何公心之足云哉？且謂季札生亂於辭國，殊不知使有其國，亂益甚矣。

說者則曰：《春秋》多變例，聖筆有特書。荊楚無大夫而屈完書氏；王朝下士以『人』通，而子突書字；諸侯公子以名著，而季友書子；母弟之無列者，不登其姓名，而叔肸書氏，皆以賢而特書也。若仲尼亦賢季札，必依此例而特書矣。是又不然。夫齊桓召陵之師，楚人未有必盟之意也，而屈完請服。王人救衛之役，王室微矣，而又使子弟主兵。故子突不得有功。季子來歸，則我公請之於齊而欲以靖魯國之亂；叔肸之卒，則又或以公弟之貴而世遂為卿。聖人之特書者，特因四子以生義，豈得與季札例言之哉？然則《春秋》之旨，主於吳之楚聘，不主於季札之讓國。季子之來聘，可見也；讓國，不可見也。吳之始通，禮未同於中國。吳子之使札，是猶楚子之使椒，秦伯之使術也。聖人一以是書之。至若楚之自州而國，自國之有君，有大夫，而後漸同於中國。後日楚子之使薳罷，君以爵，大夫以名氏，楚始盛矣。聖人果賢之乎，否也？今則《春秋》書之曰『札』而不稱公子者，吳之始通，猶未至於楚之寖盛故也。又況吳子之使聘者，一國之事；季札之讓國者，一家之事。《春秋》，魯史也，主於吳之聘我者耳。若季札之辭國生亂，非惟聖人不能於是貶之；雖聖人欲於是而稱其讓國之賢，亦所不能也。

要之，為此說者，《公羊》則曰賢季子，《穀梁》則曰善使季子。夫季子，固賢者也。《春秋》亦不以其賢而不名也。《公羊》所謂許夷狄者，不一而足是也。若以吳子之使札為善札賢而名，所以成尊於上；楚椒、秦術名而非賢也，又將何以成其君乎？是蓋吳之始通而後有聘，賢札貶札，聖人不暇論也。今又反因二《傳》之說，強附他義，且貶為非賢者，何哉？失聖人之本旨矣。

元·鄭玉《師山遺文》卷二《季札論》　唐、虞禪，夏后、殷、周繼，《春秋》兼帝、王之道，可以子則子，可以賢則賢。然與子者，必先於立嫡；與賢者，則在於得人。苟合其道，雖百世傳子，《春秋》不以為私；苟有其德，雖受人之天下，《春秋》不以為泰。貴於得宜而已。王僚之弑，由季札之讓也。初，吳壽夢有四子，長曰諸樊，次曰餘祭，次曰夷末，次曰季札。壽夢賢季札，欲立以為嗣，札辭不可。後立諸樊，諸樊既除喪，則致國於季子，季子又辭而去之。諸樊乃舍其子以立弟，約以次傳，必及季子。故諸樊卒而餘祭立，餘祭卒而夷末立，夷末卒，季子終不受命，辭位以逃，立夷末之子僚。僚既立，諸樊之子光曰：『先君所以不與子國而與弟者，凡為季子爾。將從先君之命，則季子宜有國也；如不從先君之命，則我宜立，僚烏得為君？』於是使專諸刺僚。季子始而父立之，於次為幼，辭而不立，是蓋以天倫為重，未為過也。及夷末卒而復立季子，則父兄之情亦至矣。羣公子之賢不肖，亦明矣。

以季子之賢，嗣位君吳，以成父兄之志，以靖國家之難，乃為合於時中爾。既不能取法季歷之興周以安吳，乃附子臧之末節以亂國，斯為過矣。至於王僚見弒，討賊之責季子尤所當先，乃曰『苟先君無廢祀，民人無廢主，社稷有奉，國家無傾，乃吾之願也。吾誰敢怨？哀死事生，以待天命，非我生亂，立者從之。』此亂臣賊子無君父之言也，豈可出於季子之口哉？觀光將弒，謂專諸曰『事若克，季子雖歸，不吾廢』之語，則季子為國輕重，亦可見矣。季子然問：『仲由、冉求，可謂大臣歟？』子曰：『可謂具臣矣。』『弒父與君，亦不從也。』今季子而曰『立者從之』，曾由、求之不若，又何敢望其如孔子之沐浴請討，以正邦刑哉？然則變父兄相讓之風，為君臣相弒之禍，斯實季子之罪也。雖不與乎弒，有以成其弒矣。原其初，不過守匹夫之末節，失君子之時中爾。先儒謂《春秋》書國以弒者，當國之大臣之罪也。吳之大臣，舍季子將誰歸乎？夫子之意，蓋罪季子也。讀者不可不知。

明·邵寶《簡端録》卷九《春秋》　季札讓國而安於為臣，故居則居，出則出，一毫無容心焉，臣道也。《春秋》於其出也，使則使，聘則聘，名則名，一毫無加禮焉，所以成其臣道也。成其臣道也者，所以著其讓國之節也。札之讓，始於壽夢之欲立己，終於光之致國於己。終辭於亂，可能也；始辭於未亂，不可能也。如以讓責季札，則莫如討賊。僚死而光篡，天子方伯無可告矣。若擅興兵於國也，是以光治光也。札之所守，固無責焉耳矣。或謂使而亡焉，是所以為其身者重而所以為社稷、先君者輕。亂不我弭，則自我生矣。以是責札，札亦何辭之有？

季子凡四讓：始之辭父，禮也，叔齊之道也。繼之辭兄，義也，子臧之道也。終之不與為篡，法也，叔肹之道也。此三讓者，得矣。至於托使以亡，是逃僚也，逃僚何義哉？苟欲潔身焉，必以國老自處，明嫡長之義，使國有所歸而已，無與焉可也。今也不然。《春秋》之書，其不謂此也夫！

明·邵寶《容春堂續集》卷八《季札論》　季札讓國而安於為臣，故居則居，出則出，一毫無容心焉。一毫無容心焉者，臣道也。《春秋》於其出也，使則使，名則名，一毫無加禮焉。一毫無加禮焉者，所以成其臣道也；成其臣道也者，所以著其讓國之節也。季子之讓，始於壽夢之欲立，而終於光之致國。致國而辭於亂，可能也；欲立而辭於治，不可能也。如以讓責季札，則莫如討賊，討於僚乎，於光乎？僚則死矣，光則篡矣，天子方伯則無可告矣。若擅興兵，是以光治光也。不然，則札之所守，固無責焉耳矣。或謂使而亡焉，是所以為身者重，而所以為人民、社稷者輕，亂不我弭，則自我生矣。以是責焉，札亦何辭之有？

又季子凡四讓：壽夢賢之，欲立以為嗣，札辭不可。一也。諸樊既除喪，致國焉，札又辭而去之。二也。夷末卒，札使而亡焉。三也。光刺僚而致國，札不受，去之延陵，終身不入吳國。四也。四者之中，始之辭父，禮也，泰伯之道也。繼之辭兄，義也，叔齊之道也。終之不與為篡，法也，叔肹之道也。託使以逃，逃僚也，是何義哉？三宜讓，一不宜讓。即欲讓焉，必以國老自處，明嫡長之義，使國有所歸而已，無與焉可也。今也不然，《春秋》之書，其正謂此也夫！

明·崔銑《洹詞》卷八《季札論》　崔子曰：更至者，事也；準權者，義也。不察其勢，望以所難居；不量其後，處以所近安，戾愈積而義全損矣。蓋後人迂泥之僻焉爾。季子，春秋之哲人也。不以愛子傷其性，不因寶物違其心，聞樂知德，覘國知終。如此其哲也，曾謂於其宗國而忍付之顛越哉？夫立適者常，取賢者權。常則一夫可由，權則衆賢斯舉。以禹之聖，不能襲堯、舜之讓，蓋順時宜民之道，非己可得而強違焉。季子逆見其國俗既狡，而王僚暨光又皆喜亂而多才，攫國攘位，後必有之。吾既莫之何也已，吾潔己以勿始禍，自靖可獻於先王，雖廢先君之命，姑全其義，蓋叔齊之流也。後人議者曰：季子非中庸，季子實禍吳國，故《春秋》書名以貶。夫季子聘魯已三十年，而後光亂作。聖人之仁，不如是之深險也。《春秋》即此事以著義，比見事以較情，乃豫舉其人失中之行而貶之，且甚逖也。春秋有是例與？楚椒、秦術，復將何以為義邪？故《五經》之失學，莫甚於《春秋》。

明·姜寶《春秋事義全考》卷一二《襄公二十九年》　吳子使札來聘。季氏《私考》：自壽夢之卒至王僚之弒，凡四十七年，皆季札所歷之歲也。則札當壽夢時，尚甚年少，而諸樊、餘祭皆輕死為勇者也。故一則取死於伐，一則見弒於閽，而國威不振者，終二君之世。要其行事，似非知禮義者所為，未必肯讓札也。況又不能正終，必非先有遺命其次傳及弟。蓋由國家多難，羣臣議立長君爾。及夷末初，季札始用，猶未為卿，未能有勞於國，惟導其君以通好上國，言辭有文。故季札以知禮稱，而謚美歸之矣。夫夷末之死，札辭為君，亦或有之；但久居臣位，事僚終身，則未見其有強立固避之狀，而諸樊子光亦未見其有爭心也。故王僚代父夷末以立，而得遂成為君者十有二年。觀弒僚稱國，則大臣不服而與國人共廢之之辭也，其時人心欲推立札，札必不肯自污，而延陵之逃，實在於此。是札之辭國，以此而得名矣。札既不立，則位必之光，此羣臣之所為也，而光何預於弒乎？若札者，即其潔身獨善，亦一清修之士也。然以貴戚舊臣，人望所屬，國亂而不能定人，君弒而不能討賊，徒知守節，竟廢大倫，非所謂輕千乘之國而蹈道則未者邪？此固《春秋》之所不與也。但『來聘』不稱公子者，未為卿也；其稱名者，大夫之恒辭爾。胡康侯乃謂因其辭國生亂而貶之，則過矣。夫札之辭國，在聘魯二十九年之後，而貶之於二十九年之前，無乃加非其罪而輕於絕人與？

清·馬驌《左傳事緯》卷七《吳季札讓國》 讓國正乎？曰：季札不宜立者也。不宜立雖與弗受有識者皆能之，況季札之賢哉！昔壽夢四子，札弱而才，其兄皆欲立之，而札不聽，故三君迭立，皆好勇輕生，欲以終致季子。飲食必祝曰：『天苟有吳，尚速有悔于予身。』誠如是也，札似可以受矣。雖然，季子秉志守節，是豈可以移哉！昔伯夷逃而叔齊亦逃，雖國人立其中子，而孤竹終以不昌。後世不以叔之逃爲非者，賢其能以義自處也。況今季札不以父命立，而三兄交讓，季札懼焉，棄室耕野，甘同匹夫。受命通嗣，義秉臣禮，有國不立，屈狐庸而知之矣，三君乃不知哉？且三君未聞道矣。當楚康之世，吳、楚交爭，國方多難。吳之欲立札，以永吳也。札既不受，可以已矣；而輕生以危社稷，巢隕閽戕，令刺人得肆志于疆埸，幾何不亡其國，而謂季子安乎？先君安乎？先儒不察，謂季札讓國以生亂。夫亂生于三君，而不在季子也。曾以蠻夷之公子，近效子臧之節，遠符叔齊之義，而反以生亂責之，以爲後世竊位者之口實哉？

清·朱鶴齡《愚菴小集》卷一二《季札不書公子辨》 季札止一見于經：襄二十九年聘魯，而不書公子。杜氏以為其禮未同于中國。止齋陳氏以為書『札』者同于楚椒秦術，皆非命大夫也。常山劉質夫則云：辭國而生亂，札實為之。《春秋》因其來聘，去『公子』以示貶。胡康侯、張元德皆主其說。愚考壽夢子四人，長諸樊，次餘祭，次夷昧，札其季子也。壽夢賢札，欲立之，札不可。諸樊請兄弟迭為君，而致國乎季子。諸樊卒，餘祭立；餘祭卒，夷昧立；迨夷昧卒，國宜之季子，季子復不受，于是立王僚。僚者，夷昧子也。諸樊之子光曰：『我王嗣也，僚安得為君？』乃使專設諸刺僚殺之。計光之殺僚，去札之聘魯凡三十年。仲尼安得以三十年後之事而預致其貶哉？況讓國，大美也，太史公以泰伯首《世家》，伯夷首《列傳》，惟進讓而惡爭也。曹之子臧，其子孫猶見重于《春秋》，札固自云『願附子臧之節』者也。『來聘』一書，本史策常體，非讓吳大節所繫。若舉其大節，《春秋》必深嘉而亟許之，豈反以之為貶哉？

康侯謂泰伯採藥而不返，季歷嗣位而不辭，責季子何不為季歷。嗚呼！達節而不守，乃聖人之能事。仲尼以平恕宅心，奈何輕以之責札哉？《公羊》又謂夷昧死，則國宜之季子，季子使而逃焉。夫札既辭位，則終身為吳臣。前之使魯也，受命于餘祭；後之使晉也，受命于王僚。安得辭之？考《左氏》昭二十七年春，札聘晉。夏四月，公子光殺僚。是聘晉之時，光篡弒之謀尚未露也，安能逆料之而不出哉？近世邵國賢乃譏札之託使以逃僚，為非義。此又惑于《公羊》之說而未審其情實者也。

然則札無可議乎？曰：札之讓，美矣，惜乎于讓之義，有未盡也。夫行之高世者，不當居其名；事之行權者，尤在晦其跡。泰伯、仲雍之讓，必逃之荆蠻；伯夷、叔齊之讓，必逃之西山、北海。以為不若是，則志不可得而成也。即春秋時子臧之辭曹也，諸侯欲見之于王，子臧逃奔宋以自絕。當壽夢未没，父兄皆欲致國乎季子。札于此時，即當逃吳而去之。苟一日立于吳廷，國人必持以次傳位之議。餘祭、夷昧所以不當立而立也，即不然，于夷昧之嗣當請立光為世子，不從則力爭之，曰光為冢適，國固光之國也。光不立，必有覬王位者，是父子兄弟間相傾相敓無已時也。嗣定而後，退耕于野。如此，則王僚不得立，吳可免于篡弒之禍矣。今也負讓國之美名，而其跡不能自遠。一則奉使，再則奉使，偃然就封延陵，既無以絕吳人之望，又無以杜窺伺之心。一旦逆謀猝發，而札亦莫可如何。夫然後去之延陵，終身不入吳國，嗚呼晚矣。大抵札智人也，智以全身，必疏于謀國；智以觀物，必務于立名。知附子臧而不知子臧逃宋之義，此所以不免于賢者之責歟？如徒以辭國生亂，故不書『公子』以貶之，則紛紛攘位竊國者反得援之以藉口，而《春秋》書法竟為深文鑿説之祖矣。

清·朱鶴齡《讀左日鈔》卷一〇《我王嗣也》 《史記》：王僚，夷眛子。公子光，諸樊子。王應麟曰：按《公羊傳》云：僚者，長庶也。襄三十一年《傳》：狐庸對趙武謂：『夷眛甚德而度，天所啓也。必此君之子孫，實終之。』若以僚為夷眛子，不應此言。服氏注亦從《公羊》。愚按杜氏言光，吴王諸樊子，是用《史記》為説。光云『王嗣』者，言己是世適之長孫，應嗣也。惟光為諸樊冢子，僚不當越次而立。故王僚之弒，《春秋》不歸獄於光，而但書『吴弒其君僚』也。從《史記》，得之。

清·陳廷敬《午亭文編》卷四八《書吴太伯世家後》 吾適東海上，過孤竹之墟，拜伯夷叔齊祠下，留數日，低回不能去。及讀《吴太伯世家》，覩其事有合焉。太伯之奔荆蠻，荆蠻義之，從而歸之千餘家。孔子謂『其民無得而稱』，何哉？蓋嘗稱堯曰『民無能名』，其稱太伯也，殆等於堯矣。他日又謂：『齊景公，民無德而稱。伯夷、叔齊，民到於今稱之。』蓋崔杼弒莊公，而景公為其所立。景公之得國，以崔杼之弒其兄。夷、齊之窮餓，以兄弟之交相讓。且稱者，稱其德也。太伯讓同夷、齊，而曰『民無得而稱焉。』此堯之之所以為大，太伯之德所以為至也。自太伯以來十九世，至王壽夢。壽夢有子四人：諸樊、餘祭、餘眛、季札。季札賢，壽夢欲立之，季札讓不可，立諸樊。諸樊既除喪，讓位季札，季札引子臧之義固謝。吴人固欲立之，季札棄其室而耕。諸樊卒，傳餘祭，必欲以次致國季札。自諸樊至餘祭、餘眛，皆兄終弟及；餘眛之卒，皆欲授季札，季札於是逃去。嗚呼！太伯之賢比於伯夷，季子之節可謂不媿太伯矣。豈僅如史遷所稱『閎覽，博物君子』云乎哉？且吾聞勾吴之俗，好義而有文。其亦慕其遺風而興起者乎！吾恨不能一至其處，弔延陵之往蹟如過孤竹之遺墟，而徒愴然興懷也。

清·張尚瑗《公羊折諸》卷五《襄公·何賢乎季子讓國也》 崔鍾鳧曰：季子，春秋之哲人也，曾謂于其宗國而忍付之顛越哉？夫立嫡者，常取賢者權常則一夫可由權則衆賢斯舉以禹之賢不能襲堯舜之讓蓋順時宜民之道非己可得而强違焉。季子逆見其國俗既狡，而王僚暨光又皆喜亂而多才，攫國讓位，後必有之。吾既莫如之何也已，吾潔己以勿始禍。自靖，自獻于先王，雖廢先君之命，姑全其義。蓋叔齊之流也。【略】

邵二泉曰：或問札聘在夷眛卒前三十年，仲尼何貶之預也？曰：兄亡弟及，既有父命札也，實君之貳也。吴子烏得而使之？是使也，札將無意乎？不然，何歷之諸國，觀樂論人從容暇豫如此。《傳》以為季而亡焉，得其心矣。曰：《傳》稱壽夢賢季札，欲立以為嗣，辭不可，然後立諸樊。則札之辭，壽夢已聽之矣。其必欲致國者，乃諸兄之意，非父之命也。曰兄為君，兄之命，君之命也，况初意出于父乎！【略】

季子讓國之賢，《三傳》無異詞。胡康侯獨為辭國生亂之説，張履祥駁之曰：吴之亂在昭二十七年，聖人必不逆其將來而豫加貶詞也。季子使而餘眛卒，迨其返而致國，則僚既為君而光已弒僚，禍亂已作不可息矣。當是之時，辭亦亂，不辭亦亂。使餘眛卒，僚不為君，而虚其位以迎季子，季子来歸而致國焉，季子未必不受也。季子亂生而辭國，非辭國而生亂。於襄公時書『札来聘』，當以秦術、楚椒一例為正。

清·李鍇《尚史》卷六三《吴諸公子傳·公子札》 論曰：延州來季子，賢公子也。史遷引仲尼之言曰：其仁心慕義無窮，何其閎覽！博物君子也。蓋嘗深予之矣。雖然，有疑衷焉。王壽夢知季子賢，欲傳國季子；諸樊、餘祭兄弟相次，欲以及之，可謂善承父志矣。季子終己不立，何邪？大伯、仲雍逃之荆蠻，季歷不讓，重大命也。詩人咏之曰：『因心則友，則友其兄。』是未嘗以攘兄而擠之為疑也。季子有閒于季歷乎？且王僚不義，盍訓以讓？闔廬為逆，宜正厥罪。力有不勝，告諸天王，愬之伯主可也，而先後無聞焉。抑又何邪？間關歷聘，籌事若素，父母宗國，詒謀闕如，將黯近而燭遠，抑秦越睽之邪？雖然，春秋二百四十二年之間，父子兄弟簒弒攘奪者踵相接，乃季子矯之，雖達節有孫夫王季，而曹臧之義，良無後夫。季子，賢公子也。蹶由執楚，正言禦暴，卑抗適中而無撓焉，亦可尚也。

列國公子推位

綜述

宋弗父何　《左傳・昭公七年》（孟僖子）曰：吾聞將有達者，曰孔丘。聖人之後也，而滅於宋。其祖弗父何，以有宋而授厲公。注：弗父何，孔父嘉之高祖，宋閔公之子，厲公之兄。何適嗣當立，以讓厲公。

《孔子家語》卷三《觀周》（南宮敬叔）遂言於魯君曰：『臣受先臣之命，魏王肅注：先臣，僖子。云孔子，聖人之後也，注：聖人，殷湯。滅於宋。注：孔子之先，去宋奔魯，故曰滅於宋也。其祖弗父何，始有國而受厲公。』注：弗父何，湣公世子，厲公兄也。讓國以授厲公。《春秋傳》曰：以有宋而授厲公。有者，始有也，始有宋也。

宋公子目夷　《左傳・僖公八年》宋公疾，大子茲父固請曰：『目夷長且仁，君其立之。』注：茲父，襄公也，目夷，茲父庶兄子魚也。公命子魚，子魚辭曰：『能以國讓，仁孰大焉？臣不及也，且又不順。』注：立庶不順禮。遂走而退。

《公羊傳・僖公二十一年》（冬）楚人使宜申來獻捷。《傳》：宋公與楚子期以乘車之會，公子目夷諫曰：『楚，夷國也，彊而無義。請君以兵車之會往。』宋公曰：『不可。吾與之約以乘車之會，自我為之，自我墮之，曰不可。』終以乘車之會往。楚人果伏兵車，執宋公以伐宋。宋公謂公子目夷曰：『子歸，守國矣。國，子之國也。吾不從子之言，以至乎此。』公子目夷復曰：『君雖不言國，國固臣之國也。』《解詁》：所以堅宋公意，絕彊楚之望。於是歸，設守械而守國。楚人謂宋人曰：『子不與我國，吾將殺子君矣。』宋人應之曰：『吾賴社稷之神靈，吾國已有君矣。』楚人知雖殺宋公，猶不得宋國，於是釋宋公。宋公釋乎執，走之衛。《解詁》：襄公本謂公子目夷曰：『國，子之國也。』宋公愧前語，故慙不忍反，走之衛。公子目夷復曰：『國為君守之，君曷為不入？』然後逆襄公歸。

漢・劉向《説苑》卷四《立節》宋襄公茲父為桓公太子。桓公有後妻子，曰公子目夷，公愛之。茲父為公愛之也，欲立之，請於公曰：『請使目夷立，臣為之相，兄以佐之。』公曰：『何故也？』對曰：『臣之舅在衛，愛臣。若終立，則不可以往。絕迹於衛，是背母也。且臣自知不足以處目夷之上。』公不許，彊以請公，公許之。將立公子目夷，目夷辭曰：『兄立而弟在下，是其義也。今弟立而兄在下，不義也。不義而使目夷為之，目夷將逃。』乃逃之衛，茲父從之。三年，桓公有疾，使人召茲父：『若不來，是使我以憂死也。』茲父乃反，公復立之，以為太子。然後目夷歸也。

衛叔武　《公羊傳・僖公二十八年》晉人執衛侯，歸之于京師。《傳》：衛侯之罪何？殺叔武也。何以不書？為叔武諱也。《春秋》為賢者諱。何賢乎叔武？讓國也。其讓國奈何？文公逐衛侯而立叔武，叔武辭立而他人立，則恐衛侯之不得反也，故於是己立，然後為踐土之會，治反衛侯。《解詁》：叔武訟治於晉文公，令白王者，反衛侯，使還國也。叔武讓國見殺而為叔武諱殺者，明叔武治反衛侯，欲兄饗國，故為去殺己之罪，所以起其功而重衛侯之無道。衛侯得反，曰：『叔武篡我。』元咺爭之曰：『叔武無罪。』終殺叔武。元咺走而出。此晉侯也，其稱『人』何？貶。曷為貶？衛之禍，文公為之也。文公為之奈何？文公逐衛侯而立叔武，使人兄弟相疑。

衛公子郢（子南）　《左傳・哀公二年》初，衛侯遊于郊，子南僕。注：子南，靈公子郢也。僕，御也。公曰『余無子，將立女。』注：蒯聵奔，無大子。不對。他日，又謂之。對曰：『郢不足以辱社稷，君其改圖。君夫人在堂，三揖在下，注：三揖，卿大夫。君命祇辱。』注：言立適當以禮，與內外同之。今君私命，事必不從，適為辱。夏，衛靈公卒。夫人曰：『命公子郢為大子，君命也。』對曰：『郢異於他子。注：言用意不同。且君沒於吾手，若有之，郢必聞之，注：言當以臨沒為正。且亡人之子輒在。』注：輒，蒯聵之子出公也，靈公適孫。乃立輒。

鄭子良（公子去疾）　《左傳・宣公四年》鄭人立子良，注：穆公庶子。辭曰：『以賢則去疾不足，注：去疾，子良名。以順則公子堅長。』乃立襄公。注：襄公，堅也。襄公將去穆氏而舍子良，注：以其讓己。子良不可，曰：『穆氏宜存，則固願也。若將亡之，則亦皆亡，去疾何為？』注：何為，獨留。乃舍之，皆為大夫。

曹子臧（公子喜時）《左傳・成公十五年》 春，會于戚，討曹成公也，執而歸諸京師。書曰『晉侯執曹伯』，不及其民也。凡君不道於其民，諸侯討而執之，則曰某人執某侯。不然則否。諸侯將見子臧於王而立之，子臧辭曰：『前《志》有之曰：「聖達節，次守節，下失節。」為君，非吾節也。雖不能聖，敢失守乎？』遂逃奔宋。

又《成公十六年》（七月）曹人復請于晉，晉侯謂：『子臧反，吾歸而君。』子臧反，曹伯歸。子臧盡致其邑與卿，而不出。注：不出仕。

《公羊傳・昭公二十年》 夏，曹公孫會自鄸出奔宋。《傳》：奔未有言『自』者，此其言『自』何？畔也。畔則曷為不言其畔？為公子喜時之後諱也。《春秋》為賢者諱。何賢乎公子喜時？讓國也。其讓國奈何？曹伯廬卒于師，則未知公子喜時從與？《解詁》：喜時，曹伯廬弟。疏：賈、服以為廬之庶子者。蓋所見本異也。公子負芻從與？《解詁》：負芻，喜時庶兄。或為主于國，或為主于師。《解詁》：古者諸侯師出，世子率輿守國；次宜為君者，持棺絮從，所以備不虞。或時疾病，相代行。本史文不具，故《傳》疑之。公子喜時見公子負芻之當主也，逡巡而退。

漢・劉向《新序》卷七《節士》 曹公子喜時，字子臧，曹宣公子也。宣公與諸侯伐秦，卒於師。曹人使子臧迎喪，使公子負芻與太子留守。負芻殺太子而自立。子臧見負芻之當主也，宣公既葬，子臧將亡，國人皆從之。負芻立，是為曹成公。成公懼，告罪且請子臧，子臧乃反，成公遂為君。其後晉侯會諸侯，執曹成公，歸之京師。將見子臧於周天子而立之，子臧曰：『前《記》有之：「聖達節，次守節，下不失節。」為君，非吾節也。雖不能聖，敢失守乎？』遂亡奔宋。曹人數請，晉侯謂『子臧反國，吾歸爾君。』於是子臧反國，晉乃言天子，歸成公於曹。子臧遂以國致成公。成公為君，子臧不出，曹國乃安。子臧讓千乘之國，可謂賢矣，故《春秋》賢而褒其後。

楚子西《左傳・昭公二十六年》 九月，楚平王卒。令尹子常欲立子西，注：子西，平王之長庶。曰：『太子壬弱，其母非適也，王子建實聘之。子西長而好善。立長則順，建善則治，王順國治，可不務乎？』子西怒曰：『是亂國而惡君王也。國有外援，不可瀆也；王有適嗣，不可亂也。敗親速讎，注：不立壬，秦將來討，是速讎也。亂嗣不祥。我受其名，注：受惡名。賂吾以天下，吾滋不從也。注：滋，益也。《正義》：賂吾以天下，使吾為天子，吾益不從也。楚國何為？必殺令尹。』令尹懼，乃立昭王。

楚公子啓《左傳・哀公六年》 秋七月，楚子在城父，將救陳。卜戰不吉，卜退不吉。王曰：『然則死也，再敗楚師不如死，棄盟逃讎亦不如死。死，一也，其死讎乎？』命公子申為王，不可；則命公子結，亦不可；則命公子啓，五辭而後許。注：申，子西；結，子期；啓，子閭。皆昭王兄。將戰，王有疾。庚寅，昭王攻大冥，卒于城父。子閭退曰：『君王舍其子而讓羣臣，敢忘君乎？從君之命，順也；立君之子，亦順也。二順不可失也。』與子西、子期謀，潛師閉塗，逆越女之子章立之，而後還。注：越女，昭王妾；章，惠王。

又《哀公十六年》 白公欲以子閭為王，注：子閭，平王子啓，五辭王者。子閭不可。遂劫以兵，子閭曰：『王孫若安靖楚國，匡正王室而後庇焉，啓之願也，敢不聽從？若將專利以傾王室，不顧楚國，有死不能。』注：不能從。遂殺之。

漢・劉向《新序》卷八《義勇》 白公勝既殺令尹司馬，欲立王子閭以為王，王子閭不肯。劫之以刃，王子閭曰：『王孫輔相楚國，匡正王室，而后自庇焉，閭之願也。今子假威以暴王室，殺伐以亂國家，吾雖死，不子從也。』白公勝曰：『楚國之重，天下無有。天以與子，子何不受也？』王子閭曰：『吾聞辭天下者，非輕其利也，以明其德也。不為諸侯者，非惡其位也，以潔其行也。今吾見國而忘主，不仁也；劫白刃而失義，不勇也。子雖告我以利，威我以兵，吾不為也。』白公强之，不可，遂殺之。

越王子搜《莊子》卷九《讓王》 越人三世弑其君，王子搜患之，逃乎丹穴。而越國無君，求王子搜不得，從之丹穴。王子搜不肯出，越人薰之以艾，乘以王輿。王子搜援綏登車，仰天而呼曰：『君乎君乎！獨不可以舍我乎？』王子搜非惡為君也，惡為君之患也。若王子搜者，可謂不以國傷生矣。此固越人之所欲得為君也。

漢・劉安《淮南子》卷一《原道訓》 越王翳逃山穴，越人熏而出之，遂不得已。漢高誘注：已，止也。翳，越太子也。賢，不欲為王，逃於山穴之中。越人以火熏，出而立之。

漢・王充《論衡》卷一《命祿篇》 越王翳逃山中，至誠不願，自冀得代。越人熏其穴，遂不得免，彊立為君。而天命當然，雖逃避之，終不得離，故夫不求，自得之貴歟？

論　說

《墨子》卷一三《魯問》 孟山譽王子閭曰：昔白公之禍，執王子閭，斧鉞鉤要，直兵當心，謂之曰：「為王則生，不為王則死。」王子閭曰：「何其侮我也！殺我親，而喜我以楚國。我得天下而不義，不為也，又況於楚國乎！」遂而不為。王子閭豈不仁哉？

子墨子曰。難則難矣，然而未仁也。若以王為無道，則何故不受而治也？若以白公為不義，何故不受王，誅白公然而反王？故曰難則難矣，然而未仁也。

《孟子・盡心下》 孟子曰：好名之人能讓千乘之國。苟非其人，簞食豆羹見於色。漢趙岐注：好不朽之名者，輕讓千乘，伯夷、季札之類是也。誠非好名者，爭簞食豆羹變色，訟之致禍。鄭公子染指黿羹之類是也。宋朱熹《集注》：好名之人，矯情干譽，是以能讓千乘之國。然若本輕富貴之人，則於得失之小者，反不覺其真情之發見矣。蓋觀人不於其所勉而於其所忽，然後可以見其所安之實也。

《孔子家語》卷九《本姓解》 齊太史子與適魯，【略】遂退而謂南宮敬叔曰：「今孔子，先聖之嗣。自弗父何以來，世有德讓，天所祚也。」

漢・劉安《淮南子》卷一〇《繆稱訓》 王子閭張掖而受刃，不以所託害所歸也。故世治則以義衛身，世亂則以身衛義。死之日，行之終也。

唐・孔穎達《左傳・成公十五年》「聖達節」正義 節猶分也。人生天地之間，性命各有其分。聖人達于天命，識己知分，若以曆數在己，則當奉承靈命，不復拘君臣之交，上下之禮，舜、禹受終，湯、武革命，是言達節者也。若自知己分不合高位，得而不取，與而不受，子臧、季札、衛公子郢、楚公子閭，如此之類，皆守節者也。下愚之人不識己分，倘張妄作，取非其理，干紀亂常，如此之輩，古今多矣。州吁、無知之等，皆失節者也。子臧自以身是庶子，不合有國，故言「為君，非吾節也。」雖不能為聖，敢失其守節者乎？

唐・陸淳《春秋集傳辨疑》卷六《僖二十八年・晉人執衛侯歸之于京師》 趙子曰：據理，反是為衛侯諱，是掩惡也，何名為叔武諱？且凡褒賢之義，但稱字爾，不聞諱殺也。

宋・朱熹《二程遺書》卷一一《師訓》 公子郢志可嘉，然當立而不立，以致衛亂，亦聖人所當罪也，而《春秋》不書，事可疑耳。

宋・劉敞《春秋權衡》卷一 且吾論之：自古讓者多，安者少。宋穆公讓，魯隱公讓，吳三王讓，燕子噲讓，後皆大亂。宋襄公欲讓目夷，目夷不聽；鄭穆公欲讓去疾，去疾不聽；楚昭王欲讓公子閭，公子閭不聽。後皆無亂。使此三子從而利之，亦皆亂矣。然彼三子又非惡爲君也。讓不得聖人不止，非聖人亦不可蒙讓于人也。故堯讓舜，舜讓禹，太伯讓文王，而天下國家安之，彼所謂知人也。若旦得讓名，暮有讓禍，此乃讓非其人，不知人之甚者，何謂知人哉！

宋・劉敞《劉氏春秋意林》卷下 君子莫重乎授受。授受，王事之本也。授之者以禮，受之者以義，正也。正己而後，可以正人矣。故擇其所處，不污於偽，不誘於利，不脅於威，楚公子閭、吳公子札、衛公子郢是矣。

叔武攝位而鄭不名，剽篡國而衎不名。其不名也同，而所以不名異。叔武稱子而剽稱侯。稱子者，讓之意也；稱侯者，篡之實也。故曰貴賤不嫌同號，美惡不嫌同辭。為《春秋》者，安可弗察也。

宋・劉敞《春秋傳》卷六《僖公》 衛有君矣，衛侯何以不名？賢衛子也。賢衛子則何以不名？言叔武之不有其國也。叔武者，曷為者也？衛侯之弟也。攝君之事而不處其位，載君之德而不私其名，上治之天子，下治之諸侯，以求反衛侯于國，是以稱之衛子也。

宋・晁補之《雞肋集》卷四一《春秋左氏傳雜論》 自古諸侯之子不當立無妄而求者多矣。夫郢，父在許之而不敢承，父没母立之而不肯立，郢之賢且智，蓋子臧、季札之義也。或曰畏禍。夫一臂重於一國，身貴於天下，易知也。利在於目前，禍伏於事後，難知也。孟子曰：苟非其人，以簞食豆羹見於色。至蒯聵與輒父子爭國，而郢超然立於無過之地，郢之賢且智，蓋子臧、季札之義也。

宋・王當《春秋臣傳》卷一一《宣公・鄭子良去疾》 贊曰：【略】子良辭千乘之國，不人亡而已存，斯楚、鄭所以爭得之也。

又 卷二六《昭公四・楚公子申子西》 贊曰：【略】子西兄弟辭萬乘之國，復已亡之楚，其節高矣，其功大矣。然俱不免白公之難，以子西不能從善而昧於知人也。《傳》曰：『仁而不武。』子西是矣。善哉！

宋・呂祖謙《左氏傳說》卷六《宣公・曹人使公子負芻守秋負芻殺其太子而自立十三年》 曹宣公從晉侯伐秦，卒于師。使公子負芻守國，使公子欣時逆曹伯之喪。公子欣時即子臧也。負芻與欣時俱曹伯庶子，公子欣時逆喪未歸之間，負芻殺其太子而自立。晉為霸主，率諸侯討殺太子之禍，執曹成公而歸之京師。諸侯將見子臧於王而立之，子臧辭曰：『聖達節，次守節，下失節。』遂逃奔宋，不肯立。後來負芻歸自京師，自為曹君。

大抵學者之患，最是勇於義而不能精擇。如子臧輕千乘之國，視之如弊屣而不肯受，固是勇於為義，然而講學不明，擇義不精，所以辭受取予之際，亦不曉。自曹宣公之卒，太子是正嫡，本當立。負芻殺太子而自立，其罪當討。晉人討簒弒之賊，諸侯擇其賢者而立之。太子在時，子臧固不當立，然而既死之後，子臧固當受之可也，亦當討前日弒君之賊。今乃遷延不受，反使簒弒之人儼然居一國之上，使三綱五常都失序。豈是晉人之罪？都緣子臧歸潔其身太過，輕重隆殺都不分，却說『聖達節，次守節』之語。觀這一二句，便見他講學未盡，擇義不精，亦皆有病。夫所謂節者，天之生民，降衷秉彝，天地智愚，聖賢同守之而不可加損。在文王則曰『順帝之則』，在《易》則曰『乾元「用九」，乃見天則』。今子臧講學不明，却以九縱八橫，超乎節之外，亦是子臧未曉得帝則、民彝處，雖有高世之行，難行之操，所以不免得罪於君子，都是擇義不精之過。

宋・呂祖謙《左氏傳續說》卷九《宣公・子臧反曹伯歸十六年》 子臧之反，只爲曹社稷之故，不忍宗國之亡耳。及既反後，盡致其邑與卿，終不肯失身於簒弒之朝。然太子既被弒，子臧之賢，又國人所願立以爲君，子臧不從國人之欲，無乃處之太潔？蓋君子之道不一端，或出或處，或默或語。子臧一則是處己高，一則是不當立。使當立時，於《左傳》中必自有辭可見。

又 卷一二《哀公・命公子郢為太子君命也二年》 衛侯命公子郢為太子，若郢當時便自立，則衛必不亂。郢徒潔一己而不恤國之亂。如無子，則立孫，《檀弓》舍子立孫是也。

宋・呂祖謙《左氏博議》卷一〇《宋太子茲父請立子魚》 無故而為駭世之行，求名之尤者也。宋襄公之遜於子魚是也。以統則正，以親則嫡，以勢則順，無故而欲推之他人，非求名，果何說也？然求名之罪，人所共指，不足深責。乃若不明乎善，則學者所同病，所當先論也。宋襄所以無故而遜國者，吾知之矣。其心急欲自表見於世，悒然恨無善之可為，故振奇以駭世耳。築山於平地者，以其無山也；使居泰、華之傍，必不築也。鑿沼於平地者，以其無沼也；使居江海之傍，必不鑿也。平地無山，故版築而强為山；平地無沼，故疏鑿而强為沼。彼矯激而强為駭世之行者，豈非平居自視無善之可為，不得不出此耶？

人之言曰：天下之善，遇之不可不為；不遇，不可强為。其視宋襄，進一等矣，亦未免五十步笑百步也。一歲之間，自春至冬；一日之間，自朝至暮；一國之間，自君至民；一身之間，自頂至踵，無時非善，無物非善，周流充塞，隨在隨滿。今乃謂遇善則可為，不遇善則不可為，吾不知擇何物為善，棄何物為不善耶？吉人為善，惟日不足，世俗乃嘆善之難遇，何其反也！以魯遇宋謂之遇，以齊遇陳謂之遇，以子路遇荷蓧謂之遇。為善而欲遇善，善豈在外耶？君子明乎善者天理混然，生生不息，不知有善之可擇也，不知有不善之可棄也。尚不見精，何者為粗？尚不見純，何者為駁？雖極世所謂至高之節，如堯舜之揖遜，亦世俗自為之名耳。

步趨也，言語也，飲食也，寢息也，皆人日用之常也。而兀者獨羨人之步趨，以為不可及，豈步趨果難於言語、食息之屬哉？自兀者觀之則然也。堯、舜之事，布在天下。若禮樂，若法度，若征伐，若巡狩，若歷試，若揖遜，皆因理之固然，本未嘗置輕重於其間也。則所謂揖遜者，特堯、舜萬事中一事耳。世俗指其一事為高，而忽其餘事為常者，無他焉，彼自見其捐一金之難，而駭堯、舜忘天下之易，遂誇大以為至高之節，矯情而效之。此宋襄之徒所以每不絕於世也。噫！堯、舜之揖遜，堯、舜曷嘗自知其高哉？以世俗之心度之，則高耳。然則非特幽囚野死之毀，為以利心量聖人也；誦堯、舜揖遜以為高者，正所謂以利心量聖人也。

宋·羅泌《路史》卷三三《發揮二·夷齊子南》　子南，公子郢之字，靈公之介子而蒯聵之弟也。蒯聵既奔，靈公游于郊，子南僕。公曰：『予無子，將立汝。』不對。他日又謂之，對曰：『郢不足以辱社稷，君其改圖。君夫人在堂，三揖在下，君命祇辱。』夏，靈公薨。夫人曰：『命公子郢為太子，君命也。對曰：『郢也異他子。君沒於郢之手，若有之，郢必聞之，且亡人之子輒在。』乃立輒。子南之德，實媲夷、齊。孔子居衛，蓋有疑輒逆德，不可為君，而子南之賢，可立而不立者。故冉子求折於子貢，而子貢舉夷、齊以為問。夫子以為古之賢人求仁而得仁者，蓋以明其志之得也。始，叔齊之遜夷也，固以夷長而當立也，曰無兄弟之義，何以為國？夷以叔齊為父之所命也，曰無父子之義，而又何以為國？爰與俱去。一遜而兄弟之倫正，再遜而父子之義立。兄弟正，父子立，而君臣上下之分定，可謂求仁而得仁矣。故聞夷、齊以遜國為仁，則知夫子不為衛君，而郢賢可知矣。當夫人之以君命而立我，承之可也；而固以輒在辭，此叔齊之義也。

宋·黎靖德《朱子語類》卷四三《論語二十五·子路篇·子路曰衛君待子章》　叔器問：子郢不肯立也，似不是。曰：只立輒時，只是蒯聵一箇來爭。若立他時，則又添一箇來爭，愈見事多。人以千乘之國讓之而不肯受，他畢竟是看得來惹手難做後，不敢做。

宋·趙鵬飛《春秋經筌》卷七《僖公》　衛子蓋迫于晉命而攝衛政，實不敢君，以待衛侯之反也，則衛子亦所謂賢者歟！衛侯書復歸則國逆之，非外納之矣，國逆之，是衛子之意也。衛侯入而不察，以為衛子篡也，故殺之。夫衛子者乃隱公，而衛成即桓公也。以遜而得逆，以賢而得罪，此聖人于叔武書『子』，以見其遜且賢。于衛侯書名，以見其逆且有罪也。其義蓋已著矣。

宋·程公說《春秋分記》卷六二《宋世本第一·桓公》　公說曰：《孟子》曰：好名之人能讓千乘之國。兹父之欲讓目夷，非必讓也，而有欲讓之意。兹其好名，蓋有利而為之，終貽于顛沛而弗悟。異時之敗，可鑒矣。故凡蔽於人欲而苟於求名者，未始不敗也。

宋·黃震《黃氏日抄》卷一三《讀春秋七·定公》　楚昭王立二十七年，卒。【略】且兄弟多賢，不以國為利。命公子申為王，不可；則命公子結，亦不可；則命公子啓，五辭而後許。蓋其初子西先讓國於昭王，故今昭王復讓國於三弟，然公子啓亦終不取，與申、結立昭之子，是為惠王。亦盛事也。

宋·金履祥《資治通鑑前編》卷一七《周敬王二十七年》　履祥按：公子郢之辭國，卒釀衛國之亂，似亦賢者之過。間嘗思之。郢既支庶，而外蒯內輒皆必爭之人。靈公之欲立郢，不命之于朝廷之上而言之于郊野之間，此郢之所以辭也。觀其言曰：『君夫人在堂，三揖在下，君命祇辱。』則是謂靈公當與卿大夫命之于朝，即名正言順，亂源窒矣。此亦夫子正名之意也，而靈公不悟，朝無明命。及公歿，夫人立之，又辭，此友郢之明也。郢立于夫人之手，即制于南子，而事皆不可為矣，況正犯蒯聵之所必爭乎？吁！此郢之所以為賢也。

宋·家鉉翁《春秋集傳詳說》卷一二《僖公四》　或曰：叔武之攝居君位，是乎否乎？曰：否。君位非人臣所可攝也。當是時，衛侯有子則當使其太子如會聽命，無子則當以上卿往。叔武居嫌疑之地，其可攝乎？故為人臣，不可以不知《春秋》。

元·陳天祥《四書辨疑》卷一三《孟子·盡心下》　惡名，無不惡之者；善名，無不好之者。然其矯情飾詐，務以欺世違道干譽，賣直邀名，斯固可鄙。果於義、利之間，明其去就，於其不義，雖萬鍾之祿不受，當其可讓，雖千乘之國不吝。如此以保令名，非不善也。古之能讓千乘之國者，太伯仲雍、伯夷叔齊、子臧、季札，寥寥千古，數人而已。若皆以為矯情干譽，則是萬世無遜讓之賢也。況聖人亦嘗言：『君子疾没世而名不稱焉。』君子去仁，惡乎成名，揚名於後世，以顯父母，令聞廣譽施於身？若此類者，聖人豈以名為不美而無欲之之心哉！但聲聞過情，則恥之耳。

元·齊履謙《春秋諸國統紀》卷四《晉國》　今晉文逐衛侯而立叔武，聖人不没其實，故衛侯不名於上，而叔武稱子於下。上以明晉文之罪，下以見叔武之賢。

明・邵寶《學史》卷三《辰》　日格子曰：己留而族亡，子良何以為心？故欲與族偕亡而卒存其族，亦豈子良有心於要之哉？讓國，禮也；偕亡，禮也；偕存，亦禮也。雖然，子良於穆之族，有義不同天者焉。知權者，當有以處之矣，而區區於存亡之偕，何居？

明・夏良勝《中庸衍義》卷八《達道之義・兄弟之法》　臣良勝曰：春秋之世，兄弟始終相成如宋襄、子魚者，蓋亦鮮矣。立子魚者，桓公之始謀也。先是，兹父嘗請於公曰：『使目夷立，臣為之相。』公曰：『何故？』對曰：『臣之舅在衛，愛臣。若臣立，則不可以往。絕迹於衛，是背母也。且臣自知不足以處目夷之上。』不許，强請之。將立目夷，目夷辭曰：『兄立而弟在下，是義也。今弟立而兄在下，不義也。不義而使目夷為之？』遂逃之衛，兹父從之。及公之疾，乃召兹父曰：『若不來，是使我以憂死也。』是襄公之讓，子魚之辭，皆由衷者也。且襄公母出于衛，以不得迎而賦《河廣》之詩。其欲避位以寧母，蓋素志也。子魚以後妻之子而為桓公所愛，皆能不失其天性之常。是難能也。

其後，子魚卒相襄公，了無嫌猜。及襄乘車會楚而遭執，則謂子魚曰：『子歸，守國矣。國，子之國也。』子魚曰：『君雖不言國，國固臣之國也。』歸設守械而守國。楚謂宋曰：『子不與我國，吾將殺子君矣。』曰：『吾賴社稷之靈，國已有君矣。』楚知殺公猶不得國，於是釋公。公走之衛，子魚復請曰：『國為君守之，君何遂不入？』遂迎公歸。原始要終，而襄公、子魚皆不取乎為諸侯者，是難能也。

明・傅遜《春秋左傳屬事》卷一五《衛・莊公出公父子爭國》　子南，靈公子郢也。僕，御也。無子，蒯聵奔故。三揖，卿大夫士。郢言立適當以禮，與内外同之；君乃私命，必不從適，為辱異立，意不同。

明・賀復徵《文章辨體彙選》卷二八八《〔明〕湯顯祖〈吴越史纂序〉》　地勢吴為喉，越為尾，為國則必相圖。此亦延陵季子、王子搜所以不願為君耳。

明・姜寶《春秋事義全考》卷一六《哀公》　廬陵李氏曰：《左氏》載楚昭有死讐之志，及其命公子啓為王與不肯，移禍於令尹司馬等，亦足見昭王之賢。又載子西、子期、子閭之讓國不立，亦足見三子之賢。

明・王樵《春秋輯傳》卷一三《哀公》　按：甚矣，衛靈公之惽也。彼不恥召宋朝，固不難逐蒯聵也。蒯聵之奔，於今四年，惟罪狀未明，故太子之位猶未絕，而所欲立者猶未定也。死而乃以遺命立郢，宜郢之不肯居。而後日蒯聵與輒之爭有所藉口也，非靈公之罪而何哉？

明・劉宗周《論語學案》卷四《上論・述而》　或曰：公子郢之固辭而不立，有夷、齊之仁焉。愚謂古今讓國，惟夷、齊尚矣。郢也承先君之命而自立，可以無憾於兄弟者，即亡人之子可以得國，而父子之間終於難處，寧以身定國耳。知不出此，而讓國以釀亂，廢先君之統紀矣，焉得仁？《春秋》之於季札也，亦然。

清・馬驌《左傳事緯》卷三《衛元咺搆訟》　叔武之賢也，讓位不獲，蒙難盟霸。元咺之忠也，殺子不顧，卒安社稷。衛雖多難，賴二子纏綣其間，庶幾克協，衛尚可以無事也。

清・朱鶴齡《讀左日鈔》卷一二《哀公》　馮時可曰：楚昭時救陳在城父，三軍從焉。鄀都，一空國耳。越女之子章傫然一賤者也。冢嗣未定，羣公子旁睨，章保不為魯之公子班、齊之孺子荼耶？是故讓子西，讓子期，又讓子閭者，凡以安章也。楚子知子閭之賢，足以安章也，故讓之獨數。不然，均庶兄也，何至於子閭而五讓歟？子閭許而後可，定立章之謀矣。潛師閉塗，立子章於軍中而敵人不知，楚國按堵。其辭也，非矯也；其許也，非貪也。吾以為昭王之明過於宋宣，而子閭之順過於宋穆遠矣。

清・陸隴其《四書講義困勉録》卷一〇《述而・入曰伯夷叔齊節》　《四書家訓》曰：如公子郢，亦未必便是仁，則是所謂合乎天理之正而未必即乎人心之安者。

清・惠士奇《春秋説》卷一五《定公》　禮有子攝父，未有弟攝兄。衛侯使叔武受盟，不聞使之攝其君之位，乃進則與魯、蔡同班，退則與鄭、莒竝列，叔武亦儼然受之而不辭，雖無篡之志而有篡之嫌。或訴元咺立叔武者，非誣也。

清・張尚瑗《公羊折諸》卷五《成公・内平其國而待之外治諸京師而免之》　負芻殺太子而自立，内則國人惡之，外則諸侯討之。國固子臧之國也，子臧義不肯立，國内曠年無君。使其如吴季子，則負芻無闔閭之威力，專制其國；更不幸而為衛叔武，則負芻拘縶京師，且罹衛成之獄矣。而周旋内外，使曹國有君，已節不失，以委蛇行其孤矯，以才略濟其堅貞。負芻歸國之後，上下輯睦，終諡為成，皆臧一人之力也。《傳》于公孫會出奔，追叙此事，表章賢者之後，蓋與本文前後相發。

清·張尚瑗《穀梁折諸》卷一《隱公·可謂輕千乘之國》　春秋之世，猶有輕千乘之國者七人焉，曰魯隱公、宋穆公、公子目夷、曹子臧、吳季札、衛子郢、楚子西也。隱公、穆公師周公，子臧、季札師夷、齊，子郢、子西又師臧與札。望以為隱公而不為者，晉武帝也。命之為穆公而負約者，宋太宗也。唐太宗踵負芻之謀，明成祖襲闔廬之轍，皆子臧、季札之罪人。

清·張尚瑗《左傳折諸》卷二〇《昭公·其祖弗父何以有宋而授厲公》　《家語·本始解》注引《史記》載湣公名共，煬公名熙，云湣公共卒，弟煬公熙立。湣公子鮒祀弒煬公自立，是為厲公。弗父何為煬公熙子。而《左傳》云：鮒祀弒煬公，欲立太子弗父何，何讓不受。而不載弗父何為何人之子。若何為熙子，則鮒祀乃不共戴天之人，胡讓之乎？何之後，《家語》曰『世為宋卿』。若其與鮒祀有父仇，何決無為卿之理，而鮒祀亦决無使得在位之理。然則何必湣公共之嫡子，當嗣而讓也明也。

攝政分部

伊尹放太甲

綜　述

《尚書·伊訓》　惟元祀十有二月乙丑，伊尹祠于先王，漢孔安國《傳》：此湯崩踰月，太甲即位，奠殯而告。奉嗣王，祗見厥祖。《傳》：居位主喪。侯甸羣后咸在，《傳》：在，位次。百官總己，以聽冢宰。《傳》：伊尹制百官，以三公攝冢宰。伊尹乃明言烈祖之成德，以訓于王。《傳》：湯有功烈之祖，故稱焉。

又《太甲上》　《序》：太甲既立，不明，《傳》：不用伊尹之訓，不明居喪之禮。伊尹放諸桐。《傳》：湯葬地也。不知朝政，故曰放。三年復歸于亳，思庸。《傳》：念常道。伊尹作《太甲》三篇。唐孔穎達《正義》：太甲既立為君，不明居喪之禮，伊尹放諸桐宮，使之思過三年，復歸于亳都。以其能改前過，思念常道故也。自初立至放而復歸，伊尹每進言以戒之。史叙其事，作《太甲》三篇。案經上篇是放桐宮之事，中、下二篇是歸亳之事。此《序》歷言其事，以總三篇也。【略】此篇承《伊訓》之下，經稱『不惠于阿衡』，知不明者，不用伊尹之訓也。王徂桐宮，始云居憂，是未放已前不明居喪之禮也。經稱『營于桐宮，密邇先王』，知桐是湯葬地也。舜放四凶，徙之遠裔。《春秋》放其大夫，流之他境。嫌此亦然，故辨之云：『不知朝政，故曰放』。使之遠離國都，往居墓側，與彼放逐事同，故亦稱放也。古者天子居喪三年，政事聽於冢宰，法當不知朝政，而云『不知朝政，曰放者』，彼正法三年之內，君雖不親政事，冢宰猶尚諮稟。此則全不知政，故為放也。

惟嗣王不惠于阿衡，《傳》：阿，倚；衡，平。言不順伊尹之訓。《正義》：太甲以元年十二月即位，此至放桐之時，未知凡經幾月，必是伊尹數諫，久而不順，方始放之，蓋已三、五月矣，必是二年放之。《序》言三年復歸者，謂即位三年，非在桐宮三年也。史録其伊尹訓王，有《伊訓》、《肆命》、《徂后》，其餘忠規切諫，固應多矣。太甲終不從之，故言『不惠于阿衡』。史為作《書》發端，故言此為目也。伊尹作書曰：『先王顧諟天之明命，以承上下神祇，社稷宗廟罔不祗肅。天監厥德，用集大命，撫綏萬方。惟尹躬克左右厥辟，宅師，肆嗣王丕承基緒。惟尹躬先見于西邑夏，自周有終，相亦惟終。其後嗣王罔克有終，相亦罔終。嗣王戒哉！祗爾厥辟，辟不辟，忝厥祖。』

王惟庸罔念聞，《傳》：言太甲守常不改，無念聞伊尹之戒。伊尹乃言曰：『先王昧爽丕顯，坐以待旦。旁求俊彦，啓迪後人。無越厥命以自覆。慎乃儉德，惟懷永圖。若虞機張，往省括于度則釋。欽厥止，率乃祖攸行。惟朕以懌，萬世有辭。』

王未克變，《傳》：未能變，不用訓。太甲性輕脱，伊尹至忠，所以不已。伊尹曰：『茲乃不義，習與性成。予弗狎于弗順，營于桐宮，密邇先王其訓，無俾世迷。』《傳》：狎，近也。經營桐墓立宮，令太甲居之，近先王，則訓於義，無成其過，不使世人迷惑怪之。王徂桐宮居憂，《傳》：往入桐宮，居憂位。《正義》：亦既不知朝政之事，惟行居喪之禮。居憂位，謂服治喪禮也。伊尹亦使兵士衛之，選賢俊教之，故太甲能終信德也。克終允德。《傳》：言能思念其祖，終其信德。

又《太甲中》　惟三祀十有二月朔，伊尹以冕服奉嗣王，歸于亳。

作書曰：『民非后，罔克胥匡以生；后非民，罔以辟四方。皇天眷佑有商，俾嗣王克終厥德，實萬世無疆之休。』王拜手稽首曰：『予小子不明于德，自厎不類。欲敗度，縱敗禮，以速戾于厥躬。天作孽，猶可違；自作孽，不可逭。既往背師保之訓，弗克于厥初，尚賴匡救之德，圖惟厥終。』伊尹拜手稽首曰：『修厥身，允德協于下，惟明后。先王子惠困窮，民服厥命，罔有不悅。并其有邦厥鄰，乃曰「徯我后，后來無罰。」王懋乃德，視乃烈祖，無時豫怠。奉先思孝，接下思恭。視遠惟明，聽德惟聰。朕承王之休無斁。』

又《咸有一德》 伊尹既復政厥辟，《傳》：還政太甲。將告歸，乃陳戒于德。《正義》：自太甲居桐，而伊尹秉政。太甲既歸于亳，伊尹還政其君，將欲告老，歸其私邑，乃陳言戒王於德，以一德戒王也。太甲既得復歸，伊尹即應還政。其告歸陳戒，未知在何年也。下云『今嗣王新服厥命』，則是初始即政，蓋太甲居亳之後，即告老也。《君奭》云：『在太甲時，則有若保衡。』保衡，伊尹也。襄二十一年《左傳》云：『伊尹放太甲而相之，卒無怨色。』則伊尹又相太甲。蓋伊尹此時將欲告歸，太甲又留之為相，如成王之留周公，不得歸也。

又《説命下》 王曰：【略】『昔先正保衡，作我先王。《傳》：保衡，伊尹也。作，起。正，長也，言先世長官之臣。【略】爾尚明保予，罔俾阿衡專美有商。』《傳》：汝庶幾明安我事，則與伊尹同美。

又《君奭》（周）公曰：『君奭！我聞在昔成湯既受命，時則有若伊尹，格于皇天。《傳》：尹摯佐湯，功至大天，謂致太平。在太甲時，則有若保衡。』《傳》：太甲繼湯時，則有如此伊尹為保衡。言天下所取安，所取平。《正義》：保衡、伊尹，一人也。異時而別號。【略】伊尹名摯，諸子傳記多有其文。功至大天，猶堯格于上下，知其謂致太平也。據《太甲》之篇及諸子傳記，太甲大臣惟有伊尹，知即保衡也。《説命》云：昔先正保衡，作我先王，佑我烈祖，格于皇天。《商頌·那》祀成湯，稱為烈祖。烈祖，湯之號。言保衡佐湯，明保衡即是伊尹也。《詩》稱『實維阿衡，實左右商王。』鄭玄云：阿，倚；衡，平也。伊尹，湯所依倚而取平。至太甲改曰保衡，保，安也，言天下所取安，所取平。此皆三公之官，當時為之號也。孔以《太甲》云『嗣王不惠於阿衡』，則太甲亦曰阿衡，與鄭異也。

《左傳·襄公二十一年》 伊尹放太甲而相之，卒無怨色。晉杜預注：太甲，湯孫也，荒淫失度，伊尹放之桐宮，三年改悔而復之，而無恨心。言不以一怨妨大德。唐孔穎達《正義》：太甲，湯孫，《世本》記文也。《書序》云：太甲既立，不明，伊尹放諸桐宮。三年復歸于亳，思庸，伊尹作《太甲》三篇。是太甲能自改悔，伊尹復之之事也。

《孟子·萬章上》 伊尹相湯，以王於天下。湯崩，太丁未立，外丙二年，仲壬四年。太甲顛覆湯之典刑，伊尹放之於桐，三年，太甲悔過，自怨自艾，於桐處仁遷義，三年，以聽伊尹之訓己也，復歸于亳。漢趙岐注：太丁，湯之太子，未立而薨。外丙立二年，仲壬立四年，皆太丁之弟也。太甲，太丁子也。伊尹以其顛覆典刑，放之於桐邑。處，居也。遷，徙也。居仁徙義，自怨其惡行。艾，治也。治而改過，以聽伊尹之教訓己，故復得歸之於亳，反天子位也。

《古本竹書紀年·殷紀》 仲壬崩，伊尹放大甲于桐，乃自立也。伊尹即位，放大甲七年，大甲潛出自桐，殺伊尹，乃立其子伊陟、伊奮，命復其父之田宅而中分之。

太甲殺伊尹。

太甲潛出自桐，殺伊尹。

伊尹自篡立後，太甲潛出，親殺伊尹而用其子。

《今本竹書紀年·太甲》 元年辛巳，王即位，居亳。命卿士伊尹。伊尹放太甲于桐，乃自立。南朝宋沈約注：約按：伊尹自立，蓋誤以攝政為真爾。

七年，王潛出自桐，殺伊尹。天大霧三日。乃立其子伊陟、伊奮，命復其父之田宅而中分之。注：約按：此文與前後不類，蓋後世所益。

《史記》卷三《殷本紀》 帝太甲既立三年，不明，暴虐，不遵湯法，亂德。於是伊尹放之於桐宮。三年，伊尹攝行政當國，以朝諸侯。帝太甲居桐宮三年，悔過自責反善，於是伊尹迺迎帝太甲，而授之政。

論説

《孟子·盡心上》 公孫丑曰：『伊尹曰：「予不狎于不順。」放太甲于桐，民大悅。太甲賢，又反之，民大悅。賢者之為人臣也，其君不賢，則固可放與？』注：丑怪伊尹賢者而放其君，何也？孟子曰：『有伊尹之志則可，無伊尹之志則篡也。』注：人臣秉忠志，若伊尹欲寧殷國，則可放惡，而不即立君宿留，冀改而復之。如無伊尹之忠，見間乘利，篡心乃生，何可放也？宋孫奭疏：此章言憂國忘家，意在出身，志在寧君。放惡攝政，伊、周有焉。

凡人志異，則篡心生也。公孫丑問孟子，謂伊尹有言：我不狎于不順己者，故放太甲於桐宮而民心大悅。及太甲悔改其過而歸賢，則伊尹又迎而反之，以復君位，商民大悅。且賢者之為人臣也，其君有不賢者，則固可以放之與？孟子曰：如賢者有伊尹愛君之志，則可以放君；如無伊尹秉忠心以愛君，則放君而生篡奪君位之心者也。以為不可矣。

晉·杜預《春秋經傳集解》卷末《後序》　《紀年》又稱：『殷仲壬即位，居亳。其卿士伊尹。仲壬崩，伊尹放大甲于桐，乃自立也。伊尹即位於大甲十年，大甲潛出自桐，殺伊尹，乃立其子伊陟、伊奮，命復其父之田宅而中分之。』《左氏傳》：『伊尹放大甲而相之，卒無怨色。』然則大甲雖見放，還殺伊尹，而猶以其子為相也。此為大與《尚書敘》說大甲事乖異。不知老叟之伏生，或致昏忘，將此古書，亦當時雜記，未足以取審也。為其粗有益於《左氏》，故略記之，附《集解》之末焉。

《晉書》卷一二四《載記第二十四·慕容盛》　又謂常忠曰：『伊尹、周公孰賢？』忠曰：『伊尹非有周公之親而功濟一代。太甲亂德，放於桐宮，思愆改善，然後復之，使主無怨言，臣無流謗，道存社稷，美溢古今。臣謂伊尹之勳，有高周旦。』盛曰：『伊尹以舊臣之重，顯阿衡之任。太甲嗣位，君道未洽，不能竭忠輔導而放黜桐宮，事同夷羿。何周公之可擬乎？』

郎敷曰：『伊尹處人臣之位，不能匡制其君，恐成湯之道墜而莫就，是以居之桐宮，與小人從事，使知稼穡之艱難，然後返之天位。此其忠也。』盛曰：『伊尹能廢而立之，何不能輔之，以至於善乎？若太甲性同桀紂，則三載之間未應便成賢后。如其性本休明，義心易發，當務盡匡規之理，以弼成君德。安有人臣幽主而據其位哉？且臣之事君，惟力是視，奈何挾智藏仁，以成君惡？夫太甲之事，朕已鑒之矣。太甲，至賢之主也。以伊尹歷奉三朝，績無異稱，將失顯祖委授之功，故匿其日月之明；受伊尹之黜，所以濟其忠貞之美。夫非常之人，然後能立非常之事，非常人之所見也。亦猶太伯之三讓，人無德而稱焉。』敷曰：『太伯三以天下讓，至仲尼而後顯其至德。太甲受謗於天下，遭陛下乃申其美。』

唐·孔穎達《尚書·咸有一德》正義　《殷本紀》云：太甲既立三年，伊尹放之於桐宮。居桐宮三年，悔過反善，伊尹乃迎而授之政。謂太甲歸亳之歲已為即位六年，與此經相違。馬遷之說，妄也。《紀年》云：殷仲壬即位，居亳。其卿士伊尹。仲壬崩，伊尹乃放太甲於桐而自立也。伊尹即位於太甲七年，太甲潛自出桐，殺伊尹，乃立其子伊陟、伊奮，命復其父之田宅而中分之。案此經序伊尹奉太甲歸于亳，其文甚明。《左傳》又稱伊尹放太甲而相之。《孟子》云：有伊尹之志則可，無伊尹之志則篡。伊尹不肯自立，太甲不殺伊尹也。必若伊尹放君自立，太甲起而殺之，則伊尹死有餘罪，義當汙宮滅族，太甲何所感德而復立其子，還其田宅乎？《紀年》之書，晉太康八年汲郡民發魏安僖王塚得之。蓋當時流俗有此妄說，故其書因記之耳。

唐·孔穎達《左傳後序》正義　《竹書》說《伊尹傳》之事，與《書序》大乖。杜不見《古文》，唯以《書序》考正，疑伏生昏忘，虛傳此事；又疑竹簡雜記，未足取審。今據《古文尚書》說伊尹之事與《左氏》符同，明是《竹書》不可盡信。杜以《紀年》記事大似《春秋》之經，知古之史官記事如此。為其有益於《左氏》，令人知《左氏》不妄，故略記之，以附《集解》之末。

宋·姚鉉《唐文粹》卷三六《陳越石〈太甲論〉》　殷甲不惠於天下，其臣放之；後能改過，亦為臣之所立。或曰：社稷之臣必當如是，淺於國者之為論也。至若承湯之教，全殷之統，立臣之節，豈如是邪？君上之不肖與賢智，豈臣下之有不知邪？擇其嗣，當求賢而立之。不知其非賢，以為不明，因而放之，令其自新，如日蝕不吐，河清難俟。中原之鹿將軼，時乘之龍待駕，於臣之業何如哉？況乎體非金石而冒霧露，如懷失國之詬以損其身，則弒君之謗，消無日矣。陳子曰：臣之忠有幸而忠者也，君之立有幸而立者也。知殷之君臣，皆幸而成者。噫！浞浞接踵，羿羿比肩，君可放乎哉？其後新取於西，魏成於東，司馬氏之有天下，其始也未嘗不伊不周，其終也未嘗不羿不浞，皆取伊、周以為嚆矢也。《孟子》曰：『無伊尹之心則篡也。』有旨哉！

宋·徐鉉《騎省集》卷二四《伊尹論》　伊尹放太甲，論者多惑其臣節。請試論之。太甲在諒陰，百官聽於伊尹。太甲不明者，蓋居喪之禮有闕，修身之行不周。伊尹訓之，因慮其不堪繼統，故徙於成湯之墓，使其親見松柏，切感慕之心，追思王業，知艱難之迹。三年之制纔終，伊尹乃迎歸於亳。非謂絶其天位，幽於别宫也。古之言質，故與『放』、『逐』同文，亦猶君臣交相稱『朕』，下告上亦為『詔』也。霍光憂昌邑王淫亂而不敢有異謀，田延年盛稱伊尹廢太甲以决大事。宗社之故，不得已也，本非如霍光之廢昌邑也。聖人舉至公於前，姦雄躡陳迹於後，自古而然，非聖過也。魏晉之後，更相傾奪，皆引堯、舜揖讓為辭，亦當不可罪堯、舜矣。禹讓天下於益，知天下歸啓，故不敢當。苟天下歸益，益則為王而無愧也。如令太甲遂失德，天下歸伊尹，伊尹復何辭哉？今天下未忘成湯，故伊尹復奉太甲，無傷於至公也。夫古之有天下者，一身處其憂責，億兆蒙其富壽。天下既理則辭之，巢、由是也；天下不理則受之，湯、武是也。後之人役天下以奉其私，故比於騎獸不可下。步、驟之相遠如此，豈可一概而論哉？

宋·范祖禹《帝學》卷三《太宗》（太平興國）九年，帝謂近臣曰：『朕讀書，必究微旨。《尚書》云：「伊尹放太甲於桐宫，三年以冕服奉嗣王，歸於亳。作《書》三篇，以訓太甲。」伊尹忠於太甲，其理明矣。杜預《春秋後序》云：「伊尹放太甲於桐，乃自立也。七年，太甲潛出自桐，殺伊尹，立其子陟。又《左氏傳》云：伊尹放太甲而相之，卒無怨色。然則太甲雖見放，還殺伊尹，猶以其子爲相。此與《尚書》叙太甲事異。不知伏生昏忘，將此古書乃當時雜記，未足審也。」豈有殺其父而復相其子者乎？且伊尹著《書》訓君，具在方冊，必無自立之意。杜預通博，不當憑《汲冢》襍説，特立疑義，使伊尹忠節，惑於後人。』

宋·曹彦約《經幄管見》卷二 太平興國九年，太宗謂侍臣曰：『朕讀書，必究微旨。【略】臣讀畢口奏：萬物紛錯則垂諸天，衆言淆亂則折諸聖。自古傳記之説，當天下混一之時，已不免時有差誤。至周衰之後，國異政，家殊俗，舊典禮經不傳於諸國，《乘》、《檮杌》不合於《春秋》，欲其不淆亂，不可得也。何況《汲冢》之書，作於戰國魏哀王之時。其言魯隱公、晉獻公等，尚是追書；則其言太甲、伊尹，相去遼邈。傳聞之事，常多失實，宜其不合也。今考之《伊訓》、《太甲》諸篇，辭旨温厚。其言『皇天眷佑商，俾嗣王克終厥德』，則必無伊尹自立之事。其言『尚賴匡救之德，圖惟厥終』，必無潛出殺伊尹之事。則知叙《書》者與《孟子》所言『復歸於亳』，皆孔門定《書》之正論也。杜預晚見《汲冢書》，明知其雜碎怪妄，特以數事符同於《左氏》，欲盡信其説，以闢《公羊》、《穀梁》二傳，遂并與《書序》而疑之。不思《左氏》所謂『伊尹放太甲而相之，卒無怨色』，與《汲冢》所載自不同也。非太宗皇帝深究微旨，不足以證杜氏之誤。

宋·柳開《河東集》卷三《太甲誅伊尹論》 《汲冢書紀年》稱：伊尹放太甲於桐，尹乃自立。暨即位於太甲七年，太甲潛出自桐，殺伊尹。乃立其子伊涉、伊奮，命復其父之田宅而中分之。杜氏注《春秋左氏經傳》既終，始獲是書，因記於後，意有惑其事，乃曰：《左氏傳》『伊尹放太甲而相之，卒無怨色。』然則太甲雖見放，還殺伊尹，而猶以其子為相也。此為大與《尚書叙》説太甲事乖異。不知老叟伏生或致昏忘，將此古書亦當雜記，未足以取審也。

余以為元凱之不章明於此也，非耳。且伊尹相湯，功其大矣。太甲嗣位，《書》稱『不惠於阿衡』，尹作書以訓之；甲再不聽命，尹乃營桐宫，以放太甲；甲能遷厥德，改厥行，既三年，尹奉以復其位。《書》有《太甲》三篇載其事。其上篇曰：『王徂桐宫居憂，克終允德。』孔氏《傳》謂：往氏桐宫居憂位，能思念其祖，終其信德也。其中篇曰：『惟三祀十有二月朔，伊尹以冕服奉嗣王，歸於亳。』謂其甲既終其信德，尹乃復之也。尹遂作《書》美之曰：『皇天眷佑有商，俾嗣王克終厥德。』是其甲能易成其善也。甲遂聽其言而謝己過，曰：『拜手稽首。』云尹乃復訓以後書。蓋以甲之知其先王之法度，可與居於位也。尹既正其甲於不道，已老，將告歸，復作《咸有一德》之篇，以戒於甲。《書》曰：『伊尹既復政厥辟，將告歸，乃陳戒於德。』又有《沃丁》篇，《序》云：『沃丁既葬伊尹於亳，咎單遂訓伊尹事，作《沃丁》。』今雖其辭已亡，獨孔氏《傳》曰：沃丁，太甲子。伊尹既致仕，老終，以三公禮葬。訓，暢其所行功德之事。乃作此篇以戒也。是其甲與尹始終事蹟之畢見於此，竟無言誅尹之説。又有伊陟相太戊，作《咸乂》之篇，是其子復佐於後王也，亦不云甲復立其子也。又有高宗《説命》之篇曰：『昔先正保衡，作我先王』，下云：『格於皇天，爾尚明保予，罔俾阿衡專美有商。』是其後王極誦其先臣之休烈，以冀説企及也。又《周書·君奭》

篇云：『在太甲時，則有若保衡；在太戊時，則有若伊陟。』是其君臣悉見其父子間保全令德也。元凱以《紀年》之辭，遽惑於此。苟伊尹為臣能放其君，是其政在尹也。能制於甲矣，豈甲反能以不道害之乎？

且尹之相湯伐桀，以成其功，民咸知尹而輔矣；復以其自立為君，而又七年以永其位。若是，何有甲之所能哉？既云『尹乃自立』，是因事而奪君位也，為逆甚矣。太甲能潛出以誅之，豈其反用其子乎？必以反用其子，其子果肯以平心而事其甲乎？盡道而佐其甲乎？足以明其《紀年》之文矣。夫子沒後，諸國雜亂編記者也，不足取耳。元凱不自悟，反疑伏生以老耄，恐致昏忘。一何甚哉！且安國叙《書》云：濟南伏生，年已過九十，失其本經，口以傳授，裁二十餘篇。後至魯共王壞孔子宅於壁者，考論文義，定其可知者，又得二十五篇。是其伏生當時所誦之《書》，於壁間科斗《古文》證定其真偽也，亦無誤耳。其所誤者，《舜典》合於《堯典》，《益稷》合於《皋陶謨》，《盤庚》三篇合為一，《康王之誥》合於《顧命》，《序》悉言之備矣。苟伊尹實誅，即前數篇之《書》，憑何而作出？既無所作而出，伏生有誤，即《古文》科斗尋亦證矣。何其漢代諸儒暨安國，亦若是耳；獨《舜典》已下，能辨之哉？倘伏生之有昏忘，而安國之徒何在焉？是以伏生所記之《書》，胡得其誤也？元凱之知且識也，何可更言或致昏忘哉？此事尤甚昭然也。若曰將此《紀年》之書疑其雜亂，未足以取審，則察以前事，止可獨曰：此是若是有所雜亂者；不可兼曰『老叟之昏忘』也。果是，真偽不分矣。

或曰：《紀年》之書皆科斗文字，非秦漢之所書也。斯非子謂六經皆孔子之撰述者，於家有殊古史。孔子異其伊尹、太甲事，以成其書，訓於世耳。汲冢之書，匆是其世之本耶？壁間之者，匆是其家之書也？予曰：然。若吾所謂夫子之所作，固然矣。且夫子之大聖，公是而公非。觀虞、夏以來之事，各因其微而彰其巨，必以質其本矣。豈獨於商也有所私，而易其元乎？

或曰：子謂誅尹之説，既為非矣；且太甲居桐三年，天下其誰是君？《紀年》謂『尹乃自立』者，此匆有所賴歟？予曰：古者君喪嗣立，諒闇者三年。百官總己，以聽於冢宰。時惟太甲於元年以被放，三年而復之。伊尹實居冢宰之位，總百官以治，非以自立也。《書》所謂『既復厥辟』者，足以明之矣。

或曰：馬遷氏《紀》云：湯崩，子太丁未立，卒，乃立丁之弟丙為君。丙即位二年而崩，立丙之弟仲壬為君。仲壬即位四年而崩，伊尹乃立太丁之子太甲，是為元年。尹作《伊訓》之類之《書》也。如是，成湯既沒，太甲元年，伊尹作《伊訓》、《肆命》、《徂后》也。又其《紀》之下辭云：太甲既立三年，不明，伊尹放之桐。其《太甲》篇云：『惟三祀十有二月朔，伊尹以冕服奉嗣王，歸於亳。』《傳》謂：湯以元年十一月崩，至此二十六月，三年服闋也。其《紀年》稱：仲壬即位，卿士伊尹，崩而立太甲。大與馬遷之《紀》頗同，而獨孔氏之書『年』、『祀』。帝王有此差異，孰為非乎？予曰：遷之書與《紀年》之書，若等類也，皆非聖人之作矣，有所自不明白其事耳。

或曰：然何其馬遷之書，其下之辭，紀太甲之反政與伊尹之卒之類，無所異其《商書》也？予曰：遷之著此書，當其時蓋欲自廣耳。孰而一紀其經之事，又懼其皆孔子之言，於己無所大也，須以參雜外之書，用混其本矣。斯亦不足致心於二、三，蓋諸國之雜亂者也。嗚呼！君子嘗謂慎其所為也，蓋懼其若此之惑於後也。

宋·李覯《盱江集》卷三二《常語上》 或問伊尹廢太甲，有諸？曰：是何言歟？君何可廢也！古者君薨，百官總己，以聽於冢宰三年。成湯既沒二十五月中，伊尹之知政，太甲之居憂，固其常也。不宮於亳而宮於桐，近先王墓，使其思念。名之曰放，儆之之至也。故三祀十有二月朔，伊尹以冕服奉嗣王，歸于亳，二十六月而即吉也。則太甲之為君，何嘗一日廢矣哉？

宋·司馬光《傳家集》卷六四《機權論》 夫太甲之初，欲敗度，縱敗禮。苟非苦其身體，勞其思慮，則不能變惡遷善，克終允德，成湯之業將墜於地。伊尹躬受湯命，阿衡王家，故不得不放諸桐宮也。

宋·蘇軾《東坡全集》卷四二《伊尹論》 辨天下之大事者，有天下之大節者也。立天下之大節者，狹天下者也。夫以天下之大而不足以動其心，則天下之大節有不足立，而大事有不足辦者矣。【略】孔子叙《書》，至於舜、禹、皋陶相讓之際，蓋未嘗不太息也。夫以朝廷之尊而行匹夫之讓，孔子安取哉？取其不汲汲於富貴，有以大服天下之心焉耳。

夫太甲之廢，天下未嘗有是，而伊尹始行之，天下不以為驚。以臣放君，天下不以為僭；既放而復立太甲，不以為專。何則？其素所不屑者，足以取信於天下也。彼其視天下眇然，不足以動其心，而豈忍以廢放其君求利也哉？後之君子，蹈常而習故，惴惴焉懼不免於天下，一為希闊之行，則天下羣起而誚之。不知求其素而以為古今之變，時有所不可者矣，亦已過矣夫。

宋·蘇軾《書傳》卷七《大甲上》 湯放桀，伊尹放太甲，古未有是，皆聖人不得已之變也。故湯以慙德，為法受惡，曰：『此我之所以甚病也。亂臣賊子，庶乎其少衰矣。』湯不放桀，伊尹不放太甲，不獨病一時而已，將使後世無道之君，謂天下無柰我何！此其病與口實之慙均耳。聖人以為寧慙己以救天下後世，故不得已而為之。以為不得已之變，則可；以為道固當爾，則不可。使太甲不思庸，伊尹卒故之而更立主，則其慙有大於湯者矣。

宋·楊時《龜山集》卷一一《語録二·京師所聞》 伊尹所以事君更無回互，唯知忠而已，所以能為放太甲之事。然如此而天下不疑者，誠意素著故也。因問：《孟子》云『有伊尹之志則可』，後世之為人臣者，不幸而適遇此事而有伊尹之志，不知行得否？若行不得，是伊尹之事不可法於後也。曰：若有伊尹之志，其素行足信，何為不可？但觀蜀先主當時以其子屬諸葛孔明，曰：『嗣子可輔輔之；如不可輔，君自取之。』備死，孔明操一國之權。當時軍國大務，人材進退，唯孔明是聽，而蜀之人亦莫之疑也。蓋孔明自非篡弑之人，其素行足信也。若如司馬懿，其誰信之？伊尹之事，自後世觀之以為異，其實亦所謂中道。

宋·鄭樵《通志》卷三上《三王紀·商》 臣謹按《伊訓》：成湯既没，太甲元年。孔《傳》曰：太丁未立而卒，及湯没而太甲立。孟軻、司馬遷云：湯崩，外丙、仲壬皆即位，乃及太甲。與《書》不同，劉歆、皇甫謐皆從之。此雖畔經，亦無害。若乃《汲冢紀年》曰：商仲壬即位，居亳，崩。其卿士伊尹放太甲于桐，乃自立也。伊尹即位，放太甲。七年，太甲潛出自桐，殺伊尹，乃立其子伊陟、伊奮，命復其父之田宅而中分之。此害經之甚者也。

宋·張九成《横浦集》卷七《書傳統論·太甲論上》 嗚呼！傳子之弊，乃至是哉！禹再傳而得太康，太康以畋遊失邦。湯一傳而得太甲，太甲以縱欲被放。使啓與湯復舉堯、舜故事，擇天下大聖賢而授之，安得有此危事哉？噫！太甲非伊尹事，其去矣。蓋君天下自有君天下之姿，如太康、太甲，其姿乃如世祿之家不肖之子耳，豈有君天下之器局乎？然傳子之法既行，雖伊尹亦無如之何，特恃聖賢於其間造化之耳。伊尹知太甲姿質下中，非人君之質，然亦知其有善端，可引而納之於善。故於即位之始，當祖宗、羣后、百官前，以《伊訓》一篇警動之；又有《肆命》之篇，又有《徂后》之篇。是皆開大其為善之路，而沮止其為惡之機也。太甲善端淺薄，惡氣閎大，不能自還，故於伊尹之言漠然不省。伊尹又陳先王求賢之説以感發之，又陳越命自覆之言以震動之，而太甲又不省。夫其所以不省者，惡氣也。然而善端融融，非困於心，衡於慮，不能作；非徵於色，發於聲，不能喻。此伊尹所以放於桐宮以造化之，使其屏遠小人，以殺其惡，密邇先王，以大其善。悲辛感愴，惡念潛消，此所以克終允德而卒為有商之賢君也。嗚呼！伊尹其巧妙哉，其亦不幸矣哉。首相湯以放桀，終攝位而逐君。使其有一毫姦心，天下其肯帖首妥尾，以聽其所欲為而無異辭乎？古之人，其過人遠矣。此余所以三歎而不能自已矣。

又《太甲論中》 此一篇載伊尹以太甲克終允德，以冕服奉之以歸，又作《書》以慶太甲之改過。太甲又自陳往昔失路，而今日自新之意；伊尹又陳允德必有實效，如先王子惠困窮而民悦之，鄰邦徯之。其所以望太甲者無已，既又指允德之實在孝恭聰明，使上念祖宗，下念臣民。所見遠大而不為一時快意之計，所聽仁義而不聽悖道害德之言，則允德協于下，而為明明之君矣。豈不休哉？嗚呼！天下樂事，其復有過人主，改過復歸朝廷，百官、羣后皆退就諸臣之位，以聽新政者乎？此余所以想見商家君臣有無窮之樂也。

又《太甲論下》 嗚呼！伊尹愛君之心，豈有紀極哉？伊尹於《伊訓》、《肆命》、《徂后》、《太甲上》、《太甲中》，其所以開導太甲亦至矣。今下篇方申誥以敬仁誠之説，其要欲太甲修德不已，而所以修德者，正在於用君子。虔虔懇懇，如富家老翁所以詔告其子孫者。丁寧再三，喋喋不已。其愛君之心，可謂極矣。且又使太甲修德，當有其漸，不可凌節躐等以自欺也。第聽君子之苦言，而絕小人之美語。使深思力行，一到元良之地，則萬國正矣。萬國正，可以已乎？學豈有止法哉？默而成之，不言而信，存乎德行，豈在多談哉？申公曰：治道無多談，顧力行如何爾。故戒以辯言亂舊政。伊尹之心，期於太甲悔過修德，法先王而已。使太甲元良而萬國皆正，則伊尹之職辦矣。成功不去，此貪位也。故又自誓以『罔以寵利居成功。』君臣兩盡其道，則湯之天下國家，其太平豈有紀極哉？伊尹拳拳之意，真可為臣子之法。

宋・胡宏《五峰集》卷四《皇王大紀論・伊尹放太甲》　孔子曰：太甲既立，不明，伊尹放諸桐三年。夫三年之喪，天下之通喪也。太甲上承其祖，居憂三年，宜矣。何以謂之放乎？曰：桐宮非嗣王居憂之常所也，伊尹於是有廢昏立明之意，故特謂之放也。蘇氏曰：湯放桀，伊尹放太甲，聖人將以救天下後世，不得已而為之者也。以為不得已之變，則可；以為道固當然，則不可。甚矣其鑿矣。興廢，道之常也。聖人當興廢之際，不得已而為者，所以由道也。若非道固當然，而迫於不得已之變，是無本也。本則不立，將何以識輕重，定取舍，濟天下之艱難乎？是故衡陳然後可以決輕重，本立然後可以趨變化，故曰由道也。

宋・羅泌《路史》卷三三《發揮二・伊尹無廢立事》　李昱之《雜說》惑伊尹曰：伊尹未盡善也。君之不明，持其顛而正救之，可也。黜而放之，可乎？太陽不明，星月奮曜，非星月矣。大海不受，江河自納，非江河矣。且操刀而割，藏貨而集利，曰不為屠賈，吾不信也。尹為厲階，權臣逆夫假廢立以圖國，竊此道爾。或曰：尹之得至公之稱，以有三年之歸政也。世有醫生善視疾者，語人曰：吾能易爾腸胃，更爾系絡，則疾可為也。然人無肯致其身，其難信也。周旦北面相沖子，不僭天下之尊，不居假王之位。聖人之心不可易者，同也。尹縱明誠自誓，懷至公于不疑，一旦溘先朝露，則太甲之於天下，一旅人爾。大事已去，其如何邪？羅昭諫則又曰：唐虞以揖遜得天下，而猶用和、仲、稷、契以厚風俗。成湯放桀而有天下，揖遜已異，淳樸大壞。伊尹放太甲、立太甲，而臣下知權矣，乃曰恥君不及堯舜。夫尹，不恥其身之不和、仲、稷、契，而恥其君之不如堯舜。在致君之誠，則善矣。顧厲己之事，如何哉？二子之說如此。

歸愚子曰：伊尹之事，顧非不韙也。第君臣之義，為弗順爾。且以世之亂臣賊子莽、丕、懿、裕之徒盜國柄者，曷嘗不假尹以餬口？茲其所以致議者之如彼也。抑嘗求之攝王之事，周公之所無；而廢立之事，伊尹之所無也。周公之坐朝抱沖子，而太甲之居桐宅諒陰爾。蓋古者之君薨，太子諒陰，百官總己，以聽于冢宰。三年父母之喪，天下之至痛也。念慮一起，手足俱廢，是故繁務之來有不及察，苟可以委而置之者，悉委之矣，聽於冢宰。豈唯天子然哉？國君亦各有攝臣，以上卿為之，惟痛均也。滕父兄曰：吾先君、魯先君，亦莫之行。則其禮廢已久，時人無能知矣。《太甲》之書伊尹之事，宜後世之弗及知也。惟元祀十有二月，太甲始居陰之時也。百官聽於冢宰，此處喪之常紀，非攝也。唯太甲者，立而不明，既乃背去師保之訓，則亦戾愎自用，而不可以順導矣。故尹於是因其諒陰，營宮于桐，俾之密邇先王之室，而作其憤悱之心。謂之放者，自內而外之言，抗世子之謂爾，非廢也。惟三祀十二月，伊尹以冕服奉嗣王，歸于亳。是起復之例爾，非再立也。始曰『太甲』，今曰『嗣王』，其事亦已明矣。自漢羣儒以淺見眯經旨，而廢立之說昌。及霍光將廢昌邑，告于田延年，曰：『古有之乎？』對曰：『昔者伊尹相商，廢太甲以安宗社，後代稱為忠臣。將軍誠能行之，亦漢室之伊尹也。』光計遂決。夫以光之不學，而投之延年循俗無識之言，遂使後世信，以尹為果嘗擅廢立者，莫之省也。

抑又考之：《太甲》之三篇，其上篇乃甲居憂之時，中篇乃甲免喪之後，而下篇則尹去位之時。作者曷嘗有廢立之一言哉？聖人之志，蓋簡而甚備也。嘗試即太甲之史觀之，前有《伊訓》以始事矣，而後復取《咸有一德》以終義。則尹之在當時，有甚不得已，而無一毫之私欺見哉！且以復甲也，則曰『唯王克終厥德，實萬世無疆之休。』其喜之，亦至矣。及告歸也，則又曰『臣罔以寵利居成功。』尹之心，豈將利其私哉？予固曰：廢立之事，伊尹之所無。所可議者，以舜、禹君臣之義概之，則有愧爾。雖然，尹之迹為有愧而心無愧。後世為尹事者心迹，俱可以唾去矣。曰：然則尹之事，其終不可言歟？曰：有孟軻之志識則可，無孟軻之志識則亂而已矣。奚以尚？

宋・張栻《孟子說》卷七《盡心上》　善乎孟子論伊尹之事也，

曰：有伊尹之志則可。志謂所存主處。伊尹受湯之託，居冢宰之任，而太甲初立，固已顛覆湯之典刑，惟伊尹志存乎宗祀變而得其中。方是時，太甲在諒陰也，故徙之桐宮，廬先王之墓側，去國都而處郊野，使之動心忍性而有以深思焉。《書》曰『王徂桐宮居憂』，是伊尹以冢宰攝政，而太甲居憂於桐耳。太甲在桐，克終允德，則於練除之際，稽首奉而歸亳焉。伊尹之心，始終純一，以宗祀爲主，而拳拳乎太甲者也。太甲之克終，雖由其自怨自艾，以能改過，而實亦自於伊尹之至誠無息，有以感格之也。然則伊尹之志，蓋可見矣。若無伊尹之志，徒以君不賢而放之，則是簒亂之所爲耳。孟子斯言，所以垂訓來世者，嚴矣。秦漢以來，惟霍光廢賀立宣之事，庶幾乎心在宗祀者。然而其始也建立之不審，而至誠敦篤又不加焉，其於伊尹之志，蓋有愧也。是以嚴延年劾之，以爲擅廢立，無人臣禮，而識者有取焉。霍光且爾，而況於徐羨之輩，本爲其一身利害計耳，所謂元惡大憝必誅而無赦者也。

宋·史浩《尚書講義》卷八《太甲上》 伊尹方立太甲，勤勤作《訓》，冀其為明君也。不明則昏矣，昏君何以主天下？伊尹至是，不得不使之居廬而自怨自艾也，至於思庸。庸者，用也。既思復用，則欲聽伊尹之訓己也，伊尹之志得矣。故此《書》備載其所以處仁遷義之實，則太甲謂之賢聖之君，可也。雖然，以臣放君可乎？惟伊尹知太甲必能改過，故其廢放之際，自信不疑。然則伊尹豈可以尋常受遺大臣擬議哉？向使太甲無可教之資，放而不反，伊尹之罪大矣。

宋·袁燮《絜齋家塾書鈔》卷五《太甲上》 太甲其初，亦非不明，曰『既立不明』，則其初固自明也。要之人之本心，何嘗不明？有以昏之耳。太甲之初，未履崇高富貴之位，未有物以昏蔽其心，其本然之明，固自若也。及既為天子，一旦享崇高富貴之極，與前日大不同矣，斯其所以不明也。伊尹使太甲居于桐宮，本非是放，蓋其意以為居于深宮之中，日與婦人女子相處，凡所以熒惑其耳目、感移其心志者，要非一端而止，雖欲悔過，亦不可得。遷之桐宮，遠紛華靡麗之習而密邇先王其訓，庶乎惡念消釋而善心易生。伊尹之意蓋深矣。然桐宮在國都之外，臣子而擯君于遠，不可以為訓。故聖人筆之曰『放』，所以著伊尹之過也。

宋·時瀾《增修東萊書説》卷八《太甲上》 太甲居喪之時，有欲縱之敗，故伊尹放之。三年之喪畢，悔過允德，復歸于亳。人君居喪，聽於冢宰，禮也。太甲居喪于桐宮，喪畢已歸亳矣，不謂之放君，亦可也。孔子崇居憂之義，證尹無放君之事，夫豈不可？而直云『放諸桐』，何也？伊尹、孔子以大公存心，質之天地而無疑，詔之百世而無愧。太甲之昏迷，憤悱而後可以啓發。尹之心對越成湯而為之，何嫌於形迹？孔子之心對越伊尹而書之，何嫌而諱避？桐宮之營，密邇先王，先王之嚴，朝夕臨之在上，質之在旁，而敗度敗禮之習，不得肆焉。然則『放』云者，非放其身也，放其縱欲之心也。使孔子序《書》委曲而蓋之，是伊尹之為，實於理有所不安，則何以對天地而下報成湯乎？孔子亦若為之諱矣。三年之後，思念常道，伊尹乃作《太甲》三篇。

宋·黃倫《尚書精義》卷一七《太甲上》 東萊曰：放于桐宮，自迹觀之，尹無放君之理。使太甲居幽之義，遠朝政而不親，亦可也。使孔子揜尹之過，徇迹而言之，謂之無放君之事，亦無害於孔子序《書》。蓋聖人以大公存心，使千萬世不敢議其非。尹處湯没之後，遭太甲之昏迷，亦不幸之甚，何有心於桐宮之放，亦不幸而為是也。孔子遽筆伊尹『放諸桐』，非特足以見孔子至公之心，而尹亦非文過飾非之人。其放太甲之事，亦公天下為心也。

宋·黎靖德《朱子語類》卷三七《論語十九·子罕篇下·可與共學章》 《孟子》曰：『有伊尹之志則可，無伊尹之志則簒也。』故在伊尹可以謂之權，而在他人則不可也。權是最難用底物事，故聖人亦罕言之。自非大賢以上，自見得這道理合，是恁地了不得也。

宋·楊萬里《誠齋集》卷八三《羅允中尚書集説序》 如論伊尹放太甲之説，謂伊尹初未嘗放其君，曰放者，使君居憂於外，古有是禮，以明天下之大法也。蓋太甲之縱欲敗度，女子、小人導之也。居憂於桐，女子、小人不得以熒惑之矣。三年喪畢，則奉之以歸。故夫子序《書》，不曰『思庸，復歸於亳』，而曰『復歸於亳，思庸』。

宋·葉適《習學記言》卷五《太甲》 《孟子》曰：『有伊尹之志則可，無伊尹之志則簒也。』問者徒以君不可放，孟子曷為而遽簒之？伊尹知復其君於德而已，奚顧其他？惜乎孟子之答粗也，是絶天下以無伊尹也。

宋·陳經《尚書詳解》卷一四《太甲上》 讀此篇之《書》，伊尹何其不幸哉！當其處有莘之野，樂堯舜之道，天下之責不在伊尹；及其皤然而改，以天下自任，則其責在伊尹矣。一出而相湯以放桀，其次則放太甲。賢者之為人臣也，固當如是乎？吾聞之曰：聖達節，次守節，下失節。伊尹之事，蓋達節者之所為。然天下不以為非，後世不以為疑，其始終之心載之于《書》與夫子之《序》，事迹甚明。《序》、《書》以為『不明』而『放諸桐，三年而復歸』作書者，以為『嗣王不惠于阿衡，伊尹作書』；曰『王惟庸罔念聞』，伊尹乃言；曰『王未克變』，伊尹曰『茲乃不義』，『王徂桐宮，克終允德』。『伊尹以冕服奉嗣王，歸于亳』。以不明而放之，既悔而復之，伊尹何容心哉？蓋伊尹為成湯腹心之臣，受託孤之任，義不與衆臣同。其放太甲也，以成湯之命而放之；其復太甲也，亦以成湯之心而復之。天下後世，尚何非且疑哉？故曰『有伊尹之志則可』。

宋·孫奕《示兒編》卷二《經説·放諸桐》 太甲既立不明，伊尹放諸桐。甚哉，『放』字流傳之誤，有以淈經旨也。今夷考於《書》，並無『放之』之文。自太甲既立不明也，乃舉湯顧諟天命以訓之；及其罔念聞也，又舉湯之坐以待旦以訓之；至于未克變也，乃始營於桐宮，密邇先王其訓。其終始告戒啓廸之意，無非訓之而已。孰謂伊尹而肯為放君之醜耶？

原伊尹之意，不處太甲於亳而處於桐，使近先王之墓，以終其喪，故曰『王徂桐宮居憂』而已。惟其克終允德，所以『惟三祀十有二月朔，以冕服奉王，歸于亳』。乃即吉服也，故獨止於三年之久焉。雖復辟之後，猶以終始惟一之説，反復訓戒之，未始少忘。而曰伊尹為放君，吾不信也。況《書》曰密邇先王其訓，《孟子》亦曰『太甲悔過，以聽伊尹之訓己』。則知《書序》為『教諸桐』也，明矣。且舜放驩兜，則驩兜之罪不可赦；湯放桀，則桀之惡不可揜。太甲不明，初無大過，何放之有？則知《書序》為非放諸桐也，益明矣。『放』、『教』，字相近。以隸古字者遂從而譌久矣。當讀作『伊尹教諸桐』。

宋·錢時《融堂書解》卷六《太甲上》 太甲之先，未有敗度敗禮等事；既立之後，病證方出。故孔子序《書》，特曰『太甲既立，不明，伊尹放諸桐。』若未立而已不明，則伊尹當別有處，安得苟然立之而後放之也？『不明』二字，乃太甲自叙實語，故孔子亦只拈出此二字以斷之。放，廢也。《書》但云『王徂桐宮居憂』，而孔子特書曰『放』，與南巢同例。何也？先儒謂不知朝政曰放。凡天子亮陰，則冢宰居攝朝政，固未嘗與也。何獨一太甲也哉？蓋太甲居喪，敗度敗禮，全然繆妄，故使之闃然屏處于外，與常人無異，是放也。不謂之放，則當何以名之？吾夫子直書曰『放』，未可與權者，未足與議也。雖然，必若伊尹者，而後可也。思庸，自思前日之昏庸也。三篇皆作書以告太甲，是太甲一事之首尾，史氏類聚，總以『太甲』名篇。首篇云『伊尹作書』，次篇又云『作書』，若第三篇，卻只是伊尹全書。

金·王若虛《滹南集》卷一《五經辨惑》 《汲冢書》云：伊尹放太甲而自立，太甲潛出殺之，而復立伊尹子伊陟、伊奮。杜元凱特附於《左傳》之末，而為之説曰：《左氏》稱伊尹放太甲而相之，卒無怨色。然則太甲雖見放，還殺伊尹而猶以其子為相也，與《尚書》所記乖異。不知老叟之伏生，或致昏忘，將此古書，亦當時雜記，未足以取審也。謂其粗有益於《左氏》，故録之。嗚呼！伊尹聖人，其大義貫乎天地，《詩》、《書》載之，孔、孟論之，昭如日星，有不可誣者。世之小人，往往以私意量之，妄生訾毁，而此説為尤甚，然亦何能奪古今之正論哉？

元凱姑欲發明《左氏》，因遂取之，而反疑聖人之經，亦已陋矣。案《左傳》之文，初無太甲殺伊尹、立其子之意，而元凱云『爾』者，蓋《傳》文乃祁奚救叔向之辭，而叔向之囚，本為叔虎所累。且上文云『鯀殛而禹興』，下云『管、蔡為戮，周公右王』。故為此附會，以求合『親屬不相及』之義，抑不思祁奚止取其不以嫌隙廢公道而已，詎須比類之親？然則元凱於此不獨誣經，而其於《左氏》，亦所謂欲益而反弊也。

元·許謙《讀四書叢説》卷四《讀孟子叢説下·予不狎章》 不狎不順，有二義：伊尹謂我見桀不順，今又習見太甲不順，乃就桀與太甲二人言之，此一義也。或言伊尹見太甲行事日日不合於理義，不欲習慣見此不順理之事，乃就太甲一人言之，又一義也。王文憲謂伊尹放太甲，善用權者也。孟子明其事而言曰：『有伊尹之志則可，無伊尹之志則篡。』善語權者也。倘孟子居於彼時，則必行伊尹之事業。

元·何異孫《十一經問對》卷三《尚書》　問：五子奉母以訓太康，無救其亡滅；伊尹身訓太甲，卒能遷善改過者何？對曰：太康盤遊無度，又受制于强臣。蹈其覆轍者，隋煬帝也。太甲中材之主，伊尹是有力量的宰相，故太甲終得為賢君。

問：當來太甲終于敗度縱禮後，伊尹何以處之？對曰：伊尹相幼君，身任重任。到彼時，必有箇處置，衆人固不識也。有伊尹之志則可。

明·王樵《尚書日記》卷七《太甲上》　愚觀成湯之自言，則曰『聿求元聖，與之戮力。』伊尹之言，則曰『惟尹躬克，左右厥辟。』又曰『惟尹躬暨湯，咸有一德。』則湯之所以任屬乎尹，與尹之所以自任者，可見矣。反覆之而不聽，則易位。孟子論貴戚之卿尚然，況伊尹乎！

按不知朝政，三年不言也；徂桐宮，居憂也；放者，後人之言爾。非史氏明著其文，人鮮不以伊尹為幽而奪之政矣。桐宮居憂，猶今之廬墓爾。史氏記其實曰『居憂』，伊尹言其設教之意曰『密邇先王其訓』。

明·張萱《疑耀》卷六《堯舜被誣》　《竹書》又云：殷仲壬即位，居亳。其卿士伊尹相之。仲壬崩，太甲立。伊尹放太甲於桐，乃自立。後三年，太甲潛出自桐，殺伊尹，立其子伊陟、伊奮，命復其父之田而中分之。夫太甲、伊尹之事，見於《尚書》、《孟子》者，不可信耶？《左傳》曰：伊尹放太甲而相之，卒無怨色。杜預乃以《竹書》而疑伏生之《尚書》為有昏妄，則以小人心置君子腹者，不獨劉知幾矣。

清·馬驌《繹史》卷一五《伊尹輔太甲》　《書序》曰：『太甲既立，不明，伊尹放諸桐。三年，復歸于亳，思庸。』公孫丑曰：『賢者之為人臣也，其君不賢，則固可放與？』孟子曰：『有伊尹之志則可，無伊尹之志則篡也。』昔伊尹佐湯以有天下，經營締造之艱難也，親見夏所以亡，商所以興，嗣王不令，丕基將覆，故使之去深宮而親丘墓。君蒿悽愴，以發其哀慕之思；歠粥服衰，以消其驕溢之氣。久之怨艾自悔，夫是以克終允德焉。第桐宮之放，事屬創聞，其志誠公而其名則弗順。元聖忠愛出自至誠，不得已而為之；既而冕服奉歸，復政厥辟，主臣一心，綿祚永世，然後伊尹之志，天下後世無不共見矣。人臣有其志而無其德，且不可效伊尹之事。苟無其志而懷覬覦，以窺神器，當主少危疑之際，操弄國柄，如莽、操、懿、裕輩，借伊尹為口實，此篡奪之患不絕於史策，孟子固已灼見而遏絕之矣。【略】

竊以為伊尹之在當日，於志無愧則於義亦無愧。方唐、虞、夏后之世，君明臣良，奚由用放？三聖授受，安事征誅？尹之事商也，伐暴君以救民，輔闇主以允德，匹夫不內於溝中，厥后克俾為堯、舜。適如其莘野之所樂，見諸親身而止。因時會以變通舜、禹君臣之義，易地皆然。又何愧哉？故有假禪受以為篡奪者，非堯、舜之過也；有託征誅以行叛亂者，非湯、武之過也；有擅廢立以危社稷者，亦非伊尹之過也。

清·閻若璩《尚書古文疏證》卷四《第六十》　《孟子》『太甲顛覆湯之典刑，伊尹放之於桐，三年，太甲悔過，自怨自艾，於桐處仁遷義，三年，以聽伊尹之訓己也，復歸於亳』一段，玩其文義，自以『伊尹放之於桐三年』為句，『於桐處仁遷義』為句，『三年以聽伊尹之訓己也』為句。蓋太甲被放後三年，始悔過；又三年，惟伊尹訓是聽。蓋凡六年，始復歸於亳，踐天子位焉。亦猶《孟子》『昔者孔子沒』一節，有兩『三年』字，《史記·孔子世家》謂子貢『凡六年，然後去』是也。雖《殷本紀》載：『帝太甲既立三年，不明，暴虐，不遵湯法亂德，於是伊尹放之於桐宮。三年，伊尹攝行政當國，以朝諸侯。帝太甲居桐宮三年，悔過自責反善，於是伊尹迺迎帝太甲，而授之政。』首『三年』字，指初即位後，不指被放之後，與《孟子》少異，要為六年之久，復辟親政，則與《孟子》無異。古大臣格君非之難，如此。偽作《古文》者，生於魏晉間，時皆以《書序》為孔子作，故所撰二十五篇，盡依傍之。此《序》則云：『太甲既立，不明，伊尹放諸桐。三年復歸於亳，思庸。伊尹作《太甲》三篇。』遂將放桐事撰于上篇中，三年復歸事撰於中篇中，以合《書序》，而不顧不合《孟子》。夫成王幼而即位，未聞失德若太甲比，然且一聞流言，聽周公居東二年；罪人已得矣，又後《鴟鴞》之詩已見矣，猶未悟也；直至風雷示變，然後迎公以歸。曾謂太甲固顛覆典刑者，纔放桐宮而即翻然改悟，有如是其易乎哉？

清·庫勒納等《日講四書解義》卷二一《孟子下之三·萬章章句上》　以伊尹言之，伊尹以聖人之德輔相成湯，致王於天下，其功業可謂盛矣。迨成湯既崩，太子太丁未立先歿。商時之法，兄終弟及，乃立其弟外丙，二年而歿，又立其弟仲壬，四年而歿，於是立太丁之子太甲。太甲既立，壞亂湯之成法，似不肖矣。伊尹因放之於湯墓桐宫三年，欲其顧乃祖而興思也。太甲果能悔其所為之過，自怨而懲創已往，自艾而脩治方來，朝夕於桐，改不仁以處於仁，改不義以遷於義。三年之内，惟聽伊尹之教訓乎己也。伊尹見太甲之賢，於是以袞冕迎之，復歸於亳都，以纘湯緒焉。此伊尹所以不有天下也。

又　卷二五《孟子下之七・盡心章句上》　此一章書，是孟子發明古大臣正君之苦心，以垂戒後世也。公孫丑問曰：伊尹曰：予承先王付托之重，輔相嗣王，宗社安危實有責焉。今嗣王不順義理，予不忍習見其所為之不順，而不為匡救也。於是伊尹以冢宰攝政，放太甲於桐宫，使密邇先王，反身改過。當時民皆大悦，謂其能知天下大計，行權以匡君也。既而太甲處仁遷義，化而為賢，又以冕服迎歸，反居於亳。當時民又大悦，謂其能積誠意以感悟嗣王也。由此觀之，賢者之為人臣也，苟其君不賢，則固可放而遷之，而仍無傷於事君之禮與？孟子曰：伊尹之事，反經合道，變而得其正者也。嗣君一身，上關宗社之安危，下係生民之休戚，若非率德改行，何以上副先王付托之意？故伊尹之志，公天下以為心，而絶無一毫之私。凡為人臣者，有伊尹之志而為其事則可。如無伊尹之志，則是覬覦神器，竊弄威權，篡逆不軌，乃天下萬世之罪人也。人臣無將，將則必誅，況顯有其迹者哉！後世亂臣賊子，每借聖賢不得已之事，以為口實。孟子此言，其垂戒遠矣。

清・邵泰衢《史記疑問》卷上《殷紀》　伊尹放太甲于桐宫三年，伊尹攝行政當國，以朝諸侯。攝王之事，周公之所無也，《禮記・明堂位》之僞也。當國朝諸侯，伊尹之所無也，《書經・太甲》之可徵也。蓋周公之朝則抱冲子，而太甲居桐乃宅憂耳。古者君薨，太子諒闇，百官總己，以聽于冢宰。蓋父母之喪至痛，而庶事之可委者悉委之。不唯天子然也，國君亦各有攝，痛均故也。《伊訓》曰：惟元祀十有二月，太甲始居陰。十二月為正朔，殷建丑也。伊尹祠于先王，奉嗣王，祇見厥祖。惟嗣王不惠于阿衡，狎于弗順，營于桐宫，密邇先王其訓，無俾世迷。王徂桐宫宅憂，克終厥德。非廢也，因其居憂，使之遠邪小而邇先王，以啓其憤悱之心耳。惟三祀十有二月朔，伊尹以冕服奉嗣王，歸于亳。是三年居憂之終期，諒陰既畢，向以喪服居桐，今除喪而以冕服迎之，非再立也。始曰『太甲』，今曰『嗣王』，而見厥祖之時，亦曰『嗣王』。夫既為嗣王，尹得而廢之哉？使之居桐，尹之專也，故曰『放』。尹曷嘗當國以朝諸侯哉？攝行政，則有之耳。以《伊訓》始，以《咸有一德》終。嗣王曰『尚賴匡救之德，圖維厥終。』尹曰『慎終于始』，而陳戒于德以告歸，曰『君罔以辯言亂舊政，臣罔以寵利居成功。』戒君若臣，其心為何如哉？

清・李鍇《尚史》卷二四《商諸臣傳・伊尹》　論曰：士君子無所遇知，文龍斑豹，沒身焉耳。乃有莘假媵，君臣有孚，遇也。暨乎嗣君不惠，宅桐居憂，又其變已。然湯伐尹放，卒資口實于季世。唯聖啓盜，蒙莊喻之，悲夫！至于放桐自立，殺尹立陟，《竹書》繆紀，又不足辯也。

清・徐文靖《竹書統箋》卷五《太甲》　《箋》：按《文選》陸士衡《豪士賦》注引《紀年》：太甲潛出自桐，殺伊尹。考《竹書紀年》，事事與經史符同，獨太甲潛出自桐殺尹一事，敢立異議，不顧事之有無者。彼見夫三晉處晉君于端氏，田和遷康公于海上，往往托伊尹放太甲之美名，明示其可以潛為之謀而殺之，故設為太甲殺尹之説，所以寒奸臣之胆而壯衰君之氣也。如《春秋外傳》『妹喜與伊尹比而亡夏，妲己與膠鬲比而亡殷。』豈必實有是事哉？

周公攝政

綜　述

《尚書・金縢》　武王既喪，管叔及其羣弟乃流言於國，漢孔安國《傳》：武王死，周公攝政。其弟管叔及蔡叔、霍叔乃放言於國，以誣周公，以惑成王。曰：『公將不利於孺子。』《傳》：三叔以周公大聖，有次立之勢，遂生流言。孺，稚也。稚子，成王。周公乃告二公曰：『我之弗辟，我無以告我先王。』《傳》：辟，法也。告召公、太公，言我不以法法三叔，則我無以成周道告我先王。周公居東二年，則罪人斯得。《傳》：周公既告二公，遂東征之。二年之中，罪人此得。于後公乃為詩以貽王，名之曰《鴟鴞》，王亦未敢誚公。《傳》：成王信流言而疑周公，故周公既誅三監而作詩，解所以宜誅之意，以遺王。王猶未悟，故欲讓公而未敢。唐孔穎達《正義》：武王既喪，成王幼弱，周公攝王之政，專決萬幾。管叔及其羣弟蔡叔、霍叔乃流放其言於國中，曰公將不利於孺子。言欲篡王位，為不利。周公乃告二公曰：我之不以法法此三叔，則我無以成就周道，告我先王。既言此，遂東征之。周公居東二年，則罪人於此皆得，謂獲三叔及諸叛逆者。罪人既得訖，成王猶尚疑公，公於此既得罪人之後，為詩遺王，名之曰《鴟鴞》。《鴟鴞》言三叔不可不誅之意，王心雖疑，亦未敢責誚公。言王意欲責而未敢也。

秋，大熟，未穫，天大雷電以風，禾盡偃，大木斯拔。邦人大恐，王與大夫盡弁，《傳》：皮弁質服，以應天。以啓金縢之書，乃得周公所自以為功代武王之説。《傳》：所藏請命冊書本。【略】王執書以泣，曰：『其勿穆卜。《傳》：本欲敬卜吉凶，今天意可知，故止之。昔公勤勞王家，惟予沖人弗及知。《傳》：言己童幼，不及知周公昔日忠勤。今天動威，以彰周公之德。惟朕小子其新逆，我國家禮亦宜之。』《傳》：周公以成王未寤，故留東未還。改過自新，遣使者迎之，亦國家禮有德之宜。

又《洛誥》 周公拜手稽首曰：『朕復子明辟。《傳》：周公盡禮致敬，言我復還明君之政於子。子，成王。年二十成人，故必歸政而退老。王如弗敢及天基命定命，《傳》：如，往也。言王往日幼少，不敢及知天始命周家安定天下之命，故己攝。予乃胤保大相東土，其基作民明辟。』《傳》：我乃繼文、武安天下之道，大相洛邑，其始為民明君之治。

又《君奭》《序》：召公為保，周公為師，相成王為左右。召公不説，周公作《君奭》。《正義》：成王即政之初，召公為保，周公為師，輔相成王，為左右大臣。召公以周公嘗攝王之政，今復在臣位，其意不説。周公陳己意，以告召公。史叙其事，作《君奭》之篇也。

又《蔡仲之命》 惟周公位冢宰，正百工，《傳》：百官總己，以聽冢宰。謂武王崩時。羣叔流言。乃致辟管叔于商；囚蔡叔于郭鄰，以車七乘；《傳》：致辟，謂誅殺。囚，謂制其出入。郭鄰，中國之外地名。從車七乘，言少。管、蔡，國名。降霍叔于庶人，三年不齒。《傳》：罪輕，故退爲庶人。三年之後乃齒録，封爲霍侯。

《逸周書》卷五《作雒解》 周公立，相天子。三叔及殷東徐、奄及熊盈以略。晉孔晁注：立，謂為宰攝政也。殷，祿父。徐，戎。奄，謂殷之諸侯。周公、召公内弭父兄，外撫諸侯，元年夏六月，葬武王於畢。二年，又作師旅，臨衛政殷，殷大震潰。注：下叛其上曰潰。降辟三叔，王子祿父北奔，管叔經而卒，乃囚蔡叔于郭淩。注：郭淩，地名。囚，拘也。【略】周公敬念于後，曰：『予畏同室克追，俾中天下。』注：成王二年秋迎周公，二年春歸也。周公追長，尊王也。及將致政，乃作大邑成周于土中。注：王城也，於天下土為中。

又卷六《明堂解》 既克紂六年而武王崩，成王嗣，幼弱，未能踐天子之位。周公攝政，君天下，弭亂，六年而天下大治。【略】七年，致位於成王。

《尸子》卷下 昔者武王崩，成王少，周公旦踐東宮，履乘石，祀明堂，假為天子七年。

又卷上《分》 周公之治天下也，酒肉不徹於前，鐘鼓不解於懸。聽樂而國治，勞無事焉；飲酒而賢舉，智無事焉；自為而民富，仁無事焉。知此道也者，衆賢為役，愚智盡情矣。

《荀子》卷四《儒效篇》 武王崩，成王幼，周公屏成王而及武王，以屬天下，惡天下之倍周也。履天下之籍，聽天下之斷，偃然如固有之，而天下不稱貪焉。殺管叔，虚殷國，而天下不稱戾焉。兼制天下，立七十一國，姬姓獨居五十三人，而天下不稱偏焉。教誨開導成王，使諭於道，而能揜迹於文、武。周公歸周，反籍於成王，而天下不輟事周。然而周公北面而朝之天子也者，不可以少當也，不可以假攝為也，能則天下歸之，不能則天下去之。

又卷一七《君子篇》 故成王之於周公也，無所往而不聽，知所貴也。

《韓非子》卷一五《難二》 周公旦假為天子七年，成王壯，授之以政。非為天下計也，為其職也。

《今本竹書紀年》卷下《成王》 名誦。元年丁酉春正月，王即位，命冢宰周文公總百官。庚午，周公誥諸侯于皇門。夏六月，葬武王于畢。秋，王加元服。武庚以殷叛。周文公出居於東。

二年，奄人、徐人及淮夷入於邶以叛。秋，大雷電以風。王逆周文公於郊，遂伐殷。

三年，王師滅殷，殺武庚祿父，遷殷民於衛，遂伐奄，滅蒲姑。

四年春正月，初朝于廟。夏四月，初嘗麥。王師伐淮夷，遂入奄。

五年春正月，王在奄，遷其君于蒲姑。夏五月，王至自奄。遷殷民於洛邑，遂營成周。

六年，大蒐於岐陽。

七年，周公復政于王。春二月，王如豐。三月，召康公如洛度邑。甲子，周文公誥多士于成周，遂城東都。王如東都，諸侯来朝。冬，王歸自東都。立高圉廟。

八年春正月，王初莅阼親政。

《孔子家語》卷八《冠頌》 武王崩，成王年十有三而嗣立。周公居冢宰攝政，以治天下。明年夏六月既葬，三國魏王肅注：《周書》亦曰：歲十有二，武王崩，元年六月葬。與此若合符。而説者横為年紀，促成年少，又命周公，武王崩後五月乃攝政，良可為冠與？痛哉！冠成王而朝于祖，以見諸侯，示有君也。

《大戴禮記》卷三《保傅》 故成王處緥抱之中，朝諸侯，周公用事也。

《禮記·明堂位》 昔者周公朝諸侯于明堂之位，漢鄭玄注：周公攝王位，以明堂之禮儀，朝諸侯也。不於宗廟，辟王也。天子負斧依，南鄉而立。注：天子，周公也。負之言偝也。斧依，爲斧文屏風於戶牖之間，周公於前立焉。唐孔穎達《正義》：天子，周公也者，以周公朝諸侯，居天子位，故云天子，周公也。故《大誥》云「王若曰」。鄭云王謂周公居攝，命大事，則權稱王也。王肅以爲稱成王命，故稱王，與鄭異也。王肅以《家語》之文：武王崩，成王年十三。鄭康成用衛宏之説：武王崩時，成王年十歲，與王肅異也。

武王崩，成王幼弱，周公踐天子之位，以治天下。六年，朝諸侯於明堂，制禮作樂，頒度量，而天下大服。七年，致政於成王。

又《文王世子》 成王幼，不能涖阼。注：涖，視也。不能視阼階，行人君之事。周公相，踐阼而治。注：踐，履也。代成王履阼階，攝王位，治天下也。抗世子法於伯禽，欲令成王之知父子君臣長幼之道也。注：抗猶舉也。謂舉以世子之法，使與成王居而學之。

仲尼曰：昔者周公攝政，踐阼而治。抗世子法於伯禽，所以善成王也。

漢·伏勝《尚書大傳》卷三《多方傳》 周公居攝，一年救亂，二年克殷，三年伐奄。

又 卷三《洛誥傳》 周公攝政，四年建侯衛，五年營成周，六年制禮作樂，七年致政成王。

漢·韓嬰《韓詩外傳》卷七 武王崩，成王幼，周公承文、武之業，履天子之位，聽天子之政，征夷狄之亂，誅管、蔡之罪，抱成王而朝諸侯，誅賞制斷，無所顧問，威動天地，振恐海内，可謂能武矣。成王壯，周公致政，北面而事之，請然後行，無伐矜之色，可謂臣矣。

漢·劉安《淮南子》卷一一《齊俗訓》 武王既沒，殷民叛之。周公踐東宫，漢高誘注：東宫，太子之宫。履乘石，注：人君升車有乘石也。攝天子之位，負扆而朝諸侯。注：戶牖之間謂之扆。放蔡叔，誅管叔，克殷殘商，祀文王于明堂。七年，而致政成王。

又 卷一三《氾論訓》 武王崩，成王幼少，周公繼文王之業，履天子之籍，聽天下之政，注：籍，圖籍也。政，治也。「籍」或作「阼」。平夷狄之亂，誅管、蔡之罪，負扆而朝諸侯，誅賞制斷，無所顧問，威動天地，聲懾海内，注：懾，服也。可謂能武矣。成王既壯，周公屬籍致政，北面委質而臣事之，注：以圖籍付屬成王。致猶歸也。北面委玉帛之質，執臣之禮也。請而後為，復而後行，無擅恣之志，無伐矜之色，可謂能臣矣。

又 卷一四《詮言訓》 周公殽臑不收於前，注：臑，前肩之美也。鍾鼓不解於縣，以輔成王，而海内平。

又 卷二一《要略》 武王立三年而崩，成王在褓繈之中，未能用事。蔡叔、管叔輔公子祿父，而欲為亂。注：祿父，紂之兄子。周封之，以為殷後，使管、蔡監之。周公繼文王之業，持天子之政，以股肱周室，輔翼成王。懼爭道之不塞，臣下之危上也，故縱馬華山，放牛桃林，敗鼓折枹，搢笏而朝，以寧静王室，鎮撫諸侯。成王既壯，能從政事，周公受封於魯，以此移風易俗。

《史記》卷四《周本紀》 武王病。天下未集，羣公懼，穆卜，周公乃祓齋，自為質，欲代武王。武王有瘳，後而崩。太子誦代立，是為成王。成王少，周初定天下，周公恐諸侯畔周，公乃攝行政當國。管叔、蔡叔羣弟疑周公，與武庚作亂，畔周。周公奉成王命，伐誅武庚、管叔，放蔡叔。以微子開代殷後，國於宋。頗收殷餘民，以封武王少弟封為衛康叔。晉唐叔得嘉穀，獻之成王，成王以歸周公于兵所。周公受禾東土，魯天子之命。【略】周公行政七年，成王長，周公反政成王，北面就羣臣之位。

又 卷三三《魯周公世家》 周公藏其策金縢匱中，南朝宋裴駰《集解》：孔安國曰：藏之於匱，緘之以金，不欲人開也。誡守者勿敢言。明日，武王有瘳。其後武王既崩，成王少，在强葆之中。唐司馬貞《索隱》：强葆即襁褓。古字少，假借用之。唐張守節《正義》：强，闊八寸，長八尺，用約小兒於背而負行。葆，小兒被也。周公恐天下聞武王崩而畔，周公乃踐阼，代成王攝行政當國。管叔及其羣弟流言於國曰：『周公將不利於成王。』周公乃告太公望、召公奭曰：『我之所以弗辟而攝行政者，恐天下畔周，無以告我先王大王、王季、文王。三王之憂勞天下久矣，於今而后成。武王蚤終，成王少，將以成周，我所以為之若此。』於是卒相成王，而使其子伯禽代就封於魯。【略】東土以集，周公歸報成王，乃為詩貽王，命之曰《鴟鴞》，王亦未敢訓周公。

成王七年二月乙未，王朝步自周，至豐，使太保召公先之雒相土。其三月，周公往營成周雒邑，卜居焉，曰『吉』，遂國之。成王長，能聽政，於是周公乃還政於成王，成王臨朝。周公之代成王治，南面倍依以朝諸侯。及七年後，還政成王，北面就臣位，匔匔如畏然。《集解》：徐廣曰：匔匔，謹敬貌也。見《三蒼》。音窮窮。

初，成王少時，病，周公乃自揃其蚤沈之河，以祝於神曰：『王少未有識，奸神命者乃旦也。』亦藏其策於府。成王病有瘳。及成王用事，人或譖周公，周公奔楚。《索隱》：經典無文，其事或別有所出。而譙周云：秦既燔書，時人欲言金縢之事，失其本末，乃云成王少時病，周公禱河，欲代王死，藏祝策於府。成王用事，人讒周公，周公奔楚。成王發府見策，乃迎周公，又與《蒙恬傳》同，事或然也。成王發府，見周公禱書，乃泣，反周公。

又 卷三四《燕召公世家》 成王既幼，周公攝政，當國踐阼，召公疑之，作《君奭》。《集解》：孔安國曰：尊之曰君，陳古以告之，故以名篇。君奭不說周公。《集解》：馬融曰：召公以周公既攝政，致太平，功配文、武，不宜復列在臣位，故不說，以為周公苟貪寵也。周公乃稱『湯時有伊尹，假于皇天；在太戊時，則有若伊陟、臣扈，假于上帝，巫咸治王家；在祖乙時，則有若巫賢；在武丁，則有若甘般。率維茲有陳，保乂有殷』。於是召公乃說。

漢·劉向《說苑》卷一《君道》 周公踐天子之位，布德施惠，遠而逾明。十二牧，方三人出，舉遠方之民有飢寒而不得衣食者，有獄訟而失職者，有賢才而不舉者，以入告乎天子。天子於其君之朝也，揖而進之曰：『意朕之政教有不得者與？何其所臨之民有飢寒不得衣食者，有獄訟而失職者，有賢才而不舉者也？』其君歸也，乃召其國大夫，告用天子之言。百姓聞之，皆喜曰：『此誠天子也。何居之深遠而見我之明也！豈可欺哉？』故牧者所以辟四門，明四目，達四聰也。是以近者親之，遠者安之。《詩》曰：『柔遠能邇，以定我王。』此之謂矣。

漢·王充《論衡》卷一《氣壽篇》 武王崩，周公居攝。七年，復政退老，出入百歲矣。

又 卷四《書虛篇》 說《尚書》者曰：周公居攝，帶天子之綬，戴天子之冠，負扆南面而朝諸侯。戶牖之間曰扆，南面之坐位也。負扆南面鄉坐，扆在後也。

漢·袁康《越絶書》卷三《吳内傳》 周公以盛德，武王封周公，使傅相成王。成王少，周公臣事之。當是之時，賞賜不加於無功，刑罰不加於無罪，天下家給人足，禾麥茂美。使人以時，說之以禮，上順天地，澤及夷狄。於是管叔、蔡叔不知周公而讒之成王，周公乃辭位，出巡狩於邊一年。天暴風雨，日夜不休，五穀不生，樹木盡偃。成王大恐，乃發金縢之櫃，察周公之冊，知周公乃有盛德，王乃夜迎周公，流涕而行。周公反國，天應之福，五穀皆生，樹木皆起，天下皆實。此周公之盛德也。

論說

《管子》卷一六《小問》 （齊桓）公曰：『昔者大王賢，王季賢，文王賢，武王賢。武王伐殷克之，七年而崩。周公旦輔成王而治天下，僅能制於四海之内矣。』

《尸子》卷下 昔周公反政，孔子非之，曰：『周公其不聖乎！以天下讓，不為兆人也。』

《荀子》卷四《儒效篇》 是以周公屏成王而及武王，以屬天下，惡天下之離周也。成王冠，成人，周公歸周，反籍焉，明不滅主之義也。周公無天下矣，鄉有天下，今無天下，非擅也。成王鄉無天下，今有天下，非奪也。變勢次序節然也。故以枝代主，而非越也；以弟誅兄，而非暴也；君臣易位，而非不順也。因天下之和，遂文、武之業，明枝主之義，抑亦變化矣。天下厭然猶一也，非聖人莫之能為。夫是之謂大儒之效。

客有道曰：孔子曰：周公其盛乎！身貴而愈恭，家富而愈儉，勝敵而愈戒。應之曰：是殆非周公之行，非孔子之言。武王崩，成王幼，周公屏成王而及武王，履天子之籍，負扆而坐，諸侯趨走堂下。當是時也，夫又誰為恭矣哉？兼制天下，立七十一國，姬姓獨居五十三人焉。周之子孫，苟不狂惑者，莫不為天下之顯諸侯，孰謂周公儉哉？

漢·王充《論衡》卷一四《譴告篇》 武王之卒，成王幼少，周道未成，周公居攝。當時豈有上天之教哉？周公推心，合天志也。

又 卷一八《感類篇》 《金縢》曰：秋大熟，未穫，天大雷電以風，禾盡偃，大木斯拔，邦人大恐。當此之時，周公死。儒者説之，以為成王狐疑於周公，欲以天子禮葬公，公，人臣也；欲以人臣禮葬公，公有王功。狐疑於葬周公之間，天大雷雨，動怒示變，以彰聖功。古文家以武王崩，周公居攝，管、蔡流言，王意狐疑周公，周公奔楚，故天雷雨，以悟成王。夫一雷一雨之變，或以為葬疑，或以為信讒，二家未可審。

漢·班固《白虎通義》卷七《聖人》 周公背僂，是謂强俊。成就周道，輔于幼主。【略】聖人所以能獨見前覩，與神通精者，蓋皆天所生也。

漢·鄭玄《發墨守》 隱為攝位，周公為攝政。雖俱相幼君，攝政與攝位異也。

漢·徐幹《中論》卷上《智行》 昔武王崩，成王幼，周公居攝，管、蔡啓殷畔亂，周公誅之。成王不達周公，恐之，天乃雷電風雨，以彰周公之德，然後成王寤。成王非不仁厚於骨肉也，徒以不聰叡之故，助畔亂之人，幾喪周公之功而墜文、武之業。召公見周公之既反政而猶不知，疑其貪位，周公為之作《君奭》，然後悦。夫以召公懷聖之資而猶若此乎！末業之士苟失一行而智略褊短，亦可懼矣。

三國魏·嵇康《嵇中散集》卷六《管蔡論》 或問曰：案《記》，管、蔡流言，叛戾東都，周公征討，誅以凶逆，頑惡顯著，流名千里。且明父聖兄，曾不鑒凶愚於幼稚，覺無良之子弟，而乃使理亂殷之弊民，顯榮爵於藩國，使惡積罪成，終遇禍害。於理不通，心無所安，願聞其説。答曰：善哉！子之問也。昔文、武之用管、蔡以實，周公之誅管、蔡以權。權理顯，實理流，故令時人全謂管、蔡為頑凶。方為吾子論之。

夫管、蔡皆服教殉義，忠誠自然，是以文王列而顯之，發、旦二聖舉而任之，非以情親而相私也，乃所以崇德禮賢，濟殷弊民，綏輔武庚，以興頑俗，功業有績，故曠世不廢，名冠當時，列為藩臣。逮至武卒，嗣誦幼沖，周公踐政，率朝諸侯，思光前載，以隆王業，而管、蔡服教，不達聖權，卒遇大變，不能自通，忠疑乃心，思在王室，遂乃抗言率衆，欲除國患，翼存天子，甘心毀旦。斯乃愚誠憤發，所以徼福也。成王大悟，周公顯復，一化齊俗，義以斷恩。雖内信如心，外體不立，稱兵叛亂，所惑者廣，是以隱忍授刑，流涕行誅，示以賞罰不避親戚，榮爵所顯必鍾盛德，戮撻所施必加有罪，斯乃為教之正。

今之朝議管、蔡，雖懷忠抱誠，要為罪誅，罪誅已顯，不得復理。内必幽伏，罪惡遂章。幽、章之路大殊，故令奕世未蒙發起。然論者誠名信行，便以管、蔡為惡。不知管、蔡之惡，乃所以令三聖為不明也。若三聖未為不明，則聖不祐惡，而任頑凶不容於時世，則管、蔡無取私乎父兄而見任，必以忠良，則二叔故為淑善矣。今若本三聖之用明，思顯授之實理，推忠賢之闇權，論為國之大紀，則二叔之良，乃顯三聖之用也。以流言之故有緣，周公之誅是矣。且周公居攝，召公不悦，推此言則管、蔡懷疑，未為不賢，而忠賢可不達權；三聖未為用惡，而周公不得不誅。若此三聖所用信良，周公之誅得宜，管、蔡之心見理，爾乃大義得通外内，兼叙無相伐負者，則時論亦得釋然而大解也。

《晉書》卷一二四《載記第二十四·慕容盛》 及周公之事，顧謂羣臣曰：『周公之輔成王，不能以至誠感上下，誅兄弟以杜流言，猶擅美於經傳，歌德於管絃。』

又引中書令常忠、尚書陽璆、祕書監郎敷于東堂，問曰：『古來君子皆謂周公忠聖，豈不謬哉？』璆曰：『周公居攝政之重，而能達君臣之名；及流言之謗，致烈風以悟主；道契神靈，義光萬代。故累葉稱其高，後王無以奪其美。」盛曰：『常令以為何如？』忠曰：『昔武王疾篤，周公有請命之誠；流言之際，義感天地；楚撻伯禽，以訓就王德。周公為臣之忠，聖達之美，《詩》、《書》已來，未之有也。』盛曰：『異哉！二君之言。朕見周公之詐，未見其忠聖也。昔武王得九齡之夢，白文王。文王曰：「我百，爾九十，吾與爾三焉。」及文王之終，已驗武王之壽矣。武王之算未盡，而求代其死。是非詐乎？若惑於天命，是不聖也。據攝天位而丹誠不見，致兄弟之間有干戈之事。夫文王之化，自近及遠，故曰「刑于寡妻，至于兄弟。」周公親違聖父之典而蹈嫌疑之蹤，戮罰同氣，以逞私忿。何忠之有乎？但時無直筆之史，後儒承其謬談故也。』

忠曰：『啓《金縢》而返風，亦足以明其不詐。遭二叔流言之變，而能大義滅親，終安宗國。復子明辟，輔成大業，以致太平。制禮作樂，流慶無窮。亦不可謂非至德也？』盛曰：『卿徒因成文而未原大理，朕今相為論之。昔周自后稷，積德累仁，至于文、武。文、武以大聖應期，遂有天下，生靈仰其德，四海歸其仁。成王雖幼，統洪業而卜世脩長，加呂、召、毛、畢為之師傅。若無周公攝政，王道足以成也。周公無故以安危為己任，專臨朝之權，闕北面之禮。管、蔡忠存王室，以為周公代主，非人臣之道，故言公將不利於孺子。周公當明大順之節，陳誠義以曉羣疑，而乃阻兵都邑，擅行誅戮。不臣之罪，彰于海內，方貽王《鴟鴞》之詩，歸非於主。是何謂乎？又周公舉事，稱告二公，二公足明周公之無罪，而坐觀成王之疑，此則二公之心，亦有猜於周公也。但以疎不間親，故寄言於管、蔡，可謂忠不見於當時，仁不及于兄弟。知羣望之有歸，天命之不在己，然後返政成王，以為忠耳。大風拔木之徵，乃皇天祐存周道，不忘文、武之德，是以赦周公之始愆，欲成周室之大美。考周公之心，原周公之行，乃天下之罪人，何至德之謂也？周公復位，二公所以杜口不言其本心者，以明管、蔡之忠也。』

又　卷九一《儒林列傳·范弘之》　乃出弘之為餘杭令，將行，與會稽王道子牋曰：【略】明公試復以一事觀之：昔周公居攝，道致升平，禮、樂、刑、政皆自己出。以德言之，周公大聖；以年言之，成王幼弱。猶復遽避君位，復子明辟。

明·梅鼎祚《北齊文紀》卷二《魏收〈重遺李德林書〉》　惠示二事，感佩殊深。以魯公諸侯之事，昨小為疑。息姑不書即位，舜、禹亦不言即位。息姑雖攝，尚得書『元』；舜、禹之攝，稱『元』理也。周公居攝，乃云『一年救亂』，似不稱『元』。自無《大傳》，不得尋討。『一』之與『元』，其事何別？更有所見，幸請論之。

又　卷二《李德林〈重答書〉》　『攝』之與『相』，其義一也。故周公攝政，孔子曰『周公相成王』。【略】攝者，專賞罰之名。古今事殊，不可以體為斷。

唐·孔穎達《禮記·明堂位》正義　武王崩，成王幼弱者，《家語》云：武王崩，成王年十三。鄭康成則以爲武王崩，成王年十歲，是幼弱也。六年朝諸侯於明堂，制禮作樂，頒度量者，周公攝政三年，天下太平，六年而始制禮作樂者。《書傳》云：周公將制禮作樂，優游三年而不能作。將大作，恐天下莫我知也；將小作，則爲人子不能揚父之功烈德澤。然後營洛邑，以期天下之心於是，四方民人和會。周公曰：示之以力役且猶至，而況導之以禮樂乎！其度量，六年則頒，故鄭注《尚書·康王之誥》云：攝政六年，頒度量，制其禮樂。成王即位，乃始用之，故《洛誥》云：王肇稱殷禮，祀于新邑。是攝政七年冬也。鄭云猶用殷禮者，至成王即位，乃用周禮是也。

其周公制禮攝政，孔、鄭不同。孔以武王崩，成王年十三，至明年攝政。管叔等流言，故《金縢》云：武王既喪，管叔及其羣弟流言於國，曰公將不利於孺子。時成王年十四即位，攝政之元年。周公東征管、蔡，後二年克之，故《金縢》云：周公居東二年，則罪人斯得。除往年，時成王年十六，攝政之三年也。故《詩序》云：周公東征三年，而得攝政。七年營洛邑，封康叔，而致政，時成王年二十。故孔注《洛誥》，以時成王年二十是也。

鄭則以爲武王崩，成王年十歲。《周書》以武王十二月崩，至成王年十二，十二月喪畢，成王將即位，稱己小求攝。周公將代之，管、蔡等流言，周公懼之，辟居東都。故《金縢》云：武王既喪，管叔等流言，周公乃告二公曰：我之不辟，無以告我先王。既喪謂喪服除，辟謂辟居東都，時成王年十三。明年，成王盡執拘周公屬黨，故《金縢》云：周公居東二年，則罪人斯得。罪人，周公屬黨也。時成王年十四。至明年秋，大熟，有雷風之異，故鄭注《金縢》云：秋大熟，謂二年之後。明年迎周公而反，反則居東之元年，時成王年十五，《書傳》所謂一年救亂。明年，誅武庚、管、蔡等，《書傳》所謂二年克殷。明年，自奄而還，《書傳》所謂三年踐奄。四年封康叔，《書傳》所謂四年建侯衛，時成王年十八也。故《康誥》云『孟侯』，《書傳》云『天子』，天子十八稱孟侯。明年，營洛邑，故《書傳》云：五年營成周。六年，制禮作樂。七年，致政於成王。時成王年二十一。明年乃即政，時年二十二也。禮既是鄭學，故詳具焉。

唐・趙蕤《長短經》卷七《懼誡》　議曰：昔堯稱：『吾以天下授舜，則天下得其利而丹朱病；授丹朱則天下病，而丹朱得其利。吾終不以天下之病而利一人。』遂禪于舜。今周公不以天下為務，而自取其讓名，非為聖達節者也。故孔子非之。

唐・張弧《素履子》卷上《履忠》　素履子曰：忠貞者，天地之秀氣，人倫之英靈。凡觀歷世之書，唯忠實者名挂史筆，萬世常存，則夫不忠者，必滅亡也。昔周公至忠，事文王、武王至成王。成王自繈褓事之，於三世盡忠，金玉莫比其堅，松竹莫比其操。至於祝九齡之壽，乃自翦為牲；託六尺之孤，遂去管、蔡之佞。事雖往古，行跡常新，列於典籍之中，常為賢哲之範。

宋・李覯《盱江集》卷三二《常語上》　或曰：伊尹放太甲而天下厭然，周公屏成王而國有流言，何也？曰：周公，武王弟也，有次立之勢。管、蔡，其至親也，易以生怨，以怨濟疑，理固然也。敢問太甲不能終允德，成王不見《金縢》之書，則伊、周奈何？曰：太甲賢也，不得不改。成王亦賢也，不得不悟。太甲、成王果不賢耶，則湯、武不以託伊、周，伊、周亦不受之於湯、武。

宋・王開祖《儒志編》　或曰：周公攝政七年而天下大治，使周公居攝而不幸成王崩，周公者宜如何？曰：奉叔虞。曰：叔虞非所命也，周公代之如之何？曰：惡是何言也？聖人不處疑而成謗，如處疑成謗，則天下之濫者藉其名以起。蓋天下之亂者，未有無名而起也。以周公代之，則是處疑成謗也。處疑成謗，斯謂之周公乎？曰：聖人以率天下之心，使天下由我而寧。雖疑且謗，何傷？曰：非以疑且謗不可，蓋義不可也。武王之處我也，乃所以命我也。武王豈不知周公哉？然君而立於天下之大命也，惡後世之亂也，蓋不敢私也。若曰孺子不若旦，使旦左右之，亦無異乎旦之臨吾民也，周公亦以為然耳，若之何求天子之位而後康天下之民哉？

宋・程頤《伊川易傳》卷二《蠱》　且以周公之聖輔成王，成王非甚柔弱也，然能使之為成王而已。守成不失道，則可矣，固不能使之為羲、黃、堯、舜之事也。

宋・劉敞《公是弟子記》卷四　或曰：召公為保，周公為師，相成王為左右，召公不悅。敢問召公之不悅，何也？曰：疑。其疑何也？曰：以周公為不可復三公之列。夫既嘗南面而聽天下矣，復子明辟，又留而不去，潔于節者不為。夫周公之意，以文、武之道未之能大備，備之者己而已矣，是以北面就諸臣之位，匔匔如畏然。攝天子之位而不自以為泰，反以三公處而不自以為少，死則葬于成周，聖人之忠也。

然則召公不知周公歟？曰：否。召公相成王，卜宅于洛，率諸侯以幣見，皆再拜稽首，曰『旅王若公。』曷為其不知周公也？夫聖人神矣，必有疑而後辨，辨而後喻者。非召公，不足以動百姓之疑而喻其義，則其疑也，乃所以辨也；其不悅，乃所以歡也。君子之為，衆人固不知。

宋・蘇軾《東坡全集》卷四二《周公論》　論周公者多異說，何也？周公居禮之變而處聖人之不幸，宜乎説者之異也。凡周公之所為，亦不得已而已矣。若得已而不已，則周公安得而為之？成王幼，不能為政，周公執其權，以王命賞罰天下，是周公不得已者，如此而已。今儒者曰：周公踐天子之位，稱王而朝諸侯，則是豈不可以已耶？《書》曰：『周公位冢宰，正百工，羣叔流言。』又曰：『召公為保，周公為師，相成王為左右，召公不説。』又曰：『周公曰：「王若曰。」』則是周公未嘗踐天子之位而稱王也。周公稱王，則成王宜何稱？將亦稱王也，將不稱耶？不稱則是廢也，稱王則是二王也，而周公何以安之？

孔子曰：『必也正名乎！』儒者之患，患在於名實之不正。故亦有以文王為稱王者，是以聖人為後世之僭君急於為王者耶？天下雖亂，有王者在而已。自王，雖聖人不能以服天下。【略】故凡以文王、周公為稱王者，皆過也。是資後世之篡君而為之藉也。

宋・蘇軾《書傳》卷五《周書・君奭》 舊説或謂召公疑周公，陋哉斯言也！方周公攝政，管、蔡流言，周公晏然不自疑，當時大臣，亦莫之疑者，何獨召公也？今已復子明辟，召公復何疑乎？然則何為不悦也？功成身退，天之道也。故伊尹既復政則告歸，而周公不歸，此召公所以不悦也。然則周公何以不歸也？察成王之德，未可以舍而去也。周公齊百官以從王，而王之所用，悉其私人受教於王者。此其德豈能離師輔而弗反也哉？故召公之不悦，為周公謀也，人臣之常道也；而周公之不歸，為周謀也，宗臣之深憂也。召公豈獨欲周公之歸哉？蓋亦欲因復辟之初，而退老於厥邑，特以周公未歸，故不敢也。何以知之？此書非獨周公自言其當留，亦多留召公語，以此知召公欲去也。

宋・蘇轍《欒城應詔集》卷三《進論五首・周公論》 伊尹既立太甲，不明而放諸桐，天下不以為不義。武王既没，成王幼，周公攝天下之位，朝諸侯於明堂，而召公不説；管叔、蔡叔咸叛，天下幾至於不救。二者此其故何也？太甲既立矣，而不足以治天下，則夫伊尹猶有以辭於後世也。蓋周公之事，其迹無以異於伊尹，然天下之人舉皆疑而不信，此無足怪也。何者？天下未知夫成王之不明而周公攝，則是周公未有以服天下之心而彊攝焉，以為之上也。且夫伊尹之攝，其事則有所不得已而然爾。太甲雖廢，而伊尹未敢有所復立，以召天下之亂，故寧以己攝焉而待夫太甲之悔，是以天下無疑乎其心。今夫周公之際，其勢未至於不得已也。使成王拱手以居天下之上，而周公為之佐，以成王之名，號於天下，而輔之以周公，此所謂其勢之未至於不得已者矣。而周公不居，則夫天下之謗，周公之所自取也。然愚以為不然。挾天子以令天下，此諸葛孔明之事耳，而周公豈不足以知之？蓋夫人臣惟無執天下之權，人臣而執天子之權，則必有忠於其心而後可，以自免於難。何者？人臣而用天子之事，此天子之所忌也。以一人之身，上為天子之所忌，而下為左右之大臣從而媒孽其短，此古之忠臣所以盡心而不免於禍，而世之奸雄之士所以動其無君之心而不顧者也。使成王用事於天下，而周公制其予奪之柄，則愚恐成王有所不平於其心，而管、蔡之徒乘其隙而間之，以至於亂也。使成王有天子之虛名而不得制天下之政，則愚恐周公有所不忍於其志，赧然其有不安之心也。是以寧取而攝之，使成王無與乎其間，以破天下讒慝之謀而絶其爭權之心。是以其後雖有管、蔡之憂，而天下不搖。使其當時立於羣臣之間，方其危疑擾攘而未决也，則愚恐周公之禍，非居東之所能免；而管、蔡得志於天下，成王將遂不立也。嗚呼，其思之遠哉！

宋・蘇轍《詩集傳》卷一八《周頌・烈文》 古之儒者，皆言武王崩，成王幼，不能踐阼，周公攝天子位以為政，七年而後反。余考於《詩》、《書》，無之。古者君薨，世子即位諒闇，而聽於冢宰三年，蓋免喪而復。成王之終喪也，以幼不能聽政，而聽於周公，七年而復。故《書》稱武王崩，三監及淮夷畔。周公相成王以黜商，有大政令，未嘗不稱王命也。然則成王既已即位矣，成王既已即位而周公攝，則是二王者也。蓋武王崩，成王無所復父，不得稱子，則逾年即位而稱王。雖稱王矣，而不能治王事，故未嘗即政，是以周公當國而治事，非攝其位，蓋行其事也。其後七年，退而復辟，則成王於是即政，亦非復其位，蓋復其事也。故此詩之《序》曰：成王即政。即政非即位也。苟成王有即位，有即政，則周公之未嘗攝位，明矣。或曰：即政亦即位也。然則未終喪而為詩以作樂，可乎？

宋・林之奇《尚書全解》卷二七《大誥》 當管、蔡挾武庚以叛也，周公攝政，天下之事皆决於公，則夫合邦君、御事於朝，而告之以黜殷之意者，周公之任也。然政雖總於周公，而成王在上為天子，號令雖由己出，而必稱王命以告之。此經所以稱『王若曰』，而《序》則言『周公相成王』，以相發明也。鄭康成曰：王，周公也。周公居攝，命大事則權稱王。此言實害教之大者，唐孔氏既已辯之矣。

又 卷三一《洛誥》 周公之攝也，雖成王亮陰之制已終，而猶秉朝政，蓋以成王幼沖，未可以為天子，故不得不攝也。此公之處禮之變也。至是而復子明辟，蓋以成王年已長矣，德已成矣，可以為天子矣，故不得不歸也。周公慨然自任以天下之重，故其處禮之變而攝政，至于七年。未嘗飭小謙以邀譽當世，則其歸政也，夫豈以禮讓也哉？必其出于中心之誠，可以歸政而遂歸之也。

《語》曰：『君薨，百官總己，以聽於冢宰三年。』蓋人君當其繼世之初創鉅者，其日多痛甚者，其愈遲。感哀感之情，則失萬幾之務有所不暇恤，此所以以其政委於冢宰，至於三年之久而後歸也。然自古人君之嗣位，或在襁褓之中，或當幼沖之年，安危治亂之機豈能諳識？舉措取舍之端豈能鍊習？而使之君天下，豈不殆哉？故當是時也，則冢宰之總百官，蓋不拘于三年也，必俟其年已長矣，德已成矣，教導訓迪而其聰明日益進，而後可以歸政也。周公之位冢宰，正百工也，蓋以成王沖幼之年，故至七年而始復子明辟。然周公之攝也，制禮作樂，以致太平。凡朝廷之制度紀綱莫不得其條理，而四海九州之民莫不安居樂業，天下之勢蓋若泰山，而四維之安雖植遺腹，朝委裘，而天下自治；況成王之德，以周公為師，召公為保之故，見正事，聞正言，行正道，左右前後莫匪正人，至是而可以躬覽萬幾矣，此所以復子明辟也。

宋・岳珂《桯史》卷七《嘉禾篇》 部使者臣張商英作《嘉禾篇》曰：【略】臣聞曰：在昔成王沖幼，周公居攝，近則召公不悅，遠則四國流言。成王灼知忠邪之情，誅伐言讒慝，卒以天下聽於周公。

宋・范處義《詩補傳》卷二六《周頌・清廟》 周公成洛邑，在居攝之六年。《明堂位》曰：『成王幼弱，周公踐天子位，以治天下。六年，朝諸侯於明堂。』夫所謂踐者，謂履踐天子之位，負斧扆南鄉而立，攝行其政耳，非居天子之位也。

又 卷二六《周頌・烈文》 周公居攝七年，退而復辟，成王於是即政。蓋成王即位久矣，幼弱不能治王事，故周公攝之。然則周公攝其政，非攝其位也。

宋・楊簡《慈湖遺書》卷九《家記三》 孔子曰：『昔者周公攝政，踐阼而治。』阼非王之常位，惟覲諸侯，為賓主之禮，則王踐阼，則王有東序西嚮之位。其常朝，皆南鄉。周公不敢南鄉，不得已而踐阼也。

宋・韓元吉《南澗甲乙稿》卷一七《周公論》 處天下之變者，必思所以任天下之疑；任天下之疑者，必思所以弭天下之禍。今夫天下之變，非聖人無以處之也，而不能使天下不致疑於其間，惟聖人於此有以任其疑而不顧。夫雖有以任其疑而不顧，若使天下之疑久而不釋，則上將見疑於君，下將見疑於民，天下之禍，吾其無以弭之哉！是故處之非難而任之為難，任之非難而弭之為難。然衆人所謂弭天下之疑者，不過曰委而去之而已。夫使聖人處天下之變而懼於天下之疑，亦不過於委而去，則是天下之禍，自我而啓矣，曾何足以為聖人？惟聖人所以弭之者為道，不特有以弭衆人之疑，而卒使天下之禍無自而發。此其為聖人者歟？

周之為周，未再世也，成王幼沖，不能紹文、武之業，此可謂天下之變也。舉天下之大而聽于周公，天下不能無疑焉。誅管叔，放蔡叔，流言四起，而周公端委於上，寂然如不聞。是周公有以任之也。任之既久，果何以弭之哉？雖然，成王寖已長矣，其聰明志慮猶未足自治其天下，而周公歸政焉。以常人論之，既歸之政，則周公可以致為臣而去矣。公乃偃然自處于師傅之位而不去，由是知周公弭天下之禍之深也。蓋周公以謂成王之聰明志慮，雖未足以自治其天下，而吾與一二賢者輔之，則亦足以治。苟必待其聰明志慮足以自治其天下，而政始歸之，則天下之禍有不可弭者矣。何也？人君之聰明志慮，足以自治其天下，而猶制于大臣，則惡忌之心易生，納讒間之言，況以叔父之尊而臨之哉？故於是舉天下還之君而不去其位，以為之臣。

當是時也，非特羣臣不足以知周公之心，雖召公亦不之知也。故曰『召公為保，周公為師，相成王為左右，召公不說。』夫召公之不說，謂周公歸政之早也。故公為言：『嗣前人恭明德。在今予小子旦。』而悉舉商、周輔相之盛，伊尹、伊陟、巫咸、甘盤、虢叔、閎夭、散宜生、泰顛、南宮括之徒『用乂厥辟』，受有天命之事，以廣召公之心。其終又曰：『若遊大川，予往暨汝奭其濟。小子同未在位，誕無我責？』及成王足以自治其天下，而聰明志慮皆吾有以啓迪於前，而惡忌讒間無自而發，君臣罔有間隙而至於太平。此周公歸政之早之效也。由是言之，周公之變，召公有不能處而思弭其禍者。召公之智且有所不及，而以責夫後世之臣，此周勃、霍光不能自保者歟？

宋・李樗 黃櫄《毛詩集解》卷一八《狼跋》 李曰：【略】管、蔡疑周公之攝政，自常人觀之，必以爲管、蔡所以疑之者，以周公之攝政也。周公乃於金縢既啓之後，而又攝政七年，欲以輔成王之德，以致太平爲己任。則周公之德，大過於人。雖居危難之中，處之自若，可謂爲人所不能矣。

宋・黎靖德《朱子語類》卷七九《尚書二・君奭》 召公不悅，這意思曉不得。若論事了儘未，在看来是見成王已臨政，便也小定了許多事，周公自可當得，所以求去。

宋·高斯得《恥堂存稿》卷三《伊周論為賈似道作》　或有問伊尹、周公之事君，有以異乎？曰：伊尹、周公皆聖人也，奚其異？曰：伊尹復政厥辟之後，皤然告歸，不可復留。周公既宅，非不欲去，卒為成王所留而止。非異乎？夫聖人之制行，不必盡同，至於出處大節，不可以不同也。今若是，後世奚所折中哉？曰：二聖人心同而迹異。然人臣之義，當以伊尹為正也。伊尹受湯之託，以相太甲，太甲克終厥德，伊尹之責塞矣，不歸奚為？使伊尹而不歸，是以寵利居成功，與世之患失者無異，何以為伊尹？

曰：如子之言，周公非歟？曰：惡是何言也？周公大聖人也，而我非之，是病狂喪心也。曰：二聖人出處，較然不同。子是伊尹，又是周公，亦有説乎？曰：有。《孟子》曰：『聖人之行，不同也。或遠或近，或去或不去，歸潔其身而已矣。』使伊尹而居周公之地，安得而不留？使周公而居伊尹之地，安得而不去？無他也，伊尹異姓卿而周公同姓之卿故也。伊尹佐湯，以有天下，又相嗣王，俾克有終，其功大矣。然進退去就，人臣之大節也。功成不去，必蹈亢龍之悔，范蠡所不為也，而謂伊尹為之乎？周公則不然。明農之請，亦伊尹之志也。然以叔父之親，受文、武之託，為嗣王所留，恝然去之，屈原所不忍也，而謂周公忍之乎？故人臣之道二：功成之後，同姓則當留，以蕃王室；異姓則當去，以遠嫌疑。不明此義，而去留胥失其當，皆伊尹、周公之罪人也。予患世之多以周公藉口也，於是乎書。

宋·馬廷鸞《碧梧玩芳集》卷二一《讀史旬編》　聽政，是也。攝政，非也。愚嘗論之：太甲服成湯之喪，亮陰不知政事，禮之常也。伊尹因其不明，處之桐宮耳。後世乃以為放君。成王服武王之喪，亮陰不言，亦禮之常也。周公因其年幼，代之行事耳。後世以為攝政。攝政二字，經所不言。如《書·蔡仲之命》，惟曰『周公位冢宰，正百工，羣叔流言』而已。《詩》之《序》文言周公攝政，遠則四國流言，近則王不知者，講師之説云耳。

宋·王應麟《困學紀聞》卷一一《考史》　《燕世家》：成王既幼，周公攝政，當國踐阼，召公疑之，作《君奭》。《書正義》曰：此篇是致政之後，言留輔成王之意。其文甚明，遷妄為説爾。

《宋史》卷四三九《文苑列傳一·梁周翰》　周翰上言曰：【略】周公，聖人也。佐武王定天下，輔成王致治平，盛德大勳，蟠天極地。外則淮夷搆難，內則管、蔡流言，疐尾跋胡，垂至顛頓，偃禾仆木，僅得辨明。此可謂之盡美哉？臣以為非也。

元·方回《續古今考》卷二七《明堂位·周公諸侯之位》　紫陽方氏曰：此不可信。【略】天子負斧依，康成注曰：天子，周公也。不可周公攝王位，而直曰『天子，周公也』，可乎？周公位冢宰耳，『攝王位』三字已非，謂『周公冕十有二旒，被衮負斧，代為天子』，無是也。

元·胡震《周易衍義》卷一四《節》　《象》曰：承上道也。承九五中正之道也。有明此義而居大臣之位，雖使伊尹之放太甲，正商邦而不踰人臣之節。周公輔成王，朝諸侯，而不踰人臣之節。是皆安于臣節，之所以亨也。

元·王充耘《讀書管見》卷下《蔡仲之命·周公位冢宰》　《傳》引吳氏云：周公居攝于諒闇之時，非有七年而後還政之理。《康誥》：『惟三月哉生魄，周公初基作新大邑于東國。』《洛傳》云：周公攝政之七年三月。而《洛誥》一篇，終始見成王新即政之事。如云：『王來，自服于土中』；『肇稱殷禮』；『厥若彝及撫事如予』；『篤敘乃正父，罔不若予。』皆是教成王自出政布治，即前此政自公出可知。《傳》所引，前後自相牴牾。

明·周琦《東溪日談録》卷一三《史系談上·周》　成王是年即位，始七歲，周公安得不為之攝政乎？是故作《無逸》以戒其勤，制禮樂以文其治，誅武庚、放蔡叔以保其亂於內，遷多士、定多方以防其亂於外，與夫封魯留洛，誥酒監殷。周公之用心密矣，賜魯重祭，不亦宜乎！

明·邵寶《學史》卷四《巳》　日格子曰：公辟流言，蓋嘗居東矣，《鴟鴞》之詩可以觀情，《九罭》之詩可以觀度。魯，公封也。不之魯而楚之之乎？他日公病，將没，曰『必葬我成周』，明不敢離王也。而曰避譖之楚，何居？楚，夷狄之國也，公且膺之而忍一朝居邪？且公前事武王，後事成王，病也禱也，藏冊而祕也，讒且譖而居東與奔楚也；天動威，王發書以泣而反之也。何其同也！史氏之附會一至於是，夫何足辯？而亦必辯焉者，蓋不欲使誣詞之加於公也。

明·羅欽順《困知記》卷上　論治道，當以格君心爲本。若伊尹之輔太甲，周公之輔成王，皆能使其君出昏即明，克終厥德，商、周之業賴以永延，何其盛也！

明·夏良勝《中庸衍義》卷八《達道之義·朋友之法》　臣良勝曰：武王既一天下，分陝以東，周公主之，陝以西，召公主之，及夾輔成王，同功一體人也。方周公遭疑謗，居東；召公在位，紛解鎮定，以全周公者，無所不至。故金縢啓冊，以迎反之者，召公為之也。今成王即政，召公欲避權告老，周公諭留，亦無所不至，蓋欲其圖終，以輔成王之德，以保文、武之業，皆天理、人情之至也。

或謂召公有疑於周公踐阼，以爵位介意，此殆以小人之心，窺君子之際也。蘇子謂召公亦欲周公告老而歸，恐亦未然。人臣之義，無以有已。當主少國疑，而夙望大臣相率以去，自便其私，豈聖賢以天下為己任意哉？但當時成王即政，齒既長矣，輔導之責有周公而足矣，召公可以盛滿知止而求去，周公自當以君臣大義而懇留，各盡其道焉耳。召公亦何疑於周公者？

又　卷一〇《九經之義·脩身》　臣良勝曰：讀《淇澳》之詩，則知武公脩身之道，惟保其終。讀《訪落》之詩，則知成王脩身之道，必謀於始。靡不有初，鮮克有終，然而慎厥終者，惟其始也。成王謀始之道，又見於免喪朝廟之初，且終以延訪羣臣為務。雖成王之夙志，亦周公之本心也。臣於是有以見周公正君之功，而釋其踐阼之疑者焉。夫天子之喪諒闇，三年不言，通禮也。周公攝政，非惟不即天子之位，而其所謂攝之云者，亦百官總己，以聽於冢宰之常也。故成王免喪朝廟，即有《閔予小子》之詩，又有《訪落》之詩。是周公已復政於王，持衆美而效之矣，何嘗一日居王位哉？

說者謂《清廟》之詩乃王在新邑，烝祭升歌，是為周公攝政七年。殊不知周公營洛，欲成王留治不可，而以周公留後，則是成王即政於西周，而周公還政居洛，亦已久矣。安得有七年之攝？然則成王居喪，而周公冢宰，以聽百官，古制也，非周公一人為之也。伊尹以冕服祀於先王，亦以太甲在喪，而攝告廟之禮。其居太甲於桐宮，亦諒闇也，但使近於湯之墓，則時思感愴，發其善端為易焉爾。伊尹阿衡之任，亦冢宰也。是則周公之攝政，非踐祚也；伊尹之遷桐，非放君也。成王、太甲居喪之常禮也。後世賊莽以宰、衡兼任，託迹伊、周，遂成居攝即真之禍，是萬世之憂也。臣故詳辨之，以袪後世之惑。

明·馬明衡《尚書疑義》卷五《洛誥》　復子明辟，如古注、孔氏皆以為攝而復政之辭。至王氏安石，乃以為『復逆』之『復』，宋諸儒從之。夫以為攝而復政者，成王尚幼，周公以身任天下之重，何嘗履君位乎？如《明堂位》所言：『踐天子位，以治天下』，此漢儒附會之謬說也。此固無俟於辨而自明者。然伊尹、周公皆有復辟之事。愚固謂伊尹之任商，周公之任周，皆非後世人臣所可擬者。有伊尹、周公之聖，而又有伊尹、周公之任，任之所在，責之所歸，故不得已而當之。以聖人為之，至誠感動，始終有濟。若無其德，無其任，而冒當之，未有不犯於逆亂之倫者。此王莽之徒雖竊以藉口，然亦豈能以溷日月之明哉？後儒因王莽之事，遂將周公，變易其說，蓋不欲使公之忠聖，一淆於逆亂之跡。其愛公可謂至矣，其所以待公，不其淺乎？嗚呼！操之不可為文王，莽之不能為周公，豈待後世方知之？而當時所為，已如白黑之不可同日語矣。混碔砆於珠玉之間，何損於珠玉耶？由是言之，聖賢之事，各論其實而已矣。

明·朱睦㮮《五經稽疑》卷二《尚書·復子明辟》　周公拜手稽首曰：『朕復子明辟。』孔氏以此篇謂周公攝而歸政之辭，古今儒者從之。獨王氏以為不然，世或未之信焉。以余考之，周公踐天子位，以治天下。初無經見，獨《明堂位》云爾。《明堂位》多出漢儒之說。蓋武王崩，周公以冢宰統百官之政，此禮之常。即云攝者，攝其事，非攝其位也。世見周公之攝，不知其非以成王幼而攝，故至卜洛，猶有歸政之言。王氏之辨為有證。

又　卷八《禮記·周公朝諸侯于明堂之位》　《明堂位》疏云：周公攝王位。又云：天子即周公。周公為冢宰時，成王年已十四，非攝位，但統百官之政。周公未嘗為天子，豈可以天子為周公？此《記》者之妄注。吾於《尚書稽疑》已言其概，茲再申之。

明·馮從吾《少墟集》卷七《寶慶語録》　又問：古昔論人，多在事後；今世論人，多在事始。想姬旦負成王時，伊尹放太甲時，心事未白，二公何所擔當，不為流言中傷，竟成千古大事？曰：世間是非毀譽，最易動人。伊尹、周公只是能自信，不為是非毀譽所動，所以能成千古大事。

清·馬驌《繹史》卷二二《周公攝政》　武王滅殷七年而崩，成王幼不能涖阼，周公攝位以聽政，處危疑而不辭，未遑爲身計也。既而四國流言，公居東以辟之。天誘其衷，成王感悟迎歸，爰始東征，以靖殷亂。向使當日王疑不釋，周公不歸，東山之斧不破，殷孽之氛不除，骨肉之難作，疆埸之變起，周室尚可問乎？【略】周公之東征也，黜殷踐奄，三年然後定，歸而治官營洛，誥告庶殷，蓋日不遑暇焉。若其遭變辟位，陳《七月》之詩，致政歸老，進《無逸》之訓。忠愛勤勞，歷常變初，終如一日也。故周家之業，文王經之，武王定之，成王成之，而先後輔翼之，則周公也。化洽政治，卜世靈長，非公其孰與歸？

清·王士禎《居易録》卷二六　唐趙蕤《長短經》第二十篇曰《懼誡》，引《尸子》曰：昔周公反政，孔子非之，曰周公其不聖乎？以天下讓，不為兆人云云。此荒唐悠謬之論，乃孔子之所必誅，而託名聖人，真可謂無忌憚者。孟子惡處士横議，正謂是也。

清·毛奇齡《四書賸言》卷三　周公，弟也。管叔，兄也。趙岐注周公以為：管叔，弟也，故愛之；管叔以為：周公，兄也，故望之。則周公是兄，管叔是弟。此亦怪事。後讀《尚書·金縢》，孔氏《傳》其于管叔及其群弟云：周公攝政，其弟管叔及蔡叔、霍叔放言于國，以誣周公。始知管叔果周公之弟。其以管叔為兄者，皆本之《史記·管蔡世家》之文。實則史遷受學于孔氏而不見孔《傳》，且不見《古文尚書》，故致誤，世不曉也。予嘗以此質之仲兄及張南士，亦云此事有可疑者三：周公稱公而管叔以下皆稱叔，一。周公先封周，既又封魯，而管叔並無畿内之封，二。周制立宗法，以嫡弟之長者為大宗。周公、管、蔡皆嫡弟而周公為大宗，稱魯宗國，三。若《尚書》孔《疏》釋『流言所起』謂：殷法，兄終弟及。三叔疑周公為武王之弟，有次立之勢，則亦以為公次武王，其弟及，與殷法合，故流言。則趙氏所注，非無據也。

清·毛奇齡《尚書廣聽録》卷四　夫三代雖遥，然《詩》、《書》、《禮》、《春秋》所傳，自有一定之事，一定之時。如成王即位，周公居攝，此定事也。居攝三年而遇四國之變，又定事也。東征三年而滅四國，又定事也。于是居攝七年而營洛邑，又定事也。其年即致政，請王居洛，又定事也。越明年，而成王在洛，遷殷頑民，又定事也。即于其年伐淮夷、商奄，五月歸鎬，又定事也。

清·陸隴其《讀禮志疑》卷六　昔者周公朝諸侯于明堂之位，天子負斧依，南鄉而立。鄭注云：周公攝王位，以明堂之禮儀，朝諸侯也。不于宗廟，辟王也。天子，周公也。此最謬處。《集説》非之，是矣。孔《疏》又載鄭《發墨守》云：隱為攝位，周公為攝政。雖俱相幼君，攝政與攝位異也。愚按此則鄭又自相矛盾矣。又鄭于《大誥》『王若曰』亦云：王謂周公。居攝，命大事則權稱王也。孔《疏》于《書》主安國《傳》，故極言鄭之非；于《禮記》主鄭義，故不駁。

清·朱鶴齡《尚書埤傳》卷一二《洛誥·朕復子明辟》　葉夢得曰：『復』如《孟子》『有復于王』之『復』。自孔氏以『復子明辟』謂周公攝而歸政，古今儒者從之，獨王氏以為不然。余考周公踐天子位，以治天下，初無經見，惟《明堂位》云爾。《明堂位》非出吾夫子也。蓋武王崩，周公以冢宰攝政，此禮之常。攝其政，非攝其位也。王應麟曰：周公得卜，復命成王，此荆公説也。一洗漢儒居攝還政之陋。愚考《曾子問》，《禮》本有『攝主』之名。《春秋傳》魯隱公『不書即位，攝也。』又宋穆公云：『吾立乎此，攝也。』魯隱、宋穆幷君位攝之，而周公止攝其政事，以此不同。謂周公未嘗攝者，此又非通論也。

清·張英《書經衷論》卷三《周書·洛誥》　古人文字博奥，立乎百世之下，以己意注之，安能盡合？亦惟斷之于理而已。如『復子明辟』，漢儒乃謂還政復辟。夫『明辟』何名，而謂可以取，可以復乎？伊尹當日亦不過曰『以冕服奉嗣王，歸于亳』而已。周公以冢宰攝政，豈有侈然自爲天子之理？况下節又言『其基作民明辟』，只是當日稱謂如此耳。後世因漢儒之注，遂有周公復辟明農之語，至明英宗亦稱復辟。不知此『復』字，不過奉命營洛，反命于王之辭。得宋儒之論定，遂一正從前之誤。

清・陳啓源《毛詩稽古編》卷一〇《蓼蕭》 周之王業，雖成於文、武，然興禮樂，致太平，實在周公輔成王時。嘗讀《戴記・明堂位》、《周書、王會解》二篇，想見當時華夷一統之盛。《蓼蕭》『澤及四海』，孔《疏》引越裳來朝事，以為此詩之作，當在周公攝政之六年，良有然也。合《明堂》、《王會》二文以讀此詩，覺成周一會，儼然未散。

又 卷二三《閔予小子》 以武王崩，周公即攝政，七年歸政之後，成王廟見，而作《閔予小子》、《訪落》、《敬之》、《小毖》四詩者，此毛公之意，而王肅述之也。以成王年十三，免武王喪，將即政而朝廟，作《閔予小子》、《訪落》、《敬之》三詩，自言不堪任事，周公始居攝；其《小毖》一詩，則作於歸政之後者，此鄭氏之說也。【略】宋儒好貶鄭學，而《閔予小子》三詩，獨從其免喪朝廟之說者，蓋謂周公居攝，止行冢宰事，嗣王見廟臨羣臣，當在新立時，不應遲至七年後耳。不知周公之攝政，縱未必踐阼負扆，南嚮朝諸侯，然謂僅行冢宰事，未必然也。當是時，出則征伐四方，入則制禮作樂，以至建親藩，營洛邑，事事皆出公手。此豈尋常臣職乎？其訓於王，則曰『冲人』，曰『孺子』，曰『小子』，豈臣子對君之稱乎？非常之舉，非聖人不能行。故堯、舜禪讓，湯、武征誅，尹之放，公之攝，皆曠古一見之事。姦人託之以為利，儒者諱之以為誣。其不知聖人，一而已。

源謂成王初免喪時，非不祀先接下，但公方居攝，政非己出，不必有咨問之言。及歸政之後，親理庶務，自當從容延訪，以盡下情，博採羣言，以裨治道。四詩正作於此時耳。

清・惠士奇《禮說》卷七《春官二》 周公非攝乎？曰：非也。君薨，百官總己以聽冢宰。武王崩，周公位冢宰，正百工，何攝之有？坐明堂，朝諸侯，是賊莽假之以盜漢也。楚昭王出奔，子西攝王，保於脾洩，以靖國人，由于責之，凜凜若秋霜焉。吾故曰：臣不攝君。攝者，攝行其事。

清・方苞《望溪集》卷一《成王立在襁褓之中辨》 武王崩，成王幼，在襁褓之中，說見《家語》，又見《史記》，又見賈誼《保傅篇》，而《漢書》亦云：武帝命畫《周公負成王圖》，以賜霍光。蓋莽與歆既曰成王不能踐阼，則年宜甚幼，而《金縢》之篇無是也。其《書》乃伏生所傳，舊列學官，不可譸張為幻，故於《戴記》竄焉。又恐《戴記》出宣、元間，學者間有其書，故欲多為之徵，而《論語》乃世儒所習誦，故又於《家語》竄焉。

漢興，博學多聞莫如賈生。繼《春秋》創史法，囊括載籍，為世所宗，莫如太史公。故又於二書竄焉。至《漢書》所云，或武帝偶命作圖，以示立少子之意，或其事亦歆等構造，又或史官所記，本《周公輔成王圖》，而歆易為『負』，班固因之，皆不足據也。

衆言樊亂，必折諸經。《金縢》之篇曰：『王與大夫盡弁。』則既冠明矣。公以詩貽王，而王亦未敢誚公，則已甚達於世事矣。以是知古書中言成王幼，不能踐阼者，皆妄也，而況云在襁褓之中哉！幸而《金縢》之篇尚存，不然，則歆之怪變，竟無從而得之矣。或又以王自稱冲子，周、召稱王孺子為疑。是惑也。《盤庚》之誥自稱冲人，范文子為大夫，贊軍謀，而武子呼為童子。嗣君之自謂，師保之規箴，其稱言義當若此，不可以弗察也。

清・黄中松《詩疑辨證》卷六《載見篇》 今考《序》說，原屬可通。特孔氏泥《明堂位》『周公負扆踐祚，七年歸政』語，遂多謬說。云周公居攝七年而歸政成王。成王初即王位，萬事更新，諸侯於成王之世，始見武王廟。夫七年之後，成王初即王位，則七年之前，未即王位耶？成王未即王位，將周公實即王位耶？七年之後，方為成王之世，始親為祭主；將七年之中，實為周公之世，周公親為祭主耶？竊意七年之中，成王已立為王，特以年方幼冲，未能悉知庶事，故周公助理之耳。祭則寡人斷不可以相假也，及成王即政，亦必恪守周公之制而不敢踰，決不一朝即政，萬事更新，盡變周公之規條也。曹參猶遵蕭何之法，豈成王反不能遵周公之法耶？

清・徐廷垣《春秋管窺》卷一《隱公・元年・春王正月》 夫攝者，行其事而不居其位之謂。若伊尹之相太甲，周公之輔成王，皆嗣主幼弱，不能臨御，故總其政以居攝，非敢踐天子位，自以為天子也。四海臣民，亦無有以天子目之者。

清・李鍇《尚史》卷二五《周諸臣傳・周文公》 按周公朝諸侯，

天子負斧依。所謂天子者，成王也。蓋謂負成王而朝諸侯也。漢儒說禮，傅會為多，而鄭注直以天子為周公，大乖事理。《家語》攝政，其說為允。

論曰：公以懿親，弼亮左右，功施爛然。至其攝政不疑，居東不懼，謂非盛德，何以堪之？雖然，天不右周，風雷關警，囂囂讒口，公亦靡所稅駕已夫。

清・愛新覺羅弘曆《御製文三集》卷二《伊尹周公諸葛亮論》 夫千古之君，孰非受天之祿者哉？然錫祿在天，而能否承之，則在為君之人；不惟其人之身，尚視其祖宗之所以基命宥密、制治保邦之深淺，有以荷鴻庥而垂永祚。如太甲、成王是矣。太甲去湯弗遠，成王去文、武亦弗遠，成湯、文、武之澤未斬也，是以伊尹幽王復辟，克終厥德。然《孟子》已云『有伊尹之志則可，無伊尹之志則篡』矣。若夫成王之過，未如太甲。三叔流言，起自近親。周公，天子之叔，衆所仰望。若如伊尹營宮之事，則天下歸心，成王不得為王矣。周公豈肯出此？亦惟有避之而已，不忍為伊尹之為也。《孟子》所云『周公之不有天下，猶益之於夏，伊尹之於殷』，蓋求其說而不得，強為之辭，並伊尹之志亦失之矣。終以雷電示警，親迎公歸。稱守成之令主者，首數成王，非周公之德有以感天而格王乎！且成、康之後，今何在焉？而元聖之祀，千載東魯，其百倍之勝於有天下者為何若！

共和行政

綜　述

《左傳・昭公二十六年》 王子朝使告于諸侯曰：【略】至于厲王，王心戾虐，萬民弗忍，居王于彘。諸侯釋位，以間王政。晉杜預注：間猶與也。去其位，與治王之政事。唐孔穎達《正義》：《周本紀》云：彘之亂，宣王在召公之宮，國人圍之。召公以其子代太子，太子竟得脫。周、召二公二相行政，號曰共和元年。是其釋位，與治王政之事也。宣王有志，而後效官。注：宣王，厲王子。彘之亂，宣王尚少，召公虎取而長之。效，授也。正義：《周語》云：召公以其子代宣王，宣王長而立。《周本紀》云：『共和十四年，厲王死于彘。太子靖長于召公家，二相乃共立之為王，是為宣王。』是召公長之也。共和之年，官之政事皆決於二相，宣王長而有志，堪為人主，二相乃致其官政於王也。效者，致與之義，故注云：效，授也。

《莊子》卷九《讓王》 故許由娛於潁陽而共伯得乎丘首。晉郭象注：得乎丘首，共伯名和，脩其行，好賢人，諸侯皆以為賢。周厲王之難，天子曠絶，諸侯皆請以為天子，共伯不聽。即于王位十四年，大旱屋焚，卜于太陽，兆曰『厲王為祟。』召公乃立宣王，共伯復歸于宗，逍遥得意共山之首。共丘山，今在河内共縣西。魯連子云：共伯後歸于國，得意共山之首。本作『丘首』。

《古本竹書紀年・周紀》 （幽）［厲］王既亡，有共伯和者，攝行天子事。

共伯和干王位。

共國之伯名和，行天子政。

《今本竹書紀年》卷下《厲王》 十三年，王在彘。共伯和攝行天子事。

二十六年，大旱，王陟于彘。周定公、召穆公立太子靖為王，共伯和歸其國，遂大雨。

《呂氏春秋》卷二一《開春》 共伯和修其行，好賢仁，而海内皆以來為稽矣。漢高誘注：共國，伯爵，夏時諸侯也。以好賢仁而人歸之，皆以來附為稽遲也。周厲之難，天子曠絶，注：難，厲王流于彘也。周無天子十一年，故曰曠絶也。而天下皆來謂矣。注：謂天子也。以此言物之相應也，故曰行也，成也。

《史記》卷四《周本紀》 厲王出奔於彘。【略】太子竟得脫。召公、周公二相行政，號曰共和。《索隱》：共音如字。若《汲冢紀年》則云：共伯干王位。共音恭。共國，伯爵，言共伯攝王政，故云干王位也。《正義》韋昭曰：彘之亂，公卿相與和而修政事，號曰共和也。《魯連子》云：衛州共城縣，本周共伯之國也。共伯名和，好行仁義，諸侯賢之。周厲王無道，國人作難，王犇於彘。諸侯奉和，以行天子事，號曰共和元年。十四年，厲王死於彘，共伯使諸侯奉王子靖為宣王，而共伯復歸國於衛也。《衛世家》云：釐侯十三年，周厲王出犇於彘，共和行政焉，二十八年，周宣王立。四十二年，釐侯卒，太子共伯餘立為君。共伯弟和襲攻共伯於墓上，共伯入釐侯羨自殺，衛人因葬釐侯旁，謚曰共伯，而立和為衛侯，是為武公。按此文，共伯不得立，而和立為武公，武公之立在共伯卒後，年歲又不相當。《年表》亦同。明《紀年》及《魯連子》非也。共和十四年，厲王死于彘。太子静長於召公家，二相乃共立之為王，是為宣王。

又　卷一三《三代世表》　於是以《五帝繫諜》、《尚書》，集世紀黄帝以來訖共和，為《世表》。

厲王胡。以惡聞（遇）〔過〕亂，出奔，遂死于彘。共和，《索隱》：周、召二公共相王室，故曰共和。皇甫謐云：共伯和干王位。以共國伯爵，和其名也。干王位，言簒也。與史遷之説不同，蓋異説耳。二伯行政。

又　卷一四《十二諸侯年表》　及至厲王，以惡聞其過，《索隱》：《國語》云：厲王止謗，道路以目。公卿懼誅而禍作，厲王遂奔于彘。《索隱》：彘，地名，在河東，後為永安縣也。亂自京師始，而共和行政焉。

共和元年。《索隱》：宣王少，周、召二公共相王室，故曰共和。宣王，厲王之子也。徐氏云：元年至敬王四十三年，凡三百六十五年。共和在春秋前一百一十九年也。厲王子居召公宫，是為宣王。王少，大臣共和行政。

十四年。宣王即位，共和罷。《索隱》：二相還政，宣王稱元年也。

又　卷三二《齊太公世家》　武公九年，周厲王出奔，居彘，十年，王室亂，大臣行政，號曰共和。二十四年，周宣王初立。

又　卷三三《魯周公世家》　眞公十四年，周厲王無道，出奔彘，共和行政。二十九年，周宣王即位。

又　卷三四《燕召公世家》　燕惠侯當周厲王奔彘、共和之時。惠侯卒，子釐侯立。是歲，周宣王初即位。

又　卷三五《管蔡世家》　（蔡）武侯之時，周厲王失國奔彘。共和行政，諸侯多叛周。武侯卒，子夷侯立。夷侯十一年，周宣王即位。

又　卷三七《衛康叔世家》　釐侯十三年，周厲王出奔于彘，共和行政焉。二十八年，周宣王立。

又　卷三九《晉世家》　靖侯十七年，周厲王迷惑暴虐，國人作亂，厲王出奔于彘，大臣行政，故曰共和。《正義》：厲王奔彘，周、召和其百姓行政，號曰共和。十八年，靖侯卒，子釐侯司徒立。釐侯十四年，周宣王初立。

三國吴·韋昭《國語·周語上》『宣王長而立之』注　彘之亂，公卿相與和而修政事，號曰共和。凡十四年而宣王立。

論　説

宋·邵雍《皇極經世書》卷五下《觀物篇二十九》　己未，周厲王為國人所逐，出奔彘。周、召二伯行政，謂之共和。太子靖匿于召公家。文、武之德，自此盡矣。

宋·鄭樵《通志》卷三下《三王紀·周》　臣謹按：共和者，周、召二公共行政，而無相違戾者也。《汲冢紀年》及《魯連子》曰：共國之伯名和，行天子政。

又　卷二一《年譜序》　惟太史公紀年以甲，始於共和，後學之所共承也。然為共和之説者，已不可信，況其年乎！既曰周、召二公共行政，又曰共國之伯名和，行天子政。何也？

宋·羅泌《路史》卷三三《發揮二·共和辯》　嗟乎！後世之士何其不能得古人之意而惟敏於為妄邪？夷王崩，厲王立，無道。三十有七年，王流於彘。共和十四年，宣王立。石鼓作於是年，司馬温公《歷年》始於是歲。説者曰：周室無君，周公、召公共和王政，故號之曰共和。自史遷至温公，無異議也，敢問所安。曰：予不敢以為然也。夫厲王之時，周公、召公非昔日之周、召也。宋羅苹注：周、召二公，時皆痿弱，不足有為。至宣王時，始有召穆公虎，而周公則無聞焉。《烝民》詩言仲山甫保宣王而立之，説者遂執之以為周公，妄矣。夫仲山甫乃《史記》之樊穆仲，春秋之樊侯，《國語》之樊仲山甫也，後屬于齊。樊之與周異采各邑，奚可牽合？漢杜欽云：仲山甫，異姓之臣也，無親于宣，就封于齊。其言明甚，即非周公之後。予聞厲王之後有共伯和者，修行而好賢，以德和民，諸侯賢之，入為王官。十有四年，天旱廬火，歸還于宗，逍遥共山之首，宣王乃立。注：《魯連子》云：共伯名和，好行仁義，諸侯賢之，請立焉。後歸於國，得意共山之首。《莊子》及《呂春秋》言共伯得志于共首，即其人也。共國，伯爵；和，其名爾。司馬彪云：共伯和修行而好賢，厲王之難，天子曠絶，諸侯知共伯賢，請立為天子。共伯不聽，弗獲免，遂即王位。一十四年，天下大旱，舍屋焚，卜于太陽。兆曰：厲王為祟。召公乃立宣王，共伯歸還于宗，逍遥得意于共丘山之首。故《汲冢紀年》及《世紀》云：共伯和即于王位。而《史記》亦謂共和十四年大旱，火焚其屋。伯和簒立，故有大旱。考之諸書，其事章著。簒立者，簒繼而立，後世以竊奪為簒者，非矣。按《人表》，厲王後有共伯和。孟康謂其入為三公。蓋周室無君，和以三公攝政。唯其日久，故有火旱之變爾。《十三州志》云：共伯後歸國，逍遥得意于共山之首。使其竊篡，則宣王之立，可能得志于共首哉？共，今衛之共城，故漢之共縣，隋曰共城，有故共城，在東北百步有共山。傳謂至共頭者，字一作郱，乃漢高帝八年封盧龍師為共侯國，又非《詩》之恭國與叔段邑也。按《寰宇記》云：厲王流彘，諸侯請奉和，行天子事。十四年，厲王崩，共伯使諸侯奉王子靖，立為宣王。共伯復歸于國。共山在縣北十里。其事益明。《水經注》云：即共和之故國。共伯既歸帝政，逍遥共山之上。山在國北，故又曰共北山。是以王子朝告于諸侯，猶曰『厲王戾虐，萬民弗忍，流王于彘。諸侯釋位，以間王政。宣王有志，而後效官。』是宣王之前，諸侯有釋位間于天子之事者矣。然則所謂共和者，吾以為政自共伯爾。若曰周、召共和，吾弗信也。注：設以二公為政謂之和，可曰共和者，不成語。古無事亦書年，無此法。雖然，《烝民》有言：『天監有周，生仲山甫，王躬是保。』是必朝廷有故，而後天子始保佑于山甫也。由此語之，和之即王位，果其篡者邪？曰：不然也。臣之保君，臣之常也。襄王之出，子虎居守，亦豈其篡也哉？注：王子虎，周之居守者，事正此類。詳《炎帝紀下》。篡者，後世小人下輩豺狼梟獍、反道敗德者事也。和之賢也，蓋干王政而非其得已者也。向秀、郭象援古之説，以為共和者，周王之孫也。懷道抱德，食封于共。厲王之難，諸侯立之；宣王立，乃廢。立之不喜，廢之不怒，斯則得其情矣。注：歐陽子論曰：伊尹、周公、共和之臣，攝矣，不聞商、周之人謂之王。此歐陽子之説也。和之非篡，顧亦有知之者。厲王之後，式朝廷之故哉！吾觀聖人之書『王子虎卒』，而益知共和之不易也。注：或曰：夫子曷不發之？曰：是不揄伊尹之意爾。見俑而知後世之有狥，覩攝而知後世之有篡。聖人之特見，豈俟于著而後知邪？是故不語力、亂，懼後世見者之不一也。抑嘗語之，力、亂不語，此古者史氏之成法也。下世之史，不明乎聖人之意，于履常蹈正者率致其略，而于淫亂之等必廣記而備言之。若張騫之遠使，衛、霍之鏖兵，石虎、齊昏、隋煬之奢靡，幽、靈、呂、武羣后之汚穢，石顯、楊素、李林甫之姦回，卓、布、巢、泚、安祿山之階禍，與夫莽、丕、懿、裕、梁全忠之漸逼，每切諄復，唯恐或逸。蓋以淫亂之事利于騁辭而不知，中人以下實衆而聞見之易于溺人也。夫又安知聖人之所慮哉？

宋・葉適《習學記言》卷六《小雅・鹿鳴至無羊》　厲王流彘，共和行政，天子若家人然，天下不復知有號令矣。

又　卷九《春秋・隱至莊》　周自昭、穆之後，君德雖衰，紀綱法度故在。厲王大壞矣，猶曰釋位共和而間王政，未有以霸統者也。殊不知若太甲賢而伊尹告歸，成王冠而周公還政，宣王有志而共和罷，此類多矣。當行而行，當止而止，而又何耻焉？

宋・王應麟《困學紀聞》卷一《易》　《乾》、《坤》之次，《屯》曰『建侯』，封建與天地並立。一旅復夏，共和存周，封建之效也。

又　卷一一《考史》　周、召二相行政，號曰共和。呂成公曰：《古史》案《汲冢紀年》『共伯和干王位』，故謚其和。《左傳》王子朝告諸侯曰：『諸侯釋位，以間王政。宣王有志，而後效官。』推是而言，則厲、宣之間，諸侯有去其位而代王為政者。《莊子》曰：其伯得之於丘首。

宋・馬廷鸞《碧梧玩芳集》卷二一《讀史旬編・厲王共和》　『太史公讀《春秋曆譜牒》，至周厲王，未嘗不廢書而歎。』蓋太史公《十二諸侯年表・序》篇之説云爾。是《春秋譜》之所由起也。人知《春秋》編年，不知編年始於共和之初；人知《春秋》成而亂臣賊子懼，而不知亂賊兆於厲王之世。太史公之説，微矣哉！

或曰：紀年何必始於共和？曰：康節《經世書》始堯即位甲辰者，疑年也。史遷始共和紀年者，實年也。惟其疑，故甲辰紀元起於皇甫謐之説，而《外紀》附注或曰戊寅、辛卯，滋紛紛矣。胡五峰謂邵氏精極天地之數，必不妄，是以從之。惟其實，故共和庚申紀年之後，千歲之曆可紀，無異説也。然亦非一朝一夕之故，蓋周自昭王以後，無年可紀。《三統曆》劉歆本《史記・魯世家》，推魯之年，以紀周之年。自伯禽以後，魯之傳序皆有年可書，諸國之所無也。此固魯秉周禮之一驗耳。

明・周琦《東溪日談録》卷一三《史系談上・周》　成王以幼冲嗣位，得共輔者，周、召也。厲王以暴虐出奔，得共和者，亦周、召也。故幼冲者以成治，暴虐者以不墜，亦周積功累仁之深，先後濟弱扶傾之臣同一姓氏，以兆八百餘年之曆也。

明・楊慎《丹鉛續録》卷一《經説・春秋》　慎按共和之世，諸侯始分國立元。其説見和嶠《汲冢紀年》。漁仲亦以意言之，而失考也。

明・陳士元《名疑》卷二　厲王胡奔彘，有共和十四年。《史記》云：周、召二相行政，號曰共和。然《人表》有共伯和，師古注云：

共國，伯爵；和，名也。《魯連子》云：共伯名和，好行仁義，諸侯賢之，請立焉。後歸於國，得意共山之首。《莊子》及《呂氏春秋》俱云共伯得志於共首。司馬彪云：共伯和修行好賢，厲王之難，天子曠絶，諸侯立和為天子。一十四年，天下大旱，卜於太陽，兆曰『厲王為祟。』召公乃立宣王，共伯歸國。

《史記》周、召共和之説無據。夫周、召共和之説，其即晉文侯義和之訛乎？文侯名仇，字義和。周平王東遷，文侯有功王室，平王錫文侯，有《文侯之命》，『王若曰父義和』者，稱文侯字也。蔡注是矣。文侯十一代孫文公重耳，又有功王室，襄王使王子虎命晉侯為伯。《史記・晉世家》誤取《尚書・文侯之命》屬於重耳之下，而馬融、王順注《史記》並云：『王若曰父義和』者，言父能以義和我諸侯，豈不謬哉？

明・王世貞《弇州四部稿》卷一五九《宛委餘編四》　《史記》厲王奔於彘，召公、周公二相行政，號曰共和。《魯連子》云：衛州共城縣，本周共伯之國也。共伯名和，好行仁義。厲王奔於彘，諸侯奉和，行天子事。十四年而厲王死，太子立，共和復歸於衛。《正義》引而闢之曰：衛釐侯卒於周宣王四十二年，太子共伯餘立為君，弟和襲共伯於墓，自殺，和立，是為武公。年歲不相當。以《史記》所引為是也。《莊子》共伯得乎共首。司馬彪云：共伯名和，脩，後宣王立，共伯復歸于宗，逍遥得意共山之首。餘俱與《魯連》同。又《竹書紀年》云：共伯和干王位。又似可據。然所謂衛州共城縣者，兩漢方有之，則《魯連》亦似贋書也。

明・胡應麟《少室山房筆叢》卷一七《三墳補逸上》　十三年，王在彘，共伯和攝行天子事。二十六年，大旱，王陟於彘。周定公、召穆公立太子靖為王，共伯和歸其國，遂大雨。此《竹書》與《史記》大不相同處，今無文字可憑，難以臆斷。但《竹書》始末明甚，而《史記》以二相協理為共和，則文義誠似未通，且前史絶無斯例。羅泌《路史》辯頗得之，讀者詳焉。

明・方以智《通雅》卷二〇《姓名》　有引古人訛或時代誤而證出之者。【略】共和不一，舊説為共平聲伯、和伯，或曰又有周、召秉政。一曰古有共伯名和者，厲王世之賢諸侯也，諸侯皆往宗焉，因以名其年，謂之共和，凡十四年。按《汲冢紀年》：共伯和干王位，故曰共和。《左傳》：王子朝奔走，告于諸侯曰：厲王戾虐，萬民弗忍，居于彘。諸侯失位，以間王政。宣王有志，而後效官。則厲、宣之間，諸侯有去其位而代王為政者矣。《莊子》曰：共伯得乎丘首。《釋文》云：共伯在河内共縣西。《魯連子》云：共伯後歸于國，逍遥得意共山之首。《郡縣志》：衛州共城縣，本周共伯國。共伯奉王子靖，立為宣王，共伯復歸于國。按《正義》以《史記》為二人者是。《莊子》注：司馬彪曰：共伯名和修。餘言與《魯連子》同。王伯厚主《魯連子》説，而王元美疑之。衛州共城縣，兩漢方有之，《魯連》亦贋書也。

清・馬驌《繹史》卷二七《宣王中興》　厲王之初立也，諸侯畏之，荆楚自去其王。三十年閒，天下無事，周室尚可為也。乃專利恣虐，所任者榮夷、衛巫、虢公長父之流，羣小用事，而召、穆、芮伯交諫不聽，大雅規制充耳罔聞，卒致民不堪命，聚而作難，相與攻襲厲王，王奔於彘。此民變之始也。彘在河、汾之閒，詩人謂之汾王。太子靜匿召公之家，共和行政。共和云者，不知周召之共政與？抑共伯之干位與？是時天子曠紀，内難不興，外變不作，海内寧謐，謂非大臣秉國居中而善馭乎，文、武、成、康之德澤入人深乎，垂法之可守，封建之交相持乎！

又　卷六三《王臣亂亡》　昔者厲王流彘，周、召共政，號曰共和。或曰共伯名和攝行天子事也。其時王室昏亂，大臣猶能和睦，以安定國家。

清・顧炎武《日知録》卷二五《共和》　《史記・周本紀》：厲王出奔於彘，厲王太子靜匿召公之家。周公、召公二相行政，號曰共和。共和十四年，厲王死於彘，二相乃共立太子靜為王。以二相為共和，非也。《汲冢紀年》：厲王十二年，出奔彘。十三年，共伯和攝行天子事，號曰共和。《漢書・古今人表》有共伯和。師古曰：共國，伯爵；和，其名。二十六年，王陟於彘。周定公、召穆公立太子靖為王，共伯和歸其國。此即《左氏》王子朝所謂『諸侯釋位，以間王政』者也。但其言共伯歸國者，未合古者無天子之世，朝覲訟獄，必有所歸。《呂氏春秋》言共伯和修其行，好賢仁。周厲之難，天子曠絶，而天下皆來請矣。按此則天下朝乎共伯，非共伯至周而攝行天子事也。共伯不以有天下為心，而周公、召公亦未嘗奉周之社稷而屬之他人，故周人無易姓之嫌，共伯無僭王之議。《莊子》曰：許由娛於潁陽而共伯得乎共首。共首，今之共山，亦謂之共頭。《荀子》：武王伐紂，至共頭而山隧。《呂氏春秋》：武王使召公就微子開於共頭之下，而與之盟。蓋其秉道以終，得全神養性之術者矣。畢拱辰曰：按金氏《通鑑前編》：厲王三十七年，出奔彘。五十一年，崩於彘。其紀年亦與《竹書》不合。

清·顧炎武《左傳杜解補正》卷下《諸侯釋位以間王政》 陸氏曰：《史記》言厲王奔彘，周公、召公行政，號曰共和。非也。《漢書·古今人表》有共伯和，師古曰：共國，伯爵；和，名。《汲冢紀年》厲王十二年，出奔彘。十三年，共伯和攝行天子事，號曰共和。二十六年，王陟於彘。周定公、召穆公立太子靖為王，共伯和歸其國。又《莊子》稱共伯得乎共首。司馬彪曰：共伯名和，諸侯知其賢，請以為天子。即王位十有四年，大旱屋焚。卜曰：厲王為祟。乃立宣王，共伯復歸於宗，逍遥得意於共山之首。《呂氏春秋》曰：共伯和，其行好賢仁。厲王之難，天子曠絶，而天下皆來請矣。據此諸書，所説皆同，則『釋位以間王政』者，共伯其人也。

清·鍾淵映《歷代建元考》卷二《前編·周姬氏》 按《史記》：周、召二伯行政，謂之共和。而《竹書紀年》以為共伯和攝行天子事，宣王立，和歸國。有至德，尊之不喜，廢之不怒，逍遥得志于共山之首。由前言之，若後世改元者然；由後言之，則一人也。然考周以甸侯執政者，周、召而外，惟尹氏、毛氏諸族；若共國，則《水經注》以為即河内共縣。國遠而微，必無綜攝大權之理。前説近之。

清·張尚瑗《公羊折諸》卷首《共和周召二公考》 厲王奔彘，召公、周公攝行政事，號曰共和。《史記·周本紀》如是。《莊子》與《竹書紀年》作共伯和，温公《稽古録》因之。夫所謂共和者，周、召二公攝位以間王政，和衷共事之義耳，何從更有共伯和之人？如有其人，則簒也。攜王奸命，值申繒犬戎之交訌，平王之位定，子余不旋踵伏誅。共伯和何人？宣王中興踐祚而能容其逍遥共山之首，如《魯連子》之妄説者乎？鄭漁仲亦曰：為共和之説，不可信。東萊《通鑑前編》據遷史之書者，定論不易。所不能無辨者，乃在周、召二公耳。二公之為開國元公、康公之裔，人皆知其然。《史記·魯世家》言周公留相成王，後乃居洛，卒葬于豐。元子伯禽，就封于魯。事甚彰徹。獨《燕世家》特言自召公以下九世至惠侯，當厲王奔彘時。釐侯立，而宣王亦已即位。則君燕者，非即召公矣。鄭氏箋《江漢》之詩，謂穆公為康公十六世孫。顧當厲王監謗時，已有召公，韋昭《解》以為召穆公。王在位五十一年，而公又以子代太子之死。《呂覽》厲王流于彘，微召公虎，絶後無嗣。乃細核司馬貞《索隱》：《燕系家》康公亦以元子就封，而次子留周室，代為召公。穆公虎，其後。三説皆合符節，乃知佐佑王室，討定南服，皆屬穆公。實以一身盡忠，奮烈於兩朝。

成王命君陳尹東郊，孔《傳》以為周公之子，愈曠若發矇。康公留輔王室，《詩》則有《泂酌》、《卷阿》，《書》則有《顧命》、《康王之誥》。經語昭垂，無復疑義。《公羊氏》曰：『然則周公之魯乎？不之魯也。』吾亦曰：召公之燕乎？不之燕也。古大臣義不忘君，生則服勞王室，死則陪葬陵寢。周公所以有葬豐之遺命，太公亦五世返葬於周。觀丁公伋之預成王顧命，亦未始不身在宗周，與芮、彤、畢、毛暨東遷以後之虢、鄭，莫非以侯伯入為卿士。特周、召二公世襲其名於分國之外者，尤為禮數殊絶。後入春秋，而有周桓公黑肩、宰周公孔、周公閲、周公忌父、周公楚、召武公、召昭公、召戴公、召莊公奂、召桓公、召簡公盈，或書於經，或見于《傳》。歷隱、桓以逮襄、昭，與王室相終始，皆元公、康公之流澤，深且長矣。班固《白虎通》謂召公為文王庶子，譙周又以為周公庶兄，獨富辰語襄王：文王之昭十六國，未嘗及燕。《左氏傳》，先儒所宗，不敢支離其説。

清·何焯《義門讀書記》卷一三《史記》 號曰共和。鈍吟云：共和，周、召相與和而修政也。不必如《汲冢竹書》之説。

清·李鍇《尚史》卷二五《周諸臣傳·召穆公》 論曰：厲王弭謗，乃良夫直諫，無所顧慮；專利為盜，殆危言哉！彘之難，召公殺子以脱大子，且曠紀十有四年，諸侯無變，天位卒定。非公忠之至，鮮不敗者。是故危難驟臻，確乎不拔，迄以人定勝天者，召公有之。

隱公攝讓

綜述

《左傳·隱公元年》 惠公元妃孟子，晉杜預注：言元妃，明始適夫人也。孟子卒，繼室以聲子，生隱公。注：元妃死，則次妃攝治內事，猶不得稱夫人，故謂之繼室。宋武公生仲子，仲子生而有文在其手，曰『為魯夫人』，故仲子歸于我。生桓公而惠公薨，是以隱公立而奉之。注：隱公，繼室之子，當嗣世，以禎祥之故，追成父志，為桓尚少，是以立為大子，帥國人奉之。元年春，王周正月，不書即位，攝也。注：假攝君政，不脩即位之禮，故史不書於策。《傳》所以見異於常。唐孔穎達《正義》：攝訓持也。隱以桓公幼少，且攝持國政，待其年長，所以不行即位之禮。史官不書即位，仲尼因而不改，故發《傳》以解之。

又 《隱公十一年》 羽父請殺桓公，將以求大宰。公曰：『為其少故也，吾將授之矣。晉杜預注：授桓位。使營菟裘，吾將老焉。』注：菟裘，魯邑，在泰山梁父縣南。不欲復居魯朝，故別營外邑。

《公羊傳·隱公元年》 元年春，王正月。《傳》：公何以不言即位？成公意也。何成乎公之意？公將平國而反之桓。曷為反之桓？桓幼而貴，隱長而卑，其為尊卑也微，國人莫知。隱長又賢，諸大夫扳隱而立之。隱於是焉而辭立，則未知桓之將必得立也；且如桓立，則恐諸大夫之不能相幼君也，故凡隱之立，為桓立也。

又 《隱公四年》 秋，翬帥師會宋公、陳侯、蔡人、衛人伐鄭。《傳》：翬者何？公子翬也。何以不稱公子？貶。曷為貶？與弒公也。漢何休《解詁》：弒者，殺也，臣弒君之辭。以終隱之篇貶，知與弒公也。其與弒公，奈何？公子翬諂乎隱公，《解詁》：諂猶佞也。謂隱公曰：『百姓安子，諸侯説子，盍終為君矣。』隱公曰：『吾？否！注：否，不也。吾使脩塗裘，吾將老焉。』《解詁》：塗裘者，邑名也。將老焉者，將辟桓居之，以自終也。故南面之君，勢不可復為臣，故云爾。不以成公意者，隱本為桓守國，國邑皆桓之有，不當取以自為也。公子翬恐若其言聞乎桓，於是謂桓曰：『吾為子口隱矣。』隱曰『吾不反也。』」桓曰：『然則奈何？』曰：『請作難。』《解詁》：難，兵難也。弒隱公。

又 《隱公十一年》 冬十有一月壬辰，公薨。《傳》：隱何以無正月？隱將讓乎桓，故不有其正月也。《解詁》：嫌上諸成公意，適可見始讓，不能見終，故復為終篇去正月。明隱終無有國之心，但桓疑而弒之。

《穀梁傳·隱公元年》 元年春，王正月。《傳》：公何以不言即位？成公志也。晉范寧《集解》：成隱讓桓之志。焉成之？言君之不取為公也。《集解》：言隱意不取為魯君也。公，君也。上言君，下言公，互辭。君之不取為公，何也？將以讓桓也。讓桓正乎？曰不正。《集解》：隱長桓幼。《春秋》成人之美，不成人之惡。隱不正而成之，何也？將以惡桓也。《集解》：不明讓者之善，則取者之惡不顯。其惡桓，何也？隱將讓而桓弒之，則桓惡矣；桓弒而隱讓，則隱善矣。善則其不正焉，何也？《集解》：據善無不正。《春秋》貴義而不貴惠，《集解》：惠謂私惠。信道而不信邪。孝子揚父之美，不揚父之惡。先君之欲與桓，非正也，邪也。雖然，既勝其邪心以與隱矣，《集解》：終歸之於隱，是以正道制邪心。已探先君之邪志而遂以與桓，則是成父之惡也。兄弟，天倫也。《集解》：兄先弟後，天之倫次。為子受之父，為諸侯受之君。《集解》：隱為世子，親受命於惠公；為魯君，已受之於天王矣。已廢天倫而忘君父，以行小惠，曰小道也。注：弟先於兄，是廢天倫；私以國讓，是忘君父。若隱者，可謂輕千乘之國，蹈道則未也。《集解》：未履居正之道。

又 《隱公十一年》 冬十有一月壬辰，公薨。《傳》：隱十年無正，隱不自正也。《集解》：無正，謂不書正月。元年有正，所以正隱也。《集解》：明隱宜立。

《史記》卷三三《魯周公世家》 惠公卒，長庶子息攝當國，行君事，是為隱公。初，惠公適夫人無子，公賤妾聲子生子息。息長，為娶於宋。宋女至而好，惠公奪而自妻之，生子允登。宋女為夫人，以允為太子。及惠公卒，為允少，故魯人共令息攝政，不言即位。【略】十一年冬，公子揮諂謂隱公曰：『百姓便君，君其遂立。吾請為君殺子允，君以我為相。』隱公曰：『有先君命，吾為允少，故攝代。今允長矣，吾方營菟裘之地而老焉，以授子允政。』

論說

漢·鄭玄《箴膏肓》 何休曰：古制，諸侯幼弱，天子命賢大夫輔相為政，無攝代之義。昔周公居攝，死不記崩；今隱公生稱侯，死稱薨，何因得為攝者？

箴曰：周公歸政，就臣位乃死，何得記崩？隱公見死於君位，不稱薨，云何？且《公羊》『宋穆公云：「吾立乎此，攝也。」』以此言之，何得非《左氏》？

晉·杜預《春秋釋例》卷一《公即位例》 隱既繼室之子，于第應立，而尋父娶仲子之意，委位以讓桓。天子既已定之，諸侯既已正之，國人既已君之，而隱終有讓國授桓之心，所以不行即位之禮也。

宋·王晳《春秋皇綱論》卷一《始隱》 或曰：子引堯、舜之讓以明隱公之事，則是與杜氏之說以隱公為讓國之賢君相類也。曰：不然。夫其讓之名，至高也；讓之行，至美也。推是心以類夫堯、舜，奚遠哉？然隱公之才識智慮，昏庸之人也。其行事，多不善也。雖其讓之名與堯、舜同，是奚救於昏庸之累哉？

曰：然則其讓桓，是邪？曰：非也。隱公以庶長自嫌，故欲讓桓爾。苟桓有聖賢之才，則己行泰伯之事，猶可也。桓既非其人矣，而不明大義，不能遵禮法之正，私意曲惠，欲同於攝，釁隙一開，卒被大禍，則君子不與之也。君子尚不與之，况聖人乎！

宋·歐陽修《文忠集》卷一八《春秋論中》 孔子何為而修《春秋》？正名以定分，求情而責實，別是非，明善惡，此《春秋》之所以作也。自周衰以來，臣弑君，子弑父，諸侯之國相屠戮而爭為君者，天下皆是也。當是之時，有一人焉，能好廉而知讓，立乎爭國之亂世而懷讓國之高節，孔子得之於經，宜如何而別白，宜如何而褒顯之，其肯没其攝位之實而雷同衆君，誣以為公乎？所謂攝者，臣行君事之名也。伊尹、周公、共和之臣嘗攝矣，不聞商周之人謂之王也。使息姑實攝而稱號無異於正君，則名分不正而是非不別。夫攝者，心不欲為君而身假行君事，雖行君事而其實非君也。今書曰『公』，則是息姑心不欲之，實不為之，而孔子加之，失其本心，誣以虚名而没其實善。夫不求其情，不責其實，而善惡不明如此，則孔子之意踈而《春秋》繆矣。

《春秋》辭有同異，尤謹嚴而簡約，所以别嫌明微，慎重而取信。其於是非善惡難明之際，聖人所盡心也。息姑之攝也，會盟、征伐、賞刑、祭祀皆出於己，舉魯之人皆聽命於己。其不為正君者幾何？惟不有其名爾。使其名實皆在己，則何從而知其攝也？故息姑之攝與不攝，惟在為公與不為公。别嫌明微，繫此而已。且其有讓桓之志，未及行而見殺。其生也志不克伸，其死也被虚名而違本意，則息姑之恨，何申於後世乎？其甚高之節，難明之善，亦何望於《春秋》乎？

今說《春秋》者，皆以名字、氏族予奪為輕重，故曰一字為褒貶。且『公』之為字，豈不重於名字、氏族乎？孔子於名字、氏族不妄以加人，其肯以『公』妄加於人而没其善乎？以此而言，隱實為攝，則孔子決不書曰『公』；孔子書為『公』，則隱決非攝。

難者曰：然則何為『不書即位』？曰：惠公之終，不見其事，則隱之始立，亦不可知。孔子從二百年後，得其遺書而修之，闕其所不知，所以傳信也。難者又曰：謂為『攝』者，《左氏》耳。《公羊》、《穀梁》皆以為假立以待桓也，故得以假稱『公』。予曰：凡魯之事出於己，舉魯之人聽於己，生稱曰公，死書曰薨，何從而知其假？

宋·劉敞《春秋權衡》卷一《隱公》 《傳》：惠公元妃孟子。孟子卒，繼室以聲子，生隱公，而仲子爲夫人，生桓公，是以隱公立而奉之。如《傳》所言者，明隱長而卑，桓幼而貴也。隱公立而奉之者，明隱爲桓立也，即元年《傳》所云『攝也』。十一年，羽父請殺桓公，以求太宰，公曰：『爲其少也，吾將授之矣。』明隱本不當立，故攝位以待桓壯也。又元年《傳》曰：惠公之薨也，太子少。太子則桓矣。今杜氏注云：繼室子當嗣世，以禎祥之故，追成父志，立桓爲太子。非也。若隱本當立，則《傳》應云：『不書即位，讓也』，不應乃云『攝也』。未有當其位而云攝者也，未有攝其位而云讓者也。知攝、讓之名所爲施，則知隱公之當立與不當立矣。且若隱公本當立，則羽父無緣請殺桓公也。

推羽父所以請殺桓者，蓋見隱公本不當立，今久攝不還，疑隱公欲遂有之也。使隱公本當立者，則羽父必能知桓公之已絶望，何故求殺之哉？且桓公之母爲夫人，隱公之母爲妾。妾、主不同，貴賤可知矣。然此《傳》言桓隱貴賤，自未足信，而杜氏于其中又錯貴賤之分。何爲未足信乎？曰：讓則不攝，攝則不讓，而《傳》謂隱公攝，是非其位而據之者也，于王法所不得爲。于王法所不得爲，則桓之弑隱，惡少減矣。《春秋》不宜深絶之。今以其深絶之，知隱公乃讓也，非攝也。今以攝言隱公，是不盡《春秋》之情也。何謂錯貴賤之分乎？吾既言之于前矣。蓋注與《傳》違，《傳》與經違，非深知《春秋》之情者，不能考也。

又　卷八《隱公》　公何以不言即位？《公羊》以謂桓貴隱卑。然則國非隱公之國也，隱公亦僭而有之耳。始僭而有之，終辭而反之，可謂知過矣，未可謂能讓也。今《公羊》美隱公善讓，非其義矣。苟為非己有而有之者，又可謂之讓，豈《春秋》之意乎？故讀《春秋》則多隱之讓，推《公羊》則所謂讓乃非讓也。然則《公羊》必欲謂隱公讓，則宜先正隱公始有國；必欲謂桓公賤，則宜先正桓公始無國。則隱得讓名，桓得賤號矣。今隱本無國，則讓非其名也；桓本有國，則賤非其號矣。隱無讓名，則何賢之有？桓無賤號，則何惡之紀？又桓既本正，當與商人同例，不當《春秋》深絶之。又曰：子以母貴，母以子貴。何休因曰：妾母得稱夫人。所以使漢室多母后之亂者，由此言也。嗚呼，可不慎乎！

宋・蘇軾《東坡全集》卷一〇五《志林・論古》　歐陽子曰：隱公非攝也。使隱而果攝也，則《春秋》不書為『公』，《春秋》書為『公』，則隱非攝無疑也。蘇子曰：非也。《春秋》信史也，隱攝而桓弑，著於史也詳矣。周公攝而克復子者也，以周公薨，故不稱王。隱公攝而不克復子者也，以魯公薨，故稱公。史有謚，國有廟，《春秋》獨得不稱『公』乎？然則隱公之攝也，禮歟？曰：禮也。何自聞之？曰：聞之孔子。曾子問曰：『君薨而世子生，如之何？』孔子曰：『卿大夫士從攝主，北面於西階南。』何謂攝主？曰：古者天子、諸侯、卿大夫之世子，未生而死，則其弟若兄弟之子，次當立者為攝主。子生而女也，則攝主立男也，則攝主退。此之謂攝主。古之人有為之者，季康子是也。季桓子且死，命其臣正常曰：『南孺子之子，男也，則以告而立之；女也，則肥也可。』桓子卒，康子即位。既葬，康子在朝，南氏生男，正常載以如朝，告曰：『夫子有遺言，命其圉臣曰：「南氏生男，則以告於君與大夫而立之。」今生矣，男也，敢告。』康子請退。康子之謂攝主，古之道也。孔子行之。自秦漢以來，不修是禮也，而以母后攝。孔子曰：『惟女子與小人為難養也。使與聞外事，且不可。』牝雞之晨，惟家之索，而況可使攝主而臨天下乎？女子為政而國安，惟齊之君王后，吾宋之曹、高、向也，蓋亦千一矣。自東漢馬、鄧不能無譏，而漢呂后、魏胡武靈、唐武氏之流，蓋不勝其亂。王莽、楊堅遂因以易姓。由此觀之，豈若攝主之庶幾乎！使母后而可信也，攝主亦可信也。若均之不可信，則攝主取之，猶吾先君之子孫也，不猶愈於異姓之取哉？

或曰：君薨，百官總己以聽于冢宰三年，安用攝主？曰：非此之謂也。嗣天子長矣，宅憂而未出令，則以禮設冢宰；若太子未生，生而弱，未能君也，則三代之禮，孔子之學，決不以天下付異姓，其付之攝主也。夫豈非禮而周公行之歟？故隱公亦攝主也。鄭玄，儒之陋者也。其傳『攝主』也，曰：上卿代君聽政者也。使子生而女，則上卿豈繼世者乎？蘇子曰：攝主，先王之令典，孔子之法言也。而世不知，習見母后之攝也，而以為當然。故吾不可不論，以待後世之君子。

蘇子曰：盜以兵擬人，人必殺之。夫豈獨其所擬塗之人，皆捕擊之矣。塗之人與盜，非仇也，以為不擊，則盜且并殺己也。隱公之智，曾不若是塗人也。哀哉！隱公，惠公繼室之子也。其為非嫡，與桓均耳，而長於桓。隱公追先君之志而授國焉，可不謂仁人乎？惜乎其不敏於智也。使隱公誅翬而讓桓，雖夷、齊何以尚兹！

宋・胡安國《春秋傳》卷三《隱公下》　致隱讓國，立不以正，惠公之罪也。致桓弑君，幾不早斷，隱公之失也。既有讒人交亂其間，憂虞之象著矣，而曰『使營菟裘，吾將老焉。』是猶豫留時，辨之弗早辨也，其及也宜。

又　卷四《桓公上》　或問：桓非惠公之適子乎？適子當立而未能自立，是故隱公攝焉，以俟其長而授之位；久攝而不歸，疑其遂有之也，是以至於見弑，而惡亦有所分矣。《春秋》曷為深絶桓也？曰：

古者諸侯不再娶，於禮無二適。惠公元妃既卒，繼室以聲子，則是攝行內主之事矣，仲子安得為夫人？母非夫人，則桓乃隱之庶弟，安得為適子？

謂當立乎？桓不當立，則國乃隱公之國。其欲授桓，乃實讓之，非攝也。攝、讓異乎？曰：非其有而居之者，攝也，故周公即政而謂之攝。推己所有以與人者，讓也，故堯、舜禪受而謂之讓。惠無適嗣，隱公繼室之子，於次居長，禮當嗣世。其欲授桓，所謂推己所有以與人者也，豈曰攝之云乎？以其實讓，而桓乃弒之，《春秋》所以惡桓，深絶之也。

然則《公羊》所謂桓幼而貴，隱長而卑，子以母貴者，其説非歟？曰：此徇惠公失禮而為之詞，非《春秋》之法也。仲子有寵，惠公欲以為夫人。母愛者子抱。惠公欲以桓為適嗣，禮之所不得為也。禮不得為而惠公縱其邪心而為之，隱公又探其邪志而成之，《公羊》又肆為邪説而傳之，漢朝又引為邪議而用之，夫婦之大倫亂矣。《春秋》明著桓罪，深加貶絶，備書終始討賊之義，以示王法，正人倫，存天理，訓後世，不可以邪汩之也。

宋·羅大經《鶴林玉露》卷五　歐陽子曰：隱公，非攝也。使隱果攝，則《春秋》不稱公。《春秋》稱公，則隱公非攝，無疑也。此論未然。《春秋》雖不書隱公居攝，而於書仲子之事，自隱然可見。夫母以子貴，世俗之情也。使桓不將立，則仲子特一生公子之妾耳，周王何為而歸其賵？魯國何為而考其宮？今也歸賵而不嫌瀆亂之譏，考宮而加嚴事之禮，徒以桓之將為君也。桓將為君，則隱之攝著矣。

或曰：隱攝則何以稱公？東坡曰：周公攝而克復子者也，故不稱王；隱公攝而不克復子者也，故稱公。史有謚，國有廟，《春秋》獨得不稱公乎？此論亦未然。周公之攝也，誥命之際，曰『周公曰：「王若曰。」』曷嘗自稱王乎？竊意魯史舊文，必著隱公攝位之實。去『攝』而書『公』，乃仲尼之特筆，一以著隱之不當遜，一以著桓之不當立，二者皆非也。歐公論隱公、趙盾、許止事，皆未明《春秋》之旨。《春秋》之所以為《春秋》者，正當微顯闡幽，若但直書其事，則夫人能矣，何為游、夏不能措一辭哉？

宋·呂祖謙《左氏博議》卷三《羽父弒隱公》　嗚呼！敗天下為義之心者，隱公之弒也。利者，人之所趍；義者，人之所憚。使為義而無禍，人猶且不肯為，況重之以禍乎！隱公輕千乘之國而推之桓公，桓公反不亮其心而弒之。有甚高之節而罹甚酷之禍，世將指隱公為戒而諱言義矣。是隱公之弒，非隱公之不幸，乃道義之不幸也。

君子所恃以勝小人者，惟有福善禍淫之戒，僅可以動愚俗。既有隱公之變，則平日所恃以勝小人之具索然矣。此有志之士所以憤天道之無知，撫遺編而浩歎也。吾之所聞，則異於是焉。人皆以為隱公之弒，敗天下為義之心。吾獨以為隱公之弒，可以勉天下為義之心。是何耶？隱公之禍，非坐為義也，乃坐為義不盡耳。隱公遜國之節，心甚明，迹甚顯。當桓公幼弱之時，隱公苟有他志，微見風采，立可虀粉。桓公在隱公之掌握十有二年，不惟無纖芥之隙，又且長育而輔翼之。上有天，下有地，其心迹不可誣也。所可恨者，特為義不盡，貪數年之權而去位不亟耳。惟其去位不亟，故貪慕顧惜之形見於外，羽父因得入殺桓公之謀焉。使隱公勇退，高蹈之風凛然在人，則不仁者不敢至其牆，不義者不敢至其廬，況敢以戕殺之謀，狗彘之行浼我乎！今羽父敢對隱公明發戕殺之言而不忌，是隱公貪慕顧惜之形有以召之也。隱公尚不自警，方且告羽父曰：『為其少故也，吾將授之矣。使營菟裘，吾將老焉。』『將』之一字，是隱公貪慕顧惜之心形于言者也。當授即授，何謂將授？當營即營，何謂將營？投機之會，間不容髮，豈容有所謂將者耶？此所以招羽父之侮，起桓公之疑，而迄至于殺其身也。

隱公遜國之義，心如此之明，迹如此之顯，秋毫不盡，遽受大禍。況心迹未如隱公之所見者，其敢不自勉乎？以是知大恩與大怨為隣，大名與大辱為朋。隱公之于桓公，恩可謂大矣，少有不盡，遂變而為大怨。隱公之遜魯國，名可謂大矣，少有不盡，遂變而為大辱。然則君子之為義，夜以繼日，不敢不用其極者，非特就義，亦所以避禍也。向無隱公之禍迫之，則為義者立一善，修一行，沾沾自足，怠而不復前矣。

抑又嘗反覆觀之，隱公之禍，實生於自恕焉。隱公之心，以謂吾遜國之志左右知之，卿士亦知之；國人知之，諸侯亦知之。吾終不有魯國，決矣。幸桓公之少，尚可偷安居位，少假歲月，然後脱屣而去之，人未必見責也。彼桓公無故而得一國，寧不能忍歲月之淹乎？然隱公雖自恕，而不知桓公之不我恕也。人之欲自恕者，其可不鑒隱公之覆轍乎？隱公之禍，既可以激自怠之志，又可以破自恕之私。凡人之所以不能為義者，自怠耳，自恕耳。一經此變，二病俱瘳。蕩蕩平平之義路，可以長驅而横騖矣。故曰：勉天下為義之心者，隱公之弒也。

宋·沈棐《春秋比事》卷三《魯·隱公攝位非正》 《三傳》皆稱公遜桓之志。今考之經，人君繼立，當書「即位」，以正其始，而公之元年，不書「即位」。入國必告廟，行飲至之禮，而入不書「至」。凡國之大夫，鮮有不稱族者。説者謂隱不爵命大夫，故經稱無駭、翬、俠三大夫，皆不稱族。此皆隱公志在遜桓而不以人君之禮自居也。五年，書「考仲子之宫」。説者謂仲子，桓公母也。隱既有授桓之志，故為桓立母之別廟，成其為夫人。以此考之，則《三傳》遜桓之説，信矣。然則遜桓，正乎？曰：不正。隱之與桓皆媵，隱長又賢，固所當立。不能斷以大義而猥欲遜桓，以邀謙遜之名，至其末年，卒被篡弒，實隱有以召之也。

宋·魏了翁《春秋左傳要義》卷一《隱公元年·何休以諸侯無攝鄭難之》 《膏肓》，何休以為古制，諸侯幼弱，天子命賢大夫輔相為政，無攝代之義。昔周公居攝，死不記崩；今隱公生稱侯，死稱薨，何因得為攝者？周公攝政，仍以成王為主，直攝其政事而已。所有大事，稟王命以行之。致政之後乃死，故卒稱薨，不稱崩。隱公所攝，則位亦攝之。以桓為太子，所有大事皆專命以行。攝位被殺，在君位而死，故生稱公，死稱薨。是與周公異也。《公羊》以諸侯無攝，鄭引《公羊》難云：宋穆公云：「吾立乎此，攝也。」鄭亦不從，何説也？

宋·陳埴《木鍾集》卷九《春秋》 隱公攝位，何故得列於十二君？歐公有論。隱、桓俱非正嫡，但隱長而桓少，則隱之受國於先君，正也；乃欲遜于桓，此即非禮之禮，有類子噲之事，宜其自貽伊慼。《三傳》不辨長幼之分，又從而成桓之志，名之曰攝。夫既君其國矣，國人又已君之矣，何攝之有？

宋·呂大圭《春秋或問》卷一《公即位》 然則隱公非攝歟？曰：生稱公，死稱薨，何攝之有？曰：然則隱公之有孫桓之志也，善乎？曰：三代傳嗣之道，立適以長不以賢，立子以貴不以長。無適則庶立，均庶則長立。隱公，聲子之子也。桓公，仲子之子也。隱公雖庶子，桓公亦庶子。何以知桓公之為庶子也？古者諸侯無再娶，再娶亦妾也。何以知再娶之為妾也？晉少姜卒，公如晉，及河。晉侯使士文伯來辭曰：「非伉儷也，請君無辱。」是以知再娶之為妾也。惠公為隱公娶于宋，宋女美，公自取之，而生桓公。則始娶仲子者，非娶之為夫人也。仲子不得為夫人，則桓公不得為適子矣。均為庶子，而隱公乃探父之邪志，而有辭孫之心焉。故曰若隱者，可謂輕千乘之國，蹈道則未也。公羊氏不曉其義，而有「母以子貴」之説，何休至以為妾母得稱夫人。其説謬矣。

宋·黄震《黄氏日抄》卷七《讀春秋一·不書即位》 《左氏》謂隱攝，《公羊》謂隱為桓立，《穀梁》謂隱讓。然謂其讓，為成先君之邪？則似求之過也。或謂其稟命為正，而正者不必書。或謂不稟命而即位，聖人故絀奪之而不書。皆無所考。戴岷隱以經之所無，而付之不言。惟劉恕謂：惠公愛少子，立為太子，國人不與而立隱，隱曰：「吾將讓焉。」太子桓公徯望，十年不獲，而羽父弒隱，於是桓曰：「隱，攝也，吾取之。」《左氏》信桓之欺，故曰攝；《公》、《穀》信隱之詐，故曰讓。俱失之。

宋·金履祥《資治通鑑前編》卷九《魯惠公薨國人立其子息姑》 履祥按：古者諸侯一娶九女，一嫡以其娣姪從，他國亦以娣姪媵焉，所以備内官，防夭折，繁子孫也。故諸侯不再娶，有嫡立嫡，無嫡立庶，庶均立賢，賢均立長。惠公元妃孟子卒，繼室以聲子，生隱公，則隱公固當立者。仲子之歸，宋武公以夫人嫁之，魯惠公以夫人逆之，夫王亦以夫人賵之，非正矣。于公議則非正，然公則不敢以為正也，惟有遜國而已矣。隱公不敢自以為正，攝位君國，將以予桓，菟裘之營未畢而卒遇弒。為善罹禍，此世道之大變也，此《春秋》所為託始也。

元·程端學《春秋或問》卷一《隱公》 曰：隱公不書即位。子謂未詳其所以不舉之故者，何也？曰：三《傳》攝讓之説，未可信也。《左氏》曰：不書即位，攝也。《公羊》曰：何以不言即位？成公意也。公將平國而讓之桓，桓幼，諸大夫扳隱而立之，故凡隱之立，為桓立也。《穀梁》曰：何以不言即位？成公志也。焉成之？將以讓桓也。夫攝者，身不為君而行君之事；讓者，身已為君而推讓與人。今三《傳》自相矛盾，而歐陽氏辨其非攝非讓。見於三《傳》辨疑者，又如此。故未有以灼知其何為而不舉也。惟戴氏以經之所無而不言，蓋亦闕疑之意。

元·趙汸《春秋師説》卷上《論三傳得失》 魯隱公不書即位，《穀梁》謂之讓桓不正；《左氏》以為攝，而不明斷其是非。然既謂之攝，是有先君之命，非諸大夫扳而立之也。應立而讓，則謂之讓；不應立，故謂之攝。桓母素貴，稱夫人故也。惠公晚年再娶，雖是失禮，然須是有王命，然後可以成其為夫人。所以經書『天王使宰咺來歸惠公仲子之賵。』王室知有仲子者，是將娶之時，已請命于王。王之此舉，雖亦失禮，然乃是為桓公之地，以見桓母素貴，則桓公當立耳。又據《左氏》：惠公之薨也，有宋師，太子少，葬故有闕，是以改葬。如此，則惠公已立桓公為太子，隱公之立，不過承父命攝以奉桓，安得謂之讓哉？

宋武公生仲子，以手文之瑞，故魯欲聘為夫人。然惠公前已娶孟子，蓋已數十年，及晚而再娶仲子，既不可有兩適，又難同姪娣，又非是待年於父母家。當時宋人蓋要魯以為夫人，魯之娶仲子蓋已先告於天子，若不獲命，則宋人必不與；天子既許，魯乃以夫人禮聘之，則仲子必素貴，與隱母不同。此雖失禮，然却是事之情實。何休以為隱母是左媵，桓母是右媵，亦不過測度之辭。此亦非是隱母，乃是媵桓母，是失禮再娶耳。既娶而生桓公，未幾而惠公没。隱公之攝，實出於先君之命使之攝，而俟桓長。《傳》稱惠公之薨，有宋師，太子少，是惠公之時，桓公已正太子之位。夫桓公既已正太子之位，則隱公之攝，乃父命明矣。然則隱雖欲不讓，烏得而不讓乎？又宋、魯為婚姻，而惠公未葬，宋來伐喪，此何故也？豈非以桓公、仲子故邪？夫太子少而隱公立，斯固宋人之所疑者。而桓公内有國人歸嚮之情，外有宋之援，使隱果不賢，亦未敢遽奪之也。而况隱之志，本能讓乎！《穀梁》以為讓桓不正，此不知當時事情。若在當時，必導隱公為亂，非殺桓公母子，不可得國，而隱亦終必不免。此《穀梁春秋》開卷第一義，最謬者也。若從《左氏》、《公羊》，則合事情而隱之賢終可取。

《穀梁》謂隱公不當讓，此不達禮之變，而亦不知當時事情。儒者生於後世而追斷古事往往不合者，不達事情故也。使穀梁生於斯時，則親見當時國人之情，知惠之貴桓，見桓母之存，而國人貴之，隱公母事之；而先君立桓之命，人之所知，隱公讓桓之舉，實為能遵先君之命，則自不敢如此説矣。若使穀梁生此時，見此事，而左右隱公，使之自立，則是導人為不義。此説一萌，不論事之濟否，而隱公讓桓之美意，壞盡矣。故儒者若欲追論古人，必若身親見之親當之，則自然合事情而無過論也。聖人所以異於人者，蓋雖一切以禮義為斷，然未嘗迂遠而拂事情。《公羊傳》曰：『立適以長不以賢，立子以貴不以長。』此三代立子之法，必禮經之言也。

又 卷下《魯隱公元年不書即位義》 此隱公之元年，何以不書即位，攝故也。君薨而世子立，世子幼則國政聽於大臣，堪事而復辟焉，古有之矣。曰隱公為大臣乎？曰：非也。庶長而有先君之命，使之攝而奉桓者也。何以知其有先君之命乎？曰：桓公之母，仲子也。以貴聘之，則其子貴矣。故桓公之生，先君既以為世子，諸侯、國人知之矣。則隱公之攝，非先君之命而誰乎？曰：庶長何以不得立？曰：是聖王之制，所以正嗣統而杜禍亂之原，定民志也。《禮》：諸侯一娶九女。無『再娶』之文。適夫人無子，則擇諸右媵；右媵無子，則擇諸左媵；左媵無子，而後取諸衆妾之子，亦皆以其序焉，有常制矣。隱母，媵也，故其子不得承統。然則桓母適乎？曰：不適。曰不適，則曷為而貴？曰：非適非媵，桓母也。非適非媵是謂再娶，蓋先君之失禮，而臣子未如之何者也。

惠公之適妃，孟子也。孟子卒，繼室以聲子，隱母也。其後仲子之歸魯，蓋純以夫人禮聘之，國人皆曰『此夫人也』。隱亦嘗母事之矣。隱立而天子又嘗歸賵焉，則惠之貴桓母，有素矣。雖然，豈禮之正哉？是故明天子在上，則婚娶得禮而適、庶之分明，及王制不行，而後諸侯越禮者衆。越禮矣，而直以古義斷之，則於事情之實，將不勝其扞格，而終非臣子所得追議於君父也。然則隱烏得而不奉桓乎？穀梁子曰：讓桓不正。若隱者，可謂輕千乘之國，蹈道則未由。穀梁之説，斷則斷矣，而不達乎事之情，昧乎禮之權者也。使隱公黜桓而自立，則是負先君之託。先君之肉未寒，而舉其所愛推而遠之，設令其禍不至於殺，而桓之母子失所矣，而曰『我為正』，其得謂之正乎？其得謂之孝乎？而人之情又肯盡從之否也？使人情而果從，是亦亂耳，是亦篡耳，況人情未必然，而先君之命實不可改乎？故隱之奉桓，足以為賢。而說《春秋》者，苟能覈事情，酌時宜以處中，而毋執一焉，庶幾乎得之矣。

明·王守仁《王文成全書》卷二六《續編一·五經臆說》 曰：隱公即位矣，而不書何也？曰：隱公以桓之幼而攝焉，其以攝告，故不即位也。然而天下知隱公讓國之善，而爭奪覬覦者知所愧矣。曰：以攝告則宜以攝書，而不書何也？曰：隱公，兄也，桓公，弟也，庶均以長。隱公，君也，奚攝焉？然而天下知嫡庶長幼之分，而亂常失序者知所定也。曰：隱公，君也，非攝也，則宜即位矣，而不即位焉，何也？曰：諸侯之立國也，承之先君而命之天子，隱無所承命也。然而天下知父子君臣之倫，而無父無君者知所懼矣。一不書即位，而隱公讓國之善見焉，嫡庶長幼之分明焉，父子君臣之倫正焉，善惡兼著而是非不相揜。嗚呼！此所以為化工之妙也歟？

明·崔銑《士翼》卷一《述言上》 隱之攝，桓之為太子，由惠之妃其妾。故名不正則事不順，而生篡。子同生，見桓之非適也。是故桓之立，惠之邪心也。世改則事異。隱之讓，正也，羣臣可以爭於惠，不可疾乎桓，後世不可以非隱。《春秋》垂父則，絶子禍。《左氏》志末儀而失義，《穀梁》信野語而穢經。

明·周嬰《巵林》卷七《商艾》 即以攝言之，百官總己，國命獨持。周公之制禮作樂，何曾復關孺子？孔子却萊夷，誅少正，曷嘗必告季桓？宋繆之攝也，宋之政，與夷不與聞。魯隱之攝也，魯之事，桓公不得問。倘此既履藉聽斷，而彼猶拱手畫諾，是為佐命之臣，又非攝代之義矣。相之與攝，正不可同日而語。

明·王樵《春秋輯傳》卷二《桓公》 按惠公違禮再娶，既以仲子為夫人，則必以桓公為適嗣。此等在惠公生時，其論已定。故隱公不敢違，特以桓少而攝。實攝也，非讓也。迹隱公之平生，亦非能輕千乘之國者。故謂其讓桓，謂其探惠公之邪志而成之，皆非其實。其及鍾巫之禍者，以桓既長矣，而隱猶據乎其位，眷戀遲回，羽父疑其有不反之心，故請殺桓公，以求太宰。使隱公因是決以授桓，猶不為晚，乃曰『吾將授之矣。使營菟裘，吾將老焉。』其眷戀不決如此。故羽父反譖公于桓公，而請弑之。反譖公者，謂公欲殺桓也。其事情本未實如此。乃若桓公大惡，又何攝、讓異評哉？

清·馬驌《左傳事緯》卷一《隱公之弑》 禮，諸侯再娶，不稱夫人。惠以孟子爲元妃，以聲子爲繼室，有子而長，國之幸也。謬信手文之誣，再娶夫人，已開禍亂之端矣。隱長桓幼，其爲尊卑也微。諸大夫扳隱而立之，正也。惠欲與桓，非正也。隱立十有一年，用師宋郊，連兵許國，直與齊僖、鄭莊幷駕中原。國人咸知惠公有子，亦將以其終爲君也，將以讓桓，則直授之。夫以十三歲之莊公與三歲之襄公，皆不以弱而不立。桓也即幼，又復十一年矣，而濡忍不決，用生讒慝，迨鍾巫禍成，蕭墻生變，菟裘之營，吁嗟已晚，亦獨何哉？羽父專命行師，素無臣禮，而始以殺桓求媚，終以弑隱逞志。有弑一君之名而有弑二君之心，亂臣賊子莫此爲甚。桓公黨惡滅倫，竊居君位，而如齊不反。天道好還，可不畏與？獨是隱公長而且賢，南面數載，不聞敗德，非鬼之祭，竟來篡逆。探先君之邪志，啓奸雄之戎心，君弑而賊不討，《春秋》于此有遺憾焉。

清·汪琬《堯峰文鈔》卷五《經解四·春秋論一·平王隱公》 按《左氏》：惠公繼室以聲子，生隱公。孔穎達引《釋例》曰：夫人薨，不更聘，必以姪娣媵繼室。是夫人之姪娣與二媵，皆可以繼也。雖攝治內事，猶不得稱夫人，又異於餘妾，故謂之繼室。然則孟子未卒以前，聲子與仲子皆妾也；及其繼室，則衆妾俱不敢與聲子齒，而何有於仲子哉？然考《春秋》隱公元年，天王來歸仲子之賵。五年，考仲子之宮。夫仲子，特惠公之妾耳，顧得蒙此禮而聲子皆不與，何與？

汪子曰：甚矣！鍾巫之禍，平王啓之而隱公自取之也。蓋仲子固家之妬妾，而桓公又其驕子也。惟為之君若兄者，稍能制之以禮，然後可以逆折其非而杜其為不肖之計。今平王與隱公則不然。生則為其母賵，歿則為之舉喪而稱夫人，祀又為之立宮。是三者，皆越禮之甚者也，而平王與隱公爭先為之。彼為之子者，既習見其母之貴寵，有不岸然自謂先君之適而反惡其兄者哉？於是其勢日横，其謀日深，而左右近習陰伺乎其間，思挾之以覬覦富貴者亦日衆，而其人遂不可制。此羽父之譖所以不旋踵而發與？

《易》曰：履霜堅冰至。言積漸使然也。桓公之敢於簒弑者，豈非其君若兄有以為之漸哉？今夫豢猛獸者，非能狎而翫之也，惟冐諸檻阱而稍飼以粱肉，雖有噬人之狀，無能為也。苟一旦盡去其防，使之跳梁於外，而又望其德我而不噬，此雖至愚者不為。今隱公之於桓公，何以異此？夫隱公豈不知其弟之為豺狼哉？然所以尊崇其母，至於不顧非禮而為之者，亦欲藉是區區，以稍慰安桓公之心，而使之不我噬，不知適足以長其驕而速之亂耳。孰若逆而折之之得乎？昔周公之輔成王也，成王有過，必撻伯禽以示之。惟其豫教有術，故天下稱周公為良相而成王為賢君。嗟乎！使隱公而非攝，隱公而果為攝也，其亦未聞周公之道也夫。

清・高士奇《左傳紀事本末》卷五《魯隱公嗣國》　臣士奇曰：隱公攝讓之是非，四《傳》論之詳矣。夫讓，美德也。太伯、仲雍行之，伯夷、叔齊又行之，君子不以為非，何獨疑于隱公也！説者謂隱公雖長當立，不當探惠公之邪心而成之。隱惟不自取，以攝啓爭，卒有鍾巫之及，是則然矣。顧隱之失，不在于讓，而所以處讓之道有未善也。桓公始生之年雖不可考，但隱居攝十年被弑而桓立，立三年而成昏于齊，距隱居攝之始年，十三歲耳。古未有十三歲而成昏者，以此推之，隱元年，桓即幼，亦不下三、五歲。使隱能如周公輔成王故事，抱負以臨羣臣聽國政；即不然，令桓毓質深宮，己則身都魯相而代之經理。其發號施令，入告王朝，通問隣國，一稱桓君而己無與焉，則名分定而己之心迹亦明。雖有百奸人，烏能離間于其間哉？不此之圖，而奄然立乎其位。國之人皆指而目之曰『此魯君也』；會盟搜伐之所至，羣指而目之曰『此魯君也』。其于瓜李之嫌謂何矣。且隱始年桓尚幼，及子翬請殺之時，桓已十餘歲矣，猶不反國而歸之，藉口少故，菟裘雖營，何以解于桓公之疑，而亦何以杜羽父之譖哉？若隱者讓則有之，而謂其能絶遠嫌疑以為讓，則未也。夫其始戰狐壤而被止，是無勇也；禱鍾巫而以其淫祀之主來，是不智也；攝位而首從事于盟坎，是不信也；改葬惠公而身不臨，是不孝也；衆父卒而不與小斂，是不仁也。會潛盟唐，是紊防也；入極渝平，取郜、防，是貪得也；羽父請以師伐鄭而不能禁，是縱權也；草次遇清，是簡禮也；因使者之失時而輕絶隣好，是反覆也；于棠略地，是文過也；入祊易許，是無君親也。迹隱公十年《經》、《傳》所載諸行事，鮮有當人意者。世但以其讓桓而桓弑之，惡桓深，則其賢隱也若不啻口，而不知如隱之讓，則實足以啓爭端而為禍媒者也。太伯、仲雍、夷、齊讓而能遠其跡，隱雖讓桓，貪其位而攝之，此寪氏之刃所由及也。

清・陳廷敬《午亭文編》卷二二《春秋始隱公論》　余謂《春秋》之作，始於隱公者，隱公之元年，當平王之季世。隱公有讓國之心而遭簒弑之禍，其父子君臣之際有臣子所難言者。夫子垂典法於萬世，明大戒於方來，首記其事有微文顯志焉。或曰：禍基於惠而記始於隱者，何也？曰：傷隱之賢而誅桓之簒也。或又曰：隱，攝也；桓，宜為君者也。宜為君者而誅其簒，何也？曰：凡隱之立，夫子許其為公，不言其為攝。攝，經無明文也。非攝而親遇弑焉，其為簒也，何疑乎！是以劉氏敞曰：讓則不攝，攝則不讓，而《傳》謂隱公攝，是非其位而據之者也，於王法所不得為。於王法所不得為，則桓之弑隱，惡少減矣，《春秋》不宜深絶之。今以其深絶之，知隱公乃讓也，非攝也。今以攝言隱公，是不盡《春秋》之情也。

而穀梁子之論隱公也，曰：《春秋》貴義而不貴惠，信道而不信邪。孝子揚父之美，不揚父之惡。先君之欲與桓，非正也，邪也。既勝其邪心，以與隱矣，己探先君之邪志而遂以與桓，則是成父之惡也。蓋穀梁之論，過甚矣。昔者周之始興也，泰伯之讓，孔子賢之。當春秋之世視泰伯之時，何時也？有能以讓而身蒙禍患，猶刻責之，追詬其所為曰探先君之邪志，曰成父之惡，使此人之隱衷大節既無以白於天下，而世不復知讓為盛德，以簒奪為固然，將陰以生亂臣賊子之心。其何以勸善而懲惡也？亦異乎君子成人之美矣。且太王之欲傳位季歷，亦可謂為邪志，而季歷及昌，亦可謂為成先君之惡者耶？雖隱公之賢不及泰伯，而惡亦未著。《春秋》之作，將以奬善戒惡耳。惡者猶欲進之於善，况非惡之尤著者乎！惡未著而被之以成父之惡之名，聖人與人之意，度不出此。故曰傷隱之賢，誅桓之簒，此夫子之微文顯志也。

或者謂《春秋》有書『即位』，有不書『即位』。隱不書即位者，不成其為公也。不成其為公，是夫子不許之也。曰：是豈然與？凡即位之例，啖氏助言之，陸氏淳誦説之。余嘗求其義矣，知隱之不即位，有非例所得盡者，而啖氏未能究其義也。啖氏之言曰：凡先君正終，則嗣子踰年行即位禮。《穀梁》云：繼正，即位也。文、成、襄、昭、哀五公，是此例也。凡先君遇弒，則嗣子廢即位之禮。不忍行也。《穀梁》云：繼弒君，不書即位，正也。莊、閔、僖三公是也。凡繼弒君而行即位禮，非也。《穀梁》云桓公繼弒君而行即位，則是與聞乎弒也。《公羊》云宣公繼弒君而行即位，其意也。意欲為君，故黨於賊而行即位。《左氏》不達其意，曲為其說，而云莊公不言即位，文姜出故也；閔公不言即位，亂故也；僖公不言即位，公出故也；《左氏》云：閔公弒後，成季以僖公適邾，共仲奔莒，乃入立之。公出復入不書，諱故也。言經中無僖公出入之文。以得罪去國，猶曰不忍，父為他國所弒，其情若何？不舉其大而舉其細，非通論也。且三月文姜方孫，何妨正月即位乎？故知解莊公不言即位，妄也。國有危難，豈妨行禮？故知解閔公不言即位，妄也。若君出，諱而不書，昭公何以書乎？假如實出，亦當非時即位，如定公也。故知解僖公不言即位，妄也。

按陸氏引啖子所稱繼正即位、繼弒不即位之説，當矣。至其闢《左氏》所云莊、閔、僖之不即位，辭尤辨而正也。而獨於隱，則猶因《左氏》、《公》、《穀》之説者，余故以為未究其義也。《左氏》云：『不書即位，攝也。』而《公羊》以為：何以不言即位？成公意也。公將平國，而反之桓。《穀梁》以為：何以不言即位？成公志也。言君之不取，為公也。君之不取為公，將以讓桓也。愚以謂《左氏》言攝，既與經違；而《公》、《穀》以為成公之意志云云者，是公既即位，而孔子削其事矣。審如是，則是夫子欲成隱讓國之心，而隱實未得行即位之事。不得行即位之事而即位焉，是在隱初，非欲讓者也，烏在其為成其意志乎？是以由《左氏》、《公》、《穀》之論，而知啖氏之言猶未究其義也。宜乎隱公讓國之賢，未大著明於後世，而遂失聖人所以作經之心矣。

故吾斷以謂：隱不書即位者，隱自不行即位之禮耳。夫子不得而書，故夫子亦不得而削也。及觀趙氏汸之論，而有合焉。趙氏有謂策書之大體者，曰行其禮則書，不行其禮則不書。此無待於筆削者。吾無加損焉。蓋隱公之即位，策書之大體也。其書於策，則存而不削；不書於策，雖聖人不得而益之。趙氏之説有以得乎聖人光明正大之心，而不同乎谿刻詭僻之見，宜其合於吾心也。明乎此，而後知隱之於桓，讓也，非攝也。讓而弒之，夫子是以傷其賢而誅其簒。《春秋》之始紀隱公，而善善惡惡之大義已並行而不悖焉，此其為聖經也與？且夫吾之於《春秋》也，恒體聖人善善長、惡惡短之義，而不敢有谿刻詭僻之見，以冀無失聖人光明正大之心。是以於隱公之事，不敢有過求焉爾。因叙《春秋》之所以始，為論其義而辨之。若夫求其義，而不得妄生穿鑿。如葉氏夢得所云天有十二月，冕有十二旒，服有十二章，《春秋》紀十二公，逆而推之，至於隱公，以成其數者，是皆小見破道，邪説亂經，學者尤當以為戒也。

清·愛新覺羅玄燁《聖祖仁皇帝御製文第三集》卷二七《古文評論·穀梁傳》 元年春王正月。隱公。伯夷、叔齊之讓國，求仁而得仁。泰伯、虞仲之讓國，避地以興周。若隱之讓國，則成惠公之邪心，啓桓公之簒弒，故曰小道也。

清·焦袁熹《春秋闕如編》卷八《讀春秋》 隱公以奉桓為太子，而已特攝君行事，不欲終為君，故不行即位之禮，史臣因不書即位。所謂公即位者，公行即位之禮，非至此始成君也。嗣子繼君位，在初喪時，已定矣。見《書·顧命》。天子既然，諸侯亦同之也。杜君云：諸侯薨五日而殯，殯則嗣子即位。是初喪謂之即位也，豈逾年再即位乎？不書即位，非謂不即君位，不成為君也。《三傳》之説略同，獨程子以為不與其為君，而胡氏、張氏因之，皆謂舊史本有『公即位』之文，而孔子削之。愚尤未有以見其必然也，所謂攝者，身暫為君，終將退閒，非實不為君，徒以代行君事，若冢宰聽政而名之攝也。歐陽公駁之，謂隱非攝者，不深考《三傳》之意爾。

清·何焯《義門讀書記》卷九《左氏春秋》 隱之攝政，已踰十年，桓公不為少矣。貪權懷寵，不早歸政，于是啓羽父之邪謀，又不能明告于國，執而戮之。進退無據，身死人手，非不幸也。

后妃制度部

通紀概説分部

綜　述

《周易·繫辭下》 天地絪縕，萬物化醇；男女構精，萬物化生。唐孔穎達《正義》：天地絪縕，萬物化醇者，絪縕，相附著之義。言天地無心，自然得一，唯二氣絪縕，共相和會，萬物感之，變化而精醇也。天地若有心爲二，則不能使萬物化醇也。男女構精，萬物化生者，構，合也，言男女陰陽相感，任其自然，得一之性，故合其精則萬物化生也，若男女無自然之性，而各懷差二，則萬物不化生也。

又《序卦》 有天地，然後有萬物；有萬物，然後有男女；有男女，然後有夫婦；有夫婦，然後有父子；有父子，然後有君臣；有君臣，然後有上下；有上下，然後禮義有所錯。夫婦之道，不可以不久也，故受之以《恒》。《恒》者，久也。

《左傳·僖公二十三年》 叔詹諫曰：【略】『男女同姓，其生不蕃。』晉杜預注：蕃，息也。唐孔穎達《正義》：禮，取妻不取同姓。辟違禮而取，故其生子，不能蕃息昌盛也。

又《宣公三年》 石癸曰：『吾聞姬、姞耦，其子孫必蕃。注：姞，姓。宜為姬配耦。姞，吉人也，后稷之元妃也。』注：姞姓之女為后稷妃，周是以興，故曰吉人。

又《昭公元年》 晉侯有疾，鄭伯使公孫僑如晉聘，且問疾。叔向問焉。【略】子産曰：【略】『僑又聞之：内官不及同姓，注：内官，嬪御。其生不殖。注：殖，長也。美先盡矣，則相生疾。注：同姓之相與，先美矣，美極則盡，盡則生疾。《正義》：此僑重述不及同姓之意。言内官若取同姓，則夫婦所以生疾，性命不得殖長。何者？以其同姓相與先美，今既為夫妻，又相寵愛，美之至極，在先盡矣，乃相厭患而生疾病；非直美極惡生，疾病而已，又美極驕寵，更生妒害也。【略】《禮記·大傳》云：百世而昏姻不通者，周道然也。然則周法始如此耳，前代則不然也。蓋以前代敬簡，未設禁防，周人以其慢瀆，故立法以禁之。劉炫云：違禮而娶，則神人不祐，故所生不長也。晉文姬出，而霸諸侯，同姓未必皆不殖。此以禮法為言，勸勵人耳。【略】劉炫云：人之本心，自然有愛，愛之所及，先及近親同姓，是親之近者，其愛之美必深，是同姓之相與，先自美矣。若使又為夫妻，則相愛之美尤極，極則美先盡矣，美盡則必惡生，故美盡則生疾。此以禮為防，推致此意耳。君子是以惡之。故《志》曰：「買妾不知其姓，則卜之。」【略】男女辨姓，禮之大司也。注：辨，別也。今君内實有四姬焉，注：同姓姬四人。其無乃是也乎！【略】四姬有省猶可，無則必生疾矣。』注：據異姓，去同姓，故言省。《正義》：子産云：四姬之外，若有異姓之女接御於公，減省公之寵愛於四姬之事，如此猶可；若無異姓之女減省，公情專愛四姬，則必由此故以生疾矣。劉炫云：子産言：若於同姓不深，病猶可差；若於四姬有此省相見，稀接御，則此病猶尚可；如無稀省，眈之過度，則必生疾。

又《哀公十二年》 夏五月，昭夫人孟子卒。昭公娶于吳，故不書姓。注：諱娶同姓，故謂之孟子，若宋女。《正義》：諱娶同姓，不得謂之吳女。宋是子姓，長女字孟，故惠公元妃謂之孟子。今又稱孟子者，全改其本，若言此夫人是宋國之長女也。《釋例》曰：經書『孟子卒』，《傳》言『昭公娶于吳，故不書姓』。此為昭公加諱，不復繫吳，改其姓號，《傳》因而弗革也。《論語》謂之『吳孟子』，蓋時人常言，非《經》、《傳》正文也。死不赴，故不稱夫人。注：不稱夫人，故不言薨。不反哭，故不言葬小君。注：反哭者，夫人禮也。以同姓，故不成其夫人喪。

《公羊傳·文公二年》 （冬）公子遂如齊納幣。《傳》：納幣不書，此何以書？譏。何譏爾？譏喪娶也。娶在三年之外，則何譏乎喪娶？三年之内不圖婚。漢何休《解詁》：僖公以十二月薨，至此未滿二十五月。又《禮》：先納采、問名、納吉，乃納幣。此四者皆在三年之内，故云爾。

又《宣公元年》 三月，遂以夫人婦姜至自齊。《傳》：夫人何以不稱姜氏？貶。曷為貶？譏喪娶也。喪娶者，公也，則曷為貶夫人？内無貶于公之道也。内無貶于公之道，則曷為貶夫人？夫人與公一體也。《解詁》：恥辱與公共之。夫人貶，則公惡明矣。去氏比於去姜，差輕可言，故不諱貶夫人。

又《哀公十二年》 夏五月甲辰，孟子卒。《傳》：孟子者何？昭公之夫人也。其稱孟子何？諱娶同姓，蓋吳女也。《解詁》：禮，不娶同姓。

買妾不知其姓，則卜之。為同宗共祖，亂人倫，與禽獸無別。昭公既娶，諱而謂之吳孟子。《春秋》不繫吳者，禮，婦人繫姓不繫國。雖不諱，猶不繫國也。不稱夫人，不言薨，不書葬者，深諱之。

《穀梁傳・哀公十二年》 夏五月甲辰，孟子卒。《傳》：孟子者，何也？昭公夫人也。其不言夫人，何也？諱取同姓也。

《國語》卷一《周語上》 恭王游於涇上，密康公從，有三女奔之。三國吳韋昭注：恭王，穆王之子，恭王伊扈也。涇，水名。康公，密國之君，姬姓。奔，不由媒氏也。三女同姓。其母曰：『必致之於王。【略】女三為粲，注：粲，美貌。【略】王御不參一族。』注：御，婦官也。參，三也。一族，父子也。故取異姓以備三，不參一族也。

又 卷一〇《晉語四》 叔詹諫曰：【略】『同姓不婚，惡不殖也。』注：殖，蕃也。

司空季子曰：【略】『異姓則異德，異德則異類，異類雖近，男女相及，注：近謂有屬名也。相及，相嫁取也。以生民也。同姓則同德，同德則同心，同心則同志。同志雖遠，男女不相及，畏黷敬也。注：畏褻黷其類也。黷則生怨，怨亂毓灾，灾毓滅姓。注：毓，生也。是故取妻避其同姓，畏亂灾也。故異德合姓，同德合義，注：合姓，合二姓為婚姻也。合義，以德義相親。義以道利，有義則利隨之。利以阜姓，注：阜，厚也。姓利相更成而不遷，注：更，續也。遷，離散也。乃能攝固，保其土房。』注：攝，持也。保，守也。房，居也。

又 卷一六《鄭語》 （史伯）對曰：【略】『於是乎先王聘后於異姓。』注：同則不繼。

又 卷七《晉語一》 史蘇曰：昔夏桀伐有施，有施人以妹喜女焉。注：桀，禹十七世后臯之孫，王發之子，夏癸也。有施，喜姓之國。妹喜，其女也。以女進人曰女。妹喜有寵，於是乎與伊尹比而亡夏。注：伊尹，湯相伊摯也，自夏適殷。比，比功也。伊尹欲亡夏，妹喜為之作禍，其功同也。殷辛伐有蘇，有蘇氏以妲己女焉。注：殷辛，湯三十世帝乙之子，殷紂也。有蘇，己姓之國。妲己，其女也。妲己有寵，於是乎與膠鬲比而亡殷。注：膠鬲，殷賢臣也，自殷適周，佐武王以亡殷也。周幽王伐有褒，有褒人以褒姒女焉。注：幽王，宣王之子，幽王宮涅也。褒，姒姓之國。幽王伐之，褒人以美女入，謂之褒姒，是為幽后也。褒姒有寵，生伯服，注：伯服，攜王也。於是乎與虢石甫比，注：石甫，虢公名。《鄭語》曰：石甫，讒諂巧佞之人也，而立以為卿士。逐太子宜咎而立伯服。注：宜咎，申后之子，平王名也。太子出奔申，注：申，姜姓之國，平王母家。申人、繒人召西戎以伐周，周於是乎亡。注：繒，姒姓，禹後也。繒及西戎素與申國婚姻同好，幽王欲殺宜咎，以成伯服，求之於申，申人弗與，遂伐之，故申、繒召西戎以伐周，殺幽王於戲。

又 卷二《周語中》 （襄王）十七年，王降翟師以伐鄭。注：降，下也。王德翟人，將以其女為后。富辰諫曰：『不可。夫婚姻，禍福之階也。注：階，梯也。由之利內則福，注：利內，娶得偶而有福也。利外則取禍。今王外利矣，注：樹利於翟。其無乃階禍乎？注：為禍階也。昔摯、疇之國也由大任，注：摯、疇二國，任姓，奚仲、仲虺之後。大任，王季之妃，文王之母。《詩》云：摯仲氏任。又曰：思齊大任，文王之母。杞、繒由大姒，注：杞、繒二國，姒姓，夏禹之後，大姒之家也。大姒，文王之妃，武王之母。齊、許、申、呂由大姜，注：四國皆姜姓，四岳之後，大姜之家。大姜，大王之妃，王季之母。陳由大姬，注：陳，媯姓，舜後。大姬，周武王之元女，成王之姊。《傳》曰：以元女大姬配虞胡公，而封諸陳。是皆能內利親親者也。注：內利，內行七德。親親，以申固其家。昔鄢之亡也由仲任，注：鄢，妘姓之國。仲任氏之女為鄢夫人。唐尚書云：鄢為鄭武公所滅，非取任氏而亡也。昭謂幽王為西戎所殺，而《詩》言『褒姒滅之』，明禍有所由也。密須由伯姞，注：伯姞，密須之女也。《傳》曰：密須之鼓，闕鞏之甲。此則文王所滅而獲鼓甲也。《大雅》云：密人不恭，敢距大邦。不由嫁女而亡。《世本》云：密須，姞姓。鄶由叔妘，鄶，妘姓之國。叔妘，同姓之女，為鄶夫人。唐尚書云：亦鄭武公滅之，不由女亡也。昭謂《公羊傳》曰：先鄭伯有善乎鄶公者，通於夫人以取其國。此之謂也。聃由鄭姬，注：聃，姬姓，文王之子聃季之國。鄭姬，鄭女，為聃夫人。同姓相取，猶魯昭公取於吳矣，亦其黷姓所以亡。息由陳媯，息，姬姓之國。陳媯，陳女，為息侯夫人。蔡哀侯亦取於陳，息媯將歸，過蔡，蔡哀侯止而見之，弗賓。媯以告息侯，導楚伐蔡。蔡侯怨，因稱息媯之美於楚子，楚子遂滅息，以息媯歸。鄧由楚曼，注：鄧，曼姓。楚曼，鄧女，為楚武王夫人，生文王。文王過鄧而利其國，遂滅鄧而兼之也。羅由季姬，羅，熊姓之國。季姬，姬氏之女，為羅夫人而亡其國也。盧由荊媯，注：盧，媯姓之國。荊媯，盧女，為荊夫人。荊，楚也。是皆外利離親者也。外利，行淫辟，求利於外，不能親親，以亡其國。

王曰：『利何如而內？何如而外？』對曰：『尊貴，明賢，庸勳，長老，注：明，顯也。庸，用也。勳，功也。長老，尚齒也。愛親，禮新，親舊。注：親，六親也。新，新來過賓也。舊，君之故舊也。然則民莫不審固其心力，以役上令，注：役，為也。官不易方，注：方，道也。而財不匱竭，注：貢賦有品，財用有節，不乏盡也。求無不至，動無不濟。百姓兆民，注：百姓，百官也。官有世功，受氏姓也。十億曰兆。夫人奉利而歸諸上，是利之內也。注：夫人，猶人人也。若七德離判，民乃攜貳，注：判，分也。攜，離也。七德謂『尊貴』至『親舊』。各以利退，注：以利利其身而去。退，自營也。上求不暨，是其外利也。注：暨，至也。夫翟，無列於王室，注：列，位次也。鄭伯南也，王而卑之，是不尊貴也。翟，豺狼之德也；鄭未失周典，王而蔑之，是不明賢也。平、桓、莊、惠皆受鄭勞，王而棄之，是不庸勳也。鄭伯捷之齒長矣，王而弱之，是不長老也。注：捷，鄭文公之名。弱猶穉也。翟，隗姓也；注：隗姓，赤翟。鄭出自宣王，王而虐之，是不愛親也。夫禮，新不間舊。注：間，代也。王以翟女間姜、任，非禮且棄舊也。注：姜氏、任氏之女，世為王妃嬪。今以翟女代之，為棄舊也。王一舉而棄七德，臣故曰利外矣。《書》有之曰：「必有忍也，若能有濟也。」注：《書》，逸書也。若猶乃也。濟，成也。言能有所忍，乃能有成功。王不忍小忿而棄鄭，又登叔隗以階翟。注：階，階翟禍也。翟，封豕豺狼也，不可厭也。』注：封，大也。厭，足也。王弗聽。

十八年，（周襄）王黜翟后。注：十八年，魯僖二十四年也。黜，廢也。翟后既立，而通於王子帶，故廢之。翟人來誅，殺譚伯。注：誅，責也。翟人奉子帶以攻王而殺譚伯。譚伯，周大夫。【略】初，惠后欲立王子帶，故以其黨啓翟人。注：言初者，惠后已死也。以其黨者，謂穨叔、桃子緣惠后欲立子帶，故以子帶之黨，啓翟人伐周。翟人遂入，周王乃出居于鄭，晉文公納之。

《論語・述而》 君取於吳，為同姓，謂之吳孟子。君而知禮，孰不知禮？三國魏何晏《集解》：魯、吳俱姬姓。禮，同姓不昏。而君取之，當稱吳姬，諱曰孟子。

《孔子家語》卷一〇《曲禮子貢問》 衛公使其大夫求婚於季氏，桓子問禮於孔子。子曰：『同姓為宗，有合族之義。故繫之以姓而弗別，啜之以食而弗殊，雖百世婚姻不得通，周道然也。』

《禮記・曲禮上》 取妻不取同姓。故買妾不知其姓，則卜之。漢鄭玄注：為其近禽獸也。妾賤，或時非媵。取之於賤者，世無本繫。唐孔穎達《正義》：為其近禽獸也者，《郊特牲》云：無別無義，禽獸之道。此不取同姓，為其近禽獸故也。云妾賤或時非媵，取之於賤者，如諸侯取一國之女，則二國同姓以姪娣媵。媵，送也。妾送嫡行，則明知姓氏。大夫士取，亦各有妾媵。或時非此媵，類取於賤者，不知何姓之後，則世無本繫，但卜得吉者，取之。

又《坊記》 子云：取妻不取同姓，以厚別也。注：厚猶遠也。故買妾不知其姓，則卜之。注：妾言買者，以其賤，同之於衆物也。以此坊民。《魯春秋》猶去夫人之姓曰吳，其死曰孟子卒。注：吳，大伯之後，魯同姓也。昭公取焉，去姬曰吳而已。至其死，亦畧云『孟子卒』，不書夫人某氏薨。孟子，蓋其且字。《正義》：《魯春秋》猶去夫人之姓曰吳者，依《春秋》之例，如夫人齊女，即云『姜氏至自齊』。以例言之，此吳女亦當云『夫人姬氏至自吳』。魯則諱其姬姓，而不稱夫人姬氏至自吳，是去夫人之姓曰吳也。但《春秋》經文不載其事，其《春秋》簡牘雜記則有之，故《論語》云：謂之吳孟子。是當時之言，有稱吳也。其死曰孟子卒者，哀十二年稱：『孟子卒』。若其不諱，當云『夫人姬氏薨』。以諱取同姓而云孟子卒，孟子是夫人之且字，没其氏，書其且字，又沒其薨而畧言卒而已，皆為同姓諱之。鄭與何休皆以諱取同姓而書『卒』，《左氏》則以不成喪，故稱『卒』。與鄭、何異也。

子云：好德如好色。注：此句似不足。《論語》曰：未見好德如好色。疾時人厚於色之甚而薄於德也。諸侯不下漁色。注：謂不內取於國中也。內取國中為下漁色。昏禮始納採，謂採擇其可者也，國君而內取，象捕魚然，中網取之，是無所擇。故君子遠色，以為民紀。

又《郊特牲》 天地合而后萬物興焉。夫昏禮，萬世之始也。取於異姓，所以附遠厚別也。注：同姓或取，多相褻也。《正義》：天地合而后萬物興焉者，言天氣下降，地氣上騰，天地合配則萬物生焉。若夫婦合配，則子胤生焉。【略】皇氏云：禮之所尊，尊其義也。以下結上，爵德之事。其義非也。所以附遠厚別也者，取異地者，所以依附相疏遠之道，厚重分別之義，不欲相褻，故不取同姓也。

又《大傳》 雖百世而昏姻不通者，周道然也。《正義》：雖百世婚姻不通者，言雖相去百世，而婚姻不得通。周道然也者，言周道如此，異於殷也。

又《昏義》 昏禮者，將合二姓之好，上以事宗廟而下以繼後世也。故君子重之。【略】故天子之與后，猶日之與月，陰之與陽，相須而后成者也。天子脩男教，父道也；后脩女順，母道也。故曰：天子之與后，猶父之與母也。

宋·李昉等《太平御覽》卷五四〇《禮儀部十九·婚姻上》 《禮外傳》曰：夏、殷五世之後，則通婚姻。周公制禮，百世不通，所以別禽獸也。

漢·劉向《古列女傳》卷三《仁智傳·魏曲沃負》 曲沃負者，魏大夫如耳母也。秦立魏公子政為魏太子，魏哀王使使者為太子納妃而美，王將自納焉。曲沃負【略】因欵王門而上書曰：『曲沃之老婦也，心有所懷，願以聞於王。』王召入，負曰：『妾聞男女之別，國之大節也。【略】今大王為太子求妃而自納於後宮，此毁貞女之行而亂男女之別也。自古聖王必正妃匹，妃匹正則興，不正則亂。夏之興也以塗山，亡也以妺喜；殷之興也以有㜪，亡也以妲己；周之興也以太姒，亡也以褒姒。周之康王夫人晏出朝，關雎起興，思得淑女，以配君子。夫雎鳩之鳥，猶未嘗見乘居而匹處也。夫男女之盛，合之以禮，則父子生焉，君臣成焉，故為萬物始。君臣、父子、夫婦三者，天下之大綱紀也。三者治則治，亂則亂。今大王亂人道之始，棄綱紀之務，敵國五、六，南有從楚，西有橫秦，而魏國居其間，可謂僅存矣。王不憂此而從亂，無別父子同女，妾恐大王之國政危矣。』王曰：『然。寡人不知也。』遂與太子妃而賜負三十鍾。

《後漢書》卷一〇上《皇后紀上》 夏殷以上，后妃之制，其文略矣。《周禮》王者立后，唐李賢注：鄭玄注《禮記》曰：后之言後，言在夫之後也。三夫人，九嬪，二十七世婦，八十一女御，以備內職焉。后正位宮闈，同體天王。夫人坐論婦禮，注：鄭玄注《周禮》云：夫人之於后，猶三公之於王，坐而論婦禮也。九嬪掌教四德，注：九嬪比九卿。《周禮》曰：九嬪掌婦學之法，以教九御也。四德謂婦德、婦言、婦容、婦功也。世婦主喪祭賓客，注：婦，服也，明其能服事於人也。比二十七大夫。《周禮》：世婦掌祭祀、賓客、喪紀之事。祭之日，涖陳女宮之具，凡內羞之物。掌弔臨於卿大夫之喪。女御序于王之燕寢。注：御謂進御於王也。比八十一元士。《周禮》曰：女御叙於王之燕寢，以歲時獻功事也。頒官分務，各有典司。女史彤管，記功書過。注：《周禮》云：女史掌王后之禮，書內令。凡后之事，以禮從也。鄭玄注云：亦如太史之於王也。彤管，赤管筆也。《詩》云：詒我彤管。注云：古者，后夫人必有女史彤管之法也。居有保阿之訓，動有環佩之響。注：《列女傳》曰：齊孝公孟姬，華氏之女。從孝公遊，車奔姬墮，車碎。孝公使駟馬立車載姬，姬泣曰：『妾聞妃下堂，必從傅母保阿，進退則鳴玉珮環。今立車無軿，非敢受命。』進賢才以輔佐君子，哀窈窕而不淫其色。注：《詩序》云：《關雎》，樂得淑女，以配君子。憂在進賢，不淫其色。哀窈窕，思賢才，而無傷善之心。毛萇注云：窈窕，幽閒也。所以能述宣陰化，修成內則，注：《周禮·內宰》職曰：以陰禮教六宮，以婦職之法教九御。閨房肅雍，險謁不行也。注：肅，敬也；雍，和也。謁，請也。言能輔佐君子和順恭敬，不行私謁。《詩序》曰：雖則王姬，猶執婦道，以成肅雍之德。又曰：而無險詖私謁之心。故康王晚朝，《關雎》作諷；注：《前書音義》曰：后夫人雞鳴，佩玉去君所。周康王后不然，故詩人嘆而傷之。見《魯詩》。宣后晏起，姜氏請愆。注：《列女傳》曰：周宣姜后，齊侯之女也。宣王常夜卧晏起，后夫人不出房。姜后既出，乃脫簪珥，待罪於永巷，使傅母通言於王曰：『妾不才，淫心見矣，至使君王失禮而晏起，以見君王樂色忘德。敢請罪，惟君王之命。』王曰：『寡人之過，夫人何辜？』遂勤政事，成中興之名焉。及周室東遷，禮序凋缺，注：幽王時，西夷、犬戎兵攻殺幽王于驪山之下。太子宜臼立，是為平王。東遷洛邑，以避犬戎，政遂微弱。諸侯僭縱，軌制無章。齊桓有如夫人者六人，注：《左傳》曰：桓公多內寵，有如夫人者六人：長衛姬、少衛姬、鄭姬、葛嬴、密姬、宋華子也。晉獻升戎女為元妃，注：元妃，嫡夫人也。《史記》曰：晉獻公伐驪戎，得驪姬。愛幸，立以為妃。終於五子作亂，注：桓公六夫人生六子。桓公卒，立公子昭，於是公子無虧、公子元、公子潘、公子商人、公子雍等五公子皆求立，公子昭奔宋。是作亂也。冢嗣遘屯。注：冢，大也。遘，遇也。屯，難也。晉獻公受驪姬之譖，殺太子申生，故曰遇屯。爰逮戰國，風憲逾薄，適情任欲，顛倒衣裳，注：上曰衣，下曰裳。《詩》曰：綠兮衣兮，綠衣黃裳。鄭玄曰：綠衣黑，今反以黃為裏，非其禮制。諭妾上僭也。以至破國亡身，不可勝數。斯固輕禮弛防，先色後德者也。

《晉書》卷三一《后妃列傳上》 夫乾坤定位，男女流形，伉儷之義同歸，貴賤之名異等。若乃作配皇極，齊體紫宸，象玉牀之連後星，喻金波之合義璧，爰自夐古，是謂元妃。降及中年，乃稱王后。四人並列，光於帝嚳之宮；二妃同降，著彼有虞之《典》。夏商以上，六宮之制，其詳靡得而聞焉。姬、劉以降，五翟之規，其事可略而言矣。《周禮》：天子立一后，三夫人，九嬪，二十七世婦，八十一御妻，以聽王者內政。故《婚義》曰：天子之與后，如日之與月，陰之與陽。由斯而談，其所從來遠矣。故能母儀天寓，助宣王化，德均載物，比大坤維，宗廟歆其薦羞，穹壤俟其交泰。是以哲王垂憲，尤重『造舟』之禮；詩人立言，先獎《葛覃》之訓。後燭流景，所以裁其宴私；房樂希聲，是用節其容止。履端正本，抑斯之謂歟！若乃娉納有方，防閑有禮，肅尊儀而修四德，體柔範而弘六義，陰教洽於宮闈，淑譽騰於區域，則玄雲入户，上帝錫母萌之符；黄神降徵，坤靈贊壽丘之道。終能鼎祚惟永，胤嗣克昌。至若儷極虧閑，憑天作孽，倒裳衣於衽席，感眺側於弦望，則龍漦結釁，宗周鞠為黍苗；鸞尾梃災，隆漢墜其枌社矣。

論說

漢·董仲舒《春秋繁露》卷一《玉杯》 《春秋》譏文公以喪取。難者曰：喪之法，不過三年。三年之喪，二十五月。今按經，文公乃四十一月方取。取時無喪，出其法也久矣。何以謂之喪取？曰：《春秋》之論事，莫重於志。今取必納幣，納幣之月在喪分，故謂之喪取也。且文公以秋祫祭，以冬納幣，皆失於太蚤。《春秋》不譏其前，而顧譏其後，必以三年之喪，肌膚之情也。雖從俗而不能終，猶宜未平於心。今全無悼遠之志，反思念取事，是《春秋》之所甚疾也。故譏不出三年於首而已，譏以喪取也。不別先後，賤其無人心也。

《史記》卷四九《外戚世家》 自古受命帝王及繼體守文之君，唐司馬貞《索隱》：繼體謂非創業之主，而是嫡子繼先帝之正體而立者也。守文者，猶法也，謂非受命創制之君，但守先帝法度爲之主爾。非獨内德茂也，蓋亦有外戚之助焉。《索隱》：謂非獨君德於内茂盛，亦有賢后妃、外戚之親以助教化也。夏之興也以塗山，《索隱》：韋昭云：塗山，國名，禹所娶，在今九江。應劭曰：九江當塗有禹墟。《大戴禮》云：禹娶塗山氏之女憍，生啓。而桀之放也以末喜。《索隱》：《國語》：桀伐有施，有施人以末喜女焉。三國宋裴駰《集解》：韋昭曰：有施，喜姓之國。末喜，其女也。殷之興也以有娀，《索隱》：有娀，國名。其女簡狄吞燕卵而生契，故《詩》云『天命玄鳥，降而生商』是也。紂之殺也嬖妲己。《索隱》：《國語》：殷辛伐有蘇，有蘇氏以妲己女焉。按有蘇，國也；己，姓也；妲，字也。周之興也以姜原及大任，《索隱》：《系本》云：帝嚳上妃有邰女之女曰姜原。鄭玄箋《詩》云：姜，姓；嫄，名。履大人跡，生后稷。大任，文王之母。故《詩》云：摯仲氏任。毛詩云：摯國任姓之中女也。而幽王之禽也淫於褒姒。《索隱》：《國語》曰：幽王伐有褒，有褒人以褒姒女焉。按褒是國名，姒是其姓。即龍漦之子，褒人育而以女於幽王也。然此文自夏之興至褒姒，皆是史蘇之詞，見《國語》及《列女傳》。故《易》基《乾》、《坤》，《詩》始《關雎》，《書》美釐降，《春秋》譏不親迎。《索隱》：《公羊》：紀裂繻來逆女。《傳》曰：外逆女不書，此何以書？譏。何譏爾？始不親迎也。夫婦之際，人道之大倫也。禮之用，唯婚姻爲兢兢。夫樂調而四時和，陰陽之變，萬物之統也。《索隱》：以言若樂聲調，能令四時和而陰陽變，陰陽變則能生萬物，是陰陽即夫婦也。夫婦道和，而能化生萬物。萬物，人爲之本，故云萬物之統也。可不慎與？人能弘道，無如命何。甚哉，妃匹之愛！君不能得之於臣，《索隱》：以言夫婦親愛之情，雖君父之尊而不奪臣子所好愛，使移其本意，是不能得也。故曰匹夫不可奪志也。父不能得之於子，况卑下乎！既驩合矣，或不能成子姓；《索隱》：鄭玄注《禮記》云：姓者，子姓，謂衆孫也。即趙飛鷰等是也。能成子姓矣，或不能要其終。《索隱》：按謂有始不能要其終也。以言雖有子姓，而意不能要終，如栗姬、衛后等是也。豈非命也哉？孔子罕稱命，蓋難言之也。非通幽明之變，惡能識乎性命哉？

《周易乾鑿度》卷四 《咸》、《恒》者，男女之始，夫婦之道也。人道之興，必由夫婦，所以奉承祖宗，為天地主也。故為下篇始者，貴之也。

漢·班固《白虎通義》卷一〇《嫁娶》 人道所以有嫁娶何？以為情性之大，莫若男女，男女之交，人倫之始，莫若夫婦。《易》曰：『天地氤氳，萬物化淳，男女構精，萬物化生。』人承天地施陰陽，故設嫁娶之禮者，重人倫，廣繼嗣也。《禮·保傅記》曰：『謹為子嫁娶，必擇世有仁義者。』禮，男娶女嫁何？陰卑，不得自專，就陽而成之。故《傳》曰：『陽倡陰和，男行女隨。』

嫁娶者，何謂也？嫁者，家也。婦人外成，以出適人為家。娶者，取也。

夫婦者，何謂也？夫者，扶也，扶以人道者也。婦者，服也，服於家事，事人者也。

婚姻者，何謂也？婚者，昏時行禮，故曰婚。姻者，婦人因夫而成，故曰姻。《詩》云『不惟舊因』，謂夫也。又曰『燕爾新婚』，謂婦也。所以昏時行禮何？示陽下陰也，昏亦陰陽交時也。

不娶同姓者，重人倫，防淫泆，耻與禽獸同也。《論語》曰：『君娶於吳，為同姓，謂之吳孟子。』《曲禮》曰：『買妾不知其姓，則卜之。』外屬小功已上，亦不得娶也。以《春秋傳》曰『譏娶母黨』也。

諸侯所以不得自娶國中何？諸侯不得專封，義不可臣其父母。《春秋傳》曰：『宋三代無大夫，惡其内娶也。』

又　卷四《五行》　不娶同姓，何法？法五行異類乃相生也。

《漢書》卷九七下《外戚列傳下》　贊曰：《易》著吉凶而言謙盈之效，天地鬼神至於人道，靡不同之。唐顏師古注：《易·謙卦》曰：天道虧盈而益謙，地道變盈而流謙，鬼神害盈而福謙，人道惡盈而好謙。夫女寵之興，繇至微而體至尊，窮富貴而不以功，此固道家所畏，禍福之宗也。

又　卷九八《元后傳》　司徒掾班彪曰：三代以來，《春秋》所記，王公國君與其失世，稀不以女寵。

明·梅鼎祚《東漢文紀》卷一四《崔琦〈外戚箴〉》　赫赫外戚，華寵煌煌。昔在帝舜，德隆英皇。周興三母，有莘崇湯。宣王晏起，姜后脱簪。齊桓好樂，衛姬不音。皆輔王以禮，扶君以仁，達才進善，以義濟身。爰暨衰葉，漸已穨虧。貫魚不敘，九御差池。晉國之難，禍起於麗。惟家之索，牝雞之晨。專權擅愛，顯己蔽人。陵長間舊，圯剝至親。並后匹嫡，淫女斃陳。匪賢是上，番為司徒。荷爵負乘，采食名都。詩人是刺，德用不憮。暴辛惑婦，拒諫自孤。蝮蛇其心，縱毒不辜。諸父是殺，孕子是刳。天怒地忿，人謀鬼圖。甲子昧爽，身首分離。初為天子，後為人螭。非但耽色，母后尤然。不相率以禮，而競奬以權。先笑後號，卒以辱殘。家國泯絶，宗廟燒燔。妹嬉喪夏，褒姒斃周。妲己亡殷，趙靈沙邱。戚姬人豕，吕宗以敗。陳后作巫，卒死於外。霍欲鴆子，身乃罹廢。故曰：無謂我貴，天將爾摧。無恃常好，色有歇微。無怙常幸，愛有陵遲。無曰我能，天人爾違。患生不德，福有慎機。日不常中，月盈有虧。履道者固，仗執者危。微臣司戚，敢告在斯。

《後漢書》卷一〇上《皇后紀上》　贊曰：《坤》惟厚載，陰正乎内。唐李賢注：《易》曰：坤厚載物。又曰：女正位乎内，男正位乎外。《詩》美好逑，注：逑，匹也。《詩》云：窈窕淑女，君子好逑。言后妃有關雎之德，為君子好匹。《易》稱歸妹。注：《兑》下《震》上，《歸妹》卦也。婦人謂嫁曰歸，妹為少女之稱。《兑》爲少陰，《震》為長陽。少陰而承長，陽悦以動之，歸妹之象也。以『六五』與『九二』相應，五為王侯。故《易》言：帝乙歸妹。祁祁皇孋，言觀貞淑。祁祁，衆多也。孋亦儷也。觀，示也。言諸后皆示其貞淑，配皇為儷。

《晉書》卷三二《后妃列傳下》　史臣曰：方祇體安，儷乾儀而合德；圓舒循晷，配羲曜以齊明。故知陽爍陰凝，萬物假其陶鑄；火炎水潤，六氣由其調理。取譬賢淑，作伉文思，靈根式固，實資於此。

贊曰：二妃光舜，三母翼周；妹升夷癸，褒進亡幽。家邦興滅，職此之由。

《周書》卷九《皇后列傳》　史臣曰：孔子稱夷狄之有君，不如諸夏之亡也。是以周納狄后，富辰謂之禍階；晉升戎女，卜人以為不吉。斯固非謬焉。

《北史》卷一四《后妃列傳下》　論曰：男女正位，人倫大綱。三代已還，逮於漢晉，何嘗不敗於矯詖而興於聖淑？

《隋書》卷三六《后妃列傳》　夫陰陽肇分，乾坤定位，君臣之道斯著，夫婦之義存焉。陰陽和則裁成萬物，家道正則化行天下。由近及遠，自家刑國。配天作合，不亦大乎！興亡是繫，不亦重乎！是以先王慎之，正其本而嚴其防。後之繼體，靡克聿脩，甘心柔曼之容，罔念幽閑之操，成敗攸屬，安危斯在。故皇英降而虞道隆，任姒歸而姬宗盛。妹、妲致夏、殷之釁，褒、趙結周、漢之禍。【略】然后妃之制，夏、殷以前略矣。周公定禮，内職始備列焉。

《舊五代史》卷四九《唐書·后妃列傳》　史臣曰：三代之興亡，雖由於帝皇，亦繫於妃后。故夏之興也以塗山，及其亡也以妹喜；商之興也以簡狄，及其亡也以妲己；周之興也以文母，及其亡也以褒氏。

宋·黎靖德《朱子語類》卷三四《論語十六·述而篇·陳司敗問昭公章》　問：昭公娶同姓之事，若天王舉法，則如何斷？曰：此非昭公故為之也。當時吳盛强，中國無伯主。以齊景公猶云既不能令，又不受命，涕出而女於吳。若昭公亦是藉其勢，不得已之故，非貪其色而然也。天子舉法，則罪固不免，亦須原情，自有處置。況不曰孟姬而曰吳孟子，則昭公亦已自知其非矣。

宋・李樗 黃櫄《毛詩集解》卷四《邶風・日月》 李曰：日乎月乎，照臨下土，言日月之代明也。自古多以日比君，月比夫人。蓋以日昱乎晝，月昱乎夜，君視外治，夫人視内治，相須如此。故言日乎月乎，所以相代，而照臨乎下土。

宋・黃震《黃氏日抄》卷二四《讀禮記十一・坊記》 魯姬姓，吳亦姬姓。魯昭公取吳為同姓，謂之吳孟子，不敢言姬姓而詭言子姓也。

元・程端學《三傳辨疑》卷一三《宣公》 夫人，小君也。小君既與公一體，不敢貶公而反敢貶夫人乎？况喪娶之罪，在公為重，在夫人為輕。舍其重而貶其輕，豈理也哉？

明・湛若水《格物通》卷三〇《齊家格・謹妃匹上》 臣若水通曰：附遠者，附於遠嫌之義也；厚別者，重其有別之禮也。【略】夫大昏，其重矣。天地交而萬物育，夫婦配而男女生，男女相生，生生無窮，故曰萬世之始也。夫以夫婦擬諸天地，可不重乎？

臣若水通曰：【略】異姓相及，同姓不相及，所以遠別章敬也。否則怨亂毓災，其何以保其土居，以端風化之本乎？人君於此，盍亦知所慎焉。

臣若水通曰：翟，隗姓之國，赤翟也。階，梯也。利内，親親也；利外，離親也。夫人孰為大？禮為大。禮孰為大？大昏為大。故婚姻之際，人道之始，聖人慎焉。况人君身先兆庶，唯民所視，而可以不謹乎？姜、任世為妃嬪，非翟之比。襄王廼欲舍姜、任而右翟女，怠棄七德，禍階從兹始矣。然則妃匹之禮，可不慎歟？可不慎歟？

又 卷四一《御臣妾上》 臣若水通曰：娶同姓者瀆類，嬖四姬者蠱心。瀆類蠱心，是侮於臣妾矣。子産原晉平公之疾，曰『君内實有四姬』，又曰『有省猶可』，足為人君處妾御者之法矣。

清・馬驌《左傳事緯前集》卷六《覽左隨筆》 婦人國下繫姓，示不忘本，且別他族。齊姜、衛姬、葛嬴、宋子之類是也。有字下繫姓者，齊女曰孟姜、季姜，宋女曰孟子、仲子是也。有謚下繫姓者，莊姜、聲子、懷嬴、文芈是也。姬爲周姓，故王室及同姓之女皆曰某姬。晉平公以同姓之女爲嬪御，故子産曰『内有四姬』。後世不知，遂以爲侍妾之稱。《國策》言幸姬、如姬，《漢書》言諸姬、愛姬，不辨爲周姓矣。惟娣姒之姒，不以禹姓。《爾雅》曰：長婦謂稚婦爲娣婦，娣婦謂長婦爲姒婦，則自古已然。

清・顧炎武《日知録》卷六《取妻不取同姓》 姓之為言生也。《左傳》昭四年：問其姓，對曰：余子長矣。《詩》曰：振振公姓。天地之化，專則不生兩則生，故叔詹言男女同姓，其生不蕃。《晉語》曰：同姓不昏，懼不殖也。而子産之告叔向云：内官不及同姓，美先盡矣，則相生疾。晉司空季子之告公子曰：異德合姓。鄭史伯之對桓公曰：先王聘后於異姓，務和同也。聲一無聽，物一無文。是知禮不娶同姓者，非但防嫌，亦以戒獨也。故《曲禮》納女於天子，曰備百姓。《吳語》：句踐請一介嫡女執箕帚，以晐姓於王宮。而《郊特牲》注云：百官，公卿以下也。百姓，王之親也。《呂刑》官百族姓，《傳》：族，同族。姓，異姓。《易》曰：男女睽而其志通也。是以王御不參一族，其所以合陰陽之化而助嗣續之功者，微矣。古人以異姓為昏媾之稱。《大戴禮》南宮縚，『夫子信其仁，以為異姓』，謂以兄之子，妻之也。《周禮・司儀》時揖異姓，鄭氏注引此。

姓之所從來，本於五帝。五帝之得姓，本於五行，則有相配相生之理。故《傳》言有嬀之後，將育於姜。又曰：姬、姞耦，其生必蕃。而後世五音族姓之説，自此始矣。晉嵇康論曰：五行有相生，故同姓不昏。【略】春秋時最重族姓，至七國時則絶無一語及之者。正猶唐人最重譜諜，而五代以後則蕩然無存，人亦不復問。此百餘年間世變風移，可為長歎也已。

清・葉方藹等《孝經衍義》卷一一《衍要道之義・夫婦》 臣按《禮記・坊記》曰：子云：取妻不取同姓，以厚別也。故買妾不知其姓，則卜之，以此坊民。《魯春秋》猶去夫人之姓曰吳，其死曰孟子卒。蓋娶同姓，乃亂倫瀆理之甚者。史諱内惡，故爲隱辭。而夫子仍史之舊文而《坊記》復發明之，此所以正夫婦之倫也。《傳》曰：『男女同姓，其生不蕃。』則又自絶其續，莫大焉。之道不孝之罪，莫大焉矣。

又 卷六〇《天子之孝・教宮闈》 臣按：《乾》、《坤》，天地之道，陰陽之本，故為上篇之首。《咸》、《恒》，夫婦之道，生育之本，故為下篇之首。《中庸》言君子之道，造端乎夫婦；及其至也，察乎天地。

乾稱父，坤稱母，始乎夫婦而終乎父母也。天地之德相共，而大生焉，廣生焉。夫婦之德相成，而正乎外，正乎內。夫子嘆美乾元則曰大，坤元則曰至，於乾元則曰統天，於坤元則曰承天。然而其為元也，則一而已。元之德，於人為仁，故乾道之仁，聖人所以首出庶物也；坤道之仁，皇后所以母儀天下也。仁與孝，又一理也。以臨羣臣百姓，則為父母；以事天地祖宗，則宗子冢婦也。而奉先事親，乃所為宜民宜人者也。故元也者，以言乎大，固無所不統；以言乎至，亦無所不承。然則仁孝之道，備於乾元、坤元矣。

清・吳浩《十三經義疑》卷八《論語・謂之吳孟子》 《春秋》書『孟子卒』，想是昭公只稱孟子，若加『吳』字，孰不知吳之為姬姓耶？蓋謂之孟子者，昭公諱之也；謂之吳孟子者，他人譏之也。《坊記》云：《魯春秋》猶去夫人之姓曰吳。則謂之吳，亦是諱之。蓋吳國也，姬姓也，但舉其國，諱其姓也。然按經文及《三傳》，未有稱吳孟子者。

清・洪亮吉《更生齋文甲集》卷二《春秋不諱娶同姓論》 春秋時，娶同姓者，不一而足。《穆天子傳》有盛姬，是天子以同姓之女備后宮也。列國則晉獻公有大狐姬、小狐姬，驪姬，其娣生卓子，亦姬姓，故莊公二十八年《傳》『惟二姬之子在絳。』平公則內有四姬，《傳》襄二十六年，『衛人歸衛姬于晉』等是也。《國語》富辰曰：『聃由鄭姬。』韋昭注：『聃，姬姓，文王之子聃季之國。鄭女爲聃夫人。同姓相娶。』

大夫則齊崔杼娶棠姜。東郭偃所云：『君出自丁，臣出自桓』是也。慶舍以女妻盧蒲癸，慶舍之士以爲『子不避宗』是也。哀公十一年，太叔懿子娶晉悼公子慭女，亦同姓。晉則羊舌氏爲晉公族，而亦娶同姓。《論衡》：叔向之母姬姓，是矣。《廣韵》：鄭公子有食采于徐吾之鄉，後以爲氏。是子南、子晳又爭娶同姓之女也。獨昭公以吳孟子貽譏者，以魯爲秉禮之國故耳。

又世皆譏漢惠帝娶魯元公主女爲婦，以爲妻外甥女。不知春秋時即有之。《左傳》僖公二十四年，『晉侯逆夫人嬴氏以歸』。《史記・晉世家》文公夫人，秦女也。服虔云：穆公女文嬴也。又《傳》稱『秦伯納女五人，懷嬴與焉。』《晉語》稱『不敢以禮致之，懽之故也。』韋昭注：『懽愛此女之故。』是懷嬴亦穆公之女，於晉文公皆外甥女也。

位號分部

綜述

《大戴禮記》卷七《帝繫》 黄帝居軒轅之丘，娶于西陵氏，西陵氏之子，謂之嫘祖氏。產青陽及昌意。

青陽降居泜水，昌意降居若水。昌意娶于蜀山氏，蜀山氏之子，謂之昌濮氏。產顓頊。

顓頊娶于滕奔氏，滕奔氏之子，謂之女祿氏。

帝嚳卜其四妃之子，而皆有天下。上妃，有邰氏之女也，曰姜嫄氏，產后稷。次妃，有娀氏之女也，曰簡狄氏，產契。次妃，陳鋒氏之女也，曰慶都氏，產帝堯。次妃，娵訾氏之女也，曰常儀氏，產帝摯。

帝堯娶于散宜氏，散宜氏之子，謂之女皇氏。

帝舜娶于帝堯，帝堯之子，謂之女匽氏。

鯀娶于有莘氏，有莘氏之子，謂之女志氏，產文命。

禹娶于塗山氏，塗山氏之子，謂之女憍氏，產啓。

《禮記・檀弓上》 舜葬於蒼梧之野，蓋三妃未之從也。漢鄭玄注：古者不合葬。帝嚳而立四妃矣，象后妃四星，其一明者為正妃，餘三小者為次妃。帝堯因焉。至舜不告而取，不立正妃，但三妃而已，謂之三夫人。《離騷》所歌《湘夫人》，舜妃也。夏后氏增以三三而九，合十二人。《春秋說》云：天子取十二，即夏制也。以虞、夏及周制差之，則殷人又增以三九二十七，合三十九人。周人上法帝嚳，立正妃，又三二十七，為八十一人以增之，合百二十一人。其位：后也，夫人也，嬪也，世婦也，女御也。五者相參，以定尊卑。

《尚書・益稷》 禹曰：【略】『予創若時，娶於塗山，辛壬癸甲。』漢孔安國《傳》：創，懲也。塗山，國名。懲丹朱之惡，辛日娶妻，至於甲日，復往治水，不以私害公。啓呱呱而泣，予弗子，惟荒度土功。』《傳》：啓，禹子也。

《左傳・昭公二十八年》 （叔向）母曰：【略】『昔有仍氏生女，黰黑而甚美，注：有仍，古諸侯也。美髮為黰。光可以鑑，注：髮膚光色，可以照人。名曰玄妻。注：以髮黑故。樂正后夔取之，注：夔，舜典樂之君長。

生伯封，實有豕心，貪惏無饜，忿纇無期，謂之封豕。注：纇，戾也。封，大也。有窮后羿滅之，夔是以不祀。注：羿，篡夏后者。

又《哀公元年》 伍員曰：【略】『后緡方娠，逃出自竇，注：后緡，相妻。娠，懷身也。歸於有仍，注：后緡，有仍氏女。生少康焉，為仍牧正。注：牧官之長。【略】虞思於是妻之以二姚，注：思，有虞君也。虞思自以二女妻少康。姚，虞姓。邑諸綸。』注：綸，虞邑。

《楚辭》卷三《屈原〈天問〉》 禹之力獻功，降省下土方。漢王逸《章句》：言禹以勤力，獻進其功，堯因使省治下土四方也。焉得彼嵞山女，而通之於台桑？《章句》：言禹引治水道，娶嵞山氏之女，而通夫妻之道於台桑之地。閔妃匹合，厥身是繼。《章句》：閔，憂也。言禹所以憂無妃匹者，欲為身立繼嗣也。胡為嗜欲，不同味而快鼂飽？《章句》：言禹治水道娶者，憂無繼嗣耳，何特與衆人同嗜欲，苟欲飽快一朝之情乎？故以辛酉日娶，甲子日去，而有啓也。

又 卷一《屈原〈離騷〉》 及少康之未家兮，留有虞之二姚。《章句》：少康，夏后相之子也。有虞，國名，姚姓，舜後也。昔寒浞使澆殺夏后相，少康逃犇有虞，虞因妻以二女，而邑於綸，有田一成，有衆一旅，能布其德，以收夏衆，遂誅滅澆，復禹之舊績。

《國語》卷一《周語上》 （襄）王弗許，曰：『昔我先王之有天下也，【略】內官不過九御。』三國吳韋昭注：九御，九嬪。

又 卷五《魯語下》 （公父文伯）母曰：『是故天子【略】日入，監九御，使潔奉禘郊之粢盛，注：監，視也。九御，九嬪之官，主粢盛祭服者。而後即安。』注：即，就也。

《周禮·天官·九嬪》 九嬪。漢鄭玄注：嬪，婦也。《昏義》曰：古者天子后立六宮，三夫人，九嬪，二十七世婦，八十一御妻，以聽天下之內治，以明章婦順，故天下內和而家理也。不列夫人於此官者，夫人之於后，猶三公之於王，坐而論婦禮，無官職。唐賈公彥疏：在此者，以其有婦德。其職云：掌婦學之法，以教九御。同是內宮之官，故亦在此。【略】引《昏義》者，彼是周之婦官之數，與此經婦人數同，故引以為證。案《禮記·弓上檀》云：舜葬蒼梧，蓋三妃未之從。鄭注云：帝嚳時立四妃，象后妃四星，其一明者為正妃，其三小者為次妃。帝堯因焉。至舜不告而娶，不立正妃，但三夫人而已。夏后氏增以三，三而九為十二人。殷人又增有三九二十七，合三十九人。周人上法帝嚳，而立正妃，又三二十七，為八十一人。以增三十九并后，合百二十一人。其位，后也，夫人也，九嬪也，二十七世婦也，八十一女御也。又云不列夫人於此，惟有九嬪已下，是無三夫人之數也。又云夫人之於后，猶三公之於王，坐而論婦禮，無官職者，謂三百六十官，無三公之官。案《大司徒·序官》云：二鄉則公一人。鄭注云：三公者，內與王論道，中參六官之事，外與六鄉之教。又案《冬官·考工記》云：坐而論道，謂之王公。注云：天子諸侯。然則公中合有三公，坐而論道，無正職，故云中參、外與而已。三夫人亦然，故云坐而論婦禮，無官職，故不列之也。

九嬪：掌婦學之灋，以教九御婦德、婦言、婦容、婦功，各帥其屬而以時御敘于王所。注：婦德謂貞順，婦言謂辭令，婦容謂婉娩，婦功謂絲枲。自九嬪以下，九九而御於王所。九嬪者既習於四事，又備於從人之道，是以教女御也。教各帥其屬者，使亦九九相與從於王所息之燕寢。御猶進也，勸也，進勸王息，亦相次敘。凡祭祀，贊玉齍，贊后薦、徹豆籩。注：玉齍，玉敦，受黍稷器。后進之而不徹。故書『玉』爲『王』，杜子春讀爲『玉』。疏：言凡祭祀者，后無外事，唯有宗廟禘祫與四時月祭等，故云凡祭祀。贊玉齍者，但祭祀之時，男子進俎，婦人設豆籩簠簋。贊，助也，助后薦玉齍也。云贊后薦、徹豆籩者，豆籩之薦與徹，皆助后也。【略】云玉齍，玉敦，受黍稷器者，案《明堂位》云：有虞氏之兩敦，周之八簋。則周用簋。《特牲》、《少牢》：大夫士用敦。今周天子用玉敦者，《明堂位》：賜魯得兼用四代之器。用敦，明天子亦兼用可知。云玉敦者，謂以玉飾敦，謂若《玉府》云珠盤、玉敦。但彼以珠盤盛牛耳，玉敦盛血，此玉敦盛黍稷爲異耳。云后進之而不徹，知者，豆籩云贊薦、徹，玉齍直贊，不云薦徹，明直贊進之而已。案《禮器》云：管仲鏤簋。注云：天子飾以玉。此直云玉敦，則簋亦飾以玉，而不云者，但玉敦，后親執而設之，故特言之。其簋則九嬪執而授后，后設之。若《少牢》：主婦親受韭菹醓醢，其餘婦贊者授主婦。主婦設之，故不言也。若有賓客，則從后。注：當贊后事。疏：后之有事於賓客者，唯有諸侯來朝，王親饗燕，后當助王饗燕，時九嬪從后往也。大喪，帥敘哭者，亦如之。注：亦從后。帥猶道也。后哭之，衆次敘者乃哭。疏：大喪謂王喪。帥敘哭者，謂若外內命婦哭時，皆依尊卑命數在后後，爲前後列位哭之，故須帥導，使有次敘也

又《天官·世婦》 世婦。注：不言數者，君子不苟於色，有婦德者充之，無則闕。疏：在此者，案其職云：掌祭祀、賓客、喪紀帥女宮而濯摡，故亦在此。九嬪言數而世婦。女御不言數者，君子不苟於色，有婦德乃充之。不言王而云君子者，謂君子為王，乃能不苟色也。九嬪言數者，欲見世婦、女御有德亦充，若九嬪無德，亦與世婦、女御同闕。故迴互其文，令義兩得見耳。

世婦：掌祭祀、賓客、喪紀之事，帥女宮而濯摡，為齍盛。注：摡，拭也。為猶差擇。疏：此婦人所掌祭祀，謂祭宗廟；賓客，謂饗食諸侯在廟；喪

紀，謂大喪朝廟，設祖奠與大遣奠。時為此三事，則帥女宮而濯摡。案《少牢》，『饔人』摡鼎俎，『廩人』摡甑甗，『司宮』摡豆籩，皆使男子官，不使婦人者，彼以大夫家無婦官及無刑女，故幷使男子官。此天子禮有刑女及婦官，故與彼異也。【略】祭祀黍稷，舂人舂之，饎人炊之，皆不使世婦，故此為非舂非炊，是差擇可知也。及祭之日，涖陳女宮之具，凡内羞之物。注：涖者，臨也。内羞謂房中之羞。疏：案《春官》『世婦』，宮卿。云掌女宮之宿戒及祭祀，比其具。此官直臨之而已。云凡内羞之物者，謂糗餌、粉餈。案《少牢》：皆從房中而來，故名為内羞。是以鄭云内羞，房中之羞也。掌弔臨于卿大夫之喪。注：王使往弔。疏：案《内宗》云：凡卿大夫之喪，掌其弔臨。注云：王后弔臨諸侯而已，是以言掌卿大夫云。文同而注異者，彼上文云：『王后有事，則從。大喪，序哭者。哭諸侯，亦如之。』彼文與后事相連，彼主於后，此上文無后，故知此王使往，可知也。若然，后無外事，彼弔諸侯，謂三公。王子母弟若畿外諸侯，則后不弔，以其王為三公六卿錫衰，諸侯緦衰。后不弔畿外諸侯，既輕於王之卿，卿既后不親弔，畿外諸侯不親弔可知。若然，《喪大記》諸侯夫人弔卿大夫士之喪者，以其諸侯臣少，故不分別尊卑，夫人皆弔之也。案《司服》：公卿大夫皆王親弔之，此文使世婦往弔者，此蓋使世婦致禮物，但弔是大名，雖致禮，亦名為弔。是以《大僕》云：掌三公六卿之弔勞。注云：王使往。《小臣》云：掌士大夫之弔勞。注云：致禮同名為弔，是其事也。此所弔，不言三公與孤者，文不具也。

又《天官·女御》女御。注：《昏義》所謂御妻。御猶進也，侍也。疏：彼不云女御而云御妻，御，進也，故彼引為一物也。又云御猶進也，侍也者，凡后下御，皆從后宮進往王寢，侍息宴。故《女御》職云：掌御敘于王之燕寢。是以訓御云進也，侍也。

女御：掌御敘于王之燕寢。注：言掌御敘，防上之專妬者。於王之燕寢，則王不就后宮息也。《疏》：鄭云掌御敘，防上之專妬者，鄭解不使九嬪、世婦掌房之意。若使在上掌之，則有妬疾自專之事。今使女御掌之，官卑不敢專妬故也。云於王之燕寢，則王不就后宮息者，破舊說云王就后宮者，故鄭云此也。以歲時獻功事。注：絲枲成功之事。疏：上《内宰》云：教九御，使各有屬，以作二事。即此獻功之事。故知此經獻功事，是絲枲，為布帛成而獻之也。凡祭祀，贊世婦。注：助其帥涖女宮。疏：上《世婦》職云：掌祭祀、賓客、喪紀帥女宮，及祭之日，涖女宮之具，故知此贊者，助其帥涖女宮也。大喪，掌沐浴。注：王及后之喪。疏：王及后喪，沐用潘，浴用湯。始死，為之於南牖下。但男子不死於婦人之手，今王喪亦使女御浴者，案《士喪禮》：浴時男子抗衾。則不使婦人。今王喪，沐或使婦人，而浴未必婦人，或亦供給湯物而已，亦得謂之掌也。后之喪，持翣。注：翣，棺飾也。持而從柩車。疏：案《禮器》云：天子八翣。又漢制度，皆戴辟，后喪亦同。將葬向壙之時，使此女御持之，左右各四人。故鄭云持而從柩車也。從世婦，而弔于卿大夫之喪。注：從之數，蓋如使者之介云。疏：王之妃妾，三夫人象三公，九嬪象孤卿，二十七世婦象大夫，女御象元士，但介數依命數為差，則王之大夫四命，世婦之從亦四人。以無正文，故言『蓋』言『云』以疑之也。

又《考工記·匠人》（周人）路門不容乘車之五個，注：路門者，大寢之門。【略】五個，三丈三尺。【略】内有九室，九嬪居之。注：内，路寢之裏也。

《禮記·曲禮下》天子有后，有夫人，有世婦，有嬪，有妻，有妾。注：妻，八十一御妻。《周禮》謂之女御，以其御序於王之燕寢。妾，賤者。唐孔穎達《正義》：天子有后者，天子立官，則先從后妃為始。所以然者，為治之法，刑於寡妻，始於家邦，終於四海，故删《詩》則以后妃為首。若論氣，先陰後陽，故此言天子有后也。謂之為后者，后，後也，言其后於天子，亦以廣後胤也。有夫人者，夫，扶也，言扶持於王也。有世婦者，婦，服也，言其進以服事君子也，以其猶貴，故加以『世』言之，亦廣世胤也。有嬪者，嬪，婦人之美稱，可賓敬也。有妻者，鄭注《内則》云：妻之言齊也，以禮見問，得與夫敵體也。案：彼是判合齊體者，今此言齊者，以進御於王之時，暫有齊同之義。有妾者，鄭注《内則》云：妾之言接也，聞彼有禮，走而往焉，以得接見於君子也。《周禮》則『嬪』在『世婦』上，又無『妾』之文也。今此所陳，與《周禮》雜而不次者，《記》者之言，不可一依《周禮》，或可雜夏、殷而言之。鄭注《檀弓》云：舜不告而娶，不立正妃，但三夫人。夏則因而廣之，增九女，則十二人。所增九女者，則九嬪也。故鄭云：《春秋》說云：天子娶十二人，夏制。鄭又云：殷增三九二十七人，總三十九人，所增二十七世婦也。周又三二十七人，因為八十一人，則女御也。

天子之妃曰后，注：后之言後也。諸侯曰夫人，注：夫之言扶，大夫曰孺人，注：孺之言屬。士曰婦人，注：婦之言服。庶人曰妻。注：妻之言齊。《正義》：天子之妃曰后，諸侯曰夫人，大夫曰孺人，士曰婦人，庶人曰妻者，皆敵其夫，如王之后，故以后居前耳。妃，邦君之合配，王、諸侯以下，通有妃義，故以『妃』字冠之，以《特牲》王、諸侯、大夫士之禮，皆云某妃配某氏，尊卑通稱也。《白虎通》云：后，君也。明配至尊，為海内小君，天下尊之。故繼其王言之而曰后也。諸侯曰夫人者，夫人之名，唯諸侯得稱，《論語》云『邦君之妻，邦人稱之曰君夫人』是也。大夫曰孺人者，孺，屬也，與人為親屬。士曰婦人者，婦之言服也，服事其夫也。其婦號，亦上下通稱。按《春秋》：逆婦姜於齊。是諸侯亦呼婦也。《穀梁傳》云：言婦，通稱之辭，言服事舅姑。知通名也。庶人曰妻者，妻之言齊也。庶人賤，無別稱，判合齊體而已。尊卑如此，若通而言之，則上下通曰妻。故《詩》曰『刑於寡妻』，是天子曰妻也。周家大夫，妻曰內子，趙姬以叔隗為內子是也。

公侯有夫人，有世婦，有妻，有妾。注：貶於天子也，無后與嬪，去上、中。《正義》：公侯有夫人者，獨言公侯，舉其上者，餘從可知也。既下於天子，不得立后，故但得以一人正者為夫人。有世婦者，謂夫人之姪娣。故《公羊》云：夫人無子，立姪娣子也。質家先立姪之子，文家先立娣之子。二氏亦夫人姪娣，貴於二媵。則此世婦者，謂夫人姪娣為媵，凡二人。有妻者，謂二媵及姪娣也，凡六人。有妾者，謂六人之外，別有其妾。知者，以上文云天子八十一御妻之外，更有妾。鄭注云：妾，賤者。不入百二十人數，故知此妾不在九女之數也。

夫人自稱於天子曰老婦，注：自稱於天子，謂畿內諸侯之夫人助祭若時事見。自稱於諸侯曰寡小君，注：謂饗來朝諸侯之時。自稱於其君曰小童。自世婦以下，自稱曰婢子。注：小童，若云未成人也。婢之言卑也。於其君稱此，以接見體敵，嫌其當。《正義》：夫人自稱於天子曰老婦者，此夫人謂畿內諸侯之妻也。其助祭於后，得接見天子，故得自稱也，言老而服事也。以畿外諸侯夫人無見天子之禮，此云自稱於天子，故注云：畿內諸侯之夫人助祭若時事見，謂若獻繭之屬。自稱於諸侯曰寡小君者，此諸侯謂他國君也。古者諸侯相饗，夫人亦出，故得自稱也。知者，《坊記》云：陽侯殺繆侯，竊其夫人，故大饗，廢夫人之禮。於此之前，有夫人饗法，故注云：謂饗來朝諸侯之時也。君之妻曰『小君』而云『寡』者，亦從君為謙也。自稱於其君曰小童者，小童，未成人之稱也。其與夫言自謙，稱為小童，若未成人，言無知也。自世婦以下自稱曰婢子者，降於夫人，故並自稱婢子，賤故也。婢之言卑也。嚮其夫自稱言己卑，故《春秋》晉懷嬴謂公曰『寡君使婢子，侍執巾櫛』是也。

又《雜記下》 夫人之不命於天子，自魯昭公始也。注：亦記魯失禮所由也。周之制，同姓百世，昏姻不通。吳，大伯之後，魯同姓。昭公取於吳，謂之吳孟子，不告於天子。自此後取者，遂不告於天子，天子亦不命之。《正義》：諸侯夫人亦天子所命，或是王后無畿外之事，故天子命畿外諸侯夫人。此文是也。若畿內諸侯及卿大夫之妻，則《玉藻》注云：天子、諸侯命其臣，后夫人亦命其妻是也。

《論語・季氏》 邦君之妻，君稱之曰夫人。夫人自稱曰小童。邦人稱之曰君夫人。稱諸異邦曰寡小君，異邦人稱之亦曰君夫人。三國魏何晏《集解》：孔曰：小君，君夫人之稱。對異邦謙，故曰寡小君。當此之時，諸侯嫡妾不正，稱號不審，故孔子正言其禮也。宋邢昺疏：此章正夫人之名稱也。邦君之妻者，諸侯之夫人也。妻者，齊也，言與夫齊體，上下之通稱，故曰邦君之妻也。君稱之曰夫人者，夫之言扶也，能扶成人君之德也。邦君自稱其妻則曰夫人也。夫人自稱曰小童者，自稱謙，言己小弱之童稚也。邦人稱之曰君夫人者，謂國中之臣民，言則繫君而稱之，言是君之夫人，故曰君夫人也。稱諸異邦曰寡小君者，諸，於也，謂己國臣民稱己君之夫人於他國之人，則曰寡小君，對異邦，謙也。以對異邦稱君曰寡君，謙言寡德之君，夫人對君為小，故曰寡小君也。異邦人稱之亦曰君夫人者，謂稱他國君妻，亦曰君夫人也。以當此之時，諸侯嫡妾不正，稱號不審，故孔子正言其禮也。

《左傳・隱公元年》 惠公元妃孟子。注：言元妃，明始適夫人也。子，宋姓。《正義》：《釋詁》云：元，始也。妃，匹也。始匹者，言以前未曾娶而此人始為匹，故注云言元妃，明始適夫人也。妃者，名通適、妾。故《傳》云：陳哀公元妃鄭姬，生悼大子；偃師二妃，生公子留；下妃，生公子勝。元者，始也，長也。一元之字，兼始、適兩義，故云始適夫人也。然則有始而非適，若孟任之類是也；亦有適而非始，若哀姜之類是也。妃者，配匹之言，非有尊卑之異。其尊卑殊稱，則《曲禮》所云『天子之妃曰后，諸侯曰夫人，大夫曰孺人，士曰婦人，庶人曰妻』是也。鄭玄以為后之言後，蓋執治內事，在夫之後也；夫之言扶，言能扶成人君之德也；孺之言屬，言其繫屬人也；婦之言服，言其服事人也；妻之言齊，言與夫齊等也，庶人之賤，見其齊等也。以上因其爵之尊卑，為立別號，其實皆配夫，通以妃為稱。《少牢饋食禮》云：以某妃配某氏，是大夫之妻，亦稱妃也。

又《桓公二年》 初，晉穆侯之夫人姜氏，以條之役生大子，命之曰仇。【略】師服曰：【略】『嘉耦曰妃，怨耦曰仇，古之命也。』注：自古有此言。

又《莊公二十八年》 令尹子元欲蠱文夫人，注：文王夫人息嬀也。子元，文王弟。蠱，惑以淫事。爲館於其宮側而振《萬》焉。注：振，動也。《萬》，舞也。

又《僖公十七年》 齊侯之夫人三：王姬、徐嬴、蔡姬，皆無子。齊侯好內，多內寵，內嬖如夫人者六人：長衛姬，生武孟；注：武孟，公子無虧。少衛姬，生惠公；注：公子元。鄭姬生孝公，注：公子昭。葛嬴生昭公，注：公子潘。密姬生懿公，注：公子商人。宋華子生公子雍。注：華氏之女，子姓。

又《文公六年》 八月乙亥，晉襄公卒。靈公少，晉人以難故，欲立長君。注：立少君，恐有難。趙孟曰：『立公子雍。注：趙孟，趙盾也。公子雍，文公子，襄公庶弟，杜祁之子。好善而長，先君愛之，且近於秦。秦，舊好也。置善則固，事長則順，立愛則孝，結舊則安。為難故，故欲立長君。有此四德者，難必抒矣。』注：抒，除也。賈季曰：『不如立公子樂。注：樂，文公子。辰嬴嬖於二君，注：辰嬴，懷嬴也。二君，懷公、文公也。立其子，民必安之。』趙孟曰：『辰嬴賤，班在九人。注：班，位也。其子何震之有？注：震，威也。且為二嬖，淫也。為先君子，不能求大而出在小國，辟也。母淫子辟無威，陳小而遠無援，將何安焉？杜祁以君故，讓偪姞而上之；注：杜祁，杜伯之後。祁，姓也。偪姞，姞姓之女，生襄公，為世子，故杜祁讓，使在己上。以狄故，讓季隗而己次之，故班在四。注：以季隗是文公託狄時妻，故復讓之。然則杜祁，本班在二。先君是以愛其子而仕諸秦，為亞卿焉。注：亞，次也。言其賢，故位尊。秦大而近，足以為援；母義子愛，足以威民。立之不亦可乎？』

又《文公八年》 宋襄夫人，襄王之姊也。昭公不禮焉。注：昭公適祖母。

又《文公十四年》 子叔姬妃齊昭公，生舍。叔姬無寵，舍無威。

【略】邾文公元妃齊姜，生定公；二妃晉姬，生捷菑。

又《文公十八年》 文公二妃敬嬴，生宣公。

又《宣公三年》 石癸曰：【略】『姞，吉人也，后稷之元妃也。』注：姞姓之女為后稷妃，周是以興，故曰吉人。

又《宣公十五年》 潞子嬰兒之夫人，晉景公之姊也。

又《襄公九年》 楚莊夫人卒，注：共王母。王未能定鄭而歸。

又《襄公二十六年》 左師見夫人之步馬者，注：步馬，習馬。問之，對曰：『君夫人氏也。』左師曰：『誰為君夫人？余胡弗知？』圉人歸，以告夫人。夫人使饋之錦與馬，先之以玉，曰：『君之妾棄，使某獻左師。』改命曰『君夫人』，注：左師令使者改命也。而後再拜稽首受之。《正義》：夫人氏者，氏猶家也。言夫人家之馬也。痤死，佐為大子，棄即正為夫人，步馬之時，夫人名已定矣，故對云『君夫人氏也』。但棄本是妾，左師欲令夫人重己，故佯不知之。夫人聞之，懼己不得為夫人，故自稱為『妾』，饋之錦、馬也。左師喜得其賜，故令使者改命曰『君夫人』，而後拜受之，使棄成為夫人。《傳》言左師之諛也。

又《昭公七年》 衛襄公夫人姜氏無子，注：姜氏，宣姜。嬖人婤始生孟縶。

又《昭公八年》 陳哀公元妃鄭姬，生悼大子偃師；注：元妃，嫡夫人也。二妃生公子留，下妃生公子勝。二妃嬖，留有寵。

又《昭公十九年》 鄅夫人，宋向戌之女也。

又《昭公二十五年》 季公若之姊，為小邾夫人。

又《昭公二十七年》 子仲之子曰重，為齊侯夫人。注：子仲，魯公子慭也。

又《昭公二十八年》 （叔向）母曰：【略】『是鄭穆少妃姚子之子，子貉之妹也。注：子貉，鄭靈公夷。

又《哀公元年》 子西曰：【略】『今聞夫差，次有臺榭陂池焉，注：積土為高曰臺，有木曰榭，過再宿曰次。宿有妃嬙嬪御焉。』注：妃嬙，貴者；嬪御，賤者。皆內官。《正義》：《曲禮》云：天子之妃曰后。則妃，上下通名也。《釋詁》云：妃合會對也妃，媲也。是匹對於夫，婦官之最貴者也。嬙在妃下，次於妃也。《周禮》有九嬪、女御。以有四名，分為二等，故言妃嬙，貴者；嬪御，賤者，皆婦官之名。《周禮》無『嬙』，蓋後世為之名。漢有掖庭王嬙，是因於古也。

又《哀公二十四年》 公子荊之母嬖，注：荊，哀公庶子。將以為夫人，使宗人釁夏獻其禮。注：宗人，禮官也。對曰：『無之。』公怒曰：『女為宗司。立夫人，國之大禮也。何故無之？』對曰：『周公及武公娶於薛，注：武公敖也。孝、惠娶於商，注：孝公稱，惠公弗皇。商，宋也。唐陸德明《音義》：孝、惠娶於商，定公名宋，是哀公之父，故釁夏為諱而稱商也。自桓以下娶於齊。注：桓公始娶文姜。此禮也則有。若以妾為夫人，則固無其禮也。』公卒立之，而以荊為大子。國人始惡之。注：惡公。

《國語》卷六《齊語》 （桓公）曰：『昔吾先君襄公【略】卑聖侮士，而惟女是崇，九妃六嬪，三國吳韋昭注：唐尚書云：九妃，三國之女以姪娣從也。昭謂正適稱妃，言九者，尊之如一，明其淫侈，非禮制也。禮，姪娣之屬皆稱妾。嬪，婦官也。陳妾數百。』注：陳，列也。

又 卷七《晉語一》 獻公卜伐驪戎，注：獻公，晉武公之子，獻公詭諸也。驪戎，西戎之別在驪山者也。其君男爵，姬姓也。史蘇占之，曰：『勝而不吉。』注：史蘇，晉大夫，占卜之史也。【略】公不聽，遂伐驪戎，克之。獲驪姬以歸，有寵，立以為夫人。注：驪姬，驪戎君之女也。

《公羊傳・隱公二年》 九月，紀履緰來逆女。《傳》：女曷為或稱女，或稱婦，或稱夫人？女在其國稱女，漢何休《解詁》：未離父母之辭，

『紀履緰來逆女』是也。在塗稱婦，《解詁》：在塗見夫，服從之辭，『公子結媵陳人之婦』是也。入國稱夫人。《解詁》：入國則尊，尊有臣子之辭，『夫人姜氏入』是也。

又《僖公三年》 秋，齊侯、宋公、江人、黄人會於陽穀。《傳》：此大會也，曷爲末言爾？桓公曰：【略】『無以妾爲妻。』

《穀梁傳·僖公九年》 九月戊辰，諸侯盟於葵邱。《傳》：葵邱之盟，陳牲而不殺，讀書加於牲上，壹明天子之禁。曰：【略】『毋以妾為妻。』

又《文公九年》（冬）秦人來歸僖公、成風之襚。《傳》：秦人弗夫人也，晉范寧《集解》：言秦人弗以成風為夫人，故不言夫人。即外之弗夫人，而見正焉。《集解》：見不以妾為妻之正。

《孟子·告子下》 五霸，桓公為盛。葵丘之會，諸侯束牲載書而不歃血。初命曰：『誅不孝。【略】無以妾為妻。』漢趙岐注：不得立愛妾為嫡妻也。宋孫奭疏：無以妾為妻，言不得以愛幸之妾而立嫡妻也。

《戰國策》卷一七《楚四》 楚王后死，未立后也。謂昭魚曰：『公何以不請立后也？』昭魚曰：『王不聽，是知困而交絶於后也。』『然則不買五雙珥，令其一善而獻之王，明日視善珥所在，因請立之。』

又卷一〇《齊三》 齊王夫人死，有七孺子皆近。漢高誘注：齊威王子宣王也。孺子，幼艾美女也。近，幸也。薛公欲知王所欲立，注：立為夫人。乃獻七珥，美其一，明日視美珥所在，勸王立為夫人。注：服美珥，則知王之所愛矣，故勸王立之也。

《韓非子》卷一三《外儲説右上》 靖郭君之相齊也，王后死，未知所置，乃獻玉珥以知之。

一曰：薛公相齊，齊威王夫人死，中有十孺子，皆貴於王。薛公欲知王所欲立，而請置一人，以為夫人。王聽之，則是説行於王而重於置夫人也；王不聽，是説不行而輕於置夫人也。欲先知王之所欲置，以勸王置之，於是為十玉珥，而美其一而獻之。王以賦十孺子。明日坐，視美珥之所在，而勸王以為夫人。

漢·劉安《淮南子》卷一二《道應訓》 齊王后死，王欲置后而未定，使羣臣議。薛公欲中王之意，漢高誘注：薛公，田嬰也。因獻十珥而美其一；旦日，因問美珥之所在，因勸立以為王后。齊王大説，遂尊重薛公。

又卷五《時則訓》 孟春之月，【略】東宫御女青色，衣青采，鼓琴瑟。漢高誘注：春王東方，故處東宫。琴瑟，木也，春木王，故鼓之。

孟夏之月，【略】南宫御女赤色，衣赤采，吹竽笙。注：火王南方，故處南宫也。竽笙，空中像陽，故吹之。

季夏之月，【略】中宫御女黄色，衣黄采。注：季夏，中央也。

孟秋之月，【略】西宫御女白色，衣白采，撞白鐘。注：金王西，故處西宫。

孟冬之月，【略】北宫御女黑色，衣黑采，擊磬石。注：水王北方，故處北宫。

《史記》卷八五《呂不韋列傳》 秦王立一年薨，謚為孝文王。太子子楚代立，是為莊襄王。莊襄王所養母華陽后為華陽太后，真母夏姬尊以為夏太后。

又卷二七《天官書》 中宫天極星。其一明者，太一常居也。旁三星三公，或曰子屬。後句四星，末大星正妃，餘三星，後宫之屬也。唐司馬貞《索隱》：句音鉤。句，曲也。《援神契》云：辰極，横后妃四星，從大妃光明。又按：《星經》以後句四星名為四輔，其句陳六星為六宫，亦主六軍，與此不同也。

權，軒轅。軒轅，黄龍體。前大星，女主象。旁小星，御者，後宫屬。南朝宋裴駰《集解》：孟康曰：形如騰龍。《索隱》：《援神契》曰：軒轅十二星，后宫所居。《石氏星讚》以軒轅龍體，主后妃也。唐張守節《正義》：軒轅十七星，在七星北，黄龍之體。

漢·蔡邕《獨斷》卷上 天子諸侯后妃夫人之别名：天子之妃曰后，后之言後也。諸侯之妃曰夫人，夫之言扶也。【略】公侯有夫人，有世婦，有妻，有妾。

天子后立六宫之别名：三夫人。帝嚳有四妃，以象后妃四星，其一明者為正妃，三者為次妃也。九嬪，夏后氏增以三三而九，合十二人。《春秋》：天子一取十二。夏制也。二十七世婦，殷人又增三九二十七，合三十九人。八十一御女，周人上法帝嚳正妃，又九九為八十一增之，合百二十人也。天子一取十二女，象十二月，三夫人，九嬪。諸侯一取九女，象九州，一妻八妾。

《晉書》卷一一《天文志上·中宮》鉤陳，後宮也，大帝之正妃也，大帝之帝居也。北四星曰女御宮，八十一御妻之象也。

軒轅十七星，在七星北。【略】南大星，女主也。次北一星，夫人也，屏也，上將也。次北一星，妃也，次將也。其次諸星，皆次妃之屬也。女主南小星，女御也。

唐·杜佑《通典》卷三四《職官十六·后妃》昔帝嚳有四妃，以象后妃四星。其一明者為正妃，餘三小者為次妃。帝堯因焉。至舜，不告而娶，不立正妃，但三妃而已，謂之夫人。《離騷》所歌《湘夫人》，舜妃也。夏后氏增以三三而九，合十二人。《春秋說》云：天子娶十二女。即夏制也。以虞、夏及周制差之，則殷人又增以三九二十七，合三十九人。周人上法帝嚳，立正妃，又三二十七為八十一人以增之，合百二十一人。其位：后也，夫人也，嬪也，世婦也，女御也，五者相參，以定尊卑焉。以上鄭玄所云。故《禮》曰：『古者天子后立六宮，三夫人，九嬪，二十七世婦，八十一御妻，以聽天下之內治。天子立六官，三公，九卿，二十七大夫，八十一元士，以聽天下之外治。』諸侯之夫人，皆命於天子。夫人不命於天子，自魯昭公始也。周制，同姓百世不婚。魯昭娶吳，以同姓，改謂之吳孟子。故不告於天子，天子亦不命。

明·董說《七國考》卷一《秦職官·附后妃爵秩》應劭云：『秦自惠文王後，嫡稱王后，次稱夫人。又有美人、良人、八子、七子、長使、少使之號。美人爵視二千石，比少上造；八子視千石，比中更。』《史記》昭襄王母芈八子是也。

論說

《荀子》卷一七《君子篇》天子無妻，告人無匹也。唐楊倞注：告，言也。妻者，齊也。天子尊，無與二，故無匹也。

《爾雅》卷一《釋詁》偶、妃、匹、會，合也。晉郭璞注：皆謂對合也。

妃、合、會，對也。注：皆相當對。妃，媲也。注：相偶媲也。

漢·班固《白虎通義》卷一〇《嫁娶》天子妃謂之后何？后者，君也。天子妃至尊，故謂后也。明配至尊，為海內小君，天下尊之，故繫王言之，曰王后也。《春秋傳》曰：『迎王后於紀。』

國君之妻，稱之曰夫人何？明當扶進八人，謂八妾也。國人尊之，故稱君夫人也。自稱小童者，謙也。言己智能寡少，如童蒙也。《論語》曰：『國君之妻，君稱之曰夫人，夫人自稱曰小童，國人稱之曰君夫人。稱諸異邦曰寡小君。』謂聘問於兄弟之國，及臣於他國稱之。謙之詞也。

妻妾者，何謂也？妻者，齊也，與夫齊體。自天子下至庶人，其義一也。妾者，接也，以時接見也。

妃者，匹也。妃匹者何謂？相與為偶也。

天子諸侯一娶九女者何？重國廣繼嗣也。適九者何？法地有九州，承天之施，無所不生也。一娶九女，亦足以承君之施也。九而無子，百亦無益也。《王度記》曰：『天子諸侯一娶九女。』《春秋公羊傳》曰：『諸侯娶一國，則二國往媵之，以姪娣從。謂之姪者何？兄之子也。娣者何？女弟也。』或曰：天子娶十二女，法天有十二月，萬物必生也。

又　卷四《五行》君一娶九女，何法？法九州，象天之施也。

漢·劉熙《釋名》卷三《釋親屬》天子之妃曰后。后，後也，言在後，不敢以副言也。

諸侯之妃曰夫人。夫，扶也，扶助其君也。

天子妾有嬪。嬪，賓也，諸妾之中見賓敬也。妾，接也，以賤見接幸也。

漢·鄭玄《駁五經異義·妾母之子為君得尊其母為夫人》《異義》：《春秋公羊》說：妾子立為君，母得稱夫人。故上堂稱妾，屈於嫡；下堂稱夫人，尊行國家。則士庶為人君，母亦不得稱夫人。父母者，子之天也，子不得爵命父母。至於妾子為君，爵其母者，以妾本接事君者，有所因也。《穀梁》說：魯僖公立妾母成風為夫人，入宗廟，是子而爵母也。以妾為妻，非禮也。《古春秋左氏》說：成風妾，得立為夫人。母以子貴，禮也。謹案《尚書》：舜為天子，瞽瞍為士，明起於士庶者，子不得爵父母也。至於魯僖公本妾子，尊母成風為小君，經無譏文。《公羊》、《左氏》義是也。

駁曰：《禮・喪服》：父為長子，三年，以將傳重故也。衆子則為之期，明無二嫡也。女君卒，貴妾繼室，攝其事耳，不得復立夫人。魯僖公妾母為夫人者，乃緣莊夫人哀姜有殺子般、閔公之罪，應貶故也。近漢呂后殺戚夫人及庶子趙王，不仁，廢不得配食。文帝更尊其母薄后，非其比耶？妾子立者，得尊其母，禮未之有也。

《後漢書》卷九二《荀爽傳》 對策陳便宜曰：【略】衆禮之中，婚禮為首。故天子娶十二，天之數也。諸侯以下，各有等差，事之降也。陽性純而能施，陰體順而能化。以禮濟樂，節宣其氣，故能豐子孫之祥，致老壽之福。及三代之季，淫而無節，瑶臺傾宮，陳妾數百。陽竭於上，陰隔於下。故周公之戒曰：『不知稼穡之艱難，不聞小人之勞，惟耽樂之從，時亦罔或克壽。』是其明戒。

《三國志・魏志》卷五《后妃》 《易》稱：男正位乎外，女正位乎內。男女正，天地之大義也。古先哲王，莫不明后妃之制，順天地之德。故二妃嬪嬀，虞道克隆；任姒配姬，周室用熙。廢興存亡，恒此之由。《春秋説》云：天子十二女，諸侯九女。考之情理，不易之典也。而末世奢縱，肆其侈欲，至使男女怨曠，感動和氣，惟色是崇，不本淑懿，故風教陵遲而大綱毁泯，豈不惜哉？嗚呼！有國有家者，其可以永鑒矣。

《宋書》卷四一《后妃列傳》 史臣曰：飲食男女，民之大欲存焉。故聖人順民情而為之度，王宮六列，士室二等，皆司事設防，典文曲立。若夫義篤閫闈，化形邦國，古先哲王有以之致治者矣。夫后妃專夕，配以德升；姬嬙並御，進非色幸。欲使情有覃被，愛罔偏流，專貞內表，妖蠱外息。至於降班在四，簪珥成行，同列者三，環珮係響，乃可以燮理陰教，輔佐君德。

《梁書》卷七《皇后列傳》 《易》曰：有天地，然後有萬物；有萬物，然後有男女；有男女，然後有夫婦。夫婦之義，尚矣哉！《周禮》王者立后，六宮三夫人，九嬪，二十七世婦，八十一御妻，以聽天下之內治。故《昏義》云：天子之與后，猶日之與月，陰之與陽，相須而成者也。

《陳書》卷七《皇后列傳》 《周禮》王者立后，六宮三夫人，九嬪，二十七世婦，八十一御妻，以聽天下之內治。然受命繼體之主，非獨外相佐也，蓋亦有內德助焉。

《南史》卷一二《后妃列傳下》 論曰：飲食男女，人之大欲存焉。故聖人順於人情而為之度，王宮六列，士室二等，皆隨事升降，以立節文。若夫義篤閫闈，政刑邦國，古先哲王有以之致化矣。夫后妃專夕，配以德升，姬嬙並御，進非色幸，欲使情有覃被，愛罔偏流。專貞內表，妖蠱外息，乃可以輔興君德，燮理陰政。

唐・陸淳《春秋集傳纂例》卷八《名位例・后夫人王姬內女》 天子之妃曰后，諸侯曰夫人。凡稱婦者，有姑之辭也。姑在，則后、夫人皆當執婦禮焉，故書之曰『婦』。至於《公羊傳》曰：在塗曰婦，是以親迎未至於國而言也。夫未至於國，婚禮未成，猶然女也，豈得遽曰『婦』哉？故《春秋》有『逆女』之文，《公羊》殊失之矣。

凡婦人皆以字配姓，伯姬、仲子、季姜之類是也。以謚言之，亦以謚配姓，穆姜、定姜、共姬之類是也。『女』者，未嫁之稱；至夫之國，乃曰『夫人』。宣元年，公子遂如齊逆女，遂以夫人婦姜至自齊之類。王后雖在父母國，亦曰王后，桓八年，祭公來逆王后於紀之類是也。天下皆王土故也。【略】諸侯之妾母，雖臣下尊之，然不得稱『夫人』，以體先君；自成風之後，乃皆僭矣。

唐・陸淳《春秋集傳微旨》卷上《隱公元年春王正月》 啖氏云：仲子非夫人，桓公非嫡子，是惠公虧禮而遺禍也。此言古者諸侯，一娶九女，元妃卒，則次妃攝行內事，無再娶之文，故云仲子非夫人也。

唐・杜佑《通典》卷七二《禮三十二・嘉十七・諸侯崇所生母議》 袁準《正論》云：時俗之論曰：庶子為公，可以尊其母為夫人。《春秋》之義，母以子貴。按隱公二年：『夫人子氏薨』。五年：『考仲子之宮』。上稱『夫人』，下不應復言『仲子』，明其以妾為妻也。『秦人來歸成風之襚』，不稱夫人，明其私尊，不通於鄰國也。《左氏傳》曰：『並后、匹嫡，亂之本也。』袁準曰：並后，『如夫人者六』是也。匹嫡，元妃卒，立妾為夫人是也。《公羊》亦云：『母以子貴。』

説曰：《穀梁》云：秦人來歸成風之襚。秦不云夫人也，就外不云夫人，而見正焉。夫身為國君而母為妾庶，子孫所不忍，臣下所不安，故私稱於國中，不加境外。此人子之情，國人之私，而止於禮法之正也。假有庶子數人，並為三公，欲各尊其母，將何以止之？非聖人無法，此大亂之道也。

唐·成伯璵《毛詩指說·解說》 后妃者，王者夫人之號。后者，君也，尊親也；又后者，後也，六宮皆居於天子路寢之後，則百斯男，繼後嗣也。顓頊之時，未聞后妃之號。帝嚳始序星辰，象天官，后妃有四星，其一明者為正妃，即后也，餘三者以為妃，即三夫人也。舜不立正妃，唯置三夫人也。後世就一人上，又加其二為三。夏后氏因三夫人，置九嬪，掌婦人之法度。殷人於九嬪之上，又加其三，二十七世婦，廣其子孫，繼世不絕之名。周又因世婦，加置八十一御女，為百二十人，次序而進，侍王之燕息。后即古之正妃，不在數中。其內職皆擬外官。三夫人比三公，九嬪比九卿，二十七世婦比二十七大夫，八十一御女比八十一元士。此周公之制。王治外政，后修內職。

宋·劉敞《春秋權衡》卷一〇《公羊》【略】又曰：『諸侯一娶九女。諸侯不再娶。』亦非也。假令諸侯之正妃卒，則右媵攝事，右媵復卒，則左媵攝事，而左媵復卒，豈可以宗廟社稷與衆姪娣共之哉？獨不為宗廟社稷乎？《禮》云：宗子雖七十，無無主婦。由是而言，宗廟不輕於族人，國君不輕於宗子。宗子猶不以妾為婦，國君何故反得以妾為婦哉？然則諸侯自合再娶。再娶者不備三歸，可矣。昔武王崩，成王年十二，若不再娶，安取此子哉？苟令武王三十而娶，其后亦二十而嫁，比武王之崩，后亦八十三矣。計生成王時不減七十，此非人世所有也，可得强云不再娶乎？成王又自有母弟，事皆驗著。非一娶，明矣。

宋·陳祥道《禮書》卷六六《媵姪娣》 古者天子有后，有夫人，有嬪，有世婦，有妻，有妾。諸侯有夫人，有世婦，有妻，有妾。天子自御妻而上，其數百二十有一。諸侯夫人而下，其數不可考也。

宋·胡安國《春秋傳》卷一四《文公上》 風氏，僖公之母，莊公妾也，而稱夫人，自是嫡妾亂矣。《語》曰：邦君之妻，邦人稱之，曰君夫人；稱諸異邦，曰寡小君。蓋敵體之稱也。若夫妾媵，則非敵矣。其生亦以夫人之名，稱號之；其沒亦以夫人之禮，卒葬之。非所以正其分也。以妾媵為夫人，徒欲尊寵其所愛而不虞卑其身；以妾母為夫人，徒欲崇貴其所生而不虞賤其父。卑其身則失位，賤其父則無本。越禮至是，不亦悖乎！夫禮，庶子為君，為其母無服，不敢貳尊者也。《春秋》於成風記其卒葬，各以實書，不為異辭者，謹禮之所由變也。

宋·葉夢得《春秋考》卷四《隱公》 杜預以聲子爲孟子之姪娣，諸侯始娶，則同姓之國以姪娣媵。元妃死，則次妃攝治內事，猶不得稱夫人，故謂之繼室，則姪娣既媵，媵即次妃，而諸侯不得再娶也。論考仲子之宮，又云：惠公以仲子手文娶之，欲以爲夫人，諸侯無二嫡，故隱公成之，爲立宮。是許諸侯得再娶，而不得爲夫人也。夫安有娶而不得爲夫人者乎？且既以聲子爲繼室，攝元妃，治內事，又再娶仲子，則何以名之？蓋杜氏自不能了此，前論參取《公羊》諸侯一聘九女，諸侯不再娶之意，相與附會；後論仲子辭窮，則又許其再娶，忘其自相違戾；至言姪娣爲媵，亦非。是媵於天子，爲三夫人；於諸侯，爲二世婦，本不同。姪娣姪娣之制不盡見於後世，而媵姪娣，《禮》亦不詳，吾固言之矣。諸侯不得再娶，於《禮》無正文，蓋出於《公羊》。《曾子問》記孔子之言曰：宗子雖七十，無無主婦。非宗子，雖無主婦，可也。此謂主祭也。以類推之，諸侯若不得再娶，則安得每有夫人乎？吾固以爲攝矣。

《禮·昏義》：天子后立六宮，三夫人，九嬪，二十七世婦，八十一御妻，以當公卿大夫士之數，而《曲禮》公侯但云有夫人，有世婦，有妻，有妾，而不言數。《公羊》言諸侯娶一國，則二國往媵之，以姪娣從。姪，兄之子也。娣，弟也。諸侯一聘九女，故爲不再娶之論。按天子后之媵三，則三夫人是也。三夫人各有姪娣三，則九嬪是也。合三夫人、九嬪，是爲十二。由是等而下之，其降殺以三。諸侯夫人之媵二，則爲世婦者，當二也。夫人與世婦各有姪娣二，則謂之妻者，當六也。合夫人與二世婦、六妻，是爲九。天子之后尊矣，故不在十二女之數。諸侯降於天子，故夫人同爲九女，以婦職名之，則天子曰后，曰夫人，曰嬪；諸侯曰夫人，曰世婦，曰妻，而通謂之，非以配嫡。以別兄子及弟言之，則曰姪娣，合言之則曰媵。夫既以是爲定制矣，則《周官》『九嬪』不列其數，以爲有其人則充，無則闕。《曲禮》公侯夫人、世婦、妻、妾不列數，義亦同此。無其人尚不得充，而况過之乎？若許之再娶，則其爲媵，姪娣有不可廢者。是與其舊而兩之也，豈正家遠色之道乎？

古者天子在喪，則使冢宰攝君，百官總己而聽之。君猶可攝也。若王有故，不與祭祀，則大宗伯攝位，太宰攝之，則謂之宰祭。大祭祀，王后有故不與，則大宗伯攝，而薦豆、籩，徹。大賓客，則攝而載裸。后夫人之職，莫大於祭祀。方其無恙，天子猶且得使冢宰攝，則后夫人死，而以媵攝之，不亦可乎？所謂攝者，攝其職，非攝其位，猶冢宰之攝君者也。以是而言，則《公羊》之言爲有證矣。

春秋之時，凡諸侯三夫人皆曰妃，有元妃，有二妃，有下妃，亦曰少妃。故《左氏》稱惠公孟子爲元妃，而記子叔姬妃齊昭公，於邾文公見元妃、二妃，於陳哀公見元妃、二妃、下妃；又謂鄭姚子爲少妃。此三夫人之別也。夫人稱元妃，死則以二妃攝行其事，皆曰繼室，所謂『繼室以聲子』者也。何知攝之？二妃爲媵也。據《左氏》言臧宣叔繼室，以其姪媵。姪娣同爲九女，則媵固得爲之矣，是以同謂之繼室。晉靈公卒，晉人議立君，趙孟以辰嬴班在九，杜祁以狄故，讓季隗而己次之，班在四。則諸侯九女之證也。齊小白之夫人三，曰王姬、徐姬、蔡姬；長衛姬、少衛姬、鄭姬、葛嬴、密姬、宋華子，凡九人，而謂如夫人者六人，則通三夫人爲九女之證也。齊侯娶於魯，曰顔懿姬，無子，姪鬷聲姬生光。則夫人有姪娣之證也。晉獻公伐驪戎，以驪姬歸，生奚齊，其娣生卓子，則世婦有姪娣之證也。是先王之遺制，猶有可考者。乃衛莊公娶於齊東宮得臣之妹，曰莊姜，又娶於陳，曰厲嬀。晉獻公娶於賈，又娶二女於戎，曰大戎狐姬、小戎子，則違禮而再娶矣。

宋・周孚《蠹齋鉛刀編》卷三一《非詩辨妄》　鄭子曰：《關雎》言『后妃』便無義。三代之前，天子之耦曰皇后，太子之耦曰妃。奈何合後世二人之號，而以為古一人也？

非曰：『后妃』云者，猶古語所謂『君王』云爾，不必以君為諸侯，王為天子也。

宋・羅願《羅鄂州小集》卷二《內官問》　或問《禮記》所載后夫人、嬪婦、女御之制，其合於古乎？曰：不然。嬪婦、女御則信有之。若夫人則諸侯之妃，不在王宮。何以明之？吾稽之《周禮》，九嬪實亞后，而夫人不與焉。《內宰》曰：以陰禮教六宮，以陰禮教九嬪，以婦職之法教九御。《內小臣》曰：若有祭祀、賓客、喪紀，則擯詔后之禮事，相九嬪之禮事，正內人之禮事。此皆自后而下輒及九嬪，無所謂夫人者。

曰：夫人坐論婦禮者也，烏可以職求？曰：坐論婦禮，則其不見於禮事也，可矣。然《內司服》：祭祀共后之衣服，及九嬪，世婦，凡命婦共其衣服。《追師》：掌王后之首服，為九嬪及外內命婦之首服。則冠服亦不及焉，何也？夫夫人之等視諸侯，九嬪之等視卿。天子以內之卿，代外之諸侯；以內之嬪，代外之夫人。是或一道也。

曰：然則『漿人』之職，何以云夫人致飲？『掌客』之職，何以云夫人致禮？曰：『漿人』之致飲，此職之在諸侯國中者耳。王后有『酒正』致飲，侯國無之，故以『漿人』。《周禮》之所記，有掌侯國之事，如『環人』訟敵國之類者多矣。若夫『掌客』之職，亦諸侯相見之禮。若諸侯朝天子，皆於其湯沐之邑，而取具不以勤王人，且致飧致享。其禮隆甚，皆非天子接其臣之事。考其職，先言王合諸侯，次言王巡守殷國，次言凡諸侯之禮，次言凡諸侯之卿大夫士為國客。則知此言諸侯之禮者，諸侯相為賓之禮也。有同姓之國，有甥舅之國，有夫人父母之國，則夫人為之致禮。若天子之宮，固有后在，而夫人何至與諸侯行禮耶？

曰：然則王宮之無夫人審矣，則嬪婦、女御之分處六宮也，奈何？曰：六宮之處，嬪不在焉。古者六宮九室，六宮以象王之六寢，王后之所治也。世婦為后之屬，實分掌之。九室以象卿之九列，九嬪之所居也。女御為九嬪之屬，實分處焉。此《禮》所謂『后立六宮』，又曰『內有九室，九嬪居之；外有九列，九卿朝焉』者也。嬪各有室，不在六宮。

或曰：何以知世婦屬后，女御屬九嬪？曰：《內宰》：上春詔王后率六宮之人而生穜稑之種，獻之於王；而春官世婦，每宮卿二人，其職曰：世婦掌女宮之濯溉，率六宮之人共粢盛，則是世婦屬后之驗也。九嬪掌婦學之法，以教九御，各率其屬以時御敘於王所，而女御云掌御敘於王之燕寢，則是女御屬九嬪之驗也。

曰：嬪次於后，則嬪當以何人為之？曰：嬪之義，尊矣。古直以嫁為嬪，故《書》云：『釐降二女於嬀汭，嬪於虞。』《詩》云：摯仲氏任，自彼殷商，來嫁於周，曰嬪於京。『所謂九嬪者，蓋亦從后而嫁者也。天子求后，同姓之國以娣姪媵之，備官而行，數至於九，皆自彼而具，不待天子自擇，此古所以有一娶九女之說也。【略】

曰：然則世婦不進御與？曰：否。《周禮》「九嬪」掌以時御叙於王所，「女御」掌御叙於王之燕寢，惟世婦不然，掌喪祭、賓客之事而已。《月令》：仲春之月，后妃率九嬪御，亦不及世婦。世者，代也；婦，又已嫁之名。蓋先世女御之老而無子者為之。故《王制》云：「國君不名卿老世婦。」卿老，亦致政而歸者，則以先世之臣妾，在所當敬故也。是以內宰於六宮九嬪、九御皆教，而獨無教世婦之說，以其素習於禮，不待教也。

或曰：諸侯之宮何如？曰：諸侯之娶五人若三人。《左氏傳》曰：秦伯納女五人。哀姜之嫁，亦有「葛屨五緉」之語，則是并夫人為五也。《公羊》言：諸侯娶一國，則二國往媵之以姪娣。而陳有元妃、二妃、下妃之目，則是并夫人為三也。至其宮，則半天子。故《禮》曰：「卜三宮之夫人、世婦之吉者。」此其降殺之序也。至其末也，齊威公之夫人三，內嬖如夫人者又六人，則是九人也。晉文公以夫人禮逆懷嬴，然猶曰班在九人，則是亦九人也。而齊襄九妃之外，又有六嬪，皆有所依放。其僭侈甚矣，不可以為法。

宋·衛湜《禮記集說》卷一二《曲禮下》 藍田呂氏曰：后以配天子，夫人視三公，其名與諸侯之妃同。世婦視大夫，其名與大夫妻同。九嬪於《昏義》視九卿，位在世婦上；此在世婦下者，異代之制也。妻即《昏義》所謂御妻，視元士，名與士之妻同。妾則《昏義》所無，蓋其賤者，以視庶人。

嚴陵方氏曰：后以承繼為義，以其聽內治，有君道故也。

廬陵胡氏曰：隋唐以後，皇后而下有貴妃、淑妃、德妃、賢妃，則夫人也。昭儀、昭容、昭媛、修儀、修容、修媛、充儀、充容、充媛，則九嬪也。婕妤、美人、才人各九，合二十七，是代世婦。寶林、御女、采女各二十七，是代御妻。六尚分典乘輿、服御，則妾也。大抵踵《周官》之制。

又 卷一三《曲禮下》 藍田呂氏曰：天子之妃所以稱后者，有繼後之辭。合二姓之好，以繼聖人之後，以為天地、社稷、宗廟之主，則有繼者也。夫者，帥人之稱也。男子謂之丈夫，士之貴者命為大夫，稱之曰夫子。則夫人者，亦帥其嬪婦以事君，故諸侯之妃曰夫人。若邦人稱之則曰君夫人，言君之夫人也。

嚴陵方氏曰：自天子至於庶人，皆有妃，獨天子曰后，以有君道故也。諸侯之夫人，一國之小君，亦有君道，不得謂之后者，妃之有君道，惟天子足以當之故也。曰夫人者，以其為一國之小君，而人所事也，故稱夫，然非夫之也，故稱人。《周南》，王者之風，故《關雎》言后妃之德。《召南》，諸侯之風，故《鵲巢》言夫人之德。此非所辨歟？

長樂劉氏曰：后者，後也，德配於天子，育其嗣息，以為之後也。《周南》之《序》曰：《關雎》，后妃之德也，所以風天下而正夫婦也。然則樂得淑女者，其德也；《螽斯》不妬忌者，其行也；無思犯禮者，其化也；躬儉憂勤者，其志也。故能風天下而正夫婦也。

金·王若虛《滹南集》卷一《五經辨惑》 《曲禮》云：天子有后，有夫人，有世婦，有嬪，有妻，有妾。公侯有夫人，有世婦，有妻，有妾。又云：天子之妃曰后，諸侯曰夫人，大夫曰孺人，士曰婦人，庶人曰妻。夫妻者，所以對夫嫡配之總稱也。婦人者，所以對男子女子之總稱也。初無貴賤尊卑之別，今乃以妻列於后夫人等下，而別為一號，專指「婦人」為士之配。然則天子之后、公侯夫人輩，不謂之妻乎？非士之配者，不謂之婦人乎？鄭注《內則》云：妻之言齊也，以禮見問，得與夫敵體也。孔氏引之，以為彼是判合齊體者，此言齊者，以進御於王時，暫有齊同之義。穿鑿可笑如此。

元·郝經《續後漢書》卷八七中下《錄第五中下·禮樂·婚》 至於嬖寵並后，妾媵無數，族姓無別，公主無禮，皆始於昏禮之壞，遂為天下亂本。禮無二嫡，天子、諸侯不再娶，故廟無二主。周自幽王立褒姒，黜申后，嬖始奪嫡而有並后，卒致大亂。諸侯化之，始以妾為妻而有二嫡。魯惠公元妃孟子卒，又以宋仲子為夫人，不請於王朝而自命之，平王不問；至其卒，又使冢宰賵之。孔子為是作《春秋》，以明嫡妾之分，書曰「天王使宰咺來，歸惠公仲子之賵。」宰稱名，非宰也；惠公仲子，非夫人也。及其考宮，又書曰「考仲子之宮」而不曰夫人。僖公之母成風，莊公之妾也，尊為夫人，特禘而使廟見，書曰「禘於太廟，用致夫人。」用者不當用，致者不當致，夫人不氏，非夫人也。及卒，而秦人來襚，書曰「秦人來歸僖公成風之襚。」僖公成風，猶惠公仲子，非夫人也。及葬，王使歸含會葬，再不稱『天王』者，加禮寵妾，非王也。再書特書，以治妾母，垂訓之義大矣。當是之時，諸侯往往以妾為妻，妾上僭，夫人失位，皆致大亂。原注：《詩·綠衣》，衛莊姜傷己也。妾上僭，夫人失位而作是詩也。州吁之母嬖而桓公弒，驪姬有寵而申生縊，宋棄生佐而太子死。原注：《左氏傳》：宋芮司徒生女子，赤而毛，棄諸堤下。共姬之妾取以入，名之曰棄。長而美，平公納之，嬖，生佐。寺人伊戾遂誣太子痤將亂，公因之，痤縊而死，佐為太子。葵丘之會，齊申天子之禁曰：『無以妾為妻。』而桓公之嬖如夫人者六人，卒死不克葬，尸蟲出户。至秦昭襄王，號其母芈氏為宣太后，孝文王又尊其母唐八子為唐太后，莊襄王尊其母為夏太后，始皇亦尊其母為太后。於是秦世妾母皆為太后，而不尊嫡后。

周制，天子一娶十二女，一嫡后，十一媵。自三夫人、九嬪，以次各備内官，名分素定。后崩，則左右媵為繼室而不稱后。諸侯一娶九女，制如天子，不敢踰禮秩之數，而媵亦不敢僭，故家齊内治。周衰，妾媵始過數。至戰國秦漢，妾媵遂無數。

元·方回《續古今考》卷六《西入咸陽欲止宫休舍》　《公羊傳》謂：周制，諸侯一娶九女，天子一娶十二女。漢儒謂：商制，天子一娶，亦不過九女。《禮記·昏義》謂：古者天子后立六宫，三夫人，九嬪，二十七世婦，八十一御妻。然《周禮·天官》有九嬪，世婦，御妻，而無三夫人。九嬪言九而世婦、御妻不言數。鄭康成曲為之説，謂不立夫人者，猶三公之於王，坐而論道，婦禮無官職。謂世婦不言數者，君子不苟於色，有婦德者充，無則闕。其説恐無所據，皆不可考。【略】

第天子一娶九女、十二女，莫知其的。謂諸侯一娶九女，則如魯之宋共姬，至於三國來媵，乃十二女矣，僭也。管仲有三姓之女，亦大夫之僭也。《左氏傳》：秦伯納女五人。則五而已。齊桓公之夫人三，内嬖如夫人者又六，則九人也。晉文公逆懷嬴，曰『班在九人』，則亦九人也。齊襄公九妃之外，又有六嬪，則十五人也。大抵春秋作而王制廢，戰國之世又甚於春秋。孟子論堂高數仞，榱題數尺，食前方丈，侍妾數百人。孔子之時，未至於如此；而孟子所云，不必諸侯，或大夫陪臣、四公子之徒皆是也。

按古天子之内稱后，諸侯稱夫人，亦稱妃。《詩序》：《關雎》言后妃。謂文王為諸侯，則太姒為妃，追王以後稱后也。《鵲巢》言夫人，則周之大夫之妻如召公後為國君，則亦追稱夫人也。戰國僭王，皆稱王后，而以妾為夫人。【略】亂匪降自天，生自婦人。人主率以此事夭其天年，蓋自戰國與秦始也。

又　卷六《附考秦漢唐后夫人之名》　六籍遺秦之後出於漢者，《禮記》不可盡信，《周禮》有多疑而難信，《詩序》又全不足信。如三夫人、九嬪、二十七世婦、八十一御妻，《周禮》、《禮記》自有異同。鄭康成所釋諸經，又當後漢之末，愈支離穿鑿，大率亦不可信。如十五日，王后一御，決無此理。《詩序》兼下『后妃』二字，便已疏脱。文王為商之諸侯，固未可以妻為后，太姒乃其夫人，稱曰妃可也。武王有天下，追王其先，則夫人稱后可也。今其兼曰『后妃』者，乃漢儒耳。因當時朝廷之事，如匡衡所謂『后夫人之行，不侔乎天地』，兼王母與妾並言之，如高祖有吕后，又有戚夫人；文帝有慎夫人，武帝有李夫人是也。文士循習稱后夫人，無嫡媵之别，殊為可嘆。

又　卷二二《尊王后曰皇后》　《白虎通》曰：天子之配謂之后。后者，君也。天子之配至尊，故謂后也。按夏、殷已前，后妃之制，其文略矣，大率皆稱妃。故黄帝有四妃，帝嚳四妃。正嫡曰元妃，以下稱次妃；又有禹妃、湯妃，皆是也。並出《史記》。周則天子立后，正嫡曰王后。秦稱皇帝正嫡曰皇后，漢因之；帝祖母稱太皇太后，母稱皇太后。魏晉之後，母后之號，並遵秦漢。

紫陽方氏曰：成王《顧命》曰：『皇后馮玉幾，導揚末命。』即『皇后』字，本是天子之稱。《曲禮》曰：『天子之妃曰后，諸侯曰夫人。』秦稱王之後，周天王未亡，不見秦王后之文。孝文王之為太子，有正夫人曰華陽夫人，子楚母曰夏姬。秦昭王五十六年卒，孝文王以安國君立為王，以華陽夫人為王后。此秦稱王后之始也。孝文王卒，子楚立，是為莊襄王。稱養母為華陽太后，尊母夏姬為夏太后。此秦稱太后而又並后之始也。子楚之在邯鄲，納吕不韋有孕之妾，是為始皇帝母。《史記》終不見其姓，故天下稱始皇為『吕政』。而其母趙氏既寡，與吕不韋淫，不韋又進大陰人嫪毐，為始皇母日夜淫。嫪毐伏誅，不韋飲鴆。始皇殺母之淫嫪，可也；殺不韋，乃殺所生父矣。又遷母太后於雍，以茅焦之説，始迎還咸陽。《呂不韋傳》書始皇十九年，太后薨，諡為帝太后。是時始皇未并天下，未稱皇帝，故其母無皇太后之稱。《索隱》注謂：秦不用諡法。始皇稱皇帝之後，故其母號為帝太后，非誄列生時之行。然始皇之后，史不見為何人何姓。長子扶蘇，幼子胡亥，不知其母為誰。始皇死時，胡亥猶稱公子，無爵位。李斯、趙高詐為遺詔，立為太子。二世立，殺六公子，其一名曰將閭。當時扶蘇諸弟，胡亥諸兄，亦不聞其母為誰。《李斯傳》：始皇有二十餘子。注云：辨士隱姓名遺章邯書曰：李斯為秦王死，廢十七兄而立今王也。裴駰謂二世是秦始皇第十八子。此書在善文中未詳，然則始皇不立太子，為其子者皆匹夫，稱公子而已。無尺土之封，無一命之爵，二十餘子皆不見其母為誰。《李斯傳》又云：公子十二人僇死咸陽市，十六主矺死杜。矺音翟，與『磔』同。又公子高上書請死，胡亥可書，賜錢十萬以葬。皆不見諸公子、公主之母。始皇男女三十餘人，皆屠戮無孑遺，哀哉！

元·鄭玉《春秋闕疑》卷一九《文公》　高氏曰：再娶不得稱夫人，而况妾乎！故庶子為君，則為其母無服，不敢貳尊者也。自惠公仲子以再娶始僭，然尚未敢同嫡也。今風氏乃莊公之妾，雖於僖公為母，而直以夫人之禮薨之者，魯禮之變自此始，而嫡妾之分亂矣。聖人實書之，以示僭亂之由，且見其無君父之惡。何則？彼乃吾君父之妾也，今背死而强使之配，此非尊事君父之道。後世不知此，乃有母以子貴之説，凡妾母皆稱太后，甚至於妾死而加以皇后之諡。此皆不知《春秋》之旨者也。

元·吴澄《禮記纂言》卷一下《曲禮》　澄曰：此以世婦先於嬪者，蓋后之下，夫人最尊，嬪次尊。夫人之數三，嬪之數九，小數自三而九，共為十二。三夫人隔越一位，有世婦二十七，其數合三十九。嬪隔越一位，有御妻八十一，其數合九十。大數亦自三而九，共為百二十。取其數之合，故移其位以相近。又夫人、世婦皆以兩字為稱，嬪、妻、妾皆以一字為稱，取其文之便，故因其類以相從也。

《金史》卷六三《后妃列傳上》　《周禮》内宰，其屬則内小臣、閽人、寺人次之；九嬪、世婦、女御、女祝、女史、典婦功、典絲、典枲、内司服又次之。《昏義》稱：后立六宮，三夫人，九嬪，二十七世婦，八十一御妻。不與《春秋》、《周禮》合。後世因仍其説，後宫遂至數千。

元·趙汸《春秋師説》卷下《諸侯娶女立子通考》　又據昭公八年：陳哀元妃鄭姬生悼太子偃師，二妃生公子留，下妃生公子勝。此所謂三妃，即夫人與左右媵。合此數處觀之，則諸侯九女之制甚明。其立子，則各從其母之貴賤也。

齊桓公之夫人三：王姬、徐嬴、蔡姬，皆無子。齊侯好内，多内寵。内嬖如夫人者六人：長衛姬，生武孟；少衛姬，生惠公；鄭姬生孝公，密姬生懿公，葛嬴生昭公，宋華子生公子雍。案桓公夫人三，當是徐嬴、蔡姬娶在先，王姬娶在後。所以如此，不是兩媵，故皆稱夫人。内寵六人，寵皆相軋，又非娣姪，所以子皆爭立。妻妾踰制，非正家之道也。

明·陳耀文《經典稽疑》卷下《后妃》　《書·大禹謨》：『后克艱厥后，后非衆罔與守邦。』《詩·商頌》：『方命厥后。』《周頌》：『允王維后。』《易》：『后以財成輔相，后以施命誥四方。』凡皆謂君也。《世本》：黄帝四妃。《檀弓》：二妃未從。《列女傳》：禹妃塗山女。湯妃有莘女。《大雅》：思齊太任；思媚周姜；太姒嗣徽音。皆未稱后也。《瑣語》：宣王夜卧晏起，姜后脱簪待罪。王曰：『寡人不德，非夫人之罪。』春秋祭公來遂逆王后於紀紀季姜歸於京師《左氏》曰：凡諸侯之女行，惟王后書。《孟子稱》：《禮曰》：夫人蠶繅，以為衣服。《戰國策》秦有太后。呂不韋曰：『王后之門，必生蓬蒿。』《齊策》：齊王夫人死，閔王立太史氏女為君王后。趙有威后。是其時，后與夫人，未始有定稱也。至秦制，適正為皇后，漢興因之，名始不易。《尚書大傳》：古者后夫人將侍君前。《周官》：上春詔王后。《禮記》：天子之妃曰后。率皆漢人語。則謂太姒為后妃，為《序》者追稱之，蓋亦依違遷就之詞。山齋之言，不為無見，久則難變，誰其信之矣。

明·程敏政《篁墩文集》卷五八《讀荀子》　荀卿曰：『天子無妻，告人無匹也。』【略】甚哉，卿言之不經！其流至於開廢黜之禍，侈尊大之心，將所謂一言而喪邦者乎？夫五倫之在人，其分不可以僭差，而名稱不可以規避，蓋不易之理。而謂天子至尊無匹，則何以建夫婦之極，為天下之則乎？《禮》：天子后立六宮，三夫人，九嬪，二十七世婦，八十一御妻。所以正嫡庶之分，謹凌犯之防。審如卿說，則后與嬪御，可以無別矣。夫今日為天子之妻者，將後日為天子之母也。天子至尊，可以無四，則亦可以無母乎？《禮》謹大婚，所以重人倫之始也。卿不誦法於古，而敢為無稽之論，使後世昏庸之主以天下之母為不足重，而輕於幽廢禁黜，與嬪御無別者，將不自卿言發之乎？

明・湛若水《格物通》卷三〇《齊家格・正嫡庶》　臣若水通曰：后一而已，下而夫人，而世婦，而嬪，而妻，而妾，皆三以參之，而嫡庶之分嚴矣。何以皆奇也？以事一人，則偶矣。古之聖王所以備內政，有夙夜之賢，無宴安之習也。

又　卷三〇《齊家格・謹妃匹上》　臣若水通曰：夫婦，人倫之本；閨門，風化之原。匡衡曰：婚姻之禮正，然後品物遂而天命全。況乎妃后之所係為尤重，三代廢興未有不由於此者，可不謹哉？桓公霸者，爾於葵丘之會獨申明於五禁之先，猶能知本也，而況天王之尊乎！後世之君，率多犯此，其亦五霸之罪人矣。欲正名分而端本原者，盍於此圖之？

明・劉績《三禮圖》卷一《天子至庶人寢室配偶》　天子有后，有夫人，有世婦，有嬪，有妻，有妾。公侯有夫人，有世婦，有妻，有妾。天子六寢，后六宮，一宮在前，治內政，以陰故北向，其外則市。故曰『縣禁令於王之北宮，而糾其守』是也。其內五宮，后以時居之，其餘與三夫人、二十七世婦分居之。又有九室，九嬪居之。『內宰』以陰禮教六宮，以陰禮教九嬪，以婦職之法教九御，使各屬以作二事。則八十一御妻，分屬九嬪矣。故曰『九嬪』掌婦學之法，以教九御婦德、婦言、婦容、婦功，各帥其屬而以時御敘於王所，祭法『天子、諸侯必有公桑蠶室，卜三宮夫人、世婦之吉者，使入蠶於蠶室』是也。鄭氏謂六宮者，每宮九嬪一人，世婦三人，女御九人，其餘九嬪三人，世婦九人，女御二十七人從后，惟其所燕息焉。從后者五日而沐浴，其次又止十五日而徧云。皆意說也。

諸侯四寢，夫人四宮，一宮在前，治內政不居。《春秋傳》『殺國佐於內宮之廟』是也。其內三宮，夫人居中宮，左右媵居東宮，西宮亦當有六室，為姪娣居也。【略】蓋天子數皆十二，除后之外，三夫人、九嬪亦十二，通世婦、御妻則一百二十。諸侯一夫人，二國往媵，各有姪娣，一娶九女，《春秋傳》『齊侯三夫人內嬖六人』是也。通世婦、妻、妾言，亦應九十人。【略】《傳》謂天子諸侯一娶九女，大夫功成受封得備八妾者，重國家，廣胤嗣也。【略】皆意說也。

明・林俊《見素集》卷五《議禮疏》　秦襄王，夏姬所生，華陽夫人所子。及即位，俱尊為太后，遂開後世兩后之端。劉炌謂『秦襄之後，當書秦亡』，師丹謂『亡秦之事不足法』是也。

清・馬驌《左傳事緯前集》卷六《覽左隨筆》　匹配曰妃，名通適妾，故陳哀公有元妃、二妃、下妃，魯惠公亦有元妃孟子。『元』之一字，兼『始』、『適』二義。故杜曰：始適夫人。若始而非適，適而非始，皆不得稱元，孟任、哀姜是已。妃字則無尊卑之異。雖大夫亦稱之，《禮》曰以某妃配某氏是也。其尊卑殊稱，詳於曲禮：天子曰后，諸侯曰夫人，大夫曰孺人，士曰婦人，庶人曰妻。

婦人有名有字。《婚禮》：『納采問名。』《公羊傳》『笄而字之。』如宋元之母曰棄，齊景之妃曰重，是其名也。伯姬、叔姬、伯叔，是其字也。

清・顧炎武《日知錄》卷二四《后》　《白虎通》曰：天子之配，商之前皆稱妃，周始立后。《晉書・后妃傳序》亦云：爰自夐古，是謂元妃；降及中年，乃稱王后。今考帝嚳四妃，帝舜三妃，以至周初太姜、太任、太姒、邑姜，皆無后名。以太姒為后妃，乃後人之論。而《詩》、《書》所云后，皆君也。《春秋》桓八年，祭公來，遂逆王后於紀。襄十五年，劉夏逆王后於齊。於是始稱后。《曲禮》：天子有后，有夫人，有世婦，有嬪，有妻，有妾。又云：天子之妃曰后。而宣王晏起，姜后脫簪，見於《列女》之《傳》，此周人立后之據。惟《左傳》哀元年：『后緡方娠。』是夏時事，疑此後人追稱之辭。自《春秋》以下之文，則有以君為后者，如《泰》、《姤・大象》及《內則》稱王。有以妃為后者，裸然於書傳矣。

清・汪琬《堯峰文鈔》卷六《周禮九嬪世婦女御辨》　鄭康成謂羣妃御見之法：女御八十一人當九夕，世婦二十七人當三夕，九嬪九人當一夕，三夫人當一夕，后當一夕，凡十五日而徧。汪子曰：悖哉！鄭氏之說也。周公定《周禮》，在成王之世，其昏禮亦當作於是時。成王春秋方富，周公雖導之以德，閑之以義，猶懼其有乘間投隙以荒淫之術進者，而況多其女寵，定為不刊之制，以誘之乎！夫每一夕之中，所御者九人，自非淫欲不道之君若齊之武成、隋之煬帝，必不婪色如此也。故使一夕御之而徧，則人主之身亦異於金石矣。積之既久，得毋有如醫和所謂『蠱疾』者耶？苟其不能徧，則是一百二十人者，雖時時抱衾裯以往返其側，猶不免有怨女之歎，而顧使十五日之間，僅得奉斯須之顔色哉？且大臣之愛其君也，非如左右近習以諂媚為容者也。霍子孟為政，命宮人皆為窮袴，多其帶，以防閑昭帝，可謂嚴且密矣，而昭帝猶至於夭。豈有周公之聖而定為九人一夕之制？如此凡所以輔導成王者，曾不若子孟，吾不信也。

故吾謂九嬪、世婦、女御，既與女酒、女漿、女籩、女醢、女醯、女鹽、女冪、女祝史之徒，俱統於『冢宰』，是皆宮中之職，左右后妃以供事者，決非進御於王者也。或亦擇卿大夫之妻之寡者，與其老而無子者任之，故謂之内命婦與？《九嬪》條曰：『掌婦學之法，以教九御，各帥其屬，而以時御敘於王所。』吾謂《周禮》所言『御』者，又決非相從於燕寢者也。不然，九嬪以下共一百二十人，而又莫不有屬，其為數當不啻數百矣，王亦安能一一御之，如鄭氏所說耶？漢儒好為新奇之說，而多出於不根，殆不足信。

清·方苞《禮記析疑》卷二《曲禮下·夫人自稱於天子曰老婦》 幾内命婦無進見天子，親接語言之禮，惟春官宮卿『世婦』佐王后奉齍在廟，大賓客饗食及獻繭，或問有問答，故禮辭具此。古者合男女，必當年德，況佐王后掌内治，彰女教，為嬪婦内外宗所儀式者乎！況男子五十始命為大夫，則婦官之為下大夫者，年必近五十可知矣。累日積久，以至宮卿，則不惟德優，而年過艾者必矣。其稱老婦，以著事實，兼明凡列職於宮中者，皆不宜少艾也。應氏乃謂始嫁者，則配以卑小之稱，謬矣。佐王后領大禮事者，不過一二人，而宮卿至十二人，視六官之長倍焉，正以年德俱稱而事皆敏鍊者，於婦人中求之尤難，故廣其員選，以待簡任耳。

又《自稱於諸侯曰寡小君》 『自』字衍。内言不出，外言不入，惡其聲之聞也，況親接語乎！助祭，夫人獻尸，不過薦璋致敬；大饗，薦其籩豆酒醴，無與賓客通言之道也。況寡小君乃臣下所施於君夫人，非夫人所得自稱，如諸侯自稱曰寡君，義豈可通乎？

夫人弔於諸臣，視世子而踴。古者男女有別，雖禮之必不可廢者，不過以禮相示，無親接語言者。

雜録

《左傳·莊公三十二年》 初，公築臺，臨黨氏。注：黨氏，魯大夫。見孟任，從之，閟。注：孟任，黨氏女。閟，不從公。《正義》：服虔云：從之，言欲與通也。而以夫人言，許之。注：許以為夫人。割臂盟公，生子般焉。

又《襄公二十六年》 初，宋芮司徒生女子，注：芮，司徒，宋大夫。赤而毛，棄諸堤下。共姬之妾取以入，注：共姬，宋伯姬也。名之曰棄。長而美。平公入夕，注：平公，共姬子也。共姬與之食。公見棄也，而視之尤，注：尤，甚也。姬納諸御。嬖，生佐，注：佐，元公。惡而婉。注：佐貌惡而心順。大子痤，美而狠。注：貌美而心狠戾。合左師畏而惡之。注：合左師，向戌。

又《哀公二十五年》 初，衛人翦夏丁氏，以其帑賜彭封彌子。彌子飲公酒，納夏戊之女，嬖，以為夫人。

《戰國策》卷三三《中山》 司馬憙三相中山，陰簡難之。漢高誘注：陰簡，中山君美人也。難，惡也。田簡謂司馬憙曰：『趙使者來屬耳，獨不可語陰簡之美乎？趙必請之。君與之，即公無内難矣。君弗與趙，公因勸君立之，以為正妻，陰簡之德公，無所窮矣。果令趙請，君弗與。』司馬憙曰：『君弗與趙，趙王必大怒，大怒則君必危矣。然則立以為妻，固無請人之妻不得，而怨人者也。』田簡自謂取使，可以為司馬憙，可以為陰簡，可以令趙勿請也。

陰姬與江姬爭為后，司馬憙謂陰姬公曰：『事成則有土子民，不成則恐無身。欲成之，何不見臣乎？』陰姬公稽首曰：『誠如君言，事何可豫道者？』司馬憙即奏書中山王曰：『臣聞弱趙强中山。』中山王悦而見之，曰：『願聞弱趙强中山之說。』司馬憙曰：『臣願之趙，觀其地形險阻，人民貧富，君臣賢不肖，商敵為資，未可豫陳也。』中山王遣之。

見趙王，曰：『臣聞趙，天下善為音，佳麗人之所出也。今者臣來，至境入都邑，觀人民謠俗，容貌顔色，殊無佳麗好美者。以臣所行多矣，周流無所不通，未嘗見人如中山陰姬者也。不知者特以為神，力言不能及也。其容貌顏色，固已過絶人矣。若乃其眉目準頞權衡，犀角偃月，彼乃帝王之后，非諸侯之姬也。』趙王意移，大悅曰：『吾願請之，何如？』司馬憙曰『臣竊見其佳麗，口不能無道爾。即欲請之，是非臣所敢議，願王無泄也。』

司馬憙辭去，歸報中山王曰：『趙王非賢王也，不好道德而好聲色，不好仁義而好勇力。臣聞其乃欲請所謂陰姬者。』中山王作色不悅，司馬憙曰：『趙，强國也，其請之必矣。王如不與，即社稷危矣；與之，即為諸侯笑。』中山王曰：『為將奈何？』司馬憙曰：『王立為后，以絶趙王之意。世無請后者，雖欲得請之，鄰國不與也。』注：禮無請后之義，鄰國必責之而不與。中山王遂立以為后，趙王亦無請言也。

《韓非子》卷九《内儲說上·七術》 衛嗣君重如耳，愛世姬，而恐其皆因其愛重以壅己也，乃貴薄疑以敵如耳，尊魏姬以耦世姬，曰：『以是相參也。』

納娶遺歸分部

綜　述

帝王納后

《周易·咸》 《咸》：亨。利貞。取女吉。唐孔穎達《正義》：咸，感也。此卦明人倫之始，夫婦之義，必須男女共相感應，方成夫婦；既相感應，乃得亨通。若以邪道相通，則凶害斯及，故利在貞正。既感通以正，即是婚媾之善。故云『《咸》：亨。利貞。取女吉』也。《彖》曰：《咸》，感也。柔上而剛下，二氣感應以相與，止而說，男下女，是以『亨利貞，取女吉』也。《正義》：柔上而剛下，二氣感應以相與者，此因上下二體，釋『《咸》亨』之義也。《艮》剛而《兑》柔，若剛自在上，柔自在下，則不相交感，無由得通；今《兑》柔在上而《艮》剛在下，是二氣感應，以相授與，所以爲『《咸》亨』也。止而說者，此因二卦之義，釋『利貞』也。《艮》止而《兑》說也，能自靜止則不隨動欲，以止行說則不爲邪謟。不失其正，所以『利貞』也。男下女者，此因二卦之象，釋『取女吉』之義。《艮》爲少男而居於下，《兑》爲少女而處於上，是男下於女也。婚姻之義，男先求女，親迎之禮，御輪三周，皆是男先下於女，然後女應於男，所以取女得吉者也。是以亨，利貞，取女吉者，次第釋訖，總舉繇辭以結之。

《周禮·春官·典瑞》 穀圭【略】以聘女。漢鄭玄注：穀圭，亦王使之瑞節。穀，善也，其飾若粟文然。唐賈公彦疏：其聘女則以納徵者，【略】以其有束帛可執。《士昏禮》用三玄二纁，天子加穀圭，諸侯加以大璋。

又《考工記·玉人》 穀圭七寸，天子以聘女。注：納徵，加於束帛。

《詩經·大雅·緜》 古公亶父，來朝走馬。率西水滸，至於岐下。爰及姜女，聿來胥宇。漢毛亨《傳》：姜女，大姜也。胥，相。宇，居也。漢鄭玄《箋》：爰，於；及，與；聿，自也。於是與其妃大姜自來相可居者，著大姜之賢知也。

又《大雅·大明》 摯仲氏任，自彼殷商，來嫁於周，曰嬪於京。乃及王季，維德之行。《傳》：摯國任姓之中女也。嬪，婦。京，大也。王季，大王之子，文王之父也。《箋》：京，周國之地，小別名也。及，與也。摯國中女曰大任，從殷商之畿内，嫁為婦於周之京，配王季，而與之共行仁義之德，同志意也。大任有身，生此文王。《傳》：大任，仲任也。身，重也。《箋》：重謂懷孕也。

文王初載，天作之合。在洽之陽，在渭之涘。《傳》載，識。合，妃也。洽，水也。渭，水也。涘，厓也。《箋》：於文王生，適有所識，則為之生配於氣勢之處，使必有賢才，謂生大姒。文王嘉止，大邦有子。《傳》：嘉，美也。《箋》：文王聞大姒之賢，則美之曰：『大邦有子女，可以為妃。』乃求昏。大邦有子，俔天之妹。《傳》：俔，磬也。《箋》：既使問名，還則卜之，又知大姒之賢，尊之如天之有女弟。文定厥祥，《傳》：言大姒之有文德也。祥，善也。《箋》：問名之後，卜而得吉，則文王以禮定其吉祥，謂納幣也。親迎於渭。《傳》：言賢聖之配也。《箋》：賢女配聖人，得其宜，故備禮也。造舟為梁，不顯其光。《傳》：言受命之宜，王基乃始於是也。天子造舟，諸侯維舟，大夫方舟，士特舟。造舟，然後可以顯其光輝。《箋》：迎大姒而更為梁者，欲其昭著，示後世敬昏禮也。不明乎其禮之有光輝，美之也。天子造舟，周制也。殷時未有等制。

有命自天，命此文王。於周於京，纘女維莘，長子維行，《傳》：纘，繼也。莘，大姒國也。長子，長女也。維行大任之德焉。《箋》：天為將命文王君天下於周、京之地，故亦為作合，使繼大任之女，事於莘國，莘國之長女大姒則配文王維德之行。篤生武王。保右命爾，燮伐大商。《傳》：篤，厚。右，助。燮，和也。《箋》：天降氣於大姒，厚生聖子武王，安而助之，又遂命之，爾使協和伐殷之事。協和伐殷之事，謂合位三、五也。

又《大雅・皇矣》 天立厥配，受命既固。《傳》：配，媲也。《箋》：天既顧文王，又為之生賢妃，謂大姒也。其受命之道，已堅固也。唐陸德明《音義》：配，本亦作『妃』。音同。唐孔穎達《正義》：妃，字、音亦為『配』。《釋詁》云：妃，媲也。某氏曰：《詩》云『天立厥妃』，是毛讀『配』如『妃』，故為媲也。是為妻之配夫，意與鄭合。【略】此天立厥配，與《大明》『天作之合』，其文相類。故知立其配者，為生賢妃，謂大姒也。天為生妃，卒得其助。妻賢夫聖，當於天心，則上天之命不復移動，故受命之道已堅固也。

《今本竹書紀年》卷下《成王》 三十三年，【略】命王世子釗如房逆女，房伯祈歸于宗周。

《左傳・桓公八年》 （冬）祭公來，遂逆王后於紀，禮也。晉杜預注：天子娶於諸侯，使同姓諸侯爲之主。祭公來，受命於魯，故曰禮。

又《桓公九年》 春，紀季姜歸於京師。凡諸侯之女行，唯王后書。注：爲書婦人行例也。適諸侯，雖告魯，猶不書。

又《莊公十八年》 虢公、晉侯、鄭伯使原莊公逆王后於陳，陳嬀歸於京師，注：虢、晉朝王，鄭伯又以齊執其卿，故求王為援，皆在周倡義，為王定昏，陳人敬從，得同姓宗國之禮，故《傳》詳其事。不書不告。實惠后。注：陳嬀後號惠后，寵愛少子，亂周室。事在僖二十四年，故《傳》於此並正其后稱。

又《宣公六年》 夏，定王使子服求后於齊。注：子服，周大夫。【略】冬，召桓公逆王后於齊。注：召桓公，王卿士。

又《襄公十二年》 靈王求后於齊，齊侯問對於晏桓子。桓子對曰：『先王之禮，辭有之：天子求后於諸侯，諸侯對曰：「夫婦所生，若而人。注：不敢譽，亦不敢毀，故曰若而人。妾婦之子，若而人。」注：言非適也。無女而有姊妹及姑姊妹，則曰：「先守某公之遺女，若而人。」』唐孔穎達《正義》：《釋親》云：父之姊妹曰姑。樊光曰：《春秋傳》云姑姊妹，然則古人謂姑為姑姊妹，若父之姊為姑姊，父之妹為姑妹。《列女傳》梁有節姑妹，入火而救兄子。是謂父妹為姑妹也。後人從省，故單稱為姑也。齊侯許昏。王使陰里結之。注：陰里，周大夫。結，成也。為十五年劉夏逆王后《傳》。

又《襄公十五年》 官師從單靖公，逆王后於齊。卿不行，非禮也。注：官師，劉夏也。天子官師，非卿也。【略】天子不親昏，使上卿逆而公監之，故曰卿不行，非禮。

《公羊傳・桓公八年》 （冬）祭公來，遂逆王后於紀。《傳》：祭公者何？天子之三公也。何以不稱使？婚禮不稱主人。漢何休《解詁》：時王者有母也。遂者何？生事也。《解詁》：生猶造也，專事之辭。大夫無遂事，此其言遂何？成使乎我也。其成使乎我奈何？使我為媒，可則因用，是往逆矣。《解詁》：婚禮成於五：先納采、問名、納吉、納徵、請期，然後親迎。時王者遣祭公來，使魯為媒，可則因用魯往迎之，不復成禮，疾王者不重妃匹，逆天下之母若逆婢妾，將謂海內何哉？故譏之。不言如紀者，辟有外文。女在其國稱女，此其稱王后何？王者無外，其辭成矣。

又《桓公九年》 春，紀季姜歸於京師。《傳》：其辭成矣，則其稱紀季姜何？自我言紀，父母之於子，雖為天王后，猶曰吾季姜。《解詁》：明子尊不加於父母。

又《襄公十五年》 （春）劉夏逆王后於齊。《傳》：劉夏者何？天子之大夫也。劉者何？邑也。其稱劉何？以邑氏也。外逆女不書，此何以書？過我也。注：明魯當共送迎之禮。

《穀梁傳・桓公八年》 祭公來，遂逆王后於紀。《傳》：其不言使焉，何也？不正。其以宗廟之大事即謀於我，故弗與使也。晉范寧《集解》：時天子命祭公就魯，共卜擇紀女可中后者，便逆之，不復反命。遂，繼事之辭也。其曰『遂逆王后』，故略之也。《集解》：以其遂逆無禮，故不書『逆女』而曰『王后』。『略』謂不以禮稱之。或曰：天子無外，王命之，則成矣。《集解》：四海之濱，莫非王臣。王命紀女為后，則已成王后，不如諸侯入國乃稱夫人。或説是。

又《桓公九年》 春，紀季姜歸於京師。《集解》：季姜，桓王后。書字者，申父母之尊。姜，紀姓。《傳》：為之中者，歸之也。《集解》：中謂關與婚事。

又《襄公十五年》 （春）劉夏逆王后於齊。《傳》：過我，故志之也。

漢・伏勝《尚書大傳》卷三《洛誥傳》 夏后氏逆於廟庭，殷人逆於堂，周人逆於戶。

唐・杜佑《通典》卷五八《禮十八・嘉三・天子納后》 遂皇氏始有夫婦之道。人皇是。伏犧氏制嫁娶以儷皮為禮。五帝馭時，娶妻必告父母。夏氏親迎於庭。殷迎於堂。周制，限男女之歲，定婚姻之時。《媒氏》云：『令男三十而娶，女二十而嫁。』婚姻之時，即仲春之月。親迎於戶。何休曰：後代漸文而迎於戶，示其親。六禮之儀始備。一曰納采，用鴈，謂始語言采擇可不。二曰問名，用鴈，謂問女名目，將卜之也。三曰納吉，用鴈，謂卜得吉，往告之也。四曰納徵，用束帛。徵，成也，謂婚姻禮成也。五曰請期，用鴈，娶婦日也。六曰親迎，用鴈。天子聘女，納徵加穀珪。鄭玄云：納徵加於束帛。賈公彦曰：士以上皆用玄纁束帛，天子加以穀珪也。靈王求婚於齊，遣使稱制拜后。靈王求婚於齊，大夫晏桓子對曰：夫婦所生若而人，姑姊妹則稱先守某公之遺女若而人。此則天子之命自得下達，臣下之答徑自上通。故遣使稱制拜后。魯桓公八年，祭公來，遂逆王后於紀。祭公，諸侯為天子三公者也。王使魯主婚，故祭公來，受命而迎也。天子無外，故稱王后矣。《春秋左氏》說：王者至尊無敵，無親迎之禮。諸侯禮合親迎，有故則使上卿迎之也。祭公逆之，王后未至京師稱后，知天子不行而禮成也，公子翬如齊逆女，《春秋》不譏，知諸侯有故，得使卿逆。

元·馬端臨《文獻通考》卷二五三《帝系考四·后妃》 黄帝娶於西陵之女，西陵，國名也。是為嫘祖。祖，一作俎。《索隱》曰：一曰雷祖。《正義》曰：一作傫。嫘祖為黄帝正妃，《索隱》曰：按黄帝立四妃，象后妃四星。皇甫謐云：元妃西陵氏女，曰嫘祖，生昌意。次妃方雷氏女，曰女節，生青陽。次妃彤魚氏女，生夷鼓，一名蒼林。次妃嫫母，班在三人之下。按《國語》，夷鼓、蒼林是二人；又按《漢書·古今人表》，彤魚氏生夷鼓，嫫母生蒼林。不得如謐所說。生二子，其後皆有天下。其一曰元囂，是為青陽，太史公自據《大戴禮》，以嫘祖生昌意及元囂，則青陽也。皇甫謐以青陽為少昊，乃方雷氏所生。是其所見異也。青陽降居江水。其二曰昌意，降居若水。降，下也。言帝子為諸侯，降居江水、若水，二國皆在蜀，即所封國也。昌意娶蜀山氏女，曰昌僕，生高陽。高陽有聖德焉。

帝嚳有四妃。卜其子，皆有天下。元妃有邰氏女，曰姜嫄，生后稷。次妃有娀氏女，曰簡狄，生卨。次妃陳豐氏女，曰慶都，生放勳。次妃娵訾氏女，曰常儀，生帝摯。帝嚳崩，帝摯代立。摯在位九年，政微弱，弟唐侯放勳德盛，乃禪位焉。

唐堯娶散宜氏之女，曰女皇，生丹朱。又有庶子九人，皆不肖。

虞舜娶堯之二女，長娥皇，次女英。舜升天子，娥皇為后，女英為妃。娥皇無子，女英生商均。

夏禹娶塗山氏之女，生啓。

商湯妃，有莘氏之女。

周太王娶有邰氏之女，曰太姜。

王季娶摯任氏之中女。《正義》曰：《國語》注：摯、疇二國，任姓，奚仲、仲虺之後，太任之家。太任，王季之妃，文王母也。

文王娶有莘氏之長女，曰太姒。

武王娶邑姜。服虔曰：邑姜，武王后，太公之女也。

諸侯娶夫人

《周易·泰·六五》 六五：帝乙歸妹，以祉元吉。三國魏王弼注：婦人謂嫁曰歸。泰者，陰陽交通之時也。女處尊位，履中居順，降身應二，感以相與，用中行願，不失其禮。帝乙歸妹，誠合斯義。履順居中，行願以祉，盡夫陰陽交配之宜，故元吉也。《象》曰：『以祉元吉』，中以行願也。《正義》：帝乙歸妹者，女處尊位，履中居順，降身應二，感以相與，用其中情，行其志願，不失於禮。爻備斯義者，唯帝乙歸嫁於妹而能然也。故作《易》者引此帝乙歸妹以明之也。以祉元吉者，履順居中，得行志願，以獲祉福，盡夫陰陽交配之道，故大吉也。《象》曰中以行願者，釋『以祉元吉』之義。正由中順，行其志願，故得福而元吉也。

《詩經·大雅·韓奕》 韓侯取妻，汾王之甥，蹶父之子。《傳》：汾，大也。蹶父，卿士也。《箋》：汾王，厲王也。厲王流於彘，彘在汾水之上，故時人因以號之。猶言莒郊公、黎比公也。姊妹之子為甥。王之甥，卿士之子，言尊貴也。韓侯迎止，于蹶之里。百兩彭彭，八鸞鏘鏘，不顯其光。《傳》：里，邑也。《箋》：于蹶之里，蹶父之里。百兩，百乘。不顯，顯也。光猶榮也，氣有榮光也。

【略】

蹶父孔武，靡國不到，為韓姞相攸，莫如韓樂。《傳》：姞，蹶父姓也。《箋》：相，視。攸，所也。蹶父甚武健，為王使於天下國，國皆至。為其女韓侯夫人姞氏視其所居，韓國最樂。孔樂韓土，川澤訏訏，魴鱮甫甫，麀鹿噳噳，有熊有羆，有貓有虎。《傳》：訏訏，大也。甫甫然，大也。噳噳然，衆也。貓，似虎淺毛者也。《箋》：甚樂矣，韓之國土也。川澤寬大，衆魚禽獸備有，言饒富也。慶既令居，韓姞燕譽。《箋》：慶，善也。蹶父既善韓之國土，使韓姞嫁焉而居之；韓姞則安之，盡其婦道，有顯譽。

又《召南·鵲巢》 《序》：《鵲巢》，夫人之德也。國君積行累功，以致爵位。夫人起家而居有之。德如鳲鳩，乃可以配焉。《箋》：起家而居有之，謂嫁於諸侯也。夫人有均壹之德如鳲鳩然，而後可配國君。

維鵲有巢，維鳩居之。《傳》：興也。鳩，鳲鳩，秸鞠也。鳲鳩不自為巢，居鵲之成巢。《箋》：鵲之作巢，冬至架之，至春乃成，猶國君積行累功，故以興焉。興者，鳲鳩因鵲成巢而居有之，而有均壹之德，猶國君夫人來嫁，居君子之室，其德亦然也。室，燕寢也。之子于歸，百兩御之。《傳》：百兩，百乘也。諸侯之子嫁於諸侯，送御皆百乘。《箋》：之子，是子也。御，迎也。是如鳲鳩之子，其往嫁也，家人送之，良人迎之，車皆百乘，象有百官之盛。

維鵲有巢，維鳩方之。《傳》：方，有之也。之子于歸，百兩將之。《傳》：將，送也。

維鵲有巢，維鳩盈之。《傳》：盈，滿也。《箋》：滿者，言衆媵姪娣之多。之子于歸，百兩成之。《傳》：能成百兩之禮也。《箋》：是子有鳲鳩之德，宜配國君，故以百兩之禮，送迎成之。

《左傳・莊公元年》 秋，築王姬之館于外。為外，禮也。注：齊彊魯弱，又委罪於彭生，魯不能讐齊，然喪制未闋，故異其禮，得禮之變。《正義》：《傳》不直言禮，而云為外禮者，築之是常，未足褒美，正為築之于外，是應變之禮，故解其意。齊彊魯弱，又委罪彭生，魯既不能讐齊，雖内實深讐，外若無怨，既不敢辭王命，又不欲見齊侯因其喪制未闋，故異其禮，為之於外，是其得禮之變也。欒息為闋，則闋訓為息也。未闋，言其未止息也。王姬之館必築之者，《公羊傳》曰：主王姬者必為之改築，於路寢則不可，小寢則嫌，羣公子之舍則以卑矣，其道必為之改築者也。《穀梁傳》曰：於廟則已尊，於寢則已卑，為之築，節矣。鄭《箴膏肓》云：宮廟，朝廷，各有定處，無所館天子之女，故宜築于宮外，是言須築之意也。但杜意若其内不恨齊，非有喪制，不須築於城之外耳。此言外者，謂城之外。説《公羊》、《穀梁》者，亦以為城外。然王姬來嫁，必須築館。所以十一年王姬不築館者，或因其舊館，或築而不書也。

《公羊傳・莊公元年》 夏，單伯逆王姬。《傳》：單伯者何？吾大夫之命乎天子者也。何以不稱使？天子召而使之也。逆之者何？使我主之也。《解詁》：逆者，魯自往之文。方使魯為父母主嫁之，故與魯使自逆之。不言於京師者，使魯主之，故使若自魯，女無使受之。曷為使我主之？天子嫁女乎諸侯，必使諸侯同姓者主之。《解詁》：諸侯與天子同姓者。諸侯嫁女於大夫，必使大夫同姓者主之。《解詁》：大夫與諸侯同姓者，不自為主者，尊卑不敵。其行婚姻之禮，則傷君臣之義；行君臣之禮，則廢婚姻之好。故必使同姓有血脉之屬，宜為父道與所適敵體者主之。禮，尊者嫁女於卑者，必持風旨。為卑者不敢先求，亦不可斥與之者，申陽倡陰和之道。天子嫁女於諸侯，備姪娣，如諸侯之禮，義不可以天子之尊，絶人繼嗣之路。「我主」書者，惡天子也。禮，齊衰不接弁冕，仇讐不交婚姻。

秋，築王姬之館于外。《傳》：何以書？譏。何譏爾？築之，禮也；于外，非禮也。《解詁》：以言外，知有築内之道也，于外非禮也。禮，同姓本有主嫁女之道，必闕地于夫人之下，羣公子之上也。時魯以將嫁女于讐國，故築于外。于外何以非禮？《解詁》：據非内也。築于外，非禮也。《解詁》：於，遠辭也。為營衛不固，不以將嫁於讐國。示譏者，魯本自得以讐為解，無為受命而外之，故曰非禮。其築之何以禮？《解詁》：據禮，當豫設。主王姬者必為之改築。主王姬者則曷為必為之改築？《解詁》：據諸侯宮非一。於路寢則不可，小寢則嫌；《解詁》：皆所以遠別也。羣公子之舍，《解詁》：謂女公子也。則以卑矣。《解詁》：以為大卑。其道必為之改築者也。《解詁》：以上《傳》言爾知當築夫人之下，羣公子之上。築，例時。

（冬十月）王姬歸于齊。《傳》：何以書？我主之也。《解詁》：魯主女，為父母道，故恩録而書之。

《穀梁傳・莊公元年》 夏，單伯逆王姬。《傳》：單伯者何？吾大夫之命乎天子者也。命大夫，故不名也。其不言『如』，何也？其義不可受於京師也。其義不可受於京師，何也？曰：躬君弑於齊，使之主婚姻，與齊為禮，其義固不可受也。《集解》：禮，尊卑不敵。天子嫁女於諸侯，必使同姓諸侯主之。魯桓親見殺於齊，若天子命使為主，則非禮大矣。《春秋》為尊者諱，故不可受之于京師。

秋，築王姬之館于外。《傳》：築，禮也；于外，非禮也。《集解》：外，城外也。唐楊士勛疏：《左氏》以為築于外，禮也。此云非禮者，以主王姬者必自公門出，今築之于外，則是營衛不固，是輕王女。故云非禮，謂非正禮耳。築之為禮，何也？主王姬者，必自公門出。《集解》：公門，朝之外門。主王姬者當設几筵於宗廟，以俟迎者，故在公門之内，築王姬之館。於廟則已尊，於寢則已卑。為之築，節矣。築之外，變之正也。築之外，變之為正，何也？仇讎之人，非所以接婚姻也。衰麻，非所以接弁冕也。《集解》：親迎祭服者，重婚姻也。公時有桓之喪。其不言齊侯之來逆，何也？不使齊侯得與吾為禮也。

（冬十月）王姬歸于齊。《傳》：為之中者，歸之也。疏：十一年，王姬歸于齊。《傳》曰：「過我也。」此云為之中者，歸之，發《傳》不同者，此王姬由魯而嫁，故曰為之中者；彼王姬非魯主婚，故直云「過我」也。

《左傳·隱公二年》 九月，紀裂繻來逆女。卿為君逆也。

又《隱公八年》 四月甲辰，鄭公子忽如陳逆婦嬀。辛亥，以嬀氏歸。甲寅，入于鄭。陳鍼子送女。先配而後祖。鍼子曰：「是不為夫婦，誣其祖矣，非禮也。何以能育？」注：鍼子，陳大夫。禮，逆婦必先告祖廟而後行。故楚公子圍稱告莊公之廟。鄭忽先逆婦而後告廟，故曰先配而後祖。

又《桓公三年》 秋，公子翬如齊逆女。修先君之好，故曰公子。注：昏禮雖奉時君之命，其言必稱先君以為禮辭，故公子翬逆女，《傳》稱修先君之好；公子遂逆女，《傳》稱尊君命。互舉其義。齊侯送姜氏。非禮也。凡公女嫁于敵國，姊妹則上卿送之，以禮於先君。公子則下卿送之。於大國，雖公子亦上卿送之。於天子，則諸卿皆行，公不自送。於小國，則上大夫送之。注：公子，公女。《正義》：昏以相敵為耦。先以敵國為文，然後於大國、小國辨其所異。姊妹於敵國猶上卿送之，於大國則上卿必矣。且姊妹禮於先君，不以所嫁輕重，雖則小國，亦使上卿送也。於小國，則上大夫送之，文承公子之下，謂送公子，非送姊妹也。

冬，齊仲年來聘，致夫人也。注：古者女出嫁，又使大夫隨加聘問，存謙敬，序殷勤也。在魯而出則曰致女，在他國而來則總曰聘，故《傳》以「致夫人」釋之。

又《僖公二十四年》（三月）晉侯逆夫人嬴氏以歸。注：秦穆公女文嬴也。

又《文公二年》 襄仲如齊納幣，禮也。凡君即位，好舅甥，脩昏姻，娶元妃，以奉粢盛，孝也。注：謂諒闇既終，嘉好之事通於外內，外內之禮始備。此除凶之即位也，於是遣卿申好舅甥之國，脩禮以昏姻也。元妃，嫡夫人。奉粢盛，共祭祀。孝，禮之始也。

又《文公四年》（夏）逆婦姜於齊。卿不行，非禮也。注：禮，諸侯有故，則使卿逆。君子是以知出姜之不允於魯也，注：允，信也。始來不見尊貴，故終不為國人所敬信也。文公薨而見出，故曰出姜。曰：貴聘而賤逆之，注：公子遂納幣，是貴聘也。君而卑之，立而廢之，注：君，小君也。不以夫人禮迎，是卑廢之。棄信而壞其主，在國必亂，在家必亡。注：主，內主也。不允宜哉！《詩》曰：「畏天之威，於時保之。」敬主之謂也。

又《宣公元年》 春王正月，公子遂如齊逆女。尊君命也。注：諸侯之卿，出入稱名氏，所以尊君命也。三月，遂以夫人婦姜至自齊。尊夫人也。注：遂不言公子，替其尊稱，所以成小君之尊也。公子，當時之寵號，非族也。

又《宣公五年》 冬來，反馬也。注：禮，送女留其送馬，謙不敢自安。三月廟見，遣使反馬。高固遂與叔姬俱寧，故《經》、《傳》具見，以示譏。《正義》：禮，送女適於夫氏，留其所送之馬，謙不敢自安於夫，若被出棄，則將乘之以歸，故留之也。至三月廟見，夫婦之情既固，則夫家遣使，反其所留之馬，以示與之偕老，不復歸也。法當遣使，不合親行，高固因叔姬歸寧，遂親自反馬，與之俱來，故《經》、《傳》具見其事，以示譏也。

又《成公八年》（春）宋華元來聘，聘共姬也。注：穆姜之女、成公姊妹，為宋共公夫人，聘不應使卿，故《傳》發其事而已。夏，宋公使公孫壽來納幣，禮也。注：納幣應使卿。

又《成公十四年》 秋，宣伯如齊逆女。稱族，尊君命也。《正義》：宣元年已發尊君命、尊夫人之例。今復發者，彼以喪娶嫌，非正禮，且公子非族，故重明之。

九月，僑如以夫人婦姜氏至自齊。舍族，尊夫人也。注：舍族，謂不稱叔孫。

又《襄公十二年》 秦嬴歸於楚。注：秦景公妹，為楚共王夫人。楚司馬子庚聘於秦，為夫人寧，禮也。注：子庚，莊王子午也。諸侯夫人父母既没，歸寧使卿，故曰禮。

又《昭公元年》 春，楚公子圍聘於鄭，且娶於公孫段氏。伍舉為介。注：伍舉，椒舉。介，副也。將入館，注：就客舍。鄭人惡之，注：知楚懷詐。使行人子羽與之言，乃館於外。注：舍城外。既聘，將以衆逆。注：以兵入逆婦。子產患之，使子羽辭曰：「以敝邑褊小，不足以容從者，請墠聽命。」注：欲於城外除地為墠，行婚禮。令尹命太宰伯州犂對曰：「君辱貺寡大夫圍，謂圍將使豐氏撫有而室，注：豐氏，公孫段。圍布几筵，告於莊、共之廟而來。注：莊王，圍之祖；共王，圍之父。若野賜之，是委君貺於草莽也，是寡大夫不得列於諸卿也。注：言不得從卿禮。不寧惟是，又使圍蒙其先君，注：蒙，欺也。告先君而來，不得成禮於女氏之廟，故以為欺先君。將不得為寡君老，注：大臣稱老，懼辱命而黜退。其蔑以復矣。唯大夫圖之。」【略】伍舉知其有備也，請垂櫜而入，注：垂櫜，示無弓。許之。正月乙未，入逆而出，遂會於虢，注：虢，鄭地。尋宋之盟也。

又《昭公二年》 夏四月，韓須如齊逆女，逆少姜。齊陳無宇送女，致少姜。少姜有寵於晉侯，晉侯謂之少齊。注：為立別號，所以寵異之。《正義》：婦人稱姓，姜是其常。蓋以其齊女，故以齊為別號，所以寵異之，言少姜『少齊』，蓋本字為『少』也。服虔云：所以寵異，不以齊衆女『字』等，言齊國如此好女甚少。謂陳無宇非卿，注：欲使齊以適夫人禮送少姜。執諸中都。注：中都，晉邑，在西河界休縣東南。少姜為之請曰：『送從逆班，注：班，列也。《正義》：昏禮，諸侯以下法當親迎，有故得使卿，明是使上卿也。桓三年《傳例》云：凡公女嫁於敵國，姊妹則上卿送之，以禮於先君，公子則下卿送之。於大國，雖公子，亦上卿送之。是送者與逆者，俱為上卿，是送者依逆者班列。若公子嫁於敵國及姊妹嫁於小國，皆下卿送之，是降逆者一等。公子嫁於小國，上大夫送之，是降逆者二等也。若晉以少姜為夫人，當以上卿逆，齊當以上卿送，是亦送逆同班。少姜據此言之，故云送從逆班，或可。晉使公族大夫逆少姜，元不以夫人之禮，則同妾媵之屬，送者皆從逆者班次，不與桓三年逆夫人之禮同。少姜據此而言，故云送從逆班也。劉炫云：昏禮，諸侯以下法當親迎，有故得使卿，明是使上卿也。《凡例》云：凡公女嫁於敵國，姊妹則上卿送之，公子則下卿送之。是送卑於逆者一等，故云送者從逆者之班次，言當卑於逆者也。畏大國也，猶有所易，是以亂作。』注：韓須，公族大夫。陳無宇，上大夫。言齊畏晉，改易禮制，使上大夫送，遂致此執辱之罪。蓋少姜謙以示議。

又《昭公三年》 齊侯使晏嬰請繼室於晉，注：復以女繼少姜。曰：『寡君使嬰曰：「寡人願事君，朝夕不倦，將奉質幣，以無失時，則國家多難，是以不獲。注：不得自來。不腆先君之適，注：謂少姜。以備內官，焜燿寡人之望《正義》：服虔云：燿，照也。焜，明也。言得備妃嬪之列，照明己之意望也。則又無祿，早世隕命，寡人失望。君若不忘先君之好，惠顧齊國，辱收寡人，徼福於大公、丁公，注：徼，要也。二公，齊先君。言收恤寡人，則先君與之福也。照臨敝邑，鎮撫其社稷，則猶有先君之適，注：適，夫人之女。及遺姑姊妹，注：遺，餘也。《正義》：姑姊妹，亦先君之女也。上云先君之適，謂適夫人所生；及遺姑姊妹，謂非夫人所生者也。若而人。注：言如常人，不敢譽。君若不棄敝邑，而辱使董振擇之，以備嬪嬙，寡人之望也。」』注：董，正也。振，整也。嬪嬙，婦官。《正義》：董，正，《釋詁》文也。振為整理之意。言正整選擇，示精審也。周禮，天子有九嬪。嬪是婦官，知嬙亦婦官。哀元年《傳》說：夫差宿有妃嬙嬪御焉。蓋周末婦官有此名。漢成帝時，匈奴來朝，詔以掖庭王嬙賜之，是名因於古也。

韓宣子使叔向對曰：『寡君之願也。寡君不能獨任其社稷之事，未有伉儷，在縗絰之中，是以未敢請。注：制夫人之服，則葬訖，君臣乃釋服。《正義》：少姜本非正夫人，而云未有伉儷者，蓋晉侯當時無正夫人，其繼室者，使韓起上卿逆之鄭，罕虎如晉賀之，則後娶者為夫人也。君有辱命，惠莫大焉。若惠顧敝邑，撫有晉國，賜之內主，豈惟寡君，舉羣臣實受其貺。其自唐叔以下，實寵嘉之。』注：唐叔，晉之祖。既成昏，注：許昏成。晏子受禮。注：受賓享之禮。

又《昭公十九年》（費無極）欲譖諸王，曰：『建可室矣。』注：室，妻也。王為之聘於秦，無極與逆，勸王取之。正月，楚夫人嬴氏至自秦。注：王自取之，故稱夫人。至為下『拜夫人』起。【略】（夏）令尹子瑕聘於秦，拜夫人也。注：為明年譖太子張本，故以為夫人遺謝秦。

又《莊公二十四年》 秋，哀姜至。公使宗婦覿用幣，非禮也。御孫曰：『男贄，大者玉帛，注：公、侯、伯、子、男執玉，諸侯世子、附庸、孤卿執帛。小者禽鳥，注：卿執羔，大夫執鴈，士執雉。以章物也。注：章所執之物，別貴賤。女贄不過榛栗棗脩，以告虔也。注：榛，小栗。脩，脯。虔，敬也。皆取其名以示敬。今男女同贄，是無別也。男女之別，國之大節也。而由夫人亂之，無乃不可乎？』

《國語》卷四《魯語上》 哀姜至，公使大夫宗婦覿用幣。三國吳韋昭注：宗婦，同宗大夫之婦也。覿，見也，見夫人也。用幣，言與大夫同贄。宗人夏父展曰：『非故也。』注：宗人，宗伯也。夏父，氏也；展，名也。宗伯主男女贄幣之禮。故，故事也。公曰：『君作故。』注：言君所作，則為故事。對曰：『君作而順則故之，注：順，順於禮，則書以為故事。逆則亦書其逆也。臣從有司，懼逆之書於後也，故不敢不告。注：從有司，言備位，隨從有司後行也。夫婦贄不過棗栗，以告虔也。注：棗取蚤起，栗取敬栗。虔，敬也。《曲禮》曰：婦人之贄，脯脩棗栗。男則玉帛禽鳥，以章物也。注：謂公執桓圭，侯執信圭，伯執躬圭，子執穀璧，男執蒲璧，孤執皮帛，卿執羔，大夫執鴈，士執雉，庶人執鶩，工商執雞也。章，明也，明尊卑異物也。今婦執幣，是男女無別也。男女之別，國之大節也，不可無也。』公弗聽。

《公羊傳·隱公二年》九月，紀履緰來逆女。《傳》：外逆女不書，此何以書？譏。《解詁》：譏猶譴也。何譏爾？譏始不親迎也。《解詁》：禮所以必親迎者，所以示男先女也。於廟者，告本也。夏后氏逆於庭，殷人逆於堂，周人逆於户。始不親迎，昉於此乎？前此矣。《解詁》：以惠公妃匹不正，不嫌無前也。唐徐彦疏：不以正妃匹者，是不重昏姻之禮，故知往前，宜有不親迎之事矣。前此則曷為始乎此？託始焉爾。《解詁》：焉爾，猶於是也。曷為託始焉爾？《春秋》之始也。《解詁》：《春秋》，正夫婦之始也。夫婦正則父子親，父子親則君臣和，君臣和則天下治。故夫婦者，人道之始，王教之端。內逆女常書，外逆女但疾始不常書者，明當先自正躬自厚而薄責於人，故略外也。

冬十月，伯姬歸於紀。《傳》：伯姬者何？內女也。《解詁》：以無所繫也。不稱公子者，婦人外成，不得獨繫父母。其言歸何？《解詁》：據去父母國也。婦人謂嫁曰歸。《解詁》：婦人生以父母為家，嫁以夫為家，故謂嫁曰歸。明有二歸之道。【略】禮，男之將取，三日不舉樂，思嗣親也。女之將嫁，三夜不息燭，思相離也。

又《桓公三年》九月，齊侯送姜氏于讙。《傳》：何以書？譏。何譏爾？諸侯越竟送女，非禮也。《解詁》：以言姜氏也。禮，送女，父母不下堂，姑姊妹不出門。此入國矣，何以不稱夫人？自我言齊，《解詁》：恕己以及人也。父母之於子，雖為鄰國夫人，猶曰吾姜氏。《解詁》：所以崇父子之親，從父母辭，不言孟姜；言姜氏者，從魯辭，起魯地。

又《莊公二十二年》冬，公如齊納幣。《解詁》：納幣即納徵。納徵，《禮》曰『主人受幣，士受儷皮』是也。《禮》言納徵，《春秋》言納幣者，《春秋》質也。凡婚禮，皆用鴈，取其知時候，唯納徵用玄纁束帛，儷皮玄纁，取其順天地也。儷皮者，鹿皮，所以重古也。《傳》：納幣不書，此何以書？譏。何譏爾？親納幣，非禮也。《解詁》：時莊公實以淫泆大惡不可言，故因其有事於納幣，以無廉恥為譏。不譏喪娶者，舉淫為重也。凡公之齊，所以起淫者，皆以危致也。

又《莊公二十四年》夏，公如齊逆女。《傳》：何以書？親迎，禮也。《解詁》：諱淫，故使若以得禮，書也。禮，諸侯既娶三月，然後夫人見宗廟，見宗廟，然後成婦禮。

《穀梁傳·隱公二年》九月，紀履緰來逆女。《傳》：逆女，親者也。《集解》：親者，謂自逆之也。使大夫，非正也。以國氏者，為其來交接於我，故君子進之也。《集解》：履緰以名繫國，著其奉國重命，來為君逆，得接公行禮，故以國氏重之。

冬十月，伯姬歸於紀。《傳》：禮，婦人謂嫁曰歸，反曰來歸，《集解》：嫁而曰歸，明外屬也。反曰來歸，明從外至，反謂為夫家所遣。從人者也。婦人在家制於父，既嫁制於夫，夫死從長子。婦人不專行，必有從也。伯姬歸於紀，此其如專行之辭，何也？曰：非專行也。吾伯姬歸於紀，故志之也。其不言使，何也？《集解》：怪不言使履緰來逆女。逆之道微，無足道焉爾。《集解》：言君不親迎而大夫來逆，故曰微也。既失其大，不復稍明其細，故不言使履緰也。

又《桓公三年》（秋七月）公子翬如齊逆女。《傳》：逆女，親者也。使大夫，非正也。

九月，齊侯送姜氏於讙。《傳》：禮，送女，父不下堂，母不出祭門，諸母兄弟不出闕門。《集解》：祭門，廟門也。闕，兩觀也，在祭門之外。父戒之曰：『謹慎從爾舅之言。』母戒之曰：『謹慎從爾姑之言。』諸母般申之曰：『謹慎從爾父母之言。』送女踰竟，非禮也。《集解》：般，囊也，所以盛朝夕所須，以備舅姑之用。

（九月）夫人姜氏至自齊。《傳》：其不言翬之以來，何也？公親受之於齊侯也。子貢曰：『冕而親迎，不已重乎？』《集解》：冕，祭服。孔子曰：『合二姓之好，以繼萬世之後，何謂已重乎？』

又《莊公二十二年》冬，公如齊納幣。《傳》：納幣，大夫之事也。禮有納采，《集解》：采擇女之德性也。其禮用鴈爲贄者，取順陰陽往來。有問名，《集解》：問女名而卜之，知吉凶也。其禮如納采。有納徵，《集解》：徵，成也。納幣以成婚。唐楊士勛疏：此《傳》釋諸侯不云納幣而云納徵者，以士婚禮有納徵之文，欲明用幣，雖異而禮同也。有告期，《集解》：告迎期。四者備而後娶，疏：《士婚禮》下達之後，有納采、問名、納吉、納徵、請期、親迎六禮。此《傳》不云納吉者，直舉四者，足以譏公，故略納吉不言之。或以爲諸侯與士禮異者，非也。禮也。公之親納幣，非禮也，故譏之。《集解》：公母喪，未再朞而圖婚，《傳》無譏文，但譏親納幣者，喪婚，不待貶絶而罪惡見。

又《莊公二十四年》夏，公如齊逆女。《傳》：親迎，恒事也，不志。此其志，何也？不正其親迎於齊也。

《周禮·考工記·玉人》大璋亦如之，諸侯以聘女。注：大璋者，以大璋之文飾之也。

《大戴禮記》卷一《哀公問於孔子》 公曰：「寡人願有言然。冕而親迎，不已重乎？」孔子愀然作色而對曰：「合二姓之好，以繼先聖之後，以為天地、社稷、宗廟之主，君何謂已重乎？」【略】孔子曰：「天地不合，萬物不生。大昏，萬世之嗣也。君何謂已重焉。」

《禮記・曲禮》 納女於天子，曰備百姓；於國君，曰備酒漿；於大夫，曰備埽灑。漢鄭玄注：注：納女猶致女也。壻不親迎，則女之家遣人致之，此其辭也。姓之言生也。天子，皇后以下百二十人，廣子姓也。酒漿、埽灑，賤婦人之職。唐孔穎達《正義》：納猶致也。致者，壻不親迎，則女之家三月廟見，使人致之，而為此辭。姓，生也，言致此女，備王之后妃以下百二十人，以生廣子孫，故云姓也。於國君曰備酒漿者，致女於諸侯也。酒漿是婦人之職也，故送女而持此為辭，轉卑不敢言百姓也，《詩》云「無非無儀，唯酒食是議」是也。於大夫曰備埽灑，彌賤也，不敢同諸侯，故不得言酒漿也。唯及大夫，不及士者，士卑故也。諸侯功成，得備八妾，重國廣嗣也。【略】成九年夏，季孫行父如宋致女。此云納女，故云納女猶致女也。知壻不親迎，嫁女之家使人致女者，以成九年二月，伯姬歸於宋。時宋公不親迎，故魯季孫行父如宋致女是也。而天子亦有親迎以否者，《異義》云：《禮》戴說：天子親迎。《左氏》說：天子不親迎，使上卿迎之；諸侯亦不親迎，使上大夫迎。鄭《駁異義》云：文王迎大姒，親迎於渭。又引孔子答哀公：「合二姓之好，以繼先聖之後，以為天地、宗廟、社稷之主，冕而親迎，君何謂已重乎？」此天子諸侯有親迎也。若不親迎，則宜致女，云備百姓也。

又《祭統》 故國君取夫人之辭曰：「請君之玉女，與寡人共有敝邑，事宗廟社稷。」此求助之本也。注：言玉女者，美言之也。君子於玉比德焉。

又《哀公問》 公曰：「寡人願有言然。冕而親迎，不已重乎？」注：已猶大也。怪親迎乃服祭服。孔子愀然作色而對曰：「合二姓之好，以繼先聖之後，以為天地、宗廟、社稷之主，君何謂已重乎？」注：先聖，周公也。【略】孔子曰：「天地不合，萬物不生。大昏，萬世之嗣也。君何謂已重焉。」

《史記》卷五《秦本紀》 襄公元年，以女弟繆嬴為豐王妻。

漢・劉向《說苑》卷一九《修文》 夏，公如齊逆女。何以書？親迎禮也。其禮奈何？曰：諸侯以屨二兩，加琮；大夫庶人以屨二兩，加束脩二。曰：「某國寡小君，使寡人奉不珍之琮，不珍之屨，禮夫人貞女。」夫人曰：「有幽室數辱之産，未諭於傅母之教，得承執衣裳之事，敢不敬拜！」祝祝，答拜。夫人受琮，取一兩屨以履女，正笄衣裳而命之曰：「往矣。善事爾舅姑，以順為宮室，無二爾心，無敢回也。」女拜，乃親引其手，授夫乎户。夫引手出户，夫行女從，拜辭父於堂，拜諸母於大門。夫先升輿執轡，女乃升輿，轂三轉，然後夫下先行。

戰國迎婦 《史記》卷一五《六國年表・秦表》 厲共公二十八年，越人來迎女。

又《六國年表・楚表》 宣王十三年，君尹黑迎女秦。

又 卷四〇《楚世家》 （懷王）二十四年，倍齊而合秦。秦昭王初立，乃厚賂於楚，楚往迎婦。

（頃襄王）七年，楚迎婦於秦，秦、楚復平。

又 卷四六《田敬仲完世家》 （湣王）四年，迎婦於秦。

又 卷四三《趙世家》 （武靈王）五年，娶韓女為夫人。

又《六國年表・秦表》 惠文王四年，魏夫人來。

又《六國年表・楚表》 懷王二十四年，秦來迎婦，

《戰國策》卷二一《趙四》 趙太后新用事。【略】（觸讋）對曰：「老臣竊以為媪之愛燕后，賢於長安君。【略】媪之送燕后也，持其踵為之泣，念悲其遠也，亦哀之矣。已行，非弗思也。祭祀必祝之，祝曰：『必勿使反。』豈非計久長，有子孫相繼為王也哉？」

《後漢書》卷一一六《南蠻西南夷傳・南蠻》 及秦惠王并巴中，以巴氏為蠻夷君長，世尚秦女。

遣歸 《左傳・莊公二十七年》 冬，杞伯姬來，歸寧也。注：寧，問父母安否。凡諸侯之女，歸寧曰「來」，出曰「來歸」。宋林堯叟《句解》：言凡《春秋》書諸侯之女出入之法，歸而寧問父母，則書之曰「來」；為人所出，而歸其國，則書曰「來歸」，言不反其國也。夫人歸寧曰「如某」，出曰「歸於某」。《句解》：此言書夫人出入之法，歸寧其父母，則書曰如某；為吾國所出，而歸其國，則曰歸於某。

又《文公十五年》 齊人來歸子叔姬，王故也。注：單伯雖見執，能守節不移，終達王命，使叔姬得歸。

又《文公十八年》 夫人姜氏歸於齊。大歸也。注：惡、視之母出

姜也。嫌與有罪出者異，故復發傳。將行，哭而過市曰：『天乎！仲為不道，殺適立庶。』市人皆哭，魯人謂之哀姜。注：所謂『出姜不允於魯』。

又《宣公十六年》秋，郯伯姬來歸，出也。

《公羊傳·莊公二十七年》冬，杞伯姬來。《傳》：其言來何？直來曰來，《解詁》：直來，無事而來也。諸侯夫人尊重，既嫁，非有大故，不得反。唯自大夫妻，雖無事，歲一歸寧。大歸曰來歸。《解詁》：大歸者，廢棄來歸也。婦人有七棄、五不娶、三不去。嘗更三年喪不去，不忘恩也；賤取貴不去，不背德也；有所受，無所歸不去，不窮窮也。喪父長女不娶，無教戒也；世有惡疾不娶，棄於天也；世有刑人不娶，棄於人也；亂家女不娶，類不正也；逆家女不娶，廢人倫也。無子棄，絶世也；淫泆棄，亂類也；不事舅姑棄，悖德也；口舌棄，離親也；盜竊棄，反義也；嫉妬棄，亂家也；惡疾棄，不可奉宗廟也。

又《文公十五年》十有二月，齊人來歸子叔姬。《傳》：其言來何？閔之也。《解詁》：閔傷其棄絶來歸。此有罪，何閔爾？父母之於子，雖有罪，猶若其不欲服罪然。《解詁》：叔姬於文公為姊妹，言父母者，時文公母在，明孝子當申母恩也。月者，閔錄之，從無罪例。

《穀梁傳·文公十五年》十有二月，齊人來歸子叔姬。《傳》：其曰子叔姬，貴之也。其言來歸，何也？父母之於子，雖有罪，猶欲其免也。《集解》：凱曰：書『來歸』，是見出之辭。有罪之人猶與貴稱書之曰『子』者，蓋父母之恩，欲免罪也。

又《成公五年》春王正月，杞叔姬來歸。《傳》：婦人之義，嫁曰歸，反曰來歸。疏：范氏云：《出女例》凡三：齊人來歸子叔姬，一也；郯伯姬來歸，二也。此杞叔姬來歸，三也。又別引文十八年『夫人姜氏歸於齊』為例者，出既是同，但內外為異，故并引之也。子叔姬淫而得罪，為齊所逐，故言齊人來歸。今杞叔姬文既與之異，故並發《傳》，舉其上下，郯伯姬亦足以相包，故不更發之。

《禮記·雜記下》諸侯出夫人，夫人比至於其國，以夫人之禮行，至以夫人入。注：行道以夫人之禮者，棄妻致命其家，乃義絶不用，此為始。使者將命曰：『寡君不敏，不能從而事社稷宗廟，使使臣某敢告於執事。』主人對曰：『寡君固前辭不教矣，寡君敢不敬須以俟命？』注：前辭不教，謂納采時也。此辭賓在門外，擯者傳焉。賓入致命如初，主人卒辭曰：敢不聽命？有司官陳器皿，主人有司，亦官受之。注：器皿，其本所齎物也。律：棄妻畀所齎。《正義》：諸侯出夫人者，謂夫人有罪，諸侯出之，命歸本國。使者將命者，使者謂送夫人歸者，將行君命，以告夫人之國君。寡君不敏，不能從而事社稷宗廟者，禮尚謙退，不能指斥夫人所犯之罪，故引過自歸，云寡君才知不敏，不能隨從夫人共事社稷宗廟，故君使臣某，敢告在下之執事。寡君敢不敬須以俟命者，須，待也；俟，亦待也。主人報客云：君既有命，寡君豈敢不恭敬須待君命？有司官陳器皿者，使者既得主人答命，故使從己來有司之官，陳夫人嫁時所賫器皿之屬，以還主國也。主人有司，亦官受之者，主國亦使有司官領受之也。並云『官』者，明付、受悉如法也。

《史記》卷五《秦本紀》昭襄王元年，【略】悼武王后出歸魏。

又 卷四四《魏世家》（哀王）十四年，秦來歸武王后。

廢黜 《國語》卷二《周語中》十八年，（周襄）王黜翟后。注：十八年，魯僖二十四年也。黜，廢也。翟后既立，而通於王子帶，故廢之。

《史記》卷四《周本紀》（幽王）竟廢申后及太子，以褒姒為后，伯服為太子。

漢·劉向《古列女傳》卷七《孽嬖傳·趙靈吳女》趙靈吳女者，號孟姚，吳廣之女，趙武靈王之后也。初，武靈王娶韓王女為夫人，生子章，立以為后，章為太子。王嘗夢見處女鼓瑟而歌曰：『美人熒熒兮，顏若苕之榮。命兮命兮，逢天時而生，曾莫我嬴嬴。』異日，王飲酒樂，數言所夢，想見其人。吳廣聞之，乃因后而入其女。孟姚甚有色焉，王愛幸之，不能離。數年，生子何。孟姚數微言后有淫意，太子無慈孝之行，王乃廢后與太子，而立孟姚為惠后，以何為王，是為惠文王。

又 卷七《孽嬖傳·趙悼倡后》倡后者，趙悼襄王之后也。而亂一宗之族，既寡，悼襄王以其美而取之。李牧諫曰：『不可。女之不正，國家所以覆而不安也。此女亂一宗，大王不畏乎？』王曰：『亂與不亂，在寡人為政。』遂娶之。初，悼襄王后生子嘉，為太子。倡后既入為姬，生子遷。倡后既嬖幸於王，陰譖后及太子於王，使人犯太子而陷之於罪。王遂廢嘉而立遷，黜后而立倡姬為后。

論說

漢·班固《白虎通義》卷一〇《嫁娶》天子下至士，必親迎授綏者何？以陽下陰也。欲得其歡心，示親之心也。必親迎，御輪三周，下車曲顧者，防淫泆也。《詩》云：『文定厥祥，親迎於渭。造舟為梁，不顯其光。』

娶妻不先告廟者，示不必安也。婚禮請期，不敢必也。婦入三月，然後祭行。舅姑既歿，亦婦入三月，奠采於廟。三月一時，物有成者，人之善惡可得知也，然後可得事宗廟之禮。

嫁娶必以春何？春者，天地交通，萬物始生，陰陽交接之時也。《詩》云：『士如歸妻，迨冰未泮。』《周官》曰：『仲春之月，令會男女。令男三十娶，女二十嫁。』《夏小正》曰『二月，冠子娶婦之時』也。

王者嫁女，必使同姓諸侯主之何？昏禮貴和，不可相答，為傷君臣之義，亦欲使女不以天子尊乘諸侯也。《春秋傳》曰：『天子嫁女於諸侯，必使諸侯同姓者主之。諸侯嫁女於大夫，使大夫同姓者主之。』必使同姓者，以其同宗共祖，可以主親也。故使攝父事。不使同姓卿主之何？尊加諸侯，為威厭不得舒也。不使同姓諸侯就京師主之何？諸侯親迎入京師，當朝天子，為禮不兼。《春秋傳》曰『築王姬觀於外』，明不往京師也。所以必更築觀者何？尊之也。不於路寢，路寢本所以行政處，非婦人之居也。小寢則嫌羣公之舍，則已卑矣。故必改築於城郭之內。《傳》曰：『築之，禮也。於外，非禮也。』

女行虧缺而去其國，如之何？以封為諸侯比例矣。

出婦之義，必送之，接以賓客之禮。君子絕，愈於小人之交。《詩》云：『薄送我畿。』

漢·鄭玄《駁五經異義·娶皆當親迎》　《異義》：《春秋公羊》說：自天子至庶人娶，皆當親迎，所以重婚禮也。《禮戴》說：天子親迎。《左氏》說：王者至尊，無敵體之義，故不親迎，使上卿迎之。諸侯有故，若疾病，則使上大夫迎之，上卿臨之。謹案高祖時，皇太子納妃，叔孫通制禮，以為天子無親迎，從《左氏》義也。

駁曰：太姒之家，在洽之陽，在渭之涘。文王親迎於渭濱，即天子親迎之明文也。天子雖至尊，其於后，猶夫婦也。夫婦判合，禮同一體，所謂無敵，豈施於此哉？《禮記·哀公問》曰：『寡人願有言：冕而親迎，不已重乎？』孔子愀然作色而對曰：『合二姓之好，以繼先聖之後，以為天地、宗廟、社稷之主。君何謂已重乎？』此言親迎，繼先聖之後，為天地、宗廟、社稷之主，非天子則誰乎？

漢·鄭玄《箴膏肓》　何休云：禮無反馬，而《左氏》以為得禮。禮，婦人謂嫁曰歸，明無大故，不反於家。經書『高固及子叔姬來』，故譏乘行匹至也。

箴曰：《冠義》云：無大夫冠禮而有其昏禮，則昏禮者，天子、諸侯、大夫皆異也。《士昏禮》云：主人爵弁，纁裳緇袘，從者畢玄端，乘墨車，從車二乘，執燭前馬，婦車亦如之，有裧。此婦車出於夫家，則士妻始嫁，乘夫家之車也。《詩·鵲巢》云：『之子於歸，百兩御之。』又曰：『之子於歸，百兩將之。』將，送也。國君之禮，夫人始嫁，自乘其家之車也。《何彼穠矣》篇曰：『曷不肅雍，王姬之車。』言齊侯嫁女，以其母王姬始嫁之車遠送之。則天子、諸侯嫁女，留其乘車可知。高固大夫也，來反馬，則大夫亦留其車也。禮雖散亡，以《詩》之義論之，大夫以上，其嫁皆有留車、反馬之禮。留車，妻之道也；反馬，壻之義也。高固以秋九月來逆叔姬，冬來反馬，則婦入三月祭行，乃反馬禮也。

宋·王應麟編《周易鄭康成注·鼎·初六》　嫁於天子，雖失禮，無出道，廢遠之而已。若其無子，不廢遠之，后尊如故。其犯六出，則廢之遠之。

漢·劉熙《釋名》卷三《釋親屬》　配，輩也。一人獨處，一人往輩，耦之也。

匹，辟也，往相辟耦也。

耦，遇也。二人相對遇也。

晉·杜預《春秋釋例》卷二《內外君臣逆女例》　《釋例》曰：凡稱君即位，修婚姻，娶元妃，謂諒陰既終，嘉好之事通於內外，內外之禮始備，此除凶之即位也。【略】天子至尊無敵，則上卿親迎而上公臨之。諸侯若有故，不得親迎，必使宗親上大夫為介。凡內外君臣逆十六，《傳》所以發義例有四：紀裂繻來逆女，《傳》曰：卿為君逆也。齊高固來逆叔姬，《傳》曰：書『逆叔姬』，卿自逆也。此外君臣來逆女之異文也。公子遂如齊逆女。《傳》曰：尊君命也。公孫茲如牟，《傳》曰：娶焉。此內君臣出逆女之異文也。祭公逆王后於紀，《傳》曰：禮也。此天子之異文也。逆婦姜於齊。《傳》曰：卿不行，非禮也。劉夏逆王后於齊，《傳》曰：官師從單靖公，卿不行，非禮也。知祭公如紀時，亦有卿。卿不書，舉重略輕，猶鞌、邲之戰，唯書郤克、林父。此又天子及諸侯使公卿之文也。

國君之娶，必卜鄰國之吉；人臣亦卜國内之耦，所以美祚胤也。臣若有故，而外婚則稱使以出，不得稱婚，卿非君命不越境也。婚禮雖奉時君之命，其言必稱先君，以為禮辭。故公子翬逆女，《傳》稱修先君之好；公子遂逆女，《傳》曰尊君命。互發其義也。往必稱族，以示其重；還雖在途，必舍族以替之，所以成小君之尊也。禮：父母逆女不下堂，著外成之節，委之於迎者也。齊侯送姜氏，經指事而書，《傳》亦隨文而釋，以見其非也。婚禮，卿納幣而君親逆，君有故，即使卿逆之，則書卿名。以夫人至父母之國，又遣使致女，所以進貞女，成大禮也。

桓公不書納幣，而遣公子翬逆女。逆女踰月翬未反，而公會齊侯於讙。本非親迎，因接夫人，直稱『夫人至』者，為失禮不斥言之文也。莊公顧割臂之盟，崇寵孟任，故即位二十三年，乃娶元妃。雖丹楹刻桷，身自納幣，而有孟任之嫌，故與姜氏俱反而異入，經所以不以『至』禮書也。文公既不親迎，又不使卿，君而卑之，立而廢之，故不稱逆女。皆國史叙事之宜也。

天子娶則稱『逆王后』，卿為君逆女則稱『逆女』，其自為逆則稱所迎之字，尊卑之別也，逆稱王后而逆之曰季姜，伸父母之尊也。天子嫁女於諸侯，必使諸侯同姓者主之；諸侯嫁女於大夫，必使大夫同姓者主之，尊卑不得交禮也。魯諸公納幣，或在即位之前；成公娶夫人而不納幣，此經文闕也。貴聘而賤逆，失之微者，《傳》猶詳之，言其不終若實不納幣，非所略也。

諸侯婚禮久亡，以《士婚禮》準之，不得唯止於納幣、逆女。逆女、納幣二事，皆必使卿行，卿行則書之；他禮非卿，則不書也。宋公使華元來聘，聘不應使卿，故《傳》但言『聘共姬』也。使公孫壽來納幣，納幣應使卿，故《傳》明言其得禮也。魯君之婚，亦唯存納幣、逆女，此其義也。

魯自惠已上，世娶於宋；自桓已下，娶於齊；及春秋之末，襄、昭、定、哀四公皆違其舊。三桓執政，欲以削公室外援，成己之私，故哀公將因越人以去三桓，越人請妻之。於是季孫賂太宰嚭，以絶其計，哀公不能自固，出奔而死。祿之去公室，亦難以禮論也。杞、蕩二伯姬，皆自為子來迎之，與求雖異，然其實一也。文公、宣公、成公夫人皆稱『婦』，各有姑之辭也。宣公納幣，雖或在即位之前，據為喪娶，不須貶責而自明，故無譏文也。成公逆女及夫人至，最為得禮，故詳其文，丘明謂之『微而顯，婉而成章也。』

宋公之娶伯姬，幣、聘兩備，晉、衛為媵，蓋古婚之道，故《傳》每為之發。伯姬以賤逆婦，齊人來媵，皆非所應，故《傳》亦無文也。叔姬歸於紀，此待年之女，年滿特行，故書其歸。公子翬如齊逆女，此經正文，而賈氏云：使翬逆女，兼修艾之盟。婚姻，禮之大事，方遣逆女，無緣兼修盟會。若實如此，經當變文，不得以逆女為使，而更以修盟為實也。又此年春，公已會齊侯而成婚，豈復須逆女之臣以申久要，斯不然矣。夫人孫於齊，《傳》云：不稱姜氏，絶不為親。止釋孫例也。至於喪婚，則或稱姜而不言氏，或稱氏而不言姜。丘明不發其例，斯蓋《經》、《傳》闕也。

又　卷四《夫人内女歸寧例》　《釋例》曰：歸寧者，女子既嫁，有時而歸，問父母之寧否；父母殁，則使卿歸問兄弟也。出者，謂犯七出而見絶者也。歸者，有所往之稱；來者，有所反之言也。故嫁謂之歸，而寧謂之來。見絶而出，則以『來歸』為辭，來而不返也。如某者，非終安之稱；歸於某者，亦不反之辭也。

唐·孔穎達《左傳·隱公八年》『先配而後祖』正義　先配後祖，多有異說。賈逵以配為成夫婦也，禮齊而未配，三月廟見，然後配。案《昏禮》：親迎之夜，衽席相連。是士禮不待三月也。禹娶塗山，四日即去，而有啓生焉，亦不三月乃配。是賈之謬也。鄭衆以配為同牢食也，先食而後祭祖，無敬神之心，故曰誣其祖也。案《昏禮》，婦既入門，即設同牢之饌。其間無祭祀之事，先祭乃食，《禮》無此文。是鄭之妄也。鄭玄以祖為祓道之祭也，先為配匹，而後祖道，言未去而行配。案《傳》既言『入於鄭』，乃云『先配而後祖』，寧是未去之事也？若未去先配，則鍼子在陳譏之，何須云『送女』也？此三說皆滯。故杜引楚公子圍告廟之事，言鄭忽先逆婦而後告廟，故曰先配而後祖。此時忽父見在，計告廟以否，當是莊公之事，而譏忽者。楚公子圍，亦人臣矣，而自布几筵，告於莊、共之廟，不言稟君之命，知逆者雖受父命，當自告廟。且忽先為配匹而後告祖，見其告祖，方始譏之，知忽自告祖也，或可。鄭伯為忽娶妻，先逆而後告廟，鍼子見而譏之。公子圍告廟者，專權自由耳，非正也。

唐・陸淳《春秋集傳纂例》卷二《婚姻例・逆王后》 啖子曰：古儒者或言天子當親迎，或言不當親迎。二説不同，未敢定也。然《春秋》所載，皆譏也。合禮則常事不書也。

趙子曰：先儒爭此義。鄭康成據《毛詩》義，以文王親迎為證據。文王乃非天子，不可為證。考之大體，固無自逆之道。王者之尊，海内莫敵，故嫁女即使諸侯主之；適諸侯，諸侯莫敢有其室。若屈萬乘之尊而行親迎之禮，即何莫敵之有乎？問曰：夫子對哀公云：為天地、社稷、宗廟之主。非謂天子乎？答曰：魯有郊天祀地之禮，故云爾。何得言天子之禮乎？

又《王后歸》 《左氏》曰：凡諸侯之女行，唯王后書。趙子曰：敬王室也。言所以書。記其是，以著其非。天下之母，當取之於諸侯。其歸也，當赴告天下。春秋時，王室無綱，少能如此，故記此，則不書者皆受譏也。《穀梁》曰：為之中者，歸之也。言魯為媒居中，問導成之，所以書也。按王后者，天下之母，不同於諸侯，自合書之，不關魯為之媒乃書也。

又《内逆女》 啖子曰：諸侯親迎皆常事，不書，《穀梁》云「親迎常事，不志」是也。《公羊》意同。公子翬、公子遂、叔孫僑如為君逆夫人，皆以非禮書。翬、遂公子而行婚禮，尤不可也。《左氏》以卿逆為合禮，殊誤矣。

又《内女歸》 啖子曰：《公羊》、《穀梁》並云「婦人謂嫁曰歸」是也。凡内女歸嫁為夫人，則書。以尊卑敵，公為之服，故書其歸。

又《夫人至》 啖子曰：凡夫人初至皆書，告於廟也。趙子曰：文四年，逆歸姜出姜也不書「至」，貶成禮於齊也。昭公娶吳孟子不書「至」，耻娶同姓，不告廟也。襄公、定公、哀公並不迎夫人。文九年「夫人姜氏至」不入此例者，以非初逆之至。

又《夫人歸本國》 趙子曰：言歸，不反之辭也。《左氏》云：夫人出，曰「歸於某。」據文公夫人歸於齊，乃是襄仲殺子赤後，自歸耳，不可以此為例。若夫人實有罪見出，必當云出歸於某以示貶，不應但云「歸」爾。

又《内女出》 啖子曰：内女見出，皆書曰「來歸」，大其事也。《三傳》意同。郯伯姬、杞叔姬不書嫁而書「出」，或嫁時，夫未為君也。趙子曰：為婦而出，著其非也。言婦道不修，故被出。若出非其罪，經必異文，但無非罪者爾。

文十有五年十有二月，齊人來歸子叔姬。啖子云：不言齊叔姬，不售於齊也。趙子云：書「來歸」於「姬」上者，非嫁後之出，故異其文焉。

又 卷八《名位例・后夫人王姬内女》 凡取，必親迎至夫國，始當成禮。文公成禮於齊，故不得言「逆女」而曰「逆婦」。齊高固、莒慶成禮於魯，故曰「逆叔姬」。見其不言「女，則知失禮也。其義皆見《婚姻例》中。

唐・杜佑《通典》卷五八《禮十八・嘉三・天子納后》 説曰：《禮記・婚義》云：婚禮者，將合二姓之好，上以事宗廟，下以繼後代也，故君子重之。共牢而食，合巹而酳，所以合體同尊卑而親之也。成男女之別，立夫婦之義，而後父子親，君臣正。故曰婚禮者，禮之本也。《公羊》説：天子至庶人，皆親迎。《左氏》説：王者至尊，無敵體之義，不親迎。鄭玄駁之曰：文王親迎於渭，則天子親迎也。天子雖尊，其於后，夫婦也。夫婦無判，禮同一體，所謂無敵，豈施於此哉？《禮記》哀公問曰：「冕而親迎，不已重乎？」孔子對曰：「合二姓之好，以繼先聖之後，以為天地、宗廟、社稷之主。君何謂已重焉？」此言繼先聖之後，以為天地之主，非天子則誰乎？是鄭以天子當親迎也。杜元凱以為天子不親迎。按《春秋》「祭公逆王后於紀」，《傳》曰「禮也」。劉夏逆王后，譏卿不行，皆不譏王不親行。明是天子不當親迎也。文王之迎太姒，身為公子，迎在殷代，未可據此以為天子之禮。孔子之對哀公，自論魯國之法。魯以周公之後，得郊祀上帝，故以先聖天地為言耳，非説天子之禮。

宋・王欽若等《册府元龜》卷二四五《列國君部・姻好》 夫婚姻

者，合二姓之好，上以為宗廟，下以為繼後世者也。則有受分器之重，居秉圭之位，修先君之好，結大國之援，因其嘉會，申以同盟，玉帛之用斯備，榛栗之贄是修，以奉其粢盛，以章乎物采，成冕迎之重，崇廟見之儀。所以篤其惠好，為之與國。至於不由禮以加伐，止其君而強求，貽後世之譏，非好逑之義。禮之失者，其在茲乎？

宋・劉敞《春秋傳》卷一《隱公》　九月，紀裂繻來迎女。裂繻者何？紀大夫也。何以不稱使？不與紀侯使也。曷為不與紀侯使？逆女，親之者也。使大夫，非禮也。哀公問曰：『冕而親迎，不已重乎？』孔子對曰：『合二姓之好，以繼先聖之後，以為宗廟、社稷主，何謂已重乎？』女曷為或稱女，或稱婦，或稱夫人？女在其國稱女，在塗稱婦，入國稱夫人。冬十月，伯姬歸於紀。婦人謂嫁曰歸。歸於諸侯，則爵同尊同，則志。

宋・范祖禹《范太史集》卷二〇《論立后上太皇太后疏》　臣謹稽之上古，參之後世，為陛下悉數而詳言之。一曰族姓，二曰女德，三曰隆禮，四曰博議。所謂族姓者，臣聞古之帝王所與為昏姻者，必大國諸侯，先聖王之後，勳賢之裔；不然，則甥舅之國也。不以微賤，上敵至尊，故其福祚盛大，子孫蕃昌。昔者黃帝娶於西陵之女，是為嫘祖。嫘祖為黃帝正妃，其子孫皆有天下。五帝三王，皆黃帝之後也。高辛娶陳鋒氏之女，是生帝堯。虞舜娶帝堯之二女，釐降於嬀汭，遂有天下。大禹娶於塗山，是生夏啓，天下歸之，子孫享國四百七十餘年。成湯娶於有莘氏，子孫有天下六百餘年。

周之先祖后稷，生於姜嫄，世有賢妃。太王娶太姜，是生王季；王季娶太任，是生文王；文王娶太姒，其禮尤盛。《大雅》歌之曰：『文王初載，天作之合。』言文王之初有識，天已生賢女，為之配也。又曰：『大邦有子，俔天之妹。文定厥祥，親迎於渭。造舟為梁，不顯其光。』自古昏禮，未有如文王之盛也。太姜，炎帝之後也；太任，太昊之後也；太姒，大禹之後也。太姒生十子，武王、周公皆聖人也，其餘皆為顯諸侯。周之子孫徧於天下，太姒之德也。詩人美文王之聖，本由太任。其詩曰：『思齊太任，文王之母。思媚周姜，京室之婦。太姒嗣徽音，則百斯男。』又曰：『刑於寡妻，至於兄弟，以御於家邦。』言文王之化，自家及國，以正天下也。《周南・關雎》，后妃之德，人倫之始，風化天下，皆美太任、太姒也。武王亦娶於姜，是生成王。周有天下三十餘世，八百餘年，其基本蓋由此也。故族姓不可不貴。

所謂女德者，臣聞《禮》本夫婦，《詩》始后妃，治亂因之，興亡繫焉。三代之興，皆有賢妃。其亡也，皆有孽女。夏之興也以塗山，其亡也以末喜；商之興也以有娀，其亡也以妲己；周之興也以姜嫄，其亡也以褒姒。此皆聖賢所紀，《詩》、《書》所載，垂之後世，以為永鑒者也。

【略】

所謂隆禮者，臣聞天子之與后，猶天之與地，日之與月，陰之與陽，相須而後成者也。禮曰天子聽男教后聽女順天子理陽道后治陰德教順成俗內外和順國家理治此之謂盛德。又曰：天子修男教父道也后修女順母道也。孔子對魯哀公曰：古之為政，愛人為大；所以治愛人，禮為大；所以治禮，敬為大。敬之至矣，大昏為大；大昏至矣，大昏既至，冕而親迎，親之也。是故君子興敬為親，捨敬是遺也。弗愛不親，弗敬不正，愛與敬，其政之本與？哀公曰寡人願有言然冕而親迎不已重乎孔子愀然作色而對曰合二姓之好以繼先聖之後以為天地宗廟社稷之主君何謂已重乎又曰天地不合萬物不生大昏萬世之嗣也君何謂已重焉。蓋深非之也。孔子遂言曰昔三代明王之政必敬其妻子也有道妻也者親之主也敢不敬與？』《禮》又曰：玄冕齋戒，鬼神陰陽也，將以為社稷主，為先祖後，其可以不致敬乎？又曰：『敬而親之，先王之所以得天下也。』今臣與衆官討論講議，皆約先王之禮，參酌其宜，不為過隆，願陛下勿以為疑。進言者必曰：天子至尊，無敵於天下，不當行夫婦之禮。而荀卿有言：『天子無妻，告人無匹也。』如此，則是周公之典、孔子之言皆不可信，而荀卿之言可信也。臣謹案《禮》，冠、昏唯有士禮，而無天子、諸侯之禮，故三代以來，準以士禮，推而上之，為天子、諸侯之禮。蓋以成人之與夫婦，自天子至於士，則一也。【略】

所謂博議者，臣聞古者天子聘后，上公逆之，諸侯主之。故《春秋》書『祭公來，遂逆王后於紀。』夫國有大事，大臣不容不預聞也。

宋・蕭楚《春秋辨疑》卷三《夫人書至辨》　啖子曰：凡夫人初至者皆書，告於廟也。出姜不書至，貶成禮於齊也。孟子不書至，恥娶同姓，諱之也。襄、定、哀三公不逆夫人，故闕而不書。其説非也。案《春秋》書夫人至者三：文姜、穆姜、齊姜也。書夫人入者一：哀姜是也。文姜書至自齊，譏其專聽，桓公不能制也。時齊侯送姜氏於讙，公會齊侯於讙，則夫人已見公而猶獨書至，見夫人不隨公而歸，專恣可知矣。言自齊者，不與齊侯送於讙也。諸侯送女非禮，況其妹乎！胡銓《附注》：銓案：桓三年乃齊僖公送女，十四年僖公方卒而襄公方即位。此云送妹，非也。『齊子歸止，其從如水』，言魯桓之從文姜，不如敝笱猶能制魚也。則《春秋》之譏明矣。

穆姜至，書『公子遂以』者，見宣公不親逆也。齊姜至，書『叔孫僑如以』者，見成公不親逆也。言『以』，不當以也。夫人，國君之配，將以承宗廟，治内政，可不敬乎？哀姜書入者，譏莊公娶讎人之子，薦獻於先君，不惟忘孝，抑非所以安神靈。故曰『入』。《穀梁》曰：入内不受，言不當受也。凡此皆失禮非正者。

如以告廟為是，則此皆非正也。若曰因其告廟，故得書之，以見其不正焉，則夫人至，禮無不告，豈襄、定、哀三夫人皆不告廟，謂三公不逆夫人，則將娶於何也？殊不知《春秋》之未作，夫人内女事，史悉誌之，而自先王政絶，男女不正，夫婦道弊，人倫日亂，馴致大壞，皆原於禮防之隳廢。故仲尼作《春秋》，於昏姻夫婦之際，去其與常禮合而一一紀其失禮者，原注：經書昏姻、夫人、内女事凡數十，皆非正。示後世所以致亂之由，俾知謹禮峻防，正家之道也。其所書，不繫告廟與否，皆有旨也。襄、定、哀之夫人不書者，合常禮故也。嗚呼！男女夫婦，人倫之本，風化之始也。正其本，然後可以正其末，況本不正也歟！正其始，然後可以正其終，況始之不正歟！

宋·張大亨《春秋五禮例宗》卷一〇《嘉禮·昏》　《傳》曰：女子許嫁，笄而字。禮之稱字，則字尊於稱女也。公女許嫁，則視公子；嫁於諸侯，則視諸侯。諸侯來逆，則曰女而不稱字者，未敢以其尊當君也。既至其國，則夫人矣。夫人來歸，則稱字而不曰夫人者，父母之國詞也。天子之后，則命之，斯成其尊矣；不成其尊，不足以匹至尊也。諸侯之娶於諸侯，敵也，敵則嫌於相當；天子之娶於諸侯，降也，降則嫌於非匹。故天子之逆則稱后，諸侯之逆則稱女。若乃大夫自逆於公，則女稱字焉，以其下嫁，故得申其尊也。

昏禮有五而獨書納幣者，舉其重者也。蓋《禮》於納采曰有惠，於問名曰有命，於納吉曰有貺，於問期曰有賜，而於納徵獨曰重禮，則五禮之中，此為重也。《穀梁》曰：納幣使大夫，正也。逆女，親者也。考於《禮》，凡使者反，必反命曰『既得將事』，則納幣當使人。孔子曰：冕而親迎。則逆女當親之，然天子、諸侯有邦國之事，或不得親，則使卿為正。《士昏禮》曰：若不親迎，則婦入三月，而婿見於主人。然則士有故，且或不親，而況人君乎！《詩》刺不親迎，言其常也；經書卿逆，言其故也。

婦人謂嫁曰歸，女以男為家者也。魯夫人歸寧曰『如某』，出曰『歸於某』；魯女歸寧曰『來』，出曰『來歸』。魯夫人之出與魯女之嫁者同辭，皆自内往，而彼為主之稱也。魯女之出與外之以物至者同辭，皆自外來，而我為主之稱也。其曰『如某』，則與『公如』同義。

宋·張大亨《春秋通訓》卷二《桓公》　王娶則伯叔之國主之，上公逆之。為之主者，歸之正也。劉夏，士也，逆不我謀，歸不我告，王失大昏之禮，魯失主昏之義。祭公專命，劉夏失職，皆非厚人倫、美教化之道也。王后者，天子之匹，化天下以婦道也。后歸不以禮，則王不能假有家，不能假有家，其能化天下乎？此《春秋》所以志也。

又　卷五《文公》　春秋《志》魯女之出，無罪者曰來歸某，有罪者曰某來歸。子叔姬以無罪出，何也？齊懿公無道，弑其君而奪其位，殺其子而執其母，天子為之請，則執天子之使。廢親親之恩，悖尊尊之義，國人不名曰公，故有申池之禍。諸侯不能致討，故不序於扈之盟。《春秋》欲明懿公之罪，故以叔姬無罪言之。

宋·陳祥道《禮書》卷六五《婚》　婚有六禮：納采、問名、納吉、納徵、請期、親迎。而納采者，擇其族類；問名者，詢其誰氏。問名，然後卜之，故納吉；納吉，則其禮成矣，故納徵。然則納采、問名同一使，納吉、納徵、請期皆異使。納采、問名、納吉、請期以禽贄，納徵以圭璋、皮帛。由徵以前，慮其或不受也，故皆言納。既納徵，則聽命而已，故於期言請焉。《曲禮》曰：日月以告君，齋戒以告鬼神。春秋之時，楚公子娶於鄭，曰告於莊、共之廟而來。鄭公子忽先配後祖，君子譏之。故士婚禮：既納采、問名，然後歸卜於禰；既卜，然後納吉，而卜常在告廟之日。《禮説》曰：卜郊，受命于祖廟，作龜于禰宮，尊祖親考之義也。鄭氏謂：受命，退乃卜。卜婚之禮，蓋亦如之。然則告廟始於納采、問名之後矣。《白虎通》曰：娶妻告廟者，示不必人女。此臆説也。

《異義》云：《戴禮》説天子親迎，《左氏》説天子不親迎，上卿迎之；諸侯亦不親迎，使上大夫迎之。鄭駁《異義》云：文王娶大姒，親迎於渭。又孔子答哀公：合二姓之好，以繼先聖之後，以為天地、宗廟、社稷之主。冕而親迎，何謂已重乎？此天子、諸侯有親迎也。然考之於經，著之《詩》，刺不親迎，而『充耳以黄』者，人君之飾。又文王迎於渭，韓侯迎於蹶，而《春秋》紀裂繻來逆女，《公羊》曰：譏不親迎也。公子翬如齊逆女，《穀梁》曰：逆女，親者也。使大夫，非正也。莊公如齊逆女，《穀梁》曰：親迎，常事也，不志。此其志何？不正其親迎於齊也。凡此皆言諸侯親迎之禮，若天子則不然。趙氏曰：王者之尊，海内莫敵，故嫁女則使諸侯主之，適諸侯，諸侯莫敢有其室。若屈萬乘之尊而行親迎之禮，則何莫敢敵之有乎？孔子對哀公曰：為天地、社稷、宗廟之主。以魯有郊祀天地之禮，故云爾，非為天子發也。《左氏》謂諸侯不親迎，《公羊》謂天子亦親迎。其説不能全與經合，當從趙氏之論為正。

漢惠帝納后，納采鴈、璧，乘馬束帛聘，黄金二萬斤，十二匹。其後桓帝納后，悉依其故事。北齊皇帝納后之禮，納采至納徵訖，告圓丘、方澤及廟。是日，皇帝臨軒，命太尉為使，司徒副之，持節詣后行宫，東向奉璽綬。唐皇帝納后，卜日告天地，並如開元禮。然皆不聞有親迎者，蓋其傳襲於古然也。

又　卷六六《致女》　《曲禮》曰：納女於天子曰備百姓，於國君曰備酒漿，於大夫曰備掃灑。鄭氏曰：納女猶致女。不親迎，則女之家遣人致之，此其辭也。《春秋》：晉韓宣子叔向如楚送女。《左氏》曰：上卿及上大夫致之。魯季孫行父如宋致女。其辭蓋亦如《曲禮》云爾。

宋・胡安國《春秋傳》卷五《桓公中》　往逆則稱『王后』，既歸何以書『季姜』？自逆者而言，則當尊崇其匹，内主六宫之政，使妃妾不得以上僭，故從天王所命而稱『王后』，示天下之母儀也。自歸者而言，則當樛屈逮下，使夫人嬪婦皆得進御於君，而無嫉妒之心，故從父母所子而稱『季姜』。化天下以婦道也。其詞之抑揚上下，進退先後，各有所當而不相悖，皆正始之道，王化之基，《春秋》之所謹也。『京師』者，衆大之稱。

又　卷一五《文公下》　書『夫人』，則知其正；書『姜氏』，則知其非見絶於先君；書『歸於齊』，則知其無罪，異於『孫於邾』者。而魯國臣子殺適立庶，敬嬴、宣公不能事主君，存適母，其罪不書而並見矣。

又　卷一八《宣公下》　按《左氏》：郯伯姬來歸，出也。内女出，書之策者，男女居室，人之大倫也。婚姻之禮廢，則夫婦之道苦，淫辟之罪多矣。復相棄背，喪其配耦，《氓》之詩所以刺衛；日以衰薄，室家相棄，《中谷有蓷》所以閔周。《易》叙《咸》、《恒》，為下經首。《春秋》内女出，夫人歸，凡男女之際，詳書於策，所以正人倫之本也。其旨微矣。

宋・葉夢得《春秋左傳讞》卷三《文公》　大歸，謂出也。哀姜夫死子弒，不安於魯而歸父母之家，不得為出。凡出，皆有罪者也。《傳》既不察此，故後復為例曰：夫人歸寧曰『如某』，出曰『歸於某』。哀姜誤之也。魯無出夫人，自不必立例。

宋・葉夢得《葉氏春秋傳》卷一二《文公二》　來歸，出也。何以不言子叔姬來歸，不正商人以子出母也。内女出，皆以歸為文，見其以罪，絶於夫之國也。故國君出夫人，使者將命曰：『寡君不敏，不能從而事社稷宗廟，使臣某敢告。』主人對曰：『寡君固辭不教矣，敢不敬須以俟命？』天下豈有子而出其母者哉？故以『齊人來歸』為文，曰齊人出之則可，子叔姬無絶於商人者也。

宋・葉夢得《春秋考》卷一四《宣公》　反馬不見於《禮》，杜預謂送女留其送車，謙不自安，三月廟見，遣使還馬。高固遂與叔姬俱來，故貶。此與解『致女』之辭略圓。婚禮，萬世之本也，其道一成而不可變，所以重夫婦之義，承先祖而繼後世，豈有既成禮而復留以待三月，開無故出妻之道哉？此蓋杜氏不知三月廟見為舅姑歿故，概以為婚姻之常禮，以附會《左氏》之說。

《詩・鵲巢》言『之子于歸，百兩御之』，又曰『百兩將之』。御者，迎也；將者，送也。鄭氏謂諸侯之子嫁於諸侯，送、御皆百乘。夫有以送之，必有以反之，此禮之所當然。故《士昏禮》有舅姑饗婦人送者，亦酬以束錦；若異邦，則贈丈夫送者以束錦。婦人送者，隸子弟之妻妾，凡饗速之。夫如是，則送車與之歸矣，何待三月而始反馬乎？

古禮殘缺，漢初諸儒所記，多不具本末。三月廟見，《曾子問》不明言為舅姑歿，故學者考之不詳，不免相承謬誤。大抵禮生於人情，親有遠近則情有隆殺。宗廟固以事其先，而禰廟為尤重。《記》曰：卜郊，受命于祖廟，作龜于禰宮，尊祖親考之義也。鄭氏謂卜昏亦如之，則親考固有別於祖者矣。昏禮，同牢之夕，婦固已見於廟，至質明，贊見婦於舅姑，執笲、棗栗、腶修，所以成婦禮。舅姑入室盥，饋以特豚，所以明婦順。厥明，而舅姑共饗婦以一獻之禮，授之以室事，所以申著代。至是而後，婦盡此施之於舅姑存者也。若舅姑歿，此禮無所施，故必以三月擇日，祭於禰廟而祖不預焉。蓋亦尊祖親考之義。若未廟見而死，是未嘗見舅姑，固未成其為婦，則不祔於皇姑，歸葬於女氏之黨。此豈為舅姑存者言？舅姑存，亦行此禮，則何禰之云乎？《曾子問》不明言舅姑歿，自以禰廟見之。何杜氏之疏略如是？《左氏》所謂反馬者，亦無足據矣。

何休《膏肓》破《左氏》反馬之說，當矣。鄭康成復言士昏禮，士與大夫而上異，謂士妻乘夫家之車，無反馬；大夫而上自乘其車者，反馬。以《詩》『之子於歸，百兩御之』為證，尤非。是自天子至於士，昏禮之隆殺則有辨矣，而納采至親迎，必不可無者，未嘗異也。何獨反馬而異乎？謂之親迎，其必有車，所謂御輪三周者，以己車為重也。而《詩》之所云，以自送者言之，豈有送女而不以車，婦人以衆多為美？故曰『百兩』。不然，亦不得兼百兩而皆留。此先儒黨同之弊，錯亂經旨而妄騁其私，每如是也。

宋・高閌《春秋集注》卷二〇《文公四》　此書歸者，大歸也，一去不返之辭也。夫亡矣，子弒矣，而逆賊簒立矣，嬴氏為君母矣，是夫人有可去之道，故自歸於齊焉。君子以為姜氏，見微者也，先書『子卒』而繼書『夫人姜氏歸於齊』，則知惡及視皆死，而夫人無所依矣。

宋・趙鵬飛《春秋經筌》卷八《文公》　《春秋》書內女歸者二：郯伯姬，杞叔姬。直曰來歸，罪在己也，故以自歸為文。子叔姬，書『齊人來歸』者，罪在齊也，故以齊人歸之為義。齊人弒其子而絕其母，不道一至此哉！書『齊人』誅之也。

又　卷九《宣公》　內女見出於郯也。文十五年，齊人來歸子叔姬，譏在齊，非叔姬之罪也，故書『齊人歸』之。今郯伯姬來歸，罪在伯姬，非郯妄出之也，故以伯姬自歸爲文。察其文，而善惡自見矣。

又　卷一〇《成公》　內女見出，皆曰來歸，然罪惡不可以不辯。故有歸之者，有自歸者，以見意。齊人來歸子叔姬，罪在齊也；杞叔姬來歸，罪在叔姬也。叔姬自取出絕，故以自歸為文。雖姬之罪無所考，而觀聖人所書之文，則歸之者，以見夫不夫；自歸者，以見婦不婦。夫婦，人之大倫而王化之本也。本立則五教敷而周室中興矣。此聖人作《春秋》之意也。

宋・程公說《春秋分記》卷三七《禮樂書第二・內魯・婚姻》　娶妻必親迎，禮之正也。若夫邦君，以爵則有尊卑，以國則有小大，以道途則有遠邇，或迎之於其國，或迎之於境上，或迎之於所館，禮之節也。紀侯於魯，以小大言，則親之者也，而使履緰來。魯侯於齊，以遠邇言，則親之者也，而使公子翬往。是不重大昏之禮，失其節矣。若莊公納幣於文姜之喪，文公納幣於僖公之喪，而莊公又以讎人之子共祭祀，皆書以譏之。媵，淺事，書之亦譏也。

宋・呂大圭《春秋或問》卷六《桓公》　或問祭公來，遂逆王后於紀，而先書『來』，何也？曰：此與『祭伯來』，一例爾，蓋私來也。王臣無外交，祭公來，非禮也。其逆王后於紀，何也？紀之於魯，蓋婚姻之國也。紀援齊，難於魯，而王娶后於紀，則魯實為之謀也。天子之娶女於諸侯也，使同姓之諸侯為之主，太上無敵也。故紀季姜之歸於京師，魯實主之。魯急於固紀，是以因祭公之來，而使請於王，以逆后爾。當祭公之來，王固未有成命，使之逆后。逆后之命，其殆出於祭公來魯之後乎？因祭公之來，魯而遂逆王后於紀，非端本之道也。然《春秋》書『逆王后』者二：桓八年及襄十五年『劉夏逆王后於齊』是也。然惟紀季姜書『歸於京師』，而劉夏之逆后不書歸，則祭公之逆，以魯為之主，而書之也。劉夏之逆，以其過魯而書之也。魯為之主，故書歸；不為之主，則亦不書歸矣。劉敞以為劉夏之逆后，則士也；祭公之逆后，則公也。使公則已尊，使士則已卑。卿逆之，公監之，乃合於禮，其理或然。

或以『遂』為專行之辭，然以理度之，必無此事。豈有逆王命而不由天子之命乎？亦必不然矣。《春秋》書『遂』，皆繼事之辭，非必皆專行也。僖四年，『侵蔡，遂伐楚。』是蓋先侵蔡而遂伐楚也。僖三十年，書『如京，遂如晉。』蓋先如京而後如晉也。此年『祭公來，遂逆王后於紀。』蓋先來魯，而後遂逆王后於紀也。但其始來之初，不為逆后而來，而卒以逆后歸耳。故夫『遂』者，繼事之辭也。

宋·陳則通《春秋提綱》卷九《雜例門·魯婚姻例》 嗚呼！男女親迎，則授受明禮也。唯萬乘之尊不容親屈於諸侯，故使卿逆之，公監之。自王以下，一是以逆為禮。《詩》曰：『韓侯取妻，蹶父之子。韓侯迎止，於蹶之里。』諸侯之迎者也。『俟我於著乎而，俟我於庭乎而，俟我於堂乎而。』大夫士之迎者也。庶人、工商、皁隸、牧圉有不以是者，父母國人皆賤之也。

吾讀衛、鄭諸國之《風》，吾悲之。嗚呼！親迎之禮不明，至此邪？夫婦之道，莫善於克終，《春秋》之筆，莫嚴於謹始。書魯逆夫人者五，獨於桓、莊為詳，所以志其亂魯之階。於文公為略，所以志其去魯之本。齊侯不以桓公之篡而與之謀婚，桓公不往親受於齊，而使賊以逆姜氏象之，其又何誅焉？禮有逆女，無送女。齊侯送姜氏於讙，所以邀公之必來也。經書『公會齊侯於讙』，繼書『姜氏至自齊』。設使齊君不送，公必不會。公之重在齊侯，重不在逆女，明矣。始之不正，終於何有哉？莊公受制文姜，必齊女而後取，三十餘年未有內主，公之求於齊也急，而齊之應公也緩。納幣使卿，公實親往。《春秋》所以示譏。逆女，親者也，《春秋》可以無貶。然而如齊逆女，公其知有桓公乎？如則順，而所如之國則逆；逆之是，而所逆之女則非。經不書『至』而書『入』，以國人有所不與也，宗廟有所不受也。魯君婚姻之事，未有如桓、莊之詳且悉者。文繁而不厭，聖人以是著魯禍之本歟？以是為天下之大戒歟？

男不親迎，不得以有室；女不親迎，不得以有家。使大夫，非禮也，況微者乎！文公斬焉衰經之中，使襄仲如齊納幣，識者知其忘先君矣。又貴聘而賤逆，不書『夫人』，魯不待以夫人也。姜不書氏，齊不待以女也。曰『逆姜于齊』，則不知其為嫡為妾。『逆婦姜於齊』，始知其為伉儷。貴為諸侯而婦不得稱夫人，《春秋》所以嚴正始之辨。後乎書至，則曰夫人。姜氏書歸，則曰夫人。姜氏終不與，敬嬴得以代之也。文公十八年之簡曰：『子卒。夫人姜氏歸于齊。』數字淒涼，為千古簡編之恨。《春秋》安得不於逆婦之初而謹之乎！書逆婦者三，二有姑之詞也，一賤逆之之詞也。豈惟魯為然哉？外諸侯之逆女，自『裂繻以來』，親迎之禮廢，久矣。

書紀伯姬，悲之也；書鄫季姬，寵之也。伯姬于宋，三以媵書；叔姬于紀，兩以歸書，賢之也。外女書至，視魯其家也；內女書歸，視諸侯其家也。歸者，所以依人以終身也。然則杞叔姬、郯伯姬、齊子叔姬，曷為又書歸乎？吁！知出姜之初不書『至』，則知三姬之初不書『歸』。

宋·家鉉翁《春秋集傳詳說》卷三《桓公上》 不稱主人者，謂天子雖尊，不自為主人也。有母則稟命於母，無母猶當謀之諸父兄，白於禰廟乃行，古之義也。然母命不可以行之於天下，諸父兄亦不得稱於國中，故祭公之來，不言王使。公羊子此義，其必有所受矣。《左氏》莊十八年，虢公、晉侯、鄭伯使原莊公逆王后於陳。陳媯歸於京師。不言王使而曰虢、晉、鄭使之逆，此不稱主人之明證也。

祭公何以來乎？周制，天子與諸侯為昏，則使同姓之國為之主，為諸侯非王之匹也。魯以周公之後為王主禮，其來舊矣。《穀》乃云：不正。其以宗廟之大事即謀於我。其未然歟？是時紀困於齊，請昏於王室，以為圖存之計，魯實主之。王使祭公下詢於魯，亦以是故耳。祭公為逆后而來，無譏也；祭公以遂事而往，則有譏也。大昏，萬世之嗣；王后，天下之母。藉令魯以為可，猶當復命於王，告之禰廟，先之以幣聘，然後往逆，禮之序也。今桓王之命祭公，乃令決其議於魯，曰魯以為可，即用是往逆。其簡禮而易昏，豈不甚哉？是以《春秋》一書而再譏，譏王也，亦責祭公也。祭公身為大臣，任兼師傅，不以禮正王，甫問昏於魯，即逆后於紀。此《春秋》所以兼責之耳。

又　卷一四《文公下》 夫人姜氏歸於齊。此正宣公母子及襄仲、得臣弑君逐嫡之罪也。姜氏，文公正妃，子赤之母，宣公之嫡母也。敬嬴者，文之嬖妾，外交襄仲，共謀篡弑，又不能尊事嫡母，迫而歸之於齊，躬天下之大惡。是時風教大壞，亂賊披猖，齊人弑其君舍而歸叔姬於魯，魯人弑其君赤而歸姜氏於齊。弑君出母，後先一轍，王綱隳頹，霸政掃地，莫有聲其罪而討之者。吾意聖人把筆至此，重為三嘆云。魯人名之曰哀姜，《左傳》以為出姜，緣魯有兩哀姜，今名之曰文夫人。

元・汪克寬《春秋胡傳附錄纂疏》卷一八《宣公下》 愚按：《春秋》書郯伯姬、杞叔姬來歸，所以譏父母之訓育弗至，致内女之婦德有虧，而亦責郯、杞之君失齊家之道，而棄其伉儷也。然杞叔姬書「卒」，書「杞伯逆其喪歸」，則叔姬之出，必有不當絶者；而郯伯姬不書「卒」，不書「喪歸」，則出者與出之者，其罪皆著矣。

元・王元杰《春秋讞義》卷二《桓公》 讞曰：按《禮》：父送女不下堂，母不出祭門。昏禮重而親逆先，授受明而大倫正，所以謹男女之別也。魯公不親逆而使大夫往，齊侯越境送女，會公於讙，是豈禮之正哉？胥失之矣。夫禮，所以別嫌明微，正人之本。其始不以禮合，是亦不以禮終也。《易》曰：《歸妹》：征凶，無攸利。程氏曰：動而不當動，則凶矣。卒至不能防閑以及於亂，征凶之象驗矣，可不謹哉？

元・趙汸《春秋師説》卷下《經旨舉略》 桓公八年冬，祭公來，遂逆王后於紀。范氏曰：祭公，寰内諸侯為天子三公者。親逆，例時；不親逆，例月。故《春秋左氏》説曰：王者至尊無敵，無親逆之禮。祭公逆王后，未到京師而稱后，知天子不行而禮成也。鄭君釋之曰：大姒之家，在郃之陽，在渭之涘。文王親逆於渭，即天子親迎之明文也。天子雖尊，於其后猶夫婦。夫婦判合，禮同一體，所謂無敵，豈施此哉？《禮記》哀公問曰：「冕而親迎，不已重乎？」孔子愀然作色而對曰：「合二姓之好，以繼先聖之後，為天地、宗廟、社稷之主。君何謂已重乎？」此言親迎繼先聖之後，為天地、宗廟、社稷之主，非天子則誰乎？ 澤謂范氏説固善，然天子親迎之禮，終不見明文，於古不知如何。但所引文王親迎為證，則文王之初載，其時實諸侯耳，未可據以闢左氏説也。《記》所云繼先聖之後，則凡諸侯，亦孰非先聖之後乎？魯、衛、晉、蔡、曹、滕出於周之文、武，宋、杞、陳為先代之後，大抵多是聖人之後也。為天地、宗廟、社稷主者，亦據魯祀天而言耳。既用先代禮樂，安知其不祀天乎？凡此，恐未可據以為天子親迎之證。恐古者必有天子親迎之禮，其後未必行。況當春秋時，魯君往往皆是遣卿諸侯，亦已皆然。當時事體，自應如此，不可責以舊禮，況天子乎！大抵春秋時敵國既多，諸侯守宗廟、社稷之重，若一一修親迎之禮，自於事體不便。禮有因人情而變者，故春秋娶女雖不備禮，而天子、諸侯俱遣重臣，亦禮之變也。又當時天子、諸侯其他廢禮、越禮者，何可勝計？若於此責之，是放飯流歠而問無齒決之謂矣。

元・趙汸《春秋屬辭》卷八《送王姬不書必主仇昏而後書》 凡送王姬者，必有定制，如《左傳》言諸侯送女之禮是也。周制，王姬下嫁於諸侯，車服不繫其夫，下王后一等。其尊如此。魯受王姬與王卿士接，皆史所必書。齊桓共姬亦魯主昏而經不書者，此筆削之法，略恒明變之例，與外親迎，合禮不書同。魯莊與齊襄有不共戴天之讎，方在衰麻中，而天子命魯主齊昏，魯人獨不可引義力辭乎？故詳書其事，見王室與魯兩失之也。黄先生曰：同一主昏也，而前後經文不同，則前之所以詳者，深有意矣。桓公乃僖之子，以襄無道，逃難於莒。襄既以惡死，桓之立在魯，不可謂之讎。故書之略者，所以示為禮之常也。

又　卷八《諸侯女歸京師不書必魯主昏而後書》 《傳》曰：「凡諸侯之女行，唯王后書。」則當時之制，諸侯之女歸於京師，皆告於列國，而史皆書於策。后妃母儀天下，禮亦宜然。《春秋》詳内略外，必魯主昏而後書，故所錄唯紀季姜一事，與祭公來，遂逆王后於紀，相為本末，所以尊王命，志天子昏禮也。其非魯主昏，則不書，若莊十八年陳嬀為惠王后，宣六年齊姜為定王后，皆不見於經是也。

又　卷八《内女適諸侯恒書歸苟來歸則不書歸》 《傳例》曰：凡諸侯之女，出曰來歸。子叔姬書齊人來歸者，見執而後來歸之文也。使非見執，則書曰齊子叔姬來歸。婦人從一而終，既來歸，則義絶於夫家，均之為出也，故不以有罪無罪，皆以「來歸」為辭。經削其始嫁之歸不書，重其變，故略其常也。齊子叔姬、杞叔姬非罪出，故書月以別之。

又　卷八《國君來逆女不書卿為君逆則書》 魯女嫁為諸侯夫人者七，其不書來逆者六，皆國君親迎，合禮不書，此經義也。【略】惟紀裂繻以卿為君逆，非禮，故特書以見昏禮之變。然納幣稱「使」，而逆女不稱『使』，則古者必親迎，無使人之義明矣。如使親迎與卿逆並書於經，則是聖人皆許之也。

明·湛若水《格物通》卷三〇《齊家格·謹妃匹上》 臣若水通曰：履緰，紀之臣也。翬，魯臣也。逆，迎也。君子之道，造端乎夫婦，逆女必親，謹有家之始也。故奠鴈，示守也；御之以綏，示受之也；導之以行，示陽先陰後之義也。二君乃委命於臣，不正其始，夫婦之道乖矣。《春秋》書之，以為後鑒，宜哉！

臣若水通曰：逆，迎也。不親迎而使臣往迎，春秋之習則然矣。此則為王者略之。然而始迎則書王后，正名分也；及歸則書季姜，正婦道也。且知所謂王后者，乃季姜也，互相發矣。京師，四方之極；閨門，風化之始。始正名分，繼明婦道，而風化之本正矣。

臣若水通曰：王后，天下之母，卿逆而公監之，禮也。單靖非公乎！劉夏非士乎！臨以公而逆以士，得失不相掩矣。故胡安國曰：不書使者，不與天子之使夏也；不書靖公，見婚姻得禮，常事不書也。

臣若水通曰：玄冕以爲服，齊戒以爲敬，所以事鬼神也。而昏禮者，將以外主社稷之祭，內奉先祖之嗣，其於事神明之禮尤重，可以不敬乎？人君於此，誠念夫社稷祖先之重，而不可不重致敬焉。如舜之刑法於二女，文王之好逑於關雎，斯善矣。

臣若水通曰：冕而迎者，敬之至也；必親迎者，親之至也。然敬之，即所以親之也。故曰興敬為親，舍敬是遺親也。及夫親迎之後，必愛之而後爲親，如琴瑟友之，鐘鼓樂之是也。至於相輔以正，則所謂敬而正者。厥後至《江漢》、《汝墳》之化，而德教加於百姓，可以見其為政之本矣。後之人君，以后宮盛色而廢嫡立庶，傷教敗化，亂由此始。其視三代端本之治也，何如哉？

臣若水通曰：禮，娶婦必先告廟而後行，重繼嗣也。故楚公子圍告莊、共之廟，不敢廢焉。鄭忽能辭強齊之昏，卒不免陷於誣祖之罪。昏禮不正，忘本不仁，何後之有？

又 卷三八《齊家格·嚴內外上》 臣若水通曰：宗伯，主男女贄幣之禮。故，故事也。順於禮則書，以為故事；逆理亦書，言不可不慎也。【略】古者男女有別，各異其儀，使不相瀆。婦執棗、栗，男執玉帛、禽鳥，所以明別也。夫禮也者，天之所秩，雖人君不能易也。哀姜至，公使大夫宗婦覿則用幣，非禮矣。乃曰『自我作故』，是豈知此禮作之於天，萬世不可易之道哉？

明·馮時可《左氏釋》卷上《先配後祖》 鄭公子忽如陳逆婦嬀氏，歸入於鄭，先配而後祖。陳鍼子曰：『是不為夫婦，誣其祖矣。非禮也，何以能育？』古者逆婦，必先告祖廟而後行。鄭忽先逆婦而後告廟，非禮也。嗟乎！鄭忽之使齊也，不以師昏，是不誣其君也。焉有不誣其君者而誣其祖哉？其或質美而未學也。《左氏》論禮之得失，大都徵以禍福，其見不遠於聖人。他所引謠讖，則或漢人之附會耳。

明·熊過《春秋明志錄》卷一《隱公》 《祭統》：國君取夫人之辭曰請君之玉女。其遺幣以先人之禮行之。《公羊》謂『辭不稱主人』，非也。夏后氏逆於庭，殷於堂，周於戶，然諸侯則於館。《詩》稱文王親迎於渭，未始出疆，越境而使卿，未爲非也。

清·馬驌《左傳事緯前集》卷二《左氏辨例上·昏姻例》 文二年，公子遂如齊納幣。《傳》曰：『禮也。凡君即位，好舅甥，修昏姻，娶元妃，以奉粢盛，孝也。孝，禮之始也。』此發例以明昏禮之得書於經也，《儀禮·士昏》六禮下達、納采、納吉、納徵、請期、親迎是也。納徵有玄纁束帛，故諸侯謂之納幣。諸侯昏禮亡，以《士昏》準之，不得止有納幣、逆女二事，然二事書而餘不書者，二事應使卿也。成八年，宋公使華元來聘。《傳》曰：聘共姬也。聘即《士禮》所謂下達者。華元以卿而書，然經用常聘之文。《傳》止言其事，而不謂禮，蓋非所應使矣。夏，宋公使公孫壽來納幣。《傳》曰：禮也。是納幣當使卿也。

士昏親迎，諸侯亦當親迎，莊二十四年『公如齊逆女』是也。若君有故，則使卿代之。隱二年，紀裂繻來逆女。《傳》曰：卿為君逆也。文四年，逆婦姜於齊。《傳》曰：卿不行，非禮也。是卿逆則為禮矣。唯天子尊，無與敵，不行親迎，使卿逆而上公臨之。桓八年，祭公來，遂逆王后於紀。《傳》曰：禮也。祭公為天子三公，故言合禮，不言卿，舉重略輕也。襄十五年，劉夏逆王后於齊。《傳》曰：官師從單靖公，逆王后於齊。卿不行，非禮也。劉夏非卿，而從上公逆后，《傳》謂非禮，知祭公逆后，必有卿矣。不書單靖公，未過魯也。

昏姻必賓主敵體，故天子聘后於諸侯，必使同姓之諸侯為主，令與后家為禮。故祭公先來，受命於魯，魯主昏也。天子嫁女於諸侯，亦必使同姓之諸侯為主，令與夫家為禮，莊元年單伯送王姬是也。嫁女則先送女於魯，以待夫家之逆，王姬至魯，必為館以處之。秋，築王姬之館於外。《傳》曰：為外禮也。魯、齊仇讎，莊不敢違王命，且在諒闇，故於外，得禮變之正也。迎后則令魯為主，魯但遣使往逆王命，已成，不復過魯，直歸京師而已。桓九年，紀季姜歸於京師。《傳》曰：凡諸侯之女行，唯王后書。按王后之書亦鮮，又須從告嫁於列國，雖告，不書也。

納幣、逆女，或稱『使』，或不稱『使』，何也？昏禮不稱主人，為有廉恥之心，不欲自言娶婦，故卿稟君母之命，而婦人之命又不可通於鄰國。若言卿，輒自來者，紀裂繻之類是也。若國君無母，臣無所稟命，不得不稱君命，宋公孫壽是也。此各據事以書，非例也。

婦人謂嫁曰歸。凡稱字以歸，皆初嫁也。莊十二年，紀叔姬歸於酅。紀侯去國而死，叔姬歸魯，紀季自定而後歸之，全節守義，故繫之紀而以初嫁為文。僖十五年，季姬歸於鄫。前年，季姬來寧，公止之而絕鄫子。茲既朝而還嫁之，故來寧不書，而用更嫁之辭。二者非嫁書『歸』，就事立文之義也。

婦人之稱，天子於『逆』稱后，舉其得王之命，后禮已成，示無外也。於『歸』稱字，所以伸父母之尊。雖嫁於王，猶曰吾女某紀姜是也。諸侯於『逆』稱女，卿為君逆亦如之，內外皆然，莊公、紀裂繻、公子遂逆女是也。卿自為逆，則稱所逆之字。宣五年，齊高固來逆叔姬。《傳》曰：書曰逆叔姬，卿自逆也是也。若此者，所以明尊卑之別，示文義之順。《傳》雖不發凡，經文固昭然爾。

婦人對姑稱婦。僖二十五年，宋蕩伯姬來逆婦；三十一年《傳》：伯姬來求婦是也。婦人而求而逆，蓋皆以非禮書也。

內娶不得遠指，其歸曰至。自某既入國，不得稱女，曰夫人婦某氏。婦者，有姑之辭；至者，告廟之文。成十四年，僑如以夫人婦姜氏至自齊是也。文公之於出姜也，貴聘賤逆，而入不告至，故曰逆婦姜於齊，而不稱女。莊公之於哀姜也，納幣、親迎而有孟任之嫌，同反異入，故曰夫人姜氏入，而不稱至。二者違於常禮，略文以示異也。宣元年，遂以夫人婦姜至。自齊史闕文無氏，非義例也。

莊元年，夫人孫於齊。《傳》曰：不稱姜氏，絕不為親，禮也。夫人之貶，僅見於此爾，知其餘盡闕文矣。

桓三年，齊侯送姜氏於讙。《傳》曰：『非禮也。凡公嫁女，於敵國，姊妹則上卿送之，以禮於先君，公子則下卿送之。於大國，雖公子，亦上卿送之。於天子，則諸卿皆行，公不自送。於小國，則上大夫送之。』此通言送女之例也。諸稱凡，皆周公舊典。經雖不盡有其事，《傳》緣齊侯之失而並及之。王后且不親送，況列國乎！

禮，夫人初至，大夫執贄以見，以明臣子之道；宗婦亦見，通謂之覿。莊二十四年，大夫宗婦覿用幣。《傳》曰：非禮也。男贄，大者玉帛，小者禽鳥。女贄，不過榛栗棗脩。今男女同贄，是無別也。然則覿之常不書，此以非常書也。【略】

女嫁三月，使大夫隨加聘問，以致成婦禮，謂之致女，存謙序勤，用篤昏姻之好。在內則詳書其事，在外則用『聘』文而已。成九年，季孫行父如宋致女。桓三年，齊侯使其弟年來聘。《傳》曰：致夫人也。詳內略外之宜，非義例也。【略】

女子既嫁，有時而歸，問父母之寧否，謂之歸寧。父母既沒，則使卿寧其兄弟，《傳》稱楚司馬子庚聘於秦，為夫人寧，禮也，是矣。婦人犯七出之條，見絕於夫而歸父母之家，謂之出。莊二十七年《傳》：伯姬來。《傳》曰：『寧也。凡諸侯之女，歸寧曰來，出曰來歸。夫人歸寧曰如某，出曰歸於某。』此通言寧出之例也。來與如，皆有反之。言歸者，不反之辭也。此年杞伯姬來，寧也。宣十六年，郯伯姬來歸，《傳》曰：出也。文九年，夫人姜氏如齊，歸寧也。魯之夫人，無被出者。文十八年，夫人姜氏歸於齊。《傳》曰：大歸也。子死自去，故與出同文也。文十五年，齊人來歸子叔姬。《傳》曰：王故也。此亦出，而『歸』文在上，齊以王命送魯，是以異文爾。

清・顧炎武《日知錄》卷四《祭公來遂逆王后于紀》 桓公八年，祭公來，遂逆王后於紀。九年春，紀季姜歸於京師。從逆者而言，謂之王后；從歸者而言，謂之季姜。此自然之文也，猶《詩》之言『為韓姞相攸』也，猶《左氏》之言『息媯將歸，過蔡』也，皆未嫁而冠以夫國之號。此臨文之不得不然也。而《公羊》以為『王者無外，其辭成矣』，又以為『父母之於子，雖為天王后，猶曰吾季姜』。是其説經雖巧，而非聖人之意矣。今將曰『逆季姜於紀』，則初學之士亦知其不通；又將曰『王后歸於京師』，則王后者誰之女，辭窮矣。公羊子蓋拘於在國稱女之例，隱公二年《傳》：女在其國稱女，在途稱婦，入國稱夫人。而不知文固有倒之而順者也。

《傳》文則有不同者：《左氏》莊公十八年，『陳嬀歸於京師，實惠后。』

清·葉方藹等《孝經衍義》卷一一《衍要道之義·夫婦》 臣按：女行制於其父，婦道刑於其夫。其父無教戒可從，其夫無德義可則，則夫婦之道苦而淫僻之罪多矣，未可以專責其身也。故參譏之，與杞叔姬來歸同例，所以正夫婦之倫也。

清·毛奇齡《春秋毛氏傳》卷七《桓公八年》 祭公來，遂逆王后於紀。祭公，天子之三公而食采於祭者，穆王時有祭公謀父，此其後也。禮，天子娶后不親迎，使公卿迎之。《公羊》説天子親迎，此無據之語。或引《詩》『親迎於渭』，孔子對哀公『冕而親迎』為証，不知《詩》頌文王，謂諸侯世子也。孔子對哀公，言魯國之禮，並不以天子為言。蓋婚姻，賓主彼此敵體。天子與諸侯分位不敵，故天子娶侯國之女，必使同姓諸侯命迎，與王姬下嫁於諸侯，亦必使同姓諸侯送婚正同。此祭公來魯，因以魯主迎后之事，故來受魯命，即往迎后。其不稱迎女者，此受魯命以往，魯不敢斥后為女也。若其不稱王使者，正以使迎非王事，魯既命迎，則王自不當再命。且《春秋》逆女不一，從無稱君使者。昏禮不稱主人，況國君無父，豈可以命迎之？使即自埍出，此在前經，已明言之。見隱二年。而胡氏又云：王不書使，責其使三公為非禮，故祭公專命不報，遂行如紀。夫天子逆后，一公一卿，此如後世使臣正、副之義，故此使祭公。襄十五年《傳》：官師從單靖公逆王后於齊。皆三公也。此不書卿者，舉重而略輕也。莊十五年《傳》稱官師者，則以元士代卿行也。此正杜氏所謂使上卿逆后，而公監之也。蓋天子逆后，禮無明文。然在《春秋》，即並無天子不使三公之例。乃曰祭公悻悻不報而行，吾不知所云不報者，謂當仍報王而往迎乎？抑當還報魯而不得遽迎以歸乎？夫親受魯命，受畢即行，祭公之謹也。

【略】

此王后，桓王后也。桓之八年，當桓王之一十六年。豈有天子立一十六年而始娶后者？此必再娶可知也。第《公羊》曰：諸侯一娶九女。又曰：諸侯不再娶。考之三《禮》，並無其文。惟《白虎通》、《王度記》皆曰：天子諸侯一娶九女。亦曰：天子諸侯不再娶。此本襲《公羊》之説而加『天子』於其上者，如是則此年逆后，在《三傳》諸家皆宜有初娶、再娶之辨，而自杜氏、何氏、范氏及孔氏諸疏，皆順文解義，依回蒙混，並不敢道及一字。及觀襄十二年：靈王求后於齊，齊問晏桓子以答婚之詞，至十五年而劉夏隨單靖公至齊逆后。考其年，則靈王十四年也。十四年娶后與十六年娶后，皆非初娶。況《史·世家》云：周惠王崩，子襄王立。襄王母早死，其後母曰惠后，生叔帶，有寵於惠王，而襄王畏之。夫後母，非再娶乎？《左傳》襄王稱惠后為先后，適子稱後母先后，明非媵姒繼室者。且襄王以翟師伐鄭，有德翟氏，遂立翟女為王后。夫后可再立，即再娶也。何也？襄王曾娶姜、任矣，翟女非姪娣，必非在宮而升立之者。《周語》：無以翟女間姜、任。謂有姪娣在也。

若諸侯再娶，尤復多有。莊元年，齊襄娶王姬。十一年，齊小白又娶王姬。皆非初娶。如曰諸侯不再娶，則王室雖卑，豈有越祖制而甘媵侯國之理？若昭二年，晉平公娶齊女少姜。是時晉平已一十八年矣。其所娶者，或異姓之媵，古諸侯娶女，異姓為媵，如晉將嫁女於吳，齊侯使祈瞀女媵之類。或同姓姪娣而待年於國，同姓以姪娣從，其幼者待年於國，如叔姬歸於紀類。皆未可知。何也？以當時曰『非伉儷』，可疑也。至三年，齊請繼室於晉，晉平復娶之。其答請繼詞有云：『寡君不能獨任其社稷之事，未有伉儷。若惠顧敝邑，撫有晉國，賜之內主。』則明是再娶為夫人之語。

予嘗疑隱公居攝一事，謂惠公元妃孟子早卒，重娶宋武公仲女為夫人。此即是適，故桓為適子而隱以長庶居攝。此是典例，乃胡氏痛詆謂以妾為妻，以庶為嫡，三綱淪，九法斁，人望絶，責隱責惠責天王，無所不至。予間引莊公再娶孟任、立子般事以解之，以為桓公與子般，隱公與閔、僖兩兩相似，而季友立子般而見褒，隱公讓桓公而見貶，頗為不平。既而念子般之事，尚有未合，惠公元妃孟子死，莊公夫人哀姜未死，則桓為適，子般尚非適也。惟是諸侯可再娶，則再娶即適，適則其子可為儲。千年之疑，一旦頓釋。

夫天子、諸侯既無成禮，其不再娶一語，又未嘗雜見於《三禮》之文，所藉《春秋》一書，周禮盡在，而乃遍考之，而必無其事，則其言誕矣。先仲氏曰：善解經者，當以傳解經，不當以經解傳。予謂善解經者，當以經解經，并不當以傳解經。夫傳尚不可解經，而況於儒說？則吾得援《春秋》禮例而獨斷之曰：天子、諸侯皆再娶。豈為過也？

又　卷一九《文公》　十有二月，齊人來歸子叔姬。此歸，大歸也。夫死子殺，賊人立，無所依，則歸所自來，此是恒禮。但此與文公出姜同一不幸，且同一大歸，而出姜則書『夫人姜氏歸於齊』，於此則書『齊人來歸子叔姬』。以出姜歸齊，姜自為之；子叔姬來歸，則齊人為之也。此文例也。若一稱夫人，一稱子叔姬，則皆我所稱。

清・毛奇齡《詩傳詩說駁義》卷四《白華》　《詩說》：幽王寵褒姒，廢姜后，后歸申而作此詩。按《史記》廢申后，廢之宮中耳。考諸侯有出夫人禮，天子則否。諸侯出夫人，如《春秋》『郯伯姬來歸』，『杞叔姬來歸』是也。天子以天下為家，安所得出？據《國語》，周幽王逐太子宜臼，宜臼出奔申，則奔申，宜臼耳。

清・張尚瑗《左傳折諸》卷六《僖公・晉侯逆夫人嬴氏以歸》　晉文納懷嬴，亂叔姪之倫，論者屢譏之。然懷嬴、文嬴皆穆姬之女，於文公皆甥也。中表倫次之乖，似其罪稍輕而未之議及。周天子稱同姓諸侯皆曰伯父、叔父，異姓皆曰伯舅、叔舅，謙詞耳。豈行序真有不必問者乎？【略】帝堯釐降二女于舜，說者亦有幾世祖姑之疑。天家妃匹，未可以常情擬也。

清・江永《禮記訓義擇言》卷四《曾子問》　鄭公子忽如陳逆婦，先配而後祖。祖者，告祖廟也，謂其先配而後告廟，非謂婦廟見也。春秋時有娶妻先告廟之禮，伯州犁所謂『圍布幾筵，告於莊、共之廟而來』是也。賈逵服虔誤解《左傳》，謂大夫以上，無問舅姑在否，皆三月見祖廟之後，乃始成昏。迂謬可笑。莊姜翟茀以朝，詩人歌之曰：『大夫夙退，無使君勞。』欲其與夫人見也。豈有三月成昏之禮耶？

清・顧棟高《春秋大事表》卷一九上《嘉禮表》　先王厚男女之別，重繼嗣之原，爰定昏禮為納采、問名、納吉、納徵、請期、親迎，所以別嫌明微，先德後色，垂萬世統，至深遠也。東遷而後，禮教不修，倫紀廢壞，陳靈以君臣宣淫，晉文以懷嬴薦寵，衛宣有『新臺』之刺，齊襄有『南山』之行，人道同於禽獸，典禮棄若弁髦，大亂極矣。聖人憫焉，是故詳其制於禮而嚴其律於《春秋》。自古天子，尊無與敵，不行親迎之禮，娶后則使卿逆，上公監之；而祭公以專行見譏，劉夏以官師致褻，《春秋》志之，謹名分、窒亂源也。

十二公之違禮，莫甚於莊、宣。莊公當親喪而主王姬，娶仇女而躬納幣。宣公倚齊得國，結好圖昏，即位未幾，速行喪娶。有人心者，謂宜於此焉變矣。內女為夫人者七，其三不克終，不書『歸』，餘皆有故而書。鄫季姬之歸，不書歸，逮歸寧而反書『歸』，譏在魯也。紀叔姬以媵書，宋共姬致三國之媵而亦書，賢之也。叔姬以孑身而全宗祀，共姬待傅姆而蹈烈火，秉禮守義，皭然不滓，庶幾周公之教猶有存焉。故大書特書，不一書以為勸也。

嗚呼！昏禮有六而《春秋》書『納幣』、『逆女』與『夫人至』，從其重者書之也，而或失之略，或失之過。失之略者，輕妃偶而虞不終；失之過者，諂強鄰而羞宗廟。聖人之為天下後世慮，豈不深切著明也哉！

又　卷一九上《春秋譏不親迎論》　《春秋》隱二年：紀履緰來逆女。《公羊》曰：『外逆女不書，此何以書？譏始不親迎也。』史公於《外戚世家》云：『《春秋》譏不親迎。』《索隱》引此《傳》文以為証，後儒承其說。因於莊之二十四年『公如齊逆女』，《穀梁》曰：『不正其親逆於齊也。』謂親迎合禮，不書；以親迎讎人之女，故書。而桓三年：公子翬如齊逆女。宣元年：公子遂如齊逆女。成十四年：叔孫僑如如齊逆女。皆主不親迎之說。是則《公》、《穀》及史遷皆以為諸侯當親迎，千百年來無有異議矣。

程子獨辨之曰：親迎者，迎於其所館，豈有委宗廟社稷而遠適他國以逆婦者？非唯諸侯，即卿大夫亦然。文王親迎於渭，周國自在渭旁，未嘗出疆也；況其時乃為公子，未為國君。其說精當，足正千古之繆。文定主不親迎之說，而又謂或迎於其國，或迎於境上。《彙纂》譏其未有定見。既曰迎於境上矣，則未入境之先，安得不以大夫逆之？則三公子之如齊迎女，禮也，既已合禮，《春秋》何以書？《彙纂》譏文定之無定見，而究未發明所以書公子逆女之故，則此案終未結。

余懷此疑，凡數年，後乃因而斷之曰：程子之説是也。《公羊》謂譏不親迎，非《春秋》之旨。史公所云，蓋習見漢世尊崇后家，而援《公羊》以為説。後儒遂以為定例，過矣。翬與遂之書逆女也，惡其寵逆黨，結强援也。僑如之書逆女也，惡其通國母，擅國權也。統觀前後經文，而聖人之旨自見，與不親迎何涉乎！何則？翬以隱十一年弒君，而桓三年即為命卿而逆女。遂以文十八年殺子赤，而踰年即冒國喪而逆女。此為結援强大，以求逭前日滔天之惡。僑如以成十四年逆女，而十六年即與姜氏謀逐季孟而出奔，此為專擅國柄，以預釀後日竊國之漸。比事觀之，而書法之故瞭然矣。至紀履繻之逆伯姬，以吾女遭人倫之變，而特詳之，亦初非以其不親迎也。

夫逆女使命卿，其常耳。必以為譏不親迎，假令婚於秦、楚，而為國君者將舍國事之重，越千里，踰時月，以求婦乎？魯十二公之夫人，若子氏，若姒氏，若歸氏，均非若齊、魯之近也。當日必以大夫迎之，而《春秋》不悉書者，此正所謂常事不書也。昭公娶於吳，而魯之諸公未嘗涉吳境，此當使誰迎之乎？夫《春秋》之書來逆者，若莒慶，若齊高固，此則親迎矣，而《春秋》書之者，惡其以大夫伉諸侯，而莊、宣二公以國君而自屈，故特書之。其意各有在，亦初不關乎親迎與不親迎也。自《公羊》為此説而史遷祖之，後世遂成錮案之不可易。雖知程子之説之為是，而終莫能撼，多為依稀兩可之論。拔本塞源，當自《公羊》始，而後是非之説乃定。

望溪方氏曰：國君之禮，異於公子士庶人。卿逆而迎於境，可也；越禮而親迎，非禮也。使親迎為得禮，則莊公如齊逆女，當以為常事，而不書矣。

又　卷一六《凶禮表·春秋文十二年子叔姬卒論》　案《左氏》以叔姬為已嫁於杞，被出而見絶，以經文不繫杞而言絶也。又因上有『杞伯來朝』與『子叔姬卒』相連，憑空生出請絶叔姬而無絶昏，言立其娣，以為夫人。遂以此叔姬為杞所絶之女，而以成五年『杞叔姬來歸』，八年杞叔姬卒，『為杞之所請繼續為昏者。揆之情事，可謂大謬。據今士庶之家無絶一女而更請一女之理，杞何敢然？魯亦安肯許？既如其意，以次女續昏矣，二十餘年又復見絶，杞何不道乃爾？五年來歸，八年卒於母家，九年請於杞而後來逆喪，姊娣二人前後俱為所棄。杞何强暴，魯何孱弱至此？此皆情理之必無者。且既請絶叔姬，則叔姬非復夫人，可不為之服矣。經又何以書其卒乎？當以《公》、《穀》許嫁之説為是。

其許嫁不知何國，與僖九年伯姬一例。李氏廉更為之説曰：已許嫁於杞，杞伯來朝，請絶而復求其次。夫叔姬方在母家，杞又何從摘其短而預先請絶乎？此皆以上下兩事牽合之病也。杞伯自來朝，魯叔姬自卒，兩事本自風馬牛。看作兩事，自無此病。若啖氏助、劉氏敞、呂氏大圭謂此《傳》當在成公八年，而誤置於此，亦覺費手。《春秋》一經，杞伯來朝多矣，豈必有所為？《左傳》謬説極多，豈能必求其可通？與其信《傳》而欲易置經文，何如刪《傳》而使經文仍舊之為得乎！

清·傅恒等《春秋直解》卷二《桓公》　祭公何以來？命魯主婚也。至尊不可與侯國為禮也，婚禮不稱主人，故不言使。魯承命矣，祭公宜復命，且大婚之禮，祖於廟而後行，不可以二事出也。使公來魯，則輕祭公；來而遂逆，則輕王后。女在其國稱女，此稱王后何？王命之，斯后矣，尊王命也。

清·殿本《史記》卷一五《六國年表》考證　『七年，迎婦秦。』臣祖庚按：趙無迎婦於秦之事，惟《楚世家》：楚迎婦於秦。《通鑑》亦云：楚君迎婦於秦。楚頃襄七年事也。表文下格即『楚頃襄七年』，誤入上格『趙惠文七年』耳。

雜錄

《春秋·莊公元年》　三月，夫人孫于齊。晉杜預注：夫人，莊公母也。魯人責之，故出奔。内諱奔，謂之孫，猶孫讓而去。

《左傳·莊公元年》　三月，夫人孫于齊。不稱姜氏，絶不為親，禮也。注：姜氏齊姓，於文姜之義，宜與齊絶，而復奔齊，故於其奔，去『姜氏』以示義。

《公羊傳·莊公元年》　三月，夫人孫于齊。《傳》：孫者何？孫猶孫也。《解詁》：孫猶遁也。内諱奔，謂之孫。【略】夫人何以不稱姜氏？

貶。曷為貶？與弒公也。

《穀梁傳・莊公元年》 三月，夫人孫于齊。《傳》：孫之為言，猶孫也，《集解》：孫，孫遁而去。諱奔也。【略】不言氏姓，貶之也。人之於天也，以道受命；於人也，以言受命。《集解》：臣子則受君父之命，婦受夫之命。不若於道者，天絶之也。《集解》：若，順。不若於言者，人絶之也。臣子大受命。《集解》：言義得貶夫人。

《春秋・閔公二年》 九月，夫人姜氏孫于邾。晉杜預注：哀姜外淫，故孫，稱姜氏。

《左傳・閔公二年》 閔公，哀姜之娣叔姜之子也，故齊人立之。共仲通於哀姜，哀姜欲立之。閔公之死也，哀姜與知之，故孫于邾。齊人取而殺之于夷，以其尸歸。

《穀梁傳・閔公二年》 九月，夫人姜氏孫于邾。《集解》：哀姜與弒閔公，故出奔。《傳》：孫之為言，猶孫也，唐楊士勛疏：重發《傳》者，文姜殺夫、哀姜殺子，嫌異，故重發之。諱奔也。

媵制分部

綜述

《周易・歸妹》 《歸妹》：征凶，无攸利。三國魏王弼注：妹者，少女之稱也。《兌》為少陰，《震》為長陽，少陰而承長，陽説以動，嫁妹之象也。唐孔穎達《正義》：《歸妹》者，卦名也。婦人謂嫁曰歸，歸妹猶言嫁妹也。然《易》論歸妹，得名不同。《泰卦・六五》云：帝乙歸妹。彼據兄嫁妹，謂之歸妹。此卦名《歸妹》，以妹從娣而嫁，謂之歸妹，故《初九》爻辭云『歸妹以娣』是也。上《咸卦》明二少相感，《恒卦》明二長相承，今此卦以少承長，非是匹敵，明是妹從娣嫁，故謂之《歸妹》焉。古者諸侯，一取九女。嫡夫人及左右媵，皆以姪娣從。故以此卦當之矣。不言『歸姪』者，女娣是兄弟之行，亦舉尊以包之也。征凶，无攸利者，歸妹之戒也。征謂進有所往也。妹從娣嫁，本非正匹，惟須自守，卑退以事元妃。若妾進求寵，則有竝后凶咎之敗，故曰征凶，无攸利。《象》曰：《歸妹》，天地之大義也。天地不交而萬物不興。《歸妹》，人之終始也。注：陰陽既合，長少又交，天地之大義，人倫之終始。説以動，所歸妹也。注：少女而與長男交，少女所不樂也，而今説以動，所歸必妹也。雖與長男交，嫁而係娣，是以説也。『征凶』，位不當也。注：履於不正，説動以進，妖邪之道也。『无攸利』，柔乘剛也。注：以征則有不正之凶，以處則有乘剛之逆。《正義》：《歸妹》，天地之大義也，天地不交而萬物不興者，此舉天地交合，然後萬物蕃興，證美《歸妹》之義。所以未及釋卦名先引證者，以《歸妹》之義，非人情所欲，且違於匹對之理，蓋以聖人制禮，令姪娣從其姑姊而充妾媵者，所以廣其繼嗣，以象天地以少陰、少陽、長陰、長陽之氣共相交接，所以蕃興萬物也。《歸妹》，人之終始也者，上既引天地交合為證，此又舉人事歸妹，結合其義也。天地以陰陽相合而得生物不已，人倫以長少相交而得繼嗣不絶，《歸妹》豈非天地之大義，人倫之終始也？説以動，所歸妹也者，此就二體釋《歸妹》之義。少女而與長男交，少女所不樂也，而今説以動，所歸必妹也，雖與長男交，嫁而係於娣，是以説也。係娣所以説者，既係娣為媵，不得別適；若其不以備數，更有動望之憂，故係娣而行合禮，説以動也。征凶，位不當也者，此因『二』、『三』、『四』、『五』皆不當位，釋征凶之義。位既不當，明非正嫡，因説動而更求進，妖邪之道也，故戒其『征凶』也。无攸利，柔乘剛也者，此因『六三』、『六五』乘剛，釋无攸利之義。夫陽貴而陰賤，以妾媵之賤，進求殊寵，即是以賤陵貴，故无施而利也。

初九：歸妹以娣。跛能履，征吉。注：少女而與長男為耦，非敵之謂，是娣從之義也。娣，少女之稱也。少女之行善，莫若娣。夫承嗣以君之子，雖幼而不妄行。少女以娣，雖跛能履，斯乃恒久之義，吉而相承之道也。以斯而進，吉其宜也。《象》曰：『歸妹以娣』，以恒也。『跛能履吉』，相承也。《正義》：歸妹以娣者，少女謂之妹，從娣而行謂之歸。『初九』以《兌》適《震》，非夫婦匹敵，是從娣之義也，故曰歸妹以娣也。跛能履者，妹而繼姊為娣，雖非正配，不失常道，譬猶跛人之足然，雖不正，不廢能履，故曰跛能履也。征吉者，少長非偶為妻而行，則凶焉；為娣而行，則吉，故曰征吉也。《象》曰以恒也者，妹而為娣，恒久之道也。吉相承也者，行得其宜，是相承之吉也。

六五：帝乙歸妹，其君之袂不如其娣之袂良。月幾望吉。注：《歸妹》之中，獨處貴位，故謂之帝乙歸妹也。袂，衣袖，所以為禮容者也。其君之袂，謂帝乙所寵也，即五也，為帝乙所崇飾，故謂之其君之袂也。配在『九二』，兌少震長，以長從少，不若以少從長之為美也，故曰不若其娣之袂良也。位在乎中，以貴而行，極陰之盛，以斯適配，雖不若少，往亦必合，故曰月幾望吉也。《象》曰：『帝乙歸妹』，『不如其娣之袂良』也，其位在中，以貴行也。《正義》：帝乙歸妹者，『六五』居《歸妹》之中，獨處貴位，是帝王之所嫁妹也，故曰帝乙歸妹。其君之袂不如其娣之袂良者，『六五』雖處貴位，卦是長陽之卦，若以爻為人，即是婦人之道，故為帝乙之妹。既居長卦，乃是長女之象，其君即五也。袂，衣袖也，所舉斂以為禮容。帝王嫁妹，為之崇飾，故曰其君之袂也。配在『九二』，《兌》少《震》長，以長從少者可以從少，雖有其君崇飾之袂，猶不若以少從長之為美，故曰不如其娣之袂良也。月幾望吉者，陰而貴盛，如月之近望，以斯適配，雖不如以少從長，然以貴而行，往必合志，故得吉也，故曰月幾望吉也。《象》曰帝乙歸妹，不如其娣之袂良者，釋其『六五』雖所居貴位，然長不如少也，言不如少女而從於長男也。其位在中，以貴行也者，釋月幾望吉也。既以長適少，非歸妹之美而得吉者，其位在五之中，以貴盛而行，所往必得合而獲吉也。

《詩經・大雅・韓奕》 諸娣從之，祁祁如雲。韓侯顧之，爛其盈門。《傳》：祁祁，徐靚也。如雲，言衆多也。諸侯一取九女，二國媵之。諸娣，衆妾也。顧之，曲顧道義也。《箋》：媵者，必娣姪從之。獨言娣者，舉其貴者。爛，爛粲然，鮮明且衆多之貌。

《春秋・隱公七年》 春王三月，叔姬歸于紀。晉杜預注：叔姬，伯姬之娣也。至是歸者，待年於父母國，不與嫡俱行，故書。《解詁》：叔姬者，伯姬之媵也。至是乃歸者，待年父母國也。婦人八歲備數，十五從嫡，二十承事君子。媵賤，書者，後為嫡，終有賢行。紀侯為齊所滅，紀季以酅入于齊，叔姬歸之，能處隱約，全竟婦道，故重錄之。晉范寧《集解》：叔姬，伯姬之娣。至此歸者，待年於父母之國，六年乃歸。媵之為言送也，從也。不與嫡俱行，非禮也。親逆，例時；不親逆，例月。許慎曰：姪娣年十五以上，能共事君子，可以往，二十而御。《易》曰：歸妹愆期，遲歸有時。《詩》云：韓侯取妻，諸娣從之，祁祁如雲。娣必少於嫡，知未二十而往也。

《左傳・隱公元年》 孟子卒，繼室以聲子，生隱公。晉杜預注：聲，謚也，蓋孟子之姪娣也。諸侯始娶，則同姓之國以姪娣媵。元妃死，則次妃攝治內事，猶不得稱夫人，故謂之繼室。

又《閔公二年》 閔公，哀姜之娣叔姜之子也，故齊人立之。宋林堯叟《句解》：叔姜，齊女，故齊人欲立其所出。

又《僖公五年》 冬十二月丙子朔，晉滅虢，虢公醜奔京師。師還，館于虞。遂襲虞，滅之，執虞公及其大夫井伯，以媵秦穆姬。注：秦穆姬，晉獻公女。送女曰媵，以屈辱之。

又《成公八年》 衛人來媵共姬，禮也。凡諸侯嫁女，同姓媵之，異姓則否。注：必以同姓者，參骨肉至親，所以息陰訟。

又《成公九年》 晉人來媵，禮也。注：同姓故。

又《襄公十九年》 齊侯娶于魯，曰顔懿姬，無子。其姪鬷聲姬生光，以為大子。注：兄子曰姪。顔、鬷皆二姬母姓，因以為號。懿、聲皆謚。諸子仲子、戎子，戎子嬖。注：諸子，諸妾姓子者。二子皆宋女。

又《襄公二十三年》 晉將嫁女于吳，齊侯使析歸父媵之，以藩載欒盈及其士，注：藩，車之有障蔽者。使若媵妾在其中。《正義》：晉將嫁女為吳之夫人，齊以女為媵，使析歸父送媵女於晉，令與適俱行也。禮，媵同姓，適異姓。今晉嫁女於同姓，齊以異姓為媵者，非禮也。納諸曲沃。

又《僖公二十三年》 秦伯納女五人，懷嬴與焉。注：懷嬴，子圉妻。子圉謚懷公，故號為懷嬴。

《國語》卷一〇《晉語四》 秦伯召公子於楚，三國吳韋昭注：秦伯，穆公也。楚子厚幣以送公子于秦。秦伯歸女五人，懷嬴與焉。注：歸，嫁也。懷嬴，故子圉妻。子圉逃歸，立為懷公，故曰懷嬴與焉。與，為媵也。

又卷七《晉語一》 獻公伐驪戎，克之，滅驪子，注：驪子，驪戎之君。本爵男，此云子者，猶言男子也。獲驪姬以歸，立以為夫人，生奚齊。其娣生卓子。注：女子同生，謂後生為娣，於男則言妹也。

《公羊傳・莊公十九年》 秋，公子結媵陳人之婦于鄄。《傳》：媵者何？諸侯娶一國，則二國往媵之，以姪娣從。《解詁》：主往媵之者。禮，君不求媵，二國自往媵夫人，所以一夫人之尊。必以姪娣從之者，欲使一人有子，二人喜也，所以防嫉妬，令重繼嗣也，因以備尊尊親親也。唐徐彦疏：注必以至人喜也，解云：即《穀梁傳》云：一人有子，三人緩帶，范氏云欲共享其祿是也。所以防嫉妬，解云：謂三人不相疾也。令重繼嗣也，解云：謂三人不相疾，共保其子。因以備至親也，解云：謂備姪，所以尊尊；備娣，所以親親。其上尊下親，皆指嫡也。姪者何？疏：昭穆異等而與嫡俱行，故執不知問。兄之子也。娣者何？疏：與姪同倫，而在姪下，故執不知問。弟也。諸侯壹聘九女，諸侯不再娶。《解詁》：九者，極陽數也。不再娶者，所以節人情，開媵路。疏：《傳》言此者，解所以有媵之意。言諸侯娶女非一者，正由不得再娶故也。注九者極陽數也，解云：謂對一、三、五、七，以為極數也。開媵路，解云：謂亦有為嫡之望也。

又《成公八年》 二月，伯姬歸于宋。夏，季孫行父如宋致女。

《傳》：未有言致女者，此其言致女何？錄伯姬也。

衛人來媵。《傳》：媵不書，此何以書？《解詁》：據『逆女』，不書『媵』也。言『來媵』者，禮，君不求媵，諸侯自媵夫人。錄伯姬也。《解詁》：伯姬以賢聞諸侯，諸侯爭欲媵之，故善而詳錄之。媵，例時。

又《成公九年》（夏）晉人來媵。《傳》：媵不書，此何以書？錄伯姬也。《解詁》：義與上同，復發《傳》者，樂道人之善。

又《成公十年》（五月）齊人來媵。《傳》：媵不書，此何以書？錄伯姬也。三國來媵，非禮也。曷爲皆以錄伯姬之辭？言之婦人，以衆多爲侈也。《解詁》：侈，大也。朝廷侈於妬上，婦人侈於妬下。伯姬以至賢，爲三國所爭媵，故侈大其能容之。唯天子，取十二女。

《穀梁傳·莊公十九年》秋，公子結媵陳人之婦于鄄。《傳》：媵，淺事也，不志。【略】媵，禮之輕者也。

又《文公十八年》夫人姜氏歸於齊。《傳》：夫人姜氏歸于齊？惡宣公也。《集解》：姜氏，子赤之母。其子被殺，故大歸也。宣公亦文公之子，其母敬嬴，惡不奉姜氏。有不待貶絶而罪惡見者，《集解》：泰曰：直書姜氏之歸，則宣公罪惡不貶而自見。有待貶絶而惡從之者，《集解》：齊小白以國氏之類是也。姪娣者，不孤子之意也。《集解》：言其一人有子，則共養。一人有子，三人緩帶。《集解》：共望其錄。疏：上文直云姪娣者，所以分別尊卑，明夫人須媵妾之意。下文總言緩帶者，欲見有子則喜樂之情均，貴賤之意等。今宣公為人君，不尊養姜氏，非緩帶之謂也。緩帶者，優游之稱也。一曰就賢也。《集解》：若竝有子，則就其賢，謂年同也。宣公不奉哀姜，非此之謂，故惡之。

又《成公八年》衛人來媵。《傳》：媵，淺事也，不志。此其志，何也？以伯姬之不得其所，故盡其事也。

又《成公九年》晉人來媵。《傳》：媵，淺事也，不志。此其志，何也？以伯姬之不得其所，故盡其事也。

《尸子》卷下 堯妻舜以娥皇，媵之以女英。

《韓非子》卷一一《外儲說左上》（田鳩）曰：『昔秦伯嫁其女於晉公子，令晉為之飾裝，從衣文之媵七十人至晉，晉人愛其妾而賤公女。此可謂善嫁妾，而未可謂善嫁女也。』

論說

《爾雅》卷二《釋言》 媵、將，送也。晉郭璞注：《左傳》曰：以媵秦穆姬。《詩》曰：遠于將之。宋邢昺疏：皆謂送行也。孫炎曰：將行之送也。

又 卷三《釋親·母黨》 女子同出，謂先生為姒，後生為娣。注：同出謂俱嫁，事一夫。《公羊傳》曰：『諸侯娶一國，二國往媵之，以姪娣從。娣者何？弟也。』此即其義也。

漢·班固《白虎通義》卷一〇《嫁娶》 必一娶何？防淫泆也。為其棄德嗜色，故一娶而已。人君無再娶之義也。備姪娣從者，為其必不相嫉妬也。一人有子，三人共之，若己生之也。不娶兩娣何？博異氣也。娶三國女何？廣異類也。恐一國血脉相似，俱無子也。姪娣年雖少，猶從適人者，明人君無再娶之義也。還待年於父母之國者，未任荅君子也。《詩》云：『諸娣從之，祁祁如雲。韓侯顧之，爛其盈門。』《公羊傳》曰『叔姬歸于紀』，明待年也。二國來媵，誰為尊者？大國為尊，國等以德，德同以色。質家為天尊左，文家法地尊右。

所以不聘妾何？人有子孫，欲尊之，義不可求人為賤也。《春秋傳》曰『二國來媵』，可求人為士，不可求人為妾何？士即尊之漸，賢不止於士，妾雖賢，不得為適。

聘嫡未往而死，媵當往否乎？人君不再娶之義也。天命不可保，故一娶九女，以《春秋》伯姬卒，時娣季姬更嫁鄫，《春秋》譏之。適夫人死，更立夫人者，不敢以卑賤承宗廟。自立其娣者，尊大國也。《春秋傳》曰：『叔姬歸于紀。』叔姬者，伯姬之娣也。伯姬卒，叔姬升于嫡，經不譏也。或曰：嫡死不復更立，明嫡無二，防篡煞也。祭宗廟，攝而已。以禮不聘為妾，明不升。

漢·劉熙《釋名》卷三《釋親屬》 姪娣曰媵。媵，承事嫡也。嫡，敵也，與匹相敵也。庶，摭也，拾摭之也，謂拾摭微陋，待遇之也。

漢·鄭玄《箴膏肓》 何休曰：媵不必同姓，所以博異氣。今《左傳》異姓則否。十年，齊人來媵。何以無貶刺之文？左氏為短。箴曰：

《禮》稱『納女於天子云備百姓，於國君云備酒漿。』不得云百姓是不博異氣也。齊是大國，今來媵我，得之為榮，不得貶也。

晉・杜預《春秋釋例》卷二《内外君臣逆女例》 《釋例》曰：【略】古者諸侯之娶嫡夫人及左右媵，各有姪娣，皆同姓之國，國三人，凡九女。參骨肉至親，所以息陰訟；息陰訟，所以廣繼嗣也。當時雖無其人，必待年長而送之，所以絶淫逸，塞非常也。辭稱惷愚不教，故遣大夫隨之，而亦謂之媵臣，所以將謙敬之實也。夫人薨，不更聘，必以姪娣媵繼室，一與之醮，則終身不二，所以重婚姻之禮，固人倫之義。人倫之義既固，上足以奉宗廟，下足以繼後世。此夫婦之義也。

唐・孔穎達《左傳・隱公元年》『孟子卒，繼室以聲子』正義 襄二十三年《傳》稱：臧宣叔娶于鑄，生賈及為而死，繼室以其姪。則姪之與娣，皆得繼室。此既無文，故設疑辭云：蓋孟子之姪娣也。成八年《傳》曰：『凡諸侯嫁女，同姓媵之，異姓則否。』莊十九年《公羊傳》曰：『諸侯娶一國，則二國往媵之，以姪娣從。姪者何？兄之子也。娣者何？弟也。諸侯壹聘九女。』然則諸侯娶於三國，國别各有三女。此言諸侯始娶，則同姓之國以姪娣媵者，欲言媵者亦有姪娣，省略為文耳。其實夫人與媵皆有姪娣，但聲子或是孟子姪娣，或是同姓之國媵者姪娣，以其難明，故杜兩解之，初云孟子之姪娣，又云同姓之國以姪娣媵是也。故《釋例》曰：『古者諸侯之娶適夫人及左右媵，各有姪娣，皆同姓之國，國三人，凡九女。參骨肉至親，所以息陰訟；陰訟息，所以廣繼嗣。』是其義也。然宋之同姓國，依《世本》子姓：殷、時、來、宋、空同、黎、比、髦、目夷、蕭，但《春秋》不載其國，未知宋之同姓者是何。《釋言》云：媵，送也。言妾送適行，故夫人姪娣，亦稱媵也。《經》、《傳》之説諸侯，唯有繼室之文，皆無重娶之禮，故知元妃死，則次妃攝治内事。次妃謂姪娣與媵諸妾之最貴者。《釋例》曰：『夫人薨，不更聘，必以姪娣媵繼室。』是夫人之姪娣與二媵，皆可以繼室也。適庶交爭，禍之大者。禮所以别嫌明疑，防微杜漸。故雖攝治内事，猶不得稱夫人，又異於餘妾，故謂之繼室。妻處夫之室，故書傳通謂妻為室，言繼續元妃，在夫之室。

唐・賈公彦《儀禮・士昏禮》鄭《注》疏 云古者嫁女，必姪娣從，謂之媵者，媵有二種：若諸侯有二媵外，別有姪娣，是以莊公十九年，經書『秋，公子結媵陳人之婦于鄄。』《公羊傳》曰：『媵者何？諸侯娶一國，則二國往媵之，以姪娣從。姪者何？兄之子也。娣者何？女弟也。』諸侯夫人自有姪娣，并二媵各有姪娣，則九女，是媵與姪娣别也。若大夫士，無二媵，即以姪娣為媵。鄭云古者嫁女，必姪娣從，謂之媵，是據大夫士言也。云姪，兄之子，娣，女弟也，娣尊姪卑者，解：經云『雖無娣，媵先』之義，以其若有娣，乃先媵即姪也。云猶先媵，客之也者，對御，是夫之從者為後。若然，姪與娣俱名媵。今言雖無娣，媵先，似娣不名媵者，但姪娣俱是媵，今去娣，娣外唯有姪，經言媵先，以對御為先，非對娣也。稱媵，以其姪娣俱是媵也。

唐・陸淳《春秋集傳纂例》卷二《婚姻例・媵》 啖子曰：凡媵常事，不書；公子結為遂事起本也。三國來媵，非禮也，故書。禮當二國媵。《公羊》云：媵，不書。《穀梁》云：媵，淺事也，不志。此説皆是。《左氏》云：凡諸侯嫁女，同姓媵之，異姓則否。若然，則莒姓己，郯姓己，邾姓曹，此三國同姓至少，如嫁女，孰為媵乎？恐此禮難行，今不取。趙子曰：《左氏》云：異姓則不合媵。則成十年直云『齊人來媵』，足知非禮，何假先書衛乎？所以先書二國者，明九女已足而又來媵，所以為失禮，非謂譏異姓來媵。其義亦甚明。

唐・柳宗元《柳河東集》卷四五《非國語下・懷嬴》 非曰：重耳之受懷嬴，不得已也。其志將以守宗廟社稷，阻焉則懼其不克也。其取者大，故容為權可也。秦伯以大國行仁義，交諸侯，而乃行非禮以強乎人，豈習西戎之遺風歟？

宋・孫復《春秋尊王發微》卷八《成公》 衛人來媵。媵伯姬也。媵書者，古諸侯嫁女，二國媵之。二國，禮也。三國，非禮也，此年衛人來媵，九年晉人來媵，十年齊人來媵是也。唯王后，三國媵。

宋・劉敞《春秋權衡》卷五《成公》 衛人來媵。《左氏》曰：『凡諸侯嫁女，同姓媵之，異姓則否。』非也。諸侯三歸，歸各一族，自同姓耳。若嬴、曹、邾姓。嬀、弋之君嫁女者，必同姓媵之，則諸侯之媵，或不能備矣。天子之妃百二十，又可一姓乎？

宋・陳祥道《禮書》卷六六《媵姪娣》 諸侯娶一國，二國媵之，國三人，則夫人與二媵各有姪娣，凡九女；而天子國媵之數，不可考也。【略】春秋之時，衛人、齊人、晉人來媵伯姬，譏三國媵之也。《左氏》曰：諸侯嫁女，同姓媵之，異姓則否。然《國語》曰：『王御不參一族。』是丘明前後自惑也。趙氏曰：媵不異姓，則莒姓己，邾姓曹，此二國姓至少，如嫁女，孰為媵乎？恐此禮難行，今則不取。

宋·葉夢得《春秋傳》卷一四《成公二》　衛人來媵。媵不書，此何以書？為二王後，見正也。禮，天子一娶十二女，媵三在焉。諸侯一娶九女，媵二在焉。宋，二王後，得用天子之禮者也。禮不求媵，與為好者自往媵之。所以一夫人之尊，衛人來媵矣，晉人、秦人復來媵，是天子之制也。前是必有不得其正者，故書以見正也。

葉子曰：吾何以知天子之備三媵歟？天子、諸侯後宮之數，禮不可盡考矣。《曲禮》言：天子有后，有夫人，有世婦，有嬪，有妻，有妾。公侯有夫人，有世婦，有妻，有妾。而《昏義》言：天子后立六宮，三夫人，九嬪，二十七世婦，八十一御妻。與《周官》略同而無妻、妾，則世婦者，所謂妻，而御妻者，所謂妾也。諸侯有世婦、妻、妾而無嬪，蓋下於天子矣，而不列其數。至媵，則皆未嘗見。獨《公羊》以爲諸侯娶一國，則二國往媵之。諸侯一聘九女，是諸侯一夫人而二媵，夫人與媵皆有左右姪娣，合而為九，所謂一娶九女也。

媵當為諸侯世婦之稱，下夫人一等。故《詩·江有汜》以媵配嫡為言。以是推之，則天子后，宜三國往媵，而三夫人者，王后之媵也。后與三夫人皆有左右姪娣，合而為十二，則亦所謂天子一娶十二女者也。蓋自夫人、世婦至女御，皆婦官之名，而媵與姪娣者，皆其相與為稱之辭。以媵為夫人、世婦，則姪娣者又下媵之稱，而為嬪與妻妾者也。故女子謂昆弟之子為姪，而同出謂後生者為娣。禮稱世婦獻繭於夫人，夫人副褘而受之；祭祀，夫人副褘，立於房中。副褘，王后之服也。先儒皆以為二王後之夫人，得從后之服，則三夫人之數，宜亦備焉。此宋所以得三國之媵歟？《公羊》乃以三國媵之為非禮，此知諸侯之制而不知宋之禮也。

宋·葉夢得《春秋公羊傳讞》卷五《成公》　衛人來媵，晉人來媵，齊人來媵，《公羊》皆以為『錄伯姬』，至齊人來媵，則曰：『三國來媵，非禮也。』蓋《公羊》於『公子結媵陳人之婦』，言諸侯娶一國，則二國往媵之，故以三國為過，不知宋，二王之後也。《微子之命》曰：『統承先王，修其禮物，作賓於王家。』孔氏言：二王之後，各修其典禮，正朔、服色與時王並。則二王後，皆用天子禮樂矣。故曰杞之郊也，禹也；宋之郊也，契也。是天子之事守也。三國媵，豈非以天子三夫人制歟？禮，世婦獻繭於夫人，夫人副褘而受之。與祭祀，夫人副褘立於房中。副褘，王后之服也。先儒皆以為二王後之夫人，從王后之制，則媵亦宜備三夫人之數矣。且伯姬之死固賢，孰與孔父、仇牧之死其君？然孔父、仇牧止得一見，不應伯姬自納幣至致女、三媵及葬，累書而不已。此蓋不知求之於宋，是以愈迷而弗悟也。

宋·胡安國《春秋傳》卷二〇《成公下》　衛人來媵。媵者何？諸侯有三歸，嫡夫人行則姪娣從，二國來媵，亦以姪娣從。凡一娶九女，所以廣繼嗣。三國來媵，非禮也。夫以禮制欲則治，以欲敗禮則亂，而諸侯一娶十有二女，則是以欲敗禮矣。備書三國，以明逾制，為後戒也。

宋·王楙《野客叢書》卷一六《古之媵者》　説者謂古之媵，猶今之從嫁者也。媵，送也。妾送嫡而行，故謂妾為媵，如女英隨娥皇事舜是也。僕案《公羊傳》曰：『媵者何？諸侯娶一國，則二國往媵之，以姪娣從。姪者，兄之子。娣者，女弟也。』又考《毛詩正義》：凡送女適人者，男、女皆謂之媵。僖五年《左傳》：晉人襲虞，執其大夫井伯，以媵秦穆姬。史傳稱：伊尹，有莘氏之媵臣。是送女者雖男，亦名媵也。《毛詩》『求爾新特』，由不以禮嫁，故父母之家男子、婦女皆無肯媵之，獨自而來，故謂之『新特』。

宋·呂祖謙《左氏傳續説》卷四《僖公·執虞公及其大夫井伯以媵秦穆姬五年》　媵本是卑者為之。此特使虞公媵，正要屈辱他，如劉聰使晉懷帝青衣行酒相似。

又　卷八《成公上·凡諸侯嫁女同姓媵之八年》　同姓媵，凡諸侯適女方嫁，庶女皆為媵。

宋·羅苹《路史》卷二一《有虞氏》『妃以盲，媵以罃』注　《尸子》云：『妻以娥，媵以皇。娥、皇，衆女之英。』妄。

宋·李明復《春秋集義》卷三六《成公》　謝湜曰：嫡夫人有左右

媵，媵各有姪娣，凡九女。媵為二國。三國媵，非禮也。媵惟一姓，所以致親睦也。同姓不足，然後以義起。

宋·黄仲炎《春秋通説》卷九《成公》　夫爲國君者，妾媵不具，固無以廣嗣；然多而無節，亦非禮也。是以妾媵過多則費用廣而財匱，御幸疏而怨興，嬖寵乘而政亂。故《春秋》『來媵』不書。而三國『來媵』則書之，所以明妾媵過多，爲後世戒也。嗚呼！使此義明，則後世人主安有掖庭數千人，如晉武帝之淫侈者哉？

宋·陳叔方《潁川語小》卷上　姪，徒結切。《禮》：『大夫不名世臣姪娣。』姪是妻之兄女，娣是妻之妹。又《左傳》『姪其從姑』，謂我姪者，我謂之姑是也。

宋·熊朋來《經説》卷五《姑姪》　婦謂夫之母曰姑，而父之姊妹亦曰姑，假借以尊稱之也。《儀禮·喪服傳》曰：姪者何也？謂吾姑者，吾謂之姪。《傳》曰：『姪其從姑。』姪者，姑稱兄弟之女子也。若男子，則史傳但云兄子某、弟子某。

宋·趙汝楳《周易輯聞》卷五《歸妹》　大君為天、地、人、物之宗主，統緒何可斷而不續？娣姪既備，則嗣續衍昌。是雖人事，實天地之大義。所以然者，上天下地，陰陽睽隔，絪緼之氣不交則生意閒絶，萬物于何而作興？故歸以妹者，人道之欲終而復始也。『説以動』，非兼指男女，偏主於所歸者妹也。凡女皆欲為正室，何肯動而為媵？由父母説而歸之，非妹之自動也。此卦也，至於爻『六三』居位不當。儻輕躁上進，將有並后匹嫡之凶。蓋秉陰柔之資，暗於分義；承剛陽之位，易於陵物，固應无施而宜也。

元·程端學《春秋或問》卷七《成公》　曰：衛人來媵。黄氏謂：宋，二王後，得用天子禮。三國來媵，天子之制。前是必有不得其正，故書以見正。然乎？曰：不然也。宋雖得用天子之禮，不過以天子之禮祭其祖耳。然其爵則公也，分則臣也，地不過百里，安得盡用天子之禮哉？且三國得媵，則常事耳，《春秋》不書常事。其曰前是必有不得其正，億度之辭，豈足以垂教哉？

元·程端學《三傳辨疑》卷一三《成公》　案《公羊》既以三國來媵為非禮，曷為又以『錄伯姬』言之？曷為又『以婦人以衆多為侈』言之？

元·鄭玉《春秋闕疑》卷二六《成公》　衛人來媵。愚按：媵常事不書，而《春秋》于伯姬之媵，書之之詳若是者，非特賢伯姬也，書衛媵，所以起晉、齊之媵，而明其越禮踰制也。

《金史》卷六三《后妃列傳上》　古者天子娶后，三國來媵，皆有娣姪，凡十二女。諸侯一娶九女。所以正嫡妾，廣繼嗣，息妬忌，防淫慝，塞禍亂也。后亡則媵為繼室，各以其叙。無三媵，則娣姪繼室，亦各以其叙。繼室者治其内政，不敢正其位號，禮廟無兩，祔不並尊也。魯成風始兩祔，宋國三媵，齊管氏三歸，《春秋》皆譏之。

元·趙汸《春秋師説》卷中《論漢唐宋諸儒得失》　《春秋》關涉大義最緊切者有二事：桓公、子糾，齊陳恒是也。古人立子，皆須論其母之貴賤。諸侯一娶九女，皆有一定之班序。據《左傳》，齊桓，衛姬之子。杜氏曰：衛姬，齊僖公妾。又曰：子糾，桓公庶兄。《史記》亦同。子糾母魯女，既是魯女，則位次不卑，當在衛姬之上。伊川既不信《左傳》，而專以年長斷其當立，又不復論其母之貴賤。然則適夫人無子，而媵妾皆有子；儻賤妾有子而年又長，則當立賤妾之子乎？足以見當時禮制之必不然矣。夫媵妾既多，貴賤無等，寵子爭立而無禮以為之裁制，將如之何？故九女班序之制，決不可易。聖人所以辨上下而定民志，古人用之，安可廢也？娣媵之見於經者，如堯之二女，其一即娣。紀叔姬是從姊而嫁，亦娣也。伯姬歸于宋，經書三國來媵。則媵之名見於經者如此。《詩》曰：『諸娣從之，祁祁如雲。』則娣之見於經者又如此。何休注《公羊》之説，蓋雖衆多，然於其中須有上下、貴賤、少長。如無適子而立妾子，則各隨其母之貴賤，而不專以年。若如伊川以桓公是兄，則以桓公為當立，而不知非諸侯立子之制也。

夫宫闈之制，若非班序貴賤之分素定，則亦常為亂階。故何休立子之制，説《春秋》者，決不可廢也。伊川固不屑於此，若澤則不過依三《傳》可據之文，探諸家禮意之合於人情者，而又别尋向上工夫，則如桓公、子糾之事，亦已明白，初不在於翻倒傳注而別為之説也。桓公、子糾事在《春秋》經傳，甚可解；在《論語》則甚難。既未有人曉得，只當闕疑為是。

所謂向上工夫者，今且略說。蓋古人立子論適，不論年長。縱不是適，亦須論其母貴賤。如晉人欲立長君，選擇羣公子，亦先論其母。今既不知子糾之母貴賤，已是難斷，所以只當闕疑。但據《穀梁》，先序公子糾，次說公子小白。《公羊》謂桓公為篡，子糾貴，宜為君。此是當時事情。又《荀子》謂桓公殺兄爭國。則子糾是於次應立。推尋到此，只見得桓公是篡。所以向上，更有工夫推到極處，則聖人之意自見，而《論語》方可說。又子路、子貢亦只曉得桓公是篡。蓋當時公論，不直桓公，所以疑而問。

《公羊》以桓公為篡，今試立例以推之。謂如齊襄公是適長嗣位，子糾是齊僖右媵之子，桓母却非兩媵之數，乃是衆妾之子，則桓公是篡。若襄公是右媵或左媵之子，而與子糾同母，桓母却是衆妾，則桓公亦是篡。若子糾母是右媵，桓母是左媵，子糾於次亦應立。若子糾母是夫人娣姪，桓母却是兩媵娣姪，則子糾亦應立。此又是一節工夫，上面更有工夫在。澤推《春秋》如推校日曆相似，分毫不可差忒。推到盡處，自然見聖人之心。然亦有窮極推不得處，却須要悟。如桓公、子糾事，非悟則不化，不化則終礙理。

又　卷下《諸侯娶女立子通考》　又案《傳》隱公三年云：「衛莊公娶于齊東宮得臣之妹，曰莊姜，美而無子。又娶于陳，曰厲嬀，生孝伯，蚤死。其娣戴嬀生桓公，莊姜以為己子。」據厲嬀，即何氏所謂右媵，其娣戴嬀即右媵之娣。

成公九年二月，伯姬歸于宋。經書『衛人來媵』，又書『晉人來媵』，又書『齊人來媵』。案《左傳》：『凡諸侯嫁女，同姓媵之，異姓則否。』今魯嫁伯姬，三國來媵，共十二女，而齊是異姓，豈宋先代之後，上公爵尊，故如此歟？然不可考矣。

明·湛若水《春秋正傳》卷二三《成公》　齊人來媵。《正傳》曰：書『齊人來媵』，著非禮也。禮，同姓媵，異姓否。媵以二國而不以三國，以九女而不以十二女。魯伯姬之嫁，晉、衛來媵矣，齊又媵於魯，則為異姓，為三國，為十二女矣。其來者、受者，皆非禮也。《公羊》曰『三國來媵，非禮』，是也。然又以為皆『錄伯姬』，『婦人以衆多為侈』，則其言支矣。

明·夏良勝《中庸衍義》卷七《達道之義·夫婦之法》　臣良勝曰：天子一娶十二女，諸侯一娶九女，妾媵與嫡偕行。《詩》美戴嬀，而《春秋》于叔姬全節亟與之，勸善之道廣矣。

明·馮復京《六家詩名物疏》卷一《國風·邶·泉水篇·諸姬》

按媵有二種：諸侯娶九女，夫人及二媵俱有姪娣。大夫士無二媵，即以姪娣為媵。大夫備姪娣，《曲禮》「大夫不名世臣姪娣」，《喪大記》「大夫撫姪娣」是也。士不必備，《士昏禮》「雖無娣，媵先」是也。鄭注《士昏禮》云：娣尊姪卑。考諸《經》、《傳》，竝無以姑為媵之文。蓋姑尊，非可從嫁。朱子釋『諸姬』云姪娣，釋『諸姑』云即諸姬，殆是瞽說。《爾雅》云：同出謂先生為姒，是姊得為媵矣。

明·朱朝瑛《讀春秋略記》卷八《成公》　齊人來媵。《周語》曰：「王御不參一族」，則三國之媵，不得出於一族。天子之禮如此，諸侯亦可推已。《傳》云『諸侯嫁女，同姓媵之，異姓則否』者，是左氏自惑其說也。劉氏曰：諸侯三歸，歸各一族，自同姓耳。若三國必皆同姓，則嬴、曹、嬀、弋之君嫁女者，或不能備矣。

明·王樵《春秋輯傳》卷六《文公》　《穀梁》之義，施之此則迂矣，當於『來媵』之下耳。諸侯娶一國，則二國往媵之，以姪娣從，廣嗣續也。一人有子，三人緩帶，喜樂之情均，姪娣之所以為親而妬媢之釁不生焉。凡諸侯嫁女，同姓媵之，異姓則否。同姓則皆有兄弟之親，正夫人之於衆妾，義亦猶一人也。子無問於所生，故母無無子之戚，故曰不孤子之意也。

清·馬驌《左傳事緯前集》卷二《左氏辨例上·昏姻例》　成八年，衛人來媵。《傳》曰：『禮也。凡諸侯嫁女，同姓媵之，異姓則否。』古者諸侯取適夫人，姪娣為媵，同姓之國亦媵，國三人，凡九女，所以廣繼嗣也。夫人薨，則不更聘，以姪娣媵繼室。一與之醮，終身不二，重人倫，篤夫婦之義也。若當時無人，則待年而媵，故有媵在嫁後者。參骨肉至親，以息陰訟，故媵必用同姓。《禮》稱：納女於天子曰備百姓，於國君曰備酒漿。國君不言百姓，是無異姓之媵矣。九年，晉人來媵。《傳》曰：禮也。十年齊人來媵，非禮可知也。

清·顧炎武《日知錄》卷三《諸姑伯姊》　《泉水》之詩，其曰

『諸姬』猶《碩人》之『庶姜』。古之來媵而為姪娣者，必皆同姓之國，其年之長幼，序之昭穆，則不可知也，故有『諸姑伯姊』之稱，猶禮之言『伯父伯兄』也。貴為小君，而能謙以下其衆妾，此所謂『其君之袂不如其娣』者矣。

又　卷四《三國來媵》　十二公之世，魯女嫁於諸侯多矣，獨宋伯姬書三國來媵，蓋宣公元妃所生。宣公元年，夫人至自齊，即穆姜。《衛·碩人》之詩曰：『東宮之妹。』《正義》曰：東宮，太子所居也。繫太子言之，明與同母，見夫人所生之貴。是知古人嫡庶之分，不獨子也，女亦然矣。

清·張次仲《周易玩辭困學記》卷一一《歸妹》　古者天子一娶九女，諸侯一娶三女，嫡夫人及左右媵皆以姪娣從，所以別尊卑，廣繼嗣也。此婚姻中一大事，故聖人特設一卦，以盡其義。

清·毛奇齡《春秋毛氏傳》卷一一《莊公》　古有媵禮。凡諸侯娶妻，本國既有姪娣媵從，而數或不具，則列國各送庶女，備姪娣之數，亦名曰媵。媵者，送也。但周制既亡，而《儀禮》、《禮記》皆戰國後書，《儀禮》雖早出漢世屋壁，然秦漢以前，上至周初，並無一人舉其名、引其文者。《書·秦誓》、《詩·國風》、《易》孔子《象傳》，皆春秋時書，尚人人能稱之引之。豈有周公之禮傳八百年，並無一名一字偶見諸書？則概可知耳。且闕略未備，全不可據。今第就三《傳》較之，然亦有異同，但當合觀全經，以定其是否。

如《左傳》成九年，《傳》有云：『凡諸侯嫁女，同姓媵之，異姓則否。』則宣公嫡母哀姜、生母敬嬴，襄公嫡母齊姜、生母定姒，皆異姓也。又僖二十年，西宮災。何休謂：西宮者，小寢內室，楚女所居也。成九年，伯姬歸宋，齊來致媵。襄二十三年，晉嫁女于吳，齊使析歸父致媵。皆是異姓。若必同姓為之，則秦、楚嫁女，別無可媵。故唐陸淳亦曰：莒姓己，邾姓曹，同姓最少，將孰媵乎？若《公羊》云：諸侯娶一國，則二國往媵之，以姪娣從。諸侯一娶九女，本國一夫人，二姪娣；二國各一媵，二姪娣，合九女。諸侯不再娶。則成九年，伯姬歸宋時，衛、晉既來媵矣，齊又來媵，是娶一國而三國來媵，合十二女矣。雖《左氏》譏曰非禮，然以異姓譏，即前不媵異姓語。不以多女譏也。若諸侯不再娶，予前已極辨之。見桓八年。今知更娶不一，不特嫡亡可再娶，即嫡在，亦可再娶。衛莊公娶莊姜，姜而無子，又娶于陳，曰厲嬀，生孝伯。莊姜賢婦，未嘗以為非禮也。故三《傳》異同，皆見禮意，而吾一以全經斷之。叔姬歸于紀，則本國有媵也。媵陳人之婦，則同姓有媵也。齊人來媵，則異姓亦有媵也。紀季姜歸京師，則天子可再娶也。王姬歸于齊，則諸侯亦可再娶也。若晉平之娶繼姜，則嫡亡可再娶也。衛莊公之娶厲嬀，則苟嫡無子，雖不亡，亦可再娶也。此周禮也。

清·惠士奇《春秋說》卷九《成公》　內女嫁于諸侯者，惟紀叔姬、宋共姬書之為最詳，故媵不稱歸，而叔姬之媵特稱歸也，以其節；歸不書媵，而共姬之歸，三國來媵也，以其賢。《公》、《穀》二《傳》皆以為詳其事而重錄之，實得《春秋》之義。而後世俗儒自謂通經而全無家法，好為異說以亂經，遂謂三國來媵，非為賢共姬而書也，以非禮書。如其然，則內女嫁於諸侯，豈皆無媵？其來媵也，豈盡合禮？曷為皆不書，獨此賢女共姬之歸也而備書之，以譏其非禮哉？且共姬之歸也，其禮可謂盛矣。書『來聘』，書『納幣』，書『致女』。內女之嫁也，皆不書，此獨屢書於策，其未歸也衛人來媵，其既歸也齊、晉大國亦皆來媵，未聞內女之嫁有若是之盛者也。《公羊》所謂『婦人以衆多為侈者』，不其然乎！《左氏》謂媵皆同姓而無異姓，《公羊》亦以為諸侯一娶九女，三國來媵則溢其數為非禮，獨《穀梁》不言其非，以為賢共姬而盡其事焉，亦必有說矣。

天子、諸侯之昏禮亡，今存者惟《士昏禮》。《士昏禮》不獨有媵，又有御。音迓。女從為媵，媵，送也。壻從為御，御，迎也。婦至，媵布席于奧；及即席，媵沃，壻盥于南；御沃，婦盥于北，故曰『媵、御沃盥交。』及徹于房也，御衽婦席，媵衽良席。良謂夫。及其餕也，媵餕壻餘，御餕婦餘。及質明，婦盥饋而徹也。媵、御餕，媵先御後，雖無娣，猶先媵。無娣者，士禮姪娣不必備。先媵者，媵事夫而御事婦，媵貴而御賤也。

諸侯之昏，亦有御。《鵲巢》，諸侯之夫人。其詩曰：『之子于歸』，『百兩御之』，『百兩將之』。『御』迎而『將』送，言『百兩』，侈其送迎之多，則御非一人而媵備姪娣。《詩》曰：『今夕何夕？見此粲者。』女三為『粲』，謂一嫡二媵。三國來媵，一國姪娣二人，三國六人，合之正符九女之數。故《春秋》備書之，以為後法。孰謂三國來媵之為非禮哉？《白虎通》曰：媵必姪娣者，為其不相嫉妒也。一人有子，三人共之。不娶兩娣者，博異氣也；娶三國女者，廣異類也。恐一國血脈相似，俱無子也。然則娶不兩娣，亦必無兩姪，則一國來媵，姪娣二人明矣。博異氣者，非謂必異姓。何休之說失之。齊人來媵雖非禮，而經無譏文，所以詳錄共姬之歸，明一時之盛。蓋以自古破家亡國皆由婦人，《春秋》貴婦人之節，紀叔姬、宋共姬皆内女之尤賢者，故《春秋》貴之。學者毋為異說以亂經，可也。何氏謂適夫人之下有姪娣，左右媵之下皆有姪娣，為九女。愚謂姪娣皆媵也。媵分左右，必不在未歸之前。來媵者，一國二女而已。當考。或云諸侯娶于三國，國各有三女，非也。諸侯惟娶元妃而已。宋娶于魯而衛、晉及齊來媵，媵不聘，安得言娶哉？諸侯娶於一國而三國來媵，經有明文。不信經而獨信俗儒之說，則吾豈敢？

清・張尚瑗《公羊折諸》卷二《莊公・諸侯娶一國則二國往媵之》 戴埴曰：媵，送昏之名。按古史，湯婚有莘，以伊尹為媵。《春秋》載公子結媵陳女於鄄；晉執虞公及井伯，以媵秦穆姬；晉將嫁女於吳，齊侯使析歸父媵之。伊尹、公子結、井伯、析歸父皆嘗為媵，初不言某國之女為某國之媵妾也。《左氏》：同姓媵之，異姓則否。不過謂同姓至親可講餽送嫁女之禮耳。然齊人來媵，與衛、晉無異詞，書『人』不書『女』。當時魯為弱國，猶不屑以女媵齊、晉，齊、晉大國，肯以女為魯從妾乎？《楚辭》：『波滔滔兮，來迎魚鱗，鱗兮媵予。』注：送也。《爾雅》：媵、將，送也。注：將行之送也。俱不指為妾，可以決千古之疑矣。

又 卷五《成公・三國來媵》 諸侯嫁女，同姓媵之，異姓則否。伯姬三國來媵，《公羊》獨以齊媵為非禮；然觀季文子如宋致女，公賦《韓奕》之五章，穆姜賦《綠衣》之卒章。施巾結褵，殷勤申誡如此。而伯姬果能待姆下堂，以謹慎從爾父母之言，一時閨範雍容，其娣之袂，良可想也歟？

輿服分部

綜述

《周禮・春官・巾車》 王后之五路：重翟，錫面，朱總；厭翟，勒面，繢總；安車，彫面，鷖總。皆有容蓋。漢鄭玄注：重翟，重翟雉之羽也。厭翟，次其羽使相迫也。勒面，謂以如王龍勒之韋，爲當面飾也。彫者，畫之，不龍其韋。安車，坐乘車。凡婦人車，皆坐乘。【略】鄭司農云：【略】鷖讀爲『鳧鷖』之『鷖』。鷖總者，青黑色，以繒爲之，總著馬勒，直兩耳與兩鑣。容謂幨車，山東謂之裳幃，或曰幢容。玄謂朱總，繢總，其施之如鷖總，車衡輨亦宜有焉。繢，畫文也。蓋，如今小車蓋也。皆有容有蓋，則重翟、厭翟謂蔽也。重翟，后從王祭祀所乘。厭翟，后從王賓饗諸侯所乘。安車無蔽，后朝見於王所乘，謂去飾也。《詩・國風・碩人》曰『翟蔽以朝』，謂諸侯夫人始來，乘翟蔽之車以朝見於君，盛之也。此翟蔽蓋厭翟也。然則王后始來，乘重翟乎？唐賈公彥疏：彼是諸侯之夫人，當乘厭翟，則上公夫人亦厭翟。以其王姬下嫁於諸侯，車服不繫於其夫，下王后一等，不得乘重翟，則上公與侯、伯夫人皆乘厭翟可知。若子、男夫人可以乘翟車，至於祭祀及嫁皆乘之。【略】諸侯已下夫人祭祀、賓饗、出桑、朝君，差之皆可知也。若然，諸侯夫人亦當有安車以朝君也。疏：言王后之五路，亦是總曰之言也。凡言翟者，皆謂翟鳥之羽，以爲兩旁之蔽。言重翟者，皆二重爲之；厭翟者，謂相次以厭其本。下有『翟車』者，又不厭其本也。凡言『總』者，謂以總爲車馬之飾。若婦人之總，亦既繫其本，又垂爲飾，故皆謂之總也。按下『翟車』尊於安車，而進安車在上者，以其翟車有幄無蓋，安車重翟同無幄而有容蓋，故進安車，與重厭之車同在上也。

翟車，貝面，組總，有握。注：翟車不重不厭，以翟飾車之側爾。貝面，貝飾勒之當面也。有握，則此無蓋矣，如今輧車是也。后所乘以出桑。疏：上言朱總、繢總、鷖總，彼皆以繒爲之，今此言組總，則以組絛爲之，總亦施於勒及兩耳、兩鑣并車衡輨焉。連車，唐陸德明《音義》：『連』音『輦』，本亦作『輦』。組輓，有翣，羽蓋。注：連車不言飾，后居宮中，從容所乘，但漆之而已，爲輇輪，人輓之以行。有翣，所以禦風塵。以羽作小蓋，爲翳日也。

又 《天官・追師》 掌王后之首服，為副、編、次，追衡、笄。為九嬪及外、内命婦之首服，以待祭祀、賓客。注：鄭司農云：追，冠名。

《士冠禮》記曰：委貌，周道也；章甫，殷道也；毋追，夏后氏之道也。『追師』，掌冠冕之官，故幷主王后之首服。副者，婦人之首服。《祭統》曰：『君卷冕立于阼，夫人副褘，立於東房。』衡，維持冠者。《春秋傳》曰：『衡紞紘綖。』玄謂：副之言覆，所以覆首為之飾。其遺象若今步繇矣，服之以從王祭祀。編，編列髮為之，其遺象若今假紒矣，服之以桑也。次，次第髮長短為之，所謂髲髢，服之以見王。王后之燕居，亦纚笄總而已。追猶治也。《詩》云：『追琢其璋。』王后之衡、笄，皆以玉為之，唯祭服有衡，垂于副之兩旁，當耳，其下以紞縣瑱。《詩》云『玼兮玼兮，其之翟也。鬒髮如雲，不屑鬄也，玉之瑱也』，是之謂也。笄，卷髮者。外、內命婦衣鞠衣、襢衣者服編，衣緣衣者服次。外、內命婦非王祭祀、賓客，佐后之禮自於其家，則亦降焉。《少牢饋食禮》曰『主婦髲鬄衣移袂』，《特牲饋食禮》曰『主婦纚笄綃衣』是也。《昏禮》『女次純衣』，攝盛服耳。主人爵弁以迎，移袂，褖衣之袂。凡諸侯夫人於其國，衣服與王后同。疏：云掌王后之首服者，對《夏官·弁師》掌男子之首服，首服則副、編、次也。云追衡、笄者，追，治玉石之名，謂治玉為衡、笄也。云為九嬪及外、內命婦之首服者，此云『及』，則與上《內司服》同，亦是言及，殊貴賤。『九嬪』下不言『世婦』，文略，則外命婦中有三公夫人、卿大夫等之妻，內命婦中唯有女御也。云以待祭祀、賓客者，亦謂助后而服之也。喪紀，共笄、絰，亦如之。

又《天官·內司服》 掌王后之六服：褘衣、揄狄、闕狄、鞠衣、展衣、緣衣，素沙。注：鄭司農云：褘衣，畫衣也。《祭統》曰：『君卷冕立于阼，夫人副褘立于東房。』揄狄、闕狄，畫羽飾。展衣，白衣也。《喪大記》曰：『復者朝服，君以卷，夫人以屈狄，世婦以襢衣。』『屈』者，音聲與『闕』相似，『襢』與『展』相似，皆婦人之服。鞠衣，黃衣也。素沙，赤衣也。玄謂『狄』當為『翟』。翟，雉名，伊雒而南，素質，五色皆備成章，曰翬。江淮而南，青質，五色皆備成章，曰搖。王后之服，刻繒為之形而采畫之，綴於衣，以為文章。褘衣，畫翬者。揄翟，畫搖者。闕翟，刻而不畫。此三者，皆祭服。從王祭先王，則服褘衣；祭先公，則服揄翟；祭羣小祀，則服闕翟。今世有圭衣者，蓋三翟之遺俗。鞠衣，黃桑服也，色如鞠塵，象桑葉始生。《月令》：三月，薦鞠衣於先帝，告桑事。展衣，以禮見王及賓客之服，字當為『襢』，襢之言亶，亶，誠也。《詩·國風》曰『玼兮玼兮，其之翟也』，下云『胡然而天也，胡然而帝也？』言其德當神明。又曰『瑳兮瑳兮，其之展也』，下云『展如之人兮，邦之媛也』，言其行配君子。二者之義，與《禮》合矣。《雜記》曰：『夫人稅衣揄狄。』又《喪大記》曰：『士妻以褖衣。』言『褖』者甚衆，字或作『稅』。此緣衣者，實作褖衣也。褖衣，御于王之服，亦以燕居。男子之褖衣黑，則是亦黑也。六服備於此矣。【略】以下推次其色，則闕狄赤，揄狄青，褘衣玄。婦人尚專一德，無所兼，連衣裳，不異其色。素沙者，今之白縛也。六服皆袍制，以白縛為裏，使之張顯。今世有沙穀者，名出于此。疏：云掌王后之六服者，自褘衣至緣衣是六。褘衣者，亦是翬，而云衣者，以其衣是服之首，故目言衣也。褘當為翬，即翬雉，其色玄也。揄狄者，揄當為搖，狄當為翟，則搖雉，其色青也。闕狄者，其色赤。上二翟則刻繪為雉形，又畫之，此闕翟亦刻為雉形，不畫為之彩色，故名闕狄也。此三翟，皆祭服也。鞠衣者，色如鞠塵色，告桑之服也。展衣者，色白，朝王及見賓客服。『緣』當為『褖』，褖衣者，色黑，御于王服也。素沙者，此非服名，六服之外，別言之者。此素沙與上六服為裏，使之張顯。但婦人之服不殊裳，上下連，則此素沙亦上下連也。王之吉服有九，韋弁以下常服有三，與后鞠衣以下三服同。但王之祭服有六，后祭服唯有三翟者，天地、山川、社稷之等，后夫人不與，故三服而已。必知外神，后夫人不與者，案《內宰》云『祭祀，祼獻則贊。』天地無祼，言祼唯宗廟。又『內宗』、『外宗』佐后，皆云宗廟，不云外神。故知后於外神不與。是以《白虎通》云：《周官》祭天，后夫人不與者，以其婦人無外事。若然，《哀公問》云：夫人為天地、社稷主者，彼見夫婦一體而言也。

辨外、內命婦之服：鞠衣、展衣、緣衣，素沙。注：內命婦之服：鞠衣，九嬪也；展衣，世婦也；緣衣，女御也。外命婦者，其夫孤也，則服鞠衣；其夫卿大夫也，則服展衣；其夫士也，則服緣衣。三夫人及公之妻，其闕狄以下乎？侯、伯之夫人揄狄，子、男之夫人亦闕狄，唯二王後褘衣。疏：上言王后六服，此論外內命婦不得有六服，唯得鞠衣已下三服，尊卑差次，服之而已。亦以素沙為裏，故云素沙也。

凡祭祀、賓客，共后之衣服，及九嬪、世婦，凡命婦，共其衣服。共喪衰，亦如之。注：『凡』者，凡女御與外命婦也。言『及』言『凡』，殊貴賤也。《春秋》之義，王人雖微者，猶序乎諸侯之上，所以尊尊也。臣之命者，再命以上受服，則下士之妻不共也。外命婦唯王祭祀、賓客，以禮佐后得服。此上服自於其家則降焉。疏：上陳尊卑以次受服之事，此文陳所用之時。云凡祭祀者，婦人無外事，言凡祭祀，唯據宗廟大小祭祀。云賓客者，謂后助王灌饗諸侯來朝者。云共后之衣服者，祭祀共三翟，賓客共展衣。云九嬪、世婦者，謂助后祭祀、賓客時。云凡命婦者，兼外、內命婦也。云喪衰亦如之者，外命婦喪衰，謂王服齊衰，於后無服。若九嬪已下及女御，於王服斬衰，於后服齊衰也。

后之喪，共其衣服，凡內具之物。注：內具，紛帨、線纊、鞶袠之屬。疏：后喪所共衣服者，正謂襲時十二稱，小斂十九稱，大斂百二十稱，及內具之物。

又《天官·屨人》 掌王及后之服屨，為赤舄、黑舄，赤繶、黃繶，青句，素屨，葛屨。疏：云掌王及后之服屨者，但首服在上，尊，又是陽，多變，是以『追師』與『弁師』，男子、婦人首服各別官掌之。屨舄在下，卑，又是陰，少變，故男子、婦人，同官掌之也。云『為赤舄』以下，謂掌而營造之，故云『為』也。赤舄者，男子冕服，婦人闕翟之舄也。黑舄者，天子、諸侯玄端服之舄。『赤繶』已下，云繶、云句者，欲言繶、絇，以表見其舄耳。赤繶者，是天子、諸侯黑舄之飾。黃繶者，與婦人為玄舄之飾也。青句者，與王及諸侯為白舄之飾。凡屨舄，皆有絇、繶、純，三者相將，各言其一者，欲互見其屨舄，故多舉一邊而言也。素屨者，大祥時所服，去飾也。葛屨者，自赤舄以下，夏則用葛為之。若冬，則用皮為之。在『素屨』下者，欲見素屨亦用葛與皮故也。

辨外内命夫、命婦之命屨、功屨、散屨。疏：上明王及后等尊者舄屨訖，此明臣妻及嬪已下之屨也。

又《考工記下・玉人》 大琮，十有二寸，射四寸，厚寸。是謂内鎮，宗后守之。注：如王之鎮圭也。射，其外鉏牙。疏：言大琮者，對上『駔琮』五寸爲大也。言十有二寸者，并角徑之爲尺二寸。言射四寸者，據角各出二寸，兩相并四寸。言是謂内鎮者，對天子執鎮圭爲内，謂若『内宰』對『大宰』爲内，『内司服』對『司服』爲内。王不言外者，男子居外，是其常，但婦人陰，則得内稱也。【略】云射其外鉏牙者，據八角鋒，故云鉏牙也。

《禮記・玉藻》 王后褘衣，夫人揄狄。漢鄭玄注：褘讀如翬，揄讀如搖。翬、搖皆翟雉名也。刻繒而畫之，著於衣以為飾，因以為名也。後世作字異耳。夫人，三夫人，亦侯伯之夫人也。王者之後夫人，亦褘衣。【略】君命屈狄。注：君，女君也。屈，周禮作『闕』，謂刻繒為翟，不畫也。此子、男之夫人【略】命服也。【略】禮，天子、諸侯命其臣，后夫人亦命其妻以衣服，所謂夫尊於朝，妻榮於室也。

又《明堂位》 君卷冕立于阼，夫人副褘，立于房中。注：副，首飾也，今之步搖是也。《詩》云：副笄六珈。《周禮》『追師』掌王后之首飾，爲副。褘，王后之上服，唯魯及王者之後夫人服之，諸侯夫人則自揄翟而下。

又《祭統》 君致齊於外，夫人致齊於内，然後會於大廟。君純冕，立於阼；夫人副褘，立於東房。唐孔穎達《正義》：副及褘，后之上服，魯及二王之後夫人得服之。侯、伯夫人揄狄，子、男夫人屈狄。

又《喪大記》 小臣復，復者朝服。君以卷，夫人以屈狄。注：君以卷，謂上公也。夫人以屈狄，互言耳。上公以衮，則夫人用褘衣；而侯、伯以鷩，其夫人用揄狄；子、男以毳，其夫人乃用屈狄矣。

又《雜記上》 復，諸侯以褒衣、冕服，爵弁服。注：復，招魂復魄也。夫人稅衣揄狄，狄稅素沙。注：言其招魂用稅衣，上至揄狄也。狄稅素沙，言皆以白沙縠為裏。《正義》：此明婦人復衣也。婦人衣有六也，夫人稅衣揄狄者，諸侯夫人復用稅衣。上至揄狄，謂諸侯、伯夫人也。狄稅素沙者，言從揄狄以下至於稅衣，皆用素沙白縠為裏。

又《月令》 季春之月，【略】天子乃薦鞠衣于先帝。注：為將蠶求福祥之助也。鞠衣，黃桑之服。先帝，大皞之屬。

又《祭義》 （世婦）遂獻繭于夫人。夫人曰：『此所以爲君服與？』遂副褘而受之，因少牢以禮之。注：副褘，王后之服而云夫人，《記》者容二王之後與？

《詩經・衛風・碩人》 《序》：《碩人》，閔莊姜也。莊公惑於嬖妾，使驕上僭，莊姜賢而不答，終以無子，國人閔而憂之。

碩人其頎，衣錦褧衣。漢毛亨《傳》：頎，長貌。錦，文衣也。夫人德盛而尊嫁，則錦衣加褧襜。漢鄭玄《箋》：碩，大也。言莊姜儀表長麗佼好頎頎然。褧，禪也。國君夫人翟衣而嫁，今衣錦者，在塗之所服也。尚之以禪衣，為其文之大著。齊侯之子，衛侯之妻，東宮之妹，邢侯之姨，譚公維私。《傳》：東宮，齊大子也。女子後生曰妹，妻之姊妹曰姨，姊妹之夫曰私。《箋》：陳此者，言莊姜容貌既美，兄弟皆正大。

手如柔荑，《傳》：如荑之新生。膚如凝脂，《傳》：如脂之凝。領如蝤蠐，《傳》：領，頸也。蝤蠐，蝎蟲也。齒如瓠犀，《傳》：瓠犀，瓠瓣。螓首蛾眉，《傳》：螓首，顙廣而方。《箋》：螓，謂蜻蜻也。巧笑倩兮，《傳》：倩，好口輔。美目盼兮。《傳》：盼，白黑分。《箋》：此章說莊姜容貌之美，所宜親幸。

碩人敖敖，說于農郊。《傳》：敖敖，長貌。農郊，近郊。《箋》：敖敖，猶頎頎也。【略】此言莊姜始來，更正衣服于衛近郊。四牡有驕，朱幩鑣鑣，翟茀以朝。《傳》：驕，壯貌。幩，飾也。人君以朱纏鑣扇汗，且以為飾。鑣鑣，盛貌。翟，翟車也。夫人以翟羽飾車。茀，蔽也。《箋》：此又言莊姜自近郊既正衣服，乘是車馬，以入君之朝，皆用嫡夫人之正禮。今而不答。大夫夙退，無使君勞。《傳》：大夫未退，君聽朝於路寢，夫人聽内事於正寢。大夫退，然後罷。《箋》：莊姜始來時，衛諸大夫朝夕者皆早退，無使君之勞倦者，以君夫人新為妃耦，宜親親之故也。

又《鄘風・君子偕老》 《序》：《君子偕老》，刺衛夫人也。夫人淫亂，失事君子之道，故陳人君之德，服飾之盛，宜與君子偕老也。《箋》：夫人，宣公夫人，惠公之母也。人君，小君也。

君子偕老，副笄六珈。《傳》：能與君子俱老，乃宜居尊位，服盛服也。副者，后夫人之首飾，編髮為之。笄，衡笄也。珈，笄飾之最盛者，所以別尊卑。《箋》：珈之言加也。副既笄而加飾，如今步搖上飾。古之制，所有未聞。委委佗佗，如山如河。《傳》：委委者，行可委曲蹤迹也。佗佗者，德平易也。山無不容，河無不潤。象服是宜，《傳》：象服，尊者所以為飾。《箋》：象服者，謂褕翟、闕翟也。人君之象服，則舜所云：『予欲觀古人之象，日月星辰之屬。』子之不淑，云如之何？《傳》：有子若是，可謂不善乎？《箋》：子乃服飾如是，而為不善之行，於禮當如之何？深疾之。

玼兮玼兮，其之翟也。《傳》：玼，鮮盛貌。褕翟、闕翟，羽飾衣也。《箋》：侯、伯夫人之服，自褕翟而下，如王后焉。鬒髮如雲，不屑髢也。《傳》：鬒，黑髮也。如雲，言美長也。屑，潔也。《箋》：髢，髲也，不潔者不用髲為善。玉之瑱也，象之揥也，《傳》：瑱，塞耳也。揥，所以摘髮也。揚且之皙也，《傳》：揚，眉上廣。皙，白皙。胡然而天也？胡然而帝也？《傳》：尊之如天，審諦如帝。《箋》：胡，何也。帝，五帝也。何由然女見尊敬如天帝乎？非由衣服之盛，顏色之莊與？反為淫昏之行。

瑳兮瑳兮，其之展也。蒙彼縐絺，是紲袢也。《傳》：《禮》有展衣者，以丹縠為衣。蒙，覆也。絺之靡者為縐，是當暑袢延之服也。《箋》：后妃六服之次，展衣宜白。縐絺，絺之蹙蹙者。展衣，夏則裏衣縐絺。此以禮見於君及賓客之盛服也。『展衣』字誤，《禮記》作『襢衣』。子之清揚，揚且之顏也。《傳》：清，視清明也。揚，廣揚而顏角豐滿。展如之人兮，邦之媛也。《傳》：展，誠也。美女為媛。《箋》：媛者，邦人所依倚，以為援助也。疾宣姜有此盛服，而以淫昏亂國，故云然。

《左傳・閔公二年》（衛懿公）與夫人繡衣，曰：『聽於二子。』晉杜預注：取其文章順序。

齊侯【略】歸公乘馬，祭服五稱。【略】歸夫人魚軒，注：魚軒，夫人車，以魚皮為飾。唐孔穎達《正義》：《詩》云：『象弭魚服。』此云魚軒，則用魚為飾，其皮可以飾器物者，唯魚獸耳，故云以魚皮為飾。陸璣《毛詩義疏》云：魚獸似豬，東海有之。其皮背上有班文，腹下有純青，今人以為弓鞬步義者也。其皮雖乾燥，為弓鞬矢服經年，海水將潮及天陰，毛皆起水；潮還及晴，則其毛復如故。雖在數千里外，可以知海水之潮，自相感也。重錦三十兩。注：重錦，錦之熟細者。以二丈雙行，故曰兩。三十兩，三十匹也。

又 《莊公二十一年》 鄭伯之享王也，王以后之鞶鑑予之。注：后，王后也。鞶，帶而以鑑爲飾也。今西方羌胡爲然，古之遺服。《正義》：鞶是帶也，鑑是鏡也。此與定六年傳皆鞶、鑑雙言，則鞶鑑一物，故知以鏡飾帶。舉今羌胡之服以明之。

《戰國策》卷二一《趙四》 太后曰：『老婦恃輦而行。』

《漢書》卷七六《張敞傳》 居頃之，王太后數出游獵。敞奏書諫曰：『臣聞：【略】禮，君母出門則乘輜軿，下堂則從傅母，進退則鳴玉佩，内飾則結綢繆。此言尊貴所以自斂，制不從恣之義也。』

五代・馬縞《中華古今注》卷中《釵子》 蓋古笄之遺象也。至秦穆公，以象牙為之，敬王以玳瑁為之，始皇又金銀作鳳頭，以玳瑁為脚，號曰『鳳釵』。

又 卷中《麻鞋》 起自伊尹，以草為之草屩。周文王以麻為之，名曰麻鞋。至秦以絲為之，令宮人侍從著之，庶人不可。

論　說

漢・班固《白虎通義》卷九《衣裳》 何以知婦人亦佩玉？《詩》云：『將翺將翔，佩玉將將。彼美孟姜，德音不忘。』

漢・劉熙《釋名》卷四《釋首飾》 王后首飾曰副。副，覆也，以覆首。亦言副貳也，兼用衆物，成其飾也。編，編髮為之。次，第髮也。

又 卷五《釋衣服》 王后之上服曰褘衣，畫翬雉之文於衣也。伊洛而南，雉青質，五色備，曰翬、鷂。翟，畫鷂雉之文於衣也。江淮而南，雉素質，五采皆備成章，曰鷂。闕翟，剪闕繒為翟雉形，以綴衣也。鞠衣，黄如菊花色也。襢衣，襢，坦也，坦然正白，無文采也。褖衣，褖然黑色也。

魏・鄭小同《鄭志》卷中 趙商問：《司服》王后之六服之制目不解，請圖之。答曰：大裘、袞衣、鷩衣、毳衣、絺衣，玄衣，此六服皆纁裳赤舄。韋弁，衣以韎；皮弁，衣以布。此二弁，皆素裳白舄。冠弁服，黑衣裳而黑舄，冠弁玄端。褘衣，玄舄，首服副，從王見先王。揄翟，青舄，首服副，從王見先公。闕翟，赤舄，首服副，從王見羣小祀。鞠衣，黄屨，首服編，以告桑之服。襢衣，白屨，首服編，以禮見王之服。褖衣，黑屨，首服次，以御於王之服。六翟三等，三舃玄、青、赤。鞠衣以下，三屨黃、白、黑。婦人質，不殊裳，屨、舃皆同裳色也。

宋·王應麟《玉海》卷八一《車服·周王后六服》（南朝梁崔靈恩）《三禮義宗》：陽爻九，故王服有九；陰爻六，故后服惟六。天子九服，祭服有六；王后六服，祭服有三。陽色尚文，故有章數等級之別；陰色尚質，故無殊章之品。

宋·聶崇義《三禮圖集注》卷二《內司服》：掌王后之六服：褘衣、揄狄、闕狄、鞠衣、展衣、褖衣。【略】案後鄭云：六服備於此者，以諸經傳言婦人之服多矣，文皆不備，其六服，唯此文為備。鄭言此者，亦欲推次六服之色故也。是以一云闕翟赤，褕翟青，褘衣玄者，以王后六服，其色無文，故須推次其色。言推次以鞠衣象鞠塵，其色黃，褖衣與男子褖衣同，其色黑二者為本。以五行之色，從下向上，以次推之：水色既黑，褖衣象之，黑矣。水生於金，褖衣上有襢衣，則襢衣象之，金色白。金生於土，土色黃，鞠衣象之，黃矣。土生於火，火色赤，鞠衣上有闕翟，則闕翟象之，赤矣。火生於木，木色青，闕翟上有褕翟，象之，青矣。五行之色已盡，六色唯有天色玄，褘衣最在上，象天，色玄。是自下推次其色然也。三翟唯褘言『衣』者，褘衣是六服之首，故以衣目之也。【略】案《周禮·追師》：掌后首服，為副、編、次。名制有三等。雖代有沿革，稽諸典禮，參於舊圖，以意求之，則古今之法髣髴而見矣。

宋·蔡卞《毛詩名物解》卷七《釋鳥·鵲》《周官》，屨為赤舃、黑舃，赤繶、黃繶，青絇。此言王及后服屨，赤舃以赤為繶，黑舃以黃為繶，皆青絇也。鄭氏以為王吉服有九，舃有三等，赤舃為上冕服之舃，下有白舃、黑舃。王后吉服六，維祭服有舃，玄舃為上褘衣之舃也，下有青舃、赤舃。今云赤繶、黃繶，雜互言之。非是也。蓋王及后舃之名，一而已。赤舃，王六冕之舃；黑舃，后三翟之舃。其他服，則屨爾。

宋·陳祥道《禮書》卷一八《副編次》副者，翟之配，以配褘翟，則《禮》所謂『副褘』是也；以配揄狄，則《詩》所謂『副笄六珈，其之翟也』是也。褖衣之配，《禮》所謂『女次純衣』是也。然則編為鞠衣、展衣之配，可知矣。《禮》，男子冠，婦人笄；男子免，婦人髽。婦人之飾，不過以髮與笄而已。則副之覆首，若步搖；編之編髮，若假紒；次之次第其髮，為髲髢云者，蓋有所傳然也。《莊子》曰：『禿而施髢。』《詩》曰：『鬒髮如雲，不屑髢也。』《左傳》曰：衛莊公髡己氏之妻髮，『以為呂姜髢。』《說文》曰：髲，益髮也。蓋髢所以益髮，而鬒髮者不屑焉。《詩》曰『被之僮僮』，則被之者，不特髲鬄也。《少牢》曰：『主婦被錫衣侈袂』，則被錫者，非髲髢也。鄭氏皆以為髲髢，非是。

又 卷一七《后褘衣》九者，陽之窮，故王之吉服九；六者，陰之中，故后之吉服六。王之服九而祭服六，后之服六而祭服三，以婦人不預天地、山川、社稷之祭故也。《內宰》：『大祭祀，祼、獻則贊。』而天地無祼。『內宗』、『外宗』掌宗廟之祭祀，佐王后而不及外神，是不與天地、山川、社稷之祭也。王之服，衣裳之色異；后之服，連衣裳而其色同，以婦人之德，本末純一故也。鄭氏曰：婦人連衣裳，不異其色，素紗以為裹。觀《喪服》言『女子髽衰』而不言裳，《昏禮》言『女次純衣』而不及裳，則婦人連衣裳而同色可知。王之服，禪而無裹；后之服，裹而不禪，以陽成於奇，陰成於偶故也。《爾雅》曰：『伊雒而南，素質，五色皆備成章，曰翬。江淮而南，青質，五色皆備成章，曰搖。』素，質義也；青，質仁也；五色皆備成章，禮也。有仁、義以為質，有禮以為文，后之德如此而已。然地道尚義，故褘衣為上，揄狄次之。言褘衣，則知揄之為翟。闕狄，《周禮》謂之闕，《禮記》謂之屈，則其制，屈於揄、褘而已。三翟蓋皆畫之於衣，如王冕服。鄭、賈之徒謂褖衣黑而象水，水生於金，故展衣白；金生於土，故鞠衣黃；土生於火，故闕狄赤；火生於木，故揄狄青；五色之上，則玄而已，故褘衣玄。祭先王，服褘衣。

又 卷一五《后褘衣玄舃》后之吉服六而舃屨各三，玄舃配褘衣而黃絇、繶、純，青舃配揄狄而白絇、繶、純，赤舃配闕狄而黑絇、繶、純，黃屨配鞠衣而白絇、繶、純，白屨配展衣而黑絇、繶、純，黑屨配褖衣而青絇、繶、純。

又 卷五三《大琮》《玉人》曰：大琮十有二寸，射四寸，厚寸。是謂內鎮，宗后守之。鄭氏曰：琮體八方。射，其外鉏牙。賈公彥曰：八角鋒各出二寸，兩相并四寸也。然地體方而四隅有維，蓋所射者，四角而已。《考工記》曰：土以黃，其象方。則八角之說，未之聞也。

天子鎮圭，以禮鬼神。宗后内鎮，其用無所經見，不可考也。《禮》：大圭不琢。而大琮謂之内鎮，蓋亦刻鎮山以為飾，而與大圭不類也。夫王尊而不親，故為天下之所君；后親而不尊，故為天下之所宗。觀祀天以璧，祭地以琮，則后固有宗道矣，故謂之宗后。

宋·王昭禹《周禮詳解》卷二四《巾車》 重翟，謂重雉羽，為車兩旁之蔽也。厭翟，謂不重次其羽，使相近也。朱總謂以朱飾繒為飾，著馬勒，直兩耳也。錫面，則以錫飾馬面也。勒面，謂以韋為當面飾也。繢總，謂畫文為飾也。安車，無翟飾也，彫則彫之而已。翳總謂以翳色為飾，翳青翳黑也，青黑翳陰，乃所以安之也，故安車用翳總。然則白者，陰之中；黑者，陰之至。禕衣白而韋陽，適以可蔽，則青黑翳陰，以陰在下承陽，非安而何？翟居不重不厭，以翟飾車之側也。貝面，則以貝飾勒之當面也；總組，則以織組為總也。輦車，則以人輓之以行也。容謂車帷，蓋謂車蓋。有翣以御風塵，羽蓋以翳日，見《傳》。

又 卷八《追師》 《詩》曰：『追琢其章。』追者，治玉之名也，其字與追琢之義同，故同字。蓋所追者止，能追者止而從之故也。掌王后之首服而謂之追者，以其有追衡、笄之事，而副、編、次亦有玉以為飾故也。為副、編、次者，《詩》曰：『副笄六珈。』蓋髮為正，副者所以飾首而貳之，又其音『覆』，則所以覆首故也。編則編列髮而為之，次則次第髮而為之。《記》曰：『夫人副禕。』則副配禕衣，首飾之上也。《昏禮》『女衆純衣』，則次配緣衣，首飾之下也。副、編之所配如此，則編之所配在中也。故首服之飾，一曰副，編繼之，次為後，乃其序也。

后之服有六，其首服有三，以序推之，蓋以一當二。由是言之，則副配禕、褕，編配闕、鞠，次配展、緣矣。追衡、笄者，衡則維持冠而平之也，笄則卷髮而節之，使適平也。衡也笄也，皆以三為之，故曰追衡、笄。九嬪，外、内命婦之首服，則所以配鞠、展、緣之衣也。凡此，所以待祭祀、賓客之所用，故曰以待祭祀、賓客。至於喪紀，則笄而又加之以絰，其共九嬪，外、内命婦所用，亦如祭祀、賓客之禮，故曰『亦如之』。

又 卷八《内司服》 《春官》『司服』掌王之吉凶衣服，故掌后之六服者，謂之『内司服』，言内以别外也。禕衣，繪翬狄于衣，《爾雅》所謂『伊洛而南，素質，五彩皆備成章，曰翬』是也。褕狄，繢褕狄于衣，《爾雅》所謂『江淮而南，青質，五彩皆備成章，曰鷂』是也。翬與褕，皆雉也。雉之為物，交有時，别有倫，其性耿介，則正直見乎内，身備五色則文明見乎外。后之所以祭祀之服取之，以正直見乎内，故謂之雉也；以文明見乎外，故謂之翟也。雉從『矢』，則有正直之意；翟從『羽』，則有文明之意。后之德為皆備，正直文明，此所以字或用『翟』，又用『狄』也。古之制字者，于文從『大』，從『火』。從『大』則大能守禦，有正直之意也；從『火』則火能照燎，有文明之意也。翬狄素質，西方之色，義也；褕狄青質，東方之色，仁也；五色皆備成章，禮也。于禕言『衣』，于褕言『狄』，互相備也。君子之為禮，必有仁、義以為質。禮，凡以節文，仁、義而已。以禮節文仁、義，則后之德備矣。然則王體天道則尚仁，而合之以義；后體地道則尚義，而合之以仁。故后服以禕衣為尚，褕狄次之。闕狄，或謂之屈狄，《喪大記》『復者，夫人以屈狄』是也。其名物不可知，既謂之屈，則知其有屈于禕、褕而已，猶侯執信圭，伯執躬圭，謂之躬，則知其有屈于信也。此三者，皆王后之祭服。鄭氏謂：王祭先王，則后服禕衣；祭先公，則服褕狄；祭羣小祀，則服闕狄。以序推之，理宜然也。

鞠衣，則其色，象鞠，鞠之華，以陰中，其色黄，則陰之盛色也。后蠶服鞠衣，則帥外、内命婦而蠶，使天下嬪婦于是而取中焉，后之盛服也。展衣之色則純白，王后服之，則以禮見王，以享賓客，而有誠信之道焉，故謂之展也。緣衣之色黑，而緣以纁，《士昏禮》所謂『純衣纁袡』是也。純即緣也。謂之緣，則有取于循緣之義；謂之纁，則有上達之意。緣衣，后服之以處燕居，以從進御。蓋婦人以至正為體，其上達則循緣而已，故衣用緣也。鞠衣黄，陰之盛色也；展衣白，陰之純色也；緣衣黑，陰之正色也。惟盛，為能帥人而人斯從；惟純，為能擇人而無所雜；惟正，為能格人而無所貳。則衣服之制，豈苟然哉？寓大法于不説之間，施之動容周旋之際，其德斯足以稱之矣。《易》曰：『夫子制義，婦人從一而終。』故王后之六服，皆以素沙為裏，以示其德之一也。素則取其内之純白也，沙則取其内之疏通也。麻，陰也，陽尚之，故六冕之飾皆用麻。絲，陽也，陰尚之，故后六服之裏皆用沙。

外命婦，則卿大夫士之妻也。內命婦，則九嬪、世婦、女御也。《記》曰：『夫人屈狄，世婦禮衣，士妻稅衣，內子鞠衣，下大夫妻禮衣。』然則卿之妻服鞠衣，大夫之妻服展衣，士之妻服緣衣，此外命婦之服也。《記》以『夫人展狄』并『世婦』言之，則夫人者，后宮三夫人也。三夫人闕狄，則九嬪鞠衣，世婦展衣，女御緣衣，此內命婦之服也。然此所言以鞠衣為首，而三夫人與公之妻所服固不同矣。《記》曰『夫人副褘』，此言上公之夫人也。蓋上公與王同服袞衣，則上公之夫人宜與后同服褘衣矣。伯降上公一等，則侯、伯夫人宜服褕狄；子、男又降一等，則子、男夫人宜服闕狄矣。三夫人視三公，服同闕狄，則三公之夫人亦宜服闕狄矣。其服皆以素沙為裏，亦與后同，則婦人之德皆以專一為主，欲其內之純白，有以通達乎外也。

宋·易祓《周官總義》卷一六《巾車》　車服之制，一也。《司服》言王后之六服，《巾車》兼王后之五路。鄭氏釋此，皆約以王者之制。王以衮冕享先王，以鷩冕享先公，以玄冕祭羣小祀，鄭氏則以褘衣、揄狄、闕狄當之。王者玉路以祀，金路以賓，象路以朝，鄭氏以重翟、厭翟、安車當之。鞠衣翟車，以下亦然。由是推之，則重翟之錫面，朱總，亦玉路之錫，樊纓也。厭翟之勒面，繢總，亦金路之鉤，樊纓也。安車之彫面鷖總，亦象路之朱，樊纓也。翟車之貝面組總，亦革路之龍勒，條纓也。輦車則以人輓之而已，蓋擬木路，而其制畧者也。自安車以上，皆有容蓋；自翟車以上，皆有握；自輦車以上，皆有翣羽。蓋五路之等如此。

又　卷六《追師》　治玉謂之追。追師者，以其有『追衡、笄』之事，而副、編、次亦以玉為飾故也。且副、編、次有三等，其見于經者，副與次而已。《詩》云『副笄六珈』，《昏禮》云『女次純衣』，此曰副曰次之見於經者也。編雖無所經見，然厠副、次之中，則亦可以義起。鄭氏謂：副之言覆，所以覆首為之飾，遺象若今之步摇，服之以從王祭祀。編者，編列髮為之，遺象若今之假紒，服之以桑。次者，次第髮之長短為之，所謂髲髢也，服之以見王。鄭氏雖以意解之，義或當然。至謂三翟之首服曰副，鞠衣、展衣之首服曰編，緣衣之首服曰次者，以王者之祭服推之也。

王者之祭服有六，而首服皆有冕，則后之祭服有三，而其首服亦當皆有副焉。況《明堂位》有『夫人副褘』之文，則非祭服不用副矣。等而下之，則鞠衣、展衣用編，緣衣用次，可知也。況『女次純衣』為緣衣，緣衣既服次，其中惟有編，其配鞠衣、展衣又可知也。至於衡、笄，亦有二等。鄭氏謂副則用衡，以《左氏》臧哀伯之言推之也。蓋『衡紞紘綖』為諸侯之冕飾，是所以維持冕者。冕有之，副亦有之，是非副則不用衡矣。又謂編、次則用笄矣，以《士冠禮》之說而推之也。纚長六尺，以韜髮笄者，所以安髮。總者既繫其本，又總其末，則非祭祀之服皆用笄矣。其言『追衡、笄者』，皆以玉為之。《詩》云：『追琢其章。』

《內司服》言外、內命婦之服，而止鞠衣、展衣、緣衣，是九嬪、世婦、女御之服與卿大夫士之妻之服也。蓋婦人無外事，惟助祭於后與相后見賓客，則服之，他則不服焉。《少牢》云：『主婦髮鬄衣侈袂』，則大夫之妻不服展衣矣。《郊特牲》云：『主婦纚笄綃衣』，則士之妻不服緣衣矣。非不服也，惟祭祀、賓客，而後得服其命服，故曰『以待祭祀、賓客。』據上經鄭氏之說，鞠衣、展衣首服編，緣衣首服次，而編、次皆用笄。不言編、次、笄，以王后之下三服而互見也。喪服不用吉服之首飾，惟笄而加之以絰，故亦共其笄、絰。

又　卷六《內司服》　『司服』謂之『內』者，別春官之『司服』而言之也。天子之祭服六，朝、燕之服三，此『司服』掌之。王后之祭服三，朝、燕之服亦三，此『內司服』掌之。一曰褘衣者，其色玄。褘當為『翬』，《爾雅》所謂『伊洛而南，素質，五采成章曰翬。』刻繒為翬，繢用五采，綴為飾。服之，從王以祀先王焉。二曰揄狄者，其色青。揄當為『摇』，《爾雅》所謂『江淮而南，青質，五采成章曰摇。』刻繒為摇，繢用五色，綴以為飾。服之，從王以祀先公焉。三曰闕狄者，其色赤。狄當為『翟』，《書》所謂『羽畎夏翟。』刻繒為翟，闕而不畫，綴以為章。服之，從王以祭羣小祀焉。此三者，皆祭祀服也。

四曰鞠衣者，鞠即『麴』也。其色如麴塵之色，采桑於北郊，則以祭蠶焉，《月令》所謂『三月，薦鞠衣于上帝』是也。五曰展衣者，展即『襢』也。其色白。服之，以見王及賓客焉，《玉藻》所謂『一命襢衣』是也。六曰緣衣者，緣即『褖』也，其色黑。服之，以祇御，及燕居以為禮者焉，《玉藻》所謂『士褖衣』是也。蓋翬之為『褘』，摇之為

「揄」，翟之為「狄」，襢之為「展」，鄭氏以為音之相近；褖之為「緣」，鄭氏以為字之誤。如《玉藻》所謂「君命屈狄」，則又以「闕」為「屈」，其實一而已。素沙者，王后之六服，皆以素沙為裏，取其德之一於純潔故也。

外命婦，則卿大夫士之妻也。內命婦，則九嬪、世婦、女御也。夫王后之六服，則上得以兼下；外、內命婦之服，等而降殺，則下不得以僭上。今言外、內命婦之服，止於鞠衣、展衣、緣衣而已，其揄狄、闕狄不言，何也？謂其與褘衣同為王后祭服，而非臣庶所當用歟？據《明堂位》云「夫人副褘」，則雖王后褘衣，魯亦得用之；或謂此魯之僭禮，非周之制也。然《玉藻》注：二王之後夫人亦褘衣。是其服與后服，必有降殺如王者。五服與諸侯諸臣同大章之飾，而其小章，備十二章之數是已。又注「君命屈狄」曰：「屈」作「闕」，此子、男夫人之服。知子、男夫人服闕狄，則侯、伯夫人服揄狄矣。此諸侯夫人之服，固有定制。至於三夫人視三公，服曰闕狄，則三公之夫人亦服闕狄。蓋三夫人亞后，三公論道之職，亦有定制，非「內司服」所當辨也。惟九嬪服鞠衣，外則視卿之妻也；大夫之妻服展，內則視世婦也；士之妻服緣衣，內則視女御也。裏用素沙，則尊卑皆同。至諸侯之卿大夫士，亦莫不皆眂其命之數。

宋·王與之《周禮訂義》卷四五《巾車》 鄭鍔曰：王有祀，有朝，有賓，有即戎，有四時之田，故所乘之路有五。王后有從王祀先王、先公之禮，有從王見賓客之禮，有朝王之時，有採桑之時，有宮中乘行之時，此五者，皆當乘路，故路亦有五。以其與王同尊，故亦稱路。然不以路名車，曰重翟、厭翟、安車、翟車、輦車，又見其次於王也。李嘉會曰：后前曰路，示王同體也；後止曰車，則有臣妾之義。

鄭鍔曰：衣褘衣則乘重翟，衣褕狄、闕狄則乘厭翟，衣展衣則乘安車，衣鞠衣則乘翟車，衣褖衣則乘輦車。

宋·葉時《禮經會元》卷四上《車旗》 重翟，后從王祭祀所乘；厭翟，后從王賓諸侯所乘。安車，朝見於王所乘；翟車，王后出桑所乘；輦車，后居宮中所乘。「內司服」掌后六服，而三服以翟為飾。「巾車」掌后五路，而三車以翟為飾。豈非取其明歟？然《周禮》不言后車之用，鄭氏約五路而言之，玉路以祀，金路以賓，象路以朝，故鄭氏以三翟車當之。此后之五路也。

又 卷三下《冕服》 「內司服」言王后與外、內命婦之服，豈可無辨者歟？褘衣謂畫五色翬雉於文也，揄狄則畫青質搖雉於衣也，闕狄則刻繒為赤雉之形而不畫也。此三者，王后之祭服也。鄭氏謂從祭先王則服褘衣，從祭先公則服揄狄，從羣小祀則服闕狄。愚謂當從王之祭服也。鞠衣謂之黄衣，告桑事之服也。展衣謂之襢衣，其色白，見王及賓客之服。褖衣謂之緣衣，其色黑，御于王之服也。此三者，后與命婦同服也。素紗者，鄭司農謂為赤衣，鄭康成謂為白搏，二說不同。大抵素紗曰所常服，非章服也，不預六服之數，猶王「司服」不以皮弁預六服之數也。

然「內司服」只言外、內命婦之服，自鞠衣而下。案《記·祭統》則曰「君卷冕，夫人副褘」，則夫人得服褘衣矣。《喪大記》曰「朝服。君以卷，夫人以闕狄」，則夫人得服闕狄矣。玉藻曰「王后褘衣，夫人揄狄」，則夫人得服揄狄矣。三說不同，惟《玉藻》之說為得。今鄭康成謂內命婦則九嬪鞠衣，世婦展衣，女御緣衣；外命婦則孤之妻鞠衣，卿大夫之妻展衣，士之妻緣衣。王之三夫人及公之妻，其自揄狄以下乎？侯、伯夫人揄狄，子、男夫人闕狄，惟二王之後夫人褘衣。然此在《周禮》無明文，鄭氏揣為之說爾。

愚謂《春官》「司服」掌王六服，自衮冕而下，為公、侯、孤卿之服。《天官》「內司服」掌后六服，則自揄狄而下，豈不可為公、侯、卿大夫妻之服乎？以此推之，公之夫人得服揄狄，猶公服衮冕也；侯、伯之夫人得服闕狄，猶侯服鷩冕也；子、男之夫人得服鞠衣，猶子、男服毳冕也。如是，則孤之妻當服展衣，猶孤服希冕也；卿大夫之妻當服緣衣，猶卿大夫之服玄冕也；士之妻當服素紗，猶士之服弁服也。今《周禮》所謂命婦，女御猶元士，世婦猶大夫，九嬪猶孤卿。外之命婦，其孤卿、大夫、元士之妻乎！其服自鞠衣而下，意者三公之夫人與三夫人近后宜屈，當服鞠衣；三孤之妻當服展衣；卿大夫之妻當服緣衣。九嬪、世婦猶孤卿大夫之妻，亦服展衣、緣衣；女御猶士妻，亦服素紗，故自鞠衣而下也。若夫《雜記》所謂「內子以鞠衣，下大夫以襢衣，其餘如士』，《喪大記》所謂『士妻以稅衣』，皆漢儒之臆說也。

夫『內司服』猶王『司服』也，『追師』猶王『弁師』也。『追師』掌王后之首服，其制豈可無辨者歟？案王后首服有副、編、次、追、衡、笄之名，則是六者各有次序矣。副謂覆首之飾，鄭氏謂若漢步摇，服以從王祭祀。編謂比髮為之，鄭氏謂若漢假紒，服以告喪。次謂次第髮之長短為之，鄭氏謂猶《詩》所謂髲髢，服以見王及燕居。此三者，服三翟之服，則服之。愚謂當與三服同用也。追謂琢玉為之，如《詩》所謂『玉之瑱也』。衡謂維持冠者，如《左傳》所謂『衡紞紘綖』也。笄謂卷髮者，如《記》所謂『纚笄總』也。此三者，后與內、外命婦同服之，是衣鞠衣、襢衣、緣衣之服也。然鄭氏謂內外命婦衣鞠衣、展衣者服編，衣緣衣者服次，是服卑而首飾尊。其說非也。

又曰：凡諸侯夫人於其國，衣服與王后同。吁！諸侯不可與王同服，而謂夫人可與后同服乎？彼徒見《祭統》有曰『君衮冕，立于阼；夫人副褘，立于東房』，則是夫人得為王后之首飾。此禮之失者也，而可以為證乎？案《衛·國風》之詩曰：『副笄六珈。』說者謂夫人既為副矣，奈何以王后亦副乎？夫人既為笄矣，柰何以王后亦笄乎？不知衛《詩》之言，蓋言古者后夫人首飾之盛如此，有其德，稱其服，則可與君子偕老。豈專以為夫人之服乎？烏可以刺《詩》之言而疑《周禮》也？鄭氏又引《少牢饋食禮》曰『主婦髲髢』，《昏禮》『女次純衣』，說者謂主婦髲髢，即為編矣，王后亦編，可乎？女純衣，亦得為次矣，而王后亦次，可乎？不知《饋食禮》之言，蓋亦如《士昏禮》所謂『攝盛服爾』。饋昏之時，姑攝其服，以為盛飾，豈常為主婦、士女之服乎？烏可以傳記之言而疑《周禮》也？

元·方回《續古今考》卷七《廣玉考上·王后首玉服》　《周禮》王后有六服，身之服也；而首服有三，曰副，曰編，曰次。身之服曰褘衣，褘音輝，畫衣也。《祭統》曰：『君衮冕，立于阼；夫人副褘，立于東房。』此兼身服、首服言之也。曰瑜狄，揄音摇，狄當作『翟』，雉名也。伊雒而南，素質，五色皆備成章，曰翬。即揄也。江淮而南，青質，五色成章皆備，曰摇。摇即揄也，亦作『鷂』。曰闕狄，闕，禮記作『屈』，亦音闕。王后之服，刻繒為雉形而彩畫之，綴於衣，以為文章。褘衣畫翬者，揄翟畫摇者，闕狄刻而不畫。此三者，皆祭服。從王祭先王，服褘衣；祭先公，服揄翟；祭羣小祀，服闕狄。鄭玄謂今世有圭衣者，蓋三翟之遺俗。

首服之一曰副者，言覆也，所以覆首為之飾，若今之步繇。王后惟祭服有衡，垂于副之兩旁，當耳，其下以紞懸瑱。孔穎達曰：王后衡、笄，皆玉為之。惟祭服有衡，垂于副之兩旁。副者以配褘衣，《禮》所謂『副褘』是也。《詩》所謂『副笄六珈』，后夫人皆以配揄狄，珈謂以玉飾之，『副笄六珈』謂夫人也，王后未之知也。首服二曰編者，列髮為之，其遺象若今假紒矣。服之以桑。首服之三曰次者，次髲髮長短為之，所謂髲髢。今之頭髲，乃其類，服之以見王。陳祥道之說如此。編為鞠衣、襢衣之配。其色黃，蠶則服之。

襢衣，以禮見王及賓客服之。其下有緣衣，其色黑，燕居及御至王則服之。然則編、次二物無玉衡、玉瑱，惟玉笄，則恐有之。《儀禮》『纚笄宵衣』，纚者以帛韜髮，宵衣者以綃為衣，染以黑。王后燕居，亦有此服。《士昏禮》姆，《特牲禮》主婦，皆然。笄有玉不玉，士禮恐異也。后夫人首服有玉，又以殿乎玉路之后。夫人以下六服，降而五，而四，而三，而二，而一，凡六等。

元·汪克寬《經禮補逸》卷四《吉禮·祈蠶禮》　《月令》：季春之月，天子乃薦鞠衣于先帝。案陳氏謂：鞠衣，后服也。后服此，帥外內命婦而蠶，薦之於神，告將服之以蠶也。將耕，祈穀于上帝，所以祈有秋；將蠶，薦鞠衣于先帝，所以祈有春。鞠衣，謂黃桑之服。先帝，大皞之屬。此為將蠶，求福祥之助也。

元·梁益《詩傳旁通》卷一五《何彼穠矣》　車乘厭翟，勒面，繢總，服則褕翟。翟車，貝面，組總，有握。按《周禮·春官》『巾車』掌王后五路：重翟、厭翟、安車、翟車、輦車，凡五。重翟，后從王祭祀所乘之車；厭翟，后從王賓饗諸侯所乘之車。婦人車，皆坐乘，有容蓋。容謂幢容，蓋謂蔽蓋。幢容即《衛風·氓詩》之『帷裳』，蔽蓋即《衛風·碩人》之『翟茀』。翟音狄，雉也，字亦『狄』，皆訓為雉。凡雉具五色者謂之翟。《禹貢》：『羽畎夏翟。』《爾雅》：『伊雒而南，素質，五色皆備曰翬。江淮而南，青質，五色皆備曰繇。』繇音遥。鄭康成《周禮

・内司服》注作『摇』，《周禮》、《禮記》或作『揄』，或作『楡』，並音遥而訓雉，與『翟』、『狄』訓雉義同。重，平聲，直龍切。重翟謂重翟雉之羽。厭，入聲，於涉切。厭翟謂次其羽，使相迫。厭翟，勒面，繢總者，厭次翟羽，使相迫蹙，以為車之蔽茀。又以如玉龍勒之韋，為馬之當面飾，謂之勒面。皮之熟者為韋，馬之當面飾者為鍚。鍚音洋，飾在馬額，亦謂之當盧。重翟有鍚，厭翟次于重翟，故云勒面。繢，畫文也。總以繒為之，著于馬勒，直兩耳與兩鑣。馬銜外鐵為鑣，亦謂之扇汗，亦謂之排沫。以畫繒為總，故云繢總。著，直略切。

五路之四曰翟車，則王后乘以出喪之車也。《巾車》云：翟車，貝面，組總，有握。鄭氏注云：翟車不重不厭，以翟飾車之側爾。貝面，貝飾勒之當面也。有握則無蓋矣，如今軿車是也。軿，薄經切。今，謂鄭氏東漢時也。有握之『握』，馬融作帷幄之『幄』，服則褕翟。

《周禮・天官》『内司服』掌王后之六服：褘衣、揄狄、闕狄、鞠衣、展衣、緣衣。狄、翟同『褘』，音揮。褘衣畫翬雉。揄音摇，揄翟畫摇雉。闕翟刻而不畫。展與『襢』同，音戰；緣與『褖』同，音彖。后從王祭先王，則服褘衣；從祭先公，則服揄翟；從祭羣小祀，則服闕翟。三者皆王后之祭服，刻繒為翟之形，或畫或不畫，綴於衣，以為文章也。褘衣為盛，揄翟次之。重翟為上，厭翟次之。厭翟之車，揄翟之服。此其為下王后一等而為，雖則王姬，亦下嫁于諸侯之車服也。

明・劉績《三禮圖》卷二《車輿》　按鄭氏以總為纓之直者，上文面既指纓言，則總當為轡矣。后云『組總』，則婦人之轡皆織絲矣，猶男鞶革、女鞶絲意。朱，正色，最上；繢，雜采，次之。黳，青黑，間色，最下。組總則但織絲，無色也。組輓則以人輓之，非馬矣。重翟，鍚面，朱總，同王之玉路。勒面，同王之革路。雕面，如『丹漆雕幾』之『雕』，文而有迹，猶孤之夏篆也。貝面，如《書》『厥篚織貝』，《詩》『成是貝錦』意，言其文猶卿之夏縵也。後世遂訛而用珂，非也。輂車無馬，故不言面，蓋婦人質而少文。重翟，從王祭祀、賓客所乘。有事則乘厭翟，如姜女從太王遷都類；無事則乘安車，如出桑類。厭猶『厭冠』之『厭』，降殺厭帖也。兼國中、野外，故云皆有容蓋，以別之。翟車即翟茀車也，國中所乘，無容蓋，故云有幄。輂車，宮中所乘，無幄，故云有翣，羽蓋。

明・王應電《周禮傳》卷一下《天官下・内司服》　以愚觀之，天子之服九章，則后之服亦當有九等之章，《詩》所謂『象服』是也。所畫之象，雖不可强為之説，而其命數，則有可言者。以『司服』之例推之，上自上公九命，其服九章，至再命受服，二章而止。故此褘衣，九命服也；揄狄，七命服也；闕狄，五命服也；鞠衣，四命服也；展衣，三命服也；緣衣，再命服也。素沙者，即《士昏禮》之『宵衣』，亦作『綃衣』。『沙』、『宵』、『綃』，古字以聲相近而通用。謂之素者，猶素以為絢，有質無文，五色皆可，非喪主素之謂。上下之常服，在六服之外者也。

凡婦人，從夫之爵。上公夫人九命，服褘衣，蓋唯二王之後與天子三公加命為二伯者得服之，故《祭統》謂『副褘立于房也』。侯、伯夫人七命，服揄狄，《玉藻》所謂『夫人揄狄』也。子、男夫人五命，服闕狄，《喪大記》所謂『夫人闕狄』也。蓋《禮記》本雜記，故三等之服，錯見如此。三公夫人八命，天子之三夫人視之。卿之内子六命，天子之九嬪視之。是皆當有八章、六章之服。大夫之世婦四命，天子之二十七世婦視之。大國孤之婦亦四命，是皆當服鞠衣。元士之妻三命，天子之女御視之。侯國卿之内子亦三命，並當服展衣。天子中士之妻，侯國大夫之婦小國卿之内子皆再命，並當服緣衣，《喪大記》所謂『士妻以緣衣』也。

其曰『蔫鞠衣』與《詩》之『展衣』者，皆上得以兼下云爾。鄭氏所云狄之為『翟』，展之為『禪』，皆為有理。揄、摇，字古文亦通用。但褘之為『翬』，則無謂，且以后之六服，止畫雉之一章，何以為九命之别？王與諸侯之衮，名同制異，則后與夫人之褘，亦當有辨。後王議禮者，當别取瀍象九，以為之等，可也。

又　卷一下《天官下・追師》　按《詩》：『副笄六珈。』《祭統》云：『夫人副褘，立于東房。』《少牢禮》云：『主婦髲髢衣移袂。』《士昏禮》云：『女次純衣。』《特牲禮》云：『主婦纚笄宵衣。』《左傳》云：『衡紞紘綖。』又《詩》云：『鬒髮如雲，不屑髢也。玉之瑱也，象之揥也。』婦人之首服見于《經》《傳》者，如此而已。

夫副以配褘衣，是為首飾之上。次以配純衣，純衣即緣衣，是為首飾之下。編，不知所配。愚觀夫衣之序，展先于緣；首服之序，編先于次。展衣者，朝衣也，其袂哆。《少牢》之『移袂』，蓋『哆』字之誤，即展衣也。夫以髮髢配展衣，則編即髮髢，而為首服之中也。然衣有褘衣、褕狄、闕狄，而首服止于副者，猶王以一冕而兼五服也。王后之首服副，而諸侯夫人亦以是者，其制雖同，而所飾之數則有等威之異。《詩》『六珈』之謂，亦猶冕之『旒』自九至二也。

追亦首服，蓋以纚作髻如堆，故以為名，《士冠禮》所謂『纚長六尺，以韜髮』是也。宵衣或作『綃衣』，蓋即素沙，在命服之外，凡婦人皆可服之者，如王之弁服也。衡之為言橫也，與夫《左傳》之紞，《詩》之瑱，蓋橫于副之上，其兩旁繫之以紞，懸瑱而垂于耳，以蔽聰也。笄所以固髮，凡婦人皆有之，亦謂之揥。或以玉，《詩》所謂玉笄；或以象，《儀禮》所謂象笄，《詩》言象揥也。其名之可言者如此，而其制則別無可考。鄭氏云：副之言覆，于聲近似，但副解為覆，字義不通。又云：次者，次第髮長短為之，亦以意度之而已。唯夫髮髢者，觀《詩》云『鬒髮如雲，不屑髢也』，知其以髮為之，則編為編髮，無疑也。凡若此類，姑當闕之。天王議禮，自當有通明博古之士取諸灋象而為之耳。

又按禮：男子冠而婦人笄。今以王后之首服，不過如此。然則珎寶盈頭，不幾于冶容誨淫乎？且以九章之所畫與夫尊彝之所鑄觀之，則見夫聖人遠取諸物，皆人之所易見而有至理存焉。後世婦人衣服首飾，率憑織作金工，鬬巧爭妍，無所不至。皆當為之限制而禁絶之，可也。

明·柯尚遷《周禮全經釋原》卷八《巾車》 釋曰：重翟，用翟之羽，或搖或翬，重二以飾車蔽。錫面，飾馬，同玉路也。朱總，馬勒直兩耳與兩鑣，以朱為總。此后從王祀先王、先公所乘也。厭翟，鱗次翟羽，相厭為飾，不重之也。勒面，如王龍勒之韋，為當面飾也。繢，書文也。《詩·碩人》曰『翟茀以朝』，謂諸侯夫人始來，乘翟蔽之車，以朝見於君也。此從王見賓客則乘之。安車，坐乘車，凡婦人車，皆坐乘，特無翣無蔽者，命之曰安車，以其不飾之羽，與四者異也。彫面，謂刻革為馬面之飾。鷖總，青黑色，以繒為之。車皆有容、蓋蔽之，安車無蔽，后朝見於王所乘，有安處之義。容，車帷也；蓋，車蓋也。翟車不重不厭，以翟飾車側爾。貝面，貝飾勒之當面也。組總，以織組為總也。有握，有帷幕也。有握則無蓋矣。后所乘，出親桑也。輦車不言飾，后居宮中，從容所乘，但漆之而已。為輇輪，人輓之以行。有翣，所以禦風塵；以羽作小蓋，為蔽日也。陳氏曰：祭祀、賓客，行禮也，故有容、蓋。出桑，適遠也，故有幄。朝王不必蔽翣，宮中不必蔽幄也。

明·周祈《名義考》卷一一《物部·褘褕》 按王后六服褘衣、褕狄，褘衣畫翬也，褕狄畫鷂也。狄本作『翟』，雉名翬、鷂，皆雉也。《爾雅》：伊雒而南，素質，五采皆備成章，曰翬。江淮而南，青質，五采皆備成章，曰鷂。是褘、褕皆畫翟，但質有青、素之殊。《說文》謂：『翟羽飾衣曰褕。』羽不可以飾，衣十二章，華蟲作會。華蟲為鷩，繪為畫。帝服用鷩，后服用翟，皆畫也。

又《六珈六服》 《詩》：『副笄六珈。』疏云：祭服首飾。副之言覆，所以覆首，其遺制若今步搖云。婦人之副，可以當男子之冕。《晉志》：皇后則假髻步搖，俗謂之珠松。以黄金為山題，貫白珠為桂枝相繆。一爵九華，熊、虎、赤羆、天鹿、辟邪、南山豐大特六獸，謂之六珈。《周禮》『內司服』掌王后之六服：褘衣、褕狄、闕狄、鞠衣、展衣、褖衣。褘當為『翬』。褕狄讀為『摇翟』，摇本作『鷂』。闕狄一名屈狄，言屈於二翟也。是謂三翟。唯褘言衣者，為六服之首，以衣目之也。翬，其色玄，褕狄青，闕狄赤，皆刻繒為雉形，五采兼之，綴於衣上，數皆十二。鞠衣黄色，如鞠塵，展衣白，褖衣黑。祭先王服褘衣，祭先公服褕狄，祭羣小祀服闕狄。蠶則服鞠衣，以禮見王及賓客服展衣，燕見及御於王服褖衣。衣與裳，其色同，舄亦如其衣之色，謂之六服。珈與服皆六，六者，陰數之中也。

又《副褘》 副之言貳也。王后褘衣，上公如天子之服，則上公夫人如后之服，貳於后也，《禮記》『夫人副褘』是也。

清·沈自南《藝林彙考·服飾篇》卷九《履舄類下》 胡氏《筆叢》：三代以前，男女屨舄無大異者，『屨人』並掌，職此之由。且古人履以配冠，其階級斬然，非內飾、下裳比也。【略】蓋古者婦人，屨與男子同，自后妃以至命婦，制度質采，咸有等差，不得踰僭，故成周特設官掌之。後世驕寵恣行，倡優后飾，以此職廢也。《史記》男女同席，履舄交錯。亦似不甚別也。【略】夫衣視冠，則稍褻；視屨，則較殊。故自有『內司服』掌之。然每條之下，必繫以『祭祀、賓客』，則用之者明。各司所掌，非燕居之服也。使婦人屨猶今世，則其事自當職之『縫人』，而『內司服』且弗與矣。

清·惠士奇《禮説》卷二《天官二》 周之六服，蓋配天地四時，故五色益以玄。王之冕服有六，后服亦如之，其義深遠矣。色有對方，有比方，比者相生，對者相克。衣有時服，有祭服，時服不以祭，祭服不以時。《月令》、《周官》之所以異而同也。

后之首飾有三，曰副、編、次。覆首為副，編之為編，次之為次，皆髮也，而有差等，儒者莫能言，故以漢法况之，副若步蘇，編若假紒，次若髮髢。步蘇者，『蘇』與『搖』通，上有垂珠，步則搖也。黃金山題，貫以白珠，繆以桂枝，八爵九華，鏤為六獸，以象六珈。珈之言加也，加於副上，非副也，蓋副上之飾耳。《釋名》謂：『副猶副貳，兼用衆物，成其飾。』得之矣。【略】首飾有三，以配六服，莫知其詳。夫人副禕，禕衣者服副。《昏禮》『女次純衣』，則純衣者，服次矣。

清·陳啓源《毛詩稽古編》卷二九《數典·衣裳》 禕衣、褕翟、闕翟、鞠衣、展衣、褖衣，此王后之六服也。其色，《經》、《傳》無文，惟展衣用丹縠，見《毛傳》耳。孫毓以為禕衣赤，褕翟青，闕翟黑，鞠衣黃，展衣赤，褖衣黑；鄭玄以為禕衣玄，褕翟青，闕翟赤，鞠衣黃，展衣白，褖衣黑。褕翟、鞠衣、褖衣，兩家所説色同，餘三服則異，要皆臆説難信。約而論之：三翟本象雉，而鷂「褕」同。雉青質，則鄭説近之。鞠似麴塵，又象柔桑始生，宜為黃色。而以丹縠為展衣，毛説必有本，則鞠、展之色，當以孫説為正。男子褖衣色黑，則婦人亦宜然。兩家説同，亦有徵信者也。至禕衣之為赤為玄，闕翟之為赤為黑，無可據矣。

其見於《詩》，則《葛覃》之『澣衣』，毛以為副禕盛服，鄭以為禕至褖，皆是也。《采蘩》之『被』，展、褖二衣之首飾也。《邶》之『綠衣』，鄭以為褖衣也。《君子偕老》之『副笄』，禕衣、褕翟之首飾也。『象服』，鄭以為褕翟、闕翟也。『其之翟』，亦此二翟也；『其之展』，褻衣也，惟鞠衣弗及焉。

清·姚炳《詩識名解》卷一《鳥部·雉》 《衛風·碩人篇》。《周禮》王后五路，翟車在重、厭二者之外。重、厭但以翟羽飾車兩旁，非車後戶也。按《釋器》云：輿革前謂之鞎，後謂之茀，竹前謂之禦，後謂之蔽。則茀是後戶之飾。今《正義》概言蔽車前後，誤矣。且茀、蔽二者又有革、竹之分，不當混。《詩》所謂翟茀者，當是革車，其後戶亦以革飾，而畫翟羽之文於革上耳。

清·秦蕙田《五禮通考》卷六九《吉禮六十九·宗廟制度·服飾總》 其后之服有六，而祭則三。《天官·內司服》掌王后之六服：禕衣、揄狄、闕狄、鞠衣、展衣、緣衣。據注疏，狄當為翟，從王祭先王，服禕衣，畫翠雉者，其色玄。祭先公，服揄翟，畫搖雉者，其色青。祭羣小祀，服闕翟，刻繒為翟不畫者，其色赤。三者皆祭服。鞠衣黃，躬桑之服。展衣白，以禮見王及賓客之服，展又作『襢』，義取誠也。緣衣黑，御於王之服，緣又為『褖』。其后以下之服，唯二王後及魯夫人得服禕衣，《明堂位》『夫人副禕，立於房中』，《祭統》『夫人副禕，立於東房』是也。侯、伯夫人服揄狄以下，《玉藻》『夫人揄狄』是也，《詩》『玼兮玼兮，其之翟也』，《傳》謂『揄翟、闕翟』是也。三夫人，子、男夫人及公之妻服闕狄，《玉藻》『君命屈狄』是也。

又案侯、伯夫人得服揄狄，而王朝之三公之夫人止服闕狄，以近尊而降也，蓋亦如公卿大夫之服，其出封皆加一等矣。

其后之首服有三，曰副，曰編，曰次。《天官·追師》掌王后之首飾，為副、編、次，追衡、笄。案副、編、次皆用髮為之，三翟皆以副配，副為首飾之上而名副者，以髮加髻，有貳益之義，故名副也。用以配禕衣，故《記》言夫人副禕，立東房。又以《詩》『副笄六珈』推之，諸侯夫人揄狄而首服用副，故先儒謂揄狄、闕狄皆以副配也。編、次，舊説編列髮為之，以配鞠衣、展衣；次，次第髮長短為之，以配褖衣。追，王昭明謂以纚作髻如堆，《特牲禮》所謂『主婦纚笄宵衣』，《士昏禮》『女次純衣，姆亦纚笄宵衣，女從者畢袗玄纚笄』，康成云『王后之燕居亦纚笄』是也。

衡、笄皆所以固髮者，長大者為衡，短小者為笄。王后之衡、笄，皆以玉為之，唯祭服有衡，橫貫副上兩旁，以紞懸瑱。大夫士之妻用骨角，但《士冠禮》有『設纚設笄』之文，《左傳》有『衡紞紘綖』之語，則追、衡、笄三者，男子亦有之。其與婦人異同之制，則不可考耳。

后吉服六，唯祭服有舄。褘衣玄舄，揄狄青舄，闕狄赤舄，鞠衣黄屨，展衣白屨，緣衣黑屨。凡舄屨，皆象裳色。案以上王三、后六之説，諸儒皆非之，以為經文所無而鄭添之。經言禮服之屨，王用赤舄以象陽，后用黑舄以象陰。赤舄赤繶，陽純故也；黑舄黄繶，陰雜故也。二者同用赤色為絇。素屨，燕居之屨，無繶、絇文采之飾。葛屨當暑。王后皆用之説，似直捷。其王后以下，有内外命夫婦之命屨、功屨、散屨，蓋命屨亦赤黑二色，功屨加功飾，散屨不用功飾，皆常御之屨也。

事權分部

綜　述

侍寢生子　《周易·剝》　六五：貫魚。以宫人寵，无不利。唐李鼎祚《集解》：何妥曰：夫《剝》之為卦，下比五陰，駢頭相次，似貫魚也。魚為陰物，以喻衆陰也。夫宫人者，后夫人、嬪妾各有次序，不相瀆亂，此則貴賤有章，寵御有序。「六五」既為衆陰之主，能有貫魚之次第，故得无不利矣。《象》曰：以宫人寵，終无尤也。《集解》：崔憬曰：魚與宫人皆陰類，以比小人焉。魚大小一貫，若后夫人、嬪婦、御女，小大雖殊，寵御則一，故終无尤也。

《詩經·周南·螽斯》　《序》：《螽斯》，后妃子孫衆多也。言若螽斯不妬忌，則子孫衆多也。漢鄭玄《箋》：忌有所諱惡於人。

螽斯羽，詵詵兮。漢毛亨《傳》：螽斯，蚣蝑也。詵詵，衆多也。《箋》：凡物有陰陽情慾者，無不妬忌。維蚣蝑不耳，各得受氣而生子，故能詵詵然衆多。后妃之德能如是，則亦宜然。宜爾子孫，振振兮。《傳》：振振，仁厚也。《箋》：后妃之德寬容不嫉妬，則宜女之子孫，使其無不仁厚。

螽斯羽，薨薨兮。宜爾子孫，繩繩兮。《傳》：薨薨，衆多也。繩繩，戒慎也。

螽斯羽，揖揖兮。宜爾子孫，蟄蟄兮。《傳》：揖揖，會聚也。蟄蟄，和集也。

又　《召南·小星》　《序》：《小星》，惠及下也。夫人無妬忌之行，惠及賤妾，進御於君。知其命有貴賤，能盡其心矣。《箋》：以色曰妬，以行曰忌。命謂禮命貴賤。

嘒彼小星，三五在東。《傳》：嘒，微貌。小星，衆無名者。三，心。五，噣。四時更見。《箋》：衆無名之星，隨心、噣在天，猶諸妾隨夫人，以次序進御於君也。心在東方，三月時也。噣在東方，正月時也。如是終歲，列宿更見。肅肅宵征，夙夜在公，寔命不同。《傳》：肅肅，疾貌。宵，夜。征，行。寔，是也。命不得同於列位也。《箋》：夙，早也。謂諸妾肅肅然夜行，或早或夜，在於君所，以次序進御者，是其禮命之數不同也。凡妾御於君，不敢當夕。

嘒彼小星，維參與昴。《傳》：參，伐也。昴，留也。《箋》：此言衆無名之星，亦隨伐、留在天。肅肅宵征，抱衾與裯，寔命不猶。《傳》：衾，被也。裯，襌被也。猶，若也。《箋》：裯，牀帳也。諸妾夜行，抱衾與牀帳，待進御之次序。不若，亦言尊卑異也。

《左傳·襄公九年》　晉侯曰：【略】「國君十五而生子，冠而生子，禮也。」晉杜預注：冠，成人之服，故必冠而後生子。

又　《昭公元年》　子産曰：【略】「當武王邑姜方震大叔，注：邑姜，武王后，齊大公之女。懷胎為震。大叔，成王之弟叔虞。夢帝謂己：『余命而子曰虞。注：帝，天。取唐君之名。將與之唐，屬諸參，而蕃育其子孫。』及生，有文在其手，曰『虞』，遂以命之。及成王滅唐而封大叔焉，故參為晉星。」注：叔虞封唐，是為晉侯。

晉侯求醫於秦，秦伯使醫和視之，曰：「疾不可為也。是謂近女室，疾如蠱。注：蠱，惑疾。非鬼非食，惑以喪志。」注：惑女色而失志。【略】公曰：「女不可近乎？」對曰：「節之。先王之樂，所以節百事也。故有五節，注：五聲之節。遲速本末以相及，中聲以降，五降之後，不容彈矣。注：此謂先王之樂得中聲，聲成五降而息也。降，罷退。於是有煩手淫聲，慆堙心耳，乃忘平和，君子弗聽也。注：五降而不息，則雜聲並奏，所謂鄭衛之聲。物亦如之。注：言百事皆如樂，不可失節。至於煩，乃舍也已，無以生疾。注：煩不舍則生疾。君子之近琴瑟，以儀節也，非以慆心也。注：為心之節儀，使動不過度。

天有六氣，注：謂陰、陽、風、雨、晦、明也。降生五味，注：謂金味辛，木味酸，水味鹹，火味苦，土味甘，皆由陰、陽、風、雨而生。發為五色，注，辛色白，酸色青，鹹色黑，苦色赤，甘色黄。發，見也。徵為五聲。注：白聲商，青聲角，黑聲羽，赤聲徵，黄聲宫。徵，驗也。淫生六疾。注：淫，過也。滋味聲色所以養人，然過則生害。六氣曰陰、陽、風、雨、晦、明也，分為四時，序為五節。注：六氣之化，分而序之，則成四時，得五行之節。過則為菑，陰淫寒疾，注：寒過則為冷。陽淫熱疾，注：熱過則喘渴。風淫末疾，注：末，四支也。風為緩急。雨淫腹疾，注：雨濕之氣為洩注。晦淫惑疾，注：晦，夜也。為宴寢過節，則心惑亂。明淫心疾。注：明，晝也。思慮煩多，心勞生疾。女，陽物而晦時，淫則生内熱惑蠱之疾。注：女常隨男，故言陽物。家道常在夜，故言晦時。今君不節，不時，能無及此乎？』

出告趙孟。【略】趙孟曰：『何謂蠱？』對曰：『淫溺惑亂之所生也，注：溺，沉没於嗜欲。於文，「皿」、「蟲」為「蠱」。注：文，字也。皿，器也。器受蟲害者為蠱。穀之飛，亦為蠱。注：穀久積則變為飛蟲，名曰蠱。在《周易》：女惑男，風落山謂之蠱☶。注：《巽》下《艮》上，《蠱》。《巽》為長女，為風，《艮》為少男，為山。少男而說長女，非匹，故惑。山木得風而落。皆同物也。』注：物猶類也。趙孟曰：『良醫也。』

又《隱公三年》 衛莊公娶于齊東宫得臣之妹，曰莊姜，注：得臣，齊大子也。大子不敢居上位，故當處東宫。而無子，衛人所為賦《碩人》也。注：《碩人》詩，義取莊姜美于色，賢于德，而不見答，終以無子，國人憂之。又娶于陳，曰厲嬀，生孝伯，早死。注：陳，今陳國陳縣。其娣戴嬀生桓公，莊姜以為己子。注：嬀，陳姓也。厲、戴皆謚。雖為莊姜子，然大子之位未定。公子州吁，嬖人之子也。注：嬖，親幸也。

又《莊公十九年》 初，王姚嬖于莊王，生子頹。注：王姚，莊王之妾也。姚，姓也。

又《莊公二十八年》 晉獻公娶于賈，無子。注：賈，姬姓國也。烝於齊姜，注：齊姜武公妾。生秦穆夫人及太子申生。又娶二女於戎，大戎狐姬生重耳，注：大戎，唐叔子孫别在戎狄者。小戎子生夷吾，注：小戎，允姓之戎。子，女也。晉伐驪戎，驪戎男女以驪姬，注：驪戎在京兆新豐縣。其君姬姓，其爵男也。納女於人曰女。歸生奚齊，其娣生卓子。

又《宣公三年》 初，鄭文公有賤妾曰燕姞，注：姞，南燕姓。夢天使與己蘭，注：蘭，香草。曰：『余為伯儵，余而祖也。注：伯儵，南燕祖。以是為而子，注：以蘭為女子名。以蘭有國香，人服媚之如是。』注：媚，愛也。欲令人愛之如蘭。既而文公見之，與之蘭而御之，辭曰：『妾不才，幸而有子，將不信，敢徵蘭乎？』公曰：『諾。』生穆公，名之曰蘭。文公報鄭子之妃，曰陳嬀，注：鄭子，文公叔父子儀也。漢律：淫季父之妻曰報。生子華、子臧。子臧得罪而出，注：出奔宋。誘子華而殺之南里，注：南里，鄭地。使盗殺子臧於陳、宋之間。又娶於江，生公子士。朝於楚，楚人酖之，及葉而死。注：葉，楚地，今南陽葉縣。《正義》：諸侯大子攝行父事，稱朝。此公子士非大子，亦稱朝者，以大子稱朝，故《傳》亦通言之。其實合稱聘耳。又娶於蘇，生子瑕、子俞彌。俞彌早卒。洩駕惡瑕，注：洩駕，鄭大夫。文公亦惡之，故不立也。

《戰國策》卷一七《楚四》 （楚）王曰：『婦人所以事夫者，色也；而妬者，其情也。今鄭褏知寡人之説新人也，其善愛之，甚於寡人。此孝子之所以事親，忠臣之所以事君也。』

《荀子》卷一九《大略篇》 霜降逆女，冰泮殺内，十日一御。唐楊倞注：此蓋誤耳。當為『冰泮逆女，霜降殺内。』故《詩》曰『士如歸妻，迨冰未泮。』殺，減也，内謂妾御也。十日一御，即殺内之義。冰泮逆女，謂發生之時，合男女也。霜降殺内，謂閉藏之時，禁嗜慾也。《月令》在十一月，此云霜降，荀卿與吕氏所傳聞異也。

漢·伏勝《尚書大傳》卷三《多士傳》 古者后夫人將侍君前，息燭后，舉燭至房中，釋朝服，襲燕服，然後入御于君。鷄初鳴，太師奏鷄鳴於陛，夫人鳴佩玉於房中，告去也。然後應門擊柝，告闢也。然後少師告質明於陛下。然後夫人入庭，君出朝。凡羣妃御見之法，月與后妃其象也。卑者宜先，尊者宜後。自九嬪以下，九九而御于王所。女御八十一人，當九夕；世婦二十七人，當三夕；九嬪九人，當一夕；三夫人，當一夕；后當一夕。十五日而徧，望後反之。凡進御君所，女史必書其日月，授之以環，以進退之。生子月辰，則以金環退之。當御者，以銀環進之，著著于左手；既御，著著于右手。孔子曰：日者天之明，月者地之理。陰契制，故月上屬為天使，婦從夫，放月紀。

漢·劉安《淮南子》卷一三《氾論訓》 禮，三十而娶。文王十五而生武王，非法也。漢高誘注：歲星十二歲而周天，天道十二而備，故國君十二歲而冠，冠而娶，十五生子，重國嗣也，故不從制。

《史記》卷三五《管蔡世家》 武王同母兄弟十人。母曰太姒，文王正妃也。其長子曰伯邑考，次曰武王發，次曰管叔鮮，次曰周公旦，次曰蔡叔度，次曰曹叔振鐸，次曰成叔武，次曰霍叔處，次曰康叔封，次曰冉季載，冉季載最少。同母昆弟十人，唯發、旦賢，左右輔文王。故文王舍伯邑考，而以發為太子。及文王崩而發立，是為武王。伯邑考既已前卒矣。

又 卷三九《晉世家》 初，武王與叔虞母會時，南朝宋裴駰《集解》：駰案：《左傳》曰：邑姜方娠太叔。服虔曰：邑姜，武王后，齊太公女。夢天謂武王曰：『余命女生子名虞，余與之唐。』及生子，文在其手曰『虞』，故遂因命之，曰虞。武王崩，成王立。唐有亂，【略】於是遂封叔虞於唐。唐在河汾之東方百里，故曰唐叔虞。

漢·鄭玄《周禮·天官·九嬪》注 凡羣妃御見之法，月與后妃其象也。卑者宜先，尊者宜後。女御八十一人當九夕，世婦二十七人當三夕，九嬪九人當一夕，三夫人當一夕，后當一夕，亦十五日而徧云。自望後反之。孔子云：日者天之明，月者地之理，陰契制，故月上屬爲天使，婦從夫，放月紀。

漢·鄭玄《禮記·內則》注 五日一御，諸侯制也。諸侯取九女，姪娣兩兩而御，則三日也；次兩媵，則四日也；次夫人專夜，則五日也。天子十五日，乃一御。

唐·余知古《渚宮舊事》卷二《周代中》 莊王無子，愛幸樊姬，後宮不得進御。姬言於王曰：『妾以卑微之身，明不足以自照，善不足以補過，後宮出入十年矣。寢專寵，衆妾不進，繼嗣不孳。王有偏施之過，妾有專愛之罪。此非大王全國之福。』王善其言，使六姬更侍，有子六人。樊姬言從志得，援琴而歌曰：『忠信言兮，從正不邪。衆妾進兮繼嗣多。』王聞之，欣然曰：『於戲！吾國所以治者，樊姬之力也。』

宋·周密《齊東野語》卷一九《后夫人進御》 梁國子博士清河崔靈恩撰《三禮義宗》，其說博覈。其中有后夫人進御之說甚詳，漫摭於此，以助多聞云。

凡夫人進御之義，從后而下，十五日偏。其法自下而上，象月初生，漸進至甚，法陰道也。然亦不必以月生日為始，但法象其義。所知其如此者，凡婦人陰道晦明，是其所忌，故古之君人者，不以月晦及望御於內。晦者陰滅，望者爭明，故人君尤慎之。《春秋傳》曰：『晦淫惑疾，明淫心疾。』以辟六氣，故不從月之始，但放月之生耳。其九嬪已下皆九人，而御八十一人為九夕，世婦二十七人為三夕，九嬪九人為一夕，夫人三人為一夕，凡十四夕；后當一夕，為十五夕。明十五日則后御，十六日則后復御，而下亦放月，以下漸就於微也。諸侯之御則五日亦徧，亦從下始，漸至於盛，亦放月之義。其御，則從姪娣而迭為之御。凡姪娣六人當三夕，二媵當一夕，凡四夕；夫人專一夕，為五。故五日而徧。至六日則還從夫人，如后之法。【略】凡九嬪已下、女御已上未滿五十者，悉皆進御，五十則止。后及夫人不入此例。五十猶御，故《內則》云：『妾年未滿五十者，必與五日之御。』則知五十之妾，不得進御矣。

元·馬端臨《文獻通考》卷二五七《帝系考八·皇太子皇子》 秦孝文王子二十餘人。呂不韋說子楚曰：『子之兄弟二十餘人。子居中，不甚見幸，久質諸侯。太子即位，子不得為嗣矣。』

始皇子：長子扶蘇，公子十二人，公子將閭昆弟三人，公子高，二世胡亥。

按此據《史記》載二世既立，趙高言沙邱之謀，諸公子及大臣疑之，諸公子皆帝兄，怏怏不服，當盡除之，於是公子十二人僇死於市，公子將閭昆弟三人囚於內宮，議其罪，使使賜死，三人皆流涕拔劍自殺。公子高欲奔，恐收族，乃上書請從死驪山，二世許之。以是觀之，始皇之子見於傳記而可考者十六人，并扶蘇、胡亥共十八人。扶蘇以下十七人，俱為胡亥所殺，胡亥復為趙高所殺，皆不得良死。嗟乎！威震四海，功加五帝，而身歿未幾，子孫殲焉。彼文昭武穆之苗裔，分茅胙土，與國咸休者，數百年而未艾也。仁而延，暴而顛，信哉！

主持內政 **《天官·內小臣》** 掌王后之命，正其服位。注：命謂使令所爲。或言『王后』，或言『后』，通耳。疏：云命謂使令所爲者，以其后無外事，明云命者，是使令所爲。

《禮記·昏義》 古者天子后立六宮，三夫人，九嬪，二十七世婦，八十一御妻，以聽天下之內治，以明章婦順，故天下內和而家理。天子立六官，三公，九卿，二十七大夫，八十一元士，以聽天下之外治，以明章天下之男教，故外和而國治。故曰：天子聽男教，后聽女順；天子理陽道，后治陰德；天子聽外治，后聽內職。教、順成俗，外內和順，國家理治，此之謂盛德。注：天子六寢，而六宮在後，六官在前，所以承嗣，施外內之政也。三夫人以下百二十人，周制也。三公以下百二十人，似夏時也。合而言之，取其相應，有象大數也。內治，婦學之法也。陰德，謂主陰事、陰令也。

是故男教不脩，陽事不得，適見於天，日為上之食。婦順不脩，陰事不得，適見於天，月為之食。是故日食，則天子素服而脩六官之職，蕩天下之陽事。月食則后素服而脩六宮之職，蕩天下之陰事。注：適之言責也。食者，見道有虧傷也。蕩，蕩滌，去穢惡也。

致禮助祭 **《詩經·商頌·玄鳥》** 天命玄鳥，降而生商。《傳》：玄鳥，鳦也。春分玄鳥降，湯之先祖有娀氏女簡狄配高辛氏帝，帝率與之祈于郊禖而生契。故本其為天所命，以玄鳥至而生焉。《箋》：降，下也。天使鳦下而生商者，謂鳦遺卵，娀氏之女簡狄吞之而生契。為堯司徒，有功封商。堯知其後將興，又錫其姓焉。

又 **《大雅·生民》** 厥初生民，時維姜嫄。《傳》：生民，本后稷也。姜，姓也。后稷之母，配高辛氏帝焉。《箋》：厥，其。初，始。時，是也。言周之始祖，其生之者是姜嫄也。姜姓者，炎帝之後，有女名嫄，當堯之時為高辛氏之世妃。本后稷之初生，故謂之生民。生民如何？克禋克祀，以弗無子。《傳》：禋，敬。弗，去也。去無子，求有子，古者必立郊禖焉。玄鳥至之日，以大牢祠于郊禖，天子親往，后妃率九嬪御，乃禮天子所御，帶以弓韣，授以弓矢于郊禖之前。《箋》：克，能也。弗之言祓也。姜嫄之生后稷如何乎？乃禋祀上帝於郊禖，以祓除其無子之疾而得其福也。能者言齊肅，當神明意也。二王之後，得用天子之禮。履帝武敏歆，攸介攸止，載震載夙，載生載育，時維后稷。《傳》：履，踐也。帝，高辛氏之帝也。武，迹；敏，疾也。從於帝而見于天，將事齊敏也。歆，饗。介，大。攸止，福祿所止也。震，動。夙，早。育，長也。后稷播百穀以利民。《箋》：帝，上帝也。敏，拇也。介，左右也。夙之言肅也。祀郊禖之時，時則有大神之迹，姜嫄履之，足不能滿，履其拇指之處，心體歆歆然，其左右所止住，如有人道感己者也，於是遂有身，而肅戒不復御。後則生子而養長，名之曰棄。舜臣堯而舉之，是為后稷。

又 **《小雅·楚茨》** 諸宰君婦，廢徹不遲。《箋》：廢，去也。尸出而可徹，諸宰徹去諸饌，君婦籩豆而已。不遲，以疾為敬也。《正義》：案《特牲》、《少牢禮》：尸出之後，乃餕乃陽厭，尋亦徹之。故此繫于尸起也。知諸宰徹去諸饌，君婦籩豆而已者，以《周禮·九嬪》云：凡祭祀，贊后薦、徹豆籩。知君婦籩豆而已。餘饌，諸宰徹之也。

又 **《召南·采蘩》** 《序》：《采蘩》，夫人不失職也。夫人可以奉祭祀，則不失職矣。《箋》：奉祭祀者，采蘩之事也。不失職者，夙夜在公也。

于以采蘩，于沼于沚。《傳》：蘩，皤蒿也。于，於。沼，池。沚，渚也。公侯夫人執蘩菜以助祭，神饗德與信，不求備焉，沼沚谿澗之草猶可以薦。王后則荇菜也。《箋》：于以猶言往以也。執蘩菜者，以豆薦蘩菹。于以用之，公侯之事。《傳》：之事，祭事也。《箋》：言夫人於君祭祀而薦此豆也。

于以采蘩，于澗之中。《傳》：山夾水曰澗。于以用之，公侯之宮。《傳》：宮，廟也。

被之僮僮，夙夜在公。《傳》：被，首飾也。僮僮，竦敬也。夙，早也。《箋》：公，事也。早夜在事，謂視濯溉饎爨之事。《禮記》：主婦髲髢。被之祁祁，薄言還歸。《傳》：祁祁，舒遲也。去事有儀也。《箋》：言，我也。祭事畢，夫人釋祭服而去髲髢，其威儀祁祁然而安舒，無罷倦之失。我還歸者，自廟反其燕寢。

《左傳·成公八年》 夏，季文子如宋致女。復命，公享之，賦《韓奕》之五章。注：《韓奕》，《詩·大雅》篇名。其五章言：蹶父嫁女於韓侯，為女相所居，『莫如韓樂』。文子喻魯侯有蹶父之德，宋公如韓侯，宋土如韓樂。穆姜出於房，再拜曰：『大夫勤辱，不忘先君，以及嗣君，施及未亡人。注：穆姜，伯姬母。聞文子言宋樂，喜而出謝。其行勞，婦人夫死，自稱未亡人。先君猶有望也，注：言先君亦望文子之若此。敢拜大夫之重勤！』又賦《綠衣》之卒章而入。注：《綠衣》，《詩·邶風》也。取其『我思古人，實獲我心』，喻文子言得己意。

又 **《襄公二十三年》** 春，杞孝公卒，晉悼夫人喪之。注：悼夫人，晉平公母。杞孝公姊妹。平公不徹樂，注：徹，去也。非禮也。禮，為鄰國闕。注：禮，諸侯絕期，故以鄰國責之。

《穀梁傳·文公十三年》 大室屋壞。《傳》：禮，宗廟之事，君親割，晉范寧《集解》：割牲。夫人親舂。《集解》：舂，粢盛。敬之至也。

《周禮·天官·內宰》 大祭祀，后祼、獻則贊，瑶爵亦如之。漢鄭玄注：謂祭宗廟，王既祼而出迎牲，后乃從後祼也。《祭統》曰：君執圭瓚祼尸，大宗執璋瓚亞祼，此大宗亞祼，謂夫人不與而攝耳。獻謂王薦腥薦熟，后亦從後獻也。瑶爵謂尸卒食，王既酳尸，后亞獻之。其爵以瑶爲飾。唐賈公彦疏：大祭祀謂祭宗廟也。后祼者，謂室中二祼，后亞王祼尸，獻謂朝踐饋獻，后以玉爵亞王而獻尸。『則贊』者，此三事內宰皆佐后，祼時以璋瓚授后，獻時以玉爵授后，故云『則贊』也。瑶爵亦如之者，謂尸卒食，王酳尸，后亞王而酳尸，則內宰以瑶爵授后，后親酌盎齊以酳尸。云瑤爵亦如之者，亦贊之也。**正后之服位，而詔其禮樂之儀。**注：薦、徹之禮，當與樂相應。位謂房中戶內及阼所立處。疏：云正后之服位者，服謂若《內司服》褘衣已下六服，皆正之，使服當其用。位謂后助祭之位，正之使不失其所。而詔其禮樂之儀者，后之行禮之時，皆合于樂節，各當其威儀，皆內宰告后，使依於法度，故云詔其禮樂之儀也。**贊九嬪之禮事。**注：助九嬪贊后之事。九嬪者贊后薦玉齍，薦、徹豆籩。**凡賓客之祼獻瑤爵，皆贊，**注：謂王同姓及二王之後來朝覲爲賓客者。祼之禮亞王而禮賓。獻謂王饗燕，亞王獻賓也。瑤爵，所以亞王酬賓也。《坊記》曰：陽侯殺穆侯而竊其夫人，故大饗，廢夫人之禮。疏：賓客則王同姓及二王後，以其非一，故云『凡』以廣之。云祼者，謂行朝覲禮訖，即行三享之禮；享訖，乃賓於戶牖之間。獻謂饗燕賓客，后亦助王獻賓。瑤爵謂王饗燕酬賓時，后亦助王酬賓，皆贊助于后也。**致后之賓客之禮。**注：謂諸侯來朝覲及女賓之賓客。疏：云女賓之賓客者，謂畿內同姓諸侯夫人有會見王后之法，故亦致禮焉。**凡喪事，佐后使治外內命婦，正其服位。**注：使，使其屬之上士。內命婦，謂九嬪、世婦、女御。鄭司農云：外命婦，卿大夫之妻。王命其夫，后命其婦。玄謂：士妻亦爲命婦。疏：喪言『凡』，則王及后世子已下皆是。以其皆有服位，故云『凡』以廣之。凡有喪事，內宰皆佐后，使其屬官治外內之命婦，正其服之精麤，位之前後也。

又《天官・內小臣》 **若有祭祀、賓客、喪紀，則擯。詔后之禮事，相九嬪之禮事，正內人之禮事，徹后之俎。**注：擯，爲后傳辭，有所求爲。詔、相、正者，異尊卑也。俎謂后受尸之爵，飲于房中之俎。疏：云若有祭祀、賓客、喪紀則擯者，此三者，事至無常，故云『若』。若，不定之辭也。『則擯』者，此三者，后皆有事，九嬪以下從后往也。三事皆與后爲擯贊也。云詔后之禮事，相九嬪之禮事，正內人之禮事者，詔、相、正，皆是上『擯』，但據尊卑不同，故以『詔』、『相』別之。云徹后之俎者，謂后於東房中受尸酢之俎，內小臣徹之。

后有好事于四方，則使往。有好令於卿大夫，則亦如之。注：后於其族親所善者，使往問遺之。疏：后於其族親者，后有族親在四方，謂畿外諸侯於王有親，謂若魯、衛、晉、鄭之等也。於卿大夫，亦謂同姓族在朝廷者也。王后意有所善，遣小臣往，以物問遺之。四方諸侯言『事』，卿大夫言『令』者，后雖無正令施與卿大夫，時有言教至焉，故云『令』也。后於畿外，全無言教所及，故以『事』言之也。

又《天官・酒正》 **共后之致飲于賓客之禮：醫、酏糟。**注：王致酒，后致飲，夫婦之義。糟，醫、酏不泲者。泲曰清，不泲曰糟。后致飲無醴。醫、酏，不清者，與王同體，屈也，亦因以少為貴。

又《天官・漿人》 **共夫人致飲于賓客之禮：清醴，醫、酏糟。**注：三物有清有糟，夫人不體王，得備之。禮，飲醴用柶者，糟也；不用柶者，清也。疏：夫人謂三夫人。致飲於賓客之禮，助王養賓，亦致於客館。

又《秋官・掌客》 **凡諸侯之禮：上公，【略】夫人致禮，八壺，八豆，八籩，膳大牢，致饗大牢，食大牢。【略】侯伯，【略】夫人致禮，八壺，八豆，八籩，膳大牢，致饔大牢。【略】子男，【略】夫人致禮，六壺，六豆，六籩，膳眡致饗。**注：夫人致禮，助君養賓也。籩、豆陳於戶東，壺陳於東序。凡夫人之禮，皆使下大夫致之。於子男云膳視致饗，言夫人致膳於小國君以致饗之禮，則是不復饗也，饗有壺酒。

《儀禮・聘禮》 **夫人使下大夫勞以二竹簠方，玄被纁裏，有蓋。**漢鄭玄注：竹簠方者，器名也。以竹為之，狀如簋而方，如今寒具筥。筥者圜，此方耳。唐賈公彥疏：自此盡以賓入，論夫人勞賓之事。夫人勞，使下大夫者，降于君，故不使卿。**其實棗蒸栗擇，兼執之以進。**注：兼猶兩也。右手執棗，左手執栗。

夕，夫人使下大夫韋弁歸禮。注：夕，問卿之夕也。使下大夫，下君也。君使之，云夫人者以致辭，當稱『寡小君』。疏：自此盡賓拜禮於朝，論主君夫人歸禮於賓與上介之事。**堂上籩豆六，設于戶東，西上，二以竝，東陳。**注：籩、豆六者，下君禮也。設于戶東，又辟饌位也。**壺設于東序，北上，二以竝，南陳。醙、黍、清，皆兩壺。**注：醙，白酒也。凡酒，稻為上，黍次之，粱次之，皆有清、白。以黍閒清、白者，互相備，明三酒六壺也。先言醙，白酒尊，先設之。**大夫以束帛致之。**注：致夫人命也。此禮無牢，下朝君也。

《禮記・坊記》 **子云：禮，非祭，男女不交爵。**漢鄭玄注：交爵，謂相獻酢。**以此坊民，陽侯猶殺繆侯，而竊其夫人。**注：同姓也。以貪夫人之色，至殺君而立。其國未聞。**故大饗，廢夫人之禮。**注：大饗，饗諸侯來朝者也。夫人之禮，使人攝。唐孔穎達《正義》：故大饗，廢夫人之禮者，以大饗之時，夫人與君同饗於賓，是繆侯及夫人共出饗賓，陽侯是繆侯同姓之國，見繆侯夫人之美，乃殺繆侯而取其夫人，反篡其國而自立，故大饗廢夫人之禮，不使夫人得預其禮也。以此言之，則陽侯以前大饗，夫人出饗鄰國之君，得有男女交爵。此云非祭，男女不交爵者，謂侯、伯、子、男及卿大夫士祭乃交爵。若王於上公及上公相饗時，后與夫人亦男女交爵，與祼同也，故《大行人》云『上公之禮，王禮再祼而酢』是也。【略】又案：王饗諸侯及諸侯自相饗，同姓則后夫人親獻，異姓則使人攝獻，則繆侯所饗，蓋同姓也。且王於同姓，雖為侯伯，車服與上公同，上公既再祼，后與王俱祼，則上公相於與王同也。其同姓上公，則后與夫人親祼獻拜送也。若異姓，上公使人攝祼，故《宗伯》職云：大賓客則攝而載祼。謂異姓也。《內宰》職云：凡賓客之祼獻瑤爵皆贊。注云：謂王同姓及二王之後來朝覲，王以爵鬯禮之，后以瑤爵亞獻，謂同姓也。自陽侯殺繆侯後，其后夫人獻禮遂廢，並使人攝也。

又《明堂位》 六月，以禘禮祀周公於大廟。【略】君卷冕立于阼，夫人副褘立于房中。君肉袒，迎牲于門。夫人薦豆籩。卿大夫贊君，命婦贊夫人。各揚其職。《正義》：前經明祀周公所用器物，此經明祀周公之時，君與夫人、卿大夫、命婦行禮之儀。

又《月令》 仲春之月，【略】玄鳥至。至之日，以太牢祠于高禖。天子親往，注：玄鳥，燕也。燕以施生時，來巢人堂宇而孚乳，娶嫁之象也。媒氏之官以為候。高辛氏之世，玄鳥遺卵，娀簡吞之而生契。後王以為媒官嘉祥，而立其祠焉。變『媒』言『禖』，神之也。后妃帥九嬪御。注：御謂從往侍祠。《周禮》天子有夫人，有嬪，有世婦，有女御，獨云帥九嬪，舉中言也。乃禮天子所御，帶以弓韣，授以弓矢于高禖之前。注：天子所御，謂今有娠者。於祠，大祝酌酒，飲於高禖之庭，以神惠顯之也。帶以弓韣，授以弓矢，求男之祥也。《王居明堂禮》曰：帶以弓韣，禮之禖下，其子必得天材。

漢·韓嬰《韓詩外傳》卷七 楚莊王賜其羣臣酒，日暮酒酣，左右皆醉。殿上燭滅，有牽王后衣者，后扢冠纓而絶之，言於王曰：『今燭滅有牽妾衣者，妾扢其纓而絶之。願趣火視絶纓者。』王曰：『止。』立出令曰：『與寡人飲，不絶纓者不為樂也。』於是冠纓無完者，不知王后所絶冠纓者誰。於是王遂與羣臣歡飲乃罷。

漢·劉安《淮南子》卷一三《氾論訓》 陽侯殺蓼侯而竊其夫人，故大饗，廢夫人之禮。漢高誘注：陽侯，陽陵國侯也。蓼侯，皐陶之後，偃姓之國侯也。今在廬江，古者大饗飲酒，君執爵，夫人執豆。陽侯見蓼侯夫人美豔，因殺蓼侯而娶夫人。由是廢致夫人之禮。

織飪親蠶

《周易·家人》 六二：无攸遂，在中饋。貞吉。魏王弼注：居內處中，履得其位，以陰應陽，盡婦人之正義，无所必遂，職乎中饋，巽順而已。是以貞吉也。《象》曰：『六二』之吉，順以巽也。唐孔穎達《正義》：曰无攸遂，在中饋，貞吉者，『六二』履中居位，以陰應陽，盡婦人之義也。婦人之道，巽順為常，无所必遂，其所職主，在於家中饋食供祭而已，得婦人之正，吉，故曰无攸遂，在中饋，貞吉也。《象》曰『六二』之吉，順以巽者，舉爻位也。言吉者，明其以柔居中而得正位，故能順以巽而獲吉也。唐李鼎祚《集解》：荀爽曰：『六二』處和得正，得正有應，有應有實，陰道之至美者也。坤道順從，故无所得遂，供餚中饋，酒食是議，故曰中饋。居中守正，永貞其志則吉，故曰貞吉也。

《詩經·周南·葛覃》 《序》：《葛覃》，后妃之本也。后妃在父母家，則志在於女功之事，躬儉節用，服澣濯之衣，尊敬師傅，則可以歸安父母，化天下以婦道也。

葛之覃兮，施于中谷，維葉萋萋。《傳》：興也。覃，延也。葛所以為絺綌，女功之事煩辱者。施，移也。中谷，谷中也。萋萋，茂盛貌。《箋》：葛者，婦人之所有事也。此因葛之性以興焉。興者，葛延蔓于谷中，喻女在父母之家，形體浸浸，日長大也。葉萋萋然，喻其容色美盛。黃鳥于飛，集于灌木，其鳴喈喈。《傳》：黃鳥，摶黍也。灌木，叢木也。喈喈，和聲之遠聞也。《箋》：葛延蔓之時，則摶黍飛鳴，亦因以興焉。飛集叢木，興女有嫁于君子之道。和聲之遠聞，興女有才美之稱，達於遠方。

葛之覃兮，施于中谷，維葉莫莫。《傳》：莫莫，成就之貌。《箋》：成就者，其可采用之時。是刈是濩，為絺為綌，服之無斁。《傳》：濩，煮之也。精曰絺，麤曰綌。斁，厭也。古者王后織玄紞，公侯夫人紘綖，卿之內子大帶，大夫命婦成祭服，士妻朝服，庶士以下各衣其夫。《箋》：服，整也。女在父母之家，未知將所適，故習之以絺綌煩辱之事，乃能整治之，無厭倦，是其性貞專。

言告師氏，言告言歸。《傳》：言，我也。師，女師也。古者女師教以婦德、婦言、婦容、婦功。祖廟未毀，教于公宮三月。祖廟既毀，教于宗室。婦人謂嫁曰歸。《箋》：我告師氏者，我見教告于女師也，教告我以適人之道。重言我者，尊重師教也。公宮、宗室於族人皆為貴。薄汙我私，薄澣我衣。《傳》：汙，煩也。私，燕服也。婦人有副、褘盛飾，以朝事舅姑，接見于宗廟，進見于君子，其餘則私也。《箋》：煩煩撋之，用功深。澣謂濯之。耳衣，謂褘衣以下至褖衣。害澣害否？歸寧父母。《傳》：害，何也。私服宜澣，公服宜否。寧，安也。父母在，則有時歸寧耳。《箋》：云我之衣服，今者何所當澣乎？何所當否乎？言常自潔清，以事君子。

《國語》卷五《魯語下》 公父文伯退朝，朝其母。其母方績，【略】曰：『居，吾語女。三國吳韋昭注：居，坐也。【略】王后親織玄紞，注：說云：紞，冠之垂前後者。昭謂：紞，所以縣瑱當耳者。夫人加之以紘綖，注：既織紞，又加之以紘綖也。冕曰紘。紘，纓之無緌者也。從下而上不結綖，冕上之覆也。卿之內子為大帶，注：卿之適妻曰內子。大帶，緇帶也。命婦成祭服，注：命婦，大夫之妻也。祭服，玄衣纁裳。列士之妻加之以朝服，注：列士，元士也。既成祭服，又加之以朝服也。朝服，天子之士皮弁素積，諸侯之士玄端委貌。自庶士以下皆衣其夫。注：庶士，下士也。下，至庶人。社而賦事，烝而獻功，注：社，春分祭社也。事，農桑之屬也。冬祭曰烝，烝而獻五穀布帛之功也。男女效績，愆則有辟，古之制也。』注：績，功也。辟，罪也。

又 卷一八《楚語下》（觀射父）對曰：【略】『天子禘郊之事，必自射其牲，注：牲，牛也。王后必自春其粢。注：器實曰粢。諸侯宗廟之事，必自射其牛，刲羊擊豕，注：刲，刺也。擊，殺也。夫人必自春其盛。注：在器曰盛。上言「粢」，下言「盛」，互其文也。況其下之人，其誰敢不戰戰兢兢，以事百神？天子親春禘郊之盛，注：帥后春之。王后親繅其服，注：服，祭服也。《祭義》云：「夫人繅三盆」，則王后其一盆與？《周語》曰：王耕一墢，班三之。自公以下至於庶人，其誰敢不齊肅恭敬，致力於神？

又 卷二〇《越語上》（勾踐）非其身之所種則不食，非其夫人之所織則不衣。

《周禮·天官·内宰》 中春，詔后帥外内命婦，始蠶于北郊，以爲祭服。注：蠶于北郊，婦人以純陰爲尊，郊必有公桑蠶室焉。

上春，詔王后帥六宮之人而生穜稑之種，而獻之于王。注：六宮之人，夫人以下分居后之六宮者。古者使后宮藏種，以其有傳類蕃孳之祥，必生而獻之，示能育之，使不傷敗，且以佐王耕事，共禘郊也。鄭司農云：先種後孰，謂之穜；後種先孰，謂之稑。王當以耕種于籍田。玄謂：詩云「黍稷穜稑」是也。夫人以下，分居后之六宮者，每宮九嬪一人，世婦三人，女御九人；其餘九嬪三人，世婦九人，女御二十七人從后，唯其所燕息焉。從后者五日而沐浴，其次又上十五日而徧云。夫人如三公，從容論婦禮。唐賈公彥疏：上春者，亦謂正歲。以其春事將興，故云上春也。内宰以上春建寅之月，又詔告王后帥領六宮之人而生穜稑之種，而獻之於王者，一則助王耕事，二則示於宮内無傷敗之義也。

《禮記·祭義》 古者天子、諸侯必有公桑蠶室，近川而爲之，築宮仞有三尺，棘牆而外閉之。及大昕之朝，君皮弁素積，卜三宮之夫人、世婦之吉者，使入蠶于蠶室，奉種浴于川，桑于公桑，風戾以食之。注：大昕，季春朔日之朝也。諸侯夫人三宮，半王后也。風戾之者，及早涼脆採之，風戾之，使露氣燥，乃以食蠶。蠶性惡溼。歲既單矣，世婦卒蠶奉繭以示于君，遂獻繭于夫人。夫人曰：『此所以爲君服與？』遂副褘而受之，因少牢以禮之。注：歲單，謂三月月盡之後也。言歲者，蠶，歲之大功，事畢於此也。副褘，王后之服而云夫人，《記》者容二王之後與？禮之，禮奉繭之世婦。古之獻繭者，其率用此與？注：問者之辭。及良日，夫人繅，三盆手，遂布于三宮夫人、世婦之吉者使繅，遂朱綠之，玄黃之，以爲黼黻文章。服既成，君服以祀先王先公，敬之至也。注：三盆手者，三淹也。凡繅，每淹大總而手振之，以出緒也。

又《月令》 季春之月，【略】鳴鳩拂其羽，戴勝降于桑，注：蠶將生之候也。鳴鳩飛且翼相擊，趨農急也。戴勝，織紝之鳥。是時恒在桑，言降者，若時始自天來，重之也。具曲植籧筐。注：時所以養蠶器也。曲，薄也。植，槌也。后妃齊戒，親東鄉躬桑，禁婦女毋觀，省婦使以勸蠶事。注：后妃親採桑，示帥先天下也。東鄉者，鄉時氣也，是明其不常留養蠶也。留養者，所卜夫人與世婦。婦謂世婦及諸臣之妻也。《内宰》職曰：『仲春，詔后帥外内命婦，始蠶于北郊。』女，外内子女也。《夏小正》曰：『妾子始蠶，執養宮事。』毋觀，去容飾也。婦使，縫線組紃之事。蠶事既登，分繭稱絲效功，以共郊廟之服，毋有敢惰。注：登，成也。敕往蠶者，蠶畢將課功以勸戒之。

孟夏之月，【略】蠶事畢，后妃獻繭，乃收繭稅，以桑為均，貴賤長幼如一，以給郊廟之服。注：后妃獻繭者，内命婦獻繭於后妃。收繭稅者，收於外命婦。外命婦雖就公桑蠶室而蠶，其夫亦當有祭服以助祭，收以近郊之稅耳。貴賤長幼如一，國服同。《正義》：蠶事畢，后妃獻繭者，謂后妃受内命婦之獻繭；乃收繭稅者，謂既受内命婦獻繭，乃收外命婦繭之賦稅。以桑為均者，言收稅之時，以受桑多少為賦之均齊，桑多則賦多，桑少則賦少。貴賤長幼如一者，貴謂公卿大夫之妻，賤謂士之妻，長幼謂婦老幼。無問貴賤長少，出稅之時，齊同如一，皆以近郊之稅，十而稅一也。所稅之物，以供給天子郊廟之服。【略】案《泉府》云：『凡賒者，以國服為之息。』國服謂國家貢賦，服事在上，各有等限，謂之國服。

又《祭統》 凡天之所生，地之所長，苟可薦者，莫不咸在，示盡物也。外則盡物，内則盡志，此祭之心也。是故天子親耕於南郊，以共齊盛；王后蠶於北郊，以共純服。諸侯耕於東郊，亦以共齊盛，夫人蠶於北郊，以共冕服。天子諸侯非莫耕也，王后夫人非莫蠶也，身致其誠信，誠信之謂盡，盡之謂敬，敬盡然後可以事神明，此祭之道也。注：純服，亦冕服也，互言之爾。純以見繒色，冕以著祭服。東郊少陽，諸侯象也。夫人不蠶於西郊，婦人禮少變也。「齊」或為「粢」。

《孟子·滕文公下》 《禮》曰：諸侯耕助，以供粢盛。夫人蠶繅，以為衣服。犧牲不成，粢盛不潔，衣服不備，不敢以祭。漢趙岐注：夫人親執蠶繅之事，以率女功。衣服，祭服。不成，不實。

《穀梁傳·桓公十四年》（秋八月）乙亥，嘗。《傳》：【略】天子親耕，以共粢盛。晉范寧《集解》：天子親耕，其禮三推。黍稷曰粢，在器曰盛。王后親蠶，以共祭服。《集解》：王后親蠶，齊戒躬桑。夫人三繅，遂班三宮。朱緣玄黃，以為黼黻文章。服既成，君服以祀之。國非無良農工女也，以為人之所盡事其祖禰，不若以己所自親者也。

《呂氏春秋》卷二六《上農》　后妃率九嬪蠶於郊，桑於公田，是以春秋冬夏皆有麻枲絲繭之功，以力婦教也。漢高誘注：力，任其力，効其功也。

規警諫正

《左傳·僖公二十三年》　晉公子重耳之及於難也。【略】及齊，齊桓公妻之。有馬二十乘，公子安之。從者以為不可，將行，謀于桑下。蠶妾在其上，以告姜氏。姜氏殺之，注：姜氏，重耳妻。恐孝公怒其去，故殺妾以滅口。而謂公子曰：『子有四方之志，其聞之者，吾殺之矣。』公子曰：『無之。』姜曰：『行也！懷與安，實敗名。』公子不可。姜與子犯謀，醉而遣之。

《國語》卷一〇《晉語四》　文公在翟十二年。【略】遂適齊，齊侯妻之，甚善焉。有馬二十乘，將死於齊而已矣，曰：『民生安樂，誰知其它？』桓公卒，孝公即位，諸侯畔齊。子犯知齊之不可以動，而知文公之安齊，而有終焉之志也，欲行而患之，與從者謀於桑下。蠶妾在焉，莫知其在也。妾告姜氏，姜氏殺之，而言於公子曰：『從者將以子行。其聞之者，吾已除之矣。子必從之，不可以貳，貳無成命。《詩》云：「上帝臨女，無貳爾心。」先王其知之矣，貳將可乎？子去晉難而極於此。自子之行，晉無寧歲，民無成君，天未喪晉，無異公子。有晉國者，非子而誰？子其勉之！上帝臨子矣，貳必有咎。』

公子曰：『吾不動矣，必死於此。』姜曰：『不然。《周詩》曰：「莘莘征夫，每懷靡及。」夙夜征行，不遑啓處，猶懼無及。況其順身縱欲懷安，將何及矣。人不求及，其能及乎？日月不處，人誰獲安？西方之書有之曰：「懷與安，實疚大事。」《鄭詩》云：「仲可懷也，人之多言，亦可畏也。」昔管敬仲有言，小妾聞之，曰：「畏威如疾，民之上也；從懷如流，民之下也；見懷思威，民之中也。畏威如疾，乃能威民；威在民上，弗畏有刑；從懷如流，去威遠矣，故謂之下。其在辟也，吾從中也。《鄭詩》之言，吾其從之。」此大夫管仲之所以紀綱齊國，裨輔先君而成霸者也。子而棄之，不亦難乎？齊國之政敗矣，晉之無道久矣，從者之謀忠矣，時日及矣，公子幾矣。君國可以濟百姓，而釋之者非人也。敗不可處，時不可失，忠不可棄，懷不可從，子必速行。吾聞晉之始封也，歲在大火，閼伯之星也，實紀商人。商之饗國，三十一王。瞽史之《記》曰：「唐叔之世，將如商數。」今未半也。亂不長世，公子唯子，子必有晉，若何懷安？』公子弗聽。姜與子犯謀，醉而載之以行。

漢·劉向《古列女傳》卷二《賢明傳·周宣姜后》　周宣姜后者，齊侯之女也。賢而有德，事非禮不言，行非禮不動。宣王常早臥晏起，后夫人不出房。姜后脫簪珥，待罪於永巷，使其傅母通言於王曰：『妾之不才，妾之淫心見矣，至使君王失禮而晏朝，以見君王樂色而忘德也。夫苟樂色，必好奢窮欲，亂之所興也。原亂之興，從婢子起，敢請婢子之罪。』王曰：『寡人不德，實自生過，非夫人之罪也。』遂復姜后而勤於政事，早朝晏退，卒成中興之名。君子謂姜后善於威儀而有德行。夫禮，后夫人御於君，以燭進，至於君所，滅燭，適房中，脫朝服，衣褻服，然後進御於君。雞鳴，樂師擊鼓以告旦，后夫人鳴珮而去。《詩》曰：『威儀抑抑，德音秩秩。』又曰：『隰桑有阿，其葉有幽。既見君子，德音孔膠。』夫婦人以色親，以德固，姜氏之德行，可謂孔膠也。

又　卷二《賢明傳·晉文齊姜》　齊姜者，齊桓公之宗女，晉文公之夫人也。初，文公父獻公納驪姬，譖殺太子申生。文公號公子重耳，與舅犯奔狄適齊，齊桓公以宗女妻之，遇之甚善。有馬二十乘，將死於齊，曰：『人生安樂而已，誰知其他？』子犯知文公之安齊也，欲行而患之，與從者謀於桑下，蠶妾在焉。妾告姜氏，姜殺之，而言於公子曰：『從者將以子行，聞者吾已除之矣。公子必從，不可以貳，貳無成命。自子去晉，晉無寧歲。天未亡晉，有晉國非子而誰？子其勉之！上帝臨子，貳必有咎。』公子曰：『吾不動，必死於此矣。』姜曰：『不可。《周詩》曰：「莘莘征夫，每懷靡及。」夙夜征行，猶恐無及，況欲懷安，將何及矣。人不求及，其能及乎？亂不長世，公子必有晉。』公子不聽，姜與舅犯謀醉，載之以行。酒醒，公子以戈逐舅犯，曰：『若事有濟則可。無所濟，吾食舅氏之肉，豈有饜哉？』遂行，過曹、宋、鄭、楚而入秦。秦穆公乃以兵內之於晉，晉人殺懷公而立公子重耳，是為文公。迎齊姜以為夫人，遂霸天下，為諸侯盟主。君子謂齊姜潔而不瀆，能育君子於善。《詩》云：『彼美孟姜，可與寤言。』此之謂也。

又 卷五《節義傳·楚成鄭瞀》 鄭瞀者，鄭女之嬴媵，楚成王之夫人也。初，成王登臺臨後宮，宮人皆傾觀，子瞀直行不顧，徐步不變。王曰：『行者顧！』子瞀不顧。王曰：『顧，吾以女為夫人。』子瞀復不顧。王曰：『顧，吾又與女千金，而封若父兄子。』瞀遂一顧。於是王下臺而問曰：『夫人，重位也；封爵，厚祿也。一顧可以得之已，得而遂不顧，何也？』子瞀曰：『妾聞婦人以端正和顏為容。今者大王在臺上而妾顧，則是失儀節也。不顧，告以夫人之尊，示以封爵之重而後顧，則是妾貪貴樂利，以忘義理也。苟忘義理，何以事主？』王曰：『善。』遂立以為夫人。

又 卷五《節義傳·楚昭越姬》 楚昭越姬者，越王句踐之女，楚昭王之姬也。昭王讌遊，蔡姬在左，越姬參右，王親乘駟以馳逐，遂登附社之臺，以望雲夢之囿，觀士大夫逐者。既驩，乃顧謂二姬曰：『樂乎？』蔡姬對曰：『樂。』王曰：『吾願與子生若此，死又若此。』蔡姬曰：『昔弊邑寡君固以其黎民之役，事君王之馬足，故以婢子之身為苞苴玩好。今乃比于妃嬪，固願生俱樂，死同時。』王顧謂史書之：『蔡姬許從孤死矣。』乃復謂越姬，越姬對曰：『樂則樂矣，然而不可久也。』王曰：『吾願與子生若此，死若此，其不可得乎？』越姬對曰：『昔吾先君莊公，淫樂三年，不聽政事，終而能改，卒霸天下。妾以君王為能法吾先君，將改斯樂而勤於政也。今則不然，而要婢子以死，其可得乎？且君王以束帛乘馬取婢子於弊邑寡君，受之太廟也，不約死。妾聞之：諸姑婦人以死彰君之善，益君之寵。不聞其以苟從其闇死為榮。妾不敢聞命。』於是王寤，敬越姬之言，而猶親嬖蔡姬也。

居二十五年，王救陳，二姬從。王病，在軍中有赤雲夾日如鳥飛。王問周史，史曰：『是害王身，然可以移于將相。』將相聞之，將請以身禱於神。王曰：『將相之於孤，猶股肱也。今移禍焉，庸為去是身乎？』不聽。越姬曰：『大哉！君王之德。以是妾願從王矣。昔日之遊，淫樂也，是以不敢許。及君王復於禮，國人皆將為君王死，而況於妾乎！請願先驅狐狸於地下。』王曰：『昔之遊樂，吾戲耳。若將必死，是彰孤之不德也。』越姬曰：『昔日妾雖口不言，心既許之矣。妾聞信者，不負其心；義者，不虛設其事。妾死王之義，不死王之好也。』遂自殺。王病甚，讓位於三弟，三弟不聽。王薨於軍中，蔡姬竟不能死。王弟子閭與子西、子期謀曰：『母信者，其子必仁。』乃伏師閉壁，迎越姬之子熊章立，是為惠王。然後罷兵歸，葬昭王。君子謂越姬信能死義。《詩》曰：『德音莫違，及爾同死。』越姬之謂也。

《漢書》卷七六《張敞傳》 居頃之，王太后數出游獵，敞奏書諫曰：『臣聞秦王好淫聲，葉陽后為不聽鄭衛之樂。唐顏師古注：孟康曰：葉陽，秦昭王后也。楚嚴好田獵，樊姬為之不食鳥獸之肉。口非惡旨甘，耳非憎絲竹也，所以抑心意，絕耆欲者，將以率二君而全宗祀也。』

干政攝政

《尚書·牧誓》 王曰：『古人有言曰：「牝雞無晨，漢孔安國《傳》：言無晨鳴之道。牝雞之晨，惟家之索。」《傳》：索，盡也。喻婦人知外事。雌代雄鳴則家盡，婦奪夫政則國亡。唐孔穎達《正義》：《禮記·檀弓》曰：』吾離羣而索居。『則索居為散義。鄭玄云：索，散也。物散則盡，故索為散也。牝鷄，雌也。《爾雅》：飛曰雌雄，走曰牝牡。而此言牝雞者，《毛詩》、《左傳》稱雄狐，是亦『飛』、『走』通也。此以牝雞之鳴，喻婦人知外事，故重申喻。意云：雌代雄鳴則家盡，婦奪夫政則國亡。家，總貴賤為文，言家以對國耳。將陳紂用婦言，故舉此古人之語。紂直用婦言耳，非能奪其政。舉此言者，專用其言，賞罰由婦，即是奪其政矣。婦人不當知政，是別外內之分。若使賢如文母，可以興助國家，則非牝雞之喻矣。今商王受，惟婦言是用。』《傳》：妲己惑紂，紂信用之。

《大雅·瞻卬》 哲夫成城，哲婦傾城。《傳》：哲，知也。《箋》：哲謂多謀慮也，城猶國也。丈夫，陽也，陽動故多謀慮，則成國。婦人，陰也，陰靜故多謀慮，乃亂國。懿厥哲婦，為梟為鴟。《箋》：懿，有所痛傷之聲也。厥，其也，其幽王也。梟、鴟，惡聲之鳥。喻褒姒之言無善。婦有長舌，維厲之階。亂匪降自天，生自婦人。匪教匪誨，時維婦寺。《傳》：寺，近也。《箋》：長舌，喻多言語。是王降大厲之階。階，所由上下也。今王之有此亂政，非從天而下，但從婦人出耳。又非有人教王為亂、語王為惡者，是惟近愛婦人，用其言故也。

《穀梁傳·僖公九年》 九月戊辰，諸侯盟于葵邱。《傳》：葵邱之盟，陳牲而不殺，讀書加于牲上，壹明天子之禁。曰：【略】『毋使婦人與國事。』《集解》：女正位於內。

《左傳·隱公元年》 大叔完聚，繕甲兵，注：完城郭，聚人民。具卒乘，注：步曰卒，車曰乘。將襲鄭。夫人將啓之。注：啓，開也。

又《桓公十三年》 春，楚屈瑕伐羅，鬬伯比送之，還謂其御曰：『莫敖必敗。舉趾高，心不固矣。』遂見楚子曰：『必濟師。』注：難言屈瑕將敗，故以益師諷諫。楚子辭焉。注：不解其旨，故拒之。入告夫人鄧曼，鄧曼曰：『大夫其非衆之謂。注：鄧曼，楚武王夫人。言伯比意不在於益衆也。其謂君撫小民以信，訓諸司以德，而威莫敖以刑也。莫敖狃於蒲騷之役，將自用也，必小羅君。若不鎮撫，其不設備乎？夫固謂君訓衆而好鎮撫之，召諸司而勸之以令德，見莫敖而告諸天之不假易也，注：諸，之也。言天不借貸慢易之人，威莫敖以刑也。不然，夫豈不知楚師之盡行也？』楚子使賴人追之，不及。莫敖使徇于師曰：『諫者有刑！』注：徇，宣令也。及鄢，亂次以濟，注：鄢水，在襄陽宜城縣，入漢。遂無次，且不設備。及羅，羅與盧戎兩軍之，注：盧戎，南蠻。大敗之。莫敖縊於荒谷，羣帥囚于冶父以聽刑。注：縊，自經也。荒谷、冶父，皆楚地。楚子曰：『孤之罪也。』皆免之。

又《莊公四年》 春王三月，楚武王荆尸授師孑焉，以伐隨。注：尸，陳也。荆亦楚也，更為楚陳兵之法。揚雄《方言》：孑者，戟也。然則楚始於此參用戟為陳。將齊，入告夫人鄧曼曰：『余心蕩。』注：將授兵於廟，故齊。蕩，動散也。鄧曼歎曰：『王祿盡矣。盈而蕩，天之道也。先君其知之矣，故臨武事，將發大命而蕩王心焉。注：楚為小國，僻陋在夷。至此，武王始起其衆，僭號稱王，陳兵授師，志意盈滿，臨齊而散。故鄧曼以天地鬼神為徵應之符。若師徒無虧，王薨於行，國之福也。』注：王薨於行，不死於敵。王遂行，卒於樠木之下。注：樠木，木名。

又《僖公十五年》 （九月）秦獲晉侯以歸。**【略】** 穆姬聞晉侯將至，以太子罃、弘與女簡、璧，登臺而履薪焉。注：罃，康公名。弘，其母弟也。簡、璧，罃、弘姊妹。古之宫閉者，皆居之臺，以抗絶之。穆姬欲自罪，故登臺而薦之以薪，左右上下者皆履柴，乃得通。使以免服衰絰逆且告，注：免、衰絰，遭喪之服。令行人服此服迎秦伯，且告將以耻辱自殺。曰：『上天降災，使我兩君匪以玉帛相見，而以興戎。若晉君朝以入，則婢子夕以死；夕以入，則朝以死。唯君裁之！』乃舍諸靈臺。注：在京兆鄠縣，周之故臺，亦所以杜絶，令不得通外内。大夫請以入，公曰：『獲晉侯，以厚歸也。既而喪歸，焉用之？注：若將晉侯入，則夫人或自殺。大夫其何有焉！』注：何有，猶何得。**【略】** 乃許晉平。

又《僖公二十二年》 （冬十一月）丙子晨，鄭文夫人芈氏、姜氏勞楚子于柯澤。注：楚子還，過鄭。鄭文公夫人芈氏，楚女。姜氏，齊女也。柯澤，鄭地。《正義》：以芈是楚姓，姜是齊姓，故云楚女、齊女耳。亦無明文言之。二者共以『夫人』冠之，蓋俱是夫人。禮無二適而有兩夫人者，當時僭恣，不如禮也。楚子使師縉示之俘馘。注：師縉，楚樂師也。俘，所得囚。馘，所截耳。君子曰：非禮也。婦人送迎不出門，見兄弟不踰閾，注：閾，門限。戎事不邇女器。注：邇，近也。器，物也。言俘馘非近婦人之物。丁丑，楚子入饗于鄭。**【略】** 饗畢夜出，文芈送于軍，取鄭二姬以歸。注：二姬，文芈女也。

又《僖公三十三年》 夏四月辛巳，敗秦師于殽，獲百里孟明視、西乞術、白乙丙以歸。**【略】** 文嬴請三帥，注：文嬴，晉文公始適秦，秦穆公所妻夫人，襄公嫡母。三帥，孟明等。曰：『彼實搆吾二君，寡君若得而食之不厭，君何辱討焉？使歸就戮于秦，以逞寡君之志，若何？』公許之。先軫朝，問秦囚。公曰：『夫人請之，吾舍之矣。』先軫怒曰：『武夫力而拘諸原，婦人暫而免諸國，注：暫猶卒也。墮軍實而長寇讎，注：墮，毁也。亡無日矣。』不顧而唾。

又《襄公十四年》 冬十月，衛定公卒。夫人姜氏既哭而息，見大子之不哀也，不内酌飲，歎曰：『是夫也，將不唯衛國之敗，其必始於未亡人。注：定姜言獻公行無禮，必從己始，下言暴妾使余是也。烏呼！天禍衛國也。夫吾不獲鱄也，使主社稷。』注：鱄，衎之母弟。大夫聞之，無不聳懼。孫文子自是不敢舍其重器於衛，注：寶器。盡寘諸戚。注：寘，置也。戚，孫氏邑。

又《襄公十五年》 四月己未，**【略】** 公出奔齊。**【略】** 及竟，公使祝宗告亡，且告無罪。注：告宗廟。定姜曰：『無神何告？若有，不可誣也。注：誣，欺也。定姜，公適母。有罪若何告？無舍大臣而與小臣謀，一罪也。先君有冢卿，以為師保而蔑之，二罪也。余以巾櫛事先君，而暴妾使余，三罪也。告亡而已，無告無罪。』

又《哀公十四年》 宋桓魋之寵，害于公。注：恃寵驕盈。宋林堯叟《句解》：桓魋恃寵驕盈，為景公之患害。公使夫人驟請享焉，注：夫人，景公母也。欲因請討之。

《戰國策》卷一五《楚二》 楚懷王拘張儀，將欲殺之。靳尚為儀謂楚王曰：『拘張儀，秦王必怒。天下見楚之無秦也，楚必輕矣。』又謂王之幸夫人鄭褏曰：『子亦自知且賤於王乎？』鄭褏曰：『何也？』尚曰：『張儀者，秦王之忠信有功臣也。今楚拘之，秦王欲出之。秦王有愛女而美，又簡擇宮中佳麗好翫習音者，以懽從之，資之金玉寶器，奉以上庸六縣為湯沐邑。欲因張儀內之楚王，楚王必愛秦女，依強秦以為重，挾寶地以為資，勢為王妻，以臨於楚。王惑於虞樂，必厚尊敬親愛之而忘子，子益賤而日疏矣。』鄭褏曰：『願委之於公，為之奈何？』曰：『子何不急言王，出張子。張子得出，德子無已時，秦女必不來，而秦必重子。子內擅楚之貴，外結秦之交，畜張子以為用。子之子孫，必為楚太子矣。此非布衣之利也。』鄭褏遽說楚王，出張子。

又 卷五《秦三》 范雎曰：『臣居山東，【略】聞秦之有太后、穰侯、涇陽、華陽，不聞其有王。』

又 卷二一《趙四》 趙太后新用事，秦急攻之。趙氏求救於齊，齊曰：『必以長安君為質，兵乃出。』太后不肯，大臣強諫，太后明謂左右：『有復言令長安君為質者，老婦必唾其面。』左師觸讋願見太后，太后盛氣而揖之。【略】左師公曰：【略】『老臣以媼為長安君計短也，故以為其愛不若燕后。』太后曰：『諾。恣君之所使之。』於是為長安君約車百乘，質於齊，齊兵乃出。

又 卷三〇《燕二》 陳翠合齊、燕，將令燕王之弟為質於齊，燕王許諾。太后聞之，大怒曰：『陳公不能為人之國，亦則已矣，焉有離人子母者？老婦欲得志焉。』陳翠欲見太后，王曰：『太后方怒子，子其待之。』陳翠曰：『無害也。』遂入見太后，曰：『何臞也？』太后曰：『賴得先王鴈鶩之餘食，不宜臞臞者，憂公子之且為質於齊也。』陳翠曰：『人主之愛子也，不如布衣之甚也。非徒不愛子也，又不愛丈夫子獨甚。』太后曰：『何也？』對曰：『太后嫁女諸侯，奉以千金，齎地百里，以為人之終也。今王願封公子，百官持職，羣臣效忠曰：「公子無功，不當封。」今王之以公子為質也，且以為公子功，而封之也。」太后弗聽臣，是以知人主之不愛丈夫子獨甚也。且太后與王幸而在，故公子貴；太后千秋之後，王棄國家而太子即位，公子賤於布衣。故非及太后與王封公子，則公子終身不封矣。』太后曰：『老婦不知長者之計。』乃命公子束車制衣為行具。

又 卷二四《魏三》 朱已謂魏王曰：『今夫韓氏，以一女子，承一弱主，內有大亂，外安能支強秦、魏之兵？王以為不破乎？』宋鮑彪注：此十二年，桓惠立八年矣。元吳師道《補正》：補曰：《大事記》云：《韓世家》不載其事，必是時韓王少，母后用事也。愚按：是時秦宣太后、趙惠文后、齊君王后皆專政，韓亦然也。

又 卷一三《齊六》 襄王立，以太史氏女為王后，生子建。太史敫曰：『女無謀而嫁者，非吾種也，汙吾世矣。』終身不覩。君王后賢，不以不覩之故，失人子之禮也。襄王卒，子建立，為齊王。君王后事秦謹，與諸侯信，以故建立四十有餘年，不受兵。

秦始皇嘗使使者遺君王后玉連環，曰：『齊多知，而解此環不？』君王后以示羣臣，羣臣不知解。君王后引椎，椎破之，謝秦使曰：『謹以解矣。』及君王后病，且卒，誡建曰：『羣臣之可用者某。』建曰：『請書之。』君王后曰：『善。』取筆牘受言。君王后曰：『老婦已亡矣』君王后死後，后勝相齊，多受秦間金玉，使賓客入秦，皆為變辭，勸王朝秦，不脩攻戰之備。

又 卷三二《宋》 謂大尹曰：『君日長矣，自知政，則公無事。漢高誘注：大尹，宋卿也。言宋王年日長大，自能制法布政也，則大尹無復有專政之事也。公不如令楚賀君之孝，則君不奪太后之事矣，注：事，政事也。則公常用宋矣。』注：太后，尹母也。與后共為政，太后不見奪政，則大尹亦不見廢也，故云常用於宋也。

《史記》卷七〇《張儀列傳》 楚懷王至則囚張儀，將殺之。【略】鄭袖日夜言懷王曰：『人臣各為其主用。今地未入秦，秦使張儀來，至重王。王未有禮而殺張儀，秦必大怒攻楚。妾請子母俱遷江南，毋為秦所魚肉也。』懷王後悔，赦張儀，厚禮之如故。

漢·劉向《新序》卷七《節士》 屈原為楚東使於齊，以結強黨。秦國患之，使張儀之楚，貨楚貴臣上官大夫靳尚之屬，上及令尹子蘭、司馬子椒，內賂夫人鄭袖，共譖屈原，屈原遂放於外，乃作《離騷》。

《史記》卷七二《穰侯列傳》　秦武王卒，無子，立其弟為昭王。昭王母故號為芈八子，及昭王即位，芈八子號為宣太后。宣太后非武王母，武王母號曰惠文后，先武王死。【略】昭王少，宣太后自治，任魏冉為政。

又　卷四四《魏世家》　無忌謂魏王曰：【略】『今韓氏以一女子，奉一弱主，內有大亂，外交彊秦、魏之兵，王以為不亡乎？』

《漢書》卷二七中之下《五行志中之下》　秦始皇帝即位尚幼，委政太后。

漢·韓嬰《韓詩外傳》卷二　楚莊王聽朝罷晏，樊姬下堂而迎之，曰：『何罷之晏也？得無飢倦乎！』莊王曰：『今日聽忠賢之言，不知飢倦也。』樊姬曰：『王之所謂忠賢者，諸侯之客歟？中國之士歟？』莊王曰：『則沈令尹也。』樊姬掩口而笑。王曰：『姬之所笑，何也？』姬曰：『妾得於王尚湯沐，執巾櫛，振衽席十有一年矣，然妾未嘗不遺人之梁、鄭之間，求美人而進之於王也。與妾同列者十人，賢於妾者二人。妾豈不欲擅王之寵哉？不敢私願蔽衆美，欲王之多見則娱。今沈令尹相楚數年矣，未嘗見進賢而退不肖也。又焉得為忠賢乎？』莊王旦朝，以樊姬之言告沈令尹，令尹避席，而進孫叔敖。叔敖治楚三年，而楚國霸。楚史援筆而書之於策，曰『楚之霸，樊姬之力也。』《詩》曰：『百爾所思，不如我所之。』樊姬之謂也。

漢·劉向《古列女傳》卷二《賢明傳·楚莊樊姬》　樊姬，楚莊王之夫人也。莊王即位，好狩獵。樊姬諫不止，乃不食禽獸之肉。王改過，勤於政事。王嘗聽朝罷晏，姬下殿迎，曰：『何罷晏也？得無飢倦乎！』王曰：『與賢者語，不知飢倦也。』姬曰：『王之所謂賢者，何也？』曰：『虞丘子也。』姬掩口而笑。王曰：『姬之所笑，何也？』曰：『虞丘子賢則賢矣，未忠也。』王曰：『何謂也？』對曰：『妾執巾櫛十一年，遣人之鄭、衛，求美人進於王。今賢於妾者二人，同列者七人。妾豈不欲擅王之愛寵哉？妾聞堂上兼女，所以觀人能也。妾不能以私蔽公，欲王多見，知人能也。今虞丘子相楚十餘年，所薦非子弟則族昆弟，未聞進賢退不肖，是蔽君而塞賢路。知賢不進是不忠，不知其賢是不智也。妾之所笑，不亦可乎？』王悅。明日，王以姬言告虞丘子，丘子避席，不知所對，於是避舍，使人迎孫叔敖而進之。王以為令尹，治楚三年，而莊王以霸。楚史書曰：『莊王之霸，樊姬之力也。』詩曰：『大夫夙退，無使君勞。』其君者，謂女君也。又曰：『温恭朝夕，執事有恪。』此之謂也。

又　卷一《母儀傳·衛姑定姜》　衛姑定姜者，衛定公之夫人，公子之母也。【略】定公惡孫林父，孫林父奔晉。晉侯使郤犫為請還，定公欲辭。定姜曰：『不可。是先君宗卿之嗣也，大國又以為請，而弗許將亡。雖惡之，不猶愈於亡乎？君其忍之！夫安民而宥宗卿，不亦可乎？』定公遂復之。君子謂定姜能遠患難，《詩》曰：『其儀不忒，正是四國。』此之謂也。

定公卒，立敬姒之子衎為君，是為獻公。獻公居喪而慢，定姜既哭而息，見獻公之不哀也，不內食飲，嘆曰：『是將敗衛國，必先害善人，夫禍衛國也。夫吾不獲鱄也，使主社稷！』大夫聞之皆懼，孫文子自是不敢舍其重器於衛。

鱄者，獻公弟子鮮也，賢。而定姜欲立之，而不得。後獻公暴虐慢侮，定姜卒見逐，走出亡，至境，使祝宗告亡。且告無罪於廟，定姜曰：『不可。若令無神，不可誣有罪，若何告無罪也？且公之行，舍大臣而與小臣謀，一罪也。先君有家卿以為師保，而蔑之，二罪也。余以巾櫛事先君，而暴妾使余，三罪也。告亡而已，無告無罪。』其後賴鱄力，獻公復得反國。君子謂定姜能以辭教。《詩》云『我言惟服。』此之謂也。

鄭皇耳率師侵衛，孫文子卜追之，獻兆於定姜曰：『兆如山林，有夫出征，而喪其雄。』定姜曰：『征者喪雄，禦寇之利也。大夫圖之！』衛人追之，獲皇耳於大丘。君子謂定姜達於事情。《詩》云『左之左之，君子宜之。』此之謂也。

又　卷二《賢明傳·齊桓衛姬》　衛姬者，衛侯之女，齊桓公之夫人也。桓公好淫樂，衛姬為之不聽鄭衛之音。桓公用管仲、甯戚，行霸道，諸侯皆朝而衛獨不至，桓公與管仲謀伐衛。罷朝入閨，衛姬望見桓公，脫簪珥，解環佩，下堂再拜曰：『願請衛之罪。』桓公曰：『吾與衛無故，姬何請耶？』對曰：『妾聞之，人君有三色：顯然喜樂、容貌淫樂者，鐘鼓酒食之色；寂然清静、意氣沈抑者，喪禍之色；忿然充滿、手足矜動者，攻伐之色。今妾望君舉趾高，色厲音揚，意在衛也。是以請之。」桓公許諾。明日臨朝，管仲趨進曰：「君之莅臨朝也，恭而氣下，言則徐，無伐國之志，是釋衛也。」桓公曰：「善。」乃立衛姬為夫人，號管仲為仲父。曰：「夫人治內，管仲治外。寡人雖愚，足以立於世矣。」君子謂衛姬信而有行。《詩》曰：「展如之人兮，邦之媛也。」

又　卷二《賢明傳·秦穆公姬》　穆姬者，秦穆公之夫人，晉獻公之女，太子申生之同母姊。與惠公異母，賢而有義。獻公殺太子申生，逐羣公子，惠公號公子夷吾，奔梁。及獻公卒，得因秦立。始即位，穆姬使納羣公子，曰：「公族者，君之根本。」惠公不用，又背秦賂。晉饑，請粟於秦，秦與之；秦饑，請粟於晉，晉不與。秦遂興兵與晉戰，獲晉君以歸。秦穆公曰：「掃除先人之廟，寡人將以晉君見。」穆姬聞之，乃與太子罃、公子弘，與簡、璧，衰絰履薪以迎，且告穆公曰：「上天降災，使兩君匪以玉帛相見，乃以興戎。婢子娣姒不能相教，以辱君命。晉君朝以入，婢子夕以死。惟君其圖之！」公懼，乃舍諸靈臺。大夫請以入，公曰：「獲晉公，以功歸。今以喪歸，將焉用？」遂改館晉君，饋以七牢而遣之。

又　卷三《仁智傳·許穆夫人》　許穆夫人者，衛懿公之女，許穆公之夫人也。初，許求之，齊亦求之，懿公將與許，女因其傅母而言曰：「古者諸侯之有女子也，所以苞苴玩弄，繫援於大國也。言今者，許小而遠，齊大而近。若今之世，强者為雄。如使邊境有寇戎之事，維是四方之故，赴告大國，妾在，不猶愈乎？今舍近而就遠，離大而附小，一旦有車馳之難，孰可與慮社稷？」衛侯不聽，而嫁之於許。其後翟人攻衛，大破之，而許不能救。衛侯遂奔走涉河，而南至楚丘。齊桓往而存之，遂城楚丘，以居衛侯。於是悔不用其言。當敗之時，許夫人馳驅而弔唁衛侯，因疾之而作詩云：「載馳載驅，歸唁衛侯。驅馬悠悠，言至於漕。大夫跋涉，我心則憂。」「既不我嘉，不能旋反。視爾不臧，我思不遠。」君子善其慈惠而遠識也。

又　卷六《辯通傳·齊威虞姬》　虞姬者，名娟之，齊威王之姬也。威王即位九年，不治，委政大臣。佞臣周破胡專權擅勢，嫉賢妬能。即墨大夫賢而日毁之，阿大夫不肖反日譽之。虞姬謂王曰：「破胡，讒諛之臣也，不可不退。齊有北郭先生者，賢明有道，可置左右。」破胡聞之，乃惡虞姬，曰：「其幼弱在於閭巷之時，嘗與北郭先生通。」王疑之，乃閉虞姬於九層之臺，而使有司即窮驗問。破胡賂執事者，使竟其罪，執事者誣其辭而上之。

王視其辭，不合於意，乃召虞姬而自問焉。虞姬對曰：「妾娟之幸得蒙先人之遺體，生於天壤之間，去蓬廬之下，侍明王之譙泥，附王著薦牀蔽席，供職掃除，掌奉湯沐，至今十餘年矣。惓惓之心，冀幸補一言，而為邪臣所擠，湮於百重之下。不意大王乃復見，而與之語。妾聞玉石墜泥不為污，柳下覆寒女不為亂。積之於素雅，故不見疑也。經瓜田不躡履，過李園不正冠。妾不避此，罪一也。既陷難中，有司受賂，聽用邪人，卒見覆冒，不能自明。妾聞寡婦哭城，城為之崩；亡士嘆市，市為之罷。誠信發內，感動城、市。妾之寃明於白日，雖獨號於九層之內，而衆人莫為毫釐。此妾之罪二也。既有污名，而加此二罪，義固不可以生；所以生者，為莫白妾之污名也。且自古有之：伯奇放野，申生被患，孝順至明，反以為殘。妾既當死，不復重陳。然願戒大王：羣臣為邪，破胡最甚。王不執政國，殆危矣。」於是王大寤，出虞姬，顯之於朝市。封即墨大夫以萬户，烹阿大夫與周破胡。遂起兵，收故侵地，齊國震懼。人知烹阿大夫，不敢飾非，務盡其職，齊國大治。君子謂虞姬好善。《詩》云：「既見君子，我心則降。」此之謂也。

論說

漢·鄭玄《駁五經異義·聖人感天而生》　《異義》：《詩》齊、魯、韓，《春秋公羊》說：聖人皆無父感天而生。《左氏》說：聖人皆有父。謹案《堯典》「以親九族」，即堯母慶都感赤龍而生堯，堯安得九族而親之？《禮讖》云：唐五廟。知不感天而生。

駁曰：諸言感生則無父，有父則不感生，此皆偏見之說也。《商頌》曰：「天命玄鳥，降而生商。」謂娀簡狄吞鳦子生契，是聖人感生見於經之明文。劉媪是漢太上皇之妻，感赤龍而生高祖，是非有父感神而生者也？且夫蒲盧之氣嫗煦，桑蟲成為己子，况乎天氣因人之精，就而神之，反不使子賢聖乎？是則然矣，又何多怪？

又《補遺·人君年幾而娶》 《異義》：今《大戴禮》說：男三十，女二十有婚嫁，合為五十，應大衍之數。自天子達於庶人，同也。《春秋左傳》說：人君十五生子，禮也。二十而嫁，三十而娶，庶人禮也。《禮》：大夫為婦之長殤，長殤十九至十六。知夫年十四、十五，見《士婚禮》也。謹案：舜生三十不娶，謂之鰥。《禮·文王世子》曰：文王十五而生武王。武王尚有兄伯邑考。故知人君早婚娶，不可以年三十，所以重繼嗣也。

魏·鄭小同《鄭志》卷下 玄鳥至之日，以太牢祠于高禖。注曰：高辛氏之世，玄鳥遺卵，娀簡狄吞之，而生契。後王以為媒官嘉祥，而立其祠焉。王權問曰：以注言之，先商之時未有高禖。《生民》詩曰：『克禋克祀，以弗無子。』《傳》以為古者必以高禖為姜嫄禋祀上帝而生稷，是則高禖之祀，非以生契後立之也。焦喬答云：先契之時，必自有禖氏祓除之祀位，在于南郊。蓋以玄鳥至之日，祀之矣。然其禋祀，乃于上帝也。娀簡狄吞鳳子之後，後王為媒官嘉祥，祀之以配帝，謂之高禖。

《後漢書》卷一〇上《皇后紀上》 自古雖主幼時艱，王家多釁，必委成冢宰，簡求忠賢，未有專任婦人，斷割重器。唯秦芈太后始攝政事，故穰侯權重於昭王，家富於嬴國。唐李賢注：太后，昭王母也，號宣太后。《史記》曰：昭王立，年少，宣太后自知事。以同母弟魏冉為將軍任政，封為穰侯。太后攝政，始於此也。

唐·孔穎達《毛詩·大雅·生民》正義 經言『禋祀』，未知所祀之神，故云古者必立郊禖焉，言此祀，祀郊禖也。知者，以婦人無外事，不因求子之祭，無有出國之理。又禋祀以求子，唯禖為然，故知禋祀是祀禖也。既言所祀之神，因言其祭之禮，自『玄鳥至之日』以下，皆《月令》文。所異者，唯彼『郊』作『高』耳。玄鳥，燕也。燕至在春分二月之中。燕以此時感陽氣，來集人堂宇。其來主為産乳蕃滋，故王者重其初至之日，用牛、羊、豕之太牢，祀於郊禖之神。蓋祭天而以先禖者配之，變祀。言禖者，神之也。其祭之時，天子親自身往，敬其事，故親祭之。於時后妃率九嬪從之而往，侍御於祭焉。天子內宮有后也，夫人也，嬪也，世婦也，女御也，而獨言九嬪者，以后是內宮之主，須后妃率之，五等則九嬪居中，舉中而言，明百二十人皆往也。未有孕而往者，求其早有孕也。內宮百二十人，周之制也。高辛之時，未有此數。因《禮》之成文，而引之耳。於祀之時，乃以醴酒，禮天子所御，謂已被幸有娠者也。使大祝酌酒，飲之於郊禖之庭，以神之惠，光顯之也。既飲之酒，又帶以弓之韣衣，授以弓矢，使執之於郊禖之前。弓矢者，男子之事，使之帶弓衣，執弓矢，冀其所生為男也。

又《小雅·采綠》正義 《內則》云：『妾雖年老，未滿五十，必與五日之御。』是《傳》之所據也。《傳》以彼文不辨尊卑，則通及庶人。王肅云：五日一御，大夫以下之制。《傳》意或然也。其天子、諸侯御之日數，則《傳》無文焉。婦人之思夫，必過時乃怨曠。毛雖云五日一御，不必夫行六日，便即怨也。當是假御之期日，以喻過時耳。孔晁曰：《傳》因以行役過時，刺怨曠也。故先序家人之情，而以行役者六日不至，為過期之喻，非止六日。毛意當然也。鄭五日之御則不然。故《內則》注云：五日一御，諸侯制也。諸侯取九女，姪娣兩兩而御，則三日；次兩媵，則四日；次夫人專夜，則五日也。是鄭以五日為諸侯制，非大夫以下御婦人之日限也。其天子，則天官『九嬪』掌婦學之法，以教九御。注云：自九嬪以下，九九而御於王。凡羣妃御見之法，月與后妃其象也。卑者宜先，尊者宜後。女御八十一人當九夕，世婦二十七人當三夕，九嬪九人當一夕，三夫人當一夕，后當一夕，亦十五日而徧云。自望後反之。孔子云：日者天之明，月者地之理。陰契制，故月上屬為天，使婦從夫，放月紀。是鄭差後宮之數為天子御日之文也。以御女八十一人而言，九御知當九夕，以數準之，故九嬪以下皆九人當一夕也，夫人自然三人當一夕，是十五日一徧，與望數相當，故云然。亦者，亦望之日數，以其相當，故因引孔子之言以證之。后皆取其盛者，故知卑者宜先，謂月初也。望後則月光盛，故知反之。是以《內則》之注，亦先姪娣，從卑者起，由準此也。諸侯夫人則亦望前先卑，望後先尊，至望而夫人三進，望後亦如之。

唐·賈公彥《周禮·天官·九嬪》鄭《注》疏 云凡羣妃御見已下，無正文。鄭以意消息。婦人者陰，象月紀，故月與后妃共象也。云卑者宜先，尊者宜後者，案《禮運》云：三五而盈，三五而闕。后以下法之，故從微嚮著，卑者宜先；從著嚮微，卑者宜後也。云亦十五日而徧云者，言『亦』者，亦上居宮；言『云』者，亦無正文，故以『云』疑之也。云孔子云已下者，《孝經援神契》文。但彼是孔子所作，故言『孔子云』也。云日者天之明者，本合在天；云月者地之理者，本合在地。今以陽尊而陰卑，月乃爲天契制所使，故云陰契制，上屬爲天使，是以月上屬於天，隨日而行。云婦從夫，放月紀者，解后已下就王燕寢而御之意。

《北史》卷一四《后妃列傳下》 論曰：【略】至如后稷禀靈，巨迹神元，生自天女，克昌來葉，異世同符。

《舊唐書》卷九一《桓彥範傳》 彥範嘗表論時政數條，其大略曰：昔孔子論《詩》，以《關雎》為始，言后妃者，人倫之本，理亂之端也。故皇英降而虞道興，任姒歸而姬宗盛。桀奔南巢，禍階妹喜；魯桓滅國，惑以齊媛。【略】臣愚，歷選列辟，詳求往代，帝王有與婦人謀及政者，莫不破國亡身，傾輈繼路。且以陰乘陽，違天也；以婦凌夫，違人也。違天不祥，違人不義。由是古人譬以牝雞之晨，惟家之索。《易》曰：『无攸遂，在中饋。』言婦人不得預於國政也。

宋·李覯《旴江集》卷五《周禮致太平論·內治第四》 女御掌御敘於王之燕寢，凡羣妃御見之法，月與后妃其象也。卑者宜先，尊者宜後，十五日而徧，自望後反之。其不使九嬪、世婦掌之而使女御者，防上之專妬也。蓋以女御官卑，不敢嫉妬自專，則九九之法行矣；九九之法行，則內無怨女而子孫衆多矣。

夫飲食男女，人之大欲。一有失時，則為怨曠。《七月》『女心傷悲』，《東山》『婦歎于室』。君子擅於人情，周道所以興也。安得聚少艾之色，幽於深宮之中而無進御之路，則其性情之所感動何如哉？四時何以能和？百神何以降福？至於繼嗣，社稷之重事。甚有寵之人，或不宜子，非廣其禮，將無及也。【略】然則九九而御，使無專妬者，聖人之意遠矣。

又《內治第五》 哀公問曰：『冕而親迎，不已重乎？』孔子愀然作色而對曰：『合二姓之好，以繼先聖之後，以為天地、宗廟、社稷之主，君何謂已重乎？』然則先王之所以重昏禮，為其主祭祀也。祭祀之禮，豈唯致齋於內，會君於廟，服副褘於東房，執璋瓚而亞祼，酌瑤爵，進玉齍，薦、徹豆籩，以嘉魂魄而已乎？是禮之末節，一日可為者也。必竭力從事，然後為至焉。故『內宰』中春詔后帥外內命婦，始蠶於北郊，以為祭服；又上春詔王后帥六宮之人而生穜稑之種，獻之於王。夫普天王土，率土王臣，蠶者非一女也，將以為王服有不足乎？而后且親蠶其夫，以事先舅先姑，敢不用力焉，不可以為婦道也？耕者非一男也，將以為祭盛有不足乎？而后且佐耕其夫，以事先舅先姑，敢不用力焉不可以為婦道也？王后之尊而親蠶，天下之女子有不遵微行、求柔桑者乎？王后之尊而佐耕，天下之女子有不饁南畝、喜田畯者乎？王后之尊而為婦道，天下之女子有不承先祖、共祭祀者乎？明王之以孝治天下，此其一助也。而況不知耕之勞，則以為田自生穀；不知蠶之苦，則以為桑自生絲。自古愚婦人糞土貨財，焦爛府庫，農夫病，工女死而求之不已者，不知民事之難也。

宋·唐仲友《帝王經世圖譜》卷一一《親蠶勸課之譜》 先王之勸農桑，兼有之矣。王親耕，后親蠶，大狗者三，省婦使以勸蠶事，蓋取諸《觀》，取諸《井》乎！獻種而耕於孟春，省斂於秋；薦衣而蠶於季春，獻繭於夏。絲事畢而麻事起，其取諸《革》乎！【略】三推、三盆手而下，降殺有等。自農師至于王，先後有序；玄紞至于衣其夫，尊卑有倫，其取諸《賁》乎！不特此耳。祈而後耕，薦而後蠶，天人因成之理也。后獻種而王耕，天子薦衣而后蠶，陰陽始終之義也。上之愛民若此，民其忍不從乎？上之率民若此，民其能不從乎？上之防民若此，民其敢不從乎？周之政，本末兼舉如此。故譜而次之，見其本末焉耳。

宋·范祖禹《范太史集》卷二三《家人卦》 《六二》曰：无攸遂，在中饋，正吉。何謂也？《坤》之《文言》曰：地道也，妻道也，臣道也。地道無成而代有終也。陰不為倡，陽不為和，故坤道柔順承天，而時行妻道，无攸遂，在中饋，則正而吉矣。古者女子十年不出，姆教婉娩聽從。執麻枲，治絲繭，織紝組紃，學女事，以供衣服；觀於祭祀，納酒漿、籩豆、菹醢，禮相助奠。后妃在父母家，則志在於女功之事，恭儉節用，服澣濯之衣，尊敬師傅。故《關雎》美后妃之德，其職在於供荇菜，備庶物，以奉宗廟。又當輔佐君子，內有進賢之志而無險詖私謁之心。《關雎》之化行，則諸侯之夫人采蘩于沼沚，用之公侯之事；大夫之妻亦采蘋藻，盛之筐筥，湘之錡釜，以供祭祀之用，皆無攸遂，在中饋之事也。三代之亡，皆以孽女亂政，不修其職而預外事。故武王數紂曰：古人有言曰：『牝雞無晨，牝雞之晨，惟家之索。今商王受，惟婦言是用。』詩人刺幽王曰：『哲夫成城，哲婦傾城。婦有長舌，惟厲之階，亂匪降自天，生自婦人。』又曰：『赫赫宗周，褒姒滅之。』皆反此者也。

宋·陳祥道《禮書》卷三〇《公桑蠶室》 天子、諸侯之禮，文而有辨。故耕於南郊、東郊。王后、夫人之禮，質而少變，故皆蠶於北郊。公桑蠶室，近川為之，以其便於浴蠶也。築宮，仞有三尺，棘墻而外閉之，所以謹於養蠶者也。其始也，天子薦鞠衣于先帝，以告將蠶。『内宰』詔后帥内、外命婦以趨蠶事。而后之首飾以編，服以鞠衣，屨以黄屨，車以翟車貝面，組總有握，及郊享先蠶，然後東鄉而躬桑焉。鄭氏曰：東鄉者，鄉時氣也。是明其不常留養，而留養者所卜夫人與世婦也。考之《祭義》：諸侯卜三宮之夫人、世婦之吉者，使入蠶室。則后不常留養，可知也。及繭之成，夫人副褘受之，三盆手。則后亦副褘受之而三盆手，可知也。

躬桑，后夫人之事耳。天子必薦鞠衣，君必皮弁素積，卜三宮夫人、世婦使入蠶室者，内外相成之義也。故建國，則王立朝，后立市；祭祀，則王裸獻，后亞之；賓客，則王致酒，后致飲；以至王耕藉，后獻種；王射牲，后舂盛。則后夫人之躬桑，王與諸侯不可不與之也。躬桑不過鞠衣，而受繭必以副褘者，重繭之成也。繅必三盆手者，禮成於三也，三盆手猶王藉之三推也。然後布于三夫人、世婦之吉者使繅，遂朱綠之，玄黄之，以為祭服，猶庶人之終畝也。

又 卷七九《粢盛》 蓋祭祀之禮，貴於出力以致養。故王耕耤，后獻種，夫人親桑，君卜三宮夫人、世婦之吉者，蠶于蠶室，夫婦相成，以盡志力，而後可以交於鬼神，則舂盛，固所以自盡也。然王耕耤不過三推，夫人繅絲不過三盆，則舂盛之禮，蓋亦如此。

宋·陳暘《樂書》卷一九一《樂圖論·吉禮·祠高禖》 求福莫大於寧神，寧神莫大於宮廟。高禖宮廟，自古有之。臣謹按《周禮·大司樂》：奏夷則，歌小呂，舞《大濩》，以享先妣；奏無射，歌夾鍾，舞《大武》，以享先祖。先妣序先祖之上，則姜嫄先祖所自出。後世時祀，以為禖神。故周之七廟，而守祧八人，則兼守姜嫄宮故也。魯公亦立閟宮於前，僖公新其廟於後，故其《詩頌》『閟宮有侐』，終之以『新廟奕奕』。《月令》：仲春之月，玄鳥至之日，禮天子所御，帶以弓韣，授以弓矢于高禖之前。鄭康成以為禮之於庭，蓋有廟必有庭，未有庭而不廟者也。康成在漢，去周未遠，其傳聞尤詳，則享高禖姜嫄之神，天子親往，后帥九嬪御，宜在交覆重闈之中，備禮樂以祠之，然後其神安樂而兆嘉祥矣。

宋·王楙《野客叢書》卷二九《後宮嬪御》 古者天子一后、三夫人、九嬪、二十七世婦、八十一女御。自世婦以下，不過備後宮侍御給使之役而已，豈必皆在寵幸之數？《毛詩正義》謂百二十人排次當夕，各有定期，半月周徧。此說似拘。其說引《内則》『妾雖老年，未滿五十，必與五日之御。』五日不御，則怨曠。故諸侯之制，五日一御九女。姪娣，兩兩而御，則三日；次兩媵，則四日；次夫人專夜，則五日也。天子則自九嬪以下，九九而御，卑者宜先，尊者宜後。御女八十一人當九夕，世婦二十七人當三夕，九嬪九人當一夕，三夫人當一夕，十五夕而徧。自望後反之。以御女八十一人而言，九御知當九夕，以數準之，故九嬪以下，皆九人當一夕也。夫人自然當一夕。是十五日一徧，三十日再徧。與望數相期，當以九人當一夕，半月之間，百二十人俱徧；後半月復然，周而復始。其說如此，不知其果然乎？今貴公子多畜姬媵，倚重於區區之藥石，伐真氣而助彊陽，非徒無益，反以速禍。雖明理君子，如韓退之有所不免。情慾之不可制如此，故士大夫以粉白黛綠喪身殞命，何可勝數！前覆後繼，曾不知悟。射工狐狸工於迷人，正自不能不爾。嗚呼！安得廣成子之術告之哉？

宋·薛季宣《浪語集》卷三二《周永巷箴》 惟宣王受命，嗣周家大曆服。始年王慵怠于勤，早息晏朝，寖荒于厥度。臣后咸諫，王惛未克改。宣后晨起出于房，褫簪珥，囚服永巷。命姆傅通辭于王曰：嗚呼！德亡常保，存于克勤。邦無常安，危于怠荒。勤厥德，有天位。不勤厥政，天命乃移。丕顯我烈祖文王，造邦自西夏，克虔共祇畏，修后稷、公劉之業，不遑暇食，即康功田功，惠康小民，不敢自暇自逸。刑于寡妻，至於兄弟，以御于家邦。皇天降監，用集天命，於我有周。肆成王沖幼紹統，不知稼穡之艱難，周公作《無逸》，稱殷三后，越我太王、王季、文王之事。王克自寅畏，厥今稱明后惟成王。今王繼汾王之業，遭家不造，危如懸石之綸。兢兢業業，自宵至於明不寐，庸聽朝于庭燎。亦惟曰殆哉！今王其如台。乃晝居於內，肆鼓師告旦，猶弗越于宮闈。茲惟妾墮敬于身，淫心外見，用沉溺我有命，棄周禮于昌朝，忘勤之德，爰示民以內好。周邦岌岌，幾不至於亡。嗚呼戒哉！我聞曰：惟色之好，其流必奢，奢樂困窮，我興受其亂。亂原之自，發于婢子之身。今王其命之，妾敢逃其罪？王拜手稽首曰：余一人不勤于德，實自生過。過惟自作，我后伊何？今詒我賢后之憂。余敬用祇懼，惟王后反初服，我自今日新。后拜手稽首曰：今王命矣，妾其俟旦于明星。女史書王后之言，用述箴于永巷。

粵惟古初，明王作制，晝即于朝，宵居于內，朝以問政，內以就安，出入惟時，曰予敬天。惟昔先正，周有文公，爰及朝儀，以節不中。雞人司晨，鼓師戒旦，王于出朝，不共曰晏。寅餞納日，燭炳王歸，銀環迭進，女職不違。陰教之修，禮成道至，民有攸儀，德用不匱。三后在天，實基周命。《周南》、《召南》，發之歌詠。思齊思媚，亦嗣徽音。參十亂臣，纘武詒今。如何我王，忘祖之烈？東方明矣，怠而不出，無朝無夜，耽樂于房，簡禮酣眠，濱于色荒。永惟姜后，共德之行，永巷脫簪，聞辜于王。后曰『於乎！淫端我見，不曰雞鳴，酖王于燕。』王拜稽首：『后言孔昌，膏肓疾箴，敬哉不忘。』勉勉王后，則惟良偶。勤于庭燎，以光九有。不即于非，不愆于儀。為周世宗，今王是宜。

於乎永巷，在王之宮。戒爾後人，眂此德風。莫昭燕私，莫聞鼓鐘。閨闥之容，萬民式從。好移其內，德衰于外，惟其財之，物不兩大。婦人之悅，近而非遠，蔽于一方，俾予正反。奢淫驕嫉，交敗王綱，女言是聽，無或不亡。毋曰宮中，四方攸同。毋曰吾內，王人無外。乾剛坤静，諸侯井井。一怠于常，其傷必永。允百君子，敬之敬之。曾是云怠，大命以墮。在后末喜，臣莫不憎，坐膝王朝，而夏家乃傾。王受即位，淫樂沙丘，對于妲己，而懸頭二白之旗。殷監不遠，近有先王。史妾司言，敢告執方。

宋·葉夢得《春秋考》卷一〇《莊公》 或疑后夫人無見大夫之禮，吾以宗廟亞獻為證，未足以為據，是不然。凡周官王后接外之事，非止祭祀，蓋賓客無不預焉。故賓客，祼獻瑶爵皆贊者，『內宰』之職也。凡賓客，共后之衣服者，『內司服』之職也。若不見之，則何以相交乎？以后之衣服者，人固當然矣。故《禮》言大饗廢夫人之禮，自陽侯殺繆侯而竊其夫人，則古者夫人蓋享諸侯。吾以『大宗伯』言『大賓客，王后不預，則攝而載祼。』意謂同姓則親，異姓則攝，猶或有之。以為不見大夫，則非也。

宋·張栻《南軒集》卷八《經筵講議》 臣嘗考周家建國，自后稷以農事為務，歷世相傳。其君子則重稼穡之事，其室家則躬織紝之勤，相與咨嗟歎息，服習乎艱難，詠歌其勞苦，此實王業之根本也。如周公之告成王，其見於《詩》，有若《七月》，皆言農桑之候也。其見於《書》，有若《無逸》，則欲其知稼穡之艱難，知小人之依也。臣以為帝王所傳心法之要，端在乎此。夫治常生於敬謹，而亂常起於驕肆。使為國者而每念乎稼穡之勞，而其后妃又不忘乎織紝之事，則心不存焉寡矣。何者？其必嚴恭朝夕而不敢怠也，其必懷保小民而不敢康也，其必思天下之飢寒若己飢寒之也。是心常存，則驕矜放肆，何自而生？豈非治之所由興也歟？美哉！周之家法也。

聖哲相繼，固不待論。而其后妃之賢見於簡編，太王之妃則姜女也，而文王之母則太任，妃則太姒，而武王之后義邑姜也，皆助其若子，焦勞于內，以成風化之美。觀后妃，則太王、文、武之德可知矣。以此垂世，而其後世猶有若幽王者，惑褒姒而廢正后，以召犬戎之禍，而詩人刺之曰：『婦無公事，休其蠶織。』蓋推其禍端，良由稼穡、織紝之事不聞於耳，不動於心，以至於此。故誦『服之無斁』之章，則知周之所以興；誦『休其蠶織』之章，則知周之所以衰。其得失所自，豈不較著乎？以是意而考秦漢以下，其治亂成壞之源皆可見矣。

宋·呂祖謙《左氏傳說》卷一《桓公·鄧曼謂鬬伯比非衆十三年》 楚屈瑕伐羅，鬬伯比送之，還謂其御曰：『莫敖必敗』云云，入告夫人鄧曼。鄧曼曰：『大夫其非衆之謂。』看此一段，便見得楚之在當時，所謂盜亦有道。夫楚，夷狄之國耳。以夷狄而憑陵諸夏，其强如此，其盛如此者，豈不以亦有其道哉：觀當時，內則有鄧曼之賢以為之助，內强可知；外則有闕廉伯比之智以為之謀，外强可知。內外俱有人，所以到得如此强盛地位。蓋《大學》之道，必本於家齊，而《二南》之化，亦首於《關雎》，豈非所謂盜亦有道乎！

宋·呂祖謙《大事記解題》卷五《周赧王》 五十年，齊楚攻魏。《解題》曰：《韓世家》不載其事。必是時韓王少，母后用事也。

宋·洪邁《容齋隨筆》卷七《姜嫄簡狄》 毛公注《生民》詩姜嫄生后稷，『履帝武敏歆』之句曰：從於高辛帝而見於天也。《玄鳥》詩『天命玄鳥，降而生商』之句曰：春分玄鳥降，簡狄配高辛帝，帝與之祈于郊禖而生契。故本其為天所命，以玄鳥至而生焉。其說本自明白。至鄭氏《箋》始云：帝，上帝也。敏，拇也。祀郊禖時，有大人之迹，姜嫄履之，足不能滿，履其拇指之處，心體歆歆然，如有人道感己者，遂有身，後則生子。又謂鳦遺卵，簡狄吞之而生契。其說本於《史記》謂姜嫄出野，見巨人跡，忻然踐之，因生稷。簡狄行浴，見燕墮卵，取吞之，因生契。

此二端之怪妄，先賢辯而闢之，多矣。歐陽公謂稷、契非高辛之子，毛公於《史記》不取履迹之怪，而取其訛繆之世次。按《漢書》：毛公治《詩》，為河間獻王博士。然則在司馬子長之前數十年，謂為取《史記》世次，亦不然。蓋世次之說，皆出於《世本》，故荒唐特甚。其書今亡。夫適野而見巨迹，人將走避之不暇，豈復故欲踐履，以求不可知之機祥？飛鳥墮卵，知為何物？而遽取吞之。以古揆今，人情一也。今之愚人未必爾，而謂古聖人之后妃為之，不待辨而明矣。

宋·洪邁《容齋四筆》卷一《關雎不同》 《關雎》為《國風》首，毛氏列之於三百篇之前。《大序》云：后妃之德也。而《魯詩》云：后夫人雞鳴，佩玉去君所。周康王后不然，故詩人歎而傷之。《後漢·皇后紀序》：康王晏朝，《關雎》作諷，蓋用此也。顯宗永平八年詔云：昔應門失守，《關雎》刺世。注引《春秋説題辭》曰：人主不正，應門失守，故歌《關雎》以感之。宋均云：應門，聽政之處也。言不以政事為務，則有宣淫之心。《關雎》樂而不淫，思得賢人，與之共化，修應門之政者也。薛氏《韓詩章句》曰：詩人言雎鳩正潔疋，以聲相求，隱蔽于無人之處。故人君退朝，入于私宮，后妃御見有度。應門擊柝，鼓人上堂，退反燕處，體安志明。今時大人內傾於色，賢人見其萌，故詠《關雎》之詩，淑女正容儀以刺時。三說不同如此。

宋·羅願《羅鄂州小集》卷二《內官問》 曰：然則御敘之法奈何？曰：先儒以王后以下，分為十五夕。其實不然。夫內寵無並后，以王后之尊而下至與庶妾更進迭退，一月而再見，其為降也甚矣。古以貴賤為接見之疏數，故《小星》云：『肅肅宵征，夙夜在公。』又云：『肅肅宵征，抱衾與裯。』夙夜在公，貴者也，故其接也數。抱衾與裯，賤者也，故其去也亟。以禮言之，天子之后每夕皆進于王，所以正內治，故《詩序》云『賢妃貞女，夙夜警戒』是也。取於休沐之義，以五日一休，一嬪與其御進；又五日一休，一嬪又與其御進，凡四十有五日，而九嬪畢見。凡一時而再見，凡一歲而八見，此嬪御進見之大數也。自諸侯、大夫以下，其妾媵有多少，然皆用五日之制，《內則》曰『妾雖老，年未滿五十，必與五日之御』是也。

宋·真德秀《大學衍義》卷三七《齊家之要一·重妃匹·賴規警之益》 臣按宣王所以能復文、武之業者，由姜后之賢，庶幾乎任、姒也！古者后夫人入御於君，雞初鳴，太師奏雞鳴于陛下。夫人鳴佩玉於房中，告去也。應門擊柝，告辟也。然則古之夙興，莫不以雞鳴為節。宣王當興衰撥亂之際，顧乃早卧而晏起，此姜后所以規之也。宣王自是勤于政事，周以復興。內助之力，胡可少哉？

臣按樊姬而下，或諸侯之配，或嬪御之列，而能知古者。賢妃貞女警戒其君之道，其可尚者，故附著焉。宮掖之中誠得如是之人，日陳規益，庶其有補乎！不然，鮮不以狡媚蕩其君心者。

又 卷三八《齊家之要二·嚴內治·宮闈預政之戒》 《春秋傳》：齊桓公葵丘之盟曰：『毋使婦人預國事。』

臣按春秋之世，婦人擅寵於內者多矣，而未聞預政於外者也。葵丘之盟，可為萬世之戒者三：曰毋易樹子，適子也。毋以妾為妻，而此其一也。及戰國時，秦芈太后、齊君王后始預國事，見於史。

宋·葉時《禮經會元》卷二下《內政》 『太宰』，佐王統百官者也，而其分職率屬，不惟統王朝，而王宮之政得與焉；不惟統王宮，而王寢之政亦及焉；不惟及王寢，而王宮之政亦屬焉。此見宮中、府中合為一體，而大臣無所不統也。蓋天下之治，自閨門衽席之微而達之於朝廷表著之位；自朝廷表著之，近而達於鄉田井牧之間，未有內不理而外能順，家不齊而國自治者。文王造周，由兄弟而家邦，自刑寡妻始；由邦國而鄉人，自正夫婦始。成王、周公之守家法，其可不於王內政令致謹乎？

今以『內宰』考之：掌宮中閽寺子弟之版與宮中官府形象之圖，分官吏子弟之人與奄奚胥徒之民，均其稍食而使居之。正歲則又均其稍食，稽其功事，憲禁令于北宮而糾其守，則后宮之守衛嚴矣。歲中則會內人之稍食，稽其功事，必無冗食之人。佐后而獻功者，比其小大麤良而賞罰之，必無廢功之職。至於內宮，自夫人以下之財用，又從而會計之，則后宮之會計嚴矣。大祭祀，后當祼、獻，則贊瑤爵，正后副禕之服、房戶之位，而詔其薦、徹之禮與樂相應之儀；又贊九嬪左右薦、徹之禮事，而王后祭祀之事嚴矣。凡賓客，后當亞獻，則贊祼獻瑤爵，致后所致；諸侯來朝，與賓客之禮，而王后賓客之事嚴矣。上春則詔王后帥六宮之人而生穜稑之種，而獻之于王，地官『舍人』共之，則后宮重農勸耕之禮行矣。仲春詔后帥外內命婦始蠶于北郊，以為祭服，而后宮親蠶示孝之禮行矣。凡此，皆王之所以治國者，今『內宰』以之而佐后；皆『太宰』之所以治府者，今『內宰』以之而理宮，又況以陰禮教六宮九嬪，則后宮之人無不由乎禮；以婦職之法教九御，則后宮之人無不共其職。禁其奇衺，無邪行也；展其功緒，無廢事也。一則曰均其稍食，分其人民；二則曰會其稍食，稽其功事；三則曰均其稍食，施其功事，無浮食也。『內宰』以下大夫二人，而佐王治內之政如此，家法其有不齊乎？

不特此耳。『內小臣』掌后食，正其服位，后出入則前驅，則猶王之『太僕』也。『內豎』掌外內通令，凡小事，則猶王之『小臣』也。『閽人』掌王宮中門之禁，幾其出入，以時啓閉，則宮人之禁嚴矣。『寺人』掌內人女宮之戒令，相導其出入而糾之，則宮庭之糾察密矣。王有『太祝』，后亦有『女祝』；王有『太史』，后亦有『女史』；王有『司服』，后亦有『內司服』；王有『弁師』，后亦有『追師』。特外以士人為之，內以奄、奚為之，以內外之不相混，宮庭之不容雜處也。以至『典婦功、絲、枲』三官，此后宮女功事也，亦用士人為之，是以外人而稽女功也。『染人』、『追師』、『屨人』三官，此后宮服飾事也，亦用士人為之，是以外人而治服飾也。此最人主奢儉所繫，后宮風化所關，非士人為之，則害國政矣。

大抵王、后，均體者也。王聽男教，后聽婦順。王理陽道，后治陰德。王聽外治，后聽內職。王之於后，如日之於月，陽之於陰，相須而後成者也。是故古者天子立三公，九卿，二十七大夫，八十一元士，后亦立三夫人，九嬪，二十七世婦，八十一御妻。理內之職與治外同，則是齊家之道，無以異於治國也。是以王之三公，論道經邦，官不必備，惟其人；則后之三夫人，亦坐而論婦禮，無官職，宜也。

九嬪猶孤卿也，分職率屬，其任為重。『內宰』既以婦職之法教九卿，九嬪又以婦學之法教九御，蓋一嬪統九御，九九則八十一御矣。女御以時而御王所，以歲時而獻功事，朝夕侍御於王，最親近者。苟不嚴之以教，進之以時，責之以功，則列屋而望幸，負寵而爭妍，安能無異習邪？

世婦則猶大夫之職，當祭祀、賓客、喪紀之事，帥女宮而濯齋盛，涖女宮而陳具羞。職以『婦』言，則於嬪婦之禮法，素閒習矣，夫故不待『內宰』、九嬪教之，鄭氏謂『世婦不言數，君子不苟於色，有德則充，無則闕』是也。不然，則春官有『世婦』，每宮卿二人，掌女宮宿戒，亦預齋盛饗食之事，而亦謂之『世婦』，果何義哉？由前而觀，則后宮之官不虛設；由后而觀，則后宮之職不徒分。成周齊家之道，亦可概見。況有統之以『內宰』，臨之以『太宰』，而又儀刑之以一人，自然內和而家理矣。

或者則曰：『內宰』佐后立市，陳其貨賄，出其度量淳制。以宮闈之嚴而預市井之猥賤，可乎？『內小臣』：后有好事于四方，有好令于卿大夫，則使往。以王后之貞潔而行諸侯卿大夫之交好，可乎？不思建國之初，面朝後市，是王朝先義，而后宮後利也。后宮者，女功之本，天下之所取法也。『內宰』陳其貨賄，乃所以出其度量淳制，豈非《葛覃》言后妃之本者乎！又況夫人、命婦過市，『司市』且有其罰，則內外未嘗相雜也，亦何嫌於立市乎？案《禮》，天子享諸侯有王后亞獻之禮；子、男來朝，夫人致禮。是王宮有致好之禮也。王后者，天下之母，羣臣之所仰望也。『小臣』致其好事、好令，乃奉后命而往也，豈非《卷耳》言后妃之志者乎！又況內人弔臨于外，『寺人』且帥而往，立乎其前，則內外未嘗相混也，亦何嫌於致好乎？

或者又曰：『內宰』，小大夫也。九嬪之教，豈內政之所宜親？春官『世婦』，卿也，六宮之帥，豈『內宰』之所宜預？不知『內宰』之屬有內小臣、奄士，奄人也，內宰之教，安知非奄人傳之乎？世婦之吏有女府、女史，奄女也。世婦之帥，安知非奄女行之乎？周人內政之詳如此，而或者猶有不滿之論，亦過矣。

周衰，此政不行。然詩人言艷妻之煽，猶知歸咎於皇父卿士、家伯，惟宰之不得其人，褒姒嫉妬，讒巧敗國。《巷伯》一詩所謂『萋菲貝錦，哆侈南箕』者，寺人孟子尚能言之。蓋其家法相承，耳目習熟，尚知周政，王內之政不爾也。況當成周盛時，成王、周公身為之而身行之，家齊而國以治，國治而天下以平，尚何以議為哉？

宋・衛湜《禮記集説》卷一五五《昏義》 藍田呂氏曰：此章因講明《士昏禮》之義，推而上之，至於天子后聽天下之外治內，治則男女之義盡矣。立六官之職，公、卿、大夫、元士分治之，以佐天子聽天下之外治。立六宮之職，夫人、嬪、世婦、御妻分治之，以佐后聽天下之內治。男正位乎外，女正位乎內，男女正，天下之大義也。有家者，夫聽家之外治，婦聽家之內治。天子與后，有天下者也，則不得不聽天下之內外治也。外治者，明章男教也，司徒之所教皆是也。內治者，明章婦順也，婦順之法，德、言、容、功皆是也。陽道者男，所以正其室也；陰德者婦人，所以宜其家也。『刑于寡妻，至于兄弟』，則正室之道，天子所理也。『嘒彼小星，三五在東。肅肅宵征，夙夜在公，寔命不同』，則宜家之道，后所治也。鄭氏謂內治之道，婦學之法，陰德謂主陰事、陰令，其義然也。凡天子所聽皆外治，后所聽皆內職，至於教順成俗，外內和順，國家理治，必如《周南》、《召南》盛德之化，然後可致也。

馬氏曰：先六宮而後六官，內外之序也，《易》曰『女正位乎內，男正位乎外』是也。天子聽男教，后聽女順，尊卑之序也，蓋六宮皆統乎天子故也。道者，德之兼；德者，道之分。故曰天子理陽道，后治陰德。治者，職之總；職者，治之別。故曰天子聽外治，后聽內職。其政足以理國家，其化足以和內外，其道足以通陰陽，非聖人則不能至也，故曰盛德也。《禮器》曰大備盛德也。

石林葉氏曰：陰以柔靜為德，其譬則地也。地有成形，故言治陰德。治者，順其理以行也。陽以剛動為體，其譬則天也。天有成象，故言理陽道。理則無事乎治也。唯其為地道，故婦貴乎順。順在內也，家所以理。唯其為天道，故男有教，教則有所勉，在外者也，國所以治。雖然，於家理而後言天下於男教，則不及焉。何也？蓋明婦順者，自內始，其漸及於天下，故天下內和而家理。若男事，則在外可見者也，故章明天下之男教，而後曰外和而國治。內外和順，國家理治，則其德崇矣。

元・方回《續古今考》卷一《母媼夢與神通》 紫陽方氏曰：帝王之生，固不偶然，好事者多從而附益之，則怪以傳怪。《生民》之詩謂姜嫄之生后稷也，履大人之迹，歆然身動如孕，不假人道而生。《列子》、《史記》皆有是言。朱文公則疑『履帝武敏歆，攸介攸止』，『歆』字在上下句之間，皆不成文，蓋心不然之也。文公又按毛公之説，不過謂姜嫄出祀郊禖，履帝嚳之迹而行，將事齊敏而已，然無如鄭玄之《箋》本諸《列子》、《史記》之妄何。文公謂諸儒多是毛公而非鄭，亦謂鄭非臆説，以其有所本也。

回則謂：《列子》、《史記》皆不足信。惟『誕寘之隘巷、平林、寒冰』一章，若姜嫄嘗棄后稷而不子者，故或者得以神其説。回謂姜嫄當時，恐不無鄭莊公寤生之驚而惡之，故有不舉之意。厥初祀郊禖以求子，焉得無人道而虛求之？《詩》有『先生如達』一句，足證也。蓋以其生之時，忽然而墮，故其家異之耳。以『敏』字訓為足大指，豈非好怪而至於此歟？回斷然以為稷之名棄，不過有如莊姜之惡而棄之，所以招此怪説也。

《玄鳥》之詩：『天命玄鳥，降而生商。』毛公止謂春分玄鳥時降，有娀氏女簡狄配高辛氏帝，帝率與之祈于高禖而生契。無他異也，又不幸而鄭玄為《箋》，亦本《史記》等書，謂玄鳥遺卵，簡狄吞之而生契。又玄之為人，酷信哀、平間讖緯之書，當是暗引讖緯而隱其所本。近世呂成公《讀詩記》但存毛《傳》，盡刪鄭《箋》，良以人類生育，決無吞一燕卵而能生子之理也。

又　卷六《西入咸陽欲止宮休舍》 康成又謂羣妃御見之法：女御八十一人當九夕，世婦二十七人當三夕，九嬪九人當一夕，三夫人當一夕，后當一夕，十五日而遍。自望後反之。苟如此，則王后一月之間，不過兩御於王。除王后當夕獨進之外，其餘則三夫人而一夕，九嬪、九御、世婦一百一十七人，當十三夕，每九人而一夕。雖金石之軀，不足支也。況古者天子祭天地、祖宗、社稷、山川，朝日夕月，為禮不一。動輒三日齋，七日戒，而可以無夕不御女乎？康成釋經穿鑿，往往難信。

元·胡震《周易衍義》卷九《家人》　《象》曰：『順以巽也。』陰柔中正而柔順卑巽，吉道也。楊氏曰：居下卦之中，用至柔之才，克家之婦也。然婦人不當預外事，此理之當然，故聖人深切告戒之，恐其專權擅命如呂后，制政房闥如則天，則不可。昔者文王之太姒，其所執掌者，采荇菜以供祭祀，求賢匹以為內助，蠶桑之事，澣濯之功而已，其他非所敢與也。如此則內外不亂而天下化矣。自非順而巽，則曷臻此？黃石公曰：女謁公行者亂。不守婦道而干預外政，致私謁公行，亂國之道也。

元·汪克寬《經禮補逸》卷一《吉禮·郊祀禖禮》　愚案郊高禖之高，謂尊之之稱；郊禖之郊，謂古有媒氏祓除之祠，位在南郊。祀上帝則亦配祭之，故又謂之郊禖。

《宋史》卷二四二《后妃列傳上》　周人尊祖之詩曰：『厥初生民，時維姜嫄。』蓋推本后稷之所自出，以為王跡之所由基也。

明·程敏政《篁墩文集》卷一一《祀神考·論定禖氏之祀》　古有高禖之祭，乃天子祈嗣之禮，行之於郊，又謂之郊禖，疑非臣下所當僭，然后稷實以祈高禖而生，其事見於《生民》之詩，則古之臣下，亦有行之者矣。《孟子》曰：『不孝有三，無後為大。』祈嗣之禮，古必通於上下，而今亡其制也。近世以土木為像而嚴事之者，曰張仙，莫知其所從起。老泉贊之，謂禱之而得；二蘇亦不名其誰也。其像張弓挾彈，如貴游公子之狀。或傳其為周之張仲，事不經見，而《月令》高禖之祭，必禮御者，帶以弓韣，授以弓矢，顯其有得子之祥也。《內則》：男子生，射之以桑弧蓬矢，六射天地四方，期其有事於遠大也。故竊疑此像，即高禖之神。其易矢為彈者，取誕子之義也。獨張仲之事，求其說而不得。

又竊以謂古者祭必用尸，如夏郊以董伯為尸，周公祭泰山以召公為尸，取其德之相類也。豈周之祀高禖者，嘗以張仲為尸乎？《語》曰：仁者必有後。又曰：孝弟，行仁之本也。《詩》稱張仲孝友，尹吉甫資之，以成其德。則祈子而祀張仲，或禮之以義起者歟？但禖之稱『高』涉於僭，而《禮》有別稱禖氏者，亦猶天子之社謂之后土皇地祇，而庶人之社謂之后土氏也。故今定著為禖氏之神，庶於禮為弗畔也。

明·丘濬《大學衍義補》卷一五《治國平天下之要·固邦本·重民之事》　臣按天子之尊，非無可耕之人也，而必躬耕，以供宗廟之粢盛；后妃之貴，非無可織之人也，而必躬蠶，以為祭祀之服飾。所以然者，非但身致其誠信，以事神明而已也，亦將以其身為天下農夫、蠶婦之帥先也。由是畝畝之間，閭閻之下，聞其風教者莫不曰：『以天子之尊，后妃之貴，猶不廢耒耜機杼之業，況吾儕小人乎！』夫然，將見田里無不耕之夫，室家無不織之女，人人有業，家家務本，自然無遊手之民，末作之技，家給而人足，盜息而訟簡，民所以為生者益固，國所以藏富者益厚矣。張栻以為王業之根本，於是乎在。然推其根本之所以立，則又在乎朝廷之上，宮闈之間。其言深至切要，所謂帝王所傳心法之要，端在乎此。誠非虛語也。

又　卷六四《治國平天下之要·秩祭祀·祭告祈禱之禮》　臣按不孝有三，無後為大。蓋祖宗一氣相傳，自開闢天地有人類以來，至於今日，生生禪續之不已，一旦至我身而闕絕焉，豈非大變事乎？矧有天下之大，宗社之重，將以綿千百世之宗支，而為億兆生民之主宰者，尤不可不加之意焉。然是事也，雖若人為，而實由乎天。是以自古聖王制為郊禖之祀，以為祈嗣之禮，必順天時，感物類，精意以禋之，備禮以祀之，庶幾高高在上者或有所聞，而冀有感格之祥。後世不知出此，乃信方士之惑，而設素饌、投青詞而求之，窈冥茫昧之外，而不知吾聖人自有當行之禮也。臣竊以為：古者祀高禖於郊壇，郊者祀天之常所，而使后妃嬪御涉於其間，不無褻瀆，況郊在國都之外，而后妃嬪御之出入，亦或有不便焉者。臣請擇宮中潔静之地，立為禖壇，中設帝位而以高禖配，庶于行禮為宜。

明·湛若水《格物通》卷三〇《正嫡庶》　臣若水通曰：婦德者，貞順也；婦言者，辭令也；婦容者，婉娩也；婦功者，絲枲也。各帥其屬，九九相次進，勸王息也。御者，進御於君所也。凡羣妃進御之法，卑者先，尊者後。女御八十一人當九夕，世婦二十七人當三夕，九嬪九人當一夕，三夫人當一夕，后當一夕，十五日而徧，皆所以進養君德也，而有數焉，所以定其嫡庶之分也，聖人之教天下之大防也。

又　卷四一《御臣妾上》　臣若水通曰：《剝卦》一陽居衆陰之上，陰受制於陽，宮人受制於君也。『六五』，后也，宮人之長也，率其類如魚行之有序，以承君之寵也，妻道也。治家有法而亂階不啓，故無不利也。非君子之刑于寡妻，其能致宮人之順序者如是哉？

臣若水通曰：此刺幽王嬖褒姒，任奄人，以致亂之詩也。哲，知也。城猶國也。哲婦蓋指褒姒也，長舌能多言者也。寺，奄人也。言男正位乎外，有哲則能立國；婦人無所事哲，哲則能傾人之城矣。何者？以為懿之哲婦，則如鴟梟之陰恠，有長舌多言，足以為人之危階，而禍亂由是而生矣。然《書》曰：『胥教誨』，乃賢德之臣也。若夫此人，言語雖多，殊無胥教胥誨之道，其惟婦寺乎！非特匪教誨而已，非譖人之行則壞君之德也。由是言之，有以知人主之御臣妾，不可不明且遠也。苟見之不明，明之不遠，則蔽於近而婦寺之言入之矣，豈國家之福哉？何也？彼婦寺者出入宮掖，探知主意，常冀其言之或中，以假竊威福之柄。故甘言悲辭，日浸潤於君側。人主苟不明心察理，聽而信之，則變亂是非，上召天災，下速人禍，皆自此始。故曰：『昊天不惠，邦國殄瘁。』幽王往事，亦可鑒矣。後世乃不此之鑒，西漢去此未遠，而王莽之禍起於外戚，黨錮之亂萌於宦官，亦獨何哉？成帝之優柔，桓、靈之暗弱，其心之不明且遠，無足怪矣。然則人主之於臣妾，柰何？孔子曰：『惟女子與小人為難養也。』必莊以涖之，慈以畜之，明以斷之，斯為得御之之道矣。

明·夏良勝《中庸衍義》卷七《達道之義·夫婦之法》　臣良勝曰：君之道，天道也；后之道，地道也。乾坤雖並列而坤終不可以敵夫乾，故地在天中，猶一物也。后之能聽内治者，亦天子之外治有以刑之也，非后與天子分内外為治理也。若天子比暱於宮闈，而后妃有干於政典，則天地失官，不可以言治矣。

臣良勝曰：婦以無非無儀為善，故無攸遂，主中饋而已。周室之興，周公歷以大任、太姒之賢，有關于文王之德之化，何也？乾坤之道，男女之謂也。故乾，父道也，夫道也；坤，母道也，妻道也。謂乾可以兼坤，可也；謂乾可以無坤，不可也。故男正位乎外，必曰女正位乎内，然後夫夫，婦婦，父父，子子而家道正矣。懿彼哲婦，為梟為鴟。牝雞之司晨，惟家之索。謂婦無補于外政，不可也；謂婦無損于外政，不可也。惟文、武所遇母妃，世濟徽音，從古罕儷，于八百年仁厚之澤，誠亦有所助也。故文王於《家人》之《彖》曰：『利女貞』，以女貞為利於家也。周公之詩，蓋本乎此。先聖後聖，其揆一也。

明·孫緒《沙溪集》卷一四《無用閒談》　六經中有片言隻字可附會者，輒敷演怪誕無稽之説以驚世。如『天命玄鳥，降而生商』，即有簡狄吞卵之説。『履帝武敏歆，攸介攸止』，即有姜嫄踐迹之説。『釐降二女』，即有二女九男、覿内覿外之説。『舜明四目』，即有重瞳之説。如此類皆淺陋不經，惜沿襲既久，無人釐正之耳。

明·楊慎《丹鉛總錄》卷一七《怪異類·玄鳥銜卵》　《詩緯含神霧》曰：契母有娀浴于玄丘之水，睇玄鳥銜卵，過而墜之，契母得而吞之，遂生契。此事可疑也。夫卵不出蓐，燕不徙巢，何得云銜？即使銜而誤墜，未必不碎也；即使不碎，何至銜而吞之哉？此蓋因《詩》有『天命玄鳥，降而生商』之句，求其説而不得，從而為之誣。《史記》云：玄鳥翔水遺卵，簡狄取而吞之。蓋馬遷好奇之過；而朱子《詩傳》亦因之不改，何耶？

或曰：然則《玄鳥》之詩，何解也？曰：玄鳥者，請子之候鳥也。《月令》：玄鳥至，是月祀高禖，以祈子。意者簡狄以玄鳥至之月，請子有應，詩人因其事頌之。曰『天命』，曰『降』者，尊之、貴之、神之也。詩人之詞，興深意遠。若曰『仲春之月，禱而生商』，斯為言之不文矣。如黄帝之生，電虹繞樞，蓋生之時，值始電或虹見之候也。帝俊生十日，謂有十子，而以甲、乙、丙、丁名之也。此而可誣，亦將曰黄帝生于虹，帝俊之子生于十日，可乎？

《詩》又曰：『維嶽降神，生甫及申。』亦本其生之地而尊且神之。便謂甫、申為嶽神所生，可乎？傳説為箕星，生之日直箕也。蕭何為昴星，生之日直昴也。《楚辭》曰：『攝提貞于孟陬兮，惟庚寅吾以降。』屈原豈攝提之苗裔乎？《漢柳敏碑》言敏本柳星之後，梁江總侫張麗華，云張星之精。其不根，至今人皆知笑之；而不疑玄鳥之事者，殆以經故，豈知經旨本不如是乎？按古《毛詩》注云：玄鳥至日，以太牢祀高禖，記其祈福之時，故言『天命玄鳥』。來而謂之『降』者，重之，若自天來。古説猶未誤也，自今《詩傳》信《史記》之誤也。

明・王應電《周禮圖説》卷上《后立六宮説》　舊説王有六寢，后象王立六宮而居之，亦正寢一，燕寢五。夫此但足以爲六寢耳，苟以此而當六宮，則王之六寢，亦可以稱六官乎？《記》曰：『古者天子后立六宮，三夫人，九嬪，二十七世婦，八十一御妻，以聽天下之内治，以明章婦順，故天下内和而家理。天子立六官，三公，九卿，二十七大夫，八十一元士，以聽天下之外治，以明章天下之男教，故外和而國治。』愚謂天子之六官，天地春夏秋冬；后之六宮，其職掌亦略相似。凡后夫人進御，與夫内外命婦之命爵，宮卿宮女之進退，及酒漿之事，皆屬天。凡師傅、保姆教化之道，與夫蠶桑、立市、春饗之事，皆屬地。春掌禮樂，凡器數、祝、史等事。夏掌政令，及拜爵、救日月等事。秋掌典刑及刑女等事，冬掌絲枲、宮室器用、死喪等事。蓋有一定而不可易者，此則所謂六宮也。

六宮立矣，求人而治之，于是有内外命婦之官。所謂内命婦者，三夫人之于后，贊理内政，猶三公之于王。九嬪掌六宮之事，秩比于卿。世婦取于國中，以廣繼嗣，治禮事，秩比于大夫。女御亦取于民間，蓋六宮不能無役使，因而得進御，故以爲名，秩比于元士者也。然《傳》曰：古者天子立后，一娶十二女。謂后與三夫人各媵其姪娣二，合之爲十二。今言九嬪而不言三夫人，自世婦已下皆不言其數者，以天子之例推之，六官唯有六卿，三公則官不必備，唯其人，皆以六卿兼之。則是后之六宮，當有六嬪，乃其正職。三夫人者，亦不必備，蓋或以嬪婦而攝夫人之位，或以夫人而行六宮之事。所謂十二女者，長者先行，幼者待年于國，未必一時皆備，而六宮之官，不過于先王嬪婦久于禮者掌其職，豈必王之所娶？且君子不苟于色，世婦、女御，有婦德者充之，無則缺焉。豈拘拘于二十七、八十一之數哉？

又有外命婦者，蓋宮禁深嚴，知識不能無壅蔽；内外限隔，凡事亦未易通達。故春官復立『世婦』一官，每宮以卿大夫士之妻，詔相其禮事。擇國中婦人習禮儀、辨器數、善酒漿、熟女工者，爲祝、史、酒、漿、舂、抌、饎、稾及縫人之女工。世婦之府、史等人，皆有德器，主指揮敘次諸宮女；其少才知而樸實者爲奚，主以力服役宮中，大約如庶人在官者。則臣民婦女之賢能者，得以効用于后之左右，而后宮之禮灋，得以爲式于臣庶之家，所以上下交而爲内治之灋于天下也。

或疑卿大夫士、庶人之妻至于王之北宮，于王得無妨乎？曰：后夫人進御皆至王之六寢，《九嬪》云『各帥其屬，以時御敘于王所』是也。故《詩》稱『肅肅宵征，夙夜在公。』王之不至后宮，猶后之不至王朝也。然則外命婦等至后之六宮，又何嫌耶？

清・沈自南《藝林彙考・服飾篇》卷六《佩帶類》　《三餘贅筆》：世俗用金銀為環，置於婦人指間，謂之戒指。按《詩》注：古者后妃羣妾以禮進御於君，女史書其月日，授之以環，以進退之。生子月辰，以金環退之。當御者，以銀環進之，著於左手；既御者，著於右手。事無大小，記以成法。則世俗之名戒指者，有自來矣。

清・傅以漸《内則衍義》卷一二《禮之道・端好尚》　至于宣王，法文、武、成、康之遺風，内修外振，用賢使能，中興事業著之《大雅》、《小雅》者甚詳，而不可無宣姜之賢内助也。蓋德為臨御朝綱之本，色乃蠱壞政治之由，極其所至，曰必好奢，必窮樂。可見宣王勵精圖治，未嘗有奢而且樂之心。獨是百丈之堤，潰於蟻穴；燎原之火，起於星星。君子不可不早防其微耳。

清・葉方藹等《孝經衍義》卷六〇《天子之孝・教宮闈》　蓋自古未有寵嬖並后、庶孽亂宗而無亡國敗家之禍者。赫赫宗周，離離禾黍，詩人於幽王、褒姒之事，言之每痛心焉。而《白華》之詩所謂『天步艱難』者，則已逆知其禍之必至於此也。

清・惠士奇《惠氏春秋説》卷一《宣公》　《易》曰：《家人》女正位乎内，男正位乎外，男女正，天地之大義也。正家之道，必先正内，故曰《家人》利女貞。女貞則内正，内正則外亦正矣，内不正，則外焉能正哉？故曰：閑有家，悔亡。閑有家者，謂立内外之閑，使不得相踰越。婦人主内事，不主外事；與内祭，不與外祭。外祭，郊社是也；内祭，宗廟是也。古者聘饗之禮，皆行于廟，故后夫人亦得與焉。《聘禮》：賓至近郊，君使卿勞，夫人亦使下大夫勞。聘君以圭，享用璧；聘夫人以璋，享用琮。既卒事，君使卿歸大禮，夫人亦使下大夫歸禮。皆君為主而夫人助之。《周禮·內宰》職：『凡賓客之祼獻瑤爵，皆贊。』謂王同姓來為賓客者，祼則后亞王而禮賓，獻則后亞王而獻賓，『內宰』皆贊之。《大行人》職：上公之禮，『廟中將幣，三享。王禮，再祼而酢。』再祼者，謂王祼，后亞祼，王祼酌圭瓚，后祼酌璋瓚，皆宗伯攝之。拜送，則王及后也。《坊記》曰：『禮非祭，男女不交爵。以此坊民，陽侯猶殺繆侯而竊其夫人，故大饗，廢夫人之禮。』繆侯，《淮南子》作『蓼侯』。高誘注：陽侯，陽陵國；蓼侯，偃姓國也。今在廬江。古者大饗飲酒，君執爵，夫人執豆。王饗諸侯及諸侯自相饗同姓，則后夫人親獻，異姓則使人攝獻。至春秋，而其禮不行久矣。

禮可以義起，亦可以義止。莊公四年春，夫人姜氏饗齊侯于祝丘，猶假古禮而竊行之。書祝丘，則非宗廟也；書齊侯，則非同姓也；書夫人，則非攝獻也。以國君之母，乃竊出而獨行饗禮于外，君子於是病魯莊公。古有夫人饗諸侯之禮，未聞夫人會諸侯之禮。《春秋》屢書夫人姜氏會齊侯于禚，于防，于穀，言饗非正也，會，甚矣。其後僖公夫人踵而行之，奉為家法，陽穀及卞，兩會齊侯。魯秉周禮，此何禮也？《春秋》朝聘則書『如某』，夫人亦假朝聘之禮而出行，焉可乎？故穀梁子曰：『婦人既嫁，不踰竟。踰竟，非禮也。』

清·愛新覺羅玄燁《聖祖仁皇帝御製文第三集》卷三三《古文評論·宋·范曄〈後漢書皇后紀序〉》 引《周禮》、兩漢間事，又歷陳監戒之言，辭婉而義深。有國家者，當與《尚書》『牝雞無晨』之句參看，庶不至椒房近戚之累歟？

清·姚炳《詩識名解》卷七《草部·葛》 太姒歸文王時，文尚未為伯；又周之先世習為勤苦，與民同稼穡，凡桑麻織紝，無不共之。故后妃之於葛，躬執其勞如此。陸農師引王后親蠶織紞之禮，以為治葛，勸女工之餘事，則是從其後而論之也。

清·朱鶴齡《讀左日鈔》卷三《僖公·登臺而履薪焉》 注：古之宮閉者，皆居之臺，以抗絶之。林注：穆姬為惠公告罪，登臺履薪，宜也；而帥子女以同登臺，蓋暗用刼制之術。

清·江永《周禮疑義舉要》卷一《天官》 瑤爵，亞王酳賓之爵。注謂亞王酬賓之爵，非也。以幣酬賓之禮惟獻末，王一行，后則無酬。凡后獻，皆用瑤爵。上言『瑤爵亦如之』，所以別于祼用璋瓚耳。

清·方苞《儀禮析疑》卷八《聘禮》 諸侯之邦交，歲相問殷相聘者，必兄弟婚姻之國也。若同州之國皆行此，則物不能具，人不能供。《記》曰：若兄弟之國則問夫人。明非兄弟之國，無問夫人之禮。故有聘享夫人之禮，而主國之夫人亦使大夫答禮焉。其相朝而大饗，主國之夫人亦與焉。王后惟二王之後有祼。大賓客，宮卿詔后禮事，九嬪從，必后之母家、王之近屬伯叔父兄弟也。『內宰』掌致后之賓客之禮，『漿人』共夫人致飲於賓客之禮，則為王及后夫人之親戚明矣。

清·顧棟高《毛詩類釋》卷一《釋天文·心宿》 臣謹案：天子所居六寢，路寢一，燕寢五，直北為后之六宮，由宮而達於寢為永巷，所謂壼也，閽寺守之。男不入，女不出。諸侯則三宮三寢。凡進御，天子、諸侯無往就之理。雖后夫人，亦由永巷入御於君，但早晚之時異耳。《周禮》女御，掌御叙於王之燕寢，無以色升，以愛選。三千寵愛獨在一身之事，觀此詩可概見矣。

清·姜炳璋《詩序補義》卷二《小星》 媵妾當以天子一娶十二女，諸侯一娶九女為正。鄭氏注《周禮》言進御之法：月之初，卑者先，尊者後。八十一御妾當九夕，二十七世婦當三夕，九嬪當一夕，三夫人一夕，后一夕，凡十五日而徧。望後反之，尊者先，卑者後。五日之御，諸侯制也。媵當四夕，夫人專一夕，凡五日而徧也。羅氏願曰：以王后之尊，下與庶妾，更進迭退，其為降也甚矣。汪堯峰曰：人主之身非金石，雖淫慾不道之君不至此，曾是周公輔成王，以是導之哉？吾謂九嬪、世婦、女御與女酒、女漿之屬，統於太宰，皆宮中之職，左右后妃以供事，非進御於王者也。

清·秦蕙田《五禮通考》卷五五《吉禮五十五·高禖》 蕙田案：《月令》：仲春之月，玄鳥至，以太牢祀高禖，乃禮天子所御，帶以弓韣，授以弓矢於高禖之前。說者謂祀高禖以祈子。弓韣，弓矢，男子之祥也。《詩·大雅》：『克禋克祀，以弗無子。』《商頌》：『天命玄鳥，降而生商。』二詩推本稷、契之生，由於祈祀高禖而得，其日以玄鳥至，故云』天命玄鳥，降而生商。『說者以為稷母履大人跡而有身，契母吞鳦卵而有身，非也。然則高禖之禮，上古有之。秦漢以後無常祀，每因皇嗣艱難，則立高禖以祈嗣焉。

清·愛新覺羅弘曆《御製文初集》卷二八《贊·西陵教蠶》 在昔軒轅，正妃嫘祖。孕虞毓唐，發湯啓武。得姓十二，如千子乳。創制蠶織，寙陵為輔。衣被天下，功垂萬古。後世文勝，乃崇黼黻。

又 《姜后脱簪》 黄裳六五，以順為正。子有幾諫，妻寧無諍。卓哉姜后，宫闈之鏡。金環進退，瓜瓞衍慶。彤史攸司，慎儀宜令。雞鳴朝盈，脱珥待命。

又 《樊姬諫獵》 先民有訓，聿戒禽荒。卓彼樊姬，感悟楚莊。有肉弗御，乃止王欲。一語進賢，霸功以卜。不謂婦人，克相其君。邈矣邑姜，十亂稱臣。

又 《燕姞夢蘭》 乙始啓商，蘭亦徵穆。吉人在宫，天使貽穀。國香揚揚，掌夢其卜。嘒彼小星，三心五噣。椒聊遠條，爰昌七族。鄭多君子，宣尼所錄。

内治分部

綜 述

《周易·恒》 六五：恒其德，貞。婦人吉，夫子凶。三國魏王弼注：居得尊位，爲《恒》之主，不能制義而係應在二；用心專貞，從唱而已。婦人之吉，夫子之凶也。《象》曰：「婦人貞吉」，從一而終也。「夫子」制義，從婦凶也。唐孔穎達《正義》：恒其德，貞者，「六五」係應在「二」，不能傍及他人，是恒常貞一其德，故曰恒其德，貞也。婦人吉者，用心專貞，從唱而已，是婦人之吉也。夫子凶者，夫子須制斷事宜，不可專貞從唱，故曰夫子凶也。《象》曰從一而終者，謂用心貞一，從其貞一而自終也。從婦凶者，「五」與「二」相應，「五」居尊位，在《震》爲夫，「二」處下體，在《巽》爲婦。「五」係於「二」，故曰從婦凶也。

又 《家人》 《家人》：利女貞。注：《家人》之義，各自脩一家之道，不能知家外他人之事也。統而論之，非元亨、利君子之貞，故利女貞。其正在家内而已。《正義》：《家人》者，卦名也。明家内之道，正一家之人，故謂之《家人》。利女貞者，既脩家内之道，不能知家外他人之事。統而論之，非君子丈夫之正，故但言利女貞。《象》曰：《家人》，女正位乎内，注：謂二也。男正位乎外。注：謂五也。《家人》之義，以内為本，故先説女也。男女正，天地之大義也。家人有嚴君焉，父母之謂也。父父、子子、兄兄、弟弟、夫夫、婦婦而家道正，正家而天下定矣。《正義》：女正位乎内，男正位乎外者，此因二、五得正，以釋《家人》之義，并明女貞之旨。家人之道，必須女主於内，男主於外，然後家道乃立。今此卦「六二」柔而得位，是女正位乎内也；「九五」剛而得位，是男正位乎外也。家人以内為本，故先説女也。男女正，天地之大義也者，因正位之言，廣明《家人》之義，乃道均二儀，非惟人事而已。家人即女正於内，男正於外，二儀則天尊在上，地卑在下，同於男女正位，故曰天地之大義也。家人有嚴君焉，父母之謂者，上明義均天地，此又言道齊邦國。父母，一家之主，家人尊事同於國有嚴君，故曰家人有嚴君焉，父母之謂也。父父、子子、兄兄、弟弟、夫夫、婦婦而家道正，正家而天下定矣者，此歎美正家之功，可以定於天下，申成道齊邦國。既家有嚴君，即父不失父道，乃至婦不失婦道，尊卑有序，上下不失，而後為家道之正。各正其家，無家不正，即天下之治定矣。

九五：王假有家，勿恤，吉。注：假，至也。履正而應處尊體巽，王至斯道，以有其家者也。居於尊位而明於家道，則下莫不化矣。父父、子子、兄兄、弟弟、夫夫、婦婦，六親和睦，交相愛樂而家道正，正家而天下定矣。故王假有家，則勿恤而吉。《象》曰：「王假有家」，交相愛也。《正義》：王假有家者，假，至也。九五履正，而應處尊體巽，是能以尊貴，巽接於物。王至此道，以有其家，故曰王假有家也。勿恤，吉者，居於尊位而明於家道，則在下莫不化之矣，不須憂恤而得吉也。故曰勿恤，吉也。《象》曰交相愛也者，王既明於家道，天下化之，六親和睦，交相愛樂也。

上九：有孚威如，終吉。注：處家人之終，居家道之成，刑于寡妻，以著於外者也，故曰有孚。凡物以猛為本者，則患在寡恩；以愛為本者，則患在寡威。故家人之道，尚威嚴也。家道可終，唯信與威。身得威敬，人亦如之。反之於身，則知施於人也。《象》曰：「威如」之「吉」，反身之謂也。《正義》：有孚威如，終吉者，「上九」處家人之終，家道大成，刑于寡妻，以著於外，信行天下，故曰有孚也。威被海内，故曰威如。威信竝立，乃得終於家道而吉從之，故曰有孚威如，終吉也。《象》曰反身之謂者，身得人敬，則敬於人，明知身敬於人，人亦敬己；反之於身，則知施之於人，故曰反身之謂也。

又 《晉》 六二：晉如，愁如，貞吉。受茲介福于其王母。《象》

曰：『受茲介福』，以中正也。子夏《易傳》：得位而進，無應而愁如也。夫以謹順中正，憂勤其進，非唯獲吉，抑受其福也。五以陰而降德也，苟能立身行道，當時大明，何必待於應乎！王母，陰尊而幽遠者，猶知福之，況其明王乎！

《尚書·堯典》帝曰：『我其試哉！』漢孔安國《傳》：言欲試舜，觀其行迹。女于時，觀厥刑于二女。《傳》：女，妻。刑，法也。堯於是以二女妻舜，觀其法度。接二女，以治家觀治國。釐降二女于嬀汭，嬪于虞。《傳》：降，下。嬪，婦也。舜為匹夫，能以義理下帝女之心，於所居嬀水之汭，使行婦道於虞氏。帝曰：『欽哉！』《傳》：歎舜能脩己行敬以安人，則其所能者大矣。

《詩經·大雅·思齊》思齊大任，文王之母。思媚周姜，京室之婦。漢毛亨《傳》：齊，莊。媚，愛也。周姜，大姜也。京室，王室也。漢鄭玄《箋》：京，周地名也。常思莊敬者，大任也，乃為文王之母；又常思愛大姜之配大王之禮，故能為京室之婦。言其德行純備，故生聖子也。大姜言周，大任言京，見其謙恭，自卑小也。大姒嗣徽音，則百斯男。《傳》：大姒，文王之妃也。大姒十子，衆妾則宜百子也。《箋》：徽，美也。嗣大任之美音，謂續行其善教令。

惠于宗公，神罔時怨，神罔時恫。《傳》：宗公，宗神也。恫，痛也。《箋》：惠，順也。宗公，大臣也。文王為政，咨於大臣，順而行之，故能當於神明，神明並無怨恚。其所行者無是痛傷，其所為者其將無有凶禍。刑于寡妻，至于兄弟，以御于家邦。《傳》：刑，法也。寡妻，適妻也。御，迎也。《箋》：寡妻，寡有之妻，言賢也。御，治也。文王以禮法接待其妻，至于宗族，以此又能為政治于家邦也。《書》曰：乃寡兄勗。又曰：越乃御事。

又《周南·關雎》《序》：《關雎》，后妃之德也，風之始也，所以風天下而正夫婦也，故用之鄉人焉，用之邦國焉。

關關雎鳩，在河之洲。《傳》：興也。關關，和聲也。雎鳩，王雎也，鳥摯而有別。水中可居者曰洲。后妃説樂君子之德，無不和諧，又不淫其色，慎固幽深，若雎鳩之有別焉，然後可以風化天下。夫婦有別則父子親，父子親則君臣敬，君臣敬則朝廷正，朝廷正則王化成。《箋》：摯之言至也。謂王雎之鳥，雌雄情意至，然而有別。窈窕淑女，君子好逑。《傳》：窈窕，幽閒也。淑，善。逑，匹也。言后妃有關雎之德，是幽閒貞專之善女，宜為君子之好匹。《箋》：怨耦曰仇。言后妃之德和諧，則幽閒處深宮，貞專之善女能為君子和好衆妾之怨者，言皆化后妃之德，不嫉妬。謂三夫人以下。宋朱熹《集傳》：關關，雌雄相應之和聲也。雎鳩，水鳥，一名王雎，類鳧鷖，今江淮間有之。生有定耦而不相亂，耦常並遊而不相狎，故毛《傳》以為摯而有別，《列女傳》以為人未嘗見其乘居而匹處者，蓋其性然也。河，北方流水之通名。洲，水中可居之地也。窈窕，幽閒之意。淑，善也。女者，未嫁之稱，蓋指文王之妃太姒為處子時而言也。君子則指文王也。好亦善也，逑，匹也。毛《傳》云：摯字與至通，言其情意深至也。

參差荇菜，左右流之。《傳》：荇，接余也。流，求也。后妃有關雎之德，乃能共荇菜，備庶物，以事宗廟也。《箋》：左右，助也。言后妃將共荇菜之葅，必有助而求之者，言三夫人、九嬪以下皆樂后妃之事。窈窕淑女，寤寐求之。《傳》：寤，覺。寐，寢也。《箋》：言后妃覺寐，則常求此賢女，欲與之共己職也。

求之不得，寤寐思服。《傳》：服，思之也。《箋》：服，事也。求賢女而不得，覺寐則思己職事，當誰與共之乎？悠哉悠哉，輾轉反側。《傳》：悠，思也。《箋》：思之哉！思之哉！言己誠思之。臥而不周曰輾。《集傳》：此章本其未得而言。彼參差之荇菜，則當左右無方以流之矣；此窈窕之淑女，則當寤寐不忘以求之矣。蓋此人此德，世不常有，求之不得，則無以配君子而成其内治之美，故其憂思之深不能自已，至於如此也。

參差荇菜，左右采之。《箋》：言后妃既得荇菜，必有助而采之者。窈窕淑女，琴瑟友之。《傳》：宜以琴瑟友樂之。《箋》：同志為友。言賢女之助后妃共荇菜，其情意乃與琴瑟之志同。共荇菜之時，樂必作。

參差荇菜，左右芼之。《傳》：芼，擇也。《箋》：后妃既得荇菜，必有助而擇之者。窈窕淑女，鐘鼓樂之。《傳》：德盛者宜有鐘鼓之樂。《箋》：琴瑟在堂，鐘鼓在庭。言共荇菜之時，上下之樂皆作，盛其禮也。《集傳》：此章據今始得而言。彼參差之荇菜，既得之則當采擇而亨芼之矣；此窈窕之淑女，既得之則當親愛而娛樂之矣。蓋此人此德，世不常有，幸而得之，則有以配君子而成内治，故其喜樂尊奉之意不能自已，又如此云。

又《周南·樛木》《序》：《樛木》，后妃逮下也。言能逮下而無嫉妬之心焉。《箋》：后妃能和諧衆妾，不嫉妬其容貌，恒以善言逮下而安之。

南有樛木，葛藟纍之。《傳》：興也。南，南土也。木下曲曰樛。南土之葛藟茂盛。《箋》：木枝以下垂之故，故葛也，藟也，得纍而蔓之，而上下俱盛。興者，喻后妃能以恩意下逮衆妾，使得其次序，則衆妾上附事之，而禮義亦俱盛。南土謂荆、揚之域。樂只君子，福履綏之。《傳》：履，祿。綏，安也。《箋》：妃妾以禮義相與和合，又能以禮樂樂其君子，使為福祿所安。

南有樛木，葛藟荒之。樂只君子，福履將之。《傳》：荒，奄。將，大也。《箋》：此章申殷勤之意，將猶扶助也。

南有樛木，葛藟縈之。樂只君子，福履成之。《傳》：縈，旋也。成，就也。

又《召南·何彼襛矣》《序》：《何彼襛矣》，美王姬也。雖則王姬，亦下嫁於諸侯，車服不繫其夫，下王后一等，猶執婦道，以成肅雝之德。《箋》：下王后一等，謂車乘厭翟，勒面繢總，服則褕翟。

何彼襛矣，唐棣之華。《傳》：興也。襛猶戎戎也。唐棣，栘也。曷不肅雝！王姬之車。《傳》：肅，敬。雝，和。《箋》：曷，何。之，往也。何不敬和乎！王姬往乘車也。言其嫁時，始乘車則已敬和。

何彼襛矣，華如桃李。平王之孫，齊侯之子。《傳》：平，正也。武王女，文王孫，適齊侯之子。《箋》：華如桃李者，興，王姬與齊侯之子顔色俱盛。平王者，德能正天下之王。

其釣維何？維絲伊緡。齊侯之子，平王之孫。《傳》：伊維，緡綸也。《箋》：釣者以此，有求於彼，何以為之乎？以絲之為綸，則是善釣也。以言王姬與齊侯之子，以善道相求。

《論語·泰伯》武王曰：『予有亂臣十人。』三國魏何晏《集解》：馬曰：亂，治也。治官者十人，謂周公旦、召公奭、大公望、畢公、榮公、大顛、閎夭、散宜生、南宮适，其一人謂文母。孔子曰：『才難，不其然乎！唐虞之際，於斯為盛。有婦人焉，九人而已。』《集解》：孔曰：唐者，堯號；虞者，舜號；際者，堯舜交會之間。斯，此也。言堯、舜交會之間，比於周，周最盛，多賢才。然尚有一婦人，其餘九人而已。大才難得，豈不然乎？宋朱熹《集注》：其一人謂文母，劉侍讀以為子無臣母之義，蓋邑姜也。九人治外，邑姜治内。

《左傳·桓公十八年》春，公將有行，遂與姜氏如齊。注：始議行事。申繻曰：『女有家，男有室，無相瀆也，謂之有禮。易此必敗。』注：女安夫之家，夫安妻之室，違此則爲瀆。今公將姜氏如齊，故知其當致禍亂。《正義》：沈氏云：卿大夫稱家。家者，内外之大名。戶内曰室。但男子一家之主，職主内外，故曰家。婦人主闈内之事，故爲室也。劉炫云：《釋宮》云：宮謂之室，其内謂之家，則家之與室，義無以異，欲見男女之別，故以室屬之，其實室、家同也。

又《襄公三十年》（五月）甲午，宋大災，宋伯姬卒，待姆也。注：姆，女師。君子謂宋共姬女而不婦。女待人，注：待人而行。婦義事也。注：義，從宜也。伯姬時年六十左右。

《公羊傳·襄公三十年》秋七月，叔弓如宋，葬宋共姬。《傳》：外夫人不書葬，此何以書？隱之也。何隱爾？宋災，伯姬卒焉。其稱謚何？賢也。何賢爾？宋災，伯姬存焉。有司復曰：『火至矣，請出。』伯姬曰：『不可。吾聞之也，婦人夜出，漢何休《解詁》：謂有事宗廟。不見傅、母不下堂。《解詁》：禮，后夫人必有傅、母，所以輔正其行，衞其身也。選老大夫為傅，選老大夫妻為母。傅至矣，母未至也。』逮乎火而死。《解詁》：故賢而録其謚。唐徐彦疏：逮乎火而死者，為火所逮，環而死也。

《穀梁傳·襄公三十年》五月甲午，宋災，伯姬卒。《傳》：取卒之日加之『災』上者，見以災卒也。其見以災卒，奈何？伯姬之舍失火，左右曰：『夫人少辟火乎？』伯姬曰：『婦人之義，傅母不在，宵不下堂。』晉范寧《集解》：宵，夜。左右又曰：『夫人少辟火乎？』伯姬曰：『婦人之義，保母不在，宵不下堂。』遂逮乎火而死。婦人以貞為行者也，伯姬之婦道盡矣。詳其事，賢伯姬也。

《周禮·天官·内宰》内宰。下大夫二人，上士四人，中士八人，府四人，史八人，胥八人，徒八十人。注：内宰，宮中官之長。疏：名内宰者，對太宰治百官。内宰治婦人之事，故名内宰。然則大宰不稱外者，為兼統内也。案其職云：掌治王内之政令，又教后已下婦德之事，以王事少暇，故次在此也。

内宰：**【略】**以陰禮教六宮，注：鄭司農云：陰禮，婦人之禮。六宮，後五前一。王之妃百二十人，后一人，夫人三人，嬪九人，世婦二十七人，女御八十一人。玄謂六宮謂后也。婦人稱寢曰宮，宮，隱蔽之言。后象王，立六宮而居之，亦正寢一，燕寢五。教者，不敢斥言之。謂之六宮，若今稱皇后爲中宮矣。《昏禮》：母戒女曰：『夙夜毋違宮事。』疏：先鄭意以陰禮，婦人之禮，教六宮之人，自后已下至女御。後鄭意以婦人之禮，教后一人，六宮即后也。**【略】**先鄭知陰禮，婦人之禮者，以其將用教婦人，故知陰禮是婦人之禮也。云六宮，後五前一者，天子謂之六寢，《宮人》所云者是也。后亦象王立宮，亦後五前一，在王六寢之後，爲之南北相當耳。云王之妃百二十人至八十一人，此是《禮記·昏義》之文。彼據周法引之者，先鄭意欲見内宰教此六宮之人也，玄謂六宮謂后，不從先鄭者，若此文兼后至女御，應言『及』與『凡』殊之，下別自教三夫人已下。此文既在於上，明專教后一人而已。云若今稱皇后爲中宮矣者，《漢舊儀》有此事也。引《昏禮》者，證婦人稱宮之意也。以陰禮教九嬪，注：教以婦人之禮，不言教夫人、世婦者，舉中省文。疏：司農意上文教六宮之人訖，此復教九嬪者，先鄭意以九嬪掌婦學之法，使之教九御，故内宰特更別教之也。後鄭意下文別教九御，故知此教三夫人已下，不言三夫人、世婦者，舉中以見上下，省文。以婦職之灋教九御，使各有屬，以作二事，正其服，禁其奇衺，展其功緒。注：婦職謂織紝、組紃、縫線之事。九御，女御也。九九而御于王，因以號焉。使之九九爲屬，同時御又同事也。正其服，止踰侈。奇衺，若今媚道。展猶錄也。緒，業也。故書『二』爲『三』。杜子春云：當爲『二』。二事，謂絲枲之事。疏：內宰以婦人職業之法教九御，上文世婦已上，皆直言陰禮，不言職，此言職者，以其世婦以上貴，無絲枲等職業之法故也。云使各有屬者，女御八十一人，九人爲一屬，屬猶聚也。九人同時御，又同爲絲枲之事。

《大戴禮記》卷三《保傅》 故曰：素成胎教之道，書之玉板，藏之金匱，置之宗廟，以為後世戒。《青史氏》之《記》曰：古者胎教，王后腹之七月，而就宴室。北周盧辯注：宴室，夾室，次于寢也，亦曰側室。自王后以下有子月辰，女史皆以金環止御。王后比七月，就宴室；夫人、婦嬪則以三月，就其側室，皆閉房而處也。王后以七月為節者，君聽天下之內政。自諸侯以下妻，同之也。太師持銅而御户左，太宰持升而御户右。注：太師，瞽者，宗伯之屬，下大夫。太宰，膳夫也，冢宰之屬，上士二人。言太宰，因諸侯之稱也。樂為陽，故在左；飲食為陰，故在右。升，所以斟。比及三月者，王后所求聲音非禮樂，則太師緼瑟而稱『不習。』注：謂逆序若淫聲。所求滋味者非正味，則太宰倚升而言曰：『不敢以待王太子。』注：謂非秩若不時。緼瑟、倚升，示不用。

周后妃任成王于身，立而不跂，坐而不差，獨處而不倨，雖怒而不詈，胎教之謂也。

《禮記·內則》 禮，始於謹夫婦，為宮室，辨外內，男子居外，女子居內，深宮固門，閽寺守之。男不入，女不出。注：閽，掌守中門之禁也。寺，掌內人之禁令也。

漢·劉向《古列女傳》卷一《母儀傳·有虞二妃》 有虞二妃者，帝堯之二女也。長娥皇，次女英。舜父頑母嚚，父號瞽瞍，弟曰象。敖游於嫚，舜能諧柔之。承事瞽瞍以孝。母憎舜而愛象，舜猶內治，靡有姦意。四嶽薦之於堯，堯乃妻以二女，以觀厥內。二女承事舜於畎畝之中，不以天子之女故而驕盈怠嫚，猶謙謙恭儉，思盡婦道。

瞽瞍與象謀殺舜，使塗廩。舜歸告二女曰：『父母使我塗廩，我其往。』二女曰：『往哉！』舜既治廩，乃捐階，瞽瞍焚廩，舜往飛出。象復與父母謀，使舜浚井。舜乃告二女，二女曰『俞，往哉！』舜往浚井，格其出入從掩，舜潛出。時既不能殺舜，瞽瞍又使舜飲酒，醉將殺之。舜告二女，二女乃與舜藥浴汪，遂往，舜終日飲酒不醉。舜之女弟繫憐之，與二嫂諧。父母欲殺舜，怒之不已，舜猶不怨。舜往于田號泣，日呼旻天，呼父母。惟害若兹，思慕不已，不怨其弟，篤厚不怠。既納于百揆，賓于四門，選于林木，入于大麓。堯試之百方，每事常謀于二女。舜既嗣位，升為天子，娥皇為后，女英為妃。封象于有庳，事瞽瞍猶若焉。天下稱二妃聰明貞仁。舜陟方，死於蒼梧，號曰重華。二妃死於江、湘之間，俗謂之湘君。君子曰：二妃德純而行篤。《詩》云：『不顯惟德，百辟其型之。』此之謂也。

又 卷一《母儀傳·棄母姜嫄》 棄母姜嫄者，邰侯之母也。當堯之時，行見巨人跡，好而履之，歸而有娠，浸以益大，心怪惡之。卜筮禋祀，以求無子，終生子，以為不祥，而棄之隘巷，牛羊避而不踐；乃送之平林之中，後伐平林者咸薦之覆之；乃取置寒冰之上，飛鳥傴翼之。姜嫄以為異，乃收以歸，因命曰棄。姜嫄之性，清靜專一，好種稼穡。及棄長，而教之種樹桑麻。棄之性，明而仁，能育其教，卒致其名。堯使棄居稷官，更國邰地，遂封棄於邰，號曰后稷。及堯崩，舜即位，乃命之曰：『棄！黎民阻饑，汝后稷播時百穀。』其後世世居稷，至周文、武而興，為天子。君子謂姜嫄靜而有化。《詩》云：『赫赫姜嫄，其德不回，上帝是依。』又曰：『思文后稷，克配彼天，立我蒸民。』此之謂也。

又 卷一《母儀傳·契母簡狄》 契母簡狄者，有娀氏之長女也。當堯之時，與其妹娣浴於玄丘之水，有玄鳥銜卵，過而墜之，五色甚好。簡狄與其妹娣競往取之，簡狄得而含之，誤而吞之，遂生契焉。簡狄性好人事之治，上知天文，樂於施惠。及契長，而教之理順之序。契之性，聰明而仁，能育其教，卒致其名。堯使為司徒，封之於亳。及堯崩，舜即位，乃勅之曰：『契！百姓不親，五品不遜，汝作司徒，而敬敷五教，在寬。』其後世世居亳，至殷湯興，為天子。君子謂簡狄仁而有禮。《詩》云：『有娀方將，立子生商。』又曰：『天命玄鳥，降而生商。』此之謂也。

又 卷一《母儀傳·啓母塗山》 啓母者，塗山氏長女也。夏禹娶以為妃。既生啓，辛壬癸甲，啓呱呱泣，禹去而治水，惟荒度土功，三過其家，不入其門。塗山獨明教訓，而致其化焉。及啓長，化其德而從其教，卒致令名。禹為天子而啓為嗣，持禹之功而不隕。君子謂塗山彊於教誨。《詩》云：『釐爾士女，從以孫子。』此之謂也。

又　卷一《母儀傳·湯妃有㜪》　湯妃有㜪者，有㜪氏之女也。殷湯娶以為妃，生仲壬、外丙，亦明教訓，致其功。有㜪之妃湯也，統領九嬪，後宮有序，咸無妒媢逆理之人，卒致王功。君子謂妃明而有序。《詩》云：『窈窕淑女，君子好逑。』言賢女能為君子和好衆妾，其有㜪之謂也。

又　卷一《母儀傳·周室三母》　太姜者，王季之母，有呂氏之女。太王娶以為妃，生太伯、仲雍、王季。貞順率導，靡有過失。太王謀事遷徙，必與太姜。君子謂太姜廣於德教。

太任者，文王之母，摯任氏中女也。王季娶為妃。太任之性，端一誠莊，惟德之行。及其有娠，目不視惡色，耳不聽淫聲，口不出敖言，能以胎教。溲於豕牢，而生文王。文王生而明聖，太任教之，以一而識百。君子謂太任為能胎教。古者婦人妊子，寢不側，坐不邊，立不蹕。不食邪味，割不正不食，席不正不坐，目不視於邪色，耳不聽於淫聲。夜則令瞽誦詩，道正事。如此，則生子形容端正，才德必過人矣。故妊子之時，必慎所感，感於善則善，感於惡則惡。人生而肖萬物者，皆其母感於物，故形音肖之。文王母可謂知肖化矣。

太姒者，武王之母，禹後有莘姒氏之女。仁而明道，文王嘉之，親迎於渭，造舟為梁。及入，太姒思媚太姜、太任，旦夕勤勞，以進婦道。太姒號曰文母。文王治外，文母治內。太姒生十男：長伯邑考，次武王發，次周公旦，次管叔鮮，次蔡叔度，次曹叔振鐸，次霍叔武，次成叔處，次康叔封，次聃季載。太姒教誨十子，自少及長，未嘗見邪僻之事。及其長，文王繼而教之，卒成武王、周公之德。君子謂太姒仁明而有德，《詩》曰：『大邦有子，俔天之妹。文定厥祥，親迎於渭。造舟為梁，不顯其光。』又曰：『太姒嗣徽音，則百斯男。』此之謂也。

又　卷四《貞順傳·宋恭伯姬》　伯姬者，魯宣公之女，成公之妹也。其母曰繆姜，嫁伯姬於宋恭公。恭公不親逆，伯姬迫於父母之命而行。既入宋，三月廟見，當行夫婦之道。伯姬以恭公不親逆，故不肯聽命。宋人告魯，魯使大夫季文子如宋，致命於伯姬。還復命，公享之。繆姜出於房，再拜曰：『大夫勤勞於遠道，辱送小子，不忘先君，以及後嗣。使下而有知，先君猶有望也。敢再拜大夫之辱。』

伯姬既嫁於恭公，十年恭公卒，伯姬寡。至景公時，伯姬常遇夜失火。左右曰：『夫人少避火。』伯姬曰：『婦人之義，保、傅不俱，夜不下堂。待保、傅來也。』保母至矣，傅母未至也。左右又曰：『夫人少避火。』伯姬曰：『婦人之義，傅母不至，夜不可下堂。越義而生，不如守義而死。』遂逮於火而死。《春秋》詳錄其事，為賢伯姬，以為婦人以貞為行者也，伯姬之婦道盡矣。當此之時，諸侯聞之，莫不痛悼。以為死者不可以生，財物猶可復，故相與聚會於澶淵，償宋之所喪。《春秋》善之。君子曰：禮，婦人不得傅母，夜不下堂，行必以燭。伯姬之謂也。《詩》云：『淑慎爾止，不愆於儀。』伯姬可謂不失儀矣。

又　卷四《貞順傳·齊孝孟姬》　孟姬者，華氏之長女，齊孝公之夫人也。好禮貞壹，過時不嫁，齊中求之，禮不備，終不往。躡男席，語不及外，遠別避嫌。齊中莫能備禮求焉，齊國稱其貞。孝公聞之，乃修禮，親迎於華氏之室。父母送孟姬不下堂，母醮房之中結其衿縭，誡之曰：『必敬必戒，無違宮事。』父誡之東階之上曰：『必夙興夜寐，無違命。其有大妨於王命者，亦勿從也。』諸母誡之兩階之間曰：『敬之敬之，必終父母之命，夙夜無怠，視之衿縭，父母之言謂何。』姑姊妹誡之門內曰：『夙夜無愆，爾之衿鞶，無忘父母之言。』孝公親迎孟姬於其父母，三顧而出，親迎之綏，自御輪，三曲顧，姬與遂，納於宮。三月廟見，而後行夫婦之道。

既居久之，公遊於琅邪，華孟姬從。車奔，姬墮，車碎。孝公使駟馬立車，載姬以歸。姬使侍御者舒帷以自障蔽，而使傅母應使者曰：『妾聞妃后踰閾，必乘安車輜軿，下堂必從傅母保阿，進退則鳴玉環佩，內飾則結紐綢繆，野處則帷裳擁蔽，所以正心壹意，自斂制也。今立車無軿，非所敢受命也；野處無衛，非所敢久居也。二者失禮多矣。夫無禮而生，不若早死。』使者馳以告公，更取安車。比其反也，則自經矣。傅母救之，不絕。傅母曰：『使者至，輜軿已具。』姬氏蘇，然後乘而歸。君子謂孟姬好禮。禮，婦人出，必輜軿，衣服綢繆。既嫁，歸問女昆弟，不問男昆弟，所以遠別也。《詩》曰：『彼君子女，綢直如髮。』此之謂也。

又　卷四《貞順傳·息君夫人》　夫人者，息君之夫人也。楚伐息，破之，虜其君，使守門，將妻其夫人而納之於宮。楚王出遊，夫人遂出見息君，謂之曰：『人生要一死而已，何至自苦！妾無須臾而忘君也，終不以身更貳醮。生離於地上，豈如死歸於地下哉？』乃作詩曰：『穀則異室，死則同穴。謂予不信，有如皦日。』息君止之，夫人不聽，遂自殺；息君亦自殺，同日俱死。楚王賢其夫人守節有義，乃以諸侯之禮合而葬之。君子謂夫人說於行善，故序之於《詩》。夫義動君子，利動小人，息君夫人不為利動矣。《詩》云：『德音莫違，及爾同死。』此之謂也。

又　卷四《貞順傳·楚平伯嬴》　伯嬴者，秦穆公之女，楚平王之夫人，昭王之母也。當昭王時，楚與吳為柏舉之戰，吳勝楚，遂入至郢。昭王亡，吳王闔閭盡妻其後宮，次至伯嬴，伯嬴持刃曰：『妾聞天子者，天下之表也。公侯者，一國之儀也。天子失制則天下亂，諸侯失節則其國危。夫婦之道，固人倫之始，王教之端。是以明王之制，使男女不親授，坐不同席，食不共器，殊椸枷，異巾櫛，所以施之也。若諸侯外淫者絶，卿大夫外淫者放，士庶人外淫者宮割。夫然者，以為仁失可復以義，義失可復以禮，男女之失，亂亡興焉。夫造亂亡之端，公侯之所絶，天子之所誅也。今君王棄儀表之行，縱亂亡之欲，犯誅絶之事，何以行令訓民？且妾聞生而辱，不若死而榮。若使君王棄其儀表，則無以臨國；妾有淫端，則無以生世。一舉而兩辱，妾以死守之，不敢承命。且凡所欲妾者，為樂也。近妾而死，何樂之有？如先殺妾，又何益於君王？』於是吳王慙，遂退，舍伯嬴與其保阿，閉永巷之門，皆不釋兵。三旬，秦救至，昭王乃復矣。君子謂伯嬴勇而精一。《詩》曰：『莫莫葛藟，施于條梅。豈弟君子，求福不回。』此之謂也。

又　卷四《貞順傳·楚昭貞姜》　貞姜者，齊侯之女，楚昭王之夫人也。王出遊，留夫人漸臺之上而去。王聞江水大至，使使者迎夫人，忘持其符。使者至，請夫人出。夫人曰：『王與宮人約，令召宮人必以符。今使者不持符，妾不敢從使者行。』使者曰：『今水方大至，還而取符，則恐後矣。』夫人曰：『妾聞之：貞女之義不犯約，勇者不畏死，守一節而已。妾知從使者必生，留必死，然棄約越義而求生，不若留而死耳。』於是使者取符，則水大至，臺崩，夫人流而死。王曰：『嗟夫！守義死節，不為苟生，處約持信，以成其貞。』乃號曰貞姜。君子謂貞姜有婦節。《詩》云：『淑人君子，其儀不忒。』此之謂也。

論說

《漢書》卷八一《匡衡傳》　又傳昭儀及子定陶王愛幸寵於皇后、太子，衡復上疏曰：【略】『臣又聞：室家之道修則天下之理得，故《詩》始《國風》，《禮》本《冠》、《婚》。始乎《國風》，原情性而明人倫也；本乎《冠》、《婚》，正基兆而防未然也。福之興，莫不本乎室家；道之衰，莫不始乎梱內。故聖王必慎妃后之際，別適長之位。禮之於內也，卑不踰尊，親不先故，所以統人情而理陰氣也。其尊適而卑庶也，適子冠乎阼，禮之用醴，衆子不得與列，所以貴正體而明嫌疑也。非虛加其禮文而已，乃中心與之殊異，故禮探其情而見之外也。聖人動靜游燕，所親物得其序，得其序則海内自修，百姓從化。如當親者疏，當尊者卑，則佞巧之姦因時而動，以亂國家。故聖人慎防其端，禁於未然，不以私恩害公義。』

元帝崩，成帝即位，衡上疏戒妃匹、勸經學威儀之則曰：【略】『臣又聞之師曰：妃匹之際，生民之始，萬福之原。婚姻之禮正，然後品物遂而天命全。孔子論《詩》，以《關雎》為始，言太上者，民之父母；后夫人之行不侔乎天地，則無以奉神靈之統而理萬物之宜。故《詩》曰：「窈窕淑女，君子好仇。」言能致其貞淑，不貳其操，情欲之感無介乎容儀，宴私之意不形乎動靜，夫然後可以配至尊而為宗廟主。此綱紀之首，王教之端也。自上世已來，三代興廢，未有不由此者也。』

《後漢書》卷九二《荀爽傳》　對策陳便宜曰：【略】臣聞有夫婦然後有父子，有父子然後有君臣，有君臣然後有上下，有上下然後有禮義。禮義備，則人知所厝矣。夫婦，人倫之始，王化之端。故文王作《易》，《上經》首《乾》、《坤》，《下經》首《咸》、《恒》。孔子曰：『天尊地卑，乾坤定矣。』夫婦之道，所謂順也。《堯典》曰：『釐降二女於嬀汭，嬪于虞。』降者，下也；嬪者，婦也。言雖帝堯之女下嫁於虞，猶屈體降下，勤脩婦道。《易》曰：『帝乙歸妹，以祉元吉。』婦人謂嫁曰歸。

言湯以娶禮，歸其妹於諸侯也。《春秋》之義，王姬嫁齊，使魯主之，不以天子之尊加於諸侯也。

《南齊書》卷二〇《皇后列傳》 史臣曰：后妃之德，著自風謡，義起閨房，而道化天下。繰盆獻種，罔非耕織，佩管晨興，與子同事，可以光熙闔業，作儷公侯。

《梁書》卷七《皇后列傳》 史臣曰：后妃道贊皇風，化行天下，蓋取《葛覃》、《關雎》之義焉。

《陳書》卷七《皇后列傳》 史臣曰：《詩》表《關雎》之德，《易》著《乾》、《坤》之基。然夫婦之際，人道之大倫也。

《周書》卷九《皇后列傳》 《書》紀有虞之德，載釐降二女；《詩》述文王之美，稱刑于寡妻。是知婚姻之道，男女之别，實有國有家者之所慎也。自三代迄於魏晉，興衰之數，得失之迹，備乎傳記，故其詳可得聞焉。若娉納以德，防閑以禮，大義正於宮闈，王化行於邦國，則坤儀式固而鼎命惟永矣。至於邪僻既進，法度莫修，冶容迷其主心，私謁槖其朝政，則風化凌替而宗社不守矣。夫然者，豈非皇王之龜鑑與？

唐・陸淳《春秋集傳微旨》卷下 淳聞於師曰：聖人之教，為可傳也，為可繼也。伯姬之行，曠代而無一人也，非可傳、可繼之道。經文既無褒異，當從《左氏》之說。

宋・孫覺《春秋經解》卷一〇《襄公》 伯姬之行，蓋婦人之伯夷也。方春秋之際，人倫大亂而婦德掃地矣。伯姬立淫亂無禮之世，而為高潔難行之行，寧殺其身於火以死，不苟其生於有過之地。雖其身不幸於一時，而萬世無禮不潔之人，小聞其風則知所愧矣。孔子賢之，於納幣、致女、歸媵、卒葬，雖法所當略者，一切書之，所以樂道人之善而使不潔之人懼也。左氏、陸淳之徒不能深達孔子之意，而妄為之說曰：共姬『女而不婦』。夫以伯夷之賢，不見稱於孔子，則亦西山之餓夫；共姬之行不見列於《春秋》，則亦小國之愚婦爾。為伯夷、共姬，又何恨哉！亦信其志而已矣。

宋・李覯《盱江集》卷五《周禮致太平論・内治第一》 男女之際，人道所重，前哲固備言矣。然而賢妃相成之道不世出，亂國家者，往往而是。蓋婦人之性，鮮克正也。陰則昧，柔則弱，昧不足自見，弱不足自立。與物而遷，直情忘反，其體一也。堯試舜，觀厥刑于二女，釐降二女於嬀汭，嬪於虞。以堯之女，其淵源非不善，尚曰舜能以義理下其心，是無聖人為之耦，則不克使其行婦道也。彼凡人子，而不漸以教，摩以禮，其可乎哉？今夫數口之家，猶以婦傾，或靡敝財用，或離析骨肉，速刑召禍，至無可救者，多矣。況乎后妃同體於王，其次嬪御亦所愛幸。一發言，一舉事，足以旋轉天地，薄蝕日月。其為禍福，可勝言哉！

貴則為驕，富則為侈；並寵則妬，不容則怨；憎則有讒言，愛則有私謁。府庫或為之空，刑賞或為之濫，姦邪或為之昌，忠良或為之剝，宗室或為之棄，冢嗣或為之易，帷薄或為之不脩，社稷或為之不食。妺喜之放桀，妲己之殺紂，此類豈少哉？

故『内宰』以陰禮教六宮。陰禮，婦人之禮，六宮謂后也。又以陰禮教九嬪，不言教夫人、世婦，舉中以見上下，省文也。又以婦職之法教九御，使各有屬，以作二事，正其服，禁其奇衺，展其功緒。『九嬪』掌婦學之法，以教九御婦德、婦言、婦容、婦功。后尊也，不得不受教；女御卑也，而教亦及之。在王宮者，不可不知禮也。如使后、夫人、九嬪、世婦、女御皆受教，皆知禮，德皆正，言皆順，無冶容，無廢功，無侈服，無衺道，則閨門之内何有不肅？溥天之下何有不化？《關雎》之不淫，《葛覃》之躬儉，《樛木》之無嫉妬，《螽斯》之多子孫，《卷耳》之輔佐求賢，《兔罝》之莫不好德，於斯見矣。王道安得不成乎？

宋・易祓《周官總義》卷六《内宰》 天子立六宮以待天下之外治，所以修陽教也；王后立六宮以待天下之内治，所以修陰教也。陰教即陰禮也。言六宮者，王后也。王后至尊，不可指言，故云六宮。王后雖尊，四德宜備，教以陰禮，則日新其德，乃輔佐君子之道。以太任，文王之母，思媚周姜；太姒嗣徽音，克成《二南》之化。《詩》稱尊敬師傅，以為后妃之美，其來遠矣。所謂師傅者，亦豈宦寺可以為之？内宰之賢，教成后德，此書其實也。王后修陰禮，以為六宮之範，故下而三夫人至於九嬪，又至於二十七世婦，又至於八十一女御，莫不皆教之以陰禮。言九嬪而不言夫人、世婦，舉中以見上下也。至於八十一女御，以九人而當御，故曰九御。以其位卑職勞，故以婦職之灋教之。使各有屬者，自三夫人以下，以一帥三，則為屬。以作二事者，自八十一女御而上，以三奉一，則為二；『作』云者，作其怠惰而警敕之以陰禮故也，以至正其服而不使之侈靡，正其心術而不使之奇衺。率是而行之，因其女功之良苦而展其功緒，以風天下，『內宰』之教成矣。

二事之說，鄭氏以為絲枲，王氏《新傳》以為祭祀、賓客之事，非也。『二』即『貳』也。《左氏》載史墨之言曰：物生必有兩有三，乃至王有公，諸侯有卿，皆有貳也。知王以三公為貳，則知王后以三夫人為貳矣。知諸侯以三卿為貳，則知三夫人以九嬪為貳矣。以至九嬪，則貳之以二十七世婦；二十七世婦，則貳之以八十一女御。正合此經『各有屬』之義。

宋·范祖禹《范太史集》卷二三《家人卦》 臣祖禹曰：《家人》之道，以內為主，女正則家正矣，故其利在女之正。《彖》曰：《家人》，女正位乎內。謂『六二』也。男正位乎外，謂『九五』也。『六二』以柔得位而居中，『九五』以剛得位而居尊。男子居外，女子居內。男不言內，女不言外。男女之正，莫大於此。此天地之義，陰陽之分也。《禮》曰：天子聽男教，后聽女順。天子理陽道，后治陰德。天子聽外治，后聽內職。教、順成俗，外內和順，國家理治，此之謂盛德。故天子之與后，猶日之與月，陰之與陽，相須而後成者也。其可以不正乎？

天子者，天下之君也；諸侯者，一國之君也；父母者，一家之君也。君不可以不嚴，天子則天下之所嚴也，諸侯則一國之所嚴也，父母則一家之所嚴也。故《家人》有嚴君焉，父母之謂也。父得父之道則慈，子得子之道則孝，兄得兄之道則友，弟得弟之道則恭，夫得夫之道則義，婦得婦之道則聽。如此，然後家道正，推而行之，以治天下，故正家而天下定矣，舜、文王是也。舜事父母，瞽瞍厎豫，而天下之為父子者定。象憂亦憂，象喜亦喜，而天下之為兄弟者定。釐降二女于媯汭，嬪于虞，而天下之為夫婦者定。文王孝於王季、太任，刑于太姒，友于兄弟，以御于家邦。《大學》曰：心正而後身修，身修而後家齊，家齊而後國治，國治而後天下平。

《象》曰：風自火出，《家人》。何謂也？《離》，火也。《巽》，風也。火在內而風在外，家人之道由內以相成，故《文中子》曰：明內而齊外也。君子之居家也，言必有物，行必有常，所以為家人法也。孔子曰：君子居其室，出其言，善則千里之外應之，況其邇者乎！居其室，出其言，不善則千里之外違之，況其邇者乎！言出乎身，加乎民；行發乎邇，見乎遠。言行，君子之所以動天地也。可不慎乎？

《初九》曰：閑有家，悔亡。何謂也？處家之初，治家之始，故必防閑之，然後悔可亡。王弼曰：凡教在初，而法在始。當治之於未變，嚴之於未瀆也。既變而後治之，既瀆而後嚴之，則悔矣。《孟子》曰：身不行道，不行於妻子。君子言有物，行有常，無僻志，無淫好，所以閑家也。昔者桀惑於末喜，故夏亡；紂惑於妲己，故商亡；幽王惑於褒姒，故周亡。晉獻公惑於驪姬，三世大亂；唐高宗制於武后，唐祚中絕；中宗制於韋后，身陷大禍。皆不能閑之於初也。閑之在於人心未變之時，故《象》曰：閑有家，志未變也。【略】

《九三》曰：家人嗃嗃，悔厲吉；婦子嘻嘻，終吝。何謂也？以陽處陽，居下卦之上，為家人之長，剛嚴者也。王弼曰：行，與其慢，寧過乎恭；家，與其瀆，寧過乎嚴。故家人嗃嗃，至於有悔，雖危，猶不失吉。婦子嘻嘻，言笑無節，終必有吝。凡家之道，主於嚴敬。故《象》曰：家人嗃嗃，未失也。婦子嘻嘻，失家節也。

《六四》曰：富家，大吉。何謂也？以陰處陰，體柔居巽，少長有禮，各得其序，以聽於上。故《象》曰：順在位也。富者，非富於財而已。家之富，猶人之肥也。《禮》曰：父子篤，兄弟睦，夫婦和，家之肥也。其大吉，不亦宜乎！

《九五》曰：王假有家，勿恤吉。何謂也？陽居君位，以家道治天下者也。聖人以天下為一家，以中國為一人，故視天下如家，視百姓如身，愛人如愛身，治天下如治家。孔子曰：身以及身，子以及子，妃以及妃。君行此三者，則愾乎天下矣，太王之道也。如此，國家順矣。《孟子》曰：天下之本在國，國之本在家，家之本在身。修身所以治人，正家所以治天下也。舜舉八元，使布五教於四方。父義，母慈，兄友，弟恭，子孝，內平外成。此以家道治天下，而四海之內莫不交相愛也。《詩》曰：之子于歸，宜其家人。《大學》曰：宜其家人，而後可以教國人。先王欲正天下，必自家始，此家人之盛也，故勿恤而吉。王弼曰：王至斯道，以有其家。古之人有行之者，舜、文王是也。

《上九》曰：有孚威如，終吉。何謂也？以陽居上，處家之終，誠發於中而著於外，人皆信之，故曰有孚。治家之道，初則閑之，終則嚴之，故曰威如。閑之者，制於未變也；嚴之者，所以長久也。孔子曰：君子不重則不威。《傳》曰：有威可畏，謂之威。揚雄曰：貌重則有威。又曰：或問何如動而見畏？曰：畏人。何如動而見侮？曰：侮人。夫見畏與見侮，無不由己。又曰：人必其自敬也，然後人敬之。君子之道本諸身，故治家者始於修身，終則反諸其身，其身正而天下歸之矣。身處威敬，人亦畏敬之。夫如是，豈有不終吉者乎？故《象》曰：威如之吉，反身之謂也。

宋・曾鞏《元豐類藁》卷一一《列女傳目錄序》 其言大任之娠文王也，目不視惡色，耳不聽淫聲，口不出敖言，又以謂古之人胎教者皆如此。夫能正其視聽言動者，皆大人之事，而有道者之所畏也。顧令天下之女子能之，何其盛也！以臣所聞，蓋為之師傅保姆之助，《詩》、《書》、圖史之戒，珩璜琚瑀之節，威儀動作之度。其教之者雖有此具，然古之君子未嘗不以身化也。故《家人》之義，歸於反身；《二南》之業，本於文王。夫豈自外至哉？世皆知文王之所以興，能得內助，而不知所以然者，蓋本於文王之躬化。故內則后妃有《關雎》之行，外則羣臣有《二南》之美，與之相成。其推而及遠，則商辛之昏俗，『江漢』之小國，『兔罝』之野人，莫不好善而不自知。此所謂身修故國家天下治者也。

宋・蕭楚《春秋辨疑》卷二《外夫人書葬辨》 何賢乎宋共姬？曰：死或重于太山，或輕于鴻毛，是死者非難，而死得其所者為難。婦人之行，以貞為大。共姬以禮自將，逮火而卒，可謂能處死矣，舉世一人而已。雖古列女，何以加諸？聖人書其卒，書我大夫會葬，又書其謚。如此者，以其賢也。春秋之時，驪姬禍晉，夏姬亡陳，文姜、哀姜之亂魯，宣淫恣縱，恬不為恥；與夫杞姬、蕩姬、鄫姬之輩或來朝其子，或來求婦，無父母而歸，不待媒而合，逾法越禮比比如此，則天下之婦道可知矣。若紀、宋二姬之守節，果多得也哉？聖人取此，貴於《春秋》，所以經天下之婦道也。【略】

左氏謂共姬『女而不婦』，失聖人之旨亦甚矣。《二南》為王化之基，《關雎》、《鵲巢》歌詠后妃夫人，能以禮法自閑而已。共姬不憚一死，以守禮法，此列丈夫之所難，況于婦人乎！況于春秋之時乎！《易》：『過涉滅頂，凶。无咎。』以其殺身成仁，共姬亦近之矣。愚恐後人以所善為非善，故特詳《春秋》之說。

宋・呂祖謙《呂氏家塾讀詩記》卷二《正風》 后妃之德，坤德也。『關關雎鳩，在河之洲』，擬諸形容者也。『窈窕淑女，君子好逑』，詠歎其真王者之良匹也。唯天下之至靜，為能配天下之至健也。萬化之原，一本諸此。未得之也，如之何其勿憂？既得之也，如之何其勿樂也？『悠哉悠哉，輾轉反側』，憂之不過其則也。『琴瑟友之，鐘鼓樂之』，樂之不過其則也。所謂樂而不淫，哀而不傷者也。友亦樂也。鐘鼓有時而奏，琴瑟無時而不在側，若朋友然，故曰友。

宋・朱熹《晦菴集》卷一二《己酉擬上封事》 所謂修身以齊家者，臣聞天下之本在國，國之本在家。故人主之家齊，則天下無不治；人主之家不齊，則未有能治其天下者也。是以三代之盛，聖賢之君能修其政者，莫不本於齊家。蓋男正位乎外，女正位乎內，而夫婦之別嚴者，家之齊也。妻齊體於上，妾接承於下，而嫡庶之分定者，家之齊也。采有德，戒聲色，近嚴敬，遠技能者，家之齊也。內言不出，外言不入，苞苴不達，請謁不行者，家之齊也。然閨門之內，恩常掩義，是以雖以英雄之才，尚有困於酒色，溺於情愛而不能自克者。苟非正心修身，動由禮義，使之有以服吾之德而畏吾之威，則亦何以正其宮壺，杜其請託，檢其姻戚，而防禍亂之萌哉？《書》曰：『牝雞之晨，惟家之索。』《傳》曰：『福之興，莫不本乎室家；道之衰，莫不始乎梱內。』

宋・朱熹《儀禮經傳通解》卷四《家禮四・內治》 右后夫人侍君。《傳》曰：自古聖王必正妃匹，妃匹正則興，不正則亂。昔夏之興也以塗山，其亡也以末喜；殷之興也以有娀，其亡也以妲己；周之興也以大姒，其亡也以褒姒。此其著者也。《詩》云『關關雎鳩，在河之洲。窈窕淑女，君子好逑。』言后妃説樂君子之德，無不和諧，又不淫其色，慎固幽深，若雎鳩之有別焉，然後可以風化天下也。夫雎鳩之鳥，猶未嘗見其乘居而匹處也。鳥獸尚然，而況於人君乎！故夫婦有別則父子親，父子親則君臣敬，君臣敬則朝廷正，朝廷正則王化成。君臣、父子、夫婦三者，天下之大綱紀也。三者治則治，三者亂則亂，此《關雎》以為《詩》

首，重人道之始於此也。

宋·楊萬里《誠齋易傳》卷一〇《家人》　正家在政，睦家在德，正人在法，感人在心。使我正人易，使人愛人難；使我愛人易，使人愛我難；使人愛我易，使人人交相愛難。非以德睦之，以心感之，安能使之交相愛乎？『九五』以《乾》德之剛明，居《巽》位之中正，為天下國家之至尊，而愛心感人，巽而入之，此所以感假其家人，以及天下，莫不人人交相愛，勿憂天下之不憂，而自吉也。以文王為君，以太姒為妃，以王季為父，以太任為母，以武王為子，以邑姜為婦，其不交相愛乎？故詩人歌之曰：『刑于寡妻，至于兄弟，以御于家邦。』此交相愛也。仲尼頌之曰：無憂者，其惟文王。此勿恤吉也。

宋·真德秀《大學衍義》卷三八《齊家之要二·嚴內治·宮闈內外之分》　臣按《家人》之卦曰：『女正位乎內，男正位乎外。男女正，天地之大義也。』《易》言其理而《禮》述其法，蓋相表裏云。

宋·真德秀《西山讀書記》卷二一《小學大學》　按朱子《小學》之書先載胎教之法，而後以此章繼之。《列女傳》曰：古者婦人妊子，寢不側，坐不邊，立不蹕。不食邪味，割不正不食，席不正不坐。目不視邪色，耳不聽淫聲，夜則令瞽誦詩，道正事。如此則生子形容端正，才過人矣。此言妊子之時必慎所感，感於善則善，感於惡則惡也。合《列女傳》與《內則》二篇觀之，則始終之教畧備矣。

宋·陳則通《春秋提綱》卷九《雜例門·春秋王室》　嗚呼！吾於《詩》之《二南》，而知《雅》、《頌》之所以興；吾於《詩》之二《變雅》，而知《春秋》之所以作。《白華》、《車舝》、《瞻卬》、《召旻》之詩，太任、太姒之家法蕩然矣。自古豈有家不正而天下定者邪？《詩》述西周之盛，自文王以下，正始之基也。《春秋》著東周之衰，自平王以下，返始之本也。《詩》、《春秋》之作，此周之所以為東、西者歟？考其盛衰之由，明其得失之迹，則『齊家』二字，乃《詩》、《春秋》之大綱領也。

元·郝經《續後漢書》卷四上《列傳第一上·后妃》　議曰：后妃之德，周室為盛。太姜、太任、太姒至於邑姜，原注：太姜，太王妃。太任，王季妃。太姒，文王妃。邑姜，武王妃也。世嗣徽音，自家刑國，以至於有天下。雖堯之明峻德，親九族，舜之烝烝，乂觀厥刑于二女，無以尚已。故文王演《易》，重《巽》于《離》，風自火出，明內齊外，名之曰《家人》。其繇曰：『女貞，吉。』孔子為之傳曰：『女正位乎內，男正位乎外。男女正，天地之大義也。父父，子子，夫夫，婦婦，正家而天下定。』及其刪《詩》，以《關雎》詠歌后妃，推為正風之始。蓋夫婦，人倫之本，風化之原，聖王所以修身而平天下者，在乎是矣。周室衰微，家道日乖，至秦而母后始與政，外戚始當國。原注：《史記》：秦昭王立，王少，宣太后自治事，任其弟魏冉為政，威震秦國。

元·許謙《詩集傳名物鈔》卷一《關雎》　《關雎》之詩，兼美文王、后妃之德，而尤歸重於文王。雎鳩之取興，為其摯而有別也，關關而和鳴也，既曰摯別而和，則非專指一人而言，固可見其一端矣。君子，有德有位之總稱，意謂吾君子有聖德，惟得有德之女，乃可為配。蓋非文王之聖德，則不能擇后妃之淑女；非后妃之聖德，則不足以配文王之君子。今窈窕之淑女，始可為君子之好逑。觀此兩詞，則主於文王而言，尤可見矣。

於其未得之也，寤寐思之，至於不遑寢處。夫以宮中之妾御，欲為君子得配，以為我之內主，而思之如此其切，是絶無妬忌之萌。是時宮中未被后妃之化，非文王之德有以化之，能如是乎？及既得之也，其容儀性行足以服衆心，而副前日之所望，故惟琴瑟、鐘鼓以娱悦之。觀友、樂之為言，可見后妃不以崇高之位自亢，有豈弟和柔、欣然逮下之意，故宮中之人得以友之樂之。而上以端莊臨下，下以恭謹事上之心，悠然見於言外。此則后妃之德化於人者，而亦見平日漸漬文王之德之深也。且寤寐求之而輾轉反側思之，切而近於哀矣。然宮中之人所自哀，娱之以琴瑟不足，而又繼之以鐘鼓，可謂樂矣，然亦宮中之人所自樂，后妃皆未嘗發於情欲之感，燕私之好，於文王無與焉。故孔子曰：『樂而不淫，哀而不傷。』

或曰：朱子以《關雎》之詩，文王宮中之人所作，真有合於夫子『樂而不淫，哀而不傷』之旨矣。然《詩疏》以文王娶太姒在十三四時，《大戴禮》亦曰文王十五而生武王。抑文王生知之聖，其德固足以化於家矣。然年方幼冲，宮中乃先有琴瑟、鐘鼓之設，宮妾之盛，而為君子，思其配至於輾轉反側，若不可少緩者。則文王無乃邇聲色之太早乎？曰：非然也。

元·胡震《周易衍義》卷九《家人》　《家人》之道，利在女貞，女貞則家道正矣。一家之内有父子，有夫婦，有兄弟，有長幼，宜無一之不正，而聖人獨專以女正為言，何也？曰：女之為女，奉承祭祀，此其本也；參配天地，此其義也。是為先祖之後，是為宗廟之主，是為人倫之始。不先有以正之，則名分不正而骨肉乖離，亂法斁倫而長幼不綱。以一息嬀而産三國之禍，以一夏姬而合數國之爭。商以牝雞之禍亡，周以褒姒之禍削。漢以此而有人彘之變，唐以此而有則天之變。古今亂亡之由，上下殄滅之原，未有不由于女之不正也。向使天下一皆犯『牆茨』、『桑中』之醜，一皆犯『鶉奔』、『敝笱』之刺，則人之類滅久矣。一皆昧『汎彼柏舟』之義，一皆失『習習谷風』之正，則人之類滅久矣。曾謂一家之中，女為人倫之本，可不先正乎？雖然，齊家之道固由女正，而所以正者又在於正身，以為之本。向非在我正踐履之分，以為之本，則欲内之克正，亦鮮矣。乾道成男，坤道成女，其係乎綱常，參乎化育者在是。君子知斯道之造端乎夫婦，致察乎天地，則戒謹恐懼，無時而敢忘，尚安有纖微之不正哉？

元·王元杰《春秋讞義》卷三《莊公》　讞曰：《何彼襛矣》，美王姬之詩。《序》曰：『王姬下嫁于諸侯，車服不繫其夫，下王后一等，猶執婦道，以成肅雍之德。』則知先王厚人倫，美教化，不以貴賤而差殊也。《易·歸妹》之《六五》：帝乙歸妹，其君之袂不如其娣之袂良。程氏曰：『五』以陰柔居中，下應『九二』之陽，謙降從禮，尚德不尚飾之象也。是則舅姑之禮不可闕，宗廟之祭不可慢。倘恃其所出，以忽其夫，則唱和之禮乖，夫婦之倫瀆矣。《春秋》書王姬下嫁，與列國之女同詞而不異，其義深有在也。

又　卷九《襄公》　讞曰：伯姬生于淫昏之時，而有甚高之行，寧火及身而死，不為失義而生。雖不幸于一時，實有光于萬世。《春秋》特旌其賢，冠以夫謚，以為萬世下執婦道之勸。

《遼史》卷七一《后妃列傳》　《書》始嬪虞，《詩》興關雎。國史記載，往往自家而國，以立天下之本。然尊卑之分，不可易也。

《金史》卷六四《后妃列傳下》　贊曰：《周禮》九嬪，掌婦學之法：婦德，婦言，婦容，婦功。班昭氏論之曰：婦德，不必才明絶異也；婦言，不必便口利辭也；婦容，不必顔色美麗也；婦功，不必功巧過人也。清閑貞静，守節整齊，行己有恥，動静有法，是謂婦德。擇辭而説，不道惡語，時然後言，不厭於人，是謂婦言。盥浣塵穢，服飾鮮潔，沐浴以時，身不垢辱，是謂婦容。專心紡績，不好戲笑，潔齋酒食，以奉賓客，是謂婦功。後世婦學不脩，麗色以相高，巧言以相傾，衒能以市恩，逢迎以固寵。

明·解縉等《古今列女傳》卷首《明成祖原序》　朕聞惟天下至誠，為能經綸天下之大經，立天下之大本，知天地之化育。大經者，五品之人倫也。大哉，經綸之道乎！而以人倫為本，人之大倫有五，而男女夫婦為先。有夫婦而後有父子，有父子而後有君臣。妃匹之際，生民之始，萬福之原，經訓之作皆載之首篇。聖帝明王相傳之要道，豈有加於此哉？是故唐虞遠矣，三代莫盛於周。太王、王季肇建邦家，文王誕膺天命，以撫方夏，武王、周公修太平之業，姜、任繼美，姒續徽音，輔成《關雎》、《麟趾》之化。【略】及乎《周南》，后妃貴而勤，富而儉，長而敬，不弛於師傅，嫁而孝，不衰於父母。樂而不淫，憂而不傷。逮下而有螽斯之祥，仁厚而致麟趾之應。雍雍乎，熙熙乎，漢廣、汝墳，咸被其化。端莊静一，無狎昵之私；離别告語，皆忠厚之意。何其盛也！

明·邵寶《學史》卷三《辰》　日格子曰：女、婦異道乎？《易》曰：『恒其德，貞。婦人吉。』貞也者，女、婦一也，而謂婦異於女，未之前聞也。《公羊》曰：『伯姬之婦道盡矣。』君子哉！君子哉！

明·湛若水《格物通》卷三〇《齊家格·謹妃匹上》　臣若水通曰：程頤云：王假有家，五，君位，故以王言；假，至也，極乎有家之道也。夫王者之道，修身以齊家，家正而天下治矣。又曰：有家之道既至，則不憂勞而天下治矣。臣謂德足以刑家，是至其家之道也。夫婦者，正始之道也。如是則勿恤而吉矣。《象》又釋之：『五』以剛中正而感，『二』以柔中正而應。夫義婦聽，一心相愛，家之所以齊也。王季之於大任，文王之於大姒，武王之於邑姜，皆得之矣。此其齊家，以開有周之治也歟？

臣若水通曰：夫為陽，婦爲陰；夫為天，婦爲地。《歸妹》則婦從夫，陰從陽，地承天。如是則天尊地卑，天地之大義以正矣。然而天地不交通，則萬物不生育。歸妹以陰從陽，正家之始也。陰陽交感，則萬事萬化皆成，而家道終矣，故為人道之終始也。可不慎乎？人君之治天下，以正家為始，正家以求配為始。

臣若水通曰：夫婦者，原於天道而關於人道，其用大矣。夫夫婦，原於男女之成；男女之成，由於萬物之生；萬物之生，由於天地之判。是夫婦原於天道之大也。夫婦相感，而後有生育。生之者父，所生者子。父者君道，子者臣道。君臣位則上下分，而禮義之道行於上下、君臣、父子之間，大道行而天下治矣。是夫婦關於人道之大也。若非夫婦，則始而天地之道息矣，終而人倫之道滅矣。夫婦之道，其可以不恒久邪？古今不易之經也。《易》首《咸》、《恒》，聖人之意深矣哉！

臣若水通曰：此史臣記堯以二女妻舜之事，明正始也。女，以女與人也；時，是也；刑，法也；二女，堯二女娥皇、女英也；釐，理也；降，下也；媯，水名，水此曰汭，舜所居地也。嬪，婦也。虞舜氏史臣記堯言，其將試舜，以二女事之，以觀其內。蓋夫婦之間，隱微之際，正始之道，所係尤重也。史又言堯遂治裝，下嫁二女于媯水之北，使為舜婦于虞氏之家也。又述堯戒二女之辭曰『欽哉』。昏禮遣女之辭亦曰：『往之女家，必敬必戒。』況以天子之女而嫁于匹夫，尤易怠忽，故堯深戒其敬，所以正其始也。夫禮謹大昏。大昏者，萬世人道之始也。其始不正，必不能正終矣。始終不正，則家不齊，必不能治國平天下矣。後世人君往往以貴勢而忽此禮，昏嫁之際，至使三綱倒置，以為當然。欲平、治，得乎？觀於堯舜之事，實為萬世綱常之龜鑑也歟！

臣若水通曰：此美后妃之詩，文王正始之道也。妃配得其賢，則男女正而萬化行。況人君為天之子，后妃母儀天下，可不擇德以相配乎？故曰『窈窕淑女，君子好逑。』蓋言文王之聖而得太姒之賢，以德配德，健順相承，王教自此始矣，故曰『好逑』。雖然，閨門托始，實在人主一念，理欲之間。人主苟知重人道之始，好德而遠色，則必擇德以相匹，文王、太姒是也。苟一念不正，惟知樂色而忘德，則悖理犯義，其禍有不可言者。然則夫婦者，正家之始；擇配者，正夫婦之始；正念者，又擇配之始。可不慎與？

又　卷三八《齊家格・嚴内外上》　臣若水通曰：閨門者，萬化之原，故禮始於謹夫婦，為宮室以居之，辨外内以防之。男外而女内者，順陰陽之道也。男不入而女不出，所以嚴別也。古之明君致禁於桂掖椒房者，嚴矣。

明・夏良勝《中庸衍義》卷七《達道之義・夫婦之法》　臣良勝曰：舜之刑二女，齊家之有道也；二女之執婦道受教，亦有素也。是兩善以相承，故曰敬而足也至。

臣良勝曰：文王之所以御家邦者，有刑于寡妻之化也；其所以刑之者，有純一不已之德也。蓋其不顯亦臨，無斁亦保，而和敬之功益密；不聞亦式，不諫亦入，天性之合益完。是以内而太姒，上嗣徽音，下百斯男，克宜于家；外而髦士，成人有德，小子有造，克永其譽。始則儀刑于一家，終而儀刑于萬邦矣。是則后妃素賢而其成德，皆儀刑于文王者。故臣以為《關雎》之詩，乃在成化之後，而追言其始至之賢，已若此也。若云后妃自有聖德，初至之時已為宮中所樂，則南國之化乃一婦人能為之，恐非周公、孔子表列文王端本治化之意，故曰地道無成而代有終也。

臣良勝曰：讀《小星》之詩，而後知文王后妃之化之遠也。諸侯夫人化之，能容其下，蓋其尊貴之體，禮義之教素有足閑者，其感之易也。若夫妾媵惟欲之從，乃能歸美其夫人而自安於命，則尊卑貴賤各有儀等，並后奪嫡之患決所無矣，又安有飛燕、太真遂基家國之禍者哉？

臣良勝曰：處夫婦之變而不失其正者，莊姜是也。以莊公之狂暴，而莊姜正靜自守。寵嬖既多，家國貽禍，州吁之惡既稔，桓公之祿不終，然而不敢歸怨於夫，但欲思古人，以自免于訧。戴媯大歸，又以先君之思為勗，視小星之妾媵猶多賢焉。此亦先王遺澤之尚存，而莊姜之化亦有行乎其下矣。至後宣姜之醜而新臺鶉奔之賦，卒起狄人滅國之禍，君子遂厭《衛風》於不齒，至歸罪於土薄而氣輕浮，地肥而人怠惰，故性淫而聲靡。臣觀莊姜而下，有六婦人焉。其《詩》皆止乎禮義者，亦安得委于地氣習俗然哉？

臣良勝曰：春秋婦女以文詞紀于《傳》者，類有可稱；而賢行特書于經者，宋伯姬、紀叔姬爾。蓋天下之善，有勉乎理義，斯為難矣；

安而止乎理義者，尤難也。伯姬年六十矣，使避火而生，亦不害乎貞也，而必死以成禮。叔姬，妾媵也，國亡君死，使歸宗國，亦自有道也。必歸于酅以脩祀，是可歸弗歸，可生弗生，一安於理義之正也。二姬皆魯女，秉禮之遺風尚在，故國人高之，皆詳其事，而《春秋》得因以示勸。然二百四十二年之間，僅有此爾，蓋亦難哉！或者曰：伯姬避嫌之甚者，而叔姬歸酅，則紀季之邑，嫂叔之嫌無避己乎？姬之歸也，以宗廟在，非以季也。况貞潔之操，自孚于人心，而好惡之公，終不能以昧夫天理。若令女處逆亂之族，又依于伯氏，而志節炳然，自見節義在。婦女陰柔之質而秉陽剛之德，尤人所賢樂道而成全之者。故或遠或近，或去或不去，歸潔其志而已矣。君子謂：為魯男子則難，為柳下惠則易。有大節焉，則小嫌在所略者。

明·魏校《莊渠遺書》卷二《列女傳講義》 《列女傳》者，漢儒劉向采輯上古賢聖婦人事蹟，作為傳記，以教後世。此章是説胎教之道，言古者，正見後世之不然。妊子懷胎也，寢必以正，不斜其身；坐必以正，不偏其身；立必以正，不偏任一足。正味乃食，不正之味不食。後世好用炙煿之物，尤為有害。割肉不方正不食，設席不端正不坐。小者如此，大者可知。目不視不正之色，耳不聽不正之聲。晝時所接皆正，到那夜静之時，又令瞽目婦人審於音者，諷誦古詩，道説古昔正事。古人胎教，無一不出於正如此，故其生出子來，形容端正，才德自不凡矣。蓋子在胞胎時，精、氣、神未定，與母氣相流通，母感於善則善，母感於惡則惡，此自然之理也。

明·劉宗周《論語學案》卷二《上論·八佾》 《論語述》云：按《毛詩》云：《關雎》，后妃之德也，風之始也，所以風天下而正夫婦也，故用之鄉人焉，用之邦國焉。又曰：《周南》、《召南》，正始之道，王化之基，是以《關雎》樂得淑女，以配君子，憂在進賢，不淫其色，哀窈窕，思賢才，而無傷善之心，是《關雎》之義也。申公《詩説》云：《關雎》，文王之妃太姒思得淑女，以充嬪御之職，而供祭祀、賓客之事，故作是詩。由是觀之，《關雎》后妃所作也。所謂窈窕淑女，蓋指所求嬪妾而言，未得而憂，既得而樂，此其性情之正，可以想見。且所云『參差荇菜』者，為潔俎豆，以供祭祀、賓客之事，而后妃皆左右為之助焉。汲汲於求賢内輔，絶無幃房燕暱之情，孔子所稱『樂而不淫，哀而不傷』者也。

朱子釋《詩》，多不用《小序》。《小序》傳自子夏，成於毛公，不無附會增益，如云憂在進賢，不淫其色等語，誠覺未妥；然首云《關雎》，后妃之德，風化之始也，則確乎其無可疑也。若申公《詩説》傳自漢初，文公似未之考，故以為文王得聖女姒氏，以為之配，宫中之人於其始至而作是詩，言后妃之德，宜配君子，求之未得則不能無寤寐反側之憂，求而得之則宜其有琴瑟鐘鼓之樂。愚觀《大明》之詩曰：『文王初載，天作之合。在洽之陽，在渭之涘。文王嘉止，大邦有子。』大邦，莘國也，子即太姒也。太姒之配，文王何待宫人寤寐思之，至於輾轉反側而後得耶？若謂寤寐反側之憂，琴瑟鐘鼓之樂在於文王，則尤不得性情之正矣。昔楚莊王樊姬，私捐衣以求美人，而進於王，即太姒求淑女之意。而文王為聖君，太姒為聖配，當時所以表正宫幃，不暱私寵，迥越尋常之上，又非楚莊與樊姬所可同日而語也。《關雎》為《詩》首篇，所關於風化不淺，而其旨久湮，故不可以不論。

清·傅以漸《内則衍義》卷四《教之道·教子》 謹按：堯、舜皆官天下而禹則家天下，非聖人之私其子也。惟禹之子啓賢能敬承，繼禹之道。傳載禹治水，三過其門而不入。塗山氏獨明教訓，及啓長，化其德而從其教，卒致令名，嗣為天子，持禹之功而不隕。則啓之賢，蓋成於聖母者居多。向使禹既為國忘家，不能時誨其子，塗山氏又姑息而不教，何以綿有夏四百年之統哉？

又 卷六《禮之道·肅家政》 謹按《傳》稱：男先乎女，夫為妻綱。乃《易·家人》卦辭則曰：『利女貞』；《彖》辭則先稱『女正位乎内』。豈非閫内之政，其責尤重于女乎？且不特以義方之父擬嚴肅之君，而母亦有然。是則家正而天下定，所賴于陰教不淺矣。克嚴之義，閑之于蚤，而悔乃亡。即過于嚴整，而其究則吉。雖本于誠信，而其道必威。蓋聚相暱之人，處至近之地，褻狎易而整刷難。此《易》所以丁寧告戒也。有母儀婦道之任者，宜身體而力行之。

又 卷一二《禮之道·端好尚》 謹按：嗜好莫深於富貴，而周家以農事開國，世世習為勤儉，宫闈之内，代有淑人。姜嫄以厥德不回昭受上帝。太姜貞順率道，佐太王以養民遷都。太任端一誠莊，其娠文王，寢坐必防其側蹕，飲食必嚴其正味，視聽必謹其聲色。胎教之法，朱熹採之，為《小學》篇首。豈非嗜好之端，必端之於最始哉？

清·葉方藹等《孝經衍義》卷一一《衍要道之義·夫婦》 臣按：《禮》：國君取夫人之辭曰：『請君之玉女，與寡人共有敝邑，事宗廟社稷。』故禮始于謹夫婦，所以終孝道也。孔子論《詩》始于《南》，《南》始于《關雎》，非獨以著風化之自，所以明文王之致孝于其親者，既內自盡，又外求助，故未得窈窕之淑女，則有輾轉反側之憂，而不至于傷；既得之，則有琴瑟鐘鼓之樂，而不至于淫。一哀一樂而不失其節，即孔子之所謂『非愛弗親，非敬弗正』者。此固愛親敬親之心所推也，故可以奉神靈之統，理萬物之宜。其《詩》歌之房中而可以被之鄉黨邦國，則加百姓、刑四海之效也。

臣按：夫婦之道，自天子達于庶人者也。故《二南》爲房中之樂，而鄉黨邦國皆得用之。此王姬所以有肅雝之德而不敢挾貴以驕其夫，其能相與盡子婦事父母舅姑之孝又可知，故詩人美之也。

臣按：【略】文王、太姒之爲夫婦之道，在于《二南》，百世之下猶歌誦之。而幽王、褒姒之失夫婦之道，《小雅》刺之。雖孝于慈孫，百世不能改也。可弗慎哉？

又 卷六〇《天子之孝·教宮闈》 臣按周惇頤曰：家難而天下易，家親而天下疏也。家人離必起於婦人，故《睽》次《家人》，以二女同居而志不同行也。堯所以釐降二女于嬀汭，舜可禪乎？吾茲試矣。是治天下觀乎家，治家觀乎身而已。《家人》合《巽》、《離》二女而成卦，正合釐降嬪虞之事。蓋妃匹之際，正始為難，且以帝女下降而使執婦道，二女同居，使不至於睽乖，而所事之舅姑為舜之父母。以此試可，而治國平天下易易矣。堯觀舜則曰『觀厥刑』，而詩人於文王亦曰『刑于寡妻』，則皆有義勝恩而非寡恩，威克愛而交相愛之意。此帝王治家之法也。

臣按《關雎》一詩，只『性情之正』四字，可盡其義。德如雎鳩，摯而有別，是后妃性情之正。樂而不淫，哀而不傷，是詩人性情之正。而所云寤寐反側，琴瑟鐘鼓，極其哀樂而皆不過乎則者，所以形容性情之正也。作詩者不過妾媵之流，而能言其所以然者如此，則文王、大姒德化之深可知矣。古者以《關雎》為房中之樂，而鄉射、燕飲亦皆用之，所以使夫上自朝廷，下至委巷，人人聽其和平之聲，而皆有以中其哀樂之節，而閨房衽席之際，其尤易至於悲傷淫佚者，日聞此詩而起發其齊莊中正之思，則亦可以無大過矣。

臣按天子六官，王后六宮，各立其官，掌內外之事，法陰陽之所為，但以《周官》三百與夫人以下百二十人之數不相應，故記《禮》者取夏官百二十為對也。陰統於陽，陽得兼陰，宜先言六官而後六宮；且六宮陰禮，又皆『冢宰』之所掌，『內宰』、『閽寺』、『內豎』之屬皆職宮寢之事，『九嬪』、『世婦』、『女御』亦屬於天官，固未得言內外敵應也。《記》者因婚姻之禮而推致其極，以為欲治其國，先齊其家，故必先婦順，後男教，亦猶《家人·彖傳》先言女正位乎內，後言男正位乎外也。真德秀曰：《易》言其理，《禮》述其法，蓋相表裏云。

清·顧奎光《春秋隨筆》卷下 《易》首《乾》、《坤》，《詩》始《關雎》，《書》重釐降，《禮》謹大昏，《春秋》為國史，於男女夫婦之間未嘗不反覆致意，以其為人倫之始也。故於納幣、親迎、致女、逆女、來媵、來歸，苟非得禮為常事，莫不悉書；於大美大惡則尤言重詞，復不厭其詳。於文姜則詳之，（會禚、享祝丘之類。）志淫也。於哀姜則詳之，（納幣、觀社、遇穀、盟扈之類。）志亂也。內女之賢，詳書之者，紀叔姬，媵也，而書『歸』、書『卒』、書『葬』；宋伯姬尤詳，凡七見。經皆以其守貞而全義也。此不特見史法詳略之宜，而聖人重男女夫婦之節，亦顯然矣。

清·徐廷垣《春秋管窺》卷九《襄公》 伯姬待姆而被災，可謂秉禮守節，造次不踰婦道者矣。《春秋》所以賢之而詳其事。《左氏》謂『共姬女而不婦。女待人，婦義事也。』其意蓋以未協乎中正，謂人必盡法共姬之待姆，則難乎其為婦矣。夫所謂傅姆不在，宵不下堂者，以女子無父母在前，又無傅姆為導，踽踽夜行，恐涉多露之嫌，故不可下堂也。然富貴之室能備傅姆，單寒之家或不能備，當若之何？苟有諸姑伯姊或年長之僕妾偕行，是亦可矣，寧必專待傅姆一人乎？伯姬之嫁，越四十載，齒已暮矣，非同女子，且左右在側，行亦非獨秉燭下堂，詎曰非宜？而乃執節不移，臨難罔易，是固能以禮自範，守死善道者，表之自足以風勵末俗；但謂閨壼有災，非傅姆在，必當坐以待焚，舍是即為非禮，此又失時中之道，勢不可行。故《左氏》規之以義，曰女而不婦也。

清・允祿等《經史講義》卷一七《詩經・思齊》 臣謹按：聖人之生，代天宣化，為人神之主，而躋一世於仁壽平康之域，故天之生之也，恒不偶然。此《思齊》之詩所以歌詠文王之德，而必推本於大任之為聖母也。周家自后稷以來，積功累仁，世有令緒，至於文王，其德彌至，其命維新。《文王》、《大明》、《棫樸》、《旱麓》諸篇言之詳矣。曰『亹亹』，曰『穆穆』，曰『小心翼翼』，反覆讚美，鋪張揚厲，要不外乎『緝熙敬止』之一言。然則敬也者，豈非文王之所以為文者哉？詩人則曰：是德也，蓋自其母而已然矣，故首歌之曰《思齊》。齊者，言乎其莊敬也。孔子之繫《易》也，曰『敬以直內，義以方外。敬為義之體，義為敬之用。』大任有思齊之德，則言敬而義在其中矣。曰『文王之母』者，明乎非是母，不能生是子也。

大姜為大王之妃，助大王以興岐周之業，《皇矣》之詩所云『天立厥配』者也。大任實能媚而愛之，而稱為『京室之婦』，以莊敬而事其姑，孝莫隆焉。詩之歌大任也，曰『乃及王季，維德之行。』劉向以為端一誠莊，是其德也。蓋即《思齊》之意而推之也。以莊敬而相其夫，順莫大焉。及其娠文王也，目不視非禮之色，耳不聽非禮之聲，口不出非禮之言，生文王而明聖，有由然矣，劉向以為胎教是也。要其致謹於視聽話言之間者，秉持有素，習慣自然，非強於一時也，特至是而尤加飭毖焉耳。教之以一而識百，固文王之睿知夙成哉！大任之教，抑可見矣。

莊敬以豫教其子，慈莫篤焉。是則大任之德無善不備，而總以莊敬為之本也。文王之『不顯亦臨，無射亦保』，敬之至也。『不聞亦式，不諫亦入』，敬而行之以義也。此其生而知之，安而行之者，而豈非聖母思齊之德，有以毓之於載育之始，而教之於降生之後者乎？至當之德既隆，百順之福斯備，大姒嗣其徽音，則端一誠莊，又克繼焉。至德薰蒸，太和翔洽，天錫純嘏，多壽遐齡，而麟趾螽斯，至於百男之衆。厥後子孫千億，宜君宜王，綿奕世於無疆，胥四海而仁壽。信乎聖母聖子，聖君聖后，莊敬之德積之深而發之遠也夫！

清・顧棟高《春秋大事表》卷五〇《列女表》 周家世有婦德，自周姜以迄任姒，世嗣徽音。文王后妃，化行江漢。其易汙亂以貞信，豈一朝一夕之故哉？逮春秋之世四百餘年，禮教陵夷，衛興『新臺』之刺，齊有『南山』之行，魯以秉禮之國，再世女禍，文、武之家法盡矣。吾夫子作《春秋》，內大惡諱，而夫人姜氏會齊侯于防，于穀，如齊師，享祝邱，繁稱不殺，豈非著其淫佚不道為世鑒哉！夫上有好者，下必有甚焉。是以春秋卿大夫家咸淫姣失行，外于禮法，通室易內，恬不知耻。《春秋》大書紀叔姬、宋共姬之卒，蓋欲撥亂世，反之正。而或謂叔姬不當歸酅，共姬女而不婦，聖人書之以示譏，一何刺謬乎！余倣孟堅遺意，將春秋列女區為三等：最上節行，其次明哲，下則縱恣不度，因而亡國喪家，戕夫殺子者有之。嗚呼！鑒茲行事，變亦備矣。

清・愛新覺羅弘曆《御製文初集》卷二八《贊・太姒誨子》 昏姻匹妃，王化之始。維周勃興，嗣徽太姒。富而能儉，貴而不恃。載在《風》詩，《葛覃》、《卷耳》。更勤教誨，有穀貽子。昭哉嗣服，武周濟美。

清・愛新覺羅弘曆《御製樂善堂全集定本》卷五《長孫皇后論》 夫閨門，王化之始也。《詩》三百而必以《關雎》為首，《禮》嚴大昏，《書》重釐降，《易》上經首《乾》、《坤》，下經首《咸》、《恒》，蓋知正家之道必本於閨門，閨門正而後家齊國治也。王者立后，上法乾坤，必求令德，有以裨成內政，安貞載物，然後協厥坤儀，為天下母。故太任、太姒，秉淵德而昌周；明德馬后，克恭儉而光漢。古今所稱，不可誣也。

女官分部

綜述

《周禮・天官・女祝》 女祝，四人，奚八人。漢鄭玄注：女祝，女奴曉祝事者。唐賈公彥疏：在此者，案其職云：掌王后之內祭祀，凡內禱祠之事。故在此也。【略】言女奴曉事，謂識文者為之也。

女祝：掌王后之內祭祀，凡內禱祠之事。注：內祭祀，六宮之中竈、門、戶。禱，疾病求瘳也。祠，報福。疏：依祭法，王立七祀，有戶、竈、中霤、門、行、泰厲、司命，后亦與王同。今鄭直云内祭祀，竈、門、戶者，以其婦人無外事，無行與中霤之等。其竈與門、戶，人所出入、動作所由，后亦當祀之，故言竈與門、戶也。案《月令》：春祀戶，夏祀竈，秋祀門。后祀之時，亦當依此也。云禱，疾病求瘳，祠，報福者，以其后無外事，禱、祠又是非常之祭，故知唯有求瘳報福之事也。掌以時招、梗、禬、禳之事，以除疾殃。注：鄭大夫讀『梗』為『亢』，謂招善而亢惡去之。杜子春讀『梗』為『更』。玄謂：梗，禦未至也。除災害曰禬，禬猶刮去也。卻變異曰禳，禳，攘也。四禮唯禳，其遺象今存。疏：云掌以時招梗禬禳者，此四事，竝非常求福去殃之事。云以時者，謂隨其事時，不必要在四時也。云招者，招取善祥。梗者，禦捍惡之未至。禬者，除去見在之災。禳者，推卻見在之變異。此四者，皆與人為疾殃，故云以除疾殃也。【略】鄭大夫以『梗』為『亢』，惡去之。玄不從，以為禦未至者，以禬、禳二者已是去惡，復以『梗』爲『亢』，惡去之，文煩而無禦未至之事，故不從鄭大夫為亢惡也。鄭大夫云招善者，玄從之也。杜子春云：讀『梗』為『更』，義無所取，玄亦不從之也。云四禮唯禳，其遺象今存者，此四禮至漢時，招、梗及禬不行，唯禳一禮，漢日猶存其遺象，故云遺象今存也。

又《天官·女史》 女史，八人，奚十有六人。注：女史，女奴曉書者。疏：在此者，案其職云：掌王后之禮職，内治之貳。亦女奴曉文者為之。其職與王之『大史』掌禮同，故在此也。

女史：掌王后之禮職，掌内治之貳，以詔后治内政，注：内治之法，本在『内宰』，書而貳之。疏：案上敘官，鄭注云：女史，女奴曉書者，是以掌王后禮之職事。【略】云内治之法，本在『内宰』者，案《内宰》職云：掌書版圖之法，以治王内之政令。今此云掌内治之貳，故知内治之灋，本在『内宰』掌，此女史書而貳之也。逆内宮，注：鉤考六宮之計。疏：逆謂逆而鉤考之。言内宮，亦對王之六寢為内宮。謂六宮所有費用財物及米粟，皆當鉤考之也。書内令。注：后之令。疏：内令亦對王令為内，故鄭云后之令。謂書而宣布於六宮之中也。凡后之事，以禮從。注：亦如『大史』之從於王。疏：案《大史》職云：大會同，朝覲，以書協禮事。及將幣之日，執書以詔王。鄭注云：告王以禮事。此女史亦執禮書以從后，故云如『大史』之於王。

又《春官·内宗》 内宗，凡内女之有爵者。注：内女，王同姓之女，謂之内宗。有爵，其嫁於大夫及士者。凡，無常數之言。疏：在此者，案其職云：掌宗廟之祭祀，薦加豆籩。並是助祭之人，故列職於此也。【略】言内女，明是王之族内之女，故云王同姓之女為内宗也。云有爵，其嫁於大夫及士者，但婦人無爵，從夫之爵。今言内女有爵，明嫁與卿大夫及士。周之灋，爵亦及士，故兼言士也。不言數而言凡，故鄭云：凡，無常數之言。以其王之族内之女，無定數故也。

内宗：掌宗廟之祭祀，薦加豆籩。注：加爵之豆籩，故書為籩豆。鄭司農云：謂婦人所薦。杜子春云：當為豆籩。疏：婦人無外事，惟有宗廟祭祀，薦加豆籩。以豆籩是婦人之事，故薦之。【略】鄭知加豆籩是加爵之豆籩者，以其食後稱加。《特牲》、《少牢》：食後三獻為正獻，其後皆有加爵。今天子禮，以尸既食後，亞獻尸為加，此時薦之，故云加爵之豆籩，即『醢人』、『籩人』加豆、加籩之實是也。及以樂徹，則佐傳豆籩。注：佐傳，佐外宗。疏：鄭知佐外宗者，見《外宗》云：佐王后薦玉豆籩，故云佐外宗也。但籩豆，后於神前徹之，傳與外宗，外宗傳與内宗，内宗傳與外者，故知佐傳也。賓客之饗食，亦如之。王后有事則從。大喪，序哭者。注：次序外内宗及命婦哭王。疏：饗食賓客，俱在廟。饗食訖，徹器，與祭祀同，亦后徹，外、内宗佐傳，故云『亦如之』。云王后有事則從者，内宗於后有事皆從，故以此總結之也。【略】知次序外内宗者，見外宗云：大喪，則敘外内朝莫哭者，故知所次序有外内宗也。知有命婦者，上《世婦》職已云：大喪，比外内命婦之朝莫哭者，故序哭中有命婦也。哭諸侯，亦如之。凡卿大夫之喪，掌其弔臨。注：王后弔臨諸侯而已，是以言掌卿大夫云。疏：此諸侯來朝，薨於王國，王為之緦衰者也。若《檀弓》云：以爵弁純衣哭諸侯。彼謂薨於本國，王遥哭之，則婦人不哭之，婦人無外事故也。【略】云王后弔臨諸侯而已，是以言掌卿大夫云者，諸侯為賓，王后弔臨之。卿大夫已臣輕，故王后不弔，故遣内宗掌弔臨之事，明為后掌之。若然，《天官·世婦》云：掌弔臨於卿大夫之喪者，彼為王，故彼注云：王使往弔也。此后不弔臨卿大夫之喪。案《喪大記》：諸侯夫人弔臨卿大夫者，諸侯臣少故也。

又《春官·外宗》 外宗，凡外女之有爵者。注：外女，王諸姑姊妹之女，謂之外宗。疏：在此者，案其職云：掌宗廟之祭祀，佐王后薦玉豆，眡豆籩。亦是助祭祀之人，故亦列職於此也。【略】鄭知外女是王諸姑姊妹之女者，以其稱外，明非己族，故稱外宗，外女也。鄭不解有爵者，已於《内宗》注訖，則此亦是嫁與大夫及士可知也。言凡，亦是無常數之言也。

外宗：掌宗廟之祭祀，佐王后薦玉豆，眡豆籩，及以樂徹，亦如之。注：眡，視其實。疏：云佐王后薦玉豆者，凡王之豆、籩，皆玉飾之。餘文豆、籩，不云玉者，文略，皆有玉可知。若然，直云薦豆不云籩者，以豆云玉，略籩不言，義可知也。云眡豆籩者，謂在堂東未設之時，眡其實也。云及以樂徹，亦如之者，亦佐后也，猶仍有内宗佐傳也。王后以樂羞齍，則贊。注：贊猶佐也。疏：羞，進也，齍，黍稷也。后進黍稷之時，依樂以進之。言『則贊』者，亦佐后進之。案《九嬪》職云：凡祭祀，贊玉齍，贊后薦、徹豆籩。則薦、徹俱言玉齍，玉敦盛黍稷，言贊不言徹，則后薦而不徹也。其徹，諸官為之。故《楚茨》詩云：『諸宰君婦，廢徹不遲。』黍稷，宰徹之。若然，豆籩與齍，此官已贊、九嬪又贊者，以籩豆及黍稷器多，故諸官共贊。凡王后之獻，亦如之。注：獻，獻酒於尸。疏：云獻，獻酒於尸者，則朝踐饋獻及酳尸，以食後酳尸亦是獻，獻中可以兼之，亦贊可知也。王后不與，則贊宗伯。注：后有故，不與祭，宗伯攝其事。疏：案《宗伯》云：凡大祭祀，王后不與則攝，而薦、徹豆籩。若然，宗伯非直攝其祼獻而已，於后有事，豆籩及簠簋等，盡攝之耳。小祭祀，掌事。賓客之事，亦如之。注：小祭祀，謂在宮中。疏：知小祭祀謂在宮中者，以其后無外事，故知謂宮中。宮中小祭祀，則《祭法》：王立七祀。七祀之中，行中霤、司命、大厲是外神，后不與，惟有門、戶、竈而已。案《小司徒》云：小祭祀，奉牛牲。注云：小祭祀，王玄冕所祭者。彼兼外神，故以玄冕該之也。云賓客之事亦如之者，饗食亦掌事，如小祭祀也。大喪，則敘外內朝莫哭者。哭諸侯，亦如之。注：內，內外宗及外命婦。疏：經直云外內，鄭云內外宗及外命婦，則內中已兼外宗，外中不兼內命婦也。經不云內外宗、內外命婦者，意欲見內是內宗，舉內以見外，其外中則不得舉外以見內，以其內命婦，九嬪敘之也。故《九嬪》職云：大喪，帥敘哭者。注云：后哭，衆乃哭，是內命婦，九嬪敘之，故鄭亦不言內命婦也。

又《春官·女巫》 女巫，無數。【略】女巫：掌歲時祓除、釁浴。注：歲時祓除，如今三月上巳，如水上之類。釁浴，謂以香薰草藥沐浴。旱暵，則舞雩。注：使女巫舞，旱祭崇陰也。鄭司農云：求雨以女巫，故《檀弓》曰：歲旱，繆公召縣子而問焉，曰：『吾欲暴巫而奚若？』曰：『天則不雨，而望之愚婦人，無乃已疏乎？』疏：此謂五月已後脩雩，故有旱暵之事。旱而言暵者，暵謂熱氣也。若王后弔，則與祝前。注：女巫與祝前后，如王禮。疏：此女巫云與祝前，則與天官『女祝』前后。【略】云女巫與祝前后，如王禮者，按前男巫與喪祝前王，執桃茢；此女巫與女祝前后，亦巫執桃，祝執茢，故云如王禮。凡邦之大烖，歌哭而請。注：有歌者，有哭者，冀以悲哀感神靈也。疏：大烖言歌哭而請，則大烖謂旱暵者。【略】按林碩《難》曰：凡國有大烖，歌哭而請。魯人有日食而哭者，《傳》曰：非所哭。哭者哀也，歌者是樂也，有哭而歌，是以樂烖，烖而樂之，將何以請？哀樂失所，禮又喪矣。孔子曰：『哭則不歌。』歌哭而請，道將何爲？玄謂：日食，異者也，於民無困，哭之爲非，其所烖害，不害穀物，故哭非禮也。董仲舒曰：雩，求雨之術，呼嗟之，歌《國風·周南》。《小雅·鹿鳴》，燕禮、鄉飲酒、大射之歌焉。然則《雲漢》之篇，亦大旱之歌。《考異郵》曰：集二十四旱，志玄服而雩，緩刑理察，挺罪赦過，呼嗟哭泣，以成發氣。此數者，亦大烖歌哭之證也。多烖，哀也；歌者，樂也。今喪家輓歌，亦謂樂乎？孔子『哭則不歌』，是出何經？《論語》曰：『子於是日，哭則不歌。』謂一日之中，既以哀事哭，又以樂而歌，是爲哀樂之心無常，非所以譏此禮。若然，此云歌者，憂愁之歌，若《雲漢》之詩是也。

《儀禮·士昏禮》 姆纚笄宵衣，在其右。漢鄭玄注：姆，婦人年五十無子，出而不復嫁，能以婦道教人者。若今時乳母。【略】姆在女右，當詔以婦禮。唐賈公彥疏：云姆在女右，當詔以婦禮者，案《禮記·少儀》云：贊幣自左，詔辭自右，地道尊右之義，故姆在女右也。

《禮記·內則》 異為孺子室於宮中，注：特掃一處以處之。擇於諸母與可者，必求其寬裕慈惠、温良恭敬、慎而寡言者，使為子師，其次為慈母，其次為保母，皆居子室。漢鄭玄注：此人君養子之禮也。諸母，衆妾也。可者，傅御之屬也。子師，教示以善道者。慈母，知其嗜欲者。保母，安其居處者。士妻，食乳之而已。他人無事不往。《正義》：此一節謂三日負子之後、三月名子之前，諸侯養子選擇諸母及養子之法。【略】士妻，食乳之而已者，既有子師、慈母、保母各為其事，故知士妻，但食乳之而已。

又《內則》 女子十年不出，注：恆居內也。姆教婉娩聽從。注：婉謂言語也，娩之言媚也，媚謂容貌也。

又《昏義》 是以古者婦人先嫁三月，祖廟未毀，教于公宮，祖廟既毀，教于宗室，教以婦德、婦言、婦容、婦功，教成祭之，牲用魚，芼之以蘋藻，所以成婦順也。注：謂與天子諸侯同姓者也。嫁女者，必就尊者教成之。教成之者，女師也。《正義》：此云教於公宮，故知是天子、諸侯同姓也。天子當言王宮，今經云公宮，知兼天子者，比云公宮，謂公之宮也，若天子公邑官家之宮爾，非謂諸侯公宮也北。《昏義》雖記士昏禮之事，自此以下，廣明天子以下教女及夫婦之義，故此經教女舉貴者言。云嫁女者，必就尊者教成之者，案《內則》：『女子十年不出，使姆教成之』，明已前恒教。但嫁前三月，特就公宮之教，欲尊之也。云教之者，女師也者，即《詩·周南》云『言告師氏』，則《昏禮》注云『姆，婦人五十無子出』者也。

又《檀弓下》 歲旱，穆公召縣子而問然，曰：【略】『然則吾欲暴巫而奚若？』曰：『天則旱不雨，而望之愚婦人，於以求之，毋乃已疏乎？』漢鄭玄注：已猶甚也。巫主接神，亦覬天哀而雨之。《春秋傳》說巫曰：在女曰巫，在男曰覡。《周禮·女巫》：旱暵則舞雩。《正義》：此一節論歲旱變之事。『而望之愚婦人，於以求之，毋乃已疏乎』者，縣子云天道遠，人道近，天則不雨而望於愚鄙之婦人，欲以暴之，以求其雨，已甚也。無乃甚疏遠於求雨道理乎？言甚疏遠於道理矣。【略】案《楚語》，精爽不攜貳者，始得為巫。此經而云愚婦人者，據末世之巫，非復是精爽不攜貳之巫也。

《詩經・周南・葛覃》 言告師氏，言告言歸。漢毛亨《傳》：言，我也。師，女師也。古者女師教以婦德、婦言、婦容、婦功。祖廟未毀，教于公宮三月。祖廟既毀，教于宗室。婦人謂嫁曰歸。漢鄭玄《箋》：我告師氏者，我見教告于女師也，教告我以適人之道。重言我者，尊重師教也。公宮、宗室於族人皆為貴。唐孔穎達《正義》：女師者，教女之師，以婦人為之。《昏禮》云：『姆纚笄綃衣，在其右。』注云：姆，婦人五十無子，出而不復嫁，能以婦道教人者。若今時乳母矣。鄭知女師之母，必是無子而出者，以女已出嫁，母尚隨之。又襄三十年《公羊傳》曰：『宋災，伯姬存焉。傳至，母未至，逮火而死。』若非出而不嫁，何以得隨女在夫家？若非無子而出，犯其餘六出之道，則身自無禮，何能教人？故知然也。母既如此，傅亦宜然。【略】《內則》云：大夫以上，立師、慈、保三母者，謂子之初生，保養教視，男女並有三母。

又 《邶風・靜女》 《序》：《靜女》，刺時也。衛君無道，夫人無德。《箋》：以君及夫人無道德，故陳靜女遺我以彤管之灋。德如是，可以易之，為人君之配。

靜女其孌，貽我彤管。《傳》：既有靜德，又有美色，又能遺我以古人之灋，可以配人君也。古者后夫人必有女史彤管之灋，史不記過，其罪殺之。后妃羣妾以禮御於君所，女史書其日月，授之以環，以進退之。生子月辰，則以金環退之。當御者，以銀環進之，著于左手；既御，著于右手。事無大小，記以成灋。《箋》：彤管，筆赤管也。 彤管有煒，說懌女美。《傳》：煒，赤貌。彤管以赤心正人也。《箋》：『說懌』當作『說釋』。赤管煒煒然，女史以之說釋妃妾之德，美之。

《左傳・定公九年》 君子謂：【略】苟有可以加於國家者，棄其邪可也。注：加猶益也。棄，不責其邪惡也。《静女》之三章，取『彤管』焉。注：《詩・邶風》也。言《静女》三章之詩，雖說美女，義在彤管。彤管，赤管筆。女史記事規誨之所執。

又 《襄公三十年》 （五月）甲午，宋大災，宋伯姬卒，待姆也。注：姆，女師。

又 《僖公二十一年》 夏，大旱。公欲焚巫尪，晉杜預注：巫尪，女巫也，主祈禱請雨者。或以為尪非巫也，瘠病之人。其面上向，俗謂天哀其病，恐雨入其鼻，故為之旱。是以公欲焚之。臧文仲曰：【略】『巫尪何為？天欲殺之，則如勿生。若能為旱，焚之滋甚。』公從之。

《國語》卷一八《楚語下》 （觀射父）對曰：『在男曰覡，在女曰巫。三國吳韋昭注：巫覡，見鬼者。《周禮》男亦曰巫。是使制神之處位次主，注：處，居也。位，祭位也。次主，次其尊卑先後也。而為之牲器時服。』注：牲，牲之毛色小大也。器，所當用也。時服，四時服色所宜也。

《公羊傳・襄公三十年》 秋七月，叔弓如宋，葬宋共姬。《傳》：伯姬曰：【略】『婦人夜出，漢何休《解詁》：謂有事宗廟。不見傅、母不下堂。』《解詁》：禮，后夫人必有傅、母，所以輔正其行，衛其身也。選老大夫為傅，選老大夫妻為母。

又 《昭公三十一年》 冬，黑弓以濫來奔。《傳》：臧氏之母，養公者也。君幼則宜有養者，大夫之妾、士之妻。《解詁》：禮也。則未知臧氏之母者，曷爲者也？養公者，必以其子入養。《解詁》：不離人母子，因以娛公也。臧氏之母聞有賊，以其子易公，抱公以逃。《解詁》：以身死公，則可；以其子易公，非事夫之義。然而於王法當賞，以活公爲重也。

《穀梁傳・襄公三十年》 五月甲午，宋災，伯姬卒。《傳》：伯姬曰：『婦人之義，傅母不在，宵不下堂。』晉范寧《集解》：宵，夜。【略】『婦人之義，保母不在，宵不下堂。』

梁・蕭統《文選》卷一九《［楚］宋玉〈神女賦〉》 （神女）於是搖珮飾，鳴玉鸞，整衣服，斂容顏，顧女師，命太傅。唐李善注：古者皆有女師，教以婦德。今神女亦有教也。《毛詩序》曰：尊敬師傅，可以歸安父母。《漢書音義》曰：婦人年五十無子者為傅。

漢・劉向《古列女傳》卷二《賢明傳・周宣姜后》 姜后脫簪珥，待罪於永巷，使其傅母通言於王。

又 卷四《貞順傳・齊孝孟姬》 （孟姬）使傅母應使者曰：『妾聞妃后【略】下堂，必從傅母保阿。』

漢・劉向《說苑》卷一九《修文》 夫人曰：『有幽室數辱之産，未諭於傅母之教，得承執衣裳之事，敢不敬拜！』

宋・李昉等《太平御覽》卷三八一《人事部二十二・美婦人下》

《吳會分地記》曰：土城者，勾踐時索美女欲以獻吳，於羅山得西施、鄭旦，作土城貯之，使近道，習見人，令賢傅母教之三年。

又　卷六九〇《服章部七・衫衣》　《三禮圖》曰：傅母，婚禮從者衫衣。古者傅母選無夫與子而老賤、曉習婦道者，使之應對也。

論說

漢・班固《白虎通義》卷一〇《嫁娶》　婦人所以有師何？學事人之道也。《詩》云：「言告師氏，言告言歸。」《昏禮經》曰：「教於公宮三月。」婦人學一時，足以成矣。與君有緦麻之親者，教於公宮三月；與君無親者，各教於宗廟宗婦之室。國君取大夫之妾、士之妻老無子而明於婦道者祿之，使教宗室五屬之女。大夫士皆有宗族，自於宗子之室學事人也。

女必有傅姆何？尊之也。《春秋傳》曰：「傅至矣，姆未至。」

清・余蕭客《古經解鈎沉》卷六《毛詩上》　貽我彤管。古者后夫人必有女史彤管之法。后妃羣妾以禮御於君所，女史書其環，以進退之。生子月辰，以金環退之。當御者著於左手，既御，著於右手。左手，陽也，以當就君，故著左手；右手，陰也，御而復故。《五經要義》

女史彤管，法如國史，主記后夫人之過。人君有柱下史，后有女史，外內各有官也。劉芳《義疏》

晉・崔豹《古今注》卷下《問答釋義》　牛亨【略】又問：彤管何也？答曰：彤者，赤漆耳。史官載事，故以彤管，用赤心記事也。

唐・劉知幾《史通》卷一一《外篇・史官建置》　又按《詩・邶風・静女》之三章，君子取其「彤管」。夫彤管者，女史記事規誨之所執也。古者人君外朝，則有國史；內朝，則有女史。內之與外，其任皆同。故晉獻惑亂，驪姬夜泣，牀第之私，房中之事，不得掩焉。楚昭王譙遊，蔡姬許從孤死矣。夫宴私而有書事之冊，蓋受命者，即女史之流乎！

宋・李覯《盱江集》卷五《周禮致太平論・內治第六》　春官「內宗」，凡內女之有爵者；內女，王同姓之女有爵，其嫁於大夫及士者。其職掌宗廟之祭祀，薦加豆籩；及以樂徹，則佐傳豆籩。賓客之饗食，亦如之。王后有事則從。外宗，凡外女之有爵者；外女，王諸姑姊妹之女。其職掌宗廟之祭祀，佐王后薦玉豆，眡豆籩；及以樂徹，亦如之。王后以樂羞齍，則贊。凡王后之獻，亦如之。王后不與，則贊宗伯。小祭祀，掌事。賓客之事，亦如之。夫富貴驕人，自然之勢。苟非明哲，其能免乎？矧伊女子生於王族，雖有葭莩之親者，猶乘勢以輕其家，不順於舅姑，不和於室人，庸奴其夫者，多矣。夫婦之道，天地之象，人之大倫也。乃由宗室亂之，非所以示天下也。聖人有作，安得不大為之坊？

夫禮，禁亂之所由生，猶坊止水之所自來也。故以內女、外女謂之「內宗」、「外宗」，列為禮官之屬。其職禮則視必在禮，聽必在禮，言必在禮，貌必在禮，思必在禮。視、聽、言、貌、思無不在禮，則其人之智愚、賢不肖，何如也！祭祀、賓客，非有切身之急而不敢不以禮，則已之所以為婦者，敢有不恭乎？觀后之事宗廟，則知所以順其舅姑；觀后之饗同姓諸侯，則知所以和其室人；觀后之亞王祼獻，則知所以從其夫，順於舅姑，和於室人而當於夫。是故婦順備而內和理，內和理而家可長久也。《召南・何彼襛矣》美王姬之詩，謂雖則王姬，亦下嫁於諸侯，車服不繫其夫，下王后一等，猶執婦道，以成肅雍之德。彼天子所生而若此，況於同姓姑姊妹之女乎！是其所以為王化之基也。

宋・王昭禹《周禮詳解》卷八《女祝》　人尚其口以事神，謂之祝。蓋祈禳者，人情所不能無，先王與民同吉凶之患，故有祝以陳信于神。王有「大祝」、「小祝」之屬，故后亦有「女祝」之官。掌王后之內祭祀，則祭祀之在內者，若王祀之數是也。祈福曰禱，賽夢曰祠。禱，求有所延仁之事也；祠如春祠之祠，品物少而文辭多也。召之使至謂之招，礙使不至謂之梗。襘以會之，禳以攘之。招以召祥，梗以礙災，襘以會福，禳以禳禍。襘于其既散而會之，禳于其方至而禳之。招、梗者，施于未然之前；襘、禳者，施于已然之際。施于未然之前者，先天之事也。若非大人與天地合其德，與鬼神合其吉凶者，不足以及此，而后亦預焉者，蓋王繼天而理陽道，后繼王而治陰德。王為天子，后視天之妹，則先天而天弗違，後天而奉天時者，固其所也。招、梗、襘、禳，顧何施而不可？然女祝掌其事，亦固有時矣。以「男巫」考之：「春招弭，以除疾病；冬堂贈，無方無筭。」則招、梗者，必于春之時；襘、禳者，必于冬之時。以春為一歲之始，招祥梗災，宜于時之始矣。冬為一歲之終，襘福禳禍，宜于時之終矣。且禬以會福，而以神仕者曰『以禬國之凶荒，民之札喪』，則弭凶災札喪，乃所以會禍矣。然福莫長于無禍，則招、梗、禬、禳亦以除疾殃為先矣。氣不行而為疾，禍適當而為殃。疾雖作于人之身，而四時皆有癘疾，則疾有得于外者，固可除之矣。作不善，降之百殃，則致內治者，宜若無殃。然事或出于不幸，宜思患而預防之，則殃亦不可以不除矣。

又　卷八《女史》　史掌宮書，以助上之為中者也。王有『大史』、『小史』之屬，此后所以有『女史』也。王后之禮，各有所職。若祭祀則有薦徹，賓客則有獻酬。女史掌之，則王后以禮動而當以其職告上也，故曰掌王后之禮職。『內宰』掌治王內之政令，則內治之政，『內宰』掌之，女史則貳『內宰』之所掌也。所以正內宮者謂之內政，內政則內治之別也。內治所以治內政，女史又掌其貳以詔后治。內政有所治正，則逆之，逆內宮者，所以正后宮也。出于上而下稟行之者，令也。書內令，則書后之所令也。凡后之事以禮從者，后舉而以禮籍從焉，詔后故也，猶大夫以書協禮事，執書以詔王，同意。

又　卷二〇《內宗》　內宗，王同姓之女有爵者。婦人無外事，故使之掌宗廟，薦加豆籩。加豆加籩，以象饋之有加，則『醢人』、『籩人』所謂『加豆加籩之實』者是也。必使內宗薦之，則以其同族故也。卒食之禮，以樂徹於造，所以助氣體之養。先王以生事死，以存事亡，故祭祀徹豆籩，亦以樂焉。方其以樂徹豆籩，內宗則佐后，『外宗』佐后而內宗亦佐者，則后徹傳之內宗，內宗傳之『外宗』，『外宗』傳之有司，迭相佐也。先王承賓如承神，故饗食賓客，惟不入牲，其他皆如祭祀，則徹豆籩亦如祭祀也。王后有事則從者，則吉凶之事皆在焉。大喪序哭者，則與宮中之哭者序焉。哭諸侯亦如之，則諸侯來朝而卒於王國者。諸侯以王為天而服斬衰，則王視諸侯如子而亦哭之也。哭之之禮，則『司服』所謂『王為諸侯緦衰』者是也。內宗亦為之序哭者，故亦如之。凡卿大夫之喪，掌其弔臨，亦以同族故也。『世婦』言掌弔臨於卿大夫之喪，而內宗凡卿大夫之喪掌其弔臨，則凡喪皆往矣，則亦以其同族故也。

又　卷二〇《外宗》　外宗，王異姓之女有爵者。『內宗』以其同族，故薦加豆籩；外宗異族，故佐贊后及『宗伯』而已。眂豆籩者，非特佐后而又視其實。羞盛則薦其簠簋之實，方其作樂而羞盛亦外宗贊之也。王后之獻則亞王獻，禮亦外宗贊之也。王后不與，則有故而『宗伯』攝其禮，故贊『宗伯』。《大宗伯》之職曰：『凡大祭祀，王后不與則攝，而薦豆籩，徹。』謂此也。小祭祀掌事，則宮中之祀五祀之類是也。『內宗』賓客之享食，佐后傳豆籩。外宗賓客掌事，如小祭祀之事，則非特傳豆籩之事而已，凡賓客之事，皆贊后也。『內宗』大喪序哭者，則與宮中之哭者序焉。外宗序內外朝暮哭者，則大喪序內女、外婦之序哭者也。

又　卷二三《女巫》　求神以去凶禍謂之祓，祓除之類也。除舊以致新謂之除，若以除疾病之類是也。釁則以血塗器，厭其妖。釁浴則以香草薰浴，去其汙穢。若此者，歲時有之，而女巫則掌之也。陽干時為旱，旱甚為暵。旱暵以陰中之陽不上達，陽中之陰不下垂而固陰，故不雨。而旱暵，雩以祈雨也。女，陰物；舞，陽事。舞女以助達陰中之陽也，用物則以接神焉。國大旱則舞雩矣，又偏焉。故『司巫』帥舞，旱暵則不至是也，故女巫舞之而已。凡邦之大烖，歌哭而請者，《易》曰：『知鬼神之情狀。』蓋鬼神之情與人同，非歌以樂其神，則不足以致神，非哭以感其情，則不足祈哀。有歌有哭，然後可以請福而除烖也。必以女巫，所以懷柔之而已。

宋·王觀國《學林》卷五《巫覡》　《國語》、《說文》、《漢書·郊祀志》，鄭康成注《周禮》、注《禮記》，《集韻》、《類篇》皆云：『在男曰覡，在女曰巫。』《玉篇》、《廣韻》皆云：『在男曰巫，在女曰覡。』觀國案：《周官》有『司巫』掌羣巫之政令，又有『男巫』，有『女巫』，通謂之巫而不謂之覡，若言巫覡，則必有別矣。今案《檀弓》曰：歲旱，穆公召縣子而問然，曰：『天久不雨，吾欲暴巫而奚若？』曰：『天則不雨，而望之愚婦人，於以求之，毋乃已疏乎？』謂巫為愚婦人，則女為巫矣；女為巫，則男為覡也。《春秋》僖公二十一年《左氏傳》曰：『公欲焚巫尫。』杜預注曰：巫尫，女巫也。《史記·西門豹傳》曰：其巫，老女子也。《史記·封禪書》曰：高祖於長安置祠祝官，女巫有梁巫、晉巫、秦巫、荆巫、九天巫、河巫、南山巫，皆女巫也。《前漢·地理志》曰：齊襄公令國中民家長女不得嫁，名曰巫兒，為家主祀。然則當以女巫男覡為是。顏師古見諸家之說不同，故於《漢書·郊祀志》曰：巫覡，亦通稱耳。非也。《唐書・安祿山傳》曰：祿山本姓康，母阿史德為覡，居突厥中。此以女為覡者，蓋作史者但知男巫女覡之語而為之說，未之究耳。

宋・易祓《周官總義》卷六《女祝》　王有『大祝』、『小祝』，后有『女祝』，所以別内外也。内祭祀則宗廟之禮，内禱祠則高禖之禮，招以來福祥，梗以障疾疫，禬以除災殃，禳以消謫譴，皆内宮之禮也。所謂祝者，必其端謹恪，而可以薦信於鬼神者矣。

又　卷六《女史》　王有『大史』、『小史』，后亦有『女史』。鄭氏以為女奴曉書者，非矣。掌王后之禮職，以至凡后之事以禮從，豈女奴知書者能之？蓋古者后夫人必有女史彤管之灋，無非禮者。不然，『大史』詔王而以書協禮事，此亦詔后以禮從，而且為之掌禮職，非賢而知禮者，能之乎？

又　卷一五《女巫》　祓，祓除邪氣也，釁浴，則浴去其汙穢也。旱暵舞雩，陽亢而陰不足，女巫所以助陰氣也。王后弔則與祝前，與天官『女祝』前后，如王之禮也。大烖，歌哭而請，則祈哀是已。

宋・程大昌《演繁露》卷一四《彤管》　《詩》：『彤管有煒。』《箋》云：彤管，筆赤管也。鄭氏以為后夫人必有女史彤管之法，史不記過，其罪殺之。毛、鄭説《詩》多異，惟此制略相通，其必有所本。

宋・高似孫《緯略》卷六《女史》　《詩》曰：『靜女其孌，貽我彤管。』后夫人必有女史，書其日月而以環進退之。生子月辰，則金環退之。當御者，以銀環進之，着于左手，既御，着于右手。事無大小，記以成法。《毛詩義疏》曰：女史彤管，法如國史，主記后夫人之事。《周禮》曰：女史八人，女史，女奴曉書者。掌内治之貳，以詔后治内政，書内令。漢班婕妤《自傷賦》曰：陳女圖以鏡鑑，顧女史而問《詩》。范曄《後漢書》曰：頒官分務，各有典司，女史彤管，記功書過。《晉記》曰：元康中，司空張華懼后族之盛，作《女史箴》。

宋・姚寛《西溪叢語》卷下　王介甫云：『俟我於城隅』，言静女之俟我以禮也。其美外發，其和中出，其節不可亂者，彤管也。『貽我彤管』，言静女之貽我以樂也。徐安道《注音辯》云：彤，赤漆也；管謂笙簫之屬。按：《静女》詩：『貽我彤管，彤管有煒。』注云：煒，赤貌。彤管以赤心正人。《箋》云：彤管，赤管也。疏：必以赤者，欲使女史以赤心正人，謂赤心事夫人，正妃妾之次序也。鄭注：古者后夫人必有女史彤管之法，史不記過，其罪殺之。《後漢・皇后妃序》云：頒官分務，各有典司，女史彤管，記功書過。《左氏傳》定公九年：《静女》之三章，取『彤管』焉。杜預云：《詩・邶風也》。言《静女》三章之詩，雖説美女，義在彤管。彤管，赤筆，女史記事規誨之所執。以此考之，不聞謂之樂也。

宋・魏了翁《鶴山集》卷一〇八《師友雅言上》　鶴山云：《周禮》女、男巫職，巫須如《國語》楚昭問，觀射父謂民之精爽，齊肅衷正。其智能上下比義，其聖能光遠宣朗，其明能光照，其聰能聽徹，如是則明神降之。在男曰覡，在女曰巫。

又曰：使先聖之後有光烈忠信而敬共者為祝，使名姓之後心率舊典者為之宗。巫亦皆抱道懷德之人。故孔子曰：『人而無恒，不可作巫醫。』

元・王惲《玉堂嘉話》卷六《舞雩臺》　雩祭，蓋龍見建巳之月，巳乃陽亢之時，陰氣難達用。女巫舞雩，女，陰也，舞所以達陽中之陰也。又吁嗟而禱雨曰雩。

元・毛應龍《周官集傳》卷一《天官冢宰》　鄭鍔曰：古者天子有史官，左記言，右記動，故為天子者，不敢有過舉。王與后同體，言動不謹則家道不齊，無以舉天下之内治，故有女史掌彤管之職。

又　卷八《女巫》　應龍曰：求雨以女巫，以陰兆陰也。

明・高啓《鳧藻集》卷二《元史列女傳序》　古者女子之居室也，必有傅姆師保為陳《詩》、《書》、圖史以訓之。凡左右佩服之儀，内外授受之别與所以事父母舅姑之道，蓋無所不備也。而又有天子之后妃、諸侯之夫人躬行于上，以率化之。則其居安而有淑順之稱，臨變而有貞特之操者，夫豈偶然哉？

明・楊慎《丹鉛總録》卷九《人事類・女樂本于巫覡》　女樂之興，本由巫覡。《周禮》所謂以神仕者，在男曰巫，在女曰覡。巫咸，在上古已有之，《汲冢周書》所謂神巫用國。觀《楚辭・九歌》所言巫以歌舞悦神，其衣被情態，與今倡優何異？伊尹《書》云：『敢有恒舞于宮，酣歌于室，時謂巫風。』巫山神女之事流傳至今，蓋有以也。

明・王應電《周禮傳》卷一下《天官下・女史》 后匹天王，非行侔天地，無以奉神靈之統，理萬物之宜，故聖王立之史以佐之。其職不隆且重歟！ 禮職者，凡后于行大禮、執事有常者，若經所稱后祼獻脩齋、立市、蠶于北郊等職事禮儀，女史掌之，貴用其中也。內治者，若『內宰』所掌版圖之法，六宮之禮職，北宮之禁令，女史貳之，詔后以時而班，以時而省，治其不法，以聽天下之內治也。逆內宮者，人情無稽則廢弛，凡政事財用靡不鈎考，而司其會計，猶天官之『司會』也。書內令者，后有政令美惡，直書以示勸戒，此其專職也。后有事，必在左右執禮以行，因而獻可替否，猶大臣之以道事君，不可則止也。周人所以佐后者如此，宜其克配君子，以成內治歟！

按史之為官，手持中而不失者也。故主記人君言動，納之金匱，為上者不得而與。雖至暴如桀紂者，亦無容其私。人君設欲覽之，或有所更易，為史者知有灋而不知有其身，頭可斷而手不可易，有死而已，繼之者亦然，所以謂之信史。春秋之時，齊有大史之簡，晉有董狐之筆，此意尚存。蓋自古相傳之灋也。夫人君，唯其言而莫予違。后夫人深居禁中，尤易縱恣，然而好善名、惡惡名之心，人孰無之？故垂象于天，有柱史、女史，各司其職，先王灋之，故特設女史，以婦人之賢且能者，執彤管以待后，猶王之『左』、『右史』而兼掌夫禮職，內治會計之事。蓋王政繁，故分掌于『大史』、『內史』諸職。后事簡，故總一職而已。

又 卷三上《春官上・內宗・外宗》 內宗、外宗所掌，不外乎祭祀、賓客、喪紀三者。宗廟之祭，齍盛、豆籩飾皆以玉，薦、徹皆以樂。或言玉齍、玉豆而不言玉盛、玉籩，言以樂羞齍，以樂徹，而不言以樂薦，以樂獻。舉此以例彼也。凡王后之眡豆籩，薦玉豆，薦加豆籩，以樂羞齍，王后之獻及以樂徹，或佐或贊，『世婦』與內、外宗皆與，而文有詳略者，亦彼此互見也。

賓客饗食之事，內、外宗掌其薦加豆籩，羞齍王后之獻以樂徹之事，皆如祭祀之禮。內宗言王后有事則從，外宗言王后不與則贊宗伯，亦互文也。外宗又言小祭祀掌事，則賓客之小者，亦掌之矣。

喪紀之事，則內、外宗並叙外、內命婦朝莫哭者。王后哭諸侯，謂畿內公卿，秩視諸侯。及畿外來朝而薨，王后哭之，亦叙其應哭者。凡卿大夫之喪，則內宗掌其弔臨，代后行禮。外宗不言，文有不備也。

明・王應電《周禮圖說》卷上《女宮女奚女奴辨》 按《天官》有酒、漿、籩、醢、醯、鹽，地官有舂、饎、槀、縫人之女工，主給中饋，奉齍盛，縫衣裳，皆門內細密之事。祝、史主贊后夫人禮事，守祧主聚祖考之精神，皆非士人所得與，故設官並貫之以女。若女酒、女漿之類，皆擇民間女子之賢而善于其事者以供職。其次者爲奚，少才知之稱，亦用之以供役，然必使有什伯，大約如庶人在官者。故《內宰》云『分其人民以居之』也。其與王之『女御』異者，觀《寺人》稱：『掌王之內人及女宮之戒令。』內人指女御，故係之于王；女宮即女奚之衆，故不係之于王。必領之以奄者，以后夫人致禮，使通內外之令爲宜也。

舊説以女及奚爲女奴，非也。夫婦人犯罪，婬僻常居七八，雖『士師』聽之，必于勝國之社。閭閻百姓尚不使之聞，豈可使入于禁中，雜于女宮，近于嬪婦哉？《秋官・司厲》明言：『女子入于舂槀。』《禁暴氏》云：『奚、隸聚而出入者，則司牧之。』是奚之與奴，名自不同。止于舂槀，則其他職事未嘗得與，安得執禮事，而爲宮卿、世婦、女御、祝、史等之役？終于此，而永不得配合人道。苟若奚之得有出入，而『司暴氏』司牧之，則不得爲幽閉矣。況舂事煩勞，故使執其役，而以奚五人爲之指揮統治。若饎事之精潔，非彼所得與，故設有奚四十人也。若必以奚爲女奴，則豈以舂事之煩而五人能盡之，饎事較簡而反有四十人之多乎？且以王及后之至尊，祭祀、賓客之至潔敬，而其熟食乃造于不良污穢之手，必無是理，殆未之思耳。

明・柯尚遷《周禮全經釋原》卷三《天官下・女史》 釋曰：女史之於后，猶『太史』之於王，擇嬪御之賢而有學有藝者為之，令執彤筆在宮中，書王后、夫人言動，以佐內治。嬪御德之善惡，進御之不以其叙，皆書之，故后宮皆知懼而修德。后之禮，如祭祀則有薦徹，賓客則有祼獻，女史掌之。內治之貳，貳『內宰』也，掌之以詔后治內宮之政令，鈎考六宮之計，后有命令則書之。凡后有禮事，則執書以從，猶『太史』

執書協禮事也。

又　卷八《春官下·女巫》　釋曰：歲時祓除，如今三月上巳脩禊之類。釁以香薰，浴以草藥沐浴，皆乘陰陽代謝之時為之，今醫方猶爾。旱暵，帥女巫而舞，助陰氣也。后弔，則與女巫、「女祝」前后，如王禮也。大烖，歌哭以請，有歌者，有哭者，以悲哀感神靈也。

原曰：巫者，所以通神明、去不祥、迎福禳烖者也，曷可少之？世儒咸曰：先王之世，正道明，邪說息，安有巫、祝之事？此未明天地陰陽之理也。《易》曰：用史巫紛若，吉。《國語》曰：民之精爽不携貳者，而又能齋肅衷正，其智能上下比義，其聖能光遠宣朗，其明能光照之，其聰能聽徹之，在男曰巫，在女曰覡。是豈後世淫巫左道治符水厭勝之術者哉？雖然，今之巫覡，固非古矣，特以今之設官，自漢以來皆闕此職，故淫祀謟祭無所不至，邪誕妖妄誑惑愚民，以至於今，雜亂極矣，神、人舉不得其所矣。夫幽之與明，猶陰之與陽，不可偏去者也。是宜以今之巫覡之實理，正以古人之瀍則，其禮儀事務必有所當講者。理幽之道得，則理人之道可無憾也。奚可以今之巫覡皆非實理，而為正道所絶哉？

明·章潢《圖書編》卷一七《尾宿總敘》　按傳說一星，專主后宮女巫禱神之事。謂之傳說，古有傅母，有保母，傅而說者，謂無母不喜之也。今之婦人求子祀婁神，此傳說之義也。偶商之傳說，與此同音，諸子更不詳審其義，則曰傳說騎箕尾而去，殊不知箕尾專主后室之事，故有傳說之佐焉。

清·顧炎武《日知録》卷一四《女巫》　《周禮》「女巫」舞雩，但用之旱暵之時。使女巫舞旱祭者，崇陰也。《禮記·檀弓》：歲旱，穆公召縣子而問曰：「吾欲暴巫而奚若？」曰：「天則不雨，而望之愚婦人，無乃已疏乎？」此用女巫之證也。漢因秦滅學，祠祀用女巫。後魏郊天之禮，女巫升壇摇鼓，帝拜，后肅拜。杜岐公曰：「道武帝南平姑臧，東下山東，足為雄武之主。其時用事大臣崔浩、李順、李孝伯等，多是謀猷之士，少有通儒碩學，所以郊祀上帝，六宮及女巫預焉。」

清·納蘭性德《陳氏禮記集説補正》卷三七《昏義》　竊案《内則》「女子十年不出，使姆教成之」，是已前恒教也。嫁前三月而特就公宮之教者，欲尊之也。公宮，天子、諸侯之祖廟也。天子當言王宮，而此言公宮者，謂公之宮，若公邑及官家之宮爾，故知兼天子、諸侯也。此《昏義》雖記士禮，自此以下，廣明天子以下教女及夫婦之義也。教之者女師，即《詩·周南》云「言告師氏」，則《昏禮》注云「姆，婦人五十無子出」者也。此皆《集說》所未及引者，故詳之。

清·惠士奇《禮説》卷二《天官二》　女祝、女史皆后宮官也。女祝視大祝、小祝，女史視大史、小史，後世遂有女尚書、女博士之名，蓋濫觴於此。【略】

愚謂宮中有女祝，掌内祀招梗禬禳，非衰世之事也。古者重鬼，《墨子》有《明鬼篇》，恐後世不能敬君以取災，故聖王書之竹帛，以鬼神為務。然其言，非孔子所謂敬而遠之之義。《周官》内有禱祠以除疾殃，至漢而巫蠱之禍烈焉，可不戒哉？

又　卷九《春官四》　「女巫」掌歲時祓除、釁浴。《夏小正》：五月蓄蘭，為沐浴也。康成謂三月上巳，如水上。賈疏謂三月三日，水上戒浴。曾點暮春浴沂。以此曆法三月建辰，己卯退除，可以除災。《韓詩》：「溱與洧，方洹洹兮。」薛君注云：鄭之俗，三月上巳，溱洧之上招魂續魄，祓除不祥。《月令》：季春，始乘舟。蔡邕《章句》謂：陽氣和暖，禊於名川也。《漢書》：八月，祓灞上。劉楨《魯都賦》：素秋二七，人胥祓除。又以七月十四日矣。《九歌·禮魂》「會鼓傳芭，春蘭秋菊，姱女容與」者，即女巫祓除之禮，不獨春三月也。《素問》謂：蘭除陳氣。菊亦宜然，蓋除舊迎新，祓除疾病云爾。所以必之水上者，去宿垢灰，為大絜。古者顓頊浴沉淵，舜浴從淵，澡身而已。燕人惑易，浴以蘭湯，浴之陋也。北朝竇泰母娠，及期而不産，巫曰：「渡河湔裙，産子必易。」如其言，果生泰。此古女巫之術歟？

清·張尚瑗《左傳折諸》卷六《僖公·公欲焚巫尫》　繩武曰：《檀弓》：歲旱，穆公召縣子問，欲暴尫，不可；公又欲暴巫。語意與文仲之對相似。豈暴巫、暴尫，魯固有是俗，故僖公、穆公俱以此為問歟？又豈一事而互傳之歟？

世子制度部

綜述

名號

《尚書・顧命》 王曰：【略】爾尚明時朕言，用敬保元子釗，漢孔安國《傳》：用奉我言，敬安太子釗。釗，康王名。弘濟于艱難。

《儀禮・士冠禮》 天子之元子，猶士也，天下無生而貴者也。漢鄭玄注：元子，世子也。無生而貴，皆由下升。唐賈公彥疏：此《記》者，見天子元子冠時，亦依士冠禮，故於此兼記之也。

《禮記・玉藻》 世子自名，擯者曰『寡君之適。』唐孔穎達《正義》：世子自名者，謂對己國之君稱名。擯者曰寡君之適，謂對他國之辭。

又 《雜記上》 大子之喪，曰『寡君之適子某死。』

又 《檀弓下》 君之適長殤，車三乘。《正義》：今此謂諸侯適子在長殤而死，故云君之適長殤也。

又 《曲禮下》 大夫士之子不敢自稱曰『嗣子某』，漢鄭玄注：亦辟其君之子未除喪之名。不敢與世子同名。注：辟僭傚也。其先之生，則亦不改『世』或為『太』。

又 《内則》 凡名子，【略】大夫士之子不敢與世子同名。注：尊世子也。

《公羊傳・桓公十五年》 （五月）鄭世子忽復歸于鄭。《傳》：其稱世子何？復正也。漢何休《解詁》：欲言鄭忽，則嫌其出奔還入與當國同文，反更成上鄭忽為當國，故使稱世子，明復正，以效祭仲之權，所以解上非當國也。曷為或言歸，或言復歸？復歸者，出惡，歸無惡；復入者，出無惡，入有惡。入者，出入惡；歸者，出入無惡。《解詁》：皆於還入乃別之者。入國犯命，禍重也。忽未成君，出奔不應絶。出惡者，不如死之榮也。入無惡者，出不應絶，則還入不應盜國。

又 《莊公三十二年》 冬十月乙未，子般卒。《傳》：子卒云子卒，此其稱子般卒何？君存稱世子，《解詁》：明當世父位爲君。君薨稱子某，《解詁》：緣民臣之心，不可一日無君，故稱子某，明繼父也。名者，尸柩尚[illegible]君前臣名也。既葬稱子，《解詁》：不名者，無所屈也。緣終始之義，[illegible]君，故稱子也。踰年稱公。《解詁》：不可曠年無君。

又 《僖公五年》 （夏）公及齊侯、宋公、陳[illegible]侯、鄭伯、許男、曹伯會王世子于首戴。《傳》：曷爲殊會王世[illegible]世子貴也。世子，猶世世子也。《解詁》：解貴意也。言當世父位，儲君副主，不可以諸侯會之爲文，故殊之，使若諸侯爲世子所會也。【略】言『及』者，因其文可得見汲汲也。世子所以會者，時桓公德衰，諸侯背叛，故上假王世子，示以公義。

《穀梁傳・桓公十五年》 （五月）鄭世子忽復歸于鄭。《傳》：反正也。唐楊士勛疏：《傳》『反正也』者，釋其稱世子也。

又 《僖公五年》 公及齊侯、宋公、陳侯、衛侯、鄭伯、許男、曹伯會王世子于首戴。晉範寧《集解》：惠王之世子，名鄭。後立爲襄王。《傳》：『及』以『會』，尊之也。《集解》：言『及』諸侯，然後『會』王世子，不敢令世子與諸侯齊列。何尊焉？王世子云者，唯王之貳也。云可以重之存焉，尊之也。何重焉？天子世子，世天下也。疏：《士冠禮》云：天子之元子，猶士也。天下無生而貴者也。此云世天下也者，彼見無生而貴者，又明有父在之故，今《傳》以其特世父位，故云世天下也。

又 《哀公二年》 晉趙鞅帥師，納衛世子蒯聵于戚。《集解》：鄭君曰：蒯聵欲殺母，靈公廢之是也。若君薨，有反國之道，當稱子某，如齊子糾也。今稱世子，如君存，是《春秋》不與蒯聵得反立，明矣。江熙曰：鄭世子忽反正，有明文。子糾但於公子爲貴，非世子也。《傳》：納者，内弗受也。帥師而後納者，有伐也。何用弗受也？以輒不受也。以輒不受父之命，受之王父也。信父而辭王父，則是不尊王父也。其弗受，以尊王父也。《集解》：寧不達此義。江熙曰：齊景公廢世子，世子還國書『篡』。若靈公廢蒯聵立輒，則蒯聵不得復稱曩曰世子也。稱蒯聵爲世子，則靈公不命輒審矣。此矛楯之喻也。然則從王父之言，《傳》似失矣。經云『納衛世子』；鄭世子忽復歸于鄭，稱世子，明正也。明正，則拒之者非邪？

《逸周書》卷三《文儆解》 維文王告夢，懼後祀之無保，庚辰，詔太子發曰：『汝敬之哉！』

又 《文傳解》 文王授命之九年，時維暮春，在鄗。太子發曰：『吾語汝所保所守，守之哉！』

又　**卷九《太子晉解》**　晉平公使叔譽于周，見太子晉而與之言。晉孔晁注：叔譽者，大夫叔向也。周靈王太子名晉也。

《孟子·離婁下》　《書》曰：太子發上祭于畢，下至于盟津。

《史記》卷四《周本紀》　武王自稱太子發，言奉文王以伐，不敢自專。

《尚書中候》　文王廢伯邑考，立發為太子，王曰：『修我度，導德紀，後恒稱太子發。』

太子發以紂存，三仁附，即父位，不稱王。『予稱太子發，明慎父以名卒考。』

《左傳·莊公二十二年》　春，陳人殺其大子御寇。

又　**《文公十一年》**　郕太子朱儒自安於夫鍾，晉杜預注：安，處也。夫鍾，郕邑。國人弗徇。注：徇，順也。

又　**《昭公十五年》**　六月乙丑，王大子壽卒。注：周景王子。

又　**《哀公二十四年》**　閏月，公如越，得大子適郢。注：適郢，越王大子。得，相親説也。

《逸周書》卷六《本典解》　維四月既生魄，王在東宮召公，告周公曰：『嗚呼！朕聞武考，不知乃問，不得乃學，俾資不肖，永無惑矣。』

《今本竹書紀年》卷下《周武王》　十七年，命王世子誦于東宮。

《詩經·衛風·碩人》　東宮之妹，邢侯之姨。漢毛亨《傳》：東宮，齊大子也。女子後生曰妹，妻之姊妹曰姨。

《左傳·隱公三年》　衛莊公娶于齊東宮得臣之妹，曰莊姜。注：得臣，齊大子也。大子不敢居上位，故當處東宮。唐孔穎達《正義》：得臣為大子，云當處東宮者，四時東為春，萬物生長在東；西為秋，萬物成就在西。以此君在西宮，太子當處東宮也。或可據《易》象：西北為《乾》，《乾》為君父，故君在西；東方《震》，《震》為長男，故大子在東也。

又　**《僖公二十八年》**　王怒，少與之師，唯西廣、東宮與若敖之六卒，實從之。注：楚有左右廣，又大子有宮甲，分取以給之。《正義》：文元年，商臣以宮甲圍成王，是東宮兵也。

又　**《襄公九年》**　（夏）穆姜薨於東宮。注：太子宮也。

《呂氏春秋》卷一八《審應》　昭王問於田詘曰：『寡人之在東宮之時，漢高誘注：昭王，襄王之子也。東宮，世子也。《詩》云：東宮之妹，邢侯之姨。聞先生之議曰：「為聖易。」有諸乎？』

漢·劉安《淮南子》卷一一《齊俗訓》　武王既沒，殷民叛之。周公踐東宮，漢高誘注：東宮，太子之宮。履乘石，注：人君升車，有乘石也。攝天子之位。

漢·伏勝《尚書大傳》卷三《金縢傳》　天子太子年十八，曰孟侯。孟侯者，于四方諸侯來朝，迎于郊，問其所不知也。問人民之所好惡，土地所生，山川所有無，及父在時皆知之。

定立　**《周易·離》**　《象》曰：明兩作，《離》。大人以繼明，照于四方。子夏《傳》：兩明嗣麗，天下大明也。得麗之大者，莫過於大人麗於大位也。累聖之治，兩明而繼，而天下化矣。宋程頤《傳》：大凡以明相繼，皆繼明也。舉其大者，故以世襲繼照言之。

又　**《説卦》**　《震》一索而得男，故謂之長男。

《震》為雷，為龍，【略】為長子。

又　**《序卦》**　革物者莫若鼎，故受之以《鼎》。主器者莫若長子，故受之以《震》。唐李鼎祚《集解》：崔憬曰：鼎所烹飪，享於上帝。主此器者，莫若冢嫡，以為其祭主也。故言主器者，莫若長子。

《周禮·春官·典命》　凡諸侯之適子，誓于天子，攝其君，則下其君之禮一等。未誓，則以皮帛繼子、男。漢鄭玄注：誓猶命也。言誓者，明天子既命以為之嗣，樹子不易也。《春秋》桓九年，曹伯使其世子射姑來朝，行國君之禮是也。公之子如侯、伯而執圭，侯伯、之子如子、男而執璧，子、男之子與未誓者皆次小國之君，執皮帛而朝會焉。其賓之，皆以上卿之禮焉。

《禮記·內則》　國君世子生，告于君，接以大牢，宰掌具。注：『接』讀為『捷』。捷，勝也。謂食其母，使補虛强氣也。三日，卜士負之，吉者宿齊，朝服寢門外，詩負之。射人以桑弧蓬矢六，射天地四方。注：『詩』之言承也。桑弧蓬矢，本大古也。天地四方，男子所有事也。保受，乃負之。注：代士也。保，保母。宰醴負子，賜之束帛。注：『醴』當為『禮』，聲之誤也。禮以一獻之禮，酬之以幣也。卜士之妻、大夫之妾使食子。注：食子不使君妾，適妾有敵義，不相褻以勞辱事也。士妻、大夫之妾，謂時自有子。《正義》：此一經論國君世子生及三日負子及食之法。

凡接子擇日。注：雖三日之內，尊卑必皆選其吉焉。冢子則大牢，注：天子世子也。冢，大也。冢子猶言長子，通於下也。庶人特豚，士特豕，大夫少牢，國君世子大牢。注：皆謂長子。其非冢子，則皆降一等。注：謂冢子之弟及衆妾之子生也。《正義》：此一節論國君以下至庶人以上接子牲牢之異并適庶不同。

世子生，則君沐浴朝服，夫人亦如之，皆立于阼階，西鄉。世婦抱子，升自西階，君名之，乃降。注：子升自西階，則人君見世子於路寢也。見妾子，就側室。凡子生，皆就側室。諸侯夫人朝於君，次而褖衣也。《正義》：此一節明人君見世子及適庶之禮。

凡名子，不以日月，不以國，注：終使易諱。不以隱疾。注：諱衣中之疾，難為醫。

又《王制》 諸侯世子世國，注：象賢也。大夫不世爵，使以德，爵以功。注：謂縣内及列國諸侯為天子大夫者。不世爵而世祿，辟賢也。未賜爵，視天子之元士，以君其國。注：列國及縣内之國也。

又《曾子問》 曾子問曰：「君薨而世子生，如之何？」孔子曰：「卿大夫士從攝主北面於西階南，大祝裨冕，執束帛，升自西階，盡等，不升堂，命毋哭。祝聲三告曰：某之子生，敢告。【略】大宰命祝、史以名徧告于五祀山川。」

曾子問曰：「如已葬，而世子生，則如之何？」孔子曰：「大宰、大宗從大祝而告於禰。注：告生也。三月，乃名於禰，以名徧告及社稷宗廟山川。」

《左傳·桓公六年》 九月丁卯，子同生。以大子生之禮舉之，接以大牢，卜士負之，士妻食之，公與文姜、宗婦命之。宋林堯叟《句解》：魯十二公，唯子同生，是適夫人之長子，故備用大子之禮舉之。大牢，牛、羊、豕也。以禮接夫人，重適也。

又《僖公五年》 （夏）會于首止，會王大子鄭，謀寧周也。注：惠王以惠后故將廢大子鄭，而立王子帶，故齊桓帥諸侯會王大子，以定其位。《正義》：二十四年《傳》曰：不穀不德，得罪于母氏之寵。子帶《書》曰：天王出居于鄭，辟母弟之難也。如彼《傳》文，則襄王與子帶俱是惠后所生，但其母鍾愛其少子，故欲廢大子而立之。《周本紀》云：襄王母早死，後母曰惠后，生叔帶。與《傳》不同，《史記》繆也。七年，惠王崩，襄王畏子帶，不敢發喪。知此時有廢大子之意，故齊桓帥諸侯會大子，定其位，安王國也。

又《僖公十七年》 公與管仲屬孝公於宋襄公，以為大子。雍巫有寵於衛共姬，注：雍巫，雍人名巫，即易牙。因寺人貂以薦羞於公，亦有寵，公許之，立武孟。注：易牙既有寵於公，爲長衛姬請立武孟。管仲卒，五公子皆求立。冬十月乙亥，齊桓公卒。易牙入，與寺人貂因内寵以殺羣吏，而立公子無虧。孝公奔宋。

又《僖公三十一年》 初，鄭公子蘭出犇晉，從於晉侯伐鄭，請無與圍鄭，許之，使待命于東。鄭石甲父、侯宣多逆以為大子，以求成于晉，晉人許之。注：二子，鄭大夫。言穆公所以立。

又《文公元年》 初，楚子將以商臣為大子，訪諸令尹子上。子上曰：「君之齒未也，注：齒，年也。言尚少。而又多愛，黜乃亂也。楚國之舉，恒在少者。且是人也，蠭目而豺聲，忍人也，注：能忍行不義。不可立也。」弗聽。既又欲立王子職，而黜太子商臣。注：職，商臣庶弟也。商臣聞之而未察，告其師潘崇曰：「若之何而察之？」潘崇曰：「享江芈而勿敬也。」注：江芈，成王妹，嫁於江。從之。江芈怒曰：「呼，役夫！注：呼，發聲也。役夫，賤者稱。宜君王之欲殺女而立職也。」

又《文公七年》 衛穆嬴日抱太子以啼于朝，曰：「先君何罪？其嗣亦何罪？舍適嗣不立而外求君，將焉寘此？」注：穆嬴，襄公夫人，靈公母也。出朝，則抱以適趙氏，頓首於宣子曰：「先君奉此子也，而屬諸子，曰：『此子也才，吾受子之賜；不才，吾唯子之怨。』」注：欲使宣子教訓之。今君雖終，言猶在耳，注：在宣子之耳。而棄之若何？」宣子與諸大夫皆患穆嬴，且畏偪，乃背先蔑而立靈公。

又《成公十四年》 衛侯有疾，使孔成子、寗惠子立敬姒之子衎以為大子。注：成子，孔達之孫。敬姒，定公妾。衎，獻公。

又《襄公十九年》 齊侯娶于魯，曰顔懿姬，無子。其姪鬷聲姬生光，以為太子。諸子仲子、戎子，戎子嬖。仲子生牙，屬諸戎子。注：屬，託之。戎子請以為大子，許之。注：齊侯許之。仲子曰：「不可。廢常不祥，注：廢立嫡之常。間諸侯難。注：事難成也。光之立也，列於諸侯矣。注：列諸侯之會。今無故而廢之，是專黜諸侯，注：謂光已有諸侯之尊。而以難犯不祥也。君必悔之。」

又《哀公五年》 齊燕姬生子，不成而死。注：燕姬，景公夫人。不成，未冠也。諸子鬻姒之子荼嬖。注：諸子，庶公子也。鬻姒，景公妾。荼，安孺子。諸大夫恐其為大子也，言於公曰：「君之齒長矣，未有大子，若之何？』公曰：『二三子間於憂虞，則有疾疢，亦姑謀樂，何憂於無君？』注：景公意欲立荼而未發，故以此言塞大夫請。公疾，使國惠子、高昭子立荼，注：惠子，國夏。昭子，高張。寘羣公子於萊。

《國語》卷七《晉語一》（獻）公曰：『寡人聞之，立大子之道三：身鈞以年，三國吳韋昭注：身鈞，德同也。以年，立長也。年同以愛，注：立所愛也。愛疑，決之以卜筮。』注：愛疑，愛同也。龜曰卜，著曰筮。

《公羊傳·桓公六年》九月丁卯，子同生。《傳》：子同生者，孰謂？謂莊公也。何言乎子同生？《解詁》：據君存稱世子，子般不言生。喜有正也。《解詁》：喜國有正嗣。未有言喜有正者，此其言喜有正何？久無正也。子公羊子曰：『其諸以病桓與？』《解詁》：其諸，辭也。本所以書莊公生者，感隱、桓之禍生於無正，故喜有正，而不以『世子』正稱書者，明欲以正見無正，疾惡桓公。日者，喜錄之。禮，生與來，日；死與往，日；各取其所見，日也。禮，世子生三日，卜士負之寢門外，以桑弧、蓬矢射天地四方，明當有天地四方之事。三月，君名之；大夫負，朝于廟，以名徧告之。

又《僖公三年》秋，齊侯、宋公、江人、黃人會于陽穀。《傳》：此大會也，曷爲末言爾？桓公曰：【略】『無易樹子。』《解詁》：樹，立本正辭。無易本正當立之子。無以妾爲妻。《解詁》：此四者，皆時人所患。

《穀梁傳·隱公四年》冬十有二月，衛人立晉。《傳》：衛人者，衆辭也。立者，不宜立者也。《集解》：嗣子有常位，故不言立。晉之名，惡也。《集解》：惡謂不正。其稱人以立之，何也？得衆也。得衆則是賢也，賢則其曰不宜立，何也？《春秋》之義，諸侯與正而不與賢也。《集解》：雍曰：正謂嫡長也。夫多賢不可以多君，無賢不可以無君。立君非以尚賢，所以明有統也；建儲非以私親，所以定名分。名分定，則賢無亂長之階，而自賢之禍塞矣；君無嬖幸之由，而私愛之道滅矣。

又《桓公六年》九月丁卯，子同生。《傳》：疑，故志之。《集解》：莊公母文姜淫于齊襄，疑非公之子。時曰：『同乎人也。』《集解》：時人僉曰：齊侯之子，同於他人。

又《僖公九年》九月戊辰，諸侯盟于葵邱。《傳》：葵邱之盟，陳牲而不殺，讀書加于牲上，壹明天子之禁。曰：【略】『毋易樹子。』《集解》：樹子，嫡子。

《孟子·告子下》五霸，桓公為盛。葵丘之會，諸侯束牲載書而不歃血。初命曰：『誅不孝。無易樹子。』漢趙岐注：樹，立也。已立世子，不得擅易也。宋孫奭疏：無易樹子，言世子已立，更不得擅自變易也。

漢·賈誼《新書》卷一〇《立後義》古之聖帝將立世子，則帝自朝服，升自阼階上，西鄉於妃。妃抱世子自房出，東鄉。太史奉書，西上堂，當兩階之間，北面立，曰『世子名曰某者』三。帝執禮稱辭，命世子曰：『授太祖、太宗與社稷於子者。』三其命也。妃曰『不敢』者再，於三命曰『謹受命。』拜而退。太史以告太祝，太祝以告太祖、太宗與社稷。太史出，以告太宰，太宰以告州伯，命藏之州府。凡諸貴已下，至於百姓男女，無敢與世子同者，以此防民，百姓猶有爭為君者。夫執明則民定而出於一道，故人皆爭為宰相，而不姦為世子。非宰相尊而世子卑也，不可以智求，不可以力爭也。

《史記》卷三七《衛康叔世家》初，襄公有賤妾，幸之，有身。夢有人謂曰：『我康叔也。令若子必有衛，名而子曰「元」。』妾怪之，問孔成子。南朝宋裴駰《集解》：服虔曰：衛卿孔烝鉏。成子曰：『康叔者，衛祖也。』及生子，男也，以告襄公。襄公曰：『天所置也。』名之曰元。襄公夫人無子，於是乃立元為嗣，是為靈公。

漢·劉向《說苑》卷三《建本》楚恭王多寵子，而世子之位不定。屈建曰：『楚必多亂。夫一兔走於街，萬人追之，一人得之，萬人不復走。分未定，則一兔走，使萬人擾。分已定，則雖貪夫知止。今楚多寵子而嫡位無主，亂自是生矣。夫世太子者，國之基也而百姓之望也。國既無基，又使百姓失望，絕其本矣。本絕則撓亂猶兔走也。』恭王聞之，立康王為太子。其後猶有令尹圍、公子棄疾之亂也。

漢·劉向《古列女傳》卷五《節義傳·楚成鄭瞀》鄭瞀者，鄭女之嬴媵，楚成王之夫人也。【略】處期年，王將立公子商臣以為太子。王問之於令尹子上，子上曰：『君之齒未也，而又多寵子，既置而黜之，必為亂矣。且其人蜂目而豺聲，忍人也，不可立也。』王退而問於夫人子瞀，曰：『令尹之言，信可從也。』王不聽，遂立之。其後商臣以子上救蔡之事，譖子上而殺之。子瞀謂其保曰：『吾聞婦人之事，在於饋食之間而已。雖然，心之所見，吾不能藏夫。昔日子上言太子之不可立也，太子怨之，譖而殺之。王不明察，遂辜無罪，是白黑顛倒，上下錯謬也。王多寵子，皆欲得國。太子貪忍，恐失其所。王又不明，無以照之。庶嫡分爭，禍必興焉。』後王又欲立公子職，職，商臣庶弟也。子晳退而與其保言曰：『吾聞信不見疑，今者王必將以職易太子，吾懼禍亂之作也，而言之于王，王不吾應。其以太子為非吾子，疑吾譖之者乎！夫見疑而生，衆人孰知其不然？與其無義而生，不如死以明之。且王聞吾死，必寤太子之不可釋也。』遂自殺。保母以其言通於王。是時太子知王之欲廢之也，遂興師作亂，圍王宮，王請食熊蹯而死，不可得也，遂自經。君子曰：非至仁，孰能以身讓？《詩》曰：『舍命不渝。』此之謂也。

《墨子》卷一三《魯問》 魯君謂子墨子曰：『我有二子，一人者好學，一人者好分人財，孰以為太子而可？』子墨子曰：『未可知也。或所為賞與為是也。釣者之恭，非為魚賜也。餌鼠以蟲，非愛之也。吾願主君之合其志功而觀焉。』

《戰國策》卷一《東周》 周共太子死，宋姚宏續注：《史記》：西周武公之共太子死。徐廣云：惠公之長子。今乃編在《東周》。有五庶子，皆愛之而無適立也。司馬翦謂楚王曰：『何不封公子咎而為之請太子？』左成謂司馬翦曰：『周君不聽，是公之知困而交絶於周也。不如謂周君曰：「孰欲立也？微告翦，翦令楚王資之以地。」公若欲為太子，因令人謂相國御展子、廧夫空曰：「王類欲令若為之，此健士也，居中不便於相國。」』相國令之為太子。

又 卷二一《趙四》 齊乃令公孫衍說李兌以攻宋而定封焉。李兌乃謂齊王曰：『臣之所以堅三晉以攻秦者，非以為齊得利秦之毀也，欲以使攻宋也。而宋置太子以為王，下親其上而守堅，臣是以欲足下之速歸休士民也。今太子走，諸善太子者皆有死心。若復攻之，其國必有亂，而太子在外，此亦舉宋之時也。』

又 卷八《齊一》 齊貌辨見宣王，王曰：『子，靖郭君之所聽愛夫！』漢高誘注：夫，辭。齊貌辨曰：『愛則有之，聽則無有。王之方為太子之時，辨謂靖郭君曰：「太子相不仁，過頤豕視，若是者信反。注：反，叛。不若廢太子，更立衛姬嬰兒郊師。」注：郊師，衛姬之子，宣王庶弟。靖郭君泣而曰：「不可，吾不忍也。」若聽辨而為之，必無今日之患也。』注：患謂不見善，出走薛也。

《呂氏春秋》卷九《知士》 劑貌辨見，宣王曰：『子，靜郭君之所聽愛也。』劑貌辨答曰：『愛則有之，聽則無有。注：徒見愛耳，言則不見從也。王方為太子之時，辨謂靜郭君曰：「太子之不仁，過顒涿視，若是者倍反。注：顒涿，不仁之人也。過猶甚也。太子不仁，甚顒於涿，視如此者倍反，不循道理也。不若革太子，更立衛姬嬰兒校師。」注：嬰兒，幼少之稱，衛姬所生。校師，其名也，威王之庶子也。勸靜郭君，令廢太子，更立校師為太子也。靜郭君泫而曰：「不可，吾弗忍為也。」且靜郭君聽辨而為之也，必無今日之患也。』注：言靜郭君聽辨之言，則無今日見逐之患也。

《戰國策》卷七《秦五》 濮陽人呂不韋賈於邯鄲，見秦質子異人，注：異人，秦莊襄王之孫，孝文之子。昭王時質於趙，時不韋賈邯鄲而見也。歸而謂父曰：『耕田之利，幾倍？』曰：『十倍。』『珠玉之贏，幾倍？』注：贏，利。曰：『百倍。』『立國家之主，贏幾倍？』曰：『無數。』注：多不可數也。曰：『今力田疾作，不得煖衣餘食。注：餘，饒。今建國立君，澤可以遺世。注：世，後世也。願往事之。』

秦子異人質於趙，處於扇城。注：扇城，趙邑。故往說之曰：『子傒有承國之業，又有母在中。注：子傒，秦太子也，異人之異母兄弟。中猶內也。今子無母於中，外託於不可知之國。注：謂秦託子於趙，安危吉凶不可知也。一日倍約，身為糞土。今子聽吾計事，求歸，可以有秦國。注：事，治。吾為子使秦，必來請子。』注：子，異人也。言必使秦來請子於趙。

乃說秦王后弟陽泉君曰：『君之罪至死，君知之乎？注：秦王后，孝文皇帝華陽夫人也。時昭王時也，或言后耳。不韋云君有不遠圖之罪，知不？君之門下，無不居高尊位。太子門下無貴者。注：太子，子傒。君之府藏珍珠寶玉，君之駿馬盈外廄，美女充後庭。王之春秋高，注：言昭王年老也。一日山陵崩，太子用事，注：一日猶一旦也。山陵，喻尊高也。崩，死也。用事，即位治國事。君危於累卵而不壽於朝生。注：君謂陽泉君也。累卵，至危也。朝生，木堇也朝榮夕落，真為短命不壽也，命將不至終日也。說有可以一切而使君富貴千萬歲，其寧於太山四維，必無危亡之患矣。』注：四維，持之也。患，憂。陽泉君避席，請聞其說。不韋曰：『王年高矣，王后無子，子傒有承國之業，士倉又輔之。注：輔猶明也。王一日山陵崩，子傒立，士倉用事，王后之門必生蓬蒿。子異人，賢材也。子，異人名。棄在於趙，無母於內，引領西望，而願一得歸。王后誠請而立之，注：王后，華陽夫人耳。是子異人無國而有國，王后無子而有子也。』陽泉君曰：『然。』入說王后，王后乃請趙而歸之。

趙未之遣，不韋說趙曰：『子異人，秦之寵子也。無母於中，王后欲取而子之。注：欲為己子。使秦而欲屠趙，不顧一子以留計，是抱空質也。注：抱，持。若使子異人歸而得立，趙厚送遣之，是不敢倍德畔施，注：德，恩。是自為德講。注：講，誠。秦王老矣，一日晏駕，注：晏，晚也。日暮而駕歸大陰也，謂死亡也。雖有子異人，不足以結秦。』注：結，固。趙乃遣之。

異人至，不韋使楚服而見。注：楚服，盛服。王后悅其狀，注：狀，貌。高其智，注：高，大。曰：『吾楚人也。』而自子之。注：夫人楚女也，故曰吾楚人；而自子之，以異人為己子。乃變其名曰楚。王使子誦，注：誦經。子曰：『少棄捐在外，嘗無師傅所教學，不習於誦。』注：習，曉。王罷之，乃留止。間曰：注：間，須臾也。『陛下嘗軔車於趙矣，注：陛下，謂孝文王也。昔嘗質趙。軔車，止仕也。不欲言其質，故住車，故止於趙敢國。趙之豪桀，得知名者不少。今大王反國，皆西面而望。注：面，向。大王無一介之使以存之，注：存，勞問也。臣恐其皆有怨心，使邊境早閉晚開。』王以為然，奇其計。王后勸立之，王乃召相，令之曰：『寡人子莫若楚。』立以為太子。

《史記》卷八五《呂不韋列傳》 呂不韋曰：『秦王老矣，安國君得為太子。竊聞安國君愛幸華陽夫人，華陽夫人無子，能立適嗣者，獨華陽夫人耳。今子兄弟二十餘人，子又居中，不甚見幸，久質諸侯。即大王薨，安國君立為王，則子毋幾得與長子及諸子旦暮在前者，爭為太子矣。』子楚曰：『然。為之奈何？』呂不韋曰：『子貧，客於此，非有以奉獻於親及結賓客也。不韋雖貧，請以千金為子西游，事安國君及華陽夫人，立子為適嗣。』子楚乃頓首曰：『必如君策，請得分秦國，與君共之。』

呂不韋乃以五百金與子楚，為進用，結賓客；而復以五百金買奇物玩好，自奉而西游秦，求見華陽夫人姊，而皆以其物獻華陽夫人。因言子楚賢智，結諸侯賓客偏天下，常曰『楚也以夫人為天，日夜泣思太子及夫人。』夫人大喜。不韋因使其姊說夫人曰：『吾聞之，以色事人者，色衰而愛弛。今夫人事太子，甚愛而無子，不以此時蚤自結於諸子中賢孝者，舉立以為適而子之，夫在則重尊，夫百歲之後，所子者為王，終不失勢。此所謂一言而萬世之利也。不以繁華時樹本，即色衰愛弛後，雖欲開一語，尚可得乎？今子楚賢，而自知中男也，次不得為適，其母又不得幸，自附夫人。夫人誠以此時拔以為適，夫人則竟世有寵於秦矣。』華陽夫人以為然。承太子閒，從容言子楚質於趙者絕賢，來往者皆稱譽之。乃因涕泣曰：『妾幸得充後宮，不幸無子，願得子楚，立以為適嗣，以託妾身。』安國君許之，乃與夫人刻玉符，約以為適嗣。安國君及夫人因厚餽遺子楚，而請呂不韋傅之，子楚以此名譽益盛於諸侯。

又 卷四五《韓世家》 蘇代又謂秦太后弟芈戎曰：『公叔伯嬰恐秦、楚之內蟣蝨也，《索隱》：按《戰國策》，公叔伯嬰與蟣蝨及公子咎並是襄王子，然伯嬰即太子嬰，嬰前死，故咎與蟣蝨又爭立。此取《戰國策》說，伯嬰未立之先亦與蟣蝨爭立，故事重而文倒也。公何不為韓求質於楚？楚王聽入質子於韓，則公叔伯嬰知秦、楚之不以蟣蝨為事，必以韓合於秦、楚。秦、楚挾韓以窘魏，魏氏不敢合於齊，是齊孤也。公又為秦求質子於楚，楚不聽，怨結於韓。韓挾齊、魏以圍楚，楚必重公。公挾秦、楚之重以積德於韓，公叔伯嬰必以國待公。』於是蟣蝨竟不得歸韓。《正義》：自此已前蘇代數計皆不成，故韓竟立咎為太子也。韓立咎為太子。

漢・劉向《古列女傳》卷七《孽嬖傳・楚考李后》 楚考李后者，趙人李園之女弟，楚考烈王之后也。初，考烈王無子，春申君患之。李園為春申君舍人，乃取其女弟，與春申君。知有身，園女弟承間謂春申君曰：『楚王之貴幸君，雖兄弟不如。今君相楚三十餘年，而王無子；即百歲後，將立兄弟。兄弟誠立，禍且及身，何以保相印、江東之封乎？今妾知有身矣，而人莫知。妾之幸君未久，誠以君之重而進妾於楚王，楚王必幸妾。妾賴天有子男，則是君之子為王也。楚國盡可得，孰與身臨不測之罪乎？』春申君大然之，乃出園女弟，謹舍之，言之考烈王。考烈王召而幸之，生子悼，立為太子，園女弟為后。

正體不傳重 **《儀禮・喪服》** 《傳》曰：何以三年也？正體於上，又乃將所傳重也。唐賈公彥疏：雖承重不得三年，有四種：一則正體不得傳重，謂適子有廢疾，不堪主宗廟也。二則傳重非正體，庶孫為後是也。三則體而不正，立庶子為後是也。四則正而不體，立嫡孫為後是也。

《禮記·喪服小記》 庶子不為長子斬，不繼祖與禰故也。注：尊先祖之正體，不二其統也。《正義》：禮，為後者有四條，皆不為斬。何者？有體而不正，有正而不體，有傳重而非正體，有正體而不傳重是也。體而不正，庶子為後是也。正而不體，適孫為後是也。傳重非正體，庶孫為後是也。正體不傳重，適子有廢疾不立是也。

《公羊傳·昭公二十年》 秋，盜殺衛侯之兄輒。《傳》：母兄稱兄，兄何以不立？《解詁》：據立嫡以長。有疾也。何疾爾？惡疾也。《解詁》：惡疾，謂瘖、聾、盲、癘、禿、跛、傴，不逮人倫之屬也。書者，惡衛侯兄有疾，不憐傷厚遇，營衛不固，至令見殺，失親親也。『公子』不言之，『兄』、『弟』言之者，敵體辭，嫌於尊卑不明，故加之以絶之，所以正名也。

《穀梁傳·昭公二十年》 秋，盜殺衛侯之兄輒。《傳》：盜，賤也。其曰兄，母兄也。目『衛侯』，衛侯累也。《集解》：凱曰：諸侯之尊，弟、兄不得以屬通。經不書『衛公子』而目言『衛侯之兄』者，惡其不能保護其兄，乃為盜所殺。故稱至賤殺至貴。然則何為不為君也？《集解》：嫡兄宜為君。曰：有天疾者，不得入乎宗廟。輒者何也？曰：兩足不能相過，齊謂之綦，楚謂之踂，衛謂之輒。

漢·班固《白虎通義》卷七《考黜》 世子有惡疾廢者何？以其不可承先祖也。故《春秋傳》曰：『兄何以不立？有疾也。何疾爾？惡疾也。』

諭教

《周易·蒙》 《彖》曰：【略】『蒙以養正，聖功也。』唐孔穎達《正義》：蒙以養正，聖功也者，能以蒙昧，隱默自養正道，乃成至聖之功。此一句釋經之『利貞』。唐李鼎祚《集解》：干寶曰：武王之崩，年九十三矣，而成王八歲，言天後成王之年，將以養公正之道，而成三聖之功。

《尚書·舜典》 帝曰：『夔！命汝典樂，教胄子。《傳》：胄，長也，謂元子以下，至卿大夫子弟。直而溫，寬而栗，《傳》：教之正直而溫和，寬弘而能莊栗。剛而無虐，簡而無傲。』《傳》：剛失之虐，簡失之傲，教之以防其失。唐孔穎達《正義》：《說文》云：胄，胤也。《釋詁》云：胤，繼也。繼父世者，惟長子耳，故以胄為長也。謂元子已下至卿大夫子弟者，《王制》云：樂正崇四術，立四教，王太子、王子，羣后之太子，卿大夫元士之適子，皆造焉。是下至卿大夫也。不言元士，士卑，故略之。彼鄭注云：王子，王之庶子也。此《傳》兼言『弟』者，蓋指太子之弟耳。或孔意公卿大夫之弟亦教之，國子以適為主，故言胄子也。詩言志，歌永言，聲依永，律和聲。《傳》：聲謂五聲，宮、商、角、徵、羽。律謂六律六呂，十二月之音氣。言當依聲律，以和樂。八音克諧，無相奪倫，神人以和。《傳》：倫，理也。八音能諧，理不錯奪，則神人咸和。命夔使勉之。

又 《伊訓》 敷求哲人，俾輔于爾後嗣。《傳》：布求賢智，使師輔於爾嗣王。言仁及後世。

又 《召誥》 王乃初服。嗚呼！若生子，罔不在厥初生，自貽哲命。《傳》：言王新即政，始服行教化，當如子之初生，習為善則善矣。自遺智命，無不在其初生。為政之道，亦猶是也。

《詩經·大雅·文王有聲》 豐水有芑，武王豈不仕？詒厥孫謀，以燕翼子。《傳》：芑，草也。仕，事。燕，安。翼，敬也。漢鄭玄《箋》：詒猶傳也。孫，順也。豐水猶以其潤澤生草，武王豈不以其功業為事乎？以之為事，故傳其所以順天下之謀，以安其敬事之子孫，謂使行之也。《書》曰：厥考翼，其肯曰『我有後，弗棄基』。武王烝哉！

《左傳·成公九年》 公曰：『君王何如？』【略】（鍾儀）對曰：『其（楚共王）為大子也，師保奉之，以朝于嬰齊而夕于側也。』注：嬰齊，令尹子重。側，司馬子反。言其尊卿敬老。

又 《襄公十九年》 （齊侯）使高厚傅牙，以為大子，夙沙衛為少傅。

又 《昭公十九年》 楚子之在蔡也，郹陽封人之女奔之，生大子建。及即位，使伍奢為之師，費無極為少師。

《國語》卷一〇《晉語四》 文公問於胥臣曰：『吾欲使陽處父傳讙也而教誨之，其能善之乎？』注：陽處父，晉大夫陽子也。讙，文公子襄公名。對曰：『是在讙也。籧篨不可使俛，注：籧篨，直者。戚施不可使仰，注：戚施，僂者。僬僥不可使舉，注：僬僥，長三尺，不能舉重。侏儒不可使援，注：侏儒，短者，不能抗援。矇瞍不可使視，注：有眸子而無見曰矇，無眸子曰瞍。嚚瘖不可使言，注：口不道忠信之言為嚚。瘖，不能言者。聾聵不可使聽，注：耳不別五聲之和曰聾，生而聾曰聵。僮昏不可使謀。注：僮，無知。昏，闇亂也。質將善而賢良贊之，則濟可竢也。注：言質性將自善，而賢良之傅贊導之，則其成就可立竢也。若有違質，注：違，邪也。教將不入。注：不入其心。其何善之為？注：言不能使善。

『臣聞昔者大任娠文王不變，注：娠，有身也。不變，不變動也。少溲於豕牢而得文王，不加病焉。注：少，小也。溲，便也。豕牢，厠也。言大任之生文王時，如小溲於厠，而得文王，不加病痛。言其易也。文王在母不憂，注：在母孕時，體不變，故不憂也。在傅弗勤，處師弗煩，事王不怒。注：奉事父王季，使不加怒。孝友二虢，注：善兄弟為友。二虢，文王弟虢仲、虢叔也。而惠慈二蔡。注：惠，愛也。三君云：二蔡，文王子管叔初亦為蔡。刑于大姒，注：刑，法也。大姒，文王妃。比于諸弟。注：比，親也。諸弟，同宗之弟。《詩》云：「刑于寡妻，至于兄弟，以御于家邦。」注：《詩・大雅・思齊》之二章。寡妻，寡德之妻。謂大姒御治也。於是乎用四方之賢良。注：以自輔也。及其即位也，詢于八虞而咨于二虢，注：詢，謀也。賈、唐云：八虞，周八士，皆在虞官。伯達、伯适、仲突、仲忽、叔夜、叔夏、季隨、季騧。咨，謀也。度于閎夭而謀於南宮，注：皆周賢臣。度亦謀也。南宮，南宮适。諏於蔡原而訪於辛尹，注：諏、訪，皆謀也。蔡，蔡公。原，原公。辛，辛甲。尹，尹佚。皆周太史。重之以周、召、畢、榮，注：周，周文公。召，召康公。畢，畢公。榮，榮公。億寧百神而柔和萬民。注：億，安也。柔，安也。故《詩》曰：「惠于宗公，神罔時恫。」注：亦《思齊》之二章也。惠，順也。宗公，大臣也。恫，痛也。言文王為政，諮於大臣，順而行之，故鬼神無怨痛之者。若是，則文王非專教誨之力也。』注：言因體也。

公曰：『則教無益乎？』對曰『胡為文益其質！注：言有美質，加以文采乃善。故人生而學，非學不入。』注：不入，不入於道。公曰：『奈夫八疾何？』注：八疾，籧篨至僮昏。對曰：『官師之所材也。注：師，長也。材，古『裁』字。戚施直鎛，注：直，主擊鎛。鎛，鍾也。籧篨蒙璆，注：蒙，戴也。璆，玉磬也。不能俛，故使之戴磬。侏儒扶盧，注：扶，緣也。盧，矛戟之柲。緣之以為戲。矇瞍修聲，注：無目，於音聲審，故使修之。聾聵司火。注：耳無聞，於視則審，故使主火。僮昏、嚚瘖、僬僥，官師所不材也，注：所不能材用也。以實裔土。注：裔，荒裔也。夫教者，因體能質而利之者也。注：能，才也。因其身體有質可成濟者，就而通利之。若川然有原，以卬浦而後大。』注：卬，迎也。言川有原，因開利迎之以浦，然後大也。

又　卷一三《晉語七》　悼公與司馬侯升臺而望，曰：『樂夫！』注：司馬侯，晉大夫汝叔齊。樂，見士民之殷富也。對曰：『臨下之樂則樂矣，德義之樂則未也。』注：善善為德，惡惡為義。公曰：『何謂德義？』對曰：『諸侯之為，日在君側。注：為，行也。以其善行，以其惡戒，可謂德義矣。』公曰『孰能？』對曰『羊舌肸習於《春秋》。』注：肸，叔嚮之名。《春秋》，紀人事之善惡而目以天時，謂之春秋，周史之法也。時孔子未作《春秋》。乃召叔嚮，使傅大子彪。注：彪，平公也。

又　卷一七《楚語上》　莊王使士亹傅大子箴，注：莊王，楚成王之孫，穆王之子旅也。士亹，楚大夫。箴，恭王名。辭曰：『臣不材，無能益焉。』王曰：『賴子之善，善之也。』注：賴，恃也。對曰：『夫善在大子。大子欲善，善人將至；若不欲善，善則不用。故堯有丹朱，注：朱，堯子，封於丹。舜有商均，注：均，舜子，封於商。啓有五觀，注：啓，禹子也。五觀，啓子，大康昆弟也。觀，洛汭之地。《書序》曰：大康失國，昆弟五人須於洛汭。《傳》曰：夏有觀、扈。湯有大甲，注：大甲，湯孫，大丁之子。不遵湯法，伊尹不能正，放之於桐。文王有管、蔡。注：管、蔡，文王子，周公兄也。是五王者，皆有元德也，而有姦子。夫豈不欲其善？不能故也。若民煩，可教訓。注：煩，亂也。蠻夷戎翟，其不賓也久矣。注：賓，服也。中國所不能用也。』王卒使傅之。

問於申叔時，注：叔時，楚賢大夫申公也。叔時曰：『教之《春秋》，而為之聳善而抑惡焉，以戒勸其心。注：以天時紀人事，謂之《春秋》。聳，獎也。抑，貶也。教之《世》，而為之昭明德，而廢幽昏焉，注：《世》，先王之世繫也。昭，顯也。幽，闇也。昏，亂也。為之陳有明德者世顯，而闇亂者世廢也。以休懼其動。休，嘉也。動，行也。使之嘉顯而懼廢也。教之《詩》，而為之道廣顯德，以耀明其志。注：道，開也。顯德，謂若成湯、文、武、周、召、僖公之屬，《詩》所美者。教之禮，使知上下之則。注：則，法也。教之樂，以疏其穢而鎮其浮。注：疏，滌也。樂者，所以移風易俗，盪滌人之邪穢也。鎮，重也。浮，輕也。教之《令》，使訪物官。注：《令》，先王之官法時令也。訪，議也。物，事也。使議知百官之事業。教之《語》，使明其德，而知先王之務，用明德於民也。注：《語》，治國之善語。教之《故志》，使知廢興者，而戒懼焉。注：《故志》，謂所記前世成敗之書。教之《訓典》，使知族類，行比義焉。注：《訓典》，五帝之書也。族類，謂若惇敘九族。比義，義之與比也。

『若是而不從，注：不見從也。動而不悛，注：悛，改也。則文詠物以行之，注：文，文詞也。詠，風也。謂以文詞風託事物，以動行之。求賢良以翼之。

注：翼，輔也。悛而不攝，則身勤之，注：攝，固也。勤，勤身以勗勉也。多訓典刑以納之，注：刑，法也。務慎惇篤以固之。攝而不徹，注：徹，通也。則明施舍，以道之忠。注：施己所欲，原心舍過，謂之忠恕。明久長，以道之信。注：有信，然後可長久。明度量，以道之義。注：義，宜也。言度量所宜也。明等級，以道之禮。注：等級，貴賤之品。明恭儉，以道之孝。注：恭儉所以事親。明敬戒，以道之事。注：敬戒於事，則無敗功。明慈愛，以道之仁。明昭利，以道之文。注：昭，明也。明利，言利人及物。明除害，以道之武。注：除害，去暴亂也。明精意，以道之罰。注：明盡精意，斷之以情。明正德，以道之賞。注：正德，謂不私所愛也。明齊肅，以耀之臨。注：齊，一也。肅，敬也。耀，明也。臨，臨事也。若是而不濟，不可為也。注：濟，成也。為，為師傅也。

『且夫誦《詩》以輔相之，威儀以先後之，體貌以左右之，明行以宣翼之，注：宣，偏也。制節義以動行之，恭敬以臨監之，勤勉以勸之，孝順以納之，忠信以發之，德音以揚之，教備而不從者，非人也，其可興乎？注：興猶成也。夫子踐位則退，注：夫子，大子。退，謙退也。自退則敬，注：自退則見敬也。不則赧。』注：赧，懼也。不自退，則恒憂懼。

《大戴禮記》卷三《保傅》 古之王者，太子迺生，因舉以禮，北周盧辯注：古即殷周時也。使士負之，注：卜其吉也。有司齊肅端冕，見之南郊，見於天也。注：齊肅，謂三月朝也。端，正也。冕，服之正。過闕則下，注：敬君典法之處。過廟則趨，注：逕闕故下，望廟則趨。孝子之道也。故自為赤子時，教固已行矣。

昔者周成王幼在襁褓之中，召公為太保，周公為太傅，太公為太師。注：武王崩，成王十有三也。而云在襁褓之中，言其小。保，保其身體；注：保謂安守之。傅，傅其德義；注：傅猶敷也。師，導之教訓。注：師、傅之教，大同也。師主於訓導，傅則受而述之。《書序》曰：周公為師，召公為保，相成王，為左右也。此三公之職也。注：《今尚書》說：三公，司馬、司徒、司空也。《古尚書》及《周禮》說，義與此同。故先儒論者，多依此為說也。于是為置三少，皆上大夫也。注：卿也，謂之孤也。曰少保、少傅、少師，是與太子宴者也。注：《記》者因成王幼稚，周公居攝，又以王少漸聖賢之訓，長終封禪之美，故據其成事同於太子，而始末序之，取明殷周之隆，師友為先也。故孩提。注：三少又親近，故孩提而教之。

三公、三少，固明孝仁禮義，以導習之也。逐去邪人，不使見惡行，于是比選天下端士孝悌閑博有道術者，以輔翼之，使之與太子居處出入，故太子乃日見正事，聞正言，行正道，左視右視，前後皆正人。夫習與正人居，不能毋正也，猶生長于齊，不能不齊言也。習與不正人居，不能毋不正也，猶生長于楚，不能不楚言也。故擇其所嗜，必先受業，乃得嘗之；擇其所樂，必先有習，乃得為之。注：恐其懈惰，故以所嗜好而誘之。孔子曰：『少成若天性，習貫之為常。』注：言人性本雖無善，少教成之，若天性自然也。《周書》曰：習之為常，自氣血始。此殷、周之所以長有道也。注：其太子幼擇師友亦然。

及太子少長，知妃色，則入於學。學者，所學之官也。注：古者太子八歲入小學，十五入太學也。《學禮》曰：帝入東學，上親而貴仁，則親疏有序而恩相及矣。帝入南學，上齒而貴信，則長幼有差而民不誣矣。帝入西學，上賢而貴德，則聖智在位而功不匱矣。帝入北學，上貴而尊爵，則貴賤有等而下不踰矣。注：成王年十五，亦入諸學，觀禮布政，故引天子之禮以言之。四學者，東序、瞽宗、虞庠及四郊之學也。春，氣温養，故上親；夏，物咸小大殊，故上齒；秋，物成實，故貴德；冬，時物藏於地，惟象於天半見也，故上爵也。帝入太學，承師問道，退習而端於太傅。太傅罰其不則而達其不及，則德智長而理道得矣。此五義者既成於上，則百姓黎民化輯於下矣。學成治就，此殷、周之所以長有道也。注：成王學立正於三公也，獨云太傅，舉中言。

及太子既冠成人，免於保、傅之嚴，則有司過之史，有虧膳之宰。注：太子齒於學，有榎楚之威。成王雖幼，固與成人等，且王既冠。太子有過，史必書之。史之義，不得不書過，不書過則死。過書而宰徹去膳，宰之義，不得不徹膳，不徹膳則死。于是有進善之旌，注：堯置之，令進善者立於旌下也。注：有誹謗之木，注：堯置之，使書政之僭失也。有敢諫之鼓。注：舜置之，使諫者擊之，以自聞也。鼓夜誦《詩》，注：賈誼云：瞽史誦《詩》。然『瞽』與『鼓』，聲誤也。『夜』、『史』為字誤。工誦正諫，大夫進謀，注：工，樂人也。瞽官長誦，謂隨其過，誦《詩》以諷。大夫諫之以義，後於瞽史。士傳民語。習與智長，故切而不攘，注：量知授業，故雖勞能受也。化與心成，故中道若性。注：觀心施化，故變善如性也。是殷周所以長有道也。

三代之禮，天子春朝朝日，秋暮夕月，注：祭日東壇，祭月西坎，以別內外，以端其位。所以明有別也。注：教天下之別也。春秋入學，坐國老，執醬而親饋之，注：仲春舍菜合儛，仲秋班學合聲，天子視學而遂養老。所以明有孝也。注：教天下之孝也。行中鸞和，步中《採茨》，趨中《肆夏》，注：車亦應樂節，步又中佩聲，互言之也。《爾雅》曰：堂上謂之行，門外謂之趨。《周禮》及《玉纓》曰：行以《肆夏》，趨以《採茨》。此云步中《採茨》，趨中《肆夏》，又云行以《採茨》，趨以《肆夏》，則於大寢之內奏《採茨》，朝廷之中奏《肆夏》與？《周禮》文，誤也。所以明有度也。注：教天下之儀也。于禽獸見其生不食，其死聞其聲，不嘗其肉，故遠庖廚，注：《玉纓》曰：凡血氣之類，弗身踐。所以長恩且明有仁也。注：皆先正於己。食以禮，注：謂俎豆傳列及食之等。徹以樂，注：於飲食之問，又不忘禮樂。失度則史書之，工誦之，三公進而讀之，宰夫減其膳，是天子不得為非也。注：失孝敬禮樂之度也。

《明堂之位》曰：篤仁而好學，多聞而道慎。天子疑則問，應而不窮者謂之道。道者，導天子以道者也。常立于前，是周公也。誠立而敢斷，注：言能忠誠有立，而果於斷割。輔善而相義者，謂之充。充者，充天子之志也。常立于左，是太公也。絜廉而切直，匡過而諫邪者，謂之弼。弼者，拂天子之過者也。常立于右，是召公也。博文强記，接給而善對者，謂之承。承者，承天子之遺忘者也。常立于後，是史佚也。注：接給，謂應所問而給也。史佚，周太史尹佚也。立道于前，承于後，置充于左，列諫于右，順名義也。道者有疑則問，故或謂之疑。充者輔善，故或謂之輔。故成王中立而聽朝，則四聖維之，是以慮無失計而舉無過事。殷周之所以長久者，其輔翼天子有此具也。

及秦不然。其俗固非貴辭讓也，所尚者，告得也。注：賈誼云：所上者，告訐也。然『得』，字之誤也。固非貴禮義也，所尚者，刑罰也。故趙高傅胡亥，注：趙高，宦者，秦中車府令。胡亥，始皇少子二世也。而教之獄。所習者，非斬劓人，則夷人三族也。故今日即位，明日射人，忠諫者謂之誹謗，深為計者謂之訞誣。注：昔伊尹諫夏桀，桀笑曰『子為訞言矣』；莊辛諫襄王，襄王曰『先生為楚國訞與』是也。其視殺人，若艾草菅然。豈胡亥之性惡哉？彼其所以習導，非其治故也。

鄙語曰：『不習為吏，而視已事』；注：觀前成事也。古諺云：『前事之不忘，後事之師也。』鄙，猶今言俗語然也。又曰『前車覆，後車誡。』夫殷、周所以長久者，其已事可知也。然而不能從，是不法聖知也。秦世所以亟絶者，其轍迹可見也；然而不辭者，是前車覆而後車必覆也。夫存亡之變，治亂之機，其要在是矣。天下之命，縣于天子；天子之善，在于早諭教與選左右，心未疑而先教諭，則化易成也。注：心未疑，謂未有所知時也。

夫開于道術，知義理之指，則教之功也。若夫服習積貫，則左右已。胡越之人，生而同聲，嗜慾不異，及其長而成俗也，絫數譯而不能通行，雖有死不能相為者，教習然也。注：生而同聲，及其長也，重譯而曉之，不能使言語相通。嗜慾不異，至於成俗，其所行雖有死之可畏，猶不相放為者，皆教習使之然也。故曰選左右，早諭教最急。夫教得而左右正，左右正則天子正矣，天子正而天下定矣。注：《孟子》曰：君正，莫不正也。君正而國定也。《書》曰：『一人有慶，萬民賴之。』此時務也。注：時猶是也。【略】

太子生而泣，太師吹銅，曰『聲中某律』注：貴中月管。太宰曰『味上某。』注：上某，時味。然后卜名，上無取于天，注：謂昊旻之事。下無取于墜，注：謂神州及社稷。中無取于名山通谷，無拂于鄉俗，注：言不苟易于鄉俗也。是故君子名難知而易諱也。此所以養恩之道。注：謂避後之諱。

古者年八歲而出，就外舍，學小藝焉，履小節焉。束髮而就太學，學大藝焉，履大節焉。注：外舍、小學，謂虎闈師保之學也。大學，王宮之東者。束髮謂成童。《白虎通》曰『八歲入小學，十五入大學』是也。此太子之禮。《尚書大傳》曰：公卿之太子，大夫元士嫡子，年十三始入小學，見小節而履小義。二十而入大學，見大節而踐大義。此世子入學之期也。又曰：十五入小學，十八入大學，謂諸子性晚成者至十五入小學，其早成者十八入大學。《内則》曰：十年出就外傅，居宿於外，學書計者。謂公卿以下，教子于家也。居則習禮文，行則鳴佩玉，升車則聞和鸞之聲，是以非僻之心，無自入也。在衡為鸞，在軾為和，馬動而鸞鳴，鸞鳴而和。應聲曰和，和則敬，此御之節也。上車以和鸞為節，下車以珮玉為度，上有雙衡，下有雙璜，注：衡，平也。半璧曰璜。衝牙、注：衝在中，牙在旁。玭珠，以納其間，注：納于衡、璜、衝、牙之間。『玭』亦作『蠙』。琚、瑀以雜之。注：總曰玭珠，而赤者曰琚，白者曰瑀。或曰：瑀，美玉；琚，石，次玉。行以《采茨》，趨以《肆夏》，步環中規，折環中矩，進則揖之，退則揚之，然后玉鏘鳴也。

古之為路車也，蓋圓以象天，二十八橑以象列星，注：橑，蓋弓也。軫方以象地，三十幅以象月。故仰則觀天文，俯則察地理，前視則睹鸞和之聲，側聽則觀四時之運。注：謂視輪也，車為月。此『巾車』教之道也。注：巾車，宗伯之屬，下大夫二人。【略】

成王生，仁者養之，注：謂乳母也。孝者繈之，注：謂保母也。四賢傍之。注：謂慈母及子師。成王有知，而選太公為師，周公為傅。此前有與計，注：謂諸公也。而後有與慮，是以封泰山而禪梁甫，朝諸侯而一天下。由此觀之，王左右不可不練也。

《禮記·文王世子》 文王之為世子，朝於王季，日三：雞初鳴而衣服，至於寢門外，問内豎之御者曰：『今日安否，何如?』内豎曰：『安。』文王乃喜。及日中，又至，亦如之。及莫，又至，亦如之。其有不安節，則内豎以告文王，文王色憂，行不能正履。王季復膳，然後亦復初。食上，必在，視寒煖之節。食下，問所膳。命膳宰曰：『末有原。』應曰：『諾。』然後退。武王帥而行之，不敢有加焉。文王有疾，武王不說，冠帶而養。文王一飯，亦一飯；文王再飯，亦再飯。旬有二日，乃間。【略】

成王幼，不能涖阼，周公相，踐阼而治。抗世子法於伯禽，欲令成王之知父子君臣長幼之道也。成王有過，則撻伯禽，所以示成王世子之道也，文王之為世子也。

凡學，世子及學士必時。春夏學干戈，秋冬學羽籥，皆於東序。小樂正學干，大胥贊之；籥師學戈，籥師丞贊之。胥鼓《南》。春誦夏弦，大師詔之。瞽宗秋學《禮》，執《禮》者詔之。冬讀《書》，典《書》者詔之。《禮》在瞽宗，《書》在上庠。

凡祭與養老乞言、合語之禮，皆小樂正詔之於東序。大樂正學舞干戚，語說，命乞言，皆大樂正授數，大司成論說在東序。凡侍坐於大司成者，遠近間三席，可以問。終則負牆，列事未盡不問。

凡學，春官釋奠于其先師，秋、冬亦如之。凡始立學者，必釋奠于先聖先師。及行事，必以幣。凡釋奠者，必有合也。有國故，則否。

凡大合樂，必遂養老。凡語于郊者，必取賢，斂才焉。或以德進，或以事舉，或以言揚。曲藝皆誓之，以待又語。三而一有焉，乃進其等，以其序，謂之郊人，遠之於成均，以及取爵於上尊也。

始立學者，既興器用幣，然後釋菜，不舞不授器。乃退，儐于東序，一獻，無介語可也。教世子。

凡三王教世子，必以禮樂。樂所以脩内也，禮所以脩外也，禮樂交錯於中，發形於外，是故其成也懌，恭敬而温文。立太傅、少傅以養之，欲其知父子君臣之道也。太傅審父子、君臣之道以示之，少傅奉世子，以觀太傅之德行而審喻之。太傅在前，少傅在後，入則有保，出則有師，是以教喻而德成也。師也者，教之以事而喻諸德者也；保也者，慎其身以輔翼之而歸諸道者也。《記》曰：虞、夏、商、周有師、保，有疑、丞。設四輔及三公，不必備，唯其人，語使能也。君子曰德，德成而教尊，教尊而官正，官正而國治。君之謂也。

仲尼曰：昔者周公攝政，踐阼而治，抗世子法於伯禽，所以善成王也。聞之曰：為人臣者殺其身，有益於君則為之。況於其身，以善其君乎！周公優為之。

是故知為人子，然後可以為人父；知為人臣，然後可以為人君；知事人，然後能使人。成王幼，不能涖阼，以為世子，則無為也。是故抗世子法於伯禽，使之與成王居，欲令成王之知父子、君臣、長幼之義也。君之於世子也，親則父也，尊則君也。有父之親，有君之尊，然後兼天下而有之，是故養世子不可不慎也。

行一物而三善皆得者，唯世子而已，其齒於學之謂也。故世子齒於學，國人觀之，曰：『將君我而與我齒讓，何也?』曰：『有父在，則禮然。』然而衆知父子之道矣。其二曰：『將君我而與我齒讓，何也?』曰：『有君在，則禮然。』然而衆著於君臣之義也。其三曰：『將君我而與我齒讓，何也?』曰：『長長也。』然而衆知長幼之節矣。故父在斯為子，君在斯謂之臣。居子與臣之節，所以尊君親親也。故學之為父子焉，學之為君臣焉，學之為長幼焉。父子、君臣、長幼之道得而國治。語曰：『樂正司業，父師司成。一有元良，萬國以貞。』世子之謂也。周公踐阼。【略】

《世子之記》曰：朝夕至于大寢之門外，問於内豎曰：『今日安否，何如?』内豎曰：『今日安。』世子乃有喜色。其有不安節，則内豎以告世子，世子色憂，不滿容。内豎言『復初』，然後亦復初。朝夕之食上，世子必在，視寒煖之節。食下，問所膳羞，必知所進，以命膳宰，然後退。若内豎言『疾』，則世子親齊玄而養。膳宰之饌，必敬視之；疾之藥，必親嘗之。嘗饌善，則世子亦能食；嘗饌寡，世子亦不能飽。以至於復初，然後亦復初。

又 《祭義》 天子設四學，當入學而大子齒。注：四學謂周四郊之虞庠也。《文王世子》曰：行一物而三善皆得，唯世子而已，其齒於學之謂也。

又 《王制》 樂正崇四術，立四教，注：樂正，樂官之長，掌國子之教。《虞書》曰：夔！命女典樂，教胄子。崇，高也。高尚其術，以作教也。幼者教之於小學，長者教之於大學。《尚書傳》曰：年十五，始入小學；十八，入大學。順先王《詩》、《書》、《禮》、《樂》以造士。注：順此四術而教，以成是士也。春、秋教以《禮》、《樂》，冬、夏教以《詩》、《書》。注：春、夏，陽也。《詩》、《樂》者聲，聲亦陽也。秋、冬，陰也。《書》、《禮》者事，事亦陰也。互言之者，皆以其術相成。王大子、王子，羣后之大子，卿大夫、元士之適子，國之俊秀，皆造焉。注：皆以四術成之。王子，王之庶子也。羣后，公及諸侯。凡入學以齒。注：皆以長幼受學，不用尊卑。將出學，小胥、大胥、小樂正簡不帥教者，以告于大樂正，大樂正以告于王。注：此所簡者，謂王大子、王子，羣后之大子，卿大夫、元士之適子。大胥、小胥，皆樂官屬也。出學，謂九年大成，學止也。

又 《玉藻》 君在，不佩玉，左結佩，右設佩。注：謂世子也。出所處而君在焉，則去德佩而設事佩，辟德而示即事也。結其左者，若於事有未能也。結者，結其綬，不使鳴焉。居則設佩，注：謂所處而君不在焉。朝則結佩。注：朝於君，亦結左。《正義》：君在不佩玉者，謂世子出所處而與君同在一處，則不敢佩玉。玉以表德，去之，示己無德也。左結佩者，佩亦玉佩，既不佩玉而結左佩也。鄭云：結者，結其綬，不使鳴也。賀云：事佩，綬且不鳴。今云結綬，使不鳴，則猶在佩玉也。右設佩者，結左邊玉佩而設右邊事佩。事佩是木燧、大觿之屬。

漢·賈誼《新書》卷六《禮》 昔周文王使太公望傅太子發，嗜鮑魚而公弗與。太公曰：『禮，鮑魚不登於俎。豈有非禮而可以養太子哉？』

《戰國策》卷一九《趙二》 （武靈）王立周紹為傅，曰：『寡人始行縣，過番吾，當子為子之時，踐石以上者皆道子之孝，故寡人問子以璧，遺子以酒食而求見子，子謁病而辭。人有言子者曰「父之孝子，君之忠臣也。」故寡人以子之知慮，為辨足以道人，危足以持難，忠可以寫意，信可以遠期。《詩》云：「服難以勇，治亂以知，事之計也。立傅以行，教少以學，義之經也。循計之事，佚而不累。訪議之行，窮而不憂。」故寡人欲子之胡服，以傅王子。』周紹曰『王失論矣。非賤臣所敢任也。』

王曰：『選子莫若父，論臣莫若君。君，寡人也。』周紹曰『立傅之道六。』王曰：『六者何也？』周紹曰『知慮不躁達於變，身行寬惠達於禮；威嚴不足以易於位，重利不足以變其心；恭於教而不快，和於下而不危。六者，傅之才，而臣無一焉。隱中不竭，臣之罪也；傅命僕官，以煩有司，吏之恥也。王請更論。』王曰：『知此六者，所以使子。』周紹曰：『乃國未通於王胡服。雖然，臣，王之臣也，而王重命之，臣敢不聽令乎？』再拜，賜胡服。

王曰：『寡人以王子為子任，欲子之厚愛之，無所見醜。御道之以行義，勿令溺苦於學。事君者，順其意，不逆其志；事先者，明其高，不倍其孤。故有臣可命，其國之祿也。子能行是，以事寡人者畢矣。《書》曰：「去邪無疑，任賢勿貳。」寡人與子，不用人矣。』遂賜周紹胡服衣冠，貝帶黃金師比，以傅王子也。

《史記》卷四三《趙世家》 武靈王少，未能聽政。博聞師三人，左右司過三人。

又 卷五《秦本紀》 鞅之初為秦施法，法不行，太子犯禁。鞅曰：『法之不行，自於貴戚。君必欲行法，先於太子。太子不可黥，黥其傅師。』於是法大用，秦人治。

又 卷六八《商君列傳》 於是太子犯法。衛鞅曰：『法之不行，自上犯之。』將法太子，太子嗣君也，不可施刑，刑其傅公子虔，黥其師公孫賈。明日，秦人皆趨令。

加冠 《儀禮·士冠禮》 《記》：冠義，始冠緇布之冠也。大古冠布，齊則緇之。其緌也，孔子曰：『吾未之聞也。冠而敝之，可也。』注：大古，唐虞以上。緌，纓飾。未之聞，大古質，無飾。重古，始冠冠其齊冠。適子冠於阼，以著代也。醮於客位，加有成也。三加彌尊，諭其志也。冠而字之，敬其名也。注：名者質，所受於父母。冠成人益文，故敬之。

公侯之有冠禮也，夏之末造也。注：造，作也。自夏初以上，諸侯雖父死於繼，年未滿五十者，亦服士服，行士禮，五十乃命也。至其衰末，上下相亂，篡弒所由生，故作公侯冠禮，以正君臣也。唐賈公彦疏：《記》人言此者，欲見夏初以上，雖諸侯之貴，未有諸侯冠禮，猶依士禮，故記之於士冠篇末也。

天子之元子，猶士也，天下無生而貴者也。注：元子，世子也。無生而貴，皆由下升。疏：此《記》者，見天子元子冠時，亦依士冠禮，故於此兼記之也。【略】云無生而貴，皆由下升者，天子元子冠時，行士禮，後繼世為天子，是由下升。繼世以立諸侯，象賢也。注：象，法也。爲子孫能法先祖之賢，故使之繼世也。

《大戴禮記》卷一三《公符》 公冠，自為主，迎賓，揖升自阼，立于席。注：入堂深，異于士。既醴，降自阼。注：君尊，故其降也，不使就賓階也。其餘自為主者，其降也，自西階以異，注：不敢終於正。其餘皆與公同也。注：謂迎賓升阼之等。公玄端與皮弁，皆韠。注：玄端，緇布冠及玄冠之服也。《玉纕》曰：始冠緇布之冠，自諸侯下達。冠而弊之可。二服，皆韠也。古者田狩而食其肉，衣其皮。先以兩皮如韠，以蔽其前後。及後世，聖人易之以布帛，猶存其蔽前，示不忘古。尊祭服，異其名曰芾。其制，上廣一尺，下廣二尺，長三尺。其頸五寸，肩革帶，博二寸。朝服素韠。注：玄端，諸侯之朝服。皮弁，天子朝服。韠從裳色，皆素也。公冠四加玄冕。注：『四』當為『三』，『玄』當為『衮』，字之誤。饗之以三獻之禮，注：饗，賓也。士於賓，以一獻之禮也。無介，注：于饗而贊冠者退為衆賓者，君禮於臣，本無介也。無樂，注：亦饗時也。冠者，成人代父始，宜盡孝子之感，不可以歡樂取之。孔子曰：娶婦之家，三日不舉樂，思嗣親也。然則冠禮不舉樂，同也。《春秋左氏傳》曰：以金石之樂節之。謂冠之時為節也。皆玄端。注：君臣同服。其醻幣朱錦采，四馬，其慶也同。注：其慶賓亦如是。太子擬焉。注：擬公禮也。太子與庶子，其冠皆自為主。注：主，侯自主之，重言太子，誤也。《家語》曰：王太子、庶子之冠擬焉。非也。其禮與士同，其饗賓也皆同。注：《士冠禮》記曰：天子之元子，猶士也。天下無生而貴者也。

成王冠，周公使祝雍祝王，注：雍，太祝，當辭。與王為祝辭，于冠告焉。曰：『達而勿多也。』注：辭多則史，少則必達。祝雍曰：『使王近于民，注：視民如子。遠于年，嗇于時，惠于財，注：反時惠施。親賢使能。』

《禮記・冠義》 冠者，禮之始也。是故古者聖王重冠。古者冠禮，筮日筮賓，所以敬冠事；敬冠事，所以重禮；重禮，所以為國本也。注：國以禮為本。故冠於阼，以著代也。醮於客位，三加彌尊，加有成也。注：阼謂主人之北也。適子冠於阼，若不醴則醮，用酒於客位，敬而成之也。戶西為客位。庶子冠於房戶外，又因醮焉，不代父也。冠者，初加緇布冠，次加皮弁，次加爵弁。每加益尊，所以益成也。已冠而字之，成人之道也。注：字，所以相尊也。【略】故聖王重禮，故曰冠者，禮之始也，嘉事之重者也。是故古者重冠，重冠故行之於廟。行之於廟者，所以尊重事。尊重事而不敢擅重事，不敢擅重事，所以自卑而尊先祖也。注：嘉事，嘉禮也。

又《玉藻》 始冠緇布冠，自諸侯下達。冠而敝之，可也。注：本大古耳，非時王之法服也。玄冠，朱組纓，天子之冠也。緇布冠，繢緌，諸侯之冠也。注。皆始冠之冠也。玄冠，委貌也。諸侯緇布冠有緌，尊者飾也。

《左傳・襄公九年》 公送晉侯，晉侯以公宴于河上，問公年。季武子對曰：『會于沙隨之歲，寡君以生。』晉侯曰：『十二年矣。是謂一終，一星終也。注：歲星十二歲而一周天。國君十五而生子。冠而生子，禮也。注：冠，成人之服，故必冠而後生子。君可以冠矣，大夫盍爲冠具？』武子對曰：『君冠，必以祼享之禮行之，注：祼謂灌鬯酒也，享祭先君也。以金石之樂節之，注：以鐘磬爲舉動之節。以先君之祧處之。注：諸侯以始祖之廟爲祧。今寡君在行，未可具也。請及兄弟之國而假備焉。』晉侯曰：『諾。』公還，及衛，冠于成公之廟，注：成公，今衛獻公之曾祖。從衛所處。假鐘磬焉。禮也。

《荀子》卷一九《大略篇》 天子諸侯子十九而冠，冠而聽治，其教至也。唐楊倞注：十九而冠，先於臣下一年也。雖人君之子，猶年長而冠，冠而後聽其政治，以明教至，然後治事不敢輕易。

《孔子家語》卷八《冠頌》 邾隱公既即位，將冠，使大夫因孟懿子問禮於孔子。子曰：『其禮如世子之冠。冠於阼者，以著代也。三國魏王肅注：阼，主人之階，以明其代父。醮於客位，加其有成。注：冠於阼，若不醴則醮，用酒於客位，敬而成之。戶西為客位。三加彌尊，導喻其志。注：喻其志，使加彌尊，宜敬式。始緇布，次皮弁，次爵弁。冠而字之，敬其名也。雖天子之元子，猶士也，其禮無變，天下無生而貴者故也。行冠事，必於祖廟，以祼享之禮以將之，注：祼，灌鬯也。灌鬯以享神。享，獻。將，行也。以金石之樂節也，注：金石者，鐘磬也。所以自卑而尊先祖，示不敢擅。』懿子曰：『天子未冠即位，長亦冠也。』孔子曰：『古者王世子雖幼，其即位則尊為人君。人君，治成人之事者，何冠之有？』懿子曰：『然則諸侯之冠，異天子與？』注：怪天子無冠禮如諸侯之冠，世子之冠，故問之。孔子曰：『君薨而世子主喪，是亦冠也已。人君無所殊也。』注：諸侯亦人君，與天子無異。懿子曰：『今邾君之冠，非禮也。』注：懿子以諸侯無冠，則邾君之冠，非也。孔子曰：『諸侯之有冠禮也，夏之末造也。注：夏之末世，乃造諸侯冠禮。有自來矣，今無譏焉。注：言有所從來，故今無所譏。天子冠者，武王崩，成王年十有三而嗣立，周公居冢宰攝政，以治天下。明年夏六月既葬，注：《周書》亦曰：歲十有二，武王崩。元年六月葬。與此若合符，而說者橫為年紀，促成年少，又命周公武王崩後五月乃攝政，良可為冠與？痛哉！冠成王而朝于祖，以見諸侯，示有君也。周公命祝雍作《頌》，曰：「祝王達而未幼。」祝雍辭曰：「使王近於民，注：常得民之心也。遠於年，注：壽長。嗇於時，注：嗇，愛也。於時，不奪民時也。惠於財，親賢而任能。」其《頌》曰：「令月吉日，王始加元服。去王幼志，心袞職，注：袞職，盛服有禮文也。欽若昊天，注：欽，敬。若，順。六合是式。注：天地四方謂之六合。言為之法式。率爾祖考，永永無極。」此周公之制也。』

懿子曰：『諸侯之冠，其所以為賓主，何也？』孔子曰：『公冠則以卿為賓，無介，公自為主，迎賓，揖升自阼，立于席北。其醴也則如士，饗之以三獻之禮。既醴，降自阼。諸侯非公而自為主者，其所以異，皆降自西階。注：西階，賓也。玄端與皮弁，注：玄端，緇布冠之服。皮弁，自服其服也。異朝服素畢。注：朝服而畢，示不忘古。公冠四加玄冕，祭。注：公四加冠。加玄冕，著祭服。其酬幣于賓，則束帛乘馬。注：已冠而饗，既饗與賓幣，謂之酬幣。乘馬，駟馬。王太子、庶子之冠擬焉。注：王之太子、庶子皆擬諸侯冠禮也。皆天子自為主，其禮與士無變，饗食賓也皆同。』

懿子曰：『始冠必加緇布之冠，何也？』孔子曰：『示不亡古。太古冠布，齋則緇之。其緌也，吾未之聞。注：言今有緌，未聞之於古。古無緌也。緌，冠之飾也。今則冠而敝之，可也。』注：今不復冠白布。敝之，不復著也。

唐·杜佑《通典》卷五六《禮十六·嘉一·天子加元服》 周制：文王年十二而冠，文王十三，生伯邑考。《左傳》曰：冠而生子，禮也。許慎《五經異義》曰：《春秋左氏傳》說：歲星為年紀，十二而一周於天，天道備。故人君年十二，可以冠。自夏、殷，天子皆十二而冠。成王十五而冠。譙周《五經然否論》曰：《古文尚書》說：武王崩，成王年十三。推武王以庚辰歲崩，周公以壬午歲出居東，癸未歲反。《禮·公冠記》：周公冠成王，命史作祝辭告。是除喪冠也。周公未反，成王冠弁開《金縢》之書，時十六矣。是成王十五，周公冠之而后出也。許慎《五經異義》云：武王崩後，管、蔡作亂，周公出居東。是歲大風，王與大夫冠弁開《金縢》之書。成王年十四，是喪冠也者，恐失矣，按《禮傳》，天子之年近則十二，遠則十五，必冠矣。將冠，筮日筮賓，《冠義》曰：古者聖王重冠，筮賓所以敬冠事。既言古者，則不起於周。行之於廟。《冠義》曰：重冠，故行之於廟者，不敢擅重事，所以自卑而尊先祖也。冠委貌於阼，三加彌尊，《冠義》曰：冠於阼，以著代也。三加彌尊，加有成也。《大戴禮·公冠篇》曰：公冠四加三，同士，後加玄冕。天子亦四加後，加袞冕。祼享樂於廟。所以知冠有享樂者，《春秋左傳》曰：晉侯問魯大夫季武子襄公年，曰『君可冠矣。』武子對曰：『君冠，必以祼享之禮行之，以金石之樂節之，以先君之祧處之。』周公冠成王，命祝雍頌曰：『近於人，遠於年，遠於佞，近於義，嗇於時，惠於財，任賢使能。』

職事 **《春秋·桓公十五年》** 邾人、牟人、葛人來朝。晉杜預注：無《傳》。三人皆附庸之世子也。其君應稱名，故其子降稱『人』。牟國，今泰山牟縣。葛國在梁國寧陵縣東北。

又《僖公七年》 秋七月，公會齊侯、宋公、陳世子款、鄭世子華，盟于甯母。

又《僖公八年》 春王正月，公會王人、齊侯、宋公、衛侯、許男、曹伯、陳世子款、鄭世子華，盟于洮。

又《成公十五年》（三月）癸丑，公會晉侯、衛侯、鄭伯、曹伯、宋世子成、齊國佐、邾人同，盟于戚。

又《襄公三年》 六月，公會單子、晉侯、宋公、衛侯、鄭伯、莒子、邾婁子，齊世子光。己未，同盟于雞澤。漢何休《解詁》：盟下日者，信在世子光也。

又《襄公五年》 公會晉侯、宋公、衛侯、鄭伯、曹伯、莒子、邾婁子、滕子、薛伯、齊世子光，救陳。

又《襄公九年》 冬，公會晉侯、宋公、衛侯、曹伯、莒子、邾婁子、滕子、薛伯、杞伯、小邾婁子、齊世子光，伐鄭。

《左傳·隱公三年》 鄭武公、莊公為平王卿士，王貳于虢。鄭伯怨王，王曰：『無之。』故周鄭交質，王子狐為質於鄭，注：王子狐，平王子。鄭公子忽為質於周。【略】君子曰：信不由中，質無益也。明恕而行，要之以禮，雖無有質，誰能間之？苟有明信，澗谿沼沚之毛，蘋蘩薀藻之菜，筐筥錡釜之器，潢汙行潦之水，可薦於鬼神，可羞於王公。而況君子結二國之信，行之以禮，又焉用質？《風》有《采蘩》、《采蘋》，《雅》有《行葦》、《泂酌》，昭忠信也。

又《閔公二年》 晉侯使大子申生伐東山皋落氏，注：赤狄別種也。皋落，其氏族。里克諫曰：『大子奉冢祀社稷之粢盛，以朝夕視君膳者也，故曰冢子。君行則守，有守則從，從曰撫軍，守曰監國，古之制也。夫帥師專行謀，注：帥師者，必專謀軍事。誓軍旅，注：宣號令也。君與國政之所圖也，非大子之事也。注：國政，正卿。師在制命而已。注：命將軍所制。稟命則不威，專命則不孝，故君之嗣適，不可以帥師。君失其官，帥師不威，將焉用之？』注：大子統師，是失其官也。專命則不孝，是為帥必不威也。

又《桓公六年》 北戎伐齊，齊侯使乞師于鄭。鄭太子忽帥師救齊。六月，大敗戎師，獲其二帥大良、少良，甲首三百，以獻於齊。

又《桓公九年》 冬，曹大子來朝，賓之以上卿，禮也。注：諸侯之適子，未誓於天子而攝其君，則以皮帛繼子、男，故賓之以上卿，各當其國之上卿。享曹大子，初獻樂，奏而歎。施父曰：『曹大子其有憂乎？非歎所也。』

又《僖公七年》 鄭伯使大子華聽命於會，言於齊侯曰：『洩氏、孔氏、子人氏三族，實違君命。注：三族，鄭大夫。若君去之以爲成。我以鄭爲內臣，君亦無所不利焉。』注：以鄭事齊，如封內臣。齊侯將許之，管仲曰：『君以禮與信屬諸侯，而以姦終之，無乃不可乎？子父不奸之謂禮，守命共時之謂信，注：守君命，共時事。違此二者，姦莫大焉。【略】夫諸侯之會，其德刑禮義，無國不記。記姦之位，注：位，會位也。子華爲姦人而列在會位，將爲諸侯所記。君盟替矣。注：替，廢也。作而不記，非盛德也。注：君舉必書，雖復齊史隱諱，亦損盛德。君其勿許，鄭必受盟。夫子華既爲大子而求介於大國，以弱其國，亦必不免。注：介，因也。鄭有叔詹、堵叔、師叔三良爲政，未可間也。』齊侯辭焉。子華由是得罪於鄭。

又《襄公元年》 二月，齊太子光為質於晉。注：光，齊靈公太子。

又《襄公十年》 三月癸丑，齊高厚相大子光以先會諸侯于鍾離，不敬。士莊子曰：『高子相大子以會諸侯，將社稷是衛，而皆不敬，注：厚與光俱不敬。棄社稷也。其將不免乎？』

諸侯伐鄭，齊崔杼使大子光先至于師，故長於滕。注：太子宜賓之以上卿，而今晉悼以一時之宜，令在滕侯上，故《傳》從而釋之。

又《襄公十一年》 四月，諸侯伐鄭。己亥，齊大子光、宋向戌先至於鄭，門於東門。注：《傳》釋齊太子光所以序莒上也。

又《襄公十九年》 齊侯駕，將走郵棠。注：郵棠，齊邑。大子與郭榮扣馬，注：大子，光也。榮，齊大夫。曰：『師速而疾，略也。注：言欲略行其地，無久攻意。將退矣，君何懼焉？且社稷之主，不可以輕，輕則失衆。君必待之。』將犯之，大子抽劍斷鞅，乃止。宋林堯叟《句解》：齊侯將犯之而行，太子恐齊侯不止，乃抽劍斷乘馬之鞅，齊侯乃止不奔。在馬腹曰鞅。

《國語》卷七《晉語一》 十六年，公作二軍。注：獻公十六年，魯閔公之元年。【略】至此初作二軍，軍有上下。公將上軍，大子申生將下軍以伐霍。注：霍，周文王之子霍叔武之國也。師未出，士蔿言於諸大夫曰：『夫大子，君之貳也。注：貳，副也。恭以俟嗣，何官之有？』【略】公曰：『寡人有子而制焉，非子之憂也。』對曰：『夫大子，國之棟也。棟成乃制之，不亦危乎！』注：棟成，謂位已定。而更其制，使將兵，危之道也。

十七年冬，公使太子伐東山。里克諫曰：『臣聞皋落氏將戰，注：言其不服，將與申生戰也。君其釋申生也。』注：釋，舍也。公曰：『行也。』對曰：『非故也。注：非故事也。君行，大子居以監國也；注：君行則守。君行，大子從以撫軍也。注：有守則從，撫循軍士。今君居，大子行，未有此也。』

又 卷三《周語下》 靈王二十二年，注：靈王，周簡王之子靈王大心也。二十二年，魯襄公二十四年。是歲齊人城郟。穀、洛鬬，將毀王宮。注：穀、洛，二水名也。鬬者，洛在王城之南，穀在王城之北，東入於瀍，鬬者兩水激，有似於鬬也。至靈王時，穀水盛出於王城之西，而南流合於洛水，毀王城西南，將及王宮，故齊人城郟。王欲壅之，注：欲壅防穀水，使北出也。大子晉諫曰：『不可。注：晉，靈王大子也。蚤卒，不立。晉聞古之長民者，注：長猶君也。不墮山，注：墮，毀也。不崇藪，注：崇，高也。澤無水曰藪。不防川，注：防，障也。流曰川。不竇澤，注：澤，居水也。竇，決也。不為此四者，為其反天性。夫山，土之聚也。藪，物之歸也。注：物所生歸也。川，氣之導也。注：導，達也。《易》曰：山澤通氣。澤，水之鍾也。注：鍾，聚也。夫天地成而聚於高，歸物於下；注：聚，聚物也。高，山陵也。下，藪澤也。疏為川谷，以導其氣；注：疏，通也。陂唐污庳，以鍾其美。注：畜水曰陂。唐，堤也。美謂滋潤。是故聚不阤崩而物有所歸，注：大曰崩，小曰阤。氣不沈滯而亦不散越。注：沈，伏也。滯，積也。越，遠也。是以民生有財用，而死有所葬。注：物有所歸，故生有財用；山陵不崩，故死有所葬。《齊語》曰：陵為之終。然則無夭昏札瘥之憂，而無飢寒乏匱之患，注：短折曰夭，狂惑曰昏，疫死曰札。瘥，病也。故上下能相固，以待不虞。注：虞，度也。古之聖王，唯此之慎。注：慎逆天地之性。【略】夫事，大不從象，小不從文。注：象，天象也。文，《詩》、《書》也。上非天刑，下非地德，注：刑，法也。德猶利也。中非民則，方非時動，而作之者必不節矣。作又不節，害之道也。』王卒壅之。

《公羊傳・桓公九年》 冬，曹伯使其世子射姑來朝。《傳》：諸侯來曰朝，此世子也，其言朝何？《春秋》有譏父老子代從政者，則未知其在齊與？在曹與？《解詁》：在齊者，世子光也。時曹伯年老有疾，使世子行聘禮恐卑，故使自代朝，雖非禮，有尊厚魯之心。《傳》見下『卒』、『葬』詳錄，故序經意，依違之也。小國無大夫，所以書者，重惡世子之不孝甚。

《穀梁傳・桓公九年》 冬，曹伯使其世子射姑來朝。《傳》：朝不言『使』，言『使』非正也。使世子伉諸侯之禮而來朝，曹伯失正矣。諸侯相見曰朝。以待人父之道待人之子，以内為失正矣。内失正，曹伯失正，世子可以已矣，則是故命也。《集解》：父有爭子則身不陷於不義，射姑廢曹伯之命可。《尸子》曰：『夫已，多乎道。』《集解》：邵曰：已，止也。止曹伯使朝之命，則曹伯不陷非禮之愆，世子無苟從之咎，魯無失正之譏。三者正，則合道多矣。

漢・伏勝《尚書大傳・補遺》 高宗有親喪，居廬三年，然未嘗言國事，而天下無背叛之心者，何也？及其為太子之時，盡以知天下人民之所好惡，是以雖不言國事也，知天下無背叛之心也。

漢・班固《白虎通義》卷六《巡狩》 王者巡狩崩於道，歸葬何？夫太子當為喪主，天下皆來奔喪，京師四方之中也。

《戰國策》卷二九《燕一》 子之三年，燕國大亂，百姓恫怨。將軍市被、太子平謀，將攻子之。儲子謂齊宣王：『因而仆之，破燕必矣。』因令人謂太子平曰：『寡人聞太子之義，將廢私而立公，飭君臣之義，正父子之位。寡人之國小，不足先後。雖然，則唯太子所以令之。』太子因數黨聚衆，將軍市被圍公宮，攻子之。

又 卷五《秦三》 （蔡澤）為秦使於燕三年，而燕使太子丹入質於秦。

又 卷二七《韓二》 公叔且殺幾瑟也，宋赫為謂公叔曰：『幾瑟之能為亂也，内得父兄而外得秦、楚也。今公殺之，太子無患，必輕公。韓大夫知王之老而太子定，必陰事之。秦、楚若無韓，必陰事伯嬰。伯嬰，亦幾瑟也。公不如勿殺，伯嬰恐，必保於公。韓大夫不能必其不入也，必不敢輔伯嬰以為亂。秦、楚挾幾瑟，以塞伯嬰。伯嬰外無秦、楚之權，内無父兄之衆，必不能為亂矣。此便於公。』

又 卷二三《魏二》 魏惠王起境内衆，將太子申而攻齊。客謂公子理之傅曰：『何不令公子泣王太后，止太子之行？事成則樹德，不成則為王矣。太子年少，不習於兵。田盼宿將也，而孫子善用兵。注：孫臏也。戰必不勝，不勝必禽。公子爭之於王，王聽公子，公子不封；不聽公子，太子必敗。敗，公子必立；立，必為王也。』

惠施為韓、魏交，令太子鳴為質於齊。王欲見之，朱倉謂王曰：『何不稱病？臣請說嬰子曰：「魏王之年長矣，今有疾，公不如歸太子以德之。不然，公子高在楚，楚將内而立之，是齊抱空質而行不義也。」』

又 卷三二《宋》 魏太子自將，過宋外黃。注：魏惠王太子申也。自將，攻齊。外黃，今陳留外黃，故宋城也，後徙睢陽也。外黃徐子曰：『臣有百戰百勝之術，太子能聽臣乎？』太子曰：『願聞之。』客曰：『固願效之。注：客，徐子也。今太子自將攻齊，大勝并莒，則富不過有魏，而貴不益為王。注：益，亦過也。若戰不勝，則萬世無魏。注：不勝則太子滅，復何魏之有？故云萬世無魏也。此臣之百戰百勝之術也。』太子曰：『諾。請必從公之言而還。』客曰：『太子雖欲還，不得矣。彼利太子之戰攻，而欲滿其意者衆。注：彼謂魏戰士也。欲使太子戰得其利，以盈滿其志意。衆，多也。太子雖欲還，恐不得矣。』車請還，其御曰：『將出而還，與北同。注：北，退走也。與退走者同罪。不如遂行。』遂行，與齊人戰而死，卒不得魏。注：齊人敗之馬陵，虜龐涓而殺太子申，故云卒不得魏也。

《史記》卷四〇《楚世家》 （懷王）二十六年，齊、韓、魏為楚負其從親，而合於秦，三國共伐楚，楚使太子入質於秦而請救。

又 卷七八《春申君列傳》 楚使歇與太子完入質於秦，秦留之數年。楚頃襄王病，太子不得歸，而楚太子與秦相應侯善，於是黃歇乃說應侯曰：『相國誠善楚太子乎？』應侯曰：『然。』歇曰：『今楚王恐不起疾，秦不如歸其太子。太子得立，其事秦必重而德相國無窮。是親與國而得儲萬乘也。若不歸，則咸陽一布衣耳。楚更立太子，必不事秦。夫失與國而絶萬乘之和，非計也。願相國孰慮之。』應侯以聞秦王，秦王曰：『令楚太子之傅先往問楚王之疾，返而後圖之。』黃歇為楚太子計曰：『秦之留太子也，欲以求利也。今太子力未能有以利秦也，歇憂之甚。而陽文君子二人在中，王若卒大命，太子不在，陽文君子必立為後，太子不得奉宗廟矣。不如亡秦，與使者俱出。臣請止，以死當之。』楚太子因變衣服為楚使者御以出關，而黃歇守舍，常為謝病。度太子已遠，秦不能追，歇乃自言秦昭王曰：『楚太子已歸，出遠矣。』

又 卷四三《趙世家》 武靈王元年，【略】梁襄王與太子嗣，韓宣王與太子倉來朝信宮。《正義》：在洺州臨洺縣也。

又 卷四五《韓世家》 （宣惠王）十九年，（秦）大破我岸門。《集解》：徐廣曰：潁陰有岸亭。《正義》：《括地志》云：岸門在許州長社縣西北十八里，今名西武亭矣。太子倉質於秦，以和。

廢黜 《國語》卷七《晉語一》 周幽王伐有褒，有褒人以褒姒女焉。注：幽王，宣王之子、幽王宮涅也。褒，姒姓之國。幽王伐之，褒人以美女入，謂之褒姒，是為幽后也。褒姒有寵，生伯服。注：伯服，攜王也。於是乎與虢石甫比，注：石甫，虢公名。《鄭語》曰：石甫，讒諂巧佞之人也，而立以為卿士。逐太子宜咎，注：宜咎，申后之子平王名也。而立伯服。太子出奔申，注：申，姜姓之國，平王母家。申人、繒人召西戎以伐周，周於是乎亡。

又 卷三《周語下》 景王既殺下門子，注：下門子，周大夫，王子猛之傅也。景王無適子，既立子猛，又欲立王子朝，故先殺子猛傅下門子也。賓孟適郊，見雄雞自斷其尾，問之侍者，曰：『憚其犧也。』遽歸告王，注：遽猶疾也。賓孟有寵於王，欲立王子朝，王將許之，故先殺下門子。賓孟知意，故感犧之美，念及子朝，疾歸語王，勸立之。曰：『吾見雄雞自斷其尾，而人曰憚其犧也。吾以為信畜矣。人犧實難，己犧何害？抑其惡為人用也乎，則可也。人異於是，犧者，實用人也。』王弗應。注：弗應者，曉其意，畏大臣也。田於鞏，注：鞏，北山，今河南鞏縣也。使公卿皆從，將殺單子，未克而崩。注：單子，單穆公也。克，能也。王欲廢子猛，更立子朝，恐其不從，故欲殺之。遇心疾而崩，故未能也。在魯昭二十二年。

《左傳·昭公二十二年》 王子朝、賓起有寵於景王。注：子朝，景王之長庶子。賓起，子朝之傅。王與賓孟說之，欲立之。注：孟，即起也。王語賓孟，欲立子朝為大子。劉獻公之庶子伯蚠，事單穆公。注：獻公，劉摯。伯蚠，劉狄。穆公，單旗。惡賓孟之為人也，願殺之；又惡王子朝之言以為亂，願去之。注：子朝有欲位之言，故劉蚠惡之。賓孟適郊，見雄雞自斷其尾，問之侍者，曰：『自憚其犧也。』注：畏其為犧牲，奉宗廟，故自殘毀。遽歸告王，且曰：『雞其憚為人用乎！人異於是。注：雞犧雖見寵飾，然卒當見殺。若人見寵飾，則當貴盛，故言異於雞。犧者實用人，人犧實難，己犧何害？』注：言設使寵人如寵犧，則不宜假人以招禍難。使犧在己，則無患害己。喻子朝，欲使王早寵異之。王弗應。注：十五年，大子壽卒，王立子猛。後復欲立子朝而未定。賓孟感雞，盛稱子朝，王心許之，故不應。

《史記》卷四《周本紀》 景王十八年，后太子聖而早卒。二十年，景王愛子朝，欲立之，會崩。子丐之黨與爭立，國人立長子猛為王。子朝攻殺猛，猛為悼王。晉人攻子朝而立丐，是為敬王。《集解》：賈逵曰：敬王，猛母弟。

《左傳·莊公二十八年》 驪姬嬖，欲立其子，賂外嬖梁五與東關嬖五，注：姓梁名五，在閨闥之外者。東關嬖五，別在關塞者，亦名五。皆大夫，為獻公所嬖幸，視聽外事。使言於公。【略】夏，使大子居曲沃，重耳居蒲城，夷吾居屈，羣公子皆鄙，注：鄙，邊邑。唯二姬之子在絳。二五卒與驪姬譖羣公子而立奚齊，晉人謂之二五耦。注：二耜相耦，廣一尺，共起一伐。言二人俱共墾傷晉室若此。

《國語》卷七《晉語一》 驪姬生奚齊，其娣生卓子。公將黜大子申生，注：黜，廢也。而立奚齊。

又 卷八《晉語二》 驪姬以君命命申生曰：『今夕君夢見齊姜，必速祠而歸福。』注：齊姜，申生母也。福，胙肉也。申生許諾，乃祭于曲沃，歸福于絳。公田，驪姬受福，乃寘鴆于酒，置堇于肉。注：堇，烏頭也。公至，召申生獻，注：獻，獻胙也。公祭之地，地墳。申生恐而出。驪姬與犬肉，犬斃；飲小臣酒，亦斃。公命殺杜原款，注：原款，申生之傅。申生奔新城。【略】乃雉經于新城之廟。【略】乃立奚齊焉。始為令，國無公族焉。

《左傳·文公十八年》 莒紀公生大子僕，又生季佗。愛季佗而黜僕，且多行無禮於國。注：紀，號也。莒夷無謚，故有別號。僕因國人以弒紀公，以其寶玉來奔，納諸宣公。

又《昭公二十九年》 公衍、公為之生也，其母偕出。注：出之産舍。公衍先生，公為之母曰：『相與偕出，請相與偕告。』注：留公衍母，使待己，共白公。三日，公為生，其母先以告，公為為兄。公私喜於陽穀而思於魯，曰：『務人為此禍也，注：務人，公為也。始與公若謀逐季氏。且後生而為兄，其誣也久矣。』乃黜之，而以公衍為太子。

漢·韓嬰《韓詩外傳》卷八 魏文侯有子曰擊，次曰訴。訴少而立以嗣，封擊中山。三年，莫往來。其傅趙蒼唐曰：『父忘子，子不可忘父，何不遣使乎？』擊曰：『願之，而未有所使也。』蒼唐曰：『臣請使。』擊曰：『諾。』於是乃問君之所好與所嗜，曰：『君好北犬，嗜晨鴈。』遂求北犬、晨鴈賫行。

蒼唐至，曰：『北蕃中山之君有北犬、晨鴈，使蒼唐再拜獻之。』文侯曰：『擊知吾好北犬，嗜晨鴈也。』則見使者。文侯曰：『擊無恙乎？』蒼唐唯唯而不對。三問而三不對，文侯曰：『不對何也？』唐曰：『臣聞諸侯不名。君既已賜弊邑，使得小國侯。君問以名，不敢對也。』

文侯曰：『中山之君無恙乎？』蒼唐曰：『今者臣之來，拜送於郊。』文侯曰：『中山之君長短若何矣。』蒼唐曰：『問諸侯，比諸侯，諸侯之朝則側者皆人臣，無所比之。然則所賜衣裘，幾能勝之矣。』

文侯曰：『中山之君亦何好乎？』對曰：『好《詩》。』文侯曰：『於《詩》何好？』曰：『好《黍離》與《晨風》。』文侯曰：『《黍離》何哉？』對曰：『彼黍離離，彼稷之苗。行邁靡靡，中心搖搖。知我者謂我心憂，不知我者謂我何求。悠悠蒼天，此何人哉！』文侯曰：『怨乎？』曰：『非敢怨也，時思也。』文侯曰：『《晨風》謂何？』對曰：『鴥彼晨風，鬱彼北林。未見君子，憂心欽欽。如何如何？忘我實多。』於是文侯大悅，曰：『欲知其子視其母，欲知其君視其所使。中山君不賢，惡能得賢？』遂廢太子訴，召中山君以為嗣。

《史記》卷四三《趙世家》 太史公曰：吾聞馮王孫曰：趙王遷，其母倡也。《集解》：徐廣曰：《列女傳》曰：邯鄲之倡。嬖於悼襄王，悼襄王廢適子嘉而立遷。

論說

《荀子》卷一二《正論篇》 聖王之子也，有天下之後也，勢籍之所在也，天下之宗室也。然而不材不中，內則百姓疾之，外則諸侯叛之。近者境內不一，遙者諸侯不聽，令不行於境內，甚者諸侯侵削之，攻伐之。若是則雖未亡，吾謂之無天下矣。

《韓非子》卷一六《難三》 楚成王置商臣以為太子，又欲置公子職，商臣作難，遂弒成王。公子宰，周太子也；公子根有寵，遂以東州反，分而為兩國。此皆非晚置太子之患也。夫分勢不二，庶孽卑寵無籍，雖處耄老，晚置太子可也。然則晚置太子，庶孽不亂，又非其難也。

漢·伏勝《尚書大傳》卷二《洪範五行傳》 心之大星，天王也。其前星，太子也；後星，庶子也。

《史記》卷四四《魏世家》 惠王之所以身不死、國不分者，（趙韓）二家謀不和也。若從一家之謀，則魏必分矣。故曰：『君終無適子，其國可破也。』唐司馬貞《索隱》：此蓋古人之言及俗說，故云『故曰』。

漢·班固《白虎通義》卷一《爵》 王者太子亦稱士何？舉從下升，以為人無生得貴者，莫不由士起。是以舜時稱為天子，必先試于士。《禮·士冠經》曰：『天子之元子，士也。』

父在，稱世子何？繫于君也。父歿，稱子某者何？屈于尸柩也。既葬，稱小子者，即尊之漸也。踰年，稱公者，緣民之心不可一日無君也。緣終始之義，一年不可有二君也。

《韓詩內傳》曰：『諸侯世子三年喪畢，上受爵命于天子。所以名之為世子何？言欲其世世不絕也。』何以知天子之子亦稱世子也？《春秋》

曰：『公會王世子于首止。』或曰：天子之子稱太子。《尚書傳》曰：『太子發升王舟。』《中候》曰：『廢考，立發爲太子。』明文王時稱太子也。或曰：諸侯之子稱代子，則《傳》曰晉有太子申生，鄭有太子華，齊有太子光。』由是觀之，周制，太子、代子亦不定也。

世子三年喪畢，上受爵命于天子何？明爵者，天子之所有，臣無自爵之義。童子當受爵命者，使大夫就其國命之，明王者不與童子為禮也。以《春秋》魯成公幼少，與諸侯會，不見公，經不以為魯耻，明不與童子為禮也。世子上受爵命，衣士服何？謙，不敢自專也。故《詩》曰：『韎韐有赩』，謂世子始行也。

又 卷四《封公侯》 國在，立太子者，防篡煞，壓臣子之亂也。《春秋》之弒太子，罪與弒君同。《春秋》曰『弒其君之子奚齊』，明與弒君同也。君薨，適夫人無子，有育遺腹，必待其産立之何？專適重正也。

又 卷四《京師》 天子太子食采者，儲君，嗣主也，當有土以尊之也。太子食百里，與諸侯封同。

又 卷六《辟雍》 天子之太子，諸侯之世子，皆就師於外者，尊師重先王之道也。故《曲禮》曰：『聞有來學，無往教也。』《易》曰：『匪我求童蒙，童蒙求我。』

又 卷九《姓名》 人必有名何？所以吐情自紀，尊事人者也。《論語》曰：『名不正則言不順。』三月名之何？天道一時，物有其變。人生三月，目煦亦能咳笑，與人相更答，故因其始有知而名之。故《禮服傳》曰：『子生三月，則父名之于祖廟。』于祖廟者，謂子之親廟也，明當為宗廟主也。一說名之于燕寢。名者，幼少卑賤之稱也，質略，故于燕寢。《禮·內則》曰：子生，君沐浴朝服，夫人亦如之，立于阼階西南。世婦抱子升自西階，君命之，適子執其右手，庶子撫其首。君曰『欽有帥』，夫人曰『記有成』，告于四境。四境者，所以遏絶萌芽，禁備未然。故《曾子問》曰：世子生三月，以名告于祖禰。《內則記》曰：以名告于山川社稷四境。天子太子，使士負子於南郊。以桑弧蓬矢六射者，何也？此男子之事也。故先表其事，然後食其祿。必桑弧何？桑者，相逢接之道也。《保傳》曰：太子生，舉之以禮，使士負之有司齋肅端綅，之郊見于天。《韓詩內傳》曰：太子生，以桑弧蓬矢六，射上下四方，明當有事天地四方也。

又 卷一〇《嫁娶》 天子之太子，諸侯之世子，皆以諸侯禮娶，與君同，示無再娶之義也。

漢·鄭玄《箴膏肓》 曹太子來朝，賓之以上卿，禮也。何休曰：《左氏》以人子安處父位，非衰世救失之宜，於義《左氏》為短。箴曰：必如所言，父有老耄罷病，孰當理其政，預王事也？

晉·杜預《春秋釋例》卷一《公即位例》 《釋例》曰：凡有國有家者，必審别嫡庶，以明正統。君薨之日，嗣子之位，國已定也。《尚書·顧命》即是天子在殯之遺制也，推此亦足以準諸侯之禮矣。天子諸侯喪制與士不同，國史每備而錄其得失。嗣子位定于初喪，而改元必須踰年者，繼父之業，成父之志，不忍有變於中年也。遭喪繼立者，每新年正月必改元正位，百官以序，故國史皆書『即位』于策以表之。

又 卷一《會盟朝聘例》 《釋例》曰：【略】王之世子不名，諸侯之世子則名，會王世子于首止，曹世子射姑來朝是也。附庸世子稱人，郳人、牟人、葛人來朝是也。此皆典策之正文也。

《周禮》：『諸侯之適子，誓于天子，則下其君禮一等。未誓，則以皮帛繼子、男。』此謂公、諸伯子男之世子出會朝聘之儀也。誓者，告于天子，正以為世子，受天子報命者也。未誓，謂在國正之，而未告天子者也。曹之世子未誓而來，故賓之以上卿，謂比于諸侯之上卿也；繼子、男之末，命數相準故也。齊世子光，光之立也聞于諸侯，則亦是未誓天子之文，于次亦當賓之以上卿，繼子、男之末。晉侯嘉其先至，故特進之，令在滕、薛之上。此謂霸主臨時之宜，非常例也。

明·梅鼎祚《西晉文紀》卷一三《孫毓〈諸王公侯留輔政嫡子監國議〉》 按《周禮·典命》職：凡諸侯之嫡子，誓於天子，攝其君，則下其君一等。謂公之子如侯、伯而執珪，侯、伯之子如子、男而執璧。《春秋》：曹伯使其太子射姑來朝，行國君之禮。踐土之盟，衛成公使其母弟武如會。《經》書曰：『衛武、蔡甲午』，序於諸侯。又《左傳》：冢子君行則守，有守則從，從曰撫軍，守曰監國，古之制也。夫帥師專行謀，誓軍旅，君與國政之所圖，非太子之事也。

唐·陸淳《春秋集傳纂例》卷二《太子生》 啖子曰：君嫡子生，

以太子生之禮接之，則史書之。莊公是嫡夫人之子，又以太子生之禮接之，故書。餘公雖有是嫡夫人之子，不以太子生之禮舉之，故不書也。趙子曰：太子生，多矣，曷為書子同？禮備故也。禮備於嫡，是重宗廟。太子將承先君之宗廟。記其是，以著其非也。但書備禮者，則不備禮者自見。言太子生，備其禮，常事也，不當書，為餘公皆不備禮，不可書之，但舉有禮者，足以示誡。

又　卷八《太子》　稱太子者，皆父已命之，上告於王，《周禮》所謂『誓於天子』者也。衛太子蒯聵，父已命之，後雖廢立，猶謂之太子。哀二年，晉趙鞅納衛太子蒯聵于戚。陳禦寇，父命之，故《傳》稱太子；未誓於王，故經書『公子』，義見莊二十二年。蔡侯般見殺，喪未歸，太子有未嗣位，故猶稱太子。昭十一年夏四月，楚子虔誘蔡般，殺之。冬，楚師滅蔡，執太子有以歸，用之。其弑逆者，則不必待王命，以重其罪，如未踰年稱君之義，楚世子商臣弑其君是也，義見文元年。

又　卷六《都敘會例》　啖子曰：【略】齊太子光或在小國上，非禮也。故因書以示譏。

宋·李昉等《文苑英華》卷五五七《［唐］常袞〈代宗讓皇太子表〉》　伏以國之上嗣，古曰元良。觀象于天，應前星之環極；取法于地，視少海之朝宗。必訪蓍龜，以承主鬯。

唐·杜佑《通典》卷五六《禮十六·嘉一·天子加元服》　說曰：《冠義》云：冠者，禮之始也。凡人之所以為人者，禮義也。禮義之始，在於正容體，齊顏色，順辭令，而後禮義備，以正君臣，親父子，和長幼。故冠而後服備，服備而後容體正，顏色齊，辭令順。古者聖王重冠，所以為國本也。《五經要義》云：冠，嘉禮也。冠，首服也。首服既加，而後人道備。故君子重之，以為禮之始矣。孔子曰：正其衣冠，尊其瞻視儼然，人望而畏之。又曰：不莊以蒞之，則民不敬。此人君重冠之義也。王教之本，不可以童子之道理焉。或云：《周禮》雖有服冕之數，而無天子冠文。又《儀禮》云：公侯冠禮者。王肅、鄭玄皆以為夏末衰亂，篡弑所由生焉，故作公侯冠禮，則明天子冠禮之審。又無大夫冠禮，古者五十而後爵，何大夫冠禮之有？周人五十而有賢才，則試以大夫之事，猶行士禮。故筮賓於阼以著代，醮於客位，三加彌尊，皆士禮也者。今按《大戴禮》有《公冠篇》，云公冠四加，天子亦四加。又《家語·冠頌》云：王太子之冠，擬諸侯之冠。天子之元子，亦擬諸侯四加。諸侯之子，同於士。據此，自天子至於諸侯，非無冠禮，但因秦焚書，遂同蕩滅。其周制，《士冠禮》頗備，王者時採行焉。

宋·王欽若等《册府元龜》卷二五六《儲宮部·總序》　昔三王家天下，以傳於子。司馬遷作《本紀》，載夏商之世系詳矣，而姒氏多父子繼立，商人率兄弟相及，儲嫡之制，無聞焉。《禮》有《文王世子》之篇，《春秋傳》載王世子會于首止，而諸侯之嫡子亦稱世子。蓋成周之制，天王之子稱王世子，諸侯之子稱世子，又皆有太子之稱。秦併六國，兼皇帝而建號；漢承秦法，崇建儲貳，以嫡嗣為皇太子，諸侯王之嫡子稱世子焉。歷世以還，遵其位號。蓋《大易》述主器之義，實長於震宮；《書》紀元良之重，以正于萬國。前星少海之象，著乎穹厚；撫軍監國之任，備乎出處。繼明承序，于以顯守祧之貴；廟趨郊見，于以彰率禮之教。授經齒學，所以敦道義之則；安車金璽，所以異車服之等。至於宮朝之設，則承華博望，越藩邸之範；官屬之次，則保傅三少，峻天秩之品。【略】良以其承萬代之業，居羣后之上，帝宸之貳體，率土之繫心，當副君之任，為天下之本。故其禮秩之尤重，而安危之斯屬焉。

又　卷二五六《儲宮部·建立》　王者建立儲貳，所以重宗廟社稷而安天下也。自內禪已還，或弟或子，尊尊親親，各以其道。故周文三朝之事，著於禮經；漢明四重之德，形於詩什。《書》曰：『一人元良，萬邦以貞。』《易》曰：『明兩作離，大人以繼明，照於四方。』此之謂也。

又　卷二五八《儲宮部·誕慶》　夫王者當宇宙之大，承基構之重，期本枝之克茂，故主器而斯尚。載誕之始，慶賜遂行。【略】所以上祇宗祏，下隆基緒者也。垂諸竹帛，不為過矣。

又　卷二五八《儲宮部·文學》　夫儲貳之建，所以重宗祧而承天序也。故有師、保之訓，《書》、《禮》之教，然後溫文著於內，英華發於外，所謂行一物而三善皆得者，其世子齒於學之謂也。

又　卷二五九《儲宮部·監國》　《春秋傳》曰：君行則守，守曰監國，古之制也。所謂君之冢子，居明離之位，當主鬯之重，繼體作貳，為國之本。或乘輿巡幸，靈旗親征，總督留務，以隆民望。或付之政事，委之獄訟，臨聽關決，以裁國典。蓋所以茂元良之德，以貞萬邦；昭儲副之義，以熙百志。然後一宇內之視聽，定天下之大本。保世延祚，垂鴻永命，莫不繇斯者已。

又　卷二五九《儲宮部・將兵》　夫儲嗣之位，以貞邦本，監撫之制，著於前訓。【略】若乃命令有專稟之非，師律有臧否之異，元良所以毓德，嗣適不以臨戎。蓋里克之論，全琮之諫，信美而可徵矣。

又　卷二六〇《儲宮部・尊師傅》　《學記》曰：『師嚴然後道尊。』自周公抗世子之法，德教斯著，前後出入，罔不降禮，故能慎成其業，克保元吉。【略】自非老成碩望，勤宣令範者，疇克當之哉？

又　卷二六〇《儲宮部・齒胄》　禮，太子入學以齒。蓋受學之道明長幼，辨尊卑也。是知居副君之位，當主器之重，遵三善之教，崇四術之功，親臨於國庠，釋奠於先聖，講論經義，稽合古訓，然後均其好賜，錫以宴喜，弦誦之業斯著，元良之德增茂。風教之本，其在茲乎！

又　卷二六〇《儲宮部・講學》　夫王之教世子，必以禮樂，春誦夏弦，太師詔之，繇古道也。是知處儲副之位，當主器之重，自非博約於道義，浸潤於經術，服聖人之丕訓，聞先王之法言，資之以講耨，加之以祖習，其何以貞天下之本，聳民神之望哉？

又　卷二六一《儲宮部・忠諫》　《傳》曰：『父有諍子』，又曰：『從命不忿，微諫不倦』，可謂孝乎！若乃奉冢祀之重，居儲副之位，義均休戚，情兼隱犯。其或政令之非便，舉動之過差，而能內發至誠，遠徵古義，周旋規切，納君於善，上以成愷悌之化，下以慰人神之望，茂毓明德，誕彰令聞。此蓋守器之盛美，信史之耿光也。

又　卷二六一《儲宮部・褒寵》　《傳》曰：『太子奉冢祀社稷之粢盛，以朝夕視君膳者。』聖人所以重宗廟社稷，不忘天下也。其有膺監撫之重，茂温文之德，佩服前訓，率繇善道。日新之美既洽，天性之愛益隆，乃至冠服加其異數，朝會申其殊制。【略】斯皆尊元良而貞邦本，流簡素而揚懿烈者也。

宋・孫復《孫明復小集・世子蒯聵論》　正名者，傳嗣立嫡之謂也。為國之道，莫大於傳嗣；傳嗣之道，莫大於立嫡，所以防僭亂而杜篡奪也。用能尊統傳緒，承承而不絕，故子路問於孔子曰：『衛君待子而為政，子將奚先？』孔子以靈公無道，不能先正厥嗣，以靖其國，卒使蒯聵父子爭立，以亂於衛，故對曰：『必也正名乎！名不正則言不順，言不順則事不成，事不成則禮樂不興，禮樂不興則刑罰不中，刑罰不中則民無所措手足。』謂諸此也，何以辨諸？按《春秋》定十四年，衛世子蒯聵出奔宋。哀二年，晉趙鞅帥師，納衛世子蒯聵於戚。蒯聵出奔宋者，蒯聵有殺母之罪，懼而奔宋也。納衛世子蒯聵於戚者，靈公既死，蒯聵為輒所拒，不得入衛也。且蒯聵有殺母之罪，懼而奔宋，靈公固宜即而廢之，擇其次當立者，以定嗣子之位也。靈公不能先定嗣子之位，故使公子郢得立輒於後，以亂於衛。

夫蒯聵者，靈公之子也；輒者，蒯聵之子也。輒既立，則蒯聵無以立矣；蒯聵無以立，則必反而爭其國，既反而爭其國，則輒必拒之；輒既拒之，是棄其父而立其子，教其子以拒其父也。噫！君君，臣臣，父父，子子，邦國之大經也。彼則棄其父而立其子，教其子以拒其父，君不君，臣不臣，父不父，子不子，禽獸之道也，人理滅矣。是故蒯聵出奔宋，納於戚，《春秋》皆正其世子之名而書之者，惡靈公而不與輒也。惡靈公者，惡其不能正厥嗣，以靖其國；不與輒者，不與其為人子而拒其父也。

或曰：若蒯聵者，獨無惡乎？曰：蒯聵有殺母之罪當絕，反而爭其國，是為篡國，故經書『納』焉。納者，篡辭也，孰謂蒯聵獨無惡哉？然則蒯聵之篡國，輒之拒父，皆靈公為之也。皆靈公為之者，靈公生不能治其室，死不能正其嗣也，故《春秋》參譏之。此乃聖人正君臣、明父子、救昏亂、厚人倫之深旨也，而世之説者以為正百世之名者，失之疏矣。

宋・劉敞《春秋權衡》卷九　子同生。《公羊》云：喜有正也。非也。國之嫡嗣，莫重焉，史無得不書。以為感隱、桓之禍，故以喜書，不亦淺近乎？何休又曰：不稱世子者，明欲以正見無正。亦非也。諸侯之嫡雖當世爵，然必誓於天子而後稱世子。今此未誓，故不稱世子耳。以正見不正，不亦鄙乎？

宋・晁補之《雞肋集》卷四〇《春秋左氏傳雜論》　周衰，徒以虛器位諸侯上，而周又最弱，質固宜也。然王而與鄭質，鄭也而質王，則無王與不臣，未有甚於此時者。如先君子之論，則宜曰王不當取諸侯質，諸侯固不可以質王，可矣。而曰：『信不由中，質無益也。』又曰：『君子結二國之信，行之以禮，又焉用質？』是周鄭敵也，非先君子之言也。

宋・王昭禹《周禮詳解》卷一九《典命》 古者繼世以立諸侯，象賢也，則諸侯之適子雖有繼立之義，而謂之象賢，則非徒立之也，謂其賢足以繼世，天子乃誓而命之也。夫立嫡者，先王所以防僭亂也。諸侯之適子攝其君，則其君或老疾故也。誓於天子，則已成其為君之嗣，故攝其君以行禮，則降一等焉，避國君之正也。若公之子則眡侯、伯之禮，若、伯之子則眡子、男之禮，不敢備其君之正禮也。未誓，則未有為諸侯之義，故以皮帛繼子、男，同於孤之禮也。雖上公之子，未誓亦然，所以正名分而尊天子之命也。

宋・張大亨《春秋五禮例宗》卷八《賓禮上・聘諸侯》 《禮》：諸侯世子誓於天子，攝其君，則下其君之禮一等。未誓，則以皮帛繼子、男。而《春秋》所書諸侯世子，或在國君上、下，一出於伯者所令而已矣。

宋・陳祥道《禮書》卷六四《冠》 冠者，禮之始，事之重也。古者尊重事，故筮日筮賓，行之於廟，冠之於阼，醮於客位，祝之以成德，字之以伯仲，見於母，母拜之，見於兄弟，兄弟拜之，所以責之為人子、為人弟、為人臣、為人少之禮。為子而孝，為弟而悌，為臣而忠，為少而順，然後可以為人，可以為人，然後可以治人，則冠禮其可不重歟？二十而冠，士禮也。天子、諸侯則十二而冠，故《春秋傳》曰：十二年謂一終，一星終也。國君十五而生子，冠而生子，禮也。考之《經》、《傳》，文王十三而生伯邑考，成王十五而弁，則十二而冠可知。荀卿『天子諸侯十九而冠』，失之矣。《小記》曰：『大夫冠而不為殤。』則大夫不待五十而爵者，亦不待二十而冠。豈天子、諸侯之冠，特先士禮一歲哉？

士禮始加緇布，不忘本也；次加皮弁，朝服也；三加爵弁，祭服也。不忘本然後能事君，能事君然後能事神，所謂三加彌尊，喻其志者，如是而已。若夫諸侯，則始緇布冠，繢緌，次加皮弁，三加爵弁，四加玄冕。天子則始加玄冠，朱組纓，次加皮弁，三加爵弁，四加玄冕，五加衮冕矣。《郊特牲》言：玄冠，朱組纓，天子之冠。緇布，繢緌，諸侯之冠。鄭氏皆以為始冠之冠。《家語》稱成王冠，祝雍辭曰：『去幼志，服衮職。』而賈公彥、孔穎達皆言天子當加衮冕，則始終之所加，與士異也。

《家語》曰：王太子之冠，亦擬諸侯四加。則天子五加，可知矣。諸侯四，則其子三加，可知矣。王太子四加，而《禮》記言天子之元子猶士者，非謂加數也。《儀禮・士冠》無祼享之禮，無金石之樂，而季武子曰：『君冠，必祼享之禮行之，金石之樂節之。』而《家語》之説亦然。此蓋國君之禮歟？國君自冠有享禮，大夫士自冠亦然。《曾子問》曰：父沒而冠，則已冠掃地而祭於禰。

宋・陳暘《樂書》卷二〇〇《樂圖論・嘉禮・冠禮》 古者聖王重冠，筮日筮賓，所以敬冠事；敬冠事，所以重禮；重禮，所以為國本也。二十而冠，士禮也。十九而冠，天子、諸侯禮也。《儀禮》士冠，無祼享之禮，金石之樂，而季武子、《家語》皆曰：君冠，必以祼享之禮行之，金石之樂節之。豈國君之禮歟？今夫二十而冠，可以舞《大夏》，則冠之用樂，不足疑矣。

宋・胡安國《春秋傳》卷五《桓公中》 適冢始生，即書於策，與子之法也。唐、虞禪，夏后、殷、周繼。《春秋》兼帝王之道，賢可禪則以天下為公，而不拘於世及之禮；子可繼則以天下為家，而不必於讓國之義，萬世之通道也。與賢者貴於得人，與子者定於立適，傳子以適，天下之達禮也。故有君薨而世子未生之禮，植遺腹，朝委裘而天下不亂者，以名分素明而民志定也。經書『子同生』所以明與子之法，正國家之本，防後世配適奪正之事。垂訓之義，大矣。此世子也，其不曰世子，何也？天下無生而貴者，誓於天子，然後為世子。

又 卷一一《僖公上》 『及』以『會』，尊之也。以王世子而下會諸侯則陵，以諸侯而上與王世子會則抗。《春秋》抑强臣，扶弱主，撥亂世，反之正，特書『及』以『會』者，若曰王世子在是，諸侯咸往會焉，示不可得而抗也。後世論其班位，有次於三公宰臣之下，亦有序乎其上者，則將奚正？自天王而言，欲屈遠其子，使次乎其下，示謙德也。自臣下而言，欲尊敬王世子，則序乎其上，正分義也。天尊地卑而其分定，典敘禮秩而其義明，使羣臣得伸其敬，則貴有常尊，上下辨矣。經書『宰周公』，祇與『王人』同序於諸侯之上，而不得與殊會同書，此聖人尊君抑臣之旨也，而班位定矣。

無中事，復舉諸侯會盟同地，再言首止者，書之重詞之複，其中必有大美惡焉。首止之盟，美之大者也。王將以愛易世子，桓公有憂之，控大國，扶小國，會于首止，以定其位。太子踐阼，是為襄王，一舉而君臣、父子之道皆得焉。故夫子稱之曰：『管仲相桓公，一匡天下，民到于今，受其賜。』嗚呼！是監之功，豈不偉哉？蓋人之所以為人，以有父子、君臣之大倫也。否則人理已亡矣。故曰『首止之盟，美之大者也。』

又　卷二九《哀公上》　世子不言『納』，位其所固有，國其所宜君，謂之儲副，則無所事乎『納』矣。凡公子出奔，復而得國者，其順且易則曰『歸』，有奉焉則曰『自』，其難也則曰『入』，不稱『納』矣，況世子哉！今趙鞅帥師，以蒯聵復國而書『納』者，見蒯聵無道，為國人之所不受也。國人不受而稱『世子』者，罪衛人之拒之也。所以然者，緣蒯聵出奔，靈公未嘗有命廢之而立他子。及公之卒，大臣又未嘗謀於國人，數蒯聵之罪，選公子之賢者以主其國，乃從輒之所欲而君之。以子拒父，此其所以稱『世子』也。人莫不愛其親而志於殺，莫不敬其父而忘其喪，莫不慈其子，欲其子之富且貴也。而奪其位，蒯聵之於天理逆矣，何疑於廢黜？然父雖不父，子不可以不子。輒乃據國而與之爭，可乎？故特繫『納衛世子蒯聵于戚』於『趙鞅帥師』之下，而鞅不知義，靈公與衛國大臣不能早正國家之本，以致禍亂，其罪皆見矣。

宋・葉夢得《春秋考》卷七《桓公》　魯十二公，隱既弒，其子不復見；閔早死，哀之後亦不可考。桓、僖、定皆弟，及閔、宣、襄、昭四公，皆非嫡子。以嫡子而得位者，莊、文、成、哀四公。嫡子而不得位者，文之子惡。嫡夫人無子，當立長以毀卒者，襄之子子野。成、昭之嫡子，蓋無見于《傳》文。成、哀、惡、野之生，皆不書，而莊獨書，何歟？生於即位之後而以太子之禮舉之者，惟莊公一人而已。古者嚴嫡庶之分，所以定其為君也。君一定，而僭奪之心息矣。故必正於初生之時。禮，太子生，告於君，接以大牢。三月，夫人以見於阼階，而君親名之，以告於大宰，書而藏曰：某年某月某日生。非太子，見於外寢而名以有司。禮正而名定，然後誓於天子而受命焉。天子已命之，雖其君不得易也，謂之世子。攝其君，則下其君之禮一等；雖未誓，亦以皮帛繼子、男之後。夫如是，其誰敢爭哉？

桓不朝王，莊雖未必請於天子，然見於《春秋》其必能正其初生之禮，此所以雖有叔牙、慶父之弟而不敢爭也。若夫出姜生惡，敬嬴生宣，敬嬴嬖而私事仲遂，宣長而屬之，故文薨，仲遂欲立宣，叔仲不可，乃請於齊侯，殺惡而立焉，則子惡固未嘗定其為太子於文公之世也。安知成、哀、野不有若是者乎？則其不書，或生在即位之前，或舉之不以禮，不能定於早，是以略之爾，則莊固所宜獨見也。

『子同生』，《公羊》以為喜有正也。得之矣。而再書：『子公羊子曰：「其諸以病桓歟？」』則意有同乎《穀梁》。夫《穀梁》，自不知『同』為莊公之名，其義固不足言。《公羊》前論，蓋其師所傳，後見《穀梁》，自以為然，故復證『同非吾子』之言，再挈公羊子，以著其說，其亦不能信其學矣。《左氏》不為義，但載接子之禮與申繻之言，此正當時本意，而《左氏》不能言也。學者多惑《猗嗟》之詩，以《穀梁》為是。吾固以為非詩意矣。抑未嘗以經考之：文姜自嫁至今三年，未嘗歸齊也。

宋・呂祖謙《左氏傳說》卷首《看左氏規模》　及鄭伯怨王奪政，而有交質之舉，若敵國然，則王綱解紐，委靡削弱，因以不振，皆是平王自壞了。【略】其後序周鄭交質一事，則全不能分別君臣之大義，如云周鄭交質『與結二國之信』。此等言語，似敵國一般。蓋周之衰，習俗見得如此。左氏雖才高識遠，然不曾明理，溺於習俗之中，而不能於習俗之外別着一隻眼看。此左氏紀述之失也。

宋・呂祖謙《左氏博議》卷一《周鄭交惡》　周，天子也；鄭，諸侯也。左氏序平王、莊公之事，始以為周鄭交質，終以為周鄭交惡，並稱周、鄭，無尊卑之辨；不責鄭之叛周而責周之欺鄭，左氏之罪亦大矣。吾以為左氏信有罪，周亦不能無罪焉。周之東遷也，鄭伯入為卿士，君臣之分猶在也。君之於臣，見賢則用之，見不賢則去之，復何所隱哉？平王欲退鄭伯而不敢退，欲進虢公而不敢進，巽懦暗弱，反為虛言，以欺其臣，固已失天子之體矣。又其甚至於與鄭交質，交質，鄰國之事也，今周降其尊而下質於鄭，鄭忘其卑而上質於周，其勢均，其體敵，尊卑之分蕩然矣。未交質之前，周為天子，鄭為諸侯；既交質之後，周與鄭等，諸侯耳，然亦何所憚哉？

宋·呂祖謙《大事記解題》卷四《周赧王》 十五年，韓太子嬰卒，楚圍韓雍氏，將納公子蟣虱為韓太子，楚師敗，蟣虱不得歸韓。

《解題》曰：按《韓世家》：襄王十二年，太子嬰死。公子咎、公子蟣虱爭為太子。時蟣虱質於楚，《戰國策》曰：韓公叔與幾瑟爭國，中庶子强謂太子曰：「不若及齊師未入，急擊公叔。」太子曰：「不可。戰之於國中，國必分。」對曰：「事不成，身必危，尚何足以圖國之全為？」太子弗聽，齊師果入，太子出走。所謂太子幾瑟者，蟣虱也。公叔，主公子咎者也。齊師，助公叔逐蟣虱者也。又曰：公叔胡衍出蟣虱於楚。《史記》亦載蘇代謂韓咎曰：蟣虱亡在楚，楚王欲內之甚。然則蟣虱嘗立為太子，不勝公子咎之徒，乃出奔楚也。楚王欲內之，遂圍雍氏，徐廣曰：《周本紀》赧王八年之後云：楚圍雍氏。此當韓襄王十二年，魏襄王十九年。《紀》於此亦説楚入雍氏，楚人敗。蟣虱竟不得歸韓，韓立咎為太子。《戰國策》與《世家》所載，參錯重複，不可詳考。大略則二公子各有所主，公仲主蟣虱，公叔主咎。蟣虱既不得入，公仲亦改主咎耳。《戰國策》：公叔且殺幾瑟也，宋赫為幾瑟謂公叔曰：「幾瑟之能為亂也，內得父、兄而外得秦楚也。今公殺之，太子無患，必輕公。」所謂太子者，咎也。是時公叔、公仲爭權，幾瑟內得父兄，必公仲也。又曰：胡衍之出幾瑟於楚也，教公仲謂魏王曰：「何不試奉公子咎，而為之請太子？」因令人謂楚王曰：「韓立公子咎而棄幾瑟，是王抱虚質也。王不如亟歸幾瑟，幾瑟入，必以韓權，報讐於魏而德王矣。」豈非公仲始主蟣虱，而後亦持兩端乎？ 置嗣不定，大臣外連敵國，相與為市，國之不亡者，幸也。

又 卷六《秦始皇帝》 十一年，趙廢太子嘉。

《解題》曰：按《趙世家》：太史公曰：吾聞馮王孫曰：趙王遷，其母倡也。嬖於悼襄王，廢適子嘉而立遷。遷素無行，信讒，故誅其良將李牧，用郭開。豈不謬哉？秦既虜遷，趙之亡，大夫共立嘉為王，王代。六歲，秦進兵破嘉，遂滅趙，以爲郡。嘉既正且賢，猶能崛起於敗亡之後，但勢去而不能支耳。使得蚤承統緒，豈不能保邦於未危乎？此太史公所深恨也。遷族類不正，竟無行而亡其國。然則帝王之家政，其可不以族類為先乎？ 嘉、遷廢立，不知何年，今附見於悼襄王薨之前。

宋·王之望《漢濱集》卷三《論語答問·答何希深衛輒之問》 江熙釋《穀梁》乃云：若靈公廢蒯聵，則經不得復稱世子，稱世子則靈公未嘗命輒。其從王父之言，《傳》似失之。是不然。靈公不命輒，則必歸蒯聵而立之；不歸蒯聵，又不立公子郢，則是靈公之命輒也。其稱世子者，諸侯之世子必命於王，蒯聵得罪於靈公而逃，靈公雖不及廢猶廢也，但未改命於天子耳。故書曰「世子」，非以為當立也。

又引鄭世子忽復歸於鄭為例，非其比矣。鄭忽於復歸稱世子，則世子為當歸，歸者，無惡之辭也。蒯聵於納稱世子，則世子為弗當納，納者，不受之辭也。《春秋》美惡不嫌同辭。夫以世子出奔，若其無罪，人孰不欲其歸？今大國興師以納之，而國人不受，則其為人可知矣。書「世子」者，所以正其名而甚其惡也。若以世子為當立，則楚世子商臣弑其君，亦為當立乎？

宋·周必大《文忠集》卷一六一《東宮故事五》（淳熙六年）五月六日。某聞儲君以上智之資，居明兩之位，其稟於天者，固殊絶於人矣。又得賢傅輔導之，則德隆而愈高，善積而益崇，其效豈淺哉？抑嘗考之《經》、《傳》，其言傅太子之善者，莫詳於《禮記》，莫備於《國語》。若曰：三王教世子，必以禮樂，樂所以修內，禮所以修外，禮樂交錯於中，發形於外，是故其成也懌，恭敬而溫文。又曰：知為人子，然後可以為人父；知為人臣，然後可以為人君；知事人，然後能使人。此《禮記》之文也。教之《春秋》，知善惡之戒勸；教之《世繫》，知昏明之廢興；教之《詩》，使窮道德之歸；教之禮，使知上下之則；教之樂，所以滌邪而鎮浮；教之《書》，所以睦族而比義。此《國語》之文也。備此二者，太子之善著矣。雖使旦、奭保傅成王，大要不出乎此。彼區區楚國之臣，又何加焉！

宋·易祓《周官總義》卷一三《典命》 諸侯得以世爵，象賢也；世必以嫡，正分也。曲禮曰：子當室。《文王世子》曰：正室守太廟。此嫡子之所以為重，蓋均出於父也，均之為兄弟也，嫡庶不正，禍莫大焉。於是死則嫡子繼之，嫡子死則嫡孫繼之，杜僭亂之原，定上下之志，莫先於此。然使諸侯自以嫡繼而不稟王命，則何以奔走天下？故周之王者，雖不廢萬世之定分，而亦未嘗無輕重隆殺之權。凡世子受命於王，則有文告之辭，申戒飭之意，故謂之誓。已誓者，攝其君而至，其待之之禮降其君之禮一等。若未誓，則未有嗣諸侯之義，故以皮帛繼子、男而無正禮，所以尊天子之命也。上以尊天子之命，下以定萬世之分，而王政行矣。

宋・眞德秀《大學衍義》卷四一《齊家之要三・定國本・建立之計宜蚤》 臣謂古者之生世子，則已表而揚之，使國人皆知之，所以繫衆望也。是則國本之定，不在於建儲之日，而已定於始生之初。此《春秋》於子同之生，必謹而書之也。

臣按管仲相桓公，霸諸侯，匡天下，而身歿未幾，五公子爭立，國內大亂，垂二十年，以不蚤定之故也。其所以不早定者，溺愛於少子故也。蓋桓公君臣知以富國彊兵為急，而不知修身齊家之本，故其禍卒兆於此，可不戒諸？

臣按景公之失，亦由嗣子不蚤定之故。其所以不蚤定者，以私欲立荼之故也。雖高、國二臣曲從其亂命，而適以啓田乞之姦心，殺荼而立陽生，齊國之政遂歸田氏不再傳，而田氏代齊矣。吁，可戒哉！

臣按適嗣之不蚤立，敵國之資也。故書之以為戒云。

又 《定國本・諭教之法宜豫》 臣按：三王之教世子必以禮樂者，禮所以起人之敬心，敬心生則慢心窒矣。樂所以感人之和心，和心生則戾心消矣。其薰陶德性，變化氣質，莫妙於此者。然樂雖修內，由內以達外；禮雖修外，由外以入中。二者醞釀涵暢，相與無間，故其成也，但見其悅懌而已，恭敬溫文而已。恭者，敬之發於外者也；敬者，恭之主於中者也。溫則不暴，文則不野。此皆教之以禮樂之功也。

然禮樂者，教之之具，而師傅者，教之之人，故立太傅、少傅以養之。養者從容啓廸，以養其本然之善，使之自然開悟也。然其道無他，不過父子、君臣之大倫而已。太傅以審示言，謂修於身以示之也；少傅以審喻言，謂開說其義以曉之也。太傅、少傅所以教者雖同，然太傅以身教，少傅以言教，二者蓋互相發也。以一世子之身，而太傅在前，少傅在後，入有保，出有師。四人者維持而左右之，教安得不達？德安得不成哉？師者，教世子以事而喻諸德，謂教之以事親之事，則知孝之德；教之以事長之事，則知弟之德，天下無事外之德也。保則安護世子之身，輔之翼之，使歸諸道，耳目口體不以欲而動，即所謂道，天下無身外之道也。古者所謂師保，其職蓋如此。

周公抗世子法於伯禽者，蓋成王雖幼，已為君矣，不可復以教世子者教之，惟以教世子者教伯禽，使成王觀之，是乃所以善成王也。《傳》言成王有過，則撻伯禽。成王不可撻也，撻伯禽則成王知警矣。然周公之所以教者，亦不過為人子、為人臣與事人之道而已。能此三者，則他可類推矣。

古者天子公侯、卿大夫士之子皆入於學，而世子與之齒，遜焉。夫天子之世子，將為君者也，而乃與公侯、卿大夫士之子以齒為後先，何哉？君在故也，父在故也，長長故也。身為世子而以尊君、親親、敬長之道為天下倡，人其有不翕然視效者哉？秦漢以來，禮樂既廢而又無師保之教、齒胄之禮，世子生而狃於貴驕之習。此篇雖存，無復有考之者矣。此治之所以不古若與？

宋・陳模《東宮備覽》卷一《始生》 臣某曰：重始生，所以重天命也。曷言乎重天命？異日之繼承國家者，在是也。或曰：聖哲之生，實出天意，必有以異乎人也。重其始生，豈以其異於人乎？曰：不然。昔者后稷之生也，克岐克嶷，無灾無害。文王之生也，在母不憂，在傅不勤。【略】孟子曰：『天與子則與子。』則凡可以繼承吾國者，皆天意也；皆天意，則凡所以重其始生者，皆重天命也。是故古者雖國君世子生，而猶接以大牢，負以卜士，齋宿擇日之儀，桑弧蓬矢之射，且擇諸母以為之師保。蓋無所不致其敬也，況於王者之太子乎！此賈誼所謂自為赤子，而教已行，而其初必謹於郊見者，亦曰天命在所重也。《書》曰：若生子，罔不在厥初生。而《春秋》『子同生』之書，《傳》者猶曰以太子之禮舉之，注亦曰：重始生也。則夫承祧主器，上應天心，下符人望者，又當如之何其謹重也哉？

又 卷一《入學》 臣某曰：學之為王者事，其已久矣。自遜志時敏積而至於德修罔覺之餘，自日就月將，極而至於緝熙光明之盛，其功用甚大，而太子之始入學，則特使之知有君臣父子之倫，尊卑長幼之序而已。然堯舜之道本諸孝悌，孝悌之道在於徐行疾行之間。夫苟以先長後長之義充之，雖堯舜之道不外是也，況入學以齒，國之秀選俊造與公卿大夫元士之適子皆在焉。以國之儲貳而下與多士伍，則驕吝矜侈之習固已潛消陰化其中；且坐國老，使執醬而親饋之，周旋揖遜於簠簋俎豆之間，磬折登降於步趣律度之內，目熟體喻而孝悌恭敬之心油然而生，然後承師問道，益增其所未能，則異日光明盛大之學，固無所不至。非若後世尊師重傳，而徒曰講讀訓諭而已也。

又　卷一《立教》　臣某曰：典樂之教，始於舜之命夔而詳於《周官》之《大司樂》。嘗考其故，然後知胄子與夫合國之子弟，誠非樂不可以教也。何者？此教之本也。人之情，貴不與驕期而驕自生，富不與侈期而侈自生。彼生長乎富貴，則所以轉移其氣質者，蓋不一也。於是教之以樂，使之弦歌以養其耳目，舞蹈以養其血氣，習聞乎鏗鏘節奏之音，熟識乎綴兆舒疾之文，浹洽其心志，蕩滌其思慮，優游而自求之，饜飫而自趨之，躍如以發而一歸中和。然則教之入人也深，無切於樂者。胄子且然，而況於教王太子者乎！樂正所掌之四教，雖合禮、樂、《詩》、《書》言之，而樂所以修內，禮所以修外，交相養而無二理也。故曰禮樂交錯於中，發形於外。惜哉！後世以禮樂為虛文，有司具其器而不識其意，而典樂之教，蕩然無復存。

又　卷二《師傅》　臣某曰：務學不如務求師，雖夫人猶當知之，況於教太子乎！記《禮》者所載三王世子定師傅，至於德成而教尊，教尊而官正，官正而國治，其所係甚大。賈誼所陳教太子之說，謂習與正人居，不能毋正；習與不正人居，不能毋不正，猶生長於齊、楚之異。其說愈明矣。嘗觀春秋時，晉悼公以羊舌肸習於《春秋》，使教太子。楚莊王之為太子也，朝於嬰齊而夕於側。師傅固未始不擇而事之，亦必以禮也。晉侯問鍾儀以君王何如？對曰：其為太子也，師保奉之。晉侯與魯襄公宴於河上，問公年。季武子對曰：會於沙隨之歲，寡君以生。然則春秋列國猶皆以太子為重師傅，左右朝夕講究，如晉公卒然所問，皆得以平時所講學者而對；況有道之長，如三代者乎！

又　卷四《主器》　臣某曰：聖人作《易》，無非憂世而立教也。況於國之儲貳，所以為宗廟社稷之主者，又當如之何其致戒哉？故『潛龍』之象取諸《乾》，『繼明』之義取諸《離》，皆有儲君之義，而獨於東方之《震》，則以長子主器明言之。然恐懼修省之意，則不獨於《震》然也。《震》之為義，曰震驚所以恐懼，恐懼所以致福。惟虩虩，故能啞啞；惟驚懼，故能不喪匕鬯。《大象》乃以『君子恐懼修省』言之，此帝王之兢兢業業，嚴恭寅畏，克自抑畏之心也。然則為長子，為祭主之不可慢忽也，蓋如此。雖然，《乾》於『潛龍』，以『勿用』言；『見龍』，以『利見』言；獨『九三』一爻，居潛見、飛躍之間，則必明夫夕惕無咎之義。《離》於初爻，言辟咎之敬；三爻，言日昃之嗟；五爻，言戚嗟之吉。《乾》、《離》二卦，皆莫非恐懼修省之意，而況明言長子之卦者乎！後之主器者，當知戒謹祗懼，以無媿乎聖賢憂世之心，斯可也。

又　卷六《規諫》　臣某曰：人不可使一日無畏心也，畏心消則慢心生矣。一言之不擇，若未害也，自是心之無所畏，則他日或至於無一之非過言；一行之不謹，若未害也，自是心之無所畏，則他日或至於無一之非過行。是故古之人於太子既冠，則有記過之史，使之戒謹恐懼之心常動於中，而慙惕愧恥之容常形於外，惟恐一過之記而終身之羞，則庶乎改過遷善，以日新厥德。況於徹膳有宰，進善有旌，誹謗有木，敢諫有鼓，常若有以臨乎左右前後，而不敢以俄頃自安者，則怠荒慢忽之心自無一之敢萌，而況見諸行事者乎！後世輔導之官未嘗無人，而記過之史與夫謗木、諫鼓，獨有所闕，彼安所畏而去其不善？又安所恥而勉於為善也哉？昔成湯，聖君也，而猶曰『改過不吝』，『從諫弗咈』。傅說之相高宗，則惓惓焉以『無恥過作非』，『后從諫則聖』告之。矧夫國之儲貳，實衆望之所屬，當以賢聖仁孝聞於天下者，而猶有過之未改，有諫之不聽，可乎？然則欲養成太子之德者，當如賈誼所陳，斯可矣。

宋・許月卿《百官箴》卷六《太子太孫師友僚屬箴》　晢晢前星，為章於天。一有元良，萬邦以貞。昔在太任，娠此文王，不視惡色，不聽淫聲，不起惡言，胎教孔詳。大師縕瑟，不正不習。大宰倚井，不正不食。太子既生，大師吹銅，聲中某律，罔敢不恭。大宰持井，滋味尚某。然後卜名，難知易諱。使士負之，見於南郊。過闕則下，過廟則趨。自為赤子，教固已行。成王襁抱，保以召公。周公為傅，太公為師。孝仁禮義，以道習之。逐去邪人，不使見惡。端博孝悌，以引以翼。見皆正事，聞皆正言。左右前後，罔匪正人。

世子之教，三王相沿。樂以脩內，禮以治身。其成也懌，恭敬温文。考《白虎通》，八歲小學，十五大學，成規有恪。夫將君我，而與我齒。有君父在，為臣為子，長幼之序，於焉以明。知為臣子，乃可為君。知所事人，乃能使人。承師問道，養老乞言。吾學既成，黎民化醇。和鸞以御，珮玉以行。上有雙衡，下有雙璜，衝牙玭珠，以納其間。行以《採齊》，趨以《肆夏》，周還中規，折還中矩。車象天地，以月以星。玉佩左右，中角中宮。非辟之心，何自而生？

三代由此，有道之長。秦命趙高，以傳胡亥。教之以獄，是斬是劓。今日即位，明日射人。謂忠諫者為誹謗，謂深計者為妖言。教儲不善，遂以亡秦。並后匹適，兩政耦國，禍亂之原，其可不塞？適與少殊，禮非虛加。由心制禮，以杜讒邪。幽惑褒姒，獻安驪姬，適意一時，遺臭萬世。

元·郝經《續後漢書》卷八七中下《録第五中下·禮樂·人類下·冠》 冠，男加冠之禮也。周制，天子之元子視士，故與諸侯之適冠，皆用士禮。若未冠而嗣位，乃有天子、諸侯冠禮。大夫不世，故無冠禮，亦用士禮。人生二十曰弱冠，故士大夫必二十而後冠。國君未冠嗣位，故十五而冠，冠而後生子。若元子之為世子，亦必二十而後冠。其禮：將冠，筮日筮賓，敬冠事也。祼享於廟，節之以金石之樂，以冠事告先君也。冠於阼階，以著代父為主也。醮於賓階，客位用酒，澤冠以示接賓為主之道也。始加緇布冠，一成而稽古尚賢也。敝而去之，復加皮弁，再成而臨朝視政也。敝而去之，三加爵弁，三成而代君主祭也。原注：緇布冠，太古無飾，北方黑色。北面，為子之道。且齊冠也，敬其始也；皮弁，朝服；爵弁，祭服也。三加彌尊，其服乃成，服成則成人矣，而後字之。以宗廟之奠，奉見於母，母拜之；奉見於兄弟，兄弟拜之，成人而與為禮也。玄冠玄端，奠摯於君，遂以摯見於鄉先生，以成人見也。國君嗣位而後冠，天子則玄冠朱組，諸侯則緇布冠，繢緌。即盛其飾，示已成尊，而加數無文。原注：二者皆始冠之冠。玄冠，委貌也。緇布冠有緌，尊者之飾也。

元·方回《續古今考》卷二二《太子曰皇太子》 《韓詩外傳》曰：『五帝官天下，三王家天下。家以傳子，官以傳賢。故自唐、虞以上，《經》、《傳》無太子稱號。夏、殷之王，雖則傳嗣，其文略矣。至周，始見《文王世子》之制。』《白虎通》曰：何以知天子之子稱世子？《春秋傳》曰：『王世子會于首止』是也。何以知天子之子稱太子，《尚書》曰：『太子發升于舟』是也。回曰：此偽《泰誓》也。或云：諸侯之子稱世子，則《春秋傳》云：晉有太子申生，鄭有太子華，齊有太子光。由是觀之，周制天子世子，亦不定也。漢制，天子稱皇帝，其嫡嗣稱皇太子，諸侯王之嫡稱世子。後代咸因之。

紫陽方氏曰：秦始皇稱皇帝之後，不立太子。《史記》書長子扶蘇，長子即太子也。古者嚴嫡庶之分。《春秋公羊傳》：天子一娶十二女，三國來媵，媵以娣姪。諸侯一娶九女，二國來媵。雖未可盡信，而《春秋經》有『來媵』之文。天子諸侯不再娶，后死、夫人死，以娣姪之媵者主後宮事。惟后、夫人所生之嫡長子，即是太子、世子，為天子者。無後世所謂初生子稱皇子，次封公，次封王；無冊立皇太子之制。後世不分嫡庶，惟人主愛憎，必愛也然後自皇子立為太子，冊立之禮甚盛，非古也。

元·許謙《讀書叢說》卷二《堯典》 《典命》云：諸侯之適子，誓於天子，攝其君，則下其君之禮一等。未誓，則以皮帛繼子、男。誓謂天子命之為樹子也。降一等謂公子如侯，侯子如伯之類。今注世子執纁，以未誓者言也。公之孤四命，以皮帛眂小國之君。今不言皮，虞、周禮異也。

元·汪克寬《春秋胡傳附録纂疏》卷二六《昭公下》 劉蚠、單旗，臣也，曷為能以王猛乎？猛無寵於景王，不能自定其位，制在劉、單。其曰『以』者，能廢立之也。按《左氏》，景王大子壽以昭十五年卒，至是八年矣。猛與匄皆其母弟，禮無疑於當立，然久而未立者，王愛庶子朝，欲立以為嗣，未果而王崩。故諸大臣競立君，諸王子爭欲立。以正則有猛，以寵則有朝。猛雖正而無寵，其威不足以懾羣下；朝雖寵而不正，其分不足以服人心。二子廢立，皆恃大臣强弱而後定者也，故特稱曰『以』；而景王之弱，其後嗣輕其宗社之罪，亦著矣。《易》曰：『王居無咎。』稱『居於皇』者，明其有土，當得位之稱也。

猛未踰年，何以稱王？示當立也。既當立矣，何以稱名？明嗣君也。曰『王猛』者，見居尊得正，又以別乎諸王子也。

元·王元杰《春秋讞義》卷二《桓公》 九月丁卯，子同生。讞曰：周家之法，在乎傳嗣，傳嗣在乎立嫡。魯則周之家法也。嫡冢始生，必舉以禮，即登於策，正所以固國本而定衆志也。《易·震卦》之義，長子之象也。其《彖辭》曰：『出可以守宗廟社稷，以為祭主也。』春秋之時，配適奪正，愛憎廢置，何國不有？經書『子同生』，書日謹之，所以明先王之法，正嫡庶之分，杜爭奪之患，弭愛憎之心，為後世慮也至矣。然則何以不書『世子』？豈有生而貴者！必誓於天子，然後謂之世子。此《春秋》正名定分之法也。

元・鄭玉《春秋闕疑》卷三《桓公》 九月丁卯，子同生。愚按生即書之，所以見名分之已定，而明父子之親；誓於天子，然後稱世子，所以見爵秩之貴，而明君臣之義。與賢、與子，雖帝王之達道，然與子易，與賢難。與子而專於立嫡，決不至乎亂；與賢而或非其人，則必至乎亂。且以《春秋》言之：曹之子臧，吳之季札，非不賢也。父兄知其賢也，舉國以讓之。二子之識，不足以及此，辭而不受，卒亂二國。賢可輕與乎？然則與賢之事，不可行於後世歟？賢也必舜，禹而後可。舜、禹不世出也，苟非舜、禹也，徒讓以生亂耳。故《春秋》主於立嫡，憂天下之生亂也。然以當時之事觀之，非禁與賢之法而不書也，蓋亦無與賢之事可書也，故但書與子之法，以為萬世之常經。使世復生舜、禹也，在上者又有堯與舜也，則必舉天下以授受矣，何待《春秋》之書乎？書與子之法，以教當時；存與賢之法，以待來世。是則夫子之微意，而亦《春秋》之大權也。

元・趙汸《春秋師說》卷下《經旨舉略》 鄭伯突出奔。鄭世子忽復歸於鄭。突不正，却稱『鄭伯』，是從其實。忽已為君，尚稱『世子』，是明其為正。若皆書『鄭伯』，則二君爭國，一出一入，間無異事，曲直莫辨，故忽只書『世子』，則突是簒可知。突不貶者，魯、宋為之主，已成為君，故從其實，而惡自見。然則屈忽稱『世子』者，所以伸忽也。

明・邵寶《簡端錄》卷一〇《禮記》 始加緇布冠，加於髮也；再加皮弁，加於緇布冠也；三加爵弁，又加於皮弁也。益而不易，蓋如是而後，士服成。故曰『三加彌尊，加有成也。』竊意古禮如此。今之冠者，凡三易冠，亦三易服，於加乎何有？且祝辭有之，始曰始，再曰申，三曰咸，夫是之謂加。

諸侯冠，四加至玄冕；天子冠，五加至衮冕。三加者，士禮也，故至於爵弁而禮成。

明・馮時可《左氏釋》卷上《周鄭交質》 《左氏》云：《風》有《采蘩》、《采蘋》，《雅》有《行葦》、《泂酌》，昭忠信也。可謂善說《詩》矣。但周之於鄭，豈可以二國稱，而云『君子結二國之信』乎？王子出質則上陵，公子入質則下悖。《左氏》略其犯義而重於失信，所謂放飯流歠而問無齒決也。

明・湛若水《格物通》卷三〇《正嫡庶》 臣若水通曰：國君之於世子也，接見以太牢，牲之大也；掌禮以太宰，官之尊也。卜士之吉者，齊宿朝服，必於寢門外而詩負之。詩者，承也，承負以抱，又人之賢也。射以桑弧蓬矢射天地四方者，示志也。宇宙内事，即已性分内事也。保母受而負之，宰醴賜以束帛，重其事也。蓋以太子者，國天下之本也，而可忽哉？若周幽王廢嫡立庶，卒召驪山之變；齊桓公會衆定襄，遂善首止之盟。嗚呼！聖人定王世子之法於三代之前，而後世猶有巫蠱之寃，庶人之廢，可慨矣夫！

又 卷三六《養太子上》 臣若水通曰：此伊尹舉成湯教養太子之事，告太甲也。敷，廣也；俾，使也；輔，佐也。後嗣謂太甲也。上文述成湯之脩人紀，以至於有萬邦，造大業之難如此。然所以守大業於無窮者，惟在太子，故又言成湯廣求賢人，使輔於爾後嗣。蓋太子者，天下之根本，宗社之所由，係於長短者也，故太子善，則大業定，宗社固矣。伊尹此言，真可為萬世人君教養太子之法矣。

臣若水通曰：【略】明王教養太子，所以重宗社，承天心也。獻公溺於驪姬之讒，分申生以土而官之，又使之將下軍以伐翟，豈非責以難能，置之危地，以陰為易嫡之謀乎？夫天下如大廈也，太子如大廈之棟也，棟成而易焉，大厦將顛矣。棄人滅天，忘宗亂紀，無甚於此。聞士蔿之言，可不戒哉？

臣若水通曰：【略】夫古之明王，太子乃生，立師保傅三太、三少，先後左右之，必曲盡輔翼之法，以引導焉。故太子乃生而聞善言，見善行，行善政，故習與性成，不能不善也。若胥臣之所陳，亦詳且明矣。然必曰『質將善而賢良贊之，乃可濟爾。』豈其然乎？孔子曰：有教無類。《易》曰：童蒙，吉。亦在有教，教之於早焉爾。有天下宗社之計者，不可不以此為先務也。

臣若水通曰：【略】夫莊王使士亹傅太子，其知教矣乎！士亹謂善在太子，其知學矣乎！是故教之在師傅而學之在太子矣。夫教之而不學，則申叔時之論，雖教導之方，何益於太子之善乎？是故教與學交致，而德業成矣。厥後鄢陵之戰，幾於覆楚，士亹其亦先見之乎！

明・夏良勝《中庸衍義》卷六《達道之義・父子之戒》　臣良勝曰：三代以先，配嫡奪嗣以致禍者，不可勝紀。舉幽王者，西周之所以亡也；舉景王者，東周之所以亂也。

明・崔銑《士翼》卷一《述言上》　《春秋》二百二十四年，書『子同生』，一耳，蓋明適也。正隱、桓之分，别其嫌也。書『逆女』，書『姜氏至』，正其為夫人也。必如是而后適其子。

明・崔銑《洹詞》卷八《申生論》　崔子曰：《孟子》有言：有求全之毁。豈不信哉？予讀《左氏》，至申生以讒見誅，未嘗不垂涕也。及見後人責過申生，則又低回太息，而深閔其不幸。嗟乎！昏如幽王，故褒姒得以逐宜臼；庸愚如衛靈，故南子得以奔蒯聵。彼晉獻公者，實奸人之雄也。紿虞伐虢，一舉而就，如制雞犬。齊桓公信義布政於列國，不能致其一來。豈一姬之知，所能欺而使之邪？蓋耽於邪嬖，廢適立孽之謀，内決久矣。金玦之佩，偏衣之衣，二伐之役，國人咸知世子之將危。姬告優施曰：『君許我殺太子，立奚齊矣。』申生已踐東朝之位，國之屬望而歸心者也。重耳、夷吾，庶公子也，莫適主國，故二公子能亡。申生存則晉終非二孽有也，故獻公之必殺之也。申生如被惡名以出，獻公猶欲甘心焉。為宋馮之受伐，為長萬之賂獲，父惡愈著，身死為逆，孰若受命自裁之恭且安乎？夫反常之禍，辭難明也；快心之忿，情難什也。世子之慮，審矣。其心純乎仁，未可以輕訾也。

明・袁仁《春秋胡傳考誤》　《傳》曰：唐、虞禪，夏后、殷。周繼。《春秋》兼帝王之道，賢可禪則以天下為公，而不拘於世及之禮；子可繼則以天下為家，而不必於讓國之義。此臆説也。《春秋》，王者之書也。王者繼而不禪，故定嫡庶，正名分，《春秋》以王者之道繩天下，足矣。何必禪哉？書曰『子同生』，所以謹世及之禮也。

清・顧炎武《日知録》卷五《國子》　世子齒於學，自后夔之教胄子而已然矣。『師氏』以三德教國子，『保氏』掌養國子以道而教之六藝，而王世子不别置官，是世子之與國子齒也。是故『諸子』掌國子之倅，國有大事則帥國子而致於大子，惟所用之。非平日相習之深，烏能得其用乎？後世乃設東宫之官而分其職秩，於是有内外宫朝之隔，而先王之意失矣。

又　卷六《文王世子》　文王之為世子，朝於王季，日三。雞初鳴而衣服，至於寢門外。不獨文王之孝，亦可以見王季之其勤也。為父者未明而衣，則為子者雞鳴而起矣。苟宴安自逸，又何怪乎其子之惰四支而不養也？是以《小宛》之詩必曰『夙興夜寐』，而管寧三日晏起，自訟其愆。古人之以身行道者如此。

清・葉方藹等《孝經衍義》卷二二《天子之孝・早諭教》　臣按《既醉》之詩云：『君子有孝子，孝子不匱。』言君子既孝，而嗣子又孝，其孝斯為源源不竭也。《文王有聲》之詩云：『詒厥孫謀，以燕翼子，武王烝君也哉！』言能燕安輔翼其子，是乃宜為君者也。故《記》曰：此數世之仁也。未有篤於天性而可疏於訓儲者，苟副德之不光，即於君子之孝有闕而愧於烝哉者矣。《易・蒙》之《彖》曰：『蒙以養正，聖功也。』《象》曰：『君子以果行育德。』蓋言教諭之宜早也。

臣按《説卦傳》言『帝出乎《震》。』又曰『萬物出乎《震》。《震》，東方也。』又曰『《震》為雷，為龍，為玄黄。』帝者，天之主宰，即乾父坤母是也。萬物之出入，帝為之主宰。東方，物之始生，於時為春，所謂元而亨，此元良之義所由起也。故太子謂之東宫。天用莫如龍，龍者《乾》象，《震》之一陽乃《乾》體為雷為龍，有乘六御天、雲行雨施之義。《乾》、《坤》之交，兼有天地之色，孔《疏》以為雜而成蒼也。故東宫曰青宫。又《大象》：『君子以恐懼脩省。』恐懼脩省者，所以致中和，位天地，育萬物。雖聖性得之，猶加聖心焉。此教諭之宜早也。《序卦》：以《震》繼《鼎》，太子主器傳重，所以正位凝命者也。故隆山李氏曰：必以戒懼存心，以威重為質，德望素著，足以畏服斯人之心，則以之守宗廟社稷而為祭祀之主。作《易》者以《乾》為人君之象，以《震》為太子之象，庶幾可見云。

臣按武王崩，成王幼，則當武王時，固有不及於教世子者。及成王即位，則已正乎為君矣，正乎為君則已不及乎為人子為人臣，然世固未有不能乎為子為臣而能為君、父者也，而又不可正教之以為人子為人臣，則寄臣、子之法於伯禽。公之用意苦而慮深遠矣。厥後成王果能敬脩厥德，令問曰隆。今觀之《詩》，一則曰『念茲皇祖，陟降庭止』，再則曰『休矣皇考，以保明其身』，成王之為君也，成王之為世子而已矣。太甲惟不能乎為子，故君道多闕，尹之不為公之抗法也，同、異姓之別也。然其言曰『密邇先王其訓，毋俾世迷，』仍教之為世子而已。夫為人君者，猶不可不抗之以世子之法而顧曠之於為世子之日，抑獨何哉？

臣按教之以禮則嚴威莊敬，而無惰慢邪僻之容；教之以樂則柔順從容，而無勉強迫促之累。然禮非他，即父子、君臣、長幼之秩然而序者是也。樂非他，即父子、君臣、長幼之藹然而和者是也。【略】

臣按《周官》，太師、太傅、太保，茲惟三公，論道經邦，燮理陰陽。少師、少傅、少保曰三孤，貳公弘化，寅亮天地。公、孤皆冠『冢宰』、六卿之上，又官不常設，或用六卿兼領，蓋其任至重。而教世子之官有師保傅太、少者，賈誼云：成王幼在襁褓之中，召公為太保，周公為太傅，太公為太師。又班彪云：成王為孺子時，出則周公、召公，入則太顛、閎夭、散宜生、南宮括。然則世子師、保、傅之官，即周之公、孤，特其官既不必備，而世子前後出入，不應闕人。蓋當立制之初，人才甚盛，自不患無人，而特慮乎後之或濫居其位者，故必嚴其選，毋取乎為具臣而已也。秦時有太子師傅，漢以叔孫通為太子太傅，位次太常。自是東宮官自有師、保、傅，而其後則位次亦與天子之公、孤相埒，或層累陞加，或兼官遙領，蓋第以為優禮大臣之官，而甚則以寵外吏及武臣，於先王教養世子與不必備官之意，無復有毫髮之相及者矣。

陳櫟解此經，以為此師、保之職，即《周禮》『師氏』教國子以德行，『保氏』養國子以六藝、六儀者。鄭氏於『師』、『保氏』，亦即引《世子篇》為証，特其官為中、下大夫，屬於地官，為不可解。然考《書敘》云：周公為師，召公為保。聖、賢下兼此官，則二公即兼二氏之職。而後或者沿為制常，以公而兼領之歟？大抵先王之輔翼太子與其自治，同以燮理陰陽，寅亮天地，與詔王媺、諫王惡者，即為教太子之官。蓋甚慎乎世子之有君道也。

四輔，《尚書大傳》云：古者天子必有四鄰，前曰疑，後曰丞，左曰輔，右曰弼。天子有問無以對，責之疑；可志而不志，責之丞；可正而不正，責之輔；可揚而不揚，責之弼。此與師、保並云設，大較師、保亦得兼此四官。《記》不言教世子者，明與君同也。王者自謹其前後左右，必慮乎世子之前後左右。而後世勤於為治之君，或未以儲嗣為慮者，亦為得其一而遺其一者也。

臣按春秋二百四十二年，惟此書『子同生』，以桓公能舉行古者國君生世子之禮，故嘉而書之也。蓋雖未正其為世子之名，而已舉之以世子之禮，又不獨定國本而繫人心，且可教之以豫。考之《禮》：異為世子室，擇諸母寬裕慈惠、溫良恭敬、慎而寡言者，使為子師。即此意也。夫位不素定與既定而不早建，此楚共王之埋璧太室之庭，而五子卒無適立，卜之于神，無當璧拜者。事見《左傳》昭十三年。以貽數世禍者也。

臣按叔時大指，謂輔翼太子以成其德，而進德之資莫切於講學。所為教之《春秋》、教之《世》、教之《詩》、禮、樂，教之《令》，教之《語》，教之《故志》、《訓典》，皆是也。蓋熟之復之於聖賢之書，參之於善敗之跡，其為忠信、禮義、仁孝之助者，不少矣。然脩德進業，固在於太子，而朝夕納誨，尤必慎簡其人。其人必自範於先王之教，而後明先王之教以教之，庶乎肅而不玩，巽而易入也，《世子》之篇云『觀太傅之德行而審喻之者』是也。審則審之於倫物，喻則喻之於道義，豈僅《詩》、《書》六藝之文而已哉！

抑臣又按，孝為德之本。叔時云『明恭儉以道之孝』，又云『孝順以納之』。胥臣語晉文公，亦言『文王在母不憂，事王不怒』，則文王之能為世子，文王之止於孝也。教世子者，必先之以孝，而成之以學。故曰『若川然有原，以印浦而後大。』

清·毛奇齡《春秋毛氏傳》卷八《桓公》　冬，曹伯使其世子射姑來朝。諸侯有相朝之禮，曹伯欲朝魯而病不能行，因遣世子代朝之禮也。《傳》稱享曹太子時，獻樂而歎，正為父病，故冬遣世子來朝，而入春即曹伯病卒。此皆無所美刺者。《公》、《穀》謂世子不當抗諸侯之禮，此固不識周制；而胡氏復謂世子固有攝君朝聘之事。然諸侯朝天子，則攝之；諸侯自相朝，即不然。按《周禮·典命》職：『諸侯之適子，誓于天子，誓者，受命也。而攝其君，則下其君之禮一等。未誓，則以皮帛繼子、男。』謂諸侯世子已受天子命者，則朝聘時但下君一位，公之子與侯等，侯之子與伯等，伯之子與子、男等。未受命者，則但以皮帛隨子、男之後。此諸侯世子攝君朝聘天子之禮也。若諸侯自相朝，則不問已誓、未誓，杜氏謂曹世子未誓，無據。概降君一等，各以其國上卿之禮待之。故《傳》曰：賓之以上卿，享曹太子。蓋諸國上卿，無不下君一等者。今曹伯之子下伯一等，當如子、男，不得繼子、男之後，故曰賓之以上卿。此正諸侯世子攝君相朝之禮，與攝君朝聘天子相分別處。而胡氏又謂世子攝君，但可行于天子而不可行于諸侯，誤矣。

先仲氏曰：胡《傳》有不可解者。既云諸侯老疾，使世子攝己事，以見天子；又云君疾而儲副出，啓窺伺之心，危道也。夫同一朝聘，而在諸侯虞竊發，在天子即不虞竊發，何以解之？射姑，世子名。

清·惠士奇《春秋説》卷一五《哀公》　古有國君世子生之禮，告于君，接以太牢，三日，卜士負之，保受之，大夫之妾、士妻食之，射人以桑弧蓬矢六，射天地四方。凡接子擇日，謂三日之中，必選其吉，冢子則太牢，非冢子則降一等。及三月名子，則君與夫人沐浴朝服，皆立于阼階，西鄉。世婦抱子，升自西階，君名之，乃降書曰『某年某月某日某生』而藏之。此桓六年：『九月丁卯，子同生』，所以書於策也。《傳》稱：子同生，以太子生之禮舉之，公與文姜、宗婦命之，命之曰同。宗婦，即所謂世婦抱子者。其接之，負之，食之，皆與禮合。蓋三月命名于路寢且告廟，而追書其子生之月日，《傳》固明言以太子之禮舉之矣。

曷為不稱世子而稱子？孔《疏》以為待其長大，特加禮命，如後世策拜臨軒，初生之時未得即稱世子。豈其然乎？《春秋》書『子同生』者，謹其始；書『子般卒』者，慎其終。一始一終，皆稱『子』，繫諸君父也。推而上之，雖王世子生及卒，亦稱『子』。《書·顧命》曰：『乙丑，王崩，逆子釗於南門之外。』『明王崩，世子稱子。天子然，諸侯亦然。其異者，諸侯之適子，誓于天子，攝其君，則下其君之禮一等。未誓，則以皮帛繼子、男。桓九年，曹伯使其世子射姑來朝。《傳》稱：賓之以上卿。上卿者，公之孤，四命，以皮帛眡小國之君，繼子、男之後。僖八年，洮之盟，陳世子欵繼許男、曹伯。成十五年，戚之盟，宋世子成亦繼曹伯，而在齊國佐前，與上卿同列。蓋世子之未誓于天子者歟？獨齊世子光，八列於會盟征伐，其五會皆繼子、男之後，則亦未誓于天子也。其三伐，則與子男同列，一在滕、薛上，莒、邾下，二在衛、曹下，莒、邾上。故曰『光之立也，列於諸侯矣』。

清·惠士奇《禮説》卷七《春官二》　《春秋》桓九年：冬，曹伯使其世子射姑來朝。十年：春，曹伯終生卒。蓋世子冬朝而曹伯春卒，故知曹伯有疾，使其世子來朝。《春秋》志之，以為合於禮。《公羊》謂譏父老子代，而依違其説，未知在曹在齊。在齊者，世子光代父出會；在曹者，世子射姑代父來朝。《穀梁》謂：曹使世子伉諸侯之禮，則失在曹；魯以待人父之道待人之子，則失在魯。獨《左氏》以為曹太子來朝，賓之以上卿，禮也。

《典命》職：凡諸侯之適子，誓于天子，攝其君，則下其君之禮一等。未誓，則以皮帛繼子、男。而周制，大國之卿當小國之君。曹世子未誓，故待以上卿皮帛繼子、男之禮。何休《膏肓》謂：《左氏》以人子安處父位，尤非衰世救失之宜，於義為短。康成《箴》云：必如所言，父有老耄罷病，孰當理其政，預王事也。蘇寛亦云：誓于天子，下君一等；未誓，繼子、男。皆降下其君，非安居父位。然則攝者，攝行其事，不居其位也，吉凶皆然。父有癈疾不勝喪，則適孫承重為攝主，不得以父在為辭。吉禮可攝，則凶禮獨不可攝乎？

清·方苞《儀禮析疑》卷一《士冠禮》　《疏》義支離。【略】既謂大夫冠不以二十，故據《大戴禮·公冠篇》，謂公冠四加，又據《家語·冠頌》，謂王大子之冠擬公。不知《公冠篇》四加玄冕，不過約此經『三加爵弁』而意為之説；《冠頌》則又傅會《公冠篇》而為之説耳。天子之元子，士也，天下無生而貴者，則其為妄説，明矣。如其言士三加，用爵弁，其上服也。公、侯當以衮冕、鷩冕為四加而以玄冕。何義乎？陳氏祥道又謂天子之冠宜五加，皆無稽之言。據《左傳》，諸侯十二而冠，因援《尚書》『王與大夫盡弁』，而以《大戴記》『文王十三而生伯邑考』證之。不知成王之時，周邦新造，三叔流言，多方攜貳，故禮以權制，既葬而冠。如《家語》所云，是不可知。若千八百國之諸侯，上統于天子，下監以方伯、連帥，夾輔以守卿，嗣子幼弱，正當從容督教，以徐觀其性行，必象賢而後繼世，不宜定為十二而冠之禮，以長其驕惰也。秦王政年二十有一而冠，載在《秦紀》，則變易周公之典禮者，至少可知矣。魯襄公之冠，或衰周慝禮，晉侯不察而使魯行焉。至文王十三而生伯邑考，則理必無之。

《詩》曰：『文王嘉止，大邦有子。』適當其年之謂也。周公自述父母之事，列於《雅》歌，豈反有不信而可以尨言亂之乎？

清・徐文靖《管城碩記》卷一三《禮二》　夏初以上，諸侯雖有幼而即位者，亦以士禮冠之，但大夫及士緇布之冠，無緌。《雜記》曰：大帛、緇布之冠不緌。謂此也。諸侯位尊，則有緌。《玉藻》曰：緇布冠，繢緌。謂諸侯也。諸侯冠禮與士異，故《大戴記》有《公冠篇》，加玄冕為四加也。天子之元子，士也，冠禮與士同，但四加，與公冠同。若天子，則與士異，故《玉藻》曰：玄冠朱組纓天子之冠也。鄭氏注曰：始冠之冠也。《大戴記》曰：成王冠，周公為祝詞，使王近於人，遠於年，嗇於時，惠於財。是天子舊有冠禮，其後乃亡之耳。天子與諸侯十二而冠，士則二十而冠耳。漢河間獻王得《古禮》於古淹中，其中却有天子諸侯禮，所以班固言：愈於推《士禮》而致於天子諸侯之禮。是固時其書尚在，而今亡矣。

清・汪越《讀史記十表》卷三《六國表・讀六國表補》　秦嗣君生，或書或不書，何也？有故則書，無則否。書生靈公，書生獻公，書惠公太子生，書孝公生。《本紀》載孝公之言曰：『往者厲、躁、簡公、出子之不寧，國家內憂，未遑外事，諸侯卑秦，醜莫大焉。』故書此，見內亂也。秦至孝公用商鞅，始大。

清・上書房總師傅等《古今儲貳金鑑》卷一《周平王》　臣等謹按：建立儲貳，三代以來踵行故事，變故相仍，未有能力除其弊者。周平王以冢嗣而遭讒廢，外假强援，入承宗緒，漸致犬戎內逼，周轍東遷。論者謂檿弧箕服，禍機先兆，實嬖寵易儲，有以致之，而未足以盡致變之由也。向使幽王無明立太子之事，則褒姒何所庸其搆誣？虢父何所施其傾軋？申侯何所挾以為重？犬戎何所藉以為資？盤石苞桑，未易動也。幽王狃於儲貳之建，即位初年，早立元嗣；及寵褒姒，生伯服，輒信讒廢黜，欲求故太子殺之。不子其子，孰甚焉？平王貪天位而棄人倫，假手仇讐，甘心弒逆，《揚水》一詩，心跡顯然，可謂不父其父矣。設核平王之心，以定平王之罪，其不可膺神器明甚。特平王之廢，非其罪，而幽王建立之初，未能早見及此，遂至身隕國危，宗周不振，則當日建儲之失也。春秋時若晉申生、楚商臣，皆以列國世子身罹讒慝，致召釁端；其他兄弟傾奪、嫡庶分爭者，不可勝紀。然則有國家者欲泯禍亂之萌，於建儲一事，所宜深戒。

又　卷一《王子帶》　臣等謹按：襄王為太子時，偪於母弟之寵，賴諸侯盟首止而位乃定。及惠王崩，猶懼不得立，復盟諸侯於洮，而後即位。蓋繼體若是之難也。夫惠王果有意叔帶，固當內斷於衷，畀以嗣位，不待欲廢太子，始謀立之。設以太子鄭可繼宗祧，雖母后偏寵，豈宜輕易？觀其廢棄，曾不旋踵，知建立太子，徒循具文也。儲位至重，既不審慎於前，又欲移易於後，是躬啓後世以爭端。所以襄王即位，歷十餘年而其亂未已也。齊立襄而桓公霸，晉殺帶而文公復霸，徒使天王廢立，政由諸侯，主柄焉得不移？國勢焉得不替？後之鑑古者，可不知所懼乎？

雜録

《左傳・僖公三十三年》　太子商臣譖子上曰：『受晉賂而辟之，楚之恥也。罪莫大焉。』王殺子上。

又《宣公十七年》　冬，公弟叔肸卒，公母弟也。凡大子之母弟，公在曰公子，不在曰弟。注：以兄為尊。凡稱弟，皆母弟也。注：此策書之通例也。庶弟不得稱公弟，而母弟或稱公子。若嘉好之事，則仍舊史之文。惟相殺害，然後據例以示義，所以篤親親之恩，崇友于之好。《釋例》論之備矣。

又《成公十年》　晉侯有疾，五月，晉立大子州蒲以為君，而會諸侯伐鄭。注：生立子為君，此父不父，子不子，經因書『晉侯』，其惡明。

又《昭公十一年》　冬十一月，楚子滅蔡，用隱大子于岡山。注：蔡靈公之大子，蔡侯廬之父。申無宇曰：『不祥。五牲不相為用，況用諸侯乎！注：五牲，牛、羊、豕、犬、雞。王必悔之。』注：悔為暴虐。

又《昭公二十一年》　三月，葬蔡平公。蔡大子朱失位，位在卑。注：不在適子位，以長幼齒。大夫送葬者歸，見昭子。昭子問蔡，故以告。昭子歎曰：『蔡其亡乎！若不亡，君也必不終。《詩》曰：「不解于位，民之攸墍。」注：《詩・大雅》。墍，息也。今蔡侯始即位而適卑，身將從之。』

《戰國策》卷一三《齊六》　（淖齒）於是殺閔王於鼓里。太子乃解衣免服，逃太史之家，為溉園。

《韓非子》卷五《備内》　且萬乘之主，千乘之君，后妃夫人適子為太子者，或有欲其君之蚤死者。何以知其然？夫妻者，非有骨肉之恩也，愛則親，不愛則疏。語曰：其母好者其子抱。然則其為之反也，其母惡者其子釋。丈夫年五十而好色未解也，婦人年三十而美色衰矣。以衰美之婦人，事好色之丈夫，則身見疏賤而子疑不為後。此后妃夫人之所以冀其君之死者也。唯母為后而子為主，則令無不行，禁無不止，男女之樂不減於先君，而擅萬乘不疑。此鴆毒扼昧之所以用也。故《桃左春秋》曰：人主之疾死者，不能處半。人主弗知，則亂多資。故曰利君死者衆，則人主危。

宦官制度部

綜　述

《周易・説卦》　《艮》，【略】為閽寺。唐孔穎達《正義》：爲閽寺，取其禁止人也。

《周禮・天官・冢宰》　酒人，奄十人，女酒三十人，奚三百人。漢鄭玄注：奄，精氣閉藏者，今謂之宦人。《月令》：仲冬，其器閎以奄。女酒，女奴曉酒者。古者從坐男女，沒入縣官為奴，其少才知以為奚。今之侍史官婢，或曰奚，宦女。唐賈公彥疏：奄十人，以其與女酒及奚同職，故用奄人。奄不稱士，則此奄亦府史之類，以奄為異也。言女酒三十人，則女酒與奚為什長，若胥徒也。奚三百人，以其造酒故，須人多也。【略】案《月令》冬三月，皆云其氣閎以奄，獨引仲冬者，以其十一月，一陽初生，以其奄人雖精氣閉藏，猶少有精氣故也。又云女酒，女奴曉酒者云云，鄭依《秋官・司厲》從坐男女，沒入縣官為奴，則奴者，男女同名，以其曉解作酒有才智，則曰女酒；其少有才智給使者，則曰奚。已下云曉者，謂曉解當職之物，不復重釋之也。侍史官婢，舉漢法言之。又云或曰宦女者，漢時有此別號。按《左氏》：晉惠公之女名妾，稱為宦女。謂宦事秦公子，亦云宦女也。

酒人：掌為五齊、三酒，祭祀則共奉之，以役世婦。共賓客之禮酒、飲酒而奉之。凡事共酒，而入于酒府。凡祭祀，共酒以往。賓客之陳酒，亦如之。

漿人，奄五人，女漿十有五人，奚百有五十人。注：女漿，女奴曉漿者。疏：在此者，案其職云：掌供王之六飲，入于酒府。飲是酒類，故在此也。

漿人：掌共王之六飲：水、漿、醴、涼、醫、酏，入于酒府。共賓客之稍禮。共夫人致飲于賓客之禮：淸醴、醫、酏糟，而奉之。凡飲共之。

籩人，奄一人，女籩十人，奚二十人。注：竹曰籩。女籩，女奴之曉籩者。疏：在此者，案其職云：掌四籩之實。亦是薦羞之事，故在此也。【略】知竹曰籩者，更無異文，見竹下為字，即知以竹為之，故云竹曰籩也。

籩人：掌四籩之實。朝事之籩，其實麷、蕡、白、黑、形鹽、膴、鮑魚、鱐。饋食之籩，其實棗、㮚、桃、乾䕩、榛實。加籩之實，蔆、芡、㮚、脯。羞籩之實，糗餌、粉餈。凡祭祀，共其籩薦羞之實。喪事及賓客之事，共其薦籩羞籩。為王及后、世子，共其内羞。凡籩事掌之。

醢人，奄一人，女醢二十人，奚四十人。注：醢，豆實也。不謂之豆，此主醢，豆不盡于醢也。女醢，女奴曉醢者。疏：案其職云：掌四豆之實。亦是薦羞，故在此也。【略】云不謂之豆者，決上『籩人』不以籩中之實為名而以籩為官號，此即以豆中之實為官號。不謂之豆人，此是問辭，鄭還自答。豆不盡於醢者，其豆之所盛，非止此職中四豆之實而已。天子豆百二十，上公豆四十，侯、伯豆三十二，子、男豆二十四，上大夫二十，下大夫十六。彼有膷臐、膮胾、炙膾之屬，其數甚多，是豆不盡盛醢而已。若言豆人，恐彼竝掌之。此醢人，惟掌此四豆之實而已，故不得言豆人而言醢人也。

醢人：掌四豆之實。朝事之豆，其實韭菹、醓醢、昌本、麋臡、菁菹、鹿臡、茆菹、麇臡。饋食之豆，其實葵菹、蠃醢、脾析、蠯醢、蜃、蚳醢、豚拍、魚醢。加豆之實，芹菹、兔醢、深蒲、醓醢、箈菹、鴈醢、筍菹、魚醢。羞豆之實，酏食、糝食。凡祭祀，共薦羞之豆實。賓客、喪紀，亦如之。爲王及后、世子，共其内羞。王舉，則共醢六十罋，以五齊、七醢、七菹、三臡實之。賓客之禮，共醢五十罋。凡事共醢。

醯人，奄二人，女醯二十人，奚四十人。注：女醯，女奴曉醯者。疏：醯人在此者，案其職云：掌共五齊七菹，以供醯物。則與『醢人』職通。醢人惟主作醢，但成齊菹，必須醯物乃成，故醯人兼言齊菹而連類在此也。

醯人：掌共五齊、七菹，凡醯物，以共祭祀之齊、菹，凡醯、醬之物。賓客，亦如之。王舉，則共齊、菹醯物六十甕。共后及世子之醬、齊、菹。賓客之禮，共醯五十甕。凡事共醯。

鹽人，奄二人，女鹽二十人，奚四十人。注：女鹽，女奴曉鹽者。疏：在此者，案其職云：掌鹽之政令，以供百事之鹽。鹽所以調和上食之物，故亦連類在此也。

鹽人：掌鹽之政令，以共百事之鹽。祭祀，共其苦鹽、散鹽。賓客，共其形鹽、散鹽。王之膳羞，共飴鹽。后及世子，亦如之。凡齊事，鬻鹽以待戒令。

幂人，奄一人，女幂十人，奚二十人。注：以巾覆物曰幂。女幂，女奴曉幂者。疏：幂人在此者，案其職云：掌供巾幂。所以覆飲食之物，故次飲食後。

幂人：掌共巾幂。祭祀，以疏布巾幂八尊，以畫布巾幂六彝。凡王巾皆黼。

内小臣，奄上士四人，史二人，徒八人。注：奄稱士者，異其賢。疏：在此者，案其職云：掌王后之命，正其服位。案《夏官·大僕》職云：出入王之大命，正其服位。則此小臣侍后，職與大僕侍王同，亦是佐后之事，故在此。用奄者，以其所掌在内故。【略】案上『酒人』、『漿人』等奄，並不稱士，則非士也。獨此云，以其有賢行，命為士，故稱士也。案《詩》巷伯，奄官也。注云：巷伯，内小臣。小臣於宮中為近，故謂之巷伯。必知巷伯與小臣為一人者，以其俱名奄，又言巷，亦宮中為近；又稱伯，長也，内小臣又稱士，亦是長義，故知一人也。

内小臣：掌王后之命，正其服位。后出入，則前驅。若有祭祀、賓客、喪紀，則擯詔后之禮事，相九嬪之禮事，正内人之禮事。徹后之俎。后有好事于四方，則使往；有好令於卿大夫，則亦如之。掌王之陰事、陰令。

閽人，王宮每門四人，囿游亦如之。注：閽人，司昏晨以啓閉者。刑人墨者使守門。囿，御苑也。游，離宮也。疏：在此者，以其掌守中門之禁。王宮在此，故亦在此。《周禮》之内有同官別職，則此『閽人』每門及囿游同名閽人而職別。《山虞》、《澤虞》云：每大澤大山及川衡、林衡，亦是別職同官也。別官同職者，唯有官聯耳。【略】云閽人，司昏晨以啓閉者，此釋名閽人之意。昏時閉門，則此名閽人也；晨時啓門，則《論語》謂之晨人也，皆以時事為名耳。又云刑人墨者使守門，此《秋官·掌戮》職文。鄭彼注云：黥者無妨於禁禦，欲使守門。案其職云掌守中門之禁，言中門則惟雉門耳，而言每門者，彼言中門，據有禁守者言之，其實王之五門皆使墨者守之。或解以為王有五門，四面皆有中門，故言每門，義亦通也。案《禮記》云：古者不使刑人守門。彼鄭注謂夏殷時。《公羊》云：閽殺吳子餘祭，近刑人，輕死之道。彼據人君加之寵，故云近刑人，輕死之道。若君有防衛不親近，則非近刑人。其劓者使守關，以其醜惡遠之，不得約彼，即以十二門皆使墨者也。《詩》云『昏椓靡共』，《箋》云：皆奄人。彼據后宮門，故使奄者也。

閽人：掌守王宮之中門之禁。喪服凶器不入宮，潛服賊器不入宮，奇服怪民不入宮。凡内人、公器、賓客無帥，則幾其出入。以時啓閉。凡外、内命夫命婦出入，則爲之闢。掌埽門庭。大祭祀、喪紀之事，設門燎，蹕宮門、廟門。凡賓客，亦如之。

寺人，王之正内，五人。注：寺之言侍也。《詩》云『寺人孟子』。正内，路寢。疏：在此者，案其職云：掌王之内人及女宮之戒令，故在此。【略】云寺之言侍者，欲取親近侍御之義，此奄人也。知者，見僖二十四年，晉文公既入，呂、郤欲焚公宮，寺人披請見，公使讓之且辭焉。披曰：『齊桓公置射鉤而使管仲相。君若易之，行者甚衆，豈唯刑臣？』彼寺人披自稱刑人，明寺人，奄人也。若然，寺人既掌内人，不掌男子，而《秦詩》云：欲見國君，先令寺人，而掌男子者。彼秦仲，宣王命作大夫，始大，有車馬，其官未備，故寺人兼小臣，是以寺人得掌男子。《詩》云『寺人孟子』者，引證經『寺人孟子』同也。又云正内，路寢者，寺人既不得在王之路寢，而云正内五人者，謂在后之路寢耳。若王之路寢，不得稱『内』，以后宮故，以『内』言之。故先鄭下注：后六宮，前一後五，前一則路寢。

寺人：掌王之内人及女宮之戒令，相道其出入之事而糾之。若有喪紀、賓客、祭祀之事，則帥女宮而致於有司。佐世婦治禮事。掌内人之禁令。凡内人弔臨於外，則帥而往，立于其前而詔相之。

内豎，倍寺人之數。注：豎，未冠者之官名。疏：在此者，案其職云：掌内外之通令，凡小事，故與寺人連類在此也。【略】《春秋左氏傳》：叔孫穆子幸庚宗婦人而生牛，以為豎官，則亦童豎未冠者。必使童子為之者，鄭於其職注云：使童豎通王内外之命，給小事者，以其無與為禮，出入便疾也。

内豎：掌内外之通令，凡小事。若有祭祀、賓客、喪紀之事，則爲内人蹕。王后之喪，遷于宮中，則前蹕；及葬，執褻器，以從遺車。

内司服，奄一人，女御二人，奚八人。注：内司服主宮中裁縫，官之長。有女御者，以衣服進，或當於王，廣其禮，使無色過。疏：以其掌后已下大服，言内司服者，非是對《春官·司服》男子服為内，但是男子之服不言外者，在外是其常也，故不須言外而外自顯。但以婦人在内，故婦人之事多言『内』，若不言『内』，無以得見婦人之物。不與《春官·司服》同處者，以從内官之例，故在此。有奄一人者，以其衣服事，多須男子兼掌，以與婦人同處，故用奄也。【略】言主宫中裁縫，官之長者，謂與下文『縫人』為長。又云有女御者，以衣服進，或當於王，廣其禮，使無色過者，以此女御，還是女奴曉進御衣服者，故與『女酒』、『女祝』、『女史』同號『女』也。以衣服進，謂進衣于王，王見之，或當王意，廣其禮，得與八十一『女御』同名，欲見百二十人外，兼有此女御之禮，王合御幸之，使王無淫色之過，故名女御也。

縫人，奄二人，女御八人，女工八十人，奚三十人。注：女工，女奴曉裁縫者。疏：在此者，案其職云：掌王宫縫線之事，以縫王及后之衣服，故在此也。奄二人，亦是縫線事多，須有男子故也。有女御者，義同於上也。有女工者，謂女奴巧者，鄭云曉裁縫者也。

縫人：掌王宫之縫線之事，以役女御，以縫王及后之衣服。喪，縫棺飾焉，衣翣柳之材。掌凡内之縫事。

又《地官·司徒》 舂人，奄二人，女舂抌二人，奚五人。注：女舂抌，女奴能舂與抌者。抌，抒臼也。《詩》云：『或舂或抌。』疏：有奄者，以其與女奴同處故也。在此者，與『倉人』、『廩人』、『饎人』連事，故亦連類在此。其職云：掌祭祀、賓客牢禮之米。所共多矣，而舂人少者，蓋舉其能者，亦應兼有别奚於其中矣。【略】引《詩》『或舂或抌』者，彼《生民》詩。引之者，證舂抌之事也。

舂人：掌共米物。祭祀，共其齍盛之米。賓客，共其牢禮之米。凡饗食，共其食米。掌凡米事。

饎人，奄二人，女饎八人，奚四十人。注：鄭司農云：饎人，主炊官也。《特牲饋食禮》曰：主婦視饎爨。疏：在此者，其職云：凡祭祀共盛。共王及后之六食。凡賓客，共其簠簋。不在天官而在此者，以其因『舂人』，又因地道之成，故在此。

饎人：掌凡祭祀共盛。共王及后之六食。凡賓客，共其簠簋之實。饗食，亦如之。

槀人，奄八人，女槀每奄二人，奚五人。注：鄭司農云：槀讀爲『犒師』之『犒』。主冗食者，故謂之犒。疏：案其職云：掌共外、内朝冗食者之食。所共處多，故有奄八人。又女槀每奄二人，奚五人也。【略】案《左傳春秋》僖三十三年，秦人將襲鄭，鄭商人弦高將市於周，遇之，以乘韋先牛十二頭犒秦師，遂詐之云：『鄭使我犒勞軍師。』引之者，以在朝之人不得歸家，亦枯槁，以須犒勞之，故名其官爲犒人。亦同『廩人』連類在此。

槀人：掌共外、内朝冗食者之食。若饗耆老、孤子、士庶子，共其食。掌豢祭祀之犬。

又《春官·宗伯》 守祧，奄八人，女祧每廟二人，奚四人。注：遠廟曰祧。周為文王、武王廟，遷主藏焉。奄如今之宦者。女祧，女奴有才知者。天子七廟，三昭三穆。奚，女奴也。疏：遠廟為祧。案其職云：掌先王、先公之廟祧。若將祭祀，則各以其服授尸。故列職在此。有奄八人者，以其與女祧及奚婦人同處，故須奄人。通姜嫄為八廟，廟一人，故八人也。【略】遠廟曰祧者，案《祭灋》云：遠廟為祧，有二祧，享嘗乃止。鄭云：祧之言超也，超，上去意也。云周為文王、武王廟，遷主藏焉者，案《王制》及《祭灋》云：王立七廟，有二祧之文。鄭知周之二祧是文、武者，鄭義二祧則祖、宗是也。故《祭灋》云：祖文王而宗武王。鄭云：祖、宗，通言爾。是祖其有德，宗其有功，其廟不毁，故云祧也。知遷主藏焉者，以其顯考已下，其廟毁，不可以藏遷主。文、武既不毁，明當昭者藏於武王廟，當穆者藏於文王廟可知，故云遷主藏焉。若文、武已上父祖，不可入下子孫之廟，宜藏於后稷之祖廟。文、武既為二祧，后稷為大祖廟，不可復稱祧，故不變本名，稱大祖也。諸侯既不可與天子同有二祧，其遷主則總藏於大祖廟，則謂大祖廟為祧。故《聘禮》云『不腆先君之祧，既拚以俟矣』是也。云奄如今之宦者，漢以奄人為内官，則名奄人為宦，故舉以況之也。云女祧，女奴有才智者，亦若《天官》云『女酒』、『女漿』、『女祝』下文云『女史』之類，皆女奴有才智者為之，無才智者即入奚類也。云天子七廟已下，並《王制》文。七廟者，據周而言；若殷人已上，依《禮緯》，唐人五廟，夏亦五廟，殷六廟，與周不同也。

守祧：掌守先王、先公之廟祧，其遺衣服藏焉。若將祭祀，則各以其服授尸。其廟則有司脩除之，其祧則守祧黝堊之。既祭，則藏其隋與其服。

世婦，每宫卿二人，下大夫四人，中士八人，女府二人，女史二人，奚十有六人。注：世婦，后宫官也。王后六宫。漢始大長秋、詹事、中少府、大僕亦用士人。女府、女史，女奴有才智者。疏：名世婦者，以其主婦人之事。王后已下至女御言世婦，舉中以為名也。在此者，案其職云：掌女宫之宿戒及祭祀，比其具。是祭事，故列職於此也。云每宫卿二人者，王后有六宫，每宫卿二人，則十二人也。此主婦人，則卿大夫士並奄人為之。若然，《天官》云：内小臣，奄上士四人。鄭云：奄稱士，異其賢。似卿大夫不用奄人者。案彼《天官》之内職，内有婦人者皆用奄人，獨此宫卿大夫士與下『女府』、『女史』、『奚』同居不用奄，非其宜。但此經不言奄，故鄭亦不言奄。其實是奄可知。是以賈、馬皆云：奄卿也。然鄭云漢始大長秋，亦見周時用奄之義也。但《天官》惟有『小臣』是上士，用奄人，鄭即云：奄稱士，異其賢也。若然，小臣上士言奄，此不言奄者，但上《天官》共婦人同職，皆已言奄，於此略而不言耳。案王之六卿，皆六命；十二小卿，皆四命。此六宮十二卿不言命數，亦可當小宰、小司徒等十二小卿，同用四命中大夫為之，以其同十二人故也。

世婦：掌女宮之宿戒。及祭祀，比其具。詔王后之禮事，帥六宮之人共齍盛。相外、內宗之禮事。大賓客之饗食，亦如之。大喪，比外、內命婦之朝莫哭，不敬者而苛罰之。凡王后有拜事於婦人，則詔相。凡內事有達於外官者，世婦掌之。

《儀禮·燕禮》 主人【略】辯獻降洗，遂獻左右正與內小臣，皆於阼階上，如獻庶子之禮。漢鄭玄注：左右正，謂樂正、僕人正也。【略】內小臣，奄人，掌君陰事陰令，后夫人之官也。唐賈公彥疏：云內小臣，奄人，掌君陰事陰令，后夫人之官也者，案《天官·小臣序官》云：內小臣，奄上士四人。其職云：掌王之陰事陰令。鄭注云：陰事，羣妃御見之事；陰令，王所求為於北宮。彼后之官，兼云夫人者，欲見諸侯夫人內小臣，亦與后之內小臣職同，故雙言之。

《禮記·文王世子》 文王之為世子，朝於王季，日三：漢鄭玄注：三皆曰『朝』，以其禮同。雞初鳴而衣服，至於寢門外，問內豎之御者曰：『今日安否，何如？』注：內豎，小臣之屬，掌外內之通命者。御，如今小史直日矣。內豎曰：『安。』文王乃喜。

又 **《月令》** 仲冬之月，【略】命奄尹申宮令，審門閭，謹房室，必重閉。注：奄尹，主領奄豎之官也。於周則為『內宰』，掌治王之內政宮令，譏出入及開閉之屬。唐孔穎達《正義》：此奄尹，奄官之尹，於周則『內宰』，俱是主領奄官，身非奄人，故云於周為『內宰』，內宰非奄也。漢高誘《呂氏春秋·十一月紀》注：閹，宮官。尹，正也。於《周禮》為『宮人』，掌王之六寢，故命之申宮令，審門閭，謹房室，必重閉，皆所以助陰氣也。又《淮南子·時則訓》高注：奄，（官）〔宦〕也。尹，正也。申宮令，重戒敕也。

又 **《內則》** 深宮固門，閽寺守之。注：閽，掌守中門之禁也。寺，掌內人之禁令也。

又 **《祭統》** 閽者，守門之賤者也。古者不使刑人守門。注：古者不使刑人守門，謂夏、殷時。《正義》：古者不使刑人守門者，此作《記》之人以見周刑人守門，於祭末又何恩賜與刑人，故明之云：古者夏殷之時，不使刑人守門。雖是賤人，所以得恩賜。【略】云古者不使刑人守門，謂夏殷時者，以《周禮》墨者使守門，故知不使刑人守門，謂夏、殷時也。

又 **《曲禮上》** 刑人不在君側。注：為怨恨為害也。《春秋傳》曰：近刑人，則輕死之道。

《詩經·小雅·巷伯》 《序》：《巷伯》，刺幽王也。寺人傷於讒，故作是詩也。漢鄭玄《箋》：巷伯，奄官。寺人，內小臣也。奄官，上士四人，掌王后之命。於宮中為近，故謂之巷伯，與寺人之官相近。讒人譖寺人，寺人又傷其將及巷伯，故以名篇。

寺人孟子，作為此詩。凡百君子，敬而聽之。漢毛亨《傳》：寺人而曰孟子者，罪已定矣，而將踐刑，作此詩也。《箋》：寺人，王之正內，五人。作，起也。孟子起而為此詩，欲使衆在位者慎而知之。既言寺人，復自著孟子者，自傷將去此官也。

又 **《大雅·召旻》** 天降罪罟，蟊賊內訌。《傳》：訌，潰也。《箋》：訌，爭訟相陷人之言也。王施刑罪，以羅網天下，衆為殘酷之人，雖外以害人，又自內爭相讒惡。昏椓靡共，潰潰回遹，實靖夷我邦。《傳》：椓，夭椓也。潰潰，亂也。靖，謀；夷，平也。《箋》：昏椓，皆奄人也。昏，其官名也；椓，椓毀陰者也。王遠賢者而近任刑奄之人，無肯共其職事者，皆潰潰然。維邪是行者，皆謀夷滅王之國。

又 **《秦風·車鄰》** 未見君子，寺人之令。《傳》：寺人，內小臣也。《箋》：欲見國君者，必先令寺人使傳告之。時秦仲又始有此臣。

《左傳·僖公二年》 （秋）齊寺人貂始漏師于多魚。晉杜預注：寺人，內奄官豎貂也。多魚，地名，闕。齊桓多嬖寵，內則如夫人者六人，外則幸豎貂、易牙之等，終以此亂國。《傳》言貂於此始擅貴寵，漏洩桓公軍事，為齊亂張本。唐孔穎達《正義》：《周禮》『內宰』之屬有『內小臣』，奄上士四人；『寺人』，王之正內，五人。『內豎』，倍『寺人』之數。『寺人』掌王之內人及女宮之戒令，『內豎』掌內外之通令，皆掌婦人之事。是自『內小臣』以下，皆用奄人為官也。鄭玄云：豎，未冠者之官名。然則此人名貂，幼童為內豎之官，以為齊侯所寵，後雖年長，遂呼為豎貂焉。此時為『寺人』之官，故稱寺人貂也。言漏師者，漏泄師之密謀也。漏師已是大罪，此云始者，言其終又甚焉。故言始以為齊亂張本。

又 **《僖公十七年》** 雍巫有寵於衛共姬，因寺人貂以薦羞於公，亦有寵，公許之，立武孟。注：易牙既有寵於公，注：雍巫，雍人名巫，即易牙。爲長衛姬請立武孟。【略】冬十月乙亥，齊桓公卒。易牙入，與寺人貂因內寵以殺羣吏，注：內寵，內官之有權寵者。而立公子無虧。

《管子》 卷一〇 **《戒》** 管子又言曰：『北郭有狗嚾嚾，旦暮欲齧我猳而不使也。今夫豎刁，其身之不愛，焉能愛君？君必去之。』公曰：『諾。』

又 卷一一《小稱》 管仲攝衣冠，起對曰：【略】『公喜宮而妬。豎刁自刑而為公治內。人情非不愛其身也，於身之不愛，將何有於公？』

《韓非子》卷三《十過》 公曰：『然則豎刁何如？』管仲曰：『不可。夫人之情，莫不愛其身。公妬而好內，豎刁自獖，元何犿注：獖勢也。以為治內。其身不愛，又安能愛君？』

《呂氏春秋》卷一六《知接》 公又曰：『豎刁自宮，以近寡人，漢高誘注：宮，害陰為奄人。猶尚可疑耶？』管仲對曰：『人之情，非不愛其身也。其身之忍，又將何有於君？』

《左傳·僖公四年》 （晉獻）公祭之地，地墳；與犬，犬斃。與小臣，小臣亦斃。

又《僖公五年》 及難，宋林堯叟《句解》：及驪姬之難。公使寺人披伐蒲。重耳曰：『君父之命不校。』乃徇曰：『校者，吾讎也。』踰垣而走，披斬其袪，注：袪，袂也。遂出奔翟。

又《僖公二十四年》 呂、郤畏偪，注：呂甥、郤芮，惠公舊臣，故畏為文公所偪害。將焚公宮而弒晉侯。寺人披請見公，使讓之且辭焉，注：辭不見。曰：『蒲城之役，君命一宿，女即至。注：即日至。其後余從狄君，以田渭濱，注：田，獵。女為惠公來，求殺余。命女三宿，女中宿至。雖有君命，何其速也！夫袪猶在，注：披所斬文公衣袂也。女其行乎！』對曰：『臣謂君之入也，其知之矣，注：知君人之道。若猶未也，又將及難。君命無二，古之制也。除君之惡，惟力是視。蒲人、狄人，余何有焉？注：當二君世，君為蒲、狄之人，於我有何義？今君即位，其無蒲、狄乎？《正義》：言獻公之時，君為蒲邑人；惠公之時，君為狄國人。余未事君，何有恩義於君焉。今君即位，其無蒲、狄乎？言有人在蒲在狄，為君猶是也。齊桓公置射鉤，而使管仲相。注：乾時之役，管仲射桓公，中帶鉤。君若易之，何辱命焉？注：言若反齊桓，己將自去，不須辱君命。行者甚衆，豈唯刑臣！』注：披，奄人，故稱刑臣。《正義》：公言『女其行乎』，欲使之出奔也。公若反齊桓，念舊惡，則出奔者，甚衆多矣，豈惟刑臣一人乎？言畏罪者皆將去。公見之，以難告。注：告呂、郤欲焚公宮。

初，晉侯之豎頭須，守藏者也。注：頭須，一曰里鳧須。豎，左右小吏。《正義》：一曰里鳧須者，《史記》謂之里鳧須，與《傳》文不同，必有一謬，故辨出其別，不敢正之。鄭玄《周禮》注云：豎，未冠者之官名。其出也，竊藏以逃，注：文公出時。盡用以求納之。注：求納文公。及入，求見，公辭焉以沐。謂僕人曰：『沐則心覆，心覆則圖反，宜吾不得見也。居者為社稷之守，行者為羈紲之僕，其亦可也，何必罪居者？國君而讎匹夫，懼者甚衆矣。』僕人以告，公遽見之。注：言棄小怨，所以能安衆。

又《僖公二十五年》 晉侯問原守於寺人勃鞮，注：勃鞮，披也。對曰：『昔趙衰以壺飧從徑，餒而弗食。』注：言其廉且仁，不忘君也。徑猶行也。故使處原。注：從披言也。衰雖有大功，猶簡小善以進之，示不遺勞。

《國語》卷八《晉語二》 驪姬與犬肉，犬斃。三國吳韋昭注：斃，死也。飲小臣酒，亦斃。注：小臣，官名，掌陰事陰命，閹士也。

又 卷一〇《晉語四》 初，獻公使寺人勃鞮伐公於蒲城。文公踰垣，勃鞮斬其袪。及入，勃鞮求見，公辭焉，曰：『驪姬之讒，爾射予于屏內，注：樹謂之屏。禮，諸侯內屏。困予于蒲城，斬予衣袪；又為惠公從予于渭濱，命曰三日，若宿而至。注：命使三日，一宿而至。若，汝也。若干二命，以求殺予。注：干，犯也。二命，獻、惠之命。予於伯楚屨困，何舊怨也？注：伯楚，勃鞮字也。屨，數也。數見困，有何舊怨也？退而思之，異日見我。』對曰：『吾以君為已知之矣，故入；注：知為君為臣之道也。入，反國也。猶未之知，又將出矣。注：猶未知之，將復失國出走也。事君不貳，是謂臣；好惡不易，是謂君；注：易，反也。君君臣臣，是謂明訓。明訓能終，民之主也。二君之世，蒲人、翟人，予何有焉？注：當獻、惠之世，君為蒲人、翟人耳。二君之所惡也，于我有何義而不殺君乎？除君之惡，惟力所及，何貳之有？今君即位，其無蒲、翟乎？注：獨無有所畏惡如蒲、翟者乎？伊尹放太甲，而卒以為明王；管仲賊桓公，而卒以為侯伯。乾時之役，申孫之矢集于桓鉤，注：乾時之戰，在魯莊九年。申孫，矢名。鉤，帶鉤也。鉤近於袪而無怨言，注：近，害近也。鉤在腹，袪在手。佐相以終，克成令名。今君之德宇，何不寬裕也？注：宇，覆也。惡其所好，其能久矣？注：言己忠臣，君所當好而反惡之，能久為君乎？君實不能明訓，而棄民主。注：棄為民主之道。予，皋戾之人也，又何患焉！注：勃鞮閹士，故曰皋戾之人。且不見我君其無悔乎？』於是呂甥、冀芮畏偪，悔納公，謀作亂，注：此二子本惠公黨，畏見逼害，故謀作亂。將以己丑焚公宮，公出救火，而遂殺之。伯楚知之，故求見公。公懼，遽見之，曰：『豈不如女言然？是吾惡心也，注：惡心，心惡，謂不恕也。吾請去之。』伯楚以呂、郤之謀告公。公懼，乘馹自下，脱會秦伯于王城，注：馹，傳也。自，從也。下，下道也。脱會，遁行潛逃之言也。王城，秦河上邑。告之亂故。及己丑，公宮火，二子求公不獲，遂如河上，秦伯誘而殺之。

文公之出也，豎頭須，守藏者也，不從。注：豎，文公内豎里鳧須也。公出不從，竊藏以逃，盡用以求納公。公入，乃求見，公辭焉以沐。謂謁者曰：『沐則心覆，注：謁，告也。覆，反也。沐低頭，故言心反也。心覆則圖反，宜吾不得見也。從者為羈紲之僕，注：馬曰羈，夫曰紲。言二者，臣僕之役也。居者為社稷之守，何必辠居者？國君而讎匹夫，懼者衆矣。』謁者以告，公遽見之。

漢·韓嬰《韓詩外傳》卷一〇　晉文公重耳亡，過曹，里鳧須從，因盜重耳資而亡。重耳無糧，餒不能行，子推割股肉以食重耳，然後能行。及重耳反國，國中多不附重耳者。於是里鳧須造見曰：『臣能安晉國。』文公使人應之曰：『子尚何面目來見寡人，欲安晉也？』里鳧須曰：『君沐邪？』使者曰：『否。』鳧須曰：『臣聞沐者其心倒，心倒者其言悖。今君不沐，何言之悖也？』使者以聞，文公見之。里鳧須仰首曰：『離國久，臣民多過君；君反國，而民皆自危。里鳧須又襲竭君之資，避於深山，而君以餒，介子推割股，天下莫不聞。臣之為賊亦大矣，罪至十族，未足塞責。然君誠赦之罪，與驂乘遊於國中。百姓見之，必知不念舊惡，人自安矣。』於是文公大悦，從其計，使驂乘於國中。百姓見之，皆曰：『夫里鳧須且不誅而驂乘，吾何懼也？』是以晉國大寧。

漢·劉向《新序》卷五《雜事第五》　里鳧須，晉公子重耳之守府者也。公子重耳出亡於晉，里鳧須竊其寶貨而逃。公子重耳反國，立為君。鳧須造門，願見文公。方沐，其謁者復，文公握髮而應之曰：『吾鳧須邪？』曰：『然。』『謂鳧須：「若猶有以面目而復見我乎？」』謁者謂里鳧須，鳧須對曰：『臣聞之，沐者其心覆，心覆者言悖。君意沐邪？何悖也！』謁者復，文公見之，曰：『若竊我貨寶而逃，我謂汝猶有面目而見我邪？汝曰君何悖也！是何也？』鳧須曰：『然。君反國，國之半，不自安也。君寧棄國之半乎？其寧有全晉乎？』文公曰：『何謂也？』鳧須曰：『得罪於君者，莫大於鳧須矣。君謂赦鳧須，顯出以為右。如鳧須之罪重也，君猶赦之，況有輕於鳧須者乎！』文公曰：『聞命矣。』遂赦之。明日出行國，使為右。翕然晉國皆安。

《左傳·僖公二十八年》　晉侯有疾，曹伯之豎侯獳貨筮史，注：豎，掌通内外者。筮史，晉史。使曰：『以曹爲解。』注：以滅曹爲解故。

又《成公十七年》　（晉）厲公田，與婦人先殺而飲酒，後使大夫殺。注：《傳》言厲公無道，先婦人而後卿佐。郤至奉豕，注：進之於公。寺人孟張奪之，注：寺人，奄士。郤至射而殺之。公曰：『季子欺余！』注：季子，郤至。公反以為郤至奪孟張豕。

又《襄公二年》　（春）齊侯伐萊，萊人使正輿子賂夙沙衛以索馬牛，皆百匹，注：夙沙衛，齊寺人。索，簡擇好者。齊師乃還。君子是以知齊靈公之為靈也。注：謚法：亂而不損曰靈。言謚應其行。

又《襄公十七年》　（秋）齊人獲臧堅，注：堅臧，紇之族。齊侯使夙沙衛唁之，且曰『無死。』注：使無自殺。堅稽首曰：『拜命之辱，抑君賜不終，姑又使其刑臣禮於士。』以杙抉其傷而死。注：言使賤人來唁，已是惠賜不終也。夙沙衛奄人，故謂之刑臣。

又《襄公十八年》　（冬十月）齊侯禦諸平陰，塹防門而守之廣里。注：平陰城在濟北盧縣東北，其城南有防，防有門，於門外作塹，橫行廣一里，故經書『圍』。夙沙衛曰：『不能戰，莫如守險。』注：謂防門不足為險。弗聽，諸侯之士門焉，齊人多死。【略】

十一月丁卯朔，入平陰，遂從齊師。夙沙衛連大車以塞隧而殿，注：此衛所欲守險。殖綽、郭最曰：『子殿國師，齊之辱也。子姑先乎！』注：奄人殿師，故以為辱。乃代之殿。衛殺馬於隘，以塞道。注：恨二子，故塞其道，欲使晉得之。

又《襄公十九年》　（齊侯）遂東大子光，注：廢而徙之東鄙。使高厚傅牙，以為大子，夙沙衛為少傅。【略】

夏五月壬辰晦，齊靈公卒。莊公即位，注：大子光也。執公子牙於句瀆之邱，以夙沙衛易己，衛奔高唐以叛。注：光謂衛教公易己。高唐在祝柯縣西

北。【略】

齊慶封圍高唐，弗克。注：夙沙衛以叛，故圍之。冬十一月，齊侯圍之，見衛在城上，號之乃下，注：衛下，與齊侯語。問守備焉，以無備告，揖之，乃登。注：齊侯以衛告誠，揖而禮之，欲生之也。衛志於戰死，故不順齊侯之揖，而還登城。【略】醢衛于軍。

又《襄公九年》 春，宋災。【略】令司宮、巷伯儆宮。注：司宮，奄臣。巷伯，寺人。皆掌宮内之事。《正義》：昭五年《傳》：楚子欲以羊舌肸為司宮，欲加宮刑，以此知司宮，奄臣，謂奄人為臣，主司宮内。《周禮》無司宮、巷伯之官，唯有内小臣，奄上士四人，掌王后之命，正其服位。鄭玄云：奄稱士者，異其賢也。奄人之官，此最為長，則司宮當天子之内小臣也。《周禮》又云：寺人，王之正内，五人。鄭玄云：正内，路寢也。《釋宮》云：宮中巷謂之壼。孫炎曰：巷，舍間道也。王肅云：今後宮稱永巷，是巷者，宮内道名。伯，長也，是宮内門巷之長也。《周禮》内小臣，其次即有寺人，故知巷伯是寺人也。又以《詩》篇名《巷伯》，經云『寺人孟子，作為此詩』，故知巷伯、寺人，一也。鄭以巷伯為内小臣，既無明文，各以意說。

又《襄公二十六年》（宋）寺人惠牆伊戾為大子内師而無寵。注：惠牆，氏；伊戾，名。秋，楚客聘於晉，過宋，大子知之，請野享之。公使往，伊戾請從之。公曰：『夫不惡女乎？』注：夫謂太子也。對曰：『小人之事君子也，惡之不敢遠，好之不敢近，敬以待命，敢有貳心乎？縱有共其外，莫共其内。注：伊戾為大子内師，不行，恐内侍廢闕。臣請往也。』遣之。至則欿用牲加書，徵之，注：詐作盟處，為大子反徵驗也。而騁告公曰：『大子將為亂，既與楚客盟矣。』公曰：『為我子，又何求？』對曰：『欲速。』注：言欲速得公位。公使視之，則信有焉。注：有盟徵焉。問諸夫人與左師，注：夫人，佐母棄也。則皆曰：『固聞之。』公囚大子，大子曰：『唯佐也，能免我。』注：以其婉也。召而使請，曰：『日中不來，吾知死矣。』左師聞之，聒而與之語，注：聒，讙也，欲使佐失期。過期，乃縊而死。佐為大子。公徐聞其無罪也，乃亨伊戾。

又《襄公二十七年》 九月庚辰，（齊）崔成、崔彊殺東郭偃、棠無咎於崔氏之朝。崔子怒而出，其衆皆逃，求人使駕，不得，使圉人駕，寺人御而出。注：圉人，養馬者。寺人，奄士。

又《襄公二十九年》 吳人伐越，獲俘焉，以為閽，使守舟。吳子餘祭觀舟，閽以刀弑之。注：言以刀，明近刑人。

又《昭公五年》 南遺使國人助豎牛，以攻諸大庫之庭。注：攻仲壬也。魯城内有大庭氏之虚，於其上作庫。司宮射之，中目而死。

楚子朝其大夫，曰：【略】『若吾以韓起為閽，注：刖足使守門。《正義》：《周禮·掌戮》云：墨者使守門，劓者使守關，宮者使守内，刖者使守囿，髡者使守積。則守門者，當以墨也。知不以韓起為墨者，楚子意在辱晉，必將加之重罪，墨是刑之輕者，知其必非墨也；且欲以叔向為宮刑，明起刑亦次宮也。莊十九年《傳》稱：鬻拳自刖，楚人以為大閽。知此亦是刖也。欲以叔向為司宮，為奄官之長，則韓起為閽，亦欲令為門官之長，刑若鬻拳，故以鬻拳之刑解之。以羊舌肸為司宮，注：加宮刑。足以辱晉。』

又《昭公六年》 宋寺人柳有寵，注：有寵於平公。大子佐惡之。華合比曰：『我殺之。』注：欲以求媚太子。柳聞之，乃坎用牲埋書，注：詐為盟處。而告公曰：『合比將納亡人之族，注：亡人，華臣也。襄十七年奔陳。既盟于北郭矣。』公使視之，有焉，遂逐華合比，合比奔衛。於是華亥欲代右師，注：亥，合比弟。欲得合比處。乃與寺人柳比從，為之徵曰：『聞之久矣。』公使代之。

又《昭公十年》 冬十二月，宋平公卒。初，元公惡寺人柳，欲殺之。注：元公，平公大子佐也。及喪，柳熾炭于位，注：以溫地。將至則去之。注：使公坐其處。比葬，又有寵。注：言元公好惡無常。

又《昭公十八年》 火作，子產【略】使府人、庫人各儆其事，商成公儆司宮，注：商成公，鄭大夫。司宮，巷伯，寺人之官。出舊宮人，注：舊宮人，先公宮女。寘諸火所不及。

又《定公二年》 邾莊公與夷射姑飲酒，私出，注：射姑，邾大夫。出，辟酒。閽乞肉焉。奪之杖，以敲之。注：奪閽杖，以敲閽頭也。

又《定公三年》 春二月辛卯，邾子在門臺臨廷，注：門上有臺。閽以缾水沃廷。邾子望見之，怒閽曰：『夷射姑旋焉。』注：旋，小便。

又《哀公十五年》 閏月，（衛）良夫與大子入，舍于孔氏之外圃。注：圃，園。昏，二人蒙衣而乘，注：二人，太子與良夫。蒙衣，為婦人服也。寺人羅御，如孔氏。

《公羊傳·襄公二十九年》 閽弑吳子餘祭。《傳》：閽者何？門人也，漢何休《解詁》：守門人號。刑人也。《解詁》：以刑為閹。古者肉刑，墨、劓、臏、宮與大辟而五。孔子曰：三皇設言民不違，五帝畫象世順機，三王肉刑揆漸加，應世黠巧姦偽多。刑人則曷為謂之閽？《解詁》：據非刑人名。刑人非其人也。《解詁》：以刑人為閽，非其人，故變『盜』言『閽』。君子不近刑人。近刑人，則輕死之道也。《解詁》：刑人不自賴而用作閽，由之出入，卒為所殺，故以為戒。不言『其君』者，公家不畜，士庶不友，放之遠地，欲去聽所之，故不繫國；不繫國，故不言『其君』。

《穀梁傳·襄公二十九年》 閽弒吳子餘祭。《傳》：閽，門者也，寺人也。不稱名姓，閽不得齊於人；不稱其君，閽不得君其君也。禮，君不使無恥，晉范寧《集解》：無恥，不知臧否。不近刑人。不狎敵，不邇怨。賤人非所貴也，貴人非所刑也，刑人非所近也。舉至賤而加之吳子，吳子近刑人也。閽弒吳子餘祭，仇之也。《集解》：怨仇餘祭，故弒之。唐楊士勛疏：稟二儀之氣，須五常之性備，然後為人。閽者虧形絕嗣，無陰陽之會，故不復齊於人。以主門晨昏開閉，謂之閽；以是奄豎之屬，故又謂之寺人也。

《孟子·萬章上》 萬章問曰：『或謂孔子於衛主癰疽，於齊主侍人瘠環。有諸乎？』漢趙岐注：有人以孔子主於癰疽，癰疽之醫者也。瘠，姓；環，名，侍人也。衛君、齊君之所近狎人也。孟子曰：『否。不然也。好事者為之也。注：否，不也。不如是也，但好事毀人德行者為之辭耳。於衛主顏讎由。彌子之妻與子路之妻，兄弟也。彌子謂子路曰：「孔子主我，衛卿可得也。」子路以告，孔子曰：「有命。」孔子進以禮，退以義，得之、不得曰有命。而主癰疽與侍人瘠環，是無義無命也。注：顏讎由，衛賢大夫。孔子以為主彌子，彌子瑕也。因子路欲為孔子主，孔子知彌子幸於靈公不以正道，故不納之，而歸於命也。孔子進以禮，退以義，必曰有天命也。若主此二人，是為無義無命者也。宋朱熹《集注》：彌子，衛靈公幸臣彌子瑕也。【略】吾聞觀近臣，以其所為主；觀遠臣，以其所主。若孔子主癰疽與侍人瘠環，何以為孔子？』注：近臣當為遠方來賢者為主，遠臣自遠而至，當主於在朝之臣賢者。若孔子主於卑幸之臣，是為凡人耳，何謂孔子得見稱為聖人？《集注》：近臣，在朝之臣。遠臣，遠方來仕者。君子、小人各從其類，故觀其所為主與其所主者，而其人可知。

《戰國策》卷二〇《趙三》 衛靈公近雍疽、彌子瑕，二人者專君之勢，以蔽左右。復塗偵謂君曰：『昔日臣夢見君。』君曰：『子何夢？』曰：『夢見竈君。』君忿然作色曰：『吾聞夢見人君者，夢見日；今子曰夢見竈君而言君也，有說則可，無說則死。』對曰：『日，并燭天下者也，一物不能蔽也。若竈則不然，前之人煬則後之人無從見也。今臣疑人之有煬於君者也，是以夢見竈君。』君曰：『善。』於是因廢雍疽、彌子瑕而立司空狗。

《孔子家語》卷九《七十二弟子解》 孔子適衛，子驕為僕。衛靈公與夫人南子同車出，而令宦者雍渠參乘，使孔子為次乘，遊過市。孔子恥之。顏亥曰：『夫子何恥之？』孔子曰：『《詩》云「覯爾新婚，以慰我心。」』乃歎曰：『吾未見好德如好色者也。』

《史記》卷四七《孔子世家》 居衛月餘，靈公與夫人同車，宦者雍渠參乘出，使孔子為次乘，招摇市過之。孔子曰：『吾未見好德如好色者也。』於是醜之，去衛。

又 卷八一《廉頗藺相如列傳》 藺相如者，趙人也，為趙宦者令繆賢舍人。趙惠文王時，得楚和氏璧。秦昭王聞之，使人遺趙王書，願以十五城請易璧。趙王與大將軍廉頗、諸大臣謀，欲予秦，秦城恐不可得，徒見欺；欲勿予，即患秦兵之來。計未定，求人可使報秦者，未得。宦者令繆賢曰：『臣舍人藺相如可使。』王問：『何以知之？』對曰：『臣嘗有罪，竊計欲亡走燕。臣舍人相如止臣曰：「君何以知燕王？」臣語曰：「臣嘗從大王與燕王會境上，燕王私握臣手，曰願結友。以此知之，故欲往。」相如謂臣曰：「夫趙彊而燕弱，而君幸於趙王，故燕王欲結於君。今君乃亡趙走燕，燕畏趙，其勢必不敢留君，而束君歸趙矣。君不如肉袒，伏斧質請罪，則幸得脱矣。」臣從其計，大王亦幸赦臣。臣竊以為其人勇士，有智謀，宜可使。』

又 卷六《秦始皇本紀》 繆公學著人。唐司馬貞《索隱》：著音貯，又音宁。著即宁也。門屏之間曰宁，謂學於宁門之人，故《詩》云『俟我於著乎而』是也。

又 卷五《秦本紀》 衛鞅聞是令下，西入秦，因景監求見孝公。唐張守節《正義》：監，甲暫反，閹人也。

又 卷六八《商君列傳》 公孫鞅聞秦孝公下令國中求賢者，將修繆公之業，東復侵地，廼遂西入秦，因孝公寵臣景監，以求見孝公。孝公既見衛鞅，語事良久，孝公時時睡弗聽，罷而孝公怒景監曰：『子之客，安人耳。安足用邪？」景監以讓衛鞅，衛鞅曰：「吾說公以帝道，其志不開悟矣。」後五日，復求見鞅，鞅復見孝公，益愈然，而未中旨。罷而孝公復讓景監。景監亦讓鞅，鞅曰：「吾說公以王道，而未入也。」請復見鞅，鞅復見孝公，孝公善之而未用也。罷而去，孝公謂景監曰：「汝客善，可與語矣。」

趙良曰：【略】「今君之見秦王也，因嬖人景監以為主，非所以為名也。」

又 卷八八《蒙恬列傳》 趙高者，諸趙疏遠屬也。趙高昆弟數人，皆生隱宮。南朝宋裴駰《集解》：徐廣曰：為宦者。《索隱》：劉氏云：蓋其父犯宮刑，妻子沒為奴婢。妻後野合，所生子皆承趙姓，並宮之，故云兄弟生於隱宮也。其母被刑僇，世世卑賤。秦王聞高彊力，通於獄法，舉以為中車府令。高即私事公子胡亥，喻之決獄。高有大罪，秦王令蒙毅法治之，毅不敢阿法，當高罪死，除其宦籍。帝以高之敦於事也，赦之，復其官爵。

漢・劉向《新序》卷一《雜事第一》 楚共王有疾，召令尹曰：「常侍筦蘇與我處，常忠我以道，正我以義。吾與處不安也，不見不思也。雖然，吾有得也。其功不細，必厚爵之。」【略】令尹曰：「諾。」明日王薨，令尹即拜筦蘇為上卿。

論說

《韓非子》卷七《說林上》 公孫友自刖而尊百里，豎刁自宮而諂桓公。其自刑則同，其所自刑之為則異。慧子曰：往者東走，逐者亦東走；其東走則同，其所以東走之為則異。故曰同事之人，不可不審察也。

又 卷一五《難一》 慶賞信而刑罰必，故君舉功於臣而姦不用於上。元何犿注：臣有功者舉用之，自然姦不見用也。雖有豎刁，其奈君何？【略】君有道則臣盡力而姦不生，無道則臣上塞主明而下成私。管仲非明此度數於桓公也，使去豎刁，一豎刁又至，非絕姦之道也。

又 卷一六《難三》 且寺人之言也，直飾君令而不貳者，則是貞於君也，死君後生臣不愧，而後為貞。今惠公朝卒而暮事文公，寺人之不貳何如？

南朝梁・蕭統《文選》卷四一《〔漢〕司馬遷〈報任少卿書〉》 行莫醜於辱先，詬莫大於宮刑。刑餘之人無所比數，非一世也，所從來遠矣。昔者衛靈公與雍渠同載，孔子適陳。商鞅因景監見，趙良寒心。同子參乘，袁絲變色。自古而恥之。夫以中才之人，事有關於宦豎，莫不傷氣，而況於慷慨之士乎！

漢・蔡邕《蔡中郎集・月令問答》 問者曰：《中冬令》曰：奄尹申宮令，謹門閭。今曰門閫，何也？曰：閹尹者，內官也，主宮室。出入宮中，宮中之門曰闈，閹尹之職也。閭里門非閹尹所主，知當作「闈」也。

《後漢書》卷一〇八《宦者傳》 《易》曰：「天垂象，聖人則之。」宦者四星，在皇位之側。故《周禮》置官，亦備其數。閽者守中門之禁，寺人掌女宮之戒。又云：王之正內者五人。《月令》仲冬，命閹尹審門閭，謹房室。《詩》之《小雅》，亦有《巷伯》刺讒之篇。然宦人之在王朝者，其來舊矣。將以其體非全氣，情志專良，通關中人，易以役養乎？然而後世因之，才任稍廣，其能者則勃貂、管蘇有功於楚、晉，景監、繆賢著庸於秦、趙。及其敝也，則豎刁亂齊，伊戾禍宋。

《魏書》卷九四《閹官傳》 夫宮腐之族，置於閽寺，取則天象，事歷百王，身乖全品，任事宮掖，親由褻狎，恩生趨走，便僻俯仰，當寵擅權，斯則伊戾、豎刁因而禍兩國，石顯、張讓所以翦二京也。豈非形質既虧，生命易忽，譬之胥靡，不懼登高？此亦茍且之事，由變不已也。王者殷鑒，宜改往轍，而後庭婉孌，遊宴之地，椒壼留連，終見任使，巧佞由之而自達，權幸俄然而復歸。斯蓋其由來遠矣，非一朝一世也。

唐・孔穎達《詩經・大雅・召旻》「昏椓靡共」毛《傳》鄭《箋》正義 《傳》意亦以椓為去陰，但以《正月》云：「夭夭是椓」，夭謂夭殺，椓謂椓破，夭、椓文連，故并舉其類，以曉人潰潰昏亂之意，故為亂也。靖，謀，《釋詁》文。夷，平易也，俱訓為易，是得夷為平，謂平殄而滅之。【略】

解名此人為昏椓之意，故云皆奄人也。《天官・閽人》注云：閽人，司昏晨以啓閉者。是昏，其官名也。椓，椓毀陰也，謂犯淫罪而刑之也。《書傳》曰：男女不以禮交者，其刑宮。《秋官・司刑》注云：宮者，丈夫則割其勢，女子閉於宮中，此椓毀其陰即割勢是也。謂之奄者，《天官·酒人》注云：奄，精氣閉藏者。引《月令》『其器閎以奄』，是由割去其勢，精氣閉藏，故謂之奄人也。若然，《秋官·掌戮》云：『墨者使守門。』《閽人》之注引《掌戮》之文，則『閽人』乃是墨者，非奄人矣。而此《箋》以昏為奄者，案《周禮·序官》『閽人』上有『內小臣』，下有『寺人』。『內小臣』之與『寺人』皆是奄人為之，『閽人』與之為類，官居其門，明亦奄人也。

《閽人》云：王宮每門四人。囿遊亦如之。注云：囿，禁院也。遊，離宮也。然則王宮之與囿、遊所守門者，其官皆曰閽人，是閽之用人，非獨奄也。《掌戮》墨者使守門，宮者使守內，刖者使守囿，則墨、刖皆亦為閽，非獨宮刑者矣。但內門則用奄以守之，其外門則用墨耳。《閽人》職曰：掌守王宮之中門之禁。注云：中門於外、內為中，天子五門，雉門為中門。是雉門以內用奄，庫門以外用墨，其囿則用刖也。宮與『寺人』為類，主以奄者為名。《月令》：仲冬，命奄尹審門閭，謹房室。是門房之守，皆奄為之，故知閽是奄人之官名也。

奄者，防守門閤，親近人主。凡庸之君闇於善惡，以其少小慣習，朝夕給使，顧訪無猜憚之心，思狎有可悅之色，且其人久處宮掖，頗曉舊章，常近牀第，探知主意，或乃色和貌厚，挾術懷姦，或乃捷對敏才，飾巧亂實，於是邪正並行，情貌相越，遂能迷罔視聽，因惑愚主。謂具智足匡時，忠能輔國，信而使之，親而任之，國之滅亡，多由此作。故詩人責王遠賢者而近刑奄之人也。原其本心，不欲滅國，但所謀不當，滅國之道也，故謂之謀滅王國也已。

又《秦風·車鄰》『寺人之令』毛《傳》鄭《箋》正義　《天官·序官》云：內小臣，奄上士四人。寺人，王之正內，五人。則天子之官『內小臣』與『寺人』別官也。燕禮，諸侯之禮也。經云『獻左右正，與內小臣』，是諸侯之官有內小臣也。《左傳》齊有寺人貂，晉有寺人披，是諸侯之官有寺人也。然則寺人與內小臣，別官矣。此云寺人，內小臣者，解寺人官之尊卑及所掌之意，言寺人是在內細小之臣，非謂寺人即是內小臣之官也。內小臣之官與寺人之官，猶自別矣。若然，《巷伯》箋云：巷伯，內小臣，奄官，上士四人，與寺人之官相近。彼言巷伯，內小臣，巷伯即是內小臣之官，此《傳》言寺人，內小臣，而知寺人非內小臣之官者，毛、鄭異，人言非一概，正以天子、諸侯之官內小臣與寺人皆別，明《傳》意不以寺人為內小臣之官也。巷伯所以知即是內小臣者，以寺人作詩而篇名《巷伯》，明巷伯非寺人。《序》言巷伯，奄官，則巷伯與寺人之官同掌內事，相近明矣。巷者，宮中道名也。伯者，長也。主宮巷之官最長者，唯有內小臣耳。故知巷伯即是內小臣之官也。

附庸雖未爵命，自君其國猶若諸侯，故言欲見國君，使寺人傳告之。舉寺人以美秦仲者，明仲又始有此臣也。案《夏官》『小臣』掌王之命，天子『寺人』掌王之內人及女官之戒令。然則天子之官自有小臣主王命，寺人主內令不主王命矣。《燕禮》云『小臣戒與』者，則諸侯之官有小臣，亦應小臣傳君命。此說國君之禮，使寺人傳命者，天子備官，故外內異職；諸侯兼官，外內共掌之也。僖五年《左傳》說晉獻公使寺人披伐公子重耳於蒲，昭十年《傳》說宋平公之喪，使寺人柳熾炭于位。則諸侯寺人傳達君命，是禮之常也。

唐·顏師古《匡謬正俗》卷四《寺人》　寺人者，內小臣在壼闈庭寺之中，謂閹人耳。《詩》云『寺人孟子』，《左傳》云『寺人披』、『寺人貂』之類是也。侍人者，謂當時侍衛於君，不限內外，猶言侍者耳，《左傳》云『侍人賈舉』、『侍人僚柤』之類是也。近代學者不詳其義，皆讀『寺人』同為『侍人』，斯則失矣。至如仲尼居，曾子侍；平公飲酒，師曠、李調侍，豈得謂閹豎乎？

唐·劉知幾《史通》卷一六《外篇·雜說上·史記八條》　昔春秋之時，齊有夙沙衛者，拒晉殿師，郭最稱辱，伐魯行唁，臧堅抉死。此閹官見鄙其事尤著者也。而太史公《與任少卿書》論自古刑餘之人為士君子所賤者，惟以彌子瑕為始，何淺近之甚耶！但夙沙出《左氏傳》，漢代其書不行，故子長不之見也。夫博考前古而捨茲不載，至於乘傳車，採禹穴，亦何為者哉？

唐·柳宗元《柳河東集》卷四《晉文公問守原議》　晉文公既受原於王，難其守，問寺人勃鞮，以畀趙衰。余謂守原，政之大者也，所以承天子，樹霸功，致命諸侯，不宜謀及媟近，以忝王命；而晉君擇大任，不公議於朝而私議於宮，不博謀於卿相而獨謀於寺人，雖或衰之賢，足以守國之政不為敗，而賊賢失政之端，由是滋矣。況當其時，不乏言議之臣乎！狐偃為謀臣，先軫將中軍，晉君疏而不咨，外而不求，乃卒定於内豎，其可以為法乎？

且晉君將襲齊桓之業，以翼天子，乃大志也，然而齊桓任管仲以興，進豎刁以敗，則獲原啓疆，適其始政，所以觀示諸侯也；而乃背其所以興，跡其所以敗，然而能霸諸侯者，以土則大，以力則强，以義則天子之册也。誠畏之矣，烏能得其心服哉？其後景監得以相衛鞅，弘、石得以殺望之。誤之者，晉文公也。嗚呼！得賢臣以守大邑，則問非失問，舉非失舉，然猶羞當時，陷後代若此，況於問與舉又兩失者，其何以救之哉？余故著晉君之罪，以附《春秋》許世子止趙盾之義。

宋·王欽若等《册府元龜》卷六六五《内臣部·總序》 古者聖人，作事創制，仰則天象，故宫室之度，規於太紫，將相之位，法乎文昌。洎甘、石所紀，則躔次攸别，名品斯著。宦者四星，實在帝座之側，先王取象，肇建厥官，所以給事左右，出入宫掖，典司糾禁，宣傳命令，凡中壼之庶務，禁庭之衆職，服位之别，囿游之掌，靡不領焉。然太古之世，湮滅罔紀，夏、商之際，簡册散逸，典職之制，其詳闕矣。

周監二代，文物大備，建邦之訓，備于《六典》。《天官·冢宰》之屬，有『宫正』，掌王宫之戒令糾禁。上士二人，中士四人，下士八人。『宫伯』掌王宫之士庶子凡在版者，中士二人，下士四人，皆有府史胥徒，為之給役。又『酒人』、『漿人』、『籩人』、『醢人』、『醯人』、『冪人』之職，分掌五齊、三酒、六飲、四籩、四豆、五齊、七菹、巾冪之事，以奉宗廟，天子皆以内臣參之。又有『宫人』掌王之六寢之修，中士四人，下士八人。『内宰』掌書版圖之法，以治王内之政令，下大夫二人，上士四人，中士八人，亦皆有府史胥徒之屬。又有『内小臣』，掌王后之命，正其服位，上士四人，有史徒焉。『閽人』之職，掌守王宫中門及囿游之禁門，四人。『寺人』掌王之内人及女宫之戒，正内五人。『内豎』掌内外之通令，倍『寺人』之數。『内司服』一人，掌王后之六服。『縫人』二人，掌王宫之縫線。

平王東遷，諸侯力政，霸者間起，多僭王制。晉、宋、齊、楚、魯、衛諸國皆有寺人、司宫、巷伯、太子内師、大閽、内豎之名，見於載籍，而官號之次，即無聞焉。戰國之際，趙有宦者令之職。秦并天下，並建官號。

又 卷六六六《内臣部·薦賢》 古者稽象緯，建官名，爰設内臣，用謹宫戒。秦漢仍襲，親任以隆，傅近帷幄之中，受宣機密之命。其有竭節幹用，勤心納忠，夙懷永圖，克藴明識，推擇髦俊，以揚于王庭；薦述勳賢，用熙乎帝載。致國富良士，野無遺材，經濟大猷，翊亮鴻業，所以能上應四星之象，其在是乎！

又 卷六六六《内臣部·忠直》 夫策名委質，守節無二，便蕃左右，盡規竭力，皆忠之屬也。《周官》『寺人』之職，蓋所以給事宫掖，周旋禁闥，出納王命，為之密侍，所以親信者焉；而有天資直諒，居然異禀，事君盡禮，抗直無撓，或託諷以補過，或盡言而竭誠，以至保持正人，申其寃滯，輔翼儲貳，制其動摇。或以成蕩寇之功，或以立去惡之效，仗節死難，無所顧避，史所記皆可稱述焉。

又 卷六六九《内臣部·貪貨》 夫天象著明，四星侍於皇位；《周官》作則，五人典於正内。沿襲既多，登用亦廣，增金璫石貂之貴，豫紫闈清禁之謀。有匪其人，不稱是職，因緣權寵，寖恣驕貪。前史必書，不無其迹；後人斯覽，足戒其非。

又 卷六七〇《内臣部·誣搆》 皇居上體乎環極，邇臣内法乎四星。由古以還，典掌有序，兩漢而下，寵任彌渥。或參居重職，或分幹諸局，惟忠信所以絜矩，惟謹厚可以守官，在視聽而必公，實聰明之攸賴。而有履用弗率，愛惡相攻，萌邪僻之端，恣驕吝之氣。罔懲私忿，寖成厚誣，素業用隳，鄙志是逞。消鑠媒孼，枝葉生於謀議；朋比締搆，機穽浚於城府。觸類而長，何可勝言！《虞典》曰：『朕塈讒説殄行』，其來遠矣。

宋·李覯《盱江集》卷一二《官人第八》 『内小臣』奄上士四人，『寺人』王之正内五人，『内豎』倍寺人之數。『酒人』奄十人，『漿人』奄五人，『籩人』奄一人，『醢人』奄一人，『醯人』奄二人，『鹽人』奄二人，『冪人』奄一人，『内司服』奄一人，『縫人』奄二人，『春人』奄二人，『饎人』奄二人，『槀人』奄八人，『守祧』奄八人。『内小臣』稱士者，異其賢，其餘蓋皆不命也。夫宦官之位，天象所有。指其居次，則或在帷薄之内；論其職掌，則或聞牀第之言。固不可以詬辱俊乂，渾淆男女，其用腐身之類，是乃制事之宜矣。然而先王不以恩奪義，不以私廢公，雖其褻臣，無得過寵。奄稱士者止於四人，況可為卿大夫乎哉！

又 卷二二《遠私》 晉侯以勃鞮用趙衰，趙王以繆賢得藺相如，皆奄人也。謂奄之賤而能進賢，何也？曰：賤，故能進賢，貴則疾之而已矣。古之奄，給房闥使令，蓋甚賤，賤則雖賢人當國，何害？故進之。後之奄為帝王耳目，蓋甚貴，貴則有威福玉食之罪婞然，唯恐賢者之繩己，故疾之。豈古之奄才而後之奄不才？勢不便耳。使勃鞮、繆賢復生，且不免為譖人。夫非晉、趙之時而垂晉、趙之聽，是賢者弗可得而不肖售矣。

宋·范祖禹《唐鑑》卷一二《代宗》 臣祖禹曰：齊寺人貂漏師于多魚，夙沙衛殺馬以塞道，而殖綽、郭最見獲，皆以宦寺敗國喪師。

宋·趙汝愚《宋名臣奏議》卷六三《余應求〈上欽宗論中人預軍政之漸〉》 臣嘗觀自古中人預軍政，未有不為患者。故齊寺人貂漏師于多魚，夙沙衛殿而二將見獲，唐用監軍每無成功，此可為後世深戒者也。

宋·鄧名世《古今姓氏書辯證》卷二九《去聲·七志·寺人》 《元和姓纂》曰：宋寺人惠墻伊戾後，誤矣。伊戾姓惠墻。春秋時，晉有寺人披，一名勃鞮，字伯楚。齊寺人貂、寺人瘠環，宋寺人羅、寺人柳，皆以官與名見，豈伊戾獨為得姓之始？大抵寺人皆自有姓氏，不過如今養子而冒其姓爾。春秋已來，無寺人氏，今駁去。

宋·胡安國《春秋傳》卷二四《昭公上》 宋公寵信閽寺，殺世適痤而父子之恩絶，逐華合比而君臣之義睽。刑人之能敗國亡家，亦可畏矣。猶有任趙高以亡秦，信恭、顯、十常侍以亡漢，寵王守澄、田令孜以亡唐，而不知鑒覆車之轍者，不亦悲夫！凡此類，直書而義自見矣。

宋·葉夢得《春秋考》卷一六《哀公》 盜，賤者也。古者庶人不傳質為臣，不敢見于諸侯，傳質而後為之臣。賤者，庶民無傳質之道則不為臣，故民為其君服，皆齊衰三月。以其不為臣，故不言弒其君，而言『殺蔡侯申』。然則『閽弒吴子餘祭』，不見名，不曰其君，則何以謂之『弒』乎？《周官·掌戮》：墨者使守門，劓者使守關，宫者使守内，刖者使守囿，髡者使守積。此皆刑人，先王不以有罪而終廢人者也。然而《太宰·閽人》言『王宫每門四人』而無其官，蓋所謂刑人者，皆王宫而被刑者也。大夫士不同，各隨其官而任之。吾何以知其然？楚鬻拳以兵諫楚子而自刖，楚人以為大閽，猶有先王之舊典也。謂之大夫士，則已刑而去其位，不可見名于其君。謂之賤者，則有職，守于王之宫門，不可言殺。故雖不以君臣道而别乎賤者，猶曰弒焉，所以正人君之不能以其官也。

閽人之職，潛服賤器不入宫。賤器者，任器之可以害人，與兵同者也。使吴子而能謹此，雖刑人，其何得肆乎？而《禮》：刑人不在君側。夫不在側可也，固不害其為門關内囿。古之因材以用人，雖籧篨戚施且不廢，況不幸而被刑者？而《公羊》、《穀梁》皆為君子不近刑人之説，蓋誤矣。《左氏》謂：『吴伐越，獲俘以為閽，使守舟。吴子觀舟，以刀弒之。』既言閽，則不得使之守舟。其事則是，其言則非也。《穀梁》謂寺人，亦非是。寺人，奄也。寺人掌王之内人及相道女宫出入之事，何言不得『近』？記《禮》者遂謂閽為門吏之賤，古者不使刑人守門。蓋又《公羊》、《穀梁》誤之也。

宋·呂祖謙《左氏博議》卷九《齊寺人貂漏師》 管仲始進説於桓公：盤遊縱佚之屬皆曰不害伯，其深戒痛絶以為害霸者，獨參用小人而已。仲之意，謂有抑必有揚，有拘必有縱，故其得政之始，首與齊公約，中分齊國為二，舉一國之樂皆歸君，舉一國之權皆歸我，我與君以樂，君與我以權，以是樂而市是權，兩相貿易。要約既定，各守封疆，截然如胡越之不可相犯。自今日以後，仲苟進苦言，以阻桓公之樂耶，則仲為負桓公；桓公苟用小人，以侵仲之權耶，則桓公為負管仲。其所以得君專、持權久、成功偉者，恃此約也。

夫彼所謂寺人貂者，苟崇臺榭，盛狗馬，侈聲色，以奉桓公游宴之樂，是固仲所許也。今乃恃寵干政，漏泄軍事，則正犯仲之約矣。兵事尚神密，泄他人之軍事猶不免誅，況霸國節制之師，豈容人輒亂之乎？為仲者，盍質桓公以素約，尸貂於軍門可也。顧乃隱忍坐視而不爭，意者闇而不知爭乎？則仲非闇人也。意者懦而不敢爭乎？則仲非懦人也。其所以不爭者，殆必有説矣。奕者舉棋纔三四，斂手而甘敗者，國棋也。倒奩空枰，大敗塗地，爭猶不止，則棋之下者耳。仲，國棋也，先自見不勝之兆於冥冥之中，安得不知難而止乎？是故智者之敗在心，愚者之敗在事；智者之敗在神，愚者之敗在形。智者之敗，同室不知；愚者之敗，國人皆知。使仲必待舌弊力屈，然後始肯處於不勝之地，亦何以管仲為哉？

仲與桓公要約如此之明，桓公首負約而使貂亂軍政。自常情論之，仲之理甚直，桓公之理甚曲；仲之爭必勝，桓公之爭必不勝。仲何反自處於不勝而遽不爭也？曰：仲始與桓公約，既以佚樂與桓公矣，資人君浮靡淫麗之樂者，屬之君子乎？屬之小人乎？名曰佚樂，未有不資小人者；名曰小人，未有不貪權勢者。已許其縱佚樂而禁其近小人，是授人以田而奪其耒耜也。已容其近小人而禁其奪吾權，是與盜者同處而惡其攘竊也。世寧有是理耶？仲急於功利，亟欲得齊國之柄，不暇長顧却慮而為是約。至於漏師多魚之時，仲固已默然陰悔初約之謬矣。失之於初，不能救之於末，此仲之所以吞聲而不敢較也。若他人居仲之地，必不度事勢而爭之；雖使桓公或勉聽其言而逐貂，然逐貂之後，誰與桓公供耳目之娱？誰與桓公極心志之欲？苟復求如貂者繼之耶，則盜權猶自若也；苟求不盜權者置之君，則必擁腫鞅掌，然後可耳。輿臺閽寺輩能希君之意者，必能盜君之權；不能盜君之權者，亦必不能希君之意。桓公左右誠皆擁腫鞅掌之徒，則塊然宮中無以自適，必反責管仲曰：爾所以許我者，享為君之樂也；我所以與爾權者，亦以易吾之樂也。今吾蹙迫槁乾，曾不能少享為君之樂，豈非爾欺我耶？是則用貂之初，仲固可持左券而責桓公之負約；逐貂之後，桓公亦將持右券責管仲之負約也。君臣相咎，必至相睽；仲之身，將不得安於齊國矣。管仲、桓公君臣之交聞天下，一旦相責至此，豈不貽笑後世耶？仲之隱忍而不爭者，畏此辱也。況自貂始進之時言之，桓公所以敢用貂者，以仲許之也。當是時，仲為主而貂為客。自貂嬖寵之時言之，桓公所以未疏仲者，以不害貂也。當是時，貂為主而仲為客。君臣之歡潛移，客主之勢互變。昔也貂為仲所容，今也仲為貂所容，方且取容之不暇，矧曰逐之乎？

逮仲之將死，始明數貂之姦，列於易牙、開方之間，欲併逐之。平時則不敢排擊，以為保身之計；將死則盡言不諱，以取知人之名。其自為謀，亦巧矣。仲之謀雖巧，然既開禍亂之原，雖彌縫障蔽，終不能遏，庶孽交爭，國統殆絶。天下之事，信非巧者所能辦也。嗚呼！仲之輔桓公而自期，何如耶？蓋將混文軌，一統類，雖山戎、孤竹之屬皆入封略，猶以為褊也。晚節末路，至使桓公不能自定其子，區區偕仲，屬之於宋襄焉。仲始欲致桓公於何地！今反不能保一子而託之他人。想仲發言屬宋襄之際，顔忸怩而口囁嚅，跼天蹐地，無措身之所矣。

吾讀書至此，未嘗不憐其衰而哀其窮也。世之詆伯者，必曰尚功利。五伯，桓公為盛。諸子相屠，身死不殯，禍且不能避，豈功利之敢望乎？是知王道之外無坦塗，舉皆荆棘；仁義之外無功利，舉皆禍殃。彼詆伯以功利者，何其借譽之深也！

宋·呂祖謙《左氏傳説》卷八《襄公·宋寺人伊戾無寵於太子痤譖諸公而害之二十六年》 宋寺人伊戾無寵於太子痤，欲害太子。當時內則有夫人之欲立，而為之主其謀於內；又有左師之惡太子，而為之和其謀於外。主之於內，和之於外，此所以終害太子。這一段就宋公身上看，方楚客過宋，太子以其與己有舊，請野享之。伊戾請從之，公曰『夫不惡汝乎？』是平公固知太子之惡伊戾，既而為伊戾遠近之言所惑，即遣其往。伊戾才往，便謀害太子，及其往則歃用牲加書，徵之，馳告公曰『太子為亂。』公又會説『為我子，又何求？』是公又果知太子決不為變，伊戾之言決不可信，既而又為伊戾『欲速』言所惑，使人窺之，卒囚太子。看此一段，便見得平公都闇矣。

大抵人之闇者，遇事之始，未嘗不曉得一二；及其被人惑後，則漸漸入於闇而不自知。使平公能充此明，守之能堅，終必不至如此昏闇。惟其不能於明處思量，所以不免被人惑。向使能就他『夫不惡汝乎』與『為我子，又何求之』説上守之以堅，則伊戾自無所容其奸矣。

宋·項安世《項氏家説》卷五《説經篇五·內小臣》 劉彝中義曰：『內小臣』奄上士四人。王后之尊，亞王一等，而傳其命者止於四人。六宮六寢之奄士『寺人』、『內豎』共不過二十人。三代禮樂，惟周為備，而其定制乃如此。

宋·葉適《習學記言》卷一〇《左傳·襄十三至二十一》 夙沙衛唁臧堅，堅以為刑臣禮士，有死而已。齊君之所厚，節士之所棄也。而以之託孤，焉得不亡？

宋·蕭常《續後漢書》卷一九《黃皓列傳》 三代盛時，初未聞有宦寺之禍，非屏絶其類而不使之供掃除之役也，所以制之者有其道耳。《周官》「寺人」、「内小臣」、「内豎」之屬，皆統于「冢宰」，而「宫伯」、「宫正」則又皆以士人爲之，烏有如後世寵任之過也哉？故備著之，以爲後世戒。

宋・魏了翁《鶴山集》卷一〇六《周禮折衷・天官冢宰下》 春官「世婦」主王后已下至女御事。王后六宫，每宫卿二人。賈義以為卿大夫士，並奄人為之。《左氏》餘祭之弒，譏其近刑人。周公制禮，必不使天子近刑人可知。鄭康成多舉漢法以解經，胡五峰疑此書為劉歆所傳會者，此亦其一也。又云：奄是有此天奄之病者，非是後世刑餘之人。春秋時如「二五耦」皆奄，趙高元是病，非刑餘。

宋・真德秀《大學衍義》卷三九《齊家之要二・嚴内治・内臣忠謹之福》 臣按，披可謂知君臣之義矣。方獻、惠時，重耳為公子在外，公使伐焉。若披有二心於重耳，豈得為忠？丁公為項羽將而私漢王，終以被戮。漢景帝為太子而召衛綰，綰不往，以此見褒。披惟知此義，是以事獻、惠時知有獻、惠，而不知有文公；及文公既入，即吾君也，有難而不以告，又豈得為忠乎？文公見之，遂免於難。觀其言曰：「君命無二，古之制也。」除君之惡，唯力是視，非賢而能之乎？此不惟内臣所當法，凡為人臣皆所當法也。

臣按晉文公得原，邑名。難其守，問於寺人勃鞮，以畀趙衰。夫衰，賢者也，舉而得賢，則勃鞮亦賢也。後之議者，猶以為譏。蓋中臣之職，承侍左右，從容納忠，可也；而薦引人才，則非其職矣。

又《嚴内治・内臣預政之禍》 《春秋左氏傳》僖二年，齊寺人貂始漏師于多魚。臣按内臣之預軍政，自此始。方其時，管仲相桓公，霸諸侯，功烈赫然，而禍亂之本已潛伏於閨闥中，曾莫之察。故聖人作《易》，以「勿用取女」為戒，其有旨哉！

宋・葉時《禮經會元》卷二下《奄官》 周人治内之政詳凡，而設官分職皆以士大夫為之，必不得已而列在内庭供給内事者，始用奄人。奄之為言閉也。王金陵曰：鄭氏謂奄為精氣閉藏者，蓋因民之有疾而用之，與籧篨蒙璆，戚施直鎛，侏儒扶盧，聾聵司火，矇瞍修聲同。晉臣對文公之言。若以為刑人，則國君不近刑人，況於王乎！若以為刑無罪之人，則先王所不忍也。愚案司馬下腐刑，《答任安書》引景監、趙談等以為喻；蕭望之奏恭顯用事，請罷宦官，以合古不近刑人之義，則是奄為刑人矣。《周禮・掌戮》曰：墨者使守門，劓者使守關，宫者使守内，刖者使守囿，髡者使守積。先王無絶人之心，未嘗不用刑人也。奄者，犯宫刑，漢之所謂宦人也。

然則周人果近刑人乎？曰：非也。考之《周禮》，「天官」之屬除閽人、寺人、内豎之外，用奄者凡二十九人，其職不過酒人、漿人、籩人、醢人、鹽人、冪人、内司服、縫人而已。内小臣一職，以其掌后服位禮命，故擇奄之賢士為之。「地官」之屬用奄者十有二人，其職不過舂人、饎人、槀人而已。「春官」之屬用奄者止八人，其職不過守祧而已。總三官而論之，直四十有九人耳。而其下為之供給服役者，皆不過女奚之徒，且皆不得預下士之列；獨内小臣一官，言士爾。成周之用奄人，非酒鹽之微則舂饎之賤，非户庭之隱則祧廟之幽耳。雖曰刑人，何嘗一日得在君側而天子與之相近邪？又況守祧則「宗伯」統之，舂人等則「司徒」統之，酒人等則「太宰」統之。其職卑，其數寡，而又臨之以公卿大臣，豈容有不正者得以厠跡於其間哉？

周衰，入于春秋，勃貂立公子無虧，則奄人預廢立矣。繆賢薦舍人藺相如，則奄人預薦舉矣。恃勢怙寵，竊權弄柄，至漢唐為甚。弘恭、石顯久典樞機而張堪、蕭望之不得用；曹節、王甫摇弄國柄而陳蕃、竇武不得行，則政柄歸奄人矣。魚朝恩管神策兵，吐突承璀為招討使，韓全義討淮西，賈良國監其軍，高崇文討蜀，劉正亮監其軍，則兵權歸奄人矣。古人以輿臺待奄人，則刑人之用為無傷；後世以樞筦付奄人，則刑人之用為有害。士大夫彌縫主闕，沮抑姦謀，必曰天子不近刑人，如曰奄人非刑人，則天子得以親信之矣。漢人所謂「手挾王爵，口含天憲」，唐人所謂「西頭勢重，南衙樞機」，權重宰相，尚何足怪也哉！

宋・林駉《古今源流至論續集》卷八《宦官上》 周以冢宰統閽寺，漢初以丞相監宫中，於是無近習之弊。東漢用佞倖與政，唐命中人典兵，於是有内庭之變。此本末源流之論，君子不可不究也。嗟夫！為閹而稱士，《周禮》「閽人」上士四人。注：閹稱士者，異其賢。為巷伯而疾惡，《巷伯》詩。勃貂、管蘇有功於晉楚，勃貂即寺人披也。《左傳》曰：呂、郤畏逼，將焚公宮，弒晉文公。披見公，以難告，遂殺呂、郤。《新唐》曰：楚恭王告諸大夫：管蘇範我以文，達我以禮。景監、繆賢著庸於秦趙。商君入秦，因秦孝公寵臣景監以求見。又繆賢曰：『臣舍人藺相如，可使也。』著庸，謂薦鞅及相如也。茲皆有益於人之國，君子必欲絶之去之而後已，何耶？蓋熏腐之徒，無所愛惜，退而視其室，則無妻妾之情；俛而顧其後，則無子孫之親。所以為妻妾子孫者，聚則成一室，散則行道之人耳。侯元叔《小臣論》：古之閹寺，非若後世之熏腐童稚而養畜也。蓋因刑餘之人而擇其可任者，使之給役於宮寢之内，其待之猶輿臺爾。刑餘之人，何所顧藉？退而觀其室，則無妻妾之情；俛而顧其後，則無子孫之親。其所以為妻妾子孫者，聚則成一家，而散則皆行道之人爾。如此而欲進德脩業，不亦難哉？是以依勢怙寵，竊柄弄權，為勃貂、管蘇者百不一二，為豎刁、伊戾者十已七八，故君子患之。《左傳》：桓公卒，易牙入，與寺人刁殺羣吏，而立公子無虧。又：客聘晉過宋，太子請享之。寺人伊戾請從之，至，刑牲加書偕坎之，騁告公曰：『太子將為亂。』公使視之，言有之。太子死，公聞無罪，烹伊戾。

雖然，在周漢盛時，不聞有蠹政害事之漸，而在漢唐末世往往有之者，豈盡歸閹宦之罪哉？亦不能善處閹寺者之失也。考之成周，『閽人』守中門之禁，《天官·閽人》：掌守王宮中門之禁。『寺人』掌女宮之戒，《寺人》：掌女宮之戒令。『内小臣』四人，王之正内，五人，《天官·内小臣》：閹人，上士四人。《寺人》：王之正内，五人。一以冢宰領之。夫以論道經邦之臣，而下統微賤卑褻之職，似非大臣之體爾。然周人格心之學，大抵源流於此，何者？便僻側媚之習，易以移君德；讒譖諛佞之言，易以惑君聽。自非統於大臣，鮮有不至恣肆。使人主以外庭之屬，不得以私意昵；内臣以冢宰之尊，不敢以非道干。此其預防之意，豈不深矣哉？

宋·黃仲炎《春秋通說》卷一〇《襄公》　《易·說卦》：《艮》為閽寺。唐李訓謂：古閽氏，今宦官也。閽弒吳子，豈無故而然哉？是必由吳子與之狎昵，或任以政事，使不知其君之威而後動於惡爾。故《春秋》書『閽弒吳子餘祭』，所以為人君狎昵閹宦者之戒也。自此義不明而後，漢唐人主皆被其禍，而國家亂亡隨之。雖唐文宗有感於《春秋》之義，内謀翦除，而卒貽甘露之變、蹀血禁廷者，此非《春秋》誤之也。蓋《春秋》紀禍之著，正欲為人君者有所戒懼而謹其微焉爾。儻不於其微而致謹焉，如蘇洵所謂既去又去，既疏又疏，始與之狎昵，終委之政柄，使禍亂之根盤結而不可拔，乃欲以一朝除之，難矣。

宋·家鉉翁《春秋集傳詳說》卷二三《昭公一》　宋平公以寺人伊戾之讒，害其太子而誅之矣，既誅之則太子爲無罪，而寺人可不必信。今以合比之事觀之，則伊戾死而寺人柳繼之，復以伊戾所以譖太子者而譖其大臣，坎用牲埋書，以售其險謀，後先如出一轍，而華亥之比柳與向戌之比伊適以相似，而平公不之悟也。嗟夫！閹宦禍人國家，有自來矣。然必外廷臣與之合，而其譖乃售。伊、柳戌亥之事，後世往往有之。可不懼哉？可不戒哉？

元·程端學《春秋或問》卷九《昭公六年》　或問曰：宋華合比出奔衛，《傳》者多矣。子皆略之，何也？曰：《傳》者雖多，不過據《左氏》寺人柳以立義，而於經了不相干。寺人柳之事，吾不得辨其是非，然《傳》者據之以立義，則吾知其非也，故略之也。

《遼史》卷一〇九《宦官列傳》　《周禮》『寺人』掌中門之禁，至巷伯《詩》列于《雅》，勃貂功著于晉。雖忠於所事，而非其職矣。

《金史》卷一三一《宦者列傳》　古之宦者，皆出於刑人。刑餘不可列於士庶，故掌宮寺之事，謂之婦寺焉。

明·柯尚遷《周禮全經釋原》卷六《春官宗伯·世婦》　釋曰：世婦，女官也，以女人而加男爵，以有職任也。其職教六宮后夫人九嬪以下之禮事，所謂傅母也。設府於内，擇内、外宗之有齒德者為之。大抵天子立后、夫人、嬪御，便有傅母，加以卿大夫士之職，與『内宰』相表裏，以『女宮』、『内小臣』、奄豎通之，故曰凡内事有達於外官，世婦掌之。

原曰：天官『九嬪』、『世婦』、『女御』無爵秩者，天子妃嬪序次自定，非官職也，何爵秩之有！春官『世婦』有卿大夫士之爵，非天子之嬪御，乃后夫人以下之傅母有職者也，故加以男爵。女府史各二人，奚各十二人者，其職簡也，然亦可以見其有官府矣。若是天子嬪御，則府史奚何為哉？故知春官『世婦』為傅母以教六宮禮事者也。

或曰：『内宰』以陰禮教六宮，『九嬪』以婦學之灋教九御矣，春官『世婦』又詔王后之禮事，相王后之拜事，掌達内事於外官者，何也？曰：此正春官『世婦』施『内宰』之教者也。『内宰』之屬皆男子也，豈可以入宮中而施教乎？故王内之政，雖無不掌，而所以教陰禮、婦職於嬪御者，亦須世婦詔相之也。況所以通傳教令者，內有女宮、女奚，專屬宮卿之用；外有『內小臣』、奄豎，專屬『內宰』之用乎！

曰：『世婦』既為傅母，今每宮卿二人，大夫四人，士八人，合六宮則八十四人矣。不亦多乎？曰：不惟后夫人有傅母，嬪御皆有之，況內既有官府，則內政亦多矣。故曰專掌達內事於外官，外官非『內宰』而何哉？

曰：既非嬪御，其人何自取之？曰：以德行為本，道藝次之。或內、外宗之有齒德者，或王族之婦人，或卿大夫士之妻，以齒德為主耳。故明乎春官『世婦』之職，可以無疑於『內宰』，混男女之別，可以免奄宦竊柄之禍矣。治亂之原，有不係於此乎？

又　卷一三《肉刑》　至於宮刑者，男子去勢，女子幽閉，是去人之生本而絕其種類也。好生，聖人之大德；絕人種類，中智猶難之，況上德之士全惻隱之心者乎！此肉刑所以更千百年，歷明君賢臣無敢復之者也。愚反覆思之，古聖帝明王何必制此肉刑哉？豈古聖之心不若後世中主之心，而好生之德不若今中智之士哉？必有故矣。蓋聖人為天地立心，為生民立命，必欲久安而後長治，是以有裁成輔相之道，是以有扶陽抑陰之法，是以有遏惡揚善、順天休命之良規，故制為此刑也。

夫虎狼終身不再孕，猛獸有角去其齒。天地生物，不能絕其惡，必有以損其惡，亦自然之理也。至於草木，亦有長善去惡之理焉。《詩》曰：『作之屏之，其菑其翳。脩之平之，其灌其栵。啓之闢之，其檉其椐。攘之剔之，其檿其柘。』故惡不去則善不長，況於惡人，而可使之滋蔓乎？且天地之生生無窮，而所以養人者有限，生多而無以養之，勢必大亂，善惡俱傷，及至人類消縮。然後天命至人除暴救民，成平定之功，乃復生之養之。此一治一亂，世之所以常相尋也。與其善惡並生而易亂，孰若植善去惡，使善人多，惡人少，世治長久而不亂乎？

後世不推帝王所以設肉刑之心，輒曰聖人好生，不肯輕絕人類。是不知聖人瀀行於不可不用，刑加乎自犯之罪，且不失乎裁贊之道者也。況肉刑之人，先王既待以不死，然猶不棄其用也。《掌戮》曰：『墨者使守門，劓者使守關，宮者使守內，髡者使守積。』不廢其生，不枉其材，用之食之，聖人何仁之至也！夫宮者使守內，則通乎內外之間，必用奄、奚可知矣。天官奄人皆屬『內宰』，其間掌后服位，下士四人。雖曰刑餘，其才有可用者，亦命以下士之秩，不過四人而止。豈若後世無罪而自奄，著青紫者千人乎？

或曰：『世婦』掌女宮之宿戒，果宮刑之女否？曰：男去勢而為奄，女幽閉而為奚。蓋女子去其生本，則幽陰閉塞矣，猶男子之去勢也。漢儒訓幽閉為幽而閉於宮中，後儒遂不考幽閉之法，故釋女宮為宮中之女，而不知為宮刑之女也。天地一陰一陽，而生萬物。今男子有去勢之瀀，而女子獨無，豈聖人扶陽抑陰之意乎？嘗觀《禮》曰：大夫七十而老，適四方，乘安車，行役以婦人。又曰：八十，非人不煖矣。則古人養老，必用此宮刑之女，可知矣。春官『世婦』掌女宮，天官『內宰』掌奄人，宮刑男女，各有司存，則宮中充用，必以是人，可知矣。『酒正』而下，執役女奚無慮七百人，皆幽閉之婦人也。不然，則外官執役女人之多，何處取之？豈不亂男女之別乎？自此而諸侯之國，自此而卿大夫之家，所以用奄、奚為不少矣，以隨處皆有是人也。是以三代之時，家法各正，姦慝不生，娼優不行，風俗淳美，至治長久者，肉刑存焉耳。

明·王立道《具茨遺藁·策·問成帝罷中書宦官高宗遣天竺方士歸國何如》　夫宦寺之設，昉於周公。觀《周官》分職，太宰、司徒、宗伯之屬皆有所謂奄人。然而其事微，其勢甚不得已也。浸淫於春秋，至秦而禍極矣。伊戾以坎盟殺宋痤，寺柳以熾炭蟲元公。閹人之戕戴吳，趙高之賊二世，皆是物爾。

明·袁袠《世緯》卷上《裁閹》　《周禮》『閽人』，王宮每門四人，囿游亦如之；『寺人』，王之正內，五人；『內豎』，倍寺人之數，若此其簡也。司昏晨，以時啓閉，守門囿御苑，正內路寢給使令而已，未聞授以政也，故周之盛時，未聞有宦寺之禍也。巷伯孟子，《詩》、《書》所稱。曁乎伊戾禍宋，寺貂亂齊，趙高亡秦，恭、顯敗漢，而刑人之禍不可說也。

明·陳士元《孟子雜記》卷三《辨名·癰疽》　當作『雍雎』。雍，姓；雎，名，一名渠。衛靈公之嬖閹也。事見《說苑》。蘇子由嘗考正之，而朱注以癰疽為瘍醫，蓋從趙注。

明·楊愼《丹鉛總錄》卷一二《史籍類·寺人之令》　《秦風》『有

車隣隣，有馬白顛。未見君子，寺人之令。』此詩之意，在後二句。夫為一國之君，高居深宮，不接羣臣，擁蔽已甚矣；又不使他人，而特使寺人傳令焉，其蔽益甚矣。夫秦，夷狄之國也，其初已如此，姗笑三代柄用閹宦，不待混一天下已然矣。《史記·年表》書『穆公學于宁人』。宁人，守門之人，即寺人也。史書之，醜之也。三代之君，必學於耆德，以為師保，而穆公乃學于宁人，以刑餘為周、召，以法律為《詩》、《書》，又不待始皇、胡亥已然矣；則景監得以薦商鞅，趙高得以殺扶蘇，終於亡秦，寺人之禍也。

聖人錄此，以冠《秦風》，垂戒深矣。《史記》所書穆公學於宁人，其得聖人之意乎？《春秋》所以狄秦者，不為過也。繼《序》者乃以為美秦伯始有車馬，蓋因首二句而意度之；朱子《詩傳》亦從之。不思美其車馬，兒童之見也，亦何關於政治，而夫子錄之乎？華谷嚴氏曰：秦興而帝王之影響盡矣，《車隣》其濫觴也。大未見而寺人傳令，與三代侍御，僕從罔匪正人，納牖遇巷，略無間隔，氣象何如也？既見而並坐鼓簧，與三代賡歌喜起，警戒叢脞，氣象何如也？秦之為秦，非一日矣。

明·何楷《詩經世本古義》卷一九之上《車鄰》 馮時可云：古者君臣相與，如家人父子，至秦而始自尊大，屏居深宮，怠于延接矣。君臣隔絕，則必以寺人傳語，蓋秦俗然也。《史記·年表》書『繆公學于宁人』。宁人，守門之人，即寺人也，是襄公為之法也。夫傳語而至于受學，受學而至于竊權，變所繇來，非一日矣。然則望夷之禍，其濫觴于《車鄰》也。聖人錄此，以冠《秦風》，垂戒深矣。

明·王樵《春秋輯傳》卷一〇《昭公》 按：殺太子痤也，以寺人伊戾之讒；逐華合比也，以寺人柳之讒。刑人之能敗人國家也如此。然附伊戾者向戌，比柳者華亥，得外臣之合而其譖乃售。刑人與小人陰類相合，間人之父子兄弟，以至於墜宗隕祀者多矣，可不戒哉？

明·張萱《疑耀》卷六《癰疽瘠環》 萬章謂孔子於衛主癰疽，於齊主侍人瘠環。趙岐以癰疽為癰疽之醫，瘠環者瘠姓、環名也。孔穎達曰：未詳其人。但以經文詳之，亦誠然也。朱考亭亦從其說。劉向《說苑》以『癰疽』為『雍睢』。余按古文及諸字書癰、雍，疽、睢，原不相通。如向之說，是雍姓、睢名，非癰疽之醫而趙岐誤矣。至於以瘠為姓，其說更誤。余按姓譜諸書有姓痛者，有姓疾者，瘠之姓絕無。岐何所據，以為姓耶？余憶《左傳》有曰『巫尪』，因其尪而名之，非巫之名與姓也。瘠環者，名或謂環，其人瘠弱，故呼為瘠環，如今人呼長者為長某，小者為小某之類是也。朱考亭注經，亦傳訛如此。

清·愛新覺羅弘曆《欽定禮記義疏》卷二五《月令第六之六》

（明）郝氏敬曰：《周禮》奄人之制最善。卿大夫至庶人在官者，不下七萬有奇，而奄止四十七人，未有為官長者。宮宰之制，掌之『內宰』、『宮伯』，皆大夫士為之，故先王之世，宮、府如一。是書以奄為尹，內宮之事毋有不禁，權不已重歟？此秦作法之弊，趙高所以專制也。此稱奄尹，是直以奄為尹，『內宰』、『宮正』之職移而屬之奄矣。《秦風》首章『未見君子，寺人之令』，次章乃云『既見君子，見由寺人』也。司馬欣奏事七日不得見之兆形矣。貴戚近習無不禁，已開趙高柄政之漸。君子見微知著，可不謹哉？

清·沈自南《藝林彙考·稱號篇》卷六《卒伍類》 （明田藝衡）《留青日札》：古之宦官，周閹人、寺人之職。《說文》：宦，仕也，執事於中也。《左傳》爲『宦女』。一曰閹人，《說文》：閹，豎也。宮中閹閽閉門者，蓋男無勢、精閉者也。《書》：宮辟，宮罰，男子割勢，女子幽閉，次死之刑。一名腐刑，一曰犗刑。《詩》『寺人之令』，注：寺人，奄官也，或作『閹』。洪武初，有監正、監副、監丞、門正、門副等名，永樂間始名太監、少監。

（明末清初湯調鼎）《辨物志》：《周禮》『內司服』奄一人與女御二人，奚八人，掌王后之六服。注：奄，精氣閉藏者，不必皆刑餘也。予按『縫人』亦有奄二人與女御、女工，掌王宮縫線之事。奄固不一而足，何精氣閉藏者多也？且王亦安知其精氣閉藏而使之？及考『閽人』、『寺人』、『內小臣』皆謂之奄，豈『司服』、『縫人』爲精氣閉藏，而『閽』、『寺』、『小臣』獨刑餘乎？故凡謂之奄者，皆刑餘，不待辨而知也。

《辨物志》：《周禮·內豎》注云：未冠之稱。予按官有大小，奄亦當有尊卑。意閽、寺其尊者，豎則其卑者也。何也？豎者，僮豎之稱。觀掌內外通令小事，爲內人蹕，爲王后喪蹕，及葬，執褻器。所職之事瑣，皆閽寺不屑者，則其人之卑可見，而未冠之說可破。

清・顧炎武《日知録》卷五《閹人寺人》 「閹人」、「寺人」屬於「冢宰」，則内廷無亂政之人；「九嬪」、「世婦」屬於「冢宰」，則後宫無盛色之事。「太宰」之於王，不惟佐之治國，而亦誨之齊家者也。自漢以來，惟諸葛孔明為知此義。故其上表後主，謂宫中、府中，俱為一體，而宫中之事，事無大小，悉以咨攸之、禕、允三人，於是後主欲采擇以充後宫，而終執不聽，宦人黄皓終允之世，位不過黄門丞。《蜀志・董允傳》。可以為行《周禮》之效矣。後之人君以為此吾家事而為之，大臣者亦以為天子之家事，人臣不敢執而問也。其家之不正，而何國之能理乎？魏楊阜為少府，上疏欲省宫人，乃召御府吏問後宫人數，吏曰禁密不得宣露，阜怒杖吏一百，數之曰：『國家不與九卿為密，反與小吏為密乎？』然後知閹寺、嬪御之繫於「天官」，周公所以為後世慮，至深遠也。

又 卷二八《寺》 「寺」字自古至今，凡三變。三代以上，凡言寺者皆奄豎之名。《周禮・寺人》注：寺之言侍也。《詩》云「寺人孟子」。《易》之「閽寺」，《詩》之「婦寺」，《左傳》寺人貂、寺人披、寺人孟張、寺人惠牆伊戾、寺人柳、寺人羅，皆此也。崔杼使圉人駕，寺人御而出。自秦以宦者任外廷之職，而官舍通謂之寺。

清・姜宸英《湛園札記》卷二 「世婦」每宫卿二人，下大夫四人，中士八人。男子之官而稱世婦，奇；用卿大夫為宫官，尤奇。雖疏解為奄人，然奄人得為卿大夫士，亦何怪？後世寵秩此輩，至於過當而亂亡接踵耶！此等俱宜闕文。

柯氏曰：天官「九嬪」、「世婦」、「女御」無爵秩者，天子妃嬪次序自定，非官職也，何爵秩之有？春官「世婦」有卿、大夫、士之爵，非天子之嬪御，乃后妃以下之傅母有職者也，故加以男爵；女府史各二人，奚十有六人者，其職簡也，然亦可以見其官有府矣。若是，天子嬪御則府史奚何為哉？故知春官「世婦」為傅母，以教六宫禮事者也。或曰：既非嬪御，其人何自取之？曰：以德行為本，道藝次之；或内、外宗之有齒德者，或王族之婦人，或卿大夫士之妻。故明乎春官「世婦」之職，可以無疑於「内宰」，混男女之别，可以免奄官竊柄之禍矣。

按世婦所掌，禮甚繁重，非可暫取之於外者，殆是擇嬪御中之有德行者為之。自大夫士以及於女府史奚，總選取之於六宫中者。如是則女謁不至過盛，而宫中皆有所勉勵，以待師保之選矣。天官特統舉之，春官職禮，故備列其爵秩耳，豈有異哉？若如柯氏説，則内、外宗與王族之婦人，卿大夫士之妻出入宫禁，交通請囑，亂政宣淫，其害有不可言者，安在其為先王之政哉？但卿、大夫、士，外朝之班爵也，而以冠裳之秩，濫被之於婦人，其褻已甚，亦疑其未必出於周公之制也。

清・閻若璩《尚書古文疏證》卷七《第一百》 又按魏禧冰叔著《革奄宦策》云：夏商以前，不聞奄人之名，至周而著。予曾寄語之曰：《文王世子》：問内豎之御者。曰内豎，非奄人乎？《周禮》不明言其倍寺人之數乎？王季當商之季，固先周而見於經。因憶張九成《廷對策》：『閹寺聞名，國之不祥也。堯舜閹寺，不聞於《典》、《謨》；三王閹寺，不聞於《誓》、《誥》。豎刁聞於齊而齊亂，伊戾聞於宋而宋危。』亦只是好議論。其實《立政篇》「左右攜僕」，孔《疏》謂：左右攜持器物之僕，若「内小臣」、「寺人」等百司。蔡《傳》謂：若「内司服」之屬。「内司服」，《周禮》以奄為之。但當時在文、武之廷，皆常德吉士，無復有凶人匪類者厠其間，何不祥之有？

又憶《後漢書・宦者傳序》：《易》曰：天垂象，聖人則之。宦者四星，在皇位之側。故《周禮》置官，亦備其數。其數正指「内小臣」以下，凡四項，連「閹人」在内，雖小誤，要以「内豎」為非士人，足正鄭注之譌。作一序，從聖人仰觀於天説起，何等源遠流長！近文士問以夏、商且茫然，對此能無閣筆而歎？

或曰：苗民承蚩尤，制肉刑，方有刑餘之人，以充閹宦。不知蚩尤前，將若之何？予曰：奄，精氣閉藏者，人固有生而然者也。以四海之廣，億兆之衆，豈無生而奄者若干人，以出入天子之禁闥，以傳天子之命令哉？欒巴生東漢，尚給事掖庭，上世可知。考《天官》所屬奄有四十四人，《地官》有十二人，《春官》八人，共計之六十四人。成周號稱百官備，庶務繁，數僅如此。況上古之代，其用彌寡，取諸天之所生而已足，亦何必俟其人自陷於罪戾，而後吾從而刑之，復取而用之，以供吾之職役哉？《靈樞經》黄帝、歧伯以及宦者無鬚，然此書出戰國之末。

清・黄生《字詁・奄弇掩揜閹》 奄，覆也，又有餘也，又欠也。從大從申，申，展也。弇，蓋也。掩，斂也，小上曰掩。揜，自關以東，謂取曰揜。一曰覆也。閹，豎也，宮中閹閽閉門者。以上並《說文》本訓。按『小上』義，當歸『奄』。蓋器之小口大腹者，其下寬展而上斂束，故曰奄，《月令》『孟冬，其器閎以奄』是也。《周禮》《考工記·梟氏》『弇聲鬱』作『弇』，『弇』、『奄』即一字。《虞書》《大禹謨》『奄有四海』，此即賈誼所云『囊括四海』之意。并喻詞。孔《傳》：『同也』；蔡《傳》：『盡也』。皆以意為說，義未盡也。又宮者，謂之奄人，言其精氣斂閉于內，故以奄為名。鄭注《周禮》《酒人》引《月令》『其器閎以奄』，得其旨矣。『奄人』之『奄』一作『閹』，以司閽故。《孟子》『閹然媚於世』，趙注：閹然大媚於世。朱注：『閹』如『奄人』之『奄』，閉藏之意也。言深自閉藏，以求親媚於世。趙注甚謬，朱注似是而非。蓋奄類婦人女子以媚悅人主為事，故以為喻，所謂『衆皆悅之，是鄉原之行也。』

清·陳啓源《毛詩稽古編》卷一三《巷伯》 《周禮》『内小臣』奄人而稱上士，是奄官之長，故《箋》、《疏》以巷伯當之。伯，長也。寺人無爵，且屬於『内小臣』，則奄人之卑者，故不以當伯長之稱。宋之説《詩》者，謂寺人即巷伯，已失據矣。朱《傳》又謂寺人即内小臣，則誤尤甚。夫『内小臣』與『寺人』並列於《周禮·天官》屬下，明是二職，豈未之見乎？《巷伯》詩是本為寺人，又被讒譖而作。朱《傳》以為遭讒被宮，故作此詩，徒見次章毛《傳》引顏叔子、魯男子事，《漢書·史遷贊》比之《小雅·巷伯》之倫，因有是說耳。

又 卷七《秦變風·車鄰》 閹寺守門，古制也。欲見國君者，俾之傳告，不過使令賤役耳。《車鄰》疏引《燕禮》及《左傳》為證，見傳命是其常職。然則寺人之令，非以為刺也。嚴《緝》謂三代侍御僕從罔非正人，今秦用寺人為失。夫侍御僕從，豈給使令賤役者邪？楊用修因其語，遂極論之，又牽合繆公學著人事，以為後世刑餘為周、召，法律為《詩》、《書》，皆始於此，故聖人錄《車鄰》以冠《秦風》。議論雖美，然非詩人本指。

『寺人之令』，毛云：寺人，内小臣也。疏申之云：寺人是在内細小之臣，非謂寺人即是内小臣之官也。蓋《周禮·天官》所屬『内小臣』與『寺人』各一官，故辨之耳。此詩朱《傳》襲用毛《傳》語，《大全》亦引孔《疏》注於下而節其語曰：寺人是在内細小之臣，即今内小臣之官也。吁！謬矣。裁去『非謂寺人』四字，是引疏而反其意也，又改『是』字為『今』字。夫孔氏所謂『今』，豈非唐乎？《唐書·百官志》並非内小臣之官也，先儒之語經其剪裁，便致不通，可哂已。

清·顧奎光《春秋隨筆》卷下 惠牆伊戾之讒太子痤也，以坎牲加書，平公既知痤之寃而烹伊戾矣。及寺人柳之讒華合比也，亦坎牲加書，平公又信之。一法再施而又屢驗，何以接踵蹈襲，平公明而復闇，佐無左師之聒，亦絕不為解也。此《傳》之可疑者。

清·邵泰衢《史記疑問》卷中《孔子世家》 欲通齊景，不恥家臣；欲媚夫人，帷中交拜；且使為次乘，儼同宦寺之流，過市招摇，不顧辱身之醜，小人之所不為也，而謂孔子為之乎？馬遷誣聖，罪在難寬。

清·惠士奇《禮說》卷二《天官二》 春官『世婦』，其職視宮卿二人，其次視上大夫四人，其次視中士八人，而天官『世婦』則闕焉。康成謂屬春官者，如漢大長秋；屬天官者，乃二十七世婦。不言數者，君子不苟於色，有婦德者充之，無則闕。非也。『世婦』屬天官『内宰』而職掌禮事，故兼屬春官，其職本同，文有詳略。《春官·世婦》云：掌女宮之宿戒及祭祀，比其具。《天官·世婦》亦云：祭之日，涖陳女宮之具。《春官·世婦》云：帥六宮之人共齍盛。《天官·世婦》亦云：帥女宮而濯摡為齍盛。同一祭祀之具也，一曰『比』，一曰『涖陳』，謂女宮陳之，世婦則涖臨而比校之也。同一齍盛也，一曰『共』一曰『為』，謂差擇而共奉之也。《春官·世婦》則曰『大賓客』云云，『大喪』云云，《天官·世婦》則一言以蔽之曰：『掌祭祀、賓客、喪紀之事。』彼列其目，此舉其綱也。獨『内、外宗女』不屬天官，故載於彼而闕於此。然《内宗》云：『凡卿大夫之喪，掌其弔臨』；《春官·世婦》則曰：『相内外宗之禮事』；《天官·世婦》亦云：『掌弔臨于卿大夫之喪』。則又未嘗不同也，但此略而彼詳耳。『世婦』視宮卿，猶漢倢伃視上卿；其次視下大夫，其次視中士，猶漢娙娥以下至七子，尊者視中二千石，卑者視八百石。其職視卿，則謂之宮卿。古未有婦人居丈夫之官，而閹人亦不得稱世婦；且宦官金璫右貂，兼領卿署之職，自後漢始，而謂成、康之盛亦然，失之甚矣。

《月令》：仲冬，命閹尹審門閭，謹房室。說者謂閹尹，主領奄豎之官，於《周禮》為『内宰』，掌治王之内政宮令及出入開閉之屬。如其説，則『内宰』亦宦者為之歟？非也。周之『内宰』猶漢之内卿，内卿，光祿也。漢初為郎中令，後轉為光祿勳。其府在宮中，故曰内卿。胡廣曰：勳之言閽也。閽者，古主門官。光祿主宮門，故曰勳。然則古『勳』、『閽』通矣。《易·艮卦·九三》：『厲熏心。』虞翻云：古『閽』字作『熏』。《艮》為閽坎，盜動門，故厲閽心。書曰『斀黥』，見《説文》。《詩》云『昏椓』。『椓』與『斀』通，去陰之刑也。故《箋》云：昏，官名。椓，奄人。《韓詩》曰：『若此無辠，勳胥以痡。』勳猶昬也，言夭昬札瘥，相灘汗而病。《漢書·贊》云：『烏呼史遷，熏胥以刑。』蓋謂腐刑，即《詩》所謂『昬椓』也。《爾雅》：昬為强力，勳為功勞。故『勳』、『昬』通。周之『閽人』屬『内宰』，司昏守夜，給使省闥，亦不全用宦者。而漢光祿勳掌期門、羽林郎，『内宰』之『人民』也。期門掌執兵送從，羽林次之，又取死事之孤，養之羽林，名曰孤兒，如周之死政之孤，司門以其財養之者。養孤而兼及其老，則周之忠厚，踰於漢矣。

又　卷一三《秋官二》　《月令》：中冬，命奄尹申宮令，審門閭。蔡邕破『閭』爲『闈』，謂宮中之門曰闈，奄尹主之，閭里門非奄尹所主。愚謂宮中有永巷，巷門謂之閭。《韓非子》曰：昔者桓公宮中二市，婦閭二百。婦人守之，故曰婦閭。《戰國策》有守閭嫗，不必破爲『闈』也。

清·張尚瑗《左傳折諸》卷一五《襄公·姑又使其刑臣禮于士》　一夙沙衛也，齊則殖綽、郭最甘為晉禽，魯則臧堅寧抉杙而死。中材之人事關宦豎，莫不傷氣，况忼慨之士乎！

又　卷一五《襄公·夙沙衛為少傅》　自豎刁立無虧，靈公復使夙沙衛傅公子牙，遂為漢、唐季世，宦官參預廢置冢嗣之漸。

又　卷二〇《昭公·從為之徵曰聞之久矣》　姚承菴曰：伊戾之謀，非向戌之對不售；柳之謀，非華亥之言莫證。自來閹宦禍人家國，必與外廷交通，而後其譖乃行；而廷臣之營私躐進者，寧證合于閹宦而不恤國家之利害，是可悼也。

又　卷二〇《昭公·華亥欲代右司乃與寺人柳比》　寺人柳所以逐華合比者，即伊戾殺太子痤之故局。華亥所以比柳者，亦即向戌比伊戾之故態。太子佐因二奸以獲代儲位，其危也幾與痤同。宋公則惟宦豎之是聽，昏瞶信讒，一轍而已矣。向戌示德色于夫人，徼賄者實也；發正論于右師，襲名者虛也。號曰諸侯之良，能無怍哉？

清·何焯《義門讀書記》卷二四《後漢書·閽者守中門之禁》　閽人本使墨者為之，此以為寺人。據《詩》『昬椓靡共』，鄭《箋》云：皆奄人也。注未悉其云刖者，則據《左傳》：『若吾以韓起為閽。』杜注：刖足，使守門之語，仍與宦官無預也。

清·秦蕙田《五禮通考》卷二二六《嘉禮八十九·設官分職·晉》　顧氏棟高曰：《周禮》：内豎倍寺人之數，掌内外之通令，凡小事。鄭注：使童豎通主内外之命，給小事者。則此晉侯之豎，即《周禮》之『内豎』。齊寺人貂，亦曰豎貂。《正義》曰『幼童為内豎之官』是也。又成十六年《傳》曰：穀陽豎獻飲于子反。杜注：穀陽子反内豎。昭四年《傳》：叔孫穆子使牛為豎。哀十五年《傳》：孔氏之豎渾良夫。則大夫之家，亦有内豎。

清·徐文靖《管城碩記》卷一二《禮一》　春官『世婦』，每宮卿二人，下大夫四人，中士八人。賈氏《疏》云：以奄人為之。按周公制禮，以奄人名為『世婦』，則是男也而女之；以『世婦』之職而命為卿大夫士，則是女也而男之，名實舛矣。蓋周時卿大夫士，大都以宗室為之，如宰周公、王子虎、王叔陳生、毛伯、召伯、榮叔、蔡叔、成子、詹父之類皆是。又如《司士》云：王族故士。以王之族，故士也。當時『世婦』之職，有卿，有大夫，有士，當是卿之妻二人，大夫之妻四人，士之妻八人，皆同姓伯叔兄弟之妻，入為『世婦』，而又為開置官府，有女府胥，有女奚，雖名為宮官，而實別居一府，蓋所以別嫌而明微也。其與『内宗』、『外宗』並列者，王同姓女為内宗，嫁於卿大夫士者則從夫爵。王諸姑姊妹之女為外宗，其從夫爵也亦然。《曲禮》曰：『國君不名卿老世婦。』夫『世婦』冠以『卿老』，則世婦之曰卿，曰大夫，亦以夫爵命之，可知矣。但此皆以佐王后祭祀之禮，故屬之『春官』，有事則效其職，不常在宮中也。不常在宮中又兼以宗室，所以無宣淫之患，制禮之意微矣哉！

清・姜炳璋《詩序補義》卷一一《秦・小戎》 或以「寺人之令」，啓望夷指鹿之漸；「小戎俴收」，變八鸞元戎之舊，以為秦人罪。不知秦仲初有寺人，未聞其用寺人也；即《史・年表》謂穆公學于宁人，宁人，寺人也，用寺人始于穆公，非仲也。

雜錄

《靈樞經》卷一〇《五音五味》 黄帝曰：「士人有傷於陰，陰氣絶而不起，陰不用，然其鬚不去，其故何也？宦者獨去，何也？願聞其故。」岐伯曰：「宦者去其宗筋，傷其衝脈，血寫不復，皮膚内結，唇口不營，故鬚不生。」黄帝曰：「其有天宦者，未嘗被傷，不脱於血，然其鬚不生，其故何也？」岐伯曰：「此天之所不足也。其任衝不盛，宗筋不成，有氣無血，唇口不榮，故鬚不生。」

《史記》卷八五《呂不韋列傳》 秦王年少，太后時時竊私通呂不韋。【略】始皇帝益壯，太后淫不止。呂不韋恐覺，禍及己，乃私求大陰人嫪毐，以為舍人。時縱倡樂，使毐以其陰關桐輪而行，《正義》：以桐木為小車輪。令太后聞之，以啗太后。太后聞，果欲私得之。呂不韋乃進嫪毐，詐令人以腐罪告之。《正義》：上音「輔」，謂宮刑胥靡也。不韋又陰謂太后曰：「可事詐腐，則得給事中。」太后乃陰厚賜主腐者吏，詐論之，拔其鬚眉為宦者，遂得侍太后。太后私與通，絶愛之。有身，太后恐人知之，詐卜當避時徙宮，居雍。《正義》：雍故城在岐雍縣南七里，有秦都大鄭宮。嫪毐常從，賞賜甚厚，事皆決於嫪毐。嫪毐家僮數千人，諸客求宦為嫪毐舍人千餘人。【略】

始皇九年，有告嫪毐實非宦者，常與太后私亂，生子二人，皆匿之，與太后謀曰：「王即薨，以子為後。」於是秦王下吏治，具得情實，事連相國呂不韋。九月，夷嫪毐三族，殺太后所生兩子，而遂遷太后於雍。諸嫪毐舍人皆没其家，而遷之蜀。《索隱》：家謂家生資物，並没於官，人口則遷之蜀也。

漢・劉向《説苑》卷九《正諫》 秦始皇帝太后不謹，幸郎嫪毐，封以為長信侯，為生兩子。毐專國事，浸益驕奢。與侍中左右貴臣俱博飲酒醉，爭言而鬬，瞋目大叱曰：「吾乃皇帝之假父也！窶人子，何敢乃與我亢？」所與鬬者走，行白皇帝，皇帝大怒。毐懼誅，因作亂，戰咸陽宮。毐敗，始皇乃取毐，四肢車裂之；取其兩弟，囊撲殺之；取皇太后，遷之於萯陽宮。

《晉書》卷一一《天文志上・中宮》 宦者四星，在帝坐西南，侍主刑餘之人也。星微，吉。非其常，宦者有憂。

《新唐書》卷二〇〇《儒學列傳下・許康佐》 （文宗）讀《春秋》，至「閽弑吳子餘祭」，問閽何人邪？康佐以中官方彊，不敢對帝，嘻笑罷。後觀書蓬萊殿，召李訓問之，對曰：「古閽寺，今宦人也。君不近刑臣，以為輕死之道，孔子書之以為戒。」